元　脱脱等撰

金史

第一册

卷一至卷一三（紀）

中華書局

圖書在版編目(CIP)數據

金史/(元)脱脱等撰.—北京:中華書局,1975.7(2025.2 重印)

ISBN 978-7-101-00325-3

Ⅰ.金…　Ⅱ.脱…　Ⅲ.中國-古代史-金代(1115~1234)-紀傳體　Ⅳ.K246.404.2

中國版本圖書館 CIP 數據核字(2005)第 022818 號

責任印製:管　斌

金　史

(全八册)

〔元〕脱　脱等 撰

*

中 華 書 局 出 版 發 行

(北京市豐臺區太平橋西里 38 號　100073)

http://www.zhbc.com.cn

E-mail:zhbc@zhbc.com.cn

北京新華印刷有限公司印刷

*

850×1168 毫米 1/32 · 93⅜印張 · 1650 千字

1975 年 7 月第 1 版　　2025 年 2 月第 17 次印刷

印數:111901-112700 册　　定價:338.00 元

ISBN 978-7-101-00325-3

出版說明

一

金史一百三十五卷，其中本紀十九卷、志三十九卷、表四卷、列傳七十三卷，是記載女真族所建金朝興亡始末的一部史書。女真族是我國最古老的民族之一。公元十二世紀初，女真滅遼，臣服了西夏，建立了與宋南北對峙的金朝。金以今天的北京爲中心，在北方統治了近一百二十年，對我國的歷史産生了極大影響。

早在元世祖中統二年（一二六一），本着「國亡史作」的慣例，便已開始議修遼、金二史。宋亡，又議修遼、金、宋三史。但由於當時以哪一朝爲「正統」長期争論不休，體例不能確定，故一直没有修成。直到元順帝至正三年（一三四三），才决定宋、遼、金「各與正統」，並任命丞相脱脱爲都總裁官，主持修史。次年十一月，金史修成，這時脱脱已罷相，由新相阿魯圖繼任都總裁官，由他奏上。

在參加修史的人員中，值得一提的是歐陽玄（一二八三——一三五七），元修三史的「發凡舉例……至於論、贊、表、奏，皆玄屬筆」（元史卷一八二本傳）。歐陽玄字原功，瀏陽人，曾做過翰林學士承旨等官，有圭齋文集傳世。

二

金史修成所以如此之快，主要是修史所依據的材料比較充分。首先是金實錄。金建國以後，仿歷代王朝成規，金主九代大都撰有實錄。這些實錄，在金亡時，都被降元將領張柔載歸北去。中統二年，他把這些實錄交到了史館。不過，由於戰亂，這些實錄已有亡佚，如衞紹王一朝的實錄，就是中統三年王鶚據楊雲翼日録、陳老日録等補綴。

在這之前，金末文人元好問（欲之）曾想利用金實錄撰修金史，未能實現。但所傳中州集及壬辰雜編，保存了不少他蒐集的金史史料，這兩部書也爲修撰金史之所本。又，金末文人劉祁（京叔），目睹金的亡國，他從汴京輾轉兩千餘里，回到故鄉渾源以後，寫了歸潛志一書，記載了作者所熟悉的人和事，對了解金末文人及社會情況有極大參攷價值。故元史館的臣僚説：「劉京叔歸潛志與元欲之壬辰雜編二書，雖微有異同，而金末喪亂之事猶有足徵者焉。」（金史卷一一五完顏奴申傳）這些都爲修金史提供了很好的條件。所以在元人修的三史之中，金史要算是較好的一部。

金史比較系統地記載了女真族的發展歷史，尤其是關於女真及其有關各族早期的情況，多不見於其它史籍。本書的志比較詳備，爲我們研究金代各項制度、行政區域、自然現象等，提供了不少有用的資料。

但是，金史在敍事方面，也存在不少缺略和錯誤，這些問題，清人施國祁的金史詳校多已指出，不再贅述。此外，宋、遼、金三史之間的關係，由於各書所據史料不同，而史官記事又往往從本政權的角度出發，有所迴護，所以有關同一事件的記載，難免互有差異。遇到這種情況，就需要各史參看，才能了解事件的全貌和真相。

三

百衲本影印的元至正刊本（其中八十卷是初刻，五十五卷是元朝後來的覆刻本），是現存金史最早的本子。這次點校就採用它作底本，並與北監本、殿本參校，擇善而從。此外，還參考了大金國志、大金弔伐録、大金集禮、歸潛志、中州集、三朝北盟會編等書，以及殘存永樂大典的有關部分，以訂正本史的錯誤。對於前人校勘成果，採用最多的是施國祁的金史詳校，但校勘記中没有逐條注明，對於施説舉證缺略的地方，還作了一些補充。底本卷首原有進金史表等幾份材料，現移到書末，作爲附録。每卷的卷目，基本上保持原狀。爲了便於檢查，重編了總目。

本書的點校，先由傅樂煥同志做過一部分工作，大部分是張政烺同志完成的。崔文印同志擔任了全書的編輯整理。缺點錯誤，望讀者批評指正。

中華書局編輯部

金史目錄

卷三十六　志第十七

禮九

卷三十七　志第十八

禮十

卷三十八　志第十九

禮十一

卷三十九　志第二十

樂上

卷五十六　志第三十七

百官二

卷五十七　志第三十八

百官三

卷六十五　列傳第三

卷六十六 列傳第四

卷七十三 列傳第十一

卷七十四 列傳第十二

卷七十五 列傳第十三

卷七十六　列傳第十四

卷七十七　列傳第十五

卷七十八　列傳第十六

卷八十六 列傳第二十四

卷八十七 列傳第二十五

卷八十八 列傳第二十六

卷九十二　列傳第三十

卷九十三　列傳第三十一

卷九十四 列傳第三十二

卷九十五 列傳第三十三

卷九十六 列傳第三十四

卷九十七 列傳第三十五

卷一百十二　列傳第五十

卷一百十三　列傳第五十一

卷一百十四　列傳第五十二

卷一百十五　列傳第五十三

卷一百十六　列傳第五十四

卷一百二十　列傳第五十八

世戚

卷一百二十一　列傳第五十九

忠義一

卷一百二十二 列傳第六十

忠義二

卷一百二十三　列傳第六十一

忠義三

卷一百二十六　列傳第六十四

文藝下

卷一百二十七　列傳第六十五

孝友

隱逸

卷一百二十八　列傳第六十六

循吏

卷一百二十九 列傳第六十七

酷吏

佞幸

卷一百三十　列傳第六十八

列女

卷一百三十一　列傳第六十九

宦者

附錄

金史卷一

本紀第一

世紀

金之先，出靺鞨氏。靺鞨本號勿吉。勿吉，古肅愼地也。元魏時，勿吉有七部：曰粟末部，曰伯咄部，曰安車骨部，曰拂涅部，曰號室部，曰黑水部，曰白山部。隋稱靺鞨，而七部並同。唐初，有黑水靺鞨、粟末靺鞨，其五部無聞。粟末靺鞨始附高麗，姓大氏。李勣破高麗，粟末靺鞨保東牟山。後爲渤海，稱王，傳十餘世。有文字、禮樂、官府、制度。有五京、十五府、六十二州。黑水靺鞨居肅愼地，東瀕海，南接高麗，亦附于高麗。嘗以兵十五萬衆助高麗拒唐太宗，敗于安市。開元中，來朝，置黑水府，以部長爲都督、刺史，置長史監之。賜都督姓李氏，名獻誠，領黑水經略使。其後渤海盛强，黑水役屬之，朝貢遂絕。五代時，契丹盡取渤海地，而黑水靺鞨附屬于契丹。其在南者籍契丹，號熟女直；其在北者不在契丹籍，號生女直。生女直地有混同江、長白山，混同江亦號黑龍江，所謂「白山、黑水」是也。

金之始祖諱函普，初從高麗來，年已六十餘矣。兄阿古廼好佛，留高麗不肯從，曰：「後世子孫必有能相聚者，吾不能去也。」獨與弟保活里俱。始祖居完顏部僕幹水之涯，保活里居耶懶。其後胡十門以曷蘇館歸太祖，自言其祖兄弟三人相別而去，蓋自謂阿古廼之後。石土門、迪古乃，保活里之裔也。及太祖敗遼兵于境上，獲耶律謝十，乃使梁福、斡答剌〔二〕招諭渤海人曰：「女直、渤海本同一家。」蓋其初皆勿吉之七部也。

始祖至完顏部，居久之，其部人嘗殺它族之人，由是兩族交惡，鬨鬬不能解。完顏部人謂始祖曰：「若能爲部人解此怨，使兩族不相殺，部有賢女，年六十而未嫁，當以相配，仍爲同部。」始祖曰：「諾。」廼自往諭之曰：「殺一人而鬬不解，損傷益多。曷若止誅首亂者一人，部內以物納償汝，可以無鬬而且獲利焉。」怨家從之。乃爲約曰：「凡有殺傷人者，徵其家人口一、馬十偶、牸牛十、黃金六兩，與所殺傷之家，卽兩解，不得私鬬。」曰：「謹如約。」女直之俗，殺人償馬牛三十自此始。既備償如約，部衆信服之，謝以青牛一，并許歸六十之婦。始祖乃以青牛爲聘禮而納之，并得其貲產。後生二男，長曰烏魯，次曰斡魯，一女曰注思板，遂爲完顏部人。天會十四年，追謚景元皇帝，廟號始祖。皇統四年，號其藏曰光陵。五年，增謚始祖懿憲景元皇帝。

子德帝，諱烏魯。天會十四年，追謚德皇帝。皇統四年，號其藏曰熙陵。五年，增謚淵穆玄德皇帝。

子安帝，諱跋海。天會十四年，追謚安皇帝。皇統四年，號其藏建陵。五年，增謚和靖慶安皇帝。

子獻祖，諱綏可。黑水舊俗無室廬，負山水坎地，梁木其上，覆以土，夏則出隨水草以居，冬則入處其中，遷徙不常。獻祖乃徙居海古水，耕墾樹藝，始築室，有棟宇之制，人呼其地爲納葛里。「納葛里」者，漢語居室也。自此遂定居于安出虎水之側矣。天會十四年，追謚定昭皇帝，廟號獻祖。皇統四年，號其藏曰輝陵。五年，增謚獻祖純烈定昭皇帝。

子昭祖，諱石魯，剛毅質直。生女直無書契，無約束，不可檢制。昭祖欲稍立條敎，諸父、部人皆不悅，欲坑殺之。已被執，叔父謝里忽知部衆將殺昭祖，曰：「吾兄子，賢人也，必能承家，安輯部衆，此輩奈何輒欲坑殺之。」亟往，彎弓注矢射於衆中，劫執者皆散走，昭祖乃得免。

昭祖稍以條教爲治，部落寖强。遼以惕隱官之。諸部猶以舊俗，不肯用條教。昭祖耀武至于青嶺、白山，順者撫之，不從者討伐之，入于蘇濱、耶懶之地，所至克捷。還經僕鷰水。「僕鷰」〔二〕，漢語惡瘡也。昭祖惡其地名，雖已困憊，不肯止。行至姑里甸，得疾。迨夜，寢于村舍。有盜至，遂中夜啓行，至逼剌紀村止焉。是夕，卒。載柩而行，遇賊於路，奪柩去。部衆追賊與戰，復得柩。加古部人蒲虎復來襲之，垂及，蒲虎問諸路人曰：「石魯柩去此幾何？」其人曰：「遠矣，追之不及也。」蒲虎遂止。於是乃得歸葬焉。生女直之俗，至昭祖時稍用條教，民頗聽從，尚未有文字，無官府，不知歲月晦朔，是以年壽修短莫得而考焉。天會十五年，〔三〕追謚成襄皇帝，廟號昭祖。皇統四年，藏號安陵。五年，增謚昭祖武惠成襄皇帝。

子景祖，諱烏古迺。遼太平元年辛酉歲生。自始祖至此，已六世矣。景祖稍役屬諸部，自白山、耶悔、統門、耶懶、土骨論之屬，以至五國之長，皆聽命。是時，遼之邊民有逃而歸者。及遼以兵徙鐵勒、烏惹之民，鐵勒、烏惹多不肯徙，亦逃而來歸。遼使曷魯林牙將兵來索逋逃之民。景祖恐遼兵深入，盡得山川道路險易，或將圖之，乃以計止之曰：「兵若深入，諸部必驚擾，變生不測，逋戶亦不可得，非計也。」曷魯以爲然，遂止其軍，與曷魯自行索之。

是時，隣部雖稍從，孩懶水烏林答部石顯尚拒阻不服。攻之，不克。景祖以計告於遼主，遼主遣使責讓石顯。石顯乃遣其子婆諸刊入朝。遼主厚賜遣還。其後石顯與婆諸刊入見遼主於春蒐。遼主乃留石顯於邊地，而遣婆諸刊還所部。景祖之謀也。

既而五國蒲聶部節度使拔乙門畔遼，鷹路不通。遼人將討之，先遣同幹來諭旨。景祖曰：「可以計取。若用兵，彼將走保險阻，非歲月可平也。」遼人從之。蓋景祖終畏遼兵之入其境也，故自以爲功。於是景祖陽與拔乙門爲好，而以妻子爲質，襲而擒之，獻於遼主。遼主召見于寢殿，燕賜加等，以爲生女直部族節度使。遼人呼節度使爲太師，金人稱「都太師」者自此始。遼主將刻印與之。景祖不肯繫遼籍，辭曰：「請俟他日。」遼主終欲與之，遣使來。景祖詭使部人揚言曰：「主公若受印繫籍，部人必殺之。」用是以拒之，遼使乃還。既爲節度使，有官屬，紀綱漸立矣。

生女直舊無鐵，隣國有以甲冑來鬻者，傾貲厚賈以與貿易，亦令昆弟族人皆售之。得鐵既多，因之以修弓矢，備器械，兵勢稍振，前後願附者衆。斡泯水蒲察部、泰神忒保水完顏部、統門水溫迪痕部、神隱水完顏部，皆相繼來附。

景祖爲人寬恕，能容物，平生不見喜慍。推財與人，分食解衣，無所吝惜。人或忤之，亦不念。先時，有畔去者，遣人諭誘之。畔者曰：「汝主，活羅也。活羅，吾能獲之，吾豈能爲活羅屈哉。」「活羅」，漢語慈烏也，北方有之，狀如大雞，善啄物，見馬牛橐駝脊間有瘡，啄其脊間食之，馬牛輒死，若飢不得食，雖砂石亦食之。景祖嗜酒好色，飲啗過人，時人呼曰活羅，故彼以此訕之，亦不以介意。其後訕者力屈來降，厚賜遣還。曷懶水有率衆降者，錄其歲月姓名，卽遣去，俾復其故。人以此益信服之。

遼咸雍八年，五國沒撚部謝野勃菫畔遼，鷹路不通。景祖伐之，謝野來禦。景祖被重鎧，率衆力戰。謝野兵敗，走拔里邁濼。時方十月，冰忽解，謝野不能軍，衆皆潰去。乃旋師。道中遇逋亡，要遮險阻，晝夜拒戰，比至部已憊。卽往見遼邊將達魯骨，自陳敗謝野功。行次來流水，未見達魯骨，疾作而復，卒于家，年五十四。天會十四年，追謚惠桓皇帝，廟號景祖。皇統四年，藏號定陵。五年，增謚景祖英烈惠桓皇帝。

第二子襲節度使，是爲世祖，諱劾里鉢。生女直之俗，生子年長卽異居。景祖九子，元配唐括氏生劾者，次世祖，次劾孫，次肅宗，次穆宗。及當異居，景祖曰：「劾者柔和，可治家務。劾里鉢有器量智識，何事不成。劾孫亦柔善人耳。」乃命劾者與世祖同居，劾孫與肅宗同居。景祖卒，世祖繼之。世祖卒，肅宗繼之。肅宗卒，穆宗繼之。穆宗復傳世祖之子，至於太祖，竟登大位焉。

世祖，遼重熙八年己卯歲生。遼咸雍十年，襲節度使。景祖異母弟跋黑有異志，世祖慮其爲變，加意事之，不使將兵，但爲部長。跋黑遂誘桓赧、散達、烏春、窩謀罕爲亂，及間諸部使貳于世祖。世祖猶欲撫慰之，語在跋黑、桓赧等傳中。世祖嘗買加古部鍛工烏不屯被甲九十，烏春欲託此以爲兵端，世祖還其甲，語在烏春傳。部中有流言曰：「欲生則附於跋黑，欲死則附於劾里鉢、頗剌淑。」世祖聞之，疑焉，無以察之，乃佯爲具裝，欲有所往者，陰遣人揚言曰：「寇至。」部衆聞者莫知虛實，有保於跋黑之室者，有保於世祖之室者，世祖乃盡得兄弟部屬向背彼此之情矣。

間數年，烏春來攻，世祖拒之。時十月已半，大雨累晝夜，冰澌覆地，烏春不能進。既而悔曰：「此天也。」乃引兵去。烏春舍於阿里矮村滓不乃家，而以兵圍其弟勝昆於胡不村。兵退，勝昆執其兄滓不乃，而請涖殺于世祖，且請免其孥戮。從之。

桓赧、散達亦舉兵，遣肅宗拒之。當是時，烏春兵在北，桓赧兵在南，其勢甚盛。戒之曰：「可和則與之和，否則決戰。」肅宗兵敗。會烏春以久雨解去，世祖乃以偏師涉舍很水，經貼割水，覆桓赧、散達之家。明日，大霧晦冥，失道，至婆多吐水乃覺。卽還至舍很、貼割之間，升高阜望之，見六騎來，大呼，馳擊之。世祖射一人斃，生獲五人，問之，乃知卜灰、撒骨出使助桓赧、散達者也。世祖至桓赧、散達所居，焚蕩其室家，殺百許人，舊將主保亦死之。比世祖還，與肅宗會，肅宗兵又敗矣。世祖讓肅宗失利之狀。遣人議和。桓赧、散達曰：「以爾盈歌之大赤馬、辭不失之紫騮馬與我，我則和。」二馬皆女直名馬，不許。桓赧、散達大會諸部來攻，過裴滿部，以其附於世祖也，縱火焚之。蒲察部沙秖勃堇、胡補答勃堇使阿喜來告難，世祖使之詭從以自全，曰：「戰則以旗鼓自別。」世祖往禦桓赧之衆，將行，有報者曰：「跋黑食於愛妾之父家，肉張咽，死矣。」乃遣肅宗求援於遼，遂率衆出。使辭不失取海姑兄弟兵，已而乃知海姑兄弟貳於桓赧矣，欲併取其衆，徑至海姑。偵者報曰：「敵已至。」將戰，世祖戒辭不失曰：「汝先陣於脫豁改原，待吾三揚旗，三鳴鼓，卽棄旗決戰。死生惟在今日，命不足惜。」使裴滿胡喜牽大紫騮馬以爲貳馬，馳至陣。時桓赧、散達盛强，世祖軍吏未戰而懼，皆植立無人色。世祖陽陽如平常，亦無責讓之言，但令士卒解甲少憩，以水沃面，調麨水飲之。有頃，訓勵之，軍勢復振。乃避衆獨引穆宗，執其手密與之言曰：「今日之事，若勝則已，萬一有不勝，吾必無生。汝今介馬遙觀，勿預戰事。若我死，汝勿收吾骨，勿顧戀親戚，亟馳馬奔告汝兄頗刺淑，于遼繫籍受印，乞師以報此讎。」語畢，世祖袒，不被甲，以縕袍垂襴護前後心，韔弓提劍，三揚旗，三鳴鼓，棄旗搏戰，身爲軍鋒，突入敵陣，衆從之。辭不失從後奮擊，大敗之。乘勝逐之，自阿不彎至于北隘甸，死者如仆麻，破多吐水水爲之赤，棄車甲馬牛軍實盡獲之。世祖曰：「今日之捷，非天不能及此，亦可以知足矣。雖縱之去，敗軍之氣沒世不振。」乃引軍還。世祖視其戰地，馳突成大路，闊且三十隴。手殺九人，自相重積，人皆異之。桓赧、散達自此不能復聚，未幾，各以其屬來降，遼大安七年也。

初，桓赧兄弟之變，不术魯部卜灰、蒲察部撒骨出助之。至是，招之，不肯和。卜灰之黨石魯遂殺卜灰來降。撒骨出追躡亡者，道傍人潛射之，中口而死。自是舊部悉歸。景祖時，斡勒部人盃乃來屬，及是，有他志。會其家失火，因以縱火誣歡都，世祖徵償如約。盃乃不自安，遂結烏春、窩謀罕舉兵。使肅宗與戰，敗之，獲盃乃，世祖獻之於遼。

臘醅、麻產侵掠野居女直，略來流水牧馬。世祖擊之，中四創，久之疾愈。臘醅等復略穆宗牧馬，交結諸部。世祖復伐之，臘醅等紿降，乃旋。臘醅得姑里甸兵百十有七人，據暮稜水守險，石顯子婆諸刊亦在其中。世祖圍而克之，盡獲姑里甸兵。麻產遁去。遂擒臘醅及婆諸刊，皆獻之遼。既已，復請之，遼人與之，并以前後所獻罪人歸之。

歡都大破烏春等於斜堆，〔三〕故石、拔石皆就擒。世祖自將與歡都合兵嶺東，諸軍皆至。是時，烏春已前死，窩謀罕請于遼，願和解。既與和，復來襲，乃進軍圍之。窩謀罕棄城遁去。破其城，盡俘獲之，以功差次分賜諸軍。城始破，議渠長生殺，衆皆長跪，遼使者在坐。忽一人佩長刀突前咫尺，謂世祖曰：「勿殺我。」遼使及左右皆走匿。世祖色不少動，執其人之手，語之曰：「吾不殺汝也。」於是罰左右匿者，曰：「汝等何敢失次耶。」罰既已，乃徐使執突前者殺之。其膽勇鎮物如此。

師還，寢疾，遂篤。元妃拏懶氏哭不止，世祖曰：「汝勿哭，汝惟後我一歲耳。」肅宗請後事，曰：「汝惟後我三年。」肅宗出，謂人曰：「吾兄至此，亦不與我好言。」乃叩地而哭。俄呼穆宗謂曰：「烏雅束柔善，若辦集契丹事，阿骨打能之。」遼大安八年五月十五日卒。襲位十九年，年五十四。明年，拏懶氏卒。又明年，肅宗卒。肅宗病篤，歎曰：「我兄眞多智哉。」世祖天性嚴重，有智識，一見必識，暫聞不忘。凝寒不縮栗，動止不回顧。每戰未嘗被甲，先以夢兆候其勝負。嘗乘醉騎驢入室中，明日見驢足跡，問而知之，自是不復飲酒。襲位之初，內外潰叛，締交爲寇。世祖乃因敗爲功，變弱爲强。既破桓赧、散達、烏春、窩謀罕，基業自此大矣。天會十五年，追謚聖肅皇帝，廟號世祖。皇統四年，號其藏曰永陵。五年，增謚世祖神武聖肅皇帝。

母弟頗剌淑襲節度使，景祖第四子也，是爲肅宗。遼重熙十一年壬午歲生。在父兄時號國相。國相之稱不知始何時。初，雅達爲國相。雅達者，桓赧、散達之父也。景祖以幣馬求之於雅達，而命肅宗爲之。

肅宗自幼機敏善辯。當其兄時，身居國相，盡心匡輔。是時，叔父跋黑有異志，及桓赧、散達、烏春、窩謀罕、石顯父子、臘醅、麻產作難，用兵之際，肅宗屢當一面。尤能知遼人國政人情。凡有遼事，一切委之肅宗專心焉。凡白事於遼官，皆令遠跪陳辭，譯者傳致之，往往爲譯者錯亂。肅宗欲得自前委曲言之，故先不以實告譯者。譯者惑之，不得已，引之前，使自言。乃以草木瓦石爲籌，枚數其事而陳之。官吏聽者皆愕然，問其故，則爲卑辭以對曰：「鄙陋無文，故如此。」官吏以爲實然，不復疑之，是以所訴無不如意。

桓赧、散達之戰，部人賽罕死之，其弟活羅陰懷忿怨。一日，忽以劍脅置肅宗項上曰：「吾兄爲汝輩死矣，剄汝以償，則如之何？」久之，因其兄柩至，遂怒而攻習不出，習不出走避之。攻肅宗于家，矢注次室之裙，著于門扉。復攻歡都，歡都衷甲拒于室中，既不能入，持其門旂而去，往附盃乃。盃乃誘烏春兵度嶺，世祖與遇于蘇素海甸。世祖曰：「予昔有異夢，今不可親戰。若左軍中有力戰者，則大功成矣。」命肅宗及斜列、辭不失與之戰。肅宗下馬，名呼世祖，復自呼其名而言曰：「若天助我當爲衆部長，則今日之事神祇監之。」語畢再拜。遂炷火束縕。頃之，大風自後起，火益熾。是時八月，幷青草皆焚之，煙焰漲天。我軍隨煙衝擊，大敗之。遂獲盃乃，囚而獻諸遼。幷獲活羅。肅宗釋其罪，左右任使之，後竟得其力焉。

大安八年，自國相襲位。是時，麻産尙據直屋鎧水，繕完營堡，誘納亡命。招之，不聽，遣康宗伐之。太祖別軍取麻産家屬，錡釜無遺。旣獲麻産，殺之，獻馘于遼。陶溫水民來附。

二年癸酉，遣太祖以偏師伐泥厖古部帥水抹离海村跋黑、播立開，平之，自是寇賊皆息。

三年八月，肅宗卒。天會十五年，追諡穆憲皇帝。皇統四年，藏號泰陵。五年，增諡肅宗明睿穆憲皇帝。

母弟穆宗，諱盈歌，字烏魯完，景祖第五子也。南人稱「揚割太師」，又曰揚割追諡孝平皇帝，號穆宗，又曰揚割號仁祖。金代無號仁祖者，穆宗諱盈歌，諡孝平，「盈」近「揚」，「歌」近「割」，南北音訛。遼人呼節度使爲「太師」，自景祖至太祖皆有是稱。凡叢言、松漠記、張棣金志等書皆無足取。

穆宗，遼重熙二十二年癸巳歲生。〔四〕肅宗時擒麻產，遼命穆宗爲詳穩。大安十年甲戌，襲節度使，年四十二。以兄劾者子撒改爲國相。

三年丙子，唐括部跋葛勃堇與溫都部人跋忒有舊，跋葛以事往，跋忒殺跋葛。使太祖率師伐跋忒，跋忒亡去，追及，殺之星顯水。紇石烈部阿踈、毛睹祿阻兵爲難，穆宗自將伐阿踈，撒改以偏師攻鈍恩城，拔之。阿踈初聞來伐，乃自訴于遼。遂留劾者守阿踈城，穆宗乃還。會陶溫水、徒籠古水紇石烈部阿閤版及石魯阻五國鷹路，執殺遼捕鷹使者。遼詔穆宗討之，阿閤版等據險立栅。方大寒，乃募善射者操勁弓利矢攻之。數日，入其城，出遼使存者數人，俾之歸。

統門、渾蠢水之交烏古論部留可、詐都與蘇濱水烏古論敵庫德起兵于米里迷石罕城，納根涅之子鈍恩亦亡去。於是兩黨作難。八月，撒改爲都統，辭不失、阿里合懣、斡帶副之，以伐留可、詐都、塢塔等。謾都訶、石土門伐敵庫德。撒改欲先平邊地城堡，或欲先取留可，莫能決。乃命太祖往。鈍恩將援留可，乘謾都訶兵未集而攻之。石土門軍既與謾都訶會，迎擊鈍恩，大敗之，降米里迷石罕城，獲鈍恩、敵庫德，釋弗殺。太祖度盆搦嶺，與撒改會，攻破留可城，留可已先往遼矣，盡殺其城中渠長。還圍塢塔城。塢塔先已亡在外，城降於軍，詐都亦降於蒲家奴，於是撫寧諸路如舊時。太祖因致穆宗，教統門、渾蠢、耶悔、星顯四路及嶺東諸部自今勿復稱都部長。命勝管、醜阿等撫定乙离骨嶺注阿門水之西諸部居民，又命斡帶及偏裨悉平二涅囊虎、二蠢出等路寇盜而還。

七年庚辰，劾者尚守阿踈城，毛睹祿來降。阿踈猶在遼，遼使使來罷兵。未到，穆宗使烏林荅石魯往佐劾者，戒之曰：「遼使來罷兵，但換我軍衣服旗幟與阿踈城中無辨，勿令遼使知之。」因戒劾者曰：「遼使可以計却。勿聽其言遽罷兵也。」遼使果來罷兵。穆宗使蒲察部胡魯勃堇、邈遜孛堇與俱至阿踈城。劾者見遼使，詭謂胡魯、邈遜曰：「我部族自相攻擊，干汝等何事？誰識汝之太師？」乃擐創刺殺胡魯、邈遜所乘馬。〔三〕遼使驚駭遽走，不敢回顧，徑歸。居數日，破其城。狄故保還自遼，在城中，執而殺之。阿踈復訴於遼。遼遣奚節度使乙烈來。穆宗至來流水興和村，見乙烈。問阿踈城事，命穆宗曰：「凡攻城所獲，存者復與之，不存者備償。」且徵馬數百匹。穆宗與僚佐謀曰：「若償阿踈，則諸部不復可號令任使也。」乃令主隈、秃答兩水之民陽爲阻絕鷹路，復使鼈故德部節度使言于遼曰：「欲開鷹路，非生女直節度使不可。」遼不知其爲穆宗謀也，信之，命穆宗討阻絕鷹路者，而阿踈城事遂止。穆宗聲言平鷹路，畋於土溫水而歸。是歲，留可來降。

八年辛巳，遼使使持賜物來賞平鷹路之有功者。

九年壬午，使蒲家奴以遼賜，給主隈、禿荅之民，且修鷹路而歸。冬，蕭海里叛，入于係案女直阿典部，遣其族人斡達剌來結和，曰：「願與太師爲友，同往伐遼。」穆宗執斡達剌。會遼命穆宗捕討海里，穆宗送斡達剌于遼，募軍得甲千餘。女直甲兵之數，始見于此，蓋未嘗滿千也。軍次混同水，蕭海里再使人來，復執之。旣而與海里遇。海里遙問曰：「我使者安在？」對曰：「與後人偕來。」海里不信。是時，遼追海里兵數千人，攻之不能克。穆宗謂遼將曰：「退爾軍，我當獨取海里。」遼將許之。太祖策馬突戰。流矢中海里首，海里墮馬下，執而殺之，大破其軍。使阿离合懣獻馘于遼。金人自此知遼兵之易與也。是役也，康宗最先登，於是以先登幷有功者爲前行，次以諸軍護俘獲歸所部。穆宗朝遼主于漁所，大被嘉賞，授以使相，錫予加等。

十年癸未，二月，穆宗還。遼使使授從破海里者官賞。高麗始來通好。十月二十九日，穆宗卒，年五十有一。

初，諸部各有信牌，穆宗用太祖議，擅置牌號者置于法，自是號令乃一，民聽不疑矣。自景祖以來，兩世四主，志業相因，卒定離析，一切治以本部法令，東南至于乙离骨、曷懶、耶懶、土骨論，東北至于五國、主隈、禿荅，金蓋盛于此。天會十五年，追謚孝平皇帝，廟號穆宗。皇統四年，號其藏曰獻陵。五年，增謚章順孝平皇帝。

兄子康宗，諱烏雅束，字毛路完，世祖長子也。遼清寧七年辛丑歲生。乾統三年癸未，襲節度使，〔六〕年四十三。穆宗末年，阿踈使達紀誘扇邊民，曷懶甸人執送之。穆宗使石適歡撫納曷懶甸，未行，穆宗卒，至是遣焉。先是，高麗通好，既而頗有隙，高麗使來請議事，使者至高麗，拒而不納。五水之民附于高麗，執團練使十四人，語在高麗傳中。

二年甲申，高麗再來伐，石適歡再破之。高麗復請和，前所執團練十四人皆遣歸，石適歡撫定邊民而還。蘇濱水民不聽命，使斡帶等至活羅海川，召諸官僚告諭之。含國部蘇濱水居斡豁勃堇不至。斡准部、職德部既至，復亡去。塢塔遇二部於馬紀嶺，執之而來，遂伐斡豁，克之。斡帶進至北琴海，攻拔泓忒城，乃還。

四年丙戌，高麗遣黑歡方石來賀襲位，遣盃魯報之。高麗約還諸亡在彼者，乃使阿聒、勝昆往受之。高麗背約，殺二使，築九城於曷懶甸，以兵數萬來攻。斡賽敗之。斡魯亦築九城，與高麗九城相對。高麗復來攻，斡賽復敗之。高麗約以還逋逃之人，退九城之軍，復所侵故地。九月，乃罷兵。

七年己丑，歲不登，減盜賊徵償，振貧乏者。

十一年癸巳，康宗卒，〔七〕年五十三。天會十五年，追謚恭簡皇帝。皇統四年，號其藏曰喬陵。五年，增謚康宗獻敏恭簡皇帝。

贊曰：金之厥初，兄弟三人，亦微矣。熙宗追帝祖宗，定著始祖、景祖、世祖廟，世世不祧。始祖娶六十之婦而生二男一女，豈非天耶。景祖不受遼籍遼印，取雅達「國相」以與其子。世祖既破桓赧、散達，遼政日衰，而以太祖屬之穆宗。其思慮豈不深遠矣夫。

校勘記

〔一〕乃使梁福斡答剌　「斡」原作「幹」。按本書卷二太祖紀，「召渤海梁福、斡答剌使之僞亡去，招諭其鄉人」，又天輔六年七月丙寅，「以斡答剌招降者衆，命領八千戶」，皆作「斡答剌」，今據改。

〔二〕天會十五年　按本書卷三二禮志及大金集禮卷三天會十四年奉上祖宗謚號，記追謚諸帝在天會十四年八月。而本卷記追謚成襄、聖肅、穆憲、孝平、恭簡皆以爲「天會十五年」。「五」顯係誤字，今爲拈出，以下不復一一舉正。

〔三〕歡都大破烏春等於斜堆　「大」原誤作「在」。按本書卷六八歡都傳，「大破烏春、窩謀罕於斜堆，擒故石、拔石」。今據改。

〔四〕穆宗遼重熙二十二年癸巳歲生　「二十二年」原作「二十一年」，干支不合。按下文「癸未十月卒，年五十一」。由此上推，知「癸巳」二字不誤。癸巳是重熙二十二年，今據改。

〔五〕乃援創刺殺胡魯遡遜所乘馬　「創」字誤。疑當是「槍」或「劍」字。

〔六〕乾統三年癸未襲節度使　「三年」原作「五年」，干支不合。按上文，康宗于「遼清寧七年辛丑歲生」，至乾統三年癸未「年四十三」，今據改。

〔七〕十一年癸巳康宗卒　「癸巳」原作「癸酉」，干支不合。按上文「七年己丑」，則十一年自應是癸巳。本書卷二太祖紀，「歲癸巳十月……康宗卽世」，正與之合。今據改。

金史卷二

本紀第二

太祖

太祖應乾興運昭德定功仁明莊孝大聖武元皇帝，諱旻，本諱阿骨打，世祖第二子也。母曰翼簡皇后拏懶氏。遼道宗時有五色雲氣屢出東方，大若二千斛囷倉之狀，司天孔致和竊謂人曰：「其下當生異人，建非常之事。天以象告，非人力所能爲也。」咸雍四年戊申，七月一日，太祖生。幼時與羣兒戲，力兼數輩，舉止端重，世祖尤愛之。世祖與臘醅、麻產戰於野鵲水，世祖被四創，疾困，坐太祖于膝，循其髮而撫之，曰：「此兒長大，吾復何憂。」十歲，好弓矢。甫成童，卽善射。一日，遼使坐府中，顧見太祖手持弓矢，使射羣鳥，連三發皆中。遼使矍然曰：「奇男子也。」太祖嘗宴紇石烈部活离罕家，散步門外，南望高阜，使衆射之，皆不能至。太祖一發過之，度所至踰三百二十步。宗室謾都訶最善射遠，其不及者猶百步也。天德三年,立射碑以識焉。

世祖伐卜灰,太祖因辭不失請從行。世祖不許而心異之。烏春既死,窩謀罕請和。既請和,復來攻,遂圍其城。太祖年二十三,被短甲,免胄,不介馬,行圍號令諸軍。城中望而識之。壯士太峪乘駿馬持槍出城,馳刺太祖。太祖不及備,舅氏活臘胡馳出其間,擊太峪,槍折,刺中其馬。太峪僅得免。嘗與沙忽帶出營殺略,不令世祖知之。且還,敵以重兵追之。獨行隘巷中,失道,追者益急。值高岸與人等,馬一躍而過,追者乃還。

世祖寢疾。太祖以事如遼統軍司。將行,世祖戒之曰:「汝速了此事,五月未半而歸,則我猶及見汝也。」太祖往見曷魯騷古統軍,既畢事,前世祖沒一日還至家。世祖見太祖來,所請事皆如志,喜甚,執太祖手,抱其頸而撫之,謂穆宗曰:「烏雅束柔善,惟此子足了契丹事。」穆宗亦雅重太祖,出入必俱。太祖遠出而歸,穆宗必親迓之。

世祖已擒臘醅,麻產尙據直屋鎧水。肅宗使太祖先取麻產家屬,康宗至直屋鎧水圍之。太祖會軍,親獲麻產,獻馘於遼。遼命太祖爲詳穩,仍命穆宗、辭不失、歡都皆爲詳穩。久之,以偏師伐泥厖古部跋黑、播立開等,乃以達塗阿爲鄉導,沿帥水夜行襲之,鹵其妻子。

初,溫都部跋忒殺唐括部跋葛,穆宗命太祖伐之。太祖入辭,謂穆宗曰:「昨夕見赤祥,此行必克敵。」遂行。是歲大雪,寒甚。與烏古論部兵沿土溫水過末鄰鄉,追及跋忒於阿斯溫山北濼之間，殺之。軍還，穆宗親迓太祖于霸建村。

撒改以都統伐留可，謾都訶合石土門伐敵庫德。撒改與將佐議，或欲先平邊地部落城堡，或欲徑攻留可城，議不能決，願得太祖至軍中。穆宗使太祖往，曰：「事必有可疑。軍之未發者止有甲士七十，盡以畀汝。」謾都訶在米里迷石罕城下，石土門未到，土人欲執謾都訶以與敵，使來告急，遇太祖於斜堆甸。太祖曰：「國兵盡在此矣。使敵先得志於謾都訶，後雖種誅之，何益也。」乃分甲士四十與之。太祖以三十人詣撒改軍。道遇人曰：「敵已據盆搦嶺南路矣。」衆欲由沙偏嶺往，太祖曰：「汝等畏敵邪？」既度盆搦嶺，不見敵，已而聞敵乃守沙偏嶺以拒我。及至撒改軍，夜急攻之，遲明破其衆。是時留可、塢塔皆在遼。既破留可，還攻塢塔城，城中人以城降。初，太祖過盆搦嶺，經塢塔城下，從騎有後者，塢塔城人攻而奪之釜。太祖駐馬呼謂之曰：「毋取我炊食器。」其人謾言曰：「公能來此，何憂不得食。」太祖以鞭指之曰：「吾破留可，卽於汝乎取之。」至是，其人持釜而前曰：「奴輩誰敢毀詳穩之器也。」遣蒲家奴招詐都，詐都乃降，釋之。

穆宗將伐蕭海里，募兵得千餘人。女直兵未嘗滿千，至是，太祖勇氣自倍，曰：「有此甲兵，何事不可圖也。」海里來戰，與遼兵合，因止遼人，自爲戰。勃海留守以甲贈太祖，太祖亦不受。穆宗問何爲不受。曰：「被彼甲而戰，戰勝則是因彼成功也。」穆宗末年，令諸部不得擅置信牌馳驛訊事，號令自此始一，皆自太祖啓之。

康宗七年，歲不登，民多流莩，强者轉而爲盜。歡都等欲重其法，爲盜者皆殺之。太祖曰：「以財殺人，不可。財者，人所致也。」遂減盜賊徵償法爲徵三倍。民間多逋負，賣妻子不能償，康宗與官屬會議，太祖在外庭以帛繫杖端，麾其衆，令曰：「今貧者不能自活，賣妻子以償債。骨肉之愛，人心所同。自今三年勿徵，過三年徐圖之。」衆皆聽令，聞者感泣，自是遠近歸心焉。

歲癸巳十月，康宗夢逐狼，屢發不能中，太祖前射中之。旦日，以所夢問僚佐，衆皆曰：「吉。兄不能得而弟得之之兆也。」是月，康宗卽世，太祖襲位爲都勃極烈。遼使阿息保來，曰：「何以不告喪？」太祖曰：「有喪不能弔，而乃以爲罪乎？」他日，阿息保復來，徑騎至康宗殯所，閱賵馬，欲取之。太祖怒，將殺之，宗雄諫而止。既而遼命久不至。遼主好畋獵，淫酗怠于政事，四方奏事往往不見省。紇石烈阿疎既奔遼，穆宗取其城及其部衆。不能歸，遂與族弟銀朮可、辭里罕陰結南江居人渾都僕速欲與俱亡入高麗。事覺，太祖使夾古撒喝捕之，而銀朮可、辭里罕先爲遼戍所獲，渾都僕速已亡去，撒喝取其妻子而還。

二年甲午，六月，太祖至江西，遼使使來致襲節度之命。初，遼每歲遣使市名鷹「海東青」于海上，道出境內，使者貪縱，徵索無藝，公私厭苦之。康宗嘗以不遣阿踈爲言，稍拒其使者。太祖嗣節度，亦遣蒲家奴往索阿踈，故常以此二者爲言，終至于滅遼然後已。至是，復遣宗室習古廼、完顏銀朮可往索阿踈。習古廼等還，具言遼主驕肆廢弛之狀。於是召官僚耆舊，以伐遼告之，使備衝要，建城堡，修戎器，以聽後命。遼統軍司聞之，使節度使捏哥來問狀，曰：「汝等有異志乎？修戰具，飭守備，將以誰禦？」太祖答之曰：「設險自守，又何問哉。」遼復遣阿息保來詰之。太祖謂之曰：「我小國也，事大國不敢廢禮。大國德澤不施，而逋逃是主，以此字小，能無望乎？若以阿踈與我，請事朝貢。苟不獲已，豈能束手受制也。」阿息保還，遼人始爲備，命統軍蕭撻不野調諸軍於寧江州。

太祖聞之，使僕聒剌復索阿踈，實觀其形勢。僕聒剌還言：「遼兵多，不知其數。」太祖曰：「彼初調兵，豈能遽集如此。」復遣胡沙保往，還言：「惟四院統軍司與寧江州軍及渤海八百人耳。」太祖曰：「果如吾言。」謂諸將佐曰：「遼人知我將舉兵，集諸路軍備我，我必先發制之，無爲人制。」衆皆曰：「善。」乃入見宣靖皇后，告以伐遼事。后曰：「汝嗣父兄立邦家，見可則行。吾老矣，無貽我憂，汝必不至是也。」太祖感泣，奉觴爲壽。即奉后率諸將出門，舉觴東向，以遼人荒肆，不歸阿踈，并已用兵之意，禱于皇天后土。酹畢，后命太祖正坐，與僚屬會酒，號令諸部。使婆盧火徵移懶路迪古乃兵，斡魯古、阿魯撫諭斡忽、急賽兩路係遼籍女直，實不迭往完睹路執遼障鷹官達魯古部副使辭列、寧江州渤海大家奴。於是達魯古部實里館來告曰：「聞舉兵伐遼，我部誰從？」太祖曰：「吾兵雖少，舊國也，與汝隣境，固當從我。若畏遼人，自往就之。」

九月，太祖進軍寧江州，次寥晦城。婆盧火徵兵後期，杖之，復遣督軍。諸路兵皆會于來流水，得二千五百人。致遼之罪，申告于天地曰：「世事遼國，恪修職貢，定烏春、窩謀罕之亂，破蕭海里之衆，有功不省，而侵侮是加。罪人阿疎，屢請不遣。今將問罪於遼，天地其鑒佑之。」遂命諸將傳梃而誓曰：「汝等同心盡力，有功者，奴婢部曲爲良，庶人官之，先有官者敍進，輕重視功。苟違誓言，身死梃下，家屬無赦。」師次唐括帶斡甲之地，諸軍禳射，介而立，有光如烈火，起於人足及戈矛之上，人以爲兵祥。明日，次扎只水，光見如初。

將至遼界，先使宗幹督士卒夷塹。既度，遇渤海軍攻我左翼七謀克，衆少却，敵兵直犯中軍。斜也出戰，哲垤先驅。太祖曰：「戰不可易也。」遣宗幹止之。宗幹馳出斜也前，控止哲垤馬，斜也遂與俱還。敵人從之，耶律謝十墜馬，遼人前救。太祖射救者斃，併射謝十中之。有騎突前，又射之，徹扎洞胸。謝十拔箭走，追射之，中其背，飲矢之半，僨而死。獲所乘馬。宗幹與數騎陷遼軍中，太祖救之，免冑戰。或自傍射之，矢拂于顙。太祖顧見射者，一矢而斃。謂將士曰：「盡敵而止。」衆從之，勇氣自倍。敵大奔，相蹂踐死者十七八。撒改在別路，不及會戰，使人以戰勝告之，而以謝十馬賜之。撒改使其子宗翰、完顏希尹來賀，且稱帝，因勸進。太祖曰：「一戰而勝，遂稱大號，何示人淺也。」

進軍寧江州，諸軍塡塹攻城。寧江人自東門出，溫迪痕阿徒罕邀擊，盡殪之。十月朔，克其城，獲防禦使大藥師奴，陰縱之，使招諭遼人。鐵驪部來送款。次來流城，以俘獲賜將士。召渤海梁福、斡荅剌使之僞亡去，招諭其鄉人曰：「女直、渤海本同一家，我興師伐罪，不濫及無辜也。」使完顏婁室招諭係遼籍女直。

師還，謁宣靖皇后，以所獲頒宗室耆老，以實里館貲產給將士。初命諸路以三百戶爲謀克，十謀克爲猛安。酬斡等撫定𧫫謀水女直。〔一〕鼈古酋長胡蘇魯以城降。

十一月，遼都統蕭糺里、副都統撻不野將步騎十萬會于鴨子河北。太祖自將擊之。未至鴨子河，既夜，太祖方就枕，若有扶其首者三，寤而起，曰：「神明警我也。」卽鳴鼓舉燧而行。黎明及河，遼兵方壞凌道，選壯士十輩擊走之。大軍繼進，遂登岸。甲士三千七百，至者纔三之一。俄與敵遇于出河店，會大風起，塵埃蔽天，乘風勢擊之，遼兵潰。遂至斡論濼，殺獲首虜及車馬甲兵珍玩不可勝計，徧賜官屬將士，燕犒彌日。遼人嘗言女直兵若滿萬則不可敵，至是始滿萬云。

斡魯古敗遼兵，〔二〕斬其節度使撻不野。僕虺等攻賓州，拔之。兀惹雛鶻室來降。遼將赤狗兒戰于賓州，僕虺、渾黜敗之。鐵驪王回离保以所部降。吾睹補、蒲察復敗赤狗兒、蕭乙薛軍于祥州東。斡忽、急塞兩路降。斡魯古敗遼軍于咸州西，斬統軍實婁于陣。〔三〕完顏婁室克咸州。

是月，吳乞買、撒改、辭不失率官屬諸將勸進，願以新歲元日恭上尊號。太祖不許。阿离合懣、蒲家奴、宗翰等進曰：「今大功已建，若不稱號，無以繫天下心。」太祖曰：「吾將思之。」

收國元年正月壬申朔，羣臣奉上尊號。是日，卽皇帝位。上曰：「遼以賓鐵爲號，取其堅也。賓鐵雖堅，終亦變壞，惟金不變不壞。金之色白，完顏部色尚白。」於是國號大金，改元收國。

丙子，上自將攻黃龍府，進臨益州。州人走保黃龍，取其餘民以歸。遼遣都統耶律訛里朶、左副統蕭乙薛、右副統耶律張奴、都監蕭謝佛留，騎二十萬、步卒七萬戍邊。留婁室、銀术可守黃龍，上率兵趨達魯古城，次寧江州西。遼使僧家奴來議和，國書斥上名，且使爲屬國。庚子，進師，有火光正圓，自空而墜。上曰：「此祥徵，殆天助也。」酹白水而拜，將士莫不喜躍。進逼達魯古城。上登高望遼兵若連雲灌木狀，顧謂左右曰：「遼兵心貳而情怯，雖多不足畏。」遂趨高阜爲陣。宗雄以右翼先馳遼左軍，左軍却。左翼出其陣後，遼右軍皆力戰。婁室、銀朮可衝其中堅，凡九陷陣，皆力戰而出。宗翰請以中軍助之。上使宗幹往爲疑兵。宗雄已得利，擊遼右軍，遼兵遂敗。乘勝追躡，至其營，會日已暮，圍之。黎明，遼軍潰圍出，逐北至阿婁岡。遼步卒盡殪，得其耕具數千以給諸軍。是役也，遼人本欲屯田，且戰且守，故併其耕具獲之。

二月，師還。

三月辛未朔，獵于寥晦城。

四月，遼耶律張奴以國書來。上以書辭慢侮，留其五人，獨遣張奴回報，書亦如之。

五月庚午朔，避暑于近郊。甲戌，拜天射柳。故事，五月五日、七月十五日、九月九日拜天射柳，歲以爲常。

六月己亥朔，遼耶律張奴復以國書來，猶斥上名。上亦斥遼主名以復之，且諭之使降。

七月戊辰，以弟吳乞買爲諳班勃極烈，國相撒改爲國論勃極烈，辭不失爲阿買勃極烈，弟斜也爲國論昃勃極烈。〔四〕甲戌，遼使辭剌以書來，留之不遣。九百奚營來降。

八月戊戌，上親征黃龍府。次混同江，無舟，上使一人道前，乘赭白馬徑涉，曰：「視吾鞭所指而行。」諸軍隨之，水及馬腹。後使舟人測其渡處，深不得其底。熙宗天眷二年，以黃龍府爲濟州，〔五〕軍曰利涉，蓋以太祖涉濟故也。

九月，克黃龍府，遣辭剌還，遂班師。至江，徑渡如前。丁丑，至自黃龍府。己卯，黃龍見空中。癸巳，以國論勃極烈撒改爲國論忽魯勃極烈，阿离合懣爲國論乙室勃極烈。

十一月，遼主聞取黃龍府，大懼，自將七十萬至駝門。駙馬蕭特末、林牙蕭查剌等將騎五萬、步四十萬至斡鄰濼。上自將禦之。

十二月己亥，行次爻剌，會諸將議。皆曰：「遼兵號七十萬，其鋒未易當。吾軍遠來，人馬疲乏，宜駐于此，深溝高壘以待。」上從之。遣迪古乃、銀朮可鎮達魯古。丁未，上以騎兵親候遼軍，獲督餉者，知遼主以張奴叛，西還二日矣。是日，上還至熟結濼，有光見于矛端。戊申，諸將曰：「今遼主既還，可乘怠追擊之。」上曰：「敵來不迎戰，去而追之，欲以此爲勇邪？」衆皆悚愧，願自効。上復曰：「誠欲追敵，約齎以往，無事餫饋。若破敵，何求不得。」衆皆奮躍，追及遼主于護步荅岡。是役也，兵止二萬。上曰：「彼衆我寡，兵不可分。視其中軍最堅，遼主必在焉。敗其中軍，可以得志。」使右翼先戰。兵數交，左翼合而攻之。遼兵大潰。我師馳之，橫出其中。遼師敗績，死者相屬百餘里。獲輿輦帟幄兵械軍資，他寶物馬牛不可勝計。是戰，斜也援矛殺數十人，阿离本被圍，温迪罕迪忽迭以四謀克兵出之，完顏蒙刮身被數創，力戰不已，功皆論最。蕭特末等焚營遁去。遂班師。夾谷撒喝取開州。婆盧火下特鄰城，辭里罕降。

二年正月戊子，詔曰：「自破遼兵，四方來降者衆，宜加優恤。自今契丹、奚、漢、渤海、係遼籍女直、室韋、達魯古、兀惹、鐵驪諸部官民，已降或爲軍所俘獲，逃遁而還者，勿以爲罪，其酋長仍官之，且使從宜居處。」

閏月，高永昌據東京，使撻不野來求援。高麗遣使來賀捷，且求保州。詔許自取之。

二月己巳，詔曰：「比以歲凶，庶民艱食，多依附豪族，因爲奴隸，及有犯法，徵償莫辨，折身爲奴者，或私約立限，以人對贖，過期則爲奴者，並聽以兩人贖一爲良。若元約以一人贖者，即從元約。」

四月乙丑，以斡魯統內外諸軍，與蒲察、迪古乃會咸州路都統斡魯古討高永昌。胡沙補等被害。

五月，斡魯等敗永昌，撻不野擒永昌以獻，戮之于軍。東京州縣及南路係遼女直皆降。詔除遼法，省稅賦，置猛安謀克一如本朝之制。以斡魯爲南路都統、迭勃極烈。阿徒罕破遼兵六萬于照散城。

九月己亥，上獵近郊。乙巳，南路都統斡魯來見于婆盧買水。始製金牌。

十二月庚申朔，諳班勃極烈吳乞買及羣臣上尊號曰大聖皇帝，改明年爲天輔元年。

天輔元年正月，開州叛，加古撒喝等討平之。國論昊勃極烈斜也以兵一萬取泰州。

四月，遼秦晉國王耶律捏里來伐，迪古乃、婁室、婆盧火將兵二萬，會咸州路都統斡魯古擊之。

五月丁巳，詔自收寧江州已後同姓爲婚者，杖而離之。

七月戊申，以完顏斡論知東京事。

八月癸亥，高麗遣使來請保州。

十二月甲子，斡魯古等敗耶律捏里兵于蒺藜山，拔顯州，乾、懿、豪、徽、成、川、惠等州皆降。是月，宋使登州防禦使馬政以國書來，〔六〕其略曰：「日出之分，實生聖人。竊聞征遼，屢破勍敵。若克遼之後，五代時陷入契丹漢地，願畀下邑。」

二年正月庚寅，遼雙州節度使張崇降。使散覩如宋報聘，〔七〕書曰：「所請之地，今當與宋夾攻，得者有之。」

二月癸丑朔，遼使耶律奴哥等來議和。辛酉，孛堇迪古乃、婁室來見。上以遼主近在中京，而敢輒來，皆杖之。劾里保、雙古等言，咸州都統斡魯古知遼主在中京而不進討，芻糧豐足而不以實聞，攻顯州時所獲生口財畜多自取。

三月癸未朔，命闍哥代爲都統而鞫治之，斡魯古坐降謀克。壬辰，遼使耶律奴哥以國書來。庚子，以婁室言黃龍府地僻且遠，宜重戍守，乃命合諸路謀克，以婁室爲萬戶鎮之。

四月辛巳，遼使以國書來。

五月丙申，命胡突衮如遼。

六月甲寅，詔有司禁民淩虐典雇良人，及倍取贖直者。甲戌，遼通、祺、雙、遼等州八百餘戶來歸，命分置諸部，擇膏腴之地處之。

七月癸未，詔曰：「匹里水路完顏朮里古、渤海大家奴等六謀克貧乏之民，昔嘗給以官糧，置之漁獵之地。今歷日已久，不知登耗，可具其數以聞。」胡突衮還自遼。耶律奴哥復以國書來。丙申，胡突衮如遼。遼戶二百來歸，處之泰州。詔遣阿里骨、李家奴、特里底招諭未降者。仍詔達魯古部勃堇辭列：「凡降附新民，善爲存撫。來者各令從便安居，給以官糧，毋輒動擾。」

八月，胡突衮還自遼。耶律奴哥、突迭復以國書來。

九月戊子，詔曰：「國書詔令，宜選善屬文者爲之。其令所在訪求博學雄才之士，敦遣赴闕。」

閏月庚戌朔，以降將霍石、韓慶和爲千戶。九百奚部蕭寶、乙辛，北部訛里野，漢人王六兒、王伯龍，契丹特末、高從祐等，各率衆來降。遼耶律奴哥以國書來。

十月癸未，以龍化州降者張應古、劉仲良爲千戶。乙未，咸州都統司言，漢人李孝功、渤海二哥率衆來降。命各以所部爲千戶。

十二月甲辰，遣孛堇朮孛以定遼地諭高麗。耶律奴哥以國書來。遼懿州節度使劉宏以戶三千幷執遼候人來降，以爲千戶。川州寇二萬已降復叛，紇石烈照里擊破之。

三年正月甲寅，東京人爲質者永吉等五人結衆叛。事覺，誅其首惡，餘皆杖百，沒入在行家屬資產之半。詔知東京事斡論，繼有犯者並如之。丙辰，詔鼈古孛堇酬斡曰：「胡魯古、迭八合二部來送款，若等先時不無交惡，自今毋相侵擾。」

三月，耶律奴哥以國書來。

四月丙子朔，日有食之。

五月壬戌，詔咸州路都統司曰：「兵興以前，曷蘇館、回怕里與係遼籍、不係遼籍女直戶民，有犯罪流竄邊境或亡入于遼者，本皆吾民，遠在異境，朕甚憫之。今既議和，當行理索。可明諭諸路千戶、謀克，徧與詢訪其官稱、名氏、地里，具錄以上。」

六月辛卯，遼遣太傅習泥烈等奉册璽來，上摘册文不合者數事復之。散覩還自宋。宋使馬政及其子宏來聘。〔八〕散覩受宋團練使，上怒，杖而奪之。宋使還，復遣孛堇辭列、曷魯等如宋。〔九〕

七月辛亥，遼人楊詢卿、羅子韋各率衆來降，命各以所部爲謀克。

八月己丑，頒女直字。

九月，以遼册禮使失期，詔諸路軍過江屯駐。

十一月，習泥烈等復以國書來。曷懶甸長城，高麗增築三尺。詔胡剌古、習顯愼固營壘。

四年二月，辭列、曷魯還自宋。〔一〇〕宋使趙良嗣、王暉來議燕京、西京地。〔一一〕

三月甲辰，上謂羣臣曰：「遼人屢敗，遣使求成，惟飾虛辭，以爲緩師之計，當議進討。其令咸州路統軍司治軍旅、修器械，具數以聞。」辛酉，詔咸州路都統司曰：「朕以遼國和議無成，將以四月二十五日進師。」令斜葛留兵一千鎮守，闍母以餘兵來會于渾河。遼習泥烈以國書來。

四月乙未，上自將伐遼。以遼使習泥烈、宋使趙良嗣等從行。

五月甲辰，次渾河西，使宗雄先趨上京，遣降者馬乙持詔諭城中。壬子，至上京，詔官民曰：「遼主失道，上下同怨。朕興兵以來，所過城邑負固不服者卽攻拔之，降者撫恤之，汝等必聞之矣。今爾國和好之事，反覆見欺，朕不欲天下生靈久罹塗炭，遂決策進討。比遣宗雄等相繼招諭，尙不聽從。今若攻之，則城破矣。重以弔伐之義，不欲殘民，故開示明詔，諭以禍福，其審圖之。」上京人恃禦備儲蓄爲固守計。甲寅，亟命進攻。上謂習泥烈、趙良嗣等曰：「汝可觀吾用兵，以卜去就。」上親臨城，督將士諸軍鼓譟而進。自旦及巳，闍母以麾下先登，克其外城，留守撻不野以城降。趙良嗣等奉觴爲壽，皆稱萬歲。是日，赦上京官民。詔諭遼副統余覩。壬戌，次沃黑河。宗幹率羣臣諫曰：「地遠時暑，軍馬罷乏，若深入敵境，糧餽乏絕，恐有後艱。」上從之，乃班師，命分兵攻慶州。余覩襲闍母於遼河，完顏背荅、烏塔等戰却之，完顏特虎死焉。

七月癸卯，上至自伐遼。

九月，燭隈水部實里古達等殺孛菫酬斡、僕忽得以叛。

十月戊辰朔，日有食之。戊寅，命斡魯分胡剌古、烏春之兵以討實里古達。

十一月，東京留守司乞本京官民質子增數番代，上不許，曰：「諸質子已各受田廬，若復番代，則往來動搖，可並仍舊。」

十二月，宋復使馬政來請西京之地。

五年春正月，斡魯敗實里古達於合撻剌山，誅首惡四人，餘悉撫定。

二月，遣昱及宗雄分諸路猛安謀克之民萬戶屯泰州，以婆盧火統之，賜耕牛五十。

四月乙丑朔，宗翰請伐遼。詔諸路預戒軍事。

五月，遼都統耶律余覩等詣咸州降。

閏月辛巳，國論胡魯勃極烈撒改薨。

六月癸巳，余覩與其將吏來見。丙申，千戶胡离荅坐擅署部人爲蒲里衍，杖一百，罷之。庚子，詔諳版勃極烈吳乞買貳國政。以吳勃極烈斜也爲忽魯勃極烈，蒲家奴爲吳勃極烈，宗翰爲移賚勃極烈。

七月庚辰，詔咸州都統司曰：「自余覩來，灼見遼國事宜，已決議親征，其治軍以俟師期。」尋以連雨罷親征。命吳勃極烈昱爲都統，移賚勃極烈宗翰副之，帥師而西。

十二月辛丑，〔三〕以忽魯勃極烈杲爲內外諸軍都統，以昱、宗翰、宗幹、宗望、宗磐等副之。甲辰，詔曰：「遼政不綱，人神共棄。今欲中外一統，故命汝率大軍以行討伐。爾其愼重兵事，擇用善謀，賞罰必行，糧餉必繼，勿擾降服，勿縱俘掠，見可而進，無淹師期。事有從權，毋須申稟。」戊申，詔曰：「若克中京，所得禮樂儀仗圖書文籍，並先次津發赴闕。」

六年正月癸酉，都統杲克高、恩、回紇三城。乙亥，取中京，遂下澤州。

二月庚寅朔，日有食之。己亥，宗翰等敗遼奚王霞末于北安州，降。奚部西節度使訛里剌以本部降。壬寅，都統杲遣使來奏捷，幷獻所獲貨寶。詔曰：「汝等提兵于外，克副所任，攻下城邑，撫安人民，朕甚嘉之。所言分遣將士招降山前諸部，計悉已撫定，續遣來報。山後若未可往，卽營田牧馬，俟及秋成，乃圖大舉。更當熟議，見可則行。如欲益兵，具數來上，不可恃一戰之勝，輒有弛慢。新降附者當善撫存。宣諭將士，使知朕意。」宗翰駐北安，遣希尹等略地，獲遼護衞耶律習泥烈，知遼主獵鴛鴦濼，以其子晉王賢而有人望，惡而殺之，衆益離心。雖有西北、西南兩路兵馬，皆羸弱。遂遣耨盌溫都等報都統杲進兵襲之。

三月，都統杲出靑嶺，宗翰出瓢嶺，追遼主于鴛鴦濼。遼主奔西京。宗翰復追至白水濼，不及，獲其貨寶。己巳，至西京。壬申，西京降。希尹追遼主于乙室部，不及。乙亥，西京復叛。是月，遼秦晉國王耶律捏里卽位于燕。

四月辛卯，復取西京。壬辰，遣徒單吳甲、高慶裔如宋。戊戌，都統杲自西京趨白水濼，昊勃極烈昱襲毗室部于鐵呂川，爲敵所敗。還會祭刺兵，追至黃水北，大破之。耶律坦招徠西南諸部，西至夏，其招討使耶律佛頂降。金肅、西平二郡漢軍四千餘人叛去，耶律坦等襲取之。闍母、婁室招降天德、雲內、寧邊、東勝等州，獲阿踈而還。是時，山西城邑諸部雖降，人心未固，遼主保陰山，耶律捏里在燕京，都統杲遣宗望入奏，請上臨軍。

五月辛酉，宗望來奏捷，百官入賀，賜宴歡甚。先是，獲遼樞密使得里底，節度使和尙、雅里斯、余里野等，都統杲使阿隣護送赴闕。得里底道亡，阿隣坐誅。耶律捏里遣使請罷兵。戊寅，使楊勉以書諭捏里，使之降。謀葛失遣其子菹泥刮失貢方物。

六月戊子朔，上親征遼，發自上京。諳班勃極烈吳乞買監國。辛亥，詔諭上京官民曰：「朕順天弔伐，已定三京，但以遼主未獲，兵不能已。今者親征，欲由上京路進，恐撫定新民，驚疑失業，已出自篤密呂。其先降後叛逃入險阻者，詔後出首，悉免其罪。若猶拒命，孥戮無赦。」是月，耶律捏里卒。斡魯、婁室敗夏人於野谷。

七月甲子，詔諸將無得遠迎，以廢軍務。乙丑，上京漢人毛八十率二千餘戶降，〔一三〕因命領之。丙寅，以斡荅剌招降者衆，命領八千戶，以忽薛副之。壬午，希尹以阿踈見，杖而釋之。

八月己丑，次鴛鴦濼。都統杲率官屬來見。癸巳，上追遼主于大魚濼。昱、宗望追及遼主于石輦鐸，與戰，敗之，遼主遁。己亥，次居延北。辛丑，中京將完顏渾黜敗契丹、奚、漢六萬于高州，孛堇麻吉死之。得里得滿部降。昱、宗望追遼主于烏里質鐸，不及。

九月庚申，次草濼。闍母平中京部族之先叛者，及招撫沿海郡縣。節度使耶律愼思領諸部入內地。乙丑，詔六部奚曰：「汝等旣降復叛，扇誘衆心，罪在不赦。尙以歸附日淺，恐綏懷之道有所未孚，故復令招諭。若能速降，當釋其罪，官皆仍舊。」歸化州降。戊辰，次歸化州。甲戌，宗雄薨。丁丑，奉聖州降。

十月丙戌朔，次奉聖州。詔曰：「朕屢勅將臣，安輯懷附，無或侵擾。然愚民無知，尙多逃匿山林，卽欲加兵，深所不忍。今其逃散人民，罪無輕重，咸與矜免。有能率衆歸附者，授之世官。或奴婢先其主降，並釋爲良。其布告之，使諭朕意。」蔚州降。庚寅，余覩等遣蔚州降臣翟昭彥、徐興、田慶來見。命昭彥、慶皆爲刺史，興爲團練使。詔曰：「比以幽、薊一方招之不服，今欲帥師以往，故先安撫山西諸部。汝等旣已懷服，宜加撫存。官民未附已前，罪無輕重及係官逋負，皆與釋免，諸官各遷敘之。」丁酉，蔚州翟昭彥、田慶殺知州事蕭觀寧等以叛。丙午，復降。

十一月，詔諭燕京官民，王師所至，降者赦其罪，官皆仍舊。

十二月，上伐燕京。宗望率兵七千先之，迪古乃出得勝口，銀朮哥出居庸關，婁室爲左翼，婆盧火爲右翼，取居庸關。丁亥，次嬀州。戊子，次居庸關。庚寅，遼統軍都監高六等來送款。上至燕京，入自南門，使銀朮哥、婁室陣于城上，乃次于城南。遼知樞密院左企弓、虞仲文，樞密使曹勇義，副使張彥忠，參知政事康公弼，僉書劉彥宗奉表降。辛卯，遼百官詣軍門叩頭請罪。詔一切釋之。壬辰，上御德勝殿，羣臣稱賀。甲午，命左企弓等撫定燕京諸州縣。詔西京官吏曰：「乃者師至燕都，已皆撫定。唯蕭妃與官屬數人遁去，已發兵追襲，或至彼路，可執以來。」黃龍府叛，宗輔討平之。

七年正月丁巳，遼奚王回离保僭稱帝。甲子，遼平州節度使時立愛降。詔曲赦平州。又詔譜班勃極烈曰：「比遣昂徙諸部民人于嶺東，而昂悖戾，騷動煩擾，致多怨叛。其違命失衆，當置重典。若或有疑，禁錮以待。」庚午，詔中京都統斡論曰：「聞卿撫定人民，各安其業，朕甚嘉之。回离保聚徒逆命，汝宜計畫，無使滋蔓。」壬申，詔招諭回离保。癸酉，以時立愛言招撫諸部。己卯，宋使來議燕京、西京地。庚辰，宜、錦、乾、顯、成、川、豪、懿等州皆降。甲申，詔曰：「諸州部族歸附日淺，民心未寧。今農事將興，可遣分諭典兵之官，無縱軍士動擾人民，以廢農業。」

二月乙酉朔，命撒八詔諭興中府，降之。遼來州節度使田顥、〔一四〕隰州刺史杜師回、遷州刺史高永福、潤州刺史張成皆降。壬辰，詔諳版勃極烈曰：「郡縣今皆撫定，有逃散未降者，已釋其罪，更宜招諭之。前後起遷戶民，去鄉未久，豈無懷土之心？可令所在有司，深加存恤，毋輒有騷動。衣食不足者，官賑貸之。」癸巳，詔曰：「頃因兵事未息，諸路關津絕其往來。今天下一家，若仍禁之，非所以便民也。自今顯、咸、東京等路往來，聽從其便。其間被虜及鬻身者，並許自贖爲良。」仍令馳驛布告。興中、宜州復叛。宋使趙良嗣來，請加歲幣以代燕稅，及議畫疆與遣使賀正旦生辰、置榷場交易，幷計議西京等事。癸卯，銀朮哥、鐸剌如宋。乙巳，詔都統杲曰：「新附之民有材能者，可錄用之。」戊申，詔平州官與宋使同分割所與燕京六州之地。癸丑，大赦。是月，改平州爲南京，以張覺爲留守。

三月甲寅朔，將誅昂，以習不失諫，杖之七十，仍拘泰州。戊午，都統杲等言耶律麻哲告余覩、吳十、鐸剌等謀叛，〔一五〕宜早圖之。上召余覩等，〔一六〕從容謂之曰：「朕得天下，皆我君臣同心同德以成大功，固非汝等之力。今聞汝等謀叛，若誠然耶，必須鞍馬甲冑器械之屬，當悉付汝，朕不食言。若再爲我擒，無望免死。欲留事朕，無懷異志，吾不汝疑。」余覩等皆戰慄不能對。命杖鐸剌七十，餘並釋之。宋使盧益、趙良嗣、馬宏以國書來。

四月丁亥，遣斡魯、宗望襲遼主于陰山。壬辰，復書于宋。師初入燕，遼兵復犯奉聖州，林牙大石壁龍門東二十五里。都統斡魯聞之，遣照立、婁室、馬和尚等率兵討之，生獲大石，悉降其衆。癸巳，詔曰：「自今軍事若皆中覆，不無留滯。應此路事務申都統司，餘皆取決樞密院。」契丹九斤聚黨興中府作亂，擒之，九斤自殺。命習古乃、婆盧火監護長勝軍，及燕京豪族工匠，由松亭關徙之內地。己亥，次儒州。斡魯、宗望等襲遼權六院司喝离質于白水濼，獲之。其宗屬秦王、許王等十五人降。聞遼主留輜重青塚，以兵萬人往應州，遣照里、背荅、宗望、婁室、銀朮哥等追襲之。宗望追及遼主，決戰，大敗之，獲其子趙王習泥烈及傳國璽。

五月甲寅，南京留守張覺據城叛。丙寅，次野狐嶺。己巳，次落藜濼。斡魯等以趙王習泥烈、林牙大石、駙馬乳奴等來獻，并上所獲國璽。宗雋以所俘遼主子秦王、許王，女奥野等來見。奚路都統撻懶攻速古、啜里、鐵尼所部十三巖，皆平之。又遣奚馬和尚攻下品、達魯古并五院司諸部，〔一七〕執其節度乙列。回离保爲其下所殺。辛巳，詔諭南京官民。

六月壬午朔，次鴛鴦濼。是日，闍母敗張覺于營州。丙申，上不豫，將還上京，命移賚勃極烈宗翰爲都統，吳勃極烈昱、迭勃極烈斡魯副之，駐兵雲中，以備邊。己酉，次斡獨山驛，召諳班勃極烈吳乞買。

七月辛酉，次牛山。宗翰還軍中。八月辛巳朔，日有食之。乙未，次渾河北。諳班勃極烈吳乞買率宗室百官上謁。戊申，上崩于部堵濼西行宮，年五十六。

九月癸丑，梓宮至上京。乙卯，葬宮城西南，建寧神殿。〔一八〕丙辰，諳班勃極烈即皇帝位。天會三年三月，上尊謚曰武元皇帝，廟號太祖，立原廟于西京。天會十三年二月辛酉，改葬和陵，立開天啓祚睿德神功之碑于燕京城南嘗所駐蹕之地。皇統四年，改和陵曰睿陵。五年十月，增謚應乾興運昭德定功睿神莊孝仁明大聖武元皇帝。貞元三年十一月，改葬于大房山，仍號睿陵。

贊曰：太祖英謨叡略，豁達大度，知人善任，人樂爲用。世祖陰有取遼之志，是以兄弟相授，傳及康宗，遂及太祖。臨終以太祖屬穆宗，其素志蓋如是也。初定東京，卽除去遼法，減省租稅，用本國制度。遼主播越，宋納歲幣，以幽、薊、武、朔等州與宋，而置南京于平州。宋人終不能守燕、代，卒之遼主見獲，宋主被執。雖功成于天會間，而規摹運爲實自此始。金有天下百十有九年，太祖數年之間算無遺策，兵無留行，底定大業，傳之子孫。嗚呼，雄哉。

校勘記

〔一〕酬斡等撫定䰠謀水女直　「謀」疑當作「坦」，形近而誤。按本書卷一二一僕忽得傳，「酬斡率濤溫路兵招撫三坦、石里很、跋苦三水鱉古城邑，皆降之」。「䰠坦」卽三坦。

〔二〕斡魯古敗遼兵　原脫「古」字。按本書卷七一斡魯古勃堇傳，「與遼節度使撻不也戰，敗之，斬撻不也」，卽此人。今據補。

〔三〕斬統軍實婁于陣　「實婁」原作「婁實」。按本書卷七一斡魯古勃堇傳，「與遼都統實婁戰于咸州之西，敗之，斬實婁于陣」。遼史卷二七天祚紀亦記天慶四年十二月「南軍諸將實婁、特烈等往援咸州，並爲女直所敗」。今據乙正。

〔四〕弟斜也爲國論昊勃極烈　原脫「昊」字。按下文天輔元年稱「國論昊勃極烈斜也」。本書卷七〇撒改傳，收國元年七月，「杲國論昊勃極烈」，又卷七六杲傳，收國元年「杲爲國論昊勃極烈」。今據補。

〔五〕熙宗天眷二年以黃龍府爲濟州　按本書卷二四地理志記此事作「天眷三年」。

〔六〕是月宋使登州防禦使馬政以國書來　按徐夢莘三朝北盟會編以下簡稱會編卷一及二，宋于政和八年卽天輔二年四月二十七日遣馬政等過海至女眞軍前議事，未賫國書。閏九月二十七日馬政等至女眞所居阿芝川淶流河。此條追記多誤，當記於下年閏九月末。

〔七〕使散覩如宋報聘　按會編卷二，宋重和元年即天輔二年馬政回至登州，「女眞發渤海人一名李善慶，熟女眞一名小散多，生女眞一名渤達，共三人，齎國書同馬政等俾來朝覲還禮，以十二月二日至登州，遣詣京師」。小散多當即散覩。此條應在本年十月。

〔八〕宋使馬政及其子宏來聘　按會編卷四，宣和二年即天輔四年九月二十日，「習魯等出國門，差馬政持國書及事目，隨習魯等前去報聘，約期夾攻，求山後地，許歲幣等事」。「差馬擴隨父行」。「十一月二十九日，馬政至女眞，以國書授之，及出事目示之」。本卷天輔四年「十二月，宋復使馬政來請西京之地」，當即此事，則此十字爲重出。

〔九〕宋使還復遣孛堇辭列曷魯等如宋　按會編卷四，宣和元年即天輔三年三月，散覩還金，宋「止差呼延慶等用登州牒遣」。「六月三日戊寅，呼延慶至女眞軍前，爲女眞所留」，並未遣使。又同書卷四，「宣和二年三月六日，詔趙良嗣由登州往，使王瓌副之，議夾攻契丹、求燕地、歲幣等」。「七月十八日，金人差女眞斯剌、習魯充回使，持其國書，來許燕地」。斯剌、習魯當即辭列、曷魯，是其事當在天輔四年七月。

〔一〇〕四年二月辭列曷魯還自宋　按辭列、曷魯還金在天輔四年十一月二十九日，參考本卷校記〔八〕。

〔一一〕宋使趙良嗣王暉來議燕京西京地　按會編卷四，宣和二年即天輔四年三月六日，詔「趙良嗣由登州往，王瓌副之，議夾攻契丹，求燕地、歲幣等」。「四月十四日，抵薊州關下。會女眞已出師分三路趨上京，諭令相隨，引看攻上京，城破，遂與阿骨打相見于龍岡，致議約之意」。則此十四字當在下文四月下。

〔一二〕十二月辛丑　「十二月」原作「十一月」。按是年十一月壬戌朔，無辛丑。十二月辛卯朔，辛丑是十一日。今據改。

〔一三〕乙丑上京漢人毛八十率二千餘戶降　按本書卷七五毛子廉傳，「毛子廉本名八十。天輔四年，遣謀克辛斡特剌、移剌窟斜招諭臨潢，子廉率戶二千六百來歸」，卽此事，在天輔四年，按之盧彥倫等傳皆合，疑此處誤。

〔一四〕來州節度使田顥　「顥」原作「顯」。按本書卷八一田顥傳，「權歸德節度使，太祖定燕，顥舉四州版圖歸朝」。遼史卷二九天祚紀，保大三年二月乙酉朔，「來州歸德軍節度使田顥……降金」。皆作「田顥」。今據改。

〔一五〕都統杲等言耶律麻哲告余覩吳十鐸剌等謀叛　原脫「告」字。按本書卷一三三耶律余覩傳，「耶律麻者告余睹、吳十、鐸剌結黨謀叛」，今據補。

〔一六〕上召余覩等　原脫「等」字。按下文連言「汝等」，又說「皆戰慄不能對」，應非一人，今據補。又下文「皆戰慄不能對」上亦補一「等」字。

〔一七〕又遣奚馬和尚攻下品達魯古并五院司諸部　按「下品」未詳其地。考本卷屢見「達魯古部」，他卷亦屢見「達魯古城」。本書卷六七奚王回离保傳，「達魯古部節度使乙列已降復叛，奚馬和尚討達魯古并五院司等諸部，諸部皆降，遂執乙列」，皆未及「下品」，疑「品」字或爲衍文。

〔一八〕乙卯葬宮城西南建寧神殿　原脱「建」字，不成語。按本書卷三〇禮志，「天輔七年八月，太祖葬上京宮城之西南，建寧神殿于陵上」。今據補。

金史卷三

本紀第三

太宗

太宗體元應運世德昭功哲惠仁聖文烈皇帝，諱晟，本諱吳乞買，世祖第四子，母曰翼簡皇后拏懶氏，〔一〕太祖母弟也。遼太康元年乙卯歲生。初爲穆宗養子。收國元年七月，命爲諳班勃極烈。太祖征伐，常居守。天輔五年，賜詔曰：「汝惟朕之母弟，義均一體，是用汝貳我國政。凡軍事違者，閱實其罪，從宜處之。其餘事無大小，一依本朝舊制。」

天輔七年六月，太祖次鴛鴦濼，有疾。至斡獨山驛，召赴行在。詔曰：「今遼主盡喪其師，奔于夏國。遼官特列、遙設等劫其子雅里而立之，已留宗翰等措畫。朕親巡已久，功亦大就，所獲州部，政須綏撫，是用還都。八月中旬，可至春州，汝率內戚迎我，若至豹子崖尤善。」

八月乙未，會于渾河北。戊申，太祖崩。

九月乙卯，葬太祖于宮城西。國論勃極烈杲、鄆王昂、宗峻、宗幹率宗親百官請正帝位，不許，固請，亦不許。宗幹率諸弟以赭袍被體，置璽懷中。丙辰，卽皇帝位。己未，告祀天地。丙寅，大赦中外。改天輔七年爲天會元年。癸酉，發春州粟，賑降人之徙于上京者。戊寅，詔諸猛安賦米，給戶口在內地匱乏者。南路軍帥闍母，敗張覺于樓峯口。

十月壬辰，詔以空名宣頭百道給西南、西北兩路都統宗翰，曰：「今寄爾以方面，如當遷授必待奏請，恐致稽滯，其以便宜從事。」己亥，上京慶元寺僧獻佛骨，却之。闍母及張覺戰于兎耳山，闍母敗績。

十一月壬子，命宗望問闍母罪，以其兵討張覺。壬戌，復以空名宣頭及銀牌給上京路軍帥實古廼、婆盧火等。癸亥，宗望以闍母軍發廣寧，下瀕海諸郡縣。詔諭南京，割武、朔二州入于宋。婁室破朔州西山，擒其帥趙公直。勃董斡魯别及勃剌速破走乙室白答於歸化。己巳，徙遷、潤、來、隰四州之民于瀋州。庚午，宗望及張覺戰于南京東，大敗之。張覺奔宋，城中人執其父及二子以獻，戮之軍中。壬申，張忠嗣、張敦固以南京降，遣使與張敦固入諭城中，復殺其使者以叛。己卯，詔女直人，先有附於遼，今復虜獲者，悉從其所欲居而復之。其奴婢部曲，昔雖逃背，今能復歸者，並聽爲民。

十二月辛巳，蠲民間貸息。詔以咸州以南，蘇、復州以北，年穀不登，其應輸南京軍糧免之。甲午，詔曰：「比聞民間乏食，至有鬻其子者，其聽以丁力等者贖之。」是日，以國論勃極烈杲爲諳班勃極烈，宗幹爲國論勃極烈。遣勃堇李靖如宋告哀。

二年春正月庚戌朔，以謾都訶爲阿捨勃極烈，參議國政。壬子，命賞宗望及將士克南京之功，赦闍母罪。甲寅，以空名宣頭五十、銀牌十給宗望。戊午，詔孛堇完顏阿實賚曰：「先帝以同姓之人有自鬻及典質其身者，命官爲贖。今聞尚有未復者，其悉閱贖之。」癸亥，以東京比歲不登，詔減田租、市租之半。甲戌，西南、西北兩路都統宗翰、宗望請勿割山西郡縣與宋，上曰：「是違先帝之命也，其速與之。」夏國奉表稱藩，以下寨以北、陰山以南、乙室耶剌部吐祿濼西之地與之。丙子，貽宋書，索俘虜叛亡。丁丑，始自京師至南京每五十里置驛。

二月，詔有盜發遼諸陵者，罪死。庚寅，詔命給宗翰馬七百疋、田種千石、米七千石，以賑新附之民。丁酉，命徙移懶路都勃堇完顏忠于蘇濒水。乙巳，詔諭南京官僚，小大之事，必關白軍帥，無得專達朝廷。丙午，宗翰乞濟師，詔有司選精兵五千給之。丁未，命宗望，凡南京留守及諸闕員，可選勳賢有人望者就注擬之，具姓名官階以聞。

三月己酉朔，命宗望以宋歲幣銀絹分賜將士之有功者。庚戌，叛人活孛帶降，詔釋之。宗望請選良吏招撫遷、潤、來、隰之民保山砦者，從之。己未，宗望以南京反覆，凡攻取之計，乞與知樞密院事劉彥宗裁決之。劉公胄、王永福棄家踰城來降，以公胄爲廣寧尹，永福爲奉先軍節度使。辛未，夏國王李乾順遣使上誓表。

閏月戊寅朔，賜夏國誓詔。辛巳，命置驛上京、春、泰之間。己丑，烏虎里、迪烈底兩部來降。丙午，既許割山西諸鎭與宋，以宗翰言罷之。是月，斜野襲遙輦昭古牙，走之，獲其妻孥羣從及豪族。勃堇渾啜等破奚七巖而撫其民人。

四月己酉，以宗翰經略西夏及破遼功，賜以十馬，使自擇其二，餘以分諸帥。賑上京路、西北路降者及新徙嶺東之人。戊午，以實古廼所築上京新城名會平州。乙亥，詔贖上京路新遷寧江州戶口賣身者六百餘人。宋遣使來弔喪。以高朮僕古等充遺留國信使，高興輔、劉興嗣等充告卽位國信使，如宋。

五月丁丑朔，上京軍帥實古廼以所獲印綬二十二及銀牌來上。癸未，詔曰：「新降之民，訴訟者衆，今方農時，或失田業，可俟農隙聽決。」丁亥，婆速路猛安僕盧古以贓罷，以謀克習泥烈代之。乙巳，曷懶路軍帥完顏忽剌古等言：「往者歲捕海狗、海東青、鴉、鶻於高麗之境，近以二舟往，彼乃以戰艦十四要而擊之，盡殺二舟之人，奪其兵仗。」上曰：「以小故起戰爭，甚非所宜。今後非奉命，毋輒往。」闍母克南京，殺都統張敦固。

七月壬午，皇子宗峻薨。丙戌，禁外方使介冗從多者。壬辰，鶻實答言：「高麗納吾叛亡，增其邊備，必有異圖。」詔曰：「納我叛亡而弗歸，其曲在彼。凡有通問，毋違常式。或來侵略，整爾行列，與之從事。敢先犯彼，雖捷必罰。」乙未，以烏虎部及諸營叛，以昊勃極烈昱等討平之。

八月乙巳朔，以孛菫烏爪乃等爲賀宋生辰使。丁巳，撒离改部猛安雛思以贓罷，以奚金家奴代之。六部都統撻懶擊走昭古牙，殺其隊將曷魯燥、白撒曷等。又破降駱駝山、金源、興中諸軍，詔增給銀牌十。

十月甲辰朔，夏國遣使謝誓詔。戊午，天清節，宋、夏遣使來賀。甲子，詔發寧江州粟，賑泰州民被秋潦者。遙輦昭古牙率衆來降。興中府降。丙寅，詔有司運米五萬石于廣寧，以給南京、潤州戍卒。命南路軍帥闍母，以甲士千人益合蘇館路孛菫完顏阿實賚，以備高麗。戊辰，西南、西北兩路權都統斡魯言：「遼詳穩撻不野來奔，言耶律大石自稱爲王，置南北官屬，有戰馬萬疋。遼主從者不過四千戶，有步騎萬餘，欲趨天德，駐余都谷。」詔曰：「追襲遼主，必酌事宜。其討大石，則俟報下。」

十一月癸未，闍母下宜州，拔杈枒山，殺節度使韓慶民。癸卯，詔以米五萬石給撻懶、實古迺。

十二月戊申，以孛菫高居慶等爲賀宋正旦使。

三年正月癸酉朔，宋、夏遣使來賀。戊子，同知宣徽院事韓資正加尙書左僕射，爲諸宮都部署。乙未，夏國遣使奠幣及賀卽位。宋遣使賀卽位。

二月壬戌，婁室獲遼主于余睹谷。丁卯，以厖葛城地分授所徙烏虎里、廸烈底二部及契丹民。〔二〕

三月乙亥，阿捨勃極烈諳都訶薨。丙子，賑奚、契丹新附之民。辛巳，建乾元殿。斡魯獻傳國寶，以謀葛失來附，請授印綬。是日，賜完顏婁室鐵券。

四月壬寅朔，詔以遼主赴京師。丁巳，南路軍帥察剌以罪罷。

五月己丑，蕭八斤獲遼玉寶來獻。

六月庚申，以獲遼主，遣李用和等充告慶使如宋。

七月壬申，禁內外官、宗室毋私役百姓。己卯，南京帥以錦州野蠶成繭，奉其絲綿來獻，命賞其長吏。詔權勢之家毋買貧民爲奴。其脅買者一人償十五人。詐買者一人償二人。皆杖一百。甲申，詔南京括官豪牧馬，以等第取之，分給諸軍。以耶律固等爲宋報謝使。

八月癸卯，斡魯以遼主至京師。甲辰，告于太祖廟。丙午，遼主延禧入見，降封海濱王。壬子，詔有司揀閱善射勇健之士以備宋。

九月壬午，廣寧府獻嘉禾。癸巳，保州路都孛堇加古撒曷有罪伏誅，以孛堇徒單烏烈代之。

十月甲辰，詔諸將伐宋。以諳班勃極烈杲兼領都元帥，移賚勃極烈宗翰兼左副元帥先鋒，經略使完顏希尹爲元帥右監軍，左金吾上將軍耶律余睹爲元帥右都監，自西京入太原。六部路軍帥撻懶爲六部路都統，斜也副之，宗望爲南京路都統，闍母副之，知樞密院事劉彥宗兼領漢軍都統，自南京入燕山。詔建太祖廟于西京。召耶魯赴京師敎授女直字。戊申，有司言權南路軍帥鶻實荅官吏貪縱，詔鞫之。壬子，天淸節，宋、夏遣使來賀。丁巳，以闍母爲南京路都統，埽喝副之，宗望爲闍母、劉彥宗兩軍監戰。壬戌，詔曰：「今大有年，無儲蓄則何以備饑饉，其令牛一具賦粟一石，每謀克爲一廩貯之。」宋易州戍將韓民毅以軍降，處之蔚州。

十一月庚辰，以降封遼主爲海濱王詔中外。辛卯，南路軍帥司請禁契丹、奚、漢人挾兵器，詔勿禁。以張忠嗣權簽南京中書樞密院事。

十二月庚子，宗翰下朔州。甲辰，宗望諸軍及宋郭藥師、張企徽、劉舜仁戰於白河，大破之。蒲莧敗宋兵于古北口。丙午，郭藥師降，燕山州縣悉平。戊申，宗翰克代州。乙卯，中山降。丙辰，宗望破宋兵五千于眞定。戊午，宗翰圍太原。耶律余睹破宋河東、陝西援兵于汾河北。甲子，宗望克信德府。

四年春正月丁卯朔，始朝日。降臣郭藥師、董才皆賜姓完顏氏。戊辰，宗弼取湯陰，大臭攻下濬州，迪古補取黎陽。己巳，諸軍渡河。庚午，取滑州。宗望使吳孝民等入汴，問宋取首謀平山者童貫、譚稹、詹度及張覺等。〔三〕宋太上皇帝出奔。癸酉，諸軍圍汴。甲戌，宋使李梲來謝罪，且請修好。宗望許宋修好，約質，割三鎭地，增歲幣，載書稱伯姪。戊寅，宋以康王構、少宰張邦昌爲質。辛巳，宋上誓書、地圖，稱姪大宋皇帝、伯大金皇帝。癸未，諸軍解圍。

二月丁酉朔，夜，宋將姚平仲兵四十萬來襲宗望營，敗之。己亥，復進師圍汴。宋使宇文虛中以書來，改以肅王樞爲質，遣康王構歸。師還。壬子，以滑、濬二州與宋。宗翰定威勝軍，攻下隆德府。丁巳，次澤州。海濱王家奴誣其主欲亡去，詔誅其首惡，餘並杖之。

三月癸未，銀朮可圍太原，宗翰還西京。

四月癸卯，宗望使宗弼來奏捷。乙丑，耿守忠等大敗宋兵于西都谷。

五月辛未，宋种師中以兵出井陘。癸酉，完顏活女敗之于殺熊嶺，斬師中於陣。是日，拔离速敗宋姚古軍於隆州谷。

六月丙申朔，高麗國王王楷奉表稱藩。庚戌，宗望獻所獲三象。庚申，以宗望爲右副元帥。

七月丙寅，遣高伯淑等宣諭高麗。壬申，出金牌，命孛堇大臭以所領渤海軍八猛安爲萬戶。戊子，以鐵勒部長奪离剌不從其兄夔里本叛，賜馬十一、豕百、錢五百萬。蕭仲恭使宋還，以所持宋帝與耶律余睹蠟書自陳。

八月庚子，詔左副元帥宗翰、右副元帥宗望伐宋。宋張灝率兵出汾州，拔离速擊走之。劉臻以兵出壽陽，婁室破之。庚戌，宗翰發西京。辛亥，婁室等破宋張灝軍于文水。癸丑，宗望發保州。是日，耶律鐸破宋兵于雄州，那野等敗宋兵于中山。甲寅，新城縣進白烏。庚申，突撚取新樂。

九月丙寅，宗翰克太原，執經略使張孝純。鶻沙虎取平遙、靈石、孝義、介休諸縣。己巳，復以南京爲平州。辛未，宗望破宋种師閔軍於井陘，取天威軍，克眞定，殺其守李邈。

十月，婁室克汾州，石州降。蒲察克平定軍，遼州降。丁未，天淸節，高麗、夏遣使來賀。中京進嘉禾。

十一月甲子，宗翰自太原趨汴。丙寅，宗望自眞定趨汴。戊辰，宗翰下威勝軍。癸酉，撒刺荅破天井關。乙亥，宗翰克隆德府。活女渡盟津。西京、永安軍、鄭州皆降。庚辰，宗翰克澤州。宗望諸軍渡河，臨河、大名二縣、德清軍、開德府皆下。丙戌，克懷州。是日，宗望至汴。

閏月壬辰朔，宋出兵拒戰，宗望等擊敗之。癸巳，宗翰至汴。丙辰，克汴城。庚申，以高隨充高麗生日使。辛酉，宋主桓出居青城。

十二月癸亥，宋主桓降，是日，歸于汴城。庚辰，詔曰：「朕惟國家，四境雖遠而兵革未息，田野雖廣而畎畝未闢，百工略備而祿秩未均，方貢僅修而賓館未贍。是皆出乎民力，苟不務本業而抑游手，欲上下皆足，其可得乎。其令所在長吏，敦勸農功。」

五年正月辛卯朔，高麗、夏遣使來賀。癸巳，宗翰、宗望使使以宋降表來上。乙未，知樞密院事劉彥宗上表，請復立趙氏，不聽。丁巳，回鶻喝里可汗遣使入貢。

二月丙寅，詔降宋二帝爲庶人。

三月丁酉，立宋太宰張邦昌爲大楚皇帝。〔四〕割地賜夏國。

四月乙酉，克陝府，取虢州。丙戌，以六部路都統撻懶爲元帥左監軍，南京路都統闍母爲元帥左都監。宗翰、宗望以宋二帝歸。己丑，詔曰：「合蘇館諸部與新附人民，其在降附之後同姓爲婚者，離之。」

五月庚寅朔，宋康王構卽位於歸德。宋殺張邦昌。婁室降解、絳、慈、隰、石、河中、嵐、寧化、保德、火山諸城。撻懶徇地山東，下密州。迪虎下單州，廣信軍降。

六月庚申，詔曰：「自河之北，今既分畫，重念其民或見城邑有被殘者，不無疑懼，遂命堅守。若卽討伐，生靈可愍。其申諭以理，招輯安全之。儻執不移，自當致討。若諸軍敢利於俘掠輒肆蕩毀者，底于罰。」庚辰，右副元帥宗望薨。漢國王宗傑繼薨。

七月甲午，賜宗翰券書，除反逆外，咸貰勿論。以石州戍將烏虎棄城喪師，杖之，削其官。

八月戊寅，以宋捷，遣耶律居謹等充宣慶使使高麗。丙戌，以宗輔爲右副元帥。詔曰：「河北、河東郡縣職員多闕，宜開貢舉取士，以安新民。其南北進士，各以所業試之。」

九月丁未，詔曰：「內地諸路，每耕牛一具賦粟五斗，以備歉歲。」辛亥，賜元帥右監軍完顏希尹、萬戶銀朮可券書，除赦所不原，餘並勿論。闍母取河間，大敗宋兵于莫州，雄州降。撻懶克祁州，永寧軍、保州、順安軍皆降。

冬十月丁卯，沙州回鶻活剌散可汗遣使入貢。辛未，天清節，高麗、夏遣使來賀。宋二帝自燕徙居于中京。

十二月丙寅，右副元帥宗輔伐宋，徇地淄、青。烏林荅泰欲敗宋將李成于淄州。趙州降。阿里刮徇地濬州，敗敵兵，遂取滑州。乙亥，西南路都統斡魯薨。己卯，賽里下汝州。

六年正月丙戌朔，高麗、夏遣使來賀。宗弼破宋鄭宗孟軍于青州。銀朮可取鄧州。薩謀魯入襄陽。拔离速入均州。馬五取房州。癸巳，克青州。癸卯，闍母克濰州。丁未，迪古補敗宋將趙子昉兵。撒离喝敗宋兵于河上。甲寅，宋將馬括兵次樂安，宗輔擊敗之，聞宋主在維揚，以農時還師。宗弼敗宋兵于河上。

二月乙卯朔，拔离速取唐州，癸亥，取蔡州。己巳，移剌古敗宋將臺宗雋等兵于大名。庚午，再破其軍，獲臺宗雋及宋忠。甲戌，拔离速取陳州。癸未，克穎昌府。鄭州叛入于宋，復取鄭州。遷洛陽、襄陽、穎昌、汝、鄭、均、房、唐、鄧、陳、蔡之民于河北。宗翰復遣婁室攻下同、華、京兆、鳳翔，擒宋經制使傅亮。阿鄰破河中。斡魯入馮翊。

三月壬辰，命南路軍帥實古廼，籍節度使完顏愼思所領諸部及未置猛安謀克戶來上。己酉，撻懶下恩州。

五月戊戌，移沙土古思以本部來附。

六月己未，詔求祖宗遺事。撻懶遣兵徇下磁州、信德府。真定賊自稱元帥、秦王，撒离喝討平之。

七月乙巳，宋主遣使奉表請和，詔進兵伐之。以宋二庶人赴上京。

八月乙卯，婁室敗宋兵于華州，訛特剌破敵于渭水，遂取下邽。丁丑，以宋二庶人素服見太祖廟，遂入見于乾元殿。封其父昏德公、子重昏侯。是日，告于太祖廟。以州郡職員名稱及俸給因革詔中外。

九月辛丑，繩果等敗宋兵于蒲城。甲申，又破敵於同州。乙丑，取丹州。〔五〕

十月丙寅，天清節，高麗、夏遣使來賀。癸酉，知樞密院事劉彥宗薨。丁丑，蒲察、婁室敗宋兵于臨眞。戊寅，徙昏德公、重昏侯于韓州。庚辰，宗翰、宗輔會于濮，伐宋。

十一月庚寅，蒲察、婁室取延安府。壬辰，賑移懶路。乙未，取濮州。綏德軍降。婁室再攻晉寧軍，其守徐徽言固守，不能克。

十二月丙辰，宗弼取開德府。丁卯，宗輔克大名府。鶻沙虎敗宋兵于鞏。

七年正月庚辰朔，高麗、夏遣使來賀。辛巳，吳國王闍母薨。甲午，以西京留守韓企先

同中書門下平章事、知樞密院事。〔六〕

二月戊辰，宋麟府路安撫使折可求以麟、府、豐三州降。己巳，婁室、塞里、鶻沙虎等破晉寧軍，其守徐徽言據子城拒戰。庚午，率衆潰圍走，擒之。使之拜，不拜。臨之以兵，不動。命降將折可求諭之降，指可求大罵，出不遜語，遂殺之。其統制孫昂及士卒皆不屈，盡殺之。甲戌，詔禁醫巫閭山遼代山陵樵採。

三月己卯朔，日中有黑子。壬寅，詔軍興以來，良人被略爲驅者，聽其父母夫妻子贖之。

四月，蒲察、婁室取鄜、坊二州。尚書左僕射高楨罷。〔七〕

五月乙卯，拔离速等襲宋主于揚州。〔八〕

九月丙午朔，日有食之。庚午，宗弼敗宋兵于睢陽。辛未，降其城。是月，曹州降。

十月丙子朔，京兆府降。丁丑，鞏州降。庚寅，天清節，高麗、夏遣使來賀。丁酉，阿里、當海、大臭破敵于壽春。己亥，安撫使馬世元以城降。甲辰，廬州降。

十一月庚戌，徙曷蘇館都統司治寧州。乙卯，高麗遣使來貢。丙辰，宗弼取和州。壬戌，宗弼渡江，敗宋副元帥杜充軍于江寧。丁卯，守臣陳邦光以城降。

十二月丙戌，宗弼取湖州。丁亥，克杭州。阿里、蒲盧渾追宋主于明州。越州降。大臯敗宋樞密使周望于秀州，又敗宋兵于杭州東北。戊戌，阿里、蒲盧渾敗宋兵于東關，遂濟曹娥江。壬寅，敗宋兵于高橋。宋主入于海。

八年正月甲辰朔，高麗、夏遣使來賀。丁巳，以同中書門下平章事韓企先爲尚書左僕射兼侍中。己未，阿里、蒲盧渾克明州，執其守臣趙伯諤。庚申，詔曰：「避役之民，以微直鬻身權貴之家者，悉出還本貫。」阿魯補、斜里也下太平、順昌及濠州。是月，宋副元帥杜充以其衆降。

二月乙亥，宗弼還自杭州。庚寅，取秀州。戊戌，取平江。

汴京亂，三月丁卯，大迪里復取之。宗弼及宋韓世忠戰于鎮江，不利。

四月丙申，復戰于江寧，敗之。諸軍渡江。是日，阿魯補戰于拓皐，己亥，周企戰于壽春，辛丑，婁室戰于淳化，皆勝之。醴州降，遂克邪州。

五月癸卯，禁私度僧尼及繼父繼母之男女無相嫁娶。戊申，詔曰：「河北、河東簽軍，其家屬流寓河南被俘掠爲奴婢者，官爲贖之，俾復其業。」

六月壬申，詔遣遼統軍使耶律曷禮質、節度使蕭別离剌等十人，分治新附州鎮。癸酉，詔以昏德公六女爲宗婦。

七月辛亥，詔給泰州都統婆盧火所部諸謀克甲冑各五十。先遣婁室經略陝西，所下城邑叛服不常，其監戰阿盧補請益兵。帥府會諸將議曰：「兵威非不足，綏懷之道有所未盡。誠得位望隆重、恩威兼濟者以往，可指日而定。若以皇子右副元帥宗輔往，爲宜。」以聞。詔曰：「婁室往者所向輒克，今使專征陝西，淹延未定，豈倦于兵而自愛耶？關、陝重地，卿等其勠力焉。」丁卯，上如東京溫湯。徙昏德公、重昏侯于鶻里改路。

九月戊申，立劉豫爲大齊皇帝，世修子禮，都大名府。辛酉，諳班勃極烈、都元帥杲薨。癸亥，宗輔等敗宋張浚軍于富平。耀州降。乙丑，鳳翔府降。

十月乙亥，上至自東京。齊帝劉豫遣使謝封册。甲申，天淸節，齊、高麗、夏遣使來賀。以鐵驪突离剌同中書門下平章事。詔遼、宋官上本國誥命，等第換授。

十一月甲辰，宗輔下涇州。丁未，渭州降。敗宋劉倪軍于瓦亭。戊申，原州降。宋涇原路統制張中孚、知鎭戎軍李彥琦以衆降。馬五等擊宋吳玠軍于隴州。庚戌，以遙鎭節度使烏克壽等爲齊劉豫生日使。癸亥，宗輔以陝西事狀聞，詔奬諭之。

十二月丁丑，完顏婁室薨。乙酉，宗輔敗宋劉維輔軍。壬辰，熙州降。

九年正月己亥朔，齊、高麗、夏遣使來賀。戊申，命以徒門水以西，渾疃、星顯、僝蠢三水以北閑田，給曷懶路諸謀克。辛亥，蒲察鶻拔魯、完顏忒里討張萬敵于白馬湖，陷于敵。癸丑，以同中書門下平章事時立愛爲侍中，知樞密院張忠嗣爲宣政殿大學士、知三司使事。宗弼、阿盧補撫定鞏、洮、河、樂、西寧、蘭、廓、積石等州。涇原、熙河兩路皆平。

四月己卯，詔「新徙戍邊戶，匱于衣食，有典質其親屬奴婢者，官爲贖之。戶計其口而有二三者，以官奴婢益之，使戶爲四口。又乏耕牛者，給以官牛，别委官勸督田作。戍戶及邊軍資糧不繼，糴粟于民而與賑卹。其續遷戍戶在中路者，姑止之，卽其地種藝，俟畢穫而行，及來春農時，以至戍所」。

五月丙午，分遣使者諸路勸農。

六月壬辰，賜昏德公、重昏侯時服各兩襲。

八月辛巳，回鶻隈欲遣使來貢。

九月己酉，和州回鶻執耶律大石之黨撒八、迪里、突迭來獻。

十月戊寅，天清節，齊、高麗、夏遣使來賀。撒离喝攻下慶陽。慕洧以環州降。宗弼與宋吳玠戰于和尙原，敗績。

十一月己未，遷趙氏疎屬于上京。以陝西地賜齊。

十年正月癸巳朔，齊、高麗、夏遣使來賀。己酉，齊表謝賜地。壬子，詔曰：「昔遼人分士庶之族，賦役皆有等差，其悉均之。」

二月庚午，賑上京路戍邊猛安民。

四月丁卯，詔「諸良人知情嫁奴者，聽如故爲妻；其不知而嫁者，去住悉從所欲」。移賚勃極烈、左副元帥宗翰朝京師。庚午，以太祖孫亶爲諳班勃極烈，皇子宗磐爲國論忽魯勃極烈，國論勃極烈宗幹爲國論左勃極烈，移賚勃極烈、左副元帥宗翰爲國論右勃極烈兼都元帥，右副元帥宗輔爲左副元帥。庚寅，聞鴨淥、混同江暴漲，命賑徙戍邊戶在混同江者。

閏月辛卯，詔分遣鶻沙虎等十三人閱諸路丁壯，調赴軍。

七月甲午，賑泰州路戍邊戶。上如中京。

九月，元帥右都監耶律余睹謀反，出奔。其黨燕京統軍使蕭高六伏誅，蔚州節度使蕭特謀葛自殺。

十月壬寅，天淸節，大赦。齊、高麗、夏遣使來賀。上如興中府。齊使使來告母喪。

十一月癸亥，以武良謨爲齊弔祭使。癸未，撒离喝請取劍外十三州，從之。部族節度使土古厮捕斬余睹及其諸子，函其首來獻。

十二月庚子，撒离喝克金州。上至自興中府。

十一年正月丁巳朔，齊、高麗、夏遣使來賀。丁卯，撒离喝敗吳玠于饒峰關。戊辰，取洋州。甲戌，入興元府。

二月己亥，元帥府言：「承詔賑軍士，臣恐有司錢幣將不繼，請自元帥以下有祿者出錢助給之。」詔曰：「官有府庫而取於臣下，此何理耶。其悉從官給。」

八月甲申，黃龍府置錢帛司。戊子，趙橍誣告其父昏德公謀反，橍及其壻劉文彥伏誅。戊戌，詔曰：「比以軍旅未定，嘗命帥府自擇人授官，今並從朝廷選注。」

十月丙申，天淸節，齊、高麗、夏遣使來賀。

十一月丙寅，賑移懶路。宗弼克和尚原。

十二月癸未，賑曷懶路。

十二年正月辛亥朔，齊、高麗、夏遣使來賀。甲子，初改定制度，詔中外。丙寅，如東京。

二月丁酉，撒离喝敗宋吳玠軍于固鎮。

四月，至自東京。

六月甲午，以阿盧補爲元帥右都監。

十月庚寅，天清節，齊、高麗、夏遣使來賀。

十三年正月丙午朔，日有食之。己巳，上崩于明德宮，年六十一。庚午，諳班勃極烈即皇帝位于柩前。三月庚辰，上尊謚曰文烈皇帝，廟號太宗。乙酉，葬和陵。皇統四年，改號恭陵。五年，增上尊謚曰體元應運世德昭功哲惠仁聖文烈皇帝。貞元三年十一月戊申，改葬于大房山，仍號恭陵。

贊曰：天輔草創，未遑禮樂之事。太宗以斜也、宗幹知國政，以宗翰、宗望總戎事。既滅遼舉宋，卽議禮制度，治曆明時，纘以武功，述以文事，經國規摹，至是始定。在位十三年，宮室苑籞無所增益。末，聽大臣計，傳位熙宗，使太祖世嗣不失正緒，可謂行其所甚難矣。

校勘記

〔一〕母曰翼簡皇后拏懶氏　「拏」原作「挐」，從殿本改。

〔二〕分授所徙烏虎里廸烈底二部及契丹民　原脫「底」字。按上文天會二年閏三月「己丑，烏虎里、廸烈底兩部來降」，本書卷七二習古迺傳，「以厖葛城地分賜烏虎里、迪烈底二部及契丹人」，皆稱「迪烈底」，今據補。

〔三〕問宋取首謀平山者童貫譚稹詹度及張覺等　原脱「者」字。按本書卷六〇交聘表，天會四年「正月己巳，宗望諸軍渡河，使吳孝民入汴，問宋取首謀平山者」，有「者」字。今據補。

〔四〕立宋太宰張邦昌爲大楚皇帝　「太宰」原作「少宰」。按本書卷七七張邦昌傳云，「天會五年，宗望軍圍汴，……邦昌爲宋太宰，與肅王樞俱爲質以來」。宋史卷四七五張邦昌傳，「欽宗即位，拜少宰，……俄進太宰」。今據改。

〔五〕甲申又破敵於同州乙丑取丹州　按天會六年九月壬午朔，辛丑後無甲申，此「甲申」當有誤字。十月壬子朔，「乙丑」當在下文「十月」下。

〔六〕以西京留守韓企先同中書門下平章事知樞密院事　「西京」原作「南京」。按本書卷七八韓企先傳，「宗翰爲都統經略山西，表署西京留守。天會六年，劉彦宗薨，企先代之，同中書門下平章事、知樞密院事」。今據改。

〔七〕尚書左僕射高楨罷　「楨」原作「貞」。據本書卷八四高楨傳改。

〔八〕五月乙卯拔离速等襲宋主于揚州　按，考宋史卷二五高宗紀，建炎「三年春正月庚辰朔，帝在揚州」，「二月壬子，「内侍鄺詢報金兵至，帝被甲馳鎮江府」。繫年要録卷二〇記載同，則此處「五月」當是二月之誤。

金史卷四

本紀第四

熙宗

熙宗弘基纘武莊靖孝成皇帝，諱亶，本諱合剌，太祖孫，景宣皇帝子。母蒲察氏。天輔三年己亥歲生。

天會八年，諳班勃極烈杲薨，太宗意久未決。十年，左副元帥宗翰、右副元帥宗輔、左監軍完顏希尹入朝，與宗幹議曰：「諳班勃極烈虛位已久，今不早定，恐授非其人。合剌，先帝嫡孫，當立。」相與請於太宗者再三，廼從之。四月庚午，詔曰：「爾爲太祖之嫡孫，故命爾爲諳班勃極烈，其無自謂沖幼，狎于童戲，惟敬厥德。」諳班勃極烈者，太宗嘗居是官，及登大位，以命弟杲。杲薨，帝定議爲儲嗣，故以是命焉。

十三年正月己巳，太宗崩。庚午，卽皇帝位。甲戌，詔中外。詔公私禁酒。癸酉，遣使告哀于齊、高麗、夏及報卽位，仍詔齊自今稱臣勿稱子。

二月乙巳，追謚太祖后唐括氏曰聖穆皇后，裴滿氏曰光懿皇后。追册太祖妃僕散氏曰德妃，烏古論氏曰賢妃。辛酉，改葬太祖于和陵。

三月己卯，齊、高麗使來弔祭。庚辰，謚大行皇帝曰文烈，廟號太宗。乙酉，葬太宗于和陵。甲午，以國論右勃極烈、都元帥宗翰爲太保，領三省事，封晉國王。戊戌，詔諸國使賜宴，不舉樂。

四月戊午，齊、高麗遣使賀卽位。丙寅，昏德公趙佶薨，遣使致祭及賻贈。是月，甘露降于熊岳縣。

五月甲申，左副元帥宗輔薨。

九月壬申，追尊皇考豐王爲景宣皇帝，廟號徽宗，皇妣蒲察氏爲惠昭皇后。戊寅，尊太祖后紇石烈氏、太宗后唐括氏皆爲太皇太后，詔中外。乙酉，改葬徽宗及惠昭后于興陵。

十一月，以尚書令宋國王宗磐爲太師。乙亥，初頒曆。己卯，以元帥左監軍完顏希尹爲尚書左丞相兼侍中，太子少保高慶裔爲左丞，平陽尹蕭慶爲右丞。己丑，建天開殿于爻剌。

十二月癸亥，始定齊、高麗、夏朝賀、賜宴、朝辭儀。以京西鹿囿賜農民。

十四年正月己巳朔，上朝太皇太后于兩宮。齊、高麗、夏遣使來賀。癸酉，頒曆于高麗。丁丑，太皇太后紇石烈氏崩。乙酉，萬壽節，齊、高麗、夏遣使來賀。上本七月七日生，以同皇考忌日，改用正月十七日。

二月癸卯，上尊謚曰欽憲皇后，〔一〕葬睿陵。

三月壬午，以太保宗翰、太師宗磐、太傅宗幹並領三省事。丁酉，高麗遣使來弔。

八月丙辰，追尊九代祖以下曰皇帝、皇后，定始祖、景祖、世祖、太祖、太宗廟皆不祧。癸亥，詔齊國與本朝軍民訴訟相關者，文移署年，止用天會。

十月甲寅，以吳激爲高麗王生日使，蕭仲恭爲齊劉豫回謝并生日正旦使。

十五年正月癸亥朔，上朝太皇太后于明德宮。齊、高麗、夏遣使來賀。初用大明曆。己卯，萬壽節，齊、高麗、夏遣使來賀。

六月庚戌，尚書左丞高慶裔、轉運使劉思有罪伏誅。

七月辛巳，太保、領三省事、晉國王宗翰薨。丙戌夜，京師地震。封皇叔宗雋、宗固，叔祖暈皆爲王。丁亥，汰兵與濫爵。

十月乙卯，以元帥左監軍撻懶爲左副元帥，封魯國王。宗弼右副元帥，封瀋王。知樞密院事兼侍中時立愛致仕。

十一月丙午，廢齊國，降封劉豫爲蜀王，詔中外。置行臺尙書省于汴。

十二月戊辰，劉豫上表謝封爵。癸未，詔改明年爲天眷元年。大赦。命韓昉、耶律紹文等編修國史。以勗爲尙書左丞、同中書門下平章事。徙蜀王劉豫臨潢府。

天眷元年正月戊子朔，上朝明德宮。高麗、夏遣使來賀。頒女直小字。封大司空昱爲王。甲辰，萬壽節，高麗、夏遣使來賀。

二月壬戌，上如爻剌春水。乙丑，幸天開殿。己巳，詔罷來流水、混同江護邏地，與民耕牧。

三月庚寅，以禁苑隙地分給百姓。戊申，以韓昉爲翰林學士。

四月丁卯，命少府監盧彥倫營建宮室，止從儉素。壬午，朝享于天元殿。立裴滿氏爲貴妃。

五月己亥，詔以經義、詞賦兩科取士。

六月戊午，上至自天開殿。

秋七月辛卯，左副元帥撻懶、東京留守宗雋來朝。丁酉，按出滸河溢，壞廬舍，民多溺死。壬寅，左丞相希尹罷。

八月甲寅朔，頒行官制。癸亥，回鶻遣使朝貢。己卯，以河南地與宋。以右司侍郎張通古等使江南。以京師爲上京，府曰會寧，舊上京爲北京。

九月甲申朔，以奭爲會寧牧，封鄧王。乙未，詔百官誥命，女直、契丹、漢人各用本字，渤海同漢人。丁酉，改燕京樞密院爲行臺尚書省。戊戌，上朝明德宮。甲辰，以奕爲平章政事。己酉，省燕中西三京、平州東、西等路州縣。辛亥，權行臺左丞相張孝純致仕。

十月甲寅朔，以御前管勾契丹文字李德固爲參知政事。丙寅，封叔宗强爲紀王，宗敏邢王，太宗子斛魯補等十三人爲王。己巳，始禁親王以下佩刀入宮。辛未，定封國制。癸酉，以東京留守宗雋爲尚書左丞相兼侍中，封陳王。

十一月丙辰，以康宗以上畫像工畢，奠獻于乾元殿。

十二月癸亥，新宮成。甲戌，高麗遣使入貢。丁丑，立貴妃裴滿氏爲皇后。

二年正月壬午朔，高麗、夏遣使來賀。戊戌，萬壽節，高麗、夏遣使來賀。以左丞相宗雋爲太保、領三省事，進封兗國王。興中尹完顏希尹復爲尚書左丞相兼侍中。

二月乙未，〔三〕上如天開殿。

三月丙辰，〔四〕命百官詳定儀制。

四月甲戌，百官朝參，初用朝服。己卯，宋遣使謝河南地。

五月戊子，太白晝見。乙巳，上至自天開殿。

六月己酉朔，初御冠服。辛亥，吳十謀反，伏誅。己未，上從容謂侍臣曰：「朕每閱貞觀政要，見其君臣議論，大可規法。」翰林學士韓昉對曰：「皆由太宗溫顏訪問，房、杜輩竭忠盡誠。其書雖簡，足以爲法。」上曰：「太宗固一代賢君，明皇何如？」昉曰：「唐自太宗以來，惟明皇、憲宗可數。明皇所謂有始而無終者。初以艱危得位，用姚崇、宋璟，惟正是行，故能成開元之治。末年怠于萬機，委政李林甫，姦諛是用，以致天寶之亂。苟能愼終如始，則貞觀之風不難追矣。」上稱善。又曰：「周成王何如主？」昉對曰：「古之賢君。」上曰：「成王雖賢，亦周公輔佐之力。後世疑周公殺其兄，以朕觀之，爲社稷大計，亦不當非也。」

七月辛巳，宋國王宗磐、兗國王宗雋謀反，伏誅。丙戌，以右副元帥宗弼爲都元帥，進封越國王。丁亥，以誅宗磐等詔中外。己丑，以左副元帥撻懶爲行臺左丞相，杜充爲行臺右丞相，蕭寶、耶律暉行臺平章政事。甲午，咸州詳穩沂王暈坐與宗磐謀反，伏誅。辛丑，以太傅、領三省事宗幹爲太師，領三省如故，進封梁宋國王。

八月辛亥，行臺左丞相撻懶、翼王鶻懶及活离胡土、撻懶子斡帶、烏達補謀反，伏誅。丁丑，太白晝見。

九月戊寅朔，降封太宗諸子。大司空昱罷。丙申，初居新宮。立太祖原廟于慶元宮。壬寅，宋遣王倫等乞歸父喪及母韋氏等，拘倫不遣。以溫都思忠諸路廉問。

十月癸酉，夏國使來告喪。

十二月，豫國公昱薨。

三年正月丁丑朔，高麗、夏遣使來賀。癸巳，萬壽節，高麗、夏遣使來賀。以都元帥宗弼領行臺尚書省事。

四月乙巳朔，溫都思忠廉問諸路，得廉吏杜遵晦以下百二十四人，各進一階，貪吏張軫以下二十一人皆罷之。癸丑，蜀國公完顏銀朮哥薨。丁卯，上如燕京。

五月丙子，詔元帥府復取河南、陝西地。己卯，詔冊李仁孝爲夏國王。命都元帥宗弼以兵自黎陽趨汴，右監軍撒离合出河中趨陝西。是月，河南平。

六月，陝西平。上次涼陘。〔四〕大旱。使蕭彥讓、田㝅決西京囚。

秋七月癸卯朔，日有食之。乙卯，宗弼遣使奏河南、陝西捷。丁卯，詔文武官五品以上致仕，給俸祿之半，職三品者仍給傔人。

八月辛巳，招撫諭陝西五路。壬午，初定公主、郡縣主及駙馬官品。

九月壬寅朔，宗弼來朝。戊申，上至燕京。己酉，親饗太祖廟。庚申，宗弼還軍中。夏國遣使謝賻贈。癸亥，殺左丞相完顏希尹、右丞蕭慶〔五〕及希尹子昭武大將軍把搭、符寶郎漫帶。戊辰，夏國遣使謝封册。

十一月癸丑，以孔子四十九代孫璠襲封衍聖公。癸亥，以都點檢蕭仲恭爲尚書右丞，前西京留守昂爲平章政事。甲子，行臺尚書右丞相杜充薨。

十二月乙亥，都元帥宗弼上言宋將岳飛、張俊、韓世忠率衆渡江，詔命擊之。丁丑，地震。己亥，以元帥左監軍阿离補爲左副元帥，右監軍撒离合爲右副元帥。

皇統元年正月辛丑朔，高麗、夏遣使來賀。庚戌，羣臣上尊號曰崇天體道欽明文武聖德皇帝。初御袞冕。癸丑，謝太廟。大赦。改元。丁巳，萬壽節，高麗、夏遣使來賀。己未，初定命婦封號。夏國請置榷場，許之。己巳，封平章政事昂爲漆水郡王。

二月戊寅，詔諸致仕官職俱至三品者，俸祿人力各給其半。宗弼克廬州。乙酉，改封海濱王耶律延禧爲豫王，昏德公趙佶爲天水郡王，重昏侯趙桓爲天水郡公。戊子，上親祭孔子廟，〔六〕北面再拜。退謂侍臣曰：「朕幼年游佚，不知志學，歲月逾邁，深以爲悔。孔子雖無位，其道可尊，使萬世景仰。大凡爲善，不可不勉。」自是頗讀尚書、論語及五代、遼史諸書，或以夜繼焉。

三月己未，〔七〕上宴羣臣于瑤池殿，適宗弼遣使奏捷，侍臣多進詩稱賀。帝覽之曰：「太平之世，當尚文物，自古致治，皆由是也。」

四月丙子，以濟南尹韓昉參知政事。辛巳，宗弼請伐江南，從之。

五月己酉，太師、領三省事、梁宋國王宗幹薨。庚戌，上親臨。日官奏，戌、亥不宜哭泣。上曰：「君臣之義，骨肉之親，豈可避之。」遂哭之慟，命輟朝七日。

六月甲戌，詔都元帥宗弼與宰執同入奏事。庚寅，行臺平章政事耶律暉致仕。壬辰，有司請舉樂，上以宗幹新喪不允。甲午，衞王宗强薨，〔八〕上親臨，輟朝如宗幹喪。

七月癸卯，以景宣皇帝忌辰，命尚食徹肉。丙午，以宗弼爲尚書左丞相兼侍中，都元帥、領行臺如故。己酉，宗弼還軍中。辛亥，參知政事耶律讓罷。

九月戊申，上至自燕京。朝太皇太后于明德宮。詔賜鰥寡孤獨不能自存者，人絹二疋、絮三斤。

是秋，蝗。都元帥宗弼伐宋，渡淮。以書讓宋，宋復書乞罷兵，宗弼以便宜畫淮爲界。

十一月己酉，高麗國賀受尊號。稽古殿火。

十二月癸巳，夏國賀受尊號。天水郡公趙桓乞本品俸，詔賙濟之。左丞勗進先朝實錄三卷，上焚香立受之。

二年正月乙未朔，高麗、夏遣使來賀。己亥，上獵于來流河。乙巳，命封高麗。〔九〕丁未，上至自來流河。辛亥，萬壽節，高麗、夏遣使來賀。壬子，衍聖公孔璠薨，子拯襲。

二月丁卯，上如天開殿。甲戌，賑熙河路。戊子，皇子濟安生。辛卯，宋使曹勛來許歲幣銀、絹二十五萬兩、匹，畫淮爲界，世世子孫，永守誓言。改封蜀王劉豫爲曹王。壬辰，以皇子生，赦中外。

三月辛丑，還自天開殿。大雪。丙午，以宗弼爲太傅。丙辰，遣左宣徽使劉筈以衮冕圭册册宋康王爲帝。歸宋帝母韋氏及故妻邢氏、天水郡王幷妻鄭氏喪于江南。戊午，立子濟安爲皇太子。

四月丙寅，〔一〇〕以臣宋告中外。庚午，五雲樓、重明等殿成。

五月癸巳朔，不視朝。上自去年荒于酒，與近臣飲，或繼以夜。宰相入諫，輒飲以酒，曰：「知卿等意，今旣飲矣，明日當戒。」因復飲。乙卯，賜宋誓詔。辛酉，宴羣臣於五雲樓，皆盡醉而罷。

七月甲午，回鶻遣使來貢。北京、廣寧府蝗。丁酉，賜宗弼金券。

八月丁卯，詔歸朱弁、張邵、洪皓于宋。辛未，復太宗子胡盧爲王。賑陝西。

九月壬辰，詔給天水郡王子、姪、壻、天水郡公子俸給。

十一月甲寅，平章政事漆水郡王昂薨，追封鄆王。

十二月乙丑，高麗王遣使謝封册。庚午，宋遣使謝歸三喪及母韋氏。壬申，上獵于核耶呆米路。癸未，還宮。甲申，皇太子濟安薨。

三年正月己丑朔，以皇太子喪不御正殿，羣臣詣便殿稱賀。宋、高麗、夏使詣皇極殿遙賀。乙巳，萬壽節，如正旦儀。

三月辛卯，以尚書左丞勗爲平章政事，殿前都點檢宗憲爲尚書左丞。丁酉，太皇太后唐括氏崩。己酉，封子道濟爲魏王。

五月丁巳朔，京兆進瑞麥。癸亥，上致祭太皇太后。甲申，初立太廟、社稷。

六月己酉，初置驍毅軍。

七月丙寅，上致祭太皇太后。庚辰，太原路進獬豸并瑞麥。

八月辛卯，詔給天水郡王孫及天水郡公壻俸祿。丙申，老人星見。乙巳，謚太皇太后曰欽仁皇后。戊申，葬恭陵。

十二月癸未朔，日有食之。

四年正月癸丑朔，宋、高麗、夏遣使來賀。甲寅，詔以去年宋幣賜始祖以下宗室。己未，以宋使王倫爲平州轉運使，既受命，復辭，罪其反覆，誅之。乙丑，陝西進嘉禾十有二莖，莖皆七穗。己巳，萬壽節，宋、高麗、夏遣使來賀。乙亥，上祭欽仁皇后，哭盡哀。

二月癸未，上如東京。丙申，次百泊河春水。丁酉，回鶻遣使來賀，以粘合韓奴報之。

五月辛亥朔，次薰風殿。

六月辛巳朔，日有食之。

七月庚午，建原廟于東京。

八月癸未，殺魏王道濟。

九月乙酉，〔一〕上如東京。壬子，畋于沙河，射虎獲之。乙卯，〔一三〕遣使祭遼主陵。辛酉，詔薰風殿二十里內及巡幸所過五里內，並復一歲。癸酉，行臺左丞相張孝純薨。

十月壬辰，〔一四〕立借貸飢民酬賞格。甲辰，以河朔諸郡地震，詔復百姓一年，其壓死無人收葬者，官爲斂藏之。陝西、蒲、解、汝、蔡等處因歲饑，流民典雇爲奴婢者，官給絹贖爲良，放還其鄉。

十一月己酉，上獵于海島。

十二月甲午，至東京。

五年正月丁未朔，宋、高麗、夏遣使來賀。癸亥，萬壽節，宋、高麗、夏遣使來賀。

二月乙未，次濟州春水。

三月戊辰，次天開殿。

五月戊午，初用御製小字。壬申，以平章政事勗諫，上爲止酒，仍布告廷臣。

六月乙亥朔，日有食之。

八月戊戌，發天開殿。

九月庚申，至自東京。

十月辛卯，增謚太祖。

閏月戊寅，大名府進牛生麟。壬辰，懷州進嘉禾。

十二月戊申，增謚始祖以下十帝及太宗、徽宗。丁巳，赦。

六年正月辛未朔，宋、高麗、夏遣使來賀。壬申，封太祖諸孫爲王。乙亥，畋于謀勒。甲申，還京師。丁亥，萬壽節，宋、高麗、夏遣使來賀。庚寅，以邊地賜夏國。壬辰，如春水。帝從禽，導騎誤入大澤中，帝馬陷，因步出，亦不罪導者。乙未，封偎喝爲王。

二月丙寅，右丞相韓企先薨。

三月壬申，以阿离補爲行臺右丞相。

四月庚子朔，上至自春水。以同判大宗正事宗固爲太保、右丞相兼中書令。戊午，行臺右丞相阿离補薨。

五月壬申，高麗王楷薨。辛卯，以左宣徽使劉筈爲行臺右丞相。

六月乙巳，殺宇文虛中及高士談。乙丑，遣使弔祭高麗，幷起復嗣王晛。

九月戊辰朔，以許王破汴，睿宗平陝西，鄭王克遼及婁室、銀术可皆有大功，並爲立碑。戊寅，曹王劉豫薨。

是歲，遣粘割韓奴招耶律大石，被害。

七年正月乙丑朔，宋、高麗、夏遣使來賀。辛巳，萬壽節，宋、高麗、夏遣使來賀。癸未，以西京鹿囿爲民田。丁亥，太白經天。

三月戊寅，高麗遣使謝弔祭、起復。

四月戊午，宴便殿，上醉酒，殺戶部尚書宗禮。

六月丁酉，殺橫海軍節度使田瑴、左司郎中奚毅、翰林待制邢具瞻及王植、高鳳廷、王傚、趙益興、龔夷鑒等。

七月己巳，太白經天，曲赦畿內。

九月，太保、右丞相宗固薨。以都元帥宗弼爲太師、領三省事，都元帥、行臺尚書省事如故，平章政事勗爲左丞相兼侍中，都點檢宗賢爲右丞相兼中書令，行臺右丞相劉筈、右丞蕭仲恭爲平章政事，李德固爲尚書右丞，秘書監蕭肄爲參知政事。

十月壬子，平章行臺尚書省事奚寶薨。

十一月癸酉，以工部侍郎僕散太彎爲御史大夫。乙亥，兵部尚書秉德進三角羊。己卯，詔減常膳羊豕五之二。癸未，以尚書左丞宗憲爲行臺平章政事，同判大宗正事亮爲尚書左丞。

十二月戊午，參知政事韓昉罷。兵部尚書秉德爲參知政事。

八年正月庚申朔，宋、高麗、夏遣使來賀。丙子，萬壽節，宋、高麗、夏遣使來賀。

二月壬子，以哥魯葛波古等爲橫賜高麗、夏國使。甲寅，以大理卿宗安等爲高麗王晛封册使。乙卯，上如天開殿。

四月戊子朔，日有食之。辛丑，遣參知政事秉德等廉察官吏。庚戌，至自天開殿。甲寅，遼史成。

六月乙卯，平章政事蕭仲恭爲行臺左丞相，左丞亮爲平章政事，都點檢唐括辯爲尙書左丞。〔四〕高麗王遣使謝封册。

七月乙亥，御史大夫僕散太彎罷，以侍衞親軍都指揮使阿魯帶爲御史大夫。戊寅，以尙書左丞唐括辯奉職不謹，杖之。

八月戊戌，宗弼進太祖實錄，上焚香立受之。庚子，以尙書左丞相勗領行臺尙書省事，右丞相宗賢爲太保、尙書左丞相。丙午，以行臺左丞相蕭仲恭爲尙書右丞相。

閏月庚申，宰臣以西林多鹿，請上獵，上恐害稼，不允。丙寅，太廟成。

九月丙申，尙書左丞唐括辯罷。以左宣徽使禀爲尙書左丞。

十月辛酉，太師、領三省事、都元帥、越國王宗弼薨。

十一月壬辰，太白經天。乙未，左丞相宗賢、左丞禀等言，州郡長吏當並用本國人。上曰：「四海之內，皆朕臣子，若分別待之，豈能致一。諺不云乎，『疑人勿使，使人勿疑』。自今本國及諸色人，量才通用之。」辛丑，以尚書左丞相宗賢爲左副元帥，平章政事亮爲尚書左丞相兼侍中，參知政事秉德爲平章政事。庚戌，左副元帥宗賢復爲太保，左丞相、左副元帥如故。

十二月乙卯，以右丞相蕭仲恭爲太傅、領三省事，左丞相亮爲尚書右丞相。乙亥，以左丞相宗賢爲太師、領三省事兼都元帥。

九年正月甲申朔，宋、高麗、夏遣使來賀。戊戌，太師、領三省事、都元帥宗賢罷。領行臺尚書省事勗爲太師、領三省事，同判大宗正事充爲尚書左丞相，右丞相亮兼都元帥。庚子，萬壽節，宋、高麗、夏遣使來賀。壬寅，左丞相充薨。丙午，以右丞相亮爲左丞相，判大宗正事宗本爲尚書右丞相，左副元帥宗敏爲都元帥，南京留守宗賢爲左副元帥兼西京留守。己酉，宗賢復爲太保、領三省事。

二月甲寅，會寧牧唐括辯復爲尚書左丞，尚書左丞禀爲行臺平章政事。

三月癸未朔，日有食之。辛丑，以司空宗本爲尚書右丞相兼中書令，左丞相亮爲太保、領三省事。

四月壬申夜，大風雨，雷電震壞寢殿鴟尾，有火入上寢，燒幃幔，帝趨別殿避之。丁丑，有龍鬬於利州榆林河水上。大風壞民居、官舍，瓦木人畜皆飄颺十數里，死傷者數百人。

五月戊子，以四月壬申、丁丑天變，肆赦。命翰林學士張鈞草詔，參知政事蕭肄擿其語以爲誹謗，上怒，殺鈞。是日，曲赦上京囚。庚寅，出太保、領三省事亮領行臺尚書省事。戊申，武庫署令耶律八斤妄稱上言宿直將軍蕭榮與胙王元爲黨，誅之。

六月己未，以都元帥宗敏爲太保、領三省事兼左副元帥，左丞相宗賢兼都元帥。

八月庚申，以劉筈爲司空，行臺右丞相如故。宰臣議徙遼陽、勃海之民於燕南，從之。侍從高壽星等當遷，訴於后，后以白上，上怒議者，杖平章政事秉德，殺左司郎中三合。

九月丙申，以領行臺尚書省事亮復爲平章政事。戊戌，以右丞相宗本爲太保、領三省事，左副元帥宗敏領行臺尚書省事，平章政事秉德爲尚書左丞相兼中書令，司空劉筈爲平章政事。庚子，以御史大夫宗甫爲參知政事。

十月乙丑，殺北京留守胙王元及弟安武軍節度使查剌、左衞將軍特思。大赦。癸酉，以翰林學士京爲御史大夫。

十一月癸未，殺皇后裴滿氏。召胙王妃撒卯入宮。戊子，殺故鄧王子阿懶、達懶。癸巳，上獵于忽剌渾土溫。遣使殺德妃烏古論氏及夾谷氏、張氏。

十二月己酉朔，上至自獵所。丙辰，殺妃裴滿氏於寢殿。而平章政事亮因羣臣震恐，與所親駙馬唐括辯、寢殿小底大興國、護衞十人長忽土、阿里出虎等謀爲亂。丁巳，以忽土、阿里出虎當內直，命省令史李老僧語興國。夜二鼓，興國竊符，矯詔開宮門，召辯等。亮懷刀與其妹夫特廝隨辯入至宮門，守者以辯駙馬，不疑，內之。及殿門，衞士覺，抽刃劫之，莫敢動。忽土、阿里出虎至帝前，帝求榻上常所置佩刀，不知已爲興國易置其處，忽土、阿里出虎遂進弑帝，亮復前手刃之，血濺滿其面與衣。帝崩，時年三十一。左丞相秉德等遂奉亮坐，羅拜呼萬歲，立以爲帝。降帝爲東昏王，葬于皇后裴滿氏墓中。貞元三年，改葬于大房山蓼香甸，諸王同兆域。大定初，追謚武靈皇帝，廟號閔宗，陵曰思陵。別立廟。十九年，升祔于太廟，增謚弘基纘武莊靖孝成皇帝。二十七年，改廟號熙宗。二十八年，以思陵狹小，改葬于峨眉谷，仍號思陵，詔中外。

贊曰：熙宗之時，四方無事，敬禮宗室大臣，委以國政，其繼體守文之治，有足觀者。末年酗酒妄殺，人懷危懼，所謂前有讒而不見，後有賊而不知，馴致其道，〔一五〕非一朝一夕故也。

校勘記

〔一〕上尊諡曰欽憲皇后 「憲」原作「獻」。按本書卷六三太祖欽憲皇后傳，「欽憲」之稱凡五見，又卷六九太祖諸子傳亦作「欽憲」，今據改。

〔二〕二月乙未 按是年二月壬子朔，無乙未，月份或干支有誤。

〔三〕三月丙辰 按三月辛巳朔，無丙辰，月份或干支有誤。

〔四〕上次涼陘 「陘」原作「涇」。按本書卷二四地理志，西京路桓州有「涼陘」。紀傳所見亦皆作「陘」，今據改。

〔五〕右丞蕭慶 「右丞」原作「右丞相」。按上文天會十三年十一月己卯，「以平陽尹蕭慶爲右丞」，本書卷七三完顔希尹傳記賜希尹死「并殺右丞蕭慶」，皆作「右丞」。「相」字衍，今删。

〔六〕戊子上親祭孔子廟 「戊子」原作「戊午」。按二月庚午朔有戊子無戊午。大金集禮卷三六宣聖廟，「皇統元年二月戊子日，帝詣文宣王廟奠祭，北面再拜，謂儒臣曰：『爲善不可不勉，孔子雖無位，以其道可尊，使萬世高仰如此。』」與此記事相合，今據改。

〔七〕三月己未 原脱「三月」二字。按是年二月庚午朔，三月庚子朔，己未當在三月，今據補。

〔八〕衞王宗强薨 「衞」原作「紀」。按本書卷五九宗室表作「衞王」，又卷六九宗强傳亦作「衞王」。蓋「衞」「紀」草書形近致誤，今改正。

〔九〕乙巳命封高麗　「命封」原作「命伐」。按本書卷六〇交聘表，皇統二年正月「乙巳，詔加高麗國王王楷開府儀同三司、上柱國」。又卷一三五高麗傳皇統二年亦記其事。高麗史卷一七仁宗世家，二十年卽皇統二年五月「庚戌，金遣大府監完顏宗禮、翰林直學士田𣪍來册王」。各書皆不記此時金與高麗有戰爭事。蓋「封」「伐」二字雙聲致誤，今改正。

〔一〇〕四月丙寅　原脫「四月」二字。按是年三月甲午朔，丙寅當在四月，今補。

〔一一〕九月乙酉　按九月己酉朔，無乙酉，月份或干支有誤。疑「乙」當作「己」，此事在九月朔。

〔一二〕乙卯　原作「十月乙卯」。按十月戊寅朔，無乙卯。此乙卯及下文辛酉皆當在九月。「十月」二字衍，今删。

〔一三〕十月壬辰　「十月」原作「十一月」。按十一月戊申朔，壬辰及下文甲辰皆當在十月。本書卷二三五行志，皇統四年「十月甲辰地震」，記事與此合。今據改。

〔一四〕都點檢唐括辯爲尙書左丞　「辯」原作「辨」，據殿本改。

〔一五〕馴致其道　殿本作「馴致其禍」。

金史卷五

本紀第五

海陵

廢帝海陵庶人亮，字元功，本諱迪古乃，遼王宗幹第二子也。母大氏。天輔六年壬寅歲生。

天眷三年，年十八，以宗室子爲奉國上將軍，赴梁王宗弼軍前任使，以爲行軍萬戶，遷驃騎上將軍。

皇統四年，加龍虎衞上將軍，爲中京留守，遷光祿大夫。爲人僄急，多猜忌，殘忍任數。初，熙宗以太祖嫡孫嗣位，亮意以爲宗幹太祖長子，而己亦太祖孫，遂懷覬覦。在中京，專務立威，以厭伏小人。猛安蕭裕傾險敢決，亮結納之，每與論天下事。裕揣知其意，因勸海陵舉大事，語在裕傳。

七年五月，召爲同判大宗正事，加特進。十一月，拜尚書左丞，〔一〕務攬持權柄，用其腹心爲省臺要職，引蕭裕爲兵部侍郎。一日因召對，語及太祖創業艱難，亮因嗚咽流涕，熙宗以爲忠。

八年六月，拜平章政事。十一月，拜右丞相。

九年正月，兼都元帥。熙宗使小底大興國賜亮生日，悼后亦附賜禮物，熙宗不悅，杖興國百，追其賜物，海陵由此不自安。三月，拜太保、領三省事，益邀求人譽，引用勢望子孫，結其驩心。四月，學士張鈞草詔忤旨死，熙宗問：「誰使爲之？」左丞相宗賢對曰：「太保實然。」熙宗不悅，遂出爲領行臺尚書省事。過中京，與蕭裕定約而去。至良鄉，召還。海陵莫測所以召還之意，大恐。旣至，復爲平章政事，由是益危迫。

熙宗嘗以事杖左丞唐括辯及右丞相秉德，辯乃與大理卿烏帶謀廢立，而烏帶先以此謀告海陵。他日，海陵與辯語及廢立事，曰：「若舉大事，誰可立者？」辯曰：「胙王常勝乎？」問其次，曰：「鄧王子阿懶。」亮曰：「阿懶屬踈，安得立？」辯曰：「公豈有意邪？」海陵曰：「果不得已，捨我其誰！」於是旦夕相與密謀。護衞將軍特思疑之，以告悼后曰：「辯等公餘每竊竊聚語，竊疑之。」后以告熙宗。熙宗怒，召辯詰曰：「爾與亮謀何事，將如我何。」杖之。亮因此忌常勝、阿懶，且惡特思。因河南兵士孫進自稱皇弟按察大王，而熙宗之弟止有常勝、查剌，海陵乘此構常勝、查剌、阿懶、達懶。熙宗使特思鞫之，無狀。海陵曰：「特思鞫不以實。」遂俱殺之。

護衞十人長僕散忽土舊受宗幹恩。徒單阿里出虎與海陵姻家。大興國給事寢殿，時時乘夜從主者取符鑰歸家，以爲常。興國嘗以李老僧屬海陵，得爲尚書省令史，故使老僧結興國爲內應，而興國亦以被杖怨熙宗，遂與亮約。十二月丁巳，忽土、阿里出虎內直。是夜，興國取符鑰啓門納海陵、秉德、辯、烏帶、徒單貞、李老僧等入至寢殿，遂弑熙宗。秉德等未有所屬。忽土曰：「始者議立平章，今復何疑。」乃奉海陵坐，皆拜，稱萬歲。詐以熙宗欲議立后，召大臣，遂殺曹國王宗敏，左丞相宗賢。是日，以秉德爲左丞相兼侍中、左副元帥，辯爲右丞相兼中書令，烏帶爲平章政事，忽土爲左副點檢，阿里出虎爲右副點檢，貞爲左衞將軍，興國爲廣寧尹。於是自太師、領三省事勗以下二十人進爵增職各有差。

己未，大赦。改皇統九年爲天德元年。參知政事蕭肄除名。鎭南統軍孛極爲尚書左丞。賜左丞相秉德、右丞相辯、平章政事烏帶、廣寧尹興國、點檢忽土、阿里出虎、左衞將軍貞、尚書省令史老僧、辯父刑部尚書阿里等錢絹馬牛羊有差。甲子，誓太祖廟，召秉德、辯、烏帶、忽土、阿里出虎、興國六人賜誓券。丙寅，以燕京路都轉運使劉麟爲參知政事。癸酉，太傅、領三省事蕭仲恭，尚書右丞稟罷。以行臺尚書左丞溫都思忠爲右丞。乙亥，追謚皇考太師憲古弘道文昭武烈章孝睿明皇帝，廟號德宗，名其故居曰興聖宮。宋、高麗、夏賀正旦使中道遣還。

二年正月辛巳，以同知中京留守事蕭裕爲秘書監。癸巳，尊嫡母徒單氏及母大氏皆爲皇太后。名徒單氏宮曰永壽，大氏宮曰永寧。乙巳，以勵官守、務農時、愼刑罰、揚側陋、恤窮民、節財用、審才實七事詔中外。遣侍衞親軍步軍都指揮使完顏思恭等以廢立事報諭宋、高麗、夏國。以左丞相兼左副元帥秉德領行臺尚書省事。

二月戊申朔，封子元壽爲崇王。庚戌，降前帝爲東昏王。給天水郡公孫女二人月俸。甲子，以兵部尚書完顏元宜等充賀宋生日使。戊辰，群臣上尊號曰法天膺運睿武宣文大明聖孝皇帝，詔中外。永壽、永寧兩太后父祖贈官有差。以右丞相唐括辯爲左丞相，平章政事烏帶爲右丞相。

三月丙戌，宋、高麗遣使賀卽位。〔三〕以弟兗爲司徒兼都元帥。詔以天水郡王玉帶歸宋。

四月戊午，殺太傅、領三省事宗本，尚書左丞相唐括辯，判大宗正府事宗美。遣使殺領行臺尚書省事秉德，東京留守宗懿，北京留守卞及太宗子孫七十餘人，周宋國王宗翰子孫三十餘人，諸宗室五十餘人。辛酉，以尚書省譯史蕭玉爲禮部尚書，祕書監蕭裕爲尚書左丞，司徒兗領三省事、封王，都元帥如故，右丞相烏帶爲司空、左丞相兼侍中，平章政事劉筈爲尚書右丞相兼中書令，左丞宗義、右丞溫都思忠爲平章政事，參知政事劉麟爲尚書右丞，殿前左副點檢僕散忽土爲殿前都點檢。

五月戊子，以平章行臺尚書省事、右副元帥大㚖爲行臺尚書右丞相，元帥如故。壬辰，以左副元帥撒离喝爲行臺尚書左丞相，元帥如故。同判大宗正事宗安爲御史大夫。

六月丙午朔，高麗遣使賀卽位。〔三〕甲子，太廟初設四神門及四隅罘罳。

七月己丑，司空、左丞相兼侍中烏帶罷。以平章政事溫都思忠爲左丞相，尚書左丞蕭裕爲平章政事，右丞劉麟爲左丞，侍衛親軍步軍都指揮使完顏思恭爲右丞。參知政事張浩丁憂，起復如故。戊戌，夏國遣使賀卽位及受尊號。

八月戊申，以司徒兗爲太尉，領三省事、都元帥如故。以禮部尚書蕭玉爲參知政事。

九月甲午，立惠妃徒單氏爲皇后。

十月癸卯，太師、領三省事勗致仕。辛未，殺太皇太妃蕭氏及其子任王偎喝。使使殺行臺左丞相、左副元帥撒离喝于汴，幷殺平章政事宗義、前工部尚書謀里野、御史大夫宗安，皆夷其族。以魏王斡帶之孫活里甲好修飾，亦族之。

十一月癸未，尚書右丞相劉筈罷。以會寧牧徒單恭爲平章政事。尚書左丞劉麟、右丞完顏思恭罷。以參知政事張浩爲尚書右丞。乙酉，以行臺尚書左丞張通古爲尚書左丞。丙戌，白虹貫日。丁亥，以太后旨稱令旨。戊子，以十二事戒約官吏。己丑，命庶官許求次室二人，百姓亦許置妾。

十二月癸卯朔，詔去羣臣所上尊號。丙午，初定襲封衍聖公俸格。命外官去所屬百里外者不許參謁，百里內者往還不得過三日。癸丑，立太祖射碑于紇石烈部中，上及皇后致奠于碑下。甲寅，野人來獻異香，却之。乙卯，有司奏慶雲見，上曰：「朕何德以當此。自今瑞應毋得上聞，若有妖異，當以諭朕，使自警焉。」己未，罷行臺尚書省。改都元帥府爲樞密院。詔改定繼絕法。以右副元帥大㚖爲尚書右丞相兼中書令，參知行臺尚書省事張中孚爲參知政事，都元帥宂爲樞密使，太尉、領三省事如故，元帥左監軍昂爲樞密副使，刑部尚書趙資福爲御史大夫。

三年正月癸酉朔，宋、夏、高麗遣使來賀。乙亥，參知政事蕭玉丁憂，起復如故。癸未，立春，觀擊土牛。丁亥，初造燈山于宮中。戊子，生辰，宋、高麗、夏遣使來賀。甲午，初置國子監。謂御史大夫趙資福曰：「汝等多徇私情，未聞有所彈劾，朕甚不取。自今百官有不法者，必當舉劾，無憚權貴。」乙未，上出獵，宰相以下辭於近郊。上駐馬戒之曰：「朕不惜高爵厚祿以任汝等，比聞事多留滯，豈汝等苟圖自安不以民事爲念耶？自今朕將察其勤惰，以爲賞罰，其各勉之。」丁酉，白虹貫日。

二月丁巳，還宮。

三月庚寅，以翰林學士劉長言等爲宋生日使。壬辰，詔廣燕城，建宮室。己亥，謂侍臣曰：「昨太子生日，皇后獻朕一物，大是珍異，卿試觀之。」卽出諸絳囊中，乃田家稼穡圖。「后意太子生深宮之中，不知民間稼穡之艱難，故以爲獻，朕甚賢之」。

四月丙午，詔遷都燕京。辛酉，有司圖上燕城宮室制度，營建陰陽五姓所宜。海陵曰：「國家吉凶，在德不在地。使桀、紂居之，雖卜善地何益。使堯、舜居之，何用卜爲。」丙寅，罷歲貢鷹隼。沂州男子吳眞犯法，當死，有司以其母老疾無侍爲請，命官與養濟，著爲令。

閏月辛未朔，命尚書右丞張浩調選燕京，仍諭浩無私徇。丙子，命太官常膳惟進魚肉，舊貢鵝鴨等悉罷之。丁丑，罷皇統間苑中所養禽獸。歸德軍節度使阿魯補以撤官舍材木構私第，賜死。戊戌，詔朝官稱疾不治事者，尚書省令監察御史與太醫同診視，無實者坐之。

五月壬子，以戒勅宰相以下官，詔中外。戊辰，宰臣請益嬪御以廣嗣續。上命徒單貞語宰臣，前所誅黨人諸婦人中多朕中表親，欲納之宮中。平章政事蕭裕不可，上不從。遂納宗本子莎魯㗚、宗固子胡里剌、胡失打、秉德弟糺里等妻宮中。

六月丙子，殺太府監完顏馮六。宋遣使祈請山陵，不許。

九月庚戌，賜燕京役夫帛，人一匹。以東京路兵馬都總管府判官蕭子敏爲高麗生日使，修起居注蕭彭哥爲夏國生日使。

十月己巳，殺蘭子山猛安蕭拱。以右副點檢不朮魯阿海等爲宋正旦使。

十一月癸亥，詔罷世襲萬戶官，前後賜姓人各復本姓。

十二月戊辰，杖壽寧縣主徐輦。癸酉，獵于近郊。乙酉，還宮。是歲，子崇王元壽薨。

四年正月丁酉朔，宋、高麗、夏遣使來賀。羣臣請立皇太子，從之。戊戌，初定東宮官屬。立捕盜賞格。癸卯，太白經天。壬子，生辰，宋、高麗、夏遣使來賀。癸亥，朝謁世祖、太祖、太宗、德宗陵。甲子，還宮。

二月丁卯，立子光英爲皇太子，庚午，詔中外。甲戌，如燕京。昭義軍節度使蕭仲宣家奴告其主怨謗。上曰：「仲宣之姪迪輦阿不近以誹謗誅，故敢妄愬。」命殺告者。迪輦阿不者，蕭拱也。戊子，次泰州。

三月丙申朔，以刑部尚書田秀穎等爲宋生日使。

四月丙寅朔，有司請今歲河南、北選人並赴中京銓注，從之。壬辰，上自泰州如涼陘。

五月丁酉，獵于立列只山。甲寅，賜獵士，人一羊。乙卯，次臨潢府。丁巳，太白經天。

六月甲子朔，駐綿山。戊寅，權楚底部猛安那野伏誅。

七月癸卯，命崇義軍節度使烏帶之妻唐括定哥殺其夫而納之。

八月癸亥朔，獵于途你山。甲戌，以侍御史保魯鞫事不實，杖之。丙子，次于鐸瓦。

九月甲午，次中京。丙午，尚書右丞相大㚖罷。殺太府少監劉景。以都水使者完顏廝潑爲高麗生日使，吏部郎中蕭中立爲夏國生日使。

十月壬戌朔，使使奉遷太廟神主。御史大夫趙資福罷。甲申，以太子詹事張用直等爲賀宋正旦使。殺太祖長公主兀魯，杖罷其夫平章政事徒單恭，封其侍婢忽撻爲國夫人。恭之兄定哥初尚兀魯，定哥死，恭强納焉，而不相能，又與侍婢忽撻不協。忽撻得幸于后，遂譖于上，故見殺，而并罷恭。

十一月戊戌，以咸平尹李德固爲平章政事。辛丑，買珠于烏古迪烈部及蒲與路，禁百姓私相貿易，仍調兩路民夫，採珠一年。戊申，以前平章政事徒單恭爲司徒。

十二月甲子，斬妄人敲仙于中京市。辛未，以汴京路都轉運使左瀛等爲賀宋正旦使。

庚寅，太尉、領三省事、樞密使兗薨。

貞元元年正月辛卯朔，上不視朝。詔有司受宋、高麗、夏、回紇貢獻。丙午，生辰，宋、高麗、夏遣使來賀。以中京留守高楨爲御史大夫。

二月庚申，上自中京如燕京。

三月辛亥，上至燕京，初備法駕。甲寅，親選良家子百三十餘人充後宮。乙卯，以遷都詔中外。改元貞元。改燕京爲中都，府曰大興，汴京爲南京，中京爲北京。丙辰，以司徒徒單恭爲太保、領三省事，平章政事蕭裕爲右丞相兼中書令，右丞張浩、左丞張通古爲平章政事，參知政事張中孚爲左丞，蕭玉爲右丞，平章政事李德固爲司空，左宣徽使劉萼爲參知政事，樞密副使昂爲樞密使，工部尚書僕散師恭爲樞密副使。

四月辛酉，以右宣徽使紇石烈撒合輦等爲賀宋生日使。〔四〕辛未，特封唐括定哥爲貴妃。戊寅，皇太后大氏崩。

五月辛卯，殺弟西京留守蒲家。西京兵馬完顏謨盧瓦、編修官圓福奴、通進孛迭坐與蒲家善，幷殺之。乙卯，以京城隙地賜朝官及衛士。

六月乙丑，以安國軍節度使耶律恕爲參知政事。

七月戊子朔，元賜朝官京城隙地，徵錢有差。

八月壬戌，司空李德固薨。禁中都路捕射麞兔。戊寅，賜營建宮室工匠及役夫帛。

九月丁亥朔，以翰林待制謀良虎爲夏國生日使，吏部郎中窊合山爲高麗生日使。

十月丁巳，獵于良鄉。封料石岡神爲靈應王。初，海陵嘗過此祠，持杯珓禱曰：〔五〕「使吾有天命，當得吉卜。」投之，吉。又禱曰：「果如所卜，他日當有報，否則毀爾祠宇。」投之，又吉，故封之。戊午，還宮。壬戌，有司言，太后園陵未畢，合停冬享及祫祭，從之。丙子，命內外官聞大功以上喪，止給當日假，若父母喪，聽給假三日，著爲令。

十一月丙戌朔，定州獻嘉禾，詔自今不得復進。己丑，瑤池殿成。丙申，以戶部尚書蔡松年等爲賀宋正旦使。戊戌，左丞相耨盌溫都思忠致仕。庚戌，以樞密使昂爲左丞相，樞密副使僕散師恭爲樞密使。

十二月，太白經天。戊午，特賜貴妃唐括定哥家奴孫梅進士及第。壬戌，以簽書樞密院事南撒爲樞密副使。辛未，封所納皇叔曹國王宗敏妃阿懶爲昭妃。丙子，貴妃唐括定哥坐與舊奴姦，賜死。

閏月乙酉朔，殺護衛特謨葛。癸巳，定社稷制度。太白經天。癸卯，以太保、領三省事徒單恭爲太師，領三省事如故。命西京路統軍撻懶、西北路招討蕭懷忠、臨潢府總管馬和尙、烏古迪烈司招討斜野等北巡。

二年正月甲寅朔，上不豫，不視朝。賜宋、高麗、夏使就館燕。庚申，太白經天。尙書右丞相蕭裕與前眞定尹蕭馮家奴、前御史中丞蕭招折、博州同知遙設等謀反，伏誅，詔中外。己巳，生辰，宋、高麗、夏遣使來賀。

二月甲申朔，以平章政事張浩爲尙書右丞相兼中書令。甲午，以尙書右丞蕭玉爲平章政事，前河南路統軍使張暉爲尙書右丞，西北路招討使蕭好胡爲樞密副使。〔六〕

三月戊辰，夏遣使賀遷都。

四月丙戌，〔七〕幸大興府及都轉運使司。遣薦含桃于衍慶宮。

五月癸丑朔，日有食之，避正殿，勅百官勿治事。己未，詔自今每月上七日不奏刑名，尙食進饌不進肉。丁卯，始置交鈔庫，設使副員。丁丑，太原尹徒單阿里出虎伏誅，復命其子朮斯剌乘傳焚其骨，擲水中。

七月庚申，初設鹽鈔香茶文引印造庫使副。丙子，參知政事耶律恕罷。

八月丙午，以左丞相昂去衣杖其弟婦，命杖之。戊申，以御史大夫高楨爲司空，御史大夫如故。

九月己未，常武殿擊鞠，令百姓縱觀。辛酉，以吏部尙書蕭賾爲參知政事。癸亥，獵于近郊。丁卯，次順州。太師、領三省事徒單恭薨。是夜，還宮。乙亥，復獵于近郊。

十月庚辰朔，殺廣寧尹韓王亨。庚寅，還宮。庚子，以左丞相致仕溫都思忠起爲太傅、領三省事。以刑部侍郎白彥恭等爲賀宋正旦使。

十一月戊辰，上命諸從姊妹皆分屬諸妃，出入禁中，與爲淫亂，臥內徧設地衣，裸逐爲戲。是月，初置惠民局。高麗遣使謝賜生日。

十二月乙酉，以太傅溫都思忠爲太師，領三省事如故，平章政事張通古爲司徒，平章政事如故。

三年正月己酉朔，宋、高麗、夏遣使來賀。辛酉，以判東京留守大臭爲太傅，領三省事。甲子，生辰，宋、高麗、夏遣使來賀。

二月壬午，以左丞相昂爲太尉、樞密使，右丞相張浩爲左丞相兼侍中，樞密使僕散師恭爲右丞相兼中書令。尙書左丞張中孚罷，右丞張暉爲平章政事。參知政事劉萼爲左丞，參知政事蕭賾爲右丞，吏部尙書蔡松年爲參知政事。

三月壬子，以左丞相張浩、平章政事張暉每見僧法寶必坐其下，失大臣體，各杖二十。

僧法寶妄自尊大，杖二百。乙卯，命以大房山雲峯寺爲山陵，建行宮其麓。庚午，以左司郎中李通爲賀宋生日使。

夏四月丁丑朔，昏霧四塞，日無光，凡十有七日。

五月丁未朔，日有食之。癸丑，南京大內火。乙卯，命判大宗正事京等如上京，奉遷太祖、太宗梓宮。丙寅，如大房山，營山陵。

六月丙戌，登寶昌門觀角抵，百姓縱觀。乙未，命右丞相僕散師恭、大宗正丞胡拔魯如上京，奉遷山陵及迎永壽宮皇太后。

七月癸丑，太白晝見。辛酉，如大房山，杖提舉營造官吏部尚書耶律安禮等。乙亥，還宮。

八月壬午，如大房山。甲申，啓土，賜役夫，人絹一匹。是日，還宮。甲午，遣平章政事蕭玉迎祭祖宗梓宮於廣寧。乙未，增置教坊人數。庚子，杖左宣徽使敬嗣暉、同知宣徽事烏居仁及尚食官。

九月戊申，平章政事張暉迎祭梓宮于宗州。乙卯，上謂宰臣及左司官曰：「朝廷之事，尤在愼密。昨授張中孚、趙慶襲官，除書未到，先已知之，皆汝等泄之也。敢復爾者，殺無赦。」己未，如大房山。庚申，還宮。丙寅，以殿前都點檢納合椿年爲參知政事。丁卯，上親迎梓宮及皇太后于沙流河，命左右持杖二束，跽太后前，曰：「某不孝，久失溫凊，願痛笞之。」太后掖起之，曰：「凡民有子克家，猶愛之，況我有子如此。」叱持杖者退。庚午，獵，親射麞以薦梓宮。壬申，至自沙流河。

十月丙子，皇太后至中都，居壽康宮。戊寅，權奉安太廟神主于延聖寺，致奠梓宮于東郊，舉哀。己卯，梓宮至中都，以大安殿爲丕承殿，安置。壬午，命省部諸司便服治事，不奏死刑一月。辛卯，告于丕承殿。乙未，如萁宮，册諡永寧皇太后曰慈憲皇后。丁酉，大房山行宮成，名曰磐寧。戊戌，還宮。己亥，以翰林學士承旨耶律歸一等爲賀宋正旦使。

十一月乙巳朔，梓宮發丕承殿。戊申，山陵禮成。甲寅，詔內外大小職官覃遷一重，貞元四年租稅並與放免，軍士久於屯戍不經替換者，人賜絹三匹、銀三兩。羣臣稱賀。丙辰，燕百官於泰和殿。丁卯，奉安神主于太廟。戊辰，羣臣稱賀。辛未，獵于近郊。

十二月己丑，還宮。木冰。乙未，上朝太后于壽康宮。己亥，太傅、領三省事大㚖薨，親臨哭之，命有司廢務及禁樂三日。

正隆元年正月癸卯朔，宋、高麗、夏遣使來賀。己酉，羣臣奉上尊號曰聖文神武皇帝。上自九月廢朝，常數月不出，有急奏，召左右司郎中省于臥內。庚戌，始視朝。戊午，生辰，宋、高麗、夏遣使來賀。乙丑，觀角抵戲。罷中書、門下省。以太師、領三省事溫都思忠爲尚書令，太尉、樞密使昂爲太保，右丞相僕散師恭爲太尉、樞密使。左丞劉䔲、右丞蕭賾罷，參知政事蔡松年爲尚書右丞。樞密副使蕭懷忠罷，吏部尚書耶律安禮爲樞密副使。平章政事蕭玉爲右丞相，平章政事張暉罷，不置平章政事官。

二月癸酉朔，改元正隆，大赦。庚辰，御宣華門觀迎佛，賜諸寺僧絹五百匹、綵五十段、銀五百兩。辛巳，改定內外諸司印記。乙未，司徒張通古致仕。庚子，謁山陵。辛丑，還都。

三月壬寅朔，始定職事官朝參等格。仍罷兵衞。庚申，以左宣徽使敬嗣暉等爲賀宋生日使。

四月，太尉、樞密使僕散師恭以父憂，起復如故。

五月辛亥，修容安氏閤女御爲妖所憑，舞譟宮中，命殺之。是月，頒行正隆官制。

六月庚辰，天水郡公趙桓薨。丙戌，以尚書右丞蔡松年爲左丞，樞密副使耶律安禮爲右丞，駙馬都尉烏古論當海爲樞密副使。

七月己酉，命太保昂如上京，奉遷始祖以下梓宮。

八月丁丑，如大房山行視山陵。

十月乙酉，葬始祖以下十帝于大房山。丁酉，還宮。

閏月己亥朔，山陵禮成，羣臣稱賀。甲辰，回鶻使使寅朮烏籠骨來貢。庚寅，〔八〕杖右丞相蕭玉、左丞蔡松年、右丞耶律安禮、御史中丞馬諷等。

十一月己巳朔，以右司郎中梁銶等爲賀宋正旦使。癸巳，禁二月八日迎佛。

二年正月戊辰朔，宋、高麗、夏遣使來賀。庚辰，太白晝見。癸未，生辰，宋、高麗、夏遣使來賀。庚寅，以工部侍郎韓錫同知宣徽院事，錫不謝，杖百二十，奪所授官。

二月辛丑，初定太廟時享牲牢禮儀。癸卯，改定親王以下封爵等第，命置局追取存亡告身，存者二品以上，死者一品，參酌削降。公私文書，但有王爵字者，皆立限毁抹，雖墳墓碑志並發而毁之。

三月丙寅朔，高麗遣使賀受尊號。

四月戊戌，追降景宣皇帝爲豐王。〔九〕以簽書宣徽院事張喆爲橫賜高麗使，宿直將軍溫敦斡喝爲橫賜夏國使。

六月乙未，參知政事納合椿年薨。以禮部尙書耶律守素等爲賀宋生日使。〔一〇〕

八月癸卯，始置登聞院。甲寅，罷上京留守司。

九月乙丑，以宿直將軍僕散烏里黑爲夏國生日使。戊子，罷護駕軍，置龍翔虎步軍。罷尚書省文資令史出爲外官。

是秋，中都、山東、河東蝗。

十月壬寅，命會寧府毀舊宮殿、諸大族第宅及儲慶寺，仍夷其址而耕種之。丁未，禁賣古器入他境。乙卯，初鑄銅錢。

十一月辛未，以侍衞親軍副指揮使高助不古等爲賀宋正旦使。

十二月己亥，以侍衞親軍都指揮使紇石烈良弼爲參知政事。

三年正月壬戌朔，宋、高麗、夏遣使來賀。丙寅，子矧思阿不死，殺太醫副使謝友正及其乳母等。丁丑，生辰，宋、高麗、夏遣使來賀。己卯，杖右諫議大夫楊伯雄。

二月壬辰朔，都城及京兆初置錢監。甲午，遣使檢視隨路金銀銅鐵冶。

三月辛酉朔，司天奏日食，候之不見。命自今遇日食，面奏，不須頒告。辛巳，以兵部尚書蕭恭等爲賀宋生日使。

四月丙辰，樞密副使烏古論當海罷，以北京留守張暉爲樞密副使。

六月壬辰，蝗入京師。

七月庚申，封子廣陽爲滕王。甲申，以右丞相蕭玉爲司徒，尚書左丞蔡松年爲右丞相，右丞耶律安禮爲左丞，參知政事紇石烈良弼爲右丞，左宣徽使敬嗣暉、吏部尚書李通爲參知政事。〔二〕

九月己未，太白經天。甲子，滕王廣陽薨。庚午，以宿直將軍阿魯保爲夏國生日使。丁丑，以教坊提點高存福爲高麗生日使。辛巳，遷中都屯軍二猛安於南京，遣吏部尚書李惇等分地安置。

十月戊戌，詔尚書省：「凡事理不當者，許詣登聞檢院投狀，院類奏覽訖，付御史臺理問。」

十一月辛酉，以工部尚書蘇保衡等爲賀宋正旦使。癸亥，詔有司勤政安民。癸未，尚書左丞耶律安禮罷。參知政事李通以憂制，起復如故。詔左丞相張浩、參知政事敬嗣暉營建南京宮室。

十二月乙卯，以樞密副使張暉爲尚書左丞。歸德尹致仕高召和式起爲樞密副使。

四年正月丙辰朔，宋、高麗、夏遣使來賀。上朝太后于壽康宮。丁巳，御史大夫高楨薨。庚申，更定私相越境法，並論死。辛酉，罷鳳翔、唐、鄧、潁、蔡、鞏、洮、膠西諸榷場，置埸泗州。辛未，生辰，宋、高麗、夏遣使來賀。

二月己丑，以左宣徽使許霖爲御史大夫。丁未，修中都城。造戰船于通州。詔諭宰臣以伐宋事。調諸路猛安謀克軍年二十以上、五十以下者，皆籍之，雖親老丁多亦不許留侍。

三月丙辰朔，遣兵部尙書蕭恭經畫夏國邊界。遣使分詣諸道總管府督造兵器。

四月辛丑，命增山東路泉水、畢括兩營兵士廩給。庚戌，詔諸路舊貯軍器並致于中都。時方建宮室於南京，又中都與四方所造軍器材用皆賦於民，箭翎一尺至千錢，村落間往往椎牛以供筋革，至於烏鵲狗彘無不被害者。辛亥，尙書左丞張暉、御史大夫許霖罷。以大興尹徒單貞爲樞密副使。

八月，詔諸路調馬，以戶口爲差，計五十六萬餘疋，富室有至六十疋者，仍令戶自養飼以俟。己卯，尙書右丞相蔡松年薨。以祕書監王可道等爲賀宋生日使。

九月，以翰林待制完顏達紀爲高麗生日使，宿直將軍加古撻懶爲夏國生日使。

十月乙亥，獵于近郊，觀造船于通州。賜尙書右丞紇石烈良弼、樞密副使徒單貞佩刀入宮。

十一月甲辰，以翰林侍講學士施宜生等爲賀宋正旦使。

十二月乙卯，宋遣使告母韋氏哀。甲子，太白晝見。乙丑，以左副點檢大懷忠等爲宋弔祭使。乙亥，太醫使祁宰上疏諫伐宋，〔三〕殺之。

五年正月庚辰朔，宋、高麗、夏遣使來賀。乙未，生辰，宋、高麗、夏遣使來賀。

二月壬子，宋遣使獻母后遺留物。丁卯，太白晝見。辛未，河東、陝西地震，鎮戎、德順軍大風，壞廬舍，人多壓死。甲戌，遣引進使高植、刑部郎中海狗分道監視所獲盜賊，並凌遲處死，或鋸灼去皮截手足。仍戒屯戍千戶謀克等，後有獲者，並處死，總管府官亦決罰。

三月辛巳，東海縣民張旺、徐元等反，遣都水監徐文、步軍指揮使張弘信、同知大興尹事李惟忠、宿直將軍蕭阿窊率舟師九百，浮海討之，命之曰：「朕意不在一邑，將試舟師耳。」庚子，以司徒判大宗正事蕭玉爲御史大夫，司徒如故，尙書右丞紇石烈良弼爲左丞，橫海軍節度使致仕劉長言起爲右丞。

四月庚戌，昭妃蒲察阿里忽有罪賜死。甲寅，宿州防禦使耶律翼使宋失體，杖二百，除名。甲戌，太白晝見。

六月，徐文等破賊張旺、徐元，東海平。

七月辛巳，詔東海縣徐元、張旺詿誤者，並釋之。壬午，以張弘信被命討賊，稱疾逗遛萊州，與妓樂飲燕，杖之二百。癸卯，遣使簽諸路漢軍。

八月丙午朔，日有食之。辛亥，命榷貨務并印造鈔引庫起赴南京。己巳，樞密副使徒單貞罷，以太子少保徒單永年爲樞密副使。辛未，謁山陵，見田間穫者，問其豐耗，以衣賜之。

九月己卯，還宮。

十月庚午，遣護衛完顏普連等二十四人督捕山東、河東、河北、中都盜賊。籍諸路水手得三萬人。

十一月乙酉，以濟南尹僕散烏者等爲賀宋正旦使。尚書右丞劉長言罷。命親軍司以所掌付大興府。置左右驍騎都副指揮使，隸點檢司。步軍都副指揮使，〔一三〕隸宣徽院。

十二月癸丑，禁中都、河北、山東、河南、河東、京兆軍民網捕禽獸及畜養雕隼者。戊辰，禁朝官飲酒，犯者死，三國人使燕飲者非。〔一四〕

六年正月甲戌朔，宋、高麗、夏遣使來賀。丁丑，判大宗正徒單貞、益都尹京、安武軍節度使爽、金吾衞上將軍阿速飲酒，以近屬故，杖貞七十，餘皆杖百。壬午，上將如南京，以司徒、御史大夫蕭玉爲大興尹，司徒如故。樞密副使徒單永年罷，以都點檢紇石烈志寧爲樞密副使。己丑，生辰，宋、高麗、夏遣使來賀。癸巳，命參知政事李通諭宋使徐度等曰：「朕昔從梁王軍，樂南京風土，常欲巡幸。今營繕將畢功，期以二月末先往河南。帝王巡守，自古有之。以淮右多隙地，欲校獵其間，從兵不踰萬人。況朕祖宗陵廟在此，安能久于彼乎。汝等歸告汝主，令有司宣諭朕意，使淮南之民無懷疑懼。」庚子，詔自中都至河南府所過州縣調從獵騎士二千。辛丑，殺蒲察阿虎迭女乂察。乂察，慶宜公主出，幼鞠宮中，上屢欲納之，太后不可。至是，以罪殺之。

二月乙巳，杖衞王襄之妃及左宣徽使許霖。甲寅，以參知政事李通爲尚書右丞。己未，禁扈從縱獵擾民。庚申，徵諸道水手運戰船。癸亥，發中都。丙寅，次安肅州。

三月己卯，改河南北邙山爲太平山，稱舊名者以違制論。丁亥，將至獲嘉，有男子上書言事，斬之，所言莫得聞。癸巳，次河南府，因出獵，幸汝州溫湯，視行宮地。自中都至河南，所過麥皆爲空。復禁扈從毋輒離次及游賞飲酒，犯者罪皆死，而莫有從者。詔內地諸猛安赴山後牧馬，俟秋並發。弟兗之妻烏延氏有罪，賜死。烏延氏之弟南京兵馬副都指揮使習泥烈亦以罪誅。〔一五〕

四月丁未，詔百官先赴南京治事，尚書省、樞密院、大宗正府、勸農司、太府、少府皆從行，吏、戶、兵、刑部，四方館，都水監，大理司官各留一員。以簽書樞密院事高景山等爲賀宋生日使。戊申，詔汝州百五十里內州縣，量遣商賈赴溫湯置市。詔有司移問宋人，蔡、潁、壽諸州對境創置堡戍者。庚戌，發河南府。契丹不補自山馳下，伏道左，自陳破東海賊有功，爲李惟忠所抑，立命斬之。丁卯，次溫湯。誠扈從毋輒過汝水。上獵，奔鹿突之墮馬，嘔血數日。遣使徵諸道兵。

五月庚辰，太師、尙書令耨盌溫都思忠薨。契丹諸部反，遣右衞將軍蕭禿剌等討之。〔一六〕六月癸卯，命樞密使僕散師恭、西京留守蕭懷忠將兵一萬討契丹諸部。上自汝州如南京。壬戌，次南京近郊，左丞相張浩率百官迎謁。是夜，大風，壞承天門鴟尾。癸亥，上備法駕入于南京。

七月丁亥，以左丞相張浩爲太傅、尙書令，司徒、大興尹蕭玉爲尙書左丞相，吏部尙書白彥恭爲樞密副使，樞密副使紇石烈志寧爲開封尹，安武軍節度使徒單貞爲御史大夫。己丑，賜從駕、從行、從軍及千戶謀克錢帛。大括天下贏馬。殺亡遼耶律氏、宋趙氏子男凡百三十餘人。

八月壬寅，單州賊杜奎據城叛，遣都點檢耶律湛、右驍騎副都指揮使大磐討之。以樞密副使白彥恭爲北面兵馬都統，開封尹紇石烈志寧副之，中都留守完顏轂英爲西北面兵馬都統，〔一七〕西北路招討使唐括孛古的副之，討契丹。癸丑，以諫伐宋弒皇太后徒單氏于寧德宮，仍命卽宮中焚之，棄其骨水中，并殺其侍婢等十餘人。癸亥，殺右衞將軍蕭禿剌、〔一八〕護衞十人長斡盧保，族樞密使僕散師恭、北京留守蕭賾、西京留守蕭懷忠，杖尙書令張浩、左丞相蕭玉。以太常博士張崇爲高麗生日使，蕭誼忠爲夏國生日使。甲子，封所幸太后侍婢高福娘爲鄖國夫人。

九月庚午朔，以太保、判大宗正事昂爲樞密使，太保如故。戊子，殺前壽州刺史毛良虎。庚寅，大名府賊王九據城叛，衆至數萬，所至盜賊蜂起，大者連城邑，小者保山澤，或以十數騎張旗幟而行，官軍莫敢近。上又惡聞盜賊事，言者輒罪之。

上自將三十二總管兵伐宋，進自壽春。以太保、樞密使昂爲左領軍大都督，尚書右丞李通副之，尚書左丞紇石烈良弼爲右領軍大都督，判大宗正烏延蒲盧渾副之，御史大夫徒單貞爲左監軍，同判大宗正事徒單永年爲右監軍，左宣徽使許霖爲左都監，河南尹蒲察斡論爲右都監，皆從。工部尚書蘇保衡爲浙東道水軍都統制，益都尹鄭家副之，由海道徑趨臨安。太原尹劉蕚爲漢南道行營兵馬都統制，濟南尹僕散烏者副之，進自蔡州。河中尹徒單合喜爲西蜀道行營兵馬都統制，平陽尹張中彥副之，由鳳翔取散關，駐軍以俟後命。武勝、武平、武捷三軍爲前鋒。徒單貞別將兵二萬入淮陰。

甲午，上發南京，詔皇后及太子光英居守，尚書令張浩、左丞相蕭玉、參知政事敬嗣暉留治省事。丙申，太白晝見。將士自軍中亡歸者相屬于道。曷蘇館猛安福壽、東京謀克金住等始授甲于大名，卽舉部亡歸，從者衆至萬餘，皆公言於路曰：「我輩今往東京，立新天子矣。」

十月乙巳，陰迷失道，二鼓始達營所。丙午，慶雲見。

東京留守曹國公烏祿卽位于遼陽，改元大定，大赦。數海陵過惡：弒皇太后徒單氏，殺太宗及宗翰、宗弼子孫及宗本諸王，毀上京宮室，殺遼豫王、宋天水郡王、郡公子孫等數十事。

丁未，大軍渡淮，將至廬州，獲白鹿，以爲武王白魚之兆。漢南道劉蕚取通化軍、蔣州、信陽軍。徒單貞敗宋將王權于盱眙，進取揚州。前鋒軍至段寨，宋戍兵皆遁去，敗宋兵于蔚子橋，敗宋兵于巢縣，斬二百級，至和州。王權夜以兵千餘來襲，射却之。翼日，雨。宋人夜焚其積聚遁去。詰旦追之，宋人逆戰，猛安韓棠軍却，遂失利。溫都奧剌奔北，武捷軍副總管阿散率猛安謀克力戰，却之。王權退保南岸。癸亥，上次和州，阿散等進階賞賚有差。西蜀道徒單合喜駐散關，宋人攻秦州臘家城、德順州，克之。浙東道蘇保衡與宋人戰于海道，敗績，副統制鄭家死之。

十一月庚午，左司郎中兀不喝等聞赦，入白東京卽位改元事，上拊髀歎曰：「我本欲滅宋後改元大定，豈非天命乎。」出其書示之，卽預志改元事也。以勸農使完顏元宜爲浙西道兵馬都統制，刑部尙書郭安國副之。上駐軍江北。遣武平總管阿隣先渡江至南岸，失利。上還和州，遂進兵揚州。甲午，會舟師于瓜洲渡，期以明日渡江。乙未，浙西兵馬都統制完顏元宜等軍反，帝遇弑，崩，年四十。

海陵在位十餘年，每飾情貌以御臣下。却尚食進鵝以示儉，及游獵頓次，不時需索，一鵝一鶉，民間或用數萬售之，有以一牛易一鶉者。或以弊衾覆衣，以示近臣。或服補綴，令記注官見之。或取軍士陳米飯與尚食同進，先食軍士飯幾盡。或見民車陷泥澤，令衞士下挽，俟車出然後行。與近臣燕語，輒引古昔賢君以自況。顯責大臣，使進直言。使張仲軻輩爲諫官，而祁宰竟以直諫死。比昵羣小，官賞無度，左右有曠僚者，人或以名呼之，即授以顯階。常置黃金裀褥間，有喜之者，令自取之。而淫嬖不擇骨肉，刑殺不問有罪。至營南京宮殿，運一木之費至二千萬，牽一車之力至五百人。宮殿之飾，徧傅黃金而後間以五采，金屑飛空如落雪。一殿之費以億萬計，成而復毁，務極華麗。其南征造戰艦江上，毁民廬舍以爲材，煑死人膏以爲油，殫民力如馬牛，費財用如土苴，空國以圖人國，遂至於敗。

都督府以其柩置之南京班荆館。大定二年，降封爲海陵郡王，謚曰煬。二月，世宗使小底婁室與南京官遷其柩於寧德宮。四月，葬于大房山鹿門谷諸王兆域中。二十年，熙宗既祔廟，有司奏曰：「煬王之罪未正。準晉趙王倫廢惠帝自立，惠帝反正，誅倫，廢爲庶人。煬帝罪惡過於倫，不當有王封，亦不當在諸王塋域。」乃詔降爲海陵庶人，改葬于山陵西南四十里。

贊曰：海陵智足以拒諫，言足以飾非。欲爲君則弒其君，欲伐國則弒其母，欲奪人之妻則使之殺其夫。三綱絕矣，何暇他論。至於屠滅宗族，翦刈忠良，婦姑姊妹盡入嬪御。方以三十二總管之兵圖一天下，卒之戾氣感召，身由惡終，使天下後世稱無道主以海陵爲首。可不戒哉，可不戒哉。

校勘記

〔一〕十一月拜尙書左丞　「左丞」原作「右丞」。按本書卷四熙宗紀，皇統七年十一月「癸未，以尙書左丞宗憲爲行臺平章政事，同判大宗正事亮爲尙書左丞」，八年六月乙卯，「左丞亮爲平章政事」。今據改。

〔二〕三月丙戌宋高麗遣使賀卽位　按上文，本年正月乙巳，「遣侍衞親軍步軍都指揮使完顏思恭等以廢立事報諭宋、高麗、夏國」。宋史卷三〇高宗紀，是年三月丙戌，遣使「賀金主卽位」，行程約兩月，進賀當在五月以後，此處「宋」字疑衍。

〔三〕六月丙午朔高麗遣使賀卽位　按高麗賀卽位已見上文三月丙戌，本書卷六〇交聘表同。此處重出。又，宋使賀卽位似當在此時，參見前條，疑「高麗」是「宋國」之誤。

〔四〕爲賀宋生日使　「賀宋」原作「宋賀」，據本書卷六〇交聘表乙正。

〔五〕持杯珓禱曰　「珓」原作「校」，據文義改。

〔六〕西北路招討使蕭好胡爲樞密副使　按本書卷九一蕭懷忠傳，「蕭懷忠本名好胡」，又卷一二九蕭裕傳，「好胡卽懷忠」。本卷上下文皆稱蕭懷忠，此處「好胡」亦當作「懷忠」。

〔七〕四月丙戌　原脫「四月」二字。按下文五月癸丑朔，則丙戌當在四月，今據補。

〔八〕庚寅　按正隆元年閏十月己亥朔，十一月己巳朔，中間不容有庚寅，干支有誤，或以他月事誤繫于此。

〔九〕追降景宣皇帝爲豐王　「豐王」原作「遼王」。按本書卷一九景宣紀，「海陵弑立，降帝爲豐王」，今據改。

〔一〇〕以禮部尚書耶律守素等爲賀宋生日使　按宋高宗生日爲五月二十日，金使例以十九日致賀。自海陵遷燕後，例以三月遣使，偶或在四月，絕不能在六月。宋史卷三一高宗紀，紹興二十七年「五月癸未，金遣耶律守素等來賀天申節」，知此處繫月誤。

〔一一〕吏部尚書李通爲參知政事　「吏部」原作「戶部」。按本書卷一二九佞幸李通傳云，「累官右司郎中，遷吏部尚書，……渤海、漢人仕進者必賴吏部尚書李通、戶部尚書許霖爲之先容，……頃之，拜參知政事」。知此當是「吏部」之誤，今據改。

〔一二〕太醫使祁宰上疏諫伐宋 「祁宰」原作「祈宰」。按本書卷八三祁宰傳，「海陵將伐宋……郎上疏諫……海陵怒，命戮於市」。又本卷海陵紀末、卷七世宗紀、卷八三傳贊、卷八四耨盌溫敦思忠傳皆作「祁宰」，今據改。

〔一三〕步軍都副指揮使 原脫「副」字。按本書卷四四兵志禁軍之制，海陵正隆五年，「置步軍都副指揮使隸宣徽院」。今據補。

〔一四〕三國人使燕飲者非 「非」殿本作「罪」。

〔一五〕烏延氏之弟南京兵馬副都指揮使習泥烈亦以罪誅 原脫「烈」字。按本書卷七六兗傳，「正隆六年……南京兵馬副都指揮使習泥烈」，以下「習泥烈」又三見，今據補。

〔一六〕遣右衛將軍蕭禿刺等討之 原脫「衛」字。按本書兵志及百官志皆無「右將軍」。卷九一蕭懷忠傳，「契丹撒八反……與右衛將軍蕭禿刺……往討之」。卷一三三移刺窩斡傳，「海陵使……與右衛將軍蕭禿刺討平之」，皆作「右衛將軍」。今據補。

〔一七〕中都留守完顏彀英爲西北面兵馬都統 「英」原作「亨」。按本書卷六世宗紀，又卷一三三移刺窩斡傳並述此事，皆作「完顏彀英」，卷七二銀朮可、彀英等傳亦皆作「彀英」，今據改。

〔一八〕殺右衛將軍蕭禿刺 原脫「衛」字。今補。參見本卷校記〔一六〕。

金史卷六

本紀第六

世宗上

世宗光天興運文德武功聖明仁孝皇帝，諱雍，本諱烏祿，太祖孫，睿宗子也。母曰貞懿皇后李氏。天輔七年癸卯歲，生于上京。體貌奇偉。美鬚髯，長過其腹。胸間有七子如北斗形。性仁孝，沉靜明達。善騎射，國人推爲第一，每出獵，耆老皆隨而觀之。

皇統間，以宗室子例授光祿大夫，封葛王，爲兵部尙書。天德初，判會寧牧。明年，判大宗正事，改中京留守，俄改燕京，未幾，爲濟南尹。貞元初，爲西京留守，三年，改東京，進封趙王。正隆二年，例降封鄭國公，進封衞國。三年，再任留守，徙封曹國。六年五月，居貞懿皇后喪。一日方寢，有紅光照室，及黃龍見寢室上。又嘗夜有大星流入留守第中。是歲，東梁水漲溢，暴至城下，水與城等，決女牆石罅中流入城，湍激如涌，城中人惶駭，上親登城，舉酒酹之，水退。

海陵南伐，天下騷動。是時，籍契丹部人丁壯爲兵，部人不願行，以告使者，使者燥合畏海陵不以告，部人遂反。至是，咸平府謀克括里攻陷韓州，據咸平，將犯東京。

八月，起復東京留守。婆速路兵四百來會討括里，復得城中子弟願爲兵者數百人。帝舅興中少尹李石以病免，家居遼陽。戊午，發東京，以石主留務。賊覘者聞鼙鼓聲震天，見旌旗蔽野，傳言國公兵十萬且至，賊衆至瀋州，遁去。會烏延查剌等敗賊兵，還至常安縣，海陵使婆速路總管完顏謀衍來討賊，以兵屬之。

九月，至東京。副留守高存福，其女在海陵後宮，海陵使存福伺起居。適以造兵器餘材造甲數十，存福宣言，留守何爲造甲，密使人以白海陵，遂與推官李彥隆託爲擊毬，謀不利。存福家人以其謀來告，平定知軍李蒲速越亦言其事。海陵嘗聞上有疾，即使近習來觀動靜，至是，又使謀良虎圖淮北諸王，上知之，心常隱憂。及討括里還至清河，遇故吏六斤乘傳自南來，具言海陵殺其母，殺兄子檀奴、阿里白及樞密使僕散忽土等，又曰「且遣人來害宗室兄弟矣」。上聞之，益懼。及聞存福圖己，事且有迹，李石勸上早圖之。於是，以議備賊事，召官屬會清安寺，彥隆先到，存福累召始來，並於座上執之。是月，復有雲來自西，黃龍見雲中。

十月辛丑，南征萬戶完顏福壽、高忠建、盧萬家奴等自山東率所領兵二萬，完顏謀衍自常安率兵五千皆來附。〔一〕謀衍卽以臣禮上謁。乙巳，諸軍入城，共擊殺存福等。是夜，諸軍被甲環衞皇城。丙午，慶雲見，官屬諸軍勸進，固讓良久，於是親告于太祖廟，還御宣政殿，卽皇帝位。以完顏謀衍爲右副元帥，高忠建元帥左監軍，完顏福壽右監軍，盧萬家奴顯德軍節度使。丁未，大赦，改元大定。下詔暴揚海陵罪惡數十事。己酉，饗將士，賜官賞各有差，仍給復三年。會寧、胡里改、速頻等路南伐諸軍，會尚書省，奏請以從軍來者補諸局司承應人及官吏闕員。上曰：「舊人南征者卽還，何以處之。必不可闕者，量用新人可也。」辛亥，以利涉軍節度使獨吉義爲參知政事。中都留守、西北面行營都統完顏穀英將兵三萬駐歸化，以爲左副元帥。丁巳，出內府金銀器物贍軍，吏民出財物佐官用者甚衆。壬戌，以前臨潢尹晏爲左丞相。癸亥，詔諭南京太傅、尚書令張浩。甲子，興平軍節度使張玄素上謁。尚書省奏，正隆軍興之餘，進錢粟者宜量授以官，從之。詔遣移剌札八招契丹諸部爲亂者。以前肇州防禦使神土懣爲元帥右都監。

十一月己巳朔，以左丞相晏兼都元帥。辛未，以戶部尚書李石爲參知政事。己卯，詔調民間馬充軍用，事畢還主，死者給價。阿瑣、璋殺同知中都留守事沙离只，阿瑣自稱中都留守，璋自稱同知留守事，使石家奴等來上表賀。〔二〕辛巳，以如中都期日詔羣臣。壬午，詔中都都轉運使左淵曰：「凡宮殿張設毋得增置，無役一夫以擾百姓，但謹圍禁、嚴出入而已。」以尚書右司員外郞完顏兀古出爲詔諭高麗使。癸未，遣權元帥左都監吾札忽、右都監神土懣、廣寧尹僕散渾坦討契丹諸部。甲申，追尊皇考豳王爲皇帝，謚簡肅，廟號睿宗，皇妣蒲察氏曰欽慈皇后，李氏曰貞懿皇后。羣臣上尊號曰仁明聖孝皇帝。乙酉，追復東昏王帝號，謚武靈，廟號閔宗，詔中外。封子實魯剌爲許王，胡土瓦爲楚王。戊子，辭謁太祖廟及貞懿皇后園陵。己丑，如中都。次小遼口。〔三〕使中都留守宗憲先往。壬辰，次梁魚務。樞密副使，北面行營都統白彥敬、南京留守北面行營副統紇石烈志寧以所統軍數來上。安武軍節度使爽來歸。乙未，完顏元宜等弒海陵於揚州。丙申，次義州。丁酉，宋人破陝州，防禦使折可直降，同知防禦使事李柔立死之。

十二月乙卯，次三河縣，左副元帥完顏穀英來朝。丙辰，次通州，延安尹唐括德溫來朝。丁巳，至中都。戊午，謁太祖廟。己未，御貞元殿，受羣臣朝。庚申，以元帥左監軍高忠建等爲報諭宋國使。壬戌，詔軍士自東京扈從至京師者復三年。同知河間尹高昌福上書陳便宜，上覽之再三。詔內外大小職官陳便宜。丙寅，詔左副元帥完顏穀英規措南邊及陝西等路事。

二年正月戊辰朔，日有食之。伐鼓用幣。上徹樂減膳，不視朝。庚午，上謂宰相曰：「進賢退不肖，宰相之職也。有才能高於己者，或懼其分權，往往不肯引置同列，朕甚不取。卿等毋以此爲心。」以前翰林學士承旨致仕翟永固爲尚書左丞，濟南尹僕散忠義爲右丞。都統斜哥、副統完顏布輝坐擅易置中都官吏，斜哥除名，布輝削兩階，罷之。辛未，御太和殿，宴百官，宗戚命婦賜賚有差。壬申，勅御史臺檢察六部文移，稽而不行，行而失當，皆舉劾之。甲戌，除迎賽神佛禁令。乙亥，如大房山。丙子，獻享山陵，禮畢，欲獵而還，左丞相晏等諫曰：「邊事未寧，不宜游幸。」戊寅，還宮。因諭晏等曰：「朕常慕古之帝王，虛心受諫。卿等有言卽言，毋緘默以自便。」辛巳，以兵部尚書可喜等謀反，伏誅，詔中外。是日，賜扈從猛安謀克甲士下至阿里喜有差。遣左副點檢蒲察阿孛罕等賞賚河南將士。以前勸農使移剌元宜爲御史大夫。詔前工部尚書蘇保衡、太子少保高思廉振賜山東百姓粟帛，無妻者具姓名以聞。庚寅，行納粟補官法。遣右副元帥完顏謀衍率師討蕭窩斡。壬辰，上謂宰執曰：「朕卽位未半年，可行之事甚多，近日全無敷奏。朕深居九重，正賴卿等贊襄，各思所長以聞，朕豈有倦怠。」癸巳，太白晝見。甲午，上謂宰執曰：「卿等當參民間利害，及時事之可否，以時敷奏。不可公餘輒從自便，優游而已。」命河北、山東、陝西等路征南步軍並放還家。咸平、濟州軍二萬入屯京師。〔四〕丙申，以西南路招討使完顏思敬、兵部尚書阿鄰督北邊將士。

二月己亥，前翰林待制大穎以言盜賊忤海陵，杖而除名，起爲秘書丞。補闕馬欽以諂事海陵得幸，除名。庚子，詔前戶部尚書梁銶、〔五〕戶部郎中耶律道安撫山東百姓。招諭盜賊或避賊及避徭役在他所者，並令歸業，及時農種，無問罪名輕重，並與原免。壬寅，太傅、尚書令張浩來見。癸卯，以上初卽位，遣遼陽主簿石抹移迭、東京麴院都監移刺葛補招契丹叛人，爲白彥敬、紇石烈志寧所害，並贈鎭國上將軍，令其家各食五品俸，仍收錄其子。甲辰，以張浩爲太師，尚書令如故，御史大夫移剌元宜爲平章政事。辛亥，定世襲猛安謀克遷授格。壬子，以太保、左領軍大都督奔睹爲都元帥，太保如故。癸丑，詔降蕭玉、敬嗣暉、許霖等官，放歸田里。甲寅，復用進士爲尚書省令史。丙辰，嵩州刺史石抹术突刺等敗宋兵於壽安縣。丁巳，鄭州防禦使蒲察世傑取陝州。甲子，詔都元帥奔睹開府山東，經略邊事。澤州刺史特末哥及其妻高福娘伏誅。

閏月甲戌，上謂宰臣曰：「比聞外議言，奏事甚難。朕於可行者未嘗不從。自今敷奏勿有所隱，朕固樂聞之。」戊子，上謂宰臣曰：「臣民上書者，多勅尚書省詳閱，而不卽具奏，天下將謂朕徒受其言而不行也。其亟條具以聞。」庚寅，詔平章政事移剌元宜泰州路規措邊事。辛卯，太和、厚德殿火。乙未，尚書兵部侍郎溫敦朮突剌等與窩斡戰，敗于勝州。〔六〕

三月癸卯，參知政事獨吉義罷。元帥左都監徒單合喜敗宋將吳璘于德順州。甲辰，追削李通官職。乙巳，免南京正隆丁夫貸役錢。辛亥，以廉平誠諭中外官吏。癸亥，詔河南、陝西、山東，昨因捕賊，良民被虜爲賊者，釐正之。

四月己巳，右副元帥完顏謀衍等敗窩斡于長濼。辛未，降廢帝亮爲海陵郡王。乙亥，詔減御膳及宮中食物之半。夏國遣使來賀卽位，及進方物，及賀萬春節。右副元帥完顏謀衍復敗窩斡於霿𩄙河。辛巳，宴夏使貞元殿。故事，外國使三節人從皆坐廡下賜食。上察其食不精腆，曰：「何以服遠人之心。」掌食官皆杖六十。癸未，夏使朝辭，乞互市，從之。己丑，以左丞相晏爲太尉。〔七〕壬辰，詔征契丹部將士曰：「應契丹與大軍未戰而降者，不得殺傷，仍安撫之。後招誘來降者，除奴婢以已虜爲定，其親屬使各還其家，仍官爲贖之。」

五月丁酉朔，以曷速館節度使白彥敬爲御史大夫。戊戌，遣元帥左監軍高忠建會北征將帥討契丹。己亥，以臨海軍節度使紇石烈志寧爲元帥右監軍。右副元帥完顏謀衍、元帥右監軍完顏福壽坐逗遛，召還京師，皆罷之。壬寅，立楚王允迪爲皇太子，詔中外。丁巳，押軍萬戶裴滿按刺、猛安移剌沙里剌敗宋兵于華州。

六月戊辰，命御史大夫白彥敬西北路市馬。庚午，以尚書右丞僕散忠義爲平章政事兼右副元帥，經略契丹。詔出內府金銀給征契丹軍用。戊寅，詔居庸關、古北口譏察契丹姦細，捕獲者加官賞。己卯，詔守禦古北口及石門關。庚辰，宋遣使賀即位。壬午，右副元帥僕散忠義與窩斡戰于花道。戊子，以南京留守紇石烈良弼爲尙書右丞。庚寅，右副元帥僕散忠義大敗窩斡于裊嶺西陷泉，〔八〕獲其弟裊。壬辰，以西南路招討使完顏思敬爲元帥右都監。

七月丁酉，復取原州。丙午，宋主傳位于子眘。甲寅，詔諭契丹。丁巳，速頻軍士朮里古等誣完顏謀衍子斜哥寄書其父謀反，并以其書上之。上覽書曰：「此誣也，止訊告者。」訊之，果誣也。朮里古伏誅。庚申，太尉、尙書左丞相晏致仕。壬戌，詔發濟州會寧府軍在京師者，以五千人赴北京都統府。陝西都統璋敗宋將吳璘于張義堡。

八月乙丑朔，奚抹白謀克徐列等降。左監軍高忠建破奚于栲栳山，及招降旁近奚六營，有不降者，攻破之，盡殺其男子，以其婦女童孺分給諸軍。丁卯，永興縣進嘉禾。壬申，萬戶溫迪罕阿魯帶與奚戰于古北口，敗焉，詔同判大宗正事完顏謀衍等禦之。癸酉，上謂宰臣曰：「百姓上書陳時政，其言猶有所補。卿等位居機要，略無獻替，可乎。夫聽斷獄訟，簿書期會，何人不能。唐、虞之聖，猶務兼覽博照，乃能成治。正隆專任獨見，故取敗亡。朕早夜孜孜，冀聞讜論，卿等宜體朕意。」詔「百司官吏，凡上書言事或爲有司所抑，許進表以

聞，朕將親覽，以觀人材優劣」。夏國遣使賀尊號。丁丑，免齊國妃、韓王亨、樞密忽土、留守
賾等家親屬在宮籍者。詔元帥右都監完顏思敬以所部軍與大軍會討窩斡。乙酉，詔左諫
議大夫石琚、監察御史馮仲尹廉察河北東路。丁亥，詔御史臺曰：「卿等所劾，惟諸局行移
稽緩，及緩於赴局者耳，此細事也。自三公以下，官僚善惡邪正，當審察之。若止理細務而
略其大者，將治卿等罪矣。」契丹老和尚降。辛卯，罷諸關征稅。

九月甲午朔，完顏謀衍擒奚猛安合住。元帥左都監徒單合喜大敗宋將吳璘于德順州。
乙未，詔尚書右丞紇石烈良弼以便宜招撫奚、契丹之叛者。庚子，元帥右都監完顏思敬獲
契丹窩斡，餘衆悉平。以尚書左司員外郎完顏正臣爲夏國生日使。壬寅，獵于近郊。乙
巳，以移剌窩斡平，詔中外。庚戌，改葬睿宗皇帝。壬子，以元帥右都監完顏思敬爲右副元
帥。戊午，詔思敬經略南邊。辛酉，奉遷睿宗皇帝梓宮于磐寧宮。癸亥，元帥左監軍徒單
合喜等敗宋兵于德順州。河南統軍使宗尹復取汝州。

十月丁卯，以左副元帥完顏轂英爲平章政事。戊辰，如山陵，謁睿宗皇帝梓宮，哭盡
哀。平章政事、右副元帥僕散忠義等還自軍，上謁。丙戌，以僕散忠義爲尚書右丞相、元
帥左監軍紇石烈志寧爲左副元帥。戊子，葬睿宗皇帝于景陵，大赦。己丑，詔左副元帥
紇石烈志寧經略南邊。壬辰，華州防禦使蒲察世傑、丹州刺史赤盞胡速魯改敗宋兵于德

順州。

十一月癸巳朔，詔右丞相僕散忠義伐宋。丁酉，第職官，廉能、汚濫、不職各爲三等而黜陟之。

十二月乙酉，遣尚書刑部侍郎劉仲淵等廉察宣諭東京、北京等路。

三年正月壬辰朔，高麗、夏遣使來賀。庚子，太白晝見。壬子，遣客省使烏居仁賞勞河南軍士。癸丑，復取德順州。

二月甲子，詔太子少詹事楊伯雄等廉問山西路。庚午，上謂宰相曰：「灤州饑民，流散逐食，甚可矜恤。移於山西，富民贍濟，仍于道路計口給食。」壬申，詔撫諭陝西。庚辰，太保、都元帥奔睹薨。丙戌，趙景元等以亂言伏誅。庚寅，高麗、夏遣使來賀萬春節。高麗遣使賀卽位。東京僧法通以妖術亂衆，都統府討平之。

三月丙申，中都以南八路蝗，詔尚書省遣官捕之。壬寅，詔戶部侍郎魏子平等九人，〔九〕分詣諸路猛安謀克，勸農及廉問。詔臨潢漢民逐食於會寧府濟、信等州。庚戌，詔免去年租稅。

四月辛酉朔，右副元帥完顏思敬罷。丁卯，平章政事完顏轂英、御史大夫白彥敬罷。以參知政事李石爲御史大夫。丁丑，詔吏犯贓罪，雖會赦不敍。己卯，以引進使韓綱爲橫賜高麗使。乙酉，賑山西路猛安謀克貧民，給六十日糧。是月，取商、虢、環州，宋所侵一十六州至是皆復。

五月辛卯朔，右丞相僕散忠義朝京師。乙未，以重五，幸廣樂園射柳，命皇太子、親王、百官皆射，勝者賜物有差。上復御常武殿，賜宴擊毬。自是歲以爲常。丙申，宋人攻破靈璧、虹縣。己亥，罷河南、山東、陝西統軍司，置都統、副統。以太子詹事完顏守道從皇太子，上召諭守道曰：「卿任執政，所責非輕，自今毋從行。」辛丑，以右丞相僕散忠義兼都元帥。癸卯，僕散忠義還軍。河南路都統奚撻不也叛入于宋。丙午，宋人攻破宿州。辛亥，更定出征軍逃亡法。尚書省請籍天德間被誅大臣諸奴隸及從窩斡亂者爲軍，上以四方甫定，民意稍蘇，而復簽軍，非長策，不聽。癸丑，詔諭契丹餘黨蒲速越等，如能自新，並釋其罪。若執蒲速越父子以來者，仍官賞之。左副元帥紇石烈志寧復取宿州，河南副統孛朮魯定方死于陣。乙卯，以北京留守完顏思敬復爲右副元帥。中都蝗。詔參知政事完顏守道按問大興府捕蝗官。

六月庚申朔，日有食之。以刑部尚書蘇保衡爲參知政事。丙子，詔曰：「正隆之末，濟州路逃回軍士爲中都官軍所邀殺者，官爲收葬。」己卯，觀稼于近郊。甲申，太師、尚書令張浩罷。以宿直將軍阿勒根和衍爲橫賜夏國使。

七月庚戌，太白晝見。以太子太師宗憲爲平章政事。以孔總爲襲封衍聖公。

八月丙寅，太白經天。庚午，詔曰：「祖宗時有勞効未曾遷賞者，五品以上聞奏，六品以下及無職事者尙書省約量升除。」甲戌，詔參知政事完顏守道招撫契丹餘黨。戊寅，詔罷契丹猛安謀克，其戶分隸女直猛安謀克。命諸官員年老者，許存馬一二疋，餘並括買入官。勅殿前都點檢唐括德溫「重九出獵，國朝舊俗。今扈從軍二千，能無擾民，可嚴爲約束，仍以錢萬貫分賜之」。乙酉，如大房山。丁亥，薦享于睿陵。戊子，還宮。

九月癸巳，〔一〇〕以宿直將軍僕散習尼列爲夏國生日使。〔一一〕丁酉，秋獵。以重九，拜天于北郊。丙午，詔翰林待制劉仲誨等廉問車駕所經州縣。乙卯，還宮。

十月甲子，大享于太廟。丙寅，以許王府長史移剌天佛留爲高麗生日使。癸酉，冬獵。

十一月庚寅，太白晝見，經天。壬辰，還都。戊申，詔「求仕官輒入權要之門，追一官，仍降除。以請求有所饋獻及受之者，具狀奏裁」。庚戌，百官請上尊號，不允。詔「中都、平州及饑荒地幷經契丹剽掠，有質賣妻子者，官爲收贖」。壬子，尙書左丞翟永固罷。癸丑，罷貢金線段疋。甲寅，以尙書右丞紇石烈良弼爲左丞，吏部尙書石琚爲參知政事。

十二月丁丑，臘，獵于近郊，以所獲薦山陵，自是歲以爲常。詔流民未復業，增限招誘。己卯，參知政事蘇保衡至自軍，辛巳，以爲尚書右丞。

四年正月丁亥朔，高麗、夏遣使來賀。戊子，罷路府州元日及萬春節貢獻。上謂侍臣曰：「秦王宗翰有功於國，何乃無嗣？」皆未知所對。上曰：「朕嘗聞宗翰在西京坑殺匄者千人，得非其報耶。」癸巳，百官復請上尊號，不允。丁酉，如安州春水。壬寅，至安州。大雪。詔扈從人舍民家者，人日支錢一百與其主。甲辰，元帥府言「宋遣審議官胡昉致尚書右僕射書，來議和好。以其言失信，拘昉軍中，以書答之」。及以書進，上覽之曰：「宋之失信，行人何罪，當卽遣還。邊事令元帥府從宜措畫。」乙巳，尚書省奏「徐州民曹珪討賊江志，而子弼亦在賊中，并殺之。法當補二官，敍雜班」。上以所奏未當，進一官，正班用之。辛亥，獲頭鵝，遣使薦山陵，自是歲以爲常。

二月丁巳，免安州今年賦役，及保塞縣御城邊吳二村凡扈從人嘗止其家者，亦復一年。辛酉，獵于高陽之北。庚午，還都。庚辰，以北京粟價踴貴，詔免今年課甲。

三月丙戌朔，萬春節，高麗、夏遣使來賀。詔免北京歲課段匹一年。庚子，京師地震。壬寅，百官復請上尊號，不允。

四月丁巳，平章政事完顏元宜罷。甲戌，出宮女二十一人。

五月，旱。癸卯，勅有司審寃獄，禁宮中音樂，放毬場役夫。乙巳，詔禮部尚書王競禱雨于北岳。己酉，命參知政事石琚等於北郊望祭禱雨。壬子，雨。窩斡餘黨蒲速越伏誅。

六月甲寅朔，日有食之。壬戌，尚書左丞紇石烈良弼至自征南元帥府。甲子，以雨足，命有司祭謝嶽鎭海瀆于北郊。己巳，幸東宮，視皇太子疾。庚午，初定祭五嶽四瀆禮。辛未，觀稼于近郊。庚辰，詔諭元帥府曰：「所請伐宋軍萬五千，今以騎三千、步四千赴之。」詔陝西元帥府議入蜀利害以聞。

七月壬辰，故衞王襄妃及其子和尚以妖妄伏誅。庚子，以尚書左丞紇石烈良弼爲平章政事。辛丑，大風雷雨，拔木。

八月甲寅朔，詔征南元帥府曰：「前所請收復舊疆，乞候秋涼進發，今已秋涼，復俟何時。」戊午，以參知政事完顏守道爲尚書左丞，大興尹唐括安禮爲參知政事。壬申，上謂宰臣曰：「卿每奏皆常事，凡治國安民及朝政不便於民者，未嘗及也。如此，則宰相之任誰不能之。」己卯，如大房山。辛巳，致祭于山陵。

九月癸未朔，還都。乙酉、上謂宰臣曰：「形勢之家，親識訴訟，請屬道達，官吏往往屈法徇情，宜一切禁止。」己丑，上謂宰臣曰：「北京、懿州、臨潢等路嘗經契丹寇掠，平、薊二州近復蝗旱，百姓艱食，父母兄弟不能相保，多冒鬻爲奴，朕甚閔之。可速遣使閱實其數，出內庫物贖之。」乙未，幸鷹房，主者以鷹隼置內省堂上，上怒曰：「此宰相聽事，豈置鷹隼處耶。」痛責其人，俾置他所。己亥，以宿直將軍烏里雅爲夏國生日使。辛亥，以太子少詹事烏古論三合爲高麗生日使。

十月癸丑朔，〔一二〕獵于密雲縣。丙寅，還都。己卯，命泰寧軍節度使張弘信等二十四人分路通檢諸路物力。

十一月乙酉，征南都統徒單克寧敗宋兵，取楚州。己丑，封子永功爲鄭王。辛卯，冬獵。乙未，詔進師伐宋。戊戌，次河間府。辛丑，尚書省火。甲辰，次清州。

閏月壬子朔，還都。

十二月丁亥，尚書省奏都統高景山取商州。己丑，臘，獵于近郊。辛卯，太白晝見，經天。是歲，大有年。斷死罪十有七人。

五年正月辛亥朔，高麗、夏遣使來賀。乙卯，詔泰州、臨潢接境〔一三〕設邊堡七十，駐兵萬三千。己未，宋通問使魏杞等以國書來。書不稱「大」，稱「姪宋皇帝」，稱名，「再拜奉書于叔大金皇帝」。歲幣二十萬。辛未，詔中外。復命有司，旱、蝗、水溢之處，與免租賦。癸酉，命元帥府諸新舊軍以六萬人留戍，餘並放還。以宋國歲幣悉賞諸軍。

二月壬午，以左副都點檢完顏仲等爲宋報問使。壬寅，罷納粟補官令。戊申，萬春節，〔一四〕宋、高麗、夏遣使來賀。

三月壬申，羣臣奉上尊號曰應天興祚仁德聖孝皇帝，詔中外。

四月癸卯，西京留守壽王京謀反，獄成，特免死，杖之，除名，嵐州安置。乙巳，右副元帥完顏思敬罷。丁未，右丞相、都元帥僕散忠義還自軍。

五月壬子，左副元帥紇石烈志寧以召入見。丁巳，以僕散忠義爲尙書左丞相，紇石烈志寧爲平章政事，還軍。乙丑，以平章政事宗憲爲尙書右丞相。癸酉，罷山東路都統府，以其軍各隸總管府。

六月甲辰，芝產大安殿柱。丙午，京師地震，雨毛。

七月戊申朔，京師地復震。罷陝西都統府，復置統軍司京兆，徙陝西元帥府河中。

八月己卯，前宿州防禦使烏林答剌撒以與宋李世輔交通，伏誅。癸巳，宋、夏遣使賀尊號。

九月丁未朔，以吏部尙書高衎等爲賀宋生日使。戊申，秋獵。庚戌，以宿直將軍朮虎蒲查爲夏國生日使。甲戌，還都。

十月丁丑朔，地震。辛巳，以大宗正丞璋爲高麗生日使。乙未，冬獵。辛丑，還都。

十一月丙午朔，上謂宰臣曰：「朕在位日淺，未能徧識臣下賢否，全賴卿等盡公舉薦。今六品以下殊乏人材，何以副朕求賢之意。」癸丑，幸東宮。戊午，以右副都點檢烏古論粘沒曷爲賀宋正旦使。癸亥，立諸路通檢地土等第稅法。癸酉，大霧，晝晦。

十二月己丑，獵于近郊。高麗遣使賀尊號。

六年正月丙午朔，宋、高麗、夏遣使來賀。庚午，勅有司，宮中張設毋以塗金爲飾。

二月丁亥，尚書左丞相兼都元帥沂國公僕散忠義薨。壬寅，萬春節，〔一五〕宋、高麗、夏遣使來賀。

三月甲寅，上如西京。庚申，次歸化州，西京留守唐括德溫上謁。戊辰，至西京。庚午，朝謁太祖廟。壬申，擊毬，百姓縱觀。

四月甲戌朔，詔月朔禁屠宰。戊戌，以尚書右司郎中移剌道爲橫賜高麗使，宿直將軍斜卯摑剌爲橫賜夏國使。辛丑，太白晝見。

五月戊申，幸華嚴寺，觀故遼諸帝銅像，詔主僧謹視之。壬子，詔雲中大同縣及警巡院給復一年。壬戌，詔將幸銀山，諸扈從軍士賜錢五萬貫，有敢損苗稼者，並償之。

六月辛巳，太白晝見，經天。丙戌，發自西京。庚子，獵于銀山。

七月辛酉，次三叉口。

八月辛未朔，次涼陘。庚辰，獵于望雲之南山。

九月辛丑朔，至自西京。丁未，以戶部尚書魏子平爲賀宋生日使。辛亥，以翰林待制移剌熙載爲夏國生日使。澤州刺史劉德裕等以盜用官錢伏誅。壬子，太白晝見。癸丑，尚書右丞相宗憲薨。丙辰，太白晝見，經天。

十月己卯，以尙書兵部侍郎移剌按答爲高麗生日使。甲申，朝享于太廟。詔免雄、莫等州今年租。壬辰，太白晝見，經天。丁酉，如安肅州。冬獵。

十一月丙午，還都。癸丑，以右副都點檢烏古論元忠爲賀宋正旦使。上謂宰臣曰：「朝官當愼選其人，庶可激勵其餘，若不當，則啓覬覦之心。卿等必知人才優劣，舉實才用之。」庚申，太白晝見，經天。丁卯，參知政事石琚以母憂罷。

十二月甲戌，詔有司，每月朔望及上七日毋奏刑名。戊子，太白晝見，經天。甲午，泰州民合住謀反，伏誅。丙申，以平章政事紇石烈良弼爲尙書右丞相，紇石烈志寧爲樞密使。

七年正月庚子朔，宋、高麗、夏遣使來賀。辛亥，石琚起復參知政事。壬子，上服袞冕，御大安殿，受尊號册寶禮。癸丑，大赦。庚申，以元帥左監軍徒單合喜爲樞密副使。

二月庚寅，尙書右丞蘇保衡薨。丙申，以參知政事石琚爲尙書右丞。

三月己亥朔，萬春節，宋、高麗、夏遣使來賀。

四月戊辰朔，日有食之。壬辰，以御史大夫李石爲司徒，大夫如故。

五月丙午，大興府獄空，詔賜錢三百貫爲宴樂之用，以勞之。甲寅，以北京留守耨盌溫敦兀帶爲參知政事。

六月癸酉，命地衣用龍文者罷之。

七月戊申，禁服用金線，其織賣者，皆抵罪。丙辰，幸東宮。己未，幸東宮視皇太子疾。

閏月丁卯，觀稼于近郊。戊辰，許王永中進封越王，〔一六〕鄭王永功封隨王，永成封瀋王。甲戌，詔遣秘書監移剌子敬經略北邊。戊寅，幸東宮。己卯，慶雲環日。壬午，觀稼于近郊。戊子，觀稼于北郊。

八月辛亥，慶雲環日。癸丑，尙書右丞相監修國史紇石烈良弼進太宗實錄，上立受之。己未，如大房山。壬戌，致祭睿陵。

九月乙丑朔，還宮。己巳，右三部檢法官韓贊以捕蝗受賂，除名。詔吏人但犯贓罪，雖會赦，非特旨不叙。以勸農使蒲察莎魯窩等爲賀宋生日使。辛未，參知政事唐括安禮罷。乙亥，以宿直將軍唐括鶻魯爲夏國生日使。庚辰，地震。辛巳，以都水監李衞國爲高麗生日使。乙酉，秋獵。庚寅，次保州。詔修起居注王天祺察訪所經過州縣官。

十月乙未朔，上謂侍臣曰：「近聞朕所幸郡邑，曾宴寢堂宇，後皆避之，此甚無謂，可宣諭，令仍舊居止。」戊申，還都。丁巳，上謂宰臣曰：「海陵不辨人才優劣，惟徇己欲，多所升擢。朕卽位以來，以此爲戒，止取實才用之。近聞蠡州同知移剌延壽在官汚濫，詢其出身，乃正隆時鷹房子。如鷹房，廚人之類，可典城牧民耶？自今如此局分，不得授以臨民職任。」以御史中丞孟浩爲參知政事。是日，參知政事耨盌溫敦兀帶薨。辛酉，勅有司於東宮涼樓前增建殿位，孟浩諫曰：「皇太子雖爲儲貳，宜示以儉德，不當與至尊宮室相侔。」乃罷之。

十一月乙丑朔，上謂宰臣曰：「聞縣令多非其人，其令吏部察其善惡，明加黜陟。」辛未，以河間尹徒單克寧等爲賀宋正旦使。壬申，太白晝見。丁丑，歲星晝見。丁亥，樞密副使徒單合喜罷。

十二月戊戌，東京留守徒單合喜、北京留守完顏謀衍、肇州防禦使蒲察通朝辭，賜通金帶，諭之曰：「卿雖有才，然用心多詐，朕左右須忠實人，故命卿補外。賜卿金帶者，答卿服勞之久也。」又顧謂左宣徽使敬嗣輝曰：「如卿不可謂無才，所欠者純實耳。」甲辰，以北京留守完顏思敬爲平章政事。是歲，斷死囚二十人。

八年正月甲子朔，宋、高麗、夏遣使來賀。乙丑，上謂宰臣曰：「朕治天下，方與卿等共之，事有不可，各當面陳，以輔朕之不逮，愼毋阿順取容。卿等致位公相，正行道揚名之時，苟或偸安自便，雖爲今日之幸，後世以爲何如。」羣臣皆稱萬歲。辛未，謂秘書監移剌子敬等曰：「昔唐、虞之時，未有華飾，漢惟孝文務爲純儉。朕於宮室惟恐過度，其或興修，卽損宮人歲費以充之，今亦不復營建矣。如宴飲之事，近惟太子生日及歲元嘗飲酒，往者亦止上元、中秋飲之，亦未嘗至醉。至於佛法，尤所未信。梁武帝爲同泰寺奴，遼道宗以民戶賜寺僧，復加以三公之官，其惑深矣。」庚辰，行皇太子册禮。

二月甲午朔，制子爲改嫁母服喪三年。上諭左宣徽使敬嗣輝曰：「凡爲人臣，上欲要君之恩，下欲干民之譽，必虧忠節，卿宜戒之。」

三月癸亥朔，萬春節，宋、高麗、夏遣使來賀。己巳，命以職官子補令史。丁丑，命護衞親軍百戶、五十戶，非直日不得帶刀入宮。己丑，太白晝見。

四月丙午，詔曰：「馬者軍旅所用，牛者農耕之資，殺牛有禁，馬亦何殊，其令禁之。」戊申，擊毬常武殿，司天馬貴中諫曰：「陛下爲天下主，繫社稷之重，又春秋高，圍獵擊毬危事也，宜悉罷之。」上曰：「朕以示習武耳。」

五月甲子，北望淀大震、風、雨雹，廣十里，長六十里。詔戶、工兩部，自今宮中之飾，並勿用黃金。乙丑，上如涼陘。丁卯，歲星晝見。庚寅，改旺國崖曰靜寧山，曷里滸東川曰金蓮川。

六月，河決李固渡，水入曹州。

七月甲子，制盜羣牧馬者死，告者給錢三百貫。戊辰，上謂平章政事完顏思敬等曰：「朕思得賢士，寤寐不忘。自今朝臣出外，卽令體訪外任職官廉能者，及草萊之士可以助治者，具姓名以聞。」甲戌，秋獵。己卯，次三叉口。上諭點檢司曰：「沿路禾稼甚佳，其扈從人少有蹂踐，則當汝罪。」

八月乙卯，至自涼陘。

九月辛酉，上諭尚書右丞石琚、參政孟浩曰：「聞蔚州採地蕈，役夫數百千人，朕所用幾何，而擾動如此。自今差役凡稱御前者，皆須稟奏，仍令附册。」癸亥，以右宣徽使移剌神獨斡等爲賀宋生日使。己巳，以引進使高希甫爲夏國生日使。庚午，上幸東宮。癸酉，上諭宰臣曰：「卿等舉用人材，凡己所知識，必使他人舉奏，朕甚不喜。如其果賢，何必以親疏爲避忌也。」以戶部尙書魏子平爲參知政事。辛巳，上謂御史大夫李石曰：「臺憲固在分別邪正，然內外百司豈謂無人。惟見卿等劾人之罪，不聞舉善。自今宜令監察御史分路刺舉善惡以聞。」上嘗命左衞將軍大磐訪求良弓，而磐多自取，護衞妻室以告，上命點檢司鞫磐。磐妹爲寶林，磐屬內侍僧兒言之寶林，寶林以聞，命杖僧兒百，出磐爲隴州防禦使。

十月己丑朔，以戒諭官吏貪墨，詔中外。乙未，命涿州刺史兼提點山陵，每以朔望致祭，朔則用素，望則用肉，仍以明年正月爲首。及命圖畫功臣於太祖廟，其未立碑者立之。以翰林待制靖爲高麗生日使。上謂宰臣曰：「海陵時，修起居注不任直臣，故所書多不實。可訪求得實，詳而錄之。」參政孟浩進曰：「良史直筆，君舉必書，自古帝王不自觀史，意正在此。」辛亥，詔罷復州歲貢鹿筋。

十一月乙丑，幸東宮。以同簽大宗正事闢合土等爲賀宋正旦使。

十二月戊子朔，遣武定軍節度使移剌按等招諭阻轐。

九年正月戊午朔，宋、高麗、夏遣使來賀。辛酉，上與宣徽使敬嗣暉、秘書監移剌子敬論古今事，因曰：「亡遼日屠食羊三百，亦豈能盡用，徒傷生耳。朕雖處至尊，每當食，常思貧民飢餒，猶在己也。彼身爲惡而口祈福，何益之有。如海陵以張仲軻爲諫議大夫，何以得聞忠言。朕與大臣論議一事，非正不言，卿等不以正對，豈人臣之道也。」庚午，詔諸州縣和糴，毋得抑配百姓。戊寅，契丹外失剌等謀叛，伏誅。丙戌，制漢人、渤海兄弟之妻，服闋歸宗，以禮續婚者，聽。

二月庚寅，制妄言邊關兵馬者，徒二年。丙申，詔改葬漢二燕王於城東。庚子，以中都等路水，免稅，詔中外。又以曹、單二州被水尤甚，給復一年。甲寅，詔女直人與諸色人公事相關，只就女直理問。

三月丁巳朔，萬春節，宋、高麗、夏遣使來賀。丁卯，以尚書省定網捕走獸法，或至徒，上曰：「以禽獸之故而抵民以徒，是重禽獸而輕民命也，豈朕意哉。自今有犯，可杖而釋之。」詔御史中丞移剌道廉問山東、河南。辛未，禁民間稱言「銷金」，條理內舊有者，改作「明金」字。辛巳，以大名路諸猛安民戶艱食，遣使發倉廩減價出之。

四月己丑，謂宰臣曰：「朕觀在位之臣，初入仕時，競求聲譽以取爵位，亦旣顯達，即徇默苟容爲自安計，朕甚不取。宜宣諭百官，使知朕意。」癸巳，遣翰林修撰蒲察兀虎、監察御史完顏鶻沙分詣河北西路、大名、河南、山東等路勸猛安謀克農。

五月丙辰朔，以符寶郎徒單懷貞爲橫賜高麗使，宿直將軍完顏賽也爲橫賜夏國使。戊辰，尚書省奏越王永中、隋王永功二府有所興造，發役夫。上曰：「朕見宮中竹有枯瘁者，欲令更植，恐勞人而止。二王府各有引從人力，又奴婢甚多，何得更役百姓。爾等但以例爲請，海陵橫役無度，可盡爲例耶。自今在都浮役，久爲例者仍舊，餘並官給傭直，重者奏聞。」

六月庚寅，冀州張和等反，伏誅。戊戌，以久旱，命宮中毋用扇。庚子，雨。

七月乙卯朔，罷東北路採珠。壬申，觀稼于近郊。

八月甲申朔，有司奏日食，以雨不見，伐鼓用幣如常禮。

九月甲寅朔，以刑部尚書高德基等爲賀宋生日使，宿直將軍僕散守中爲夏國生日使，提點司天臺馬貴中爲高麗生日使。罷皇太子月料，歲給錢五萬貫。上謂臺臣曰：「比聞朝官內有攬中官物以規貨利者，汝何不言？」皆對曰：「不知。」上曰：「朕尚知之，汝有不知者乎。朕若舉行，汝將安用。」壬戌，秋獵。

十月丁亥，還都。辛丑，以尚書右丞相紇石烈良弼爲左丞相，樞密使紇石烈志寧爲右丞相。詔宗廟之祭，以鹿代牛，著爲令。丙午，大享于太廟。辛亥，以平章政事完顏思敬爲樞密使。

十一月己未，以尚書左丞完顏守道爲平章政事，右丞石琚爲左丞，參知政事孟浩爲右丞。庚申，上幸東宮。辛酉，以京兆尹毅等爲賀宋正旦使。壬戌，冬獵。丙子，還都。

十二月丙戌，詔賑臨潢、泰州、山東東路、河北東路諸猛安民。以東京留守徒單合喜爲官猶論。

平章政事。丁酉，太白晝見。辛丑，獵于近郊。丙午，制職官犯公罪，在官已承伏者，雖去

十年正月壬子朔，宋、高麗、夏遣使來賀。甲子，命宮中元宵無得張燈。甲戌，以司徒、御史大夫李石爲太尉、尚書令。

二月甲午，安化軍節度使徒單子溫、副使老君奴以贓罪，伏誅。戊申，上謂近臣曰：「護衞以後皆是治民之官，其令教以讀書。」

三月壬子朔，萬春節，宋、高麗、夏遣使來賀。丙辰，上因命護衞中善射者押賜宋使射弓宴，宋使中五十，押宴者纔中其七，謂左右將軍曰：「護衞十年出爲五品職官，每三日上直，役亦輕矣，豈徒令飽食安臥而已。弓矢不習，將焉用之。」戊午，以河南統軍使宗敍爲參知政事。庚午，上謂參政宗敍曰：「卿昨爲河南統軍時，言黃河堤埽利害，甚合朕意。朕每念百姓差調，官吏互爲姦弊，不早計料，臨期星火率斂，所費倍蓰，爲害非細。卿既參朝政，皆當革弊，擇利行之。」又諭左丞石琚曰：「女直人徑居達要，不知閭閻疾苦。汝等自丞簿至是，民間何事不知，凡有利害，宜悉敷陳。」

四月丁酉，制命婦犯姦，不用夫廕以子封者，不拘此法。

五月乙卯，如柳河川。

閏月庚辰，夏國任得敬脅其主李仁孝，〔一七〕使上表，請中分其國。上問宰臣李石，石等以爲事繫彼國，不如許之。上曰：「彼劫於權臣耳。」詔不許，并却其貢物。

七月壬午，秋獵。戊戌，放圍場役夫。詔扈從糧食並從官給。乙巳，勅扈從人縱畜牧蹂踐禾稼者，杖之，仍償其直。

八月己未，至自柳河川。壬申，遣參知政事宗敍北巡。

九月庚辰，尙書左丞相紇石烈良弼丁憂，起復如故。壬午，以簽書樞密院事移剌子敬爲賀宋生日使。庚寅，以戶部郎中夾谷阿里補爲夏國生日使。

十月己酉，以大宗正丞乣爲高麗生日使。甲寅，如霸州，冬獵。乙丑，上謂大臣曰：「比因巡獵，聞固安縣令高昌裔不職，已令罷之。霸州司候成奉先奉職謹恪，可進一階，除固安令。」辛未，上謂宰臣曰：「朕凡論事有未能深究其利害者，卿等宜悉心論列，無爲面從而退有後言。」

十一月辛巳，制盜太廟物者與盜宮中物論同。甲申，上幸東宮。丁亥，以太子詹事蒲察蒲速越等爲賀宋正旦使。癸巳，夏國以誅任得敬遣使來謝，詔慰諭之。

十二月丙寅，上謂宰臣曰：「比體中不佳，有妨朝事。今觀所奏事，皆依條格，殊無一利國之事。若一朝行一事，歲計有餘，則其利博矣。朕居深宮，豈能悉知外事，卿等尤當注意。」

十一年正月丙子朔，宋、夏遣使來賀。丁丑，封子永升爲徐王，永蹈爲滕王，永濟爲薛王。壬午，詔職官年七十以上致仕者，不拘官品，並給俸祿之半。丙申，命賑南京屯田猛安被水災者。戊戌，尙書省奏汾陽軍節度副使牛信昌生日受饋獻，法當奪官。上曰：「朝廷行事苟不自正，何以正天下。尙書省、樞密院生日節辰饋獻不少，此而不問，小官饋獻卽加按劾，豈正天下之道。自今宰執樞密饋獻亦宜罷去。」上謂宰臣曰：「往歲淸暑山西，近路禾稼甚廣，殆無畜牧之地，因命五里外乃得耕墾。今聞民皆去之他所，甚可矜憫，其令依舊耕種。事有類此，卿等宜卽告朕。」

三月乙亥朔，萬春節，宋、夏遣使來賀。辛巳，命有司以天水郡公旅櫬依一品禮葬於鞏洛之原。

四月丁未，歸德府民臧安兒謀反，伏誅。大理卿李昌圖以廉問眞定尹徒單貞、咸平尹石抹阿沒剌受贓不法，旣得罪狀，不卽黜罷，杖之四十。癸亥，參知政事魏子平罷。高麗國王晛弟晧，廢其主自立，詐稱讓國，遣使以表來上。

五月辛卯，詔遣吏部侍郎靖使高麗問故。癸巳，以南京留守移剌成爲樞密副使。

六月己酉，詔曰：「諸路常貢數內，同州沙苑羊非急用，徒勞民爾，自今罷之。朕居深宮，勞民之事豈能盡知，似此當具以聞。」戊午，觀稼于近郊。甲子，平章政事徒單合喜薨。

七月甲申，參知政事宗敍薨。

八月癸卯朔，太白晝見。詔朝臣曰：「朕嘗諭汝等，國家利便，治體遺闕，皆可直言。外路官民亦嘗言事，汝等終無一語。凡政事所行，豈能皆當。自今直言得失，毋有所隱。」乙巳，上謂宰臣曰：「隨朝之官，自謂歷一考則當得某職，兩考則當得某職。第務因循，碌碌而已。自今以外路官與內除者，察其公勤則升用之，但苟簡於事，不須任滿，便以本品出之。賞罰不明，豈能勸勉。」庚戌，詔曰：「應因窩斡被掠女直及諸色人未經刷放者，官爲贖放。隱匿者，以違制論。其年幼不能稱說住貫者，從便住坐。」上謂宰臣曰：「五品以下闕員甚多，而難於得人。三品以上朕則知之，五品以下不能知也。卿等曾無一言見舉者。欲畫久安之計，興百姓之利，而無良輔佐，所行皆尋常事耳，雖日日視朝，何益之有。卿等宜勉思之。」己巳，以尚書刑部侍郎烏林荅天錫等爲賀宋生日使，近侍局使劉珫爲夏國生日使。

九月癸未，獵于橫山。庚寅，還都。

十月壬寅朔，以左宣徽使敬嗣暉爲參知政事。甲寅，上謂宰臣曰：「朕已行之事，卿等以爲成命不可復更，但承順而已，一無執奏。且卿等凡有奏，何嘗不從。自今朕旨雖出，宜審而行，有未便者，卽奏改之。或在下位有言尙書省所行未便，亦當從而改之，毋拒而不從。」丙寅，尙書左丞相紇石烈良弼進睿宗實錄。戊辰，上謂宰臣曰：「衍慶宮圖畫功臣，已命增爲二十人。如丞相韓企先，自本朝興國以來，憲章法度，多出其手。至於關決大政，但與大臣謀議，終不使外人知覺。漢人宰相，前後無比，若褒顯之，亦足示勸，愼無遺之。」

十一月丁丑，以西南路招討使宗寧等爲賀宋正旦使。戊寅，幸東宮。上謂皇太子曰：「吾兒在儲貳之位，朕爲汝措天下，當無復有經營之事。汝惟無忘祖宗純厚之風，以勤修道德爲孝，明信賞罰爲治而已。昔唐太宗謂其子高宗曰『吾伐高麗不克終，汝可繼之。』如此之事，朕不以遺汝。如遼之海濱王，以國人愛其子，嫉而殺之，此何理也。子爲衆愛，愈爲美事，所爲若此，安有不亡。唐太宗有道之君，而謂其子高宗曰：『爾於李勣無恩。今以事出之，我死，宜卽授以僕射，彼必致死力矣。』君人者，焉用僞爲。受恩於父，安有忘報於子者乎。朕御臣下，惟以誠實耳。」羣臣皆稱萬歲。丙戌，朝享于太廟。丁亥，有事于圓丘，大赦。癸巳，羣臣奉上尊號曰應天興祚欽文廣武仁德聖孝皇帝，乙未，詔中外。

十二月癸卯，冬獵。乙卯，還宮。丙辰，參知政事敬嗣暉薨。辛酉，進封越王永中趙王，隨王永功曹王，瀋王永成豳王，徐王永升虞王，滕王永蹈徐王，薛王永濟滕王。乙丑，趙王永中、曹王永功俱授猛安，仍命永功親治事，以習爲政。

校勘記

〔一〕完顏謀衍自常安率兵五千皆來附　「常」原作「長」。按上文作「常安縣」，本書卷七二謀衍傳亦記「世宗爲東京留守，自將討括里還，遇謀衍于常安縣，盡以甲士付之」。今據改。

〔二〕使石家奴等來上表賀　「石」原作「后」。按本書卷六五斡者附孫璋傳、卷六九阿瑣傳記此事皆作「石家奴」，今據改。

〔三〕己丑如中都次小遼口　原脫「遼」字，按本書卷七〇宗憲傳，「宗憲聞世宗卽位，先已棄官來歸……遂見上于小遼口，除中都留守，卽遣赴任」。今據補。

〔四〕咸平濟州軍二萬入屯京師　「二」字似「三」字缺上畫，殿本作「三」。

〔五〕戶部尙書梁銶　「銶」原作「球」。按本書卷八八移剌道傳、卷九一石抹榮傳記此事皆作「梁銶」，今據改。

〔六〕敗于勝州　按本書卷二四地理志，西京路有東勝州，此外並無「勝州」，疑此處脫「東」字。

〔七〕以左丞相晏爲太尉　「左」原作「右」。按上文大定元年十月壬戌，「以前臨潢尹晏爲左丞相」。以下晏兩見，皆是「左丞相」。今據改。

〔八〕庚寅右副元帥僕散忠義大敗窩斡于裊嶺西陷泉　「庚寅」二字，原錯置於「右副元帥」下。按上文大定二年五月，「右副元帥完顏謀衍、元帥右監軍完顏福壽坐逗留，召還京師，皆罷之」。六月庚午，「以尚書右丞僕散忠義爲平章政事兼右副元帥，經略契丹。」下文亦見「右副元帥僕散忠義」，今據乙正。

〔九〕詔戶部侍郎魏子平等九人　按本書卷九二曹望之傳，大定三年，「詔遣戶部侍郎魏子平、大興少尹同知中都轉運事李滌、禮部侍郎李愿、工部郎中移剌道、戶部員外郎完顏兀古出、監察御史夾谷阿里補及望之分道勸農，廉問職官臧否」，實七人，與此數目不同。

〔一〇〕九月癸巳　「九月」二字原在下文丁酉之上。按長術是年八月庚申朔，無癸巳，九月己丑朔，癸巳是五日。「九月」二字原係錯置，應在「癸巳」之上，今乙正。

〔一一〕以宿直將軍僕散習尼列爲夏國生日使　原脫「以」字。按本書卷六一交聘表，大定三年「九月癸巳，以宿直將軍僕散習尼列爲夏生日使」。今據補。

〔一二〕十月癸丑朔　「癸丑」原作「癸亥」。按上文九月癸未朔，則十月當爲癸丑朔，今據改。

〔一三〕詔泰州臨潢接境　「臨潢」原作「臨湟」。按本書地理志無「臨湟」。卷九〇阿勒根彥忠傳記此事作「臨潢」，正與泰州接境，今據改。

〔一四〕戊申萬春節　「戊申」上原有「三月」二字。按是年正月辛亥朔，戊申當在二月末，「三月」二字應在下文「壬申」之上。今乙正。

〔一五〕壬寅萬春節　「壬寅」上原有「三月」二字。按是年三月甲辰朔，壬寅當在二月末，「三月」二字應在下文「甲寅」之上。今乙正。

〔一六〕許王永中進封越王　原作「越王永中進封許王」。按本書卷八五永中傳，「大定元年封許王，七年進封越王」。今據改。

〔一七〕閏月庚辰夏國任得敬脅其主李仁孝　按本書卷六一交聘表記夏國任得敬事在乙未。庚辰是閏五月朔，庚辰下當有闕文，並脫「乙未」二字。

金史卷七

本紀第七

世宗中

十二年正月庚午朔，宋、高麗、夏遣使來賀。戊寅，詔有司，「凡陳言文字，皆國政利害，自今言有可行，以其本封送祕書監，當行者錄副付所司」。丙申，以水旱，免中都、西京、南京、河北、河東、山東、陝西去年租稅。

二月壬寅，上召諸王府長史諭之曰：「朕選汝等，正欲勸導諸王，使之爲善。如諸王所爲有所未善，當力陳之，尙或不從，則具某日行某事以奏。若阿意不言，朕惟汝罪。」丙午，尙書省奏，廉察到同知城陽軍事山和尙等淸强官，上曰：「此輩暗察明訪皆著政聲，可第其政績，各進官旌賞。其速議升除。」庚戌，上如順州春水。癸丑，還都。丙辰，詔「自今官長不法，其僚佐不能糾正又不言上者，並坐之」。戶部尙書高德基濫支朝官俸錢四十萬貫，杖八十。

三月己巳朔，萬春節，宋、高麗、夏遣使來賀。乙亥，詔尚書省，「贓汙之官，已被廉問，若仍舊職，必復害民。其遣使諸道，即日罷之」。丁丑，詔遣宿直將軍烏古論思列，册封王晧爲高麗國王。庚寅，雨土。癸巳，以前西北路招討使移剌道爲參知政事。回紇遣使來貢。丁酉，北京曹貴等謀反，伏誅。

四月，旱。癸卯，尚書右丞孟浩罷。丁巳，西北路納合七斤等謀反，伏誅。癸亥，以久旱，命禱祠山川。詔宰臣曰：「諸府少尹多闕員，當選進士雖資敍未至而有政聲者，擢用之。」以宿直將軍唐括阿忽里爲横賜夏國使。乙丑，大名尹荆王文以贓罪奪王爵，降授德州防禦使。回紇使使來貢。丙寅，尚書右丞相紇石烈志寧薨。丁卯，宋、高麗遣使賀尊號。阻轐來貢。

五月癸酉，上如百花川。甲戌，命賑山東東路胡剌溫猛安民饑。丁丑，次阻居。久旱而雨。戊寅，觀稼。禁扈從蹂踐民田。〔一〕禁百官及承應人不得服純黄油衣。癸未，諭宰臣曰：「朕每次舍，凡秣馬之具皆假於民間，多亡失不還其主。此彈壓官不職，可擇人代之。所過即令詢問，但亡失民間什物，並償其直。」乙酉，詔給西北路人戶牛。

六月甲寅，如金蓮川。

九月丙子，至自金蓮川。辛巳，以右副都點檢夾谷清臣等爲賀宋生日使，右衞將軍粘割斡特剌爲夏國生日使。丁亥，太白晝見，在日前。鄜州李方等謀反，伏誅。

十月，高麗國王王晧遣使謝封册。乙未，臨奠故右丞相紇石烈志寧喪，志寧妻永安縣主進鎧甲、弓矢、鷹鶻、重綵。壬子，召皇太子及趙王永中上殿，上顧謂宰臣曰：「京嘗圖逆，今不除之，恐爲後患。」〔三〕又曰：「天下大器歸於有德。海陵失道，朕乃得之。但務修德，餘何足慮。」皇太子及永中皆曰：「誠如聖訓。」遂釋之。丙辰，以德州防禦使文貴產賜其兄之子咬住，且諭其母：「文之罪，汝等皆當連坐。念宋王有大功於國，故置不問，仍以家產賜汝子。」

十一月甲戌，上謂宰臣曰：「宗室中有不任官事者，若不加恩澤，於親親之道，有所未弘。朕欲授以散官，量予廩祿，未知前代何如？」左丞石琚曰：「陶唐之親九族，周家之內睦九族，見於詩、書，皆帝王美事也。」丙子，上以曹國公主家奴犯事，宛平令劉彥弼杖之，主乃折辱令，既深責公主，又以臺臣徇勢偸安，畏忌不敢言，奪俸一月。以陝西統軍使璋爲御史大夫。以戶部尚書曹望之爲賀宋正旦使。壬午，同州民屈立等謀反，伏誅。戊子，上屏侍臣，與宰臣議事，記注官亦退，上曰：「史官記人君善惡，朕之言動及與卿等所議，皆當與知，其於記錄無或有隱。可以朕意諭之。」

十二月乙未朔，以濟南尹劉蕚在定武軍貪墨不道，命大理少卿張九思鞫之。丁酉，詔遣官及護衞二十人，分路選年二十以上四十以下有門地才行及善射者，充護衞，不得過百人。冀州王瓊等謀反，伏誅。德州防禦使文以謀反，伏誅。辛丑，出宮女二十餘人。己酉，樞密副使移剌成罷。辛亥，禁審錄官以宴飲廢公務。詔金、銀坑冶聽民開採，毋得收稅。癸丑，獵于近郊。以殿前都點檢徒單克寧爲樞密副使。己未，詔自今除名人子孫有在仕者並取奏裁。

十三年正月乙丑朔，宋、高麗、夏遣使來賀。癸酉，尚書省奏，南客車俊等因榷場貿易，誤犯邊界，罪當死。上曰：「本非故意，可免罪發還，毋令彼國知之，恐復治其罪。」詔有司嚴禁州縣坊里爲民害者。

閏月壬子，詔太子詹事曰：「東宮官屬尤當選用正人，如行檢不修及不稱職者，具以名聞。」辛酉，太白晝見。洛陽縣賊聚衆攻盧氏縣，殺縣令李庭才，亡入于宋。

三月癸巳朔，萬春節，宋、高麗、夏遣使來賀。乙卯，上謂宰臣曰：「會寧乃國家興王之地，自海陵遷都永安，女直人寖忘舊風。朕時嘗見女直風俗，迄今不忘。今之燕飲音樂，皆習漢風，蓋以備禮也，非朕心所好。東宮不知女直風俗，第以朕故，猶尚存之。恐異時一變此風，非長久之計。甚欲一至會寧，使子孫得見舊俗，庶幾習效之。」太子詹事劉仲誨請增東宮牧人及張設，上曰：「東宮諸司局人自有常數，張設已具，尙何增益。太子生於富貴，易入於侈，惟當導以淳儉。朕自卽位以來，服御器物，往往仍舊，卿以此意諭之。」

四月己巳，定出繼子所繼財產不及本家者，以所繼與本家財產通數均分制。以有司言，特授洛州孝子劉政太子掌飮丞。乙亥，上御睿思殿，命歌者歌女直詞。顧謂皇太子及諸王曰：「朕思先朝所行之事，未嘗暫忘，故時聽此詞，亦欲令汝輩知之。汝輩自幼惟習漢人風俗，不知女直純實之風，至於文字語言，或不通曉，是忘本也。汝輩當體朕意，至於子孫，亦當遵朕敎誡也。」辛巳，更定盜宗廟祭物法。

五月壬辰朔，日有食之。戊戌，禁女直人毋得譯爲漢姓。壬寅，眞定尹孟浩薨。甲辰，尙書省奏，鄧州民范三毆殺人，當死，而親老無侍。上曰：「在醜不爭謂之孝，孝然後能養。斯人以一朝之忿忘其身，而有事親之心乎。可論如法。其親，官與養濟。」

六月，樞密使完顏思敬薨。

七月庚子，復以會寧府爲上京。庚戌，罷歲課雉尾。

八月丁卯，以判大興尹趙王永中爲樞密使。詔賜諸猛安謀克廉能三等官賞。己卯，御史大夫璋罷。丙戌，以左副都點檢襄等爲賀宋生日使。丁亥，秋獵。

九月辛卯朔，以宿直將軍胡什賚爲夏國生日使。辛亥，還都。大名府僧李智究等謀反，伏誅。

十月乙丑，歲星晝見。丙子，以前南京留守唐括安禮爲尚書右丞。

十一月，以大興尹璋爲賀宋正旦使，引進使大㵶爲高麗生日使。上謂宰臣曰：「外路正五品職事多闕員，何也？」太尉李石對曰：「資考少有及者。」上曰：「苟有賢能，當不次用之。」壬子，吏部尚書梁肅請禁奴婢服羅綺。上曰：「近已禁其服明金。行之以漸可也。且敎化之行，當自貴近始。朕宮中服御，常自節約，舊服明金者，已減太半矣。近民間風俗，比正隆時聞稍淳儉，卿等當更務從儉素，使民知所效也。」

十四年正月己丑朔，宋、高麗、夏遣使來賀。

二月壬戌，以大興尹璋使宋有罪，杖百五十，除名，仍以所受禮物入官。丙寅，以刑部尚書梁肅等爲宋詳問使。庚午，以太尉、尚書令李石爲太保，致仕。戊寅，詔免去年被水旱百姓租稅。

三月戊子朔，萬春節，宋、高麗、夏遣使來賀。甲午，上謂大臣曰：「海陵純尚吏事，當時宰執止以案牘爲功。卿等當思經濟之術，不可狃于故常也。」又詔：「猛安謀克之民，今後不許殺生祈祭。若遇節辰及祭天日，許得飲會。自二月一日至八月終，並禁絕飲燕，亦不許赴會他所，恐妨農功。雖閒月亦不許痛飲，犯者抵罪。可徧諭之」。又命，「應衞士有不閑女直語者，並勒習學，仍自後不得漢語」。辛丑，太白、歲星晝見。甲辰，上更名雍，詔中外。丙辰，太白、歲星晝見，經天。

四月乙丑，上諭宰臣曰：「聞愚民祈福，多建佛寺，雖已條禁，尙多犯者，宜申約束，無令徒費財用。」戊辰，有事于太廟，以皇太子攝行事。乙亥，以勸農副使完顏蒲涅爲橫賜高麗使。上御垂拱殿，顧謂皇太子及親王曰：「人之行，莫大於孝弟。孝弟無不蒙天日之祐。汝等宜盡孝于父母，友于兄弟。自古兄弟之際，多因妻妾離間，以至相違。且妻者乃外屬耳，可比兄弟之親乎。若妻言是聽，而兄弟相違，甚非理也。汝等當以朕言常銘于心。」戊子，以樞密副使徒單克寧兼大興尹。

五月丙戌朔，詳問使梁肅等還自宋。甲午，如金蓮川。

六月己未，太白晝見。

八月丁巳，次糺里舌。日中，白龍見御帳東小港中，須臾，乘雲雷而去。癸亥，獵于彌離補。己卯，太白晝見。

九月丁亥，還都。乙未，以兵部尙書完顏讓等爲賀宋生日使，宿直將軍崇肅爲夏國生日使。癸卯，上退朝，謂侍臣曰：「朕自在潛邸及踐阼以至于今，於親屬舊知未嘗欺心有徇此一事耳，夙夜思之，其如有疚。」己酉，宋遣使報聘。

近御史臺奏，樞密使永中嘗致書河南統軍使完顏仲，託以賣馬。朕知而不問。朕之欺心，

十月乙卯朔，詔圖畫功臣二十人衍慶宮聖武殿之左右廡。

十一月甲申朔，日有食之。丙申，御史中丞劉仲誨等爲賀宋正旦使。戊戌，召尚食局使，諭之曰：「太官之食，皆民脂膏。日者品味太多，不可徧舉，徒爲虛費。自今止進可口者數品而已。」戊申，以儀鸞局使曹士元爲高麗國生日使。

十二月戊寅，以平章政事完顏守道爲右丞相，樞密副使徒單克寧爲平章政事。

十五年正月。此下闕。

七月丙午，粘拔恩與所部康里孛古等內附。

九月戊子，至自金蓮川。辛卯，高麗西京留守趙位寵叛其君，請以慈悲嶺以西，鴨淥江以東四十餘城內附，不納。丙申，幸新宮。

閏月己酉朔，定應禁弓箭槍刀路分品官家奴客旅等許帶弓箭制。上謂左丞相良弼曰：「今之在官者，須職位稱愜所望，然後始加勉力。其或稍不如意，則止以度日爲務，是豈

忠臣之道耶。」丁巳，又謂良弼曰：「海陵時，領省秉德、左丞相言皆有能名，〔三〕然爲政不務遠圖，止以苛刻爲事。言及可喜等在會寧時，一月之間，杖而殺之者二十人，罪皆不至於死，於理可乎。海陵爲人如虎，此輩尚欲以術數要之，以至賣直取死，得爲能乎。」己未，以歸德尹完顏王祥等爲賀宋生日使，符寶郎斜卯和尚爲夏國生日使。辛酉，高麗國王奏告趙位寵伏誅，詔慰答之。詔親王、百官傔人所服紅紫改爲黑紫。甲戌，詔年老之人毋注縣令。年老而任從政，其佐亦擇壯者參用。

十月乙未，冬獵。丁未，還都。

十一月乙卯，上幸東宮。初，唐古部族節度使移剌毛得之子殺其妻而逃，上命捕之。至是，皇姑梁國公主請赦之。〔四〕上謂宰臣曰：「公主婦人，不識典法，罪尚可恕。毛得請託至此，豈可貸宥。」不許。戊午，以右宣徽使靖等爲賀宋正旦使。甲子，太白晝見。戊辰，以宿直將軍阿典蒲魯虎爲高麗生日使。

十六年正月戊申朔，宋、高麗、夏遣使來賀。甲寅，詔免去年被水、旱路分租稅。甲子，詔宗屬未附玉牒者並與編次。丙寅，上與親王、宰執、從官從容論古今興廢事，曰：「經籍之興，其來久矣，垂教後世，無不盡善。今之學者，既能誦之，必須行之。然知而不能行者多矣，苟不能行，誦之何益。女直舊風最爲純直，雖不知書，然其祭天地，敬親戚，尊耆老，接賓客，信朋友，禮意款曲，皆出自然，其善與古書所載無異。汝輩當習學之，舊風不可忘也。」戊辰，宮中火。庚午，上按鷹高橋，見道側醉人墮驢而臥，命左右扶而乘之，送至其家。辛未，皇姑邀上至私第，諸妃皆從，宴飲甚歡。公主每進酒，上立飲之。

二月庚寅，皇子豳王妃〔五〕徒單氏以姦，伏誅。己亥，平章政事徒單克寧罷，以女故。

三月丙午朔，日有食之。是日，萬春節，改用明日，宋、高麗、夏遣使來賀。戊申，雨豆於臨潢之境。戊午，上御廣仁殿，皇太子、親王皆侍膳，上從容訓之曰：「大凡資用當務節省，如其有餘，可周親戚，勿妄費也。」因舉所御服曰：「此服已三年未嘗更換，尚爾完好，汝等宜識之。」壬申，復置吾都椀部禿里。

四月丙戌，詔京府設學養士，及定宗室、宰相子程試等第。戊子，制商賈舟車不得用馬。以東京留守崇尹爲樞密副使。壬寅，如金蓮川。

五月戊申，南京宮殿火。甲寅，太白晝見。庚申，遣使禱雨靜寧山神，有頃而雨。

六月，山東兩路蝗。

七月壬子，夏津縣令移剌山住坐贓，伏誅。

八月辛巳，次霹靂濼。

九月乙巳，至自金蓮川。己酉，諭左丞相紇石烈良弼曰：「西邊自來不備儲蓄，其令所在和糴，以爲緩急之備。」癸丑，以殿前都點檢蒲察通等爲賀宋生日使，宿直將軍完顏覿古速爲夏國生日使。諭左丞相良弼曰：「海陵非理殺戮臣下，甚可哀憫。其孛論出等遺骸，仰逐處訪求，官爲收葬。」辛酉，以南京宮殿火，留守、轉運兩司官皆抵罪。

十月丙申，詔諭宰執曰：「諸王小字未嘗以女直語命之，今皆當更易，卿等擇名以上。」

十一月壬寅朔，參知政事王蔚罷。尚書省奏，河北東路胡刺溫猛安所轄謀克孛术魯舍厮，以謀克讓其兄子蒲速列。上賢而從之，仍令議加舍厮恩賞。戊午，以同知宣徽院事劉珫等爲賀宋正旦使。庚申，以吏部尚書張汝弼爲參知政事。甲子，以粘割韓奴之子詳古爲尚輦局直長，婁室爲武器直長。初，韓奴被旨招契丹大石，後不知所終，至是因粘拔恩部長撒里雅寅特斯等來，詢知其死節之詳，故錄其後。遣兵部郎中移刺子元爲高麗國生日使。

十二月壬申朔，詔諸科人出身四十年方注縣令，年歲太遠，今後仕及三十二年，別無負犯贓染追奪，便與縣令。丙子，詔諸流移人老病者，官與養濟。上諭宰臣曰：「凡已經奏斷事有未當，卿等勿謂已行，不爲奏聞改正。朕以萬幾之繁，豈無一失，卿等但言之，朕當更改，必無吝也。」庚寅，定榷場香、茶罪賞法。

十七年正月壬寅朔，宋、高麗、夏遣使來賀。高麗幷表謝不納趙位寵。丙午，有司奏，高麗所進玉帶乃石似玉者，上曰：「小國無能辨識者，誤以爲玉耳。且人不易物，惟德其物，若復却之，豈禮體耶。」戊申，詔於衍慶宮聖武殿西建世祖神御殿，東建太宗、睿宗神御殿。詔西北路招討司契丹民戶，其嘗叛亂者已行措置，其不與叛亂及放良奴隸可徙烏古里石壘部，令及春耕作。尚書省奏，吾都椀部體土胡魯雅里密斯請入獻，許之。庚戌，詔諸大臣家應請功臣號者，既不許其子孫自陳，吏部考功郎其詳考其勞績，當賜號者，即以聞。壬子，上謂宰臣曰：「宗室中年高者，往往未有官稱。其先皆有功於國，朕欲稍加以官，使有名位可稱，如何？」對曰：「親親報功，先王之令則。」丁巳，詔朝官嫁娶給假三日，不須申告。壬戌，詔宰臣：「海陵時，大臣無辜被戮家屬籍沒者，並釋爲良。遼豫王、宋天水郡王被害子孫，各葬於廣寧、河南舊塋。」其後復詔「天水郡王親屬於都北安葬外，咸平所寄骨殖，官爲葬於本處。遼豫王親屬未入本塋者，亦遷祔之」。

三月辛丑朔，宋、高麗、夏遣使來賀。〔六〕辛亥，詔免河北、山東、陝西、河東、西京、遼東等十路去年被旱、蝗租稅。賑東京、婆速、曷速館三路。乙丑，尚書省奏，三路之粟，不能周給。上曰：「朕嘗語卿等，遇豐年卽廣糴以備凶歉。卿等皆言天下倉廩盈溢。今欲賑濟，乃云不給。自古帝王皆以蓄積爲國家長計，朕之積粟，豈欲獨用之耶。今既不給，可於鄰道取之以濟。自今預備，當以爲常。」

四月甲戌，制世襲猛安謀克若出仕者，雖年未及六十，欲令子孫襲者，聽。戊寅，諭宰臣曰：「郡縣之官雖以罪解，一二歲後，亦須再用。猛安謀克皆太祖創業之際於國勤勞有功之人，其世襲之官，不宜以小罪奪免。」戊子，以滕王府長史徒單烏者爲橫賜高麗使。

五月，尙書省奏，定皇家袒免以上親燕饗班次，並從唐制。癸卯，幸姚村淀，閱七品以下官及宗室子、諸局承應人射柳，賞有差。

六月己卯，謂宰臣曰：「朕年老矣。恐因一時喜怒，處置有所不當，卿等卽當執奏，毋爲面從，成朕之失。」乙未，以英王爽之子思列爲忠順軍節度副使。爽入謝，上曰：「朕以卿疾故，特任卿子，所冀卿因喜而愈也。欲卽加峻授，恐思列年幼，未閑政事。汝當訓之，使有善可觀，更當升擢。」

七月壬子，尙書省奏，歲以羊三萬賜西北路戍兵，〔七〕上問如何運致，宰臣不能對。上曰：「朕雖退朝，留心政務，不遑安寧。卿等勿謂細事非帝王所宜問，以卿等於國家之事未嘗用心，故問之耳。」是月，大雨，河決。

八月己巳，觀稼于近郊。壬申，以監察御史體察東北路官吏，輒受訟牒，爲不稱職，笞之五十。庚辰，上謂宰臣曰：「今之在官者，同僚所見，事雖當理，必以爲非，意謂從之則恐人謂政非己出。如此者多，朕甚不取。今觀大理寺所斷，雖制有正條，理不能行者別具情見，朕惟取其所長。夫爲人之理，他人之善者從之，則可謂善矣。」壬午，上謂宰臣曰：「今在下僚豈無人材，但在上者不爲汲引，惡其材勝己故耳。」丙戌，上謂御史中丞紇石烈邈曰：「臺臣糾察吏治之能否，務去其擾民，且冀其得賢也。今所至輒受訟牒，聽其妄告，使爲政者如何則可也。」

九月丁酉朔，日有食之。辛丑，封子永德爲薛王。以右副都點檢完顏習尼烈等爲賀宋生日使。癸卯，以兵部郎中石抹忽土爲夏國生日使。戊申，秋獵。庚戌，歲星、熒惑、太白聚於尾。甲子，還都。

十月己巳，夏國進百頭帳，詔却之境上。癸酉，有司奏：「衍慶宮所畫功臣二十人，惟五人有謚，今考檢餘十五人功狀，擬定謚號以進」。詔可。詔以羊十萬付烏古里石壘部畜牧，其滋息以予貧民。丁丑，制諸猛安，父任別職，子須年二十五以上方許承襲。辛巳，上謂宰臣曰：「今在位不聞薦賢何也。昔狄仁傑起自下僚，力扶唐祚，使既危而安，延數百年之永。仁傑雖賢，非婁師德何以自薦乎。」癸未，更護送罪人逃亡制。上謂宰臣曰：「近觀上封章者，殊無大利害。且古之諫者既忠於國，亦以求名，今之諫者爲利而已。如戶部尚書曹望之、濟南尹梁肅皆上書言事，蓋覬覦執政耳，其於國政竟何所補。達官如此，況餘人乎。昔海陵南伐，太醫使祁宰極諫，至戮於市，此本朝以來一人而已。」丁亥，上命宰臣曰：「監察御史田忠孺嘗上書言事，今當升擢，以勵其餘。」

十一月戊戌，以南京留守徒單克寧爲平章政事。庚戌，上謂宰臣曰：「朕常恐重斂以困吾民，自今諸路差科之煩細者，亦具以聞。」有司奏，夏國進御帳使因邊臣懇求進入，乃許之。以尚書左丞石琚爲平章政事。丙辰，以延安尹完顏蒲剌睹等爲賀宋正旦使。

十二月戊辰，以渤海舊俗男女婚娶多不以禮，必先攘竊以奔，詔禁絕之，犯者以姦論。以宿直將軍僕散懷忠爲高麗生日使。己巳，太白晝見。壬申，以尚書右丞唐括安禮爲左丞，殿前都點檢蒲察通爲右丞。上謂宰執曰：「朕今年已五十有五，若年踰六十，雖欲有爲，而莫之能矣。宜及朕之康强，其女直人猛安謀克及國家政事之未完，與夫法令之未一者，宜皆修舉之。凡所施行，朕不爲怠。」

十八年正月丙申朔，宋、高麗、夏遣使來賀。壬寅，定殺異居周親奴婢、同居卑幼，輒殺奴婢及妻無罪而輒毆殺者罪。庚戌，修起居注移剌傑上書言：「每屏人議事，雖史官亦不與聞，無由紀錄。」上以問平章政事石琚、左丞唐括安禮，對曰：「古者，天子置史官於左右，言動必書，所以儆戒人君，庶幾有所畏也。」庚申，免中都、河北、河東、山東、河南、陝西等路前年被災租稅。壬戌，如春水。

二月丙寅朔，次管莊。丙子，次華港。己丑，還宮。

三月乙未朔，萬春節，宋、高麗、夏遣使來賀。乙巳，命戍邊女直人遇祭祀、婚嫁、節辰許自造酒。丁未，上謂宰執曰：「縣令之職最爲親民，當得賢材用之。邇來犯法者衆，殊不聞有能者。比在春水，見石城、玉田兩縣令，皆年老，苟祿而已。畿甸尙爾，遠縣可知。」平章政事石琚對曰：「良鄉令焦旭、慶都令李伯達皆能吏，可任。」上曰：「審如卿言，可擢用之。」己酉，禁民間無得創興寺觀。獻州人殷小二等謀反，伏誅。

四月己巳，上謂宰臣曰：「朕巡幸所至，必令體訪官吏臧否。向玉田知主簿石抹杳乃能吏也，可授本縣令。」己丑，以太子左贊善阿不罕德甫爲橫賜夏國使。〔八〕

五月丙午，上如金蓮川。

六月庚午，尙書左丞相紇石烈良弼薨。

閏月辛丑，命賑西南、西北兩招討司民，及烏古里石壘部轉戶饑。

七月丙子，上謂宰臣曰：「職官始犯贓罪，容有過誤，至於再犯，是無改過之心。自今再犯不以贓數多寡，並除名。」

八月乙巳，至自金蓮川。丙辰，以尙書右丞相完顏守道爲左丞相，平章政事石琚爲右丞相。

九月辛未，以大理卿張九思等爲賀宋生日使，侍御史完顏蒲魯虎爲夏國生日使。癸酉，以尚書左丞唐括安禮爲平章政事。乙亥，以右丞蒲察通爲左丞，參知政事移剌道爲右丞，刑部尚書粘割斡特剌爲參知政事。

十月庚寅朔，陝州防禦使石抹靳家奴以罪除名。甲午，御史中丞劉仲誨、〔九〕侍御史李瑜坐失糾察大長公主事，各削官一階。

十一月庚申朔，尚書省奏，擬同知永寧軍節度使事阿可爲刺史，上曰：「阿可年幼，於事未練，授佐貳官可也。」平章政事唐括安禮奏曰：「臣等以阿可宗室，故擬是職。」上曰：「郡守係千里休戚，安可不擇人而私其親耶。若以親親之恩，賜與雖厚，無害於政。使之治郡而非其才，一境何賴焉。」壬申，以靜難軍節度使烏延查剌等爲賀宋正旦使。丙子，尚書省奏，崇信縣令石安節買車材於部民，三日不償其直，當削官一階，解職。上因言：「凡在官者，但當取其貪污與清白之尤者數人黜陟之，則人自知懲勸矣。夫朝廷之政，太寬則人不知懼，太猛則小玷亦將不免於罪，惟當用中典耳。」戊寅，上責宰臣曰：「近問趙承元何故再任，卿等言，曹王嘗遣人言其才能幹敏，故再任之。官爵擬注，雖由卿輩，予奪之權，當出于朕。曹王之言尚從之，假皇太子有所諭，則其從可知矣。此事因卿言始知，其不知者知復幾何。

且卿等公受請屬，可乎？」蓋承元前爲曹王府文學，與王邸婢姦，杖百五十除名，而復用也。〔一〇〕丙戌，以吏部尚書烏古論元忠爲御史大夫，以東上閤門使左光慶爲高麗生日使。十二月庚戌，封孫吾都補溫國公，麻達葛金源郡王，承慶道國公。壬子，羣臣奉上「大金受命萬世之寶」。

十九年正月庚申朔，宋、高麗、夏遣使來賀。丁卯，如春水。

二月己酉，還宮。乙卯，免去年被水旱民田租稅。

三月己未朔，萬春節，宋、高麗、夏遣使來賀。乙丑，尚書省奏，廚課院務官顏葵等六十八人，各合削官一階。上曰：「以承廕人主榷沽，此遼法也。法弊則當更張，唐、宋法有可行者則行之。」己巳，上與宰臣論史事，且曰：「朕觀前史多溢美。大抵史書載事貴實，不必浮辭諂諛也。」辛未，上謂宰臣曰：「姦邪之臣，欲有規求，往往私其黨與，不肯明言，託以他事，陽不與而陰爲之力。朕觀古之姦人，當國家建儲之時，恐其聰明不利於己，往往風以陰事，破壞其議，惟擇昏懦者立之，冀他日可弄權爲功利也。如晉武欲立其弟，而姦臣沮之，竟立惠帝，以致喪亂，此明驗也。」丁丑，上謂宰臣曰：「朕觀前代人臣將諫於朝，與父母妻子訣，示以必死。同列目覩其死，亦不顧身，又爲之諫。此盡忠於國者，人所難能也。」己卯，制糾彈之官知有犯法而不舉者，減犯人罪一等科之，關親者許回避。上謂宰臣曰：「人多奉釋老，意欲徼福。朕蚤年亦頗惑之，旋悟其非。且上天立君，使之治民，若盤樂怠忽，欲以僥倖祈福，難矣。果能愛養下民，上當天心，福必報之。」

四月己丑朔，詔賑西南路招討司所部民。己酉，以升祔閔宗，詔中外。丁巳，歲星晝見。

五月戊寅，幸太寧宮。

六月戊子朔，詔更定制條。

七月辛未，有司奏擬趙王子石古乃人從，上不從，謂宰相曰：「兒輩尚幼，若奉承太過，使侈心滋大，卒難節抑，此不可長。諸兒每入侍，當其語笑娛樂之際，朕必淵默，涖之以嚴，庶其知朕敎戒之意，使常畏愼而寡過也。」癸酉，密州民許通等謀反，伏誅。丙子，太白晝見。庚辰，至自太寧宮。

八月壬辰，尙書右丞相石琚致仕。戊戌，以宋大觀錢當五用。丙午，濟南民劉溪忠謀反，伏誅。

九月戊午，以左宣徽使蒲察鼎壽等爲賀宋生日使，太子左衞率府率裴滿胡剌爲夏國生日使。癸亥，秋獵。癸未，還都。

十月辛卯，西南路招討使哲典以贓罪，伏誅。辛亥，制知情服內成親者，雖自首仍依律坐之。

十一月壬戌，改葬昭德皇后，大赦。以御史中丞移剌慥等爲賀宋正旦使。戊辰，以西上閤門使盧拱爲高麗生日使。壬申，上如河間冬獵。癸未，至自河間。

二十年正月甲寅朔，宋、高麗、夏遣使來賀。戊午，定試令史格。壬戌，命歲以錢五千貫造隨朝百官節酒及冰、燭、藥、炭，視品秩給之。己巳，如春水。丙子，幸石城縣行宮。丁丑，以玉田縣行宮之地偏林爲御林，大淀濼爲長春淀。

二月丁未，還都。

三月癸丑朔，萬春節，宋、高麗、夏遣使來賀。己未，詔凡犯罪被問之官，〔二〕雖遇赦，不得復職。乙丑，以新定猛安謀克，詔免中都、西京、河北、山東、河東、陝西路去年租稅。辛巳，以平章政事徒單克寧爲尚書右丞相，御史大夫烏古論元忠爲平章政事。

四月丁亥，定冒廕罪賞。己亥，制宗室及外戚并一品命婦，衣服聽用明金。以西上閤門使郭喜國爲橫賜高麗使。太寧宮火。乙巳，上謂宰臣曰：「女直官多謂朕食用太儉，朕謂不然。夫一食多費，豈爲美事。況朕年高，不欲屠宰物命。貴爲天子，能自節約，亦不惡也。朕服御或舊，常使澣濯，至于破碎，方始更易。向時帳幕常用塗金爲飾，今則不爾，但令足用，何必事紛華也。」庚戌，如金蓮川。

五月丙寅，京師地震，生黑白毛。

七月，旱。

八月壬午，秋獵。

九月壬戌，至自金蓮川。以太府監李佾等爲賀宋生日使，少府少監賽補爲夏國生日使。丙子，蒲速椀羣牧老忽謀叛，伏誅。

十月庚辰朔，更定銓注縣令丞簿格。詔西北路招討司每進馬駝鷹鶻等，輒率斂部內，自今並罷之。壬午，上謂宰臣曰：「察問細微，非人君之體，朕亦知之。然以卿等殊不用心，故時或察問。如山後之地，皆爲親王、公主、權勢之家所占，轉租於民，皆由卿等之不察。卿等當盡心勤事，毋令朕之煩勞也。」詔徙遙落河、移馬河兩猛安於大名、東平等路安置。〔一三〕戊戌，上謂宰臣曰：「凡人在下位，欲冀升進，勉爲公廉，賢不肖何以知之。及其通顯，觀其施爲，方見本心。如招討哲典，初任定州同知，繼爲都司，未嘗少有私徇，所至皆有清名，及爲招討，不固守。人心險于山川，誠難知也。」壬寅，上謂宰臣曰：「近覽資治通鑑，編次累代廢興，甚有鑒戒，司馬光用心如此，古之良史無以加也。校書郎毛麾，朕屢問以事，善於應對，眞該博老儒，可除太常職事，以備討論。」甲辰，以殿前都點檢襄爲御史大夫。

十一月丁巳，尙書右丞移剌道罷。乙丑，以眞定尹徒單守素等爲賀宋正旦使。癸酉，以御史大夫襄爲尙書右丞。乙亥，上諭宰臣曰：「郡守選人，資考雖未及，廉能者則升用之，以勵其餘。」以太常少卿任倜爲高麗生日使。

十二月辛巳，上謂宰臣曰：「岐國用人，但一言合意便升用之，一言之失便責罰之。凡人言辭，一得一失，賢者不免。自古用人咸試以事，若止以奏對之間，安能知人賢否。朕之取人，衆所與者用之，不以獨見爲是也。」己亥，河決衞州。〔三〕辛丑，獵于近郊。癸卯，特授襲封衍聖公孔總兗州曲阜令，封爵如故。

校勘記

〔一〕禁扈從蹂踐民田　「蹂」原作「躁」，據殿本改。

〔二〕上顧謂宰臣曰京嘗圖逆今不除之恐爲後患　按此句與下文世宗「但務修德」句相矛盾，本書卷七四宗望附京傳記此事作「上問皇太子、趙王允中及宰臣曰：『京謀不軌，朕特免死，今復當坐，何如？』宰臣或言：『京圖逆，今不除之恐爲後患。』」則此句實爲宰臣語。「曰」下當有脫文。

〔三〕海陵時領省秉德左丞相言皆有能名　「海陵」原作「武靈」。按本書卷四熙宗紀之末，「大定初，追謚武靈皇帝」。秉德領省，言爲左丞相，皆在天德二年，見本書卷五海陵紀及卷一三二秉德、烏帶傳。作金史者常誤以「武靈」爲海陵，今改正。

〔四〕皇姑梁國公主請赦之　按下文作「大長公主」，本書卷一二〇烏古論元忠傳亦稱「皇姑梁國大長公主」，此處脫「大長」二字。

〔五〕皇子豳王妃　「豳」原作「瀋」。按本書卷八五永成傳，「大定七年始封瀋王」，「十一年進封豳」，則十六年當稱豳王。今據改。

〔六〕三月辛丑朔宋高麗夏遣使來賀　按依本紀文例，「朔」下當脫「萬春節」三字。

〔七〕歲以羊三萬賜西北路戍兵　按本書卷四四兵志養兵之法，大定「十七年七月，歲以羊皮三萬賜西北路戍兵」，多一「皮」字。或以羊不能運致，改用「羊皮」，今不可考。

〔八〕阿不罕德甫爲橫賜夏國使　「夏國」原作「高麗」。按本書卷六一交聘表作「橫賜夏國使」，又記十二月戊午夏遣使謝橫賜，知「夏國」是，今據改。

〔九〕御史中丞劉仲誨　「誨」原作「晦」，據本書卷七八劉仲誨傳改。

〔一〇〕杖百五十除名而復用也　「復」原作「後」，形近而誤，據殿本改。

〔一一〕詔凡犯罪被問之官　「凡」原作「月」。殿本改作「有」，據文義似當作「凡」，以形近誤作「月」，今改。

〔一二〕詔徙遙落河移馬河兩猛安於大名東平等路安置　按本書卷四四兵志，事在二十一年三月。

〔一三〕己亥河決衞州　按歲末水小無河決之理。本書卷二三五行志，大定二十年「秋，河決衞州」，是年八月辛巳朔，「己亥」爲八月十九日。似志是。

金史卷八

本紀第八

世宗下

二十一年正月戊申朔，宋、高麗、夏遣使來賀。壬子，以夏國請，詔復綏德軍榷場，仍許就館市易。上聞山東、大名等路猛安謀克之民，驕縱奢侈，不事耕稼。詔遣閱實，計口授地，必令自耕，地有餘而力不贍者，方許招人租佃，仍禁農時飲酒。丙辰，追貶海陵煬王亮爲庶人，詔中外。甲子，如春水。丙子，次永清縣。有移剌余里也者，契丹人也，隸虞王猛安，有一妻一妾。妻之子六，妾之子四。妻死，其六子廬墓下，更宿守之。妾之子皆曰「是嫡母也，我輩獨不當守墳墓乎」。於是，亦更宿焉，三歲如一。上因獵，過而聞之，賜錢五百貫，仍令縣官積錢於市，以示縣民，然後給之，以爲孝子之勸。

二月戊戌，太白晝見。庚子，還都。壬寅，以河南尹張景仁爲御史大夫。乙巳，以元妃李氏之喪，致祭興德宮，過市肆不聞樂聲，謂宰臣曰：「豈以妃故禁之耶。細民日作而食，若禁之是廢其生計也，其勿禁。朕前將詣興德宮，有司請由薊門，朕恐妨市民生業，特從他道。顧見街衢門肆，或有毀撤，障以簾箔，何必爾也。自今勿復毀撤。」

三月丁未朔，萬春節，宋、高麗、夏遣使來賀。上初聞薊、平、灤等州民乏食，命有司發粟糶之，貧不能糴或貸之。有司以貸貧民恐不能償，止貸有戶籍者。上至長春宮，聞之，更遣人閱實，賑貸。以監察御史石抹元禮、鄭達卿不糾舉，各笞四十，前所遣官皆論罪。甲子，太白晝見。乙丑，詔山後冒占官地十頃以上者皆籍入官，均給貧民。遼州民朱忠等亂言，伏誅。上謂宰臣曰：「近聞宗州節度使阿思懣行事多不法，通州刺史完顏守能既與招討職事，猶不守廉。達官貴要多行非理，監察未嘗舉劾。斡覩只羣牧副使僕散那也取部人二毬杖，至細事也，乃便劾奏。謂之稱職，可乎。今監察職事修舉者與遷擢，不稱者，大則降罰，小則決責，仍不許去官。」

閏月己卯，恩州民鄒明等亂言，伏誅。辛卯，漁陽令夾谷移里罕、司候判官劉居漸以被命賑貸，止給富戶，各削三官，通州刺史郭邦傑總其事，奪俸三月。乙未，上謂宰臣曰：「朕觀自古人君多進用讒諂，其間蒙蔽，爲害非細，若漢明帝尙爲此輩惑之。朕雖不及古之明君，然近習讒言，未嘗入耳。至於宰輔之臣，亦未嘗偏用一人私議也。」癸卯，以尙書左丞相完顏守道爲太尉、尚書令，尚書左丞蒲察通爲平章政事，右丞襄爲左丞，參知政事張汝弼爲右丞，彰德軍節度使梁肅爲參知政事。

四月戊申，以右丞相徒單克寧爲左丞相，平章政事唐括安禮爲右丞相。增築泰州、臨潢府等路邊堡及屋宇。庚戌，奉安昭祖以下三祖三宗御容於衍慶宮，行親祀禮。上諭宰臣曰：「朕之言行豈能無過，常欲人直諫而無肯言者。使其言果善，朕從而行之，又何難也。」戊辰，以滕王府長史把德固爲橫賜夏國使。壬申，幸壽安宮。

五月戊子，西北路招討使完顏守能以贓罪，杖二百，除名。

七月丙戌，還都。丁酉，樞密使趙王永中罷。己亥，以左丞相徒單克寧爲樞密使。辛丑，以太尉、尚書令完顏守道復爲左丞相，太尉如故。

八月乙丑，以右副都點檢胡什賚等爲賀宋生日使，吏部郎中奚胡失海爲夏國生日使。

二十二年三月辛未朔，萬春節，宋、高麗、夏遣使來賀。丁丑，命尚書省申勅西北路招討司勒猛安謀克官督部人習武備。甲申，諭戶部，今歲行幸山後，所須並不得取之民間，雖所用人夫，並以官錢和雇，違者杖八十，罷職。癸巳，詔頒重修制條。以吏部尚書張汝霖爲御史大夫。

四月乙卯，行監臨院務官食直法。以削明肅尊號，詔中外，從皇太子請也。甲子，上如金蓮川。

五月甲申，太白晝見。

六月庚子朔，制立限放良之奴，限內娶良人爲妻，所生男女卽爲良。丁巳，右丞相致仕石琚薨。

七月辛巳，宰臣奏事，上頗違豫，宰臣請退，上曰：「豈以朕之微爽於和，而倦臨朝之大政耶。」使終其奏。甲午，秋獵。

八月戊辰，太白經天。

九月戊寅，至自金蓮川。以左衞將軍禪赤等爲賀宋生日使，尙輦局使僕散曷速罕爲夏國生日使。己丑，以同知東京留守司事裔在任專恣，失上下之分，謫授復州刺史。乙未，壽州刺史訛里也、同知查剌、軍事判官孫紹先、榷場副使韓仲英等以受商賂縱禁物出界，皆處死。

十月辛丑，徙河間宗室于平州。庚戌，袷享于太廟。

十一月丙子，以吏部尙書孛朮魯阿魯罕等爲賀宋正旦使。東京留守徒單貞以與海陵逆謀，伏誅。妻永平縣主，子愼思並賜死。〔一〕甲申，以宿直將軍僕散忠佐爲高麗生日使。

玉田縣令移剌查坐贓，伏誅。戊子，冬獵。

十二月庚子，還都。癸丑，獵近郊。辛酉，立强取諸部羊馬法。

二十三年正月丁卯朔，宋、高麗、夏遣使來賀。庚午，詔有司但獲强盜，迹狀既明，賞隨給之，勿得更待。丁丑，參知政事梁肅致仕。辛巳，廣樂園燈山火。壬午，如春水，詔夾道三十里內被役之民與免今年租稅，仍給傭直。甲午，大邦基伏誅。

二月乙巳，還都。戊申，以尚書右丞張汝弼攝太尉，致祭于至聖文宣王廟。庚戌，以戶部尚書張仲愈爲參知政事。御史臺進所察州縣官罪，上覽之曰：「卿等所廉皆細碎事，又止錄其惡而不舉其善，審如是，其爲官者不亦難乎。其併察善惡以聞。」

三月丙寅朔，萬春節，宋、高麗、夏遣使來賀。丙子，初製「宣命之寶」，金、玉各一。尚書右丞相烏古論元忠罷。潞州涉縣人陳圓亂言，伏誅。乙酉，雨土。丙戌，詔戒諭中外百官。

四月辛丑，〔三〕更定奉使三國人從差遣格。祁州刺史大磐坐無罪掠死染工，妄認良人二十五口爲奴，削官四階，罷之。癸丑，地生白毛。以大理正紇石烈朮列速爲橫賜高麗使。壬戌，幸壽安宮。勑有司爲民禱雨。是夕，雨。

五月庚午，縣令大雛訛只等十人以不任職罷歸。〔三〕六十以上者進官兩階，六十以下者進官一階，並給半俸。甲戌，命應部除官嘗以罪罷而再敍者，遣使按其治迹，如有善狀，方許授以縣令，無治狀者，不以任數多少，並不得授。丁亥，雷，雨雹，地生白毛。

六月壬子，有司奏右司郎中段珪卒，上曰：「是人甚明正，可用者也。如知登聞檢院巨構，每事但委順而已。燕人自古忠直者鮮，遼兵至則從遼，宋人至則從宋，本朝至則從本朝，其俗詭隨，有自來矣。雖屢經遷變而未嘗殘破者，凡以此也。南人勁挺，敢言直諫者多，前有一人見殺，後復一人諫之，甚可尚也。」又曰：「昨夕苦暑，朕通宵不寐，因念小民比屋卑隘，何以安處。」

七月乙酉，平章政事移剌道，參知政事張仲愈皆罷。御史大夫張汝霖坐失糾舉，降授棣州防禦使。

八月乙未，觀稼于東郊。以女直字孝經千部付點檢司分賜護衛親軍。癸卯，還都。乙巳，大名府猛安人馬和尚謀叛，伏誅。括定猛安謀克戶口田土牛具。以戶部尚書程輝爲參知政事。

九月己巳，以同僉大宗正事方等爲賀宋生日使，宿直將軍完顏斜里虎爲夏國生日使。譯經所進所譯易、書、論語、孟子、老子、揚子、文中子、劉子及新唐書。上謂宰臣曰：「朕所以令譯五經者，正欲女直人知仁義道德所在耳。」命頒行之。辛未，秋獵。

十月癸巳，還都。庚戌，幸東宮，賜皇孫吾都補洗兒禮。己未，慶雲見。辛酉，太白晝見。

十一月壬戌朔，日有食之。丙寅，平章政事蒲察通罷。丁卯，歲星晝見。壬申，以樞密副使崇尹爲平章政事。

閏月甲午，上謂宰臣曰：「帝王之政，固以寬慈爲德，然如梁武帝專務寬慈，以至綱紀大壞。朕嘗思之，賞罰不濫，卽是寬政也，餘復何爲。」以尚書左丞襄爲平章政事，右丞張汝弼爲左丞，參知政事粘割斡特剌爲右丞，禮部尙書張汝霖爲參知政事。以西京留守婆盧火等爲賀宋正旦使。制外任官嘗爲宰執者，凡吏牘上省部，依親王例，免書名。戊午，歲星晝見。上謂宰臣曰：「女直進士可依漢兒進士補省令史。夫儒者操行淸潔，非禮不行。以吏出身者，自幼爲吏，習其貪墨，至於爲官，習性不能遷改。政道興廢，實由於此。」庚申，尙書省左司員外郎徐偉奏事，上謂宰臣曰：「斯人純而幹，右司郎中郭邦傑直而頗躁。」

十二月癸酉，上謂宰臣曰：「海陵自以失道，恐上京宗室起而圖之，故不問疎近，並徙之南。豈非以漢光武、宋康王之疎庶得繼大統，故有是心。過慮若此，何其謬也。」乙酉，高麗以母喪來告。丁亥，以眞定尹烏古論元忠復爲尙書右丞相。

二十四年正月辛卯朔，宋、夏遣使來賀。徐州進芝草十有八莖，真定進嘉禾二本，六莖，異畝同穎。戊戌，如長春宮春水。

二月壬申，還都。癸酉，上曰：「朕將往上京。念本朝風俗重端午節，比及端午到上京，則燕勞鄉閭宗室父老。」甲戌，制一品職事官庶孽子承廕，更不引見。丙戌，以東上閤門使完顏進兒等爲高麗勅祭使，西上閤門使大仲尹爲慰問使，虞王府長史永明爲起復使，以器物局使尙爲橫賜夏國使。

三月庚寅朔，萬春節，宋、夏遣使來賀。甲午，以上將如上京，尙書省奏定「皇太子守國諸儀」。丙申，尙書省進「皇太子守國寶」，上召皇太子授之，且諭之曰：「上京祖宗興王之地，欲與諸王一到，或留三二年，以汝守國。譬之農家種田，商人營財，但能不墜父業，卽爲克家子，況社稷任重，尤宜畏愼。常時觀汝甚謹，今日能紓朕憂，乃見中心孝也。」皇太子再三辭讓，以不諳政務，乞備扈從。上曰：「政事無甚難，但用心公正，毋納讒邪，久之自熟。」皇太子流涕，左右皆爲之感動。皇太子乃受寶。丁酉，如山陵。己亥，還都。壬寅，如上京。皇太子允恭守國。癸卯，宰執以下奉辭于通州。上謂宰執曰：「卿輩皆故老，皇太子守國，宜悉心輔之，以副朕意。」又謂樞密使徒單克寧曰：「朕巡省之後，脫或有事，卿必親之。

毋忽細微，大難圖也。」又顧六部官曰：「朕聞省部文字多以小不合而駁之，苟求自便，致累歲不能結絕，朕甚惡之。自今可行則行，可罷則罷，毋使在下有滯留之歎。」時諸王皆從，以趙王永中留輔太子。

四月己未朔，太白晝見。咸平尹移剌道薨。庚申，次廣寧府。丙寅，次東京。丁卯，朝謁孝寧宮。給復東京百里內夏秋稅租一年。在城隨關年七十者補一官。曲赦百里內犯徒二年以下罪。乙酉，觀漁于混同江。

五月己丑，至上京，居于光興宮。庚寅，朝謁于慶元宮。戊戌，宴于皇武殿。上謂宗戚曰：「朕思故鄉，積有日矣，今既至此，可極歡飲，君臣同之。」賜諸王妃、主，宰執百官命婦各有差。宗戚皆霑醉起舞，竟日乃罷。

六月辛酉，幸按出虎水臨漪亭。壬戌，閱馬于綠野淀。

七月乙未，上謂宰臣曰：「天子巡狩當舉善罰惡，凡士民之孝弟婣睦者舉而用之，其不顧廉恥無行之人則教戒之，不悛者則加懲罰。」丙午，獵于勃野淀。乙卯，上謂宰臣曰：「今時之人，有罪不問，既過之後則謂不知。有罪必責，則謂每事尋罪。風俗之薄如此。不以文德感化，不能復于古也。卿等以德輔佐，當使復還古風。」

八月癸亥，以太府監張大節等爲賀宋生日使，侍御史遙里特末哥爲夏國生日使。乙亥，詔免上京今年市稅。

九月甲辰，歲星晝見。

十月丁卯，獵于近郊。

十一月辛卯，還宮。甲午，詔以上京天寒地遠，宋正旦、生日，高麗、夏國生日，並不須遣使，令有司報諭。丙午，尚書省奏徙速頻、胡里改三猛安二十四謀克以實上京。

十二月丙辰，獵于近郊。己卯，還宮。

二十五年正月乙酉朔。丁亥，宴妃嬪、親王、公主、文武從官于光德殿，宗室、宗婦及五品以上命婦，與坐者千七百餘人，賞賚有差。

二月癸酉，以東平尹烏古論思列怨望，殺之。丁丑，如春水。

四月己未，至自春水。癸亥，幸皇武殿擊毬，許士民縱觀。甲子，詔於速頻、胡里改兩路猛安下選三十謀克爲三猛安，移置于率督畔窟之地，〔四〕以實上京。壬申，曲赦會寧府，仍放免今年租稅，百姓年七十以上者補一官。甲戌，以會寧府官一人兼大宗正丞，以治宗室之政。上謂羣臣曰：「上京風物朕自樂之，每奏還都，輒用感愴。祖宗舊邦，不忍捨去，萬歲之後，當置朕于太祖之側，卿等無忘朕言。」丁丑，宴宗室、宗婦于皇武殿，大功親賜官三階，小功二階，緦麻一階，年高屬近者加宣武將軍，及封宗女，賜銀、絹各有差。曰：「朕尋常不飲酒，今日甚欲成醉，此樂亦不易得也。」宗室婦女及羣臣故老以次起舞，進酒。上曰：「吾來數月，未有一人歌本曲者，吾爲汝等歌之。」命宗室子弟敍坐殿下者皆坐殿上，聽上自歌。其詞道王業之艱難，及繼述之不易，至「慨想祖宗，宛然如睹」，慷慨悲激，不能成聲，歌畢泣下。右丞相元忠率羣臣、宗戚捧觴上壽，皆稱萬歲。於是，諸夫人更歌本曲，如私家之會。既醉，上復續調，至一鼓乃罷。己卯，發上京。庚辰，宗室戚屬奉辭。上曰：「朕久思故鄉，甚欲留一二歲，京師天下根本，不能久於此也。太平歲久，國無征徭，汝等皆奢縱，往往貧乏，朕甚憐之。當務儉約，無忘祖先艱難。」因泣數行下，宗室戚屬皆感泣而退。

五月庚寅，平章政事襄、奉御平山等射懷孕兔。上怒杖平山三十，召襄誡飭之，遂下詔禁射兔。壬寅，次天平山好水川。癸卯，遣使臨潢、泰州勸農。丙午，命尚書省奏事衣窄紫。

六月甲寅，獵近山，見田壠不治，命笞田者。庚申，皇太子允恭薨。丙寅，尚書右丞相烏古論元忠罷。庚午，遣左宣徽使唐括鼎詣京師，致祭皇太子。戊寅，命皇太子妃及諸皇孫執喪，並用漢儀。

七月戊申，發好水川。

九月辛巳朔，次轄沙河，賜百歲老嫗帛。甲申，次遼水，召見百二十歲女直老人，能道太祖開創事，上嘉歎，賜食，幷賜帛。己酉，至自上京。是日，上臨奠宣孝皇太子于熙春園。

十月丙辰，尙書省奏親軍數多，宜稍減損，詔定額爲三千。宰臣退，上謂左右曰：「宰相年老艱于久立，可置小榻廊下，使少休息。」甲子，禁上京等路大雪及含胎時採捕。上謂宰臣曰：「護衞年老出職而授臨民，手字尙不能畫，何以治民。人胸中明暗外不能知，精神昏耄已見於外，是强其所不能也。天子以兆民爲子，不能家家而撫，在用人而已。知其不能而强授之，百姓其謂我何。」丁丑，命學士院、諫院、秘書監、司天臺、著作局、閤門、通進、拱衞、直武器署等官，凡直宮中，午前許退。

十一月庚辰朔，詔曰：「豺未祭獸，不許採捕。冬月，雪尺以上，不許用網及速撒海，恐盡獸類。」歲星晝見。壬午，太白晝見。甲午，以臨潢尹僕散守中等爲賀宋正旦使。丙申，夏國遣使問起居。戊戌，以曹王永功爲御史大夫。壬寅，以禮部員外郎移剌履爲高麗生日使。

十二月戊午，以皇孫金源郡王麻達葛判大興尹，進封原王。甲子，太白晝見，經天。丙寅，左丞相完顏守道、左丞張汝弼、右丞粘割斡特剌、參知政事張汝霖坐擅增東宮諸皇孫食料，各削官一階。甲戌，制增留守、統軍、總管、招討、都轉運、府尹、轉運、節度使月俸。上謂宰臣曰：「太尉守道論事止務從寬，犯罪罷職者多欲復用。若懲其首惡，後來知畏，罪而復用，何以示戒。」是日，命範銅爲「禮信之寶」，凡賜外方禮物，給信袋則用之。丙子，上問宰臣曰：「原王大興行事如何？」右丞斡特剌對曰：「聞都人皆稱之。」上曰：「朕令察于民間，咸言見事甚明，予奪皆不失當，曹、豳二王弗能及也。又聞有女直人訴事，以女直語問之，漢人訴事，漢語問之。大抵習本朝語爲善，不習，則淳風將棄。」汝弼對曰：「不忘本者，聖人之道也。」斡特剌曰：「以西夏小邦，崇尚舊俗，猶能保國數百年。」上曰：「事當任實，一事有僞則喪百眞，故凡事莫如眞實也。」

二十六年正月庚辰朔，宋、高麗、夏遣使來賀。甲辰，如長春宮春水。

二月癸酉，還都。乙亥，詔曰：「每季求仕人，問以疑難，令剖決之。其才識可取者，仍訪察政迹，如其言行相副，卽加陞用。」

三月己卯朔，萬春節，宋、高麗、夏遣使來賀。丁亥，以大理卿闞，上問誰可，右丞粘割斡特剌言，前吏部尙書唐括貢可，乃授以是職。己丑，尙書省擬奏除授，上曰：「卿等在省未嘗薦士，止限資級，安能得人。古有布衣入相者，聞宋亦多用山東、河南流寓疏遠之人，皆不拘於貴近也。以本朝境土之大，豈無其人，朕難偏知，卿又不舉。自古豈有終身爲相者。

外官三品以上，必有可用之人，但無故得進耳。」左丞張汝弼曰：「下位雖有才能，必試之乃見。」參政程輝曰：「外官雖有聲，一旦入朝，却不稱任，亦在沙汰而已。」癸巳，香山寺成，幸其寺，賜名大永安，給田二千畝，栗七千株，錢二萬貫。丁酉，以親軍完顏乞奴言，制猛安謀克皆先讀女直字經史然後承襲。因曰：「但令稍通古今，則不肯爲非。爾一親軍粗人，乃能言此，審其有益，何憚而不從。」

四月壬子，尚書省奏定院務監官虧兌陪納法及横班格。因曰：「朕常日御膳亦從減省，嘗有一公主至，至無餘膳可與，當直官皆目睹之。若欲豐腆，雖日用五十羊亦不難矣，然皆民之脂膏，不忍爲也。監臨官惟知利己，不知其利自何而來。朕嘗歷外任，稔知民間之事，想前代之君，雖享富貴，不知稼穡艱難者甚多，其失天下，皆由此也。遼主聞民間乏食，謂何不食乾腊，蓋幼失師保之訓，及其卽位，故不知民間疾苦也。隋煬帝時，楊素專權行事，乃不愼委任之過也。與正人同處，所知必正道，所聞必正言，不可不愼也。今原王府官屬，當選純謹秉性正直者充，勿用有權術之人。」戊午，尚書左丞張汝弼罷。己未，幸壽安宮。〔五〕壬戌，太尉、左丞相完顏守道致仕。以客省使李磐爲横賜高麗使。尚書省奏「北京轉運使以贓除名」。〔六〕尚書省奏事，上曰：「比有上書言，職官犯除名不可復用，朕謂此言極當。如軍期急速，權可使用。今天下無事，復用此輩，何以戒將來。」又奏「年前以諸路水旱，於軍民地土二十一萬餘頃內，擬免稅四十九萬餘石」，從之。詔曰：「今之稅，考古行之，但遇災傷，常加蠲免。」

五月甲申，以司徒、樞密使徒單克寧爲太尉、尚書左丞相，判大宗正事趙王永中復爲樞密使，大興尹原王麻達葛爲尚書右丞相，賜名璟。參知政事程輝致仕。戊子，盧溝決於上陽村，湍流成河，遂因之。庚寅，御史大夫曹王永功罷，以豳王永成爲御史大夫。戊戌，以尚書右丞粘割斡特剌爲左丞，參知政事張汝霖爲右丞。

六月癸亥，尚書省奏速頻、胡里改世襲謀克事，上曰：「其人皆勇悍，昔世祖與之鄰，苦戰累年，僅能克復。其後乍服乍叛，至穆、康時，始服聲教。近世亦嘗分徙。朕欲稍遷其民上京，實國家長久之計。」己巳，上謂宰執曰：「齊桓中庸主也，得一管仲，遂成霸業。朕夙夜以思，惟恐失人。朕既不知，卿等又不薦，必俟全才而後舉，蓋亦難矣。如舉某人長於某事，朕亦量材用之。朕與卿等俱老矣。天下至大，豈得無人，薦舉人材，當今急務也。」又言：「人之有幹能，固不易得，然不若德行之士最優也。」上謂右丞相原王曰：「爾嘗讀太祖實錄乎？太祖征麻產，襲之，至泥淖馬不能進，太祖捨馬而步，歡都射中麻產，遂擒之。創業之難如此，可不思乎。」甲戌，詔曰：「凡陳言文字詣登聞檢院送學士院聞奏，毋經省廷。」

七月壬午，詔給內外職事官兼職俸錢。丙申，御史中丞馬惠迪爲參知政事。庚子，上聞同知中都路都轉運使事趙曦瑞，其在職應錢穀利害文字多不題署，但思安身，降授積石州刺史。

閏月己未，還都。

八月丁丑，上謂宰臣曰：「親軍雖不識字，亦令依例出職，若涉贓賄，必痛繩之。」太尉左丞相克寧曰：「依法則可。」上曰：「朕於女直人未嘗不知優恤。然涉於贓罪，雖朕子弟亦不能恕。太尉之意，欲姑息女直人耳。」戊寅，尚書省奏，河決，衞州壞。命戶部侍郎王寂、都水少監王汝嘉徙衞州胙城縣。丁亥，尚書省奏，遣吏部侍郎李晏等二十六人分路推排諸路物力，從之。己丑，以宿直將軍李達可爲夏國生日使。辛卯，以益都尹宗浩等爲賀宋生日使。〔七〕甲午，秋獵。庚子，〔八〕次薊州。辛丑，幸仙洞寺。壬寅，幸香林、淨名二寺。

九月甲辰朔，幸盤山上方寺，因徧歷中盤、天香、感化諸寺。庚申，還都。丙寅，上謂宰臣曰：「烏底改叛亡，已遣人討之，可益以甲士，毀其船栰。」參知政事馬惠迪曰：「得其人不可用，有其地不可居，恐不足勞聖慮。」上曰：「朕亦知此類無用，所以毀其船栰，欲不使再窺邊境耳。」

十月戊寅，定職官犯贓同職相糾察法。庚寅，上謂宰臣曰：「西南、西北兩路招討司地隘，猛安人戶無處圍獵，不能閑習騎射。委各猛安謀克官依時教練，其弛慢過期及不親監視，並決罰之。」甲午，詔增河防軍數。戊戌，寧昌軍節度使崇肅、行軍都統忠道以討烏底改不待克敵而還，崇肅杖七十，削官一階，忠道杖八十，削官三階。

十一月甲辰朔，定閔宗陵廟薦享禮。上謂宰臣曰：「女直人中材傑之士，朕少有識者，蓋亦難得也。新進士如徒單鎰、夾古阿里補、尼厖古鑑輩皆可用之材也。起身刀筆者，雖才力可用，其廉介之節，終不及進士。今五品以上闕員甚多，必資級相當，至老有不能得者，況欲至卿相乎。古來宰相率不過三五年而退，罕有三二十年者，卿等特不舉人，甚非朕意。」上顧修起居注崇璧曰：「斯人孱弱，付之以事，未必能辦，以其謹厚長者，故置諸左右，欲諸官効其爲人也。」辛亥，以刑部尚書移剌子元等爲賀宋正旦使。戊午，以左警巡副使鶻沙通敏善斷，擢殿中侍御史兼右三部司正。庚申，立右丞相原王璟爲皇太孫。甲子，上謂宰臣曰：「朕聞宋軍自來教習不輟，今我軍專務游惰，卿等勿謂天下既安而無豫防之心，一旦有警，軍不可用，顧不敗事耶。其令以時訓練。」丙寅，上謂侍臣曰：「唐太子承乾所爲多非度，太宗縱而弗檢，遂至於廢，如早爲禁止，當不至是。朕於聖經不能深解，至於史傳，開卷輒有所益。每見善人不忘忠孝，檢身廉潔，皆出天性。至於常人多喜爲非，有天下者苟無以懲之，何由致治。孔子爲政七日而誅少正卯，聖人尚爾，況餘人乎。」戊辰，上謂宰臣曰：「朕雖年老，聞善不厭。孔子云『見善如不及，見不善如探湯』，大哉言乎。」右丞張汝弼對曰：「知之非艱，行之惟艱。」以拱衞直副都指揮使韓景懋爲高麗生日使。以近侍局直長尼厖古鑑純直通敏，擢皇太孫侍丞。己巳，獵近郊。庚午，上謂宰臣曰：「朕方前古明君，固不可及。至於不納近臣讒言，不受戚里私謁，亦無愧矣。朕嘗自思，豈能無過，所患過而不改，過而能改，庶幾無咎。省朕之過，頗喜興土木之工，自今不復作矣。」

十二月甲申，上退朝，御香閣，左諫議大夫黃久約言遞送荔支非是，上諭之曰：「朕不知也，今令罷之。」丙戌，上謂宰臣曰：「有司奉上，惟沽辦事之名，不問利害如何。朕嘗欲得新荔支，兵部遂於道路特設鋪遞。比因諫官黃久約言，朕方知之。夫爲人無識，一旦臨事，便至顚沛。宮中事無大小，朕常親覽者，以不得人故也，如使得人，寧復他慮。」丁亥，上謂宰臣曰：「朕年來惟以省約爲務，常膳止四五味，已厭飫之，比初卽位十減七八。」宰臣曰：「天子自有制，不同餘人。」上曰：「天子亦人耳，枉費安用。」丙申，上謂宰臣曰：「比聞河水泛溢，民罹其害者貲產皆空。今復遣官於彼推排，何耶？」右丞張汝霖曰：「今推排皆非被災之處。」上曰：「必隣道也。既隣水而居，豈無驚擾遷避者乎。計其貲產，豈有餘哉，尙何推排爲。」又曰：「平時用人，宜尙平直。至於軍職，當用權謀，使人不易測，可以集事。唐太宗自少年能用兵，其後雖居帝位，猶不能改，吮瘡剪鬚，皆權謀也。」

二十七年正月癸卯朔，宋、高麗、夏遣使來賀。己酉，以襄城令趙渢爲應奉翰林文字。渢入謝，上問宰臣曰：「此党懷英所薦耶？」對曰：「諫議黃久約亦嘗薦之。」上曰：「學士院比舊殊無人材，何也？」右丞張汝霖曰：「人材須作養，若令久任練習，自可得人。」庚戌，如長春宮春水。

二月乙亥，還都。己卯，改閔宗廟號曰熙宗。癸未，命曲陽縣置錢監，賜名「利通」。乙酉，上謂宰執曰：「朕自卽位以來，言事者雖有狂妄，未嘗罪之。卿等未嘗肯盡言，何也。當言而不言，是相疑也。君臣無疑，則謂之嘉會。事有利害，可竭誠言之。朕見緘默不言之人，不欲觀之矣。」丁亥，命沿河京、府、州、縣長貳官，並帶管勾河防事。己丑，諭宰執曰：「近侍局官須選忠直練達之人用之。朕雖不聽讒言，使佞人在側，將恐漸漬聽從之矣。」上謂宰執曰：「朕聞寶坻尉蒙括特末也淸廉，其爲政何如？」左丞斡特剌對曰：「其部民亦稱譽之，然不知所稱何事。」上曰：「凡爲官但得淸廉亦可矣，安得全才之人。可進官一階，升爲令。」又言：「朕時或體中不佳，未嘗不視朝。諸王、百官但有微疾，便不治事，自今宜戒之。」丙申，命罪人在禁有疾，聽親屬入視。

三月癸卯朔，萬春節，宋、高麗、夏遣使來賀。辛亥，皇太孫受册，赦。乙卯，尙書省言「孟家山金口閘下視都城百四十餘尺，恐暴水爲害，請閉之」。從之。上謂大臣曰：「十室之邑，必有忠信。今天下之廣，人民之衆，豈得無人。唐之顏眞卿、段秀實皆節義之臣也，終不升用，亦當時大臣固蔽而不舉也。卿等當不私親故，而特舉忠正之人，〔九〕朕將用之。」又言：「國初風俗淳儉，居家惟衣布衣，非大會賓客，未嘗輒烹羊豕。朕嘗念當時節儉之風，不欲妄費，凡宮中之官與賜之食者，皆有常數。」

四月丙戌，以刑部尙書宗浩爲參知政事。丙申，上如金蓮川。辛丑，京師地震。

五月壬子，詔罷曷懶路所進海葱及太府監日進時果。曰：「葱、果應用幾何，徒勞人耳。惟上林諸果，三日一進。」庚午，以所進御膳味不調適，有旨問之。尙食局直長言：「臣聞老母病劇，私心憒亂，如喪魂魄，以此有失嘗視，臣罪萬死。」上嘉其孝，卽令還家侍疾，俟平愈乃來。

六月戊寅，免中都、河北等路嘗被河決水災軍民租稅。庚辰，太白晝見。

七月丙午，太白晝見，經天。壬子，秋獵。

八月丙戌，次雙山子。

九月己亥朔，還都。己酉，上謂宰臣曰：「朕今歲春水所過州縣，其小官多幹事，蓋朕前嘗有賞擢，故皆勉力。以此見專任賞罰，不如用賞之有激勸也。」以河中尹田彥皐等爲賀宋生日使，武器署令斜卯阿土爲夏國生日使。

十月乙亥，宋前主構殂。庚辰，祫享于太廟。庚寅，上謂宰臣曰：「朕觀唐史，惟魏徵善諫，所言皆國家大事，甚得諫臣之體。近時臺諫惟指摘一二細碎事，姑以塞責，未嘗有及國家大利害者，豈知而不言歟，無乃亦不知也。」宰臣無以對。

十一月庚戌，以左副都點檢崇安爲賀宋正旦使。甲寅，詔「河水泛溢，農夫被災者，與免差稅一年。衞、懷、孟、鄭四州塞河勞役，并免今年差稅」。庚申，平章政事崇尹致仕。甲子，上謂宰臣曰：「卿等老矣，殊無可以自代者乎，必待朕知而後進乎？」顧右丞張汝霖曰：「若右丞者亦石丞相所言也。」平章政事襄及汝霖對曰：「臣等苟有所知，豈敢不言，但無人耳。」上曰：「春秋諸國分裂，土地褊小，皆稱有賢。卿等不舉而已。今朕自勉，庶幾致治，他日子孫，誰與共治者乎。」宰臣皆有慚色。

十二月庚午，以翰林待制趙可爲高麗生日使。丁丑，獵于近郊。壬午，宋遣使告哀。甲申，上諭宰臣曰：「人皆以奉道崇佛設齋讀經爲福，朕使百姓無冤，天下安樂，不勝於彼乎。爾等居輔相之任，誠能匡益國家，使百姓蒙利，不惟身享其報，亦將施及子孫矣。」左丞斡特剌曰：「臣等敢不盡心，第才不逮，不能稱職耳。」上曰：「人亦安能每事盡善，但加勉勵可也。」戊子，禁女直人不得改稱漢姓，學南人衣裝，犯者抵罪。

二十八年正月丁酉朔，宋、高麗、夏遣使來賀。癸卯，遣宣徽使蒲察克忠爲宋弔祭使。甲辰，如春水。

二月乙亥，還都。己丑，宋遣使獻先帝遺留物。癸巳，宋使朝辭，以所獻禮物中玉器五，玻璃器二十，及弓劍之屬使還遺宋，曰：「此皆爾國前主珍玩之物，所宜寶藏，以無忘追慕。今受之，義有不忍，歸告爾主，使知朕意也。」

三月丁酉朔，萬春節，宋、高麗、夏遣使來賀。御慶和殿受羣臣朝，復宴于神龍殿，諸王、公主以次捧觴上壽。上歡甚，以本國音自度曲。蓋言臨御久，春秋高，渺然思國家基緒之重，萬世無窮之託。以戒皇太孫，當修身養德，善于持守，及命太尉、左丞相克寧盡忠輔導之意。於是，上自歌之，皇太孫及克寧和之，極歡而罷。戊申，命隨朝六品、外路五品以上職事官，〔一〇〕舉進士已在仕、才可居翰苑者，試制詔等文字三道，取文理優贍者補充學士院職任。應赴部求仕人，老病昏昧者，勒令致仕，止給半俸，更不遷官。甲寅，幸壽安宮。

四月癸酉，命增外任小官及繁難局分承應人俸。丁丑，以陝西路統軍使孛术魯阿魯罕爲參知政事。癸未，命建女直大學。

五月丙午，制諸教授必以宿儒高才者充，給俸與丞簿等。戊申，宋使來謝弔祭。

七月辛亥，尚書左丞粘割斡特剌罷。

八月甲子朔，日有食之。辛未，還都。庚辰，上謂宰臣曰：「近聞烏底改有不順服之意，若遣使責問，彼或抵捍不遜，則邊境之事有不可已者。朕嘗思之，招徠遠人，於國家殊無所益。彼來則聽之，不來則勿强其來，此前世羈縻之長策也。」參知政事孛朮魯阿魯罕罷。壬午，以山東路統軍使完顏婆盧火爲參知政事。甲申，上謂宰臣曰：「用人之道，當自其壯年心力精强時用之，若拘以資格，則往往至於耄老，此不思之甚也。阿魯罕使其早用，朝廷必得補助之力，惜其已衰老矣。凡有可用之材，汝等宜早思之。」

九月甲午朔，以鷹坊使崇夔爲夏國生日使。〔二〕丙申，以安武軍節度使王克溫等爲賀宋生日使。〔三〕己亥，秋獵。乙卯，還都。

十月乙丑，京、府及節度州增置流泉務，凡二十八所。禁糠禪、瓢禪，其停止之家抵罪。乙酉，尚書省奏擬除授而拘以資格，上曰：「日月資考所以待庸常之人，若才行過人，豈可拘以常例。國家事務皆須得人，汝等不能隨才委使，所以事多不治。朕固不知用人之術，汝等但務循資守格，不思進用才能，豈以才能見用，將奪己之祿位乎。不然，是無知人之明也。」羣臣皆曰：「臣等豈敢蔽賢，才識不逮耳。」上顧謂右丞張汝霖曰：「前世忠言之臣何多，今日何少也？」汝霖對曰：「世亂則忠言進，承平則忠言無所施。」上曰：「何代無可言之事，但古人知無不言，今人不肯言耳。」汝霖不能對。

十一月戊戌，以改葬熙陵，詔中外。上謂侍臣曰：「凡修身者喜怒不可太極，怒極則心勞，喜極則氣散，得中甚難，是故節其喜怒，以思安身。今宮中一歲未嘗責罰人也。」庚子，太白晝見。詔南京、大名府等處避水逃移不能復業者，官與津濟錢，仍量地頃畝給以耕牛。甲辰，以河中尹田彥皐等爲賀宋正旦使。戊申，上謂宰臣曰：「制條以拘於舊律，間有難解之辭。夫法律歷代損益而爲之，彼智慮不及而有乖違本意者，若行刪正，令衆易曉，有何不可。宜修之，務令明白。」有司奏重修上京御容殿，上謂宰臣曰：「宮殿制度，苟務華飾，必不堅固。今仁政殿遼時所建，全無華飾，但見它處歲歲修完，惟此殿如舊，以此見虛華無實者，不能經久也。今土木之工，滅裂尤甚，下則吏與工匠相結爲姦，侵剋工物，上則戶工部官支錢度材，惟務苟辦，至有工役纔畢，隨卽欹漏者，姦弊苟且，勞民費財，莫甚於此。自今體究，重抵以罪。」庚戌，上謂宰臣曰：「朕近讀漢書，見光武所爲，人有所難能者。更始旣害其兄伯升，當亂離之際，不思報怨，事更始如平日，人不見戚容，豈非人所難能乎。此其度量蓋將大有爲者也，其他庸主豈可及哉。」右丞張汝霖曰：「湖陽公主奴殺人，匿主車中，洛陽令董宣從車中曳奴下，殺之。主入奏，光武欲殺宣，及聞宣言，意遂解，使宣謝主，宣不奉詔。主以言激怒光武，光武但笑而已，更賜宣錢三十萬。」上曰：「光武聞直言而怒解，可謂賢主矣，令宣謝主，則非也。高祖英雄大度，駕馭豪傑，起自布衣，數年而成帝業，非光武所及，然及卽帝位，猶有布衣粗豪之氣，光武所不爲也。」癸丑，幸太尉克寧第。

十二月丙寅，以大理正移剌彥拱爲高麗生日使。乙亥，上不豫。庚辰，赦天下。乙酉，詔皇太孫璟攝政，居慶和殿東廡。丙戌，以太尉、左丞相徒單克寧爲太尉兼尙書令，平章政事襄爲尙書右丞相，右丞張汝霖爲平章政事。參知政事完顏婆盧火罷，以戶部尙書劉暐爲參知政事。戊子，詔尙書令徒單克寧、右丞相襄、平章政事張汝霖宿於內殿。

二十九年正月壬辰朔，上大漸，不能視朝。詔遣宋、高麗、夏賀正旦使還。癸巳，上崩于福安殿，壽六十七。皇太孫卽皇帝位。己亥，殯于大安殿。三月辛卯朔，〔一三〕上尊謚曰光天興運文德武功聖明仁孝皇帝，廟號世宗。四月乙酉，葬興陵。

贊曰：世宗之立，雖由勸進，然天命人心之所歸，雖古聖賢之君，亦不能辭也。蓋自太祖以來，海內用兵，寧歲無幾。重以海陵無道，賦役繁興，盜賊滿野，兵甲並起，萬姓盻盻，國內騷然，老無留養之丁，幼無顧復之愛，顚危愁困，待盡朝夕。世宗久典外郡，明禍亂之故，知吏治之得失。卽位五載，而南北講好，與民休息。於是躬節儉，崇孝弟，信賞罰，重農桑，愼守令之選，嚴廉察之責，却任得敬分國之請，拒趙位寵郡縣之獻，孳孳爲治，夜以繼日，可謂得爲君之道矣。當此之時，羣臣守職，上下相安，家給人足，倉廩有餘，刑部歲斷死罪，或十七人，或二十人，號稱「小堯舜」，此其效驗也。然舉賢之急，求言之切，不絕于訓辭，而羣臣偸安苟祿，不能將順其美，以底大順，惜哉。

校勘記

〔一〕子愼思並賜死　按本書卷一三二徒單貞傳，「詔誅貞及其妻與二子愼思、十六」，此處脫「十六」二字。

〔二〕四月辛丑　原脫「四月」二字。按三月丙寅朔，辛丑當在四月。又本書卷二三五行志，大定二十三年四月有庚子，則此辛丑確在四月，今據補。

〔三〕以不任職罷歸　此與下文文義不屬，當有闕文。施國祁云當加「詔致仕官」「年」等字。

〔四〕移置于率督畔窟之地　按本書卷四四兵志記此事作「上京率、胡刺溫之地」。

〔五〕幸壽安宮　「壽」原作「永」。按上下文常記幸壽安宮，如上文二十一年四月壬申「幸壽安宮」、二十三年四月壬戌「幸壽安宮」，下文二十八年三月甲寅「幸壽安宮」。又本書卷九五移剌履傳，「世宗崩，遺詔移梓宮壽安宮」。「永安」之誤蓋緣本卷上文「香山寺成，幸其寺，賜名大永安」所致，今據改。

〔六〕尙書省奏北京轉運使以贓除名　「轉運使」下當脫人名。

〔七〕以益都尹宗浩等爲賀宋生日使　「宗」原作「崇」。按本書卷九三宗浩傳，大定「二十三年，徵爲大理卿，逾年，授山東路統軍使兼知益都府事」。「二十六年，爲賜宋主趙昚生日使」。皆與紀合。此蓋章宗時爲避其父諱，凡名有「宗」字者皆改作「崇」，見本書卷九九孫卽康傳，卷一〇〇宗端修傳。後修史時回改遺漏，今改正。下同不複出校。

〔八〕庚子　原作「九月庚子」。按下文明記「九月甲辰朔」，庚子、辛丑、壬寅皆在八月。「九月」二字衍，今删。

〔九〕而特舉忠正之人　「特」原作「不」，文義不通，從殿本改。

〔一〇〕外路五品以上職事官　原脫「上」字，據文義補。

〔一一〕以鷹坊使崇夔爲夏國生日使　「坊」原作「房」。按本書卷五六百官志有「鷹坊使」，卷六一交聘表亦記大定二十八年「九月甲午朔，以鷹坊使崇夔爲夏國生日使」，今據改。

〔一二〕丙申以安武軍節度使王克溫等爲賀宋生日使　原脫「丙申以」三字。按本書卷六一交聘表，大定二十八年「九月丙申，以安武軍節度使王克溫，近侍局使鶻殺虎爲賀宋生日使」，今據補。

〔一三〕三月辛卯朔　按本書卷三二禮志，事在大定二十九年四月乙丑，月日與此不同。

金史卷九

本紀第九

章宗一

章宗憲天光運仁文義武神聖英孝皇帝，諱璟，小字麻達葛，顯宗嫡子也。母曰孝懿皇后徒單氏。大定八年，世宗幸金蓮川，秋七月丙戌，次冰井，上生。翌日，世宗幸東宮，宴飲歡甚，語顯宗曰：「祖宗積慶而有今日，社稷之福也。」又謂司徒李石、樞密使紇石烈志寧等曰：「朕子雖多，皇后止有太子一人。幸見嫡孫又生於麻達葛山，朕嘗喜其地衍而氣清，其以山名之。」羣臣皆稱萬歲。

十八年，封金源郡王。始習本朝語言小字，及漢字經書，以進士完顏匡、司經徐孝美等侍讀。

二十四年，世宗東巡，顯宗守國，上奉表詣上京問安，仍請車駕還都，世宗嘉其意，賜勅書答諭。

二十五年三月，萬春節，復奉表朝賀。六月，顯宗崩，世宗遣滕王府長史臺、御院通進𠷔來護視。〔二〕十二月，進封原王，判大興府事。入以國語謝，世宗喜，且爲之感動，謂宰臣曰：「朕嘗命諸王習本朝語，惟原王語甚習，朕甚嘉之。」諭旨曰：「朕固知汝年幼，服制中未可付以職，然政事亦須學，京輦之任，姑試爾才，其勉之。」

二十六年四月，詔賜名璟。五月，拜尚書右丞相。世宗謂曰：「宮中有輿地圖，觀之可以具知天下遠近阨塞。」又謂宰臣曰：「朕所以置原王於近輔者，欲令親見朝廷議論，習知政事之體故也。」十一月，詔立爲皇太孫，稱謝於慶和殿。世宗諭之曰：「爾年尚幼，以明德皇后嫡孫惟汝一人，試之以事，甚有可學之資。朕從正立汝爲皇太孫，建立在朕，保守在汝，宜行正養德，勿近邪佞，事朕必盡忠孝，無失衆望，則惟汝嘉。」

二十七年三月，世宗御大安殿，授皇太孫册，赦中外。丁巳，謁謝太廟及山陵。始受百官牋賀。

二十八年十二月乙亥，世宗不豫，詔攝政，聽授五品以下官。丁亥，受「攝政之寶」。

二十九年春正月癸巳，世宗崩，即皇帝位于柩前。丙申，詔中外。賜內外官覃恩兩重，三品已上者一重，免今歲租稅，幷自來懸欠係官等錢，鰥寡孤獨人絹一匹、米兩石。己亥，遷大行皇帝梓宮于大安殿。癸卯，以皇太后命爲令旨。甲辰，以大理卿王元德等報哀于宋、高麗、夏。乙卯，白虹貫日亙天。丁巳，參知政事宗浩罷。山東統軍裔以私過都城不赴哭臨，笞五十，降授彰化軍節度使。戊午，名皇太后宮曰仁壽，設衞尉等官。

二月辛酉朔，日有食之。癸亥，始聽政。追尊皇考爲皇帝，尊母爲皇太后。甲子，命學士院進呈漢、唐便民事，及當今急務。乙丑，白虹亙天。勑登聞鼓院所以達寃枉，舊嘗鎖戶，其令開之。戊辰，更仁壽宮名隆慶。詔宮籍監戶舊係睿宗及大行皇帝、皇考之奴婢者，悉放爲良。己巳，勑御史臺，自今監察令本臺辟舉，任內不稱職亦從奏罷。丁丑，增定百官俸。乙酉，詔有司稽考典故，許引用宋事。是月，宋主內禪，子惇嗣立。

三月壬辰，朝于隆慶宮，是月凡五朝。己酉，詔以生辰爲天壽節。癸丑，夏國遣使來弔。

夏四月己巳，夏國遣使來祭。辛未，宋遣使來弔祭。乙酉，葬世宗光天興運文德武功聖明仁孝皇帝於興陵。戊子，朝于隆慶宮。

五月庚寅朔，太白晝見。壬寅，宋主遣使來報嗣位。夏國遣使來賀卽位。丙午，以祔廟禮成，大赦。丁未，地生白毛。庚戌，詔罷送宣錢，今後諸護衞考滿賜官錢二千貫。壬子，勑收錄功臣子孫，量材於局分承應。戊午，朝于隆慶宮。以東北路招討使溫迪罕速可等爲賀宋主卽位使。河溢曹州。

閏月庚申朔，封兄珣爲豐王，琮鄆王，瓌瀛王，從彝沂王，弟從憲壽王，玠溫王。辛酉，制諸飢民賣身已贖放爲良，復與奴生男女，並聽爲良。丙寅，觀稼于近郊。庚午，以樞密副使唐括貢爲御史大夫。壬申，封乳母孫氏蕭國夫人，姚氏莘國夫人。丙子，進封趙王永中漢王，曹王永功冀王，豳王永成吳王，虞王永升隨王，徐王永蹈衞王，滕王永濟潞王，薛王永德潘王。庚辰，宋遣使來賀卽位。癸未，朝于隆慶宮。詔學士院，自今誥詞並用四六。乙酉，詔諸有出身承應人，係將來受親民之職，可命所屬諭使爲學。其護衞、符寶、奉御、奉職，侍直近密，當選有德行學問之人爲之敎授。

六月己丑朔，有司言：「律科舉人止知讀律，不知敎化之原，必使通治論語、孟子，涵養器度。遇府、會試，委經義試官出題別試，與本科通定去留爲宜。」從之。詔有司，請親王到任各給錢二十萬。〔二〕辛卯，修起居注完顏烏者、同知登聞檢院孫鐸皆上書諫罷圍獵，〔三〕上納其言。拾遺馬升上儉德箴。乙未，初置提刑司，分按九路，並兼勸農採訪事，屯田、鎭防諸軍皆屬焉。丁酉，幸慶壽寺。作瀘溝石橋。己亥，朝于隆慶宮。甲辰，罷送赦禮物錢。朝于隆慶宮。乙卯，高麗國王晧遣使來弔祭及會葬。勅有司移報宋、高麗、夏，天壽節於九月一日來賀。丁巳，命提刑官除後於便殿聽旨，每十月使副內一員入見議事，如止一員則令判官入見，其判官所掌煩劇可升同隨朝職任。

秋七月辛酉，減民地稅十之一，河東南、北路十之二，下田十之三。甲子，朝于隆慶宮。乙丑，勅近侍官授外任三品、四品，賜金帶一，重幣有差。丁卯，以太尉、尚書令東平郡王徒單克寧爲太傅，改封金源郡王。辛未，高麗遣使來賀卽位。甲戌，奉皇太后幸壽安宮。辛巳，詔京、府、節鎭、防禦州設學養士。初設經童科。御史大夫唐括貢罷。禮部尚書移剌履爲參知政事。以刑部尚書完顏守貞等爲賀宋生日使。

八月戊子朔，奉皇太后幸壽安宮。辛卯，勅有司，京、府、州、鎭設學校處，其長貳幕職內各以進士官提控其事，仍具入銜。壬辰，初定品官子孫試補令史格，及提刑司所掌三十二條。左司諫郭安民上疏論三事：曰崇節儉，去嗜欲，廣學問。丁酉，如大房山。戊戌，謁奠諸陵。己亥，還都。庚子，朝于隆慶宮，是月凡三朝。壬寅，制提刑司設女直、契丹、漢兒知法各一人。甲辰，參知政事劉瑋罷。丙辰，宋、高麗、夏遣使來賀天壽節。

九月戊午朔，天壽節，以世宗喪，不受朝。庚申，詔增守山陵爲二十丁，給地十頃。壬戌，詔罷告捕亂言人賞。甲子，制諸盜賊聚集至十人，或騎五人以上，所屬移捕盜官捕之，仍遞言省部，三十人以上聞奏，違者杖百。是日，朝于隆慶宮，是月凡四朝。丁卯，制強族大姓不得與所屬官吏交往，違者有罪。戊辰，以隆慶宮衞尉把思忠爲夏國生日使。庚午，以尙輦局使崇德爲橫賜高麗使。丙子，獵于近郊。戊寅，監察御史焦旭劾奏太傅克寧、右丞相襄不應請車駕田獵，上曰：「此小事，不須治之。」乙酉，如大房山。

冬十月丁亥朔，謁奠諸陵。己丑，還都。庚寅，朝于隆慶宮，是月凡四朝。辛卯，上顧謂宰臣曰「翰林闕人」，平章政事汝霖對曰：「鳳翔治中郝俣可。」汝霖諫止田獵，詔答曰：「卿能每事如此，朕復何憂。然時異事殊，得中爲當。」丙申，冬獵。己亥，次羅山。庚子，次玉田。辛丑，沁州、丹州進嘉禾。丁未，次寶坻。庚戌，中侍石抹阿古誤帶刀入禁門，罪應死，詔杖八十。癸丑，至自寶坻。

十一月己未，朝于隆慶宮。辛酉，以右宣徽院使裴滿餘慶等爲賀宋正旦使。癸亥，上謂宰臣曰：「今之用人，太拘資歷。循資之法，起於唐代，如此何以得人？」平章政事汝霖對曰：「不拘資格，所以待非常之材。」上曰：「崔祐甫爲相，未踰年薦八百人，豈皆非常之材歟？」甲子，諭尙書省曰：「太傅年高，毎趨朝而又赴省，恐不易。自今旬休外，四日一居休，庶得調攝。常事他相理問，惟大事白之可也。」戊辰，諭尙書省，自今五品以上官各舉所知，歲限所舉之數，如不舉者坐以蔽賢之罪。仍依唐制，內五品以上官到任卽舉自代，並從提刑司採訪之。己巳，初制轉遞文字法。壬申，朝于隆慶宮。乙亥，命參知政事移剌履提控刊修遼史。丁丑，以西上閤門使移剌郕爲高麗生日使。御史臺奏：「故事，臺官不得與人相見。蓋爲親王、宰執、形勢之家，恐有私徇。然無以訪知民間利病、官吏善惡。」詔自今許與四品以下官相見，三品以上如故。辛巳，詔有司，今後諸處或有饑饉，令總管、節度使或提刑司先行賑貸或賑濟，然後言上。

十二月丙戌朔，朝于隆慶宮，是月凡五朝。詔罷鑄錢。丁亥，密州進白雉。壬辰，諭有司，女直人及百姓不得用網捕野物，及不得放羣鷹枉害物命，亦恐女直人廢射也。戊戌，復置北京、遼東鹽使司，仍罷西京、解鹽巡捕使。〔四〕以河東南、北路提刑司言，賑寧化、保德、嵐州饑，其流移復業，給復一年。是日，禁宮中上直官及承應人毋得飲酒。乙巳，祭奠興陵。壬子，諭臺臣曰：「提刑司所舉劾多小過，行則失大體，不行則恐有所沮，其以此意諭之。」甲寅，宋、高麗、夏遣使來賀正旦。是冬，無雪。

明昌元年春正月丙辰朔，改元。以世宗喪，不受朝賀。上朝于隆慶宮，是月凡四朝。丁巳，制諸王任外路者許游獵五日，過此禁之，仍令戒約人從，毋擾民。辛酉，諭尚書省，宰執所以總持國家，不得受人餽遺。或遇生辰，受所獻毋過萬錢。若緦大功以上親，及二品以上官，不禁。壬戌，以知河中府事王蔚爲尚書右丞，刑部尚書完顏守貞爲參知政事。甲子，如大房山。乙丑，奠謁興陵、裕陵。丙寅，還都。戊辰，制禁自披剃爲僧道者。勅外路求世宗御書。辛未，如近畿春水。己卯，如春水。

二月丁亥，太白晝見。丙申，遣諭諸王，凡出獵毋越本境。壬寅，諭有司，寒食給假五日，著于令。甲辰，至自春水。朝于隆慶宮，是月凡四朝。癸丑，地生白毛。甲寅，如大房山。

三月乙卯朔，謁奠興陵。丙辰，還都。朝于隆慶宮，是月凡六朝。己未，勅點檢司，諸試護衞人須身形及格，若功臣子孫善射出衆，雖不及格，亦令入見。癸亥，禮官言：「民或一産三男，內有才行可用者可令察舉，量材敍用。其驅婢所生，舊制官給錢百貫，以資乳哺，尚書省請更給錢四十貫，贖以爲良。」制可。丙寅，有司言：「舊制，朝官六品以下從人輸庸者聽，五品以上不許輸庸，恐傷禮體。其有官職俱至三品、年六十以上致仕者，人力給半，乞不分內外，願令輸庸者聽。」從之。己巳，擊毬於西苑，百僚會觀。癸酉，詔內外五品以上，歲舉廉能官一員，不舉者坐蔽賢罪。乙亥，初設應制及宏詞科。丁丑，制內外官幷諸局承應人，遇祖父母、父母忌日並給假一日。辛巳，詔修曲阜孔子廟學。壬午，如壽安宮。

夏四月甲申朔，朝于隆慶宮，是月凡四朝。戊戌，如壽安宮。

五月，不雨。乙卯，祈于北郊及太廟。朝于隆慶宮，是月凡三朝。丙辰，以鷹坊使移剌寧爲橫賜夏國使。戊午，拜天于西苑。射柳、擊毬，縱百姓觀。壬戌，祈雨于社稷。甲子，制省元及四舉終場人許該恩。己巳，復祈雨于太廟。庚午，置知登聞鼓院事一人。丙子，以祈雨，望祭嶽鎮海瀆于北郊。戊寅，命內外官五品以上，任內舉所知才能官一員以自代。壬午，以參知政事移剌履爲尚書右丞，御史中丞徒單鎰爲參知政事，尚書右丞相襄罷。

六月己丑，制定親王家人有犯，其長史府掾失覺察、故縱罪。壬辰，奉皇太后幸慶壽寺。甲辰，勅僧、道三年一試。

秋七月己巳，以禮部尚書王翛等爲賀宋生日使。庚午，朝于隆慶宮。丁丑，詔罷西北路蝦蟆山市場。

八月癸未朔，禁指託親王、公主奴隸占綱船、侵商旅及妄徵錢債。乙酉，詔設常平倉。丁亥，至自壽安宮。戊子，朝于隆慶宮，是月凡三朝。己丑，以判大睦親府事宗寧爲平章政事。壬辰，幸玉泉山，卽日還宮。癸巳，罷諸府鎭流泉務。選才幹之官爲諸州刺史，皆召見諭戒之。戊戌，上諭宰臣曰：「何以使民棄末而務本，以廣儲蓄？」令集百官議。戶部尚書鄧儼等曰：「今風俗侈靡，宜定制度，辨上下，使服用居室，各有差等。抑昏喪過度之禮，禁追逐無名之費。用度有節，蓄積自廣矣。」右丞履、參知政事守貞、鎰曰：「凡人之情，見美則願，若不節以制度，將見奢侈無極，費用過多，民之貧乏，殆由此致。方今承平之際，正宜講究此事，爲經久法。」上是履議。壬寅，勅麻吉以皇家袒免之親，特收充尚書省祗候郎君，仍爲永制。丁未，獵于近郊。己酉，宋、高麗、夏遣使來賀天壽節。

九月壬子朔，天壽節，以世宗喪，不受朝。丙辰，以廉能進擢北海縣令張翶等十八人官。己未，以武衛軍副都指揮使烏林荅謀甲爲夏國生日使。庚申，朝于隆慶宮。壬戌，如秋山。

冬十月丁亥，至自秋山。戊子，朝于隆慶宮。丙申，詔賜貴德州孝子翟巽、遂州節婦張氏各絹十四、粟二十石。戊戌，以有司言，登聞鼓院同記注院，勿有所隸。制民庶聘財爲三等，上百貫，次五十貫，次二十貫。丁未，獵于近郊。

十一月乙卯，朝于隆慶宮，是月凡五朝。以惑衆亂民，禁罷全眞及五行毗盧。以僉書樞密院事把德固等爲賀宋正旦使。丁巳，制諸職官讓蔭兄弟子姪者，從其所請。戊辰，召禮部尙書王翛、諫議大夫張暐詣殿門，諭之曰：「朝廷可行之事，汝諫官、禮官卽當辯析。小民之言，有可採者朕尙從之，況卿等乎。自今所議毋但附合於尙書省。」辛未，以西上閤門使移剌撻不也爲高麗生日使。丙子，冬獵。己卯，次雄州。判眞定府事吳王永成、判定武軍節度使隋王永升來朝。

十二月壬午，免獵地今年稅。丁亥，次饒陽。己丑，平章政事張汝霖薨。丁酉，至自饒陽。甲辰，幸太傅徒單克寧第視疾。以克寧爲太師、尙書令，封淄王，賜銀千五百兩，絹二千匹。乙巳，朝于隆慶宮。丙午，詔有司，正旦可先賀隆慶宮，然後進酒。丁未，宋、高麗、夏遣使來賀正旦。

二年春正月庚戌朔，以世宗喪，不受朝。癸丑，諭有司，夏國使可令館內貿易一日。尚書省言，故事許貿易三日，從之。甲寅，始許宮中稱聖主。乙卯，皇太后不豫，自是日往侍疾，丙夜乃還。辛酉，皇太后崩。丙寅，以左副都點檢向等報哀于宋、高麗、夏。庚午，太師、尚書令淄王徒單克寧薨。甲戌，百官表請聽政，不許。戊寅，詔賜陁括里部羊三萬口、重幣五百端、絹二千匹，以振其乏。吳王永成、隋王永升以聞國喪奔赴失期，罰其俸一月，其長史笞五十。己卯，有司言，漢王永中以疾失期，上諭使回。

二月壬午，百官復請聽政，不許。壬辰，上始視朝。勅親王及三品官之家，毋許僧尼道士出入。諭有司，進士程文但合格者卽取之，毋限人數。丙申，以樞密副使夾谷淸臣爲尚書左丞。戊戌，更定奴誘良人法。丙午，初設王傅府尉官。

三月丁巳，夏國遣使來弔。癸亥，勅有司，國號犯漢、遼、唐、宋等名不得封臣下。有司議，以遼爲恒，宋爲汴，秦爲鎬，晉爲幷，漢爲益，梁爲邵，齊爲彭，殷爲譙，唐爲絳，吳爲鄂，蜀爲夔，陳爲宛，隋爲涇，虞爲澤。制可。丁卯，夏國遣使來祭。乙亥，高麗遣使來弔祭。

丁丑，宋遣使來弔祭。

四月戊寅朔，尙書省言：「齊民與屯田戶往往不睦，若令遞相婚姻，實國家長久安寧之計。」從之。乙酉，葬孝懿皇太后于裕陵。戊子，制諸部內災傷，主司應言而不言及妄言者杖七十，檢視不以實者罪如之，因而有傷人命者以違制論，致枉有徵免者坐贓論，妄告者戶長坐詐不以實罪，計贓重從詐匿不輸法。庚寅，禁民庶不得服純黃銀褐色，婦人勿禁，著爲永制。辛卯，上幸壽安宮，諫議大夫張暐等上疏請止其行，不允。癸巳，諭有司，自今女直字直譯爲漢字，國史院專寫契丹字者罷之。甲午，改封永中爲幷王，永功爲魯王，永成兗王，永升曹王，永蹈鄭王，永濟韓王，永德豳王。戊戌，增太學博士助教員。己亥，學士院新進唐杜甫、韓愈、劉禹錫、杜牧、賈島、王建、宋王禹偁、歐陽修、王安石、蘇軾、張耒、秦觀等集二十六部。庚子，改壽安宮名萬寧。壬寅，如萬寧宮。詔襲封衍聖公孔元措視四品秩。

五月庚戌，勅自今四日一奏事，仍免朝。戊辰，詔諸郡邑文宣王廟、風雨師、社稷神壇隳廢者，復之。詔御史臺令史並以終場舉人充。

六月戊子，平章政事宗寧薨。〔五〕癸巳，禁稱本朝人及本朝言語爲「蕃」，違者杖之。丙午，尙書右丞移剌履薨。

秋七月丁巳，以參知政事徒單鎰爲尙書右丞，御史中丞夾谷衡爲參知政事。己未，觀稼于近郊。己巳，禁職官元日、生辰受所屬獻遺，仍爲永制。以同僉大睦親府事兗等爲賀宋生日使。庚午，諭有司，自今外路公主應赴闕，其駙馬都尉非奉旨，毋擅離職。

八月癸未，至自萬寧宮。己亥，勅山東、河北闕食等處，許納粟補官。諭有司，自今親王所領，如有軍處，令佐貳總押軍事。乙巳，宋、高麗、夏遣使來賀天壽節。

九月丁未朔，天壽節，以皇太后喪，不受朝。甲寅，如大房山。乙卯，謁奠裕陵。丙辰，還都。丁巳，以西上閤門使白琬爲夏國生日使。己未，定詐爲制書未施行制。以尚書左丞夾谷清臣爲平章政事，封芮國公，參知政事完顏守貞爲尚書左丞，知大興府事張萬公爲參知政事。庚申，如秋山。

冬十月己丑，至自秋山。甲午，勅司獄毋得與府州司縣官筵宴還往，違者罪之。禁以太一混元受籙私建庵室者。壬寅，以河北、山東旱，應雜犯及强盜已未發覺減死一等，釋徒以下。

十一月丙午朔，制諸女直人不得以姓氏譯爲漢字。甲寅，禁伶人不得以歷代帝王爲戲，及稱萬歲，犯者以不應爲事重法科。丁巳，以豳王傅宗璧等爲賀宋正旦使。戊午，夏人殺我邊將阿魯帶。甲子，制投匿名書者，徒四年。丙寅，以近侍局副使完顏匡爲高麗生日使。壬申，勅提刑司官自今每十五日一朝。

十二月乙亥朔，勅三品致仕官所得傔從毋令輸庸。己卯，定鎮邊守將致盜賊罪。甲申，獵于近郊。乙酉，詔罷契丹字。己丑，尚書右丞徒單鎰罷。癸卯，宋、高麗、夏遣使來賀正旦。

三年春正月乙巳朔，以皇太后喪，不受朝。丙辰，以孝懿皇后小祥，尚書省請依明昌元年世宗忌辰例，諸王陪位，服慘紫，去金玉之飾，百官不視事，禁音樂屠宰，從之。壬戌，如春水。

二月甲戌朔，勅猛安謀克許於冬月率所屬戶畋獵二次，每出不得過十日。壬辰，至自春水。丁酉，獵于近郊。辛丑，詔追復田瑴等官爵。

閏月甲子，以山東路統軍使烏林荅愿爲御史大夫。

三月乙亥，更定强盜徵贓、品官及諸人親獲强盜官賞制。辛巳，初設左右衞副將軍。癸未，瀘溝石橋成。幸熙春園。丁亥，如萬寧宮。辛卯，詔賜棣州孝子劉瑜、錦州孝子劉慶祐絹、粟，旌其門閭，復其身。上因問宰臣曰：「從來孝義之人曾官使者幾何？」左丞守貞對曰：「世宗時有劉政者嘗官之，然若輩多淳質不及事。」〔六〕上曰：「豈必盡然。孝義之人素行已備，稍可用卽當用之，後雖有希覬作僞者，然僞爲孝義，猶不失爲善。可檢勘前後所申孝義之人，如有可用者，可具以聞。」癸巳，尙書省奏：「言事者謂，釋道之流不拜父母親屬，敗壞風俗，莫此爲甚。禮官言唐開元二年勅云：『聞道士、女冠、僧、尼不拜二親，是爲子而忘其生，傲親而徇於末。自今以後並聽拜父母，其有喪紀輕重及尊屬禮數，一准常儀。』臣等以爲宜依典故行之。」制可。左丞守貞言：「上嘗命臣問忻州陳縠上書所言事，其一極論守令之弊，臣面問所以救之之道，竟不能言。」上曰：「方今政欲知其弊也。彼雖無救弊之術，但能言其弊，亦足嘉矣。如縠言及隨處有司不能奉行條制，爲人傭雇尙須出力，況食國家祿而乃如是，得無虧臣子之行乎？其令檢會前後所降條理舉行之。」是日，溫王玠薨。丁酉，命有司祈雨，望祀嶽鎭海瀆于北郊。

四月壬寅朔，定宣聖廟春秋釋奠，三獻官以祭酒、司業、博士充，祝詞稱「皇帝謹遣」，及登歌改用太常樂工。其獻官并執事與享者並法服，陪位學官公服，學生儒服。尙書省奏：「提刑司察舉涿州進士劉器博、博州進士張安行、河中府胡光謙，光謙年雖八十三，尙可任用。」勅劉器博、張安行特賜同進士出身，胡光謙召赴闕。甲辰，祈雨于社稷。丙午，罷天山北界外採銅。戊申，瀛王瓌薨。戊午，詔集百官議北邊開壕事。詔賜雲內孝子孟興絹十四、粟二十石，賜同州貞婦師氏謚曰「節」。丙寅，以旱災，下詔責躬。丁卯，復以祈雨，望祀嶽鎭海瀆山川于北郊。戊辰，勅親王衣領用銀褐紫緣。遣御史中丞吳鼎樞等審決中都寃獄，外路委提刑司處決。左丞守貞以旱，上表乞解職，不允。參知政事衡、萬公皆入謝。上曰：「前詔所謂罷不急之役、省無名之費、議冗官、決滯獄四事，其速行之。」

五月壬申朔，以尚書禮部員外郎孛术魯子元爲横賜高麗使。癸酉，罷北邊開壕之役。甲戌，祈雨于社稷。是日，雨。戊寅，出宮女百八十三人。尚書省奏，近以山東、河北之饑，已委宣差所至安撫賑濟，復遣右三部司正范文淵往視之。乙酉，以雨足，致祭于社稷。戊子，百官賀雨足。尚書左丞完顏守貞罷。己丑，以雨足，望祀嶽鎮海瀆。

六月癸卯，宰臣請罷提刑司，上曰：「諸路提刑司官止三十餘員，猶患不得其人，州郡三百餘處，其能盡得人乎？」弗許。甲寅，以久雨，命有司祈晴。丁巳，定提刑司條制。辛酉，詔定內外所司公事故作疑申呈罪罰格。乙丑，以知大名府事劉瑋爲尚書右丞。有司言，河州災傷，民乏食，而租稅有未輸。詔免之。諭戶部，可預給百官冬季俸，令就倉以時直糴與貧民，秋成各以其貲糴之，其所得必多矣，而上下便之。其承應人不願者，聽。

秋七月戊寅，勅尚書省曰：「饑民如至遼東，恐難遽得食，必有饑死者。其令散糧官問其所欲居止，給以文書，命隨處官長計口分散，令富者出粟養之，限以兩月，其粟充秋稅之數。」己卯，祁州刺史頓長壽、安武軍節度副使胡剌坐賑濟不及四縣，各杖五十。癸未，詔增北邊軍千二百人，分置諸堡。丁亥，胡光謙至闕，命學士院以雜文試之，稱旨。上曰：「朕欲親問之。」辛卯，以殿前都點檢僕散端等爲賀宋生日使。己亥，上謂宰臣曰：「聞諸王傅尉多苛細，舉動拘防，亦非朕意。是職之設，本欲輔導諸王，使歸之正，得其大體而已。」平章政事清臣曰：「請以聖意徧行之。」曰：「已諭之矣。」

八月癸卯，勅諸職官老病不肯辭避，有司諭使休閑者，不在給俸之列，格前勿論。上以軍民不和、吏員姦弊，詔四品以下、六品以上集議于尚書省，各述所見以聞。甲辰，集三品以下、六品以上官，問以朝政得失及民間利害，令各書所對。丁未，以有司奏寧海州文登縣王震孝行，以嘗業進士，并試其文，特賜同進士出身，仍注教授一等職任。辛亥，至自萬寧宮。特賜胡光謙明昌二年進士第三甲及第，授將仕郎、太常寺奉禮郎。官制舊設是職，未嘗除人，以光謙德行才能，故特授之。己未，以烏林荅愿爲尚書左丞。辛酉，獵于近郊。乙丑，上謂宰臣曰：「朕欲任官，令久於其事。若今日作禮官，明日司錢穀，雖間有異材，然事能悉辦者鮮矣。」對曰：「使中材之人久於其職，事既熟，終亦得力。」上問太常卿張暐：「古有三恪，今何無之？」暐具典故以聞。丁卯，宋、高麗、夏遣使來賀天壽節。

九月庚午朔，天壽節，以皇太后喪，不受朝。諭尚書省，去歲山東、河北被災傷處所閣租稅及借貸錢粟，若便徵之，恐貧民未蘇，俟豐收日以分數帶徵可也。又諭宰臣曰：「隨路提刑司舊止察老病不任職及不堪親民者，如得其實，即改除他路。若他路提刑司覆察得實，勿復注親民之職。卿等其議行之。」甲戌，以郊社署令唐括合達爲夏國生日使。己卯，如秋山。免圍場經過人戶今歲夏秋租稅之半，曾當差役者復一年。

冬十月壬寅，至自秋山。丙午，勅御史臺，提刑司自今保申廉能官，勿復有乞升品語。壬子，有司奏增修曲阜宣聖廟畢，勅「党懷英撰碑文；朕將親行釋奠之禮，其檢討典故以聞」。甲寅，勅置常平倉處，並令州、府官以本職提舉，縣官兼管勾其事，以所糴多寡約量升降，以爲永制。賜河南路提刑司所舉逸民游總同進士出身，以年老不樂仕進，授登仕郎，〔七〕給正八品半俸終身。戊午，諭尚書省訪求博物多知之士。癸亥，遣諭諸王府傅尉曰：「朕分命諸王出鎮，蓋欲政事之暇，安便優逸，有以自適耳。然慮其舉措之間或違於理，所以分置傅尉，使勸導彌縫，不入於過失而已。若公餘遊宴不至過度，亦復何害。今聞爾等或用意太過，凡王門細碎之事無妨公道者，一一干與，贊助之道，豈當如是。宜各思職分，事舉其中，無失禮體。仍就諭諸王，使知朕意。」丙寅，勅應保舉官及試中書判者委官覆察，言行相副者量與陞除，隨朝及六品以上各隨所長用之。己巳，獵于近郊。

十一月庚午朔，尚書省奏：「翰林侍講學士党懷英舉孔子四十八代孫端甫，年德俱高，該通古學。濟南府舉魏汝翼有文章德誼，苦學三十餘年，已四舉終場。蔚州舉劉震亨學行俱優，嘗充舉首。益都府舉王樞博學善書，事親至孝。」勅魏汝翼特賜進士及第，劉震亨等同進士出身，並附王澤榜。孔端甫俟春暖召之。丙子，詔臣庶名犯古帝王而姓復同者禁之，周公、孔子之名亦令回避。戊寅，升相州爲彰德府。以前右副都點檢溫敦忠等爲賀宋正旦使。壬午，尚書省奏，知河南府事程嶧乞進封父祖。權尚書禮部郎中党懷英言：「凡宰執改除外任長官，其佐官以下相見禮儀皆與他長官不同，其子亦得試補省令史。其子且爾，父祖封贈理當不同，合與宰執一例封贈。」從之。甲申，改提刑司令史爲書史。丙申，以有司言：「河州定羌民張顒孝友力田，焚劵已責，又獻粟千石以賑饑。棣州民榮楫賑米七百石、錢三百貫，冬月散柴薪三千束。皆別無希覬。」特各補兩官，仍正班敍。

十二月癸卯，以東上閤門使張汝猷爲高麗生日使。辛亥，諭有司祈雪。癸丑，獵于近郊。丙辰，有赤氣見于北方。丁巳，勅華州下邽縣置武定鎭倉，京兆櫟陽縣置粟邑鎭倉，許州舞陽縣置北舞渡倉，各設倉草都監一人，縣官兼領之。乙丑，定到任告致仕格。丁卯，宋、高麗、夏遣使來賀正旦。

校勘記

〔一〕世宗遣滕王府長史臺御院通進審來護視　按本書卷一九世紀補，臺作「再興」，審作「阿里剌」。

〔二〕詔有司請親王到任各給錢二十萬　「請」疑是「諸」字之誤。

〔三〕同知登聞檢院孫鐸皆上書諫罷圍獵　原脫「同」字。按本書卷九九孫鐸傳云「除同知登聞檢院事」，今據補。

〔四〕仍罷西京解鹽巡捕使　原作「仍罷巡鹽使」。按本書卷四九食貨志，章宗大定二十九年「十二月，遂罷西京、解鹽巡捕使」，又云「遂復置北京遼東鹽使司……」，「罷西京及解州巡捕使」。今據補。

〔五〕六月戊子平章政事宗寧薨　「宗」原作「崇」。按上文明昌元年八月己丑，「以宗寧爲平章政事」，又本書卷七三宗寧傳亦記「拜平章政事，明昌二年薨」。今據改。參見本書卷八校記〔七〕。卷六一交聘表大定十一年「十一月，以西南路招討使宗室崇寧爲賀宋正旦使」，亦作「崇」，同改。

〔六〕然若輩多淳質不及事　「不」原作「亦」。據殿本改。

〔七〕以年老不樂仕進授登仕郎　「授」原作「特」。據殿本改。

金史卷十

本紀第十

章宗二

四年春正月己巳朔，以皇太后喪，不受朝。辛未，以平章政事夾谷清臣爲尚書右丞相，監修國史。丁丑，遣戶部侍郎李獻可等分路勸農事。癸未，尚書省奏大興府推官蘇德秀爲禮部主事，上曰：「朕旣嘗語卿，百官當使久於其職。彼方任理官，復改戶曹，尋又除禮部，人才豈能兼之。若久於其職，但中材勝於新人，事旣經練，亦必有濟，後不可輕易改除。」上又言：「凡稱政有異迹者，謂其斷事有軼才也。若止淸廉，此乃本分，以貪汙者多，故顯其異耳。宰臣又言：『近言事者謂，方今孝弟廉恥道缺，乞正風俗』。此蓋官吏不能奉宣敎化使然。今之察舉官吏者，多責近效，以幹辦爲上，其有秉心寬厚，欲行德化者，輒謂之迂闊。故人人皆以敎化爲餘事，此孝弟所以廢也。若諭所司，官吏有能務行德化者，擢而用之，則敎化可行，孝弟可興矣。今之所察舉，皆先才而後德。巧猾之徒，雖有贓污，一旦見用，猶爲能吏，此廉恥所以喪也。若諭所司，察舉官吏，必審眞僞，使有才無行者不能覬覦，非道求進者加之糾劾，則奔競之俗息，而廉恥可興矣。」辛卯，賑河北諸路被水災者。癸巳，諭點檢司，行宮外地及圍獵之處悉與民耕，雖禁地，聽民持農器出入。丙申，東京路副使三勝進鷹，〔一〕遣諭之曰：「汝職非輕。民間利害，官吏邪正，略不具聞，而乃以鷹進，此豈汝所職也！後毋復爾。」

二月戊戌朔，如春水。始以春、秋二仲月上戊日祭社稷。癸丑，獵于姚村淀。癸亥，至自春水。丙寅，參知政事張萬公罷。

三月戊辰朔，諸路提刑司入見，各問以職事，仍誡諭曰：「朕特設提刑司，本欲安民，于今五年，效猶未著。蓋多不識本職之體，而徒事細碎，以致州縣例皆畏縮而不敢行事。廼者山東民艱于食，嘗遣使賑濟，蓋卿等不職，故至於此。既往之失，其思悛改。」庚午，上將幸景明宮，御史中丞董師中等上書切諫，不報。壬申，章再上，補闕許安仁、拾遺路鐸皆諫，廼止。制定民習角觝、槍棒罪。以工部尚書胥持國爲參知政事。丙子，特賜有司孔端甫及第，〔二〕授小學教授，尋以年老，命食主簿半俸致仕。〔三〕甲申，幸香山永安寺及玉泉山。甲午，定配享功臣。勅自今御史臺奏事，修起居注並令回避。

夏四月丁酉朔，幸興陵崇妃第。是日，始舉樂。自己亥至癸卯，百官三表請上尊號，上曰：「祖宗古先有受尊號者，蓋有其德，故有其名。比年五穀不登，百姓流離，正當戒懼修身之日，豈得虛受榮名耶。」不許，仍斷來章。戊申，親禘于太廟。庚戌，如萬寧宮。辛亥，右丞相清臣率百官及耆艾等復請上尊號，學官劉璣亦率六學諸生趙楷等七百九十五人詣紫宸門請上尊號，如唐元和故事，不許。丁巳，賑河州饑。勅女直進士及第後，仍試以騎射，中選者升擢之。乙丑，減尚廐食穀馬。

五月丙寅朔，曹王永升及諸王請上尊號，不許。以尚廐局使石抹貞爲橫賜夏國使。己巳，上以羣臣累上尊號不受，詔諭中外，徒罪以下遞降一等，杖以下原之。甲戌，觀稼于近郊。辛巳，諭左司，偏諭諸路，令月具雨澤田禾分數以聞。癸未，以久雨，禜。

六月癸丑，賜有司所舉德行才能之士安州崔秉仁、兗州翟駒、錦州齊文乙、大名孫可久、陳信仁、應州董戩並同進士出身。丙辰，以晴，致祭嶽鎮海瀆。壬戌，尚書右丞相夾谷清臣進封戴國公，西京留守完顏守貞爲平章政事，封蕭國公。尚書右丞劉瑋薨。

秋七月辛巳，南京路提刑司自許州遷治南京。己丑，制三品以上官有故者，若親、賢、勳、舊，尚書省卽與聞奏，議加追贈。命以銀改鑄「禮信之寶」，仍塗以金。以同判大睦親府事襄爲樞密使。以御史中丞董師中等爲賀宋生日使。

八月己亥，樞密使襄帥百僚再請上尊號，不許。是日，歲星、太白晝見。庚子，大赦。甲辰，至自萬寧宮。丁未，釋奠孔子廟，北面再拜。辛亥，國史院進世宗實錄，上服袍帶，御仁政殿，降座，立受之。

九月甲子朔，天壽節，御大安殿，受親王百官及宋、高麗、夏使朝賀。戊辰，以參知政事夾谷衡爲尚書右丞，戶部尚書馬琪爲參知政事。勑尚書省，大定二十九年以後士庶言事，或係國家或邊關大利害已嘗施行者，可特補一官；有益於官民，量給以賞。以西上閤門使大䂮爲夏國生日使。庚午，如山陵，次奉先縣。辛未，拜天于縣西。壬申，致奠諸陵。癸酉，如秋山。

十一月庚午，右丞相清臣、參知政事持國上表丐閑，優詔不許。戊寅，以翰林直學士完顏匡等爲賀宋正旦使，命匡權易名弼，以避宋諱。壬午，木冰。丙戌，詔諸職官以贓汚不職被罪、以廉能獲升者，令隨路、京、府、州、縣列其姓名，揭之公署，以示勸懲。庚寅，夏國嗣子李純佑遣使來訃告。

十二月甲午朔，夏國李純佑遣使奉故王仁孝遺表以進。諭大興府於暖湯院日給米五石，以贍貧者。戊戌，定武軍節度使鄭王永蹈以謀反，伏誅。己亥，諭有司，以鄭王財產分賜諸王，澤國公主財物分賜諸公主。甲辰，諸王府增置司馬一人。以紇石烈瑝爲高麗生日使，西上閤門使大磬等爲夏國勅祭慰問使。庚戌，尚書省以科目近多得人，乞是舉增取進士。上然之，詔有司，會試毋限人數。甲寅，冊長白山之神爲開天弘聖帝。丙辰，獵于近郊。

是歲，大有年。邢、洺、深、冀及河北西路十六謀克之地，〔四〕野蠶成繭。

五年春正月癸亥朔，宋、高麗、夏遣使來賀。乙丑，昭容李氏進位淑妃。己巳，初用唐、宋典禮，皇后忌辰皆廢務。尚書省進區田法，詔相其地宜，務從民便。又言遣官劭農之擾，命提刑司禁止之。乙亥，以葉魯、谷神始製女直字，詔加封贈，依倉頡立廟盩厔例，祠於上京納里渾莊。歲時致祭，令其子孫拜奠，本路官一人及本千戶春秋二祭。辛巳，前中都路都轉運使王寂薦三舉終場人蔡州文商經明行修，足備顧問。前河北西路轉運使李揚言慶陽府進士李獎純德博學，鄉曲譽之。絳州李天祺、應州康晉侯屢赴廷試，皆有才德。上曰：「文商可令召之。李獎給主簿半俸終身，餘賜同進士出身。」遣國子祭酒劉璣冊李純佑爲夏國王。丁亥，幸城南別宮。

二月丁酉，〔五〕初定長吏勸課能否賞罰格。尚書省奏：「禮官言孝懿皇后祥除已久，宜易隆慶宮爲東宮，慈訓殿爲承華殿。」從之。詔購求崇文總目內所闕書籍。戊戌，祭社稷，以宣獻皇后忌辰，用熙寧祀儀，樂縣而不作。甲辰，〔六〕鄆王琮薨。己酉，宰臣請罷北邊屯駐軍馬，不允。癸丑，以齊河縣民張涓、濟陽縣王琛、河州李錡急義好施，詔復之終身，仍著于令。命宣徽使移剌敏、戶部主事赤盞實理哥相視北邊營屯，經畫長久之計。

三月壬申，初定限錢禁。庚辰，初定日月風雨雷師常祀。戊子，置弘文院，譯寫經書。

夏四月壬辰朔，幸北苑。庚子，詔各路所舉德行才能之士，涿州時琦、雲中劉摯、鄭州李升、恩州傅礪、濟南趙摯、興中田扈方六人，並特賜同進士出身。以文商爲國子教授，特遷登仕郎。己酉，詔自今筐櫝床榻之飾毋以金玉。壬子，特賜翰林待制溫迪罕迪翰林學士承旨、中奉大夫。乙卯，幸景明宮，董師中、賈守謙、路鐸先後凡兩上封事切諫，不報。

五月庚午，次烏十撒八。戊子，桓、撫二州旱，遣使禱于縉山。

六月壬辰，如氷井。己亥，出獵。登胡土白山，酹酒再拜。曹王永升以下進酒。丙午，拜天，曲赦西北路。己未，如查沙秋山。〔七〕是月，宋前主昚殂。

七月戊辰，獵于豁赤火，一發貫雙鹿。是日，獲鹿二百二十二，賜扈從官有差。辛巳，次魯溫合失不。是日，上親射，獲黃羊四百七十一。乙酉，次氷井。丙戌，以天壽節，宴樞光殿，凡從官及承應人遇覃恩遷秩者，並受宣勅於殿前。時久雨初霽，有龍曳尾于殿前雲間。戊子，御膳羹中有髮，上舉視而棄之，戒左右毋宣言。

八月辛亥，至自景明宮。壬子，河決陽武故堤，灌封丘而東。丁巳，賜從幸山後親軍銀、絹有差。

九月戊午朔，天壽節，宋、高麗、夏遣使來賀。壬戌，命增定捕盜官被殺賻錢及官賞格。甲子，都水監官王汝嘉等坐河決，各削官兩階，杖七十，罷之。乙丑，上御睿思殿，諸路提刑使入見。戊辰，初令民買撲隨處金、銀、銅冶。命參知政事馬琪往視河決，仍許便宜從事。壬申，宋主遣使來告哀。戊寅，以知大興府事尼厖古鑑等爲宋國弔祭使。勅尚書省，集百官議備邊事。壬午，特推恩東宮舊人司經王伯溫等八人官有差。甲申，命上京等九路幷諸抹及乣等處選軍三萬，俟來春調發，仍命諸路幷北阻䪁以六年夏會兵臨潢。

冬十月庚寅，右丞相夾谷清臣等表請上尊號，不允。宋遣使獻遺留物。壬寅，右丞相清臣復請上尊號，國子祭酒劉璣亦率六學諸生上表陳請，不允。遣戶部員外郎何格賑河決被災人戶。庚戌，張汝弼妻高陀斡以謀逆，伏誅。壬子，尚書省奏，升提刑司所察廉官南皮縣令史肅以下十有二人，而大興主簿蒙括蠻都亦在選中，上知其人，曰：「蠻都澆浮人也，升之可乎？與其任澆浮，孰若用淳厚。況蠻都常才，才智過人猶不當用，恐敗風俗，況常才耶！其再察之。」

閏月戊午朔，宋主遣使來報卽位。甲子，親王、百官各奉表請上尊號，不允。丙寅，以代國公歡都等五人配享世祖廟廷。甲戌，以河東南、北提刑使王啓等爲賀宋主卽位使。乙亥，獵于近郊。戊寅，上問輔臣：「孔子廟諸處何如？」平章政事守貞曰：「諸縣見議建立。」上因曰：「僧徒修飾宇像甚嚴，道流次之，惟儒者於孔子廟最爲滅裂。」守貞曰：「儒者不能長居學校，非若僧道久處寺觀。」上曰：「僧道以佛、老營利，故務在莊嚴閎侈，起人施利自多，所以爲觀美也。」庚辰，參知政事馬琪自行省回，具奏河防利害，語載琪傳中。〔八〕丙戌，以翰林待制奧屯忠孝權戶部侍郎，太府少監溫昉權工部侍郎，行戶、工部事，修治河防。以引進使完顏衷爲夏國生日使。

十一月癸巳，詔罷紫荆嶺所護園場。庚子，以右宣徽使移剌敏等爲賀宋正旦使。癸丑，太白晝見。

十二月辛酉，平章政事完顏守貞罷。以知大興府事尼厖古鑑爲參知政事，以戶部郎中李敬義爲賜高麗生日使。丁卯，免被黃河水災今年秋稅。辛巳，勑減修內司備營造軍千人，都城所五百人。癸未，勑尚書省，自今獻靈芝嘉禾者賞。

六年春正月丁亥朔，受宋、高麗、夏使朝賀。庚寅，太白晝見。辛卯，勑有司給天水郡公家屬田宅。壬辰，如春水。庚戌，罷陝西括地。辛亥，諭胥持國，河上役夫聚居，恐生疾疫，可廩醫護視之。乙卯，次御林。

二月丁巳朔，勑有司，行宮側及獵所有農者勿禁。己未，始祭高禖。庚午，至自春水。丁丑，京師地震。大雨雹，晝晦，震應天門右鴟尾。癸未，宋遣使來報謝。

三月丙戌朔，日有食之。甲午，以翰林直學士孛朮魯子元兼右司諫，監察御史田仲禮爲左拾遺，翰林修撰僕散訛可兼右拾遺，諭之曰：「國家設置諫官，非取虛名，蓋責實效，庶幾有所裨益。卿等皆朝廷選擢，置之諫職，如國家利害、官吏邪正，極言無隱。近路鐸左遷，本以他罪，卿等勿以被責，遂畏縮不言，其悉心戮力，毋得緘默。」丙申，如萬寧宮。戊戌，以北邊糧運，括羣牧所、三招討司猛安謀克、隨乣及迭剌、唐古部諸抹、西京、太原官民駝五千充之，惟民以駝載爲業者勿括。以銀五十萬兩、錢二十三萬六千九百貫以備支給。銀五萬兩、金盂二千八百兩、金牌百兩、銀盂八千兩、絹五萬匹、雜綵千端、衣四百四十六襲以備賞勞。庚子，以郡舉才行之士翟介然以下三人特賜進士及第，李貞固以下十五人同進士出身。

夏四月癸亥，勑有司，以增修曲阜宣聖廟工畢，賜衍聖公以下三獻法服及登歌樂一部，仍遣太常舊工往教孔氏子弟，以備祭禮。甲子，以尚書左丞烏林荅愿爲平章政事，右丞夾谷衡爲尚書左丞。丙子，幸玉泉山。戊寅，以修河防工畢，參知政事胥持國進官二階，翰林待制奧屯忠孝以下三十六人各一階，獲嘉令王維翰以下五十六人各賜銀幣有差。庚辰，以尙書右丞相夾谷清臣爲左丞相，監修國史，封密國公。樞密使襄爲尙書右丞相，封任國公。參知政事胥持國爲尙書右丞。壬午，賜宰臣手詔，以風俗不淳，官吏苟且，責之。

五月丙戌，命減萬寧宮陳設九十四所。辛卯，以出師，遣禮部尙書張暐告于廟社。乙未，判平陽府事鎬王永中以罪賜死，幷及二子，丁酉，詔中外。乙巳，詔諸路猛安謀克農隙講武，本路提刑司察其惰者罰之。庚戌，命左丞相夾谷清臣行省于臨潢府。

六月丙辰，右諫議大夫賈守謙、右拾遺僕散訛可坐鎬王永中事奏對不實，削官一階，罷之。御史中丞孫卽康、右補闕蒙括胡剌、右拾遺田仲禮各罰金二十斤。丙寅，以樞密副使唐括貢爲樞密使。以久雨，禜。庚辰，太白經天。辛巳，左丞相清臣遣使來獻捷。

七月丙申，幸曹王永升第。甲辰，始定文武官六貫石以上、承應人幷及廕者、若在籍儒生章服制。

八月己未，命兗州長官以曲阜新修廟告成于宣聖。癸亥，至自萬寧宮。己巳，以溫敦伯英言，命禮部令學官講經。辛未，以吏部尙書吳鼎樞等爲賀宋生日使。壬申，行省都事獨吉永中來報捷。乙亥，勅宮中承應人出職後三年內犯贓罪者，元舉官連坐，不在去官之限，著爲令。辛巳，木波進馬。

九月壬午朔，天壽節，宋、高麗、夏遣使來賀。甲申，册靜寧山神爲鎭安公，忽土白山神爲瑞聖公。丙戌，知河間府事移剌仲方爲御史大夫。辛卯，如秋山。以尚書左司郎中粘割胡上爲夏國生日使。

冬十月丙辰，至自秋山。丁巳，以歲幸春水、秋山，五日一進起居表，自今可十日一進。乙亥，命尚書左丞夾谷衡行省于撫州，命選親軍、武衞軍各五百人以從，仍給錢五千萬。

十一月戊子，左丞相夾谷清臣罷，右丞相襄代領行省事。丙申，以刑部尚書紇石烈貞等爲賀宋正旦使。壬寅，初定猛安謀克鎭邊後放免者授官格。禁射糧軍，應役但成隊伍，不得持兵器及凡可以傷人者。甲辰，報敗敵於望雲。乙巳，以樞密使唐括貢、御史大夫移剌仲方、禮部尚書張暐等二十三人充計議官，凡軍事則議之。戊申，初定縣官增水田陞除制。

十二月乙卯，詔招撫北邊軍民。以知登聞檢院賈益爲高麗生日使，戶部員外郎納蘭昉爲橫賜使。戊午，禮部尚書張暐等進大金儀禮。丁卯，應奉翰林文字趙秉文上書論姦欺。乙亥，詔加五鎭四瀆王爵。庚辰，上幸後園閱軍器。是月，右丞相襄率駙馬都尉僕散揆等進軍大鹽濼，分兵攻取諸營。

承安元年春正月辛巳朔，受宋、高麗、夏使朝賀。甲申，大鹽濼羣牧使移剌覩等爲廣吉剌部兵所敗，死之。丁亥，國子學齋長張守愚上平邊議三篇，特授本學教授，仍以其議付史館。

二月甲子，命有司祀高禖如新儀。丁卯，右丞相襄、左丞衡至自軍前。己巳，復命還軍。幸都南行宮春水。甲戌，至自行宮。是月，初造虎符發兵。

三月丁酉，如萬寧宮。不雨，遣官望祭嶽鎮海瀆于北郊。癸卯，勅尚書省，刑獄雖已奏行，其間恐有疑枉，其再議以聞。人命至重，不可不愼也。甲辰，遣參知政事尼厖古鑑祈雨于社稷。丁未，復遣使就祈于東嶽。

夏四月辛亥，命尚書右丞胥持國祈雨于太廟。壬子，遣使審決寃獄。京城禁傘扇。戊午，初行區種法，民十五以上、六十以下有土田者，丁種一畝。乙丑，命御史大夫移剌仲方祈雨于社稷。壬申，命參知政事馬琪祈雨于太廟。甲戌，尚書省以趙承元言，請追上孝懿皇太后册寶，然後行謚册禮。禮官執奏尊皇太后已詔示中外，無追册禮，從之。戊寅，上以久不雨，命禮部尚書張暐祈于北嶽。己卯，遣官望祭嶽鎮海瀆于北郊。

五月庚辰朔，觀稼于近郊，因閱區田。乙酉，以久旱，徙市。庚寅，詔復市如常。壬辰，以尚藥局副使粘割忠爲橫賜夏國使。乙未，參知政事尼厖古鑑薨。庚子，雨足。

六月甲寅，上以百姓艱食，詔出倉粟十萬石減價以糶之。乙丑，平晉縣民利通家蠶自成綿段，長七尺一寸五分，闊四尺九寸，詔賜絹十疋。丁卯，勅自今長老、大師、大德不限年甲，長老、大師許度弟子三人，大德二人，戒僧年四十以上者度一人。其大定十五年附籍沙彌年六十以上並令受戒，仍不許度弟子。尼、道士、女冠亦如之。御史大夫移剌仲方罷。庚午，幸環秀亭觀稼。癸酉，詔應禁軍器路分，步弓手擬於射糧軍內選之，馬弓手擬於猛安謀克軍戶餘丁內選之。其有爲百姓害，從本州縣斷遣。無猛安戶，於二百里內屯駐軍餘丁內取之，依步弓手月給二貫石。

七月庚辰，御紫宸殿，受諸王、百官賀，賜諸王、宰執酒。勅有司，以酒萬尊置通衢，賜民縱飲。乙酉，勅今後高麗、夏使入見敷奏，令新設各國通事具公服與閤門使上殿監聽。命有司收瘗西北路陣亡骸骨。

八月己酉，獵于近郊。癸丑，幸玉泉山。甲子，以郊祀日期詔中外。戊辰，至自萬寧宮。以陝西西路轉運使董師中爲御史大夫。癸酉，左丞衡丁父憂。

九月丁丑朔，天壽節，宋、高麗、夏遣使來賀。幸天長觀。辛巳，以右丞相襄爲左丞相，監修國史，封常山郡王。壬午，賜襄酒百尊。太白晝見。癸未，都人進酒三千一百瓶，詔以賜北邊軍吏。以吏部尚書張嗣等爲賀宋生日使。癸巳，左丞衡起復。丁酉，知大興府卞、同知郭鑄以擅逮問宰臣，各笞四十。辛丑，西南路招討使僕散揆至自軍。乙巳，以國子監丞烏古論達吉不爲夏國生日使。

冬十月丙午朔，詔選親軍八百人戍撫州。庚戌，命左丞相襄行省于北京，簽書樞密院事完顏匡行院於撫州。丙辰，祫享于太廟。

十一月戊子，參知政事馬琪罷。庚寅，特滿羣牧契丹陁鎖、德壽反，〔九〕泰州軍擊敗之。御史大夫董師中、北京留守裔並爲參知政事。甲午，以陝西路統軍使崇道等爲賀宋正旦使。丁酉，朝享于太廟。戊戌，有事于南郊，大赦，改元。己亥，曹王永升率親王、百官賀。癸卯，命有司祈雪，仍遣官祈于東嶽。

十二月丙午，樞密使唐括貢率百官請上尊號，不允。己酉，遣提點太醫近侍局使李仁惠勞賜北邊將士，授官者萬一千人，授賞者幾二萬人，凡用銀二十萬兩、絹五萬疋、錢三十二萬貫。庚戌，以同知登聞檢院阿不罕德剛爲高麗國生日使。壬子，樞密使唐括貢復率百官請上尊號，不允。

二年春正月乙亥朔，宋、高麗、夏遣使來賀。乙酉，勅職官犯贓私不得訴于同官。丁亥，如安州春水。丁酉，至自春水。辛丑，宋主以母后喪，遣使告哀。〔一〇〕

二月丁巳，勅自今職官犯贓，每削一官殿一年。是日，太白晝見，經天。是月，特命襲封衍聖公孔元措世襲兼曲阜令。

三月己卯，親王、百官復請上尊號，不允。壬午，命尚書戶部侍郎溫昉佩金符，行六部尚書於撫州。庚寅，幸西園閱軍器。辛卯，始定保舉德行才能格。癸巳，平章政事烏林荅愿罷。丁酉，樞密使唐括貢率百官請上尊號，不允。以參知政事裔代左丞相襄行省于北京。〔一〕

夏四月甲寅，如萬寧宮。丙辰，命有司祈雨，望祭嶽鎮海瀆于北郊。甲子，祈雨于社稷。尚書省奏，比歲北邊調度頗多，請降僧道空名度牒紫褐師德號以助軍儲，從之。癸酉，親王宣勅始用女直字。

五月甲戌朔，諭宰臣曰：「比以軍須，隨路賦調。司縣不度緩急，促期徵斂，使民費及數倍，胥吏又乘之以侵暴。其令提刑司究察之。」丙子，集官吏于尚書省，詔諭之曰：「今紀綱不立，官吏弛慢，遷延苟簡，習以成弊。職官多以吉善求名，計得自安，國家何賴焉。至於徇情賣法，省部令史尤甚。尚書省其戒諭之。」丁丑，北京行省參知政事裔移駐臨潢府。庚辰，升撫州爲鎭寧軍。以雨足，報祭于社稷。甲申，望祭嶽鎭海瀆于北郊。丁亥，左丞相襄詣臨潢府。己丑，皇子生，庚寅，詔中外，降死罪，釋徒以下。

六月乙巳，命禮部尚書張暐報祀高禖。丙午，雨雹。戊申，以澄州刺史王遵古爲翰林直學士，仍勅無與撰述，入直則奏聞，或霖雨，免入直，以遵古年老，且嘗侍講讀也。庚戌，詔罷瑤光殿工作。甲寅，置全州盤安軍節度使，治安豐縣。乙卯，封皇子爲壽王。

閏月甲午，出西橫門觀稼。

秋七月壬寅朔，幸天長觀，建普天大醮，禁屠宰七日，無奏刑，百司權停決罰。己未，命西上閤門使劉頍賜參知政事裔宴于行省。戊辰，天壽節，御紫宸殿受朝。

八月庚辰，勅計議官所進奏帖，可直言利害，勿用浮辭。辛巳，以邊事未寧，詔集六品以上官於尚書省，〔一二〕問攻守之計。應中外臣僚不以職位高下，或有方略材武，或長於調度，各舉三五人以備選用，無有顧望不盡所懷，期五日封章以進。議者凡八十四人，言攻者五，守者四十六，且攻且守者三十三，召對睿思殿，論難久之。癸未，至自萬寧宮。丙戌，以左丞相襄爲左副元帥，參知政事董師中尚書左丞，左宣徽使膏〔一三〕尚書右丞，戶部尚書楊伯通參知政事。尚書左丞夾谷衡罷。右丞胥持國致仕。庚寅，參知政事裔罷。樞密使唐括貢致仕。壬辰，以左副元帥襄爲樞密使兼平章政事。

九月辛丑朔，天壽節，宋、高麗、夏遣使來賀。壬寅，遣官分詣上京、東京、北京、咸平、臨潢、西京等路招募漢軍，不足則簽補之。乙巳，以夏使朝辭，詔答許復保安、蘭州榷場。丁未，以知歸德府事完顏愈爲賀宋生日使。癸丑，以上京留守粘割斡特剌爲平章政事。〔一四〕辛酉，以樞密使兼平章政事襄，知大興府事胥持國爲樞密副使、〔一五〕權參知政事，行省于北京。乙丑，始置軍器監，掌治戎器，班少府監下，設甲坊、利器二署隸焉。丁卯，分遣官於東、西、北京，河北等路，〔一六〕中都二節鎮，買牛五萬頭。

冬十月庚午朔，初設講議所官十員，共議錢穀，以中都路轉運使孫鐸、戶部侍郎高汝礪等爲之。庚辰，尚書省奏，高麗國牒報，其王以老疾，令母弟晫權國事。壬午，尚書省行推排。丁亥，皇子壽王薨。壬辰，詔獎諭西南路招討使僕散揆等有功將士。甲午，大雪，以米千石賜普濟院，令爲粥以食貧民。丙申，以禮部員外郎蒙括仁本爲夏國生日使。

十一月甲辰，冬至，有事于南郊。乙巳，以薪貴，勑圍場地內無禁樵採。壬子，諭尚書省，猛安謀克既不隸提刑司，宜令監察御史察其臧否。庚申，北京留守裔以行省失職，杖一百，除名。右諫議大夫納蘭昉杖九十，削官二階，罷之。甲子，諭宰臣曰：「朕居九重，民間難以偏知，宰相不見賓客，何以得知民間利害。」

十二月己巳朔，勑御史臺糾察諂佞趨走有實跡者。己卯，始鑄「承安寶貨」。癸未，遣戶部侍郎上官瑜體究西京逃亡，勸率沿邊軍民耕種，戶部郎中李敬義規措臨潢等路農務。乙酉，諭宰臣，今後水潦旱蝗、盜賊竊發，命提刑司預爲規畫。戊子，諭西南路將士。庚寅，豫王永成進馬八十疋，賜詔奬諭，稱皇叔豫王而不名。

校勘記

〔一〕東京路副使三勝進鷹　「三勝」殿本作「王勝」。

〔二〕特賜有司孔端甫及第　按下文「六月癸丑，賜有司所舉德行才能之士安州崔秉仁……並同進士出身」，此處「有司」下似有脫文。

〔三〕命食主簿半俸致仕　「致仕」原作「致事」，據本書卷一〇五孔拯傳改。

〔四〕邢洺深冀及河北西路十六謀克之地　原脫「西路」二字。按本書卷二三五行志，明昌四年「邢、洺、深、冀及河北西路十六謀克之地，野蠶成繭」，今據補。

〔五〕二月丁酉　「二月」二字原在下文「甲辰」上。按正月癸亥朔，則丁酉在二月，今將「二月」移在「丁酉」上。

〔六〕甲辰　原作「二月甲辰」。「二月」二字已移在上文「丁酉」上。參見前條。

〔七〕如查沙秋山　「查」字原缺末畫，按本書卷二四地理志西京路桓州有查沙，今據補正。

〔八〕參知政事馬琪自行省回具奏河防利害語載琪傳中　按馬琪奏河防利害事見本書卷三九河渠志，而卷九五馬琪傳失載。

〔九〕特滿羣牧契丹陁鎖德壽反　「羣」原作「郡」，按本書卷二四地理志，西京路「羣牧十二處」有「特滿羣牧」。又卷九四內族襄傳云，「會羣牧德壽、陁鎖等據信州叛」，亦作「羣牧」。今據改。

〔一〇〕辛丑宋主以母后喪遣使告哀　按承安二年當宋寧宗慶元三年，宋主無母后喪，未嘗遣使，故金亦未遣「宋弔祭使」，此乃抄襲本書卷六二交聘表之誤。

〔一一〕以參知政事裔代左丞相襄行省于北京　「左丞相」原誤作「左丞省」。按上文，承安元年九月辛巳，「以右丞相襄爲左丞相」，十月庚戌，「命左丞相襄行省于北京」。今據改。

〔一二〕以邊事未寧詔集六品以上官於尙書省　按本書卷九七移剌益傳作「召朝官四品以上入議」。

〔一三〕左宣徽使𩫖　錢大昕廿二史考異卷八四云，「案𩫖字不見於字書，必是傳寫之譌。予見曲阜孔廟石刻，承安四年三月泰定軍節度使兼兗州觀察使完顏𩫖祭文，復有孔元措跋云：『相國完顏公，自尙書右丞出鎭沈郡。』與此紀三年十二月『尙書右丞𩫖罷』年月相合。然則𩫖卽𩫏之譌。說文：『𩫏，用也，從亯從自，讀若庸。』石刻作𩫏，隸體小變耳」。錢說是。

〔一四〕以上京留守粘割斡特剌爲平章政事　「斡」原作「訛」。按本書卷五九粘割斡特剌傳，「承安初，……改上京留守……二年九月還朝，拜平章政事」。今據改。

〔一五〕知大興府事胥持國爲樞密副使　按本書卷一二九胥持國傳作「起知大名府事，未行，改樞密副使」。疑「興」當是「名」字之誤。

〔一六〕分遣官於東西北京河北等路　「東西北京」原作「東西北路」。既非地名，又與下文「河北等路」承文不順。按本書卷二四地理志有東京路、西京路、北京路，今據改。

金史卷十一

本紀第十一

章宗三

三年春正月己亥朔，日有食之。辛丑，宋、夏遣使來賀。癸卯，諭有司，凡館接伴幷奉使者，毋以語言相勝，務存大體。奉使者亦必得其人乃可。乙卯，詔罷講議所。丙辰，如城南春水。丁巳，併上京、東京兩路提刑司爲一，提刑使、副兼安撫使、副，安撫專掌教習武事，毋令改其本俗。己未，以都南行宮名建春。甲子，至自春水。乙丑，宋主以祖母喪，〔一〕遣使告哀。

二月己巳朔，幸建春宮。辛巳，諭宰臣曰：「自今內外官有闕，有才能可任者，雖資歷未及，亦具以聞。雖親故，毋有所避。」以武衞軍都指揮使烏林荅天益等爲宋弔祭使。甲申，至自建春宮。丙戌，斜出內附。辛卯，平章政事粘割斡特剌薨。

三月戊戌，以禮部尚書張暐爲御史大夫。壬寅，復榷醋。〔三〕甲寅，如萬寧宮。丁巳，勅隨處盜賊，毋以强爲竊，以多爲少，以有爲無。嘯聚三十人以上奏聞。違者杖百。丙寅，高麗王王晧以弟晫權國事，遣使奉表來告。

夏四月戊辰朔，諭有司，宰相遇雨，可循殿廡出入。丙申，諭御史臺曰：「隨朝大小官雖有才能，率多苟簡，朕甚惡之，其察舉以聞。提刑司所察廉能汙濫官，皆當殿奏，餘事可轉以聞。」以侍御史孫俁爲宣問高麗王王晧使。

五月庚子，〔三〕右宣徽使張汝方以漏泄廷議，削官兩階。壬寅，〔四〕射柳、擊毬，縱百姓觀。戊申，以客省使移剌郁爲夏國生日使。甲子，參知政事楊伯通表乞致仕，不許。

秋七月丙午，幸香山。己酉，如萬寧宮。甲寅，還宮。

八月辛未，獵于近郊。癸酉，獵于香山。戊寅，如萬寧宮。庚辰，以護衞石和尙爲押軍萬戶，率親軍八百人、武衞軍千六百人戍西北路。癸未，還宮。宋遣使來報謝。

九月丙申朔，天壽節，宋、夏遣使來賀。以中都路都轉運使孫鐸等爲賀宋生日使。乙巳，獵于近郊。庚戌，參知政事楊伯通再表乞致政，不許。戊午，木波進馬。

冬十月庚午，獵于近郊。癸未，行樞密院言斜出等請開榷場於轄里裊，〔五〕從之。丁亥，定官民存留見錢之數，設回易務，更立行用鈔法。

十一月丁酉，樞密使兼平章政事襄至自軍，癸卯，以爲尚書左丞相，監修國史。丁未，以太常卿楊庭筠等爲賀宋正旦使。戊申，詔獎諭樞密副使夾谷衡以下將士。辛亥，定屬託法。定軍前官吏遷賞格。以邊事定，詔中外，減死罪，徒已下釋之。賜左丞相襄以下將士金幣有差。甲寅，冬獵。

十二月甲子朔，獵于酸棗林。大風寒，罷獵，凍死者五百餘人。己巳，還都。丙戌，尚書右丞胥鼎罷。高麗權國事王晫遣使奉表來告。

四年春正月癸巳朔，宋、夏遣使來賀。乙巳，尚書左丞董師中致仕。辛酉，監察御史姬端修以妄言下吏。尚書左丞相襄爲司空，職如故。樞密副使夾谷衡爲平章政事，封英國公。前知濟南府事張萬公起復爲平章政事，封壽國公。楊伯通爲尚書左丞。簽樞密院事完顏匡爲尚書右丞。

二月乙丑，如建春宮春水。己巳，還宮。庚午，御宣華門，觀迎佛。辛未，如建春宮。赦姬端修罪，令居家俟命。司空襄言，西南路招討使僕散揆治邊有功，召赴闕，以知興中府事紇石烈子仁代之。壬申，諭有司，自三月一日爲始，每旬三品至五品官各一人轉對，六品亦以次對。臺諫勿與，有應奏事，與轉對官相見，無面對者上章亦聽。乙亥，還宮。戊寅，如建春宮。庚辰，上諭點檢司曰：「自蒲河至長河及細河以東，朕常所經行，官爲和買其地，令百姓耕之，仍免其租稅。」甲申，還宮。乙酉，以西南路招討使僕散揆爲參知政事。起姬端修爲太學博士。如建春宮。戊子，還宮。

三月丁酉，同判大睦親府事宗浩爲樞密使，封崇國公。〔六〕己亥，如建春宮。遣使册王晫爲高麗國王。戶部尚書孫鐸、郎中李仲略、國子祭酒趙忱始轉對香閣。丁未，勅尚書，〔七〕官員必須改除者議之，其月日淺者毋數改易。乙卯，尚書省奏減親軍武衞軍額及太學女直、漢兒生員，罷小學官及外路教授。詔學校仍舊，武衞軍額再議，餘報可。司空襄、右丞匡、參知政事揆請罷諸路提點刑獄，從之。戊午，雨雹。

夏四月癸亥，改提刑司爲按察使司。戊辰，如萬寧宮。壬申，左丞楊伯通致仕。御史大夫張暐以奏事不實，追一官，〔八〕侍御史路鐸追兩官，俱罷之。姬端修杖七十，贖。壬午，英王從憲進封瀛王。詔同州、許州節度使罷兼陝西、河南副統軍。

五月壬辰朔，以旱，下詔責躬，求直言，避正殿，減膳，審理寃獄，命奏事於泰和殿。戊戌，命有司望祭嶽瀆禱雨。己亥，應奉翰林文字陳載言四事：其一，邊民苦于寇掠；其二，農民困于軍須；其三，審決寃滯，一切從寬，苟縱有罪；其四，行省官員，例獲厚賞，而沿邊司縣，曾不霑及，此亦干和氣，致旱災之所由也。上是之。壬寅，以兵部郎中完顏撒里合爲夏國生日使。戊申，宰臣以京畿雨，率百官請御正殿，復常膳。不從。尚書省奏上更定給發虎符制，著于令。庚戌，諭宰臣曰：「諸路旱，或關執政。今惟大興、宛平兩縣不雨，得非其守令之過歟？」司空襄、平章政事萬公、參知政事揆上表待罪。上以罪己答之，令各還職。詔頒銅杖式。壬子，祈雨于太廟。乙卯，更定軍功賞格。戊午，司空襄以下再請御正殿，復常膳。不從。庚申，平章政事夾谷衡薨。以宿直將軍徒單仲華爲橫賜夏國使。

六月丁卯，雨。司空襄以下復表請御正殿，復常膳。從之。甲戌，以雨足，命有司報謝于太廟。丁丑，右補闕楊庭秀言：「自轉對官外，復令隨朝八品以上、外路五品以上及出使外路有可言者，並許移檢院以聞。則時政得失，民間利病，可周知矣。」從之。己卯，以雨足，報祭社稷。辛巳，遣官報祀嶽瀆。癸未，奉職醜和尙進浮漏水稱影儀簡儀圖，命有司依式造之。丁亥，定宮中親戚非公事傳達語言、轉遞諸物及書簡出入者罪。

七月甲辰，更定尙藥、儀鸞局學者格。辛亥，勅宣徽院官，天壽節凡致仕宰執悉召與宴。丙辰，以久雨，令大興府祈晴。

八月己巳，獵于近郊。壬申，獵于香山。甲戌，以皇嗣未立，命有司祈于太廟。丁丑，獵于近郊。庚辰，還宮。

九月庚寅朔，天壽節，宋、高麗、夏遣使來賀。己亥，如薊州秋山。己未，以知東平府事僕散琦等爲賀宋生日使。

冬十月丙寅，至自秋山。壬午，初定百官休假。〔九〕甲申，初置審官院。

十一月乙未，〔一〇〕勅京、府、州、縣設普濟院，每歲十月至明年四月設粥，以食貧民。丙申，平章政事張萬公表乞致政，不許。庚戌，命有司祈雪。甲寅，〔一一〕定護衞改充奉御格。以知濟南府事范楫等爲賀宋正旦使。

十二月己未，除授文字初送審官院。辛酉，更定考試隨朝檢、知法條格。右補闕楊庭秀請類集太祖、太宗、世宗三朝聖訓，以時觀覽。從之，仍詔增熙宗爲四朝。癸未，更定科舉法。增設國史院女直、漢人同修史各一人。定親軍及承應人退閑遷賞格。是月，淑妃李氏進封元妃。

五年春正月戊子朔，宋、高麗、夏遣使來賀。乙未，以尚書省言，會試取策論、詞賦、經義不得過六百人，合格者不及其數則闕之。丙申，如春水。庚子，命左右司五日一轉奏事。辛丑，諭點檢司，車駕所至，仍令百姓市易。庚戌，定猛安謀克軍前怠慢罷世襲制。

二月辛未，至自春水。辛巳，有司奏：「應奉翰林文字溫迪罕天興與其兄直學士思齊同僚學士院，定撰制誥文字，合無廻避？」詔不須避，仍爲定制。

閏月癸卯，〔三〕定進納粟補官之家存留弓箭制。丁未，上與宰臣論置相曰：「徒單鎰，朕志先定。賈鉉如何？」皆曰：「知延安府事孫卽康可。」平章政事萬公亦曰：「卽康及第，先鉉一榜。」上曰：「至此安問榜次，特以賈才可用耳。」尚書省奏：「右補闕楊庭秀言，乞令尚書省及第左右官一人，應入史事者編次日曆，或一月，或一季，封送史院。」上是其言，仍令送著作局潤色，付之。

三月庚申，大睦親府進重修玉牒。平章政事張萬公乞致政，不許。壬戌，命有司禱雨。癸亥，雨。戶部尚書孫鐸、大理卿完顏撒剌、國子司業蒙括仁本召對便殿。丙寅，如萬寧宮。戊辰，定妻亡服內婚娶聽離制。親王、宰執、百官再請上尊號。不許。庚午，以知大興府事卞爲御史大夫。丙子，尚書省奏，擬同知商州事蒲察西京爲濟南府判官。上曰：「宰相豈可止徇人情，要當重惜名爵。此人不堪，朕常記之，止與七品足矣。」庚辰，以上京留守徒單鎰爲平章政事，封濟國公。辛巳，定本國婚聘禮制。改山東東路舊皇城猛安名曰合里哥阿隣。

四月丙戌朔，文武百官再請上尊號。不許。丙午，尚書省進律義。

五月乙卯朔，定猛安謀克鬬毆殺人遇赦免死罷世襲制。以雨足，遣使報祭社稷。丁巳，定策論進士及承廕人試弓箭格。戊午，勑來日重五拜天，服公裳者拜禮仍舊，諸便服者並用女直拜。己□，〔三〕勅諸路按察司，糾察親民官以大杖箠人者。乙亥，親王、文武百官、六學各上表請上尊號。不許。庚辰，地震。詔定進納官有犯決斷法。

六月乙巳，遣有司祈晴，望祭嶽瀆。

七月乙卯朔，以晴，遣官望祭嶽鎮海瀆。癸亥，定居祖父母喪婚娶聽離法。初置蒲思衍羣牧。辛未，平章政事萬公特賜告兩月。甲戌，獵于近郊。

八月壬辰，幸香山。乙未，至自香山。丁未，勅審官院奏事，其院官皆許升殿。戊申，更定鎮防軍犯徒配役法。

九月甲寅朔，天壽節，宋、高麗遣使來賀。〔一四〕戊午，命樞密使宗浩、禮部尚書賈鉉佩金符行省山東等路括地。己未，尚書省奏：「西北路招討使獨吉思忠言，各路邊堡牆隍，西自坦舌，東至胡烈公，〔一五〕幾六百里，向以起築忽遽，並無女牆副隄。近令修完，計工七十五萬，止役戍軍，未嘗動民，今已畢功。」上賜詔奬諭。修玉牒成。定皇族收養異姓男爲子者徒三年，姓同者減二等，立嫡違法者徒一年。癸亥，如薊州秋山。

冬十月庚寅，至自秋山。庚子，風霾。宋遣使來告哀。辛丑，集百官于尚書省，問：「間者亢旱，近則久陰，豈政有錯謬而致然歟？」各以所見對。以禮部郎中劉公憲爲高麗生日使。丁未，獵于近郊。以宿直將軍完顏觀音奴爲夏國生日使。

十一月癸丑朔，日有食之。乙卯，以國史院編修官呂卿雲爲左補闕兼應奉翰林文字。審官院以資淺駁奏，上諭之曰：「明昌間，卿雲嘗上書言宮掖事，辭甚切直，皆他人不能言者，卿輩蓋不知也。臣下言事不令外人知，乃是謹密，正當顯用，卿宜悉之。」以工部尚書烏古論誼等爲宋弔祭使。初定品官過闕則下制。己巳，宋復遣使來告哀。辛未，以殿前右副點檢紇石烈忠定爲賀宋正旦使。

十二月癸未朔，詔改明年爲泰和元年。以河南路統軍使充等爲宋弔祭使。乙未，定管軍官受所部財物輒放離役及令人代役法。辛丑，詔宮籍監戶，百姓自願以女爲婚者聽。癸卯，定造作不如法，三年內有損壞者罪有差。

泰和元年正月壬子朔，宋、高麗、夏遣使來賀。壬戌，宋遣使獻先帝遺留物。己巳，以太府監孫復言：「方今在仕者三萬七千餘員，而門廕補敍居三之二，諸司待闕，動至累年。蓋以補廕猥多，流品混淆，本末相舛，至於進納之人，既無勞績，又非科第，而亦廕及子孫，無所分別，欲流之淸，必澄其源。」乃更定廕敍法而頒行之。尚書省奏：「今杖式輕細，民不知畏，請用大杖。」詔不許過五分。庚午，如長春宮春水。辛未，上以方春，禁殺含胎兔，犯者罪之，告者賞之。甲戌，初命文武官官職俱至三品者許贈其祖。

二月壬辰，去造土茶律。丁未，至自春水。

三月乙丑，夏國遣使來謝。壬申，幸天長觀。癸酉，如萬寧宮。乙亥，宋遣使來報謝。丁丑，更定鎭防千戶謀克放老入除格。辛巳，勑官司、私文字避始祖以下廟諱小字，〔一六〕犯者論如律。

夏四月甲辰，詔諭契丹人戶，累經簽軍立功者，官賞恩例與女直人同，仍許養馬，爲吏。五月甲寅，擊毬于臨武殿，令都民縱觀。丙辰，樞密使宗浩罷。壬戌，幸玉泉山。戊寅，削尊長有罪卑幼追捕律。以直東上閤門劉頍爲橫賜高麗使。

六月己卯，幸香山。乙酉，平章政事張萬公表乞致仕。不許。辛卯，祈雨于北郊。己亥，用尚書省言，申明舊制，猛安謀克戶每田四十畝樹桑一畝，毁樹木者有禁，鬻地土者有刑。其田多汙萊，人戶闕乏，并坐所臨長吏。按察司以時勸督，有故慢者量決罰之，仍減牛頭稅三之一。勑尚書省舉行風俗奢僭之禁。乙巳，初許諸科徵鋪馬、黃河夫、軍須等錢，折納銀一半，願納錢鈔者聽。丁未，詔有司修蓮花漏。

七月辛酉，禁放良人不得應諸科舉，子孫不在禁限。甲子，諭刑部官，凡上書人言及宰相者不得申省。乙丑，更定右選注縣令丞簿格。己巳，初禁廟諱同音字。

八月庚辰，初命戶絕者田宅以三分之一付其女及女孫。戊子，特改授司空襄河間府路算注海世襲猛安。乙未，至自萬寧宮。丙申，宋遣使來報謝。壬寅，制猛安謀克並隸按察司，監察御史止按部糾舉，有罪則併坐監臨之官。詔推排西、北京、遼東三路人戶物力。

九月戊申朔，天壽節，宋、高麗、夏遣使來賀。更定贍學養士法：生員，給民佃官田人六十畝，歲支粟三十石；國子生，人百八畝，歲給以所入，官爲掌其數。以右宣徽使徒單懷忠等爲賀宋生日使。甲寅，如秋山。丙子，至自秋山。

冬十月乙酉，祫享于太廟。戊子，平章政事張萬公乞致仕，不許。壬辰，御史臺奏：「在制，按察司官比任終遣官考覈，然後尚書省命官覆察之。今監察御史添設員多，宜分路巡行，每路女直、漢人各一人同往。」從之，仍勑分四路。丙申，御史大夫卞乞致仕，不許。戊戌，以武衞軍都指揮使司判官納合鈜爲高麗生日使。壬寅，勑有司，購遺書宜尚其價，以廣搜訪。藏書之家有珍惜不願送官者，官爲謄寫，畢復還之，仍量給其直之半。甲辰，以刑部員外郎完顏綱爲夏國生日使。

十一月庚戌，司空襄以下文武百官復請上尊號。不許。辛亥，勑尚書省，凡役衆勞民之事，勿輕行之。丁巳，諭工部曰：「比聞懷州有橙結實，官吏檢視，已嘗擾民，今復進柑，得無重擾民乎。其誡所司，遇有則進，無則已。」庚申，以殿前右衞將軍紇石烈七斤等爲賀宋正旦使。

十二月辛巳，勑改原廟春秋祭祀稱朝獻。司空襄以下復請上尊號。詔不允，仍斷來章。丁酉，司空襄等進新定律令勑條格式五十二卷，〔一七〕辛丑，詔頒行之。〔一八〕壬寅，獵于近郊。乙巳，初定廉能官升注格。

二年春正月丁未朔，宋、高麗、夏遣使來賀。乙卯，始朝獻于衍慶宮。庚申，幸芳苑觀燈。癸酉，歸德軍節度副使韓琛以强市民布帛，削一官，罷之。甲戌，如建春宮。

二月戊戌，初置內侍寄祿官。乙巳，還宮。

三月甲寅，初置宮苑司都、同監各一人。甲子，蔡王從彝母充等大師卒，詔有司定喪禮葬儀，事載從彝傳。〔一九〕

四月庚辰，幸昇國長公主第問疾。己亥，定遷三品官格。復撲買河濼法。辛丑，諭御史臺，諸訴事于臺，當以實上聞，不得輒稱察知。癸卯，如萬寧宮。命有司祈雨。

五月甲辰朔，日有食之。戊申，如泰和宮。辛亥，初薦新于太廟。壬戌，諭有司曰：「金井捺鉢不過二三日留，朕之所止，一涼厦足矣。若加修治，徒費人力。其藩籬不急之處，用圍幕可也。」甲子，更泰和宮曰慶寧，長樂川曰雲龍。己巳，勑御史臺，京師拜廟及巡幸所過州縣，止令洒掃，不得以黃土覆道，違者糾之。

六月辛卯，諭尚書省，諸路禾稼及雨多寡，令州郡以聞。

七月辛亥，有司奏還宮日請用黃麾仗。不許。乙卯，朝獻于衍慶宮。

八月丙申，鳳凰見于磁州武安縣鼓山石聖臺。丁酉，還宮。皇子生。

九月壬寅朔，天壽節，宋、高麗、夏遣使來賀。甲寅，以拱衞直都指揮使完顏瑭等爲賀宋生日使，且戒之曰：「兩國和好久矣，不宜爭細故，傷大體。」癸亥，以皇子生，親謝南北郊。庚午，封皇子爲葛王。

冬十月戊寅，報謝于太廟及山陵。甲申，以鳳凰見，詔中外。丙戌，獵近郊。壬辰，遣尚輦局副使李仲元爲高麗國生日使。以宿直將軍紇石烈毅爲夏國生日使，瀛王府司馬獨吉溫爲橫賜使。

十一月甲辰，更定德運爲土，臘用辰。以西京留守宗浩爲樞密使。戊申，以更定德運，詔中外。庚申，初命外官三品到任進表稱謝。甲子，幸玉虛觀，遣使報謝于太淸宮。

十二月癸酉，以皇子晬日，放僧道戒牒三千。以武安軍節度使徒單公弼等爲賀宋正旦使。戊寅，冬獵。庚辰，報謝于高禖。丁酉，還都。

閏月庚戌，司空襄薨。癸丑，初命監察御史非特旨不許舉官。辛酉，遣使報謝于北嶽。定人戶物力隨時推收法。丁卯，遣使報謝于長白山。冬，無雪。

三年春正月辛未朔，宋、高麗、夏遣使來賀。癸酉，遣官祈雪于北嶽。丁丑，朝獻于衍慶宮。己卯，以樞密使宗浩爲尚書右丞相，右丞完顏匡爲左丞，參知政事僕散揆爲右丞，御史中丞孫卽康、刑部尚書賈鉉並爲參知政事。庚辰，如建春宮。

二月癸丑，還宮。甲子，定諸職官省親拜墓給假例。

三月壬申，〔一〇〕平章政事張萬公致仕。庚辰，如萬寧宮。丁亥，定從人銅牌賣毀罪賞制。庚寅，定職官應遷三品格，刺史以上及隨朝資歷在刺史以上身故者，〔一一〕每半年一次敷奏。甲午，如玉泉山。丙申，以殿前都點檢僕散端爲御史大夫。

四月乙巳，禘于太廟。勑點檢司，致仕官入宮，年高艱于步履者，並聽策杖，仍令舍人護衞扶之。丁巳，勑有司祈雨，仍頒土龍法。己未，命吏部侍郎李炳、國子司業蒙括仁本、知登聞檢院喬宇等再詳定儀禮。庚申，諭省司，宮中所用物，如民間難得，勿强市之。癸亥，尚書省奏，遣官分路覆實御史所察事。

五月壬申，以重五，拜天，〔一二〕射柳，上三發三中。四品以上官侍宴魚藻殿。以天氣方暑，命兵士甲者釋之。丙戌，以定律令、正土德、鳳凰來、皇嗣建，大赦。辛卯，皇子葛王薨。壬辰，定擅增減宮門鎖鑰罪。丙申，作太極宮。

六月己亥，太白晝見。壬寅，詔選聰明方正之士爲修起居注。又詰點檢司，諸親軍所設教授及授業人若干，其爲教何法，通大義者幾人，各具以聞。戊申，定職官追贈法，惟嘗犯贓罪者不在追贈之列。壬戌，遣官行視中都田禾雨澤分數。

七月壬申，朝獻于衍慶宮。乙亥，定大臣薨百官奉慰禮。庚辰，獵于近郊。丁亥，上諭宰臣：「凡奏事，朕欲徐思或如己者，若除授事，可俟三五日再奏，餘並二十日奏之。」

八月丙辰，還宮。庚申，命編修官左容充宮教，賜銀、幣。

九月丙寅朔，天壽節，宋、高麗、夏遣使來賀。壬申，以刑部尚書承暉等爲賀宋生日使。戊子，以萬寧宮提舉司隸工部。壬辰，詔定千戶謀克受隨處捕盜官公移，盜急，不即以衆應之者罪有差。召右丞相宗浩還朝。

冬十月戊戌，日將暮，赤如赭。己亥，大風。甲辰，申、酉間天大赤，夜將旦亦如之。壬子，右丞僕散揆至自北邊，丙辰，召至香閣慰勞之。〔二三〕以尚食局使師孝爲高麗生日使。庚申，尚書左丞完顏匡等進世宗實錄。〔二四〕上降座，立受之。壬戌，以薊州刺史完顏太平爲夏國生日使。奉御完顏阿魯帶以使宋還，言宋權臣韓侂胄市馬厲兵，將謀北侵。上怒，以爲生事，笞之五十，出爲彰德府判官。及淮平陷，乃擢爲安國軍節度副使。丁卯，諭尚書省，士庶陳言皆從所司以聞，自今可悉令詣闕，量與食直，仍給官舍居之。其言切直及繫利害重者，並三日內奏聞。十一月辛未，以簽樞密院事獨吉思忠等爲賀宋正旦使。丁丑，冬獵，以獲兔，薦山陵。甲午，詔監察等察事可二年一出。

十二月庚子，諭宰臣曰：「賀正宋使且至，可令監察隨之，以爲常。」壬寅，還都。己酉，賜天長觀額爲太極宮。辛亥，詔諸親王、公主每歲寒食、十月朔聽朝謁興、裕二陵，忌辰亦如之。癸丑，詔遣監察御史分按諸路，所遣者女直人，卽以漢人朝臣偕，所遣者漢人，卽以女直朝臣偕。戊午，勑行宮名曰光春，其朝殿曰蘭皐，寢殿曰輝寧。

校勘記

〔一〕宋主以祖母喪　「母」原誤作「無」。從殿本改。

〔二〕復榷醋　「復」原作「始」。按本書卷四九食貨志，「醋稅，自大定初，以國用不足，設官榷之。……至二十三年……遂罷之。……承安三年三月省臣以國用浩大，遂復榷之」。今據改。

〔三〕五月庚子　原脫「五月」二字。按四月戊辰朔，庚子當在五月，因將下文「五月壬寅」之「五月」二字移此。

〔四〕壬寅　原作「五月壬寅」。今將「五月」二字移在上文「庚子」之上。參見前條。

〔五〕開榷場於轄里裊　「轄里裊」，本書卷五〇食貨志作「轄里尼要」，此乃譯音用字之異。

〔六〕宗浩爲樞密使封崇國公　「崇國公」，本書卷九三宗浩傳作「榮國公」。

〔七〕丁未勑尚書　按「書」下疑脫「省」字。亦或是簡稱，猶宣徽院簡稱「宣徽」。

〔八〕御史大夫張暐以奏事不實追一官　「實」原作「寶」。按本書卷一〇六張暐傳，承安三年「爲御史大夫，明年，坐奏事不實奪一官」。今據改。

〔九〕初定百官休假　按「假」下疑脫「格」字。

〔一〇〕十一月乙未　原脫「十一月」三字。按十月庚申朔，乙未在十一月。今將下文「甲寅」上之「十一月」移此。

〔一一〕甲寅　原作「十一月甲寅」。已將「十一月」三字移在上文「乙未」之上。參見前條。

〔一二〕閏月癸卯　原脫「閏月」二字。今依長術補。

〔一三〕己□　「己」下缺一字，殿本作「己未」。按己未是重五，拜天射柳，無行勑之理。疑「己」下或脫「巳」或脫「卯」，今仍以□誌闕。

〔一四〕宋高麗遣使來賀　按本書卷六二交聘表，夏亦遣使來賀，此處脫「夏」字。

〔一五〕東至胡烈公　按本書卷九三獨吉思忠傳記此事作「東至胡烈么」，「公」、「么」蓋皆纟乙字之誤。又卷九四襄傳有「胡疋糺」，則因「烈」亦作「里」，里、疋二字草書形近而訛。

〔一六〕敕官司私文字避始祖以下廟諱小字　按此處文字有誤，或「官」下衍「司」字，或「司」下脫「公」字。

〔一七〕司空襄等進新定律令敕條格式五十二卷　按本書卷四五刑志，計律令二十卷，新定敕條三卷，六部格式三十卷，合之當爲五十三卷。

〔一八〕辛丑詔頒行之　按本書卷四五刑志作「詔以明年五月頒行之」。

〔一九〕蔡王從彝母充等大師卒詔有司定喪禮葬儀事載從彝傳　「充等大師」，錢大昕廿二史考異卷八四以爲當是「充華太妃之譌」，係就字形推測，然從彝母非「充華」；施氏詳校以爲「當改作興陵太妃」，然從彝母乃金顯宗妃，當稱「裕陵」而不得稱「興陵」。按當時貴族婦女多奉佛，或受戒而有「大師」之號？疑莫能定。又本書卷九三從彝傳不載定喪禮葬儀事，惟卷一〇六張暐傳簡載其事，但時間在明昌六年。

〔二〇〕三月壬申　「申」下原衍「朔」字。按是年三月庚午朔，壬申非朔，今刪。

〔二一〕刺史以上及隨朝資歷在刺史以上身故者　原脫「隨」字，按本史文例補。

〔二二〕五月壬申以重五拜天　「申」原作「午」。按「重五」拜天射柳爲女直舊俗，本書卷二太祖紀云，「故事，五月五日、七月十五日、九月九日拜天射柳，歲以爲常」。是年五月戊辰朔，重五在壬申，今改正。

〔二三〕召至香閤慰勞之　「至」原作「王」。從殿本改。

〔二四〕尚書左丞完顏匡等進世宗實錄　此事又見本書卷九八完顏匡傳。按卷一〇章宗紀，明昌四年八月「辛亥，國史院進世宗實錄」，此又重見，故錢大昕元史藝文志、施國祁皆以完顏匡所進爲顯宗實錄。

金史卷十二

本紀第十二

章宗四

四年春正月乙丑朔，宋、高麗、夏遣使來賀。丁卯，諭外方使人不得佩刀入宮。庚午，幸豫王永成第視疾。辛未，如光春宮春水。壬申，陰霧，木冰。丁丑，行尚書省奏，宋賀正使還至慶都卒。詔遣防禦使女奚烈元往祭，〔一〕致賻絹布各二百二十疋，仍命送伴使張雲護喪以歸。豫王永成薨。辛卯，高麗國王王晫沒，嗣子韺遣使來告哀。

二月乙未朔，還宮。丁酉，以山東、河北旱，詔祈雨東、北二嶽。己亥，命購豫王永成遺文。庚戌，始祭三皇、五帝、四王。癸丑，詔刺史，州郡無宣聖廟學者並增修之。

三月丁卯，日昏無光，大風毀宣陽門鴟尾。癸酉，命大興府祈雨。戊寅，幸太極宮。詔定前代帝王合致祭者。尚書省奏：「三皇、五帝、四王，已行三年一祭之禮。若夏太康，殷太甲、太戊、武丁、周成王、康王、宣王、漢高祖、文、景、武、宣、光武、明帝、章帝、唐高祖、文皇一十七君致祭爲宜。」從之。乙酉，祈雨于北郊。丁亥，如萬寧宮。壬辰，祈雨于社稷。遼陽府判官斜卯劉家以上書論列朝臣，削官一階，罷之。

夏四月丙申，詔定縣令以下考課法。己亥，祈雨于太廟。庚子，增定闌防姦細格。丙午，定衣服制。以祈雨，望祀嶽鎮海瀆于北郊。癸丑，祈雨于社稷。甲寅，以久旱，下詔責躬，求直言，避正殿，減膳撤樂，省御廄馬，免旱災州縣徭役及今年夏稅。遣使審繫囚，理冤獄。乙卯，宰臣上表待罪。詔答曰：「朕德有愆，上天示異。卿等各趨乃職，思副朕懷。」戊午，以西上閤門使張僩等爲故高麗國王王晫勅祭使，東上閤門使石懿等爲高麗國王王祴慰問起復橫賜使。庚申，祈雨于太廟。壬戌，萬寧宮端門災。

五月乙丑，祈雨于北郊。有司請雩，詔三禱嶽瀆社稷宗廟，不雨，乃行之。癸酉，平章政事徒單鎰、尚書左丞完顏匡罷。〔二〕甲戌，雨。乙亥，百官上表請御正殿，復常儀。乙酉，謝雨于宗廟。丁亥，報祀社稷。汰隨朝冗官。定省令史闕決公務，詭稱已稟，擅退六部、大理寺法狀及妄有所更易者罪。辛卯，報謝嶽鎮海瀆。

六月壬辰朔，罷兼官俸給。壬寅，復行吏目移轉法。乙巳，始祭中霤。戊申，罷惠、川、高三州，秀巖、灤陽、徽川、咸寧、金安、〔三〕利民六縣，及北京宮苑使，諸羣牧提舉，居庸、紫荆、通會三關使，西北路鎮防十三千戶，諸路醫學博士。壬子，司天臺長行張翼進天象傳。

秋七月丁卯，定申報盜賊制。戊辰，朝獻于衍慶宮。庚午，幸望京甸。壬申，如萬寧宮。甲戌，罷限錢法。甲申，改葬鎬王永中于威州。

八月，大理丞姬端修、司直溫敦按帶論奏知大興府事紇石烈執中，坐所言不當，各削一官，罷職。丁酉，以尚書右丞相宗浩爲左丞相，右丞僕散揆爲平章政事，參知政事孫卽康爲尚書右丞，御史大夫僕散端爲左丞，吏部尚書獨吉思忠爲參知政事。庚子，詔完顏綱、喬宇、宋元吉等編類陳言文字，其言涉宮庭，若大臣、省臺、六部，各以類從，凡二千卷。辛丑，以西京留守崇肅爲御史大夫。癸卯，更定閤門祗候出職格。先是以天旱詔求直言。〔四〕至是尚書省奏：「河南府盧顯達、汝州王大材所陳，言涉不遜，請以情理切害論其罪。」從之，仍徧諭中外。命諸路學校生徒少者罷教授，止以本州、府文資官提控之。丁未，以安州軍事判官劉常言，諸按察司體訪不實，輒加糾劾者，從故出入人罪論，仍勒停。若事涉私曲，各從本法。辛亥，還宮。乙卯，以知眞定府事完顏昌等爲賀宋生日使。丁巳，幸太極宮。弛圍場遠地禁，縱民耕捕樵採。減教坊長行五十人，渤海教坊長行三十人，文繡署女工五十人。出宮女百六十人。

九月庚申朔，天壽節，宋、高麗、夏遣使來賀。丙寅，如薊州秋山。壬申，定屯田戶自種及租佃法。

冬十月甲午，定私鹺法。丙申，詔親軍三十五以下令習孝經、論語。癸卯，至自秋山。甲寅，以提點尙衣局完顏燮爲夏國生日使。

十一月丁卯，以殿前右副都點檢烏林荅毅等爲賀宋正旦使。癸酉，木冰，凡三日。丁丑，定收補承應人格。

十二月己丑朔，新平等縣蚜蚄蟲生。己亥，左丞相宗浩等請上尊號。不許。辛丑，勅陝西、河南饑民所鬻男女，官爲贖之。乙卯，百官再表乞受尊號。不許。

五年春正月己未朔，大雪。宋、高麗、夏遣使來賀。庚申，謁衍慶宮。乙丑，幸太極宮。丁卯，如光春宮春水。壬申，朝獻于衍慶宮。乙亥，詔有司，自泰和三年郡縣三經行幸、民嘗供億者，賜今年租稅之半。丁丑，次霸州。調山東、河北軍夫改治漕渠。

二月己丑朔，諭按察司：「近制以鎭靜而知大體爲稱職，苛細而闇於大體爲不稱。由是各路按察以因循爲事，莫思舉刺，郡縣以貪黷相尙，莫能畏戢。自今若糾察得實，民無寃滯，能使一路鎭靜者爲稱職。其或煩紊使民不得伸愬者，是爲曠廢。」癸巳，定鞫勘官受飮宴者罪。己亥，如建春宮。甲寅，制盜用及僞造都門契者罪，視宮城門減一等。

三月庚申，還宮。癸亥，更定兩稅輸限。乙丑，宋兵入秦川界。庚午，親王、百官請上尊號，不許。甲戌，諭有司，進士名有犯孔子諱者避之，仍著爲令。命給米諸寺，自十月十五日至次年正月十五日作糜以食貧民。戊寅，罷獄空錢。辛巳，宋兵入鞏州來遠鎮。唐州得宋諜者，言韓侂胄屯兵鄂、岳，將謀北侵。

四月戊子朔，如萬寧宮。癸巳，命樞密院移文宋人，依誓約撤新兵，毋縱入境。壬子，定隨路轉運司及府官每季檢視庫物法。

五月甲子，以平章政事僕散揆爲河南宣撫使，籍諸道兵以備宋。癸酉，詔定遼東邑社人數。戊寅，更定檢、知法勒留格。己卯，如慶寧宮。制司屬丞凡遭父母喪止給卒哭假，爲永制。甲申，宋人入漣水縣。

六月戊子，復漣水縣。丁酉，制定本朝婚禮。更定鬻米麪入外界法。己酉，制鎭防軍逃亡致邊事失錯、陷敗戶口者罪。甲寅，詔拜禮不依本朝者罰。召諸大臣問備宋之策，皆以設備養惡爲言。上以南北和好四十餘載，民不知兵，不忍先發。

七月戊辰，如錦屏山。壬申，朝獻于衍慶宮。乙亥，宣撫使揆奏定姦細罪賞法。丙子，定圍場誤射中人罪。壬午，詔諸縣盜賊多所選注巡尉。

八月辛卯，詔罷宣撫司。時宋殿帥郭倪、濠州守將田俊邁誘虹縣民蘇貴等爲間，河南將臣亦屢縱諜，往往利俊邁之賂，反爲遊說。皆言宋之增戍，本虞他盜，及聞行臺之建，益畏讋不敢去備，且兵皆白丁，自裹糧糒，窮蹙飢疫，死者十二三，由是中外信之。宣撫司以宋三省、樞密院及盱眙軍牒來上，又皆鐫點邊臣爲辭。宣撫使揆因請罷司，從之。揆又奏罷臨洮、德順、秦、鞏新置弓箭手。

閏月乙卯朔，罷典衞司。〔五〕丙子，還宮。

九月甲申朔，天壽節，宋、高麗、夏遣使來賀。戊子，西北方黑雲間有赤氣如火色，次及西南、正南、東南方皆赤，有白氣貫其中，至中夜，赤氣滿天，四更乃散。以河南路統軍使紇石烈子仁等爲賀宋生日使。戊戌，宋兵三百攻比陽寺莊，副巡檢阿里根寺家奴死之。甲辰，宋人焚黃澗，虜巡檢高顯。

冬十月庚申，以刑部員外郎李元忠爲高麗生日使。丁丑，宋人襲比陽，唐州軍事判官撒覩死之。

十一月乙酉，宋人入內鄉，攻洛南之固縣，〔六〕商州司獄壽祖追至丹河，擊敗之。己丑，以太常卿趙之傑等爲賀宋正旦使。癸巳，山東闕食，賜錢三萬貫以賑之。乙未，初定武舉格。丁酉，詔山東、陝西帥臣訓練士卒，以備非常。仍以銀十五萬兩分給邊帥，募民偵伺。復遣武衞軍副都指揮使完顏太平、殿前右衞副將軍蒲察阿里赴邊，伺其入，伏兵掩之。戊戌，大雪，免朝參。己亥，更定宮中局、署承應收補格。宋吳曦擁衆興元，欲窺關、隴，皇甫斌益募兵擾淮北，所掠即以與之，使自爲戰。

六年春正月癸未朔，宋、高麗、夏遣使來賀。丁亥，宋使陳克俊等朝辭。〔七〕遣御史大夫孟鑄就館諭克俊等〔八〕曰：「大定初，世宗皇帝許宋世爲姪國，朕遵守遺法，和好至今。豈意爾國屢有盜賊犯我邊境，以此遣大臣宣撫河南軍民。及得爾國有司公移，稱已罷黜邊臣，抽去兵卒，朕方以天下爲度，不介小嫌，遂罷宣撫司。未幾，盜賊甚于前日。比來羣臣屢以爾國渝盟爲言，朕惟和好歲久，委曲涵容。恐姪宋皇帝或未詳知。若依前不息，臣下或復有云，朕雖兼愛生靈，事亦豈能終已。卿等歸國，當以朕意具言之汝主。」辛卯，朝享于衍慶宮。丙申，宋興元守將吳曦遣兵圍抹熟龍堡，部將蒲鮮長安擊走之，斬其將。辛丑，更定保伍法。癸卯，始以沿河縣官兼管勾漕河事，州、府官兼提控。〔九〕丁未，如春水。庚戌，宋人入撒牟谷。陝西統軍判官完顏摑剌、鞏州兵馬鈐轄完顏七斤約宋西和州守將會境上。俄伏發，爲所襲，木波部長趙彥雄等七人死焉。摑剌馬陷淖中，中流矢，七斤僅以身免。

二月甲戌，御史中丞孟鑄言：「提刑改爲按察司，又差官覆察，權削而望輕，非便。」參知政事賈鉉曰：「按察司既差監察體訪，復遣官覆察之，誠爲繁冗。請自今差監察時即遣官與俱，更不覆察。」從之。

三月甲午，尚書省奏，商州刺史烏古論兗州請賻押軍官與南兵戰沒者，又奏遷右振肅蒲察五斤官，皆從之。明昌初，五斤嘗爲奉御，出使山東，至河間，以百姓飢，輒移提刑司開倉賑之，還具以聞。上初甚悅。太傅徒單克寧言：「陛下始親大政，不宜假近侍人權，乞正專擅之罪。」詔杖之二十。克寧又以爲言，乃罷之。後上思之，由泰州都軍召爲振肅。己亥，如萬寧宮。甲辰，勑尚書省：「祖父母、父母無人侍養，而子孫遠遊至經歲者，甚傷風化，雖舊有徒二年之罪，似涉太輕。其考前律，再議以聞。」己酉，宋人攻靈壁，南京按察使行部至縣，匿民舍得免。

四月丙辰，宋人圍壽春。壽春告急于亳，同知防禦使賢聖奴將步騎六百赴之，乃退。癸亥，尚書省奏：「河南統軍司言，統軍使紇石烈子仁等遣嚴整、閻忠、周秀輩入襄陽，覘敵陰事。還言皇甫斌遣兵四萬規取鄧，以我叛人田元爲鄉導，三萬人規取唐，以張真、張勝爲鄉導，俱授統領官，故不敢無備。乃聚鄭、汝、陽翟之兵于昌武，以南京副留守兼兵馬副都總管紇石烈毅統之，聚亳、陳、襄邑之兵于歸德，以河南路副統軍徒單鐸統之，而自以所部兵駐汴。及擬山東東、西路軍七千付統軍紇石烈執中駐大名，河北東、西路軍萬七千屯河南，皆給以馬，有老弱者易其人。」皆從之。甲子，宋人攻天水界，乙丑，入東柯谷，部將劉鐸戰敗之。丙寅，詔平章政事僕散揆領行省于汴，許以便宜從事。升諸道統軍司爲兵馬都統府，以山東東、西路統軍使紇石烈執中爲山東西路兵馬都統使，定海軍節度使、副都統軍使完顏撒剌副之，陝西統軍使充爲陝西五路兵馬都統使，通遠軍節度使胡沙、知臨洮府事石抹仲溫副之。河南皆聽揆節制如故。盡徵諸道籍兵。辛未，宋吳曦攻來遠鎮之藺家嶺。丙子，詔內外職官納馬各有數。丁丑，宋人入新息、內鄉，又入泗州。戊寅，入褒信。己卯，入虹縣。庚辰，入潁上。

五月壬午，宋李爽圍壽州，田俊邁入蘄縣，秦詵攻蔡州。防禦使完顏佛住敗之。又入金城海口，殺長山尉，執二巡檢以去。甲申，太白晝見。丙戌，以宋畔盟出師，告于天地太廟社稷。丁亥，親告于衍慶宮。戊子，平章政事僕散揆兼左副元帥，陝西兵馬都統使充爲元帥右監軍，知眞定府事烏古論誼爲元帥左都監。辛卯，以征南詔中外。賜唐州刺史吾古孫兀屯、總押鄧州軍馬事完顏江山爵各二級，蔡州防禦使完顏佛住爵一級，餘賞賚有差。又以非嚴整上變，必爲所誤，授整嵩州巡檢使，賜爵八級，錢二百萬。上以宋兵方熾，東北新調之兵未集，河南之衆不足支，命河北、大名、北京、天山之兵萬五千屯眞定、河間、淸、獻等以爲應。壬辰，諭尚書省：「今國家多故，凡言軍國利害，五品以上官以次奏陳，朕將親問之。六品以下則具帖子以進。」癸巳，山東路災，赦死罪已下。以樞密副使完顏匡爲右副元帥。宋田俊邁攻宿州，安國軍節度副使納蘭邦烈等出兵擊之。邦烈中流矢，宋郭倬、李汝翼以衆繼至，遂圍宿州。壬寅，納蘭邦烈等擊敗之，俊邁退保于蘄。癸卯，執俊邁于蘄。甲辰，皇甫斌攻唐州，刺史吾古孫兀屯拒之，行省遣泌陽副巡檢納合軍勝來援，遂擊敗之。庚戌，太白經天。

六月辛亥朔，左丞僕散端以母憂罷。平章政事揆報蘄之捷，并送所獲宋將田俊邁至闕。上降詔褒諭，賜紇石烈貞、納蘭邦烈、史扢搭等爵賞有差。宋將李爽以兵圍壽州，刺史徒單羲拒守，踰月不能下。壬子，河南統軍判官乞住及買哥等以兵來援，羲出兵應之，爽大敗，同知軍州事蒲烈古中流矢死。乙卯，初置急遞鋪，腰鈴轉遞，日行三百里，非軍期、河防不許起馬。定軍前差發受贓罪。除飛蝗入境雖不損苗稼亦坐罪法。丁巳，詔彰德府，宋韓侂胄祖琦墳毋得損壞，仍禁樵採。庚申，右翼都統完顏賽不敗宋曹統制于溱水。辛酉，詔有司，有宋宗族所居，各具以聞。長官常加提控。壬戌，平章政事揆報壽州之捷。戊辰，詔升壽州爲防禦，免今年租稅諸科名錢，釋死罪以下。以徒單羲爲防禦使。贈蒲烈古昭勇大將軍，賜錢三百貫，官其子圖剌。擢乞住同知昌武軍節度使事，買哥河南路統軍判官。都統賽不、副統蒲鮮萬奴各進爵一級，賜金幣有差。辛未，木星晝見，至七月戊申，經天。乙亥，宋吳曦攻鹽川，戍將完顏王喜敗之。〔一〇〕

秋七月癸未，宋商榮復攻東海，縣令完顏卞僧復敗之。還，中伏矢死，贈海州刺史，以銀五百兩、絹百疋給其家，仍官其一子。甲申，朝獻于衍慶宮。丁亥，勅翰林直學士陳大任妨本職專修遼史。甲午，宋統制戚春以舟師攻邳州，刺史完顏從正敗之，春赴水死，斬其副夏統制。吳曦兵五萬入秦州，陝西路都統副使承裕等敗之。丙申，夏國王李純佑廢，姪安全立，遣使奉表來告。詔禁賣馬入外境，但至界欲賣而爲所捕即論死。

八月庚戌，山東帥來報邳州之捷。辛亥，木星晨見。乙卯，以羌酋青宜可爲疊州副都總管。己未，太白晝見。丙寅，左丞僕散端起復前職。詔設平南諸將軍。辛未，宋程松襲取方山原，蒲察貞破走之。壬申，太白晝見，經天。甲戌，至自萬寧宮。乙亥，赦唐、鄧、潁、蔡、宿、泗六州，免來年租稅三分之一。

九月己卯朔，天壽節，高麗遣使來賀。辛巳，元帥右都監蒲察貞取和尚原，臨洮蕃部遵寧獻芻粟、戰馬以助軍。乙酉，將五鼓，北方有赤白氣數道，起于王良之下，行至北斗開陽、搖光之東。丙戌，幸香山。庚寅，勅行尚書省，有方略出衆、武藝絕倫、才幹辦事、工巧過人者，其招選之。甲午，參知政事賈鉉乞致政，不許。戊戌，尚書左丞僕散端行省于汴。己亥，尚書戶部侍郎梁鏜行六部尚書事於山東。辛丑，遣尚書左司郎中溫迪罕思敬册李安全爲夏國王。甲辰，宋吳曦將馮興、楊雄、李珪等入秦州，陝西都統副使承裕等擊破之，斬楊雄、李珪。

冬十月戊申朔，平章政事僕散揆督諸道兵伐宋。庚戌，揆以行省兵三萬出潁、壽，河南路統軍使紇石烈子仁以兵三萬出渦口，元帥匡以兵二萬五千出唐、鄧，左監軍紇石烈執中以山東兵二萬出淸口，右監軍充以關中兵一萬出陳倉，右都監蒲察貞以岐、隴兵一萬出成紀，蜀漢路安撫使完顏綱以漢、蕃步騎一萬出臨潭，臨洮路兵馬都總管石抹仲溫以隴右步騎五千出鹽川，隴州防禦使完顏璘以本部兵五千出來遠。甲子，獵于近郊。

十一月戊寅朔，詔定諸州府物力差役式。壬午，完顏匡攻下棗陽。乙酉，詔屯田軍戶與所居民爲婚姻者聽。丁亥，僕散揆克安豐軍，取霍丘縣。紇石烈執中克淮陰，遂圍楚州。己丑，尚書省奏，減朝官及承應人月俸折支錢。庚寅，完顏匡克光化軍及神馬坡。壬辰，僕散揆次廬江。宋督視江淮兵馬事丘崈遣劉祐來乞和。紇石烈子仁克定遠縣。乙未，完顏匡取隨州。丙申，紇石烈子仁克滁州。戊戌，詔諸路行用小鈔。完顏匡圍德安，別以兵徇下安陸、應城、雲夢、孝感、漢川、荆山等縣。庚子，日斜，有流星二，光芒如炬，幾及一丈，起東北沒東南。初定茶禁。完顏綱圍祐州，降之。宋丘崈遣林拱持書乞和。辛丑，完顏匡攻襄陽，破其外城。僕散揆克含山，蒲察貞克天水，紇石烈子仁徇下來安、全椒二縣。壬寅，完顏綱徇下葤川、閬川等城。癸卯，丘崈復遣宋顯等以書幣乞和。乙巳，完顏綱克宕昌。

丙午，蒲察貞克西和州。

十二月丁未朔，完顏匡克宜城，僕散揆攻和州，史扢搭中流矢死。壬子，完顏綱次大潭縣，降之。蒲察貞克成州。癸丑，宋太尉、昭信軍節度使、四川宣撫副使吳曦納款于完顏綱。戊午，右監軍充攻下大散關。己未，紇石烈子仁克眞州，丘崈復遣陳璧等奉書乞和。辛酉，右監軍充遣兀顏抄合以兵趣鳳州，城潰入焉。完顏綱遣京兆錄事張仔會吳曦于興州之置口。曦具言所以歸朝之意，仔請以告身爲報，盡出以付之，仍獻階州。乙丑，初設都提控急遞鋪官。平章政事僕散揆班師。完顏綱以朝命，假太倉使馬良顯齎詔書、金印立吳曦爲蜀王。戊辰，蒲察貞以西和、天水等捷來報。完顏匡進所掠女子百人。己巳，曦遣其果州團練使郭澄、提舉仙人關使任辛奉表及蜀地圖志、吳氏譜牒來上。壬申，詔完顏匡權尙書右丞，行省事、右副元帥如故。以紇石烈執中縱下虜掠，遣近臣杖其經歷阿里不孫等，仍詔放還所掠。

七年春正月丁丑朔，高麗、夏遣使來賀。完顏匡進攻襄陽。戊寅，勅宰臣舉材幹官同議南征事。辛巳，詔御史大夫崇肅、同判大睦親府事徒單懷忠、吏部尙書范楫、戶部尙書高汝礪、禮部尙書張行簡、知大興府事溫迪罕思齊等十有四人同對于慶和殿。壬午，詔百官及前十四人同對于廣仁殿。甲申，朝獻于衍慶宮。乙酉，贈故壽州死節軍士魏全宣武將軍、蒙城令，封其妻鄉君，子俟年至十五收充八貫石正班局分承應，仍賜錢百萬。初，李爽圍壽州，刺史羲募人往斫敵營，全在選中，而爲敵所執。敵令罵羲則免，全陽許，及至城下，反罵敵，遂殺之。至死罵不絕聲，故有是恩。戊子，召完顏綱赴闕。庚寅，僕散揆還駐下蔡而病。丙申，以左丞相宗浩兼都元帥，行省于南京以代揆。己亥，有司奏更定茶禁。辛丑，完顏匡取穀城。

二月丙辰，赦鳳、成、西和、階、山五州。〔二〕丁巳，詔追復永中、永蹈王爵。宋知樞密院張巖遣方信孺以書詣平章政事揆、左丞端乞和。己未，獵于近郊。完顏匡克荆門軍。癸亥，如建春宮。吳曦遣使奉三表來：謝封爵，陳誓言，賀全蜀內附。丙寅，還宮。戊辰，平章政事兼左副元帥僕散揆薨于軍。癸酉，遣同知府事术虎高琪等册吳曦爲蜀國王。判平陽府事衞王永濟改武定軍節度使，兼奉聖州管內觀察使。是月，蜀國王吳曦爲宋臣安丙所殺。

三月戊子，幸太極宮。庚寅，詔撫諭陝西軍士。壬辰，初定蟲蝻生發地主及隣主首不申之罪。宋復攻破階州。癸巳，復攻破西和州。乙未，宣撫副使完顏綱至鳳翔，詔撤五州之兵，分保要害，綱召諸軍還。庚子，以完顏匡爲左副元帥。壬寅，如萬寧宮。甲辰，幸西園。

夏四月壬子，遣宮籍副監楊序爲橫賜高麗王使。癸丑，宋人攻破散關，鞏州鈐轄兀顏阿失死之。丙辰，以紇石烈子仁爲右副元帥。戊辰，詔元帥府分遣諸將遊奕淮南諸州。癸酉，復下散關。

五月己卯，幸東園射柳。〔一二〕己丑，幸玉泉山。丙申，宋知樞密院事張巖復遣方信孺以書至都元帥府，增歲幣乞和。四川安撫使安丙遣西和州安撫使李孝義率步騎三萬攻秦州，〔一三〕圍皂角堡。朮虎高琪以兵赴之，七戰而解其圍。是月，放宮女二十人。

六月乙巳朔，詔朝官六品、外官五品以上，及親王舉通錢穀官一人。不舉者罰，舉不當者論如律。己酉，以山東盜，制同黨能自殺捕出首官賞法。戊午，烏古論誼爲元帥左監軍，完顏撒剌爲元帥左都監。乙丑，遣使捕蝗。

秋七月庚辰，朝獻于衍慶宮。壬午，詔民間交易、典質，一貫以上並用交鈔，毋用錢。乙酉，勑尚書省，自今初受監察者令進利害帖子，以待召見。甲午，左副元帥匡至自許州。乙未，詔覈西夏人口，盡贖放還，敢有藏匿者以違制論。

八月戊申，宋張巖復遣方信孺齎其主誓書藁來乞和。庚戌，割汝州襄城縣于許州。戊辰，至自萬寧宮。

九月甲戌朔，天壽節，高麗、夏遣使來賀。左丞相兼都元帥宗浩薨于軍。甲申，定西、北京、遼東鹽司判官諸場管勾增虧升降格。以尚書左丞僕散端爲平章政事，封申國公；左副元帥完顏匡爲平章政事兼左副元帥，封定國公。丙戌，獵于近郊。壬辰，還宮。戊戌，更定受制忘誤及誤寫制書事重加等罪。壬寅，勅女直人不得改爲漢姓及學南人裝束。

冬十月甲辰，詔應廕之家，旁正廕足，其正廕者未出官而亡，許補廕一人。辛亥，以武庫令朮甲法心爲高麗生日使。丙辰，獵于近郊。己巳，詔定隨軍遷賞格。辛未，陝西宣撫使徒單鎰分遣副統把回海攻下蘇嶺關。是月，定南征將士功賞格。

十一月癸酉，詔新定學令內削去薛居正五代史，止用歐陽修所撰。是日，都統押剌拔鶻嶺關、新道口，〔四〕副統回海取小湖關、敖倉，進至營口鎮，遂取其城。丙子，宋韓侂胄遣左司郎中王柟以書來乞和，請稱伯，復增歲幣、犒軍錢，誅蘇師旦函首以獻。丙戌，上聞陝州防禦使紇石烈孛孫禁民糴，命尚書省罪之。壬辰，宋參知政事錢象祖以誅韓侂胄移書行省。甲午，獵于近郊。戊戌，參知政事賈鉉罷。詔完顏匡檄宋，函侂胄首以贖淮南故地。

十二月壬寅朔，遼史成。丙午，以符寶郎烏古論福齡爲夏國生日使。戊午，詔策論進士免試弓箭、擊毬。庚申，以尚書右丞孫卽康爲左丞，參知政事獨吉思忠爲右丞，中都路都轉運使孫鐸爲參知政事。

八年春正月辛未朔，高麗、夏遣使來賀。壬申，朝謁于衍慶宮。癸酉，收毀大鈔，行小鈔。以元帥左都監完顏撒剌爲參知政事。乙亥，宋安丙遣兵襲鶻嶺關，副統把回海、完顏摑剌擊走之，斬其將景統領。丙子，左司郎中劉昂、通州刺史史肅、監察御史王宇、吏部主事曹元、吏部員外郎徒單永康、太倉使馬良顯、順州刺史唐括直思白坐與蒲陰令大中私議朝政，皆杖之。癸未，如春水。丙戌，如光春宮。

二月乙巳，宋參知政事錢象祖遣王柟來，以書上行省，復請川、陝關隘。甲寅，如建春宮。庚申，諭有司曰：「方農作時，雖在禁地亦令耕種。」己巳，還宮。

三月丁亥，幸瀛王第視疾。庚寅，以與宋和，諭尚書省。壬辰，宰臣上表謝罪。甲午，瀛王從憲薨。乙未，上親臨祭。

夏四月癸卯，日暈三重，皆內黃外赤。戊申，禘于太廟。庚戌，如萬寧宮。甲寅，以北邊無事，勅尚書省，命東北路招討司還治泰州，就兼節度使，其副招討仍置于邊。詔諭有司，以苗稼方興，宜速遣官分道巡行農事，以備蟲蝻。詔更定猛安謀克承襲程試格。宋錢象祖復遣王柟以書上行省。庚申，詔諸路按察司歲賜公用錢。

閏月辛未，諭尚書省曰：「翰林侍講學士蒲察畏也言，使宋官當選人，其言甚當。彼通謝使雖未到闕，其報聘人當先議擇。此乃更始，凡有禮數，皆在奉使。今既行之，遂爲永例，不可不慎也。」甲戌，制諸州府司縣造作，不得役諸色人匠。違者準私役之律，計傭以受所監臨財物論。甲申，定承應人收補年甲格。甲午，雨雹。定保甲軍殺獲南軍官賞。乙未，宋獻韓侂胄等首于元帥府。

五月丁未，御應天門，備黃麾立仗，親王文武合班起居。中路兵馬提控、平南撫軍上將軍紇石烈貞以宋賊臣韓侂胄、蘇師旦首獻，并奉元帥府露布以聞。懸其首并畫像于市，以露布頒中外。丙辰，平章政事匡至自軍。己未，更元帥府爲樞密院。癸亥，詔移天壽節於十月十五日。丁卯，遣使分路捕蝗。

六月癸酉，宋通謝使朝議大夫、試禮部尚書許奕，福州觀察使、右武衛上將軍吳衡等奉其主書入見。甲戌，謁謝于衍慶宮。癸未，以許宋平，詔中外。免河南、山東、陝西等六路今年夏稅，河東、河北、大名等五路半之。丁亥，以元帥左都監烏古論誼爲御史大夫。戊子，飛蝗入京畿。乙未，定服飾明金象金制。丁酉，以左副都點檢完顏侃爲宋諭成使，〔一五〕禮部侍郎喬宇副之。

秋七月戊戌朔，太白晝見。庚子，詔更定蝗蟲生發坐罪法。乙巳，朝獻于衍慶宮。詔頒捕蝗圖于中外。戊申，宋使朝辭，致答通謝書及誓書于宋主。

八月壬申，更定遼東行使鈔法。癸酉，如建春宮。己丑，以戶部尚書高汝礪等爲宋生日使。庚寅，如秋山。

九月甲子，遣吏部尚書賈守謙等一十三人與各路按察司官推排民戶物力。乙丑，至自秋山。

冬十月辛未，以吏部郎中郭邦爲高麗生日使。辛巳，宋、高麗、夏遣使來賀。夏國有兵，遣使來告。癸未，更定安泊强竊盜罪格。辛卯，以軍民共譽爲廉能官條附善最法。

十一月丁酉朔，詔諸路按察使並兼轉運使。初設三司使，掌判鹽鐵、度支、勸農事。以樞密使紇石烈子仁兼三司使。癸卯，詔戒諭尚書省曰：「國家之治，在於紀綱。紀綱所先，賞罰必信。今迺上自省部之重，下逮司縣之間，律度弗循，私懷自便。遷延曠歲，苟且成風，習此爲恒，從何致理。朝廷者百官之本，京師者諸夏之儀。其勗自今，各懲已往，遵繩奉法，竭力赴功。無枉撓以循情，無依違而避勢，壹歸于正，用範乃民。」是日，御臨武殿試護衞。丁未，勅諭臨潢泰州路兵馬都總管承裔等修邊備。

乙卯，上不豫。丙辰，崩于福安殿，年四十一。大安元年春正月，謚曰憲天光運仁文義武神聖英孝皇帝，廟號章宗。二月甲申，葬道陵。

贊曰：章宗在位二十年，承世宗治平日久，宇內小康，乃正禮樂，修刑法，定官制，典章文物粲然成一代治規。又數問羣臣漢宣綜核名實、唐代考課之法，蓋欲跨遼、宋而比跡於漢、唐，亦可謂有志於治者矣。然婢寵擅朝，冢嗣未立，疏忌宗室而傳授非人。向之所謂維持鞏固於久遠者，徒爲文具，而不得爲後世子孫一日之用，金源氏從此衰矣。昔揚雄氏有云：「秦之有司負秦之法度，秦之法度負聖人之法度。」蓋有以夫。

校勘記

〔一〕詔遣防禦使女奚烈元往祭　「烈」下原脫「元」字。按「女奚烈」是「白號」之姓，見本書卷五五百官志及書末國語解。其下當有名。卷六二交聘表，泰和四年正月丁丑，「差防禦使女奚烈元充勅祭使」，今據補。

〔二〕尙書左丞完顏匡罷　「左」原作「右」。按本書卷一一章宗紀，泰和三年正月己卯，以「右丞完顏匡爲左丞」，十月庚申，「尙書左丞完顏匡等進世宗實錄」。皆作「左丞」，今據改。

〔三〕金安　「金」原作「全」。按本書卷二四地理志，北京路臨潢府泰州注云，「舊有金安縣，承安三年置，尋廢」。今據改。

〔四〕先是以天旱詔求直言　「是」原作「詔」。從殿本改。

〔五〕罷典衞司　原脫「罷」字。按本書卷五六百官志，宣徽院典衞司，「泰和五年閏八月，以崇妃薨，與定元年復設」。按上下文義「薨」下當脫「罷」字，此處亦然，今補。

〔六〕攻洛南之固縣　按元豐九域志卷三，洛南有故縣鎭，似「固」當作「故」。

〔七〕宋使陳克俊等朝辭　「陳克俊」又見本書卷一〇〇孟鑄傳。按卷六二交聘表，泰和六年「正月癸未朔，宋試刑部尙書陳景俊賀正旦」。宋史卷三八寧宗紀，開禧元年九月「丁未，遣陳景俊使金賀正旦」。皆作「陳景俊」。蓋景俊是其本名，金章宗諱璟，宋使入金有改名之事，修史時回改未能一致。

〔八〕遣御史大夫孟鑄就館諭克俊等　「御史大夫」，下文作「御史中丞」。按本書卷一〇〇孟鑄傳，「泰和四年入爲御史中丞」。稱「御史大夫」者，或宋金外事官多假高位之故。

〔九〕州府官兼提控　「州府官」原作「州府府官」。按本書卷二七河渠志漕渠，泰和六年定制，「凡漕河所經之地，州府官銜內皆帶提控漕河事」。今據刪一「府」字。

〔一〇〕戍將完顏王喜敗之　按「完顏王喜」本書卷九八完顏綱傳作「完顏王善」。

〔一一〕二月丙辰赦鳳成西和階山五州　按宋史卷四七五吳曦傳作「獻關外階、成、和、鳳四州」。

〔一二〕幸東園射柳　按「東園」殿本作「東園」。

〔一三〕四川安撫使安丙遣西和州安撫使李孝義率步騎三萬攻秦州　按此事又見本書卷一〇六朮虎高琪傳，所記與此同。唯宋史卷四〇二安丙、李好義傳，「李孝義」作「李好義」。

〔一四〕都統押剌拔鶻嶺關新道口　按本書卷九九徒單鎰傳記此事作「十一月，葉祿瓦拔鶻嶺關，撾剌別將攻破燕子關新道口」。葉祿瓦即押剌，而撾剌則副統，記載較此清楚，此處疑有脫文。

〔一五〕以左副都點檢完顏侃爲宋諭成使　原脫「左」字。按本書卷六二交聘表，泰和八年七月，「以左副點檢完顏侃爲宋諭成使」。今據補。

金史卷十三

本紀第十三

衞紹王

衞紹王諱永濟，小字興勝，更諱允濟，章宗時避顯宗諱，詔改「允」爲「永」。世宗第七子，母曰元妃李氏。衞王長身，美髯鬚，天資儉約，不好華飾。大定十一年，封薛王。是歲，進封滕王。十七年，授世襲猛安。二十五年，加開府儀同三司。二十六年，爲祕書監。明年，轉刑部尚書。又明年，改殿前都點檢。二十九年，世宗崩，章宗卽位，進封潞王。起復，判安武軍節度使。五月，至冀州，以到任表謝，賜詔優答。明昌二年，進封韓王。四年，改判興平軍。五年，改沁南軍。承安二年，改封衞王。三年，改昭義軍。

泰和元年，改判彰德府事。五年，改判平陽府。初，章宗誅鄭王永蹈、趙王永中，久，頗悔之。七年，下詔追復舊封，仍賜謚。而永蹈無後，乃以衞王子按陳爲鄭王後，賜衞王詔曰：

「朕念鄭王自棄天常，以干國憲，櫜瘞曠野，忽諸不祀。歷歲既久，深用愴然。親親之情，有懷難置。已詔追復舊爵，改葬如儀。稽考古禮，以卿之子按陳爲鄭王後，謹其祭祀，卿其悉之。」已而改武定軍節度使。

八年十一月，自武定軍入朝。是時，章宗已感嗽疾，衞王且辭行，而章宗意留之。章宗初年，雅愛諸王，置王傅府尉官以傅導德義。及永中、永蹈之誅，由是疏忌宗室，遂以王傅府尉檢制王家，苛問嚴密，門戶出入皆有籍。而衞王乃永蹈母弟，柔弱鮮智能，故章宗愛之。既無繼嗣，而諸叔兄弟多在，章宗皆不肯立，惟欲立衞王，故於辭行留之。無何，章宗大漸，元妃李氏、黃門李新喜、平章政事完顏匡定策。章宗崩，匡等傳遺詔，立衞王。衞王固讓，乃承詔舉哀，卽皇帝位于柩前。明日，羣臣朝見于大安殿。詔路府州縣爲大行皇帝服七日。

大安元年正月辛丑，飛星如火，起天市垣，有尾，跡若赤龍。壬戌，改元，大赦。立元妃徒單氏爲皇后。

二月乙丑朔，太白晝見，經天。壬辰，章宗內人范氏損其遺腹，以詔內外。初，章宗遺詔：「內人有娠者兩人，生男則立爲儲貳。」至是平章政事僕散端等奏：「承御賈氏當以十一月免乳，今則已出三月。范氏產期合在正月，醫稱胎氣有損，用藥調治，脉息雖和，胎形已失。范氏願削髮爲尼。」封皇子六人爲王。

三月甲辰，道陵禮成，大赦。詔曰：「自今於朕名不連續，及昶、詠等字，不須別改。」以平章政事僕散端爲右丞相。

四月庚辰，殺章宗元妃李氏及承御賈氏。以平章政事完顏匡爲尚書令。

五月，高麗賀卽位。試宏詞科。

七月，幸海王莊，臨奠魯國公主。

八月，萬秋節，宋遣使來賀。

九月，如大房山，謁奠睿陵、裕陵、道陵。百官表請建儲，不允。

十月，歲星犯左執法。己卯，詔戒勵風俗。

十一月，平陽地震，有聲如雷，自西北來。

十二月，詔平陽地震，人戶三人死者免租稅一年，〔二〕二人及傷者免一年，貧民死者給葬錢五千，傷者三千。尙書令申王完顏匡薨。右丞相僕散端爲左丞相，進封兄鄆王永功爲譙王，〔三〕御史大夫張行簡爲太保。

二年正月庚戌朔，〔三〕日中有流星出，大如盆，其色碧，向西行，漸如車輪，尾長數丈，沒于濁中，至地復起，光散如火。

二月，客星入紫微垣，光散爲赤龍。地大震，有聲如雷。以禮部侍郎耿端義爲參知政事。

四月，校大金儀禮。北方有黑氣，如大道，東西亙天。〔四〕徐、邳州河清五百餘里，以告宗廟社稷。

五月，詔儒臣編續資治通鑑。

六月，大旱。下詔罪己，振貧民闕食者。曲赦西京、太原兩路雜犯，死罪減一等，徒以下免。丙寅，地震。

七月，地震。

八月，地震。乙丑，立子胙王從恪爲皇太子。萬秋節，宋遣使來賀。獵于近郊。夏人侵葭州。

九月，地大震。乙未，詔求直言，招勇敢，撫流亡。庚子，遣使慰撫宣德行省軍士。丙午，京師戒嚴。上日出巡撫，百官請視朝，不允。辛亥，宣德行省罷。癸丑，詔撫諭中都、西京、清、滄被兵民戶。

十一月，獵于近郊。中都大悲閣東渠內火自出，逾旬乃滅。閣南刹竿下石罅中火自出，人近之卽滅，俄復出，如是者復旬日。中都火燬民居。

十二月乙卯朔，日有食之。〔五〕

是歲大饑。禁百姓不得傳說邊事。

三年正月乙酉朔，宋、高麗、夏遣使來賀。熒惑入氐中。

二月，熒惑犯房宿。有大風從北來，發屋折木，通玄門重關折，東華門重關折。

閏月，熒惑犯鍵閉星。

三月，大悲閣災，延及民居。有黑氣起北方，廣長若大堤，內有三白氣貫之，如龍虎狀。括民間馬，令職官出馬有差。

四月，我大元太祖法天啓運聖武皇帝來征。遣西北路招討使粘合合打乞和。平章政事獨吉千家奴，參知政事胡沙行省事備邊。西京留守紇石烈胡沙虎行樞密院事。參知政事奧屯忠孝爲尙書右丞。戶部尙書梁瑭爲參知政事。

六月壬寅，更定軍前賞罰格。

八月，詔獎諭行省官，慰撫軍士。千家奴、胡沙自撫州退軍，駐于宣平。河南大名路軍逃歸，下詔招撫之。

九月，千家奴、胡沙敗績于會河堡，居庸關失守。禁男子不得輒出中都城門。大元前軍至中都，中都戒嚴。參知政事梁瑭鎮撫京城。

十月，每夜初更正，東、西北天明如月初出，經月乃滅。熒惑犯壘壁陣。上京留守徒單鎰遣同知烏古孫兀屯將兵二萬衞中都。泰州刺史朮虎高琪屯通玄門外。上巡撫諸軍。罷宣德行省。

十一月，殺河南陳言人郝贊。以上京留守徒單鎰爲右丞相。簽中都在城軍。紇石烈胡沙虎棄西京，走還京師，卽以爲右副元帥，權尙書左丞。是時，德興府、弘州、昌平、懷來、〔六〕縉山、豐潤、密雲、撫寧、集寧，東過平、灤，南至淸、滄，由臨潢過遼河，西南至忻、代，皆歸大元。初，徒單鎰請徙桓、昌、撫百姓入內地。上信梁瑭議，以責鎰曰：「是自蹙境土也。」及大元已定三州，上悔之。至是，鎰復請置行省事于東京，備不虞。上不悅曰：「無故遣大臣，動搖人心。」未幾，東京不守，上乃大悔。右副元帥胡沙虎請兵二萬屯宣德，詔與三千人屯嬀川。平章政事千家奴、參知政事胡沙坐覆全軍，千家奴除名，胡沙責授咸平路兵馬總管。萬戶佩頭屯古北口。

十二月，簽陝西兩路漢軍五千人赴中都。太保張行簡、左丞相僕散端宿禁中議軍事。

左丞相僕散端罷。

崇慶元年正月己酉朔，〔七〕改元，赦。宋、夏遣使來賀。右副元帥胡沙虎請退軍屯南口，詔數其罪，免之。

三月，大旱。遣使册李遵頊爲夏國王。以御史大夫福興爲參知政事。參知政事孟鑄爲御史大夫。夏人犯葭州，延安路兵馬總管完顏奴婢禦之。

五月，簽陝西勇敢軍二萬人，射糧軍一萬人，赴中都。括陝西馬。安武軍節度使致仕賈鉉起復參知政事。〔八〕參知政事福興爲尚書左丞。詔賣空名勅牒。河東、陝西大饑，斗米錢數千，流莩滿野。以南京留守僕散端爲河南、陝西安撫使，提控軍馬。

七月，有風自東來，吹帛一段，高數十丈，飛動如龍形，墜於拱辰門。

八月，萬秋節，以兵事不設宴。

十月，曲赦西京、遼東、北京。

十一月，賑河東南路、南京路、陝西東路、山東西路、衛州旱災。

十二月，夏國王李遵頊謝封册。

至寧元年正月，賑河東陝西饑。

二月，詔撫諭遼東。知大名府事烏古論誼謀不軌，伏誅。

三月，太陰、太白與日並見，相去尺餘。

五月，改元。詔諭咸平路契丹部人之嘯聚者。起胡沙虎復爲右副元帥，領武衞軍三千人屯通玄門外。陝西大旱。

六月，夏人犯保安州，殺刺史，犯慶陽府，殺同知府事。以戶部尚書胥鼎、刑部尚書王維翰爲參知政事。〔九〕

八月，尚書左丞完顏元奴將兵備邊。詔軍官、軍士賜賚有差。大霧，晝晦。治中福海別將兵屯城北。辛卯，胡沙虎矯詔以誅反者，招福海執而殺之，奪其兵。壬辰，自通玄門入，殺知大興府徒單南平、刑部侍郎徒單沒撚於廣陽門西。福海男符寶郄陽、都統石古乃率衆拒戰，〔一〇〕死之。胡沙虎叩東華門，遣人呼守直親軍百戶冬兒、五十戶蒲察六斤，不應。許以世襲猛安三品官職，亦不應。都點檢徒單渭河縋而出，護衞斜烈捨鎖啓門，胡沙虎以兵入宮，盡逐衞士，代以其黨，自稱監國都元帥。癸巳，逼上出宮，以素車載至故邸，以武衞軍二百人錮守之。尚宮左夫人鄭氏爲內職，掌寶璽，聞難，端居璽所待變。胡沙虎遣黃門入收璽，鄭曰：「璽，天子所用，胡沙虎人臣，取將何爲？」黃門曰：「今天時大變，主上猶且不保，況璽乎。御侍當思自脫計。」鄭厲聲罵曰：「若輩宮中近侍，恩遇尤隆，君難不以死報之，反爲逆竪奪璽耶。我死可必，璽必不與。」遂瞑目不語。黃門出，胡沙虎卒取「宣命之寶」，僞除其黨醜奴爲德州防禦使、烏古論奪剌順天軍節度使、提控宿直將軍徒單金壽永定軍節度使，及其餘黨凡數十人，皆遷官。遂使宦者李思中害上於邸。誘奉御和尚使作書急召其父左丞元奴議事，元奴以軍來，幷其子皆殺之。

九月甲辰，宣宗卽位。丁未，詣邸臨奠，伏哭盡哀。勅以禮改葬。胡沙虎請廢爲庶人，詔百官議于朝堂，議者二百餘人。太子少傅奧屯忠孝、侍讀學士蒲察思忠請從廢黜，戶部尚書武都、拾遺田庭芳等三十人請降爲王侯，太子太保張行簡請用漢昌邑王、晉海西公故事，侍御史完顏訛出等十人請降復王封。胡沙虎固執前議，宣宗不得已，乃降封東海郡侯。昭雪道陵元妃李氏、承御賈氏。

十月辛亥，元帥右監軍朮虎高琪殺胡沙虎于其第。胡沙虎者，紇石烈執中也。宣宗乃下詔削其官爵。贈石古乃順州刺史，鄯陽順天軍節度副使，〔二〕凡從二人拒戰者，千戶賞錢五百貫，謀克三百貫，蒲輦散軍二百貫，各遷官兩階，戰沒者贈賞付其家。冬兒加龍虎衞上將軍，再遷宿直將軍。蒲察六斤加定遠大將軍、武衞軍鈐轄。石古乃子尙幼，給俸八貫石，勑有司，俟其年十五以聞。貞祐四年，詔追復衞王謚曰紹。

贊曰：衞紹王政亂於內，兵敗於外，其滅亡已有徵矣。身弑國蹙，記注亡失，南遷後不復紀載。皇朝中統三年，翰林學士承旨王鶚有志論著，求大安、崇慶事不可得，采摭當時詔令，故金部令史竇祥年八十九，耳目聰明，能記憶舊事，從之得二十餘條。司天提點張正之寫災異十六條，張承旨家手本載舊事五條，金禮部尚書楊雲翼日錄四十條，陳老日錄三十條，藏在史舘。條件雖多，重複者三之二。惟所載李妃、完顏匡定策，獨吉千家奴兵敗，紇石烈執中作難，及日食、星變、地震、氛祲，不相背盭。今校其重出，删其繁雜。章宗實錄詳其前事，宣宗實錄詳其後事。又於金掌奏目女官大明居士王氏所紀，得資明夫人援璽一事，附著于篇，亦可以存其梗概云爾。

校勘記

〔一〕人戶三人死者免租稅一年　按下文接敍「二人及傷者免一年」，則此「一年」疑當作「二年」。

〔二〕進封兄鄆王永功爲譙王　「鄆王」原作「越王」。按本書卷八〇永功傳，「承安元年進封鄆王，……大安元年進封譙王……明年進封越王」。今據改。

〔三〕二年正月庚戌朔　按此事又見本書卷二〇天文志。考長術是年正月庚寅朔，庚戌是二十一日。

疑「戊」爲「寅」之誤，或「朔」字衍。

〔四〕北方有黑氣如大道東西亙天　按本書卷二〇天文志記此事在「衞紹王大安元年四月壬申」。此繫二年，疑誤。

〔五〕十二月乙卯朔日有食之　「乙卯」原作「辛酉」。按下文「三年正月乙酉朔」，依長術二年十二月當爲乙卯朔。高麗史卷四七天文志，「熙宗六年即金大安二年十二月乙卯朔日食」，正與之合。今據改。

〔六〕懷來　按本書卷二四地理志，西京路德興府嬀川注云，「縣舊曰懷戎，更名懷來，明昌六年更今名」。是此時懷來當作嬀川。

〔七〕崇慶元年正月己酉朔　原脫「己酉」二字，據長術補。

〔八〕安武軍節度使致仕賈鉉起復參知政事　「安武」原作「武安」。按金無「武安軍」。本書卷九九賈鉉傳云，「乃出爲安武軍節度使」。今據改。

〔九〕刑部尚書王維翰爲參知政事　原脫「翰」字。按本書卷一二一王維翰傳云，「改刑部尚書，拜參知政事」。今據補。

〔一〇〕都統石古乃率衆拒戰　按本書卷一二一鄯陽附石古乃傳，「完顏石古乃爲護衞十人長」，卷一三二紇石烈執中傳亦稱「護衞十人長完顏石古乃」。疑「都統」二字誤。

〔二〕鄯陽順天軍節度副使　原脫「副」字。按本書卷一二一鄯陽傳，「鄯陽贈宣武將軍、順天軍節度副使」。今據補。

元 脱脱等撰

第二册

卷一四至卷二六（紀志）

中華書局

金史卷十四

本紀第十四

宣宗上

宣宗繼天興統述道勤仁英武聖孝皇帝諱珣，本名吾睹補，顯宗長子，母曰昭華劉氏。大定三年癸未歲生，世宗養于宮中。十八年，封溫國公，加特進。二十六年，賜今名。二十九年，進封豐王，加開府儀同三司，累判兵、吏部，又判永定、彰德等軍。承安元年，進封翼王。泰和五年，改賜名從嘉。八年，進封邢王，又封昇王。所至著祥異。

至寧元年八月，衞紹王被弑，徒單鎰等迎于彰德府。既至京，親王、百官上表勸進。九月甲辰，〔一〕卽皇帝位於大安殿。以紇石烈胡沙虎爲太師、尚書令兼都元帥，封澤王。乙巳，〔二〕諭尚書省，事有規畫者皆卽規畫，悉依世宗所行行之。丙午，以駙馬雄名第賜胡沙虎。丁未，諭宰臣曰：「朕即大位，羣臣凡有所見，各直言勿隱。」臨奠于衞紹王第。有司奏，舊禮當設坐哭。上命撤坐，伏哭盡哀。勅有司，以禮改葬。戊申，御仁政殿視朝。賜胡沙虎坐，胡沙虎不辭。辛亥，封皇子守禮爲遂王，守純爲濮王，皇女溫國公主。夔王永升薨，上親臨奠。大元遣乙里只來。壬子，改元貞祐，大赦。恩賚中外臣民有差。丙辰，左諫議大夫張行信上章言崇節儉、廣聽納、明賞罰三事。尚書右丞相徒單鎰進左丞相，封廣平郡王。庚申，澤王胡沙虎等議廢故衞王爲庶人，上曰：「朕徐思之，以諭卿等。」壬戌，授胡沙虎中都路和魯忽土世襲猛安。丙寅，詔諭六品以下官，事有可言者言之無隱。

閏月戊辰朔，拜日于仁政殿，自是每月吉爲常。授尚書左丞相徒單鎰中都路迭魯猛安。庚午，上復舊名珣，詔所司，告天地廟社。前所更名二字，自今不須迴避。辛未，詔追尊皇妣爲皇太后。是日，皇妃皇子至自彰德府。遣使使宋。己卯，左諫議大夫張行信上疏請立皇太子。甲申，立子守忠爲皇太子。丙戌，詔降故衞王爲東海郡侯。甲午，減定監察御史爲十二員。

冬十月丁酉朔，京師戒嚴。辛丑，大元乙里只來。乙巳，詔應遷加官賞，諸色人與本朝人一體。庚戌，勅有司，皇太子册禮，俟邊事息然後舉行。辛亥，元帥右監軍朮虎高琪戰于城北，凡兩敗績而歸，就以兵殺胡沙虎于其第，持其首詣闕待罪。赦之，仍授左副元帥。壬子，殿前都點檢紇石烈特末也等補外。甲寅，張行信上封事，〔三〕言正刑賞、擇將帥，及鄯陽、石古乃之寃。大元兵下涿州。設京城鎮撫彈壓官。置招賢所。癸亥，放宮女百三十人。

十一月戊辰，夏人攻會州，徒單醜兒出兵擊走之。庚午，將乞和于大元，詔百官議于尚書省。以橫海軍節度使承暉爲尚書右丞，耿端義爲參知政事。癸未，詔贈死事裴滿福興及鄯陽、石古乃官。大元兵徇觀州，刺史高守約死之。又徇河間府、滄州。乙未，定亡失告身文憑格。

十二月丁酉朔，上御應天門，詔諭軍士，仍出銀以賜之。平章政事徒單公弼進尚書右丞相，尚書右丞承暉進都元帥兼平章政事，左副元帥朮虎高琪進平章政事兼前職。

二年春正月丁卯朔，以邊事未息，詔免朝賀。辛未，大元兵徇彰德府，知府事黄摑九住死之。宋人攻秦州，統軍使石抹仲溫擊却之。癸未，有司奏，請權止今年禘享朝獻原廟及皇太后册禮，從之。乙酉，徵處士王澮，不至。大元兵徇益都府。命有司復議本朝德運。乙未，大元兵徇懷州，沁南軍節度使宋扆死之。

二月丙申朔。壬子，大元乙里只扎八來。丙辰，罷按察司。壬戌，大元乙里只復來。

三月辛未，遣承暉詣大元請和。丁丑，赦國內。癸未，京師大括粟。甲申，大元乙里只扎八來。詔百官議于尚書省。戊子，以濮王守純爲殿前都點檢兼侍衞親軍都指揮使，權都元帥府事。庚寅，奉衞紹王公主歸于大元太祖皇帝，是爲公主皇后。辛卯，詔許諸人納粟買官。京師戒嚴。壬辰，大元兵下嵐州，鎮西軍節度使烏古論仲溫死之。

夏四月乙未朔，以知大興府事胥鼎爲尚書右丞。戊戌，奉遷昭聖皇后柩于新寺。時山東、河北諸郡失守，惟眞定、清、沃、大名、東平、徐、邳、海數城僅存而已，河東州縣亦多殘燬。兵退，命僕散安貞等爲諸路宣撫使，安集遺黎。至是以大元允和議，大赦國內。癸卯，權厝昭聖皇后于新寺。甲辰，詔有司具陣亡人子孫以備錄用。丁未，以都元帥承暉爲右丞相。〔四〕庚戌，左丞相、監修國史廣平郡王徒單鎰薨。乙卯，尚書省奏巡幸南京，詔從之。己未，葬衞紹王。

五月癸酉，承暉加金紫光祿大夫，封定國公。尚書左丞抹撚盡忠加崇進，封申國公。甲戌，霍王從彝薨。乙亥，輟朝。上決意南遷，詔告國內。太學生趙昉等上章極論利害，以大計已定，不能中止，皆慰諭而遣之。詣原廟奉辭。戊寅，將發，雨，不果行。以南京留守僕散端等嘗請臨幸，及行，先詔諭之。辛巳，詔遷衞紹、鎬厲王家屬于鄭州。壬午，車駕發中都。是日雨，至甲申止。丙戌，次定興。禁有司扈從踐蹂民田。丁亥，次安肅州，元帥右監軍完顏弼以兵迎見。癸巳，次中山府，勅扈從軍所踐禾稼，計直酬之。

六月甲午朔，以按察轉運使高汝礪爲參知政事。〔三〕癸丑，次內丘縣。大元乙里只來。戊午，次彰德府，曲赦其境內。庚申，次鉅橋鎮。是日，南京行宮寶鎮閣災。壬戌，次宜村。黃龍見西北。

秋七月，車駕至南京。詔立元妃溫敦氏爲皇后。

八月甲午，以立后，百官上表稱賀。庚子，皇太子至自中都。丁未，夏人入邊，命移文責之。甲寅，罷經略司。應奉翰林文字完顏素蘭上書言事。

九月壬戌朔，日有食之。皇孫生。癸亥，山東路報萊州之捷。辛未，立監察御史陞黜格。庚辰，詔訓練軍士。丁亥，諭宣徽院，正旦生辰不須進物。太白晝見于軫。戊子，禁軍官圍獵。

冬十月甲午，詔遣官市木波、西羌馬。陝西軍戶戰死者給糧贍其家。丁酉，大元兵徇順州，勸農使王晦死之。壬寅，左副元帥兼尚書左丞抹撚盡忠進平章政事。以御史中丞孛朮魯德裕爲參知政事兼簽樞密院事。曲赦中都路。乙卯，遣參知政事孛朮魯德裕行尚書省于大名府。丙辰，大元兵收成州。諭大名行省，貶損用度。德州防禦使完顏醜奴伏誅。

十一月丁卯，以御史大夫僕散端爲尚書左丞相。曲赦山東路。辛未，詔賜衞紹王家屬旣廩。詔有司答夏國牒。丙子，許諸色人試武舉。蘭州譯人程陳僧叛，西結夏人爲援。辛巳，熒惑犯房宿鈎鈐星。癸未，曲赦遼東路。勅罷宣撫司輒擬官。

十二月戊戌，遣眞定行元帥府事永錫等援中都。頒勸農詔。丁未，以和議旣定，聽民南渡。乙卯，登州刺史耿格伏誅，流其妻孥。大元兵徇懿州，節度使高閭山死之。

三年春正月辛酉朔，宋遣使來賀。壬戌，遣內侍諭永錫防邊，毋以和議爲辭。癸亥，曲宴羣臣、宋使。定文武五品以上侍坐員，遂爲常制。乙丑，詔宣撫阿海、總管合住討賊劉二祖、張汝楫。戊辰，尚書省言：「內外軍人入粟補官者多，行伍浸虛。請俟平定，應監差者與三酬，門戶有職事者陞一等，其子弟應廕者罷之。」上可其奏。乙亥，夏人犯環州。北京軍亂，殺宣撫使奧屯襄。丁丑，右副元帥蒲察七斤以其軍降於大元。辛巳，皇太子疾。輟朝。乙酉，皇太子薨。

二月辛卯，環州刺史烏古論延壽及斜卯毛良虎等敗夏人于州境，詔進官有差。大元乙里只來。壬辰，上臨奠皇太子殯所。有司奏辰日不哭，上曰：「父子至親，何可拘忌？」命御史中丞李英、元帥左都監烏古論慶壽領兵護饟中都，付以空名宣勅，許視功遷敍，逗撓者治以軍律。乙未，改寧邊州隸嵐州。丁酉，詔諸色人遷官並視女直人，有司妄生分別，以違制論，從戶部郎中奧屯阿虎請也。辛丑，勅宰臣饋乙里只酒饌。壬寅，頒獎諭官吏軍民詔，曲赦，招撫北京作亂者。丙午，尚書省以南遷後，吏部秋冬置選南京，春夏置選中都，赴調者不便，請併選於南京。從之。武清縣巡檢梁佐、柳口巡檢李咬住以誅紏賊張暉、劉永昌等功進官有差，皆賜姓完顏。丁未，山東宣撫使僕散安貞遣提控僕散留家等破賊楊安兒步騎三萬，殲其衆，降僞頭目三百餘人、脅從民三萬餘戶。戊申，減沿邊州府官資考有差。壬子，立保城無虞及捕獲姦叛遷賞格。乙卯，敕奏急事不拘假日。丁巳，日初出赤如血，欲沒復然。戊午，大風，隆德殿鴟尾壞。

三月壬戌，詔河北州縣官，令文武五品以上辟舉，不聽以它事差占，仍勒終任。有勞績者但升遙領之職，應降罰者亦止本處居住。時河北殘燬，吏治多苟且以求代易，故著是令。癸亥，詔百官各陳防邊利害，封章以聞。丙寅，勅河東、河北、大名長貳官訓練隨處義兵，鄰境有警，責其捄援。降人自拔歸國者遷職，仍列其姓名，以招諭來者。沿河州縣官罷軟不勝職任者汰去，令五品已上官公舉，仍許今季到部人內先擇能者量緩急易之。丁卯，安武軍節度使張行信上書言急務四事。庚午，諭遼東宣撫使蒲鮮萬奴選精銳屯瀋州、廣寧，以俟進止。壬申，長春節，宋遣使來賀。戊寅，諭尚書省，歲旱，議弛諸處碾磑，以其水溉民田。己卯，雨。自去冬不雨雪，至是始雨。勸農使李革〔六〕言：「河北州縣官吏多求河南差占以避難，宜發元任領戍兵者。不可離則別注以往。」庚辰，御史臺言：「在京軍官及委差官芻糧劵例悉同征行，乞減其給。樞密院委差有俸人吏，非征行不必給。」皆從之。勅尚書省，入粟補官者毋括其戶爲軍。有司議賞軍功，毋有所沮格。壬午，山東宣撫司報大沫堌之捷，夾谷石里哥及沒烈擒賊渠劉二祖等斬之，前後殪賊萬計。西京軍民變，遣官撫諭之。己丑，禁州縣置刃於杖以決罪人。前年，京兆治中李友直私逃華州，結同知防禦使馮朝、河州防禦判官郝遵甫、平涼府同知致仕楊庭秀、水洛縣主簿宿徽等團集州民，號「忠義扈駕都統府」，相挻爲亂，殺其防禦判官完顏八斤及城中女直人，以書約都統楊珪，爲府兵所得。珪諱之，請自效，誘友直等執之，麾所招千餘人納仗阬諸城下。時京師道路隔絕，安撫司以便宜族友直等，至是以狀聞。乃贈八斤及被害官軍十餘人各一官，賻錢三百貫。

夏四月癸巳，河東宣撫使胥鼎言利害十三事。長勝軍都統楊珪伏誅。丙申，河南路蝗，遣官分捕。上諭宰臣曰：「朕在潛邸，聞捕蝗者止及道傍，使者不見處卽不加意，當以此意戒之。」權參知政事德升言：「舊制夏至後免朝，四日一奏事。」上曰：「此在平時可耳。方今多故，勿謂朕勞，遂云當免，但使國事無廢則善矣。」己亥，曲赦山東路。癸卯，籍赴選監當官爲軍。乙巳，罷都南行尚書六部。侯摯言九事。曲赦蒲察七斤脅從之黨，募能殺獲七斤者，以其官官之。丙午，以調度不給，凡隨朝六品以下官及承應人，罷其從己人力輸傭錢。經兵州、府其吏減半，司、縣吏減三之一。其餘除開封府、南京轉運司外，例減三之一。

有祿官吏被差不出本境者並罷給券，出境者以其半給之。修內司軍夫亦減其半。丁未，故皇太子啓菆，賜謚曰莊獻，戊申，權葬迎朔門外。詔自今策論詞賦進士，第一甲第一人特遷奉直大夫，第二人以下、經義第一人並儒林郎，第二甲以下徵事郎，同進士從仕郎，經童將仕郎。壬子，芮國公從厚薨。詔遣使同山西宣撫司選其民勇健者爲軍。諭有司，勿拒河北避兵之民，所至加存卹。用山東西路宣撫副使完顏弼言，招大沬堌渠賊孫邦佐、張汝楫以五品職，下詔湔洗其罪。乙卯，詔檢覈朝廷差遣官券曆，無故稽留中道者罪之。丙辰，諭田琢留山西流民少壯者充軍，老幼者令就食於邢、洺等州，欲趣河南者聽。上議遣親軍六千餘及所募二千七百人援中都。宰臣以爲行宮單弱，親軍不可遣，遂止。

五月庚申，招撫山西軍民，仍降詔諭之。是日，中都破，尚書右丞相兼都元帥定國公承暉死之。戶部尚書任天寵、知大興府事高霖皆及於難。壬戌，降空名宣勅、紫衣師德號度牒，以補軍儲。辛未，立皇孫鏗爲皇太孫。癸酉，劉炳上書言十事。辛巳，上諭宰臣：「多事之秋，陳言者悉送省。恐卿等不暇，朕於宮中置局，命方正官數員擇可取者付出施行，何如？」宰臣請如聖諭。詔削納馬補官恩例。戊子，謀伐西夏，遣大臣鎭撫京兆。

秋七月戊午朔，大元兵收濟源縣。己未，徵弓箭于內外品官，三品以上三副，四品、五品二副，餘以等級徵之。庚申，置陳、潁漕運提舉官，以戶部勾當官往來督察。有星如太白，色青白，有尾，出紫微垣北極傍，入貫索中。上聞河北譏察官有要求民財始聽民渡河者，避兵民至或餓死、自溺，特命御史臺體訪之。又禁隨朝職官斂民硙磑以自營利。詔河間孤城，移其軍民就粟清州，括民間騾付諸軍，與馬參用。辛酉，議括官田及牧馬地以贍河北軍戶之徙河南者，已爲民佃者俟穫畢日付之。羣臣迭言其不便，遂寢。癸亥，詔河北郡縣軍須並減河南之半。定尚書所造諸符：樞密院鹿，宣撫司魚，統軍司虎。丙寅，遣參知政事高汝礪往河南，便宜措置糧儲。制品官納弓箭之令，丁憂致仕者免。甲戌，借平陽民租一年。詔職官吏兵亡失告身，見任者保識即重給之，妄冒者從詐僞法。丙子，尚書省奏給皇太孫歲賜錢。上不從，曰：「襁褓兒安所用之。」詔致仕官俸給比南征時減其半。丁丑，肅宗神主至自中都，奉安于明俊殿。戊寅，月入畢宿中，戊夜犯畢大星。己卯，明德皇后神主至自中都。裁損宮中歲給有差。甲申，詔尚書省，行六部太多，其令各路運司兼之。改交鈔名「貞祐寶券」。

八月戊子朔，以陝西統軍使完顏合打簽樞密院事。己丑，制軍府庶事樞密院官須與經歷官裁決，經歷議是而院官不從，許直以聞。癸巳，詔遣官體究京西路新遷軍戶。丙申，諭尚書省，職官犯罪，大者即施行之，小者籍之，事定始論其罪。諭樞密院，撒合輦所簽軍有具戒僧人，可罷遣之。己亥，詔武舉官非見任及已從軍者，隨處調赴京師，別爲一軍，以備用。被薦未授官者，量才任之。庚子，上慮平陽城大，兵食不足，議棄之，宰臣持不可。賞前冀州教授粘割忒鄰，集義兵，出方略，遏土寇，〔七〕兵後攝州，復立州治，積芻糧，招徠民戶至五萬，特遷三官，升正五品職。〔八〕置山東西路總管府于歸德府及徐、亳二州。以太常卿侯摯爲參知政事，行尚書省于河北東、西兩路。〔九〕太祖御容至自西京，奉安于啓慶宮。甲辰，置行樞密院于徐州、歸德府。詔諸職官不拘何從出身，其才可大用者尙書省具以聞。丙午，山東西路宣撫使完顏弼表：「遙授同知東平府事張汝楫將謀復叛，密遣人招同知益都府事孫邦佐。邦佐斬其人，馳報弼，弼殺汝楫及其黨萬餘。承制升邦佐德州防禦使，餘立功者賞有差。」上嘉弼功，加崇進，封密國公，詔奬諭之。丁未，詔近臣舉良將，加孫邦佐昭毅大將軍、泰定軍節度使，仍官其子。戊申，東平、益都、太原、潞州置元帥府。大赦。己酉，監察御史許古獻恢復中都之策。紅襖賊掠成武，宣撫副使顏盞天澤討走之，斬首數百級。進天澤一官，將校有功者命就遷賞。命侯摯招邢州賊程邦傑以官，不從則誘其黨圖之。減戶部幹辦官四員及委差官有差。壬子，置行省于陝西。乙卯，增沿河闌羅之法，十取其八，以抑販粟之弊，仍嚴禁私渡。增步軍萬人，戍京以西，四萬人戍京以東。選陝西騎兵二千，增京畿之衞。諭陝西，堅守延安、臨洮、環、慶、蘭、會、保安、綏德、平涼、德順、鎮戎、涇原、鄜、坊、邠、寧、乾、耀等處要害。分渭南州郡步兵屯平涼，令宣撫使治邠州，副使治同州之澄城以統之。更以步騎守沿渭諸津。丙辰，元帥左監軍兼知眞定府事永錫坐援中都失律，削官爵，杖之八十。

九月丁巳朔，戶部侍郎奧屯阿虎言：「國家多故，職官往往不仕。乞限以兩季，違者勿復任用。」上嫌其太重，命違限者止奪三官，降職三等，仍永不升注。辛酉，除名永錫特遷信武將軍、息州刺史。甲子，諭宰臣，沿淮塘路以南地鼂授民業，今爲豪勢據奪者，其令有司察之。丙寅，樞密院言：「陝西、河東世襲蕃部巡檢，昨與世襲猛安謀克例罷其俸。今邊事方急，宜仍給之，庶獲其用。又西邊弓箭手有才武出衆，獲功未推賞者，令宣撫司覈實以聞。」從之。丁卯，以秋稼未穫，禁軍官圍獵。詔授隱士王澮太中大夫、右諫議大夫，充遼東宣撫司參謀官。戊辰，遙授武寧軍節度副使徒單吾典告平章政事抹撚盡忠逆謀，詔有司鞫之。設潼關提控總領軍馬等官。辛未，置河北東路行總管府於原武、陽武、封丘、陳留、延津、通許、杞諸縣，以治所徙軍戶。命司屬令和尙等護治鞏國公按辰第。上謂宰臣曰：「按辰所爲不愼，或至犯法。舍之則理所不容，治之則失親親之道，但當設官以防之耳。」按辰尋以不法，〔一〇〕謫博州防禦使。黜衞紹王母李氏光獻皇后尊謚，神主在太廟，畫像在啓慶宮，〔一一〕並遷出之。陳州鎭防軍段仲連進羊三百，詔遷三官。命右丞汝礪詣陳州規畫糧儲。壬申，以蘇門縣爲輝州。癸酉，朝謁世祖、太祖御容于啓慶宮，行獻享禮，始用樂。賜東永昌姓爲溫敦氏，包世顯、包疙疸爲烏古論氏，覩令孤爲和速嘉氏，何定爲必蘭氏，馬福德、馬柏壽爲夾谷氏，各遷一官。甲戌，朝謁太宗、熙宗、睿宗御容，行獻享禮。詔開、滑、濬、濟、曹、滕諸州置連珠寨，如衞州。乙亥，詔河北、山東等路及平涼、慶陽、臨洮府，涇、邠、秦、鞏、德順諸州經兵，四品以下職事官並以二十月爲滿。募隨處主帥及官軍、義軍將校，有能率衆復取中都者封王，遷一品階，授二品職。能戰却敵、善誘降人、取附都州縣者，予本處長官、散官，隨職遷授，餘州縣遞減二等。

紅襖賊周元兒陷深、祁州、束鹿、安平、無極等縣，眞定帥府以計破之，斬元兒及殺其黨五百餘人。丁丑，詔司、縣官能募民進糧五千石以上，減一資考，萬石以上，遷一官，減二資考，二萬石以上遷一官，升一等，注見闕。諸色人以功賜國姓者，能以千人敗敵三千人，賜及緦麻以上親，二千人以上，賜及大功以上親，千人以上，賜止其家。庚辰，陝西宣撫司來上第五將城萬戶楊再興擊走夏人之捷。壬午，以空名宣勅付陝西宣撫司，凡夏人入寇，有能臨陣立功者，五品以下並聽遷授。乙酉，置大名府行總管府于柘城縣，以治所徙軍戶。

冬十月丙戌朔，翰林侍讀學士、權參知政事烏古論德升出爲集慶軍節度使兼亳州管內觀察使。〔二〕丁亥，尚書右丞汝礪言：「河北軍戶之徙河南者，宜以係官閑田及牧馬草地之可耕者賜之，使自耕以食，而罷其月糧。」上從其請。命右司諫馮開隨處按視，人給三十畝。夏人入保安，都統完顏國家奴破之；攻延安，戍將又敗之。是日，捷至。戊子，以御史中丞徒單思忠爲參知政事。己丑，平章抹撚盡忠下獄既久，監察御史許古言：「盡忠逮繫有司，此必重罪，而莫知其由，甚駭衆聽。乞遣公正重臣鞫之。如得其實，明示罪目，以厭中外之心。」書上，不報。庚寅，遂誅盡忠。癸巳，罪狀盡忠告中外。詔樞密副使僕散安貞行樞密院于徐州。戊戌，遼東宣撫司報敗留哥之捷。甲辰，詔求廣平郡王承暉之後，得其猶子歷亭縣丞永懷，以爲器物直長。丙午，夏人陷臨洮，陝西宣撫副使完顏胡失剌被執。庚戌，詔尚書左丞相僕散端兼都元帥，行尚書省于陝西。辛亥，蒙古綱奏：「昨被旨權山東路宣撫副使，屯東平。行至徐北岸，北兵已偪徐，不可往。」詔樞密副使僕散安貞權於沿河任使之。壬子，以同、華舊屯陝西兵及河南所移步騎舊隸陝州宣撫司者，改隸陝西行省。召中奉大夫、〔三〕襲封衍聖公孔元措爲太常博士。上初用元措於朝，或言宣聖墳廟在曲阜，宜遣之奉祀。既而上念元措聖人之後，山東寇盜縱横，恐罹其害，是使之奉祀而反絕之也，故有是命。遼東賊蒲鮮萬奴僭號，改元天泰。

十一月丙辰朔，河北行尚書省侯摯入見。詔河北西路宣撫副使田琢自濬徙其兵屯陝。戊午，樞密院進王世安取盱眙、楚州之策，遂以世安爲招撫使，與泗州元帥府所遣人同往淮南計度其事。戊辰，夏人犯綏德之克戎寨，官軍敗之，犯綏平，又敗之。賞有功將士及來告捷者。參知政事徒單思忠言：「今陳言者多掇拾細故，乞不送省，止令近侍局度其可否發遣。」上曰：「若爾，是塞言路。凡係國家者，豈得不由尚書省乎？」庚午，上與尚書右丞汝礪商略遣官括田賜軍之利害，〔一四〕汝礪言不便者數端。乃詔有司罷其令，仍給軍糧之半，其半給詣實之價。壬申，遣參知政事侯摯祭河神于宜村。甲戌，移剌塔不也以軍萬人破夏人數萬於熟羊寨。丙子，詔市民間輓車羸疾牝馬置羣牧中，以圖滋息。知臨洮府陀滿胡土門破夏人八萬於城下。丁丑，監察御史陳規劾參知政事侯摯，上不允所言，而慰答之。庚辰，上謂宰臣曰：「朕恐括地擾民，罷其令矣。官荒牧馬地軍戶願耕者聽，已爲民承種者勿斂。舊例點檢左右將軍、近侍局官、護衞、承應人秩滿皆賜匹帛，雖所司爲之製造，然不免賦取於民，近亦罷之，止給寶券。至於朕所服御，亦以官絲付太府監織之，自今勿復及民也。」大元兵徇彰德府，知府陀滿斜烈死之。

十二月乙酉朔，徙朔州民分屯嵐、石、隰、吉、絳、解等州。戊子，以軍事免樞密院官朝拜。己丑，侯摯復行尚書省于河北。庚寅，太白晝見。壬辰，詔免元日朝賀。乙未，勅贈昭聖皇后三代官爵。太康縣人劉全、時溫、東平府民李寧謀反，伏誅。戊戌，陝西行元帥府乞益兵，以田琢之衆隸之，仍獎諭以詔。壬寅，詔林州刺史惟宏與都提控從坦同經理邊事，諸將功賞次第便宜行之。乙巳，大元兵徇大名府。癸丑，皇太孫薨，以殤，無祭享之制，戒勿勞民。諭宣徽院免元日親王、公主進酒。甲寅，禮官奏，正旦宋遣使來賀，不宜輟朝。命舉樂、服色如常儀。詔臨洮路兵馬都總管陀滿胡土門進官三階，再任。

四年春正月癸亥，監察御史田迥秀條陳五事。丙寅，紅襖賊犯泰安、德、博等州，山東西路行元帥府敗之。丁卯，諭御史臺曰：「今旦視朝，百官既拜之後，始聞開封府報衙聲。四方多故之秋，弛慢如此，可乎？中丞福興號素謹于官事者，當一詰之。」己巳，尚書右丞高汝礪進左丞。庚午，大元兵收曹州。辛未，參知政事侯摯進尚書右丞。壬申，太原元帥左監軍烏古論德升招其民降北者，得四千三百餘人。癸酉，詔賜故皇太孫謚曰沖懷。更定捕獲僞造寶券者官賞。乙亥，以殿前都點檢皇子遂王守禮爲樞密使，樞密使濮王守純爲平章政事。己卯，立遂王守禮爲皇太子。庚辰，詔免逃戶租。壬午，言者請遣官勸農，至秋成，考其績以甄賞。宰臣言：「民恃農以生，初不待勸，但寬其力，勿奪其時而已。遣官不過督州縣計頃畝，嚴期會而已。吏卒因爲姦利，是乃妨農，何名爲勸。」上是其言，不遣。

二月甲申朔，日有食之。上不視朝，詔皇太子控制樞密院事。大元兵圍太原。〔一五〕乙酉，以信武將軍、宣撫副使永錫簽樞密院事，權尚書右丞。皇太子既總樞務，詔有司議典禮，以金鑄「撫軍之寶」授太子，啓稟之際用之。平章政事高琪表乞致仕，不允。召樞密院官問所以備禦之策。丁亥，以河東南路宣撫使胥鼎爲樞密副使，權尚書左丞，行省于平陽。鼎方抗表求退，詔勉諭就職，因有是命。行省左丞相僕散端先亦告老，遣太醫往鎭護視其疾。戊子，宰臣以皇太子旣立，服御儀物悉與已受册同，今邊事未寧，請少緩册寶之禮，從之。戊戌，兗親王、公主長春節入賀致禮。己亥，大元兵攻下霍山諸隘。甲辰，命參知政事李革爲修奉太廟使，禮部尚書張行信提控修奉社稷。權祔肅宗神主于世祖室，奉始祖以下神主于隨室，祭器以瓦代銅，獻官以公服行事，供張等物並從簡約。庚戌，詔凡死節之臣籍其數，立廟致祭。壬子，任國公瑋薨，輟朝。是月，同知觀州軍州事張開復河間府滄、獻等州幷屬縣十有三，表請赦旁郡脅從之臣。又請以宣撫司空名宣勅二百道付之，從權署補，仍以糧繼其軍食。詔樞密措畫。

三月乙卯，以將修太廟，遣李革奏告祖宗神主于明俊殿。丁巳，曲赦中都、河北等路。議軍戶給地事。乙丑，延州刺史溫撒可喜上疏言：「皇太子宜選正人爲師保。」丙寅，長春節，宋遣使來賀。己巳，以將修社稷，遣太子少保張行信預告。滄州經略副使張文破趙福，復恩州。丙子，曲赦遼東路。己卯，處士王澮以右諫議大夫復遷中奉大夫、翰林學士，仍賜詔褒諭。庚辰，復邢州捷至。

夏四月己丑，陝西行省來報秦州官軍破妖賊趙用、劉高二之捷。遣官鞫單州防禦使僕散倬之罪，罷其城單州之役。癸巳，張開奏復淸州等十有一城，詔遷官兩階，賞將士有差。甲午，改賜皇太子名守緖。詔諭陝西路軍民。丙申，河北行省侯摯言：「北商販粟渡河，官遮糴其什八，商遂不行，民饑益甚。請罷其令。」從之。河南、陝西蝗。丁酉，太白晝見于奎。己亥，夏人葩俄族都管汪三郞率其蕃戶來歸，以千羊進，詔納之，優給其直。辛丑，侯摯言：「紅襖賊掠臨沂、費縣之境，官軍敗之。獲其黨訊之，知其渠賊郝定僭號署官，已陷滕、兗、單諸州，萊蕪、新泰等十餘縣。」時道路不通，宰臣請諭摯爲備。仍詔樞密院招捕。蔡、息行元帥府兵拔木陡關，斬首千級。甲辰，有司言，扶風、郿縣有蝨傷麥。

五月癸丑朔，禮官言：「太廟旣成，行都禮雖簡約，惟以親行祔享爲敬，請權不用鹵簿儀仗及宮縣樂舞。」從之。山東行省上沂州之捷。甲寅，鳳翔及華、汝等州蝗。辛酉，以尙書右丞侯摯行省事于東平。己巳，來遠鎭獲夏諜者陳昷等，知夏人將圖臨洮、鞏州，闚長安。命陝西行省嚴爲之備。丙子，上將以七月行祔享禮，慮時雨有妨，詔改用十月。夏人修來羌城界河橋。元帥右都監完顏賽不遣兵焚之，俘馘甚多。戊寅，京兆、同、華、鄧、裕、汝、亳、宿、泗等州蝗。

六月戊子，詔凡進奏帖及申尙書省、樞密院關應密大事，私發視者絞，誤者減二等，制書應密者如之。壬辰，遼西僞瀛王張致遣完顏南合、張頑僧上表來歸。詔授致特進，行北京路元帥府事，兼本路宣撫使，南合同知北京兵馬總管府，頑僧同知廣寧府。丙申，木星晝見于奎，百有一日乃伏。癸卯，詔有司祈雨。丁未，河南大蝗傷稼，遣官分道捕之。罷河北諸路宣撫司，更置經略司。壬子，以旱，詔參知政事李革審決京師冤獄。

秋七月癸丑朔，昭義軍節度使必蘭阿魯帶復威州及獲鹿縣。飛蝗過京師。甲寅，山東行省檻賊郝定等至京師，伏誅。乙卯，以旱蝗，詔中外。己未，勅減尚食數品及後宮歲給縑帛有差。辛酉，監察御史陳規上章條陳八事。

閏月壬午朔，日有食之。辛卯，復深州。癸巳，翰林學士完顏孛迭進中興事跡。甲午，命掌軍官舉奇才絕力之人，提控、都副統等官互舉其屬。頒舉官賞罰格，許功過相除。品官及草澤人有才武者，舉薦升降亦如之。庚子，詔河南、陝西鎭防軍應廕及納粟補官者，當役如舊，俟事定乃聽赴銓。

八月甲寅，太子少保兼禮部尚書張行信定祔享親祀之儀以進。上嘉納之。三原縣僧廣惠進僧道納粟多寡與都副威儀及監寺等格，從其言鬻之。夏人入安塞堡，元帥左監軍烏古論慶壽遣軍敗之。壬戌，賜張行信寶券二萬貫、重幣十端，旌其議禮之當。乙亥，詔諭中都民，命大名招撫使募人持詔以往。丙子，大元兵攻延安。己卯，夏人入結耶觜川，官軍擊走之。

九月辛巳朔，大元兵攻坊州。〔一六〕以簽樞密院事永錫爲御史大夫，領兵赴陝西，便宜從事。壬辰，大元兵攻代州。經略使奧屯醜和尚戰沒。以中衛尉完顏奴婢等充賀宋生日使。〔一七〕

冬十月己未，親王、百官奉迎祖宗神主于太廟。招射生獵戶練習武藝知山徑者分屯陝、虢要地。命元帥左監軍必蘭阿魯帶守潼關，遙授知歸德府事完顏仲元軍盧氏。大元兵攻潼關。西安軍節度使泥厖古蒲魯虎戰沒。辛酉，上親行祔享禮。甲子，祔享禮成。赦。乙丑，詔諭河南官吏軍民，以賞格募立功之士。命參知政事徒單思忠提控鎮撫京師，移剌周剌阿不屯關、陝。丙寅，詔京師具防城器械，多鑿坎穽，築垣牆於隙地。徙衛紹及鎬厲王家屬于京師。丁卯，以奉安社稷，遣官預告。戊辰，命張行信攝太尉，奉安社稷，禮樂咸闕其數。詔吏、禮、兵、工四部尚書董防城之役。大元兵徇汝州。己巳，沿河唯存通報小舟，餘皆焚之。庚午，詔宿糧州縣屯兵，其簽民爲兵者就署隊長，以自防遏。河東行省胥鼎，〔一八〕遣潞州元帥左監軍必蘭阿魯帶以軍一萬，孟州經略使徒單百家以軍五千，由便道濟河趣關、陝，自將平陽精兵援京師。命樞府督軍應之。辛未，置官領招賢所事。命內外官採訪有才識勇略能區畫防城者具以聞，得實超任，仍賞舉主。內負長才不爲人所知者，聽赴招賢所自陳。壬申，以龍虎衛上將軍裴滿羊哥知歸德府事，行樞密院事。癸酉，詔罷遣有司所拘民間輸稅車牛以運軍士衣糧者。甲戌，諭附京民盡徙其芻糧入城，官儲併運之。丙子，行樞密院知河南府事完顏合打以徵兵失應，坐誅。戶部郎中魏琦以沒王事，官其子。己卯，議禁京師糜穀，近侍以寶券方行，恐滯其用，不果。吏部令史韓希祖陳言，曾以戰功致身者盡拘京師備用，從之。

十一月庚辰朔，增定守禦官及軍人遷賞格。辛巳，詔止附京農民自撤其廬舍。壬午，河東行省胥鼎入援京師，用其言以知平陽府王質權元帥左監軍，同知完顏僧家奴權右監軍，代鎭河東。拜鼎爲尚書左丞兼樞密副使，知歸德府完顏伯嘉簽樞密院事。以完顏合打伏誅，詔中外。乙酉，元帥右都監完顏賽不來獻其提控石盞合喜、楊斡烈等大敗夏人于定西之捷，命行省視其功賞之。大元兵至澠池，〔一九〕右副元帥蒲察阿里不孫軍潰而逃，失其所佩虎符。丙戌，前臨潢府推官權元帥右監軍完顏合達率官軍老幼自北歸國，升鎭南軍節度使，進官三階。詔出公帑綿絹付有司償所括民服以衣軍者。是夕，月暈木星，木在奎，月在壁。己丑，定毀防城器具法。辛卯，詔立功五品以上官賜饌御前，六品以下官賜饌近侍局。癸巳，上諭皇太子：「京城提控官有以文資充者，彼豈知兵？其速易之。」甲午，放免諸職官傔從及諸司局射糧兵卒嘗選充軍者。戊戌，勅諸州縣簽籍軍民，以備土寇。華州元帥府復潼關。庚子，罷在京防城民軍。遣御史陳規等充河南宣差安撫捕盜官。河南路統軍使紇石烈掃合以發兵後期，坐誅。甲辰，以尚書工部侍郎和尙等充賀宋正旦使。丙午，河南行樞密院從坦言，其族人道哥願隸行伍以自效。上嘉其忠，許之。內族承立進所獲馬駝。上曰：「此軍士所得，卽以予之可也，朕安用哉。」因徧諭諸道將帥，後勿復如是。

十二月辛亥，平章政事朮虎高琪加崇進、尙書右丞相。參知政事李革罷。癸亥，大元兵攻平陽。丙寅，皇太子議伐西夏。大元兵徇大名府。壬申，大元兵進自代州神仙橫城及平定承天鎭諸隘，攻太原府。宣撫使烏古論禮遣人間道齎蠟書至京師告急。詔發潞州元帥府，平陽、河中、絳、孟宣撫司兵援之。乙亥，高琪請修南京裏城。上曰：「民力已困，此役一興，病滋甚矣。城雖完固，朕亦何能獨安此乎。」

校勘記

〔一〕九月甲辰　原脫「九月」二字。按本書卷一三衞紹王紀云，「九月甲辰，宣宗卽位」。今將本卷下文「乙巳」上「九月」二字移此。

〔二〕乙巳　原作「九月乙巳朔」。按「九月」二字已移在上文「甲辰」前。參見前條。又下文閏九月戊辰朔，十月丁酉朔，則九月決非乙巳朔，今删「朔」字。

〔三〕甲寅張行信上封事　原脫「甲寅」二字。按本書卷一三二紇石烈執中傳，「甲寅，左諫議大夫張行信上封事」，卽此事。今據補。

〔四〕以都元帥承暉爲右丞相　「右丞相」原作「平章政事」。按上文貞祐元年十二月丁酉，「尚書右丞承暉進都元帥兼平章政事」。此不應重出。本書卷一〇一承暉傳云，「宣宗遷汴，進拜右丞相……」。今據改。

〔五〕以按察轉運使高汝礪爲參知政事　按本書卷一〇七高汝礪傳，泰和「二年正月爲北京臨潢府路按察使，四年二月遷河北西路轉運使」。「六年六月拜戶部尚書」。「貞祐二年六月宣宗南遷，次邯鄲，拜汝礪爲參知政事」。則此處「按察轉運使」似當作「戶部尚書」。

〔六〕勸農使李革　「使」原作「事」，「革」原作「華」。按本書卷九九李革傳，「宣宗遷汴，行河北西路六部事，遷知開封府事、河南勸農使」。今據改。

〔七〕遏土寇　「遏」原作「遇」。據文義改。

〔八〕招徠民戶至五萬特遷三官升正五品職　「特遷三官升正五品職」九字，原在下文「徐、亳二州」下，今按文義移此。

〔九〕行尚書省于河北東西兩路　「尚」原作「中」。按本書卷一〇八侯摰傳，貞祐三年八月「拜參知政事，行尚書省于河北」。今據改。

〔一〇〕命司屬令和尚等護治翬國公按辰第……按辰所爲不愼……按辰尋以不法　「辰」原皆作「春」。

按本書卷八五永蹈傳，按春是鄭王永蹈子，明昌三年已賜死。泰和七年，詔「以衞王永濟子按辰爲永蹈後，奉其祭祀」。事亦見卷一三衞紹王紀作按陳及卷九三衞紹王子傳。今改正。

〔一一〕畫像在啓慶宮　「啓」原作「衍」。按衍慶宮在中都，是年五月已爲蒙古所破。本卷上下文皆記南遷後畫像置于啓慶宮。本書卷一六宣宗紀，「世宗忌日，謁奠于啓慶宮」，知「衍慶」當是「啓慶」之訛，今改正。

〔一二〕出为集慶軍節度使兼亳州管內觀察使　「慶」原作「義」。按本書卷一二二烏古論德升傳，「宣宗遷汴……以翰林侍讀權參知政事，……無何，出爲集慶軍節度使」。又卷二五地理志，「亳州，……貞祐三年升爲節鎭，軍名集慶」。今據改正。

〔一三〕召中奉大夫　按本書卷五五百官志吏部，從三品下曰「中奉大夫」。品階太高。卷一〇五孔璠附孫元措傳作「超遷中議大夫」，疑是。

〔一四〕上與尚書右丞汝礪商略遣官括田賜軍之利害　「右」原作「左」。按高汝礪官職上文已兩見，皆是右丞，進左丞見下文四年正月己巳。此時尚爲右丞，今據改。

〔一五〕大元兵圍太原　按本書卷一〇八胥鼎傳作貞祐「四年正月，大兵略霍、吉、隰三州，已而步騎六萬圍平陽」。

〔一六〕大元兵攻坊州　「坊」原作「防」。據本書卷二六地理志鄜延路坊州改。

〔一七〕以中衞尉完顏奴婢等充賀宋生日使　「中衞尉」原作「中尉衞」。按本書卷六二交聘表，貞祐四年「九月乙未，以榮祿大夫中衞尉完顏奴婢、太子少詹事納坦謀嘉爲賀宋生日使」。又卷五六百官志，衞尉司有「中衞尉，從三品」。今據改。

〔一八〕河東行省胥鼎　「東」原作「南」。按本書卷一〇八胥鼎傳，「貞祐四年二月拜樞密副使，權尚書左丞，行省于平陽」。平陽爲河東南路首府，本卷上文亦載此事同。今據改。

〔一九〕大元兵至澠池　「澠」原作「沔」。今改，參考本書卷二五地理志校記〔一九〕。

金史卷十五

本紀第十五

宣宗中

興定元年春正月己卯朔，宋遣使來賀。癸未，宋使朝辭。上謂宰臣曰：「聞息州南境有盜，此乃彼界飢民沿淮爲亂耳。宋人何故攻我。」高琪請伐之，以廣疆土。上曰：「朕意不然，但能守祖宗所付足矣，安事外討。」乙未，詔中都、西京、北京等路策論進士及武舉人權試于南京、東平、婆速、上京等四路。丙申，東平行省言：「調兵以來，吏卒因勞進爵多至五品，例獲封贈，及民年七十並該覃恩。若人往自陳，公私俱費。請令本路爲製誥勅，類赴朝廷，以求印署。使受命者量輸諸物而給之。人力不勞，兵食少濟。」從之。皇子平章政事濮王守純授世襲東平府路三屯猛安。尙書左丞胥鼎進平章政事，封莘國公。癸卯，議減庶官冗員。乙巳，大元兵攻觀州。

二月戊申朔，初用「貞祐通寶」，凡一貫當「貞祐寶券」千貫。己酉，命樞密院汰罷軟軍士。諭尚書省，用官馬給驛傳以紓民力。庚戌，皇后生辰，詔百官免賀，仍諭旨曰：「時方多難，將來長春節亦免賀禮。」辛亥，以崇進、元帥右都監完顏賽不簽樞密院事。癸丑，罷招賢所。乙卯，皇孫生，宣徽請稱賀，詔無用樂。己未，大元兵徇忻、代。詔定州、縣官雖積階至三品，坐乏軍儲者，聽行部決遣。壬戌，尚書省以軍儲不繼，請罷州府學生廩給。上曰：「自古文武並用，向在中都，設學養士猶未嘗廢，況今日乎？其令仍舊給之。」丙子，議置莊獻太子廟。

三月戊寅，勅事關刑名，當面議之，勿聽轉奏。以絳陽軍節度使李革知平陽府，兼河東南路兵馬都總管，權參知政事，行尚書省。壬午，定民間收潰軍亡馬之法，及以馬送官酬直之格。乙酉，上宮中見蝗，遣官分道督捕，仍戒其勿以苛暴擾民。庚寅，長春節，宋遣使來賀。辛卯，詔罷平陽、河中元帥。乙未，先徵山東兵接應苗道潤共復中都，而石海據眞定叛，慮爲所梗，乃集粘割貞、郭文振、武仙所部精銳與東平軍爲掎角之勢，圖之。己亥，大元兵攻新城。庚子，攻霸州。甲辰，威州刺史武仙率兵斬石海及其黨二百餘人，降葛仲、趙林、張立等軍，盡獲海僭擬之物。尋進仙權知眞定府事。

夏四月丁未朔，以宋歲幣不至，命烏古論慶壽、完顏賽不等經略南邊。戊申，孟州經略司萬戶宋子玉率所部叛，斬關而出，經略使從坦等追敗之。庚戌，花帽軍作亂于滕州，詔山東行省討之。南陽五朵山盜發，衆至千餘人，節度副使移剌羊哥出討，遇之方城，招之不從，乃進擊之，殺其衆殆盡。癸丑，以安化軍節度使完顏寓權元帥左都監，行元帥府事，督經略使苗道潤進復都城，且令和輯河間招撫使移剌鐵哥等軍。鐵哥與道潤不協，互言其有異志，故命重臣臨鎭之。戊午，單州雨雹傷稼，詔遣官勸諭農民改蒔秋田，官給其種。平定州賊閻德用之黨閻顯殺德用，以其衆降。己未，以權參知政事遼東路行省完顏阿里不孫爲參知政事，行尚書省、元帥府于婆速路。以權遼東路宣撫使蒲察五斤權參知政事，行尚書省、元帥府于上京。庚申，李革請罷義軍總領使副，以畀州縣。尚書省以秋防在邇，改法非便，姑如舊制，州縣各司察之。甲子，元帥完顏賽不破宋兵于信陽，使來奏捷。乙丑，濟南、泰安、滕、兗等州賊並起，侯摯遣棣州防禦使完顏霆討平之，降其壯士二萬人、老幼五萬人。完顏賽不復奏，敗宋軍于隴山等處，俘馘甚衆。戊辰，太白晝見于井。辛未，權孟州經略使從坦追賊宋子玉至輝州境上，其黨邢福殺子玉，以衆來歸。壬申，以萬奴叛逆未殄，詔諭遼東諸將。完顏賽不軍渡淮破光州兩關，獲軍實分給將士。

五月戊寅，陝西行省破夏人于大北岔，是日捷至。丁亥，民苑汝濟上書陳利害，上以示宰臣曰：「卑賤小人，猶能盡言如此，有可采者卽行之。」己丑，賊宋子玉餘黨家屬悉放歸農。

尚書右丞蒲察移剌都棄官擅赴京師，降知河南府事，行樞密院兼行六部事。壬辰，延州原武縣雨雹傷稼，詔官貸民種改蒔。癸巳，宋人攻潁州，焚掠而去。戊戌，行樞密院兵敗宋人於泥河灣，又敗之樊城縣。山東行元帥府事蒙古綱擅械轉運使李秉鈞，〔一〕法當決，秉鈞返詈綱，應論贖，詔兩釋之。宋人取漣水縣。癸卯，蘭州水軍千戶李平等苦提控蒲察燕京貪暴，殺之。構夏人以叛，脅其徒張辰俱行，辰以計盡獲之。陝西行省便宜遷辰官四階，授同知蘭州事，賞士卒有差，以其事上聞。甲辰，大元兵下沔城縣，〔二〕軍官任福死之。丙午，定河北求仕官渡河之法，曾經總兵者白樞密院，餘驗據聽渡。行樞密院事烏古論慶壽南伐還，奏不以實，詔鞫之。

六月己酉，苗道潤表歸國人李琛復以衆叛，琛亦表道潤異謀，詔山東行省察之。修潼關，遣中使持詔及暑藥勞夫匠。權參知政事張行信進參知政事。庚戌，詔捕治遼東受僞署官家屬，得按察使高禮妻子，皆戮之。壬子，制鄜、坊、丹州四品以下州縣官視環、慶例，以二十月終更。甲寅，招撫使惟宏言彰德府守臣擅徙民山砦避兵，上曰：「難保之城，守之何益，徒傷吾民耳。勿治。」乙卯，顯宗忌日，謁奠于啓慶宮。丙辰，詔樞密院遣經歷官分諭行院，嚴兵利器以守衝要，仍禁飲宴，違以軍律論。宋人合土寇攻東海境。戊午，以宋遣兵數犯境，及歲幣不至，詔諭沿邊罪宋。己未，詔凡上書人其言已采用者，上其姓名。辛酉，以進士朱蓋、草澤人李維嶽論議可取，詔給八貫石俸。乙丑，設潼關使、副，及三門、集津提舉官。尚書左丞相兼都元帥僕散端薨，輟朝。置南京流泉務。遼東行省遣使來上正月中敗契丹之捷。

秋七月丙子朔，日有食之。辛巳，宋人圍泗州。壬午，圍靈璧縣。癸未，陝州振威軍萬戶馬寬逐其刺史李策，據城叛。遣使招之，乃降。已而復謀變，州吏擒戮之，夷其族。甲申，詔諭遼東諸路。乙酉，宋人襲破東海縣。丙申，置提舉倉場使、副。癸卯，太社壇產嘉禾，一莖十有五穗。甲辰，夏人犯黃鶴岔，〔三〕官軍敗之。乙巳，初置集賢院知院事、同知院事等官。宋人及土寇攻海州，經略使擊破其衆。夏人圍羊狼寨，帥府發諸鎮兵擊走之。

八月戊申，陝西行省報木波賊犯洮州敗績，遁去。木星晝見于昴，六十有七日乃伏。己酉，海州經略司表官軍與宋人戰石湫南，戰漣水縣，戰中土橋，宋兵敗績。壬子，削御史大夫永錫官爵，有司論失律當斬，上以近族，特貰其死。癸丑，宋人攻確山縣，爲官軍所敗，詔諭國內軍士，使知宋人渝盟之故，仍命大臣議其事。乙卯，集賢院諮議官朱蓋上書陳禦敵三策。壬戌，海州經略使阿不罕奴失刺敗宋人于其境。提控李元與宋人戰，屢捷，多所俘獲。徙欄通渡經略司於黃陵堈。乙丑，制增定擒捕逃軍賞格及居停人罪。丙寅，左司諫僕散毅夫乞更開封府號，賜美名，以尉氏縣爲刺郡，睢州爲防禦使，與鄭、延二州左右前後輔京師。上曰：「山陵在中都，朕豈樂久居此乎？」遂止。癸酉，太祖忌日，謁奠于啓慶宮。甲戌，元帥左都監承裔〔四〕遣其部將納蘭記僧等，合葩俄族都管尼厖古，以兵掩襲瓜黎餘族諸蕃帳，屢破之，斬馘士卒，禽其首領，俘獲人畜甚多，是日捷至。

九月丁丑，更定監察御史失察法。以元帥左監軍必蘭阿魯帶權參知政事，行省于益都。戊寅，夏人犯綏德之克戎寨，都統羅世暉逆擊，却之。己卯，蔡州帥府偵宋人將窺息州，以輕兵誘其進，別以銳師邀擊之，虜其將沈俊。壬午，以改元興定，赦國內。甲申，罷規運所，設行六部。辛卯，大元兵徇隰州及汾西縣，癸巳，攻沁州。遼東行省完顏阿里不孫爲叛人伯德胡土所殺。月犯東井西扇北第二星。乙未，大元兵攻太原簸箕掌寨。丁酉，薄太原城，攻交城、清源。癸卯，立沿河冰牆鹿角。

冬十月丁未，以霖雨，詔寬農民輸稅之限。庚戌，以將有事于宋，詔帥臣整厲師徒。辛亥，遣官括市民馬，紅賞格以示勸。甲寅，命高汝礪、張行簡同修章宗實錄。息州帥府獻破宋人于中渡之捷。乙卯，大元兵徇中山府及新樂縣。丙辰，丹州進嘉禾，異畝同穎。辛酉，制定州府司縣官失覺姦細罪。壬戌，右司諫兼侍御史許古上疏，請先遣使與宋議和。乙丑，大元兵下磁州。丙寅，定職官不求仕及規避不赴任法。高汝礪上疏言，和議先發於我，恐自示弱，非便。戊辰，上命許古草通宋議和牒，既進以示宰臣，宰臣以其言有祈哀之意，徒示微弱，無足取者，議遂寢。辛未，罷流泉務。大元兵收鄒平、長山及淄州。壬申，改郇國號爲管，避上嫌名。高汝礪表致仕，不允。

十一月壬午，〔五〕從宜移剌買奴言：「五朶山賊魚張二等若悉誅之，屢詔免罪，恐乖恩信。且其親屬淪落宋境，近在均州，或相構亂。乞貸其死，徙之歸德、睢、陳、鈞、許間爲便。」詔許之。癸未，月暈木、火二星，木在胃，火在昴。丙戌，太白晝見，遣翰林侍講學士楊雲翼禜之。大元兵收山東濱、棣、博三州，己丑，下淄州。庚寅，下沂州。甲午，河西掬納、籛納等族千餘戶來歸。丁酉，詔唐、鄧、蔡州行元帥府舉兵伐宋。戊戌，大元兵攻太原府。庚子，上謂宰臣曰：「朕聞百姓流亡，逋賦皆配見戶，人何以堪？又添徵軍須錢太多，亡者詎肯復業。其并議除之。」宰臣請命行部官閱實蠲貸，已代納者給以恩例，或除他役，或減本戶雜征四之一。上曰：「朕於此事未嘗去懷，其亟行之。」

十二月甲辰朔，大元兵攻潞州，都統馬甫死之。戊申，卽墨移風砦於大舶中得日本國太宰府民七十二人，因糴遇風，飄至中國。有司覆驗無他，詔給以糧，俾還本國。庚戌，元帥左監軍蒲察五斤進右副元帥，權參知政事，充遼東行省。是日，大元兵平益都府。辛亥，陝西行省胥鼎諫伐宋，不報。甲寅，海州經略使報提控韓璧敗宋人于鹽倉。己未，大元兵復攻沂州，官民棄城遁，辛酉，下密州，節度使完顏寓死之。壬戌，侯摰兼三司使。庚午，免逃戶復業者差賦。

二年春正月乙亥，詔議賑恤。辛巳，勅南征將帥所至毋縱殺掠。壬午，宋人攻淮北，唐州元帥府擊敗之，獲統領李雄韜、陳皋以歸。癸未，近侍局副使訛可遣使報南師之捷。乙酉，陝西行省獲歸國人，言大元兵圍夏王城，李遵頊命其子居守而出走西涼。詔諭諸帥府明斥候，嚴守備。戊子，唐、鄧元帥完顏賽不報連破宋人之捷。宋人攻泗州，又戰却之。

二月癸卯，宋人侵靑口，行樞密院遣兵敗之。甲辰，免中京、嵩、汝等州逋租。諭胥鼎，克宋散關，可保則保，不可保則焚毁而還。定奴婢捄主法。丙午，訛可敗宋人于防山。紇石烈桓端亦遣使來上光州、信陽之捷。庚戌，海州經略敗宋兵于朐山，表請繼其軍儲，督東平帥府發兵護送資糧以應之。許州長社縣何冕等謀反，伏誅。辛亥，張行信出爲彰化軍節度使兼涇州管內觀察使。壬子，御史以北兵退，請汰各處行樞密院、元帥府冗官。尙書以爲非便，上從尙書言，仍舊制。完顏賽不報棗陽之捷。癸丑，完顏阿鄰報皂郊堡之捷。丁巳，壽州行樞密院破宋人高柳橋水砦，夷其砦而還。壬戌，訛可遣兵拔宋柵碁盤嶺，又破其衆於裴家莊、寒山嶺、龍門關等處，得粟二千餘石。乙丑，諭樞密曰：「中京、商、號諸州軍人願耕屯田，比括地授之。聞徐、宿軍獨不願受，意謂予田必絕其廩給也。朕肯爾耶。其以朕意曉之。」丙寅，諭尚書省曰：「聞中都納粟官多爲吏部繳駁，殊不思方闕乏時，利害爲如何。又立功戰陣人，必責保官，若輩皆義軍白丁，豈識職官，苟文牒可信，卽當與之。至若在都時，規運薪炭入城者，朕嘗植恩授以官。此豈容僞，而間亦爲所沮格。其悉諭之，勿復若是。」紇石烈牙吾塔破宋人于盱眙軍，上俘獲之數。己巳，以侯摯行省河北，兼行三司安撫司事。

三月庚辰，尚書集文資官雜議進士之選，詔依泰和例行之。癸未，訛可敗宋人于光化軍。甲申，長春節。戊子，諭宰臣曰：「舊制，廷試進士日晡後出宮。近欲復舊，恐能文而思遲者，不得盡其才，其令日沒乃出。」以御史中丞把胡魯爲參知政事。陝西行六部尚書楊貞削五官，累杖一百七十，解職。訛可表言，官軍自桐柏入宋境，所向多克捷。癸巳，宋人爭皂郊堡，擊官軍，軍潰，主將完顏阿鄰戰沒。丙申，更定京城捕告强盜官賞制。辛丑，上京行省蒲察五斤表，左監軍哥不靄誣坊州宣撫副使紇石烈按敦將叛而殺之。事下尚書省，宰臣以爲按敦之死徐議卹典，哥不靄亦姑牢籠使之，上勉從其言。

夏四月壬寅朔，蒲察五斤表，遼東便宜阿里不孫貸糧高麗不應，輒以兵掠其境。上命五斤遣人以詔往諭高麗，使知興兵非上國意。乙巳，詔河南路行總管府節鎭以上官，充宣差捕盜使，以防禦刺史以上長貳官，及世襲猛安之才武者爲之副，又命濮王府尉完顏毛良虎爲宣差提控，以巡督之。是日，曲赦遼東等路。以戶部尚書夾谷必蘭爲翰林學士承旨，權參知政事，行省于遼東。丁未，承裔敗宋人于皂郊堡。庚戌，御史劾集賢院諮議官李維嶽本中山府無極縣進士趙孝選家奴，乞正其事。上曰：「國家用人，奚擇貴賤。」命以官銀五十兩贖放爲良，任使仍舊。壬子，遣侍御史完顏素蘭、近侍局副使訛可同赴遼東，察訪叛賊萬奴事體。行省侯摯督兵復密州。提控朱琛復高密縣。癸丑，完顏素蘭請宣諭高麗復開互市，從之。乙卯，特賜武舉溫迪罕繳住以下一百四十人及第。丁巳，陝西行省兵破宋雞公山，取和州、成州，至河池縣黑谷關，守者皆遁，前後獲糧九萬斛，錢數千萬，軍實不可勝計。戊午，紅襖賊犯徐、邳，行樞密院兵大破之。己未，阿里不孫自潼關之敗，失其所在，變姓名匿居柘城，爲御史覺察，繫其家屬，將窮治之，乃遣子上書詣吏待罪。臺臣力請誅之，以懲不忠。上卒赦其罪，諭以自效。癸亥，遣重臣審理京師寃獄。丁卯，河南諸郡蝗。臨洮路報敗宋人之捷。東平行省敗黑旗賊，拔膠西縣，渠賊李全來援，併破之。戊辰，河北行省敗紅襖賊，進至密州，降僞將校數十人，士卒七百人，悉復其業。

五月辛未朔，鳳翔元帥完顏閭山破宋人步落堝、香爐堡諸屯。甲戌，招撫副使黃摑阿魯荅襲破李全于莒州及日照縣之南，三道擊之，追奔四十里。丙子，夏人自葭州入鄜延，元帥承立遣兵敗之馬吉峰，是日捷至。詔遣官督捕河南諸路蝗。辛巳，策論詞賦經義進士及武舉人入見，賜告命章服。萊州民曲貴殺節度經略使內族轉奴，自稱元帥，構宋人據城叛。山東招撫司遣提控王庭玉、招撫副使黃摑阿魯荅等討平之，斬僞統制白珍及牙校數十人，生禽貴及僞節度使呂忠等十餘人，誅之。乃命庭玉保萊，朱琛保密，阿魯答保寧海，以安輯其民。丙戌，陝西行省言：「四月中，鞏州行元帥承裔遣提控烏古論長壽、納蘭記僧分道伐宋。長壽出鹽川鎮，記僧出鐵城堡，皆克捷而還。」辛卯，壽州行樞密院南城軍攻辛城鎮，一軍趣史河，與宋人戰，勝之。壬辰，河北行省復黃縣。乙未，第鳳翔、秦、鞏三道南征將士功，各遷其官。丙申，增隨朝官及諸承應人俸。戊戌，陝西行省連報承裔等入宋境之捷。己亥，大元兵徇錦州，元帥劉仲亨死之。庚子，陝州羣狼傷百餘人，立賞募人捕殺。

六月甲辰，樞密院言：「諸道表稱大元集兵應州、飛狐，將分道南下，覩其意不在河北，而在陝西。河東各路義士、土兵、蕃漢弓箭手，宜於農隙教閱，以備緩急。東平、單州衝要，豫徙其農民糧畜，置可守之城，修近城水砦，因以爲固。潼谷遠連商、虢，宜令兩帥府選官按視阨塞。」又言「賈瑀等刺殺苗道潤，乞治瑀等專殺之罪。餘州郡各以正職授頭目，使分治一方。」上諭之曰：「道潤之衆亟收集之，瑀等是非未明，姑置勿問。諸頭目各制一方，利害至重，更審處之。」石州賊馮天羽衆數千，據臨泉縣爲亂。帥府命將討捕之，爲賊所敗，旁郡縣將謀應之。州刺史紇石烈公順赴以兵，天羽等數十人迎降，公順殺之。餘賊走保積翠山，遣將王九思攻之，不下。詔國史院編修官馬季良持告勅金幣往招之。比至，九思先破柵，殺賊二千人，餘復走險。已而，其黨安國用等詣季良降者五千餘人，就署國用同知孟州防禦使事，以次遷擢有差。分其衆于絳、霍間。丁未，以參知政事把胡魯權左副元帥，與平章政事胥鼎協力防秋。己酉，苗道潤所部軍請隸潞州元帥府，詔河北行省審處之。壬子，紅襖賊犯沂州，官軍敗之，追至白里港，都提控齊信沒於陣，詔有司議贈卹。〔六〕丙辰，遣監察御史粘割梭失往河中、絳、解等郡，同守土官商度可保城池。丁巳，上以久旱，諭宰臣治京獄寃。因及京城小民，中納石炭，既給其價，御史劾以過請官錢，並繫之獄，有論至極刑者，欲悉從寬宥，何如？高琪對不然，遂止。壬戌，御史言戶部員外郎臧伯昇供億息州，偶遇官軍戰勝，亦冒遷一官，乞論其罪。上曰：「軍前如此者，何止伯昇，今遽見罪，餘皆不安。且詰所從來，勢連及帥府。多故之秋，豈爲一官，遂忘大計，但令釐正之。」癸亥，遣高汝礪、徒單思忠禱雨。

秋七月庚午朔，日有食之。辛未，詔賞南伐將士有差。夏人犯龕谷，提控夾谷瑞及其副趙防擊走之。甲戌，以旱災，詔中外。己卯，遣官望祀嶽鎭海瀆于北郊，享太廟，祭太社、太稷，祭九宮貴神于東郊，以禱雨。遣太子太保阿不罕德剛、禮部尚書楊雲翼分道審理寃獄。癸未，大雨。太子、親王、百官表請御正殿，復常膳。庚寅，擇明幹官提控銓選無違失者與升擢，令譯史不任事者，驗已歷俸月放滿，別選能者。甲午，夏人復犯龕谷，夾谷瑞大破之。用點檢承玄言，遣官詣諸道選寄居守闕丁憂官及親軍入仕才堪總兵者，得一百六人，付樞密任使。

八月庚子朔，河北行省以苗道潤軍隸涿州刺史李瘸驢，〔七〕副以張甫、張柔。戊申，勅親軍百戶以下授職待闕者給本俸，仍充役，俟當赴任遣之。己酉，詔河北行省完顏霆進軍援山東招撫使田琢，自今將士立功聽琢先賞以聞。大元遣木華里等帥步騎數萬自太和嶺徇河東。乙卯，大元兵收代州。辛酉，棣州提控紇石烈醜漢討賊張聚，大破其衆，復濱、棣二州。姦人李宜伏誅。復禁北歸民渡河。戊辰，大元兵收隰州。

九月乙亥，下太原府，元帥左監軍兼知樞府事烏古論德升死之。丙戌，諭皇太子曰：「軍務之速，動關機會，悉從中覆，則或稽緩。自今有當亟行者，先行後聞。」以戶部尚書納合蒲剌都爲元帥右監軍，行元帥府事于潞州。戊子，置秦關等處九守禦使，命完顏蒲察等分戍諸阨。議遷海州，侯摯言不便，止。大元兵徇汾州，節度使兀顏訛出虎死之。庚寅，李全破密州，執招撫副使黃摑阿魯荅、同知節度使夾谷寺家奴。辛卯，大元兵下孝義縣。乙未，設隨處行六部官，以京府節鎮長官充尚書，次侍郎、郎中、員外郎；防刺長官侍郎，次郎中、員外郎、主事；勾當官聽所屬任使。州府官並充勸農事，防刺長官及京府節鎮同知以下充副使。丙申，李全破壽光縣。

冬十月甲辰，李全破鄒平縣，戊申，破臨朐縣。己酉，大元兵徇絳、潞。壬子，攻平陽，提控郭用死之。癸丑，下平陽，知府事、權參知政事、行尚書省李革及從坦死之。甲寅，權平定州刺史范鐸以棄城，伏誅。詔諸郡錄囚官，凡坐軍期者皆奏讞。山東路轉運副使兼同知沂州防禦使程戩及邳州副提控王汝霖等通宋人爲變，伏誅。宋人攻漣水縣，提控劉瑛敗之。丁巳，大元兵攻澤州。戊午，尚書省言獲姦細叛亡，率多僧道。詔沿邊諸州，惟本處受度聽依舊居止，來自河北、山東遣入內郡，譏其出入。己未，李全據安丘，提控王政屯昌樂侯王庭玉兵同進討。宣差太府少監伯德玩擅率政兵攻全，爲全所敗，提控王顯死焉。田琢上言乞正玩罪。癸亥，月犯軒轅左角之少民星。甲子，詔河東北路忻、代、寧化、東勝諸州並受嵐州帥府節制。

十一月庚午，大赦。庚辰，御登賢門召致政舊臣賜食，訪以時政得失。辛巳，以行元帥府紇石烈桓端權簽樞密院事，行院于徐州，權右都監訛可行元帥府事于息州。甲申，詔河東南路隰、吉等州聽絳州元帥府節制。〔八〕大元兵收潞州，元帥右監軍納合蒲剌都、參議官修起居注王良臣死之。戊子，龕谷提控夾谷瑞敗夏人于質孤堡。河北行省報海州之捷。壬辰，定經兵州縣職官子孫非本貫理蔭及過期不蔭等格。丙申，大元兵下太原之韓村砦。

定京師失火法。

十二月己亥朔，以御史中丞完顏伯嘉權參知政事、元帥左監軍，行河中府尚書省元帥府，控制河東南、北路便宜從事。升絳州爲晉安府，總管河東南路兵，降平陽爲散府。辛丑，簽樞密院事蒲察移剌都伏誅。壬寅，前山東西路轉運使致仕移剌福僧上章言時事。癸卯，詔大理卿溫迪罕達權同簽樞密院事，行院于許州。甲辰，以誅移剌都，詔中外。乙巳，命徒單思忠祈雪，已而，大雪。甲寅，以開封府治中呂子羽等使宋講和。紅襖賊攻彭城之胡材寨，徐州兵討敗之。乙卯，以禮部侍郎抹撚胡魯剌爲汾陽軍節度使，權元帥右監軍，與嵐州元帥古里甲石倫完復河東。〔九〕丁巳，籍瀕河埽兵。癸亥，尚書省言：「樞密掌天下兵，皇太子撫軍，而諸道又設行院。其有功及失律者，須白院，啓東宮，至於奏可，然後誅賞，有司但奉行而已。自今軍中號令關賞罰者，皆明注詔旨、敎令，毋容軍司售其姦欺。」上從之。以樞密副使駙馬都尉僕散安貞爲左副元帥，權參知政事，行尙書省元帥府事，伐宋。甲子，上諭旨有司：「京師丐食死於祁寒，朕甚憫之。給以後苑竹木，令居獲燠所。」

三年春正月庚午，呂子羽至淮，宋人不納而還。詔伐宋。丙子，稅民種地畝，議行均輸。戊寅，勅和市邊城軍需，無至配民。定鎭戍征行軍官減資歷月日格。壬午，大雪。上聞東掖有撤瓦聲，問左右，知爲丁夫葺器物庫廡舍，上惻然，諭主者曰：「雪寒役人不休，可乎？姑止之。」丙戌，紇石烈牙吾𣙜上濠州香山村之捷。丁亥，諭宣徽，皇后生日免百官賀。壬辰，以大元兵已定太原，河北事勢非復向日，集百官議備禦長久之計。伐宋捷至，上謂侍臣曰：「此事豈得已哉。近日遣使實欲講和，彼既不從，安得不用兵也？」免單丁民戶月輸軍需錢。甲午，有司請立價以買南征軍士所獲馬，上恐失衆心，因至敗事，不聽。乙未，勑尚書省，自今六部稟議常事，但可再送，不得趣召辨正。餘應入法寺定斷而再送，猶未當者具以聞，下吏治之。宰相執政以下皆不得召部寺官，部寺官亦不得詣省，犯者論違制。丁酉，鄧州元帥府提控婁室有罪，減死削爵。

二月庚子，上與太子謀南征帥，不得其人，歎曰：「天下之廣，緩急無可使者，朕安得不憂？」紇石烈牙吾𣙜敗宋人于滁。甲辰，胥鼎言：「軍中誅賞，近制須聞朝廷。賞由中出，示恩有歸，可。部分失律，主將不得即治其罪，不可。」詔尚書樞密雜議。宰臣請城守野戰將校有罪，從七品以下許便宜決罰，餘悉奏裁。上曰：「七品以下財令治之，將權太輕，或至誤事。自今四品以下聽決。」乙巳，攻宋光山縣，俘其統制蔡從定等，光州以兵來援，復敗之。丙午，上謂宰臣：「江淮之人，號稱選愞，然官軍攻蔓菁堝，其衆困甚，脅之使降，無一肯從者。我家河朔州郡，一遇北警，往往出降，此何理也？」丁未，勑凡立功將士有居喪者特起復還授。戊申，拔宋小江寨，殺其統制王大蓬。己酉，取宋武休關。庚戌，元帥左都監承立，〔一〇〕以綏德、保安之境，各獲夏人統軍司文移來上，其辭雖涉不遜，而皆有保境息民之言，詔尚書省議之。宰臣言：「鎮戎、靈平等鎮近耗，夏人數犯疆埸。此文正緩我耳，宜嚴備禦，以破姦計。」上然其言。又曰：「頃近侍還自陝西，謂白撒已得鳳州，如得武休關，將遂取蜀。朕意殊不然，假令得之，亦何可守？此舉蓋爲宋人渝盟，初豈貪其土地耶？朕重惜生靈，惟和議早成爲佳耳。」高汝礪乞致事，優詔不允。甲寅，詔陝西行省，從七品以下官許注擬，有罪許決罰，丁憂待闕隨宜任使。軍官徒以上罪及軍事怠慢者，巡按御史治之。己未，行省安貞入宋境，破梁縣等軍，擒統制李申之。右副元帥完顏賽不、左都監牙吾塔，白石關、平山砦之捷俱至。

三月丁卯朔，陝西兵破宋虎頭關，取興元、洋州。捷至，上大悅。庚午，破宋人于七口倉。甲戌，高麗先請朝貢，因遣使撫諭之，使還，表言道路不通，俟平定後議通款。命行省姑示羈縻，勿絕其好。戊寅，蔡州行元帥府右都監完顏合達破宋人于梅林關，〔一一〕擒統制張時。己卯，長春節，免朝賀。提控奧屯吾里不敗宋人于上津縣，軍還至濠州，宋人來拒，牙吾塔擊走之。乙酉，河南路節鎮以上立軍器庫，設使、副各一員，防刺郡設都監、同監各一員。完顏合達敗宋人于馬嶺堡。丙戌，行省安貞破宋人于石堌山。己丑，追賜皇后父太尉汴國公彥昌姓溫敦。庚寅，攻宋麻城縣，拔之，獲其令張倜等。辛卯，行省安貞破宋兵于塗山。壬辰，賽不敗宋兵于老口鎭，又敗宋人于石鶻崖。甲午，錄用罪廢官副元帥蒲察阿里不孫、御史大夫永錫等七十人。詔太原等路，州縣闕正授官，令民推其所愛爲長，從行省量與職任。及運解鹽入陝西，以濟調度，命胥鼎兼領其事。

閏三月丙申朔。申明屠宰牛罪律。以雄、霸以東付權中都經略李瘸驢，易州以西付權中都西路經略靖安民治之。遙授金安軍節度使完顏和尙、故行軍副提控夾古吾典皆除名。庚子，皇子平章政事濮王守純進封英王。壬寅，叛賊王公喜構宋人取沂州。甲辰，以沂國公主薨，輟朝。丙午，給空名宣勅及金銀符，付嵐州帥古里甲石倫，〔二〕許便宜遷注，以招脅從。丁未，諭樞密院議晉安、東平、河中諸郡備兵之策。庚戌，行省左副元帥僕散安貞至自軍前，入見于仁安殿。辛亥，少府少監粘割梭失言利害七事。甲寅，以南伐師還，罷南邊州郡籍民爲兵者。戊午，夏人破葭州之通秦砦，〔三〕刺史紇石烈王家奴戰沒。壬戌，治書侍御史蒲魯虎上書，請選太子師傅。甲子，胥鼎等各遷官，賞南伐之功。

夏四月丙寅朔，裕、宿等州置元帥府，選陝西步騎精銳六千人實京兆。戊辰，選精銳六萬分屯平涼、涇、邠、乾、耀等州。庚午，以秦州防禦使女奚烈古里間行元帥府于平涼。罷募民運解鹽。築京師裏城，命侯摯董役，高琪總監之。甲戌，以知臨洮府事石盞合喜爲元帥左都監，行元帥府事于鞏州。壬午，遣近侍四人巡視築城丁夫，時其飲食，聽其更休，督吏慘酷悉禁止之。癸未，陝西黑風晝起，有聲如雷，地大震。甲申，詔河北州縣官止令土著推其所愛者充，朝廷已授者別議任使。乙酉，夏人據通秦寨，提控納合買住擊敗之。己丑，林州都統霍成以疑貳誣殺降人，論罪當死，元帥惟良不欲以殺敵人誅邊將，請寬其罰，仍請立護送降民賞格，以杜後患。上爲之赦成，而命有司班賞格焉：護送十人以上至者遷一官，不及者每名賞錢二百緡，五十人以上兩官，百人以上兩官雜班任使。庚寅，以時暑，詔朝臣四日一奏事。高汝礪請備防秋之糧，宜及年豐於河南州郡驗直立式，募民入粟。上與議定其法而行之。同提舉榷貨司王三錫請榷油，歲可入銀數萬兩，高琪主之，衆以爲不便，遂止。辛卯，夏人犯通秦砦，元帥完顏合達出兵安塞堡以擣其巢。至隆州，夏人逆戰，官軍擊之，衆潰，進薄城，俄陷其西南隅，會日暮，還。壬辰，以同知平陽府事胡天作充便宜招撫使。

五月乙未朔，鳳翔元帥府遣兵敗宋人于黃牛等堡。壬子，太白晝見于參。

六月甲子朔，時暑，給修城夫病者藥餌。遣諭元帥合達曰：「以卿幹局，故有唐、鄧之委。或有侵軼，戰退不宜遠追，第固吾圉。」以驃騎上將軍河南路統軍使石盞女魯歡爲元帥右都監，行平涼元帥府事。詔付遼東等處行省金銀符及空名宣勅，〔一四〕聽便宜處置。壬申，制沿河戍兵逃亡罪並同征行軍人例。詔御史中丞完顏伯嘉行樞密院于許州。甲戌，定防秋將校擊毬飲燕之罰。李全寇日照、博興，紇石烈萬奴敗之；寇卽墨，完顏僧壽又敗之，復萊州。戊寅，詔陝西簽軍如河南例，曲赦河東南、北路。丁亥，命防禦使徒單福定等帥所部義軍，與沂州民老幼盡徙于邳。戊子，遼州總領提控唐括狗兒帥師復太原府。平涼等處地震，詔右司諫郭著撫諭其軍民。

秋七月丁酉，籍邳、海等州義軍及脅從歸國而充軍者，人給地三十畝，有力者五十畝，仍蠲差稅，日支糧二升，號「決勝軍」。戊戌，上進樞密臣僚諭之曰：「裏城久未畢功，尙書欲增調民，朕慮妨農。況糧儲不繼，將若之何，盍改圖之。」樞臣言：「是役之興，實爲大計，今功已過半，偶値霖潦，成功差遲。尙書議增丁夫，勢必驗口，不令妨業。比及防秋，當告成矣。」上曰：「卿等善爲計畫，無貽朕憂。」庚子，以地震，曲赦陝西路。甲辰，置京東、西、南三路行三司。〔一五〕乙卯，曲赦山東西路。丁巳，遣徒單思忠以地震祭地祇于上淸宮。

八月丙寅，補闕許古等削官解職。丁卯，木星犯輿鬼東南星。戊辰，遣禮部尙書楊雲翼祭社稷，翰林侍讀學士趙秉文祭后土于河中府。京西行三司李復亨言汝、鄧冶鐵，河南、北食鹽之利。〔一六〕木昰晝見于柳，百有九日乃滅。壬申，上勅臺臣：「朕處分尙書事，或至數日不奉行，及再問則巧飾次第以對。大臣容有遺忘，左右司玩弛，臺臣當糾。今後復爾，併罪卿等。」乃定御史上下半月勾檢省中制勅文字。大元兵下武州，軍事判官郭秀死之。

丁丑，緩在京差徭。中山治中王善殺權知府事李仲等以叛。大元兵下合河縣，縣令喬天翼等死之。乙酉，命樞密遣官簡嶺外諸軍之武健者，養之彰德、邢、洺、衞、濬、懷、孟等城，弱者罷遣。戊子，勑侯摯諭三司行部官勸民種麥，無種粒者貸之。

九月甲午，詔單州經略使完顏仲元屯宿州，〔一七〕與右都監紇石烈德同行帥府事。丙申，唐州從宜夾谷天成敗宋人于桐栢。丁酉，尚書省請申命侯摯廣營積貯，上不許，曰：「徵斂已多。今更規畫，不過復取於民耳。防秋稍緩，當量減戍兵，用度幸足。何至是耶。」甲辰，大元兵徇東勝州，節度使伯德窊哥死之。庚戌，命行省胥鼎領兵赴河中。壬子，眞定招撫使武仙請給金銀符賞有功，從之。沿河造戰艦，付行院帥府。

冬十月癸亥朔，定保舉縣令能否升黜舉主制。乙丑，用蒙古綱言，招集義軍各置都統、副統等官，如貞祐三年制。平凉府先以地震被命醮祭，方行事，慶雲見，以圖來上。遣官覆驗得實，是日，百官奉表稱賀。丁卯，以完顏開權元帥左都監，郭文振權右都監，並行元帥府事，謀復太原。壬申，定贓吏計罪以銀爲則。癸酉，以慶雲遣官告太廟。甲戌，以慶雲詔國內。己卯，大元兵次單州境，詔諸路民應遷避兵而不欲者，亟遣人以利害曉之。癸未，裹城畢工，百官稱賀。宴宰臣便殿。遷右丞摯官一階，賜右丞相琪、左丞汝礪、參知政事思忠金鼎各一，重幣三。是役，上慮擾民，募人能致甓五十萬者遷一官，百萬仍升一等。平陽判官完顏阿剌、左廂譏察霍定和發宋蔡京故居，得二百萬有奇，准格遷賞。甲申，宰臣請以裹城之功建碑會朝門，從之。丁亥，大元兵屯綿上。壬辰，命有司葺閒舍，給薪米，以濟貧民，期明年二月罷，俟時平則贍之以爲常。

十一月癸巳朔，前嵐州倉使張祐自夏國來歸。以樞密副使僕散安貞、同簽院事訛可行院事于河北。乙未，以官驢借朝士之無馬者乘之，仍給芻豆。己亥，大元兵徇彰德府。辛丑，詔朝官七品、外路六品以上官，二歲舉縣令一人。戶部令史蘇唐催租封丘，期限迫促，民有生刈禾輸租者。上聞之，遣吏按問，杖唐五十，縣令高希隆減一等。尙書以希隆罰輕，上曰：「使臣至外路，自非至剛者孰能不從。其依前詔。」甲寅，徐州總領納合六哥大破紅襖賊于狄山。禮部郎中抹撚胡魯剌上疏言時事。丁巳，右丞相高琪下獄。泰安軍副使張天翼爲賊張林所執以歸宋，縶之楚州。至是逃歸，授睢州刺史，超兩官，進職一等。戊午，大元兵平晉安府，行元帥府事、工部尙書粘割貞死之。

十二月，誅高琪。

校勘記

〔一〕山東行元帥府事蒙古綱擅械轉運使李秉鈞　原脫「元」字。按本書卷一〇二蒙古綱傳，「貞祐四年十月行元帥府事」。今據補。

〔二〕大元兵下沔城縣　按本書地理志無「沔城縣」。疑有誤字。

〔三〕夏人犯黄鶴岔　「岔」原作「坌」。按本書卷一三四西夏傳，興定元年「右都監完顏閭山敗夏兵于黄鶴岔」。今照改。

〔四〕甲戌元帥左都監承裔　「左」原作「右」。按本書卷一一三白撒傳，「内族白撒名承裔」，「興定元年爲元帥左都監，行帥府事於鳳翔」。卷一〇一僕散端傳同。今據改。

〔五〕十一月壬午　原脱「十一月」三字。按下文「十二月甲辰朔」，壬午當在十一月。今據補。

〔六〕詔有司議贈卹　原脱「詔」字，據文義補。

〔七〕河北行省以苗道潤軍隸涿州刺史李瘸驢　「河」原作「江」。按上文六月己酉，苗道潤所部軍請隸潞州元帥府，「詔河北行省審處之」。又下文己酉「詔河北行省」，皆作「河北」。今據改。

〔八〕甲申詔河東南路隰吉等州聽絳州元帥府節制　原脱「詔」字，據文義補。

〔九〕與嵐州元帥古里甲石倫完復河東　原脱「石倫」二字。按本書卷一一一古里甲石倫傳，「興定元年十一月，遷鎮西軍節度使兼嵐州管内觀察使，行元帥府事」。今據補。

〔一〇〕元帥左都監承立　「左」原作「右」。按本書卷一一六承立傳，貞祐三年爲元帥右都監，興定元年「以功進元帥左都監」。今據改。

〔一一〕蔡州行元帥府右都監完顏合達破宋人于梅林關　「梅」原作「海」。按本書卷一一二完顏合達傳，興定三年「三月，破宋兵於梅林關，擒統領張時」。又卷一〇二僕散安貞傳、卷一二四畢資倫傳亦見梅林關。今據改。

〔一二〕付嵐州帥古里甲石倫　原脫「石倫」二字。今補。參見本卷校記〔九〕。

〔一三〕夏人破葭州之通秦砦　「秦」原作「泰」。據下文四月「乙酉，夏人據通秦寨」、「辛卯，夏人犯通秦砦」各條改。參見本書卷二六地理志校記〔一〇〕。

〔一四〕詔付遼東等處行省金銀符及空名宣勅　「付」原作「赴」。據文義改。

〔一五〕置京東西南三路行三司　原脫「京」字。按本書卷一〇〇李復亨傳，興定三年「七月，置京東、京西、京南三路行三司」。今據補。

〔一六〕京西行三司李復亨言汝鄧冶鐵河南北食鹽之利　「京西」原作「西京」。按本書卷一〇〇李復亨傳云，「置京東、京西、京南三路行三司」，「復亨攝西路，治中京」。今據改。

〔一七〕詔單州經略使完顏仲元屯宿州　「完顏仲元」原作「完顏仲」。按完顏仲係世宗大定間人，與此時間不合。本書卷一〇三完顏仲元傳，「興定元年復爲單州經略使。三年，詔屯宿州，與右都監紇石烈德同行帥府事」。又卷一二八紇石烈德傳，「興定三年以節度權元帥右都監，與左都監單州經略使完顏仲元俱行帥府于宿州」。今據改。

金史卷十六

本紀第十六

宣宗下

四年春正月壬辰朔，詔免朝。丙申，金安軍節度使行元帥府事古里甲石倫除名。丁酉，大元兵下好義堡，霍州刺史移剌阿里合等死之。詔贈官有差。庚戌，宋步騎十餘萬圍鄧州，聞援軍至，夜焚營去，招撫副使朮虎移剌荅追及之，奪其俘還。壬子，晝晦，有頃大雷電，雨以風。癸丑，戶部侍郎張師魯上書，請遣騎兵數千，及春，淮、蜀並進，以撓宋。丙辰，以武仙遙領中京留守，進官一階。

三月辛丑，議遷睢州，治書侍御史蒲魯虎奉詔相視京東城池，還言勿遷便，乃止。癸卯，長春節，詔免朝。乙巳，林州元帥惟良擒叛人單仲、李俊，誅之，降其黨盧廣。己酉，以吏部尚書李復亨參知政事，南京兵馬使朮甲賽也行懷、孟帥府事。辛亥，進平章政事高汝礪爲尚書右丞相，監修國史，封壽國公。參知政事李復亨兼修國史。平章政事、陝西行尚書省胥鼎進封溫國公，致仕。壬子，紅襖賊于忙兒襲據海州，經略使完顏陳兒以兵擊敗忙兒，復取之。甲寅，木星犯鬼宿積尸氣。

夏四月庚申朔，詔御史中丞完顏伯嘉提控防城事。癸亥，安武軍節度使柴茂破紅襖賊于棗强。祁州經略使段增順破叛賊甄全于唐縣。夏人犯邊，元帥石盞合喜破之。乙丑，以彰德、衞、輝、滑、濬諸州隸河南路轉運司。以河南路轉運司爲都轉運，視中都，增置官吏。戊辰，禘于太廟。大元遣趙瑞以兵攻孟州。提控魯德、王安復大名府。以參知政事把胡魯權尚書右丞、左副元帥，元帥左都監承立爲右監軍權參知政事，同行尚書省元帥府于京兆。庚辰，東平元帥府總領提控蒲察山兒破紅襖賊于聊城。壬午，命六部檢法以法狀親白部官，聽其面議，大理寺如之。

五月壬辰，定二品至三品立功遷官格。癸巳，紅襖賊寇樂陵、鹽山，〔一〕橫海軍節度使王福連擊敗之，〔二〕張聚來寇，又敗之。甲午，上擊鞠于臨武殿。丙申，以時暑，免常朝，四日一奏事。丁酉，諭工部暑月停工役。癸卯，大元兵徇隩州。丙辰，大元兵徇兖州，泰定軍節度使兀顏畏可死之。

六月丙寅，遣人招張柔。丁卯，詔減監察御史四員。戊辰，山東民僑居者募壯士五百人，益東莒公燕寧軍。月犯土星。己巳，太白晝見于張，百八十有四日乃伏。甲戌，制諸倉場庫院巡護軍，受提舉倉場司及監支納官彈壓。京畿不雨，勅有司閱獄，雜犯死罪以下皆釋之。丁丑，大元遣楊在攻下大名，又攻開州及東明、長垣等縣。己卯，祈雨。庚辰，宋人方子忻來歸，有司處之鄭州。上曰：「吾民奔宋者，彼例衣食之。彼來歸者，不善視之，或復逃歸，漏泄機事。」命增子忻廩給，有司優遇之。元帥右監軍、權參知政事承立上封事。

秋七月辛卯，宋人及紅襖賊犯河朔，諸郡皆降，獨滄州經略使王福固守。會益都賊張林來攻，福乃叛降林，帥府請討之。是日，雨。癸丑，林州行元帥府遣總領嚴祿等討紅襖賊于彰德府，生擒僞安撫使王九。詔參知政事李復亨爲宣慰使，御史中丞完顏伯嘉副之，循行郡縣勸農。以烏古論仲端等使大元。

八月戊午朔，嚴實、成江、王贇據濟南，山東招撫高居實遣人招嚴實于青崖砦，獲其款以聞。李全犯東平府，監軍王庭玉敗之，擒其僞安化軍節度使張林。庚申，高陽公張甫請增兵守冀州。上諭樞密，潁州民渡淮爲宋軍者凡十村，可追索主者，懲一二以誡其餘。庚午，勅掌兵官不聽舉縣令。夏人陷會州，刺史烏古論世顯降。甲戌，陝西行省報龕谷敗夏人之捷。乙亥，上諭宰臣，河南水災，唐、鄧尤甚。其被災州縣，已除其租。餘順成之方，止責正供，和糴、雜徵並免。仍自今歲九月始，停周歲桑皮故紙折輸。流民佃荒田者如上優免。丙子，陝西行省與夏人議和。戊寅，定選補親軍法。己卯，罷葭州招撫司。壬午，陝西路行省承裔報定西州之捷。丙戌，以隨路諸軍戶徙河南、京東、西、南路，各設檢察使、副。恒山公武仙降大元。

九月戊子，詔遣官于河南、陝西選親軍。辛卯，進章宗實錄。戊戌，大元木華里屯軍眞定。置總領元帥府于歸德，以壽州、陳留兩鎮兵屬之。庚子，夏人入定西州。壬寅，宋人屯皂郊堡，行軍提控完顏益都擊敗之。大元遣塔忽等來。癸卯，夏人來侵。甲辰，滕州招捕提控夏義勇討紅襖賊，敗之。乙巳，詔參知政事李復亨提控芻糧事。己酉，夏人陷西寧州，尚書省都事僕散奴失不坐誅，駙馬都尉徒單壽春奪官一階，杖六十。癸丑，更定安泊逃亡出征軍人罪及捕獲賞格。甲寅，宋人出秦州，及夏人來侵。丙辰，鞏州行元帥府事石盞合喜報定西州之捷。

冬十月壬戌，大元遣蒙古塔忽、訛里剌等來。己卯，陝西東路行省報綏德州之捷。泗州元帥府言，紅襖賊一月四入寇，掠人畜而去。庚辰，上擊鞠于臨武殿。辛巳，授紅襖賊時青滕陽公、本處兵馬總領、元帥兼宣撫。癸未，京西山寨各設守禦使、副，令本路帥府總之。諭陝西行省圖復會州。上擊鞠于臨武殿。

十一月丁亥朔，免越王永功朔望朝參。易水公靖安民爲其下所殺。戊子，黃陵堈經略使烏古論石虎等以戰陣失律，伏誅。壬辰，木星晝見于翼，積六十有七日伏，夜又犯靈臺北第一星。〔三〕甲午，河南水，遣官勸課。更浮山縣名忠孝。戊戌，詔復衞紹王王爵，仍加開府儀同三司。壬寅，山東東路軍戶徙許州，命行東平總管府治之，判官一人分司臨潁。乙巳，詔柴茂權元帥左都監，蓋仁貴攝右都監，同行元帥府于眞定。是月，大元木華里國王以兵圍東平。

十二月甲戌，祈雪。禮部郎中權左司諫抹撚胡魯剌上封事。戊寅，詔軍官許月擊鞠者三次，以習武事。庚辰，臘，享于太廟。乙酉，鎭南軍節度使溫迪罕思敬上書言錢幣、稅賦二事。

五年春正月丙戌朔，免朝。丁亥，世宗忌日，謁奠于啓慶宮。戊子，括南京諸州逋戶舊耕官田，給軍戶。壬辰，議禦西夏及征南事。諭皇太子以東平禦敵方略。甲午，諭樞密院，南伐事重，當詳議其便。撰故衞王事跡，如海陵庶人例。丁酉，大元兵攻天井關。戊戌，宋人襲泗州西城，提控王祿死之。辛丑，太白晝見于牛，二百三十有二日伏。乙巳，詔諸道兵集蔡州。己酉，伐宋。庚戌，山東行省報東平之捷。

二月丙辰朔，置招撫司于單州。曲赦東平府。庚申，下詔伐宋。以內族惟弼權同簽樞密院事，行院于中京；斡勒合打權元帥府右都監，行元帥府于蔡、息；納合降福權簽樞密院事，行院于宿州；孛术魯達阿權元帥右都監，完顏訛論副右都監，行元帥府于唐、鄧。戊辰，罷懷州行元帥府，復置招撫司，與孟州經略司並受中京行樞密院節制。辛未，僕散安貞以兵出息州，破宋人于淨居山寺，拔黃土關。癸酉，以旱災，曲赦河南路。丙子，禁京城兵器。元帥紇石烈牙吾塔破宋兵，復泗州。進逼濠州，至渦口，乏糧而還西城。癸未，以旱災，詔中外。

三月丙戌朔，上御仁安殿，祈雨，仍望祭于北郊。庚寅，宋人圍唐、鄧，行元帥府事完顏訛論力戰却之。前鄧州千戶孛术魯毛良虎自拔歸國，訛論便宜遷其官三階，授同知唐州事，乞正授以示信，從之。乙未，罷河南路行三司。丙申，參知政事徒單思忠進尙書右丞、兼修國史，以太子詹事僕散毅夫爲參知政事。諭宰臣曰：「今奉御、奉職多不留心采訪外事。聞章宗時近侍人秩滿，以所采事定升降。今亦宜預爲考覈之法，以激勸之。」戊戌，長春節，免朝。己亥，夏因叛人賫趙兒之招，入據來羌城，孛术魯合住以重賞誘脅從人爲內應，督兵急攻城，拔之。省試經義進士，考官於常額外多放喬松等十餘人。有司奏請駁放，上已允，尋復遣諭松等曰：「汝等中選而復黜，不能無動于心。方今久旱，恐傷和氣，今特恩放汝矣。」庚子，賜林州行元帥府經歷官康琚進士及第。琚以武階乞赴廷試，故有是命。丙午，以旱築壇祀雷雨師。壬子，雨。

四月己未，山東行省蒙古綱言：「東莒公燕寧戰敗而死。寧所居天勝砦據險，寧亡，衆無所歸，變在朝夕。權署其提控孫邦佐爲招撫使，黃摑兀也爲總領，以撫其衆。」遣使請命，勑有司議之。辛酉，禱雨于太廟。丙寅，僕散安貞破宋黃、蘄等州。壬申，俘宋宗室男女七十餘口獻于京師。癸酉，詔親軍中武舉第而授職需次者，仍執舊役，廩給循常，闕至發遣。辛巳，監察御史劉從益以彈劾失當，奪官一階，罷之。詔定進士中下甲及監官散階至明威者舉充縣令法。

五月甲申朔，日有食之。戊戌，宋人據楚丘，官軍復之。庚子，納蘭記僧伏誅，告人趙鋭升職四等。壬寅，陝西元帥完顏賽不遣使來獻晉安、平陽之捷，方議其賞，御史烏古論胡魯劾其縱將士鹵掠，不副主上除亂拯民之意，乞正其罪。上以賽不有功，詔勿問，賞議亦寢。癸卯，唐州守將訛論爲元帥賽不猶子，與宋人戰唐州境上，爲宋人所敗，死者七百餘人，匿之而以捷聞。御史納蘭發其事。上以賽不故，亦不之罪，而以是意諭之。乃稱納蘭敢言，錄其功付有司，秩滿考最。癸丑，東平內徙，命蒙古綱行省于邳州，王庭玉行帥府于黃陵堈。

六月甲寅朔，尚書省奏駙馬都尉安貞反狀，上閔奏慮其不實，謂平章政事英王守純曰：

「國家誅一大臣，必合天下後世公議。其令覆按之。」乙丑，遣使諭晉陽公郭文振、上黨公完顏開各守疆土，同心濟難，毋以細故啓釁端，誤國事。戊寅，僕散安貞坐謀反，并其三子，皆伏誅。己卯，越王永功薨。庚辰，輟朝。壬午，上親奠于殯所。

秋七月己亥，義勇軍叛，據碭山縣。庚子，詔增給徐州、淸口等處戍兵衣糧。己酉，碭山賊夜襲永城縣，行軍副總領高琬敗之，命蒙古綱併力討捕。辛亥，單州招撫劉瓊乞移河南糧濟其軍，詔給之。

八月壬子朔，罷黃陵堈招撫司。上諭尙書省，碭山叛軍家屬囚歸德，旬餘不給糧，恐傷其生。宰臣奏，已給之矣。又諭樞密，河北艱食，民欲南來者日益多，速令渡之，毋致殍死。癸亥，林、懷帥府邀擊紅襖賊于伏恩村，敗之。甲子，詔南征潰軍復歸而能力戰者，依出界立功格賞之。乙丑，宋人掠沈丘，殺縣令。甲戌，命有司除逋戶負租，毋徵見戶。

九月甲申，以京東歲饑多盜，遣御史大夫紇石烈胡失門爲宣慰使，往撫安之。更定監察御史違犯的決法。丁亥，詔州府及軍官捕盜慢職，四品以下宣慰使決之，三品以上奏裁。戊子，增授隰州招撫使軒成官，改受陝西省節制。〔四〕乙巳，崇進、駙馬都尉定國公徒單公弼薨。庚戌，歲星犯左執法。右丞相高汝礪表乞致仕，詔溫留之。

冬十月癸丑，進汝礪官榮祿大夫。命僕散毅夫行尙書省于京東，督諸軍芻糧。乙卯，太醫侯濟、張子英治皇孫疾，用藥瞑眩，皇孫不能任，遂不瘳，罪當死。上曰：「濟等所犯誠宜死，然在諸叔及弟兄之子，便應准法行之，以朕孫故殺人，所不忍也。」命杖七十，除名。尚書省言：「司、縣官貪暴不法，部民逃亡，既有決罰，他縣停匿亦宜定罪。隨處土民久困徭役，客戶販鬻坐獲厚利，官無所斂，亦宜稍及客戶，以寬土民。行院帥府幕職，雖無部衆，亦嘗贊畫戎功，而推賞止進官一階，宜聽主將保奏，第功行賞。」上皆從其請。戊午，遣親軍討河南羣盜。辛酉，大元兵攻綏德州。壬戌，夏人復侵龕谷。甲子，勅監察所彈事，同列不可預聞，著爲令。丁卯，夏人犯定西、積石之境。戊寅，分京畿戍卒萬二千，河中民兵八千，以許州元帥紇石烈鶴壽將之，屯潼關西。

十一月癸未，陝西東路行省報安塞堡敗夏人之捷。甲申，諭太府減損食品。庚寅，募民興南陽水田。壬辰，太子、親王、百官表賀安塞堡之捷，却之。乙未，夏人攻龕谷。宋人攻蘄縣。紅襖賊掠宿州。辛丑，詔蠲徐、邳、宿、泗等州逋租，官民有能墾闢閑田，除來年科徵。歸德、亳、壽、潁停閣逋戶租外，仍蠲三之一。逋戶田廬有司募民承業，禁其毀損，以俟來復。蒲城縣民李文秀等謀反，伏誅。壬寅，宋人焚潁州，執防禦判官而去。是日，相國寺火。大元兵攻延安。

十二月辛亥朔，以大元兵下潼關、京兆，詔省院議之。壬子，罷辟舉縣令法。丁巳，禮部侍郎烏古孫仲端，翰林待制安庭珍使北還，各遷一階。庚申，罷河南義軍。丁卯，詔罷新簽民軍，減樞密院掌兵官及京城戍兵，仍諭行院帥府，毋擅增設補簽。辛未，罷行總管府及招討統軍檢察等司。定宋人來歸賞格及詐誘征防軍人逃亡罪法。癸酉，元帥合達、買住及其將士以延安功特賞賚之，仍下詔奬諭。

閏月辛巳朔，大元兵徇鄜州，保大軍節度使完顏六斤、權元帥左都監紇石烈鶴壽、右都監蒲察婁室、遙授金安軍節度使女奚烈資祿皆死之。乙酉，提控术甲咬住破沈丘賊于陳瓦。丙戌，頒詔撫諭河南土寇。戊子，熒惑犯軒轅。己丑，孫瑀及捕盜官吾古出招降泰和縣賊二千人，詔斬其首惡，餘皆釋之。同知保靜軍節度使郭澍以徵糧失期，誣殺平民，坐誅。辛卯，官軍復葭州。癸巳，通遠軍節度使孛术魯合住削官。甲午，月犯熒惑。丙申，紅襖賊夜入蒙城縣，縣官失其符印，軍民死者甚衆，賊大掠而去。戊戌，鎭星晝見于軫。己亥，發兵捕京東盜。太白晝見于室。壬寅，發上林署粟賑貧民。陳、亳等州，鹿邑、城父諸縣，盜蠭起，趣樞府遣官討之。捕盜軍所過殘民，遣御史一人按視。軍所獲牛，有司以官錢收贖。戊申，詔定招捕土寇官賞格。己酉，更造「興定寶泉」，每一貫當「通寶」四百貫。

元光元年春正月庚戌朔，免朝。辛亥，世宗忌辰，謁奠于啓慶宮。元帥惟弼破紅襖賊于張鶩店。壬子，遣官墾種京東、西、南三路水田。甲寅，禁非邊關急速事無馳傳，即濫乘者州縣徑白省部，四方館從御史臺，外路從分按御史治之。詔陝西西路行省徙京兆者，兵退還治平涼。坊州刺史〔五〕把移失剌以棄城，伏誅。鄜州防禦使裴滿羊哥，同知防禦使古里甲石倫除名。平西節度使把古咬住奪官一階。丁卯，詔撫諭京東百姓。

二月壬午，〔六〕詔徙中京、唐、鄧、商、虢、許、陝等州屯軍及諸軍家屬赴京兆、同、華就糧屯。乙酉，〔七〕陝西西路行省請以厚賞募河西諸蕃部族寺僧，圖復大通城，命行省樞密院籌之。癸巳，上諭宰臣，宋人以重兵攻平輿、褒信，我師力戰却之，又偵知其事狀之詳。若俟帥府上功推賞，豈急於勸奬之道。其遣清望官，齎空名宣勅，覈實給之。乙未，詔諭河南、陝西。大元兵屯葭州。壬寅，權定行省、樞府、元帥府輒杖左右司、經歷司官罪法。甲辰，上念鄜延被兵，又延安受圍，嘗發民粟給軍。詔除延安、鄜、坊、丹、葭、綏德稅租，仍令有司償其粟直，不足者許補官。戊申，恒州軍變，萬戶呼延棫等千餘人殺掠城中，焚廬舍而去。己酉，遣元帥左監軍訛可行元帥府事，節制三路軍馬伐宋，同簽樞密院事時全行院事，副之。

三月辛酉，宋人掠確山縣之劉村。丙寅，歲星犯太微左執法。戊辰，樞密院委差官賈天安上書言利害。壬申，尚書右丞徒單思忠以病馬輸官，冒取高價，御史劾之，有司以監主自盜論死，上顧惜大體，降授陳州防禦使。癸酉，提控李師林敗夏人于永木嶺。郭文振表，近得俘者言，南北合兵將攻河南、陝西。詔樞密備禦。

夏四月辛巳，以金吾衞上將軍、勸農使訛可簽樞密院事。置大司農司，設大司農卿、少卿、丞，京東、西、南三路置行司，並兼採訪事。壬午，大元兵攻陵川縣。丁酉，林懷路行元帥府事惟良削官兩階，〔八〕罷之。更定辟舉縣令之法，而復行之。戊戌，籍丁憂待闕、追殿等官，備防秋。丁未，行樞密院報淮南之捷。

五月戊申朔，大元兵屯隰、吉、翼等州。壬戌，訛可、時全軍大敗。甲子，訛可以敗績當死，上面數而責之，勉其後效命，朘官兩階。丁卯，召致政胥鼎等赴省議利害。壬申，時全伏誅。

六月戊寅朔，造舟運陝西糧，由大慶關渡抵湖城。癸未，大赦。陳州防禦使呂子羽坐乏軍興，自盡。制諸監官及八品以下職事，丁憂、待闕、任滿、遙授者，試補侍衞親軍。命各路司農司設捕盜方略。丁酉，紅襖賊掠柳子鎮，驅百姓及驛馬而去，提控張瑀追擊，奪所掠還。僞監軍王二據黎陽縣，提控王泉討之，復其城。

秋七月庚戌，大元將按察兒以其衆屯晉安、冀州之境。丙辰，上黨公完顏開復澤州。己未，歸德行樞密院王庭玉報曹州破紅襖賊之捷。庚申，定監當官選法。河北羣盜犯封丘、開封界，令樞密院禦捕。甲子，京東總帥紇石烈牙吾塔請自今行院帥府幕職，有過得自決之。不允。戊辰，紅襖賊襲徐州之十八里砦，又襲古城、桃園，官軍破之。乙亥，太白晝見經天，與日爭光。

八月丁丑，定西征將士官賞有差。己卯，彗星見西方。甲申，增定藏匿逃亡親軍罪及告捕賞格。積石州蕃族叛附于夏，鞏州提控尼厖古三郎討之，獲羊千口，進尚膳，詔却之。以彗星見，改元，大赦。諭旨宰臣曰：「赦書已頒，時刻之間人命所係。其令將命者速往，計期而至。」以大司農把胡魯爲參知政事。癸巳，河間公移剌衆家奴、高陽公張甫兵復河間府，是日，報捷者始達。上以道途梗塞，報者艱虞，命厚賞之。夏人入德順。壬寅，祈雨。

九月丙午朔，以左右警巡使兼彈壓。諭陝西行省備邊。壬子，牙吾塔請以兵由壽州渡淮，擣宋人巢穴，不從。乙卯，議經略淮南。己巳，宋人掠遂平縣之石砦店，復侵南陽，唐州提控夾谷九住敗之。

冬十月丁丑，夏人掠德順之神林堡。壬午，宋張惠攻零子鎮，爲斡魯朶所敗，虜其裨將二人。河中府萬戶孫仲威執其安撫使阿不罕胡魯剌據城叛，陝西行省遣將討平之。癸未，復曹州。甲申，上獵于近郊，詔免百官送迎，且勿令治道，以勞百姓。庚寅，徙彰德招撫使杜先軍於衞州。乙未，大元兵下滎州之胡壁堡及臨晉。庚子，詔所司巡護避兵民資產。甲辰，以京兆官民避兵南山者多至百萬，詔兼同知府事完顏霆等安撫其衆。

十一月丁未，大元兵徇同州，定國軍節度使李復亨、同知定國軍節度使訛可皆自盡。甲寅，京東總帥牙吾塔報臨淮破宋兵之捷。戊辰，大元蒙古蒲花攻鳳翔府。

十二月乙亥朔，上謂皇太子曰：「吾嘗夜思天下事，必索燭以記，明而卽行，汝亦當然。」以河中治中侯小叔權元帥右都監便宜行事。〔九〕乙酉，遷同知平陽府事史詠龍虎衞上將軍，賜號「守節忠臣」，權行平陽公府事。丁亥，疊州總管靑宜可卒，特命其子角襲職。詔諭近侍局官曰：「奉御、奉職皆少年，不知書。朕憶曩時置說書人，日爲講論自古君臣父子之敎，使知所以事上者，其復置。」己丑，蘭州提控唐括昉敗夏人于質孤堡。大元以大軍攻鳳翔。

二年春正月甲辰朔，詔免朝賀。乙巳，世宗忌日，謁奠于啓慶宮。右丞相汝礪乞致政，上面諭使留。大元兵下河中府，權元帥右都監侯小叔復之。壬子，壽州防禦使完顏乃剌奪官四階。甲寅，上諭宰臣曰：「向有人言便宜事，卿等屢奏乞作中旨行之。帝王從諫足矣，豈可掠人之美以爲己出哉。」戊午，四方館使李瘸驢以罪罷，宰臣請以散地羈縻之，上曰：「此輩豪傑，正須誠待，若以術制，適使自疑。但不畀軍政，外補何害？」授瘸驢恒州刺史。

文謂：「鬻爵恩例有丁憂官得起復者，是教人以不孝也，何爲著此令哉？」丁卯，大元兵復下河中府。

二月甲戌朔，皇后生辰，詔免賀禮。己卯，丞相汝礪朝會，免拜，設榻殿下，久立賜休。壬午，詔軍官犯罪，舊制更不任用，今多故之秋，人才難得，朕欲除大罪外，徒刑追配有武藝善掌兵者，量才復用。其令尚書省議以聞。丁亥，大赦。己亥，鳳翔圍解。石盞合喜加金紫光祿大夫，升左監軍，特授大名府海谷忽申猛安，完顏仲元加光祿大夫，升右監軍，特授河北東路洮委必剌猛安，各賜金犀帶有差。

三月甲辰朔，宋人襲汝陽。壬子，誡諭平章英王守純崇飲。癸丑，以河中府推官籍阿外權元帥右都監，代領侯小叔軍。甲寅，上謂宰臣：「人有才堪任事，其心不正者，終不足貴。」丞相汝礪對曰：「其心不正而濟之以才，所謂虎而翼者也，雖古聖人亦未易知。」上以爲然。丙辰，長春節，免朝。以戶部尚書石盞畏忻爲參知政事，兼修國史。辛酉，禁茶。壬戌，詔以鳳翔戰功及頒賞等級徧諭諸郡。甲子，以完顏伯嘉權參知政事，行尚書省于河中府。辛未，詔職官犯罪非死罪除名，遇赦幸免，有才幹者中外並用。

夏四月癸酉朔，復霍州汾西縣，詔給空名宣勅，遷賞將士之有功者。丙子，設京兆南山安撫司。丁丑，故鳳翔萬戶完顏醜和以死節贈懷遠大將軍，授刺史職。其父恕除以功例賞外，遷兩官，升職二等。己卯，遣官閱河南帥府見兵，籍閑官豪右親丁及遼東、河北客戶爲軍。庚子，募西山獵戶爲軍。

五月癸卯朔，始造「元光重寶」。丙午，復河中府及榮州，遣人持檄招前恒山公武仙。乙卯，權平陽公史詠復霍州及洪洞縣。丁巳，始造「元光珍貨」，同銀行用。戊午，以檄招東平嚴實。己未，參知政事毅夫言：「脅從人號『忠孝軍』，而置沿淮者所爲多不法，請防閑之。」上曰：「人心無常，顧馭之何如耳。馭之有術，遠方猶且聽命，況此輩乎？不然，雖左右亦難防閑。正在廓開大度而已。若是而不能致太平者，命也。」庚申，簽河南路寄居官民充軍。辛酉，徙晉陽公郭文振兵于孟州。甲子，徙權平陽公史詠兵于解州、河中府。

六月乙亥，京東總帥牙吾塔報淮南之捷。〔一〇〕丁亥，罷行省所置監察御史兼彈壓之職。戊子，議遣人招李全、嚴實、張林。甲午，詔罷河中行省，置元帥府。辛丑，遙授靜難軍節度使顏盞蝦蟆等以保鳳翔功進官。

秋七月壬寅朔，夏人犯積石州，羌界寺族多陷沒，惟桑逋寺僧看逋、昭逋、厮沒，及答那寺僧奔鞠等拒而不從。詔賞諸僧鈐轄正將等官，而給以廩祿。乙巳，遣兵守衛解州鹽池。庚戌，以空名宣勅遷賞諸部降人。壬子，除市易用銀及銀與寶泉私相易之禁。癸丑，勅諸御史曰：「瑣細事非人主所宜詰，然凡涉姦弊靡不有關國政者。比聞朝官及承應人月給俸糧，多雜糠土，有司所收曷嘗有是物哉。至于出納斗斛亦小大不一。此皆理所不容者，而臺官初不問。事事須朕言之，安用汝曹也。」乙卯，丹鳳門壞。丁巳，陰坡族之骨鞠門等叛歸夏，元帥夾谷瑞發兵討之，以捷聞。御史中丞師安石言制敵二事。戊午，宰臣方對次，有司奏前奉御溫敦太平卒。上大駭曰：「朕屢欲授太平一職，每以事阻，今僅授之未數日而亡，豈非天耶！」因謂宰臣曰：「海陵時有護衞二人私語，一曰富貴在天，一曰由君所賜。海陵竊聞之，詔授言由君所賜者以五品職，意謂誠由己也，而其人以疾竟不及授。章宗秋獮，〔二〕聞平章張萬公薨，歎曰：『朕廻將拜萬公丞相，而遂不起，命也。』」乙丑，詔籍陝西路僑居官民爲軍。

八月辛未朔，邳州從宜經略使納合六哥等率都統金山顏俊以沂州百餘人，晨入省署，殺行尚書省蒙古綱，據州反。壬申，詔賞京兆路官軍保全南山諸谷之功，以所全人數多寡爲等第，千人以上官一階，三千人以上兩階，五千人以上三階，仍升職一等，能以力戰護之者又增一階，戰沒者就以贈之。甲戌，遣官持空名宣勑，諭以重賞招納合六哥，拒命，卽命牙吾塔合行院兵討滅之。乙亥，火星入鬼宿中，掩積尸氣。乙酉，詔能捕獲反賊六哥者，除見定官外，仍與世襲謀克。丙戌，遣官分行蔡、息、陳、亳、唐、鄧、裕諸州，洎司農司州縣吏同議，凡民丁相聚立砦避兵，與各巡檢軍相依者，五十戶以上置砦長一員，百戶增副一員，仍先遷一官，能安民弭盜勸農者論功注授。

九月庚子朔，日有食之。宋人入壽州，女奚烈蒲乃力戰却之。壬寅，樞密院奏提控朮甲剌只罕破宋人之功。甲辰，宋人攻南陽。丙午，牙吾塔報桃園、淮陽之捷，并以納合六哥結搆李全之狀來告。戊申，降人孫邦佐自李全軍中歸，遙授知東平府兼山東西路兵馬都總管。官軍與宋人力戰于胡陂而却之，提控朮虎春兒爲所殺。癸丑，納合六哥所署僞都統烏古論賽漢、夾谷留住等來歸。己未，贈朮虎春兒銀青榮祿大夫。丙寅，扎也胡魯等拔邳州南城。丁卯，權御史中丞師安石〔二〕等劾英王守純不實，付有司鞠治，尋詔免罪，而猶責諭之。

冬十月癸酉，徙晉陽公郭文振等兵于衞州。乙亥，制行樞密院及元帥府，農隙之月分番巡徼校獵，月不過三次。丁丑，上獵于近郊。己卯，袷于太廟。壬午，火星犯靈臺。乙酉，上獵于近郊。辛卯，詔石壕店、澠池、〔三〕永寧縣各屯兵千人。壬辰，滕州人時明謀反，伏誅。戊戌，唐、鄧行元帥報淮南之捷。

十一月己亥，紅襖賊僞監軍徐福等來降。詔進牙吾塔官一階，賜金幣有差。辛丑，總帥牙吾塔報邳州之捷，函叛人六哥首以獻。開封縣境有虎咥人，詔親軍百人射殺之，賞射獲者銀二十兩，而以內府藥賜傷者。丙午，邳州紅襖賊三千來降，初擬置諸陳、許之間，上以爲若輩雖降，家屬尙在河朔，餘黨必殺之，所得者寡而被害者衆，亦復安忍？不若命使撫諭，加以官賞而遣之還。果忠於我，雖處河朔豈負我耶？且餘衆感恩，將有效順者矣。戊午，以上黨公完顏開之請，諭開及郭文振、史詠、王遇、張道、盧芝等各與所鄰帥府相視可耕土田，及瀕河北岸之地，分界而種之，以給軍餉。辛酉，鞏州行元帥府報會州破夏人之捷。

十二月己巳朔，徙沿淮巡檢邊軍于內地。癸酉，以空名宣命金銀符給完顏開賞功。辛巳，詔延安土人充司縣官義軍使者選人代之，量免其民差稅。邳州民丁死戰陣者各贈官一階。歸德、徐、邳、宿、泗、永、亳、潁、壽等州復業及新地民，免差稅二年，見戶一年，嘗供給邳州者復免一年之半，睢州、陳留、杞縣免三之一。

丁亥，上不豫，免朝。戊子，皇太子率百官及王妃、公主入問起居。己丑，復入問起居。庚寅，上崩于寧德殿，壽六十有一。上疾大漸，暮夜，近臣皆出，惟前朝資明夫人鄭氏年老侍側，上知其可託，詔之曰：「速召皇太子主後事。」言絕而崩。夫人秘之。是夜，皇后及貴妃龐氏問安寢閤。龐氏陰狡機慧，常以其子守純年長不得立，心鞅鞅。夫人恐其爲變，即紿之曰：「上方更衣，后妃可少休他室。」伺其入，遽鑰之，急召大臣，傳遺詔立皇太子，始啓戶出后妃，發喪。皇太子方入宮，英王守純已先入，皇太子知之，分遣樞密院官及東宮親衞軍官移剌蒲阿集軍三萬餘于東華門街。部署既定，命護衞四人監守純於近侍局，乃即皇帝位於柩前。壬辰，宣遺詔。是日，詔赦中外。明年正月戊戌朔，改元正大，謚大行曰繼天興統述道勤仁英武聖孝皇帝，廟號宣宗。三月庚申，葬德陵。

贊曰：宣宗當金源末運，雖乏撥亂反正之材，而有勵精圖治之志。迹其勤政憂民，中興之業蓋可期也，然而卒無成功者何哉？良由性本猜忌，崇信暬御，獎用吏胥，苛刻成風，舉措失當故也。執中元惡，此豈可相者乎，顧乃懷其援立之私，自除廉陛之分，悖禮甚矣。高琪之誅執中，雖云除惡，律以春秋之法，豈逃趙鞅晉陽之責，既不能罪而遂相之，失之又失者也。遷汴之後，北顧有道之朝日益隆盛，智識之士孰不先知。方且狃於餘威，牽制羣議，南開宋衅，西啓夏侮，兵力既分，功不補患。曾未數年，昔也日闢國百里，今也日蹙國百里，其能濟乎。再遷遂至失國，豈不重可歎哉。

校勘記

〔一〕寇樂陵鹽山　「鹽」原作「監」。按本書卷一一八王福傳，興定四年四月，「紅襖賊李二太尉寇樂陵，……復寇鹽山」。今據改。

〔二〕橫海軍節度使王福連擊敗之　原脫「軍」字。按本書卷二五地理志，「滄州」上，「橫海軍節度」。今據補。

〔三〕靈臺北第一星　原脫「北」字。按本書卷二〇天文志，興定四年十一月「壬辰，歲星晝見于翼，六十有七日，夜又犯靈臺北第一星」。歲星卽木星，今據補「北」字。

〔四〕改受陝西省節制　原脫「陝」字。按本書卷一一八胡天作傳，「初，軒成本隸程琢麾下，琢死，成率衆保隰州。……是時，隰州方用兵，未可制」。又據同卷郭文振傳，知當時河東等地「武夫悍卒因緣而起，……朝廷因而撫之，假權傳授，……陝西行省總爲節制」。今據補。

〔五〕坊州刺史　「坊」原作「防」。據本書卷二六地理志改。

〔六〕二月壬午　原脫「二月」二字。按「正月庚戌朔」，壬午當在二月。今將下文「乙酉」上之「二月」二字移此。

〔七〕乙酉　原作「二月乙酉」。今將「二月」二字移在上文「壬午」之上。參見前條。

〔八〕林懷路行元帥府事惟良削官兩階　「兩」原作「西」。據殿本改。

〔九〕以河中治中侯小叔權元帥右都監便宜行事　「權元帥右都監」原作「權元帥元帥右都監」。今據本書卷一二二侯小叔傳删重文「元帥」二字。

〔一〇〕京東總帥牙吾塔報淮南之捷　原脫「牙吾塔」三字。按本書卷一一一紇石烈牙吾塔傳，「元光元年五月，以京東便宜總帥兼行戶工部事。……二年四月……還遇宋兵數百，陣淮南岸，擊殺其牛，尋有兵千餘自東南來追，復大敗之」。今據補。

〔一二〕章宗秋獵　「秋」下原空格缺一字。按本書卷九五張萬公傳，「泰和七年薨」。卷一二章宗紀，泰和七年秋九月「丙戌，獵于近郊，壬辰，還宮」。萬公之卒蓋在此時，與此處所敍合。今據補一「獵」字。

〔一三〕權御史中丞師安石　按本書卷一〇八師安石傳，「元光二年，累遷御史中丞」。無「權」字。

〔一四〕滙池　「滙」原作「洒」。今改。參見本書卷二五地理志校記〔一九〕。

金史卷十七

本紀第十七

哀宗上

哀宗諱守緒，初諱守禮，又諱寧甲速，宣宗第三子。母曰明惠皇后王氏，賜姓溫敦氏，仁聖皇后之女兄也。承安三年八月二十三日生於翼邸，仁聖無子，養爲己子。泰和中，授金紫光祿大夫。宣宗登極，進封遂王，授祕書監，改樞密使。貞祐初，莊獻太子守忠薨，立皇孫鏗爲皇太孫，尋又薨。四年正月己卯，立守禮爲皇太子，仍控制樞密院事，詔略曰：「子以母貴，遂王守禮地鄰冢嫡，慶集元妃，立爲皇太子。其典禮，有司條具以聞。」四月甲午，用太子少保張行信言，更賜名守緒。元光二年十二月庚寅，宣宗崩。辛卯，奉遺詔卽皇帝位于柩前。壬辰，詔大赦，略曰：「朕述先帝之遺意，有便於時欲行而未及者，悉奉而行之。國家已有定制，有司往往以情破法，使人罔遭刑憲，今後有本條而不遵者，以故入人罪罪之。

草澤士庶，許令直言軍國利害，雖涉譏諷無可采取者，並不坐罪。」

正大元年春正月戊戌朔，詔改元正大。庚子，上居廬，百官始奏事。祕書監、權吏部侍郎蒲察合住改恒州刺史，左司員外郎泥厖古華山同知楨州軍州事，逐二姦臣，大夫士相賀。令邠州節度使移剌朮納阿卜貢白兔，詔曰：「得賢臣輔佐，年穀豐登，此上瑞也，焉事此爲。令有司給道里費，縱之本土。」禮部其徧諭四方，使知朕意。」丁巳，詔朝臣議修復河中府。禮部尚書趙秉文、太常卿楊雲翼等言，陝西民方疲敝，未堪力役。遂止。戊午，上始視朝。大司農、守汝州防禦使李蹊爲太常卿，權參知政事。平章政事荊王守純罷，判睦親府。參知政事僕散五斤罷，充大行山陵使。尊皇后溫敦氏、元妃溫敦氏皆爲皇太后，號其宮一曰仁聖，一曰慈聖。百官入賀于隆德殿。是日，大風飄端門瓦。赤盞合喜權樞密副使。有男子服麻衣，望承天門且笑且哭。詰之，則曰：「吾笑，笑將相無人。吾哭，哭金國將亡。」羣臣請置重典，上持不可，曰：「近詔草澤諸人直言，雖涉譏訕不坐。」法司唯以君門非笑哭之所，重杖而遣之。南陽民布陳謀反，伏誅。

三月，熒惑犯左執法。戊申，奉安宣宗御容于孝嚴寺。辛亥，丞相高汝礪薨。癸丑，葬宣宗于德陵。甲寅，起復邠州節度使致仕張行信爲尚書左丞。以延安帥臣完顏合達戰禦有功，授金虎符，權參知政事，行尚書省事于京兆，兼統河東兩路。

夏四月癸酉，宣宗祔廟，大赦中外。熒惑犯右執法。

五月戊戌，平章政事把胡魯薨。癸卯，樞密副使完顏賽不爲平章政事，權參知政事石盞尉忻爲尚書右丞，太常卿李蹊爲翰林承旨，仍權參政。甲辰，賜策論進士孛术論長河以下十餘人及第，經義進士張介以下五人及第。戊申，賜詞賦進士王鶚以下五十人及第。詔刑部，登聞檢、鼓院，毋鎖閉防護，聽有寃者陳訴。

六月甲戌，宰執請擊鞠，上以心喪不許。辛卯，立妃徒單氏爲皇后。遣樞密判官移剌蒲阿率兵至光州，榜諭宋界軍民更不南伐。

秋七月己亥，詔諭百官各勤乃職。癸卯，補修大樂。

九月，樞密判官移剌蒲阿復澤、潞，獲馬千疋。

冬十月戊午，夏國遣使來修好。

十二月乙巳，恒州刺史蒲察合住有罪，〔一〕伏誅。甲寅，宣宗小祥，燒飯于德陵。改定辟舉縣令法，以六事課縣令。京東、西、南，陝西設大司農司，兼採訪公事，京師大司農總之。左丞張行信言：「先帝詔國內，刑不上大夫，治以廉恥。丞相高琪所定職官犯罪的決百餘條，乞改依舊制。」上不欲彰先帝之過，〔二〕略施行之。

二年春正月甲申，有黃黑之祲。

夏四月辛卯朔，恒山公武仙自眞定府來奔。起復平章政事致仕莘國公胥鼎爲平章政事，行省事于衞州，進封英國公。甲午，以京畿旱，遣使慮囚。鈞、許州大雨雹。丁酉，宿、鄭州雨傷麥。

五月丁丑，以旱甚責己，避正殿，減常膳，赦罪。蘇椿自大名來奔，詔置椿許州。

秋七月，都水蒲察毛花輦殺人，免死除名。

八月，鞏州元帥田瑞反，行省軍圍之，其母弟十哥殺瑞出降，赦其罪，以爲涇州節度使，世襲猛安。

九月，夏國和議定，以兄事金，各用本國年號，遣使來聘，奉國書稱弟。

冬十月，以夏國修好，詔中外。新軍政改總領爲都尉。己酉，以誅田瑞詔中外。癸亥，遣禮部尚書奧敦良弼、大理卿裴滿欽甫、侍御史烏古孫弘毅爲夏國報成使，國書稱兄。乙亥，面諭臺諫完顏素蘭、陳規曰：「宋人輕犯邊界，我以輕騎襲之，冀其懲創通好，以息吾民耳。夏人從來臣屬我朝，今稱弟以和，〔三〕我尚不以爲辱。果得和好，以安吾民，尚欲用兵乎。卿等宜悉朕意。」移剌蒲阿及宋人戰于光州，獲馬數千，殺人千餘而還。內族王家奴故殺鮮于主簿，權貴多救之者，上曰：「英王朕兄，敢妄撻一人乎？朕爲人主，敢以無罪害一人乎？國家衰弱之際，生靈有幾何，而族子恃勢殺一主簿，吾民無主矣。」特命斬之。詔有司爲死節士十有三人立褒忠廟。禁宿、泗、青口巡邊官兵，毋復擅殺過淮紅衲軍。詔趙秉文、楊雲翼作龜鏡萬年錄。

三年春正月丁巳朔，夏國遣使來賀。

三月，陝西旱。平章政事胥鼎復請致仕，不許。詔尚書省議省減用度。

夏四月辛卯，親享于太廟。郕國夫人車經御路，過廟前，馭者乘馬，二婢坐車中，俱不下，詔繫獄杖之。辛丑，以旱，遣官禱于濟瀆。癸卯，祈于太廟。禁傘扇。河南大雨雹。己酉，遣使慮囚，遣使捕蝗。

五月己未，大雨。宋兵掠壽州境。癸亥，永州桃園軍失利，死者四百人。乙丑，大雨。壬申，詔諭陝州趙甫等，能以土地來歸，當任使之。

六月辛卯，京東大雨雹，蝗盡死。壬子，詔諭高麗及遼東行省葛不靄，討反賊萬奴，〔四〕赦脅從者。

秋七月庚午，平章政事英國公胥鼎薨。

八月，移剌蒲阿復曲沃及晉安。辛卯，詔設益政院于內廷，以禮部尚書楊雲翼等爲益政院說書官，日二人直，備顧問。

冬十月丁酉，夏使來報哀。

十一月庚申，議與宋修好。戊辰，又議之。己巳，宋忠義軍夏全自楚州來歸，楚州王義深、張惠、范成進以城降，封四人爲郡王。辛未，改楚州爲平淮府，以夏全等來降，赦諸路從宋及淮、楚官吏軍民，幷其家屬。甲戌，遣使夏國賀正旦。丙子，夏以兵事方殷來報，各停使聘。大元兵征西夏，平中興府。召陝西行省及陝州總帥完顏訛可、靈寶總帥紇石烈牙吾塔赴汴議兵事。詔諭陝西兩省，凡戎事三品以下官聽以功過賞罰之，銀二十五萬兩從其給賞。遣中奉大夫完顏履信等爲弔祭夏國使。〔五〕

四年春正月辛亥朔。壬戌，增築中京城，浚汴城外濠。

二月，蒲阿、牙吾塔復平陽，執知府李七斤，獲馬八千。〔六〕

三月，簽勞效官充軍，有怨言，不果用。以銀贖平陽虜獲男女，分賜官軍者聽自便。大元兵平德順府，節度使愛申、攝府判馬肩龍死之。大元兵復下平陽。己巳，徵夏稅二倍。

夏五月丁丑，議乞和于大元。大元兵平臨洮府，總管陁滿胡土門死之。陝西行省進三策：上策自將出戰，中策幸陝州，下策棄秦保潼關。不從。

六月戊申朔，遣前御史大夫完顏合周爲議和使。丙辰，地震。太白入井。賜詞賦經義盧亞以下進士第。

秋七月，大元兵自鳳翔徇京兆。關中大震。工部尚書師安石爲尚書右丞。壬辰，以中丞烏古孫卜吉、祭酒裴滿阿虎帶兼司農卿，簽民軍，勸率富民入保城聚，兼督秋稅，令百姓知避遷之計。丁酉，赦陝西東、西兩路，賜民今年租。

八月庚戌，詔有司罷遣防備丁壯、修城民夫，軍須差發應不急者權停。己巳，萬年節，同知集賢院史公奕進大定遺訓，〔七〕待制呂造進尙書要略。是日，大風落左掖門鴟尾，壞丹鳳門扉。隕霜，禾盡損。李全自益都復入楚州據之，遣總帥完顏訛可、元帥慶山奴守盱眙，與全戰于龜山，敗績。

冬十月辛酉，右拾遺李大節、右司諫陳規劾同判睦親府事撒合輦姦贓，不報。壬戌，外臺監察御史諫獵，上怒，以邀名賣直責之。詔贈德順府死事愛申、馬肩龍等官。以淮南王爵招李全。

十一月乙未，未時，日上有二白虹貫之。丁酉，獵于近郊。

十二月，眞授李蹊參知政事。大元兵下商州。壬子，遣使安撫陝西，以牛千頭賜貧民。

五年春正月丁丑，親祭三廟。庚辰，遣知開封府事完顏麻斤出如大元弔慰。丙戌，議擊盱眙。辛卯，以龜山之敗，降元帥慶山奴爲定國軍節度使。

二月乙巳朔，大寒，雷，雨雪，木之華者盡死。癸丑，詔有司以臨洮總管陁滿胡土門塑像入褒忠廟。書死節子孫于御屏，量材官使之。

三月甲戌朔，羣臣請依祖宗故事，樞密院聽尚書省節制，不從。乙酉，監察御史烏古論不魯剌劾近侍張文壽、張仁壽、李麟之受餽遺，〔八〕曲赦其罪而出之。

夏四月甲辰朔，以御史言三姦不已，凡四日不視朝。八日，議放還西夏人口。丙寅，右丞師安石薨。

五月癸巳，定國軍節度使慶山奴以受賂，奪一官。親衞軍王咬兒酗酒殺其孫，大理寺當以徒刑，特命斬之。

六月壬戌，以旱，赦雜犯死罪已下。

秋七月戊子，同判睦親府事撒合輦出爲中京留守，行樞密院事。

八月乙卯，以旱，遣使禱于上清宮。甲子，參知政事白撒爲尚書右丞，太常卿顏盞世魯權參知政事。增築歸德行樞密院，擬工役數百萬，詔遣權樞密院判官白華喩以農夫勞苦，減其工三之二。〔九〕以節制不一，併衞州帥府於恒山公府，命白華往經畫之。

九月庚寅，雨足，始種麥。

冬十一月辛巳，進宣宗實錄。

十二月庚子朔，日有食之。完顏廝斤出以奉使不職，免死除名。壬子，完顏奴申改侍講學士，充國信使。〔一○〕以陝西大寒，賜軍士柴炭銀有差。京兆、鳳翔府司竹監退竹，令分給之。

六年春二月丙辰，樞密院判官移剌蒲阿權樞密副使。耀州刺史李興有戰功，詔賜玉兎鶻帶、金器。以丞相完顏賽不行尚書省事于關中，召平章政事完顏合達還朝。移剌蒲阿率忠孝軍總領完顏陳和尚忠孝軍一千騎駐邠州。遣白華馳諭蒲阿以用兵之意。〔一一〕詔樞密更給忠孝軍馬疋，以漸調發都尉司步卒及忠孝馬軍屯京西。以白華專備軍須。

三月乙亥，忠孝軍總領陳和尚有戰功，授定遠大將軍、平涼府判官，世襲謀克。

夏五月，隴州防禦使石抹冬兒進黃鸚鵡，詔曰：「外方獻珍禽異獸，違物性，損人力，令勿復進。」

秋七月，罷陝西行省軍中浮費。

八月，移剌蒲阿再復澤、潞。

九月，洮、河、蘭、會元帥顏盞蝦蟆進西馬二疋，詔曰：「卿武藝超絕，此馬可充戰用，朕乘此豈能盡其力。既入進，卽尙廐物也，今以賜卿，其悉朕意。」

冬十月，移剌蒲阿東還，令陳和尙率陝西歸順馬軍屯鈞、許。大元兵駐慶陽界。詔陝西行省遣使奉羊酒幣帛乞緩師請和。

十一月，遣使鈞、許選試陝西歸順人，得軍一千，以藝優者充忠孝軍，次充合里合軍。

十二月，詔副樞蒲阿、總帥紇石烈牙吾塔、權簽樞密院事完顏訛可救慶陽。罷附京獵地百里，聽民耕稼。

七年春正月，副樞蒲阿、總帥牙吾塔、權簽院事訛可解慶陽之圍。以訛可屯邠州，蒲阿、牙吾塔還京兆。

夏五月，詔釋淸口宋敗軍三千人，願留者五百人，以屯許州，餘悉縱遣之。賜經義詞賦李瑭以下進士第。

秋七月，以平章政事合達權樞密副使。

八月，賜陝西死事之孤鹽引及絹，仍量材任使。大元兵圍武仙于舊衞州。

冬十月，平章合達、副樞蒲阿引兵救衞州。衞州圍解，上登承天門犒軍，合達、蒲阿並世襲謀克。移剌蒲阿權參知政事，同合達行省事于閿鄉，以備潼關。

八年春正月，大元兵圍鳳翔府。遣樞密院判官白華、右司郎中夾谷八里門諭閿鄉行省進兵，合達、蒲阿以未見機會不行。復遣白華諭合達、蒲阿將兵出關以解鳳翔之圍，又不行。

夏四月丁巳朔，赦。全免京西路軍需錢一年。旱災州縣，差稅從實減貸。大元兵平鳳翔府。兩行省棄京兆，遷居民於河南，留慶山奴守之。

五月，李全妻楊妙眞以全陷沒于宋，構浮梁楚州北，欲復宋讎。遣合達、蒲阿屯桃源界滶河口，以備侵軼。宋八里莊人拒其主將，納合達、蒲阿。詔改八里莊爲鎭淮府。

秋七月，宋將焚浮梁。

九月丙申，慈聖宮皇太后溫敦氏崩，遺詔園陵制度務從儉約。大元兵駐河中府。慶山奴棄京兆東還。召合達、蒲阿赴汴，議引兵趨河中府，懼不敢行，還陝州，出師至冷水谷而歸。大元兵攻河中府，合達、蒲阿遣元帥王敢率兵萬人救之。

冬十月，右丞相賽不致仕。

十一月丁未，大元進兵嶢峯關，〔三〕由金州而東。省院議以逸待勞，未可與戰。上諭之曰：「南渡二十年，所在之民，破田宅，鬻妻子，竭肝腦以養軍。今兵至不能逆戰，止以自護，京城縱存，何以爲國，天下其謂我何。朕思之熟矣，存與亡有天命，惟不負吾民可也。」乃詔諸將屯軍襄、鄧。

十二月己未，葬明惠皇后。河中府破，權簽樞密院事草火訛可死之，元帥板子訛可提敗卒三千走閿鄉。詔赦將佐以下，杖訛可二百以死。合達、蒲阿率諸軍入鄧州，楊沃衍、陳和尚、武仙皆引兵來會，出屯順陽。戊辰，大元兵渡漢江而北，丙子，畢渡。合達、蒲阿將兵禦于禹山之前。大元兵分道趨汴京，京師戒嚴。是夜二鼓，合達、蒲阿引軍還鄧州。大元兵躡其後，盡獲其輜重。

天興元年是年本正大九年，正月改元開興，四月又改元天興。春正月壬午朔，日有兩珥。大元兵道唐州，元帥完顏兩婁室與戰襄城之汝墳，敗績。兩婁室走汴京。遣完顏麻斤出等部民丁萬人，決河水衞京城。癸未，置尚書省、樞密院于宮中，以便召問。起前元帥古里甲石倫權昌武軍節度使，行元帥府事。合達、蒲阿引軍自鄧州赴汴京。乙酉，以點檢夾谷撒合爲總帥，將步騎三萬巡河渡，權近侍局使徒單長樂監其軍。起近京諸色軍家屬五十萬口入京。丙戌，大元兵既定河中，由河清縣白坡渡河。丁亥，長樂、撒合引兵至封丘而還。戊子，左司郎中斜卯愛實上書請斬長樂、撒合以肅軍政，不從。都尉烏林荅胡土一軍自潼關入援，至偃師聞大元兵渡河，遂走登封少室山。壬辰，衞州節度使完顏斜捻阿不棄城走汴。甲午，修京城樓櫓及守禦備。大元兵薄鄭州，與白坡兵合，屯軍元帥馬伯堅以城降，防禦使烏林荅咬住死之。乙未，大元游騎至汴城。丁酉，大雪。大元兵及兩省軍戰鈞州之三峯山，兩省軍大潰，合達、陳和尚、楊沃衍走鈞州，城破皆死之。樞密副使蒲阿就執，尋亦死。武仙走密縣。自是，兵不復振。己亥，徐州行省完顏慶山奴引兵入援，義勝軍校侯進、杜正、張興率所部北降，慶山奴入睢州。庚子，御端門肆赦，改元開興。辛丑，潼關守將李平以關降大元。壬寅，扶溝民錢大亨、李鈞叛，殺縣令王浩及其簿尉。庚戌，許州軍變，殺元帥古里甲石倫、粘合仝周、蘇椿等，以城降大元。

二月壬子朔，慶山奴謀走歸德，至陽驛店遇大元兵，徐帥完顏兀里力戰而死，慶山奴被擒，使招京城，不從。睢州刺史張文壽棄城從慶山奴，皆死之。甲寅，大元兵徇臨渙，攝縣令張若愚死之。戊午，次盧氏。關、陝行省總帥兩軍及秦、藍帥府軍棄潼關而東，與之遇，天又大雪，未戰而潰。行省徒單兀典，總帥納合合閏敗死，完顏重喜降，斬于馬前。都尉鄭倜殺都尉苗英亦降。秦、藍總帥府經歷商衡死之。大元兵下睢州。庚申，翰林待制馮延登使北來歸。乙丑，大元兵攻歸德。庚午，起復右丞相致仕賽不爲左丞相。括京師民軍二十萬分隸諸帥，人月給粟一石有五斗。

三月丁亥，大元軍平中京，留守撒合輦投水死。甲午，命平章政事白撒宿上清宮，樞密副使合喜宿大佛寺，以備緩急。大元遣使自鄭州來諭降，使者立出國書以授譯史，譯史以授宰相，宰相跪進，上起立受之，以付有司。書索翰林學士趙秉文、衍聖公孔元措等二十七家，及歸順人家屬，蒲阿妻子，繡女、弓匠、鷹人又數十人。庚子，封荊王子訛可爲曹王，議以爲質。密國公璹以曹王幼，請代行，上慰遣之，不聽其代。壬寅，尚書左丞李蹊送曹王出質，諫議大夫裴滿阿虎帶、太府監國世榮爲講和使。戶部侍郎楊慥權參知政事。分軍防守四城。大元兵攻汴城，上出承天門撫西面將士。千戶劉壽語不遜，詔釋勿問。癸卯，上復出撫東面將士，親傅戰傷者藥于南薰門下，仍賜巵酒。出內府金帛器皿以賞戰士。乙巳，鳳翔府砲軍萬戶王阿驢、樊喬來歸。己酉，造革車三千兩，已而不用。置局養無家俘民。

夏四月癸丑，兵士李新有功，擢四方館使。元帥劉益叱其子戰死。丁巳，遣戶部侍郎楊居仁奉金帛詣大元兵乞和。〔二〕戊午，又以珍異往謝許和。癸亥，明惠皇后陵被發，失柩所在，遣中官往視之，至是始得。以兵護宮女十人出迎朔門奉柩至城下，設御幄安置，是夜復葬之。戮鄭倜妻子。甲子，御端門肆赦，改元天興。詔內外，官民能完復州郡者功賞有差。出金帛酒炙犒飫軍士。減御膳，罷冗員，放宮女。上書不得稱聖，改聖旨爲制旨。釋鎬厲王、衞紹王二族禁錮，聽自便。乙丑，百官初起居于隆德殿前。丙寅，以尚書省兼樞密院事。丁卯，放宮女，聽以衣裝自隨，金珠留犒士卒。汴京解嚴，步軍始出封丘門采薪蔬。己巳，建威都尉完顏兀論同大元使沒忒入城。庚午，見使臣於隆德殿。放宮女如前。辛未，開鄭門聽百姓男子出入。甲戌，御承天門大饗將士，聞有聲屈者乃還宮。乙亥，有詔止奏事。許州進櫻桃。

五月辛巳，遷民告出城者以萬數，賽不、白撒不聽。乙酉，以南陽郡王子思烈行尚書省于鄧州，召援兵。丙戌，拜天於大慶殿。詔白撒致仕。放京城四面軍，李辛不奉詔。丁亥，鑿洧川漕渠，尋罷之。馮延登以奉使有勞，授禮部侍郎。戊子，裕州鎮防軍將領賀都喜率西軍二千人入援。放遷民出京。辛卯，大寒如冬。密國公璹薨。汴京大疫，凡五十日，諸門出死者九十餘萬人，貧不能葬者不在是數。癸巳，楊春入據亳州，觀察判官劉均死之。辛丑，上御香閣，面責宰相。乙巳，將相受保城爵賞。

六月庚戌朔，詔百官舉大將，衆舉劉益，不能用。癸丑，飛虎軍二百人奪封丘門出奔。甲寅，以出師錮門禁。乙卯，白撒開渠於私第東。丙辰，閱官馬，擇瘠者殺以食。丁巳，封仙據徐州，徒單益都走宿州，推張興行省事。庚申，塞京城四門，以便守禦。壬戌，國安用入徐州，〔一四〕殺張興，推封仙爲元帥，以主州事。己巳，詔贈禦侮中郎將完顏陳和尚鎮南軍節度使。立褒忠廟碑。權參知政事楊慥罷。辛未，復修汴城。以疫後，園戶、僧道、醫師、鬻棺者擅厚利，命有司倍征之，以助其用。甲戌，宿州鎮防千戶高臘哥、李宣殺節度使紇石烈阿虎父子，請行省徒單益都主帥事，益都不從，率其將吏西走，至穀熟遇大元軍，死之。乙亥，左丞李蹊送曹王與其子仝俱還。丁丑，恒山公武仙殺士人李汾。

七月庚辰朔，兵刃有火。辛巳，軍士撾登聞鼓乞將劉益。癸未，尚書右丞顏盞世魯罷。吏部尚書完顏奴申爲參知政事。甲申，飛虎軍士申福、蔡元擅殺北使唐慶等三十餘人于館，詔貰其罪，和議遂絕。乙酉，都人揚言欲殺白撒，密詔遣衞士護其家。丙戌，軍士毁白撒別墅。斜捻阿不妄殺市人之過其門者，以靖亂。丁亥，拜天于承天門下，出內府及兩宮物賜軍士。戊子，下令招軍。辛卯，簽民爲兵。鞏昌民百二十人赴援。乙未，宿州帥衆僧奴稱國安用降，遣近侍直長因世英等持詔封安用爲兗王，行京東等路尚書省事，賜姓完顏，改名用安。新軍有撾登聞鼓者，杖殺之。乙巳，金、木、火、太陰會于軫、翼。丙午，參知政事完顏思烈、恒山公武仙、鞏昌總帥完顏忽斜虎率諸將兵自汝州入援，以合喜爲樞密使，將兵一萬應之，命左丞李蹊勸諭出師，乃行。

八月己酉朔，合喜屯杏花營，又益兵五千人，始進屯中牟故城。庚戌，發丁壯五千人運糧，餉合喜軍。辛亥，完顏思烈遇大元兵于京水，遂潰，武仙退保留山，思烈走御寨，中京元帥左監軍任守貞死之。合喜棄輜重奔至鄭門，聚兵乃入。甲寅，免合喜爲庶人，籍其家以賜軍士。降監軍長樂爲符寶郎。丁巳，釋奠孔子。戊午，括民間粟。己未，籍徒單兀典、完顏重喜、納合合閏家貲。前儀封令魏璠上言，鞏昌帥完顏仲德沉毅有遠謀，臣請奉命往召。不報。戊辰，免府試。起復前大司農侯摯爲平章政事，進封蕭國公，行京東路尚書省事。己巳，摯帥兵行至封丘，將士將潰，摯止之，乃與衆還汴。壬申，聽無軍家口出京。甲戌，金木星交。乙亥，賣官，及許買進士第。丙子，詔罷括粟，復以進獻取之。丁丑，京城民楊興入貲，授延州刺史。戊寅，劉仲溫入貲，授許州刺史。〔一五〕

校勘記

〔一〕恒州刺史蒲察合住有罪　「恒」原作「桓」。按上文正大元年正月庚子，「蒲察合住改恒州刺史」。本書卷一二九蒲察合住傳亦云「爲恒州刺史」，今據改。

〔二〕上不欲彰先帝之過　原脫「不」字，據文義補。

〔三〕今稱弟以和　「弟」原作「帝」。據殿本改。

〔四〕討反賊萬奴　「萬奴」原作「萬家奴」。按萬奴即蒲鮮萬奴，參見本書卷一四、一五宣宗紀。卷一四云，貞祐三年十月，「遼東賊蒲鮮萬奴僭號」。卷一五亦云，興定元年四月「壬申，以萬奴叛逆未殄，詔諭遼東諸將」。今據刪「家」字。

〔五〕遣中奉大夫完顏履信等爲弔祭夏國使　原脫「奉」字、「等」字。按本書卷六二交聘表，哀宗正大元年十一月，「遣中奉大夫完顏履信、昭毅大將軍太府監徒單居正爲弔祭夏國使」。今據補。

〔六〕獲馬八千　按本書卷一一一牙吾塔傳作「獲馬三千」。

〔七〕同知集賢院史公奕进大定遺訓　「大」原作「之」。據殿本改。

〔八〕監察御史烏古論不魯剌劾近侍張文壽張仁壽李麟之受饋遺　按「烏古論不魯剌」本書卷一一五完顏奴申傳作「烏古論石魯剌」。

〔九〕減其工三之二　按本書卷一一四白華傳記此事作「減工三之一」。

〔一〇〕完顏奴申改侍講學士充國信使　「奴」原作「訥」。據本書卷一一五完顏奴申傳改。

〔一一〕遣白華馳諭蒲阿以用兵之意　「諭」原作「喻」。按本書卷一一四白華傳記此事云，「上令密諭蒲阿」，今從改。

〔一二〕大元進兵嶢峯關　按「嶢峯關」本書卷一一八哀宗紀下作「饒豐關」。錢大昕十駕齋養新錄卷八云，「嶢峯、饒豐卽一地也，郭蝦蟆傳作饒風，與元史同」。錢說是。

〔一三〕遣戶部侍郎楊居仁奉金帛詣大元兵乞和　原脫「居」字。按本書卷一一三赤盞合喜傳，「遣戶部侍郎楊居仁出宜秋門以酒炙犒師」。卷一二四烏古孫仲端傳，「楊居仁以奉使不職，尙書省具獄，有旨釋之備再使」。蓋卽此人。今據補。

〔一四〕國安用入徐州　「安用」原作「用安」。按下文七月「乙未，宿州帥衆僧奴稱國安用降，賜姓完顏，改名用安」。則此處不當作「用安」。今據改。

〔一五〕戊寅劉仲溫入貲授許州刺史　按戊寅爲九月朔，見下卷。此蓋因上文記「丁丑京城民楊興入貲，授延州刺史」，故將次日同類事順記於此。

金史卷十八

本紀第十八

哀宗下

九月戊寅朔，詔減親衞軍。己丑，軍士殺鄭門守者出奔。壬辰，起上黨公張開及臨淄郡王王義深、廣平郡王范成進爲元帥。〔一〕以前御史大夫完顏合周權參知政事。乙未，以牓召民賣放下年軍需錢，上戶田租如之。辛丑，夜大雷，工部尚書蒲乃速震死。

閏月戊申朔，遣使以鐵券一、虎符六、大信牌十、織金龍文御衣一、越王玉魚帶一、弓矢二，賜兗王用安，其父母妻皆贈封之。又以世襲宣命十、郡王宣命十、玉兎鶻帶十，付用安，其同盟可賜者卽賜之。辛亥，遣張開、溫撒辛、劉益、高顯率步軍護陳留、通許糧道。罷貧民進獻糧。戊午，招鄉導。己未，有箭射入宮中，書姦臣姓名，兩日而再得之。辛酉，再括京城粟，以御史大夫合周、點檢徒單百家等主之。丙寅，括粟使者兵馬都總領完顏九住以粟有蓬稗，杖殺孝婦于省門。

十月，以前司農卿李渙飛語，詔左丞李蹊、戶部侍郎楊慥繫獄，將以軍儲失計坐罪。俄蹊、慥並除名，而止籍慥家貲。渙遂權戶部尚書。尋赦殘欠糧，其應以糧事繫者皆釋之。詔徵諸道軍，期以十二月一日入援。

十一月丁未朔，賜貧民粥。平章政事侯摯致仕。左司郎中斜卯愛實以言事忤近侍，送有司，尋釋之。己酉，衞州軍校白晝取豐備倉米。壬子，京城人相食。癸丑，詔曹門、宋門放士民出就食。壬戌，召諸將相入議事。兗王用安率兵至徐州，元帥王德全閉城不納。會劉安國與宿帥衆僧奴引兵入援，至臨渙，用安使人劫殺之，攻徐州久不能下，退保漣水。制使因世英以用安不赴援，還至宿州西，遇大元兵，死之。丙寅，河、解元帥權興寶軍節度使趙偉襲據陝州以叛，〔三〕殺行省阿不罕奴十剌以下凡二十一人，誣阿不罕奴十剌等反狀以聞。上知其冤，不能直其事，就授偉元帥左監軍，兼西安軍節度使，行總帥府事。偉尋亦歸北。

十二月丙子朔，以事勢危急，遣近侍郎白華問計，華對以紀季以酅入齊之義，遂以爲右司郎中。甲申，詔議親出。乙酉，再議於大慶殿，上欲以官奴、高顯、劉益爲元帥，不果。是日，除拜扈從及留守京城官。以右丞相、樞密使兼左副元帥賽不，平章政事、權樞密使兼右副元帥白撒，右副元帥兼樞密副使權參知政事訛出，兵部尙書權尙書左丞李蹊，元帥左監軍行總帥府事徒單百家等率諸軍扈從。參知政事兼樞密院副使完顏奴申，樞密副使兼知開封府權參知政事習捏阿不，裏城四面都總領、戶部尙書完顏珠顆，外城東面元帥把撒合，南面元帥朮甲咬住，西面元帥崔立，北面元帥孛朮魯買奴等留守。除拜旣定，以京城付之。擢魏璠爲翰林修撰，如鄧州招武仙入援。丁亥，上御端門，發府庫及兩府器皿宮人衣物賜將士。戊戌，官奴、阿里合謀立荊王不果，朝廷知其謀，置不問。庚子，上發南京，與太后、皇后、諸妃別，大慟。行次公主苑，太后遣中官持米肉徧犒軍士。辛丑，至開陽門外，麾百官退。詔諭戍兵曰：「社稷宗廟在此，汝等壯士也，毋以不預進發之數，便謂無功，若保守無虞，將來功賞顧豈在戰士下？」聞者皆灑泣。是日，鞏昌元帥完顏忽斜虎至自金昌，爲上言京西三百里之間無井竈，不可往。東行之議遂決，以爲尙書右丞從行，遂次陳留。壬寅，次杞縣。癸卯，次黃城。丞相完顏賽不之子按春有罪，伏誅。甲辰，次黃陵岡。乙巳，諸將請幸河朔，從之。

二年正月丙午朔，濟河，北風大作，後軍不克濟。丁未，大元兵追擊于南岸，元帥完顏豬兒、賀都喜死之，建威都尉完顏兀論出降。己酉，上哭祭戰死士于河北岸，皆贈官，斬兀論出二弟以殉。赦河朔，招集兵糧議取衞州。元帥蒲察官奴將忠孝軍千人，東面元帥高顯、果毅都尉粘哥咬住領軍萬人爲前鋒，至蒲城。庚戌，上次漚麻岡，平章政事白撒，元帥和速嘉兀底不繼至。辛亥，白撒引兵攻衞州，不克。乙卯，聞大元兵自河南渡河，至衞之西南，遂退師。丁巳，戰于白公廟，白撒敗績，棄軍東遁。元帥劉益、上黨公張開亦遁，並爲民家所殺。益部曲王全降。戊午，上進次蒲城，復還魏樓村。李辛自汴京出奔，伏誅。己未，上以白撒謀，夜棄六軍渡河，與副元帥、合里合六七人走歸德。庚申，諸軍始知上已往，遂潰。辛酉，司農大卿蒲察世達、元帥完顏忽土出歸德西門，奉迎上入歸德。赦在府囚。軍民普覃一官。賜進士終場王輔以下十六人出身。遣奉御朮甲塔失不、后弟徒單四喜往汴京奉迎兩宮。白撒還自蒲城，聚兵于大橋不敢入。壬戌，遣使召白撒至，數其罪，下之獄，仍籍其家財以賜將士，曰：「汝輩宜竭忠力，毋如斯人誤國。」人予金一兩。七日，白撒及其子忽土鄰皆死獄中。右丞相賽不致仕。右丞完顏忽斜虎行省事于徐州。官奴再請率兵北渡，女魯懽不可。遣歸德知府行戶部尚書蒲察世達、都轉運使張俊民如陳、蔡取糧，以元帥李琦、王璧護之。戊辰，安平都尉、京城西面元帥崔立，與其黨韓鐸、藥安國等舉兵爲亂，殺參知政事完顏奴申、樞密副使完顏斜捻阿不，勒兵入見太后，傳令召衞王子從恪爲梁王，監國。即自爲太師、軍馬都元帥、尚書令，尋自稱左丞相、都元帥、尚書令、鄭王。弟倚平章政事，伲殿前都點檢，其黨孛朮魯長哥御史中丞，〔三〕韓鐸副元帥兼知開封府，〔四〕折希顏、藥安國、張軍奴、完顏合荅並元帥，師肅左右司郎中，賈良兵部郎中兼右司都事，又署工部尚書溫迪罕二十、吏部侍郎劉仲周並爲參知政事，宣徽使奧屯舜卿爲尚書左丞，戶部侍郎張正倫爲尚書右丞，左右司都事張節爲左右司郎中，尚書省掾元好問爲左右司員外郎，都轉運知事王天祺、懷州同知康瑭並爲左右司都事。開封判官李禹翼棄官去。戶部主事鄭著召不起。是日，右副點檢溫敦阿里，左右司員外郎聶天驥，御史大夫裴滿阿虎帶，諫議大夫、左右司郎中烏古孫奴申，左副點檢完顏阿散，奉御忙哥，講議蒲察琦並死之。遂送款大元軍前。癸酉，大元將碎不䚟進兵汴京。甲戌，立閱隨駕官屬軍民子女於省署，及禁民間嫁娶，括京城財。兩宮値變不果行，荅失不以其父咬住、四喜以其妻奪門而出，庚午至歸德。上怒二人，皆斬於市。〔五〕乙亥，遣右宣徽提點近侍局事移剌粘古如徐州，相地形，察倉庫虛實。白華如鄧州召兵。

二月丙子朔。魚山張瓛殺元帥完顏忽土，〔六〕行省忽斜虎自率兵討之，會從宜嚴祿誅瓛，乃還。括城中糧。知歸德府事石盞女魯懽爲樞密副使、權參知政事。留元帥官奴忠孝軍四百五十人，都尉馬用軍二百八十餘人，〔七〕發餘軍赴宿、徐、陳三州就糧。

三月乙丑，石盞女魯懽乞盡散衞兵出城就食。官奴私與國用安謀，邀上幸海州，不從。

蔡帥烏古論鎬以糧四百餘斛至歸德，表請臨幸，上遣學士烏古論蒲鮮以幸蔡之意諭其州人。戊辰，官奴以忠孝軍爲亂，攻殺馬用，遂殺尚書左丞李蹊、參知政事石盞女魯懽、點檢徒單長樂，從官右丞已下三百餘人。上赦官奴，暴女魯懽罪狀，以官奴爲樞密副使、權參知政事，左右司郎中張天綱爲戶部侍郎、權參知政事。辛卯，官奴眞授參知政事，〔八〕兼左副元帥。官奴以上居照碧堂，禁近諸臣無一人敢奏對者。上日悲泣言曰：「自古無不亡之國、不死之主，但恨朕不知用人，致爲此奴所囚耳。」遂與內局令宋珪等謀誅官奴。

夏四月壬午，徐州行省完顏忽斜虎執王德全并其子誅之，及其黨王琳、楊璜、斜卯延壽。召經歷商瑀用之。魚山從宜嚴祿叛歸漣水。庚寅，陳州都尉李順兒殺行省粘葛奴申及招撫使劉天起，送款于崔立。張俊民、李琦奔汴京。王璧還歸德。癸巳，崔立以梁王從恪、荊王守純及諸宗室男女五百餘人至青城，皆及於難。甲午，兩宮北遷。甲辰，鄧州節度使移剌瑗以其城叛，與白華俱亡入宋。

六月己卯，官奴及其黨阿里合、白進皆伏誅。上御雙門，赦忠孝軍，以安反側。遂決策還蔡，詔蔡、息、陳、潁各以兵來迓。中京留守、權參政烏林荅胡土棄城奔蔡。壬午，中京破，留守兼便宜總帥强伸死之。戊子，召徐州行省完顏忽斜虎赴行在所，以抹撚兀典代行省事，郭恩爲總帥兼節度使。辛卯，上發歸德，留元帥王璧守之。壬辰，次亳州。癸巳，以亳州節度使王進、同知節度使王賓徵民丁運鐵甲糗糧，留權參政張天綱董之，就遷有功將士。臨淄郡王王義深據靈壁望口寨以叛，〔九〕遣近侍直長女奚烈完出將徐、宿兵討之，義深敗走漣水，入宋。丙申，亳州鎮防軍崔復哥殺守臣王賓等，張天綱以便宜授復哥節度使，罷運鐵甲糗糧，州人乃安。己亥，上入蔡州。詔尚書省爲書召武仙會兵入援。徐州行省抹撚兀典赴蔡州。起復右丞相致仕賽不代行省事。

七月癸卯朔，曲赦蔡州管內雜犯死罪以下。官吏軍民普覃兩官，經應辦者更遷一官。弛門禁，通衆貨，蔡人便之。乙巳，以烏古論鎬爲御史大夫，總帥如故，張天綱爲御史中丞，仍權參政，完顏藥師爲鎮南軍節度使，兼蔡州管內觀察使。戊申，左右司郎中烏古論蒲鮮兼息州刺史，權元帥右都監，〔一〇〕行帥府事。征行元帥權總帥婁室簽樞密院事。己酉，選室女備宮中使令，已得數人，以右丞忽斜虎諫，留識文義者一人，餘聽自便。乙卯，遣魏璠徵武仙兵。丁巳，護衞蒲鮮石魯負祖宗御容至自汴，敕有司奉安于乾元寺。前御史中丞蒲察世達、〔一一〕西面元帥把撒合自汴來歸。辛酉，武仙劫將士，謀取宋金州，至淅水衆潰。行六部尚書盧芝、侍郎石玠謀歸蔡州，仙追芝不及，遂殺玠。丁卯，定進馬遷賞格，又定括馬罪格，以簽樞密院事權參政抹撚兀典領其事。遣使分詣諸道，選兵會于蔡。己巳，以蒲察世達爲吏部侍郎，權行六部尚書。

八月癸酉朔，以秦州元帥粘哥完展權參知政事，行省事於陝西。諭以蠟書，期九月中徵兵與上會于饒豐關，欲出宋不意，以取興元。甲戌，大元使王檝諭宋還，宋以軍護其行，青山招撫盧進得邏吏言以聞，上爲之懼。丁丑，上閱兵于見山亭。癸未，元帥楚珩復立壽州於蒙城，詔遷賞有差，州縣官皆令眞授。乙酉，大元召宋兵攻唐州，元帥右監軍烏古論黑漢死于戰，主帥蒲察某爲部曲兵所食。城破，宋人求食人者盡戮之，餘無所犯。宋人駐兵息州南。丙戌，詔權參政抹撚兀典、簽樞密院事婁室行省、院于息州。丁亥，烏古論鎬權參知政事，兀林荅胡土爲殿前都點檢。庚寅，初設四隅機察官。壬辰，息州行省抹撚兀典以兵襲宋人于中渡店，斬獲甚衆。乙未，萬年節，州郡以表來賀二十餘所。辛丑，設四隅和糴官及惠民司，以太醫數人更直，病人官給以藥，仍擇年老進士二人爲醫藥官。是月，假蔡州都軍致仕內族阿虎帶同僉大睦親府事，使宋借糧，〔一二〕入辭，上諭之曰：「宋人負朕深矣。朕自卽位以來，戒飭邊將無犯南界。邊臣有自請征討者，未嘗不切責之。向得宋一州，隨卽付與。近淮陰來歸，彼多以金幣爲贖，朕若受財，是貨之也，付之全城，秋毫無犯。清口臨陣生獲數千人，悉以資糧遣之。今乘我疲敝，據我壽州，誘我鄧州，又攻我唐州，彼爲謀亦淺矣。大元滅國四十，以及西夏，夏亡及於我，我亡必及於宋。脣亡齒寒，自然之理。若與我連和，所以爲我者亦爲彼也。卿其以此曉之。」至宋，宋不許。

九月戊申，〔一三〕魯山元帥元志率兵入援，賜以大信牌，升爲總帥。庚戌，以重九拜天于節度使廳，羣臣陪從成禮，上面諭之曰：「國家自開創涵養汝等百有餘年。汝等或以先世立功，或以勞效起身，被堅執銳，積有年矣。今當厄運，與朕同患，可謂忠矣。比聞北兵將至，正汝等立功報國之秋，縱死王事，不失爲忠孝之鬼。往者汝等立功，常慮不爲朝廷所知，今日臨敵，朕親見之矣，汝等勉之。」因賜巵酒。酒未竟，邏騎馳奏，敵兵數百突至城下。將士踴躍咸請一戰，上許之。是日，分軍防守四面及子城，以總帥孛术魯婁室守東面，內族承麟副之；參知政事烏古論鎬守南面，總帥元志副之；殿前都點檢兀林荅胡土守西面，忠孝軍元帥蔡八兒副之；忠孝軍元帥、權殿前右副點檢王山兒守北面，元帥紇石烈柏壽副之；遙授西安軍節度使兼殿前右衛將軍、行元帥府事女奚烈完出守東南，元帥左都監夾谷當哥副之；殿前右衛將軍、權左副都點檢內族斜烈守子城，都尉王愛實副之。辛亥，大元兵築長壘圍蔡城。己未，括蔡城粟。辛酉，禁公私釀酒。

十月戊寅，〔一四〕更造「天興寶會」。辛巳，縱飢民老稚羸疾者出城。癸未，徐州守臣郭恩殺逐官吏以叛，行省賽不死之。甲申，給飢民船，聽採城壕菱芡水草以食。戊子，徵諸道兵。辛卯，上閱射于子城，中者賞麥有差。丙申，殿前左副都點檢溫敦昌孫戰歿。戊戌，賜義軍戰歿被創者麥。

十一月辛丑朔，以右副都點檢阿勒根移失剌爲宣差鎭撫都彈壓，別設彈壓四員副之，四隅機察亦隸焉。宋遣其將江海、孟珙帥兵萬人，獻糧三十萬石助大元兵攻蔡。十二月甲戌，盡籍民丁防守，括婦人壯捷者假男子衣冠，運大石。上親出撫軍。丁丑，大元兵決練江，宋兵決柴潭入汝水。己卯，大元兵破外城，宿州副總帥高剌哥戰歿。辛巳，以總帥孛朮魯婁室、殿前都點檢兀林荅胡土皆權參政，都尉完顏承麟爲東面元帥，權總帥。己丑，大元兵隳西城，上謂侍臣曰：「我爲金紫十年，太子十年，人主十年，自知無大過惡，死無恨矣。所恨者祖宗傳祚百年，至我而絕，與自古荒淫暴亂之君等爲亡國，獨此爲介介耳。」又曰：「古無不亡之國，亡國之君往往爲人囚縶，或爲俘獻，或辱於階庭，閉之空谷。朕必不至於此。卿等觀之，朕志決矣。」都尉王愛實戰歿。砲軍總帥王銳殺元帥夾谷當哥，率三十人降大元。庚寅，以御用器皿賞戰士。甲午，上微服率兵夜出東城謀遁，及柵不果，戰而還。乙未，殺尚廄馬五十疋，官馬一百五十疋犒將士。

三年正月壬寅，册柴潭神爲護國靈應王。甲辰，以近侍分守四城。戊申，夜，上集百官，傳位于東面元帥承麟，承麟固讓。詔曰：「朕所以付卿者豈得已哉。以肌體肥重，不便鞍馬馳突。卿平日趫捷有將略，萬一得免，祚胤不絕，此朕志也。」己酉，承麟卽皇帝位。百官稱賀，禮畢亟出捍敵，而南面已立宋幟。俄頃，四面呼聲震天地。南面守者棄門，大軍入，與城中軍巷戰，城中軍不能禦。帝自縊于幽蘭軒。末帝退保子城，聞帝崩，率羣臣入哭，謚曰哀宗。哭奠未畢，城潰，諸禁近舉火焚之，奉御絳山收哀宗骨瘞之汝水上。末帝爲亂兵所害，金亡。

贊曰：金之初興，天下莫强焉。太祖、太宗威制中國，大概欲效遼初故事，立楚、立齊，委而去之，宋人不競，遂失故物。熙宗、海陵濟以虐政，中原觖望，金事幾去。天厭南北之兵，挺生世宗，以仁易暴，休息斯民。是故金祚百有餘年，由大定之政有以固結人心，乃克爾也。章宗志存潤色，而秕政日多，誅求無藝，民力浸竭，明昌、承安盛極衰始。至於衞紹，紀綱大壞，亡徵已見。宣宗南度，棄厥本根，外狃餘威，連兵宋、夏，內致困憊，自速土崩。哀宗之世無足爲者。皇元功德日盛，天人屬心，日出爝息，理勢必然。區區生聚，圖存於亡，力盡乃斃，可哀也矣。雖然，在禮「國君死社稷」，哀宗無愧焉。

校勘記

〔一〕壬辰起上黨公張開及臨淄郡王王義深廣平郡王范成進爲元帥　按王義深、范成進等降金封王事，見本書卷一一四白華傳。該傳云，「張惠臨淄郡王，義深東平郡王，成進膠西郡王」。又卷一一二移剌蒲阿傳亦稱「臨淄郡王張惠」。山東濰縣有金膠西郡王范成進碑，見山左金石志及康熙濰縣志。足證白華傳記載可信。則此處當作東平郡王王義深，膠西郡王范成進爲是。

〔二〕河解元帥權興寶軍節度使趙偉襲據陝州以叛　按本書卷一一六徒單兀典傳亦云，「尋以偉權興寶軍節度使」。然金無「興寶軍」。卷二六地理志解州，「貞祐三年復升爲節鎮，軍名寶昌」。疑「興寶」或是「寶昌」之誤。

〔三〕其黨孛术魯長哥御史中丞　「哥」原作「河」。按本書卷一一五崔立傳屢見孛术魯長哥之名，崔立變後，官「其黨孛术魯長哥御史中丞」，與此記事相同。今據改。

〔四〕韓鐸副元帥兼知開封府　按本書卷一一五崔立傳記此事作「韓鐸都元帥兼知開封府事」。參看該卷校記〔二〕。

〔五〕庚午至歸德上怒二人皆斬于市　按庚午在上文癸酉、甲戌之前，此蓋追敍其事，而斬以甲戌，故次于此。

〔六〕二月丙子朔魚山張瓛殺元帥完顏忽土　按本書卷一一九完顏仲德傳，「忽土到，軍士不悅，二月辛卯夜，遂爲總領張瓛、崔振所害」，當得其實。以下各事亦皆不在丙子朔日，蓋彙記于此，「二月丙子朔」在此處猶言「是月」。

〔七〕都尉馬用軍二百八十餘人　按本書卷一一六石盞女魯歡傳記此事云，「時城中止有馬用一軍，近七百人」。同卷蒲察官奴傳亦云「馬用軍七百人」，疑此處「二百」當是「六百」之誤。

〔八〕辛卯官奴眞授參知政事　按是年三月乙巳朔，無辛卯。本書卷一一六蒲察官奴傳記官奴眞授參知政事在五月，此干支有誤，亦不當繫於此月。

〔九〕臨淄郡王王義深據靈璧望口寨以叛　按本書卷一一四白華傳，義深封東平郡王。參考本卷校記〔一〕。

〔一〇〕權元帥右都監　按王鶚汝南遺事卷一記此事作「權元帥左監軍」。

〔一一〕前御史中丞蒲察世達　「中丞」原作「大夫」。按本書卷一一五崔立傳記此事作「前御史中丞」。汝南遺事卷二作「前正奉大夫御史中丞」。今據改。

〔一二〕是月假蔡州都軍致仕內族阿虎帶同僉大睦親府事使宋借糧　「是月」原作「九月癸卯朔」。按阿虎帶使宋借糧一事，本書卷六二交聘表記作天興二年八月己卯。汝南遺事卷二，「詔尙書省牒宋中書省借糧仍諭阿虎帶等」條記載最詳，實金史之所本，作八月初七日己卯。又按汝南遺事卷三，是年「九月壬寅朔」，而本卷下文有「庚戌，以重九拜天」，正與之合。是「九月癸卯朔」五字錯誤最多，今删改爲「是月」，將「九月」二字移于下文「戊申」之上。

〔一三〕九月戊申　原脫「九月」二字。今補，參見前條。

〔一四〕十月戊寅　「寅」原作「辰」。按是年十月壬申朔，見卷一一九完顏仲德傳。無戊辰，汝南遺事卷三記此事作「戊寅」，更造「天興寶會」。今據改。

金史卷十九

本紀第十九

世紀補

景宣皇帝諱宗峻，本諱繩果，太祖第二子。母曰聖穆皇后唐括氏，太祖元妃。宗峻在諸子中最嫡。

天輔五年，忽魯勃極烈杲都統諸軍取中京，帝別領合扎猛安，受金牌，既克中京，遂與杲俱襲遼主于鴛鴦濼。遼主走陰山，耿守忠救西京，帝與宗翰等擊走之。西京城南有浮圖，敵先據之，下射，士卒多傷。帝曰：「先取是，則西京可下。」既而攻浮圖，克之，遂下西京。太祖崩，帝與兄宗幹率宗室羣臣立太宗。天會二年，薨。

熙宗卽位，追上尊謚曰景宣皇帝，廟號徽宗，改葬興陵。海陵弑立，降熙宗爲東昏王，降帝爲豐王。世宗復尊熙宗廟謚，尊帝爲景宣皇帝。子合剌、常勝、查剌。合剌是爲熙宗。

睿宗立德顯仁啓聖廣運文武簡肅皇帝諱宗堯，初諱宗輔，本諱訛里朵，大定上尊謚，追上今諱。魁偉尊嚴，人望而畏之。性寬恕，好施惠，尚誠實。太祖征伐四方，諸子皆總戎旅，帝常在帷幄。

天輔六年，太祖親征，太宗居守黃龍府，安福哥誘新降之民以叛，帝與烏古廼討平之。南路軍帥鶻實荅以贓敗，帝往閱實之，咸稱平允。

天會五年，宗望薨，帝爲右副元帥，駐兵燕京。十一月，分遣諸將伐宋，帝發自河間，徇地淄、青。六年正月宋馬括兵二十萬至樂安，〔一〕帝率師擊破之。聞宋主在揚州，時東作方興，留大軍夾河屯田而還，軍山西。二月，移剌古破宋臺宗雋、宋忠軍五萬于大名，明日再破之，獲宗雋、忠而還。冀州人乘夜出兵襲照里營。照里擊敗之。宋主奉表請和，密書以誘契丹、漢人。詔伐宋，帝發自河北，降滑州，取開德府，攻大名府，克之，河北平。

初，伐宋，河北、河東諸將議不決，或欲先定河北，或欲先平陝西，太宗兩用其策。而宗翰來會于濮，既平河北，遂取東平及徐州，盡得宋人江淮運致金幣在徐州官庫者，分給諸軍，而劉豫遂以濟南降。使拔离速等襲宋主于揚州，而宋主聞之，比拔离速至揚州，前夕已渡江矣。宋主乃貶去帝號，再以書來請存社稷，語在宗翰傳中。既而宗弼追宋主，宋主渡江，入于杭州，復遁入海，宗弼乃還。

於是，婁室所下陝西城邑輒叛，宗翰等曰：「前討宋，故分西師合于東軍，而陝西五路兵力雄勁，當併力攻取。今撻懶撫定江北，宗弼以精兵二萬先往洛陽。以八月往陝西，或使宗弼遂將以行，或宗輔、宗幹、希尹中以一人往。」〔二〕上曰：「婁室往者所向輒辦，今專征陝右，豈倦于兵而自愛邪？卿等其戮力焉！」由是詔帝往。

是時，宋張浚兵取陝西，帝至洛水治兵，張浚騎兵六萬，步卒十二萬壁富平。帝至富平，婁室爲左翼，宗弼爲右翼，兩軍並進，自日中至于昏暮，凡六合戰，破之。耀州、鳳翔府皆來降。遂下涇、渭二州。敗宋經略使劉倪軍于瓦亭，原州降。撒离喝破德順軍靜邊寨，宋涇原路統制張中孚、知鎭戎軍李彥琦以城降。宋秦鳳路都統制吳玠軍于隴州境上，招討都監馬五擊走之，降一縣而還。帝進兵降甘泉等三堡，取保川城，破宋熙河路副總管軍三萬，獲馬千餘，拔安西等二寨，熙州降。分遣左翼都統阿盧補，右翼都統宗弼招撫城邑之未下者，遂得鞏、洮、河、樂、西寧、蘭、廓、積石等州，定遠、和政、甘峪、寧洮、安隴等城寨，及鎭堡蕃漢營部四十餘，於是涇原、熙河兩路皆平。撒离喝降慶陽府，慕洧以環州降。既定陝西五路，乃選騎兵六千，使撒离喝列屯衝要。於是班師，與宗翰俱朝京師，立熙宗爲諳版勃極烈，帝爲左副元帥。

十三年，行次嬀州薨，年四十，陪葬睿陵，追封潞王，諡襄穆。皇統六年，進冀國王。正隆二年，追贈太師、上柱國，改封許王。世宗卽位，追上尊諡立德顯仁啓聖廣運文武簡肅皇帝，廟號睿宗。二年，改葬于大房山，號景陵。

顯宗體道弘仁英文睿德光孝皇帝，諱允恭，本諱胡土瓦，世宗第二子，母曰明德皇后烏林荅氏。皇統六年丙寅歲生。體貌雄偉，孝友謹厚。

大定元年十一月，世宗卽位于東京。乙酉，封楚王，置官屬。十二月，從至中都。

二年四月己卯，賜名允迪。五月壬寅，立爲皇太子，世宗謂之曰：「在禮貴嫡，所以立卿。卿友于兄弟，接百官以禮，〔三〕勿以儲位生驕慢。〔四〕日勉學問，非有召命，不須侍食。」帝上表謝。專心學問，與諸儒臣講議於承華殿。燕閑觀書，乙夜忘倦，翼日輒以疑字付儒臣校證。九月庚子，詔東宮三師對皇太子稱名，少師以降稱臣。十一月庚子，生辰，百官賀于承華殿。世宗賜以襲衣良馬，賜宴于仁政殿，皇族百官皆與。自後生辰，世宗或幸東宮，或宴內殿，歲以爲常。十二月辛卯，奏曰：「東宮賀禮，親王及一品皇族皆北面拜伏，臣但答揖。伏望天慈聽臣答拜，庶惇親親友愛之道。」世宗從之，以爲定制。

世宗聞儒者鄭松賢，松先爲同知博州防禦事致仕，起爲左諭德，詔免朝參，令輔太子讀書。松以友諭自處，帝嘗顧松使取服帶，松對曰：「臣忝諭德，不敢奉命。」帝改容稱善，自是益加禮遇。每出獵獲鹿，輒分賜之。

四年九月，納妃徒單氏，行親迎禮。故事，大駕鹵簿天子乘玉路，皇太子鹵簿乘金路。六年，世宗行自西京還都，禮官不知皇太子自有鹵簿金路，乃請太子就乘大駕綴路，行在天子之前。上疑其非禮，詳閱舊典，禮官始覺其誤。於是禮部郎中李邦直、員外郎李山削一階，太常少卿武之才、太常丞張子羽、博士張檠削兩階。

頃之，禮官議受册謁謝太廟，服常朝服，乘馬，世宗曰：「此與外官禮上後謁諸神廟無異，海陵一時率意行之，何足爲法？大册與三歲祫享當用古禮爲是。孔子曰：『禮與其奢也寧儉。』不當輕易如此。」又曰：「右丞蘇保衡雖漢人不通經史，參政石琚通經史而不言，前日禮官既已削奪，猶不懼邪？其具前代典禮以聞，朕將擇而處之。」久之，將授太子册寶，儀注備儀仗告太廟。上曰：「朕受尊號謁謝，乃用故宋眞宗故事，常朝服乘馬。皇太子乃用備禮，前後不稱，甚無謂也。」謂右丞相良弼、左丞守道曰：「此卿等不用心所致。」良弼等謝曰：「臣愚慮不及此。」上復曰：「此文臣因循故也。」是年十月甲申，祫享于太廟，行亞獻禮。

七年，帝有疾，詔左丞守道侍湯藥，徙居瓊林苑臨芳殿調治。

八年正月甲戌，改賜名允恭。庚辰，受皇太子册寶，〔三〕帝上表謝。

九年五月，世宗命避暑于草濼，隋王惟功從行，〔六〕其應從行者皆給道路費。帝奏曰：「遠去闕廷，獨就涼地，非臣子所安，願罷行。」世宗曰：「汝體羸弱，山後高涼，故命汝往。」丁丑，百官奉辭于都城之北，再拜，帝答拜。是月，百官承詔具牋問起居。六月，百官問起居如前。八月乙酉，至自草濼，百官迎謁于都城之北，如送儀。丙戌，入見，世宗曰：「吾兒相別經夏，極甚思憶也。」九月，詔皇太子供膳勿月支，歲給五千萬。

十年八月，帝在承華殿經筵，太子太保壽王爽啓曰：「殿下頗未熟本朝語，何不屏去左右漢官，皆用女直人。」帝曰：「諭德、贊善及侍從官，曷敢輒去？」爽乃揖而退。帝曰：「宮官四員謂之諭德、贊善，義可見矣，而反欲去之，無學故也。」有使者自山東還，帝問民間何所苦，使者曰：「錢難最苦。官庫錢滿有露積者，而民間無錢，以此苦之。」帝曰：「貯之空室，雖多奚爲。」謂戶部尚書張仲愈曰：「天子富藏天下，何必獨在府庫也。」因奏曰：「錢在府庫，何異銅鑛在野。乞流轉，使公私俱利。」世宗嘉納，詔有司議行之。

十一年十一月丁亥，〔七〕有事於圜丘，帝行亞獻禮。

十二年五月，世宗聞德州防禦使胡刺謀叛，因曰：「朕於親親之道未嘗不篤，而輒敢如此。」帝徐奏曰：「叔胡刺性荒縱，耽娛樂，而無子嗣，忽如此狂謀，望更閱實之。」十月己未，祫享于太廟，帝攝行祀事。

十三年十月，承詔與趙王惟中、曹王惟功獵于保州、定州。十一月甲午，還京師。

十四年四月乙亥，世宗御垂拱殿，帝及諸王侍側。世宗論及兄弟妻子之際，世宗曰：「婦言是聽而兄弟相違，甚哉。」帝對曰：「思齊之詩曰：『刑于寡妻，至于兄弟，以御于家邦。』臣等愚昧，願相勵而修之。」因引常棣華蕚相承，脊令急難之義，爲文見意，以諷兄弟焉。

十五年，世宗詔五品職事官謝見皇太子。

十七年五月甲辰，侍宴于常武殿，典食令涅合進粥，帝將食，有蜘蛛在粥盌中，涅合恐懼失措，帝從容曰：「蜘蛛吐絲乘空，忽墮此中爾，豈汝罪哉。」十月己卯，祫享于太廟，攝行祀事。

十九年四月戊申，有事于太廟，攝行祀事。丁巳，詹事烏林荅愿入謝，帝命取幞頭腰帶，官屬請曰：「此見宰相師傅之禮也。」帝曰：「愿事陛下久，以此加敬耳。」皆曰：「非臣等所及。」十一月，改葬明德皇后于坤厚陵，帝徒行輓靈車，遇大風雪，左右進雨具，帝却之，〔八〕比至頓所，衣盡霑濕，觀者無不下淚。海陵雖貶黜爲庶人，宗幹尙稱明肅皇帝，議者以爲未盡，帝具表奏論。世宗嘉納之。於是宗幹削去帝號，降封遼王。

二十四年，世宗將幸上京，詔帝守國，作「守國之寶」以授之。其遣使、祭享、五品以上官及事利害重者遣使馳奏，六品以下官、其餘常事，並聽裁決。每三日一次於集賢殿受尙書省啓事。京朝官遇朔望具朝服問候。車駕在路，每二十日一遣使問起居。已達上京，每三十日一問起居。世宗曰：「今巡幸或能留一二年，以汝守國。譬之農家種田，商人營利，但能不墜父業，卽爲克家子也。」帝對曰：「臣在東宮二十餘年，過失甚多，陛下以明德皇后之故未嘗見責。臣誠愚昧，不克負荷，乞備扈從。」世宗曰：「凡人養子皆望投老得力。朕留太尉、左右丞、參政輔汝，彼皆國家舊人，可與商議。且政事無難，但用心公正，無納讒邪，一月之後政事自熟。」帝流涕堅辭，左右爲之感動。三月，世宗如上京，帝守國留中都。初，帝在東宮，或攜中侍步于芳苑。中侍出入禁中，未嘗限阻。此輩見帝守國，各爲得意，帝知之，謂諸中侍曰：〔九〕「我向在東宮不親國政，日與汝輩語話。今旣守國，汝等有召命然後得入。」五月，世宗至上京，賜勅書曰：「朕以前月八日到遼陽，此月二日達上京，翌日祀慶元廟。省方觀民，古之制也。汝守國任重，夏暑方熾，益當自愛，無貽朕憂。」帝謂徒單克寧曰：「車駕巡幸，以國事見屬。刑名最重，人之死生繫焉。凡有可議，當盡至公。比主上還都，勿有廢事。」自是，凡啓稟刑名，帝自披閱，召都事委曲折正，移晷忘倦，或賜之食。近侍報瑤池位蓮開，當設宴。帝曰：「聖上東巡，命我守國，何敢宴遊廢事？採致數花足矣。」七月，遣子金源郡王麻達葛奉表問起居，請世宗還都。十一月壬寅，帝冬獵。辛亥，還都。

二十五年正月乙酉朔，免羣臣賀禮。〔一〇〕帝自守國，深懷謙抑，宮臣不庭拜，啓事時不侍立，免朔望禮。京朝朔望日當具公服問候，並停免。至是，羣臣當賀，亦不肯受。甲寅，帝如春水。二月庚申，還都。丁卯，遣子金源郡王麻達葛奉表賀萬春節。四月，久不雨，帝親禱，卽日霑足。

六月甲寅，帝不豫。庚申，崩于承華殿。世宗自上京還，次天平山好水川，訃聞，爲位臨奠于行宮之南，大慟者久之。親王、百官、皇族、命婦及侍衞皆會哭，世宗號泣還宮。比至中都，爲位奠哭者凡七焉。世宗以豳王永成爲中都留守，來護喪，遣滕王府長史再興、御院通進阿里刺來保護金源郡王，遣左宣徽使唐括鼎來致祭，詔妃徒單氏及諸皇孫喪服並如漢制。帝在儲位久，恩德在人者深，每日三時哭臨，侍衞軍士皆爭入臨，伏哭于承華殿下，聲殷如雷。中都百姓市門巷端爲位慟哭。七月壬午朔，賜諡宣孝太子。九月庚寅，殯于南園熙春殿。己酉，世宗至自上京，未入國門，先至熙春殿致奠，慟哭久之。比葬，親臨者六。帝事世宗，凡巡幸西京、涼陘，及上陵、祭廟，謁衍慶宮，田獵觀稼，拜天射柳，未嘗去左右。上有事于圜丘，及親享于太廟，則行亞獻禮，不親祀則攝行祀事。國有大慶則率百官上表賀。正旦、萬春節則總班上壽。冬十月庚戌朔，宰相以下朝見于慶和殿，太尉完顏守道上壽，世宗追悼悽愴者久之。十一月甲申，靈駕發引，世宗路祭于都城之西。庚寅，葬于大房山。世宗欲加帝號，以問羣臣，翰林修撰趙可對曰：「唐高宗追諡太子弘爲孝敬皇帝。」左丞張汝弼曰：「此蓋出于武后。」遂止。乃建廟于衍慶宮後，祭用三獻，樂用登歌。

二十六年，立子璟爲皇太孫。二十九年，世宗崩。太孫卽位，是爲章宗。五月甲午，追謚體道弘仁英文睿德光孝皇帝，廟號顯宗。丁酉，祔于太廟，陵曰裕陵。

帝天性仁厚，不忍刑殺。梁檀兒盜金銀葉，憐其母老，李福興盜段匹，值坤厚陵禮成，家令本把盜銀器，値萬春節，皆委曲全活之。亡失物者，責其償而不加罪。聞四方饑饉，輒先奏，加賑贍。因田獵出巡，所過問民間疾苦。敬禮大臣，友愛兄弟。葬明德皇后于坤厚陵，諸妃皆祔，自磐寧宮發引，趙王惟中以其母轜車先發，令張黃蓋者前行，帝呼執蓋者不應，少府監張僅言欲奏其事，帝止之。嘗作重光座銘，及刻座右銘于小玉碑，〔二〕幷刻其碑陰，皆深有理致。最善射而不殫物，嘗奉詔拜陵，先獵，射一鹿獲之，卽命罷獵，曰：「足奉祀事，焉用多殺？」好生蓋其天性云。

贊曰：遼王杲取中京，宗翰、宗望皆從，景宣別領合扎猛安。合扎猛安者，太祖之猛安也。宗翰請立熙宗，宗幹不敢違，〔三〕太宗不能拒，其義正，其理直矣。舊史稱睿宗寬恕好施惠，熙宗不終，海陵隕斃，自時厥後，得大位者皆其子孫，有以夫。顯宗孝友惇睦，在東宮二十五年，不聞有過。承意開導，四方陰受其賜。天不假之年，惜哉。

校勘記

〔一〕六年正月宋馬括兵二十萬至樂安　原脫「六年正月」四字。按本書卷三太宗紀，「六年正月……甲寅，宋將馬括兵次樂安，宗輔擊敗之」。今據補。

〔二〕或宗輔宗幹希尹中以一人往　「幹」原作「翰」。按此是宗翰的話，「翰」字必譌，今改。參見本卷校記〔一三〕。

〔三〕接百官以禮　「接」原作「按」。據文義改。

〔四〕勿以儲位生驕慢　「位」原作「以」。據殿本改。

〔五〕庚辰受皇太子册寶　「辰」原作「戌」。按大定八年正月甲子朔，無庚戌。本書卷六世宗紀，「八年正月庚辰，行皇太子册禮」。今據改。

〔六〕隋王惟功從行　「惟功」又見下文「十三年十月，承詔與趙王惟中、曹王惟功獵于保州、定州」。「惟功」皆當作「永功」，「惟中」亦當作「永中」。按本書卷八五世宗諸子傳，世宗諸子命名排「允」字，章宗時避其父顯宗允恭諱，皆改「允」爲「永」。衞紹王名永濟，諱「永」，又皆改「永」爲「惟」。今本書中僅本卷見「惟功」、「惟中」等名，他卷則否。蓋所據史料如此，今不復改。

〔七〕十一年十一月丁亥　原脫「十一年」三字。按本書卷六世宗紀，大定十一年十一月「丁亥，有事於圓丘」。今據補。

〔八〕左右進兩具帝却之　「帝」原作「上」。按景宣、睿宗、顯宗等，實未登極，皆追尊之號，故依文例，「上」作「帝」是。殿本已改，今從之。

〔九〕謂諸中侍曰　「中侍」原作「侍中」。按上文兩見皆作「中侍」，今乙正。

〔一〇〕二十五年正月乙酉朔免羣臣賀禮　原脫「朔」字。據本書卷八世宗紀補。

〔一一〕及刻座右銘于小玉碑　「座」原作「左」。今改。

〔一二〕宗幹不敢違　「幹」原作「翰」。按本書卷七四宗翰傳，「初，太宗以斜也爲諳班勃極烈，天會八年斜也薨，久虛此位。而熙宗宗峻子，太祖嫡孫，宗幹等不以言太宗，而太宗亦無立熙宗意。宗翰朝京師，謂宗幹曰：『儲嗣虛位頗久，合剌先帝嫡孫當立，……』遂與宗幹、希尹定議，入言於太宗，請之再三。」今據改。

金史卷二十

志第一

天文

日薄食煇珥雲氣　月五星淩犯及星變

自伏羲仰觀俯察，黃帝迎日推策，重黎序天地，堯曆象日月星辰，舜齊七政，周武王訪箕子，陳洪範，協五紀，而觀天之道備矣。易曰：「天垂象見吉凶，聖人象之。」故孔子因魯史作春秋，於日星風雨霜雹雷霆皆書變而不書常，所以明天道、驗人事也。秦漢而下，治日患少，陰陽愆違，天象錯迕，無代無之。金百有十九年，而日食四十二，星辰風雨霜雹雷霆之變不知其幾。金九主，莫賢於世宗，二十九年之間，猶日食者十有一，日珥虹貫者四五。然終金之世，慶雲環日者三，皆見於世宗之世。

羲、和之後，漢有司馬，唐有袁、李，皆世掌天官，故其說詳。且六合爲一，推步之術不見異同。金、宋角立，兩國置曆，法有差殊，而日官之選亦有精粗之異。今奉詔作金史，於志天文，各因其舊，特以春秋爲準云。

日薄食煇珥雲氣

太祖天輔三年夏四月丙子朔，日食。四年冬十月戊辰朔，日食。六年春二月庚寅朔，日食。七年秋八月辛巳朔，日食。

太宗天會七年三月己卯朔，日中有黑子。九月丙午朔，日食。十三年正月丙午朔，日食。〔一〕

熙宗天會十四年十一月丙寅，日中有黑子，斜角交行。

天眷三年七月癸卯朔，日食。

皇統三年十二月癸未朔，日食。四年六月辛巳朔，日食。五年六月乙亥朔，日食。八年四月戊子朔，日食。九年三月癸未朔，日食。

海陵庶人天德二年正月甲辰，日有暈珥，白虹貫之。十一月丙戌，白虹貫日。〔二〕十二月乙卯，慶雲見，狀如鸞鳳，五彩。三年正月丁酉，白虹貫日。

貞元二年五月癸丑朔，日食。三年四月丁丑朔，昏霧四塞，日無光，凡十有七日乃霽。五月丁未朔，日食。

正隆三年三月辛酉朔，司天奏日食，候之不見。海陵勑，自今日食皆面奏，不須頒告中外。五年八月丙午朔，日食。庚午，日中有黑子，狀如人。六年二月甲辰朔，日有暈珥，戴背。十月丙午，慶雲見。

世宗大定二年正月戊辰朔，日食，伐鼓用幣，命壽王京代拜行禮。爲制，凡遇日月虧食，禁酒、樂、屠宰一日。三年六月庚申朔，日食，上不視朝，命官代拜。有司不治務，過時乃罷。後爲常。四年六月甲寅朔，日食。七年四月戊辰朔，日食，上避正殿、減膳，伐鼓應天門內，百官各於本司庭立，明復乃止。閏七月己卯午刻，慶雲環日。八月辛亥午刻，慶雲環日。九年八月甲申朔，有司奏日當食，以雨不見。爲近奉安太社，乃伐鼓于社，用幣于應天門內。十三年五月壬辰朔，日食。十四年十一月甲申朔，日食。十六年三月丙午朔，日食。十七年九月丁酉朔，日食。二十三年十月己未，慶雲見於日側。十一月壬戌朔，日食。二十八年八月甲子朔，日食。二十九年正月乙卯巳初，日有暈，左右有珥，上有背氣兩重，其色青赤而厚。復有白虹貫之亙天，其東有戟氣長四尺餘，五刻而散。丁巳巳初，日有兩珥，上有背氣兩重，其色青赤而淡。頃之，背氣於日上爲冠，已而俱散。二月辛酉朔，日食。甲子辰刻，日上有重暈兩珥，抱而復背，背而復抱，凡二三次。乙丑，日暈兩珥，有負氣承氣，而白虹亙天，左右有戟氣。

章宗明昌三年十二月丙辰，北方微有赤氣。四年九月癸未，日上有抱氣二，戴氣一，俱相連。左右有珥，其色鮮明。六年三月丙戌朔，日食。

承安三年正月己亥朔，日食，陰雲不見。五年十一月癸丑，日食。宋史作六月乙酉朔。

泰和二年五月甲辰朔，日食。三年十月戊戌，日將沒，色赤如赭。甲辰，申酉間，天色赤，夜將旦復然。四年三月丁卯，日昏無光。五年九月戊子戌時，西北方黑雲間有赤氣如火，次及西南、正南、東南方皆赤，中有白氣貫徹，乍隱乍見。既而爲雨，隨作風。至二更初，黑雲間赤氣復起於西北方，及正西、正東、東北，往來遊曳，內有白氣數道，時復出沒。其赤氣又滿中天，約四更皆散。六年正月，北京申，龍山縣西見有雲結成車牛行帳之狀，或如前後摧損之勢，晡時乃散。二月壬子朔，日食。七月癸巳，申刻，日上有背氣一，內赤外青，須臾散。九月乙酉，夜將曙，北方有赤白氣數道，歷王良下，徐行至北斗開陽、搖光之東而散。八年四月癸卯，巳刻，日暈二重，內黃外赤，移時而散。

衞紹王大安元年四月壬申，北方有黑氣如大道，東西竟天，至五更散。十二月辛酉朔，日食。〔三〕三年三月辛酉辰刻，北方有黑氣如堤，內有白氣三，似龍虎之狀。十月己卯，東北、西北每至初更如月將出之狀，明至夜半而滅，經月乃已。

宣宗貞祐元年十月丙午，夜有白氣三，衝紫微而不貫。十一月丙申，〔四〕白氣東西竟天，移時散。二年九月壬戌朔，日食，大星皆見。三年正月壬戌，日有左右珥，上有冠氣，移刻散。二月丁巳，日初出赤如血，將沒復然。六月戊申，夜有黑氣，廣如大路，自東南至于西北，其長竟天。四年二月甲申朔，日食。閏七月壬午朔，日食。

興定元年七月丙子朔，日食。二年七月庚午朔，日食。三年七月庚申，五色雲見。十月乙丑，平涼府慶雲見，遣官驗實，以告太廟，詔國中。五年正月，山東行省蒙古綱奏慶雲見，命圖以進。四月丙子，日正午，有黃暈四匝，其色鮮明。五月甲申朔，日食。六月戊寅，日將出，有氣如大道，經丑未，歷虛危，東西不見首尾，移時沒。十二月己巳，北方有白氣，廣三尺餘，東西亙天。

元光元年十一月丁未，東北有赤雲如火。二年五月辛未，日暈不匝而有背氣。九月庚子朔，日食。

哀宗正大二年正月甲申，〔五〕有黃黑祲。三年三月庚午，省前有氣微黃，〔六〕自東北亙西南，其狀如虹，中有白物十餘，往來飛翔，又有光倏見如二星，移時方滅。四年十一月乙未，日上有虹，背而向外者二，約長丈餘，兩旁俱有白虹貫之。是年六月丙辰，有白氣經天，或云太白入井。五年十二月庚子朔，日食。八年三月庚戌酉正，日忽白而失色，乍明乍暗，左右有氣似日而無光，與日相凌，而日光四出搖盪至沒。

天興元年正月壬午朔，日有兩珥。三年正月己酉，日大赤無光，京、索之間雨血十餘里。是日，蔡城陷，金亡。

月五星凌犯及星變

太宗天會七年十一月甲寅，天旗明，河鼓直。十年閏四月丙申，熒惑入氐。八月辛亥，彗星出於文昌。十一年五月乙丑，月忽失行而南，頃之復故。七月己巳昏，有大星隕于東南，如散火。十二月丙戌，月食昴。

熙宗天會十三年十一月乙酉，月食，命有司用幣以救，著爲令。十四年正月辛巳，太白晝見，凡四十餘日伏。壬辰，熒惑入月。三月丁酉夜，中星搖。九月癸未，有星大如缶，起西南，流于正西。十一月己巳，狼星搖。十五年正月戊辰，歲星犯積尸氣。

天眷二年三月辛巳朔，歲星留逆在太微。五月戊子，太白晝見。八月丁丑，太白晝見；九月辛巳，犯軒轅左星；乙巳，犯左執法；十一月戊寅，入氐。三年七月壬戌，月犯畢。十二月壬午，月掩東井東轅南第一星。

皇統元年二月甲戌，月掩畢大星。二年十一月己酉，月犯軒轅大星。甲寅，月犯氐東北星。三年正月己丑，熒惑逆犯軒轅次北一星。二月乙丑，月犯畢大星。閏四月癸巳，月掩軒轅左角星。八月丙申，老人星見。九月丁丑，月犯軒轅大星。四年八月癸未，熒惑入輿鬼。五年四月丙申，彗星見於西北，長丈餘，至五月壬戌始滅。六月甲辰，〔七〕熒惑犯左執法。六年九月戊寅，熒惑犯西垣上將。己丑，月犯軒轅第二星。七年正月辛未，彗星出東方，長丈餘，凡十五日滅。丁亥，太白經天。七月己巳，太白經天。庚辰，熒惑犯房第二星。十一月壬戌，歲星逆犯井東扇第二星。八年閏八月丙子，熒惑入太微垣。十月甲申，太白晝見；十一月壬辰，經天。十二月丙寅，太白晝見。九年二月癸亥，月掩軒轅第二星。七月甲辰，太白、辰星、歲星合于張。丁未，熒惑犯南斗第四星。八月壬子，又歷南斗第三星。

海陵天德元年十二月甲子，土犯東井東星。二年正月乙酉，月犯昴；壬辰，犯木；乙未，犯角；二月丙寅，犯心大星。九月乙亥，太白晝見，至明年正月辛卯後不見。〔八〕丁酉，月犯軒轅左角；十月乙丑，犯太微上將；十二月癸丑，犯昴。三年二月丙辰，月食。十月丁亥，月犯軒轅左角。四年正月癸卯，太白經天。二月乙亥，月掩鬼，犯鎮星。五月己亥，太白經天；丁巳，又經天。六月癸巳，太白犯井東第二星。八月辛未，太白犯軒轅大星。十一

月甲辰，熒惑犯鈎鈐。丙午，月犯井北第一星。十二月乙卯朔，太白經天。丙子，月食。閏月己亥，太白經天。〔九〕

貞元元年正月辛丑，〔一〇〕月犯井東第一星。四月戊寅，有星如杯，自氐入於天市，其光燭地。十二月乙卯，太白經天。庚午，月食。閏月乙酉，太白經天。二年正月庚申，太白經天。是夜，月掩昴；二月辛丑，犯心前星；三月辛巳，食。〔一一〕七月癸丑，太白晝見，凡三十有三日伏。八月戊戌，熒惑入井，凡十一日而出。十一月甲子，月食。三年八月乙酉，月犯牛；九月辛亥，犯建星；十一月戊午，掩井鉞星。

正隆二年正月庚辰，太白晝見，凡六十七日伏。三年正月丁亥，有流星如杯，長二丈餘，其光燭地，出太微，沒於梗河之北。二月乙卯，〔一二〕熒惑入鬼。辛巳，月食。甲午，月掩歲星；〔一三〕六月丁酉，犯氐。九月己未，太白經天，至明年正月二十一日不見。十二月戊申，月入氐。四年九月壬寅，月掩軒轅右角；十一月壬辰，入畢，犯大星。十二月，太白晝見，凡七日。五年正月，海陵問司天提點馬貴中曰：「朕欲自將伐宋，天道如何？」貴中對曰：「去年十月甲戌，熒惑順入太微，至屏星，留退西出。占書熒惑常以十月入太微庭，受制出伺無道之國。又去年十二月，太白晝見經天，占爲兵喪，爲不臣，爲更主。又主有兵兵罷，無兵兵起。」甲午，月食。二月丁卯，太白晝見。四月甲戌，復見，凡百六十有九日乃伏。

六年七月乙酉，月食。九月丙申，太白晝見。先是，海陵問司天馬貴中曰：「近日天道何如？」貴中曰：「前年八月二十九日太白入太微右掖門，九月二日至端門，九日至左掖門出，並歷左右執法。太微爲天子南宮，太白兵將之象，其占：兵入天子之庭。」海陵曰：「今將征伐，而兵將出入太微，正其事也。」貴中又言：「當端門而出，其占爲受制，歷左右執法爲受事，此當有出使者，或爲兵，或爲賊。」海陵曰：「兵興之際，小賊固不能無也。」是歲，海陵南伐，遇弒。

世宗大定元年十月丙午，熒惑入太微垣，在上將東。丁巳，月犯井西扇北第二星。二年正月癸巳，太白晝見。閏二月戊寅，月掩軒轅大星；三月戊申，掩太微東藩南第一星；八月乙酉，犯井西扇北第二星；九月庚戌，犯畢距星。十月戊辰，有大星如太白，起室壁間，沒於羽林軍，尾跡長丈餘。三年正月庚子，太白晝見，凡百有十日乃伏。五月辛丑，月入氐。七月庚戌，太白晝見，百二十有七日乃伏。八月丁未，月犯井距星。丙寅，太白晝見，經天。十月庚辰，月犯太微垣西上將星。十一月庚寅，太白晝見，經天。歲星入氐，凡二十四日伏。壬子，月入氐。四年正月戊子，熒惑、歲星同居氐。己丑，熒惑出氐。二月壬午，歲星退入氐，凡二十九日。九月丙午，月犯軒轅大星北次星。十一月丙申，月食，既。十二月辛卯，太白晝見經天。癸卯，月掩房北第一星。五年正月癸亥，月掩軒轅大星北次星；八月丁酉，犯井東扇第一星。十一月癸丑，熒惑入氐，凡二十一日。六年二月丙申，月犯南斗東南第二星；三月己未，入氐。四月辛丑，太白晝見，八十有八日伏。六月辛巳，太白晝見，經天。〔一四〕九月壬子，太白晝見，百有三日乃伏；丙辰，經天；十月壬辰，復晝見，經天。十一月辛亥，金入氐，凡七日。庚申，太白晝見，經天；十二月戊子，復見，經天。癸巳，月犯房北第二星。七年十月乙巳，火入氐，凡四日。十一月壬申，太白晝見，九十有一日伏。丁丑，歲星晝見，二日。八年正月癸未，月掩心大星；三月庚午，掩軒轅大星北一星。己丑，太白晝見，百五十有八日乃伏。五月丁卯，歲星晝見。八月甲午，太白犯軒轅大星。十月庚子，月掩熒惑；十一月庚午，犯昴。九年正月戊寅，月掩心後星；四月庚子，掩心前星；八月癸卯，掩昴；十二月丙戌，犯土。丁酉，太白晝見，十有六日伏。十年正月丙寅，月掩軒轅大星；七月庚子，犯五車東南星。八月戊申朔，木星掩熒惑，在參畢間。十一年二月壬戌，熒惑犯井東扇北第一星。八月癸卯，太白晝見。十二年五月辛巳，月犯心後星；八月癸卯，犯心大星。辛亥，熒惑掩井東扇北第二星。九月丁亥，〔一五〕太白晝見，在日前，九十有八日伏。十月己酉，熒惑掩鬼西北星。歲星晝見，在日後，四十有七日伏。十三年閏正月辛酉，太白晝見，四十有九日伏。二月己丑，熒惑犯鬼西北星；三月癸巳朔，入鬼；次日，犯積尸氣。六月辛未，月犯心前星。十月乙丑，歲星晝見於日後，五十有三日伏。十四年三月辛丑，太白歲星晝見，十有八日伏；丙辰，二星經天，凡二日。六月己未，太白晝見，三十有九日；八月己卯，晝見，又百三十二日乃伏。庚辰，熒惑犯積尸氣。十月丙寅，歲星晝見，六日。十五年十一月甲子，太白晝見，〔一六〕八十有六日伏。十二月乙丑，月掩井西扇北第一星。十六年三月庚申，月食。五月甲寅，太白晝見，五十有四日伏。庚午，月掩太白；七月丁未，犯角宿距星；甲子，掩畢宿距星。八月丙子，太白犯軒轅大星。九月丁巳，月食。十月丁丑，熒惑入太微。十一月甲寅，月掩畢距星。戊辰，熒惑犯太微上將。十二月己丑，月掩太微左執法。十七年春正月丙寅，熒惑犯太微西藩上相。九月庚戌，歲星、熒惑、太白聚於尾。十二月己巳，太白晝見，四十有四日伏。十八年七月庚辰，土星犯井東扇北第二星。九月己丑，熒惑犯左執法。十二月甲午，鎭星掩井西扇北第一星，凡十日。十九年正月甲戌，月食，既。三月甲戌，熒惑犯氐距星。四月丁巳，歲星晝見，凡七日。七月丙子，太白晝見，四十有五日伏；八月癸卯，犯軒轅御女。辛亥，熒惑掩南斗杓第二星。九月壬申，月掩畢大星。十一月辛未，熒惑掩歲星。十二月丁亥，月犯歲星。二十年二月己丑，月掩畢大星；三月丙辰，掩畢西第二星。二十一年二月戊子，月犯鎭星。戊戌，太白晝見。三月甲子，太白晝見。四月壬申，熒惑掩斗魁第二星，十有四日。六月甲戌，客星見于華蓋，凡百五十有六日滅。七月乙亥朔，熒惑順入斗魁中，五日。以下史闕。二十二年五月甲申，太白晝見，六十有四日伏。七月戊子，歲星晝見，二日。八月戊辰，太白晝見，百二十有八日，其經天者六十四日。十一月辛未，熒惑行氐中。乙亥，太白入氐。辛巳夜，月食，既。九月癸未，熒惑太白皆出氐中。十二月戊戌，熒惑犯鈎鈐。二十三年五月己卯，月食，既。九月甲申，歲星晝見，五十有五日伏。十月辛酉，太白晝見，百四十有九日乃伏。十一月丁卯，歲星晝見，三十有三日伏。閏十一月庚申，歲星晝見，九十日伏。二十四年四月己未朔，太白晝見，百四十有五日乃伏。甲申，月掩太白。九月庚子，歲星犯軒轅大星，甲辰晝見，凡五十二日伏。十月壬申，太白、辰星同度。二十五年三月乙酉，太白與月相犯。九月丁亥，月在斗魁中，犯西第五星。十一月庚辰朔，歲星晝見，在日後，凡七十四日。壬午，太白晝見，在日後，百十有一日乃伏。十二月己未，月犯熒惑。甲子，太白晝見經天。二十六年三月丙戌，熒惑入井。鎮星犯太微東藩上相。壬辰，月食。四月丁丑，熒惑犯鬼西南星。七月丙申，月掩心前星。八月乙亥朔，日月五星會于軫。十二月乙未，月掩心前大星，又犯於後星。二十七年五月壬子，月犯心大星。六月庚辰，太白晝見，百七十有三日乃伏。癸巳，月掩昴；七月丙午，犯房南第一星。是日，太白晝見經天。十月己丑，太白入氐。十二月丁丑，月掩昴。二十八年正月己未，歲星留於房，甲子，守房北第一星。十一月丙申，鎮星入氐。庚子，太白晝見，在日前，四十有九日伏。十二月壬申，月掩昴。二十九年正月丁酉，土星留氐中，三十有七日逆行，後七十九日出氐。五月庚寅朔，太白晝見，在日後。六月丙辰，月犯太白，月北星南，同在柳宿。十一月己未，熒惑守軒轅，至戊辰退行，其色稍怒。十二月辛丑，月食，既。

章宗明昌元年二月丁亥，太白晝見。六月丁酉，月食，既。十二月乙未，月食。二年六月壬辰，月食。十一月乙丑，金木二星見在日前，十三日方伏而順行，危宿在羽林軍上、壘壁陣下，〔一七〕光芒明大。十二月戊子，木金相犯，有光芒。三年三月戊戌，熒惑順行犯太微西藩上將。四月丁巳，月食。己未，熒惑掩右執法，色怒而稍赤。四年正月丙子，月有暈，白虹貫其中。八月己亥，卯初三刻，歲星見，未正二刻，太白見，俱在午位。其夜歲星留胃十三度，守天廩。十月戊申，月食。〔一八〕五年十月癸卯，月食。十一月癸丑，太白晝見，在日前，三十有三日伏。六年正月庚寅，太白晝見，在日前，百有二日乃伏。六月庚辰，復晝見，在日後，百六十七日，唯是日經天。

承安元年四月，司天奏河津星象事，上諭宰相曰：「天道不測，當預防之。」八月壬戌，月食。九月壬午，太白晝見，在日前，百有七日乃伏。二年二月丁巳，太白晝見，在日後，百九十有五日乃伏；己未，經天。是夜，月食，既。三年正月甲寅，月食。七月庚戌，月食。五年五月庚午，月食。六月庚戌，月掩太白。

泰和元年十一月辛酉，月食。二年五月己未，月食。三年三月癸未，月食。六月戊戌，太白晝見，在日後，百有十日乃伏。四年九月乙亥，月食。五年三月壬申，月食。閏八月己巳，月食。〔一九〕六年五月甲申，太白晝見，在日前，七十有六日；庚戌，經天。六月辛未，歲星晝見，在日後；七月戊申，經天。八月癸卯，月暈圍太白、熒惑二星。辛亥，歲星辰見，至夜五更，與東井距星相去七寸內。癸丑，夜半有流星如太白，其色赤，起於婁宿。己未卯正初刻，太白晝見，在日前。其夜五更，熒惑與輿鬼、積尸氣相犯，在七寸內。庚申卯正初刻，太白晝見，在日後。其夜五更初，熒惑在輿鬼、積尸氣中。壬申，太白晝見，經天，在日後。十月丙午，歲星犯東井距星。十一月壬午，太白入氐。七年正月丙戌初更，月有暈圍歲、鎮二星，在參畢間。辛卯，月食。三月癸丑，月掩軒轅大星。七月戊子，月食。九月己卯初更，月在南斗魁中。旦，歲星在輿鬼中。八年正月丙戌，月食。七月戊戌朔，太白晝見，在日後。八月壬戌，太白、歲星光芒相及，同在張一度。十一月庚子未刻，有流星如太白者二，光芒如炬，幾一丈，起東北沒東南。

衞紹王大安元年正月辛丑，有飛星如火，起天市垣，尾跡如赤龍之狀，移刻散。二月乙丑朔，太白晝見，經天。六月丁丑，月食。十月乙丑，月食熒惑。丙寅，歲星犯左執法。二年正月庚戌朔，〔二〇〕日中有流星出，大如盆，其色碧，西行，漸如車輪，尾長數丈，沒于濁中，至地復起，光散如火，移刻滅。二月，客星入紫微中，其光散如赤龍之狀。三年正月乙酉，熒惑入氐中，凡十有一日乃出。二月，熒惑犯房；閏月，犯鍵閉星；十月癸巳，犯壘壁陣。

崇慶元年〔一〕春三月，日正午，日、月、太白皆相去咫尺。

宣宗貞祐元年十一月丙子，熒惑入壘壁陣。二年二月庚戌，月食。八月丁未，月食。九月丁亥，太白晝見於軫。十一月庚辰，鎮星犯太微東垣上相。辛巳，熒惑犯房、鈎鈐。三年七月庚申，有流星如太白，其色青白，有尾出紫微垣北極之旁，入貫索中。己卯，月入畢，〔二〕至戊夜犯畢大星。八月辛丑，月食，既。十二月庚寅，太白晝見於危，八十有五日伏。四年正月乙卯夜，中天有流星大如斗，〔三〕色赤長丈餘，墜於西南，其聲如雷。二月己亥，月食。四月丁酉，太白晝見於奎，百九十有六日乃伏。六月丙申，歲星晝見於奎，百有一日乃伏。閏七月乙未，月食；辛丑，犯畢。十一月丙戌，月暈歲星，歲在奎，月在壁；己丑，犯畢大星；十二月戊午，復犯畢大星。

興定元年正月乙酉，月犯畢左股第二星。四月戊辰，太白晝見於井，百六十有二日乃伏。八月戊申，歲星晝見於昴，六十有七日伏。九月癸巳，月犯東井西扇第二星。十月癸丑，夜有流星大如杯，尾長丈餘，自軒轅起貫太微，沒於角宿之上。十一月癸未，月暈歲星、熒惑二星，木在胃，火在昴。丙戌，太白晝見。十二月戊午，月食。二年六月乙卯，月食。

八月壬戌，有流星大如杯，尾長丈餘，其光燭地，起建星沒尾中。一云自東北至西北而墜，其光如塔狀，先有聲如風，後若雷者三，牕紙皆震。十月庚申，〔二四〕月犯軒轅左角之少民星。十二月壬子，月食，既。〔二五〕三年五月庚戌，月食，既。壬子，太白晝見於參，三十有六日經天，又百八十四日乃伏。七月壬寅初昏，有星自西南來，其光燭地，狀如月而稍不圓，色青白，有小星千百環之，若迸火然，墜於東北，少頃有聲如鼓。八月丁卯，歲星犯輿鬼東南星。己巳，歲星晝見於柳，百有九日乃伏。十一月乙巳，月食。〔二六〕癸丑，白虹二，夾月，尋復貫之。四年正月庚子，月犯東井。三月甲寅，歲星犯鬼、積尸氣。五月甲辰，月食；六月戊辰，犯鎮星。己巳，太白晝見於張，百八十有四日乃伏。十一月壬辰，歲星晝見于翼，六十有七日，夜又犯靈臺北第一星。五年正月辛丑，太白晝見於牛，二百三十有二日乃伏。司天夾谷德玉等奏以爲臣强之象，請致祭以禳之。宣宗曰：「斗、牛吳分，蓋宋境也。他國有災，吾禳之可乎。」九月庚戌，歲星犯左執法。閏十二月戊子，熒惑犯軒轅。甲午，月犯熒惑。戊戌，鎮星晝見于軫。己亥，太白晝見於室。六年正月辛酉，月犯熒惑；壬戌，犯軒轅。三月壬子，月食太白。癸亥，月食。丙寅，歲星犯太微左執法。〔二七〕七月乙亥，太白經天，與日爭光。八月己卯，彗星出於亢宿、右攝提、周鼎之間，指大角。太史奏：「除舊布新之象，宜改元修政以消天變。」於是，改是年爲元光元年。九月丁未，滅。壬申，月食歲星。

元光二年八月乙亥，熒惑入輿鬼，掩積尸氣；十月壬午，犯靈臺；十一月，又犯心大星。哀宗正大元年正月丙午，月犯昴；三月癸丑，犯熒惑。是月，熒惑逆行犯左執法。四月癸酉，熒惑犯右執法。乙未，太白、辰星相犯。三年十一月丙辰，月掩熒惑。丁巳，熒惑犯歲星；庚申，犯壘壁陣。癸酉，五星並見於西南。十二月，熒惑入月。四年正月壬戌，熒惑犯太白。六月丙辰，太白入井。七月丁亥，熒惑犯斗從西第二星。五年五月乙酉，月掩心大星。七年十月己巳，月暈，至五更復有大連環貫之，絡北斗，內有戟氣。十二月庚寅，有星出天津下，大如鎮星而色不明，初犯輦道，二日見於東北，在織女南；乙未，入天市垣，戌申方出；癸丑，歷房北，復東南行，入積薪，凡二十五日而滅。

天興元年七月乙巳，太白、歲星、熒惑、太陰俱會於軫、翼，司天武亢極言天變，上惟歎息，竟亦不之罪也。八月甲戌，太白、歲星交。閏九月己酉，彗星見東方，色白，長丈餘，彎曲如象牙，出角、軫南行，至十二日長二丈，十六日月燭不見，二十七日五更復出東南，約長四丈餘，至十月一日始滅，凡四十有八日。〔三八〕司天奏其咎在北，哀宗曰：「我亦北人，今日之事我當滅也，何乃不先不後適丁此乎。」

校勘記

〔一〕十三年正月丙午朔日食　按宋史卷二八高宗紀，紹興「五年春正月乙巳朔，日有食之」，同書卷五二天文志日食同。此作「丙午朔」，相差一日。

〔二〕十一月丙戌白虹貫日　「日」原作「之」。據殿本改。

〔三〕衞紹王大安元年四月壬申……十二月辛酉朔日食　按宋志不載是年十二月朔日食。據高麗史卷四七天文志，次年十二月乙卯朔日食，參見本書卷一三校記〔五〕。此處誤。

〔四〕十一月丙申　「一」原作「二」。按本書卷一四宣宗紀，貞祐元年「十二月丁酉朔」，丙申當是十一月晦。今據改。

〔五〕哀宗正大二年正月甲申　「正」原作「二」，「申」原作「寅」。按本書卷一七哀宗紀記此事在正大「二年春正月甲申」，卷二三五行志同。今據改。

〔六〕三年三月庚午省前有氣微黃　按「省」字或是「日」字之誤。

〔七〕六月甲辰　原脫「六月」二字。按是年五月丙午朔，無甲辰。「六月乙亥朔，日有食之」，見本書卷四熙宗紀及本志日薄食煇珥雲氣。甲辰是六月三十日。今據補。

〔八〕至明年正月辛卯後不見　按永樂大典卷七八五六引作「伏不見」，文義爲優。

〔九〕十二月乙卯朔太白經天丙子月食閏月己亥太白經天　以上二十二字與下年所記重複。按天德四年十二月辛酉朔，無乙卯。設爲「乙卯朔」，則丙子爲二十二日，非月食之日。且是年亦無閏月，故知此是史官誤書，又點竄數字以飾其欺。

〔一〇〕貞元元年正月辛丑　「元年」原作「二年」。據殿本改。

〔一一〕三月辛巳食　按是月甲寅朔，辛巳是二十八日。「食」下疑脫被食星名。

〔一二〕二月乙卯　「乙」原作「己」。按正隆三年二月壬辰朔，無己卯。宋史卷五五天文志熒惑，紹興「二十八年二月癸丑，順行犯輿鬼，乙卯又如之」。今據改。

〔一三〕辛巳月食甲午月掩歲星　按是年二月壬辰朔，無辛巳。三月辛酉朔，辛巳是二十一日，非月食之日。此「食」字下蓋脫被食星名。四月庚寅朔，甲午是其月五日。

〔一四〕六月辛巳太白晝見經天　「辛巳」二字原在「晝見」之下。按本書卷六世宗紀，大定六年「六月辛巳，太白晝見經天」。今據乙正。

〔一五〕九月丁亥　原脫「九月」二字。按本書卷七世宗紀，大定十二年九月「丁亥，太白晝見在日前」。今據補。

〔一六〕十五年十一月甲子太白晝見　原脫「十五年」三字。按本書卷七世宗紀，大定十四年「十一月甲申朔」，是月無甲子。十五年十一月「甲子，太白晝見」。今據補。

〔一七〕危宿在羽林軍上壘壁陣下　按危宿爲恒星，觀象時常在羽林軍壘壁陣之上，縱有天象變異，亦決不可能移動至壘壁陣下。疑此處係接敍上文金木二星「十三日伏而順行」之後，至危宿南之羽林軍上。則「危宿在」當作「在危宿」爲是。

〔一八〕十月戊申月食　「十」原作「九」。按是年九月甲子朔，見本書卷一〇章宗紀。無戊申。十月甲午朔，戊申是十五日。高麗史卷四八天文志，明宗二十三年十月「戊申月食」。今據改。

〔一九〕閏八月己巳月食　原脫「閏」字。按是年八月丙戌朔，無己巳。本書卷一一章宗紀，「閏月乙卯朔」，己巳是十五日。今據補。

〔二〇〕二年正月庚戌朔　按本書卷一三衞紹王紀同。然依長術是年正月庚寅朔，庚戌是二十一日。此事如在朔日，則「戌」字當改作「寅」，如在二十一日，又當删「朔」字。今無可考。

〔二一〕崇慶元年　按本書卷一三衞紹王紀，至寧元年「三月，太陰、太白與日並見，相去尺餘」，當卽此事。衞紹王記注亡失，本紀殊不足據。今仍兩存。

〔二二〕己卯月入畢　按本書卷一四宣宗紀，貞祐三年七月「戊寅，月入畢宿中，戊夜犯畢大星」。較此早一日。

〔二三〕中天有流星大如十　「十」殿本作「日」。疑是「斗」字之誤。

〔二四〕十月庚申　按本書卷一五宣宗紀，興定二年十月「癸亥，月犯軒轅左角之少民星」，庚申先三日，疑此下有脫文。并脫「癸亥」二字。

〔三五〕十二月壬子月食既　「二」原作「一」。按本書卷一五宣宗紀，興定二年「十二月己亥朔」，壬子是十二月十五日。又宋史卷五二天文志月食，嘉定十一年「十二月壬子，月食既」。高麗史卷四八天文志，「高宗五年十二月壬子月食」。今據改。

〔三六〕十一月己巳月食　按本書卷一五宣宗紀，興定三年「十一月癸巳朔」，乙巳是十三日，非月食之日。宋史卷五二天文志月食，「嘉定十二年十一月丙午月食」。高麗史卷四八天文志，「高宗六年十一月丁未月食」。蓋食在丙午夜半之後，本志誤先一日。

〔三七〕癸亥月食丙寅歲星犯太微左執法　「癸亥」上原有「四月」二字。按是年四月己卯朔，無癸亥、丙寅。本書卷一六宣宗紀，元光元年三月「丙寅，歲星犯太微左執法」。宋史卷五二天文志月食，嘉定「十五年三月癸亥，月當食于氐既，雲陰不見」。高麗史卷四八天文志，「高宗九年三月癸亥，月食。丙寅，歲星入太微，犯右執法」。今據删「四月」二字。

〔三八〕四十有八日　按本書卷一八哀宗紀，天興元年「九月戊寅朔」，「閏月戊申朔」，己酉是閏月二日，至十月一日丁丑凡二十八日。「四」當是「二」字之誤。

金史卷二十一

志第二

曆上

步氣朔　步卦候　步日躔　步晷漏

昔者聖人因天道以授人時，釐百工以熙庶政，步推之法，其來尚矣。自漢太初迄于前宋，治曆者奚啻七十餘家，大概或百年或數十年，率一易焉。蓋日月五星盈縮進退，與夫天運，至不齊也，人方製器以求之，以俾其齊，積寡至多不能無爽故爾。

金有天下百餘年，曆惟一易。天會五年，司天楊級始造大明曆，十五年春正月朔，始頒行之。其法，以三億八千三百七十六萬八千六百五十七爲曆元，五千二百三十爲日法。然其所本，不能詳究，或曰因宋紀元曆而增損之也。正隆戊寅三月辛酉朔，司天言日當食，而不食。大定癸巳五月壬辰朔，日食，甲午十一月甲申朔，日食，加時皆先天。丁酉九月丁酉朔，食乃後天。由是占候漸差，乃命司天監趙知微重修大明曆，十一年曆成。〔一〕時翰林應奉耶律履亦造乙未曆。二十一年十一月望，太陰虧食，遂命尙書省委禮部員外郎任忠傑與司天曆官驗所食時刻分秒，比校知微、履及見行曆之親疏，以知微曆爲親，遂用之。明昌初，司天又改進新曆，〔二〕禮部郎中張行簡言：「請俟他日月食，覆校無差，然後用之。」事遂寢。是以終金之世，惟用知微曆，我朝初亦用之，後始改授時曆焉。今其書存乎太史，采而錄之，以爲曆志。

步氣朔第一

演紀：上元甲子距今大定庚子，八千八百六十三萬九千六百五十六年。

日法：五千二百三十分。

歲實：一百九十一萬二百二十四分。

通餘：二萬七千四百二十四分。

朔實：一十五萬四千四百四十五分。

通閏：五萬六千八百八十四分。

歲策：三百六十五日，餘一千二百七十四分。
朔策：二十九日，餘二千七百七十五分。
氣策：一十五日，餘一千一百四十二分，六十秒。
望策：一十四日，餘四千二分，四十五秒。
象策：七日，餘二千一分，〔三〕二十二秒半。
沒限：四千八十七分，三十秒。
朔虛分：二千四百五十五分。
旬周：三十一萬三千八百分。
紀法：六十。
秒母：九十。

求天正冬至

置上元甲子以來積年，歲實乘之，爲通積分。滿旬周去之，不盡以日法約之爲日，不盈爲餘。命甲子算外，卽所求天正冬至日大小餘。

求次氣

置天正冬至大小餘，以氣策累加之，秒盈秒母從分，分滿日法從日，卽得次氣日及餘秒。

求天正經朔

以朔實去通積分，不盡爲閏餘，以減通積分爲朔積分。〔四〕滿旬周去之，不盡如日法而一爲日，不盈爲餘，卽所求天正經朔大小餘也。

求弦望及次朔

置天正經朔大小餘，以象策累加之，卽各得弦、望及次朔經日及餘秒也。

求沒日

置有沒之恒氣小餘，如沒限以上，爲有沒之氣。以秒母乘之，內其秒，用減四十七萬七千五百五十六，餘滿六千八百五十六而一，所得併恒氣大餘，命爲沒日。

求滅日

置有滅之朔小餘，經朔小餘不滿朔虛分者。六因之，如四百九十一而一，所得併經朔大餘，命爲滅日。

步卦候第二

候策：五，餘三百八十，秒八十。

卦策：六，餘四百五十七，秒六。
貞策：三，餘二百二十八，秒四十八。
秒母：九十。
辰法：二千六百一十五。〔三〕
半辰法：一千三百七半。
刻法：三百一十三，秒八十。
辰刻：八，一百四分，秒六十。
半辰刻：四，五十二分，秒三十。
秒母：一百。

求七十二候

置中氣大小餘，命之爲初候，以候策累加之，卽次候及末候也。

求六十四卦

置中氣大小餘，命之爲公卦；以卦策累加之，得辟卦；又加之，得侯內卦。以貞策加之，得節氣之初，爲侯外卦；又以貞策加之，得大夫卦。又以卦策加之，爲卿卦。

求土王用事

以貞策減四季中氣大小餘，即土王用事日也。

求發斂

置小餘，以六因之，如辰法而一爲辰。如不盡，以刻法除之爲刻。命子正算外，即得加時所在辰刻及分。如加半辰法，即命子刻初。

二十四氣卦候

恒氣（月中節四正卦）	初候	次候	末候	始卦	中卦	終卦
冬至（十一月中，坎初六。）	蚯蚓結	麋角解	水泉動	公中孚	辟復	侯屯內
小寒（十二月節，坎九二。）	雁北鄉	鵲始巢	野雞始雊	侯屯外	大夫謙	卿睽
大寒（十二月中，坎六三。）	雞始乳	鷙鳥厲疾	水澤腹堅	公升	辟臨	侯小過內
立春（正月節，坎六四。）	東風解凍	蟄蟲始振	魚上冰	侯小過外	大夫蒙	卿益
雨水（正月中，坎九五。）	獺祭魚	鴻雁來	草木萌動	公漸	辟泰	侯需內
驚蟄（二月節，坎上六。）	桃始華	倉庚鳴	鷹化爲鳩	侯需外	大夫隨	卿晉

春分二月中，震初九。	玄鳥至	雷乃發聲	始電	公解	辟大壯	侯豫內
清明三月節，震六二。	桐始華	田鼠化爲鴽	虹始見	侯豫外	大夫訟	卿蠱
穀雨三月中，震六三。	萍始生	鳴鳩拂其羽	戴勝降于桑	公革	辟夬	侯旅內
立夏四月節，震九四。	螻蟈鳴	蚯蚓出	王瓜生	侯旅外	大夫師	卿比
小滿四月中，震六五。	苦菜秀	靡草死	小暑至	公小畜	辟乾	侯大有內
芒種五月節，震上六。	螳螂生	鵙始鳴	反舌無聲	侯大有外	大夫家人	卿井
夏至五月中，離初九。	鹿角解	蜩始鳴	半夏生	公咸	辟姤	侯鼎內
小暑六月節，離六二。	溫風至	蟋蟀居壁	鷹乃學習	侯鼎外	大夫豐	卿渙
大暑六月中，離九三。	腐草化爲螢	土潤溽暑	大雨時行	公履	辟遯	侯恒內
立秋七月節，離九四。	涼風至	白露降	寒蟬鳴	侯恒外	大夫節	卿同人
處暑七月中，離六五。	鷹乃祭鳥	天地始肅	禾乃登	公損	辟否	侯巽內

白露八月節，離上九。	鴻雁來	玄鳥歸	羣鳥養羞	侯巽外	大夫萃	卿大畜
秋分八月中，兌初九。	雷乃收聲	蟄蟲坯戶	水始涸	公賁	辟觀	侯歸妹內
寒露九月節，兌九二。	鴻雁來賓	雀入大水化爲蛤	鞠有黃華	侯歸妹外	大夫無妄	卿明夷
霜降九月中，兌六三。	豺乃祭獸	草木黃落	蟄蟲咸俯	公困	辟剝	侯艮內
立冬十月節，兌九四。	水始冰	地始凍	野雞入水化爲蜃	侯艮外	大夫既濟	卿噬嗑
小雪十月中，兌九五。	虹藏不見	天氣上升地氣下降	閉塞而成冬	公大過	辟坤	侯未濟內
大雪十一月節，兌上六。	鶡鳥不鳴	虎始交	荔挺出	侯未濟外	大夫蹇	卿頤

步日躔第三

周天分：一百九十一萬二百九十三分，五百三十秒。

歲差：六十九，五百三十秒。秒母一萬。

周天度：三百六十五度，二十五分，六十八秒。

象限：九十一，三十一分，九秒。〔六〕

二十四氣日積度及盈縮

恒氣	日積度（分 秒）	損益率	初末率	日差	盈縮積
冬至	空	益七千五十九	初四百九十八 八十 六十五 末四百二十八〔七〕 八十八 一十一	四 九十一 七十九	盈空
小寒	一十五 九十二 四十三	益五千九百二十	初四百二十五 八十九 七十二 末三百五十二 一十 四十一	五 一十八 九十九	盈七千五十九
大寒	三十一 七十三 四十八	益四千七百一十八	初三百四十八 八十四 八十 末二百七十一 一十八 七十四	五 四十六 一十九	盈一万二千九百七十九
立春	四十七 四十二 五十一	益三千四百五十三	初二百六十七 六十二 八十六 末一百八十六 一十六 一十六	五 七十二 九十六	盈一万七千六百九十七
雨水	六十二 九十八 八十九	益二千一百二十六	初一百八十二 二十七 三十八 末九十七 一十二 三十二	五 九十八 八十七	盈二万一千一百五十
驚蟄	七十八 四十二 空	益七百三十九	初九十一 一十三 四十六 末五 九十八 四十	五 九十八 八十七	盈二万三千二百七十六〔八〕
春分	九十三 七十一 二十四	損七百三十九	初五 九十八 四十 末九十一 一十三 四十六	五 九十八 八十七	盈二万四千一十五
清明	一百八 八十五 六十九	損二千一百二十六	初九十八 九十六 五十 末一百八十 四十三 二十	五 七十二 九十六	盈二万三千二百七十六

穀雨	一百二十三 八十六 二十八	損三千四百五十三	初一百八十八 六 四十八 末二百六十五 七十二 五十四	五 四十六 一十九	盈二万一千一百五十
立夏	一百三十八 七十三 六十	損四千七百一十八	初二百七十三 一十一 九十七 末三百四十六 九十一 四十三〔九〕	五 一十八 九十九	盈一万七千六百九十七
小滿	一百五十三 四十八 二十七	損五千九百二十	初三百五十四 三 七十九 末四百二十三 九十六 三十二〔一〇〕	四 九十一 七十九	盈一万二千九百七十九
芒種	一百六十八 一十 九十二	損七千五十九	初四百二十八 八十八 一十一〔一一〕 末四百九十八 八十 六十五	四 九十一 七十九	盈七千五十九
夏至	一百八十二 六十二 一十八	益七千五十九	初四百九十八 八十 六十五 末四百二十八 八十八 一十一	四 九十一 七十九	縮空
小暑	一百九十七 一十三 四十三	益五千九百二十	初四百二十五 八十九 七十二 末三百五十二 一十 四十一	五 一十八 九十九	縮七千五十九
大暑	二百一十一 七十六〔一二〕 八	益四千七百一十八	初三百四十八 八十四 八十 末二百七十一 一十八 七十四	五 四十六 一十九	縮一万二千九百七十九
立秋	二百二十六 五十 七十五〔一三〕	益三千四百五十三	初二百六十七 六十二 八十六〔一四〕 末一百八十六 一十六 一十六	五 七十二〔一五〕 九十六	縮一万七千六百九十七
處暑	二百四十一 三十八 七	益二千一百二十六	初一百八十二 二十七 三十八 末九十七 一十二 三十二	五 九十八 八十七	縮二万一千一百五十
白露	二百五十六 三十八 六十六	益七百三十九	初九十一 一十三〔一六〕 四十六 末五 九十八 四十	五 九十八 八十七	縮二万三千二百七十六
秋分	二百七十一 五十三 十二	損七百三十九	初五 九十八 四十 末九十一 一十三 四十六	五 九十八 八十七	縮二万四千一十五

寒露	二百八十六八十二三十五	損二千一百二十六	初九十八九十六五十 末一百八十四十三二十	五七十二九十六	縮二万三千二百七十六
霜降	三百二二十五四十六	損三千四百五十三〔一七〕	初一百八十八六四十八〔一八〕 末二百六十五七十二五十四	五四十六一十九	縮二万一千一百五十〔一九〕
立冬	三百一十七八十一八十四	損四千七百一十八	初二百七十三一十一九十一 末三百四十六九十一四十三	五一十八九十九	縮一万七千六百九十七
小雪	三百三十三五十八十七	損五千九百二十〔二〇〕	初三百五十四三七十九 末四百二十三九十六三十二	四九十一七十九	縮一万二千九百七十九
大雪	三百四十九三十一九十二	損七千五十九	初四百二十八八十八一十一 末四百九十八八十〔二一〕六十五	四九十一七十九	縮七千五十九

二十四氣中積及朓朒

恒氣	中積經分約分	損益率	初末率	日差	朓朒積
冬至	空	益二百七十六	初一十九四十八六十四 末一十六七十八五十二	一十九空	朒空
小寒	十五日一千二百四十二二十一 六十八十四	益二百三十二	初一十六六十八七十四 末一十三八十〔二二〕一十九	二十二十九	朒二百七十六
大寒	三十二千二百八十五四十三 三十六十九	益一百八十五	初一十三六十九一十一 末十六十二一十四〔二三〕	二十一五十九	朒五百八
立春	四十五三千四百二十八六十五 五十四	益一百三十五〔二四〕	初十四十六七十 末七二十七四十五	二十二四十五	朒六百九十三

雨水	六十四千五百七十〔二五〕八十七 六十五十九	益八十三	初七 一十一 一十四 末三 七十九 六十三	二十三三十二	朒八百二十八
驚蟄	七十六四百八十三九 三十〔二六〕二十四	益二十九	初三 五十六〔二七〕 三十一 末空 二十四 八十	二十三三十二	朒九百一十一
春分	九十一一千六百二十六三十一 九	損二十九	初空 二十四 八十 末三 五十六 三十一	二十三三十二	朒九百四十
清明	一百六二千七百六十八五十二 六十〔二八〕九十三	損八十三	初三 八十五 七十六 末七 五 一	二十二四十五	朒九百一十一
穀雨	一百二十一三千九百一十一七十四 三十七十八	損一百三十五	初七 三十三 五十九 末一十 四十一 五十六	二十一五十九	朒八百二十八
立夏	一百三十六五千五十四九十六 六十三	損一百八十五	初十 七十一〔二九〕 三十六 末一十三 五十九 九十一	二十二十九	朒六百九十三
小滿	一百五十二九百六十六一十八 六十〔三〇〕四十八	損二百三十二	初一十三 八十九 四十 末十六 五十九 五十二	一十九空	朒五百八
芒種	一百六十七二千一百九四十 三十三十三〔三一〕	損二百七十六	初十六 七十八 五十二 末一十九 四十八 六十四	一十九空	朒二百七十六
夏至	一百八十二三千二百五十二〔三二〕六十二 一十八	益二百七十六	初十九 四十八 六十四 末一十六 七十八 五十二	一十九空	朓空
小暑	一百九十七四千三百九十四八十四 六十二	益二百三十二	初一十六 六十八 七十四 末一十三 八十 一十九	二十二十九	朓二百七十六
大暑	二百一十三三百七五 三十〔三三〕八十七	益一百八十五	初十三 六十九 一十一 末十 六十二 一十四	二十一五十九	朓五百八

立秋	二百二十八一千四百五十二十七	七十二	益一百三十五	初十 末七 四十六 二十七 七十 四十五	二十二四十五	朓六百九十三
處暑	二百四十三二千五百九十二四十九	六十 五十七〔三四〕	益八十三	初七 末三 一十一 七十九 一十四 六十三	二十三三十二	朓八百二十八
白露	二百五十八三千七百三十五七十一	三十 四十二〔三五〕	益三十九	初三 末空 五十六 二十四 三十一 八十	二十三三十二	朓九百一十一
秋分	二百七十三四千八百七十八九十三	二十七	損三十九	初空 末三〔三六〕 二十四 五十六 八十 三十一	二十三三十二	朓九百四十
寒露	二百八十九七百九十一十五	六十 一十二	損八十三	初三 末七 八十五〔三七〕 五 七十六 一	二十二四十五	朓九百一十一
霜降	三百四一千九百三十三三十六	三十〔三八〕 九十六	損一百三十五	初七 末十 三十三 四十 五十九 五十六	二十一五十九	朓八百二十八
立冬	三百一十九三千七十六五十八	八十一	損一百八十五	初十 末一十三 七十一 五十九 三十六 九十一	二十二十九	朓六百九十三
小雪	三百三十四四千二百一十八八十六	六十 十六	損二百三十二	初十三 末十六 八十九 五十九 四十〔三九〕 五十二	一十九空	朓五百八
大雪	三百五十一百三十一二	三十 五十一〔四〇〕	損二百七十六	初十六 末一十九〔四一〕 七十八 四十八 五十二 六十四	一十九空	朓二百七十六

求每日盈縮朓朒

各置其氣損益率，求盈縮用盈縮之損益，求朓朒用朓朒之損益。六因，如象限而一，爲氣中率。

與後氣中率相減，爲合差。半合差加減其氣中率，爲初末汎率。至後：加初，減末。分後：減初，加末。又置合差，六因，如象限而一，爲日差。半之，加減初末汎率，爲初末定率。至後：減初，加末。分後：加初，減末。以日差累加減其氣初末定率，爲每日損益分。至後減，分後加。各以每日損益分加減氣下盈縮、脁朒，爲每日盈縮、脁朒。二分前一氣無後率相減爲合差者，皆用前氣合差。

求經朔弦望入氣

置天正閏餘，〔四二〕以日法除爲日，不滿爲餘。如氣策以下，〔四三〕以減氣策，爲入大雪氣。〔四四〕以上去之，餘亦減氣策，爲入小雪氣。卽得天正經朔入氣日及餘也。以象策累加之，滿氣策去之，卽得弦、望入次氣日及餘。因加，後朔入氣日及餘也。

求每日損益、盈縮、脁朒

以日差益加減損加減其氣初損益率，爲每日損益率。馴積損益其氣盈縮、脁朒積，爲每日盈縮、脁朒積。

求經朔弦望入氣脁朒定數

各以所入恒氣小餘，以乘其日損益率，如日法而一，〔四五〕以所得損益其下脁朒積爲定數。

赤道宿度

斗二十五度　牛七度少　女十一度少　虛九度少　秒六十八　危十五度半　室十七度　壁八度太

右北方七宿九十四度　秒六十八

奎十六度半　婁十二度　胃十五度　昴十一度少　畢十七度少　觜半度　參十度半

右西方七宿八十三度

井三十三度少　鬼二度半　柳十三度太　星六度太　張十七度少　翼十八度太　軫十七度

右南方七宿一百九度少

角十二度　亢九度少　氐一十六度　房五度太　心六度少　尾十九度少　箕十度半

右東方七宿七十九度

求冬至赤道日度

置通積分，以周天分去之，餘日法而一爲度，不滿退除爲分秒。以百爲母。命起赤道虛宿七度外去之，至不滿宿，卽所求年天正冬至加時日躔赤道宿度及分秒。〔四六〕

求春分夏至秋分赤道日度

置天正冬至加時赤道日度，累加象限，滿赤道宿次去之，卽各得春分、夏至、秋分加時日在宿度及分秒。〔四七〕

求四正赤道宿積度

置四正赤道宿全度，以四正赤道日度及分減之，餘爲距後度。以赤道宿度累加之，各得四正後赤道宿積度及分。

求赤道宿積度入初末限

視四正後赤道宿積度及分，在四十五度六十五分秒五十四半以下爲入初限，以上者用減象限，餘爲入末限。

求二十八宿黃道度

以四正後赤道宿入初末限度及分，減一百一度，餘以初末限度及分乘之，進位，滿百爲分，分滿百爲度。至後以減、分後以加赤道宿積度，爲其宿黃道積度。以前宿黃道積度減之，其四正之宿，先加象限，然後前宿減之。爲其宿黃道度及分。其分就近約爲太、半、少。

黃道宿度

斗二十三度　牛七度　女十一度　虛九度少　秒六十八　危十六度　室十八度少　壁九度半

右北方七宿九十四度六十八秒

奎十七度太　婁十二度太　胃十五度半　昴十一度　畢十六度半　觜半度　參九度太

右西方七宿八十三度太　一百七十七、七十五、六十八

井三十度半　鬼二度半〔四八〕　柳十三度少　星六度太　張十七度太　翼二十度　軫十八度半

右南方七宿一百九度少　二百八十七、六十八〔四九〕

角十二度太　亢九度太　氐十六度少　房五度太　心六度　尾十八度少　箕九度半

右東方七宿七十八度少　三百六十五、二十五、六十八

前黄道宿度，依今曆歲差所在算定。如上考往古，下驗將來，當據歲差，每移一度，依術推變當時宿度，然後可步七曜，〔五〇〕知其所在。

求天正冬至加時黄道日度

以冬至加時赤道日度及分秒，減一百一度，餘以冬至赤道日度及分秒乘之，進位，滿百爲分，分滿百爲度。命曰黄赤道差。〔五一〕用減冬至加時赤道日度及分秒，卽所求年天正冬至加時黄道日度及分秒。

求二十四氣加時黄道日度

置所求年冬至日躔黄赤道差，以次年黄赤道差減之，餘以所求氣數乘之，二十四而一，所得以加其氣中積及約分，又以其氣初日盈縮數盈加縮減之，用加冬至加時黄道日度，依宿次去之，卽各得其氣加時黄道日躔宿度及分秒。如其年冬至加時赤道宿度〔五二〕空分秒在歲差以下者，卽加前宿全度，然後求黄赤道差，〔五三〕餘依術算。

求二十四氣每日晨前夜半黄道日度

副置其氣小餘，以其氣初日損益率乘之，盈縮之損益。萬約之爲分，應益者盈加縮減，應

損者盈減縮加其副，日法除之爲度，不滿退除爲分秒，以減其氣加時黄道日度，卽各得其氣初日晨前夜半黄道日度。每日加一度，以百約每日損益率，盈縮之損益。應益者盈加縮減，應損者盈減縮加，爲每日晨前夜半黄道日度及分秒。

求每日午中黄道日度

置一萬分，以所入氣日盈縮損益率，應益者盈加縮減，應損者盈減縮加，皆加減損益率，餘半之，滿百爲分，不滿爲秒，以加其日晨前夜半黄道日度，卽其日午中日躔黄道宿度及分秒。

求每日午中黄道積度

以二至加時黄道日度，距至所求日午中黄道日度，爲入二至後黄道積度及分秒。〔五四〕

求每日午中黄道入初末限

視二至後黄道積度，在四十三度一十二分秒八十七以下爲初限，以上，用減象限，餘爲入末限。其積度滿象限去之，爲二分後黄道積度，在四十八度一十八分秒二十二以下爲初限，以上，用減象限，餘爲入末限。

求每日午中赤道日度

以所求日午中黄道積度，入至後初限，分後末限，度及分秒，進三位，加二十萬二千五十少，開平方除之，所得，減去四百四十九半，餘在初限者，直以二至赤道日度加而命之。在末限者，以減象限，餘以二分赤道日度加而命之。即每日午中赤道日度。以所求日午中黃道積度，入至後末限，分後初限，度及分秒，進三位，用減三十萬三千五十少，開平方除之，所得，以減五百五十半，其在初限者，以所減之餘，直以二分赤道日度加而命之。在末限者，以減象限，餘以二至赤道日度加而命之。即每日午中赤道日度。

太陽黃道十二次入宮宿度

雨水　危十三度三十九分五十九秒外，入衞分，陬訾之次，辰在亥。

春分　奎二度三十五分八十五秒外，入魯分，降婁之次，辰在戌。

穀雨　胃四度二十四分三十三秒外，入趙分，大梁之次，辰在酉。

小滿　畢七度九十六分六秒外，入晉分，實沈之次，辰在申。

夏至　井九度四十七分一十秒外，入秦分，鶉首之次，辰在未。

大暑　柳四度九十五分一十六秒外，入周分，鶉火之次，辰在午。

處暑　張十五度五十六分三十五秒外，入楚分，鶉尾之次，辰在巳。

秋分　軫十度四十四分五秒外，入鄭分，壽星之次，辰在辰。

霜降　氐一度七十七分七十七秒外，入宋分，大火之次，辰在卯。

小雪　尾三度九十七分九十二秒外，入燕分，析木之次，辰在寅。

冬至　斗四度三十六分六十六秒外，〔三三〕入吳越分，星紀之次，辰在丑。

大寒　女二度九十一分九十一秒外，入齊分，玄枵之次，辰在子。

求入宮時刻

各置入宮宿度及分秒，以其日晨前夜半日度減之，相近一度之間者求之。餘以日法乘其分，其秒從於下，亦通乘之，爲實；以其日太陽行分爲法，實如法而一，所得，依發斂加時求之，卽得其日太陽入宮時刻及分秒。

步晷漏第四

中限：一百八十二日，六十二分，一十八秒。

冬至初限，夏至末限：六十二日，二十分。

夏至初限，冬至末限：一百二十日，四十二分。

冬至地中晷影常數：一丈二尺八寸三分。

夏至地中晷影常數：一尺五寸六分。

周法：一千四百二十八。

內外法：一萬八百九十六。
半法：二千六百一十五。
日法四分之三：三千九百二十二半。
日法四分之一：一千三百七半。
昏明分：一百三十分，七十五秒。
昏明刻：二刻，一百五十六分，九十秒。
刻法：三百一十三分，八十秒。
秒母：一百。

求午中入氣中積

置所求日大餘及半法，以所入之氣大小餘減之，爲其日午中入氣。以加其氣中積，爲其日午中中積。小餘以日法除爲約分。

求二至後午中入初末限

置午中中積及分，如中限以下，爲冬至後。以上，去中限，爲夏至後。其二至後，如在初限以下，爲初限。以上，覆減中限，餘爲入末限也。

求午中晷影定數

視冬至後初限、夏至後末限，百通日，內分，自相乘，副置之。以一千四百五十除之，所得加五萬三百八十，〔五六〕折半限分併之；除其副爲分。分滿十爲寸，寸滿十爲尺，用減冬至地中晷影常數，〔五七〕爲所求晷影定數。視夏至後初限、冬至後末限，百通日，內分，自相乘爲上位。下置入限分，以二百二十五乘，百約之，〔五八〕加一十九萬八千七十五爲法。夏至前後半限以上者，減去半限，列於上位。下位置半限。各百通日，內分，先相減，後相乘。以七千七百除之，所得以加其法。反除上位，爲分。分滿十爲寸，寸滿十爲尺，用加夏至地中晷影常數，爲所求晷影定數。

求四方所在晷影

各於其處測冬夏二至晷影，乃相減之餘，爲其處二至晷差。亦以地中二至晷數相減，爲地中二至晷差。其所求日在冬至後初限、夏至後末限者，如在半限以下，倍之；半限以上，覆減半限，餘亦倍之，併入限日，三因折半，以日爲分，十爲寸，以減地中二至晷差爲法。置地中冬至晷影常數，以所求日地中晷影定數減之，餘以其處二至晷差乘之爲實。實如法而一，所得，以減其處冬至晷數，卽得其處其日晷影定數。所求日在夏至後初限、冬至後末限者，如在半限以下，倍之；半限以上，覆減半限，餘亦倍之，併入限日，三因四除，以日爲分，十爲寸，以加地中二至晷差爲法。置所求日地中晷影定數，以地中夏至晷影常數減之，餘以其處二至晷差乘之爲實。實如法而一，所得，以加其處夏至晷數，卽得其處其日晷影定數。

二十四氣陟降及日出分

恒氣	增損差	加減差	陟降率	初末率	日出分
冬至	增 初九二十六 末七九十六	減十	陟一十四十	初空五五十 末一二十六四	一千五百六十七九十二
小寒	增 初七八十九 末六五十九	減十	陟二十八七十三	初一三十六 末二三十七三十六	一千五百五十七五十二
大寒	增 初六五十二 末五二十二	減十	陟四十三五十六	初二四十三 末三〔五九〕二十五一十八	一千五百二十八七十九
立春	增 初五一十八 末三八十八	減十	陟五十五一十九	初三二十九 末三九十二四十二	一千四百八十五三十三〔六〇〕
雨水	增 初三八十二 末二五十二	減十	陟六十三九十	初三九十五五十 末四三十九八十八	一千四百三十四
驚蟄	增 初二四十八 末一三十八	減十	陟六十九一十八	初四四十四 末四六十七一十六	一千三百六十六一十四
春分	損 初一三十六 末二四十	加八	陟六十四六十九	初四三十七 末四一十六十八	一千二百九十六九十六
清明	損 初二五十 末三五十四	加八	陟五十九九	初四八五十 末三六十六二十二	一千二百三十二三十七

穀雨	損 初三 六十五 末四 六十九	加八	陟五十八十四	初三 六十二 末三 三 六十二	一千一百七十三一十八
立夏	損 初四 八十 末五 八十四	加八	陟三十九八十六	初二 九十八 五十 末二 二十四 二	一千一百二十二三十四
小滿	損 初五 九十八〔六二〕 末七 二	加八	陟二十六六	初二 一十六〔六三〕 末一 二十五	一千八十二四十八
芒種	損 初七 一十九 末八 二十三	加八	陟九三十五	初一 一十五 末空 七 六	一千五十六四十三
夏至	增 初八 三十七 末七 三十三	減八	降九三十五〔六三〕	初空 四 五十 末一 一十四〔六四〕 四十	一千四十七七
小暑	增 初七 二十 末六 一十六	減八	降二十六六	初一 二十三 末二 一十六 五十二〔六五〕	一千五十六四十三
大暑	增 初六 空 末四 九十六	減八	降三十九八十六	初二 二十二 五十 末二 九十九 二十二	一千八十二四十八
立秋	增 初四 八十 末三 七十六	減八	降五十八十四	初三 三 末三 六十二 九十二	一千一百二十二三十四
處暑	增 初三 六十 末二 五十六	減八	降五十九九	初三 六十五 五十 末四 八 六十二	一千一百七十三一十八
白露	增 初二 四十 末一 三十六	減八	降六十四六十九	初四 一十 五十 末四 三十六 八十二	一千二百三十二三十七
秋分	損 初一 六十 末二 六十	加十	降六十九一十八	初四 六十八 末四 四十四 九十	一千二百九十六九十六

寒露	損 初二 六十二 末三 九十二	加十	降六十三九十	初四 四十二 末三 九十六 二十二	一千三百六十六一十四
霜降	損 初三 九十八 末五 二十八	加十	降五十五一十九	初三 九十四 末三 二十九 一十八	一千四百三十四
立冬	損 初五 三十二 末六 六十二	加十	降四十三五十六	初三 二十七 末二 四十三 四十二	一千四百八十五二十三
小雪	損 初六 六十六 末七 九十六	加十	降二十八七十三	初二 三十九 五十 末一 三十七 一十六	一千五百二十八七十九
大雪	損 初八 二 末九 三十二	加十	降一十四十	初一 二十八 五十 末空 七 一十二	一千五百五十七五十二

二分前後陟降率

春分前三日太陽入赤道內，秋分後三日太陽出赤道外，故其陟降與他日不倫，今各別立數而用之。

驚蟄，十二日，陟四六十七，一十六。〔六六〕此爲末率，於此用畢。〔六七〕其減差亦止於此。十三日，陟四四十一，六。十四日，陟四三十六，九十。十五日，陟四〔六八〕一。

秋分，初日，降四三十八。一日，降四三十九。二日，降四五十七。三日，降四六十八。此爲初率，始用之。〔六九〕其加差亦始於此。

求每日日出入晨昏半晝分

各以陟降初率，陟減降加其氣初日日出分，爲一日下日出分。以增損差，仍加減加減差。增損陟降率，馴積而加減之，卽爲每日日出分。覆減日法，餘爲日入分。以日出分減日入分〔四〇〕而半之，爲半晝分。以昏明分減日出分爲晨分，加日入分爲昏分。

求日出入辰刻

置日出入分，以六因之，滿辰法而一，爲辰數。不盡，刻法除之爲刻數，不滿爲分，命子正算外，卽得所求。

求晝夜刻

置日出分，十二乘之，刻法而一，爲刻，不滿爲分，卽爲夜刻。覆減百刻，餘爲晝刻。

求更點率

置晨分，四因，退位爲更率。二因更率，退位爲點率。

求更點所在辰刻

置更點率，以所求更點數因之，又六因，內加昏明分，滿辰法而一，爲辰數。不盡，滿刻法除之爲刻數，不滿爲分，命其辰刻算外，卽得所求。

求四方所在漏刻

各於所在下水漏，以定其處冬至或夏至夜刻，乃與五十刻相減，餘爲至差刻。置所求日黃道去赤道內外度及分，以至差刻乘之，進一位，如二百三十九而一，〔七一〕爲刻，不盡以刻法乘之，退除爲分，內減外加五十刻，卽所求日夜刻。以減百刻，餘爲晝刻。其日出入辰刻及更點差率算等，並依術求之。

求黃道內外度

置日出分，如日法四分之一以上，去之，餘爲外分。如日法四分之一以下，〔七二〕覆減之，餘爲內分。置內外分，千乘之，如內外法而一，爲度，不滿退除爲分，卽爲黃道去赤道內外度。內減外加象限，卽得黃道去極度。

求距中度及更差度

置半法，以晨分減之，餘爲距中分，百乘之，如周法而一，爲距中度。用減一百八十三度一十二分八十四秒，餘四因退位，爲每更差度。

求昏明五更中星

置距中度，以其日午中赤道日度加而命之，卽昏中星所格宿次，因爲初更中星。以更差度累加之，命赤道宿次去之，卽得逐更及明中星。

校勘記

〔一〕十一年曆成　按上文言大定丁酉九月丁酉朔，日食後天，「乃命司天監趙知微重修大明曆」，下文步氣朔言，「演紀：上元甲子距今大定庚子」，丁酉是十七年，庚子是二十年，則此「十一年」或爲「二十一年」之誤。

〔二〕司天又改進新曆　「新」原作「親」。按本書卷一〇六張行簡傳，章宗卽位，累遷禮部郎中，「司天臺劉道用改進新曆，詔學士院更定曆名」。今據改。

〔三〕象策七日餘二千一分　「一分」原作「二分」。按象策爲望策之半，今據上文望策之數減半改。

〔四〕以減通積分爲朔積分　「通積」下原脫「分」字。按上文作「通積分」，知此必脫「分」字。元史卷五六、五七曆志，庚午元曆以下簡稱庚午曆係沿用金趙知微重修大明曆，今據該志補。

〔五〕辰法二千六百一十五　原脫「五」字。按辰法爲六乘日法再除十二得之。殿本不誤，今據補。

〔六〕象限九十一三十一分九秒　「三十一」原作「三十」。按本曆太陽年平行度爲三六五度二四分三五秒强，其四分之一卽爲象限，則作「三十一」是。又宋史卷七九、八〇律曆志紀元曆爲金大明曆之所本，其象限同，庚午曆亦同。今據改。

〔七〕末四百二十八　原作「四百七十八」。按冬至夏至盈縮初末率同，本表夏至作「末四百二十八」。又初率加末率，半之，乘一平氣日，卽得本氣損益率。以此倒推，亦得此數。今據改。

〔八〕盈二萬三千二百七十六　「二萬」原作「一萬」。按盈縮積爲本氣前損益率的累計數。本表前已「盈二萬一千一百五十」，複益二千一百二十六，其和當爲二萬三千二百七十六。庚午曆同。今據改。

〔九〕四十三　原作「四十二」。按立夏立冬盈縮初末率同，本表立冬作「四十三」。庚午曆同。今據改。其計算方法，參見本卷校記〔七〕。下同。

〔一〇〕三十二　原作「三十」。按小滿小雪盈縮初末率同，本表小雪作「三十二」。庚午曆同。今據改。

〔一一〕一十一　原作「一十二」。按芒種大雪盈縮初末率同，本表大雪作「一十一」。庚午曆同。今改。

〔一二〕二百一十一　七十六　八　「七十六」原作「七十八」。按日積度分秒，即本氣前累計之太陽實行度及分秒。下一表大暑中積約分二百一十三日五分八十七秒，減本表大暑縮積分一萬二千九百七十九即一日二十九分七十九秒，即得其日積度二百一十一日七十六分八秒。庚午曆同。今據改。

〔一三〕二百二十六　五十　七十五　「七十五」原作「七十六」。按下表立秋中積約分二百二十八日二十七分七十二秒減其縮積分一萬七千六百九十七即一日七十六分九十七秒，即得其日積度二百二十六日五十分七十五秒。庚午曆同。今據改。

〔一四〕六十二　八十六　原作「六十一　八十二」。按立秋立春盈縮初末率同，本表立春爲「六十二　八十六」。庚午曆同。今據改。

〔一五〕七十二　原作「七十三」。按日差卽本氣每日損益率之差，可以初率與末率之差除平氣日數減一求之。又立秋立春日差同，本表立春爲「七十二」。庚午曆同。殿本已改，今從之。

〔一六〕一十三　原作「一十七」。顯係訛誤。按白露驚蟄盈縮初末率同，本表驚蟄作「一十三」。庚午曆同。今據改。

〔一七〕損三千四百五十三　「五」下原脫「十三」二字。按本行霜降盈縮積爲「縮二萬一千一百五十」，下行立冬盈縮積爲「縮一萬七千六百九十七」，當損三千四百五十三爲是。庚午曆不誤。今據補。

〔一八〕初一百八十八　六　四十八　原脫「六」字。按霜降穀雨盈縮初末率同，本表穀雨初率有「六」字。庚午曆同。今據補。

〔一九〕縮二萬一千一百五十　「二萬」原作「一萬」。按上一行寒露盈縮積爲「縮二萬三千二百七十六」，複損「二千一百二十六」，還當縮二萬一千一百五十。卽爲本行霜降之盈縮積。庚午曆同。今據改。

〔二〇〕損五千九百二十　「九」下原衍「一」字。今據庚午曆刪。

〔二一〕八十　原作「八十一」。按大雪芒種盈縮初末率同，本表芒種作「八十」。庚午曆同。殿本已改，今從之。

〔二二〕八十　原作「八十一」。按小寒小暑朓朒初末率同，本表小暑作「八十」。庚午曆同。今據改。其計算方法與本卷校記〔七〕同。下同。

〔二三〕一十四　原作「二十四」。按大寒大暑朓朒初末率同，本表大暑作「一十四」。庚午曆同。今改。

〔二四〕益一百三十五　「三十五」原作「二十五」。按本表下「朒六百九十三」，次行「朒八百二十八」，當益一百三十五爲是。庚午曆同。今據改。

〔二五〕四千五百七十　「四千」原作「四十」。按本欄所載，爲截至本氣前的平氣累計日數及餘。經分爲未經日法的分數，約分爲約後的實數。本表立春經分爲四十五日又三千四百二十八分，與氣策十五日一千一百四十二分六十秒之和，卽本氣中積日數及餘，則「四千」是。殿本同，今據改。

〔二六〕三十　「十」字原誤置於約分「九」字之上，今據庚午曆改移。

〔二七〕五十六　原作「五十八」。按驚蟄白露朓朒初末率同，本表白露作「五十六」。庚午曆同。今改。

〔二八〕一百六二千七百六十八　六十　「六十八」原作「六十六」。按前氣春分中積經分加氣策，卽得清明中積經分一百六日二千七百六十八分六十秒。庚午曆同。今據改。又經分「六十」原誤置於約分「五十二」之上，今據庚午曆改移。

〔二九〕七十一　原作「七十二」。按立夏立冬朓朒初末率同，本表立冬作「七十一」。庚午曆同。今改。

〔三〇〕一百五十二九百六十六　六十　原脫最後「六十」二字。按立夏中積經分加氣策，得小滿中積經分一百五十二日九百六十六分六十秒。庚午曆同。今據補。

〔三一〕一百六十七二千一百九四十　三十三十三　「三十」原作「十二」、「四十」上原衍「十」字。按前氣小滿中積經分加氣策，得芒種中積經分一百六十七日二千一百九分三十秒。又小滿中積約分一百五十二日一十八分四十八秒三，加氣策約分十五日二十一分八十四秒八，得芒種中積約分一百六十七日四十分三十三秒表上均將秒下小數略去。庚午曆同。今據改。

〔三二〕一百八十二三千二百五十二　「二百五十二」原作「五百五十一」。按前氣芒種中氣經分加氣策，得夏至中積經分一百八十二日三千二百五十二分。庚午曆同。今據改。

〔三三〕二百一十三三百七　三十　「二百」原作「一百」、「三十」原作「二十」。按前氣小暑中積經分加氣策，得大暑中積經分二百一十三日三百七分三十秒。庚午曆同。今據改。

〔三四〕二百四十三二千五百九十二四十九　六十五十七　「五十七」原作「五十四」。按前氣立秋中積約分加氣策約分，得處暑中積約分二百四十三日四十九分五十七秒。庚午曆同。今據改。又經分之「六十」秒原在約分之「四十九」分之上，今據庚午曆改移。

〔三五〕二百五十八三千七百三十五七十一　三十四十二　「三千七百三十五」原作「三千七百五十五」，庚午曆作「三千七百二十五」、「四十二」原作「四十一」，殿本、庚午曆皆作「四十二」。按前氣處暑中積經分加氣策，得白露中積經分二百五十八日三千七百三十五分三十秒。處暑中積約分加氣策約分，得白露中積約分二百五十八日七十一分四十二秒。今據以改正。又經分之「三十」秒原在約分之

「七十一」上，今據庚午曆改移。

〔三六〕末三　原脫「三」字。按秋分春分朓朒初末率同，本表春分「末」下有「三」字。庚午曆同。今據補。

〔三七〕八十五　原作「八十一」。按寒露清明朓朒初末率同，本表清明作「八十五」。庚午曆同。今據改。

〔三八〕三十　「十」字原誤置於約分「三十六」之上，今據庚午曆改移。

〔三九〕四十　原作「十四」。按小雪小滿朓朒初末率同，本表小滿作「四十」。庚午曆同。今乙正。

〔四〇〕三百五十一百三十一二　三十五十一　「二　五十一」原誤作「二三　五十一」。庚午曆則誤作「二　三十一」。按前氣小雪中積約分加氣策約分，得大雪約分三百五十日二分五十一秒。今據改。

〔四一〕末一十九　「末」下原脫「一十」二字。今據本表芒種及庚午曆補。

〔四二〕置天正閏餘　原脫「閏」字。今據庚午曆補。

〔四三〕如氣策以下　原脫「策」字。今據庚午曆補。

〔四四〕爲入大雪氣　「氣」下原衍「策」字。今據庚午曆刪。

〔四五〕如日法而一　「如」上原衍「乘」字，「而」下原脫「一」字。今據庚午曆刪補。

〔四六〕卽所求年天正冬至加時日躔赤道宿度及分秒　原脫「時」字、「分」字。今據庚午曆補。

〔四七〕秋分加時日在宿度及分秒　原脫「加」字、「度」字。今據庚午曆補。

〔四八〕鬼二度半　「二」下原誤衍「十」字。今據庚午曆删。

〔四九〕二百八十七六十八　原脫「六十八」三字。按依上文數據，北方、西方、南方二十一宿的總度數爲二百八十七度又六十八秒。今補。

〔五〇〕然後可步七曜　原脫「後」字、「七」字。文義不明。今據庚午曆補。

〔五一〕命曰黄赤道差　「命」上原涉上文衍「度」字，其下又脫「曰」字。今據庚午曆删補。

〔五二〕如其年冬至加時赤道宿度　「赤道」下原衍「加」字。今據宋志紀元曆删。

〔五三〕然後求黄赤道差　原脫「後」字。今據文義補。

〔五四〕黄道積度及分秒　原脫「及」字。今據庚午曆補。

〔五五〕斗四度三十六分六十六秒外　「六十六」原作「六十二」。今據庚午曆改。

〔五六〕加五萬三百八十　按庚午曆「八」下無「十」字。本曆此數係取宋史卷七九紀元曆「加一十萬六百一十七」之半數，應爲「五萬三百八半」。「十」似「半」字之誤。

〔五七〕用減冬至地中晷影常數　「常」原作「當」。據殿本改。

〔五八〕以二百二十五乘百約之　「二十五」原作「五十」。按此在紀元曆作「九因再折」。九除以四，得二點二十五。本志爲便於計算，逕作「以二百二十五乘，百約之」。庚午曆同。今據改。

〔五九〕末三　「末」下原脫「三」字。按陟降末率爲增損差初率加末率，半之，乘累積天數十四，加減增損陟降初率得之。本表增損初率爲六五二，加末率五二二之和爲一一七四。半之爲五八七，乘十四得八二一八，與陟降初率二四三〇〇之和爲三二五一八，知「末」下當脫「三」字。庚午曆不脫，今據改。

〔六〇〕一千四百八十五二十三　「二十三」原作「三十三」。按本表前格日出分爲一千五百二十八七十九，陟四十三五十六，其差當爲一千四百八十五二十三。庚午曆同。今據改。

〔六一〕九十八　原作「九十六」。按增損初率爲末率減去本氣累計之加減差。本表末率爲七〇二，加減差爲八，累積實十三天，共得加減差一〇四，與七〇二之差爲五九八，則作「九十八」是。庚午曆同。今據改。

〔六二〕一十六　原作「二十六」。按陟降初率爲增損差初率加末率，半之，乘累積天數十四，減加增減損加陟降末率得之。本表增損初率爲五九八，加末率七〇二，和爲一三〇〇，半之爲六五〇，乘十四得九一〇〇，與一二五〇〇之和爲二一六〇〇，則作「一十六」是。庚午曆同。今據改。

〔六三〕降九三十五　「降」原作「陟」。按陟降率由每氣日出分與下一氣日出分和差而得，下氣日出分小者爲陟，增者爲降。此處小暑日出分增于夏至，知原作「陟」誤。庚午曆不誤，今據改正。

〔六四〕一十四　原作「二十四」。據庚午曆改正。計算方法參見本卷校記〔五九〕。下同。

〔六五〕五十二　原作「五十三」。據庚午曆改正。

〔六六〕陟四六十七　一十六　「一十六」原作「一十四」。按此卽上表驚蟄末率，庚午曆同。今據改正。

〔六七〕於此用畢　「此」、「用」原誤作「胔」。今據庚午曆改正。

〔六八〕十五日陟四　「陟四」原作「陟一」。按上十二日至十四日皆陟四，此亦不得小於四。庚午曆作「四」不誤。今據改。

〔六九〕始用之　「始」原作「如」。文義不貫。今據庚午曆改。

〔七〇〕以日出分減日入分　「以」下原脫「日」字。按上下文及庚午曆補。

〔七一〕如二百三十九而一　「如」原作「加」。據庚午曆改正。

〔七二〕如日法四分之一以下　「日法」原作「出分」。按此句係與上文「如日法四分之一以上，去之，餘爲外分」相對爲文，「出分」顯係「日法」之誤，「四」下亦當有「分」字。今據庚午曆改正。

金史卷二十二

志第三

曆下

步月離　步交會　步五星　渾象

步月離第五

轉終分：〔一〕一十四萬四千一百一十，秒六千六十六。

轉終日：二十七日，餘二千九百，秒六千六十六。

轉中日：一十三日，餘四千六十五，秒三千三十三。

朔差日：一，餘五千一百四，秒三千九百三十四。

象策：七日，餘二千一分，二十二秒半。

秒母：一萬。

上弦：九十一度，三十一分，四十二秒。

望：一百八十二度，六十二分，八十四秒。

下弦：二百七十三度，九十四分，二十六秒。

月平行度：十三度，三十六分，八十七秒半。

分、秒母：一百。

七日：初數，四千六百四十八。末數，五百八十二。

十四日：初數，四千六十五。末數，一千一百六十五。

二十一日：初數，三千四百八十三。末數，一千七百四十七。

二十八日：初數，二千九百一。末數，二千三百二十九。

求經朔弦望入轉

置天正朔積分，以轉終分及秒去之，不盡，如日法而一，〔三〕爲日，不滿爲餘秒，卽天正十一月經朔入轉日及餘秒。以象策累加之，去命如前，卽得弦、望經日加時入轉日及餘秒。徑求次朔入轉，以朔差加之。

轉定分及積度朓朒率

一日	一千四百六十八	初度	疾初	益五百一十三〔三〕	朓初
二日	一千四百五十七	一十四度六十八	疾一度三十一	益四百六十九	朓五百一十三
三日	一千四百四十二	二十九度二十五〔四〕	疾二度五十一	益四百一十一	朓九百八十二
四日	一千四百二十二	四十三度六十七	疾三度五十六	益三百三十二	朓一千三百九十三
五日	一千三百九十九	五十七度八十九	疾四度四十一	益二百四十三	朓一千七百二十五
六日	一千三百七十三	七十一度八十八	疾五度三	益一百四十一	朓一千九百六十八
七日	一千三百四十七	八十五度六十一〔五〕	疾五度三十九	初益四十三 末損四	朓二千一百九
八日	一千三百二十一	九十九度八	疾五度四十九〔六〕	損六十三	朓二千一百四十八
九日	一千二百九十五	一百一十二度二十九	疾五度三十三〔七〕	損一百六十四	朓二千八十五
十日	一千二百七十一	一百二十五度二十四	疾四度九十一	損二百五十八	朓一千九百二十一
十一日	一千二百四十七	一百三十七度九十五	疾四度二十五	損三百五十二〔八〕	朓一千六百六十三

十二日	一千二百二十八	一百五十度四十二	疾三度三十五	損四百二十七	朓一千三百一十一
十三日	一千二百一十四	一百六十二度七十	疾二度二十六	損四百八十一	朓八百八十四
十四日	一千二百四	一百七十四度八十四	疾一度三	初損四百〇三 末益二百一十七	朓四百三
十五日	一千二百八	一百八十六度八十八	遲空三十	益五百〇五	朒一百一十七
十六日	一千二百一十九	一百九十八度九十六	遲一度五十九	益四百六十二	朒六百二十二
十七日	一千二百三十六	二百一十一度十五〔九〕	遲二度七十七〔一〇〕	益三百九十五	朒一千八十四
十八日	一千二百五十八	二百二十三度五十二〔一一〕	遲三度七十八	益三百〇九	朒一千四百七十九
十九日	一千二百八十一	二百三十六度九	遲四度五十七	益二百一十九	朒一千七百八十八
二十日	一千三百七	二百四十八度九十	遲五度十三	益一百一十七	朒二千〇七
二十一日	一千三百三十三	二百六十一度九十七	遲五度四十三〔一二〕	初益二十七 末損一十一	朒二千一百二十四
二十二日	一千三百五十九	二百七十五度三十	遲五度四十七	損八十六	朒二千一百四十〔一三〕

二十三日	一千三百八十四	二百八十八度八十九	遲五度二十五	損一百八十四	朒二千五十四〔一四〕
二十四日	一千四百八	三百二度七十三	遲四度七十八	損二百七十八	朒一千八百七十〔一五〕
二十五日	一千四百三十一	三百一十六度八十一	遲四度七	損三百六十八	朒一千五百九十二
二十六日	一千四百四十九	三百三十一度十二	遲三度十三	損四百三十八	朒一千二百二十四
二十七日	一千四百六十三	三百四十五度六十一〔一六〕	遲二度一	損四百九十三	朒七百八十六
二十八日	一千四百七十二	三百六十度二十四	遲空七十五〔一七〕	損二百九十三	朒二百九十三

求朔弦望入轉朓朒定數

置入轉小餘，以其日算外，損益率乘之，如日法而一，所得，以損益朓朒積爲定數。其四七日下餘，如初數以下，初率乘之，初數而一，以損益朓朒積爲定數。如初數以上，初數減之，餘乘末率，末數而一，用減初率，餘加朓朒爲定數。其十四日下餘，如初數以上者，初數減之，餘乘末率，末數而一，便爲朓朒定數。

求朔弦望定日〔一八〕

置經朔、弦、望小餘，朓減朒加入氣入轉朓朒定數，滿與不足，進退大餘，命甲子算外，各得定朔、弦、望日辰及餘。定朔前干名與後干名同者，其月大；不同者，其月小。月內無中氣者爲閏。視定朔小餘：秋分後，在日法四分之三以上者，進一日。春分後，定朔日出分與春分日出分相減之餘，三約之，用減四分之三，定朔小餘及此數以上者，亦進一日。或有交，虧初在日入前者，不進之。

定弦、望小餘在日出分以下者，退一日。望或有交，虧初在日出前者，小餘雖在日出後，亦退之。如十七日望者，又視定朔小餘在四分之三以下之數，春分後用減定之數。與定望小餘在日出分以上之數相較之；朔少望多者，望不退，而朔猶進之。望少朔多者，朔不進，而望猶退之。日月之行，有盈有縮，遲疾加減之數，或有四大三小；若隨常理，當察其時早晚，隨所近而進退之，使不過三大二小。

求定朔弦望中積

置定朔、弦、望大小餘與經朔、弦、望大小餘相減之餘，以加減經朔、弦、望入氣日餘，〔一九〕經朔、弦、望少卽加之，多卽減之。卽爲定朔、弦、望入氣。以加其氣中積，卽爲定朔、弦、望中積。其餘以日法退除爲分秒。

求定朔弦望加時日度

置定朔、弦、望約餘，以所入氣日損益率乘，盈縮損益。萬約之，以損益其下盈縮積，乃盈加縮減定朔弦望中積；又以冬至加時日躔黃道宿度加之，〔二〇〕依宿次去之，卽得定朔、弦、望加時日所在度及分秒。又置定朔、弦、望約餘，副置之。以乘其日盈縮之損益率，萬約之，應益者盈加縮減，應損者盈減縮加其副，滿百爲分，分滿百爲度，以加其日夜半日度，命之，各得其日加時日躔黃道宿次。若先於曆注定每日夜半日度，卽爲妙也。〔二一〕

求定朔弦望加時月度

凡合朔加時日月同度，其定朔加時黃道日度，卽爲定朔加時黃道月度。弦、望各以弦、望度加定弦、望加時黃道日度，〔二二〕依宿次去之，卽得定朔、弦、望加時黃道月度及分秒。

求夜半午中入轉

置經朔入轉，以經朔小餘減之，爲經朔夜半入轉。又經朔小餘與半法相減之餘，以加減經朔加時入轉，〔二三〕經朔少，如半法加之；多，如半法減之。爲經朔午中入轉。若定朔大餘有進退者，亦加減轉日，〔二四〕否則因經爲定。每日累加一日，滿轉終日〔二五〕及餘秒去命如前，各得每日夜半、午中入轉。求夜半，因定朔夜半入轉累加之。求午中，因定朔午中入轉累加之。求加時入轉者，如求加時入氣術。

求加時及夜半月度

置其日入轉算外轉定分，以定朔、弦、望小餘乘之，如日法而一，爲加時轉分。分滿百爲度。減定朔、弦、望加時月度，爲夜半月度。以所得轉定分累加之，即得每日夜半月度。或朔至弦、望，或至後朔，皆可累加之。然近則差少，遠則差多。置所求前後夜半相距月度爲行度，計其相距入轉積度，與行度相減，餘以相距日數除爲日差，行度多以日差加每日轉定分，行度少以日差減每日轉定分，然後用之可中。或欲速求，用此數，欲究其故，宜用後術。

求晨昏月度

置其日晨分，乘其日算外轉定分，日法而一，爲晨轉分。用減轉定分，餘爲昏轉分。又以朔、弦、望定小餘，乘轉定分，日法而一，爲加時分。以減晨、昏轉分，爲前；不足，覆減之，爲後。乃前加後減加時月度，即晨昏月所在宿度及分秒。

求朔弦望晨昏定程

各以其朔昏定月，減上弦昏定月，餘爲朔後昏定程。以上弦昏定月，減望昏定月，餘爲上弦後昏定程。以望晨定月，減下弦晨定月，餘爲望後晨定程。以下弦晨定月，減後朔晨定月，餘爲下弦後晨定程。

求每日轉定度

累計每程相距日下轉積度，與晨昏定程相減，餘以相距日數除之，爲日差，定程多加之，定程少減之。以加減每日轉定分，爲轉定度。因朔、弦、望晨昏月，每日累加之，滿宿次去之，爲每日晨昏月度及分秒。凡注曆：朔日以後注昏月，望後一日注晨月。古曆有九道月度，其數雖繁，亦難削去，具其術如後。

求平交日辰

置交終日及餘秒，以其月經朔加時〔三六〕入交汎日及餘秒減之，爲平交入其月經朔加時後日算及餘秒。以加其月經朔大小餘，其大餘命甲子算外，卽平交日辰及餘秒。求次交者，以交終日及餘秒加之，大餘滿紀法去之，命如前，卽次平交日辰及餘秒。

求平交入轉朓朒定數

置平交小餘，加其日夜半入轉餘，以乘其日損益率，日法而一，所得，以損益其下朓朒積，爲定數。

求正交日辰

置平交小餘，以平交入轉朓朒定數，朓減朒加之，滿與不足，進退日辰，卽正交日辰及餘秒。與定朔日辰相距，卽所在月日。

求經朔加時中積

各以其月經朔加時入氣日及餘，加其氣中積及餘，其日命爲度，其餘以日法退除爲分秒，即其經朔加時中積度及分秒。

求正交加時黃道月度

置平交入經朔加時後日算及餘秒，以日法通日，內餘，進二位，如三萬九千一百二十一分而一爲度，〔二七〕不滿退除爲分秒，以加其月經朔加時中積，然後以冬至加時〔二八〕黃道日度加而命之，卽得其月正交加時月離黃道宿度及分秒。如求次交者，以交終度及分秒加而命之，〔二九〕卽得所求。

求黃道宿積度

置正交時黃道宿全度，以正交加時月離黃道宿度及分秒減之，餘爲距後度及分秒，以黃道宿度累加之，卽各得正交後黃道宿積度及分秒。

求黃道宿積度入初末限

置黃道宿積度及分秒，滿交象度及分秒去之，如在半交象以下，爲初限；以上者，以減交象度及分秒，餘爲入末限。入交積度交象度並在交會術中。

求月行九道宿度

凡月行所交：冬入陰曆，夏入陽曆，月行靑道。冬至夏至後，靑道半交在春分之宿，當黃道東。立冬立夏後，〔三〇〕靑道半交在立春之宿，當黃道東南。至所衝之宿亦如之。冬入陽曆，夏入陰曆，月行白道。冬至夏至後，白道半交在秋分之宿，當黃道西。立冬立夏後，白道半交在立秋之宿，當黃道西北。至所衝之宿亦如之。春入陽曆，秋入陰曆，月行朱道。春分秋分後，朱道半交在夏至之宿，當黃道南。立春立秋後，朱道半交在立夏之宿，當黃道西南。至所衝之宿亦如之。春入陰曆，秋入陽曆，月行黑道。春分秋分後，黑道半交在冬至之宿，當黃道北。立春立秋後，黑道半交在立冬之宿，當黃道東北。至所衝之宿亦如之。四序離爲八節，至陰陽之所交，皆與黃道相會，故月行有九道。

各以所入初末限度及分秒，減一百一度，餘以所入初末限度及分乘之，半而退位爲分，分滿百爲度，命爲月道與黃道汎差。凡日以赤道內爲陰，外爲陽；月以黃道內爲陰，外爲陽。故月行正交，入夏至後宿度內爲同名，入冬至後宿度內爲異名。其在同名者，置月行與黃道汎差，九因八約之，爲定差。半交後，正交前，以差減；正交後，半交前，以差加。此加減出入六度，正，如黃赤道相交同名之差，若較之漸異，則隨交所在，遷變不同也。仍以正交度距秋分度數，乘定差，如象限而一，所得爲月道與赤道定差。前加者爲減，減者爲加。其在異名者，置月行與黃道汎差，七因八約之，〔三一〕爲定差。半交後，正交前，以差加；正交後，半交前，以差減。此加減出入六度，異，如黃道赤道相交異名之差，較之漸同，則隨交所在遷變不常。仍以正交度距春分度數，乘定差，如象限而一，所得爲月道與赤道定差。〔三二〕前加者爲減，減者爲加。各加減黃道宿積度，爲九道宿積度。以前宿九道積度減之，爲其宿九道度及分。其分就近約爲太半少。〔三三〕論春夏秋冬以四時日所在宿度爲正。

求正交加時月離九道宿度

以正交加時黃道日度及分，減一百一度，餘以正交度及分乘之，半而退位爲分，分滿百爲度，命爲月道與黃道汎差。其在同名者，置月行與黃道汎差，九因八約之，爲定差，以加；仍以正交度距秋分度數，乘定差，如象限而一，所得爲月道與赤道定差，以減。其在異名者，置月行與黃道汎差，七因八約之，爲定差，以減；仍以正交度距春分度數，乘定差，如象限而一，所得爲月道與赤道定差，以加。置正交加時黃道月度及分，以二差加減之，卽爲正交加時月離九道宿度及分。

求定朔弦望加時月所在度

置定朔加時日躔黃道宿次，凡合朔加時，月行潛在日下，與太陽同度，是爲加時月離宿次。各以弦、望度及分秒，加其所當弦、望加時月躔黃道宿度，滿宿次去之，命如前，各得定朔、弦、望加時月所在黃道宿度及分秒。

求定朔弦望加時九道月度

各以定朔、弦、望加時月離黃道宿度及分秒，加前宿正交後黃道積度，〔三四〕爲定朔、弦、望加時正交後黃道積度。如前求九道積度，以前宿九道積度減之，餘爲定朔、弦、望加時九道月離宿度及分秒。其合朔加時，若非正交，則日在黄道，月在九道，所入宿度，雖多少不同，考共兩極，若應繩準。故云：月行潛在日下，與太陽同度，卽爲加時九道月度。其求晨昏夜半月度，並依前術。

步交會第六

交終分：一十四萬二千三百一十九，秒九千三百六十八。

交終日：二十七日，餘一千一百九分，秒九千三百六十八。

交中日：十三，餘三千一百六十九，秒九千六百八十四。

交朔日：二，餘一千六百六十五，秒六百三十二。

交望日：十四，餘四千二，秒五千。

秒母：一萬。

交終：三百六十三度，七十九分，三十六秒。〔三五〕

交中：一百八十一度，八十九分，六十八秒。

交象：九十度，九十四分，八十四秒。

半交象：四十五度，四十七分，四十二秒。

日蝕既前限：二千四百。定法：二百四十八。

日蝕既後限：三千一百。定法：三百二十。

月蝕限：五千一百。

月蝕既限：〔三六〕一千七百。定法：三百四十、

分秒母：一百。

求朔望入交

置天正朔積分，以交終分去之，不盡，如日法而一，爲日，不滿爲餘，卽天正十一月經朔加時入交汎日及餘秒。交朔加之，得次朔。交望加之，得次望。再加交望，亦得次朔。各爲朔、望入交汎日及餘秒。

求定朔每日夜半入交

各置入交汎日及餘秒，減去經朔、望小餘，卽爲定朔、望夜半入交汎日及餘秒。若定朔、望有進退者，亦進退交日，否則因經爲定。大月加二日，小月加一日，餘皆加四千一百二十秒六百三十二，卽次朔夜半入交。累加一日，滿交終日及餘秒去之，卽每日夜半入交汎日及餘秒。

求定朔望加時入交〔三七〕

置經朔、望加時入交汎日及餘秒，以入氣入轉朓朒定數，朓減朒加之，卽定朔望加時入

交汎日及餘秒。

求定朔望加時入交積度及陰陽曆

置定朔、望加時入交汎日，以日法通之，內餘，進二位，如三萬九千一百二十一而一爲度，不滿退除爲分秒，卽定朔、望加時月行入交積度。以定朔、望加時入轉遲疾度，遲減疾加之，卽月行入交定積度。如交中度以下，入陽曆積度；以上，去之，餘爲入陰曆積度。每日夜半，準此求之。〔三八〕

求月去黃道度

視月入陰陽曆積度及分，如交象以下，爲少象；以上，覆減交中，餘爲老象。置所入老少象度於上，列交象度於下，相減相乘，倍而退位爲分，滿百爲度，用減所入老少象度及分，餘又與交中度相減相乘，八因之，以百一十除爲分，分滿百爲度，卽得月去黃道度。

求朔望加時入交常日及定日

置朔望入交汎日，以入氣朓朒定數，朓減朒加之，爲入交常日。

又置入轉朓朒定數，進一位，一百二十七而一，所得朓減朒加入交常日，爲入交定日〔三九〕及餘秒。

求入交陰陽曆交前後分

視入交定日，如交中以下，爲陽曆；以上，去之，爲陰曆。如一日上下，以日法通日爲分。爲交後分。十三日上下，覆減交中，爲交前分。

求日月蝕甚定餘

置朔、望入氣入轉朓朒定數，同名相從，異名相消，以一千三百三十七乘之，定朔、望加時入轉算外轉定分除之，所得，以朓減朒加經朔、望小餘，爲汎餘。

日蝕：視汎餘如半法以下，爲中前分；半法以上，去半法，爲中後分。置中前後分，與半法相減相乘，倍之，萬約爲分，曰時差。中前，以時差減汎餘爲定餘，覆減半法，餘爲午前分。中後，以時差加汎餘爲定餘，減去半法，爲午後分。

月食：視汎餘在日入後、夜半前者，如日法四分之三以下，減去半法，爲酉前分；四分之三以上，覆減日法，餘爲酉後分。又視汎餘在夜半後、日出前者，如日法四分之一以下，爲卯前分，四分之一以上，覆減半法，餘爲卯後分。其卯酉前後分，自相乘，四因，退位，萬約爲分，以加汎餘，爲定餘。各置定餘，以發斂加時法求之，卽得日月所蝕之辰刻。

求日月食甚日行積度

置定朔、望食甚大小餘，與經朔、望大小餘相減之餘，以加減經朔、望入氣日小餘，經朔、望日少加多減。卽爲食甚入氣。以加其氣中積，爲食甚中積。又置食甚入氣小餘，以所入氣日損益率〔四〇〕盈縮之損益。〔四一〕乘之，日法而一，以損益其日盈縮積，盈加縮減食甚中積，卽爲食甚日行積度及分。

求氣差

置日食甚日行積度及分，滿中限去之，餘在象限以下，爲初限；以上，覆減中限，爲末限。皆自相乘，進二位，如四百七十八而一，所得，用減一千七百四十四，餘爲氣差恒數。以午前後分乘之，半晝分除之，所得，以減恒數爲定數。不及減，覆減之，爲定數。應加者減之，減者加之。春分後，陽曆減，陰曆加；秋分後，陽曆加，陰曆減。春分前、秋分後各二日二千一百分爲定氣，於此加減之。

求刻差

置日食甚日行積度及分，滿中限去之，餘與中限相減相乘，進二位，如四百七十八而一，所得，爲刻差恒數。以午前後分乘之，日法四分之一除之，所得爲定數。若在恒數以上者，倍恒數，以所得之數減之爲定數，依其加減。冬至後，午前陽加陰減，午後陽減陰加。夏至後，午前陽減陰加，午後陽加陰減。

求日食去交前後定分〔四二〕

氣刻二差定數，同名相從，異名相消，爲食差。依其加減去交前後分，爲去交前後定分。視其前後定分，如在陽曆，卽不食；如在陰曆，卽有食之。如交前陰曆不及減，反減之，反減食差。爲交後陽曆；交後陰曆不及減，反減之，爲交前陽曆；卽不食。交前陽曆不及減，〔四三〕反減之，爲交後陰曆；交後陽曆，不及減，反減之，爲交前陰曆；〔四四〕卽日有食之。

求日食分

視去交前後定分，如二千四百以下，爲既前分，以二百四十八除爲大分。二千四百以上，覆減五千五百，不足減者不食。爲既後分，以三百二十除爲大分。不盡，退除爲秒，卽得日食之分秒。

求月食分

視去交前後分，不用氣刻差者。一千七百以下者，食既。以上，覆減五千一百，不足減者不食。餘以三百四十除爲大分，不盡，退除爲秒，卽爲月食之分秒也。去交分在既限以下，覆減既限，亦以三百四十除，爲既內之大分。

求日食定用分

置日食之大分，與三十分相減相乘，又以二千四百五十乘之，如定朔入轉算外轉定分而一，〔四五〕所得，爲定用分。減定餘，爲初虧分。加定餘，爲復圓分。各以發斂加時法求之，卽得日食三限辰刻。

求月食定用分

置月食之大分，與三十五分相減相乘，又以二千一百乘之，如定望入轉〔四六〕算外轉定分而一，所得，爲定用分。加減定餘，爲初虧、復圓分。各如發斂加時法求之，卽得月食三限辰刻。

月食既者，以既內大分與十五相減相乘，又以四千二百乘之，如定望入轉〔四七〕算外轉定分而一，所得，爲既內分。用減定用分，爲既外分。置月食定餘減定用分，爲初虧。因加既外分，爲食既。又加既內分，爲食甚。卽定餘分也。再加既內分，爲生光。復加既外分，爲復圓。各以發斂加時法求之，卽得月食五限辰刻。

求月食入更點

置食甚所入日晨分，倍之，五約爲更法。又五約更法，爲點法。〔四八〕乃置月食初末諸分，昏分以上減昏分，晨分以下加晨分。如不滿更法爲初更。不滿點法爲一點。依法以次求之，卽各得更點之數。

求日食所起

食在既前，初起西南，甚於正南，復於東南；食在既後，初起西北，甚於正北，復於東北。其食八分以上，皆起正西，復於正東。此據正午地而論之。

求月食所起

月在陽曆：初起東北，甚於正北，復於西北。月在陰曆：初起東南，甚於正南，復於西南。其食八分以上，皆起正東，復於正西。此亦據正午地而論之。〔四九〕

求日月出入帶食所見分數

各以食甚小餘，與日出入分相減，餘爲帶食差，以乘所食之分，滿定用分而一，月食既者，以既內分減帶食差，餘乘所食分，如既外分而一。不及減者，爲帶食既出入。以減所食分，卽日月出入帶食所見之分。其食甚在晝，晨爲漸進，昏爲已退。食甚在夜，晨爲已退，昏爲漸進。

求日月食甚宿次

置日月食甚日行積度，望卽更加半周天。以天正冬至加時黃道日度，加而命之，依黃道宿次去之，卽各得日月食甚宿度及分。

步五星第七

木星

周率：二百八萬六千一百四十二，五十四秒。

曆率：二千二百六十五萬五百七。

曆度法：六萬二千一十四。

周日：三百九十八日，八十八分。

曆度：三百六十五度，二十四分，八十二秒。

曆中：一百八十二度，六十二分，四十一秒。

曆策：一十五度，二十一分，八十七秒。

伏見：一十三度。

段目	段日	平度	限度	初行率
合伏	一十六日八十六分	三度八十六	二度九十三	二十三
晨順疾	二十八日	六度一十一	四度六十四	二十二
晨次疾	二十八日	五度五十一	四度一十九	二十一
晨順遲	二十八日	四度三十一	三度二十八	一十八
晨末遲	二十八日	一度九十一	一度四十五	一十二

晨留	二十四日			
晨退	四十六日五十八	四度八十八一十八	空三十二八十二〔五〇〕	
夕退	四十六日五十八	四度八十八一十八	空三十二八十二〔五一〕	一十八
夕留	二十四日			
夕末遲	二十八日	一度九十一	一度四十五〔五二〕	
夕順遲	二十八日	四度三十一	三度二十八	一十二
夕次疾	二十八日	五度五十一	四度一十九	一十八
夕順疾	二十八日	六度一十一	四度六十四	二十一
夕伏	一十六日八十六〔五三〕	三度八十六	二度九十三	二十二

策數	損益率	盈積度	損益率	縮積度
一	益一百五十九	初	益一百五十九	初
二	益一百四十二	一度五十九	益一百四十二	一度五十九
三	益一百二十	三度一	益一百二十	三度一
四	益九十三	四度二十一	益九十三	四度二十一
五	益六十一	五度一十四	益六十一	五度一十四
六	益二十四	五度七十五	益二十四	五度七十五
七	損二十四	五度九十九	損二十四	五度九十九
八	損六十一	五度七十五	損六十一	五度七十五
九	損九十三	五度一十四	損九十三	五度一十四
十	損一百二十	四度二十一	損一百二十	四度二十一〔五四〕

十一	損一百四十二	三度一	損一百四十二	三度一
十二	損一百五十九	一度五十九	損一百五十九	一度五十九

火星

周率：四百七萬九千四十一，秒九十七。

曆率：三百五十九萬二千七百五十八，秒三十二。

曆度法：九千八百三十六半。

周日：七百七十九日，九十三分，一十六秒。

曆度：三百六十五度，二十四分，七十六秒。

曆中：一百八十二度，六十二分，三十八秒。

曆策：一十五度，二十一分，八十六秒。

伏見：一十九度。

段目	段日	平度	限度	初行率
合伏	六十七日	四十八度	四十五度四十八	七十二

晨順疾	六十三日	四十四度六十	四十二度二十六	七十一
晨次疾	五十八日	四十度九	三十七度九十九〔五五〕	七十
晨中疾	五十二日	三十四度六	三十二度三十二	六十八
晨末疾	四十五日	二十六度三十二	二十四度九十九	六十三
晨順遲	三十七日	一十六度六十八〔五六〕	一十五度八十	五十四
晨末遲	二十八日	五度七十五	五度四十五	三十七
晨留	一十一日			
晨退	二十八日九十六五十八	八度一十五六十〔五七〕	三度五四十	
夕退	二十八日九十六五十八	八度一十五六十	三度五四十	四十一
夕留	一十一日			
夕末遲	二十八日	五度七十五〔五八〕	五度四十五	

夕順遲	三十七日	一十六度六十八	一十五度八十〔五九〕	三十七
夕末疾	四十五日	二十六度三十二	二十四度九十九	五十四
夕中疾	五十二日	三十四度六	三十二度三十二	六十三
夕次疾	五十八日	四十度九	三十七度九十九	六十八
夕順疾	六十三日	四十四度六十	四十二度二十六	七十
夕伏	六十七日	四十八度	四十五度四十八	七十一

策數	損益率	盈積度	損益率	縮積度
一	益一千一百六十	初	益四百五十八	初
二	益八百	一十一度六十	益四百五十三	四度五十八〔六〇〕
三	益四百六十四	一十九度六十	益四百三十三	九度一十一

四	益一百五十二	二十四度二十四〔六二〕	益三百九十六	一十三度四十四
五	損五十七	二十五度七十六	益三百四十一	一十七度四十
六	損一百七十二	二十五度一十九	益二百六十六	二十度八十一
七	損二百六十六	二十三度四十七	益一百七十二	二十三度四十七
八	損三百四十一	二十度八十一	益五十七	二十五度一十九
九	損三百九十六	十七度四十	損一百五十二	二十五度七十六
十	損四百三十三	十三度四十四	損四百六十四	二十四度二十四
十一	損四百五十三	九度一十一	損八百	十九度六十
十二	損四百五十八	四度五十八	損一千一百六十	十一度六十

土星

周率：一百九十七萬七千四百一十二，秒四十六。

曆率：五千六百二十二萬三千二百一十九。

曆度法：一十五萬三千九百二十八。

周日：三百七十八日，九分，三秒。

曆度：三百六十五度，二十五分，六十六秒。

曆中：一百八十二度，六十二分，八十三秒。

曆策：一十五度，二十一分，九十秒。

伏見：一十七度。

段目	段日	平度	限度	初行率
合伏	十九日四十八	二度四十八	一度五十六	一十三
晨順疾	二十七日五十	三度二十二	二度二	一十二
晨次疾	二十七日五十	二度六十四	一度六十五	一十一
晨遲	二十七日五十	一度四十八	空度九十一	八

晨留	三十六日			
晨退	五十一日六五十一半	三度三十九六十六半	空度二十八三十三半	
夕退	五十一日六五十一半	三度三十九六十六半	空度二十八三十三半	九七十五〔六二〕
夕留	三十六日			
夕遲	二十七日五十	一度四十八	空度九十一	
夕次疾	二十七日五十	二度六十四	一度六十五	八
夕順疾	二十七日五十	三度二十二	二度二	一十一
夕伏	一十九日四十八	二度四十八	一度五十六	一十二

策數	損益率	盈積度	損益率	縮積度
一	益二百一十三	初	益一百六十三	初

二	益一百九十七	二度一十三	益一百四十九	一度六十三
三	益一百六十八	四度一十	益一百二十八	三度一十二
四	益一百二十八	五度七十八	益一百	四度四十
五	益八十一	七度六	益六十五	五度四十
六	益三十三	七度八十七	益二十三	六度五
七	損三十三	八度二十	損二十三	六度二十八
八	損八十一	七度八十七	損六十五	六度五
九	損一百二十八	七度六	損一百	五度四十
十	損一百六十八	五度七十八	損一百二十八	四度四十
十一	損一百九十七	四度一十	損一百四十九	三度一十二
十二	損二百一十三	二度一十三	損一百六十三	一度六十三

金星

周率：三百五萬三千八百四，秒二十三。

曆率：一百九十一萬二百四十一，秒一十一。

曆度法：五千二百三十。

周日：五百八十三日，九十分，一十四秒。

合日：二百九十一日，九十五分，七秒。

曆度：三百六十五度，二十四分，六十八秒。

曆中：一百八十二度，六十二分，三十四秒。

曆策：一十五度，二十一分，八十六秒。

伏見：一十度半。

段目	段日	平度	限度	初行率
合伏	三十九日二十五	四十九度七十五	四十七度七十六	一百二十七
夕順疾	四十七日七十五	六十度一十六〔六三〕五十	五十七度七十六	一百二十六

夕次疾	四十七日七十五	五十九度三十九	五十七度一	一百二十五
夕中疾	四十七日七十五	五十七度空	五十四度七十二	一百二十三
夕末疾	三十九日二十五	四十二度二十九	四十度六十	一百一十五
夕順遲	二十九日二十五	二十四度七十二	二十三度七十三	一百
夕末遲	一十八日二十五	六度九十三〔六四〕五十	六度六十六	六十九
夕留	七日			
夕退	九日七十七	三度七十九九十三	一度六十九七	
夕退伏	六日	四度五十	二度二	六十八
合退伏	六日	四度五十	二度二	八十二
晨退	九日七十七	三度七十九九十三	一度六十九七	六十八
晨留	七日			

晨末遲	一十八日二十五	六度九十三五十	六度六十六	
晨順遲	二十九日二十五	二十四度七十二	二十三度七十三	六十九
晨末疾	三十九日二十五	四十二度二十九	四十度六十	一百
晨中疾	四十七日七十五	五十七度空	五十四度七十二	一百一十五
晨次疾	四十七日七十五	五十九度三十九	五十七度一	一百二十三
晨順疾	四十七日七十五	六十度一十六五十	五十七度七十六	一百二十五
晨伏	三十九日二十五	四十九度七十五	四十七度七十六	一百二十六

策數	損益率	盈積度	損益率	縮積度
一	益五十二	初	益五十二	初
二	益四十八	空度五十二	益四十八	空度五十二

三	益四十一半	一度空	益四十一半	一度空
四	益三十二半	一度四十一半	益三十二半	一度四十一半
五	益二十一	一度七十四	益二十一	一度七十四
六	益七	一度九十五	益七	一度九十五
七	損七	二度二	損七	二度二
八	損二十一	一度九十五	損二十一	一度九十五
九	損三十二半	一度七十四	損三十二半	一度七十四
十	損四十一半	一度四十一半	損四十一半	一度四十一半
十一	損四十八	一度空	損四十八	一度空
十二	損五十二	空度五十二	損五十二	空度五十二〔六五〕

水星

周率：六十萬六千三十一，秒八十四。

曆率：一百九十一萬二百四十二，秒三十五。

曆度法：五千二百三十。

周日：一百一十五日，八十七分，六十秒。

合日：五十七日，九十三分，八十秒。

曆度：三百六十五度，二十四分，七十一秒。

曆中：一百八十二度，六十二分，三十五秒半。

曆策：一十五度，二十一分，八十六秒。

晨伏夕見：一十四度。

夕伏晨見：一十九度。

段目	段日	平度	限度	初行率
合伏	一十五日	二十九度	二十四度三十六〔六六〕	二百五

夕順疾	一十五日	二十三度七十五	一十九度九十五	一百八十一
夕順遲	一十五日	一十三度二十五	一十一度一十三	一百三十五
夕留	二日			
夕退伏	一十日九十三八十	八度六二十	二度四十九八十	
合退伏	一十日九十三八十	八度六二十	二度四十九八十	一百八〔六七〕
晨留	二日			
晨順遲	一十五日	一十三度二十五	一十一度一十三	
晨順疾	一十五日	二十三度七十五	一十九度九十五	一百三十五
晨伏	一十五日	二十九度	二十四度三十六	一百八十一

策數	損益率	盈積度	損益率	縮積度
一	益五十七	初	益五十七	初
二	益五十三	空度五十七	益五十三	空度五十七
三	益四十五	一度一十	益四十五	一度一十
四	益三十五	一度五十五	益三十五	一度五十五
五	益二十二	一度九十	益二十二	一度九十
六	益八	二度一十二	益八	二度一十二
七	損八	二度二十	損八	二度二十
八	損二十二	二度一十二	損二十二	二度一十二
九	損三十五	一度九十	損三十五	一度九十
十	損四十五	一度五十五	損四十五	一度五十五

十一	損五十三	一度一十	損五十三	一度一十
十二	損五十七	空度五十七	損五十七	空度五十七

求五星天正冬至後平合及諸段中積中星

置通積分，各以其星周率去之，不盡，爲前合分。覆減周率，餘爲後合分。如日法而一，不滿退除爲分秒，卽其星天正冬至後平合中積、中星。命爲日，曰中積。命爲度，曰中星。以段日累加中積，卽爲諸段中積。以平度累加中星，〔六八〕經退減之，卽爲諸段中星。

求五星平合及諸段入曆

置前通積分，各加其星後合分，以曆率去之，不盡，各以其星曆度法除爲度，不滿退爲分秒，卽爲其星平合入曆度及分秒。以諸段限度累加之，卽得諸段入曆。

求五星平合及諸段盈縮差

各置其星其段入曆度及分秒，如在曆中以下，爲在盈；以上，減去曆中，餘爲在縮。以其星曆策除之爲策數，不盡爲入策度及分，命策數算外，以其策數下損益率乘之，如曆策而一爲分，以損益其下盈縮積度，卽爲其星其段盈縮定差。

求五星平合及諸段定積

各置其星其段中積，以其盈縮定差盈加縮減之，卽其段定積日及分。以加天正冬至大餘及約分，滿紀法六十去之，不盡，卽爲定日及加時分秒。不滿命甲子算外，卽得日辰。

求五星及諸段所在日月

各置其段定積日及分，以加天正閏日及分，滿朔策及約分除之爲月數，不盡，爲入月已來日數及分。其月數命天正十一月算外，卽得其段入月經朔日數及分，以日辰相距爲所在定朔月日。

求五星平合及諸段加時定星

各置中星，以盈縮定差盈加縮減之，金星倍之，水星三因之，然後加減。〔六九〕卽爲五星諸段定星。以加天正冬至加時黃道日度，依宿命之，卽其星其段加時所在宿度及分秒。

求五星諸段初日晨前夜半定星

各以其段初行率，乘其段定積日下加時分，百約之，乃順減退加其日加時定星，卽爲其段初日晨前夜半定星所在宿度。

求諸段日率度率

各以其段日辰距後段日辰爲日率。以其段夜半宿次與後段夜半宿次相減，餘爲度率。

求諸段平行分

各置其段度率及分秒，以其段日率除之，即其段平行度及分秒。

求諸段總差日差

以本段前後平行分相減，餘爲其段汎差。假令求木星次疾汎差，乃以順疾、順遲平行分相減，餘爲次疾汎差。他皆倣此。倍而退位爲增減差，加減其段平行分，爲初末日行分。前多後少者，加爲初，減爲末。前少後多者，減爲初，加爲末。倍增減差爲總差，以日率減一除之，爲日差。

求前後伏遲退段增減差

前伏者，置後段初日行分，加其日差之半，爲末日行分。後伏者，置前段末日行分，加其日差之半，爲初日行分。以減伏段平行分，餘爲增減差。前遲者，置前段末日行分，倍其日差減之，爲初日行分。後遲者，置後段初日行分，倍其日差減之，爲末日行分。以遲段平行分減之，餘爲增減差。前後近留之遲段。

木、火、土三星退行者，六因平行分，退一位，爲增減差。

金星前後伏退，三因平行分，半而退位，爲增減差。前退者，置後段初日行分，以其日差減之，爲末日行分。後退者，置前段末日行分，以其日差減之，爲初日行分。以本段平行分減，餘爲增減差。〔一〇〕

水星，半平行分爲增減差，皆以增減差加減平行分，爲初末日行分。前多後少，加初減末；前少後多，減初加末。又倍增減差爲總差，以日率減一除之，爲日差。

求每日晨前夜半星行宿次

各置其段初日行分，以日差累損益之，後少則損之，後多則益之。爲每日行度及分秒。乃順加退減之，滿宿次去之，即得每日晨前夜半星行宿次。視前段末日、後段初日行分相較之數，不過一二日差爲妙。或多日差數倍，或顛倒不倫，當類會前後增減差稍損益之，〔七二〕使其有倫，然後用之。或前後平行俱多俱少，則平注之。或總差之秒，不盈一分，亦平注之。若有不倫而平注之得倫者，亦平注之。

求五星平合及見伏入氣

置定積，以氣策及約分除之，爲氣數，不滿爲入氣日及分秒，命天正冬至算外，即所求平合及伏見入氣日及分秒。

求五星平合及見伏行差

各以其段初日星行分與其太陽行分相減，餘爲行差。若金在退行，水在退合者，相併爲行差。如水星夕伏晨見者，直以太陽行分爲行差。

求五星定合見伏汎積

木、火、土三星，各以平合晨疾夕伏定積，便爲定合定見定伏汎積。金、水二星，置其段盈縮差，水星倍之。各以行差除之，爲日，不滿退除爲分秒。若在平合夕見晨伏者，盈減縮加；如在退合夕伏晨見者，盈加縮減。皆以加減定積，爲定合定見定伏汎積。

求五星定合定積定星

木、火、土三星，各以平合行差除其日太陽盈縮差，爲距合差日。以太陽盈縮差減之，爲距合差度。日在盈曆，以差日差度減之。在縮，加之。加減其星定合汎積，爲定合定積定星。

金、水二星順合退合，〔七二〕各以平合退合行差〔七三〕除其日太陽盈縮差，爲距合差日。順加退減太陽盈縮差，爲距合差度。順在盈曆，以差日差度加之；在縮，減之。退在盈曆，以差日減之，差度加之；在縮，以差日加之，差度減之。皆以加減其星定合及再定合汎積，爲定合再定合定積定星。以冬至大餘及約分，加定積，滿紀法去，命，即得定合日辰。以冬至加時黃道日度，加定星，滿宿次去之，即得定合所在宿次。其順退所在盈縮，太陽盈縮也。

求木火土三星定見伏定積日

各置其星定見伏汎積，晨加夕減象限日及分秒，半中限爲象限。〔七四〕如中限以下，自相乘，以上，覆減歲周日及分秒，餘亦自相乘，滿七十五而一，〔七五〕所得，以其星伏見度乘之，十五除之，爲差。其差如其段行差而一，爲日，不滿退除爲分秒。見加伏減汎積爲定積。〔七六〕加命如前，卽得日辰也。

求金水二星定見伏定積日〔七七〕

各以伏見日行差，除其日太陽盈縮差，爲日。若晨伏夕見，日在盈曆，加之，在縮，減之。如夕伏晨見，日在盈曆，減之，在縮，加之。加減其星汎積爲常積。視常積，如中限以下，爲冬至後，以上，去之，餘爲夏至後。其二至後，如象限以下，自相乘，以上，覆減中限，亦自相乘，各如法而一，爲分。冬至後晨，夏至後夕，以一十八爲法。冬至後夕，夏至後晨，以七十五爲法。以伏見度乘之，十五除之，爲差。差滿行差而一，爲日，不滿退除爲分秒。加減常積爲定積。冬至後晨見夕伏，加之；夕見晨伏，減之。夏至後晨見夕伏，減之；夕見晨伏，加之也。加命如前，卽得定見伏日辰。

其水星，夕疾，在大暑氣初日至立冬氣九日三十五分以下者，不見。晨留，在大寒氣初日至立夏氣九日三十五分以下者，春不晨見，秋不夕見者，亦舊有之矣。

渾象

古之言天者有三家：一曰蓋天，二曰宣夜，三曰渾天。漢靈帝時，蔡邕於朔方上書，言「宣夜之學，絕無師法」；周髀術數具存，考驗天狀多所違失；惟渾天爲近，最得其情，近世太史候臺銅儀是也。立八尺體圓而具天地之形，以正黃道赤道之表裏，以行日月之度數，步五緯之遲速，察氣候之推遷，精微深妙，百代所不可廢者也。然傳歷久遠，製造者衆，測候占察，互有得失。張衡之制謂之靈憲，史失其傳。魏、晉以來官有其器，而無本書，故前志亦闕。吳中常侍王蕃云：「渾天儀者，羲和之舊器，謂之機衡。」積代相傳，沿革不一。宋太平興國中，蜀人張思訓首創其式，造之禁中，踰年而成，詔置文明殿東鼓樓下，題曰「太平渾儀」。自思訓死，璣衡斷壞，無復知其法制者。景德中，曆官韓顯符依倣劉曜時、孔挺、晁崇之法，失之簡略。景祐中，冬官正舒易簡乃用唐梁令瓚、僧一行之法，頗爲詳備，亦失之於密而難爲用。元祐時，尚書右丞蘇頌與昭文館校理沈括奉勅詳定渾儀法要，遂奏舉吏部勾當官韓公廉通九章勾股法，常以推考天度與張衡、王蕃、僧一行、梁令瓚、張思訓法式，大綱可以尋究。若據算術考案象器，亦能成就，請置局差官製造。詔如所言。奏鄭州原武主簿王沇之，太史局官周日嚴、于太古、張仲宣，同行監造。制度既成，詔置之集英殿，總謂之渾天儀。公廉將造儀時，先撰九章勾股驗測渾天書一卷，貯之禁中，今失其傳，故世無知者。

舊制渾儀，規天矩地，機隱於內，上布經躔，次具日月五星行度，以察其寒暑進退，如張衡渾天、開元水運銅渾儀者，是也。久而不合，乖於施用。

公廉之制則爲輪三重：一曰六合儀，縱置地渾中，卽天經環也，與地渾相結，其體不動；

二曰三辰儀，置六合儀內；三曰四游儀，置三辰儀內。植四龍柱於地渾之下，又置鼇雲於六合儀下。四龍柱下設十字水趺，鑿溝道通水以平高下。別設天常單環於六合儀內，又設黃道赤道二單環，皆置三辰儀內，東西相交隨天運轉，以驗列舍之行。又爲四象環，附三辰儀，相結於天運環，黃赤道兩交爲直距二縱置于四游儀內。北屬六合儀地渾之上，以正北極出地之度。南屬六合儀地渾之下，以正南極入地之度。此渾儀之大形也。直距內夾置望筒一，于筒之半設關軸，附直距上，使運轉低昂，筒常指日，日體常在筒竅中，天西行一周，日東移一度，仍以窺測四方星度，皆斟酌李淳風、孔挺、韓顯符、舒易簡之制也。

三辰儀上設天運環，以水運之。水運之法始於漢張衡，成于唐梁令瓚及僧一行，復于太平興國中張思訓，公廉今又變正其制，設天運環，下以天柱關軸之類上動渾儀，此新制也。

舊制渾象，張衡所謂置密室中者，推步七曜之運，以度曆象昏明之候，校二十四氣，考晝夜刻漏，無出於渾象。隋志稱梁秘府中有宋元嘉中所造者，以木爲之，其圓如丸，徧體布二十八宿、三家星色、黃赤道、天河等，別爲橫規繞於外，上下半之，以象地也。開元中，詔僧一行與梁令瓚更造銅渾象，爲圓天之象，上具列宿周天度數，注水激輪令其自轉，一日一夜天轉一周，又別置日月五星循繞，絡在天外，令得運行。每天西轉一匝，日正東行一度，月行一十三度有奇，凡二十九轉而日月會，三百六十五轉而日行一匝。仍置木櫃以爲地平，令象半在地上，半在地下，又立二木偶人於地平之前，置鍾鼓使木人自然撞擊以報辰刻，〔六〕命之曰水運渾天俯視圖。既成，命置之武成殿。

宋太史局舊無渾象，太平興國中，張思訓準開元之法，而上以蓋爲紫宮，旁爲周天度，而東西轉之，出新意也。

公廉乃增損隋志制之，上列二十八宿周天度數，及紫微垣中外官星，以俯窺七政之運轉，納於六合儀天經地渾之內，同以木櫃載之。其中貫以樞軸，南北出渾象外，南長北短，地渾在木櫃面，横置之，以象地。天經與地渾相結，縱置之，半在地上，半隱地下，以象天。其樞軸北貫天經上杠中，末與杠平，出櫃外三十五度稍弱，以象北極出地。南亦貫天經出下杠外，入櫃內三十五度少弱，以象南極入地。就赤道爲牙距，四百七十八牙以衡天輪，隨機輪地轂正東西運轉，昏明中星既應其度，分至節氣亦驗應而不差。

王蕃云：「渾象之法，地當在天內，其勢不便，故反觀其形，地爲外郭，於已解者無異，詭狀殊體而合于理，可謂奇巧者也。」今地渾亦在渾象外，蓋出于王蕃制也。其下則思訓舊制，有樞輪關軸，激水運動，以直神搖鈴扣鍾擊鼓，置時刻十二神司辰像於輪上，時初、正至，則執牌循環而出，報隨刻數以定晝夜長短。至冬水凝，運轉遲澀，則以水銀代之。

今公廉所製，共置一臺，臺中有二隔，渾儀置其上，渾象置其中，激水運轉，樞機輪軸隱于下。內設晝夜時刻機輪五重：第一重曰天輪，以撥渾象赤道牙距；第二重曰撥牙輪，上安牙距，隨天柱中輪轉動，以運上下四輪；第三重曰時刻鍾鼓輪，上安時初、時正百刻撥牙，以扣鍾擊鼓搖鈴；第四重曰日時初、正司辰輪，上安時初十二司辰、時正十二司辰；第五重曰報刻司辰輪，上安百刻司辰。以上五輪並貫於一軸，上以天束束之，下以鐵杵臼承之，前以木閣五層蔽之，稍增異其舊制矣。五輪之北，又側設樞輪，其輪以七十二輻爲三十六洪，束以三輞，夾持受水三十六壺。轂中橫貫鐵樞軸一，南北出軸爲地轂，運撥地輪。天柱中輪動，機輪動渾象，上動渾天儀。又樞輪左設天池、平水壺，平水壺受天池水，注入受水壺，以激樞輪。受水壺落入退水壺，由壺下北竅引水入昇水下壺，以昇水下輪運水入昇水上壺，上壺內昇水上輪及河車同轉上下輪，運水入天河，天河復流入天池，每一晝一夜周而復始。此公廉所製渾儀、渾象二器而通三用，總而名之曰渾天儀。

金既取汴，皆輦致于燕，天輪赤道牙距撥輪懸象鍾鼓司辰刻報天池水壺等器久皆棄毀，惟銅渾儀置之太史局候臺。但自汴至燕相去一千餘里，地勢高下不同，望筒中取極星稍差，移下四度纔得窺之。明昌六年秋八月，風雨大作，雷電震擊，龍起渾儀鼇雲水趺下，臺忽中裂而摧，渾儀仆落臺下，旋命有司營葺之，復置臺上。貞祐南渡，以渾儀鎔鑄成物，不忍毁拆，若全體以運則艱於輦載，遂委而去。

興定中，司天臺官以臺中不置渾儀及測候人數不足，言之於朝，宜鑄儀象，多補生員，庶得盡占考之實。宣宗召禮部尚書楊雲翼問之，雲翼對曰：「國家自來銅禁甚嚴，雖罄公私所有，恐不能給。今調度方殷，財用不足，實未可行。」他日，上又言之，於是止添測候之人數員，鑄儀之議遂寢。

初，張行簡爲禮部尚書提點司天監時，嘗製蓮花、星丸二漏以進，章宗命置蓮花漏于禁中，星丸漏遇車駕巡幸則用之。貞祐南渡，二漏皆遷于汴，汴亡廢毁，無所稽其製矣。

校勘記

〔一〕轉終分　「終」原作「中」。按下文，「轉終日：二十七日餘二千九百秒六千六十六」，以本書卷二一曆上「日法五千二百三十分」乘之，正合轉終分數。又下文「求經朔弦望入轉」條，「置天正朔分以轉終分及秒去之……」作「轉終分」。元史卷五六庚午曆同。今據改。

〔二〕如日法而一　「如」原作「以」。據庚午曆改。

〔三〕益五百一十三　原作「五百一十二」。按本表次行二日「朓五百一十三」，卽據此數，庚午曆亦作「五百一十三」。今改正。又，據本志文例，本表闕各欄欄目，其名稱順次爲：轉日、轉定分、轉積度、遲疾度、損益率、朓朒積。

〔四〕二十九度二十五　「二十五」原作「五十一」。按本表二日轉定分爲「一千四百五十七」，即十四度五十七，與積度「十四度六十八」之和爲二十九度二十五，即三日積度之數。庚午曆載此不誤，今據改。

〔五〕八十五度六十一　「八十五」原作「八十」。按本表六日轉定分與積度之和爲八十五度六十一，即本日積度之數，知脫「五」字。庚午曆不脫，今據補。

〔六〕疾五度四十九　「四十九」原作「十九」。按本志載月每日平行度爲十三度三十七分，累積至今日當爲九十三度五十九，而是日實載積度爲九十九度八，超過五度四十九，是爲本日疾度。庚午曆同，今據改。

〔七〕疾五度三十三　「三十三」原作「三十二」。按月平行度累積至今日當爲一〇六度九十六，與今日積度一百一十二度二十九差五度三十三，是爲本日疾度。庚午曆同，今據改。

〔八〕損三百五十二　原作「三百五十一」。按本表今日朓一千六百六十三，當損三百五十二，方得次日朓一千三百一十一。今據改。

〔九〕二百一十一度十五　「一十一」原作「一十二」。按本表十六日轉定分與積度之和爲二百一十一度十五，即本日積度之數。庚午曆不誤，今據改。

〔一〇〕遲二度七十七　「七十七」原作「八十七」。按月平行度累積至今日當爲二百一十四度五十二，而本日積度爲「二百一十一度十五」，尚少「二度七十七」，是爲本日遲度。庚午曆同，今據改。

〔一一〕二百二十三度五十一　「五十一」原作「五十」。按本表十七日轉定分與積度之和爲「二百二十三度五十一」，卽本日積度數。庚午曆載此不誤，今據改正。

〔一二〕遲五度四十三　「四十三」原作「四十二」。按月平行度累積至今日當爲二百六十七度四，而本日積度二百六十一度九十七，尙少「五度四十三」，是爲本日遲度。庚午曆不誤，今據改。

〔一三〕朒二千一百四十　「十」下原衍「三十九」三字。按本表二十一日「朒二千一百二十四」、「初益二十七，末損一十一」，尚益一十六，其和爲二千一百四十，卽今日朓朒積。庚午曆同。今據删。

〔一四〕朒二千五十四　「四」下原衍「二」字。按本表二十二日「朒二千一百四十」、「損八十六」，其差爲「二千五十四」，卽今日朓朒積。庚午曆同，今據删。

〔一五〕朒一千八百七十　「十」下原衍「六十九」三字。按本表二十三日「朒二千五十四」、「損一百八十四」，其差爲「一千八百七十」，卽今日朓朒積。庚午曆同，今據删。

〔一六〕三百四十五度六十一　「六十一」原作「六十二」。按二十六日轉定分與積度之和爲「三百四十五度六十一」，卽本日積度數。今據改。

〔一七〕遲空七十五　「七十五」原作「七十七」。按月平行度積至今日當爲三百六十度九十九，而本日積度三百六十度二十四，尚差空度七十五。庚午曆載此不誤，今據改。

〔一八〕求朔弦望定日　原脫「弦」字。按下文「置經朔弦望小餘」、「各得定朔弦望日辰及餘」，皆有「弦」字。今據庚午曆補。

〔一九〕經朔弦望入氣日餘　原脫「餘」字。據庚午曆補。

〔二〇〕以冬至加時日躔黄道宿度加之　原脫「加之」二字。據庚午曆補。

〔二一〕若先於曆注定每日夜半日度卽爲妙也　「注」原作「法」、「妙」原作「秒」。據庚午曆改。

〔二二〕黄道日度　「日」原作「月」。今據庚午曆改正。

〔二三〕經朔加時入轉　原脫「轉」字。今據庚午曆補。

〔二四〕亦加減轉日　「日」原作「入」。今據庚午曆改。

〔二五〕滿轉終日　原脫「轉」字。今據庚午曆補。

〔二六〕以其月經朔加時　「以其」原作「其以」。據庚午曆乙正。

〔二七〕如三萬九千一百二十一分而一爲度　「分」下原脫「而一」二字。今據宋史卷七九紀元曆補。

〔二八〕然後以冬至加時　原脫「後」字。今據庚午曆補。

〔二九〕以交終度及分秒加而命之　「交」原作「受」、「及」下原脫「分」字。今據庚午曆改補。

〔三〇〕立冬立夏後　原脫「立冬」二字。按上文冬至、夏至並稱，下文亦作「立冬、立夏後」，知此脫「立冬」二字。今據庚午曆補。

〔三一〕七因八約之　原脫「之」字。依上下文例補。

〔三二〕所得爲月道與赤道定差　「月道」原作「月行」。今據庚午曆改。

〔三三〕其分就近約爲太半少　原脫「爲」字。據庚午曆補。

〔三四〕加前宿正交後黃道積度　「加」原作「如」。今據庚午曆改。

〔三五〕交終三百六十三度七十九分三十六秒　「三百」原作「二百」，「七十」原作「七千」。按下文「交中一百八十一度八十九分六十八秒」，倍之正爲此交終數。或四倍交象亦爲此數。庚午曆同。今據改。

〔三六〕月蝕既限　原脫「限」字。今據庚午曆補。

〔三七〕求定朔望加時入交　「定」原作「交」。今據宋紀元曆改。

〔三八〕每日夜半準此求之　原脫「半」字、「之」字。據庚午曆補。

〔三九〕所得朓減朒加入交常日爲入交定日　「入交」原作「之」。庚午曆作「交」。今據上文及本處文義改正。又「爲入交」下原脫「定」字。今據庚午曆補。

〔四〇〕損益率　「損」原作「積」。今據庚午曆改。

〔四一〕盈縮之損益　「損益」下原衍「之」字。今據庚午曆删。

〔四二〕求日食去交前後定分　「去」原誤作「爲」。據庚午曆改。

〔四三〕交前陽曆不及減　「交」上原衍「亦入」二字。今據庚午曆删。

〔四四〕爲交前陰曆　「陰」原作「陽」。今據庚午曆改正。

〔四五〕入轉算外轉定分而一　「外」下原脫「轉」字。今據庚午曆補。

〔四六〕如定望入轉　「望」原作「朔」。今據庚午曆改正。

〔四七〕如定望入轉　「望」原作「朔」。同前改。

〔四八〕五約更法爲點法　「點」下原脫「法」字。今據庚午曆補。

〔四九〕此亦據正午地而論之　原脫「正」字。按上文有「正字」，庚午曆同。今據補。

〔五〇〕空三十二八十二　「三十二」、「八十二」原在下格誤爲初行率。今據庚午曆改正。

〔五一〕空三十二八十二　「三十二」、「八十二」原在下格誤爲初行率。今亦同前改正。又初行率「一十八」，紀元曆、庚午曆皆作「一十六」。且原在格外，今升入格內。

〔五二〕一度四十五　「四十五」原在下格誤爲初行率。今據庚午曆改正。

〔五三〕一十六日八十六　「一十六」原作「二十六」。據紀元曆、庚午曆改。

〔五四〕四度二十一　「二十一」原作「二十」。按本表前格縮積度爲「五度一十四」，損「九十三」，其差爲「四度二十一」。庚午曆同。今據改。

〔五五〕三十七度九十九　原脫「度」字。據殿本補。

〔五六〕一十六度六十八　按本表晨順遲初行率爲五十四，晨末遲初行率爲三十七，兩初行率相加，半之，乘晨順遲段日三十七，卽得平度一十六度八十四。如以紀元曆晨末遲初行率三七・二六計算，則得平度一六・八八。然紀元曆亦作一六・六八。又平度總和與限度總和相等，據此推之，亦是一六・六八。疑其中有訛誤，或初行率尾數進捨所致。

〔五七〕八度一十五六十　「一十五」、「六十」原誤入下格限度欄。按此爲晨退平度。今據庚午曆改正。又本格限度之「三度五四十」亦誤入下格初行率欄。今並據庚午曆改正。

〔五八〕五度七十五　「七十五」原誤入下格限度欄。下格「五度四十五」亦順次誤入下格初行率欄。今皆據庚午曆提一格改正。

〔五九〕一十五度八十　原脫「度」字。據殿本補。

〔六〇〕四度五十八　「度」下原衍「十一」二字。按本表前格縮積度爲零，損益率爲「益四百五十八」，卽本格之縮積度。庚午曆同。今據删「十一」二字。

〔六一〕二十四度二十四　「二十四」原作「二十六」。按本表前行盈積度爲「一十九度六十」，又益「四百六十四」，卽四度六十四，其和爲「二十四度二十四」，卽本行之盈積度。庚午曆同。今據改。

〔六二〕九七十五　原脫「七十五」三字。按本表土星夕退平度爲三・三九六六五，段日爲五一・〇六五一五，則知其平行分爲〇・〇六六五。平行分乘十四，十五而一，得總差〇・〇六二〇，總差之半卽〇・〇三一，與平行分〇・〇六六五之和，卽爲夕退初率〇・〇九七五。知「九」下脫「七十五」三字，庚午曆不脫，今據補。

〔六三〕六十度一十六五十　「一十六」原作「一十五」。按金星順行，限度爲平度的百分之九十六，本段限度爲五十七度七十六，則平度當作「六十度一十六五十」。紀元曆、庚午曆同。今據改。

〔六四〕六度九十三五十　「九十三」原作「九十二」。據紀元曆、庚午曆改。參見前條。

〔六五〕空度五十二　「五十二」原作「五十一」。按本表前格縮積度爲「一度空」、「損四十八」，其差爲「空度五十二」，卽爲本格之縮積度。庚午曆同。今據改。

〔六六〕二十四度三十六　「三十六」原作「二十六」。按水星順行，限度爲平度的百分之八十四，本段平度爲二十九度，則限度當作「二十四度三十六」，紀元曆、庚午曆同。今據改。

〔六七〕一百八　原脫「八」字。今據紀元曆、庚午曆補。計算方法參見本卷校記〔六二〕。

〔六八〕以平度累加中星　「中星」原作「中積」。今據庚午曆改正。

〔六九〕然後加減　「後」原誤作「可」。今據庚午曆改。

〔七〇〕餘爲增減差　「減」下原衍「之」字。今據庚午曆刪。

〔七一〕當類會前後增減差稍損益之　「減」下原衍「之」字。今據庚午曆刪。又「類會」，庚午曆作「類同」，較妥。

〔七二〕順合退合　「順」原作「定」。今據庚午曆改。

〔七三〕平合退合行差　「行」原作「以」。今據庚午曆改。

〔七四〕半中限爲象限　「爲」原作「與」。今據庚午曆改。

〔七五〕滿七十五而一　「十」原作「千」。今據庚午曆改。

〔七六〕見加伏減汎積爲定積　原脱「爲定積」三字。今據庚午曆補。

〔七七〕求金水二星定見伏定積日　「積日」原誤作「日積」。依上段標題乙正。

〔七八〕以報辰刻　「報」原作「使」。據殿本改。

金史卷二十三

志第四

五行

五行之精氣，在天爲五緯，在地爲五材，在人爲五常及五事。五緯志諸天文，歷代皆然。其形質在地，性情在人，休咎各以其類，爲感應於兩間者，歷代又有五行志焉。兩漢以來，儒者若夏侯勝之徒，專以洪範五行爲學，作史者多采其說，凡言某徵之休咎，則以某事之得失繫之，而配之以五行。謂其盡然，其弊不免於傅會；謂其不然，「肅，時雨若」、「蒙，恒風若」之類，箕子蓋嘗言之。金世未能一天下，天文災祥猶有星野之說，五行休咎見於國內者不得他諉，乃彙其史氏所書，仍前史法，作五行志。至於五常五事之感應，則不必泥漢儒爲例云。

初，金之興，平定諸部，屢有禎異，故世祖每與敵戰，嘗以夢寐卜其勝負。烏春兵至蘇速海甸，世祖曰：「予夙昔有異夢，不可親戰，若左軍有力戰者當克。」既而與肅宗等擊之，敵大敗。

太祖之生也，常有五色雲氣若二千斛囷廩之狀，屢見東方。遼司天孔致和曰：「其下當生異人，建非常之事，天以象告，非人力所能爲也。」

溫都部跋忒畔，穆宗遣太祖討之，入辭，奏曰：「昨夕見赤祥，往必克。」遂與跋忒戰，殺之。

穆宗攻阿疎日，辰巳間，忽暴雨昏曀，雷電環阿疎所居，是夕有巨火聲如雷，墜阿疎城中，遂攻下之。

太祖嘗往寧江，夢斡帶之禾場焚，頃刻而盡。覺而大戚，卽馳還，斡帶已寢疾，翌日不起。

斡塞伐高麗，太祖臥而得夢，亟起曰：「今日捷音必至。」乃爲具於毬場以待。有二麞渡水而至，獲之，太祖曰：「此休徵也。」言未旣，捷書至，衆大異之。

他日軍寧江，駐高阜，撒改仰見太祖體如喬松，所乘馬如岡阜之大，太祖亦視撒改人馬異常，撒改因白所見，太祖喜曰：「此吉兆也。」卽舉酒酹之曰：「異日成功，當識此地。」師次唐括帶斡甲之地，諸軍介而立，有光起於人足及戈矛上，明日，至札只水，光復如初。

收國元年，上在寧江州，有光正圓，自空而墜。八月己卯，〔一〕黃龍見空中。十二月丁未，上候遼軍還至熟結濼，〔二〕有光復見於矛端。

天輔六年三月，師攻西京，有火如斗，墜其城中。是月，城降而復叛，四月辛卯，取之。

太宗天會二年，曷懶移鹿古水霖雨害稼，且爲蝗所食。秋，泰州潦，害稼。三年七月，錦州野蠶成繭。九月，廣寧府進嘉禾。四年十月，中京進嘉禾。六年冬，移懶路飢。九年七月丙申，上御西樓聽政，聞咸州所貢白鵲音忽異常，上起視之，見東樓外光明中有像巍然高五丈許，下有紅雲承之，若世所謂佛者，乃擎跽修虔，久之而沒。十年冬，〔三〕移懶、曷懶等路飢。

熙宗天會十三年五月，甘露降於盧州熊岳縣。十五年七月辛巳，有司進四足雀。丙戌夜，京師地震。

天眷元年夏，有龍見於熙州野水，凡三日。初，於水面見一蒼龍，良久而沒。次日，見金龍一，爪承一嬰兒，兒爲龍所戲，略無懼色，三日如故。又見一人，乘白馬，紅袍玉帶，如少年官狀，馬前有六蟾蜍，凡三時乃沒，郡人競往觀之。七月丁酉，按出滸河溢，壞民廬舍。三年十二月丁丑，地震。

皇統元年秋，蝗。十一月己酉，稽古殿火。二年二月，熙河路飢。三月辛丑，大雪。秋，燕、西東二京、河東、河北、山東、汴、平州大熟。三年，陝西旱。五月丁巳，京兆府貢瑞麥。七月丙寅，太原進獬豸及瑞麥。四年正月乙丑，陝西進嘉禾，十有二莖，一本七穎。十月甲辰，地震。五年閏月戊寅，大名府進牛生麟。壬辰，懷州進嘉禾。七年十一月，完顏秉德進三角牛。九年四月壬申夜，大風雨，雷電震寢殿鴟尾壞。有火入帝寢，燒帷幔，上懼，徙別殿。丁丑，有龍鬭于利州榆林河上。大風壞民居官舍十六七，木瓦人畜皆飄揚十餘里，死傷者數百，同知州事石抹里壓死。

海陵天德二年十二月，野人採石炭，獲異香。

貞元三年五月癸丑，〔四〕南京大內災。三年十二月己丑，雨，木冰。

正隆二年六月壬辰，蝗飛入京師。秋，中都、山東、河東蝗。四年十一月庚寅，霜附木。五年二月辛未，河東、陝西地震。鎮戎、德順等軍大風，壞廬舍，民多壓死。海陵問司天馬貴中等曰：「何爲地震？」貴中等曰：「伏陽逼陰所致。」又問：「震而大風，何也？」對曰：「土失其性，則地以震。風爲號令，人君嚴急則有烈風及物之災。」六年六月壬戌，大風壞承天門鴟尾。

是歲，世宗居貞懿皇后憂，在遼陽，一日方寢，有紅光照其室，及黃龍見於室上，又夜有大星流入其邸。八月，復有雲氣自西來，黃龍見其中，人皆見之。是時，臨潢府聞空中有車馬聲，仰視見風雲杳靄，神鬼兵甲蔽天，自北而南，仍有語促行者。未幾，海陵下詔南征。

世宗大定二年閏二月辛卯，神龍殿十六位焚，延及太和、厚德殿。三年三月丙申，〔五〕中都以南八路蝗。四年三月庚子夜，京師地震。七月辛丑，大風雷雨，拔木。臨潢府境禾黍穭生。嵐州進白兔二。八月，永興進嘉禾，異畝同穎。中都南八路蝗飛入京畿。十一月辛丑，尙書省火。是歲，有年。五年六月戊子，河南府進芝草十三本，得於芝田石上，薦之太廟。六月甲辰，大安殿楹產芝，其色如玉。丙午，京師地震，有聲自西北來，殷殷如雷，地生白毛。七月戊申，又震。十一月癸酉，大霧，晝晦。七年九月庚辰，地震。八年五月甲子，北望淀大風，雨雹，廣十里，長六十里。六月，河決李固渡，水入曹州。十年正月，鄧州進芝草。十一年六月戊申，西南路招討司苾里海水之地雨雹三十餘里，小者如鷄卵。其一最大，廣三尺，長丈餘，四五日始消。十二年三月庚寅，雨土。四月，旱。十三年正月，尙書省奏：「宛平張孝善有子曰合得，大定十一年三月旦以疾死，至暮復活，云是本良鄉人王建子喜兒。而喜兒前三年已死，建驗以家事，能具道之，此蓋假屍還魂，擬付王建爲子。」上曰：「若是則姦倖小人競生詐僞，瀆亂人倫。」止付孝善。八月丁丑，策試進士於憫忠寺，夜半忽聞音樂聲起東塔上，西達於宮。考官完顏蒲捏、李晏等〔六〕以爲文運始開，得賢之兆。十四年八月丁巳朔，次糺里舌，日午，白龍見於御帳之東小港中，既而乘雷雲而上，尾猶曳地，良久北去。十六年三月戊申，雨豆於臨潢之境，其形上銳而赤，食之味頗苦。五月戊申，南京宮殿火。是歲，中都、河北、山東、陝西、河東、遼東等十路旱、蝗。十七年七月，大雨，滹沱、盧溝水溢，河決白溝。二十年四月己亥，太寧宮門火。五月丙寅，京師地震，生黑白毛。七月，旱。秋，河決衞州。二十二年五月，慶都蝗蝝生，散漫十餘里。一夕大風，蝗皆不見。二十三年正月辛巳，廣樂園燈山焚，延及熙春殿。三月乙酉，氛埃雨土。四月庚子亦如之。五月丁亥，雨雹，地生白毛。二十四年正月辛卯朔，徐州進芝十有八莖。眞定進嘉禾二本，異畝同穎。二十六年正月庚辰，河南府進芝三本。秋，河決，壞衞州城。二十七年四月辛丑，京師地微震。

章宗大定二十九年五月丁未，地生白毛。五月，曹州河溢。〔七〕十二月，密州進白鵜、白雉各一。河間府進嘉禾。是冬無雪。

明昌元年正月，懷州、河間等處進芝草、嘉禾。二月，地生白毛。六月庚子，都水進異卵。夏，旱。七月，淫雨傷稼。二年五月，桓、撫等州旱。秋，山東、河北旱，飢。三年秋，綏德蚆蚄蟲生。旱。四年三月，御史中丞董師中奏：「廼者太白晝見，京師地震，北方有赤氣，遲明始散。天之示象，冀有以警悟聖主也。」上問：「所言天象何從得之？」師中曰：「前監察御史陳元升得之於一司天長行。」上曰：「司天臺官不奏固有罪，其以語人尤非。朕欲令自今司天有事而不奏者長行得言之，何如？」師中曰：「善。」五月，霖雨，命有司祈晴。六月，河決衞州，魏、清、滄皆被害。是歲，河北、山東、南京、陜西諸路大稔。邢、洺、深、冀及河北西路十六謀克之地，野蠶成繭。〔八〕十一月壬午，木冰。五年七月丙戌，天壽節，先陰雨連日，至是開霽，有龍曳尾於殿前雲間。八月，河決陽武故堤，〔九〕灌封丘而東。六年二月丁丑，京師地震，大雨雹，晝晦，大風，震應天門右鴟尾壞。六年八月，大雨震電，有龍起於渾儀鼇趺，臺忽中裂而摧，儀仆於臺下。

承安元年五月，自正月不雨，至是月雨。六月，平晉縣民利通家蠶自成綿段，長七尺一寸五分，闊四尺九寸。二年，自正月至四月不雨。六月丙午，雨雹。四年三月戊午，雨霜附木，至日入亦如之。

雹。五月，旱。五年五月庚辰，地震。十月庚子，天久陰，是日雲色黃而風霾。癸卯晨，陰

泰和二年八月丙申，磁州武安縣鼓山石聖臺，有大鳥十集於臺上，其羽五色爛然，文多赤黃，赭冠雞項，尾闊而修，狀若鯉魚尾而長，高可逾人，九子差小侍傍，亦高四五尺。禽鳥萬數形色各異，或飛或蹲，或步或立，皆成行列，首皆正向如朝拱然。初自東南來，勢如連雲，聲如殷雷，林木震動，牧者驚惶，卽驅牛擊物以驚之，殊不爲動。俄有大鳥如鵰鶚者怒來搏擊之，民益恐，奔告縣官，皆以爲鳳凰也，命工圖上之。留二日西北去。按視其處，糞迹數頃，其色各異。遺禽數千，累日不能去。所食皆巨鯉，大者丈餘，魚骨蔽地。章宗以其事告宗廟，詔中外。三年四月，旱。十月己亥，大風。四年正月壬申，陰霧，木冰。三月丁卯，大風，毀宣陽門鴟尾。四月，旱。壬戌，萬寧宮端門災。十一月丁卯，陰。木冰凡三日。〔一〇〕五年夏，旱。八年閏四月甲午，雨雹。〔一一〕河南路蝗。六月戊子，飛蝗入京畿。八月乙酉，有虎至陽春門外，駕出射獲之。時又有童謠云：「易水流，汴水流，百年易過又休休。兩家都好住，前後總成留。」至貞祐中，舉國遷汴。

衞紹王大安元年，徐、邳界黃河清五百餘里，〔一二〕幾二年，以其事詔中外。臨洮人楊珪

上書曰：「河性本濁，而今反清，是水失其性也。正猶天動地靜，使當動者靜，當靜者動，則如之何，其爲災異明矣。且傳曰『黃河清，聖人生。』假使聖人生，恐不在今日。又曰『黃河清，諸侯爲天子』。正當戒懼，以銷災變，而復誇示四方，臣所未喩。」宰相以爲妖言，議誅之，慮絕言路，卽詔大興府鎖還本管。十一月丙申，平陽地震，有聲自西北來。戊戌夜，又震，自此時復震動，浮山縣尤劇，城廓民居圮者十七八，死者凡二三千人。二年二月乙酉，地大震，有聲殷殷然。六月、七月至九月晦，其震不一。十一月，京師民周修武宅前渠內火出，高二尺，焚其板橋。又旬日，大悲閣幡竿下石隙中火出，高二三尺，人近之卽滅，凡十餘日。自是都城連夜燔爇二三十處。是歲四月，山東、河北大旱，至六月，雨復不止，民間斗米至千餘錢。三年二月乙亥夜，大風從西北來，發屋折木，吹清夷門〔三〕關折。三月戊午，大悲閣災，延燒萬餘家，火五日不絕。山東、河北、河東諸路大旱。是歲，有男子郝贊詣省言：「上卽位之後，天變屢見，火焚萬家，風折門關，非小異也，宜退位讓有德。」有司問：「爾狂疾乎？」贊大言曰：「我不狂疾，但爲社稷計，宰相皆非其才。」每日省前大呼，凡半月。上怒，誅之隱處。

崇慶元年七月辛未未時，有風從東來，吹帛一段高數十丈，宛轉如龍，墜於拱辰門內。是歲，河東、陝西、山東、南京諸路旱。二年二月，放進士榜，有狂僧公言：「殺天子。」求之不知所在。是歲，河東、陝西大旱，京兆斗米至八千錢。

至寧元年，宣宗彰德故園竹開白花，如鷺鷥藤。紫雲覆城上數日，俄而入繼大統。七月，以河東、陝西諸處旱，遣工部尚書高朶剌祈雨于嶽瀆，至是雨足。時斗米有至錢萬二千者。八月癸巳，衞紹王遇弒。是日，海水不潮，寶坻鹽司懼其虧課，致禱無應。九月丙午，宣宗卽位乃潮。初，衞王卽位改元大安，四年改曰崇慶，既而又改曰至寧，有人謂曰：「三元大崇至矣。」俄而有胡沙虎之變。

宣宗貞祐元年八月戊子夜，將曙，大霧蒼黑，跬步無所見，至辰巳間始散。十二月乙卯，雨，木冰。時衞州有童謠曰：「團圞冬，劈半年。寒食節，沒人煙。」明年正月，元兵破衞，遂丘墟矣。二年六月，潮白河溢，漂古北口鐵裹關門至老王谷。庚申，南京寶鎮閣災。壬戌，上次宜村，有黃龍見於西北。冬，黃河自陝州界至衞州八柳樹，清十餘日，纖鱗皆見。十二月己酉，雨，木冰。三年二月戊午，大風，隆德殿鴟尾壞。三月戊辰，大風，霾。四月，自去冬不雨，至于是月。五月，河南大蝗。〔四〕六月，京城中夜妄相驚逐狠，月餘方息。十月丙申昏，西北有霧氣如積土，至二更乃散。四年正月己未旦，黑霧四塞，巳時乃散。是春，河朔人相食。五月，河南、陝西大蝗。鳳翔、扶風、岐山、郿縣蝗蟲傷麥。七月，旱。癸丑，飛蝗過京師。

興定元年三月，宮中有蝗。四月，單州雹傷稼。陳州商水縣進瑞麥，一莖四穗。開封府進瑞麥，一莖三穗、二莖四穗。五月乙丑，河南大風，吹府門署以去。延州原武縣雹傷稼。七月癸卯，大社壇產嘉禾，一莖十五穗。秋，霖雨。十月，邠州進白兔。丹州進嘉禾，異畝同穎。二年四月，河南諸郡蝗。五月，秦、陝狼害人。六月，旱。是歲，京師屢火，遣禮部尚書楊雲翼禜之。三年春，吏部火。四月癸未，陝右黑風晝起，有聲如雷，頃之地大震，平涼、鎮戎、德順尤甚，廬舍傾，壓死者以萬計，雜畜倍之。夏，旱。十二月壬申，雨，木冰。四年正月戊辰〔一五〕二更，天鳴有聲。壬子，晝晦，有頃大雷風雨。四月丁丑，大風吹河南府署飛百餘步，戶案門鑰開，文牘飄散，不知所在。六月，旱。七月，河南大水，唐、鄧尤甚。十二月癸酉，火。是歲，華州渭南縣民裴德寧家伐樹，破其中有赤色「太」字，表裏脗合。有司言與唐大曆中成都瑞木有文「天下太平」者其事頗同，蓋太平之兆也。乞付史館。五年三月，以久旱，詔中外，〔一六〕仍命有司祈禱。十一月壬寅，京師相國寺火。十二月丁丑，霜附木。先是，有童謠云：「青山轉，轉山青。耽誤盡，少年人。」蓋言是時人皆爲兵，轉鬬山谷，戰伐不休，當至老也。

元光元年四月，京畿旱。十月，上獵近郊，獲白兔，羣臣以爲瑞。明日，御便殿，置鈴於項，將縱之，兔驚躍不已，忽斃几上。　二年正月辛酉日午，有鶴千餘翔于殿庭，移刻乃去。七月乙卯，丹鳳門壞，壓死者數人。　十一月，開封有虎害人。　是時屢有妖怪，二年之中，白日虎入鄭門，吏部及宮中有狐狼，鬼夜哭于輦路，烏鵲夜驚，飛鳴蔽天。十二月，宣宗崩。

哀宗正大元年正月戊午，上初視朝，尊太后爲仁聖宮皇太后，太元妃爲慈聖宮皇太后。是日，大風飄端門瓦，昏霾不見日，黃氣塞天。仁聖又夢乞丐萬數踵其後，心惡之，占者曰：「后爲天下母，百姓貧窶，將誰訴焉。」遂勑京城設粥與冰藥以應之，人以爲壬辰、癸巳之兆。又有人衣麻衣，望承天門大笑者三，大哭者三，有司拘而問之，其人曰：「我先笑者，笑許大天下將相無人。後哭者，哀祖宗家國破蕩至此也。」有司以爲妖言，處之重典。　上曰：「近詔草澤之士並許直言，雖涉譏訕亦不治罪，況此人言亦有理，止不應哭笑闕下耳。」乃杖之。二年正月甲申，有黃黑之祲。四月，旱。　京畿大雨雹。　三年春，大寒。三月乙丑，有火自吏部中出，大如斛，流行展轉，人皆驚避，踰時而滅。四月，旱、蝗。六月，京東雨雹，蝗死。四年六月丙辰，地震。　八月癸亥，大風吹左掖門鴟尾墜，丹鳳門扉壞。是日，風、霜損禾皆盡。　五年春，大寒。二月，雷而雪，木之華者皆敗。四月，鄭州大雨雹，桑柘皆枯。京畿旱。八月，御座上聞若有言者曰：「不放捨則何？」索之不見。　七年十二月，新衛州北三里許，有影在沙上，如舊衞州城狀，寺塔宛然，數日乃滅。

天興元年正月丁酉，大雪。二月癸丑，又雪。戊午，又雪。是時，鈞州、陽邑、盧氏兵皆大敗。〔一七〕五月，大寒如冬。七月庚辰，兵刃有火。閏八月己未，有箭射入宮中。〔一八〕九月辛丑夜，大雷，工部尚書蒲乃速震死。二年六月，上遷蔡，自發歸德，連日暴雨，平地水數尺，軍士漂沒。及蔡始晴，復大旱數月。識者以爲不祥。初，南京未破一二年間，市中有一僧不知所從來，持一布囊貯棗，日散與市人無窮，所在兒童百十從之。又有一人拾街中破瓦，復以石擊碎之。人皆以爲狂，不曉其理，後乃知之，其意蓋欲使人早散，國家將瓦解矣。

校勘記

〔一〕八月己卯　按是年八月戊戌朔，無己卯。本書卷二太祖紀作收國元年九月是。

〔二〕十二月丁未上候遼軍還至熟結濼　原脫「十二月」三字，丁未承上八月。按本書卷二太祖紀，收國元年「十二月丁未，上以騎兵親候遼軍……是日，上還至熟結濼」，今據補。又「熟」原作「孰」。今依太祖紀改。

〔三〕十年冬　按本書卷三太宗紀作天會十一年「十一月丙寅，賑移懶路。十二月癸未，賑曷懶路」。與此稍異。

〔四〕貞元三年　「三」原作「二」。按本書卷五海陵紀，「貞元三年五月癸丑，南京大內火」。又卷八二郭安國傳亦記「貞元三年，南京大內火」。今據改。

〔五〕三年三月丙申　「三月」原作「二月」。按二月壬戌朔，無丙申。本書卷六世宗紀，大定三年「三月丙申，中都以南八路蝗，詔尙書省遣官捕之」。今據改。

〔六〕考官完顏蒲捏李晏等　「晏」原作「宴」。據殿本改。

〔七〕五月曹州河溢　「五」原作「六」。按本書卷九章宗紀，大定二十九年五月戊午，「河溢曹州」，卷二七河渠志同。今據改。

〔八〕邢洺深冀及河北西路十六謀克之地野蠶成繭　「洺」原作「洛」。據本書卷一〇章宗紀改。

〔九〕八月河決陽武故堤　「八月」原作「是月」，承上文卽七月。按本書卷一〇章宗紀，明昌五年八月「壬子，河決陽武故堤，灌封丘而東」，卷二七河渠志同。今據改。

〔一〇〕十一月丁卯陰木冰凡三日　按本書卷一二章宗紀，泰和四年十一月「癸酉，木冰凡三日」。此處「丁卯陰」下似有脫文。

〔一一〕八年閏四月甲午雨雹　原脫「閏」字。按本書卷一二章宗紀，泰和八年閏月「甲午，雨雹」。今據補一「閏」字。

〔一二〕大安元年徐邳界黃河清五百餘里　「邳」原作「沛」。按本書卷一三衞紹王紀，「徐、邳州河清五百餘里」。卷二五地理志，山東西路有徐州和邳州。又滕州有沛縣，其地距黃河較遠。今據改。惟大安元年，紀作「二年」。

〔一三〕清夷門　按本書卷一三衞紹王紀作通玄門。

〔一四〕五月河南大蝗　按本書卷一四宣宗紀記此事作「四月」。

〔一五〕四年正月戊辰　按本書卷一六宣宗紀，「興定四年春正月壬辰朔」，無「戊辰」。

〔一六〕五年三月以久旱詔中外　按本書卷一六宣宗紀，作興定五年二月「癸酉，以旱災曲赦河南路。癸未，以旱災詔中外」。

〔一七〕是時鈞州陽邑盧氏兵皆大敗　按本書卷一七哀宗紀，天興元年「二月壬子朔，慶山奴謀走歸德，至陽驛店，遇大元兵，徐帥完顏兀里力戰而死，慶山奴被擒」。卷一一六內族承立傳記此事作「二月，行次楊驛店，遇小乃䚡軍，遂潰」。考元史卷一五五史天澤傳，「壬辰春，招降太康、柘縣、瓦岡、睢州，追斬金將完顏慶山奴於陽邑」。蓋「陽邑」卽「陽驛」或「楊驛」。「陽」與「楊」、「邑」與「驛」皆同音字，今仍兩存。

〔一八〕閏八月己未有箭射入宮中　按天興元年閏九月，不閏八月，此「閏」字顯係誤書。又據本書卷一八哀宗紀，載是年「九月戊寅朔」、「閏月戊申朔」、「己未，有箭射入宮中，書姦臣姓名，兩日而再得之」，則此條當在下文「蒲乃速震死」之下。

金史卷二十四

志第五

地理上

上京路　咸平路　東京路　北京路　西京路　中都路

金之壤地封疆，東極吉里迷兀的改諸野人之境，北自蒲與路之北三千餘里，火魯火疃謀克地爲邊，右旋入泰州婆盧火所浚界壕而西，經臨潢、金山，跨慶、桓、撫、昌、淨州之北，出天山外，包東勝，接西夏，逾黄河，復西歷葭州及米脂寨，出臨洮府、會州、積石之外，與生羌地相錯。復自積石諸山之南左折而東，逾洮州，越鹽川堡，循渭至大散關北，並山入京兆，絡商州，南以唐鄧西南皆四十里，取淮之中流爲界，而與宋爲表裏。

襲遼制，建五京，置十四總管府，是爲十九路。其間散府九，節鎭三十六，防禦郡二十二，剌史郡七十三，軍十有六，縣六百三十二。後復盡升軍爲州，或升城堡寨鎮爲縣，是以金之京府州凡百七十九，縣加於舊五十一，城寨堡關百二十二，鎮四百八十八。雖貞祐、興定危亡之所廢置，既歸大元，或有因之者，故凡可考必盡著之，其所不載則闕之。

上京路，卽海古之地，金之舊土也。國言「金」曰「按出虎」，以按出虎水源於此，故名金源，建國之號蓋取諸此。國初稱爲內地，天眷元年號上京。海陵貞元元年〔一〕遷都于燕，削上京之號，止稱會寧府，稱爲國中者以違制論。大定十三年七月，復爲上京。其山有長白、青嶺、馬紀嶺、完都魯，水有按出虎水、混同江、來流河、宋瓦江、鴨子河。府一，領節鎮四，防禦一，縣六，鎮一。

舊有會平州，天會二年築，契丹之周特城也，〔二〕後廢。其宮室有乾元殿，天會三年建，天眷元年更名皇極殿。慶元宮，天會十三年建，殿曰辰居，門曰景暉，天眷二年安太祖以下御容，爲原廟。〔三〕朝殿，天眷元年建，殿曰敷德，門曰延光，寢殿曰宵衣，書殿曰稽古。又有明德宮、明德殿，熙宗嘗享太宗御容於此，太后所居也。涼殿，皇統二年構，門曰延福，樓曰五雲，殿曰重明。東廡南殿曰東華，次曰廣仁。西廡南殿曰西清，次曰明義。重明後，東殿曰龍壽，西殿曰奎文。時令殿及其門曰奉元。有泰和殿，有武德殿，有薰風殿。其行宮有天開殿，爻剌春水之地也。有混同江行宮。太廟、社稷，皇統三年建，正隆二年毀。原廟，天眷元年以春亭名天元殿，安太祖、太宗、徽宗及諸后御容。春亭者，太祖所嘗御之所也。天眷二年作原廟，皇統七年改原廟乾文殿曰世德，正隆二年毀。大定五年復建太祖廟。興聖宮，德宗所居也，天德元年名之。興德宮，後更名永祚宮，睿宗所居也。光興宮，世宗所居也。正隆二年命吏部郎中蕭彥良盡毀宮殿、宗廟、諸大族邸第及儲慶寺，夷其趾，耕墾之。大定二十一年復修宮殿，建城隍廟。二十三年以甃束其城。有皇武殿，擊毬校射之所也。有雲錦亭，有臨漪亭，爲籠鷹之所，在按出虎水側。

會寧府，下。初爲會寧州，太宗以建都，升爲府。天眷元年，置上京留守司，以留守帶本府尹，兼本路兵馬都總管。後置上京曷懶等路提刑司。戶三萬一千二百七十。舊歲貢秦王魚，大定十二年罷之。又貢豬二萬，二十五年罷之。東至胡里改六百三十里，西至肇州五百五十里，北至蒲與路七百里，東南至恤品路一千六百里，至曷懶路一千八百里。縣三：

會寧倚，與府同時置。有長白山、青嶺、馬紀嶺、勃野淀、綠野淀。有按出虎河，又書作阿术滸。有混同江、淶流河。有得勝陀，國言忽土皚葛蠻，太祖誓師之地也。

曲江初名鎮東，大定七年置，十三年更今名。

宜春大定七年置。有鴨子河。

肇州，下，防禦使。舊出河店也。天會八年，以太祖兵勝遼，肇基王績於此，遂建爲州。天眷元年十月，置防禦使，隸會寧府。海陵時，嘗爲濟州支郡。承安三年，復以爲太祖神武隆興之地，陞爲節鎮，軍名武興。五年，置漕運司，以提舉兼州事。後廢軍。貞祐二年復陞爲武興軍節鎮，置招討司，以使兼州事。戶五千三百七十五。縣一：

始興倚，與州同時置。有鴨子河、黑龍江。

隆州，下，利涉軍節度使。古扶餘之地，遼太祖時，有黃龍見，遂名黃龍府。天眷三年，改爲濟州，以太祖來攻城時大軍徑涉，不假舟楫之祥也，置利涉軍。天德三年置上京路都轉運司，四年，改爲濟州路轉運司。大定二十九年嫌與山東路濟州同，更今名。貞祐初，陞爲隆安府。戶一萬一百八十。縣一：

利涉倚，與州同時置。有混同江、淶流河。鎮一與縣同時置，有混同館。

信州，下，彰信軍刺史。本渤海懷遠軍，遼開泰七年建，取諸路漢民置。戶七千三百五十九。縣一：

武昌本渤海懷福縣地。鎮一八十戶。

蒲與路，國初置萬戶，海陵例罷萬戶，乃改置節度使。承安三年，設節度副使。南至上京六百七十里，東南至胡里改一千四百里，北至北邊界火魯火疃謀克三千里。

合懶路，置總管府。貞元元年，改總管爲尹，仍兼本路兵馬都總管。承安三年，設兵馬副總管。舊貢海葱，〔四〕大定二十七年罷之。有移鹿古水。西北至上京一千八百里，東南至高麗界五百里。

恤品路，節度使。遼時，爲率賓府，置刺史。本率賓故地，太宗天會二年，以耶懶路都孛菫所居地瘠，遂遷于此。以海陵例罷萬戶，置節度使，因名速頻路節度使。世宗大定十一年，以耶懶、速頻相去千里，旣居速頻，然不可忘本，遂命名石土門親管猛安曰押懶猛安。〔五〕承安三年，設節度副使。西北至上京一千五百七十里，東北至胡里改一千一百，西南至合懶一千二百，北至邊界斡可阿憐千戶二千里。「耶懶」又書作「押懶」。

曷蘇館路，置節度使。天會七年，徙治寧州，〔六〕嘗置都統司，明昌四年廢。有化成關，國言曰曷撒罕關。〔七〕

胡里改路，國初置萬戶，海陵例罷萬戶，乃改置節度使。承安三年，置節度副使。西至上京六百三十里，北至邊界合里賓忒千戶一千五百里。

烏古迪烈統軍司，後升爲招討司，與蒲與路近。

咸平路，府一，領刺郡一，縣十。

咸平府，下，總管府，安東軍節度使。本高麗銅山縣地，遼爲咸州，國初爲咸州路，置都統司。天德二年八月，陞爲咸平府，後爲總管府。置遼東路轉運司、東京咸平路提刑司。戶五萬六千四百四。縣八：

平郭倚，舊名咸平，大定七年更。

銅山遼同州鎭安軍，本漢襄平縣，遼太祖時以東平寨置，因名東平，軍曰鎭東。章宗大定二十九年，以與東平重，故更。南有柴河，北有清河，西有遼河。

新興遼銀州富國軍，本渤海富州，熙宗皇統三年廢州，更名來屬。有范河，北有柴河，西有遼河。

慶雲遼祺州祐聖軍，本以所俘檀州密雲民建檀州密雲，後更名。有遼河。

清安遼肅州信陵軍，熙宗皇統三年降爲縣。

榮安東有遼河。

歸仁遼舊隸通州安遠軍，本渤海强師縣，遼更名，金因之。北有細河。

玉山章宗承安三年，以烏速集、平郭、林河之間相去六百餘里之地置，貞祐二年四月陞爲節鎮，軍曰鎮安。

韓州，下，刺史。遼置東平軍，本渤海鄚頡府。〔八〕戶一萬五千四百一十二。舊有營。縣二：

臨津倚，未詳何年置。

柳河本渤海粤喜縣地，遼以河爲名。有狗河、柳河。

東京路，府一，領節鎮一，〔九〕刺郡四，縣十七，鎮五。皇統四年二月，立東京新宮，寢殿曰保寧，宴殿曰嘉惠，前後正門曰天華、曰乾貞。七月，建宗廟，有孝寧宮。七年，建御容殿。

遼陽府，中，東京留守司。本渤海遼陽故城，遼完葺之，郡名東平。天顯三年，陞爲南京，府曰遼陽。十三年，更爲東京。太宗天會十年，改南京路平州軍帥司爲東南路都統司之時，嘗治於此，以鎮高麗。後置兵馬都部署司，天德二年，改爲本路都總管府，後更置留守司。產白兔、師姑布、鼠毫、白鼠皮、人參、白附子。戶四萬六百四。縣四、鎮一：

遼陽倚。東梁河，國名兀魯忽必剌，俗名太子河。

鶴野　鎮一長宜，曷蘇館在其地。

宜豐遼舊衍州安廣軍，皇統三年廢爲縣。有東梁河。

石城興定三年九月，以縣之靈巖寺爲巖州，名其倚郭縣曰東安，置行省。

澄州，南海軍刺史，下。本遼海州，[一〇]天德三年改州名。戶一萬一千九百三十五。縣二、鎮一：

臨溟　鎮一新昌。

析木遼銅州廣利軍附郭析木縣也，皇統三年廢州來屬。有沙河。

瀋州，昭德軍刺史，中。本遼定理府地，遼太宗時置軍曰興遼，[一一]後爲昭德軍，置節度。明昌四年改爲刺史，與通、貴德、澄三州皆隸東京。戶三萬六千八百九十二。縣五：

樂郊遼太祖俘三河之民建三河縣於此，後改更今名。有渾河。

章義遼舊廣州，皇統三年降爲縣來屬。有遼河、東梁河、遼河大口。

遼濱遼舊遼州東平軍，遼太宗改爲始平軍，皇統三年廢爲縣。有遼河。

垖樓遼舊興州興中軍〔一二〕常安縣，遼嘗置定理府刺史於此，本垖樓故地，大定二十九年章宗更名。有范河、淸河國名叩限必剌。

雙城遼雙州保安軍也，皇統三年降爲縣，章宗時廢。

貴德州，刺史，下。遼貴德州寧遠軍，國初廢軍，降爲刺郡。戶二萬八百九十六。縣二：

貴德倚。有范河。

奉集遼集州懷遠軍〔一三〕奉集縣，本渤海舊縣。有渾河。

蓋州，奉國軍節度使，下。本高麗蓋葛牟城，遼辰州。明昌四年，罷曷蘇館，建辰州遼海軍節度使。六年，以與「陳」同音，更取蓋葛牟爲名。戶一萬八千四百五十六。縣四、鎭二：

湯池遼鐵州建武軍湯池縣。鎭一神鄉。

建安遼縣。鎭一大寧。

秀巖本大寧鎭，明昌四年陞。泰和四年廢爲鎭，貞祐四年復陞置。

熊岳遼盧州玄德軍熊岳縣。遼屬南女直湯河司。

復州，下，刺史。遼懷遠軍節度，〔一四〕明昌四年降爲刺史。舊貢鹿筋，大定八年罷之。戶一萬三千九百五十。縣二、鎭一：

永康倚。舊名永寧，大定七年更。

化成遼蘇州安復軍，本高麗地，興宗置。皇統三年降爲縣來屬。貞祐四年五月陞爲金州，興定二年陞爲防禦。鎭一歸勝。

來遠州，下。舊來遠城，本遼熟女直地，大定二十二年升爲軍，後升爲州。

婆速府路，國初置統軍司，天德二年置總管府，貞元元年與曷懶路總管並爲尹，兼本路兵馬都總管。此路皆猛安戶。

北京路，府四，領節鎭七，刺郡三，縣四十二，鎭七，寨一。〔一五〕

大定府，中，北京留守司。遼中京。統和二十五年建爲中京，國初因稱之。海陵貞元元年更爲北京，置留守司、都轉運司、警巡院。產鼲鼠、螺盃、茱萸梳、玳瑁鞍、酥乳餅、五味子。戶六萬四千四十七。縣十一、鎭二：

大定倚，遼縣舊名。有土河、七金山、陰涼河。鎭一恩化。

長興有塗河。

富庶有心河。鎭一文安。

松山遼松山州勝安軍松山縣，開泰中置，舊置刺史。太祖天輔七年置觀察使。皇統三年廢州來屬。承安三年隸高州，泰和四年復。有陰涼河、落馬河。

神山遼澤州神山縣，遼太祖俘蔚州之民置。〔一六〕章宗承安二年嘗置惠州，陞孩兒館爲灤陽縣，以隸之。泰和四年罷州及灤陽縣。

惠和皇統三年以遼惠州惠和縣置。

金源唐靑山縣，遼開泰二年置，以地有金甸爲名。有駱駝山。

和衆遼榆州和衆縣，皇統三年罷州來屬。

武平遼築城杏堝，初名新州，統和間更爲武安州。皇統三年降爲武安縣來屬，大定七年更名。承安三年隸高州，泰和四年復來屬。

靜封承安二年以胡設務置，隸全州，三年隸高州，泰和四年來屬。

三韓遼伐高麗，遷馬韓、辰韓、弁韓三國民爲縣，置高州。太祖天輔七年以高州置節度使，皇統三年廢爲縣，承安三年復陞爲高州，置刺史，爲全州支郡，分武平、松山、靜封三縣隸焉。泰和四年廢。有落馬河、塗河。

利州，下，刺史。遼統和十六年置。〔一七〕戶二萬一千二百九十六。縣二、鎭一、寨一：

阜俗遼統和四年置，金因之。

龍山遼故潭州廣潤軍縣故名，熙宗皇統三年廢州來屬。有榆河。寨一蘭州。鎭一漆河。

義州，下，崇義軍節度使。遼宜州，天德三年更州名。戶三萬二百三十三。縣三、鎮一：

弘政 有凌河。

開義 遼海北州廣化軍縣故名，熙宗皇統三年廢州來屬。鎮一 饒慶。

同昌 遼成州興府軍縣故名，國初隸川州，大定六年罷川州，隸懿州，承安二年復隸川州，泰和四年來屬。

錦州，下，臨海軍節度使。舊隸興中府，後來屬。戶三萬九千一百二十三。縣三：

永樂 本慕容皝之西樂縣地。

安昌

神水 遼開泰二年置，皇統三年廢爲鎮，大定二十九年復升爲縣。有土河。

瑞州，下，歸德軍節度使。本來州，天德三年更爲宗州，泰和六年以避睿宗諱，謂本唐瑞州地，故更今名。戶一萬九千九百五十三。縣三、鎮一：

瑞安 舊名來賓，唐來遠縣也。明昌六年更爲宗安，泰和六年復更今名。

海陽 遼潤州海陽軍故縣，皇統三年廢州來屬。鎮一 遷民。

海濱 本慕容皝集寧縣地，遼隰州海平軍故縣，〔一〇〕皇統三年廢州來屬。

廣寧府，散，下，鎮寧軍節度使。本遼顯州奉先軍，漢望平縣地，天輔七年升爲府，因軍名置節度。天會八年改軍名鎮寧。天德二年隸咸平，後廢軍隸東京。泰和元年七月來

屬。戶四萬三千一百六十一。縣三、舊有奉玄縣，〔一九〕天會八年改爲鐘秀縣。鎮六、寨四、〔二〇〕鎮二歡城、遼西。〔二一〕

廣寧舊名山東縣，大定二十九年更名。有遼世宗顯陵。寨二閭城、兎兒窩。〔二二〕

望平大定二十九年升梁漁務置。鎮二梁漁務、山西店。〔二三〕

閭陽遼乾州廣德軍，以奉乾陵故名奉陵縣。天會八年廢州更名來屬。有凌河。有遼景宗乾陵。鎮二閭陽、衡家。寨二大斧山、北川。

懿州，下，寧昌軍節度使。遼嘗更軍名慶懿，又爲廣順，復更今名。金因之，先隸咸平府，泰和末來屬。戶四萬二千三百五十一。縣二：大定六年罷川州，以宜民、同昌二縣來屬。承安二年復以二縣隸川州。泰和四年罷川州，以宜民隸興中，同昌隸義州。

順安

靈山本渤海靈峯縣地。

興中府，散，下。本唐營州城，遼太祖遷漢民以實之，曰霸州彰武軍，重熙十一年升爲府，〔二四〕更今名，金因之。戶四萬九百二十七。縣四、鎮三：

興中本漢柳城地。〔二五〕南有凌河。鎮一黔城。

永德遼安德州化平軍安德縣，世宗大定七年更今名。北有凌河。鎮一阜安。

興城遼嚴州保肅軍縣故名，皇統三年廢州隸錦州。有桃花島。

宜民遼川州長寧軍，會同中嘗名白川州，天祿五年去「白」字，國初因之，與同昌縣皆隸焉。大定六年降爲宜民縣，隸懿州。承安二年復置川州，改徽川寨爲徽川縣，爲懿州支郡。泰和四年罷州及徽川縣來屬。鎭一咸康，遼縣也，國初廢爲鎭。

建州，下，保靖軍刺史。〔二六〕遼初名軍曰武寧，後更，金因之。戶一萬一千四百三十九。縣一：

永霸本唐昌黎縣地。

全州，下，盤安軍節度使。承安二年置，改胡設務爲靜封縣，〔二七〕黑河鋪爲盧川縣，撥北京三韓縣烈虎等五猛安以隸焉。貞祐二年四月嘗僑置于平州。〔二八〕戶九千三百一十九。縣一：

安豐承安元年十月改豐州鋪爲安豐縣，隸臨潢府，二年置全州盤安軍節度使治。〔二九〕有黃河、黑河。

臨潢府，下，總管府。地名西樓，遼爲上京，國初因稱之，天眷元年改爲北京。天德二年改北京爲臨潢府路，以北京路都轉運司爲臨潢府路轉運司，天德三年罷。貞元元年以大定府爲北京後，但置北京臨潢路提刑司。大定後罷路，〔三〇〕併入大定府路。貞祐二年四月嘗僑置于平州。有天平山、好水川，行宮地也，大定二十五年命名。有撒里乃地，熙宗皇統九年嘗避暑于此。

有陷泉，國言曰落孛魯。有合奧追古思阿不漠合沙地。戶六萬七千九百七。縣五、堡三十七：大定間二十四，後增。

臨潢倚。有金粟河。

長泰有立列只山，其北千餘里有龍駒河，國言曰喝必剌。有撒里葛覩地。

盧川承安二年以黑河鋪升，隸全州，後復來屬。有潢河。

寧塞泰和元年五月置。有滑河。

長寧遼永州永昌軍縣故名，太祖天輔七年嘗置節度使，皇統三年廢州來屬。

慶州，下，玄寧軍刺史。境內有遼祖州，〔三一〕天會八年改爲奉州，皇統三年廢，遼太祖祖陵在焉。境內有遼懷州，〔三二〕舊置奉陵軍，天會八年更爲奉德軍，皇統三年廢，遼太宗、穆宗懷陵在焉。〔三三〕北山有遼聖宗、興宗、道宗慶陵。城中有遼行宮，比他州爲富庶，遼時刺此郡者非耶律、蕭氏不與，遼國寶貨多聚藏於此。北至界二十里，南至盧川二百二十，西至桓州九百，東至臨潢一百六十。〔三四〕戶二千七。縣一：

朔平有榷場務。舊有孝安縣，天會八年改爲慶民縣，皇統三年廢。

興州，寧朔軍節度使。本遼北安州興化軍，皇統三年降軍置興化縣，〔三五〕承安五年升爲興州，置節度，軍名寧朔，改利民寨爲利民縣，撥梅堅河徒門必罕、寧江、速馬剌三猛安隸焉。貞祐二年四月僑置于密雲縣。戶一萬五千九百七十。縣二：又有利民縣，承安五年以利民寨升，泰和四年廢。

興化倚。遼舊縣，〔三六〕皇統三年降興化軍置，隸大定府，承安五年建興州於縣，爲倚郭。舊有白檀鎮。

宜興本興化縣白檀鎮，泰和三年陞爲縣來屬。

泰州，德昌軍節度使。〔三七〕遼時本契丹二十部族牧地，海陵正隆間，置德昌軍，隸上京，大定二十五年罷之。承安三年復置于長春縣，以舊泰州爲金安縣，隸焉。北至邊四百里，南至懿州八百里，東至肇州三百五十里。〔三八〕戶三千五百四。縣一、舊有金安縣，承安三年置，尋廢。堡十九：

長春遼長春州韶陽軍，天德二年降爲縣，隸肇州，承安三年來屬。有撻魯古河、鴨子河。有別里不泉。

邊堡，大定二十一年三月，世宗以東北路招討司十九堡在泰州之境，及臨潢路舊設二十四堡障參差不齊，遣大理司直蒲察張家奴等往視其處置。於是東北自達里帶石堡子至鶴五河地分，臨潢路自鶴五河堡子至撒里乃，皆取直列置堡戍。評事移剌敏言：「東北及臨潢所置，土塉樵絕，當令所徙之民姑逐水草以居，分遣丁壯營畢，開壕塹以備邊。」上令無水草地官爲建屋，及臨潢路諸堡皆以放良人戍守。省議：「臨潢路二十四堡，堡置戶三十，共爲七百二十，若營建畢，官給一歲之食。」上以年飢權寢，姑令開壕爲備。四月，遣吏部郎中奚胡失海經畫壕塹，旋爲沙雪堙塞，不足爲禦。乃言：「可築二百五十堡，堡日用工三百，計一月可畢，糧亦足備，可爲邊防久計。泰州九堡、臨潢五堡之地斥鹵，官可爲屋外，自撒里乃以西十九堡，舊戍軍舍少，可令大鹽濼官木三萬餘，與直東堡近嶺求木，每家官爲構室一椽以處之。」

西京路，府二，領節鎮七，刺郡八，縣三十九，〔三九〕鎮九。大定五年建宮室，名其殿曰保安，其門南曰奉天，東曰宣仁，西曰阜成。天會三年建太祖原廟。

大同府，中，西京留守司。晉雲州大同軍節度，遼重熙十三年，升爲西京，府名大同，金因之。皇統元年，以燕京路隸尚書省，西京及山後諸部族隸元帥府。舊置兵馬都部署司，天德二年，改置本路都總管府，後更置留守司。置轉運司及中都西京路提刑司。貢瑪瑙環子、瑪瑙數珠。產白駞、安息香、松明、松脂、黃連、百藥煎、芥子煎、鹽、撈鹽、石綠、綠礬、鐵、甘草、枸杞、碾玉砂、地蕈。戶九萬八千四百四十四。縣七、鎮三：

大同倚。遼析雲中置，金因之。有牛皮關、武周山、方山、奚望山、盛樂城、御河、鬬雞臺、平城外郭鹽場、如渾水、桑乾河、紇眞山。有遼帝后像，在華嚴寺。鎮一奉義。

雲中晉舊縣名。

宣寧遼德州昭聖軍宣德縣，大定八年更名。有官山、彌陁山、石綠山，產碾玉砂。鎮一窟龍城。

懷安晉故縣名。

天成〔四〇〕遼析雲中置。

白登本名長清，〔四一〕大定七年更。有白登臺、採掠山。

懷仁遼析雲中置，貞祐二年五月升爲雲州。有黃花嶺、錦屏山、清涼山、金龍山、早起城、日中城。鎮一安七疃。

豐州，下，天德軍節度使。遼嘗更軍名應天，尋復，金因之。皇統九年升爲天德總管府，置西南路招討司，〔四二〕以天德尹兼領之。大定元年降爲天德軍節度使，兼豐州管內觀察使，以元管部族直撒、軍馬公事，並隸西南路招討司。產不灰木、地蕈。戶二萬二千六百八十三。縣一、鎮一：

富民晉舊名。有黑山、神山。鎮一振武。

弘州，下，刺史。遼名軍曰博寧，本襄陰村，統和中建。國初置保寧軍，後廢軍。產瑪瑙。戶二萬二千二。縣二、鎮二：

襄陰倚。本名永寧，大定七年改。

順聖本安塞軍故地，遼應曆中置，金因之。鎮二陽門，貞祐二年七月陞爲縣。大羅。

淨州，下，刺史。大定十八年以天山縣升，為豐州支郡，刺史兼權譏察。〔四三〕北至界八十里。〔四四〕戶五千九百三十八。縣一：

天山舊爲榷場，大定十八年置，爲倚郭。

桓州，下，威遠軍節度使。軍兵隸西北路招討司。明昌七年改置刺史。北至舊界一里半。〔四五〕戶五百七十八。縣一：曷里滸東川，更名金蓮川，世宗曰：「蓮者連也，取其金枝玉葉相連之義。」景明宮，避暑宮也，在涼陘，有殿、揚武殿，〔四六〕皆大定二十年命名。有查沙。有白濼，國言曰勺赤勒。

清塞倚。明昌四年以罷錄事司置。

撫州，下，鎮寧軍節度使。遼秦國大長公主建為州，章宗明昌三年復置刺史，為桓州支郡，治柔遠。明昌四年置司候司。承安二年陞為節鎮，軍名鎮寧，撥西北路招討司所管梅堅必剌、王敦必剌、拿憐朮花速、宋葛斜忒渾四猛安以隸之。戶一萬一千三百八十。縣四：有旺國崖，大定八年五月更名靜寧山。有麻達葛山，大定二十九年更名胡土白山。有冰井。

柔遠倚。大定十年置于燕子城，隸宣德州，明昌三年來屬。有燕子城國言曰吉甫魯灣城，北羊城國言曰火唵榷場，查剌嶺，沔山，大漁濼行宮有樞光殿。有雙山，七里河，石井，蝦蟆山，昂吉濼又名鴛鴦濼，得勝口舊名北望淀，大定二十年更。

集寧明昌三年以春市場置，北至界二百七十里。

豐利明昌四年以泥濼置。有蓋里泊。

威寧承安二年以撫州新城鎭置。

德興府，晉新州，遼奉聖州武定軍節度，國初因之。大安元年陞爲府，名德興。戶八萬八百六十八。縣六、有漫天堝，泰和二年更名拂雲，平惡崖更名疊翠巖。鎭一：

德興倚。舊名永興縣，大安元年更名。有涿鹿定、方水鎭。有鷄鳴山。

嬀川遼可汗州淸平軍，本晉嬀州，會同元年遼太祖嘗名可汗州，縣舊曰懷戎，更名懷來，明昌六年更今名。西北有合河龜頭館石橋，明昌四年建。

縉山遼儒州縉陽軍縣故名，皇統元年廢州來屬，崇慶元年陞爲鎭州。鎭一永安。

望雲本望雲川地，遼帝嘗居，號曰御莊，後更爲縣，金因之。

礬山晉故縣，國初隸弘州，明昌三年來屬。

龍門晉縣，國初隸弘州，後來屬。明昌三年割隸宣德州。有慶寧宮，行宮也，泰和五年以提舉兼龍門令。

昌州，天輔七年降爲建昌縣，隸桓州。明昌七年以狗濼復置，隸撫州，後來屬。戶一千二百四十一。縣一：

寶山有狗濼，國言曰押恩尼要。其北五百餘里有日月山，大定二十年更曰抹白山，國言浥里塞一山。

宣德州，下，刺史。遼改晉武州爲歸化州雄武軍，大定七年更爲宣化州，八年復更爲宣德。戶三萬二千一百四十七。縣二：

宣德舊文德縣，大定二十九年更名。

宣平承安二年以大新鎮置，以北邊用兵嘗駐此地也。

朔州，中，順義軍節度使。貞祐三年七月，嘗割朔州廣武縣隸代州。產鐵、荆三稜、枸杞。戶四萬四千八百九十。縣二：

鄯陽晉故縣。有桑乾河、大和嶺、天池、雁門關、霸德山。

馬邑晉故縣，貞祐二年五月陞爲固州。有洪濤山、灅水——又曰桑乾河。

武州，邊，下，刺史。大定前仍置宣威軍。戶一萬三千八百五十一。縣一：

寧遠晉故縣。黃河。

應州，下，彰國軍節度使。戶三萬二千九百七十七。縣三：

金城晉故縣。有黃瓜堆、復宿山、桑乾河、渾河、崞川水、黃花城。

山陰本名河陰，大定七年以與鄭州屬縣同，故更焉。貞祐二年五月陞爲忠州。有黃花嶺、桑乾河。

渾源晉縣，貞祐二年五月陞爲渾源州。產鹽。

蔚州，下，忠順軍節度使。遼嘗更爲武安軍，尋復。貢地蕈。戶五萬六千六百七十四。

縣五：

靈仙北有桑乾河、代王城、薄家村。

廣靈亦作「陵」，遼統和三年析靈仙置。

靈丘晉縣，貞祐二年四月陞爲成州，四年割爲代州支郡。

定安晉縣。有桑乾河。貞祐二年四月陞爲定安州。

飛狐晉縣。

雲內州，下，開遠軍節度使。天會七年徙奚第一、第三部來戍。產青鑌鐵。戶二萬四千八百六十八。縣二、鎮一：

柔服夾山在城北六十里。鎮一寧仁，舊縣也，大定後廢爲鎮。

雲川本曷董館，後陞爲裕民縣，皇統元年復廢爲曷董館，大定二十九年復陞，更爲今名。

寧邊州，下，刺史。國初置鎮西軍，貞祐三年隸嵐州，四年二月陞爲防禦。戶六千七十二。縣一：

寧邊正隆三年置。

東勝州，下，邊，刺史。國初置武興軍，有古東勝城。戶三千五百三十一。縣一、鎮一：

東勝　鎮一寧化。

部族節度使：

烏昆神魯部族節度使，軍兵事屬西北路招討司，明昌三年罷節度使，以招討司兼領。

烏古里部族節度使。

石壘部族節度使。

助魯部族節度使。

孛特本部族節度使。

計魯部族節度使。

唐古部族，承安三年改爲部羅火扎石合節度使。

迪烈又作迭剌女古部族，承安三年改爲土魯渾扎石合節度使。

詳穩九處：

咩糺詳穩，貞祐四年六月改爲葛也阿隣猛安。

木典糺詳穩，貞祐四年改爲抗葛阿隣謀克。

骨典糺詳穩，貞祐四年改爲撒合輦必剌謀克。

唐古乣詳穩。

耶剌都乣詳穩。

移典乣詳穩。

蘇木典乣詳穩，近北京。

胡都乣詳穩。

霞馬乣詳穩。

羣牧十二處：

斡獨椀羣牧，大定四年改爲斡覩只羣牧。

蒲速斡羣牧。本斡覩只地，大定七年分置。

耶魯椀羣牧。

訛里都羣牧。

乣斡羣牧。

歐里本羣牧。

烏展羣牧。

特滿羣牧。

駝駝都羣牧。

訛魯都羣牧。

忒恩羣牧。承安四年創置。

蒲鮮羣牧。承安四年創置。〔四七〕

中都路，遼會同元年爲南京，開泰元年號燕京。海陵貞元元年定都，以燕乃列國之名，不當爲京師號，遂改爲中都。府一，領節鎮三，刺郡九，〔四八〕縣四十九。〔四九〕天德三年，始圖上燕城宮室制度，三月，命張浩等增廣燕城。城門十三，東曰施仁、曰宣曜、曰陽春，南曰景風、曰豐宜、曰端禮，西曰麗澤、曰顥華、曰彰義，北曰會城、曰通玄、曰崇智、曰光泰。浩等取眞定府潭園材木，營建宮室及涼位十六。應天門十一楹，左右有樓，門內有左、右翔龍門，及日華、月華門，前殿曰大安，左、右掖門，內殿東廊曰敷德門。大安殿之東北爲東宮，正北列三門，中曰粹英，〔五〇〕爲壽康宮，母后所居也。西曰會通門，門北曰承明門，又北曰昭慶門。東曰集禧門，尚書省在其外，其東西門左、右嘉會門也，門有二樓，大安殿後門之後也。其北曰宣明門，則常朝後殿門也。北曰仁政門，傍爲朶殿，朶殿上爲兩高樓，曰東、西上閤門，內有仁政殿，常朝之所也。宮城之前廊，東西各二百餘間，分爲三節，節爲一門。將至宮城，東西轉各有廊百許間，馳道兩傍植柳，廊脊覆碧瓦，宮闕殿門則純用碧瓦。應天門舊名通天門，大定五年更。七年改福壽殿曰壽安宮。明昌五年復以隆慶宮爲東宮，慈訓殿爲承華殿，承華殿者皇太子所居之東宮也。泰和殿，泰和二年更名慶寧殿。又有崇慶殿。魚藻池、瑤池殿位，貞元元年建。有神龍殿，又有觀會亭。又有安仁殿、隆德殿、臨芳殿。皇統元年有元和殿。有常武殿，有廣武殿，爲擊毬、習射之所。京城北離宮有太寧宮，大定十九年建，後更爲壽寧，又更爲壽安，明昌二年更爲萬寧宮。瓊林苑有橫翠殿。寧德宮西園有瑤光臺，又有瓊華島，又有瑤光樓。皇統元年有宣和門，正隆三年有宣華門，又有撒合門。

大興府，上。晉幽州，遼會同元年陞爲南京，府曰幽都，仍號盧龍軍，開泰元年更爲永安析津府。〔五一〕天會七年析河北爲東、西路時屬河北東路，貞元元年更今名。〔五二〕戶二十二萬五千五百九十二。大定四年十月，命都門外夾道重行植柳各百里。產金銀銅鐵。藥產滑石、半夏、蒼朮、代赭石、白龍骨、薄荷、五味子、白牽牛。縣十、鎮一：

大興 倚。遼名析津，貞元二年更今名。有建春宮。鎮一 廣陽。

宛平 倚。本晉幽都縣，遼開泰元年更今名。〔五三〕有玉泉山行宮。

安次 晉舊名。

漷陰 遼太平中，以漷陰村置。

永清 晉舊名。

寶坻 本新倉鎮，大定十二年置，以香河縣近民附之。承安三年陞置盈州，爲大興府支郡，以香河、武清隸焉。尋廢州。

香河遼以武清縣之孫村置。

昌平有居庸關，國名查剌合攀。

武清晉縣。

良鄉有料石岡、閻溝。

通州，下，刺史。天德三年陞潞縣置，以三河隸焉。興定二年五月陞為防禦。戶三萬五千九十九。縣二：

潞晉縣名。有潞水。

三河晉縣名。

薊州，中，刺史。遼置上武軍。戶六萬九千一十五。產栗。縣五、舊又有永濟縣，大定二十七年以永濟務置，未詳何年廢。〔五四〕又有黎豁縣，廢置皆未詳。鎮二：

漁陽倚。

遵化遼景州清安軍。鎮一石門。

豐潤泰和間置。

玉田有行宮、偏林，大定二十年改為御林。鎮一韓城。

平峪大定二十七年，以漁陽縣大王鎮陞。

易州，下，刺史。遼置高陽軍。戶四萬一千五百七十七。縣二：

易有易水。

淶水有淶水。

涿州，中，刺史。遼爲永泰軍。貢羅。戶一十一萬四千九百一十二。縣五、鎮一：

范陽倚。晉縣。有湖梁河。有劉李河。鎮一政滿。

固安晉縣。

新城

定興大定六年以范陽縣黃村置，割淶水、易縣近民屬之。有巨馬河。

奉先大定二十九年置萬寧縣以奉山陵，明昌二年更今名。有房山、龍泉河、盤寧宮。

順州，下，刺史。遼置歸化軍。戶三萬三千四百三十三。縣二：

溫陽舊名懷柔，明昌六年更。有螺山、溆水、兔耳山。

密雲遼檀州武威軍。有古北口，〔五五〕國言曰留斡嶺。

平州，中，興平軍節度使。遼爲遼興軍。天輔七年以燕西地與宋，遂以平州爲南京，以錢帛司爲三司。天會四年復爲平州，嘗置軍帥司。天會十年徙軍帥司治遼陽府，後置轉運司。貞元元年以轉運司併隸中都路。貞祐二年四月置東面經略司，八月罷。貢櫻桃、綾。戶四萬一千七百四十八。縣五、鎮一：

盧龍倚。

撫寧本新安鎮，大定二十九年置。

海山本漢海陽故城，遼以所俘望都縣民置，故名望都，大定七年更名。

遷安本漢令支縣故城，遼以所俘安喜縣民置，因名安喜，大定七年更今名。鎮一建昌。

昌黎遼營州鄰海軍，以所俘定州民置廣寧縣。皇統二年降州來屬，大定二十九年以與廣寧府重，故更今名。

灤州，中，刺史。本黃落故城，遼爲永安軍，天輔七年因置節度使。〔五六〕戶六萬九千八百六。縣四、有松亭關，〔五七〕國名斜烈只。鎮二：

義豐倚。

石城有長春行宮。長春淀舊名大定淀，大定二十年更。鎮一榛子。

馬城

樂亭　鎮一新橋。

雄州，中。宋名易陽郡。天會七年置永定軍節度使。〔五八〕隸河北東路，貞元二年來屬。戶二萬四百一十一。縣三：

歸信倚。有易水、巨馬河。

容城泰和八年割隸安州，貞祐二年隸安肅州。有南易水、大泥淀、渾泥城。〔五九〕

保定宋保定軍，後廢爲縣。

霸州，下，刺史。遼益津郡。〔六〇〕隸河北東路，貞元二年來屬。戶四萬一千二百七十六。縣四：

益津倚。大定二十九年創置，倚郭。

文安

大城

信安國初因宋爲信安軍，大定七年降爲信安縣，隸霸州。元光元年四月陞爲鎮安府，所以重高陽公張甫也。

保州，中，順天軍節度使。宋舊軍事，天會七年置順天軍節度使，隸河北東路，貞元二年來屬。〔六一〕海陵賜名清苑郡。戶九萬三千二十一。縣二：

清苑倚。宋名保塞，大定十六年更。有抱陽山、沉水、饋軍河。

滿城大定二十八年以清苑縣塔院村置。

安州，下，刺史。宋順安軍治高陽，天會七年陞爲安州，隸河北東路，後置高陽軍。大定二十八年徙治葛城，因陞葛城爲縣，作倚郭。泰和四年改混泥城爲渥城縣，來屬，八年移州治於渥城，以葛城爲屬縣。戶三萬五百三十二。縣三：

渥城倚。泰和四年置。

葛城大定二十八年置。

高陽泰和八年正月改隸莫州，四月復。有徐河、百濟河。

遂州，下，刺史。宋廣信軍，天會七年改爲遂州，隸河北東路，貞元二年來隸，號龍山郡。泰和四年廢爲遂城縣，隸保州，貞祐二年復置州。戶一萬一千一百七十四。縣一：

遂城倚。有光春宮行宮。有遂城山、易水、漕水、鮑河。

安肅州，下，刺史。宋安肅軍，天會七年陞爲徐州，軍如舊，隸河北東路，貞元二年來屬。天德三年改爲安肅州，軍名徐郡軍。大定後降爲刺郡，廢軍。戶一萬二千九百八十。縣一：

安肅按金初州郡志，雄、覇、保、安、遂、安肅六州皆隸廣寧府。太宗紀載天會七年分河北爲東、西路，則隸河北東路，豈以平州爲南京之後，以六州隸廣寧也？不然，則郡志誤。

校勘記

〔一〕海陵貞元元年　「貞元元年」原作「貞祐二年」。按本書卷五海陵紀，貞元元年三月辛亥，「上至燕京」。「乙卯，以遷都詔中外。改元貞元」。又正隆二年八月「甲寅，罷上京留守司」。「十月壬寅，命會寧府毁舊宮殿、諸大族第宅及儲慶寺，仍夷其址而耕種之」。蓋貞元元年「遷都于燕」，正隆二年「削上京之號」。今據改。

〔二〕契丹之周特城也　「城」原作「成」。按本書卷七二習古迺傳，「及習古迺築新城於契丹周特城，詔置會平州」。今據改。

〔三〕天眷二年安太祖以下御容爲原廟　「二」原作「元」。按本書卷四熙宗紀，天眷二年九月「立太祖原廟于慶元宮」，卷三三禮志原廟條同。今據改。

〔四〕舊貢海葱　「貢」原作「有」。據殿本改。

〔五〕遂命名石土門親管猛安曰押懶猛安　原脫「石土門」三字，文義不明。按本書卷七〇石土門傳，「耶懶路完顏部人，世爲其部長」。子習室傳，「授猛安。世宗時，近臣奏請改蘇濱爲耶懶節度使，不忘舊功。上曰：蘇濱、耶懶二水相距千里，節度使治蘇濱不必改。石土門親管猛安子孫襲封者，可改爲耶懶猛安，以示不忘其初」。今據補「石土門」三字。

〔六〕徙治寧州　按遼史卷三八地理志，東京道「寧州，觀察。統和二十九年伐高麗，以渤海降戶置。兵事隸東京統軍司。統縣一：新安縣」。蓋寧州是遼舊地名，金末已廢，故不見于本書地理志。又本卷下文東京路遼陽府鶴野縣「鎮一：長宜，曷蘇館在其地」。是曷蘇館與寧州皆在東京路，北風揚沙錄亦謂合蘇欵在「遼陽之南」，此將其地列入上京路誤。

〔七〕有化成關國言曰曷撒罕關　「曷撒罕關」、「關」原作「酉」。按本書卷六六齊傳，「先是，復州合厮罕關地方七百餘里，卽牧民以居，田收甚利，因名其地曰合厮罕猛安」。卷一〇四溫迪罕達傳，「度今之勢，可令濮王守純行省蓋州，駐兵合思罕，以繫一方之心」。合思罕、合厮罕卽曷撒罕。蓋「曷撒罕」是金語，而「關」、「酉」形似致誤，今改正。

〔八〕本渤海鄚頡府　「鄚」原作「鄭」。按遼史卷三八地理志，東京道韓州，「高麗置鄚頡府，都督鄚、頡二州，渤海因之」。又該書卷一一六國語解，「鄚頡，上慕各切，下胡結切，渤海郡府名」。今據改。

〔九〕東京路府一領節鎭一　原脫「府一」二字。據殿本補。

〔一〇〕本遼海州　「州」原作「軍」。按遼史卷三八地理志，東京道，「海州，南海軍節度」。今據改。

〔一一〕遼太宗時置軍曰興遼　「興遼」原作「興遠」。按遼史卷三八地理志，東京道瀋州，「太宗置興遼軍，後更名」。元一統志卷二瀋陽路，「後罹契丹兵火，卽瀋州爲興遼軍」。今據改。

〔一二〕遼舊興州興中軍　按遼史卷三八地理志，東京道，作「興州，中興軍節度」。

〔一三〕遼集州懷遠軍　按遼史卷三八地理志，東京道，作「集州，懷衆軍」。

〔一四〕遼懷遠軍節度　按遼史卷三八地理志，東京道，作「復州，懷德軍節度」。

〔一五〕寨一　按殿本下有「堡五十六」四字。

〔一六〕遼太祖俘蔚州之民置　「民」原作「名」。按遼史卷三九地理志，「太祖俘蔚州民立寨居之」。殿本亦作「民」，今據改。

〔一七〕遼統和十六年置　按遼史卷三九地理志作「統和二十六年置」。

〔一八〕遼隰州海平軍故縣　按遼史卷三九地理志，中京道，作隰州，「平海軍」。

〔一九〕舊有奉玄縣　按遼史卷三八地理志，東京道，顯州奉先軍作「奉先縣」。

〔二〇〕鎭六寨四　原作小字注文，今依本志文例改爲大字正文。

〔二一〕鎭二歡城遼西　施國祁云，「正文及注大小六字，當改入下廣寧注文下」。

〔二二〕寨二閭城兔兒窩　「寨」上原衍「鎭」字，依文例删。

〔二三〕鎭二梁漁務山西店　「梁」上原衍「有」字，依文例删。

〔二四〕重熙十一年升爲府　按遼史卷三九地理志，作「重熙十年升興中府」。

〔二五〕興中本漢柳城地　「漢」原作「唐」。按遼史卷三九地理志，中京道，興中府「興中縣，本漢柳城縣地」。今據改。

〔二六〕建州下保靖軍刺史　按「保靖」遼史卷三九地理志作「保靜」。

〔二七〕改胡設務爲靜封縣　「靜」原作「靖」。按上文大定府「靜封，承安二年以胡設務置」。又三韓縣注文中亦有靜封縣。今據改。

〔二八〕貞祐二年四月僑置于平州　「平」原作「薊」。按下文臨潢府，「貞祐二年四月僑置于平州」。又本書卷一一二完顏合達傳，「貞祐三年授臨潢府推官，權元帥右監軍。時臨潢避遷，與全、慶兩州之民共壁平州」。今據改。

〔二九〕二年置全州盤安軍節度使治　「盤」原作「磐」。據殿本改。

〔三〇〕大定後罷路　按臨潢路，世宗、章宗時未罷，紀傳中屢見，章宗以後不見。疑「定」是「安」字之誤。

〔三一〕境內有遼祖州　原脫「遼」字，文義不明。按下文「境內有遼懷州」例，補一「遼」字。

〔三二〕遼太祖祖陵在焉境內有遼懷州　「遼太祖祖陵在焉」七字原在「境內有遼懷州」句下。按遼史卷三七地理志，上京道，祖州「有祖山，太祖陵鑿山爲殿」。又「懷州奉陵軍，上，節度」。今據乙正。

〔三三〕遼太宗穆宗懷陵在焉　原脫「在焉」二字。按遼史卷三七地理志，懷州條云，「太宗崩，葬西山，曰懷陵」。又「穆宗被害，葬懷陵側」。今據上文例補「在焉」二字。

〔三四〕北至界二十里南至盧川二百二十西至桓州九百東至臨潢一百六十　按以上二十八字，原作正文，今依本志文例改成小字注文。

〔三五〕本遼北安州興化軍皇統三年降軍置興化縣　原脫「皇統三年降軍置」七字，文義不明。按下文興化縣注，「皇統三年降興化軍置，隸大定府，承安五年建興州於縣」。今據補「皇統三年降軍置」七字。

〔三六〕興化倚遼舊縣　按遼史卷三九地理志，「北安州興化軍，上，刺史」，「統縣一，利民縣」。無興化縣。且此下明言「皇統三年降興化軍置」，則「遼舊縣」三字當是衍文。

〔三七〕泰州德昌軍節度使　「德昌」原作「昌德」。按下文「海陵正隆間置德昌軍」。遼史卷三七地理志，上京道「泰州德昌軍節度，本契丹二十部族放牧之地」。又同書卷四八百官志，上京道有「泰州德昌軍節度使司」。今據乙正。

〔三八〕北至邊四百里南至懿州八百里東至肇州三百五十里　按以上二十二字，原作正文，今依本志文例改爲小字注文。

〔三九〕縣三十九　按殿本作「縣四十」。

〔四〇〕天成　「成」原作「城」。按本書卷八九蘇保衡傳云，衡「雲中天成人」。卷一三三移剌窩斡傳，李家奴「追僞監軍那也至天成縣」，皆作「天成」。又遼史卷四一地理志，西京道大同府「天成縣，遼析雲中置」。今據改。

〔四一〕本名長清　按「長清」遼史卷四一地理志作「長青」。

〔四二〕置西南路招討司　「南」原作「北」。與下文「並隸西南路招討司」不合。按遼史卷四一地理志，西京道「豐州天德軍節度使，兵事屬西南面招討司」。又契丹國志卷三八，「招討司三處：西南路豐州置司，西北路桓州置司，東北路泰州置司」。今據改。

〔四三〕刺史兼權譏察　「譏」原作「機」。按卷五七百官志，「譏察官」字皆作「譏」。今據改。

〔四四〕北至界八十里　原作正文，今依本志文例改成小字注文。

〔四五〕北至舊界一里半　按「一里半」當有脫誤。又此七字原作正文，今依本志文例改爲小字注文。

〔四六〕有殿揚武殿　按「有」字下有脫文。

〔四七〕承安四年創置　按本書卷一一章宗紀，「初置蒲思衍羣牧」在承安五年七月。

〔四八〕刺郡九　「刺」下原衍「史」字。據殿本删。

〔四九〕縣四十九　殿本此下有「鎮七」二字。

〔五〇〕中日粹英　「英」上原闕一字，今據殿本補「粹」字。

〔五一〕開泰元年更爲永安析津府　按遼史卷一五聖宗紀，開泰元年十一月甲午朔，「改幽都府爲析津府」，卷四〇地理志同。並無「永安」二字。

〔五二〕貞元元年更今名　按元好問續夷堅志卷三永安錢條，「海陵天德初按當作貞元初，卜宅於燕，建號中都，易析津府爲大興。始營造時，得古錢地中，文曰『永安一千』，朝議以爲瑞，乃取長安例，地名永安。改東平中都縣曰汶陽，河南永安縣曰芝田，中都永安坊曰長甯」。本書卷七世宗紀，大定十三年三月乙卯，有世宗謂宰臣「自海陵遷都永安」句，考卷二五地理志，南京路河南府「芝田，宋名永安，貞元元年更」。又山東西路東平府「汶上，本名中都，貞元元年更爲汶陽」。皆與續夷堅志記載相合，知析津府貞元元年曾名永安府。又下文「大興，倚，遼名析津，貞元二年更今名」。知析津之改大興在貞元二年。則此當作「貞元元年改曰永安府，二年更今名」爲是。

〔五三〕遼開泰元年更今名　「元」原作「二」，無「更今名」三字。按遼史卷四〇地理志，南京道「宛平縣，本晉幽都縣，開泰元年改今名」，卷一五聖宗紀記載同。今據改「二」爲「元」，補「更今名」三字。

〔五四〕舊又有永濟縣大定二十七年以永濟務置未詳何年廢　按永濟縣卽下文之豐潤縣參考嘉慶重修一統志卷五四。本書卷一三衞紹王紀，「衞紹王諱永濟」。蓋泰和八年十一月卽皇帝位卽改永濟縣名豐潤。注誤以爲「泰和間置」，此亦失考。

〔五五〕有古北口　原脫「有」字，據本志文例補。

〔五六〕天輔七年因置節度使　按此下當記某年改降，蓋史有闕文。亦或「節度使」爲「刺史」之誤。

〔五七〕有松亭關　原脫「有」字，據本志文例補。

〔五八〕宋名易陽郡天會七年置永定軍節度使　「宋」原作「賜」。按宋史卷八六地理志，河北路「雄州，政和三年賜郡名曰易陽」，輿地廣記卷一〇同。今據改爲「宋」字。又此句「宋名易陽郡」五字原在「天會七年置永定軍節度使」句下，今據文義移上。

〔五九〕渾泥城　「城」原作「村」。按渾泥城卽下文安州之混泥城。太平寰宇記卷六七，雄州容城縣，

「渾泥城在舊縣南四十里。水經注云：泥同口有渾泥城」。今據改。

〔六〇〕霸州下刺史遼益津郡　按宋史卷八六地理志，河北路「霸州中，防禦。本唐幽州永清縣地，後置益津關。周置霸州，以鄚之文安，瀛州之大城來屬。政和三年賜郡名曰永清」。是「遼益津郡」當作「宋永清郡」爲是。

〔六一〕貞元二年來屬　「元」原作「祐」。按海陵貞元元年遷都燕京，爲擴展中都路，將河北東路一部分軍州劃歸中都路，如雄州、霸州、遂州、安肅州皆記「隸河北東路，貞元二年來屬」，保州蓋亦如此。改「祐」爲「元」，與下文「海陵賜名清苑郡」次敍正合。因改正。

金史卷二十五

志第六

地理中

南京路　河北東路　河北西路　山東東路　山東西路

南京路，國初曰汴京，貞元元年更號南京。府三，領節鎭三，防禦八，刺史郡八，縣一百五。〔一〕都城門十四，曰開陽，曰宣仁，曰安利，曰平化，曰通遠，曰宜照，曰利川，曰崇德，曰迎秋，曰廣澤，曰順義，曰迎朔，曰順常，曰廣智。宮城門，南外門曰南薰，南薰北新城門曰豐宜，橋曰龍津橋，北門曰丹鳳，其門三。丹鳳北曰舟橋，橋少北曰文武樓，遵御路而北橫街也。東曰太廟，西曰郊社，正北曰承天門，其門五，雙闕前引，東曰登聞檢院，西曰登聞鼓院。檢院東曰左掖門，門南曰待漏院。鼓院西曰右掖門，門南曰都堂。直承天門北曰大慶門，門東曰日精門，又東曰左昇平門。大慶門西曰月華門，又西曰右昇平門。正殿曰大慶殿，前有龍墀，又南有丹墀，又南曰沙墀，東廡曰嘉福樓，西廡曰嘉瑞樓。大慶後曰德儀殿。殿東曰左昇龍門，西曰右昇龍門。正門曰隆德，內有隆德殿，有蕭牆，有丹墀。隆德殿左曰東上閤門，右曰西上閤門，皆南向。鼓樓在東，鐘樓在西。隆德之次曰仁安門、仁安殿，東則內侍局，又東曰近侍局，又東則嚴祗門，宮中則稱曰撒合門，少南曰東樓，則授除樓也。西曰西樓。仁安之次曰純和殿，正寢也。純和西曰雪香亭，亭北則后妃位也，有樓，樓西曰瓊香亭，亭西曰涼位，有樓，樓北少西曰玉清殿。純和之次曰福寧殿，殿後曰苑門，內曰仁智殿，有二太湖石，左曰敷錫神運萬歲峰，右曰玉京獨秀太平巖，殿曰山莊，其西南曰翠微閣。苑門東曰僊韶院，院北曰翠峯，〔二〕峯之洞曰大滌湧翠，東連長生殿，又東曰湧金殿，又東曰蓬萊殿。長生西曰浮玉殿，又西曰瀛洲殿。長生殿南曰閱武殿，又南曰內藏庫。嚴祗門東曰尚食局，又東曰宣徽院，院北曰御藥院，又北右藏庫，東則左藏庫。宣徽院東曰點檢司，司北曰祕書監，又北曰學士院，又北曰諫院，又北曰武器署。點檢司南曰儀鸞局，又南曰尚輦局。宣徽院南曰拱衞司，又南曰尚衣局。其南爲繁禧門，又南曰安泰門，門與左昇龍門相直。東則壽聖宮，兩宮太后位也，本明俊殿，試進士之所。宮北曰徽音院，又北曰燕壽殿，殿垣後少西曰振肅衞司，東曰中衞尉司。儀鸞局東曰小東華門，更漏在焉。中衞尉司東曰祗肅門，少東南曰將軍司。徽音、壽聖東曰太后苑，〔三〕苑殿曰慶春，與燕壽殿並。小東華與正東華門對。東華門內正北尚廏局，其西北曰臨武殿。左掖門北，尚食局南曰宮苑司。其西北尚醞局、湯藥局。侍儀司少西曰符寶局、器物局，又西則撒合門也。嘉瑞樓西曰三廟，正殿曰德昌，東曰文昭，西曰光興。德昌後，宣宗廟也。宮西門曰西華，與東華相直，北門曰安貞。

開封府，上。留守司留守帶本府尹，兼本路兵馬都總管。天德二年罷行臺尚書省，置轉運司、提刑司。〔四〕天德二年置統軍司。有藥市四，榷場。產蜜蠟、香茶、心紅、朱紅、地龍、黃栢。天德四年，戶二十三萬五千八百九十。泰和末，戶百七十四萬六千二百一十。〔五〕縣十五、鎮十五：

開封東附郭。有古通津、臨蔡關、汴河。鎮一延嘉。

祥符西附郭。有岳臺、浚水、沙臺、崇臺、夷門山、蔡河、金水河、廣濟河、寒泉河。鎮三陳橋、八角、郭橋。

陽武有沙池、黑陽山、黃河、汴河、白溝河。

通許宋名咸平，大定二十九年以與咸平府重，更。有牛首城、裘亭。

泰康有魯溝、蔡河、渦河。鎮一崔橋。

中牟有汴河、鄭河、中牟臺。鎮四圃田、〔六〕陽武、萬勝、白沙鎮。

杞宋雍丘縣，杞國也，正隆後更今名。鎮一圉城。

鄢陵有洧水、潩水、太丘城。鎮一馬欄橋。〔七〕

尉氏有惠民河、長明溝。鎮二朱家曲、宋樓。

扶溝有郦耶山、洧水、白亭。鎮二建雄、義店。舊有赤倉鎮。

陳留有皇栢山、狼丘、汴河。

延津貞祐三年七月升爲延州。有土山、黃河。

洧川貞祐二年置惠民倉，興定二年四月以尉氏縣之宋樓鎮陞。

長垣

封丘

睢州，下，刺史。宋拱州保慶軍，國初猶稱拱州，天德三年更。戶四萬六千三百六十。

縣三、鎮一：

襄邑古襄牛地。有汴河、睢水、渙水、承匡城。鎮一重華。

考城宋隸東京，〔八〕正隆前隸曹州，後來屬。有葵丘、〔九〕黃河、黃陵岡——元光二年改爲通安堡。

柘城古株林，首止地在焉。有渙水、泡水、泓水。

歸德府，散，中，宣武軍。故宋州，宋南京應天府河南郡歸德軍，國初置宣武軍。戶七萬六千三百八十九。縣六、鎮四：

睢陽宋名宋城，承安五年更名。有鷹鷺池、汴水、睢水、渙水。鎮一葛驛。

寧陵大定二十二年徙於汴河堤南古城。有汴水、睢水、渙水。

下邑有汴水、黃水。鎮一會亭。

虞城有孟諸藪。

穀熟有汴水、穀水。鎮二營城、洛場。又有舊高辛鎮。

楚丘國初隸曹州，海陵後來屬，興定元年以限河不便，改隸單州。有景山、京岡。

單州，中，刺史。宋碭郡，貞祐四年二月升爲防禦，興定五年二月置招撫司，以安集河北遺黎。戶六萬五千五百四十五。縣四：

單父有棲霞山、泡溝。

成武有堂溝。

魚臺有泗水、涓溝、五丈溝。

碭山興定元年以限河不便，改隸歸德府。有芒碭山、古汴渠、午溝。

壽州，下，刺史。宋隸壽春府，貞元元年來屬，泰和六年六月升爲防禦。戶八千六百七十七。縣二、鎮一：

下蔡有硤石山、潁水、淮水。

蒙城宋隸亳州，國初來屬。有狠山、渦水。鎮一蒙館。

陝州，下，防禦。宋陝郡保平軍節度，皇統二年降爲防禦，貞祐二年七月陞爲節鎮。戶四萬一千一十。縣四、鎮七：

陝倚。有虢山、峴頭山、三崤山、底柱山、黃河、〔一〇〕橐水。鎮一石壕。

靈寶有夸父山、黃河、稠桑澤、古函谷關。〔一一〕鎮二乾壕、關東。

湖城有荆山、鑄鼎原、鳳林泉、鼎湖。鎭二三門、集津。

閿鄉有太華山、〔一三〕黄河、玉澗水、潼關、太谷關。鎭二張店、故鎭。舊又有曹張鎭，恐誤。

鄧州，武勝軍節度使。宋南陽郡，嘗置榷場。户二萬四千九百八十九。縣三、鎭六：

穰城〔一三〕倚。有五龍山、覆釜山、湍水、朝水。鎭四順陽、新野、穰東、板橋。

南陽有豫山、百重山、豐山、梅溪水、白水、淯冷水。鎭一張村。

內鄉有高前山、熊耳山、〔一四〕黄水、菊水、淅水、〔一五〕富水。鎭一峽口。

唐州，中，刺史。宋淮安郡，嘗置榷場。户一萬一千三十一。縣四、鎭四：

泌陽倚。有泌水、醴水。鎭一胡陽。〔一六〕

比陽有大明湖〔一七〕、中陽山、比水。鎭一羊棚。

湖陽貞祐元年廢。鎭一羅渠。

桐柏大定十年始置正官，興定五年六月廢。有桐栢山、淮水、栢河。鎭一許封。大定二十八年命規措界壕於唐、鄧間。

裕州，本方城縣，泰和八年正月陞置，以方城縣爲倚郭，割汝州葉縣、許州舞陽隸焉。户八千三百。縣三、鎭四：

方城倚。有方城山、〔一八〕衡山、堵水。鎭一青臺。

葉本隸汝州，泰和八年來屬。有方城山、石塘河、灃水。鎮一臨墳。

舞陽本隸許州，泰和八年來屬。有伏牛山、馬鞍山、舞水、汝水、溧水、滍水。鎮二吳城、北舞。

河南府，散，中。宋西京河南府雒陽郡。初置德昌軍，興定元年八月升爲中京，府曰金昌。戶五萬五千六百三十五。縣九、正隆郡志有壽安縣，紀錄皆無。鎮四：

洛陽倚。有北邙山，正隆六年更名太平山，稱舊名者以違制論。有伊、洛、瀍、澗、金水，銅駝街，金粟山，金谷。

鎮一龍門。

澠池〔一九〕有天壇山、〔二〇〕廣陽山、黃河、澠河。

登封有太室山、箕山、陽城山、少室山，宣宗置御寨其上。舊有潁陽鎮，後廢。

孟津貞祐三年七月升爲陶州，〔二一〕十二月復爲縣。鎮一長泉。舊有河清鎮，後廢。

芝田宋名永安，貞元元年更。有轘轅山、〔二二〕青龍山。

新安有闕門山、長石山、金水、穀水、陂水。

偃師有北邙山、緱氏山、半石山、景山、黃河、洛水。鎮一緱氏。

宜陽有錦屏山、鹿蹄山、熊鶴山、女几山、洛水、昌水、少水。

鞏有侯山、九山、〔二三〕黃河、洛水。鎮一洛口。

嵩州，中，刺史。舊名順州，天德三年更。戶二萬六千六百四十九。縣四、鎮四：

伊陽宋隸河南府。有三塗山、陸渾山、鼓鐘山、伊水、清陽水。鎮一鳴皋。舊有伊闕鎮，後廢。

永寧宋隸河南府，正隆六年以前寄治於府，後卽鎮爲縣。有三肴山、熊耳山、帷嶢山、天柱山、黄河、杜陽水。鎮一府店。

福昌宋隸河南府。有女几山、金門山。鎮二韓城、三鄉。

長水宋隸河南府。有壇山、松陽山、洛水、松陽水。

汝州，上，刺史。宋臨汝郡陸海軍節度，國初爲刺郡，貞祐三年八月升爲防禦。戶三萬五千二百五十四。縣四、鎮二：

梁有霍陽山、〔二四〕崆峒山、紫邏山、汝水、廣潤河。正隆六年，勅環汝州百五十里內州縣商賈，赴溫湯置市。

郟城宋隸許州。有汝水、扈澗河。鎮一黄道。

魯山有堯山、滍水、鵶河。

寶豐有豢龍城。鎮一汝南。

許州，下，昌武軍節度使。宋潁昌府許昌郡忠武軍。戶四萬五千五百八十七。縣五、鎮七：

長社倚。有潩水、潁水。鎮二許田、〔二五〕椹澗。

郾城有長沙河、五溝水。鎮二駝口、新寨。

長葛有小陘、洧水。

臨潁　鎮二合流、繁城。

襄城本隸汝州，泰和七年來屬。鎮一潁橋。

鈞州，中，刺史。舊陽翟縣，僞齊升爲潁順軍。大定二十二年升爲州，仍名潁順，二十四年更今名。戶一萬八千五百一十。縣二、鎮一：

陽翟倚。有具茨山、三封山、荆山、潁水。

新鄭宋隸鄭州。有溱、洧、潩三水。鎮一郭店。

亳州，上，防禦使。宋譙郡集慶軍，隸揚州。貞祐三年升爲節鎮，軍名集慶。戶六萬五百三十五。縣六、鎮五：舊有福寧、馬頭二鎮。

譙倚。有渦水、泡水。鎮一雙溝。

鹿邑有渦水、明水。鎮一鄲城。

衞眞有洵水、沙水。鎮一谷陽。

城父有渦水、淝水、夊水。

酇有睢水、汴河、白龍潭。鎮一酇陽。

永城興定五年十二月升爲永州，以下邑、碭山、酇縣隸焉。有芒山、汴河。鎮一保安。

陳州，下，防禦使。宋淮寧府淮陽郡鎭安軍。戶二萬六千一百四十五。縣五、鎭二：

宛丘有蔡河、潁水、洧水。

項城有潁水、百尺堰。

南頓　鎭一殄寇。

商水本溵水，宋避宣祖諱改。有商水、潁水。

西華有宜陽山、蔡河、潁水。鎭一長平。

蔡州，中，防禦使。宋汝南郡淮康軍，泰和八年升爲節度，軍曰鎭南，嘗置榷場。戶三萬六千九十三。縣六、鎭二：

汝陽有溱水、㶏水。鎭一保城。

遂平有吳房山、吳城山、龍泉水、溵水。

上蔡

西平有九頭山、㶏水、鄧艾陂。

確山有確山、浸水、〔二六〕溱水。鎭一毛宗。

平輿

息州，本新息縣，泰和八年陞爲息州，以新息爲倚郭，割眞陽、褒信、新蔡隸焉，爲蔡州支郡。戶九千六百八十五。縣四、鎮一：

新息倚。鎮一王務。

眞陽本隸蔡州，泰和八年來屬。有淮水、汝水、石塘陂。

褒信本隸蔡州，泰和八年來屬。有汝水、葛陂。

新蔡本隸蔡州，泰和八年來屬。有汝水。

鄭州，中，防禦。宋滎陽郡奉寧軍節度。戶四萬五千六百五十七。縣七、鎮三：

管城倚。貞祐四年更名故市。有圃田澤。

滎陽有鴻溝，京、索二水。

密有大騩山、溱水、洧水。鎮二大騩、鏁水。

河陰

原武　鎮一陳橋。

汜水有虎牢關。

滎澤有廣武澗。舊有許橋、賈谷二鎮，在鄭境。

潁州，下，防禦。宋順昌府汝陰郡。嘗置榷場，正隆四年罷榷場。戶一萬六千七百一十四。縣四、鎮十一：舊有萬善鎮，後廢。

汝陰倚。有潁水、淮水、淝水、汝水。

潁上元光二年十一月改隸壽州。有潁水、〔二七〕淮水。鎮十永寧、灃口、王家市、櫟頭、永淸、椒陂、正陽、江陂、界溝、斤溝。

泰和有潁水。

沈丘有武丘。鎮一永安。

宿州，中，防禦。宋符離郡保靜軍節度，隸揚州。國初隸山東西路，大定六年來屬。貞祐三年陞爲節鎮，軍曰保靜。戶五萬五千五十八。縣四、鎮八：舊有荆山鎮。

符離倚。有諸陽山、汴河、睢水、陴湖。鎮三曲溝、符離、黄團。

臨渙有嵇山、汴河、肥水。〔二八〕鎮三柳子、蘄澤、〔二九〕桐墟。

靈璧宋元祐元年置。鎮一西固。

蘄有渙水、渦水、蘄水。鎮一靜安。

泗州，中，防禦使。宋臨淮郡。正隆四年正月罷鳳翔府、唐、鄧、潁、蔡、鞏、洮等州幷膠西縣諸榷場，但置榷場於泗州。先隸山東西路，大定六年來屬。戶八千九十二。縣四、鎮六：

淮平舊盱眙縣，明昌六年以宋有盱眙軍，故更。

虹有朱山、汴河、潍水、廣濟渠。鎮二千仙、通海。

臨淮　鎮四安河、吳城、青陽、翟家灣。

睢寧興定二年四月以宿遷縣之古城置。又有潍濱，興定二年四月以桃園置，元光二年四月廢。

邊戍，皇統元年十月，都元帥宗弼與宋約，以淮水中流爲界，西自鄧州南四十里、西南四十里爲界。泰和八年設沿淮巡檢使，及朐山縣完瀆村創立巡路，置巡檢。

河北東路。天會七年析河北爲東、西路，各置本路兵馬都總管。府一，領節鎮二，〔三〇〕防禦一，刺郡五，縣三十，鎮三十五。〔三一〕

河間府，中，總管府，瀛海軍。宋河間郡瀛海軍。天會七年置總管府。正隆間升爲次府，置瀛州瀛海軍節度使兼總管，置轉運司。後復置總管府，河北東西大名等路提刑司產無縫綿、滄鹽、藺席、馬藺花、香附子、錢鰕蟹、乾魚。戶三萬一千六百九十一。縣二、鎮三：

河間倚。有滹沱河、君子館。鎮三東城、〔三二〕永寧、北林。

肅寧

蠡州，下，刺史。宋永寧軍，國初因之，天會七年陞爲寧州博野郡軍，天德三年更爲蠡州。戶二萬九千七百九十七。縣一、鎮一：

博野倚。有沙河、唐河。鎮一新橋。

莫州，下，刺史。宋文安郡軍防禦，治任丘。貞祐二年五月降爲鄚亭縣。戶二萬二千九百三十三。縣一、鎮一：

任丘　鎮一長豐。

獻州，下，刺史。本樂壽縣，天會七年升爲壽州，天德三年更今名。戶五萬六百三十二。縣二、鎮十：

樂壽倚。有徒駭河、房淵、漢獻王陵。

交河大定七年以石家圈置。鎮十景城、南大樹、劉解、槐家、參軍、貫河、北望、夾灘、策河、沙渦。

冀州，上。宋信都郡，天會七年仍舊置安武軍節度。戶三千六百七十。縣五、鎮三：

信都倚。有胡盧河、降水。鎮一來遠，後廢。

南宮有降水枯瀆。鎮三唐陽，後增寧化、七公二鎮。

衡水有長蘆河、降水。

武邑有漳河、長蘆河。鎮一觀津，後廢。

棗強　鎭一廣川，後廢。

深州，上，刺史。宋饒陽郡防禦，國初爲刺郡。戶五萬六千三百四十。縣五、鎭一：

靜安倚。有衡漳水、大陸澤。鎭一下博。

束鹿有衡漳水、〔三三〕滹沱河。

武强置河倉。有衡漳水、武强泉。

饒陽有滹沱河。

安平有沙水、滹沱河。

清州，中。宋乾寧郡軍，國初因置軍，天會七年以守邊置防禦。戶四萬七千八百七十五。縣三、鎭一：

會川本名乾寧，貞元元年更名。置河倉。鎭一范橋。

興濟本隸滄州，大定六年來屬。

靖海明昌四年以清州窩子口置。

滄州，上，横海軍節度。宋景城郡。貞元二年來屬。戶一十萬四千七百七十四。縣五、鎭十一：

清池置河倉。有浮陽水、徒駭河。鎭五長蘆、新饒安、舊饒安、乾符、郭疃。舊有郭橋，後廢。

無棣有老烏山、鬲津河。鎮一分水。

鹽山有鹽山、浮水。鎮四海豐、海潤，後增利豐、撲頭二鎮。

南皮置河倉。有大、小台山、永濟渠、〔三四〕潔河。鎮一馬明。

樂陵有鬲津河、篤馬河、鈎盤河。舊有會寧河、永利、東中三鎮，後廢。

景州，上，刺史。宋永靜軍同下州，治東光。國初陞爲景州，貞元二年來屬。大安間更爲觀州，避章廟諱也。戶六萬五千八百二十八。縣六、鎮四：

東光倚。置河倉。有永濟渠、漳河。鎮一建橋。

阜城有衡水、漳水河。劉豫祖塋在縣南十二里。

將陵置河倉。有永濟渠、鈎盤河。

吳橋有永濟渠。

蓨宋隸冀州。有漳河、蓨市。

寧津　鎮三西保安、廣平、會津。

河北西路。天會七年析爲西路。府三，領節鎮二，防禦二，刺郡五，縣六十一。〔三五〕

眞定府，上，總管府，成德軍。宋常山郡鎮州成德軍節度，正隆間依舊次府，置本路兵馬都總管府、轉運司。產甆器、銅、鐵。有丹粉場、烏梨。藥則有茴香、零陵香、御米殼、天南星、皂角、木瓜、芎、井泉石。戶一十三萬七千一百三十七。縣九、鎮三：

眞定倚。有大茂山、〔三六〕滋水、滹沱水。

槀城有滋水、滹沱水。

平山

欒城有泜水、洨水。

獲鹿興定三年三月升爲鎭寧州，權河北西路，以經略使武仙駐焉。有䓬山、滹沱水。

行唐有玉女山、常山。鎭二嘉祐、北鎮。舊有行臺、新年二鎭，後廢。

阜平明昌四年以北鎭置。

靈壽　鎭一慈谷。

元氏有封龍山、槐河。

威州，下，刺史。天會七年以井陘縣升，置陘山郡軍，後爲刺郡。戶八千三百一十。縣一：

井陘

沃州，上，刺史。宋徽宗升爲慶源府趙郡慶源軍，治平棘。天會七年改爲趙州，天德三年更爲沃州，蓋取水沃火之義，軍曰趙郡軍。後廢軍。戶三萬八千一百八十五。縣七、鎮一：

平棘倚。有洨水、槐水。

臨城有敦輿山、彭山、泜水。

高邑有贊皇山、濟水。

贊皇

寧晉有洨水、寖水。鎮一奉城。

栢鄉

隆平

邢州，上，安國軍節度。宋信德府鉅鹿郡安國軍節度，天會七年降爲邢州，仍置安國軍節度。產玄精石。戶八萬二百九十二。縣八、鎮四：

邢臺有石門山、百巖山、蓼水、渦水。

唐山有堯山、泜水。

內丘有干言山、內丘山、泜水、渚水。

平鄉　鎮一道武。

任有滦水、任水。鎮一新店。

沙河有湯水、〔三七〕渦水。鎮一綦村。

南和有任水、泜水。

鉅鹿有大陸澤、漳河、落漠水。鎮一團城。

洛州，上，防禦，廣平郡。治永年。天會七年以守邊置防禦使。戶七萬三千七十。縣九、鎮四：

永年有榆溪山、洛水、漳水。鎮一西臨洛。

廣平本魏縣，大定七年更。

宗城

新安

成安

肥鄉　鎮一新安。

雞澤有洛水、漳水、沙河。

曲周　鎮二平恩、白家灘。

洛水

彰德府，散，下。宋相州鄴郡彰德軍節度，治安陽。天會七年仍置彰德軍節度，明昌三年陞爲府，以軍爲名。戶七萬七千二百七十六。縣五、鎮五：

安陽倚。有韓陵山、龍山、洹水、防水。鎮三天禧、永和、豐樂。

林慮舊林慮鎮，貞祐三年十月升爲林州，置元帥府。興定三年九月升爲節鎮，以安陽縣水冶村爲輔巖縣隸焉。有隆慮山、洹水〔三八〕、漳水。

湯陰有牟山、羑水、蕩水、通漕、羑里。鎮一鶴壁。

臨漳東山、漳水。鎮一鄴鎮。

輔巖本水冶村，興定三年置。

磁州，中，刺史。宋滏陽郡，國初置滏陽郡軍。戶六萬三千四百一十七。縣三、鎮八：

滏陽有滏山、磁山、漳水、滏水。鎮四臺城、觀城、昭德，後廢二，祖增臨水鎮。

武安有錫山、武安山。鎮一固鎮。

邯鄲有邯山、靈山、漳水、牛首山。鎮三大趙、北陽、邑城。士民須知惟有邯山鎮。

中山府。宋府，天會七年降爲定州博陵郡定武軍節度使，後復爲府。戶八萬三千四百九十。縣七、鎮二：

安喜倚。有滱水、盧奴水、長星川。

新樂有泒水、木刀溝。

無極有滱河。

永平貞祐二年四月升爲完州。

慶都有堯山、都山、唐水。

曲陽劇。有常山、曲防水。〔三九〕鎭一龍泉。

唐有孤山、唐山、滱水。鎭一軍城。

祁州，中，刺史。宋蒲陰郡，國初置蒲陰郡軍。戶二萬三千三百八十二。縣三：

蒲陰

鼓城

深澤

濬州，中，防禦。宋大邳郡通利軍，又改平川軍。天會七年以邊境置防禦使。皇統八年，嫌與宗峻音同，〔四〇〕更爲通州，天德三年復。戶二萬九千三百一十九。縣二、鎭二：

黎陽有大伾山、枉人山。

衞有蘇門山、鹿臺、糟丘酒池、枋頭城。鎭二衞橋、淇門。

衞州，下，河平軍節度。宋汲郡，天會七年因宋置防禦使，明昌三年升爲河平軍節度，治汲縣，以滑州爲支郡。大定二十六年八月以避河患，徙於共城。二十八年復舊治。貞祐二年七月城宜村，三年五月徙治于宜村新城，以胙城爲倚郭。正大八年以石甃其城。戶九萬一百一十二。縣四、〔四一〕鎮二：

汲有蒼山、黃河。

新鄉

蘇門本共城，大定二十九年改爲河平，避顯宗諱也。明昌三年改爲今名。貞祐三年九月升爲輝州，興定四年置山陽縣隸焉。有白鹿山、天門山、淇水、百門陂。〔四二〕鎮一早生。

獲嘉　鎮一大寧。

胙城本隸南京，海陵時割隸滑州，泰和七年復隸南京，八年以限河來屬。貞祐五年五月爲衞州倚郭，增置主簿。興定四年以修武縣重泉村置縣，來隸。

滑州，下，刺史。宋靈河郡武成軍。本南京屬郡，大定六年割隸大名府。戶二萬二千五百七十。縣二、鎮二：

白馬　鎮二衞南、武城。

內黃本隸大名府，大定六年來屬。

山東東路，宋爲京東東路，〔四三〕治益都。府二，領節鎭二，〔四四〕防禦二，刺郡七，縣五十三，鎭八十三。

益都府，上，總管府。宋鎭海軍，〔四五〕國初仍舊置軍，置南青州節度使，後升爲總管府，置轉運司。大定八年置山東東西路統軍司。〔四六〕產石器、玉石、沙魚皮、天南星、半夏、澤瀉、紫草。戶一十一萬八千七百一十八。縣七、鎭七：

益都

臨朐有朐山、几山、洱水、般水。

穆陵貞祐四年四月升臨朐之穆陵置。

壽光有甘水、澠水。鎭一廣陵，有鹽場。

博興有濟水、時水。鎭二博昌、淳化。

臨淄有南郊山、牛山、天齊淵、康浪水。

樂安　鎭四新鎭、高家港、淸河、王家。

濰州，中，刺史。戶三萬九百八十九。縣三、鎭一：

北海倚。有浮煙山、溉源山、溉水、汶水。鎭一固底。

昌邑有霍侯山、濰水。

昌樂有方山、聚角山、丹水、朐水。

濱州，中，刺史。宋軍事。戶一十一萬八千五百八十九。縣四、鎮十：

渤海有黃河。鎮五豐國、寧海、濱海、蒲臺、安平。

利津明昌三年十二月以永和鎮升置。

蒲臺　鎮二安定、合波。

霑化本名招安，明昌六年更。鎮三永豐、永阜、永科。〔四七〕

沂州，上，防禦。宋琅邪郡。戶二萬四千三十五。縣二、鎮三：

臨沂劇。鎮三長任、向城、利城。

費

密州，宋爲密州高密郡安化軍節度。戶一萬一千八十二。縣四、鎮七：

諸城劇。有琅邪山、濰水、荆水、盧水。鎮三普慶、信陽、草橋。

安丘有安丘山、劉山、汶、濰、浯水。〔四八〕鎮一李文。

高密有礪阜山、密水、膠水。

膠西　鎮三張倉、梁鄉、陳村。

海州，中，刺史。戶三萬六百九十一。縣五、〔四九〕鎮四：

朐山。

贛榆本懷仁，大定七年更。鎮二荻水、臨洪。

東海

漣水本漣水軍，皇統二年降爲縣來屬。鎮二太平、金城。

莒州，中，刺史。本城陽軍，大定二十二年升爲城陽州，二十四年更今名。戶四萬三千二百四十。縣三、鎮三：〔五〇〕

莒

日照　鎮一濤洛。

沂水　鎮一沂安。　舊有扶溝、洛鎮二鎮，後廢。

棣州，上，防禦。宋安樂郡。戶八萬二千三百三。縣三、鎮九：

猒次　鎮五清河、歸化、〔五一〕達多、永利、脂角。

陽信有黃河、鈎盤河。鎮二欽風、西界。

商河有黃河、馬頰河、商河。鎮二歸仁、官口。

濟南府，散，上。宋齊州濟南郡。初置興德軍節度使，後置尹，置山東東西路提刑司。戶三十萬八千四百六十九。縣七、鎮二十九：

歷城　鎮六盤水、中宮、老僧口、[illegible]上洛口、王舍人店、遙墻。

臨邑　鎮三新鎮、安肅、新市。

齊河　鎮三晏城、劉宏、新孫耿。

章丘有長白山、東陵山、百脉水、楊緒水。　鎮四普濟、延安、臨濟、明水。

禹城有黃河、濟河、淇河、漯水。　鎮三新安、仁水寨、黎濟寨。

長清劇。　有劘笄山、隔馬山、黃河、清水。　鎮六赤莊、莒鎮、李家莊、歸德、豐濟、陰河。

濟陽　鎮四回河、曲堤、舊孫耿、仁豐。

淄州，中，刺史。　宋淄川郡軍。　戶一十二萬八千六百二十二。　縣四、鎮六：

淄川倚。　有夔山、〔五二〕夾谷山、商山、淄水。　鎮三金嶺、張店、顏神店。

長山有長白山、栗水。

鄒平有系河、濟河。　鎮三淄鄉、齊東、〔五三〕孫家嶺。　舊有唓店鎮，後廢。

高苑有濟河。

萊州，上，定海軍節度。　宋東萊郡。　戶八萬六千六百七十五。　縣五、鎮一：

掖倚。　有三山、夜居山、掖水。

萊陽有高麗山、七子山。　鎮一衡村。　舊有海倉、西由、移風三鎮。

即墨有牢山、不其山、天室山、沽水、曲裏鹽場。

膠水

招遠

登州，中，刺史。宋東牟郡。戶五萬五千九百一十三。縣四、鎮二：

蓬萊有巨風鹽場。

福山　鎮一孫大川。

黃有萊山、蹲狗山。鎮一馬停。

棲霞

寧海州，上，刺史。本寧海軍，大定二十二年升爲州。戶六萬一千九百三十三。縣二、鎮二：

牟平有東牟山、之罘山、清陽水。鎮一湯泉。

文登劇。有文登山、成山、昌陽山。鎮一溫水。

山東西路，府一，領節鎮二，防禦二，刺郡五。〔五四〕

東平府，上，天平軍節度。宋東平郡，舊鄆州，後以府尹兼總管，置轉運司。產天麻、全蝎、阿膠、薄荷、防風、絲、綿、綾、錦、絹。戶一十一萬八千四十六。縣六、鎮十九：

須城有梁山、濟水、淸河。

東阿有吾山、穀城山、黃河、阿井。鎮五景德、木仁、關山、銅城、陽劉。

陽穀有黃河、碻磝津。鎮二樂安、〔五五〕定水。

汶上本名中都，貞元元年更爲汶陽，泰和八年更今名。有汶水、大野陂。鎮一柴城。

壽張大定七年河水壞城，遷於竹口鎮，十九年復舊治。鎮一竹口。

平陰有鬱葱山、鴟夷山。鎮九但歡、安寧、寧鄉、翔鸞、固留、滑口、廣里、石横、澄空、傅家岸。〔五六〕

濟州，中，刺史。宋濟陽郡，舊治鉅野，天德二年徙治任城縣，分鉅野之民隸嘉祥、鄆城、金鄉三縣。戶四萬四百八十四。縣四、鎮二：

任城倚。有承注山、〔五七〕泗水、新河。鎮一魯橋。

金鄉有桓溝。鎮一昌邑。

嘉祥舊有合來、山口二鎮，後廢。

鄆城大定六年五月徙治盤溝村以避河決。有馬頰河、濮水。

徐州，下，武寧軍節度使。宋彭城郡，貞祐三年九月改隸河南路。戶四萬四千六百八十九。縣三、鎮五：

彭城倚。有九里山、赭土山、〔五八〕泗水、猴水、沛澤。鎭三呂梁、利國、卞唐。〔五九〕又有厥堌鎭，元光二年陞爲永固縣。

蕭有綏興山、丁公山、古汴渠。鎭二白土、安民。舊有晉城、雙溝二鎭。

豐有泡水、大澤。

邳州，中，刺史。宋淮陽軍，貞祐三年九月改隸河南路。戶二萬七千二百三十二。縣三：

下邳有嶧陽山、磬石山、艾山、〔六〇〕沂水、泗水、沭水、〔六一〕睢水。

蘭陵本承縣，明昌六年更名。貞祐四年三月徙治土婁村。

宿遷元光二年四月廢。有泗水、汜水。

滕州，上，刺史。本宋滕陽軍，大定二十二年升爲滕陽州，二十四年更今名。貞祐三年九月爲兗州支郡。戶四萬九千九。縣三、鎭一：

滕舊名滕陽，大定二十四年更。有桃山、抱犢山、漷水。

沛有微山、泗水、泡水、漷水。鎭一陶陽。

鄒宋隸泰寧軍。有嶧山、鳧山、泗水、漷水。

博州，上，防禦。宋博平郡。戶八萬八千四百四十六。縣五、鎭十一：

聊城倚。有茌山、黃河、金沙水。鎮二王館、武水。

堂邑　鎮二回河、侯固。

博平有漯河。鎮一博平。

茌平　鎮二廣平、興利。

高唐有黃河、鳴犢溝。鎮四固河、齊城、靈城、夾灘。

兗州，中，泰定軍節度使。宋襲慶府魯郡。舊名泰寧軍，大定十九年更。戶五萬九十九。縣四：

嵫陽本瑕丘。

曲阜宋名仙源。有防山、曲阜山，泗、洙、沂水。

泗水有陪尾山、尼丘山、泗水、洙水。

寧陽舊名龔縣，大定二十九年以避顯宗諱改。

泰安州，上，刺史。本泰安軍，大定二十二年升。戶三萬一千四百三十五。縣三、鎮二：

奉符倚。有泰山、社首山、龜山、徂徠山、亭亭山。有汶水、梁水。鎮二太平、靜封。

萊蕪有肅然山、安期山、嬴汶水、〔六三〕牟汶水。

新泰

德州，上，防禦。宋平原郡軍。戶一萬五千五十三。縣三、鎮七：

安德有鬲津河。鎮四磁博、嚮化、盤河、德安。

平原有金河。鎮一水務。

德平　鎮二懷仁、孔家鎮。

曹州，中，刺史。宋興仁府濟陰郡彰信軍。本隸南京，泰和八年來屬。大定八年城爲河所沒，遷州治于古乘氏縣。戶一萬二千六百七十七。縣三、鎮一：

濟陰倚。有曹南山、定濮岡、左山、祝丘、荷水、氾水、〔六三〕灉城、鄄城。鎮一濮水。

定陶本宋廣濟軍，熙寧間廢爲定陶縣。城中有梁王臺。有髣山、獨孤山。

東明初隸南京，後避河患，徙河北冤句故地。後以故縣爲蘭陽、儀封，有舊東明城。

校勘記

〔一〕縣一百五　殿本作「縣一百八、鎮九十八」。

〔二〕院北曰翠峯　按「翠峯」大金國志卷三三汴京制度作「湧翠峯」。與下文「峯之洞曰大滌湧翠，東連長生殿」合，疑此處脫「湧」字。

〔三〕東曰太后苑　「太」原作「大」。據永樂大典卷七七〇一京字韻引文改。

〔四〕置轉運司提刑司　按本書卷九章宗紀，大定二十九年六月「乙未，初置提刑司」。又卷一〇章宗紀，「明昌四年秋七月辛巳，南京路提刑司自許州遷治南京」。是天德二年無南京路提刑司。「提刑司」三字疑衍。

〔五〕戶百七十四萬六千二百一十　按本書卷四六食貨志，泰和七年「十二月奏，天下戶七百六十八萬四千四百三十八」。則開封府戶數將佔「天下」總戶數的四分之一，不太可能，疑此數有誤字。

〔六〕圃田　「圃」原作「嗣」。按元豐九域志以下簡稱九域志卷一，東京開封府中牟有圃田鎮。太平寰宇記以下簡稱寰宇記卷二東京開封府中牟縣，隋開皇十八年「於圃田城中爲圃田縣，以界內澤爲名」。圃田鎮蓋即舊圃田城，「圃」、「嗣」字形略近致誤。今改正。

〔七〕馬欄橋　「欄」原作「棚」。按九域志卷一，東京開封府，鄢陵有「馬欄橋一鎮」。嘉慶重修一統志以下簡稱嘉慶一統志卷一八七開封府，「馬欄鎮，在鄢陵縣南十里」。今據改。

〔八〕宋隸東京　「東」原作「南」。按九域志卷一，東京開封府有考城。宋史卷八五地理志，開封府縣十六，中有考城。今據改。

〔九〕有葵丘　原作「葵丘有」，今據文義乙正。

〔一〇〕黃河　「黃」原作「莫」。按九域志卷三，陝西路，陝州陝縣有黃河。寰宇記卷六，陝州陝縣，「黃河自靈寶界流入」。今據改。

〔一一〕古函谷關　原脫「關」字。按九域志卷三，陝西路，陝州靈寶有古函谷關。寰宇記卷六，陝州靈寶縣「古函谷關，在縣南十里一百六十步，秦之舊關也。……（漢）武帝意好廣闊，遂東移於新安」。今據補一「關」字。

〔一二〕有太華山　原脫「有」字。據本志文例補。

〔一三〕穰城　按穰縣古今皆稱穰，金代不宜獨異。「城」疑是衍文。

〔一四〕熊耳山　「熊」原作「縣」。按九域志卷一，京西路鄧州，內鄉有熊耳山。嘉慶一統志卷二一〇，南陽府「淯水源出內鄉縣熊耳山……漢書地理志，熊耳之山出三水，淯水其一焉」。今據改。

〔一五〕淅水　「淅」原作「浙」。據殿本改。

〔一六〕鎮一胡陽　「胡」原作「明」。據殿本改。

〔一七〕有大明湖　按九域志卷一，京西路唐州比陽有大胡山。嘉慶一統志卷二一〇，南陽府「大胡山，在泌陽縣東北七十里，一曰大狐山，亦名壺山」。皆未載有「大明湖」。此處脫載大胡山，或「大明湖」即爲「大胡山」之誤。

〔一八〕有方城山　原作「有方山城」。按九域志卷一，京西路唐州方城，有方城山。嘉慶一統志卷二一〇南陽府，「方城山，在葉縣南四十里，跨裕州境。元和志，在方城縣東北五十里」。今據改。

〔一九〕澠池　「澠」原作「沔」。按澠池之「澠」，本書中有兩種寫法，一、「澠」，如本條下澠河，卷九六李愈傳「調河南澠池主簿」，卷一一四白華傳「金軍自閿鄉屯至澠池」，這是正確的。二、寫作「沔」，這是簡寫字，散見各卷，今皆改作「澠」。

〔二〇〕有天壇山　「壇」原作「檀」。按九域志卷一，西京河南府澠池，有天壇山。寰宇記卷五，河南府澠池縣「天壇山，在縣東北十八里，四面陡絕如壇」。今據改。

〔二一〕孟津貞祐三年七月升爲陶州　「陶」原作「淘」。按水經注卷四，「孟津有陶河之稱」。嘉慶一統志卷二〇五，河南府「孟津縣，金改曰孟津，貞祐三年升爲陶州，尋復爲縣」皆作「陶州」。今據改。

〔二二〕轘轅山　「轅」原作「軒」。按輿地廣記以下簡稱廣記卷五，西京河南府永安縣，有轘轅山。寰宇記卷五，西京河南府緱氏縣「轘轅山，在縣東南四十六里」。今據改。

〔二三〕九山　原脫「山」字。按九域志卷一，西京河南府鞏，有九山。寰宇記卷五，西京河南府鞏縣「九山，在縣西南五十五里」。今據補。

〔二四〕有霍陽山　「陽」原作「確」。按九域志卷一，京西路汝州「梁，有霍陽山」。寰宇記卷八，汝州梁縣「霍陽山，俗謂現山，在縣西南七十里。……漢立霍陽縣，因山以爲名」。今據改。

〔二五〕許田　「田」原作「由」。按九域志卷一，京西路潁昌府長社縣有許田鎮。宋史卷八五地理志，京西北路潁昌府長社縣注云，「熙寧四年省許田縣爲鎮，入焉」。今據改。

〔二六〕浸水　「浸」原作「沒」。按九域志卷一，京西北路蔡州確山「有浸水」。「浸」卽古「汝」字。嘉慶一統志卷二一五，汝寧府「汝水，在正陽縣東北五十里。明統志，汝水在府城南九十里，水自青龍陂入汝，今稱汝口」。今據改。

〔二七〕有潁水　原脫「有」字。據本志文例補。

〔二八〕肥水　「水」原作「山」。按九域志卷五，淮南路宿州臨渙，有淝水。文獻通考卷三一七亦載臨渙有淝水。今據改。

〔二九〕蘄澤　「蘄」原作「鄿」。按九域志卷五，淮南路宿州臨渙縣有蘄澤鎮。三朝北盟會編卷二四四引張棣金虜圖經地里驛程云，「宿州至蘄澤鎮四十里，蘄澤至柳子鎮五十里」。程卓使金錄，嘉定四年十二月「三日辛巳，晴，早頓蘄澤鎮，四十五里至柳子鎮宿」。今據改。

〔三〇〕領節鎮二　原脫「領」字，據本志文例補。

〔三一〕鎮三十五　按殿本作「鎮三十八」。

〔三二〕東城　「東」原作「策」。按九域志卷二，河北路瀛州河間縣有東城鎮。廣記卷一〇，河北東路河間府河間縣「東城鎮，本漢東州縣，屬勃海郡」。今據改。

〔三三〕有衡漳水　原脫「水」字。按上文有衡漳水。又九域志卷二，河北路深州束鹿有衡漳水。今據補「水」字。

〔三四〕永濟渠「渠」原作「河」。按下文景州之東光、將陵、吳橋，本書卷二七恩州之歷亭、武城、清河等縣皆作「永濟渠」。今據改。

〔三五〕府三領節鎮二防禦二刺郡五縣六十一　原脫「領節」二字、「防禦」下脫「二」字。今據殿本補。又「縣六十一」下，殿本有「鎮三十三」四字。

〔三六〕大茂山　原脫「大」字。按九域志卷二，河北西路眞定府眞定，有大茂山。寰宇記卷六一，河北道鎭州眞定縣有大茂山「隋圖經云，大茂山，恆山之異名也」。今據補。

〔三七〕沙河有湯水　按九域志卷二，河北路邢州沙河，「有湯山、湡水」，寰宇記卷五九，河北道邢州沙河縣「湯山，在縣西北七十一里。山海經云，湯山，湯水出焉」。則此處脫載湯山。

〔三八〕有隆慮山洹水　原脫「有」字。按本志文例補。又「洹水」原作「洹山」。按九域志卷二，河北路相州林慮，「有隆慮山、洹水」。寰宇記卷五五，河北道林慮縣，「洹水出縣西北，俗謂安陽河」。今據改。

〔三九〕曲防水　按九域志卷二，河北路定州曲陽，作「曲陽水」。

〔四〇〕嫌與宗峻音同　「峻」原作「雋」。按本書卷四熙宗紀，天眷二年七月「辛巳，兗國王宗雋謀反，伏誅」，決無皇統八年猶爲宗雋嫌名改地名之理。此當係熙宗避其父宗峻嫌名。「峻」、「濬」廣韻並「私閏切」，而「雋」爲「徂兗切」，音不同。知此必當作「峻」，今改。

〔四一〕縣四　殿本作「縣五」。

〔四二〕淇水百門陂　「水」原作「山」、「陂」原作「波」。按九域志卷二，河北路衞州共城有「淇水、百門陂」。元和郡縣志以下簡稱元和志卷一六，河北道衞州共城縣，「淇水，源出縣西北沮洳山」。「百門陂在縣西北五里，方五百許步。……陂南通漳水」。今據改。

〔四三〕山東東路宋爲京東東路　原脫「宋」字。按宋史卷八五地理志，「京東路，熙寧七年分爲東、西兩路，以青、淄、濰、萊、登、密、沂、徐州，淮陽軍爲東路」。今據補。

〔四四〕領節鎭二　原脫「領」字，據本志文例補。

〔四五〕宋鎭海軍　原脫「宋」字。因下句「國初仍舊置軍」當有所承，知有脫文。按宋史卷八五地理志，京東路「青州，望，北海郡鎭海軍節度」。今據補「宋」字。

〔四六〕大定八年置山東東西路統軍司　按本書卷八六夾古胡剌傳，「正隆末，山東盜起。山東路統軍司選諸軍八百人作十謀克」，是正隆末已有山東路統軍司。卷六世宗紀，「大定三年五月己亥，罷河南、山東、陝西統軍司」。卷七三宗尹傳，「大定八年置山東路統軍司」。是大定間爲復置。「八年」下當有「復」字爲是。

〔四七〕永豐永阜永科　按嘉慶一統志卷一七六，武定府永豐鎭注云，「金志，霑化縣有永豐、永阜、永利三鎭」。又云，「永利塲在霑化縣東三十五里」。則「永科」當是「永利」之誤。

〔四八〕汶濰浯水　「浯」原作「涪」。按九域志卷一，京東路密州「安丘，有浯水、汶水、濰水」。寰宇記卷二四，河南道，密州安丘縣，「浯水堰，三齊略記曰，昔者堰浯水南入荆水」。今據改。

〔四九〕縣五　下文僅朐山、贛榆本懷仁、東海、漣水四縣，數目不合。按宋史卷八八地理志，淮南東路「海州，上，東海郡，團練。建炎間入于金，紹興七年復。隆興初，割以畀金，隸山東路，以漣水縣來屬。……縣四：朐山、懷仁、沭陽、東海」。據此，金之海州當有沭陽縣。本書卷四九食貨志鹽，「其行鹽之界，各視其地宜。莒之場十二，……板浦場行漣水沭陽縣」。卷一三二紇石烈執中傳，泰和六年「五月，宋兵犯金城，轉趨沭陽」。卷一〇八侯摯傳，興定二年，「摯奏曰，……仍擇沭陽之地可以爲營屯者分兵護邏」。是金有沭陽絕無可疑。今據九域志疑有脫文如下：「沭陽有韓山、沭水。」韓山、沭水皆見寰宇記卷二二河南道海州沭陽縣。

〔五〇〕鎭三　按殿本作「鎭二」。

〔五一〕歸化　按九域志卷二，河北路棣州厭次縣五鎭，「歸化」作「歸仁」。

〔五二〕鬻山　「鬻」原作「鬵」。按九域志卷一，京東路淄州淄川有鬻山。寰宇記卷一九，河南道淄州淄川縣「鬻山，在縣東北十里」。嘉慶一統志卷一六二，濟南府「鬻山，在淄川縣東北十里，即古黃山」。今據改。

〔五三〕齊東　「齊」原作「介」。按九域志卷一，京東路淄州鄒平縣有「孫家、趙巖口、淄鄉」等鎭。嘉慶一統志卷一六三，濟南府古蹟「齊東鎮，今齊東縣治，金史地理志，鄒平有齊東鎮，齊乘，齊東縣舊曰趙巖口，金爲齊東鎮」。今據改。

〔五四〕剌郡五　按殿本此下有「縣二十七，鎮四十八」八字。

〔五五〕樂安　按九域志卷一，京東路鄆州陽穀有安樂鎮。嘉慶一統志卷一六六，兗州府關隘「安樂鎮，在陽穀縣東北三十里」。則「樂安」疑當作「安樂」。

〔五六〕鎮九但歡安寧寧鄉翔鸞固留滑口廣里石横澄空傅家岸　按九域志卷一，京東西路鄆州平陰縣有「祖歡、石溝、界首、寧鄉、滑家口、傅家岸、翔鸞七鎮」，今參酌點斷，但歧異尙多。又鎮名是十，與「鎮九」不合。本卷上文東平府「鎮十九」，而東阿「鎮五」、陽穀「鎮二」、汶上「鎮一」、壽張「鎮一」，加平陰「鎮九」共鎮十八，尙缺其一。疑此「鎮九」或是「鎮十」之誤。

〔五七〕承注山　原脫「注」字。按元和志卷一〇，河南道兗州任城縣「承注山，在縣東南七十六里，女媧生處」。嘉慶一統志卷一八三，濟寧直隸州「承注山，在州南四十里」。今據補「注」字。但九域志卷一與寰宇記卷一四濟州任城下都作承匡山。「匡」當爲「注」字之誤。

〔五八〕赭土山　原脫「山」字。按九域志卷一，京東路徐州彭城有赭土山。寰宇記卷一五，河南道徐州彭城縣「赭土山，在縣北三十五里」。今據補。

〔五九〕卞唐　「卞」原作「下」。按九域志卷一，京東路徐州彭城有卞塘鎮。嘉慶一統志卷一〇一，徐州府關隘「卞塘鎮，在銅山縣東。舊志卞塘集在州東昌化鄉，蓋以卞塘湖爲名」。今據改。

〔六〇〕艾山　「山」原作「水」。按九域志卷一，京東路淮陽軍下邳有艾山。嘉慶一統志卷一〇〇，徐州府「艾山，在邳州北五里，以產艾故名，元魏時艾山縣蓋置於此」。今據改。

〔六一〕沭水　「沭」原作「沐」。按九域志卷一，京東路淮陽軍下邳有沭水。嘉慶一統志卷一〇〇，徐州府直河「在邳州南百十里，即古沭水也」。今據改。

〔六二〕嬴汶水　「嬴」原作「羸」。按九域志卷一，京東路兗州萊蕪有嬴汶水。嘉慶一統志卷一七九，泰安府「汶水，源出萊蕪縣東北八十里原山之陽，西南流經泰安縣東，左合牟汶、嬴汶水西流」。今據改。

〔六三〕氾水　「氾」原作「汎」。按九域志卷一，京東路曹州濟陰有氾水。寰宇記卷一三，河南道曹州濟陰縣，「氾水在縣南，昔漢高祖既定天下，即帝位於定陶氾水之陽。張晏曰，氾水在濟陰界，取其泛愛弘大而潤下也」。又「張晏曰，氾音敷劒反，愛之氾也」。今據改。

金史卷二十六

志第七

地理下

大名府路　河東北路　河東南路　京兆府路　鳳翔路

鄜延路　慶原路　臨洮路

大名府路，宋北京魏郡。府一，領刺郡三，縣二十，鎭二十二。貞祐二年十月置行尚書省。

大名府，上，天雄軍。舊爲散府，先置統軍司，天德二年罷，以其所轄民戶分隸旁近總管府。正隆二年陞爲總管府，附近十二猛安皆隸焉，兼漕河事。產皺、縠、絹、梨肉、樱桃煎、木耳、硝。戶三十萬八千五百一十一。縣十、鎭十三：舊有柳林、侯固二鎭。

元城 有惬山、漕運御河、屯氏河。鎮二 安定、安賢。

大名 倚。鎮一〔一〕

魏縣

冠氏 有弇山水、沙河。鎮四 普通、清水、博寧、桑橋。

南樂 鎮一 南樂。

館陶 有漕運御河。鎮一 館陶。

夏津 有屯氏河、潤溝河。鎮一 孫生。

朝城 鎮一 韓張。

清平 有新渠金堤。鎮一 清平。

莘 鎮一 馬橋。

恩州，中，刺史。宋清河郡軍事，治清河，今治歷亭。戶九萬九千一百一十九。縣四、鎮六：

歷亭 倚。有永濟渠，置河倉。鎮四 漳南、新安樂、舊安樂、王杲。

武城 有永濟渠、沙河。鎮一 武城。

清河 有永濟渠、漳渠。

臨清有河倉。鎮一曹仁。

濮州，下，刺史。宋濮陽郡。戶五萬二千九百四十八。縣二、鎮三：

鄄城倚。有旄丘、陶丘、金堤。鎮二臨濮、雷澤，皆舊縣，貞元二年爲鎮。

范　鎮一定安。

開州，中，刺史。宋開德府澶淵郡鎮寧軍節度，降爲澶州，皇統四年復更今名。戶三萬三千八百三十六。縣四、鎮一：

濮陽倚。有衞陽山、鮒鰅山、〔二〕黃河、淇河、瓠子口。

清豐有廣陽山、黃河。

觀城有泉源河。鎮一武鄉。

長垣本隸南京，泰和八年以限河不便，來屬。

河東北路。宋河東路，天會六年析河東爲南、北路，〔三〕各置兵馬都總管。府一，領節鎮三，刺郡九，縣三十九，鎮四十，堡十，寨八。

太原府，上，武勇軍。宋太原郡河東軍節度，國初依舊爲次府，復名幷州太原郡河東軍總管府，置轉運司。有造墨場、煉銀洞、瑪瑙石。藥產松脂、白膠香、五靈脂、大黃、白玉石。戶一十六萬五千八百六十二。縣十一、鎮八：

陽曲倚。有罕山、蒙山、汾水。鎮五陽曲〔四〕、百井、赤塘關、天門關、陵井驛。

太谷有太谷山、蔣水。

平晉貞祐四年七月廢，興定元年復置。有龍山、晉水。鎮二晉寧、晉祠。

清源有清源水、汾水。

徐溝本清源縣之徐溝鎮，大定二十九年升。

榆次有麓臺山、塗水。

祁〔五〕有幘山、太谷水。鎮一團柏。

文水有隱泉山、汾水、文水。

交城有少陽山、狐突山、汾水。

盂興定中升爲州，聽絳州元帥府節制，置刺史，尋復。有白馬山、原仇山、〔六〕滹沱水。

壽陽興定二年九月嘗割隸平定州。有方山、洞過水。

晉州。興定四年正月以壽陽縣西張寨置。

忻州，下，刺史。舊定襄郡軍。戶三萬二千三百四十一。縣二、鎮四：

秀容有程侯山、雲母山、忻水、滹沱水。鎮四忻口、雲內、徒合、石嶺。

定襄

平定州，中，刺史。本宋平定軍，大定二年升爲州。〔七〕興定二年爲防禦，十一月復降爲刺郡。戶一萬八千二百九十六。縣二、鎭三：

平定倚。有浮山、浮灤水。鎭二承天、東百井。

樂平興定四年正月升爲皐州。有樂平山、清漳水。鎭一淨陽。

汾州，上。宋西河郡軍事，天會六年置汾陽軍節度使，後又置河東、南、北路提刑司。戶八萬七千一百二十七。縣五、鎭二：

西河有謁泉山、比干山、文水、汾水。鎭一郭柵。

孝義有勝水。

介休有介山、汾水。鎭一洪山。

平遙有鹿臺山、汾水。

靈石貞祐三年割隸霍州，四年五月復來屬。有靜巖山、汾水。

石州，上，刺史。舊昌化軍，〔八〕興定五年復隸晉陽，從郭文振之請也。戶三萬六千五百二十八。縣六、鎭四：

離石倚。有胡公山、離石水。鎭一石窟。

方山貞祐四年徙治于積翠山。有方山、赤洪水。

孟門舊名定胡，明昌六年更。宋隸晉寧軍。有黃河、寧鄉水。鎭二吳保、天澤。

溫泉貞祐四年五月改隸汾州。有遠望山、溫泉。

臨泉宋隸晉寧軍。有黃河、臨泉水。鎭一克胡。〔九〕

寧鄉舊名平夷，明昌六年更。

葭州，下，刺史。本晉寧軍，貞元元年隸汾州，大定二十二年升爲晉寧州，二十四年更今名。在黃河西，興定二年五月以河東殘破，改隸延安府。戶八千八百六十四。寨八、堡九：神泉寨、永祚堡、烏龍寨、康定堡、寧河寨、寧河堡、太和寨、神木寨、通津堡、彌川寨、護川堡、弭川堡、淸川堡、通秦寨、通秦堡、〔一〇〕晉安堡、吳堡寨，已上皆在黃河西，臨西夏界。

代州，中。宋雁門郡防禦，天會六年置震武軍節度使。貞祐二年四月僑置西面經略司，八月罷。戶五萬七千六百九十。縣五、鎭十三：

雁門倚。有夏屋山、雁門山、滹沱水。鎭三雁門、西陘、〔一一〕胡谷。

崞有崞山、石鼓山、滹沱河、沙河。鎭一樓板。

五臺貞祐四年三月升爲臺州。有五臺山、慮虒水。〔一二〕鎭二興善、石觜。

廣武貞祐三年七月來屬。

繁畤貞祐三年九月升爲堅州。鎮七茹越、大石、義興、麻谷、瓶形、梅廻、寶興。

隩州，下。本宋舊火山軍，大定二十二年升爲火山州，後更今名。興定二年九月改隸嵐州，四年以殘破徙治于黃河灘許父寨。戶七千五百九十二。縣一、鎮一：

河曲貞元元年置。有火山、黃河。鎮一鄴鎮。

寧化州，下，刺史。本寧化軍，大定二十二年陞爲州。戶六千□百。〔一三〕縣一、鎮一：

寧化　鎮一窟谷。

嵐州，下。宋舊樓煩郡軍事，天會六年置鎮西節度使。戶一萬七千五百五十七。縣三、鎮四：

宜芳　鎮一飛鳶。

合河　鎮三合河津、乳浪、鹽院渡。

樓煩

岢嵐州，下，刺史。本宋岢嵐軍，大定二十二年爲州，貞祐三年九月升爲防禦，四年正月升爲節鎮，五月復爲防禦。戶五千八百五十一。縣一、堡一：

嵐谷有岢嵐山、雪山、岢嵐水。〔一四〕堡一寨光。

保德州，下，刺史。本宋保德軍，大定二十二年升爲州，元光元年六月升爲防禦。戶三千一百九十一。縣一：

保德 大定十一年置。有大堡津、沙谷津。[一五]

管州，下，刺史。本宋憲州靜樂郡，天德三年更。興定三年升爲防禦。戶五千八百八十一。縣一：

靜樂

河東南路，府二，領節鎮三，[一六]防禦一，刺郡六，縣六十八，鎮二十九，[一七]關六。

平陽府，上。宋平陽郡建雄軍節度。本晉州，初爲次府，置建雄軍節度使。天會六年升總管府，置轉運司。興定二年十二月以殘破降爲散府。有書籍。產解鹽、隰州綠、卷子布、龍門椒、紫團參、甘草、蒼朮。戶一十三萬六千九百三十六。縣十、鎮一：

臨汾 天會六年定臨汾爲次赤，餘並次畿，置丞、簿、尉各一。有姑射山、平水、壺口山、汾水。

襄陵 倚。有浮山、汾水、潏水。鎮一 故關。

洪洞 有霍山、[一八]汾水。

趙城 有姑射山、汾水、霍水。

霍邑 貞祐三年七月升爲霍州，以趙城、汾西、靈石隸焉。興定元年七月升爲節鎮，軍曰鎮定。有霍山、汾水、彘水。

汾西有汾西山、汾水。

岳陽有烏嶺山、通軍水。

浮山舊名神山，大定七年更爲浮山，興定四年更名曰忠孝。

和川

冀氏

隰州，上，刺史。宋大寧郡，團練。舊大寧郡軍刺史，天會六年改爲南隰州，以與北京隰州重也，天德三年去「南」字。戶二萬五千四百四十五。縣六、關四：

隰川倚。有石馬山、石樓山。

仵城興定五年正月陞隰川之午城鎮置。

蒲興定五年正月升爲蒲州，以大寧隸焉。有孤石山、橫木嶺。

大寧有孔山、黃河、日斤水。〔一九〕關一馬門關。

永和有樓山、黃河、仙芝水。關一永和關。

石樓有石樓山、黃河、龍泉。關二永寧、上平關。

吉州，下，刺史。〔二〇〕宋置團練。舊名慈州，天德三年改爲耿州，置文成郡軍，明昌元年更名吉。戶一萬三千三百二十四。縣二：

吉鄉有壺口山、孟門山、黄河、蒲水。

鄉寧

河中府，散，上。宋河東郡。舊置護國軍節度使，天會六年降爲蒲州，置防禦使。天德元年升爲河中府，仍舊護國軍節度使。大定五年置陜西元帥府。戶十萬六千五百三十九。縣七、鎮四：

河東倚。有中條山、五老山、黄河、嬀水、汭水。鎮二永樂、合河。

滎河貞祐三年升爲滎州，〔三〕以河津、萬泉隸焉。有黄河、汾水、脽丘。鎮一北郎。

虞鄉有雷首山、中條山、壇道山。

萬泉　鎮一胡壁。

臨晉有三疑山、黄河。

河津

猗氏有涑水。

絳州，上。宋置絳郡防禦。天會六年置絳陽軍節度使。興定二年十二月升爲晉安府，總管河東南路兵馬，三年三月置河東南路轉運司。戶一十三萬一千五百一十。縣七、鎮五、關一：

正平倚。劇。有定境山、汾水、澮水、鼓水。鎭一澤掌。

曲沃劇。有絳山、絳水、汾水、澮水。鎭二柴村、九王。

稷山有稷山、汾水。

翼城興定四年七月升爲翼州，以垣曲、絳縣隸焉。元光二年升爲節鎭，軍曰翼安。有澮高山、清野山、烏嶺山。

太平有汾水。

垣曲有王屋山、清廉山、黃河、清水。鎭一皐落。關一行臺。

絳有太陰山、教山、絳水。鎭一繪交。

平水興定四年七月徙置汾河之西，從平陽公胡天作之請也。

解州，上，刺史。宋慶成軍防禦，國初置解梁郡軍，後廢爲刺郡。貞祐三年復升爲節鎭，軍名寶昌。興定四年徙治平陸縣。戶七萬一千二百三十二。縣六、鎭四：

解倚。有壇道山、鹽池。

平陸有吳山、黃河。鎭一張店。

芮城宋隸陝州。有中條山、黃河、龍泉。

夏有巫咸山、中條山、涑水。鎭一曹張。

安邑有中條山、稷山、鹽池、涑水。

聞喜有九龍山、湯山、涑水。鎭二東鎭、劉莊。

澤州，上，刺史。宋高平郡。天會六年以與北京澤州同，加「南」字，天德三年復去「南」字。貞祐四年隸潞州昭義軍，後又改隸孟州。元光二年升爲節鎭，軍曰忠昌。戶五萬九千四百一十六。縣六、鎭二：

晉城倚。有太行山、丹水、白水、天井關。鎭二周村、巴公。舊又置星軺鎭。

端氏有石門山、巨峻山。

陵川有太行山、九仙山。

陽城元光二年十一月升爲勣州。有王屋山、濩澤。

高平有頭顱山、米山、丹水。

沁水有鹿臺山、沁水、馬邑山。

潞州，上。宋隆德府上黨郡昭德軍節度使。天會六年，節度使兼潞南遼沁觀察處置使。戶七萬九千二百三十二。縣八、鎭四：

上黨倚。鎭一八義。

壺關有抱犢山、紫團山、赤壤山。

屯留有盤秀山、絳水。鎭一寺底。

長子有羊頭山、發鳩山、堯水。鎭一橫水。

潞城有三垂山、伏牛山、潞水、漳水。

襄垣有鹿臺山、涅水、漳水。鎭一虒亭。

黎城有白巖山、故壺口關。〔二二〕

涉貞祐三年七月升爲崇州，以黎城縣隸焉。四年八月以殘破復爲縣。興定五年九月復升爲州。有崇山、涉水。

遼州，中，刺史。宋本樂平郡刺史，天會六年以與東京遼州同，加「南」字，天德三年復去「南」字。戶一萬五千八百五十。縣四、鎭一、關一：

遼山倚。有箕山、靑谷水。鎭一平城，舊縣也，貞元間廢爲鎭，屬遼山縣，及廢舊芹泉鎭。關一黃澤。

榆社有武鄉水、石勒漚麻池。

和順有九原山。

儀城舊爲平城縣，貞元二年廢入遼山爲鎭，貞祐四年復升爲縣，更今名。

沁州，中，刺史。〔二三〕錦山郡。宋威勝軍，天會六年升爲州。元光二年升爲節鎭，軍曰義勝。戶一萬八千五十九。縣四、鎭一：〔二四〕

銅鞮倚。有銅鞮山、石梯山、洹水、交水。

武鄉有胡甲山、武鄉水。鎭一南關。

沁源元光二年十一月升爲穀州。有霍山、沁水。

綿上有羊頭山、沁水。

懷州，上。宋河內郡防禦，天會六年以與臨潢府懷州同，加「南」字，仍舊置沁南軍節度使，天德三年去「南」字。皇統三年閏四月置黃沁河堤都大管勾司。大定五年置行元帥府。興定五年置招撫司。戶八萬六千七百五十六。縣四、鎮六：

河內倚。有太行陘、太行山、黃河、沁水、溴水。〔三五〕鎮四武德、柏鄉、萬善、淸化。

修武有濁鹿城。鎮一承恩。

山陽興定四年以修武縣重泉村爲山陽縣，隸輝州。

武陟有太行山、天門山、黃河、沁水。鎮一宋郭。

孟州，上。宋濟源郡節度，天會六年降河陽府爲孟州，置防禦，守盟津。宣宗朝置經略司。戶四萬一千六百四十九。縣四、鎮二：

河陽倚。有嶺山、黃河、湛水、同水。鎮二穀羅、沇河。

王屋有王屋山、天壇山、析城山、黃河。

濟源有太行山、孔山、濟水、溴水、〔三六〕沁水。

溫有黃河、沸水。〔三七〕

京兆府路，宋爲永興軍路。皇統二年省併陝西六路爲四，曰京兆，曰慶原，曰熙秦，曰鄜延。府一，領節鎮一，防禦一，刺郡四，縣三十六，鎮三十七。

京兆府，上。宋京兆郡永興軍節度使。皇統二年置總管府，天德二年置陝西路統軍司、陝西東路轉運司。產白芷、麻黃、白蒺藜、茴香、細辛。戶九萬八千一百七十七。縣十二、鎮十：舊又有中橋、臨涇二鎮，後廢。

長安 倚。有終南山、龍首山、灃水、〔二八〕渭水、鎬水。鎮一子午。

咸寧 倚。本萬年，後更名。泰和四年廢，尋復。鎮二鳴犢、乾祐。

興平 有渭水、醴泉。

涇陽

臨潼 有驪山、渭水、戲水。〔二九〕鎮一零口。

藍田 有藍田山、蕢山、灞水。

雲陽 鎮一孟店。

高陵 有涇水、渭水、白渠。〔三〇〕鎮二毗沙、渭城。〔三一〕

終南 宋清平軍。鎮一甘河。

櫟陽有渭水、沮河、〔三三〕清泉陂。鎭一粟邑。〔三三〕

鄠有終南山、牛首山、〔三四〕渼陂、渭水。鎭一秦渡。

咸陽

商州，下，刺史。宋上洛郡軍事。貞祐四年升爲防禦，尋隸陝州，興定二年正月復來屬，元光二年五月改隸河南路。戶三千九百九十九。縣二、鎭二：舊又有西市、黃川、青雲〔三五〕三鎭，後廢。

上洛有楚山、熊耳山、丹水、嶢關。鎭二商洛、豐陽，皆舊爲縣，貞元二年廢爲鎭。

洛南有冢嶺山、洛水。

虢州，下，刺史。宋虢郡軍事。貞祐二年割爲陝州支郡，以備潼關。戶一萬二十二。縣三、鎭五：

虢略有鹿蹄山、黃河、燭水。鎭三靖遠、玉城、〔三六〕朱陽。

盧氏有朱陽山、熊耳山、洛水、鄩水。鎭二社管，欒川〔三七〕舊爲縣，海陵貞元二年廢爲鎭。

朱陽海陵時嘗廢，後復置。有地肺山。

乾州，中，刺史。宋嘗改爲醴州，天德三年復。戶二萬六千八百五十六。縣四、鎭三：

奉天有梁山、莫谷水、甘谷水。鎭一薛祿。

醴泉有九嵕山、浪水。鎭一甘北。

武亭本武功，大定二十九年以嫌顯宗諱更。有斅物山、武功山、渭水。鎭一長寧。

好畤有梁山、武亭河。

同州，中。宋馮翊郡定國軍節度，治馮翊。後改安國軍節度使。〔三八〕舊貢圓筋蔪耳羊，大定十一年罷之。戶三萬五千五百六十一。縣六、鎭九：

馮翊倚。有洛水、渭水。鎭二沙苑幷監。〔三九〕

朝邑有黃河、渭水。鎭四朝邑、新市、延祥、洿谷。

白水有五龍山、洛水、白水。

郃陽有非山、瀵水、黃河。鎭一夏陽。

澄城有梁山、〔四〇〕洛水。

韓城貞祐三年升爲楨州，以郃陽縣隸焉。鎭二寺前、良輔。

耀州，上，刺史。宋華原郡感德軍節度，皇統二年降爲軍事，後爲刺史州。戶五萬二百一十一。縣四、鎭二：

華原有土門山、漆水、沮水。

同官有白馬山、同官川。鎭一黃堡。

美原　有頻陽山。

三原　有堯門山、中白渠。鎮一　龍橋。

華州，中。宋華陰郡鎮潼軍節度，治鄭，國初因之，後置節度使，皇統二年降爲防禦使。貞祐三年八月升爲節鎮，軍曰金安，以商州爲支郡。戶五萬三千八百。縣五、鎮六：

鄭　倚。有少華山、聖山、渭水、符禺水。鎮一　赤水。

華陰　有太華山、松果山、黃河、渭水、潼關。鎮二　關西、敷水。

下邽　有渭水、太白渠。鎮二　素化、新市。

蒲城　有金粟山、洛水。鎮一　荆姚。

渭南　有靈臺山、渭水。

鳳翔路，宋秦鳳路，治秦州。府二，領防禦一，〔四一〕刺郡二，縣三十三，城一，堡四，寨十四，鎮十五。〔四二〕

鳳翔府，中。宋扶風郡鳳翔軍節度。皇統二年升爲府，軍名天興，大定十九年更軍名爲鳳翔。大定二十七年升總管府。產芎藭、獨活、燈草、無心草、升麻、秦艽、〔四三〕骨碎補、羌活。戶六萬二千三百三。縣九、鎮四：舊有橫水、驛店、崔模、〔四四〕麻務、長清五鎮，後廢。

鳳翔倚。有杜陽山、吳岳、雍水。舊名天興縣，大定十九年更。

寶雞有陳倉山、渭水、汧水、大散關。鎭一武城。

虢有楚山、渭水。鎭一陽平。

郿有太白山、渭水。

盩厔南至巡馬道二十里。貞祐四年升爲恒州，以郿縣隸焉。有終南山、渭水、浴谷。

扶風國初作扶興。有渭水、漳水。〔四五〕鎭一岐陽。

岐山有岐山、終南山、渭水、姜水、汧水。鎭一馬蹟。

普潤有杜水、漆水、岐水。〔四六〕

麟遊有五將山、黝土山。

德順州，上，刺史。宋德順軍，國初隸熙秦路，〔四七〕皇統二年升爲州，大定二十七年來屬。貞祐四年四月升爲防禦，十月升爲節鎭，軍曰隴安。戶三萬五千四百四十九。縣六、寨四、堡一：舊有上接鎭、通安寨、王家城、牧龍城、同家堡，後廢。

隴干〔四八〕倚。

水洛本中安堡城。堡一中安。

威戎本威戎堡城。

隆德本隆德寨。

通邊本通邊寨。寨三靜邊舊爲縣，得勝，寧安。

治平本治平寨。寨一懷遠。

平涼府，散，中。宋渭州隴西郡平涼軍節度。舊爲軍，後置陝西西路轉運司、陝西東、西路提刑司。大定二十六年來屬。〔四九〕戶三萬一千三十三。縣五、鎭五、寨一：

平涼倚。有笄頭山、〔五〇〕馬屯山。

潘原有烏鼠山、銅城山。

崇信有閤川水。鎭一西赤城。

華亭有小隴山。

化平本名安化，大定七年更。鎭四安化、安國、白巖河、耀武。寨一瓦亭。

鎭戎州，下，刺史。本鎭戎軍，大定二十二年爲州，二十七年來屬。戶一萬四百四十七。縣二、堡三、寨八：

東山本東山寨。

三川本三川寨。〔五一〕堡三彭陽、乾興、開遠。寨八天聖、飛泉、熙寧、靈平、通峽、盪羌、九羊、張義。

秦州，下。宋天水郡雄武軍節度，後置秦鳳路。國初置節度，皇統二年置防禦使，隸熙秦路，大定二十七年來屬。元光二年四月升爲節鎮，軍曰鎮遠，後罷，貞祐三年復置。〔五二〕戶四萬四百四十八。縣八、城一、寨三、鎮二：舊有甘谷城、甘泉城、結藏城、定西寨、西顧堡，後廢。

成紀 倚。有龍馬泉。

冶坊〔五三〕

甘谷

清水 宋舊縣。有中隴山、〔五四〕嶓冢山、清水。〔五五〕

雞川

隴城 有大隴山、瓦亭山。寨一 隴城。

西寧 貞祐四年十月升爲西寧州，以甘谷、雞川、治平三縣隸焉。

秦安 城一 伏羌。寨二 三陽務、弓門。鎮二 靜戎、床穰。

隴州，下。宋汧陽郡，防禦。海陵時隸熙秦路，大定二十七年來屬。戶一萬六千四百四十二。縣三、鎮五：

汧陽 倚。有汧水、隃麋澤。鎮二 安化、新興。

汧源 有吳嶽山、白環水。鎮三 吳山、定戎、隴西。

隴安 泰和八年以隴安寨升。有秦嶺山、渭水。

鄜延路，府一，領節鎮一，〔五六〕刺郡四，縣十六，鎮五，城二，堡四，寨十八，關二。

延安府，下。宋延安郡彰武軍節度使，皇統二年置彰武軍總管府。戶八萬八千九百九十四。縣七、寨四、堡一、鎮一。〔五七〕

膚施倚。有五龍山、伏龍山、洛水、清水、濯巾水。鎮一樂盤。

延川有濯巾河、黃河、吐延水。〔五八〕寨一永平。

延長有獨戰山、濯巾水。

臨眞有庫利川。〔五九〕

甘泉有洛水。

敷政有三堆山、洛水。

門山有重覆山、黃河、渭牙川水。堡二安定，置第六正將。安寨。寨四萬安，興定二年廢。德安，置第五副將。招安。永平，有丹陽驛。

丹州，中，刺史。宋咸寧郡軍事，國初因之。戶一萬三千七十八。縣一、鎮一、關一：

宜川有雲巖山、孟門山、黃河、庫利川。〔六〇〕鎮一雲巖。關一烏仁。

保安州，下，刺史。宋保安軍，大定二十二年升爲州。戶七千三百四十。縣一、寨三、鎮二、堡一、城一：

保安大定十二年以保安軍置。寨三德靖、順寧、平戎。鎮二靜邊、永和。堡一園林。城一金湯。

綏德州，下，刺史。唐綏州，宋綏德軍，大定二十二年升爲州。戶一萬二千七百二十。縣一、寨十、城一、堡一、關一：

清澗本宋清澗城，大定二十二年升。寨十暖泉，義合，清邊，臨夏，白草，米脂置第二將，懷寧，鎮邊，綏平，克戎置第四將。城一嗣武。堡一開光。關一永寧。

鄜州，下。宋洛交郡康定軍節度，〔六一〕國初因之，置保大軍節度使。戶六萬二千九百三十一。縣四、鎮一：

洛交倚。有疏屬山、洛水、華池水。鎮一三川。〔六二〕

直羅有大盤山、〔六三〕羅川水。

鄜城有楊班湫。

洛川有洛川水、圜水。

坊州，中，刺史。宋中部郡軍事。戶二萬七百四十六。縣二、鎮一：

中部有沮河、橋山、石堂山、洛水、蒲谷水。

宜君有沮水。鎮一玉華。

天會五年，元帥府宗翰、宗望奉詔伐宋，若克宋則割地以賜夏。及宋既克，乃分割楚、夏疆封，自麟府路洛陽溝距黃河西岸，西歷暖泉堡，鄜延路米脂谷至累勝寨，環慶路威邊寨〔六四〕踰九星原至委布谷口，涇原路威川寨略古蕭關至北谷口，秦鳳路通懷堡至古會州，自此距黃河，依見流分熙河路盡西邊，以限楚、夏之封，或指定地名有懸邈者，相地勢從便分畫。

慶原路，舊作陝西西路。府一，領節鎮二，刺郡三，縣十八，〔六五〕鎮二十三，城二，堡四，寨二十二，〔六六〕邊將營八。

慶陽府，中。宋安化郡慶陽軍節度。本慶州軍事，國初改安國軍，後置定安軍節度使兼總管，皇統二年置總管府。戶四萬六千一百七十一。縣三、城二、堡一、寨三、鎮七：

安化倚。有馬嶺山、延慶水。

彭原有彭池原、睦陽川。鎮二董志、赤城。

合水有子午山。鎮五金櫃、懷安、業樂、〔六七〕五交、景山。城二白豹、大順。寨三安疆、〔六八〕華池、柔遠。堡一荔原。

環州，上，刺史。宋軍事，國初因之，大定閒升爲刺郡。戶九千五百四。縣一、堡三、寨六、鎮三：

通遠倚。有鹹河、馬嶺坂、塔子平榷場。堡三木瓜、歸德、興平。舊有惠丁、射香、流井三堡，後廢。寨六定邊、平遠、永和、〔六九〕洪德、烏倫、安邊。鎮三合道、馬嶺、木波。

寧州，中，刺史。宋彭原郡興寧軍節度，國初因之，皇統二年降爲軍，仍加「西」字，天德二年去「西」字，爲刺郡。戶三萬四千七百五十七。縣四、鎮五：

安定本名定安，大定七年更。倚。有洛水、九陵水。鎮一交城。

定平　鎮二棗社、大昌。

眞寧有子午山、〔七〇〕羅川水。鎮二要關、山河。

襄樂有延川水。

邠州，中。宋新平郡靜難軍節度使，〔七一〕國初因之。戶四萬七千二百九十一。縣五、鎮三、寨一：

新平倚。有涇水、潘水。

淳化有仲山、車箱坂。

宜祿有涇水、汭水。鎮一亭口。

永壽宋隸醴州。有高泉山。鎮一永壽。舊有邵寨鎮，後割隸涇州。寨一常寧。

三水有石門山、涇水、羅川水。鎮一清泉。

原州，上，刺史。宋平涼郡軍事，〔七二〕大定二十七年爲涇州支郡，後復軍事。戶一萬七千八百。縣二、鎮三、寨五：

臨涇倚。有陽晉水、朝那水。

彭陽有大湖河、蒲川河。鎮三蕭鎮、柳泉、新城。寨五綏寧、平安、靖安、〔七三〕開邊、西壕。

涇州，中，彰化軍節度使。本治涇川，〔七四〕元光二年徙治長武。戶二萬六千二百九十。縣四、寨一、鎮二：

涇川本保定縣，大定七年更。寨一官地。

長武

良原

靈臺　鎮二百里、邵寨。

邊將：

第二將營，在荔原堡西，白豹城南七十五里，戶三千七百一十六。

次西第四將營，戶一千二百三十二。

次西第三將營，戶二千一百五。

次西第八將營，戶一千二百二十二。

次西第七將營，戶八百五十。

次西第九將營，戶七百二十七。

次西第六將營，戶九百八十九。

次西第五將營，戶三百六十四。

皇統六年，以德威城、西安州、定邊軍等沿邊地賜夏國，從所請也。正隆元年，命與夏國邊界對立烽候，以防侵軼。

臨洮路，皇統二年改熙州爲臨洮府，置熙秦路總管府，大定二十七年更今名。府一，領節鎮一，防禦一，刺郡四，縣一十三，鎮六，城六，〔七五〕堡十二，寨九，關二。

臨洮府，中。宋舊熙州臨洮郡鎮洮軍節度，後更爲德順軍，皇統二年置總管府。產甘草、菴藺子、大黃。戶一萬九千七百二十一。縣三、鎮一、城一、堡四：

狄道有白石山、洮水、浩亹河。鎮一慶平。城一景骨。

當川堡一通谷。

康樂堡三渭源、臨洮、南川臨宋界。

積石州，下，刺史。本宋積石軍溪哥城，大定二十二年爲州。戶五千一百八十五。縣一、城三、堡三：

懷羌西至生羌界八十里。城三循化，西至生羌界一百里。大通、臨河、夏界。來羌，臨夏邊。堡三通津、臨灘、來同。

洮州，下。宋嘗置團練。刺史。舊軍事。臨宋界，至西生羌界八十里。戶一萬一千三百三十七。堡二：通祐，臨宋界，無民戶，置軍守。鐵城，臨宋界，無民戶，置軍守。

蘭州，上，刺史。宋金城郡軍事。戶一萬一千三百六十。縣三、鎮三、城二、堡三、關一：

定遠兼第十將，去質孤堡一十五里。

龕谷宋舊寨。

阿干宋舊寨。城二寧遠、安羌。堡三東關。質孤，臨夏邊，兼第八將。西關，〔七六〕臨黃河、夏邊。鎮三原川、豬觜、納米。關一京玉。

鞏州，下，節度。宋通遠軍，皇統二年升軍事爲通遠軍節度使。戶三萬六千三百一。

縣五、寨四、鎮一：

隴西 宋舊縣。

通渭

定西 貞祐四年六月升爲州，以通西、安西隸焉。鎮一 鹽川。舊有赤觜鎮，後廢。

通西

安西 寨四 熟羊，臨宋界。來遠，去宋界二十五里，舊爲鎮。永寧，去宋界三十里。南川。舊有平西、寧遠二寨，及南三岔堡。〔七七〕

會州，上，刺史。宋前舊名汝遮。戶八千九百一十八。縣一、舊有會川城。寨二、關一：

保川 寨二 平西、通安。關一 會安，舊作會寧。

河州，下，防禦。宋安鄉郡軍事。至都四千七百一十里。皇統二年升軍事爲防禦，貞祐四年十月升爲節鎮，軍曰平西。戶一萬四千九百四十二。縣二、城一、寨三、鎮一：

枹罕 國初廢，貞元二年復置。

寧河 城一 安鄉關。寨三 南川、通會關、定羌城。鎮一 積慶。

校勘記

〔一〕鎭一　按應有鎭名，原脫。

〔二〕鮒鰅山　「鰅」原作「鍋」。按元豐九域志以下簡稱九域志卷二，河北路澶州濮陽有鮒鰅山。嘉慶重修一統志以下簡稱嘉慶一統志卷三五，大名府「鮒鰅山，在頓丘縣西北三十里，今名廣陽山。……按『鮒鰅』，山海經作『務隅』，又作『附禺』」。今據改。

〔三〕天會六年析河東爲南北路　「河」下原脫「東」字。據上下文補。

〔四〕陽曲　按九域志卷四，河東路太原府陽曲縣有陽興寨，宋史卷八六地理志同。嘉慶一統志卷一三六，太原府關隘「陽興寨，在陽曲縣東北一百里」。疑「陽曲」當作「陽興」。

〔五〕祁　原作「祈」。按太原府祁縣自漢以來皆作「祁」，本書所見如卷七二銀朮可傳，「宋兵據太谷、祁縣」，同卷挼离速傳，「宋軍來救太原者復據太谷、祁縣」，卷八〇突合速傳，「師至太原，祁縣降而復叛」，卷一二三禹顯傳，「追至祁縣而還」，皆作「祁」字。今據改。

〔六〕原仇山　「原」原作「泉」。按九域志卷四，河東路太原府盂縣有原仇山。元和郡縣志以下簡稱元和志卷一三，河東道太原府盂縣「原仇山，在縣北三十里」。今據改。

〔七〕大定二年升爲州　按大金國志以下簡稱國志卷三八京府州軍，「十六軍並改作州」，上等三州，泰安、滕、寧海。中等三州，平定、鈞、莒。下等十州，岢嵐、寧化、保德、隩、綏德、保安、葭、鎭戎、積石、來遠。除平定外，本志皆書「大定二十二年升爲州」，平定升州當亦同時。疑「大定」下脫「二十」二字。

〔八〕石州上刺史舊昌化軍　「刺史」二字原在「軍」字下。據本志文例乙正。

〔九〕克胡　「胡」原作「明」。按九域志卷四，河東路石州臨泉有尅胡寨。嘉慶一統志卷一四四，汾州府關隘「尅狐寨，在臨縣西北一百二十里黃河東岸，路通陝西葭州，置浮梁以濟，金大定中，築城屯兵防禦夏人」。今據改。

〔一〇〕通秦寨通秦堡　「秦」原皆作「泰」。按宋史卷八六地理志，河東路晉寧軍有通秦砦、通秦堡。本書紀傳所見亦多作「通秦」。今據改。

〔一一〕西陘　「陘」原作「徑」。按九域志卷四，河東路代州雁門縣有西陘寨。宋史卷八六地理志，河東路代州同。今據改。

〔一二〕慮虒水　原作「虒慮水」。按九域志卷四，河東路代州五臺有慮虒水。太平寰宇記以下簡稱寰宇記卷四九，河東道代州「五臺縣本漢慮虒縣，因慮虒水爲名」。今據乙正。

〔一三〕戶六千□百　「百」上原闕，殿本戶數作「六千一百」。

〔一四〕有岢嵐山雪山岢嵐水　原作「有嵐谷山、雪山、岢嵐山」。按九域志卷四，河東路岢嵐軍嵐谷縣「有岢嵐山、雪山、岢嵐水」。寰宇記卷五〇，河東道岢嵐軍嵐谷縣「岢嵐山，在縣東二里。雪山，在縣東北四十里。岢嵐河，在縣東，水從嵐州宜芳縣走馬嶺下流出，去縣四十里，西入合河縣界」。今據改。

〔一五〕沙谷津　「沙」原作「汝」。按九域志卷四，河東路保德軍津二：大堡，沙谷。宋史卷八六地理志，河東路保德軍同。今據改。

〔一六〕河東南路府二領節鎮三　原脫「領」字，據本志文例補。

〔一七〕縣六十八鎮二十九　按殿本作「縣六十九、鎮三十」。

〔一八〕霍山　「山」原作「水」。按九域志卷四，河東路晉州洪洞，有霍山。元和志卷一二，河東道晉州洪洞縣，「霍山，在縣東北三十里」。今據改。

〔一九〕日斤水　「日」原作「白」。按九域志卷四，河東路隰州大寧，有日斤水。寰宇記卷四八，河東道隰州大寧縣「日斤川，在縣內……其水屈曲入黃河」。今據改。

〔二〇〕吉州下刺史　原脫「刺史」二字。按國志卷三八京府州軍，「刺史七十五處」，「下等三十六處」中有吉州。三朝北盟會編以下簡稱會編卷二四四引張棣金虜圖經，「刺史七十四處」中亦有吉州。今據補。

〔二一〕滎河貞祐三年升爲滎州　「滎」原皆作「榮」。按宋史卷八七地理志，陝西路河中府作「滎河」。本書卷一六宣宗紀，元光元年十月「乙未，大元兵下滎州之胡壁堡」。元光二年五月「丙午，復河中府及滎州」。卷一一二完顏合達傳，元光元年「五月，上言：頃河中安撫司報，北將按察兒率兵入隰、吉、翼州，寖及滎、解之境，……竊見河中、滎、解司縣官與軍民多不相諳」。皆作「滎」。今據改。

〔二二〕故壺口關 原作「故壺關口」。按輿地廣記以下簡稱廣記卷一八，黎城縣「有壺口故關」。嘉慶一統志卷一四二，潞安府關隘所記同。今據乙正。

〔二三〕沁州中刺史 原脫「刺史」二字。按國志卷三八京府州軍，「刺史七十五處」，「中等二十五處」中有沁州。會編卷二四四引張棣金虜圖經，「刺史七十四處」中亦有沁州。今據補。

〔二四〕鎭一 「一」原作「二」。按下文只載武鄉縣鎭一南關，今據殿本改。

〔二五〕溴水 「溴」原誤作「淏」。按嘉慶一統志卷二〇二，懷慶府「溴水，在濟源縣西南，東流經孟縣北，又東南入河」。爾雅，「梁莫大於溴梁」。左傳襄公十六年，「公會諸侯於溴梁」。注，「溴水出河內軹縣東南，至溫入河」。水經注，「溴水出原城西北原山勳掌谷」。今據改。

〔二六〕溴水 「溴」原誤作「澳」。按九域志卷一，京西路孟州濟源，有溴水，今據改，參見前條。

〔二七〕沛水 「沛」原作「漳」。按漳水在陝西扶風，見下文。溫縣無「漳水」。考寰宇記卷五二，孟州溫縣，「沛水在故城西，東南流注於河。按述征記云，『沛水經河內溫縣注於河』」。知「漳」爲「沛」之誤。今據改。

〔二八〕灃水　「灃」原作「澧」。按九域志卷三，永興軍路長安，有灃水。廣記卷一三，永興軍路京兆府長安縣同。今據改。

〔二九〕有驪山渭水戲水　原脫二「水」字。按九域志卷三，永興軍路京兆府臨潼，「有驪山、渭水、戲水」。廣記卷一三，永興軍路京兆府臨潼縣，亦記有戲水。今據補二「水」字。

〔三〇〕有涇水渭水白渠　原脫二「水」字。按九域志卷三，永興軍路京兆府高陵，「有涇水、渭水、白渠」。今據補。

〔三一〕渭城　按九域志卷三，永興軍路京兆府高陵縣有渭橋鎮。嘉慶一統志卷二二九，西安府關隘「渭橋鎮，在咸寧縣東，接高陵縣界。長安志，在萬年縣東四十里，高陵縣南十八里，卽東渭橋，李晟屯兵處」。疑「城」是「橋」字之誤。

〔三二〕沮河　「沮」原作「洹」。按九域志卷三，永興軍路京兆府櫟陽，有沮河。寰宇記卷二六雍州櫟陽縣之「沮水，一名石川水，北自富平縣界流入」。今據改。

〔三三〕粟邑　「粟」原作「栗」。按本書卷九章宗紀，明昌三年十二月「丁巳，勅京兆櫟陽縣置粟邑鎮倉」。九域志卷三，京兆府櫟陽有粟邑鎮。今據改。

〔三四〕牛首山　原脫「山」字。按九域志卷三，京兆府鄠，有牛首山。元和志卷二，京兆鄠縣「牛首山，在縣西南二十三里」。今據補。

〔三五〕青雲　「雲」原作「雪」。按九域志卷三，永興軍路商州商洛有青雲鎮。嘉慶一統志卷二四六，商州關隘，「舊志有廢青雲館，在州南一百五十里，即青雲鎮也」。今據改。

〔三六〕玉城　「玉」原作「王」。按九域志卷三，永興軍路虢州虢略有玉城鎮。廣記卷一四，永興軍路虢州虢略縣「玉城鎮，故玉城縣。西魏廢之，唐屬虢州，皇朝熙寧四年省入虢略」。今據改。

〔三七〕欒川　「欒」原作「灤」。按九域志卷三，永興軍路虢州盧氏有「欒川冶一鎮」。宋史卷八七地理志，陝西虢州「欒川，元祐二年以欒川冶爲鎮，崇寧三年改爲縣」。今據改。

〔三八〕後改安國軍節度使　按本書卷二五地理志河北西路「邢州，上，安國軍節度」。同州不應後改安國軍節度，疑是修史者誤書。

〔三九〕沙苑幷監　「監」原作「藍」。按九域志卷三，永興軍路同州馮翊有「沙苑一鎮」，又「監一乾德三年于馮翊朝邑二縣境置牧馬監，隸州。沙苑州南二十五里」。寰宇記卷二八，同州馮翊縣記載同。蓋沙苑與沙苑監是二地，金時同爲鎮，故曰「沙苑幷監」。今據改。

〔四〇〕有梁山　「山」原作「水」。按九域志卷三，永興軍路同州澄城，有梁山。嘉慶一統志卷二四三，同州府「梁山，在韓城縣西北九十里。書禹貢，『治梁及岐』……郃陽縣志，『山在縣西北四十里，東西橫亙，逶迤最遠』……按諸志言梁山所在，其說皆不同，蓋是山延亙最遠」之故。今據改。

〔四一〕府二領防禦二　原脫「領」字。據本志文例補。

〔四二〕寨十四鎮十五　殿本作「寨十六、鎮十六」。

〔四三〕秦艽　「艽」原作「芃」。按「秦艽」藥名。本草綱目云，「秦艽出秦中，以根作羅紋交糾者佳，故名秦艽、秦糺」。今據改。

〔四四〕崔模　「崔」原作「雀」。按九域志卷三，秦鳳路鳳翔府麟游有「崔模一鎮」。嘉慶一統志卷二三六，鳳翔府關隘「崔模鎮，在麟遊縣東北四十里。舊志有催木鎮，在催木嶺下。其地東接邠、乾，北連平、慶，蓋即『崔模』之訛也」。今據改。

〔四五〕漳水　「水」原作「山」。按九域志卷三，秦鳳路鳳翔府扶風，有漳水。嘉慶一統志卷二三五，鳳翔府「漳水，在岐山縣東，東南流至扶風縣西入雍水」。今據改。

〔四六〕岐水　「水」原作「山」。按九域志卷三，秦鳳路鳳翔府普潤，有岐水。嘉慶一統志卷二三五，鳳翔府「岐水，在麟遊縣西。……隋書地理志，普潤縣有岐水。寰宇記，岐水源出普潤縣，東南流入漆水」。今據改。

〔四七〕國初隸熙秦路　按上文京兆府路下曰，「皇統二年省併陝西六路爲四」，曰熙秦。是皇統二年始併宋秦鳳、熙河爲一路，以前無熙秦路之稱。下文云，「大定二十七年來屬」鳳翔路，則金初必隸熙河路。疑「秦」當作「河」。

〔四八〕隴干　「干」原作「平」。按九域志卷三，秦鳳路「德順軍，慶曆三年以渭州隴竿城置軍」。宋史卷八七地理志，秦鳳路「德順軍，慶曆三年卽渭州隴干城建爲軍。縣一：隴干」。今據改。

〔四九〕大定二十六年來屬　按上文鳳翔府下云，「大定二十七年升總管府」。故德順州、鎭戎州、秦州、隴州下皆云「大定二十七年來屬」。平涼府不應獨異，疑「六」字當作「七」。

〔五〇〕有筓頭山　「筓」原作「羊」。按九域志卷三，渭州平涼，有筓頭山。廣記卷一六，陝西秦鳳路渭州平涼縣「有筓頭山，禹貢涇水所出」。今據改。

〔五一〕三川寨　原作「三水寨」。按九域志卷三，秦鳳路鎭戎軍「寨七……天聖八年置三川」。「三川，軍西三十五里」。宋史卷八七地理志，陝西鎭戎軍砦七，其中亦有三川。今據改。

〔五二〕元光二年四月升爲節鎭軍曰鎭遠後罷貞祐三年復置　按元光在貞祐後，此處倒置。疑「元光」當作「貞祐」，「貞祐」當作「元光」。

〔五三〕冶坊　「冶」原作「治」。按九域志卷三，秦鳳路秦州堡三，「冶坊，州東北一百二十里」。宋史卷八七地理志，陝西秦鳳路秦州堡三，其中有冶坊。嘉慶一統志卷二七五，秦州古蹟，「冶坊廢縣，在清水縣北四十里，其地多冶坊」。今據改。

〔五四〕中隴山　按九域志卷三，秦鳳路秦州清水縣「有小隴山」。元和志卷三九，隴右道秦州清水縣「小隴山，一名隴坻」。此「中」字疑當作「小」。

〔五五〕清水　「清」原作「渭」。按九域志卷三，秦鳳路秦州清水縣有清水。嘉慶一統志卷二七四，秦州「清水，在清水縣北。水經注，導源東北隴山」。今據改。

〔五六〕鄜延路府一領節鎮一　原脫「府一」二字。據殿本補。

〔五七〕縣七寨四堡一鎮一　按「寨四堡一鎮一」六字原作小字注文，今據本志文例改爲大字正文。又殿本作「縣七、鎮一、寨五、堡二」。

〔五八〕吐延水　原脫「吐」字。按九域志卷三，永興軍路延州延川縣有吐延水。元和志卷三，延州延川縣「吐延水，北自綏州綏德縣流入」。今據補。

〔五九〕有庫利川　「川」原作「山」。按九域志卷三，永興軍路延州臨眞有庫利川。寰宇記卷三六，延州臨眞縣「庫利川，在縣北一十五里」。今據改。

〔六〇〕庫利川　「川」原作「山」。按九域志卷三，永興軍路丹州宜川縣有庫利川。寰宇記卷三五，坊州雲巖縣「庫利川，在縣西，從西延州臨眞縣入界。土諺云，昔有奴賊居此川內，稽胡呼奴爲『庫利』」，因此爲川名」。今據改。

〔六一〕宋洛交郡康定軍節度　按宋史卷八七地理志，陝西「鄜州，上，洛交郡，保大軍節度」。九域志卷三，永興軍路「鄜州，洛交郡保大軍節度」。又「縣四」下注云，「康定二年卽鄜城縣治置康定軍，使仍隸州」。蓋宋承唐制，于鄜州置保大軍節度，則此處仍當作「保大軍」，下文「置保大軍節度使」可證。其「康定軍」非節度，係在鄜城。修史者不察，以鄜州爲「康定軍節度」誤。

〔六二〕三川 「川」原作「水」。按九域志卷三，永興軍路鄜州，「熙寧七年省三川縣爲鎮，入洛交」。廣記卷一四，陝西永興軍路鄜州洛交縣「三川鎮，以華池水、黑水、洛水所會爲名」。今據改。

〔六三〕有大盤山 「大」原作「水」。按九域志卷三，永興軍路鄜州直羅縣有大槃山。元和志卷三，鄜州直羅縣「大槃山，在縣西北一百一十里」。今據改。

〔六四〕威邊寨 「邊」原作「延」。按本書卷一三四西夏傳記此事作「威邊寨」。宋史卷八七地理志，陝西慶陽府亦有「威邊砦」。今據改。

〔六五〕縣十八 殿本作「縣十九」。

〔六六〕寨二十二 殿本作「寨十六」。

〔六七〕業樂 「業」原作「華」。按九域志卷三，永興軍路慶州安化有業樂鎮。嘉慶一統志卷二六二，慶陽府關隘「業樂鎮，在縣東北八十里，去懷安鎮七十里，有城周二里二十步，亦宋范仲淹築」。今據改。

〔六八〕安疆 「疆」原作「强」。按九域志卷三，慶州安化作「安疆寨」。宋史卷八七地理志，陝西慶陽府亦作「安疆砦」。今據改。

〔六九〕永和 「和」原作「鄉」。按九域志卷三，永興軍路環州通遠有永和寨。宋史卷八七地理志，陝西環州通遠同。嘉慶一統志卷二六二，慶陽府關隘「永和砦在縣東南一百里」。今據改。

〔七〇〕有子午山　原脫「子」字。按九域志卷三，永興軍路寧州眞寧有子午山。元和志卷三，寧州眞寧縣「子午山，亦曰橋山，在縣東八十里」。今據補。

〔七一〕宋新平郡靜難軍節度使　「靜」原作「靖」。按本書紀傳中靜難軍十餘見，皆作「靜」，惟此作「靖」。九域志卷三，永興軍路「邠州，新平郡，靜難軍節度」。宋史卷八七地理志陝西邠州同。今據改。

〔七二〕宋平涼郡軍事　原脫「郡」字。按九域志卷三，秦鳳路「原州平涼郡軍事」。宋史卷八七地理志，陝西原州平涼同。今據補。

〔七三〕靖安　「靖」原作「清」。按九域志卷三，陝西秦鳳路原州有靖安，宋史卷八七地理志陝西原州同。今據改。

〔七四〕本治涇川　「川」原作「州」。按下文屬縣四，首爲「涇川」，注云，「本保定縣」。唐、宋志書如元和志卷三，寰宇記卷三二，九域志卷三，以及新唐書卷三七地理志，宋史卷八七地理志，涇州皆以涇川爲首縣，知金元光二年以前，亦以此爲州治。今據改。

〔七五〕縣一十三鎭六城六　殿本作「縣一十五、鎭六、城七」。

〔七六〕西關　「關」原作「開」。按九域志卷三，秦鳳路蘭州「堡四：元豐四年置東關、皐蘭……六年置阿干、西關」。又「東關，州東一十八里。西關，州西二十里」。宋史卷八七地理志，陝西秦鳳路蘭州，元豐五年置西關堡。嘉慶一統志卷二五三，蘭州府關隘「西關堡，在皐蘭縣西」。今據改。

〔七七〕及南三岔堡　「岔」原作「分」。按九域志卷三，陝西秦鳳路通遠軍「堡一，熙寧四年置，三岔，軍北二十五里」。宋史卷八七地理志，陝西秦鳳路鞏州堡七，其中「三岔，舊堡，熙寧四年置」。嘉慶一統志卷二五六，鞏昌府關隘「三岔堡，在隴西縣北，金史地理志安西縣舊有南三岔堡」。今據改。

金史

元　脱脱等撰

第　三　册

卷二七至卷四五（志）

中　華　書　局

金史卷二十七

志第八

河渠

黃河　漕渠　盧溝河　滹沱河　漳河

黃河。

金始克宋，兩河悉畀劉豫。豫亡，河遂盡入金境。數十年間，或決或塞，遷徙無定。金人設官置屬，以主其事。沿河上下凡二十五埽，六在河南，十九在河北，埽設散巡河官一員。雄武、滎澤、原武、陽武、延津五埽則兼汴河事，設黃汴都巡河官一員於河陰以莅之。懷州、孟津、孟州及城北之四埽則兼沁水事，設黃沁都巡河官一員於懷州以臨之。崇福上下、衞南、淇上四埽屬衞南都巡河官，則居新鄉。武城、白馬、書城、教城四埽屬濬滑都巡河官，則處敎城。曹甸都巡河官則總東明、西佳、孟華、淩城四埽。曹濟都巡河官則司定陶、濟北、寒山、金山四埽者也。故都巡河官凡六員。後又特設崇福上下埽都巡河官兼石橋使。凡巡河官，皆從都水監廉舉，總統埽兵萬二千人，歲用薪百一十一萬三千餘束，草百八十三萬七百餘束，椿杙之木不與，此備河之恒制也。

大定八年六月，河決李固渡，水潰曹州城，分流于單州之境。九年正月，朝廷遣都水監梁肅往視之。河南統軍使宗室宗敍言：「大河所以決溢者，以河道積淤，不能受水故也。今曹、單雖被其患，而兩州本以水利爲生，所害農田無幾。今欲河復故道，不惟大費工役，又卒難成功。縱能塞之，他日霖潦，亦將潰決，則山東河患又非曹、單比也。又沿河數州之地，驟興大役，人心動搖，恐宋人乘間構爲邊患。」而肅亦言：「新河水六分，舊河水四分，今若塞新河，則二水復合爲一。如遇漲溢，南決則害於南京，北決則山東、河北皆被其害。不若李固南築隄以防決溢爲便。」尙書省以聞，上從之。

十年三月，拜宗敍爲參知政事，〔一〕上諭之曰：「卿昨爲河南統軍時，嘗言黃河堤埽利害，甚合朕意。朕每念百姓凡有差調，吏互爲姦，若不早計而迫期徵斂，則民增十倍之費。然其所徵之物，或委積經年，至腐朽不可復用，使吾民數十萬之財，皆爲棄物，此害非細。卿旣參朝政，凡類此者皆當革其弊，擇所利而行之。」

十一年，河決王村，南京孟、衞州界多被其害。

十二年正月，尙書省奏：「檢視官言，水東南行，其勢甚大。可自河陰廣武山循河而東，至原武、陽武、東明等縣孟、衞等州增築堤岸，日役夫萬一千，期以六十日畢。」詔遣太府少監張九思、同知南京留守事紇石烈邈小字阿補孫監護工作。

十三年三月，以尙書省請修孟津、滎澤、崇福埽堤以備水患，上乃命雄武以下八埽並以類從事。

十七年秋七月，大雨，河決白溝。十二月，尙書省奏：「修築河堤，日役夫一萬一千五百，以六十日畢工。」詔以十八年二月一日發六百里內軍夫，并取職官人力之半，餘聽發民夫，以尙書工部郎中張大節、同知南京留守事高蘇董役。

先是，祥符縣陳橋鎭之東至陳留潘崗，黃河堤道四十餘里以縣官攝其事，南京有司言，乞專設埽官。十九年九月，乃設京埽巡河官一員。

二十年，河決衞州及延津京東埽，瀰漫至于歸德府。檢視官南京副留守石抹輝者言：「河水因今秋霖潦暴漲，遂失故道，勢益南行。」宰臣以聞。乃自衞州埽下接歸德府南北兩岸增築堤以捍湍怒，計工一百七十九萬六千餘，日役夫二萬四千餘，期以七十日畢工。遂于歸德府創設巡河官一員，埽兵二百人，且詔頻役夫之地與免今年稅賦。

二十一年十月，以河移故道，命築堤以備。

二十六年八月，河決衞州堤，壞其城。上命戶部侍郎王寂、都水少監王汝嘉馳傳措畫備禦。而寂視被災之民不爲拯救，乃專集衆以網魚取官物爲事，民甚怨嫉。上聞而惡之。既而，河勢泛濫及大名。上於是遣戶部尚書劉瑋往行工部事，〔三〕從宜規畫，黜寂爲蔡州防禦使。

冬十月，上謂宰臣曰：「朕聞亡宋河防一步置一人，可添設河防軍數。」它日，又曰：「比聞河水泛溢，民罹其害者，貲產皆空。今復遣官於被災路分推排，何耶？」右丞張汝霖曰：「今推排者皆非被災之處。」上曰：「雖然，必其鄰道也。既鄰水而居，豈無驚擾遷避者乎，計其貲產，豈有餘哉，尚何推排爲。」十一月，又謂宰臣曰：「河未決衞州時嘗有言者，既決之後，有司何故不令朕知。」命詢其故。

二十七年春正月，尚書省言：「鄭州河陰縣聖后廟，前代河水爲患，屢禱有應，嘗加封號廟額。今因禱祈，河遂安流，乞加褒贈。」上從其請，特加號曰昭應順濟聖后，廟曰靈德善利之廟。

二月，以衞州新鄉縣令張虡、丞唐括唐古出、主簿温敦偎喝，以河水入城閉塞救護有功，皆遷賞有差。御史臺言：「自來沿河京、府、州、縣官坐視管內河防缺壞，特不介意。若令沿河京、府、州、縣長貳官皆於名銜管勾河防事，如任內規措有方能禦大患，或守護不謹以致疏虞，臨時聞奏，以議賞罰。」上從之，仍命每歲將泛之時，令工部官一員沿河檢視。於是以南京府及所屬延津、封丘、祥符、開封、陳留、胙城、杞縣、長垣，〔三〕歸德府及所屬宋城、寧陵、虞城，河南府及孟津，河中府及河東，懷州河內、武陟，同州朝邑，衞州汲、新鄉、獲嘉，徐州彭城、蕭、豐，孟州河陽、溫，鄭州河陰、滎澤、原武、汜水，濬州衞，陝州閿鄉、湖城、靈寶，曹州濟陰，滑州白馬，睢州襄邑，滕州沛，單州單父，解州平陸，開州濮陽，濟州嘉祥、金鄉、鄆城，四府、十六州之長貳皆提舉河防事，四十四縣之令佐皆管勾河防事。

初，衞州爲河水所壞，乃命增築蘇門，遷其州治。至二十八年，水息，居民稍還，皆不樂遷。於是遣大理少卿康元弼按視之。元弼還奏：「舊州民復業者甚衆，且南使驛道館舍所在，向以不爲水備，以故被害。若但修其堤之薄缺者，可以無虞，比之遷治，所省數倍，不若從其民情，修治舊城爲便。」乃不遷州，仍勅自今河防官司怠慢失備者，皆重抵以罪。

二十九年五月，河溢于曹州小堤之北。六月，上諭旨有司曰：「比聞五月二十八日河溢，而所報文字如此稽滯。水事最急，功不可緩，稍緩時頃，則難固護矣。」十二月，工部言：「營築河堤，用工六百八萬餘，就用埽兵軍夫外，有四百三十餘萬工當用民夫。」遂詔命去役所五百里州、府差顧，於不差夫之地均徵顧錢，驗物力科之。每工錢百五十文外，〔四〕日支官錢五十文，米升半。仍命彰化軍節度使內族裔、都水少監大齡壽提控五百人往來彈壓。

先是，河南路提刑司言：「沿河居民多困乏逃移，蓋以河防差役煩重故也。竊惟禦水患者，不過堤埽，若土功從實計料，薪藁椿杙以時徵斂，亦復何難。今春築堤，都水監初料取土甚近，及其興工乃遠數倍，人夫懼不及程，貴價買土，一隊之間多至千貫。又許州初科薪藁十八萬餘束，既而又配四萬四千，是皆常歲必用之物，農隙均科則易輸納。自今堤埽興工，乞令本監以實計度，量一歲所用物料，驗數折稅，或令和買，於冬月分爲三限輸納爲便。」詔尚書省詳議以聞。

明昌元年春正月，尚書省奏：「臣等以爲，自今凡興工役，先量負土遠近，增築高卑，定功立限，牓論使人先知，無令增加力役。并河防所用物色，委都水監每歲於八月以前，先拘籍舊貯物外實闕之數，及次年春工多寡，移報轉運司計置，於冬三月分限輸納。如水勢不常，夏秋暴漲危急，則用相鄰埽分防備之物，不足，則復於所近州縣和買。然復慮人戶道塗泥淖，艱于運納，止依稅內科折他物，更爲增價，當官支付，違者並論如律，仍令所屬提刑司正官一員馳驛監視體究，如此則役作有程，而河不失備。」制可之。

四年十一月，尚書省奏：「河平軍節度使王汝嘉等言『大河南岸舊有分流河口，如可疏導，足泄其勢，及長堤以北恐亦有可以歸納排瀹之處，乞委官視之。濟北埽以北宜創起月堤』。臣等以爲宜從所言。其本監官皆以諳練河防故注以是職，當使從汝嘉等同往相視，庶免異議。如大河南北必不能開挑歸納，其月堤宜依所料興修。」上從之。

十二月，勅都水監官提控修築黃河堤，及令大名府差正千戶一員，部甲軍二百人彈壓勾當。

五年春正月，尚書省奏：「都水監丞田櫟同本監官講議黃河利害，嘗以狀上言，前代每遇古堤南決，多經南、北清河分流，南清河北下有枯河數道，河水流其中者長至七八分，北清河乃濟水故道，可容三二分而已。今河水趨北，齧長堤而流者十餘處，而堤外率多積水，恐難依元料增修長堤與創築月堤也。可於北岸牆村決河入梁山濼故道，依舊作南、北兩清河分流。然北清河舊堤歲久不完，當立年限增築大堤，而梁山故道多有屯田軍戶，亦宜遷徙。今擬先於南岸王村、宜村兩處決堤導水，使長堤可以固護，姑宜仍舊，如不能疏導，即依上開決，分爲四道，俟見水勢隨宜料理。」尚書省以櫟等所言與明昌二年劉瑋等所案視利害不同，及令陳言人馮德輿與櫟面對，亦有不合者，送工部議。復言「若遽於牆村疏決，緣瀕北清河州縣二十餘處，兩岸連亙千有餘里，其堤防素不修備，恐所屯軍戶亦卒難徙。今歲先於南岸延津縣堤決堤洩水，其北岸長堤自白馬以下，定陶以上，並宜加功築護，庶可以遏將來之患。若定陶以東三埽棄堤則不必修，止決舊壓河口，引導積水東南行，流堤北張彪、白塔兩河間，礙水軍戶可使遷徙，及梁山濼故道分屯者，亦當預爲安置」。宰臣奏曰：「若遽從濼等所擬，恐既更張，利害非細。比召河平軍節度使王汝嘉同計議，先差幹濟官兩員行戶工部事覆視之，同則就令計實用工物、量州縣遠近以調丁夫，其督趣春工官即充今歲守漲，及與本監官同議經久之利。」詔以知大名府事內族裔、尙書戶部郎中李敬義充行戶工部事，以參知政事胥持國都提控。又奏差德州防禦使李獻可、尙書戶部郎中焦旭於山東當水所經州縣築護城堤，及北清河兩岸舊有堤處別率丁夫修築，亦就令講究河防之計。

他日，上以宋閭士良所述黃河利害一帙付參知政事馬琪曰：「此書所言亦有可用者，今以賜卿。」

二月，上諭平章政事守貞曰：「王汝嘉、田櫟專管河防，此國家之重事也。朕比問其曾於南岸行視否？乃稱『未也』。又問水決能行南岸乎？又云『不可知』。且水趨北久矣，自去歲便當經畫，今不稱職如是耶？可諭旨令往盡心固護，無致失備，及講究所以經久之計。稍涉違慢，當倂治罪。」

三月，行省并行戶工部及都水監官各言河防利害事。都水監元擬於南岸王村、宜村兩處開導河勢，緣比來水勢去宜村堤稍緩，〔五〕唯王村岸向上數里臥捲，可以開決作一河，且無所犯之城市村落。又擬於北岸牆村疏決，依舊分作兩清河入梁山故道，北清河兩岸素有小堤不完，後當築大堤。〔六〕尚書省謂：「以黃河之水勢，若於牆村決注，則山東州縣膏腴之地及諸鹽場必被淪溺。設使修築壞堤，而又吞納不盡，功役至重，虛困山東之民，非徒無益，而又害之也。況長堤已加固護，復於南岸疏決水勢，已寢決河入梁山濼之議，水所經城邑已勸率作護城堤矣，先所修清河舊堤已遣罷之。〔七〕監丞田櫟言定陶以東三埽棄堤不當修，止言『決舊壓河口以導漸水入堤北張彪、白塔兩河之間，凡當水衝屯田戶須令遷徙』。臣等所見，止當堤前作木岸以備之，其間居人未嘗遷徙，至夏秋水勢泛溢，權令避之，水落則當各復業，此亦戶工部之所言也。」上曰：「地之相去如此其遠，彼中利害，安得悉知？惟委行省盡心措畫可也。」

四月，以田櫟言河防事，上諭旨參知政事持國曰：「此事不惟責卿，要卿等同心規畫，不勞朕心爾。如櫟所言，築堤用二十萬工，歲役五十日，五年可畢，此役之大，古所未有。況其成否未可知，就使可成，恐難行也。遷徙軍戶四千則不爲難，然其水特決，尚不知所歸，儻有潰走，若何枝梧。如令南岸兩處疏決，〔八〕使其水趨南，或可分殺其勢。然水之形勢，朕不親見，難爲條畫，雖卿亦然。丞相、左丞皆不熟此，可集百官詳議以行。」百官咸謂：「櫟所言棄長堤，無起新堤，放河入梁山故道，使南北兩清河分流，爲省費息民長久之計。臣等以爲黃河水勢非常，變易無定，非人力可以斟酌，可以指使也。況梁山濼淤塡已高，而北清河窄狹不能吞伏，兼所經州縣農民廬井非一，使大河北入清河，山東必被其害。欒又言乞許都水監符下州府運司，專其用度，委其任責，一切同於軍期，仍委執政提控。緣今監官已經添設，又於外監署司多以沿河州府長官兼領之，及令佐管勾河防，其或怠慢已有同軍期斷罪的決之法，凡欒所言無可用。」遂寢其議。

八月，以河決陽武故堤，灌封丘而東，尚書省奏，都水監、行部官有失固護。詔命同知都轉運使高旭、武衞軍副都指揮使女奚列奕小字韓家奴同往規措。尚書省奏：「都水監官前來有犯，已經戒諭，使之常切固護。今王汝嘉等殊不加意，旣見水勢趨南，不預經畫，承留守司累報，輒爲遷延，以至害民。卽是故違制旨，私罪當的決。」詔汝嘉等各削官兩階，杖七十罷職。

上謂宰臣曰：「李愈論河決事，謂宜遣大臣往，以慰人心，其言良是。嚮慮河北決，措畫堤防，猶嘗置行省，況今方橫潰爲害，而止差小官，恐失衆望。自國家觀之，雖山東之地重於河南，然民皆赤子，何彼此之間。」乃命參知政事馬琪往，仍許便宜從事。上曰：「李愈不得爲無罪，雖都水監官非提刑司統攝，若與留守司以便宜率民固護，或申聞省部，亦何不可使朕聞之。徒能張皇水勢而無經畫，及其已決，乃與王汝嘉一往視之而還，亦未嘗有所施行。問王村河口開導之月，則對以四月終，其實六月也，月日尚不知，提刑司官當如是乎。」

尋命戶部員外郎何格賑濟被浸之民。

時行省參知政事胥持國、馬琪言：「已至光祿村周視堤口。以其河水浸漫，堤岸陷潰，至十餘里外乃能取土。而堤面窄狹，僅可數步，人力不可施，雖窮力可以暫成，終當復毀。而中道淤澱，地有高低，流不得泄，且水退，新灘亦難開鑿。其孟華等四埽與孟陽堤道，沿汴河東岸，但可施功者，即悉力修護，將於農隙興役，及凍畢工，則京城不至爲害。」

參知政事馬琪言：「都水外監員數冗多，每事相倚，或復邀功，議論紛紜不一，隳廢官事。擬罷都水監掾，設勾當官二員。又自昔選用都、散巡河官，止由監官辟舉，皆諸司人，或有老疾，避倉庫之繁，行賄請託，以致多不稱職。擬升都巡河作從七品，於應入縣令廉舉人內選注外，散巡河依舊，亦於諸司及丞簿廉舉人內選注，並取年六十以下有精力能幹者。到任一年，委提刑司體察，若不稱職，即日罷之。如守禦有方，致河水安流，任滿，從本監及提刑司保申，量與升除。凡河橋司使副亦擬同此選注。」繼而胥持國亦以爲言，乃從其請。

閏十月，平章政事守貞曰：「馬琪措畫河防事，未見功役之數，〔九〕加之積歲興功，民力將困，今持國復病，請別遣有材幹者往議之。」上曰：「堤防救護若能成功，則財力固不敢惜。第恐財殫力屈，成而復毀，如重困何。」宰臣對曰：「如盡力固護，縱爲害亦輕，若恬然不顧，則爲害滋甚。」上曰：「無乃因是致盜賊乎？」守貞曰：「宋以河決興役，亦嘗致盜賊，然多生於凶歉。今時平歲豐，少有差役，未必至此。且河防之役，理所當然，今之當役者猶爲可耳。至於科徵薪芻，不問有無，督輸迫切則破產業以易之，恐民益困耳。」上曰：「役夫須近地差取，若遠調之，民益艱苦，但使津濟可也。然當俟馬琪至而後議之。」庚辰，琪自行省還，入見，言：「孟陽河堤及汴堤已塡築補修，水不能犯汴城。自今河勢趨北，來歲春首擬於中道疏決，以解南北兩岸之危。凡計工八百七十餘萬，可於正月終興工。臣乞前期再往河上監視。」上以所言付尚書省，而治檢覆河堤幷守漲官等罪有差。

他日，尚書省奏事，上語及河防事，馬琪奏言：「臣非敢不盡心，然恐智力有所不及。若別差官相度，儻有奇畫，亦未可知。如適與臣策同，方來興功，亦庶幾稍寬朝廷憂顧。」上然之，命翰林待制奧屯忠孝權尚書戶部侍郎、太府少監溫昉權尚書工部侍郎，行戶、工部事，修治河防，且諭之曰：「汝二人皆朕所素識，以故委任，冀副朕意。如有錯失，亦不汝容。」

承安元年七月，勑自今沿河傍側州、府、縣官雖部除者皆勿令員闕。

泰和二年九月，勑御史臺官：「河防利害初不與卿等事，然臺官無所不問，應體究者亦體究之。」

五年二月，以崔守眞言，「黃河危急，芻藁物料雖云折稅，每年不下五六次，或名爲和買，而未嘗還其直」，勑委右三部司正郭澥、御史中丞孟鑄講究以聞。澥等言「大名府、鄭州等處自承安二年以來，所科芻藁未給價者，計錢二十一萬九千餘貫」。遂命以各處見錢差能幹官同各州縣清强官一一酬之，續令按察司體究。

宣宗貞祐三年十一月壬申，〔一〇〕上遣參知政事侯摯祭河神於宜村。

三年四月，單州刺史顏盞天澤言：「守禦之道，當決大河使北流德、博、觀、滄之境。今其故堤宛然猶在，工役不勞，水就下必無漂沒之患。而難者若不以犯滄鹽場損國利爲說，必以浸沒河北良田爲解。臣嘗聞河側故老言，水勢散漫，則淺不可以馬涉，深不可以舟濟，此守禦之大計也。若曰浸民田，則河徙之後，淤爲沃壤，正宜耕墾，收倍于常，利孰大焉。若失此計，則河南一路兵食不足，而河北、山東之民皆瓦解矣。」詔命議之。

四年三月，延州刺史溫撒可喜言：「近世河離故道，自衞東南而流，由徐、邳入海，以此，河南之地爲狹。臣竊見新鄉縣西河水可決使東北，其南有舊堤，水不能溢，行五十餘里與清河合，則由濬州、大名、觀州、清州、柳口入海，此河之故道也，皆有舊堤，補其缺罅足矣。如此則山東、大名等路，皆在河南，而河北諸郡亦得其半，退足以爲禦備之計，進足以壯恢復之基。」又言：「南岸居民，既已籍其河夫修築河堰，營作戍屋，又使轉輸芻糧，賦役繁殷，倍於他所，夏秋租稅，猶所未論，乞減其稍緩者，以寬民力。」事下尚書省，宰臣謂：「河流東南舊矣。一旦決之，恐故道不容，衍溢而出，分爲數河，不復可收。水分則淺狹易渡，天寒輒凍，禦備愈難，此甚不可。」詔但令量宜減南岸郡縣居民之賦役。

五年夏四月，勅樞密院，沿河要害之地，可壘石岸，仍置撒星樁、陷馬塹以備敵。

漕渠。

金都於燕，東去潞水五十里，故爲牐以節高良河、白蓮潭諸水，以通山東、河北之粟。凡諸路瀕河之城，則置倉以貯傍郡之稅，若恩州之臨清、歷亭，景州之將陵、東光，清州之興濟、會川，獻州及深州之武强，是六州諸縣皆置倉之地也。〔二〕其通漕之水，舊黃河行滑州、大名、恩州、景州、滄州、會川之境，漳水東北爲御河，則通蘇門、獲嘉、新鄉、衞州、濬州、黎陽、衞縣、彰德、磁州、洺州之餽，衡水則經深州會于滹沱，以來獻州、清州之餉，皆合于信安海壖，泝流而至通州，由通州入牐，十餘日而後至于京師。其它若霸州之巨馬河，雄州之沙河，山東之北清河，皆其灌輸之路也。然自通州而上，地峻而水不留，其勢易淺，舟膠不行，故常從事陸輓，人頗艱之。世宗之世，言者請開盧溝金口以通漕運，役衆數年，竟無成功，事見盧溝河。〔三〕其後亦以牐河或通或塞，而但以車輓矣。

其制，春運以冰消行，暑雨畢。秋運以八月行，冰凝畢。其綱將發也，乃合衆，以所載之粟苴而封之，先以付所卸之地，視與所封樣同則受。凡綱船以前期三日修治，日裝一綱，裝畢以三日啓行。計道里分泝流、沿流爲限，至所受之倉，以三日卸，又三日給收付。凡輓漕脚直，水運鹽每石百里四十八文，米五十文一分二釐七毫，粟四十文一分三毫，錢則每貫一文七分二釐八毫。陸運傭直，米每石百里百一十二文一分五毫，粟五十七文六分八釐四毫，錢每貫三文九釐六毫。餘物每百斤行百里，平路則春冬百三十一文五分，夏秋百五十七文八分，山路則春冬百四十九文，夏秋二百一文。凡使司院務納課傭直，春冬九十文三分，夏秋百一十四文。諸民戶射賃官船漕運者，其脚直以十分爲率，初年剋二分，二年剋一分八釐，三年剋一分七釐，四年剋一分五釐，五年以上剋一分。

初，世宗大定四年八月，以山東大熟，詔移其粟以實京師。十月，上出近郊，見運河湮塞，召問其故。主者云戶部不爲經畫所致。上召戶部侍郎曹望之，責曰：「有河不加濬，使百姓陸運勞甚，罪在汝等。朕不欲卽加罪，宜悉力使漕渠通也。」五年正月，尚書省奏，可調夫數萬，上曰：「方春不可勞民，令宮籍監戶、東宮親王人從、及五百里內軍夫，濬治。」

二十一年，以八月京城儲積不廣，詔沿河恩獻等六州粟百萬餘石運至通州，輦入京師。

明昌三年四月，尚書省奏：「遼東、北京路米粟素饒，宜航海以達山東。昨以按視東京近海之地，自大務淸口幷咸平銅善館皆可置倉貯粟以通漕運，若山東、河北荒歉，卽可運以相濟。」制可。

承安五年，邊河倉州縣，可令折納菽二十萬石，漕以入京，驗品級養馬於俸內帶支，仍漕麥十萬石，各支本色。乃命都水監丞田櫟相視運糧河道。

泰和元年，尚書省以景州漕運司所管六河倉，歲稅不下六萬餘石，其科州縣近者不下二百里，官吏取賄延阻，人不勝苦，雖近官監之亦然。遂命監察御史一員往來糾察之。

五年，上至霸州，以故漕河淺澁，勅尚書省發山東、河北、河東、中都、北京軍夫六千，改鑿之。犯屯田戶地者，官對給之。民田則多酬其價。

六年，尚書省以凡漕河所經之地，州縣官以爲無與於己，多致淺滯，使綱戶以盤淺剝載爲名，姦弊百出。於是遂定制，凡漕河所經之地，州府官衔內皆帶「提控漕河事」，縣官則帶「管勾漕河事」，俾催檢綱運，營護堤岸。爲府三：大興、大名、彰德。州十二：恩、景、滄、清、獻、深、衞、濬、滑、磁、洺、通。縣三十三：〔三〕大名、元城、館陶、夏津、武城、歷亭、臨清、吳橋、將陵、東光、南皮、清池、靖海、興濟、會川、交河、樂壽、武强、安陽、湯陰、臨漳、成安、滏陽、內黃、黎陽、衞、蘇門、獲嘉、新鄉、汲、潞、武清、香河、漷陰。

十二月，通濟河創設巡河官一員，與天津河同爲一司，通管漕河牐岸，止名天津河巡河官，隸都水監。

八年六月，通州刺史張行信言：「船自通州入牐，凡十餘日方至京師，而官支五日轉脚之費」，遂增給之。

貞祐三年，既遷于汴，以陳、潁二州瀕水，欲借民船以漕，不便。遂依觀州漕運司設提舉官，募船戶而籍之，命戶部勾當官往來巡督。

四年，從右丞侯摯言，開沁水以便餽運。上又念京師轉輸之勞，命出尙廐牛及官車，以助其力。

興定四年十月，諭皇太子曰：「中京運糧護送官，當擇其人，萬有一失，樞密官亦有罪矣。其船當用毛花輦所造兩首尾者，仍張幟如渡軍之狀，勿令敵知爲糧也。」陝西行省把胡魯言：「陝西歲運糧以助關東，民力浸困，若以舟自渭入河，順流而下，可以紓民力。」遂命嚴其偵候，如有警，則皆維於南岸。

時朝廷以邳、徐、宿、泗軍儲，京東縣輓運者歲十餘萬石，民甚苦之。元光元年，遂於歸德府置通濟倉，設都監一員，以受東郡之粟。

定國軍節度使李復亨言：〔一四〕「河南駐蹕，兵不可闕，糧不厭多。比年，少有匱乏卽仰給陝西，陝西地腴歲豐，十萬石之助不難。但以車運之費先去其半，民何以堪。宜造大船二十，由大慶關渡入河，東抵湖城，往還不過數日，篙工不過百人，使舟皆容三百五十斛，則是百人以數日運七千斛矣。自夏抵秋可漕三千餘萬斛，〔一五〕且無稽滯之患。」上從之。

時又於靈壁縣潼郡鎮設倉都監及監支納，以方開長直溝，將由萬安湖舟運入汴至泗，以貯粟也。

盧溝河。

大定十年，議決盧溝以通京師漕運，上忻然曰：「如此，則諸路之物可徑達京師，利孰大焉。」命計之，當役千里內民夫，上命免被災之地，以百官從人助役。已而，敕宰臣曰：「山東歲飢，工役興則妨農作，能無怨乎。開河本欲利民，而反取怨，不可。其姑罷之。」十一年十二月，省臣奏復開之，自金口疏導至京城北入壕，而東至通州之北，入潞水，計工可八十日。十二年三月，上令人覆按，還奏「止可五十日」。上召宰臣責曰：「所餘三十日徒妨農費工，卿等何爲慮不及此。」及渠成，以地勢高峻，水性渾濁。峻則奔流漩洄，齧岸善崩，濁則泥淖淤塞，積滓成淺，不能勝舟。其後，上謂宰臣曰：「分盧溝爲漕渠，竟未見功，若果能行，南路諸貨皆至京師，而價賤矣。」平章政事駙馬元忠曰：「請求識河道者，按視其地。」竟不能行而罷。

二十五年五月，〔一六〕盧溝決於上陽村。先是，決顯通寨，詔發中都三百里內民夫塞之，至是復決，朝廷恐枉費工物，遂令且勿治。

二十七年三月，宰臣以「孟家山金口牐下視都城，高一百四十餘尺，止以射糧軍守之，恐不足恃。儻遇暴漲，人或爲姦，其害非細。若固塞之，則所灌稻田俱爲陸地，種植禾麥亦非曠土。不然則更立重牐，仍於岸上置埽官廨署，及埽兵之室，庶幾可以無虞也」。上是其言，遣使塞之。

夏四月丙子，詔封盧溝水神爲安平侯。

二十八年五月，詔盧溝河使旅往來之津要，令建石橋。未行而世宗崩。章宗大定二十九年六月，復以涉者病河流湍急，詔命造舟，既而更命建石橋。明昌三年三月成，勅命名曰廣利。有司謂車駕之所經行，使客商旅之要路，請官建東西廊，令人居之。上曰：「何必然，民間自應爲耳。」左丞守貞言：「但恐爲豪右所占，況罔利之人多止東岸，若官築則東西兩岸俱稱，亦便於觀望也。」遂從之。

六月，盧溝堤決，詔速遏塞之，無令泛溢爲害。右拾遺路鐸上疏言，當從水勢分流以行，不必補修玄同口以下、丁村以上舊堤。上命宰臣議之，遂命工部尙書胥持國及路鐸同檢視其堤道。

滹沱河。

大定八年六月，滹沱犯眞定，命發河北西路及河間、太原、冀州民夫二萬八千，繕完其堤岸。

十年二月，滹沱河創設巡河官二員。

十七年，滹沱決白馬崗，有司以聞，詔遣使固塞，發眞定五百里內民夫，以十八年二月一日興役，命同知眞定尹鶻沙虎、同知河北西路轉運使徐偉監護。

漳河。

大定二十年春正月，詔有司修護漳河牐，所須工物一切並從官給，毋令擾民。

明昌二年六月，漳河及盧溝堤皆決，詔命速塞之。

四年春正月癸未，有司言修漳河堤埽計三十八萬餘工，詔依盧溝河例，招被水闕食人充夫，官支錢米，不足則調礙水人戶，依上支給。

校勘記

〔一〕十年三月拜宗敍爲參知政事　原脫「十年」二字。按本書卷六世宗紀，大定十年三月「戊午，以河南統軍使宗敍爲參知政事」。卷七一宗敍傳，「十年，召至京師，拜參知政事」，今據補。

〔二〕劉瑋往行工部事　「工」原作「戶」。按本書卷九五劉瑋傳，「擢戶部尚書，時河決于衞……，詔兼工部尚書往塞之」。今據改。

〔三〕於是以南京府及所屬延津封丘祥符開封陳留胙城杞縣長垣　按金代無「南京府」之建置。本書卷二五地理志，南京路開封府屬縣十五，與此相較，僅無胙城。而衞州胙城下云，「本隸南京，海陵時割隸滑州，泰和七年復隸南京，八年以限河來屬」。蓋金人習慣稱開封府爲南京，此處「府」字蓋是衍文。

〔四〕每工錢百五十文外　原脫「錢」字。據殿本補。

〔五〕緣比來水勢去宜村堤稍緩　「比」原作「北」。據文義改。

〔六〕後當築大堤　「後」殿本作「復」。

〔七〕先所修清河舊堤已遣罷之　「已」殿本作「宜」。

〔八〕如令南岸兩處疏決　「令」原作「今」。據文義改。

〔九〕未見功役之數　「數」疑是「效」字之誤。

〔一〇〕宣宗貞祐三年十一月壬申　原脫「十一月」三字。按本書卷一四宣宗紀，貞祐三年十一月「壬申，遣參知政事侯摯祭河神于宜村」。卷一〇八侯摯傳，貞祐三年「十一月入見。壬申，遣祭河神于宜村」。今據補。又此事依年月順敍當在下條「三年四月」之後。

〔一一〕是六州諸縣皆置倉之地也　按上文僅敍恩、景、清、獻、深五州，與「六州」之數不合，「獻州」下無縣名，當有脱文。本書卷二五地理志，河北東路滄州「清池，置河倉。南皮，置河倉」，則所脱尚有「滄州之清池、南皮」，下接「及深州之武强」，六州之數具足。惟地理志于獻州屬縣皆不記「置河倉」，究脱何縣，竟無可考。

〔一二〕事見盧溝河　「盧溝河」原作「漕渠」。按下文盧溝河條首記請開金口事，終言「竟不能行而罷」，與此相合。今據改。

〔一三〕縣三十三　按下文列名者實得三十四縣。

〔一四〕定國軍節度使李復亨言　原脱「軍」字。按本書卷一六宣宗紀，元光元年「十一月丁未，大元兵徇同州，定國軍節度使李復亨……自盡」。今據補。

〔一五〕自夏抵秋可漕三千餘萬斛　按上文言「百人以數日運七千斛」，則「自夏抵秋」可漕三十餘萬斛。「千」當是「十」字之誤。

〔一六〕二十五年五月　按本書卷八世宗紀作大定二十六年五月「戊子，盧溝決於上陽村。」相差一年。

金史卷二十八

志第九

禮一

郊

金人之入汴也，時宋承平日久，典章禮樂粲然備具。金人既悉收其圖籍，載其車輅、法物、儀仗而北，時方事軍旅，未遑講也。既而，即會寧建宗社，庶事草創。皇統間，熙宗巡幸析津，始乘金輅，導儀衞，陳鼓吹，其觀聽赫然一新，而宗社朝會之禮亦次第舉行矣。繼以海陵狼顧，志欲併吞江南，乃命官修汴故宮，繕宗廟社稷，悉載宋故禮器以還。外而黷武，內而縱欲，其猷既失，奚敢議禮樂哉。

世宗既興，復收嚮所遷宋故禮器以旋，廼命官參校唐、宋故典沿革，開「詳定所」以議禮，設「詳校所」以審樂，統以宰相通學術者，於一事之宜適、一物之節文，既上聞而始彙次，至明昌初書成，凡四百餘卷，名曰金纂修雜錄。凡事物名數，支分派引，珠貫棋布，井然有序，炳然如丹。又圖吉、凶二儀：鹵簿十三節以備大葬，小鹵簿九節以備郊廟。而命尚書左右司、春官、兵曹、太常寺各掌一本，其意至深遠也。是時，宇內阜安，民物小康，而維持幾百年者實此乎基。嗚呼，禮之爲國也信矣夫。而況關雎、麟趾之化，其流風遺思被於後世者，爲何如也。

宣宗南播，疆宇日蹙，旭日方升而爝火之燃，蔡流弗東而餘燼滅矣。圖籍散逸既莫可尋，而其宰相韓企先等之所論列，禮官張暐與其子行簡所私著自公紀，亦亡其傳。故書之存，僅集禮若干卷，其藏史館者又殘缺弗完，姑掇其郊社宗廟諸神祀、朝覲會同等儀而爲書，若夫凶禮則略焉。蓋自熙宗、海陵、衞紹王之繼弑，雖曰「鹵簿十三節以備大葬」，其行乎否耶，蓋莫得而考也，故宣孝之喪禮存，亦不復紀。噫，告朔餼羊雖孔子所不去，而史之缺文則亦愼之。作禮志。

南北郊。

金之郊祀，本於其俗有拜天之禮。其後，太宗即位，乃告祀天地，蓋設位而祭也。天德以後，始有南北郊之制，大定、明昌其禮寖備。

南郊壇，在豐宜門外，當闕之巳地。圓壇三成，成十二陛，各按辰位。壝牆三匝，四面各三門。齋宮東北，廚庫在南。壇、壝皆以赤土圬之。

北郊方丘，在通玄門外，當闕之亥地。方壇三成，成爲子午卯酉四正陛。方壝三周，四面亦三門。

朝日壇曰大明，在施仁門外之東南，當闕之卯地，門壝之制皆同方丘。

夕月壇曰夜明，在彰義門外之西北，當闕之酉地，〔一〕掘地汙之，爲壇其中。

常以冬至日合祀昊天上帝、皇地祇於圜丘，夏至日祭皇地祇於方丘，春分朝日於東郊，秋分夕月於西郊。

大定十一年始郊，命宰臣議配享之禮。左丞石琚奏曰：「按禮記『萬物本乎天，人本乎祖，此所以祖配上帝也』。〔二〕蓋配之者，侑神作主也。自外至者無主不止，故推祖考配天，尊之也。兩漢、魏、晉以來，皆配以一祖。至唐高宗，始以高祖、太宗崇配。垂拱初，又加以高宗，遂有三祖同配之禮。至宋，亦嘗以三帝配，後禮院上議，以爲對越天地，神無二主，由是止以太祖配。臣謂冬至親郊宜從古禮。」上曰：「唐、宋以私親，不合古，不足爲法。今止當以太祖配。」又謂宰臣曰：「本國拜天之禮甚重。今汝等言依古制築壇，亦宜。我國家絀遼、宋主，據天下之正，郊祀之禮豈可不行。」乃以八月詔曰：「國莫大于祀，祀莫大于天，振古所行，舊章咸在。仰惟太祖之基命，詔我本朝之燕謀，奄有萬邦，于今五紀。因時制作，雖增飾于國容，推本奉承，猶未遑于郊見。況天休滋至而年穀屢豐，敢不敷繹曠文、明昭大報。取陽升之至日，將親享于圓壇，嘉與臣工，共圖熙事。以今年十一月十七日有事于南郊，咨爾有司，各揚乃職，相予肆祀，罔或不欽。」乃於前一日，遍見祖宗，告以郊祀之事。其日，備法駕鹵簿，躬詣郊壇行禮。

儀注。

齋戒：用唐制。大祀，散齋四日，致齋三日。中祀，散齋二日，致齋一日。

天子親祀，皆前期七日，攝太尉誓亞終獻官、親王、陪祀皇族於宮省。皇族十五以上，官雖不至七品者亦助祭受誓。又誓百官於尚書省。攝太尉南向，司徒北向，監祭御史在西，〔三〕監禮博士居東，皆相向。太常卿、光祿卿在司徒後，重行北向。司天監、光祿丞、太廟令丞、大樂令丞、太官令丞、良醞令、廩犧令、郊社丞、司尊、太祝、奉禮郎、協律郎、諸執事官皆重行西上北向。禮直官以誓文授攝太尉，乃誓曰：「維某年歲次某甲，某月，某日，某甲，皇帝有事于南郊，各揚其職。其或不恭，國有常刑。」禮直官贊曰：「七品以下官皆退。」餘皆再拜，退。誓於宮省之儀皆同。於是，皇帝散齋于別殿。

前致齋一日，尙舍設御坐於大安殿，當中南向。設東西房於御坐之側，設御幄於室內，施簾於楹下。享前三日，陳設小次。享前一日，設拜褥，及皇帝版位、皇帝飲福位，及黃道氈褥，自玉輅下至升輿所。

及致齋之日，通事舍人引文武五品以上官，陪位如式。諸侍衞之官，各服其器服，並結珮，俱詣閤奉迎。上水二刻，侍中版奏「外辦」。皇帝服袞冕，結珮，乘輿出，警蹕、侍衞如常儀。皇帝卽御座，東向坐。通事舍人承傳，殿上下俱拜，訖，西面，贊「各祗候」。一刻頃，侍中跪奏：「臣某言，請降就齋。」俛伏，興，還侍位。皇帝降座，入室，羣官皆退。諸執事官皆宿於正寢，治事如故，不弔喪問疾，不判署刑殺文字，不決罰罪人，不與穢惡事。致齋日，惟祀事則行，餘悉禁。已齋而闕者，通攝行事。

陳設：前祀五日，儀鸞、尙舍陳設齋宮。有司設扈從侍衞次於宮東西。又設陪祀親王次宮東稍南，西向北上，宗室子孫位於其後。又設司徒亞終獻行事執事官次於壇南外壝門之西，東向北上，重行異位。又設天名房，在壇南外壝門之東，西向。大禮使次於其後，皆西向。又設席大屋於壇外西北，駐車輅以備風雪。

祀前三日，尙舍設大次於東壝外門內道北，南向。又設小次於壇下卯陛之北，南向。有司設饌幔於東壝中門之北，南向。設兵衞，各服其器服，守衞壝門，每門二人。郊社令帥其屬，掃除壇之上下及壝之內外。乃爲燎位，在南中壝東門之東，壇之巳位。又爲瘞坎，在中壝內戌位。

祀前二日，太樂令帥其屬，設登歌之樂於壇上稍南，北向。玉磬在午陛之西，金鐘在午陛之東，柷一在鐘前稍北，敔一在磬前稍北，東西相向，歌工次之，餘工各位於縣後。〔四〕琴瑟在前，匏竹在後，於壇下第一等上，皆重行異位，北向。又設宮縣樂南壝外門之外，八佾二舞表於樂前。又設采茨樂於應天門前。

祀前一日，奉禮郎升設皇帝版位於壇上辰巳之間，北向。又設皇帝飮福位於其左稍却，北向。又帥禮直官設亞終獻位於卯陛之東北，西向北上。司徒位於卯陛之東，道南西向。禮部尙書、太常卿、光祿卿、禮部侍郎位各次之，太常丞、光祿丞又次之。又設大禮使位於小次之左少却，西向。又設分獻官、司天監、讀册中書侍郎位於中壝門道北，西向。郊社令、廩犧令、太官令、良醞令位於其後。又設郊社丞、太祝、奉禮郎以下諸執事官位於其後，〔五〕皆西向，重行異位。又設從祀文武羣官一品至五品位於中壝門內道南，西向，皆重行立。又設助奠祝史齋郎位於東壝門外道北，西向。又設陪祀皇族於道南，西向。六品至九品從祀羣官，又於其南，皆西向，重行異位，各依其品。又設監祭御史二員，〔六〕一員在午陛之西南，一員在子陛之西北，皆東向。又設監禮博士二員，一員在午陛之東南，一員在子陛之東北，皆西向。又設太樂令位於樂簴之間稍東，西向。協律郎位於樂簴之西，東向。又設奉禮郎位於壇南稍東，〔七〕西向。贊者次之。司尊位於酌尊所，俱北向。又設牲牓於外壝東門之外，西向。饌牓於其北稍西，南向。牲牓之東，牲位。太史、太祝各位於牲後，俱西向。又設禮部尚書、太常卿、光祿卿位於牲牓南稍北，西向。太常丞、光祿丞、太官令位於其後。監祭御史、監禮博士於禮部尚書位之西稍却，北向。廩犧令位在牲位西南，北向。又陳禮饌於饌牓之前案上。

未後三刻，陳饌之時，又設禮部尚書、太常卿、光祿卿位於案前稍東，北上，西向。太常丞、光祿丞、太官令位於其後，西向。又設監祭御史、監禮博士位於案前稍西，北上，東向。又設異寶嘉瑞位於宮縣西北，太府少監位於寶後。諸州歲貢位於宮縣東北，戶部郎中位於其後。天子八寶位於宮縣西南，符寶郎八員各於寶後。伐國毀寶位於宮縣東南，少府少監位於其後。又設大樂令位於宮縣之北稍東，協律郎二在大樂令南，東西相向。

司天監，未後二刻，同郊社令升設昊天上帝、皇地祇神座於壇上北方南向，地祇位在東稍却，席皆以藁秸。太祖配位座於東方西向，席以蒲越。五方帝、日、月、神州地祇、天皇大帝、北極神座於壇上第一等，席皆藁秸。內官五十四座、五神、五官、嶽鎮海瀆二十九座於壇上第二等，〔八〕中官一百五十有八座、崑崙、山林川澤二十一座於壇上第三等，外官一百六座、丘陵墳衍原隰三十座於內壝之內，衆星三百六十座在內壝之外，席皆以莞。神座版各設於座首。又設禮神玉。俟告潔畢，權徹去壇上及第一等神位，祀日丑前五刻重設。〔九〕

奉禮郎同司尊及執事者設天、地、配位各左十有一籩，右十有一豆，俱爲三行。登三在籩豆間。簠一簋一於登前，簠在左，簋在右。各於神座前藉以席。又設天、地位太尊各二、著尊各二、犧尊各二、山罍各二，壇上東南隅配位著尊二、犧尊二、象尊二，在天、地位酒尊之東，俱北向西上，皆有坫，加勺、冪，爲酌尊所。又天、地位象尊各二、壺尊各二、山罍各四，在壇下午陛之南，北向西上。配位壺尊二、山罍四在酉陛之北，東向北上，皆有坫，設而不酌，亦左以明水，右以玄酒。

又設五方帝、日、月、神州地祇、天皇大帝、北極，第一等皆左八籩、右八豆，登在籩豆間，簠一簋一在登前，爵坫一在神座前。第二等內官五十四座，五神、五官、嶽鎮海瀆二十九座，每座籩二、豆二、簠一、簋一、俎一、爵坫一。第三等中官一百五十八座，崑崙、山林川澤二十一座，及內壝內外官一百六座，〔一〇〕丘陵墳衍原隰三十座，內壝外衆星三百六十座，每位籩二、豆二、簠一、簋一、俎一、爵一。又設第一等每位太尊二、著尊二，皆有坫加勺。第二等每陛山尊二，第三等每位蜃尊二，內壝內外每辰概尊二，〔二〕皆加勺。自第二等已下皆用匏爵，先洗拭訖，置於尊所，其尊所皆在神位之左。凡祭器皆藉以席，籩豆各加巾蓋。又設天、地及配位籩一、豆一、簠一、簋一、俎四、及毛血豆各一，幷第一等神位每位俎二，於饌幔內。

又設皇帝洗二於卯陛下，道北，南向。盥洗在東，爵洗在西，匜在東，巾在西。篚南肆，實玉爵坫。又設亞終獻洗位在小次之東，南向。盥洗在東，爵洗在西，加勺。篚在西，南肆，加巾。又設第一等分獻官盥洗爵洗位，及第二等分獻官盥洗位，各於其辰陛道之左，罍在洗左，篚在洗右，俱內向，執罍篚者位於其後。

太府監、少府監祀前一日未後二刻，帥其屬升壇陳玉幣。昊天上帝以蒼璧、蒼幣，皇地祇以黃琮、黃幣，配位以蒼幣，黃帝以黃琮，青帝以青珪，赤帝以赤璋，大明以青珪璧，白帝以白琥，黑帝以玄璜，北極以青珪璧，天皇大帝以玄珪璧，神州地祇以玄色兩珪有邸，皆置於匣。五帝之幣各從其方色。凡幣皆陳於篚。設訖，俟告潔訖權徹去，祀日重設。

祀日丑前五刻，禮部設祝册神座之右，皆藉以案。太常卿明燈燎。戶部郎中設諸州歲貢於宮縣東北，金爲前列，玉帛次之，餘爲從列，皆藉以席，立於歲貢之後，北向。太府監、少府監設異寶嘉瑞於宮縣西，北上，瑞居前，中下次之，皆藉以席，立於寶後，北向。少府少監設伐國毀寶於宮縣東南，皆藉以席，立於寶後，北向。符寶郎設八寶於宮縣西南，各分立於寶南，皆北向。司天監、太府監、少府監、郊社令、奉禮郎升設昊天上帝、皇地祇、配位、及壇上第一等神座，又設玉幣，各於其位。太祝取瘞玉加於幣，以禮神之玉各置於神座前，乃退。

光祿卿帥其屬入實祭器。昊天上帝、皇地祇、配位每位籩三行，以右爲上，形鹽在前，魚鱐糗餌次之，第二行榛實在前，乾桃乾穣乾棗次之，第三行乾菱在前，乾芡乾栗鹿脯次之。豆三行，以左爲上，芹菹在前，筍菹葵菹次之，第二行韭菹在前，菁菹魚醢兎醢次之，第三行豚胉在前，醓醢酏食鹿臡次之。簠黍，簋稷，登皆大羹。第一等壇上一十位，每位皆實籩三行，以右爲上，形鹽在前，魚鱐次之，第二行乾穣在前，桃棗次之，第三行乾芡在前，榛實鹿脯次之。豆三行以左爲上，芹菹在前，筍菹次之，第二行菁菹在前，韭菹魚醢次之，第三行豚胉在前，醓醢鹿臡次之。〔三〕簠黍，簋稷，登大羹。第二、第三等每位籩二，鹿脯、乾棗。豆二，鹿臡、菁菹。俎，羊一段。內壝內、內壝外每位籩鹿脯，豆鹿臡，俎羊一段。

良醞令帥其屬入實尊罍，昊天上帝、皇地祇大尊爲上，實以汎齊；著尊次之，實以醴齊；犧尊次之，實以盎齊；象尊次之，實以醍齊；壺尊次之，實以沈齊；山罍爲下，實以三酒。配位著尊爲上，實以汎齊；犧尊次之，實以醴齊；象尊次之，實以盎齊；壺尊次之，實以醍齊；山罍爲下，實以三酒。第一等每位大尊實以汎齊，著尊實以醴齊。第二等山尊實以醍齊。第三等及內壝內，蜃尊實以汎齊。內壝外及衆星，概尊實以三酒。

省牲器：祀前一日午後八刻，去壇二百步禁止行人。未後二刻，郊社令丞帥其屬掃除壇之上下，司尊、奉禮郎帥執事者以祭器入，設於位。司天監設神位，太府監、少府監陳玉幣於篚。未後三刻，禮直官引廩犧令與諸太祝、祝史以牲就位。又禮直官贊者分引禮部尚書、太常卿、光祿卿、禮部侍郎、太常丞、監祭御史、監禮博士、廩犧令、太官令、太官丞詣內壝東門外省牲位。立定，乃引禮部尚書、侍郎、太常丞、及監祭御史、監禮博士升自卯階，視濯溉，執事者皆舉冪告潔，俱畢，降復位。禮直官稍前曰：「告潔畢，請省牲。」禮部尚書侍郎及太常卿丞稍前，省牲訖，退，復位。次引光祿卿丞巡牲一匝，光祿卿退，光祿丞西向折身曰「備訖」，乃復位。次引廩犧令巡牲一匝，西向躬身曰「充」，又引諸祝史巡牲一匝，首一員西向躬身曰「腯」。畢，俱復位。禮直官稍前曰「請省饌」。乃引禮部尚書以下各就位，立定，省饌，訖，禮直官引禮部尚書侍郎、太常卿丞各還齋所，餘官廩犧令與諸太祝祝史以次牽牲詣廚，授太官令丞。次引光祿卿丞、監祭、監禮詣廚，省鼎鑊，視滌濯畢，乃還齋所。

晡後一刻，太官令帥宰人以鸞刀割牲，祝史各取毛血實以豆，置於饌幔。遂烹牲。祝史乃取瘞血貯於盤。

奠玉幣：祀日丑前五刻，亞終獻司徒已下，應行事陪從羣官，各服其服就次。司天監復設壇上及第一等神位。太府監、少府監陳玉幣。太常卿、郊社令丞明燭燎。光祿卿丞實籩豆簠簋尊罍，侯監祭、監禮案視訖，徹去巾蓋。大樂令帥工人布於宮縣之內，文舞八佾立於縣前表後，武舞八佾各爲四佾立於宮縣左右，引舞執纛等在前，又引登歌樂工由卯陛而升，各就其位。歌、擊、彈者坐，吹者立。奉禮郎贊者先入就位，餘禮直官、贊者分引分獻官、監祭御史、監禮博士、諸執事及太祝、祝史、齋郎、助奠、執尊罍、舉冪等官，入自中壝東門，當壇南重行西上、北向立定。奉禮郎贊「拜」，分獻官以下皆再拜，訖，奉禮贊曰「各就位」。贊者、禮直官分引監祭御史、監禮博士，按視壇之上下，糾察不如儀者，退復位。禮直官引司徒入就位，西向立。禮直官引博士，博士引亞獻，自東壝偏門入就位，西向立。又禮直官引終獻，次於其位。

祀日未明一刻，通事舍人引侍中詣齋殿，跪奏「請中嚴」，俛伏，興。又少頃，乃跪奏「外辦」。俟尚輦進輿，乃跪奏稱「具官臣某，請皇帝降座升輿」。皇帝至大次，乃跪奏稱「具官臣某，請皇帝降輿」。皇帝入次，卽位於大次外。質明，詣次前跪奏「請中嚴」，少頃，又奏「外辦」。訖，太常卿乃當次前跪稱「具官臣某，請皇帝行事」，俛伏，興。凡跪奏，准此。皇帝出次，乃前導至中壝門，殿中監進大圭，太常卿奏「請執大圭」。入自正門，皇帝入小次位，西向立，太常卿乃與博士分左右立定，乃奏「有司謹具，請行事」。降神，六成，樂止。太常卿別一員，乃升煙瘞血，訖，乃奏「拜」，訖，俟侍中升壇，請詣盥洗位。〔一三〕至位，奏「請搢大圭、盥手」。訖，奏「請帨手」，皇帝帨手，訖，奏「請執大圭」。乃引至壇上，殿中監進鎭圭，乃奏「請搢大圭、執鎭圭」。皇帝執鎭圭，詣昊天上帝神座前，奏「請跪，奠鎭圭」。皇帝奠，訖，執大圭，俛伏，興。侍中進玉幣，乃奏「請搢大圭、跪奠玉幣」。訖，乃奏「請執大圭」，俛伏，興。少退，又奏「請再拜」。詣皇地祇及配位，奠鎭圭玉幣，並如儀。〔一四〕配位唯奏請奠鎭圭及幣。

奠玉幣畢，皇帝還版位，乃奏「請還小次、釋大圭」。皇帝入小次，乃立於小次之南稍東，以俟。

皇帝將奠配位之幣也，贊者分引第一等分獻官詣盥洗位，搢笏、盥手、帨手、執笏，各由其陛升，唯不由午陛。詣神前，搢笏，跪，太祝以玉幣授之，奠訖，俛伏，興。再拜，訖，各由本陛降，復位。初，分獻將降也，禮直官引諸祝史、齋郎、應助奠者再拜，祝史各奉毛血之豆入，各由其陛升，諸太祝迎取於壇上，奠訖，退立於尊所。

進熟：奠玉幣訖，降還小次。有司先陳牛鼎三、羊鼎三、豕鼎三、魚鼎三，各在鑊右。太官令丞帥進饌者詣厨，以匕升牛羊豕魚，自鑊各實於鼎。牛羊豕皆肩、臂、臑、肫、胳、正脊各一，長脅二、短脅二、代脅二，凡十一體。〔三〕牛豕皆三十斤，羊十五斤，魚十五頭一十五斤，實訖，冪之。祝史二人以扃對舉一鼎，牛鼎在前，羊豕次之，魚又次之，有司執匕以從，各陳於每位饌幔位。從祀壇上第一等五方帝、大明、夜明、天皇大帝、神州地祇、北極，皆羊豕之體並同。光祿卿帥祝史、齋郎、太官令丞各以匕升牛羊豕魚於俎，肩臂臑在上端，肫胳在下端，脊脅在中，魚即橫置，頭在尊位，設去鼎冪。光祿卿丞同太官令丞實籩豆簠簋，籩實以粉餈，豆實以糝食，簠實稻，簋實粱。

俟皇帝還小次，樂止。禮直官引司徒出詣饌幔所，與薦籩豆簠簋俎齋郎，各奉天、地、配位之饌。司徒帥太官令以序入内壝正門，樂作，至壇下，俟。祝史進徹毛血豆，降自卯陛，以次出，訖，司徒與薦籩豆簠簋俎齋郎，奉昊天上帝、皇地祇之饌，升自午陛。太官令丞與薦籩豆簠簋俎齋郎，奉配位及第一等神位之饌，升自卯陛。各位太祝迎於壇陛之道間。於昊天上帝位，司徒搢笏北向跪奉，粉餈籩在糗餌之前，糝食豆在醓醢之前，簠左簋右，皆在登前，牛俎在豆前，羊豕魚俎次之，以右爲上。司徒俛伏，興，奉饌者奉訖，皆出笏就位，一拜。司徒次詣皇地祇奉奠，並如上儀。配位亦同。司徒及奉天、地、配位饌者以次降。太官令帥奉第一等神位之饌，各於其位，並如前儀。俱畢，樂止。司徒、太官令以下皆就位，訖，侍中升自卯陛，立於昊天上帝酌尊所，以俟。

太常卿乃當次前俛伏，跪奏「請皇帝詣盥洗位」，俛伏，興。皇帝出次，殿中監進大圭，乃奏「請執大圭」。至盥洗位，奏「請搢大圭、盥手」。皇帝盥手，訖，奏「請帨手」。皇帝帨手，訖，奏「請執大圭」。乃詣爵洗位。至位，奏「請搢大圭、受爵」，又奏「請洗爵」。皇帝洗爵，訖，奏「請拭爵」。皇帝拭爵，訖，奏「請執大圭」，以爵授奉爵官。皇帝詣昊天上帝酌尊所，執爵，良醞令舉冪，侍中跪酌太尊之汎齊，酌訖，皇帝以爵授侍中。皇帝乃詣昊天上帝神座前，侍中進爵，乃奏「請搢大圭，跪執爵三祭酒」，訖，奏「請奠爵」。奠爵訖，奏「請執大圭」。俛伏，興。又奏「請少退」，立俟。中書侍郎讀册文，訖，乃奏「請再拜」。詣皇地祇位及配位，並如上儀。獻畢，皇帝還版位，乃奏「請還小次，釋大圭」。皇帝入小次，太常卿立於小次東南。

禮直官引博士，博士引亞獻，詣盥洗位，搢笏、盥手、帨手，訖，詣爵洗位，搢笏、洗爵、拭爵，訖，以爵授執事者，執笏升自卯陛，詣昊天上帝酌尊所，西向立。執事者以爵授之，乃搢笏執爵。執尊者舉冪，良醞令跪酌著尊之醴齊，酌訖，復以爵授執事者，執笏詣昊天上帝神座前。初，亞獻至盥洗位，文舞退，武舞進，樂作。亞獻詣昊天上帝神座前，搢笏跪，執事者以爵授之，乃執爵三祭酒，奠爵，執笏，俛伏，興，少退，再拜。次詣皇地祇及配位，並如上儀。獻畢，降復位。

禮直官引博士，博士引終獻，詣盥洗位，盥手，洗爵，升壇奠獻，並如上儀。

初，終獻將升壇，禮直官分引第一等分獻官詣盥洗位，搢笏，盥手，帨手。執笏，各由其陛，唯不由午陛，詣神位酌尊所，〔一六〕執事者以爵授之，乃酌汎齊，訖，以爵授執事者，共詣神座前，搢笏跪，執事者以爵授之，乃執爵三祭酒，奠爵，執笏，俛伏，興，少退，再拜，訖，各引還本位。

初，第一等分獻官將升，贊引引第二等、第三等、內壝內外衆星位分獻〔一七〕各詣盥洗位，搢笏、盥手、帨手、酌酒、奠拜，並同上儀。祝史、齋郎以次助奠，訖，各還本位。諸太祝各進徹籩、豆各一，少移故處，樂作。卒徹，樂止。

初，終獻禮畢，降復位，太常卿乃當次前俛伏，跪奏「請皇帝詣飲福位」。皇帝出次，殿中監進大圭。〔一八〕乃奏「請執爵，三祭酒」，又奏「請啐酒」。皇帝啐酒，訖，以爵授侍中，乃奏「請受胙」。侍中再以爵酒進，乃奏「請受爵飲福」。皇帝飲福，訖，奏「請執大圭」。俛伏，興。又奏「請再拜」，訖，乃導還版位，西向立，俟送神樂止。乃奏「請詣望燎位」，至位，南向立，俟火半柴，乃跪奏「具官臣某言禮畢」。皇帝還大次，出中壝門外，奏「請釋大圭」，皇帝入大次。

初，終獻禮畢，司徒、侍中、太祝各升自卯陛，太祝持胙俎進，減天、地、配位前胙肉加於俎，皆取前脚第二節，又以黍稷飯共置一籩，奉詣司徒侍中後，北向立。俟皇帝至飲福位，太常卿奏「請皇帝搢大圭啐酒」。訖，司徒乃進胙俎，皇帝受胙，訖，奉禮郎贊曰「賜胙」，贊者唱曰「再拜」，在位者皆再拜，送神，樂一成止。

皇帝既入大次，更通天冠、絳紗袍，升輿，至齋宮，乘金輅。通事舍人引門下侍郎當輅前跪奏，稱「具官臣某請車駕進發」。至侍臣上馬所，乃跪奏「具官臣某請車駕少駐，勅侍臣上馬」。侍中稱「制可」，乃退，傳制稱「侍臣上馬」。侍臣上馬畢，乃跪奏，稱「具官臣某請勅車右升」，千牛將軍升訖，跪奏稱「具官臣某請車駕進發」。車駕動，前中後三部鼓吹凡十二隊齊作。應行禮陪從祀官先詣應天門奉迎，再拜。大樂令先詣應天門外，准備奏樂如儀。訖，擇日稱賀。

承安元年，將郊，禮官言：「禮神之玉當用眞玉，燔玉當用次玉。昔大定十一年，天、地之玉皆以次玉代之，臣等疑其未盡。禮貴有恒，不能繼者不敢以獻。若燔眞玉，常祀用之恐有時或闕，反失禮制。若從近代之典及本朝儀禮，眞玉禮神，次玉燔瘞，於禮爲當。近代郊，自第二等升天皇大帝、北極於第一等，前八位舊各有禮玉燔玉，而此二位尚無之。按周禮典瑞云『以圭璧祀日月星辰』，近代禮九宮貴神、大火星位，猶用周禮之說。其天皇大帝、北極二位，固宜用禮神之玉及燔玉也。」上命俱用眞玉。

省臣又奏：「前時郊，天、地、配位各用一犢，五方帝、日、月、神州、天皇大帝、北極十位皆大祀，亦當用犢，當時止以羊代。第二等以下從祀神位則分封羊豕以獻。竊意天、地之祀，籩豆尚多者以備陰陽之物，鼎俎尚少者以人之烹薦無可以稱其德，則貴質而已。故天地日月星辰之位皆用一俎，前時第一等神位偏用二俎，似爲不倫。今第一等神位亦當各用犢一，餘位以羊豕分獻，及朝享太廟則用犢十二。」上從之。

校勘記

〔一〕當闕之酉地　原脫「之」字。據本志文例補。

〔二〕此所以祖配上帝也　按禮記郊特牲，「配」上無「祖」字。

〔三〕監祭御史在酉　「祭」原作「察」。按本書卷五五百官志，御史臺，監察御史掌「監祭禮」，故本志皆稱「監祭御史」。今參考本書卷二九禮二方丘儀改正。

〔四〕歌工次之餘工各位於縣後　「次之」原作「之次」、「位」原作「立」。按大金集禮卷一一皇帝祭皇地祇於方丘，禮文與此多同，云「歌工次之，餘工各位於縣後」。今據改。

〔五〕又設郊社丞太祝奉禮郎以下諸執事官位於其後　原脫「位」字。按清秦蕙田五禮通考以下簡稱秦考卷一七引此文有「位」字。今從補。

〔六〕又設監祭御史二員　「祭」原作「察」。按下文已作「監祭御史」，今改，參見本卷校記〔三〕。

〔七〕又設奉禮郎位於壇南稍東　原脫「位」字。按秦考卷一七引此文有「位」字。今從補。

〔八〕於壇上第二等　原脫「上」字。按上文言「於壇上第一等」，下文亦言「於壇上第三等」，今依文例補。

〔九〕祀日丑前五刻重設　原脫「丑」字。按下文「祀日丑前五刻，禮部設祝册神座之右」。又「奠玉幣」亦云「祀日丑前五刻」。今據補一「丑」字。

〔一〇〕外官一百六座　「六」下原衍「十」字。按上文已記有「外官一百六座」。政和五禮新儀卷二神位、元史卷七二祭祀志亦皆謂此處「外官一百六座」，今據删。

〔一一〕第三等每位蜃尊二內壝內外每辰概尊二　此處文有脫誤。按下文「良醞令帥其屬入實尊罍。第三等及內壝內，蜃尊實以汎齊。內壝外及衆星，概尊實以三酒」。可以參考。

〔一二〕醓醢鹿臡次之　「醓醢」下原衍「次之」二字。秦考卷一七引此文無。今據删。

〔一三〕俟侍中升壇請詣盥洗位　原脫「請」字。據殿本補。

〔一四〕並如儀　按殿本「儀」上有「上」字。

〔一五〕凡十一體　按以上所列牲體與十一之數不合，儀禮少牢饋食禮，「肩、臂、臑、膊、胳，正脊一、脡脊一、橫脊一，短脅一、正脅一、代脅一皆二骨以並」，爲十一體。此處「正脊」下脫「脡脊、橫脊」四字。

〔一六〕詣神位酌尊所　「詣」原作「諸」。按秦考卷一七引此文作「詣」。今從改。

〔一七〕贊引引第二等第三等內壝內外衆星位分獻　按「贊引引」當作「贊者分引」、「分獻」下當有「官」字。

〔一八〕殿中監進大圭　按此下有脫文。

金史卷二十九

志第十

禮二

方丘儀　朝日夕月儀　高禖

方丘儀。

齋戒：祭前三日質明，有司設三獻以下行事官位於尚書省。初獻南面，監祭御史位於西，東向，監禮博士位於東，西向，俱北上。司徒亞、終獻位於南，北向。次光祿卿、太常卿，次第一等分獻官、司天監，次第二等分獻官、光祿丞、郊社令、大樂令、良醞令、廩犧令、司尊彝，次內壝內外分獻官、太祝官、奉禮郎、協律郎、諸執事官，就位，立定。次禮直官引初獻就位，初獻讀誓曰：「今年五月幾日夏至，祭皇地祇於方丘，所有攝官，各揚其職。其或不敬，國有常刑。」讀畢，禮直官贊「七品以下官先退」，餘官對拜，訖，退。散齋二日，宿於正寢，治事如故。齋禁並如郊祀。守壝門兵衛與大樂工人，俱清齋一宿。行禮官前期習儀於祠所。

陳設：祭前三日，所司設三獻官以下行事執事官次於外壝東門之外，道南，北向，西上，隨地之宜。又設饌幕於內壝東門之外，道北南向。

祭前二日，所司設兵衛，各服其服，守衛壝門，每門二人。大樂令帥其屬，設登歌之樂於壇上，如郊祀。郊社令帥其屬，掃除壇之上下，爲瘞坎在內壝外之壬地。

祭前一日，司天監、郊社令各服其服，帥其屬，升設皇地祇神座於壇上北方，南向，席以藁秸。又設配位神座於東方，西向，席以蒲越。又設神州地祇神座於壇之第一等東南方，席以藁秸。又設五神、五官、嶽鎭海瀆二十九座於第二等陛之間，〔一〕各依方位。又設崑崙、山林川澤二十一座於內壝之內，又設丘陵墳衍原隰三十座於內壝外，席皆以莞。

又設神位版，各於座首。子陛之西，水神玄冥、北嶽、北鎭、北海、北瀆於壇之第二等，北山、北林、北川、北澤，於內壝內，北丘、北陵、北墳、北衍、北原、北隰於內壝外，皆各爲一列，以東爲上。

卯陛之北，木神勾芒，東嶽、長白山、東鎮、東海、東瀆於壇之第二等，東山、東林、東川、東澤於內壝內，東丘、東陵、東墳、東衍、東原、東隰於內壝外，皆各爲一列，以南爲上。

午陛之東，神州地祇於壇之第一等，火神祝融，南嶽、南鎮、南海、南瀆於壇之第二等，南山、南林、南川、南澤於內壝內，南丘、南陵、南墳、南衍、南原、南隰於內壝外，皆各爲一列，以西爲上。

午陛之西，土神后土，中嶽、中鎮於壇之第二等，中山、中林、中川、中澤於內壝內，中丘、中陵、中墳、中衍、中原、中隰於內壝外，皆各爲一列，以南爲上。

酉陛之南，金神蓐收，西嶽、西鎮、西海、西瀆於壇之第二等，崑崙、西山、西林、西川、西澤於內壝內，西丘、西陵、西墳、西衍、西原、西隰於內壝外，皆各爲一列，以北爲上。

其皇地祇、及配位、神州地祇之座，幷禮神之玉，設訖，俟告潔畢權徹，祭日早重設。其第二等以下神座，設定不收。

奉禮郎、禮直官又設三獻官位於卯陛之東稍北，西向。司徒位於卯陛之東，道南，西向。太常卿、光祿卿位次之。〔三〕第一等分獻官、司天監位於其東，光祿丞、郊社令、太官令、廪犧令位又在其東，每等異位重行，俱西向北上。

又設太祝、奉禮郎及諸執事位於內壝東門外道南，每等異位重行，俱西向北上。設監祭御史二位，一於壇下午陛之西南，一於子陛之西北，俱東向。設監禮博士二位，一於壇下午陛之東南，一於子陛之東北，俱西向。奉禮郎位於壇之東南，西向。協律郎位於樂簴西北，東向。大樂令位於樂簴之間，西向。司尊彝位於酌尊所，俱北向。設望瘞位坎之南，北向。

又設牲牓位於內壝東門之外，西向。太祝、祝史各位於牲後，俱西向。設省饌位於牲西，太常卿、光祿卿、太官令位於牲北，南向，西上。監祭、監禮位在太常卿之西稍却，西上。廩犧令位於牲西南，北向。

又陳禮饌於內壝東門之外，道北，南向。設省饌位於禮饌之南。太常卿、光祿卿、太官令位在東，西向，監祭、監禮位在西，東向，俱北上。設祝版於神位之右。司尊及奉禮郎帥其屬，設玉幣篚於酌尊所，次及籩豆之位。正、配位各左有十一籩、右有十一豆，俱爲三行。登三，在籩豆間。鉶三，在登前。簠一、簋一，各在鉶前。又設尊罍之位，皇地祇太尊二、著尊二、犧尊二、山罍二，在壇上東南隅。配位著尊二、犧尊二、象尊二、山罍二，在正位酒尊之東，俱北向西上，皆有坫，加勺、冪，爲酌尊所。又設皇地祇位象尊二、壺尊二、山罍四，在壇下午陛之西，北向西上。〔三〕配位犧尊二、壺尊二、山罍四，在酉陛之北，東向北上，皆有坫，加冪，設而不酌。神州地祇位左八籩、右八豆，登一在籩豆間，簠一、簋一在登前，爵坫一，在神座前。

又設第二等諸神位每位籩二、豆二、簠一、簋一、俎一、爵坫一。內壝之內外諸神每位籩一、豆一、簠一、簋一、俎一、爵坫一。陳列皆與上同。又設神州地祇太尊二、著尊二，皆有坫。第二等諸神每方山尊二，內壝內每方蜃尊二，內壝外每方概尊二，〔四〕皆加勺、冪。又設正、配位籩一、豆一、簠一、簋一、俎三、及毛血豆一、幷神州地祇位俎一，各於饌幕內。

又設三洗於壇下卯陛之東，北向，盥洗在東，爵洗在西，並有罍加勺。篚在洗西，南肆，實以巾。爵洗之篚實以匏爵，加坫。又設第一等分獻官盥洗爵洗位，〔五〕第二等以下分獻官盥洗位，各於其方道之左，罍在洗左，篚在洗右，俱內向。執罍篚者各於其後。〔六〕

祭日丑前五刻，司天監、郊社令帥其屬，升設皇地祇及配位神座於壇上。設神州地祇座於第一等。又設玉幣，皇地祇玉以黃琮，神州地祇玉以兩圭有邸，皆置於匣。正、配位幣並以黃色，神州地祇幣以玄色，五神、五官、嶽鎮海瀆之幣各從其方色，皆陳於篚。太祝取瘞玉加於幣，於禮神之玉各置於神座前。

光祿卿帥其屬，入實正、配位籩豆。籩三行以右爲上，豆三行以左爲上，其實並如郊祀。登實以大羹，鉶實以和羹。又設從祭第一等神州地祇之饌。籩三行以右爲上，豆三行以左爲上，其實並如郊祀。登實以大羹，簠實以稷，簋實以黍。第一等每位，左二籩，栗在前，鹿脯次之。右二豆，菁菹在前，鹿臡次之。簠實以稷，簋實以黍。俎，一羊、一豕。內壝內外每位，左籩一，鹿脯。右豆一，鹿臡。簠稷，簋黍，俎以羊。

良醖令帥其屬，入實酒尊。皇地祇太尊爲上，實以汎齊。著尊次之，實以醴齊。犧尊次之，實以盎齊。象尊次之，實以醍齊。壺尊次之，實以沈齊。山罍爲下，實以三酒。配位，著尊爲上，實以汎齊。犧尊次之，實以醴齊。象尊次之，實以盎齊。壺尊次之，實以醍齊。山罍爲下，實以三酒。皆左實明水，右實玄酒，皆尙醖代。次實從祭第一等神州地祇酒尊，太尊爲上，實以汎齊。著尊次之，實以醴齊。第二等，山尊實以醍齊。內壝內，蜃尊實以汎齊。內壝外，概尊實以三酒。以上尊皆左以明水，右以玄酒，皆尙醖代之。太常卿設燭於神座前。

省牲器：祭前一日午後八刻，去壇二百步禁止行者。未後二刻，郊社令帥其屬，掃除壇之上下。司尊與奉禮郎，帥執事者以祭器入，設於位。郊社令陳玉幣於篚。未後三刻，廩犧令與諸太祝、祝史，以牲就省位。禮直官、贊者分引太常卿、光祿卿、丞、〔七〕監禮、祭，太官令等詣內壝東門外省牲位。其視滌濯、告潔、省牲饌，並同郊祀。俱畢，廩犧令、諸太祝、祝史以次牽牲詣厨，授太官令。次引光祿卿以下詣厨，省鼎鑊，視滌溉，乃還齋所。晡後一刻，太官令帥宰人以鸞刀割牲，祝史各取毛血，實以豆，置於饌幔。遂烹牲，又祝史取瘞血貯於盤。

奠玉幣：祭日丑前五刻，獻官以下行事官，各服其服。有司設神位版，陳玉幣，實籩豆簠簋尊罍，俟監祭、監禮按視壇之上下，乃徹去蓋冪。大樂令帥工人，及奉禮郎、贊者先入。禮直官、贊者分引分獻官以下，監祭、監禮、諸大祝、祝史、齋郎與執事者，入自南壝東門，當壇南，重行，北向，西上，立定。奉禮郎贊「拜」，獻官以下皆再拜，訖，以次分引各就壇陛上下位。次引監祭、監禮按視壇之上下，訖，退復位。

禮直官分引三獻官以下行事官俱入就位。行禮官皆自南壝東門入。禮直官進立初獻之左，白曰「有司謹具，請行事」。退復位。協律郎高舉笏，執麾者舉麾，俛伏，興。工鼓柷，樂作坤寧之曲，八成，偃麾，戞敔，樂止。俟太常卿瘞血，訖，奉禮郎贊「拜」，在位者皆再拜。又贊「諸執事者各就位」，禮直官引諸執事各就其位俟。太祝跪取玉幣於篚，立於尊所。諸位太祝亦各取玉幣立於尊所。

禮直官引初獻詣盥洗位，樂作肅寧之曲。至位，北向立，樂止。搢笏，盥手，帨手，執笏，詣壇，樂作肅寧之曲。凡初獻升降，皆作肅寧之曲。升自卯階，至壇，樂止。詣皇地祇神座前，北向立，樂作靜寧之曲。搢笏，跪。太祝加玉於幣，西向跪以授初獻。初獻受玉幣奠訖，執笏，俛伏，興，再拜，訖，樂止。次詣配位神座前，東向立，樂作億寧之曲，奠幣如上儀，樂止。降自卯陛，樂作，復位，樂止。

初獻將奠配位之幣，贊者引第一等分獻官詣盥洗位，搢笏，盥手，帨手，執笏，由卯陛詣神州地祇神座前，搢笏，跪。太祝以玉幣授分獻官，分獻官受玉幣，奠訖，執笏，俛伏，興，再拜，訖，退。

初，第一分獻官將升，贊者引第二分獻官詣盥洗位，盥手，〔八〕帨手，執笏，各由其陛升，唯不由午陛，詣於首位神座前，〔九〕奠幣如上儀。餘以次祝史、齋郎助奠訖，各引還位。初獻奠幣將畢，祝史奉毛血豆，各由午陛升，諸太祝迎於壇上，進奠於正、配位神座前，太祝與祝史俱退，立於尊所。

進熟：初獻既升奠玉幣。有司先陳牛鼎二、羊鼎二、豕鼎二於神廚，各在鑊右。太官帥進饌者詣廚，以匕升牛、羊、豕，自鑊實於各鼎。牛、羊、豕各肩、臂、臑、肫、胳、正脊一、橫脊一、長脅一、短脅一、代脅一，皆二骨以並，〔一〇〕冪之。祝史以扃各對舉鼎，有司執匕以從，陳於饌幔內。從祀之俎實以羊，更陳於饌幔內。

光祿卿實以籩豆簠簋。〔一〕籩實以粉餈，豆實以糝食，簠實以稷，簋實以黍。實訖，去鼎之扃冪，匕加於鼎。太官令以匕升牛羊豕，載於俎，肩臂臑在上端，肫胳在下端，脊脅在中。俟初獻還位，樂止。禮直官引司徒出詣饌所，同薦籩豆簠簋俎。齋郎各奉皇地祇配位之饌，升自卯陛，諸太祝各迎於壇上。司徒詣皇地祇神座前，搢笏，奉籩豆簠簋，次奉俎，北向跪奠，訖，執笏，俛伏，興，設籩於糗餌之前，豆於醓醢之前，簠簋在登前，俎在籩前。〔二〕次於卯陛奉配位之饌，東向跪奠於神座前，並如上儀。各降自卯陛，還位。太官令又同齋郎奉神州地祇之饌，升自卯陛，太祝迎於壇陛之道間，奠於神座前，在籩前，〔三〕訖，樂止。太官令進饌者降自卯陛，還位。

禮直官引初獻官詣盥洗位，樂作。至位，樂止。北向立，搢笏，盥手，帨手，執笏，詣爵洗位。至位，北向立，搢笏，洗爵，拭爵以授執事者。執笏，詣壇，樂作。升自卯陛，至壇上，樂止。詣皇地祇酌尊所，西向立。執事者以爵授初獻。初獻搢笏，執爵。司尊舉冪，良醞令跪酌太尊之汎齊，〔四〕酌訖，初獻以爵授執事者，執笏，詣皇地祇神座前，北向立，搢笏，跪。執事者以爵授初獻，初獻執爵，三祭酒於茅苴，奠爵，三獻奠爵，皆執事者受以興。執笏，俛伏，興，少退，跪，樂止。舉祝官跪，對舉祝版。讀祝，太祝東向跪，讀祝訖，俛伏，興。舉祝奠版於案，再拜，興。

次詣配位酌尊所，執事者以爵授初獻，初獻搢笏，〔一五〕執爵。司尊舉冪，良醞令跪酌著尊之汎齊，樂作太簇宮保寧之曲。初獻以爵授執事者，執笏，詣配位神座前，東向立，搢笏，跪。執事者以爵授初獻，初獻執爵，三奠酒於茅苴。奠爵，執笏，俛伏，興。少退，跪，樂止。讀祝，訖，樂作，就拜，興，拜，興。〔一六〕降自卯陛，讀祝、舉祝官俱從，〔一七〕樂作，復位，樂止。

次引亞獻詣盥洗位，北向立，搢笏，盥手，帨手。執笏，詣爵洗位，北向立，搢笏，洗爵，拭爵授執事者。執笏，升自卯陛，詣皇地祇酌尊所，西向立。執事者以爵授亞獻。亞獻搢笏執爵，司尊舉冪，良醞令酌著尊之醴齊，〔一八〕酌訖，以爵授執事者，執笏，詣皇地祇神座前，北向立，搢笏，跪。執事以爵授亞獻，亞獻執爵，三祭酒於茅苴，奠爵，執笏，俛伏，興，少退，再拜。次詣配位酌獻如上儀，唯酌犧尊爲異。樂止，降復位。

次引終獻詣盥洗位，盥手，帨手，洗爵，拭爵，以爵授執事者，升壇。正位，酌犧尊之盎齊，配位，酌象尊之醴齊，奠獻並如亞獻之儀。禮畢，降復位。

初，終獻將升，贊者引第一等分獻官詣盥洗位，搢笏，盥手，帨手，洗爵，拭爵，以爵授執事者。執笏，詣神州地祇酌尊所，搢笏，執事者以爵授獻官。獻官執爵，執事者酌太尊之汎齊，酌訖，以爵授執事者。進詣神座前，搢笏，跪，執事者以爵授獻官，獻官執爵，三祭酒於茅苴，奠爵，俛伏，興，少退，跪，再拜，訖，還位。

初，第一等分獻官將升，贊者分引第二等分獻官詣盥洗位，搢笏，盥手，帨手，執笏詣酌尊所，執事以爵授分獻官，酌以授執事者，〔一九〕進詣首位神座前，奠獻並如上儀。祝史、齋郎以次助奠，訖，各引還位。諸獻俱畢，諸太祝進徹籩豆，籩豆各一，少移故處。樂作豐寧之曲，卒徹，樂止。奉禮官贊曰「賜胙」，衆官再拜，樂作，一成，止。

初，送神樂止，引初獻官詣望瘞位，樂作太蔟宮肅寧之曲。至位，南向立，樂止。初，在位官將拜，諸太祝、祝史各奉篚進詣神座前，玉幣，〔二〇〕從祭神州地祇以下，並以俎載牲體，幷取黍稷飯爵酒，各由其陛降壇，北詣瘞坎，實於坎中，又以從祭之位禮幣皆從瘞，禮直官曰「可瘞」，東西六行，置土半坎，禮直官贊「禮畢」，引初獻出，禮官贊者各引祭官及監祭、監禮、太祝以下，俱復壇南，北向立定，奉禮郎贊曰「再拜」，監祭以下皆再拜，訖，奉禮以下及工人以次出。光祿卿以胙奉進，監祭、監禮展視。其祝版燔於齋坊。

朝日、夕月儀。

齋戒、陳設、省牲器、奠玉幣、進熟，其節並如大祀之儀。朝日玉用靑璧，夕月用白璧，幣皆如玉之色。牲各用羊一、豕一。有司攝三獻司徒行事。

其親行朝日，金初用本國禮，天會四年正月，始朝日于乾元殿，而後受賀。天眷二年，定朔望朝日儀。皇帝服靴袍，百官常服。有司設爐案、御褥位于所御殿前陛上，設百官褥位于殿門外，皆向日。宣徽使奏導皇帝至位，南向，再拜，上香，又再拜。閤門皆相應贊，殿門外臣僚陪拜如常儀。大定二年，以無典故罷。

十五年，言事者謂今正旦并萬春節，宜令有司定拜日之禮。有司援據漢、唐春分朝日，升煙瘞玉如圜丘之儀。又按唐開元禮，南向設大明神位，天子北向，皆無南向拜日之制。今已奉勅以月朔拜日，宜遵古制，殿前東向拜。詔姑從南向。其日，先引臣僚於殿門外立，陪位立殿前班露臺左右，皇帝於露臺香案拜如上儀。

十八年，上拜日於仁政殿，始行東向之禮。皇帝出殿，東向設位，宣徽贊「拜」，皇帝再拜，上香，訖，又再拜。臣僚並陪拜，依班次起居，如常儀。

高禖。

明昌六年，章宗未有子，尚書省臣奏行高禖之祀，乃築壇於景風門外東南端，當闕之卯辰地，與圜丘東西相望，壇如北郊之制。歲以春分日祀青帝、伏羲氏、女媧氏，凡三位，壇上南向，西上。姜嫄、簡狄位於壇之第二層，東向，北上。

前一日未三刻，布神位，省牲器，陳御弓矢弓韣於上下神位之右。其齋戒、奠玉幣、進熟，皆如大祀儀。青帝幣玉皆用青，餘皆無玉。每位牲用羊一、豕一。有司攝三獻司徒行事。禮畢，進胙，倍於他祀之肉。進胙官佩弓矢弓韣以進，上命后妃嬪御皆執弓矢東向而射，乃命以次飲福享胙。

校勘記

〔一〕於第二等陛之間　「二」原作「四」。按大金集禮以下簡稱集禮卷一一皇帝祭皇地祇於方丘爲本志所本，其陳設條記此事作「第二等」。今據改。

〔二〕太常卿光祿卿位次之　原脫「位」字。據集禮卷一一陳設條補。

〔三〕在壇下午陛之西北向西上　原脫「北向西上」四字。據集禮卷一一陳設條補。

〔四〕內壝內每方蜃尊二內壝外每方概尊二　原「內壝內」下衍「外」字、「內壝外」之「壝」字下衍「內」字。按下文「良醞令帥其屬，入實酒尊」，「內壝內，蜃尊實以汎齊。內壝外，概尊實以三酒」，可證無此二字。殿本已删，今從之。

〔五〕又設第一等分獻官盥洗爵洗位　原脫「等」字。按本書卷二八禮一，郊禮作「又設第一等分獻官盥洗爵洗位」。今據補。

〔六〕執罍篚者各於其後　「罍」原作「爵」。按集禮卷一一作「罍」。本卷上文有「罍在洗左，篚在洗右」，則作「罍」是。今據改。

〔七〕贊者分引太常卿光祿卿丞　按本書卷二八禮一，郊禮與此節儀文相同，而記載較詳，此處「丞」上當有「太常」二字。

〔八〕第二分獻官詣盥洗位盥手　按「盥手」上疑脫「搢笏」二字。

〔九〕詣於首位神座前　原脫「前」字。按集禮卷一一有「前」字。本書卷二八禮一，郊禮作「詣神前」。今據補。

〔一〇〕皆二骨以並　「以」原作「一」。按本書卷三〇時享儀作「皆二骨以幷」。集禮卷一一進熟條，牛羊「實於各鼎」，注云「皆二骨以幷」。今據改。

〔一一〕光祿卿實以籩豆簠簋　「以」字疑是衍文。

〔一二〕俎在籩前　「在」原作「右」。據殿本改。

〔一三〕在籩前　「在」原作「左」。據集禮卷一一改。

〔一四〕良醞令跪酌太尊之汎齊　按集禮卷一一此下有「樂作太簇宮溥寧之曲」一句。

〔一五〕初獻搢笏　原脫「初獻」二字。據集禮卷一一補。

〔一六〕樂作就拜興拜興　按集禮卷一一作「初讀祝文，樂作，拜訖，樂止」。

〔一七〕讀祝舉祝官俱從　原脫「官」字。據集禮卷一一補。

〔一八〕良醞令酌著尊之醴齊　按集禮卷一一此下有「樂作咸寧之曲」一句。

〔一九〕酌以授執事者　殿本「酌」上有「分獻」二字。

〔二〇〕玉幣　按「玉」字上疑脫「取」字。

金史卷三十

志第十一

禮三

宗廟　禘祫　朝享　時享儀

金初無宗廟。〔一〕天輔七年九月，〔二〕太祖葬上京宮城之西南，建寧神殿于陵上，以時薦享。自是諸京皆立廟，惟在京師者則曰太廟，天會六年，以宋二帝見太祖廟者，是也。或因遼之故廟，安置御容，亦謂之廟，天眷三年，熙宗幸燕及受尊號，皆親享恭謝，是也。皇統三年，初立太廟，八年，太廟成，則上京之廟也。貞元初，海陵遷燕，乃增廣舊廟，奉遷祖宗神主于新都，三年十一月丁卯，奉安于太廟。正隆中，營建南京宮室，復立宗廟，南渡因之。其廟制，史不載，傳志雜記或可概見，今附之。

汴京之廟，在宮南馳道之東。殿規，一屋四注，限其北爲神室，其前爲通廊。東西二十六楹，爲間二十有五，每間爲一室。廟端各虛一間爲夾室，中二十三間爲十一室。從西三間爲一室，爲始祖廟，祔德帝、安帝、獻祖、昭祖、景祖祧主五，餘皆兩間爲一室。或曰：「惟第二、第三室兩間，餘止一間爲一室，總十有七間。」世祖室祔肅宗，穆宗室祔康宗，餘皆無祔。每室門一、牖一，門在左，牖在右，皆南向。石室之龕於各室之西壁，東向。其始祖之龕六，〔三〕南向者五、東向者一，其二其三俱二龕，餘皆一室一龕，總十八龕。祭日出主於北墉下，南向。禘祫則並出主，始祖東向，羣主依昭穆南北相向，東西序列。室戶外之通廊，殿階二級，列陛三，前井亭二。外作重垣四繚，南東西皆有門。內垣之隅有樓，南門五闔，餘皆三。中垣之外東北，册寶殿也，太常官一人季視其封緘，謂之點寶。內垣之南曰大次，東南爲神庖。廟門翼兩廡，各二十有五楹，爲齋郎執事之次。西南垣外，則廟署也。神門列戟各二十有四，植以木錡。戟下以板爲掌形，畫二青龍，下垂五色帶長五尺，享前一日則縣戟上，祭畢藏之。

室次。大定十二年，議建閔宗別廟，禮官援晉惠、懷，唐中宗，後唐莊宗升祔故事，若依此典，武靈皇帝無嗣亦合升祔。然中宗之祔，始則爲虛室，終則增至九室。惠、懷之祔乃遷豫章、潁川二廟，莊宗之祔乃祧懿祖一室。今太廟之制，除祧廟外，爲七世十一室，如當升祔武靈，即須別祧一廟。荀子曰：「有天下者事七世」，若旁容兄弟，上毀祖考，則天子有不得事七世者矣。伏覩宗廟世次，自睿宗上至始祖，凡七世，別無可祧之廟。晉史云：「廟以容主爲限，無拘常數。」東晉與唐皆用此制，遂增至十一室。康帝承統，以兄弟爲一室，故不遷遠廟而祔成帝。唐以敬、文、武三宗同爲一代，於太廟東間增置兩室，定爲九代十一室。今太廟已滿此數，如用不拘常數之說，增至十二室，可也。然廟制已定，復議增展，其事甚重，又與睿宗皇帝祏室昭穆亦恐更改。春秋之義不以親親害尊尊，漢志云：「父子不並坐，而孫可從王父。」若武靈升祔，太廟增作十二室。依春秋尊尊之典，武靈當在十一室，禘祫合食。依孫從王父之典，當在太宗之下，而居昭位，又當稱宗。然前升祔睿宗已在第十一室，累遇祫享，睿宗在穆位，與太宗昭位相對，若更改祏室及昭穆序，非有司所敢輕議，宜取聖裁。十九年四月，禘祔閔宗，遂增展太廟爲十二室。

二十九年，世宗將祔廟，有司言：「太廟十二室，自始祖至熙宗雖係八世，然世宗與熙宗爲兄弟，不相爲後，用晉成帝故事，止係七世，若特升世宗、顯宗即係九世。」〔四〕於是五月遂祧獻祖、昭祖，陞祔世宗、明德皇后、顯宗于廟。

貞祐二年，宣宗南遷，廟社諸祀並委中都，自抹撚盡忠棄城南奔，時謁之禮盡廢。四年，禮官言：「廟社國之大事，今主上駐蹕陪京，列聖神主已遷于此，宜重修太廟社稷，以奉歲時之祭。按中都廟制，自始祖至章宗凡十二室，而今廟室止十一，若增建恐難卒成。況時方多故，禮宜從變，今擬權祔肅宗主世祖室，始祖以下諸神主于隨室奉安。」

主用栗，依唐制，皇統九年所定也。

祏室，旁及上下皆石，門東向，以木爲闔，髹以朱。室中有褥，奠主訖，帝主居左，覆以黃羅帕，后主居右，覆以紅羅帕。

黼扆以紙，木爲筐，兩足如立屏狀。覆以紅羅三幅，繡金斧五十四，裹以紅絹，覆於屏上，其半無文者垂於其後。置北墉下，南向，前設几筵以坐神主。

五席，各長五尺五寸，闊二尺五寸。莞筵，粉純。以蔺爲席，緣以紅羅，以白繡蕙文及雲氣之狀，復以紅絹裹之。每位二。繅席，畫純。以五色絨織青蒲爲之，緣以紅羅，畫藻文及雲氣狀，亦以紅絹裹之。每位二，在莞上。次席，黼純。以輕筠爲之，亦曰桃枝席，緣以紅綃，繡鐵色斧，裹以紅絹。每位二，在繅席上。虎席二，大者長同，惟闊增一尺。以虎皮爲褥，有緆，以紅羅繡金色斧緣之。又有小虎皮褥，制同三席。時暄則用桃枝次席，時寒則去桃枝加虎皮褥。夏、秋享，則用桃枝次席。二冬，則去桃枝加小虎皮褥於繅席上。臘冬，則又添大虎皮褥二於繅席上，〔五〕遷小虎皮褥二在大褥之上。

曲几三足，直几二足，各長尺五寸，以丹漆之。帝主前設曲几，後設直几。

禘祫。

大定十一年，尚書省奏禘祫之儀曰：「禮緯『三年一祫，五年一禘』。唐開元中，太常議，禘祫之禮皆爲殷祭，祫爲合食祖廟，禘謂禘序尊卑。申先君逮下之慈，成羣嗣奉親之孝。自異常享，有時行之。祭不欲數，數則黷。不欲疎，疎則怠。是以王者法諸天道，以制祀典，烝嘗象時，禘祫象閏。五歲再閏，天道大成，宗廟法之，再爲殷祭。自周以後，並用此禮。自大定九年已行祫禮，若議禘祭，當於祫後十八月孟夏行禮。」詔以「三年冬祫、五年夏禘」爲常禮。又言：「海陵時，每歲止以二月、十月遣使兩享，三年祫享。按唐禮四時各以孟月享于太廟，季冬又臘享，歲凡五享。若依海陵時歲止兩享，非天子之禮，宜從典禮歲五享。」從之。

享日並出神主前廊，序列昭穆。應圖功臣配享廟廷，各配所事之廟，以位次爲序。以太子爲亞獻，親王爲終獻，或並用親王。或以太尉爲亞獻，光祿卿爲終獻。其月則停時享。儀闕。

朝享儀。

大定十一年十一月，郊祀前一日，朝享太廟。齋戒如親郊。

享前三日，〔六〕太廟令帥其屬，掃除廟之內外。點檢司於廟之前約度，設兵衛旗幟。尙舍於南神門之西設饌幔十一，南向，以西爲上。殿中監帥尙舍，陳設大次殿。又設小次於阼階下，稍南，西向。又設皇帝拜褥位殿上，版位稍西。又設黃道褥於廟門之內外，自玉輅至升輦之所，又自大次至東神門。又設七祀位一於殿下橫街之北，西街之西，東向，配享功臣位於殿下道東，橫街之南，西向，北上。

前二日，大樂令設宮縣之樂於庭中，四方各設編鐘三、編磬三。東方編鐘起北，編磬間之，東向。西方編磬起北，編鐘間之，西向。南方編磬起西，編鐘間之，北方編鐘起西，編磬間之，俱北向。設特磬、大鐘、鎛鐘共十二，於編縣之內，各依辰位。樹路鼓、路鼗於北縣之內，道之左右。晉鼓一，在其後稍南。植建鼓、鞞鼓、應鼓於四隅，建鼓在中，鞞鼓在左，應鼓在右。置柷敔於縣內，柷一在道東，敔一在道西。立舞表於酇綴之間。設登歌之樂於殿上前楹間，金鐘一在東，玉磬一在西，俱北向。柷一在金鐘北稍西，敔一在玉磬北稍東。搏拊二，一在柷北，一在敔北，東西相向。琴瑟在前。其匏竹者立於階間，重行北向。諸工人各位於縣後。

前一日，太廟令開室，奉禮郎帥其屬，設神位於每室內北墉下。各設黼扆一、莞席一、繅席二、次席二、紫綾厚褥一、紫綾蒙褥一、曲几一、直几一。

又設皇帝版位於殿東間門內，西向。又設飲福位於東序，西向。又設亞終獻位於殿下橫街之北稍東，西向。助祭親王宗室使相位在亞終獻之後，助祭宗室位在橫街之南，西向。奉瓚官、奉瓚盤官、進爵酒官、奉爵官等又在其南，奉匜槃巾篚官位於其後。七祀獻官位在奉爵官之南，助奠讀祝奉罍洗爵洗等官位於其後。司尊彝官位在七祀獻官之南，亞終獻司罍洗爵洗奉爵酒官等又在其南，並西向，北上。大禮使位於西階之西稍南，與亞終獻相對。太尉、司徒、助祭宰相位在大禮使之南，侍中、執政官又在其南，禮部尚書、太常卿、太僕卿、光祿卿、功臣獻官在西，舉册、光祿丞、太常博士又在其西，功臣助奠罍洗爵洗等官位於功臣獻官之後。又設監祭御史位二於西階下，俱東向，北上。奉禮郎、太廟令、太官令、太祝、宮闈令、祝史位於亞獻終獻奉爵酒官之南，薦籩豆簠簋官、薦俎齋郎又在太祝、奉禮郎之南。太廟丞、太官丞各位於令後。協律郎位二，一於殿上前楹間，一於宮縣之西北，俱東向。大樂令於登歌樂縣之北，大司樂於宮縣之北，良醞令於酌尊所，俱北向。又設助祭文武羣官位於橫街之南，東向北上。又設光祿卿陳牲位於東神門外橫街之東，西向，以南爲上。設廩犧令位於牲西南，北向。諸太祝位於牲東，各當牲後，祝史各陪其後，俱西向。設禮部尚書省牲位於牲前稍北，又設御史位於禮部尚書之西，俱南向。

禮部帥其屬，設祝册案於室戶外之右。

司尊彝帥其屬，設尊彝之位於室戶之左，每位斝彝一、黃彝一、犧尊二、象尊二、著尊二、山罍二，各加勺、羃、坫爲酌尊。又設瓚槃爵坫於篚，置于始祖尊彝所。又設壺尊二、太尊二、山罍四，各有坫、羃，在殿下階間，北向西上，設而不酌。七祀功臣每位設壺尊二於座之左，皆加羃、坫於內，酌尊加勺，皆藉以席。

奉禮郎設祭器，每位四簋在前，四簠次之，次以六登，次以六鉶，籩豆爲後。左十有二籩，右十有二豆，皆濯而陳之，藉以席。籩豆加以巾，蓋於內。籩一、豆一、簠一、簋一、幷俎四，設於每室饌幔內。又設御洗二於東階之東。又設亞終獻罍洗於東橫街下東南，北向，罍在洗東，篚在洗西，南肆，實以巾。又設亞終獻爵洗於罍洗之西，罍在洗東，篚在洗西，南肆，實以巾、爵幷坫。執巾罍巾篚各位於其後。

享日丑前五刻，太常卿帥執事者，設燭於神位前及戶外。光祿卿帥其屬，入實籩豆。籩之實，魚鱐、糗餌、粉餈、乾棗、形鹽、鹿脯、榛實、乾䕩、桃、菱、芡、栗，以序爲次。豆之實，芹菹、笋菹、葵菹、菁菹、韭菹、酏食、魚醢、兔醢、豚拍、鹿臡、醓醢、糝食，以序爲次。又鉶實以羹，加芼滑，登實以大羹，簠實以稻粱，簋實以黍稷，粱在稻前，稷在黍前。

良醞令入實尊彝。斝彝、黃彝實以鬱鬯，犧尊、象尊、著尊實以玄酒外，皆實以酒，用香蘗酒。各加坫、勺、幂。殿下之尊罍，壺尊、太尊、山罍，內除山罍上尊實以玄酒外，皆實以酒，加幂、坫。

太廟令帥其屬，設七祀功臣席褥於其次，每位各設莞席一、碧綃褥一，又各設版位於其座前，又籩豆簠簋各二、俎一。每位次各設壺尊二於神座之右，北向，玄酒在西。良醞令以法酒實尊如常，加勺、幂，置爵於尊下，加坫。光祿卿實饌。左二籩，栗在前，鹿脯次之。右二豆，菁菹在前，鹿臡次之。俎實以羊熟，簠簋實以黍稷。太廟令又設七祀燎柴，及開瘞坎於西神門外之北。太府監陳異寶、嘉瑞、伐國之寶，戶部陳諸州歲貢，金爲前列，玉帛次之，餘爲後，皆於宮縣之北，東西相向，各藉以席。凡祀神之物，當時所無者則以時物代之。

省牲器：前一日未後，廟所禁行人。司尊彝、奉禮郎及執事者，升自西階以俟。少頃，諸太祝與廩犧令，以牲就位。禮直官、贊者引禮部尚書、光祿卿丞詣省牲位，立定。禮直官引禮部尚書，贊引者引御史，入就西階升，遍視滌濯。訖，執事者皆舉冪曰「潔」。俱降，就省牲位，禮直官稍前曰：「告潔畢，請省牲。」次引禮部尚書侍郎稍前，省牲訖，退復位。次引光祿卿丞出班，巡牲一匝。光祿丞西向曰「充」，曰「備」。廩犧令帥諸太祝巡牲一匝，西向躬身曰「腯」。禮直官稍前曰：「省牲畢，請就省饌位。」引禮部尚書以下各就位，立定。御史省饌具畢，禮直官贊「省饌訖」，俱還齋所。〔七〕光祿卿、丞及太祝、廩犧令以次牽牲詣厨，授太官令。禮直官引禮部尚書詣厨，省鼎鑊，視濯溉，訖，還齋所。晡後一刻，太官令帥宰人，執鸞刀割牲，祝史各取毛血，每座共實一豆，遂烹牲。祝史洗肝於鬱鬯，又取肝膋，每座共實一豆，俱還饌所。

鑾駕出宮：前一日，有司設大駕鹵簿於應天門外，尚輦進玉輅於應天門內，南向。其日質明，侍臣直衞及導駕官，於致齋殿前，左右分班立俟。通事舍人引侍中俛伏，跪，奏「請中嚴」，皇帝服通天冠、絳紗袍。少頃，侍中奏「外辦」，皇帝出齋室，卽御座，羣官起居訖，尚輦進輿。侍中奏「請皇帝升輿」，皇帝乘輿，侍衞警蹕如常儀。太僕卿先詣玉輅所，攝衣而升，正立執轡。導駕官前導，皇帝至應天門內玉輅所，侍中進當輿前，奏「請皇帝降輿升輅」，皇帝升輅。太僕卿立授綏，導駕官分左右步導，以裏爲上。門下侍郎進當輅前，奏「請車駕進發」，奏訖，俛伏，興，退復位。侍衞儀物止於應天門內，車駕動，稱「警蹕」。至應天門，門下侍郎奏「請車駕少駐，勅侍臣上馬」。侍中奉旨退，稱曰「制可」。門下侍郎退，傳制，稱「侍臣上馬」。贊者承傳「勅侍臣上馬」。導駕官分左右前導，門下侍郎奏「請車駕進發」。車駕動，稱「警蹕」，不鳴鼓吹。將至太廟，禮直官、贊者各引享官，通事舍人分引從享羣官、宗室子孫，於廟門外，立班奉迎。駕至廟門，廻輅南向，侍中於輅前奏稱「侍中臣某言，請皇帝降輅，步入廟門」。皇帝降輅，導駕官前導，皇帝步入廟門，稍東。侍中奏「請皇帝升輿」，尚輦奉輿，侍衞如常儀。皇帝乘輿至大次，侍中奏「請皇帝降輿，入就大次」。皇帝入就次，簾降，傘扇侍衞如常儀。太常卿、太常博士各分立於大次左右。導駕官詣廟庭班位，立俟。

晨祼：享日丑前五刻，諸享官及助祭官，各服其服。太廟令、良醞令帥其屬，入實尊罍。光祿卿、太官令、進饌者實籩豆簠簋，並徹去蓋冪。奉禮郎、贊者先入，就位。贊者引御史、太廟令、太祝、宮闈令、祝史與執事官等，各自東偏門入，就位。

未明二刻，禮直官引太常寺官屬幷太祝、宮闈令升殿，開始祖祏室。太祝、宮闈令捧出帝后神主，設於座。以次，逐室神主各設於內黼扆前，置定。贊者引御史、太廟令、宮闈令、太祝、祝史與太常官屬，於當階間，重行北向立。奉禮郎於殿上贊「奉神主」，訖，奉禮曰「再拜」，贊者承傳，御史以下皆再拜，訖，各就位。大樂令帥工人二舞入，就位。禮直官贊者各引享官，通事舍人分引助祭文武羣官宗室入就位。符寶郎奉寶，陳於宮縣之北。皇帝入大次。

少頃，侍中奏「請中嚴」，皇帝服袞冕。侍中奏「外辦」，太常卿俛伏，跪，奏稱「太常卿臣某言，請皇帝行事」，俛伏，興。簾捲，皇帝出次。太常卿、太常博士前導，傘扇侍衞如常儀，大禮使後從。至東神門外，殿中監跪進鎮圭，太常卿奏「請執圭」，皇帝執鎮圭。傘扇仗衞停於門外，近侍者從入。協律郎跪伏舉麾，興。工鼓柷，宮縣昌寧之樂作。至阼階下，偃麾，戛敔，樂止。升自阼階，登歌樂作，左右侍從量人數升至版位，西向立，樂止。前導官分左右侍立。太常卿前奏「請再拜」，皇帝再拜。奉禮曰「衆官再拜」，贊者承傳，凡在位者皆再拜。奉禮又贊「諸執事者各就位」，禮直官、贊者分引執事者各就殿上下之位。太常卿奏「請皇帝詣罍洗位」，登歌樂作，至阼階，樂止。降自阼階，宮縣樂作，至洗位，樂止。內侍跪取匜，興，沃水。又內侍跪取槃，興，承水。太常卿奏「請搢鎮圭」，皇帝搢鎮圭，盥手，訖，內侍跪取巾於篚，興，以進。帨手，訖。奉瓚槃官以瓚跪進，皇帝受瓚，內侍奉匜沃水，又內侍跪奉槃承水，洗瓚訖。內侍跪奉巾以進，皇帝拭瓚，訖，內侍奠槃匜，又奠巾於饋。奉瓚槃官以槃受瓚。太常卿奏「請執鎭圭」，前導，皇帝升殿，宮縣樂作，至阼階下，樂止。

皇帝升自阼階，登歌樂作，太常卿前導，詣始祖位酌尊所，樂止。奉瓚槃官以瓚涖鬯，執尊者舉冪，侍中跪酌鬱鬯，訖，太常卿前導，入詣始祖室神位前，北向立。太常卿奏「請搢鎭圭」，跪。奉瓚槃官西向跪，以瓚授奉瓚官，奉瓚西向以瓚跪進。〔八〕太常卿奏「請執瓚以鬯祼地」。皇帝執瓚以鬯祼地，訖，以瓚授奉瓚槃官。太常卿奏「請執鎭圭」，俛伏，興，前導出戶外。太常卿奏「請再拜」，皇帝再拜，太常卿前導詣次位，並如上儀。

祼畢。太常卿奏「請還版位」，登歌樂作，至版位西向立，樂止。太常卿奏「請還小次」，前導皇帝行，登歌樂作，降自阼階，登歌樂止，宮縣樂作。將至小次，太常卿奏「請釋鎭圭」，殿中監跪受鎭圭。皇帝入小次，簾降，樂止。少頃，宮縣奏來寧之曲，以黃鍾爲宮，大呂爲角，大簇爲徵，應鍾爲羽，作仁豐道洽之舞，九成止。黃鍾三奏，大呂、太簇、應鍾各再奏，送神通用來寧之曲。

初，晨祼將畢，祝史各奉毛血及肝膋之豆，先於南神門外，齋郎奉爐炭蕭蒿黍稷，各立於肝膋之後。皇帝旣晨祼畢，至樂作六成，皆入自正門，升自太階。諸太祝於階上各迎毛血肝膋，進奠於神座前。祝史立於尊所，齋郎奉爐置於室戶外之左，其蕭蒿黍稷各置於爐炭下。齋郎降自西階，諸太祝各取肝膋於爐，還尊所。

進熟：皇帝升祼，太官令帥進饌者，奉陳於南神門外諸饌幔內，以西爲上。禮直官引司徒出詣饌所，與薦俎齋郎奉俎，幷薦籩豆簠簋官奉籩豆簠簋，禮直官、太官令引以序入自正門，宮縣豐寧之樂作。徹豆通用。至太階，樂止。祝史俱進徹毛血之豆，降自西階，以出。饌升，諸太祝迎於階上，各設於神位前。先薦牛，次薦羊，次薦豕及魚。禮直官引司徒以下，降自西階，復位。諸太祝各取蕭蒿黍稷擩於脂，燎於爐炭，訖，還尊所。贊者引舉册官升自西階，詣始祖位之右，進取祝册置在版位之西，置訖，於祝册案近南立。

太常卿跪奏「請詣罍洗位」。簾捲，出次，宮縣樂作。殿中監跪進鎮圭，太常卿奏「請執鎮圭」，前導，詣罍洗位，樂止。盥手，洗爵，並如晨祼之儀。盥洗訖，太常卿奏「請執鎮圭」，前導，升殿，宮縣樂作，至阼階下，樂止。升自阼階，登歌樂作。太常卿前導，詣始祖位尊彝所，登歌樂作，至尊彝所，登歌樂止，宮縣奏大元之樂，文舞進。奉爵官以爵涖尊，執尊者舉冪，侍中跪酌犧尊之泛齊，訖，太常卿前導，入詣始祖室神位前，北向立。太常卿奏「請搢鎮圭」，跪。奉爵官以爵授進爵酒官。進爵酒官西向以爵跪進，太常卿奏「請執爵三祭酒」。三祭酒於茅苴，訖，以爵授進爵酒官，〔九〕進爵酒官以爵授奉爵官。太常卿奏「請執鎮圭」，興。

前導，出戶外。太常卿奏「請少立」，樂止。

舉册官進舉祝册，中書侍郎搢笏跪讀祝，舉祝官舉册奠訖，先詣次位。太常卿奏「請再拜」，再拜訖，太常卿前導，詣次位行禮，並如上儀。酌獻畢，太常卿前導還版位，登歌樂作，至位西向立定，樂止。太常卿奏「請還小次」，登歌樂作。降自阼階，登歌樂止，宮縣樂作。將至小次，太常卿奏「請釋鎮圭」，殿中監跪受鎮圭。入小次，簾降，樂止，文舞退，武舞進，宮縣奏肅寧之樂，作功成治定之舞，舞者立定，樂止。

皇帝酌獻訖，將詣小次，禮直官引博士，博士引亞獻，詣盥洗位，北向立，搢圭，盥手，帨手，執圭。詣爵洗位，北向立，搢圭，洗爵，拭爵以授執事者，執圭。升自西階，詣始祖位尊彝所，西向立。宮縣樂作。執事者以爵授亞獻，亞獻搢圭，執爵，執尊者舉冪，太官令酌象尊之醴齊，訖，詣始祖神位前，搢圭，跪。執事者以爵授亞獻，亞獻執爵祭酒。三祭酒於茅苴，奠爵，執圭，俛伏，興，少退，再拜，訖，博士前導，亞獻詣次位行禮，並如上儀。禮畢，樂止。

終獻除本服執笏外，餘如亞獻之儀。

七祀功臣獻官行禮畢。太常卿跪奏「請詣飲福位」，〔一〇〕簾捲，出次，宮縣樂作。殿中監跪進鎮圭，太常卿奏「請皇帝執鎮圭」，前導，至阼階下，樂止。升自阼階，登歌樂作，將至飲福位，樂止。

初，皇帝既獻訖，太祝分神位前三牲肉，各取前脚第二骨加於俎，又以籩取黍稷飯共置一籩，又酌上尊福酒合置一尊。又禮直官引司徒升自西階，東行，立於阼階上前楹間，北向。皇帝既至飲福位，西向立。登歌福寧之樂作。太祝酌福酒於爵，以奉侍中，侍中受爵捧以立。太常卿奏「請皇帝再拜」。訖，奏「請搢圭」，跪，侍中以爵北向跪以進，太常卿奏「請執爵」，三祭酒於沙池。又奏「請啐酒」，皇帝啐酒，訖，以爵授侍中。太常卿奏「請受胙」。太祝以黍稷飯籩授司徒，司徒跪奉進，皇帝受以授左右。太祝又以胙肉俎跪授司徒，司徒受俎訖跪進，皇帝受以授左右。禮直官引司徒退立，侍中再以爵酒跪進。太常卿奏「請皇帝受爵飲福」。飲福訖，侍中受虛爵以興，以授太祝。太常卿奏「請執圭」，俛伏，興。又奏「請皇帝再拜」，再拜訖，樂止。太常卿前導，皇帝還版位，登歌樂作，俟至位，樂止。

太祝各進徹籩豆，登歌豐寧之樂作，卒徹，樂止。奉禮曰：「賜胙行事，助祭官再拜。」贊者承傳，在位官皆再拜，宮縣來寧之樂作，一成止。太常卿奏「禮畢」，前導，降自阼階，登歌樂止，宮縣樂作，出門，宮縣樂止，傘扇仗衞如常儀。太常卿奏「請釋鎭圭」，殿中監跪受鎭圭，皇帝還大次。通事舍人、禮直官、贊者各引享官、宗室子孫及從享羣官，以次出。及引導駕官東神門外大次前祗候，前導如來儀。贊者引御史已下俱復執事位，立定。奉禮曰「再拜」，皆再拜。贊者引工人、舞人以次出。大禮使帥諸禮官、太廟令、太祝、宮闈令，升納神主如常儀。禮畢，禮直官引大禮使已下降自西階，至橫街，再拜而退。其祝册藏於匱。

七祀功臣分奠，如祫享之儀。

時享。

有司行事。前期，太常寺舉申禮部，關學士院司天臺，擇日。以其日報太常寺。前七日，受誓戒於尙書省。其日質明，禮直官設位版於都堂之下，依已定誓戒圖，禮直官引三獻官，幷應行事執事官等，各就位，立定，贊「揖」，在位官皆對揖，訖，禮直官以誓文奉初獻官，初獻官搢笏，讀誓文：「某月某日，孟春薦享太廟，各揚其職。不恭其事，國有常刑。」讀訖，執笏。七品以下官先退，餘官對拜訖乃退。

散齋四日，治事如故，宿於正寢，唯不弔喪、問疾、作樂、判署刑殺文字決罰罪人及預穢惡。致齋，三日於本司，唯享事得行，其餘悉禁，一日於享所。已齋而闕者，通攝行事。

前三日，兵部量設兵衞，列於廟之四門。前一日，禁斷行人。儀鸞司設饌幔十一所於南神門外西，南向。又設七祀司命、戶二位於橫街之北，道西，東向。又設羣官齋宿次於廟門之東西舍。

前二日，大樂局設登歌之樂於殿上。太廟令帥其屬，掃除廟殿門之內外，於室內鋪設神位於北墉下，當戶南向。設几於筵上。又設三獻官拜褥位二。一在室內，一在室外。學士院定撰祝文訖，計會通進司請御署，降付禮部，置於祝案。祠祭局濯溉祭器與尊彝訖，鋪設如儀。內太尊二、山罍二在室。犧尊五、象尊五、鷄彝一、鳥彝一在室戶外之左，爐炭稍前。著尊二、犧尊二在殿上，象尊二、壺尊六在下。俱北向西上，加冪，皆設而不酌。幷設獻官罍洗位。禮部設祝案於室戶外之右。禮直官設位版幷省牲位，如式。

前一日，諸太祝與廩犧令以牲就東神門外。司尊彝與禮直官及執事皆入，升自西階，以俟。禮直官引太常卿，贊者引御史，自西階升，遍視滌濯。〔二〕執尊者舉冪告潔，訖，引降就省牲位。廩犧令少前，曰「請省牲」，退復位。太常卿省牲，廩犧令及太祝巡牲告備，皆如郊社儀。既畢，太祝與廩犧令以次牽牲詣廚，授太官令。贊者引光祿卿詣廚，請省鼎鑊，申視滌溉。贊者引御史詣廚，省饌具，訖，與太常卿等各還齋所。太官令帥宰人以鸞刀割牲，祝史各取毛血，每室共實一豆，又取肝膋共實一豆，置饌所，遂烹牲。光祿卿帥其屬，入實祭器。良醞令入實尊彝。

享日質明，百官各服其品服。禮直官、贊者先引御史、博士、太廟令、太官令、諸太祝、祝史、司尊彝與執罍篚官等，入自南門，當階間，北面西上，立定。奉禮曰「再拜」，贊者承傳，皆再拜。訖，贊者引太祝與宮闈令，升自西階，詣始祖室，開祏室，太祝捧出帝主，宮闈令捧出后主，置於座。帝主在西，后主在東。贊者引太祝與宮闈令，降自西階，俱復位。奉禮曰「再拜」，贊者承傳，在位官皆再拜，訖，俱各就執事位。大樂令帥工人入。禮直官、贊者分引三獻官與百官，俱自南東偏門入，至廟庭橫街上，三獻官當中，北向西上，應行事執事官幷百官，依品，重行立。奉禮曰「拜」，贊者承傳，應北向在位官皆再拜。其先拜者不拜。拜訖，贊者引三獻官詣廟殿東階下西向位，其餘行事執事官與百官，俱各就位。訖，禮直官詣初獻官前，〔一二〕稱「請行事」。協律郎跪，俛伏，興，樂作。禮直官引初獻詣盥洗位，北向立定，樂止。搢笏，盥手，帨手，執笏。詣爵洗位，北向立，搢笏，洗瓚，拭瓚，以瓚授執事者，執笏，升殿，樂作。至始祖室尊彝所，西向立，樂止。執事者以瓚奉初獻官，初獻官搢笏，〔一三〕執瓚。執尊者舉冪，太官令酌鬱鬯，訖，初獻以瓚授執事者，執笏，詣始祖室神位前，樂作，北向立，搢笏，跪。執事者以瓚授初獻官。初獻官執瓚，以鬯祼地，訖，以瓚授執事者，執笏，俛伏，興，出戶外，北向，再拜，訖，樂止。每室行禮，並如上儀。禮直官引初獻降復位。

初獻將升祼，祝史各奉毛血肝膋豆，及齋郎奉爐炭蕭蒿黍稷簠，各於饌幔內以俟。初獻晨祼訖，以次入自正門，升自太階。諸太祝皆迎毛血肝膋豆於階上，俱入奠於神座前。齋郎所奉爐炭蕭蒿簠，皆置於室戶外之左，與祝史俱降自西階以出。諸太祝取肝膋，洗於鬱膋，燔於爐炭，訖，還尊所。

享日，有司設羊鼎十一、豕鼎十一於神厨，各在鑊右。初獻既升祼，光祿卿帥齋郎詣厨，以匕升羊於鑊，實于一鼎，肩、臂、臑、肫、胳、正脊一、横脊一、長脅一、短脅一、代脅一，皆二骨以並。次升豕如羊，實于一鼎。每室羊豕各一鼎，皆設扃冪。齋郎對舉，入鑊，放饌幔前。〔四〕齋郎抽扃，委于鼎右，除冪。光祿卿帥太官令，以匕升羊，載于一俎，肩臂臑在上端，肫胳在下端，脊脅在中。次升豕如羊，各載于一俎。每室羊豕各一俎。齋郎即以扃舉鼎先退，置于神厨，訖，復還饌幔所。禮直官引司徒出詣饌幔前，立以俟。光祿卿帥其屬，實籩以粉餈，實豆以糝食，實簠以粱，實簋以稷。俟初獻祼畢，復位，祝史俱進徹毛血之豆，降自西階以出。禮直官引司徒，帥薦籩豆簠簋官、奉俎齋郎，各奉籩豆簠簋羊豕俎，每室以序而進，立於南神門之外以俟，羊俎在前，豕俎次之，籩豆簠簋又次之。入自正門，樂作，升自太階，諸太祝迎引於階上，樂止。各設於神位前，訖，禮直官引司徒以下，降自西階，樂作，復位，樂止。諸太祝各取蕭蒿黍稷擩於脂，燔於爐炭，還尊所。

禮直官引初獻詣罍洗位，樂作，至位，北向立，樂止。搢笏，盥手，帨手，執笏。詣爵洗位，北向立，搢笏，洗爵，拭爵，以爵授執事者，執笏，升殿，樂作，詣始祖室酌尊所，西向立，樂止。執事者以爵授初獻。初獻搢笏執爵，執事者舉冪，太官令酌犧尊之泛齊，訖，次詣第二室酌尊所，如上儀。詣始祖神位前，樂作，北向立，搢笏跪，執事者以爵授初獻，初獻執爵，三祭酒於茅苴，奠爵，執笏，俛伏，興，出室戶外，北向立，樂止。贊者引太祝詣室戶外，東向，搢笏，跪讀祝文。〔一五〕讀訖，執笏，興。次詣第二室。次詣每室行禮，並如上儀。初獻降階，樂作，復位，樂止。

禮直官次引亞獻詣盥洗位，北向立，搢笏，盥手，帨手，執笏。詣爵洗位，北向立，搢笏，洗爵，拭爵以授執事官。執笏，升殿，詣始祖酌尊所，西向立，執事者以爵授亞獻。亞獻搢笏，執爵，執尊者舉冪，太官令酌象尊之醴齊，訖，次詣第二室酌尊所，如上儀。詣始祖神位前，樂作，北向立，搢笏，跪，執事者以爵授亞獻。亞獻執爵，三祭酒于茅苴，奠爵，執笏，俛伏，興，出戶外，北向再拜，訖，樂止。次詣每室行禮，並如上儀。降階，樂作，復位，樂止。

禮直官次引終獻詣盥洗、及升殿行禮，並如亞獻之儀，降復位。

次引太祝徹籩豆，少移故處。樂作，卒徹，樂止。俱復位。禮直官曰「賜胙」，贊者承傳曰「賜胙，再拜」，在位者皆再拜。禮直官引太祝、宮闈令奉神主，太祝搢笏，納帝主於匱，奉入祏室，執笏，退復位。次引宮闈令納后主於匱，〔一六〕奉入祏室，並如上儀，退復位。禮直官、贊者引行事、執事官各就位，奉禮曰「再拜」，贊者承傳，應在位官皆再拜。禮直官、贊者引百官次出，大樂令帥工人次出，太官令帥其屬，徹禮饌，次引監祭御史詣殿監視卒徹，訖，還齋所。太廟令闔戶以降。太常藏祝版於匱。〔一七〕光祿以胙奉進，監祭御史就位展視，光祿卿望闕再拜，乃退。

其七祀，夏竈、中霤，秋門、厲，冬行，鋪設祭器，入實酒饌，俟終獻將升獻，獻官行禮，幷讀祝文。每歲四孟月幷臘五享，〔一八〕幷如上儀。

校勘記

〔一〕金初無宗廟　據本志文例，此句上當脫「宗廟」二字。

〔二〕天輔七年九月　「九」原作「八」。按本書卷二太祖紀，金太祖以天輔七年八月死，九月葬。今據改。

〔三〕其始祖之龕六　「始」原作「世」。按上文「爲始祖廟，祔德帝、安帝、獻祖、昭祖、景祖祧主五」，而世祖室僅祔肅宗，不得有六龕。下文「始祖東向」，知此確是始祖之室。今改正。

〔四〕若特升世宗顯宗卽係九世　「升」原作「非」。據殿本改。

〔五〕於繅席上　原脫「席」字。按「繅席」二字是一詞，上文屢見。今據補。

〔六〕享前三日　據本志文例，此上當脫「陳設」二字。

〔七〕俱還齋所　「還」原作「遂」。據殿本改。

〔八〕奉瓚西向以瓚跪進　原脫「奉瓚」二字。據殿本補。

〔九〕以爵授進爵酒官　原脫「酒」字。據殿本補。

〔一〇〕請詣飲福位　原脫「請」字。據殿本補。

〔一一〕遍視滌濯　「視」原作「親」。按大金集禮以下簡稱集禮卷一八時享上，爲本志所本，作「視」，殿本同。今據改。

〔一二〕禮直官詣初獻官前　原脫「直」字。按上下文皆作「禮直官」，集禮卷一八同。今據補。

〔一三〕初獻官搢笏　原脫「初」字。按上下文皆作「初獻官」，集禮卷一八同。今據補。

〔一四〕齋郎對舉入鑊放饌幔前　據集禮卷一八無「入鑊」二字。

〔一五〕跪讀祝文　原重複一「祝」字。據集禮卷一八删。

〔一六〕次引宮闈令納后主於匱　「闈」原作「衛」。據集禮卷一八改。

〔一七〕太常藏祝版於匱　「匱」集禮卷一八作「匵」。

〔一八〕每歲四孟月幷臘五享　「幷」字原在「每歲」之上，文義不明。今據集禮卷一八乙正。

金史卷三十一

志第十二

禮四

奏告儀　皇帝恭謝儀　皇后恭謝儀　皇太子恭謝儀
薦新　功臣配享　陳設寶玉　雜儀

奏告儀。

皇帝卽位、加元服、受尊號、納后、册命、巡狩、征伐、封祀、請謚、營修廟寢，凡國有大事皆告。或一室，或遍告及原廟，並一獻禮，用祝幣。皇統以後，凡皇帝受尊號、册皇后太子、禘祫、升祔、奉安、奉遷等事皆告，郊祀則告配帝之室。

大定十四年三月十七日，詔更御名，命左丞相良弼告天地，平章守道告太廟，左丞石琚告昭德皇后廟，禮部尚書張景仁告社稷，及遣官祭告五嶽。

前期二日，太廟令掃除廟內外，設告官以下次所。前一日，行事官赴祀所清齋。告日前三刻，〔一〕禮直官引太廟令帥其屬，入殿開室戶，掃除鋪筵，設几於北墉下，如時享儀。禮直官帥祀祭官陳幣篚於室戶之左，陳祝版於室戶之右案上。及設香案祭器，皆藉以席。每位各左一籩實以鹿脯，右一豆實以鹿臡。犧尊一，置於坫，加勺、冪，在殿上室戶之左，北向，實以酒，每位一瓶。設燭於神位前。又設盥爵洗位橫街之南稍東。〔二〕設告官褥位，於殿下東階之南，西向，餘官在其後稍南。又設望燎位於西神門外之北。

告日未明，禮直官引太廟令、太祝、宮闈令入，當階間北面西上立定。奉禮贊「再拜」，訖，升自西階，太祝、宮闈令各入室，出神主設於座，如常儀。次引告官入，就位。禮直官稍前，贊「有司謹具，請行事」，又贊「再拜」，在位者拜，訖，禮直官引告官就盥洗位，盥手，訖，詣神位前，搢笏，跪，三上香。執事者以幣授奉禮郎，西向授告官。告官受幣，奠訖，執笏，俛伏，興，退就戶外位，再拜。詣次位行禮如上儀，訖，降復位。少頃，引告官再詣爵洗位，讀祝、舉祝官後從。至位，北向立，搢笏，洗拭爵，訖，授執事者。執笏升，詣酒尊所，西向立，執爵，執尊者舉冪酌酒，告官以授執事者。詣神位前，北向，搢笏，跪，執爵三祭酒，執笏，俛伏，興，退就戶外位，北向立俟，讀祝文，訖，再拜。詣次位行禮如上儀。訖，與讀祝官皆復位。禮直官贊曰「再拜」，在位者皆再拜。次引告官以下詣望燎位，執事者取幣帛祝版置於燎，禮直官曰「可燎」。半柴，禮直官贊「禮畢」，告官以下退。署令闔廟門，瘞祝于坎。

貞元四年正月，上尊號。前三日，遣使奏告天地，於常武殿拜天臺設褥位，昊天上帝居中，皇地祇居西少却，行一獻禮。

大定七年正月十三日，上尊號。〔三〕前三日，命皇子判大興尹許王告天地，判宗正英王文告太廟。於自來拜天處設昊天上帝位，當中南向，皇地祇位次西少却，並用坐褥位牌及香酒脯醢等。祝版三，學士院撰告祝文，書寫訖，進請御署，訖，以付禮部，移文宣徽院，幷差控鶴官用案舁，覆以黃羅帕，隨所差告官詣祀所。

前一日，告官等就局所致齋一日。

告日質明，宣徽院、太常寺鋪設供具如儀。閤門舍人一員、太常博士一員引告官各服其服，以次就位。禮直官、舍人稍前，贊「有司謹具，請行事」。贊者曰「拜」，在位者皆再拜。

禮直官先引執事官各就位。舍人博士次引告官詣盥洗、爵洗位，北向立，搢笏，盥手，帨手，洗爵，拭爵。執笏，詣酒尊所，搢笏，執爵，司尊者舉冪酌酒，告官以爵授奉爵酒官，〔四〕執笏詣昊天上帝、皇地祇神位前再拜，每位三上香，跪奠酒，訖，以爵授奉爵官，執笏，俛伏，興。舉祝官跪舉，讀訖，俛伏，興。告官再拜。告畢。引告官以下降復位，再拜，訖，詣望燎位，燔祝版，再拜。半燎，告官已下皆退。

皇帝恭謝儀。

大定七年正月，世宗受尊號，禮畢恭謝。

前三日，太廟令帥其屬，洒掃廟庭之內外及陳設。尙舍於廟南門之西，設饌幔一十一室。殿中監帥尙舍視大次殿，又設皇帝版位於始祖神位前北向，又設飮福位於版位西南少却，又設隨室奠拜褥位於神座前。大樂令設登歌於殿上，宮縣於殿下。又設皇太子位於阼階東南，又設親王位於其南稍東，宗室王使相位於其後。又設太尉、司徒以下行事官位於殿西階之西，東向，每等異位。又設文武羣官位於橫階之南，東、西向。又設御洗位於阼階之東，又設太尉洗位於西階下橫階之南。又設齋郎位於東班羣官之後。又設盥洗等官、幷奉禮、贊者、大司樂、協律郎、大樂令等位，各如祫享之儀。又設尊彝祭器等於殿之上下，如時享之儀。

前一日，禮官御史帥其屬，省牲，視濯溉，如常儀。

其日質明，禮官御史帥太廟官、太祝官、宮闈令出神主，如時享儀。有司列黃麾仗二千人於應天門外。尙輦進金輅於應天門內。午後三刻，宣徽院奏請皇帝赴齋宿殿，文武羣官並齋宿於所司。

謝日質明，俟諸衞各勒所部屯門列仗。導駕官分左右侍立於殿階下，並朝服。通事舍人引侍中詣齋殿，俛伏，跪稱「臣某言，請中嚴」，俛伏，興。凡侍中奏請，准此。皇帝服通天冠、絳紗袍。少頃，侍中奏「外辦」，皇帝出齋殿，卽御座，羣官起居訖，侍中奏「請升輦」，皇帝升輦以出，侍衞警蹕如常儀。導駕官前導，至應天門，侍中奏「請降輦升輅」，皇帝升輅，門下侍郎俛伏，跪奏「請車駕進發」，俛伏，興。凡門下侍郎奏請，准此。車駕動，警蹕如常儀。至應天門外，門下侍郎奏「請車駕少駐，勅侍臣上馬」。侍中前承旨，退稱曰「制可」。門下侍郎退，傳制稱「侍臣上馬」，通事舍人承傳「勅侍臣上馬」。導駕官分左右前導，門下侍郎奏「請車駕進發」。車駕動，稱「警蹕」，不鳴鼓吹。典贊儀引皇太子常服乘馬至廟中幕次，更服遠遊冠、朱明衣，執圭。通事舍人文武羣官並朝服。於廟門外班迎。車駕至廟門，侍中於輅前奏「請降輅」，導駕官步入廟門稍東，侍中奏「請升輦」，皇帝升輦，傘扇侍衞如常儀。至大次，侍中奏「請降輦，入就大次」。皇帝入大次。

通事舍人分引文武羣官由南神東西偏門入廟庭，東西相向立。禮直官引太尉以下行事官詣橫街北向，再拜，訖，禮直官引太尉詣盥洗位，搢笏，盥手，帨手，執笏，詣爵洗位，北向立，搢笏，洗瓚，拭瓚，以瓚授執事者，執笏，由西階升殿，詣始祖尊彝所，西向立。執事者以瓚奉太尉，太尉搢笏，執瓚酌鬯，詣神位前，以鬯祼地，訖，以虛瓚授執事者，執笏，俛伏，興，出戶外北向，再拜，訖。次詣隨室並如上儀。禮畢，降自西階，復位。禮直官引司徒出詣饌所，引薦俎齋郎奉俎、并薦籩豆簠簋官奉籩豆簠簋，及太官令，以序入自正門，宮縣樂作，至大階，樂止。諸太祝迎於階上，各設於神座前。先薦牛，次薦羊，次薦豕，訖，禮直官引司徒已下降階復位。典贊儀引皇太子、通事舍人引親王，由南神東偏門入，詣褥位。禮直官引中書侍郎、舉册官等升自西階，詣始祖室前，東西立。

通事舍人引侍中詣大次前，奏「請中嚴」，皇帝服袞冕。少頃，侍中奏「外辦」。侍中詣廟庭本位立，皇帝將出大次，禮儀使與太常卿贊導。凡禮儀使與太常卿贊導，並博士前引，俛伏，跪稱「臣某贊導皇帝行禮」，俛伏，興。前導至東神門，撤傘扇，近侍者從入。殿中監跪進鎭圭，禮儀使奏「請執圭」，皇帝執圭，宮縣樂作。奏「請詣罍洗位」，至位，樂止。內侍跪取匜，興，沃水。又內侍跪取槃，承水。時寒，預備溫水。禮儀使奏「請搢鎮圭」，皇帝搢鎮圭，盥手。內侍跪取巾於篚，興，進，皇帝帨手，訖，奉爵官以爵跪進，皇帝受爵，內侍捧匜沃水，又內侍跪捧槃承水，皇帝洗爵，訖，內侍跪奉巾以進，皇帝拭爵，訖，內侍奠槃匜，又奠巾於篚。奉爵官受爵。禮儀使奏「請執鎮圭」，前導皇帝升殿，左右侍從量人數升，宮縣樂作。皇帝至阼階下，樂止。皇帝升自阼階，登歌樂作。禮儀使前導，皇帝至版位，樂止，奏「請再拜」。奉禮郎贊「皇太子已下在位羣官皆再拜」。贊者承傳，皆再拜。禮儀使前導，皇帝詣始祖尊彝所，樂作，至尊所，樂止。奉爵官以爵涖尊，執尊者舉冪，侍中跪酌犧尊之泛齊，訖，禮儀使導皇帝至版位，再拜，訖，禮儀使奏「請詣始祖神位前褥位」，登歌樂作。禮儀使奏「請搢圭」，跪，奉爵官以爵授奉爵酒官以進。禮儀使奏「請執爵」，皇帝執爵，三奠酒，訖，以虛爵授奉爵酒官。禮儀使奏「請執圭」，興，樂止。奉爵酒官以爵授奉爵官。禮儀使奏「請詣隨室」，並如上儀。

禮直官先引司徒升自西階，立於飲福位之側，酌獻將畢，奉胙，酌福酒。太祝從司徒立於其側，酌獻畢，侍中亦立於其側。禮儀使奏「請皇帝詣版位」，北向立，登歌樂作，至位樂止。中書侍郎跪讀册，訖，舉册官奠，訖，禮儀使奏「請皇帝再拜」，拜訖，禮儀使奏「請詣飲福位」，登歌樂作。至位，太祝酌福酒於爵，時寒預備溫酒，以奉侍中，侍中受爵奉以立。禮儀使奏「請搢圭」，跪，侍中以爵北向跪以進，禮儀使奏「請執爵」，三祭酒。禮儀使奏「請飲福」，飲福訖，以虛爵授侍中。禮儀使奏「請受胙」，司徒跪以黍稷飯籩進，皇帝受以授左右。司徒又跪以胙肉進，皇帝受以授左右。禮儀使奏「請執圭」，與，〔三〕再拜訖，樂止。禮儀使前導，皇帝還版位，登歌樂作，至位樂止。

太祝各進徹籩豆，登歌樂作。卒徹，樂止。奉禮曰「賜胙」，贊「皇太子已下在位羣官皆再拜」。贊者承傳，皆再拜，宮縣作，一成止。禮儀使奏「請皇帝再拜」，奉禮郎贊「皇太子已下在位官皆再拜」。拜訖，禮儀使奏「禮畢」，前導皇帝降阼階，登歌樂作，至階下樂止。宮縣作，前導皇帝出東神門，樂止。傘扇侍衞如常儀。禮儀使奏「請釋圭」，殿中監跪受鎭圭。至大次，轉仗衞於還途，如來儀。禮官御史帥其屬，納神主、藏册如儀。

少頃，通事舍人引侍中奏「請中嚴」，皇帝服通天冠、絳紗袍。少頃，侍中奏「外辦」。俟尙輦進輦，侍中奏「請降座升輦」。皇帝升輦，傘扇侍衞如常儀。至南神門稍東，侍中奏「請降輦步出廟門」。皇帝步出廟門，至輅，侍中奏「請升輅」，皇帝升輅。門下侍郎奏「請車駕少駐，勑侍臣上馬」，侍中前承旨，〔六〕退稱曰「制可」，門下侍郎退，傳制稱「侍臣上馬」。通事舍人承傳「勑侍臣上馬」。車駕還內，鼓吹振作，至應天門外，百官班迎起居，宮縣奏采茨之曲。入應天門內，侍中奏「請降輅乘輦」。皇帝降輅乘輦以入，傘扇侍衞警蹕如常儀。皇帝入宮，至致齋殿，侍中奏「解嚴」。通事舍人承旨「勅羣臣各還次，將士各還本所」。

皇后恭謝儀。

皇后既受册，前一日，齋戒於别殿。內命婦應從入廟者俱齋戒一日。其日未明二刻，有司陳設儀仗於后車之左右，以次排列。外命婦先自太廟後門入，內命婦妃嬪已下俱詣殿庭，起居訖，宣徽使版奏「中嚴」，少頃，又奏「外辦」。首飾褘衣，御肩輿，取便路至車所。內侍奏「請降輿升車」，既升車，奏「請進發」。車出元德東偏門，內命婦妃嬪已下自殿門外上車，由左掖門出，從至太廟門外，儀仗止於門外，回車南向。內侍奏「請降車升輿」，后降車升輿，就東神門外幄次，下簾。內命婦妃嬪已下降車，入就陪列位。內侍引外命婦詣幄次前，起居訖，並赴殿庭陪列位。

少頃，宣徽使詣幄次，贊「行朝謁之禮」，簾卷，宣徽使前導，詣殿庭階下西向褥位立。宣徽使贊「再拜」，內外命婦皆再拜。宣徽使前導，升東階，詣始祖皇帝神位香案前褥位，宣徽使奏「請三上香」，又奏「再拜」，拜訖。宣徽使前導，次詣獻祖已下十室，並如上儀。宣徽使奏「禮畢」，導歸幄次。宣徽使奏「請解嚴」。內外命婦還幕次。

少頃，轉仗還內如來儀，外命婦退。內侍奏「請御輿」，出至車所，奏「請升車」，既升車，奏「請進發」。內命婦上車。至元德東偏門，內侍奏「請降車升輿」，后御輿，取便路還內，內命婦從入。册禮畢，百官上表稱賀，并以牋賀中宮。

皇太子恭謝儀。

其日質明，東宮應從官各服朝服，所司陳鹵簿金輅於左掖門外。皇太子服遠游冠、朱明衣，升輿以出，至金輅所，降輿升輅。左庶子已下夾侍。三師、三少乘馬導從，餘官亦皆乘馬以從。東行，由太廟西階轉至廟，〔七〕不鳴鐃吹。至廟西偏門外降輅步進，由東偏門入幄次，改服袞冕。出次，執圭自南神東偏門入，宮官并太常寺官皆從。皇太子入詣殿庭東階之東，西向立，典儀贊「再拜」，訖，升自西階，詣始祖神位前北向，再拜，訖，以次詣逐室行禮，並如上儀。訖，降自西階，復西向位俟，典儀稱「禮畢」。出東神北偏門，謁別廟如上儀。訖，歸幄次，改服遠游冠、朱明衣。出次，步至廟門外升輅，過廟門鳴鐃而行。至左掖門外降輅，升輿以入。將士各還本所。後一日於東宮受羣官賀，如元正受賀之儀。

薦新。

天德二年，命有司議薦新禮，依典禮合用時物，令太常卿行禮。正月，鮪，明昌間用牛魚，無則鯉代。二月，雁。三月，韭，以卵、以葑。四月，薦冰。五月，筍、蒲，羞以含桃。六月，彘肉，小麥仁。七月，嘗雛雞以黍，羞以瓜。八月，羞以芡、以菱、以栗。九月，嘗粟與稷，羞以棗、以梨。十月，嘗麻與稻，羞以兔。十一月，羞以麕。十二月，羞以魚。從之。大定三年，有司言「每歲太廟五享，若復薦新，似涉繁數。擬遇時享之月，以所薦物附於籩豆薦之，以合古者『祭不欲數』之義」。制可。牛魚狀似鮪，鮪之類也。

功臣配享。

明昌五年閏十月丙寅，以儀同三司代國公歡都、銀青光祿大夫冶訶、特進劾者、開府儀同三司盆納、儀同三司拔達，配享世祖廟庭。

天德二年二月，太廟祫享，有司擬上配享功臣，詔以撒改、辭不失、斜也杲、斡魯、阿思魁忠東向，配太祖位。以粘哥宗翰、斡里不宗望、闍母、婁室、銀术可西向，配太宗位。大定三年十月，祫享，又以斜也、斡魯、撒改、習不失、〔八〕阿思魁配享太祖，宗望、闍母、宗翰、婁室、銀朮哥配享太宗。其後，次序屢有更易。

八年，上命圖畫功臣於太祖廟，有司第祖宗佐命之臣，勳績之大小、官資之崇卑以次上聞。乃定左廡：開府金源郡王撒改、皇伯太師右副元帥宋王宗望、開府金源郡王斡魯、皇伯太師梁王宗弼、開府金源郡王婁室、皇叔祖元帥左都監魯王闍母、開府隋國公阿离合懣、儀同三司兗國公劉彥宗、右丞相齊國簡懿公韓企先、特進宗人習失；〔九〕右廡：太師秦王宗翰、皇叔祖遼王杲、開府金源郡王習不失、〔一〇〕開府金源郡王完顏希尹、太傅楚王宗雄、開府前燕京留守金源郡王完顏銀朮哥、開府金源郡王完顏忠、金源郡王完顏撒离喝、特進宗人斡魯古、右丞相金源郡王紇石烈志寧。

十六年，左廡遷梁王宗弼於斡魯上。十八年，黜習失，〔一一〕而次蒲家奴於阿离合懣下。

二十二年，增皇伯太師遼王斜也。撒改、宗幹、宗翰、宗望，其下以次列。

至明昌四年，次序始定，東廊：皇叔祖遼智烈王斜也杲、皇伯太師遼忠烈王宗幹斡本、〔一二〕皇伯太師右副元帥宋桓肅王訛魯補宗望、開府儀同三司金源郡毅武王習不失、〔一三〕開府儀同三司金源郡貞憲王完顏谷神希尹、太傅楚威敏王謀良虎宗雄、開府儀同三司燕京留守金源郡襄武王完顏銀朮可、〔一四〕開府儀同三司金源郡明毅王完顏忠阿思魁、金源郡莊襄王杲撒离喝、特進宗人斡里古莊翼、特進完顏習失威敬、〔一三〕太師尙書令淄忠烈王徒單克寧、太師尙書令南陽郡文康王張浩；西廊：開府儀同三司金源郡忠毅王撒改、太師秦桓忠王粘罕宗翰、皇伯太師梁忠烈王斡出宗弼、開府儀同三司金源郡剛烈王斡魯、開府儀同三司金源郡莊義王完顏婁室、皇叔祖元帥左都監魯莊明王闍母、開府儀同三司隋國剛憲公阿离合懣、開府儀同三司豫國襄毅公蒲家奴昱、開府儀同三司兗國英敏公劉彥宗、右丞相齊國簡懿公韓企先、太保尙書令廣平郡襄簡王李石、開府儀同三司右丞相金源郡武定王紇石烈志寧、開府儀同三司左丞相沂國公僕散忠義、儀同三司左丞相崇國公紇石烈良弼、右丞相莘國公石琚、右丞相申國公唐括安禮、開府儀同三司平章政事徒單合喜、參知政事宗敍。每一朝爲一列，著爲令。

寶玉。

凡天子大祀，則陳八寶及勝國寶於庭，所以示守也。金克遼宋所得寶玉，及本朝所製，今幷載焉。

獲於遼者，玉寶四、金寶二。玉寶：「通天萬歲之璽」一，「受天明命惟德乃昌」之寶一，皆方三寸，〔一六〕「嗣聖」寶一，御封不辨印文寶一。金寶：「御前之寶」一，「書詔之寶」一，二寶金初用之。

獲於宋者，玉寶十五，金寶七，印一，金塗銀寶五。玉寶：受命寶一，咸陽所得，三寸六分，文曰「受命于天，既壽永昌」，相傳爲秦璽，白玉蓋，螭紐；傳國寶一，螭紐；鎭國寶一，二面並碧色，〔一七〕文曰「承天休，延萬億，永無極」；又受命寶一，文曰「受命于天，既壽永昌」；「天子之寶」一；「天子信寶」一；「天子行寶」一；「皇帝之寶」一；「皇帝信寶」一；「皇帝行寶」一；「皇帝恭膺天命之寶」二，皆四寸八分，螭紐；「御書之寶」二，一龍紐，一螭紐；「宣和御筆之寶」一，螭紐。金寶并印：「天下同文之寶」一，龍紐；「御前之寶」二；「御書之寶」一；「宣和殿寶」一；「皇后之寶」一；「皇太子寶」一，龜紐；「皇太子妃」印一，龜紐。金塗銀寶：「皇帝欽崇國祀之寶」一，「天下合同之寶」一，「御前之寶」一，「御前錫賜之寶」一，「書詔之寶」一。外有宋內府圖書印三十八，「內府圖書之印」一、「御書」三、「御筆」一、「御畫」一、「御書玉寶」一、「天子萬年」一、「天子萬壽」一、「龜龍上珍」一、「河洛元瑞」二、「雲漢之章」一、「奎璧之文」一、「華國之瑞」一、「大觀中祕」一、「大觀寶篆」一、「政和」一、「宣和」三、「宣和御覽」一、「宣和中祕」一、「宣和殿制」一、「宣和大寶」一、「宣和書寶」二、「宣和畫寶」一、「常樂未央」一、古文二、「封」四，共三十五面，〔一八〕並玉。「封」字一、「御書」一，二面並馬瑙。「政和御筆」一，係水晶。玄圭一，白玉圭一十九。

本朝所製。國初就用遼寶，皇統五年始鑄金「御前之寶」一、「書詔之寶」一。大定十八年，得美玉，詔作「大金受命萬世之寶」，其制徑四寸八分、厚寸四分，盤龍紐高厚各四寸六分。〔一九〕二十三年，又鑄「宣命之寶」，其徑四寸二厘，厚一寸四分，紐高一寸九分，字深二分。勅有司議所當用，奏「今所收八寶及皇統五年造『御前之寶』，賜宋國書及常例奏目則用之，『書詔之寶』，賜高麗、夏國詔并頒詔則用之。大定十八年造『大金受命萬世之寶』，奉勅再議。今所鑄金寶宜以進呈爲始，一品及王公妃用玉寶，二品以下用金『宣命之寶』」。又有「禮信之寶」，用銅，歲賜三國禮物緘封用之，明昌間更以銀。又有太皇太后、皇太后、皇后、皇太妃寶，又有皇太子及守國寶，皆用金。大定二十四年，皇太子寶，金鑄龜紐，有司定其文曰「監國」，上命以「守」易「監」，比親王印廣長各加一分。

雜儀。

大定三年八月，有司議：「祫享犧牲品物，按唐開元禮、宋開寶禮每室犢一、羊一、豬一，五禮新儀每室復加魚十有五尾。天德、貞元例，與唐、宋同，有司行事則不用太牢，七祀功臣羊各二，酒共二百一十瓶。正隆減定，通用犢一，兩室共用羊一豕一，酒百瓶，此於禮有闕。今七祀功臣牲酒請依天德制，宗廟每室則用宋制，加魚。然每室一犢復恐太豐。」世宗乃命每祭共用一犢，羊豕如舊。又以九月五日祫享，當用鹿肉五十斤、獐肉三十五斤、兔十四頭爲虀醢，以貞元、正隆時方禁獵，皆以羊代，此禮殊爲未備，詔從古制。

十年正月，詔宰臣曰：「古禮殺牛以祭，後世有更者否？其檢討典故以聞。」有司謂：「自周以來，下逮唐、宋，祫享無不用牛者。唐開元禮時享每室各用太牢一，至天寶六年始減牛數，太廟每享用一犢。宋政和五禮新儀時享太廟，親祀用牛，有司行事則不用。宋開寶二年詔，昊天上帝、皇地祇用犢，餘大祀皆以羊豕代之。合二羊五豕足代一犢。今三年一祫乃爲親祠，其禮至重，每室一犢恐難省減。」遂命時享與祭社稷如舊，若親祠宗廟則共用一犢，有司行事則不用。

十二年十月，祫享，以攝官行事，詔共用三犢。二十二年十月，詔祫禘共用三犢，有司行事則以鹿代。昭德皇后廟大定十九年禘祭，不用犢。

大定二十九年，章宗卽位，禮官言：「自大定二十七年十月祫享，至今年正月世宗升遐，故四月不行禘禮。按公羊傳，閔公二年『吉禘于莊公』，言吉者未可以吉，謂未三年也』。注：『謂禘祫從先君數，朝聘從今君數，三年喪畢，遇禘則禘，遇祫則祫。』故事，宜於辛亥歲爲大祥，三月禫祭，踰月則吉，則四月一日爲初吉，適當孟夏禘祭之時，可爲親祠。」詔從之。及期，以孝懿皇后崩而止。

五月，禮官言：「世宗升祔已三年，〔二〇〕尚未合食於祖宗，若來冬遂行祫禮，伏爲皇帝見居心喪，喪中之吉春秋譏其速，恐冬祫未可行。然周禮王有哀慘則春官攝事，竊以世宗及孝懿皇后升祔以來，未嘗躬謁，豈可令有司先攝事哉。況前代令攝事者止施于常祀，今乞依故事，三年喪畢，祫則祫，禘則禘，於明昌四年四月一日釋心喪，行禘禮。」上從之。

明昌三年十二月，尚書省奏：「明年親禘，室當用犢一。欽懷皇后祔于明德之廟，按大定三年祫享，明德皇后室未嘗用犢」，勅欽懷皇后亦用之。〔二一〕上因問拜數，右丞瑋具對，上曰：「世宗聖壽高，故殺其數，亦不立於位，今當從禮而已。」

大定六年，定晨祼行禮，自大次至板位先見神之禮，兩拜。再至板位，又兩拜。祼鬯畢，還板位，再兩拜。還小次，酌獻時，罍洗位盥訖，至板位，先兩拜。酌獻畢還板位，再兩拜。止將始祖祝册於板位西南安置，讀册訖又兩拜。還小次，又至飲福位，先兩拜，飲畢兩拜。凡十六拜。

貞祐四年，命參知政事李革爲修奉太廟使，〔二二〕七月吉日親行祔享，有司以故事用皇帝時享儀，初至板位兩拜，晨祼及酌獻則每位三拜，飲福五拜，總七十九拜。今升祔則徧及祧廟五室，則爲一百九拜也。明昌間嘗減每位酌獻奠爵後一拜，則爲九十二拜而已。然大定六年，世宗嘗令禮官通減爲十六拜。又皇帝當散齋四日于別殿，致齋三日于大慶殿，今國事方殷，宜權散齋二日，致齋一日。上曰：「拜數從大定例，餘准奏。」

禮部尚書張行信言：〔三〕「近奉詔從世宗十六拜之禮，臣與太常參定儀注，竊有疑焉。謹按唐、宋親祠典禮，皆有通拜及隨位拜禮。世宗大定三年親行奉安之禮，亦通七拜，每室各五拜，合七十二拜。逮六年禘，始勑有司減爲十六拜，仍存七十二拜之儀，其意亦可見矣。蓋初年享禮以備，故後從權，更定通拜。今陛下初廟見奉安，而遽從此制，是於隨室神位並無拜禮，此臣之所疑一也。大定間十有二室，姑從十六拜，猶可。今十有七室，而拜數反不及之，此臣之所疑二也。況六年所定儀注，惟於皇帝板位前讀始祖一室祝册。夫祭有祝辭，本告神明，今諸祝册各書帝后尊謚，及高曾祖考世次不一，皇帝所自稱亦自不同，而乃止讀一册，餘皆虛設，恐於禮未安，此臣之所疑三也。先王之禮順時施宜，不可多寡，惟稱而已。今近年禮官酌古今，別定四十四拜之禮。初見神二拜，晨祼通四拜，隨室酌獻讀祝畢兩拜，飲福四拜，似爲得中。」上從之，乃定祔享如時享十二室之儀。又以祧廟五主始祖室不能容，止於室戶外東西一列，以西爲上。神主闕者以升祔前三日廟內敬造，以享日丑前題寫畢，以次奉陞。十月己未，親王百官自明俊殿奉迎祖宗神主于太廟幄次。辛酉行禮，用四十四拜之儀，無宮縣樂，犧牲從儉，十七室用犢三、羊豕九而已。以皇太子爲亞獻，濮王守純爲終獻。皇帝權服靴袍，行禮日服衮冕，皇太子以下公服，無鹵簿儀仗，禮畢乘馬還宮。

校勘記

〔一〕告日前三刻　按下文云「告日未明」，知此是未明前三刻，「日」下蓋脫「未明」二字。

〔二〕又設盥爵洗位橫街之南稍東　「位」下疑脫「於」字。

〔三〕大定七年正月十三日上尊號　「三」原作「一」。按本書卷六世宗紀，大定七年正月庚子朔，「壬子，上服衮冕，御大安殿，受尊號册寶禮」。壬子爲十三日。今據改。

〔四〕告官以爵授奉爵酒官　「授」上原衍「奉」字。據殿本删。

〔五〕禮儀使奏請執圭興　原脫「奏」字。今據上下文例補。

〔六〕侍中前承旨　「中」原訛作「臣」。係涉上句「侍臣」致誤。今據上下文改。

〔七〕由太廟西階轉至廟　「階」疑是「街」字之誤。

〔八〕習不失　原作「習失」。按上文天德二年太廟祫享，詔以撒改、辭不失等配太祖位，本書卷七〇習不失傳，「習不失本作辭不失，後定爲習不失」。「大定三年進封金源郡王，配饗太祖廟庭」。今據改。

〔九〕特進宗人習失　「習失」原作「辭不失」。按辭不失卽習不失，本書卷七〇有傳，官爵與此不合，此是石土門之子「習失特進」，卷五九宗室表，亦作「習室」。卷七〇習室傳，「熙宗時，贈特進。」大定間，以太祖、太宗時勳臣圖像于衍慶宮。與此相合。今據改。

〔一〇〕開府金源郡王習不失　「習不失」原作「習失」。今改正。參見本卷校記〔八〕、〔九〕。

〔一一〕十八年黜習失　「習失」原作「辭不失」。今改正。參見本卷校記〔九〕。

〔一二〕皇伯太師遼忠烈王宗幹斡本　「本」原作「魯」。按本書卷七六宗幹傳，「宗幹本名斡本」。今據改。

〔一三〕開府儀同三司金源郡毅武王習不失　「習不失」原作「習失」。按據其官爵當是習不失，今改正。參考本卷校記〔八〕、〔九〕。

〔一四〕開府儀同三司燕京留守金源郡襄武王完顏銀术可　按本書卷七二銀术可傳，「大定十五年謚武襄」。與此稍異。

〔一五〕特進完顏習失威敬　「習失」原作「辭不失」。按其官爵、次第當是習失。今改正。參考本卷校記〔八〕、〔九〕。又「威敬」，本書卷七〇習失傳作「威敏」。

〔一六〕皆方三寸　「皆」原作「自」。按大金集禮以下簡稱集禮卷三〇輿服下，寶條記獲于遼「通天萬歲之璽」一，「受天明命惟德乃昌」寶一，「皆方三寸」。今據改。

〔一七〕鎭國寶一二面並碧色　「二面並碧色」原作「二玉幷碧色」，幷在「鎭國寶一」四字上。按集禮卷三〇，此五字與下文「文曰承天休」等十一字皆爲「鎭國寶一」之小注。今據改。

〔一八〕共三十五面　「三」原作「二」。據集禮卷三〇改。

〔一九〕盤龍紐高厚各四寸六分　按本書卷七五左光慶傳記此事作「蟠龍紐高厚各四寸六分有半」。

〔二〇〕五月禮官言世宗升祔已三年　「五月」上脫紀年。按金世宗升祔在大定二十九年，見本書卷三〇禮志。又本卷下文記「明昌三年」事，則知此「五月」當屬明昌二年。

〔二一〕勅欽懷皇后亦用之　「亦用之」按文義當作「亦不用之」。

〔二二〕貞祐四年命參知政事李革爲修奉太廟使　「四」原作「二」、無「奉」字。按本書卷一四宣宗紀，貞祐四年二月「甲辰，命參知政事李革爲修奉太廟使」。今據改補。

〔二三〕禮部尙書張行信言　「信」原作「簡」。按本書卷一〇七張行信傳，貞祐三年十二月，轉禮部尙書，四年「八月，上將祔享太廟，詔依世宗十六拜之禮。行信與禮官參定儀注，上言宜從四十四拜之禮，上嘉納焉。語在禮志」。今據改。

金史卷三十二

志第十三

禮五

上尊謚

天會三年六月，諳班勃極烈杲等表請追册先大聖皇帝。十二月二十五日，奉玉册、玉寶，恭上尊謚曰大聖武元皇帝，廟號太祖。

天會十三年三月七日，遣攝太尉皇叔祖大司空昱奉玉册、玉寶，上尊謚曰文烈皇帝，廟號太宗。九月，追謚皇考曰景宣皇帝，廟號徽宗。

十四年八月庚戌，文武百僚、太師宗磐等上議曰：「國家肇造區夏，四征弗庭，太祖武元皇帝受命撥亂，光啓大業。太宗文烈皇帝繼志卒伐，奮張皇威。原其積德累功，所由來者遠矣。且禮多爲貴，固前籍之美談；德厚流光，實本朝之先務。伏惟皇九代祖，廓君人之量，挺御世之姿，虞舜生馮，遷於負夏，太王避狄，邑此岐山，聖姥來歸，天原肇發。皇八代祖、皇七代祖，承家襲慶，裕後垂芳，不求赫赫之名，終大振振之族。皇六代祖，徙居得吉，播種是勤，去暴露獲棟宇之安，釋負載興車輿之利。皇五代祖孛堇，雄姿邁世，美略濟時，成百里日辟之功，戎車既飭；著五敎在寬之訓，人紀肇修。皇高祖太師，質自天成，德爲民望，兼精騎射，往無不摧，始置官師，歸者蓋衆。皇曾祖太師，威稜震遠，機警絕人，雅善運籌，未嘗衿甲，臨敵愈奮，應變若神。〔一〕皇曾叔祖太師，機獨運心，公無私物，四方聳動，諸部歸懷，德威兩隆，風俗大定。皇伯祖太師，友于盡愛，國爾惟忠，謀必罔愆，舉無不濟。累代祖妣，婦道警戒，王業艱難，俱殫內助之勞，實著始基之漸。是宜采羣臣之僉議，酌故事以遵行，款帝于郊，稱天以誄。謹按謚法，布義行剛曰『景』，主義行德曰『元』，保民耆艾曰『明』，溫柔聖善曰『懿』，請上皇九代祖尊謚曰景元皇帝，廟號始祖，妣曰明懿皇后。中和純備曰『德』，道德純一曰『思』，請上皇八代祖尊謚曰德皇帝，妣曰思皇后。好和不爭曰『安』，好廉自克曰『節』，請上皇七代祖尊謚曰安皇帝，妣曰節皇后。安民治古曰『定』，明德有勞曰『昭』，尊賢讓善曰『恭』，柔德好衆曰『靖』，請上皇六代祖尊謚曰定昭皇帝，廟號獻祖，妣曰恭靖皇后。愛民立政曰『成』，辟土有德曰『襄』，强毅執正曰『威』，慈仁和民曰『順』，請上皇五代祖孛菫尊謚曰成襄皇帝，廟號昭祖，妣曰威順皇后。愛民好與曰『惠』，辟土兼國曰『桓』，明德有勞曰『昭』，執心決斷曰『肅』，請上皇高祖太師尊謚曰惠桓皇帝，廟號景祖，妣曰昭肅皇后。大而化之曰『聖』，剛德克就曰『肅』，思慮深遠曰『翼』，一德不懈曰『簡』，請上皇曾祖太師尊謚曰聖肅皇帝，廟號世祖，妣曰翼簡皇后。中情見貌曰『穆』，博聞多能曰『憲』，柔德好衆曰『靜』，〔三〕聖善周聞曰『宣』，請上皇曾叔祖太師尊謚曰穆憲皇帝，廟號肅宗，妣曰靜宣皇后。慈愛忘勞曰『孝』，執事有制曰『平』，淸白守節曰『貞』，愛民好與曰『惠』，請上皇曾叔祖太師尊謚曰孝平皇帝，廟號穆宗，妣曰貞惠皇后。愛民長悌曰『恭』，一德不懈曰『簡』，夙夜共事曰『敬』，小心畏忌曰『僖』，請上皇伯祖太師尊謚曰恭簡皇帝，廟號康宗，妣曰敬僖皇后。仍請以始祖景元皇帝、景祖惠桓皇帝、世祖聖肅皇帝、太祖武元皇帝、太宗文烈皇帝爲永永不祧之廟。須廟室告成，涓日備物，奉上寶册，藏于天府，施之罔極。」

丙辰，奉上九代祖妣尊謚廟號，是日百僚上表稱賀。

皇統五年，增上太祖尊謚，禮官議：「自古辨祀，以南北郊、太社、太稷、太廟爲序。若太廟神主造畢，卽合題尊謚，擇日奉安，恐在郊社之前於禮未倫。候築郊兆畢，擇日奏告昊天上帝、皇地祇，次奉安社稷神主及奏告，其次恭造太廟神主，題號奉安入室，以此爲序。若元奉勅旨，候到上京行禮，不見元奏目內，有無指定候修建太廟奉安神主以後行禮，或只於慶元宮奉上謚號。若候奉安太廟神主禮畢，方奉上謚號册寶，卽百官並合法服，兼於皇帝所御殿合立黃麾仗及殿中省細仗，太廟殿前亦合立黃麾仗，其册寶在路亦合量設儀仗。若太廟未奉安，只於慶元宮上册寶，卽行事及立班官並用常服，及依例量用大小旗、甲騎、門仗官，供奉官引從册寶綵服。若奉安後發册，卽御服通天冠、絳紗袍。若只就慶元宮，卽幞頭紅袍。并慶元宮上册寶，卽將來題太廟本室神主，便可用新謚。若於太廟先奉安神主，卽先題舊謚，及至就本室上册寶，又須改題新謚。有兩節不同。五月九日擬奏告於太廟，上册寶，竊慮法物樂舞難辨，只於慶元宮上册寶。」從之。

十月三日，奉上尊謚册寶儀：〔三〕

前期，有司供張辰居殿神御牀案。少府監、鈎盾署設燎薪于殿庭西南，掘坎於其側。儀鸞司設小次于辰居殿下東廂，又設册寶幄殿于景輝門外東仗舍。殿前司、宣徽院量差甲騎、大小旗鼓、門仗官、香輿，自製造册寶所迎奉册寶，奉安于幄殿，行事官、製造官皆騎馬引從，門下中書侍郎在前，侍中中書令在後，大禮使又在其後，舉舁奉册寶官、製造官分左右夾侍，以北爲上，皆給人從錦帽衫帶。

是日未明，翰林使、大官令丞鋪設香案酒果、供具牲體膳羞於神御前。儀鸞司設皇帝拜褥四，一在阼階上，面西，一在香案南，面北，一在殿上東欄子內，面西，〔四〕一在燎薪之東，面西。設黃道，自小次至阼階褥位。

質明，有司備常行儀仗、駕頭扇筤，常朝官常服騎馬執鞭前導，以北爲上，造册寶官、排辦管勾官常服，於慶元宮門外立班，迎駕再拜。皇帝自宮中服靴袍、御馬，至景暉門外下馬，步入小次。少頃，御史臺催班，大禮使、行事官自幄殿奉册寶入正門，置于辰居殿西階下。大禮使歸押班位，閤門使奏「班齊」，太常卿奏「請皇帝行奉上册寶之禮」。宣徽使、太常卿分引前導，皇帝由黃道升阼階上面西褥位立，贊「請再拜」，閤門使臚傳，在位官皆再拜。乃引皇帝由殿上正門入殿，於香案前褥位再拜，上香，又再拜，退稍東於欄子內面西褥位立定。儀鸞司徹香案前拜褥，設册寶褥位於香案南，舉册、舁册官取册匣于牀，對捧由西階升，中書侍郎分左右前導。奉册中書令、讀册中書令並後從，候於褥位。置定，奉册中書令於褥位南再拜，退就殿階上西南柱外，面東立。讀册官、中書令稍前，再拜。舁册官取匣蓋下，置于西階下册牀。舉册官對舉册，讀册官中書令一拜起，跪，搢笏，讀册文曰：「孝孫嗣皇帝臣某，謹拜手稽首奉玉册玉寶，恭上尊謚曰應乾興運昭德定功睿神莊孝仁明大聖武元皇帝。」讀册畢，就拜，興，又再拜，退立于奉册中書令之次。奉册官進，與中書侍郎率舉册、舁册官奉册匣由西階下，引從如上儀，復置于册牀。置定，舉寶官以寶盝進，至侍中讀畢，由西階下，復置于牀，皆如册匣之儀。

有司徹册寶褥位，復設香案南拜褥。宣徽使、太常卿導皇帝進就褥位，再拜，上香、茶、酒，樂作，三酹酒，樂止。太祝讀祝文，訖，皇帝再拜，復歸阼階褥位，立定。大禮使升殿，於香案南宣徽使處授福酒臺盞，行至皇帝阼階褥位前，宣徽使贊「皇帝再拜飮福」，閤門臚傳「賜胙，再拜」，應在位官皆再拜。大禮使跪，以酒盞進授皇帝，樂作，飮訖，又再拜。大禮使受酒盞，復以授宣徽使，訖，由西階下，歸押班位。太祝奉祝版，翰林使酌酒，太官令丞量取牲羞，自西階下，置于燎薪之上。文武班皆回班向燎所立，禮官贊「請皇帝就望燎位」。宣徽使取酒盞臺于翰林使，以進授皇帝。皇帝酹酒于燎薪之上，執事者舉燎，半燎，瘞于坎。宣徽使贊「皇帝再拜」，閤門喝「百官皆再拜」。太常卿、宣徽使前導，皇帝歸小次，卽御座，簾降。太常卿俛伏，興，跪奏「太常卿臣某言，禮畢」。百官皆卷班西出。大禮使以下奉册寶牀，納于慶元宮收掌去處。皇帝進膳于別殿，侍食官取旨，有司轉仗由來路，皇帝便服還內，敎坊作樂前導。

次日，大禮使率百官稱賀。

是歲閏十一月，增上祖宗尊謚，始祖景元皇帝曰懿憲景元皇帝，德皇帝曰淵穆玄德皇帝，安皇帝曰和靖慶安皇帝，獻祖定昭皇帝曰純烈定昭皇帝，昭祖成襄皇帝曰武惠成襄皇帝，景祖惠桓皇帝曰英烈惠桓皇帝，世祖聖肅皇帝曰神武聖肅皇帝，肅宗穆憲皇帝曰明睿穆憲皇帝，穆宗孝平皇帝曰章順孝平皇帝，康宗恭簡皇帝曰獻敏恭簡皇帝，太宗文烈皇帝曰體元應運世德昭功哲惠仁聖文烈皇帝，徽宗景宣皇帝曰允恭克讓孝德玄功佑聖景宣皇帝，已上廟號如故。十二月一日，奏告如儀。

大定三年，增上睿宗尊謚。先是，元年十一月十六日，追册皇考曰簡肅皇帝，廟號睿宗，皇妣蒲察氏欽慈皇后，皇妣李氏貞懿皇后。二年八月一日，有司奏「祖宗謚號或十六字，或十四字，或十二字，卽今睿宗皇帝更合增上尊謚，於升祔前奉册寶」。制可。十七日，左平章元宜等奏請增上尊謚曰睿宗立德顯仁啓聖廣運文武簡肅皇帝。有司奏「睿宗皇帝未經升祔，合無於衍慶宮聖武殿設神御牀案」？奉旨崇聖閣借設正位。又奏「皇帝親授册寶，太尉行事」。制可。

九月二十二日，奏告太廟。二十八日，大安殿置大樂，閱習。前一日，自衍慶宮奉迎册寶，於大安殿安置。

授册日未明三刻，有司各勒所部，整肅儀衛，羣臣集于殿門，行事官各法服，陪位官公服。皇帝自宮中常服乘輿，侍衞如儀，赴大安殿後更衣幄次。御史臺催班，通事舍人引太尉及羣臣就位。侍中跪奏「中嚴」，少頃，又跪奏「外辦」。皇帝服通天冠、絳紗袍出。太常卿跪奏稱「太常卿臣某言，請皇帝行奉上册寶之禮」。奏訖，俛伏，興。宣徽使分左右前導，皇帝步詣册寶幄次。將至幄次，登歌樂作，至幄次前北向，宣徽使贊「請皇帝再拜」，〔五〕典儀贊「在位官再拜」。拜訖，奏「請皇帝搢圭」，三上香，訖，執圭。奏「請皇帝再拜」。典儀贊「在位官再拜」，訖，各分班東西序立。奏「請皇帝詣稍東褥位」，樂止。中書令、中書侍郎奉引册，侍中、門下侍郎奉引寶，行，登歌樂作。宣徽使贊導皇帝隨册寶降自西階，登歌樂止，宮縣樂作，至大安殿下當中褥位。中書令、侍中奉册寶於皇帝褥位之西，樂止。宣徽使奏「請皇帝再拜」，典儀贊「在位官皆再拜」，拜訖，中書令搢笏，奉册匣，宮縣樂作，至皇帝褥位前，俛伏，跪，奉置訖，執笏，俛伏，興，退稍西立，東向。太常博士引太尉至褥位，北向立。宣徽使奏「請皇帝搢圭」，跪捧册匣授太尉，〔六〕太尉搢笏，跪受訖，〔七〕執笏，少東立。宣徽使奏「請執圭」，俛伏，興。舁册官捧册匣，中書侍郎奉册匣置於册牀，樂止。侍中搢笏，奉寶盝，宮縣樂作，至皇帝褥位前，俛伏，跪，奉置訖，執笏，俛伏，興，退稍西立，東向。太常博士引太尉至褥位，北向立。宣徽使奏「皇帝搢圭」，跪捧寶盝授太尉，太尉搢笏，跪，受訖，執笏，少東立。宣徽使奏「請執圭」，俛伏，興。舁寶官捧寶盝，門下侍郎奉置於寶牀，樂止。宣徽使奏「皇帝再拜」，典儀贊「在位官再拜」。皇帝南向立，宮縣樂作。太常博士引太尉奉册寶出，主節者持節前導，册牀在前，寶牀次之，樂止。中書門下侍郎各導於册寶之前，太尉居其後，至大安門外，太尉以次跪奉册寶於玉輅中，中書侍郎於輅旁夾侍，所司迎衞如式。太尉奉册寶訖，步出通天門外，革車用本品鹵簿，導從如儀，鼓吹不振作。俟册寶出大安門，太常卿跪奏稱「太常卿臣某言，禮畢」。奏訖，俛伏，興，前導皇帝升自東階，登歌樂作，還大安殿後幄次，樂止。侍中跪奏「解嚴」。乘輿還內，侍衞如來儀。

十月一日，攝太尉特進平章政事兼太子太師定國公臣完顏宗憲率百官赴衍慶宮行禮。前一日，設册寶幄次於聖武殿門外，西向。

其日質明，太常寺官率所屬，於聖武殿設神御牀案，宣徽院排備茶酒菓、時饌、茶食、香花等，並如太祖皇帝忌辰供備之數。大樂署設登歌之樂於殿上前楹間稍南，北向。迎衞册寶至衍慶宮門外，中書門下侍郎各奉册寶降輅，各置於牀。太尉至門外降車，率中書令以下導從，赴聖武殿門外幄次，奉安如式。其儀仗兵士並退。

次引文武百官各服其服，以次就位。大樂令率工人就位，禮直官亦先就位。應執事者並先入殿庭北向立，禮直官贊「再拜」，訖，升殿。次引太尉就東階下褥位西向立，禮直官贊「拜」，在位官俱再拜。禮直官曰：「有司謹具，請行事。」禮直官贊「拜」，在位官俱再拜，訖，引太尉詣罍洗盥手，升殿，詣神座前，搢笏，跪，三上香，樂作，奠茶、奠酒，訖，執笏，俛伏，興，樂止。太尉再拜，訖，還位少立。

次引太尉出，率中書門下侍郎等，奉册寶牀入自殿門，〔八〕中書令侍中等並導從，登歌樂作，册寶牀至殿庭，列於西階之下，承以席褥，樂止。太尉以下各就面北褥位立定，禮直官贊「拜」，在位官俱再拜，訖，太尉率中書令侍郎奉册匣升殿，登歌樂作，至殿上，册匣置於食案之前，仍設褥位，樂止。次引太尉詣神位前，俛伏，跪，稱「攝太尉臣某言，謹上加尊謚册，寶」。奏訖，俛伏，興，稍西立。次引中書令立於册匣南，舉册官舉册，中書令俛伏，跪讀册，訖，俛伏，興。中書令奉册匣降自西階，置于牀，登歌樂作，置訖，樂止。

次引侍中門下侍郎奉寶盝升殿，樂作，置于食案之前，仍設褥位，樂止。舉寶官舉寶盝，侍中俛伏，跪讀寶，訖，俛伏，興。侍中奉寶盝降自西階，置于牀，登歌樂作，置訖，樂止。太尉詣殿門外褥位，再拜，訖，太尉而下俱降階，以次就位。禮直官贊「拜」，在位官皆再拜，訖，以次出。寺官、署官率拱衞直，舁册寶牀置于册寶殿，各退。

次日，百官稱賀如常儀。

大定十九年，奉上孝成皇帝謚號。元年十一月十六日，詔曰：「前君乃太祖之長孫，受太宗之遺命，嗣膺神器，十有五年。垂拱仰成，委任勳戚，廢齊國以省徭賦，柔宋人而息兵戈，世格泰和，俗躋仁壽，混車書於南北，一尉候於東西。晚雖淫刑，幾於恣意，寃施弟后，戮及良工，虐不及民，事猶可諫，過之至此，古或有焉。右丞相岐國王亮不務弼諧，反行簒弑，妄加黜廢，抑損徽稱。遠近傷嗟，神人憤怒，天方悔禍，朕乃繼興，受天下之樂推，居域中之有大。將撥亂而反正，務在革非。期事亡以如存，聿思盡禮。宜上謚號曰閔宗武靈皇帝。」

十八年，有司言：「本朝祖宗尊謚或十八字，或十四字，或十二字，或四字。今擬增上閔宗尊謚曰弘基纘武莊靖孝成皇帝，仍加謚悼皇后曰悼平皇后。」又言：「大定三年追尊睿宗皇帝禮儀，大安殿前立黃麾仗一千人，應天門外行仗二千人，皇帝服通天冠、絳紗袍，隨册寶降自西階，搢圭，跪，捧册寶授太尉。今擬大安殿行禮，及依唐、周典故，降階捧册寶授太尉。所有冠冕儀仗擬依已行禮例。」上命儀仗人數約量減之，餘略同前儀。明年四月十日，奉上册寶，升祔太廟。

二十六年，勅再議閔宗廟號，禮官擬上「襄、威、敬、定、桓、烈、熙」七字，奉旨用「熙」字，乃以明年四月一日，遣官奏告太廟及閔宗本室，易新廟號。

大定二十九年四月乙丑，〔九〕謚大行皇帝曰光天興運文德武功聖明仁孝皇帝，廟號世宗。五月丙午，以祔廟禮成，大赦。

大定二十九年五月甲午，上皇考尊謚曰體道弘仁英文睿德光孝皇帝，廟號顯宗。

大安元年二月丁卯，〔一〇〕謚大行皇帝曰憲天光運仁文義武神聖英孝皇帝，廟號章宗。

正大元年正月戊戌，謚大行皇帝曰繼天興統述道勤仁英武聖孝皇帝，廟號宣宗。

校勘記

〔一〕應變若神　按大金集禮以下簡稱集禮卷三、卷四，追加謚號，爲本志上尊謚之所本。其天會十四年奉上祖宗謚號條，「應變若神」句下有「皇曾叔祖太師道宣知言，智窮博識，始搆經營之力，卒成奄宅之勳」二十六字。

〔二〕柔德好衆曰靜　按「好」集禮卷三作「合」。此蓋音近致誤。

〔三〕奉上尊謚册寶儀　原脫「謚」字。據集禮卷三皇統五年增上太祖尊謚條補。

〔四〕一在殿上東欄子內面西　「面西」原作「西面」。據集禮卷三乙正。

〔五〕請皇帝再拜　「請」原作「拜」。據集禮卷四大定三年增上睿宗尊謚條改。

〔六〕跪捧册匣授太尉　原脫「匣」字。按上下文皆稱「册匣」。又下文皇帝「跪捧寶盝授太尉」，知授寶並不去盝，則授册亦不去匣。今補一「匣」字。

〔七〕太尉搢笏跪受訖　原脫「太尉」二字。據集禮卷四補。

〔八〕奉册寶牀入自殿門　原脫「册」字。據集禮卷四補。

〔九〕大定二十九年四月乙丑　按「四月乙丑」本書卷八世宗紀作「三月辛卯朔」。

〔一〇〕大安元年二月丁卯　按「二月」本書卷一二章宗紀作「正月」。

金史卷三十三

志第十四

禮六

原廟　朝謁儀　朝拜儀　别廟

太宗天會二年，〔一〕立大聖皇帝廟于西京。熙宗天眷二年九月，又以上京慶元宮爲太祖皇帝原廟。皇統七年，有司奏「慶元宮門舊曰景暉，殿曰辰居，似非廟中之名，今宜改殿名曰世德」。是歲，東京御容殿成。世宗大定二年十二月，詔以「會寧府國家興王之地，宜就慶元宮址建正殿九間，仍其舊號，以時薦享」。

海陵天德四年，有司言：「燕京興建太廟，復立原廟。三代以前無原廟制，至漢惠帝始置廟於長安渭北，薦以時果，其後又置於豐、沛，不聞享薦之禮。今兩都告享宜止於燕京所建原廟行事。」於是，名其宮曰衍慶，殿曰聖武，門曰崇聖。

大定二年，以睿宗御容奉遷衍慶宮。

五年，會寧府太祖廟成，有司言宜以御容安置。先是，衍慶宮藏太祖御容十有二：法服一、立容一、戎衣一、佩弓矢一、坐容二、巾服一，舊在會寧府安置；半身容二、春衣容一、巾而衣紅者二，舊在中都御容殿安置，今皆在此。詔以便服容一，遣官奉安，擇日啓行。

前一日，夙興，告廟，用酒饌，差奏告官一員，以所差使充，進請御署祝板。

其日質明，有司設龍車於衍慶宮門外少西，東向。宰執率百官公服詣本宮殿下，班立，再拜。班首升殿，跪上香、奠酒，教坊樂作，少退，再拜。班首降階復位，陪位官皆再拜。奉送使副率太祝捧御容匣出，宰執以下分左右前導，出衍慶宮門外，俟御容匣升車，百官上馬後從，旗幟甲馬錦衣人等分左右導，香輿扇等前行。至都門郊外，俟御容車少駐，導從官下馬，車前立班，再拜。奉送使副側侍不拜。班首詣香輿，跪上香，俛伏，興，還班，再拜辭訖，退。使副遂行。

每程到館或廨舍內安駐。其道路儀衛，紅羅傘一，龍車一，其制以青布爲亭子狀，安車上，駕以牛。又用駝五，旗鼓共五十，舁香輿一十人，導從六十人，執扇八人，兵士百人，護衞二十人以宗室猛安謀克子孫充。所過州縣，官屬公服出郭香果奉迎，再拜，班首上香奠酒，又再拜。送至郊外，再拜乃退。

至會寧府，官屬備香輿奉迎如上儀，乘馬從至廟門外下馬，分左右導引。使副率太祝四員，捧御容入廟，於中門外東壁幄次內奉置定，再拜，訖，退，擇日奉安。至日質明，差去官與本府官及建廟官等並公服，詣幄次前排立，先再拜，跪上香，樂作，奠酒，訖，又再拜。太祝捧御容，衆官前導引，至殿下排立。御容升殿奉安，訖，再拜，班首升殿，跪上香，讀祝，奠酒，樂作，少退再拜，訖，班首降階復位，同執事官再拜，訖，退。

十五年二月，有司言東京開覺寺藏睿宗皇帝皁衣展裹眞容，勅遷本京祖廟奉祀，仍易袍色。

明年四月，詔依奉安睿宗禮，奉安世祖御容於衍慶宮。前期，有司備香案、酒果、教坊樂。至日質明，親王宰執率百官公服迎引至衍慶宮，凡用甲騎百人、傘二人、扇十二人、香輿八人、綵輿十六人、從者二十四人、執事官二人、弩手控鶴各五十人、贊者二人、禮直官二人，六品以下官三十員公服乘馬前導。奉安訖，百官再拜，禮畢，退立宮門之外，迎駕朝謁。

十六年正月，有司奏：「奉勅議世祖皇帝御容當於何處安置。臣等參詳衍慶宮卽漢之原廟，每遇太祖皇帝忌辰，百官朝拜。今世祖皇帝擇地修建殿位，庶可副嚴奉之意。」從之。乃勅於聖武殿東西興建世祖、太宗、睿宗殿位。

既而復欲擇地建太宗殿于歸仁館，有司言：「山陵太祖、太宗、睿宗共一兆域，太廟世祖、太祖、太宗、睿宗亦同堂異室。今於歸仁館興建太宗殿位，似與山陵、太廟之制不同。」詔從前議，止於衍慶宮各建殿七間、閣五間、三門五間。乃定世祖殿曰廣德、閣曰燕昌，太宗殿曰丕承、閣曰光昭，睿宗殿曰天興、閣曰景福。

十九年五月六日，奏告。七日，奉安。執事禮官二人，每位香案一、祭器席一、拜褥二、盥洗一、大勺篚巾全。

前一日，太廟令率其屬掃除宮內外，又各設神座於殿上，又設親王宰執以下百官拜位於殿庭。又設盥洗位于東階下，執罍篚者位于其後。又於神位前各設北向拜褥位，幷各設香案香爐匙合香酒花果器皿物等，依前來例。又於聖武殿上設香案爐匙合香等，又於殿下各設腰輿一、舁士一十六人、傘子各二人、執扇各十二人、導從弩手各三十人。前一日，清齋，親王於本府，百官於其第。行禮官執事人等習儀，就祠所清齋。

其日質明，禮官率太廟署官等詣崇聖閣奉世祖御容，每匣用內侍二人、太祝一員，禮官、署官前導，置於聖武殿神座。禮直官引親王宰執百官公服於殿庭班立，七品以下班于殿門之外，贊者曰「拜」，在位官皆再拜。禮直官引班首詣罍洗，盥手訖，升殿，詣神座前跪上香，訖，少退，再拜。禮直官引班首降殿復位，贊者曰「拜」，在位官皆再拜，訖，禮直官導世祖御容升腰輿，〔二〕儀衞依次序導從，至廣德殿，百官後從，至庭下班位立。禮官率太廟署官就腰輿內捧御容，於殿上正面奉安訖，百官於階下、六品已下官於殿門外，立班。贊者曰「再拜」，在位官皆再拜。禮直官引班首詣盥洗，盥手訖，升殿，執事官等從升，詣御容前，跪上香，奠酒，教坊樂作，少退再拜，訖，樂止。禮直官引班首降殿復位，贊者曰「拜」，在位官皆再拜。訖，禮官率太廟署官詣崇聖閣。

太祝內侍捧太宗御容，禮官導太宗御容置於聖武殿，〔三〕行禮畢，以次奉安於丕承殿，行禮並如上儀。

次睿宗御容奉安於天興殿，〔四〕禮亦如之。俟奉安禮畢，百官退。

二十一年閏三月，奉旨昭祖、景祖奉安燕昌閣上，肅宗、穆宗、康宗奉安閣下，明肅皇帝奉安崇聖閣下。每位設黃羅幕一、黃羅明金柱衣二、紫羅地褥一、龍牀一、踏牀二、衣全。前期奏告。四月一日奉安，五日親祀。

是年五月，遷聖安寺睿宗皇帝御容于衍慶宮，皇太子親王宰執奉迎安置。

朝謁儀。

大定十六年四月十九日，奉安世祖御容，行朝謁之禮。皇帝前一日齋於內殿，皇太子齋於本宮，親王齋於本府，百官齋於其第。太廟令率其屬，於衍慶宮內外掃除，設親王百官拜位於殿庭，又設皇太子拜褥於親王百官位前。宣徽院率其屬，於聖武門外之東設西向御幄，靈星門東設皇太子幄次。

其日，有司列仗衛于應天門，俟奉安御容訖，有司於殿上幷神御前設北向拜褥位，安置香爐香案幷香酒器物等。皇太子比至車駕進發已前，公服乘馬，本宮官屬導從，〔三〕至衍慶宮門西下馬，步入幄次。親王百官於衍慶宮門外西向立班。俟車駕將至，典贊儀引皇太子出幄次，於親王百官班前奉迎。導駕官，五品六品七品職官內差四十員於應天門外道南立班以俟。

皇帝服靴袍乘輦，從官傘扇侍衞如常儀。勅旨用大安輦、儀仗一千人。出應天門，閤門通喝「導駕官再拜」，訖，閤門傳勑「導駕官上馬」，分左右前導，至廟門外西偏下馬。車駕至衍慶宮門外稍西降輦。左右宣徽使前導，皇帝步入御幄，簾降。閤門先引親王、宰執、四品已上執事官，由東西偏門入，至殿庭分東西班相向立。典贊儀引皇太子入，立於褥位之西，東向。進香進酒等執事官並升階，於殿上分東西向以次立。宣徽使跪奏「請皇帝行朝謁之禮」。簾捲，皇帝出幄。宣徽使前導，至殿上褥位，北向立。典贊儀引皇太子就褥位，閤門引親王宰執四品已上職事官回班，並北向立。令中間歇空，不礙奏樂。五品以下聖武門外、八品以下宮門外陪拜。奏請，並宣徽使。皇帝再拜，〔六〕教坊樂作。皇太子已下羣官皆再拜。請皇帝詣神御前褥位，北向立，又請皇帝再拜，皇太子已下羣官皆再拜。請皇帝跪，三上香，三奠酒，俛伏，興。又請皇帝再拜，皇太子已下羣官皆再拜，訖，皇帝復位。又請皇帝再拜，皇太子已下羣官皆再拜。宣徽使奏「禮畢」。已上擬八拜，宣徽院奏過，依舊例十二拜。

典贊儀引皇太子復立於褥位之西，東向。閤門引親王宰執以下羣官，東西相向立。先引五品已下官出。宣徽使前導，皇帝還御幄，簾降。典贊儀引皇太子，閤門分引殿庭百官，以次出。宣徽使跪奏，「請皇帝還宮」。簾捲，步出廟門外，升輦還宮，如來儀。

十九年奉安禮同。

朝拜儀。

初，太祖忌辰，皇帝至褥位立，再拜。稍東，西向，詣香案前，又再拜。上香訖，復位，又再拜。進食、奠茶、辭神皆再拜而退。

大定二十一年〔七〕五月十二日，睿宗忌辰，有司更定儀禮。前一日，宣徽院設御幄于天興殿門外稍西。至日質明，皇太子親王百官具公服于衍慶宮門外立班，奉迎。皇帝乘馬至衍慶宮門外下馬，〔八〕二宣徽前導，步入宮門稍東。皇帝乘輦，傘扇侍衞如常儀，至天興殿門外稍西。皇帝降輦，入幄次，簾降。典贊儀引皇太子、閤門引親王宰執四品已上官由偏門入，至于殿庭，左右分班立定。二宣徽使導皇帝由天興門正門入，〔九〕自東階升殿，詣褥位立定。皇太子已下官合班，五品以下班于殿門外。宣徽使奏「請皇帝先再拜」，「請詣侍神位立」，俟有司置香案酒卓訖，「請詣褥位」，又再拜，三上香、奠酒，復位，再拜。已上，皇太子已下皆陪拜。再奏「請詣稍東侍神位立」。典贊儀引皇太子升殿赴褥位，先兩拜，奠酒再兩拜，降復褥位。次閤門引終獻官趙王上殿行禮。宣徽使奏「請皇帝詣褥位」，再兩拜。皇太子已下官皆再拜。禮畢，百官依前分班立。皇帝出殿門外，入幄次，簾降，更衣。次引皇太子已下官出宮門外立班。〔一○〕皇帝乘輦，至宮門稍東降輦，步出宮門外，上馬還宮，導從侍衞如來儀。皇太子已下官，俟車駕行然後退。

大定五年，奉旨「太祖忌辰，衍慶宮薦享止用素食，諸京凡御容所在皆同。又朔望皆行朝拜禮」。

六年，有司奏：「太祖皇帝忌辰，車駕親奠，百官陪拜。今車駕巡幸，合以宰臣爲班首，率百官詣衍慶宮行禮。」從之。

十六年，奉旨「世祖、太宗忌辰，一體奉奠」。

十八年八月，太祖忌辰，世祖、太宗同在一處致祭，有司言「歷代無一聖忌辰列聖預祭之典」。擬議間，勑遣太子，一位行禮，并就祭功臣。

二十六年，以內外祖廟不同，定擬「太廟每歲五享，山陵朔、望、忌辰及節辰祭奠並依前代典故外，衍慶宮自來車駕行幸，遇祖宗忌辰百官行禮，并諸京祖廟節辰、忌辰、朔、望拜奠，雖無典故參酌，恐合依舊，以盡崇奉之意」。從之。

別廟。

大定二年，有司擬奏閔宗無嗣，合別立廟，有司以時祭享，不稱宗，以武靈爲廟號。又奏：「唐立別廟，不必專在太廟垣內。今武靈皇帝既不稱宗，又不與祫享，其廟擬於太廟東墉外隙地建立。」從之。十四年，廟成，以武靈後謚孝成，又謂之孝成廟。

十五年三月戊申，奉安武靈皇帝及悼皇后。前期一日，奏告太廟十一室及昭德皇后廟，餘如昭德過廟之儀。四月十七日，夏享太廟，同時行禮，命判宗正英王爽攝太尉，充初獻官。兵部尚書讓攝司徒，差大理卿天錫攝太常卿，充亞獻。大興少尹高居中攝光祿卿，充終獻。自是，歲常五享。

十七年十月，祫享太廟，「檢討唐禮，孝敬皇帝廟時享用廟舞、宮縣、登歌，讓皇帝廟至禘祫月一祭，只用登歌，其禮制損益不同。今武靈皇帝廟庭與太廟地步不同，難以容設宮縣樂舞，并樂器亦是闕少，看詳恐合依唐讓皇帝祫享典故，樂用登歌，所有牲牢樽俎同太廟一室行禮。及契勘得自來祫享，遇親祠每室一犢，攝官行禮共用三犢。今添武靈皇帝別廟行禮，合無依已奏定共用三犢，或增添牛數」。奏奉勅旨，「太廟、別廟共用三犢，武靈皇帝廟樂用登歌，差官奏告，並准奏」。

大定十九年四月，升祔太廟，其舊廟遂毁。

昭德皇后廟。大定二年，有司援唐典，昭德皇后合立別廟，擬於太廟內垣東北起建，從之。三年十月七日，太廟祫享，升祔睿宗皇帝幷昭德皇后，神主同時制造題寫，奉詣殿庭，謁畢祔於祖姑欽仁皇后之左，享祀畢，奉主還本廟。十二月二十一日，臘享，禮官言：「唐禮，別廟薦享皆準太廟一室之儀，伏恐今廟享畢已過質明，請別差官攝祭。」制可。後以殿制小，又於太廟之東別建一位。十二年八月，廟成，正殿三間，東西各空半間，以兩間爲室，從西一間西壁上安置祏室。廟置一便門，與太廟相通。仍以舊殿爲册寶殿，祏室奏毀。

十三年六月二十一日，奏告太廟，祭告別廟。二十三日，奉安，用前祫享過廟儀。有司言當用鹵簿，以廟相去不遠，參酌擬用清道二人，次團扇二人，次職掌八人，次衙官二十六人爲十三重，供奉官充。次腰輿，輿士一十六人，傘子二人，次團扇十四爲七重，方扇四，次排列職掌六人，燭籠十對，輦官並錦襖盤裹。仍令皇太子率百官行禮。

前一日，行事執事官就祠所清齋一宿，仍習儀。執事者眡醴饌，太廟令帥其屬掃除廟之內外。禮直官設皇太子西向位，執事官位皇太子後，近南，西向，各依品從立。監祭，殿西階下東向立。及親王百官位於廟庭，北向，西上。又設祝案於神位之右，設尊彝之位於左，各加勺、冪、坫。又設祭器，皆藉以席，左一籩實以鹿脯，右一豆實以鹿臡。又設盥洗、爵洗位于橫街之南稍東。罍在洗東，加勺。篚在洗西，南肆，實以巾。執罍篚者位于其後。

太廟令又設神位於室內北墉下，當戶南向。設直几一、黼扆一、莞席一、繅席一、次席二、紫綾厚褥一、紫綾蒙褥一幷幄帳等，諸物並如舊廟之儀。又設望燎位于西神門外之北，設燎柴于位之北，預掘瘞坎于燎所。所司陳儀衞於舊廟門之外。

奉安日未明二刻，所司進方扇燭籠於舊廟殿門外，設腰輿一、傘一於殿階之下，南向。質明，皇太子公服乘馬，本宮官屬導從，至廟門外下馬，步入廟門，至幕。次引親王百官常服由廟門入，於殿庭北向西上、重行立定。次引皇太子於百官前絕席位立，贊者曰「再拜」，皆再拜。宮闈令升殿，捧昭德皇后神主置于座，贊者曰「再拜」，皆再拜。

次引內常侍北向俛伏，跪奏「請昭德皇后神主奉安于新廟，降殿升輿」，奏訖，俛伏，興。捧几內侍先捧几匱跪置於輿，又宮闈令接神主，內侍前引，跪置于輿上几後，覆以紅羅帕。內常侍已下分左右前引，皇太子步自舊廟先從行，親王次之，百官分左右後從，儀衞導從，至別廟殿下北向。內常侍於腰輿前俛伏，興，跪奏「請降輿升殿」。內侍捧几匱前，宮闈令捧接神主升殿，置于座。禮直官引皇太子以下親王百官入殿庭，北向西上、重行立，皇太子在絕席立，禮直官贊曰「再拜」，皆再拜。又贊曰「行事官各就位」。禮直官引皇太子西向位立定。禮直官少前贊曰「有司謹具，請行事」。即引皇太子就盥洗位，北向，搢笏，盥手，帨手，執笏。詣爵洗位，北向立，搢笏，洗爵，拭爵以授執事者。執笏，升，詣酒尊所，西向立，執事者以爵授皇太子，搢笏，執爵。執事者舉冪酌酒，皇太子以爵授執事者，詣神位前北向，搢笏，跪。執事者以爵授皇太子，執爵三祭酒，反爵于坫，執笏，俛伏，興，少立。次引太祝、舉祝官詣讀祝位東北向，舉祝官跪舉祝版，太祝跪讀祝，訖，置祝于案，俛伏，興。舉祝官皆却立北向。贊者曰「再拜」，皇太子就兩拜，降階復位。舉祝、讀祝官後從，復本位。禮直官曰「再拜」，在位者皆再拜。宮闈令納神主于室，贊者曰「再拜」，皆再拜，禮畢，退。署令闔廟門，瘞祝于坎，儀物各還所司。

十一年，〔二〕郊祀前一日朝享，與太廟同日，用登歌樂，行三獻禮，有司攝事。

二十六年，勅別建昭德皇后影廟于太廟內。有司言：「宜建殿三間，南面一屋三門，垣周以甓，外垣置靈星門一，神厨及西房各三間。然禮無廟中別建影廟之例，今皇后廟西有隙地，廣三十四步，袤五十四步，可以興建。」制可。仍於正南別創正門，門以坤儀爲名。仍留舊有便門，遇禘祫祔享由之。每歲五享并影廟行禮於正南門出入。又於廟外起齋廊房二十三間。

宣孝太子廟。大定二十五年七月，有司奏：「依唐典，故太子置廟，設官屬奉祀。擬於法物庫東建殿三間，南垣及外垣皆一屋三門，東西垣各一屋一門，門設九戟。齋房、神厨，度地之宜。」又奉旨，太子廟既安神主，宜別建影殿。有司定擬制度，於見建廟稍西中間，限以塼壖，內建影殿三間。南面一屋三門，垣周以甓，無闕角及東西門。外垣正南建三門一，〔一三〕左右翼廊二十間，神厨、齋室各二屋三間。〔一三〕是歲十月，廟成，十一日奉安神主，十四日奉遷畫像。

神主用栗，依唐制諸侯用一尺，刻謚于背。省部遣官於本廟西南隅面北設幄次，監視製造，於行禮前一日製造訖。其日晚，奉神主官奉承以箱，覆以帕，捧詣題神主幄中。次日丑前五刻，題神主官與典儀幷禮官詣幄次前，題神主官詣罍洗位，盥手、帨手訖，奉神主官先以香湯奉沐，拭以羅巾。題神主官就褥位，題謚號於背云「宣孝太子神主」，墨書，用光漆模，訖，授奉神主官，承以箱，覆以梅紅羅帕，藉以素羅帕，詣座置於匱，乃下簾帷，侍衞如式。俟典儀俛伏，跪請，備腰輿傘扇詣神位。導引侍衞皆減昭德廟儀。

祭儀，有司言：「當隨祖廟四時祭享。初獻於皇孫皇族、亞獻於皇族或五品以下差。樂用登歌，今量減用二十五人，其接神用無射宮，升降徹豆則歌夾鍾。牲羊、豕各一，籩豆各八，簠簋各二，登鉶各一，其餘祭食亦量減之。」

二十六年十一月一日，奏「神主廟，牲牢樂縣官給。影廟，皇孫奉祀」。

校勘記

〔一〕太宗天會二年　按依本志文例，此句上當脫「原廟」二字。

〔二〕禮直官導世祖御容升腰輿　原脫「直」字。按大金集禮以下簡稱集禮卷二〇。原廟上爲本志原廟之所本，記此事作「禮直官」。今據補。

〔三〕禮官導太宗御容置於聖武殿　原脫「置」字。據集禮補。

〔四〕次睿宗御容奉安於天興殿　「興」原作「慶」。按上文「睿宗殿曰天興，閤曰景福」，下文朝拜儀睿宗忌辰，「宣徽院設御幄于天興殿門外稍西」，「至天興殿門外稍西，皇帝降輦」，皆作「天興」。今據改。

〔五〕本宮官屬導從　原脫「宮」字。按集禮卷二一原廟下爲本志朝謁儀、朝拜儀之所本，其記此事作「本宮官屬導從」。今據補。

〔六〕奏請並宣徽使皇帝再拜　「並宣徽使」四字原作大字正文，殿本此句作「二宣徽使奏請皇帝再拜」。按集禮卷二一「並宣徽使」四字爲小字注文，說明上文「前導」與下文之「奏請」皆爲宣徽使。集禮是，今從改。

〔七〕大定二十一年　原脫「大定」二字。今補。

〔八〕皇帝乘馬至衍慶宮門外下馬　「皇帝乘」集禮作「皇太子」。

〔九〕二宣徽使導皇帝由天興門正門入　「天興門」，集禮作「天興殿」。

〔一〇〕次引皇太子已下官出宮門外立班　原脫「次」字。據集禮補。

〔一一〕十一年　按上文爲「十三年」，下文爲「二十六年」，疑此數字有誤，亦或敍次顚倒。

〔一二〕外垣正南建三門一　按「一」字疑是衍文。

〔一三〕神厨齋室各二屋三間　疑當作「各一屋三間」或「二屋各三間」。

金史卷三十四

志第十五

禮七

社稷　風雨雷師　嶽鎭海瀆

貞元元年閏十二月，〔一〕有司奏建社稷壇于上京。〔二〕大定七年七月，又奏建壇于中都。社爲制，其外四周爲垣，南向開一神門，門三間。內又四周爲垣，東西南北各開一神門，門三間，各列二十四戟。四隅連飾罘罳，無屋，於中稍南爲壇位，令三方廣闊，一級四陛。以五色土各飾其方，中央覆以黃土，其廣五丈，高五尺。其主用白石，下廣二尺，剡其上，形如鐘，埋其半。壇南，栽栗以表之。近西爲稷壇，如社壇之制而無石主。四壝門各五間，兩塾三門，門列十二戟。壝有角樓，樓之面皆隨方色飾之。饌幔四楹，在北壝門西，北向。神厨在西壝門外，南向。廨在南圍牆內，東西向。有望祭堂三楹，在其北，雨則於是堂望拜。堂之南北各爲屋二楹，三獻及司徒致齋幕次也。堂下南北相向有齋舍二十楹。外門止一間，不施鴟尾。

祭用春秋二仲月上戊日，樂用登歌，遣官行事。太尉一，司徒一，已上奏差。亞獻太常卿一，終獻光祿卿一，省差。太常卿一，光祿卿一，郊社令一，學士院官一，請御署祝版。大樂令一，太官令二，監祭御史二，太常博士二，廩犧令一，奉禮郎一，協律郎二，司尊罍二，奉爵酒官一，太祝七，祝史四，盥洗官二，爵洗官二，執巾篚官四，齋郎四十八，贊者一，禮直官十，已上部差。守衞十二人，各衣其方色，其服官給。舉瘞四，衣皂，軍人內差，其衣自備。

前三日質明，行事官受誓戒於尙書省，御史臺，太常寺引衆官就位，禮直官贊「揖」，對揖，訖，太尉誓曰：「某月某日上戊，祭于太社，各揚爾職。不恭其事，國有常刑。」讀訖，對拜，訖，退。凡與祭官散齋二日，致齋一日，已齋而闕者通攝行事，仍習禮於社宮。諸衞令率其屬，各以其方器服守衞社宮門。大樂工人俱淸齋一宿。

前三日，陳設局設祭官公卿已下次於齋房之內。及設饌幔四於社宮西神門之外，門南，西向。

前二日，郊社令率其屬，掃除壇之上下。大樂令設樂於壇上。郊社令爲瘞坎二於壬地，方深取足容物，南出陛。又設望瘞位於坎之北，南向。

前一日，奉禮郎帥禮直官，設祭官公卿已下褥位於西神門之內道南，執事官於道北，每等異位，俱重行，東向，南上。設御史位二於壇下，一在太社東北，西向，一在太稷西北，東向，博士各在其北。設奉禮郎位於稷壇上西北，贊者一在北，東向。設協律郎位二於壇上東北隅，俱西向。設大樂令位於兩壇之間，南向。設獻官褥位於逐壇上神座前。設省牲位於西神門外。設牲榜於當門，黝牲二居前，又黝牲二少退，三牲皆用黝。〔三〕北上。設廩犧令位於牲東北，南向。設諸太祝位於牲西，各當牲後，祝史陪其後，俱東向。設太常卿省牲位於前近南，北向。又設御史位於太常卿之東，北向。太常卿帥其屬，設酒罇之位。太罇二、著罇二、犧罇二、山罍二在壇上北隅，南向。象罇二、壺罇二、山罍二在壇下北陛之西，南向。后土氏象罇二、著罇二、山罍二在太社酒罇之西，俱東南上。設太稷、后稷酒罇於壇之上下，如太社、后土之儀。設洗位二於社壇西北，南向。罍在洗東，篚在洗西，北肆。司罇罍篚冪者，各位於其後。設玉帛之篚於壇上罇坫之所。設四座，各籩十、豆十、簠二、簋二、鉶三、槃一、俎三、坫四，內籩一、豆一、簠一、簋一、俎三各設於饌幔內。光祿卿率其屬，入實。籩之實，魚鱐、乾棗、形鹽、鹿脯、榛實、乾䕩、桃、菱、芡、栗，以序爲次。豆之實，芹菹、筍菹、葵菹、菁菹、韭菹、魚醢、兔醢、豚拍、鹿臡、醓醢以序爲次。鉶實以羹，加芼滑。簠實以稻、粱，簠實以黍、稷，粱在稻前，稷在黍前。太官令入實罇罍以酒，各一罇實以玄酒。

祭日未明五刻，郊社令升設太社太稷神座，各於壇上近南，北向。設后土氏神座於太社神座之左，后稷氏神座於太稷神座之左，俱東向。席皆以莞，加裀褥如幣之色。神位版各於座首。

前一日，諸衞之屬禁斷行人。郊社令與其屬，以罇坫罍洗篚冪入設於位，司罇罍奉禮郎及執事者升自太社壇西陛以俟。其省牲器、視滌溉，並如郊廟儀。

祭日未明十刻，太官令率宰人以鸞刀割牲，祝史以豆取毛血，各置於饌所，以盤取血置神座前，遂烹牲。未明三刻，諸祭官各服其服。郊社令、太官令入實玉幣罇罍。太官令帥進饌者實諸籩豆簠簋。未明一刻，奉禮郎、贊者先入就位。禮直官引光祿卿、御史、博士、諸太祝、祝史、司罇罍篚冪者入自西門，當太社壇北，重行南向東上立定，奉禮曰「再拜」，贊者承傳，御史以下皆再拜，訖，司罇罍篚冪者皆就位。奉盤血祝史與太祝由西陛升壇，各於罇所立，祝史以俟瘞血，大祝以俟取玉幣。大樂令帥工人入。禮直官各引祭官入，就位立定，奉禮曰「衆官再拜」，贊者曰「在位者皆再拜」，其先拜者不拜。禮直官進太尉之左曰「有司謹具，請行事」，退復位。禮直官引光祿卿就瘞血所，又引祝史奉盤血降自西陛，至瘞位，光祿卿瘞血，訖，復位。祝史以盤還饌幔，以俟奉毛血豆。奉禮曰「衆官再拜」，在位者皆再拜。諸太祝取玉幣於篚，各立於尊所。禮直官引太尉詣盥洗位。協律郎跪，俛伏，擧麾，樂作太簇宮正寧之曲。後盥洗同。至洗位南向立，樂止。

搢笏、盥手、帨手訖，詣太社壇，樂作應鍾宮嘉寧之曲。後升壇同。升自北陛，樂止，南向立。太祝以玉帛西向授太尉，太尉受玉帛。禮神之玉奠於神前，瘞玉加於幣，配位不用玉。玉用兩圭有邸，盛以匣。瘞玉以玉石爲之。帛用黑繒，長一丈八尺。樂作太簇宮嘉寧之曲，太稷同。禮直官引太尉進，南向跪奠於太社座前，俛伏，興。引太尉少退，詣褥位南向再拜。太祝以幣授太尉，太尉受幣，西向跪奠於后土神座前，俛伏，興。禮直官引太尉少退，西向再拜，訖，樂止。

禮直官引太尉降自北陛，詣太稷壇，盥洗、升奠玉幣如太社后土之儀。祝史奉毛血入，各由其陛升，毛血豆係別置一豆。諸太祝迎取於壇上，俱進奠於神座前，祝史退立於罇所。太尉既升奠玉幣，太官令出帥進饌者，奉饌陳於西門外。禮直官引司徒出詣饌所，司徒奉太社之俎。諸太祝既奠毛血，禮直官太官令引太社太稷之饌入自正門，配座之饌入自左闥。

饌初入門，樂作太簇宮正寧之曲，饌至陛，樂止。祝史俱進徹毛血豆，降自西陛以出。太社太稷之饌升自北陛，配座之饌升自西陛，諸太祝迎引於壇上，各於神座前設訖，禮直官引司徒已下降自西陛，樂作，復位，樂止。諸太祝還罇所。禮直官引太尉詣罍洗位，樂作，至位，樂止。

盥手、洗爵訖，禮直官引太尉詣太社壇，升自北陛，樂作，至太社酒罇所，樂止。執罇者舉冪，執事者以爵授太尉，太尉執爵，〔四〕太官令酌酒，訖，樂作太簇宮阜寧之曲。太稷同。太尉以爵授執事者。禮直官引太尉詣太社神座前，執事者以爵授太尉，南向跪奠爵，訖，以爵授執事者，俛伏，興。太尉少退，樂止。讀祝官與捧祝官進於神座前右，西向跪讀祝，讀訖，讀祝官就一拜，各還罇所。太尉拜訖，詣配位酒罇所。執事者舉冪，執事者以爵授太尉，太尉執爵，太官令酌酒，訖，樂作太簇宮昭寧之曲。太尉以爵授執事者。禮直官引太尉進后土神座前，執事者以爵授太尉，西向跪奠爵，訖，以爵授執事者，俛伏，興。太尉少退，樂止。讀祝如上儀。太尉再拜，訖，禮直官引太尉降自北陛，樂作，至罍洗位，樂止。

盥手、洗爵訖，禮直官引太尉詣太稷壇，升自北陛，並如太社后土之儀，樂曲同。訖，禮直官引太尉還本位。

亞、終獻，盥洗升獻並如太尉之儀。

禮直官引終獻降復位，樂止。太祝各進徹豆，樂作應鍾宮娛寧之曲，還罇所，樂止。徹者籩豆各一，少移於故處。奉禮曰「賜胙」，贊者曰「衆官再拜」，在位者皆再拜。禮直官進太尉之右，請就望瘞位，御史博士從，南向立。於衆官將拜之前，太祝執篚進於神座前取玉幣，齋郎以俎載牲體、稷黍飯、爵酒，體謂牲之左髀。〔五〕各由其陛降壇，以玉幣饌物置於坎，訖，奉禮曰「可瘞」，坎東西各二人置土半坎，訖，禮直官進太尉之左曰「禮畢」，遂引太尉出，祭官以下以次出。禮直官引御史博士以下俱復執事位，立定。奉禮曰「再拜」，御史以下皆再拜，訖，出。工人以次出。祝版燔於齋坊。光祿卿以胙奉進，御史就位展視，光祿卿望闕再拜，乃退。

其州郡祭享，一遵唐、宋舊儀。

風、雨、雷師。

明昌五年，禮官言：「國之大事，莫重於祭。王者奉神靈，祈福祐，皆爲民也。我國家自祖廟禘祫五享外，惟社稷、嶽鎭海瀆定爲常祀，而天地日月風雨雷師其禮尙闕，宜詔有司講定儀注以聞。」尙書省奏：「天地日月，或親祀或令有司攝事。若風雨雷師乃中祀，合令有司攝之。且又州縣之所通祀者也，合先舉行。」制可。

乃爲壇於景豐門外東南，闕之巽地，歲以立春後丑日，以祀風師。牲、幣、進熟，如中祀儀。又爲壇於端禮門外西南，闕之坤地，以立夏後申日以祀雨師，其儀如中祀，羊豕各一。

是日，祭雷師於位下，〔六〕禮同小祀，一獻，羊一，無豕。其祝稱「天子謹遣臣某」云。

嶽、鎮、海、瀆。

大定四年，禮官言：「嶽鎮海瀆，當以五郊迎氣日祭之。」詔依典禮以四立、土王日就本廟致祭，其在他界者遙祀。立春，祭東嶽于泰安州、東鎮于益都府、東海于萊州、東瀆大淮于唐州。立夏，望祭南嶽衡山、南鎮會稽山于河南府，南海、南瀆大江于萊州。季夏土王日，祭中嶽于河南府、中鎮霍山于平陽府。立秋，祭西嶽華山于華州、西鎮吳山于隴州，望祭西海、西瀆于河中府。立冬，祭北嶽恒山于定州、北鎮醫巫閭山于廣寧府，望祭北海、北瀆大濟于孟州。其封爵並仍唐、宋之舊。明昌間，從沂山道士楊道全請，封沂山爲東安王，吳山爲成德王，霍山爲應靈王，會稽山爲永興王，醫巫閭山爲廣寧王，淮爲長源王，江爲會源王，河爲顯聖靈源王，濟爲清源王。

每歲遣使奉御署祝版奩薌，乘馹詣所在，率郡邑長貳官行事。禮用三獻。讀祝官一、捧祝官二、盥洗官二、爵洗官二、奉爵官一、司尊彝一、禮直官四，以州府司吏充。

前三日，應行事執事官散齋二日，治事如故，宿於正寢，如常儀。前二日，有司設行事執事官次於廟門外。掌廟者掃除廟之內外。前一日，有司牽牲詣祠所，享官以下常服閱饌物，視牲充腯。

享日丑前五刻，執事者設祝版於神位之右，置於坫，及以血豆設於饌所。次設祭器，皆藉以席，掌饌者實之。左十籩爲三行，以右爲上，實以乾橑、乾棗、形鹽、魚鱐、鹿脯、榛實、乾桃、菱、芡、栗。右十豆爲三行，以左爲上，實以芹菹、筍菹、韭菹、葵菹、菁菹、魚醢、兎醢、豚拍、鹿臡、醓醢。左簠二，實以粱、稻。右簋二，實以稷、黍。俎二，實以牲體。次設犧罇二、象罇二，在堂上東南隅，北向西上。犧罇在前，實以法酒。犧罇，初獻官酌。象罇，亞、終獻酌。又設太罇一、山罇一，在神位前，設而不酌。有司設燭於神位前。洗二，在東階之下，直東霤北向，罍在洗東，加勺。篚在洗西，南肆，實以巾。執罍篚者位於其後。又設揖位於廟門外，初獻在西，東向，亞、終及祝在東，南向，北上。〔七〕開瘞坎於廟內廷之壬地。

享日丑前五刻，執事官各就次。掌饌者帥其屬，實饌具畢。凡祭官各服其服，與執事官行止皆贊者引，點視陳設訖，退就次。引初獻以下詣廟南門外揖位，立定，贊禮者贊「揖」。次引祝升堂就位立。次引初獻詣盥洗位北向立，搢笏、盥手、帨手，執笏，詣爵洗位北向立，搢笏，洗爵，以爵授執事者，執笏，升堂，詣酌罇所西向立。執事者以爵授初獻。初獻搢笏執爵，執罇者舉冪，執事者酌酒。初獻以爵授執事者，執笏，詣神位前北向立，搢笏，跪，執事者以爵授初獻。初獻執爵三祭酒，奠爵訖，執笏，俛伏，興，少立。次引祝詣神位前東向立。搢笏，跪，讀祝，訖，執笏，興，退復位。初獻再拜，贊禮者引初獻復位。

次引亞獻酌獻，並如初獻之儀。次引終獻，並如亞獻之儀。

贊者引初獻官詣神位前北向立，執事者以爵酌清酒，進初獻之右，初獻跪，祭酒，啐酒，奠爵。執事者以俎進，減神座前胙肉前脚第二節，共置一俎上，以授初獻，初獻以授執事者。初獻取爵，遂飲，卒爵，執事者進受爵，復於坫。初獻興，再拜，贊者引初獻復位。贊者曰：「再拜。」已飲福、受胙者不拜。〔六〕亞獻官以下皆再拜，拜訖，次引初獻已下就望瘞位，以饌物置於坎，東西廂各二人，贊者曰「可瘞」，置土半坎，又曰「禮畢」，遂引初獻官已下出。祝與執罇罍篚冪者俱復位立定，贊者曰「再拜」，再拜訖，遂出。祝版燔於齋所。

校勘記

〔一〕貞元元年閏十二月　按依本志文例，此句前當脫「社稷」二字。

〔二〕建社稷壇于上京　按此處有誤字，「上京」當作「中都」。本書卷五海陵紀，貞元元年「三月辛亥，上至燕京」，「乙卯，以遷都詔中外，改燕京為中都」。又閏十二月「癸巳，定社稷制度」，則建社稷壇當在中都。上京舊建築曾毀滅之不暇，絕無創建社稷壇之理。本卷下文「大定七年七月，又奏建壇于中都」，或是改建增修，不可考矣。

〔三〕三牲皆用騂　「三」殿本作「二」。按上文「騂牲二居前，又騂牲二少退」，凡四牲。疑「三」或爲「四」之誤。

〔四〕太尉執爵　原脫「太尉」二字。據五禮通考卷四四社稷引本文補。

〔五〕醴謂牲之左髀　按此六字原誤作正文，殿本改成小注，今從之。

〔六〕祭雷師於位下　「師」原作「神」。按上文三處皆作「師」。今據殿本改。

〔七〕初獻在西東向亞終及祝在東南向北上　按「南向」則不得「北上」。此處係與「初獻在西東向」相對，當作「在東西向」爲是。

〔八〕贊者曰再拜已飲福受胙者不拜　原脫「再拜」二字。按大金集禮卷三四岳鎭海瀆爲本志嶽鎭海瀆之所本，其敍此節有「再拜」二字。今據補。又「已飲福受胙者不拜」八字原作大字正文，今亦據集禮改作小字注文。

金史卷三十五

志第十六

禮八

宣聖廟　武成王廟　前代帝王　諸神雜祠　祈禜　拜天　本國拜儀

宣聖廟。皇統元年二月戊子，〔一〕熙宗詣文宣王廟奠祭，北面再拜，顧儒臣曰：「爲善不可不勉。孔子雖無位，以其道可尊，使萬世高仰如此。」

大定十四年，國子監言：「歲春秋仲月上丁日，釋奠於文宣王，用本監官房錢六十貫，止造茶食等物，以大小楪排設，用留守司樂，以樂工爲禮生，率倉場等官陪位，於古禮未合也。

伏覩國家承平日久，典章文物當粲然備具，以光萬世。況京師爲首善之地，四方之所觀仰，擬釋奠器物、〔二〕行禮次序，合行下詳定。兗國公親承聖教者也，鄒國公力扶聖教者也，當於宣聖像左右列之。今孟子以燕服在後堂，宣聖像側還虛一位，禮宜遷孟子像於宣聖右，與顏子相對，改塑冠冕，粧飾法服，一遵舊制。」

禮官參酌唐開元禮，定擬釋奠儀數：文宣王、兗國公、鄒國公每位籩豆各十、犧尊一、象尊一、簠簋各二、俎二、祝板各一，皆設案。七十二賢、二十一先儒，每位各籩一、豆一、爵一，兩廡各設象尊二。總用籩、豆各一百二十三，簠簋各六，俎六，犧尊三，象尊七，爵九十四。其尊皆有坫。罍二，洗二，篚勺各二，冪六。正位并從祀藉尊、罍、俎、豆席，約用三十幅，尊席用葦，俎、豆席用莞。牲用羊、豕各三，酒二十瓶。

禮行三獻，以祭酒、司業、博士充。分奠官二，讀祝官一，太官令一，捧祝官二，罍洗官一，爵洗官一，巾篚官二，禮直官十一，學生以儒服陪位。

樂用登歌，大樂令一員，本署官充，樂工三十九人。迎神，三奏姑洗宮來寧之曲，辭曰：「上都隆化，廟堂作新。神之來格，威儀具陳。穆穆凝旒，巍然聖眞。斯文伊始，羣方所視。」〔三〕初獻盥洗，姑洗宮靜寧之曲，辭曰：「偉矣素王，風猷至粹。垂二千年，斯文不墜。涓辰維良，爰修祀事。沃盥于庭，嚴禋禮備。」升階，南呂宮肅寧之曲，辭曰：「巍乎聖師，道全德隆。修明五常，垂教無窮。增崇儒宮，遹追遺風。嚴祀申虔，登降有容。」奠幣，姑洗宮和寧之曲，辭曰：「天生聖人，賢於堯、舜。仰之彌高，磨而不磷。新廟告成，宮牆數仞。遣使陳祠，斯文復振。」降階，姑洗宮安寧之曲，辭曰：「稟靈尼丘，垂芳闕里。生民以來，孰如夫子。新祠歸然，四方所視。酹觴告成，祗循典禮。」兗國公酌獻，姑洗宮輯寧之曲，辭曰：「聖師之門，顏惟居上。其殆庶幾，是宜配饗。桓圭袞衣，有嚴儀象。載之神祠，增光吾黨。」鄒國公酌獻，姑洗宮泰寧之曲，辭曰：「有周之衰，王綱既墜。是生眞儒，宏才命世。言而爲經，醇乎仁義。力扶聖功，同垂萬祀。」亞、終獻，姑洗宮咸寧之曲，辭曰：「於昭聖能，與天立極。有承其流，皇仁帝德。豈伊立言，訓經王國。煥我文明，典祀千億。」送神，姑洗宮來寧之曲，辭曰：「吉蠲爲饎，孔惠孔時。正辭嘉言，神之格思。是饗是宜，神保聿歸。惟時肇祀，太平極致。」

承安二年，春丁，章宗親祀，以親王攝亞、終獻，皇族陪祀，文武羣臣助奠。上親爲贊文，舊封公者升爲國公，侯者爲國侯，郕伯以下皆封侯。

宣宗遷汴，建廟會朝門內，歲祀如儀，宣聖、顏、孟各羊一、豕一，餘同小祀，共用羊八，無豕。

其諸州釋奠並遵唐儀。

武成王廟。

泰和六年，詔建昭烈武成王廟于闕庭之右，麗澤門內。其制一遵唐舊，禮三獻，官以四品官已下，儀同中祀，用二月上戊。

七年，完顏匡等言：「我朝創業功臣，禮宜配祀。」於是，以秦王宗翰同子房配武成王，而降管仲以下。又躋楚王宗雄、宗望、宗弼等侍武成王坐，韓信而下降立於廡。又黜王猛、慕容恪等二十餘人，而增金臣遼王斜也等。〔四〕其祭，武成王、宗翰、子房各羊一、豕一，餘共用羊八，無豕。

宣宗遷汴，於會朝門內闕庭之右營廟如制，春秋上戊之祭仍舊。

諸前代帝王。

三年一祭，於仲春之月祭伏犧於陳州，神農於亳州，軒轅於坊州，少昊於兗州，顓頊於開州，高辛於歸德府，陶唐於平陽府，虞舜、夏禹、成湯於河中府，周文王、武王於京兆府。

泰和三年，尚書省奏：「太常寺言：『開元禮祭帝嚳、堯、舜、禹、湯、文、武、漢祖祝板請御署。開寶禮犧、軒、顓頊、帝嚳、陶唐、女媧、成湯、文、武請御署，自漢高祖以下二十七帝不署。』平章政事鎰、左丞匡、太常博士溫迪罕天興言：『方嶽之神各有所主，有國所賴，請御署固宜。至于前古帝王，寥落杳茫，列于中祀亦已厚矣，不須御署。』參知政事卽康及鉉以爲三皇、五帝、禹、湯、文、武皆垂世立教之君，唐、宋致祭皆御署，而今降祝板不署，恐於禮未盡。不若止從外路祭社稷及釋奠文宣王例，不降祝板，而令學士院定撰祝文，頒各處爲常制。」勅命依期降祝板，而不請署。

長白山。〔五〕

大定十二年，有司言：「長白山在興王之地，禮合尊崇，議封爵，建廟宇。」十二月，禮部、太常、學士院奏奉勅旨封興國靈應王，卽其山北地建廟宇。

十五年三月，奏定封册儀物，冠九旒，服九章，玉圭，玉册、函，香、幣，册、祝。遣使副各一員，詣會寧府。行禮官散齋二日，致齋一日。所司於廟中陳設如儀。廟門外設玉册、袞冕幄次，牙杖旗鼓從物等視一品儀。禮用三獻，如祭嶽鎭。

其册文云：「皇帝若曰：自兩儀剖判，山嶽神秀各鍾于其分野。國將興者，天實作之。對越神休，必以祀事。故肇基王迹，有若岐陽。望秩山川，於稽虞典。厥惟長白，載我金德，仰止其高，實惟我舊邦之鎮。混同流光，源所從出。秩秩幽幽，有相之道。列聖蕃衍熾昌，迄于太祖，神武徵應，無敵于天下，爰作神主。肆予冲人，紹休聖緒，四海之內，名山大川靡不咸秩。矧王業所因，瞻彼旱麓，可儉其禮？服章爵號非位於公侯之上，不足以稱焉。今遣某官某，持節備物，册命兹山之神爲興國靈應王，仍勑有司歲時奉祀。於戲！廟食之享，亘萬億年。維金之禎，與山無極，豈不偉歟。」自是，每歲降香，命有司春秋二仲擇日致祭。

明昌四年十月，〔六〕備衮冕、玉册、儀物，上御大安殿，用黃麾立仗八百人，行仗五百人，復册爲開天弘聖帝。

大房山。

大定二十一年，勑封山陵地大房山神爲保陵公，冕八旒、服七章、圭、册、香、幣，使副持節行禮，並如册長白山之儀。其册文云：「皇帝若曰：古之建邦設都，必有名山大川以爲形勝。我國既定鼎於燕，西顧郊圻，巍然大房，秀拔混厚，雲雨之所出，萬民之所瞻，祖宗陵寢於是焉依。仰惟嶽鎭古有秩序，皆載祀典，矧茲大房，禮可闕歟？其爵號服章俾列于侯伯之上，庶足以稱。今遣某官某，備物册命神爲保陵公。申勑有司，歲時奉祀。其封域之內，禁無得樵採弋獵。著爲令。」是後，遣使山陵行禮畢，山陵官以一獻禮致奠。

混同江。

大定二十五年，有司言：「昔太祖征遼，策馬徑渡，江神助順，靈應昭著，宜修祠宇，加賜封爵。」迺封神爲興國應聖公，致祭如長白山儀，册禮如保陵公故事。其册文云：「昔我太祖武元皇帝，受天明命，掃遼季荒茀，成師以出，至于大江，浩浩洪流，不舟而濟，雖穆滿渡江而黿梁，光武濟河而水氷，自今觀之無足言矣。執徐之歲，四月孟夏，朕時邁舊邦，臨江永歎，仰藝祖之開基，佳江神之效靈，至止上都，議所以尊崇之典。蓋古者五嶽視三公，四瀆視諸侯，至有唐以來，遂享帝王之尊稱，非直後世彌文，而崇德報功理亦有當然者。矧茲江源出於長白，經營帝鄉，實相興運，非錫以上公之號，則無以昭荅神休。今遣某官某，持節備物册命神爲興國應聖公。申命有司，歲時奉祀。於戲！嚴廟貌，正封爵，禮亦至矣。惟神其衍靈長之德，用輔我國家彌億年，神亦享廟食於無窮，豈不休哉。」

嘉蔭侯。

大定二十五年，勑封上京護國林神爲護國嘉蔭侯，毳冕七旒，服五章，圭同信圭，遣使詣廟，以三獻禮祭告。其祝文曰：「蔚彼長林，實壯天邑，廣袤百里，惟神主之。廟貌有嚴，侯封是享，歆時蠲潔，相厥滋榮。」是後，遇月七日，上京幕官一員行香，著爲令。

瀘溝河神。

大定十九年，有司言：「瀘溝河水勢泛決嚙民田，乞官爲封册神號。」禮官以祀典所不載，難之。已而，特封安平侯，建廟。二十七年，奉旨，每歲委本縣長官春秋致祭，如令。

昭應順濟聖后。

大定十七年，都水監言：「陽武上埽黃河神聖后廟，宜依唐仲春祭五龍祠故事。」二十七年春正月，尚書省言：「鄭州河陰縣聖后廟，前代河水爲患屢禱有應，嘗加封號廟額。今因禱祈，河遂安流，乞加褒贈。」上從其請，特加號曰昭應順濟聖后，廟曰靈德善利之廟。每歲委本縣長官春秋致祭，如令。

鎭安公。

舊名旺國崖，太祖伐遼嘗駐蹕於此。大定八年五月，更名靜寧山，後建廟。明昌六年八月，〔七〕以冕服玉册，册山神爲鎭安公。

册文曰：「皇帝若曰：古之名山，咸在祀典。軒皇之世，神靈所奉者七千。虞氏之時，望秩每及於五載。蓋惟有益于國，是以必報其功。逮乎後王，申以徽册，至于嶽鎭之外，亦或封爵之加。故太白有神應之稱，而終南有廣惠之號。禮由義起，事與時偕，載籍所傳，于今猶監。朕修和有夏，咸秩無文，眷茲靜寧，秀峙朔野，緼澤布氣，幽贊乎坤元，導風出雲，協符乎乾造。一方之表，萬物所瞻，南直都畿，北維障徼，連延廣厚，寶藏攸興，盤固高明，詒宮斯奠。昔有遼嘗恃以富國，迄大定更爲之錫名。洪惟世宗，功昭列聖，亦越顯考，德利生民。爰卽歲時，駕言臨幸，兵革不試，遠人輯寧。雨暘常調，品彙蕃廡，此上帝無疆之貺，亦英靈有相之符。比卽輿情，載修故事。顧先皇帝駐蹕之地，揖累世承平之風。迓續遺休，式甄神祐。肆象德以畀號，仍班台而闡儀。宇像一新，采章具舉。今遣使某、副某，持節備物，册命神爲鎭安公，仍勅歲時奉祀。於戲！容典焜燿，精明感通，惟永億年，翊我昌運。神其受職，豈不偉歟。」

瑞聖公。

卽麻達葛山也，章宗生於此。世宗愛此山勢衍氣清，故命章宗名之。後更名胡土白山，建廟。明昌四年八月，〔公〕以冕服玉册，封山神爲瑞聖公。建廟，命撫州有司，春秋二仲，擇日致祭爲常。

其册文曰：「皇帝若曰：國家之興，命曆攸屬。天地元化，惟時合符。山川百神，無不受職。粹精薦瑞，明聖繼生。著丕應於殊禎，啓昌期於幽贊。裒對信猶之典，咸修望秩之文。嘉乃名山，奠茲勝地，下綿乾分，上直樞輝。盤析木之津，達中原之氣。廓除氛祲，函毓泰和。仰惟光烈昭垂，徽音如在，卽高明而凊暑，克靜壽以安仁。周廬安寧，厚澤浹洽。朕祗循祖武，順講時巡，感美號以興懷，佩聖謨而介福。言念誕彌之初度，抑由翊衞之效靈。然猶祀秩無章，神居不屋，非所以盡報功崇德之義，副追始樂原之心。爰飾名稱，載新祠宇。勤忱辭於貞琰，涓良日於元龜，彰服采以辨威，潔廢縣而致祭。闡揚茂實，敷繹多儀。今遣使某、副某，持節備物，册命神爲瑞聖公，仍勅有司歲時奉祀。於戲！尙其聰明，歆此誠意，孚休惟永，亦莫不寧。」

貞獻郡王廟。〔九〕

明昌五年正月，陳言者謂「葉魯、谷神二賢創製女直文字，乞各封贈名爵，建立祠廟。令女直、漢人諸生隨拜孔子之後拜之」。有司謂葉魯難以致祭，若金源郡貞獻王谷神則旣已配享太廟矣，亦難特立廟也。有旨，令再議之。禮官言：「前代無創製文字入孔子廟故事，如於廟後或左右置祠，令諸儒就拜，亦無害也。」尚書省謂「若如此，恐不副國家厚功臣之意」。遂詔令依蒼頡立廟于盩厔例，官爲立廟于上京納里渾莊，委本路官一員與本千戶春秋致祭，所用諸物從宜給之。

祈禜。

大定四年五月，不雨。命禮部尚書王競祈雨北嶽，以定州長貳官充亞、終獻。又卜日於都門北郊，望祀嶽鎭海瀆，有司行事，禮用酒脯醢。後七日不雨，祈太社、太稷。又七日祈宗廟，不雨，仍從嶽鎭海瀆如初祈。其設神座，實樽罍，如常儀。其樽罍用瓢齊，擇甘瓠去柢以爲尊。祝板惟五岳、宗廟、社稷御署，餘則否。後十日不雨，乃徙市，禁屠殺，斷傘扇，造土龍以祈。雨足則報祀，送龍水中。

十七年夏六月，京畿久雨，遵祈雨儀，命諸寺觀啓道場祈禱。

拜天。

金因遼舊俗，以重五、中元、重九日行拜天之禮。重五於鞠場，中元於內殿，重九於都城外。其制，刳木爲盤，如舟狀，赤爲質，畫雲鶴文。爲架高五六尺，置盤其上，薦食物其中，聚宗族拜之。若至尊則於常武殿築臺爲拜天所。

重五日質明，陳設畢，百官班俟於毬場樂亭南。皇帝靴袍乘輦，宣徽使前導，自毬場南門入，至拜天臺，降輦至褥位。皇太子以下百官皆詣褥位。宣徽贊「拜」，皇帝再拜。上香，又再拜。排食抛盞畢，又再拜。飲福酒，跪飲畢，又再拜。百官陪拜，引皇太子以下先出，皆如前導引。

皇帝回輦至幄次，更衣，行射柳、擊毬之戲，亦遼俗也，金因尚之。

凡重五日拜天禮畢，插柳毬場爲兩行，當射者以尊卑序，各以帕識其枝，去地約數寸，削其皮而白之。先以一人馳馬前導，後馳馬以無羽横鏃箭射之，既斷柳，又以手接而馳去者，爲上。斷而不能接去者，次之。或斷其青處，及中而不能斷，與不能中者，爲負。每射，必伐鼓以助其氣。

已而擊毬，各乘所常習馬，持鞠杖。杖長數尺，其端如偃月。分其衆爲兩隊，共爭擊一毬。先於毬場南立雙桓，置板，下開一孔爲門，而加網爲囊，能奪得鞠擊入網囊者爲勝。或曰：「兩端對立二門，互相排擊，各以出門爲勝。」毬狀小如拳，以輕韌木枵其中而朱之。皆所以習蹺捷也。

既畢賜宴，歲以爲常。

本國拜儀。

金之拜制，先袖手微俯身，稍復却，跪左膝，左右搖肘，若舞蹈狀。凡跪，搖袖，下拂膝，上則至左右肩者，凡四。如此者四跪，復以手按右膝，單跪左膝而成禮。國言搖手而拜謂之「撒速」。

承安五年五月，上諭旨有司曰：「女直、漢人拜數可以相從者，酌中議之。」禮官奏曰：「周官九拜，一曰稽首，拜中至重，臣拜君之禮也。乞自今，凡公服則用漢拜，若便服則各用本俗之拜。」主事陳松曰：「本朝拜禮，其來久矣，乃便服之拜也。可令公服則朝拜，便服則從本朝拜。」平章政事張萬公謂拜禮各便所習，不須改也。司空完顏襄曰：「今諸人衽髮皆從本朝之制，宜從本朝拜禮，松言是也。」上乃命公裳則朝拜，諸色人便服則皆用本朝拜。

校勘記

〔一〕皇統元年二月戊子　「子」原作「午」。按皇統元年二月庚午朔，無戊午。大金集禮以下簡稱集禮卷三六宣聖廟爲本志宣聖廟之所本，首記此事作「二月戊子日」。今據改。

〔二〕擬釋奠器物　「擬」原作「據」。按下文「禮官參酌唐開元禮，定擬釋奠儀數」，又集禮記此事亦作「擬釋奠合用器物」，皆作「擬」。今據改。

〔三〕羣方所視　按「視」字與上文「新」「陳」「眞」不叶，疑是「親」字之誤。

〔四〕而增金臣遼王斜也等　「斜」原作「賽」。按本書卷七六杲傳，「杲本名斜也」，「正隆例封遼王」，卷五九宗室表同。今據改。

〔五〕長白山　按本志文例此句上當脫「諸神雜祠」四字。

〔六〕明昌四年十月　按本書卷一〇章宗紀作明昌四年十二月。

〔七〕明昌六年八月　按本書卷一〇章宗紀作明昌六年九月。

〔八〕明昌四年八月　按本書卷一〇章宗紀，明昌六年九月「甲申，册忽土白山神爲瑞聖公」，年月與此不同，疑此處誤。

〔九〕貞獻郡王廟　按本書卷七三希尹傳，「完顏希尹本名谷神」。「金人初無文字……太祖命希尹撰本國字，備制度」。「正隆二年例降金源郡王。大定十五年謚貞憲」。大金故左丞相金源郡貞憲王完顏公神道碑拓本亦作「貞憲」。與此異。

金史卷三十六

志第十七

禮九

國初即位儀。

收國元年春正月壬申朔，諸路官民耆老畢會，議創新儀，奉上即皇帝位。阿离合懣、宗翰乃陳耕具九，祝以闢土養民之意。復以良馬九隊，隊九疋，別爲色，并介胄弓矢矛劍奉上。國號大金，建元收國。

天會元年九月六日，皇弟諳板孛極烈即皇帝位。己未，告祀天地。丙寅，大赦，改元。

受尊號儀。

皇統元年正月二日，太師宗幹率百僚上表，請上皇帝尊號，凡三請，詔允。七日，遣上京留守奭告天地社稷，析津尹宗强告太廟。十日，帝服袞冕御元和殿，宗幹率百僚恭奉册禮。册文云云，「臣等謹奉玉册、玉寶，上尊號曰崇天體道欽明文武聖德皇帝」。是日，皇帝改服通天冠，宴二品以上官及高麗、夏國使。十二日，恭謝祖廟，還御宣和門，大赦，改元。

大定七年，恭上皇帝尊號。前三日，遣使奏告天地宗廟社稷。前二日，諸司停奏刑罰文字。百官習儀於大安殿庭。兵部帥其屬，設黃麾仗於大安殿門之內外。宣徽院帥儀鸞司，於前一日設受册寶壇於大安殿中間，又設御榻於壇上，又設册寶幄次於大安殿門外，及設皇太子幕次於殿東廊，又設羣官次於大安門外。大樂令與協律郎前一日設宮縣於殿庭，又設登歌樂架於殿上，立舞表於殿下。符寶郎其日俟文武羣官入，奉八寶置於御座左右，候上册寶訖，復舁寶還所司。

其日質明，奉册太尉、奉寶司徒、讀册中書令、讀寶侍中以次應行事官，並集於尙書省，俟册寶輿，乘馬奉迎。册寶至應天門，下馬由正門步導入，至大安殿門外，置册寶於幄次。舁册寶床弩手人等分立於左右。文武羣官並朝服入次。攝太常卿與大樂令帥工人入就位，協律郎各就麾位。舁册寶案官由西偏門先入，置案於殿東西間褥位，置訖，各退于西階册寶位後。捧册官、捧寶官、舁册匣官、舁寶盝官由西偏門先入，至殿西階下册寶褥位之西，東向立，俟閤門報。

通事舍人引攝侍中版奏「中嚴」，訖，〔一〕典儀、贊者各就位。閤門官引文武百僚分左右入，於殿階下塼道之東西，相向立。符寶郎奉八寶由西偏門分入，升置殿上東西間相向訖，分左右立於寶後。通事舍人引攝侍中版奏「外辦」，扇合，服袞冕以出，曲直華蓋、侍衞警蹕如常儀。殿上鳴鞭，訖，殿下亦鳴鞭。初索扇，協律郎跪，俛伏，興，舉麾。工鼓柷，奏乾寧之曲。出自東房，即座，儀鸞使副添香，爐煙升，扇開，簾捲。協律郎偃麾，戛敔，樂止。

太常博士、通事舍人自册寶幄次分引册，太常卿前導，吏部侍郎押册而行，奉册太尉、讀册中書令、舉册官於册後以次從之。次太常博士、通事舍人二員分引寶，禮部侍郎押寶而行，奉寶司徒、讀寶侍中、舉寶官於寶後以次從之。由正門入，宮縣奏歸美揚功之曲。太常卿於册牀前導，至第一墀香案南，藉册寶褥位上少置。太常卿與舉册寶官退於册寶稍西，東向立。應博士、舍人立於其後，舁册寶牀弩手、傘子官等又於其後，皆東向。太尉、司徒、中書令、侍中皆於册後，面北以次立。吏部侍郎、禮部侍郎次立於其後。立定，樂止。

閤門舍人分引東西兩班羣官合班，轉北向立，中間少留班路。俟立定，太常博士、通事舍人四員分引太尉、司徒、中書令、侍中、吏部禮部侍郎以次各復本班，訖，博士、舍人退以俟。初引時，樂奏歸美揚功之曲，至位立定，樂止。典儀曰「拜」，贊者承傳，太尉以下應在位官皆舞蹈，五拜。班首出班起居訖，又贊「再拜」，如朝會常儀。

太常博士、通事舍人四員再引太尉、司徒、中書令、侍中、吏禮部侍郎復進至册寶所稍南，立定。舁册寶牀弩手、傘子官並進前，舉册寶牀興。太常博士、通事舍人二員分引册，太常卿前導，吏部侍郎押册而行，奉册太尉、讀册中書令、舉册官於册後以次從之。册初行，樂奏肅寧之曲。次通事舍人、太常博士又二員分引寶，禮部侍郎押寶而行，奉寶司徒、讀寶侍中、舉寶官於寶後以次從之，詣西階下，至册寶褥位少置，册北，寶南。樂止。舁册寶牀弩手、傘子官等退於後稍西，東向立。

捧册官與舁册官並進前，取册匣升。太常博士、通事舍人分引册，太常卿側身導册先升，奉册太尉、讀册中書令、舉册官、捧册官於册後以次從升。册初行，樂奏肅寧之曲。進至殿上，博士舍人分左右於前楹立以俟，讀册中書令於欄子外前楹稍西立以俟，舉册官、捧册官立於其後。奉册太尉從升，至褥位，搢笏，少前跪置訖，執笏，俛伏，興，樂止，退於前楹稍西立以俟。太常博士立於後。太常卿少退東向立。舁册官立於其後，皆東向。捧册官先入，舉册官次入，讀册中書令又次入。捧册官四員皆搢笏雙跪捧。舉册官二員亦搢笏，兩邊單跪對舉。中書令執笏進，跪稱「中書令臣某讀册」。讀訖，俛伏，興。中書令俟册輿，先退。通事舍人引，降自東階，復本班。訖，太常卿降復寶牀前、舁册官並進，與捧册官等取册匣輿，置於殿東間褥位案上，西向。捧舉册官等降自東階，還本班。舁册官亦退。太常博士引奉册太尉降自西階，東向立以俟。

次捧寶官與舁寶官俟讀册中書令讀訖出，並進前，取寶盝升。太常博士通事舍人分引寶，太常卿側身導寶，先升。奉寶司徒、讀寶侍中、舉寶官、捧寶官於寶後以次從升。寶初行，樂奏肅寧之曲，進至殿上，博士舍人俱退不升，並於前楹稍西立俟。讀寶侍中於欄子外前楹間稍西立以俟。舉寶官、捧寶官立於其後。奉寶司徒從升，至褥位，搢笏，少前跪置，訖，執笏，俛伏，興，樂止。司徒退於前楹西，立以俟。太常卿少退，東向立。舁寶官立於其後，皆東向。捧寶官先入，舉寶官次入，讀寶侍中又次入。捧寶官四員皆搢笏雙跪捧。舉寶官二員亦搢笏兩邊單跪對舉。侍中執笏進，跪稱「侍中臣某讀寶」，讀訖，俛伏，興。侍中俟寶輿先退，通事舍人引，降自西階，復本班，訖，舁寶官進前，與捧寶舉寶官等取寶盝輿，置於殿之西間褥位案上，東向。捧寶舉寶官等與太常卿俱降自西階，及吏部侍郎皆復本班。舁寶官亦退。太常博士引奉寶司徒次奉册太尉，東向立定。

博士舍人贊引太尉司徒進，詣第一墀香案南褥位立定，博士舍人稍退。典儀曰「拜」，贊者承傳，在位官皆再拜，訖，博士舍人二員引太尉詣東階升，宮縣奏純誠享上之曲，至階，止。閤門使二員引太尉進至前，立定，樂止。閤門使揖贊太尉拜跪賀，殿下閤門揖百僚躬身，太尉稱「文武百僚具官臣等言」，致賀詞云云，俛伏，興，退至階上。博士舍人分引太尉降至東階，初降，宮縣作肅寧之曲，復香案南褥位立定，樂止。博士舍人少退。典儀曰「拜」，贊者承傳，太尉、司徒及在位羣官俱再拜舞蹈，三稱萬歲，又再拜。訖，通事舍人引攝侍中升自東階，進詣前楹間，躬承旨，退臨階西向，稱「有制」。典儀曰「拜」，贊者承傳，太尉、司徒及在位羣官俱再拜，躬身宣詞云云，宣訖，通事舍人引侍中還位。典儀曰「拜」，贊者承傳，階上下應在位羣官俱再拜舞蹈，三稱萬歲，又再拜。訖，博士舍人分引太尉、司徒就百僚位。初引，宮縣作肅寧之曲，至位立定，樂止。閤門舍人分引應北面位羣官，各分班東西相向立定。通事舍人引攝侍中升自東階，當前楹間，跪奏「禮畢」，俛伏，興，引降還位。扇合，簾降。協律郎俛伏，興，舉麾，工鼓柷，奏乾寧之曲。降座，入自東房，還後閤，進膳，侍衞警蹕如儀。扇開，樂止。捧册官帥舁册床人，捧寶官帥舁寶床人，皆升殿取匣、盝，蓋訖，置於床前。引進司官前導，通事舍人贊引，詣東上閤門上進。通事舍人分引文武百僚等以次出，歸幕次，賜食，以俟上壽。

上册寶禮畢，有司供辦御床及與宴羣官位，並如曲宴儀。

攝太常卿與大樂令帥工人入，幷協律郎各就舉麾位，俟舍人報。通事舍人引三師以下文武百僚親王宗室等分左右入，至殿階下稍南，東西相向立。通事舍人先引攝侍中版奏「中嚴」，少頃，又奏「外辦」。扇合，鳴鞭。協律郎跪，俛伏，興，工鼓柷，宮縣奏乾寧之曲。服通天冠、絳紗袍，即座，簾捲。內侍贊「扇開」，殿上下鳴鞭，戛敔，樂止。儀使副等添香，爐煙升。通事舍人引班首已下合班，樂奏肅寧之曲，至北向位，重行立定，中間少留班路。通事舍人引攝侍中詣東階升，至殿上少立。閤門舍人引禮部尚書出班前，北向俛伏，跪奏，稱「禮部尚書臣某言，請允羣臣上壽」，俛伏，興，躬身。通事舍人引攝侍中少退。舍人贊「禮部尚書再拜」，訖，贊「祗候」，復本班。內侍局進御床入。次良醞令於殿下橫階南酌酒，訖，典儀曰「拜」，贊者承傳，在位官皆再拜，隨拜三稱「萬歲」，訖，平立。

太常博士、通事舍人分引攝上公由東階升。初升，宮縣奏肅寧之曲。殿上，舍人少退，二閤使揖上公進，至進酒褥位，樂止。宣徽使以爵授上公，上公搢笏，受爵，詣榻前跪進。受爵訖，上公執槃授宣徽使，訖，二閤使揖上公入欄子內，贊「拜」，跪。殿下，閤門揖百僚皆躬身。通事舍人揖攝侍中進，詣前楹間，躬承旨，退臨階西向稱「有制」，典儀曰「拜」，贊者承傳，上公及在位羣官皆再拜，隨拜三稱「萬歲」，訖，躬身宣曰：「得公等壽酒，與公等內外同慶。」閤門舍人贊宣諭訖，上公與百僚皆舞蹈五拜，訖，閤門舍人引百僚分班東西序北向立。

博士舍人再引上公自東階升，宮縣奏肅寧之曲，至進酒褥位，樂止。上公搢笏，宣徽使授上公盞，上公詣欄子內褥位，跪舉酒，宮縣奏景命萬年之曲，飲訖，樂止。上公進受虛爵訖，復褥位，以爵授宣徽使，訖，二閤使揖上公退，內侍局舁御床出。博士舍人並進前分引，降自東階，宮縣作肅寧之曲。閤門舍人分引東西兩班，隨上公俱復北向位，立定，樂止。典儀曰「拜」，贊者承傳，在位官皆再拜，三稱「萬歲」，訖，平立。殿上，通事舍人揖攝侍中進，詣前楹間，躬承旨，退臨階西向，閤門官先揖，百僚躬身，侍中稱「有制」，典儀曰「拜」，贊者承傳，在位官皆再拜，訖，躬身宣曰「延王公等升殿」，典儀曰「拜」，贊者承傳，在位官皆再拜，訖，搢笏，舞蹈，又再拜。訖，太常博士、通事舍人引王公以下合赴宴羣官，分左右升殿，不與宴羣官分左右捲班出，宮縣奏肅寧之曲。百僚至殿上坐後立，樂止。

內侍局進御床入。依尋常宴會，再進第一爵酒，登歌奏聖德昭明之曲，飲訖，樂止。執事者行羣官酒，宮縣作肅寧之曲，文舞入，觴行一周，樂止。尚食局進食，執事者設羣官食，宮縣奏保大定功之舞，三成，止，出。又進第二爵酒，登歌奏天贊堯齡之曲，飲訖，樂止。執事者行羣官酒，宮縣作肅寧之曲，武舞入，觴行一周，樂止。尚食局進食，執事者設羣官食，宮縣奏萬國來同之舞，三成，止，出。又進第三爵酒，登歌奏慶雲之曲，飲訖，樂止。執事者行羣官酒，宮縣作肅寧之曲，觴行一周，樂止。尚食局進食，執事者設羣官食，宮縣奏肅寧之曲，食畢，樂止。閤門官分揖侍宴羣官起，立於席後。通事舍人引攝侍中詣榻前，俛伏，興，跪奏「侍中臣某言，禮畢」。俛伏，興。閤門舍人分引羣官俱降東西階，內侍局舁御床出，宮縣作肅寧之曲，至北向位立定，樂止。典儀曰「拜」，贊者承傳，在位官皆再拜，訖，搢笏，舞蹈，又再拜，訖，再分班東西序立。扇合，簾降，殿上下鳴鞭。協律郎俛伏，跪，舉麾，興，工鼓柷，奏乾寧之曲。降座，入自東房，還後閤，侍衞如來儀。內侍贊「扇開」，戛敔，樂止。通事舍人引攝侍中版奏「解嚴」，所司承旨放仗，在位羣官皆再拜以次出。

元日、聖誕上壽儀。

皇帝陞御座，鳴鞭、報時畢，殿前班小起居，各復侍立位。舍人引皇太子幷臣僚使客合班入，至丹墀，舞蹈五拜，平立。閤使奏諸道表目，皇太子以下皆再拜。引皇太子升殿褥位，搢笏，捧盞盤，進酒，皇帝受置於案。皇太子退復褥位，轉盤與執事者，出笏，二閤使齊揖入欄子內，拜跪致詞云：「元正啓祚，品物咸新，恭惟皇帝陛下與天同休。」若聖節則云：「萬春令節，謹上壽卮，伏願皇帝陛下萬歲萬歲萬萬歲。」祝畢，拜，興，復褥位，同殿下臣僚皆再拜。宣徽使稱「有制」，在位皆再拜，宣答曰：「履新上壽，與卿等內外同慶。」聖節則曰：「得卿壽酒，與卿等內外同慶。」詞畢，舞蹈五拜，齊立。皇太子搢笏，執盤，臣僚分班，教坊奏樂。皇帝舉酒，殿上下侍立臣僚皆再拜。皇太子受虛盞，退立褥位，轉盤盞與執事者，出笏，左下殿，樂止，合班，在位臣僚皆再拜。

分引與宴官上殿。次引宋國人從至丹墀，再拜，不出班奏「聖躬萬福」，再拜，喝「有勅賜酒食」，又再拜，各祗候，平立，引左廊立。次引高麗、夏人從，如上儀畢，分引左右廊立。御果床入，進酒。皇帝飲，則坐宴侍立臣皆再拜。進酒官接盞還位，坐宴官再拜，復坐。行酒，傳宣，立飲，訖，再拜，坐。次從人再拜，坐。三盞，致語，揖臣使幷從人立。誦口號畢，坐宴侍立官皆再拜，坐，次從人再拜，坐。食入。七盞，曲將終，揖從人立，再拜畢，引出。聞曲時，揖臣使起，再拜，下殿。果床出。至丹墀，合班謝宴，舞蹈五拜，各祗候，分引出。

大定六年正月，上御大安殿，受皇太子以下百官及外國使賀，賜宴，文武五品以上侍坐者有定員，爲常制。十七年，詔以皇族祖免以上親，雖無官爵封邑，若與宴當有班次。禮官言：「按唐典，皇家周親視三品，大功親、小功尊屬視四品，小功親、緦麻尊屬視五品，緦麻祖免以上親視六品。」上命以此制爲班次。

朝參、常朝儀。

天眷二年五月，詳定常朝及朔、望儀，准前代制，以朔日、六日、十一日、十五日、二十一日、二十六日爲六參日。後又定制，以朔、望日爲朝參，餘日爲常朝。

凡朔、望朝參日，百官卯時至幕次，皇帝辰刻視朝，供御弩手、傘子直於殿門外，分兩面排立。司辰入殿報時畢，皇帝御殿坐，鳴鞭。閤門報班齊。執擎儀物內侍分降殿階兩傍，面南立。宿衞官自都點檢至左右親衞，祗應官自宣徽閤門祗候，〔二〕先兩拜，班首少離位，奏「聖躬萬福」，兩拜。弩手、傘子先於殿門外東西向排立，俟奏「聖躬萬福」時，即就位北面山呼聲喏，起居畢，卽相向對立。擎御傘直立左班內侍上。都點檢以次陞殿，副點檢在少南，東西相向立。左右衞在殿下，東西相向立。閤門乃引親王班，贊班首名以下再拜，訖，班首少離位，奏「聖躬萬福」，歸位再拜畢，先退。

次引文武百僚班首以下應合朝參官，并府運六品以上官，皆左入，至丹墀之東，西向鞠躬畢，閤門通唱，復引至丹墀。閤門贊班首名以下起居，舞蹈五拜，又再拜，畢，領省宰執陞殿奏事。殿中侍御史對立於左右衞將軍之北少前，修起居東西對立於殿欄子內副階下，〔三〕餘退，右出。

初，帝就坐，置寶匣於殿堦上東南角。後定制，師傅起居畢，御案始東入，置定，捧案內侍東西分下，侍殿隅。直日主寶捧寶當殿叩欄奏「封全」，符寶郎及當監印郎中各一員，監當手分令史用印，訖，主寶吏封授主寶，俟奏事畢進封，訖，內侍徹案。

若常朝，則親王班退，引七品以上職事官，分左右班入丹墀，再拜。班首稍前起居畢，復位，再拜。宰執升殿，餘官分班退。

大定二年五月，命臺臣定朝參禮。五品已上官職趨朝朝服，入局治事則展皂。自來朝參，除殿前班外，若遇朔望，自七品已上職事官皆赴。其餘朝日，五品已上職事官得赴，六品已下止於本司局治事。如左右司員外郎、侍御史、記注院等官職，雖不係五品，亦赴朝參。若拜詔，則但有職事并七品已上散官，皆赴。朝參，吏員、令譯史、通事、檢法各於本局待，官員朝退，赴局簽押文字，不得於宮內署押。七品已下流外職，遇朝日亦不合入宮。如左右司都事有須合取奏事，乃聽入宮。七品已上職事官，如遇使客朝辭見日，依朔望日，皆赴。若元日、聖節、拜詔、車駕出獵送迎、詣祖廟燒飯，但有職事并七品已上散官，皆赴。凡親王宗室已命官者年十六以上，皆隨班赴起居。

大定五年，右諫議大夫移剌子敬言，「猛安謀克不得與州鎮官隨班入見，非軍民一體之意」。上是其言，責宣徽院令隨班入見。

凡班首遇朝參，有故不赴，以次押班。

凡五品以上及侍御史、尚書諸司郎中、太常丞、翰林修撰起居注、殿中侍御史、補闕、拾遺赴石，或假一月以上若除官出使之類，皆通班入見謝、辭，餘官於殿門外見。〔四〕謝班皆舞蹈七拜，辭班四拜，門見謝，辭並再拜。

肆赦儀。

大定七年正月十一日，上尊册禮畢。十四日，應天門頒赦。十一年制同。

前期，宣徽院使率其屬，陳設應天門之內外，設御座于應天門上，又設更衣御幄於大安殿門外稍東，南向。閤門使設捧制書箱案於御座之左。少府監設鷄竿於樓下之左，竿上置大盤，盤中置金鷄，鷄口銜絳幡，幡上金書「大赦天下」四字，卷而銜之。盤四面近邊安四大鐵鐶，盤底四面近邊懸四大朱索，以備四伎人攀緣。又設捧制書木鶴仙人一，以紅繩貫之，引以轆轤，置於御前欄干上。又設承鶴畫臺於樓下正中，〔五〕臺以弩手四人對舉。大樂署設宮縣於樓下，又設鼓一於宮縣之左稍北，東向。兵部立黃麾仗於門外。刑部、御史臺、大興府以囚徒集於左仗外。御史臺、閤門司設文武百官位於樓下，東西相向。又設典儀位於門下稍東，西向。宣徽院設承受制書案於畫臺之前。又設皇太子侍立褥位於門下稍東，西向。又設皇太子致賀褥位於百官班前。又設協律郎位於樓上前楹稍東，西向。尚書省委所司設宣制書位於百官班之北稍東，〔六〕西向。司天臺設鷄唱生於東闕樓之上。〔七〕尚衣局備皇帝常服，如常日視朝之服。尚輦設輦於更衣御幄之前。

躬謝禮畢，皇帝乘金輅入應天門，至幄次前，侍中俛伏，跪奏「請降輅入幄」，俛伏，興。皇帝降輅入幄，簾降。少頃，侍中奏「中嚴」。又少頃，俟典贊儀引皇太子就門下侍立位，通事舍人引羣官就門下分班相向立，侍中奏「外辦」。皇帝服常朝服，尚輦進輦，侍中奏「請升輦」，傘扇侍衞如常儀，由左翔龍門踏道升應天門，至御座東，侍中奏「請降輦升座」，宮縣樂作。所司索扇，五十柄。扇合，皇帝臨軒即御座，樓下鳴鞭，簾捲扇開，執御傘者張於軒前以障日，樂止。東上閤門使捧制書置於箱，閤門舍人二員從，以俟引繩降木鶴仙人。通事舍人引文武羣官合班北向立，宮縣樂作。凡分班、合班則樂作，立定卽止。典儀曰「再拜」，在位官皆再拜，訖，分班相向立。侍中詣御座前承旨，退，稍前南向，宣曰：「奉勑樹金雞。」通事舍人於門下稍前東向，宣曰：「奉勑樹金雞。」退復位。

金雞初立，大樂署擊鼓，樹訖鼓止。竿木伎人四人，緣繩爭上竿，取雞所銜絳幡，展示訖，三呼「萬歲」。通事舍人引文武羣官合班北向立。樓上乘鶴仙人捧制書，循繩而下至畫臺，閤使奉承置於案。閤門舍人四員舉案，又二員對捧制書，閤使引至班前，西向稱「有制」，典儀曰「拜」，在位官皆再拜，訖，以制書授尚書省長官，稍前搢笏，跪受，訖，以付右司官，右司官搢笏，跪受，訖，長官出笏，俛伏，興，退復位。右司官捧制書詣宣制位，都事對捧，右司官宣讀，至「咸赦除之」，所司帥獄吏引罪人詣班南，北向，躬稱「脫枷」，訖，三呼「萬歲」，以罪人過。右司官宣制訖，西向，以制書授刑部官。跪受訖，以制書加於笏上，退以付其屬，歸本班。典儀曰「拜」，在位官皆再拜，舞蹈，又再拜。

典贊儀引皇太子至班前褥位立定，典儀曰「拜」，皇太子以下羣官皆再拜。典贊儀引皇太子稍前，〔八〕俛伏，跪致詞，俛伏，興，典儀曰「再拜」，皇太子已下羣官皆再拜，搢笏，舞蹈，又再拜。侍中於御座前承旨，退臨軒宣曰「有制」。典儀曰「再拜」，皇太子已下羣官皆再拜。侍中宣答，宣訖歸侍位，典儀曰「再拜」，皇太子已下羣官皆再拜，搢笏，舞蹈，又再拜，訖，典贊儀引皇太子至門下褥位，通事舍人引羣官分班相向立。侍中詣御座前，俛伏，跪奏「禮畢」，俛伏，興，退復位。所司索扇，宮縣樂作，扇合，簾降，皇帝降座，樂止。樓下鳴鞭，皇帝乘輦還內，傘扇侍衞如常儀。侍中奏「解嚴」。通事舍人承勑，羣臣各還次，將士各還本所。

臣下拜赦詔儀。

宣赦日，於應天門外設香案，及設香輿於案前，又於東側設卓子，自皇太子宰臣以下序班定。閤門官於箱內捧赦書出門置於案。閤門官案東立，南向稱「有勑」，贊皇太子宰臣百僚再拜，皇太子少前上香訖，復位，皆再拜。閤門官取赦書授尙書省都事，都事跪受，及尙書省令史二人齊捧，同升於卓子讀，在位官皆跪聽，讀訖，赦書置於案，都事復位。皇太子宰臣百僚以下再拜，搢笏，舞蹈，執笏，俛伏，興，再拜。拱衛直以下三稱「萬歲」，訖，退。其降諸書，禮亦准此，惟不稱「萬歲」。

其外郡，尚書省差官送赦書到京府節鎮，先遣人報，長官即率僚屬吏從，備旗幟音樂綵輿香輿，詣五里外迎。見送赦書官，即於道側下馬，所差官亦下馬，取赦書置綵輿中，長官詣香輿前上香，訖，所差官上馬，在香輿後，長官以下皆上馬後從，鳴鉦鼓作樂導至公廳，從正門入，所差官下馬。執事者先設案幷望闕褥位於庭中，香輿置於案之前，又設所差官褥位在案之側，又設卓子於案之東南。所差官取赦書置於案，綵輿退。所差官稱「有勅」，長官以下皆再拜。長官少前上香，訖，退復位，又再拜。所差官取赦書授都目，都目跪受，及孔目官二員，三人齊捧赦書，〔九〕同高几上宣讀，〔一〇〕在位官皆跪聽。讀訖，都目等復位。長官以下再拜，舞蹈，俛伏，興，再拜。公吏以下三稱「萬歲」。禮畢。明日，長官率僚屬，音樂送至郭外。

校勘記

〔一〕通事舍人引攝侍中版奏中嚴訖　按受尊號儀至此句以上，係據大金集禮（以下簡稱集禮）卷二帝號下大定七年册禮編寫。自此句以下，至本段末，係誤抄集禮卷一帝號上天德貞元册禮，遂與上文不合。本書卷四〇樂志殿庭樂歌首爲「大定七年正月上册寶」樂歌，皆與集禮大定七年册禮合，而與此文不同，可證此文之誤。其抄天德貞元册禮亦多脫誤。僅脫計有四處，分別脫漏二十字、七字、一百零五字、二十六字。此段今不復校正。

〔二〕祗應官自宣徽閤門祗候　按集禮卷四〇朝會下朔望常朝儀爲本志朝參常朝儀之所本，其文「宣徽」下有「使」字。又，據文義此處亦當有「至」字。卽爲「宣徽使至閤門祗候」。

〔三〕修起居東西對立於殿欄子內副階下　按集禮卷四〇，「修起居注遇視朝，起居畢，分班陞殿陛，於殿欄子外副階下東西對立」。此處「居」下脫一「注」字，「內」係「外」字之誤。

〔四〕皆通班入見謝辭餘官於殿門外見　「謝辭」原作「辭謝」、「餘」原作「除」。按下文言「謝班皆舞蹈，七拜，辭班四拜，門見謝、辭並再拜」，知「辭謝」是誤倒。今乙正。又上文言「凡五品以上及侍御史」等，又言「若除官出使之類皆通班入見謝辭」，知是「餘官」於殿門外見。集禮同。今改正。

〔五〕又設承鶴畫臺於樓下正中　「承」原作「捧」。按集禮卷二四赦詔御樓宣赦爲本志肆赦儀之所本，其文「捧」作「承」。今據改。

〔六〕尙書省委所司設宣制書位於百官班之北稍東　原脫「宣」字。按下文有「右司官捧制書詣宣制位」。今據集禮補。

〔七〕司天臺設鷄唱生於東闕樓之上　原脫「設」字，據集禮補。

〔八〕典贊儀引皇太子稍前　原脫「贊」字，據集禮補。

〔九〕及孔目官二員三人齊捧赦書　按既云「孔目官二員」，又云「三人齊捧赦書」，殊不銜接。集禮卷二四赦詔外路迎拜赦詔爲此儀文所本，其「及孔目官二員」下，注云，「如闕則司吏內上三人」。此處脫「如闕則司吏內上」七字，并將「三人」二字誤入正文。

〔一〇〕同高几上宣讀　按集禮此句作「同陞卓子上讀」，與上文「又設卓子於案之東南」相合。疑此處誤。

金史卷三十七

志第十八

禮十

冊皇后儀。

天德二年十月九日，冊妃徒單氏爲皇后。前一日，儀鸞司設座勤政殿，南向。設羣臣次於朝堂。大樂令展宮縣於殿庭，設協律郎舉麾位於樂縣西北，東向。閤門設百官班位於庭，並如常朝之儀。又設典儀位於班位之東北，贊者二人在南少却，俱西向。設冊使副位於殿門外之東，又設冊使副受命位於百官班前。又設冊寶幄次二於殿後東廂，俱南向。

其日，諸衞勒所部，略列黃麾細仗於庭。符寶郎奉八寶置於左右。吏部侍郎奉册，禮部侍郎奉寶匣，皆置於床，訖，出就門外班。大樂令、協律郎、樂工、典儀、贊者各入就位。羣官等依時刻集朝堂，俱就次，各服朝服。侍中約刻板奏「請中嚴」，通事舍人引羣官入，就庭東西相向立，以北爲上。又引册使副立於東偏門，西向。門下侍郎引主節、奉節立於殿下東廊橫街北。〔一〕中書令、中書侍郎帥舉捧册官，奉册床立於節南。侍中、門下侍郎帥舉捧寶官，奉寶床立於册床之南，俱西面。

侍中版奏「外辦」。殿上索扇。協律郎舉麾，宮縣作。皇帝服通天冠、絳紗袍，出自東房，曲直華蓋、警蹕侍衞如常儀。卽座，南向坐，簾捲，樂止。通事舍人引册使副入，宮縣作。使副就受命位，侍中、中書令、門下侍郎、中書侍郎、舉捧官依舊西面立，羣臣合班，橫行北面，如常朝之儀，立定。典儀曰「再拜」，贊者承傳，班首已下羣官在位者皆再拜。班首問起居，又再拜。閤門官引攝侍中出班承制，降詣使副東北，西向稱「有制」。使副稍前，鞠躬再拜，攝侍中宣制曰：「命公等持節授后册寶。」宣制訖，又俱再拜，侍中還班。門下侍郎引主節詣册使所，主節以節授門下侍郎，門下侍郎執節西向授太尉，太尉受付主節，主節立於使副之左右。門下侍郎退還班位。中書侍郎引册床，門下侍郎引寶床，立於册使東北，西向，以次授與太尉，太尉皆捧受，册床置於北，寶床置於南。侍中、中書令、禮儀使、舉捧册寶官及舁床者，退於東西墫道之左右，相向立。門下侍郎、中書侍郎退還班位。典儀曰「再拜」，贊者承傳，羣官在位者皆再拜，訖，分班東西相向立。舉捧舁册寶床者進，册床先行，讀册官次之，寶床次行，讀寶官次之。舉舁官各分左右，通事舍人引册使隨之以行，持節者前導。太尉初行，宮縣樂作，出殿門，樂止。攝侍中出班升殿，奏「侍中臣言禮畢」。〔三〕殿上索扇，簾降，宮縣作。降座，入自東房，樂止。通事舍人引羣官在位者以次出。俟太尉、司徒復命，禮畢，還內。

先是，有司預設太尉、司徒本品革車鹵簿於門外至殿門左右排列。俟使副出，鼓吹振作。禮儀使、舉捧官、執節者并擡舁人，以册寶少駐於泰和門，太尉、司徒及讀册寶官暫歸幕次。內侍閤門引入泰和殿，俟至殿下位，鼓吹止。

有司預供張，泰和殿設皇后座於扆前，殿上垂簾。又設東西房於座之左右稍北。又設受册位於殿庭西階之南，東向。又設內命婦次於殿之左右。大樂令設宮縣於庭，協律郎設舉麾位於殿上。又設册寶次於門外。又設行事官次於門左右。又設外命婦次於門之內。

其日，諸衞於殿門外略設黃麾細仗。有司設二步障於殿之西階。簾前設扇，左右各十。紅傘一，在西階欄干外。〔三〕又設舉册寶案位於使副之前，北向。又設宣徽使位於北廂，南向。司贊設內外命婦以下陪列位於殿庭墫道之左右，每等重行異位北向，內命婦在後。又設司贊位於東階東南，贊者二人在南少退，俱西向。

質明，執事官大樂令等各就位。皇后常服，乘龍飾肩輿，至泰和殿後閤，近仗導衞如常儀。宣徽使奏「中嚴」。册使副入門，宮縣作，俟册使庭中立，樂止。册在北，寶在南，使副立於床後。禮儀使帥持節者立於前，舉捧册寶官立於册寶床左右，讀册寶官各立於其後。

宣徽使奏「外辦」。內侍閤門官引后出後閤，宮縣作。簾捲，皇后降自西階，左右步障傘扇從，至階下，望勤政殿御閤所在立，樂止。册使進，立於右，宣曰「有制」，閤門使內侍贊「再拜」。册使宣曰：「制遣太尉臣某、司徒臣某，恭授后册寶。」閤門使內侍贊「再拜」。册使少退。中書令、侍中及舉捧官率擡舁人奉册寶以次進於前，宮縣作。册寶床自東階升，並置於殿之前楹間，册床在北，寶床在南，中留讀册寶官立位，並去帕及蓋，擡舁人執之，退立於西朶殿。舉擡官分左右相向立，讀册寶官各立於床之東，西向，立既定，樂止。閤門使內侍贊「再拜」，捧謝表官以表授左立內侍，內侍以授后，受訖，以付右立內侍，內侍持表立於右。閤門使贊「再拜」，訖，册使退，宮縣作。持表內侍以表付閤門官，隨册使行。册使副至門，鼓吹振作如來儀，入西偏門，鼓吹止。册使副至御閤所在，俛伏，跪奏：「太尉臣某、司徒臣某，奉制授册寶，禮畢。」俛伏，興，退。持表閤門官進表，近侍接入，進讀，訖，退。

初，册使退，及門樂止。閤門內侍引后自西階升殿，宮縣作。傘扇止於簾外，退於左右朶殿前。步障止於階下，卷之。后於座前南向立，樂止。中書令詣册床南立，北向，稱「中書令臣某，謹讀册」。讀畢，降自東階，立於欄外第一墀上，西向。次侍中詣寶床南立，北向，揖稱「侍中臣某，讀寶」。讀畢降階，立於中書令之北，西向。內侍閤門引升座，〔四〕宮縣作，坐定，樂止。舉捧官以次招擡舁人持帕蓋覆匣床，奉置殿之左右，册床在東，寶床在西。置訖，舉捧官以次降階，立於中書令、侍中之後，立定，合班北向，閤門贊「再拜」，拜訖，降東階，退出殿門。其擡舁人置册寶床於東西訖，各由朶殿下階，於侍中等班後直出殿門，以俟復入，擡舁入宮。

受册表謝訖，內侍跪奏「禮畢」。閤門引內外命婦陪列者以次進，就北向位。班首初行，宮縣作，至位樂止。閤門曰「再拜」，命婦皆再拜。閤門引班首自西階升，樂作，至階樂止，進當座前，北向躬致稱賀，訖，降自西階，樂作，至位樂止。閤門曰「再拜」，舍人承傳，命婦等皆再拜。閤門使前承令，降自西階，詣命婦前西北，東向，稱「有敎旨」。命婦等皆拜，〔五〕閤門使宣曰：「祗奉聖恩，授以册寶，榮幸之至，競厲增深。所賀知。」舍人曰「再拜」，命婦皆再拜，訖，內侍引內命婦還宮。班首初行，樂作，出門，樂止。內侍引外命婦出次。宣徽使奏稱「禮畢」。降座，宮縣作，入東房，樂止。歸閤，宮縣作，至閤，樂止。更常服。內侍承敎旨，宣外命婦入會，並如常儀。會畢，閤門引外命婦降階，橫班北向，舍人曰：「再拜」，訖，以次出。還宮，如來儀。中書門下侍郎復以引進司帥擡舁人進册寶入內，付與都點檢司，退。

別日，會羣官，會妃主宗室等，賜酒，設食，簪花，教坊作樂，如內宴之儀。

十一日，朝永壽、永寧兩宮。皇后旣受册，越二日，內侍設座於所御殿，南向。其日夙興，宣徽使版奏「中嚴」。質明，諸侍衞宮人俱詣寢殿奉迎，宣徽使版奏「外辦」。后首飾褘衣御車，內侍前導，降自西階以出，侍衞如常儀。至太后之裏門外，降車，障扇侍衞如常儀，入立於西廂，東向。將至，宣徽使版奏「請中嚴」，旣降車，宣徽使版奏「外辦」。太后常服，宣徽使引升座，南向。宣徽使引后進，升自西階，北面再拜，進跪致謝詞。存撫賜酒食，並如家人之儀。禮畢，宣徽使贊「再拜」，訖。宣徽使引降自西階以出。出門，宣徽使奏「禮畢」，降座入宮。

奉册皇太后儀。

天德二年正月，詔有司：「擇日奉册唐殿國妃、岐國太妃，仍別建宮名。合行典禮，禮官檢詳條具以聞。」

其日質明，有司各具傘扇，侍衞如儀，及兵部約量差軍兵，并文武百官詣兩宮迎請，引導皇太后入內，並赴受册殿，入御幄，侍衞如式。次奉册太尉等俱以册置於案，奉寶司徒等俱以寶置於案，皆盛以匣，覆以帕，詣別殿門外幄次。教坊提點率教坊入。侍衞官各就列。皇帝常服乘輿，至別殿後幄次。通事舍人引宣徽使版奏「中嚴」，復位，少頃，又奏「外辦」。幄簾卷，教坊樂作，扇合，兩宮皇太后出自後幄，並卽御座，南向，扇開，樂止。分左右少退。通事舍人引文武百僚班左入，依品，重行西向，立定。通事舍人喝「起居」，班依常朝例起居，七拜，訖，引文武百僚班分東西相向立。

通事舍人、太常博士贊引，太常卿前導，押册官押册而行，奉册太尉、讀册中書令、舉册官等以次從之。次押寶官押寶而行，奉寶司徒、讀寶侍中、舉寶官等以次從之。俱自正門入，教坊樂作，至殿庭西階下少東，北向，於褥位少置，樂止。册北，寶南。通事舍人、太常博士贊引，太常卿前導，押册官押册升，樂作，奉册太尉等從之，進至兩宮皇太后座前褥位，樂止。兩宮册寶〔六〕齊上，齊讀。舉册官夾侍。奉册太尉各搢笏，北向跪，俛伏，興，退立。讀册中書令俱進，向册前跪奏稱「攝中書令具官臣某，謹讀册」。舉册官單跪對舉，中書令各搢笏，讀訖，執笏，俛伏，興，搢笏，捧册興，於位東迴册函北向，並進，跪置於御座前褥位。中書令舉册官俱降，還位。奉册太尉並降階，東向以俟。

押寶官押寶升，樂作，奉寶司徒等從之，進至兩宮皇太后座前褥位，樂止。舉寶官夾侍。奉寶司徒各搢笏，北向跪，俛伏，興，退立。讀寶侍中俱進，當寶前跪奏稱「攝侍中具官臣某，謹讀寶」。舉寶官單跪對舉，侍中各搢笏，讀訖，執笏，俛伏，興，搢笏，捧寶興，於位東迴寶函北向，〔七〕並進，跪置於御座前褥位冊之南。通事舍人、太常博士贊引太尉、司徒以次應行事官俱降自西階，復本班序立。

宣徽使一員詣皇帝御幄前，俛伏，跪奏「臣某謹請皇帝詣兩宮皇太后前，行稱賀之禮」，俛伏，興。贊引皇帝再拜，又奏「請北向跪」，皇帝賀曰「嗣皇帝臣某言云云」，俛伏，興，又再拜，訖，又奏「請皇帝少立」，內侍承旨退，西向稱「兩宮皇太后旨云云」，皇帝再拜。宣徽使前引，皇帝歸幄，常服乘輿還內，侍衞如來儀。

應階下文武百僚重行立定，通事舍人喝「拜」，在位皆再拜。通事舍人引太師詣西階升，俛伏，跪奏稱：「文武百僚具官臣某等稽首言，皇太后殿下顯對册儀，永安帝養。仰祈福壽，與天同休。」俛伏，興，降自西階，復位立定。通事舍人贊「在位官皆再拜」，舞蹈，三稱「萬歲」，又再拜。宣徽使升自東階，取旨退，臨階西向稱「兩宮皇太后旨」，通事舍人贊「在位官皆再拜」，畢，宣曰：「公等忠敬盡心，推崇協力。膺茲令典，感愧良深。」宣訖，還位。通事舍人贊「謝宣諭，拜」。在位官皆再拜，舞蹈，三稱「萬歲」，又再拜。通事舍人分引應北向官各分班東西立。宣徽使升自東階，奏稱「具官臣等言，禮畢」，降還位。扇合，皇太后並興，敎坊樂作，降座，還殿後幄次，扇開，樂止。通事舍人引宣徽使奏「解嚴」。中書侍郎等各帥捧册床官升殿，跪捧册並置於床，次門下侍郎等各帥捧寶床官升殿，跪捧寶並置於床，訖，通事舍人引詣東上閤門，投進所司。文武百僚以次出。皇太后常服乘輿，各還本宮，引導如來儀。文武百僚詣東上閤門拜表賀皇帝，退。

禮畢，各赴本宮，受內外命婦稱賀。所司預於殿內設皇太后御座，司賓引內外命婦於殿庭北向依序立。尙儀奏請，皇太后常服卽座。司贊曰「再拜」，命婦皆再拜。司賓引班首詣西階升，跪賀稱：「妾某氏等言，伏惟皇太后殿下，天資聖善，昭受鴻名，凡在照臨，不勝欣抃。」興，降階復位。司贊曰「再拜」，內外命婦皆再拜。尙宮承旨，降自西階，於命婦之北東向立，司贊曰「再拜」，在位者皆再拜，尙宮乃宣答曰「膺茲典禮，感愧良深」。司贊曰「再拜」，在位者皆再拜，退。

赴別殿賀皇帝，亦如賀皇太后之儀，惟不致詞，不宣答。

册皇太子儀。

大定八年正月，册皇太子，禮官擬奏，皇太子乘輿至翔龍門，東宮官導從，不乘馬。册皇太子前三日，遣使同日奏告天地宗廟。

册前一日，宣徽院帥儀鸞司，設御座於大安殿當中，南向。設皇太子次於門外之東，西向。又設文武百僚應行事官、東宮官等次於門外之東、西廊。又設册寶幄次於殿後東廂，俱南向。又設受册位於殿庭橫階之南。工部官與監造册寶官公服，自製造所導引册寶床，由宣華門入，約宣徽院同進呈畢，赴幄次安置。大樂令帥其屬，展樂縣於庭。

其日，兵部帥其屬，設黃麾仗於大安殿門之內外。其日質明，文武百僚應行事官並朝服入次。東宮官各朝服，自東宮乘馬導從，至左翔龍門外下馬，入就次。通事舍人分引百官入立班，東西相向。次引侍中、中書令、門下侍郎、中書侍郎及捧舁册寶官，詣殿後幄次前立。少頃，奉册寶出幄次，由大安殿東降，至庭中褥位，權置訖，奉引册寶官立於其後。皇太子服遠游冠、朱明衣出次，執圭，三師三少已下導從，立於門外。侍中奏「中嚴」。符寶郎奉八寶由東西偏門分入，升置御座之左右。侍中奏「外辦」。內侍承旨索扇，扇合，皇帝服通天冠、絳紗袍以出，曲直華蓋侍衞如常儀，鳴鞭，宮縣樂作。皇帝出自東序，卽御座，爐煙升，扇開簾捲，樂止。典贊儀引皇太子入門，宮縣樂作，至位樂止。師、少已下從入，立於皇太子位東南，西向。典儀贊「皇太子再拜」，搢圭，舞蹈，又再拜，奏「聖躬萬福」，又再拜，引近東，西向立。師、少已下并奉引册寶官等，各赴百官東班，樂作，至位樂止。通事舍人引百官俱橫班北向。典儀贊「拜」，在位官皆再拜，搢笏，舞蹈，又再拜，起居，又再拜，畢，百官各還東西班。師、少已下幷行事官各還立位。典贊儀引皇太子復受册位，樂作，至位樂止。侍中承旨，稱「有制」，皇太子已下應在位官皆再拜，躬身，侍中宣制曰「册某王爲皇太子」。又再拜。通事舍人、太常博士引中書令詣讀册位，中書侍郎引册匣置於前，捧册官西向跪捧，皇太子跪，讀畢，俛伏，興。皇太子再拜。中書令詣捧册位，奉册授皇太子，搢圭，跪受册，以授右庶子，右庶子跪受，皇太子俛伏，興，右庶子以册，興，置於床，中書令已下退復本班。

次通事舍人、太常博士引侍中詣奉寶位，門下侍郎引寶盝立於其右，侍中奉寶授皇太子，搢圭，跪受，以授左庶子，左庶子跪受，皇太子俛伏，興，左庶子以寶興，置於床，侍中已下退復本班。典儀贊「再拜」，畢，引皇太子退，初行，樂作，左右庶子帥其屬，舁册寶床匣以出，出門，樂止。侍中奏「禮畢」，內侍承旨索扇，扇合，簾降，鳴鞭，樂作，皇帝降座，入自西序還後閤，侍衞如來儀，扇開，樂止。侍中奏「解嚴」。所司承旨，放仗衞以次出。皇太子入次，改服公服，還東宮，導從如來儀。

册後二日，兵部設黃麾仗於仁政殿門之內外，陳設並如大安殿之儀。百官服朝服。皇太子公服至次，改服遠游冠、朱明衣。通事舍人引百官入至階下立班，東西相向。典贊儀引皇太子執圭出次，〔八〕立於門外。侍中奏「中嚴」，少頃，又奏「外辦」。皇帝出自東序，卽座，簾捲。通事舍人引百官俱橫班北向，典儀贊「拜」，在位官皆再拜，搢笏，舞蹈，又再拜，起居，又再拜，訖，分班。皇太子捧表入，至拜表位立，俟閤門使將至，單跪捧表，閤門使接表，皇太子俛伏，興，典儀贊「再拜」，搢圭，舞蹈，又再拜。俟讀表畢，侍中承旨退稱「有制」，典儀贊「再拜」，興，躬身，侍中宣訖，典儀贊「再拜」，搢圭，舞蹈，又再拜。引皇太子退。侍中奏「禮畢」。扇合，鳴鞭，入西序，還後閤，侍衞如來儀。侍中奏「解嚴」。放仗，百官以次出。後二日，百官奉表稱賀，如常儀。

正旦、生日皇太子受賀儀。

大定二年，世宗命有司議親王百官及妃主命婦見皇太子禮。有司按唐、宋舊儀，擬親王宗室賀皇太子，依册畢受賀禮。然唐禮元正復有降階見伯叔、答羣官再拜之文，又無妃主命婦見太子之禮。稽諸令文，應致恭之官相見，或貴賤殊隔，或長幼親戚，任從私禮。自今若在東宮候皇太子，便服，則當從私禮接見。若三師以下，遇皇太子誕日，在御前，則候皇太子先進酒畢，百官望皇太子再拜，〔九〕班首跪進酒，又再拜。若賜酒，卽當殿跪飲畢，又再拜。以爲定制，命班行之。

十二月晦，皇太子奏狀曰：「按禮文，親王幷一品宗室皆北面拜伏，臣但答揖而已。雖曰尊宗子，而在長幼惇敍之間誠所未安。當時遽蒙頒降，未獲謙讓。明日元正，有司將舉此禮，伏望聖慈許臣答拜，庶敦親親友愛之義。」上從其請，命尚書省頒下所司。

若皇太子生日，則公服，左上露臺欄子外，先再拜，二閤使齊揖入欄子內，拜跪，祝畢，就拜，興，復位，再拜，又再拜，接臺進酒，退跪，候飲畢，接盞，復位，轉臺與執事者，再拜。宣徽使以酒進，皇帝親賜酒，接盞稍退跪飲，畢，宣徽使接盞，復位再拜，復揖入欄子內，跪搢笏，受賜物畢，出笏，興，復位，再拜，退更衣，入殿稍東，西向立。皇妃等進勸生日酒，皇太子跪，皇妃等亦跪，飲畢，各再拜。

羣官致賀，則其日質明，皆公服集於門外，少詹事奏「請內嚴」，又奏「外備」。典儀引升座。文武宮臣入就庭下重行北向立，典儀曰「再拜」，在位官皆再拜，班首少前跪奏「元正首祚」，生日則云「慶誕令辰」，「伏惟皇太子殿下福壽千秋」。賀畢復位，典儀曰「再拜」，宮臣皆再拜，坐受，分東西序立。次引東宮三師於殿上，三少於殿柱外，北向東上立。皇太子詣南向褥位，典儀曰「再拜」，師、少皆再拜，班首同前稱賀，復位。執事者酌酒一卮，班首奉進，樂作，飲訖，樂止。回勸師、少畢，各復位。典儀贊師、少再拜，皇太子答拜。師、少出，皇太子就坐。次引親王入欄子內，一品宗室於欄子外，餘宗室序班庭下，拜致賀、進酒如上儀。皇太子答拜畢，就坐。復引隨朝三師三公宰執於殿上，三品以上職事官於露階上，四品以下於庭下，北向，每等重行以東爲上，立。皇太子詣褥位。典儀曰「再拜」，上下皆再拜，畢，班首少前致賀，復位，執事者酌酒一巵，班首奉進，樂作，飲畢，樂止。如有進獻如常儀。回勸三師三公，餘殿上羣官則令執事者以盤行酒，飲畢，典儀曰「再拜」，上下皆再拜，乃答拜，引羣官以次出。少詹事跪奏「禮畢」。自是歲賀爲定制。

皇太子與百官相見儀。

三師三公欄子內北向躬揖，班首稍前問候，皇太子離位稍前，正南立，答揖。宰執及一品職事官扣欄子北向躬揖，答揖同前。二品職事官欄子外稍南躬揖，皇太子起揖。三品職事官露階稍南躬揖，皇太子坐揖。四品以下職事官庭下躬揖，跪問候，皇太子坐受。太子太師、太傅、太保與隨朝三師同。東宮三少與隨朝二品同。詹事已下，並在庭下面北，每品重行以東爲上，再拜，班首稍前問候，〔一〇〕又再拜，皇太子坐受。大定二年所定也。

七年，定制，皇太子赴朝，許與親王宰執相見，餘官宗室並迴避。後亦許與樞密使副、御史大夫、判宗正、東宮三師相見。

九年，定制，凡皇太子出，於都門三里外設褥位，三公宰執以下公服重行立，皇太子便服，三公宰執以下鞠躬，班首致辭云「青宮萬福」，再拜，皇太子答拜，退。迎、送皆同。

校勘記

〔一〕東廊橫街北　按大金集禮（以下簡稱集禮）卷五皇太后皇后，天德二年册徒單氏爲本志册皇后儀之所本，其文「橫街」作「橫階」。

〔二〕奏侍中臣言禮畢　「臣」下疑脫「某」字。

〔三〕在西階欄干外　「干」集禮作「子」。

〔四〕內侍閤門引升座　「引」下疑脫「后」字。

〔五〕命婦等皆拜　「拜」上集禮有「再」字。

〔六〕兩宮册寶　「寶」原作「實」。按集禮卷五皇太后皇后，天德二年尊奉永壽永寧宮爲本志奉册皇太后儀之所本，其文作「册寶」，今據改。

〔七〕於位東迴寶函北向　「函」原作「西」。據集禮改。

〔八〕典贊儀引皇太子執圭出次　原脫「贊」字，據集禮補。

〔九〕百官望皇太子再拜　按集禮卷八皇太子雜錄爲此儀文所本，其大定二年十一月七日擬到元正誕日皇太子受百官慶賀禮作「百官望皇帝再拜」。

〔一〇〕班首稍前問候　原脫「班首」二字。按上文有「班首稍前問候」。又集禮此句亦有「班首」二字，今據補。

金史卷三十八

志第十九

禮十一

外國使入見儀　曲宴儀　朝辭儀　新定夏使儀

外國使入見儀。

皇帝卽御座，鳴鞭、報時畢，殿前班小起居畢，至侍立位。引臣僚左右入，至丹墀，小起居畢，〔一〕宰執上殿，其餘臣僚分班出。閤門使奏使者入見牓子。先引宋使、副，出笏，捧書左入，至丹墀北向立。閤使左下接書，捧書者單跪授書，拜，起立。閤使左上露階，右入欄內，奏「封全」，轉讀畢，引使、副左上露階，齊揖入欄內，揖使副鞠躬，〔二〕使少前拜跪，附奏畢，拜起，復位立。待宣問宋皇帝時並鞠躬，受勅旨，再揖鞠躬，〔三〕使少前拜跪，奏畢，起復位，〔四〕齊退却，引使、副左下，至丹墀北嚮立。禮物右入左出，盡，揖使、副傍折通班，再引至丹墀，舞蹈，五拜，不出班奏「聖躬萬福」，再拜。揖使副鞠躬，使出班謝面天顏，復位，舞蹈，五拜。再揖副使鞠躬，使出班謝遠差接伴、兼賜湯藥諸物等，復位，舞蹈，五拜。各祗候，引右出，賜衣。次引宋人從入，通名已下再拜不出班，又再拜，各祗候，亦引右出。

次引高麗使左入，至丹墀北嚮略立，引使左上露階，立定。揖横使鞠躬，正使少前拜跪，附奏畢，拜起，復位立。閤使宣問高麗王時並鞠躬，受勑旨畢，再揖横使鞠躬，正使少前拜跪，奏畢，拜起，復位，齊退却，引左下，至丹墀，面殿立定。禮物右入左出，盡，揖使傍折通班，畢，引至丹墀，通一十七拜，各祗候，平立，引左階立。

次引夏使見如上儀，引右階立。

次再引宋使副左入，至丹墀，謝恩，舞蹈，五拜，各祗候，平立。次引高麗、夏使並至丹墀。三使並鞠躬，有勑賜酒食，舞蹈，五拜，各祗候，引右出。次引宰執下殿，禮畢。

曲宴儀。

皇帝卽御座，鳴鞭、報時畢，殿前班小起居，到侍立位。引臣僚幷使客左入，傍折通班，至丹墀舞蹈，五拜，不出班奏「聖躬萬福」，又再拜。出班謝宴，舞蹈，五拜，各上殿祗候。分引預宴官上殿，其餘臣僚右出。次引宋使從人入，至丹墀再拜，不出班奏「聖躬萬福」，又再拜。有勅賜酒食，又再拜，引左廊立。次引高麗、夏從人入，分引左右廊立。果床入，進酒。皇帝舉酒時，上下侍立官並再拜，接盞，畢，候進酒官到位，當坐者再拜，坐，卽行臣使酒。傳宣，立飲畢，再拜，坐。次從人再拜，坐。至四盞，餅茶入，致語。聞鼓笛時，揖臣使并人從立，口號絕，坐宴幷侍立官並再拜，坐，次從人再拜，坐。食入，五盞，歇宴。敎坊謝恩畢，揖臣使起，果床出。皇帝起入閤，臣使下殿歸幕次。賜花，人從隨出戴花畢，先引人從入，左右廊立，次引臣使入，左右上殿位立。皇帝出閤坐，果床入，坐立並再拜，坐，次從人再拜，坐。九盞，將曲終，揖從人至位再拜，引出。聞曲時，揖臣使起，再拜，下殿。果床出。至丹墀謝宴，舞蹈，五拜。分引出。

朝辭儀。

皇帝卽御座，鳴鞭、報時畢，殿前班小起居，至侍立位。引臣僚合班入，至丹墀小起居，引宰執上殿，其餘臣僚分班出。閤使奏辭榜子。先引夏使左入，傍折通班畢，至丹墀再拜，不出班奏「聖躬萬福」，又再拜。揖使副鞠躬，使出班，戀闕致詞，復位，又再拜，喝「各好去」，引右出。次引高麗使，如上儀，亦引右出。次引宋使副左入，傍折通班畢，至丹墀，依上通六拜，各祗候，平立。閤使賜衣馬，鞠躬，聞勅，再拜。賜衣馬畢，平身，搢笏，單跪，受別錄物過盡，出笏，拜起，謝恩，舞蹈，五拜。有勅賜酒食，舞蹈，五拜。引使副左上露階，齊揖入欄內，揖鞠躬，大使少前拜跪受書，起復位。揖使副齊鞠躬，受傳達畢，齊退，引左下至丹墀，鞠躬，喝「各好去」，引右出。次引宰執下殿，禮畢。

熙宗時，夏使入見，改爲大起居。定制以宋使列於三品班，高麗、夏列於五品班。皇統二年六月，定臣使辭見，臣僚服色拜數止從常朝起居，三國使班品如舊。俟殿前班及臣僚小起居畢，宰執升殿，餘臣分班畢，乃令行入見及朝辭之禮。凡入見則宋使先，禮畢夏使入，禮畢而高麗使入。其朝辭則夏使先，禮畢而高麗使入，禮畢而宋使入。夏、高麗朝辭之賜，則遣使就賜於會同館。惟宋使之賜則庭授。

舊高麗使至闕皆有私進禮，大定五年，上以宋、夏使皆無此禮，而小國獨有之，不可，遂命罷之。

六年，詔外國使初見、朝辭則於左掖門出入，朝賀、賜宴則由應天門東偏門出入。

大定二十九年三月，章宗以在諒闇，免宋使朝辭，太常寺言：「若不面授書及傳達語言，恐後別有違失。」遂令宋使先辭靈幄，然後詣仁政殿朝辭，授書。時右丞相襄言：「伏見熙宗聖誕七月七日，以景宣忌辰避之，〔五〕更爲翌日，復用正月十七日受外國賀。今聖誕節若依期，令外方人使過界，恐爲雨潦所滯，設能到闕，或值陰雨亦難行禮，乞以正月十一日或三月十五日爲聖節，定宋人過界之期。」平章政事張汝霖、參知政事劉瑋等言：「帝王當示信，以雨潦路阻輒改之，或恐失信。且宋帝生日亦五月也，是時都在會寧，上國遣使賜生日，萬里渡越江、河，尚不避霖潦，如期而至。今久與宋好，不可以小阻示以不實。彼若過界，多作程頓亦不至留滯，縱使雨水愆期而入見，猶勝更用他日也。」御史大夫唐括貢、中丞李晏、〔六〕刑部尚書兼右諫議大夫完顏守貞〔七〕等亦皆言不可，上初從之，既而竟用襄議，令有司移報，使明知聖誕之實，特改其日以示優待行人之意。

承安三年正月，上諭旨有司曰：「比聞宋國花宴，殿上不設餚饌，至其歇時乃備於廊下。今花宴上賜食甚爲拘束，若依彼例可乎？且向者人使見辭，殿上亦嘗有酒禮，今已移在館宴矣。」有司奏曰：「曲宴之禮舊矣。彼方，酒一行、食一上必相須成禮。而國朝之例，酒既罷而食始進。至於花宴日，宋使至客省幕次有酒禮，而我使至其幕則有食而無酒，各因其舊，不必相同。古者宴禮設食以示慈惠，今遽更之，恐遠人有疑，失朝廷寵待臣子之意。」乃命止如舊。

正大元年十月，夏國遣使修好。二年九月，夏國和議定，以兄事金，各用本國年號，定擬使者見辭儀注云。蓋夏人自天會議和，臣屬於金八十餘年，無兵革事。及貞祐之初，小有侵掠，以至搆難十年，兩國俱敝，至是，始以兄弟之國成和。十月，遣禮部尚書奧敦良弼、大理卿裴滿欽甫、侍御史烏古孫弘毅爲報成使。三年十月，夏人告哀，遣中大夫完顏履信爲弔祭使。夏人以兵事方殷，各停使聘。四年，遣王立之來聘，未復命而夏亡。

新定夏使儀注。

夏國使、副及參議各一，謂之使。都管三。上節、中節各五，下節二十四，謂之三節人從。報至行省，差接伴使與書表人迓於境。入界，則先具驛程腰宿之次。始至京兆行省，翌日賜宴，至河南行省亦然，謂之來宴。將至京，遣內侍一人以油絹複韜三銀盒，貯湯藥二十六品，逆於近境尉氏縣賜之。至恩華館舊名燕賓館，承安三年更名。更衣，由宜照門入，預差館伴使、副使二員，書表四人，牽攏官三十人以俟。來使三節人從至會同館，謂之聚廳，先以館伴使名銜付之，而使者亦以其銜呈，然後使、副、都管、上中節人從以次見館伴使。接伴使初相見之儀亦然。次以館伴所書表見人使，館伴所牽攏官與下節人互相參見，畢，乃請館伴、接伴人，使、副，各公服齊出幕次，對行上廳欄子外，館伴在北，對立。先接伴揖，次來使副與館伴互展狀，揖，各傳示，再揖。各就位，請收笏坐，先湯，次酒三盞，置果殽。茶罷，執笏，近前齊起，欄子外館伴在南，對立。先館伴揖，次展接伴辭狀，相別揖，各傳示，再揖，通揖分位。

是日，皇帝遣使撫問。天使至館，轉銜如館伴初見之儀。館伴與天使、來使副各公服，齊行至位，對立。請來使副升拜褥望闕立，次請天使升拜褥稍前立。來使副鞠躬，天使言「有勑」，乃再拜鞠躬。天使口宣辭畢，復位。來使再拜，舞蹈，三拜，復位立。來使與天使各展狀，相見揖，次館伴揖。來使令人傳示，請館伴、天使與來使對行上廳，各赴椅子立，通揖。謹收笏坐，湯酒殽茶並如前，畢，執笏，近前，齊請起，至拜褥，依前對立。請來使副升褥位，進表謝撫問，再拜，副使平立，使跪奉表，天使近前搢笏受之，出笏復位，來使就拜，退，復對立。來使令人傳示館伴，依例書送天使土物，畢，展天使辭狀，相別揖，次館伴揖，各請分位。是後，每旦暮傳示，幷牽攏官聲喏如儀。

到館之明日，遣使賜酒果，天使初至轉銜後，望拜傳宣皆如撫問之儀。使副單跪，以酒果過其側，拜、舞蹈如儀。上廳湯酒茶畢，詣拜褥位，跪進謝賜酒果表，贈天使土物皆如撫問使禮，押酒果軍亦有土物之贈。乃命閤門副使至館習儀，初轉銜前後皆如館伴相見之儀。湯茶罷，館伴閤副傳示使副，來日入見，例當習儀。來使副回傳示，習儀畢。第二盞後，當面勸習儀承受人酒一盞，先揖，飲酒，再拜退。三盞果茶罷，執笏近前齊起，欄子外南爲上，對立。以來日入見，故但揖而不展辭狀，分位。乃以入見榜子付閤門持去，以付禮進司。來使副以書送土物於引進使，及交進物軍員人等，閤門副及習儀承受人各贈土物。

第三日，入見。其日質明，都管、三節人從皆裹帶，館伴與來使副各公服，齊請赴馬臺，館伴牽攏官喝「排馬」，來使牽攏官喝「牽馬」，各上馬張蓋。都管馬上奉書在使前，至中門外，以外爲上，對立。先來使牽攏官兩聲喏，次館伴牽攏官亦然，齊揖，各傳示，再揖，請行。至左掖門外五百步，館伴與使副乃左右易位而行。揖畢，去門百步去傘下馬，出笏，對行。凡後入稱賀、曲宴皆同是儀。來使人從持物者不得入門，牽攏官權收之。客省令二人傳示，館伴與來使各令人回傳示。至客省幕前，館伴所書表在上立，齊揖，乃入幕。先館伴所書表傳示，次來使書表傳示，依前欄子外立，先揖，當面勸酒一盞，再揖，退。引館伴來使入客省幕，內爲上，對立揖畢，請分位立。先館伴揖，次展客省起居狀，揖，各传示，再揖，通揖。請赴位立，再揖，請收笏坐。先湯，次酒三盞，各有果殽。第二盞酒畢，客省乃傳示來使，請都管、上中節勸酒。回傳示畢，引都管、上中節於幕次前階下排立，先揖，飲酒，再揖，引退。第三盞酒畢，茶罷，執笏，近前齊起，幕次前立，通揖畢，各歸本幕次。

俟殿上小起居畢，宰執升殿，餘臣分班退，閤使奏來使見榜子。乃先請館伴入班。俟閤門招引，乃請客省與來使副對立於幕前，外爲上。使者奉書，揖畢對行，至三門外，與引揖閤副揖。使奉書，副出笏後隨，左上露臺殿簷柱外，奉書單跪，舊儀於丹墀內奉書。閤使接書，使副就拜，立。閤使右入欄子內，奏「封全」，轉讀畢，故事皆不讀。引使副入殿欄子內，揖使副鞠躬再拜，引少前跪奏：「弟大夏皇帝致問兄大金皇帝，聖躬萬福。」再拜，興，復位。皇帝乃宣問夏皇帝，使副鞠躬受旨，畢，引使少前跪奏：「弟大夏皇帝聖躬萬福。」拜，復位，立。齊退，左下階，至丹墀北向立。以禮物右入左出，盡，揖使副傍折通班。再引至丹墀，舞蹈，五拜，不出班代奏「聖躬萬福」，畢，再拜。引使副前，雙跪，皇帝遣人勞問，〔八〕復位，謝恩，舞蹈，五拜。再揖使副出班，謝面天顏，復位，舞蹈，五拜。再揖閤副鞠躬，〔九〕引使出班，謝遠差接伴兼賜湯藥諸物，復位，舞蹈，五拜。喝「各祇候」，引右出，至三門階下，與閤副揖別，與客省同行至幕次前對揖，各歸幕次。

引都管、上中節左入，丹墀立，下節於門外階下立，齊鞠躬通名，先再拜，不出班奏「聖躬萬福」，再拜。下節鞠躬聲喏，初一拜呼「萬歲」，次一拜呼「萬歲」，臨起呼「萬萬歲」，喝「各祇候」，平立，引右出。乃賜使者衣，拜舞皆如賜酒果之儀，畢，使者與天使對立。次請都管、三節人從望闕立，天使稍前立，都管人從鞠躬，天使傳勅，拜謝如使儀，就拜畢，謝恩再拜。下節鞠躬聲喏，如入見儀。乃再引入，賜以酒食，閤門招、客省皆如入見儀。至丹墀，謝賜衣物，再拜，舞蹈，三拜，鞠躬。贊「有勅賜酒食」，舞蹈，五拜。喝「各祇候」，引右出，如前儀，歸幕。乃請出，館伴與使副幕前對立揖，各傳示，再揖，請行。至元下馬所，復左右易位而行，揖畢，各收笏，上馬至館。又左右易位入門，內爲上，對立。先來使牽攏官、次館伴牽攏官，各聲喏，再拜揖，畢，請分位。乃以押伴使賜宴於館。

押伴至館，轉名銜回畢，與館伴、來使公服，齊詣褥位對立，押伴稍前立。先請押伴、館伴上褥位，望闕拜，謝坐，再拜，舞蹈，三拜，起。先請押伴上副階上立，乃引使副上褥位，望闕亦謝坐，儀同上。乃與館伴對行上廳。押伴在副階上，與使副展參狀。來使副先令人報上聞，押伴回傳示，再揖。請押伴先入，於卓前椅位立。館伴與使副對揖，各就位立，通揖，請端笏坐，湯入，乃於拜席上排立都管人從。湯盞出，揖起，押伴等離位立。都管人從鞠躬拜，下節人聲喏，如入見儀。呼「萬歲」，畢，喝「押伴及使副皆就坐」。引三都管、上中節分左右上廳，南入，北爲上，下節在西廊下立。候押伴等初盞畢，樂聲盡，坐。至三盞下，食畢，四盞下，酒畢。押伴傳示來使，面勸都管、上中節酒一盞，來使答上聞，以都管、上中節於副階下排立，先揖，飲，傳台旨勸，再揖，退。至五盞下，酒畢，茶入。都管人從於拜席上排立，待茶罷，揖押伴等起，離位立，都管人從鞠躬，喝「謝恩」，拜，下節聲喏如上儀，就位立。請押伴等齊下廳，赴拜褥對立。先請使副就褥位，謝恩，再拜，舞蹈，三拜，復位。乃請押伴、館伴就褥位，謝如上儀，復位。

第四日，命押宴官、賜宴官就館宴。先賜宴天使轉銜如前儀，各公服，請館伴、天使與來使就褥位對立。先請使副就褥位，望闕立。次請賜宴天使就褥位稍前，使副鞠躬，天使傳宣，使副拜謝，皆如前儀。使副與天使互展狀，起居，揖。次館伴揖。使副令人傳示館伴，依例請賜宴天使茶酒，館伴暫歸幕。來使副與天使主賓對行上廳，於西間內各詣椅位揖，收笏坐。先湯，次酒三盞，果殽。茶罷，執笏，近前請起，賜宴天使暗退。請押宴使至褥位立，次請館伴齊就褥位，望闕再拜，平身，搢笏，鞠躬三舞蹈，跪左膝三叩頭，出笏就拜，興，再拜復位，對立。請押宴上廳。次請來使副詣褥位，謝坐，再拜，舞蹈，三拜，請分階升廳，欄子外，內爲上，對立。先館伴揖，次互展押宴起居狀，相見，揖。各傳示，再揖。通揖，請就位，詣椅位立。通揖，請端笏坐，以御宴不敢用踏床。湯入，都管、三節人從於拜席上排立。湯盞出，押宴離位立揖，都管人從鞠躬，下節人從聲喏，呼「萬歲」，如入見儀，喝「各就坐」。請押宴等坐。

引都管、上中節分左右上廳，北入，南爲上，立。下節於西廊下南入，北爲上，立。候押宴等初盞畢，樂聲盡，坐。至五盞後食，六盞、七盞雜劇。八盞下，酒畢。押宴傳示使副，依例請都管、上中節當面勸酒。使者答上聞，復引都管、上中節於欄子外階下排立，先揖，飲酒，再揖，退。至九盞下，酒畢，教坊退。乃請賜宴天使於幕次前。候茶入，乃於拜席排立都管、三節人從。茶盞出，揖起，押宴官等離位立，揖，都管人從鞠躬，喝「謝恩」，拜，下節聲喏，呼「萬歲」，如入見儀，且鞠躬，〔一〇〕喝「各祗候」。請押宴等官齊出，分階下廳，與天使對行至拜褥前立。請使副就位望闕謝恩，再拜，舞蹈，三拜，畢，依位立。請押宴、館伴齊詣褥位謝恩。來使乃進謝御宴表，先再拜，平身立。使跪捧表，天使近前搢笏受表，出笏復位。使就拜，退復位，立。

使副上聞，依例書送天使土物，領畢，天使卽以物報之，然後展天使辭狀，再揖，次館伴揖，通揖，請分位。是日，來使於宴下監酒等官及教坊人等皆有所贈。

第五日，稱賀。比至客省幕次對立，皆如入見儀。至收笏坐，先湯，次酒三盞，畢，客省傳示來使，辭曰：「請都管、上中節當面勸酒。」回傳示畢，引都管、上中節於幕次前階下排立，先揖，飲酒，再揖，引退。至三盞酒畢，茶罷，出笏近前，齊請出幕次，前外爲上，對立，通揖，分位，各歸幕次。候閤門招引時，請客省與使副幕次前，外爲上，對立揖。對行至門外階下，與引揖閤副揖。引使副左入，與臣僚合班，至丹墀北嚮立定。同臣僚先再拜，平身，搢笏，鞠躬，三舞蹈，跪左膝三叩頭，出笏就拜，興，再拜，平立。俟進酒致辭畢，再拜，宣徽使稱「有制」，又再拜，宣答畢，先再拜，舞蹈，平立，分班。俟皇帝舉酒時，再拜，合班又再拜，上殿，夏使副在御座右第二行北端立。

次引都管、上中節左入，至丹墀立，下節門外階下排立，齊鞠躬，通名畢，先再拜，鞠躬，不出班奏「聖躬萬福」。喝「拜」，又再拜，下節聲喏呼「萬歲」，如前儀。喝「各祗候」，畢，平立，再鞠躬，喝「賜酒食」，聲喏再拜呼「萬歲」，如前儀。引左廊立。待床入，進酒。皇帝飲酒時，上下侍立皆再拜。俟進酒官至位，合坐官再拜，皆坐。卽行臣使酒，普傳宣，立飲，再拜，復坐。次人從鞠躬聲喏再拜呼「萬歲」之儀如前。皆坐。至第三盞，傳宣立飲，畢，再拜，復坐。次人從如前，畢，坐。俟致語，聞鼓笛時，揖臣使皆立，俟口號絕，臣使再拜，坐，次人從如前儀，復坐。次至五盞，將曲終，人從立，再如前儀，畢，先引出。臣使起再拜，退至丹墀，合班，謝宴，再拜，舞蹈，三拜，喝「各祗候」。引出，至三門階下，與閤門副使相揖別，與客省同行，至幕次前對立，先揖，各傳示，再揖，請分位，就幕次。少頃，請館伴與使副出幕次，外爲上，對立，先揖，各傳示，再揖，引行，至元下馬處，請左右易位，對立揖，收笏上馬，至館，聲喏相揖分位，與初入見還禮同。

第六日，賜分食，幷賜酒果禮。天使至館，與第二日賜酒果禮同。是日，支押分食酒果軍士物，幷在館隨局分官員承應人例物。凡裏外門將軍、監廚直長、館都監、監酒食官、承應班祗候、衆廚子、館子、巡護軍、館伴所牽攏官，皆溥及之。

第七日，曲宴禮，如前儀。

第八日，奉辭之儀。至小起居畢，閤使先奏來使辭榜子。引使者左入，傍折通班，至丹墀再拜，不出班奏「聖躬萬福」，又再拜。揖副鞠躬，使出班戀闕致詞，復位，再拜，喝「各好去」，引右出，次引宰執下殿，禮畢。

第九日，聚廳，送至恩華館，更衣而行。

凡使將至界，報至則差接伴使，至則差館伴使，去則差送伴使，皆有副，皆差書表以從。凡行省來宴、回宴之押宴官，皆從行省定差，就借以文武高爵長官之職，以爲轉銜之光。來回之賜宴天使，皆以閤門祗候往，詔書、口宣皆稟命於都省，以翰林院定撰焉。

夏使至，或許貿易於市三日。使至，所差者館伴使、副各一，監察、奉職、省令史各一，書表四，總領提控官、酒食官、監廚、稱肉官各一，牽攏官三十，尙食局直長、知書、都管、接手、湯藥直長、長行各一，廚子五，奉飲直長一、長行二，奉珍二，儀鸞直長一、長行十，把內外門官二，館外巡防軍三十，把館甲軍六十二，雜役軍六十，過位不通漢語軍十，凡雜役皆衣皂，過食司吏八十，街市廚子四十，方脈雜科醫各一，醫獸一，鞍馬二十四疋，後止備八疋，押馬官一員。又差說儀承受禮直官一員。凡在館鋪陳繖絡器皿什物，戶部差官與東上直閤同點檢。所經橋道皆先期命工部修治之。凡賜衣，使副各三對，人從衣各二對，使副幣帛百四十段，舊又賜貂裘二，無則使者代以銀三錠，副代以帛六十疋，後削之。惟生皞則代以綾羅三十九疋、帛六十二疋、布四疋。金帶三，金鍍銀束帶三，金塗銀閙裝鞍轡三，金塗銀渾裹書匣、間金塗銀裝釘黑油詔匣及包書、詔匣複各一。朝辭，賜人從銀二百三十五兩，絹二百三十五疋。

賜宋、高麗使之物，其數則無所考。

校勘記

〔一〕引臣僚左右入至丹墀小起居畢　原脫「至」字。按下文曲宴儀、朝拜儀皆有「至丹墀」之文。又大金集禮以下簡稱集禮卷三九朝會上，人使辭見儀爲本志外國使入見儀之所本，其文亦作「至丹墀」。今據補。

〔二〕揖使副鞠躬　按宋之使臣、副使同時入見，齊入欄內，而出班奏事限正使一人，副使不能若無其事，故每次必請「副使鞠躬，使少前拜跪」。抄者不察，致「副使」與上下文之「使、副」相混，惟最後「再揖副使鞠躬，使出班謝遠差接伴」不誤，而殿本亦誤改爲「使副」。觀下文高麗使入見，「副使」改稱「横使」，兩言「揖横使鞠躬，正使少前拜跪」，其事非常清楚，遂無與「使副」混淆之問題。則此處「使副」當作「副使」。下同，不復出校。

〔三〕再揖鞠躬　「鞠躬」上脫「副使」二字。

〔四〕奏畢起復位　集禮「起」上有「拜」字。

〔五〕以景宣忌辰避之　「宣」原作「宗」。按本書卷四熙宗紀，熙宗，「景宣皇帝子」，「上本七月七日生，以同皇考忌日，改用正月十七日」。與此處敍述正合，今據改。

〔六〕中丞李晏　「晏」原作「宴」。按本書卷八三張汝霖傳記此事作「中丞李晏」，又卷九六李晏傳，「李晏字致美」。今據改。

〔七〕刑部尚書兼右諫議大夫完顏守貞　「守」原作「居」。按「完顏居貞」之名它處不見。本書卷八三張汝霖傳記此事作「刑部尚書兼右諫議大夫完顏守道」，而卷八八完顏守道傳載守道大定二十六年已致仕，惟卷七三完顏守貞傳云，「章宗卽位，召爲刑部尚書兼右諫議大夫」，與此官名相合。今據改。

〔八〕皇帝遣入勞問　「入」疑是「入」。據道光四年殿本改。

〔九〕再揖閤副鞠躬　按本卷外國使入見儀作「再揖副使鞠躬，使出班謝遠差接伴」。疑此「閤副」或當是「副使」之誤。

〔一〇〕且鞠躬　「且」殿本作「齊」。

金史卷三十九

志第二十

樂上

雅樂　散樂　鼓吹樂　本朝樂曲　郊祀樂歌

傳曰：「王者功成作樂，治定制禮。」豈二帝三王之彌文哉，蓋有天下者，將一軌度、正民俗、合人神、和上下，舍禮樂何以焉。

金初得宋，始有金石之樂，然而未盡其美也。及乎大定、明昌之際，日修月葺，粲然大備。其隸太常者，卽郊廟、祀享、大宴、大朝會宮縣二舞是也。隸教坊者，則有鐃歌鼓吹，天子行幸鹵簿導引之樂也。有散樂。有渤海樂。有本國舊音，世宗嘗寫其意度爲雅曲，史錄其一，其俚者弗載云。

雅樂。凡大祀、中祀、天子受册寶、御樓肆赦、受外國使賀則用之。

初，太宗取汴，得宋之儀章鐘磬樂簴，挈之以歸。皇統元年，熙宗加尊號，始就用宋樂，有司以鐘磬刻「晟」字者犯太宗諱，皆以黃紙封之。大定十四年，太常始議「歷代之樂各自爲名，今郊廟社稷所用宋樂器犯廟諱，宜皆刮去，更爲製名」。於是，命禮部、學士院、太常寺撰名，乃取大樂與天地同和之義，名之曰「太和」。

文、武二舞。皇統年間，定文舞曰仁豐道洽之舞，武舞曰功成治定之舞。貞元儀又改文舞曰保大定功之舞，武舞曰萬國來同之舞。大定十一年又有四海會同之舞，於是一代之制始備。

明昌五年，詔用唐、宋故事，置所，講議禮樂。有司謂：「雅樂自周、漢以來止存大法，魏、晉而後更造律度，訖無定論。至後周保定中，得古玉斗于地中，以造尺律，其後牛弘以爲不可，止用蘇綽鐵尺，至隋亦用之。唐興，因隋樂不改，及黃巢之亂，樂縣散失，太常博士殷盈孫以周法鑄鎛鐘、編鐘，處士蕭承訓等校石磬，合而奏之。至周顯德以黍定律，議者謂比唐樂高五律。宋初亦用王朴所制樂，時和峴以周顯德律音近哀思，乃依西京銅望臬、石尺重造十二管，取聲下王朴一律。景祐初，李照取黍累尺成律，以其聲猶高，更用太府布帛尺，遂下太常樂三律。皇祐中，阮逸、胡瑗改造止下一律，〔一〕或謂其聲弇鬱不和，依舊用王朴樂。元豐間，楊傑參用李照鐘磬加四清聲，下王朴樂二律，以爲新樂。元祐間，范鎮又造新律，下李照樂一律，而未用。至崇寧間，魏漢津以范鎮知舊樂之高，無法以下之，乃以時君指節爲尺，其所造鐘磬卽今所用樂是也。然以王朴所制聲高，屢命改作，李照以太府尺制律，人習舊聽疑於太重。其後范鎮等論樂，復用李照所用太府尺，卽周、隋所用鐵尺，牛弘等以謂近古合宜者也。今取見有樂，以唐初開元錢校其分寸亦同，則漢津所用指尺殆與周、隋、唐所用之尺同矣。漢津用李照、范鎮之說，而恥同之，故用時君指節爲尺，使衆人不敢輕議。其尺雖爲詭說，其制乃與古同，而淸濁高下皆適中，非出於法數之外私意妄爲者也。蓋今之鐘磬雖崇寧之所製，亦周、隋、唐之樂也。閱今所用樂律，聲調和平，無太高太下之失，可以久用。唯辰鐘、辰磬自昔數缺，宜補鑄辰鐘十五，辰磬二十一，通舊各爲二十四簴。」上曰：「嘗觀宋人論樂，以爲律主於人聲，不當泥於其器，要之在聲和而已。」於是，命禮部符下南京，取宋舊工，更鑄辰鐘十有二。又以舊鐘姑洗、夷則皆高五律，無射高一律，別鑄以補之，乃協。又琢辰磬各十有二，以其半少劣，擇其諧者而用之。

初，正隆間，海陵營太廟于汴，貞祐南遷，宣宗修之，以祔諸帝神主。其地，故宋景靈宮備也。

之址也，掘其下，得編鐘十三，編磬八，皆刻「大晟」字，時朝廷多故，禮器散亡，竟亦不能

大定十一年，太常議：「按唐會要舊制，南北郊宮縣用二十架，周、漢、魏、晉、宋、齊六朝及唐開元、宋開寶禮，其數皆同。宋會要用三十六架，五禮新儀用四十八架，其數多，似乎太侈。今擬太常因革禮，天子宮縣之樂三十六簴，宗廟與殿庭同，郊丘則二十簴。宜用宮縣二十架，登歌編鐘、編磬各一簴。又按周禮大司樂，『凡樂，圜鐘爲宮，黃鐘爲角，太蔟爲徵，姑洗爲羽。雷鼓、雷鼗、孤竹之管、雲和之琴瑟、〔二〕雲門之舞，冬日至於地上之圜丘奏之，〔三〕若樂六變，則天神皆降，可得而禮矣』。六變，謂六成也。唐、宋因之。蓋圜鐘，夾鐘也，用爲宮者以上應房、心，有天帝明堂之象也。宮聲三奏，角徵羽各一奏，合陽之奇數，欲神聽之也。凡樂起於陽，至少陰而止，圜鐘自卯至申其數有六，故六變而樂止，則天神皆降，可得而禮也。樂曲之名，唐以『和』，宋以『安』，本朝定樂曲以『寧』爲名，今止有太廟祫享樂曲，而郊祀樂曲未備。皇統九年拜天用乾寧之曲，今圜丘降神固可就用。今太廟祫享，皇帝升降行止奏昌寧之曲，迎俎奏豐寧之曲，酌獻、舞出入奏肅寧之曲，飲福奏福寧之曲，宋開寶禮亦可就用。餘有郊祀曲名，皇帝入中壝、奠玉幣、迎俎、酌獻、舞出入樂曲，宜皆以『寧』字製名。」遂命學士院撰焉。皇帝入中壝奏昌寧之曲，降神、送神奏乾寧之曲，昊

天上帝奏洪寧之曲，皇地祇奏坤寧之曲，配位奏永寧之曲，飲福奏福寧之曲，升降、望燎、出入大小次，並與入中壝同，餘載儀注及樂章。又命太常議文武二舞所當先後，太常議：「按唐、宋郊廟之禮，並先文後武，本朝自行禘祫之禮亦然。惟唐韋萬石建議謂先儒相傳，以揖讓得天下則先奏文，以征伐得天下則先奏武。當時雖從，尋復改之。其以開元禮先文後武爲定。方丘如圜丘之儀，社稷則用登歌。」

宗廟。皇帝入門，宮縣以無射宮，升殿，登歌以夾鐘，皆奏昌寧之曲。迎神、送神奏來寧之曲，九成。天德二年，晨祼畢，還小次，方奏迎神曲。大定十一年，朝享，奏依開元、開寶禮，至版位，卽奏黃鐘宮三、大呂角二、太蔟徵二、應鐘羽二，曲詞皆同。進俎，奏豐寧之曲。酌獻，宮縣奏無射大元之曲。〔四〕

諸室之曲，德帝曰大熙，安帝曰大安，獻祖曰大昭，〔五〕昭祖曰大成，景祖曰大昌，世祖曰大武，肅宗曰大明，穆宗曰大章，康宗曰大康，太祖曰大定，太宗曰大惠，熙宗曰大同，睿宗曰大和，昭德皇后廟曰儀坤，世宗曰大鈞，顯宗曰大寧，章宗曰大隆，宣宗曰大慶。〔六〕

皇帝還板位及亞終獻，皆奏無射宮肅寧之曲。飲福，登歌奏夾鐘宮福寧之曲。徹豆，奏豐寧之曲，皆用無射宮。大定十二年制，祫禘時享有司攝事，初獻盥洗，奏無射宮肅寧之曲。升階，登歌奏夾鐘宮嘉寧之曲。餘並與親享同。其別廟昭德皇后、宣孝太子所用，並載儀注、樂章。

舊制，太廟、皇考廟樂工各三十九人。大定二十九年，升祔顯宗，有司以爲「宋之太廟、別廟，堂上樂各四十八人，今之樂工少十八人，擬令皇考廟舊樂工皆充兩廟堂上樂，以應前代九十六人之數」。尙書省議「古樂工無定數」，遂奏太廟、別廟通以百人爲定。明昌六年，創設宮縣，樂工一百五十六人。

承安三年，勅「祭廟用教坊奏古樂，非禮也。其自今召百姓材美者，給以食直，教閱以待用」。泰和元年，命宮縣樂工月給錢粟二貫石，遇正樂工闕，驗色收補。四年，尙書省奏：「宮縣樂工總用二百五十六人，而舊所設止百人，時或用之卽以貼部教坊閱習。自明昌間，以渤海教坊兼習，而又創設九十二人。且宮縣之樂須行大禮乃始用之，若其數復闕，但前期遣漢人教坊及大興府樂人習之，亦可備用。」遂詔罷創設者。

宣宗南遷，祔諸帝主於汴京太廟。禮官言：「祔享禮畢，車駕還宮，至承天門外，百官奉迎，宮縣奏采茨。」以樂簴未備，遂止用教坊樂。哀宗遷蔡，天興二年七月丁巳，太祖、太宗及后妃御容至自汴京，奉安於乾元寺。左宣徽使溫敦七十五奏當用樂。上曰：「樂須太常，奈何？」七十五曰：「市有優樂，可假用之。」權左右司員外郎王鶚奏曰：「世俗之樂，豈可施于帝王之前。」遂止。

樂舞名數。太廟登歌，鐘一簴，磬一簴，歌工四，篇二，塤二，箎二，笛二，巢笙二，和笙二，簫二，七星匏一，九耀匏一，閏餘匏一，搏拊二，柷一，敔一，麾一，一弦琴、三弦琴、五弦琴、七弦琴、九弦琴各二，瑟四。別廟登歌並同。親祠則用金鐘、玉磬，攝祭則用編鐘、編磬。

宮縣樂三十六簴：編鐘十二簴，編磬十二簴，大鐘、鎛鐘、特磬各四簴。建鼓、應鼓、鞞鼓各四，路鼓二，路鼗二，晉鼓一，巢笙、竽笙各十，簫十，篇十，箎十，笛十，塤八，一絃琴三，三絃、五絃、七絃、九絃琴各六，瑟十二，柷一，敔一，麾一。文舞所執篇、翟各六十四，武舞所執朱干、玉戚各六十四，引舞所執旌二，纛二，牙杖二，單鼗二，單鐸二，雙鐸二，金鐃二，金錞二，金鉦二，相鼓二，雅鼓二。

有司攝祭，宮縣二十簴：編鐘四，編磬四，辰鐘十二。建鼓四，路鼓四，路鼗二，晉鼓一，巢笙、竽笙、簫、塤、箎、笛各八，一絃琴三，三絃、五絃、七絃、九絃琴各六，瑟八，柷、敔各一，麾一。登歌及二舞引舞所執與親祠同。

皇帝受册寶。前期，大樂令與協律郎設樂縣於殿廷。又設舉麾位二，一於殿西階，一於樂縣西北。又設登歌樂架於殿上。至日，侍中奏「外辦」，宮縣樂作，皇帝乃出，即坐，樂止。奉寶入門，樂作，置褥位上，樂止。初引時宮縣樂作，至位立定，樂止。寶初行，樂作，至御前置訖，樂止。皇帝受寶訖，樂作，侍中奏「稱賀」，樂止。皇太子升殿，登歌樂作，復位，樂止。侍中奏「禮畢」，宮縣樂作，皇帝還幕次，樂止。

御樓宣赦。前期，大樂署設宮縣於樓下，又設鼓一於宮縣之左。至日，金鷄初立，大樂署擊鼓，立訖，鼓止。侍中奏「外辦」，大樂令撞黃鐘之鐘，右五鐘皆應，昌寧之樂作，皇帝乃出。宣讀訖，百官舞蹈，禮畢，大樂令撞蕤賓之鐘，左五鐘皆應，昌寧之樂作，皇帝降座，樂止。凡皇帝出入升降及分班合班，皆樂作，坐、立定乃止。

其册命中宮、皇太子、太孫，受外國使賀，宴外國使，皆用宮縣。

散樂。元日、聖誕稱賀，曲宴外國使，則教坊奏之。

其樂器名曲不傳。皇統二年宰臣奏：「自古並無伶人赴朝參之例，所有教坊人員只宜聽候宣喚，不合同百寮赴起居。」從之。章宗明昌二年十一月甲寅，禁伶人不得以歷代帝王爲戲及稱萬歲者，以不應爲事重法科。泰和初，有司又奏太常工人數少，卽以渤海、漢人敎坊及大興府樂人兼習以備用。

鼓吹樂，馬上樂也。

天子鼓吹、橫吹各有前、後部，部又各分二節。金初用遼故物，其後雜用宋儀。海陵還燕及大定十一年鹵簿，皆分鼓吹爲四節，其他行幸惟用兩部而已。

前部第一：

鼓吹令二人

掆鼓十二　金鉦十二

大鼓百二十　長鳴百二十

鐃鼓一十二　歌二十四

拱辰管二十四　簫二十四

笳二十四　大橫吹一百二十

前部第二：

節鼓二　笛二十四

簫二十四　篳篥二十四

笳二十四　桃皮篳篥二十四

掆鼓十二　金鉦十二

小鼓百二十　中鳴百二十

羽葆鼓十二　歌二十四

拱辰管二十四　簫二十四

後部第一：

鼓吹丞二人

掆鼓三　金鉦三

羽葆鼓十二　歌二十四

拱辰管二十四　簫二十四

笳二十四　節鼓二

鐃鼓十二　歌十六

簫二十四　笳二十四

小橫吹百二十

後部第二：

笛二十四　簫二十四

篳篥二十四　笳二十四

桃皮篳篥二十四

本朝樂曲。

世宗大定九年十一月庚申，皇太子生日，上宴于東宮，命奏新聲，謂大臣曰：「朕製此曲，名君臣樂，今天下無事，與卿等共之，不亦樂乎。」辭律不傳。

十三年四月乙亥，上御睿思殿，命歌者歌女直詞，顧謂皇太子曰：「朕思先朝所行之事，未嘗暫忘，故時聽此詞，亦欲令汝輩知女直醇質之風。至於文字、語言或不通曉，是忘本也。」

二十五年四月，幸上京，宴宗室于皇武殿，飲酒樂，上諭之曰：「今日甚欲成醉，此樂不易得也。昔漢高祖過故鄉，與父老歡飲，擊筑而歌，令諸兒和之。彼起布衣，尚且如是，況我祖宗世有此土，今天下一統，朕巡幸至此，何不樂飲。」于時宗室婦女起舞，進酒畢，羣臣故老起舞，上曰：「吾來故鄉數月矣，今廻期已近，未嘗有一人歌本曲者，汝曹來前，吾爲汝歌。」乃命宗室子敍坐殿下者皆上殿，面聽上歌。曲道祖宗創業艱難，及所以繼述之意。上既自歌，至慨想祖宗音容如覩之語，悲感不復能成聲，歌畢，泣下數行。右丞相元忠暨羣臣宗戚捧觴上壽，皆稱萬歲。於是諸老人更歌本曲，如私家相會，暢然歡洽。上復續調歌曲，留坐一更，極歡而罷。其辭曰：

猗歟我祖，聖矣武元。誕膺明命，功光于天。拯溺救焚，深根固蔕。克開我後，傳福萬世。無何海陵，淫昏多罪。反易天道，荼毒海內。自昔肇基，至于繼體。積累之業，淪胥且墜。望戴所歸，不謀同意。宗廟至重，人心難拒。勉副樂推，肆予嗣緒。二十四年，兢業萬幾。億兆庶姓，懷保安綏。國家閑暇，廓然無事。乃眷上都，興帝之第。屬茲來游，惻然予思。風物減耗，殆非昔時。于鄉于里，皆非初始。雖非初始，朕自樂此。雖非昔時，朕無異視。瞻戀慨想，祖宗舊宇。屬屬音容，宛然如睹。童嬉孺慕，歷歷其處。壯歲經行，恍然如故。舊年從游，依俙如昨，歡誠契闊，旦暮之若。于嗟闊別兮，云胡不樂。

郊祀樂歌。

皇帝入中壝，宮縣黃鐘宮昌寧之曲：凡步武同。〔七〕

袞服穆穆，臨于中壝。瞻言圜壇，皇皇后帝。禋祀肇稱，馨香維德。爰暨百神，於昭受職。

降神，宮縣乾寧之曲、仁豐道洽之舞。圜鐘爲宮，黃鐘爲角，太蔟爲徵，姑洗爲羽。圜鐘三奏，黃鐘、太蔟、姑洗皆一奏，詞並同：

我金之興，皇天錫羨。惟神之休，爰茲郊見。有玉其禮，有牲其薦。將受厥明，來寧來燕。

皇帝盥洗，宮縣黃鐘宮昌寧之曲：

因天事天，惇宗將禮。爰飭攸司，奉時罍洗。挹彼注茲，陋陛壇陛。先事而虔，神勞豈弟。

皇帝升壇，登歌大呂宮昌寧之曲：

相在國南，崇崇其趾。烝哉皇王，維時涖止。至誠通神，克禋克祀。於萬斯年，昊天其子。

昊天上帝，奠玉幣，登歌大呂宮洪寧之曲：

穆穆君王，有嚴有翼。珮環鏘然，圜壇是陟。嘉德升聞，馨非黍稷。高明降監，百神受職。

皇地祇，坤寧之曲：

肅敬明祇，躬行奠贄。其贄維何？黃琮制幣。從祀羣靈，咸秩厥位。惟皇能饗，允集熙事。

配位太祖皇帝，永寧之曲：

肇舉明禋，皇天后土。皇祖武元，爰作神主。功昭者定，歌以大呂。綏我思成，有秩斯祜。

司徒迎俎，宮縣黃鐘宮豐寧之曲：

穆穆皇皇，天子躬祀。羣臣相之，罔不敬止。俎豆畢陳，物其嘉矣。馨香始升，明神燕喜。

昊天上帝，酌獻，登歌大呂宮嘉寧之曲：

郊禋展敬，昭事上靈。太尊在席，有醑斯馨。酌言獻之，靈其醉止。福祿來宜，以答明祀。

皇地祇，泰寧之曲：

衮服穆穆，臨彼泰折。於昭神宮，埋幣瘞血。爰稱匏爵，斟言薦潔。方輿常安，扶我帝業。

配位太祖皇帝，燕寧之曲：

烝哉高后，肇迪丕基。功與天合，配天以推。薦時清旨，孔肅其儀。來寧來燕，福祿綏之。

文舞退，武舞進，宮縣黃鐘宮咸寧之曲：

奉祀郊丘，雲門變舞。進秉朱干，停揮翟羽。於昭睿文，復肖聖武。無疆維烈，天子受祜。

亞終獻，宮縣黃鐘宮咸寧之曲、功成治定之舞：

掃地南郊，天神以娭。於皇君王，克禋克祀。交於神明，玄酒陶器。誠心靖純，非貴食味。

皇帝飮福，登歌大呂宮福寧之曲：

所以承天，無過乎質。天其祐之，惟精惟一。泰尊爰挹，馨香薦德。惠我無疆，子孫千億。

徹豆，登歌大呂宮豐寧之曲：

大禮爰陳，爲豆孔碩。肅肅其容，於顯百辟。皇靈降監，馨聞在德。明禋斯成，孚休罔極。

送神，宮縣圜鐘宮乾寧之曲：

赫赫上帝，臨監禋祀。居然來歆，昭答祖配。圜壇四成，神安其位。升歌贊送，天人悅喜。

方丘樂歌。

迎神，鎭寧之曲。林鐘宮再奏，太蔟角再奏，姑洗徵再奏，南呂羽再奏，詞同：

至哉坤儀，萬彙資生。稱物平施，流謙變盈。禮修泰折，祭極精誠。皇皇靈睠，永奠寰瀛。

初獻盥洗，太蔟宮肅寧之曲：

禮有五經，無先祭禮。卽時伸虔，惟時盥洗。品物吉蠲，威儀濟濟。錫之純嘏，來歆愷悌。

初獻升壇，應鐘宮肅寧之曲：

無疆之德，至哉坤元。沉潛剛克，資生實蕃。方丘之儀，惟敬無文。神其來思，時歆薦殷。

初獻奠玉幣，太蔟宮億寧之曲：

禮行方澤，文物備舉。惟皇地祇，昭假來下。奠瘞玉帛，純誠內著。神保是享，陟降斯祜。

司徒捧俎，太蔟宮豐寧之曲：

四階秩儀，壇於方澤。昭事皇祇，卽陰以墌。潔肆於祊，孔嘉且碩。神其福之，如幾如式。

正位酌獻，太蔟宮溥寧之曲：

蕩蕩坤德，物無不載。柔順利貞，含洪光大。籩豆既陳，金石斯在。四海永寧，福祿攸介。

配位酌獻，配太宗也。太蔟宮保寧之曲：

詞闕。

亞終獻升壇，太蔟宮咸寧之曲：

卓彼嘉壇，奠玉方澤。百辟祗肅，八音純繹。祀事孔明，柔祇感格。

徹豆，應鐘宮豐寧之曲：

修理方丘，吉蠲是宜。籩豆靜嘉，登於有司。芬芬馨香，來享來儀。郊儀將終，聲歌徹之。

送神，林鐘宮鎭寧之曲：

因地方丘，濟濟多儀。樂成八變，靈祇格思。薦餘徹豆，神貺昭垂。億萬斯年，永祜丕基。

詣望燎位，太蔟宮肅寧之曲。詞同升壇。

校勘記

〔一〕皇祐中阮逸胡瑗改造止下一律　「止」原作「上」。據前後文義幷參考宋史樂志改。

〔二〕雲和之琴瑟　原脫「琴」字。據周禮卷六大司樂補。

〔三〕冬日至於地上之圜丘奏之　「冬日至於」原作「冬至日至」。據周禮大司樂改。

〔四〕酌獻宮縣奏無射大元之曲　按本書卷四〇樂下宗廟樂歌，禘祫親饗，有「始祖酌獻，宮縣無射宮大元之曲」，此「酌獻」上疑脫「始祖」二字。

〔五〕獻祖曰大昭　「祖」原作「帝」。按本書卷一世紀，安帝子爲獻祖。又卷四〇樂下宗廟樂歌，有「獻祖大昭之曲」。今據改。

〔六〕宣宗曰大慶　按自上文「世宗曰大鈞」以下四曲，自非大定宗廟樂章，蓋修史者輯入而未作說明。

〔七〕凡步武同　原作大字正文，今據殿本改作小字注文。

金史卷四十

志第二十一

樂下

宗廟樂歌　殿庭樂歌　鼓吹導引曲　采茨曲

禘祫親饗，〔一〕皇帝入門，宮縣無射宮昌寧之曲：出、入步武同。

惟時升平，禮儀肇興。鳴鑾至止，穆穆造庭。百辟卿士，恪謹迎承。恭款祖考，神宇攸寧。

皇帝升殿，登歌夾鐘宮昌寧之曲：升階及將還板位，皆同登歌。

笙鏞既陳，罍樽在戶。升降有容，惟規惟矩。恭敬明神，上儀交舉。永言保之，承天之祜。

皇帝盥洗，宮縣無射宮昌寧之曲：

惟水之功，潔淨精微。洗爵奠斝，于德有輝。皇皇穆穆，宗廟之威。宜其感格，福祉交歸。

皇帝降階，宮縣無射宮昌寧之曲：

於皇神宮，象天清明。有來肅肅，相維公卿。禮儀卒度，君子攸寧。孔時孔惠，綏我思成。

迎神，宮縣來寧之曲。黃鐘宮三奏，大呂角二奏，大蔟徵二奏，應鐘羽二奏，詞同：

八音克諧，百禮具舉。明德維清，至誠永慕。神之格思，雲軿風馭。來止來臨，千祀燕處。

司徒引俎，宮縣無射宮豐寧之曲：

維牲維犧，齊明致祠。我將我享，吉蠲奉之。博碩肥腯，神嗜爲宜。千秋歆此，永綏黔黎。

始祖酌獻，宮縣無射宮大元之曲：

惟酒既清，惟殽既馨。苾芬孝祀，在廟之庭。羞於皇祖，來燕來寧。象功昭德，先祖是聽。

德皇帝，大熙之曲：

萬方欣戴，鴻業創基。瑤源垂裕，綿瓞重熙。式崇毖祀，爰考成規。籩豆有楚，益臻皇儀。

安皇帝，大安之曲：

爰圖造邦，載德其昌。皇儀允穆，誕集嘉祥。明誠昭格，積厚流光。秪嚴清廟，鐘石琅琅。

獻祖，大昭之曲：

惟聖興邦，經始之初。鳩民化俗，還定攸居。迪德純儉，志規遠圖。時哉顯祀，精誠有孚。

昭祖，大成之曲：

天啓璇源，貽慶定基。率義爲勇，施德爲威。耀武拓境，功烈巍巍。永昌皇祚，均福黔黎。

景祖，大昌之曲：

丕顯鴻烈，基緒隆昌。聖期誕集，邦宇斯張。尊嚴廟祏，昭格休祥。煌煌縟典，億載彌光。

世祖，大武之曲：

桓桓伐功，天監其明。惟威震疊，惟德綏寧。神策無遺，鴻圖以興。曾孫孝祀，遹昭厥成。

肅宗，大明之曲：

於皇神人，武烈文謨。左右世祖，懷柔掃除。威震遐邇，化漸蟲魚。垂光綿永，成帝之孚。

穆宗，大章之曲：

烝哉文祖，欽聖弘淵。慈愛忠信，典策昭然。歆此明祀，繁祉綿綿。時純熙矣，流慶萬年。

康宗，大康之曲：

惟明惟聽，曄曄神功。儀刑世業，昭格上穹。持盈孝孫，薦芳斯豐。錫我祉福，皇化益隆。

太祖，大定之曲：

功超殷、周，德配唐、虞。天人協應，平統寰區。開祥垂裕，肇基永圖。明明天子，敬承典謨。

太宗，大惠之曲：

巍巍德鴻，無爲端扆。祚承神功，究馴俗嬍。〔三〕清宮緝熙，孝思時祀。欽奠羞誠，犧樽嘉旨。

熙宗，大同之曲：

昭顯令德，神基丕承。對越在天，享用躋升。於穆清廟，來燕來寧。神其醉止，惟欽克誠。

睿宗，大和之曲：

皇祖開基，周武、殷湯。猗歟聖考，嗣德彌光。啓佑洪緒，長發其祥。嚴恭廟享，萬世烝嘗。

世宗，大鈞之曲：

神之來思，甫登于堂。祼圭有瓚，秬鬯芬芳。巍巍先功，啓祐無疆。萬年肆祀，孝心不忘。

顯宗，大寧之曲：

於皇神宮，有嚴惟清。吉蠲孝祀，惟神之寧。對越在天，綏我思誠。敷祐億年，邦家之慶。

章宗，大隆之曲：

兩紀踐阼，萬方寧康。文經天地，武服遐荒。禮備制定，德隆業昌。居歆典祀，億載無疆。

宣宗，大慶之曲：

猗歟聖皇，三代之英。功光先后，德被羣生。牲粢惟馨，鼓鐘其鏗。神兮來思，歆于克誠。

文舞退，武舞進，宮縣無射宮肅寧之曲：

明明先皇，神武維揚。開基垂統，萬世無疆。干戚象功，威儀有光。神保是饗，昭哉降康。

亞終獻，無射宮肅寧之曲：

涓辰之休，昭祀惟恭。威儀陟降，惟禮是從。籩豆靜嘉，於論鼓鐘。惟皇受祉，監斯德容。

皇帝飲福，登歌夾鐘宮福寧之曲：

犧牲充潔，粢盛馨香。來格來享，精神用彰。歆此純禧，簡簡穰穰。文明天子，萬壽無疆。

徹豆，登歌夾鐘宮豐寧之曲：

孝祀肅睦，明德以薦。樂奏九成，禮終三獻。百辟卿士，進徹以時。小大稽首，神保聿歸。

送神，宮縣黃鐘宮來寧之曲：

潔茲牛羊，清茲酒醴。三獻攸終，神既燕喜。神之去兮，載錫繁祉。萬壽無疆，永保禋祀。

郊祀前，朝享太廟樂歌。

皇帝入門，宮縣無射宮昌寧之曲：

郊將升禋，廟當告虔。錫鑾戾止，孝實奉先。祀事斯舉，有序無愆。祗見祖考，神意懽然。

皇帝升殿，登歌夾鐘宮昌寧之曲：

皇皇天子，升自阼階。奠見祖禰，肅然有懷。百禮已洽，八音克諧。既昌且寧，萬福沓來。

迎神，宮縣來寧之曲。黃鐘宮三奏，〔三〕大呂角二奏，太蔟徵二奏，應鐘羽二奏，詞同

以實應天，報本反始。潔粢豐盛，禮先肆祀。風馬雲車，神之弔矣。來止來宜，而燕翼子。

皇帝盥洗，宮縣無射宮昌寧之曲：

有水于罍，有巾于篚。帨手拭爵，圭袞有煒。玄酒大羹，德馨維菲。萬年昌寧，皇皇負扆。

皇帝陞階，宮縣無射宮昌寧之曲：降階，同。

巍巍京師，有嚴神宮。聖主戾止，多士雲從。來享來獻，肅肅其容。將昭大報，庸示推崇。

司徒奉俎，宮縣無射宮豐寧之曲：

陳其犧牲，惟純與精。苾芬孝祀，於昭克誠。不疾瘯蠡，或剝或亨。洋洋在上，以交神明。

始祖酌獻，宮縣大元之曲：

猗歟初基，兆我王迹。其命維新，貽謀丕赫。緜緜瓜瓞，國步日闢。堂構之成，焜煌今昔。

獻祖，大昭之曲：

以聖繼興，成王之孚。民從其化，咸奠攸居。淸廟觀德，猗歟偉歟。金石備樂，以奉神娛。

昭祖，大成之曲：

東夷不庭，皇祖震怒。神武削平，貽厥聖緒。猶室有基，垣墉乃樹。億萬斯年，天保孔固。

景祖，大昌之曲：

於皇藝祖，其智如神。修法施令，百度惟新。疆宇日廣，海隅咸賓。功高德厚，耀耀震震。

世祖，大武之曲：

於皇先王，昭假于天。長駕遠馭，麾斥無前。王業猶生，孫謀有傳。圓壇展禮，敢先告虔。

肅宗，大明之曲：

猗歟前人，簡惠昭融。相我世祖，成茲伐功。敷佑來葉，帝圖其隆。將修熙事，先款神宮。

穆宗，大章之曲：

仁慈忠信，惟祖之休。功光岐下，迹掩商丘。言瞻清廟，懷想前修。神其來格，歆茲庶羞。

康宗，大康之曲：

猗歟前王，惠我無疆。儀刑典法，日靖四方。永言孝思，於乎不忘。昭告大祀，祇率舊章。

太祖，大定之曲：

天生聰明，俾乂蒸人。惟此二國，爲我敺民。捷彼威武，萬邦咸賓。明昭大報，推而配神。

太宗，大惠之曲：

維清緝熙，於昭明德。我其收之，駿奔萬國。南郊肇修，大典增飾。清廟吉蠲，純禧申錫。

睿宗，大和之曲：

維時祖功，肇開神基。昭哉聖考，其德增輝。上動天監，明命攸歸。謀貽翼子，無疆之辭。

文舞退，武舞進，宮縣肅寧之曲：

先皇開基，比迹殷湯。功加天下，武德彌光。容舞象成，干戈戚揚。於昭報本，懷哉不忘。

亞終獻，宮縣肅寧之曲：

於皇宗祊，朝獻維時。芬芬酒醴，棣棣威儀。誠則有餘，神之格思。神孫千億，神其相之。

皇帝飮福，登歌夾鐘宮福寧之曲：〔四〕

皇皇穆穆，丕承丕基。躬親于禋，載肅載祗。對越在天，神歆其誠。于以飮酒，如川之增。

徹豆，登歌夾鐘宮豐寧之曲：

物維其時，旣豐且旨。苾苾德馨，或將或肆。神之居歆，洽于百禮。於萬斯年，穰穰介祉。

送神，宮縣黃鐘宮來寧之曲：

濟濟多儀，皇皇雅奏。獻終反爵，薦餘徹豆。神監昭回，有秩斯祐。無疆之福，申錫厥後。

昭德皇后別廟，郊祀前薦享，登歌樂曲。

初獻盥洗，夷則宮肅寧之曲：

神無常享，時歆精誠。惟誠惟潔，感通神明。先事盥滌，注茲淸冷。巾篚旣奠，尊彝薦馨。

初獻升、降殿，中呂宮嘉寧之曲：

有來肅肅，登降以敬。粲粲袨服，鏘鏘佩聲。金石節奏，旣協且平。其儀不忒，乃終有慶。

司徒奉俎，奏夷則宮豐寧之曲：

馨我黍稷，潔我牲牷。降升有節，薦是吉蠲。工祝致告，威儀肅然。神之弔矣，元吉其旋。

酌獻，奏夷則宮儀坤之曲：

俔天之妹，坤德利貞。圓丘有事，先薦以誠。我酒既旨，我殽既盈。神其居饗，福祿來成。

徹豆，奏中呂宮豐寧之曲：

明昭祀事，舊典無違。樂既云闋，神其聿歸。禮之克成，神保斯饗。於萬斯年，迓續丕貺。

祫禘有司攝事。

初獻盥洗，宮縣無射宮肅寧之曲：

祀事之大，齊栗爲先。潔精以獻，沃盥于前。既濯以升，乃薦豆籩。神其感格，歆于吉蠲。

升自西階，登歌奏夾鐘宮嘉寧之曲：餘並同親祀。

國有太宮，合食以禮。躋階肅肅，降陛濟濟。鏘然純音，節乃容止。神之格思，永綏福履。

時享，攝事登歌樂章。

初獻盥洗，無射宮肅寧之曲：

酌彼行潦，維挹其清。潔齊以祀，祀事昭明。顯允辟公，沃盥乃升。神之至止，歆于克誠。

初獻升殿，夾鐘宮嘉寧之曲：餘同親祀，惟不用宮縣。

濟濟在庭，祗薦有序。雍容令儀，旋規折矩。爰徂于基，鳴珮接武。敬恭神明，來寧來處。

昭德皇后時享，登歌樂章。

初獻盥洗，無射宮肅寧之曲：

時祀有章，禮備樂舉。爰潔其盥，亦豐其俎。俯仰升降，中規中矩。神其來格，百福是與。

初獻升殿，夾鐘宮嘉寧之曲：三獻及司徒降，同。

假哉神宮，神宮有侐。惟時吉蠲，登降翼翼。歌鐘鏘煌，笙磬翕繹。於昭肅恭，靈釐來格。

司徒奉俎，無射宮豐寧之曲：

宮庭枚枚，鐘磬喤喤。既儀圭鬯，既奠膋薌。齊莊奉饋，籩豆大房。靈之右饗，流慶無疆。

酌獻，無射宮儀坤之曲：

於皇坤德，作合乾儀。塗山懿範，京室芳徽。容聲如在，典祀惟時。神其克享，薦祉來宜。

亞終獻，無射宮儀坤之曲：

嘉羞實俎，高張在庭。中獻合禮，終獻改中爲三。坤德儀刑。神其是聽，用鬯清明。清明既鬯，來享來寧。

徹豆，夾鐘宮豐寧之曲：

禮成於終，神心禗禗。膋蕭發馨，樂闋獻已。徒馭孔多，靈輿載轙。青玄悠悠，歸且億矣。

宣孝太子別廟，登歌樂章。

初獻升殿，夾鐘宮承安之曲：

有腯斯牲，有馨斯齊。美哉洋洋，升降以禮。禮容既莊，樂亦諧止。神之格思，式歆明祀。

酌獻，無射宮和寧之曲：

於惟光靈，孝德昭宣。高麗有奕，來寧來燕。於薦惟祫，既時既蠲。從我烈祖，載享億年。

亞終獻，和寧之曲：

金石和奏，豆籩惟豐。祠宮奉事，齊敬精衷。笙吟伊浦，鶴駐緱峰。是保是饗，靈德無窮。

徹豆，夾鐘宮和安之曲：

寢成奕奕，今茲其時。明稱肇祀，將禮之儀。俟安以懌，羞嘉且時。樂闋獻已，神其饗思。

大定三年十月，追上睿宗册寶，應鐘宮顯寧之曲：

天開休運，積仁而昌。命茲昭考，敢忘顯揚。上儀肇舉，涓日之良。來格來享，惠我無疆。

大定十九年，升祔熙宗册寶樂曲：

恢大帝業，敉寧多方。懿德茂烈，金書發揚。肇舉上儀，涓擇吉日。鴻名赫赫，與天無極。

上册寶，宮縣靜寧之曲：

日卜其吉，承祀孔肅。廣號追崇，孝心克篤。於乎悠哉，來思昨穆。寶册既陳，委於宗祝。

皇帝降殿，宮縣鴻寧之曲：

繼世隆昌，臨朝靜默。追謚鴻名，發輝潛德。玉質金章，煌煌簡册。涓辰展儀，永傳無極。

殿庭樂歌。

大定七年正月，上册寶，皇帝將升御座，宮縣奏太蔟宮泰寧之曲：〔五〕降座，同。

德隆帝位，承天而興。侯邦來庭，民居安寧。歸美以報，傳之無極。鴻名徽稱，壽時萬億。

册寶入門，奏天保報上之曲：

四方既平，功歸聖明。定功巍巍，丕享鴻名。股肱良哉，揄揚元首。儲精優游，南山等壽。

奉册寶官將復班位，奏歸美揚功之曲：

聖德高明，萬邦咸休。錙銖唐、虞，糠粃商、周。維時羣臣，對敭稽首。天子明明，令聞不朽。

冊寶初行，奏和寧之曲：冊寶將升殿，皇太子自侍立位至降階，曲並同。

四方攸同，昭哉成功。時和年豐，諸福來崇。英聲昭騰，和氣充塞。於乎皇王，維壽時億。

皇太子升殿賀，奏同心戴聖之曲：

穆清皇風，遐方來同。於昭于天，物和歲豐。丕受鴻名，對揚偉蹟。純釐穰穰，敷錫罔極。

上壽，皇帝將升御座，宮縣和寧之曲。同前。

舉酒，萬壽無疆之曲：

四海太平，吾皇之功。羣臣對揚，誕受鴻名。霞觴瓊腴，君王樂豈。皇天垂休，萬壽無極。

皇太子升階、降階，及與宴官升殿，並奏和寧之曲。同前。

進第一爵，登歌奏王道昌明之曲：〔六〕

對天鴻休，于以鋪張。巍巍煌煌，超冠百王。皇圖皇綱，時維明昌。祉福無疆，于民敷揚。

行羣官酒，宮縣和寧之曲。文舞入，〔七〕設羣官食，奏功成治定之舞，三成止：

聖德高明，如天强名。多方治平，功大有成。流于聲音，形于蹈舞。頒觴羣臣，以昭禮遇。

進第二爵，登歌奏天子萬年之曲：

惟明后，馭寰瀛。躋升平，飛英聲。功三王，德五帝。游巖廊，億萬歲。

行羣官酒，宮縣和寧之曲。武舞入，設羣官食，奏四海會同之舞，三成止：

地平天成，時和歲豐。迓衡弗迷，率惟敉功。受天之祜，四方來荷。於萬斯年，不遐有佐。

進第三爵，登歌嘉禾之曲：

景命赫斯歸吾皇，仁風洋洋被遠荒。琛贄旅庭趨明光，氣和薰蒸爲嘉祥。殊本合穗眞異常，庚如坻京歲且穰。猗歟鴻休超前王，播爲聲詩傳無疆。行羣官酒、設羣官食、羣官降階，宮縣並奏和寧之曲，皇帝將降御座，奏泰寧之曲，並用太蔟宮。

大定十一年十一月，行册禮，皇帝升御座，宮縣泰寧之曲：

皇皇穆穆，衮服玉趾。如日之升，如山仰止。九賓在列，媚茲天子。願言無疆，介以繁祉。

册寶入門，奏天保報上之曲：

穆穆元聖，天迪子保。相維臣工，以奏丕號。揚于路朝，玉牒神寶。於萬斯年，吾君壽考。

奉册寶官將復班位，奏歸美揚功之曲：

玉册玉寶，尊聖天子。丕揚鴻名，昭受帝祉。閎休對天，其隆孰比。臣下同心，翼戴歸美。

皇太子升殿賀，奏同心戴聖之曲：

大矣我后，徽册膺受。歡趨彤庭，拜手稽首。休明御辰，無疆萬壽。靈貺沓來，天地長久。

舉酒，奏萬壽無疆之曲：

聖德懋昭，民歸天祐。煌煌金書，典册光受。備樂在庭，八音諧奏。羣公奉觴，天子萬壽。

進第一爵，登歌王道昌明之曲：

明明我皇，道光化溥。百度惟新，禮修樂舉。藻飾太平，爛然可覩。超躋三王，暉映千古。

設羣官食，奏和寧之曲、功成治定之舞：

穆穆我君，威折羣醜。輝光日新，仁洽九有。容典葳蕤，超前絕後。端拱深嚴，寶册膺受。

第二爵，登歌奏天子萬年之曲：

典禮修，惟明后。揚鴻名，燦瓊玖。羅華紳，爲萬壽。歌南山，堅且久。

行羣官酒，奏和寧之曲、四海會同之舞：

道隆政平，天開有德。萬國和寧，來王來極。昭受鴻名，俯徇列辟。錫飲行觴，歡心各得。

第三爵，登歌奏嘉禾之曲：

衆瑞畢至昭升平，爰生嘉禾廼合穗。膴膴大田無南東，稼茂如雲成豐歲。既刈既穫百室盈，擊壤歌沸野老聲。〔八〕陶唐之民茲其比，帝力何有若自遂。

大定十八年十二月，上「受命寶」，皇帝將升御座，宮縣奏泰寧之曲。並大呂宮：

上帝有赫，懷此明德。畀之神寶，庸鎮萬國。臨軒是膺，登降維則。羣臣拜首，年卜萬億。

寶入門，奏天保報上之曲：

受命大寶，昭答眷佑。珍符明貺，人爲天授。文物具舉，韶、濩迭奏。羣臣上之，天子萬壽。

羣臣合班，奏歸美揚功之曲：

德冒生民，明明元后。端冕臨軒，神寶是受。羣工來賀，咸拜稽首。無疆無期，享祚長久。

皇太子升殿、并自侍立位降階，宮縣稱觴介壽之曲：

上儀昭舉，膺時瑞玉。羣辟在列，蹌蹌肅肅。袞衣桓圭，歸美稽首。升降惟時，天子萬壽。

舉酒，登歌奏萬壽無疆之曲：

上帝眷命，純休玆至。誕膺洪寶，光臨大器。稱觴對揚，嵩嶽萬歲。其寧惟永，無疆卜世。

天德二年十月，册立中宮，皇帝將升御座，宮縣奏乾寧之曲：降座，同。

人道大倫，王化所基。明聖稽古，陰教欲施。臨軒發册，備舉彝儀。麟趾、關雎，宜播聲詩。

册寶入門，奏昌寧之曲：出門，同。

羽衞充庭，淑旂徽章。禮儀具舉，涓辰以良。相我內訓，來儀椒房。億萬斯年，邦家之光。

將受册寶，以册寶入門，宮縣奏肅寧之曲：命婦升、降，同。

塗山興夏，關雎美周。坤儀之尊，母臨九州。瑤册褘衣，光配凝旒。地久天長，福祿是遒。

后出閤，奏順寧之曲：升、降座，同。

天立厥配，任、姒比隆。母儀四海，化行六宮。日月並明，乾坤合德。於萬斯年，作儷宸極。

受册，奏坤寧之曲：

風化之始，由于壼闈。禮文斯備，爰正坤儀。維順以慈，儷聖同德。則百斯男，垂統無極。

天德四年二月，册皇太子，皇帝將升御座，宮縣奏乾寧之曲：皆用夾鐘宮〔九〕。

大君有爲，先圖本固。涓辰之吉，禮成儲副。文物備陳，聲樂皆具。人心載寧，克昌福祚。

册使入門，昌寧之曲：

在天成象，煥乎前星。惟聖時憲，典禮以行。一人有慶，萬邦以貞。社稷之福，寖昌寖明。

皇太子入門，奏元寧之曲：出門，同。

皇矣上帝，純佐明聖。篤生元良，日躋德性。册命主器，萬邦以正。龍樓問寢，億年之慶。

大定八年正月，册皇太子，皇帝將升御座，宮縣洪寧之曲：並用太蔟宮。

會朝清明，臨軒備禮。天威皇皇，臣工濟濟。於昭元良，膺茲典册。對揚閎休，卜年萬億。

皇太子入門，奏肅寧之曲：

光昭前星，惟天垂象。稽古而行，主器以長。曲禮告成，邇遐屬望。國本既隆，繁釐永享。

羣臣合班，奏嘉寧之曲：

於皇臨軒，禮崇上嗣。維眷之祺，傃方正位。言觀其儀，翔翔濟濟。美歸吾君，太平萬歲。

皇太子復受册位，奏和寧之曲：

祖功艱難，經營締構。基牢根深，枝繁葉茂。於昭貽謀，駢休集佑。元良斯貞，吾皇萬壽。

大定二十七年三月，册皇太孫，皇帝將升御座，宮縣泰寧之曲：並姑洗宮。

上天叢休，申錫祚胤。孫謀有詒，臨軒體正。煌煌上儀，欣欣衆聽。隆我邦本，無疆惟慶。

皇太孫入門，奏慶寧之曲：出門，同。

寶源流光，流光惟遠。孫謀有貽，慶序昭衍。於樂衆望，於皇備典。動容周旋，承茲嘉羨。

羣臣合班，奏順寧之曲：

冕旒當宁，徽章備舉。綵仗充庭，金石列簴。濟濟多士，翼翼就序。海潤山暉，傾聽樂府。

皇太孫復受册位，奏保寧之曲：

禮之攸闢，丕建世嫡。衆論協從，天心不易。名崇震宮，辭著瑞册。社稷宗廟，無疆夷懌。

鼓吹導引曲。

天眷三年九月，駕幸燕京，導引曲：無射宮。

五年一狩，仙仗到人間，問稼穡艱難。蒼生洗眼秋光裏，今日見天顏。金戈玉斧臨香火，馳道六龍閑。歌謠到處皆相似，天子壽南山。

天德二年三月，祫享廻鑾，導引曲：

禮成廟享，御衞拱飛龍，諸道起祥風。太平天子多受福，孝德與天通。鳳簫龍管韶音奏，聲在五雲中。粲然文物昭治世，萬億祺無窮。

貞元元年三月，駕幸中都，導引曲：並姑洗宮。

鑾輿順動，嘉氣滿神京，輦路宿塵清。鈎陳萬旅隨天仗，縹緲轉霓旌。都人望幸傾堯日，讙抃溢歡聲。臨觀八極辰居正，寰宇慶昇平。

采茨曲：

新都春色滿，華蓋定全燕。時運千齡協，星辰五緯連。六龍承曉日，丹鳳倚中天。王氣盤山海，皇居億萬年。

貞元三年十一月，祫享廻鑾，采茨曲：並用。〔一〇〕

慶成廻大駕，仙仗紫雲深。龍袞輝千騎，嵩呼閒八音。太平興縟禮，萬國得懽心。孝格迎遐福，穰穰永降臨。

正隆六年六月，駕幸南京，導引曲：並林鐘宮。

神宮壯麗，宮殿壓蓬萊，向曉九門開。聖明天子初巡幸，遙駕六龍來。五雲影裏排仙仗，清蹕絕纖埃。都人齊唱昇平曲，更進萬年盃。

采茨曲：

雙闕層雲表，澄景開清曉。六龍天上來，馳道平如掃。虞巡五載合，夏諺一遊同。都人欣豫意，寫入頌聲中。

大定三年十月，祫享廻鑾，采茨、導引曲：〔一一〕皆應鐘宮。自後親祀，二曲並用。

太宮崇烈考，大禮慶初成。綵仗廻雲步，天階嚴蹕聲。舜宮合至孝，周頌詠維淸。介福應穰簡，歡交萬國情。

導引曲：

禮行淸廟，華黍薦年豐，聖孝與天通。六龍廻馭千官衞，玉振珮環風。黃麾金輅嚴天仗，非霧鬱葱葱。工歌疊奏升平曲，福祿自來崇。

大定二十七年三月，皇太孫受册，謝廟，導引曲：

璿源濬發，衍慶自靈長，聖運日隆昌。震闈顯册遵彝典，基緒煥重光。練時廟見嚴昭報，禮樂粲成章。精誠潛格神明助，福祿永無疆。

校勘記

〔一〕禘祫親饗　據本志文例，此句上當有「宗廟樂歌」四字。

〔二〕究馴俗嬍　「究」疑是「宄」字之誤。

〔三〕黃鐘宮三奏　原脫「宮」字。按本書卷三〇朝享儀，朝享太廟，「宮縣奏來寧之曲，以黃鐘爲宮」，本卷上文「禘祫親饗」，「迎神，宮縣來寧之曲。黃鐘宮三奏」。今據補。

〔四〕登歌夾鐘宮福寧之曲　原脱「宮」字。按上文「禘祫親饗」，「皇帝飲福，登歌夾鐘宮福寧之曲」。今據補。

〔五〕宮縣奏太蔟宮泰寧之曲　「奏」原作「樂」。按大金集禮（以下簡稱集禮）卷二帝號下，大定七年册禮作「宮縣奏泰寧之曲」。今據改。又，下文「降座同」三字原作大字正文，今據殿本改作小字注文。

〔六〕進第一爵登歌奏王道昌明之曲　「昌明」原作「明昌」。按下文「大定十一年十一月行册禮」，「進第一爵，登歌王道昌明之曲」，集禮大定七年册禮亦作「昌明」。今據乙正。

〔七〕文舞入　「舞」原誤作「武」。據集禮改。

〔八〕擊壤歌沸野老聲　按本曲八句四韻，「聲」與「穗」「歲」「遂」不叶，疑或「輩」字之誤。

〔九〕皆用夾鐘宮　原作大字正文，今依本志文例改作小字注文。

〔一〇〕祫享迴鑾采茨曲並用　按「並用」下脱宮調名。

〔一一〕祫享迴鑾采茨導引曲　按「導引曲」見下，此「導引」二字疑是衍文。

金史卷四十一

志第二十二

儀衞上

常朝儀衞　內外立仗　常行儀衞　行仗法駕　黃麾仗

金制，天子之儀衞，一曰立仗，二曰行仗。其衞士，曰護衞，曰親軍，曰弩手，曰控鶴，曰傘子，曰長行。立仗則有殿庭內仗、殿庭外仗，凡大禮、大朝會則用之；其朔望常朝，弩手百人分立兩階而已。行仗則有法駕、大駕、黃麾仗，凡行幸及郊廟祀享則用之。其非大禮遠出，則有常行儀衞、宮中導從焉。大抵模倣宋制，錯綜增損而用之。其宿衞則見兵志云。

初，國制，凡朔望常朝日，殿下列衞士，簾下置甲兵。正隆元年，海陵去甲兵，惟存錦衣弩手百人，分立兩階。其儀，都副點檢，公服偏帶。常朝則展紫。左右衞將軍，宿直將軍，展紫，金束帶，各執玉、水晶及金飾骨朵。左右親衞，盤裹紫襖，塗金束帶，骨朵，佩兵械。供御弩手、傘子百人，並金花交脚幞頭，塗金銅鈒襯花束帶，骨朵。左右班執儀物內侍二十人，展紫，塗金束帶。

朝參日，弩手、傘子直於殿門外，分兩面排立。司辰報時畢，皇帝御殿坐，鳴鞭，閤門報班齊。執擎儀物內侍分降殿階，南向立。點檢司起居，弩手、傘子於殿門外北面山呼聲喏，訖，即於殿門外東西相向排立。都點檢以次三員陞殿，都點檢在東近南，左副又少南，右副在西，東向對立。左右衞將軍在殿下東西對立。省臣隨班起居畢，左右司侍郎從宰執奏事。殿中侍御史隨班起居畢，東西對立於左右衞將軍之北，少前。修起居注分殿陛東西對立於殿欄外副階下，以俟。奏事畢，皇帝還閤，侍衞者乃退。

凡遇大禮、大朝會，則有內外立仗。熙宗皇統元年正月，上冊寶，立仗一千一百八十人。自是以後，至海陵時，俱用三千人。世宗大定七年，上冊寶，頗損其數，且以天德、貞元不設車輅，遂幷去之。是後，或減至二千，或一千、或八百、或六百人。

天德二年，海陵立后，發册勤政殿，設黃麾細仗，用前六部，攝官七十一，擎執六百七十八人。受册泰和殿，用後六部，攝官三十六，擎執三百二十二人。

大定八年正月，册皇太子於大安殿，用黃麾半仗二千二百六十五人，奉表于仁政殿用黃麾細仗一千四百二人。二十七年，册皇太孫，亦如之。

大定八年，黃麾半仗，攝官一百七十五人，擎執二千八十一人，編排職掌九人。

殿庭內仗。以中心東西相向一重，幷面北旗幟爲中道。左行，自北西向排列。黃麾幡一首，執者三人。碧襴官一，大雉扇二。碧襴官一，中雉扇六。碧襴官一，小雉扇六。碧襴官一，朱團扇六。碧襴官一，睥睨四。碧襴官一，紅大傘一。碧襴官一，紫方傘二。碧襴官一，華蓋一。右行，東向列者，並同。面北，第一行，牙門旗八，共二十四人，分左右，留中道。第二行，監門校尉十二，分左右。第三行，長壽幢一，押旗大將軍一，居中。次東五方龍旗十五，次西五方鳳旗十五。第四行，自內而東，青龍旗五，紅龍旗二十。自內而西，青龍旗五，紅龍旗二十。第五行，同上，又君王萬歲旗一，五人居中。日旗一，五人在左。月旗一，五人在右。第六行，自內而東，天下太平旗、苣紋旗、日月合璧旗、苣紋旗、青龍旗、赤龍旗、河瀆旗、江瀆旗各一，旗五人，排仗通直官一，排仗大將一。未、午、巳、辰、卯、寅旗各一，青天王旗、白天王旗各一。自內而西，祥雲旗、五星連珠旗、祥雲旗、黃龍旗、白龍旗、黑龍旗、淮瀆旗、濟瀆旗各一，旗五人，通直官一，大將一。申、酉、戌、亥、子、丑旗各一，緋天王旗、皂天王旗各一。第七行，自內而東，孔雀旗一，五人。蒼烏旗、兕旗、犛牛旗、驍騶旗、赤熊旗、白狼旗、金鸚鵡旗、馴犀旗、角端旗、鵕鸃旗、騶牙旗、野馬旗、瑞麥旗、甘露旗各一，旗五人。自內而西者同。

外仗。在門外。左邊，西向，自北排列。第一部，第一行，侍御史、大將軍、折衝都尉各一，主帥三。第二行，絳引幡五首十五人，龍頭竿四、弓矢五、揭鼓二、龍頭竿四、儀鍠斧五、龍頭竿四、朱刀盾五、龍頭竿四、綠刀盾五、龍頭竿四、小戟五。第三行，與第一行同。第四行，與第二行同。第二部、第三部、第四部、第五部以次而南，各爲前後四行，其名數與第一部同，惟無絳引幡。右五部，東向排列，色數皆同。左第五行，從北，每大旗一，均用小紅龍旗二間之。角宿旗一，三人，均用二。亢宿旗一，三人，均用二。氐宿旗一，三人，均用二。房宿旗一，三人，均用二。心宿旗一，三人，均用二。尾宿旗一，三人，均用二。箕宿旗一，三人，均用二。斗宿旗一，三人，均用二。牛宿旗一，三人，均用二。女宿旗一，三人，龍旗并黃排欄旗各一。虛宿旗一，三人，紅、黃排欄旗二。危宿旗一，三人，紅、紫排欄旗二。室宿旗一，三人，黃、紫排欄旗二。壁宿旗一，三人，紅、黃排欄旗二。重輪旗一，三人，紅、紫排欄旗二。左攝提旗一，三人，黃、紫排欄旗二。青龍旗一，三人，紅、黃排欄旗二。木星旗一，三人，紅、紫排欄旗二。火星旗一，三人，黃、紫排欄旗二。土星旗一，三人，紅、黃排欄旗二。金星旗一，三人，紅、紫排欄旗二。水星旗一，三人，吏兵幷紫排欄旗各一。北岳旗一，三人，吏兵幷龍君旗各一。東岳旗一，三人，龍君幷黃熊旗各一。中岳旗一，三人，黃熊幷赤豹旗各一。西岳旗一，三人，赤豹幷力士旗各一。南岳旗一，三人，力士幷虎君旗各一。朱雀旗一，三人，虎君幷天馬旗各一。右第五行，從北。奎旗一，三人。婁旗一，三人。胃旗一，三人。昴旗一，三人。畢旗一，三人。觜旗一，三人。參旗一，三人。井旗一，三人。鬼旗一，三人。皆均用二旗如前。柳宿旗一，三人，紅龍幷黃排欄旗各一。星宿旗一，三人，紅、黃排欄旗二。張宿旗一，三人，紅、紫排欄旗二。翼宿旗一，三人，紫、黃排欄旗二。軫宿旗一，三人，紅、黃排欄旗二。重輪旗一，三人，紅、紫排欄旗二。右攝提旗一，三人，紫、黃排欄旗二。白虎旗一，三人，紅、黃排欄旗二。東方神旗一，三人，紅、紫排欄旗二。南方神旗一，三人，黃、紫排欄旗二。中央神旗一，三人，紅龍排欄旗二。西方神旗一，三人，紅、紫排欄旗二。北方神旗一，三人，力士幷紫排欄旗各一。風伯旗一，三人，力士幷虎君旗各一。雨師旗一，三人，虎君幷黃熊旗二。雷公旗一，三人，黃熊幷赤豹旗二。電母天馬旗二。三人執一旗者重立，二人各執小旗者亦重立。

殿門外仗，亦從北，留中道。飛麟旗、駃騠旗、鸞旗、麟旗、馴象旗各二，共十人，從中分列爲第一重。鵰鷄旗、貔旗、玉馬旗、三角獸旗、黃鹿旗各二，共十人，次外分列爲第二重。其次，第一部都尉三員，第二部至第五部俱二員，爲第三重。又其次五部，各刀盾二十，爲第四重。又其次五部，各弓矢二十，爲第五重。左右同。

黃麾細仗，攝官八十八人，擎執一千三百五人，編排職掌九人。

內仗，中道左一行，自北西向排列。黃麾幡一首，執者三人。大雉扇六、中雉扇六、小雉扇六、朱團扇六、睥睨四、紅大傘一、紫方傘二、華蓋一，凡傘扇之上皆有碧襴官一。右行東向，排次同。面北，第一行，長壽幢一，居中。牙門旗八，共二十四人，分左右。第二行，君王萬歲旗五人，居中。日旗五人，監門校尉五人，在左。月旗五人，監門校尉五人，在右。第三行，五方龍旗十五在左，五方鳳旗十五在右。第四行，紅龍旗三十四，第五行，紅龍旗三十四，皆分左右。第六行，自內而東，太平、菅紋、合璧、菅紋、赤龍、青龍旗各一，旗五人，通直一人，大將一人。未、午、巳、辰、卯、寅旗各一，青天王旗、白天王旗各一。自內而西，祥雲、連珠、祥雲、黃龍、白龍、黑龍旗各一，旗五人，通直一人，大將一人。中、酉、戌、亥、子、丑旗各一，緋天王旗、皂天王旗各一。第七行，自內而東，河瀆、江瀆、兕、赤熊、馴犀、角端、鵕鸃、綱子旗各一，旗五人。自內而西，淮瀆、濟瀆、兕、赤熊、馴犀、角端、鵕鸃、綱子旗各一，旗五人。

外仗，左邊西向，自北排列，第一行，五部，侍御史、大將軍、折衝都尉各一，主帥各二。第二行，第一部，絳引幡五首，十五人。龍頭竿四、弓矢五、揭鼓二、儀鍠斧五，龍頭竿四、弓矢五、朱刀盾五、綠刀盾五，龍頭竿四、儀鍠斧五、朱刀盾五、綠刀盾五，龍頭竿四、小戟五，龍頭竿四、小戟五。第二部至五部無絳引幡，餘色並同，以次相接而南。右五部東向，亦如之。左第三行，從北，角、亢、氐、房、心、尾、箕、斗、牛、女、虛、危、室、壁旗各一，旗三人。次重輪、左攝提、青龍旗各一，木、火、土、金、水星旗各一，北、東、中、南、西岳旗各一，旗三人。次紫排欄四、黃排欄四、紅排欄四、吏兵旗二、天馬旗一。右第三行，從北，奎、婁、胃、昴、畢、觜、參、井、鬼、柳、星、張、翼、軫旗各一，旗三人。次重輪、右攝提、白虎旗各一，東、南、中、西、北方神旗各一，風伯、雨師、雷公、電母、北斗旗各一，旗三人。次紫排欄四、黃排欄四、紅排欄四、吏兵旗二、天馬旗一。

行仗。天子非祀享巡幸遠出，則用常行儀衞。弩手二百人、軍使五人，控鶴二百人、首領四人，俱服紅地藏根牡丹錦襖、金鳳花交脚幞頭、塗金銀束帶，控鶴或皂帽碧襖，各執金鍍銀蒜瓣骨朶。長行四百人，拳脚幞頭、紅錦四襈襖、塗金束帶，二人紫衫前導，無執物，餘執列糸骨朶七十八、瓜八十八、鐙三十四，在控鶴前，金吾仗八十、金花大劍六十俱垂紅絨結子、儀鍠斧五十八，在控鶴後。其常朝、御殿、郊廟、臨幸，凡步輦出入則有近侍導從，執金鍍銀骨朶者二人，左右扇十人，拂子四人，香盒二人，香毬二人，節二人，幢二人，盂一人，唾壺一人，淨巾一人，鍦鑼一人，水罐一人，交椅一人，斧一人，皇帝出閤則分立閤門之外，導引至殿，皇帝升座則降階以俟，入閤然後放仗。

天眷三年，熙宗幸燕，始備法駕，凡用士卒萬四千五十六人，攝官在外。海陵遷都于燕，用黃麾仗萬三百四十八人。天德二年祀廟，用黃麾四千人。世宗即位，凡行幸祀享並用三千人，間亦不滿其數。大定十一年前，祀南郊、朝享太廟及至郊壇，用大駕七千人，此其大較也。

天眷法駕人數。攝官六百九十九人：將軍、大將軍四十三人，折衝、果毅一百二十六人，校尉五十六人，郎將三十四人，帥兵官二百四十六人，統軍六人，都頭六人，千牛一人，旅帥二人，部轄指揮使二人，押纛二人，押衙四人，四色官四人，押旗二人，引駕官四人，進馬四人，押仗通直二人，押仗大將二人，碧襴一十六人，長史二人，鼓吹令二人，鼓吹丞二人，典事五人，太史令一人，太史正一人，司丞一人，府牧一人，刻漏生四人，縣令一人，御史大夫一人，僚佐一十人，進輅職掌二人，夾輅將軍二人，陪輅將軍二人，教馬官二人，四省局官八人，導駕官四十八人，抱駕頭官一人，執扇筤一人，尙輦奉御二人，殿中少監二人，供奉職官二人，令史四人，書令史四人，押仗二人，殿中侍御史二十四人。

諸班直隊二千九百四十五人：鈞容直三百六人，人員六，長行三百。執旗一百三十六人，引駕六十二人，人員二，長行六十。駕頭天武官一十二人，執從物茶酒班一十一人，御龍直仗劍六人，天武把行門八人，殿前班擊鞭一十人，御龍直四十人，人員二，長行三十八。骨朶直一百三十四人，部押二人，殿前班行門三十五人，捧日馬隊七百人，奉宸步隊七百人，天武骨朶大劍三百一十人，人員一十，長行三百。東第四班三十一人，人員一，長行三十。扇筤天武二十人，捧日隊從領人員一十七人，簇輦茶酒班三十一人，人員一，長行三十。鈞容直三十一人，人員一，長行三十。招箭班三十三人，人員三，長行三十。天武約襴三百一十人。人員一十，長行三百。

車輅下駕士六百三十八人：玉輅下一百四十人，控馬踏路四，〔一〕駕士一百二十八，挾輅八。金輅下六十四人，控馬踏路四，駕士六十。象輅下駕士四十人，革輅、木輅、耕根車駕士同上，革車二，共五十人，指南、記里車各三十人，軺車、鸞旗、皮軒車各十八人，黃鉞、豹尾車各十五人，屬車八，共八十人。

輦輿下六百八十五人：小輿一，長行二十四人，逍遙一，共三十五人，什將節級九，長行二十六。平輦下四十二人，什將節級九，人員七，長行二十六。腰輿共一十九人，人員一，什將虞候二，長行一十六。大輦下三百七十一人，掌輦人員四，什將十二，長行三百五十五，分五番。芳亭輦一，長行六十人，御馬三十二，共百三十四人。控馬，天武官六十四。挾馬，騎御馬直長行六十四人。騎御馬直人員三，天武節級三人。押馬六人，象二十三人。〔二〕

擎執人、舁士共八千七百七十一人。〔三〕

鼓吹樂工九百九十四人。

馬六千七十八疋。

天德五年，海陵遷都于燕，用黃麾仗一萬八百二十三人，攝官在內。騎三千九百六十九，分八節。

第一節。中道，象二十三人。〔四〕節級二人，銅鑼，七寶、碽石、銀鈎各一，鐵鈎二，小旗十五，並服花脚幞頭、青錦絡縫緋褑衫、金鍍銀雙鹿束帶。

第一引，七十二人：淸道一，武弁、緋雲鶴袍、袴、革帶，執黑漆杖。幰弩一，赤平巾幘、緋辟邪衫、革帶、赤袴。誕馬二，控四人，赤平巾幘、緋繡寶相花衫、銀革帶，纓轡涼屜二副。軺車一，赤馬二，駕士十八人，武弁、緋繡雉大袖衫、白袴。馬，纓轡涼屜、銅面、包尾。縣令一員，朝服，坐軺車。僚佐四員，並朝服。控馬八人，錦帽、絡縫紫衫、大珮、銀帶。紫方傘一，黃抹額、寶相花衫、銀帶、大口袴。朱團扇一，曲蓋一，緋抹額、寶相花衫、革帶、袴。青衣二，青平巾、青衫、袴、革帶，執青竹杖。車輻棒二，赤平巾、緋白澤衫、革帶、赤袴。告止幡二，執者六人，緋抹額、寶相花衫、革帶、袴。傳敎幡一，信幡一，各三人，並黃抹額、寶相花衫、革帶、大口袴。小戟十六。服同上。

第二引，二百六十四人：淸道二，幰弩一，誕馬四，控八人，服並如前。掆鼓一，金鉦一，平巾幘、緋鸞衫、抹帶、袴、錦縢蛇。大鼓六，黃雷花衫、袴、抹額、抹帶。節一，幢一，麾一，夾矟二，角四，儀刀十，並平巾幘、緋繡寶相花衫、銀革帶、大口袴。革車一，赤馬四，駕士二十五人，武弁、獬豸大袖、勒帛，馬飾如前。府牧一員，朝服坐車。僚佐四員，控馬八人，服並如前。鐃鼓一，簫二，笳二，笛一，篳篥一，並平幘、緋寶相花衫、銀褐抹帶。大橫吹一，緋苣紋袍、袴、抹額、抹帶。青衣四，車輻棒四，紫方傘一，朱團扇四，曲蓋二，告止幡二，六人，傳教幡二，六人，信幡二，六人，小戟四十，服並如前。刀盾三十六，銀褐抹額、寶相花衫、〔五〕銀革帶、袴。弓矢三十六，錦帽、青寶相花衫、銀革帶、袴。矟三十六。錦帽、紫寶相花袍、革帶、袴。

朱雀旗隊三十四人：折衝都尉三人，〔六〕平巾幘、紫辟邪衫、革帶、大口袴、錦縢蛇、橫刀弓矢。爆矟二，平巾幘、緋繡寶相花衫、革帶、袴。朱雀旗一，五人，緋抹額、寶相花衫、革帶、大口袴、橫刀，引夾人加弓矢。弩六，弓矢六，矟十二。並平巾、緋寶相花衫、橫刀、革帶、袴。

龍旗隊七十一人：大將軍一人，朝服。引旗四人，黃抹額、寶相花衫、革帶、大口袴。旗十二，風伯旗一、雨師旗一、雷公旗一、電母旗一、北斗旗一、五星旗五、左右攝提旗二，執、夾共六十人，皆五色寶相花衫、抹額、革帶、袴、橫刀，引夾人加弓矢，後凡執旗者並同。副竿二，錦帽、黃寶相花衫、革帶、袴。護旗四人。加黃抹額、弓矢。

太僕三車八十一人：指南車，駕士三十人，武弁、緋絁繡孔雀大袖、銀褐帶、袴。記里鼓車，駕士三十人，獬豸大袖。鸞旗車，駕士十八人，瑞鷹大袖。駕車赤馬十二，執黑杖者三人。

外仗。〔七〕牙門旗隊二十八人：分左右。白澤旗二，執夾各五人，綠具裝冠、〔八〕人馬甲、錦臂韝、橫刀，引夾加弓矢。金吾牙門旗第一門，牙門旗四，執夾十二人，青寶相花衫、抹額、〔九〕革帶、大口袴、橫刀，引夾人加弓矢。監門校尉六人。長脚幞頭、緋抹額、獅子裲襠、銀帶、橫刀、弓矢、烏皮靴，後隊同。

前部馬隊，第一隊七十人：折衝、果毅都尉二人，錦帽、緋辟邪袍、袴、革帶、橫刀、弓矢。角宿、亢宿、斗宿、牛宿旗四，旗各五人，並五色寶相花衫、抹額、革帶、橫刀，引夾加弓矢。弩六，弓矢十四，並錦帽、靑寶相花衫、革帶、袴。矟二十八。緋色衫，餘同上。

第二隊七十人：折衝、果毅都尉二人，白澤衫。氐宿、女宿、房宿、虛宿旗四，旗五人，弩六，弓矢十四，矟二十八。服、執如前。

第三隊七十人：折衝、果毅都尉二人，心宿、危宿、尾宿、室宿旗四，旗五人，弩六，弓矢十四，矟二十八。服、執如前。

第二節。中道，〔一〇〕金吾引駕騎二十人：折衝都尉二人，平巾幘、緋辟邪衫、革帶、袴、橫刀、弓矢。弩六，弓矢六，矟六。並平巾幘、緋寶相花裲襠、革帶、袴。

前部鼓吹五百四十七人：鼓吹令二人，長脚幞頭、綠公服、角帶、絲鞭、〔一一〕烏皮靴。府史四人，長脚幞頭、綠寬衫、角帶、黃絹半臂、烏靴。部轄指揮使一人，平巾幘、紫寶相花衫、革帶、錦臘蛇。主帥四十八人，分五項，平巾幘、緋繡衫、革帶、袴、執儀刀。掆鼓、金鉦各十二，平巾幘、緋繡衫、銀褐抹帶、錦臘蛇。大鼓、長鳴各百二十，黃雷花衫、抹額、抹帶。鐃鼓十二，緋苣紋衫、抹額、抹帶。歌二十四，拱辰管二十四，簫二十四，笳二十四，服如鉦鼓，無縢蛇。大横吹百二十。服如鐃鼓。

外仗。〔一三〕馬部第四隊六十人：分左右。折衝都尉二人，緋麟衫。箕宿、壁宿旗各一，旗五人，弩六，弓矢十四，矟二十八。服、執並如前隊。

第五隊六十人：折衝都尉二人，奎宿、井宿旗各一，旗五人，弩六，弓矢十四，矟二十八。服、執並如前隊。

第六隊六十人：折衝都尉二人，緋瑞鷹袍。婁宿、鬼宿旗各一，旗五人，弩六，弓矢十四，矟二十八。服、執並如前隊。

第七隊六十人：折衝都尉二人，胃宿、柳宿旗各一，旗五人，弩六，弓矢十四，矟二十八。服、執並如前隊。

第八隊六十人：折衝都尉二人，昴宿、星宿旗各一，旗五人，弩六，弓矢十四，矟二十八。服、執並如前隊。

第九隊六十人：折衝都尉二人，赤豹袍。畢宿、張宿旗各一，旗五人，弩六，弓矢十四，矟二十八。服、執同前。

第十隊七十人：折衝都尉二人，瑞馬袍。觜宿、翼宿、參宿、軫宿旗各一，旗五人，弩六，弓矢十四，矟二十八。服、執如前。

步甲隊，第一、第二兩隊百一十人：領軍衞將軍二人，平巾幘、〔一三〕紫白澤袍、袴、帶、錦螣蛇、橫刀、弓矢。𤓰矟四，平巾幘、緋寶相花袍、大口袴。折衝都尉四人，服如將軍。鵕鵔旗二，貔旗二，旗各五人，朱牟甲弓矢四十，朱牟甲刀盾四十。兜牟、甲身、披髆、錦臂韝、行縢、鞋韤、勒甲、革帶。

第三節。中道，前部鼓吹第二，五百二十三人：侍御在外。節鼓二，笛二十四，簫二十四，篳篥二十四，笳二十四，桃皮篳篥二十四，黑平巾幘、緋對鸞衫、銀褐勒帛、大口袴。主帥二十六人，分四項，革帶、執儀刀，服如上，無勒帛。㧏鼓、金鉦各十二，黑平巾幘、緋繡對鸞衫、銀褐勒帛、大口袴、錦螣蛇。小鼓百二十，中鳴百二十，黃雷花袍、袴、抹額、抹帶。羽葆鼓十二，青苣紋袍、抹額、抹帶。歌二十四，拱辰管二十四，簫二十四，笳二十四，服如前色。侍御史二員，朝服。黃麾幡一，三人。武弁、緋寶相花衫、銀褐勒帛、大口袴，執者馬、紖者步。

外仗。〔一四〕步甲，第三隊五十二人：折衝、果毅都尉二人，紫瑞馬袍。玉馬旗二，旗五人，青牟甲弓矢四十。服、執並同前隊。

第四隊五十二人：折衝、果毅都尉二人，瑞鷹袍。三角獸旗二，旗五人，青牟甲刀盾四十。

第五隊五十二人：折衝、果毅都尉二人，白澤袍。黃鹿旗二，旗五人，黑牟甲弓矢四十。

第六隊五十二人：折衝、果毅都尉二人，服同。飛麟旗二，旗五人，黑牟甲刀盾四十。

第七隊五十二人：折衝、果毅都尉二人，赤豹袍。駃騠旗二，旗五人，銀褐牟甲弓矢四十。第八隊五十二人：折衝、果毅都尉二人，〔一五〕服同。鸞旗二，旗五人，銀褐牟甲刀盾四十。第九隊五十二人：折衝、果毅都尉二人，瑞鷹袍。麟旗二，旗五人，黃牟甲弓矢四十。第十隊五十二人：折衝、果毅都尉二人，〔一六〕馴象旗二，旗五人，黃牟甲刀盾四十。服、執如前。

金吾牙門旗第二門，牙門旗四，執夾十二人，監門校尉六人。服、執同第一門。左右屯衛將軍二人，平巾幘、紫飛麟袍、大口袴、錦螣蛇、革帶、橫刀、弓矢。絳引幡二十，執者六十人，武弁、緋繡寶相花衫、銀褐勒帛、大口袴。共八十人。

第四節。中道，六軍儀仗二百五十二人：統軍六人，花脚幞頭、紫繡抹額、孔雀袍、革帶、橫刀、鞠轓、器仗、珂馬。都頭六人，長脚幞頭、紫寶相花大袖、革帶、橫刀。神武軍旗二、羽林軍旗二、龍武軍旗二，旗各五人，執人錦帽，引夾人貼金帽。〔一七〕排欄旗四十八、吏兵旗四、力士旗四、赤豹旗四、黃熊旗四、龍君旗四、虎君旗四、掩尾天馬旗六，旗一人，錦帽、五色寶相花衫、革帶、錦臂鞲。白幹槍九十，交脚幞頭、五色寶相花衫、抹額、革帶、汗袴。柯舒二十四，鐙杖十八。並貼金帽、五色寶相花衫、革帶。

引駕龍墀旗隊六十五人：〔一八〕排仗通直二人，排仗大將二人，並長脚幞頭、紫公服、紅鞓帶、絲鞕、烏皮靴。天王旗四、十二辰旗各一，旗一人，並錦帽、五色寶相花衫、革帶、臂鞲。天下太平旗一、五方龍旗五，旗五人，執人錦帽，引夾人貼金帽，服並如上，橫刀、弓矢。君王萬歲旗一、日月旗各一，旗五人。執人錦帽，引夾人貼金帽，服、執已見前例。

御馬六十六人：馬十六匹，匹四人，控馬三十二人，貼金帽、紫寶相花衫、革帶。夾馬三十二人，皁帽、青錦襖、塗金銅束帶。廣武節級一人，錦帽，執黑杖，服同控馬。管押騎御馬直人員一人。皁帽、紅錦襖、塗金、銅束帶。

中道隊三十二人：大將軍一人，朝服、絲鞕。日月合璧旗一、苣紋旗二、五星連珠旗一、祥雲旗二，旗各五人。服、執見前例。長壽幢一。平巾幘、緋寶相花衫、革帶、大口袴。

金吾細仗一百人：青龍旗一、白虎旗一、五嶽神旗五、五方神旗五，旗各四人，並四色寶相花衫、青黃銀褐皁抹額、抹帶、橫刀，引夾如前。押旗二人，長脚幞頭、紫公服、紅鞓角帶、烏皮靴。五方龍旗各三、五方鳳旗各三，旗一人，並五色衫、抹額、革帶、橫刀。四瀆旗四，旗五人。並皁寶相花衫、抹額、革帶、橫刀，引夾如前。

外仗。〔一九〕黃麾前第一部二百七十二人：殿中侍御史二人，朝服。左右屯衞大將軍二人，折衝都尉二人，平巾幘、紫飛麟袍、革帶、大口袴、錦螣蛇、橫刀、弓矢。主帥二十人，平巾幘、緋寶相花衫、革帶、袴、儀刀。龍頭竿一百，揭鼓六，儀鍠斧二十，小戟二十，弓矢四十，朱縢絡刀盾二十，矟二十，綠縢絡刀盾二十。並青寶相花衫、抹額、抹帶、行縢、鞋韈。

第二部二百七十二人：殿中侍御史二人，左右領軍衞大將軍二人，折衝都尉二人，紫繡白澤袍。主帥二十人，龍頭竿一百，掲鼓六，儀鍠斧二十，小戟二十，弓矢四十，朱縢絡刀盾二十，矟二十，綠縢絡刀盾二十。服並緋。

第三部二百七十二人：殿中侍御史二人，左右屯衞大將軍二人，折衝都尉二人，紫瑞鷹袍。主帥二十人，龍頭竿一百，掲鼓六，儀鍠斧二十，小戟二十，弓矢四十，朱縢絡刀盾二十，矟二十，綠縢絡刀盾二十。服並黃，餘同上部。

第五節。中道，八寶香案共三百人：〔二〇〕轝士九十六人，平巾幘、緋寶相花衫、大口袴、塗金銀束帶。燭籠三十二，大珮銀腰帶，服同轝士。行馬十六，服同燭籠。碧襴官十六人，弓脚幞頭、碧襴衫、塗金銅束帶、〔二一〕烏皮鞾，後四人執長刀。符寶郎八人，長脚幞頭、緣公服、角帶、槐簡、步導。援寶三十二人，人員二人，武弁、紫寶相花衫、革帶、執黑漆杖。長行三十人，緋寶相花衫、執黑漆杖。香案八，轝士三十二人，服同燭籠、行馬。案後金吾仗六，方傘二，大雉扇四，服並同碧襴官。金吾仗十二人，四色官四人，長脚幞頭、綠公服、大口袴、金銅腰帶，前二人執槐簡，後二人執金銅儀刀。押仗二人，長脚幞頭、紫公服、紅鞓帶、烏皮鞾。金甲二人，披膊、兜牟、鉞斧、錦臂韝、勒甲絛。進馬四人。平巾幘、〔二二〕紫犀牛裲襠、革帶、袴、刀、矢弓。

金吾引駕四十九人：千牛將軍一人，千牛十人，郎將二人，並緋繡抹額、紫犀牛衲襠、革帶、大口袴、横刀、弓矢、珂馬，將軍平巾幘，無抹額，千牛郎將花脚幞頭，餘同。長史二人、長脚幞頭、綠公服、金銅腰帶、袴、烏皮鞾。引駕官四人。長脚幞頭、紫公服、紅鞓帶、烏皮鞾。

中雉扇十二，大傘二，小雉扇四，華蓋二，香蹬一座，八人，火爐一，二人。武弁、緋寶相花大袖、革帶、大口袴。

腰輿人員、什將三人，皁帽、紅錦襖、塗金銀束帶。人員執杖。長行十六人，拳脚幞頭、紅錦四楑襖、塗金銀腰帶。排列官二人，長脚幞頭、紫公服、紅鞓帶、烏皮鞾。小輿二十四人，白鞓銀束帶，〔三〕服同長行人。逍遙輦人員、什將共十六人，皁帽、塗金銀束帶、紅錦方勝練鵲。人員執黑漆杖。長行二十六人，紅地白獅錦襖、塗金銀帶，冠同。平輦人員、什將十六人，皁帽、紅錦團襖、塗金銀帶。輿輦共一百三人。

諸班開道旗隊一百七十七人：開道旗一，鐵甲、兜牟、紅背子、劍、緋馬甲。皁纛旗十二，旗一人，黑漆鐵笠、皁皮人馬甲。引駕六十二人，皁帽、紅錦團襖、紅背子、鐵人馬甲、箭、兵械、骨朶。輔龍直一百二人。皁帽、紅背子、骨朶、鐵人馬甲。

外仗。〔三〕黃麾前第四部二百七十二人：殿中侍御史二人，左右武衞大將軍二人，折衝都尉二人，主帥二十人，龍頭竿一百，揭鼓六，儀鍠斧二十，小戟二十，弓矢四十，朱縢絡刀盾二十，稍二十，綠縢絡刀盾二十。黃寶相花衫，餘並如前第一部。

第五部二百七十二人。除左右驍衞大將軍與都尉服赤豹袍，龍竿以下服銀褐花衫，餘名色並如前第二部。

第六部二百七十二人。除將軍、都尉服瑞馬袍，龍竿以下服皁花衫，餘名色並如前第三部。

第六節。中道，門旗隊一百二十三人：騎執門旗四十，五方色龍旗十，步執紅龍門旗六十，纛旗一，簇輦紅龍旗八，日月旗二，麟旗一，鳳旗一，旗皆一人。並鐵甲、兜牟、紅錦襖、紅背子，馬執者惟紅背子，步執門旗仍帶劍。

金輅，皇太后乘之，公主侍坐，故在玉輅之前。駕士九十四人，赤平巾幘、緋繡對鳳大袖、緋抹額、赤袴、鞋韈。擊鞭內侍十人，皁帽、紅錦襖、塗金銀束帶。駕頭下，御床也。抱駕頭內侍一人，長脚幞頭、紫羅公服、塗金銀束帶。控馬二人，錦帽、錦絡縫寬衫、銀大珮腰帶。廣武官十二人，錦帽、白鞓銀束帶、〔三三〕襖。茶酒班執從物十一人，水罐二、香毬二、唾盂一、厮羅一、手巾一、御椅三人、踏床一，皁帽、碧錦團襖、紅錦背子、塗金銀束帶。共百三十人。

拱聖直，人員二人，長行三十八人。眞珠頭巾、紅錦四褛襖、塗金銀束帶。

導駕官四十二人，朝服。從人八十四，錦帽、紫絡縫寬衫、大珮銀腰帶。仗劍六人，皁帽、紅錦團襖、紅錦背子、鐵甲、弓矢、器械。廣武把行門八人，殿班把行門三十五人。服並如仗劍。

玉輅，帝后同乘，太子陪坐。駕士百二十八人，服如金輅，惟用靑色。千牛將軍一人，具裝，執長刀於輅右。左右點檢二人，披金甲。夾輅大將軍二人，陪輅將軍二人，並朝服。進輅職掌二人，長脚幞頭、紫寬衫、塗金銀腰帶。教馬官二人，長脚幞頭、緋抹額、紫寶相花衫、塗金銀腰帶。部押二人，皁帽、〔二六〕鐵甲、紅錦襖、執骨朶。挾輅八人，控踏路馬四人，〔二七〕馬二匹，銅面、包尾、涼屜，人服如駕士。共一百五十三人。

龍翔馬隊二十隊，六百二十人，分左右，每隊人員三人，皁帽、鐵甲、紅錦襖、紅背子、弓矢、劍、骨朶、甲馬。殿侍二十八人。鐵甲、紅錦背子、弓矢、器械、甲馬。

東第五班，金槍六隊，每隊旗三人、鎗二十五人，內二十人佩弓矢。共一百六十八人，並裹鐵兜牟、金鎗。銀鎗六隊，每隊旗三人、鎗二十五人，內二十人佩弓矢。共一百六十八人。並裹鐵笠，銀鎗。

東第四班，二隊，每隊旗三人、弩二十五人，共五十六人。鐵笠、兜牟。

神勇步隊七百人：分左右作四重，每重人員十，皁帽、紅錦團襖、弓矢、器械、骨朶。長行六百六十人，並鐵兜牟、甲。內拱聖骨朶直一百六十四人，拱聖槍直一百六十四人，內執子旗者二人，餘執槍。拱聖弓箭直一百六十六人，弓矢、器械、執骨朶。拱聖弩直一百六十六人。挾弩、糊䩮。

廣武骨朶大劍三百一十人：指揮使五人，紅錦襖、紅背子。都頭五人，紅襖、紅背子、並皁帽、塗金腰帶、骨朶。長行三百人。內一百人簇四金鵰錦帽、紫孔雀寬襖、白䩞銀束帶、〔二八〕骨朶，二百人金鍍銀花朱紅笠、緋對鳳寬襖、銀帶、執銀花大劍。導駕官四十二員，從者八十四人。服已見前。

外仗。〔二九〕青龍白虎隊五十二人：果毅都尉二人，青龍旗一、白虎旗一，旗五人，弩六人，弓矢十四，矟二十。服已見前。

第七節。中道，駕後輔龍直樂三十一人：〔三〇〕拍板一，篳篥十五，笛十四，人員一人。長行三十人，樂器自備，並皁帽、紅錦襖、塗金束帶，並馬。人員執骨朵。

扇筤二十五人：執筤官一人，控馬二人，服並如前例。紅龍扇二，長脚幞頭、紫公服、塗金銀束帶。廣武二十人。錦帽、繡寬襖、白鞓銀束帶、〔三一〕紫對鳳十領、緋對鳳十領。

七寶輦輦士四十二人：什將、人員十六人，皁帽、紅錦團襖。長行二十六人。盤裹幞頭、紅錦四褛襖、塗金束帶。

持鈒隊五十人：旅帥二人，服如都尉。重輪旗二，旗五人，服同前例。紅羅大傘二，大雉扇八，小雉扇八，紅羅繡華蓋一，武弁、緋寶相花衫、革帶、袴、錦螣蛇。朱團扇八，黃寶相花衫。眞武幢一，皁寶相花衫。睥睨八，緋寶相花大袖。麾一，幢一。紫寶相花衫、銀褐抹帶。

後部鼓吹三百三十七人：鼓吹丞二人，典士四人，部轄指揮使一人，主帥十八人，金鉦、掆鼓各三，羽葆鼓十二，歌二十四，拱辰管二十四，簫二十四，笳二十四，節鼓二，鐃鼓十二，歌十六，簫二十四，笳二十四，小橫吹一百二十。青苣紋袍、抹額、抹帶，餘並與前同。

金吾牙門旗第三門，〔三〕牙門旗四，旗三人，監門校尉六人。服、執同第一門。

黃麾後第一部二百七十二人，第二部二百七十二人，第三部二百七十二人，殿中侍御、衛大將軍、〔三〕折衝都尉、龍頭竿以下名色，並如前三部。

第八節。中道，後部鼓吹第二，百二十人：笛二十四，簫二十四，篳篥二十四，笳二十四，桃皮篳篥二十四。服並如前。

屬車八，牛二十四，駕士八十人。武弁、緋繡雲鶴大袖、銀褐抹帶、大口袴。黃鉞車，赤馬二，駕士十五人。武弁、緋對鵝大袖、銀褐抹帶、大口袴。豹尾車，赤馬二，駕士十五人。武弁、緋立豹大袖、銀褐抹帶、大口袴。

玄武隊六十一人：金吾折衝都尉一人，平巾幘、紫辟邪袍、革帶、袴、螣蛇、橫刀、弓矢。纛矟二，平巾幘、緋寶相花衫、革大帶。仙童旗一、玄武旗一、螣蛇旗一、神龜旗一，旗五人，服、執如前例。矟十九，弓矢十五，弩四。平巾幘、緋寶相花衫、革帶、袴。

黃麾後第四部二百七十二人，〔三四〕第五部二百七十二人，第六部二百七十二人，攝官名數服色並如前第四、第五、第六部。絳引幡二十，執者六十人。並武弁、緋繡寶相花衫、銀褐抹帶大口袴。諸從駕官並於仗後陪從，朝服不足者公服。凡應乘馬者，並同宋制。

校勘記

〔一〕控馬踏路四　「控馬踏路」原作「控踏路馬」。按下文「金輅下」有「控馬踏路四」，大金集禮以下簡稱集禮卷二七儀仗上行仗爲本志之所本，其述天眷法駕，「玉輅下一百四十人，控馬踏路四」，「金輅下六十四人，控馬踏路四」。今據乙正。

〔二〕押馬六人象二十三人　按「押馬六人」四字原誤入上句注文中，今據集禮乙正。

〔三〕擎執人舁士共八千七百七十一人　原脫「舁」字。按集禮作「擎執人共八千四百三十三人，舁士三百三十八人」。今據補。

〔四〕象二十三人　「三」原作「二」。按注文「節級二」至「小旗十五」共二十三人，又上文天眷法駕人數亦作「象二十三人」。今據改。

〔五〕寶相花衫　原脫「相」字。按上下文數見「寶相花衫」，惟此處及下文「朱雀隊朱雀旗」下、「龍旗隊引旗」下與「副竿」下小注，皆脫「相」字，集禮皆有之。今幷據補。

〔六〕折衝都尉三人　「尉」原作「衞」。據集禮改。

〔七〕外仗　原脫「外仗」二字。按「外仗」與「中道」對言。上文首述「第一節中道」，則此「外仗」二字不可省，今按集禮補。

〔八〕綠具裝冠　「具」原作「貝」，并脫「裝」字。按本書卷四二大駕鹵簿第二節：「白澤旗二，旗五人，綠具裝冠。」今據改補。

〔九〕青寶相花衫抹額　「衫」字原在「抹額」下，據集禮乙正。

〔一〇〕第二節中道　原脫「中道」二字。按前後各節皆有此二字，集禮敍此儀「第二節」原文中亦有之，今據補。

〔一一〕絲鞭　「絲」原作「糸」。據集禮及殿本改。

〔一二〕外仗　原脫「外仗」二字。據集禮補。

〔一三〕平巾幘　原脫「幘」字。據集禮補。

〔一四〕外仗　原脫「外仗」二字。據集禮補。

〔一五〕折衝果毅都尉二人　原脫「果毅」二字。據集禮補。

〔一六〕第十隊五十二人折衝果毅都尉二人　原脫「折衝果毅都尉二人」八字。據集禮補。

〔一七〕貼金帽　原脫「貼」字。據集禮補。

〔一八〕引駕龍墀旗隊六十五人　原脫「旗」字。據集禮補。

〔一九〕外仗　原脫「外仗」二字。據集禮補。

〔二〇〕八寶香案共三百人　原脫「香案共」三字。據集禮補。

〔二一〕塗金銅束帶　原脫「塗」字。據集禮補。

〔二二〕平巾幘　原脫「幘」字。據集禮補。

〔二三〕白鞓銀束帶　「鞓」原作「成」。據集禮改。

〔二四〕外仗　原脫「外仗」二字。據集禮補。

〔二五〕白鞓銀束帶　「鞓」原作「成」。據集禮改。

〔二六〕皁帽　「帽」原作「袍」。據集禮改。

〔二七〕控踏路馬四人　按集禮作「控籠踏路馬二匹四人」。

〔二八〕白鞓銀束帶　「鞓」原作「成」。據集禮改。

〔二九〕外仗　原脫「外仗」二字。據集禮補。

〔三〇〕駕後輔龍直樂三十一人　「樂」原作「等」。據集禮改。

〔三一〕白鞓銀束帶　「鞓」原作「成」。按集禮「第七節」以下闕，今依上文例改。

〔三二〕金吾牙門旗第三門　原脫「旗」字。按上文第一節外仗有「金吾牙門旗第一門」，第三節外仗有「金吾牙門旗第二門」，今據補。又此句上當脫「外仗」二字。

〔三三〕殿中侍御衞大將軍　按上文「第四節」、「黃麾前第一部」及「第三部」，皆有「殿中侍御史二人，左右屯衞大將軍二人」，「第二部」作「殿中侍御史二人，左右領軍衞大將軍二人」。知此「侍御」下必有脫文。

〔三四〕黃麾後第四部二百七十二人　按上文，第四節外仗「黃麾前第一部」至「第三部」，第五節外仗「黃麾前第四部」至「第六部」，第七節外仗「黃麾後第一部」至「第三部」，則此處之「黃麾後第四部」至「第六部」，必是第八節之外仗，此句上當脫「外仗」二字。

金史卷四十二

志第二十三

儀衞下

大駕鹵簿　皇太后皇后鹵簿　皇太子鹵簿　親王傔從

諸妃嬪導從　百官儀從

大駕鹵簿。世宗大定三年，祫享，用黃麾仗三千人，分四節。第一節，無縣令、府牧，卽用黃麾前三部，次前部鼓吹，次金吾牙門旗，次駕頭，次引駕龍墀隊，次天王、十二辰等旗。第二節，黃麾第四、第五部，次君王萬歲日月旗，次御馬，內增控馬司圉、挾馬司圉〔一〕各一十六人，次日月合璧、五星連珠等旗，次八寶，內增執黑杖傳喝一十八人在香案前，次七寶輦。第三節，黃麾後第一、第二部，次玉輅，次㭼栳隊，次導駕門仗官。第四節，黃麾後第

三、第四、第五部，次金輅，次牙門旗，次後部鼓吹。

大定六年九月，西京還都，用黃麾仗二千五百四十二人，攝官在內。騎七百六十二匹，分四節。第一節，攝官五十四人，執擎三百二人，樂工一百七十人。第二節，攝官三十二人，執擎三百七十六人。第三節，仗內攝官四十四人，導駕官四十二人，門仗官一百人，玉輅青馬八、駕士一百四十人，護駕梣梐隊五百人，執擎二百四十二人。第四節，攝官五十人，金輅赤馬八、駕士九十四人，控鶴二十二人，樂工八十四人，執擎二百九十人。

是歲，上還自西京，有司備儀仗，皇太子乘綴輅，〔三〕上疑其非禮，以問禮官，無能知者，上怒，皆責降之。明年，將册皇太子，宰臣奏當備儀仗告廟，上曰：「前朕受尊號謁謝，但令朕用宋眞宗故事，朝服乘馬，於禮甚輕，今皇太子乃用備禮何耶？」丞相良弼謝，上徐曰：「此文臣因循，不加意爾。」先是，凡行幸皆役民執仗，是後詔以軍士易之。

大定十一年，將有事於南郊，朝享太廟，右丞石琚奏其禮，上曰：「前朝漢人祭天，惟務整肅儀仗，此自奉耳，非敬天也。朕謂祭天在誠，不在儀仗之盛也，其減半用之。」於是，遂增損黃麾仗爲大駕鹵簿，凡用七千人，攝官在內。分八節。

第一節，第一引，七十人，縣令。第二引，二百六十四人，府牧。第三引，二百二十九人，御史大夫，名色與府牧同，頗損其數，而增行止旗一。

第二節，金吾卑纛旗一十二人，朱雀隊三十四人，指南、記里鼓車皆五十二人，鸞旗車一十八人。前部鼓吹一百二十九人。清游隊七十二人：內白澤旗二，旗五人，綠具裝冠、綠皮甲勒皮、錦臂鞲、橫刀，引夾加弓矢，綠皮馬甲、包尾全。折衝都尉二人，黑平巾幘、紫繡辟邪袍、革帶、銀褐大口袴、錦滕蛇、橫刀、弓矢。弩六，弓矢二十四，矟三十。並錦帽、青繡寶相花衫、革帶、銀褐大口袴。佽飛隊四十八人：內果毅都尉二，黑平巾幘、紫繡飛麟袍、革帶、銀褐大口袴、錦滕蛇，佩橫刀、弓矢。虞候佽飛三十人，鐵甲、兜牟、橫刀、弓矢、黑馬甲全。鐵甲佽飛一十六人。服、執如上。前部馬隊，第一隊六十四人，第二、第三隊皆六十人，第四、第五隊皆五十八人。殳叉仗五十四人：內帥兵官二人，黑平巾幘、緋寶相花衫、革帶、銀褐大口袴，執儀刀。殳二十六，叉二十六。五色寶相花衫、抹額、抹帶、行縢、鞋韈。行止旗一。緋繡寶相花衫、抹額、銀褐抹帶、大口袴。

第三節，前部鼓吹第二，三百六十九人。前步甲隊，第一至第五隊皆四十二人。衙門旗二十人。黃麾前第一部一百五十人，第二部一百二十人。殳叉仗五十八人。行止旗一。

第四節，黃麾幡三人，六軍儀仗二百二十六人，御馬三十三人，黃麾前第三至第五部皆一百二十人，青龍白虎隊五十二人，殳叉仗五十六人，行止旗一。

第五節，八寶二百三十二人，平頭輦三十人，七寶輦四十二人。班劍、儀刀隊二百人：內將軍二人、折衝都尉二人、平巾幘、緋辟邪袍、革帶、銀褐大口袴、錦滕蛇，執儀刀。班劍、儀刀各九十八。並平巾幘、緋繡寶相花衫、革帶、銀褐大口袴、錦縢蛇，執儀刀。驍衛翊衛隊六十人：內供奉郎將二員，黑平巾幘、緋繡瑞馬袍、革帶、銀褐大口袴，執儀刀。鳳旗二，旗五人，服、執如前。弩、弓矢、矟皆一十六。服如班劍，橫刀。夾轂隊，第一隊九十二人：內折衝都尉二人，平巾幘、緋繡飛麟袍、革帶、銀褐大口袴，執儀刀。寶符旗二，旗五人，朱鍪甲刀盾八十。朱甲、錦臂鞲、行縢，鞋襪。第二隊八十二人：內果毅都尉二人，白澤袍。飛黃旗二，旗五人，銀褐鍪甲刀盾七十。第三隊八十二人：內果毅都尉二人，赤豹袍。吉利旗二，旗五人，皁鍪甲刀盾七十。殳叉仗五十六人。行止旗一。

第六節，馬步門旗隊一百人，駕頭一十五人，廣武官、茶酒班執從物者二十三人。御龍直四十人。紅錦團襖、鍍金束帶，內人員二皁帽，三十八人眞珠頭巾。〔三〕玉輅一百五十一人。栲栳隊五百人：內金槍隊一百二十六人，分左右，人員十八，並鐵甲、皁帽、紅錦背子，執小旗，馬甲，紅錦包尾。長行一百八人，鐵甲、兜牟、紅錦背子、錦臂鞲，甲馬，紅錦包尾，執金槍。銀槍隊一百二十六人，人員十八、長行一百八人，服並如上，銀槍。弓箭直步隊一百二十四人，人員四，鐵甲、皁帽、紅錦團花戰袍、弓矢，執銀骨朵，馬甲全。長行一百二十人，鐵笠、紅錦團花戰袍、鐵甲、弓矢、骨朵。骨朵直步隊一百二十四人，人員四、長行一百二十人。服甲同上，無弓矢。金吾牙門旗二十人，黃麾後第一部一百五十人，第二部一百二十人，殳叉仗五十二人，行止旗一。

第七節，扇筤二十五人，金輅九十四人。大安輦一百八十一人：內尙輦奉御二人，殿中少監二人，奉職官二人，並公服。令史四人，書令史四人，七人烏介幘、緋四褛素衫、銀褐抹帶、大口袴、皁靴，一人長脚幞頭、紫羅公服、角帶皁靴。掌輦四人，武弁、黃繡寶相花衫、銀褐抹帶、大口袴。人員十二，皁帽、紅錦團襖、銅束帶，內指揮使一人執銀骨朶。舁士一百五十一人。服同掌輦。御馬三十三人。持鈒隊三十九人。後部鼓吹一百六十人。黃麾後第三至第五部皆一百二十人。後步甲隊第一至第二隊皆四十二人。殳叉仗五十六人。行止旗一。

第八節，後部鼓吹第二，一百四十人。象輅、革車、木輅皆五十人，進賢車二十六人，豹尾車一十八人，屬車八十人。玄武隊六十一人。後步甲隊第三至第五隊皆四十二人。金吾牙門旗二十人。後部馬隊第一隊七十六人，第二隊六十四人，第三隊六十人。殳叉仗六十人。行止旗一。後分行旗、止旗爲二。以上名數與黃麾同者不重述。

章宗明昌五年六月，尚書省奏：「大定六年，世宗自西京還都，採宋省方還京之儀，用黃麾仗二千人、及金玉輅、梼栳隊甲騎五百人、導駕官四十二員，自後遂不復用。今車駕幸景明宮，還都之日宜依用之。」制可。

承安元年，省臣奏：「南郊大禮，大駕鹵簿當用人二萬一千二百一十八、馬八千一百九十八。世宗親行郊祀，仗用七千人。今擬大定制外量添甲卒三百，梼栳隊、執檛人二百四十八，通七千五百四十八人，仍分八節。」從之。

泰和六年，上欲親行祫享，命有司計其役費，尙書省奏：「當用仗三千五百人，錢一萬餘貫，馬八百六十五匹。舊例，馬皆借取於民，親軍、班祗皆自備從事。今軍旅方興，官馬以備緩急，不可借用，民亦不可重擾，宜令有司攝事。」上詔再議之。

八年四月，禘于太廟，依元年例，用黃麾仗三千人，屯門仗五百人。

皇太后、皇后鹵簿。用唐、宋制，共二千八百四十人。〔四〕清游隊三十人，清游旗一，執一人，引二人，夾二人。並平巾幘、緋裲襠、大口袴、佩弓矢、橫刀、執矟、弩、騎。次金吾衞折衝都尉一人，平巾幘，紫裲襠、大口袴、錦螣蛇，弓矢、橫刀。犦矟二人，平巾幘、緋衫、大口袴，夾折衝。領四十騎：二十人執矟、四人弩、十六人橫刀。〔五〕並平巾幘、緋裲襠、大口袴、橫刀、弓矢。次虞候佽飛二十八人。並平巾幘、緋裲襠、大口袴、弓矢、橫刀，騎夾道，分左右均布至黃麾仗。次內僕令一人、丞一人，依本品服，分左右。各書令史二人。平巾幘、緋衫、大口袴，騎從。次黃麾一，執一人、夾二人。武弁、朱衣、革帶，正道騎。次左右廂黃麾仗，廂各三行，行百人，從內第一行，短戟、五色氅，執者並黃地白花綦襖、帽、行縢、鞋、襪。次外第二行，戈、五色氅，執人並赤地黃花綦襖、帽、行縢、鞋、韈。次外第三行，儀鍠、五色幡。並青地赤花綦襖、帽、行縢、鞋、襪。次左右領軍衞、左右威衞、左右武衞、左右驍衞、左右衞等，衞各三行，行二十人，分前、後。衞各主帥六人，唯左右領軍衞各三人，並平巾幘、緋裲襠、大口袴，領軍衞前後獅子文袍、帽，餘衞豹文袍、帽，各執鍮石裝長刀，騎領，分前、後。每衞各果毅都尉一人檢校。被繡袍，以上各一名步從。左右領軍衞有絳引幡，引前、掩後各三。〔六〕執者六人，並平巾幘、緋衫、大口袴。次內謁者監四人，給事二人，內常侍二人，內侍少監二人。並騎，分左右。以上各有內給使一人，步從。次內給使百二十人。皆宮人，並平巾幘、緋衫、大口袴，分左右，在車後。〔七〕次偏扇、團扇、方扇各二十四。分左右，以宮人執之，皆服間綵大袖裙襦、綵衣、革帶、履。次香蹬一，執擎內給使四人。平巾幘、緋裲襠、大口袴，在重翟車前。次重翟車，馬四，駕士二十四人。平巾幘、青衫、大口袴、鞋韈。次行障二，坐障二。分左右夾車，宮人執之，服同執扇。次內寺伯二人，領寺人六。分左右，平巾幘、緋裲襠、大口袴、執御刀，並騎，夾重翟車。次腰輿一，輦士八人，團雉扇二。夾輿。次大傘四，次大雉扇八。分左右，橫行爲二重。次錦華蓋二。單行，正道。〔八〕次小雉扇、朱團扇各十二。並橫行，分左右。次錦曲蓋二十四。橫行，爲二重。次錦六柱八扇。分左右。自腰輿以下並內給使執之，服同前。次宮人車。次絳麾二。分左右，執各一人，武弁、朱衣、革帶、鞋韈。次後黃麾一，執一人，夾二人。並騎，武弁、朱衣、革帶，正道。次供奉宮人。在黃麾後。次厭翟車，馬四，駕士二十四人。次翟車、安車皆四馬，駕士各二十四人。次四望車、金根車，皆駕牛三，駕士各十二人。服同前。次左右廂牙門各二，每門執二人，夾四人。並赤綦襖、黃袍、帽。第一門在前黃麾前，第二門在後黃麾後。次左右領軍衞，每廂各一百五十人，執殳，並赤地黃花綦襖、帽、行縢、鞋韈。前與黃麾仗齊，後盡鹵簿。廂各主帥四人，檢校。平巾幘、緋衫、大口袴，被黃袍帽，執鍮石長刀，騎。其服豹文者二在內，服獅文者二，一引前，一護後。次左右領軍衞、折衝都尉各一人，檢校殳仗。以上各一人騎從。次後殳仗內正道置牙門一，每門監門校尉二人，皆平巾幘、緋裲襠、大口袴，執銀裝長刀，騎。每廂各巡檢校尉一人、往來檢校。服仗同前。前後部鼓吹，金鉦、掆鼓、大鼓、長鳴、中鳴、鐃吹、羽葆、鼓吹、横吹、節鼓、御馬並減大駕之半。

是歲，〔九〕重翟等六車改用圓方輅輦，及行障、坐障、錦六柱、宮人等車，其制度人數並見輿服志。

天德二年，海陵立后，皇后乘龍飾肩輿，有司設二步障於殿之西階，設扇左右各十，傘一，此蓋殿庭導引之儀也。又設皇太后導從六十人，傘子不在數內，並服簇四盤鵰團花紅錦襖、金花幞頭、塗金銀束帶。永壽、永寧宮導駕各三十人，傘子各二人，此亦常行之儀也。

皇太子鹵簿。受册寶謝廟，凡大禮、大朝會則用之。有司奏當用唐、宋儀禮，詔止用千人。

中道，清游隊二十四人：折衝都尉一人，白澤旗一，五人，弩四、弓六、䂎八。並騎。清道直盪隊一十八人：折衝都尉二人，犦䂎四，〔一〇〕弓矢十二。並騎。誕馬四，控攏八人。〔一一〕正直旗隊三十三人：〔一二〕果毅都尉一人，重輪旗一、馴犀旗二、野馬旗一、馴象旗二，旗各五人，副竿二。〔一三〕並騎。細引隊一十四人：果毅都尉二人，弓矢六，䂍六。䂍與弓矢相間，並騎。前部鼓吹九十八人：並騎。府史二人，金鉦、㧏鼓各二，大鼓十二，長鳴八，鐃鼓二，簫六，笳六、〔一四〕帥兵官二、節鼓二、小鼓十二、中鳴八、桃皮篳篥四、歌四、拱辰管六、篳篥六、大横吹十二、羽葆鼓二、帥兵官二。傘扇八：梅紅傘二，大雉扇四，中雉扇二。小輿一十八人。導引官一十二人：中允二人、諭德二人、庶子二人、詹事二人、太師一人、太傅一人、太保一人，少師一人在金輅後。並騎。親勳翊衛團子隊七十四人：郎將二人，儀刀七十二。並騎。金輅七十人。三衛隊一十八人。執儀刀。厭角隊六十二人：郎將一人，祥雲旗一，五人，弩三，弓七，䂍十五，並騎。又郎將一人，祥雲旗一，五人，弩三，弓七，䂍十五。並騎。朱團扇一十六人：司禦率府校尉四人，騎。朱團扇三，紫曲蓋三，朱團扇三，紫曲蓋三。大角一十八。後部鼓吹五十四人：並騎。管轄指揮一人，金鉦、㧏鼓各一，鐃鼓二，簫六，歌六，篳篥六，節鼓一，主帥二人，笛六，笳四，拱辰管六，小横吹十，主帥二人。後拒隊四十六人：果毅都尉一人，騎。三角獸旗一，五人，弩四，弓矢十六，䂍二十。

外仗。左行二百四人。牙門十六人：並騎。牙門旗一，三人，監門校尉三人，郎將一人，班劍九。前第一隊二十七人：司禦率府一人，果毅都尉一人，折衝都尉一人，主帥一人，並騎。絳引旙三首，九人，麟頭竿二，儀鍠斧二，弓矢二，麟頭竿二，儀鍠斧二，朱刀盾二，小戟二。第二、第三、第四、第五隊各一十四人。與第一部麟頭竿已下同。後第一隊四十七人：牙門旗一，三人，監門校尉三人，果毅都尉一人，主帥一人，絳引幡三，九人，鵰鷄旗一，五人，矟四，弩三，矟四，弓矢三，矟四，弓矢三，朱刀盾二，小戟二。並騎。後第二隊二十九人：果毅都尉一人，綱子旗一，五人，矟五，弩三，矟五，弓矢三，矟三，弓矢四。並騎。後第三隊二十九人：果毅都尉一人，黃鹿旗一，五人，矟五，弩三，矟五，弓矢三，矟三，弓矢四。並騎。右行二百四人，排列同。

太子常行儀衞，導從六十二人，傘子二人，並服梅紅繡羅雙盤鳳襖、金花幞頭、塗金銀束帶。凡從物斲鑼、唾盂、水罐等事並用銀金飾。傘用梅紅羅、坐麒麟金浮圖。椅用金鍍銀圈、雙戲麒麟椅背，紅絨絛結。殿庭與宴，褥用繡羅間金盤鳳，卓衣則用繡羅獨角間金盤獸。東宮視事，朱髹飾椅，塗金銀獸銜、紅絨絛結、明金團花椅背，案衣則用素羅，色皆梅紅，蒙帕踏脚同。

親王傔從。引接十人，皁衫、盤裹、束帶、乘馬。捧攏官五十人，首領紫羅襖、素幞頭，執銀裹牙杖，傘子紫羅團荅繡芙蓉襖、[一三]間金花交脚幞頭，餘人紫羅四褛繡芙蓉襖、兩邊黃絹義襴，並用金鍍銀束帶，幞頭同。邀喝四人。傘用青表紫裏，金鍍銀浮圖。椅用銀裹圈背。水罐、鍘鑼、唾盂並用銀。郡王捧攏官三十人，未出宮者二十人。國公捧攏官二十人，未出宮者十四人。郡王引接六人，國公四人，未出宮者各減半。人從儀物並依一品職事官制。

諸妃嬪導從四十人，幞頭、繡盤蕉紫衫、塗金束帶。妃用偏扇、方扇、團扇各十六，諸嬪各十四，皆宮人執，服雲脚紗帽、紫四褛衫、束帶、緑韡。大傘各一，傘子二人，就用本服錦襖幞帶。大長公主導從一十二人，皇妹皇女一十人，並服紫羅繡胸背葵花夾襖、盤裹、幞頭、大珮銀腰帶，牙杖各二。其諸宗室女，各以親疏差降之。傘制，皇太子三位妃皆青羅表紫裹、金浮圖，親王公主王妃金鍍銀浮圖、郡主縣主夫人銀浮圖，皆青表紫裹，諸臣下母妻各從其夫子勳封品級用傘。

百官儀從。正一品：三師、三公、尚書令，朱衣直省各十人，三公稱直府。捧攏官各六十人，並服紫衫帽、銀偏帶，內執藤棒二對、骨朵三對、牙杖三對，簇馬六人，傘子二人。交椅、水罐、鍘鑼、盂子、唾盂等事以次執之，服皁衫帽、塗金銅束帶。後凡執色人並同。邀喝四人。傘用青羅紫裹、銀浮圖。從一品：尚書左右丞相、平章政事、都元帥、樞密使，直省同，樞密稱直院，以班祇人充。 摔攏官五十人，邀喝四人。判大宗正，引接十人、摔攏官四十人。大興尹，面前兩對，餘並同。 以上交椅並用銀裹圈背、紫絲條結。

正二品：東宮三師、左右副元帥、尚書左右丞，直省八人，摔攏官四十人，邀喝三人，傘用朱浮圖。 從二品：參知政事、樞密副使、御史大夫，直省同，御史臺稱通引，以懪使班祇人充。 摔攏官三十六人，邀喝數同。

正三品：東宮三少、元帥左右監軍、殿前都點檢、六部尙書、諸京留守、宣徽、勸農使、翰林學士承旨等官，凡同品者，各引接六人，摔攏官二十人。 以上交椅並用直背銀間粧、青絲條結。 諸京都轉運使、招討使、諸路提刑使、諸府尹兼本路兵馬都總管及留守，摔攏官五十人。 外任，統軍使、都運、招討使、副使、〔一六〕諸府尹兼總管，摔攏官四十五人，公使七十人。從三品：元帥左右都監、勸農副使、殿前副都點檢及御史中丞等官，凡同品者，各引接六人，摔攏官一十八人，內中丞引從則給緋衫。 外任，運使、節度使，摔攏官四十人，諸節鎭、諸部族節度同，公使上鎭七十人、中鎭六十五人、下鎭六十人。 以上外任官人從服色，除諸招討、總管、部族節度、羣牧使自來無射糧軍人力者並仍舊外，留守、統軍、總管、都運、招討、府尹、轉運、節度使人力亦仍舊，其數雖多，俱不得過四十人，並服紫衫、銀帶，銀裹圈背交椅、銀水罐、鏩鑼、盂、盌、牙杖，內銀裹骨朵、大劍各兩對，及邀喝，唯運使無骨朵、大劍。

正四品：左右諫議大夫、國子祭酒、六部侍郎等官，凡同品者，各引接八人，本破十二人。外任，留守同統軍都監、提刑副使，〔一七〕各捧攏官三十人。從四品：殿前左右衞將軍、諸猛安千戶、親王府尉、諸京同知轉運等官，凡同品者，各引接四人，本破十二人。外任，捧攏官三十五人，公使上防禦六十人、中防禦五十五人、下防禦五十人。

正五品：尚書左右司郎中、翰林待制、太常少卿等官，凡同品者，各本破八人。外任，捧攏官三十人，公使上州五十人、中州四十五人、下州四十人。凡防禦、刺史、知軍、幷京府統軍司、節鎭佐貳官人從，並服紫衫、角束帶，直背銀交椅、鍬鑼、盂子、唾盆、牙杖，傘用青表碧裏青浮圖。防禦、刺史、知軍仍用銀裹骨朶、大劍一對，邀喝，唯隨路副統軍則不邀喝。從五品：六部郎中、侍御史、大理少卿〔一八〕等官，凡同品者，本破七人，侍御引從則給緋衫。外任，本破十人。以上職事官並許張蓋。

正六品：尚書左右司員外等官，凡同品者，本破六人。外任，本破九人。從六品：尚書六部員外等官，凡同品者，本破五人。外任，本破九人。

正七品：殿中侍御史等官，凡同品者，本破四人。外任，本破七人。縣令，公使十人。都軍，公使六人。從七品：應奉翰林文字等官，凡同品者，本破四人。外任，本破六人。縣令，公使十人。

正八品：大理評事等官，凡同品者，本破二人。外任，本破六人。從八品：太常太祝等官，凡同品者，本破二人。外任，本破五人。

正九品：御藥都監等官，凡同品者，本破一人。外任，本破三人。從九品：隨殿位承應、同監等官，凡同品者，本破一人。外任，本破一人。

尙書省樞密院令譯史通事、六部御史臺及統軍司通事、諸院令史、國史院書寫等職，各設本破一人。

以上職官，人力從物不得僭越。其外任官，人從服執，以本處公用或贓罰錢置。

凡內外官自親王以下，傔從各有名數差等，而朱衣直省不與。其賤者，一曰引接，亦曰引從。內官從四品以上設之。二曰擎攏官，內外正五品以上設之。三曰本破，內外正四品以下設之。四曰公使，外官正三品以下設之。五曰從己人力，外官正三品京都留守、大興府尹以下等官設之。本破如擎攏之職，公使從公家之事，從己執私家之役者也。五等皆以射糧軍充，其軍非驗物力以事攻討，特招募民年十七以上、三十以下魁偉壯健者收刺，以資糧給之，故曰射糧。其首領則有將節、承局、什將等名，而皆統於隨路都兵馬總管府焉。金之所以禮臣下、足任使者，其亦先代之遺法歟。

外任官從己人力，諸京留守、大興府尹，五十人。統軍、都轉運、招討、按察使，諸路兵馬都總管，四十五人。轉運、節度使，四十人。提控、諸羣牧、防禦使，三十五人。外任親王傅、同知留守、副統軍、按察副使、諸州刺史知軍事，三十人。同知都轉運使事、副招討、副留守、同知府尹兼總管、提舉漕運司、諸五品鹽使，二十五人。都轉運副使、按察司簽事、少尹、副總管、同知轉運節度使事，二十人。京都兵馬都指揮使，一十八人。轉運節度副使，十七人。兵馬都鈐轄，十五人。親王府尉、諸京留守總判官、同知防禦使事，十三人。警巡使、兵馬副都指揮、同提舉漕運司，正六品，鹽副使，從六品，酒麴鹽稅使、同知州軍事，一十人。統軍都轉運司京府總管散府等判官、京推官，九人。親王府司馬、招討判官，赤劇縣令、提舉上京皇城兵馬鈐轄，正七品，酒麴鹽稅副使、都轉運判官、府推官、節度觀察判官，八人。京縣次劇縣令、都巡檢使、正將、府軍都指揮使，七人。司屬令、親王府文學、〔一九〕招討司勘事官、諸縣令、警巡副使、知城堡寨鎮，從七品，鹽判、同提舉上京皇城、節鎮軍都指揮使、都巡河、同七品酒使、防禦判官，六人。市令、錄事、赤劇縣丞、副都巡檢使、副將、都巡檢、州軍判官，五人。統軍司知事、親王府記室參軍、司屬丞，正八品，酒使副、京縣次劇縣丞、諸司使，四人。大興府招討、按察司知事、京府運司節鎮司獄、管勾河橋關度譏察官，從八品，鹽判官、漕運司勾當官、警巡判官、諸縣丞、市丞、司候、主簿、錄事司判官、縣尉、副都巡檢、諸巡檢、巡河官，正九品，酒使、諸司副使，三人。鹽場管勾、防刺以下司獄、部隊將、同管勾河橋、副譏察、司候判官、教授、統軍按察司知法、軍轄、諸司都監、節鎮以上知法，二人。鹽場同管勾、防刺以下知法、諸司同監、統軍按察司書史、統軍司譯書通事，一人。

婆速公使、從己人力，於附近東京澄州招募漢人百姓投充。謂非猛安謀克所管者。合懶、恤品、胡里改、蒲與路並於各管猛安謀克所管上中戶內輪差驅丁，依射糧軍例支給錢糧，周年一易。部羅火、土魯渾扎石合亦同。其諸乣及羣牧官員，若猛安謀克應差本管戶民充人力者，並上中戶輪當。

諸內外官有兼職各應得人從者，從多給，餘各驗品類差。

諸親王引接、引從，在都兵馬司差，公主隨朝者從守部本破內差，外路者并所在州府就差。

諸王府引從、相府捧擁官、引接，周年替代，自餘十月滿代，並以射糧軍充。

諸隨朝六品以下職官、并諸局承應者，願令從己輸庸者聽，仍具姓名申部，本處官司周年內不得占使。

諸職官之任，以理去官者，接送人力於從己人內給半，取接者皆於所在官司出給印券差取，送還者須到本所給券發還，如無驗者權閣支請，候會問別無逃亡將帶，然後放支。諸致仕官職俱至三品者，從己人力於願往處給半，不得輸庸。身故應送還者又減半給之，若年未六十而致仕及罷去者，則不給。

校勘記

〔一〕控馬司圉挾馬司圉 「圉」原作「圍」。按道光四年殿本考證云，「考百官、輿服志俱無『司圍』之名，但周禮圉師、圉人皆掌養馬者，則『圍』字自係『圉』字之誤，謹改」。今從之。

〔二〕皇太子乘綴輅 「綴」原作「金」。按本書卷一九顯宗紀，「故事，大駕鹵簿天子乘玉路，皇太子鹵簿乘金路。六年，世宗行自西京還都，禮官不知皇太子自有鹵簿金路，乃請太子就乘大駕綴路，行在天子之前。上疑其非禮」。今據改。

〔三〕紅錦團襖鍍金束帶內人員二皁帽三十八人眞珠頭巾 「內人員二」四字原作大字正文，文義不貫。按大金集禮以下簡稱集禮卷二七行仗，天德五年黃麾仗第六節，「拱聖直四十人，紅錦四楑襖，塗金銀束帶，人員二皁帽子，長行三十八人眞珠頭巾」。今據以改爲注文。

〔四〕共二千八百四十人 按集禮卷二八儀仗下皇后鹵簿爲本志皇太后皇后鹵簿之所本，首云「大定十九年，昭德皇后吉儀」，又云「共二千八百四十四人」，較此多一「四」字。

〔五〕領四十騎二十人執矟四人弩十六人橫刀　「橫刀」二字原在「騎」字下。按集禮作「領四十人，並騎，平巾幘、緋裲襠、大口袴，帶橫刀，二十人執矟，四人帶弩，十六人帶弓箭橫刀」，作史者誤讀破句，今乙正。政和五禮新儀卷一八皇后鹵簿作「領四十騎：執矟二十人，弩四人，服佩同執旗人，帶弓矢橫刀一十六人」，可供參考。

〔六〕左右領軍衞有絳引幡引前掩後各三　按集禮作「左、右領軍衞各絳引幡六口，三口引前，三口掩後」。政和五禮新儀卷一八作「左、右領軍衞各絳引旗六，引前旗六，掩後旗六」。

〔七〕次內給使百二十人皆宮人並平巾幘緋衫大口袴分左右在車後　按集禮作「次內給使一百二十人，並平巾幘，緋衫，大口袴，分左右單行，後盡宮人車」，政和五禮新儀卷一八同，意謂內給使一百二十人左右夾車，單行極長，直至最後之宮人車。作史者不察，以爲「皆宮人」、「在車後」，遂致文不可解。

〔八〕單行正道　「行」下原衍一「一」字。今據集禮刪。

〔九〕是歲　集禮作「是時」，指大定十九年，參見本卷校記〔四〕。

〔一〇〕折衝都尉二人㩧矟四　「矟」上原空格闕一字，按本志所據集禮卷二八皇太子鹵簿作「㩧」字。今據補。

〔一一〕誕馬四控攏八人　原脫「控攏」二字。據集禮補。

〔一二〕正直旗隊三十三人　按政和五禮新儀卷一九「正直」作「正道」。

〔一三〕旗各五人副竿二　原脫「副竿二」三字，則「三十三人」之數不足，今據集禮補。

〔一四〕笳六　按集禮作「笳四」。

〔一五〕傘子紫羅團荅繡芙蓉襖　「荅」字疑是「花」字之誤。

〔一六〕招討使副使　按本書卷五七百官志，「招討司：使正三品，副招討使從四品」，其儀從必不相同，此「副使」二字當有誤。本卷下文「外任官從己人力」條，「統軍、都轉運、招討、按察使，諸路兵馬都總管，四十五人」，其敍次與此相合，則「副使」或是「按察使」之誤。

〔一七〕外任留守同統軍都監提刑副使　按此處文有脫誤。下文「外任官從己人力」條「同知留守、副統軍、按察副使，三十人」，次敍與此相合按察副使即提刑副使，知「留守同」下脫「知」字，「統軍」上脫「副」字，惟此處多「都監」二字。考本書卷五七百官志「諸京留守司：同知留守事正四品」，「統軍司：副統軍正四品」，而「都監」品秩皆卑無正四品者，卷五六百官志載「都水監：監正四品」，然非外任官，疑「都監」二字或是衍文。

〔一八〕大理少卿　「卿」原作「府」。按本書卷五六百官志，大理寺卿與少府監皆正四品，與此不合，惟大理寺少卿是從五品。今據改。

〔一九〕親王府文學　「學」原作「字」。按本書卷五七百官志親王府屬官有「文學二人，從七品」。今據改。

金史卷四十三

志第二十四

輿服上

天子車輅　皇后妃嬪車輦　皇太子車制　王公以下車制及鞍勒飾

古者車輿之制，各有名物表識，以祀以封，以田以戎，所以別上下、明等威也。歷代相承，互有損益，或因時創始，或襲舊致文，奇巧日滋，浮靡益蕩。加以後世便習騎乘，車用蓋寡，惟於郊廟祀享法駕導引，爲一代令儀而不敢廢也。其於先王經世立法之意，寥乎闊哉。

金初得遼之儀物，既而克宋，於是乎有車輅之制。熙宗幸燕，始用法駕。迨至世宗，制作乃定，班班乎古矣。考禮文，證國史，以見一代之制度云。

大定十一年，將有事於南郊，命太常寺檢宋南郊禮，鹵簿當用玉輅、金輅、象輅、革輅、木輅、耕根車、明遠車、指南車、記里鼓車、崇德車、皮軒車、進賢車、黃鉞車、白鷺車、鸞旗車、豹尾車、軺車、羊車各一，革車五，屬車十二。除見有車輅外，闕象、木、革輅，耕根、明遠、皮軒、進賢、白鷺、羊車，大輦各一，革車三，屬車四。

按五禮新儀，玉輅以青，金輅以緋，象輅以銀褐，革輅以黃，木輅以皁，蓋其物有合隨輅之色者，有當用別色者，如玉輅用青絲繡雲龍絡帶，青羅繡寶相花帶，青畫輪轅，青氂牛尾，此隨輅之色者也。若象、木、革輅則當用緋、用銀褐、用黃及皁。若至尊乘御步武所及，非若餘物但爲美觀，其踏床、倚背、踏道之褥皆用紅錦，座褥、及行馬褥、透壁輭簾三，用銀褐、黃、青羅錦三色。又大輦，宋陶穀創意爲之，至祥符中以其太重，減七百餘斤，可見當時亦無定制，各以意從長斟酌造之。其制，金玉輅闕，可見者象輅、革輅、木輅，耕根、皮軒、進賢、明遠、白鷺、羊車，革車，大輦，凡十有一。

象輅，黃質，金塗銅裝，以象飾諸末。輪衣以銀褐。建大赤。餘同玉輅。

革輅，黃質，鞔之以革，金塗銅裝，輪衣以黃，建大白。餘同玉輅。

木輅，黑質，漆之，輪衣以皁，建大麾。餘同玉輅。

耕根車，青質，蓋三重，制如玉輅而無玉飾。

皮軒車，赤質，上有漆柱，貫五輪相重，畫虎紋，一轅。

進賢車，赤質，如革車，緋輪衣、絡帶、門簾並繡鳳。〔一〕上設朱漆床、香案，紫綾衣。一轅。

明遠車，制如屋，鋭頂，重簷，勾欄。頂上有金龍，〔二〕四角垂鐸。上層四面垂簾，下層周以花板。三轅。

白鷺車，赤質，周施花板，上有漆柱，柱杪刻爲鷺鷥，銜鵝毛筩，紅綬帶。〔三〕柱貫五輪相重。輪衣、皂頂、緋裙、緋絡帶，並繡飛鷺。一轅。

羊車，赤質，兩壁油畫龜紋，金鳳翅。幰衣、結帶並繡瑞羊。二轅。

大輦，赤質，正方，油畫，金塗銀葉龍鳳裝。其上四面施行龍、雲朵、火珠，方鑑、銀絲囊網，珠翠結雲龍，鈿窠霞子。四角龍頭銜香囊。頂輪施耀葉，中有銀蓮花、坐龍。紅綾裏，碧牙壓帖。內設圓鑑、香囊，銀飾勾欄臺坐，〔四〕紫絲條網帉鐠。中施黃褥，上置御座、曲几，香鑪、錦結綬。几衣、輪衣、絡帶並緋繡雲龍寶相花，金線壓。長竿四，飾以金塗銀龍頭。畫梯、托叉、行馬。

七寶輦，制如大輦，飾以玉裙網，七寶，滴子用眞珠。宋欽宗爲上皇製，海陵自汴取而用之。

皇后之車六。一曰重翟車，青質，金飾金塗銅鈒花葉段裝釘，燿葉二十四，明金立鳳一，紫羅銷金生色寶相帷一，青羅、靑油幰衣各一，朱絲絡網、紫羅明金生色雲龍絡帶各二，兩廂明金五彩間裝翟羽二，金塗鍮石長轅鳳頭三，橫轅立鸞八，香罏香寶子一副，宜男錦帶結，朱紅漆杌子、踏床各一，扶板扶魚一副，紅羅明金衣褥，紅羅襯褥一，青羅行道褥四，青羅明金生色雲鳳夾幔一，紅羅明金緣紅竹簾二，金塗銅葉段行馬二，〔五〕朱紅漆金塗銀葉裝釘胡梯一，青羅胡梯尋儀褥二，踏道褥十，青絹裏大麻索二，油蒙帕一。

二曰厭翟車，赤質，倒仙錦帷一，紫羅、紫油幰衣各一，朱絲絡網、宜男錦絡帶各二，餘同重翟，惟行道褥、〔六〕夾幔、尋儀褥羅及裏索等用紅。

三曰翟車，黃質，金飾鍮石葉段裝釘，宜男錦帷，黃羅油幰衣，鍮石長轅鳳頭三，而無橫轅立鸞，餘同厭翟，而羅色用黃。

四曰安車，赤質，倒仙錦帷，紫、油幰衣，朱絲絡網，天下樂錦絡帶，鍮石長轅鳳頭三，無橫轅立鸞及香罏香寶子，餘同翟車，而色皆用紅。

五曰四望車，朱質，宜男錦帷，青、油幰衣，轅端螭頭二，餘並同安車。

六曰金根車，朱質，紫羅、紫油幰衣，朱絲絡網、〔七〕倒仙錦絡帶各二，踏床衣褥用紅綾，〔八〕尋儀褥、踏道褥並用綾，〔九〕餘並同安車。

造六車成後，復改造圓輅、重簷、方輅、五華、亭頭、平頭六等之制，又增製九龍車一，高二丈、廣一丈一尺、長二丈六尺。五鳳車四，各高一丈八尺，長廣如之。圓輅車一、方輅車一、重簷車一，各高一丈七尺，長一丈八尺，廣八尺。皆駕馬四，駕士各五十人，並平巾幘、生色青緋黃三色寶相花衫、銀褐抹帶、大口袴。平頭輦一、五華輦一、亭頭輦一，各高一丈九尺，廣丈五寸，長三丈。舁士各九十六人作兩番代，並生色緋寶相花衫，餘如前製。管押人員三十五人，長脚幞頭、紫羅窄衫、金銅帶束。駕馬繁纓、涼屜、鈴拂、包尾皆從車色，金銅面，插翟尾，朱鞶，朱總。龍車合用紅羅傘一，傘子二人用本服錦帽幞帶。

又檢定扇、障等制。偏扇如仙人羽扇。行障六扇，各長八尺、高六尺，用紅羅表、朱裏，畫雲鳳，龍首竿銜鞶結，每障用宮人四。坐障三扇，各長七尺、高五尺，畫雲鳳，紅羅表、朱裏，餘同行障。錦六柱八扇，各闊二尺、高三尺，冒以錦，內給使八人執。

宮人車制如屬車，駕士八人，平巾幘、緋衫、大口袴、鞋韈，供奉宮人三十人，雲脚紗帽、紫衫束帶、綠靴。

明昌元年三月，定妃嬪車輦同鍍金鳳頭、黃結，御妻、世婦用間金鳳頭、梅紅結子。

皇太子車制。大定六年十二月，奏皇太子金輅典故制度，及上用金輅儀式，奉勅詳定。輈、旗、旂首及應用龍者更以麟爲飾，省去障塵等物。上用金輅名件色數，依上公以九爲節，減四分之一。上用輅，軾前有金龍改爲伏鹿，軾上坐龍改爲鳳，旂十二旒減爲九，駕赤騮六減爲四，及簾褥用黃羅處改用梅紅，餘並具體成造。其制，赤質，金飾諸末，重較。箱畫虡文鳥獸，黃屋。軾作赤伏鹿，龍輈。金鳳一，在軾前。〔一〇〕設障塵。朱蓋黃裏。輪畫朱牙。左建九旒，右載闟戟。旂首銜金龍頭，結綬及鈴緌。八鸞在衡，二鈴在軾。駕赤騮四，金鍐方釳，插翟尾，鏤錫鞶，纓九就。皇帝輅自頂至地高一丈七尺，〔一一〕今䋄四分之一爲一丈三尺二寸，修廣之䋄亦如之。

王公以下車制。一品，幰用銀螭頭，涼棚杆子、月板並許以銀裝飾。三品以上，螭頭不得施銀，涼棚杆子、月板亦聽用銀爲飾。五品以上，幰獅頭。六品以下，〔一二〕幰雲頭。庶人坐車平頭，止用一色黑油。

親王鞍，塗金銀裏，仍鈒以開花。障泥用紫羅，飾以錦。轡以塗金銀裝，束用絲結。皇家小功以上、太皇太后皇太后大功以上、皇后期親以上、幷一品官、及官職俱至三品以上者，障泥許用金花。若經賜或御毬場內，不在禁限。

舊制，親王、宰執任外者，與大興尹，皆服小帽、束帶、銀鞍、絲鞭。大定中，世宗以京尹亦外官三品，而與親王無別，遂命不得御銀鞍、絲鞭，惟同外三品例，幞頭、帶、展皂視事。承安二年，制護衞銅裝鞍轡不得借人。庶人馬鞍許用黑漆，以骨、角、鐵爲飾，不得用玉較具及金、銀、犀、象飾鞍轡。

輿服中

天子袞冕　視朝之服　皇后冠服　皇太子冠服

宗室外戚及一品命婦服用　臣下朝服　祭服　公服

昔者聖人制爲玄黃黼黻之服，以象天地之德，以章貴賤之儀，夏、商損益，至周大備，不可以有加矣。自秦滅棄禮法，先王之制靡敝不存，漢初猶服袀玄以從大祀，歷代雖漸復古，終亦不純而已。金制皇帝服通天、絳紗、袞冕、偪舄，卽前代之遺制也。其臣有貂蟬法服，卽所謂朝服者。章宗時，禮官請參酌漢、唐，更製祭服，青衣朱裳，去貂蟬豎筆，以別於朝服。惟公朝則又有紫、緋、綠三等之服，與夫窄紫、展皂等事，悉著于篇云。

天眷三年，有司以車駕將幸燕京，合用通天冠、絳紗袍，據見闕名件，依式成造。禮服，袍、裳、方心曲領、中單、蔽膝、革帶、大帶、玉具劍、綬、佩、舄、韈。乘輿服，大綬六采，黑、黃、赤、白、縹、綠，小綬三色，同大綬，間施三玉環，大綬五百首，小綬半之。白玉雙佩、革帶、玉鉤䚢。

冕制。天板長一尺六寸，廣八寸，前高八寸五分，後高九寸五分，身圍一尺八寸三分，并納言，並用青羅爲表，紅羅爲裏，周迴用金稜。天板下有四柱，四面珍珠網結子，花素墜子，前後珠旒共二十四，旒各長一尺二寸。青碧線織造天河帶一，長一丈二尺，闊二寸，兩頭各有眞珠金碧旒三節，玉滴子節花。紅線組帶二，上有眞珠金翠旒，玉滴子節花，下有金鐸子二。梅紅線款幔帶一。黈纊二，眞珠垂繫，上用金萼子二。簪窠，款幔、組帶鈿窠，各二，內組帶鈿窠四並玉鏤塵碾造。玉簪一，頂方二寸，導長一尺二寸，簪頂刻鏤塵雲龍。

衮，用青羅夾製，五綵間金繪畫，正面日一、月一、昇龍四、山十二，上下襟華蟲、火各六對，虎、蜼各六對；背面星一、昇龍四、山十二，華蟲、火各十二對，虎、蜼各六對。中單一，白羅單製，羅領、褾、襈。裳一，帶、褾、襈，紅羅八幅夾製，繡藻三十二、粉十六、米十六、黼三

十二、黻三十二。蔽膝一，帶、褾、襈，並紅羅夾製，繡昇龍二。綬一副：〔一三〕大綬以赤黃黑白綠縹六綵織，紅羅托裏，小綬三色，同大綬，銷金黃羅綬頭，上間施三玉環，皆刻雲龍，大綬五百首，小綬半之。緋白大帶一，銷金黃羅帶頭，鈿窠二十四。紅羅勒帛一，青羅抹帶一。玉佩二，白玉上中下璜各一，半月各二，皆刻雲龍，玉滴子各二，皆以眞珠穿製。金篦鈎、獸面、水葉、環、釘。涼帶一，紅羅裏，縷金，上有玉鵝七，鉈尾束各一，金攀龍口，以玳瑁板襯釘腳。舄，重底，紅羅面，白綾托裏，如意頭，銷金黃羅緣口，玉鼻仁飾以珠。韈用緋羅加綿。

凡大祭祀、加尊號、受冊寶，則服袞冕。行幸、齋戒出宮或御正殿，則通天冠、絳紗袍。

鎭圭，大圭。皇統九年十月二十四日，禮部下太常，畫鎭圭式樣，大禮使據三禮圖以進，用之。大定十一年，太常寺按禮「大圭長三尺，抒上終葵首，天子服之」。自西魏、隋、唐以來，大圭長尺二寸，與鎭圭同。蓋鎭圭以鎭天下，以四鎭山爲飾，今其圭已依古制，惟無大圭。今御府有故宋白玉圭，圓，無上鋭及終葵首。自西魏以來，所制玉笏皆長尺有二寸，方而不折，雖非先王之法，蓋後世玉難得，隨宜故也。擬合以御府所藏，行禮就用。

視朝之服。初，太宗卽位，始服赭黃，自後視百官朝御袍帶。章宗卽位，以世宗之喪，有司請御純吉，不從，乃服淡黃袍、烏犀帶。常朝則服小帽、紅襴、偏帶或束帶。

皇后冠服。花株冠，〔一四〕用盛子一，青羅表、青絹襯金紅羅托裏，用九龍、四鳳，前面大龍銜穗毬一朵，前後有花株各十有二，〔一五〕及鸂鶒、孔雀、雲鶴、王母仙人隊、〔一六〕浮動插瓣等，後有納言，上有金蟬鑻金兩博鬢，以上並用鋪翠滴粉縷金裝珍珠結製，下有金圈口，上用七寶鈿窠，後有金鈿窠二，穿紅羅鋪金款幔帶一。

褘衣，深青羅織成翬翟之形，素質，十二等，領、褾、襈並紅羅織成雲龍。中單以素青紗製，領織成黼形十二，褾、袖、襈織成雲龍，並織紅縠造。裳，八副，深青羅織成翟文六等，褾、襈織成紅羅雲龍，明金帶腰。蔽膝，深青羅織成翟文三等，領緣，緅色羅織成雲龍。明金帶大綬一，長五尺，闊一尺，〔一七〕黃赤白黑縹綠六彩織成，小綬三色同大綬，間七寶鈿窠，施三玉環，上碾雲龍，撚金線織成大小綬頭，紅羅花襯。大帶，青羅朱裏，紕其外，上以朱錦，下以綠錦，紐約用青組，撚金線織成帶頭。玉佩二朵，每朵上中下璜各一，半月墜子各二，並玉碾。縷金打鈒獸面、篦鈎佩子各一，水葉子眞珠穿綴。青衣革帶，用縷金青羅裹造，上用金打鈒水地龍，鵝眼鉈尾，龍口攀束子共八事，以玳瑁襯金釘脚。抹帶二，紅羅、青羅各一，並明金造，各長一丈五寸。〔一八〕舃，以青羅製，白綾裏，如意頭，明金、黃羅準上用，玉鼻仁眞珠裝，綴繫帶。襪，青羅表裏，綴繫帶。

犀冠，減撥花樣，縷金裝造，上有玉簪一，下有玳瑁盤一。

皇太子冠服。冕用白珠九旒，紅絲組爲纓，青纊充耳，犀簪導。袞，青衣朱裳，五章在衣，山、龍、華蟲、火、宗彝，四章在裳，藻、粉米、黼、黻。白紗中單，青褾襈裾。革帶，塗金銀鈎艓。蔽膝，隨裳色，爲火、山二章。瑜玉雙佩，四采織成大綬，間施玉環三。白襪，朱舄，舄加金塗銀釦。謁廟則服之。

遠遊冠，十八梁，金塗銀花，飾博山附蟬，紅絲組爲纓，犀簪導。朱明服，紅裳，白紗中單，方心曲領，絳紗蔽膝，白襪黑舄。餘同袞冕。册寶則服之。

桓圭，長九寸、廣三寸、厚半寸，用白玉，若屋之桓楹，爲二稜。

太子入朝起居及與宴，則朝服，紫袍、玉帶、雙魚袋。其視事及見師少賓客，則服小帽、皂衫、玉束帶。

宗室及外戚并一品命婦，衣服聽用明金，期親雖別籍、女子出嫁並同。又五品以上官母、妻，許披霞帔。唯首飾、霞帔、領袖、腰帶，許用明金、籠金、間金之類。其衣服止用明銀、象金及金條壓繡。正班局分承應帶官人，雖未出職係班，其祖母及母、妻、子孫之婦、同籍兄弟之妻、及在室女、孫、姊妹並同。又禁私家用純黃帳幕陳設，若曾經宣賜鑾輿服御，日月雲肩、龍文黃服、五箇鞘眼之鞍皆須更改。

臣下朝服。凡導駕及行大禮，文武百官皆服之。正一品：貂蟬籠巾，七梁額花冠，貂鼠立筆，銀立筆，犀簪導，佩劍，緋羅大袖、緋羅裙、緋羅蔽膝各一，緋白羅大帶，天下樂暈錦玉環綬一，白羅方心曲領、白紗中單、銀褐勒帛各一，玉珠佩二，金塗銀革帶，烏皮履，白綾韈。正二品：七梁冠，銀立筆，犀簪導，不佩劍，緋羅大袖，雜花暈錦玉環綬，餘並同。正四品：〔一九〕五梁冠，銀立筆，犀簪，白獅錦銀環綬，珠佩，銀革帶，御史中丞則獬豸冠、青荷蓮綬，餘並同。正五品：四梁冠，簇四金鵰錦銅環綬，銀珠佩，餘並同。正六品至七品：三梁冠，黃獅錦銅環綬，銅珠佩，〔二〇〕銅束帶，餘並同。

大定二十二年祫享，攝官、導駕二品冠七梁，三品四品冠六梁，服有金花，五品冠五梁，六品冠四梁，七品冠三梁，監察御史獬豸冠、青綬，〔二一〕八品九品冠二梁，餘製並同。

祭服。皇統七年，太常寺言：「太廟成後，奉安神主，祫享行禮，凡行事、執事、助祭、陪位官，准古典當服衮冕、九章畫降龍，隨品各有等差。通典云虞、夏、殷並十二章，日、月、星辰、山、龍、華蟲作繪於衣，宗彝、藻、火、粉米、黼、黻絺繡於裳。周升三辰於旂，登龍於山，登火於宗彝，作九章之服，龍、山、華蟲、火、宗彝繪於衣，〔三〕藻、粉米、黼、黻繡於裳。『公之服自袞冕而下如王之服，侯伯之服自鷩冕而下如公之服』。又後魏帝服袞冕，與祭者皆朝服。又開元禮一品服九章。又五禮新儀正一品服九旒冕、犀簪、青衣畫降龍。今汴京舊禮直官言，自宣和二年已後，一品祭服七旒冕、大袖無龍。唐雖服九章服，當時司禮少常伯孫茂道言，『諸臣之章雖殊，然飾龍名袞，尊卑相亂，請三公服鷩冕八章爲宜』。臣等竊謂歷代衣服之制不同，若從後魏則止服朝服，或用宋服則爲七章，若遵唐九章，則有飾龍名袞尊卑相亂之議。」尚書省乃奏用後魏故事，止用燕京大册禮時所服朝服以祭。

大定三年八月，詔遵皇統制，攝官則朝服，散官則公服，以皇太子爲亞獻，服袞冕。

十四年，用唐制，若祭遇雨雪則服常服，謂今之公服也。

泰和元年八月，禮官言：「祭服所以接神，朝服所以事君，雖歷代損益不同，然未嘗不有分別。是以袞冕十二旒，玄衣纁裳備十二章，天子之祭服也。通天冠、絳紗袍、紅羅裳，天子之視朝服也。臣下之服則用青衣朱裳以祭，朱衣朱裳以朝。國朝惟天子備袞冕、通天冠二等之服，今羣臣但有朝服，而祭服尚闕，每有祀事但以朝服從事，實於典禮未當。請依漢、唐故事，祭服冕旒畫章，然君臣冕服雖章數各殊而俱飾龍名袞，〔三〕而唐孫茂道已有尊卑相亂之論。然三公法服有龍，恐涉於僭，國初禮官亦嘗駁議。乞參酌古今，改置祭服，其冠則如朝冠，而但去其貂蟬、竪筆，其服用靑衣、朱裳、白襪、朱履，非攝事者則用朝服，庶幾少有差別。」上曰：「朝、祭之服，固宜分也。」

公服。大定官制，文資五品以上官服紫。三師、三公、親王、宰相一品官服大獨科花羅，徑不過五寸，執政官服小獨科花羅，徑不過三寸。二品、三品服散搭花羅，〔二四〕謂無枝葉者，徑不過寸半。四品、五品服小雜花羅，謂花頭碎小者，徑不過一寸。六品、七品服緋芝麻羅。八品、九品服綠無紋羅。應武官皆服紫。凡散官、職事皆從一高，上得兼下，下不得僭上，窄紫亦同服色，各依官制品格。其諸局分承應人並服無紋素羅。十五年制曰：「袍不加襴，非古也。」遂命文資官公服皆加襴。

帶制，皇太子玉帶，佩玉雙魚袋。親王玉帶，佩玉魚。一品玉帶，佩金魚。二品笏頭毬文金帶，佩金魚。三品、四品荔枝或御仙花金帶，並佩金魚。五品，服紫者紅鞓烏犀帶，佩金魚，服緋者紅鞓烏犀帶，佩銀魚，服綠者並皂鞓烏犀帶。武官，一品、二品佩帶同，三品、四品金帶，五品、六品、七品紅鞓烏犀帶，皆不佩魚，八品以下並皂鞓烏犀帶。司天、太醫、內侍、教坊，服皆同文武官，惟不佩魚。應殿庭承應五品以下官，非入內不許金帶，又展紫入殿庭者，並許服紅鞓，不佩魚。又二品以上官，許兼服通犀帶，三品官若治事及見賓客，許兼服花犀帶。

大定二年制，百官趨朝、赴省，並須裹帶。五品以上官，趨朝則朝服，赴省則展皂，雨雪沾衣則從便。凡朝參，主寶、主符展紫，御仙花或太平花金束帶。近侍給使、供御筆硯、直長、符寶吏紫褁子，塗金束帶。輪直，則近侍給使並常服，常服則展紫。〔三五〕閤門六尚，遇朝參侍立則服本品服，若宮中當直則服窄紫、金帶。學士院官、修起居注、補闕、拾遺、祕書丞、祕書郎，朝參侍立則服本品服、色帶，當直則窄紫、金帶。東宮左右衞率、僕正、副僕正、典儀、贊儀、內直郎丞，當直亦許服之。太子太師出入宮中則展紫，至東宮則展皂，三少則展紫。

輿服下

衣服通制

君子之服，以稱德也，故德之備者其文備。古者王公及士庶人莫不各有一定之制，而不敢相踰者，蓋風俗之奢儉，法令之齊一，必於是而觀焉。詩曰：「彼都人士，狐裘黃黃。其容不改，出言有章。」其三章曰：「彼都人士，充耳琇實。彼君子女，謂之尹吉。」此言都邑之盛，人物之懿也。明昌間，章宗謂宰臣曰：「今風俗侈靡，莫若律以制度，使貴賤有等。其令禮部具典故以聞。」他日又謂參知政事張萬公曰：「山東風俗如何？」萬公對以奢，左丞守貞因言衣服之制，上曰：「如卿所言，正恐失人心耳。」守貞曰：「止是商賈有不悅者。」萬公曰：「乞寬與之期，三年之內當如制矣。」於是，上以禮部所擬太繁，以尚書省所擬而行之。嗟乎，人君以風俗爲言，其亦知所務矣。

金人之常服四：帶，巾，盤領衣，烏皮靴。其束帶曰吐鶻。巾之制，以皂羅若紗爲之，上結方頂，折垂于後。頂之下際兩角各綴方羅徑二寸許，方羅之下各附帶長六七寸。當橫額之上，或爲一縮襞積。貴顯者於方頂，循十字縫飾以珠，其中必貫以大者，謂之頂珠。帶旁各絡珠結綬，長半帶，垂之，海陵賜大興國者是也。其衣色多白，三品以皁，窄袖，盤領，縫腋，下爲襞積，而不缺袴。其胸臆肩袖，或飾以金繡，其從春水之服則多鶻捕鵝，雜花卉之飾，其從秋山之服則以熊鹿山林爲文，其長中骭，取便於騎也。

吐鶻，玉爲上，金次之，犀象骨角又次之。銙周鞓，小者間置於前，大者施於後，左右有雙鉈尾，納方束中，其刻琢多如春水秋山之飾。左佩牌，右佩刀。刀貴鑌，柄尚鷄舌木，黃黑相半，有黑雙距者爲上，或三事五事。室飾以醬瓣樺，鏤口飾以鮫，或屑金鍮和漆，塗鮫隙而礲平之。醬瓣樺者，謂樺皮斑文色殷紫如醬中豆瓣也，產其國，故尚之。

初，女直人不得改爲漢姓及學南人裝束，違者杖八十，編爲永制。

婦人服襜裙，多以黑紫，上編繡全枝花，周身六襞積。上衣謂之團衫，用黑紫或皁及紺，直領，左衽，掖縫，兩傍復爲雙襞積，前拂地，後曳地尺餘。帶色用紅黃，前雙垂至下齊。年老者以皁紗籠髻如巾狀，散綴玉鈿於上，謂之玉逍遙。此皆遼服也，金亦襲之。許嫁之女則服綽子，製如婦人服，以紅或銀褐明金爲之，對襟彩領，前齊拂地，後曳五寸餘。

明昌六年制，文武官六貫石以上承應人并及廕者，許用牙領，紫圓板皁條羅帶，皁靴，上得兼下。係籍儒生止服白衫領，繫背帶並以紫圓條羅帶，乾皁靴。餘人用純紫領，不得用緣，雜色圓板條羅帶不得用紫，靴用黃及黑油皁蠟等，婦人各從便。

泰和四年，以親王品官既分領緣，而復有皁靴之禁，似涉太煩，遂聽親王用銀褐領紫緣，品官皆紫領白緣，餘從明昌制。

書袋之制。大定十六年，世宗以吏員與士民之服無別，潛入民間受賕鬻獄，有司不能檢察，遂定懸書袋之制。省、樞密院令、譯史用紫紵絲爲之，臺、六部、宗正、統軍司、檢察司以黑斜皮爲之，寺、監、隨朝諸局、幷州縣，並黃皮爲之，各長七寸、闊二寸、厚半寸，並於束帶上懸帶，公退則懸於便服，違者所司糾之。

大定十三年，太常寺擬士人及僧尼道女冠有師號、幷良閑官八品以上，許服花紗綾羅絲紬。在官承應有出身人、帶八品以下官，未帶官亦同，許服花紗綾羅紵絲絲紬，家屬同，婦人許用珠爲首飾。其都孔目與八品良閒官同，〔三六〕京府州縣司吏皆與庶人同。

庶人止許服絁紬、絹布、毛褐、花紗、無紋素羅、絲綿，其頭巾、繫腰、領帕許用芝蔴羅、絛用絨織成者，不得以金玉犀象諸寶瑪瑙玻璃之類爲器皿、及裝飾刀把鞘、幷銀裝釘床榻之類。

婦人首飾，不許用珠翠鈿子等物，翠毛除許裝飾花環冠子，餘外並禁。

兵卒許服無紋壓羅、絁紬、絹布、毛褐。

奴婢止許服絁紬、絹布、毛褐。

倡優遇迎接、公筵承應，許暫服繪畫之服，其私服與庶人同。

校勘記

〔一〕門簾並繡鳳　原脫「繡」字。按大金集禮以下簡稱集禮卷二九輿服上輅輦爲本志天子車輅之所本，其文作「並繡鳳」。今據補。

〔二〕頂上有金龍　原脫「龍」字。按宋史卷一四九輿服志明遠車條作「上有金龍」。今據補。

〔三〕紅綬帶　「綬」原作「綾」。據集禮、宋志改。

〔四〕銀飾勾欄臺坐　「飾」原作「輪」。據集禮、宋志改。

〔五〕金塗銅葉段行馬二　「段」原作「斷」。按集禮卷二九輿服上皇后車服爲本志皇后妃嬪車輦之所本，其文作「段」。今據改。

〔六〕帷行道褥　原脫「褥」字，據集禮補。

〔七〕朱絲絡網　原脫「絡網」二字，據集禮補。

〔八〕踏床衣褥用紅綾　「衣」字原在「綾」字下，據集禮文義乙正。

〔九〕尋儀褥踏道褥並用綾　按集禮作「紅綾胡梯尋儀褥二，踏道褥八」，是此「綾」上當有「紅」字。

〔一〇〕在軾前　原脫「在」字。按集禮卷二九輿服上皇太子車服爲本志皇太子車制之所本，其文作

「金鳳一，在軾前」。今據補。

〔一一〕高一丈七尺　按集禮作「自頂至地高一丈七尺三寸，今擬減四分之一，該一丈三尺二寸」，減四分之一爲一丈三尺二寸，則原高當爲一丈七尺六寸，此當脫「六寸」二字。

〔一二〕六品以下　「下」原作「上」。按集禮卷三〇輿服下臣庶車服，「大定制，文諸車，一品用銀螭頭，五品以上獅頭，六品以下雲」。今據改。

〔一三〕綬一副　「副」原作「幅」。按此指下文之「六采綬一」及「小綬」言，非止一幅。集禮卷二九輿服上皇后車服「禕衣」條，「綬一副，大綬一」，亦有「小綬」。今據改。

〔一四〕花株冠　「花株」原作「花珠」。按大唐開元禮卷三衣服「皇后服首飾花十二樹」，太常因革禮卷二五輿服后妃之制「首飾花十二株」，政和五禮新儀卷一二皇后冠服同。今據改。

〔一五〕前後有花株各十有二　「株」原作「珠」。今改，見前條。

〔一六〕王母仙人隊　「隊」原在「仙人」上。據集禮卷二九皇后車服乙正。

〔一七〕大綬一長五尺闊一尺　按宋史卷一五一輿服志天子之服，袞冕之制，「大綬六采，玄、黃、赤、白、縹、綠，純玄質，長二丈四尺五寸，首廣一尺，小雙綬長二尺六寸，色同大綬而首半之，間施三玉環」。此皇后之綬闊既相同，長亦當相同或略短，推測此處「長」字下脫「二丈」或「一丈」二字。

〔一八〕各長一丈五寸　「丈」字疑是「尺」字之誤。

〔一九〕正四品　按上敍「正二品」，下當敍「正三品」。集禮卷三〇亦無，殿本于本章末加注云，「三品舊無」。

〔二〇〕銅珠佩　原脫「銅」字。按集禮卷三〇臣庶車服作「銅珠佩二朵」。今據補。

〔二一〕監察御史獬豸冠青綬　按「監察御史」此處當作「監祭御史」。參考本書卷二八校記〔三〕。

〔二二〕作九章之服龍山華蟲火宗彝繪於衣　「龍」字原在「山」字之下。據通典卷六一乙正。

〔二三〕然君臣冕服雖章數各殊而俱飾龍名袞　原脫「臣」字。據文義補。

〔二四〕二品三品服散搭花羅　原脫「服」字。按集禮卷三〇臣庶車服，大定官制，「二品三品服散搭花頭羅」。今據補。

〔二五〕常服則展紫　按永樂大典卷一九七九二引文無「常服」二字。

〔二六〕其都孔目與八品良閑官同　原脫「良」字。按上文有「良閑官八品以上」，集禮卷三〇輿服下臣庶車服作「良閑」凡四見。今據補。

金史卷四十四

志第二十五

兵

兵制　禁軍　養兵之法

金興，用兵如神，戰勝攻取，無敵當世，曾未十年遂定大業。原其成功之速，俗本鷙勁，人多沉雄，兄弟子姓才皆良將，部落保伍技皆銳兵。加之地狹產薄，無事苦耕可給衣食，有事苦戰可致俘獲，勞其筋骨以能寒暑，徵發調遣事同一家。是故將勇而志一，兵精而力齊，一旦奮起，變弱爲强，以寡制衆，用是道也。

及其得志中國，自顧其宗族國人尙少，乃割土地、崇位號以假漢人，使爲之效力而守之。猛安謀克雜厠漢地，聽與契丹、漢人昏因以相固結。迨夫國勢寖盛，則歸土地、削位號，罷遼東渤海、漢人之襲猛安謀克者，漸以兵柄歸其內族。然樞府簽軍募軍兼采漢制，伐宋之役參用漢軍及諸部族而統以國人，非不知制勝長策在於以志一之將、用力齊之兵也，第以土宇既廣，豈得盡任其所親哉。馴致極盛，乃自患其宗族國人之多，積其猜疑，卒自戕賊，遂致强本刊落，醇風鍥薄，將帥攜離，兵士驕惰。迄其亡也，「忠孝」等軍構難于內，乣軍雜人召禍于外，向之所謂志一而力齊者，不見可恃之勢焉。豈非自壞其家法而致是歟，抑是道也可用於新造之邦，不可以保長久之天下歟。

金以兵得國，奉詔作金史，故於金之兵志考其興亡得失之跡，特著於斯。兵制、馬政、養兵等法載諸舊史者，昈列于篇。

金之初年，諸部之民無它徭役，壯者皆兵，平居則聽以佃漁射獵習爲勞事，有警則下令部內，及遣使詣諸孛堇徵兵，凡步騎之仗糗皆取備焉。其部長曰孛堇，行兵則稱曰猛安、謀克，從其多寡以爲號，猛安者千夫長也，謀克者百夫長也。謀克之副曰蒲里衍，士卒之副從曰阿里喜。

部卒之數，初無定制，至太祖卽位之二年，既以二千五百破耶律謝十，始命以三百戶爲謀克，謀克十爲猛安。繼而諸部來降，率用猛安、謀克之名以授其首領而部伍其人。出河之戰兵始滿萬，而遼莫敵矣。及來流、鴨水、鐵驪、鱉古之民皆附，東京既平，山西繼定，內收遼、漢之降卒，外籍部族之健士。嘗用遼人訛里野以北部百三十戶爲一謀克，漢人王六兒以諸州漢人六十五戶爲一謀克，王伯龍及高從祐等並領所部爲一猛安。

至天會二年，平州既平，宗望恐風俗揉雜民情弗便，乃罷是制，諸部降人但置長吏，以下從漢官之號。四年，伐宋之役，〔一〕調燕山、雲中、中京、上京、東京、遼東、平州、遼西、長春八路民兵，隸諸萬戶，其間萬戶亦有專統漢軍者。熙宗皇統五年，又罷遼東漢人、渤海猛安謀克承襲之制，〔二〕浸移兵柄於其國人，乃分猛安謀克爲上中下三等，宗室爲上，餘次之。

至海陵庶人天德二年，省併中京、東京、臨潢、咸平、泰州等路節鎮及猛安謀克，削上中下之名，但稱爲「諸猛安謀克」，循舊制間年一徵發，以補老疾死亡之數。

貞元遷都，遂徙上京路太祖、遼王宗幹、秦王宗翰之猛安，併爲合扎猛安，及右諫議烏里補猛安，太師勗、宗正宗敏之族，〔三〕處之中都。斡論、和尚、胡剌三國公，太保昂，詹事烏里野，輔國勃魯骨，定遠許烈，故杲國公勃迭八猛安處之山東。阿魯之族處之北京。按達族屬處之河間。正隆二年，命兵部尚書蕭恭等〔四〕，與舊軍皆分隸諸總管府、節度使，授田牛使之耕食，以蕃衛京國。

六年，南伐，立三道都統制府及左右領軍大都督，將三十二軍，以神策、神威、神捷、神銳、神毅、神翼、神勇、神果、神略、神鋒、武勝、武定、武威、武安、武捷、武平、武成、武毅、武銳、武揚、武翼、武震、威定、威信、威勝、威捷、威烈、威毅、威震、威略、威果、威勇爲名，軍置都總管、副總管及巡察使、副各一員。而沿邊契丹恐妻孥被鄰寇鈔掠，不可盡行，遂皆背叛。而大名續授甲之士還迎立世宗于東京。

及大定之初，窩斡既平，乃散契丹隸諸猛安謀克。

至三年，詔河北、山東等路所簽軍，有父兄俱已充甲軍，〔五〕子弟又爲阿里喜，恐其家更無丁男，有誤農種，與免一丁，以驅丁充阿里喜，無驅丁者於本猛安謀克內驗富强有驅丁者簽充。

十三年，徙東北等戍邊漢軍於內地。

十五年十月，遣吏部郎中蒲察兀虎等十人分行天下，再定猛安謀克戶，每謀克戶不過三百，七謀克至十謀克置一猛安。

十七年，又以西南、西北招討司契丹餘黨心素狠戾，復恐生事，它時或有邊隙，不爲我用，令遷之於烏古里石壘部及上京之地。上謂宰臣曰：「北邊番戍之人，歲冒寒暑往來千里，甚爲勞苦。縱有一二馬牛，一往則無還理，且奪其農時不得耕種。故嘗命卿等議，以何術得罷其役，使安于田里，不知卿議何如也？」左丞相良弼對曰：「北邊之地，不堪耕種，不能長戍，故須番戍耳。」上曰：「朕一日萬幾，安能徧及，卿等既爲宰相，以此急務反以爲末事，竟無一言，甚勞朕慮。往者參政宗敍屢爲朕言，若以貧戶永屯邊境，使之耕種，官給糧廩，則貧者得濟，富戶免於更代之勞，使之得勤農務。若宗敍者可謂盡心爲國矣。朕嘗思之，宜以兩路招討司及烏古里石壘部族、臨潢府、泰州等路分定保戍，具數以聞，朕親覽焉。」

十八年，命部族、乣分番守邊。

二十年，以祖宗平定天下以來，所建立猛安謀克，因循既久，其間有戶口繁簡、地里遠近不同，又自正隆之後所授無度，及大定間亦有功多未酬者，遂更定以詔天下。復命新授者並令就封，其謀克人內有六品以下職及諸局承應人，皆爲遷之。三從以上族人願從行者，猛安不得過十戶，謀克不得過六戶。詔戍邊軍士年五十五以上，許以其子及同居弟姪承替，以奴代者罪之。

二十一年三月，詔遣大興尹完顏迪古速遷河北東路兩猛安，上曰：「朕始令移此，欲令與女直戶相錯，安置久則自相姻親，不生異意，此長久之利也。今者移馬河猛安相錯以居，甚符朕意，而遙落河猛安不如此，可再遣兵部尚書張那也按視其地以雜居之。」

二十二年，以山東屯田戶鄰之於邊鄙，命聚之一處，俾協力蠶種。右丞相烏古論元忠曰：「彼方之人以所得之地爲家，雖兄弟不同處，故貧者衆。」參政粘割斡特剌曰：「舊時兄弟雖析猶相聚種，今則不然，宜令約束之。」又以猛安謀克舊籍不明，遇簽軍與諸差役及賑濟，增減不以實，命括其口，以實籍之。

二十三年，遣刑部尚書移剌慥遷山東東路八謀克處之河間，〔六〕其棄地以山東東路忒黑河猛安下蘸苔謀克，移里閔斡魯渾猛安下翕浦謀克、什母溫山謀克九村人戶徙於劉僧、安和二謀克之舊地。其未徙者之地皆薄惡且鄰寇，遣使詢願徙者，相可居之地，圖以進。上嘗以速頻、胡里改人驍勇可用，海陵嘗欲徙之而未能，二十四年以上京率、胡剌溫之地廣而腴，遂遣刑部尚書烏里也出府庫錢以濟行資牛畜，遷速頻一猛安、胡里改二猛安二十四謀克以實之。蓋欲上京兵多，它日可爲緩急之備也。

當是時，多易置河北、山東所屯之舊，括民地而爲之業，戶頒牛而使之耕，畜甲兵而爲之備。乃大重其權，授諸王以猛安之號，或新置者特賜之名。制其奢靡，禁其飲酒，習其騎射，儲其糧糒，其備至嚴也。

是時宗室戶百七十，猛安二百二，謀克千八百七十八，戶六十一萬五千六百二十四。東北路部族糺軍曰迭剌部，承安三年改爲土魯渾札石合節度使。〔七〕曰唐古部，承安三年改爲部魯火札石合節度使。二部五糺，戶五千五百八十五。其它若助魯部族、烏魯古部族、石壘部族、萌骨部族、計魯部族、孛特本部族數皆稱是。西北、西南二路之糺軍十，〔八〕曰蘇謨典糺、曰耶剌都乣、曰骨典乣、唐古乣、霞馬乣、木典乣、萌骨乣、咩乣、胡都乣凡九，其諸路曰曷懶、曰蒲與、曰婆速、曰恤頻、曰胡里改、曰移懶，移懶後廢，皆在上京之鄙，或置總管府，或置節度使。

至章宗明昌間，欲國人兼知文武，令猛安謀克舉進士，試以策論及射，以定其科甲高下。

承安四年，上謂宰臣曰：「人有以八陣圖來上者，其圖果何如？朕嘗觀宋白所集武經，具載攻守之法，亦多難行。」右丞相清臣曰：「兵書一定之法，難以應變。本朝行兵惟用正奇二軍，臨敵制變，以正爲奇，以奇爲正，故無往不克。」上曰：「自古用兵亦不出奇正二法耳。且學古兵法如學弈棋，未能自得於心，欲用舊陣勢以接敵，疏矣。敵所應與舊勢異，則必不可支。然武經所述雖難遵行，然知之猶愈不知。」

泰和間，又制武舉，其制具在選舉志。

所謂渤海軍，則渤海八猛安之兵也。所謂奚軍者，奚人遙輦昭古牙九猛安之兵也。奚軍初徙于山西，後分遷河東。其漢軍中都永固軍，大定所置者也。所謂鎭防軍，則諸軍中取以更代戍邊者也。在西北邊則有分番屯戍軍及永屯軍驅軍之別。驅軍則國初所免遼人之奴婢，使屯守于泰州者也。邊鋪軍則河南、陝西居守邊界者。河東三虞候順德軍及章宗所置諸路效節軍，京府節鎭設三十人，防刺設二十人。掌同弓手者也。

諸路所募射糧軍，五年一籍三十以下、十七以上强壯者，皆刺其□，〔九〕所以兼充雜役者也。

京師防城軍，世宗大定十七年三月改爲武衛軍，則掌京師巡捕者也。其曰牢城軍，則嘗爲盜竊者，以充防築之役。曰士兵，則以司警捕之事。

凡漢軍，有事則簽取於民，事已則或亦放免。初，天會間，郭藥師降，有曰長勝軍者，皆遼水側人也，以鄉土歸金，皆愁怨思歸，宗望及令罷還。〔一〇〕正隆間，又嘗罷諸路漢軍，而所存者猶有威勇、威烈、威捷、順德及「韓常之軍」之號。

凡邊境置兵之州三十八，鳳翔、延安、鄜、鞏、熙、泗、潁、蔡、隴、秦、河、海、壽、唐、商、洮、蘭、會、積石、鎮戎、保安、綏德、保德、環、葭、隩、〔一一〕寧邊、東勝、淨、慶、來遠、桓、昌、曷懶、婆速、蒲與、恤品、胡里改，置於要州者十一，南京、東京、益都、京兆、太原、臨洮、臨潢、豐、泰、撫、蓋。

及宣宗南遷，乣軍潰去，兵勢益弱，遂盡擁猛安戶之老稚渡河，僑置諸總管府以統之，器械既缺，糧糒不給，朘民膏血而不足，乃行括糧之法，一人從征，舉家待哺。又謂無以堅戰士之心，乃令其家盡入京師，不數年至無以爲食，乃聽其出，而國亦屈矣。

然初南渡時，盡以河朔戰兵三十萬分隸河南行樞密及帥府，往往蔽匿强壯，驅羸弱使戰，不能取勝。後乃至以二十五人爲謀克，四謀克爲猛安。每謀克除旗鼓司火頭五人，任戰者止十八人，不足成隊伍，但務存其名而已。

故混源劉祁謂金之兵制最弊，每有征伐及邊釁，輒下令簽軍，使遠近騷動。民家丁男若皆强壯，或盡取無遺，號泣動乎鄰里，嗟怨盈於道路，驅此使戰，欲其勝敵，難矣。初，貞祐時，下令簽軍，會一時任子爲監當者春赴吏部選，宰執命取爲監官軍，〔一二〕皆憤惋哀號交愬臺省，至衝宰相鹵簿以告，丞相僕散七斤大怒，趣左右取弓矢射去。已而，上知其不可用，命免之。元光末，備潼關黃河，又簽軍，諸使者歷縣邑，自見居官外，無文武小大職事官皆充軍。至許州，前侍御史劉元規年幾六十，亦選爲千戶。至陳州，以祁父從益以前監察御史亦爲千戶，餘不可悉紀。既立部伍，必以軍律相臨，物議紛然，後亦罷之。

哀宗正大二年，議選諸路精兵，直隸密院。先設總領六員，分路揀閱，因相合併。每總領司率數萬人，軍勢既張，乃易總領之名爲都尉，班在隨朝四品之列，曰建威、曰虎威、曰破虜、振威、鷹揚、虎賁、振武、折衝、盪寇、殄寇，〔一三〕必以先嘗秉帥權者居是職，雖帥府行院亦不敢以貴重臨之。天興初元，有十五都尉。〔一四〕先六人陞授，在京建威奥屯斡里卜，許州折衝夾谷澤，本姓樊。陳州振武溫撒辛，本姓李。蔡州盪寇蒲察打吉卜，申裕安平完顏斜列，嵩汝振武唐括韓僧。續封金昌府虎威紇石烈乞兒，宣權歸德果毅完顏猪兒，南京殄寇完顏阿拍。宣權潼關都尉三：虎賁完顏陳兒、鷹揚內族大婁室、全節。

復取河朔諸路歸正人，不問鞍馬有無、譯語能否，悉送密院，增月給三倍它軍，授以官馬，得千餘人，歲時犒燕，名曰忠孝軍。以石抹燕山奴、蒲察定住統之。加以正大已後諸路所虜、臨陣所獲，皆放歸鄉土，同忠孝軍給其犒賞，使河朔俘係知之。故此軍迄于天興至七千，千戶以上將帥尚不預焉。

又以歸正人過多，乃係於忠孝籍中別爲一軍，減忠孝所給之半，不能射者令閱習一再月，然後試補忠孝軍，是所謂合里合軍也。

又以親衞馬軍，舊時所選未精，必加閱試，直取武藝如忠孝軍者得五千人，餘罷歸爲步軍。

凡進征，忠孝居前，馬軍次之。自正大改立馬軍，隊伍鞍勒兵甲一切更新，將相舊人自謂國家全盛之際馬數則有之，至於軍士精銳、器仗堅整，較之今日有不侔者，中興之期爲有望矣。一日布列曹門內教場，忠孝軍七千，馬軍五千，京師所屯建威都尉軍萬人，內族九住所統親衞軍三千，及阿排所統四千，皆哀宗控制樞密院時所選，教場地約三十頃尚不能容，餘都尉十三四軍猶不在是數。

此外，招集義軍名曰忠義，要皆燕、趙亡命，雖獲近用，終不可制，異時擅殺北使唐慶以速金亡者卽此曹也。

禁軍之制，本於合扎謀克。合扎者，言親軍也，以近親所領，故以名焉。貞元遷都，更以太祖、遼王宗幹、秦王宗翰之軍爲合扎猛安，〔一五〕謂之侍衞親軍，故立侍衞親軍司以統之。舊常選諸軍之材武者爲護駕軍，海陵又名上京龍翔軍爲神勇軍，正隆二年將南伐，乃罷歸，使就僉調，復於侍衞親軍四猛安舊止曰太祖、遼王、秦王猛安凡三，今曰四猛安，未詳，豈太祖兩猛安耶？內，選三十以下千六百人，騎兵曰龍翔，步兵曰虎步，以備宿衞。五年，罷親軍司，以所掌付大興府，置左右驍騎，所謂從駕軍也，置都副指揮使隸點檢司，步軍都副指揮使隸宣徽院。

大定初，親軍置四千人。二十二年，省爲三千五百。上京亦設守衞軍。是年，尚書省奏上京既設皇城提舉官，亦當設軍守衞。上曰：「可設四百五十，馬一百二十，分三番更代。異時朕至上京，卽作兩番巡警，限以半年交替。人日給錢五十、米一升半，馬給芻粟，猛安謀克官可差年四十上下者，軍士並取三十以上者充。」

章宗承安四年，增爲五千，又增至六千。又有威捷軍。承安增簽弩手千人。

凡選弩手之制，先以營造尺度杖，其長六尺，立之謂之等杖。取身與杖等，能踏弩至三石，鋪弦解索登踏閑習，射六箭皆上垛，內二箭中貼者。又選親軍，取身長五尺五寸善騎射者，猛安謀克以名上兵部，移點檢司、宣徽院試補之。又設護衞二百人，近侍之執兵仗者也，取五品至七品官子孫及宗室幷親軍、諸局分承應人，身長五尺六寸者，選試補之。又設控鶴二百人，皆以備出入者也。

大將府治之稱號。收國元年十二月，始置咸州軍帥司，以經略遼地，討高永昌，置南路都統司，且以討張覺。天輔五年襲遼主，始有內外諸軍都統之名。時以奚未平，又置奚路都統司，後改爲六部路都統司，以遙輦九營爲九猛安隸焉，與上京及泰州凡六處置，每司統五六萬人。又以渤海軍爲八猛安。凡猛安之上置軍帥，軍帥之上置萬戶，萬戶之上置都統。然時亦稱軍帥爲猛安，而猛安則稱親管猛安者。燕山旣下，循遼制立樞密院于廣寧府，以總漢軍。太宗天會元年，以襲遼主所立西南都統府爲西南、西北兩路都統府。三年，以伐宋更爲元帥府，置元帥及左、右副，及左、右監軍，左、右都監。

金制，都元帥必以諳版孛極烈爲之，恒居守而不出。六年，詔還二帥以鎭方面。諸路各設兵馬都總管府，州鎭置節度使，沿邊州則置防禦使。凡州府所募射糧軍、牢城軍，每五百人爲一指揮使司，設使，分爲四都，都設左右什將及承局押官。其軍數若有餘或不足，則與近者合置，不可合者以三百人或二百人亦設指揮使，若百人則止設軍使，百人以上立爲都，不及百人止設什將及承局管押官各一員。

十年，改南京路都統司爲東南路都統司，治東京以鎮高麗。後又置統軍司于大名府。及海陵天德二年八月，改諸京兵馬都部署司爲本路都總管府。九月，罷大名統軍司，而置統軍司于山西、河南、陝西三路，以元帥府都監、監軍爲使，分統天下之兵。又改烏古迪烈路統軍司爲招討司，以婆速路統軍司爲總管府。

三年，以元帥府爲樞密院，罷萬戶之官，詔曰：「太祖開創，因時制宜，材堪統衆授之萬戶，其次千戶及謀克。當時官賞未定，城郭未下，設此職許以世襲，乃權宜之制，非經久之利。今子孫相繼〔一六〕專攬威權，其戶不下數萬，與留守總管無異，而世權過之。可罷是官。若舊無千戶之職者，續思增置。國初時賜以國姓，若爲子孫者皆令復舊。」

正隆末，復陞陝西統軍司爲都統府。大定五年，復罷府，降爲統軍司。尋又設兩招討司，與前凡三，以鎮邊陲。東北路者，初置烏古迪烈部，後置于泰州。泰和間，以去邊尚三百里，宗浩乃命分司于金山。西北路者置於應州，西南路者置於桓州，〔一七〕以重臣知兵者爲使，列城堡濠牆，戍守爲永制。樞密院每行兵則更爲元帥府，罷則復爲院。

宣宗貞祐三年，徵代州戍兵五千，從胥鼎言，留代以屏平陽。興定二年，選募河南、陝西弩手軍二千人爲一軍，賜號威勇。及南遷，河北封九公，因其兵假以便宜從事，沿河諸城置行樞密院元帥府，大者有「便宜」之號，小者有「從宜」之名。元光間，時招義軍以三十人爲謀克，五謀克爲一千戶，四千戶爲一萬戶，四萬戶爲一副統，兩副統爲一都統，此復國初之名也。然又外設一總領提控，故時皆稱元帥爲總領云。

金初因遼諸抹而置羣牧，抹之爲言無蚊蚋、美水草之地也。天德間，置迪河斡朶、斡里保、保亦作本。蒲速斡、燕恩、兀者五羣牧所，皆仍遼舊名，各設官以治之。又於諸色人內，選家富丁多、及品官家子、猛安謀克蒲輦軍與司吏家餘丁及奴，使之司牧，謂之羣子，分牧馬駝牛羊，爲之立蕃息衰耗之刑賞。後稍增其數爲九。契丹之亂遂亡其五，四所之所存者馬千餘、牛二百八十餘、羊八百六十、駝九十而已。

世宗置所七，曰特滿、忒滿、在撫州。斡覩只、蒲速椀、蒲速椀本斡覩只之地，大定七年分其地置之。承安三年改爲板底因烏魯古。甌里本、承安三年改爲烏鮮烏魯古。烏魯古者言滋息也。合魯椀、耶盧椀。在武平縣、臨潢、泰州之境。

大定二十年三月，更定羣牧官、詳穩脫朶、〔一八〕知把、羣牧人滋息損耗賞罰格。

二十一年，勅諸所，馬三歲者付女直人牧之，牛或以借民耕，或又令民畜羊，或以賑貧戶。時遣使閱實其數，缺則杖其官，而令牧人償之，匿其實者監察舉覺之。二十八年，蕃息之久，馬至四十七萬，牛十三萬，羊八十七萬，駝四千。

明昌五年，散騍馬，令中都、西京、河北東、西路驗民物力分畜之。又令它路民養馬者，死則於前四路所養者給換，若欲用則悉以送官。此金之馬政也。然每有大役，必括於民，及取羣官之餘騎，以供戰士焉。

宣宗興定元年，定民間收潰軍亡馬之法，及以馬送官酬直之格，「上等馬一疋銀五十兩，中下遞減十兩。不願酬直者，上等二疋補一官，雜班任使，中等三疋，下等四疋，如之。令下十日陳首，限外匿及殺，並絞」。又遣官括市民馬，立賞格以示勸，五百疋以上鈔千貫，千疋以上一官，二千疋以上兩官。

養兵之法。熙宗天眷三年正月，詔歲給遼東戍卒紬絹有差。正隆四年，命河南、陝西統軍司并虞候司順德軍，官兵並增廩給。六年，將南征，以絹萬疋于京城易衣襖穿膝一萬，以給軍。世宗大定三年，南征，軍士每歲可支一千萬貫，官府止有二百萬貫，外可取於官民戶，此軍須錢之所由起也。

時言事者，以山東、河南、陝西等路循宋、齊舊例，州縣司吏、弓手於民間驗物力均敷顧錢，名曰「免役」，請以是錢贍軍。至是，省具數以聞，詔罷弓手錢，其司吏錢仍舊。四年六月，奏，元帥府乞降軍須錢，上曰：「帥府支費無度，例皆科取於民，甚非朕意。仰會計軍須支用不盡之數，及諸路轉運司見在如實缺用，則別具以聞。」十年四月，命德順州建營屋以處屯軍。十七年七月，歲以羊皮三萬賜西北路戍兵。承安三年，以軍須所費甚大，乞驗天下物力均徵。擬依黃河夫錢例，徵軍須錢，驗各路新籍物力，每貫徵錢四貫，西京、北京、遼東路每貫徵錢二貫，臨潢、全州則免徵，周年三限送納。恐期遠，遂定制作半年三限輸納。

凡河南、陝西、山東放老千戶、謀克、蒲輦、正軍、阿里喜等給賞之例，舊軍千戶十年以上賞銀五十兩、絹三十疋，不及十年，比附十年以上謀克支。謀克十年以上銀四十兩、絹二十五疋，不及十年銀三十兩、絹二十疋。蒲輦十年以上銀三十兩、絹二十疋，不及十年銀二十兩、絹一十五疋。馬步正軍、阿里喜等勾當不拘年分，放老正軍銀一十五兩、絹一十疋，阿里喜、旗鼓、吹笛、本司火頭人等同銀八兩、絹五疋。三虞候千戶，十年以上銀四十兩、絹二十五疋，不及十年銀三十兩、絹二十疋。謀克二十年以上銀五十兩、絹三十疋，十年以上銀三十兩、絹二十疋，不及十年銀一十兩、絹一十五疋。蒲輦十年以上銀二十兩、絹一十五疋，不及十年銀一十五兩、絹一十疋。正軍、阿里喜勾當不拘年分，放老正軍銀一十兩、絹七疋，阿里喜、旗鼓、吹笛、本司火頭人等同銀五兩，絹四疋。北邊萬戶、千戶、謀克等，歷過軍功及年老放罷給賞之例，遷官同從吏部格。正千戶管押萬戶，勾當過一十五年，遷兩官與從五品。不及一十五年年老放罷，遷一官與正六品。若十年以下，遷一官賞銀絹六十兩疋。正謀克管押萬戶，勾當一十五年遷兩官與正六品，不及一十五年年老放罷，遷一官與正七品，若十年以下遷一官賞銀絹五十兩疋。正千戶管押千戶，勾當過二十年，遷一官與正六品，不及二十年年老放罷，遷一官與正七品，若十年以下遷一官賞銀絹四十兩疋。正謀克管押千戶以下，依河南、陝西體例。

凡鎮防軍，每年試射，射若有出衆，上等賞銀四兩，特異衆者賞十兩銀馬盂。簽充武衛軍，挈家赴京者，人日給六口糧，馬四疋芻藁。

諸招軍月給例物。邊鋪軍錢五十貫、絹十疋。軍匠上中等錢五十貫、絹五疋，下等錢四十貫、絹四疋。黃河埽兵錢三十貫、絹五疋，射糧軍及溝渠等處埽兵水手，錢二十貫、絹二疋，土兵錢十貫、絹一疋。凡射糧軍指揮使及黃、沁埽兵指揮使，錢粟七貫石、絹六疋，軍使錢粟六貫石、絹同上，什將錢二貫、粟三石，春衣錢五貫、秋衣錢十貫。承局押官錢一貫五百文、粟二石，春衣錢五貫、秋衣錢七貫。牢城幷土兵錢八百文、粟二石，春衣錢四貫、秋衣錢六貫。邊鋪軍請給與射糧軍同。

河南、陝西、山東路統軍司鎭防甲軍、馬軍，猛安錢八貫、米五石二斗、絹八疋、六馬芻粟，謀克錢六貫、米二石八斗、絹六疋、五馬芻粟，蒲輦錢四貫、米石七斗、絹五疋、四馬芻粟，正軍錢二貫、米石五斗、絹四疋、綿十五兩、兩馬芻粟，阿里喜錢一貫五百文、米七斗、絹三疋、綿十兩。步軍，猛安馬二疋、謀克馬一疋芻粟。每馬給芻一束、粟五升，歲仲春野有青草馬可牧養則止，惟每猛安當差馬七十二疋，四時皆給。又定制河南、山東、河東歲給五月，陝西六月。鎭防軍補買馬錢，河南路正軍五百文，阿里喜隨色人三百文，陝西、山東路正軍三百文，阿里喜隨色人二百文。

諸屯田被差及緣邊駐扎捉殺軍，猛安月給錢六貫、米一石八斗、五馬芻粟，謀克錢四貫、米一石二斗、三馬芻粟，蒲輦錢二貫、米六斗、二馬芻粟，正軍錢一貫五百文、米四斗、一馬芻粟，阿里喜隨色人錢一貫、米四斗、一馬芻粟。德順軍指揮使錢六貫、米二石八斗、絹六疋、三馬芻粟，軍使什將錢四貫、米一石七斗、絹五疋，給兩馬料，長行錢二貫、米一石五斗、絹四疋、綿十五兩，給一馬料，奚軍謀克錢一貫五百文、米一石五斗、紬絹春秋各一疋，給三馬料，蒲輦錢一貫、米二石七斗、紬絹同上，給二馬料，長行錢一貫、米一石八斗、紬絹同上，飼一馬。

北邊臨潢等處永屯駐軍，千戶錢八貫、米五石二斗、絹八疋、飼馬六疋，步軍飼兩馬、地五頃，謀克錢六貫、米二石八斗、絹六疋、飼五馬、地四頃，蒲輦錢四貫、米一石七斗、絹五疋、飼四馬、地三頃，正軍錢二貫、米一石四斗五升、絹四疋、綿十五兩、飼兩馬、地二頃，〔一九〕阿里喜錢一貫五百文、〔二〇〕米七斗、絹三疋、綿十兩、地一頃，旗鼓司人與阿里喜同，交替軍錢二貫、米四斗，阿里喜錢一貫五百文、米四斗。上番漢軍，千戶月給錢三貫、糧四石、絹八疋、飼四馬，謀克錢二貫五百文、糧一石、絹六疋、飼二馬，正軍錢二貫、米九斗五升、絹四疋。

上京路永屯駐軍所除授，千戶月給錢粟十五貫石、絹十疋、綿二十兩、飼三馬，謀克錢六貫、米二石八斗、絹六疋、飼二馬，正軍月支錢二貫五百文、米一石二斗、絹四疋、綿十五兩、飼一馬，阿里喜隨色人錢二貫、米一石二斗、絹四疋、綿十五兩。

諸北邊永駐軍，月給補買馬錢四百文，隨色人三百文。

貞祐三年，軍前委差及掌軍官，規圖糧料，冒占職役，皆無實員，又見職及遙授者，已有俸給，又與無職事者同支劵糧，故時議欲省員減所給之數，俟征行則全給之。及興定二年，彰化軍節度使張行信言：「一軍充役，舉家廩給，蓋欲感悅士心，使爲國盡力耳。至於無軍之家，復無丁男，而其妻女猶受給何謂耶。」五年，京南行三司官石抹斡魯言：「京南、東、西三路見屯軍戶，老幼四十萬口，歲費糧百四十餘萬石，皆坐食民租，甚非善計。」語在田制。

諸屯田軍人，如差防送，日給錢一百五十文。看管孝寧宮人，月各給米五斗、柴一車、春秋衣粗布一段、秋絹二疋、綿二十五兩。諸黃院子年滿者，以元請錢糧三分內，給一貫石養老。

校勘記

〔一〕四年伐宋之役　「四」原作「五」。按本書卷三太宗紀，天會四年「八月庚子，詔左副元帥宗翰、右副元帥宗望伐宋」。「十一月甲子，宗翰自太原趨汴。丙寅，宗望自眞定趨汴」。閏月丙辰，「克汴城」。「十二月癸亥，宋主桓降」。今據改。

〔二〕熙宗皇統五年又罷遼東漢人渤海猛安謀克承襲之制　按本書卷八〇大臬傳，「天眷三年，罷漢渤海千戶謀克，以臬舊臣，獨命依舊世襲千戶」，所記與此是一事而早五年。

〔三〕宗正宗敏之族　「敏」原作「敬」。按「宗敬」之名僅此一見，本書卷六九太祖諸子傳，宗敏於皇統三年「兼判大宗正事」，知「敬」蓋「敏」之誤，今改正。

〔四〕正隆二年命兵部尚書蕭恭等　原脫「正隆」二字，「蕭恭」原作「蕭仲恭」。按本書卷八二蕭仲恭傳，仲恭未曾任兵部尚書，且於天德二年早經死去，知此處必有訛誤。卷五海陵紀云，正隆三年三月「辛巳，以兵部尚書蕭恭爲賀宋生日使」。卷八二蕭恭傳亦云「貞元二年爲大興尹，歲餘，遷兵部尚書」。又本卷下文載「六年南伐」，卽海陵之正隆伐宋。則此「二年」必屬「正隆」已明。今據改補。

〔五〕有父兄俱已充甲軍　「已」原作「亡」。據文義改。

〔六〕二十三年遣刑部尚書移剌慥遷山東東路八謀克處之河間　按本書卷四七食貨志，「大定二十二年九月，遣刑部尚書移剌慥于山東路猛安內摘八謀克民，徙于河北東路酬斡、青狗兒兩猛安舊居之地」，與此自是一事。「二十三年」疑當作「二十二年」。

〔七〕承安三年改爲士魯渾札石合節度使　「札」原作「凡」。按下文有唐古部「改爲部魯火札石合節度使」之記載，本書卷二四地理志，「迪烈又作迭剌女古部族，承安三年改爲士魯渾札石合節度使」，卷四二儀衞志百官儀從「外任官從己人力」條，亦見「部羅火、士魯渾札石合」，今據改。

〔八〕西北西南二路之糺軍十　按下文所列糺名「凡九」，其數與本書卷二四地理志西京路同，惟地理志無萌骨糺而有移典糺。卷五七百官志「諸糺」條未著所在路分，亦無萌骨糺而有失魯糺、移典糺，究竟此處當爲糺軍「九」，或糺名中當有移典糺或失魯糺，今不可定。

〔九〕皆刺其□　「其」下原缺一字，疑是「面」或「頰」字。今仍以□誌闕。

〔一〇〕宗望及令罷還　「及」字疑是「乃」字之誤。

〔一一〕環葭隩　「隩」原作「澳」。按本書卷二六地理志，河東北路有隩州，廁葭州之後。今據改。

〔一三〕宰執命取爲監官軍　「監官軍」原作「監軍官」。按本書卷一四宣宗紀，貞祐三年夏四月「癸卯，籍赴選監當官爲軍」，劉祁歸潛志卷七，「貞祐初，下令簽軍，會一時任子爲監官者以春赴吏部調數，宰執使盡揀取，號監官軍」。本志此段全本劉文。今據乙改。

〔一四〕曰建威曰……殄寇　按本書卷五五百官志，都元帥府，所列都尉名稱較此多一「果毅」。

〔一五〕天興初元有十五都尉　按本書卷一一三赤盞合喜傳記此事作「十三都尉」。

〔一六〕更以太祖遼王宗幹秦王宗翰之軍爲合扎猛安　「宗翰之軍」四字原爲小字注文，下又衍一「軍」字，今據殿本改爲大字正文，並删一「軍」字。

〔一七〕今子孫相繼　「今」原作「令」。據殿本改。

〔一八〕西北路者置於應州西南路者置於桓州　按當作西北路者置于桓州，西南路者置于豐州，參見本書卷二四地理志校記〔四二〕。

〔一九〕更定羣牧官詳穩脱朶　按本書卷五七百官三「諸羣牧所」注云，「又設掃穩脱朶，分掌諸畜，所謂牛馬羣子也」，「詳」作「掃」，疑此處誤。

〔二〇〕絹四疋綿十五兩飼兩馬地二頃　按「綿十五兩」原在「飼兩馬」之下，今據上下文例乙正。

〔二一〕阿里喜錢一貫五百文　原脱「文」字。據殿本補。

金史卷四十五

志第二十六

刑

昔者先王因人之知畏而作刑，因人之知恥而作法。畏也、恥也，五性之良知，七情之大閑也。是故，刑以治已然，法以禁未然，畏以處小人，恥以遇君子。君子知恥，小人知畏，天下平矣。是故先王養其威而用之，畏可以教愛。愼其法而行之，恥可以立廉。愛以興仁，廉以興義，仁義興，刑法不幾於措乎。

金初，法制簡易，無輕重貴賤之別，刑、贖並行，此可施諸新國，非經世久遠之規也。天會以來，漸從吏議，皇統頒制，兼用古律。厥後，正隆又有續降制書。大定有權宜條理，有重修制條。明昌之世，律義、勑條並修，品式寖備。旣而泰和律義成書，宜無遺憾。然國脉紓蹙，風俗醇醨，世道升降，君子觀一代之刑法，每有以先知焉。

金法以杖折徒，累及二百，州縣立威，甚者置刃於杖，虐於肉刑。季年，君臣好用筐篋故習，由是以深文傅致爲能吏，以慘酷辦事爲長才。百司姦贓眞犯，此可決也，而微過亦然。風紀之臣，失糾皆決。考滿，校其受決多寡以爲殿最。

原其立法初意，欲以同疏戚、壹小大，使之咸就繩約於律令之中，莫不齊手並足以聽公上之所爲，蓋秦人强主威之意也。是以待宗室少恩，待大夫士少禮。

終金之代，忍恥以就功名，雖一時名士有所不免。至於避辱遠引，罕聞其人。殊不知君子無恥而犯義，則小人無畏而犯刑矣。是故論者於敎愛立廉之道，往往致太息之意焉。雖然，世宗臨御，法司奏讞，或去律援經，或揆義制法。近古人君聽斷，言幾於道，鮮有及之者。章宗、宣宗嘗親民事，當宁裁決，寬猛出入雖時或過中，迹其矜恕之多，猶有祖風焉。簡牘所存，可爲龜鑑者，本紀、刑志詳略互見云。

金國舊俗，輕罪笞以柳葼，殺人及盜劫者，擊其腦殺之，沒其家貲，以十之四入官，其六償主，併以家人爲奴婢，其親屬欲以馬牛雜物贖者從之。或重罪亦聽自贖，然恐無辨於齊民，則劓、刵以爲別。其獄則掘地深廣數丈爲之。

太宗雖承太祖無變舊風之訓，亦稍用遼、宋法。天會七年，詔凡竊盜，但得物徒三年，十貫以上徒五年，刺字充下軍，三十貫以上徒終身，仍以贓滿盡命刺字於面，五十貫以上死，徵償如舊制。

熙宗天眷元年十月，禁親王以下佩刀入宮，衞禁之法，實自此始。三年，復取河南地，乃詔其民，約所用刑法皆從律文，罷獄卒酷毒刑具，以從寬恕。至皇統間，詔諸臣，以本朝舊制，兼採隋、唐之制，參遼、宋之法，類以成書，名曰皇統制，頒行中外。時制，杖罪至百，則臀、背分決。及海陵庶人以脅近心腹，遂禁之，雖主決奴婢，亦論以違制。又多變易舊制，至正隆間，著爲續降制書，與皇統制並行焉。然二君任情用法，自有異於是者矣。

及世宗卽位，以正隆之亂，盜賊公行，兵甲未息，一時制旨多從時宜，遂集爲軍前權宜條理。大定四年，尙書省奏，大興民男子李十、婦人楊仙哥並以亂言當斬。上曰：「愚民不識典法，有司亦未嘗丁寧誥戒，豈可遽加極刑。」以減死論。五年，命有司復加删定條理，與前制書兼用。

七年，左藏庫夜有盜殺都監郭良臣盜金珠，求盜不得。命點檢司治之，執其可疑者八人鞫之，掠三人死，五人誣伏。上疑之，命同知大興府事移剌道雜治。既而親軍百夫長阿思鉢鬻金於市，事覺，伏誅。上聞之曰：「箠楚之下，何求不得，奈何鞫獄者不以情求之乎。」賜死者錢人二百貫，不死者五十貫。於是禁護衞百夫長、五十夫長非直日不得帶刀入宮。〔一〕是歲，斷死囚二十人。

八年，制品官犯賭博法，贓不滿五十貫者其法杖，聽贖。再犯者杖之。且曰「杖者所以罰小人也。既爲職官，當先廉恥，既無廉恥，故以小人之罰罰之」。

九年，因御史臺奏獄事，上曰：「近聞法官或各執所見，或觀望宰執之意，自今制無正條者皆以律文爲準。」復命杖至百者臀、背分受，如舊法。已而，上謂宰臣曰：「朕念罪人杖不分受，恐至深重，乃令復舊。今聞民間有不欲者，其令罷之。」

十年，尚書省奏，河中府張錦自言復父讎，法當死。上曰：「彼復父讎，又自言之，烈士也。以減死論。」

十一年，詔諭有司曰：「應司獄廨舍須近獄安置，囚禁之事常親提控，其獄卒必選年深而信實者輪直。」

十二年，尚書省言：「內丘令蒲察臺補自科部內錢立德政碑，復有其餘錢二百餘貫，罪當除名。今遇赦當敍，仍免徵贓。」上以貪僞，勿敍，且曰：「乞取之贓，若以赦原，予者何辜。自今可並追還其主，惟應入官者免徵。」

尚書省奏，盜有發塚者，上曰：「功臣墳墓亦有被發者，蓋無告捕之賞，故人無所畏。自今告得實者量與給賞。」

故咸平尹石抹阿沒剌以贓死於獄，上謂其「不尸諸市已爲厚幸。貧窮而爲盜賊，蓋不得已。三品職官以贓至死，愚亦甚矣，其諸子可皆除名」。先是，詔自今除名人子孫有在仕者並取奏裁。

十三年，詔立春後、立秋前，及大祭祀，月朔、望，上、下弦，二十四氣，雨未晴，夜未明，休暇幷禁屠宰日，皆不聽決死刑，惟强盜則不待秋後。

十五年，詔有司曰：「朕惟人命至重，而在制竊盜贓至五十貫者處死，自今可令至八十貫者處死。」

十七年，陳言者乞設提刑司，以糾諸路刑獄之失。尙書省議，以謂久恐滋弊。上乃命距京師數千里外懷冤上訴者，集其事以待選官就問。

時濟南尹梁肅言，犯徒者當免杖。朝廷以爲今法已輕於古，恐滋姦惡，不從。嘗詔宰臣，朝廷每歲再遣審錄官，本以爲民伸冤滯也，而所遣多不盡心，但文具而已。審錄之官，非止理問重刑，凡訴訟案牘，皆當閱實是非，囚徒不應囚繫則當釋放，官吏之罪卽以狀聞，失糾察者嚴加懲斷，不以贖論。

又以監察御史體察東北路官吏，輒受訟牒，爲不稱職，笞之五十。

又謂宰臣曰：「比聞大理寺斷獄，雖無疑者亦經旬月，何耶？」參知政事移剌道對曰：「在法，決死囚不過七日，徒刑五日，杖罪三日。」上曰：「法有程限，而輒違之，弛慢也。」罷朝，御批送尚書省曰：「凡法寺斷重輕罪各有期限，法官但犯皆的決，豈敢有違。但以卿等所見不一，至於再三批送，其議定奏者書奏牘亦不下旬日，以致事多滯留，自今當勿復爾。」又曰：「故廣寧尹高楨爲政尚猛，〔三〕雖小過，有杖而殺之者。卽罪至於死而情或可恕，猶當念之，況其小過者乎。人之性命安可輕哉。」

上以正隆續降制書多任己意，傷於苛察。而與皇統之制並用，是非淆亂，莫知適從，姦吏因得上下其手。遂置局，命大理卿移剌慥總中外明法者共校正。乃以皇統、正隆之制及大定軍前權宜條理、後續行條理，倫其輕重，删繁正失。制有闕者以律文足之。制、律俱闕及疑而不能決者，則取旨畫定。軍前權宜條理內有可以常行者亦爲定法，餘未應者亦別爲一部存之。參以近所定徒杖減半之法，凡校定千一百九十條，分爲十二卷，〔三〕以大定重修制條爲名，詔頒行焉。〔四〕

二十年，上見有蹂踐禾稼者，謂宰相曰：「今後有踐民田者杖六十，盜人穀者杖八十，並償其直。」

二十一年，尙書省奏羣州民馬俊妻安姐與管卓姦，俊以斧擊殺之，罪當死。上曰：「可減死一等，以戒敗風俗者。」

二十二年，上謂宰臣曰：「凡尚書省送大理寺文字，一斷便可聞奏。如烏古論公說事，近取觀之，初送法寺如法裁斷，再送司直披詳，又送闔寺參詳，反覆三次，妄生情見，不得結絕。朕以國政不宜滯留，昨雖灸艾六百炷，未嘗一日不坐朝，欲使卿等知勤政也。自今可止一次送寺，闔寺披詳，苟有情見即具以聞，毋使滯留也。」

二十三年，尚書省奏，益都民范德年七十六，爲劉祐毆殺。祐法當死，以祐父母年俱七十餘，家無侍丁，上請。上曰：「范德與祐父母年相若，自當如父母相待，至毆殺之，難議末減，其論如法。」

尚書省奏招討司官及禿里乞取本部財物制，上曰：「遠人止可矜恤，若進貢不闕，更以兵邀之，强取財物，與盜何異。且或因而生事，何可不懲。」又曰：「朕所行制條，皆臣下所奏行者，天下事多，人力有限，豈能一一盡之。必因一事奏聞，方知有所窒礙，隨即更定。今有聖旨、條理，復有制條，是使姦吏得以輕重也。」

大興府民趙無事帶酒亂言，父千捕告，法當死。上曰：「爲父不恤其子而告捕之，其正如此，人所甚難。可特減死一等。」

武器署丞奕、直長骨赧坐受草畔子財，奕杖八十，骨赧笞二十，監察御史梁襄等坐失糾察罰俸一月。上曰：「監察，人君之耳目。事由朕發，何以監察爲。」

上以法寺斷獄，以漢字譯女直字，會法又復各出情見，妄生穿鑿，徒致稽緩，遂詔罷情見。

二十五年二月，上以婦人在囚，輸作不便，而杖不分決，與殺無異，遂命免死輸作者，決杖二百而免輸作，以臀、背分決。

時后族有犯罪者，尚書省引「八議」奏，上曰：「法者，公天下持平之器，若親者犯而從減，是使之恃此而橫恣也。昔漢文誅薄昭，有足取者。前二十年時，后族濟州節度使烏林達鈔兀嘗犯大辟，朕未嘗宥。今乃宥之，是開後世輕重出入之門也。」宰臣曰：「古所以議親，尊天子，別庶人也。」上曰：「外家自異於宗室，漢外戚權太重，至移國祚，朕所以不令諸王、公主有權也。夫有功於國，議勳可也。至若議賢，既曰賢矣，肯犯法乎。脫或緣坐，則固當減請也。」

二十六年，遂奏定太子妃大功以上親、及與皇家無服者、及賢而犯私罪者，皆不入議。

上謂宰臣曰：「法有倫而不倫者，其改定之。」

監察御史陶鈞以携妓遊北苑，歌飲池島間，迫近殿廷，提控官石玠聞而發之。鈞令其友閻恕屬玠得緩。既而事覺，法司奏，當徒二年半。詔以鈞耳目之官，携妓入禁苑，無上下之分，杖六十，玠、恕皆坐之。

二十八年，上以制條拘於舊律，間有難解之詞，命刪修明白，使人皆曉之。

舊禁民不得收制書，恐滋告訐之弊，章宗大定二十九年，言事者乞許民藏之。平章張汝霖曰：「昔子產鑄刑書，叔向譏之者，蓋不欲預使民測其輕重也。今著不刊之典，使民曉然知之，猶江、河之易避而難犯，足以輔治，不禁爲便。」以衆議多不欲，詔姑令仍舊禁之。

明昌元年，上問宰臣曰：「今何不專用律文？」平章政事張汝霖曰：「前代律與令各有分，其有犯令，以律決之。今國家制、律混淆，固當分也。」遂置詳定所，命審定律、令。

承安二年，制軍前受財法，一貫以下，徒二年，以上徒三年，十貫處死。

符寶典書北京奴盜符寶局金牌，伏誅，仍除屬籍。按虎、阿虎帶失覺察，各杖七十。

泰和二年，御史臺奏：「監察御史史肅言，大定條理：自二十年十一月四日以前，奴娶良人女爲妻者，並準已娶爲定，若夫亡，拘放從其主。離夫摘賣者令本主收贖，依舊與夫同聚。放良從良者卽聽贖換，如未贖換間與夫所生男女並聽爲良。而泰和新格復以夫亡服除準良人例，離夫摘賣及放夫爲良者，並聽爲良。若未出離再配與奴，或雜姦所生男女並許爲良。如此不同，皆編格官妄爲增減，以致隨處訴訟紛擾，是涉違枉。」勅付所司正之。

初，詔凡條格入制文內者，分爲別卷。復詔制與律文輕重不同，及律所無者，各校定以聞。如禁屠宰之類，當著于令也，愼之勿忽，律令一定，不可更矣。

明昌三年七月，〔五〕右司郎中孫鐸先以詳定所校名例篇進，既而諸篇皆成，復命中都路轉運使王寂、大理卿董師中等重校之。

四年七月，上以諸路枷杖多不如法，平章政事守貞曰：「枷杖尺寸有制，提刑兩月一巡察，必不敢違法也。」

五年正月，復令鈞校制、律，即付詳定所。時詳定官言：「若依重修制文爲式，則條目增減，罪名輕重，當異於律。既定復與舊同頒，則使人惑而易爲姦矣。臣等謂，用今制條，參酌時宜，準律文修定，歷採前代刑書宜於今者，以補遺闕，取刑統疏文以釋之，著爲常法，名曰明昌律義。別編榷貨、邊部、權宜等事，集爲勑條。」宰臣謂：「先所定令文尚有未完，俟皆通定，然後頒行。若律科舉人，則止習舊律。」遂以知大興府事尼厖古鑑、御史中丞董師中、翰林待制奧屯忠孝、小字牙哥。提點司天臺張嗣、翰林修撰完顏撒剌、刑部員外郎李庭義、大理丞麻安上爲校定官，大理卿閻公貞、戶部侍郎李敬義、工部郎中賈鉉爲覆定官，〔六〕重修新律焉。

時奏獄而法官有獨出情見者，上曰：「或言法官不當出情見，故論者紛紛不已。朕謂情見非出於法外，但折衷以從法爾。」平章守貞曰：「是制自大定二十三年罷之。然律有起請諸條，是古亦許情見矣。」上曰：「科條有限，而人情無窮，情見亦豈可無也。」

明昌五年，尚書省奏：「在制，名例內徒年之律，無決杖之文便不用杖。緣先謂流刑非今所宜，且代流役四年以上俱決杖，而徒三年以下難復不用。婦人比之男子雖差輕，亦當例減。」遂以徒二年以下者杖六十，二年以上杖七十，婦人犯者並決五十，著于勅條。

承安三年，勅尚書省，自今特旨事，如律令程式者，始可送部。自餘創行之事，但召部官赴省議之。

四年四月，尚書省請再覆定令文，上因勅宰臣曰：「凡事理明白者轉奏可也。文牘多者恐難偏覽，其三推情疑以聞。」五月，上以法不適平，常行杖樣，多不能用。遂定分寸，鑄銅爲杖式，頒之天下。且曰：「若以笞杖太輕，恐情理有難恕者，訊杖可再議之。」

五年五月，刑部員外郎馬復言：「外官尚苛刻者不遵銅杖式，輒用大杖，多致人死。」詔令按察司糾劾黜之。

先嘗令諸死囚及除名罪，所委官相去二百里外，并犯徒以下逮及二十人以上者，並令其官就讞之。刑部員外郎完顏綱言：「自是制行，如上京最近之地往還不下三、二千里，如北京留守司亦動經數月，愈致稽留，未便。」詔復從舊，令委官追取鞫之。

十二月，翰林修撰楊庭秀言：「州縣官往往以權勢自居，喜怒自任，聽訟之際，鮮克加審。但使譯人往來傳詞，罪之輕重，成於其口，貨賂公行，冤者至有三、二十年不能正者。」

上遂命定立條約，違者按察司糾之。且謂宰臣曰：「長貳官委幕職及司吏推問獄囚，命申御史臺聞奏之制，當復舉行也。」又命編前後條制，書之于册，以備將來考驗。

泰和元年正月，尚書省奏，以見行銅杖式輕細，姦宄不畏，遂命有司量所犯用大杖，且禁不得過五分。

十二月，所修律成，凡十有二篇：一曰名例，二曰衞禁，三曰職制，四曰戶婚，五曰廐庫，六曰擅興，七曰賊盜，八曰鬭訟，九曰詐僞，十曰雜律，十一曰捕亡，十二曰斷獄。實唐律也，但加贖銅皆倍之，增徒至四年、五年爲七，削不宜於時者四十七條，增時用之制百四十九條，因而略有所損益者二百八十有二條，餘百二十六條皆從其舊；又加以分其一爲二、分其一爲四者六條，凡五百六十三條，爲三十卷，附注以明其事，疏義以釋其疑，名曰泰和律義。自官品令、職員令之下，曰祠令四十八條，戶令六十六條，學令十一條，選舉令八十三條，封爵令九條，封贈令十條，宮衞令十條，軍防令二十五條，儀制令二十三條，衣服令十條，公式令五十八條，祿令十七條，倉庫令七條，廐牧令十二條，田令十七條，賦役令二十三條，關市令十三條，捕亡令二十條，賞令二十五條，醫疾令五條，假寧令十四條，獄官令百有六條，雜令四十九條，釋道令十條，營繕令十三條，河防令十一條，服制令十一條，附以年月之制，曰律令二十卷。又定制勅九十五條，榷貨八十五條，蕃部三十九條，曰新定勅條三卷，六部格式三十卷。司空襄以進，詔以明年五月頒行之。

貞祐三年，上謂宰臣，自今監察官犯罪，其事關軍國利害者，並咨決之。

貞祐四年，詔「凡監察失糾劾者，從本法論。外使入國私通本國事情，宿衞、近侍官、承應人出入親王、公主、宰執家，災傷乏食有司檢覈不實致傷人命，轉運軍儲而有私載，考試舉人而防閑不嚴，其罰並決。在京犯至兩次者，臺官減監察一等治罪，論贖，餘止坐，專差任滿日議定。若任內曾以漏察被決，依格雖爲稱職，止從平常，平常者從降罰」。

興定元年八月，上謂宰臣曰：「律有八議，今言者或謂應議之人即當減等，何如？」宰臣對曰：「凡議者先條所坐及應議之狀以請，必議定然後奏裁也。」上然之，曰：「若不論輕重而輒減之，則貴戚皆將恃此以虐民，民何以堪。」

校勘記

〔一〕於是禁護衞百夫長五十夫長非直日不得帶刀入宮　按本書卷六世宗紀，大定八年三月「丁丑，命護衞親軍百戶、五十戶非直日不得帶刀入宮」，當即此事，則當在下文「八年」下。

〔二〕故廣寧尹高楨爲政尚猛　「楨」原作「禎」。按本書卷八四高楨傳，「天會六年遷尚書左僕射，判廣寧尹」。今據改。本書他處以「楨」誤「禎」者皆同改，不復出校。

〔三〕凡校定千一百九十條分爲十二卷　按本書卷八九移剌慥傳記此事作「大凡一千一百九十餘，爲十二卷」。

〔四〕以大定重修制條爲名詔頒行焉　按本書卷八世宗紀，大定二十二年三月「癸巳，詔頒重修制條」。此列在大定二十年之前，未知孰是。

〔五〕明昌三年七月　原脫「明昌」二字。按此下所敍孫鐸進名例篇，中都路轉運使王寂、大理卿董師中重校事，據本書卷九九孫鐸傳，章宗「初卽位，詔刊定舊律，鐸先奏名例一篇」。卷一〇章宗紀，明昌五年正月，記有「前中都路都轉運使王寂」。卷九五董師中傳，「明昌元年，初置九路提刑司，師中選爲陝西路副使，召爲大理卿」。皆可證在明昌初年。又本卷下文「四年七月」、「五年正月」兩條，由各人名官職考之，亦皆在明昌而非泰和間事。文繁不錄。今據補「明昌」二字。

〔六〕工部郎中賈鉉爲覆定官　按本書卷九九賈鉉傳，時爲「左諫議大夫兼工部侍郎」。與此稍異。

元 脱脱等撰

第四册

卷四六至卷五八（志）

中華書局

金史卷四十六

志第二十七

食貨一

戶口　通檢推排

國之有食貨，猶人之有飲食也。人非飲食不生，國非食貨不立。然燧人、庖犧能爲飲食之道以教人，而不能使人無飲食之疾。三王能爲食貨之政以遺後世，而不能使後世無食貨之弊。唯善養生者如不欲食啖，而飲食自不闕焉，故能適飢飽之宜，可以疾少而長壽。善裕國者初不事貨殖，而食貨自不乏焉，故能制豐約之節，可以弊少而長治。

金於食貨，其立法也周，其取民也審。太祖肇造，減遼租稅，規模遠矣。熙宗、海陵之世，風氣日開，兼務遠略，君臣講求財用之制，切切然以是爲先務。雖以世宗之賢，儲積之志曷嘗一日而忘之。章宗彌文熠興，邊費亦廣，食貨之議不容不急。宣宗南遷，國土日蹙，汙池數罟，往往而然。考其立國以來，所謂食貨之法，犖犖大者曰租稅、銅錢、交鈔三者而已。三者之法數變而數窮。

官田曰租，私田曰稅。租稅之外算其田園屋舍車馬牛羊樹藝之數，及其藏鏹多寡，徵錢曰物力。物力之徵，上自公卿大夫，下逮民庶，無苟免者。近臣出使外國，歸必增物力錢，以其受饋遺也。猛安謀克戶又有所謂牛頭稅者，宰臣有納此稅，庭陛間諮及其增減，則州縣徵求於小民蓋可知矣。故物力之外又有鋪馬、軍須、輸庸、司吏、河夫、桑皮故紙等錢，名目瑣細，不可殫述。其爲戶有數等，有課役戶、不課役戶、本戶、雜戶、正戶、監戶、官戶、奴婢戶、二稅戶。有司始以三年一籍，後變爲通檢，又爲推排。凡戶隸州縣者，與隸猛安謀克，其輸納高下又各不同。

法之初行，唯恐不密，言事者謂其厲民，卽命罷之。罷之未久，會計者告用乏，又卽舉行。其罷也志以便民，而民未見德。其行也志以足用，而用不加饒。一時君臣節用之言不絕告誡。嘗自計其國用，數亦浩瀚，若足支歷年者，郡縣稍遇歲侵，又遽不足，竟莫詰其故焉。

至於銅錢、交鈔之弊，蓋有甚者。初用遼、宋舊錢，雖劉豫所鑄，豫廢，亦兼用之。正隆而降，始議鼓鑄，民間銅禁甚至，銅不給用，漸興窰冶。凡產銅地脈，遣吏境內訪察無遺，且及外界，而民用銅器不可闕者，皆造於官而鬻之。旣而官不勝煩，民不勝病，乃聽民冶銅造器，而官爲立價以售，此銅法之變也。

若錢法之變，則鼓鑄未廣，斂散無方，已見壅滯。初恐官庫多積，錢不及民，立法廣布。繼恐民多匿錢，乃設存留之限，開告訐之路，犯者繩以重罰，卒莫能禁。州縣錢艱，民間自鑄，私錢苦惡特甚。乃以官錢五百易其一千，其策愈下。及改鑄大錢，所準加重，百計流通，卒莫獲效。濟以鐵錢，鐵不可用，權以交鈔，錢重鈔輕，相去懸絕，物價騰踊，鈔至不行。權以銀貨，銀弊又滋，捄亦無策，遂罷銅錢，專用交鈔、銀貨。然而二者之弊乃甚於錢，在官利於用大鈔，而大鈔出多，民益見輕。在私利於得小鈔，而小鈔入多，國亦無補。於是，禁官不得用大鈔，已而恐民用銀而不用鈔，則又責民以鈔納官，以示必用。先造二十貫至百貫例，後造二百貫至千貫例，先後輕重不倫，民益眩惑。及不得已，則限以年數，限以地方，公私受納限以分數，由是民疑日深。其間，易交鈔爲寶券，寶券未久更作通寶，準銀幷用。通寶未久復作寶泉，寶泉未久織綾印鈔，名曰珍貨。珍貨未久復作寶會，迄無定制，而金祚訖矣。

歷觀自古財聚民散，以至亡國，若鹿臺、鉅橋之類，不足論也。其國亡財匱，比比有之，而國用之屈，未有若金季之甚者。金之爲政，常有卹民之志，而不能已苛征之令，徒有聚斂之名，而不能致富國之實。及其亡也，括粟、闌糴，一切掊克之政靡不爲之。加賦數倍，豫借數年，或欲得鈔則豫賣下年差科。高琪爲相，議至榷油。進納濫官，輒售空名宣敕，或欲與以五品正班。僧道入粟，始自度牒，終至德號、綱副威儀、寺觀主席亦量其貲而鬻之。甚而丁憂鬻以求仕，監戶鬻以從良，進士出身鬻至及第。又甚而叛臣劇盜之效順，無金帛以備賞激，動以王爵固結其心，重爵不蔇，則以國姓賜之。名實混淆，倫法斁壞，皆不暇顧，國欲不亂，其可得乎。

迨夫宋絕歲幣而不許和，貪其淮南之蓄，謀以力取，至使樞府武騎盡於南伐。訛可、時全之出，初志得糧，後乃尺寸無補，三軍僨亡，我師壓境，兵財俱困，無以禦之。故志金之食貨者，不能不爲之掩卷而興慨也。傳曰：「作法於涼，其弊猶貪。作法於貪，弊將若何。」

金起東海，其俗純實，可與返古。初入中夏，兵威所加，民多流亡，土多曠閑，遺黎惴惴，何求不獲。使於斯時，縱不能復井地溝洫之制，若用唐之永業、口分以制民產，倣其租庸調之法以足國計，何至百年之內所爲經畫紛紛然，與其國相終始耶。其弊在於急一時之利，踵久壞之法。及其中葉，鄙遼儉朴，襲宋繁縟之文；懲宋寬柔，加遼操切之政。是棄二國之所長，而併用其所短也。繁縟勝必至於傷財，操切勝必至於害民，訖金之世，國用易匱，民心易離，豈不由是歟。作法不愼厥初，變法以捄其弊，秖益甚焉耳。

其他鹽筴、酒麴、常平、和糴、茶稅、征商、榷場等法，大概多宋舊人之所建明，息耗無定，變易靡恒，視錢鈔何異。田制、水利、區田之目，或驟行隨輟，或屢試無效，或熟議未行，咸著于篇，以備一代之制云。

戶口。金制，男女二歲以下爲黃，十五以下爲小，十六爲中，十七爲丁，六十爲老，無夫爲寡妻妾，諸篤廢疾不爲丁。戶主推其長充，內有物力者爲課役戶，無者爲不課役戶。

令民以五家爲保。泰和六年，上以舊定保伍法，有司滅裂不行，其令結保，有匿姦細、盜賊者連坐。宰臣謂舊以五家爲保，恐人易爲計搆而難覺察，遂令從唐制，五家爲鄰，五鄰爲保，以相檢察。京府州縣郭下則置坊正，村社則隨戶衆寡爲鄉置里正，以按比戶口，催督賦役，勸課農桑。村社三百戶以上則設主首四人，二百戶以上三人，〔一〕五十戶以上二人，以下一人，以佐里正禁察非違。置壯丁，以佐主首巡警盜賊。猛安謀克部村寨，五十戶以上設寨使一人，掌同主首。寺觀則設綱首。凡坊正、里正，以其戶十分內取三分，富民均出顧錢，募强幹有抵保者充，人不得過百貫，役不得過一年。大定二十九年，章宗嘗欲罷坊、里正，復以主首遠，入城應代，妨農不便，乃以有物力謹願者二年一更代。

凡戶口計帳，三年一籍。自正月初，州縣以里正、主首，猛安謀克則以寨使，詣編戶家責手實，具男女老幼年與姓名，生者增之，死者除之。正月二十日以實數報縣，二月二十日申州，以十日內達上司，無遠近皆以四月二十日到部呈省。

凡漢人、渤海人不得充猛安謀克戶。猛安謀克之奴婢免爲良者，止隸本部爲正戶。凡沒入官良人，隸宮籍監爲監戶，沒入官奴婢，隸太府監爲官戶。

當收國二年時，法制未定，兵革未息，貧民多依權右爲苟安，多隱蔽爲奴婢者，太祖下詔曰：「比以歲凶民飢，多附豪族，因陷爲奴隸。及有犯法，徵償莫辦，折身爲奴。或私約立限，以人對贖，過期則以爲奴者。並聽以兩人贖一爲良，元約以一人贖者從便。」

天輔五年，以境土既拓，而舊部多瘠鹵，將移其民于泰州，乃遣皇弟昱及族子宗雄按視其地。昱等苴其土以進，言可種植，遂摘諸猛安謀克中民戶萬餘，使宗人婆盧火統之，屯種于泰州。婆盧火舊居阿注滸水，又作按出虎。至是遷焉。其居寧江州者，遣拾得、查端、阿里徒歡、奚撻罕等四謀克，挈家屬耕具，徙于泰州，仍賜婆盧火耕牛五十。

天輔六年，既定山西諸州，以上京爲內地，則移其民實之。又命耶律佛頂以兵護送諸降人于渾河路，以皇弟昂監之，命從便以居。七年，以山西諸部族近西北二邊，且遼主未獲，恐陰相結誘，復命皇弟昂與孛堇稍喝等以兵四千護送，處之嶺東，惟西京民安堵如故，且命昂鎭守上京路。旣而，上聞昂已過上京，而降人復苦其侵擾多叛亡者，遂命孛菫出里底往戒諭之，比至，而諸部已叛去。又以猛安詳穩留住所領歸附之民還東京，命有司常撫慰，且貸一歲之糧，其親屬被虜者皆令聚居。及七年取燕京路，二月，盡徙六州氏族富强工技之民於內地。

太宗天會元年，以舊徙潤、隰等四州之民於瀋州之境，以新遷之戶艱苦不能自存，詔曰：「比聞民乏食至鬻子者，聽以丁力等者贖之。」又詔孛菫阿實賚曰：「先皇帝以同姓之人昔有自鬻及典質其身者，命官爲贖。今聞尙有未復者，其悉閱贖之。」又命以官粟贖上京路新遷寧江州戶口貧而賣身者，六百餘人。二年，民有自鬻爲奴者，詔以丁力等者易之。三年，禁內外官及宗室毋得私役百姓，權勢家不得買貧民爲奴，其脅買者一人償十五人，詐買者一人償二人，罪皆杖百。七年，詔兵興以來，良人被略爲驅者，聽其父母妻子贖之。

熙宗皇統四年詔陝西、蒲、解、汝、蔡等州歲飢，百姓流落典雇爲驅者，官以絹贖爲良，丁男三疋，婦人幼小二疋。

世宗大定二年，詔免二稅戶爲民。初，遼人佞佛尤甚，多以良民賜諸寺，分其稅一半輸官，一半輸寺，故謂之二稅戶。遼亡，僧多匿其實，抑爲賤，有援左證以告者，有司各執以聞，上素知其事，故特免之。

十七年五月，省奏「咸平府路一千六百餘戶，自陳皆長白山星顯、禪春河女直人，遼時簽爲獵戶，移居於此，號移典部，遂附契丹籍。本朝義兵之興，首詣軍降，仍居本部，今乞釐正」。詔從之。

二十年，以上京路女直人戶，規避物力，自賣其奴婢，致耕田者少，遂以貧乏，詔定制禁之。又謂宰臣曰：「猛安謀克人戶，兄弟親屬若各隨所分土，與漢人錯居，每四五十戶結爲保聚，農作時令相助濟，此亦勸相之道也。」

二十一年六月，徙銀山側民於臨潢。又命避役之戶舉家逃於他所者，元貫及所寓司縣官同罪，爲定制。

二十三年，定制，女直奴婢如有得力，本主許令婚娉者，須取問房親及村老給據，方許娉於良人。

是年八月，〔三〕奏猛安謀克戶口、墾地、牛具之數。猛安二百二，謀克千八百七十八，戶六十一萬五千六百二十四，口六百一十五萬八千六百三十六，內正口四百八十一萬二千六百六十九，奴婢口一百三十四萬五千九百六十七。墾田一百六十九萬三百八十頃有奇，牛具三十八萬四千七百七十一。在都宗室將軍司，戶一百七十，口二萬八千七百九十，內正口九百八十二，奴婢口二萬七千八百八。墾田三千六百八十三頃七十五畝，牛具三百四。迭剌、唐古二部五糺，戶五千五百八十五，口十三萬七千五百四十四，內正口十一萬九千四百六十三，〔三〕奴婢口一萬八千八十一。墾田萬六千二十四頃一十七畝，牛具五千六十六。

二十五年，命宰臣禁有祿人一子、及農民避課役，爲僧道者。

大定初，天下戶纔三百餘萬，至二十七年天下戶六百七十八萬九千四百四十九，口四千四百七十萬五千八十六。

章宗大定二十九年十一月，上封事者言，乞放二稅戶爲良。省臣欲取公牒可憑者爲准，參知政事移剌履謂「憑驗眞僞難明，凡契丹奴婢今後所生者悉爲良，見有者則不得典賣，如此則三十年後奴皆爲良，而民且不病焉」。上以履言未當，令再議。省奏謂不拘括則訟終不絕，遂遣大興府治中烏古孫仲和、侍御史范楫分括北京路及中都路二稅戶，〔四〕凡無憑驗，其主自言之者及因通檢而知之者，其稅半輸官、半輸主，而有憑驗者悉放爲良。

明昌元年正月，上封事者言：「自古以農桑爲本，今商賈之外又有佛、老與他游食，浮費百倍。農歲不登，流殍相望，此末作傷農者多故也。」上乃下令，禁自披剃爲僧、道者。是歲，奏天下戶六百九十三萬九千，口四千五百四十四萬七千九百，而粟止五千二百二十六萬一千餘石，除官兵二年之費，餘驗口計之，口月食五斗，可爲四十四日之食。上曰：「蓄積不多，是力農者少故也。其集百官，議所以使民務本廣儲之道，以聞。」六月，奏北京等路所免二稅戶，凡一千七百餘戶，萬三千九百餘口，此後爲良爲驅，皆從已斷爲定。

明昌六年二月，上謂宰臣曰：「凡言女直進士，不須稱女直字。卿等誤作廻避女直、契丹語，非也。今如分別戶民，則女直言本戶，漢戶及契丹，餘謂之雜戶。」

明昌六年十二月，奏天下女直、契丹、漢戶七百二十二萬三千四百，口四千八百四十九萬四百，物力錢二百六十萬四千七百四十二貫。

泰和七年六月，勅，中物力戶，有役則多逃避，有司令以次戶代之，事畢則復業，以致大損不逃之戶。令省臣詳議。宰臣奏，舊制太輕，遂命課役全戶逃者徒二年，賞告者錢五萬。先逃者以百日內自首，免罪。如實銷乏者，內從御史臺，外從按察司，體究免之。十二月，奏天下戶七百六十八萬四千四百三十八，口四千五百八十一萬六千七十九。〔五〕戶增於大定二十七年一百六十二萬三千七百一十五，口增八百八十二萬七千六十五。此金版籍之極盛也。

及衞紹王之時，軍旅不息，宣宗立而南遷，死徙之餘，所在爲虛矣。〔六〕戶口日耗，軍費日急，賦斂繁重，皆仰給於河南，民不堪命，率棄廬田，相繼亡去。乃屢降詔招復業者，免其歲之租，然以國用乏竭，逃者之租皆令居者代出，以故多不敢還。興定元年十二月，宣宗欲懸賞募人捕亡戶，而復慮騷動，遂命依已降詔書，已免債逋，更招一月，違而不來者然後捕獲治罪，而以所遺地賜人。四年，省臣奏，河南以歲飢而賦役不息，所亡戶令有司招之，至明年三月不復業者，論如律。時河壖爲疆，烽鞞屢警，故集慶軍節度使溫迪罕達言，亳州戶舊六萬，自南遷以來不勝調發，相繼逃去，所存者曾無十一，碭山下邑，野無居民矣。

通檢推排。通檢，卽周禮大司徒三年一大比，各登其鄉之衆寡、六畜、車輦，辨物行徵之制也。金自國初占籍之後，至大定四年，承正隆師旅之餘，民之貧富變更，賦役不均。世宗下詔曰：「粵自國初，有司常行大比，于今四十年矣。正隆時，兵役並興，調發無度，富者今貧不能自存，版籍所無者今爲富室而猶幸免。是用遣信臣泰寧軍節度使張弘信等十三人，分路通檢天下物力而差定之，以革前弊，俾元元無不均之嘆，以稱朕意。凡規措條理，命尚書省畫一以行。」又命「凡監戶事產，除官所撥賜之外，餘凡置到百姓有稅田宅，皆在通檢之數」。時諸使往往以苛酷多得物力爲功，弘信檢山東州縣尤爲酷暴，棣州防禦使完顏永元面責之曰：「朝廷以正隆後差調不均，故命使者均之。今乃殘暴，妄加民產業數倍，一有來申訴者，則血肉淋離，甚者卽殞杖下，此何理也。」弘信不能對，故惟棣州稍平。

五年，有司奏諸路通檢不均，詔再以戶口多寡、貧富輕重，適中定之。旣而，又定通檢地土等第稅法。十五年九月，上以天下物力，自通檢以來十餘年，貧富變易，賦調輕重不均，遣濟南尹梁肅等二十六人，分路推排。

二十年四月，上謂宰臣曰：「猛安謀克戶，富貧差發不均，皆自謀克內科之，暗者惟胥吏之言是從，輕重不一。自窩斡叛後，貧富反復，今當籍其夾戶，推其家貲，儻有軍役庶可均也。」詔集百官議，右丞相克寧、平章政事安禮、樞密副使宗尹言：「女直人除猛安謀克僕從差使，餘無差役。今不推奴婢孳畜、地土數目，止驗產業科差爲便。」左丞相守道等言：「止驗財產，多寡分爲四等，置籍以科差，庶得均也。」左丞通、右丞道、都點檢襄言：「括其奴婢之數，則貧富自見，緩急有事科差，與一例科差者不同。請俟農隙，拘括地土牛具之數，各以所見上聞。」上曰：「一謀克戶之貧富，謀克豈不知。一猛安所領八謀克，一例科差。設如一謀克內，有奴婢二三百口者，有奴婢一二人者，科差與同，豈得平均。正隆興兵時，朕之奴婢萬數，孳畜數千，而不差一人一馬，豈可謂平。朕於庶事未嘗專行，與卿謀之。往年散置契丹戶，安禮極言恐擾動，朕決行之，果得安業。安禮雖盡忠，未審長策。其從左丞通等所見，拘括推排之。」十二月，上謂宰臣曰：「猛安謀克多新強舊弱，差役不均，其令推排，當自中都路始。」至二十二年八月，始詔令集耆老，推貧富，驗土地牛具奴婢之數，分爲上中下三等。以同知大興府事完顏烏里也先推中都路，續遣戶部主事按帶等十四人與外官同分路推排。九月，詔「毋令富者匿隱畜產，貧戶或有不敢養馬者。昔海陵時，拘括馬畜，絕無等級，富者倖免，貧者盡拘入官，大爲不均。今並覈實貧富造籍，有急卽按籍取之，庶幾無不均之弊。」張汝弼、梁肅奏：「天下民戶通檢既定，設有產物移易，自應隨業輸納。至於浮財，須有增耗，貧者自貧，富者自富，似不必屢推排也。」上曰：「宰執家多有新富者，故皆不願也。」肅對曰：「如臣者，能推排中都物力。臣以嘗爲南使，先自添物力錢至六十餘貫，視其他奉使無如臣多者。但小民無知，法出姦生，數動搖則易駭。如唐、宋及遼時，或三二十年不測通比則有之。頻歲推排，似爲難爾。」

二十六年，復以李晏等分路推排。二十七年，奏晏等所定物力之數，上曰：「朕以元推天下物力錢三百五萬餘貫，除三百萬貫外，〔七〕令減五萬餘貫。今減不及數，復續收二萬餘貫，卽是實二萬貫爾，〔八〕而曰續收，何也？」對曰：「此謂舊脫漏而今首出者，及民地舊無力耕種，而今耕種者也。」上曰：「通檢舊數，止於視其營運息耗，與房地多寡，而加減之。彼人賣地，此人買之，皆舊數也。至如營運，此强則彼弱，强者增之，弱者減之而已。且物力之數蓋是定差役之法，其大數不在多寡也。朕恐實有營運富家所當出者，反分與貧者爾。」

章宗大定二十九年六月，命爲國信使之副者，免增物力。又命農民如有積粟，毋充物力。錢慳之郡，所納錢貨則許折粟帛。九月，以曹州河溢，遣馬百祿等推排遭墊溺州縣之貧乏者。明昌元年四月，刑部郎中路伯達等言，民地已納稅，又通定物力，比之浮財所出差役，是爲重併也。遂詳酌民地定物力，減十之二。尙書戶部言，中都等路被水，詔委官推排，比舊減錢五千六百餘貫。明昌三年八月，勅尚書省「百姓當豐稔之時不務積貯，一遇凶儉輒有阻飢，何法可使民重穀而多積也」。宰臣對曰：「二十九年，已詔農民能積粟免充物力。明昌初，命民之物力與地土通推者，亦減十分之二，此固其術也。」

承安元年，尚書省奏，是年九月當推排，以有故不克。詔以冬已深，比事畢恐妨農作，乃權止之。二年冬十月，勅令議通檢，宰臣奏曰：「大定二十七年通檢後，距今已十年，舊戶貧弱者衆，儻遲更定，恐致流亡。」遂定制，已典賣物業，止隨物推收，析戶異居者許令別籍，戶絕及困弱者減免，新强者詳審增之，止當從實，不必敷足元數。邊城被寇之地，皆不必推排。於是，令吏部尚書賈執剛、〔九〕吏部侍郎高汝礪先推排在都兩警巡院，示爲諸路法。每路差官一員，命提刑司官一員副之。三年九月，奏十三路籍定推排物力錢二百五十八萬六千七百二貫四百九十文，舊額三百二萬二千七百十八貫九百二十二文，以貧乏除免六十三萬八千一百一十一貫。除上京、北京、西京路無新强增者，餘路計收二十萬二千九十五貫。

泰和二年閏十二月，上以推排時，既問人戶浮財物力，而又勘當比次，期迫事繁，難得其實，勅尚書省，定人戶物力隨時推收法，令自今典賣事產者隨業推收，別置標簿，臨時止拘浮財物力以增減之。泰和四年十二月，上以職官仕於遠方，其家物力有應除而不除者，遂定典賣實業逐時推收，若無浮財營運，應除免者，令本家陳告，集坊村人戶推唱，驗實免之。造籍後如無人告，一月內以本官文牒推唱，定標附于籍。五年，以西京、北京邊地常罹兵荒，遣使推排之。舊大定二十六年所定三十五萬三千餘貫，遂減為二十八萬七千餘貫。

五年六月，簽南京按察司事李革言：「近制，令人戶推收物力，置簿標題，至通推時，止增新强，銷舊弱，庶得其實。今有司奉行滅裂，恐臨時冗併，卒難詳審，可定期限，立罪以督之。」遂令自今年十一月一日，令人戶告詣推收標附，至次年二月一日畢，違期不言者坐罪。且令諸處稅務，具稅訖房地，每半月具數申報所屬，違者坐以怠慢輕事之罪。仍勑物力既隨業，通推時止令定浮財。

八年九月，以吏部尚書賈守謙、知濟南府事蒲察張家奴、莒州刺史完顏百嘉、南京路轉運使宋元吉等十三員，分路同本路按察司官一員，推排諸路。上召至香閣，親諭之曰：「朕選卿等隨路推排，除推收外，其新强消乏戶，雖集衆推唱，然消乏者勿銷不盡，如一戶物力元三百貫，今蠲免二百五十貫猶有未當者。新强勿添盡，量存其力，如一戶可添三百貫，而止添二百貫之類。卿等各宜盡心，一推之後十年利害所關，苟不副所任，罪當不輕也。」

校勘記

〔一〕二百戶以上三人　原脫「戶」字。按上文言「三百戶」，下文言「五十戶」，此處顯脫，今補。

〔二〕是年八月　「八」原作「七」。按本書卷八世宗紀，大定二十三年八月乙巳，「括定猛安謀克戶口、田土、牛具」，卷四七食貨二牛頭稅條，大定二十三年「八月，尚書省奏，推排定猛安謀克戶口、田畝、牛具之數」，皆作「八月」。今據改。

〔三〕內正口十一萬九千四百六十三　原脫「一」字，則正口與奴婢口之和比上文口數適差一萬。按下卷食貨二牛具稅條記此事正作「內正口十一萬九千四百六十三」。今據補。

〔四〕分括北京路及中都路二稅戶　原脫「京」字。按下文「六月奏，北京等路所免二稅戶凡一千七百餘戶」，知「北」下脫「京」字。今據補。

〔五〕口四千五百八十一萬六千七十九　按上文「明昌六年十二月，奏天下女直、契丹、漢戶七百二十二萬三千四百，口四千八百四十九萬四百」，泰和七年戶增於前四十六萬有奇，不應口反減二百六十餘萬。且下文小注比大定二十七年戶口增加數，與該年數字核算之亦不合，知此數當有誤字。

〔六〕所在爲虛矣　「矣」原作「戾」。據文義改。

〔七〕除三百萬貫外　原脫「萬」字，據文義補。

〔八〕卽是實二萬貫爾　「實」下疑有脫文，或是「增」字。

〔九〕吏部尙書賈執剛　按「吏部尙書」本書卷一〇七高汝礪傳作「戶部尙書」。

金史卷四十七

志第二十八

食貨二

田制　租賦　牛具稅

田制。量田以營造尺，五尺爲步，闊一步，長二百四十步爲畝，百畝爲頃。民田業各從其便，賣質於人無禁，但令隨地輸租而已。凡桑棗，民戶以多植爲勤，少者必植其地十之三，猛安謀克戶少者必課種其地十之一，除枯補新，使之不闕。凡官地，猛安謀克及貧民請射者，寬鄉一丁百畝，狹鄉十畝，中男半之。請射荒地者，以最下第五等減半定租，八年始徵之。作己業者以第七等減半爲稅，七年始徵之。自首冒佃比隣地者，輸官租三分之二。〔一〕佃黃河退灘者，次年納租。

太宗天會九年五月，始分遣諸路勸農之使者。熙宗天會十四年，罷來流、混同間護邏地，以予民耕牧。海陵正隆元年二月，遣刑部尚書紇石烈婁室等十一人，分行大興府、山東、眞定府，拘括係官或荒閑牧地，及官民占射逃絕戶地，戍兵占佃宮籍監、外路官本業外增置土田，及大興府、平州路僧尼道士女冠等地，蓋以授所遷之猛安謀克戶，且令民請射，而官得其租也。

世宗大定五年十二月，上以京畿兩猛安民戶不自耕墾，及伐桑棗爲薪鬻之，命大興少尹完顏讓巡察。

十年四月，禁侵耕圍場地。十一年，謂侍臣曰：「往歲，清暑山西，傍路皆禾稼，殆無牧地。嘗下令，使民五里外乃得耕墾。今聞其民以此去之他所，甚可矜憫。其令依舊耕種，毋致失業。凡害民之事患在不知，知之朕必不爲。自今事有類此，卿等卽告毋隱。」

十三年，勅有司：「每歲遣官勸猛安謀克農事，恐有煩擾。自今止令各管職官勸督，弛慢者舉劾以聞。」

十七年六月，邢州男子趙迪簡言：「隨路不附籍官田及河灘地，皆爲豪强所占，而貧民土瘠稅重，乞遣官拘籍冒佃者，定立租課，復量減人戶稅數，庶得輕重均平。」詔付有司，將行而止。復以近都猛安謀克所給官地率皆薄瘠，豪民租佃官田歲久，往往冒爲己業，令拘籍之。又謂省臣曰：「官地非民誰種，然女直人戶自鄉土三四千里移來，盡得薄地，若不拘刷良田給之，久必貧乏，其遣官察之。」又謂參知政事張汝弼曰：「先嘗遣問女直土地，皆云良田。及朕出獵，因問之，則謂自起移至此，不能種蒔，斫蘆爲席，或斬芻以自給。卿等其議之。」省臣奏，官地所以人多蔽匿盜耕者，由其罪輕故也。乃更條約，立限令人自陳，過限則人能告者有賞。遣同知中都路轉運使張九思往拘籍之。

十九年二月，上如春水，見民桑多爲牧畜嚙毀，詔親王公主及勢要家，牧畜有犯民桑者，許所屬縣官立加懲斷。

十二月謂宰臣曰：「亡遼時所撥地，與本朝元帥府，已曾拘籍矣。民或指射爲無主地，租佃及新開荒爲己業者可以拘括。其間播種歲久，若遽奪之，恐民失業。」因詔括地官張九思戒之。復謂宰臣曰：「朕聞括地事所行極不當，如皇后莊、太子務之類，止以名稱便爲官地，百姓所執憑驗，一切不問。其相隣冒占官地，復有幸免者。能使軍戶稍給，民不失業，乃朕之心也。」

二十年四月，以行幸道隘，扈從人不便，詔戶部沿路頓舍側近官地，勿租與民耕種。又詔故太保阿里先於山東路撥地百四十頃，大定初又於中都路賜田百頃，命拘山東之地入官。五月，諭有司曰：「白石門至野狐嶺，其間淀濼多爲民耕植者，而官民雜畜往來無牧放之所，可差官括元荒地及冒佃之數。」

二十一年正月，上謂宰臣曰：「山東、大名等路猛安謀克戶之民，往往驕縱，不親稼穡，不令家人農作，盡令漢人佃蒔，取租而已。富家盡服紈綺，酒食遊宴，貧者爭慕效之，欲望家給人足，難矣。近已禁賣奴婢，約其吉凶之禮，更當委官閱實戶數，計口授地，必令自耕，力不贍者方許佃於人。仍禁其農時飲酒。」又曰：「奚人六猛安，已徙居咸平、臨潢、泰州，其地肥沃，且精勤農務，各安其居。女直人徙居奚地者，菽粟得收穫否？」左丞守道對曰：「聞皆自耕，歲用亦足。」上曰：「彼地肥美，異於他處，惟附都民以水害稼者賑之。」

三月，陳言者言，豪強之家多占奪田者。上曰：「前參政納合椿年占地八百頃，又聞山西田亦多爲權要所占，有一家一口至三十頃者，以致小民無田可耕，徙居陰山之惡地，何以自存。其令占官地十頃以上者皆括籍入官，將均賜貧民。」省臣又奏，「椿年子猛安參謀合、故太師耨盌溫敦思忠孫長壽等，親屬計七十餘家，〔三〕所占地三千餘頃」。上曰：「至秋，除牛頭地外，仍各給十頃，餘皆拘入官。山後招討司所括者，亦當同此也。」又謂宰臣曰：「山東路所括民田，已分給女直屯田人戶，復有籍官閑地，依元數還民，仍免租稅。」

六月，上謂省臣曰：「近者大興府平、灤、薊、通、順等州，經水災之地，免今年稅租。不罹水災者姑停夏稅，俟稔歲徵之。」時中都大水，而濱、棣等州及山後大熟，命修治懷來以南道路，以來糴者。又命都城減價以糶。又曰：「近遣使閱視秋稼，聞猛安謀克人惟酒是務，往往以田租人，而預借三二年租課者。或種而不耘，聽其荒蕪者。自今皆令閱實各戶人力，可耨幾頃畝，必使自耕耘之，其力果不及者方許租賃。如惰農飲酒，勸農謀克及本管猛安謀克幷都管，各以等第科罪。收穫數多者則亦以等第遷賞。」

七月，上謂宰臣曰：「前徙宗室戶於河間，撥地處之，而不迴納舊地，豈有兩地皆占之理，自今當以一處賜之。山東刷民田已分給女直屯田戶，復有餘地，當以還民而免是歲之租。」八月，尚書省奏山東所刷地數，上謂梁肅曰：「朕嘗以此問卿，卿不以言。此雖稱民地，然皆無明據，括爲官地有何不可？」又曰：「黃河已移故道，梁山濼水退，地甚廣，已嘗遣使安置屯田。民昔嘗恣意種之，今官已籍其地，而民懼徵其租，逃者甚衆。若徵其租，而以冒佃不即出首罪論之，固宜。然若遽取之，恐致失所。可免其徵，赦其罪，別以官地給之。」御史臺奏「大名、濟州因刷梁山濼官地，或有以民地被刷者」。上復召宰臣曰：「雖曾經通檢納稅，而無明驗者，復當刷問。有公據者，雖付本人，仍須體問。」十月，復與張仲愈論冒占田事。

二十二年，以附都猛安戶不自種，悉租與民，有一家百口壠無一苗者，上曰：「勸農官，何勸諭爲也，其令治罪。」宰臣奏曰：「不自種而輒與人者，合科違例。」上曰：「太重，愚民安知。」遂從大興少尹王脩所奏，以不種者杖六十，謀克四十，受租百姓無罪。

又命招復梁山濼流民，官給以田。時人戶有執契據指墳壠爲驗者，亦拘在官，先委恩州刺史奚晦招之，復遣安肅州刺史張國基驗實給之，如已撥係猛安，則償以官田。上曰：「工部尚書張九思執强不通，向遣刷官田，凡犯秦、漢以來名稱，如長城、燕子城之類者，皆以爲官田。此田百姓爲己業不知幾百年矣，所見如此，何不通之甚也。」八月，以趙王永中等四王府冒占官田，罪其各府長史府掾，及安次、新城、宛平、昌平、永清、懷柔六縣官，皆罰贖有差。

九月，遣刑部尚書移剌慥于山東路猛安內摘八謀克民，徙于河北東路酬斡、青狗兒兩猛安舊居之地，無牛者官給之。河間宗室未徙者令盡徙于平州，無力者官津發之，土薄者易以良田。先嘗令俟豐年則括籍官地，至是歲，省臣復以爲奏，上曰：「本爲新徙四猛安貧窮，須刷官田與之，若張仲愈等所擬條約太刻，但以民初無得地之由，自撫定後未嘗輸稅，妄通爲己業者，刷之。如此，恐民苦之，可爲酬直。且先令猛安謀克人戶，隨宜分處，計其丁壯牛具，合得土田實數，給之。不足，則以前所刷地二萬餘頃補之。復不足，則續當議。」時有落兀者與婆薩等爭懿州地六萬頃，以皆無據驗，遂沒入官。

二十七年，隨處官豪之家多請占官地，轉與它人種佃，規取課利。命有司拘刷見數，以與貧難無地者，每丁授五十畝，庶不至失所，餘佃不盡者方許豪家驗丁租佃。章宗大定二十九年五月，擬再立限，令貧民請佃官地，緣今已過期，計已數足，其占而有餘者，若容告訐，恐滋姦弊。況續告漏通地，勑旨已革，今限外告者宜却之，止付元佃。兼平陽一路地狹人稠，官地當盡數拘籍，驗丁以給貧民。上曰：「限外指告多佃官地者，却之，當矣。如無主不願承佃，方許諸人告請。其平陽路宜計丁限田，如一家三丁已業止三十畝，則更許存所佃官地一頃二十畝，餘者拘籍給付貧民可也。」

七月，諭旨尚書省曰：「唐、鄧、潁、蔡、宿、泗等處，水陸膏腴之地，若驗等級，量立歲租，寬其徵納之限，募民佃之，公私有益。今河南沿邊地多爲豪民冒占，若民或流移至彼，就募令耕，不惟貧民有贍，亦增羨官租。其給丁壯者田及耕具，而免其租稅。」八月，尚書省奏：「河東地狹，稍凶荒則流亡相繼。竊謂河南地廣人稀，若令招集他路流民，量給閑田，則河東飢民減少，河南且無曠地矣。」上從所請。九月戊寅，又奏：「在制，諸人請佃官閑地者免五年租課，今乞免八年，則或多墾。」並從之。十一月，尚書省奏：「民驗丁佃河南荒閑官地者，如願作官地則免租八年，〔三〕願爲己業則免稅三年，並不許貿易典賣。若豪强及公吏輩有冒佃者，限兩月陳首，免罪而全給之，其稅則視其鄰地定之，以三分爲率減一分，限外許諸人告詣給之。」制可。

明昌元年二月，諭旨有司曰：「瀕水民地，已種蒔而爲水浸者，可令以所近官田對給。」

三月，勅「當軍人所受田，止令自種，力不足者方許人承佃，亦止隨地所產納租，其自欲折錢輸納者從民所欲，不願承佃者毋強」。

六月，尚書省奏：「近制以猛安謀克戶不務栽植桑果，已令每十畝須栽一畝，今乞再下各路提刑及所屬州縣，勸諭民戶，如有不栽及栽之不及十之三者，並以事怠慢輕重罪科之。」詔可。

八月，勅「隨處係官閑地，百姓已請佃者仍舊，未佃者以付屯田猛安謀克」。

三年六月，尚書省奏：「南京、陝西路提刑司言，舊牧馬地久不分撥，以致軍民起訟，比差官往各路定之。凡民戶有憑驗己業，及宅井墳園，已改正給付，而其中復有官地者，亦驗數對易之矣。兩路牧地，南京路六萬三千五百二十餘頃，陝西路三萬五千六百八十餘頃。」

五年，諭旨尚書省：「遼東等路女直、漢兒百姓，可並令量力為蠶桑。」二月，陳言人乞以長吏勸農立殿最，遂定制「能勸農田者，每年謀克賞銀絹十兩疋，猛安倍之，縣官於本等陞五人。〔四〕三年不怠者猛安謀克遷一官，縣官陞一等。田荒及十之一者笞三十，分數加至徒一年。三年皆荒者，猛安謀克追一官，縣官以陞等法降之」。為永格。

六年二月，詔罷括陝西之地。又陝西提刑司言：「本路戶民安水磨、油栿，所占步數在私地有稅，官田則有租，若更輸水利錢銀，是重併也，乞除之。」省臣奏：「水利錢銀以輔本路之用，未可除也，宜視實占地數，除税租。」命他路視此爲法。

承安二年，遣戶部郎中上官瑜往西京并沿邊，勸舉軍民耕種。〔五〕又差戶部郎中李敬義往臨潢等路規畫農事。舊令，軍人所授之地不得租賃與人，違者苗付地主。泰和四年九月定制，所撥地土十里內自種之數，每丁四十畝，續進丁同此，餘者許令便宜租賃及兩和分種，違者錢業還主。上聞六路括地時，其間屯田軍戶多冒名增口，以請官地，及包取民田，而民有空輸税賦、虛抱物力者，應詔陳言人多論之。五年二月，尚書省奏：「若復遣官分往，追照案憑，訟言紛紛何時已乎。」遂令虛抱税石已輸送入官者，命於税內每歲續刋之。

泰和七年，募民種佃淸河等處地，以其租分爲諸春水處餌鵝鴨之食。八年八月，戶部尚書高汝礪言：「舊制，人戶請佃荒地者，以各路最下第五等減半定租，仍免八年輸納。若作己業，並依第七等税錢減半，亦免三年輸納。自首冒佃比隣田，定租三分納二。其請佃黃河退灘地者，次年納租。向者小民不爲久計，比至納租之時多巧避匿，或復告退，蓋由元限太遠，請佃之初無人保識故爾。〔六〕今請佃者可免三年，作己業者免一年，自首冒佃并請退灘地，並令當年輸租，以隣首保識，爲長制。」

宣宗貞祐三年七月，以既徙河北軍戶於河南，議所以處之者，宰臣曰：「當指官田及牧地分畀之，已爲民佃者則俟秋穫後，仍日給米一升，折以分鈔。」太常丞石抹世勣曰：「荒田牧地耕闢費力，奪民素墾則民失所。況軍戶率無牛，宜令軍戶分人歸守本業，至春復還，爲固守計。」上卒從宰臣議，將括之，侍御史劉元規上書曰：「伏見朝廷有括地之議，聞者無不駭愕。向者河北、山東已爲此舉，民之塋墓井竈悉爲軍有，怨嗟爭訟至今未絕，若復行之，則將大失衆心。荒田不可耕，徒有得地之名，而無享利之實。縱得熟土，不能親耕，而復令民佃之，所得無幾，而使紛紛交病哉。」上大悟，罷之。

八月，先以括地事未有定論，北方侵及河南，由是盡起諸路軍戶南來，共圖保守，而不能知所以得軍糧之術。衆議謂可分遣官聚耆老問之，其將益賦，或與軍田，二者孰便。參政汝礪言：「河南官民地相半，又多全佃官地之家，一旦奪之，何以自活。小民易動難安，一時避賦遂有捨田之言，及與人能勿悔乎，悔則忿心生矣。如山東撥地時，腴地盡入富家，瘠者乃付貧戶，無益於軍，而民有損。惟當倍益官租，以給軍食，復以係官荒田牧地量數與之，令其自耕，則民不失業，官不厲民矣。」從之。

三年十月，高汝礪言：「河北軍戶徙居河南者幾百萬口，人日給米一升，歲費三百六十萬石，半以給直，猶支粟三百萬石。〔七〕河南租地計二十四萬頃，歲租纔一百五十六萬，乞於經費之外倍徵以給之。」遂命右司諫馮開等五人分詣諸郡，〔八〕就授以荒官田及牧地可耕者，人三十畝。

十一月，又議以括荒田及牧馬地給軍，命尚書右丞高汝礪總之。汝礪還奏：「今頃畝之數較之舊籍甚少，復瘠惡不可耕，均以可耕者與之，人得無幾。〔九〕又僻遠之處必徙居以就之，彼皆不能自耕，必以與人，又當取租於數百里之外。況今農田且不能盡闢，豈有餘力以耕叢薄交固、草根糾結之荒地哉。軍不可仰此得食也，審矣。今詢諸軍戶，皆曰：『得半糧猶足自養，得田不能耕，復罷其廩，將何所賴。』臣知初籍地之時，未嘗按閱其實，所以不如其數，不得其處也。若復考計州縣，必各妄承風旨，追呼究結以應命。不足其數，則妄指民田以充之，則所在騷然矣。今民之賦役三倍平時，飛輓轉輸，日不暇給，而復爲此舉，何以堪之。且軍戶暫遷，行有還期，何爲以此病民哉。病民而軍獲利，猶不可爲，況無所利乎。惟陛下加察。」遂詔罷給田，但半給糧、半給實直焉。

四年，復遣官括河南牧馬地，既籍其數，上命省院議所以給軍者，宰臣曰：「今軍戶當給糧者四十四萬八千餘口，計當口占六畝有奇，繼來者不與焉。但相去數百里者，豈能以六畝之故而遠來哉。兼月支口糧不可遽罷，臣等竊謂軍戶願佃者卽當計口給之。自餘僻遠不願者，宜准近制，係官荒地許軍民耕闢例，令軍民得占蒔之。」院官曰：「牧馬地少，且久荒難耕，軍戶復乏農器，然不給之，則彼自支糧外，更無從得食，非蓄銳待敵之計。給之則亦未能遽減其糧，若得遲以歲月，俟頗成倫次，漸可以省官廩耳。今奪於有力者，卽以授其無力者，恐無以耕。乞令司縣官勸率民戶，借牛破荒，至來春然後給之。司縣官能率民戶以助耕而無騷動者，量加官賞，庶幾有所激勸。」宰臣復曰：「若如所言，則司縣官貪慕官賞，必將抑配，以至擾民。今民家之牛，量地而畜之。況比年以來，農功甫畢則併力轉輸猶恐不及，豈有暇耕它人之田也。惟如臣等前奏爲便。」詔再議之。乃擬民有能開牧馬地及官荒地作熟田者，以半給之爲永業，半給軍戶。奏可。

四年，省奏：「自古用兵，且耕且戰，是以兵食交足。今諸帥分兵不啻百萬，一充軍伍咸仰於官，至於婦子居家安坐待哺，蓋不知屯田爲經久之計也。願下明詔，令諸帥府各以其軍耕耨，亦以逸待勞之策也。」詔從之。

興定三年正月，尚書右丞領三司事侯摯言：「按河南軍民田總一百九十七萬頃有奇，見耕種者九十六萬餘頃，上田可收一石二斗，中田一石，下田八斗，十一取之，歲得九百六十萬石，自可優給歲支，且使貧富均，大小各得其所。臣在東平嘗試行二三年，民不疲而軍用足。」詔有司議行之。

四年十月，移剌不言：「軍戶自徙於河南，數歲尚未給田，兼以移徙不常，莫得安居，故貧者甚衆。請括諸屯處官田，人給三十畝，仍不移屯它所，如此則軍戶可以得所，官糧可以漸省。」宰臣奏：「前此亦有言授地者，樞密院以謂俟事緩而行之。今河南罹水災，流亡者衆，所種麥不及五萬頃，殆減往年太半，歲所入殆不能足。若撥授之爲永業，俟有穫卽罷其家糧，亦省費之一端也。」上從之。又河南水災，逋戶太半，田野荒蕪，恐賦入少而國用乏，遂命唐、鄧、裕、蔡、息、壽、潁、亳及歸德府被水田，已燥者布種，未滲者種稻，復業之戶免本租及一切差發，能代耕者如之，有司擅科者以違制論，闕牛及食者率富者就貸。

五年正月，京南行三司石抹斡魯言：「京南、東、西三路，屯軍老幼四十萬口，歲費糧百四十餘萬石，皆坐食民租，甚非善計。宜括逋戶舊耕田，南京一路舊墾田三十九萬八千五百餘頃，內官田民耕者九萬九千頃有奇。今飢民流離者太半，東、西、南路計亦如之，朝廷雖招使復業，民恐旣復之後生計未定而賦斂隨之，往往匿而不出。若分給軍戶人三十畝，使之自耕，或召人佃種，可數歲之後畜積漸饒，官糧可罷。」令省臣議之，更不能行。

租賦。金制，官地輸租，私田輸稅。租之制不傳，大率分田之等爲九而差次之。夏稅畝取三合，秋稅畝取五升，又納秸一束，束十有五斤。夏稅六月止八月，秋稅十月止十二月，爲初、中、末三限，州三百里外，紓其期一月。屯田戶佃官地者，有司移猛安謀克督之。泰和五年，章宗諭宰臣曰：「十月民穫未畢，遽令納稅可乎。」改秋稅限十一月爲初。中都、西京、北京、上京、遼東、臨潢、陝西地寒，稼穡遲熟，夏稅限以七月爲初。凡輸送粟麥，三百里外石減五升，以上每三百里遞減五升。粟折秸百稱者，百里內減三稱，二百里減五稱，不及三百里減八稱，三百里及輸本色稾草，各減十稱。

計民田園、邸舍、車乘、牧畜、種植之資，藏鏹之數，徵錢有差，謂之物力錢。遇差科，必按版籍，先及富者，勢均則以丁多寡定甲乙。有横科，則視物力，循大至小均科。其或不可分摘者，率以次戶濟之。凡民之物力，所居之宅不預。猛安謀克戶、監戶、官戶所居外，自置民田宅，則預其數。墓田、學田，租稅、物力皆免。

民愬水旱應免者，河南、山東、河東、大名、京兆、鳳翔、彰德部內支郡，夏田四月，秋田七月，餘路夏以五月，秋以八月，水田則通以八月爲限，遇閏月則展期半月，限外愬者不理。非時之災則無限。損十之八者全免，七分免所損之數，六分則全徵。桑被災不能蠶，則免絲綿絹稅。諸路雨雪及禾稼收穫之數，月以捷步申戶部。

凡敍使品官之家，並免雜役，驗物力所當輸者，止出雇錢。進納補官未至廕子孫、及凡有出身者、謂司吏譯人等。出職帶官敍當身者、雜班敍使五品以下、及正品承應已帶散官未出職者，子孫與其同居兄弟，下逮終場舉人、係籍學生、醫學生，皆免一身之役。三代同居，已旌門則免差發，三年後免雜役。

太宗天會元年，勅有司輕徭賦，勸稼穡。十年，以遼人士庶之族賦役等差不一，詔有司命悉均之。熙宗天眷五年十二月，〔一〇〕詔免民戶殘欠租稅。皇統三年，蠲民稅之未足者。世宗大定二年五月，謂宰臣曰：「凡有徭役，均科强戶，不得抑配貧民。」有言以用度不足，奏預借河北東西路、中都租稅，上以國用雖乏，民力尤艱，遂不允。三年，以歲歉，詔免二年租稅。又詔曰：「朕比以元帥府從宜行事，今聞河南、陝西、山東、北京以東、及北邊州郡，調發甚多，而省部又與他州一例征取賦役，是重擾也。可憑元帥府已取者例，蠲除之。」五年，命有司，凡罹蝗旱水溢之地，蠲其賦稅。六年，以河北、山東水，免其租。

八年十月，彰德軍節度使高昌福上書言稅租甚重，上諭翰林學士張景仁曰：「今租稅法比近代甚輕，而以爲重，何也？」景仁曰：「今之稅斂殊輕，非稅斂則國用何從而出。」

二年二月，〔一一〕尚書省奏，天下倉廩貯粟二千七十九萬餘石。上曰：「朕聞國無九年之蓄則國非其國，朕是以括天下之田以均其賦，歲取九百萬石，自經費七百萬石外，二百萬石又爲水旱之所蠲免及賑貸之用，餘纔百萬石而已。朕廣蓄積，備飢饉也。小民以爲稅重，小臣沽民譽，亦多議之，蓋不慮國家緩急之備也。」

十二年正月，以水旱免中都、西京、南京、河北、河東、山東、陝西去年租稅。十三年，謂宰臣曰：「民間科差，計所免已過半矣。慮小民不能詳知，吏緣爲姦，仍舊徵取，其令所在揭牓諭之。」十月，勑州縣官不盡力催督稅租，以致逋懸者，可止其俸，使之徵足，然後給之。十六年正月，詔免去年被水旱路分租稅。十七年，上問宰臣曰：「遼東賦稅舊六萬餘石，通檢後幾二十萬。六萬時何以仰給，二十萬後所積幾何？」戶部契勘，謂先以官吏數少故能給，今官吏兵卒及孤老數多，以此費大。上曰：「當察其實，毋令妄費也。」十七年三月，詔免河北、山東、陝西、河東、西京、遼東等十路去年被旱蝗租稅。十八年正月，免中都、河北、河東、山東、河南、陝西等路前年被災租稅。十九年秋，中都、西京、河北、山東、河東、陝西以水旱傷民田十三萬七千七百餘頃，詔蠲其租。二十年三月，以中都、西京、河北、山東、河東、陝西路前歲被災，詔免其租稅。以戶部尚書曹望之之言，〔一二〕詔減鄜延及河東南路稅五十二萬餘石，增河北西路稅八萬八千石。又詔諸稅粟非關邊要之地者，除當儲數外，聽民從便折納。二十一年九月，以中都水災，免租。前時近官路百姓以牛夫充遞運者，復於它處未嘗就役之家徵錢償之。

二十三年，宗州民王仲規告乞徵還所役牛夫錢，省臣以奏，上曰：「此既就役，復徵錢於彼，前雖如此行之，復恐所給錢未必能到本戶，是兩不便也。不若止計所役，免租稅及鋪馬錢爲便。其預計實數以聞。若和雇價直亦須裁定也。」有司上其數，歲約給六萬四千餘貫，計折粟八萬六千餘石。上復命，自今役牛夫之家，以去道三十里內居者充役。

二十六年，軍民地罹水旱之災者，二十一萬頃免稅凡四十九萬餘石。二十七年六月，免中都、河北等路嘗被河決水災軍民租稅。十一月，詔河水泛溢，農田被災者，與免差稅一年。懷、衞、孟、鄭四州塞河勞役，并免今年差稅。章宗大定二十九年，赦民租十之一。河東南北路則量減之。尚書省奏，兩路田多峻阪，磽瘠者往往再歲一易，若不以地等級蠲除，則有不均。遂勅以赦書特免一分外，中田復減一分，下田減二分。

舊制，夏、秋稅納麥、粟、草三色，以各處所須之物不一，戶部復令以諸所用物折納。上封事者言其不可，戶部謂如此則諸路所須之物要當和市，轉擾民矣。遂命太府監，應折納之物爲祗承宮禁者，治黃河薪芻增直二錢折納，如黃河岸所用木石固非土產，乃令所屬計置，而罷它應折納者。

明昌元年四月，〔一三〕上封事者乞薄民之租稅，恐廩粟積久腐敗。省臣奏曰：「臣等議，大定十八年戶部尚書曹望之奏，河東及鄜延兩路稅頗重，遂減五十二萬餘石。去年赦十之一，而河東瘠地又減之。今以歲入度支所餘無幾，萬一有水旱之災，既蠲免其所入，復出粟以賑之，非有備不可。若復欲減，將何以待之。如慮腐敗，令諸路以時曝晾，毋令致壞，違者論如律。」制可。

十一月，尚書省奏，「河南荒閑官地，許人計丁請佃，願仍爲官者免租八年，願爲己業者免稅三年」。詔從之。

明昌二年〔一四〕二月，勅自今民有訴水旱災傷者，卽委官按視其實，申所屬州府，移報提刑司，同所屬檢畢，始令翻耕。三年六月，有司言河州災傷，闕食之民猶有未輸租者，詔蠲之。九月，以山東、河北三路被災，其權閣之租及借貸之粟，令俟歲豐日續徵。上如秋山，免圍場經過人戶今歲夏秋租稅之半。

四年冬十月，上行幸，諭旨尚書省曰：「海壖石城等縣，地瘠民困，所種惟黍稗而已。及賦於官，必以易粟輸之。或令止課所產，或依河東路減稅，至還京當定議以聞。」五年，勅免河決被災之民秋租。

泰和四年四月，以久旱下詔責躬，免所旱州縣今年夏稅。九月，陳言者謂河間、滄州逃戶，物力錢至數千貫，而其差發，有司止取辦於見戶，民不能堪矣。詔令按察司，除地土物力命隨其業，而權止其浮財物力。五年正月，詔有司，自泰和三年嘗所行幸至三次者，被科之民特免半年租稅。

八年五月，〔一五〕以宋謀和，詔天下，免河南、山東、陝西六路今年夏稅，河東、河北、大名等五路半之。八月，詔諸路農民請佃荒田者，與免租賦三年，作已業者一年，自首冒佃、及請佃黃河退灘地者，不在免例。

宣宗貞祐三年十月，御史田迥秀言：「方今軍國所需，一切責之河南。有司不惜民力，徵調太急，促其期限，痛其棰楚。民既罄其所有而不足，遂使奔走傍求於它境，力竭財殫，相踵散亡，禁之不能止也。乞自今凡科徵必先期告之，不急者皆罷，庶民力寬而逋者可復。」詔行之。十二月，詔免逃戶租稅。

四年三月，免陝西逃戶租。五月，山東行省僕散安貞言：「泗州被災，道殣相望，所食者草根木皮而已。而邳州戍兵數萬，急徵重役，悉出三縣。官吏酷暴，擅括宿藏，以應一切之命。民皆逋竄，又別遣進納閑官以相迫督。皆怙勢營私，實到官者纔十之一，而徒使國家有厚斂之名。乞命信臣革此弊以安百姓。」詔從之。

興定元年〔一六〕二月，免中京、嵩、汝等逋租十六萬石。

四年，御史中丞完顏伯嘉奏，亳州大水，計當免租三十萬石，而三司官不以實報，止免十萬而已。詔命治三司官虛妄之罪。七月，以河南大水，下詔免租勸種，且命參知政事李復亨爲宣慰使，中丞完顏伯嘉副之。〔一七〕十月，以久雨，令寬民輸稅之限。十一月，上曰：「聞百姓多逃，而逋賦皆抑配見戶，人何以堪。軍儲既足，宜悉除免。今又添軍須錢太多，亡者詎肯復業乎。」遂命行部官閱實免之，已代納者給以恩例，或除它役，仍減桑皮故紙錢四之一。三年，令逃戶復業者但輸本租，〔一八〕餘差役一切皆免。能代耕者，免如復戶。有司失信擅科者，以違制論。

四年十二月，鎭南軍節度使溫迪罕思敬上書言：「今民輸稅，其法大抵有三，上戶輸遠倉，中戶次之，下戶最近。然近者不下百里，遠者數百里，道路之費倍于所輸，而雨雪有稽違之責，遇賊有死傷之患。不若止輸本郡，令有司檢算倉之所積，稱屯兵之數，使就食之。若有不足，則增斂于民，民計所斂不及道里之費，將忻然從之矣。」

五年十月，上諭宰臣曰：「比欲民多種麥，故令所在官貸易麥種。今聞實不貸與，而虛立案簿，反收其數以補不足之租。其遣使究治。」

元光元年，上聞向者有司以徵稅租之急，民不待熟而刈之，以應限。今麥將熟矣，其諭州縣，有犯者以慢軍儲治罪。九月，權立職官有田不納租罪。京南司農卿李蹊言：「按齊民要術，麥晚種則粒小而不實，故必八月種之。今南路當輸秋稅百四十餘萬石，草四百五十餘萬束，皆以八月爲終限。若輸遠倉及泥淖，往返不下二十日，使民不暇趨時，是妨來歲之食也。乞寬徵斂之限，使先盡力於二麥。」朝廷不從。

元光二年，宰臣奏：「去歲正月京師見糧纔六十餘萬石，今三倍矣，計國用頗足，而民間租稅徵之不絕，恐貧民無所輸而逋亡也。」遂以中旨遍諭止之。

牛頭稅。卽牛具稅，猛安謀克部女直戶所輸之稅也。其制每耒牛三頭爲一具，限民口二十五受田四頃四畝有奇，歲輸粟大約不過一石，官民占田無過四十具。天會三年，太宗以歲稔，官無儲積無以備飢饉，詔令一耒賦粟一石，每謀克別爲一廩貯之。四年，〔一九〕詔內地諸路，每牛一具賦粟五斗，爲定制。

世宗大定元年，詔諸猛安不經遷移者，徵牛具稅粟，就命謀克監其倉，虧損則坐之。十二年，尚書省奏：「唐古部民舊同猛安謀克定稅，其後改同州縣，履畝立稅，頗以爲重」，遂命從舊制。

二十年，定功授世襲謀克，許以親族從行，當給以地者，除牛九具以下全給，十具以上四十具以下者，則於官豪之家量撥地六具與之。

二十一年，世宗謂宰臣曰：「前時一歲所收可支三年，比聞今歲山西豐稔，所穫可支三年。此間地一歲所穫不能支半歲，而又牛頭稅粟，每牛一頭止令各輸三斗，又多逋懸，此皆遞互隱匿所致，當令盡實輸之。」

二十三年，有司奏其事，世宗謂左丞完顏襄曰：「卿家舊止七具，今定爲四十具。朕始令卿等議此，而卿皆不欲，蓋各顧其私爾。是後限民口二十五，算牛一具。」七月，尚書省復奏其事，上慮版籍歲久貧富不同，猛安謀克又皆年少，不練時事，一旦軍興，按籍徵之必有不均之患。乃令驗實推排，閱其戶口、畜產之數，其以上京二十二路來上。八月，尚書省奏，推排定猛安謀克戶口、田畝、牛具之數。猛安二百二，謀克千八百七十八，戶六十一萬五千六百二十四，口六百一十五萬八千六百三十六，內正口四百八十一萬二千六百六十九，奴婢口一百三十四萬五千九百六十七，〔三〕田一百六十九萬三百八十頃有奇，牛具三十八萬四千七百七十一。在都宗室將軍司，戶一百七十，口二萬八千七百九十，內正口九百八十二，奴婢口二萬七千八百八，〔三〕田三千六百八十三頃七十五畝有奇，牛具三百四。迭剌、唐古二部五糺，戶五千五百八十五，口一十三萬七千五百四十四，內正口十一萬九千四百六十三，奴婢口一萬八千八十一，〔三〕田四萬六千二十四頃一十七畝，牛具五千六十六。後二十六年，尙書省奏併徵牛頭稅粟，上曰：「積壓五年，一見併徵，民何以堪。其令民隨年輸納，被災者蠲之，貸者俟豐年徵還。」

校勘記

〔一〕自首冒佃比隣地者輸官租三分之二　原脫「佃」字。按下文，泰和八年八月戶部尙書高汝礪言：「舊制，……自首冒佃比隣田，定租三分納二。」今據補。

〔二〕椿年子猛安參謀合……等親屬計七十餘家　原脫「子」字、「參謀合」作「三合」。按本書卷八三納合椿年傳，「以長子參謀合爲定遠大將軍，襲猛安」。又「椿年子猛安參謀合等三十餘家，凡冒占三千餘頃」，今據改補。然所記「三十餘家」與此異。

〔三〕如願作官地則免租八年　「租」原作「稅」。按本書卷四六食貨志：「官田曰租，私田曰稅。」又本卷下文租賦條亦云，「願仍爲官者免租八年」，今據改。

〔四〕縣官於本等陞五人　「人」字疑是「階」字之誤。

〔五〕遣戶部郎中上官瑜往西京幷沿邊勸舉軍民耕種　按本書卷一〇章宗紀，承安二年十二月「癸未，遣戶部侍郎上官瑜體究西京逃亡，勸率沿邊軍民耕種」，「郎中」作「侍郎」，「勸舉」作「勸率」。疑此誤。

〔六〕請佃之初無人保識故爾　「爾」原作「用」。據殿本改。

〔七〕河北軍戶徙居河南者幾百萬口人日給米一升歲費三百六十萬石半以給直猶支粟三百萬石　「幾」下原脫「百」字、「米」原作「粟」、「猶支」下原脫「粟」字、「石」字。按本書卷一〇七高汝礪傳，貞祐三年「十月，汝礪言：『今河北軍戶徙河南者幾百萬口，人日給米一升，歲率三百六十萬石，半給其直，猶支粟三百萬石。』」今據改補。

〔八〕遂命右司諫馮開等五人分詣諸郡　原脫「詣」字。按本書卷一〇七高汝礪傳記此事作「乃遣右司諫馮開等分詣諸郡就給之，人三十畝」。今據補。

〔九〕均以可耕者與之人得無幾　原脫「之」字、「得」字，文義不明。按本書卷一〇七高汝礪傳記此事作「計其可耕者均以與之，人得無幾」。今據補。

〔一〇〕熙宗天眷五年十二月　按本書卷四熙宗紀，天眷止三年，此「五」字誤。

〔一一〕二年二月　按上文爲「六年」、「八年」，下文爲「十二年」、「十三年」，則此「二年」必誤。

〔一二〕以戶部尚書曹望之之言　按下文明昌元年四月省臣奏曰：「臣等議，大定十八年戶部尚書曹望之之奏，河東及鄜延兩路稅頗重，遂減五十二萬餘石」。此處次于大定二十年三月之後，恐有錯簡。

〔一三〕明昌元年四月　原脫「明昌元年」四字。按上文「大定二十九年敕民租十之一」，而此奏又云「去年敕十之一」，則此「四月」必在明昌元年已明。今據補。

〔一四〕明昌二年　「二」字原文殘缺似「一」字，今據殿本校正。

〔一五〕八年五月　按本書卷一二章宗紀記此事在「六月」。

〔一六〕興定元年　按本書卷一五宣宗紀記此事在興定二年。

〔一七〕七月以河南大水下詔免租勸種且命參知政事李復亨爲宣慰使中丞完顏伯嘉副之　據本書卷一〇〇完顏伯嘉傳，此三十四字當直接「四年」二字下，下接「御史中丞完顏伯嘉奏，亳州大水」，其事方貫。此處敍述失次。

〔一八〕三年令逃戶復業者但輸本租　「輸」原作「輪」。據殿本改。又此上下文所述皆興定四年事，具見本書卷一六宣宗紀，不應中間插入「三年」一條。卷一五宣宗紀，興定元年十二月「庚午，免逃戸復業者差賦」，當卽此事，蓋修史者誤記于此。

〔一九〕四年　按本書卷三太宗紀記此事在天會五年。

〔二〇〕內正口四百八十一萬二千六百六十九奴婢口一百三十四萬五千九百六十七　按此三十二字原爲大字正文，今依本志文例改作小字注文。

〔二一〕內正口九百八十二奴婢口二萬七千八百八　按此十八字原爲大字正文，今依本志文例改作小字注文。

〔二二〕內正口十一萬九千四百六十三奴婢口一萬八千八十一　按此二十三字原爲大字正文　今依本志文例改作小字注文。

金史卷四十八

志第二十九

食貨三

錢幣

錢幣。金初用遼、宋舊錢，天會末，雖劉豫「阜昌元寶」、「阜昌重寶」亦用之。海陵庶人貞元二年遷都之後，戶部尚書蔡松年復鈔引法，遂製交鈔，與錢並用。正隆二年，歷四十餘歲，始議鼓鑄。冬十月，初禁銅越外界，懸罪賞格。括民間銅鍮器，陝西、南京者輸京兆，他路悉輸中都。三年二月，中都置錢監二，東曰寶源，西曰寶豐。京兆置監一，曰利用。三監鑄錢，文曰「正隆通寶」，輕重如宋小平錢，而肉好字文峻整過之，與舊錢通用。

世宗大定元年，用吏部尚書張中彥言，命陝西路參用宋舊鐵錢。四年，浸不行，詔陝西行戶部、幷兩路通檢官，詳究其事。皆言，「民間用錢，名與鐵錢兼用，其實不爲準數，公私不便」，遂罷之。

八年，民有犯銅禁者，上曰：「銷錢作銅，舊有禁令，然民間猶有鑄鏡者，非銷錢而何。」遂併禁之。

十年，上諭戶部臣曰：「官錢積而不散，則民間錢重，貿易必艱，宜令市金銀及諸物。其諸路酤榷之貨，亦令以物平折輸之。」十月，上責戶部官曰：「先以官錢率多，恐民間不得流通，令諸處貿易金銀絲帛，以圖流轉。今知乃有以抑配反害百姓者。前許院務得折納輕賫之物以便民，是皆朕思而後行者也，此尚出朕，安用若爲。又隨處時有賑濟，往往近地無糧，取於它處，往返既遠，人愈艱之。何爲不隨處起倉，年豐則多糴以備賑贍，設有緩急，亦豈不易辦乎，而徒使錢充府庫，將安用之。天下之大，朕豈能一一偏知，凡此數事，汝等何爲而使至此。且戶部與它部不同，當從宜爲計，若但務因循，以守其職，則戶部官誰不能爲。」

十一年二月，禁私鑄銅鏡，舊有銅器悉送官，給其直之半。惟神佛像、鐘、磬、鈸、鈷、腰束帶、魚袋之屬，則存之。

十二年正月，以銅少，命尙書省遣使諸路規措銅貨，能指坑冶得實者，賞。上與宰臣議鼓鑄之術，宰臣曰：「有言所在有金銀坑冶，皆可採以鑄錢，臣竊謂工費過於所得數倍，恐不可行。」上曰：「金銀，山澤之利，當以與民，惟錢不當私鑄。今國家財用豐盈，若流布四方與在官何異。所費雖多，但在民間，而新錢日增爾。其遣能吏經營之。」左丞石琚進曰：「臣聞天子之富藏在天下，錢貨如泉，正欲流通。」上復問琚曰：「古亦有民自鑄錢者乎？」琚對曰：「民若自鑄，則小人圖利，錢益薄惡，此古所以禁也。」

十三年，命非屯兵之州府，以錢市易金帛，運致京師，使錢幣流通，以濟民用。

十五年十一月，上謂宰臣曰：「或言鑄錢無益，所得不償所費。朕謂不然。天下如一家，何公私之間，公家之費私家得之，但新幣日增，公私俱便也。」

十六年三月，遣使分路訪察銅鑛苗脈。

十八年，代州立監鑄錢，命震武軍節度使李天吉、知保德軍事高季孫往監之，而所鑄斑駁黑澀不可用，詔削天吉、季孫等官兩階，解職，仍杖季孫八十。更命工部郎中張大節、吏部員外郎龐珪監鑄。其錢文曰「大定通寶」，字文肉好又勝正隆之制，世傳其錢料微用銀云。十九年，始鑄至萬六千餘貫。二十年，詔先以五千進呈，而後命與舊錢並用。

初，新錢之未行也，以宋大觀錢作當五用之。二月，上聞上京修內所，市民物不即與直，又用短錢，責宰臣曰：「如此小事，朕豈能悉知，卿等何爲不察也。」時民間以八十爲陌，謂之短錢，官用足陌，謂之長錢。大名男子斡魯補者上言，謂官私所用錢皆當以八十爲陌，遂爲定制。

二十年十一月，名代州監曰阜通，設監一員，正五品，以州節度兼領。副監一員，正六品，以州同知兼領。丞一員，正七品，以觀察判官兼領。設勾當官二員，從八品。給銀牌，命副監及丞更馳驛經理。二十二年十月，以參知政事粘割斡特剌提控代州阜通監。二十三年，上以阜通監鼓鑄歲久，而錢不加多，蓋以代州長貳廳幕兼領，而奪於州務，不得專意綜理故也。遂設副監、監丞爲正員，而以節度領監事。

二十六年，上曰：「中外皆言錢難，朕嘗計之，京師積錢五百萬貫亦不爲多，外路雖有終亦無用，諸路官錢非屯兵處可盡運至京師。」太尉丞相克寧曰：「民間錢固已艱得，若盡歸京師，民益艱得矣。不若起其半至都，餘半變折輕齎，則中外皆便。」十一月，上諭宰臣曰：「國家銅禁久矣，尚聞民私造腰帶及鏡，託爲舊物，公然市之。宜加禁約。」

二十七年二月，曲陽縣鑄錢別爲一監，以利通爲名，設副監、監丞，給驛更出經營銅事。

二十八年，上謂宰臣曰：「今者外路見錢其數甚多，聞有六千餘萬貫，皆在僻處積貯，既不流散，公私無益，與無等爾。今中都歲費三百萬貫，支用不繼，若致之京師，不過少有輓運之費，縱所費多，亦惟散在民爾。」

章宗大定二十九年十二月，雁門、五臺民劉完等訴，「自立監鑄錢以來，有銅鑛之地雖曰官運，其顧直不足則令民共償。乞與本州司縣均爲差配」。遂命甄官署丞丁用楫往審其利病，還言「所運銅鑛，民以物力科差濟之，非所願也。其顧直既低，又有刻剝之弊。而相視苗脉工匠，妄指人之垣屋及寺觀謂當開採，因以取賄。又隨冶夫匠，日辦淨銅四兩，多不及數，復銷銅器及舊錢，送官以足之。今阜通、利通兩監，〔一〕歲鑄錢十四萬餘貫，而歲所費乃至八十餘萬貫，病民而多費，未見其利便也」。宰臣以聞，遂罷代州、曲陽二監。

初，貞元間既行鈔引法，遂設印造鈔引庫及交鈔庫，皆設使、副、判各一員，都監二員，而交鈔庫副則專主書押、搭印合同之事。印一貫、二貫、三貫、五貫、十貫五等謂之大鈔，一百、二百、三百、五百、七百五等謂之小鈔，與錢並行，以七年爲限，納舊易新，猶循宋張詠四川交子之法而紓其期爾，蓋亦以銅少，權制之法也。時有欲罷之者，至是二監既罷，有司言：「交鈔舊同見錢，商旅利於致遠，往往以錢買鈔，蓋公私俱便之事，豈可罷去。止因有釐革年限，不能無疑，乞削七年釐革之法，令民得常用。若歲久字文磨滅，許於所在官庫納舊換新，或聽便支錢。」遂罷七年釐革之限，交鈔字昏方換，法自此始，而收斂無術，出多入少，民寖輕之。厥後其法屢更，而不能革，弊亦始於此焉。

交鈔之制，外爲闌，作花紋，其上衡書貫例，左曰「某字料」，右曰「某字號」。料號外，篆書曰「僞造交鈔者斬，告捕者賞錢三百貫」。料號衡闌下曰「中都交鈔庫，准尙書戶部符，承都堂劄付，戶部覆點勘，令史姓名押字」。又曰：「聖旨印造逐路交鈔，於某處庫納錢換鈔，更許於某處庫納鈔換錢，官私同見錢流轉。」其鈔不限年月行用，如字文故暗，鈔紙擦磨，許於所屬庫司納舊換新。若到庫支錢，或倒換新鈔，每貫剋工墨錢若干文。庫掐、攢司、庫副、副使、使各押字，年月日。〔二〕印造鈔引庫庫子、庫司、副使各押字，〔三〕上至尙書戶部官亦押字。其搭印支錢處合同，餘用印依常例。

初，大定間定制，民間應許存留銅鍮器物，若申賣入官，每斤給錢二百文。其弃藏應禁器物，〔四〕首納者每斤給錢百文，非器物銅貨一百五十文，不及斤者計給之。在都官局及外路造賣銅器價，令運司佐貳檢校，鏡每斤三百十四文，鍍金御仙花腰帶十七貫六百七十一文，五子荔支腰帶十七貫九百七十一文，擡鈒羅文束帶八貫五百六十文，魚袋二貫三百九文，鈸鉆鐃磬每斤一貫九百二文，鈴杵坐銅者二貫七百六十九文，鍮石者三貫六百四十六文。明昌二年十月，勑減賣鏡價，防私鑄銷錢也。

舊嘗以夫匠逾天山北界外採銅，明昌三年，監察御史李炳言：「頃聞有司奏，在官銅數可支十年，若復每歲令夫匠過界遠採，不惟多費，復恐或生邊釁。若支用將盡之日，止可於界內採煉。」上是其言，遂不許出界。

五月，勅尚書省曰：「民間流轉交鈔，當限其數，毋令多於見錢也。」

四年，上諭宰臣曰：「隨處有無用官物，可爲計置，如鐵錢之類是也。」或有言鐵錢有破損，當令所司以銅錢償之者，參知政事胥持國不可，上曰：「令償之尚壞，不償將盡壞矣。若果無用，曷別爲計？」持國曰：「如江南用銅錢，江北、淮南用鐵錢，蓋以隔閡銅錢不令過界爾。如陝西市易亦有用銀布薑麻，若舊有鐵錢，宜姑收貯，以備緩急。」遂令有司籍鐵錢及諸無用之物，〔五〕貯於庫。

八月，提刑司言：「所降陝西交鈔多於見錢，使民艱於流轉。」宰臣以聞，遂令本路榷稅及諸名色錢，折交鈔。官兵俸，許錢絹銀鈔各半之，若錢銀數少，卽全給交鈔。

五年三月，宰臣奏：「民間錢所以艱得，以官豪家多積故也。在唐元和間，嘗限富家錢過五千貫者死，〔六〕王公重貶沒入，以五之一賞告者。」上令參酌定制，令官民之家以品從物力限見錢，多不過二萬貫，猛安謀克則以牛具爲差，不得過萬貫，凡有所餘，盡令易諸物收貯之。有能告數外留錢者，奴婢免爲良，傭者出離，以十之一爲賞，餘皆沒入。

又諭旨有司，凡使高麗還者，所得銅器令盡買之。

承安二年十月，宰臣奏：「舊立交鈔法，凡以舊易新者，每貫取工墨錢十五文。至大定二十三年，不拘貫例，每張收八文，既無益於官，亦妨鈔法，宜從舊制便。若以鈔買鹽引，每貫權作一貫五十文，庶得多售。」上曰：「工墨錢，貫可令收十二文。買鹽引者，每貫可權作一貫一百文。」時交鈔所出數多，民間成貫例者艱於流轉，詔以西北二京、遼東路從宜給小鈔，且許於官庫換錢，與它路通行。

十二月，尚書省議，謂時所給官兵俸及邊戍軍須，皆以銀鈔相兼，舊例銀每鋌五十兩，其直百貫，民間或有截鑿之者，其價亦隨低昂，遂改鑄銀名「承安寶貨」，一兩至十兩分五等，每兩折錢二貫，公私同見錢用，仍定銷鑄及接受稽留罪賞格。

承安三年正月，省奏，「隨處榷場若許見錢越境，雖非銷毀，卽與銷毀無異」。遂立制，以錢與外方人使及與交易者，徒五年，三斤以上死，駔儈同罪。捕告人之賞，官先爲代給錢五百貫。其逮及與接引、館伴、先排、通引、書表等以次坐罪，仍令均償。

時交鈔稍滯，命西京、北京、臨潢、遼東等路一貫以上俱用銀鈔、寶貨，不許用錢，一貫以下聽民便。時旣行限錢法，人多不遵，上曰：「已定條約，不爲不重，其令御史臺及提刑司察之。」九月，以民間鈔滯，〔七〕盡以一貫以下交鈔易錢用之，遂復減元限之數，更定官民存留錢法，三分爲率，親王、公主、品官許留一分，餘皆半之，其贏餘之數期五十日內盡易諸物，違者以違制論，以錢賞告者。於兩行部各置回易務，以綿絹物段易銀鈔，亦許本務納銀鈔。赴權貨出鹽引，〔八〕納鈔於山東、河北、河東等路，從便易錢。各降補官及德號空勅三百、度牒一千，從兩行部指定處，限四月進納補換。又更造一百例小鈔，並許官庫易錢。一貫、二貫例並支小鈔，三貫例則支銀一兩、小鈔一貫，若五貫、十貫例則四分支小鈔、六分支銀，欲得寶貨者聽，有阻滯及輒減價者罪之。

四年三月，又以銀鈔阻滯，乃權止山東諸路以銀鈔與綿絹鹽引從便易錢之制。令院務諸科名錢，除京師、河南、陝西銀鈔從便，餘路並許收銀鈔各半，仍於鈔四分之一許納其本路。隨路所收交鈔，除本路者不復支發，餘通行者並循環用之。榷貨所鬻鹽引，收納寶貨與鈔相半，銀每兩止折鈔兩貫。省許人依舊詣庫納鈔，隨路漕司所收，除額外羨餘者，亦如之。所支官錢，亦以銀鈔相兼，銀已零截者令交鈔庫不復支，若寶貨數少，可浸增鑄。銀鈔既通則物價自平，雖有禁法亦安所施，遂除阻滯銀鈔罪制。

四年，以戶部言，命在都官錢、榷貨務鹽引，並聽收寶貨，附近鹽司貼錢數亦許帶納。民間寶貨有所歸，自然通行，不至銷毀。先是，設四庫印小鈔以代鈔本，令人便賣小鈔赴庫換錢，卽與支見錢無異。今更不須印造，俟其換盡，可罷四庫，但以大鈔驗錢數支易見錢。

時私鑄「承安寶貨」者多雜以銅錫，寖不能行，京師閉肆。五年十二月，宰臣奏：「比以軍儲調發，支出交鈔數多，遂鑄寶貨，與錢兼用，以代鈔本，蓋權時之制，非經久之法。」遂罷「承安寶貨」。

泰和元年六月，通州刺史盧構言：「民間鈔固已流行，獨銀價未平，官之所定每鋌以十萬爲準，而市肆纔直八萬，蓋出多入少故也。若令諸稅以錢銀鈔三分均納，庶革其弊。」下省議，宰臣謂「軍興以來，全賴交鈔佐用，以出多遂滯，頃令院務收鈔七分，亦漸流通。若與銀均納，則彼增此減，理必偏勝，至礙鈔法。必欲銀價之平，宜令諸名若『鋪馬』、『軍須』等錢，許納銀半，無者聽便」。

先是，嘗行三合同交鈔，至泰和二年，止行於民間，而官不收斂，朝廷慮其病民，遂令諸稅各帶納一分，雖止係本路者，亦許不限路分通納。戶部見徵累年鋪馬錢，亦聽收其半。閏十二月，上以交鈔事，召戶部尚書孫鐸、侍郎張復亨，議於內殿。復亨以三合同鈔可行，鐸請廢不用，既而復亨言竟詘。自是而後，國虛民貧，經用不足，專以交鈔愚百姓，而法又不常，世宗之業衰焉。以至泰和三年，其弊彌甚，乃謂宰臣曰：「大定間，錢至足，今民間錢少，而又不在官，何耶？其集問百官，必有能知之者。」四年七月，罷限錢法，從戶部尚書上官瑜所請也。

四年，欲增鑄錢，命百官議所以足銅之術。中丞孟鑄謂：「銷錢作銅，及盜用出境者不止，宜罪其官及隣。」太府監梁瑭等言：「鑄錢甚費，率費十錢可得一錢。識者謂費雖多猶增一錢也，乞採銅、拘器以鑄。」宰臣謂：「鼓鑄未可速行，其銅冶聽民煎煉，官爲買之。凡寺觀不及十人，不許畜法器。民間鍮銅器期以兩月送官給價，匿者以私法坐，限外人告者，以知而不糾坐其官。寺觀許童行告者賞。俟銅多，別具以聞。」八月，定從便易錢法，聽人輸納於京師，而於山東、河北、大名、河東等路依數支取。後鑄大錢一直十，篆文曰「泰和重寶」，〔九〕與鈔參行。

五年，上欲罷交鈔工墨錢，復以印時常費遂命貫止收六文。

六年四月，陝西交鈔不行，以見錢十萬貫爲鈔本，與鈔相易，復以小鈔十萬貫相參用之。六年十一月，復許諸路各行小鈔。中都路則於中都及保州，南京路則於南京、歸德、河南府，山東東路則於益都、濟南府，山東西路則於東平、大名府，河北東路則於河間府、冀州，河北西路則於眞定、彰德府，河東南路則於平陽，河東北路則於太原、汾州，遼東則於上京、咸平，西京則於西京、撫州，北京則於臨潢府官庫易錢。令戶部印小鈔五等，附各路同見錢用。

七年正月，勅在官毋得支出大鈔，在民者令赴庫，以多寡制數易小鈔及見錢。院務商稅及諸名錢，三分須納大鈔一分，惟遼東從便。

時民以貨幣屢變，往往怨嗟，聚語於市。上知之，諭旨於御史臺曰：「自今都市敢有相聚論鈔法難行者，許人捕告，賞錢三百貫。」

五月，以戶部尚書高汝礪議，立「鈔法條約」，添印大小鈔，以鈔庫至急切，增副使一員。汝礪又與中都路轉運使孫鐸言錢幣，上命中丞孟鑄、禮部侍郎喬宇、國子司業劉昂等十人議，月餘不決。七月，上召議于泰和殿，且諭汝礪曰：「今後毋謂鈔多，不加重而輒易之。重之加於錢，可也。」明日，勑「民間之交易、典質，一貫以上並用交鈔，毋得用錢。須立契者，三分之一用諸物。六盤山西、遼河東以五分之一用鈔，東鄙屯田戶以六分之一用鈔。不須立契者，惟遼東錢鈔從便。犯者徒二年，告者賞有差，監臨犯者杖且解職，縣官能奉行流通者升除，否者降罰，集衆沮法者以違制論。工墨錢每張止收二錢。商旅賫見錢不得過十貫。所司籍辨鈔人以防僞冒。品官及民家存留見錢，比舊減其數，若舊有見錢多者，許送官易鈔，十貫以上不得出京」。

又定制，按察司以鈔法流通爲稱職，而河北按察使斜不出巡按所給劵應得鈔一貫，以難支用，命取見錢，御史以沮壞鈔法劾之，上曰：「糾察之官乃先壞法，情不可恕。」杖之七十，削官一階解職。

戶部尚書高汝礪言：「鈔法務在必行，府州縣鎭宜各籍辨鈔人，給以條印，聽與人辨驗，隨貫量給二錢，貫例雖多，六錢卽止。每朝官出使，則令體究通滯以聞。民間舊有宋會子，亦令同見錢用，十貫以上不許持行。榷鹽許用銀絹，餘市易及俸，並用交鈔，其奇數以小鈔足之，應支銀絹而不足者亦以鈔給之。」

上遣近侍諭旨尚書省：「今旣以按察司鈔法通快爲稱職，否則爲不稱職，仍於州府司縣官給由內，明書所犯之數，但犯鈔法者雖監察御史舉其能幹，亦不准用。」

十月，楊序言：「交鈔料號不明，年月故暗，雖令赴庫易新，然外路無設定庫司，欲易無所，遠者直須赴都。」上以問汝礪，對曰：「隨處州府庫內，各有辨鈔庫子，鈔雖弊不僞，亦可收納。去都遠之城邑，旣有設置合同換錢，客旅經之皆可相易。更慮無合同之地，難以易者，令官庫凡納昏鈔者受而不支，於鈔背印記官吏姓名，積半歲赴都易新鈔。如此，則昏鈔有所歸而無滯矣。」

十一月，上諭戶部官曰：「今鈔法雖行，卿等亦宜審察，少有壅滯，卽當以聞，勿謂已行而憚改。」汝礪對曰：「今諸處置庫多在公廨內，小民出入頗難，雖有商賈易之，然患鈔本不豐。比者河北西路轉運司言，一富民首其當存留錢外，見錢十四萬貫。它路臆或有如此者，臣等謂宜令州縣委官及庫典，於市肆要處置庫支換。以出首之錢爲鈔本，十萬戶以上州府，給三萬貫，以次爲差，易鈔者人不得過二貫。以所得工墨錢充庫典食直，仍令州府佐貳及轉運司官一員提控。」上是之，遂命移庫於市肆之會，令民以鈔易錢。

是月，勅捕獲僞造交鈔者，皆以交鈔爲賞。

時復議更鈔法，上從高汝礪言，命在官大鈔更不許出，聽民以五貫十貫例者赴庫易小鈔，欲得錢者五貫內與一緡，十貫內與兩緡，惟遼東從便。河南、陝西、山東及它行鈔諸路，院務諸稅及諸科名錢，並以三分爲率，一分納十貫例者，二分五貫例者，餘並收見錢。

八年正月，以京師鈔滯，定所司賞罰格。時新制，按察司及州縣官，例以鈔通滯爲陞降。遂命監察御史賞罰同外道按察司，大興府警巡院官同外路州縣官。

是月，收毀大鈔，行小鈔。

八月，從遼東按察司楊雲翼言，〔一〇〕以咸平、東京兩路商旅所集，遂從都南例，一貫以上皆用交鈔，不得用錢。十月，孫鐸又言，「民間鈔多，正宜收斂，院務稅諸名錢，可盡收鈔，秋夏稅納本色外，亦令收鈔，不拘貫例。農民知之則漸重鈔，可以流通。比來州縣抑配市肆買鈔，徒增騷擾，可罷諸處創設鈔局，止令赴省庫換易。今小鈔各限路分，亦甚未便，可令通用」。上命亟行之。

十二月，〔一一〕宰臣奏：「舊制，內外官兵俸皆給鈔，其必用錢以足數者，可以十分爲率，軍兵給三分，官員承應人給二分，多不過十貫。凡前所收大鈔，俟至通行當復計造，其終須當精緻以圖經久。民間舊鈔故暗者，乞許於所在庫易新。若官吏勢要之家有賤買交鈔，而於院務換錢與販者，以違制論。復遣官分路巡察，其限錢過數雖許奴婢以告，乃有所屬默令其主藏匿不以實首者，可令按察司察之。若舊限已滿，當更展五十日，許再令變易鈔引諸物。」

是制既行之後，章宗尋崩，衞紹王繼立，大安三年會河之役，〔一二〕至以八十四車爲軍賞，兵衄國殘，不遑救弊，交鈔之輕幾於不能市易矣。至宣宗貞祐二年二月，思有以重之，乃更作二十貫至百貫例交鈔，又造二百貫至千貫例者。然自泰和以來，凡更交鈔，初雖重，不數年則輕而不行，至是則愈更而愈滯矣。南遷之後，國蹙民困，軍旅不息，供億無度，輕又甚焉。

三年四月，河東宣撫使胥鼎上言曰：「今之物重，其弊在於鈔窒，有出而無入也。雖院務稅增收數倍，而所納皆十貫例大鈔，此何益哉。今十貫例者民間甚多，以無所歸，故市易多用見錢，而鈔每貫僅直一錢，曾不及工墨之費。臣愚謂，宜權禁見錢，且令計司以軍須爲名，量民力徵斂，則泉貨流通，而物價平矣。」自是，錢貨不用，富家內困藏鏹之限，外弊交鈔屢變，皆至窘敗，謂之「坐化」。商人往往舟運貿易于江淮，錢多入于宋矣。宋人以爲喜，而金人不禁也。識者惜其既不能重無用之楮，而又棄自古流行之寶焉。

五月，權西安軍節度使烏林達與言：「關陝軍多，供億不足，所仰交鈔則取於京師，徒成煩費。乞降板就造便。」又言：「懷州舊鐵錢鉅萬，〔一三〕今既無用，願貫爲甲，以給戰士。」時有司輕罪議罰，率以鐵贖，而當罪不平，遂命贖銅計贓皆以銀價爲準。

六月，勑議交鈔利便。七月，改交鈔名爲「貞祐寶券」，仍立沮阻罪。九月，御史臺言：「自多故以來，全藉交鈔以助軍需，然所入不及所出，則其價浸減，卒無法以禁，此必然之理也。近用「貞祐寶券」以革其弊，又慮既多而民輕，與舊鈔無異也，乃令民間市易悉從時估，嚴立罪賞，期於必行，遂使商旅不行，四方之物不敢入。夫京師百萬之衆，日費不貲，物價寧不日貴耶。且時估月再定之，而民間價旦暮不一，今有司强之，而市肆盡閉。復議搜括隱匿，必令如估鬻之，則京師之物指日盡，而百姓重困矣。臣等謂，惟官和買計贓之類可用時估，餘宜從便。」制可。

十二月，上聞近京郡縣多糴於京師，穀價翔踴，令尙書省集戶部、講議所、開封府、轉運司，議所以制之者。戶部及講議所言，以五斗出城者可闌糴其半，轉運司謂宜悉禁其出，上從開封府議，謂「寶券初行時，民甚重之。但以河北、陝西諸路所支既多，人遂輕之。商賈爭收入京，以市金銀，銀價昂，穀亦隨之。若令寶券路各殊制，則不可復入河南，則河南金銀賤而穀自輕。若直閉京城粟不出，則外亦自守，不復入京，穀當益貴。宜諭郡縣小民，毋妄增價，官爲定制，務從其便。」

四年正月，監察御史田迥秀言：「國家調度皆資寶券，行才數月，又復壅滯，非約束不嚴、奉行不謹也。夫錢幣欲流通，必輕重相權、散斂有術而後可。今之患在出太多、入太少爾。若隨時裁損所支，而增其所收，庶乎或可也。」因條五事，一曰省冗官吏，二曰損酒使司，三曰節兵俸，四曰罷寄治官，五曰酒稅及納粟補官皆當用寶券。詔酒稅從大定之舊，餘皆不從。尋又更定捕獲僞造寶券官賞。

三月，翰林侍講學士趙秉文言：「比者寶券滯塞，蓋朝廷將議更張，已而妄傳不用，因之抑遏，漸至廢絕，此乃權歸小民也。自遷汴以來，廢回易務，臣愚謂當復置，令職官通市道者掌之，給銀鈔粟麥縑帛之類，權其低昂而出納之。仍自選良監當官營爲之，若半年無過，及券法通流，則聽所指任便差遣。」詔議行之。

四月，河東行省胥鼎言：「交鈔貴乎流通，今諸路所造不充所出，不以術收之，不無缺誤。宜量民力徵斂，以裨軍用。河中宣撫司亦以寶券多出，民不之貴，乞驗民貧富徵之。雖爲陝西，若一體徵收，〔一四〕則彼中所有日湊于河東，與不斂何異。又河北寶券以不許行于河南，由是愈滯。」宰臣謂：「昨以河北寶券，商旅齎販纏踵南渡，遂致物價翔踴，乃權宜限以路分。今鼎既以本路用度繁殷，欲徵軍須錢，宜從所請。若陝西可徵與否，詔令行省議定而後行。」

五月，上以河北州府官錢散失，多在民間，命尚書省經畫之。

八月，平章高琪奏：「軍興以來，用度不貲，惟賴寶券，然所入不敷所出，是以浸輕，今千錢之券僅直數錢，隨造隨盡，工物日增，不有以救之，弊將滋甚。宜更造新券，與舊券權爲子母而兼行之，庶工物俱省，而用不乏。」濮王守純以下皆憚改，奏曰：「自古軍旅之費皆取於民，向朝廷以小鈔殊輕，權更寶券，而復禁用錢。小民淺慮，謂楮幣易壞，不若錢可久，於是得錢則珍藏，而券則亟用之，惟恐破裂而至於廢也。今朝廷知支而不知收，所以錢日貴而券日輕。然則券之輕非民輕之，國家致之然也。不若量其所支復斂于民，出入循環，則彼知爲必用之物，而知愛重矣。今徒患輕而卽欲更造，不惟信令不行，且恐新券之輕復同舊券也。」既而，隴州防禦使完顏寓及陝西行省令史惠吉繼言券法之弊。寓請姑罷印造，以見在者流通之，若滯塞則驗丁口之多寡、物力之高下而徵之。吉言：「券者所以救弊一時，非可通流與見錢比，必欲通之，不過多斂少支爾。然斂多則傷民，支少則用不足，二者皆不可。爲今日計，莫若更造，以『貞祐通寶』爲名，自百至三千等之爲十，聽各路轉運司印造，仍不得過五千貫，與舊券參用，庶乎可也。」詔集百官議。戶部侍郎奧屯阿虎、禮部侍郎楊雲翼、郎中蘭芝、刑部侍郎馮鶚皆主更造，戶部侍郎高夔、員外郎張師魯、兵部侍郎徒單歐里白皆請徵斂，惟戶部尙書蕭貢謂止當如舊，而工部尙書李元輔謂二者可並行。太子少保張行信亦言不宜更造，但嚴立不行之罪，足矣。侍御史趙伯成曰：「更造之法，陰奪民利，其弊甚於徵。徵之爲法，特徵於農民則不可，若徵於市肆商賈之家，是亦敦本抑末之一端。」刑部主事王壽寧曰：「不然，今之重錢輕劵者皆農爾，其斂必先於民而後可。」轉運使王擴曰：「凡論事當究其本，今歲支軍士家口糧四萬餘石，如使斯人地着，少寬民力，然後徵之，則行之不難。」榷貨司楊貞亦欲節無名之費，罷閑冗之官。或有請鑄大錢以當百，別造小鈔以省費。或謂縣官當擇人者。獨吏部尚書溫迪罕思敬上書言：「國家立法，莫不備具，但有司不克奉之而已。誠使臣得便宜從事，凡外路四品以下官皆許杖決，三品以上奏聞，仍付監察二人馳驛往來，法不必變，民不必徵，一號令之，可使上下無不奉法。如其不然，請就重刑。」上以示宰臣曰：「彼自許如此，試委之可乎？」宰臣未有以處，而監察御史陳規、完顏素蘭交諍，以爲「事有難行，聖哲猶病之，思敬何爲者，徒害人爾。」上以衆議紛紛，月餘不決，厭之，乃詔如舊，紓其徵斂之期焉。未幾，竟用惠吉言，造「貞祐通寶」，興定元年二月，始詔行之，凡一貫當千貫，增重僞造沮阻罪及捕獲之賞。

五月，以鈔法屢變，隨出而隨壞，製紙之桑皮故紙皆取于民，至是又甚艱得，遂令計價，但徵寶劵、通寶，名曰「桑皮故紙錢」，謂可以免民輸輓之勞，而省工物之費也。高汝礪言：「河南調發繁重，所徵租稅三倍於舊，僅可供億，如此其重也。而今年五月省部以歲收通寶不充所用，乃於民間斂桑皮故紙鈔七千萬貫以補之，又太甚矣。而近又以通寶稍滯，又增兩倍。河南人戶農居三之二，今年租稅徵尚未足，而復令出此，民若不糴當納之租，則賣所食之粟，舍此將何得焉。今所急而難得者芻糧也，出於民而有限。可緩而易爲者交鈔也，出於國而可變。以國家之所自行者而强求之民，將若之何。向者大鈔滯則更爲小鈔，小鈔弊則改爲寶券，寶券不行則易爲通寶，變制在我，尙何煩民哉。民既悉力以奉軍而不足，又計口、計稅、計物、計生殖之業而加徵，若是其剝，彼不能給，則有亡而已矣。民逃田穢，兵食不給，是軍儲鈔法兩廢矣。臣非於鈔法不加意，非故與省部相違也，但以鈔滯物貴之害輕，民去軍飢之害重爾。」時不能用。

三年十月，省臣奏：「向以物重錢輕，犯贓者計錢論罪則太重，於是以銀爲則，每兩爲錢二貫。有犯通寶之贓者直以通寶論，如因軍興調發，受通寶及三十貫者，已得死刑，準以金銀價，纔爲錢四百有奇，則當杖。輕重之間懸絕如此。」遂命准犯時銀價論罪。四年三月，參知政事李復亨言：〔一五〕「近制，犯通寶之贓者並以物價折銀定罪，每兩爲錢二貫，而法當贖銅者，止納通寶見錢，亦乞令依上輸銀，既足以懲惡，又有補於官。」詔省臣議，遂命犯公錯過悞者止徵通寶見錢，贓汚故犯者輸銀。

十二月，〔一六〕鎭南軍節度使溫迪罕思敬上書言：「錢之爲泉也，貴流通而不可塞，積於官而不散則病民，散於民而不斂則闕用，必多寡輕重與物相權而後可。大定之世，民間錢多而鈔少，故貴而易行。軍興以來，在官殊少，民亦無幾，軍旅調度悉仰于鈔，日之所出動以萬計，至于塡委市肆，能無輕乎。不若弛限錢之禁，許民自採銅鑄錢，而官製模範，薄惡不如法者令民不得用，則錢必日多，鈔可少出，少出則貴而易行矣。今日出益衆，民日益輕，有司欲重之而不得其法，至乃計官吏之俸、驗百姓之物力以斂之，而卒不能增重，曾不知錢少之弊也。臣謂宜令民鑄錢，而當斂鈔者亦聽輸銀，民因以銀鑄錢爲數等，文曰『興定元寶』，定直以備軍賞，亦救弊之一法也。」朝廷不從。

五年閏十二月，宰臣奏：「向者寶券既弊，乃造『貞祐通寶』以救之，迄今五年，其弊又復如寶券之末。初，通寶四貫爲銀一兩，今八百餘貫矣。宜復更造『興定寶泉』，子母相權，與通寶兼行，每貫當通寶四百貫，以二貫爲銀一兩，隨處置庫，許人以通寶易之。縣官能使民流通者，進官一階、陞職一等，其或姑息以致壅滯，則亦追降的決爲差。州府官以所屬司縣定罪賞，命監察御史及諸路行部官察之，定撓法失糾舉法，失舉則御史降決，行部官降罰，集衆妄議難行者徒二年，告捕者賞錢三百貫。」元光元年二月，始詔行之。

二年五月，更造每貫當通寶五十，又以綾印製「元光珍貨」，同銀鈔及餘鈔行之。行之未久，銀價日貴，寶泉日賤，民但以銀論價。至元光二年，寶泉幾於不用，乃定法，銀一兩不得過寶泉三百貫，凡物可直銀三兩以下者不許用銀，以上者三分爲率，一分用銀，二分用寶泉及珍貨、重寶。京師及州郡置平準務，以寶泉銀相易，其私易及違法而能告者罪賞有差。是令既下，市肆晝閉，商旅不行，朝廷患之，乃除市易用銀及銀寶泉私相易之法。然上有限用之名，而下無從令之實，有司雖知，莫能制矣。義宗〔一七〕正大間，民間但以銀市易。天興二年十月印「天興寶會」于蔡州，自一錢至四錢四等，〔一八〕同見銀流轉，不數月國亡。

校勘記

〔一〕今皁通利通兩監　「利通」原作「利用」。按上文大定「二十七年二月，曲陽縣鑄錢別爲一監，以利通爲名」。本書卷八世宗紀，亦載是年二月「癸未，命曲陽縣置錢監，賜名利通」。今據改。

〔二〕庫掐攢司庫副副使使各押字年月日　按上文，「貞元間既行鈔引法，遂設印造鈔引庫及交鈔庫，皆設使、副、判各一員，都監二員」，本書卷五六百官志記所設官員與此同。疑此處「副」下衍「副使」二字。

〔三〕印造鈔引庫庫子庫司副使各押字　按傳世「貞祐寶券」、「興定寶泉」等銅版，皆有印造庫庫子、攢司、使、副押字。疑「庫司」爲「攢司」之誤。

〔四〕其弃藏應禁器物　「弃」原作「棄」。文義不貫，蓋「弃」「弃」形近致誤，今改。

〔五〕及諸無用之物　「物」原作「數」。按上文云，「隨處有無用官物，可爲計置，如鐵錢之類是也」。今據改。

〔六〕在唐元和間嘗限富家錢過五千貫者死　原脫「貫」字。按新唐書卷五四食貨志，元和十二年，勅「富家錢過五千貫者死」，有「貫」字。舊唐書卷四八食貨志記事同，今據補。

〔七〕九月以民間鈔滯　按本書卷一一章宗紀記此事在承安三年冬十月。

〔八〕赴榷貨出鹽引　「貨」原作「場」。按本書卷五〇食貨志，「榷場，與敵國互市之所也」，故此作「榷場」顯係有誤。考本卷下文「榷貨所鬻鹽引，收納寶貨與鈔相半」，又「命在都官錢、榷貨務鹽引，並聽收寶貨」，皆作「榷貨」，卷五六百官志，「榷貨務：掌發賣給隨路香茶鹽鈔引」。今據改。

〔九〕篆文曰泰和重寶　按道光四年殿本下有「背文有蟠虎二」六字。其考證云，「據舊本增」。

〔一〇〕從遼東按察司楊雲翼言　原脫「按」字。按上文「又定制，按察司以鈔法流通爲稱職」，又「時新制，按察司及州縣官，例以鈔通滯爲陞降」，本書卷一一〇楊雲翼傳，泰和「七年，簽上京東京等路按察司事，因召見，章宗咨以當世之務，稱旨」，皆言「按察司」。今據補。

〔一一〕十二月　按下文「是制既行之後，章宗尋崩，衞紹王繼立」。本書卷一二章宗紀，泰和八年十一月丁酉朔，「乙卯，上不豫。丙辰，崩于福安殿」。疑此「十二月」或是「十一月」之誤。

〔一二〕大安三年會河之役　「三」原作「二」、「會」原作「潰」。按本書卷一三衞紹王紀，大安三年「九月，千家奴、胡沙敗績于會河堡」。又卷九三獨吉思忠傳、承裕傳、卷九九徒單鎰傳、卷一〇二承暉傳、完顏弼傳、卷一三四西夏傳，記此事時間地點皆同。今據改「二年」爲三年，「潰河」爲會河。

〔一三〕懷州舊鐵錢鉅萬　「鐵」原作「鑄」。按本書卷四六食貨志序，「濟以鐵錢，鐵不可用，權以交鈔」，本卷上文「明昌四年，上諭宰臣曰：隨處有無用官物，可爲計置，如鐵錢之類是也」。「若果無用，曷別爲計」？「遂令有司籍鐵錢及諸無用之物貯於庫」。今據改。

〔一四〕雖爲陝西若一體徵收　按本書卷一〇八胥鼎傳載此句作「雖然陝西若一體徵收」。

〔一五〕四年三月參知政事李復亨言　「三月」上原脫「四年」二字，承上文當屬三年。按上文已見「三年十月」。考本書卷一六宣宗紀，興定四年三月「己酉，以吏部尚書李復亨參知政事」，與此處所書李復亨官職相合，因將下文「十二月」上之「四年」二字移此。

〔一六〕十二月　「十二月」上原有「四年」二字，今移在上文「三月」之上。見前條。

〔一七〕義宗　「義宗」之稱又見于本書卷五五百官志序。大金國志卷二六義宗皇帝紀年，「義宗皇帝名守緒」，又云，「或謂『哀』不足以盡謚，天下士夫咸以『義宗』謚，蓋取左氏君死社稷之義」。蓋當時有以「義宗」易哀宗謚者，作者沿史料舊文未改。

〔一八〕自一錢至四錢四等　按汝南遺事卷三記此事云，「戊寅，更造『天興寶會』，同見銀流轉，一錢、二錢、三錢、五錢凡四等，以楮爲之」，視此爲詳。此「四錢」當作「五錢」，蓋半兩也。

金史卷四十九

志第三十

食貨四

鹽 酒 醋 茶 諸征商 金銀稅

鹽。金制，榷貨之目有十，曰酒、麴、茶、醋、香、礬、丹、錫、鐵，而鹽爲稱首。貞元初，蔡松年爲戶部尚書，始復鈔引法，設官置庫以造鈔、引。鈔，合鹽司簿之符。引，會司縣批繳之數。七年一釐革之。

初，遼、金故地濱海多產鹽，上京、東北二路食肇州鹽，速頻路食海鹽，臨潢之北有大鹽濼，烏古里石壘部有鹽池，皆足以食境內之民，嘗征其稅。及得中土，鹽場倍之，故設官立法加詳焉。然而增減不一，廢置無恒，亦隨時捄弊而已。

益都、濱州舊置兩鹽司，大定十三年四月，併爲山東鹽司。二十一年滄州及山東各務增羨，冒禁鬻鹽，朝論慮其久或隳法，遂併爲海豐鹽使司。十一月，又併遼東等路諸鹽場，爲兩鹽司。大定二十五年，更狗濼爲西京鹽司。是後惟置山東、滄、寶坻、莒、解、北京、西京七鹽司。〔一〕

山東、滄、寶坻斤三百爲袋，袋二十有五爲大套，鈔、引、公據三者俱備然後聽鬻。小套袋十，或五、或一，每套鈔一，引如袋之數。寶坻零鹽較其斤數，或六之三，或六之一，又爲小鈔引給之，以便其鬻。

解鹽斤二百有五十爲一席，席五爲套，鈔引則與陝西轉運司同鬻，其輸粟於陝西軍營者，許以公牒易鈔引。

西京等場鹽以石計，大套之石五，小套之石三。北京大套之石四，小套之石一。遼東大套之石十。皆套一鈔，石一引。零鹽積十石，亦一鈔而十引。

其行鹽之界，各視其地宜。山東、滄州之場九，行山東、河北、大名、河南、南京、歸德諸府路，及許、亳、陳、蔡、潁、宿、泗、曹、睢、鈞、單、壽諸州。莒之場十二，濤洛場行莒州，臨洪場行贛榆縣，獨木場行海州司候司、朐山、東海縣，板浦場行漣水、沭陽縣，信陽場行密州，之五場又與大鹽場通行沂、邳、徐、宿、泗、滕六州。西由場行萊州録事司及招遠縣，衡村場行卽墨、萊陽縣，之二場鈔引及半袋小鈔引，聽本州縣鬻之。寧海州五場皆鬻零鹽，不用引目。黃縣場行黃縣，巨風場行登州司候司、蓬萊縣，福山場行福山縣，是三場又通行旁縣棲霞。寧海州場行司候司、牟平縣，文登場行文登縣。寶坻鹽行中都路，平州副使於馬城縣置局貯錢。解鹽行河東南北路、陝西東、及南京河南府、陝、鄭、唐、鄧、嵩、汝諸州。西京、遼東鹽各行其地。北京宗、錦之末鹽，行本路及臨潢府、肇州、泰州之境，與接壤者亦預焉。

世宗大定三年二月，定軍私煮鹽及盜官鹽之法，命猛安謀克巡捕。

三年十一月，詔以銀牌給益都、濱、滄鹽使司。

十一年正月，用西京鹽判宋俁言，更定狗濼鹽場作六品使司，以俁爲使，順聖縣令白仲通爲副，以是歲入錢爲定額。

十二年十月，詔西北路招討司猛安所轄貧及富人奴婢，〔二〕皆給食鹽。宰臣言去鹽濼遠者，所得不償道里之費，遂命計口給直，富家奴婢二十口止。

十三年二月，併榷永鹽爲寶坻使司，罷平、灤鹽錢。滄州舊廢海阜鹽場，三月，州人李格請復置，詔遣使相視。有司謂是場興則損滄鹽之課，且食鹽戶仍舊，而鹽貨歲增，必徒多積而不能售，遂寢其議。三月，大鹽濼設鹽稅官。〔三〕復免烏古里石壘部鹽池之稅。四月，以烏古里石壘民飢，罷其鹽池稅。

二十一年八月，參知政事梁肅言：「寶坻及傍縣多闕食，〔四〕可減鹽價增粟價，而以粟易鹽。」上命宰臣議，皆謂「鹽非多食之物，若減價易粟，恐久而不售，以至虧課。今歲糧以七十餘萬石至通州，比又以恩、獻等六州粟百餘萬石繼至，足以賑之，不煩易也」。遂罷。十二月，罷平州椿配鹽課。

二十三年七月，博興縣民李孜收日炙鹽，大理寺具私鹽及刮鹹土二法以上。宰臣謂非私鹽可比，張仲愈獨曰：「私鹽罪重，而犯者猶衆，不可縱也。」上曰：「刮鹻非煎，何以同私？」仲愈曰：「如此則渤海之人恣刮鹻而食，將侵官課矣。」力言不已，上乃以孜同刮鹻科罪，後犯則同私鹽法論。

十一月，張邦基言：「寶坻鹽課，若每石收正課百五十斤，慮有風乾折耗。」遂令石加耗鹽二十二斤半，仍先一歲貸支償直，以優竈戶。

二十四年七月，上在上京，謂丞相烏古論元忠等曰：「會寧尹蒲察通言，其地猛安謀克戶甚艱。舊速頻以東食海鹽，蒲與、胡里改等路食肇州鹽，初定額萬貫，今增至二萬七千。若罷鹽引，添竈戶，庶可易得。」元忠對曰：「已嘗遣使咸平府以東規畫矣。」上曰：「不須待此，宜亟爲之。」通又言「可罷上京酒務，聽民自造以輸稅。」上曰：「先灤州諸地亦嘗令民煮鹽，後以不便罷之，今豈可令民自沽耶。」

二十五年十月，上還自上京，謂宰臣曰：「朕聞遼東，凡人家食鹽，但無引目者，卽以私治罪。夫細民徐買食之，何由有引目。可止令散辦，或詢諸民，從其所欲。」因爲之罷北京、遼東鹽使司。

二十八年，尙書省論鹽事，上曰：「鹽使司雖辦官課，然素擾民。鹽官每出巡，而巡捕人往往私懷官鹽，所至求賄及酒食，稍不如意則以所懷誣以爲私鹽。鹽司苟圖羨增，雖知其誣亦復加刑。宜令別設巡捕官，勿與鹽司關涉，庶革其弊。」五月，創巡捕使，山東、滄、寶坻各二員，解、西京各一員。山東則置於濰州、招遠縣，滄置於深州及寧津縣，寶坻置於易州及永濟縣，解置於澄城縣，西京置於兜答館，秩從六品，直隸省部，各給銀牌，取鹽使司弓手充巡捕人，且禁不得於人家搜索，若食鹽一斗以下不得究治，惟盜販私煮則捕之，在三百里內者屬轉運司，外者卽隨路府提點所治罪，盜課鹽者亦如之。

章宗大定二十九年十月，上朝隆慶宮，諭有司曰：「比因獵，知百姓多有鹽禁獲罪者，民何以堪。朕欲令依平、灤、太原均辦例，令民自煎，其令百官議之。」十二月，戶部尙書鄧儼等謂「若令民計口定課，民旣輸乾辦錢，又必別市而食，是重費民財，而徒增煎販者之利也。且今之鹽價，蓋昔日錢幣易得之時所定，今日與向不同，況太平日久，戶口蕃息，食鹽歲課宜有羨增，而反無之，何哉。緣官估高，貧民利私鹽之賤，致虧官課爾。近已減寶坻、山東、滄鹽價斤爲三十八文，乞更減去八文，歲不過減一百二十餘萬貫，官價既賤，所售必多，自有羨餘，亦不全失所減之數。況今府庫金銀約折錢萬萬貫有奇，設使鹽課不足，亦足補百有餘年之經用，若量入爲出，必無不足之患。乞令平、灤乾辦鹽課亦宜減價，各路巡鹽弓手不得自專巡捕，庶革誣罔之弊。」禮部尚書李晏等曰：「所謂乾辦者，既非美名，又非良法。必欲杜絕私煮盜販之弊，莫若每斤減爲二十五文，使公私價同，則私將自已。又巡鹽兵吏往往挾私鹽以誣人，可令與所屬司縣期會，方許巡捕，違者按察司罪之。」刑部尚書郭邦傑等則謂平、灤瀕海及太原鹵地可依舊乾辦，餘同儼議。御史中丞移剌仲方則謂私煎盜販之徒，皆知禁而犯之者也。可選能吏充巡捕使，而不得入人家搜索。同知大興府事王翛請每斤減爲二十文，罷巡鹽官。左諫議大夫徒單鎰則以乾辦爲便。宰臣奏以「每斤官本十文，若減作二十五文，似爲得中。巡鹽弓手可減三分之一，鹽官出巡須約所屬同往，不同獲者不坐。可自來歲五月一日行之。」上遂命寶坻、山東、滄鹽每斤減爲三十文，已發鈔引未支者准新價足之，餘從所請。十二月，遂罷西京、解鹽巡捕使。〔五〕

時既詔罷乾辦鹽錢，十二月以大理司直移剌九勝奴、廣寧推官宋扆議北京、遼東鹽司利病，遂復置北京、遼東鹽使司，北京路歲以十萬餘貫爲額，遼東路以十三萬爲額。罷西京及解州巡捕使。

明昌元年七月，上封事者言河東北路乾辦鹽錢歲十萬貫太重，以故民多逃徙，乞緩其徵督。上命俟農隙遣使察之。十二月，定禁司縣擅科鹽制。

二年五月，省臣以山東鹽課不足，蓋由鹽司官出巡不敢擅捕，必約所屬同往，人不畏故也。遂詔，自今如有盜販者，聽鹽司官輒捕。民私煮及藏匿，則約所屬搜索。巡尉弓兵非與鹽司相約，則不得擅入人家。

三年六月，孫卽康等同鹽司官議，「軍民犯私鹽，三百里內者鹽司按罪，遠者付提點所，皆徵捕獲之賞於販造者。猛安謀克部人煎販及盜者，所管官論贖，三犯杖之，能捕獲則免罪。又濱州渤海縣永和鎭去州遠，恐藏盜及私鹽，可改爲永豐鎭與曹子山村各創設巡檢，〔六〕山東、寶坻、滄鹽司判官乞陞爲從七品，〔七〕用進士。」上命猛安謀克杖者再議，餘皆從之。

尙書省奏，「山東濱、益九場之鹽行於山東等六路，濤洛等五場止行於沂、邳、徐、宿、滕、泗六州，各有定課，方之九場，大課不同。若令與九場通比增虧，其五場官恃彼大課，恐不用力，轉生姦弊」。遂定令五場自爲通比。舊法與鹽司使副通比，故至是始改焉。

五年正月，八小場鹽官左華等，以課不能及額，繳進告勑。遂遣使按視十三場再定，除濤洛等五場係設管勾，可卽日恢辦，乃以華所告八場，從大定二十六年制，自見管課，依新例永相比磨。戶部郎中李敬義等言，「八小場今新定課有減其半者，如使俱從新課，而舊課已辦入官，恐所減錢多，因而作弊，而所收錢數不復盡實附曆納官」，遂從明昌元年所定酒稅院務制，令卽日收辦。

十一月，以舊制猛安謀克犯私鹽酒麴者，轉運司按罪，遂更定軍民犯私鹽者皆令屬鹽司，私酒麴則屬轉運司，三百里外者則付提點所，若逮問犯人而所屬恡不遣者徒二年。

十二月，尙書省議山東、滄州舊法每一斤錢四十一文，寶坻每一斤四十三文，自大定二十九年赦恩幷特旨，減爲三十文，計減百八十五萬四千餘貫。後以國用不充，遂奏定每一斤復加三文爲三十三文。至承安三年十二月，尙書省奏：「鹽利至大，今天下戶口蕃息，食者倍於前，軍儲支引者亦甚多，況日用不可闕之物，豈以價之低昂而有多寡也。若不隨時取利，恐徒失之。」遂復定山東、寶坻、滄州三鹽司價每一斤加爲四十二文，解州舊法每席五貫文，增爲六貫四百文。遼東、北京舊法每石九百文，增爲一貫五百文。西京煎鹽舊石二貫文，增爲二貫八百文，撈鹽舊一貫五百文，增爲二貫文，既增其價，復加其所鬻之數。七鹽司舊課歲入六百二十二萬六千六百三十六貫五百六十六文，至是增爲一千七十七萬四千五百一十二貫一百三十七文二分。山東舊課歲入二百五十四萬七千三百三十六貫，增爲四百三十三萬四千一百八十四貫四百文。滄州舊課歲入百五十三萬一千二百貫，增爲二百七十六萬六千六百三十六貫。寶坻舊入八十八萬七千五百五十八貫六百文，增爲一百三十四萬八千八百三十九貫。解州舊入八十一萬四千六百五十七貫五百文，增爲一百三十二萬一千五百二十貫二百五十六文。遼東舊入十三萬一千五百七十二貫八百七十文，增爲三十七萬六千九百七十貫二百五十六文。北京舊入二十一萬三千八百九十二貫五百文，增爲三十四萬六千一百五十一貫六百一十七文二分。西京舊入十萬四百一十九貫六百九十六文，增爲二十八萬二百六十四貫六百八文。

四月，宰臣奏：〔八〕「在法，猛安謀克有告私鹽而不捕者杖之，其部人有犯而失察者，以數多寡論罪。今乃有身犯之者，與犯私酒麴、殺牛者，皆世襲權貴之家，不可不禁」。遂定制徒年、杖數，不以贖論，不及徒者杖五十。

八月，命山東、寶坻、滄州三鹽司，每春秋遣使督按察司及州縣巡察私鹽。

泰和元年九月，省臣以滄、濱兩司鹽袋，歲買席百二十萬，皆取於民。清州北靖海縣新置滄鹽場，本故獵地，沮洳多蘆，宜弛其禁，令民時採而織之。

十一月，陝西路轉運使高汝礪言：「舊制，捕告私鹽酒麴者，計斤給賞錢，皆徵于犯人。然監官獲之則充正課，巡捕官則不賞，巡捕軍則減常人之半，免役弓手又半之，是罪同而賞異也。乞以司縣巡捕官不賞之數，及巡捕弓手所減者，皆徵以入官，則罪賞均矣。」詔從之。

三年二月，以解鹽司使治本州，以副治安邑。

十一月，定進士授鹽使司官，以榜次及入仕先後擬注。

四年六月，以七鹽使司課額七年一定爲制，每斤增爲四十四文。時桓州刺史張煒乞以鹽易米，詔省臣議之。

六月，詔以山東、滄州鹽司自增新課之後，所虧歲積，蓋官既不爲經畫，而管勾、監同與合干人互爲姦弊，以致然也。卽選才幹者代兩司使副，以進士及部令史、譯人、書史、譯史、律科、經童、諸局分出身之廉愼者爲管勾，而罷其舊官。

十月，西北路有犯花鹹禁者，欲同鹽禁罪，宰臣謂若比私鹽，則有不同。詔定制，收鹻者杖八十，十斤加一等，罪止徒一年，賞同私礬例。

五年六月，以山東、滄州兩鹽司侵課，遣戶部員外郎石鉉按視之，還言令兩司分辦爲便。詔以周昂分河北東西路、大名府、恩州、南京、睢、陳、蔡、許、潁州隸滄鹽司，以山東東西路、開、濮州、歸德府、曹、單、亳、壽、泗州隸山東鹽司，各計口承課。

十月，簽河北東西大名路按察司事張德輝言，海壖人易得私鹽，故犯法者衆，可量戶口均配之。尙書省命山東按察司議其利便，言「萊、密等州比年不登，計口賣鹽所斂雖微，人以爲重，恐致流亡。且私煮者皆無籍之人，豈以配買而不爲哉。」遂定制，命與滄鹽司皆馳驛巡察境內。

六年三月，右丞相內族宗浩、參知政事賈鉉言：「國家經費惟賴鹽課，今山東虧五十餘萬貫，蓋以私煮盜販者成黨，鹽司既不能捕，統軍司、按察司亦不爲禁，若止論犯私鹽者之數，罰俸降職，彼將抑而不申，愈難制矣。宜立制，以各官在職時所增虧之實，令鹽司以達省部，以爲陞降。」遂詔諸統軍、招討司，京府州軍官，所部有犯者，兩次則奪半月俸，一歲五次則奏裁，巡捕官但犯則的決，令按察司御史察之。

四月，從涿州刺史夾谷蒲乃言，以萊州民所納鹽錢聽輸絲綿銀鈔。

七年九月，定西北京、遼東鹽使判官及諸場管勾，增虧陞降格，凡文資官吏員、諸局署承應人、應驗資歷注者，增不及分者陞本等首，一分減一資，二分減兩資、遷一官，四分減兩資、遷兩官，虧則視此爲降。如任廻驗官注擬者，增不及分陞本等首，一分減一資，二分減一資、遷一階，四分減兩資、遷兩階，虧者亦視此爲降。

十二月，尚書省以盧附翼所言，遂定制竈戶盜賣課鹽法，若應納鹽課外有餘，則盡以申官，〔九〕若留者減盜一等。若刮鹻土煎食之，採黃穗草燒灰淋鹵，及以酵粥爲酒者，杖八十。

八年七月，宋克俊言：「鹽管勾自改注進士諸科人，而監官有失超陞縣令之階，以故怠代。

而虧課，乞依舊爲便。」有司以泰和四年改注時，選當時到部人截替，遂擬以秋季到部人注代。

八年七月，詔沿淮諸榷場，聽官民以鹽市易。

宣宗貞祐二年十月，戶部言，陽武、延津、原武、滎澤、河陰諸縣饒鹹鹵，民私煎不能禁。遂詔置場，設判官、管勾各一員，隸戶部。旣而，御史臺奏，諸縣皆爲有力者奪之，而商販不行，遂勅御史分行申明禁約。

三年十二月，河東南路權宣撫副使烏古論慶壽言：「絳、解民多業販鹽，由大陽關以易陝、虢之粟，及還渡河，而官邀糴其八，其旅費之外所存幾何。而河南行部復自運以易粟于陝，以盡奪民利。比歲河東旱蝗，加以邀糴，物價踴貴，人民流亡，誠可閔也。乞罷邀糴，以紓其患。」四年七月，慶壽又言：「河中乏糧，旣不能濟，而又邀糴以奪之。夫鹽乃官物，有司陸運至河，復以舟達京兆、鳳翔，以與商人貿易，艱得而甚勞。而陝西行部每石復邀糴二斗，是官物而自糴也。夫轉鹽易物，本濟河中，而陝西復强取之，非奪而何。乞彼此壹聽民便，則公私皆濟。」上從之。

興定二年六月，以延安行六部員外郎盧進建言：「綏德之嗣武城、義合、克戎寨近河地多產鹽，請設鹽場管勾一員，歲獲十三萬餘斤，可輸錢二萬貫以佐軍。」三年，詔用其言，設官鬻鹽給邊用。

四年，李復亨言，以河中西岸解鹽舊所易粟麥萬七千石充關東之用。尋命解鹽不得通陝西，以北方有警，河禁方急也。元光二年內族訛可言，民運解鹽有助軍食，詔修石牆以固之。

酒。金榷酤因遼、宋舊制，天會三年始命榷官以周歲爲滿。世宗大定三年，詔宗室私釀者，從轉運司鞫治。三年，省奏中都酒戶多逃，以故課額愈虧。上曰：「此官不嚴禁私釀所致也。」命設軍百人，隸兵馬司，同酒使副合干人巡察，雖權要家亦許搜索。奴婢犯禁，杖其主百。且令大興少尹招復酒戶。

八年，更定酒使司課及五萬貫以上，鹽場不及五萬貫者，依舊例通注文武官，餘並右職有才能、累差不虧者爲之。九年，大興縣官以廣陽鎭務虧課，而懼奪其俸，乃以酒散部民，使輸其稅。大理寺以財非入己，請以贖論。〔一〇〕上曰：「雖非私贓，而貧民亦被其害，若止從贖，何以懲後。」特命解職。

二十六年，省奏鹽鐵酒麴自定課後，增各有差。上曰：「朕頃在上京，酒味不嘉。朕欲如中都麴院取課，庶使民得美酒。朕日膳亦減省，嘗有一公主至，而無餘膳可與。朕欲日用五十羊何難哉，慮費用皆出於民，不忍爲也。監臨官惟知利己，不知利何從來。若恢辦增羨者酬遷，虧者懲殿，仍更定併增併虧之課，無失元額。如橫班祗虧者，與餘差一例降罰，庶有激勸。且如功酬合辦二萬貫，而止得萬七八千，雖迭兩酬者，必止納萬貫，而輒以餘錢入己。今後可令見差使內不迭酬餘錢，與後差使內所增錢通算爲酬，庶錢可入官。及監官食直，若不先與，何以責廉。今後及格限而至者，即用此法。」又奏罷杓欄人。

二十七年，議以天下院務，依中都例，改收麴課，而聽民酤。戶部遣官詢問遼東來遠軍，南京路新息、虞城，西京路西京酒使司、白登縣、迭剌部族、天成縣七處，〔一〕除稅課外，願自承課賣酒。上曰：「自昔監官多私官錢，若令百姓承辦，庶革此弊。其試行之。」

明昌元年正月，更定新課，令即日收辦。中都麴使司，大定間，歲獲錢三十六萬一千五百貫，承安元年歲獲四十萬五千一百三十三貫。西京酒使司，大定間，歲獲錢五萬三千四百六十七貫五百八十八文，承安元年歲獲錢十萬七千八百九十三貫。七月，定中都麴使司以大定二十一年至明昌六年爲界，通比均取一年之數爲額。

五年四月，省奏：「舊隨處酒稅務，所設杓欄人，以射糧軍歷過隨朝差役者充，大定二十六年罷去，其隨朝應役軍人，各給添支錢粟酬其勞。今擬將元收杓欄錢，以代添支，令各院務驗所收之數，百分中取三，隨課代輸，更不入比，歲約得錢三十餘萬，以佐國用。」

泰和四年九月，省奏：「在都麴使司，自定課以來八年併增，宜依舊法，以八年通該課程，均其一年之數，仍取新增諸物一分稅錢併入，通爲課額。以後之課，每五年一定其制。」又令隨處酒務，元額上通取三分作糟酵錢。

六年，制院務賣酒數各有差，若數外賣、及將帶過數者，罪之。

宣宗貞祐三年十二月，御史田迥秀言：「大定中，酒稅歲及十萬貫者，始設使司，其後二萬貫亦設，今河南使司亦五十餘員，虛費月廩，宜依大定之制。」元光元年，復設麴使司。

醋稅。自大定初，以國用不足，設官榷之，以助經用。至二十三年，以府庫充牣，遂罷之。

章宗明昌五年，以有司所入不充所出，言事者請榷醋息，遂令設官榷之，其課額，俟當差官定之。後罷。

承安三年三月，省臣以國用浩大，遂復榷之。五百貫以上設都監，千貫以上設同監一員。

茶。自宋人歲供之外，皆貿易於宋界之榷場。世宗大定十六年，以多私販，乃更定香茶罪賞格。章宗承安三年八月，以謂費國用而資敵，遂命設官製之。以尚書省令史承德郎劉成往河南視官造者，以不親嘗其味，但採民言謂爲溫桑，實非茶也，還卽白上。上以爲不幹，杖七十，罷之。

四年三月，於淄、密、寧海、蔡州各置一坊，造新茶，依南方例每斤爲袋，直六百文。以商旅卒未販運，命山東、河北四路轉運司以各路戶口均其袋數，付各司縣鬻之。買引者，納錢及折物，各從其便。

五月，以山東人戶造賣私茶，侵侔榷貨，遂定比煎私礬例，罪徒二年。

泰和四年，上謂宰臣曰：「朕嘗新茶，味雖不嘉，亦豈不可食也。比令近侍察之，乃知山東、河北四路悉椿配於人，旣曰强民，宜抵以罪。此舉未知運司與縣官孰爲之，所屬按察司亦當坐罪也。其閱實以聞。自今其令每袋價減三百文，至來年四月不售，雖腐敗無傷也。」

五年春，罷造茶之坊。三月，上諭省臣曰：「今雖不造茶，其勿伐其樹，其地則恣民耕樵。」六年，河南茶樹槁者，命補植之。十一月，尙書省奏：「茶，飲食之餘，非必用之物。比歲上下競啜，農民尤甚，市井茶肆相屬。商旅多以絲絹易茶，歲費不下百萬，是以有用之物而易無用之物也。若不禁，恐耗財彌甚。」遂命七品以上官，其家方許食茶，仍不得賣及饋獻。不應留者，以斤兩立罪賞。七年，更定食茶制。

八年七月，言事者以茶乃宋土草芽，而易中國絲綿錦絹有益之物，不可也。國家之鹽貨出於鹵水，歲取不竭，可令易茶。省臣以謂所易不廣，遂奏令兼以雜物博易。

宣宗元光二年三月，省臣以國蹙財竭，奏曰：「金幣錢穀，世不可一日闕者也。茶本出於宋地，非飲食之急，而自昔商賈以金帛易之，是徒耗也。泰和間，嘗禁止之，後以宋人求和，乃罷。兵興以來，復舉行之，然犯者不少衰，而邊民又窺利，越境私易，恐因泄軍情，或盜賊入境。今河南、陝西凡五十餘郡，郡日食茶率二十袋，袋直銀二兩，是一歲之中妄費民銀三十餘萬也。〔三〕奈何以吾有用之貨而資敵乎。」乃制親王、公主及見任五品以上官，素蓄者存之，禁不得賣、饋，餘人並禁之。犯者徒五年，告者賞寶泉一萬貫。

諸征商，海陵貞元元年五月，以都城隙地賜隨朝大小職官及護駕軍，七月，各徵錢有差。大定二年，制院務創虧及功酬格。八月，罷諸路關稅，止令譏察。三年，尚書省奏，山東西路轉運司言，坊場河渡多逋欠，詔如監臨制，以年歲遠近爲差，蠲減。又以尚書工部令史劉行義言，定城郭出賃房稅之制。

五年，以前此河濼罷設官，復召民射買，兩界之後，仍舊設官。

二十年正月，定商稅法，金銀百分取一，諸物百分取三。

章宗大定二十九年，戶部言天下河泊已許與民同利，其七處設官可罷之，委所屬禁豪強毋得擅其利。

明昌元年正月，勅尚書省，定院務課商稅額，諸路使司院務千六百一十六處，比舊減九十四萬一千餘貫，遂罷坊場，免賃房稅。十月，尚書省奏：「今天下使司院務，既減課額，而監官增虧既有陞遷追殿之制，宜罷提點所給賞罰俸之制，但委提刑司，察提點官侵犯場務者，則論如制。」詔從之。

三年，詔減南京出賃官房及地基錢。

二年，諭提刑司，〔三〕禁勢力家不得固山澤之利。又司竹監歲採入破竹五十萬竿，春秋兩次輸都水監，備河防，餘邊刀笋皮等賣錢三千貫，葦錢二千貫，爲額。

明昌五年，陳言者乞復舊置坊場，上不許，惟許增置院務，詔尚書省參酌定制，遂擬遼東、北京依舊許人分辦，中都等十一路差官按視，量添設院務于二十三處，自今歲九月一日立界，制可。

大定間，中都稅使司歲獲十六萬四千四百四十餘貫，〔四〕承安元年，歲獲二十一萬四千五百七十九貫。泰和六年五月，制院務課虧，令運司差官監榷。

金銀之稅。大定三年，制金銀坑冶許民開採，二十分取一爲稅。〔一五〕泰和四年，言事者以金銀百分中取一，諸物取三，今物價視舊爲高，除金銀則額所不能盡該，自餘金銀可並添一分。詔從之。七年三月，戶部尚書高汝礪言：「舊制，小商貿易諸物收錢四分，而金銀乃重細之物，多出富有之家，復止三分，是爲不倫，亦乞一例收之。」省臣議以爲如此恐多匿隱，遂止從舊。

校勘記

〔一〕是後惟置山東滄寶坻莒解北京西京七鹽司　按本書卷五七百官志，「山東鹽使司，與寶坻、滄、解、遼東、西京、北京凡七司」，與此不同。

〔二〕詔西北路招討司猛安所轄貧及富人奴婢　按「貧」下有脫文，或是「戶」字。

〔三〕三月大鹽濼設鹽稅官　按上文有十三年「三月」，不應重出「三月」。本書卷九二曹望之傳，「大定初，……請於大鹽濼設官榷鹽，……從之」，其事在大定三年以前，疑此處繫年有誤。

〔四〕寶坻及傍縣多闕食　「坻」原作「池」。據殿本改。

〔五〕十二月遂罷西京解鹽巡捕使　按此十二字與下文重複，疑是衍文。

〔六〕可改爲永豐鎭與曹子山村各創設巡檢　按本書卷二五地理志，山東東路濱州「利津，明昌三年十二月以永和鎭升置」，此處「可改爲」下疑脫「利津縣」三字。

〔七〕山東寶坻滄鹽司判官乞陞爲從七品　按本書卷五七百官志，「山東鹽使司，與寶坻、滄……凡七司……判官三員，正七品」，疑「七」或爲「六」字之誤。

〔八〕四月宰臣奏　按「四月」上缺紀年，上文有「承安三年十二月」，則此當是承安四年或五年。

〔九〕則盡以申官　「申」原作「中」，據殿本改。

〔一〇〕請以贖論　「請」原作「論」，據殿本改。

〔一一〕天成縣七處　「成」原作「城」。今改。參見本書卷二四地理志校記〔四〇〕。

〔一二〕袋直銀二兩是一歲之中妄費民銀三十餘萬也　按上文「五十餘郡，郡日食茶二十袋」，是每日千袋，袋直銀二兩則一歲妄費七十餘萬，如袋直銀一兩則一歲妄費三十餘萬，「二」字或「三」字必有一誤。

〔一三〕二年諭提刑司　按上文已見「三年」，疑次序顚倒，或數目字有誤。

〔一四〕中都稅使司歲獲十六萬四千四百四十餘貫　「十六萬」原作「千六萬」，據殿本改。

〔一五〕二十分取一爲稅　按本書卷五〇食貨五，榷場條之末有「金銀之稅」三百七十六字，當是本志文，誤置彼處，當接此下。

金史卷五十

志第三十一

食貨五

榷場　和糴　常平倉　水田　區田　入粟　鬻度牒

榷場，與敵國互市之所也。皆設場官，嚴厲禁，廣屋宇以通二國之貨，歲之所獲亦大有助於經用焉。

熙宗皇統二年五月，許宋人之請，遂各置於兩界。九月，命壽州、鄧州、鳳翔府等處皆置。海陵正隆四年正月，罷鳳翔府、唐、鄧、潁、蔡、鞏、洮等州并膠西縣所置者，而專置于泗州。尋伐宋，亦罷之。五年八月，命榷場起赴南京。〔一〕

國初於西北招討司之燕子城、北羊城之間嘗置之，以易北方牧畜。世宗大定三年，市馬於夏國之榷場。四年，以尚書省奏，復置泗、壽、蔡、唐、鄧、潁、密、鳳翔、秦、鞏、洮諸場。七年，禁秦州場不得賣米麵、及羊豕之腊、并可作軍器之物入外界。

十七年二月，上謂宰臣曰：「宋人喜生事背盟，或與大石交通，恐枉害生靈，不可不備。其陝西沿邊榷場可止留一處，餘悉罷之。令所司嚴察姦細。」前此，以防姦細，罷西界蘭州、保安、綏德三榷場。〔二〕二十一年正月，夏國王李仁孝上表乞復置，以保安、蘭州無所產，而且稅少，惟於綏德爲要地，可復設互市，命省臣議之。宰臣以陝西鄰西夏，邊民私越境盜竊，緣有榷場，故姦人得往來，擬東勝可依舊設，陝西者並罷之。上曰：「東勝與陝西道路隔絕，貿易不通，其令環州置一場。」尋於綏德州復置一場。

十二月，禁壽州榷場受分例。分例者，商人贄見場官之錢幣也。

章宗明昌二年七月，尚書省以泗州榷場自前關防不嚴，遂奏定從大定五年制，官爲增修舍屋，倍設闌禁，委場官及提控所拘榷，以提刑司舉察。惟東勝、淨、〔三〕慶州、來遠軍者仍舊，餘皆修完之。

泗州場，大定間，歲獲五萬三千四百六十七貫，承安元年，增爲十萬七千八百九十三貫六百五十三文。所須雜物，泗州場歲供進新茶千胯、荔支五百斤、圓眼五百斤、金橘六千斤、橄欖五百斤、芭蕉乾三百箇、蘇木千斤、溫柑七千箇、橘子八千箇、沙糖三百斤、生薑六百斤、梔子九十稱，犀象丹砂之類不與焉。宋亦歲得課四萬三千貫。

秦州西子城場，大定間，歲獲三萬三千六百五十六貫，〔四〕承安元年，歲獲十二萬二千九十九貫。承安二年，復置於保安、蘭州。

三年九月，行樞密院奏，斜出等告開榷場，擬於轄里尼要安置，〔五〕許自今年十一月貿易。尋定制，隨路榷場若以見錢入外界、與外人交易者，徒五年，三斤以上死。

宋界諸場，以伐宋皆罷。泰和八年八月，以與宋和，宋人請如舊置之，遂復置於唐、鄧、壽、泗、息州及秦、鳳之地。

宣宗貞祐元年，秦州榷場爲宋人所焚。二年，陝西安撫副使烏古論兗州復開設之，歲所獲以十數萬計。

三年七月，議欲聽榷場互市用銀，而計數稅之。上曰：「如此，是公使銀入外界也。」平章盡忠、權參知政事德升曰：「賞賜之用莫如銀絹，而府庫不足以給之。互市雖有禁，而私易者自如。若稅之，則斂不及民而用可足。」平章高琪曰：「小人敢犯，法不行爾，況許之乎。今軍未息，而產銀之地皆在外界，不禁則公私指日罄矣。」上曰：「當熟計之。」興定元年，集賢諮議官呂鑑言：「嘗監息州榷場，每場獲布數千匹，銀數百兩，兵興之後皆失之。」

金銀之稅。〔六〕世宗大定五年，聽人射買寶山縣銀冶。九年，御史臺奏河南府以和買金銀，抑配百姓，且下其直。上曰：「初，朕欲泉貨流通，故令行，豈可反害民乎。」遂罷之。十二年，詔金銀坑冶，恣民採，毋收稅。二十七年，尚書省奏，聽民於農隙採銀，承納官課。明昌二年，天下見在金千二百餘鋌，銀五十五萬二千餘鋌。

三年，以提刑司言，封諸處銀冶，禁民採煉。五年，以御史臺奏，請令民採煉隨處金銀銅冶，上命尚書省議之，宰臣議謂：「國家承平日久，戶口增息，雖嘗禁之，而貧人苟求生計，聚衆私煉。上有禁之之名，而無杜絕之實，故官無利而民多犯法。如令民射買，則貧民壯者爲夫匠，老稚供雜役，各得均齊，而射買之家亦有餘利。如此，則可以久行。比之官役顧工，糜費百端者，有間矣。」遂定制，有冶之地，委謀克縣令籍數，召募射買。禁權要、官吏、弓兵、里胥皆不得與。如舊場之例，令州府長官一員提控，提刑司訪察而禁治之。上曰：「此終非長策。」參知政事胥持國曰：「今姑聽如此，後有利然後設官可也。譬之酒酤，蓋先爲坊場，而後官榷也。」上亦以爲然，遂從之。

墳山、西銀山之銀窟凡百一十有三。

和糴。熙宗皇統二年十月，燕、西、東京，河東，河北，山東，汴京等路秋熟，命有司增價和糴。

世宗大定二年，以正隆之後倉廩久匱，遣太子少師完顏守道等〔七〕山東東、西路收糴軍糧，除戶口歲食外，盡令納官，給其直。三年，謂宰臣曰：「國家經費甚大，向令山東和糴，止得四十五萬餘石，未足爲備。自古有水旱，所以無患者，由蓄積多也。山東軍屯處須急爲二年之儲，若遇水旱則用賑濟。自餘宿兵之郡，亦須糴以足之。京師之用甚大，所須之儲，其勅戶部宜急爲計。」

五年，責宰臣曰：「朕謂積貯爲國本，當修倉廩以廣和糴。今聞外路官文具而已。卿等不留心，甚不稱委任之意。」六年八月，勅有司，秋成之後，可於諸路廣糴，以備水旱。九年正月，諭宰臣曰：「朕觀宋人虛誕，恐不能久遵誓約。其令將臣謹飭邊備，以戒不虞。去歲河南豐，宜令所在廣糴，以實倉廩。詔州縣和糴，毋得抑配百姓。」十二年十二月，詔在都和糴以實倉廩，且使錢幣通流。又詔凡秋熟之郡，廣糴以備水旱。十六年五月，〔八〕諭左丞相紇石烈良弼曰：「西邊自來不備儲蓄，其令所在和糴，以備緩急。」

十七年春，尚書省奏，先奉詔賑濟東京等路飢民，三路粟數不能給。上曰：「朕嘗諭卿等，豐年廣糴以備凶歉。卿等皆言天下倉廩盈溢，今欲賑濟，乃云不給。自古帝王皆以蓄積爲國長計，朕之積粟豈欲獨用。卽今不給，可於鄰道取之。自今多備，當以爲常。」四月，尚書省奏，「東京三路十二猛安尤闕食者，已賑之矣。尚有未賑者」。詔遣官詣復州、曷蘇館路，檢視富家，蓄積有餘增直以糴。令近地居民就往受糧。

十八年四月，命泰州所管諸猛安、西北路招討司所管奚猛安，咸平府慶雲縣、霿鬆河等處遇豐年，多和糴。

章宗明昌四年七月，諭旨戶部官，「聞通州米粟甚賤，若以平價官糴之，何如」？於是，有司奏，「中都路去歲不熟，今其價稍減者，以商旅運販繼至故也。若即差官爭糴，切恐市價騰踴，貧民愈病，請俟秋收日，依常平倉條理收糴」。詔從之。

明昌五年五月，上曰：「聞米價騰踴，今官運至者有餘，可減直以糶之。其明告民，不須貴價私糴也。」

六年七月，勑宰臣曰：「詔制內饑饉之地令減價糶之，而貧民無錢者何以得食，其議賑濟。」省臣以爲，闕食州縣，一年則當賑貸，二年然後賑濟，如其民實無恒產者，雖應賑貸，亦請賑濟。上遂命間隔飢荒之地，可以辨錢收糴者減價糶之，貧乏無依者賑濟。

宣宗貞祐三年十月，命高汝礪糴於河南諸郡，令民輸輓入京，復命在京諸倉糴民輸之餘粟。侍御史黃擱奴申言：「汝礪所糴足給歲支，民旣於租賦之外轉輓而來，亦已勞矣。止將其餘以爲歸資，而又强取之，可乎。且糴此有日矣，而止得二百餘石，此何濟也。」詔罷之。十二月，附近郡縣多糴於京師，穀價騰踴，遂禁其出境。

四年，河北行省侯摯言：「河北人相食，觀、滄等州斗米銀十餘兩。伏見沿河諸津許販粟北渡，然每石官糴其八，商人無利，誰肯爲之。且河朔之民皆陛下赤子，既罹兵革，又坐視其死，臣恐弄兵之徒得以藉口而起也。願止其糴，縱民輸販爲便。」詔從之。又制凡軍民客旅粟不於官糴處糶，而私販渡河者，杖百。沿河軍及譏察權豪家犯者，徒年、杖數並的決從重，以物沒官。

上以河北州府錢多，其散失民間頗廣，命尙書省措畫之。省臣奏：「已命山東、河北榷酤及濱、滄鹽司，以分數帶納矣。今河北艱食，販粟北渡者衆，宜權立法以遮糴之。擬於諸渡口南岸，選通練財貨官，先以金銀絲絹等博易商販之糧，轉之北岸，以迴易糴本，兼收見錢。不惟杜姦弊，亦使錢入京師。」從之。

又上封事者言：「比年以來屢艱食，雖由調度征斂之繁，亦兼幷之家有以奪之也。收則乘賤多糴，困急則以貸人，私立券質，名爲無利而實數倍。飢民惟恐不得，莫敢較者，故場功甫畢，官租未了，而囤已空矣。此富者益富，而貧者益貧者也。國朝立法，舉財物者月利不過三分，積久至倍則止，今或不期月而息三倍。願明勑有司，舉行舊法，豐熟之日增價和糴，則在公有益，而私無損矣。」詔宰臣行之。是年，權河東南路宣撫副使烏古論慶壽言邀糴事。見鹽志下。

興定元年，上頗聞百姓以和糴太重，棄業者多，命宰臣加意焉。八月，以戶部郎中楊貞權陝西行六部尚書，收給潼、陝軍馬之用，奏糴販糧濟河者之半，以寬民。從之。

六月，立和糴賞格〔九〕。

常平倉。世宗大定十四年，嘗定制，〔一〇〕詔中外行之，其法尋廢。章宗明昌元年八月，御史請復設，勅省臣詳議以聞。省臣言：「大定舊制，豐年則增市價十之二以糴，儉歲則減市價十之一以出，平歲則已。夫所以豐則增價以收者，恐物賤傷農。儉則減價以出者，恐物貴傷民。增之損之以平粟價，故謂常平，非謂使天下之民專仰給於此也。今天下生齒至衆，如欲計口使餘一年之儲，則不惟數多難辦，又慮出不以時而致腐敗也。況復有司抑配之弊，殊非經久之計。如計諸郡縣驗戶口例以月支三斗爲率，每口但儲三月，已及千萬數，亦足以平物價救荒凶矣。若令諸處，自官兵三年食外，可充三月之食者免糴，其不及者俟豐年糴之，庶可久行也。然立法之始貴在必行，其令提刑司各路計司兼領之，郡縣吏沮格者糾，能推行者加擢用。若中都路年穀不熟之所，則依常平法，減其價三之一以糶。」詔從之。

三年八月，勅「常平倉豐糴儉糶，有司奉行勤惰褒罰之制，其偏諭諸路，其奉行滅裂者，提刑司糾察以聞」。又謂宰臣曰：「隨處常平倉，往往有名無實。況遠縣人戶豈肯跋涉，直就州府糴糶。可各縣置倉，命州府縣官兼提控管勾。」遂定制，縣距州六十里內就州倉，六十里外則特置。舊擬備戶口三月之糧，恐數多致損，改令戶二萬以上備三萬石，一萬以上備二萬石，一萬以下、五千以上備萬五千石，五千戶以下備五千石。河南、陝西屯軍貯糧之縣，不在是數。州縣有倉仍舊，否則創置。郡縣吏受代，所糴粟無壞，一月內交割給由。如無同管勾，亦准上交割。違限，委州府幷提刑司差官催督監交。本處歲豐，而收糴不及一分者，本等內降，提刑司體察，直申尚書省，至日斟酌黜陟。

九月，勅置常平倉之地，〔二〕令州府官提舉之，縣官兼董其事，以所糴多寡約量升降，爲永制。

又諭尚書省曰：「上京路諸縣未有常平倉，如亦可置，定其當備粟數以聞。」四年十月，尚書省奏，「今上京、蒲與、速頻、曷懶、胡里改等路，猛安謀克民戶計一十七萬六千有餘，每歲收稅粟二十萬五千餘石，所支者六萬六千餘石，總其見數二百四十七萬六千餘石。臣等以爲此地收多支少，遇災足以賑濟，似不必置」。遂止。

五年九月，尚書省奏，「明昌三年始設常平倉，定其永制。天下常平倉總五百一十九價猶貴，若復預糴，恐價騰踴，於民未便」。遂詔權罷中外常平倉和糴，俟官錢羨餘日舉行。

之用，而見在錢總三千三百四十三萬貫有奇，僅支二年以上。見錢既少，且比年稍豐而米

處，見積粟三千七百八十六萬三千餘石，可備官兵五年之食，米八百一十餘萬石，可備四年

水田。明昌五年閏十月，言事者謂郡縣有河者可開渠，引以溉田，詔下州郡。既而八路提刑司雖有河者皆言不可溉，惟中都路言安肅、定興二縣可引河溉田四千餘畝，詔命行之。六年十月，〔三〕定制，縣官任內有能興水利田及百頃以上者，陞本等首注除。謀克所管屯田，能創增三十頃以上，賞銀絹二十兩疋，其租稅止從陸田。

承安二年，勅放白蓮潭東牐水與百姓溉田。三年，又命勿毀高梁河閘，從民灌溉。泰和八年七月，詔諸路按察司規畫水田，部官謂：「水田之利甚大，沿河通作渠，如平陽掘井種田俱可灌溉。比年邳、沂近河布種豆麥，無水則鑿井灌之，計六百餘頃，比之陸田所收數倍。以此較之，它境無不可行者。」遂令轉運司因出計點，就令審察，若諸路按察司因勸農，可按問開河或掘井如何爲便，規畫具申，以俟興作。

貞祐四年八月，言事者程淵言：「碭山諸縣陂湖，水至則畦爲稻田，水退種麥，所收倍於陸地。宜募人佃之，官取三之一，歲可得十萬石。」詔從之。興定五年五月，南陽令李國瑞

創開水田四百餘頃，詔陞職二等，仍錄其最狀徧諭諸道。

十一月，議與水田，省奏：「漢召信臣於南陽灌溉三萬頃。魏賈逵堰汝水爲新陂，通運二百餘里，人謂之賈侯渠。鄧艾修淮陽、百尺二渠，通淮、潁，大治諸陂於潁之南，穿渠三百餘里，溉田二萬頃。今河南郡縣多古所開水田之地，收穫多於陸地數倍。」勅令分治戶部按行州郡，有可開者誘民赴功，其租止依陸田，不復添徵，仍以官賞激之。陝西除三白渠設官外，亦宜視例施行。

元光元年正月，遣戶部郎中楊大有等詣京東、西、南三路開水田。

區田之法，見嵇康養生論，自是歷代未有天下通用如趙過一畝三甽之法者。章宗明昌三年三月，宰執嘗論其法於上前，上曰：「卿等所言甚嘉，但恐農民不達此法，如其可行，當遍諭之。」四年夏四月，上與宰執復言其法，久之，參知政事胥持國曰：「今日方之大定間，戶口既多，費用亦厚。若區種之法行，良多利益。」上曰：「此法自古有之，若其可行，則何爲不行也？」持國曰：「所以不行者，蓋民未見其利。今已令試種於城南之地，乃委官往監督之，若使民見收成之利，當不率而自效矣。」參知政事夾谷衡以爲「若有其利，古已行矣。且用功多而所種少，復恐廢壠畝之田功也」。上曰：「姑試行之。」六月，上問參知政事胥持國曰：「區種事如何？」對曰：「六七月之交，方可見矣。」「河東及代州田種今歲佳否？」曰：「比常年頗登。」是日，命近侍二人馳驛巡視京畿禾稼。

五年正月，勅諭農民使區種。先是，陳言人武陟高翌上區種法，且請驗人丁地土多少，定數令種。上令尚書省議既定，遂勅令農田百畝以上，如瀕河易得水之地，須區種三十餘畝，多種者聽。無水之地則從民便。仍委各千戶謀克縣官依法勸率。

承安元年四月，初行區種法，男年十五以上、六十以下有土田者丁種一畝，丁多者五畝止。二年二月，九路提刑馬百祿奏：「聖訓農民有地一頃者區種一畝，五畝卽止。臣以爲地肥瘠不同，乞不限畝數。」制可。

泰和四年九月，尚書省奏：「近奉旨講議區田，臣等謂此法本欲利民，或以天旱乃始用之，倉卒施功未必有益也。且五方地肥瘠不同，使皆可以區種，農民見有利自當勉以效之。不然，督責雖嚴，亦徒勞耳。」勅遂令所在長官及按察司隨宜勸諭，亦竟不能行。

入粟、鬻度牒。熙宗皇統三年三月，陝西旱饑，詔許富民入粟補官。世宗大定元年，〔一三〕以兵興歲歉，下令聽民進納補官。又募能濟饑民者，視其人數爲補官格。

五年，上謂宰臣曰：「頃以邊事未定，財用闕乏，自東、南兩京外，命民進納補官，及賣僧、道、尼、女冠度牒，紫、褐衣師號，寺觀名額。今邊鄙已寧，其悉罷之。慶壽寺、天長觀歲給度牒，每道折錢二十萬以賜之。」

明昌二年，勅山東、河北闕食之地，納粟補官有差。

承安二年，賣度牒、師號、寺觀額，復令人入粟補官。三年，西京饑，詔賣度牒以濟之。

宣宗貞祐二年，從知大興府事胥鼎所請，定權宜鬻恩例格，進官升職、丁憂人許應舉求仕、監戶從良之類，〔一四〕入粟草各有數。

三年，制無問官民，有能勸率諸人納物入官者，米百五十石遷官一階，正班任使。七百石兩階，除諸司。千石三階，除丞簿。過此數則請於朝廷議賞。推司縣官有能勸二千石遷一階，三千石兩階，以濟軍儲。又定制，司縣官能勸率進糧至五千石以上者減一資考，萬石以上遷一官、減二等考，二萬石以上遷一官、陞一等，皆注見闕。

四年，河東行省胥鼎言：「河東兵多民少，倉空歲饑。竊見潞州元帥府雖設鬻爵恩例，然條目至少，未盡勸率之術。今擬凡補買正班，依格止廕一名，若願輸許增廕一名。僧道已具師號者，許補買本司官。職官願納粟或不願給俸及劵糧者，宜量數遷加。三舉終場人年五十以上，四舉年四十五以上，並許入粟，該恩大小官及承應人。令譯史吏員，雖未係班，亦許進納遷官。其有品官應注諸司者，聽獻物借注丞簿。丞簿注縣令，差使免一差。

掌軍官能自備芻糧者，依職官例遷官如舊。」

四年，〔一五〕耀州僧廣惠言：「軍儲不足，凡京府節鎭以上僧道官，乞令納粟百石。防刺郡副綱、威儀等，七十石者乃充，三十月滿替。諸監寺十石，周年一代，願復買者聽。」詔從之。

興定元年，潞州行元帥府事粘割貞言：「近承奏格，凡去歲覃恩之官，以品從差等聽其入粟，委帥府書空名宣勑授之，則人無陳訴之勞，而官有儲蓄矣。比年屢降覃恩，凡覊縻軍職者多未暇授，若止許遷新覃，則將隔越矣。乞令計前後所該輸粟積遷。」詔從之。

校勘記

〔一〕五年八月命榷場起赴南京　按本書卷五海陵紀，正隆五年八月「辛亥，命榷貨務并印造鈔引庫起赴南京」，卷五六百官志「榷貨務，掌發賣給隨路香茶鹽鈔引」，與「與敵國互市」無關，此處蓋修史者誤以榷貨務爲榷場。

〔二〕罷西界蘭州保安綏德三榷場　「三」原作「二」。按下文云，「以保安、蘭州無所產，而且稅少，惟於綏德爲要地，可復設互市」，是蘭州、保安、綏德確是三地名，今改正。

〔三〕惟東勝淨　「淨」原作「靜」。按本書卷二四地理志，西京路有淨州，屬縣天山注云，「舊爲榷場。大定十八年置，爲倚郭」。又卷四四兵志，「凡邊境置兵之州三十八」，亦作「淨州」，今據改。

〔四〕大定間歲獲三萬三千六百五十六貫　原脫「獲」字。按上文「泗州場，大定間歲獲五萬三千四百六十七貫」，下文亦云，「承安元年，歲獲十二萬二千九十九貫」。皆有「獲」字。今依例補。

〔五〕三年九月行樞密院奏斜出等告開榷場擬於轄里尼要安置　按「轄里尼要」本書卷一一章宗紀作「轄里裊」。蓋同音異譯。

〔六〕金銀之稅　按以下三百七十六字，當是本書上卷食貨四金銀之稅條之文，誤置於此。參見上卷校記〔一四〕。

〔七〕遣太子少師完顏守道等　按本書卷八八完顏守道傳，「大定二年，改太子詹事兼右諫議大夫，馳驛規畫山東兩路軍糧及賑民饑」。其「進尚書左丞兼太子少師」，據該傳及卷六世宗紀在大定四年以後，則此「少師」當作「詹事」爲是。

〔八〕十六年五月　按本書卷七世宗紀記此事在九月。

〔九〕六月立和糴賞格　按「六月」上缺紀年，疑或與上文「八月」錯簡。

〔一〇〕嘗定制　「嘗」原作「常」。據永樂大典卷七五〇七引文改。

〔一一〕九月勅置常平倉之地　按本書卷九章宗紀記此事在十月。

〔一二〕六年十月　按本書卷一〇章宗紀記此事在十一月。

〔一三〕世宗大定元年　按本書卷六世宗紀記此事在大定二年正月。

〔一四〕監戶從良之類　按本書卷一〇八胥鼎傳記此事作「官監戶從良之類」，「監」上有「官」字。卷四六食貨志，「凡沒入官良人隸宮籍監爲監戶，沒入官奴婢隸太府監爲官戶」，故皆有「從良」問題，此處似應有一「官」字。

〔一五〕四年　按上文已見「四年」，此處不得重出。據本書卷一四宣宗紀，此事在貞祐四年八月。則此「四年」當作「八月」爲是。

金史卷五十一

志第三十二

選舉一〔一〕

進士諸科　律科　經童科　制舉　武舉　試學士院官

司天醫學試科

自三代鄉舉里選之法廢，秦、漢以來各因一代之宜，以盡一時之才，苟足於用即已，故法度之不一其來遠矣。在漢之世，雖有賢良方正諸科以取士，而推擇爲吏，由是以致公卿，公卿子弟入備宿衞，因被寵遇，以位通顯。魏、晉而下互有因革，至於唐、宋，進士盛焉。當時士君子之進，不由是塗則自以爲慊，此由時君之好尚，故人心之趣向然也。遼起唐季，頗用唐進士法取人，然仕於其國者，考其致身之所自，進士纔十之二三耳。金承遼後，凡事欲軼遼世，故進士科目兼採唐、宋之法而增損之。其及第出身，視前代特重，而法亦密焉。若夫以策論進士取其國人，而用女直文字以爲程文，斯蓋就其所長以收其用，又欲行其國字，使人通習而不廢耳。終金之代，科目得人爲盛。諸宮護衞、及省臺部譯史、令史、通事，仕進皆列於正班，斯則唐、宋以來之所無者，豈非因時制宜，而以漢法爲依據者乎。金治純駁，議者於是每有別焉。

宣宗南渡，吏習日盛，苛刻成風，殆亦多故之秋，急於事功，不免爾歟。自時厥後，仕進之歧既廣，僥倖之俗益熾，軍伍勞效，雜置令錄，門廕右職，迭居朝著，科舉取士亦復汎濫，而金治衰矣。

原其立經陳紀之初，所爲升轉之格、考察之方，井井然有條而不紊，百有餘年才具不乏，豈非其效乎。奉詔作金史，志其選舉，因得而詳論之。司天、太醫、內侍等法歷代所有，附著於斯。鬻爵、進納，金季之弊莫甚焉，蓋由財用之不足而然也，特載食貨志。

金設科皆因遼、宋制，有詞賦、經義、策試、律科、經童之制。海陵天德三年，罷策試科。世宗大定十一年，創設女直進士科，初但試策，後增試論，所謂策論進士也。明昌初，又設

制舉宏詞科，以待非常之士。故金取士之目有七焉。其試詞賦、經義、策論中選者，謂之進士。律科、經童中選者，曰舉人。〔二〕

凡養士之地曰國子監，始置於天德三年，後定制，詞賦、經義生百人，小學生百人，以宗室及外戚皇后大功以上親、諸功臣及三品以上官兄弟子孫年十五以上者入學，不及十五者入小學。大定六年始置太學，初養士百六十人，後定五品以上官兄弟子孫百五十人，曾得府薦及終場人二百五十人，凡四百人。府學亦大定十六年置，凡十七處，共千人。初以嘗與廷試及宗室皇家袒免以上親、幷得解舉人爲之。後增州學，遂加以五品以上官、曾任隨朝六品官之兄弟子孫，餘官之兄弟子孫〔三〕經府薦者，同境內舉人試補三之一，闕里廟宅子孫年十三以上不限數，經府薦及終場免試者不得過二十人。

凡試補學生，太學則禮部主之，州府則以提舉學校學官主之，曾得府薦及終場舉人，皆免試。

凡經，易則用王弼、韓康伯註，書用孔安國註，詩用毛萇註、鄭玄箋，春秋左氏傳用杜預註，禮記用孔穎達疏，周禮用鄭玄註、賈公彥疏，論語用何晏集註、邢昺疏，孟子用趙岐註、孫奭疏，孝經用唐玄宗註，史記用裴駰註，〔四〕前漢書用顏師古註，後漢書用李賢註，三國志用裴松之註，及唐太宗晉書、沈約宋書、蕭子顯齊書、姚思廉梁書陳書、魏收後魏書、李百藥北齊書、令狐德棻周書、魏徵隋書、新舊唐書、新舊五代史，老子用唐玄宗註疏，荀子用楊倞註，揚子用李軌、宋咸、柳宗元、吳祕註，皆自國子監印之，授諸學校。

凡學生會課，三日作策論一道，又三日作賦及詩各一篇。三月一私試，以季月初先試賦，間一日試策論，中選者以上五名申部。遇旬休、節辰皆有假，病則給假，省親遠行則給程。犯學規者罰，不率教者黜。遭喪百日後求入學者，不得與釋奠禮。

凡國子學生三年不能充貢，欲就諸局承應者，學官試，能粗通大小各一經者聽。

章宗大定二十九年，上封事者乞興學校，推行三舍法，及鄉以八行貢春官，以設制舉宏詞。事下尚書省集百官議，戶部尚書鄧儼等謂：「三舍之法起於宋熙寧間，王安石罷詩賦，專尚經術。太學生初補外舍，無定員。由外陞內舍，限二百人。由內陞上舍，限百人。各治一經，每月考試，或特免解，或保舉補官。其法雖行，而多席勢力、尚趨走之弊，故蘇軾有『三舍既興，貨賂公行』之語，是以元祐間罷之，後雖復，而宣和三年竟廢。臣等謂立法貴乎可久，彼三舍之法委之學官選試，啓僥倖之門，不可爲法。唐文皇養士至八千人，亡宋兩學五千人，今策論、詞賦、經義三科取士，而太學所養止百六十人，外京府或至十人，天下僅及千人。今若每州設學，專除教授，月加考試，每舉所取數多者賞其學官。月試定爲三等籍之，一歲中頻在上等者優復之，不率教、行惡者黜之，庶幾得人之道也。又成周鄉舉里選法卒不可復，設科取士各隨其時。八行者乃亡宋取周禮之六行孝、友、睦、婣、任、恤，加之中、和爲八也。凡人之行莫大於孝廉，今已有舉孝廉之法，及民有才能德行者令縣官薦之。今制，犯十惡姦盜者不得應試，亦六德六行之遺意也。夫制舉宏詞，蓋天子待非常之士，若設此科，不限進士，并選人試之，中選擢之臺閣，則人自勉矣。」上從其議。遂計州府戶口，增養士之數，於大定舊制京府十七處千人之外，置節鎮、防禦州學六十處，〔五〕增養千人，各設教授一員，選五舉終場或進士年五十以上者爲之。府學二十有四，學生九百五人。大興、開封、平陽、眞定、東平府各六十人，太原、益都府各五十人，大定、河間、濟南、大名、京兆府各四十人，遼陽、彰德府〔六〕各三十人，河中、慶陽、臨洮、河南府各二十五人，鳳翔、平涼、延安、咸平、廣寧、興中府各二十人。節鎮學三十九，共六百一十五人。絳、定、衞、懷、滄州各三十人，萊、密、潞、汾、冀、邢、兗州各二十五人，代、同、邠州各二十人，奉聖州十五人，餘二十三節鎮皆十人。防禦州學二十一，共二百三十五人。博、德、洺、棣、亳各十五人，餘十六州各十人。凡千八百人。

女直學。自大定四年，以女直大小字譯經書頒行之。〔七〕後擇猛安謀克內良家子弟爲學生，諸路至三千人。九年，取其尤俊秀者百人至京師，以編修官溫迪罕締達教之。十三年，以策、詩取士，始設女直國子學，諸路設女直府學，以新進士爲教授。國子學策論生百人，小學生百人。府州學二十二，中都、上京、胡里改、恤頻、合懶、蒲與、婆速、咸平、泰州、臨潢、北京、冀州、開州、豐州、西京、東京、蓋州、隆州、東平、益都、河南、陝西置之。凡取國子學生、府學生之制，皆與詞賦、經義生同。又定制，每謀克取二人，若宗室每二十戶內無願學者，則取有物力家子弟年十三以上、二十以下者充。凡會課，三日作策論一道，季月私試如漢生制。大定二十九年，勅凡京府鎭州諸學，各以女直、漢人進士長貳官提控其事，具入官銜。河南、陝西女直學，承安二年罷之，餘如舊。

凡諸進士舉人，由鄉至府，由府至省，及殿廷，凡四試皆中選，則官之。至廷試五被黜，則賜之第，謂之恩例。又有特命及第者，謂之特恩。恩例者但考文之高下爲第，而不復黜落。

凡詞賦進士，試賦、詩、策論各一道。經義進士，試所治一經義、策論各一道。其設也，始於太宗天會元年十一月，時以急欲得漢士以撫輯新附，初無定數，亦無定期，故二年二月、八月凡再行焉。

五年，以河北、河東初降，職員多闕，以遼、宋之制不同，詔南北各因其素所習之業取士，號爲南北選。熙宗天眷元年五月，詔南北選各以經義詞賦兩科取士。海陵庶人天德二年，始增殿試之制，而更定試期。三年，併南北選爲一，罷經義策試兩科，專以詞賦取士。

貞元元年，定貢舉程試條理格法。

正隆元年，命以五經、三史正文內出題，始定爲三年一闢。

大定四年，勑宰臣，進士文優則取，勿限人數。

十八年，謂宰臣「文士有偶中魁選，不問操履，而輒授翰苑之職。如趙承元，朕聞其無士行，果敗露。自今榜首，先訪察其鄉行，可取則授以應奉，否則從常調」。

十九年，謂宰臣曰：「自來御試賦題，皆士人嘗擬作者。前朕自選一題，出人所不料，故中選者多名士，而庸才不及焉。是知題難則名儒亦擅場，題易則庸流易僥倖也。」平章政事唐括安禮奏曰：「臣前日言，士人不以策論爲意者，正爲此爾。宜各場通考，選文理俱優者。」上曰：「并答時務策，觀其議論，材自可見，卿等其議之。」

二十年，謂宰臣曰：「朕嘗諭進士不當限數，則對以所取之外無合格文，故中選者少，豈非題難致然耶。若果多合格，而有司妄黜之，甚非理也。」又曰：「古者鄉舉有行者，授以官。今其考滿，察鄉曲實行出倫者擢之。」又曰：「舊不選策，今兼選矣。然自今府會兩試不須試策，已中策後，則試以制策，試學士院官。」

二十二年，謂宰臣曰：「漢進士魁，例授應奉，若行不副名，不習制誥之文者，即與外除。」

二十三年，謂宰臣曰：「漢進士，皇統間人材殆不復見，今應奉以授狀元，蓋循資爾。制誥文字，各以職事鋪敍，皆有定式，故易。至撰赦詔，則鮮有能者。」參知政事粘哥斡特剌對曰：「舊人已登第尚爲學不輟，今人一及第輒廢而不學，故爾。」

上於聽政之隙，召參知政事張汝霖、翰林直學士李晏讀新進士所對策，至「縣令闕員取之何道」？上曰：「朕夙夜思此，未知所出。」晏對曰：「臣竊念久矣。國朝設科，始分南北兩選，北選詞賦進士擢第一百五十人，經義五十人，南選百五十人，計三百五十人。嗣場，北選詞賦進士七十人，經義三十人，南選百五十人，計二百五十人。以入仕者多，故員不闕。其後南北通選，止設詞賦科，不過取六七十人，以入仕者少，故縣令員闕也。」上曰：「自今文理可採者取之，毋限以數。」二十八年，復經義科。

章宗明昌元年正月，言事者謂〔八〕「舉人四試而鄉試似爲虛設，固當罷去。其府會試乞十人取一人，可以羣經出題，而註示本傳」。上是其言，詔免鄉試，府試以五人取一人，仍令有司議外路添考試院，及羣經出題之制。有司言：「會試所取之數，舊止五百人，比以世宗勅中格者取，乞依此制行之。府試舊六處，中有地遠者，命特添三處，上京、咸平府路則試於遼陽，河東南北路則試於平陽，山東東路則試於益都。以六經、十七史、孝經、論語、孟子、及荀、揚、老子內出題，皆命於題下註其本傳。」又諭有司曰：「舉人程文所用故事，恐考試官或遽不能憶，誤失人材，可自注出處。注字之誤，不在塗注乙之數。」

明昌二年，勅官或職至五品者，直赴御試。四年，平章政事守貞言：〔九〕「國家官人之路，惟女直、漢人進士得人居多。諸司局承應，舊無出身，自大定後始敘使，至今鮮有可用者。近來放進士第數稍多，此舉更宜增取，若會試止以五百人爲限，則廷試雖欲多取，不可得也。」上乃詔有司，會試毋限人數，文合格則取。

六年，言事者謂「學者率恃有司全注本傳以示之，故不勉讀書，乞減子史注本傳之制。又經義中選之文多膚淺，乞擇學官，及本科人充試官」。省臣謂若不與本傳，恐碩學者有偶忘之失，可令但知題意而已。遂命擇前經義進士爲衆所推者、才識優長者爲學官，遇差考試官之際，則驗所治經參用。詞賦進士，題注本傳，不得過五十字。經義進士，御試第二場，試論日添試策一道。

承安四年，上諭宰臣曰：「一場放二狀元，非是。後場廷試，令詞賦、經義通試時務策，止選一狀元。餘雖有明經、法律等科，止同諸科而已。」至宋王安石爲相，〔一〇〕作新經，始以經義取人。且詞賦、經義，人素所習之本業，策論則兼習者也。今捨本取兼習，恐不副陛下公選之意。」遂定御試同日各試本業，詞賦依舊，分立甲次，第一名爲狀元，經義魁次之，恩例與詞賦第二人同，餘分爲兩甲中下人，並在詞賦之下。

五年，詔考試詞賦官各作程文一道，示爲舉人之式，試後赴省藏之。

時宰臣奏：「自大定二十五年以前，詞賦進士不過五百人，二十八年以不限人數，取至五百八十六人。先承聖訓合格則取，故承安二年取九百二十五人。兼今有四舉終場恩例，若會試取人數過多，則涉泛濫。」遂定策論、詞賦、經義人數，雖多不過六百人，少則聽其闕。

時太常丞郭人傑轉對言，詞賦舉人，不得作別名兼試經義，及入學生精加試選，無至濫補。上勅宰臣曰：「近已奏定，後場詞賦經義同日試之。若府會試更不令兼試，恐試經義者少，是虛設此科也。別名之弊，則當禁之。補試入學生員，已有舊條，恐行之滅裂爾，宜嚴防閑。」

張行簡轉對言：「擬作程文，本欲爲考試之式，今會試考試官、御試讀卷官皆居顯職，擢第後離筆硯久，不復常習，今臨試擬作之文，稍有不工，徒起謗議。」詔罷之。

泰和元年，平章政事徒單鎰病時文之弊，言：「諸生不窮經史，唯事末學，以致志行浮薄。可令進士試策日，自時務策外，更以疑難經旨相參爲問，使發聖賢之微旨、古今之事變。」詔爲永制。

先嘗勅樂人不得舉進士，而奴免爲良者則許之。尙書省奏：「舊稱工樂，謂配隸之色及倡優之家。今少府監工匠、太常大樂署樂工，皆民也，而不得與試。前代令諸選人身及祖、父曾經免爲良者，雖在官不得居清貫及臨民，今反許試，誠玷淸論。」詔遂定制，放良人不得應諸科舉，其子孫則許之。

上又謂，德行才能非進士科所能盡，可通行保舉之制。省臣奏：「在周禮，『大司徒以鄉三物敎萬民而賓興之』，所謂萬民，農工商賈皆是也。前代立賢無方，如版築之士、鼓刀之叟，垂光簡策者不可勝舉。今草澤隱逸才行兼備者，令謀克及司縣舉，按察司具聞，以旌用之，旣有已降令文矣。」上命復宣旨以申之。

宣宗貞祐二年，御史臺言，明年省試以中都、遼東、西北京等路道阻，宜於中都、南京兩處試之。〔二〕

三年，諭宰臣曰：「國初設科，素號嚴密，今聞會試至於雜坐諠譁，何以防弊。」命治考官及監察罪。

興定二年，御史中丞把胡魯言：「國家數路取人，惟進士之選最爲崇重，不求備數，惟務得賢。今場會試，策論進士不及二人取一人，詞賦、經義二人取一。前雖有聖訓，當依大定之制，中選卽收，無問多寡。然大定間赴試者或至三千，取不過五百。泰和中，策論進士三人取一，詞賦、經義四人取一。向者貞祐初，詔免府試，赴會試者幾九千人，而取八百有奇，則是十之一而已。時已有依大定之制，亦何嘗二人取一哉。今考官泛濫如此，非所以爲求賢也。宜於會試之前，奏請所取之數，使恩出於上可也。」詔集文資官議，卒從泰和之例。

又謂宰臣曰：「從來廷試進士，日晡後卽遣出宮，恐文思遲者不得盡其才，令待至暮時。」

特賜經義進士王彪等十三人及第，上覽其程文，愛其辭藻，咨歎久之。因怪學者益少，謂監試官左丞高汝礪曰：「養士學糧，歲稍豐熟卽以本色給之，不然此科且廢矣。」五年，省試經義進士，考官於常格外多取十餘人，上命以特恩賜第。又命河北舉人今府試中選而爲兵所阻者，免後舉府試。

策論進士，選女直人之科也。始大定四年，世宗命頒行女直大小字所譯經書，每謀克選二人習之。尋欲興女直字學校，猛安謀克內多擇良家子爲生，諸路至三千人。九年，選異等者得百人，薦於京師，廩給之，命溫迪罕締達敎以古書，作詩、策，後復試，得徒單鎰以下三十餘人。十一年，始議行策選之制，至十三年始定每場策一道，以五百字以上成，免鄉試府試，止赴會試御試。且詔京師設女直國子學，諸路設女直府學，擬以新進士充敎授，以敎士民子弟之願學者。俟行之久，學者衆，則同漢進士三年一試之制。乃就憫忠寺試徒單鎰等，其策曰：「賢生於世，世資於賢。世未嘗不生賢，賢未嘗不輔世。蓋世非無賢，惟用與否，若伊尹之佐成湯，傅說之輔高宗，呂望之遇文王，皆起耕築漁釣之間，而其功業卓然，後世不能企及者，蓋殷、周之君能用其人，盡其才也。本朝以神武定天下，聖上以文德綏海內，文武並用，言小善而必從，事小便而不棄，蓋取人之道盡矣。而尙憂賢能遺於草澤者，今欲盡得天下之賢而用之，又俾賢者各盡其能，以何道而臻此乎？」憫忠寺舊有雙塔，進士入院之夜半，聞東塔上有聲如音樂，西入宮。考試官侍御史完顏蒲涅等曰：「文路始開而有此，得賢之祥也。」中選者得徒單鎰以下二十七人。

十六年，命皇家兩從以上親及宰相子，直赴御試。皇家祖免以上親及執政官之子，直赴會試。至二十年，以徒單鎰等教授中外，其學大振。遂定制，今後以策、詩試三場，策用女直大字，詩用小字，程試之期皆依漢進士例。省臣奏，漢人進士來年三月二十日鄉試，八月二十日府試，次年正月二十日會試，三月十二日御試。勅以來年八月二十五日於中都、上京、咸平、東平府等路四處府試，餘從前例。

上曰：「契丹文字年遠，觀其所撰詩，義理深微，當時何不立契丹進士科舉。今雖立女直字科，慮女直字創製日近，義理未如漢字深奧，恐爲後人議論。」丞相守道曰：「漢文字恐初亦未必能如此，由歷代聖賢漸加修舉也。聖主天姿明哲，令譯經教天下，行之久亦可同漢人文章矣。」上曰：「其同漢人進士例，譯作程文，俾漢官覽之。」

二十二年三月，策試女直進士。至四月癸丑，上謂宰臣曰：「女直進士試已久矣，何尚未考定？」參知政事斡特剌對曰：「以其譯付看故也。」上命速之。

二十三年，上曰：「女直進士設科未久，若令積習精通，則能否自見矣。」

二十八年，諭宰臣曰：「女直進士惟試以策，行之既久，人能預備。今若試以經義可乎？」宰臣對曰：「五經中書、易、春秋已譯之矣，俟譯詩、禮畢，試之可也。」上曰：「大經義理深奧，不加歲月不能貫通。今宜於經內姑試以論題，後當徐試經義也。」

章宗大定二十九年，詔許諸人試策論進士舉。七月省奏，如詩、策、論俱作一日程試，恐力有不逮。詩、策作一日，論作一日，以詩、策合格爲中選，而以論定其名次。上曰：「論乃新添，至第三舉時當通定去留。」

明昌元年，猛安謀克願試進士者擬依餘人例，不可令直赴御試。上曰：「是止許女直進士毋令試漢進士也。」又定制，餘官第五品散階，令直赴會試，官職俱至五品，令直赴御試。

承安二年，勑策論進士限丁習學。遂定制，內外官員、諸局分承應人、武衛軍、若猛安謀克女直及諸色人，戶止一丁者不許應試，兩丁者許一人，四丁二人，六丁以上止許三人。三次終場，不在驗丁之限。

三年，定制，女直人以年四十五以下，試進士舉，於府試十日前，委佐貳官善射者試射。其制，以六十步立堠，去射者十五步對立兩竿，相去二十步，去地二丈，以繩橫約之。弓不限强弱，不計中否，以張弓巧便、發箭迅正者爲熟閑。射十箭中兩箭，出繩下至堠者爲中選。餘路委提刑司，在都委監察體究。如當赴會試御試者，大興府佐貳官試驗，三舉終場者免之。

四年，禮部尚書賈鉉言：「策論進士程試弓箭，其兩舉終場及年十六以下未成丁者，若以弓箭退落，有失賢路。乞於及第後試之，中者别加任使，或升遷，否者降之。」省臣謂：「舊制三舉終場免試，今兩舉亦免之，未可。若以未成丁免試，必有妄匿年者，如果幼，使徐習未晚也。至於及第後試驗升降，則已有定格矣。」詔從舊制。

在泰和格，復有以時務策參以故事，及疑難經旨爲問之制。

宣宗南遷，興定元年，制中都、西京等路，策論進士及武舉人權於南京、東平、婆速、上京四處府試。

五年，上賜進士斡勒業德等二十八人及第。上覽程文，怪其數少，以問宰臣，對曰：「大定制隨處設學，諸謀克貢三人或二人爲生員，贍以錢米。至泰和中，人例授地六十畝。所給既優，故學者多。今京師雖存府學，而月給通寶五十貫而已。若於諸路總管府、及有軍戶處置學養之，庶可加益。京師府學已設六十人，乞更增四十人。中京、亳州、京兆府並置學官於總府，以謀克內不隸軍籍者爲學生，人畀地四十畝。漢學生在京者亦乞同此，餘州府仍舊制。」上從之。

凡會試之數，大定二十五年，詞賦進士不得過五百人。二十八年，以不限人數，遂至五百八十六人。章宗令合格則取，故承安二年至九百二十五人。時以復加四舉終場者，數太濫，遂命取不得過六百人。泰和二年，上命定會試諸科取人之數，司空襄言：「試詞賦經義者多，可五取一。策論絕少，可四取一。恩榜本以優老於場屋者，四舉受恩則太優，限以年則礙異材，可五舉則受恩。」平章徒單鎰等言：「大定二十五年至明昌初，率三四人取一。」平章張汝霖亦言：「五人取一，府試百人中纔得五耳。」遂定制，策論三人取一，詞賦經義五人取一，五舉終場年四十五以上、四舉終場年五十以上者受恩。

凡考試官，大定間，府試六處，各差詞賦試官三員，策論試官二員。明昌初，增爲九處，路各差九員，大興府則十一員。承安四年，又增太原爲十處。有司請省之，遂定策論進士女直經童千人以上差四員，五百人以上三員，不及五百二員。各以職官高者一人爲考試官，餘爲同考試官。詞賦進士與律科舉人共及三千以上五員，二千四員，不及二千三員。經義進士及經童舉人千人四員，五百以上三員，百人以上二員，不及百人以詞賦考官兼之。

後又定制，策論試官，上京、咸平、東平各三員，北京、西京、益都各二員。律科，監試官一員，試律官二員，隸詞賦考試院。〔二〕經童，試官一員，隸經義考試院，與會試同。其彌封、幷謄錄官、檢搜懷挾官，自餘修治試院，監押門官，並如會試之制。大定二十年，上以往歲多以遠地官考試，不便，遂命差近者。

凡會試，知貢舉官、同知貢舉官，詞賦則舊十員，承安五年爲七員。經義則六員，承安五年省爲四員。詮讀官二員。泰和三年，上以彌封官渫語於舉人，勅自今女直司則用右選漢人封，漢人司則以女直司封。宣宗貞祐三年，以會試賦題已曾出，而有犯格中選者，復以考官多取所親，上怒其不公，命究治之。

凡御試，讀卷官，策論、詞賦進士各七員，經義五員，餘職事官各二員。制舉宏詞共三員。泰和七年，禮部尙書張行簡言：「舊例，讀卷官不避親，至有親人，或有不敢定其去留，或力加營護，而爲同列所疑。若讀卷官不用與進士有親者，則讀卷之際得平心商確。」上遂命臨期多擬，其有親者汰之。

凡府試策論進士，大定二十年定以中都、〔一三〕上京、咸平、東平四處，至明昌元年，添北京、西京、益都爲七處，兼試女直經童。凡上京、合懶、速頻、胡里改、蒲與、東北招討司等路者，則赴會寧府試。咸平、隆州、婆速、東京、蓋州、懿州者，則赴咸平府試。中都、河北東西路者，則赴大興府試。西京幷西南、西北二招討司者，則赴大同府試。北京、臨潢、宗州、興州、全州者，則赴大定府試。山東西、大名、南京者，則赴東平府試。山東東路則試於益都。

凡詞賦、經義進士及律科、經童府試之處，大定間，大興、大定、大同、開封、東平、京兆凡六處。明昌初，增遼陽、平陽、益都爲九處。承安四年復增太原爲十。中都、河北則試於大興府，上京、東京、咸平府等路則試於遼陽府，餘各試於其境。

凡鄉試之期，以三月二十日。

府試之期，若策論進士則以八月二十日試策，間三日試詩。詞賦進士則以二十五日試賦及詩，又間三日試策論。經義進士又間詞賦後三日試經義，又三日試策。次律科，次經童，每場皆間三日試之。

會試，則策論進士以正月二十日試策，皆以次間三日，同前。御試，則以三月二十日策論進士試策，二十三日試詩論，二十五日詞賦進士試賦詩論，而經義進士亦以是日試經義，二十七日乃試策論。若試日遇雨雪，則候晴日。御試唱名後，試策則稟奏，宏詞則作二日程試。舊制，試女直進士在再試漢進士後，大定二十九年以復設經義科，更定是制。

凡監檢之制，大興府則差武衞軍，餘府則於附近猛安內差摘，平陽府則差順德軍。凡府會試，每四舉人則差一人，復以官一人彈壓。御試策進士則差弩手及隨局承應人，漢進士則差親軍，人各一名，皆用不識字者，以護衞十人，親軍百人長、五十人長各一人巡護。泰和元年，省臣奏：「搜檢之際雖當嚴切，然至於解髮袒衣，索及耳鼻，則過甚矣，豈待士之禮哉。故大定二十九年已嘗依前故事，使就沐浴，官置衣爲之更之，旣可防濫，且不虧禮。」上從其說，命行之。

恩例。明昌元年，定制，省元直就御試，不中者許綴榜末。解元但免府試，四舉終場依五舉恩例，所試文卷惟犯御名廟諱、不成文理者則黜之，餘並以文之優劣爲次。仍一日試三題，其五舉者止試賦詩，女直進士亦同此例。

承安五年，勅進士四舉該恩，詞賦經義當以各科爲場數，不得通數。又恩榜人應授官者，監試官於試時具數以奏，特恩者授之。

泰和三年，以經義會元與策論詞賦進士不同，若御試被黜則附榜末，爲太優，若同恩例，又與四舉者不同。遂定制，依曾經府試解元免府試之例，會試下第，再舉直赴御試。

律科進士，又稱爲諸科，其法以律令內出題，府試十五題，每五人取一人。大定二十二年定制，會試每場十五題，三場共通三十六條以上，文理優、擬斷當、用字切者，爲中選。臨時約取之，初無定數。其制始見於海陵庶人正隆元年，至章宗大定二十九年，有司言：「律科止知讀律，不知教化之源，可使通治論語、孟子以涵養其氣度。」遂令自今舉後，復於論語、孟子內試小義一道，府會試別作一日引試，命經義試官出題，與本科通考定之。

經童之制，凡士庶子年十三以下，能誦二大經、三小經，又誦論語諸子及五千字以上，府試十五題通十三以上，會試每場十五題，三場共通四十一以上，爲中選。所貴在幼而誦多者，若年同，則以誦大經多者爲最。

初，天會八年時，太宗以東平童子劉天驥，七歲能誦詩、書、易、禮、春秋左氏傳及論語、孟子，上命敎養之，然未有選舉之制也。熙宗卽位之二年，詔闢貢舉，始備其列，取至百二十二人。天德間，廢之。

章宗大定二十九年，上謂宰臣曰：「經童豈遽無人，其議復置。」明昌元年，益都府申，「童子劉住兒年十一歲，能詩賦，誦大小六經，所書行草頗有法，孝行夙成，乞依宋童子李淑賜出身，且加以恩詔」。上召至內殿，試鳳凰來儀賦、魚在藻詩，又令賦旱詩，上嘉之，賜本科出身，給錢粟官舍，令肄業太學。

明昌三年，平章政事完顏守貞言：「經童之科非古也，自唐諸道表薦，或取五人至十人。近代宋仁宗以爲無補，罷之。本朝皇統間取及五十人，因以爲常，天德時復廢。聖主復置，取以百數，恐久積多，不勝銓擬，乞諭旨約省取之。」上曰：「若所誦皆及格，何如？」守貞曰：「視最幼而誦不訛者精選之，則人數亦不至多也。」復問參知政事胥持國，對曰：「所誦通否易見，豈容有濫。」上曰：「限以三十或四十人，若百人皆通，亦可覆取其精者。」持國曰：「是科蓋資敎之術耳。夫幼習其文，長玩其義，使之莅政，人材出焉。如中選者，加之修習進士舉業，則所記皆得爲用。臣謂可勿令遽登仕途，必習舉業，而後官使之可也。若能擢進士第，自同進士任用。如中府薦或會試，視其次數，優其等級。幾舉不得薦者，從本出身，又可以激勸而後得人矣。」詔議行之。

制舉有賢良方正、能直言極諫、博學宏材、達於從政等科，試無常期，上意欲行，卽告天下。聽內外文武六品以下職官無公私過者，從內外五品以上官薦於所屬，詔試之。若草澤士，德行爲鄉里所服者，則從府州薦之。凡試，則先投所業策論三十道於學士院，視其詞理優者，委官以羣經子史內出題，一日試論三道，如可，則庭試策一道，不拘常務，取其無不通貫者，優等遷擢之。

宏詞科試詔、誥、章、表、露布、檄書，則皆用四六；誡、諭、頌、箴、銘、序、記，則或依古今體，或參用四六。於每舉賜第後進士及在官六品以下無公私罪者，在外官薦之，令試策官出題就考，通試四題，分二等遷擢之。二科皆章宗明昌元年所創者也。

武舉，嘗設於皇統時，其制則見於泰和式，有上中下三等。能挽一石力弓，以重七錢竹箭，百五十步立貼，十箭內，府試欲中一箭，省試中二箭，程試中三箭。又遠射二百二十步垛，三箭內一箭至者。又百五十步內，每五十步設高五寸長八寸臥鹿二，能以七斗弓、二大鑿頭鐵箭馳射，府試則許射四反，省試三反，程試二反，皆能中二箭者。又百五十步內，每三十步，左右錯置高三尺木偶人戴五寸方板者四，以槍馳刺，府試則許馳三反，省試二反，程試三反，〔一四〕左右各刺落一板者。又依廕例問律一條，又問孫、吳書十條，能說五者爲上等。凡程試，若一有不中者，皆黜之。若射貼弓八斗，遠射二百一十步，射鹿弓六斗，孫、吳書十條通四，爲中等。射貼弓七斗，遠射二百伍步，射鹿弓五斗，孫、吳書十條通三，爲下等。解律、刺板，皆欲同前。凡不知書者，雖上等爲中，中則爲下。凡試中中下，願再試者聽。

舊制，就試上等不中，不許再試中下等。泰和元年，定制，不分舊等，但從所願，試中則以三等爲次。

二年，省奏，武舉程式當與進士同時，今年八月府試，欲隨路設考試所，臨期差官，恐以創立未見應試人數，遂權令各處就考之。

宣宗貞祐三年，同進士例，賜勑命章服。時以隨處武舉入試者，自非見居職任及已用於軍前者，令郡縣盡遣詣京師，別爲一軍，以備緩急。其被薦而未授官者，亦量材任之。元光二年，東京總帥紇石烈牙吾塔言：「武舉入仕，皆授巡尉軍轄，此曹雖善騎射，不歷行陣，不知軍旅，一旦臨敵，恐致敗事。乞盡括付軍前爲長校，俟有功則升之。」宰臣奏：「國家設此科與進士等，而欲盡置軍中，非奬進人材之道。」遂籍丁憂、待闕、去職者付之。

試學士院官。大定二十八年，勑設科取士爲學士院官。禮部下太常，按唐典，初入學士院例先試，今若於進士已仕者，以隨朝六品、外路五品職事官薦，試制詔誥等文字三道，取文理優者充應奉。由是翰苑之選爲精。明昌五年，以學士院撰文字人少，命尙書省訪有文采者勾取權試。

凡司天臺學生，女直二十六人，漢人五十人，聽官民家年十五以上、三十以下試補。又三年一次，選草澤人試補。其試之制，以宣明曆試推步，及婚書、地理新書試合婚、安葬，并易筮法、六壬課、三命五星之術。

凡醫學十科，大興府學生三十人，餘京府二十人，散府節鎮十六人，防禦州十人，每月試疑難，以所對優劣加懲勸，三年一次試諸太醫，雖不係學生，亦聽試補。

校勘記

〔一〕選舉一　原脫「一」字，據各卷標目例補。

〔二〕律科經童中選者曰舉人　「童」原作「義」。按上文金設科「有詞賦、經義、策試、律科、經童之制」，「其試詞賦、經義、策論中選者謂之進士」，此處不應重出「經義」，當是「經童」之誤，下文「律科」之後爲「經童之制」亦可證，今據改。

〔三〕餘官之兄弟子孫　「子」原作「曾」，據殿本改。

〔四〕史記用裴駰註　「裴」原作「崔」，據殿本改。

〔五〕置節鎮防禦州學六十處　「州學」上原衍「刺史」二字。按下文「節鎮學三十九」，「防禦州學二十一」，適合「六十處」之數。本書卷五七百官志，「諸節鎮」有「州教授一員」，「諸防禦州」有「州教授一員」，而「諸刺史州」下無「州教授」。卷一二章宗紀，泰和四年二月「癸丑，詔刺史州郡無宣聖廟學者並增修之」，知此處「刺史」二字是衍文，今刪。

〔六〕遼陽彰德府　按本書卷二五地理志，相州彰德軍節度「明昌三年陞爲府」，此時不當有府學，而歸德府此處不見，疑「彰」字或是「歸」字之誤。

〔七〕以女直大小字譯經書頒行之　「經」原作「尙」。按下文策論進士「始大定四年，世宗命頒行女直大小字所譯經書」，本書卷九九徒單鎰傳，「大定四年，詔以女直字譯書籍」。卷八世宗紀，大定二十三年九月「譯經所進所譯易、書、論語、孟子」。是尙書譯成在二十三年，今據改。

〔八〕言事者謂　「謂」原作「爲」，據殿本改。

〔九〕四年平章政事守貞言　原脫「四年」二字。按本書卷七三守貞傳，明昌四年召拜平章政事。「守貞因言國家選舉之法，惟女直、漢人進士得人居多」。又卷一〇章宗紀亦記明昌四年因尙書省請增取進士，詔有司會試毋限人數之事。今據補。

〔一〇〕至宋王安石爲相　按此句與上文不銜接，疑有脫文。

〔一一〕宣宗貞祐二年御史臺言明年省試以中都遼東西北京等路道阻宜於中都南京兩處試之　按本書卷五四選舉四部選條，「初，宣宗之南遷也，詔吏部以秋冬於南京、春夏於中都置選，而赴調者憚於北行，率皆南來，遂併於南京設之」。卷一四宣宗紀，貞祐三年二月「丙午，尙書省以南遷後，吏部秋冬置選南京，春夏置選中都，赴調者不便，請併選於南京，從之」，則此是吏部選授之制，非科舉，蓋修史者誤著于此。

〔一二〕隸詞賦考試院　原脫「考」字。按上文章宗明昌元年正月，「令有司議外路添考試院」，下文「經童，試官一員，隸經義考試院」，皆作「考試院」。今據補。

〔一三〕大定二十年定以中都　「都」原作「京」。按本書卷五海陵紀，貞元元年三月「改燕京爲中都」。又本卷下文，「中都、河北東西路者則赴大興府試」，「凡詞賦、經義進士及律科、經童府試之處，中都、河北則試於大興府」。今據改。

〔一四〕程試三反　按上文「府試」、「省試」、「程試」不同要求之比例推之，此當是「一」反。

金史卷五十二

志第三十三

選舉二

文武選

金制，文武選皆吏部統之。自從九品至從七品職事官，部擬。正七品以上，呈省以聽制授。凡進士則授文散官，謂之文資官。自餘皆武散官，謂之右職，又謂之右選。文資則進士爲優，右職則軍功爲優，皆循資，有陞降定式而不可越。

凡銓注，必取求仕官解由，撮所陳行績資歷之要爲銓頭，以定其能否。其有犯公私罪贓汚者，謂之犯選格，則雖遇恩而不得與。舊制，犯追一官以至追四官，皆解任周年，而復仕之。承安二年，定制，每追一官則殿一年，凡罷職會赦當敍者，及降殿當除者，皆具罪以聞，而後仕之。凡增課陞至六品者，任回復降。旣廉陞而再任覆察不同者，任回亦降。

自進士、舉人、勞效、廕襲、恩例之外，入仕之途尙多，而所定之時不一。若牌印、護衞、令史之出職，則皇統時所定者也。檢法、知法、國史院書寫，則海陵庶人所置者也。若宗室將軍、宮中諸局承應人、宰相書表、太子護衞、妃護衞、王府祗候郎君、內侍、及宰相之子、幷譯史、通事、省祗候郎君、親軍驍騎諸格，則定於世宗之時，及章宗所置之太常檢討、內侍寄祿官，皆仕進之門戶也。

凡官資以三十月爲考，職事官每任以三十月爲滿，羣牧使及管課官以三周歲爲滿，防禦使以四十月，三品以上官則以五十月，轉運則以六十月爲滿。

司天、太醫、內侍官皆至四品止。

凡外任循資官謂之常調，選爲朝官謂之隨朝，隨朝則每考陞職事一等，若以廉察而陞者爲廉陞，授東北沿邊州郡而陞者爲邊陞。

凡院務監當差使則皆同從九品。

凡品官任都事、典事、主事、知事、及尙書省令史、覆實、架閣司管勾、直省直院局長副、檢法、知法、院務監當差使、及諸令史、譯史、掌書、書史、書吏、譯書、譯人、通事、幷諸局分承應有出身者皆爲流外職。凡此之屬，或以尙書省差遣，或自本司判補，其出職或正班、雜班，則莫不有當歷之名職。既仕則必循陞降之定式，雖或前後略有損益之殊，而定制則莫能踰焉。

凡門廕之制，天眷中，一品至八品皆不限所廕之人。貞元二年，定廕敍法，一品至七品皆限以數，而削八品用廕之制。世宗大定四年五月，詔：「皇家袒免以上親，就廕者依格引試，中選者勿令當儤使。」五年十月，制：「亡宋官當廕子孫者，並同亡遼官用廕。」又曰：「教坊出身人，若任流內職者，與文武同用廕。自餘有勤勞者，賞賜而已。昔正隆時常使教坊輩典城牧民，朕甚不取。」又更定冒廕及取廕官罪賞格。

七年五月，命司天臺官四品以上官改授文武資者，並聽如太醫例廕。其制，凡正班廕亦正班，雜班廕雜班。

明昌元年，以上封事者乞六品官添廕，吏部言：「天眷中，八品用廕，不限所廕之人。貞元中，七品用廕，方限以數。當是時，文始於將仕，武始於進義，以上至七品儒林、忠顯，各七階，許廕一名。至六品承直、昭信，計九階，許廕二人。自大定十四年，文武官從下各增二階，其七品視舊爲九階，亦廕一名，至五品凡十七階，方廕二人，其五品至三品並無間越，唯六品不用廕。乞依舊格，五品以上增廕一名，六品廕子孫弟兄二人，七品仍舊爲格。」時又以舊格雖有己子許廕兄弟姪，蓋所以崇孝悌也，而新格禁之，遂聽讓廕。

舊制，司天、太醫、內侍、長行雖至四品，如非特恩換授文武官資者，不許用廕，以本人見充承應，難使係班故也。泰和二年，定制，〔一〕以年老六十以上退、與患疾及身故者，雖至止官，擬令係班，除存習本業者聽廕一名，止一子者則不須習即廕。

凡諸色出身文武官一品，廕子孫至曾孫及弟兄姪孫六人，因門廕則五人。二品則子孫至曾孫及弟兄姪五人，因門廕則四人。三品子孫兄弟姪四人，因門廕則三人。四品、五品三人，因門廕則二人。六品二人，七品子孫兄弟一人，因門廕則六品、七品子孫兄弟一人。舊格，門廕惟七品一人，餘皆加一人。明昌格，自五品而上皆增一人。

凡進納官，舊格正班三品廕四人，雜班三人。正班武略子孫兄弟一人，雜班明威一人，懷遠以上二人，鎮國以上三人。

司天、太醫遷至四品詔換文武官者，廕一人。

凡進士所歷之階，及所循注之職。貞元元年，制南選，初除軍判、丞、簿，從八品。次除防判、錄事，正八品。三除下令，從七品。四中令、推官、節察判，正七品。五六皆上令。從六品。北選，初軍判、簿、尉，二下令，三中令，四上令，已後並上令，通注節察判、推官。

正隆元年格，上甲者初上簿軍判、丞、簿、尉，中甲者初中簿軍判、丞、簿、尉，下甲者初下簿軍判、丞、簿、尉。第二任皆中簿軍判、丞、簿、尉。〔二〕三、四、五、六、七任皆縣令，回呈省。

大定二年，詔文資官不得除縣尉。

八年格，歷五任令卽呈省。

十三年，制第二任權注下令。

舊制，狀元授承德郎，以十四年官制，文武官皆從下添兩重，命狀元更授承務郎，次舊授儒林郎，更爲承事郎。第二甲以下舊授從仕郎，更爲將仕郎。

十五年，勅狀元除應奉，兩考依例授六品。十八年，勅狀元行不顧名者與外除。十九年，命本貫察其行止美惡。

二十一年，復命第三任注縣令。

二十二年，勅進士受章服後，再試時務策一道，所謂策試者也。內才識可取者籍其名，歷任後察其政，若言行相副則升擢任使。是年九月，復詔今後及第人，策試中者初任卽升之。

二十三年格，進士，上甲，初錄事、防判，二下令，三中令。中甲，初中簿，二上簿，三下令。下甲，初下簿，二中簿，三下令。試中策者，上甲，初錄事、防判，二中令，三上令。中甲，初上簿，二下令，三中令。下甲，初中簿，二錄事、防判，三中令。又詔今後狀元授應奉，一年後所撰文字無過人者與外除。

二十六年格，以相次合爲令者減一資歷。二十六年格，三降兩降免一降，文資右職外官減最後，上令一任通五任回呈省。遂定格，上甲，初錄事、防判，二中令，三、四、五上令。中甲，初中簿，二下令，三中令，四、五上令。策試進士，初錄事、防判，二、三、四、五上令。其次，初上簿，二中令，三、四、五上令。又次，初中簿，二下令，三中令，四、五上令。下甲，初下簿，二下令，三中令，四、五上令。

二十七年，制進士階至中大夫呈省。

明昌二年，罷勘會狀元行止之制。

七年格，縣令守闕各依舊格注授。

泰和格，諸進士及第合授資任須歷遍乃呈省，雖未盡歷，官已至中大夫亦呈省。又諸詞賦、經義進士及第後，策試中選，合授資任歷遍呈省，仍每任升本等首銓選。

貞祐三年，狀元授奉直大夫，上甲儒林郎，中甲以下授徵事郎。

經義進士。皇統八年，就燕京擬注。六年，〔三〕與詞賦第一人皆擬縣令，第二人當除簽判，以無闕遂擬軍判。第二、第三甲隨各人住貫擬爲軍判、丞、簿。舊制，五經及第未及十年與關內差使，已十年者與關外差使，四十年除下令。正隆三年，不授差使，至三十年則除縣令。大定二十八年始復設是科，每舉專主一經。

女直進士。大定十三年，皆除教授。二十二年，上甲第二第三人初除上簿，中甲則除中簿，下甲則除下簿。大定二十五年，上甲甲首遷四重，餘各遷兩重。第二第三甲授隨路教授，三十月爲一任，第二任注九品，第三、第四任注錄事、軍防判，第五任下令。尋復令第四任注縣令。二十六年，減一資歷注縣令。二十八年，添試論。後皆依漢人格。

宏詞，上等遷兩官，次等遷一官，臨時取旨授之。

恩榜，章宗大定二十九年，勅今後凡五次御簾進士，可一試而不黜落，止以文之高下定其次，謂之恩榜。女直人遷將仕，漢人登仕，初任教授，三十月任滿，依本格從九品注授。明昌元年，勅四舉終場，亦同五舉恩例，直赴御試。

明昌五年，勅神童三次終場，同進士恩榜遷轉。兩次終場，全免差使。第六任與縣令，依本格遷官。如一次終場，初入仕則一除一差。其餘並依本門戶，仍使應三舉，然後入仕。每舉放四十人。

凡恩例補廕同進士者，謂大禮補致仕、遺表、陣亡等恩澤，補承襲錄用，幷與國王幷宗室女爲婚者。正隆二年格，初下簿，二中簿，三上簿，四下令，五中令，六、七上令，回呈省。

凡特賜同進士者，謂進粟、出使回、歿於王事之類，皆同雜班，補廕亦以雜班。正隆元年格，初授下簿，二中簿，三縣丞，四軍判，五、六防判，七、八下令，九中令，十上令。尋復更初注下等軍判、丞、簿、尉，次注中等軍判、丞、簿、尉，第三注上等軍判、丞、簿、尉，四下令，五中令，六上令。

律科、經童。正隆元年格，初授將仕郎，皆任司候，十年以上並一除一差，十年外則初任主簿，第二任司候，第三主簿，四主簿，五警判，六市丞，七諸縣丞，八次赤丞，九赤縣丞，十下縣令，十一中縣令，五任上縣令，〔四〕呈省。三年制，律科及第及七年者與關內差使，七年外者與關外差。諸經及第人未十年者關內差，已十年關外差。律科四十年除下令。經童及第人視餘人復展十年，然後理算月日。

大定十四年，以從下新增官階，遂定制，律科及第者授將仕佐郎。十六年特旨，以四十年除下令太遠，其以三十二年不犯贓罪者授下令。十七年，勅諸科人仕至下令者免差。二十年，省擬，無贓罪及廉察無惡者減作二十九年注下令，經童亦同此。二十六年，省擬，以相次當爲縣令者減一資歷選注。勅命諸科人累任之餘月日至四十二月，准一除一差。又勅，舊格六任縣令呈省，遂減爲五任。二十八年，減赤縣丞一任。

明昌五年，制仕二十六年之上者，如該廉升則注縣令。六年，減諸縣丞、赤縣丞兩任後吏格，十年內擬注差使，十年外一除一差。若歷八任、或任至三十二年注下令，則免差須遍歷而後呈省。所歷之制，初、二下簿，三、四中簿，五、六、七上簿，犯選格者又歷上簿兩任，八、九則注下令，〔五〕十中令，十一、十二上令。

凡武舉，泰和三年格，上甲第一名遷忠勇校尉，第二、第三名遷忠翊校尉。中等遷修武校尉，收充親軍，不拘有無廕，視舊格減一百月出職。下等遷敦武校尉，亦收充親軍，減五十月出職。

承安元年格，第一名所歷之職，初都巡、副將，二下令，三中令，四、五上令。第二、第三名，初巡尉、部將，二上簿，三下令，四中令，五、六上令。餘人，初副巡、軍轄，二中簿，三下令，四中令，五、六上令。

凡軍功有六，一曰川野見陣，最出當先，殺退敵軍。二曰攻打抗拒州縣山寨，奪得敵樓。三曰爭取船橋，越險先登。四曰遠探捕得喉舌。五曰險難之間，遠處報事情成功。六曰謀事得濟，越衆立功。

皇統八年格，凡帶官一命昭信校尉正七品以上者，初除主簿及諸司副使，正九品。二主簿及諸司使，正八品。三下令，從七品。四中令，正七品。五上令，或通注鎮軍都指揮使正七品及正將。其官不至昭信及無官者，自初至三任通注丞、簿，四下令，五中令，六上令及知城寨。從七品。

章宗大定二十九年，〔六〕遷至鎮國者取旨升除後，吏格之所定，女直人昭信校尉以上者，初下簿，二下令，三中令，四、五上令。女直一命遷至昭信校尉、餘人至昭信已上者，初下簿，二中簿，三下令，四中令，五、六上令。凡至宣武將軍以上者，初下令，二中令，三、四上令。

凡勞效，謂年老千戶、謀克也。大定五年，制河南、陝西統軍司，千戶四十年以上擬從七品，三十年千戶、四十年以上之謀克從八品，二十年以上千戶、三十年以上謀克從九品，二十年以上謀克與正班、與差使，十年以上賞銀絹，皆以所歷千戶、謀克、蒲輦月日通算。

二十年，制以先曾充軍管押千戶、謀克、蒲輦二十年以上、六十五歲放罷者，視其强健者與差除、令係班，不則量加遷賞。後更定吏格，若一命遷宣武將軍以上，當授從七品職事者，初下令，二中令，三、四上令。官不至宣武，初授八品者授錄事，二赤劇丞，三下令，四中令，五、六上令。初授九品官者，初下簿，二中簿，三上簿，四下令，五中令，六、七上令。

大定九年格，三虞候順德軍千戶四十年以上者與從八品，三十年千戶、四十年以上謀克從九品，二十年以上千戶、三十年以上謀克與正班，以下賞銀絹。

大定十四年，定隨路軍官出職，以新制從下創添兩重，舊遷忠武校尉者今遷忠勇校尉。中都永固軍指揮使及隨路埽兵指揮使出職，舊遷敦武校尉者今遷進義校尉。

武衞軍，大定十七年定制，其猛安曰都將，謀克曰中尉，蒲輦曰隊正。都將三十月遷一官，至昭信注九品職事。以隊正陞中尉，中尉陞都將。

省令史選取之門有四，曰文資，曰女直進士，曰右職，曰宰執子。其出仕之制各異。文資者，舊惟聽左司官舉用，至熙宗皇統八年，省臣謂，若止循舊例舉勾，久則善惡不分而多僥倖。遂奏定制，自天眷二年及第榜次姓名，從上次第勾年至五十已上、官資自承直郎從六品。至奉德大夫從五品。、無公私過者，一闕勾二人試驗，可則收補，若皆可即籍名令還職待補。官至承直郎以上，一考者除正七品以上、從六品以下職事，兩考者除從六品以上、從五品以下。奉直大夫從六品。以上，一考者除從六品以上、從五品以下，兩考者除從五品以上、正五品以下，節運同。

正隆元年，〔七〕罷是制，止於密院臺及六部吏人令史內選充。大定元年，世宗以胥吏旣貪墨，委之外路幹事又不知大體，徒多擾動，至二年，罷吏人而復皇統選進士之制。承直郎以上者，一考正七品，除運判、〔八〕節察判、軍刺同知。兩考者從六品，除京運判、總府判、防禦同知。奉直大夫已上，一考者從六品，除同前。兩考從五品，除節運副、京總管府留守司判官。

七年，以散階官至五品亦勾充，不願者聽。

十一年，以進士官至承直者衆，遂不論官資但以榜次勾補。

二十七年，以外多闕官，論者以爲資考所拘，難以升進，乃命不論官資，凡一考者與六品，次任降除正七品，第三任與六品，第四任升爲從五品。兩考者與從五品，次任降除六品，第三、四任皆與從五品，五任升正五品。

承安二年，以習學知除、刑房知案、及兵興時邊關令史，三十月除隨朝闕。

泰和八年以習學知除十五月以上，選充正知除，一考後理算資考。

大安三年，以從榜次則各人所歷月日不齊，遂以吏部等差其所歷歲月多寡爲次，收補知除，考滿則授隨朝職。

貞祐五年，〔九〕進士未歷任者，亦得充補，一考者除上縣令，再任上縣令升正七品，如已歷一任丞簿者，舊制除六品，乃更爲正七品，一任回降從七品，再任正七品升六品，如歷兩任丞簿者，一考舊除六品，乃更爲正七品，一任回免降，復免正七一任，卽升六品。曾歷令一任者，依舊格六品，再任降除七品，還升從五品。

興定二年，勅初任未滿及未歷任者，考滿升二等爲從七品。初任未滿者兩任、未歷任者四任，回升正七品，兩任正七皆免回降。凡不依榜次勾取者同隨朝升除，俟榜次所及日聽再就補。

興定五年，定進士令史與右職令史同格，考滿未應得從七者與正七品，回降從七一任。所勾諸府令史不及三考出職者除從七品，回降除八品。若一任應得從七品者除六品，回降正七品，若一任應得正七品者免降。

女直進士令史，二十七年格，一考注正七品，兩考注正六品。二十八年，勑樞密院等處轉省者，並用進士。明昌元年，勑至三考者與漢人兩考者同除。明昌三年，罷契丹令史，其闕內增女直令史五人。五年，以與進士令史辛苦既同，資考難異，遂定與漢進士一考與從六品，兩考與從五品。

宰執子弟省令史，大定十二年，制凡承廕者，呈省引見，除特恩任用外，並內奉班收，仍於國史院署書寫、〔一〇〕太常署檢討、祕書監置校勘、〔一一〕尚書省准備差使，每三十月遷一重，百五十月出職。如承應一考以上，許試補省令譯史，則以百二十月出職，其已歷月日皆不紐折，如係終場舉人，卽聽尚書省試補。

十七年，定制，以三品職事官之子，試補樞密院令史。遂命吏部定制，宰執之子、并在省宗室郎君，如願就試令譯史，每年一就試，令譯史考試院試補外，緦麻祖免宗室郎君密院收補。

大定二十八年，制以宗室第二從親幷宰相之子，出職與六品外，宗室第三從親幷執政之子，出職與正七品。其出職皆以百五十月，若見已轉省之餘人，則至兩考止與正七品。二十九年，四從親亦許試補。

校勘記

〔一〕泰和二年定制　按本書卷一一章宗紀，泰和元年正月「己巳，以太府監孫復言，……乃更定廕敍法而頒行之」，當卽此制。則「二年」是「元年」之誤。

〔二〕上甲者初上簿軍判丞簿尉中甲者初中簿軍判丞簿尉下甲者初下簿軍判丞簿尉第二任皆中簿軍判丞簿尉　按本書卷五七百官志，「諸刺史州：判官一員，從八品」，又記州有上、中、下之分。地理志皆載於各州下。「諸縣：令一員，從七品。丞一員，正九品。主簿一員，正九品。尉一員，正九品。自京縣而下，以萬戶以上爲上，三千戶以上爲中，不滿三千爲下。中縣而下不置丞，以主簿與尉通領巡捕事。下縣則不置尉，以主簿兼之」。本志常見「上令」「中令」「下令」「上簿」「中簿」「下簿」，皆縣職也。丞與尉不盡置，故主簿遂多見，惟此處之「上簿」「中簿」「下簿」以主簿釋之則不可通。本卷下文云，「凡特賜同進士者」，正隆時改爲「初注下等軍判、丞、簿、尉，次注中等軍判、丞、簿、尉，第三注上等軍判、丞、簿、尉，四下令，五中令，六上令」。疑此「上簿」、「中簿」、「下簿」當是「上等」、「中等」、「下等」之誤。

〔三〕皇統八年就燕京擬注六年　按上敍「八年」，下敍「六年」，疑紀年有誤。

〔四〕五任上縣令　疑「五任」是「十二」之誤，或此句上脫「十二上縣令」五字。

〔五〕八九則注下令　「八」原作「第」。據文義改。

〔六〕章宗大定二十九年　原脫「大定」二字，今補。

〔七〕正隆元年　按本書卷五海陵紀記此事在二年。

〔八〕一考正七品除運判　「運」原作「軍」。按諸州軍判官從八品，與此不合。本書卷四二儀衞志百官儀從條，「正七品，都轉運判官、節度觀察判官」。又卷五八百官志，百官俸給條，「正七品：外官，都轉運判、諸節度判、諸觀察判」，皆與此合。則此顯係「運判」之訛。今據改。

〔九〕貞祐五年　按「年」字下有脫文。

〔一〇〕仍於國史院署書寫　「書」原作「編」。按本書卷五三選舉三，「國史院書寫。遷考出職同太常檢討」。卷五五百官志，「國史院：書寫，女直、漢人各五人」。今據改。

〔一一〕祕書監置校勘　按「置」字或是「署」字之誤。

金史卷五十三

志第三十四

選舉三

右職吏員雜選

右職。省令史、譯史。皇統八年格，初考遷一重，女直人依本法外，諸人越進義，每三十月各遷兩重，百二十月出職，除正六品以下、正七品以上職官。正隆二年，更爲五十月遷一重。初考，女直人遷敦武校尉，餘人遷保義校尉，百五十月出職，係正班與從七品。若自樞密院臺六部轉省者，以前已成考月數通算出職。大定二年，復以三十月遷一官，亦以百二十月出職，與正、從七品。院臺六部及它府司轉省而不及考者，以三月折兩月，一考與從七，兩考正七品，三考與六品。

三年，定格，及七十五月出職者，初上令，二中令，三下令，〔一〕四、五錄事，六下令，七中令，八上令。百五十月出職者，初刺同、運判、推官等，二、三中令，四上令，回呈省。大定二十七年，制一考及不成考者，除從七品，須歷縣令三任，第五任則升正七品。兩考以上除正七品，再任降除縣令，三、四皆與正七品，第五任則升六品。三考以上者除六品，再任降正七品，三任、四任與六品，第五任則升從五品。

省女直譯史。大定二十八年，制以見任從七、從八人內，勾六十歲以上者相視用之。明昌三年，取見役契丹譯史內女直、契丹字熟閑者，無則以前省契丹譯史出職官及國史院女直書寫，見任七品、八品、九品官充。

省通事。大定二十年格，三十月遷一重，百二十月出職。一考兩考與八品，三考者從七品，餘與部令譯史一體免差。

御史臺令史、譯史。皇統八年遷考之制，百二十月出職，正隆二年格，百五十月出職，皆九品，係正班。大定二年，百二十月出職，皆以三十月遷一官。其出職，一考、兩考皆與九品，三考與八品。

明昌三年，截罷見役吏人，用三品職事官子弟試中者、及終場舉人本臺試補者，若不足，於密院六部見役品官、及契丹品官子孫兄弟選充。

承安三年，勅凡補一人必詢於衆，雖爲公選，亦恐久漸生弊。況又在書史之上，不試而卽用，本臺出身門戶似涉太優。遂令除本臺班內祗、令譯史名闕外，於試中樞密院令譯史人內以名次取用，不足，卽於隨部班祗令譯史上名轉充。若須用終場舉人之闕，則令三次終場舉人，每科舉後與它試書史人同程試驗，榜次用之。女直十三人，內班內祗六人，終場舉人七人。漢人十五人，內班內祗七人，終場舉人八人。譯史四人，〔二〕內班內祗二人，終場舉人二人。

樞密院令史、譯史。令史。〔三〕正隆二年，制遷考與省同，出職除係正班正、從八品。大定二十一年，〔四〕定元帥府令譯史三十月遷一官，百二十月出職，一考、兩考與八品除授，三考與從七品。

十四年，遂命內祗、幷三品職事官承廕人、與四品五品班祗、及吏員人通試，中選者用之。

十六年，定一考、兩考者，初錄事、軍判、防判，再除上簿，三中簿，四同初，五、六下令，七、八中令，九、十上令。二十六年，兩考者免下令一任。三考以上，初上令，二中令，三下令，〔五〕四錄事、軍防判，二十六年，免此除。五下令，二十六年，亦免此除。六、七中令，八上令。

十七年，制試補緦麻袒免以上宗室郎君。又定制，三品職事子弟設四人，吏員二人。

睦親府、宗正府、〔六〕統軍司令譯史，遷考出職，與臺部同。

部令史、譯史，皇統八年格，初考三十月遷一重，女直人依本格，餘人越進義，第二、第三考各遷一重，第四考並遷兩重，百二十月出職八品已下。

正隆二年，遷考與省右職令史同，出職九品。

大定二十一年，〔七〕宗正府、六部、臺、統軍司令史，番部譯史，元帥府通事，皆三十月遷一重，百二十月出職係班，一考、兩考與九品，三考已上與八品除授。

十四年，以三品至七品官承廕子孫一混試充，尋以爲不倫，命以四品五品子孫及吏員試中者，依舊例補，六品以下不與。十五年，命免差使。

十六年格，一考兩考者，初除上簿，再除中簿，三下簿，四上簿，五錄事、軍防判，〔八〕六、七下令，八、九中令，十上令。三考以上者，初除錄事、軍防判，再除上簿，三中簿，四如初，五下令，後免此除。六、七下令，八中令，九上令。

按察司書吏，以終場舉人內選補，遷加出職同臺部。

凡內外諸吏員之制，自正隆二年，定知事孔目出身俸給，凡都目皆自朝差。海陵初，除尚書省、樞密院、御史臺吏員外，皆爲雜班，乃召諸吏員於昌明殿，諭之曰：「爾等勿以班次稍降爲歉，果有人才，當不次擢用也。」又定少府監吏員，以內省司舊吏員、及外路試中司吏補。

大定二年，戶部郎中曹望之言，隨處胥吏猥多，乞減其半。詔胥吏仍舊，但禁用貼書。又命縣吏闕，則令推舉行止修舉爲鄉里所重者充。三年，以外路司吏久不升轉，往往交通豪右爲姦，命與孔目官每三十月則一轉，移於它處。七年，勑隨朝司屬吏員通事譯史勾當過雜班月日，如到部者並不理算。又詔，吏人但犯贓罪罷者，雖遇赦，而無特旨，不許復敍。又命，京府州縣及轉運司胥吏之數，視其戶口與課之多寡，增減之。

十二年，上謂宰臣曰：「外路司吏，止論名次上下，恐未得人。若其下有廉慎、熟閑吏事，委所屬保舉。試不中程式者，付隨朝近下局分承應，以待再試。彼既知不得免試，必當盡心以求進也。」

章宗大定二十九年，上封事者言：「諸州府吏人不宜試補隨朝吏員，乞以五品以上子孫試補。蓋職官之後清勤者多，故爲可任也。」尙書省謂：「吏人試補之法，行之已久，若止收承廕人，復恐不閑案牘，或致敗事。舊格惟許五品職官子孫投試，今省部試者尙少，以所定格法未寬故也。」遂定制，散官五品而任七品，散官未至五品而職事五品，其兄弟子孫已承廕者並許投試，而六部令史內吏人試補者仍舊。

泰和四年，簽河東按察司事張行信言：「自罷移轉法後，吏勢浸重，恣爲豪奪，民不敢言。今又無朝差都目，止令上名吏人兼管經歷六案文字，與同類分受賄賂。吏目通歷三十年始得出職，常在本處侵漁，不便。」遂定制，依舊三十月移轉，年滿出職，以杜把握州府之弊。

八年，以僉東京按察司事楊雲翼言，書吏書史皆不用本路人，以別路書吏許特薦申部者類試，取中選者補用。

凡右職官，天德制，忠武以下與差使，昭信以上兩除一差。大定十二年，勅鎭國以上卽與省除。十三年，制明威注下令，宣威注中令，廣威注上令，信武權注下令，宣武、顯武免差，權注丞簿。又制宣武、顯武，功酬與上簿，無虧與中簿。二十六年，制遷至宣武、顯武始令出職。又以舊制通歷五任令呈省，詔減爲四任。

明昌三年，以諸司除授，守闕近三十月，於選調窒礙。今後依舊兩除一差，候員闕相副，則復舊制。

泰和元年，以縣令見闕，近者十四月，遠者至十六月，蓋以見格，官至明威者並注縣令，或犯選并虧永人，若帶明威人亦注，是無別也。遂令曾虧永及犯選格，女直人展至廣威，漢人至宣武，方注縣令。又以守闕簿丞，近者十九月、遠者二十一月，依見格官至宣武、顯武、信武者合注丞簿，遂命但曾虧永，直至明威方注丞簿。又吏格，凡諸右職正雜班，謂無資歷者，班內祗同。皆驗官資注授。帶忠武以下者與監當差使，昭信以上擬諸司除授，仍兩除一差。宣武以上與中簿，功酬人與上簿。明威注下令，宣威注中令，廣威注上令，通歷縣令四任，如帶定遠已歷縣令三任者，皆呈省。若但曾虧永及犯選格，諸曾犯公罪追官、私罪解任、及犯贓、廉訪不好、併體察不堪臨民，謂之犯選格。女直人遷至武義，漢人諸色人武略，並注諸司除授，皆兩除一差。若至明威方注丞簿，女直人遷至廣威，漢人、諸色人遷至宣威者，皆兩任下令，一任中令，回呈省。

上令，四任呈省。

貞祐三年，制遷至宣武者，皆與諸司除授，亦兩除一差。凡不犯選格者，若懷遠方注丞簿，至安遠則注下令、上令各一任，呈省。四年，復以官至懷遠注下令，定遠注中令，安遠注上令，四任呈省。

檢法、知法。正隆二年，嘗定六部所用人數及差取格法，初考、兩考皆除司候，三考者除上簿。五年，定制，十年內者初考除下簿，兩考除中簿，三考除警判。十年外者初考除第二任司候，兩考除上簿，三考則除市丞。大定二年，制曾三考者，不拘十年內外，皆與八品錄事、市令，擬當合得本門戶。

除授，舊授劄付，大定三年始命給勅，以律科人爲之。七年，定制，驗榜次勾取，如勾省令史之制。二十六年，命三考除錄事，以後則兩除一差。

女直知法、檢法。大定三年格，以臺部統軍司出職令譯史，曾任縣佐市令差使人內奏差，考滿比元出身陞一等，依隨路知事例給勅，以三十月爲任。明昌五年，以省院臺部統軍司令譯史書史內擬，年五十以下、無過犯、愼行止，試一月，以能者充，再勒留者升一等，一考者初上令，〔九〕二、三中令，四上令，兩考陞二等，呈省。

太常寺檢討二人。正隆二年，五十月遷一重，女直遷敦武，餘人進義，百五十月出職，係雜班。大定二年，制以三十月遷一重，百二十月出職，係正班九品。

省祗候郎君。大定三年，制以祖免以上親願承應已試合格而無闕收補者及一品官子，已引見，止在班祗候，三十月循遷。初任與正、從七品，次任呈省。內祗在班，初、次任注正、從八品，三、四注從七品，而後呈省。班祗在班，初九品，次、三正、從八品，〔一〇〕四、五從七品，而後呈省。已上三等，並以六十月爲滿，各遷一重。

八年，定制，先役六十月以試驗其才，不能幹者進一官黜之。才幹者再理六十月。每三十月遷加，百二十月爲滿，須用識女直字者。十六年，定制，以制文試之，能解說得制意者爲中選。

十八年，制一品官子，初都軍，二錄事、軍防判，三都軍，四下令，五、六上令，〔一一〕回呈省。內祗，初錄事、軍防判，二上簿，三同初，四錄事，五都軍，六下令，七中令，八上令，回呈省。班祗，初上簿，二中簿，三同初，四錄事、軍防判，五錄事，六都軍，七下令，八中令，九上令，回呈省。

國史院書寫。正隆元年，定制，女直書寫，試以契丹字書譯成女直字，限三百字以上。契丹書寫，以熟於契丹大小字，以漢字書史譯成契丹字三百字以上，詩一首，或五言七言四韻，以契丹字出題。漢人則試論一道。遷考出職同太常檢討。

宗室將軍。六十月爲任，初刺同，二都軍，三刺同，四從六。副將軍以七品出職人充。明昌元年，以九十月爲滿，中都、上京初從七，二錄事、軍防判，三入本門戶。餘路，初錄事、軍防判，二上簿，三入本門戶。承安二年改司屬令作隨朝。

內侍御直。內直六十四人，正隆二年格，長行人五十月遷一重，女直人遷敦武，餘人遷進義，無出身。大定二年格，同上。大定六年，更定收補內侍格，能誦一大經、以論語孟子內能誦一書、幷善書札者，月給奉八貫石，稍識字能書者七貫石，不識字六貫石。泰和二年，以參用外官失防微之道，乃創寄祿官名，以專任之，既足以酬其勞，而無侵官之弊。

凡宮中諸局分，大定元年，世宗謂諸局分承應人，班敍俸給涉於太濫，正隆時乃無出身，涉於太刻，又其官品不以勞逸爲制，遂命更定之。大定六年，諭有司曰：「宮中諸局分承應人，有年滿數差使者，往往苦於稽留，而卒不得。其差者，復多不解文字而不幹，故公私不便。今後願出局者聽，願留者各增其秩，依舊承應。其十人長，雖老願留者亦增秩，作長行承應，餘依例放還。」七年，詔宰臣曰：「女直人自來諸局分不經收充祗候。可自今除太醫、司天、內侍外，餘局分並令收充勾當。」

護衞，正隆二年格，每三十月遷一重，初考，女直遷敦武，餘遷保義，百五十月出職，與從五品以下、從六品以上除。大定二年格，更爲初遷忠勇，百二十月出職。大定十四年官制，從下添兩重，遂命女直初遷修武，餘人敦武。十八年，制初除五品者次降除六品，第三復除從五品。初任六品者不降，第四任始授從五品，再勒留者各遷一官。明昌元年資格，初任不算資歷，不勒留者，初從六品，二、三皆同上，第四任陞從五。勒留者，初從五，二、三同上，第四正五品。再勒留者，初正五品，二同上，三少尹，四刺史。明昌四年，降作六品、七品除。貞祐制，一考八品，兩考除縣令，三考正七品，四考六品。五年，定一考者注上令。

兩考者一任正七品回降從七，兩任正七回陞六品。三考者正七一任回，再任正七陞六品。四考者，三任六品陞從五品。

符寶郎，十二人，正隆二年格，皆同護衞，出職與從七品除授。大定二年格，並同護衞。十四年，初收。〔二〕餘人遷進義。二十一年，英俊者與六品除，常人止與七品除。

奉御，十六人，以內駙馬充，舊名入寢殿小底。大定十二年，更今名。正隆二年格，同符寶郎。大定二年，出職從七品。

奉職，三十人，舊名不入寢殿小底，又名外帳小底。大定十二年更今名。正隆二年格，女直遷敦武，餘人歷進義，無出身。大定二年格，出職正班九品。大定十四年定新官制，從下添兩重，女直初考進義，餘人進義副尉。十七年格，有廕者初中簿，二下簿，無廕者注縣尉，已後則依格。明昌元年格，有廕者每勤留一考則減一資。二年，以八品出職。六年定格，初錄事、軍防判、正從八品丞，二上簿，三中簿，四正從八品，若不犯選格者則免此除，五下令，六、七中令，八上令。勤留一考者陞下令，四、五中令，六上令，回呈省。勤留兩考者陞上令，〔三〕二中令，三、四上令，回呈省。凡奉御奉職之出職，大定十二年增爲百五十月，二十九年復舊，承安四年復增。

東宮護衞，正隆二年，出職正班從八品。大定二年，正從七品。初收女直遷敦武，餘人保義。

閤門祗候，正隆二年格，女直初遷敦武，餘人保義，出職正班從八品。大定二年格，出職從七品。八年定格，初都軍，二錄事，三軍防判，四都軍，五下令，六中令，七上令。已帶明威者即與下令，二錄事、軍防判，三都軍，四下令，五中令，六上令。泰和四年格，初都軍，二錄事、軍防判，三下令，四中令，五上令。

筆硯承奉，舊名筆硯令史，大定三年，更爲筆硯供奉，後以避顯宗諱，〔四〕復更今名。正隆二年，女直人遷敦武，餘歷進義，無出身。大定二年格，初考女直遷敦武，餘保義，出職正班從七品。吏格，初都軍，二、三下令，四、五中令，六上令。

妃護衞，正隆二年格，與奉職同。大定二年，出職與八品。

符寶典書，四人，舊名牌印令史，以皇家袒免以上親、有服外戚、功臣子孫爲之。正隆二年格，出職九品。大定二十八年，出職八品，二上簿，回驗官資注授。

尙衣承奉，天德二年格，以班內祗人選充。大定三年，女直人遷敦武，餘人遷進義，出職九品。

知把書畫，十人，正隆二年格，與奉職同。大定二年，出職九品。十四年格，同奉職。二十一年定格，有廕者，初中簿，二軍器庫副，後依本門戶差注；無廕者，與差使。

凡已上諸局分承應人，正隆二年格，有出身者皆以五十月爲一考，五考出職，無出身者五十月止遷一官。大定二年、三年格，皆三十月爲考，遷一重，四考出職。十二年，復加爲五考。大定二十九年，又爲四考。承安四年，復爲五考。自大定十二年，凡增考者，惟護衞則否。

隨局內藏四庫本把，二十八人，正隆二年格，同奉職。大定二年格，十人長，每三十月遷一重，四考出職九品。長行，每五十月遷一重，初考女直敦武，餘人進義。轉十人長者其後依親軍例，轉五十人長者以三十月遷加，雖未至十人長而遷加至敦武者，依本門戶出職。十二年，加爲五考。二十一年格，與知把書畫同。二十八年，以合數監同人內，從下選差。明昌元年，如八貫石本把闕，六貫石局內選。六年，半於隨局承應人內選。

左右藏庫本把，八人，格同內藏。大定二十九年設，三十月遷一重，百二十月出職。

儀鸞局本把，大定二十七年，三人。明昌元年，設十五人，格比內藏本把。

尚食局本把，四人，大定二十八年設，格同儀鸞。

尚輦局本把，六人，二十八年設，格同儀鸞。

典客署書表，十八人，大定十二年，以班內祗、幷終場舉人愼行止者，試三國奉使接送禮儀，并往復書表，格同國史院書寫。十四年，以女直人識漢字班內祗一同試補。大定二十四年，終場舉人出職八品注上簿，次下簿，三任依本門戶。明昌五年，復許終場舉人材質端偉、言語辯捷者，與內班祗同試，與正九除。

捧案，八人，大定十九年，以已承三品官廕人，命宣徽院揀試儀觀修整者，格同尙衣承奉。二十一年，格同知把書畫。

擎執傔使，大定四年，以內職及承奉班內選。明昌六年，以皇家袒免以上親、不足則於外戚、并三品已上散官、五品以上職事官應廕子孫弟兄姪，以宣徽院選有德而美形貌者。

奉輦，舊名拽輦兒，大定二十九年更名，格同擎執。

妃奉事，舊名不入寢殿小底，大定十一年又名妃奉職，〔一五〕大定十八年更今名。格同知把書畫。

東宮妃護衞，十人，大定十三年，格同親王府祗候郎君。二十八年，有廕人與副巡檢、譏察，無廕人與司軍、軍轄等除。

東宮入殿小底，三十月遷一重。初考，女直人遷敦武，餘人遷保義。吏格，有廕無廕其出職，初八品，二上簿，三中簿，四八品，五下令，六中令，八上令，〔一六〕回呈省。

東宮筆硯，五十月遷一重，百五十月出職正班九品。無廕人差使。有廕人，大定二十一年格，〔一七〕與二十一年知把書畫格同。

正班局分，尚藥、果子本把、奉膳、奉飲、司裀、儀鸞、武庫本把、掌器、掌輦、習騎、羣子都管、生料庫本把。大定二十一年格，有廕人，知把書畫格同。章宗大定二十九年，〔一八〕諸局分長行並歷三百月、十人長九十月出職。

雜班局分，鷹坊子、尚食局厨子、果子厨子、食庫車本把、儀鸞典幄、武庫槍寨、司獸、錢帛庫官、旗鼓笛角唱曲子人、弩手、傘子。貞元元年，制弩手、傘子、尚廄局小底、尚食局厨子，並授府州作院都監。大定二十九年，長行三百月、十人長九十月出職，弩手、傘子四百月出職。

其他局分，若祕書監楷書及琴、碁、書、阮、象、說話待詔，尚廄局醫獸、〔一九〕駝馬牛羊羣子、酪人，皆無出身。

侍衛親軍長行，初收，遷一重，女直敦武，餘人進義。每五十月遷一重，以次轉五十人長者，則每三十月遷一重。如五十人長內遷至武義者，以五十人長本門戶出職。五十人長每三十月遷一重，六十月出職，係正班，與九品除授，有廕者八品除授。如轉百人長者，則三十月遷一重，六十月出職，係正班八品，有廕者七品。大定六年，百戶任滿，有廕者注七品都軍、正將，無廕及五十戶有廕者，注八品刺郡、都巡檢、副將。五十戶無廕者及長行有廕者，注縣尉，無廕注散巡檢。十六年，有廕百戶，初中令，二都軍、正將，三、四錄事，五下令，六中令，七上令，回呈省。無廕者，初都軍、正將，二錄事，三、四副將、巡檢，五都軍、正將，六下令，七中令，八上令，回呈省。此言識字者也；不識字者，初止縣尉，次主簿。二十一年，有廕者初中簿，二縣尉。無廕者初縣尉，二散巡檢。已後，依本門戶，識字、不識字並用差注。二十九年，定女直二百五十月出職，餘三百月出職。吏格，先察可親民、及不可者，驗其資歷，若已任回帶明威、懷遠者，驗資擬注。

拱衞直，正隆名龍翔軍，無出身。大定二年，改龍翔軍爲拱衞司。定格，軍使、什將、長行，每五十月遷一重，女直人敦武，餘人進義。遷至指揮使，則三十月出職，遷一重，係正班，與諸司都監。雖未至指揮使，遷至武義出職，係雜班，與差使。

司天長行，正隆二年，定五十月遷一重，女直敦武，餘人進義，無出身。

太醫，格同。貞元元年，嘗罷去六十餘人。正隆二年格，五十月遷一重，女直人敦武、餘人進義，無出身。

教坊，正隆間有典城牧民者，大定間罷，遂定格同上。

校勘記

〔一〕三年定格及七十五月出職者初上令二中令三下令　疑當作初上「簿」、二中「簿」、三下「簿」，皆正九品，「四、五錄事」爲正八品，「六下令、七中令、八上令」皆從七品，其敍方順。

〔二〕譯史四人　按本書卷五三百官志御史臺作「譯史三人」。

〔三〕樞密院令史譯史令史　按「令史、譯史」之下不應重出「令史」，上文「省令史、譯史」之後有「省通事」，又本書卷五五百官志，樞密院令史、譯史之後亦有「通事」，疑下「令史」二字是「通事」之誤。

〔四〕大定二十一年　按下文爲「十四年」「十六年」「十七年」，知此「二十一年」數目字有誤，亦或是敍事顛倒。

〔五〕三考以上初上令二中令三下令　疑當作「初上簿」，「二中簿」，「三下簿」，皆正九品，「四錄事、軍防判」則正、從八品，其敍方順，與「五下令，六、七中令，八上令」亦不重複。

〔六〕睦親府宗正府　按本書卷五五百官志，「大宗正府：泰和六年避睿宗諱改爲大睦親府」，而本條下文止作「宗正府令史」，則此處「睦親府」三字疑衍。

〔七〕大定二十一年　按下文有「十四年」「十五年」，知此「二十一年」數目字有誤，亦或是敍次顛倒。

〔八〕五錄事軍防判　「軍防」原作「防軍」，據殿本改。

〔九〕一考者初上令　按下文云「四上令」，疑此當作「初下令」。

〔一〇〕次三正從八品　原作「三四從八品」，據上下文改正。

〔一一〕五六上令　按上言「四下令」，下言「六上令」，則「五」下疑脫「中令」二字。

〔一二〕十四年初收　按「初收」下有脫文，據下文，疑或是「女直遷敦武」五字。

〔一三〕勒留兩考者陞上令　按下文「三、四上令」，則此「上」疑當作「下」。

〔一四〕後以避顯宗諱　「顯」原作「睿」。按本書卷一九世紀補，「睿宗諱宗堯」，「顯宗諱允恭」，則與「供」同音者當是「顯宗諱」之「恭」字。今據改。

〔一五〕大定十一年又名妃奉職　「妃」原作「名」，據殿本改。

〔一六〕六中令八上令　「六」下疑脫「七」字，或「八」當作「七」。

〔一七〕大定二十一年格　原脫「大定」二字，今補。

〔一八〕章宗大定二十九年　原脱「年」字，據殿本補。

〔一九〕尚厩局醫獸　按本書卷五八百官四百官俸給，「百司承應俸給」下有「尚厩獸醫」，疑此「醫獸」當是「獸醫」之誤。

金史卷五十四

志第三十五

選舉四

部選　省選　廉察　薦舉　功酬虧永

凡吏部選授之制，自太宗天會十二年，始法古立官，至天眷元年，頒新官制。及天德四年，始以河南、北選人並赴中京，吏部各置局銓注。又命吏部尚書蕭頤〔一〕定河南、北官通注格，以諸司橫班大解、幷大將軍合注差人，依年例一就銓注，餘求仕人分四季擬授，遂爲定制。貞元二年，命擬注時，依舊令，求仕官明數，謂面授也。不許就本鄉，若衰病年老者毋授繁劇處。

世宗大定元年，勅從八品以下除授，不須奏聞。又制，求仕官毋入權門，〔二〕違者追一官降除，有所餽獻而受之者，奏之。

二年，詔隨季選人，如無過或有功酬者，依格銓注。有廉能及汚濫者，約量升降，呈省。

七年，命有司，自今每季求仕人到部，令本部體問，政跡出衆者、及贓汚者，申省核實以聞，約量升擢懲斷，年老者勿授縣令。又謂宰臣曰：「隨朝官能否，大率可知。若外路轉運司幕官以至縣令，但驗資考，其中縱有忠勤廉潔者，無路而進，是此人終身不敢望三品矣，其豈進賢退不肖之道哉。自今通三考視其能否，以定升降爲格。」又曰：「今用人之法甚弊，其有不求聞達者，入仕雖久，不離小官，至三四十年不離七品者。而新進者結朝貴，致顯達，此豈示激勸之道。卿等當審於用人，以革此弊。」

時清州防禦使常德輝上言：「吏部格法，止敍年勞，是以雖有才能，拘於法而不得升，以致人材多滯下位。又刺史縣令親民之職，多不得人，乞加體察，然後公行廉問，庶使有懼心。且今酒稅使尙選能者，況承流宣化之官，可不擇乎。自今宜以能吏當任酒使者授親民之職。」〔三〕從之。

十年，上謂宰臣曰：「守令以下小官，能否不能偏知。比聞百姓或請留者，類皆不聽。凡小官得民悅，上官多惡之，能承事上官者，必不得民悅。自今民願留者，許直赴部，告呈省。遣使覆實，其績果善可超升之，如丞簿升縣令之類，以示激勸。」

二十六年，以闕官，勅「見行格法合降資歷內，三降兩降各免一降，一降者勿降。省令譯史合得縣令資歷內，免錄事及下縣令各一任。密院令史三考以上者，同前免之。臺、部、宗正府、統軍司令譯史，合歷縣令任數，免下令一任。外路右職文資諸科，合歷縣令亦免一任。當過檢法知法，三考得錄事者，已後兩除一差」。

明昌三年，上曰：「舊制，每季到部求仕人，識字者試以書判，不識字者問以疑難三事，體察言行相副者。其令自今隨季部人並令依條試驗。」宰執奏曰：「既體察知與所舉相同，又試中書判，若不量與升除，無以示勸。」遂定制，若隨朝及外路六品以上官則隨長任用，外路正七品官擬升六品縣令一等除授，任滿合降者免降，從七品以下於各等資歷內減兩任擬注，以後體察相同即依已升任使，若體察不同者本等注授，若見任縣令升中上令者、幷掌錢穀及丁憂去者，候解由到部。諸局分人亦候將來出職日準上擬注。猛安謀克擬依前提刑司保舉到升任例，施行時嘗令隨門戶減一資歷。明昌七年，勅復令如舊。

泰和元年，上以縣令見守闕，近者十四月、遠者十六月，又以縣令丞簿員闕不相副，勅省臣，「右選官見格，散官至明威者注縣令，宣武者注丞簿，雖曾犯選格及虧永者亦注，是無別也」。遂定制，曾犯選格及虧永者，廣威注令，明威注丞簿。

衞紹王大安元年，以縣令闕少，令初入上中下令者，與其守闕可令再注丞簿一任，俟員闕相副則當復舊。

宣宗貞祐二年，以播越流離，官職多闕，權命河朔諸道宣撫司得擬七品以下，尋以所注吏部不知，季放之闕多至重複，乃奏罷之。時李英言：「兵興以來，百務煩冗，政在用人，舊雖有四善、十七最之法，而拔擢蔑聞，幾爲徒設。大定間，以監察御史及審錄官分詣諸路，考覈以擬，號爲得人，可依已試之効，庶幾使人自勵。」詔從之。

三年，戶部郎中奧屯阿虎言：「諸色遷官並與女直一體，而有司不奉，妄生分別，以至上下相疑。」詔以違制禁之。

初，宣宗之南遷也，詔吏部以秋冬於南京、春夏於中都置選，而赴調者憚於北行，率皆南來，遂併於南京設之。三月，命汰不勝官者，〔四〕令五品以上官公舉，今季赴部人內，先擇材幹者量緩急易之。

興定元年，詔有司議減冗員。又詔，自今吏部每季銓選，差女直、漢人監察各一員監視，又盡罷前犯罪降除截罷、及承應未滿解去而復爲隨處官司委使者。又定制，權依劇縣例俱作正七品，令隨朝七品、外路六品以上職事官，舉正七品以下職事官年未六十無公私罪堪任使者，歲一人，仍令兼領樞密院彈壓之職，以鎮軍人。凡上司不得差占及凌辱決罰。到任半年，委巡按官體訪具申籍記。又半年覆察，考滿日分等升用。如六事備爲上等，升職一等，四事爲中等，減二資歷，其次下等減一資歷，不稱者截罷。

凡省選之制，自熙宗皇統八年以上京僻遠，始命詣燕京擬注，歲以爲常。貞元遷都，始罷是制。其常調制，正七品兩任陞六品，六品三任陞從五品，從五品兩任陞正五品，正五品三任陞刺史。凡內外官皆以三十月爲考，隨朝官以三十月爲任，陞職一等。自非制授，尚書選在外官，命左司移文勾取。承安三年，始命置簿勾取。

大定十五年，制凡二品官及宰執樞密使不理任，每及三十月則書於貼黃，不及則附於闕滿簿。內外三品官以五十月爲任。

泰和三年，制凡文資右職官應遷三品職事者，五品以上歷五十月，六品以下及門廕雜流職事至四品以上而散官應至三品者，皆歷六十月，方許告遷。

七年，自按察使副依舊三十月理考外，內外四品以四十月理考，通八十月遷三品。

泰和八年，詔以門廕官職事至四品者甚少，自今至刺史而散官應至三品者，即許告遷三品。此省選資考之制也。

世宗大定元年，上謂宰臣曰：「朕昔歷外任，不能悉知人之優劣，每除一官必以不稱職爲憂。夫薦賢乃相職，卿等其各盡乃心，勿貽笑天下。」又曰：「凡擬注之際當爲官擇人，勿徒任親舊，庶無曠官矣。」又曰：「守令之職當擇材能，比聞近邊殘破多用年老及罪降者，是益害邊民也。若資歷高者不當任邊遠，可取以下之才能者升授，回不復降，庶可以完復邊陲也。」邊陞之制，蓋始於此。

三年，詔監當官遷散官至三品尙任縣令者，與省除。

四年，勅隨朝六品以繁劇局分官有闕者，省不得擬注，令具闕及人以聞。

六年，制官至三品除，朝廷約量勞績歲月，特恩遷官。

七年，制內外三品官遇擬注，其歷過成考以上月日，不曾遷加，或經革撥，可於除目內備書以聞。又勅，外路四品以上職事官、幷五品合陞除官，皆具闕及人以聞。六品以下官，命尙書省擬定而復奏。上又謂宰臣曰：「擬注外官，往往未當。州縣之官良則政舉，否則政隳。卿宜辨論人材，優劣參用，則遞相勉勵，庶幾成治矣。」又曰：「從來頓舍人例爲節副，今宣徽院同簽銀术可以特收頓舍，然後授以滄州同知，此亦何功，但其人有足任使，故授以同簽也。且如自護衞、符寶、頓舍考滿者與六品五品之職，而與元苦辛特收頓舍者例除，則是不倫也。」

十年，謂宰臣曰：「凡在官者，若不爲隨朝職任，便不能離常調。若以卿等所知任使恐有滯，如驗入仕名項或廉等第用之亦可。若不稱職，即與外除。」

十一年，上謂宰臣曰：「隨朝官多自計所歷，一考謂當得某職，兩考又當得某職，故但務因循而已。及被差遣，又多稽違。近除大理司直李寶爲警巡使，而奏謝言『臣內歷兩考』，意謂合得五品而除六品也。朕以此人幹事，嘗除監察御史，及爲大理司直，未嘗言情見一事，由是除長官，欲視其爲政，故授是職。自今外路與內除者，察其爲政公勤則升用，若但務苟簡者，不必待任滿即當依本等出之。不明賞罰，何以示勸勉也。」

十二年，上謂宰臣曰：「朕嘗取尚書省百官行止觀之，應任刺史知軍者甚少，近獨深州同知辭不習爲可，故用之。即今居五品者皆再任當例降之人，故不可也。護衞中有考滿者，若令出職，慮其年幼不閑政事，兼宿衞中如今日人材亦難得也。若勤留承應，累其資考，令至正五品可乎？」皆曰：「善。」

十六年，勅宰臣，選調擬注之際，須引外路求仕人，引至尚書省堂量材受職。〔五〕

二十一年，謂宰臣曰：「海陵時，與人本官太濫，今復太隘。」令散官小者奏之。〔六〕

二十四年，以舊資考太滯，命各減一任，臨時量人材、辛苦、資歷、年甲，以次奏稟。

章宗大定二十九年，定制，自正七品而上皆以兩任而後陞。

明昌四年，以前制有職官已帶三品者不許告遷，有司因之不舉，以致無由遷敘。上慮其滯，遂定制，已帶三品散官實歷五十月，從有司照勘，格前進官一階，格後爲始再算。

五年，命宰臣擬注之際，召赴選人與之語，以觀其人。

六年，命隨朝五品之要職、及外路三品官，皆具人闕進呈，以聽制授。

七年，勅隨朝除授必欲至三十月，如有急闕，則具闕及人奏稟。尋復令，不須待考滿後，當通算其所歷而已。

承安四年，勅宰臣曰：「凡除授，恐未盡當。今無門下省，雖有給事中而無封駁司，若設之，使於擬奏未受時詳審得當，然後授之可也。」乃立審官院，凡所送令詳審者，以五日內奏或申省。

承安五年，以六品、從五品闕少，勅命歷三任正七品而後陞六品。

泰和元年，諭旨宰臣曰：「凡遇急闕，與其用資歷未及之人，何如止起復丁憂舊人也。」命內外官通算，合得升等而少十五月者，依舊在職補足，而後升除，或有餘月日以後積算。遇闕而無相應人，則以資歷近者奏稟。

二年，命少五月以下者本任補，六月至十四月者本任或別除補之。是制既行之後，至六年，以一例遞升復恐太濫，命量材續稟。

衞紹王大安元年，定文資本職出身內，有至一品職事官應遷一品散官者，實歷五十月方許告遷。二品三品職事官應告本品循遷者，亦歷五十月，不得過本品外。四品以下職事官如遷三品者，亦歷五十月，止許告遷三品一資。六品以下職事官歷六十月告遷，帶至三品更不許告。犯選格者皆不許。如已至三品以上職事者，六十月亦聽。凡遷三品官資及致仕并橫遷三品者，則具行止以聞。四品則六十月告遷，雜班則否。

宣宗興定元年，徒單頑僧言：「兵興以來，恩命數出，以勞進階者比年尤多。賤職下僚散官或至極品，名器之輕莫此爲甚。自今非親王子及職一品，餘人雖散官至一品乞皆不許封公。若已封者，雖不追奪其儀衞，亦當降從二品之制。」從之。

凡選監察御史，尙書省具才能者疏名進呈，以聽制授。任滿，御史臺奏其能否，仍視其所察公事具書於解由，以送尙書省。如所察事皆無謬戾爲稱職，則有陞擢。庸常者臨期取旨，不稱者降除，任未滿者不許改除。大定二十七年前，嘗令六十以上者爲之。後，臺官以年老者多廢事爲言，乃勅尙書省於六品七品內取六十以下廉幹者備選。二十九年，令臺官得自辟舉。

明昌三年，復命尙書省擬注，每一闕則具三人或五人之名，取旨授之。

承安三年，勅監察給由必經部而後呈省。

泰和四年，制以給由具所察事之大小多寡定其優劣。

八年，定制，事有失糾察者以怠慢治罪。

貞祐二年，定制以所察大事至五、小事至十爲稱職，數不及且無切務者爲庸常，數內有二事不實者爲不稱職。

四年，命臺官辟舉，以名申省，定其可否。

廉察之制，始見於海陵時，故正隆二年六月有廉罷官復與差除之令。大定三年，命廉到廉能官第一等進官一階陞一等，其次約量注授。汚濫官第一等殿三年降二等，次二年，又次一年，皆降一等。詔廉問猛安謀克，廉能者第一等遷兩官，其次遷一官。汚濫者第一等決杖百，罷去，擇其兄弟代之。第二等杖八十，第三等杖七十，皆令復職。蒲輦決則罷去，永不補差。

八年，省臣奏御史中丞移剌道所廉之官，上曰：「職官多貪汚，以致罪廢，其餘亦有因循以苟歲月者。今所察能實可甄獎，〔七〕若卽與升除，恐無以慰民愛留之意，且可遷加，候秩滿日升除。」

十年正月，上謂宰臣曰：「今天下州縣之職多闕員，朕欲不限資歷用人，何以偏知其能。擬欲遣使廉問，又慮擾民而未得其眞。若令行辟舉之法，復恐久則生弊。不若選人暗察明廉，如其相同，然後陞黜之，何如？」宰臣曰：「當如聖訓。」

十一年，奏所廉善惡官，上曰：「罪重者遣官就治，所犯細微者蓋不能禁制妻孥耳，其誡勵而釋之。凡廉能官，四品以下委官覆實，同則升擢。三品以上以聞，朕自處之。」時陳言者有云「每三年委宰執一員廉問」者，上以大臣出則郡縣動搖，誰復敢行事者。今默察明問之制，蓋得其中矣。又謂宰臣曰：「朕以欲遍知天下官吏善惡，故每使採訪，其被升黜者多矣，宜知勸也。若常設訪察，恐任非其人以之生弊，是以姑罷之。」皆曰：「是官不設，何以知官吏之善惡也？」左丞相良弼曰：「自今臣等盡心親察之。」上曰：「宜加詳，勿使名實淆混。」

十二年，以同知城陽軍山和尚等清强，〔八〕上曰：「此輩，暗察明訪皆著政聲。夫賞罰必信，則善者勸、惡者懼，此道久行庶可得人也。其第其政績旌賞之。」三月，詔贓官既已被廉，若仍舊在職必復害民，其遣驛使遍詣諸道，即日罷之。

大定二十八年，制以閤門祇候、筆硯承奉、奉職、妃護衞、東宮入殿小底、宗室郎君、王府郎君、省郎君，始以選試才能用之，不須體察。內藏本把，不入殿小底、與入殿小底、及知把書畫，則亦不體察。

明昌三年，〔九〕以所廉察則有清廉之聲，而政績則平常者，勑命不降注。以石仲淵等四人，雖清廉爲百姓所喜，而復有行事邀順人情之語，則與公正廉能人不同，勑命降注。凡治績平常者，奪元舉官俸一月。

四年，〔一〇〕上曰：「凡被舉者，或先察者不同，其後爲人再舉而察者同，或先察者同，而後察者不同，當何以處之？其議可久通行無窒之術以聞。」省臣奏曰：「保舉與體察不一者，可除不相攝提刑司境內職事，再令體察，如果同則依格用，不同則還本資歷。」時有議「凡當舉人之官，歲限以數，減資注受」者，是日，省臣併奏，以謂如此恐滋久長求請僥倖之弊。遂擬「被舉官如體察相同，隨長陞用，不如所舉者元舉官約量降除。如自囑求舉，或因勢要及爲人請囑而舉之者，各追一官，受賄者以枉法論，體察官亦同此。歲舉不限數，不舉不坐罪，但不如所舉則有降罰，如此則必不敢濫舉，而實材可得。」上曰：「是可止作條理，施行一二年，當別思其法。」

承安四年，以按察司不兼採訪，遂罷平倒別路除授之制。

泰和元年，定制，自第一等闕外，第二等闕滿，合注縣令者升上令，少一任與中令，少二任與下令，少三任以上者與錄事軍防判，仍減一資，注令。少五任以上者注丞簿。第三等任滿，合注縣令者升中令，少一任與下令，少二任以上者與錄事防判，亦減一資，注令。少四任以上者並注丞簿。已入縣令者，秩滿日與上令，仍依各等資考內通減兩任呈省。已任七品、六品者減一資注授，經保充縣令，明問相同，依資考不待滿升除，見隨朝者考滿升注，既升除後將來覆察公正廉能者不降。

宣宗南遷，嘗以御史巡察。興定元年，以縣官或非材，監察御史一過不能備知，遂令每歲兩遣監察御史巡察，仍別選官巡訪，以行黜陟之政。

哀宗正大元年，設司農司，自卿而下迭出巡察吏治臧否，以陞黜之。

舉薦。〔一二〕大定二年，詔隨朝六品、外路五品以上官，各舉廉能官一員。三年，定制，若察得所舉相同者，即議旌除。若聲跡穢濫，所舉官約量降罰。

九年，上曰：「朕思得忠廉之臣，與之共治，故嘗命五品以上各舉所知，於今數年矣。以天下之大，豈無其人，由在上者知而不舉也。」參知政事魏子平奏曰：「可令當舉官者，每任須舉一人，視其當否以爲旌賞。」上曰：「一任舉一人，則人材或難，恐涉於濫。又少有所犯則罪舉者，故人益畏而不敢舉。宋國被舉之官有犯罪者，所舉官雖宰執亦不免降黜，若有能名，則被遷賞。且人情始慕進，故多廉愼，既得任用，或失所守。宰執自掌黜陟之權，豈可因所舉而置罪耶。」左丞相紇石列良弼曰：「已申前令，命舉之矣。」

十年，上曰：「舉人之法，若定三品官當舉幾人，是使小官皆諂媚於上也。惟任滿詢察前政，則得人矣。」

十一年，上謂宰臣曰：「昨觀貼黃，五品以下官多闕，〔一三〕而難於得人。凡三品以上，朕則自知，五品以下，不能盡識，卿等曾無一言見舉者。國家之務，朕豈能獨盡哉。蓋嘗思之，欲畫久安之計，〔一三〕興百姓之利，而無良輔佐，雖有所行皆尋常事耳。」

十九年，時朝廷既取民所譽望之官而升遷之，後，上以隨路之民赴都舉請者，往往無廉能之實，多爲所使而來沽名者，不須舉行。

章宗大定二十九年，上以選舉十事，命奉御合魯諭尚書省定擬。

其一曰：「舊格，進士、軍功最高，尚且初除丞簿，第五任縣令升正七品，兩任正七品升六品，三任六品升從五品，兩任從五升正五品，正五三任而後升刺史，計四十餘年始得至刺史也，其他資格出職者可知矣。拘於資格之滯，至於如此。其令提刑司採訪可用之才，減資考而用之，庶使可用者不至衰老。」省臣遂擬，凡三任升者減爲兩任，於此資歷內，遇各品闕多，則於第二任未滿人內，選人材、苦辛可以超用者，及外路提刑司所採訪者，升擢之。

其二曰：「舊格，隨朝苦辛驗資考陞除者，任滿回日而復降之。如正七滿回降除從七品，從五品回降爲六品之類。今若其人果才能，可爲免降。」尚書吏部遂擬，今隨朝考滿，遷除外路五品以下職事，并應驗考次職滿有才能者，以本官任滿已前十五月以上、二十月以內，察訪保結呈省。

其三曰：「隨路提刑所訪廉能之官，就令定其堪任職事，從宜遷注。」

其四曰：「從來宰相不得與求仕官相見，如此何由知天下人材優劣。其許相見，以訪才能。」尙書刑部謂，「在制，求仕官不得於私第謁見達官，違者追一官降等奏除。若有求請餽遺，則以奏聞，仍委御史糾察」。上遂命削此制。

其五曰：「舊時，臣下雖知親友有可用者，皆欲遠嫌而不引薦。古者舉賢不避親讎，如祁奚舉讎，仁傑舉子，崔祐甫除吏八百皆親故也。其令五品以上官，各舉所知幾人，違者加以蔽賢之罪。」吏部議，內外五品以上職事官，每歲保廉能官一人。外路五品、隨朝六品願舉者聽。若不如所舉者，各約量降罰。今擬賢而不舉者，亦當約量降罰。

其六曰：「前代官到任之後，卽舉可自代者，其令自今五品以上官，舉自代以備交承。」吏部按唐會要，建中元年赦文，文武常參官外，節度、觀察、防禦、軍使、刺史、赤令、畿令、幷七品以上淸官、大理司直評事，受命之三日，於四方館上表，讓一人以自代，外官則馳驛奏聞。表付中書門下，每官闕卽以所舉多者量授。今擬內外官五品以上到任，須舉所知才行官一員以自代。太傅、丞相、平章謂，「自古人材難得，若令舉以自代，恐濫而不得實材」。參政謂，「自代非謂卽令代其人也，止類姓名，取所舉多者約量授之爾，此蓋舜官相讓，周官推賢之遺意。」上以參政所言與吏部同，從之。

其七曰：「隨朝、外路長官，一任之內足知僚屬之能否，每任可令舉幾人。」吏部擬，今內外五品以上職事官長，於僚屬內須舉才能官一人，數外舉者聽。

其八曰：「人才隨色有之，監臨諸物料及草澤隱逸之士，不無人材，宜薦舉用之。」吏部擬，監臨諸物料內，以外路五品、隨朝六品以上，舉廉能者，直言所長，移文轉申省，差官察訪得實，隨材任使。草澤隱逸，當遍下司縣，以提刑司察訪呈省。隨色人材，令內外五品以上職官薦之。

其九曰：「親軍出職，內有尤長武藝、勇敢過人者，其令內外官舉、提刑司察，如資考高者，可參注沿邊刺史、同知、縣令。」吏部擬，若依本格資歷，恐妨才能，若舉察得實者，依本格減一資歷擬注。尚書省擬，依旨升品擬注。

其十曰：「內外官所薦人材，卽依所舉試之，委提刑司採訪虛實，若果能稱職，更加遷擢，如或碌碌，卽送常調。古者進賢受上賞，進不肖有罰，其立定賞罰條格，庶使人不敢徇私也。」省臣議，隨款各欲舉人，則一人內所舉不下五七人。〔四〕自古知人爲難，人材亦自難得，限數多則猥避責罰、務苟簡，不副聖主求賢之意。擬以前項各款，隨色能舉一人，卽充歲舉之數。如此則不濫，而實材得矣。每歲貢人數，尚書省覆察相同，則置簿籍之，如有闕則當隨材奏擬。明昌元年，制明昌元年，勑齊民之中有德行才能者，司縣舉之，特賜同四舉五舉人下。如所舉磙磙無過人跡者，元舉官依例治罪。

宣宗興定元年，令隨朝七品、外路六品以上職事官，舉正七品以下職事官年未六十、不犯贓、堪任使者一人。

三年，定辟舉縣令制。稱職，則元舉官減一資歷。中平，約量陞除。不稱，罰俸一月。犯免官，免所居官。及官當私罪解任、杖罪、贓汚者，約量降除。汚贓至徒以上及除名者，一任不理資考。三品以上舉縣令，稱職者約量升除，不稱奪俸一月。若被舉者犯免官等罪，奪俸兩月。贓汚至徒以上及除名者，奪俸三月。獄成，而會赦原者，亦原之。

五年，制辟舉縣令考平者，元舉者不得復舉，他人舉之者聽。又舊制，保舉縣令秩滿之後，以六事論升降，三事以下減一資歷，四事減兩資歷，六事皆備則升職一等。既而御史張升卿言：「進士中下甲及第人、及監官至明威當入縣丞主簿，而三事以下減一資歷注下令，四事減注中令，令皆七品也，若復八品矣。輕重相戾，宜更定之。」遂定制，自今四事以下如前條，六事完者，進士中下甲及第、監官當入縣丞主簿人，減三資歷，注上令。餘出身者亦同此。任二十月以上，雖未秩滿，若以理去官，六事之跡已經覆察，論升如秩滿例。

五年，以舉官或私其親、或徇於請求、或謬於鑒裁而妄舉，數歲之間以濫去者九十餘人，乃罷辟舉縣令之制。

至哀宗正大元年，乃立法，命監察御史、司農司官，先訪察隨朝七品、外路六品以上官，清愼明潔可爲舉主者，然後移文使舉所知，仍以六事課殿最，而升黜舉主。故舉主既爲之盡心，而被舉者亦爲之盡力。是時雖迫危亡，而縣令號爲得人，由作法有足取云。

功酬虧永之制。凡諸提點院務官，三十月遷一官，周歲爲滿，止取無虧月日用之。大定四年，定制，一任內虧一分以上降五人，二分以上降十人，三分以上降十五人，若有增羡則依此陞遷，其陞降不盡之數，於後任充折。

二十一年，以舊制監當官並責決，而不顧廉耻之人，以謂已決即得赴調，不以刑罰爲畏。擬自今，若虧永及一酬以上，依格追官殿一年外，虧永不及酬者，亦殿一年。

章宗大定二十九年，罷年遷之法，更定制，比永課增及一酬遷一官，兩酬遷兩官，如虧課則削亦如之，各兩官止。又罷使司小都監與使副一體論增虧者，及罷餘前陞降不盡之數後任充折之制。〔一五〕

泰和元年，制犯選及虧永者，右職漢人至宣武將軍從五品、女直至廣威將軍正五品，方注縣令。又吏格，曾犯選及虧永者，女直至武義從六、漢人及諸色人至武略從六，皆注諸司，亦兩除一差，至明威方注丞簿。

貞祐三年，制曾虧永、犯選者，遷至宣武，注諸司，至懷遠從四下，方注丞簿，至安遠從四上，注下令。

正大元年，制曾犯選、曾虧永者，至廣威與諸司，兩除一差，至安遠注丞簿，三任，其至鎭國從三品下，方注下令。羣牧官三周歲爲滿，所牧之畜以十爲率，駝增二頭，馬增二疋，牛亦如之，〔一六〕羊增四口，而大馬百死十五疋者，及能徵前官所虧，三分爲率，能盡徵及徵二分半以上，爲上等，陞一品級。駝增一，馬牛增二，羊增三，大馬百死二十五，徵前官所虧二分以上，爲中等，約量升除。駝不增，馬牛增一，羊增二，大馬百死三十，徵虧一分以上，爲下等，依本等除。餘畜皆依元數，而大馬百死四十，徵虧不及一分者，降一等。此明昌四年制也。

五年，制馬牛羊虧元數十之一，騍馬百死四十，徵虧不及一分者，降一等，決四十。若駝馬牛羊虧元數一分、馬百死四十，徵虧不得者，杖八十，降同前。

校勘記

〔一〕又命吏部尚書蕭賾　「賾」原作「頤」。按本書卷五海陵紀，貞元二年九月「辛酉，以吏部尚書蕭賾爲參知政事」。頤是其弟，而官階不及此。今據改。

〔二〕又制求仕官毋入權門　按本書卷六世宗紀，大定三年十一月戊申，詔「求仕官輒入權要之門，追一官，仍降除。以請求有所饋獻及受之者，具狀奏裁」。當卽此事。則當在下文「二年」之後，或「二年」之「二」誤。

〔三〕自今宜以能吏當任酒使者授親民之職　據文義，「當」字疑是「嘗」字之誤。

〔四〕三月命汰不勝官者　「月」原作「年」。按上文已出「三年」，本書卷一四宣宗紀，貞祐三年三月「丙寅，勅沿河州縣官罷軟不勝職任者汰去，令五品已上官公舉，仍許今季到部人內先擇能者量緩急易之」。今據改。

〔五〕引至尚書省堂量材受職　按本書卷五五百官志，尚書省「直省局：局長，從八品，掌都堂之禮及官員參謝之儀」。卷一一三完顏賽不傳有「都堂會議」。「都堂」蓋尚書省之大堂，金人著作中時有及之，如劉祁歸潛志卷一二錄大梁事言，「執政召在京父老士庶計事詣都堂」，「崔立坐都堂，召在京父老僧道百姓諭言」，等等，此處「省」下蓋脫「都」字。

〔六〕令散官小者奏之　「令」原作「今」。據道光四年殿本改。

〔七〕今所察能實可甄奬　按「能」上疑脫「廉」字。

〔八〕十二年以同知城陽軍山和尙等清强　「城」原作「山」。按本書卷七世宗紀，大定十二年二月「丙午，尙書省奏，廉察到同知城陽軍事山和尙等清强官」。卷二五地理志，山東東路「莒州，本城陽軍，大定二十二年升爲城陽州」。今據改。

〔九〕明昌三年　原脫「明昌」二字。按上文爲大定二十八年，下文爲明昌四年，則此三年顯屬明昌。今將下文「四年」上之「明昌」二字移此。

〔一〇〕四年　「四年」上原有「明昌」二字，今移至上文「三年」之上。見前條。

〔一一〕舉薦　按卷首標目作「薦舉」。

〔一二〕五品以下官多闕　「下」原作「上」。按本書卷六世宗紀，大定十一年八月「上謂宰臣曰：『五品以下闕員甚多』」。今據改。

〔一三〕欲晝久安之計　「晝」原作「盡」。今據本書卷六世宗紀大定十一年文改。

〔一四〕則一人內所舉不下五七人　據文義，「一人」疑是「一任」之誤。

〔一五〕及罷餘前陞降不盡之數後任充折之制　「前」原作「錢」，據殿本改。

〔一六〕馬增二疋牛亦如之　按下文「中等」是「駝增一，馬牛增二，羊增三」，「下等」是「駝不增，馬牛增一，羊增二」，則「上等」似當是駝增二，馬牛增三，羊增四。疑此處「二」當作「三」。

金史卷五十五

志第三十六

百官一

三師　三公　尚書省　六部　都元帥府樞密院　大宗正府
御史臺　宣撫司　勸農使司　司農司　三司　國史院
翰林院　審官院　太常寺

金自景祖始建官屬，統諸部以專征伐，嶷然自爲一國。其官長，皆稱曰勃極烈，故太祖以都勃極烈嗣位，太宗以諳版勃極烈居守。諳版，尊大之稱也。其次曰國論忽魯勃極烈，國論言貴，忽魯猶總帥也。又有國論勃極烈，或左右置，所謂國相也。其次諸勃極烈之上，則有國論、乙室、忽魯、移賚、阿買、阿舍、昊、迭之號，以爲陞拜宗室功臣之序焉。其部長曰孛菫，統數部者曰忽魯。凡此，至熙宗定官制皆廢。

其後惟鎮撫邊民之官曰禿里，烏魯骨之下有掃穩脫朵，詳穩之下有麽忽、習尼昆，此則具於官制而不廢，皆踵遼官名也。

漢官之制，自平州人不樂爲猛安謀克之官，始置長吏以下。天輔七年以左企弓行樞密院於廣寧，尙踵遼南院之舊。天會四年，建尙書省，遂有三省之制。至熙宗頒新官制及換官格，除拜內外官，始定勳封食邑入衔，而後其制定。然大率皆循遼、宋之舊。海陵庶人正隆元年罷中書、門下省，止置尙書省。自省而下官司之別，曰院、曰臺、曰府、曰司、曰寺、曰監、曰局、曰署、曰所，各統其屬以修其職。職有定位，員有常數，紀綱明，庶務舉，是以終金之世守而不敢變焉。

大定二十八年，在仕官一萬九千七百員，四季赴選者千餘，歲數監差者三千。明昌四年奏，周歲，官死及事故者六百七十，新入仕者五百一十，見在官萬一千四百九十九，內女直四千七百五員，漢人六千七百九十四員。至泰和七年，在仕官四萬七千餘，四季部擬授者千七百，監官到部者九千二百九十餘，則三倍世宗之時矣。

若宣宗之招賢所、經略司，義宗之益政院，〔一〕雖危亡之政亦必列於其次，以著一時之事云。

三師

太師、太傅、太保各一員，皆正一品，師範一人，儀刑四海。

三公

太尉、司徒、司空各一員，皆正一品，論道經邦，燮理陰陽。

尚書省

尚書令一員，正一品，總領紀綱，儀刑端揆。

左丞相、右丞相各一員，從一品，平章政事二員，從一品，爲宰相，掌丞天子，平章萬機。左丞、右丞各一員，正二品，參知政事二員，從二品，爲執政官，爲宰相之貳，佐治省事。

左司

郎中一員，正五品，國初置左、右司侍郎，天眷三年始更今名。舊凡視朝，執政官親執奏目，天德二年詔以付左、右司官，爲定制。員外郎一員，正六品，掌本司奏事，總察吏、戶、禮三部受事付事，兼帶修起居注官，迴避其間記述之事。每月朔朝，則先集是月秩滿者爲簿，名曰闕本，及行止簿、貼黃簿，并官制同進呈，御覽畢則受而藏之。每有除拜，凡尚書省所不敢擬注者，則一闕具二三人以聽制授焉。都事二員，正七品，貞元二年，左右司官，宮中出身、并進士、令史三色人內通選。三年，以監察御史相應人取次稟奏，不復擬注。掌本司受事付事，檢勾稽失、省署文牘，兼知省內宿直，檢校架閣等事。右司所掌同。

右司

郎中一員，正五品，員外郎一員，正六品，掌本司奏事，總察兵、刑、工三部受事付事，兼帶修注官，迴避其間記述之事。都事二員，正七品。

尚書省祗候郎君管勾官，從七品，掌祗候郎君，謹其出入及差遣之事。承安二年以前，走馬郎君擬注。泰和令，以左右女直都事兼。正大間，改用親從人。

架閣庫大定二十一年六月設，仍以都事提控之。

管勾，舊二員，正大省一員。正八品，同管勾，舊二員，正大省一員。從八品，掌總察左右司大程官追付文牘，并提控小都監給受紙筆，餘管勾同。女直省令史三十五人，左二十人，右十五人。大定二十四年爲三十人，進士十人，宰執子、宗室子十人，密院臺部統軍司令史十人。漢令史三十五人，左二十一人、右十四人。省譯史十四人，左右各七人。女直譯史同。通事八人，左右各四人。高麗、夏國、回紇譯史四人，左右各二人。諸部通事六人。曳剌二十人。走馬郎君五十人。

提點歲賜所

左右司郎中、員外郎兼之，掌提點歲賜出入錢幣之事。

堂食公使酒庫

副一員，正九品，掌貳使事。

使一員，從八品，掌受給歲賜錢，總領庫事。

直省局

局長，從八品，掌都堂之禮及官員參謝之儀。

副局長，正九品，掌貳局長。

管勾尙書省樂工，從九品。

行臺之制。熙宗天會十五年，罷劉豫，置行臺尙書省於汴。天眷元年，以河南地與宋，遂改燕京樞密爲行臺尙書省。天眷三年，復移置於汴京。皇統二年，定行臺官品皆下中臺一等。

吏部

六部，國初與左、右司通署，天眷三年始分治。

尚書一員，正三品。

侍郎一員，正四品。

郎中二員，從五品。天德二年，增作四員，後省。

員外郎，從六品。天德二年，增作四員，後省。

掌文武選授、勳封、考課、出給制誥之政。以才行勞效，比仕者之賢否；以行止、文册、貼黃簿，制名闕之機要。正七品以上，以名上省，聽制授。從七品以下，每至季月則循資格而擬注，自八品以上則奏，以下則否。侍郎以下，皆爲尚書之貳。郎中掌文武選、流外遷用、官吏差使、行止名簿、封爵制誥。一員掌勳級酬賞、承襲用廕、循遷、致仕、考課、議謚之事。員外郎分判曹務及參議事，所掌與郎中同。

文官九品，階凡四十有二：

從一品上曰開府儀同三司，中曰儀同三司，中次曰特進，下曰崇進。

正二品上曰金紫光祿大夫，下曰銀青榮祿大夫。

從二品上曰光祿大夫，下曰榮祿大夫。

正三品上曰資德大夫，中曰資政大夫，下曰資善大夫。

從三品上曰正奉大夫，中曰通奉大夫，下曰中奉大夫。

正四品上曰正議大夫，中曰通議大夫，下曰嘉議大夫。
從四品上曰大中大夫，中曰中大夫，下曰少中大夫。
正五品上曰中議大夫，中曰中憲大夫，下曰中順大夫。
從五品上曰朝請大夫，中曰朝散大夫，下曰朝列大夫。舊曰奉德大夫，天德二年更。
正六品上曰奉政大夫，下曰奉議大夫。
從六品上曰奉直大夫，下曰奉訓大夫。
正七品上曰承德郎，下曰承直郎。
從七品上曰承務郎，下曰儒林郎。
正八品上曰文林郎，下曰承事郎。
從八品上曰徵事郎，下曰從仕郎。
正九品上曰登仕郎，下曰將仕郎。
從九品上曰登仕佐郎，下曰將仕佐郎。此二階，大定十四年創增。

武散官，凡仕至從二品以上至從一品者，皆用文資。自正三品以下，階與文資同：
正三品上曰龍虎衞上將軍，中曰金吾衞上將軍，下曰驃騎衞上將軍。
從三品上曰奉國上將軍，中曰輔國上將軍，下曰鎮國上將軍。

正四品上曰昭武大將軍，中曰昭毅大將軍，下曰昭勇大將軍。

從四品上曰安遠大將軍，中曰定遠大將軍，下曰懷遠大將軍。

正五品上曰廣威將軍，中曰宣威將軍，下曰明威將軍。

從五品上曰信武將軍，中曰顯武將軍，下曰宣武將軍。

正六品上曰武節將軍，下曰武德將軍。

從六品上曰武義將軍，下曰武略將軍。

正七品上曰承信校尉，下曰昭信校尉。

從七品上曰忠武校尉，下曰忠顯校尉。

正八品上曰忠勇校尉，下曰忠翊校尉。

從八品上曰修武校尉，下曰敦武校尉。

正九品上曰保義校尉，下曰進義校尉。

從九品上曰保義副尉，下曰進義副尉。此二階，大定十四年創增。

封爵：

正從一品曰郡王，曰國公。

正從二品曰郡公。

正從三品曰郡侯。

正從四品曰郡伯。舊曰縣伯，承安二年更。

正五品曰縣子，從五品曰縣男。

凡勳級：

正二品曰上柱國，從二品曰柱國。

正三品曰上護軍，從三品曰護軍。

正四品曰上輕車都尉，從四品曰輕車都尉。

正五品曰上騎都尉，從五品曰騎都尉。

正六品曰驍騎尉，從六品曰飛騎尉。

正七品曰雲騎尉，從七品曰武騎尉。

凡食邑：

封王者萬戶，實封一千戶。

郡王五千戶，實封五百戶。

國公三千戶，實封三百戶。

郡公二千戶，實封二百戶。

郡侯一千戶，實封一百戶。

郡伯七百戶，縣子五百戶，縣男三百戶，皆無實封。

自天眷定制，凡食邑，同散官入銜。

司天翰林官，舊制自從七品而下止五階，至天眷定制，司天自從四品而下，立爲十五階：

從四品上曰欽象大夫，中曰正儀大夫，下曰欽授大夫。

正五品上曰靈憲大夫，中曰明時大夫，下曰頒朔大夫。

從五品上曰雲紀大夫，中曰協紀大夫，下曰保章大夫。

正六品上曰紀和大夫，下曰司玄大夫。

從六品上曰探賾郎，下曰授時郎。

正七品上曰究微郎，下曰靈臺郎。

從七品上曰明緯郎，下曰候儀郎。

正八品上曰推策郎，下曰司正郎。

從八品上曰校景郎，下曰平秩郎。

正九品上曰正紀郎，下曰挈壺郎。

從九品上曰司曆郎，下曰司辰郎。

太醫官，舊自從六品而下止七階，天眷制，自從四品而下，立爲十五階：

從四品上曰保宜大夫，中曰保康大夫，下曰保平大夫。

正五品上曰保頤大夫，中曰保安大夫，下曰保和大夫。

從五品上曰保善大夫，中曰保嘉大夫，下曰保順大夫。

正六品上曰保合大夫，下曰保沖大夫。

從六品上曰保愈郎，下曰保全郎。

正七品上曰成正郎，下曰成安郎。

從七品上曰成順郎，下曰成和郎。

正八品上曰成愈郎，下曰成全郎。

從八品上曰醫全郎，下曰醫正郎。

正九品上曰醫效郎，下曰醫候郎。

從九品上曰醫痊郎，下曰醫愈郎。

內侍，天德創制，自從四品以下，十五階：

從四品上曰中散大夫，中曰中尹大夫，下曰中侍大夫。

正五品上曰中列大夫，中曰中御大夫，下曰中儀大夫。
從五品上曰中常大夫，中曰中益大夫，下曰中衞大夫。
正六品上曰中良大夫，天德作中亮。〔三〕下曰中涓大夫。
從六品上曰通禁郎，下曰通侍郎。
正七品上曰通掖郎，下曰通御郎。
從七品上曰禁直郎，下曰侍直郎。
正八品上曰掖直郎，下曰內直郎。
從八品上曰司贊郎，下曰司謁郎。
正九品上曰司閽郎，下曰司僕郎。
從九品上曰司奉郎，下曰司引郎。

教坊，舊用武散官，大定二十九年以爲不稱，乃創定二十五階。明昌三年，自從四品以下，更立爲十五階：

從四品上曰雲韶大夫，中曰仙韶大夫，下曰成韶大夫。
正五品上曰章德大夫，中曰長寧大夫，下曰德和大夫。
從五品上曰景雲大夫，中曰雲和大夫，下曰協律大夫。

正六品上曰慶喜大夫，下曰嘉成大夫。
從六品上曰肅和郎，下曰純和郎。
正七品上曰舒和郎，下曰調音郎。
從七品上曰比音郎，下曰司樂郎。
正八品上曰典樂郎，下曰協樂郎。
從八品上曰掌樂郎，下曰和樂郎。
正九品上曰司音郎，下曰司律郎。
從九品上曰和聲郎，下曰和節郎。

凡內外官之政績，所歷之資考，更代之期，去就之故，秩滿皆備陳於解由，吏部據以定能否。又撮解由之要，於銓擬時讀之，謂之銓頭。又會歷任銓頭，而書於行止簿。行止簿者，以姓爲類，而書各人平日所歷之資考功過者也。又爲簿，列百司官名，有所更代，則以小黃綾書更代之期，及所以去就之故，而制其銓擬之要領焉。

凡縣令，則省除、部除者通書而各疏之。

泰和四年，定考課法，準唐令，作四善、十七最之制。四善之一曰德義有聞，二曰淸愼明著，三曰公平可稱，四曰勤恪匪懈。十七最之一曰禮樂興行，肅淸所部，爲政敎之最。二曰賦役均平，田野加闢，爲牧民之最。三曰決斷不滯，與奪當理，爲判事之最。四曰鈐束吏卒，姦盜不滋，爲嚴明之最。五曰案簿分明，評擬均當，爲檢校之最。以上皆謂縣令、丞簿、警巡使副、錄事、司候、判官也。六曰詳斷合宜，咨執當理，爲幕職之最。七曰盜賊消弭，使人安靜，爲巡捕之最。八曰明於出納，物無損失，爲倉庫之最。九曰訓導有方，生徒充業，爲學官之最。十曰檢察有方，行旅無滯，爲關津之最。十一曰隄防堅固，備禦無虞，爲河防之最。十二曰出納明敏，數無濫失，爲監督之最。十三曰謹察禁囚，輕重無怨，爲獄官之最。十四曰物價得實，姦濫不行，爲市司之最，謂市令也。十五曰戎器完肅，扞守有方，爲邊防之最，謂正副部隊將、鎮防官也。十六曰議獄得情，處斷公平，爲法官之最。十七曰差役均平，盜賊止息，爲軍職之最，謂都軍、軍轄也。

凡縣令以下，三最以上有四善或三善者爲上，陞一等；三最以上有二善者爲中，減兩資歷；三最以上有一善爲下，減一資歷。節度判官、防禦判官、軍判以下，一最而有四善或三善爲上，減一資歷；一最而有二善爲中，陞爲榜首；一最而有一善爲下，陞本等首。又以明昌四年所定，軍民俱稱爲廉能者是爲廉能官之制，參於其間而定其甄擢焉。

宣宗興定元年，行辟舉縣令法，以六事考之，一曰田野闢，二曰戶口增，三曰賦役平，四曰盜賊息，五曰軍民和，六曰詞訟簡。六事俱備爲上等，升職一等；兼四事者爲中等，減二資歷，其次爲下等，減一資歷，否則爲不稱職，〔三〕罷而降之，平常者依本格。

凡封王：

大國號二十，曰：恒、舊爲遼，明昌二年以漢、遼、唐、宋、梁、秦、殷、楚之類，皆昔有天下者之號，不宜封臣下，遂皆改之。邵、舊爲梁。汴、舊爲宋。鎬、舊爲秦。幷、舊爲晉。〔四〕益、舊爲漢。彭、舊爲齊。趙、越、譙、舊爲殷。郢、舊爲楚。魯、冀、豫、絳、舊爲唐。兗、鄂、舊爲吳。夔、舊爲蜀。宛、舊爲陳。曹。

次國三十，曰：涇、舊爲隋。鄭、衞、韓、潞、豳、瀋、岐、代、澤、徐、滕、薛、紀、昇、舊爲原。邢、翼、豐、畢、鄧、鄆、霍、蔡、瀛、按金格，葛當在此。沂、荆、榮、英、壽、溫。

小國三十：濮、遂、舊曰濟。道、定、景、後改爲鄴。申、崇、宿、息、〔五〕莒、鄴、郜、舒、淄、郕、萊、舊爲宗，以避諱改。鄖、鄒、杞、向、管、舊曰郇，興定元年改。密、胙、任、戴、〔六〕鞏、蔣、士民須知云，舊爲葛。蕭、莘、芮。

封王之郡號十：金源、廣平、平原、南陽、常山、太原、平陽、東平、安定、延安。

封公主之縣號三十：樂安、淸平、蓬萊、榮安、棲霞、壽光、靈仙、壽陽、鍾秀、惠和、永寧、慶雲、靜樂、福山、隆平、德平、文安、福昌、順安、樂壽、靜安、靈壽、大寧、聞喜、秀容、宜芳、眞寧、嘉祥、金鄉、華原。

凡白號之姓，完顏、溫迪罕、夾谷、陁滿、僕散、术虎、移剌荅、斡勒、斡準、把、阿不罕、卓魯、回特、黑罕、會蘭、沈谷、塞蒲里、吾古孫、石敦、卓陀、阿厮準、匹獨思、潘术古、諳石剌、石古苦、綴罕、光吉剌皆封金源郡；裴滿、徒單、溫敦、兀林荅、阿典、紇石烈、納闌、孛术魯、阿勒根、納合、石盞、蒲鮮、古里甲、阿迭、聶摸欒、抹撚、納坦、兀撒惹、阿鮮、把古、溫古孫、耨盌、撒合烈、吾塞、和速嘉、能偃、阿里班、兀里坦、聶散、蒲速烈皆封廣平郡；吾古論、兀顏、女奚烈、獨吉、黃摑、顏盞、蒲古里、必蘭、斡雷、獨鼎、尼厖窟、窟亦作古。拓特、盍散、撒荅牙、阿速、撒剗、準土谷、納謀魯、業速布、安晌烈、愛申、拿可、貴益昆、溫撒、梭罕、霍域皆封隴西郡。

黑號之姓，唐括、舊書作同古。蒲察、术甲、蒙古、蒲速、粘割、奧屯、斜卯、準葛、諳蠻、獨虎、术魯、磨輦、益輦、帖暖、蘇孛輦皆封彭城郡。

親王母妻，封一字王者舊封王妃，爲正從一品，次室封王夫人。承安二年，勅王妃止封王夫人，次室封孺人。郡王母妻封郡王夫人，國公母妻封國公夫人，郡公母妻封郡公夫人，郡侯母妻封郡君，承安二年更爲郡侯夫人。四品文散少中大夫、武散懷遠大將軍以上母妻封縣君，承安二年爲郡君。五品文散朝列大夫、武散宣武將軍以上母妻封鄉君。承安二年爲縣君。

皇統五年，以古官曰「牧」、曰「長」，各有總名，今庶官不分類爲名，於文移不便。遂定京府尹牧、留守、知州、縣令、詳穩、羣牧爲「長官」，同知、簽院、副使、少尹、通判、丞曰「佐貳官」，判官、推官、掌書記、主簿、縣尉爲「幕職官」，兵馬司及它司軍者曰「軍職官」，警巡、市令、錄事、司候、諸參軍、知律、勘事、勘判爲「釐務官」，應管倉庫院務者曰「監當官」，監當官出大定制。知事孔目以下行文書者爲「吏」。

凡除拜，尚書令、左右丞相以下，品不同者，則帶「守」字。左右丞則帶「行守」字。凡臺官、御史、部官、京尹、少尹、守令、丞、簿、尉、錄事、諸卿少至協律、評事、諫官、國子監學官、諸監至丞郎、符寶郎、東宮詹事、率府、僕正副、令丞、王府官，散官高於職事者帶「行」字，職事高於散官一品者帶「守」字、二品者帶「試」字，品同者皆否。

猛安、謀克、翰林待制、修撰、判、推、勘事官、都事、典事、知事、內承奉、押班、通事舍人、通進、編修、勾當、頓舍、部役、廂官、受給管勾、巡河官、直省直院長副、諸檢法、知法、司正、教授、司獄、司候、東宮諭德、贊善、掌寶、典儀以下，王府文學、記事參軍，並帶「充」字。樞密、宣徽、勸農、諸軍都指揮、統軍、轉運使、招討、提刑、節度、羣牧、防禦、客省、引進、四方館、閤門、太醫、教坊、鷹坊、警巡、巡檢、諸司局倉庫務使副，皆帶「充」字及「知某事」。

凡帶「知」、「判」、「簽書」字者，則不帶「行」、「守」、「試」字。以上所帶字，品同者則否。

自三師、三公、平章政事、元帥以下至監軍、東宮三師、三少、點檢至振肅、承旨、學士、王傅、副統、招討、及前所不載者，皆不帶「行」、「守」、「試」、「知」、「充」字。

主事四員，從七品，掌知管差除、校勘行止，分掌封勳資考之事，惟選事則通署，及掌受事付事、檢勾稽失省署文牘，兼知本部宿直、檢校架閣。餘部主事，自受事付事以下，所掌並同此。皇統四年，六部主事始用漢士人。大定三年，用進士，非特旨不得擬吏人，如宰執保奏人材，不入常例。承安五年，增女直主事一員。令史六十九人，內女直二十九人。譯史五人，通事二人，與令史同。泰和八年，令史增十人。

架閣庫大定二十一年六月設，仍以主事提控之。

管勾，正八品，掌吏、兵兩部架閣，兼檢校吏部行止。以識女直、契丹、漢字人充，如無，擬識女直、漢字人充。

同管勾一員。〔七〕

官誥院

提舉二員，掌署院事。以吏部郎中、翰林修撰各一人充。

戶部

尚書一員，正三品。

侍郎二員，正四品。泰和八年減一員，大安二年復增。〔八〕

郎中三員，從五品。天德二年置五員，泰和省作二員，又作四員，貞祐四年置八員，五年作六員。

員外郎三員，從六品。

郎中而下，皆以一員掌戶籍、物力、婚姻、繼嗣、田宅、財業、鹽鐵、酒麴、香茶、礬錫、丹粉、坑冶、榷場、市易等事，一員掌度支、國用、俸祿、恩賜、錢帛、寶貨、貢賦、租稅、府庫、倉廩、積貯、權衡、度量、法式、給授職田、拘收官物、幷照磨計帳等事。泰和令作二員，後增一員，貞祐四年作六員，又作八員，五年作四員。

主事五員，從七品，女直司二員，通掌戶度金倉等事，漢人司三員，同員外郎分掌曹事，兼提控編附條格、管勾架閣等事。令史七十二人，內泰和八年減一員，貞祐四年作八員，五年六員。女直十七人。譯史五人，通事二人。泰和八年增八人。

架閣庫

管勾一員，正八品，掌戶、禮兩部架閣。大安三年以主事各兼之。

同管勾，從八品。

檢法，從八品。

勾當官五員，正八品。

貞元二年，設幹辦官十員，從七品。三年，置四員，尋罷之。四年，更設爲勾當官，專提控支納、管勾勘覆、經歷交鈔及香、茶、鹽引、照磨文帳等事。承安二年作四員，貞祐四年作十五員，五年作十員，興定元年五員，二年復作十員。

禮部

尙書一員，正三品。

侍郎一員，正四品。

郞中一員，從五品。

員外郞一員，從六品。

掌凡禮樂、祭祀、燕享、學校、貢舉、儀式、制度、符印、表疏、圖書、册命、祥瑞、天文、漏刻、國忌、廟諱、醫卜、釋道、四方使客、諸國進貢、犒勞張設之事。凡試僧、尼、道、女冠，三年一次，限度八十人，差京府幕職或節鎭防禦佐貳官二員、僧官二人、道官一人、司吏一名、從人各一人、廚子二人、把門官一名、雜役三人。僧童能讀法華、心地觀、金光明、報恩、華嚴等經共五部，計八帙。華嚴經分爲四帙。每帙取二卷，卷舉四題，讀百字爲限。尼童試經半部，與僧童同。道士、女冠童行念道德、救苦、玉京山、消災、靈寶度人等經，皆以誦成句、依音釋爲通。中選者試官給據，以名報有司。凡僧尼官見管人及八十、道士女冠及三十人者放度一名，死者令監壇以度牒申部毁之。

主事二員，從七品。令史十五人，內女直五人。譯史二人，通事一人。

左三部檢法司

司正二員，正八品，掌披詳法狀。興定二年，右部額外設檢、知法及掌法，四年罷。

檢法二十二員，從八品，掌檢斷各司取法文字。

右三部檢法職事同。元受劄付，大定三年命給勅。

兵部

尚書一員，正三品。

侍郎一員，正四品。

郎中一員，從五品。

員外郎二員，從六品。

掌兵籍、軍器、城隍、鎮戍、廐牧、鋪驛、車輅、儀仗、郡邑圖志、險阻、障塞、遠方歸化之事。凡給馬者，從一品以上，從八人，馬十疋，食錢三貫十四文。從二品以上，從五人，馬七疋，食錢二貫九十八文。從三品以上，從三人，馬五疋，錢一貫五百十一文。從五品以上，從二人，馬四疋，錢九百六十八文。從七品以上，從一人，馬三疋，錢六百十七文。從九品以上，從一人，馬二疋，錢四百六十四文。無從人，減七十八文。御前差無官者，視從五品。省差若有官者，人支錢四百五十一文，有從人加六十八文。走馬人支錢百五十七文。赦書日行五百里。此天興近鑑所載之制也。泰和六年置遞鋪，其制，該軍馬路十里一鋪，鋪設四人，內鋪頭一人，鋪兵三人，以所轄軍射糧軍內差充，腰鈴日行三百里。凡元帥府、六部文移，以勅遞、省遞牌子，入鋪轉送。

主事二員，從七品。貞祐五年以承發司管勾兼漢人主事。令史二十七人，內女直十二人。譯史三人，通事二人。

刑部

尚書一員，正三品。

侍郎一員，正四品。

郎中一員，從五品。

員外郎二員，從六品，一員掌律令格式、審定刑名、關津譏察、赦詔勘鞫、追徵給沒等事，一員掌監戶、官戶、配隸、訴良賤、城門啓閉、官吏改正、功賞捕亡等事。

主事二員，從七品。令史五十一人，內女直二十二人。譯史五人，通事二人。

架閣庫

管勾一員，正八品，掌刑、工兩部架閣。大安二年以主事各兼。

同管勾一員，從八品。

工部

尚書一員，正三品。

侍郎一員，正四品。

郎中一員，從五品。

掌修造營建法式、諸作工匠、屯田、山林川澤之禁、江河隄岸、道路橋梁之事。

員外郎一員，從六品。貞祐五年，兼覆實司官。〔九〕天德三年，增二員。

主事二員，從七品。令史十八人，內女直四人。譯史二人，通事一人。

覆實司

管勾一員，從七品，隸戶、工部，掌覆實營造材物、工匠價直等事。大安元年，隸三司、工部，罷同管勾。貞祐五年併罷之，以二部主事兼。興定四年復設，從省擬，不令戶、工部舉。

右三部檢法司

司正二員，正八品。

檢法，從八品，二十二員。

都元帥府掌征討之事，兵罷則省。天會二年，伐宋始置。泰和八年，復改爲樞密院。

都元帥一員，從一品。

左副元帥一員，正二品。

右副元帥一員，正二品。

元帥左監軍一員，正三品。

元帥右監軍一員，正三品。

左都監一員，從三品。

右都監一員，從三品。

經歷一員，都事一員，知事一員，見興定三年。正七品。

檢法一員，從八品。元帥府女直令史十二人，承安二年十六人，漢人令史六人。譯史三人，女直譯史一人，承安二年二人。通事，女直三人，後作六人，承安二年復作三人，漢人二人。

正隆六年，海陵南伐，立三道都統制府及左右領軍大都督，將三十二總管，有神策、神威、神捷、神銳、神毅、神翼、神勇、神果、神略、神鋒、武勝、武定、武威、武安、武捷、武平、武成、武毅、武銳、武揚、武翼、武震、威定、威信、威勝、威捷、威烈、威毅、威震、威略、威果、威勇之號。

泰和六年伐宋，權設平南撫軍上將軍，正三品，至殄寇果毅都尉，從六品，凡九階，曰平南撫軍上將軍、平南冠軍大將軍、平南龍驤將軍、平南虎威將軍、平南盪江將軍、殄寇中郎將、殄寇郎將、殄寇折衝都尉、殄寇果毅都尉，軍還罷。置令譯史八十人，正三十三人，餘四十七人從本府選擢。

元光間，招義軍，置總領使，從五品。副使，從六品。訓練官，從八品。正大二年，更總領名都尉，陞秩爲四品。四年，又陞爲從三品，有建威、折衝、振武、盪寇、果毅、殄寇、虎賁、鷹揚、破虜之名。〔一〇〕

樞密院天輔七年，始置於廣寧府。天會三年下燕山，初以左企弓爲使，後以劉彥宗。初猶如遼南院之制，後則否。泰和六年嘗改爲元帥府。

樞密使一員，從一品，掌凡武備機密之事。

樞密副使一員，從二品。泰和四年置二人，後不爲例。

簽書樞密院事一員，正三品。

同簽樞密院事一員，正四品。大定十七年增一員，尋罷。明昌初，復增一員，尋又省。三年九月復增一員。

經歷一員，從五品。興定三年見。

都事一員，正七品，掌受事付事、檢勾稽失省署文牘、兼知宿直之事。

架閣庫管勾一員，正八品。

知法二員，從八品，掌檢斷各司取法之事。餘檢法同。

樞密院令史，女直十二人，漢人六人，三品官子弟四人，吏員轉補二人。譯史三人，通事三人，回紇譯史一人，曳剌十五人。

大宗正府。泰和六年避睿宗諱，改爲大睦親府。

判大宗正事一員，從一品，以皇族中屬親者充，掌敦睦糾率宗屬欽奉王命，泰和六年改爲判大睦親事。〔二〕

同判大宗正事一員，從二品，泰和六年改爲同判大睦親事。

同簽大宗正事一員，正三品，宗室充，大定元年置。泰和六年改同簽大睦親事。

大宗正丞二員，從四品，一員於宗室中選能幹者充，一員不限親疏，分司上京長貳、兼管治臨潢以東六司屬，泰和六年改爲大睦親丞。

知事一員，從七品。

檢法，從八品。

諸宗室將軍，正七品。上京、東溫忒二處皆有之。〔一二〕世宗時始命遷官，其戶凡百二十。〔一三〕明昌二年更名曰司屬，設令、丞。承安二年以令同隨朝司令，正七品，丞正八品，中都、上京、扎里瓜、合古西南、梅堅寨、蒲與、臨潢、泰州、金山等處置，屬大宗正府。

御史臺。登聞檢院隸焉。見士民須知。總格、泰和令皆不載。

御史大夫，從二品，舊正三品，大定十二年陞。掌糾察朝儀、彈劾官邪、勘鞫官府公事。凡內外刑獄所屬理斷不當，有陳訴者付臺治之。

御史中丞，從三品，貳大夫。

侍御史二員，從五品。以上官品皆大定十二年遞陞。〔一四〕掌奏事、判臺事。

治書侍御史二員，從六品，掌同侍御史。

殿中侍御史二員，正七品，每遇朝對立於龍墀之下，專劾朝者儀矩，凡百僚假告事具奏目進呈。

監察御史十二員，正七品，掌糾察內外非違、刷磨諸司察帳幷監祭禮及出使之事。參注諸色人，大定二年八員，承安四年十員，承安五年兩司各添十二員。

典事二員，從七品。

架閣庫管勾一員，從八品。

檢法四員，從八品。

獄丞一員，從九品。

御史臺令史，女直十三人，內班內祗六人，終場舉人七人。漢人十五人，內班內祗七人，終場舉人八人。譯史四人，內班內祗二人，〔一五〕終場舉人二人。通事三人。

宣撫司。泰和六年置陝西路宣撫使，節制陝西右監軍、右都監兵馬公事，八年，改陝西宣撫司爲安撫司。山東東西、大名、河北東西、河東南北、遼東、陝西、咸平、隆安、上京、肇州、北京凡十處置司。

使，從一品。

副使，正三品。

勸農使司。泰和八年罷，貞祐間復置。興定六年罷勸農司，改立司農司。

使一員，正三品。

副使一員，正五品。

掌勸課天下力田之事。

司農司。興定六年置，兼採訪公事。

大司農一員，正二品。

卿三員，正四品。

少卿三員，正五品。

知事二員，正七品。

興定六年，陝西并河南三路置行司農司，設官五員。正大元年，歸德、許州、河南、陝西各置，作三員。卿一員，正四品。少卿一員，正五品。丞一員，正六品。卿以下迭出巡案，察官吏臧否而陞黜之。使節所過，姦吏屏息，十年之間民政修舉，實賴其力。

三司。泰和八年，省戶部官員置三司，謂兼勸農、鹽鐵、度支，戶部三科也。貞祐罷之。

使一員，從二品。

副使一員，正三品。

簽三司事一員，正四品。

同簽三司事一員，正五品。

掌勸農、鹽鐵、度支。

判官三員，從六品，本參幹官，大安元年更參議。

規措審計官三員，正七品，掌同參幹官。

知事二員，從七品。以識女直、漢字人充。

勾當官二員，正八品。大安元年置三員，照磨吏員七人。

管勾架閣庫一員，正八品。三司令史五十人，內女直十人，漢人四十人。大安元年增八人。譯史二人，大安元年增一人。通事二人。

知法三員，從八品。女直知法一員，大安元年增二員。

國史院先嘗以諫官兼其職，明昌元年詔諫官不得兼，恐於其奏章私溢已美故也。

監修國史，掌監修國史事。

修國史，掌修國史，判院事。

同修國史二員。女直人、漢人各一員。承安四年更擬女直一員，〔一六〕罷契丹同修國史。

編修官，正八品，女直、漢人各四員。明昌二年罷契丹編修三員，添女直一員。大定十八年用書寫出職人。

檢閱官，從九品。書寫，女直、漢人各五人。

修遼史刊修官一員，編修官三員。

翰林學士院天德三年，命翰林學士院自侍讀學士至應奉文字，通設漢人十員，女直、契丹各七員。

翰林學士承旨，正三品，掌制撰詞命。凡應奉文字，銜內帶「知制誥」。直學士以上同。貞祐三年陞從二品。

翰林學士，正三品。

翰林侍讀學士，從三品。

翰林侍講學士，從三品。

翰林直學士，從四品，不限員。

翰林待制，正五品，不限員，分掌詞命文字，分判院事，銜內不帶「知制誥」。〔一七〕

翰林修撰，從六品，不限員，掌與待制同。

應奉翰林文字，從七品。

審官院承安四年設，大安二年罷之，若注擬失當，止令御史臺官論列。

知院一員，從三品，掌奏駁除授失當事。隨朝六品、外路五品以上官除授，並送本院審之。補闕、拾遺、監察雖七品，亦送本院。或御批亦送稟，惟部除不送。

同知審官院事一員，從四品。

掌書四人。女直、漢人各二人，以御史臺終場舉人辟充。

太常寺。皇統三年正月始置。太廟、廩犧、郊社、諸陵、大樂等署隸焉。

卿一員，從三品。

少卿一員，正五品。

丞一員，正六品。

掌禮樂、郊廟、社稷、祠祀之事。

博士二員，正七品，掌檢討典禮。

檢閱官一員，從九品，掌同博士。泰和元年置，四年罷。

檢討二員，從九品。明昌元年置，以品官子孫及終場舉人，同國史院漢人書寫例，試補。

太祝，從八品，掌奉祀神主。

奉禮郎，從八品，掌設版位，執儀行事。

協律郎，從八品，掌以麾節樂，調和律呂，監視音調。

太廟署。皇統八年太廟成，設署，置令丞，仍兼提舉慶元、明德、永祚三宮。

令一員，從六品，掌太廟、衍慶、坤寧宮殿神御諸物，及提控諸門關鍵，掃除、守衛，兼廩犧令事。

丞一員，從七品，兼廩犧署丞。

直長，明昌三年罷。

廩犧署。令、丞，以太廟令、丞兼，掌薦犧牲及養飼等事。

郊社署承安三年設祝史、齋郎百六十人，作班祗傔使，周年一替。大安元年，奏兼武成王廟署。

令一員，從六品。

丞一員，從七品。

直長，明昌三年廢。

掌社稷、祠祀、祈禱幷廳舍祭器等物。

武成王廟署。大安元年置。

令，從六品。

丞，從七品。

掌春秋祀享，以郊社令、丞兼。

諸陵署大安四年同隨朝。

提點山陵，正五品，涿州刺史兼。

令，從六品。丞一員，從七品。掌守山陵。

直長，正八品。

園陵署

令，宛平縣丞兼。〔一八〕貞祐二年以園陵遷大興縣境，遂以大興縣令、丞兼。

大樂署，兼鼓吹署。樂工百人。

令一員，從六品。丞，從七品。掌調和律呂，教習音聲幷施用之法。

樂工部籍直長一員，正八品。

大樂正，從九品，掌祠祀及行禮陳設樂縣。

大樂副正，從九品。

右屬太常寺。

校勘記

〔一〕義宗之益政院　按本書卷五六百官二，「益政院，正大三年置於內庭」，則「義宗」當作「哀宗」。參見本書卷四八食貨志三校記〔二六〕。

〔二〕正六品上曰中良大夫天德作中亮　按海陵名「亮」，避諱甚嚴，絕無天德創制內侍稱中亮大夫之理，疑此處「良」「亮」二字顛倒，應正文作「正六品上曰中亮大夫」，小注爲「天德作中良」。

〔三〕否則爲不稱職　「職」原作「截」，據文義改。

〔四〕幷舊爲晉　「晉」原作「漢」。按下文載「益舊爲漢」，與此重復，其中必有一譌。本書卷九章宗紀，明昌二年，有司議改諸國號，以「晉爲幷」，則知此處「漢」字誤。又大金集禮以下簡稱集禮卷九親王條，「秦」與「漢」之間爲「晉」，與此處順序相合，知作「晉」是。今據改。

〔五〕崇宿息　「息」原作「昔」。按集禮卷九親王條，小國三十有「崇、宿、息、莒」，今據改。

〔六〕胙任戴　「戴」原作「載」。按集禮卷九親王條，天眷及大定所定國封等第，「小國三十」皆作「胙、任、戴、翬」。今據改。

〔七〕同管勾一員　按下文戶禮部、刑工部架閣庫同管勾皆云「從八品」，此處當脫「從八品」三字。

〔八〕大安二年復增　「大」原作「承」。按上言「泰和八年」，知此必大安二年，今改正。

〔九〕貞祐五年兼覆實司官　按此九字在「天德三年」之前，年序不合。下文「覆實司，管勾一員，從七品」，注云，「貞祐五年併罷之，以二部主事兼」。知兼覆實司者乃主事，此九字當在「主事二員，從七品」之下，蓋寫刻時誤竄于此。

〔一〇〕有建威折衝振武盪寇果毅殄寇虎賁鷹揚破虜之名　按本書卷四四兵志，「哀宗正大二年，議選諸路精兵，直隸密院。乃易總領之名爲都尉，班在隨朝四品之列，曰建威、曰虎威、曰破虜、振威、鷹揚、虎賁、振武、折衝、盪寇、殄寇」，較此多「虎威」「振威」二都尉。

〔一一〕泰和六年改爲判大睦親事　原脫「判」字。據文例補。

〔一二〕上京東溫忒二處皆有之　按本書卷七〇宗亨傳，「爲淑溫特宗室將軍」，蓋「淑」或寫作「朿」，疑「東」或是「朿」字之誤。

〔一三〕其戶凡百二十　按本書卷四六食貨一戶口，大定二十三年七月，「在都宗室將軍司戶一百七十」，又卷四七食貨二牛具稅同。此作「百二十」，疑誤。

〔一四〕以上官品皆大定十二年遞陞　按以上十二字原作正文，今改作小注，與上文「從二品」下「舊正三品，大定十二年陞」注文同。本志注文混入正文者頗多，難于準確分辨，以下不一一舉正。

〔一五〕譯史四人內班內祗二人　「四」原作「三」、「祗」上無「內」字。按本書卷五三選舉志，「御史臺令史譯史」條作「譯史四人，內班內祗二人，終場舉人二人」。今據改。

〔一六〕承安四年更擬女直一員　按本書卷一一章宗紀，承安四年十二月「癸未，更定科舉法，增設國史院女直、漢人同修史各一人」。則此處當作更增女直、漢人各一員。

〔一七〕衜內不帶知制誥　原脫「不」字。按上文翰林學士承旨下「衜內帶知制誥」注「直學士以上同」。翰林待制在直學士以下，則不應「衜內帶知制誥」，今依文義補「不」字。

〔一八〕令宛平縣丞兼　按無以「縣丞」兼「署令」之理，疑當作「令、丞，宛平縣令、丞兼」，與下文「遂以大興縣令、丞兼」相同，蓋「令」下脫「丞」字、「縣」下脫「令」字。

金史卷五十六

志第三十七

百官二

殿前都點檢司。天眷元年置。掌親軍，總領左右衛將軍、符寶郎、宿直將軍、左右振肅，宮籍監、近侍等諸局署、鷹坊、頓舍官隸焉。

殿前都點檢，正三品，兼侍衞將軍都指揮使。掌行從宿衞，關防門禁，督攝隊仗，總判司事。

殿前左副都點檢，從三品，兼侍衞將軍副都指揮使。

殿前右副都點檢，從三品，兼侍衞將軍副都指揮使，掌宮掖及行從。

殿前都點檢判官，從六品。大定十二年設。

知事一員，從七品。

殿前左衞將軍，殿前右衞將軍，殿前左衞副將軍，殿前右衞副將軍，掌宮禁及行從宿衞警嚴，仍總領護衞。右衞同此。

符寶郎四員，〔一〕掌御寶及金銀等牌。舊名牌印祗候，大定二年改爲符寶祗候，改牌印令史爲符寶典書，四人。

左右宿直將軍，從五品，掌總領親軍，凡宮城諸門衞禁、幷行從宿衞之事，八員。大定二十九年作十員，復作十一員。

左右振肅，正七品，掌妃嬪出入總領護衞導從。本妃嬪護衞之長，大定二年改今名。

宮籍監

提點，正五品。監，從五品。副監，從六品。丞，從七品。掌內外監戶、及地土錢帛小大差發。

直長二員，正八品，掌同丞。

近侍局

提點，正五品。泰和八年創設。〔三〕使，從五品。副使，從六品。掌侍從，承勅令，轉進奏帖。

直長，正八品。大定十八年增二員。奉御十六人，舊名入寢殿小底。奉職三十人，舊名不入寢殿小底，又名外帳小底，皆大定十二年更。

器物局

提點，正五品。使，從五品。副使，從六品。掌進御器械鞍轡諸物。

直長，正八品。

都監，正九品。明昌三年省罷。

同監，從九品。泰和四年設。

尚廐局

提點，正五品。使，從五品。副使，從六品，掌御馬調習牧養，以奉其事。大定二十九年添副使一員，管小馬羣。

直長一員，司馬牛羣。

掌廐都轄，正九品。不限員。

副轄，從九品。不限員數資考。

尚輦局

使，從五品。副使，從六品。掌承奉輿輦等事。

直長，正八品。不限資考，大定十九年，除年六十以下人充。

典輿都轄，從九品。不限資考。

收支都監，正九品。大定二十年設，掌給受之事。

同監，泰和四年設。大安二年省。

本把，四人。

鷹坊

提點，正五品。使，從五品。副使，從六品。掌調養鷹鶻「海東青」之類。

直長，正八品。不限員。

管勾，從九品。不限員數資考。

武庫署

令，從六品，掌收貯諸路常課甲仗。以曉軍器女直人充。

丞，從七品。

直長二員，正八品。大定二年省一員。

武器署

提點，從五品。令，從六品。丞，從七品。掌祭祀、朝會、巡幸及公卿婚葬鹵簿儀仗旗鼓笛角之事。

直長，正八品。或二員。

頓舍官二員，泰和令總格作四員。正八品。直長。見士民須知，泰和令無。

右屬殿前都點檢司。

宣徽院

左宣徽使，正三品。

右宣徽使，正三品。

同知宣徽院事，正四品。

同簽宣徽院事，正五品。

宣徽判官，從六品。

掌朝會、燕享，凡殿庭禮儀及監知御膳。所隸弩手、傘子二百三十九人，控鶴二百人。

拱衞直使司，威捷軍隸焉。舊名龍翔軍，正隆二年更爲神衞軍，大定二年更名爲拱衞司。都指揮使，從四品。舊曰使。副都指揮使，從五品，舊曰副使。掌總統本直，謹嚴儀衞。大定五年，詔以使爲都指揮使，副使爲副都指揮使。

什將。

長行。

威捷軍承安二年，簽弩手千人。泰和四年，以之備邊事。鈐轄，正六品。都轄，從九品。不奏。

客省

使，正五品。副使，從六品。掌接伴人使見辭之事。

引進司〔三〕

使，正五品。副使，從六品。掌進外方人使貢獻禮物事。

閤門明昌五年，閤門官以次排轉除授。

東上閤門使二員，正五品。明昌六年省一員，作從五品。西同。副使二員，正六品。明昌六年，省一員，西同。簽事一員，從六品，掌簽判閤門事。西同。明昌六年，以減副使置。

西上閤門使二員，正五品。副使二員，正六品。簽事一員，從六品，掌贊導殿庭禮儀。〔四〕西閤門餘副貳同。

閤門祗候二十五人。正大間三十二人。
閤門通事舍人二員，從七品，掌通班贊唱、承奏勞問之事。
承奉班都知，正七品，掌總率本班承奉之事。舊置判官，後罷。
內承奉班押班，正七品，掌總率本班承奉之事。
御院通進四員，從七品，掌諸進獻禮物及薦享編次位序。

尚衣局

提點，正五品。使，從五品。副使，從六品。掌御用衣服、冠帶等事。
都監，正九品。舊設，後罷。
直長，正八品。
同監，從九品。

儀鸞局泰和四年，或以少府監官兼，或兼少府監官。

提點，正五品。使，從五品。副使，從六品。掌殿庭鋪設、帳幕、香燭等事。
直長四員，正八品。泰和令三員。
收支都監，正九品，二員，一員掌給受鋪陳諸物，一員掌萬寧宮收支庫。大定七年置，明昌二年增一員。

同監二員，從九品。司吏二人，如內藏庫知書例。

尚食局元光二年，參用近侍、奉御、奉職。

提點，正五品。使，從五品。副使，從六品。掌總知御膳、進食先嘗、兼管從官食。

直長一員，正八品。不限資考。

都監三員，正九品。不限資考。

生料庫都監、同監各一員，掌給受生料物色。

收支庫都監、同監各一員，掌給受金銀裹諸色器皿。以外路差除人內選充。

尚藥局

提點，正五品。使，從五品。出職官內選除。副使，從六品。掌進湯藥茶果。

直長，正八品。

都監，正九品。

果子都監、同監各一員，掌給受進御果子。本局本把四人。

太醫院

提點，正五品。使，從五品。副使，從六品。判官，從八品，掌諸醫藥，總判院事。

管勾，從九品，隨科至十人設一員，以術精者充。如不至十人併至十人置。不限資考。

正奉上太醫，一百二十月升除。副奉上太醫，不算月日。長行太醫，不算月日。十科額五十人。

御藥院

提點，從五品。直長，正八品，掌進御湯藥。明昌五年設，以親信內侍人充。

都監，正九品。不限員，泰和令四員。

同監，從九品。不常除，泰和令無。

教坊

提點，正五品。使，從五品。副使，從六品。判官，從八品。掌殿庭音樂，總判院事

諧音郎，從九品。不限資考、員數。

內藏庫大定二年，分爲四庫。

使，從五品。副使，從六品。掌內府珍寶財物，率隨庫都監等供奉其事。

直長一員。承安三年增。

頭面庫

都監，正九品。

同監，從九品。本把七人，大定二年定出身，依不入寢殿小底例。

段匹庫

都監，正九品。

同監，從九品。本把十二人。

金銀庫

都監，正九品。本把八人。

雜物庫

都監，正九品。

同監，從九品。本把八人。每庫知書各二人。

宮闈局舊名宮闈司，大定二年改爲局，舊設令、丞，改爲使、副。

提點，正五品。使，從五品。副使，從六品。掌宮中閤門之禁，率隨位都監、同監及內直各給其事。

直長，正八品，內直一百七十人。後作百七十九人。

內侍局

令二員，從八品。興定五年，陞作從六品。丞二員，從九品。興定五年，陞從七品。掌正位閤門之禁，率殿位都監、同監及御直各給其事。

局長二員，從九品，興定五年陞正八品。御直、內直共六十四人。明昌元年，分宮闈局正位內直置，初隸宮闈局。

東門都監、同監。諸隨殿位承應都監、同監，掌各位承應及門禁管鑰。

昭明殿都監、同監。大定二十九年設，各一員。

承徽殿都監、同監。麗妃位。

隆徽殿都監、同監。本隆和殿，係皇后位。

鸞翔殿都監、同監。

崇儀殿都監、同監。

迎暉殿都監、同監。七妃充容，泰和三年罷。

蘂珠殿都監、同監。

瑞寧殿都監、同監。

回春殿都監、同監。

芸香殿都監、同監。

瑞像殿都監、同監。係佛殿。以上「殿」字下無「位」字。

凝福、改韶景。溫芳二位都監、同監。

瑤華、柔則二位都監、同監。以上無「殿」字及「承應」字。

嘉福等殿位都監、同監。四位。

廣仁殿都監、同監。

睿思殿都監、同監。以上有「承應」字。

滋福殿都監、同監。本以隆慶改，無「位」字。

咨正殿都監、同監。

邇英殿都監、同監。

長慶院都監、同監。

仙韶院都監、同監。

貞和門都監、同監。應係錢帛經此門出入。明昌四年添一員。

右昇平門都監、同監。

長樂門都監、同監。

瓊林苑都監、同監。各二員。

廣樂園都監、同監。

順儀位提控、都監、同監。舊寶林位。

瑞華門俗名金骨朵門。都監一員，同監三員。

太師位提控、都監、同監。

寶昌門都監、同監。

會昌門都監、同監。

東京孝寧宮都監、同監。

崇妃位提控。世宗夫人，興陵。

惠妃位提控、都監、同監。裕陵。

溫妃位提控、都監、同監。裕陵二位，明昌四年添。

報德寺提控、都監、同監。世宗御容。光泰門街。

報恩寺提控、都監、同監。世宗御容。清夷門街。明昌三年設，三。

孝嚴寺都監、同監。在南京，安宣宗御容，改興國威誠寺。正大元年設，三。以下皆在南京。

福寧殿〔五〕都監、同監。三。

純和殿都監、同監。三。

仁安殿都監、同監。三。

眞妃位都監、同監。二。

麗妃位都監、同監。

宣儀位都監、同監。

莊獻妃位都監、同監。

三廟都監、同監。貞祐二年設。

西華門都監、同監。

京後園都監、同監。

內侍寄祿官，泰和二年設，初隸宮闈局，尋直隸宣徽院。所以陞用內侍局御直、內直有年勞者。

中常侍。正五品。

給事中。從五品。

內殿通直。正六品。先名內殿給使。

黃門郎。從六品。

內謁者。正七品。

內侍殿頭。從七品。

內侍高品。正八品。不限員。

內侍高班。從八品。

典衞司大定二十九年，世宗才人、寶林位各設。泰和五年閏八月，以崇妃薨罷。〔六〕興定元年復設。世宗妃、才人、寶林位各設防衞軍導從人。

令，正七品。

丞，從七品。

直長。見士民須知。

孝靖宮章宗五妃位。大安元年以有監同、無總領者，故設。

令，從八品。

丞，正九品。

端妃位同監。眞妃徒單氏。

慧妃位同監。麗妃徒單氏。

貞妃位同監。柔妃唐括氏。

靚儀位同監。昭儀夾谷氏。

才媛位同監。修儀吾古論氏。

懿安家貞祐三年，爲莊獻太子設。

令，從八品。

丞，正九品。

宮苑司

令，從六品。丞，從七品。掌宮庭修飭洒掃、啓閉門戶、鋪設氈席之事。

直長，正八品一員。泰和令二員。

都監、同監二員。泰和元年設。〔七〕泰和四年罷同監。

尚醞署

令，從六品。丞，從七品。掌進御酒醴。

直長，正八品，二員。

典客署

令，從六品。

丞，從七品。

直長，後罷。書表十八人。

侍儀司舊名擎執局，大定元年改爲侍儀局，大定五年陞局爲司。

令，從六品。舊曰局使。掌侍奉朝儀，率捧案、擎執、奉輦各給其事。〔八〕

直長，正七品。舊設局副，品從七。

右屬宣徽院。

秘書監。著作局、筆硯局、書畫局、司天臺隸焉。

監一員，從三品，

少監一員，正五品。

丞一員，正六品。

秘書郎二員，正七品。泰和元年定爲二員。

通掌經籍圖書。

校書郎一員，從七品，承安五年二員。泰和五年以翰林院官兼，大安二年省一員。專掌校勘在監文籍。

著作局

著作郎一員，從六品。著作佐郎一員，正七品。掌修日曆。皇統六年，著作局設著作郎、佐郎各二員，編修日曆，以學士院兼領之。

筆硯局

直長二員，正八品，掌御用筆墨硯等事。泰和七年以女直應奉兼。舊名筆硯令史，大定三年改爲筆硯供奉，以避諱改爲承奉。

書畫局

直長一員，正八品，掌御用書畫紙札。

都監，正九品，二員或一員。

司天臺

提點，正五品。監，從五品，掌天文曆數、風雲氣色，密以奏聞。

少監，從六品。

判官，從八品。

教授，舊設二員，正大初省一員。係籍學生七十六人，漢人五十人，女直二十六人，試補長行。

司天管勾，從九品。不限資考、員數，隨科十人設一員，以藝業尤精者充。

長行人五十人。未授職事者，試補管勾。

天文科，女直、漢人各六人。

算曆科，八人。

三式科，四人。

測驗科，八人。

漏刻科，二十五人。

銅儀法物舊在法物庫，貞元二年始付本臺。

右屬秘書監。

國子監。國子學、太學隸焉。

祭酒，正四品。司業，正五品，掌學校。

丞二員，從六品，明昌二年增一員，兼提控女直學。

國子學

博士二員，正七品，分掌教授生員、考藝業。太學同。明昌二年添女直一員，泰和四年減，大安二年並罷。

助教二員，正八品。女直、漢人各一員。教授四員，正八品。分掌教誨諸生。明昌二年，小學各添二員，承安五年一員不除。

國子校勘，從八品，掌校勘文字。

國子書寫官，從八品，掌書寫實錄。

太學

博士四員，正七品。大安二年減二員。

助教四員，正八品。明昌二年不除一員，大安二年減二員。

右屬國子監。

太府監。左右藏、支應所、太倉、酒坊、典給署、市買司隸焉。

監，正四品。

少監，從五品。

丞二員，從六品。

掌出納邦國財用錢穀之事。

左藏庫

使，從六品。副使，從七品。興定三年增一員。掌金銀珠玉、寶貨錢幣。本把四人。

右藏庫

使，從六品。副使，從七品。興定三年添一員。掌錦帛絲綿毛褐、諸道常課諸色雜物。本把四人。

支應所又作支承所。

都監二員，正九品，掌宮中出入、御前支賜金銀幣帛。大安三年省。

太倉

使，從六品，掌九穀廩藏、出納之事。預除人。

副使，從七品。

酒坊部除。

使，從八品。副使，正九品。掌醞造御酒及支用諸色酒醴。

典給署，本鈎盾署，明昌三年更。

令，從六品，舊曰鈎盾使。丞，從七品，舊曰鈎盾副使。掌宮中所用薪炭冰燭、并管

官戶。

直長一員，正八品。

市買司，天德二年更爲市買局。

使，從八品。副使，正九品。掌收買宮中所用果實生料諸物。

右屬太府監。

少府監。尙方、織染、文思、裁造、文繡等署隸焉。泰和四年，選能幹官兼儀鸞局近上官。

監，正四品。

少監，從五品。

丞二員，從六品。大定十一年省，二十一年復置。

掌邦國百工營造之事。

尚方署

令，從六品。丞，從七品。掌造金銀器物、亭帳、車輿、牀榻、簾席、鞍轡、傘扇及裝釘之事。大定二十年，令不專除人，令人兼。

直長，正八品。

圖畫署明昌七年，省入祗應司。

令，從六品。丞，從七品。掌圖畫縷金匠。

直長，正八品。明昌三年罷。

裁造署

令，從六品。丞，從七品。掌造龍鳳車具、亭帳、鋪陳諸物，宮中隨位牀榻、屏風、簾額、條結等，及陵廟諸物并省臺部內所用物。泰和令有畫繪之事。

直長，從八品。明昌三年省。裁造匠六人，針工婦人三十七人。

文繡署

令，從六品。丞，從七品。掌繡造御用并妃嬪等服飾、及燭籠照道花卉。貞祐二年，止設官一員。

直長，正八品。繡工一人，都繡頭一人，副繡頭四人，女四百九十六人，內上等七十人，次等凡四百二十六人。〔九〕

織染署

令，從六品。丞，從七品。直長，正八品。掌織紝、色染諸供御及宮中錦綺幣帛紗縠。

文思署明昌七年，省入祗應司。

令，從六品。丞，從七品。掌造內外局分印合、傘浮圖金銀等尙輦儀鸞局車具亭帳之物并三國生日等禮物，織染文繡兩署金線。

直長，正八品。明昌三年省去。

右屬少府監。

軍器監。承安二年設，泰和四年罷，復併甲坊、利器兩署爲軍器署，置令、丞、直長，直隸兵部。至寧元年復爲軍器監，軍器庫、利器署隸焉。舊轄甲坊、利器兩署。

監，從五品。少監，從六品。丞，從七品。掌修治邦國戎器之事。

直長，正八品。泰和令無，總格有。

軍器庫，至寧元年隸大興府，貞祐三年來屬。〔一〇〕使，正八品。副使，正九品。省擬，不奏。掌收支河南一路并在京所造常課橫添和買軍器。大定五年設。

甲坊署，泰和四年廢，舊置令、丞、直長。

利器署，本都作院，興定二年更今名，同隨朝來屬。令，從六品。丞，從七品。掌修弓弩刀槊之屬。

直長，正八品。

右屬軍器監。

都水監，街道司隸焉。分治監，專規措黃、沁河，衞州置司。

監，正四品，掌川澤、津梁、舟楫、河渠之事。興定五年兼管勾沿河漕運事，作從五品，少監正六品以下皆同兼漕事。

少監，從五品。明昌二年增一員，衞州分治。

丞二員，正七品，內一員外監分治。貞元元年置。

掾，正八品，掌與丞同，外監分治。大定二十七年添一員，明昌五年併罷之，六年復置二員。

勾當官四員，準備分治監差委。明昌五年以罷掾設二員，興定五年設四員。

街道司

管勾，正九品，掌洒掃街道、修治溝渠。舊南京街道司，隸都水外監，貞元二年罷歸京城所。

都巡河官，從七品，掌巡視河道、修完堤堰、栽植榆柳、凡河防之事。分治監巡河官同此。諸都巡河

其瀘溝、崇福上下埽都巡河兼石橋使，通濟河節巡官兼建春宮地分河道。

官，掌提控諸埽巡河官、明昌五年設，以合得縣令人年六十者選充。大定二年設滹沱河巡河官二員。〔一〕散巡河官。於諸局及丞簿廉舉人，并見勾當人六十以下者充。

黃汴都巡河官，下六處河陰、雄武、滎澤、原武、陽武、延津各設散巡河官一員。〔二〕

黃沁都巡河官，下四處懷州、孟津、孟州、城北各設黃沁散巡河官各一員。

衞南都巡河官，下四處崇福上、崇福下、衞南、淇上，散巡河官各一員。〔三〕

滑濬都巡河官，下四處武城、白馬、書城、教城散巡河官各一員。

曹甸都巡河官，下四處東明、西佳、孟華、淩城〔四〕散巡河官各一員。

曹濟都巡河官，下四處定陶、濟北、寒山、金山散巡河官各一員。凡二十五埽，埽兵萬二千人。

諸埽物料場官，掌受給本場物料。分治監物料場官同此。惟崇福上、下埽物料場官與

當界官通管收支。

南京延津渡河橋官，兼譏察事。管勾一員，同管勾一員，掌橋船渡口譏察濟渡、給受本橋諸物等事，內譏察事隸留守司。餘浮橋官同此。

右屬都水監。皇統三年四月，懷州置黃沁河堤大管勾司，未詳何年罷。正大二年，外監東置於歸德，〔三〕西置於河陰。

諫院

左諫議大夫、右諫議大夫，皆正四品。

左司諫、右司諫，皆從五品。

左補闕、右補闕正七品。

左拾遺、右拾遺正七品。

大理寺。天德二年置。自少卿至評事，漢人通設六員，女直、契丹各四員。

卿，正四品。少卿，從五品。正，正六品。丞，從六品。掌審斷天下奏案、詳讞疑獄。

司直四員，正七品，掌參議疑獄、披詳法狀。舊有契丹司直一員，明昌二年罷。

評事三員，正八品，掌同司直。明昌二年省契丹評事一員，大安二年省漢人一員。

知法十一員，從八品，女直司五員，漢人司六員。掌檢斷刑名事。

明法二員，從八品，興定二年置，同流外，四年罷之。

弘文院

知院，從五品。同知弘文院事，從六品。校理，正八品。掌校譯經史。

登聞鼓院

知登聞鼓院，從五品。同知登聞鼓院事，正六品。掌奏進告御史臺、登聞檢院理斷不當事，承安二年以諫官兼。

知法二員，從八品。女直、漢人各一員。〔一六〕

登聞檢院

知登聞檢院，從五品。同知登聞檢院，正六品。掌奏御進告尚書省、御史臺理斷不當事。

知法，從八品。女直、漢人各一員。

記注院。修起居注，掌記言、動。明昌元年，詔毋令諫官兼或以左右衞將軍兼。貞祐三年，以左右司首領官兼，爲定制。

集賢院。貞祐五年設。

知集賢院，從四品。正大元年，授馬璘額外兼吏部郎中。〔一七〕

同知集賢院，從五品。

司議官，正八品。不限員。

諮議官，正九品。不限員。

益政院。正大三年置於內庭，以學問該博、議論宏遠者數人兼之。日以二人上直，備顧問，講尚書、通鑑、貞觀政要。名則經筵，實內相也。末帝出，遂罷。〔一八〕

武衞軍都指揮使司隸尚書兵部。

都指揮使，從三品。大定二十九年，以武衞軍六十人，兵馬一員、副都二員其職低，故設使，品正四，承安三年陞。

副都指揮使二員，從四品。

副都一員，從四品。初正五品，承安三年陞。

判官一員。承安三年設。

掌防衞都城、警捕盜賊。

鈐轄司

鈐轄十員，正六品。初設二員。

都鈐轄四員，從七品。興定三年權設，巡把兩宅。

都將二十員，從九品。大定十六年立名。

掌管轄軍人、防衞警捕之事。承安元年設萬人，內軍八千九百四十九人，忠衞二百人，隊正四百人。

右屬武衞軍都指揮使司。

衞尉司大安元年，擬隆慶宮人數定之。〔一九〕

中衞尉，從三品，掌總中宮事務。

副尉，從四品。

左常侍，從五品。掌周護導從儀仗之事。

右常侍，從五品。

常侍官：護衞三十人，同東宮。奉引八十人，同控鶴。傘子四人，同控鶴。執旗二人。同儀鸞。

給事局

使，正七品。

副使，正八品。

內謁者兼司寶二員，從六品。內直充。

奉閤一十人。同東宮入殿小底。

閤直二十人。同宮闈局內直。

掖庭局

令，正九品，內直充。掌皇后宮事務。

丞，從九品。內直充。

宮令。宮苑司、儀鸞局兼。

食官。尙食局兼。

飲官。尙醞署兼。

醫官。尙藥局、太醫院兼。

主藏。內藏、典給署兼。

主廪。太倉兼。

右屬衞尉司。

榷貨務在京諸税係中運司，見錢皆榷於本務收。

使，從六品。副使，從七品。掌發賣給隨路香茶鹽鈔引。

交鈔庫

使，舊正八品，後陞從七品，貞祐復。掌諸路交鈔及檢勘錢鈔、換易收支之事。

副使，從八品，掌書押印合同。

判官，正九品。貞祐二年作從九品。

都監，二員。見泰和令。

印造鈔引庫大安二年兼抄紙坊。

使，從八品。副，正九品。判，正九品。掌監視印造勘覆諸路交鈔、鹽引，兼提控抄造鈔引紙。承安四年，罷四小庫，併罷庫判四員。至寧元年設二員。貞祐二年作從九品。

抄紙坊大安二年以印造鈔引庫兼。貞祐二年復置，仍設小都監二員。

使，從八品。貞祐二年同隨朝。

副使，正九品。

判，從九品。

交鈔庫物料場至寧元年置。

場官，舊正八品，後作正九品。掌收支交鈔物料。

隨處交鈔庫抄紙坊

使，從八品。貞祐二年，設於上京、西京、北京、東平、大名、益都、咸平、眞定、河間、平陽、太原、京兆、平涼、廣寧等府，瑞、蔚、平、清、通、順、薊等州，貞祐三年罷之。

平準務元光二年五月設，十月罷。

使，從六品。

副使，從七品。

勾當官六員。

右自榷貨務以下，皆屬尙書戶部。

惠民司

令，從六品，掌修合發賣湯藥。舊又設丞一員。大定三年，有司言，惠民歲入息錢不償官吏俸，上曰：「設此本欲濟民，官非人，怠於監視藥物，財費何足計哉，可減員而已。」

直長，正八品。

都監，正九品。

右屬尙書禮部。

四方館

使，正五品。副使，從六品，掌提控諸路驛舍驛馬幷陳設器皿等事。

法物庫元兼管大樂，貞元二年改付太常寺。

使，從六品。副使，從七品。掌鹵簿儀仗車輅法服等事。

直長，正八品。泰和三年省。

承發司

管勾，從七品。同管勾，從八品。掌受發省部及外路文字。

右屬尚書兵部。

萬寧宮提舉司舊太寧宮，更名壽安宮，又更今名。

提舉，從六品。同提舉，從七品。掌守護宮城殿位。本把十五人。

慶寧宮提舉司

提舉，正七品，兼龍門縣令。

同提舉，正八品，兼儀鸞監。

右屬尚書刑部。

修內司大定七年設。

使，從五品。副使，從六品。掌宮中營造事。兵匠一千六十五人，兵夫二千人，仍命少府監長官提控。

直長二員，正八品。部役官四員，正八品。掌監督工役。

受給官二員，正八品，掌支納諸物。

都城所

提舉，從六品。同提舉，從七品。掌修完廟社及城隍門鑰、百司公廨、係官舍屋并栽植樹木工役等事。

左右廂官各二員，正八品，掌監督工役。

受給官二員，正八品，掌支納諸物及埏埴等事。

祗應司

提點，從五品。令，從六品。丞，從七品。掌給宮中諸色工作。

直長，正八品。

收支庫都監、同監。泰和元年置。

甄官署

令，從六品。丞，從七品。直長，正八品。掌劖石及埏埴之事。

上林署

提點，從五品。泰和八年創，大安二年省。〔三〇〕令，從六品。掌諸苑園池沼、種植花木果蔬及承奉行幸舟船事。

丞，從七品。大定七年，增一員，分司南京，以勾判兼之。大安三年復省一員。

直長二員，正八品。

花木局都監、同監。舊設接手官四人，泰和元年罷，復以諸司人內置都監、同監二員。貞祐三年罷都、同監，以同樂園管勾兼。

熙春園都監、同監三員。泰和四年置，貞祐三年省。

同樂園管勾二員，每年額辦課程，隸南運司。宣宗南遷，罷課，改爲隨朝職，正八品。

右皆屬尙書工部。

京東、西、南三路檢察司興定四年置。

使，從六品。副使，正七品。掌檢察支散軍糧，驗軍戶實給，均軍戶差役，勸農種，毋犯私殺馬牛、私鹽酒麴。

南京豐衍東西庫隸運司，貞祐二年同隨朝。

使，正八品。

副使，從八品。

判二員，正九品。

監支、納各一員，正八品。

提舉南京榷貨司貞祐四年置。

提舉，從五品。

同提舉，從六品。

勾當官三員，正九品。

提舉倉場司貞祐五年置，先吏部辟舉，後省擬。

使，從五品。副使，從六品。掌出納公平及毋致虧敗。

監支納官，八品，十六員。以年六十以下廉幹人充，女直、漢人各一。廣盈倉、豐盈倉、永豐倉、〔三〕廣儲倉、富國倉、廣衍倉、三登倉、常盈倉、西一場、西二場、西三場、東一場、東二場、南一場、北一場、北二場。通濟倉與在京倉，置監支納使副各一員。豐備倉、豐贍倉、廣濟倉、潼關倉，興定五年創置潼關倉監支納一員，兼樞密院彈壓。陳州倉四員。洧川倉二員。

八作左右院

設官同上，掌收軍須、軍器。

軍須庫至寧二年置。

使，從八品。

副，從九品。

典牧司貞祐年置。
使，正七品。
副，從八品。
判官，正九品。
圉牧司興定二年置。
使，正七品。
副，正八品。
判官，正九品。
提舉圉牧所泰和二年置，隸各路統軍司。河南東路、河南西路、陝西路皆設提舉、同提舉，山東路止設提舉。

校勘記

〔一〕符寶郎四員　按本書卷五三選舉三作「符寶郎十二人」。

〔二〕泰和八年創設　按此六字原作大字正文，今依上下文例改作小字注文。

〔三〕引進司　原脫「司」字。按本書卷三六禮志受尊號儀、卷三七禮志册皇后儀，皆稱「引進司」。今據補。

〔四〕掌贊導殿庭禮儀　「導」原作「道」，據殿本改。

〔五〕福寧殿　「福寧」原作「寧福」。按本書卷二五地理志，南京路注記南京宮殿，「純和之次曰福寧殿」。大金國志卷三三汴京制度，「一殿曰福寧」。今據改。

〔六〕以崇妃薨罷　原脫「罷」字，據上下文義補。參見本書卷一二章宗紀校記〔五〕。

〔七〕泰和元年設　按本書卷一一章宗紀作泰和二年「三月甲寅，初置宮苑司都、同監各一人」。

〔八〕掌侍奉朝儀率捧案擎執奉輦各給其事　按以上十六字原作小字注文，今依本志文例改作大字正文。

〔九〕次等凡四百二十六人　「百」原作「各」，據文義改。

〔一〇〕軍器庫至寧元年隸大興府貞祐三年來屬　按此處所記乃宣宗遷汴以後之制，南遷前之軍器庫職掌見本書卷五七百官三，厠「諸節鎮防禦刺史縣鎮等職」後，屬于地方官，故謂「隸大興府」。

〔一一〕大定二年設滹沱河巡河官二員　按本書卷二七河渠志，「大定十年二月，滹沱河創設巡河官二員」。此作「二年」疑誤。

〔一二〕下六處河陰雄武滎澤原武陽武延津各設散巡河官一員　按本書卷二七河渠志，「雄武、滎澤、原武、陽武、延津五埽則兼汴河事，設黃汴都巡河官一員於河陰以莅之」。疑「下六處」當作「下五處」，「河陰」衍。

〔一三〕衞南都巡河官下四處崇福上崇福下衞南淇上散巡河官各一員　「下四處」下原衍「新鄉」二字。按本書卷二七河渠志，「崇福上下、衞南、淇上四埽屬衞南都巡河官，則居新鄉」。則此處「新鄉」二字顯係衍文，今删。

〔一四〕下四處東明西佳孟華淩城　「淩」原作「陵」。按本書卷二七河渠志，「曹甸都巡河官則總東明、西佳、孟華、淩城四埽」。今據改。

〔一五〕外監東置於歸德　原脱「於」字，據文例補。

〔一六〕女直漢人各一員　原脱「員」字，據殿本補。

〔一七〕正大元年授馬璘額外兼吏部郎中　「授」原作「受」，據殿本改。

〔一八〕末帝出遜罷　按「末帝」之稱又見本書卷五九宗室表、卷一三一武禎傳附子亢傳。蓋當時人常以此稱哀宗。如劉祁歸潛志等書。「末帝出」蓋言天興元年十二月哀宗出奔。卷一八哀宗紀之末，記哀宗傳位於承麟後，自縊身死。此下所記「末帝退保子城」，「末帝爲亂兵所害」，則皆指承麟，卷一一三白撒傳亦言「末帝承麟」，所指與此不同。

〔一九〕衞尉司大安元年擬隆慶宫人數定之　按本書卷九章宗紀，大定二十九年正月「戊午，名皇太后宫曰仁壽，設衞尉等官」，二月「戊辰，更仁壽宫名隆慶」。卷一〇章宗紀二，明昌五年二月「丁酉，尚書省奏，禮官言孝懿皇后祥除已久，宜易隆慶宮爲東宮，從之」。是大安時久已無隆慶宮之稱，此蓋大安元年檢章宗時舊制所定。

〔三〇〕泰和八年創大安二年省　按以上十字原係大字正文，今依本志文例改作小字注文。

〔三一〕永豐倉　原脫「倉」字，據殿本補。

金史卷五十七

志第三十八

百官三

內命婦　宮人女職　東宮官屬　親王府　太后兩宮官屬
大興府　諸京留守司　諸京城宮苑提舉都監等職　按察司
諸路總管府　諸節鎮防禦刺史縣鎮等職　諸轉運泉穀等職
諸府鎮兵馬等職　諸猛安部族及羣牧等職

內命婦品

元妃、貴妃、淑妃、德妃、賢妃，正一品。

昭儀、昭容、昭媛、修儀、修容、修媛、充儀、充容、充媛曰九嬪，正二品。

婕妤，正三品。美人，正四品。才人，正五品。各九員，曰二十七世婦。

寶林，正六品。御女，正七品。采女，正八品。各二十七員，曰八十一御妻。

按金格，貞祐後之制，貴妃下有眞妃，淑妃下有麗妃、柔妃，而無德妃、賢妃。九嬪同。婕妤下有麗人、才人爲正三品，順儀、淑華、淑儀爲正四品，尚宮夫人、尚宮左夫人、尚宮右夫人、宮正夫人、寶華夫人、尚儀夫人、尚服夫人、尚寢夫人、欽聖夫人、資明夫人爲正五品，尚儀御侍、尚服御侍、尚寢御侍、尚正御侍、寶符宸侍、奉恩令人、奉光令人、奉徽令人、奉美令人爲正六品，司正御侍、寶符御侍、司儀御侍、司符御侍、司寢御侍、司飾御侍、司設御侍、司衣御侍、司膳御侍、司藥御侍、仙韶使、光訓良侍、明訓良侍、遵訓良侍、從訓良侍爲正七品，典儀御侍、典膳御侍、典寢御侍、典飾御侍、典設御侍、典衣御侍、典藥御侍、仙韶副使、承和良侍、承惠良侍、承宜良侍爲正八品，掌儀御侍、掌服御侍、掌寢御侍、掌飾御侍、掌設御侍、掌衣御侍、掌膳御侍、掌藥御侍、仙韶掌音、祗肅良侍、祗敬良侍、祗順良侍爲正九品。

宮人女官職員品秩，皆同唐制。

尚宮二人，掌導引皇后，管司記、司言、司簿、司闈，仍總知五尚須物出納等事。

司記二人、典記二人、掌記二人，掌在內諸文書出入目錄，爲記審訖付行縣印等事。女史六人，掌職文簿。

司言二人、典言二人、掌言二人、女史四人，掌宣傳啓奏之事。

司簿二人、典簿二人、掌簿二人、女史六人，掌宮人名簿廪賜之事。

司闈六人、典闈六人、掌闈六人、女史四人，掌宮闈管鑰之事。

尙儀二人，掌禮儀起居，管司籍、司樂、司賓、司贊事。

司籍二人、典籍二人、掌籍二人、女史十人，掌經籍教學紙筆几案之事。

司樂四人、典樂四人、掌樂四人、女史二人，掌音樂之事。

司賓二人、典賓二人、掌賓二人、女史二人，掌賓客參見、朝會引導之事。

司贊二人、典贊二人、掌贊二人、女史二人、彤史二人，掌禮儀班序、設板贊拜之事。

尙服二人，掌管司寶、司衣、司飾、司仗之事。〔一〕

司寶二人、典寶二人、掌寶二人、女史四人，掌珍寶符契圖籍之事。

司衣二人、典衣二人、掌衣二人、女史四人，掌御衣服首飾之事。

司飾二人、典飾二人、掌飾二人、女史二人，掌膏沐巾櫛服玩之事。

司仗二人、典仗二人、掌仗二人、女史二人，掌仗衞兵器之事。

尙食二人，掌知御膳、進食先嘗，管司膳、司醞、司藥、司饎事。〔二〕

司膳四人、典膳四人、掌膳四人、女史四人，掌膳羞器皿。

司醞二人、典醞二人、掌醞二人、女史二人，掌酒醴。

司藥二人、典藥二人、掌藥二人、女史二人，掌醫藥。

司饎二人、典饎二人、掌饎二人、女史二人，掌宮人食幷柴炭之事。

尚寢二人，〔三〕管司設、司輿、司苑、司燈事。

司設二人、典設二人、掌設二人、女史二人，掌帷帳、牀褥、枕席、洒掃、鋪設。

司輿二人、典輿二人、掌輿二人、女史二人，掌輿傘扇羽儀。

司苑二人、典苑二人、掌苑二人、女史二人，掌苑囿種植蔬果。

司燈二人、典燈二人、掌燈二人、女史二人，掌燈油火燭。

尚功二人，掌女功，管司製、司珍、司綵、司計事。〔四〕

司製二人、典製二人、掌製二人、女史二人，掌裁縫衣服纂組之事。

司珍二人、典珍二人、掌珍二人、女史二人，掌金珠玉寶財貨之事。

司綵二人、典綵二人、掌綵二人、女史二人，掌錦文緋綵絲帛之事。

司計二人、典計二人、掌計二人、女史二人，掌支度衣服飲食柴炭雜物之事。

宮正二人，掌總知宮內格式、糾正推罰之事。司正二人，同掌。典正二人，糾察違失。

女史四人。

皇后位下女職依隆慶宮所設人數，大安元年定。

司閨一員，八品，掌宮內諸事幷給散宮人俸給食料。

乘儀一員，八品。丞儀一員，九品。掌左右給事、宣傳啓奏、經籍紙筆之事。

直閤一員，司陳一員，九品，掌帳幕牀褥輿傘、洒掃鋪陳、薪炭燈燭之事。

秉衣一員，奉衣一員，九品，掌首飾衣服器玩諸寶財貨、裁製縑綵之事。

掌饌一員，八品。奉饌一員，九品。掌飲食湯藥酒醴蔬果之事。

東宮官

宮師府

太子太師、太子太傅、太子太保，正二品。

太子少師、太子少傅、太子少保，正三品。

掌保護東宮，導以德義。海陵天德四年，始定制宮師府三師、三少，詹事院詹事、三寺、十率府皆隸焉。左右諭德，爲東宮僚屬。

詹事院太子詹事，從三品。少詹事，從四品。掌總統東宮內外庶務。

左右衞率府率，〔五〕從五品，掌周衞導從儀仗。

左右監門，正六品，掌門衞禁鑰。

僕正，正六品。副僕，正七品。僕丞，正九品。掌車馬廐牧弓箭鞍轡器物等事。

掌寶二人，從六品，掌奉寶，謹其出入。

典儀，從六品。贊儀，從七品。司贊禮儀。

侍正，正七品。侍丞，正八品。掌冠帶衣服、左右給使之事。

典食令，正八品。丞，正九品。承奉膳羞。

侍藥，正八品。奉藥，正九品。承奉醫藥。

掌飲令，正八品。丞，正九品。承奉賜茶及酒果之事。

家令，正八品。家丞，正九品。掌營繕栽植鋪設及燈燭之事。

司經，正八品。副，正九品。掌經史圖籍筆硯等事。

司藏，從八品。副，從九品。掌庫藏財貨出入之事。

司倉，從八品。副，從九品。掌倉廩出納薪炭等事。

中侍局都監，正九品。同監，從九品。掌東閤內之禁令、省察宮人廩賜給納諸物、轄侍人等。

左諭德、右諭德，正五品。左贊善、右贊善，正六品。掌贊諭道德、侍從文章。

內直郎，正七品。

右屬宮師府。

親王府屬官

傅，正四品，掌師範輔導、參議可否，若親王在外，亦兼本京節鎭同知。

府尉，從四品。本府長史，從五品，明昌三年改，掌警嚴侍從、兼總統本府之事。

司馬，從六品，同檢校門禁、總統府事。

文學二人，從七品，掌贊導禮義、〔六〕資廣學問。

記室參軍，正八品，掌表牋書啓之事。大定七年八月始置。二十年，不專除，令文學兼之。

諸駙馬都尉，正四品。

提舉衞紹王家屬

提舉，從六品。同提舉，從七品。舊爲東海郡侯邑令、丞。

提舉鎬厲王家屬

提舉。同提舉。以上二宅，天興元年始聽自便。

提控犖國公家屬

提控。同提控。

太后兩宮官屬正大元年置。

衞尉，從三品。副衞尉，從四品。

左典禁、右典禁，從五品。

奉令，正七品。奉丞，正八品。

太僕，正六品。副僕，正七品。

門衞二員，正六品。

典寶二員，正六品。

謁者二員，從六品。

閤正，從七品。閤丞，正八品。

食官令，正八品。食官丞，正九品。

宮令，正八品。宮丞，正九品。

醫令，正八品。醫丞，正九品。

飲官令，正八品。飲官丞，正九品。

主藏，從八品。副主藏。

主廩，從八品。副主廩。

大興府

尹一員，正三品，掌宣風導俗、肅淸所部，總判府事。餘府尹同。兼領本路兵馬都總管府事。車駕巡幸，則置留守同知、少尹、判官。惟留判不別置，以總判兼之。

同知一員，從四品，掌通判府事。餘府同知同此。

少尹一員，正五品，掌同同知。

總管判官一員，從五品，掌紀綱總府衆務，分判兵案之事。

府判一員，從五品，掌諮議參佐、糾正非違、紀綱衆務，分判吏、禮、工案事。

推官二員，從六品，掌同府判，分判戶、刑案事，內戶推掌通檢推排簿籍。舊一員，大定五年增一員。

知事，正八品，掌付事勾稽省署文牘、總錄諸案之事。

都孔目官，女直司一員，漢人司一員，職同知事，掌監印、監受案牘。餘都孔目官同此。不常置，省則吏目攝。六案司吏七十五人，內女直十五人，漢人六十人。司吏分掌六案，各置孔目官一員，掌呈覆糾正本案文書。餘分前後行，其他處應設十人以下、六人以上者，置孔目官三人，及置提點所處仍舊。女直司吏若十二人以上，分設六案，不及者設三案，五人以下設一案，通掌六案事。以上名充孔目官。

知法三員，從八品，女直一員，漢人二員，掌律令格式、審斷刑名。抄事一人，掌抄事目、寫法狀，以前後行吏人選。公使百人。

女直教授一員。

東京、北京、上京、河東東西路、〔七〕山東東西路、大名、咸平、臨潢、陝西統軍司、西南招討司、西北路招討司、婆速路、曷懶路、速頻、蒲與、胡里改、隆州、泰州、蓋州並同此。皆置醫院，醫正一人，醫工八人。

諸京留守司

留守一員，正三品，帶本府尹兼本路兵馬都總管。

同知留守事一員，正四品，帶同知本府尹兼本路兵馬都總管。

副留守一員，從四品，帶本府少尹兼本路兵馬副都總管。

留守判官一員，從五品。都總管判官一員，從五品。掌紀綱總府衆務、分判兵案之事。

推官一員，從六品，掌同府判，分判刑案之事，上京兼管林木事。

司獄一員，正八品。司吏。女直司吏，上京二十人，北京十三人，東京十人，南京、西京各五人。漢人司吏，三十萬戶以上六十人，二十五萬戶五十五人，十萬戶以上四十人，七萬戶以上三十五人，五萬戶以上三十人，三萬戶以上二十四人，不及萬戶十人。譯人，上京、北京各三人，東京、西京、南京各二人。通事二人。

知法，女直、漢人各一員，南京漢人二員。抄事一人，掌抄錄事目、書寫法狀。公事百人。

京城門收支器物使。貞祐元年置，每城一面設一員。五年，南京隨門添設。舊有小都監，後省。正八品，十四員，戶部辟舉。開陽門、宣仁門、安利門、平化門、通遠門、宜照門、利川門、崇德門、迎秋門、廣澤門、順義門、迎朔門、順常門、廣智門，以已上各門副尉兼職。貞祐五年制，乃罷小都監。

十四門尉，從七品。

副尉，正九品。

上京提舉皇城司

提舉一員，從六品。

同提舉一員，從七品。司吏一人。

南京提舉京城所

提舉一員，正七品。同提舉一員，從七品。掌本京城壁及繕修等事，不常置。上京同此。

管勾一員，正八品，掌佐繕治。

受給官一員，掌收支之事。

壕寨官一員，掌監督修造。

皇城使一員，正八品。副使一員，正九品。掌宮闕繕修之事，不常置。

管勾北太一宮、同樂園二員，正八品，掌守宮園繕修之事。

慶元宮小都監三員，掌鋪陳祭器諸物。餘宮同。

花園小都監二員。

東京宮苑使一員。西京、北京同。

東京、西京御容殿，閤門各二員，掌享祀禮數、鋪陳祭器。

東京萬寧宮小都監一員。

按察司　本提刑司，承安三年以上京、東京等提刑司併爲一提刑使，兼宣撫使勸農採訪事，爲官稱。副使、判官以兼宣撫副使、判官爲名。復改宣撫爲安撫，各設安撫判官一員、提刑一員，通四員。安撫司，掌鎮撫人民、譏察邊防軍旅、審錄重刑事。安撫判官則銜內不帶「勸農採訪事」，令專管千戶謀克。安撫使副內，差一員於咸平、一員於上京分司。承安四年罷咸平分司，使在上京，副在東京，各設簽事一員。承安四年改按察司，貞祐三年罷，止委監察採訪。

使一員，正三品，掌審察刑獄、照刷案牘、糾察濫官汙吏豪猾之人、私鹽酒麴並應禁之事，兼勸農桑，與副使、簽事更出巡案。

副使，正四品，兼勸農事。

簽按察司事，正五品，承安四年設。

判官二員，從六品，大定二十九年設。明昌元年以陝西地濶，添一員。

知事，正八品。

承安三年，上京者兼經歷安撫司使。泰和八年十一月，省議以轉運司權輕，州縣不畏，不能規措錢穀，遂詔中都都轉運，依舊專管錢穀事，自餘諸路按察使並兼轉運使，副使兼同知，簽按察並兼轉運副，添按察判官一員，爲從六品。中都、西京路按察司官止兼西京路轉運司事。遼東路惟上京按察安撫使及簽事依舊署本司事。遼東轉運使兼按察副使，同知轉運使兼簽按察司事，轉運副使兼按察判官，添知事一員。

知法二員，從八品。書史四人，書吏十人，抄事一人，公使四十人。

右中都、西京並依此置。陝西、上京兩路設簽按察司事二員，上京簽安撫司事。

上京、東京等路按察司幷安撫司

使，正三品，鎮撫人民、譏察邊防軍旅之事，仍專管猛安謀克，敎習武藝及令本土純願風俗不致改易。

副使二員，正四品。

簽安撫司事，正五品。

簽按察司事，正五品。

知事兼安撫司事，正八品。

知法四員，〔公〕從八品。書史四人。上京、東京書吏十八人，女直十二人、漢人六人。中都、西京，女直五人、漢人五人。北京、臨潢，女直三人、漢人五人。南京，女直二人、漢人七人。山東，女直三人、漢人七人。大名，女直三人、漢人六人。抄事一人，公使十人也。

右按察使於上京、副使於東京各路設簽事一員，分司勾當。惟安撫司不帶「勸農」字，內知事於上京、自餘並於兩處分減存設。

諸總管府謂府尹兼領者。

都總管一員，正三品，掌統諸城隍兵馬甲仗，總判府事。

同知都總管一員，從四品，掌通判府事，惟婆速路同知都總管兼來遠軍事兵馬。〔九〕

副都總管一員，正五品，所掌與同知同。

總管判官一員，從六品，掌紀綱總府衆務，分判兵案之事。

府判一員，從六品，掌紀綱衆務，分判戶、禮案，〔一〇〕仍掌通檢推排簿籍。

推官一員，正七品，掌同府判，分判工、刑案事。

知法一員。司吏，女直，山東西路十五人，大名十四人，山東東路、咸平府、臨潢府各十二人，曷懶路、河北西路各十人，婆速路十一人，河北東路八人，河東南北路、京兆、慶陽、臨洮、鳳翔、延安各四人。漢人，戶十八萬以上四十二人，十五萬以上四十人，十三萬以上三十八人，十萬以上三十五人，七萬以上三十二人，五萬以上二十八人，三萬以上二十二人，不及三萬戶二十人，婆速路、曷懶路各二人。譯人，咸平三人，河北東西、山東東西、曷懶、大名、臨潢各二人，餘各一人。通事，婆速、曷懶路高麗通事一人，臨潢北部通事一人、部落通事一人、小部落通事二人，慶陽府通事一人。抄事一人。公使八十人。臨潢別置移剌十五人。凡諸府置員並同，惟曷懶路無府事。

諸府謂非兼總管府事者。

尹一員，正三品。同知一員，正四品。少尹一員，正五品。

府判一員，從六品，掌紀綱衆務，分判吏、戶、禮案事，專掌通檢推排簿籍。

推官一員，正七品，掌同府判，分判兵、刑、工案事。〔二〕

府教授一員。

知法一員。司吏，女直皆三人，漢人，若管十六萬戶四十人，十四萬以上三十八人，十二萬以上三十五人，十萬以上三十二人，七萬以上三十人，五萬以上二十五人，三萬戶以上二十人，不及三萬戶十七人。譯人一人，通事一人，抄事一人，公使七十人。

諸節鎮

節度使一員，從三品，掌鎮撫諸軍防刺，總判本鎮兵馬之事，兼本州管內觀察使事。其觀察使所掌，並同府尹兼軍州事管內觀察使。

同知節度使一員，正五品。通判節度使事，兼州事者仍帶同知管內觀察使。

副使一員，從五品。

節度判官一員，正七品，掌紀綱節鎮衆務、僉判兵馬之事，兼判兵、刑、工案事。〔一二〕

觀察判官一員，正七品，掌紀綱觀察衆務，分判吏、戶、禮案事，通檢推排簿籍。

知法一員，州教授一員，司獄一員，正八品。司吏，女直，隆州十四人，蓋州十二人，泰州十一人，速頻、胡里改各十人，蒲與八人，〔一三〕平、宗、懿、定、衞、〔一四〕萊、密、滄、冀、邢、同、雄、保、兗、邠、涇、朔、奉聖、豐、雲內、許、徐、鄧、鞏、鄜、全、肇各三人，餘各二人。漢人，依府尹數例。譯人一人，通事二人，抄事一人。公使人，上鎮七十、中六十五、下六十人，〔一五〕惟蒲與、胡里改、速頻各二十人。曷速館路、蒲與路、胡里改路、速頻路四節鎮，省觀察判官而無州事。

諸防禦州

防禦使一員，從四品，掌防捍不虞、禦制盜賊，餘同府尹。

同知防禦使事一員，正六品，掌通判防禦使事。

判官一員，正八品，掌簽判州事，專掌通檢推排簿籍。

知法，從九品。

州教授一員。

司軍，從九品。

軍轄兼巡捕使，從九品。司吏，女直一人，漢人管戶五萬以上二十人，以率而減。譯人一人，通事一人，抄事一人。公使，上州六十人、中五十五人、下五十人。

諸刺史州

刺史一員，正五品，掌同府尹兼治州事。

同知一員，正七品，通判州事。

判官一員，從八品，簽判州事，專掌通檢推排簿籍。

司軍，從九品。

知法一員。

軍轄兼巡捕使，從九品。司吏，女直，韓、慶、信、灤、薊、通、澄、復、瀋、貴德、涿、利、建州、來遠軍各二人，餘各一人。抄事一人。公使，上州五十、中四十五、下四十。惟來遠軍同下州，省同知。凡諸州以上知印，並於孔目官內輪差，運司押司官並同。無孔目官，以上名司吏充，司、縣同此。

諸京警巡院

使一員，正六品，掌平理獄訟、警察別部，〔一六〕總判院事。

副一員，從七品，掌警巡之事。

判官二員，正九品，掌檢稽失，簽判院事。司吏，女直，中都三人，〔一七〕上、東、西三京各二人，餘各一人。漢人，中都十五人，南京九人，西京八人，東京六人，北京五人，上京四人。惟東、西、北、上京無副使。

諸府節鎭錄事司

錄事一員，正八品。判官一員，正九品。掌同警巡使。司吏，戶萬以上設六人，以下爲率減之。

凡府鎭二千戶以上則依此置，以下則止設錄事一員，不及百戶者並省。

諸防刺州司候司

司候一員，正九品。

司判一員，從九品。司吏、公使七人。然亦驗戶口置。

赤縣謂大興、宛平縣。

令一員，從六品，掌養百姓、按察所部、宣導風化、勸課農桑、平理獄訟、捕除盜賊、禁止游惰，兼管常平倉及通檢推排簿籍，總判縣事。

丞一員，正八品，〔一八〕掌貳縣事。

主簿一員，正九品，掌同縣丞。〔一九〕

尉四員，正八品，專巡捕盜賊。餘縣置四尉者同此。司吏十人，內一名取識女直、漢字者充。

公使十人。

次赤縣又曰劇縣

令一員，正七品。

丞一員，正九品。〔二〇〕

主簿一員，正九品。

尉一員，正九品。

諸縣

令一員，從七品。

丞一員，正九品。

主簿一員，正九品。

尉一員，正九品。

凡縣二萬五千戶以上爲次赤、爲劇，二萬以上爲次劇，在諸京倚郭者曰京縣。自京縣而下，以萬戶以上爲上，三千戶以上爲中，不滿三千爲下。中縣而下不置丞，〔二一〕以主簿與尉通領巡捕事。下縣則不置尉，以主簿兼之。中縣司吏八人，下縣司吏六人，公使皆十人。

諸知鎭、知城、知堡、知寨，皆從七品。其設公使皆與縣同，惟驗戶口置司吏。

諸司獄

罪囚者。

司獄一員，正九品，提控獄囚。司吏一人。公使二人。典獄二人，防守獄囚門禁啓閉之事。獄子，防守

市令司　唯中都置。

令一員，正八品。南遷以左、右警巡使兼。〔三〕丞一員，正九品。掌平物價，察度量權衡之違式，百貨之估直。司吏四人，公使八人。

軍器庫

使一員，正八品。副使一員，從九品。掌甲冑兵仗。司吏二人。庫子，掌出納之數、看守巡護。中都、南京依此置，西京省副使，北京惟副使，仍兼八作使。隨府節鎭設使、副，若軍器兼作院、軍資兼軍器庫，及防刺郡，則置都監一員，〔三三〕以軍資監兼者如舊。

作院

使一員，副使一員，掌監造軍器，兼管徒囚，判院事。

都監一員，掌收支之事。

牢長，監管囚徒及差設牢子。中都、南京依此置，仍加「都」字。南京省都監一員，東京、西京置使或副一員，上京並省。隨府節鎭作院使副，並以軍器使副兼之。其或置一員，或以軍資庫兼之，若元設甲院都監處，幷

薊州專設使副者，並仍舊。

都轉運司

使，正三品，掌稅賦錢穀、倉庫出納、權衡度量之制。

同知，從四品。

副使，正五品。

都勾判官，從六品，紀綱衆務、分判勾案，惟南京勾判兼上林署丞。

戶籍判官二員，從六品，舊止一員，承安四年增置一員，不許別差，專管拘收徵剋等事。

支度判官二員，從六品，掌勾判、分判支度案事。

鹽鐵判官一員，從六品。

都孔目官二員，勾稽文牘。

知法二員，從八品。

都勾案、戶籍案、鹽鐵案、支度案、開拆案司吏，女直八人，漢人九十人。抄事一人，譯史三人，通事一人，押遞五十人，監運諸物公使八十人。惟中都路置都轉運司，餘置轉運司，省戶、度判官各一員。〔二四〕南京、西京、北京、遼東、山東西路、河北東路則置女直知法、漢知法各一員。山東東路、河東南路北路、河北西路、陝西東西路則置漢知法一員。餘官皆同中都置。女直司，司吏，遼東路十人，西京、北京、山東西路各五人，餘路皆四人。譯史，遼東路三人，餘各二人。通事各一人。漢人司，司吏，課額一百八十萬貫以上者五十人，百五十萬貫以上四十五人，百二十萬貫以上四十人，九十萬貫以上三十五人，六十萬貫以上三十人，三十萬貫以上二十五人，不及三十萬貫二十人。公使人，各七十人。押遞，南京、山東東西路、河東南路、河北西路各五十人，西京、河東北路、河北東路各四十人，餘路各三十人。

山東鹽使司　與寶坻、滄、解、遼東、西京、北京凡七司。

使一員，正五品，他司皆同。副使二員，正六品。它司皆一員。判官三員，正七品。泰和作四員，寶坻、解州設二員，餘司皆一員。掌幹鹽利以佐國用。

管勾二十二員，正九品，寶坻、解、西京則設六員，北京、遼東、滄州則設四員。同管勾、都同監皆省。掌分管諸場發買收納恢辦之事。

同管勾五員。

都監八員。

監、同各七員。

知法一員。司吏二十二人，女直三人、漢人十九人。譯人一人，抄事、公使四十人，它司皆同。

中都都麴使司酒使司、院務、稅醋使司、榷場兼酒使司附。

使，從六品。副使，正七品。掌監知人戶醞造麴糵，辦課以佐國用。餘酒使監醞辦課同此。

都監二員，正八品，掌簽署文簿、檢視醞造。司吏四人，公使十人。

凡京都及眞定皆爲都麴酒使司，設官吏同此。它處置酒使司，課及十萬貫以上者設使、副、小都監各一員，五萬貫以上者設使、副各一員，以上皆設司吏三人。二萬貫以上者設使及都監各一員，司吏二人。不及二萬貫者爲院務，設都監、同監各一員，不及千貫之院務止設都監一員。其它稅醋使司、及榷場與酒稅相兼者，視課多寡設官吏，皆同此。諸酒稅使三萬貫以上者正八品，諸酒榷場使〔三五〕從七品，五萬貫以上副使正八品。

提舉南京路榷貨事，從六品。

中都都商稅務司

使一員，正八品。副使一員，正九品。正大元年陞爲從七品。掌從實辦課以佐國用。

都監一員，從九品，掌簽署文簿、巡察匿稅。司吏四人，公使十人。餘置官吏同酒使司。

中都廣備庫

使一員，從七品。副使一員，從八品。判官一員，正九品。掌疋帛顏色、油漆諸物出納之事。攢典四人。庫子十四人，內十二人收支，二人應辦。掌排數出納、看守巡護之事，與庫官通管。

永豐庫　鍍鐵院都監隸焉。

使一員，從七品。副使一員，從八品。判官一員，正九品。掌泉貨金銀珠玉出納之事。攢典三人。庫子十二人，內十人收支，二人應辦。凡歲收二十五萬貫者置庫子十人，不及二萬貫者置二人。

鍍鐵院都監二員，管勾生熟鐵釘線。攢典一人。京、府、鎭、通州並依此置，判官、都監皆省。或兼軍器并作院，或設使若副一員。防刺郡設都監一員，仍兼軍器庫。

南京交鈔庫

使一員，正八品。副使一員，正九品。掌出入錢鈔兌便之事。攢典二人，攢寫計帳、類會合同。庫子八人，掌受納錢數、辨驗交鈔、毀舊注簿曆。

中都流泉務　大定十三年，上謂宰臣曰：「聞民間質典，利息重者至五七分，或以利爲本，小民苦之。若官爲設庫務，十中取一爲息，以助官吏廩給之費，似可便民。卿等其議以聞。」有司奏於中都、南京、東平、眞定等處並置質典庫，以流泉爲名，各設使、副一員。凡典質物，使、副親評價直，許典七分，月利一分，不及一月者以日計之。經二周年外，又逾月不贖，卽聽下架出賣。出帖子時，寫質物人姓名，物之名色，金銀等第分兩，及所典年月日錢貫，下架年月之類。若亡失者，收贖日勒合干人，驗元典官本，并合該利息，陪償入官外，更勒庫子，驗典物日上等時估償之，物雖故舊，依新價償。仍委運司佐貳幕官識漢字者一員提控，若有違犯則究治。每月具數，申報上司。大定二十八年十月，京府節度州添設流泉務，凡二十八所。明昌元年，皆罷之。二年，在都依舊存設。

使一員，正八品。副使一員，正九品。掌解典諸物、流通泉貨。

勾當官一員。攢典二人。

中都店宅務

管勾四員，正九品，各以二員分左右廂，掌官房地基、徵收官錢、檢料修造摧毀房舍。攢典，左右廂各五人，掌徵收及檢料修造房屋之事。庫子，左右廂各三人。催錢人，左右廂各十五人。又別設左廂平樂樓花園子一名，右廂館子四人。

南京店宅務同。

中都左右廂別貯院

使一員，從八品。副使一員，正九品。〔二六〕判官，從九品。掌拘收退朴等物及出給之事。〔二七〕攢典、庫子，同前。

中都木場

使一員，從八品。副使一員，判官一員，皆正九品。掌拘收材木諸物及出給之事。司吏一人，庫子四人，花料一人，木匠一人。

中都買物司

使一員，從八品。副使一員，正九品。掌收買官中所用諸物。

都監四員，從九品，掌支應等事。司吏二人。

京兆府司竹監

管勾一員，從七品，掌蒔養竹園採斫之事。司吏一人。監兵百人，給蒔養採斫之役。

諸綾錦院置於眞定、平陽、太原、河間、懷州。

使一員，正八品。副使一員，正九品。掌織造常課疋段之事。

規措京兆府耀州三白渠公事

規措官，正七品，掌灌溉民田。

點檢渠堰官一員，掌點檢啓閉涇陽等縣渠堰。司吏二人。

漕運司

提舉一員，正五品，景州刺史兼領，掌河倉漕運之事。

同提舉一員，正六品。勾當官，從八品，掌催督起運綱船。司吏六人，分掌課使、起運兩科，〔二八〕各設孔目官，前後行各一人。傔使科，掌吏、戶、禮案。起運科，掌兵、刑、工案。公使八十一人，押綱官七十六人。

景州依此置。肇州以提舉兼本州同知，同提舉兼州判。

諸倉

使，正八品。副使，正九品。掌倉廩畜積、受納租稅、支給祿廩之事。攢典，掌收支文曆、行署案牘。歲收一萬石以上設二人。倉子，掌斛斗盤量、出納看守之事。

草場

使，副使，掌儲積受給之事。攢典二人。場子，掌積垛、出納、看守、巡護之事，歲收五萬以上設四人。中都、南京、歸德、河南、京兆、鳳翔依此置。西京省副使，餘京節鎮科設使副一員，防刺仍舊，置都監一員。

南京諸倉監支納官、草場監支納官，正八品。

南京提控規運柴炭場〔二九〕

使，從五品。

副使，正六品。

京西規運柴炭場

使，從八品。

副使，正九品。

諸總管府節鎮兵馬司

都指揮使一員，正五品，巡捕盜賊，提控禁夜，糾察諸博徒、屠宰牛馬，總判司事。

副都指揮使一員，正六品，貳使職，通判司事，分管內外，巡捕盜賊。軍典十二人，掌本庫名籍、差遣文簿、行署文書、巡捕等事，餘軍典同此。司吏一人，譯人一人，公使十人。

指揮使一員，從六品，鈐轄四都之兵以屬都指揮使，專署本指揮使事。

軍使一員，正七品，指揮之職，左右什將各一人，共管一都。軍典二人，營典一人，左、右承局各一人，左、右押官各一人。

以上軍員每百人爲一指揮使，各一員分四都，〔三〇〕每都設左右什將、承局、押官各一。若人數不及，附近相合者，並依上置。如無可相合者，三百人以上爲一指揮，二百人以上止設指揮使，〔三一〕一百人止設軍使，仍每百人以上立爲一都，不及百人設什將、承局、押官各一。其指揮下軍使，什將下軍典、營典，各同此置。惟北京、西京止設使、副各一員。

諸府鎮都軍司

都指揮使一員，正七品，節鎮軍都指揮使則從七品。掌軍率差役、巡捕盜賊，總判軍事，仍與錄事同管城隍。軍典二人，公使六人。凡諸府及節鎮並依此置。

諸防刺州

軍轄一員，掌同都軍，兼巡捕，仍與司候同管城壁。軍典二人。

諸府州

兵馬鈐轄一員，從六品，掌巡捕盜賊。若有盜，則總押隨處巡尉，併力擒捕。司吏二人。京兆、咸平、濟南、鳳翔、萊、密、懿、翠州並依此置。惟京兆、咸平府置兵馬都鈐轄，餘並省。

諸巡檢

中都東北都巡檢使一員，正七品，通州置司，分管大興、漷陰、昌平、通、順、薊、盈州界盜賊事。司吏一人，掌行署文書。馬軍十五人，於武衞馬軍內選少壯熟閑弓馬人充。

西南都巡檢〔三〕一員，正七品，良鄉縣置司，分管良鄉、宛平、安次、永清縣并涿、易州界盜賊事。

諸州都巡檢使各一員，正七品。

副都巡檢使各一員，正八品。司吏各一人。右宿、泗、唐、鄧、蔡、亳、陳、潁、德、華、河、隴、泰等州并西北路依此置，餘不加「使」字。

散巡檢，正九品。內泗州以管勾排岸兼之。皆設副巡檢一員，爲之佐。右地險要處置司。

唐、鄧、宿、泗、潁、壽、蔡等州及緣邊二十五處置。大定二十二年，廣寧府大斧山置巡檢司。明昌五年七月，升蔡州劉輝村置巡檢。

潼關

關使兼譏察官，正七品，掌關禁、譏察姦僞及管鑰啓閉。

副譏察，正九品，掌任使之事。司吏二人，女直、漢人各一。

居庸關、紫荆關、通會關、會安關及他關

皆設使，從七品。

大慶關

管勾河橋官兼譏察事一員，正八品，掌解繫浮橋、濟渡舟楫、巡視河道、修完埽岸、兼率埽兵四時功役、栽植榆柳、預備物料、譏察姦僞等事。

同管勾一員。司吏二人，女直、漢人各一人。九鼎、大陽津渡，惟置譏察官一員。

孟津渡

譏察一員，正八品，掌譏察姦僞。

副譏察一員，正九品。司吏二人。

提舉譏察使，正五品。副使，從五品。陝西一員，河南二員。南遷置譏察使，從七品。副使，正八品。南遷後，陝西置於秦州，河南置於唐、鄧、息、壽、泗五州。

提舉秦、藍兩關，提舉，從五品。同提舉，正六品。南遷後置。

提舉三門、集津南北岸，正六品。南遷後置。

沿淮譏察使，從五品。

管勾泗州兼排岸巡檢，正九品。

諸邊將

正將一員，正七品，掌提控部保將、〔三三〕輪番巡守邊境。

副將一員，正八品。部將一員，正九品，輪番巡守邊境。

隊將，正九品。鄜延九將，慶陽十將，臨洮十四將，鳳翔十六將，河東三將，並依此置。

統軍司河南，山西，陝西，益都。〔三四〕

使一員，正三品，督領軍馬、鎮攝封陲、分營衞、視察姦。

副統軍一員，正四品。

判官一員，從五品，紀綱庶務、簽判司事。大定九年置。

知事一員，從七品。

知法二員，從八品，女直、漢人各一。書史十三人，女直八人、漢人五人，掌行署文牘、上名監印。守當官四人，譯書四人，通事一人，抄事一人，公使五十人。河南依此置，山東不設判官，知法以益都府知法兼之。

招討司三處置，西北路、西南路、東北路。

使一員，正三品。副招討使二員，從四品，招懷降附、征討攜離。

判官一員，從六品，紀綱職務、簽判司事。

勘事官一員，從七品。

知事一員，正八品。

知法二員，從八品，女直、漢人各一。司吏十九人。譯人三人。通事六人，內諸部三人、河西一人。移剌三十人，以上名充都管。抄事一人。公使五十人。西北路增勘事官一員。東北路不置漢人知法。

諸猛安謀克隸焉。

猛安，從四品，掌修理軍務、訓練武藝、勸課農桑，餘同防禦。司吏四人，譯一人，撻馬、差役人數並同舊例。

諸謀克，從五品，掌撫輯軍戶、訓練武藝。惟不管常平倉，餘同縣令。女直司吏一人，譯一人，撻馬。

諸部族節度使

節度使一員，從三品，統制各部，鎮撫諸軍，餘同州節度。

副使一員，從五品。

判官一員。

知法一員。司吏四人，女直、漢人各半。通事一人，譯人一人，撻馬。右部羅火部族、〔三五〕土魯渾部族並依此置。

諸乣

詳穩一員，從五品，掌守戍邊堡，餘同謀克。皇統八年六月，設本班左右詳穩，定爲從五品。

麼忽一員，從八品，掌貳詳穩。司吏三人。習尼昆，掌本乣差役等事。撻馬，隨從也。咩乣、唐古乣、移刺乣、木典乣、骨典乣、失魯乣並依此置。惟失魯乣添設譯人一名。士民須知有蘇謨典乣、胡都乣、霞馬乣，無失魯乣、移典乣。

諸移里堇司

移里堇一員，從八品，分掌部族村寨事。司吏，女直一人、漢人一人。習尼昆，掌本乣差役等事。撻馬。右土魯渾部族南北移里堇司依此置。部羅火部族左右移里堇司置女直司吏一人。

諸禿里

禿里一員，從七品，掌部落詞訟、防察違背等事。女直司吏一人，通事一人。

諸羣牧所，又國言謂「烏魯古」。

提控諸烏魯古一員，正四品，明昌四年置。是年以安遠大將軍尚廐局使石抹貞兼慶州刺史爲之，設女直司吏二人，譯一人，通事一人。

使一員，從四品。國言作烏魯古使。副使一員，從六品。掌檢校羣牧畜養蕃息之事。

判官一員，正八品，掌簽判本所事。

知法一員，從八品。女直司吏四人，譯人一人，撻馬十六人，使八人，副五人，判三人。又設掃穩脫朶，分掌諸畜，所謂牛馬羣子也。

惟板底因、烏鮮、忒恩、蒲鮮羣牧依此置。

校勘記

〔一〕尙服二人掌管司寶司衣司飾司仗之事　原脫「管」字。按依文例「掌」下當有脫句，其文無可考，今僅補一「管」字。

〔二〕管司膳司醞司藥司饎事　原脫「管」字，據文例補。

〔三〕尙寢二人　按此下當有脫句述所掌某事，今無可考。

〔四〕尙功二人掌女功管司製司珍司綵司計事　原脫「事」字，據文例補。

〔五〕左右衞率府率　「府」下原脫「率」字。按唐六典卷二八，「太子左右衞率府，率各一人」，知「率府」是衙署，而「率」方是官名。本書卷七世宗紀，大定十九年九月戊午，以「太子左衞率府率裴滿胡刺爲夏國生日使」。卷六七溫敦蒲刺傳，「徵爲太子左衞率府率」。皆作「率府率」，與唐六典合。今據補。

〔六〕掌贊導禮義　「導」原作「道」，據殿本改。

〔七〕河東東西路　按當是「河北東西路」之誤。

〔八〕知法四員　原脫「員」字，據殿本補。

〔九〕惟婆速路同知都總管兼來遠軍事兵馬　按「事」字疑當在「兵馬」之下。

〔一〇〕分判戶禮案　按上文總管判官「分判兵案之事」，下文推官「分判工、刑案事」，則「吏案」無着。下文「諸府」府判「分判吏、戶、禮案事」，「諸節鎭」觀察判官「分判吏、戶、禮案事」，皆吏、戶、禮案由一判官專掌，諸總管府當亦如此。「戶」上疑脫「吏」字。

〔一一〕分判兵刑工案事　原脫「分判」二字，據前後各條文例補。

〔一二〕兼判兵刑工案事　「判」原作「制」，依文例改。

〔一三〕蒲與八人　原脫「人」字，依文例補。

〔一四〕平宗懿定衞　「衞」原作「行」。按三朝北盟會編卷二四四引張棣金虜圖經，「節鎭三十八處」中有衞州河平軍。大金國志卷三八「節鎭三十九處」亦有衞州河平軍。今據改。

〔一五〕下六十人　原脫「人」字，據殿本補。

〔一六〕警察別部　「別」字疑是「所」字之誤，猶下文赤縣令掌「按察所部」。

〔一七〕司吏女直中都三人　「中都」下原衍「各」字，今删。

〔一八〕丞一員正八品　「正」原作「從」。按本書卷五二選舉志，凡勞效，「官不至宣武，初授八品者授錄事，二赤、劇丞」，據卷五七百官三「錄事，正八品」，則「赤、劇丞」亦正八品。今據改。參見本書卷五八百官四校記〔八〕。

〔一九〕主簿一員正九品掌同縣丞　按赤縣簿、尉之品秩史無可考，當與丞同。上文「丞一員，正八品」。

下文「尉四員，正八品」，則主簿亦不得低於「正八品」。疑「正九品」爲「正八品」之誤。

〔二〇〕丞一員正九品　按下文諸縣「丞一員，正九品」，則此不當爲「正九品」已明。本書卷五八百官四，百官俸給，諸劇縣丞正八品，諸京縣丞、諸次劇縣丞從八品。因疑「九」字或「八」字之誤。又簿、尉當與丞品級同，則下文主簿尉之「正九品」，亦疑當作「正八品」。

〔二一〕中縣而下不置丞　原脫「不」字，據文義補。

〔二二〕南遷以左右警巡使兼　原脫「巡」字。按本書卷一六宣宗紀，元光元年「九月丙午朔，以左右警巡使兼彈壓」。卷九〇高德基傳有「左警巡使李克勤、右警巡使李寶」。知此處脫「巡」字，今補。

〔二三〕及防刺郡則置都監一員　按本書卷一五宣宗紀，興定三年三月「乙酉，河南路節鎮以上立軍器庫，設使、副各一員，防刺郡設都監、同監各一員」，疑此處「都監」下脫「同監各」三字。

〔二四〕省戶度判官各一員　按謂省戶籍、支度判官各一員，「度」上疑脫「籍支」二字。

〔二五〕諸酒榷場使　按上文言「榷場與酒稅相兼者」，又「諸酒稅使三萬貫以上者」，則此處「酒」下疑脫一「稅」字。參見本書卷五八百官四校記〔七〕。

〔二六〕副使一員正九品　原脫「員」字、「品」字，據殿本補。

〔二七〕掌拘收退朴等物及出給之事　原脫「掌」字，依文例補。又「朴」疑是「材」字之誤。

〔二八〕分掌課使起運兩科　按下文作「僳使科」「起運科」，疑「課」字誤。

〔二九〕南京提控規運柴炭場　原脫「場」字，今據下文「京西規運柴炭場」例補。

〔三〇〕以上軍員每百人爲一指揮使各一員分四都　按本書卷四四兵志，「凡州府所募射糧軍、牢城軍，每五百人爲一指揮使司，設使，分爲四都」，則此處「百」上脫「五」字。

〔三一〕如無可相合者三百人以上爲一指揮二百人以上止設指揮使　按本書卷四四兵志記此事作「不可合者以三百人或二百人亦設指揮使」。疑此處「爲一指揮」下脫「使」字，「止」爲「亦」字之誤。

〔三二〕西南都巡檢　按「檢」下疑脫「使」字。

〔三三〕掌提控部保將　「保」疑當作「堡」。

〔三四〕統軍司河南山西陝西益都　「山西」原作「山東」。按本書卷四四兵志，天德二年「九月，罷大名統軍司，而置統軍司于山西、河南、陝西三路」。卷七二轂英傳，「天德二年，遷右監軍，元帥府罷，改山西路統軍使，領西南、西北兩路招討兵馬」。又卷二五地理志，山東東路益都府，「大定八年置山東東西路統軍司」。是益都即山東統軍司，而山西有統軍司確無可疑。今據改。

〔三五〕右部羅火部族　「火」原作「大」。按本書卷二四地理志，西京路部族節度使，「唐古部族，承安三年改爲部羅火札石合節度使」。卷四四兵志同。卷四二儀衞志百官儀從條之末亦見「部羅火、土魯渾札石合」。皆作「火」。今據改。下同。

金史卷五十八

志第三十九

百官四

符印　鐵券　官誥　百官俸給

符制。初，穆宗之前，諸部長各刻信牌，交互馳驛，訊事擾人。太祖獻議，自非穆宗之命，擅製牌號者置重法。自是，號令始一。收國二年九月，始製金牌，後又有銀牌、木牌之制，蓋金牌以授萬戶，銀牌以授猛安，木牌則謀克、蒲輦所佩者也。故國初與空名宣頭付軍帥，以爲功賞。

遞牌，卽國初之信牌也，至皇統五年三月，復更造金銀牌，其制皆不傳。大定二十九年，製綠油紅字者，尙書省文字省遞用之。朱漆金字者，勅遞用之。並左右司掌之，有合遞文字，則牌送各部，付馬鋪轉遞，日行二百五十里。如臺部別奉聖旨文字，亦給如上制。

虎符之制，承安元年製，以禮官言，漢與郡國守相爲銅虎符，唐以銅魚符，起軍旅、易守長等用之。至是，斟酌漢、唐典故，其符用虎，並五左一右，左者留御前，以侍臣親密者掌之，其右付隨路統軍司、招討司長官主之，闕則次官主之。若發兵三百人以上及徵兵、召易本司長貳官，從尚書省奏請左第一符，近侍局以囊封付主奏者，尚書備錄聖旨，與符以函同封，用尚書省印記之，皆專使帶牌馳送至彼。主符者視其封，以右符勘合，然後奉行，若一有參差者，不敢承用。主者復用囊封貯左符，上用職印，具發兵狀與符以本司印封，卽日還付使者，送尚書省以進，乃更其封，以付內掌之人。若復有事，左符以次出，周而復始，仍各置曆注付受日月。若盜賊急速不容先陳者，雖三百人以上，其掌兵官司亦許給付，隨卽言上，詔卽施行之。

貞祐三年，更定樞密院用鹿符，宣撫司用魚符，統軍司用虎符。

若發銀牌，若省付部及點檢司者，左右司用匣封印，驗封交受。若發於他處，並封題押，以匣貯之。

印制。太子之寶。大定二十二年，世宗幸上京，鑄「守國之寶」以授皇太子。二十八年，世宗不豫，以皇太孫攝政，鑄「攝政之寶」。貞祐三年十二月，以皇太子守緒控制樞密院，詔以金鑄「撫軍之寶」，如世宗時制，於啓稟之際用之。

百官之印。天會六年，始詔給諸司，其前所帶印記無問有無新給，悉上送官，敢匿者國有常憲。至正隆元年，以內外官印新舊名及階品大小不一，有用遼、宋舊印及契丹字者，遂定制，命禮部更鑄焉。

三師、三公、親王、尚書令並金印，方二寸，重八十兩，駝紐。一字王印，方一寸七分半，金鍍銀，重四十兩，鍍金三字。諸郡王印，方一寸六分半，金鍍銀，重三十五兩，鍍金三字。國公無印。一品印，方一寸六分半，金鍍銀，重三十五兩，鍍金三字。二品印，方一寸六分，金鍍銅，重二十六兩。東宮三師、宰執與郡王同。三品印，方一寸五分半，銅，重二十四兩。四品印，方一寸五分，銅，重二十兩。五品印，方一寸四分，銅，重二十兩。六品印，一寸三分，銅，重十六兩。七品印，一寸二分，銅，重十六兩。八品印，一寸一分半，銅，重十四兩。九品印，一寸一分，銅，重十四兩。凡朱記，方一寸，銅，重十四兩。

天德二年行尚書省以其印小，遂命擬尚書省印小一等改鑄。大定二十四年二月，鑄行尚書省、御史臺、并左右三部印，以從幸上京。

泰和元年八月，安國軍節度使高有鄰言：「本州所掌印三，曰『安國軍節度使之印』；曰『邢州觀察使印』，吏、戶、禮案用之；曰『邢州之印』，兵、刑、工案用之。以名實不正，乞改鑄。」宰臣奏謂：「節度使專行之事自當用節度使印，觀察使亦如之，其六曹提點所軍兵民訟，則當用本州印，著爲定制。」上從之。

泰和八年閏四月，勅殿前都點檢司，依總管府例鑄印，以「金」、「木」、「水」、「火」、「土」五字爲號，如本司差人則給之。

鐵券。以鐵爲之，狀如卷瓦。刻字畫襴，以金塡之。外以御寶爲合，半留內府，以賞殊功也。

官誥。親王，紅遍地雲氣翔鸞錦褾，金鸞五色羅十五幅，寶裝犀軸。一品，紅遍地雲鶴錦褾，金雲鶴五色羅十四幅，犀軸。二品、三品，紅遍地龜蓮錦褾，素五色綾十二幅，玳瑁軸。四品、五品，紅遍地水藻戲鱗錦褾，大白綾十幅，銀裏間鍍軸，元牙軸承安四年改之，大安二年復改爲金縷角軸。六品、七品，紅遍地草錦褾，小白綾八幅，角軸，大安加銀縷。

公主、王妃與親王同。郡主、縣主、夫人，紅遍地瑞蓮鸂鶒錦褾，金蓮鸂鶒五色羅十五幅。

郡王夫人、國夫人，紅遍地芙蓉花錦褾，金花五色綾十二幅，玳瑁軸。

縣君、孺人、鄉君，紅遍地雜花錦褾，素五色小綾十幅，銀裏間鍍軸。軸之制，如徑二寸餘大錢貫樞之，兩端復以犀象爲鈿以轄之，可圓轉如輪。金格，一品，紅羅畫雲氣盤龍錦褾，金龍五色羅十七幅，寶裝玉軸。二品，翔鳳褾，金鳳羅十六幅，犀軸。三品、四品，盤鳳褾，金鳳羅十五幅。五品，翔鸞錦褾，金鸞羅十四幅。以上幅皆用五色羅，軸皆用犀。六品，御仙花錦褾，金花五色綾十二幅。七品、八品、九品，太平花錦褾，金花五色小綾十幅。軸皆用玳瑁。凡褾皆紅，幅皆五色。夫人以上制授，餘勅授，皆給本色錦囊。

百官俸給。正一品：三師，錢粟三百貫石，麴米麥各五十稱石，春衣羅五十匹，秋衣綾五十匹，春秋絹各二百匹，綿千兩。三公，錢粟二百五十貫石，麴米麥各四十稱石，春衣羅四十匹，秋衣綾四十匹，春秋絹各一百五十匹，綿七百兩。親王、尙書令，錢粟二百二十貫石，麴米麥各三十五稱石，春衣羅三十五匹，秋衣綾三十五匹，春秋絹各一百二十匹，綿六百兩。皇統二年，定制，皇兄弟及子封一字王者爲親王，給二品俸，餘宗室封一字王者以三品俸給之。天德二年，以三師、宰臣以下有以一官而兼數職者，及有親王食其祿而復領他事者，前此並給以俸，今宜從一高，其兼職之俸並不重給。至大定二十六年，詔有一官而兼數職，其兼職得罪亦不能免，而無廩給可乎。遂以職務煩簡定爲分數，給兼職之俸。

從一品：左右丞相、都元帥、樞密使、郡王、開府儀同，錢粟二百貫石，麴米麥各三十稱石，春秋衣羅綾各三十匹，絹各一百匹，綿五百兩。平章政事，錢粟一百九十貫石，麴米麥各二十八稱石，春羅秋綾各二十五匹，絹各九十五匹，綿四百五十兩。大宗正，錢粟一百八十貫石，麴米麥各二十五稱石，羅綾同上，絹各九十匹，綿四百兩。

正二品：東宮三師、副元帥、左右丞，錢粟一百五十貫石，麴米麥各二十二稱石，春羅秋綾各二十二匹，絹各八十匹，綿三百五十兩。

從二品：錢粟一百四十貫石，麴米麥各二十稱石，春羅秋綾各二十匹，絹各七十五匹，綿三百兩。同判大宗正，錢粟一百二十貫石，麴米麥各十八稱石，春羅秋綾各十八匹，絹各七十匹，綿二百五十兩。

正三品：錢粟七十貫石，麴米麥各十六稱石，春羅秋綾各十二匹，絹各五十五匹，綿二百兩。外官，錢粟一百貫石，麴米麥各十五稱石，絹各四十匹，綿二百兩，公田三十頃。統軍使、招討使、副使，錢粟八十貫石，麴米麥十三稱石，絹各三十五匹，綿百六十兩，公田二十五頃。都運、府尹，錢粟七十貫石，麴米麥十二稱石，絹各三十匹，綿百四十兩。天德二年，省奏：「職官公田歲入有數，前此百姓各隨公宇就輸，而吏或貪冒，多取以傷民。宜送之官倉，均定其數，與月俸隨給。」

從三品：錢粟六十貫石，麴米麥各十四稱石，春秋衣羅綾各十匹，絹各五十匹，綿百八十兩。外官，錢粟六十貫石，麴米麥各十稱石，絹各二十五匹，綿一百二十兩，公田二十一頃。皇統元年二月，詔諸官、職俱至三品而致仕者，俸祿、傔人，各給其半。

正四品：錢粟四十五貫石，麴米麥各十二稱石，春秋衣羅綾各八匹，絹各四十匹，綿一百五十兩。外官，錢粟四十五貫石。副統軍，錢粟五十貫石，絹各二十二匹，綿八十兩，職田十七頃。餘同下：麴米麥各八稱石，絹各二十四，綿七十兩，公田十五頃，許帶酒三十瓶、鹽三石。

從四品：錢粟四十貫石，麴米麥各十稱石，春秋羅綾各六匹，絹各三十匹，綿一百三十兩。外官，錢粟四十貫石，麴米麥各七稱石，絹各十八匹，綿六十兩，公田十四頃。〔一〕猛安，錢粟四十八貫石，餘皆無。烏魯古使，同，無職田。大定二十年，詔猛安謀克俸給，令運司折支銀絹。省臣議：「若估粟折支，各路運司儲積多寡不均，宜令依舊支請牛頭稅粟。如遇凶年盡貸與民，其俸則於錢多路府支放，錢少則支銀絹〔二〕亦未晚也。」從之。

正五品：錢粟三十五貫石，麴米麥各八稱石，春秋衣羅綾各五匹，絹各二十五匹，綿一百兩。外官，刺史、知軍、鹽使，錢粟三十五貫石，麴米麥各六稱石，絹各十七匹，綿五十五兩，公田十三頃。餘官，錢粟三十貫石，麴米麥同上，絹各十六匹，綿五十兩，職田十頃。

從五品：錢粟三十貫石，麴米麥六稱石，〔三〕春秋羅綾各五匹，絹各二十匹，綿八十兩。外官，錢粟二十五貫石，麴米麥各四稱石，絹各十匹，綿四十兩，公田七頃。謀克，錢粟二十貫石，餘皆無。喬家部族都鈐轄，無職田。

正六品：錢粟二十五貫石，麥五石，絹各十七匹，綿七十兩。外官與從六品，皆錢粟二十貫石，麴米麥三稱石，絹各八匹，綿三十兩，公田六頃。

從六品：錢粟二十二貫石，麥五石，春秋絹各十五匹，綿六十兩。烏魯古副使，同，無職田。

正七品：錢粟二十二貫石，麥四石，衣絹各一十二匹，綿五十五兩。外官，諸同知州軍、都轉運判、諸府推官、諸節度判、諸觀察判、諸京縣令、諸劇縣令、〔四〕提舉南京京城、規措渠河官、諸都巡檢、諸酒麴鹽稅副、諸正將，錢粟一十八貫石，麴米麥各二稱石，春秋衣絹各七匹，綿二十五兩。〔五〕諸司屬令、諸府軍都指揮，俸同上，無職田。潼關使，錢粟一十八貫石，麴米麥各一稱石，衣絹各六匹，綿三十兩，無職田。

從七品：錢粟一十七貫石，麥四石，衣絹各一十匹，綿五十兩。外官，統軍司知事，〔六〕錢粟一十七貫石，麥四石，衣絹各一十匹，綿五十兩。諸鎮軍都指揮使，錢粟一十八貫石，麴米麥各二稱石，衣絹各七匹，綿二十五兩。諸招討司勘事官、諸縣令、諸警巡副、京兆府竹監管勾、五品鹽使司判、諸部禿里、同提舉上京皇城司、同提舉南京京城所、黃河都巡河官、諸酒稅榷場使，〔七〕錢粟一十七貫石，麴米麥各二稱石，衣絹各七匹，綿二十五兩，職田五頃。會安關使，諸知鎮城堡寨，錢粟一十五貫石，麴米麥各一稱石，衣絹各六匹，綿二十兩，職田四頃。

正八品：朝官，錢粟一十五貫石，麥三石，衣絹各八匹，綿四十五兩。外官，市令、諸錄事、諸防禦判、赤縣丞、諸劇縣丞、〔八〕崇福埽都巡河官、諸酒稅使、醋使、榷場副、諸都巡檢，錢粟一十五貫石，麴米麥各一稱石，衣絹各六匹，綿二十兩，職田四頃。烏魯古判官，俸同上，無職田。按察司知事、大興府知事、招討司知事、諸副都巡檢使，錢粟一十三貫石，麴米麥各一稱石，衣絹各六匹，綿二十兩，職田二頃。諸司屬丞，俸同上，無職田。諸節鎮以上司獄、諸副將，錢粟一十三貫石，衣絹各三匹，綿一十兩，職田二頃。南京京城所管勾、京府諸司使管勾、河橋諸關渡譏察官、同樂園管勾、南京皇城使、通州倉使，錢粟一十二貫石，衣絹各三匹，綿一十兩。節鎮諸司使、中運司柴炭場使，錢粟一十貫石，衣絹各二匹，綿八兩。

從八品：朝官，錢粟一十三貫石，麥三石，衣絹各七匹，綿四十兩。外官，南京交鈔庫使、諸統軍按察司知法，錢粟一十三貫石，麥三石，衣絹各七匹，綿四十兩。諸州軍判官、諸京縣丞、諸次劇縣丞、諸三品鹽司判官、漕運司管勾、永豐廣備庫副使、左右別貯院木場使，錢粟一十三貫石，麴米麥各一稱石，衣絹各六匹，綿二十兩，職田三頃。諸麼忽、諸移里堇，錢粟一十三貫石，麥二石，衣絹各五匹，綿一十五兩，職田三頃。

正九品：朝官，錢粟一十二貫石，麥二石，衣絹各六匹，綿三十五兩。外官，南京交鈔庫副，錢粟一十二貫石，麥二石，衣絹六匹，綿三十五兩。諸警巡判官，錢粟一十三貫石，麴米麥各一稱石，衣絹六匹，綿一十兩，職田三頃。諸縣丞、諸酒稅副使，錢粟一十二貫石，麥一石五斗，衣絹各五匹，綿一十七兩，職田三頃。市丞、諸司候、諸主簿、諸錄判、諸縣尉、散巡河官、黃河埽物料場官，錢粟一十二貫石，麥一石，衣絹各三匹，綿一十兩，職田二頃。管勾泗州排岸兼巡檢、副都巡檢、諸巡檢，俸例同上，並無麥及職田。諸鹽場管勾、左右別貯院木場副、永豐廣備庫判，錢粟一十二貫石，衣絹各三匹，綿一十兩，職田二頃。諸部將、隊將，〔九〕錢粟一十二貫石，麥一石，衣絹各三匹，綿一十兩，職田二頃。店宅務管勾，錢粟一十二貫石，綿絹同上。京府諸司副、南京皇城副、通州倉副、同管勾河橋、諸副譏察，錢粟一十一貫石，衣絹各二匹，綿八兩。諸州軍司獄，錢粟一十一貫石，衣絹各二匹，綿八兩，職田二頃。節鎮諸司副、中運司柴炭場副，錢粟一十貫石，衣絹各二匹，綿八兩。

從九品：朝官，錢粟一十貫石，麥二石，衣絹各五匹，綿三十兩。外官，諸教授，錢粟一十二貫石，麥一石，衣絹各三匹，綿一十兩，職田二頃。三品以上官司知法，錢粟一十貫石，麥一石，衣絹各三匹，綿一十兩。司候判官，錢粟一十貫石，衣絹各二匹，綿八兩，職田二頃。諸防次軍轄，俸同上，無職田。諸榷場同管勾、左右別貯院木場判，錢粟一十貫石，衣絹各三匹，綿六兩。諸京作院都監、通州倉判、五品以上官司知法，錢粟九貫石，衣絹各二匹，綿六兩。諸府作院都監、諸埽物料場都監，錢粟八貫石，衣絹各一匹，綿六兩。諸節鎮作院都監、諸司都監，錢粟八貫石，衣絹各二匹。諸司同監，錢粟七貫石，絹同上。陝西東路德順州世襲蕃巡檢，〔一〇〕分例月支錢粟一十貫石，衣絹各二匹，綿一十兩。陝西西路原州〔一一〕世襲蕃巡檢，月支錢二貫三百九十文，米四石五斗，絹三匹。河東北路葭州等處世襲蕃巡檢，月支錢粟一十貫石，絹二匹，綿一十兩。

宮闈歲給。太后、太妃宮，每歲各給錢二千萬，綵二百段，絹千匹，綿五千兩。諸妃，歲給錢千萬，綵百段，絹三百匹，綿三千兩。嬪以下，錢五百萬，綵五十段，絹二百匹，綿二千有差。

兩。貞元元年，妃、嬪、婕妤、美人、及供膳女侍、并仙韶、長春院供應人等，〔一三〕歲給錢帛各

凡內職，貞祐之制，正一品，歲錢八千貫，幣百段，絹五百匹，綿五千兩。正二品，歲錢六千貫，幣八十段，絹三百匹，綿四千兩。正三品，歲錢五千貫，幣六十段，絹二百匹，綿三千兩。正四品，歲錢四千貫，幣四十段，絹百五十匹，綿二千兩。正五品，尙宮夫人，歲錢二千貫，幣二十段，絹百匹，綿千兩。尙宮左右夫人至宮正夫人，錢千五百貫，幣十九段，絹九十匹，綿九百兩。寶華夫人以下至資明夫人，錢千貫，幣十八段，絹八十匹，綿八百兩。有大、小令人，大、小承御，大、小近侍，俸各異。正六品，尙儀御侍以下，錢五百貫，幣十六段，絹五十匹，綿二百兩。正七品，司正御侍以下，錢四百貫，幣十四段，絹四十匹，〔一三〕綿百五十兩。正八品，典儀御侍以下，錢三百貫，幣十二段，絹三十匹，綿百兩。正九品，掌儀御侍以下，錢二百五十貫，幣十段，絹二十六匹，綿百兩。

百司承應俸給。省令史、譯史，錢粟一十貫石，絹四匹，綿四十兩。省通事、樞密令史譯史，錢粟十二貫石，絹三匹，綿三十兩。樞密通事、六部御史臺令譯史，錢粟一十貫石，衣絹三匹，綿三十兩。六部等通事、誥院令史、國史院書寫、隨府書表、親王府祗候郎君、典客

署引接書表，錢粟八貫石，絹二匹，綿二十兩。走馬郎君、一品子孫十貫石，內祗八貫石，班祗七貫石，並絹二匹，綿二十兩。護衞長，支正六品俸。長行，從六品俸。符寶郎、奉御、東宮護衞長，錢粟十七貫石，絹八匹，綿四十兩。東宮護衞長行，十五貫石，絹四匹，綿四十兩。筆硯承奉、閤門祗候、侍衞親軍百戶，十二貫石，絹四匹，綿三十兩。妃護衞、奉職、符寶典書、東宮入殿小底，十貫石，絹三匹，綿三十兩，勒留則添二貫石。尚衣、奉御、捧案、擎執、奉輦、知把書畫、隨庫本把、左右藏庫本把、儀鸞局本把、尚輦局本把、妃奉事，八貫石，絹三匹，綿三十兩。侍衞親軍五十戶，九貫石，絹三匹，綿三十兩。未係班，絹三匹，綿二十兩。〔一四〕長行，七貫石，絹二匹，綿二十兩。弩傘什將，八貫石。傘子，五貫石。太醫長行，八貫石。正奉上太醫，十貫石。副奉上，同。隨位承應都監，未及十五歲者六貫石，從八品七貫石，從七品八貫石，從六品九貫石，從五品十貫石，從四品十二貫石，止掌文書者添支三貫石，牌子頭等添支二貫石。司天四科人，九品六貫石，八品七貫石，六品九貫石，五品十貫石，四品十二貫石，止教授管勾十貫石，學生錢三貫、米五斗。典客、書表，八貫石，絹二匹，綿二十兩。東宮筆硯，六貫石。尚廐獸醫、祕書監楷書，六貫石。祕書琴棊等待詔，七貫石。駝馬牛羊羣子、擠酪人，皆三貫石。〔一五〕

諸使司都監食直，二十萬貫以上六十貫，十萬貫已上五十貫，五萬貫已上四十貫，三萬貫已上三十貫，二萬貫已上二十五貫。諸院務監官食直，五千貫已上監官二十貫、同監十五貫，二千貫已上監官十五貫、同監十貫，一千貫已上監官十五貫，一千貫已下監官十貫。舊制，凡監臨使司、院務之商稅，增者有賞，虧者剋俸。大定九年，上以吏非祿無以養廉，於是止增虧分數爲殿最，乃罷剋俸、給賞之制，而監官酬賞仍舊。二十年，詔十萬貫以上鹽酒等使，若虧額五厘，剋俸一分。奏隨處提點院務官賞格，其省除以上提點官、幷運司親管院務，若能增者十分爲率以六分入官，二分與提點所官，二分與監官充賞，若虧亦依此例剋俸，若能足數則全給。大定二十二年，定每月先支其半外，如不虧則全支，虧一分則剋其一分，補足貼支。隨路使司、院務幷坊場，例多虧課，上曰：「若其實可減處，約量裁減，亦公私兩便也。」二十三年，以省除提控官、與運司置司處，虧課一分剋俸一分，其罰涉重。亦命先給月俸之半，餘半驗所虧分數剋罰補，公田則不在剋限。二十六年四月，奏定院務監官虧永陪償格。

諸京府運司提刑司節鎭防刺等，漢人、女直、契丹司吏、譯史、通事、孔目官，八貫。押司官，七貫。前後行，六貫。諸防刺已上女直、契丹司吏、譯史、通事，不問千里內外，錢七貫，公田三頃。諸鹽使司都目，十四貫。司吏，六貫。諸巡院司縣司獄等司吏，有譯史、通事者同，錢五貫。凡諸吏人，月支大紙五十張，小紙五百張，筆二管，墨二錠。

諸職官上任，不過初二日，罷任過初五日者，給當月俸。或受差及因公幹未能之官者，計程外聽給到任祿。若文牒未至，前官在任，及後官已到，前官差出，其祿兩支，職田皆給後官。凡職田，畝取粟三斗、草一稱。倉場隨月俸支俸，麴則隨直折價。諸親王授任者，祿從多，職田從職。朝官兼外者同。六十以上及未六十而病致仕者，給其祿半。承應及軍功初出職未歷致仕，雖未六十者亦給半祿。內外吏員及諸局分承應人，病告至百日則停給。除程給假者俸祿職田皆以半給，衣絹則全給。皇家袒免以上親戶別給，夫亡，妻亦同。若同居兄弟收充猛安謀克及歷任承應人者，不在給限。大功以上，錢粟一十三貫石，春秋衣絹各四匹。小功，粟一十貫石，春秋衣絹各三匹。緦麻、袒免，錢粟八貫石，春秋衣絹二匹。

諸馳驛及長行馬，職官日給，謂奉宣省院臺部委差、或許差者，下文置所等官同。一品三貫文，二品二貫文，三品一貫五百文，四品一貫二百文，五品一貫文，六品八百文，七品六百文，八品九品四百文。

有職事官日給，外路官往回口劵，依上款給，一品二貫五百文，二品一貫六百文，三品一貫二百文，四品一貫文，五品九百文，六品七百文，七品六百文，八品九品四百文。

無職事官並驗前職日給，無前職者以應仕及待闕職事給之。〔一六〕四品一貫三百文，五品一貫二百文，六品九百文，七品七百文，八品九品五百文。

隨朝吏員宣差及省部差委官踏逐者，引者亦同。及統軍司按察司書吏譯人、本局差委及隨逐者，日給錢各一百五十文。

燕賜各部官僚以下，日給米糧分例，無草地處內，親王給馬二十五匹草料，親王米一石，宰執七㪷，王府三㪷，府尉二㪷，員外郎、司馬各一㪷六升，監察御史、尚書省都事、大理司直、六部主事各八升，檢、知法七升，省令、譯史六升，院臺令譯史、省通事各五升，院臺通事、六部令譯史通事、省祇候郎君、使庫都監各四升，誥院令史、樞密院移剌各三升，王府直府、王府及省知印直省、御史臺通引、王府教讀、王傅府尉等下司吏、外路通事、省醫工調角匠、招討司移剌各二升，寫誥諸祇候人、本破人同。大程官院子酒匠柴火各一升，萬戶一㪷六升，猛安八升，謀克四升，蒲輦二升，〔一七〕正軍阿里喜、旗鼓吹笛司吏各一升。

諸外方進貢及回賜，并人使長行馬，每匹日給草一稱、粟一斗。

宮中東宮同。承應人因公差出，皆驗見請錢粟貫石、口給食料，若係本職者住程不在給限，其常破馬草料局分，如被差長行馬公幹本支草料，即聽驗日剋除，若特奉宣差勾當者，依本格：十八貫石以上九百文，十七貫石八百六十文，十五貫石以上五百四十文，七貫石以上四百六十文，六貫石四百二十文，五貫石三百八十文，四貫石三百三十文，三貫石二百八十文，二貫石二百三十文。

諸試護衞親軍，聽自起發日爲始，計程至都，比至試補，其間各日給口券，若揀退還家者，亦驗回程給之。〔一八〕未起閑住口數不在支限。〔一九〕其正收之後再揀退者，亦給人三口米糧錢一百文、馬二匹草料。諸簽軍赴鎭防處、及班祗充押遞橫差別路勾當千里以上者，沿路各日給米一升、馬一匹草料。無馬有驢者，各支依本格。車駕巡幸，顧工，馬夫三百文，步夫二百三十文，圍鵝夫、隨程幹辦人各二百文，傳遞果子夫一百五十文。車駕巡幸，若於私家內安置行宮者，約量給賜段匹。太廟神廚祠祭度勾當人、少府監隨色工匠、部役官受給官司吏，錢粟二貫石，春秋衣絹各一匹。

諸局作匠人請俸，綉女都管錢粟五貫石，都繡頭錢粟四貫石，副繡頭三貫五百石，中等細繡人三貫石，次等細繡人二貫五百石，習學本把正辦人錢支次等之半，描繡五人錢粟三貫石，司吏二人三貫石。修內司，作頭五貫石，工匠四貫石，春秋衣絹各二匹。軍夫除錢糧外，日支錢五十、米一升半。百姓夫每日支錢一百、米一升半。國子監雕字匠人，作頭六貫石，副作頭四貫石，春秋衣絹各二匹。長行三貫石，射糧軍匠錢粟三貫石，春秋衣絹各二匹，習學給半。初習學匠錢六百，米六斗，春秋絹各一匹，布各一匹。民匠日支錢一百八十文。

諸隨朝五品以下職事官身故，因公差出、及以理去任、未給解由者，身故同。驗品，從去鄉地里支給津遣錢。並受職事給之，下條承應人准此。若外路官員在任依理身故者，各依上官品地里減半給之。〔二〇〕若係五百里內不在給限，五百里外，五品一百貫，六品七品八十貫，八品九品六十貫。一千里外，五品一百二十貫，六品七品一百貫，八品九品八十貫。二千里外，五品一百七十貫，六品七品一百五十貫，八品九品一百貫。三千里外，五品二百五十貫，六品七品二百貫，八品九品一百五十貫。

諸隨朝承應人身故應給津遣錢者，護衞、東宮護衞同。奉御、符寶、都省樞密院御史臺令譯史同九品官，通事、宗正府六部令譯史、統軍司書史〔二一〕譯書、按察司書史，同。親軍減九品官五分之二，通事、隨朝書表、吏員、譯人、統軍司通事、守當官，按察司書吏、譯人，分治都水監典吏，同。及諸局分承應人武衞軍同。減五分之三。

天壽節設施老疾貧民錢數，在都七百貫，宮籍監給。諸京二十五貫，此以下並係省錢給。諸府二十貫文，諸節鎮一十五貫文，諸防刺州軍一十貫文，諸外縣五貫文。城寨係保鎮同。〔三〕諸孤老幼疾人，各月給米二斗、錢五百文，春秋衣絹各一匹，五歲以下三分給二。身死者給錢一貫埋殯。

諸因災傷或遭賊驚却饑荒去處，良民典顧、冒賣爲驅，遇恩官贖爲良分例，若元價錢給。男子一十五貫文，婦人同，老幼各減半。六歲已下卽聽出離，不在贖換之限。

諸士庶陳言利害，若有可採，行之便於官民者，依驗等第給賞，上等銀絹三十兩匹，中等二十兩匹，下等一十兩匹，其陳數事，止從一支。若用大事應補官者，從吏部格。

宣宗貞祐元年十二月，以糧儲不足，詔隨朝官、承應人俸，計口給之，餘依市直折之。諭旨省臣曰：「聞親軍俸，粟每石以麥六斗折之，所省能幾，而失衆心，今給本色。」二年八月，始給京府州縣及轉運司吏人月俸有差。舊制惟吏案孔目官有俸，餘止給食錢，故更定焉。

三年，詔損宮中諸位歲給有差。監察御史田迴秀言：「國家調度，行纔數月，已後停滯，所患在支太多，收太少，若隨時裁損所支，而增其收，庶可久也。」因條五事，「一曰朝官及令譯史、諸司吏員、諸局承應人，太冗濫宜省併之。　隨處屯軍皆設寄治官，徒費俸給，不若令有司兼總之。　且沿河亭障各駐鄉兵，彼皆白徒，皆不可用，不若以此軍代之，以省其出」。四月，以調度不及，罷隨朝六品以下官及承應人從己人力輸傭錢。　減修內司所役軍夫之半。　經兵處，州、府、司吏減半，司、縣三分減一，其餘除開封府、南京轉運司外，例減三分之一。　有祿官吏而不出境者，並罷給券，出境者給其半。

興定二年正月，詔「陝州等處司、縣官徵稅不足，閣其俸給何以養廉，自今不復閣俸」。彰化軍節度使張行信言：〔三〕「送宣之使，其視五品而上各有定數，後竟停罷。　今軍官以上奉待使者有所饋獻，至六品以下亦不免如例，而莫能辨，則斂所部以與之，至有獲罪者。　保舉縣尹，特增其俸，然法行至今，而關以西尚有未到任者，豈所舉少而不敷耶，宜廣選舉，以補其闕。　且丞簿亦親民者也，而獨不增，安能禁其侵牟哉。」

校勘記

〔一〕公田十四頃　原作「公田四十四頃」。　按上文正四品外官「公田十五頃」，下文正五品外官「公田十三頃」，則從四品不應有「公田四十四頃」，上「四」字顯係衍文，今删。

〔二〕錢少則支銀絹　「銀」下原衍一「銀」字，今删。

〔三〕麴米麥六稱石　據文例當作「各六稱石」，脱一「各」字。以下類此者尚有數處，皆未補。

〔四〕諸京縣令諸劇縣令　按本書卷四二儀衛志百官儀從「外任官從己人力」條，從六品「赤、劇縣令」與正七品「京縣、次劇縣令」並舉，從七品「赤、劇縣丞」與正八品「京縣、次劇縣丞」並舉，本志百官俸給「從六品」下不列外官花名，故不見「赤、劇縣令」，而正八品有「赤縣丞、諸劇縣丞」，參見本卷校記〔八〕。「從八品」下有「諸京縣丞、諸次劇縣丞」，依此例推則此處當是「諸次劇縣令」。

〔五〕綿二十五兩　按下文諸司屬令、諸府軍都指揮、潼關使皆言「無職田」，則此處必有職田。正六品外官「公田六頃」，從七品「職田五頃」，則此處亦當有「職田五頃」四字。疑此下有脱文。

〔六〕外官統軍司知事　原脱「官」字，據文例補。

〔七〕諸酒稅榷場使　「酒」原作「河」。按本書卷五七百官三，「中都都麴使司」條注云，「榷場兼酒使司附」，又「諸酒榷場使，從七品」。卷四二儀衛志百官儀從「外任官從己人力」條，從七品「都巡河」後有「同七品酒使」，亦即此官。今據改。

〔八〕赤縣丞諸劇縣丞　二「丞」字原皆作「令」。按本書卷五七百官三，赤縣令從六品，諸劇縣令正七品，且其俸給已見本卷上文，而下文「從八品」下有「諸京縣丞、諸次劇縣丞」，則此正八品者當是「赤縣丞、諸劇縣丞」。卷四二儀衛志百官儀從「外任官從己人力」條，「赤、劇縣丞」從七品，

「京縣、次劇縣丞」正八品，「諸縣丞」從八品，皆視百官俸給高一級，然依比例求之則此亦當是「赤、劇縣丞」。卷五二選舉志，凡勞效，「官不至宣武，初授八品者授錄事，二赤劇丞」，據卷五七百官三「錄事，正八品」，則「赤、劇丞」爲正八品無可疑者。今據改二「令」字爲「丞」。

〔九〕諸部將隊將　「部」原作「都」。按「都將」從九品，屬武衞軍，非外任官，見本書卷五二選舉志、卷五六百官志。此當是「部將」之誤。本書卷五七百官三，「諸邊將：部將，正九品。隊將，正九品」。部將、隊將連言與此處同，今據改。

〔一〇〕陝西東路德順州世襲蕃巡檢　原脫「路」字、「順」字。按本書卷二六地理志，天德二年，置陝西東路轉運司于京兆府，置陝西西路轉運司于平涼府，自陝西分東路、西路以後，而州名有「德」字者僅一德順州。卷一一三白撒傳言，「宋境山州宕昌東上拶一帶蕃族昔嘗歸附，分處德順、鎮戎之間」。可見德順有蕃族。今據補。

〔一一〕陝西西路原州　「路」原作「京」。按本書卷二六地理志，「慶原路，舊作陝西西路」，領刺郡三，有原州，今據改。

〔一二〕幷仙韶長春院供應人等　按本書卷五六百官二，內侍局下有「長慶院都監、同監」，與「仙韶院都監、同監」並列，「慶」「春」二字必有一誤，今無可考。

〔一三〕幣十四段絹四十匹　「絹四十匹」原作「絹十四匹」。按上文正六品「絹五十匹」，下文正八品「絹三十四」，推斷此處當是「絹四十四」。道光四年殿本已改，今從之。

〔一四〕未係班絹三四綿二十兩　按上下文例「未係班」下脫貫石數字。又依比例，「絹三四」疑當作「絹二四」。

〔一五〕駝馬牛羊羣子擠酪人皆三貫石　「羣」原作「郡」。按本書卷五三選舉志，「其他局分，若祕書監楷書……駝馬牛羊羣子、酪人，皆無出身」。卷五七百官三，諸羣牧所注，「又設掃稳脫朶，分掌諸畜，所謂牛馬羣子也」。今據改。

〔一六〕無前職者以應仕及待闕職事給之　「仕」原作「住」。據殿本改。

〔一七〕蒲輦二升　「蒲」原作「備」。按本書卷四四兵志云，「猛安者千夫長也，謀克者百夫長也，謀克之副曰蒲里衍，士卒之副從曰阿里喜」。「蒲里衍」即「蒲輦」，蓋同音異譯。同卷養兵之法載，「凡河南、陝西、山東放老千戶、謀克、蒲輦、正軍、阿里喜等，給賞之例」已作「蒲輦」，卷五一選舉志及它卷同。今據改。

〔一八〕亦驗回程給之　「回」原作「因」，據殿本改。

〔一九〕未起閑住口數不在支限　「口」字疑是「日」字之誤。

〔二〇〕各依上官品地里減半給之　「里」原作「理」，據殿本改。

〔二一〕統軍司書史　原脫「軍」字、「史」作「吏」。按本書卷五七百官三，統軍司「書史十三人」，今據補一「軍」字，改「吏」爲「史」。下「按察司書史」同改。

〔三二〕城寨係保鎭同　按「係」是「保」字之誤，衍文。

〔三三〕彰化軍節度使張行信言　原脱「言」字，據文義補。

元 脱脱等撰

第 五 册

卷五九至卷七六（表傳）

中華書局

金史
中華書局

金史卷五十九

表第一

宗室表[一]

古者太史掌敍邦國之世次，辨其姓氏，別其昭穆，尚矣。金人初起完顏十二部，其後皆以部爲氏，史臣記錄有稱「宗室」者，有稱完顏者。稱完顏者亦有二焉，有同姓完顏，蓋疏族，若石土門、迪古乃是也；有異姓完顏，蓋部人，若歡都是也。大定以前稱「宗室」，明昌以後避睿宗諱稱「內族」，其實一而已，書名不書氏，其制如此。宣宗詔宗室皆稱完顏，不復識別焉。大定、泰和之間，祖免以上親皆有屬籍，以敍授官，大功以上，薨卒輟朝，親親之道行焉。貞祐以後，譜牒散失，大概僅存，不可殫悉，今掇其可次第者著于篇。其上無所係、下無所承者，不能盡錄也。

斡魯		匡本名撒速。八世孫。太師、尚書令。		

右始祖子，與德帝凡二人。

輩魯		胡率	劾者特進。	

右德帝子，與安帝凡三人。〔二〕

信德				
謝庫德		拔達儀同三司。		
謝夷保	盆納開府儀同三司。			
謝里忽				

右安帝子，與獻祖凡五人。婆盧火稱安帝五代孫，不稱誰子，不可以世，置之卷末。

朴都				
阿保寒				
敵酷				
敵古廼				
撒里輦				
撒葛周				

右獻祖子，與昭祖凡七人。

烏骨出	辭不失 阿買勃極烈	〔三〕	宗亨 寧州刺史。	
			宗賢 尚書左丞相。	
跋黑	〔四〕	昂 本名奔睹。太保、兼都元帥。	宗浩 右丞相、〔五〕兼都元帥。	
跋里黑				

斡里安				
胡失荅				

右昭祖子，與景祖凡六人。什古稱昭祖曾孫，崇成稱昭祖玄孫，不稱誰子，不可以世，置之卷末。

劾者 韓國公。	撒改 國論、忽魯勃極烈、金源郡王。	宗翰 本名粘沒曷。太保、領三省事、晉國王。		秉德 左丞相〔六〕。
				斜哥
		扎保迪 特進。		
		宗憲 尚書右丞相。		
	斡魯 西南路都統、金源郡王。	撒八 銀青光祿大夫。	賽里	
劾孫 沂國公。	昱 本名蒲家奴。大司空。			阿魯

玠眞保 代國公。			
廝頗 虞國公。	謾都本 金紫光祿大夫。		
	謾睹〔七〕		
〔八〕	賽也	宗尹 平章政事。	〔九〕
		宗寧 平章政事。	㐭 韓州刺史。
阿离合懣〔一〇〕	晏 本名斡論。太尉、左丞相。	恧里乃	
		宗道 河南路統軍使。	
謾都訶 阿捨勃極烈、鄭國公。	謀里也 工部尚書。		

右景祖子，與世祖、肅宗、穆宗凡九人。冶訶、魯補稱係出景祖，〔一一〕不稱誰子，不可以世，置之卷末。

斡帶 魏王。		〔一二〕		
杲 本名斜也。諳班勃極烈、遼王。	宗義 本名孛吉。平章政事。			
	蒲馬 龍虎衛上將軍。			
	孛論出 龍虎衛上將軍。			
	阿魯 龍虎衛上將軍。			
	偎喝 龍虎衛上將軍。			
	阿虎里 襲猛安。			
斡賽 鄆王。	宗永 震武軍節度使。			

斡者 魯王。	神土懣 驃騎上將軍。	璋〔一三〕本名胡麻愈。御史大夫。		
烏故乃 漢王。				
闍母 魯王。	宗敘 參知政事。			
查剌 沂王〔一四〕。				
昂 本名烏特。平章政事、鄆王。	鄭家 益都尹。	承暉 右丞相。		
	鶴壽 耶魯瓦羣牧使。			

右世祖子，與康宗、太祖、太宗凡十一人。

耨酷款 溫國公。				
蒲魯虎 崇國公。				

右肅宗子二人。

勗〔一五〕本名烏也。太師、領三省事。	宗秀 刑部尚書。		
撻懶 左副元帥。〔一六〕			
蒲察 齊國公。			
蒲里迭 崇國公。			
撒祝 銀青光祿大夫。			

右穆宗子五人。胡八魯稱穆宗孫，不稱誰子，不可以世，置之卷末。

謀良虎〔一七〕	余里也		蒲帶 上京路提刑使〔一八〕。	
	蒲魯虎 襲猛安。	桓端 金紫光祿大夫〔一九〕。	裊頻	
	按荅海 太子太保、金源郡王。〔二〇〕			

燕京

阿鄰 兵部尚書。

同刮茁 昭武大將軍。

隈可 龍虎衛上將軍。

右康宗子三人。史載常春、胡里剌、胡剌、鶻魯、茶扎、怕八、訛出皆稱謀良虎孫，不稱誰子，不可以世。

宗幹 太師、領三省事、遼王。

充 左丞相、代王。

檀奴 歸德軍節度使。

永元 本名元奴。

耶補 〔三一〕 同知濟南尹。

		阿里白　輔國上將軍。	
	兗　太尉、領三省事。	阿合　同知定武軍節度使。	
	襄　輔國上將軍。	和尚　應國公。	
	袞　西京留守。		
宗望　本名斡里不。左副元帥、宋王。	齊	齕住　襲猛安。	
	京　西京留守。		
	文　大名尹、荊王。		
宗弼　本名兀朮。太師、領三省事、梁王。	亨　廣寧尹、韓王。		
	羊蹄〔三〕		
烏烈　豐王。			

宗傑 趙王。	亶 會寧牧、鄧王。	阿懶〔二三〕		
		撻懶〔二四〕		
宗雋 右丞相、陳王。				
訛魯 潘王。				
訛魯朶 豳王。				
宗強 衛王。	爽 本名阿鄰。太子太傅、榮王	〔二五〕		
	可喜 兵部尚書。			
	阿瑣 濟南尹			
宗敏 左丞相、曹王。	褒 舒國公。			
	阿里罕 密國公。			
習泥烈 紀王。				

寧吉 息王。			
燕孫 莒王。			
斡忽 鄆王。			

右太祖子，與景宣、睿宗凡十六人。遼王宗幹子與海陵五人。

宗磐 太師、領三省事、宋王。			
宗固 左丞相、豳王。〔二六〕			
宗雅 代王。			
阿魯補 虞王。			
斛沙虎 滕王。			
宗懿 薛王。			
宗本 左丞相、原王。	阿里虎〔二七〕		

鶻懶 翼王。				
宗美 豐王。				
神土門 鄆王。				
斛孛束 霍王。				
斡烈 蔡王。				
宗哲 畢王。				
宗順 徐王。				

右太宗子十四人。史載北京留守卞、平陽尹稟皆太宗孫，不稱誰子，不可以世。

元 本名常勝。胙王。〔二八〕				
查剌 安武軍節度使。				

右景宣子，與熙宗，凡三人。

濟安 皇太子。

道濟 魏王。

右熙宗子二人。

光英 皇太子。

元壽 崇王。

矧思阿不 宿王。

廣陽 滕王。

右海陵子四人。

吾里補 齊王。

右睿宗子，與世宗凡二人。

永中 鎬王。 瑜 石古乃。

	璋神土門。		
	玘阿思濫。		
	琢阿离合濫		
孰輦趙王。			
斜魯越王。			
永功越王。	璐福孫。奉國上將軍。		
	璹壽孫。密國公。		
	琳粘沒曷。		
永成豫王。	瑋仁壽。		
	瑭仁安。		
永升夔王。	璀歡睹。		
永蹈鄭王。	按春		

	阿辛
永德曹王。	琰斡論。

右世宗子，與顯宗、衞紹王凡十人。

琮承慶。鄆王。	
瓌歡睹。瀛王。	
瓚阿鄰。霍王。	
琦吾里補。瀛王。	
玠謀良虎。溫王。	

右顯宗子，與章宗、宣宗凡七人。

洪裕絳王。	
洪靖阿虎懶。荆王。	

洪熙 斡魯不。榮王。				
洪衍 撒改。英王。				
洪輝 訛論。壽王。				
忒鄰 葛王。				

右章宗子，凡六人。

從恪 皇太子。				
琚 猛安。				
瑄 按出。				
璪 按辰。				

右衛紹王子，史稱六子，可以名見者四人。

守忠 皇太子，謚莊獻。	鏗 皇太孫，謚冲懷。			

玄齡

守純 荆王。　訛可 曹王。

孛德 鞏王。

右宣宗子，與末帝凡四人。〔二九〕他書載守純子三人，可以名見者二人。

阿古廼 始祖兄。　不知世次　撻不也 遼太尉。　胡十門 驃騎衞上將軍。　鈎室

不知世次　合住 遼領辰、復二州。　蒲速越 遼中正節度使。

余里也〔三〇〕曹州防禦使。

布輝〔三一〕順天軍節度使。

保活里 始祖弟。　四世孫滓不乃〔三二〕　石土門〔三三〕金源郡王。　習失 特進。

			思敬〔三四〕平章政事。	
		阿斯懑		
		迪古乃 同中書門下平章事。		
婆盧火 安帝五代孫。泰州都統。	婆速	吾扎忽〔三五〕		
胡特孛山〔三六〕婆盧火族兄弟。	杲 本名撒离喝。行臺尚書、左丞相。	宗安 御史大夫。		
什古〔三七〕昭祖曾孫。東京留守。	阿魯帶 參知政事。	襄〔三八〕尚書左丞相。		
崇成 昭祖玄孫。武衛軍都指揮使。				
冶訶 係出景祖。銀青光祿大夫。	阿魯補 元帥右將軍〔三九〕。			

	骨赧 天德軍節度使。	喜哥
	訛古乃 西南路招討使。	
	撒荅	蒲查 西南路招討使。
阿魯補 係出景祖。行臺左丞相。	烏帶〔四〇〕尚書左丞相。	
	方 簽書樞密院事。	
胡八魯 穆宗孫。寧州刺史。	齊 利涉軍節度使。	
拔离速 宗室子。元帥左監軍。		
	銀朮可 拔离族子。〔四一〕同中書門下平章事。	穀英 平章政事。

	宗賢本名阿魯。太祖從姪。婆速路兵馬都總管。
麻吉銀术可弟。銀青光祿大夫。	
沃側西北路招討使。	

右諸宗室可譜者凡十一族，雖稱係出某帝，而不能世次，不譜于各帝之下，所以慎也。

校勘記

〔一〕宗室表　按原作「宗室表第一」，今依本書志、傳例，改作「表第一　宗室表」。以下交聘表同，不復出校。

〔二〕右德帝子與安帝凡三人　按本表安帝與輩魯祇二人，本書卷六五始祖以下諸子傳云，「德帝思皇后生安帝，季曰輩魯」。則「三」當是「二」字之誤。又本表錯誤極多，如加改、補，則變動太大，今擇要拈其錯漏，除個別外，基本不加改補。

〔三〕辭不失下一格　按本書卷七〇習不失傳，「子鶻沙虎，天會間爲眞定留守，子撻不也」。又同卷宗亨傳，「本名撻不也」，則此處當有「鶻沙虎眞定留守」七字。

〔四〕跋黑下一格　按本書卷八四奔睹傳，「昂本名奔睹，景祖弟孛黑之孫，斜斡之子」，孛黑即跋黑，則此處當有斜斡一名。

〔五〕宗浩右丞相　「宗」原作「崇」。今改，參見本書卷八世宗紀校記〔七〕。又本書卷一二章宗紀，泰和七年正月「丙申，以左丞相宗浩兼都元帥」，卷六二交聘表、卷九三宗浩傳同，表作「右丞相」，誤。又浩傳載「其子宿直將軍天下奴」，表失載。

〔六〕秉德左丞相　按本書卷一三二秉德傳，記「其弟特里、糺里」及「撒改曾孫益買」，表皆失載。

〔七〕謾睹　按本書卷六五鑾覩傳，「鑾覩襲父廝頗猛安。鑾覩卒，子掃合襲。掃合卒，子撒合輦襲。撒合輦卒，子惟鎔襲。……卒，子從傑襲猛安」，表皆失載。

〔八〕賽也上一格　按後二欄「阿离合懣」四字當移于此。參見本卷校記〔一〇〕。

〔九〕宗尹下一格　按本書卷七三宗尹傳，「宗尹乞令子銀术可襲其猛安」，則此處當有銀术可之名，表失載。

〔一〇〕阿离合懣　按此四字當在前二欄「賽也」之上。本書卷七三阿离合懣傳，「子賽也、斡論，賽也子宗尹」，又同卷晏傳，「晏本名斡論，景祖之孫，阿里合懣次子也」，可以爲證。又阿离合懣傳有「其子蒲里迭」，晏傳有「晏兄子鶻魯補」，表皆失載。

〔一一〕冶訶魯補稱係出景祖　按本卷末冶訶之後有「阿魯補，係出景祖，行臺左丞相」。本書卷八〇阿离補傳亦云「系出景祖」，「皇統六年爲行臺左丞相」，「子言、方」，又卷一三二烏帶傳，「行臺左丞相阿魯補子」，知此處「魯補」上脱「阿」字。

〔一二〕斡帶下二格　按本書卷五海陵紀有「魏王斡帶孫活里甲」，卷七六宗義傳同。表失載。

〔一三〕璋　按本書卷八四杲傳有「魯王斡者孫耶魯」，當在此欄與璋平行，表失載。

〔一四〕查剌沂王　按本書卷四熙宗紀作沂王暈。或暈是漢字名，查剌是其本名。

〔一五〕勗　按本書卷六六勗傳，「字勉道，本名烏野，穆宗第五子」，則當列撒柷之後。

〔一六〕撻懶下一格　按本書卷七七撻懶傳，「昌本名撻懶」，又「撻懶二子斡帶、烏達補」當在此格，表失載。

〔一七〕謀良虎　按本書卷七三宗雄傳，「宗雄本名謀良虎」。據文例，此處當作「宗雄」，注爲「本名謀良虎」。

〔一八〕蒲帶上京路提刑使　按本書卷七三宗雄傳，「宗雄孫蒲帶」。「蒲帶爲北京臨潢提刑使」，與此不同。

〔一九〕桓端金紫光祿大夫　按本書卷七三宗雄傳，「初，蒲魯虎襲猛安，蒲魯虎卒，贈金紫光祿大夫。子桓端襲之，官至金吾衞上將軍」，則金紫光祿大夫是蒲魯虎之贈官，桓端襲者是猛安，其官爲金吾衞上將軍，本表作者未解文義致誤。

〔二〇〕按苔海下一格　按本書卷六三海陵諸嬖傳有「宗室安達海之子乙剌補」當在此格，表失載。

〔二一〕耶補　按本書卷七六充傳，「子耶補兒」，附子檀奴等傳，「元奴、耶補兒逃歸于世宗。耶補兒爲鎭國上將軍，後爲同知濟南尹事」，又永元傳記其事亦皆作「耶補兒」，知此處脫一「兒」字。

〔二二〕羊蹄　按本書卷七七亨傳稱「子羊蹄」，是其當在前一行亨下一格。

〔二三〕阿懶　按本書卷六九宗傑傳作阿愣。

〔二四〕撻懶　按本書卷六九宗傑傳作撻楞。

〔二五〕爽下一格　按本書卷六九爽傳，「爽有疾，詔除其子符寶祗候思列爲忠順軍節度副使」，思列當在此格，表失載。

〔二六〕宗固下一格　按本書卷五海陵紀，天德三年五月戊辰，納「宗固子胡里剌、胡失打」等妻宮中，卷六三海陵諸嬖傳作「宗固子胡里剌妻、胡失來妻」，又卷七六宗本傳，「京，宗固子，本名胡石賚」。「胡失打」、「胡失來」、「胡石賚」當是一人，其漢名爲「京」。是宗固有二子，胡里剌、京，當在此欄平行，表皆失載。

〔二七〕阿里虎　按本書卷七六宗本傳，「長子鎖里虎」，卽阿里虎。又卷五海陵紀，天德三年海陵納宗本子莎魯啜妻宮中，卷六三昭妃阿懶傳記其事作莎魯剌，殆阿里虎之弟，表失載。

〔二八〕元下一格　按本書卷六九胙王元傳，「元子育，本名合住，大定二十七年自南京副留守遷大宗正丞」，兼勸農副使」，當在此格。表失載。

〔二九〕右宣宗子與末帝凡四人　按末帝指哀宗，參考本書卷五六百官志校記〔一八〕。

〔三〇〕余里也　詳下條。

〔三一〕布輝　按本書卷六六合住傳，「子蒲速越，襲父職，再遷靜江中正軍節度使。子余里也，與胡十門同時歸朝，以功遷眞定府路安撫使，兼曹州防禦使，授苾里海水世襲猛安。長子布輝，襲其父猛安。累遷順天軍節度使」，是余里也、布輝父子當在蒲速越之下，表誤。

〔三二〕四世孫滓不乃　按「滓不乃」本書卷七〇石土門傳作「直离海」。

〔三三〕石土門　按本書卷七〇石土門傳，「其子蟬蠢」，又「子習失、思敬」，是石土門有三子，蟬蠢表失載。

〔三四〕思敬　按本書卷七〇思敬傳，「孫吾偘术特，大定二十四年除明威將軍，授速濱路寶鄰山猛安」。表失載。

〔三五〕吾扎忽　按本書卷七一婆盧火傳，「子剖叔，襲猛安，天眷二年爲泰州副都統。子斡帶，廣威將軍。婆速官特進，子吾扎忽」。似剖叔卽婆速，而斡帶與吾扎忽爲兄弟，表未載。

〔三六〕胡特孛山　按本書卷八四杲傳作「胡魯補山」。

〔三七〕什古　按上文「右昭祖子」下云「什古稱昭祖曾孫」，與此合。本書卷九四襄傳，「祖什古迺」，多一「廼」字。

〔三八〕襄　按本書卷一一一內族思烈傳，「內族思烈，南陽郡王襄之子也。天興元年，權參知政事，行省事于鄧州。中京留守」。表失載。

〔三九〕阿魯補元帥右將軍　按本書卷六八阿魯補傳，「冶訶之子，皇統五年，改元帥右監軍」。又卷五五百官志，都元帥府「元帥右監軍一員，正三品」，是「將」乃「監」字之誤。

〔四〇〕烏帶　按本書卷一三二烏帶傳有「其子兀荅補」，又大定六年「以阿魯補謀克授兀荅補，終同知大興尹。子瑭，本名烏也阿補，以曾祖阿魯補功，充筆硯祗候」。表皆失載。

〔四一〕銀术可拔离族子　按本書卷七二銀术可傳，「銀术可，宗室子」。「子彀英」。又同卷彀英傳，「銀术可與弟拔离速」，同卷拔离速傳，「拔离速，銀术可弟」，是「拔离族子」當作「拔离速兄」。又列傳次第，銀术可附子彀英，麻吉附子沃側，再後則爲拔离速。表列銀术可、麻吉于拔离速後，且低一格，誤。

金史卷六十

表第二

交聘表上

天下之勢，曷有常哉。金人日尋干戈，撫制諸部，保其疆圉，以求逞志於遼也，豈一日哉。及太祖再乘勝，已卽帝位，遼乃招之使降，是猶龍蒸虎變，欲誰何而止之。厥後使者八九往反，終不能定約束，何者，取天下者不徇小節，成算旣定矣，終不爲卑辭厚禮而輟攻。遼人過計，宋人亦過計，海上之書曰：「克遼之後，五代時陷入契丹漢地願畀下邑。」此何計之過也。血刃相向百戰而得之，卑辭厚幣以求之，難得而易與人，豈人之情哉。宋之失計有三，撤三關故塞不能固燕山塞，汴京城下之盟竭公私之帑以約質，立梁楚而不力戰而江左稱臣。金人豈愛宋人而爲和哉！策旣失矣，名旣屈矣，假使高宗立歸德，不得河北，可保河南、山東；不然，亦不失爲晉元帝，其孰能亡之。金不能奄有四海，而宋人以尊稱與之，是誰强之邪。

金人出于高麗，始通好爲敵國，後稱臣。夏國始稱臣，末年爲兄弟，於其國自爲帝。宋於金初或以臣禮稱「表」，終以姪禮往復稱「書」。故識其通好與閒有兵爭之歲，其盛衰大指可覩也已。使者或書本階，或用借授，兩國各因舊史，不必强同云。

	宋	夏	高麗
始通好。			穆宗時，高麗醫者自完顏部歸，謂高麗人曰：「女直居黑水部族日强，兵益精悍，年穀屢稔。」高麗王聞之，乃遣使來通好。
太祖收國元年			

二年		閏正月，〔一〕高麗遣使來賀捷，且請保州，太祖曰：「爾自取之。」高麗遣蒲馬請保州，〔二〕詔諭高麗曰：「保州近爾邊境，聽爾自取。」
天輔元年	十二月，宋遣登州防禦使馬政來聘，〔三〕請石晉時陷入契丹漢地。	
二年	正月，遣散覩報聘于宋，〔四〕所請之地，與宋夾攻得者有之，本朝自取，不在分割之議。	十二月，遣孛堇朮孛以勝遼報諭高麗，〔五〕仍賜馬一疋。
三年	六月，宋遣馬政及其子	

	宏來聘。〔六〕		
四年	四月，宋復遣趙良嗣以書來議燕京、西京之地。〔七〕		詔使習顯以獲遼國州郡諭高麗。高麗使謂習顯曰：「此與先父國王之書。」習顯就館，即依舊禮接見，而以表來賀，并貢方物。
五年			
六年		六月，夏遣李良輔率兵三萬救遼，斡魯、婁室敗之于野谷。	
七年	正月，宋復遣趙良嗣來議燕京、西京地，答書如初約，合攻隨得者有之，		

今自我得，理應有報。趙良嗣言，奉命若得燕京，即納銀、絹二十萬匹、綾二萬匹，以代燕地之租稅。

二月，宋復遣趙良嗣來定議，加歲幣代燕地租稅，并議畫疆、遣使、置榷場、復請西京等事。癸卯，遣孛堇銀朮可、鐸剌報聘于宋，許以武、應、朔、蔚、奉聖、歸化、儒、嬀等州，其於西北一帶接連山川及州縣，不在許與之限。〔八〕戊

	宋	夏	高麗
	申，詔平州官〔九〕與宋使一同分割所與燕京六州之地。三月，宋使盧益、趙良嗣、馬宏以誓書來。四月，復誓書于宋。五月甲寅，南京留守張覺以南京叛入于宋。		
太宗天會元年	十一月，割武、朔二州與宋。是月庚午，宗望敗張覺于南京城東，覺夜遁奔于宋。十二月，遣孛堇李靖告哀于宋。	宗望至陰山，以便宜與夏國議和，許以割地。	十二月，高隨、斜野奉使高麗，至境上，接待之禮不遜，隨等不敢往。太宗曰：「高麗世臣於遼，當以事遼之禮事我。而我國有新喪，遼主未獲，

			勿遽强之。」命隨等還。
二年	四月，宋始遣太常少卿連南夫等來弔。以高朮僕古等充遺留國信使，高興輔、劉興嗣充告卽位國信使如宋。 八月，以孛菫烏爪乃、李用弓爲賀宋生日使。 十月戊午，宋使賀天清節。 十二月，孛菫高居慶、大理卿丘忠爲賀宋正旦使。	正月，夏人奉誓表，請以事遼之禮稱藩。 三月，夏使把里公亮等來上誓表。 閏三月，遣王阿海、楊天吉賜誓詔于夏。 十月，夏使謝賜誓詔。戊午，夏使賀天清節。	
三年	正月癸酉朔，宋使賀正	正月癸酉朔，夏使賀正	

	旦。辛丑，〔一〇〕宋龍圖閣直學士許亢宗等賀即位。六月，遣李用和等以滅遼告慶于宋。七月，以耶律固等爲報謝宋國使。十月壬子，宋使賀天清節。是月，詔諸將伐宋。十二月，宋給事中李鄴等奉金百鋌，請復修好。是月甲辰，宗望敗宋兵于白河，遂取燕山州縣。	旦。乙未，夏使奉表致奠于和陵。十月壬子，夏使賀天清節。	
四年	正月己巳，宗望諸軍渡	正月丁卯朔，夏使賀正	六月，高麗使奉表稱藩，

河，使吳孝民入汴，問宋取首謀平山者。癸酉，諸軍圍汴。甲戌，宋知樞密院事李梲等奉書謝罪，且請修好。丙子，宗望許宋修好，約質，割三鎮地，增歲幣，載書稱伯姪。戊寅，宋以康王構、少宰張邦昌爲質。辛巳，宋使沈晦等賫所上誓書、三鎮地圖，至軍中。癸未，諸軍解圍。二月丁酉朔夜，宋姚平仲以兵四十萬襲宗望軍。己亥，復進兵圍汴。

旦。

十月丁未，夏使賀天清節。

優詔答之，仍以保州地賜。

七月，遣高伯淑、烏至忠使高麗。

十月丁未，高麗賀天清節。

十一月，遣高隨等爲賜高麗生日使。

辛丑，宋遣資政殿學士宇文虛中以書來，辯姚平仲兵非出宋主意。改肅王樞爲質，遣康王構歸。壬子，宗望渡河，以滑州、濬州與宋。

七月戊子，宋以蠟書陰搆右都監耶律余篤，蕭仲恭獻其書。

八月，諸軍復伐宋，元帥府遣楊天吉、王汭以書責宋。

十一月丙戌，宗望軍至汴。

閏月壬辰朔，宗望敗宋

年	宋	夏	高麗
	兵于汴城下。癸巳，宗翰至汴。辛酉，宋帝詣宗翰、宗望軍，舍青城。十二月癸亥，以表降，是日歸于汴城。		
五年	正月庚子，宋帝復至青城。二月丁卯，宋上皇至青城。是月，降宋二帝爲庶人。四月，執宋二帝以歸。五月庚寅朔，宋康王構卽位于歸德。十二月丙寅，宗輔伐宋。	正月辛卯朔，夏使賀正旦。十月辛未，夏使賀天清節。	正月辛卯朔，高麗使賀正旦。八月，以耶律居謹、張淮爲宣慶高麗使。十月辛未，高麗使賀天清節。

六年	正月，宋康王奔揚州。 七月乙巳，宋康王貶號稱臣，遣使奉表。 十月，宗翰、宗輔會軍于濮。	正月丙戌朔，夏使賀正旦。 十月丙寅，夏使賀天清節。	正月丙戌朔，高麗使賀正旦。 十月丙寅，高麗使賀天清節。
七年	十月己亥，〔一〕宋壽春安撫使馬世元以城降。 十一月壬戌，宗弼渡江。丁卯，宋知江寧府陳邦光以城降。 十二月丁亥，宗弼克杭州。阿里、蒲盧渾追宋康王于明州，宋康王入于海。	正月庚辰朔，〔二〕夏使賀正旦。 十月庚寅，夏使賀天清節。	正月庚辰朔，高麗使賀正旦。 十月庚寅，高麗使賀天清節。

八年		正月甲辰朔，夏使賀正旦。十月甲申，夏使賀天清節。	正月甲辰朔，高麗使賀正旦。十月甲申，高麗使賀天清節。
九年		正月己亥朔，夏使賀正旦。十月戊寅，夏使賀天清節。	正月己亥朔，高麗使賀正旦。二月乙亥，高麗使上表，乞免索保州亡入邊戶事。十月戊寅，高麗使賀天清節。
十年		正月癸巳朔，夏使賀正旦。十月壬寅，夏使賀天清	正月癸巳朔，高麗使賀正旦。十月壬寅，高麗使賀天

		節。	清節。
十一年		正月丁巳朔，夏使賀正旦。 十月丙申，夏使賀天清節。	正月丁巳朔，高麗使賀正旦。 十月丙申，高麗使賀天清節。
十二年		正月辛亥朔，夏使賀正旦。 十月庚寅，夏使賀天清節。	正月辛亥朔，高麗使賀正旦。 十月庚寅，高麗使賀天清節。
熙宗天會十三年		正月，遣使如夏報哀。	正月，遣使如高麗報哀。 三月己卯，高麗使祭奠弔慰。 四月戊午，高麗使賀登寶位。

十四年		正月己巳朔，夏使賀正旦。乙酉，夏使賀萬壽節。	正月己巳朔，高麗使賀正旦。乙酉，高麗使賀萬壽節。十月甲寅，以乾文閣待制吳激爲賜高麗生日使。
十五年		正月癸亥朔，夏使賀正旦。己卯，夏使賀萬壽節。	正月癸亥朔，高麗使賀正旦。己卯，高麗使賀萬壽節。
天眷元年	八月，以河南地賜宋。右司侍郎張通古等詔諭江南。	正月戊子朔，夏使賀正旦。甲辰，夏使賀萬壽節。	正月戊子朔，高麗使賀正旦。甲辰，高麗使賀萬壽節。十二月甲戌，高麗使入貢。

二年	四月己卯，宋遣其端明殿大學士韓肖胄等奉表，謝賜河南地。 九月壬寅，宋端明殿學士王倫、保信軍節度使藍公佐奉表乞歸父喪。	正月壬午朔，夏使賀正旦。戊戌，夏使賀萬壽節。 十月癸酉，夏國王李乾順薨，子仁孝嗣位，遣使來告喪。	正月壬午朔，高麗使賀正旦。戊戌，高麗使賀萬壽節。
三年	四月癸亥，宋禮部尚書莫將等來迎護梓宮。 五月己卯，詔復取河南、陝西。 十二月乙亥，復伐宋淮南。	正月丁丑朔，夏使賀正旦。癸巳，夏使賀萬壽節。 九月，夏使謝賻贈，復謝封册。	正月丁丑朔，高麗使賀正旦。癸巳，高麗使賀萬壽節。
皇統元年	二月，宗弼克廬州。 九月，宗弼渡淮，宋乞罷	正月辛丑朔，夏使賀正旦。壬寅，夏使請上尊	正月辛丑朔，高麗使賀正旦。壬寅，高麗使請

	兵，宗弼以便宜與宋畫淮爲界。	號。丁巳，夏使賀萬壽節。	上尊號。丁巳，高麗使賀萬壽節。十一月己酉，高麗使賀尊號。
二年	二月辛卯，宋端明殿學士何鑄、容州觀察使曹勛來進誓表。三月丙辰，遣光祿大夫左宣徽使劉筈册宋康王爲宋帝，以故天水郡王等三喪及宋帝母韋氏歸于宋。五月乙卯，遣使賜宋誓詔。	正月乙未朔，夏使賀正旦。辛亥，夏使賀萬壽節。	正月乙未朔，高麗使賀正旦。乙巳，詔加高麗國王王楷開府儀同三司、上柱國。辛亥，高麗使賀萬壽節。十二月乙丑，高麗使謝賜封册。

	八月丁卯，詔遣宋使朱弁、張邵、洪皓等歸。十二月庚午，宋使上表，謝歸三喪及母韋氏。		
三年	正月己丑朔，宋使賀正旦。乙巳，宋使賀萬壽節。	正月己丑朔，夏使賀正旦。乙巳，夏使賀萬壽節。	正月己丑朔，高麗使賀正旦。乙巳，高麗使賀萬壽節。
四年	正月癸丑朔，〔三〕宋使賀正旦。己巳，宋使賀萬壽節。	正月癸丑朔，夏使賀正旦。己巳，夏使賀萬壽節。	正月癸丑朔，高麗使賀正旦。己巳，高麗使賀萬壽節。
五年	正月丁未朔，宋使賀正旦。癸亥，宋使賀萬壽節。	正月丁未朔，夏使賀正旦。癸亥，夏使賀萬壽節。四月庚辰，以右衞將軍	正月丁未朔，高麗使賀正旦。癸亥，高麗使賀萬壽節。

年	宋	夏	高麗
		撒海、兵部郎中耶律褔爲横賜夏國使。	
六年	正月辛未朔，宋使賀正旦。丁亥，宋使賀萬壽節。	正月辛未朔，夏使賀正旦。丁亥，夏使賀萬壽節。	正月辛未朔，高麗使賀正旦。丁亥，高麗使賀萬壽節。五月壬申，高麗國王王楷薨，子晛嗣位，遣使來報喪。六月乙丑，遣使祭弔高麗。
七年	正月乙丑朔，宋使賀正旦。辛巳，宋使賀萬壽節。	正月乙丑朔，夏使賀正旦。〔一四〕辛巳，夏使賀萬壽節。	正月乙丑朔，高麗使賀正旦。辛巳，高麗使賀萬壽節。三月戊寅，高麗使來謝

			弔祭。
八年	正月庚申朔，宋使賀正旦。丙子，宋使賀萬壽節。	正月庚申朔，夏使賀正旦。丙子，夏使賀萬壽節。	正月庚申朔，高麗使賀正旦。丙子，高麗使賀萬壽節。六月，高麗使謝賜封册。
九年	正月甲申朔，宋使賀正旦。庚子，宋使賀萬壽節。	正月甲申朔，夏使賀正旦。庚子，夏使賀萬壽節。	正月甲申朔，高麗使賀正旦。庚子，高麗使賀萬壽節。
海陵天德元年	十二月，宋賀正旦使至廣寧，遣人諭以廢立之事，於中路遣還。	十二月，夏賀正旦使至廣寧，遣人諭以廢立之事，於中路遣還。	十二月，高麗賀正旦使至廣寧，遣人諭以廢立之事，於中路遣還。
二年	正月辛巳，以名諱告諭宋。是月，遣侍衞親軍步軍都指揮使完顏思	正月辛巳，以名諱告諭夏。再遣使報諭夏國。七月戊戌，夏御史中丞	正月辛巳，以名諱告諭高麗。再遣使報諭高麗。三月丙戌，高麗遣知樞

	恭、翰林直學士翟永固為報諭宋國使。二月甲子，以兵部尚書完顏元宜、修起居注高懷貞為賀宋生日使。三月丙戌，〔一五〕宋參知政事余唐弼、保信軍節度使鄭藻賀卽位。余唐弼等回，以天水郡王玉帶歸于宋主。	雜辣公濟、中書舍人李崇德賀登寶位。再遣開封尹蘇執義、祕書監王舉賀受尊號。	密院事文公裕、殿中監朴純冲賀登寶位。
三年	正月癸酉朔，宋使賀正旦。三月庚寅，以翰林學士中奉大夫劉長言、少府	正月癸酉朔，夏使賀正旦。九月甲子，夏使上表，請不去尊號。以經武將軍	正月癸酉朔，高麗使賀正旦。九月，以東京路兵馬都總管府判官蕭子敏為高

	宋	夏	高麗
	監耶律五哥爲賀宋生日使。六月，宋使奉表祈請山陵地，不許。十月，以右副點檢不朮魯阿海、翰林侍講學士蕭永祺爲賀宋正旦使。	修起居注蕭彭哥爲夏生日使。	麗生日使。
四年	正月丁酉朔，宋使賀正旦。壬子，宋使賀生辰。三月，刑部尚書田秀穎、東上閤門使大斌爲賀宋生日使。十月甲申，以太子詹事張用直、左司郎中温都	正月丁酉朔，夏使賀正旦。壬子，夏使賀生辰。九月，吏部郎中蕭中立爲夏生日使。	正月丁酉朔，高麗使賀正旦。壬子，高麗使賀生辰。九月，都水使者完顏麻潑爲高麗生日使。

	斡帶爲賀宋正旦使。十二月辛未，以張用直卒，改遣汴京路都轉運使左瀛爲賀宋正旦使。		
貞元元年	正月辛卯，以皇弟兗薨，不視朝，命有司受宋貢獻。四月，以右宣徽使紇石烈撒合輦、廣威將軍兵部郎中蕭簡爲賀宋生日使。十一月，以戶部尚書蔡松年、右司郎中婁室爲賀宋正旦使。	正月辛卯，以皇弟兗薨，不視朝，命有司受夏貢獻。九月丁亥朔，以翰林待制謀良虎爲夏生日使。	正月辛卯，以皇弟兗薨，不視朝，命有司受高麗貢獻。九月，以吏部郎中窊合山充高麗生日使。

二年	正月甲寅朔，以疾不視朝，宋使就館燕。己巳，宋使賀生辰。四月辛卯，工部尚書耶律安禮、吏部侍郎許霖爲賀宋生日使。十月，以刑部侍郎白彥恭爲賀宋正旦使。十二月丁未，宋使貢方物。	正月甲寅朔，以疾不視朝，賜夏使就館燕。己巳，夏使賀生辰。三月戊辰，夏使王公佐賀還都。九月辛亥朔，夏使謝恩，且請市儒、釋書。十二月丁未，夏使貢方物。	正月甲寅朔，以疾不視朝，賜高麗使就館燕。己巳，高麗使賀生辰。六月己亥，高麗使謝橫賜。十一月戊辰，高麗使謝賜生日。十二月丁未，高麗使貢方物。
三年	正月己酉朔，宋使賀正旦。甲子，宋使賀生辰。三月庚午，以左司郎中李通、同知南京路都轉	正月己酉朔，夏使賀正旦。甲子，夏使賀生辰。五月癸亥，夏使謝恩。	正月己酉朔，高麗使賀正旦。甲子，高麗使賀生辰。

年	宋	夏	高麗
	運司事耶律隆爲賀宋生日使。十月己亥，翰林學士承旨耶律歸一爲賀宋正旦使。		
正隆元年	正月癸卯朔，宋使賀正旦。戊午，宋使賀生辰。三月庚申，以左宣徽使敬嗣暉、大理卿蕭中立爲賀宋生日使。十一月己巳朔，以右司郎中梁銶、左將軍耶律湛爲賀宋正旦使。〔一六〕	正月癸卯朔，夏使賀正旦。戊午，夏使賀生辰。	正月癸卯朔，高麗使賀正旦。戊午，高麗使賀生辰。
二年	正月戊辰朔，宋使賀正	正月戊辰朔，夏使賀正	正月戊辰朔，高麗使賀

	旦。癸未，宋使賀生辰。六月，以禮部尚書耶律守素、刑部侍郎許竑爲賀宋生日使。〔一七〕十一月，侍衛親軍馬步軍副都指揮使高助不古、戶部侍郎阿勒根窊產爲賀宋正旦使。	旦。癸未，夏使賀生辰。四月，宿直將軍溫敦斡喝爲橫賜夏國使。九月乙丑，以宿直將軍僕散烏里黑爲夏生日使。	正旦。癸未，高麗使賀生辰。三月丙寅朔，高麗使賀受尊號。四月，以簽書宣徽院事張喆爲橫賜高麗使。
三年	正月壬戌朔，宋使孫道夫賀正旦。丁丑，宋使賀生辰。三月辛巳，以兵部尚書蕭恭、太府監魏子平爲賀宋生日使。	正月壬戌朔，夏使賀正旦。丙寅，夏奏告使還，命左宣徽使敬嗣暉諭之，云云。丁丑，夏使賀生辰。九月庚午，以宿直將軍	正月壬戌朔，高麗使賀正旦。丁丑，高麗使賀生辰。九月丁丑，以教坊提點高存福爲高麗生日使。

	十一月辛酉，以工部尚書蘇保衡、吏部侍郎阿典和實懣爲賀宋正旦使。	阿魯保爲夏生日使。	
四年	正月丙辰朔，宋使賀正旦。辛未，宋使賀生辰。四月，遣資德大夫祕書監王可道、朝散大夫左司郎中王蔚爲賀宋生日使。七月甲辰，宋使上表，謝賜戒諭。十一月甲辰，以翰林侍講學士施宜生、宿州防	正月丙辰朔，夏使賀正旦。辛未，夏使賀生辰。三月丙辰朔，遣兵部尚書蕭恭經畫夏國邊界。九月，昭毅大將軍宿直將軍加古撻懶爲夏生日使。	正月丙辰朔，高麗使賀正旦。辛未，高麗使賀生辰。九月，遣宣武將軍翰林待制完顏達紀爲高麗生日使。

年	宋	夏	高麗
	禦使耶律闢里剌爲賀宋正旦使。十二月乙卯，宋使來告其母韋氏哀。乙丑，以左副點檢大懷忠、大興少尹耨盌溫都謙爲宋弔祭使。		
五年	正月庚辰朔，宋使賀正旦。乙未，宋使賀生辰。二月壬子，宋參知政事賀允中等爲韋后遺獻使。四月，宋使葉義問等來謝弔祭。	正月庚辰，夏使賀正旦。乙未，夏使賀生辰。	正月庚辰朔，高麗使賀正旦。乙未，高麗使賀生辰。

年	宋	夏	高麗
	十一月，以濟南尹僕散烏者、翰林直學士韓汝嘉爲賀宋正旦使。		
六年	正月甲戌朔，宋使賀正旦。己丑，宋使賀生辰。四月，以簽書樞密院事高景山爲賀宋生日使。九月，以三十二總管兵伐宋。甲午，發南京。十月丁未，渡淮。癸亥，次和州。宋人陷德順州。十一月，上駐軍江北，遣武平總管阿鄰先渡至南岸，失利。上進兵揚	正月甲戌朔，夏使賀正旦。己丑，夏使賀生辰。	正月甲戌朔，高麗使賀正旦。己丑，高麗使賀生辰。八月，遣太常博士張崇爲高麗生日使。

州。甲午，會師瓜洲渡。

乙未，遇弒。

校勘記

〔一〕閏正月　原脫「閏」字。按本書卷二太祖紀，收國「二年正月戊子……閏月，高麗遣使來賀捷，且求保州，詔許自取之」。今據補。

〔二〕高麗遣蒲馬請保州　按本書卷二太祖紀，天輔元年「八月癸亥，高麗遣使來請保州」。似此條二十三字當在天輔元年欄內。

〔三〕十二月宋遣登州防禦使馬政來聘　按馬政聘金在天輔二年閏九月。參考本書卷二太祖紀校記〔六〕。此條當入下欄。

〔四〕正月遣散覩報聘于宋　按散覩報宋在本年十月。參考本書卷二太祖紀校記〔七〕。

〔五〕十二月遣孛菫朮孛以勝遼報諭高麗　「朮孛」原作「朮菫」。按本書卷二太祖紀，「天輔二年十二月甲辰，遣孛菫朮孛以定遼地諭高麗」。又卷一三五高麗傳，天輔二年十二月，詔諭高麗國王曰，「今遣孛菫朮孛報諭」。今據改。

〔六〕六月宋遣馬政及其子宏來聘　按馬政及其子擴使金，在天輔四年十二月。參考本書卷二太祖紀校記〔八〕。則此條當在下一欄。又，馬宏使金似在另一次，與趙良嗣同來。見本表天輔七年三月條。

〔七〕四月宋復遣趙良嗣以書來議燕京西京之地　「四」原作「二」、「嗣」原作「暉」。按三朝北盟會編卷四，趙良嗣等此行以天輔四年四月十四日抵薊州關下，隨着攻上京，城破，遂與阿骨打相見。參考本書卷二太祖紀校記〔一二〕。今據改。

〔八〕其於西北一帶接連山川及州縣不在許與之限　按大金弔伐錄卷一白劄子云，「其以西並北一帶接連山後州縣，土地人民不在許與之限。」此「山川及」三字當是「山後」之誤。

〔九〕戊申詔平州官　原脫「官」字。按本書卷二太祖紀，天輔七年二月「戊申，詔平州官與宋使同分割所與燕京六州之地」。今據補。

〔一〇〕辛丑　按宣和乙巳奉使金國行程錄，許亢宗于是年「正月戊戌陛辭，翼日啓行」。至當年秋八月初五日「回程到闕」。其北行第三十五程至和里寨已「時當仲夏」，知此辛丑上脫「六月」二字。

〔一一〕十月己亥　「己亥」原作「丁酉」。按本書卷三太宗紀，天會七年十月「丁酉，阿里、當海、大臭破敵于壽春。己亥，安撫使馬世元以城降」。今據改。

〔一二〕正月庚辰朔　「辰」原作「寅」。按本書卷三太宗紀，天會「七年正月庚辰朔，高麗、夏遣使來賀」。今據改。下高麗欄同。

〔一三〕正月癸丑朔「丑」原作「卯」。按本書卷四熙宗紀，天眷「四年正月癸丑朔，宋、高麗、夏遣使來賀」。今據改。下夏、高麗欄同。

〔一四〕正月乙丑朔夏使賀正旦　原脫「使」字，據殿本補。

〔一五〕三月丙戌　按宋史卷三〇高宗紀，三月「丙戌，遣余堯弼等賀金主即位」，則「三月丙戌」非宋使抵金或進賀之日。

〔一六〕左將軍耶律湛爲賀宋正旦使　按百官志無「左將軍」，或正隆時有之，或是「左衞將軍」脫「衞」字。

〔一七〕六月以禮部尙書耶律守素刑部侍郎許竑爲賀宋生日使　按宋史卷三一高宗紀，紹興二十七年「五月癸未，金遣耶律守素等來賀天申節」。知此記月有誤，本書卷五海陵紀亦誤。參考該卷校記〔一〇〕。

金史卷六十一

表第三

交聘表中

	宋	夏	高麗
世宗大定元年	十一月，宋人破陝州。十二月，元帥左監軍高忠建、德昌軍節度使張景仁以罷兵、歸正隆所侵地，報諭宋國。		十一月壬午，尚書右司員外郎完顏兀古出報諭高麗。
二年	三月，徒單合喜敗宋吳	四月，夏左金吾衛上將	十二月，高麗衛尉少卿

璘于德順州。六月，宋翰林學士洪邁、鎭東軍節度使張掄賀上，書詞不依舊式，詔諭洪邁，使歸諭宋主。七月丁酉，復取原州。丙午，宋主內禪。九月，大敗吳璘于德順州。宗尹復取汝州。十月己丑，詔左副元帥紇石烈志寧伐宋。十一月癸巳朔，右丞相僕散忠義節制伐宋諸軍。志寧移書張浚，使依皇統舊式通好，浚復	軍梁元輔、翰林學士焦景顏、押進樞密副都承旨任純忠賀登寶位。再遣武功大夫賀義忠、宣德郎高愼言賀萬春節。八月癸酉，夏左金吾衛上將軍蘇執禮、匭柙使王琪、押進御史中丞趙良賀尊號。九月庚子，以尙書左司員外郎完顏正臣爲夏生日使。十二月辛未，以夏乞兵復宋侵地，遣尙書吏部郎中完顏達吉體究陝西	丁應起賀正旦。

	書曰：「謹遣使者至麾下議之。」	利害。夏武功大夫芭里昌祖、宣德郎揚彥敬等賀正旦。	
三年	五月，宋人破宿州。是月，志寧復取宿州。宋洪遵與志寧書，約爲叔姪國。志寧渡淮，取盱眙、濠、廬、和、滁等州。宋使胡昉以湯思退與忠義書，稱姪國，不肯加世字，忠義執胡昉，詔釋之。	三月壬辰朔，夏武功大夫訛留元智、宣德郎程公濟賀萬春節。五月，以宿直將軍阿勒根和衍爲橫賜夏國使。〔一〕七月甲寅，詔市馬於夏國。九月癸巳，以宿直將軍僕散習尼列爲夏生日使。〔二〕	二月庚寅，高麗守司空金永胤、尚書禮部侍郎金淳夫進奉使，禮賓少卿許勢脩賀登寶位，祕書少監金居實謝宣諭。三月壬辰朔，高麗衞尉少卿李公老賀萬春節。四月己卯，以引進使韓綱爲橫賜高麗使。十月丙寅，以許王府長史移剌天佛留爲高麗生

年	宋	夏	高麗
		十月己巳，夏遣金吾衛上將軍蘇執禮、匭匣使李子美謝橫賜。	日使。十二月乙酉，高麗使殿中少監金存夫謝橫賜。
四年	十一月，徒單克寧敗宋兵于十八里口，克楚州。宋周葵、王之望與忠義書，約世爲姪國，書仍書名再拜，不稱「大」字，幷以宋書副本來上，和議始定。	正月丁亥朔，夏遣武功大夫嵬哆執信、宣德郎李師白賀正旦。三月丙戌朔，夏武功大夫紐臥文忠、宣德郎陳師古賀萬春節。九月，以宿直將軍宗室烏里雅爲夏生日使。十二月，夏奏告使殿前太尉梁惟忠、翰林學士樞密都承旨焦景顏上章	正月丁亥朔，高麗禮賓少卿高處約賀正旦。三月丙戌朔，高麗遣祕書少監崔孝溫進奉使，朝散大夫衛尉少卿鄭孝儀賀萬春節。九月，以太子少詹事烏古論三合爲高麗生日使。〔三〕十二月，高麗禮賓少卿金莊謝賜生日。

		奏告，乞免徵索正隆末年所虜人口。	
五年	正月癸亥，宋通問使禮部尚書魏杞、崇信軍承宣使康湑奉國書及誓書入見。 二月，以殿前左副都點檢完顏仲、太子詹事楊伯雄報問宋國。 三月庚戌，宋禮部尚書洪适、崇信軍承宣使龍大淵賀萬春節。 八月，宋吏部尚書李若川、寧國軍承宣使曾覿	正月辛亥朔，夏武功大夫訛羅世、宣德郎高嶽賀正旦。 三月庚戌，夏使賀萬春節。 九月，以宿直將軍朮虎蒲查爲夏生日使。	正月辛亥朔，高麗衛尉少卿高珍縉賀正旦。 三月庚戌，高麗殿中少監陳力升進奉使，祕書少監元頤冲賀萬春節。 十月，以大宗正丞璋爲高麗生日使。 十二月，高麗遣吏部尚書李知深、中書舍人尹敦信賀尊號，衛尉少卿王輔謝賜生日。

年	宋	夏	高麗
	等賀尊號。九月，以吏部尚書高衎、移剌道爲宋生日使。十一月，以殿前右副都點檢烏古論粘沒曷、尚書禮部侍郎劉仲淵爲賀宋正旦使。		
六年	正月丙午朔，宋戶部尚書方滋、福州觀察使王抃賀正旦。三月甲辰朔，宋吏部尚書王曮、〔四〕利州觀察使魏仲昌賀萬春節。九月，以戶部尚書魏子	正月丙午朔，夏武功大夫高遵義、宣德郎安世等賀正旦。三月甲辰朔，夏武功大夫曹公達、宣德郎孟伯達、押進知中興府趙衍賀萬春節。戊申，夏御	正月丙午朔，高麗太府少卿李世儀賀正旦。三月甲辰朔，高麗國子司業趙仁貴進奉使，祕書少監李復基等賀萬春節。四月戊戌，以尚書右司

	平、殿前左衛將軍夾谷查剌爲賀宋生日使。十一月，以殿前右副都點檢駙馬都尉烏古論元忠、少府監張仲愈爲賀宋正旦使。	史中丞李克勤、翰林學士焦景顏奏告，乞免索正隆末年所虜人口，許之。四月戊戌，以宿直將軍斜卯摑剌爲橫賜使。九月辛亥，以翰林待制移剌熙載爲夏生日使。十二月戊戌，夏御史中丞賀義忠、翰林學士楊彥敬謝橫賜。	郞中移剌道爲橫賜高麗使。十月己卯，以尙書兵部侍郞移剌按荅爲高麗生日使。十二月戊戌，高麗禮賓少卿崔椿謝賜生日，衛尉少卿金資用謝橫賜。
七年	正月庚子朔，宋試工部尙書薛良朋、昭慶軍承宣使張說賀正旦。	正月庚子朔，夏武功大夫劉志眞、宣德郞李師白等賀正旦。	正月庚子朔，高麗司宰少卿潘咸有賀正旦。三月己亥朔，高麗尙書

年	宋	夏	高麗
	三月己亥朔，宋翰林學士梁克家、安慶軍承宣使趙應熊等賀萬春節。九月，以勸農使蒲察莎魯窩、東上閤門使梁彬爲賀宋生日使。	三月己亥朔，夏武功大夫任得仁、宣德郎李澄等賀萬春節。九月乙亥，以宿直將軍唐括鶻魯爲夏生日使。十二月壬戌，夏遣殿前太尉芭里昌祖、樞密都承旨趙衍奏告，以其臣任得敬有疾，乞遣良醫診治。詔賜之醫。	戶部侍郎柳德容賀萬春節。十二月壬戌，高麗禮賓少卿崔儇謝賜生日使。
八年	正月甲子朔，宋試戶部尚書唐瑑、〔五〕保寧軍承宣使宋鈞賀正旦。三月癸亥朔，試工部尚	正月甲子朔，夏武功大夫利守信、宣德郎李穆賀正旦。三月癸亥朔，夏武功大	正月甲子朔，高麗司宰少卿金起賀正旦。三月癸亥朔，高麗尚書戶部侍郎金光利進奉

年	宋	夏	高麗
	書王淪賀萬春節。九月，以右宣徽使移剌神獨斡、太府監高彥佐爲賀宋生日使。十一月，以同簽大宗正事宗室闢合土、尚書右司郎中李昌圖爲賀宋正旦使。	夫咩布師道、宣德郎嚴立本等賀萬春節。四月戊午，夏遣任德聰謝恩使，詔却其禮物。九月丁卯，以引進使高希甫爲夏生日使。	使，朝散大夫祕書少監趙湜賀萬春節。十月乙未，以翰林待制兼同修國史宗室靖爲高麗生日使。
九年	正月戊午朔，宋試工部尚書鄭聞、明州觀察使董誠等賀正旦。三月丁巳朔，宋翰林學士胡元質、保康軍承宣使宋直溫等賀萬春節。	正月戊午朔，夏武功大夫莊浪義顯、宣德郎劉裕等賀正旦。三月丁巳朔，夏武功大夫渾進忠、宣德郎王德昌等賀萬春節。	正月戊午朔，高麗司宰少卿陳玄光、禮賓少卿徐諴等賀正旦。三月丁巳朔，高麗祕書少監金利誠賀萬春節，朝散大夫衞尉少卿崔偦

	宋	夏	高麗
	九月，以刑部尚書高德基爲賀宋生日使。十一月，以京兆尹宗室毅、尚書左司郎中牛德昌爲賀宋正旦使。	五月丙辰，以宿直將軍完顏賽也爲橫賜夏國使。九月，以宿直將軍僕散守忠爲夏生日使。〔六〕	爲進奉使。五月，以符寶郎徒單懷貞爲橫賜高麗使。九月丙辰，以提點司天臺馬貴中爲高麗生日使。十二月戊戌，高麗邊報稱王晛誕得繼孫，欲遣使奏告。庚戌，高麗太府少卿裴衍謝賜生日，司宰少卿李世美謝橫賜。
十年	正月壬子朔，宋試吏部尚書汪大猷、寧國軍承	正月壬子朔，夏武功大夫劉志直、宣德郎韓德	正月壬子朔，高麗禮賓少卿陳升賀正旦。

宣使曾覿賀正旦。
三月壬子朔，宋試工部尚書司馬伋、泉州觀察使馬定遠等賀萬春節。
閏五月丁酉，尚書省奏宋祈請使赴闕日期，詔以九月十一日朝見。
九月，以簽書樞密院事移剌子敬、宮籍監張僅言爲賀宋生日使。丙戌，宋祈請使資政殿大學士范成大、崇信軍節度使康湑至，求免起立接受國書，詔不許。
十一月，以太子詹事蒲

容等賀正旦。
三月壬子朔，夏武功大夫張兼善、宣德郎李師白等賀萬春節。丁丑，詔以夏奏告使於閏五月十六就行在。
閏五月乙未，夏權臣任得敬中分其國，脅其主李仁孝遣左樞密使浪訛進忠、參知政事楊彥敬、押進翰林學士焦景顔等上表爲得敬求封，詔不許，遣使詳問。
七月庚子，宋人以蠟丸書遺任得敬，夏執其人

三月壬子朔，高麗衞尉少卿崔佺進奉使，尚書禮部侍郎崔光涉等賀萬春節。
十月己酉，以大宗正丞宗室虯爲高麗生日使。
十一月己卯，高麗翼陽公晧廢晛自立，不肯接受賜王晛生日使，王晧稱兄晛讓國，求封册。詔遣使詳問。

年	宋	夏	高麗
	察蒲速越、〔七〕同知宣徽院事韓綱爲賀宋正旦使。	并書以來。九月庚寅，〔八〕以尚書戶部郎中夾古阿里補爲夏生日使。十一月癸巳，夏以誅任得敬，遣其殿前太尉芭里昌祖、樞密直學士高岳等上表陳謝。	
十一年	正月丙子朔，宋試工部尚書呂正己、利州觀察使辛堅之賀正旦。三月乙亥，宋翰林學士趙雄、泉州觀察使趙伯驌等賀萬春節。	正月丙子朔，夏遣武功大夫煞執直、宣德郎馬子才賀正旦。三月乙亥，夏使賀萬春節。八月丁卯，以近侍局使	正月壬辰，高麗王晧報稱，前王久病，昏耗不治，以母弟晧權攝國事。四月丁卯，權軍國事王晧上表，并以兄晛表求封。

年	宋	夏	高麗
	八月，以尚書刑部侍郎駙馬都尉烏林荅天錫、御史中丞李文蔚爲賀宋生日使。十一月，以西南路招討使宗室宗寧、戶部侍郎程輝爲賀宋正旦使。	劉玘爲夏生日使。〔九〕	五月，以尚書吏部侍郎宗室靖爲宣問高麗王晛使。靖至高麗，晧稱晛避位出居他所，病加無損，不能就位拜命，往復險遠，非使者所宜往，乃以王晛表附奏。其表大概與前表同。十二月丁卯，〔一〇〕權高麗國事王晧告奏使、尚書禮部侍郎張翼明以王晧表求封。〔一一〕
十二年	正月庚午朔，宋試工部尚書莫濛、利州觀察使	正月庚午朔，夏武功大夫嵬恧執忠、〔一二〕宣德郎	正月庚午朔，高麗使賀正旦。

孫顯祖賀正旦。

三月己巳朔，宋龍圖閣學士翟紱、宜州觀察使組士粲等賀萬春節。

四月，宋試吏部尚書姚憲、安德軍承宣使曾覿賀加上尊號。

九月，以殿前右副都點檢夾谷清臣、尚書左司郎中張汝弼爲賀宋生日使。

十一月，以戶部尚書曹望之、尚書右司郎中紇石烈哲爲賀宋正旦使。

劉昭等賀正旦。

三月己巳朔，夏武功大夫党得敬、宣德郎田公懿賀萬春節。殿前馬步軍太尉訛羅紹甫、樞密直學士呂子溫、押進匭匣使芭里直信等賀加上尊號。

四月癸亥，以宿直將軍唐括阿忽里爲橫賜夏國使。

九月辛巳，以殿前右衞將軍粘割斡特剌爲夏生日使。

十二月癸亥，夏殿前太

三月己巳朔，權高麗國王王晧遣尚書戶部侍郎金黃裕等賀萬春節。衞尉少卿蔡祥正賀加上尊號。〔三〕丁丑，宿直將軍烏古論思列、尚書右司員外郎張亨爲封册王晧使。

四月丁卯，高麗戶部尚書李著、國子祭酒崔誧賀尊號。

十月，高麗檢校太尉金于蕃、太府少卿金瑄謝封册。

年	宋	夏	高麗
		尉罔榮忠、樞密直學士嚴立本等謝橫賜。	
十三年	正月乙丑朔，宋試吏部尚書馮檸、泉州觀察使龍雲等賀正旦。三月癸巳朔，宋試禮部尚書韓元吉、利州觀察使鄭興裔等賀萬春節。八月，以殿前左副都點檢兼侍衞將軍副都指揮使宗室襄、國子司業兼尚書戶部郎中張汝霖爲賀宋生日使。十一月，以大興尹璋、客	正月乙丑朔，夏武功大夫臥落紹昌、宣德郎張希道等賀正旦。三月癸巳朔，夏武功大夫芭里安仁、宣德郎焦蹈等賀萬春節。九月辛卯朔，以宿直將軍胡什賚爲夏生日使。〔一四〕	正月乙丑朔，高麗國王王晧遣司宰少卿史正儒賀正旦。三月癸巳朔，高麗太府少卿李應求賀萬春節。十一月甲午，以引進使大洞爲高麗生日使。

年	宋	夏	高麗
	省使兼東上閤門使高翊爲賀宋正旦使。		
十四年	正月己丑朔，宋翰林學士留正、利州觀察使張嶷等賀正旦。癸巳，宋使朝辭，尚書省奏，宋來書語涉平易，遣人就館諭宋使。大興尹璋至宋，宋人就館奪其國書，璋乃赴其宴、受其私物，璋坐除名。二月，以刑部尚書梁肅、趙王府長史蒲察訛里剌爲詳問宋國使。	正月己丑朔，夏武功大夫煞進德、宣德郎李師旦賀正旦。三月戊子朔，夏武功大夫芭里安仁、宣德郎焦蹈等賀萬春節。九月乙未，以宿直將軍宗室崇肅爲夏生日使。〔一五〕	正月己丑朔，高麗遣尚書吏部侍郎崔均等賀正旦。二月丙戌，〔一六〕高麗遣尚書刑部侍郎車仁揆進奉。三月戊子朔，高麗尚書戶部侍郎金鍊光等賀萬春節。四月乙亥，〔一七〕以勸農副使完顏蒲涅爲橫賜高麗使。

三月戊子朔，宋遣戶部尚書韓彥直、保信軍承宣使劉炎等賀萬春節。梁肅等至宋，宋主接書如舊儀。

五月，梁肅等還，宋主以謝書附奏。

九月，以兵部尚書完顏讓、祕書少監賈少沖爲賀宋生日使。己酉，宋試工部尚書張子顏、明州觀察使劉宓爲報聘使，仍求免起立接書，詔不許。

十一月，以御史中丞劉

十一月戊申，以儀鸞局使曹士元爲高麗生日使。

年	宋	夏	高麗
	仲誨、殿前左衞將軍兼修起居注紇石烈奧也等爲賀宋正旦使。		
十五年	正月，宋試戶部尚書蔡洸、江州觀察使趙益等賀正旦。閏九月，[一八]以歸德尹完顏王祥、客省使兼東上閤門使盧璣爲賀宋生日使。十一月，以右宣徽使宗室靖、拱衞直都指揮使高運國爲賀宋正旦使。	正月，夏武功大夫李嗣卿、宣德郎白慶嗣等賀正旦。閏九月己未，以符寶郎斜卯和尚[一九]爲夏生日使。十二月丙午，夏遣中興尹訛羅紹甫、翰林學士王師信等謝橫賜。	七月丙申，曷懶路奏，得高麗邊報，以其西京留守趙位寵作亂，欲遣告奏，而義州路梗不通，欲由定州入曷懶路，詔許之。九月，高麗西京留守趙位寵遣徐彥等進表，欲以慈悲嶺以西、鴨綠江以東內附，詔不許。閏九月辛酉，[二〇]高麗國

			王王晧以平趙位寵之亂，遣祕書少監朴紹奉表告奏。十一月戊辰，以宿直將軍阿典蒲魯虎爲高麗生日使。十二月丙午，高麗遣朝散大夫禮賓少卿趙永仁謝賜生日。
十六年	正月戊申朔，宋試戶部尚書謝廓然、泉州觀察使黃夷行等賀正旦。三月丙午朔，宋試工部尚書張宗元、利州觀察	正月戊申朔，夏武功大夫嵬宰師憲、宣德郎宋弘等賀正旦。三月丙午朔，夏武功大夫骨勒文昌、宣德郎王	正月戊申朔，高麗尚書吏部侍郎李章賀正旦。三月丙午朔，高麗遣尚書戶部侍郎蔡順禧賀萬春節。

年	宋	夏	高麗
	使謝純孝等賀萬春節。壬子，宋翰林學士知制誥朝散大夫湯邦彥、昭信軍承宣使陳雷等奉書申請。丙辰，宋申請使朝辭，上以書答之。九月，以殿前都點檢蒲察通、尚書左司郎中張亨爲賀宋生日使。十一月，以同知宣徽院事劉玠、近侍局使烏林荅愿爲賀宋正旦使。	禹珪賀萬春節。九月癸丑，〔三〕以宿直將軍完顏覲古速爲夏生日使。	十一月，以尚書兵部郎中移剌子元爲高麗生日使。十二月庚子，高麗遣禮賓少卿王珪謝賜生日。戶部尚書吳光陟、尚書工部侍郎尹崇誨等以不許趙位寵內附，陳謝。
十七年	正月壬寅朔，宋遣試吏部尚書閻蒼舒、江州觀	正月壬寅朔，夏武功大夫訛啰德昌、宣德郎楊	正月壬寅朔，高麗尚書戶部侍郎吳淑夫賀正

察使李可久等來賀正旦。

三月辛丑朔，宋遣試戶部尚書張子正、明州觀察使趙士葆等賀萬春節。

九月，以殿前右副都點檢完顏習尼烈、提點太醫院兼儀鸞使曹士元爲賀宋生日使。

十一月，以延安尹完顏蒲剌覩、左諫議大夫兼翰林直學士鄭子聃爲賀宋正旦使。

彥和等賀正旦。

三月辛丑朔，夏武功大夫芭里慶祖、宣德郎梁宇等賀萬春節。

九月丁酉朔，以尚書兵部郎中石抹忽土爲夏生日使。〔三〕

十月，夏國獻百頭帳，詔不受。

十一月，仁孝再以表上，曰：「若不包納，則下國深誠無所展効。」詔許與正旦使同來。

十二月甲午，夏遣東經略使蘇執禮橫進。

旦。

二月己亥，高麗遣朝散大夫尚書戶部侍郎丁守嗣進奉。

三月辛丑朔，高麗遣尚書工部侍郎崔光遠賀萬春節。

四月戊子，以滕王府長史徒單烏者爲橫賜高麗使。

十二月戊辰，以宿直將軍僕散懷忠爲高麗生日使。甲午，遣禮賓少卿崔美謝橫賜。

十八年	正月丙申朔，宋翰林學士錢良臣、嚴州觀察使延璽等賀正旦。三月乙未朔，宋遣試禮部尚書趙思、宜州觀察使鄭槐等賀萬春節。九月，以大理卿張九思、殿前左衞將軍宗室崇肅爲賀宋生日使。十一月，以靜難軍節度使烏延查剌、太府監王汝楫爲賀宋正旦使。	正月丙申朔，夏武功大夫恧恧存忠、宣德郎武用和等賀正旦。三月乙未朔，夏武功大夫嵬峉仁顯、宣德郎趙崇道等賀萬春節。四月己丑，以太子左贊善兼翰林修撰阿不罕德甫爲橫賜夏國使。九月辛未，以侍御史完顏蒲魯虎爲夏生日使。十二月戊午，夏遣殿前太尉浪訛元智、翰林學士劉昭謝橫賜。	正月丙申朔，高麗尚書戶部侍郎孫應時賀正旦。二月癸巳，高麗遣吏部侍郎崔孝求進奉。三月乙未朔，高麗尚書刑部侍郎李仁成等賀萬春節。十一月丙戌，以東上閤門使左光慶爲賜高麗生日使。十二月戊午，高麗禮賓少卿奇世謝賜生日。

年	宋	夏	高麗
十九年	正月庚申朔，宋遣戶部侍郎宇文价、江州觀察使趙鼐等賀正旦。三月己未朔，宋龍圖閣學士錢冲之、潭州觀察使劉咨等賀萬春節。九月，以左宣徽使蒲察鼎壽、尙書刑部郎中高德裕爲賀宋生日使。十一月，以御史中丞移剌慥、東上閤門使左光慶爲賀宋正旦使。	正月庚申朔，夏武功大夫張兼善、宣德郎張希聖等賀正旦。三月己未朔，夏遣武功大夫來子敬、宣德郎梁介等賀萬春節。九月戊午，以太子左衞率府率裴滿胡剌爲夏生日使。〔三三〕	正月庚申朔，高麗刑部侍郎金節賀正旦。二月丁巳，高麗尙書吏部侍郎柳得仁進奉。三月己未朔，高麗尙書戶部侍郎盧卓儒賀萬春節。十一月戊辰，以西上閤門使盧拱爲賜高麗生日使。十二月壬子，高麗遣朝散大夫禮賓少卿柳得義謝賜生日。
二十年	正月甲寅朔，〔三四〕宋試禮	正月甲寅朔，夏武功大夫	正月甲寅朔，高麗尙書

部尚書陳峴、宣州觀察使孔異賀正旦。

三月癸丑朔，宋試工部尚書傅淇、婺州觀察使王公弼等賀萬春節。

九月，以太府監李佾、尚書左司郎中完顏烏里也爲賀宋生日使。

十一月，以眞定尹駙馬都尉徒單守素、左諫議大夫楊伯仁爲賀宋正旦使。〔三五〕

夫安德信、宣德郎吳日休賀正旦。

三月癸丑朔，夏武功大夫罔進忠、宣德郎王禹玉賀萬春節。

九月壬戌，以少府少監宗室賽補爲夏生日使。〔三六〕

十二月癸卯，詔有司，夏使入界，如遇當月小盡，限二十五日至都，二十七朝見。丙午，夏遣奏告使御史中丞罔永德、樞密直學士劉昭等入見。

戶部侍郎尹東輔賀正旦。

二月辛亥，高麗尚書吏部侍郎金鉉公進奉。

三月癸丑朔，高麗尚書戶部侍郎孫碩賀萬春節。

四月己亥，以西上閤門使郭喜國爲橫賜高麗使。

十一月乙亥，以太常少卿任倜爲高麗生日使。〔三七〕

十二月丙午，高麗禮賓少卿沈晉升謝生日，禮

年	宋	夏	高麗
			賓少卿王度等謝橫賜。
二十一年	正月戊申朔，宋龍圖閣學士葉宏、福州觀察使張詔賀正旦。三月丁未朔，宋試戶部尚書蓋經、閬州觀察使裴良能等賀萬春節。八月，以殿前右副都點檢宗室胡什賚、〔二八〕尚書左司郎中鄧儼爲賀宋生日使。	正月戊申朔，夏遣武功大夫謀寧好德、宣德郎郝處俊賀正旦。三月丁未朔，夏武功大夫蘇志純、宣德郎康忠義等賀萬春節。四月戊辰，以滕王府長史把德固爲橫賜夏使。八月乙丑，以尚書吏部郎中奚胡失海爲夏生日使。	正月戊申朔，高麗尚書禮部侍郎賀正旦。〔二九〕二月甲辰，高麗尚書吏部侍郎李德基進奉。三月丁未朔，高麗尚書戶部侍郎申寶至賀萬春節。
二十二年	三月辛未朔，宋使賀萬春節。	三月辛未朔，夏使賀萬春節。	三月辛未朔，高麗使賀萬春節。

年	宋	夏	高麗
	九月，以殿前左衞將軍宗室禪赤、翰林直學士呂忠翰爲賀宋生日使。十一月，以昭毅大將軍吏部尚書孛朮魯阿魯罕、〔三〇〕中大夫都水監宋中爲賀宋正旦使。	九月乙酉，以尚輦局使僕散曷速罕爲夏生日使。	十一月甲申，以宿直將軍僕散忠佐爲高麗生日使。
二十三年	正月丁卯朔，宋試吏部尚書王藺、明州觀察使劉弢賀正旦。三月丙寅朔，宋試工部尚書賈選、武奉軍承宣使鄭興裔等賀萬春節。九月，以同簽大宗正事	正月丁卯朔，夏武功大夫劉進忠、宣德郎李國安等賀正旦。三月丙寅朔，夏武功大夫吳德昌、宣德郎劉思忠等賀萬春節。九月己巳，以宿直將	正月丁卯朔，高麗尚書禮部侍郎崔永濡賀正旦。二月甲子，高麗戶部侍郎文章煒進奉。三月丙寅朔，高麗戶部侍郎盧孝敦賀萬春節。

年	宋	夏	高麗
	宗室方、同知宣徽院事劉瑋爲賀宋生日使。閏十一月，〔三一〕以西京留守宗室婆盧火、尚食局使李㴻爲賀宋正旦使。	軍完顏斜里虎爲夏生日使。	四月癸丑，以大理正紇石烈述列速爲橫賜高麗使。十二月丁亥，高麗使崔孝著朝辭，以詔答王晧。是歲，晧母任氏薨。
二十四年	正月辛卯朔，宋顯謨閣學士余端禮、宜州觀察使王德顯等賀正旦。三月庚寅朔，宋試吏部尚書陳居仁、隨州觀察使賀錫來賀萬春節。八月，以太府監張大節、尚書左司郎中完顏婆盧	正月辛卯朔，夏武功大夫劉執中、宣德郎李昌輔賀正旦。二月丙戌，〔三二〕以器物局使宗室亩爲橫賜夏國使。三月庚寅朔，夏武功大夫晁直信、宣德郎王庭	二月甲戌，高麗王王晧以母憂未卒哭，請免今年萬春節及進貢。詔以王晧未經起復，不當陳賀，其進貢方物宜令隨明年賀正旦使同來。丙戌，以高麗王晧母喪，遣東上閤門使完顏進

	火爲賀宋生日使。十一月甲午，詔上京地遠天寒，行人跋涉艱苦，來歲宋國正旦、生日並不須遣使。	彥等賀萬春節。五月丙申，尚書省奏，夏國王以車駕幸上京，願遣使入賀。上曰：「往復萬里，暑雨泥濘，不須遣使。」令諭止之。八月癸亥，以侍御史遙里特末哥爲夏生日使。十月丙辰朔，詔上京地遠天寒，行人跋涉艱苦，來歲賀正旦、生日、謝橫賜使，權止一年。	兒、翰林修撰郝俁爲勅祭使，西上閤門使大仲尹爲慰問使，虞王府長史永明爲起復使。十月丙辰朔，詔上京地遠天寒，行人跋涉艱苦，來歲高麗賀正旦、生辰、進奉使，權止一年。其謝勅祭、慰問、起復三番人使，令以後隨朝賀人使同來。
二十五年	十一月，以臨潢尹僕散守中、御史中丞馬惠迪	十一月丙申，夏國以車駕還京，賀尊安使御史	十一月壬寅，以尚書禮部員外郎移剌履爲高麗

年	宋	夏	高麗
	爲賀宋正旦使。十二月，宋遣試禮部尚書王信、明州觀察使吳褒賀正旦。〔三三〕	大夫李崇懿、中興尹米崇吉、押進匭匣使李嗣卿等朝見。	生日使。十二月戊寅，高麗戶部尚書梁翼京、府少監卿崔素謝勅祭，司宰少卿康勇儒謝慰問，禮賓少卿崔仁謝起復。
二十六年	正月庚辰朔，宋使賀正旦。三月己卯朔，宋試戶部尚書章森、容州觀察使吳曦等賀萬春節。八月，以益都尹宗浩、〔三四〕左諫議大夫黃久約爲賀宋生日使。	正月庚辰朔，夏武功大夫麻骨進德、宣德郎劉光國等賀正旦。三月己卯朔，夏武功大夫麻骨德懋、宣德郎王慶崇等賀萬春節。八月己丑，以宿直將軍李達可爲夏生日使。	正月庚辰朔，尚書工部侍郎崔仁請賀正旦，以宣孝太子未大燒飯，詔權停三日曲宴禮，三國人使各賜在館宴。二月丁丑，高麗戶部侍郎門義赫進奉。三月己卯朔，高麗禮部

	十一月，以刑部尚書移剌子元、尚書左司郎中馬琪爲賀宋正旦使。		侍郎柳公權賀萬春節。 四月壬戌，以客省使李磐爲橫賜高麗使。 十二月庚子，高麗禮部侍郎任濡謝橫賜，禮賓少卿盧元謝生日。
二十七年	正月癸卯朔，宋遣試刑部尚書李巘、漳州觀察使趙多才賀正旦。 三月癸卯朔，宋遣試兵部尚書張淑春、鄂州觀察使謝卓然等賀萬春節。 九月，以河中尹田彥臯、	正月癸卯朔，夏武功大夫嵬德昭、宣德郎索遵德賀正旦。 三月癸卯朔，夏武功大夫遇忠輔、宣德郎呂昌齡等賀萬春節。 九月己酉，以武器署令斜卯阿土爲夏生日使。	正月癸卯朔，高麗司宰少卿崔匡輔賀正旦。 二月辛丑，高麗禮賓少卿車若松進奉。 三月癸卯朔，高麗戶部侍郎李公鈞賀萬春節。 十二月庚午，以翰林待制趙可爲高麗生日使。

年	宋	夏	高麗
	近侍局使宗室鶻殺虎爲賀宋生日使。十月乙亥，宋前主殂。十一月，以殿前左副都點檢崇安、翰林侍講學士兼御史中丞李晏爲賀宋正旦使。十二月壬午，宋敷文閣學士韋璞、鄂州觀察使姜特立來告哀。〔三五〕	十二月，夏殿前太尉訛羅紹先、樞密直學士嚴立本謝橫賜。	甲午，高麗禮賓少卿崔存謝賜生日。
二十八年	正月丁酉朔，宋試工部尚書萬鍾、宣州觀察使趙不違賀正旦。是月，以左宣徽使駙馬都尉蒲	正月丁酉朔，夏武功大夫麻奴紹文、宣德郎安惟敬賀正旦。三月丁酉朔，夏武功大	正月丁酉朔，高麗司宰少卿崔迪元賀正旦。二月乙未，高麗禮賓少卿吉仁進奉。

察克忠、戶部尚書劉瑋爲宋弔祭使。

二月，宋試戶部尚書顏師魯、福州觀察使高震來進其前主遺留禮物。

三月丁酉朔，宋試戶部尚書胡晉臣、鄂州觀察使鄭康孫賀萬春節。

五月甲辰，宋試禮部尚書京鏜、容州觀察使劉端仁來報謝。

九月丙申，以安武軍節度使王克溫、〔三六〕近侍局使鶻殺虎爲賀宋生日使。

夫渾進忠、宣德郎鄧昌祖等來賀萬春節。

九月甲午朔，以鷹坊使崇夔爲夏國生日使。

三月丁酉朔，高麗戶部侍郎李禧賀萬春節。

十二月丙寅，以大理正移剌彥拱爲高麗生日使。庚寅，高麗戶部侍郎周匡美謝賜生日。

	十一月，以河中尹田彥皐、吏部侍郎移剌仲方爲賀宋正旦使。		
二十九年	正月壬辰朔，宋顯謨閣學士鄭僑、廣州觀察使張時修等賀正旦。上大漸，宋正旦使遣還。甲辰，遣大理卿王元德等報哀于宋。二月，宋主內禪，子惇嗣立。四月辛未，宋葛廷瑞、〔三七〕趙不慢來弔祭。五月壬寅，宋遣羅點、譙	正月壬辰朔，夏武功大夫紐尙德昌、宣德郎字得賢賀正旦。上大漸，夏使遣還。三月，夏殿前太尉李元貞、翰林學士餘良來陳慰。四月，進奉使御史中丞鄒顯忠、樞密直學士李國安入奠。五月，夏知興中府事廼	正月壬辰朔，高麗禮賓少卿李尙儒賀正旦。上大漸，高麗使遣還。六月乙卯，高麗檢校尙書右僕射戶部尙書李英搢、檢校工部尙書戶部侍郎黃清來奏會葬、幷祭奠。七月辛未，高麗檢校太尉鄭存實、殿中監任冲來賀登位。

	熙載來報嗣位。戊午，遣東北路招討使溫迪罕速可等使宋賀卽位。 閏月庚辰，宋遣沈揆、韓侂胄來賀登位。 六月乙卯，勅有司移報宋天壽節。 七月辛巳，遣刑部尚書完顏守貞等爲賀宋生辰使。 八月丙辰，宋遣禮部尚書謝深甫、觀察使趙昂賀天壽節。 十一月辛酉，遣右宣徽使裴滿餘慶等爲賀宋正	令思敬、祕書少監梁介賀登位，知中興府事田周臣押進使。 八月丙辰，夏嵬名彥、劉文慶賀天壽節。	八月，高麗遣戶部尚書崔膺庸賀天壽節。 十二月，高麗禮部侍郎閔湜謝生日，戶部侍郎孫衍謝橫賜。

旦使。

校勘記

〔一〕五月以宿直將軍阿勒根和衍爲橫賜夏國使　按本書卷六世宗紀記此事在大定三年六月。

〔二〕以宿直將軍僕散習尼列爲夏生日使　原脫「列」字。按本書卷六世宗紀，大定三年九月「癸巳，宿直將軍僕散習尼列爲夏國生日使」。今據補。

〔三〕九月以太子少詹事烏古論三合爲高麗生日使　原脫「少」字。按本書卷六世宗紀，大定四年九月「辛亥，以太子少詹事烏古論三合爲高麗生日使」。今據補。

〔四〕三月甲辰朔宋吏部尚書王曮　原脫「宋」字，據本表文例補。

〔五〕宋試戶部尚書唐琢　按宋史卷三四孝宗紀，乾道三年十月「丁酉，遣唐瑑等使金賀正旦」，「琢」作「瑑」。

〔六〕以宿直將軍僕散守忠爲夏生日使　原脫「守」字。按本書卷六世宗紀，大定九年「九月甲寅朔，以……宿直將軍僕散守中爲夏國生日使」。「守中」卽「守忠」，同音異譯。今據補。

〔七〕十一月以太子詹事蒲察蒲速越　「蒲察蒲速越」原作「蒲察速越」。按本書卷六世宗紀，大定十年十一月「丁亥，以太子詹事蒲察蒲速越等爲賀宋正旦使」。此人又見于卷七八劉仲誨傳，今據補一「蒲」字。

〔八〕九月庚寅　原脫「九月」二字。按本書卷六世宗紀，大定十年九月「庚寅，以戶部郎中夾谷阿里補爲夏國生日使」。今據補。

〔九〕八月丁卯以近侍局使劉玹爲夏生日使　原脫「八月」二字。按本書卷六世宗紀，大定十一年八月「己巳，以……近侍局使劉玹爲夏國生日使」。今據補。

〔一〇〕十二月丁卯　原脫「十二月」三字。按本書卷一三五高麗傳，大定十一年「十二月，晧遣其禮部侍郎張翼明等請封」。今據補。

〔一一〕張翼明以王晧表求封　「張翼明」原作「張明翼」。按本書卷一三五高麗傳作「張翼明」，又高麗史卷一九明宗世家，元年之末，「是歲，遣告奏使禮部侍郎張翼明、都部署黃公遇如金」。二年「二月己酉，張翼明、黃公遇還自金」。今據乙正。

〔一二〕夏武功大夫嵬惡執忠　原脫「夏」字，據文例補。

〔一三〕衞尉少卿蔡祥正賀加上尊號　按高麗史卷一九明宗世家，二年三月「辛巳，遣尙書右丞李文著、侍郎崔誧如金賀上尊號」。十二月「乙巳，遣衞尉卿蔡祥正如金進方物」。則蔡祥正是進奉使當在本年之末。

〔一四〕九月辛卯朔以宿直將軍胡什賚爲夏生日使　原作「九月乙未，以宿直將軍宗室崇肅爲夏生日使」，與下年同。按本書卷七世宗紀，大定十三年「九月辛卯朔，以宿直將軍胡什賚爲夏國生日使」。知此處誤。今據改。又上文三月，夏芭里安仁等賀萬春節亦與下年重複，今無可考。

〔一五〕九月乙未以宿直將軍宗室崇肅爲夏生日使　原脫「以」字。按本書卷七世宗紀，大定十四年九月「乙未，以……宿直將軍崇肅爲夏國生日使」。又本表文例亦皆有「以」字。今據補。

〔一六〕二月丙戌　原脫「二月」二字。按正月己丑朔，三月戊子朔，則丙戌當在二月，今補。

〔一七〕四月乙亥　原脫「四月」二字。按三月戊子朔，無乙亥。本書卷七世宗紀，大定十四年四月「乙亥，以勸農副使完顏蒲涅爲橫賜高麗使」。今據補。

〔一八〕閏九月　原脫「閏」字。按本書卷七世宗紀，大定十五年「閏月己未，以歸德尹完顏王祥等爲賀宋生日使，符寶郎斜卯和尚爲夏國生日使」。今據補。下夏、高麗欄同。

〔一九〕斜卯和尚　「卯」原作「也」。今據本書卷七世宗紀改正。詳前條。

〔二〇〕閏九月辛酉　原脫「閏九月」三字。按本書卷七世宗紀，大定十五年「閏月辛酉，高麗國王奏告趙位寵伏誅」。今據補一「閏」字。

〔二一〕九月癸丑　「丑」原作「酉」。按是年九月癸卯朔，無癸酉。本書卷七世宗紀，大定十六年九月「癸丑，以宿直將軍完顏覩古速爲夏國生日使」。今據改。

〔二二〕九月丁酉朔以尚書兵部郎中石抹忽土爲夏生日使　按本書卷七世宗紀，此事在九月癸卯。

〔二三〕以太子左衞率府率裴滿胡剌爲夏生日使　「左衞率府」下原脫一「率」字。按本書卷七世宗紀，大定十九年「九月戊午，以太子左衞率府率裴滿胡剌爲夏國生日使」。今據補。

〔二四〕正月甲寅朔　「甲寅朔」原作「庚申朔」，與上年雷同，顯係誤書。按本書卷七世宗紀，大定「二十年正月甲寅朔，宋、高麗、夏遣使來賀」。今據改。下夏、高麗欄同。

〔二五〕左諫議大夫楊伯仁爲賀宋正旦使　原脫「伯」字。據本書卷一二五楊伯仁傳補。

〔二六〕九月壬戌以少府少監宗室賽補爲夏生日使　「少府少監」原作「少府監」，且無「以」字。按本書卷七世宗紀，大定二十年「九月壬戌，以少府少監賽補爲夏國生日使」。今據補「以」「少」二字。

〔二七〕以太常少卿任倜爲高麗生日使　原脫「少」字。按本書卷七世宗紀，大定二十年十一月乙亥，「以太常少卿任倜爲高麗生日使」。今據補。

〔二八〕八月以殿前右副都點檢宗室胡什賚　原脫「都」字。按本書卷八世宗紀，大定二十一年「八月乙丑，以右副都點檢胡什賚等爲賀宋生日使」。今據補。

〔二九〕高麗尙書禮部侍郎賀正旦　官名下脫人名。按高麗史卷二〇明宗世家，作十年十一月「癸亥，遣兵部郎中陳士龍如金賀正」。

〔三〇〕以昭毅大將軍吏部尙書孛朮魯阿魯罕　「魯」下原脫「阿魯」二字。按本書卷八世宗紀，大定二十二年「十一月丙子，以吏部尙書孛朮魯阿魯罕等爲賀宋正旦使」。有「阿魯」二字。卷九一孛朮魯阿魯罕傳同。今據補。

〔三一〕閏十一月　原脫「閏」字。按本書卷八世宗紀，大定二十三年「閏月，以西京留守婆盧火等爲賀宋正旦使」。今據補。

〔三二〕二月丙戌　「丙」原作「甲」。按本書卷八世宗紀，大定二十四年二月「丙戌，以器物局使亩爲橫賜夏國使」。今據改。

〔三三〕宋遣試禮部尚書王信明州觀察使吳瓌賀正旦　「賀正旦」原作「賀萬春節」。按宋史卷三五孝宗紀，淳熙十二年九月「庚寅，遣王信等使金賀正旦」。今據改。

〔三四〕以益都尹宗浩　「宗浩」原作「崇浩」。今改。參考本書卷八世宗紀校記〔七〕。又下卷泰和七年兩條同改，不復出校。

〔三五〕鄂州觀察使姜特立來告哀　原脫「姜」字。按周必大思陵錄卷上，淳熙十四年宋高宗死後，赴金告哀，十月乙未，「告哀使韋璞、姜特立朝辭」。今據補。

〔三六〕以安武軍節度使王克溫　「安武」原作「武安」。按金無「武安軍」。本書卷八世宗紀，大定二十八年九月，「以安武軍節度使王克溫等爲賀宋生日使」。今據改。

〔三七〕宋葛廷瑞　按宋史卷三六光宗紀，淳熙十六年二月乙亥，「遣諸葛廷瑞等使金弔祭」。此處脫「諸」字。

金史卷六十二

表第四

交聘表下

	宋	夏	高麗
章宗明昌元年	正月丙辰朔，宋試戶部尚書郭德麟、宜州觀察使蔡錫賀正旦。七月己巳，遣禮部尚書王僑等爲賀宋生辰使。八月己酉，宋顯謨閣學	正月丙辰朔，夏武節大夫唐彥超、宣德郎揚彥直賀正旦。八月己酉，夏武節大夫拽稅守節、宣德郎張仲文賀天壽節，知中興府	八月己酉，高麗戶部侍郎陳克修，及進奉使戶部鄭世鬈〔二〕賀天壽節。十二月丁未，高麗戶部侍郎盧湜謝生日。

年	宋	夏	高麗
	士丘密、福州觀察使蔡必勝賀天壽節。十一月乙卯，遣簽書樞密院事把德固等爲賀宋正旦使。	罔進忠謝橫賜。	
二年	正月庚戌朔，宋試吏部尚書蘇山、潭州觀察使劉詢賀正旦。丙寅，遣左副都點檢完顏㐭等使宋告哀。三月丁丑，宋遣試禮部尚書宋之端、〔三〕嚴州觀察使宋嗣祖爲皇太后弔祭使，太常少卿王叔簡	正月庚戌朔，夏武節大夫王全忠、宣德郎張思義賀正旦。許使貿易三日。三月丁巳，夏左金吾衞正將軍李元膺、御史中丞高俊英爲陳慰使。丁卯，夏進奉使知中興府李嗣卿、樞密直學士	正月庚戌朔，高麗禮賓少卿鄭克濡賀正旦。三月乙亥，高麗檢校尚書右僕射工部尚書韓正修、〔三〕吏部侍郎崔敦禮奉慰，檢校尚書文得品、禮部侍郎李世長祭奠。八月乙巳，高麗戶部侍郎柳光壽來賀天壽節，

年	宋	夏	高麗
	讀祭文。七月己巳，遣同簽大睦親府事完顏兗等爲賀宋生辰使。八月乙巳，宋試戶部尚書趙廱、婺州觀察使田皐賀天壽節。十一月丁巳，遣豳王傅完顏宗璧等爲賀宋正旦使。	永昌奉奠皇太后。八月乙巳，〔四〕夏武節大夫執嵬英、宣德郎焦元昌賀天壽節。	戶部侍郎宋弘迪進奉。十二月癸卯，高麗戶部侍郎李至純謝賜生日。
三年	正月乙巳朔，宋煥章閣學士黃申、明州觀察使張宗益賀正旦。七月辛卯，遣殿前都點	正月乙巳朔，夏武節大夫趙好、宣德郎史從禮賀正旦。〔五〕八月丁卯，夏武節大夫	正月乙巳朔，高麗禮賓少卿洪孝忠賀正旦。八月丁卯，〔六〕高麗衞尉少卿朴初賀天壽節，祕

	檢僕散端等爲賀宋生辰使。八月，宋工部尚書錢之望、廣州觀察使楊大節賀天壽節。十一月戊寅，遣右副都點檢溫敦忠等爲賀宋正旦使。	罔敦信、宣德郎韓伯容賀天壽節。	書少監師威謝橫賜，禮賓少卿石城柱進奉。十二月丁卯，高麗遣戶部侍郎丁光敍謝賜生日。
四年	正月己巳朔，宋顯謨閣學士鄭汝諧、均州觀察使譙令雍賀正旦。七月己丑，遣御史中丞董師中等爲賀宋生辰使。	正月己巳朔，夏武節大夫吳哆遂良、宣德郎高崇德賀正旦。八月辛酉，夏武節大夫龐靜師德、宣德郎張崇師賀天壽節，御史中丞	正月己巳朔，高麗司宰少卿揚淑節賀正旦。八月辛酉，高麗禮賓少卿蘇良美賀天壽節，吏部侍郎門侯軾進奉。十二月庚申，高麗戶部

年	宋	夏	高麗
	八月辛酉，宋吏部尚書許及之、明州觀察使蔣介賀天壽節。十一月戊寅，〔七〕遣翰林直學士完顏匡更名弼，爲賀宋正旦使。	廼令思聰謝橫賜。九月，仁孝薨，子純佑立。十一月壬申，夏御史大夫李元吉、翰林學士李國安來訃告。〔八〕十二月甲午朔，夏殿前太尉咩銘友直、副使樞密直學士李昌輔奉遺進禮物。	侍郎陳光卿等謝賜生日。
五年	正月癸亥朔，宋翰林學士倪思、知閤門使王知新賀正旦。六月戊戌，宋前主昚殂。	正月癸亥朔，夏武節大夫恧恧世忠、宣德郎劉思問等賀正旦。辛巳，命中憲大夫國子祭酒劉	正月癸亥朔，高麗衛尉少卿李居正賀正旦。八月己丑朔，高麗禮賓少卿權信賀天壽節，太

	宋	夏	高麗
	七月甲子，宋主禪位于子擴。八月乙卯，宋試工部尚書梁總、明州觀察使戴勳賀天壽節。九月壬申，宋顯謨閣學士薛叔似、廣州觀察使謝淵來告哀。戊寅，以知大興府事尼厖古鑑爲宋弔祭使。十月庚寅，宋戶部尚書林湜、泉州觀察使游恭獻遺留物。閏十月戊午朔，宋翰林學士鄭湜、廣州觀察使	璣、尚書右司郎中烏古論慶裔等充夏國王李純佑封册起復使。四月壬寅，夏御史中丞浪訛文廣、副使樞密直學士劉俊才、押進知中興府野遇克忠來報謝。八月乙卯，夏武節大夫野遇思文、宣德郎張公輔賀天壽節。	府少監柳澤進奉。十二月丁巳朔，高麗戶部侍郎劉邦氐謝賜生日。

年	宋	夏	高麗
	范仲任報卽位。甲戌，以河東南北路提刑使王啓、廣威將軍殿前左副都點檢石抹仲溫爲賀宋卽位國信使。十一月庚子，以廣威將軍右宣徽使移剌斂、山東東路轉運使高世忠爲賀宋正旦使。		
六年	正月丁亥朔，宋試禮部尚書曾三復賀正旦。二月癸未，宋煥章閣學士林季友、明州觀察使郭正己報謝。	正月丁亥朔，夏武節大夫王彥才、宣德郎高大節賀正旦。三月丙申，夏御史大夫李彥崇、知中興府事郝	正月丁亥朔，高麗戶部侍郎白存儒賀正旦。八月己卯，高麗禮部侍郎徐諧賀天壽節，衞尉少卿周元迪謝橫賜。

年	宋	夏	高麗
	八月辛未，遣吏部尚書吳鼎樞等爲賀宋生辰使。己卯，宋試吏部尚書汪義端、〔九〕福州觀察使韓侂胄賀天壽節。十一月丙申，遣刑部尚書紇石烈貞等爲賀宋正旦使。	庭俊謝賜生日。八月己卯，夏武節大夫宋克忠、宣德郎吳子正賀天壽節。	十二月丁丑，高麗尚書戶部侍郎孫弘謝賜生日。
承安元年	正月辛巳朔，宋遣翰林學士黃艾、均州觀察使柳正一賀正旦。八月甲戌，宋試工部尚書吳宗旦、湖州觀察使張卓賀天壽節。	正月辛巳朔，夏武節大夫員元亨、宣德郎元叔等賀正旦。八月甲戌，夏武節大夫同崇義、宣德郎呂昌邦賀天壽節。	正月辛巳朔，高麗禮賓少卿宋踺賀正旦。八月甲戌，高麗尚書禮部侍郎趙冲賀天壽節，太府監卿劉應擧進奉。十二月丙午朔，高麗戶

	九月癸未，遣吏部尚書張嗣等爲賀宋生辰使。十一月甲午，遣陝西路統軍使完顏崇道等爲賀宋正旦使。		部侍郎金光當謝賜生日。
二年	正月乙亥朔，宋煥章閣學士張貴謨、嚴州觀察使郭俔賀正旦。辛丑，宋試禮部尚書趙介、利州觀察使朱龜年以母喪告哀。〔一〇〕八月戊戌，宋試工部尚書衞涇、泉州觀察使陳奕賀天壽節。	正月乙亥朔，夏武節大夫嵬茖世安、宣德郎李師廣賀正旦。八月戊戌，夏武節大夫囉略守忠、宣德郎王彥國賀天壽節。知中興府事李德冲、樞密直學士劉思問等奏告榷場。十二月丁酉，夏殿前太	正月乙亥朔，高麗禮賓少卿牙應卿賀正旦。八月戊戌，高麗禮部侍郎趙謙賀天壽節，戶部侍郎梁元進奉。

	九月丁未，遣知歸德府事完顏愈等爲賀宋生辰使。	尉李嗣卿、知中興府事高德崇謝復榷場。	
三年	正月己亥朔，宋煥章閣學士曾炎、鄂州觀察使鄭挺賀正旦。乙丑，宋試禮部尚書趙介、利州觀察使朱龜年以宋祖母喪告哀。 八月癸未，宋試刑部尚書湯碩、福州觀察使李汝翼等報謝。 九月丙申，宋顯謨閣學士楊王休、〔二〕利州觀察	正月己亥朔，夏武功大夫隗敏修、宣德郎鍾伯達賀正旦。 八月甲午，夏武節大夫折哆俊乂、宣德郎羅世昌賀天壽節。	三月丙寅，王晧以國讓其弟晫，禮賓少卿趙通來奏告，求封册晫。遣使宣問。 是歲，晧薨，〔三〕晫嗣立，遣禮賓少卿白汝舟來奏告。

	宋	夏	高麗
	使李安禮賀天壽節。遣中都路都轉運使孫鐸等爲賀宋生辰使。十一月丁未，遣太常卿楊庭筠等爲賀宋正旦使。		
四年	正月癸巳朔，宋工部尙書馬覺、廣州觀察使鄭藎賀正旦。八月己丑，宋試工部尙書李大性、泉州觀察使金湯楫賀天壽節。九月己未，遣知東平府事僕散琦等爲賀宋生辰	正月癸巳朔，夏武節大夫李慶源、宣德郎鄧昌祖賀正旦。八月己丑，夏武節大夫紐尙德昌、宣德郎李公達賀天壽節。殿前太尉廼令思聰、樞密直學士楊德先謝橫賜。	正月丁酉，高麗告哀。〔一三〕三月，遣使册高麗王王晫。八月己丑，高麗王晫遣戶部侍郎劉元順賀天壽節，戶部侍郎鄭邦輔進奉。

	使。十一月甲寅，遣知濟南府事范楫等爲賀宋正旦使。		十二月乙酉，高麗知樞密院金陟侯、太府卿王儀謝封册。
五年	正月戊子朔，宋煥章閣學士朱致知、福州觀察使李師摯賀正旦。八月壬子，宋戶部尚書趙善義、鄂州觀察使厲仲詳賀天壽節。是月，宋前主惇殂。十月庚子，宋試刑部尚書吳旴、利州觀察使林可大來告母喪。	正月戊子朔，夏武節大夫連都敦信、宣德郎丁師周賀正旦，附奏爲母疾求醫。詔遣太醫時德元、王利貞往診治，仍以御劑藥賜焉。八月壬子，夏武節大夫連都敦信、宣德郎丁師周賀天壽節，南院宣徽使劉忠亮、知中興府高	正月戊子朔，高麗禮賓少卿白元軾來賀正旦。八月壬子，高麗戶部侍郎池資深賀天壽節，戶部侍郎申周錫等進奉。

	宋	夏	高麗
	十一月己巳，宋煥章閣學士李寅仲、福州觀察使張良顯來告前主喪。乙卯，遣工部尚書烏古論誼等爲宋弔祭使。〔一四〕辛未，遣殿前右副點檢紇石烈忠定等爲賀宋正旦使。〔一五〕十二月癸未，遣河南路統軍使完顏充等爲宋弔祭使。〔一六〕	永昌來謝恩。	
泰和元年	正月壬子朔，宋寶謨閣學士林桷、〔一七〕利州觀察使王康成賀正旦。壬	正月壬子朔，夏武節大夫臥德忠、宣德郎劉筠國賀正旦。	正月壬子朔，高麗禮賓少卿李惟卿賀正旦。八月，高麗戶部侍郎鄭

戊，宋試工部尚書丁常任、嚴州觀察使郭倓進遺留物。三月乙亥，宋試刑部尚書虞儔、泉州觀察使張仲舒等來報謝。八月丙申，宋試戶部尚書俞烈、福州觀察使李言等報謝。丙申，〔一八〕宋遣試吏部尚書陳宗召、廣州觀察使竇夔賀天壽節。九月戊申，遣右宣徽使徒單懷忠等爲賀宋生辰使。

三月乙丑，夏左金吾衞上將軍野遇思文、知中興府田文徽等來謝恩。八月戊寅朔，夏武節大夫柔思義、宣德郎焦思元等賀天壽節。

公順賀天壽節，禮賓少卿趙淑進奉，衞尉卿秦彥匡謝賜生日。十二月乙巳，高麗禮賓少卿崔南敷進奉。

	十一月庚申，遣殿前右衛將軍紇石烈七斤等爲賀宋正旦使。		
二年	正月丁未朔，宋煥章閣學士李景和、福州觀察使陳有功賀正旦。八月庚子，宋試工部尚書趙不艱、鄂州觀察使黃卓然賀天壽節。九月丙辰，〔一九〕以完顏璫、張行簡爲賀宋生日使。十二月癸酉，遣武安軍節度使徒單公弼等爲賀	正月丁未朔，夏武節大夫白克忠、宣德郎蘇夤孫賀正旦。八月庚子，夏武節大夫天籍辣忠毅、宣德郎王安道賀天壽節，殿前太尉李建德、知中興府事楊紹直等謝橫賜。	正月丁未朔，高麗司宰少卿門孝軾賀正旦。八月庚子，高麗戶部侍郎史洪祐賀天壽節，禮賓少卿韓氏謝賜生日。閏十二月己巳，高麗禮賓少卿宋弘烈進奉。

	宋正旦使。〔二〇〕		
三年	正月辛未朔，宋試吏部尚書魯䜣、利州觀察使王處久賀正旦。八月甲子，〔二一〕宋試禮部尚書劉甲、泉州觀察使郭倬賀天壽節。九月壬申，遣刑部尚書承暉等爲賀宋生辰使。十一月辛未，遣簽樞密院事獨吉思忠等爲賀宋正旦使。	正月辛未朔，夏武節大夫崔元佐、宣德郎劉彥輔賀正旦。八月甲子，夏武節大夫嵬德元、宣德郎高大亨賀天壽節。	正月辛未朔。高麗戶部侍郎郭公儀賀天壽節，〔二二〕禮賓少卿師公直謝賜生日。十二月癸亥，高麗禮賓少卿林德元進奉。是歲，王晫薨，子韺嗣位。
四年	正月乙丑朔，宋試吏部尚書張孝曾、容州觀察	正月乙丑朔，夏武節大夫梅訛宇文、宣德郎韓	正月乙丑朔，高麗司宰少卿李延壽賀正旦。

使林伯成賀正旦。丁丑，張孝曾迴至慶都縣卒，賻贈絹、布各二百二十疋，差防禦使女奚烈元充勅祭使，館伴使張雲護送以還。〔二三〕

八月癸丑，宋試禮部尚書張嗣古、廣州觀察使陳渙賀天壽節。乙卯，遣知眞定府事完顏昌等爲賀宋生辰使。

十一月丁卯，遣殿前右副都點檢烏林荅毅等爲賀宋正旦使。癸未，寶雞、郿縣諸社屢被宋抄

師正賀正旦。

八月癸丑，〔二四〕夏武節大夫李德廣、宣德郎韓承慶賀天壽節。

三月庚寅，禮部侍郎王永齡來告哀。

八月癸丑，高麗國王韺遣戶部侍郎曹光壽賀天壽節，戶部侍郎李儆謝賜生日。

十二月丁巳，高麗禮賓少卿姜植材進奉，司宰少卿車富民謝橫賜，戶部尚書金慶夫、禮部侍郎崔克遇謝勅祭，衞尉少卿門存謝慰問，禮賓少卿黃孝卿謝起復。

	五年
掠。	正月己未朔，宋試吏部尚書鄧友龍、利州觀察使皇甫斌賀正旦。庚申，宋兵入遂平縣，縱掠，出獄囚，火官舍，害令尉而去。二月己酉，宋兵掠泌陽，剽巡檢家貲，害其家人。三月戊午朔，宋兵焚平氏鎮，剽民財。庚午，宋兵掠鄧州白亭巡檢家貲，持其印去。辛巳，宋兵犯鞏州來遠鎮。丁
	正月己未朔，夏武功大夫遇惟德、宣德郎高大倫賀正旦。閏八月辛巳，夏武節大夫趙公良、宣德郎米元懿賀天壽節，殿前太尉廼來思聰、知中興府通判劉俊德來謝橫賜。
	正月己未朔，高麗司宰少卿林仁碩賀正旦。閏八月辛巳，高麗司宰少卿崔義賀天壽節。十二月辛巳，高麗衞尉卿吳應天進奉。

亥，唐州獲宋諜，言韓侂胄屯兵鄂州，將謀北侵。〔二五〕

四月，命樞密院移文宋人，依誓約，撤新兵，毋縱入境。

五月甲子，平章政事僕散揆宣撫河南，籍諸道兵備宋。宣撫司移文宋三省樞密，問用兵之故，宋以鐫諭邊臣爲辭。乃罷宣撫司，僕散揆還京師。甲申，宋楚州安撫使戚拱遣其將高顯以兵五百人破漣水縣。

	六年
閏八月辛巳，宋試吏部尚書李璧、廣州觀察使林仲虎賀天壽節。九月甲申，遣河南路統軍使紇石烈子仁等爲賀宋生辰使。十一月乙酉，宋兵入內鄉。己丑，遣太常卿趙之傑等爲賀宋正旦使。十二月，宋吳曦擁衆興元，欲窺關、隴。皇甫斌擾淮北。	正月癸未朔，宋試刑部尚書陳景俊、知閤門事
	正月癸未朔，夏武節大夫紐尚德、宣德郞鄭勗
	正月癸未朔，高麗禮賓少卿崔甫淳賀正旦。

吳琯賀正旦。四月丙寅，詔平章政事僕散揆行省于汴，督諸道兵伐宋。十月庚戌，僕散揆出潁、壽。十一月丁亥，克安豐軍，壬辰，次廬江。宋主密諭丘崈，使歸罪韓侂胄，將乞盟。崈旣送韓元靚歸，遣忠訓郎林拱持書乞和於僕散揆。癸卯，丘崈復遣武翼郎宋顯等以書幣乞和於揆。十二月癸丑，宋吳曦納

賀正旦。乙丑，夏李安全廢其主純佑自立，〔二六〕令純佑母羅氏爲表，遣御史大夫罔佐執中等來奏求封册。七月戊戌，〔二七〕詔宣問羅氏所以廢立之故，安全復以羅氏表來。九月辛丑，〔二八〕以朝議大夫尚書左司郎中溫迪罕思敬、朝請大夫太常少卿黃震爲夏國王李安全封册使。十二月乙丑，夏御史大夫謀寧光祖、翰林學士

八月丙子，高麗遣衞尉少卿李迪儒賀天壽節，衞尉卿金升謝賜生日，禮賓卿李佾謝起復，知樞密事韓奇、太府卿李承白等來謝封册。十二月乙亥，高麗衞尉少卿慶裕升進奉。

年	宋	夏	高麗
	款于都大提舉完顏綱，賜詔褒諭。宋簽書樞密院事丘崈復遣陳壁奉書詣揆乞和，揆以其辭尚倨，不見。乙丑，僕散揆班師，封吳曦爲蜀國王。吳曦遣郭澄、任辛奉表及蜀地圖志、吳氏譜牒來上。	張公甫謝封册，押進使知中興府梁德樞等入見。	
七年	正月庚寅，僕散揆還至下蔡，有疾。丙申，以左丞相宗浩代揆行省于汴。二月，宋安丙殺吳曦。宋	正月丁丑朔，〔二九〕夏武節大夫隈敏修、宣德郎鄧昌福賀正旦。八月甲辰朔，夏武節大夫囉哆思忠、宣德郎安	正月丁丑朔，高麗戶部侍郎師應瞻賀正旦。四月壬子，以昭勇大將軍宮籍副監楊序爲橫賜高麗使。

	方信孺詣行省，以書乞和。五月丙申，宋張巖復遣方信孺詣都元帥府，請增歲幣。九月，宗浩薨，以平章政事完顏匡行省于汴。十一月丙子，宋韓侂胄遣王柟以書詣元帥府。壬辰，宋錢象祖、李壁移書行省議和。	禮賀天壽節。	八月壬申，高麗遣衞尉少卿徐珖賀天壽節，衞尉少卿金義元謝賜生日。十二月壬寅朔，高麗遣戶部侍郎鄭光習進奉。
八年	二月乙巳，宋錢象祖復遣王柟以書上行省。閏四月乙未，〔三〇〕宋函韓	正月辛未朔，夏武節大夫渾光中、宣德郎梁德懿賀正旦。	正月辛未朔，高麗戶部侍郎林桂材賀正旦。十月己卯，〔三一〕高麗禮部

侂胄、蘇師旦首，贖淮南故地，元帥府露布以聞。宋請改叔姪爲伯姪，增歲幣至三十萬。 六月癸酉，宋試禮部尚書許奕、福州觀察使吳衡奉誓書通謝。 七月戊申，答宋誓書，以左副點檢完顏侃爲宋諭成使。 八月己丑，遣戶部尚書高汝礪等爲賀宋生辰使。 十月己卯，〔三〕宋戶部尚書鄒應龍、泉州觀察使	三月甲申，夏樞密使李元吉、觀文殿大學士羅世昌等奏告。 五月辛亥，夏殿前太尉習勒遵義、樞密都承旨蘇寅孫謝賜生日。 十月己卯，夏武節大夫李世昌、宣德郎米元傑賀天壽節，御史大夫權鼎雄、樞密直學士李文政謝橫賜，參知政事浪訛德光、光祿大夫田文徽等來奏告。	侍郎林永祖賀天壽節，禮賓卿池利中謝賜生日。

	李諫賀天壽節。		
衞紹王大安元年	八月，宋使賀萬秋節。		五月，高麗來賀卽位。
二年	八月，宋使賀萬秋節。		
三年	正月乙酉朔，宋使賀正旦。	正月乙酉朔，夏使賀正旦。	正月乙酉朔，高麗使賀正旦。
崇慶元年	正月，宋使賀正旦。	正月，夏使賀正旦。 三月，遣使册李遵頊爲夏國王。 十二月，夏國王李遵頊謝封册。	
至寧元年			
宣宗貞祐元年	閏九月辛未，奉國上將軍武衞軍都指揮使烏林	十二月癸亥，夏人陷鞏州，涇州節度使夾谷守	

	宋	夏	高麗
	蒼與、尚書戶部侍郎高霖爲報諭宋使。十一月，宋賀正旦使入境有期，以大兵在近，姑停之，令有司移報。	中死之。〔三三〕	
二年	正月丁丑，宋刑部尚書眞德秀等賀卽位，駐境上，以中都被圍，諭罷之。	十一月乙卯，蘭州譯人程陳僧叛入于夏。自是，連歲與夏交兵矣。	
三年	正月辛酉朔，宋顯謨閣學士聶子述、廣州觀察使周師銳賀正旦。三月壬申，宋寶謨閣學士丁焴、利州觀察使侯		

四年	
正月乙卯朔，〔三四〕宋試工	忠信賀長春節。是月丙子，宋使朝辭，因言宋主請減歲幣如大定例。上以本自稱賀，不宜別有祈請，諭遣之。 九月己巳，以左諫議大夫把胡魯、尚書工部侍郎徒單歐里白爲賀宋生日使。 十一月庚辰，以拱衞直都指揮使蒲察五斤、尚書禮部侍郎楊雲翼爲賀宋正旦使。

部尙書施累、廣州觀察使陳萬春賀正旦。〔三五〕

三月甲子，宋遣華文館學士留筠、宜州觀察使右武衞上將軍師亮賀長春節。

九月乙未，以榮祿大夫中衞尉完顏奴婢、太子少詹事納坦謀嘉爲賀宋生日使。

十一月甲辰，以尙書工部侍郎內族和尙、尙書右司郎中僕散毅夫爲賀宋正旦使。

年	宋	夏	高麗
興定元年	正月己卯朔，宋煥章閣學士陳伯震、福州觀察使霍儀賀正旦。三月己丑，宋試工部尚書錢撫、潭州觀察使馮柄賀長春節。四月丁未朔，以宋歲幣不至，命烏古論慶壽經略南邊。		
二年	十二月甲寅，朝議乘勝與宋議和，以開封治中呂子羽、南京路轉運副使馮璧爲詳問宋國使，行至淮中流，宋人拒止		四月癸丑，以詔付遼東行省夾谷必蘭，〔三六〕出諭高麗貸糧、開市二事，遣典客署書表劉丙從行。

三年	之，自此和好遂絕。		正月戊辰朔，遼東行省報，高麗有奉表朝貢之意，詔行省受其表章以聞，朝貢之禮俟他日徐議。
四年			
五年			
元光元年			
二年			
哀宗正大元年	三月，以邊帥意，遣忠孝軍三百，送省令史李唐英往滁州通好。宋人宴犒旬日，以奏稟爲辭，和	十一月，夏遣使議和。〔三七〕	

事竟不成。

六月，遣樞密判官移剌蒲阿，以文榜遍諭宋界軍民更不南伐，自是宋人亦斂兵。

二年

九月，夏國和議定，夏稱弟，各用本國年號，遣光祿大夫吏部尚書李仲諤、南院宣徽使羅世昌、中書省左司郎李紹膺來聘。

十月，遣聶天驥、張天綱使夏講和事。

十二月，夏使朝辭，國書

	三年
報聘稱「兄大金皇帝致書於弟大夏皇帝闕下」，遣禮部尚書奥敦良弼、大理卿裴滿欽甫、侍御史烏古孫弘毅充報成使。	正月丁巳朔，夏遣精鼎匭匣使武紹德、副儀增、御史中丞咩元禮賀正旦。 十月，夏使報哀。 十一月甲戌，遣人使夏賀正旦。丙子，夏以兵事方殷，來報各停使。

年	宋	夏	高麗
		是月，遣中奉大夫完顏履信、昭毅大將軍太府監徒單居正爲弔祭夏國使。	
四年		夏遣精方匭匣使王立之來，未復命，國亡。	
五年			
六年			
七年	揚州制置趙善湘遣黃謨詣京東帥府約和，朝廷以寧陵令王渥往議，凡再往，約竟不成。		
八年〔三八〕			
天興元年			

二年	八月己卯，假蔡州都軍致仕內族阿虎帶同簽大睦親府事，如宋借糧，宋人不許。		
三年	正月己酉，國亡。		

校勘記

〔一〕戶部鄭世鬆　按「戶部」下脫官名。

〔二〕禮部尚書宋之端　按宋史卷三六光宗紀，紹熙二年正月「壬午，遣宋之瑞等使金弔祭」。「端」作「瑞」。

〔三〕高麗檢校尚書右僕射工部尚書韓正修　原脫「校」字，今補。

〔四〕八月乙巳　「乙巳」原作「丁丑朔」。按本書卷九章宗紀，明昌二年「八月乙巳，宋、高麗、夏遣使來賀天壽節」。今據改。

〔五〕宣德郎史從禮賀正旦　原脫「宣」字，據殿本補。

〔六〕八月丁卯　「丁卯」原作「辛丑朔」。按高麗史卷二〇明宗世家，二十二年「秋七月乙亥，遣使如金進方物。壬午，遣使賀天壽節。庚寅，遣使謝橫宣」。其到館及進賀當在八月朔以後。本書卷九章宗紀，明昌三年八月「丁卯，宋、高麗、夏遣使來賀天壽節」。正與之合。今據改。

〔七〕十一月戊寅　「戊」原作「庚」。按本書卷一〇章宗紀，明昌四年十一月「戊寅，以翰林直學士完顏匡等爲賀宋正旦使」。今據改。

〔八〕十一月壬申夏御史大夫李元吉……來訃告　按本書卷一〇章宗紀，明昌四年十一月「庚寅，夏國嗣子李純佑遣使來訃告」。「庚寅」在「壬申」之後十九日。

〔九〕宋試吏部尙書汪義端　按宋史卷三七寧宗紀，慶元元年六月「己未，遣汪義端賀金主生辰」。「端」作「瑞」。

〔一〇〕辛丑宋試禮部尙書趙介利州觀察使朱龜年以母喪告哀　以上二十三字與下年重複。按本書卷一一章宗紀，承安「三年春正月乙丑，宋主以祖母喪遣使告哀」。又宋史卷三七寧宗紀，「慶元三年十一月辛丑，太皇太后吳氏崩，丁未，遣趙介使金告哀」。知繫在下年是。

〔一一〕宋顯謨閣學士楊王休　原脫「楊」字。按宋史卷三七寧宗紀，慶元四年「六月己巳，遣楊王休賀金主生辰」。今據補。

〔一二〕是歲皓薨　按高麗史卷二〇明宗世家，是歲皓廢。「薨」字誤。

〔一三〕正月丁酉高麗告哀　按此卽上年白汝舟奏告事，王皓未薨，「告哀」是誤記，詳見本書卷一三五高麗傳校記〔六〕。

〔一四〕烏古論誼等爲宋弔祭使　原脫「爲」字。按本書卷一一章宗紀，承安五年十一月乙卯，「以工部尚書烏古論誼等爲宋弔祭使」。今據補。

〔一五〕紇石烈忠定等爲賀宋正旦使　原脫「賀」字，據殿本補。

〔一六〕完顏充等爲宋弔祭使　「充」原作「兖」。按本書卷一一章宗紀，承安五年十二月癸未，「以河南路統軍使充等爲宋弔祭使」。又宋史卷三八寧宗紀，嘉泰元年春正月「丙子，金遣完顏充來弔祭」。今據改。

〔一七〕宋寶謨閣學士林桷　原闕「寶」字，據殿本補。「桷」原作「桶」。按宋史卷三七寧宗紀，慶元六年冬十月「戊子，遣林桷使金賀正旦」。今據改。

〔一八〕丙申　此與上一條干支重複。按本書卷一一章宗紀，「九月戊申朔，天壽節，宋、高麗、夏遣使來賀」。表例以前二日書至，通觀前後各年多如此，疑此「丙申」當作「丙午」。

〔一九〕九月丙辰　原脫「九月」二字。按是年八月壬申朔，月內無丙辰。九月壬寅朔，丙辰是十五日，據補「九月」二字。又本書卷一一章宗紀，九月甲寅，「以拱衞直都指揮使完顏瑭等爲賀宋生日使」。則比此早二日。

〔二〇〕徒單公弼等爲賀宋正旦使　原脫「徒單」二字。按本書卷一一章宗紀，泰和二年十二月癸酉，

「以安武軍節度使徒單公弼等爲賀宋正旦使」。又宋史卷三八寧宗紀，嘉泰二年閏月丁卯，「金遣徒單公弼來賀明年正旦」。今據補「徒單」二字。

〔二一〕八月甲子　原脱「八月」二字，據本表夏欄補。本書卷一一章宗紀，泰和三年「九月丙寅朔，天壽節」，甲子是其前二日。

〔二二〕正月辛未朔高麗戶部侍郎郭公儀賀天壽節　按本書卷九章宗紀，章宗以其生辰「七月丙戌」爲天壽節，並「勅有司移報宋、高麗、夏，天壽節於九月一日來賀」。則郭公儀賀天壽節必不在正月朔。本書卷一一章宗紀，泰和「三年春正月辛未朔，宋、高麗、夏遣使來賀」。「九月丙寅朔，天壽節，宋、高麗、夏遣使來賀」。知「正月辛未朔」下必脱賀正旦及使臣官階、名姓。又高麗史卷二一神宗世家，「六年秋七月戊寅，遣左司郎中郭公儀如金賀天壽節」。本表宋、夏兩欄賀天壽節皆在「八月甲子」，則「高麗」上亦必脱「八月甲子」等字。

〔二三〕館伴使張雲護送以還　「館」原誤作「管」，今改。又本書卷一二章宗紀記此事作「送伴使」。

〔二四〕八月癸丑　「癸」原作「己」。按長術是年八月辛卯朔，無己丑，照本表宋欄改。下高麗欄同。

〔二五〕庚午宋兵掠鄧州……將謀北侵　以上凡四十六字原在四月一段之後。按本書卷一二章宗紀，泰和五年「四月戊子朔」，無庚午。其上文，三月「辛巳，宋兵入鞏州來遠鎮。唐州得宋諜者，言韓侂冑屯兵鄂、岳，將謀北侵」。四月「癸巳，命樞密院移文宋人依誓約撤新兵，毋縱入境」。卷九八完顏匡傳記宋兵「泰和五年三月，焚平氏鎭，剽民財物。掠鄧州白亭巡檢家貲，持其印去」。及「唐州獲宋諜者李忭」。知表此處記事顚倒。今將此四十六字移至三月戊午一段之後，「四月」二字之前。

〔二六〕乙丑夏李安全廢其主純佑自立　按泰和六年正月癸未朔，見本書卷一二章宗紀。無乙丑。本書卷一三四西夏傳，「泰和六年三月，仁孝弟仁友子安全廢純佑自立」，而三月壬午朔，亦無乙丑。宋史卷四八六夏國傳，「純佑，開禧二年正月二十日廢，遂殂」。又安全「開禧二年正月廢其主純佑自立」，考正月二十日爲壬寅，蓋廢立事或在正月，而「乙丑」則有誤字。

〔二七〕七月戊戌　「七」原作「六」。按六月辛亥朔無戊戌。本書卷一二章宗紀，泰和六年秋七月「丙申，夏國王李純佑廢，姪安全立，遣使奉表來告」。戊戌在丙申後二日，今據改爲七月。

〔二八〕九月辛丑　原脫「九月」二字。按本書卷一二章宗紀，泰和六年九月「辛丑，遣尙書左司郎中溫迪罕思敬册李安全爲夏國王」。今據補。

〔二九〕正月丁丑朔　原空格闕「正月」二字，據本表高麗欄及殿本補。

〔三〇〕閏四月乙未　「乙未」原繫二月下。按是年二月辛丑朔，無乙未。本書卷一二章宗紀，泰和八年閏月「乙未，宋獻韓侂胄等首于元帥府」。今據補「閏四月」三字。

〔三一〕十月己卯　「卯」原作「酉」。按十月丁卯朔，無己酉。本書卷一二章宗紀，五月「癸亥，詔移天壽節於十月十五日」。又「冬十月辛巳，宋、高麗、夏遣使賀」。使臣例以節前二日到，知此當是己卯。夏欄同。

〔三二〕十月己卯　原作「己酉」，無月份，厠八月前。按本書卷一二章宗紀，是年五月「詔移天壽節於十月十五日」，故十月記「辛巳，宋、高麗、夏遣使來賀」。使臣例于節前二日到，因改作「十月己卯」，與夏、高麗同。幷將此條移在八月之後。

〔三三〕十二月癸亥夏人陷鞏州涇州節度使夾谷守中死之　原脫「鞏州」二字。按本書卷一二一夾谷守中傳，「至寧末，移彰化軍，未行，夏兵數萬入鞏州，守中獨不屈」。彰化軍即涇州，見本書卷二六地理志。今據補「鞏州」二字。又此事不見于宣宗紀，疑當從夾谷守中傳繫至寧元年。衞紹王無實錄，故卷一三衞紹王本紀亦失載。

〔三四〕正月乙卯朔　「乙」原作「己」，與下年同，誤。今據長術改正。

〔三五〕廣州觀察使陳萬春賀正旦　原脫「使」字，據殿本補。

〔三六〕四月癸丑以詔付遼東行省夾谷必蘭　原脫「四月」「遼東」「夾谷」六字。按本書卷一五宣宗紀，興定二年夏四月乙巳，「以戶部尚書夾谷必蘭爲翰林學士承旨，權參知政事，行省于遼東。癸丑，完顏素蘭請宣諭高麗復開互市，從之」。又卷一〇九完顏素蘭傳，「興定二年四月……上言曰，『臣近請宣諭高麗復互市事，聞以詔書付行省必蘭出，……如遣信使明持恩詔諭之，貸糧、開市二者必有一濟……』，上是其言，於是遣典客署書表劉丙從行」。今據補此六字。

〔三七〕十一月夏遣使議和　按本書卷一七哀宗紀作正大元年「冬十月戊午，夏國遣使來修好」。

〔三八〕八年　原缺八年一行，今據本書卷一七哀宗紀補。

金史卷六十三

列傳第一

后妃上

古者天子娶后，三國來媵，皆有娣姪，凡十二女。諸侯一娶九女。所以正嫡妾，廣繼嗣，息妬忌，防淫慝，塞禍亂也。后亡，則媵爲繼室，各以其敍。無三媵，則娣姪繼室，亦各以其敍。繼室者，治其內政，不敢正其位號。禮，廟無兩祔，不並尊也。魯成風始兩祔，宋國三媵，齊管氏三歸，春秋皆譏之。周禮內宰，其屬則內小臣、閽人、寺人次之，九嬪、世婦、女御、女祝、女史、典婦功、典絲、典枲、內司服又次之。昏義稱「后立六宮、三夫人、九嬪、二十七世婦、八十一御妻」，不與春秋、周禮合，後世因仍其說，後宮遂至數千。

金代，后不娶庶族，甥舅之家有周姬、齊姜之義。國初諸妃皆無位號，熙宗始有貴妃、賢妃、德妃之號。海陵淫嬖，後宮寖多，元妃、姝妃、惠妃、貴妃、賢妃、宸妃、麗妃、淑妃、德妃、昭妃、溫妃、柔妃凡十二位。大定後宮簡少，明昌以後大備。

內官制度：諸妃視正一品，比三夫人。昭儀、昭容、昭媛、修儀、修容、修媛、充儀、充容、充媛視正二品，比九嬪。婕妤九人視正三品，美人九人視正四品，才人九人視正五品，比二十七世婦。〔一〕寶林二十七人視正六品，御女二十七人視正七品，采女二十七人視正八品，比八十一御妻。又有尚宮、尚儀、尚服、尚食、尚寢、尚功，皆內官也。

太祖嫡后聖穆生景宣，光懿生宗幹，有定策功，欽憲有保佑之功，故自熙宗時聖穆、光懿、欽憲皆祔。宣獻生睿宗，大定祔焉。故太祖廟祔四后，睿、世、顯、宣皆祔兩后，惟太宗、景宣、熙宗、章宗室祔一后。貞、慈、光獻、昭聖雖庶姓，皆以子貴。宣宗册溫敦氏，乃賜姓，變古甚矣。故自初起至于國亡，列其世次，著其族里，可考鑒焉。其無與於世道者，置不錄。

始祖明懿皇后，完顏部人。年六十餘嫁始祖。天會十五年追謚。

德帝思皇后，不知何部人。天會十五年追謚。

安帝節皇后，不知何部人。天會十五年追謚。

獻祖恭靖皇后，不知何部人。天會十五年追謚。

昭祖威順皇后徒單氏，諱烏古論都葛，活剌渾水敵魯鄉徒單部人。其父拔炭都魯海。后性剛毅，人莫敢以爲室。獻祖將爲昭祖娶婦，曰：「此子勇斷異常，柔弱之女不可以爲配。」乃爲昭祖娶焉。天會十五年追謚。

景祖昭肅皇后，唐括氏，帥水隈鴉村唐括部人，諱多保眞。父石批德撒骨只，巫者也。后有識度，在父母家好待賓客，父母出，則多置酒饌享隣里，逮于行旅。景祖飲食過人，時人名之「活羅」，解在景祖紀。昭祖曰：「儉嗇之女吝惜酒食，不可以配。」烏古迺聞后性度如是，乃娶焉。

遼使同幹來伐五國蒲聶部，景祖使后與劾孫爲質於拔乙門，而與同幹襲取之，遼主以景祖爲節度使。

后雖喜賓客，而自不飲酒。景祖與客飲，后專聽之。翌日，枚數其人所爲，無一不中其綮肯。有醉而喧呶者，輒自歌以釋其忿爭。軍中有被笞罰者，每以酒食慰諭之。景祖行部，輒與偕行，政事獄訟皆與決焉。

景祖沒後，世祖兄弟凡用兵，皆稟於后而後行，勝負皆有懲勸。農月，親課耕耘刈穫，遠則乘馬，近則策杖，勤於事者勉之，晏出早休者訓勵之。

后往邑屯村，世祖、肅宗皆從。會桓赧、散達偕來，是時已有隙，被酒，語相侵不能平，遂擧刃相向。后起，兩執其手，謂桓赧、散達曰：「汝等皆吾夫時舊人，奈何一旦遽忘吾夫之恩，與小兒子輩忿爭乎。」因自作歌，桓赧、散達怒乃解。其後桓赧兄弟起兵來攻，當是時，肅宗先已再失利矣，世祖已退烏春兵，與桓赧戰于北隘甸。部人失束寬逃歸，袒甲而至，告后曰：「軍敗矣。」后方憂懣，會康宗來報捷，后乃喜。既而桓赧、散達皆降。后不妬忌，闊略女工，能輯睦宗族，當時以爲有丈夫之度云。天會十五年追謚。

世祖翼簡皇后，拏懶氏。〔二〕大安元年癸酉歲卒。〔三〕天會十五年追謚。

肅宗靖宣皇后，蒲察氏。太祖將舉兵，入告于后。后曰：「汝邦家之長，見可則行。吾老矣，無貽我憂，汝亦必不至是。」太祖奉觴爲壽，卽奉后出門，酹酒禱天。后命太祖正坐，號令諸將。自是太祖每出師還，輒率諸將上謁，獻所俘獲。天會十五年追謚。

穆宗貞惠皇后，烏古論氏。天會十五年追謚。

康宗敬僖皇后，唐括氏。天會十五年追謚。

太祖聖穆皇后，唐括氏。天會十三年追謚。仍贈后父留速太尉、榮國公，祖迭胡本司徒、英國公，曾祖劾廼司空、溫國公。

睿陵。

太祖光懿皇后，裴滿氏。天會十三年追謚。

太祖欽憲皇后，紇石烈氏。天會十三年，尊爲太皇太后，宮號慶元。十四年正月己巳朔，熙宗朝于慶元宮，然後御乾元殿，受羣臣賀。是月丁丑，崩于慶元宮。二月癸卯，祔葬睿陵。

太祖宣獻皇后，僕散氏，睿宗母也。天會十三年，追册曰德妃。大定元年追謚。〔四〕

崇妃，蕭氏。熙宗時封貴妃。天德二年正月，封元妃。是月，尊封太妃。海陵母大氏事蕭氏甚謹。海陵篡立，尊大氏爲皇太后，居永寧宮。每有宴集，太妃坐上坐，大氏執婦禮。海陵積不能平，及殺宗義等，誣太妃以隱惡，殺之，併殺所生子任王隈喝。大定十九年，詔改葬。大宗正丞宗安監護葬事，遣使致祭。上欲復太妃舊號，下禮官議。「前代稱太妃者皆以子貴。古者入廟稱『后』繫夫，〔五〕在朝稱『太』繫子，與今蕭妃事不同，恐不得稱『太』，止當追封妃號」。詔從之，乃封崇妃云。

太宗欽仁皇后，唐括氏。熙宗卽位，與太祖欽憲皇后俱尊爲太皇太后，號明德宮。贈后父阿魯束太尉、宋國公，祖實匹司徒、英國公，曾祖阿魯瑣司空、溫國公。十四年正月己巳朔，上朝兩宮太后，然後御乾元殿受賀，自後歲以爲常。皇統元年，上自燕京還京師，朝謁于明德宮。明年，上如天開殿，皇子生，使使馳報太后。太后至天開殿，上與皇后親迎之。三年，崩于明德宮。〔六〕謚曰欽仁皇后，祔葬恭陵。

熙宗悼平皇后，裴滿氏。熙宗卽位，封貴妃。天眷元年，立爲皇后。父忽達拜太尉，贈曾祖斜也司空，祖鶻沙司徒。皇統元年，熙宗受尊號，册爲慈明恭孝順德皇后。二年，太子濟安生。是歲，熙宗年二十四，喜甚，乃肆赦，告天地宗廟。彌月，册爲皇太子，未一歲薨。

熙宗在位，宗翰、宗幹、宗弼相繼秉政，帝臨朝端默。雖初年國家多事，而廟算制勝，齊國就廢，宋人請臣，吏清政簡，百姓樂業。宗弼旣沒，舊臣亦多物故，后干預政事，無所忌憚，朝官往往因之以取宰相。濟安薨後，數年繼嗣不立，后頗掣制熙宗。熙宗內不能平，因無聊，縱酒酗怒，手刃殺人。左丞相亮生日，上遣大興國以司馬光畫像、玉吐鶻、廐馬賜之，后亦附賜生日禮物。熙宗聞之，怒，遂杖興國而奪回所賜。海陵本懷覬覦，因之疑畏愈甚，蕭牆之變，從此萌矣。近侍高壽星隨例遷屯燕南，入訴於后，后激怒熙宗，殺左司郎中三合，杖平章政事秉德，而壽星竟得不遷。秉德、唐括辯之姦謀起焉，海陵乘之，以成逆亂之計。

久之，熙宗積怒，遂殺后，而納胙王常勝妃撒卯入宮繼之。又殺德妃烏古論氏，妃夾谷氏、張氏、裴滿氏。明日，熙宗遇弑。海陵已弑熙宗，欲收人心，以后死無罪，降熙宗爲東昏王，追謚后爲悼皇后，封后父忽達爲王。大定間，復熙宗帝號，加謚后爲悼平皇后，祔葬思陵。

海陵嫡母，徒單氏。宗幹之正室也。徒單無子，次室李氏生長子鄭王充，次室大氏生三子，長卽海陵庶人也。徒單氏賢，遇下有恩意，大氏事之甚謹，相得歡甚。徒單雖養充爲己子，充與海陵俱爲熙宗宰相，充嗜酒，徒單常責怒之，尤愛海陵。海陵自以其母大氏與徒單嫡妾之分，心常不安。及弑熙宗，徒單與太祖妃蕭氏聞之，相顧愕然曰：「帝雖失道，人臣豈可至此。」徒單入宮見海陵，不會賀，海陵銜之。

天德二年正月，徒單與大氏俱尊爲皇太后。徒單居東宮，號永壽宮，大氏居西宮，號永寧宮。天德二年，太后父蒲帶與大氏父俱贈太尉，封王。徒單太后生日，酒酣，大氏起爲壽。徒單方與坐客語，大氏跽者久之。海陵怒而出。明日，召諸公主宗婦與太后語者皆杖之。大氏以爲不可。海陵曰：「今日之事，豈能尙如前日邪。」自是嫌隙愈深。

天德四年，海陵遷中都，獨留徒單於上京。徒單常憂懼，每中使至，必易衣以俟命。大氏在中都常思念徒單太后，謂海陵曰：「永壽宮待吾母子甚厚，愼毋相忘也。」十二月十四日，徒單氏生日，海陵使秘書監納合椿年往上京爲太后上壽。貞元元年，大氏病篤，恨不得一見。臨終，謂海陵曰：「汝以我之故，不令永壽宮偕來中都。我死，必迎致之，事永壽宮當如事我。」

三年，右丞相僕散師恭、大宗正丞胡拔魯往上京奉遷山陵，海陵因命永壽宮太后與俱來。繼使平章政事蕭玉迎祭祖宗梓宮於廣寧，海陵謂玉曰：「醫巫閭山多佳致，祭奠禮畢，可奏太后於山水佳處遊覽。」及至沙流河，海陵迎謁梓宮，遂謁見太后。海陵命左右約杖二束自隨，跪於太后前，謝罪曰：「亮不孝，久闕溫凊，願太后痛笞之。不然，且不安。」太后親扶起之，叱約杖者使去。太后曰：「今庶民有克家子，立百金之產，尚且愛之不忍笞。我有子如此，寧忍笞乎。」十月，太后至中都，海陵帥百官郊迎，入居壽康宮。是日，海陵及後宮、宰臣以下奉觴上壽，極歡而罷。

海陵侍太后于宮中，外極恭順，太后坐起，自扶腋之，常從輿輦徒行，太后所御物或自執之。見者以爲至孝，太后亦以爲誠然。及謀伐宋，太后諫止之，海陵心中益不悅，每謁太后還，必忿怒，人不知其所以。

及至汴京，太后居寧德宮。太后使侍婢高福娘問海陵起居，海陵幸之，因使伺太后動靜。凡太后動止，事無大小，福娘夫特末哥教福娘增飾其言以告海陵。及樞密使僕散師恭征契丹撒八，辭謁太后，太后與師恭語久之。大概言「國家世居上京，既徙中都，又自中都至汴，今又興兵涉江、淮伐宋，疲弊中國，我嘗諫止之，不見聽。契丹事復如此，奈何」。福娘以告海陵。海陵意謂太后以充爲子，充四子皆成立，恐師恭將兵在外，太后或有異圖。乃召點檢大懷忠、翰林待制斡論、尙衣局使虎特末、武庫直長習失使殺太后于寧德宮，命護衞高福、辭勒、蒲速斡以兵士四十人從，且戒之曰：「汝等見太后，但言有詔，令太后跪受，即擊殺之，勿令艱苦。太后同乳妹安特，多口必妄言，當令速死。」及指名太后左右數人，皆令殺之。太后方樗蒲，大懷忠等至，令太后跪受詔。太后愕然，方下跪，虎特末從後擊之，仆而復起者再。高福等縊殺之，年五十三。幷殺安特及郡君白散、阿魯瓦、叉察，乳母南撒，侍女阿斯、斡里保，寧德宮護衞溫迪罕查剌，直長王家奴、撒八，小底忽沙等。海陵命焚太后于宮中，棄其骨於水。幷殺充之子檀奴、阿里白、元奴，耶補兒逃匿，歸于世宗。自軍中召師恭還，殺之。及殺阿斯子孫、撒八二子、忽沙二子。封高福娘爲鄖國夫人，以特末哥爲澤州刺史。海陵許福娘征南回以爲妃，賜銀二千兩。勅戒特末哥：「無酗酒毆福娘，毆福娘必殺汝。」

大定閒，謚徒單氏曰哀皇后，自澤州械特末哥、福娘至中都誅之。其後貶海陵爲庶人。世宗斡去帝號，復封遼王，徒單氏降封遼王妃云。

海陵母，大氏。天德二年正月，與徒單氏俱尊爲皇太后。大氏居永寧宮。曾祖堅嗣贈司空，祖臣寶贈司徒，父昊天贈太尉、國公，兄興國奴贈開府儀同三司、衞國公。十一月，昊天進封爲王。

三年正月十六日，海陵生日，宴宗室百官於武德殿。大氏歡甚，飲盡醉。明日，海陵使中使奏曰：「太后春秋高，常日飲酒不過數杯，昨見飲酒沉醉。兒爲天子，固可樂，若聖體不和，則子心不安，其樂安在。至樂在心，不在酒也。」及遷中都，永壽宮獨留上京，大氏常以爲言。

貞元元年四月，大氏有疾，詔以錢十萬貫求方藥。及病篤，遺言海陵，當善事永壽宮。戊寅，崩。詔尚書省：「應隨朝官至五月一日方治事。中都自四月十九日爲始，禁樂一月。外路自詔書到日後，官司三日不治事，禁樂一月，聲鐘七晝夜。」

貞元三年，大祥，海陵率後宮奠哭于莰宮。海陵將遷山陵于大房山，故大氏猶在莰宮也。九月，太祖、太宗、德宗梓宮至中都。尊謚曰慈憲皇后。海陵親行册禮，與德宗合葬于大房山，升祔太廟。大定七年，降封海陵太妃，削去皇后謚號。及宗幹降帝號，封遼王，詔以徒單氏爲妃，而大氏與順妃李氏、寧妃蕭氏、文妃徒單氏並追降爲遼王夫人。

廢帝海陵后，徒單氏。太師斜也之女。初爲岐國妃，天德二年封爲惠妃，九月，立爲皇后。三年十一月二十一日，后生日，百僚稱賀於武德殿。久之，海陵後宮寖多，后寵頗衰，希得進見。沈璋妻張氏嘗爲光英保母，耶律徹在北京與海陵游從，海陵使璋妻及徹妻侯氏入宮侍后。徹本名神涅，負官錢二千六百餘萬，海陵皆免之。正隆六年，海陵幸南京。六月癸亥，左丞相張浩率百官迎謁。海陵備法駕，乘玉輅，與后及太子光英共載而入。海陵伐宋，后與光英居守。海陵遇害，陀滿訛里也殺光英于汴。后至中都，居于海陵母大氏故宮。頃之，世宗憐其無依，詔歸父母家于上京，歲賜錢二千貫，奴婢皆給官廩。大定十年卒。

海陵爲人善飾詐，初爲宰相，妾媵不過三數人。及踐大位，逞欲無厭，後宮諸妃十二位，又有昭儀至充媛九位，婕妤美人才人三位，殿直最下，其他不可舉數。初卽位，封岐國妃徒單氏爲惠妃，後爲皇后。第二娘子大氏封貴妃，第三娘子蕭氏封昭容，耶律氏封修容。其後貴妃大氏進封惠妃，貞元元年，進封姝妃，正隆二年，進封元妃。昭容蕭氏，天德二年，特封淑妃，貞元二年，進封宸妃。修容耶律氏，天德四年，進昭媛，貞元元年，進昭儀，三年，進封麗妃。卽位之初，後宮止此三人，會卑之敍，等威之辨，若有可觀者。及其侈心旣萌，淫肆蠱惑，不可復振矣。

昭妃阿里虎，姓蒲察氏，駙馬都尉沒里野女。初嫁宗盤子阿虎迭。阿虎迭誅，再嫁宗室南家。南家死，是時南家父突葛速爲元帥都監，在南京，海陵亦從梁王宗弼在南京，欲取阿里虎，突葛速不從，遂止。及篡位方三日，詔遣阿里虎歸父母家。閱兩月，以婚禮納之。數月，特封賢妃，再封昭妃。阿里虎嗜酒，海陵責讓之，不聽，由是寵衰。

昭妃初嫁阿虎迭，生女重節。海陵與重節亂，阿里虎怒重節，批其頰，頗有詆訾之言。海陵聞之，愈不悅。阿里虎以衣服遺前夫之子，海陵將殺之，徒單后率諸妃嬪求哀，乃得免。

凡諸妃位皆以侍女服男子衣冠，號「假廝兒」。有勝哥者，阿里虎與之同臥起，如夫婦。廚婢三娘以告海陵，海陵不以爲過，惟戒阿里虎勿笞箠三娘。阿里虎榜殺之。海陵聞昭妃閤有死者，意度是三娘，曰：「若果爾，吾必殺阿里虎。」問之，果然。是月，光英生月，海陵私忌，不行戮。阿里虎聞海陵將殺之也，卽不食，日焚香禱祝，冀脫死。逾月，阿里虎已委頓不知所爲，海陵使人縊殺之，併殺侍婢擊三娘者。

貴妃定哥，姓唐括氏。有容色。崇義節度使烏帶之妻。海陵舊嘗有私，侍婢貴哥與知之。烏帶在鎭，每遇元會生辰，使家奴葛魯、葛溫詣闕上壽，定哥亦使貴哥候問海陵及兩宮太后起居。海陵因貴哥傳語定哥曰：「自古天子亦有兩后者，能殺汝夫以從我乎。」貴哥歸，具以海陵言告定哥。定哥曰：「少時醜惡，事已可恥。今兒女已成立，豈可爲此。」海陵聞之，使謂定哥：「汝不忍殺汝夫，我將族滅汝家。」定哥大恐，乃以子烏荅補爲辭，曰：「彼常侍其父，不得便。」海陵卽召烏荅補爲符寶祗候。〔七〕定哥曰：「事不可止矣。」因烏帶醉酒，令葛溫、葛魯縊殺烏帶，天德四年七月也。海陵聞烏帶死，詐爲哀傷。已葬烏帶，卽納定哥宮中爲娘子。貞元元年，封爲貴妃，大愛幸，許以爲后。每同輦遊瑤池，諸妃步從之。海陵嬖寵愈多，定哥希得見。一日獨居樓上，海陵與他妃同輦從樓下過，定哥望見，號呼求去，詛罵海陵，海陵陽爲不聞而去。

定哥自其夫時，與家奴閻乞兒通，嘗以衣服遺乞兒。及爲貴妃，乞兒以妃家舊人，給事本位。定哥旣怨海陵疏己，欲復與乞兒通。有比丘尼三人出入宮中，定哥使比丘尼向乞兒索所遺衣服以調之。乞兒識其意，笑曰：「妃今日富貴忘我耶。」定哥欲以計納乞兒宮中，恐閽者索之，乃令侍兒以大篋盛褻衣其中，遣人載之入宮。閽者索之，見篋中皆褻衣，固已悔懼。定哥使人詰責閽者曰：「我，天子妃。親體之衣，爾故翫視，何也？我且奏之。」閽者惶恐曰：「死罪。請後不敢。」定哥乃使人以篋盛乞兒載入宮中，閽者果不敢復索。乞兒入宮十餘日，使衣婦人衣，雜諸宮婢，抵暮遣出。貴哥以告海陵。定哥縊死，乞兒及比丘尼三人皆伏誅。封貴哥莘國夫人。

初，海陵既使定哥殺其夫烏帶，使小底藥師奴傳旨定哥，告以納之之意。藥師奴知定哥與閻乞兒有姦，定哥以奴婢十八口賂藥師奴使無言與乞兒私事。定哥敗，杖藥師奴百五十。先是，藥師奴嘗盜玉帶當死，海陵釋其罪，逐去。及遷中都，復召爲小底。及藥師奴既以匿定哥姦事被杖，後與祕書監文俱與靈壽縣主有姦，文杖二百除名，藥師奴當斬。海陵欲杖之，謂近臣曰：「藥師奴於朕有功，再杖之卽死矣。」丞相李睹等執奏藥師奴於法不可恕，遂伏誅。海陵以葛溫、葛魯爲護衞，葛溫累官常安縣令，葛魯累官襄城縣令，大定初，皆除名。

麗妃石哥者，定哥之妹，祕書監文之妻也。海陵私之，欲納宮中。乃使文庶母按都瓜主文家。海陵謂按都瓜曰：「必出而婦，不然我將別有所行。」按都瓜以語文，文難之。按都瓜曰：「上謂別有所行，是欲殺汝也。豈以一妻殺其身乎。」文不得已，與石哥相持慟哭而訣。是時，海陵遷都至中京，遣石哥至中都，俱納之。海陵召文至便殿，使石哥穢談戲文以爲笑。定哥死，遣石哥出宮。不數日復召入，封爲修容。貞元三年，進昭儀。正隆元年，進封柔妃。二年，進麗妃。

柔妃彌勒，姓耶律氏。天德二年，使禮部侍郎蕭拱取之于汴。過燕京，拱父仲恭爲燕京留守，見彌勒身形非若處女者，嘆曰：「上必以疑殺拱矣。」及入宮，果非處女，明日遣出宮。海陵心疑蕭拱，竟致之死。彌勒出宮數月，復召入，封爲充媛，封其母張氏莘國夫人，伯母蘭陵郡君蕭氏爲鞏國夫人。蕭拱妻擇特懶，彌勒女兄也。海陵既奪文妻石哥，却以擇特懶妻文。既而詭以彌勒之召，召擇特懶入宮，亂之。其後，彌勒進封柔妃云。〔八〕

昭妃阿懶，海陵叔曹國王宗敏妻也。海陵殺宗敏而納阿懶宮中，貞元元年，封爲昭妃。大臣奏「宗敏屬近尊行，不可」。乃令出宮。

修儀高氏，秉德弟糺里妻也。海陵殺諸宗室，釋其婦女。宗本子莎魯剌妻、宗固子胡里剌妻、胡失來妻及糺里妻，皆欲納之宮中，諷宰相奏請行之。使徒單貞諷蕭裕曰：「朕嗣續未廣，此黨人婦女有朕中外親，納之宮中何如？」裕曰：「近殺宗室，中外異議紛紜，奈何復爲此邪。」海陵曰：「吾固知裕不肯從。」乃使貞自以己意諷裕，必欲裕等請其事。貞謂裕曰：「上意已有所屬，公固止之，將成疾矣。」裕曰：「必不肯已，唯上擇焉。」貞曰：「必欲公等白之。」裕不得已，乃具奏，遂納之。未幾，封高氏爲修儀，加其父高耶魯瓦輔國上將軍，母完顏氏封密國夫人。高氏以家事訴於海陵。海陵自熙宗時，〔九〕見悼后干政，心惡之，故自即位，不使母、后得預政事。於是，遣高氏還父母家。詔尚書省，凡后妃有請于宰相者，收其使以聞。

昭媛察八，姓耶律氏。嘗許嫁奚人蕭堂古帶。海陵納之，封爲昭媛。堂古帶爲護衞，察八使侍女習撚以軟金鵪鶉袋數枚遺之。事覺。是時，堂古帶謁告在河間驛，召問之。堂古帶以實對，海陵釋其罪。海陵登寶昌門樓，以察八徇諸后妃，手刃擊之，墮門下死，幷誅侍女習撚。

壽寧縣主什古，宋王宗望女也。靜樂縣主蒲剌及習撚，梁王宗弼女也。師姑兒，宗雋女也。皆從姊妹。混同郡君莎里古眞及其妹餘都，太傅宗本女也，再從姊妹。郕國夫人重節，宗磐女孫，再從兄之女。及母大氏表兄張定安妻奈剌忽、麗妃妹蒲魯胡只，皆有夫，唯什古喪夫。海陵無所忌恥，使高師姑、內哥、阿古等傳達言語，皆與之私。凡妃主宗婦嘗私之者，皆分屬諸妃，出入位下。奈剌忽出入元妃位，蒲魯胡只出入麗妃位，莎里古眞、餘都出入貴妃位，什古、重節出入昭妃位，蒲剌、師姑兒出入淑妃位。海陵使內哥召什古。先於暖位小殿置琴阮其中，然後召之。什古已色衰，常譏其衰老以爲笑。唯習撚、莎里古眞最寵，恃勢笞決其夫。海陵使習撚夫稍喝押護衞直宿，莎里古眞夫撒速近侍局直宿。謂撒速曰：「爾妻年少，遇爾直宿，不可令宿於家，常令宿於妃位。」每召入，必親伺候廊下，立久，則坐於高師姑膝上。高師姑曰：「天子何勞苦如此。」海陵曰：「我固以天子爲易得耳。此等期會難得，乃可貴也。」每於臥內遍設地衣，倮逐以爲戲。莎里古眞在外爲淫泆。海陵聞之大怒，謂莎里古眞曰：「爾愛貴官，有貴如天子者乎。爾愛人才，有才兼文武似我者乎。爾愛娛樂，有豐富偉岸過於我者乎。」怒甚，氣咽不能言。少頃，乃撫慰之曰：「無謂我聞知，便爾慚恧。遇燕會，當行立自如，無爲衆所測度也，恐致非笑。」後亦屢召入焉。餘都，牌印鬆古刺妻也。海陵嘗曰：「餘都貌雖不揚，而肌膚潔白可愛。」蒲刺進封壽康公主，什古進封昭寧公主，莎里古眞進封壽陽縣主，重節進封蓬萊縣主。重節卽昭妃蒲察氏所生，蒲察怒重節與海陵淫，批其頰，海陵怒蒲察氏，終殺之者也。

凡宮人在外有夫者，皆分番出入。海陵欲率意幸之，盡遣其夫往上京，婦人皆不聽出外。常令教坊番直禁中，每幸婦人，必使奏樂，撤其幃帳，或使人說淫穢語於其前。嘗幸室女不得遂，使元妃以手左右之。或妃嬪列坐，輒率意淫亂，使共觀。或令人效其形狀以爲笑。凡坐中有嬪御，海陵必自擲一物於地，使近侍環視之，他視者殺。誡宮中給使男子，於妃嬪位舉首者刓其目。出入不得獨行，便旋，須四人偕往，所司執刀監護，不由路者斬之。日入後，下階砌行者死，告者賞錢二百萬。男女倉猝誤相觸，先聲言者賞三品官，後言者死，齊言者皆釋之。

女使闢懶有夫在外，海陵封以縣君，欲幸之，惡其有娠，飲以麝香水，躬自揉拉其腹，欲墮其胎。闢懶乞哀，欲全性命，苟得乳免，當不舉。海陵不顧，竟墮其胎。

蒲察阿虎迭女叉察，海陵姊慶宜公主所生，嫁秉德之弟特里。秉德誅，當連坐，太后使梧桐請于海陵，由是得免。海陵白太后欲納叉察。太后曰：「是兒始生，先帝親抱至吾家養之，至于成人。帝雖舅，猶父也，不可。」其後，嫁宗室安達海之子乙剌補。海陵數使人諷乙剌補出之，因而納之。叉察與完顏守誠有姦，守誠本名遏里來，事覺，海陵殺守誠，太后爲叉察求哀，乃釋之。叉察家奴告叉察語涉不道，海陵自臨問，責叉察曰：「汝以守誠死詈我邪？」遂殺之。

同判大宗正阿虎里妻蒲速碗，元妃之妹，因入見元妃，海陵逼淫之。蒲速碗自是不復入宮。

世宗爲濟南尹，海陵召夫人烏林荅氏。夫人謂世宗曰：「我不行，上必殺王。我當自勉，不以相累也。」夫人行至良鄉自殺，是以世宗在位二十九年，不復立后焉。

校勘記

〔一〕比三夫人……比九嬪……比二十七世婦　按「三夫人」、「九嬪」、「二十七世婦」上原皆空格缺一字，今據殿本補三「比」字。

〔二〕世祖翼簡皇后拏懶氏　「翼簡」原作「簡翼」。按本書卷二太祖紀，「母曰翼簡皇后拏懶氏」。卷三太宗紀，「母曰翼簡皇后拏懶氏」。卷三二禮志，世祖「妣曰翼簡皇后」。皆作「翼簡」。今乙正。

〔三〕大安元年癸酉歲卒　按遼道宗大安九年癸酉，「元」疑是「九」字之誤。

〔四〕大定元年追謚　按大金集禮以下簡稱集禮卷六追謚后條，記載宣獻皇后追謚在大定二年四月二十六日。

〔五〕古者入廟稱后繫夫　原脫「廟」字。按集禮卷七追封，「入廟稱后繫夫，在朝稱太繫子」，今據補。

〔六〕三年崩于明德宮　「三」原作「二」。按本書卷四熙宗紀，皇統三年三月「丁酉，太皇太后唐括氏崩」。今據改。

〔七〕海陵卽召烏荅補爲符寶祗候　「荅」原作「合」，據殿本改。

〔八〕其後彌勒進封柔妃云　「其」原作「兵」，據殿本改。

〔九〕海陵自熙宗時　原脫「海陵」二字，據殿本補。

金史卷六十四

列傳第二

后妃下

睿宗欽慈皇后，蒲察氏。睿宗元配。后之母，太祖之妹也。睿宗爲左副元帥，天會十三年薨，追封潞王，后封潞王妃。皇統六年，進號冀國王妃。天德間，進國號。正隆例，親王止封一字王，睿宗封許王，后封許王妃。世宗卽位，睿宗升祔，追謚欽慈皇后。贈后曾祖賽補司空、韓國公，祖蒲剌司徒、鄭國公，父按補太尉、曹國公。大定二年，祔葬景陵。

世宗嘗曰：「今之女直，不比前輩，雖親戚世敍，亦不能知其詳。太后之母，太祖之妹，人亦不能知也。」謂宗敍曰：「亦是卿父譚王之妹，知之乎？」宗敍曰：「臣不能知也。」上曰：「父之妹且不知，其如疏遠何。」十九年，后族人勸農使莎魯窩請致仕，宰相以莎魯窩未嘗歷外，請除一外官，以均勞佚。上曰：「莎魯窩不閑政事，不可使治民。雖太后戚屬，富貴之可也。」不聽。

貞懿皇后，李氏，世宗母，遼陽人。父雛訛只，仕遼，官至桂州觀察使。天輔間，選東京士族女子有姿德者赴上京，后入睿宗邸。七年，世宗生。天會十三年，睿宗薨，世宗時年十三。后敎之有義方，嘗密謂所親曰：「吾兒有奇相，貴不可言。」居上京，內治謹嚴，臧獲皆守規矩，衣服飲食器皿無不精潔，敦睦親族，周給貧乏，宗室中甚敬之。后性明敏，剛正有決，容貌端整，言不妄發。

舊俗，婦女寡居，宗族接續之。后乃祝髮爲比丘尼，號通慧圓明大師，賜紫衣，歸遼陽，營建清安禪寺，別爲尼院居之。貞元三年，世宗爲東京留守。正隆六年五月，后卒。世宗哀毀過禮，以喪去官。未幾，起復爲留守。是歲十月，后弟李石定策，世宗卽位于東京，尊謚爲貞懿皇后，其寢園曰孝寧宮。

大定二年，改葬睿宗於景陵。初，后自建浮圖于遼陽，是爲垂慶寺，臨終謂世宗曰：「鄉土之念，人情所同，吾已用浮屠法置塔于此，不必合葬也。我死，毋忘此言。」世宗深念遺命，乃即東京清安寺建神御殿，詔有司增大舊塔，起奉慈殿於塔前。勑禮部尚書王競爲塔銘以敍其意。贈后曾祖參君司空、潞國公，祖波司徒、衞國公，父雛訛只太尉、隋國公。四年，封后妹爲邢國夫人，賜銀千兩、錦綺二十端、絹五百匹。九年，神御殿名曰報德殿。詔翰林學士張景仁作清安寺碑，其文不稱旨，詔左丞石琚共修之。十三年，東京垂慶寺起神御殿，寺地褊狹，詔買傍近民地，優與其直，不願鬻者以官地易之。二十四年，世宗至東京，幸清安、垂慶寺。

世宗昭德皇后，烏林荅氏，其先居海羅伊河，世爲烏林荅部長，率部族來歸，居上京，與本朝爲婚姻家。曾祖勝管，康宗時累使高麗。父石土黑，騎射絕倫，從太祖伐遼，領行軍猛安。雖在行伍間，不嗜殺人。以功授世襲謀克，爲東京留守。

后聰敏孝慈，容儀整肅，在父母家，宗族皆敬重之。既歸世宗，事舅姑孝謹，治家有敍，甚得婦道。睿宗伐宋，得白玉帶，蓋帝王之服御也。睿宗沒後，世宗寶畜之。后謂世宗曰：「此非王邸所宜有也，當獻之天子。」世宗以爲然，獻之熙宗，於是悼后大喜。熙宗晚年頗酗酒，〔一〕獨於世宗無間然。

海陵篡立，深忌宗室。烏帶譖秉德以爲意在葛王。秉德誅死，后勸世宗多獻珍異以說其心，如故遼骨睹犀佩刀、吐鶻良玉茶器之類，皆奇寶也。海陵以世宗恭順畏己，由是忌刻之心頗解。

后不妬忌，爲世宗擇後房，廣繼嗣，雖顯宗生後而此心不移。后嘗有疾，世宗爲視醫藥，數日不離去。后曰：「大王視妾過厚，其知者以爲視疾，不知者必有專妬之嫌。」又曰：「婦道以正家爲大，第恐德薄，無補內治，安能効嬪妾所爲，惟欲己厚也。」

世宗在濟南，海陵召后來中都。后念若身死濟南，海陵必殺世宗，惟奉詔，去濟南而死，世宗可以免。謂世宗曰：「我當自勉，不可累大王也。」召王府臣僕張僅言諭之曰：〔二〕「汝，王之腹心人也。爲我禱諸東嶽，我不負王，使皇天后土明鑑我心。」召家人謂之曰：「我自初年爲婦以至今日，未嘗見王有違道之事。今宗室往往被疑者，皆奴僕不良，傲恨其主，以誣陷之耳。汝等皆先國王時舊人，當念舊恩，無或妄圖也。違此言者，我死後於冥中觀汝所爲。」衆皆泣下。后既離濟南，從行者知后必不肯見海陵，將自爲之所，防護甚謹。行至良鄉，去中都七十里，從行者防之稍緩，后得間即自殺。海陵猶疑世宗教之使然。

世宗自濟南改西京留守，過良鄉，使魯國公主葬后于宛平縣土魯原。大定二年，追册爲昭德皇后，立別廟。贈三代，曾祖勝管司空、徐國公，曾祖母完顏氏徐國夫人，祖朮思黑司徒、代國公，祖母完顏氏代國夫人，父石土黑太尉、瀋國公，母完顏氏瀋國夫人。勅有司改葬，命皇太子致奠。以后兄暉子天錫爲太尉，石土黑後授世襲猛安。上謂天錫曰：「朕四五歲時與皇后定婚，乃祖太尉置朕于膝上曰：『吾壻七人，此壻最幼，後來必大吾門。』今卜葬有期，疇昔之言驗矣。」

六年，利涉軍節度副使烏林荅鈔兀捕逃軍受贓，當死。有司奏，鈔兀，后大功親，當議。詔論如法。

八年七月，章宗生，世宗喜甚。謂顯宗曰：「得社稷冢嗣，朕樂何極。此皇后貽爾以陰德也。」

十年十月，將改葬太尉石土黑，有司奏禮儀，援唐葬太尉李良器、司徒馬燧故事，百官便服送至都門外五里。上曰：「前改葬太后父母，未嘗用此故事。但以本朝禮改葬之，惟親戚皆送。」詔皇太子臨奠。

十一年，皇太子生日，世宗宴於東宮。酒酣，命豫國公主起舞。上流涕曰：「此女之母皇后，婦道至矣。朕所以不立中宮者，念皇后之德今無其比故也。」

十二年四月，立皇后別廟于太廟東北隅。是歲五月，車駕幸土魯原致奠。十九年，改卜于大房山。十一月甲寅，皇后梓宮至近郊，百官奉迎。乙卯，車駕如楊村致祭。丙辰，上登車送，哭之慟。戊午，奉安于磐寧宮。庚申，葬于坤厚陵，諸妃祔焉。二十九年，祔葬興陵。章宗時，有司奏太祖諡有「昭德」字，改諡明德皇后。

元妃張氏，父玄徵。母高氏，與世宗母貞懿皇后葭莩親。世宗納爲次室，生趙王永中，而張氏卒。大定二年，追封宸妃。是歲十月，追進惠妃。十九年，追進元妃。

大定二十五年，皇太子薨。永中於諸子最長，而世宗與徒單克寧議立章宗爲太孫。世宗嘗曰：「克寧與永中有親，而建議立太孫，眞社稷臣也。」尚書左丞汝弼者，玄徵子，永中母舅。汝弼妻高陀斡屢以邪言怵永中，畫元妃像，朝夕事之，覬望徼福，及挾左道。明昌五年，高陀斡誅死，〔三〕事連汝弼及永中，汝弼以死後事覺，得不追削官爵，而章宗心疑永中，累年不釋。諫官賈守謙、路鐸上疏欲寬解上意，章宗愈不悅。平章政事完顏守貞持其事不肯決，章宗怒守貞，罷知濟南府，諸諫官皆斥外，賜永中死。金代外戚之禍，惟張氏云。

元妃李氏，南陽郡王李石女。生鄭王允蹈、衞紹王允濟、潞王允德。豫王允成母昭儀梁氏早卒，上命允成爲妃養子。大定元年，封賢妃。二年，進封貴妃。七年，進封元妃。世宗卽位，感念昭德皇后，不復立后。嘗曰：「朕所以不復立后者，今後宮無皇后之賢故也。」元妃下皇后一等，在諸妃上。石有定策功，世宗厚賞而深制之，寵以尚書令之位，而責成左右丞相以下，妃雖貴，不得預政，宮壼無事。

大定二十一年二月，上如春水，次長春宮。戊子，妃以疾薨。詔允成、允蹈、允濟、允德皆服衰絰居喪。己丑，皇太子及扈從臣僚，奉慰于芳明殿。辛卯，留守官平章政事唐括安禮、曹王允功等上表奉慰。御史中丞張九思提控殯事，少府監左光慶、大興少尹王脩典領鹵簿儀仗。宮籍監別治殯所，還殯京師。乙未，入自崇智門，百官郊迎，親戚迎奠道路，殯于興德宮西位別室。庚子，上至京師，幸興德宮致奠。比葬，三致奠焉。詔平章政事烏古論元忠監護葬事。癸未，啓葬，上輟朝。皇太子、親王、宗戚、百官送葬。甲申，葬於海王莊。丙戌，上如海王莊燒飯。二十八年九月，與賢妃石抹氏、德妃徒單氏、柔妃大氏俱陪葬于坤厚陵。衞紹王卽位，追謚光獻皇后，贈妃弟獻可特進。貞祐三年九月，削皇后號。

顯宗孝懿皇后，徒單氏。其先忒里闢剌人也。〔四〕曾祖抄，從太祖取遼有功，命以所部爲猛安，世襲之。祖婆盧火，以戰功多，累官開府儀同三司，贈司徒、齊國公。父貞尙遼王宗幹女梁國公主，加駙馬都尉，贈太師、廣平郡王。

后以皇統七年生於遼陽。母夢神人授以寶珠，光焰滿室，既寤而生，紅光燭于庭。后性莊重寡言，父母嘗令總家事，細大畢辦，諸男不及也。

世宗初卽位，貞爲御史大夫，自南京馳見。世宗喜謂之曰：「卿雖廢主腹心臣，然未嘗助彼爲虐，況卿家法可尙，其以卿女爲朕子妃。」及顯宗爲皇太子，大定四年九月，備禮親迎於貞第。世宗臨宴，盡歡而罷。是年十一月，顯宗生辰，初封爲皇太子妃。

八年七月，上遣宣徽使移剌神獨斡以名馬、寶刀、御饍賜太子及妃，仍諭之曰：「妃今臨蓐，願平安得雄。有慶之後，宜以此刀置左右。」既而皇孫生，是爲章宗。時上幸金蓮川，次冰井，翌日，上臨幸撫視，宴甚歡。又賜御服佩刀等物，謂顯宗曰：「祖宗積慶，且皇后陰德至厚，而有今日，社稷之洪福也。」又謂李石、紇石烈志寧曰：「朕諸子雖多，皇后止有太子一人而已。今幸得嫡孫，觀其骨相不凡，又生麻達葛山，山勢衍氣淸，朕甚嘉之。」因以山名爲章宗小字。

后素謙謹，每畏其家世崇寵，見父母流涕而言曰：「高明之家，古人所忌，願善自保持。」

其後，家果以海陵事敗，蓋其遠慮如此。世宗嘗謂諸王妃、公主曰：「皇太子妃容止合度，服飾得中，爾等當法效之。」章宗卽位，尊爲皇太后，更所居仁壽宮名曰隆慶宮。詔有司歲奉金千兩、銀五千兩、重幣五百端、絹二千疋、綿二萬兩、布五百疋、錢五萬貫。他所應用，內庫奉之，毋拘其數。

上月或五朝六朝，而后愈加敬儉，見諸大長公主，禮如平時，惇睦九族，恩紀皆合。尤惡聞人過，諛佞之言無所得入。恕以容物，未嘗見喜慍。然御下公平，雖至親無所阿徇。嘗誡諸姪曰：「皇帝以我故，乃推恩外家，當盡忠圖報。勿謂小善爲無益而弗爲，小惡爲無傷而弗去。毋藉吾之貴，輒肆非違，以干國家常憲。」一日，妹幷國夫人、〔五〕嫂涇國夫人等侍側，因諭之曰：「爾家累素重，且非豐厚，宜節約財用，勿以吾爲可恃。吾受天下之養，豈有所私積哉。況財用者，天下之財用也。吾終不能多取以富爾之私室。」家人有以玉盂進者，却之，且曰：「貴異物而殫財用，非我所欲也。況我之賜予有度，今爾以此爲獻，何以自給。徒費汝財，我實無用，後勿復爾。」明昌元年，禮官議以五月奉上册寶，后弗許。上屢爲之請，后曰：「今世宗服未終，遽衣錦繡、佩珠玉，於禮何安。當俟服闋行之。」上諭有司曰：「太后執意甚堅，其待來年。」明昌二年正月，崩於隆慶宮，年四十五。謚曰孝懿，祔葬裕陵。

后好詩、書，尤喜老、莊，學純淡清懿，造次必於禮。逮嬪御以和平，其有生子而母亡者，視之如己所生，慈訓無間。上時問安，見事有未當者，必加之嚴誡云。

昭聖皇后，劉氏，遼陽人。天眷二年九月己亥夜，后家若見有黃衣女子入其母室中者，俄頃，后生。性聰慧，凡字過目不忘。初讀孝經，旬日終卷。最喜佛書。世宗爲東京留守，因擊毬，見而奇之，使見貞懿皇后于府中，進退閑雅，無恣睢之色。大定元年，選入東宮，時年二十三。

三年三月十三日，宣宗生。是日，大雨震電，后驚悸得疾，尋卒。承安五年，贈裕陵昭華。宣宗卽位，追尊爲皇太后，升祔顯宗廟，追謚昭聖皇后。

章宗欽懷皇后，蒲察氏，上京路曷速河人也。曾祖太神，國初有功，累階光祿大夫，贈司空、應國公。祖阿胡迭，官至特進，贈司徒、譙國公。〔六〕父鼎壽尚熙宗鄭國公主，授駙馬都尉、中都路昏得渾山猛安、曷速木單世襲謀克，累官至金吾衞上將軍，贈太尉、越國公。后之始生，有紅光被體，移時不退。就養於姨冀國公主，既長，孝謹如事所生。大定二十三年，章宗爲金源郡王，行納采禮。世宗遣近侍局使徒單懷忠就賜金百兩、銀千兩、廐馬六匹、重綵三十端。拜命間，慶雲見于日側，觀者異之。是年十一月，備禮親迎。詔親王宰執三品已上官及命婦會禮，封金源郡王夫人，後進封妃，崩。

后性淑明，風儀粹穆，知讀書爲文。帝卽位，遂加追册，仍詔告中外，奉安神主于坤寧宮，歲時致祭。大安初，祔葬于道陵。

元妃李氏師兒，其家有罪，沒入宮籍監。父湘，母王盼兒，皆微賤。大定末，以監戶女子入宮。是時宮教張建教宮中，師兒與諸宮女皆從之學。故事，宮教以青紗隔障蔽內外，宮教居障外，諸宮女居障內，不得面見。有不識字及問義，皆自障內映紗指字請問，宮教自障外口說教之。諸女子中惟師兒易爲領解，建不知其誰，但識其音聲清亮。章宗嘗問建，宮教中女子誰可教者。建對曰：「就中聲音清亮者最可教。」章宗以建言求得之。宦者梁道譽師兒才美，勸章宗納之。章宗好文辭，妃性慧黠，能作字，知文義，尤善伺候顏色，迎合旨意，遂大愛幸。明昌四年，封爲昭容。明年，進封淑妃。父湘追贈金紫光祿大夫、上柱國、隴西郡公。祖父、曾祖父皆追贈。

兄喜兒舊嘗爲盜，與弟鐵哥皆擢顯近，勢傾朝廷，風采動四方，射利競進之徒爭趨走其門。南京李炳、中山李著與通譜系，超取顯美。胥持國附依以致宰相。怙財固位，上下紛然，知其姦蠹，不敢擊之，雖擊之，莫能去也。紇石烈執中貪愎不法，章宗知其跋扈，而屢斥屢起，終亂天下。

自欽懷皇后沒世，中宮虛位久，章宗意屬李氏。而國朝故事，皆徒單、唐括、蒲察、拏懶、僕散、紇石烈、烏林荅、烏古論諸部部長之家，世爲姻婚，娶后尚主，而李氏微甚。至是，章宗果欲立之，大臣固執不從，臺諫以爲言，帝不得已，進封爲元妃，而勢位熏赫，與皇后侔矣。一日，章宗宴宮中，優人瑇瑁頭者戲于前。或問：「上國有何符瑞？」優曰：「汝不聞鳳皇見乎。」其人曰：「知之，而未聞其詳。」優曰：「其飛有四，所應亦異。若嚮上飛則風雨順時，嚮下飛則五穀豐登，嚮外飛則四國來朝，嚮裏飛則加官進祿。」上笑而罷。

欽懷后及妃姬嘗有子，或二三歲或數月輒夭。承安五年，帝以繼嗣未立，禱祀太廟、山陵。少府監張汝猷因轉對，奏「皇嗣未立，乞聖主親行祀事之後，遣近臣詣諸岳觀廟祈禱」。詔司空襄往亳州禱太清宮，既而止之，遣刑部員外郎完顏匡往焉。

泰和二年八月丁酉，元妃生皇子忒隣，羣臣上表稱賀。宴五品以上于神龍殿，六品以下宴于東廡下。詔平章政事徒單鎰報謝太廟，右丞完顏匡報謝山陵，使使亳州報謝太清宮。既彌月，詔賜名，封爲葛王。葛王，世宗初封，大定後不以封臣下，由是三等國號無葛。尚書省奏，請於瀛王下附葛國號，上從之。十二月癸酉，忒隣生滿三月，勅放僧道度牒三千道，設醮于玄眞觀，爲忒隣祈福。丁丑，御慶和殿，浴皇子。詔百官用元旦禮儀進酒稱賀，五品以上進禮物。〔七〕生凡二歲而薨。

兄喜兒，累官宣徽使、安國軍節度使。弟鐵哥，累官近侍局使、少府監。

至八年，承御賈氏及范氏皆有娠，〔八〕未及乳月，章宗已得嗽疾，頗困。是時衞王永濟自武定軍來朝。章宗於父兄中最愛衞王，欲使繼體立之，語在衞紹王紀。衞王朝辭，是日，章宗力疾與之擊毬，謂衞王曰：「叔王不欲作主人，遽欲去邪？」元妃在傍，謂帝曰：「此非輕言者。」十一月乙卯，章宗大漸，衞王未發，元妃與黃門李新喜議立衞王，使內侍潘守恒召之。守恒頗知書，識大體，謂元妃曰：「此大事，當與大臣議。」迺使守恒召平章政事完顏匡。匡，顯宗侍讀，最爲舊臣，有征伐功，故獨召之。匡至，遂與定策立衞王。丙辰，章宗崩，遺詔皇叔衞王卽皇帝位。詔曰：「朕之內人，見有娠者兩位。如其中有男，當立爲儲貳。如皆是男子，擇可立者立之。」

衞紹王卽位，大安元年二月，詔曰：「章宗皇帝以天下重器畀于眇躬，遺旨謂掖庭內人有娠者兩位，如得男則立爲儲貳。申諭多方，皎如天日。朕雖涼菲，實受付託，思克副於遺意，每曲爲之盡心，擇靜舍以俾居，遣懿親而守視。欽懷皇后母鄭國公主及乳母蕭國夫人晝夜不離。昨聞有爽於安養，已用軫憂而弗寧，爰命大臣專爲調護。今者平章政事僕散端、左丞孫卽康奏言，承御賈氏當以十一月免乳，今則已出三月，來事未可度知。范氏產期，合在正月，而太醫副使儀師顏言，自年前十一月診得范氏胎氣有損，調治迄今，脈息雖和，胎形已失。及范氏自願於神御前削髮爲尼。重念先皇帝重屬大事，豈期聞此，深用怛然。今范氏既已有損，而賈氏猶或可冀，告於先帝，願降靈禧，默賜保全，早生聖嗣。尙恐衆庶未究端由，要不匿於播敷，使咸明於吾意。」

四月，詔曰：「近者有訴元妃李氏，潛計負恩，自泰和七年正月，章宗暫嘗違豫，李氏與新喜竊議，爲儲嗣未立，欲令宮人詐作有身，計取他兒詐充皇嗣。遂於年前閏月十日，因賈承御病嘔吐，腹中若有積塊，李氏與其母王盼兒及李新喜謀，令賈氏詐稱有身，俟將臨月，於李家取兒以入，月日不偶則規別取，以爲皇嗣。章宗崩，謀不及行。當先帝彌留之際，命平章政事完顏匡都提點中外事務，明有勅旨，『我有兩宮人有娠』，更令召平章，左右並聞斯語。李氏并新喜乃敢不依勅旨，欲喚喜兒、鐵哥，事既不克，竊呼提點近侍局烏古論慶壽與計，因品藻諸王，議復不定。知近侍局副使徒單張僧遣人召平章，已到宣華門外，始發勘同。平章入內，一遵遺旨，以定大事。方先帝疾危，數召李氏，李氏不到。及索衣服，李氏承召亦不卽來，猶與其母私議。先皇平昔或有幸御，李氏嫉妬，令女巫李定奴作紙木人、鴛鴦符以事魘魅，致絕聖嗣。所爲不軌，莫可殫陳。事既發露，遣大臣按問，俱已款服。命宰臣往審，亦如之。有司議，法當極刑。以其久侍先帝，欲免其死。王公百僚，執奏堅確。今賜李氏自盡。王盼兒、李新喜各正典刑。李氏兄安國軍節度使喜兒、弟少府監鐵哥如律，仍追除復係監籍，於遠地安置。諸連坐並依律令施行。承御賈氏亦賜自盡。」

蓋章宗崩三日而稱范氏胎氣有損。章宗疾彌留，亦無完顏匡都提點中外事務勅旨。或謂完顏匡欲專定策功，構致如此。自後天下不復稱元妃，但呼曰李師兒。

及胡沙虎弒衞王，立宣宗，請貶降衞王，降爲東海郡侯。其詔曰：「大安之初，頒諭天下，謂李氏與其母王盼兒及李新喜同謀，令賈氏虛稱有身，各正罪法。朕惟章宗皇帝聖德聰明，豈容有此欺紿。近因集議，武衞軍副使兼提點近侍局完顏達、霍王傅大政德皆言賈氏事內有寃。此時，達職在近侍，政德護賈氏，所以知之。朕親臨問左證，其事曖昧無據，〔九〕當時被罪貶責者可俱令放免還家。」由是李氏家族皆得還。

衞紹王后徒單氏，大安元年，立爲皇后。至寧元年，胡沙虎亂，與衞王俱遷于衞邸。帝遇弒，宣宗卽位，衞王降爲東海郡侯，徒單氏削皇后號。貞祐二年，遷都汴，詔凡衞紹王及鄗厲王家人皆徙鄭州，仍禁錮，不得出入。男女不得婚嫁者十九年。天興元年，詔釋禁錮。

是時，河南已不能守，子孫不知所終。

宣宗皇后王氏，中都人，明惠皇后妹也。其父微時嘗夢二玉梳化爲月，已而生二后，及沒，有芝生于柩。初，宣宗封翼王，章宗詔諸王求民家子，以廣繼嗣。是時，后與龐氏偕入王邸，及見后姊有姿色，又納之。貞祐元年九月，封后爲元妃，姊爲淑妃，龐氏爲眞妃。淑妃生哀宗，眞妃生守純。后無子，養哀宗爲己子。貞祐二年七月，賜姓溫敦氏，立爲皇后。追封后曾祖得壽司空、冀國公，曾祖母劉氏冀國夫人，祖璞司徒、益國公，祖母楊氏益國夫人，父彥昌太尉、汴國公，母馬氏汴國夫人。

三年，莊獻太子薨，哀宗爲皇太子。宣宗崩，哀宗卽位。正大元年，尊后爲皇太后，號其宮曰仁聖，進封后父曰南陽郡王。

或曰：宣宗爲諸王時，莊獻太子母爲正妃，及卽位，尊爲皇后。貞祐元年九月，詔曰：「元妃某氏久奉侍於潛藩，已賜封於國號，可立爲皇后。」其名氏蓋不可考也。或又曰：自王氏姊妹入宮而后寵衰，尋爲尼，王氏遂立爲后，皆后姊明惠之謀也。

初，王氏姊妹受封之日，大風昏霾，黃氣充塞天地。已而，后夢丐者數萬踵其後，心甚惡之。占者曰：「后者，天下之母也。百姓貧窶，將誰訴焉？」后遂勅有司，京城設粥與冰藥。及壬辰、癸巳歲，河南饑饉。大元兵圍汴，加以大疫，汴城之民，死者百餘萬，后皆目覩焉。

哀宗釋服，將禘饗太廟，先期，有司奏冕服成，上請仁聖、慈聖兩宮太后御內殿，因試衣之以見，兩宮大悅。上更便服，奉觴爲兩宮壽。仁聖太后諭上曰：「祖宗初取天下甚不易。何時使四方承平，百姓安樂，天子服此法服，於中都祖廟行禘饗乎？」上曰：「阿婆有此意，臣亦何嘗忘。」慈聖太后亦曰：「恒有此心，則見此當有期矣。」遂酌酒爲上壽，歡然而罷。

天興元年冬，哀宗遷歸德。二年正月，遣近侍徒單四喜、术甲荅失不奉迎兩宮。后御仁安殿，出鋌金及七寶金洗，分賜從行忠孝軍。是夜，兩宮及柔妃裴滿氏等乘馬出宮，行至陳留，城左右火起，疑有兵，不敢進。后亟命還宮。明日，入京憩四喜家。少頃，輦迎入宮。方謀再行，京城破，后及諸妃嬪北遷，不知所終。惟寶符李氏從至宣德州，居摩訶院。李氏自入院，止寢佛殿中，作爲幡旆。會當同后妃北行，將發，佛像前自縊死，且自書門紙曰「寶符御侍此處身故」。

宣宗明惠皇后，王皇后之姊也。生哀宗。宣宗卽位，封爲淑妃。及妹立爲后，進封元妃。哀宗卽位，詔尊爲皇太后，號其宮曰慈聖。

后性端嚴，頗達古今。哀宗已立爲皇太子，有過尙切責之，及卽位，始免檟楚。一日，宮中就食，尙器有玉盌楪三，一奉太后，二奉帝及中宮。荊王母眞妃龐氏以瑪瑙器進食，后見之怒，召主者責曰：「誰令汝妄生分別，荊王母豈卑我兒婦耶。非飲食細故，已令有司杖殺汝矣。」是後，宮中奉眞妃有加。或告荊王謀不軌者，下獄，議已決。帝言于后，后曰：「汝止一兄，奈何以讒言欲害之。章宗殺伯與叔，享年不永，皇嗣又絕，何爲欲效之耶。趣赦出，使來見我。移時不至，吾不見汝矣。」帝起，后立待，王至，涕泣慰撫之。

哀宗甚寵一宮人，欲立爲后。后惡其微賤，固命出之。上不得已，命放之出宮，語使者曰：「爾出東華門，不計何人，首遇者卽賜之。」於是遇一販繒者，遂賜爲妻。點檢撒合輦教上騎鞠，后傳旨戒之云：「汝爲人臣，當輔主以正，顧乃敎之戲耶。再有聞，必大杖汝矣。」

比年小捷，國勢頗振，文士有奏賦頌以聖德中興爲言者。后聞不悅曰：「帝年少氣銳，無懼心則驕怠生。今幸一勝，何等中興，而若輩諂之如是。」

正大八年九月丙申，后崩，遺命園陵制度，務從儉約。十二月己未，葬汴城迎朔門外五里莊獻太子墓之西。謚明惠皇后。

哀宗皇后，徒單氏。宣宗及后有疾，后嘗刲膚以進，宣宗聞而嘉之。興定四年，后父鎭南軍節度使頑僧有罪，宣宗以后純孝，因曲赦之，聽其致仕。正大元年，詔立爲皇后。哀宗遷歸德，遣后弟四喜等詣汴奉迎，夜至陳留，不敢進，復歸于汴。未幾，城破北遷，不知所終。

贊曰：周禮「九嬪，掌婦學之法，婦德、婦言、婦容、婦功」。班昭氏論之曰：「婦德，不必才明絕異也。婦言，不必便口利辭也。婦容，不必顏色美麗也。婦功，不必功巧過人也。清閑貞靜，守節整齊，行己有恥，動靜有法，是謂婦德。擇辭而說，不道惡語，時然後言，不厭於人，是謂婦言。盥浣塵穢，服飾鮮潔，沐浴以時，身不垢辱，是謂婦容。專心紡績，不好戲笑，潔齊酒食，以奉賓客，是謂婦功。」後世婦學不修，麗色以相高，巧言以相傾，衒能以市恩，逢迎以固寵。是故悼平掣頓皇統，以隕其身；海陵蠱惑羣嬖，幾亡其國。道陵李氏擅寵蠹政，卒僨其宗。嗚呼，可不戒哉。

校勘記

〔一〕熙宗晚年頗酗酒　「酗酒」原作「酒酗」，據文義乙正。

〔二〕召王府臣僕張僅言諭之曰　「僅」原作「謹」。據本書卷一三三張覺附子僅言傳改。

〔三〕明昌五年高陀斡誅死　「五」原作「二」。按本書卷一二章宗紀，明昌五年冬十月「庚戌，張汝弼妻高陀斡以謀逆伏誅」。又卷八五永中傳，「明昌五年，高陀斡坐詛祝誅」。今據改。

〔四〕徒單氏其先忒里闢刺人也　按本書卷一三二徒單貞傳，「徒單貞，忒黑闢刺人也」。此「里」疑是「黑」字之誤。

〔五〕幷國夫人　按本書卷一〇〇完顏伯嘉傳作「晉國夫人」。係明昌以前舊稱。

〔六〕贈司徒譙國公　按「譙國公」本書卷一二〇阿虎迭傳作「楚國公」。

〔七〕用元旦禮儀進酒稱賀五品以上進禮物　按本書卷九三忒隣傳作「百官用天壽節禮儀進酒稱賀，三品以上進禮物」。

〔八〕至八年承御賈氏及范氏皆有娠　「八年」上原有「大定」二字。按大定爲世宗年號，此是章宗泰和時事，顯係誤衍，今刪。

〔九〕其事曖昧無據　原脫「無」字，據上下文義補。

金史卷六十五

列傳第三

始祖以下諸子

斡魯　輩魯　謝庫德孫拔達　謝夷保子盆納　謝里忽　烏古出
跋黑　崇成本名僕灰　劾孫子蒲家奴　麻頗子謾都本(一)　謾都訶
斡帶　斡賽子宗永　斡者孫璋　昂本名吾都補　子鄭家

始祖明懿皇后生德帝烏魯，季曰斡魯，女曰注思版，皆福壽之語也。以六十後生子，異之，故皆以嘉名名之焉。

德帝思皇后生安帝，季曰輩魯。輩魯與獻祖俱徙海姑水，置屋宇焉。輩魯之孫胡率。胡率之子劾者，與景祖長子韓國公劾者同名。韓國公前死，所謂肅宗納劾者之妻加古氏者是也。穆宗四年伐阿疎。阿疎走遼。遼使使來止伐阿疎軍。穆宗陽受遼帝約束，先歸國，留劾者守阿疎城。凡三年，卒攻破之。天會十五年贈特進。

安帝節皇后生獻祖，次曰信德，次曰謝庫德，次曰謝夷保，次曰謝里忽。

謝庫德之孫拔達，謝夷保之子盆納，皆佐世祖有功。盆納勇毅善射，當時有與同名者，嘗有貳志，目之曰「惡盆納」。天會十五年，拔達贈儀同三司，盆納贈開府儀同三司。在世祖時，歡都、冶訶及劾者、拔達、盆納五人者，不離左右，親若手足，元勳之最著者也。明昌五年皆配饗世祖廟廷。

准德、束里保者，皆加古部人。申乃因、醜阿皆馳滿部人。富者粘沒罕，完顏部人。阿庫德、白達皆雅達瀾水完顏部勃堇。此七人者，當攜離之際，能一心竭力輔戴者也。

達紀、胡蘇皆朮甲部勃堇。勝昆、主保皆朮虎部人。阿庫德，溫迪痕部人。此五人者，又其次者也。

世祖初年，跋黑爲變，烏春盛强，使人召阿庫德、白達。阿庫德曰：「吾不知其他，死生與太師共之。」太師，謂世祖也。白達大喜曰：「我心正如此耳。烏春兵來，堅壁自守，勿與戰可也。」達紀、胡蘇居琵里郭水，烏春兵出其間，不爲變，終拒而不從。勝昆居胡不干村，其兄滓不乃勃堇，烏春止其家，而以兵圍勝昆。烏春解去，世祖殺滓不乃，勝昆請無孥戮，世祖從之。世祖破桓赧、散達，主保死焉。天會十五年，准德、申乃因、阿庫德、白達皆贈金紫光祿大夫。束里保、醜阿、富者粘沒罕、達紀、胡蘇、勝昆、主保、溫迪痕阿庫德皆贈銀青光祿大夫，皆天會十五年追贈。

又有胡論加古部勝昆勃堇、蟬春水烏延部富者郭赧，畏烏春强，請世祖兵出其間，以爲重也。世祖使斜列、躍盤將別軍過之。郭赧敎斜列取先在烏春軍中二十二人，烏春覺之，殺二人，得二十人。郭赧又以土人益斜列軍。穆宗他日嘉此功不能忘，以斜列之女守寧妻郭赧子胡里罕焉。

婆多吐水裴滿部斡不勃堇附於世祖，桓赧焚之。斡不卒，世祖厚撫其家。因併錄之，以見立國之艱難云。

謝里忽者，昭祖將定法制，諸父、國人不悅，已執昭祖，將殺之。謝里忽亟往，彎弓注矢，射於衆中，衆乃散去，昭祖得免。國俗，有被殺者，必使巫覡以詛祝殺之者，廼繫刃于杖端，與衆至其家，歌而詛之曰：「取爾一角指天、一角指地之牛，無名之馬，向之則華面，背之則白尾，橫視之則有左右翼者。」其聲哀切悽婉，若蒿里之音。既而以刃畫地，劫取畜產財物而還。其家一經詛祝，家道輒敗。

及來流水烏薩扎部殺完顏部人，昭祖往烏薩扎部以國俗治之，大有所獲，頒之於諸父昆弟而不及謝里忽。謝里忽曰：「前日免汝於死者吾之力，往治烏薩扎部者吾之謀也。分不及我，何邪。」昭祖於是早起，自齎問金列鞢往餽之。時謝里忽猶未起，擁寢衣而問曰：「爾爲誰？」昭祖曰：「石魯先擇此寶，而後頒及他人，敢私布之。」謝里忽既揚言，初不自安，至是乃大喜。列鞢者，腰佩也。

獻祖恭靖皇后生昭祖，次曰朴都，次曰阿保寒，次曰敵酷，次曰敵古廼，次曰撒里輦，次曰撒葛周。

昭祖威順皇后生景祖，次曰烏古出。次室達胡末，烏薩扎部人，生跋黑、僕里黑、斡里安。次室高麗人，生胡失答。

烏古出，初，昭祖久無子，有巫者能道神語，甚驗，乃往禱焉。巫良久曰：「男子之魂至矣。此子厚有福德，子孫昌盛，可拜而受之。若生，則名之曰烏古迺。」是爲景祖。又良久曰：「女子之魂至矣，可名曰五鵶忍。」又良久曰：「女子之兆復見，可名曰斡都拔。」又久之，復曰：「男子之兆復見，然性不馴良，長則殘忍，無親親之恩，必行非義，不可受也。」昭祖方念後嗣未立，乃曰：「雖不良，亦願受之。」巫者曰：「當名之曰烏古出。」既而生二男二女，其次第先後皆如巫者之言，遂以巫所命名名之。

景祖初立，烏古出酗酒，屢悖威順皇后。后曰：「巫言驗矣，悖亂之人終不可留。」遂與景祖謀而殺之。部人怒曰：「此子性如此，在國俗當主父母之業，奈何殺之？」欲殺景祖。后乃匿景祖，出謂衆曰：「爲子而悖其母，率是而行，將焉用之？吾割愛而殺之，烏古迺不知也，汝輩寧殺我乎？」衆乃罷去。烏古出之子習不失，自有傳。

跋黑及同母弟二人，自幼時每爭攘飲食，昭祖見而惡之，曰：「吾娶此妾而生子如此，後必爲子孫之患。」世祖初立，跋黑果有異志，誘桓赧、散達、烏春、窩謀罕離間部屬，使貳於世祖。世祖患之，乃加意事之，使爲勃堇而不令典兵。跋黑既陰與桓赧、烏春謀計，國人皆知之，而童謠有「欲生則附於跋黑，欲死則附於劾里鉢、頗剌淑」之語。世祖亦以策探得兄弟部人向背。烏春、桓赧相次以兵來攻，世祖外禦强兵，而內畏跋黑之變。將行，聞跋黑食於其愛妾之父家，肉張咽而死，且喜且悲，乃迎尸而哭之。

崇成，本名僕灰，泰州司屬司人，昭祖玄孫也。大定十八年收充奉職，改東宮入殿小底，轉護衞。二十五年，章宗爲原王，充本府祗候郎君。明年，上爲皇太孫，復爲護衞。上卽位，授河間府判官，以憂去職。起復爲宿直將軍，累遷武衞軍都指揮使。泰和三年卒，賻贈有加。崇成謹飭有守，宿衞二十餘年，未嘗有過，故久侍密近云。

景祖昭肅皇后生韓國公劾者，次世祖，次沂國公劾孫，次肅宗，次穆宗。次室注思灰，契丹人，生代國公劾眞保。次室溫迪痕氏，名敵本，生虞國公麻頗、隋國公阿离合懣、鄭國

公謾都訶。劾者、阿离合懣別有傳。〔二〕

劾孫。天會十四年大封宗室，劾孫追封王爵。正隆例降封鄭國公。

子蒲家奴又名昱，嘗從太祖伐留可、塢塔。太祖使蒲家奴招詐都，詐都卽降。康宗八年，係遼籍女直紇石烈部阿里保太彎阻兵，〔三〕招納亡命，邊民多亡歸之。蒲家奴以偏師夜行晝止，抵石勒水，襲擊破之，盡俘其孥而還。邊氓自此無復亡者。後與宗雄視泰州地土，太祖因徙萬家屯田于其地。

天輔五年，蒲家奴爲昊勃極烈，遂爲都統，使襲遼帝，而以雨潦不果行。旣而，忽魯勃極烈杲都統內外諸軍以取中京，蒲家奴等皆爲之副。遼帝西走，都統杲使蒲家奴以兵一千助撻懶擊遼都統馬哥，與撻懶不相及，蒲家奴與賽里、斜野降其西北居延之衆。而降民稍復逃散，毗室部亦叛，遂率兵襲之。至鐵呂川，遇敵八千，遂力戰，兵敗。察剌以兵來會，追及敵兵于黃水，獲畜產甚衆。是役也，奥燉按打海被十一創，竟敗敵兵而還。軍于旺國崖西。

賽里亦以兵會太祖，自草濼追遼帝，蒲家奴、宗望爲前鋒，戒之曰：「彼若深溝高壘，未可與戰，卽偵伺巡邏，勿令遁去，以俟大軍。若其無備，便可擊也。」上次胡离畛川，吳十、馬和尚至小魚濼，夜潛入遼主營，執新羅奴以還，遂知遼帝所在。蒲家奴等晝夜兼行，追及于石輦鐸。我兵四千，至者才千人，遼兵圍之。余睹指遼帝麾蓋，騎兵馳之，遼帝遁去，兵遂潰，所殺甚衆。

宗翰爲西北西南兩路都統，蒲家奴、斡魯爲之副。烏虎部叛，蒲家奴討平之。天會間，爲司空，封王。天眷二年，宗磐等誅，辭及蒲家奴，詔奪司空。是年，薨。天德初，配享太祖廟廷。正隆二年，例封豫國公。

麻頗，天會十五年封王，正隆例封虞國公。

長子謾都本，孝友恭謹，多謀而善戰。年十五，隸軍中，從攻窩盧歡。及係遼女直胡失荅等爲變，謾都本自爲質，遂從胡失荅歸，中途以計殺守者而還。攻寧江州，取黃龍府，破高永昌，取春、泰州，皆有功，多受賞賚，遂爲謀克。討嶺東未服州郡。過土河東山，敗賊三千人。奚、契丹寇土河西，與猛安蒙葛、麻吉擊之。謾都本對敵之中，推鋒力戰，破其衆九萬人。奚衆萬餘保阿隣甸，復擊敗之，降其旁近居人。復以五百騎破遼兵一千，生擒其將以歸。與闍母攻興中府，中流矢卒，年三十七。天眷中，贈金紫光祿大夫，謚英毅。

謾都訶，屢從征伐，天會二年爲阿捨勃極烈，參議國政，明年薨。天會十五年，大封宗室，追封王。正隆例封鄭國公，明昌五年，謚定濟。

鑾覩，襲父麻頗猛安。鑾覩卒，子掃合襲。掃合卒，子撒合輦襲。撒合輦卒，子惟鎔襲。惟鎔本名沒烈，字子鑄，騈脅多力，喜周急人。至寧初，守楊文關有功，兼都統，護漕運。貞祐二年，佩金牌護親軍家屬遷汴，遙授同知祁州軍州事，充提控。貞祐三年，破紅襖賊於大沫堌，惟鎔入自北門，諸軍繼進，生獲劉二祖，功最。遷泰安軍節度副使，改遂王府尉、都水少監、東平府治中。坐誤以刃傷同知府事紇石烈牙吾塔，當削降殿年，仍從軍自効。討花帽賊于曹、濟間，行省蒙古綱奏其功，復前職。遷邳州經略使，卒。子從傑襲猛安，累功遙授鎭南軍節度副使。

世祖翼簡皇后生康宗，次太祖，次魏王斡帶，次太宗，次遼王斜也。次室徒單氏生衞王斡賽，次魯王斡者。次室僕散氏生漢王烏故乃。次室朮虎氏生魯王闍母。次室朮虎氏生沂王査剌。次室烏古論氏生鄆王昂。

斡帶，年二十餘，撒改伐留可，斡帶與習不失、阿里合懣等俱爲裨將。諸將議攻取，斡帶主攻城便。太祖將至軍，斡帶迎之，謂太祖曰：「留可城且下，勿惑他議。」太祖從之。至軍中，衆議乃決。斡帶急起治攻具。其夜進兵攻城，遲明破之。及二涅囊虎路、二蠢出路寇盜，斡帶盡平之。

康宗二年甲申，蘇濱水諸部不聽命，康宗使斡帶等往治其事。行次活羅海川撒阿村，召諸部。諸部皆至，惟含國部斡豁勃堇不至。斡准部狄庫德勃堇、職德部厮故速勃堇亦皆遁去，遇塢塔於馬紀嶺，塢塔遂執二人以降。於是，使斡帶將兵伐斡豁，募軍于蘇濱水，斡豁完聚固守，攻而拔之。進師北琴海關登路，攻拔泓忒城，取畔者以歸。

太祖於母弟中最愛斡帶。斡帶歸自泓忒城，太祖以事如寧江州，欲與斡帶偕行，斡帶曰：「兵役久勞，未及息也。」遂不果行。太祖還，晝寐于來流水傍，夢斡帶之場圃火，禾盡焚，不可撲滅，覺而深念之，以爲憂。是時，斡帶已寢疾，太祖至，聞之，過家門不下馬，徑至斡帶所問疾。未幾薨，年三十四。太祖每哭之慟，謂人曰：「予强與之偕行，未必死也。」太祖平遼，歎曰：「恨斡帶之不及見也。」天會十五年，追封儀同三司、魏王，謚曰定肅。

斡帶剛毅果斷，服用整肅，臨戰決策，有世祖風。世祖之世，軍旅之事多專任之。

斡賽，穆宗初，斡准部族相鈔略，遣納根涅孛堇以其兵往治，納根涅擅募蘇濱水人爲兵，不聽，輒攻略之。其人來告，穆宗使斡賽及冶訶往問狀。納根涅雖伏而不肯償所取，因遁去。冶訶等皆不欲追，斡賽督軍而進。至把忽嶺西毛密水，及之，大破其衆，納根涅死焉。斡賽撫定蘇濱水民部，執納根涅之母及其妻子而歸。穆宗曰：「斡賽年尚幼，已能集事，可嘉也。」康宗二年甲申，斡帶治蘇濱水諸部，斡賽、斡魯佐之，定諸部而還。

久之，高麗殺行人阿聒、勝昆，而築九城於曷懶甸。斡賽將內外兵，劾古活你茁、蒲察狄古迺佐之。高麗兵數萬來拒，斡賽分兵爲十隊，更出迭入，遂大破之。斡賽母和你隈疾篤，召還，以斡魯代之。未幾，斡賽復至軍，再破高麗軍，進圍其城。七月，高麗請和，盡歸前後亡命及所侵故地，退九城之戍，遂與之和。皇統五年，追封衛國王。

宗永，本名挑撻，斡賽子。長身美髯，忠確勇毅。天眷初，以宗室子預誅宗磐，擢寧遠大將軍。皇統初，充牌印祗候。五年，出爲趙州刺史，秩滿再任，轉興平軍節度使，改大名尹。貞元三年，復爲興平軍節度使，歷昭德軍、臨洮、鳳翔尹。

大定二年，入爲工部尚書，與蘇保衡、完顏余里也遷加伐宋士官賞。〔四〕宗永性滯不習事，凡與土賊戰者一概加之。世宗久乃知之，謂宰相曰：「若一概追還，必生怨望。若因循不問，則爵賞濫矣。其與土賊戰者，有能以寡敵衆，一人敵三十人以上者，依已遷爲定。」改同簽大宗正事、震武軍節度使，卒。

斡者，天會十五年大封宗室，追封魯王，正隆例改封公。子神土懣，驃騎衞上將軍。子璋本名胡麻愈，多勇略，通女直、契丹、漢字。年十八，左副元帥撒离喝引在麾下。以事如京師，見梁王宗弼與語，宗弼悅之。皇統六年，父神土懣卒，宗弼奏璋可襲謀克，詔從之。天德三年，充牌印祗候，以罪免，奪其謀克，寓居中都。

海陵伐宋，左衞將軍蒲察沙离只同知中都留守，佩金牌掌留府事。世宗卽位于遼陽，璋勸沙离只歸世宗，沙离只不從。璋與守城軍官烏林荅石家奴、烏林荅愿、徒單三勝、蒲察蒲查等以兵晨入留守府，遂殺沙离只及判官漫撚撒离喝，推宗强子阿瑣爲留守，璋行同知留守事。遣石家奴佩沙离只金牌與愿、蒲查、中都轉運使左淵子貽慶、大興少尹李天吉子磐奉表如東京，賀卽位。世宗嘉之，以愿、蒲查爲武義將軍，充護衞。貽慶賜及第，授從仕郎。磐充閤門祗候。就以璋爲同知中都事。

璋以殺沙离只自攝同知留守，世宗因而授之，心常不自安，遂與兵部尙書可喜謀，因世宗謁山陵作亂。大定二年，上謁山陵，璋等九人會于可喜家，說萬戶高松，不從。璋知事不成，乃與可喜共執斡論詣有司陳，上誅可喜、李惟忠等，以璋爲彰化軍節度使。

宋將吳璘出散關，據寶雞以西，詔璋赴元帥都監徒單合喜軍前任使。於是，宋人據原州，寧州刺史顏盞門都以兵四千攻之，不克。宋將姚良輔以兵十萬至原州，權副統完顏習尼列以千騎援門都兵，而姚良輔兵多，諸將皆不敢與戰。及璋至軍，會平涼、涇州、潘原、長武等戍兵，合二萬人。璋使押軍猛安石抹許里阿補以兵二千軍於城北，習尼列以兵三千軍於城西北十里麥子原，皆據高阜爲陣。璋以本部兵陣於城西。姚良輔出自北嶺，先遣萬人攻許里阿補，自以軍九萬陣麥子原下，捍以劍盾、行馬，外列騎士，步卒居其中，敢死士鎖足行馬間，持大刀爲拒，分爲八陣，而別以騎二千襲璋軍。璋方出迎戰，習尼列來報曰：「宋之重兵皆在麥子原矣。」璋遣萬户特里失烏也以押軍猛安奚慶喜、照撒兵二千援許里阿補，遣撒屋出、崔尹以兵二千益習尼列。許里阿補與宋人接戰，良久，敗之。宋兵在麥子原者最堅，習尼列與移剌補、奧屯撒屋出、崔尹、僕根撒屈出以兵五千沿壕爲伏，餘兵皆捨馬步戰，擊其前行騎士，走之。於是，行馬以前衝以長槍，行馬以後射以勁弓。良輔兵稍挫，習尼列乘勝麾兵，撤其行馬，破其七陣。良輔復整兵出，習尼列少却，而璋已破城下宋兵，與習尼列會。使僕根以伏兵擊良輔。習尼列亦整兵與戰，奮擊之，大破良輔軍，斬首萬餘級，墜壕死者不可勝數，鎖足行馬者盡殪之，獲甲二萬餘，器仗稱是。良輔亦中兩創脫去。遂圍原州，穴其西城，城圮，宋人宵遁。璋等入原州。宋戍軍在寶雞以西，聞之皆自散關遁去。

京兆尹烏延蒲离黑、丹州刺史赤盞胡速魯改已去德順州，〔五〕宋吳璘復據之，都監合喜以璋權都統，與習尼列將兵二萬救德順。璋率騎兵前行，與璘騎兵二萬戰于張義堡遂沙山下，敗之，追北四十餘里。璘軍遇隘不得前，斬首數十級。璋至德順，璘據城北險要爲營，璋亦策營與璘相望，可三里許。兩軍遇於城東，凡五接戰，璘軍敗走，璋追至城下。璘軍已據城北岡阜，與其城上兵相應，以弩夾射璋軍。璋軍陽却，城中出兵來追，璋反旆與戰，大敗之。合喜遣統軍都監泥河以兵七千來會，與璘軍復戰，敗之。璘遣兵據東山堡，欲樹柵，璋與習尼列、泥河議曰：「敵若據東山堡，此城亦不可拔，宜急擊之。」於是璋先據要地，習尼列以兵逼東山堡，璘兵恃濠相拒，短兵接，璘兵退走，習尼列追擊之。璘城北營兵可六千人，登北岡來戰，璋之漢軍少却，傷者二百人。璘遂焚璋軍攻城具，璋率移剌補猛安兵踰北岡擊走之。璘軍隔小塹射璋軍，移剌補少却，習尼列望見北原火發，乃止攻東山堡，亟與將士來赴，引善射者先登，率劉安漢軍三百人擊敗之。璘軍皆走險，璘以軍三萬據險作三陣，皆環以劍盾、行馬。璋遣萬戶石抹迭勸由別路自後擊之，特里失烏也、移剌補以二千人當其前，以强弓射之，璘兵大敗，墮溝壑者甚衆。璋軍度澗追之，斬數千級而還。

璘軍雖敗，猶恃其衆，都監合喜使武威軍副總管夾古查剌來問策。諸將皆曰：「吳璘恃險，不善野戰，我退軍平涼，彼必棄險就平地，然後可圖也。」璋曰：「不然。彼恃其衆，非特恃險也。昔人有言，『寧棄千軍，不棄寸地』，故退兵不如濟師。我退軍平涼，彼軍深入吾地，固壘以拒我，則如之何。」查剌還報，合喜於是親率四萬人赴之。吳璘詰旦乘陰霧晦冥分兵四道來襲，戰于城東，離而復合者數四。漢軍千戶李展率麾下兵先登奮擊之，璘軍陣動。璋乘勝蹑擊，璘軍復敗，追至北岡，璘走險，璋急擊之，殺略殆盡。璘分半軍守秦州，合喜駐軍水洛城東，自六盤山至石山頭分兵守之，斷其餉道。璘乃引歸。

宋經略使荆臯以步騎三萬自德順西去，璋以兵八千、習尼列以兵五千追擊之。習尼列兵乃出其前，還自赤觜，遇其前鋒，敗之于高赤崖下。復與其中軍戰，自日昃至暮，乃罷。荆臯乘夜來襲營，爲退軍八十里。明日，習尼列追之。璋兵至上八節，宋兵據險爲陣，璋捨馬步戰，地險不得接，相拒至曙。宋兵動，璋乘之，追至甘谷城，習尼列兵亦至，宋兵宵遁，璋遂班師。習尼列追至伏羌城，不及而還。

上使御史中丞達吉視諸軍功狀，達吉舊與璋有隙，故損其功。詔璋將士賞比諸軍半之，璋兼陝西路都統，進官一階。及元帥府上功，璋居多，詔達吉削官兩階，杖八十，解職。上復賞璋及將士如諸軍，以璋爲西北路招討使。召爲元帥左都監，兼安化軍節度使，賜以弓矢衣帶佩刀。改益都尹，左都監如故。

宋人棄海州遁去，焚官民廬舍且盡。璋至海州，得所棄糧三萬六千餘石，安集其人，復其屯戍。五年，宋人約和，罷三路都統，復置陝西路統軍司，璋爲統軍使。上曰：「監軍合喜年老，故授卿此職。邊境無事，且召卿矣。」以本官兼京兆尹。

召爲御史大夫。璋奏：「竊觀文武百官有相爲朋黨者，今在臺自臣外無女直人，乞不限資考，量材奏擬。」上曰：「朋黨爲誰，卽糾治之。朕選女直人，未得其人，豈以資考爲限，論其人材而已。」頃之，璋奏曰：「太祖武元皇帝受天明命，太宗皇帝奄定宋土，自古帝王之興，必稱受命，當製『大金受命之寶』，以明示萬世。」上曰：「卿言正合朕意。」乃遣使夏國市玉，十八年，受命寶成，奏告天地宗廟社稷，上御正殿。

十三年，改大興尹，爲賀宋正旦使。〔六〕璋受命使宋，旣行，上遣人馳諭璋曰：「宋人若不遵舊禮，愼勿付書。如不令卿等入見，卽持書歸。若迫而取之，亦勿赴宴，其回書及禮物一切勿受。」璋至臨安，宋人請以太子接書，不從。宋人就館迫取書，璋與之，且赴宴，多受禮物。有司以聞，上怒，欲置之極刑。左丞相良弼奏曰：「璋爲將，大破宋軍，宋人讎之久矣。將因此陷之死地，未可知也。今若殺璋，或者墮其計中耳。」上以爲然，乃杖璋百五十，除名，副使客省使高翊杖百，沒入其所受禮物。

後歲餘，上念璋有征伐功，起爲景州刺史，遷武定軍節度使，授山東西路蒲底山拏兀魯河謀克，改臨洮尹。十九年，卒。

鄆王昂，本名吾都補，〔七〕世祖最幼子也。常從太祖征伐。天輔六年，昂與稍喝以兵四千監護諸部降人，〔八〕處之嶺東，就以兵守臨潢府。昂不能撫御，降人苦之，多叛亡者。上聞之，使出里底戒諭昂。已過上京，諸部皆叛去，惟章愍宮、小室韋二部達內地。詔諳版勃極烈吳乞買曰：「比遣昂徙諸部，多致怨叛，稍喝駐兵不與討襲，致使降人復歸遼主，違命失衆，當置重法。若有所疑，則禁錮之，俟師還定議。」是時，太宗居守，辭不失副之，辭不失勸太宗因國慶可薄其罰，於是杖昂七十，拘之泰州，而殺稍喝。

天會六年，權元帥左都監。十五年，爲西京留守。天眷三年，爲平章政事。皇統元年，封漆水郡王。二年，制詔昂署銜帶「皇叔祖」字，封鄆王。是歲，薨。

子鄭家、鶴壽。鶴壽累官耶魯瓦羣牧使，死于契丹撒八之難，語在忠義傳。

鄭家，皇統初，以宗室子授定遠大將軍，除磁州刺史。天德間，爲右諫議大夫，累遷會寧尹、安化軍節度使，改益都尹。海陵伐宋，爲浙東道副統制，與工部尚書蘇保衡以舟師自海道趨臨安，至松林島阻風，泊島間。詰旦，舟人望見敵舟，請爲備。鄭家問：「去此幾何？」舟人曰：「以水路測之，且三百里。風迅，行卽至矣。」鄭家不曉海路舟楫，不之信。有頃，敵果至，見我軍無備，卽以火砲擲之。鄭家顧見左右舟中皆火發，度不得脫，赴水死，時年四十一。

校勘記

〔一〕子謾都本　原脱「本」字。據本卷傳文補。又下目「昂本名吾都補」，「吾」原作「吴」。今亦據傳文統一。

〔二〕劾者阿离合懣別有傳　按劾者無傳。

〔三〕阿里保太彎阻兵　「彎」原作「孿」。按「太彎」乃一官稱，本書屢見，如卷六七石顯傳有蒲馬太彎，卷六八歡都傳，有係案女直「阿魯不太彎」等，「孿」字顯係訛誤，今據改。

〔四〕遷加伐宋士官賞　「士」上疑脱「將」字。

〔五〕丹州刺史赤盞胡速魯改已去德順州　「丹」原作「寧」。按本書卷六世宗紀，大定二年十月壬辰，「丹州刺史赤盞胡速魯改敗宋兵于德順州」。卷八七徒單合喜傳，「遣丹州刺史赤盞胡速魯改以兵四千守德順」。皆作「丹州」。今據改。

〔六〕十三年改大興尹爲賀宋正旦使　「十三年」三字原在「正旦使」之下。按本書卷七世宗紀，大定十三年八月「己卯，御史大夫璋罷」，「十一月，以大興尹璋爲賀宋正旦使」。今據乙正。

〔七〕本名吾都補　按本書卷五九宗室表，世祖子「昂，本名烏特」。與此異。

〔八〕昂與稍喝以兵四千監護諸部降人　「諸」原作「都」。按下文「已過上京，諸部皆叛去」，知「都」爲「諸」字之誤。今據改。

金史卷六十六

列傳第四

始祖以下諸子

勗本名烏野 子宗秀 隈可

宗室

胡十門 合住子布輝 摑保 衷本名醜漢 齊本名掃合 术魯 胡石改

宗賢本名阿魯 撻懶 卞本名吾母 膏本名阿里剌 弈本名三寶 阿喜

勗，字勉道，本名烏野，穆宗第五子。好學問，國人呼爲秀才。年十六，從太祖攻寧江州，從宗望襲遼主于石輦鐸。太宗嗣位，自軍中召還，與謀政事。宗翰、宗望定汴州，受宋帝降。太宗使勗就軍中往勞之。宗翰等問其所欲。曰：「惟好書耳。」載數車而還。

女直初無文字，及破遼，獲契丹、漢人，始通契丹、漢字，於是諸子皆學之。宗雄能以兩月盡通契丹大小字，而完顏希尹乃依倣契丹字製女直字。女直既未有文字，亦未嘗有記錄，故祖宗事皆不載。宗翰好訪問女直老人，多得祖宗遺事。太宗初卽位，復進士舉，而韓昉輩皆在朝廷，文學之士稍拔擢用之。天會六年，詔書求訪祖宗遺事，以備國史，命勗與耶律迪越掌之。勗等採摭遺言舊事，自始祖以下十帝，綜爲三卷。凡部族，既曰某部，復曰某水之某，又曰某鄉某村，以別識之。凡與契丹往來及征伐諸部，其間詐謀詭計，一無所隱。事有詳有略，咸得其實。

自太祖與高麗議和，凡女直入高麗者皆索之，至十餘年，索之不已。勗上書諫曰：「臣聞德莫大於樂天，仁莫先於惠下。所索戶口，皆前世姦宄叛亡，烏蠢、訛謨罕、阿海、阿合束之緒裔。先世綏懷四境，尙未賓服，自先君與高麗通，聞我將大，因謂本自同出，稍稍款附。高麗既不聽許，遂生邊釁，因致交兵，久方連和，蓋三十年。當時壯者今皆物故，子孫安於土俗，婚姻膠固，徵索不已，彼固不敢稽留，骨肉乖離，誠非衆願。人情怨甚可愍者，〔一〕而必欲求爲己有，特彼我之蔽，非一視同仁之大也。國家民物繁夥，幅員萬里，不知得此果何益耶。今索之不還，我以强兵勁卒取之無難。然兵凶器，戰危事，不得已而後用。高麗稱藩，職貢不闕，國且臣屬，民亦非外。聖人行義，不責小過，理之所在，不俟終日。臣愚以爲宜施惠下之仁，弘樂天之德，聽免徵索，則彼不謂己有，如自我得之矣。」從之。

十五年，爲尚書左丞加鎭東軍節度使、同中書門下平章事。預平宗磐之難，賜與甚多，加儀同三司，以「皇叔祖」字冠其銜。勗皆力辭不受。

皇統元年，撰定熙宗尊號册文。上召勗飲於便殿，以玉帶賜之。所撰祖宗實錄成，凡三卷，進入，上焚香立受之，賞賚有差。制詔左丞勗、平章政事弈職俸外別給二品親王俸傔。舊制，皇兄弟、皇子爲親王給二品俸，宗室封一字王者給三品俸，勗等別給親王俸，皆異數也。宴羣臣于五雲樓，勗進酒稱謝。帝起立，宰臣進曰：「至尊爲臣下屢起，於禮未安。」上曰：「朕屈己待臣下，亦何害。」是日，上及羣臣盡歡。俄同監修國史，進拜平章政事。光懿皇后忌辰，熙宗將出獵，勗諫而止。

熙宗獵于海島，三日之間，親射五虎獲之。勗獻東狩射虎賦，上悅，賜以佩刀、玉帶、良馬。能以契丹字爲詩文，凡游宴有可言者，輒作詩以見意。時上日與近臣酣飲，或繼以夜，莫能諫之。勗上疏諫，乃爲止酒。進拜左丞相，兼侍中、監修如故。八年，奏上太祖實錄二十卷，賜黃金八十兩，銀百兩，重綵五十端，絹百匹，通犀、玉鈎帶各一。出領行臺尚書省事，召拜太保，領三省、領行臺如故，封魯國王。

勗剛正寡言。海陵方用事，朝臣多附之者。一日，大臣會議，海陵後至，勗面責之曰：

「吾年五十餘，猶不敢後，爾少年强健，乃敢如此。」海陵跪謝。九年，進拜太師，進封漢國王。海陵篡立，加恩大臣以收人望，封秦漢國王，領三省、監修如故。及宗本無罪誅，勗髭鬢頓白，因上表請老。海陵不許，賜以玉帶，優詔諭之。有大事令宰臣就第商議，入朝不拜。勗遂稱疾篤不言，表請愈切，海陵不懌，從之。以本官致仕，進封周宋國王。正隆元年，與宗室俱遷中都。二年，例降封金源郡王。薨，年五十九。大定二十年，詔曰：「太師勗諫表詩文甚有典則，朕自卽位所未嘗見。其諫表可入實錄，其射虎賦詩文等篇什，可鏤版行之。」子宗秀。

勗撰定女直郡望姓氏譜及他文甚衆。

宗秀，字實甫，本名厮里忽。涉獵經史，通契丹大小字。善騎射，與平宗磐、宗雋之亂，授定遠大將軍，以宗磐世襲猛安授之。

宗弼復取河南，宗秀與海陵俱赴軍前任使。宋將岳飛軍于亳、宿之間，宗秀率步騎三千扼其衝要，遂與諸軍逆擊敗之。師還，爲太原尹，改婆速路統軍使，不受。高麗遣使以土產獻，却之。入爲刑部尙書，改御史中丞，授翰林學士。天德初，轉承旨，封宿國公，賜玉帶。歷平陽尹、昭義軍節度使，封廣平郡王。正隆二年卒官，年四十二。是歲，例降二品以上封爵，改贈金紫光祿大夫。

康宗敬僖皇后生楚王謀良虎。次室溫都氏生昭武大將軍同刮茁。次室僕散氏坐事早死，生龍虎衞上將軍隈可。

隈可亦作偎喝，美髯鬚，勇健有材略。從太祖伐遼，取寧江州，戰出河店。天眷二年，授驃騎上將軍，除迭魯苾撒糺詳穩，遷忠順軍節度使、興平軍節度使。天德二年，入爲大宗正丞。四年，出爲昭德軍節度使。以兄謀良虎孫喚端合扎謀克餘戶，〔三〕授偎喝上京路扎里瓜猛安所屬世襲謀克。改德昌軍節度使，封廣平郡王。正隆二年，例奪王爵，改曷速館節度使，再改忠順軍節度使。大定元年，封宗國公，爲勸農使，卒官，年六十五。

始祖兄弟三人，保活里之後爲神土懣、迪古乃，別有傳。

胡十門者，曷蘇館人也。父撻不野，事遼爲太尉。胡十門善漢語，通契丹大小字，勇而善戰。高永昌據東京，招曷蘇館人，衆畏高永昌兵强，且欲歸之。胡十門不肯從，召其族人謀曰：「吾遠祖兄弟三人，同出高麗。今大聖皇帝之祖入女直，吾祖留高麗，自高麗歸于遼。吾與皇帝皆三祖之後。皇帝受命卽大位，遼之敗亡有徵，吾豈能爲永昌之臣哉！」始祖兄阿古廼留高麗中，胡十門自言如此，蓋自謂阿古廼之後云。於是率其族屬部衆詣撒改，烏蠢降，營于駞回山之下。永昌攻之，胡十門力戰不能敵，奔于撒改。及攻開州，胡十門以糧餉給軍。後攻保州，遼將以舟師遁，胡十門邀擊敗之，降其士卒。賞賜甚厚，以爲曷蘇館七部勃堇，給銀牌一、木牌三。天輔二年卒。贈監門衞上將軍，再贈驃騎衞上將軍。

子鉤室，〔三〕嘗從攻顯州，領四謀克軍，破梁魚務，〔四〕功最，以其父所管七部爲曷蘇館都勃堇。

有合住者，亦稱始祖兄苗裔，但不知與胡十門相去幾從耳。

合住，曷速館蒁里海水人也。仕遼，領辰、復二州漢人、渤海。子蒲速越，襲父職，再遷靜江中正軍節度使，佩金牌，爲曷速館女直部長。子余里也與胡十門同時歸朝，屢以糧餉助伐高永昌及高麗、新羅。後從宗望伐宋，以功遷眞定府路安撫使兼曹州防禦使，佩金牌。授蒁里海水世襲猛安。長子布輝，識女直、契丹、漢字，善騎射。年十八，宗弼選爲扎也，從阿里、蒲盧渾追宋康王于明州。睿宗聞其才，召置麾下，從經略山東、河北、陝西，襲其父猛安，授昭勇大將軍。海陵伐宋，以本猛安兵從，半道與南征萬戶完顏福壽等俱亡歸，謁世宗于遼陽。世宗卽位，除同知曷蘇館節度使事。刑部侍郎斜哥爲都統，布輝副之，坐擅署置官吏、私用官中財物，削兩階解職。未浹旬，世宗獻享山陵。兵部尚書可喜、昭毅大將軍斡論、中都同知完顏璋等謀反，欲因上謁山陵舉事。斡論與布輝親舊，與之謀議，事具可喜傳。既知事不可成，乃與可喜、璋執斡論等上變。可喜不肯以始謀盡首，遂并誅之，而賞布輝、璋。除布輝濬州防禦使，累遷順天軍節度使。致仕，卒，年六十七。

昭祖族人撾保者，從昭祖耀武于青嶺、白山。還至姑里甸，昭祖得疾，寢于村舍，洞無門扉，乃以車輪當門爲蔽，撾保臥輪下爲扞禦。已而賊至，刃交於輪輻間。撾保洞腹見膏，恐昭祖知之，乃然薪取膏以爲炙，問之，以他肉對。昭祖心知之，遂中夜啓行。

衷，本名醜漢，中都司屬司人，世祖曾孫。祖霸合布里封鄆王，父悟烈官至特進。大定中，收充閤門祗候，授代州宣銳軍都指揮使。歲旱，州委禱雨于五臺靈潭，步致其水，雨隨下，人爲刻石紀之。四遷引進使，兼典客署令，改尙輦局使。扈從北幸，賜廐馬二以旌其勤。尋爲夏國王李仁孝封册使，歷寧海、蠡州刺史，入爲大睦親府丞。除順義軍節度使，陛辭，賜金幣，特寵異之。移鎭鎭西。泰和六年，致仕，卒。

衷孝悌貞謹，深悉本朝婚禮，皇族婚嫁每令衷相之。治復有能稱，其在寧海、蠡州，平賦役無擾，民立石頌遺愛。大安初，追贈輔國上將軍。

齊，本名掃合，穆宗曾孫。父胡八魯，寧州刺史。大定中，以族次充司屬司將軍，授同知復州軍州事，累遷刑部員外郎。上諭曰：「本朝以來，未嘗有內族爲六部郎官者，以卿歷職廉能，故授之。」先是，復州合厮罕關地方七百餘里，因圍獵，禁民樵捕。齊言其地肥衍，令賦民開種則公私有益。上然之，爲弛禁。即牧民以居，田收甚利，因名其地曰合厮罕猛安。

章宗立，改戶部員外郎，出爲磁州刺史，治以寬簡，未嘗留獄。屬邑武安，有道士視觀宇不謹，吏民爲請鄰郡王師者代主之。道士忿奪其利，告王私置禁銅器，法當徒。縣令惡其爲人，反坐之，具獄上。齊審其誣。又以王有德，不忍坐之，問同僚，無以對。齊曰：「道士同請即同居也，當准首，俱釋其罪。」其寬明有體，皆此類也。

磁，名郡，刺史皆朝廷遴選，郡人以前政有聲如劉徽柔、程輝、高德裕皆不及也。河北提刑司以治狀聞。明昌三年，始議置諸王傅，頗難其選，乃以齊傅兗王。王將至任郡，猛安迎接，齊峻却之。王怪問故，曰：「王國藩輔，猛安皆總戎職，於王何利焉，却之以遠嫌也。」王悅服。王府家奴爲不法，輒發還本猛安，終更無敢犯者。

明年，授山東東、西路副統軍，兼同知益都府事。有惠愛，郡人爲之立碑。轉彰化軍節度使。六年，移利涉軍。召見，勞慰有加。詔留守上京。承安二年，致仕，卒。齊明法識治體，所至有聲，內族中與丞相承暉並稱云。

术魯，宗室子。從鄭王斡賽敗高麗于曷懶，取亞魯城，克寧江州，取黃龍府。出河店之役、達魯古城之役、護步荅岡之役皆力戰有功。東京降，爲本路招安副使。敗遼兵，破同刮營。蘇州漢民叛走，术魯追復之，以功爲謀克。天輔四年卒，年四十一。皇統中，贈鎮國上將軍。

胡石改，宗室子也。從太祖攻寧江，敗遼兵於達魯古城，破遼主親兵，皆有功。遼軍來援濟州，胡石改與其兄實古乃以兵迎擊，敗之。還攻濟州，中流矢，戰益力，克其城。軍中稱其勇。從攻春、泰州，降之，抃降境內諸部族，其不降者皆攻拔之。遼主西走，胡石改追至中京，獲其宮人、輜重凡八百兩。

有思泥古者，復以本部叛去，胡石改以兵五百追及之，獲其親屬部人以還。德州復叛，胡石改以兵五千克其城。從婁室擊敗敵兵二萬於歸化之南，抃降歸化。從取居庸關，抃燕之屬縣及其山谷諸屯。移失部既降，復叛去，胡石改引兵追及，戰敗之，俘獲甚衆。澤州諸部有逃者，皆追復之。又敗叛人於臨潢，誅其酋領而安撫其人民。天眷二年，遷永定軍節度使，改武定軍，徙汴京留守。天德三年，授世襲猛安。卒，年六十八。

宗賢，本名阿魯。太祖伐遼，從攻寧江州、臨潢府。太宗監國，選侍左右，甚見親信。臨潢復叛，從宗望復取之。爲內庫都提點，再遷歸德軍節度使。政寬簡，境內大治。秩滿，士民數百千人相率詣朝廷請留。及改武定軍，百姓扶老携幼送數十里，悲號而去。改永定軍。秉德廉訪官吏，士民持盆水與鏡，前拜言曰：「使君廉明清直類此，民實賴之。」秉德曰：「吾聞郡僚廉能如一，汝等以爲如何？」衆對曰：「公勤淸儉皆法則於使君耳。」因謂宗賢曰：「人謂君善治，當在甲乙，果然賢使君也。」用是超遷兩階。天德初，授世襲謀克，馳驛召之。雄州父老相率張靑繩懸明鏡於公署，老幼塡門，三日乃得去。封定國公，再除忠順軍節度使，賜以玉帶。捕盜司執數人至府，宗賢問曰：「罪狀明白否？」對曰：「獄具矣。」宗賢閱其案，謂僚佐曰：「吾察此輩必寃。」不數日，賊果得，人服其明。改曷懶路兵馬都總管，歷廣寧尹，封廣平郡王。改崇義軍節度使，兼領北京宗室事。正隆例奪王爵，加金紫光祿大夫，改臨海軍。大定初，遣使召之。宗賢率諸宗室見於遼陽，除同簽大宗正事，封景國公，致仕。起爲婆速路兵馬都總管，復致仕，卒。

特進撻懶，宗室子。年十六，事太祖，未嘗去左右。出河店之役，太祖欲親戰，撻懶控其馬而止之曰：「主君何爲輕敵。臣請效力。」卽挺槍前，手殺七人。已而槍折，騎士曳而下者九人。太祖壯之曰：「誠得此輩數十，雖萬衆不能當也。」及戰于達魯古城，遼兵一千陣于營外，太祖遣撻懶往擊之。撻懶衝出敵陣，大敗其衆。攻臨潢府、春、泰州、中、西二京，皆有功。天輔六年，授謀克。

天會四年，從伐宋，屢以功受賞。明年，再舉至汴。宗望聞宋人會諸路援兵于睢陽，遣撻懶與阿里刮將兵二千往拒之。敗其前鋒軍三萬于杞縣，又破三寨，擒宋京東路都總管胡直孺、南路都統制隋師元及其三將幷直孺二子，遂取拱州，降寧陵。復破二萬于睢陽，進取亳州。聞宋兵十萬且至，會宗望益兵四千，合擊，大敗之。其卒二千，陣而立，馳之不動，卽麾軍去馬擊之，盡殪，擒其將石瑱而還。帥府嘉其功，賞賚優渥。睿宗駐兵熙州，分遣諸將略地。撻懶以軍五百入六盤山十六寨，降其官八十餘，民戶四千，獲馬二千疋。

皇統中，累加銀青光祿大夫。天德初，加特進，授世襲猛安。卒，年六十五。海陵遷諸陵於大房山，以撻懶嘗給事太祖，命作石像，置睿陵前。

卞，本名吾母，上京司屬司人，大定二年，收充護衞，積勞授彰化軍節度副使，入爲都水監丞，累遷中都、西京路提刑使，徙知歸德府、河平軍節度使。王汝嘉奏卞前在都水監導河有勞，除北京留守。未幾，改知大興府事。時有言，尙書左丞夾谷衡在軍不法，詔刑部問狀。事下大興府，卞輒令追攝，上以爲失體，杖四十。久之，乞致仕，不許。拜御史大夫。先是，左司諫赤盞高門上言，御史大夫久闕，憲紀不振，宜選剛正疾惡之人肅淸庶務。上由是用卞。前時孫鐸、賈鉉俱爲尙書，鉉拜參知政事，而鐸再任，對賀客誦唐張在詩，有鬱鬱意。卞劾奏之，鐸坐降黜。既而復申前請，遂以金吾衞上將軍致仕，薨。

膏，本名阿里剌，隸上京司屬司。大定十年，以皇家近親，收充東宮護衞。轉十人長，授御院通進，從世宗幸上京。會皇太子守國薨，世宗以膏親密可委，特命與滕王府長史臺馳驛往護喪。時章宗爲金源郡王，亦留中都，且命膏等保護，諭之曰：「郡王遭此家難，哀哭當以禮節之，飲食尤宜謹視。」世宗還都，遷符寶郎，除吏部郎中。章宗卽位，坐與御史大夫唐括貢爲壽，犯夜禁，奪官一階，罷。明昌元年，起爲同知棣州防禦使事，上書歷詆宰執。帝以小臣敢譏訕宰輔，杖八十，削一官，罷之，發還本猛安。

明年，降授同知宣德州事。召授武衞軍副都指揮使，四遷知大興府事，轉左右宣徽使。承安二年，拜尚書右丞，出爲泰定軍節度使，移知濟南府，卒。

弈，本名三寶，隸梅堅塞吾司屬司。大定七年，以近親充東宮護衞十人長，轉爲尚廄局使。章宗即位，遷左衞副將軍，累遷右副都點檢，兼提點尚廄局使。諭旨曰：「汝非有過人才，第以久次遷授。當謹乃職，勿復有非違事，使朕聞之。」未幾，坐廄馬瘦，決三十。承安二年，改左副都點檢，〔三〕兼職如舊。俄授同簽大睦親府事，卒。

弈爲人貪鄙，數以贓敗，帝愛其能治圍場，故進而委信之。

阿喜，宗室子，好學問。襲父北京路筈栢山猛安，聽訟明決，人信而愛之。察廉能，除彰國軍節度副使，改上京留守判官。提刑司奏彰國軍治狀，遷同知速頻路節度事，改歸德軍，歷海、邳二州刺史，皆兼總押軍馬。

宋統領劉文謙以兵犯宿遷，阿喜逆擊，破之。復破戚春、夏興國舟兵萬餘人，斬夏興國于陣。遷鎭國上將軍，再賜銀幣，爲元帥左監軍紇石列執中前鋒。渡淮，破寶應、天長二縣。師還，遷同知歸德府事，改泗州防禦使。丁母憂，起復。大安二年，改華州防禦使，遷鎭南軍節度使。貞祐二年，改知大名府，充馬軍都提控，歷横海、安化軍節度使，充宣差山東路左翼都提控。尋知濟南府事，徙沁南軍節度使，遷河南統軍使，兼昌武軍節度使，卒。

贊曰：金諸宗室，自始祖至康宗凡八世。獻祖徙居海姑水納葛里村，再徙安出虎水。世祖稱海姑兄弟，蓋指其所居也。完顏十二部，皆以部爲氏，宣宗詔宗室皆書姓氏，然亦有部人以部爲氏，非宗室同姓者，遂不可辨矣。

校勘記

〔一〕人情怨甚可愍者　按「怨」疑是「怨」字之訛。

〔二〕以兄謀良虎孫喚端合扎謀克餘戶　「孫」原作「子」。按喚端卽桓端。本書卷七三宗雄傳，「宗雄本名謀良虎，……子蒲魯虎，……蒲魯虎襲猛安，蒲魯虎卒，……子桓端襲之」。又卷五九宗室表載桓端世系相同。今據改。

〔三〕子鉤室　「室」原作「空」。據本書卷五一宗室表改。

〔四〕梁魚務　原作「魚梁務」。按「梁魚務」亦作「梁漁務」。本書卷二四地理志，北京路廣寧府望平，鎮二，有梁漁務。又卷八〇斜卯阿里傳，「攻顯州，下靈山縣，取梁魚務」，與本傳所記是一事。今據乙正。

〔五〕改左副都點檢　「副」原作「司」。按本書卷五六百官志，殿前都點檢司有殿前左副都點檢。今據改。

金史卷六十七

列傳第五

石顯　桓赧弟散達　烏春溫敦蒲剌附　臘醅弟麻產　鈍恩

留可　阿疎　奚王回离保

石顯，孩懶水烏林荅部人。昭祖以條教約束諸部，石顯陸梁不可制。及昭祖沒于逼剌紀村，部人以柩歸，至孩懶水，石顯與完顏部窩忽窩出邀於路，攻而奪之柩，揚言曰：「汝輩以石魯爲能而推尊之，吾今得之矣。」昭祖之徒告于蒲馬太巒，與馬紀嶺劾保村完顏部蒙葛巴土等募軍追及之，與戰，復得柩。衆推景祖爲諸部長，白山、〔一〕耶悔、統門、耶懶、土骨論、五國皆從服。

及遼使曷魯林牙來索逋人，石顯皆拒阻不聽命，景祖攻之，不能克。景祖自度不可以力取，遂以詭計取之。乃以石顯阻絕海東路請於遼，遼帝使人讓之曰：「汝何敢阻絕鷹路？審無他意，遣其酋長來。」石顯使其長子婆諸刊入朝，曰：「不敢違大國之命。」遼人厚賜遣還，謂婆諸刊曰：「汝父信無他，宜身自入朝。」石顯信之，明年入見於春蒐，婆諸刊從。遼主謂石顯曰：「罪惟在汝，不在汝子。」乃命婆諸刊還，而流石顯於邊地。蓋景祖以計除石顯而欲撫有其子與部人也。

婆諸刊蓄怨未發，會活剌渾水紇石烈部臘醅、麻產起兵，婆諸刊往從之。及敗於暮稜水，麻產先遁去，婆諸刊與臘醅就擒，及其黨與，皆獻之遼主。久之，世祖復使人言曰：「婆諸刊不還，則其部人自知罪重，因此恐懼，不肯歸服。」遼主以爲然，遂遣婆諸刊及前後所獻罪人皆還之。

桓赧、散達兄弟者，國相雅達之子也。居完顏部邑屯村。雅達稱國相，不知其所從來。景祖嘗以幣與馬求國相於雅達，雅達許之。景祖得之，以命肅宗，其後撒改亦居是官焉。

桓赧兄弟嘗事景祖。世祖初，季父跋黑有異志，陰誘桓赧欲與爲亂。昭肅皇后往邑屯村，世祖、肅宗皆從行，遇桓赧、散達各被酒，言語紛爭，遂相毆擊，舉刃相向。昭肅皇后親解之，乃止，自是謀益甚。

是時烏春、窩謀罕亦與跋黑相結，詭以烏不屯賣甲爲兵端，世祖不得已而與之和。間數年，烏春以其衆涉活論、來流二水，世祖親往拒之。桓赧、散達遂起兵。

肅宗以偏師拒桓赧、散達。世祖畏其合勢也，戒之曰：「可和則和，否則戰。」至斡魯紺出水，既陣成列，肅宗使盃德勃菫議和。桓赧亦恃烏春之在北也，無和意。盃德報肅宗曰：「敵欲戰。」或曰：「戰地迫近村墟，雖勝不能盡敵，宜退軍誘之寬地。」肅宗惑之，乃令軍少却，未能成列。桓赧、散達乘之，肅宗敗焉。桓赧乘勝，大肆鈔略。是役也，烏春以久雨不能前，乃罷兵。

世祖聞肅宗敗，乃自將，經舍很、貼割兩水取桓赧、散達之家，桓赧、散達不知也。世祖焚其所居，殺略百許人而還。未至軍，肅宗之軍又敗。世祖至，責讓肅宗失利之狀，使歡都、冶訶以本部七謀克助之，復遣人議和。桓赧、散達欲得盈歌之大赤馬、辭不失之紫騮馬，世祖不許，遂與不术魯部卜灰、蒲察部撒骨出及混同江左右匹古敦水北諸部兵皆會，厚集爲陣，鳴鼓作氣馳騁。桓赧恃其衆，有必勝之心，下令曰：「今天門開矣，悉以爾車自隨。凡烏古廼夫婦寶貨財產恣爾取之，有不從者俘略之而去。」於是婆多吐水裴滿部斡不勃菫附於世祖，桓赧等縱火焚之。斡不死，世祖厚撫其家，既定桓赧，以舊地還之。

桓赧軍復來，蒲察部沙祇勃菫、胡補荅勃菫使阿喜間道來告，且問曰：「寇將至，吾屬何以待之？」世祖復命曰：「事至此，不及謀矣。以衆從之，自救可也，惟以旗幟自別耳。」每有兵至，則輒遣阿喜穿林潛來，令與畢察往還大道，卽故潛往來林中路也。桓赧至北隘甸，世祖將出兵，聞跋黑食于馳滿村死矣。乃沿安术虎水行，且欲并取海故术烈速勃菫之衆而後戰。覘者來報曰：「敵至矣。」世祖戒辭不失整軍速進，使待於脫豁改原。當是時，桓赧兵衆，世祖兵少，衆寡不敵。比世祖至軍，士氣衄甚。世祖心知之而不敢言，但令解甲少憩，以水洗面，飲麨水。頃之，士氣稍蘇息。是時，肅宗求救於遼，不在軍中。將戰，世祖屏人獨與穆宗私語，兵敗，則就與肅宗乞師以報讎。仍令穆宗勿預戰事，介馬以觀勝負，先圖去就。乃祖袖韔弓服矢，以縕袍下幅護前後心，三揚旗，三撾鼓，棄旗提劍，身爲軍鋒，盡鋭搏戰。桓赧步軍以干盾進，世祖之衆以長槍擊之，步軍大敗。辭不失從後奮擊之，桓赧之騎兵亦敗。世祖乘勝逐北，破多退水水爲之赤。〔三〕世祖止軍勿追，盡獲所棄車甲馬牛軍實，以戰勝告于天地，頒所獲於將士，各以功爲差。

未幾，桓赧、散達俱以其屬來降。卜灰猶保撒阿辣村，招之不出。撒骨出據阿魯紺出村，世祖遣人與之議和，撒骨出謾言爲戲，答之曰：「我本欲和，壯士巴的懣不肯和，泣而謂我曰：『若果與和，則美衣肥羊不可復得。』是以不敢從命。」遂縱兵俘略隣近村墅。有人從道傍射之，中口死。

卜灰之屬曰石魯，石魯之母嫁于駞滿部達魯罕勃堇而爲之妾。達魯罕與族兄弟抹腮引勃堇俱事世祖，世祖欲間石魯於卜灰，謂達魯罕曰：「汝之事我，不如抹腮引之堅固也。」蓋謂石魯母子一彼焉，一此焉，以此撼石魯。石魯聞之，遂殺卜灰而降。石魯通於卜灰之妾，常懼得罪，及聞世祖言，惑之，使告于達魯罕曰：「將殺卜灰而來，汝待我于江。」伺卜灰睡熟，剚刃於胸而殺之。追者急，白日露鼻匿水中，逮夜，至江，方游以濟。達魯罕使人待之，乃得免。久之，醉酒，而與達魯罕狠爭，達魯罕殺之。

烏春，阿跋斯水溫都部人，以鍛鐵爲業。因歲歉，策杖負檐與其族屬來歸。景祖與之處，以本業自給。既而知其果敢善斷，命爲本部長，仍遣族人盆德送歸舊部。盆德，烏春之甥也。

世祖初嗣節度使，叔父跋黑陰懷覬覦，間誘桓赧、散達兄弟及烏春、窩謀罕等。烏春以跋黑居肘腋爲變，信之，由是頗貳於世祖，而虐用其部人。部人訴於世祖，世祖使人讓之曰：「吾父信任汝，以汝爲部長。今人告汝有實狀，殺無罪人，聽訟不平，自今不得復爾爲也。」烏春曰：「吾與汝父等輩舊人，汝爲長能幾日，干汝何事。」世祖內畏跋黑，恐羣朋爲變，故曲意懷撫，而欲以婚姻結其歡心。使與約婚，烏春不欲，笑曰：「狗彘之子同處，豈能生育。胡里改與女直豈可爲親也。」烏春欲發兵，而世祖待之如初，無以爲端。

加古部烏不屯，亦鐵工也，以被甲九十來售。烏春聞之，使人來讓曰：「甲，吾甲也。來流水以南、匹古敦水以北，皆吾土也。何故輒取吾甲，其亟以歸我。」世祖曰：「彼以甲來市，吾與直而售之。」烏春曰：「汝不肯與我甲而爲和解，則使汝叔之子斜葛及厮勒來。」斜葛蓋跋黑之子也。世祖度其意非眞肯議和者，將以有爲也，不欲遣。衆固請曰：「不遣則必用兵。」不得已，遣之。謂厮勒曰：「斜葛無害。彼且執汝矣，半途辭疾勿往。」既行，厮勒曰：「我疾作，將止不往。」斜葛曰：「吾亦不能獨往矣。」同行者强之使行。既見烏春，烏春與斜葛厚爲禮，而果執厮勒，曰：「得甲則生，否則殺汝。」世祖與其甲，厮勒乃得歸。烏春自此益無所憚。

後數年，烏春舉兵來戰，道斜寸嶺，涉活論、來流水，舍於朮虎部阿里矮村滓布乃勃堇家。是時十月中，大雨累晝夜不止，冰澌覆地，烏春不能進，乃引去。於是桓赧、散達亦舉兵。世祖自拒烏春，而使肅宗拒桓赧。已而烏春遇雨歸，叔父跋黑亦死，故世祖得併力於桓赧、散達，一戰而遂敗之。

斡勒部人盃乃，舊事景祖，至是亦有他志，徙于南畢懇忒村，遂以縱火誣歡都，欲因此除去之，語在歡都傳中。世祖獲盃乃，釋其罪，盃乃終不自安，徙居吐窟村，與烏春、窩謀罕結約。烏春舉兵度嶺，世祖駐軍屋闢村以待之。進至蘇素海甸，兩軍皆陣，〔三〕將戰，世祖不親戰，命肅宗以左軍戰，斜列、辭不失助之，徵異夢也。肅宗束縕縱火，大風從後起，火熾烈，時八月，野草尚青，火盡燎，烟焰張天。烏春軍在下風，肅宗自上風擊之，烏春大敗，復獲盃乃，獻于遼，而城蘇素海甸以據之。

紇石烈臘醅、麻產與世祖戰於野鵲水。世祖中四創，軍敗。臘醅使舊賊禿罕等過青嶺，見烏春，賂諸部與之交結。臘醅、麻產求助於烏春，烏春以姑里甸兵百十七人助之。世祖擒臘醅獻于遼主，并言烏春助兵之狀，仍以不修鷹道罪之。遼主使人至烏春問狀，烏春懼，乃爲謾言以告曰：「未嘗與臘醅爲助也。德鄰石之北，姑里甸之民，所管不及此。」

臘醅既敗，世祖盡得烏春姑里甸助兵一百十七人，而使其卒長斡善、斡脫往招其衆，繼遣斜鉢勃菫撫定之。斜鉢不能訓齊其人，蒲察部故石、跋石等誘三百餘人入城，盡陷之。世祖治鷹道還，斜列來告，世祖使歡都爲都統，破烏春、窩謀罕於斜堆，故石、跋石皆就擒。世祖自將過烏紀嶺，〔四〕至窩謀海村，胡論加古部勝昆勃菫居，烏延部富者郭赧請分一軍由所部伐烏春，蓋以所部與烏春近，欲以自蔽故也。乃使斜列、躍盤以支軍道其所居，世祖自將大軍與歡都合。至阿不塞水，嶺東諸部皆會，石土門亦以所部兵來。

是時，烏春前死，窩謀罕聞知世祖來伐，訴於遼人，乞與和解。使者已至其家，世祖軍至，窩謀罕請緩師，盡以前所納亡人歸之。世祖使烏林荅故德黑勃堇往受所遣亡者。窩謀罕以三百騎乘懈來攻，世祖敗之。遼使惡其無信，不復爲主和，乃進軍圍之。太祖衣短甲行圍，號令諸軍，窩謀罕使太峪潛出城攻之。太峪馳馬援槍，將及太祖，活臘胡擊斷其槍，太祖乃得免。斜列至斜寸水，用郭赧計，取先在烏春軍者二十二人。烏春軍覺之，殺二人，餘二十人皆得之，益以土軍來助。窩謀罕自知不敵，乃遁去。遂克其城，盡以貲產分賚軍中，以功爲次，諸部皆安輯焉。穆宗常嘉郭赧功，後以斜列之女守寧妻其子胡里罕。

烏春之後爲溫敦氏，裔孫曰蒲剌。

溫敦蒲剌始居長白山阿不辛河，徙隆州移里閔河。蒲剌初從希尹征伐，攝猛安謀克事，遇賊突出，力擊敗之，手殺二十餘人，用是擢修武校尉。天德初，充護衞，遷宿直將軍，與衆護衞射遠，皆莫能及，海陵以玉鞍、銜賞之。往曷懶路選可充護衞者，使還稱旨，遷耶盧椀羣牧使，改遼州刺史。正隆伐宋，召爲武翼軍副都總管，將兵二千，至汝州南，遇宋兵二萬餘，邀擊敗之，手殺將士十餘人。是時，嵩、汝兩州百姓多逃去，蒲剌招集，使之復其業。

改莫州刺史，徵爲太子左衞率府率，再遷隴州防禦使，歷鎭西、胡里改、顯德軍節度使。致仕，卒。

臘醅、麻產兄弟者，活剌渾水訶隣鄉紇石烈部人。兄弟七人，素有名聲，人推服之。及烏春、窩謀罕等爲難，故臘醅兄弟乘此際結陶溫水之民，浸不可制。其同里中有避之者，徙於苾罕村野居女直中，臘醅怒，將攻之，乃約烏古論部騷臘勃堇、富者撻懶、胡什滿勃堇、海羅勃堇、斡茁火勃堇。海羅、斡茁火間使人告野居女直，野居女直有備，臘醅等敗歸。臘醅乃由南路復襲野居女直，勝之，俘略甚衆。海羅、斡茁火、胡什滿畏臘醅，求援于世祖。斜列以輕兵邀擊臘醅等于屯睦吐村，敗之，盡得所俘。

臘醅、麻產驅掠來流水牧馬。世祖至混同江，與穆宗分軍。世祖自姑骨魯津倍道兼行，馬多乏，皆留之路傍，從五六十騎，遇臘醅于野鵲水。日已曛，臘醅兵衆，世祖兵少，歡都鏖戰，出入數四，馬中創，死者十數。世祖突陣力戰，中四創，不能軍。穆宗自庵吐渾津度江，遇敵于蒲蘆買水。敵問爲誰，應之曰：「歡都。」問者射穆宗，矢著于弓箙。是歲，臘醅、麻產使其徒舊賊禿罕及馳朵剽取戶魯不濼牧馬四百，及富者粘罕之馬合七百餘匹，過青嶺東，與烏春、窩謀罕交結。世祖自將伐之，臘醅等僞降，還軍。臘醅復求助於烏春、窩謀罕。窩謀罕以姑里甸兵百有十七人助之。臘醅據暮稜水，保固險阻，石顯子婆諸刊亦往從之。世祖率兵圍之，克其軍，麻產遁去，遂擒臘醅及婆諸刊，皆獻之遼。盡獲其兵，使其卒長斡善、斡脫招撫其衆，使斜鉢撫定之。復使阿离合懣察暮稜水人情，幷募兵與斜鉢合，語在烏春傳。

世祖旣沒，肅宗襲節度使。麻產據直屋鎧水，繕完營堡，招納亡命，杜絕往來者。特陶溫水民爲之助，招之不聽，使康宗伐之。是歲，白山混同江大溢，水與岸齊，康宗自阿鄰岡乘舟至於帥水，舍舟沿帥水而進。使太祖從東路取麻產家屬，盡獲之。康宗圍麻產急，太祖來會軍，於是麻產先亡在外，其人乘夜突圍遁去。太祖曰：「麻產之家蕩盡矣，走將安歸」，追之。麻產不知太祖急求己也，與三騎來伺軍，其一人墜馬下，太祖識之，問狀。其人曰：「我隨麻產來伺軍，彼走者二人，麻產在焉。」麻產與其人分道走，太祖命劾魯古追東走者，而自追西走者。至直屋鎧水，失麻產不見，急追之，得遺甲於路，迹而往，前至大澤，濘淖。麻產棄馬入萑葦，太祖亦棄馬追及之，與之挑戰。烏古論壯士活臘胡乘馬來，問曰：「此何人也。」太祖初不識麻產，佯應曰：「麻產也。」活臘胡曰：「今亦追及此人邪。」遂下馬援槍進戰。麻產連射活臘胡，活臘胡中二矢，不能戰。有頃，軍至，圍之。歡都射中麻產首，遂擒之。無有識之者，活臘胡乃前扶其首而視之，見其齒豁，曰：「眞麻產也。」麻產張目曰：「公等事定矣。」遂殺之。太祖獻馘於遼。

鈍恩，阿里民忒石水紇石烈部人。祖曰劾魯古，父納根涅，世爲其部勃堇。斡准部人冶剌勃堇、海葛安勃堇暴其族人斡達罕勃堇及諸弟屋里黑、屋徒門，抄略其家，及抄略阿活里勃堇家，侵及納根涅所部。〔五〕穆宗使納根涅以本部兵往治冶剌等。行至蘇濱水，輒募人爲兵，主者拒之，輒抄略其人。遂攻烏古論部敵庫德，入米里迷石罕城。及斡賽、冶訶來問狀，止蘇濱水西納木汗村，納根涅止蘇濱水東屋邁村。納根涅雖款伏而不肯徵償，時甲戌歲十月也。明年八月，納根涅遁去，斡賽追而殺之，執其母及其妻子以歸，而使鈍恩復其所。

留可，統門、渾蠢水合流之地烏古論部人，忽沙渾勃堇之子。詐都，渾蠢水安春之子也。〔六〕間誘奧純、塢塔兩部之民作亂。敵庫德、鈍恩皆叛而與留可、詐都合。兩黨揚言曰：

「徒單部之黨十四部爲一，烏古論部之黨十四部爲一，蒲察部之黨七部爲一，凡三十五部。完顏部十二而已，以三十五部戰十二部，三人戰一人也，勝之必矣。」世祖降附諸部亦皆有離心。當是時，惟烏延部斜勒勃堇及統門水溫迪痕部阿里保勃堇、撒葛周勃堇等皆使人來告難。斜勒，達紀保之子也，先使其兄保骨臘來，既而以其甲來歸。阿里保等曰：「吾等必不從亂，但乞兵爲援耳。」

穆宗使撒改伐留可，使謾都訶伐敵庫德。既而太祖以七十甲詣撒改軍，中道以四十甲與謾都訶。石土門之軍與謾都訶會于米里迷石罕城下。而鈍恩將援留可，聞謾都訶之兵寡，以爲無備，而未知石土門之來會也，欲先攻謾都訶。謾都訶、石土門迎擊，大破鈍恩。米里迷石罕城遂降，獲鈍恩、敵庫德，皆釋弗誅。太祖至撒改軍，明日遂攻破留可城，城中渠帥皆誅之，取其孥累貲產而還。塢塔城亦撒守備而降。留可先在遼，塢塔已脫身在外，由是皆未獲。詐都亦詣蒲家奴降，太祖釋之。於是，諸部皆安業如故。久之，留可、塢塔皆來降。

阿踈，星顯水紇石烈部人。父阿海勃堇事景祖、世祖。世祖破烏春還，阿海率官屬士民迎謁于雙宜大濼，獻黃金五斗。世祖喻之曰：「烏春本微賤，吾父撫育之，使爲部長，而忘大恩，乃結怨於我，遂成大亂，自取滅亡。吾與汝等三十部之人，自今可以保安休息。吾大數亦將終。我死，汝等當念我，竭力以輔我子弟，若亂心一生，則滅亡如烏春矣。」阿海與衆跪而泣曰：「太師若有不諱，衆人賴誰以生，勿爲此言。」未幾，世祖沒，阿海亦死，阿踈繼之。

阿踈自其父時常以事來，昭肅皇后甚憐愛之，每至，必留月餘乃遣歸。阿踈既爲勃菫，嘗與徒單部詐都勃菫爭長，肅宗治之，乃長阿踈。

穆宗嗣節度，聞阿踈有異志，乃召阿踈賜以鞍馬，深加撫諭，陰察其意趣。阿踈歸，謀益甚，乃斥其事。復召之，阿踈不來，遂與同部毛睹祿勃菫等起兵。

穆宗自馬紀嶺出兵攻之。撒改自胡論嶺往略，定潺春、星顯兩路，攻下鈍恩城。穆宗略阿茶檜水，益募軍，至阿踈城。是日辰巳間，忽暴雨，晦曀，雷電下阿踈所居，既又有大光，聲如雷，墜阿踈城中。識者以謂破亡之徵。

阿踈聞穆宗來，與其弟狄故保往訴于遼。遼人來止勿攻。穆宗不得已，留劾者勃菫守阿踈城而歸。金初亦有兩劾者，其一撒改父，贈韓國公。其一守阿踈城者，後贈特進云。

劾者以兵守阿踈城者二年矣。阿踈在遼不敢歸，毛睹祿乃降。遼使復爲阿踈來。穆宗聞之，使烏林荅石魯濟師，且戒劾者令易衣服旗幟與阿踈城中同色，使遼使不可辨。遼使至，乃使蒲察部胡魯勃堇、邈遜勃堇與俱至劾者軍，而軍中已易衣服旗幟，與阿疎城中如一，遼使果不能辨。劾者詭曰：「吾等自相攻，干汝何事，誰識汝之太師。」乃刺殺胡魯、邈遜所乘馬，遼使驚怖走去，遂破其城。狄故保先歸，殺之。

阿疎聞穆宗以計却遼使，破其城，殺狄故保，復訴於遼。遼使奚節度使乙烈來問狀，且使備償阿疎。穆宗復使主隈、禿荅水人僞阻絕鷹路者，而使鼈故德部節度使言於遼，平鷹路非己不可。遼人不察也，信之。穆宗畋於土溫水，謂遼人曰：「吾平鷹路也。」遼人以爲功，使使來賞之。穆宗盡以其物與主隈、禿荅之人而不復備償阿疎。遼人亦不復問。阿疎在遼無所歸，後二年，使其徒達紀至生女直界上，曷懶甸人畏穆宗，執而送之，阿疎遂終于遼。

及太祖伐遼，底遼之罪告于天地，而以阿疎亡命遼人不與爲言，凡與遼往復書命必及之。天輔六年，闍母、婁室略定天德、雲內、寧邊、東勝等州，獲阿疎。軍士問之曰：「爾爲誰？」曰：「我破遼鬼也。」

贊曰：金之興也，有自來矣。世祖擒臘醅、婆諸刊，既獻之遼以爲功，則又曰：「若不畫還，其部人疑懼，且爲亂階。」遼人不察，盡以前後所獻罪人歸之。景祖止曷魯林牙、止同斡，穆宗止遼使阿疎城，始終以鷹路誤之，而遼人不悟。景祖有黃馬，服乘如意，景祖沒，遼貴人爭欲得之。世祖弗與，曰：「難未息也，馬不可以與人。」遂割其兩耳，謂之禿耳馬，遼貴人乃弗取。其削平諸部則借遼以爲己重，既獻而求之則市以爲己重。戰陣一良馬終弗與遼人，而遼人終不悟，豈興亡有數，蓋天奪其魄歟。

奚，與契丹俱起，在元魏時號庫莫奚，歷宇文周、隋、唐，皆號兵强。其後契丹破走奚，奚西保冷陘，其留者臣服于契丹，號東、西奚。厥後遼太祖稱帝，諸部皆內屬矣。鐵勒者，古部族之號，奚有其地，號稱鐵勒州，又書作鐵驪州。奚有五王族，世與遼人爲昏，因附姓述律氏中，事具遼史，今不載。

奚有十三部、二十八落、一百一帳、三百六十二族。甲午歲，太祖破耶律謝十，諸將連戰皆捷，奚鐵驪王回离保以所部降，未幾，遁歸于遼。及遼主使使請和，太祖曰：「歸我叛人阿疎、降人回离保、迪里等，餘事徐議之。」久之，遼主至鴛鴦濼，都統杲襲之，亡走天德。回离保與遼大臣立秦晉國王耶律捏里于燕京。捏里死，蕭妃權國事。太祖入居庸關，蕭妃自古北口出奔。回离保至盧龍嶺，遂留不行，會諸奚吏民于越里部，僭稱帝，改元天復，改置官屬，籍渤海、奚、漢丁壯爲軍。太祖詔回离保曰：「聞汝脅誘吏民，僭竊位號。遼主越在草莽，大福不再。汝之先世臣服于遼，今來臣屬，與昔何異。汝與余睹有隙，故難其來。余睹設有睚眦，朕豈從之。儻能速降，盡釋汝罪，仍俾主六部族，總山前奚衆，還其官屬財產。若尚執迷，遣兵致討，必不汝赦。」回离保不聽。天輔七年五月，回离保南寇燕地，敗於景、薊間，其衆奔潰。耶律奥古哲及甥八斤、家奴白底哥等殺之。其妻阿古聞之，自剄而死。

先是，速古部人據劾山，奚路都統撻懶招之不服，往討之。鐵泥部衆扼險拒戰，殺之殆盡。至是，速古、啜里、鐵泥三部所據十三巖皆討平之。達魯古部節度使乙列已降復叛，奚馬和尚討達魯古并五院司等諸部，諸部皆降，遂執乙列，杖之一百，其父及其家人先被獲者皆還之。

初，太祖破遼兵于達魯古城，九百奚營來降。至是，回离保死，奚人以次附屬，亦各置猛安謀克領之。

贊曰：庫莫奚、契丹起於漢末，盛於隋、唐之間，俱强爲隣國，合并爲君臣，歷八百餘年，相爲終始。奚有五，大定間，類族著姓有遙里氏、伯德氏、奧里氏、梅知氏、揣氏。

校勘記

〔一〕白山　「白」原作「自」。按本書卷一世紀，「景祖稍役屬諸部，自白山、耶悔、統門、耶懶、土骨論之屬，以至五國之長皆聽命」。今據改。

〔二〕破多退水水爲之赤　按破多退水即上文之婆多吐水。蓋同音異譯。本書卷一世紀記此事作「破多吐水水爲之赤」。

〔三〕兩軍皆陣　原脫「軍」字，據文義補。

〔四〕世祖自將過烏紀嶺　按本書卷二四地理志，上京路「其山有馬紀嶺」，又會寧縣「有馬紀嶺」，紀傳中常見馬紀嶺，如本卷石顯傳有「馬紀嶺劾保村完顏部蒙葛巴土」、阿疎傳「穆宗自馬紀嶺出兵攻之」，而「烏紀嶺」僅此一見，疑「烏」是「馬」字之誤。

〔五〕侵及納根涅所部　「納」原作「阿」，據殿本改。

〔六〕詐都渾蠢水安春之子也　「安春之」下原有「忽沙渾之」四字。按此蓋緣上文「忽沙渾勃堇之子」而衍，今删。

金史卷六十八

列傳第六

歡都 子謀演　治訶 子阿魯補　骨赧　訛古乃　蒲查

歡都，完顏部人。祖石魯，與昭祖同時同部同名，交相得，誓曰：「生則同川居，死則同谷葬。」土人呼昭祖爲勇石魯，呼石魯爲賢石魯。

初，烏薩扎部〔一〕有美女名罷敵悔，青嶺東混同江蜀束水人掠而去，生二女，長曰達回，幼曰滓賽。昭祖與石魯謀取之，遂偕至嶺右，炷火於箭端而射。蜀束水人怪之，皆走險阻，久之，無所復見，却還所居。昭祖及石魯以衆至，攻取其貲產，虜二女子以歸。昭祖納其一，賢石魯納其一，皆以爲妾。是時，諸部不肯用條敎，昭祖耀武于青嶺、白山，入于蘇濱、耶懶之地，賢石魯佐之也。其後別去。

至景祖時，石魯之子劾孫舉部來歸，居於安出虎水源胡凱山南。胡凱山者，所謂和陵之地是也。

歡都，劾孫子。世祖初，襲節度使。而跋黑以屬尊，蓄異謀，不可制。諸部不肯受約束，相繼爲變。歡都入與謀議，出臨戰陣，未嘗去左右。

斡勒部人盃乃，自景祖時與其兄弟俱居安出虎水之北，及烏春作難，盃乃將與烏春合，間誘斡魯紺出水居人與之相結，欲先除去歡都。會其家被火，陰約隸人不歌束，詭稱放火乃歡都、胡土二人，使注都來謂世祖曰：「不歌束來告曰『前日之火，歡都等縱之』。若不棄舊好，其執縱火之人以來。」世祖疑之。石盧斡勒勃堇曰：「盃乃兄弟也，豈以一二人之故而與兄弟構怨乎。彼自取之，又將尤誰，不如與之便。」歡都被甲執戟而起曰：「彼爲亂之人也，若取太師兄弟，則亦與之乎。今取我輩，我輩決不可往，若必用戰，當盡力致死。」穆宗曰：〔三〕「壯哉歡都，以我所見，正如此爾。」贈歡都以馬，曰：「戰則乘此。」衆皆稱善。世祖乃往見盃乃，隔龍刺水而與之言曰：「不歌束既告縱火由歡都等，謹當如約。當先遣不歌束來。」不歌束至，世祖於馬前殺之，使盃乃見之。既而聞之，放火者盃乃家人阿出胡山也，盃乃欲開此釁，故以誣歡都云。

臘醅、麻產與世祖遇于野鵲水。日已曛，惟從五六十騎，歡都入敵陣鏖擊之，左右出入者數四，世祖中創乃止。烏春、窩謀罕據活刺渾水，世祖既許之降，遂還軍。於是騷臘勃堇、富者撻懶觀勝負不助軍，而騷臘、撻懶先嘗與臘醅、麻產合，世祖欲因軍還而遂滅之，馳馬前進。撻懶者，貞惠皇后之弟也。歡都下馬執轡而諫曰：「獨不念愛弟蒲陽溫與弟婦乎。」世祖感其言，遂止。蒲陽溫者，漢語云幼弟也。世祖母弟中穆宗最少，故云然。穆宗德歡都言，後以撻懶女曷羅哂妻其子谷神。太祖追麻產，歡都射中其首，遂獲之。遼人命穆宗、太祖、辭不失、歡都俱爲詳穩。

斡善、斡脫以姑里甸兵來歸，使斜鉢勃堇撫定之。蒲察部故石、拔石等，誘其衆入城，陷三百餘人。歡都爲都統，往治斜鉢失軍之狀，盡解斜鉢所將軍、大破烏春、窩謀罕於斜堆，擒故石、拔石。

初，耶悔水納喝部撒八之弟曰阿注阿，與人爭部族官，不得直，來歸穆宗。阿注阿之甥曰三濱、曰撒達。辭不失破烏春窩謀罕城，獲三濱、撒達，并獲其母，以爲次室，撫其二子。撒達告阿注阿必爲變，不信而殺之。撒達臨刑歎曰：「後必知之。」至是，阿注阿果爲變。因穆宗晨出獵，糾率七八人操兵入宅，奪據寢門，劫貞惠皇后及家人等。歡都入見阿注阿曰：「汝輩所謀之事奈何。閨門眷屬豈足劫質，徒使之驚恐耳。汝固識我，盍以我爲質也。」再三言之，阿注阿從之，貞惠皇后乃得解，而質歡都。而撒改、辭不失使人告急于獵所。穆宗亦心動，罷獵。中途逢告者，日午至，阿注阿謂穆宗曰：「可使係案女直知名官僚相結，送我兄弟親屬由咸州路入遼國，庫金廐馬與我勿惜，歡都亦當送我至遼境，然後還。」而要穆宗盟，穆宗皆從之。遂執歡都及阿魯太彎、阿魯不太彎等七人，以衣裾相結，與阿注阿俱行，至遼境，乃釋歡都。歡都至濟州，實黃龍府，使人馳驛要遮阿注阿黨屬，惟縱其親人使去。遂殺三濱并其母，具報於遼，乞還阿注阿，遼人流之曷董城。其後，阿注阿懷思鄉土，亡歸，附于係案女直，因亂其官僚之室，捕之，不伏，乃見殺。

穆宗襲位之初，諸父之子習烈、斜鉢及諸兄有異言，曰：「君相之位，皆渠輩爲之，奈何？」歡都曰：「汝輩若紛爭，則吾必不默默但已。」衆聞之遂帖然，自是不復有異言者。

歡都事四君，出入四十年，征伐之際遇敵則先戰，廣廷大議多用其謀。〔三〕世祖嘗曰：「吾有歡都，則何事不成。」肅宗時，委任冠於近僚。穆宗嗣位，凡圖遼事皆專委之。康宗以爲父叔舊人，尤加敬禮，多所補益。

康宗十一年癸巳二月，得疾，避疾於米里每水，薨，年六十三。喪歸，康宗親迓於路，送至其家，親視葬事。天會十五年，追贈儀同三司、代國公。明昌五年，贈開府儀同三司，謚曰忠敏。子谷神、謀演。谷神別有傳。

謀演，當阿注阿之難，從歡都代爲質。後與宗峻俱侍太祖，宗峻坐謀演上，上怒，命坐其下。孛菫老孛論、拔合汝、轄拔速三人爭千戶，上曰：「汝輩能如歡都父子有勞於國者乎。」乃命謀演爲千戶，三人者皆隸焉，其眷顧如此。天輔五年十二月卒，天會十五年贈太子少傅。

冶訶系出景祖，居神隱水完顏部，爲其部勃菫。與同部人把里勃菫，斡泯水蒲察部胡都化勃菫、斯都勃菫，泰神忒保水完顏部安團勃菫，統門水溫迪痕部活里蓋勃菫，〔四〕俱來歸，金之爲國，自此益大。

肅宗拒桓赧已再失利，世祖命歡都、冶訶，以本部謀克之兵助之。冶訶與歡都常在世祖左右，居則與謀議，出則泣行陣，未嘗不在其間。

天會十五年，贈銀青光祿大夫。明昌五年，贈特進，謚忠濟，與代國公歡都、特進劾者、開府儀同三司盆納、儀同三司拔達，俱配享世祖廟廷。

冶訶子阿魯補、骨赧、訛古乃、散荅。散荅子蒲查。

阿魯補，冶訶之子。爲人魁偉多智略，勇於戰。未冠從軍，下咸州、東京。遼人來取海州，從勃菫厤吉往援，道遇重敵，力戰，斬首千級。從斡魯古攻豪、懿州，以十餘騎破敵七百，進襲遼主。阿魯補徇北地，招降營帳二十四，民戶數千。時已下西京，闍母攻應州未下，退營於州北十餘里，夜遣阿魯補率兵四百伺敵，城中果出兵三千來襲，阿魯補道與之遇，斬首百餘，獲馬六十。後遼兵三萬出馬邑之境，以千兵擊之，斬其將於陣。

天會初，宋王宗望討張覺於平州，聞應州有兵萬餘來援，遣阿魯補與阿里帶迎擊之，斬馘數千而還。復從其兄虞劃，率兵三千攻乾州，虞劃道病卒，代領其衆，至乾州，降其軍及營帳三十，獲印四十，與僕虺攻下義州。

宗望伐宋，與郭藥師戰于白河。宗望命阿魯補以二謀克先登，奮戰，賞賚特異。至汴，破淮南援兵，斬其二將。大軍退次孟陽。姚平仲夜以重兵來襲，阿魯補適當其中，力戰敗之。既還，聞大名、開德合兵十餘萬來爭河。至河上，知去敵尙遠，乃以輕兵夜發，詰旦至衞縣，遇敵，斬首數千級，餘皆潰去。師次邢州，滹沱橋已焚，阿魯補先以偏師營於水上，比軍至而橋成。宗望嘉其功，出眞定庫物賞之，爲長勝軍千戶。

及再伐宋，從宗望破敵於井陘，遂下欒城。師自大名濟河，阿魯補屯於洺州之境。時康王留相州，大名府以兵來攻我營，阿魯補乘夜以騎二百潛出其後，反擊敗之。居數日，敵復來，蘇統制以兵二萬先至，阿魯補乘其未集，以三百騎出戰，大敗其衆，生擒蘇統制，殺之。大軍既克汴京，攻洛州，敗大名救兵，遂下洛州。從撻懶攻恩州還，洛人復叛，阿魯補先至城下，城中出兵來戰，敗之，執其守佐，遂與蒲魯懽取信德軍。梁王宗弼取開德，阿魯補以步兵五千赴之。大名境內多盜，命阿魯補留屯其地。賊犯莘縣，聞阿魯補至，即潰去，追襲一晝夜，至館陶及之，皆俘以歸。

從宗弼襲康王，既渡淮，阿魯補以兵四千留和州，總督江、淮間戍將，以討未附郡縣。遂攻下太平州，隳其城。廬州叛，以偏師討之，敗其騎六千，擒三校。明日復破敵二萬於慎縣，斬首五百。張永合步騎數萬來戰，阿魯補兵止二千，敵圍之，阿魯補潰圍力戰，竟敗之，追殺四十里，獲馬三百而還。再攻廬州，與迪古不敗敵萬衆於拓皐，至廬州，騎兵五百出戰，敗之，斬其二校。師還。宗弼趨陝西，道聞大名復叛，遣阿魯補經略之，獨與譯者至城下，招之，大名果降。翌日，下令民間兵器，悉上送官，於是吏民按堵如故。爲大名開德路都統。

齊國建，阿魯補屯兵於汴城外。天會十五年，詔廢齊國，已執劉麟，阿魯補先入汴京備變。明年，除歸德尹。割河南地與宋，入爲燕京內省使。宗弼復河南，阿魯補先濟河，撫定諸郡，〔五〕再爲歸德尹、河南路都統。宋兵來取河南地，宗弼召阿魯補，與許州韓常、潁州大臭、陳州赤盞暉，皆會於汴，阿魯補以敵在近，獨不赴。而宋將岳飛、劉光世等，果乘間襲取許、潁、陳三州，旁郡皆響應。其兵犯歸德者，阿魯補連擊敗之，復取亳、宿等州，河南平，阿魯補功最。

皇統五年，爲行臺參知政事，授世襲猛安，兼合扎謀克。改元帥右監軍，婆速路統軍，歸德軍節度使，累階儀同三司。

其在汴時，嘗取官舍材木，構私第於恩州，至是事覺，法當「議勳」、「議親」。海陵嘗在軍中，惡阿魯補，詔曰：「若論勳勞，更有過於此者。況官至一品，足以酬之。國家立法，貴賤一也，豈以親貴而有異也。」遂論死。年五十五。

阿魯補以將家子從征伐，屢立功，歷官有惠愛，得民心。及死，人皆惜之。大定三年，贈儀同三司，詔以其子爲右衞將軍，襲猛安及親管謀克，賜銀五百兩、重綵二十端、絹三百匹。

骨赧，冶訶子，善騎射，有材幹。從討桓赧、散達、烏春、窩謀罕、留可之叛，皆有功。從太祖伐遼，骨赧從軍戰寧江州出河店，破遼主親軍，皆以力戰受賞，襲其父謀克。領秦王宗翰千戶，攻下中、西兩京。

宗翰伐宋，圍太原未下，宗翰還西京，骨赧以右翼軍佐銀术可守太原。是時汾州、團柏、楡次、嵐、憲、潞皆有兵來援，骨赧凡四戰，皆破之。大軍圍汴，骨赧引萬戶軍，屢敗其援兵。憲、潞等州復叛，骨赧引兵復取之，幷收撫保德、火山而還。

後領軍鎭夏邊，在職十二年。天會八年，授世襲猛安。天眷初，爲天德軍節度使，致仕。累遷開府儀同三司，卒，年八十五。子喜哥襲猛安，加宣武將軍。

訛古乃，冶訶子，姿質魁偉。年十四，隸秦王宗翰軍中，常領兵行前爲偵候。及大軍襲遼主，訛古乃以甲騎六十，追遼招討徒山，獲之，又以七騎追獲遼公主牙不里以獻。有軍來爲遼援，方臨陣，中有躍馬而出者，軍帥謂之曰：「爾能爲我取此乎？」訛古乃曰：「諾。」果生擒而還，問其名，曰同瓜，蓋北部中之勇者也。

訛古乃善馳驛，日能千里。及伐宋，屢遣將命以行。天會八年，從秦王在燕，聞余睹反於西北，秦王令訛古乃馳驛以往，訛古乃黎明走天德，及至，日未曛也。

皇統元年，以功授寧遠大將軍，迭剌唐古部節度使。〔六〕五年，授千戶。六年，遷西北路招討使。九年，再遷天德尹、西南路招討使。天德二年，召見。四年，遷臨洮尹，加金紫光祿大夫。卒官，年五十三。

蒲查，自上京梅堅河徙屯天德。初爲元帥府扎也，使於四方稱職，按事能得其實，領猛安。皇統間，除同知開遠軍節度使，斥候嚴整，邊境無事。正隆初，爲中都路兵馬判官。是時，京畿多盜，蒲查捕得大盜四十餘人，百姓稍安。改安化軍節度副使。大定二年，領行軍萬戶，充邳州刺史、知軍事，領本州萬戶，管所屯九猛安軍，昌武軍節度使，山東副都統。撤改南征，元帥府以蒲查行副統事。入爲太子少詹事，再遷開遠軍節度使，襲伯父骨赮猛安，歷婆速路兵馬都總管，西北路招討使，〔二〕卒。

蒲查性廉潔忠直，臨事能斷，凡被任使，無不稱云。

贊曰：賢石魯與昭祖爲友，歡都事景祖、世祖爲之臣。蓋金自景祖始大，諸部君臣之分始定，故傳異姓之臣，以歡都爲首。冶訶雖宗室，與歡都同功，故列敍焉。

校勘記

〔一〕初烏薩扎部　「烏薩扎」原作「烏扎薩」。按本書卷六五謝里忽傳，「昭祖往烏薩扎部，以國俗治之」。又同卷烏古出傳，「昭祖次室達胡末，烏薩扎部人」。皆作「烏薩扎」。今據乙正。

〔二〕穆宗曰　「宗」原作「宴」，據殿本改。

〔三〕廣廷大議多用其謀　「廷」原作「延」，據文義改。

〔四〕統門水温迪痕部活里蓋勃堇　「統」字下原衍「八」字。按本書卷一世紀，「斡泯水蒲察部，泰神忒保水完顏部，統門水温迪痕部，神隱水完顏部皆相繼來附」。又卷六七留可傳亦見「統門水温迪痕部」，皆作「統門水」。今據刪。

〔五〕撫定諸郡　「郡」原作「都」，據殿本改。

〔六〕以功授寧遠大將軍迭刺唐古部節度使　「迭」原作「豪」。按本書卷二四地理志，西京路「部族節度使」有「唐古部族」及「迭刺女古部族」。卷四四兵志，東北路部族糺軍曰迭刺部，曰唐古部」。卷四六食貨志，「迭剌、唐古二部五糺，户五千五百八十五」。又卷一〇章宗紀，「以北邊糧運，括迭剌唐古部諸抹駝充之」，皆稱「迭剌唐古部」。今據改。

〔七〕西北路招討使　按本書卷五九宗室表，「蒲查，西南路招討使」，與此不同，未知孰是。

金史卷六十九

列傳第七

太祖諸子

宗雋本名訛魯觀　宗傑本名沒里野　宗强本名阿魯　爽本名阿鄰

可喜　阿瑣　宗敏本名阿魯補　元

太祖聖穆皇后生景宣帝、豐王烏烈、趙王宗傑。光懿皇后生遼王宗幹。欽憲皇后生宋王宗望、陳王宗雋、瀋王訛魯。宣獻皇后生睿宗、豳王訛魯朶。元妃烏古論氏生梁王宗弼、衞王宗强、蜀王宗敏。崇妃蕭氏生紀王習泥烈、息王寧吉、莒王燕孫。娘子獨奴可生鄴王斡忽。宗幹、宗望、宗弼自有傳。

宗雋，本名訛魯觀。天會十四年，爲東京留守。天眷元年，入朝，與左副元帥撻懶建議，以河南、陝西地與宋。俄爲尚書左丞相，加開府儀同三司，兼侍中，封陳王。二年，拜太保，領三省事，進封兗國王，旣而以謀反，誅。

宗傑，本名沒里野。天會五年，薨。天會十三年，謚孝悼。天眷元年，追封越王。以其長子奭爲會寧牧，封鄧王。後爲上京留守，再改燕京、西京。皇統三年，薨。子阿楞、撻楞。海陵爲相，將謀弑立，搆而殺之。海陵簒立，幷殺宗傑妻。大定間，贈宗傑太師，進封趙王。

宗强，本名阿魯。天眷元年，封紀王。三年，代宗固爲燕京留守，封衞王，太師。皇統二年十月，薨，〔一〕輟朝七日。喪至上京，上親臨哭之慟，仍親視喪事。子阿鄰、可喜、阿瑣、爽。

爽，本名阿鄰。天德三年，授世襲猛安。正隆二年，除橫海軍節度使，改安武軍，留京師奉朝請。海陵將伐宋，嚴酒禁，爽坐與其弟阿瑣，及從父兄京、徒單貞會飲，被杖，下遷歸化州刺史，奪猛安。未幾，復除安武軍節度使。

海陵渡淮，分遣使者翦滅宗室，爽憂懼不知所出。會世宗即位東京，宗室璋推爽弟阿瑣行中都留守，遣人報爽。爽棄妻子來奔，與弟忻州刺史可喜，俱至中都。東迎車駕，至梁魚務入見，世宗大悅，即除殿前馬步軍都指揮使。封溫王，改祕書監。母憂，尋起復，遷太子太保，進封壽王。

頃之，世宗第五女蜀國公主下嫁唐括鼎，賜宴神龍殿，謂爽曰：「朕與卿兄弟，在正隆時，朝夕常懼不保，豈意今日賴爾兄弟之福，可以享安樂矣。」爽泣下，頓首謝。未幾，判大宗正事，太子太保如故。

爽有疾，詔除其子符寶祗候思列爲忠順軍節度副使。爽入謝，上曰：「朕以卿疾，使卿子遷官，冀卿因喜而愈也。思列年少，未閑政事，卿訓以義方，使有善可稱，別加升擢。」爽疾少間，將從上如涼陘，賜錢千萬，進封英王，轉太子太傅。復世襲猛安，進封榮王，改太子太師。

顯宗長女鄴國公主下嫁烏古論誼，賜宴慶和殿，爽坐西向，迎夕照，面發赤似醉。上問曰：「卿醉邪？」對曰：「未也，臣面迎日色，非酒紅也。」上悅，顧羣臣曰：「此弟出言，未嘗不實，自小如此。」因謂顯宗兄弟曰：「汝等可以爲法。」以爽貲用有闕，特賜錢一萬貫。二十三年，爽疾久不愈，勑有司曰：「榮王告滿百日，當給以王俸。」既薨，上悼痛，輟朝，遣官致祭，賻銀千兩、重綵四十端、絹四百匹。陪葬山陵，親王、百官送葬。他日，謂大臣曰：「榮王之葬，朕以不果親送爲恨。」其見友愛如此。

可喜，以宗室子，累官唐括部族節度使，降忻州刺史。海陵遣使殺之，可喜聞世宗卽位，卽棄州來歸，與其兄歸化州刺史阿鄰會于中都。是時，弟阿瑣權中都留守事，可喜謂阿鄰曰：「阿瑣愚戇，恐不能撫治，欲少留以助之。」阿鄰乃行。可喜留中都，聞世宗發東京，乃迎見于麻吉鋪。除兵部尚書，佩金牌，將兵往南京。行至中都，聞南京已定，遂止。可喜材武過人，狠戾好亂，自以太祖孫，頗有異志。世宗初至中都，倥偬多事，扈從諸軍未暇行賞，或有怨言。昭武大將軍斡論，〔三〕正隆末，被詔佩金牌，取河南兵四百人，監完顏轂英軍于歸化，次彰德。會獨吉和尚持大定赦文至。和尚使人招之，斡論不聽，率兵來迎，和尚亦以所將蒲輦兵，列陣待之。斡論兵皆不肯戰，遂請降。和尚邀之入相州，收其甲兵，置酒相勞，斡論託腹疾，不肯飮。至夜，已張燈，時時出門，與其心腹密謀，欲就執和尚。稍具弓矢，和尚覺之，佯爲不知，使其從者迫而伺之，斡論不得發。上至中都近郊，斡論上謁，上亦撫慰之。斡論自慊，初無降志。及河南統軍司令史斡里朶，爲人狡險，喜圖事，斡論取兵于河南統軍使陁滿訛里也，斡里朶與俱來，俱不自安。同知延安尹李惟忠，與熙宗弑逆，構殺韓王亨，世宗疎斥之。同知中都留守璋，初自領其職，因而授之。完顏布輝爲副統，以罪解職，居京師。於是可喜、斡論、李惟忠、斡里朶、璋、布輝謀，欲因扈從軍士怨望作亂。斡論曰：「押軍猛安沃窟剌，必不違我。」惟忠曰：「惟忠嘗爲神翼軍總管，有兩銀牌尙在，可以矯發內藏賞士。萬戶高松與我舊，必見聽。」衆曰：「若得此軍，舉事無難矣。」斡論往約沃窟剌，沃窟剌從之。惟忠往說高松，高松不聽，語在松傳。

大定二年正月甲戌，上謁山陵，可喜中道稱疾而歸。乙亥夜，召斡論、惟忠、斡里朶、璋、布輝會其家，沃窟剌以兵赴之，璋曰：「今不得高松軍，事不可成矣。」可喜、璋、布輝乃擒斡論、惟忠、斡里朶、沃窟剌，詣有司自首。旣下詔獄，可喜不肯自言其始謀，及與斡論面質，然後款伏。上念兄弟少，太祖孫惟數人在，惻然傷之。詔罪止可喜一身，其兄弟子孫皆不緣坐。遂誅斡論、惟忠、斡里朶、沃窟剌等，其沃窟剌下謀克士卒皆釋之。除璋彰化軍節度使，布輝濬州防禦使。辛巳，詔天下。是日，賜扈從萬戶銀百兩，猛安五十兩，謀克絹十匹，甲士絹五匹、錢六貫，阿里喜以下賜各有差。

阿瑣，宗強之幼子也。長身多力。天德二年，以宗室子，授奉國上將軍，累加金吾衞上將軍，居於中都。

海陵伐宋，以左衞將軍蒲察沙离只同知中都留守事，佩金牌，守管籥。世宗即位東京，阿瑣與璋率守城軍官烏林荅石家奴等，入留守府，殺沙离只、府判抹撚撒离喝。衆以阿瑣行留守事，璋自署同知留守事，卽遣謀克石家奴、烏林荅愿、蒲察蒲查、大興少尹李天吉子磐等，奉表東京。

大定二年，授橫海軍節度使，賜以名鷹，詔曰：「卿方年少，宜自戒愼，留心政事。」改武定軍，以母憂去官。起復興平軍節度使，賜以襲衣廐馬。遷廣寧尹，坐贓一萬四千餘貫，詔杖八十，削兩階，解職。入見于常武殿，上曰：「朕謂汝有才力，使之臨民。今汝在法當死，朕以親親之故，曲爲全貸。當思自今戒懼，勿復使惡聲達于朕聽。」改平涼、濟南尹，卒官，年三十七。上命有司致祭，賻銀千兩、重綵四十端、絹四百匹。

宗敏，本名阿魯補。天眷元年，封邢王。皇統三年，爲東京留守，拜左副元帥，兼會寧牧。進拜都元帥，兼判大宗正事。再進太保，領三省事，兼左副元帥，領行臺尙書省事，封曹國王。

海陵謀弒立，畏宗敏屬尊且材勇，欲構誣以除之。時熙宗屢殺大臣，宗敏憂之，謂海陵曰：「主上喜殘殺，而國家事重，奈何。」宗敏言時，適左右無人，海陵將以此爲指斥構害之，自念無證不可發，乃止。

及弒熙宗，使葛王召宗敏。葛王者，世宗初封也。宗敏聞海陵召，疑懼不敢往，葛王曰：「叔父今不卽往，至明日，如何與之相見。」宗敏入宮，海陵欲殺之，尙猶豫，以問左右。烏帶曰：「彼太祖子也，不殺之，衆人必有異議，不如除之。」乃使僕散忽土殺之，忽土刃擊宗敏，宗敏左右走避，膚髮血肉，狼藉遍地。葛王見殺宗敏，問於衆曰：「國王何罪而死？」烏帶曰：「天許大事，尙已行之，此蟣蝨耳，何足道者。」天德三年，海陵追封宗敏爲太師，進封爵。妃蒲察氏，進國號。封子撒合輦舒國公，賜名褒，進封王；阿里罕封密國公。正隆六年，契丹撒八反，海陵遣使殺諸宗室，阿里罕遂見殺。大定間，詔復官爵。

胙王元，景宣皇帝宗峻子也，本名常勝，爲北京留守。弟查剌爲安武軍節度使。皇統七年四月戊午，左副點檢蒲察阿虎特子尙主，進禮物，賜宴便殿。熙宗被酒，酌酒賜元，元不能飲，上怒，仗劍逼之，元逃去。命左丞宗憲召元，宗憲與元俱去，上益怒，是時戶部尚書宗禮在側，使之跪，手殺之。

海陵與唐括辯謀廢立，海陵曰：「若舉大事，誰當立者。」海陵意謂己乃太祖長房之孫，當立。而辯與秉德初意不在海陵，常勝乃熙宗之弟，辯答曰：「無胙王常勝乎。」海陵復問其次，辯曰：「鄧王子阿楞。」海陵曰：「阿楞屬疎。」由是海陵謂胙王有人望，〔三〕不除之將不得立，故心忌常勝并阿楞。是時，阿楞方爲奉國上將軍。

河南軍士孫進自稱「皇弟按察大王」，熙宗疑「皇弟」二字或在常勝也，使特思鞫之，無狀。特思乃嘗疑海陵與唐括辯時時竊議，告之悼后者。海陵知熙宗有疑常勝心，因此可以除之，謂熙宗曰：「孫進反有端，不稱他人，乃稱皇弟大王。陛下弟止有常勝、查剌。特思鞫不以實，故出之矣。」熙宗以爲然，使唐括辯、蕭肄按問特思，特思自誣服，故出常勝罪。於是，乃殺常勝及其弟查剌，并殺特思。海陵乘此并擠阿楞殺之。阿楞弟撻楞，熙宗本無意殺之，海陵曰：「其兄旣已伏誅，其弟安得獨存。」又殺之。熙宗以海陵爲忠，愈益任之，而不知其詐也。

海陵篡立，追封常勝、查剌、阿楞官爵，親臨葬所致祭。大定十三年六月丁巳，世宗召皇太子諸王，侍食于清輝殿，曰：「或稱海陵多能，何也。海陵譎詐，睢盱殺人，空虛天下三分之二。太祖諸孫中，惟胙王元天性賢者也。」

元子亣，本名合住，大定二十七年，自南京副留守遷大宗正丞，兼勸農副使。上問宰臣曰：「合住爲人如何？」平章政事襄、參政宗浩對曰：「爲人淸廉幹治。」上曰：「乃父亦然。」又曰：「蒲陽溫胙王元，外若愚訥，臨事明敏過人。朕於兄弟間，於元尤款密。」

贊曰：「太祖躬擐甲冑，以定國家，舉無遺策，而諸子勇略材識，足以遂父之志。傳及太宗，而諸孫享其成矣。

校勘記

〔一〕皇統二年十月薨　按本書卷四熙宗紀作皇統元年六月甲午，「宗强薨」。

〔二〕昭武大將軍斡論　按本書卷六六合住傳，「昭武」作「昭毅」。

〔三〕由是海陵謂胙王有人望　「胙」下原脫「王」字，據文義補。

金史卷七十

列傳第八

撒改　宗憲本名阿懶　習不失　宗亨本名撻不也〔一〕

宗賢本名賽里　石土門　忠本名迪古乃　習室　思敬本名撒改

撒改者，景祖孫，韓國公劾者之長子，世祖之兄子也。劾者於次最長。景祖方計定諸部，〔二〕愛世祖膽勇材略。及諸子長，國俗當異宮居，而命劾者與世祖同邸，劾者專治家務，世祖主外事。世祖襲節度使，越劾孫而傳肅宗、穆宗，皆景祖志也。穆宗初襲位，念劾者長兄不得立，遂命撒改爲國相。

穆宗履藉父兄趾業，鋤除强梗不服己者，使撒改取馬紀嶺道攻阿疎，穆宗自將，期阿疎城下會軍。撒改行次阿不塞水，烏延部斜勒勃堇來謁，謂撒改曰：「聞國相將與太師會軍阿疎城下，此爲深入必取之策，宜先撫定潺蠢、星顯之路，落其黨附，奪其民人，然後合軍未晚也。」撒改從之，攻鈍恩城，請濟師，穆宗與之，撒改遂攻下鈍恩城，而與穆宗來會阿疎城下。鈍恩在南，阿疎在北，穆宗初遣撒改分道，卽會攻阿疎。聞其用斜勒計，先取鈍恩城，與初議不合，頗不然之。及遼使來止勿攻阿疎，然後深以先取鈍恩城爲功也。及以國相都統討留可、詐都、塢塔等軍，而阿疎亡入于遼，終不敢歸，留可、詐都、塢塔、鈍恩皆降。

康宗沒，太祖稱都勃極烈，與撒改分治諸部，匹脫水以北太祖統之，來流水人民撒改統之。明年甲午，嗣節度命方至。

遼主荒于遊畋，政事怠廢，太祖知遼可伐，遂起兵。九月，與遼人戰于界上，獲謝十，太祖使告克于撒改，賜以所獲謝十乘馬，撒改及將士皆歡呼曰：「義兵始至遼界，一戰而勝，滅遼必自此始矣。」遣子宗翰及完顏希尹來賀捷，因勸進，太祖未之從也。十月，師克寧江州，破遼師十萬于鴨子河，師還。十二月，太宗及撒改、辭不失率諸將復勸進。收國元年正月朔，太祖卽位，撒改行國相如故。伐遼之計決於迪古廼，贊成大計實自撒改啓之。撒改自以宗室近屬，且長房，繼肅宗爲國相，既貴且重，故身任大計，贊成如此，諸人莫之或先也。

太祖卽位後，羣臣奏事，撒改等前跪，上起，泣止之曰：「今日成功，皆諸君協輔之力，吾雖處大位，未易改舊俗也。」撒改等感激，再拜謝。凡臣下宴集，太祖嘗赴之，主人拜，上亦答拜。天輔後，始正君臣之禮焉。七月，太宗爲諳版勃極烈，撒改國論勃極烈，辭不失阿買勃極烈，杲國論昊勃極烈。勃極烈，女直之尊官也。太祖自正位號，凡半歲，未聞有封拜。太宗介弟優禮絕等，杲母弟之最幼者，撒改、辭不失以宗室，同封拜。九月，加國論胡魯勃極烈。天輔五年，薨。太祖往弔，乘白馬，剺額哭之慟。及葬，復親臨之，賵以所御馬。

撒改爲人，敦厚多智，長于用人，家居純儉，好稼穡。自始爲國相，能馴服諸部，訟獄得其情，當時有言：「不見國相，事何從決。」及舉兵伐遼，撒改每以宗臣爲內外倚重，不以戰多爲其功也。天會十五年，追封燕國王。正隆降封陳國公。大定三年，改贈金源郡王，配饗太祖廟廷，謚忠毅。十五年，詔圖像于衍慶宮。子宗翰、宗憲。宗翰別有傳。

宗憲本名阿懶。頒行女直字書，年十六，選入學。太宗幸學，宗憲與諸生俱謁，宗憲進止恂雅，太宗召至前，令誦所習，語音淸亮，善應對。侍臣奏曰：「此左副元帥宗翰弟也。」上嗟賞久之。兼通契丹、漢字。未冠，從宗翰伐宋，汴京破，衆人爭趨府庫取財物，宗憲獨載圖書以歸。朝廷議制度禮樂，往往因仍遼舊，宗憲曰：「方今奄有遼、宋，當遠引前古，因時制宜，成一代之法，何乃近取遼人制度哉。」希尹曰：「而意甚與我合。」由是器重之。

撻懶、宗雋唱議以齊地與宋，宗憲廷爭折之，當時不用其言，其後宗弼復取河南、陝西地，如宗憲策。以捕宗磐、宗雋功，授昭武大將軍。修國史，累官尚書左丞。熙宗從容謂之曰：「嚮以河南、陝西地與宋人，卿以爲不當與，今復取之，是猶用卿言也。卿識慮深遠，自今以往，其盡言無隱。」宗憲拜謝，遂攝門下侍郎。

初，熙宗以疑似殺左丞相希尹，久之，察其無罪，深閔惜之，謂宗憲曰：「希尹有大功于國，無罪而死，朕將錄用其孫，如之何？」宗憲對曰：「陛下深念希尹，錄用其孫，幸甚。若不先明死者無罪，生者何由得仕。」上曰：「卿言是也。」卽日復希尹官爵，用其孫守道爲應奉翰林文字。皇統五年，將肆赦，議覃恩止及女直人，宗憲奏曰：「莫非王臣，慶幸豈可有間邪。」遂改其文，使均被焉。轉行臺平章政事。天德初，爲中京留守、安武軍節度使。封河內郡王。改太原尹，進封鉅鹿郡王。正隆例奪王爵，再遷震武、武定軍節度使。

世宗卽位，遣使召之，詔曰：「叔若能來，宜速至此，若爲紇石烈志寧、白彥敬所遏，亦不煩叔憂。」宗憲聞世宗卽位，先已棄官來歸，與使者遇於中都，遂見上于小遼口，除中都留守，卽遣赴任。詔與元帥完顏轂英同議軍事。明年，改西京留守。八月，改南京。僕散忠義自行臺朝京師，宗憲攝行臺尚書省事。召爲太子太師，上謂宗憲曰：「卿年老舊人，更事多矣，皇太子年尚少，謹訓導之。」俄拜平章政事，太子太師如故。詔以太祖實錄賜宗憲及平章政事完顏元宜、左丞紇石烈良弼、判秘書監溫王爽各一本。

移剌高山奴前爲寧州刺史，以貪汚免，世宗以功臣子孫宗族中無顯仕者，以爲祕書少監。是時，母喪未除，有司奏其事，宗憲曰：「高山奴傲狠貪墨，不可致之左右。」世宗曰：「朕以其父祖有功耳，既爲人如此，豈可玷職位哉。」追還制命，因顧右丞蘇保衡、參政石琚曰：「此朕之過舉，不可不改，卿等當盡心以輔朕也。」有司言，諸路猛安謀克，怙其世襲多擾民，請同流官，以三十月爲考。詔下尚書省議，宗憲乃上議曰：「昔太祖皇帝撫定天下，誓封功臣襲猛安謀克，今若改爲遷調，非太祖約。臣謂凡猛安謀克，當明核善惡，進賢退不肖，有不職者，其弟姪中更擇賢者代之。」上從其議。進拜右丞相。大定六年，薨，年五十九。上輟朝，悼惜者久之，命百官致奠，賻銀一千五百兩、重綵五十端、絹五百匹。

習不失本作辭不失，後定爲習不失，昭祖之孫，烏骨出之次子也。初，昭祖久無繼嗣，與威順皇后徒單氏禱於巫，〔三〕而生景祖及烏骨出。烏骨出長而酗酒，屢悖其母。昭祖沒，徒單氏與景祖謀而殺之。部人怒，欲害景祖，徒單氏自以爲事，而景祖乃得免。

習不失健捷，能左右射。世祖襲節度，肅宗與拒桓赧、散達，戰於斡魯紺出水，已再失利，世祖至軍，吏士無人色。世祖使習不失先陣於脫豁改原，而身出搏戰，敗其步軍。習不失自陣後奮擊之，敗其騎軍，所乘馬中九矢，不能馳，遂步趨而出。方戰，其外兄烏葛名善射，居敵騎中，將射，習不失熟視識之，呼曰：「此小兒，是汝一人之事乎，何爲推鋒居前如此。」以弓弰擊馬首而去。〔四〕是役也，習不失之功居多。桓赧、散達既敗，習不失馬棄陣中者亦自歸。

世祖嘗疑朮甲孛里篤或與烏春等爲變，遣習不失單騎往覿，孛里篤與忽魯置酒樓上以飲之。習不失聞其私語呢呢，若將執己者，一躍下樓，傍出藩籬之外，棄馬而歸，〔五〕其勇趫如此。盃乃約烏春舉兵，世祖至蘇素海甸與烏春遇，〔六〕肅宗前戰，斜列、習不失佐之，束縕縱火，煙焰蔽天，大敗烏春，執盃乃以歸。太祖獲麻產，獻馘于遼，遼人賞功，穆宗、太祖、歡都、習不失皆爲詳穩焉。後與阿里合懣、斡帶俱佐撒改攻留可城，下之。太祖伐遼，使領兵千人，夾侍左右。出河店之役，惟習不失之策與太祖合，卒破十萬之師，挫其軍鋒。遂與太宗、撒改等勸進。收國元年七月，與太宗、撒改、杲俱爲勃極烈，習不失爲阿買勃極烈云。

天輔七年，太宗與習不失居守，鄆王昂違紀律失衆，法當死。於是，遼人以燕京降，宋人約歲幣。三月，世宗生。習不失謂太宗曰：「兄弟骨肉，以恩掩義，寧屈法以全之。今國家迭有大慶，可減昂以無死，若主上有責言，以我爲說。」太宗然之，遂杖昂以聞。太祖每伐遼，輒命習不失與太宗居守，雖無方面功，而倚任與撒改比侔矣。是歲七月，薨。會太祖班師道病，太宗奉迎謁見，恐太祖感動而疾轉甚，不敢以薨告。太祖輒問曰：「阿買勃極烈安在？」太宗紿對曰：「今即至矣。」正隆二年，贈開府儀同三司，追封曹國公。大定三年，進封金源郡王，配饗太祖廟廷，謚曰忠毅。

子鶻沙虎，國初有功，天會間，爲眞定留守。子撻不也。

宗亨本名撻不也，性忠謹。天眷初，〔七〕以宗室子，充護衞。擒宗磐、宗雋有功，加忠勇校尉，遷昭信校尉、尙廐局直長。三年，陞本局副使。丁父憂，時宗正官屬，例以材選，宗亨在選中，遂起復，爲淑溫特宗室將軍。〔八〕改會寧府少尹，歷登州刺史，改獻州刺史，爲特滿羣牧使、同知北京路轉運使，改澤州定國軍節度使。〔九〕海陵庶人南伐，以本職領武揚軍都總管，〔一〇〕過淮。

世宗卽位，以手詔賜宗亨，宗亨得詔，卽入朝。大定二年，授右宣徽使，未幾，爲北京路兵馬都統，〔一一〕以討契丹賊。右副元帥僕散忠義與窩斡遇于花道，宗亨與左翼萬戶蒲察世傑等，以七謀克軍與之戰，失利。及窩斡敗，其黨括里、扎八率衆南奔，宗亨追及之。扎八詐降，宗亨信之。扎八詭曰：「括里遁，願往邀。」宗亨聽其去。大縱軍士，取賊所棄囊槖人畜，多自有之。括里、扎八亡入于宋。坐是，降爲寧州刺史。

宗賢本名賽里，習不失之孫也。從都統杲取中京，襲遼帝于鴛鴦濼。宗翰使撻懶襲耶律馬哥，都統使蒲家奴及賽里等，以兵助之。蒲家奴使賽里、斜野、裴滿胡撻、達魯古厮列、耶律吳十等各率兵分行招諭，獲遼留守迪越家人輜重，幷降羣牧官木盧瓦，得馬甚多，使逐水草牧之。賽里等趨業迭，遂以偏師深入，敵邀擊之，撒合戰沒。蒲家奴至旺國崖西，賽里兵會之。累官至左副點檢。

天眷二年，方捕宗雋，賽里坐會飲其家，奪官爵。未幾，復官。皇統四年，授世襲謀克，轉都點檢，封豳國公。拜平章政事。進拜右丞相，兼中書令。進拜太保、左丞相，監修國史。罷爲左副元帥。無何，復爲太保、左丞相，左副元帥如故。進太師，領三省事，兼都元帥，監修國史。出爲南京留守，領行臺尚書省事。復爲左副元帥，兼西京留守。再爲太保，領三省事。復爲左丞相，兼都元帥。

賽里自護衞，未十年位兼將相，常感激，思自効以報朝廷。雖於悼后爲母黨，后專政，大臣或因之以取進用，賽里未嘗附之。皇太子濟安薨，魏王道濟死，熙宗未有嗣子，賽里勸熙宗選後宮以廣繼嗣，不少顧忌於后，后以此怨之。與海陵同在相位，未嘗少肯假借，海陵雖專而心憚賽里，外以屬尊加禮敬而內常忌之。海陵知悼后怨賽里，因與后共力排出之，賽里亦不以是少變。

胙王常勝死，熙宗納其妻宮中，頃之，殺悼后及妃數人，將以常勝妻為后，未果也。及海陵弒熙宗，詭以熙宗將議立后，召諸王大臣，賽里聞召，以為信然，將入宮，謂人曰：「上必欲立常勝妻為后，我當力爭之。」及被執，猶以為熙宗將立常勝妻，而先殺之也，曰：「誰能為我言者，我死固不足惜，獨念主上左右無助耳。」遂遇害。

石土門，漢字一作神徒門，耶懶路完顏部人，世為其部長。父直离海，〔一二〕始祖弟保活里四世孫，雖同宗屬，不相通問久矣。景祖時，直离海使部人邈孫來，請復通宗系。景祖留邈孫歲餘，厚其餼廩飲食，善遇之。及還，以幣帛數篚為贈，結其厚意。久之，耶懶歲饑，景祖與之馬牛，為助糴費，使世祖往致之。會世祖有疾，石土門日夕不離左右，世祖疾愈辭歸，與握手為別，約它日無相忘。石土門體貌魁偉，勇敢善戰，質直孝友，强記辯捷，臨事果斷。

世祖襲位，交好益深，鄰部不悅，遂合兵攻之。石土門使弟阿斯懣率二百人南下拒敵，敵兵千人，已出其東據高阜，〔一三〕石土門將五千人迎擊之。〔一四〕敵將斡里本者，勇士也，出挑戰，石土門射中其馬，斡里本反射，射中石土門腹，石土門拔箭，戰愈力。阿斯懣與勇士七人步戰，殺斡里本，諸部兵遂敗。石土門因招諭諸部，使附於世祖，世祖嘉之。後伐烏春、窩謀罕及鈍恩、狄庫德等，皆以所部從戰，有功。

弟阿斯懣尋卒，及終喪，大會其族，太祖率官屬往焉，就以伐遼之議訪之。方會祭，有飛烏自東而西，太祖射之，矢貫左翼而墜，石土門持至上前稱慶曰：「烏鳶人所甚惡，今射獲之，此吉兆也。」卽以金版獻之。後以本部兵從擊高麗。及伐遼，功尤多。王師攻下西京，賜以金牌。其子蟬蠢從行，上語之曰：「吾妃之妹白散者在遼，俟其獲，當以爲汝婦。」竟如其言。

上之西征，諸將皆從，石土門乃率善射者三百人來衞京師，時太宗居守，喜其至，親出迎勞。繼聞黃龍府叛，與睿宗討平之，睿宗賜以奴婢五百人，師還，賞賚良渥。至是卒，年六十一。正隆二年，封金源郡王。子習失、思敬。

完顏忠本名迪古乃，字阿思魁，石土門之弟。太祖器重之，將舉兵伐遼，而未決也，欲與迪古乃計事，於是宗翰、宗幹、完顏希尹皆從。居數日，少間，太祖與迪古乃馮肩而語曰：「我此來豈徒然也，有謀於汝，汝爲我決之。遼名爲大國，其實空虛，主驕而士怯，戰陣無勇，可取也。吾欲舉兵，杖義而西，〔一五〕君以爲如何？」迪古乃曰：「以主公英武，〔一六〕士衆樂爲用。遼帝荒于畋獵，政令無常，易與也。」太祖然之。明年，太祖伐遼，使婆盧火來徵兵，迪古乃以兵會師。收國元年十二月，上禦遼主兵，次爻刺，迪古乃與銀朮哥守達魯古路。二年，與斡魯、蒲察會斡魯古，討高永昌，破其兵，東京降。遂與斡魯古等禦耶律捏里，敗之于蒺藜山，拔顯州，乾、惠等州降。

天輔二年，與婁室俱入見，上曰：「遼主近在中京，而敢輒來，各杖之三十。」太祖駐軍草濼，迪古乃取奉聖州，破其兵五千于鷄鳴山，奉聖州降。太祖入燕京，迪古乃出德勝口，以代石土門爲耶懶路都勃菫。天會二年，〔一七〕以耶懶地薄斥鹵，遷其部於蘇濱水，仍以朮實勒之田益之。

熙宗卽位，加太子太師。十四年，加保大軍節度使，同中書門下平章事，薨。天德二年，迪古乃配饗太祖廟廷。大定二年，追封金源郡王。

習室。〔一八〕康宗時，高麗築九城于曷懶甸，習室從斡賽軍。太祖攻寧江州，習室推鋒力戰，授猛安。後從斜也克中京，襲遼主于鴛鴦濼，略定山□，〔一九〕敗夏將李良輔兵，與婁室俱獲遼帝于余睹谷。

宗翰伐宋，與銀朮可圍守太原。明年，攻襄垣，下潞城，降西京，至汴。元帥府以懷、孟北阻太行，南瀕河，控制險要，使習室統十二猛安軍鎭撫之。於是，殄平寇盜，招集流亡，四境以安。天會五年，薨。熙宗時，贈特進。大定間，謚威敏。

世宗思太祖、太宗創業艱難，求當時羣臣勳業最著者，圖像于衍慶宮：遼王斜也、金源郡王撒改、遼王宗幹、秦王宗翰、宋王宗望、梁王宗弼、金源郡王習不失、金源郡王斡魯、金源郡王希尹、金源郡王婁室、楚王宗雄、魯王闍母、金源郡王銀朮可、隋國公阿离合懣、金源郡王完顏忠、豫國公蒲家奴、金源郡王撒离喝、兗國公劉彥宗、特進斡魯古、齊國公韓企先，幷習室凡二十一人。

初，海陵罷諸路萬戶，置蘇濱路節度使。世宗時，近臣奏請改蘇濱爲耶懶節度使，不忘舊功。上曰：「蘇濱、耶懶二水相距千里，節度使治蘇濱，不必改。石土門親管猛安子孫襲封者，可改爲耶懶猛安，以示不忘其初。」

思敬本名撒改，押懶河人，金源郡王神土懣之子，習失弟也。〔二〇〕初名思恭，避顯宗諱改焉。體貌雄偉，美鬚髯，純直有材幹。年十一，從其父謁見太祖。太祖在納鄰淀，方獵，因詔從獵，射黃羊獲之，太祖賜以從馬。

宗翰自太原伐宋，從其兄習室攻太原。宗翰取河南，思敬從完顏活女涉渡河，下洛陽、圍汴皆有功。師還，隸遼王宗幹麾下。太宗幸東京溫湯，思敬權護衞，押衞卒百人從行。

領謀克。從征朮虎麟有功，遂充護衞。天眷二年，以捕宗磐、宗雋功，遷顯武將軍。熙宗捕魚混同江，網索絕，曹國王宗敏乘醉，鞭馬入江，手引繫網大繩，沉於水中。熙宗呼左右救之，倉卒莫有應者，思敬躍入水，引宗敏出。熙宗稱嘆，賞賚甚厚。擢右衞將軍，襲押懶路萬戶，授世襲謀克。七年，召見，賜以襲衣、廐馬、錢萬貫。及歸，復遣使賜弓劍。是年，入爲工部尚書，改殿前都點檢。無何，爲吏部尚書。

天德初，爲報諭宋國使。宋人以舊例，請觀錢塘江潮，思敬不觀，曰：「我國東有巨海，而江水有大於錢塘者。」竟不往。使還，拜尚書右丞，罷爲眞定尹。用廉，封河內郡王，徙封鉅鹿。丁母憂，起復本官，改益都尹。正隆二年，例奪王爵，改慶陽尹。

大定二年，授西南路招討使，封濟國公，兼天德軍節度使。俄爲北路都統，佩金牌及銀牌二。西北路招討使唐括孛古底副之。將本路兵二千，會孛古底，視地形衝要，或于狗濼屯駐，伺契丹賊出沒之地，置守禦，遠斥候，賊至則戰，不以晝夜爲限。詔孛古底曰：「爾兵少，思敬未至，不得先戰。」僕散忠義敗窩斡於陷泉，詔思敬選新馬三千，備追襲。窩斡入于奚中，思敬爲元帥右都監，以舊領軍入奚地張哥宅，會大軍討之。敗僞節度特末也，獲二百餘人。賊降將稍合住與其黨神獨斡，執窩斡幷其母徐輦、妻子弟姪家屬及金銀牌印詣思敬降。思敬獻俘于京師，賜金百兩、銀千兩、重綵四十端、玉帶、廐馬、名鷹。拜右副元帥，經

略南邊，駐山東。罷爲北京留守。復拜右副元帥，仍經略山東。〔二〕

初，猛安謀克屯田山東，各隨所受地土，散處州縣。世宗不欲猛安謀克與民戶雜處，欲使相聚居之，遣戶部郎中完顏讓往元帥府議之。思敬與山東路總管徒單克寧議曰：「大軍方進伐宋，宜以家屬權寓州縣，量留軍衆以爲備禦。俟邊事寧息，猛安謀克各使聚居，則軍民俱便。」還奏，上從之。其後遂以猛安謀克自爲保聚，其田土與民田犬牙相入者，互易之。三年四月，召還京師，以爲北京留守，賜金鞍、勒馬。七年，召爲平章政事。先是，省併猛安謀克，及海陵時無功授猛、克者，皆罷之，〔三〕失職者甚衆。思敬請量才用之，上從其請。思敬前爲眞定尹，其子取部民女爲妾。至是，其兄乞離異，其妾畏思敬在相位，不敢去。詔還其家。

九年，拜樞密使，上疏論五事：其一，女直人可依漢人以文理選試。其二，契丹人可分隸女直猛安。其三，鹽濼官可罷去。其四，與猛安同勾當副千戶官亦可罷。其五，親王府官屬以文資官擬注，教以女直語言文字。上皆從之。其後女直人試進士，夾谷衡、尼厖古鑑、徒單鎰、完顏匡輩，皆由此致宰相，實思敬啓之也。

久之，上謂思敬曰：「朕欲修熙宗實錄，卿嘗爲侍從，必能記其事跡。」對曰：「熙宗時，內外皆得人，風雨時，年穀豐，盜賊息，百姓安，此其大概也，何必餘事。」上大悅。世宗喜立事，故其微諫如此。大定十三年，薨。上輟朝，親臨喪，哭之慟，曰：「舊臣也。」賻贈加厚，葬禮悉從官給。

孫吾侃朮特，大定二十四年，除明威將軍，授速濱路寶鄰山猛安。

贊曰：劾者讓國世祖，以開帝業。撒改治國家，定社稷，尊立太祖，深謀遠略，爲一代宗臣，賢矣哉。習不失蓋前人之愆，著勳五世。易曰「有子考無咎」，其此之謂乎。始祖與季弟異部而處，子孫俱爲強宗，而取遼之策，卒定于迪古乃，豈天道陰有以相之邪。

校勘記

〔一〕宗亨本名撻不也　「撻」原作「塔」。同音異譯，今據傳文統一。

〔二〕景祖方計定諸部　按「計」永樂大典卷六七六四引作「討」。

〔三〕與威順皇后徒單氏禱於巫　「威」原作「昭」。按本書卷三二禮志，上尊諡：「愛民立政曰成，辟土有德曰襄，強毅執正曰威，慈仁和民曰順，請上皇五代祖孛堇尊諡曰成襄皇帝，廟號昭祖，妣曰威順皇后。」又卷六三后妃傳，「昭祖威順皇后徒單氏」。卷六五烏古出傳，「昭祖威順皇后生景祖，次曰烏骨出」。今據改。

〔四〕以弓弰擊馬首而去　「擊」原作「繫」。據永樂大典卷六七六四改。

〔五〕棄馬而歸　按「棄」永樂大典卷六七六四作「乘」。

〔六〕世祖至蘇素海甸與烏春遇　「甸」原作「春」。按本書卷一世紀，「盃乃誘烏春兵度嶺，世祖與遇于蘇素海甸」。又卷六七烏春傳，「烏春舉兵度嶺，世祖……進至蘇素海甸」。又永樂大典卷六七六四亦作「蘇素海甸」。今據改。

〔七〕天眷初　「眷」原作「輔」。按天輔是金太祖年號，宗亨年歲不相及。又下文言「擒宗磐、宗雋有功」，則是天眷二年七月事，見本書卷四熙宗紀。今據改。

〔八〕遂起復爲淑溫特宗室將軍　按本書卷五五百官志，大宗正府「諸宗室將軍，正七品，上京、東溫忒二處皆有之」，「東溫忒」疑卽「淑溫特」。

〔九〕改獻州刺史爲特滿羣牧使同知北京路轉運使改澤州定國軍節度使　「獻州刺史」下原有「澤州定」三字，係下文錯入，今刪。又本書卷二六地理志，京兆府路，同州有「定國軍節度」，「澤州」疑是「同州」之誤。

〔一〇〕以本職領武揚軍都總管　「揚」原作「陽」。按本書卷五五百官志，都元帥府下，正隆六年，海陵南伐，將三十二總管，有「武揚」之號，今據改。

〔一一〕爲北京路兵馬都統　「北京」原作「西北」。按本書卷一三三移剌窩斡傳記此事云，「右宣徽使亨爲北京路都統，吏部郎中完顏達吉爲副統，會元帥府討擊之」。又「詔北京副統完顏達吉括本部馬」。今據改。

〔一二〕父直离海　按本書卷五九宗室表卷末，保活里下作「四世孫滓不乃」。或同音異譯。

〔一三〕已出其東據高阜　「阜」原作「泉」，據永樂大典卷六七六五改。

〔一四〕石土門將五千人迎擊之　按五千人數太多，非當時所能有。且多于敵兵五倍，無以見石土門英勇，與原意不合。疑「千」是「十」字之誤。

〔一五〕吾欲舉兵杖義而西　「杖」原作「扶」，據永樂大典卷六七六五改。

〔一六〕以主公英武　「主」原作「王」，據永樂大典卷六七六五改。

〔一七〕天會二年　原脫「天會」二字。按本書卷三太宗紀，天會二年二月「丁酉，命徙移懶路都勃堇完顏忠于蘇瀕水」。又卷二四地理志恤品路條云，「太宗天會二年，以耶懶路都孛堇所居地瘠，遂遷于此」。今據補。

〔一八〕習室　按本卷石土門傳作「習失」，本書卷五九宗室表同。殿本逕改爲「習失」。今仍其舊。

〔一九〕略定山□　「山」字下當有闕文。施國祁云「山下當加西」，按亦或是「後」字，今僅以「□」誌闕。

〔二〇〕習失弟也　「習失」原作「辭不失」。按本卷石土門傳，「子習失、思敬」。本書卷五九宗室表同。

又下文亦言「從其兄習室攻太原」。則「鄻不失」當作「習失」。今據改。

〔二〕罷爲北京留守復拜右副元帥仍經略山東　以上十七字與下文重複，且有錯誤。按本書卷六世宗紀，大定二年九月「壬子，以元帥右都監完顏思敬爲右副元帥。戊午，詔思敬經略南邊」。三年「四月辛酉朔，右副元帥完顏思敬罷。」五月「乙卯，以北京留守完顏思敬復爲右副元帥」。以後至七年十二月「甲辰，以北京留守完顏思敬爲平章政事」，與本傳記事相合。此「罷爲北京留守」在三年四月辛酉，「復拜右副元帥」在五月乙卯，惟此後皆在北京，無「仍經略山東」之事。

〔三〕無功授猛克者皆罷之　「猛」下當脫「安謀」二字。

金史卷七十一

列傳第九

斡魯　斡魯古勃堇　婆盧火　吾扎忽　闍母

宗敍 本名德壽

斡魯，韓國公劾者第三子。〔一〕康宗初，蘇濱水含國部斡豁勃堇及斡淮、職德二部有異志，斡帶治之，斡賽、斡魯爲之佐，遂伐斡豁，拔其城以歸。高麗築九城於曷懶甸。斡賽母疾病，斡魯代將其兵者數月。斡魯亦對築九城與高麗抗，出則戰，入則守，斡賽用之，卒城高麗。

收國二年四月，詔斡魯統諸軍，與闍母、蒲察、迪古乃合咸州路都統斡魯古等，伐高永昌。詔曰：「永昌誘脅戍卒，竊據一方，直投其隙而取之耳。此非有遠大計，其亡可立而待也。東京渤海人德我舊矣，易爲招懷。如其不從，卽議進討，無事多殺。」

高永昌渤海人，在遼爲裨將，以兵三千，屯東京八甔口。永昌見遼政日敗，太祖起兵，遼人不能支，遂覬覦非常。是時，東京漢人與渤海人有怨，而多殺渤海人。永昌乃誘諸渤海，并其戍卒入據東京，旬月之間，遠近響應，有兵八千人，遂僭稱帝，改元隆基。遼人討之，久不能克。

永昌使撻不野、杓合，以幣求救於太祖，且曰：「願併力以取遼。」太祖使胡沙補往諭之曰：「同力取遼固可。東京近地，汝輒據之，以僭大號可乎。若能歸款，當處以王爵。仍遣係遼籍女直胡突古來。」高永昌使撻不野與胡沙補、胡突古偕來，而永昌表辭不遜，且請還所俘渤海人。太祖留胡突古不遣，遣大藥師奴與撻不野往招諭之。

斡魯方趨東京，遼兵六萬來攻照散城，阿徒罕勃堇、烏論石準與戰於益褪之地，大破之。五月，斡魯與遼軍遇於瀋州，敗之，進攻瀋州，取之。永昌聞取瀋州，大懼，使家奴鐸剌以金印一、銀牌五十來，願去名號，稱藩。斡魯使胡沙補、撒八往報之。會渤海高楨降，言永昌非真降者，特以緩師耳。斡魯進兵，永昌遂殺胡沙補等，率衆來拒。遇于沃里活水，我軍既濟，永昌之軍不戰而却，逐北至東京城下。明日，永昌盡率其衆來戰，復大敗之，遂以五千騎奔長松島。

初，太祖下寧江州，獲東京渤海人皆釋之，往往中道亡去，諸將請殺之，太祖曰：「既以克敵下城，何爲多殺。昔先太師嘗破敵，獲百餘人，釋之，皆亡去。既而，往往招其部人來降。今此輩亡，後日當有效用者。」至是，東京人恩勝奴、仙哥等，執永昌妻子以城降，卽寧江州所釋東京渤海人也。先太師，蓋謂世祖云。未幾，撻不野執永昌及鐸剌以獻，皆殺之。於是，遼之南路係籍女直及東京州縣盡降。

以斡魯爲南路都統、迭勃極烈，留烏蠢知東京事。詔除遼法，省賦稅，置猛安謀克一如本朝之制。九月，斡魯上謁于婆盧買水，上慰勞之。辛亥，幸斡魯第，張宴，官屬皆預，賜賚有差。

燭偎水部實里古達，殺酬斡、僕忽得，斡魯分胡剌古、烏蠢之兵討之。酬斡宗室子，魁偉善戰，年十五，隸軍中，多見任用。以兵五百，敗室韋，獲其民衆。及招降燭偎水部，以功爲謀克。僕忽得初事撒改，從討蕭海里，降燭偎水部，領行軍千戶。從破黃龍府，戰達魯古城，皆有功。其破寧江州，渤海乙塞補叛去，僕忽得追復之。至是，與酬斡同被害。

斡魯至石里罕河，實里古達遁去，追及于合撻剌山，誅其首惡四人，撫定餘衆。詔曰：「汝討平叛亂，不勞師衆，朕甚嘉之。酬斡等死於國事，聞其尸棄于河，俟冰釋，必求以葬。其民可三百戶爲一謀克，以衆所推服者領之，仍以其子弟等爲質。」斡魯乃還。天眷中，酬斡贈奉國上將軍，僕忽得贈昭義大將軍。

斡魯從都統襲遼主，遼主西走，西京已降復叛，敵據城西浮圖，下射攻城者。斡魯與鶻巴魯攻浮圖，奪之，復以精銳乘浮圖下射城中，遂破西京。夏國王使李良輔將兵三萬來救遼，〔三〕次于天德之境。婁室與斡魯合軍擊敗之，追至野谷，殺數千人。夏人渡澗水，水暴至，漂溺者不可勝計。遼主在陰山、青塚之間，斡魯爲西南路都統，往襲之。使勃剌淑、撒曷懣以兵二百，襲遼權六院司喝离質於白水濼，獲之。遼主留輜重於青塚，領兵一萬，往應州。遣照里、背答各率兵邀之，宗望奄至遼主營，盡俘其妻、子、宗族，得其傳國璽。斡魯使使奏捷曰：「賴陛下威靈，屢敗敵兵，遼主無歸，勢必來降。已嚴戒鄰境，毋納宋人，合饋軍糧，令銀朮可往代州受之。」詔：「徧諭有功將士，俟朕至彼，當次第推賞。遼主戚屬勿去其輿帳，善撫存之。遼主伶俜去國，懷悲負恥，恐隕其命。孽雖自作，而嘗居大位，深所不忍。如招之肯來，以其宗族付之。已遣楊璞徵糧於宋，銀朮可不須往矣。遼趙王習泥烈及諸官吏，並釋其罪，且撫慰之。」

太祖還京師，宗翰爲西北、西南兩路都統，斡魯及蒲家奴副之。宗翰朝京師，詔：「以夏人言，宋侵略新割地，以便宜決之。」斡魯奏曰：「夏人不盡歸戶口資帑，又以宋人侵賜地求援兵。宋之邊臣將取所賜夏人疆土，蓋有異圖。」詔曰：「夏人屢求援兵者，或不欲歸我戶口，沮吾追襲遼主事也。宋人敢言自取疆土于夏，誠有異圖。宜謹守備，盡索在夏戶口，通聞兩國，事審處之。」斡魯復請弗割山西與宋，則遼主不能與宋郭藥師交通。復詔曰：「宗翰請毋與宋山西地，卿復及此，疆埸之事當愼毋忽。」及宗翰等伐宋，斡魯行西南、西北兩路都統事。天會五年，薨。皇統五年，追封鄭國王。天德二年，配享太祖廟廷。

子撒八，銀青光祿大夫。子賽里。

斡魯古勃菫，宗室子也。太祖伐遼，使斡魯古、阿魯撫諭斡忽、急賽兩路係遼女直，與遼節度使撻不也戰，敗之，斬撻不也，酷葷嶺阿魯臺罕等十四太彎皆降，斡忽、急賽兩路亦降。與遼都統實婁戰于咸州西，敗之，斬實婁于陣，與婁室克咸州。陁滿忽吐以所部降于斡魯古，鄰部戶七千亦來歸，遂與遼將喝補戰，破其軍數萬人。太祖嘉之，以爲咸州軍帥。

斡魯伐高永昌于東京，斡魯古以咸州軍佐之。遼秦晉國王耶律捏里來伐，迪古乃、婁室、婆盧火等將二萬衆，合斡魯古咸州兵往擊之。

胡突古嘗叛入于遼，居于東京，高永昌據東京，太祖索之以歸。斡魯古伐永昌，以便宜署胡突古爲千戶。散都魯、訛魯補皆無功，亦以便宜除官。及以便宜解權謀克斛拔魯、黃哥、達及保等職，皆非其罪。太祖聞之，盡復斛拔魯等謀克，胡突古等皆罷去。

太祖聞斡魯古軍中往往闕馬，而官馬多匿於私家，遂檢括之。耶律捏里、佛頂遺斡魯古書，請和。斡魯古以捏里書并所答書來上，且請曰：「復有書問，宜如何報之？」詔曰：「若彼再來請和，汝當以阿疎等叛亡，索而不獲至於交兵，我行人賽剌亦不遣還。若歸賽剌，及送阿疎等，則和好之議方敢奏聞。仍恐議和非實，無失備禦。」

耶律捏里軍蒺藜山，斡魯古以兵一萬，戍東京。太祖使迪古乃、婁室復以兵一萬益之，詔曰：「遼主失道，肆命徂征，惟爾將士，當體朕意，拒命者討之，服者撫安之，毋貪俘掠，毋肆殺戮。所賜捏里詔書，可傳致也。」詔捏里曰：「汝等誠欲請和，當廢黜昏主，擇立賢者，副朕弔伐之意，然後可議和約。不然，當盡并爾國。其審圖之。」捏里復書斡魯古，云：「降去人痕孛見還，則當送阿疎等。」上曰：「痕孛等乃交兵之後來降，阿疎則平日以罪亡去，其事特異。」復詔捏里，令此月十三日送阿疎至顯州，各遣重臣議疆埸事。

斡魯古等攻顯州，知東京事完顏斡論以兵來會，即以兵三千先渡遼水，得降戶千餘，遂薄顯州。郭藥師乘夜來襲，斡論擊走之。斡魯古等遂與捏里等戰于蒺藜山，大敗遼兵，追北至阿里眞陂，獲佛頂家屬。遂圍顯州，攻其城西南，軍士神篤踰城先入，燒其佛寺，煙焰撲人，守陴者不能立，諸軍乘之，遂拔顯州。於是，乾、懿、豪、徽、成、川、惠等州皆降。乾州後爲閭陽縣，遼諸陵多在此，禁無所犯。徙成、川州人于同、銀二州居之。

捏里再以書來請和，以阿疎爲言，答之。駐軍顯州以聽命。賜斡魯古等馬十匹，詔曰：「汝等力摧大敵，攻下諸城，朕甚嘉之。遼主未獲，人心易搖，不可恃戰勝而失備禦。」遼雙州節度使張崇降，斡魯古以便宜命復其職，仍令世襲。

斡魯古久在咸州，多立功，亦多自恣，劾里保、雙古等告斡魯古不法事：遼帝在中京可追襲而不追襲，咸州糧草豐足而奏數不以實，攻顯州獲生口財畜多自取。捏里、孛剌束等亦告孛菫謈葛、厖吉、窩論、赤閩、阿剌本、乙剌等多取生口財畜。遂以闍哥代爲咸州路都統。

闍哥亦宗室子也，既代斡魯古治咸州。初，迪古乃、婁室奏，攻顯州新降附之民，可遷其富者于咸州路，其貧者徙內地。於是，詔使闍哥擇其才可幹事者授之謀克，其豪右誠心歸附者擬爲猛安，錄其姓名以聞，饑貧之民，官賑給之，而使闍母爲其副統云。久之，遼通、祺、雙、遼四州之民八百餘家，詣咸州都統降。上曰：「遼人賦斂無度，民不堪命，相率求生，不可使失望，分置諸部，擇善地以處之。」

太祖召斡魯古自問之，斡魯古引伏。闍哥鞫窩論等。詔降斡魯古爲謀克，而禁錮窩論等。天輔六年，討賊于牛心山，道病卒。天眷中，贈特進。天德二年，配享太祖廟廷。大定十五年，謚莊翼。

婆盧火，安帝五代孫。太祖伐遼，使婆盧火徵迪古乃兵，失期，杖之。後與渾黜以四千人，往助婁室、銀术哥攻黃龍府。辭勒罕、轄孛得兄弟，直攧里部人，嘗寇耶懶路，穆宗遣婆盧火討之。至阿里門河，辭勒罕僞降，遂略馬畜三百而去，復掠兀勒部二十五寨。〔三〕太祖復使婆盧火討之。婆盧火渡蘇衮河，招降旁近諸部，因籍丁壯爲軍，至特滕吳水，轄孛得僞降，復叛去，執而殺之。婆盧火至特鄰城，圍之，辭勒罕遁去。婆盧火破其城，執其妻子，辭勒罕遂降，曰：「我之馬牛財貨盡矣，何以爲生。」婆盧火與之馬十匹。直攧里部產良馬，太祖使紇石烈阿習罕掌其畜牧，婆盧火及子婆速，俱爲謀克。

天輔五年，摘取諸路猛安中萬餘家，屯田于泰州，婆盧火爲都統，賜耕牛五十。婆盧火舊居按出虎水，自是徙居泰州，而遺拾得、查端、阿里徒歡、奚撻罕等俱徙焉。唯族子撒剌喝嘗爲世祖養子，獨得不徙。

太祖取燕京，婆盧火爲右翼，兵出居庸關，大敗遼兵，遂取居庸。蕭妃遁去，都監高六等來送款乞降。習古乃追蕭妃至古北口，蕭妃已過三日，不及而還。上令婆盧火、胡實賚率輕騎追之，蕭妃已遠去，獲其從官統軍察剌、宣徽查剌，幷其家族，及銀牌二、印十有一。

及迭剌叛，婆盧火、石古乃討平之，〔四〕其羣官率衆降者，就使領其所部。太宗以空名宣頭及銀牌給之。

同時有婆盧火者，婁室平陝西，婆盧火、繩果監戰。後爲平陽尹，西南路招討使，終於慶陽尹。

泰州婆盧火守邊屢有功，太宗賜衣一襲，并賜其子剖叔。八年，以甲冑賜所部諸謀克。天會十三年，加同中書門下平章事。天眷元年，駐烏骨迪烈地，〔五〕薨。贈開府儀同三司，謚剛毅。

子剖叔，襲猛安，天眷二年，爲泰州副都統，子斡帶，廣威將軍。

婆速，官特進，子吾扎忽。

吾扎忽，善騎射，年二十，以本班祗候郎君都管，從征伐有功，授修武校尉。皇統二年，權領泰州軍。平陝西，至涇州，大破宋兵於馬西鎮，超遷寧遠大將軍，襲猛安。復以本部軍從宗弼，權都統。正隆末，從海陵伐宋。契丹反，與德昌軍節度使移室懣同討契丹，許以便宜從事。

大定初，除咸平尹，駐軍泰州。俄改臨潢尹，攝元帥左都監。與廣寧尹僕散渾坦俱從元帥右都監神士懣解臨潢之圍。契丹引衆東行，吾扎忽追及于窊歷山。押軍猛安契丹忽剌叔以所部助敵，攻官軍，官軍失利。泰州節度使烏里雅來救，未至臨潢與敵遇，烏里雅敗，僅以數騎脫歸。敵攻泰州，其勢大振，城中震駭，將士不敢出戰，敵四面登城。押軍猛安烏古孫阿里補率軍士數人持鏄刀循城，應敵力戰，斫刈甚衆，敵乃退，泰州得完。吾扎忽廼使謀克蒲盧渾徙百姓旁邑及險阨之地，以俟大軍。明年，聚甲士萬三千於濟州，會元帥謀衍，敗窩斡於長濼。戰霿淞河，戰陷泉，皆有功，改胡里改節度使，卒。

吾扎忽性聰敏，有才智，善用軍，常出敵之不意，故能以寡敵衆，而所往無不克，號爲「鵲軍」云。

闍母，世祖第十一子，太祖異母弟也。高永昌據東京，斡魯往伐之，闍母等爲之佐。已克瀋州，城中出奔者闍母邀擊殆盡。與永昌隔沃里活水，衆遇淖不敢進，闍母以所部先濟，諸軍畢濟。軍東京城下，城中人出城來戰，闍母破之于首山，殲其衆，獲馬五百匹。及斡魯古以罪去咸州，闍母代之，於是闍母爲咸州路副統。遼議和久不成，太祖進兵，詔咸州路都統司，令斜葛留兵一千鎭守，闍母以餘兵會于渾河。太祖攻上京，實臨潢府，諭之不下。遼人恃儲蓄自固。上親臨陣，闍母以衆先登，克其外城，留守撻不野率衆出降。都統杲兵至中京，闍母自城西沿土河以進，城中兵尚餘三千，皆不能守，遂克之。

宗翰等攻西京，闍母、婁室等於城東爲木洞以捍蔽矢石，於北隅以芻茭塞其隍，城中出兵萬餘，將燒之。溫迪罕蒲匣率衆力戰，執旗者被創，蒲匣自執旗，奮擊却之。又爲四輪革車，高出於堞，闍母與麾下乘車先登，諸軍繼之，遂克西京。

與遼步騎五千戰于朔州之境，斬首三百級。復敗遼騎三百于河陰。遼兵五千屯于馬邑縣南，復擊破之，隳其營壘，盡得其車馬、器械。遼兵三萬，列營于西京之西，闍母以三千擊之。闍母使士卒皆去馬，陣於溝塹之間，曰：「以一擊十，不致之死地，不可使戰也。」謂衆曰：「若不勝敵，不可以求生。」於是人皆殊死戰，遼兵遂敗，追至其營而止。明日，復敗其兵七百餘人。

興中府宜州復叛，闍母討之，幷下詔招諭，詔闍母曰：「遼之土地皆爲我有，彼雖復叛，終皆吾民，可縱其耕稼，毋得侵掠。」勃堇蒙刮、斜鉢、吾撻等獲契丹九斤，興中平。〔六〕

闍母爲南路都統，討回离保，詔曰：「回离保以烏合之衆，保據險阻，其勢必將自斃。若彼不出掠，毋庸攻討。」耶律奧古哲等殺回离保于景、薊之間，其衆遂潰。

張覺據平州叛，入于宋，闍母自錦州往討之。覺將以兵脅遷、來、潤、隰四州之民，〔七〕

闍母至潤州，擊走張覺軍，逐北至榆關，遣俘持書招之。復敗覺兵於營州東北，欲乘勝進取南京。時方暑雨，退屯海壖，逐水草休息，使僕虺、蒙刮兩猛安屯潤州，制未降州縣，不得與覺交通。九月，闍母破覺將王孝古於新安，敗覺軍於樓峯口。復與覺戰於兔耳山，闍母大敗。太宗使宗望問闍母敗軍之狀，宗望遂以闍母軍討覺。及宗望破張覺，太宗乃赦闍母，召宗望赴闕。

闍母連破僞都統張敦固，遂克南京，執敦固殺之。上遣使迎勞之，詔曰：「聞下南京，撫定兵民，甚善。諸軍之賞，卿差等以給之。」又詔曰：「南京疆埸如舊，屯兵以鎮之。命有司運米五萬石于廣寧，給南京、潤州戍卒。」遂下宜州，拔叉牙山，殺其節度使韓慶民，得糧五千石。詔以南路歲饑，許田獵。

其後宋童貫、郭藥師治兵，闍母輒因降人知之，卽具奏，語在宋事中。而宗翰、宗望皆請伐宋，於是闍母副宗望伐宋，宗望以闍母屬尊，先皇帝任使有功，請以爲都統，己監戰事。於是闍母爲都統，掃喝副之，敗郭藥師兵于白河，遂降燕山，以先鋒渡河圍汴，宋人請盟。將士分屯于安肅、雄、霸、廣、信之境，宗望還山西，闍母與劉彥宗留燕京，節制諸軍。八月，復伐宋，大軍克汴州，諸軍屯于城上。城中諸軍潰而西出者十三萬人，闍母、撻懶分擊，大敗之。師還，闍母爲元帥左都監，攻河間，下之，大破敵兵萬餘於莫州。宗輔爲右副元帥，徇地淄、青。闍母與宗弼分兵破山谷諸屯。宋李成兵圍淄州，烏林荅泰欲破之。闍母克濰州。迪古補、朮烈速連破趙子昉等兵，至于河上。烏林荅泰欲破敵于靈城鎭。及議伐康王，闍母欲先定河北，然後進討，太宗乃酌取羣議之中，使婁室取陝西，宗翰、宗輔南伐。

天會七年，薨，〔八〕年四十。熙宗時，追封吳國王。天德二年，配享太祖廟廷。正隆，改封譚王。大定二年，徙封魯王，謚莊襄。

子宗敍。

宗敍，本名德壽，闍母第四子也。奇偉有大志，喜談兵。天德二年，充護衞，授武義將軍。明年，授世襲謀克，擢御院通進，遷翰林待制，兼修起居注，轉國子司業，兼左補闕。正隆初，轉符寶郎，在宮職凡五年，皆帶劍押領宿衞。遷大宗正丞，以母憂去官。以本官起復，未幾，遷侍衞親軍馬軍都指揮使，改左驍騎都指揮使。明年，海陵幸南京，宗敍至汴。契丹撒八反，〔九〕宗敍爲咸平尹，兼本路兵馬都總管，以甲仗四千付之，許以便宜。

宗敍出松亭關，取牛遞于廣寧。聞世宗卽位，將歸之。廣寧尹按荅海弟燕京勸宗敍，乃還興中。白彥敬、紇石烈志寧使宗敍奉表降。宗敍見世宗於梁魚務，授寧昌軍節度使。明年二月，契丹攻寧昌，宗敍止有女直、渤海騎兵三十、漢兵百二十人，自將擊之。遇賊千餘騎，漢兵皆散走，宗敍與女直、渤海三十騎盡銳力戰，身被二創，所乘馬中箭而仆，遂爲所執。居百餘日，會賊中有臨潢民移剌阿塔等，盜馬授之，得脫歸。

宗敍陷賊久，盡得其虛實，見元帥完顏謀衍、平章政事完顏元宜，謂之曰：「賊衆烏合，無紀律，破之易耳。」於是帥府欲授軍職，宗敍見謀衍貪鹵掠，失事機，欲歸白上，不肯受職，曰：「我有機密，須面奏。」是夕，乃遁去，至廣寧，矯取驛馬，馳至京師。而帥府先事以聞，上遣中使詰之曰：「汝爲節度，不度衆寡，戰敗被獲，幸得脫歸，乃拒帥府命，輒自乘傳赴都，朕姑置汝罪，可速還軍，併力破賊。」宗敍附奏曰：「臣非辭難者，事須面奏，不得不來。」遂召入，乃條奏賊中虛實，及諸軍進退不合事機狀。詔大臣議，皆以其言爲然。是時，已詔僕散忠義代謀衍爲元帥進討，於是拜宗敍爲兵部尚書，以本職領右翼都統，率宗寧、烏延查剌、烏林荅剌撒兵各千人，號三萬，佐忠義軍。至花道，遇賊，與戰，左翼都統宗亨先敗走，〔一〇〕忠義亦引却，宗敍勒本部遮擊之，麾帳下士三百，捨馬步戰，賊不得逞。大軍整列復至，合勢擊之，賊遂敗去。而元帥右監軍紇石烈志寧率軍至，追及窩斡於陷泉，大破之。復與志寧及徒單克寧，追至七渡河，復大敗之。元帥忠義遂留宗敍自從。賊平，入爲右宣徽使。宗敍駐山東，分兵據守要害，敵不得西。

宋兵據海州，將謀深入。詔以宗敍爲元帥右監軍，往禦之。尋奉詔，與左副元帥紇石烈志寧參議軍事。四年，宗敍入朝，奏曰：「暑月在近，頓兵邊陲，飛輓頗艱，乞俟秋涼進發。」上從其請。及還軍，授以成算，賜襲衣、弓矢。九月，渡淮，宗敍出唐、鄧，比至襄陽，屢戰皆捷。明年，宋人請和，軍還，除河南路統軍使。

河決李固渡，分流曹、單之間。詔遣都水監梁肅視河決，宗敍言：「河道塡淤不受水，故有決溢之患。今欲河復故道，卒難成功，幸而可塞，它日不免決溢山東，非曹、單比也。沿河數州，驟興大役，人心動搖，恐宋人乘間扇誘，構爲邊患。」梁肅亦請聽兩河分流，以殺水勢，遂止不塞。

十年，召至京師，拜參知政事，上曰：「卿奏黃河利害，甚合朕意。朕念百姓差調，官吏爲姦，率斂星火，所費倍蓰，委積經年，腐朽不可復用，若此等類，百孔千瘡，百姓何以堪之。卿參朝政，擇利而行，以副朕心。」及與上論南邊事，宗敍曰：「南人遣諜來，多得我事情。我遣諜人，多不得其實。蓋彼以厚賞故也。」上曰：「彼以厚利資諜人，徒費其財，何能爲也。」

十一年，奉詔巡邊。〔二〕六月，至軍中，將戰，有疾，詔以右丞相紇石烈志寧代，宗敍還。七月，病甚，遺表朝政得失，及邊防利害，力疾，使其子上之。薨，年四十六。上見其遺表，傷悼不已，輟朝，遣宣徽使敬嗣暉致祭，賻銀千兩、綵四十端、絹四百匹。上謂宰臣曰：「宗敍勤勞國家，他人不能及也。」

初，宗敍嘗請募貧民戍邊屯田，給以廩粟，旣貧者無艱食之患，而富家免更代之勞，得專農業。上善其言，而未行也。十七年，上謂宰臣曰：「戍邊之卒，歲冒寒暑，往來番休，以馬牛往戍，往往皆死。且奪其農時，敗其生業，朕甚閔之。朕欲使百姓安于田里，而邊圉强固，卿等何術可以致此。」左丞相良弼曰：「邊地不堪耕種，不能久戍，所以番代耳。」上曰：「卿等以此急務爲末事耶。往歲，參政宗敍嘗爲朕言此事。若宗敍，可謂盡心於國者矣。今以兩路招討司、烏古里石壘部族、臨潢、泰州等路，分置堡戍，詳定以聞，朕將親覽。」

上追念宗敍，聞其子孫家用不給，詔賜錢三千貫。明昌五年，配享世宗廟廷。

校勘記

〔一〕斡魯韓國公勍者第三子　按本書卷五九宗室表，勍者子「撒改、斡魯」，共二人，「三」當是「二」字之誤。

〔二〕夏國王使李良輔將兵三萬來救遼　「良」原作「仁」。按本書卷六〇交聘表，天輔六年「六月，夏遣李良輔率兵三萬救遼，斡魯、婁室敗之于野谷」。又卷一三四西夏傳，「天輔六年……夏將李良輔將兵三萬來救遼，次天德境野谷」。今據改。

〔三〕復掠兀勒部二十五寨　「掠」字原在「部」字之下，據文義乙正。

〔四〕及迭剌叛婆盧火石古乃討平之　「石古乃」卽上文「追蕭妃至古北口」之「習古乃」，本書卷七二有傳云，「習古廼，亦書作實古廼」。卷七二婁室傳、銀朮可傳記與完顏渾黜、婆盧火等攻黃龍府皆作「石古乃」。卷七四宗翰傳、卷八〇阿离補傳亦作「石古乃」。此皆同音異譯，而用「石古乃」三字較多。今特指出，不加校改。

〔五〕烏骨迪烈地　按本書卷五海陵紀、卷四四兵志皆作「烏古迪烈部」。

〔六〕興中平　「興」原作「與」，據永樂大典卷六七六四改。

〔七〕覺將以兵脅遷來潤隰四州之民　「隰」原作「濕」，據永樂大典卷六七六四改。

〔八〕天會七年薨　「七」原作「六」。按本書卷三太宗紀，天會七年正月「辛巳，吳國王闍母薨」。今據改。

〔九〕契丹撒八反　「契」原作「奚」，據殿本改。

〔一〇〕以本職領右翼都統率宗寧烏延查剌烏林荅剌撒兵各千人……左翼都統宗亨先敗走　「右」原作「左」、「左」原作「右」。按本書卷八七僕散忠義傳，「忠義追之，及于花道，宗亨爲左翼，宗敍爲右翼，與賊夾河而陣」。卷一三三移剌窩斡傳，「僕散忠義至軍中，是時窩斡西走花道，……萬戶查剌、蒲查爲左翼，宗亨統之，宗寧、剌撒爲右翼，宗敍統之」。今據改。又本書卷八六烏延查剌傳，「擊窩斡，戰于花道，大軍未集，查剌在左翼，領六百騎與賊戰」。卷一三三移剌窩斡傳，「萬戶查剌爲左翼，宗亨統之，宗寧、剌撒爲右翼，宗敍統之，……賊渡河，以兵四萬餘先犯左翼軍，查剌以六百騎奮擊敗之」。據此則烏延查剌當時在左翼，由宗亨統之，此處不當有其名。

〔二〕十一年奉詔巡邊　按本書卷六世宗紀，「遣參知政事宗敍北巡」在大定十年八月壬申。

金史卷七十二

列傳第十

婁室 活女 謀衍 仲本名石古乃 海里 銀朮可 轂英本名撻懶 麻吉子沃側 拔离速 習古廼

婁室，字斡里衍，完顏部人。年二十一，代父白荅爲七水諸部長。〔一〕太祖克寧江州，使婁室招諭係遼籍女直，遂降移燉益海路太彎照撒等。敗遼兵于婆剌赶山。復敗遼兵，擒兩將軍。既而益改、捺末懶兩路皆降。進兵咸州，克之。諸部相繼來降，獲遼北女直係籍之戶。遼都統耶律訛里朶以二十餘萬衆來戍邊。太祖趨達魯古城，次寧江州西，召婁室。婁室見上于軍中。上見婁室馬多疲乏，以三百給之，使隸右翼宗翰軍，〔二〕與銀朮可縱兵衝其中堅，凡九陷陣，皆力戰而出。復與銀朮可戍邊。

及九百奚營等部來降，則與銀朮可攻黃龍府，上使完顏渾黜、婆盧火、石古乃以兵四千助之，敗遼兵萬餘于白馬濼。宗雄等下金山縣，使婁室分兵二千，招沿山逃散之人。耶律捏里軍蒺藜山，斡魯古、婁室等破之，遂取顯州。太祖取黃龍府，婁室請曰：「黃龍一都會，且僻遠，苟有變，則鄰郡相扇而起。請以所部屯守。」太祖然之，仍合諸路謀克，命婁室爲萬戶，守黃龍府。進都統，從杲取中京，與希尹等襲走迪六、和尙、雅里斯等，敗奚王霞末，降奚部西節度訛里剌。遼主自鴛鴦濼西走，婁室等追至白水濼，獲其內庫寶物。婁室遂與闍母攻破西京。復與闍母至天德、雲內、寧邊、東勝，其官吏皆降，獲阿疎。

夏人救遼，兵次天德，婁室使突撚、補攧以騎二百爲候兵，夏人敗之，幾盡。阿土罕復以二百騎往，遇伏兵，獨阿土罕脫歸。時久雨，諸將欲且休息，婁室曰：「彼再破吾騎兵，我若不復往，彼將以我怯，卽來攻我矣。」乃選千騎，與習失、拔离速往。斡魯壯其言，從之。婁室遲明出陵野嶺，留拔离速以兵二百據險守之。獲生口問之，其帥李良輔也。將至野谷，登高望之。〔三〕夏人恃衆而不整，方濟水爲陣，乃使人報斡魯。婁室分軍爲二，迭出迭入，進退轉戰三十里。過宜水，斡魯軍亦至，合擊敗之。

遼都統大石犯奉聖州，壁龍門東二十五里，婁室、照里、馬和尙等以兵取之，生獲大石，其衆遂降。遼闢里剌守奉聖州，棄城遁去。後與宗望追遼帝，婁室、蒲察以二十騎候敵，敗其軍三千人于三山，有千人將趨奉聖州，蒲察復敗之，擒其主帥而還。夏人屯兵於可敦館，宗翰遣婁室戍朔州，築城於霸德山西南二十里，遂破朔州西山兵二萬，擒其帥趙公直。其後復襲遼帝于余都谷，獲之。賜鐵券，惟死罪乃笞之，餘罪不問。

銀朮可圍太原，宋統制劉臻救太原，率衆十萬出壽陽，婁室擊破之，繼敗宋兵數千於榆次。宋張灝軍出汾州，拔离速擊走之。灝復營文水，婁室與突葛速、拔离速與戰，灝大敗。宗翰定太原，婁室取汾、石二州，及其屬縣溫泉、方山、離石，蒲察降壽陽，取平定軍及樂平，復招降遼州及榆社、遼山、和順諸縣。宗翰趨汴州，使婁室等自平陽道先趨河南，曰：「若至澤州，與賽里、婆盧火、習失遇，當與俱進。」習失之前軍三謀克，〔四〕敗宋兵三千于襄垣，遇伏兵二千，又敗之。撒剌荅破天井關，復破步兵於孔子廟南，遂降河陽。婁室軍至，既渡河，遂薄西京。城中兵來拒戰，習失逆擊敗之，西京降。婁室取偃師，永安軍、鞏縣降。撒剌荅敗宋兵於汜水。於是，滎陽、滎澤、鄭州、中牟相次皆降。宗翰已與宗望會軍于汴，使婁室率師趨陝津，攻河東郡縣之未下者。阿离土罕敗敵于河上，撒按敗敵于陝城下，鶻沙虎降虢州守陴卒三百人，遂克陝府。習古乃、桑袞破陝之散卒于平陸西北。活女別破敵於平陸。婁室破蒲、解之軍二萬，盡覆之，安邑、解州皆降，遂克河中府，降絳、慈、隰、石等州。

宗翰往洛陽，使婁室取陝西，敗宋將范致虛軍，下同、華二州，克京兆府，獲宋制置使傅亮，遂克鳳翔。阿隣等破宋大兵於河中，斡魯破宋劉光烈軍於馮翊，訛特剌、桑袞敗敵於渭水，遂取下邽。宗翰會宗輔伐康王，命婁室、蒲察專事陝西，以婆盧火、繩果監戰。繩果等遇敵於蒲城及同州，皆破之。婁室、蒲察克丹州，破臨眞，進克延安府，遂降綏德軍及靜邊、懷遠等城寨十六，復破青澗城。宋安撫使折可求以麟、府、豐三州，及堡寨九，降于婁室。晉寧所部九寨皆降，而晉寧軍久不下，婁室欲去之，賽里不可，曰：「此與夏鄰，且生他變。」城中無井，日取河水以爲飲，乃決渠于東，泄其水，城中遂困。李位、石乙啓郭門降，諸將率兵入城。守將徐徽言據子城，戰三日，衆潰，徽言出奔，獲之。使之拜，不聽，臨之以兵，不爲動，縶之軍中。使先降者諭之使降，徽言大駡，與統制孫昂皆不屈，乃幷殺之。遂降定安堡、渭平寨及鄜、坊二州。於是，婁室、婆盧火守延安，折可求屯綏德，蒲察還守蒲州。延安、鄜、坊州皆殘破，人民存者無幾，婁室置官府輯安之。別將斡論降建昌軍。京兆府叛，婁室復討平之，遂與阿盧補、謀里也至三原，訛哥金、阿骨欲擊淳化兵，敗之。婁室攻乾州，已築甬道，列礮具，而州降。遂進兵克邠州，軍于京兆。

陝西城邑已降定者，輒復叛，於是睿宗以右副元帥，總陝西征伐。時婁室已有疾，睿宗與張浚戰于富平，宗弼左翼軍已却，婁室以右翼力戰，軍勢復振，張浚軍遂敗。睿宗曰：「力疾鏖戰，以徇王事，遂破巨敵，雖古名將何以加也。」以所用犀玉金銀器，及甲冑，幷馬七匹與之。

天會八年，薨。十三年，贈泰寧軍節度使，兼侍中，加太子太師。皇統元年，贈開府儀同三司，追封莘王。以正隆例改贈金源郡王，配享太宗廟廷，謚壯義。〔五〕子活女、謀衍、石古乃。

活女，年十七從攻寧江州，力戰創甚，扶出陣間。太祖憑高望見，問之，知是婁室子，親撫慰賜藥，歎曰：「此兒他日必爲名將。」其攻濟州，敗敵八千。與敵遇于信州，移剌本陷于陣，活女力戰出之，敵遂北。敗耶律佛頂等兵于瀋州。及宗翰以兵襲奚王霞末，活女以兵三百，敗敵二千。從攻乙室部，敗之，破其二營。迭剌部族叛，率二謀克突入，大破之。

活女常從婁室圍太原，宋將种師中以兵十萬來援，活女擊敗之。大軍至河，無船，不得渡。婁室遣活女循水上下，活女率軍三百，自孟津而下，度其可渡，遂引軍以濟，大軍於是皆繼之。宋將郭京出兵數萬，趨婁室營，活女從旁奮擊，敵亂，遂破之。師還，破敵於平陸渡，得其船以濟。又以兵破敵於張店原。時屯留、太平、翼城皆有重敵，並破之。又分兵取陝西，蒲州降，留活女鎭之。攻鳳翔，活女先登。睿宗定陝西，活女爲都統，進攻涇州，敗其兵。王開山以兵拒歸路，邀戰，再擊，再敗之，遂降京兆、鳳翔諸縣。

婁室薨，襲合扎猛安，代爲黃龍府路萬戶。天眷三年，爲元帥右都監，遷左監軍。元帥府罷，改安化軍節度使。歷京兆尹，封廣平郡王，以正隆例，改封代國公，進封隋國公，諡貞濟。卒年六十一。

謀衍，勇力過人，善用長矛突戰。天眷間，充牌印祗候，授顯武將軍，擢符寶郎。皇統四年，其兄活女襲濟州路萬戶，以親管奥吉猛安讓謀衍，朝廷從之，權濟州路萬戶。八年，爲元帥右都監。天德三年，爲順天軍節度使，歷河間、臨潢尹，數月改婆速路兵馬都總管。撒八反，謀衍往討之，是時世宗爲東京留守，自將討括里還，遇謀衍于常安縣，盡以甲士付之。世宗還東京，完顏福壽、高忠建率所部南征軍，亡歸東京。謀衍亦率其軍來附，即以臣禮上謁，遂殺高存福、李彥隆等。謀衍、福壽、忠建及諸將吏民勸進，世宗即位，拜右副元帥。都統白彥敬，副統紇石烈志寧在北京，拒不受命，謀衍伐之，遇其衆于建州之境，皆不肯戰，彥敬、志寧遂降。

二年正月，謀衍率諸軍討窩斡，會兵於濟州，合甲士萬三千人，過泰州，至朮虎崖，乃捨輜重，持數日糧，輕騎追之。是時窩斡新敗于泰州，將走濟州。謀衍兵至長濼南，獲其諜者，知敵將由別路邀糧運，遂分軍往迎之。敵吏糺者來降，謀衍用其計，因夜亟往邀敵輜重，忽大風，不能燧火，路暗莫相辨，比曉纔行三十餘里。將至敵營，將士少憩，謀衍率善射者數十騎，往覘之。而都統志寧、克寧等，已敗敵衆二萬餘於長濼，追殺甚衆，敵遂西遁。志寧軍先追及於霿𩅦河，急擊敗之。而謀衍貪鹵掠，不復追，以故敵得縱去，遂涉懿州界，陷靈山、同昌、惠和等縣，窺取北京，西攻三韓縣。惟克寧軍追躡，謀衍託馬弱，引還懿州。上聞之，下詔切責謀衍，以僕散忠義爲右副元帥代之，紇石烈志寧爲右監軍代完顏福壽。而謀衍子斜哥暴橫軍中，詔勒歸本貫。

謀衍至京師，以爲同判大宗正事，世宗責之曰：「朕以汝爲將，汝不追賊，當正汝罪。以汝父妻室有大功，特免汝死。汝雖非宗室，而授此職，汝其勉之。」未幾，速頻路軍士朮里古，告斜哥寄書與謀衍謀反，有司并上其書，世宗察其誣，詔鞫告者，朮里古款伏，遂誅之。召謀衍謂之曰：「人有告卿子爲反謀者，朕知卿必不爲此，今告者果自服罪，宜悉此意。」

初，窩斡方熾，上使溫迪罕阿魯帶守古北口。及窩斡敗于陷泉，入于奚中，率諸奚攻古北口。阿魯帶因其妻生日，輒離軍六十里，賊衆聞之，來襲，殺傷士卒甚衆。阿魯帶坐除名。詔謀衍、蒲察烏里雅、蒲察通以兵三千，會舊屯兵，擊之。擒賊黨猛安合住。未幾，窩斡平，乃還。

七年，出爲北京留守，上御便殿，賜食，及御服衣帶佩刀，謂之曰：「以卿故老，欲以均勞逸，故授此職，卿其勉之。」改東京留守，封榮國公。大定十一年，薨，年六十四。

謀衍性忠厚，善擊毬射獵，時論以爲雖智略不及其父，而勇敢肖之云。

仲，本名石古乃。體貌魁偉，通女直、契丹、漢字。其兄斡魯爲統軍，愛仲才，欲使通吏事，每視事，常在左右，遇事輒問之，應對如響，斡魯嘆曰：「此子必爲令器。」皇統初，充護衞，授世襲謀克。天德元年，攝其兄活女濟州萬戶，部內稱治。除濱州刺史，以母憂去官。起復知積石軍事，轉同知河南尹。

正隆六年，伐宋，爲神勇軍副都總管。與大軍北還，除同知大興尹，將兵二千，益遵化屯軍，備契丹。遷西南路招討使，兼天德軍節度使，政尚忠信，決獄公平，蕃部不敢寇邊。召爲左副都點檢，宿衞嚴謹，每事有規矩，後來者守其法，莫能易也。世宗常謂侍臣曰：「石古乃入直，朕寢益安。」

五年，宋人請和，爲姪國，不稱臣，仲爲報問使。仲請與宋主相見禮儀，世宗曰：「宋主親起立接書，則授之。」及至宋，一一如禮。正隆用兵，宋人執商州刺史完顏守能以歸，至是，仲取守能與俱還，上嘉之。轉都點檢，兼侍衞親軍都指揮使，遷河南路統軍使，上曰：

「卿在禁近，小心畏愼。河南控制江、淮，爲國重地，卿益勉之。」賜廐馬、金帶、玉吐鶻。後有罪，〔六〕解職。久之，起爲西北路招討使，改北京留守，卒。

海里，婁室族子。體貌豐偉，善用矟。婁室爲黃龍府萬戶，海里從徙於孰吉訛母。從婁室追及遼主於朔州阿敦山，遼主從數十騎逸去，婁室遣海里及朮得，往見遼主，諭之使降。遼主已窮蹙，待於阿敦山之東，婁室因獲之，賞海里金五十兩、銀五百兩、幣帛二百匹、綿三百兩。睿宗經略陝西，海里戰却吳玠軍於涇、邠之南，尋遣修棧道，宋人恐棧道成，以兵來拒，破其兵，賞銀百五十兩、奴婢十人。

天眷元年，擢宿直將軍。與定宗磐、宗雋之亂，〔七〕再遷廣威將軍，除都水使者。改西北路招討都監，歷復州、灤州刺史、耶盧椀羣牧使，迭剌部族節度使，同知大興尹、兼中都路兵馬都總管，改武寧軍節度使，廣寧尹。卒，年六十二。

銀朮可，宗室子。太祖嗣位，使蒲家奴如遼取阿踈，事久不決，乃使習古廼、銀朮可繼往。當是時，遼主荒于政，上下解體。銀朮可等還，具以遼政事人情告太祖，且言遼國可伐之狀。〔八〕太祖決意伐遼，蓋自銀术可等發之。

太祖與耶律訛里朶戰于達魯古城，遼兵二十餘萬，銀术可、婁室率衆衝其中堅，凡九陷陣，輒戰而出，大敗遼軍。銀术可爲謀克，遂與婁室戍邊，復與婁室、渾黜、婆盧火、石古乃等攻黃龍府，敗遼兵萬餘于白馬濼。太祖拒遼兵，銀术可守達魯古城。收國二年，分鴨撻、阿懶所遷謀克二千戶，以銀术可爲謀克，屯寧江州。

遼大册使習泥烈遣回，約以七月半至，而盡九月習泥烈未來，上使諸軍過江屯駐。遼曳剌、麻答十三人，兵士八人縱火於渾河，以絕芻牧。銀术可獲之，乃知遼邊吏乙薛使之，太祖命釋之。從都統杲克中京，銀术可與習古廼、蒲察、胡巴魯率兵三千，擊奚王霞末于京西七十里，霞末棄兵遁。遼主西奔天德，銀术可以兵絕其後，遼主遂見獲。

後從宗翰伐宋，圍太原，宗翰進兵至澤州，及宗翰還西京，太原未下，皆命銀术可留兵圍之。招討都監馬五破宋兵於文水。節度使耿守忠等敗宋黃迪兵於西都谷，所殺不可勝計。宋樊夔、施詵、高豐等軍來救太原，分據近部，銀术可與習失、孟魯、完速大破之。索里乙室破宋兵於太谷。宋兵據太谷、祁縣，阿鶻懶、拔离速復取之。种師中出井陘，據榆次，救太原，銀术可使斡論擊之，破其軍。活女斬師中於殺熊嶺，進攻宋制置使姚古軍于隆州谷，〔九〕大敗之。撒里土敗宋軍於回馬口，郭企忠殲宋軍於五臺。及宗翰定太原，與宗望會兵于汴，銀术可等攻汴城，克之。師還，銀术可降峊嵐、寧化等軍，攻嵐州拔之，招降火山軍。與希尹同賜鐵券。

宗翰趨洛陽，賽里取汝州，銀术可取鄧州，殺其將李操等。薩謀魯入襄陽，拔离速入均州，馬五取房州，擒轉運使劉吉、鄧州通判王彬。拔离速破唐、蔡、陳三州，克潁昌府，沙古質別克舊潁昌。

宗翰會伐康王，銀术可守太原。天會十年，爲燕京留守。天會十三年，致仕，加保大軍節度使，同中書門下平章事，遷中書令，封蜀王。天眷三年，薨，年六十八。以正隆例贈金源郡王，配饗太宗廟廷。大定十五年，謚武襄，改配享太祖廟廷，子彀英。

彀英，本名撻懶。幼警敏有志膽，初丱角，太祖見而奇之。年十六，父銀术可授以甲，使從伐遼，常爲先鋒，授世襲謀克。

宗翰自太原還西京，銀术可圍守之，彀英在行間，屢有功。宋兵數萬救太原，至南關，銀术可與弟拔离速、完顏婁室等擊之，當隘巷間，一卒揮刀向拔离速，彀英以刀斷其腕，一卒復從旁以槍刺之，彀英斷其槍，追殺之。拔太原，下河東諸州，攻汴京，皆有功。與都統馬五徇地漢上，至上蔡，以先鋒破孔家軍。睿宗攻開州，彀英先登，流矢中其口，睿宗親視之，創未愈，强起之，攻大名府。第功，宗弼第一，轂英次之。攻東平，轂英居最。拔离速襲宋康王于揚州，轂英爲先鋒。拔离速追宋孟后於江南，轂英前行趨潭州。宋大兵在常武，轂英以選兵薄其城，敗千餘人。明日，城中出兵來戰，轂英以五百騎敗之，獲馬二百匹，遂攻常武。拔离速以諸軍爲大陣，居其後，轂英以五百騎爲小陣，當前行，卽麾兵馳宋軍，宋軍亂，遂大敗之。拔离速觀其周旋，嘆賞之。

其後河東郡縣多叛，轂英以先鋒攻絳州，克之。復攻沁州，飛砲擊其右脅，舁歸營中。諸軍攻沁州，三日不能下，別將骨赧强起轂英指麾士卒，遂克之。

攝河東路都統，從左監軍移剌余睹招西北諸部。轂英將騎三千五百，平其九部，獲生口三千，馬牛羊十五萬。以先鋒破宋吳山軍，再戰再勝，遂蹙宋兵于隘，死者不可勝計，宋兵遁去。

宗弼再取和尙原，轂英以本部破宋五萬人，遂奪新叉口，宗弼留兵守之。是夜，大雪，道路皆冰，和尙原宋兵勢重不可徑取，宗弼用轂英策，入自傍近高山叢薄翳薈間，出其不意，遂取和尙原。

轂英請速入大散關，自以本部爲殿，以備伏兵。宗弼至仙人關，轂英先攻之，宗弼止之，轂英不止，宗弼以刀背擊其兜鍪，使之退，轂英曰：「敵氣已沮，不乘此而取之，後必悔之。」已而果然。宗弼嘆曰：「既往不咎。」乃班師。轂英殿，且戰且却，遂達秦中。

齊國初廢，元帥右監軍撒离喝馳驛撫治諸郡，至同州，故齊觀察使李世輔出迎，陽墜馬稱折臂，舁歸。撒离喝入城，世輔詐使通判獻甲，以壯士十人，被甲上廳事，世輔自壁後突出，執撒离喝。轂英方索馬于外，變起倉卒，不得入。城門已閉，皆有兵衞，至東門，合荅雅領騎三十餘，與轂英遇，遂斬門者出。而世輔擁衆自西門出，轂英與合荅雅襲之，一進一退以綴世輔，使不得速。世輔慮救兵至，乃要撒离喝與之盟，勿使追之。留撒离喝於道側，轂英識其聲，與騎而歸。除安遠大將軍，攝太原尹，四境咸治，兼攝河東南、北兩路兵馬都總管。

朝廷以河南、陝西與宋，已而復取之，師至耀州。宋人每旦出城，張旗閱隊，抵暮而還。道隘，騎不得逞。轂英請兵五百，薄暮先使五十人趨山巔，令之曰：「旦日視敵出，舉幟指其所向。」乃以餘兵伏山谷間。明日，城中人出閱如前，山巔旗舉，伏兵發，宋兵爭馳入城。轂英麾軍登城，拔宋幟，立金軍旗幟。宋兵後者望見之不敢入，遂降，城中人亦降。

宋吳玠擁重兵據涇州，〔一〇〕涇原以西多應之。元帥撒离喝欲退守京兆，俟河南、河東軍。轂英曰：「我退守，吳玠必取鳳翔、京兆、同、華，據潼關，吾屬無類矣。」撒离喝曰：「計將安出？」轂英曰：「事危矣，不如速戰。我軍陣涇之南原，宋兵必自西原來。轂英與斜補出各以選騎五百擢其兩翼，元帥當其中擊之，可以得志。」監軍拔离速曰：「二子當其左右，拔离速願當其中。元帥據岡阜，多張旗幟爲疑兵，可以得志。」撒离喝從之。吳玠兵果自西原來，轂英、斜補出擊其左右，自旦至午，吳玠左右軍少退，拔离速當其前衝擊之，遂敗玠軍，僵尸枕藉，大澗皆滿。自此蜀人喪氣，不敢復出，關、陝遂定。

歷行臺吏部工部侍郎，從宗弼巡邊，遷刑部尙書，轉元帥左都監。天德二年，遷右監軍。元帥府罷，改山西路統軍使，領西南、西北兩路招討兵馬，坐無功，降臨海軍節度使，歷平陽、太原尹。正隆末，爲中都留守，兼西北面都統，討契丹撒八，駐軍歸化州。

世宗卽位於遼陽，使轂英姪阿魯瓦持詔往歸化，命轂英爲左副元帥，就遣使召陝西統軍徒單合喜，宣大定改元詔、赦于西南、西北招討司，河東、河北、山東諸路州鎭，調猛安軍屯京畿。阿魯瓦見轂英，轂英猶豫未決，士卒皆欲歸世宗，轂英不得已，乃受詔。以元帥令下諸路，亟泥馬槽二萬具，諸路聞之，以爲大軍且至，然後遣人宣赦，所至皆聽命。

大定元年十一月，轂英以軍至中都，同知留守璋請至府議事。轂英疑璋有謀，乃陽許諾，排節仗若將往者，遂率騎從出施仁門，駐兵通州。見世宗于三河。詔轂英以便宜規措河南、陝西、山東邊事。二年正月，至南京，遂復汝、潁、嵩等州縣，授世襲猛安。入拜平章政事，罷爲東京留守，未行，改濟南尹。

初，轂英宿將恃功，在南京頗瀆貨，不恤軍民。詔使問以邊事，轂英不答，謂詔使曰：「爾解何事，待我到闕奏陳。」及召入，竟無一語及邊事者。在相位多自專，己所欲輒自奏行之。除留守，輒忿忿不接賓客，雖近臣往亦不見。上怒，遂改濟南。上數之曰：「朕念卿父有大功于國，卿舊將亦有功，故改授此職，卿宜知之。若復不悛，非但不保官爵，身亦不能保也。」轂英頓首謝。

久之，改平陽尹，致仕。起爲西京留守，以母憂去官。尋以本官起復。俄復爲東京，歷上京，詔曰：「上京王業所起，風俗日趨詭薄，宗室聚居，號爲難治。卿元老大臣，衆所聽服，當正風俗，檢制宗室，持以大體。」十五年，致仕。

久之，史臣上太宗、睿宗實錄，上曰：「當時舊人親見者，惟轂英在。」詔修撰溫迪罕締達往北京就其家問之，多更定焉。

十九年，薨，年七十四。最前後以功被賞者十有一，金爲兩二百五十，銀爲兩六千五百，絹爲疋八百，綿爲兩二千，馬三百十有四，牛羊六千五百，奴婢百三十人。

麻吉，銀术可之母弟也。年十五，隸軍中，從破高麗兵，下寧江州，平係遼女直，克黃龍府，皆身先力戰，以功爲謀克，繼領猛安。破奚兵千餘。自斡魯古攻下咸、信、瀋州及東京諸城，麻吉皆有功。都統杲取中京，與稍合、胡拾答別降楚里迪部，屯兵高州。以兵援蒙刮勃菫，大破敵兵，復敗恩州兵五萬人。討平遼人聚中京山谷者，降三千餘人。戰于高州境上，伏矢射之中目，遂卒。

麻吉大小三十餘戰，所至皆捷。皇統中，贈銀青光祿大夫，謚毅敏。子沃側。

沃側，年十七，隸軍中，從拔离速擊遼將馬五，敗之。麻吉死，領其職。宗望伐宋，至河上。宋兵屯于河外，以二舟來伺我師，乃遣沃側率勇士數輩，以一舟往迎之，盡俘以還。襲康王於江、淮間，沃側皆與焉。師還，駐東平。及廢齊，屯兵河北，招降旁近諸營，多獲畜產兵仗，軍帥嘉之，賞以甲馬。

從攻陝西，爲右翼都統，攻城破敵，皆與有功。師還，正授謀克。遷華州防禦使，屬關中歲飢，盜賊充斥，沃側募兵討平之，部以無事。郡人列狀丐留，不報。未幾，除迪列部族節度使，改迭刺部。用廉入爲都水使者，秩滿，同知燕京留守事，爲西北路招討使。撒八秩滿已數月，冒其俸祿，不即解去，沃側發其事。撒八反，沃側遇害。

拔离速，银术可弟。天辅六年，宗翰在北安州，将会斜也于奚王岭，辽兵奄至古北口，使婆卢火、浑黜各领兵二百，击之。浑黜请济师，宗翰欲自往，希尹、娄室曰："此易与耳，请以千人为公破之。"浑黜以骑士三十人前行，至古北口，遇其游兵，逐入山谷，辽人以步骑万余迫战，亡骑五人，浑黜退据关口。希尹、娄室至，拔离速、讹谋罕、胡实海推锋奋击，大破之，斩馘甚众，尽获甲胄辎重。希尹与撒里古独、裴满突撚败其伏兵，杀千余人，获马百余匹。娄室拒夏人出陵野岭，留拔离速以兵二百，据险守之。

银术可围太原，近县先已降，宋军来救太原者复据太谷、祁县，拔离速、阿鹘懒复取之。宋姚古军隆州谷，拔离速败之，张灏兵出汾州，又击走之。天会四年，克太原，拔离速为管勾太原府路兵马事，复与娄室败宋兵于文水，遂从宗翰围汴。与银术可略地襄、邓，入均州，还攻唐、蔡、陈三州，皆破之，克颍昌府。遂与泰欲、马五袭宋康王于扬州，康王渡江入于建康。

天会十五年，迁元帅左都监。宗弼再定河南，撒离喝经略陕西，至泾州，拔离速大破宋军于渭州，渭州、德顺军皆降，陕西平。迁元帅左监军，加金吾卫上将军，卒，谥敏定。

習古廼，亦書作實古廼。〔二〕嘗與銀朮可俱往遼國取阿疎，還言遼人可取之狀，太祖始決意伐遼矣。婆盧火取居庸關，蕭妃自古北口出奔，太祖使習古廼追之，不及。後爲臨潢府軍帥，討平迭剌，其羣官率衆降者，請使就領諸部。太宗賜以空名宣頭及銀牌，使以便宜授之。獲遼許王莎邏、駙馬都尉蕭乙辛。遼梁王雅里在紇里水自立，〔三〕不知果在何處，至是始知之。於是，徙遼降人於泰州，時暑未可徙，習古廼請姑處之嶺西。及習古廼築新城於契丹周特城，詔置會平州。

烏虎里部人迪烈、劃沙率部族降，朝廷以撻僕野爲本部節度使，烏虎爲都監。習古廼封還撻僕野等宣誥，以便宜加撻僕野散官，塡空名告身授之，及錄上降附有勞故官八百九十三人，朝廷從之。於是，迪烈加防禦使，爲本部節度使。劃沙加諸司使，爲節度副使，知迪烈底部事。撻离答加左金吾衞上將軍，節度副使，知突鞠部事。阿枲加觀察使，爲本部節度使。其餘遷授有差。以厖葛城地分賜烏虎里、迪烈底二部及契丹人，其未墾者聽任力占射。

久之，領咸州烟火事。天會六年，〔三〕完顏愼思所部及其餘未置猛安謀克戶口，命習古廼通閱具籍以上。天會十年，改南京路軍帥司爲東南路都統司，習古廼爲都統，移治東京，鎮高麗。

贊曰：金啓疆土，斡魯、斡魯古方面功最先著，婆盧火、婁室最先封，泰州之邊圉，黃龍之衝要，寄亦重矣。若闍母之勤勞南路，婁室之經營陝西，銀术可之圍守太原，勞亦至矣。斡魯古之不治，闍母之敗，譴罰之亟，諸將懾焉。夫能以弱小終制强大，其效驗與。銀术可、習古廼觀人之國而知其可伐，古語云「國有八觀」，善矣夫。

校勘記

〔一〕代父白荅爲七水諸部長　按本書卷六五謝庫德傳「白荅」作「白達」。又卷目「拔离速」，「离」原作「里」。同音異譯，今與傳文統一。

〔二〕使隸右翼宗翰軍　「右翼」原作「左翼」。按本書卷七四宗翰傳，「遼都統耶律訛里朶以二十餘萬戍邊，太祖逆擊之，宗翰爲右軍」。又柳邊紀略卷四完顏婁室碑，「太祖自將進達魯古城，將與遼兵遇，遣使馳召王以軍赴之……命居右翼」。今據改。

〔三〕將至野谷登高望之　原脫「谷」字。按本書卷二太祖紀，天輔六年六月，「斡魯、婁室敗夏人於野谷」。又卷六〇交聘表，天輔六年「六月，夏遣李良輔率兵三萬救遼，斡魯、婁室敗之于野谷」。卷七一斡魯傳、卷一三四西夏傳等亦記此事，皆作「野谷」。今據補。

〔四〕習失之前軍三謀克　「克」原作「合」，今改正。

〔五〕謚壯義　「壯」原作「莊」。按柳邊紀略卷四金完顏婁室神道碑作「壯義」。今據改。

〔六〕後有罪　「後」原作「復」，據文義改。

〔七〕與定宗磐宗雋之亂　「雋」原作「僞」。按本書卷四熙宗紀，天眷二年「七月辛巳，宋國王宗磐、兗國王宗雋謀反伏誅」。卷六九宗雋本傳亦作「雋」，它卷同。今據改。

〔八〕且言遼國可伐之狀　原脫「可伐」二字，今據永樂大典卷六七六五補。

〔九〕進攻宋制置使姚古軍于隆州谷　「州」原作「川」。按本書卷三太宗紀、卷七二拔离速傳、卷八〇突合速傳記此事皆作「隆州谷」，今據改。

〔一〇〕宋吳玠擁重兵據涇州　按上文「朝廷以河南、陝西與宋，已而復取之」，據本書卷四熙宗紀，事在天眷三年五月，而宋史卷二九高宗紀載，紹興九年卽金天眷二年六月「己巳，吳玠薨」。則此傳「吳玠」必譌。宋史同卷接言，「乙亥，樓炤承制以楊政爲熙河經略使，吳璘爲秦鳳經略使，仍並聽四川宣撫司節制」。「丙子，分宣撫司兵四萬人出屯熙、秦，……留吳玠精兵二萬人屯興元府興、洋二州」。是「吳玠」或爲「吳璘」之誤。

〔一一〕習古廼亦書作實古廼　按「實古廼」卽「石古乃」。參看本書卷七一校記〔四〕。

〔一二〕遼梁王雅里在紇里水自立　「雅里」原在「紇里水」下，今據本書卷三太宗紀天輔七年六月太祖詔乙正。

〔一三〕天會六年　「會」原作「輔」。按本書卷三太宗紀，天會六年「三月壬辰，命南路軍帥實古廼籍節度使完顏愼思所領諸部及未置猛安謀克戶來上」。今據改。

金史卷七十三

列傳第十一

阿离合懣〔一〕　晏本名斡論　宗尹本名阿里罕　宗寧本名阿土古

宗道本名八十　宗雄本名謀良虎　阿鄰　按荅海

希尹本名谷神　守貞本名左靨　守能本名胡剌

阿离合懣，景祖第八子也。健捷善戰。年十八，臘醅、麻產起兵據暮稜水，烏春、窩謀罕以姑里甸兵助之。世祖擒臘醅，暮稜水人尙反側，不自安，使阿离合懣往撫察之，與斜鉢合兵攻窩謀罕。烏春已死，窩謀罕棄城遁去。後從撒改討平留可，阿离合懣功居多。

太祖擒蕭海里，使阿离合懣獻馘于遼。太祖謀伐遼，阿离合懣實贊成之。及舉兵，阿离合懣在行間屢戰有功。及太宗等勸進，太祖未之許也。阿离合懣、昱、宗翰等曰：「今大功已集，若不以時建號，無以繫天下心。」太祖曰：「吾將思之。」收國元年，太祖卽位。阿离合懣與宗翰以耕具九爲獻，祝曰：「使陛下毋忘稼穡之艱難。」太祖敬而受之。頃之，爲國論乙室勃極烈。

爲人聰敏辨給，凡一聞見，終身不忘。始未有文字，祖宗族屬時事並能默記，與斜葛同修本朝譜牒。見人舊未嘗識，聞其父祖名，卽能道其部族世次所出。或積年舊事，偶因他及之，人或遺忘，輒一一辨析言之，有質疑者皆釋其意義。世祖嘗稱其强記，人不可及也。

天輔三年，寢疾，宗翰日往問之，盡得祖宗舊俗法度。疾病，上幸其家問疾，問以國家事，對曰：「馬者甲兵之用，今四方未平，而國俗多以良馬殉葬，可禁止之。」乃獻平生所乘戰馬。及以馬獻太宗，使其子蒲里迭代爲奏，奏有誤語，卽哂之，宗翰從傍爲改定。進奏訖，薨，年四十九。

上聞阿离合懣臨薨有奏事，曰：「臨終不亂，念及國家事，眞賢臣也。」哭之慟。及葬，上親臨。熙宗時，追封隋國王。天德中，改贈開府儀同三司、隋國公。大定間，配饗太祖廟廷，謚曰剛憲。子賽也、斡論。賽也子宗尹。

晏本名斡論，景祖之孫，阿离合懣次子也。明敏多謀略，通契丹字。天會初，烏底改叛。太宗幸北京，以晏有籌策，召問，稱旨，乃命督扈從諸軍往討之。至混同江，諭將士曰：「今叛衆依山谷，地勢險阻，林木深密，吾騎卒不得成列，未可以歲月破也。」乃具舟楫艤江，令諸軍據高山，連木爲栅，多張旗幟，示以持久計，聲言俟大軍畢集而發。乃潛以舟師浮江而下，直擣其營，遂大破之，據險之衆不戰而潰。月餘，一境皆定。師還，授左監門衞上將軍，爲廣寧尹，入爲吏、禮兩部尚書。

皇統元年，爲北京留守，改咸平尹，徙東京。天德初，封葛王，入拜同判大宗正事，進封宋王，授世襲猛安。海陵遷都，晏留守上京，授金牌一、銀牌二，累封豫王、許王，又改越王。貞元初，進封齊。時近郊禁圍獵，特畀晏三百人從獵。在上京凡五年。正隆二年，例削王爵，改西京留守。未幾，爲臨潢尹，遂致仕，還居會寧。

海陵南伐，世宗爲東京留守，將士皆自淮南來歸，晏之子惡里乃亦自軍前率衆來歸世宗。白彥敬等在北京聞惡里乃等逃還，使會寧同知高國勝拘晏家族。上既卽位，遣使召晏，既又遣晏兄子鶻魯補馳驛促之。晏遂率宗室數人入見，卽拜左丞相，封廣平郡王，宴勞彌日。未幾，兼都元帥。

大定二年正月，上如山陵。禮畢，上將獵，有司已夙備。晏諫曰：「邊事未寧，畋游非所宜也。」上嘉納之。因謂晏等曰：「古者帝王虛心受諫，朕常慕之。卿等盡言毋隱。」進拜太尉。復致仕，還鄉里。是歲，薨。詔有司致祭，賻贈銀幣甚厚。

宗尹，本名阿里罕。以宗室子充護衞，改牌印祗候，授世襲謀克，爲右衞將軍。歷順天、歸德、彰化、唐古部族、橫海軍節度使。正隆南伐，領神略軍都總管，先鋒渡淮，取揚州及瓜洲渡。大定二年，改河南路副都統，駐軍許州之境。

是時，宋陷汝州，殺刺史烏古孫麻潑及漢軍二千人。宗尹遣萬戶孛朮魯定方、完顏阿喝懶、夾谷清臣、烏古論三合、渠雛訛只將騎四千往攻之，遂復取汝州。除大名尹，副統如故。頃之，爲河南路統軍使，遷元帥左都監，除南京留守。上曰：「卿年少壯，而心力多滯。前任點檢京尹，勤力不怠，而處事迷錯。勉修職業，以副朕意。」賜通犀帶、廐馬。八年，置山東路統軍司，宗尹爲使。遷樞密副使。錄其父功，授世襲蒲與路屯河猛安，幷親管謀克。除太子太保，樞密副使如故。

上問宰臣曰：「宗尹雖才無大過人者，而性行淳厚，且國之舊臣，昔爲達官，卿等尙未仕也。朕欲以爲平章政事何如？」宰執皆曰：「宗尹爲相，甚協衆望。」卽日拜平章政事，封代國公，兼太子太傅。

是時民間苦錢幣不通，上問宗尹，對曰：「錢者有限之物，積於上者滯於下，所以不通。

海陵軍興，爲一切之賦，有菜園、房稅、養馬錢。大定初，軍事未息，調度不繼，故因仍不改。今天下無事，府庫充積，悉宜罷去。」上曰：「卿留意百姓，朕復何慮。太尉守道老矣，捨卿而誰。」於是，養馬等錢始罷。

他日，上謂宰臣曰：「宗尹治家嚴密，他人不及也。」顧謂宗尹曰：「政事亦當如此矣。」有頃，北方歲饑，軍食不足，廷議輸粟賑濟。或謂此雖不登，而舊積有餘，秋成在近，不必更勞輸輓。宗尹曰：「國家平時積粟，本以備凶歲也，必待秋成，則僨者衆矣。人有損瘠，其如防戍何。」上從之。

宗尹乞令子銀朮可襲其猛安，會太尉守道亦乞令其子神果奴襲其謀克。凡承襲人不識女直字者，勒令習學。世宗曰：「此二子，吾識其一習漢字，未習女直字。自今女直、契丹、漢字曾學其一者，卽許承襲。」遂著于令。

宗尹有疾，不能赴朝。上問宰臣曰：「宗尹何爲不入朝？」太尉守道以疾對。上曰：「丞相志寧嘗言，『若詔遣征伐，所不敢辭。宰相之職，實不敢當』。宗尹亦豈此意耶。」

二十四年，世宗將幸上京。上曰：「臨潢、烏古里石壘歲皆不登，朕欲自南道往，三月過東京，謁太后陵寢，五月可達上京。春月鳥獸孳孕，東作方興，不必蒐田講事，卿等以爲何如？」宗尹曰：「南道歲熟，芻粟賤，宜如聖旨。」遂由南道往焉。世宗至上京，閒同簽大宗正事宗寧不能撫治上京宗室，宗室子往往不事生業。上謂宗尹曰：「汝察其事，宜懲戒之。」宗尹奏曰：「隨仕之子，父沒不還本土，以此多好游蕩。」上命召還。宴宗室于皇武殿，擊毬爲樂。上曰：「賞賜宗室，亦是小惠，又不可一概遷官，欲令諸局分收補，其間人材孰可者？」宗尹對曰：「奉國斡準之子按出虎、豫國公昱之曾孫阿魯可任使。」上曰：「度可任何職，更訪其餘以聞。」詔以按出虎、阿魯爲奉御。

二十七年，乞致仕。世宗曰：「此老不事事，從其請可也。」宰臣奏曰：「舊臣宜在左右。」上曰：「宰相總天下事，非養老之地。若不堪其職，朕亦有愧焉。如賢者在朝，利及百姓，四方瞻仰，朕亦與其光美。」宰臣無以對。宗尹入謝。上曰：「卿久任外官，不聞有過失，但恨用卿稍晚，今精力似衰矣。省事至煩，若勉留卿，則四方以朕爲私，卿亦不自安也。」頃之，上問宗尹子：「汝父致仕，將居何所？」其子曰：「聚屬既多，不能復在京師。」上遣使問宗尹曰：「朕欲留卿，時相從游，卿子之言如此，今定何如？」宗尹曰：「臣豈不欲在此，但餘閑之年，猶在輦下，恐聖主心困耳。既哀老臣不忍擯棄，時時得瞻望天顏，臣豈敢他往。鄉里故老無存者，雖到彼，尙將與誰游乎。」於是賜甲第一區，凡宴集畋獵皆從焉。二十八年，薨。

宗寧本名阿土古，系出景祖，太尉阿离合懑之孫。性勤厚，有大志。起家爲海陵征南都統，戰瓜洲渡，功最。歷祁州刺史。

大定二年，爲會寧府路押軍萬戶，擢歸德軍節度使。時方旱蝗，宗寧督民捕之，得死蝗一斗，給粟一斗，數日捕絕。移鎭寧昌軍，改知臨潢府事，移天德軍。世宗嘗謂宰臣曰：「宗寧智慮雖淺，然所至人皆愛之。」卽命爲行軍右翼都統，爲賀宋正旦使。累遷兵部尚書，授隆州路和團猛安烈里沒世襲謀克。出知大名府事，徙鎭利涉軍，俄同簽大睦親府事。

宗寧多病，世宗欲以涼地處之，俾知咸平，詔以其子符寶郎天下爲韓州刺史，以便養。無幾，入授同判大睦親府事，拜平章政事。明昌二年，薨。宗寧居家約儉如寒素，臨事明敏。其鎭臨潢，鄰國有警，宗寧聞知乏糧，卽出倉粟，令以牛易之，敵知得粟，卽遁去。邊人以窩斡亂後，苦無牛，宗寧復令民入粟易牛，旣而民得牛而倉粟倍於舊，其經畫如此。

宗道本名八十，上京司屬司人，系出景祖，太尉訛論之少子也。通周易、孟子，善騎射。大定五年，充閤門祗候，累除近侍局使。

右丞相烏古論元忠、左衞將軍僕散揆等嘗燕集，〔三〕有所竊議，宗道卽密以聞。世宗嘉之，授右衞將軍，出爲西南路副招討。章宗卽位，改同知平陽府事。陝西路副統軍、左宣徽使移剌仲方舉以自代，除西北路招討使。故事，諸部賀馬八百餘疋，宗道辭不受，諸部悅服，邊鄙順治。提刑司察廉，召爲殿前右副都點檢。尋除陝西路統軍使，以鎭靜得軍民心，特遷三階，兼知京兆府事。時夏旱，俾長安令取太白湫水，步迎於遠郊，及城而雨。是歲大稔，人以爲精意所感，刊石紀之。

承安二年，爲賀宋正旦使，尋授河南路統軍使。泗州民張偉獲宋人王萬，言彼界事情，宗道疑其冤，乃廉問得實。萬，楚州賈人，偉負萬貨五千餘貫，三年不償，萬理索，爲偉所誣。乃坐偉而歸萬，時人服其明。後乞致仕，朝廷知非本心，改知河中府，有惠政，民立像於層觀，以時祭之。移知臨洮，以病解。泰和四年，卒。贈龍虎衞上將軍。

宗雄本名謀良虎，康宗長子。其始生也，世祖見而異之，曰：「此兒風骨非常，他日必爲國器。」因解佩刀，使常置其側，曰：「俟其成人則使佩之。」九歲能射逸兔。年十一，射中奔鹿。世祖坐之膝上曰：「兒幼已然，異日出倫輩矣。」以銀酒器賜之。既長，風表奇偉，善談辯，多智略，孝敬謙謹，人愛敬之。康宗沒，遼使阿息保來，乘馬至靈帷階下，擇取賵贈之馬。太祖怒，欲殺阿息保，宗雄諫，太祖乃止。

太祖將舉兵，宗雄曰：「遼主驕侈，人不知兵，可取也。不能擒一蕭海里，而我兵擒之。」太祖善其言。攻寧江州，渤海兵銳甚。宗雄以所部敗渤海兵，以功授世襲千戶謀克。太祖敗遼兵于出河店，宗雄推鋒力戰，功多。達魯古城之役，宗雄將右軍，身先士卒戰，遼兵當右軍者已却，上命宗雄助左軍擊遼兵。宗雄繞遼兵後擊之，遼兵遂大潰，乘勝逐北。日已暮，圍之。黎明，遼兵突圍出，追殺至乙呂白石而還。〔三〕上撫其背曰：「朕有此子，何事不濟。」以御服賜之。

及遼帝以七十萬衆至駞門，諸將皆曰：「遼軍勢甚盛，不宜速戰。」宗雄曰：「不然。遼兵雖衆，而皆庸將，士卒惴惴，不足畏也。戰則破之掌握間耳。」上曰：「善。」追及遼帝于護步荅岡。宗雄率衆直前，短兵接。宗雄令前行持挺擊遼兵馬首，後行者射之，大敗遼兵。上嘉宗雄功，執其手勞之，以御介胄及御戰馬、寶貨、奴婢賜之。

斜也攻春州，宗雄與宗幹、婁室取金山縣。行近白鷹林，獲候者七人，縱其一人使歸。縣人聞大軍至，廼潰，遂下金山縣。與斜也俱取泰州。

太祖自將取臨潢府，遣宗雄先啓行，遇遼兵五千，宗雄與戰，大軍亦至，大破之。及留守撻不野降，上以其女與宗雄，賞其啓行破遼援兵之功也。旣而與蒲家奴按視泰州地土，宗雄包其土來奏曰：「其土如此，可種植也。」上從之。由是徙萬餘家屯田泰州，以宗雄等言其地可種藝也。

西京既降復叛，時糧餉垂盡，議欲罷攻。宗雄曰：「西京，都會也，若委而去之，則降者離心，遼之餘黨與夏人得以窺伺矣。」乃立重賞以激士心。既而，夜中有火，大如斗，墜于城中。宗雄曰：「此城破之象也。」及克西京，賜宗雄黃金百兩，衣十襲及奴婢等。

與宗翰等擊耿守忠兵七千于西京之東四十里，大破之。迎謁太祖于鴛鴦濼，從至歸化州。疾篤，宗幹問所欲言。宗雄曰：「國家大業既成，主上壽考萬年，肅淸四方，死且無恨。」天輔六年，薨，年四十。太祖來問疾，不及見，哭之慟。謂羣臣曰：「此子謀略過人，臨陣勇決，少見其比。」賻贈加等。詔合扎千戶駙馬石家奴護喪歸，葬於歸化州，仍於死所建佛寺。

宗雄好學嗜書，嘗從上獵，誤中流矢，而神色不變，恐上知之而罪及射者。既拔去其矢，託疾歸家，臥兩月，因學契丹大小字，盡通之。凡金國初建，立法定制，皆與宗幹建白行焉。及與遼議和，書詔契丹、漢字，宗雄與宗翰、希尹主其事。而材武蹻捷，挽强射遠，幾三百步。嘗走馬射三麞，已中其二，復彎弓，馬蹶，躍而下，控弦如故，遂彀滿步射獲之。宗雄方逐兔，撻懶亦從後射之，已發矢，撻懶大呼曰：「矢及矣。」宗雄反顧，以手接其矢，就射兔，中之，其輕健如此。

天眷中，追封太師、齊國王。天德二年，加秦漢國王。正隆二年，改太傅、金源郡王。

大定二年，追封楚王，謚威敏，配享太祖廟廷。〔四〕十五年，詔圖像于衍慶宮。子蒲魯虎、按荅海、阿鄰。孫常春、胡里剌、胡剌、鶻魯、荼扎、怕八、訛出。

初，宗幹納宗雄妻，海陵銜之。及篡位，使宿直將軍晁霞、牌印閻山往河間，因宗雄妻於府署，明日，與其子婦及常春兄弟、荼扎之子七人皆殺而焚之，棄其骨於濠水。大定十七年，詔有司收葬。

初，蒲魯虎襲猛安。蒲魯虎卒，贈金紫光祿大夫，子桓端襲之，官至金吾衞上將軍。桓端卒，子㝱頻未襲而死。章宗命宗雄孫蒲帶襲之。

蒲帶，大定末，累官同簽大睦親府事。章宗卽位，初置九路提刑司，蒲帶爲北京臨潢提刑使。詔曰：「朕初卽位，憂勞萬民，每念刑獄未平，農桑未勉，吏或不循法度，以隳吾治。朝廷遣使廉問，事難周悉。惟提刑勸農采訪之官，自古有之。今分九路專設是職，爾其盡心，往懋乃事。」自熙宗時，遣使廉問吏治得失。世宗卽位，凡數歲輒一遣黜陟之，故大定之間，郡縣吏皆奉法，百姓滋殖，號爲小康。或謂廉問使者，頗以愛憎立殿最，以問宰相。宰相曰：「臣等復爲陛下察之。」是以世宗嘗欲立提刑司而未果。章宗追述先朝，遂於卽位之初行之。

及九路提刑使朝辭于慶和殿，上曰：「建立官制，當寬猛得中。凡軍民事相涉者，均平決遣，鈐束家人部曲，勿使沮擾郡縣事。今以司獄隸提刑司，惟冀獄犴無寃耳。」既退，復遣近臣諭之曰：「卿等皆妙簡才良，付以專責，盡心舉職，別有旌賞，否則有罰。」明年，蒲帶乃襲猛安云。

阿鄰，穎悟辯敏，通女直、契丹大小字及漢字。幼時嘗入宮，熙宗見而奇之，曰：「是兒他日必能宣力國家。」年十八，授定遠大將軍，爲順天軍節度使。天德二年，用廉，遷益都尹兼山東東路兵馬都總管，歷泰寧、定海、鎭西、安國等軍節度。

海陵南伐，以爲神勇、武平等軍都總管，由壽州道渡淮，與勸農使移剌元宜合兵三萬爲先鋒。是歲十月，至廬州，與宋將王權軍十餘萬戰于柘皐鎭、渭子橋，〔五〕敗之。至和州南，復與王權軍八萬餘會戰，又敗之，追殺至江上，斬首數千級。

上卽位于遼陽。海陵死，大軍北還。將渡淮而舟楫甚少，軍士爭舟不得亟渡。阿鄰得生口，知可涉處，識以柳枝，命本部涉濟。既至北岸，而諸軍之爭渡者果爲宋人邀擊之。及入見，上聞阿鄰淮上戰功，又以全軍還，遷兵部尚書，監督經畫征窩斡諸軍糧餉，授以金牌一、銀牌四。窩斡敗，還至懿州，以疾卒。喪至京師，上命致祭于永安寺，百官赴吊，賻銀五百兩、重綵三十端、絹百匹。

按荅海，又名阿魯綰，宗雄次子也。性端重，不輕發，有父之風。年十五，太祖賜以一品傘。二十餘，御毬場分朋擊毬，連勝三算，宗工舊老咸異之。進呈所勝禮物，按荅海爲班首，太宗喜曰：「今日之勝，此孫之力也。」賞之獨厚。

天眷二年，襲父猛安。除大宗正丞，以猛安讓兄子喚端，加武定軍節度使，奉朝請。改侍衞親軍都指揮使，封金源郡王，進封譚王，遷同判大宗正事，別授世襲猛安。

海陵將遷中都，按荅海諫曰：「棄祖宗興王之地而他徙，非義也。」海陵不悅，留之上京。久之，進封鄆王，改封魏王，除濟南尹。按荅海不堪卑濕，多在病告，海陵聞之，改西京留守。正隆例奪王爵，改廣寧尹。

世宗卽位于東京，赦令至廣寧，弟燕京勸按荅海拒弗受。按荅海受之。會海陵遣使至城下，按荅海登城告使者曰：「此府迫近遼陽，勢不能抗，聊且從命，非得已也。」燕京亦登譙樓與使者語，指斥不遜。及諸郡皆詣東京，按荅海兄弟亦上謁。有司議，旣拜赦令，復有異言，持兩端，請併誅之。上曰：「正隆剪刈宗室，朕不可效尤。」於是釋按荅海，乃誅燕京。不數日，復判大宗正事，再遷太子太保，封蘭陵郡王。改勸農使。

海陵時，自上京徙河間，土瘠，詔按荅海一族二十五家，從便遷居近地，乃徙平州。詔給平州官田三百頃，屋三百間，宗州官田一百頃。進金源郡王，致仕。

大定八年，召見，上曰：「宗室耆老如卿者，能幾人邪。」賜錢萬貫，甲第一區，留京師，使預巡幸毬獵宴會。十四年，薨，年六十七。臨終，戒諸子曰：「汝輩勿以生富貴中而爲暴戾，宜自謙退。海陵以猜忌剪滅宗室，我以純謹得免死耳。汝輩惟日爲善，勿墜吾家。」

完顏希尹本名谷神，歡都之子也。自太祖舉兵，常在行陣，或從太祖、或從撒改，或與諸將征伐，比有功。

金人初無文字，國勢日强，與鄰國交好，迺用契丹字。太祖命希尹撰本國字，備制度。希尹乃依倣漢人楷字，因契丹字制度，合本國語，製女直字。天輔三年八月，字書成，太祖大悅，命頒行之。賜希尹馬一匹、衣一襲。其後熙宗亦製女直字，與希尹所製字俱行用。希尹所撰謂之女直大字，熙宗所撰謂之小字。

遼人迪六、和尚、雅里斯棄中京走，希尹與迪古乃、婁室、余睹襲之。迪六等聞希尹兵，復走。遂降其旁近人民而還。奚人落虎來降，希尹使落虎招其父西節度使訛里剌。訛里剌以本部降。

宗翰駐軍北安，使希尹經略近地，獲遼護衞耶律習泥烈，知遼主獵于鴛鴦濼。宗翰遂請進兵。宗翰將會都統杲于奚王嶺。遼兵屯古北口。使婆盧火將兵二百擊之，渾黜亦將二百人爲後援。渾黜聞遼兵衆，請益兵。宗翰欲親往，希尹、婁室曰：「此小寇，請以千兵爲公破之。」渾黜至古北口，遇遼遊兵，逐之入谷中。遼步騎萬餘迫戰，死者數人。渾黜據關口，希尹等至，大破遼兵，斬馘甚衆，盡獲甲胄輜重。復敗其伏兵，殺千餘人，獲馬百餘匹。遂與宗翰至奚王嶺，期會於羊城濼。

宗翰襲遼帝于五院司，希尹爲前驅，所將纔八騎，與遼主戰，一日三敗之。明日，希尹得降人麻哲，言遼主在漠，委輜重，將奔西京。幾及遼主于白水濼南。遼主以輕騎遁去。盡獲其內庫寶物，遂至西京。西京降，使蒲察守之。希尹至乙室部，不及遼主而還。及宗翰入朝，希尹權西南、西北兩路都統。

是時，夏人已受盟，遼主已獲，耶律大石自立，而夏國與婁室書責諸帥棄盟，軍入其境，多掠取者。希尹上其書，且奏曰：「聞夏使人約大石取山西諸郡，以臣觀之，夏盟不可信也。」上曰：「夏事酌宜行之。軍入其境，不知信與否也。大石合謀，不可不察，其嚴備之。」

及大舉伐宋，希尹爲元帥右監軍。再伐宋，執二主以歸。師還，賜希尹鐵劵，除常赦不原之罪，餘釋不問。宗翰伐康王，希尹追之于揚州，康王遁去。後與宗翰俱朝京師，請立熙宗爲儲嗣，太宗遂以熙宗爲諳班勃極烈。

熙宗卽位，希尹爲尚書左丞相兼侍中，加開府儀同三司。希尹爲相，有大政皆身先執咎。天眷元年，乞致仕，不許，罷爲興中尹。二年，復爲左丞相兼侍中，俄封陳王。與宗幹共誅宗磐、宗雋。三年，賜希尹詔曰：「帥臣密奏，〔六〕姦狀已萌，心在無君，言宣不道。逮燕居而竊議，謂神器以何歸，稔於聽聞，遂致章敗。」遂賜死，幷殺右丞蕭慶幷希尹子同修國史把荅、符寶郎漫帶。是時，熙宗未有皇子，故嫉希尹者以此言譖之。

皇統三年，上知希尹實無他心，而死非其罪，贈希尹儀同三司、邢國公，改葬之，蕭慶銀青光祿大夫。天德三年，追封豫王。正隆二年，例降金源郡王。大定十五年，謚貞憲。孫守道、守貞、守能。守道自有傳。

守貞本名左靨，貞元二年，襲祖谷神謀克。大定改元，收充符寶祗候，授通進，除彰德軍節度副使，遷北京留守，移上京。坐安置契丹戶民部內娶妻，杖一百，除名。二十五年，起爲西京警巡使。世宗愛其剛直，授中都左警巡使，遷大興府治中，進同知，改同知西京留守事。御史臺奏守貞治有善狀，世宗因謂侍臣曰：「守貞勳臣子，又有材能，全勝其兄守道，它日可用也。」

章宗即位，召爲刑部尚書，兼右諫議大夫。守貞與修起居注張暐奏言：「唐中書門下入閤，諫官隨之，欲其預聞政事，有所開說。又起居郎、起居舍人，每皇帝視朝，左右對立，有命則臨階俯聽，退而書之，以爲起居注。緣侍從官每遇視朝，正合侍立。自來左司上殿，諫官、修起居注不避，或侍從官除授及議便遣，始令避之。比來一例令臣等迴避，及香閤奏陳言文字，亦不令臣等侍立。則凡有聖訓及所議政事，臣等無緣得知，何所記錄，何所開說，似非本設官之義。若漏泄政事，自有不密罪。」上從之。尋爲賀宋生日使，還拜參知政事。時上新即政，頗銳意於治，嘗問漢宣帝綜核名實之道，其施行之實果何如。守貞誦「樞機周密，品式詳備」以對。上曰：「行之果何始？」守貞曰：「在陛下厲精無倦耳。」久之，進尚書左丞，授上京世襲謀克。

明昌三年夏，旱，天子下詔罪己。守貞惶恐，表乞解職。詔曰：「天啬時雨，薦歲爲災，所以警懼不逮。方與二三輔弼圖回遺闕，宜思有以助朕修政。上答天戒，消沴召和，以康百姓。卿達機務，朕所親倚，而引咎求去，其如思助何。」守貞懇辭，乃出知東平府事。命參知政事夾谷衡諭之曰：「卿勳臣之裔，早登膴仕，才用聲績，朕所素知。故嗣位之初，擢任政府，于今數載，毗贊實多。既久任繁劇，宜均適逸安，矧内外之職，亦當更治，今特授卿是命。東平素號雄藩，兼比年飢歉，正賴經畫，卿其爲朕往綏撫之。」仍賜金幣、廄馬，以寵其行。它日，上問宰臣：「守貞治東平如何？」對曰：「亦不勞力。」上曰：「以彼之才，治一路誠有餘矣。」右丞劉瑋曰：「方今人材無出守貞者，淹留于外，誠可惜也。」上默然。尋改西京留守。監察御史蒲剌都劾奏守貞前宴賜北部有取受事，不報。右拾遺路鐸上章辯之。四年，召拜平章政事，封蕭國公。上御後閤，召守貞曰：「朕以卿乃太師所舉，故特加委用。然比者行事多太過，門下人少愼擇，復與丞相不協，以是令卿補外。載念我昭祖、太祖開創以來，乃祖佐命，積有勳勞，玆故召用。卿其勉盡乃心，與丞相議事宜相和諧，率循舊章，無輕改革。」因賜玉帶，併以蒲剌都所彈事與之，曰：「朕度卿必不爾，故以示卿。」

舊制，監察御史凡八員，漢人四員皆進士，而女直四員則文資右職參注。守貞曰：「監察乃淸要之職，流品自異，俱宜一體純用進士。」一日奏事次，上問司吏移轉事。守貞曰：「今吏權重而積弊深，移轉爲便。」上嘗嘆文士卒無如党懷英者，守貞奏進士中若趙渢、王庭筠甚有時譽。上曰：「出倫者難得耳。」守貞曰：「間世之才，自古所難。然國家培養久，則人材將自出矣。」守貞因言：「國家選舉之法，惟女直、漢人進士得人居多，此舉更宜增取。其諸司局承應人舊無出身，大定後才許敍使。經童之科，古不常設，唐以諸道表薦，或取五人至十人。近代以爲無補，罷之。本朝皇統間，取及五十人，因爲常選。天德間，尋以停罷。陛下卽位，復立是科，朝廷寬大，放及百數，誠恐積久不勝銓擬。宜稍裁減，以淸流品。」又言節用省費之道，並嘉納焉。

先是，鄭王允蹈等伏誅，上以其家產均給諸王，戶部郎中李敬義言恐因之生事，上又以董壽爲宮籍監都管勾，並下尚書省議。守貞奏：「陛下欲以允蹈等家產分賜懿親，恩命已出，恐不可改。今已減諸王弓矢，府尉司其出入，臣以爲賜之無害。如董壽罪人也，特恩釋之，已爲幸矣，不宜更加爵賞。」上是守貞所言。

自明昌初，北邊屢有警，或請出兵擊之。上曰：「今方南議塞河，而復用兵於北，可乎？」守貞曰：「彼屢突軼吾圉，今一懲之，後當不復來，明年可以見矣。」上因論守禦之法。守貞曰：「惟有皇統以前故事，捨此無法耳。」

守貞讀書，通法律，明習國朝故事。時金有國七十年，禮樂刑政因遼、宋舊制，雜亂無貫，章宗卽位，乃更定修正，爲一代法。其儀式條約，多守貞裁訂，故明昌之治，號稱清明。又喜推轂善類，接援後進，朝廷正人，多出入門下。

先是，上以疑忌誅鄭王允蹈，後張汝弼妻高陀斡獄起，意又若在鎬王允中。時右諫議大夫賈守謙上疏陳時事，思有以寬解上意。右拾遺路鐸繼之，言尤切直。帝不悅。守貞持其事，獄久不決。帝疑有黨，乃出守貞知濟南府事，仍命卽辭，前舉守貞者董師中、路鐸等皆補外。上語宰臣曰：「守貞固有才力，至其讀書，方之眞儒則未也。然太邀權譽，以彼之才而能平心守正，朝廷豈可少離。今茲令出，蓋思之熟矣。」俄以在政府日嘗與近侍竊語宮掖事，而妄稱奏下，上命有司鞫問，守貞款伏，奪官一階，解職。遣中使持詔責諭之曰：「挾姦罔上，古有常刑，〔七〕結援養交，臣之大戒。孰謂予相，乃蹈厥辜。爾本出勳門，寖登膴仕。朕初嗣位，亟欲用卿。未閱歲時，升爲宰輔，每期納誨，共致太平。蓋求所長，不考其素，拔擢不爲不峻，任用不爲不專。曾報效之弗思，輒私權之自樹，交通近侍，密問起居，窺測上心，預圖趨向。緜患失之心重，故欺君之罪彰，指所無之事而妄以肆誣，實未始有言而謂之嘗諫。義豈知於歸美，意專在於要君。其飾詐之若然，豈爲臣之當耳。復觀彈奏，益見私情，求親識之援而列布宮中，縱罪廢之餘而出入門下。而又凡有官使，斂爲己恩，謂皆涉於回邪，不宜任之中外。質之清議，固所不容，揆之乃心，烏得無愧。姑從輕典，庸示薄懲。」仍以守貞不公事，宣諭百官於尚書省。

承安元年，降授河中防禦使。五年，改部羅火扎石合節度使。過闕，上賜手詔責諭之，令赴職。久之，遷知都府事。時南鄙用兵，上以山東重地，須大臣安撫，乃移知濟南府，卒。上聞而悼之。勑有司致祭，賻贈禮物依故平章政事蒲察通例。謚曰肅。

守貞剛直明亮，凡朝廷論議及上有所問，皆傅經以對。上嘗與泛論人材，守貞乃迹其心術行事，臧否無少隱，故爲胥持國輩所忌，竟以直罷。後趙秉文由外官入翰林，遽上書言：「願陛下進君子退小人。」上問君子小人謂誰。秉文對：「君子故相完顏守貞，小人今參知政事胥持國。」其爲天下推重如此。

守能本名胡剌，累官商州刺史。正隆末，宋人陷商州，守能被執。大定五年，宋人請和，誓書曰：「俘虜之人，盡數發還。」完顏仲爲報問國信使，求守能及新息縣令完顏按辰於宋，遂與俱歸。守能等至京師，入見，詔給舊官之俸。

大定十九年，爲西北路招討使。是時，詔徙窩斡餘黨于臨潢、泰州。押剌民列嘗從窩斡，其弟閘敵也當徙，僞稱身亡，以馬賂守能，固匿不遣。及受賕補賽也蕃部通事，事覺。是時，烏古里石壘部族節度副使奚沙阿補杖殺無罪鎮邊猛安，尙書省俱奏其事。上曰：「守能由刺史超擢至此，敢恣貪墨。向者招討司官多進良馬、橐駝、鷹鶻等物，蓋假此以率斂爾，自今並罷之。」因責其兄守道曰：「守能自刺史躐遷招討，外官之尊，無以踰此。前招討哲典以貪墨伏誅，守能豈不知，乃敢如此，其意安在。爾之親弟，何不先訓戒之也。」上謂宰臣曰：「監察專任糾彈。宗州節度使阿思懣初之官，途中侵擾百姓，到官舉動皆違法度。完顏守能爲招討使，貪冒狠籍。凡達官貴人，皆未嘗舉劾。斡睹只羣牧副使僕散那也取部人毬杖兩枝，卽便彈奏。自今，監察御史職事修舉，然後遷除。不舉職者，大則降罰，小則決責，仍不得去職。」尚書省奏，守能兩贓俱不至五十貫，抵罪。奚沙阿補解見居官，并解世襲謀克。上曰：「此舊制之誤。居官犯除名者，與世襲併罷之，非犯除名者勿罷。」遂著于令。特詔守能杖二百，除名。

贊曰：阿离合懑之善頌，宗雄之强識，希尹之敏學，益之以征伐之功，豈不偉哉。

校勘記

〔一〕阿离合懑　「离」原作「里」。又下目「守貞本名左靨」，「靨」原作「黶」。今皆據傳文校正。

〔二〕左衞將軍僕散揆等嘗燕集　原脫「衞」字，據本書卷九三僕散揆傳補。

〔三〕追殺至乙呂白石而還　按本書卷二太祖紀，收國元年正月庚子記此事作「逐北至阿婁岡」。

〔四〕大定二年追封楚王謚威敏配享太祖廟廷　按本書卷三一禮志記宗雄配享在大定八年。

〔五〕渭子橋　按本書卷五海陵紀正隆六年十月丁未記此事作「敗宋兵于蔚子橋」。

〔六〕帥臣密奏　「帥」原作「師」，據永樂大典卷六七六五引文改。

〔七〕古有常刑　「有」原作「人」，據文義改。

金史卷七十四

列傳第十二

宗翰 本名粘罕 子斜哥 宗望 本名斡离不 子齊 京 文

宗翰本名粘沒喝，漢語訛爲粘罕，國相撒改之長子也。年十七，軍中服其勇。及議伐遼，宗翰與太祖意合。太祖敗遼師于境上，獲耶律謝十。撒改使宗翰及完顏希尹來賀捷，卽稱帝爲賀。及太宗以下宗室羣臣皆勸進，太祖猶謙讓。宗翰與阿离合懣、蒲家奴等進曰：「若不以時建號，無以繫天下心。」太祖意乃決。遼都統耶律訛里朶以二十餘萬戍邊，太祖逆擊之，宗翰爲右軍，大敗遼人于達魯古城。

天輔五年四月，宗翰奏曰：「遼主失德，中外離心。我朝興師，大業旣定，而根本弗除，後必爲患。今乘其釁，可襲取之。天時人事，不可失也。」太祖然之，卽命諸路戒備軍事。五月戊戌，射柳，宴羣臣。上顧謂宗翰曰：「今議西征，汝前後計議多合朕意。宗室中雖有長於汝者，若謀元帥，無以易汝。汝當治兵，以俟師期。」上親酌酒飲之，且命之醻，解御衣以衣之。羣臣言時方暑月，乃止。無何，爲移賚勃極烈，副蒲家奴西襲遼帝，不果行。

十一月，宗翰復請曰：「諸軍久駐，人思自奮，馬亦壯健，宜乘此時進取中京。」羣臣言時方寒，太祖不聽，竟用宗翰策。於是，忽魯勃極烈杲都統內外諸軍，蒲家奴、宗翰、宗幹、宗磐副之，宗峻領合扎猛安，皆受金牌，余睹爲鄉導，取中京實北京。既克中京，宗翰率偏師趨北安州，與婁室、徒單綽里合兵，大敗奚王霞末，北安遂降。

宗翰駐軍北安，遣希尹經略近地，獲遼護衞耶律習泥烈，廼知遼主獵于鴛鴦濼，殺其子晉王敖魯斡，衆益離心，西北、西南兩路兵馬皆羸弱，不可用。宗翰使耨盌溫都、移剌保報都統杲曰：「遼主窮迫於山西，猶事畋獵，不恤危亡，自殺其子，臣民失望。攻取之策，幸速見諭。若有異議，此當以偏師討之。」杲使奔睹與移剌保同來報曰：「頃奉詔旨，不令便趨山西，當審詳徐議。」當時，宗翰使人報杲，卽整衆俟兵期。及奔睹至，知杲無意進取，宗翰恐待杲約或失機會，卽決策進兵。使移剌保復往報都統曰：「初受命雖未令便取山西，亦許便宜從事。遼人可取，其勢已見，一失機會，後難圖矣。今已進兵，當與大軍會于何地，幸以見報。」宗幹勸杲當如宗翰策，杲意乃決，約以奚王嶺會議。

宗翰至奚王嶺，與都統杲會。杲軍出青嶺，宗翰軍出瓢嶺，期于羊城濼會軍。宗翰以精兵六千襲遼主，聞遼主自五院司來拒戰，宗翰倍道兼行，一宿而至，遼主遁去。乃使希尹等追之。西京復叛，耿守忠以兵五千來救，至城東四十里，蒲察烏烈、谷赧先擊之，斬首千餘。宗翰、宗雄、宗幹、宗峻繼至，宗翰率麾下自其中衝擊之，使餘兵去馬從旁射之。守忠敗走，其衆殲焉。宗翰弟扎保迪沒于陣。天眷中，贈扎保迪特進云。

宗翰已撫定西路州縣部族，謁上于行在所，遂從上取燕京。燕京平，賜宗翰、希尹、撻懶、耶律余睹金器有差。太祖既以燕京與宋人，還軍次鴛鴦濼，不豫，將歸京師。以宗翰爲都統，昃勃極烈昱、迭勃極烈斡魯副之，駐軍雲中。

太宗即位，詔宗翰曰：「寄爾以方面，當遷官資者，以便宜除授。」因以空名宣頭百道給之。宋人來請割諸城，宗翰報以武、朔二州。宗翰請曰：「宋人不歸我叛亡，阻絕燕山往來道路，後必敗盟，請勿割山西郡縣。」太宗曰：「先皇帝嘗許之矣，當與之。」

諸將獲耶律馬哥，宗翰歸之京師。詔以馬七百匹給宗翰軍，以田種千石、米七千石賑新附之民。詔曰：「新附之民，比及農時，度地以居之。」宗翰請分宗望、撻懶、石古乃精兵討諸部。詔曰：「宗望軍不可分，別以精銳五千給之。」宗翰朝太祖陵，入見上，奏曰：「先皇帝時，山西、南京諸部漢官，軍帥皆得承制除授。今南京皆循舊制，惟山西優以朝命。」詔曰：「一用先皇帝燕京所降詔勑從事，卿等度其勤力而遷授之。」

宗翰復奏曰：「先皇帝征遼之初，圖宋協力夾攻，故許以燕地。宋人既盟之後，請加幣以求山西諸鎮，先皇帝辭其加幣。盟書曰：『無容匿逋逃，誘擾邊民。』今宋數路招納叛亡，厚以恩賞。累疏叛人姓名，索之童貫，嘗期以月日，約以誓書，一無所致。盟未朞年，今已如此，萬世守約，其可望乎。且西鄙未寧，割付山西諸郡，則諸軍失屯據之所，將有經略，或難持久，請姑置勿割。」上悉如所請。

上以宗翰破遼，經略夏國奉表稱藩，深嘉其功，以馬十匹，使宗翰自擇二匹，餘賜羣帥。

及斡魯奏宋不遣歲幣戶口事，且將渝盟，不可不備。太宗命宗翰取諸路戶籍按籍索之。而闍母再奏宋敗盟有狀，宗翰、宗望俱請伐宋。於是，諳班勃極烈杲領都元帥，居京師，宗翰爲左副元帥，自太原路伐宋。

宗翰發自河陰，遂降朔州，克代州，圍太原府。宋河東、陝西軍四萬救太原，敗于汾河之北，殺萬餘人。宗望自河北趨汴，久不聞問，遂留銀朮可等圍太原，宗翰率師而南。天會四年降定諸縣及威勝軍，〔一〕下隆德府實潞州。軍至澤州，宋使至軍中，始知割三鎮講和事。路允迪以宋割太原詔書來，太原人不受詔。宗翰取文水及盂縣，復留銀朮可圍太原。宗翰乃還山西。

宋少帝誘蕭仲恭貽書余睹，以興復遼社稷以動之。蕭仲恭獻其書，詔復伐宋。八月，宗翰發自西京。九月丙寅，宗翰克太原，執宋經略使張孝純等。鶻沙虎取平遙，降靈石、介休、孝義諸縣。十一月甲子，宗翰自太原趨汴，降威勝軍，克隆德府，遂取澤州。撒剌荅等先已破天井關，進逼河陽，破宋兵萬人，降其城。宗翰攻懷州，克之。丁亥，渡河。閏月，宗翰至汴，與宗望會兵。宋約畫河爲界，復請修好。不克和。丙辰，銀朮可等克汴州。辛酉，宋少帝詣軍前，舍青城。十二月癸亥，少帝奏表降。詔元帥府曰：「將帥士卒立功者，第其功之高下遷賞之。其殞身行陣，沒於王事者，厚卹其家，賜贈官爵務從優厚。」使勗就軍中勞賜宗翰、宗望，使皆執其手以勞之。五年四月，〔二〕以宋二主及其宗族四百七十餘人及珪璋、寶印、袞冕、車輅、祭器、大樂、靈臺、圖書，與大軍北還。七月，賜宗翰鐵券，除反逆外，餘皆不問，賜與甚厚。

宗翰奏河北、河東府鎮州縣請擇前資官良能者任之，以安新民。上遣耶律暉等從宗翰行。詔黃龍府路、南路、東京路於所部各選如耶律暉者遣之。宗翰遂趨洛陽。宋董植以兵至鄭州，鄭州人復叛。宗翰使諸將擊董植軍，復取鄭州。遂遷洛陽、襄陽、潁昌、汝、鄭、均、房、唐、鄧、陳、蔡之民於河北，而遣婁室平陝西州郡。是時河東寇盜尚多，宗翰乃分留將士，夾河屯守，而還師山西。昏德公致書「請立趙氏，奉職修貢，民心必喜，萬世利也。」宗翰受其書而不答。

康王遣王師正奉表，密以書招誘契丹、漢人。獲其書奏之。太宗下詔伐康王。河北諸將欲罷陝西兵，併力南伐。河東諸將不可，曰：「陝西與西夏爲鄰，事重體大，兵不可罷。」宗翰曰：「初與夏約夾攻宋人，而夏人弗應。而耶律大石在西北，交通西夏。吾舍陝西而會師河北，彼必謂我有急難。河北不足虞，宜先事陝西，略定五路，旣弱西夏，然後取宋。」宗翰蓋有意于夏人也。議久不決，奏請于上，上曰：「康王構當窮其所往而追之。俟平宋，當立藩輔如張邦昌者。陝右之地，亦未可置而不取。」於是婁室、蒲察帥師，繩果、婆盧火監戰，平陝西。銀朮可守太原，耶律余睹留西京。

宗翰會東軍于黎陽津，遂會睿宗于濮。進兵至東平，宋知府權邦彥棄家宵遁，降其城，駐軍東平東南五十里。復取徐州。先是，宋人運江、淮金幣皆在徐州官庫，盡得之，分給諸軍。襲慶府來降。宋知濟南府劉豫以城降于撻懶。乃遣拔离速、烏林荅泰欲、馬五襲康王于揚州，未至百五十里，馬五以五百騎先馳至揚州城下。康王聞兵來，已於前一夕渡江矣。於是，康王以書請存趙氏社稷。先是，康王嘗致書元帥府，稱「大宋皇帝構致書大金元帥帳前」，至是乃貶去大號，自稱「宋康王趙構謹致書元帥閤下」。其四月、七月兩書皆然。元帥府答其書，招之使降。於是，撻懶、宗弼、拔离速、馬五等分道南伐。宗弼之軍渡江取建康，入于杭州。康王入海，阿里、蒲盧渾等自明州行海三百里，追之弗及。宗弼乃還。其後宗翰欲用徐文策伐江南，睿宗、宗弼議不合，乃止。語在劉豫傳。歸德叛，都統大臬里平之。

初，太宗以斜也爲諳班勃極烈，天會八年，斜也薨，久虛此位。而熙宗宗峻子，太祖嫡孫，宗幹等不以言太宗，而太宗亦無立熙宗意。宗翰朝京師，謂宗幹曰：「儲嗣虛位頗久，合剌先帝嫡孫，當立，不早定之，恐授非其人。宗翰日夜未嘗忘此。」遂與宗幹希尹定議，入言於太宗，請之再三。太宗以宗翰等皆大臣，義不可奪，乃從之，遂立熙宗爲諳班勃極烈。於是，宗翰爲國論右勃極烈，兼都元帥。

熙宗卽位，拜太保、尙書令，領三省事，封晉國王。乞致仕，詔不許。天會十四年薨，〔三〕年五十八。追封周宋國王。正隆二年，例封金源郡王。大定間，改贈秦王，謚桓忠，配享太祖廟廷。

孫秉德、斜哥。秉德別有傳。

斜哥，累官同知曷蘇館節度使事。大定初，除刑部侍郞，充都統，與副統完顏布輝自東京先赴中都，輒署置官吏，私用官中財物。世宗至中都，事覺，斜哥當死，布輝當除名。詔寬減，斜哥除名，布輝削兩階，解職。

二年，起爲大宗正丞，除祁州刺史。坐贓枉法，當死，詔杖一百五十，除名。遣左衞將軍夾谷查剌諭斜哥曰：「卿何面目至鄉中與宗族相見。今徙鄜州，以家人自隨，俟汝身死，聽家人從便。」久之，起同知興中尹，遷唐括部族節度使，歷開遠、順義軍。

斜哥前在雲內受贓，御史臺劾奏，上謂宰臣曰：「斜哥今三犯矣，蓋其資質鄙惡如此。」令彊幹吏鞫之。獄成，法當死。上曰：「斜哥祖父秦王宗翰有大功，特免死，杖一百五十，除名。」久之，復起爲勸農副使。

贊曰：宗翰內能謀國，外能謀敵，決策制勝，有古名將之風。臨潢既捷，諸將皆有怠忽之心，而請伐不已。越千里以襲遼主，諸將皆有畏顧之心，而請期不已。觀其欲置江、淮，專事陝服，當時無有能識其意者。甫釋干戈，斂衽歸朝，以定熙宗之位，精誠之發，孰可掩哉。

宗望本名斡魯補，又作斡离不，太祖第二子也。每從太祖征伐，常在左右。

都統杲已克中京，〔四〕宗翰在北安州，獲遼護衞習泥烈，知遼主在鴛鴦濼，宗翰請襲之。杲出青嶺，遼兵三百餘掠降人家貲。宗望曰：「若生致此輩，可審得遼主所在虛實。」遂與宗弼率百騎進。騎多罷乏，獨與馬和尚逐越盧、孛古、野里斯等，留一騎趣後軍，卽馳擊敗之，生擒五人。因審遼主尚在鴛鴦濼未去無疑也，於是進兵。宗翰倍道兼行，追遼主于五院司，不及。婁室等追之至白水濼，遼主走陰山。遼秦晉國王捏里自立于燕京。新降州部，人心不固，杲使宗望請太祖臨軍。

宗望至京師，百官入賀。上曰：「宗望與十餘騎經涉兵寇數千里，可嘉也。」上宴羣臣，歡甚。宗望奏曰：「今雲中新定，諸路遼兵尚數萬，遼主尚在陰山、天德之間，而捏里自立于燕京，新降之民，其心未固，是以諸將望陛下幸軍中也。」上曰：「懸軍遠伐，授以成算，豈能盡合機事。朕以六月朔啓行。」既次大濼西南，杲使希尹奏請徙西南招討司諸部于內地。上顧謂羣臣曰：「徙諸部人當出何路？」宗望對曰：「中京殘弊，芻糧不給，由上京爲宜。然新降之人，遽爾騷動，未降者必皆疑懼。勞師害人，所失多矣。」上京謂臨潢府也。上廼下其議，命軍帥度宜行之。

上聞遼主在大魚濼，自將精兵萬人襲之。蒲家奴、宗望率兵四千爲前鋒，晝夜兼行，馬多乏，追及遼主于石輦驛，軍士至者才千人，遼軍餘二萬五千。方治營壘，蒲家奴與諸將議。余睹曰：「我軍未集，人馬疲劇，未可戰。」宗望曰：「今追及遼主而不亟戰，日入而遁，則無及。」遂戰，短兵接，遼兵圍之數重，士皆殊死戰。遼主謂宗望兵少必敗，遂與嬪御皆自高阜下平地觀戰。余睹示諸將曰：「此遼主麾蓋也。若萃而薄之，可以得志。」騎兵馳赴之，遼主望見大驚，即遁去，遼兵遂潰。宗望等還。上曰：「遼主去不遠，亟追之。」宗望以騎兵千餘追之，蒲家奴爲後繼。

太祖已定燕京，斡魯爲都統，宗望副之，襲遼主于陰山、青塚之間。宗望、婁室、銀朮可以三千軍分路襲之。將至青塚，遇泥濘，衆不能進。宗望與當海四騎以繩繫遼都統林牙大石，使爲鄉導，直至遼主營。時遼主往應州，其嬪御諸女見敵兵奄至驚駭欲奔，命騎下執之。有頃，後軍至。遼太叔胡盧瓦妃，國王捏里次妃，遼漢夫人，并其子秦王、許王，女骨欲、餘里衍、斡里衍、大奧野、次奧野，趙王妃斡里衍，招討迪六，詳穩六斤，節度使孛迭、赤狗兒皆降。得車萬餘乘，惟梁王雅里及其長女乘軍亂亡去。〔五〕婁室、銀朮可獲其左右輿帳。進至掃里門，爲書以招遼主。

遼主自金城來，知其族屬皆見俘，率兵五千餘決戰。宗望以千兵擊敗之。遼主相去百步，遁去。獲其子趙王習泥烈及傳國璽。追二十餘里，盡得其從馬，而照里、特末、〔六〕胡巴魯、背荅別獲牧馬萬四千匹、車八千乘。及獻傳國璽于行在，太祖曰：「此羣臣之功也。」遂置璽于懷中，東面恭謝天地，乃大錄諸帥功，加賞焉。

遼主乃使謀盧瓦持兎鈕金印請降。宗望受之，視其文，乃「元帥燕國王之印」也。宗望復以書招之，諭以石晉北遷事。遂使使諭夏國，示以和好，所以沮疑其救遼之心也。宗望趨天德，遼耶律愼思降。及候人吳十回，皆言夏國迎護遼主度大河矣。宗望乃傳檄夏國曰：「果欲附我，當如前諭，執送遼主。若猶疑貳，恐有後悔。」及遼秦王等以俘見太祖，太祖嘉宗望功，以遼蜀國公主餘里衍賜之。

闍母與張覺戰，大敗於兔耳山。上使宗望問狀，就以闍母軍討張覺，降瀕海郡縣。遂與覺戰于南京城東。覺敗，宵遁奔宋，語在覺傳。城中人執覺父及其二子來獻，宗望殺之。使以詔書宣諭城中張敦固等出降。使使與敦固俱入城收兵仗。城中人殺使者，立敦固爲都統，劫府庫，掠居民，乘城拒守。太宗賞破張覺功及有功將士各有差。

初，張覺奔宋，入于燕京，宗望責宋人納叛人，且徵軍糧。久不聞問，宗望欲移書督之，請空名宣頭千道，增信牌，安撫新降之民。詔以「新附長吏職員仍舊。已命諸路轉輸軍糧，勿督於宋。給銀牌十、空名宣頭五十道。及遷、潤、來、隰四州人徙于瀋州者，俟畢農各復其業」。乃詔咸州輸粟宗望軍。

張敦固以兵八千分四隊出戰，大敗。宗望再三開諭，敦固等曰：「屢嘗拒戰，不敢遽降。」宗望許其望闕遙拜。敦固乃開其一門。宗望使闍母奏其事，乃下詔赦南京官民，大小罪皆釋之，官職如舊。別勅有司輕徭賦、勸稼穡，疆場之事，一決於宗望。又曰：「議索張覺及逋亡戶口於宋。聞比歲不登，若如舊徵斂，恐民匱乏，度其糧數賦之。射糧軍願爲民者，使復田里。小大之事關白軍帥，無得專達朝廷。」詔宗望曰：「選勳賢及有民望者爲南京留守，及諸闕員，仍具姓名官階以聞。」是時，遷、潤、來、隰四州之民保山砦者甚衆，宗望乞選良吏招撫。上從之。

上召宗望赴闕，而闍母克南京，兵執僞都統張敦固殺之，南京平。赴京師。於是，宗翰請無割山西地與宋，斡魯亦言之。闍母論奏宋渝盟有驗，不可不備。及宗望還軍，上曰：「徵歲幣於宋，以銀二十萬兩、絹三十萬匹分賜爾軍及六部東京諸軍。」宗望至軍，宋兵三千自海道來，破九寨，殺馬城縣戍將節度使度盧斡，取其銀牌兵仗及馬而去。宗望索戶口，宋人弗遣，且聞童貫、郭藥師治軍燕山。宗望奏請伐宋曰：「苟不先之，恐爲後患。」宗翰亦以爲言。故伐宋之策，宗望實啓之。

宗望爲南京路都統，闍母副之，自燕山路伐宋。宗望奏曰：「闍母於臣爲叔父，請以闍母爲都統，臣監戰事。」上從之。以宗望監闍母、劉彥宗兩軍戰事。宗望至三河，破郭藥師兵四萬五千于白河，蒲莧敗宋兵三千于古北口，郭藥師降。遂取燕山府，盡收其軍實，馬萬匹、甲冑五萬、兵七萬，州縣悉平。宋中山戍將王彥、劉璧率兵二千來降。蒲察、繩果以三百騎遇中山三萬人於阨隘之地，力戰，死之。朮烈速、活里改軍繼至，殺二萬餘人。宗望破宋眞定兵五千人，遂克信德府，次邯鄲。宋李鄴請修舊好。宗望留軍中不遣。

自郭藥師降，益知宋之虛實。宗望請以爲燕京留守。及董才降，益知宋之地里。宗望請任以軍事。太宗俱賜姓完顏氏，皆給以金牌。

四年正月己巳，諸軍渡河，取滑州。使吳孝民入汴，以詔書問納平州張覺事，令執送童貫、譚稹、詹度，以黃河爲界，納質奉貢。癸酉，諸軍圍汴。宋少帝請爲伯姪國，效質納地，增歲幣請和。遂割太原、中山、河間三鎮，書用伯姪禮，以康王構、太宰張邦昌爲質。沈晦以誓書、三鎮地圖至軍中，歲幣割地一依定約，語在宋事中。

二月丁酉朔，與宋平，退軍孟陽。是夜，姚平仲兵四十萬來襲。候騎覺之，分遣諸將迎擊，大破平仲軍，復進攻汴城，問舉兵之狀。少帝大恐，使宇文虛中來辨曰：「初不知其事，且將加罪其人。」宗望輟弗攻，改肅王樞爲質，康王構遣歸。師還，河北兩鎮不下，遂分兵討之。

宗望罷常勝軍，給還燕人田業，命將士分屯安肅、雄、霸、廣信之境。宗望還山西。未幾。爲右副元帥，有功將士遷賞有差。

頃之，宋少帝以書誘余睹，蕭仲恭獻其書，詔復伐宋。八月，宗望會諸將，發自保州。耶律鐸破敵兵三萬于雄州，殺萬餘人。那野敗宋軍七千於中山。高六、董才破宋兵三千於廣信。宋种師閔軍四萬人駐井陘，宗望大破之，遂取天威軍。東還，遂克眞定，殺知府李邈，得戶三萬，降五縣。遂自眞定趨汴。

十一月戊辰，宗望至河上，降魏縣。諸軍渡河，留諸將分出大名之境。降臨河縣，至大名縣，德清軍、開德府，皆克之。阿里刮以騎兵三千先趨汴，破宋軍六千于路。取胙城，抵汴城下，覆宋兵千人，擒數將。宗望至汴，分遣諸將遏宋援兵，奔睹、那野、賽剌、臺實連破宋援兵。閏月壬辰朔，宋兵一萬出自汴城來戰。宗望選勁勇五千，使當海、忽魯、雛鶻失擊敗之。癸巳，宗翰自太原會軍于汴。丙辰，克汴州。辛酉，宋少帝詣軍前。十二月癸亥，宋帝奉表降。上使勗就軍中勞賜宗翰、宗望，使皆執其手以勞之。五年四月，〔七〕以宋二主及其宗族四百七十餘人，及珪璋、寶印、衮冕、車輅、祭器、大樂、靈臺、圖書，與大軍北還。宗望乃分諸將鎭守河北。韮才降廣信軍及旁近縣鎭。宗望乃西上涼陘。詔宗望曰：「自河之北，今旣分畫，重念其民見城邑有被殘者，遂阻命堅守，其申諭招輯安全之。儻堅執不移，自當致討。若諸軍敢利於俘掠，輒肆毀蕩者，當底於罰。」

是月，宗望薨。〔八〕天會十三年，封魏王。皇統三年，進許國王，又徙封晉國王。天德二年，贈太師，加遼燕國王，配享太宗廟廷。正隆二年，例降封。大定三年，改封宋王，謚桓肅。子齊、京、文。

初，遼帝之奔陰山也，遼節度使和尚與林牙馬哥、男愼思俱被擒，都統杲使阿鄰護送得里底、〔九〕和尚、雅里斯等入京師。得里底道亡，太祖誅阿鄰。和尚弟道溫爲興中尹，太祖使謾都本以兵千人與和尚往招之。和尚欲亡去，不克，至興中城下，以矢繫書射城中，教道溫毋降。事泄，謾都本責之曰：「汝何反覆如此？」對曰：「以忠報國，何反覆之有，雖死不恨。」乃殺之。既而宗望軍遇遼都統孛迭等，道溫在其中，相與隔水而語。宗望承制招之，孛迭唯諾，無降意。宗望謂道溫曰：「汝兄和尚因戰而獲，未嘗加罪，後以叛誅，能無痛悼。」道溫曰：「吾兄辱於見獲，榮於死國。」宗望顧馬和尚曰：「能爲我取此乎？」對曰：「能。」遂以所部渡水擊敗其衆，直趨道溫，射中其臂，獲而殺之。

齊本名受速，長身美髯。天眷三年，以宗室子授鎭國上將軍。皇統元年，遷光祿大夫。正隆六年，遷銀青榮祿大夫。大定初，遷特進，加安武軍節度使，留京師奉朝請。齊以近屬，上所寵遇，而性庸滯無材能。大定三年，罷節度官，給隨朝三品俸，累官特進。卒。

弟京、弟文皆以謀反誅。〔一〇〕世宗盡以其家財產與齊之子齕住。詔齊妻曰：「汝等皆當緣坐，有至大辟及流竄者。朕念宋王，故置而不問，且以其家產賜汝子。宜悉朕意。」十五年，上召英王爽謂曰：「卿於諸公主女子中爲齕住擇婚，其禮幣命有司給之。」俄襲叔父京山東西路徒毋堅猛安。

京本名忽魯，以宗室子累遷特進。天德二年，除翰林學士承旨，兼修國史，加開府儀同三司，遷工部尚書，改禮部、兵部，判大宗正事，封曹王，除河間尹。正隆二年，例封潘國公，北京留守，以喪去官。起復益都尹。六年，坐違制，立春日與徒單貞飲酒，降灤州刺史。未幾，改絳陽軍節度使。海陵遣護衛忽魯往絳州殺之。京由間道走入汾州境得免。

世宗卽位，來見于桃花塢。復判大宗正事，封壽王。二年正月戊辰朔，日食，伐鼓用幣，上不視朝，減膳徹樂。詔京代拜行禮。世宗懲創海陵疎忌宗室，加禮京兄弟，情若同生。謂京等曰：「朕每見天象變異，輒思政事之闕，寤寐自責不遑。凡事必審思而後行，猶懼獨見未能盡善，每令羣臣集議，庶幾無過舉也。」是時，伐宋未罷兵，用度不足，百官未給全俸。京家人數百口，財用少，上聞之，賜金一百五十兩、重綵百端、絹五百匹。改西京留守，賜佩刀廐馬。

京到西京，京妻嘗召日者孫邦榮推京祿命。邦榮言留守官至太師，爵封王。京問：「此上更無否？」邦榮曰：「止於此。」京曰：「若止於此，所官何爲。」邦榮察其意，乃詐爲圖讖，作詩，中有「鶻魯爲」之語，以獻於京。京曰：「後誠如此乎。」遂受其詩，再使卜之。邦榮稱所得卦有獨權之兆。京復使邦榮推世宗當生年月。家人孫小哥妄作謠言誑惑京，如邦榮指，京信之。京妻公壽具知其事。大定五年三月，孫邦榮上變。詔刑部侍郎高德基、戶部員外郎完顏兀古出往鞫之。京等皆款伏。獄成，還奏。上曰：「海陵無道，使光英在，朕亦保全之，況京等哉。」於是，京夫婦特免死，杖一百，除名，嵐州樓煩縣安置，以奴婢百口自隨，官給上田。〔二〕遣兀古出、劉珫宣諭京，詔曰：「朕與汝皆太祖之孫。海陵失道，翦滅宗支，朕念兄弟無幾，於汝尤爲親愛，汝亦自知之，何爲而懷此心。朕念骨肉，不忍盡法。汝若尚不思過，朕雖不加誅，天地豈能容汝也。」十年四月，詔于樓煩縣，爲京作第一區，月給節度廩俸。

十二年，兄德州防禦使文謀反。上問皇太子、趙王允中及宰臣曰：「京謀不軌，朕特免死，今復當緣坐，何如。」宰臣或言京圖逆，今不除之，恐爲後患。上曰：「天下大器歸於有德，海陵失道，朕乃得之。但務修德，餘何足慮。」太子曰：「誠如聖訓。」乃遣使宣諭京，詔曰：「卿兄文，舊封國公，不任職事，朕進封王爵，委以大藩。頃在大名，以贓得罪，止削左遷，不知恩幸，乃蓄怨心，謀不軌，罪及兄弟。朕念宋王，皆免緣坐。文之家產應沒入者，盡與卿兄子齩住。卿宜悉此意。」

二十年十一月，上問宰臣曰：「京之罪始於其妻，妄卜休咎。太祖諸孫存者無幾，朕欲召置左右，不使任職，但廩給之，卿等以爲何如？」皆曰：「置之近密，臣等以爲非宜。」上曰：

「朕若修德，何必豫懷疑忌。」久之，上復欲召京，宰臣曰：「京，不赦之罪也，赦之以爲至幸矣，豈可復。」上默良久，乃止。

文本名胡剌。皇統間，授世襲謀克，加奉國上將軍，居中京。海陵篡立，賜錢二萬貫。是時，左淵爲中京轉運使，市中有禨術敲仙者，文與淵皆與之游。海陵還中京，聞，召敲仙詰問，窮竟本末。既而殺之于市，責讓文、淵。貞元元年，除祕書，坐與靈壽縣主阿里虎有姦，杖二百，除名。俄復爲祕書監，封王。正隆例封鄖國公，以喪去官。起復翰林學士承旨、同判大宗正事、昌武軍節度使。

大定初，改武定軍，留京師，奉朝請。三年，賜上常御條服佩刀而遣之。謂文曰：「朕無兄弟，見卿往外郡，惻然傷懷。卿頗自放，宜加檢束。」除廣寧尹，召爲判大宗正事，封英王。是時，弟京得罪，上謂文曰：「朕待京不薄，乃包藏禍心，圖不軌，不忍刑及骨肉，遂從輕典。卿亦驕縱無度。宋王有社稷功。武靈封太祖諸孫爲王，卿獨不封。朕卽位，封卿兄弟爲王。自今懲咎悔過，赤心事朕，無患朕不知也。」除眞定尹，賜以衣帶。改大名尹，徙封荆王。

文到大名，多取猛安謀克良馬，或以駑馬易之，買民物與價不盡其直。尋常占役弓手四十餘人，詭納稅草十六萬束。公用闕，取民錢一萬九千餘貫。坐是奪爵，降德州防禦使，僚佐皆坐不矯正解職。監察御史董師中按文事失糾察，已除尚書省都事，降沁南軍節度副使。詔曰：「自今長官不法，僚佐不矯正，又不言上，並嚴行懲斷。」

文既失職，居常怏怏，日與家奴石抹合住、忽里者爲怨言。合住揣知其意，因言南京路猛安阿古、合住、謀克頗里，銀朮可與大王厚善，果欲舉大事，彼皆願從。文信其言。乃召日者康洪占休咎，密以謀告洪。洪言來歲甚吉。文厚謝洪，使家僮剛哥等往南京以書幣遺阿古等。〔三〕剛哥問合住何以知阿古等必從。合住曰：「阿古等與大王善，以此意其必從耳。」剛哥到南京，見阿古等，不言其本來之事。及還，紿文曰：「阿古從大王矣。」文乃造兵仗，使家奴斡敵畫陣圖。家奴重喜詣河北東路上變，府遣總管判官孛特馳往德州捕文。孛特至德州，日已晚。會文出獵，召防禦判官酬越謀就獵所執之。酬越言：「文兵衞甚衆，且暮夜，明日文生日，可就會上執之。」孛特乃止。是夜，文知本府使至，意其事覺，乃與合住、忽里者等俱亡去。河間府使奏文事，詔遣右司郎中紇石烈哲典、翰林修撰阿不罕訛里也往德州鞫問。

上聞文亡命，謂宰臣曰：「海陵翦滅宗室殆盡，朕念太祖孫存者無幾人，曲爲寬假，而文曾不知幸，尚懷異圖，何狂悖如此。」上恐文久不獲，詿誤者多，督所在捕之。詔募獲文者遷官五階，賜錢三千貫。文以大定十二年九月事覺，亡命凡四月，至十二月被獲，伏誅。康洪論死，餘皆坐如律。詔釋其妻朮實懶。孛特、酬越不即捕，致文亡去，孛特杖二百，除名，酬越杖一百，削兩階。詔曰：「德州防禦使文、北京曹貴、鄜州李方皆因術士妄談祿命，陷于大戮。凡術士多務苟得，肆爲異說。自今宗室、宗女有屬籍者及官職三品者，除占問嫁娶、修造、葬事，不得推算相命，違者徒二年，重者從重。」上以文家財產賜其故兄特進齊之子畝住，并以西京留守京沒入家產賜之。

贊曰：宗望啓行平州，戰勝白河，席卷而南，風行電舉，兵無留難，再閱月而汴京圍矣。所謂敵不能與校者耶。既取信德，留兵守之，以爲後距，此豈輕者耶。管子曰：「徑於絕地，攻於恃固，獨出獨入，而莫之能止。」其宗望之謂乎。

校勘記

〔一〕天會四年降定諸縣及威勝軍　原脫「天會四年」四字，下文「八月」無年可繫，今據本書卷三太宗紀補。

〔二〕五年四月　原脫「五年」二字。按本書卷三太宗紀，天會五年四月，「宗翰、宗望以宋二帝歸」。

今據補。

〔三〕天會十四年薨　按本書卷四熙宗紀記「太保領三省事晉國王宗翰薨」在天會十五年。

〔四〕都統杲已克中京　「中京」原作「中都」。按本書卷七六杲傳，天輔六年正月，杲「克高恩回紇三城，進至中京，遼兵不戰而潰，遂克中京」。又本卷宗翰傳亦記「旣克中京，宗翰率偏師趨北安州……」。今據改。

〔五〕惟梁王雅里及其長女乘軍亂亡去　「梁」原作「寧」。按遼梁王雅里見本書卷七二習古廼傳。遼史卷二九天祚皇帝紀，保大三年四月「戊戌，金兵圍輜重于青塚硬寨，大保特母哥竊梁王雅里以遁。庚子，梁宋大長公主、特里亡歸」。所記與此略同，今據改。

〔六〕而照里特末　「末」原作「未」，據永樂大典卷六七六五改。

〔七〕五年四月　原脫「五年」二字，今補，見本卷校記〔二〕。

〔八〕是月宗望薨　「是月」，承上卽四月。按本書卷三太宗紀，天會五年六月庚辰，「右副元帥宗望薨」。則「是」當作「六」爲是。

〔九〕都統杲使阿鄰護送得里底　原脫「里」字，據下文及永樂大典卷六七六五補。

〔一〇〕弟京弟文皆以謀反誅　按下文，文以「謀反誅」，京未誅，此處或有衍文。

〔一一〕官給上田　按「上」永樂大典卷六七六五作「土」。

〔一三〕以書幣遺阿古等　「遺」原作「遣」，據永樂大典卷六七六四改。

金史卷七十五

列傳第十三

盧彥倫 子璣 孫亨嗣　毛子廉　李三錫　孔敬宗

李師夔　沈璋　左企弓　虞仲文 曹勇義 康公弼附

左泌 弟淵 姪光慶

盧彥倫，臨潢人。遼天慶初，蕭貞一留守上京，置爲吏，以材幹稱。是時，臨潢之境多盜，而城中兵無統屬者，府以彥倫爲材，薦之於朝，即授殿直、勾當兵馬公事。遼兵敗於出河店，還至臨潢，散居民家，令給養之，而軍士縱恣侵擾，無所不至，百姓殊厭苦之。留守耶律赤狗兒不能禁戢，乃召軍民諭之曰：「契丹、漢人久爲一家，今邊方有警，國用不足，致使兵士久溷父老間，有侵擾亦當相容。」衆皆無敢言者。彥倫獨曰：「兵興以來，民間財力困竭，今復使之養士，以國家多故，義固不敢辭。而此輩恣爲强暴，人不能堪。且番、漢之民皆赤子也，奪此與彼，謂何。」

初取臨潢，軍中有辛訛特剌者，舊爲臨潢驛吏，與彥倫善，使往招諭，彥倫殺之。遼授彥倫團練使、勾當留守司公事。

天輔四年，彥倫從留守撻不野出降。授夏州觀察使，權發遣上京留守事。師還，撻不野以城叛，彥倫乃率所部逐撻不野，盡殺城中契丹，遣使來報。未幾，遼將耶律馬哥以兵取臨潢，彥倫拒守者七月。會援兵至，敵解圍去，因赴闕。

天會二年，知新城事。城邑初建，彥倫爲經畫，民居、公宇皆有法。改靜江軍節度留後，知咸州煙火事。未幾，遷靜江軍節度使。天眷初，行少府監兼都水使者，充提點京城大內所，改利涉軍節度使。未閱月，還，復爲提點大內所。彥倫性機巧，能迎合悼后意，由是頗見寵用。歲餘，遷侍衞親軍馬步軍都指揮使，爲宋國歲元使。改禮部尚書，加特進，封郇國公。天德二年，出爲大名尹。明年，詔彥倫營造燕京宮室，以疾卒，年六十九。子璣。

璣字正甫，以蔭補閤門祗候，累遷客省使，兼東上閤門使，改提點太醫、教坊、司天，充大定十五年宋主生日副使，遷同知宣徽院事。丁母憂，起復太府監，改開遠軍節度使，入爲右宣徽使。章宗卽位，轉左宣徽使，致仕。明昌四年，起復左宣徽使，改定武軍節度使，復爲左宣徽使。

是時，璣年已七十，詔許朝參得坐於廊下。復致仕。泰和初，詔璣天壽節預宴。二年，元妃李氏生皇子，滿三月，章宗以璣老而康强，命以所策杖爲洗兒禮物。章宗幸玉泉山，詔璣與致仕宰相俱會食，許策杖給扶。後預天壽節，上命璣與大臣握槊戲，璣獲勝焉。從上秋山，賜名馬。上曰：「酬卿博直。」其眷遇如此。泰和六年卒，年八十。子亨嗣。

亨嗣字繼祖，以廕補閤門祗候，內供奉。調同監平涼府醋務，改同監天山鹽場。丁母憂，服闋，監萊州酒課，累調監豐州、任丘、汲縣、東平酒務。課最，遷白登縣令。明昌四年，行六部差規措軍前糧料，入爲典給直長，改西京戶籍判官，歷官西京、中都太倉使，中都戶籍判官，尚醞署丞。丁父憂。大安初，復爲典給署丞兼太子家令。崇慶元年，遷同知順天軍節度使事。是時，兵興，徵調煩急，亨嗣以辦最，遷定遠大將軍，入爲戶部員外郎。貞祐二年，遷莒州刺史。三年，山東宣撫司討楊安兒，亨嗣行六部，兵罷，還州。興定二年，卒，年六十一。

亨嗣與弟亨益，盡友愛之道。亨嗣初以祖廕得官，大定十六年，父璣爲同知宣徽院事，當廕子，亨嗣以讓弟亨益。亨益早卒，子𨭉。𨭉幼稚，亨嗣盡以舊業田宅奴畜財物與之。

毛子廉本名八十，臨潢長泰人，材勇善射。遼季羣盜起，募勇士，子廉應募。遼主召見，賜甲仗，率百人，會所在官兵捕盜。以功授東頭供奉官，賜良馬。

天輔四年，遣謀克辛斡特剌、移剌窟斜招諭臨潢，子廉率戶二千六百來歸。〔一〕令就領其衆，佩銀牌，招未降軍民。盧彥倫怒子廉先降，殺子廉妻及二子，使騎兵二千伺取子廉。子廉與窟斜經險阻中，騎兵圍之，兩騎突出直犯子廉。子廉引弓斃其一人，其一人挺槍幾中子廉腋。子廉避其槍，與搏戰，生擒之，乃彥倫健將孫延壽也。餘衆潰去。

天會三年，除上京副留守。久之，兼鹽鐵事。天眷中，除燕京麴院都監。遼王宗幹問宰相曰：「子廉有功，何爲下遷。」宰相以例對。宗幹曰：「盧彥倫何不除此職？子廉之功十倍彥倫，在臨潢十餘年，吏民畏愛如一日，誰能及此。」是時盧彥倫已以少府監除節度使，故宗幹引以爲比。除寧昌軍節度使。海陵弒熙宗，子廉聞之，歎曰：「曾不念國王定策之功耶。」乃致仕。大定二年，卒。

李三錫字懷邦，錦州安昌人，以貲得官。遼季，盜攻錦州，州人推三錫主兵事，設機應變，城賴以完。錄功授左承制。遼主走天德，劉彥宗辟三錫將兵保白雲山。

金兵次來州，〔三〕三錫以其衆降。攝臨海軍節度副使，參預元帥府軍事，改知嚴州。宗望伐宋，三錫領行軍猛安，敗郭藥師軍於白河。進官安州防禦使。再克汴京，三錫從闍母護宋二主北歸。復知嚴州，改歸德軍節度副使。詔廢齊國，擇吏三十人與俱行，三錫在選中。還爲慶州刺史，三遷武勝軍節度使。察廉第一，遷三階，改安國軍節度使，除河北西路轉運使，致仕。

三錫政事强明，所至稱治。世宗舊聞其名，大定初，起爲北京路都轉運使。制下，而三錫已卒。

孔敬宗字仲先，其先東垣人，石晉末，徙遼陽。遼季，敬宗爲寧昌劉宏幕官。斡魯古兵至境上，敬宗勸劉宏迎降，遂以敬宗爲鄉導，拔顯州，以功補順安令。天輔二年，詔敬宗與劉宏率懿州民徙內地，授世襲猛安，知安州事。將兵千人從宗望伐宋。汴京平，宗望命敬宗守汴。嘗自汴馳驛至河北，還至河上，會日暮無舟，敬宗策馬亂流，遂達南岸。遷靜江軍節度使，歷石、辰、信、磁四州刺史，階光祿大夫。

海陵問張浩曰：「卿識孔敬宗否，何階高職下也。」浩對曰：「國初，敬宗勸劉宏以懿州效順，其後從軍積勞，有司不知，故一概常調耳。」明日，除寧昌軍節度使。徙歸德軍，致仕。大定二年，卒。

李師夔字賢佐，奉聖永興人。少倜儻，有大志。以廕入仕，爲本州麴監。天輔六年，太祖襲遼主于鴛鴦濼，郡守委城遁去，衆無所屬，相與叩門請師夔主郡事。師夔許之，乃搜卒治兵。

迪古乃兵至奉聖州，師夔與其故人沈璋密謀出降，曰：「一城之命懸於此舉。」璋曰：「君言是矣。如軍民不從，奈何。」師夔卽率親信十數輩詰旦出城，見余睹，與之約曰：「今已服從，願無以兵入城及俘掠境內。」余睹許諾。詔以師夔領節度，以璋佐之。賜師夔駿馬一，俾招未附者，許以便宜從事。明年，加左監門衛大將軍。

劇賊張勝以萬人逼城，師夔度衆寡不敵，乃僞與之和，日致饋給，勝信之。師夔乘其不備，使人刺勝，殺之。以其首徇曰：「汝輩皆良民，脅從至此，今元惡已誅，可棄兵歸復其所。」賊衆大驚，皆散去。別賊焦望天、尹智穆率兵數千來寇。師夔以兵臨之，設伏歸路，使人反間之。智穆果疑，望天先引去。智穆勢孤，亦還，遇伏而敗，遂執斬之。是後賊衆不敢入境。以勞遷靜江軍節度留後，累遷武平軍節度使，改東京路轉運使，徙陝西東路轉運使。致仕，封任國公。卒，年八十五。

沈璋字之達，奉聖州永興人也。學進士業。迪古乃軍至上谷，璋與李師夔謀，開門迎降。明日，擇可爲守者，衆皆推璋，璋固稱李師夔，於是授師夔武定軍節度使，以璋副之。授太常少卿，遷鴻臚卿。丁母憂，起復山西路都轉運副使，加衞尉卿。從伐宋。汴京平，衆爭趨貲貨，璋獨無所取，惟載書數千卷而還。

太行賊陷潞州，殺其守姚璠，官軍討平之，命璋權知州事。璋至，招復逋逃，賑養困餓，收其橫屍葬之。未幾，民頗安輯。初，賊黨據城，潞之軍卒當緣坐者七百人，帥府牒璋盡誅之，璋不從。帥府聞之，大怒，召璋呵責，且欲殺璋，左右震恐，璋顏色不動，從容對曰：「招亡撫存，璋之職也。此輩初無叛心，蓋爲賊所脅，有不得已者，故招之復來。今欲殺之，是殺降也。苟利於衆，璋死何憾。」少頃，怒解。因召潞軍曰：「吾始命劉汝，今汝使君活爾矣。」皆感泣而去。朝廷聞而嘉之，拜左諫議大夫，知潞州事。百姓爲之立祠。移知忻州，改同知太原尹，加尚書禮部侍郎。

時介休人張覺聚黨亡命山谷，鈔掠邑縣，招之不肯降，曰：「前嘗有降者，皆殺之。今以好言誘我，是欲殺我耳。獨得侍郎沈公一言，我乃無疑。」於是，命璋往招之，覺卽日降。轉尚書吏部侍郎、西京副留守、同知平陽尹，遷利涉軍節度使，爲東京路都轉運使，改鎭西軍節度使。天德元年，以病致仕。卒，年六十。

子宜中，天德三年，賜楊建中牓及第。

贊曰：危難之際，兩軍方爭，專城之將，國家之輕重繫焉。李師夔非有君命，爲衆所推，又能全活其人，猶有說也。盧彥倫之降，雖云城潰，初志不確，何尤乎毛子廉。至如子廉不仕海陵，沈璋以片言降張覺，一善足稱，何可掩也。

左企弓字君材。八世祖皓，後唐棣州刺史，以行軍司馬戍燕，遼取燕，使守薊，因家焉。企弓讀書，通左氏春秋。中進士，再遷來州觀察判官。〔三〕蕭英弼賊昭懷太子，窮治黨與，多連引。企弓辨析其冤，免者甚衆。自御史知雜事，出爲中京副留守，按刑遼陽。有獄本輕而入之重者，已奏待報，企弓釋之以聞。累遷知三司使事。天慶末，拜廣陵軍節度使，同中書門下平章事、知樞密院事。

金兵已拔上京，北樞密院恐忤旨，不以時奏。遼故事，軍政皆關決北樞密院，然後奏御。企弓以聞。遼主曰：「兵事無乃非卿職邪？」對曰：「國勢如此，豈敢循例爲自容計。」因陳守備之策。拜中書侍郎平章事，監修國史。時遼主聞金已克中京，將西幸以避之。企弓諫不聽。

遼主自鴛鴦濼亡保陰山。秦晉國王耶律捏里自立于燕，廢遼主爲湘陰王，改元德興。〔四〕企弓守司徒，封燕國公。虞仲文參知政事，領西京留守、同中書門下平章事、內外諸軍都統。曹勇義中書侍郎平章事、樞密使、燕國公。康公弼參知政事、簽樞密院事，賜號「忠烈翊聖功臣」。德妃攝政，企弓加侍中。宋兵襲燕，奄至城中，已而敗走。或疑有內應者，欲根株之，企弓爭之，乃止。

太祖至居庸關，蕭妃自古北口遁去。都監高六等送款于太祖，太祖徑至城下。高六等開門待之。太祖入城受降，企弓等猶不知。太祖駐蹕燕京城南，企弓等奉表降，太祖俾復舊職，皆受金牌。企弓守太傅、中書令，仲文樞密使、侍中、秦國公，勇義以舊官守司空，公弼同中書門下平章事、樞密副使權知院事、簽中書省，封陳國公。遼致仕宰相張琳進上降表，詔曰：「燕京應琳田宅財物並給還之。」琳年高，不能入見，止令其子弟來。

太祖既定燕，從初約，以與宋人。企弓獻詩，略曰：「君王莫聽捐燕議，一寸山河一寸金。」太祖不聽。

是時，置樞密院于廣寧府。企弓等將赴廣寧，張覺在平州有異志，太祖欲以兵送之。企弓等辭兵曰：「如此，是促之亂也。」及過平州，舍于栗林下，張覺使人殺之。企弓年七十三，謚恭烈。天會七年，贈守太師，遣使致奠。正隆二年，改贈特進、濟國公。

虞仲文字質夫，武州寧遠人也。七歲知作詩，十歲能屬文，日記千言，刻苦學問。第進士，累仕州縣，以廉能稱。舉賢良方正，對策優等。擢起居郎、史館修撰，三遷至太常少卿。宰相有左降，仲文獨出餞之。或指以爲黨，仲文乃求養親。久之，召復前職。宰相薦文行第一，權知制誥，除中書舍人。討平白霫，拜樞密直學士，權翰林學士，爲翰林侍講學士。

年五十五，卒，謚文正。天會七年，贈兼中書令。正隆二年，改贈特進、濮國公。

曹勇義，廣寧人。第進士，除長春令。樞府辟令史。上書陳時政，累擢館閣，遷樞密副都承旨，權燕京三司使，加給事中。召爲樞密副使，加太子少保。與大公鼎、虞仲文、龔誼友善。與虞仲文同在樞密，羣小擠之。復出爲三司使，加宣政殿大學士。卒，謚文莊。天會七年，贈守太保。正隆二年，改贈特進、定國公。

康公弼字伯迪，其先應州人。曾祖胤，遼保寧間以戰功授誓券，家于燕之宛平。公弼好學，年二十三中進士，除著作郎、武州軍事判官。辟樞府令史，求外補，出爲寧遠令。縣中隕霜殺禾稼，漕司督賦急，繫之獄。公弼上書，朝廷乃釋之，因免縣中租賦，縣人爲立生祠。監平州錢帛庫，調役糧于川州。大盜侯槪陷川州，使護送公弼出境，曰：「良吏也。」權乾州節度使。卒，謚忠肅。天會七年，贈侍中。正隆二年，改贈特進、道國公。

企弓子泌、瀛、淵。

泌字長源，企弓長子也。仕遼，官至棣州刺史。太祖平燕，泌從企弓歸朝。旣而東遷至平州，企弓爲張覺所害，泌復還燕。是時，以燕與宋，宣撫司遣至汴，泌以平州仇人在是，乃間道奔還。朝廷嘉之，擢西上閤門使。從宋王宗望南伐，破眞定有功，知祁州，歷刺澤、隰等州。貞元初，爲濬州防禦使，遷陝西路轉運使，封戴國公。

泌性夷澹，好讀莊、老，年六十一，卽請致仕。親友或以爲早，泌嘆曰：「予年三十秉旄鉞，侵尋仕路又三十年，名遂身退，可矣。」時人高之。卒年七十四。

淵累官燕京副留守、中京路都轉運使，歷河北東路、中都路都轉運使。淵貪鄙，三任漕事，務以錢穀自營。在中都凡八年，不求遷。與李通、許霖交關賄賂，詭納漕司諸物，規取財利。世宗卽位，淵使其子貽慶詣東京上表，特賜貽慶任忠傑牓第三甲進士，授從仕郎。貽慶還中都，世宗詔淵曰：「凡殿位張設悉依舊，毋增益。不得役使一夫，以擾百姓。謹宮禁出入而已。」大定二年，改沁南軍節度使。世宗素知其爲人，戒之曰：「卿宰相子，練習朝政，前爲漕司，朕甚鄙之。毋或刻削百姓，若復敢爾，勿思再用。」淵到懷州未幾，坐前爲中都轉運誉盜用官材木，除名。子光慶。

光慶字君錫，幼穎悟，沉厚少言。淵嘗謂所親曰：「世吾家者，此子也。」以廕，補閤門祗候，遷西上閤門副使。丁父憂，起復東上閤門副使，再轉西上、東上閤門使，兼太廟署令。

光慶好古，讀書識大義，喜爲詩，善篆隸，尤工大字。世宗行郊禮，受尊號，及受命寶，皆光慶篆。凡宮廟牓署經光慶書者，人稱其有法。典領原廟、坤厚陵、壽安宮工役，不爲苛峻，使勞逸相均。身兼數職，勤愼周密，未嘗自伐，世宗獨察之。

初，御史大夫璋請製大金受命寶，有司以秦璽文進，上命以「大金受命萬世之寶」爲文。徑四寸八分，厚一寸四分，蟠龍紐，高厚各四寸六分有半。禮部尙書張景仁、少府監張僅言典領工事，詔光慶篆之。遷同知宣徽院事，改少府監。丁母憂，起復右宣徽使。世宗幸上京，光慶往上京治儀仗制度，時人以爲得宜。

二十五年，卒，年五十一。上遣使致祭，賻銀三百兩、重綵十端、絹百匹。平時喜爲善言，蓄善藥，號「善善道人」。晚信浮屠法，自作眞贊，語皆任達云。

贊曰：左企弓、虞仲文、曹勇義、康公弼四子者，皆有才識之士，其事遼主數有論建。及其受爵僭位，委質二君，隕身逆黨，三者胥失之，哀哉。

校勘記

〔一〕子𢈔率戶二千六百來歸　按本書卷二太祖紀，天輔六年七月「乙丑，上京漢人毛八十率二千餘戶降，因命領之」。卽記此事而紀年不同。

〔二〕金兵次來州　「來」原作「萊」。按萊州在山東東路，非遼及金初兵力所及。本書卷二四地理志，北京路有「瑞州，本來州」。今據改。

〔三〕再遷來州觀察判官　「來」原作「萊」，今改。參看前條。

〔四〕改元德興　按遼史卷二九天祚皇帝紀，保大二年三月，「秦晉國王淳守燕，……自稱天錫皇帝，改元建福，降封天祚爲湘陰王。……六月，淳寢疾……已而淳死，衆乃議立其妻蕭氏爲皇太后，主軍國事。……遂稱制，改元德興」。則此「德興」實爲「建福」之誤。

金史卷七十六

列傳第十四

太宗諸子

宗磐〔一〕本名蒲魯虎　宗固本名胡魯　宗本本名阿魯　蕭玉附

杲本名斜也　宗義本名孛吉　宗幹本名斡本　充本名神土懣

子檀奴等　永元本名元奴　兗本名梧桐　襄本名永慶　袞本名蒲甲

太宗子十四人：蒲魯虎、胡魯、斛魯補、阿魯帶、阿魯補、斛沙虎、阿鄰、阿魯、鶻懶、胡里甲、神土門、斛孛束、斡烈、鶻沙。

宗磐本名蒲魯虎。天輔五年，都統杲取中京，宗磐與斡魯、宗翰、宗幹皆爲之副。天會十年，爲國論忽魯勃極烈。熙宗卽位，爲尙書令，封宋國王。未幾，拜太師，與宗幹、宗翰並領三省事。

熙宗優禮宗室，宗翰沒後，宗磐日益跋扈。嘗與宗幹爭論於上前，卽上表求退。烏野奏曰：「陛下富於春秋，而大臣不協，恐非國家之福。」熙宗因爲兩解。宗磐愈驕恣。其後於熙宗前持刀向宗幹，都點檢蕭仲恭呵止之。

旣而左副元帥撻懶、東京留守宗雋入朝，宗磐陰相黨與，而宗雋遂爲右丞相，用事。撻懶屬尊，功多，先薦劉豫，立爲齊帝，至是唱議以河南、陝西與宋，使稱臣。熙宗命羣臣議，宗室大臣言其不可。宗磐、宗雋助之，卒以與宋。其後宗磐、宗雋、撻懶謀作亂，宗幹、希尹發其事，熙宗下詔誅之。坐與宴飲者，皆貶削決責有差。赦其弟斛魯補等九人，并赦撻懶，出爲行臺左丞相。

皇后生日，宰相諸王妃主命婦入賀。熙宗命去樂，曰：「宗磐等皆近屬，輒搆逆謀，情不能樂也。」以黃金合及兩銀鼎獻明德宮太皇太后，并以金合、銀鼎賜宗幹、希尹焉。

宗固本名胡魯。天會十五年爲燕京留守，封豳王。宗雅本名斛魯補，封代王。宗偉本名阿魯補，封虞王。宗英本名斛沙虎，封滕王。宗懿本名阿鄰，封薛王。宗本本名阿魯，封原王。鶻懶封翼王。宗美本名胡里甲，封豐王。神土門封鄆王。斛孛束封霍王。斡烈封蔡王。宗哲本名鶻沙，封畢王。皆天眷元年受封。宗順本名阿魯帶，天會二年薨，皇統五年贈金紫光祿大夫，後封徐王。

宗磐既誅，熙宗使宗固子京往燕京慰諭宗固。既而翼王鶻懶復與行臺左丞相撻懶謀反伏誅。詔曰：「燕京留守豳王宗固等或謂當絕屬籍，朕所不忍。宗固等但不得稱皇叔，其母妻封號從而降者，審依舊典。」皇統二年，復封宗雅爲代王。宗固爲判大宗正，六年，爲太保、右丞相兼中書令。〔二〕是歲，薨。〔三〕

海陵在熙宗時，見太宗諸子勢強，而宗磐尤跋扈，與鶻懶相繼皆以逆誅，心忌之。熙宗厚於宗室，禮遇不衰。海陵嘗與秉德、唐括辯私議，主上不宜寵遇太宗諸子太甚。及篡立，謁奠太廟。韓王亨素號材武，使攝右衛將軍，〔四〕密諭之曰：「爾勿以此職爲輕，朕疑太宗諸子太強，得卿衛左右，可無慮耳。」遂與祕書監蕭裕謀去宗本兄弟。太宗子孫於是焉盡，語在宗本傳中。

宗本本名阿魯。皇統九年，爲右丞相兼中書令，進太保，領三省事。海陵篡立，進太傅，領三省事。

初，宗幹謀誅宗磐，〔五〕故海陵心忌太宗諸子。熙宗時，海陵私議宗本等勢强，主上不宜優寵太甚。及篡立，猜忌益深，遂與祕書監蕭裕謀殺太宗諸子。誣以秉德出領行臺，與宗本別，因會飲，約內外相應。使尙書省令史蕭玉告宗本親謂玉言：「以汝於我故舊，必無它意，可布腹心事。領省臨行，言彼在外諭說軍民，無以外患爲慮。若太傅爲內應，何事不成。」又云：「長子鎖里虎當大貴，因是不令見主上。」宗本又言：「左丞相於我及我妃處，稱主上近日見之輒不喜，故心常恐懼，若太傅一日得大位，此心方安。」唐括辯謂宗本言：「內侍張彥善相，相太傅有天子分。」宗本答曰：「宗本有兄東京留守在，宗本何能爲是。」時宗美言「太傅正是太宗主家子，秪太傅便合爲北京留守」。卞臨行與宗本言「事不可遲」。宗本與玉言「大計只於日近圍場內予決」。宗本因以馬一匹、袍一領與玉，充表識物。玉恐圍場日近，身縻於外，不能親奏，遂以告祕書監蕭裕。裕具以聞。

蕭玉出入宗本家，親信如家人。海陵旣與蕭裕謀殺宗本、秉德，詔天下，恐天下以宗本、秉德輩皆懿親大臣，本無反狀，裕搆成其事，而蕭玉與宗本厚，人所共知，使玉上變，庶可示信。於是使人召宗本等擊鞠，海陵先登樓，命左衞將軍徒單特思及蕭裕妹壻近侍局副使耶律闢离剌小底密伺宗本及判大宗正事宗美，至，卽殺之。宗美本名胡里甲，臨死神色不變。

宗本已死，蕭裕使人召蕭玉。是日，玉送客出城，醉酒，露髮披衣，以車載至裕弟點僉蕭祚家。逮日暮，玉酒醒，見軍士圍守之，意爲人所累得罪，故至此。以頭觸屋壁，號咷曰：「臣未嘗犯罪，老母年七十，願哀憐之。」裕附耳告之曰：「主上以宗本諸人不可留，已誅之矣，欲加以反罪，令汝主告其事。今書汝告款已具，上卽問汝，汝但言宗本輩反如狀，勿復異詞，恐禍及汝家也。」裕乃以巾服與玉，引見海陵。海陵問玉。玉言宗本反，具如裕所教。

海陵遣使殺東京留守宗懿、北京留守卞。及還益都尹畢王宗哲、平陽尹稟、左宣徽使京等，家屬分置別所，止聽各以奴婢五人自隨。既而使人要之於路，并其子男無少長皆殺之。而中京留守宗雅喜事佛，世稱「善大王」，海陵知其無能，將存之以奉太宗。後召至闕，不數日，竟殺之。太宗子孫死者七十餘人，太宗後遂絕。卞本名可喜。稟本名胡离改。京，宗固子，本名胡石賚。

蕭玉既如蕭裕教對海陵，海陵遂以宗本、秉德等罪詔天下，以玉上變賞之。

海陵使太府監完顏馮六籍宗本諸家，戒之曰：「珠玉金帛入於官，什器吾將分賜諸臣。」馮六以此不復拘籍什器，往往爲人持去，馮六家童亦取其檀木屏風。少監劉景前爲監丞時，太府監失火，案牘盡焚毀，數月方取諸司簿帳補之，監吏坐是稽緩，當得罪。景爲吏，倒署年月。太倉都監焦子忠與景有舊，坐逋負，久不得調，景爲盡力出之。久之，馮六與景就宮中相忿爭，馮六言景倒署年月及出焦子忠事。御史劾奏景，景黨誘馮六家奴發盜屏事。馮六自陳於尚書省。海陵使御史大夫趙資福、大理少卿許竑雜治。資福等奏馮六非自盜，又嘗自首。海陵素惡馮六與宗室游從，謂宰臣曰：「馮六嘗用所盜物，其自首不及此。法，盜宮中物者死，諸物已籍入官，與宮中物何異。」謂馮六曰：「太府掌宮中財賄，汝當防制姦欺，而自用盜物。」於是，馮六棄市，資福、竑坐鞫獄不盡，決杖有差。景亦伏受焦子忠賂金。海陵曰：「受金事無左驗，景倒署年月，以免吏罪，是不可恕。」遂殺之。

大定二年，追封宗固魯王、宗雅曹王、宗順隋王、宗懿鄭王、宗美衞王、宗哲韓王、宗本潞王、神土門豳王、斛孛束瀋王、斡烈鄂王，胡里改、胡什賚、可喜並贈金吾衞上將軍，惟宗磐、阿魯補、斛沙虎、鶻懶四人不復加封。

蕭玉，奚人。既從蕭裕誣宗本罪，海陵喜甚，自尚書省令史爲禮部尚書加特進，賜錢二千萬、馬五百匹、牛五百頭、羊千口，數月爲參知政事。丁母憂，以參政起復，俄授猛安，子尚公主。海陵謂玉曰：「朕始得天下，常患太宗諸子方强，賴社稷之靈，卿發其姦。朕無以報此功，使朕女爲卿男婦，代朕事卿也。」賜第一區，分宗本家貲賜之。頃之，代張浩爲尚書右丞，拜平章政事，進拜右丞相，封陳國公。

文思署令閻拱與太子詹事張安妻坐姦事，獄具，不應訊而訊之。海陵怒，玉與左丞蔡松年、右丞耶律安禮、御史中丞馬諷決杖有差。玉等入謝罪。海陵曰：「爲人臣以己意愛憎，妄作威福，使人畏之。如唐魏徵、狄仁傑、姚崇、宋璟，豈肯立威使人畏哉，楊國忠之徒乃立威使人畏耳。」顧謂左司郎中吾帶、右司郎中梁鋂曰：〔六〕「往者德宗爲相，蕭斛律爲左司郎中，趙德恭爲右司郎中，除吏議法，多用己意。汝等能不以己意愛憎爲予奪輕重，不亦善乎。朕信任汝等，有過則決責之，亦非得已。古者大臣有罪，貶謫數千里外，往來疲於奔走，有死道路者。朕則不然，有過則杖之，已杖則任之如初。如有不可恕，或處之死，亦未可知。汝等自勉。」

正隆三年，拜司徒，判大宗正事。五年，玉以司徒兼御史大夫。使參知政事李通諭旨曰：「判宗正之職固重，御史大夫尤難其人。朕將行幸南京，官吏多不法受賕，卿宜專糾劾，細務非所責也。御史大夫與宰執不相遠，朕至南京，徐當思之。」繼以司徒判大興尹，玉固辭司徒。海陵曰：「朕將南巡，京師地重，非大臣不能鎭撫，留卿居守，無爲多讓。」海陵至南京，以玉爲尙書左丞相，進封吳國公。

海陵將伐宋，因賜羣臣宴，顧謂玉曰：「卿嘗讀書否？」對曰：「亦嘗觀之。」中宴，海陵起，卽召玉至內閣，因以漢書一册示玉。既而擲之曰：「此非所問也，朕欲與卿議事。朕今欲伐江南，卿以爲如何？」玉對曰：「不可。」海陵曰：「朕視宋國猶掌握間耳，何爲不可？」玉曰：「天以長江限南北，舟楫非我所長。苻堅百萬伐晉，不能以一騎渡，以是知其不可。」海陵怒，叱之使出。及張浩因周福兒附奏，海陵杖張浩，幷杖玉。因謂羣臣曰：「浩大臣，不面奏，因人達語，輕易如此。玉以苻堅比朕，朕欲斷其舌，釘而磔之，以玉有功，隱忍至今。大臣決責，痛及爾體，如在朕躬，有不能已者，汝等悉之。」

及海陵自將發南京，玉與張浩留治省事。世宗卽位，降奉國上將軍，放歸田里，奪所賜家產。久之，起爲孟州防禦使。世宗戒之曰：「昔海陵欲殺太宗子孫，借汝爲證，遂被進用。朕思海陵肆虐，先殺宗本諸人，然後用汝質成其事，豈得專罪汝等。今復用汝，當思改過。若謂嘗居要地，以今日爲不足，必罰無赦。」轉定海軍節度使，改太原尹，與少尹烏古論掃喝互訟不公事，各削一官，解職，尋卒。

子德用。大定二十四年，尚書省奏玉子德用當升除，上曰：「海陵假口于玉以快其毒，玉子豈可升除邪。」

贊曰：宗磐嘗從斜也取中京，不可謂無勞伐者，世祿鮮禮，自古有之，在國家善爲保全之道耳。熙宗殺宗磐而存恤其母后，雖云矯情，猶畏物論。海陵造謀，殺宗本兄弟不遺餘力。太宗舉宋而有中原，金百世不遷之廟也，再傳而無噍類，於是太祖之美意無復幾微存者。春秋之世，宋公舍與夷而立其弟，禍延數世，害及五國，誠足爲後世監乎。

杲本名斜也，世祖第五子，太祖母弟。收國元年，太宗爲諳班勃極烈，杲爲國論昊勃極烈。〔七〕天輔元年，杲以兵一萬攻泰州，下金山縣，女固、脾室四部及渤海人皆來降，遂克泰州。城中積粟轉致烏林野，賑先降諸部，因徙之內地。

天輔五年，爲忽魯勃極烈，都統內外諸軍，取中京實北京也，蒲家奴、宗翰、宗幹、宗磐副之，宗峻領合扎猛安，皆受金牌，耶律余睹爲鄉導。詔曰：「遼政不綱，人神共棄。今欲中外一統，故命汝率大軍，以行討伐。爾其慎重兵事，擇用善謀。賞罰必行，〔八〕糧餉必繼。勿擾降服，勿縱俘掠。見可而進，無淹師期。事有從權，毋煩奏稟。」復詔曰：「若克中京，所得禮樂圖書文籍，並先次津發赴闕。」

當是時，遼人守中京者，聞知師期，焚芻糧，欲徙居民遁去。奚王霞末則欲視我兵少則迎戰，若不敵則退保山西。杲知遼人無鬬志，乃委輜重，以輕兵擊之。六年正月，克高、恩、回紇三城，進至中京。遼兵皆不戰而潰，遂克中京。獲馬一千二百、牛五百、駝一百七十、羊四萬七千、車三百五十兩。乃分兵屯守要害之地。駐兵中京，使使奏捷、獻俘。詔曰：「汝等提兵于外，克副所任，攻下城邑，撫安人民，朕甚嘉之。分遣將士招降山前諸部，計已撫定。山後若未可往，卽營田牧，俟秋大舉，更當熟議，見可則行。如欲益兵，具數來上。無恃一戰之勝，輒自弛慢。善撫存降附，宣諭將士，使知朕意。」

完顏歡都游兵出中京南，遇騎兵三十餘紿曰：「乞明旦來降于此。」杲信之，使溫迪痕阿里出、納合鈍恩、蒲察婆羅偎、諸甲拔剔隣往迎之。奚王霞末兵圍阿里出等。遂據坂去馬，皆殊死戰，敗霞末兵，追殺至暮而還。是役，納合鈍恩功爲多。

宗翰降北安州，希尹獲遼護衞習泥烈，言遼主在鴛鴦濼畋獵，可襲取之。宗翰移書于杲，請進兵。使者再往，曰：「一失機會，事難圖矣。」杲意尙未決。宗幹勸杲當從宗翰策，杲乃約宗翰會奚王嶺。既會，始定議，杲出靑嶺，宗翰出瓢嶺，期羊城濼會軍。時遼主在草濼，使宗翰與宗幹率精兵六千襲之。遼主西走，其都統馬哥趨擣里。〔九〕宗翰遣撻懶以兵一千往擊之。撻懶請益兵于都統杲，而獲遼樞密使得里底父子。

西京已降復叛，杲使招之不從，遂攻之。留守蕭察刺踰城降。四月，復取西京。杲率大軍趨白水濼，分遣諸將招撫未降州郡及諸部族。於是，遼秦晉國王耶律捏里自立于燕京。山西諸城雖降，而人心未固，杲遣宗望奏事，仍請上臨軍。耶律坦招西南招討司及所屬諸部，西至夏境皆降，耶律佛頂亦降于坦。金肅、西平二郡漢軍四千叛去，坦與阿沙兀野、撻不野簡料新降丁壯，迫夜襲之。詰旦，戰于河上，大敗其衆，皆委仗就擒。

耶律捏里移書于杲請和，杲復書，責以不先稟命上國，輒稱大號，若能自歸，當以燕京留守處之。捏里復以書來，其略曰：「昨即位時，在兩國絕聘交兵之際。奚王與文武百官同心推戴，何暇請命。今諸軍已集，儻欲加兵，未能束手待斃也。昔我先世，未嘗殘害大金人民，寵以位號，日益强大。今忘此施，欲絕我宗祀，於義何如也。儻蒙惠顧，則感戴恩德，何有窮已。」杲復書曰：「閤下向為元帥，總統諸軍，任非不重，竟無尺寸之功。欲據一城，以抗國兵，不亦難乎。所任用者，前既不能死國，今誰肯為閤下用者。而云主辱臣死，欲恃此以成功，計亦疎矣。幕府奉詔，歸者官之，逆者討之。若執迷不從，期于殄滅而後已。」捏里乃遣使請于太祖。賜捏里詔曰：「汝，遼之近屬，位居將相，不能與國存亡，乃竊據孤城，僭稱大號，若不降附，將有後悔。」

六月，上發京師，詔都統曰：「汝等欲朕親征，已於今月朔旦啓行。遼主今定何在，何計可以取之，其具以聞。」杲使馬和尚奉迎太祖于撻魯河。斡魯、婁室敗夏將李良輔，〔一〇〕杲使完顏希尹等奏捷，且請徙西南招討司諸部于內地。希尹等見上于大濼西南，上嘉賞之。上至鴛鴦濼，杲上謁。上追遼主至回离畛川，南伐燕京，次奉聖州。詔曰：「自今諸訴訟書付都統杲決遣。若有大疑，即令聞奏。」太祖定燕京，還次鴛鴦濼，以宗翰爲都統，杲從上還京師。

太宗即位，杲爲諳班勃極烈，與宗幹俱治國政。天會三年伐宋，杲領都元帥，居京師。宗翰、宗望分道進兵。四年，再伐宋，獲宋二主以歸。

天會八年，薨。皇統三年，追封遼越國王。天德二年，配享太祖廟廷。正隆例封遼王。大定十五年，謚曰智烈。子孛吉。

宗義本名孛吉，斜也之第九子。天德間，爲平章政事。

海陵已殺太宗子孫，尤忌斜也諸子盛强，欲盡除宗室勳舊大臣。是時，左副元帥撒离喝在汴京與撻不野有隙，撻不野女爲海陵妃，海陵陰使撻不野圖撒离喝。於是都元帥府令史遙設迎合風指，詐爲撒离喝與其子宗安家書，宗安誤遺宮外，遙設因拾得之，以上變。其書契丹小字，其封題已開。其中白紙一幅，有白字隱約，狀若經水浸，致字畫可讀者，上有撒离喝手署及某王印。書辭云：「阿渾，汝安樂否。早晚到闕下。前者走馬來時，曾議論我教汝阿渾平章、謀里野阿渾等處覷事勢再通往來，緩急圖謀，知汝已嘗備細言之。謀里野阿渾所言嗛是，只殺撻不野則南路無憂慮矣。」詳略互見撒离喝傳中。女直謂子「阿渾」。前「阿渾」謂撒离喝子，其子宗安。後「阿渾平章」指宗義，宗義本宗室子，猶有舊稱。以是殺宗義、謀里野，幷殺宗安及太祖妃蕭氏、任王隈喝及魏王斡帶孫活里甲。遙設詐書無活里甲，海陵見其坦率善修飾，惡之。大臣以無罪爲請，海陵曰：「第殺之，無復言也。」殺斜也子孫百餘人，謀里野子孫二十餘人。謀里野，景祖孫，謾都訶次子。

斜也有幼子阿虎里，其妻撻不野女，海陵妃大氏女兄。將殺阿虎里，使者不忍見其面，以衾覆而縊之，當其頤，久不死，及去被再縊之，海陵遣使赦其死，遂得免。後封爲王，授世襲千戶。

大定初，追復宗義官爵，贈特進。弟蒲馬、孛論出、阿魯、隈喝並贈龍虎衞上將軍。

宗幹本名斡本，太祖庶長子。太祖伐遼，遼人來禦，遇于境上。使宗幹率衆先往塡塹，士卒畢渡。渤海軍馳突而前，左翼七謀克少却，遂犯中軍。杲輒出戰，太祖曰：「遇大敵不可易也。」使宗幹止杲。宗幹馳出杲前，控止導騎哲垤之馬，杲乃還。達魯古城之戰，宗幹以中軍爲疑兵。太祖旣攻下黃龍府，卽欲取春州。遼主聞黃龍不守，大懼，卽自將，籍宗戚豪右少年與四方勇士及能言兵者，皆隸軍中。宗幹勸太祖毋攻春州，休息士卒。太祖以爲然，遂班師。

宗幹得降人，言春、泰州無守備，可取。於是斜也取春、泰州，宗雄、宗幹等下金山縣。宗雄卽以兵三千屬宗幹，招集未降諸部。宗幹擇士人之材幹者，以詔書諭之。於是女固、脾室四部及渤海人皆降。

太祖克臨潢府，至沃黑河。宗幹諫曰：「地遠時暑，士罷馬乏，若深入敵境，糧餉不繼，恐有後艱。」上從之，遂班師。從都統杲取中京。宗翰自北安州移書于杲。是時，希尹獲遼人，知遼主在鴛鴦濼，可襲取之。杲不能決。宗翰使再至。宗幹謂杲曰：「移賚勃極烈灼見事機，再使來請，彼必不輕舉。且彼已發兵，不可中止，請從其策。」再三言之，杲乃報宗翰會奚王嶺。當時無宗幹，杲終無進兵意。旣會軍于羊城濼，杲使宗幹與宗翰以精兵六千襲遼至五院司。遼主已遁去，與遼將耿守忠戰于西京城東四十里。守忠敗走。

太宗卽位，宗幹爲國論勃極烈，與斜也同輔政。天會三年，獲遼主于應州西余睹谷。始議禮制度，正官名，定服色，興庠序，設選舉，治曆明時，皆自宗幹啓之。四年，官制行，詔中外。

十年，熙宗爲諳班勃極烈，宗幹爲國論左勃極烈。熙宗卽位，拜太傅，與宗翰等並領三省事。天眷二年，進太師，封梁宋國王，入朝不拜，策杖上殿，仍以杖賜之。宗幹有足疾，詔設坐奏事。無何，監修國史。皇統元年，賜宗幹輦輿上殿，制詔不名。

上幸燕京，宗幹從。有疾，上親臨問。自燕京還，至野狐嶺，宗幹疾亟不行，上親臨問，語及軍國事，上悲泣不已。明日，上及后同往視，后親與宗幹饋食，至暮而還。因赦罪囚，與宗幹禳疾。居數日，薨。上哭之慟，輟朝七日。大臣死輟朝，自宗幹始。上致祭，是日庚戌，太史奏戊亥不宜哭，上不聽曰：「朕幼冲時，太師有保傅之力，安得不哭。」哭之慟。上生日不舉樂。上還上京，幸其第視殯事。及喪至上京，上臨哭之。及葬，臨視之。

海陵篡立，追謚憲古弘道文昭武烈章孝睿明皇帝，廟號德宗，以故第爲興聖宮。大定二年，除去廟號，改謚明肅皇帝。及海陵廢爲庶人，二十二年，皇太子允恭奏，略曰：「追惟熙宗世嫡統緒，海陵無道，弒帝自立，崇正昭穆，削其煬王，俾齒庶人之列。瘞之閑曠，不封不樹，既已申大義而明至公矣。海陵追崇其親，逆配於廟。今海陵既廢爲庶人，而明肅猶竊帝尊之名，列廟祧之數。海陵大逆，正名定罪，明肅亦當緣坐。是時明肅已殂，不與於亂，臣以謂當削去明肅帝號，止從舊爵。或從太祖諸王有功例，加以官封，明詔中外，俾知大義。」書奏，世宗嘉納，下尚書省議。於是追削明肅帝號，封爲皇伯、太師、遼王，謚忠烈，妻子諸孫皆從降。明昌四年，配享太祖廟廷。

子充、亮、𡖖、襄、衮。亮，是爲海陵庶人。

充本名神土懣。母李氏，徒單氏以爲己子。熙宗初，加光祿大夫。天眷間，爲汴京留守。皇統間，封淄國公，爲吏部尚書，進封代王，遷同判大宗正事。九年，拜左丞相。〔一〕是歲，薨。追封鄭王。大定二十二年，追降儀同三司、左丞相。子檀奴、元奴、耶補兒、阿里白。

檀奴，爲歸德軍節度使。阿里白，定遠大將軍、和魯忽土猛安忽鄰河謀克。海陵弒徒單氏，以充嘗爲徒單養子，因并殺檀奴及阿里白。元奴、耶補兒逃歸于世宗。檀奴贈榮祿大夫，阿里白輔國上將軍。詔有司改葬。世宗時，元奴爲宗正丞，耶補兒爲鎭國上將軍，後爲同知濟南尹事。

永元字惇禮，本名元奴。幼聰敏，日誦千言。皇統元年，試宗室子作詩，永元中格。善左氏春秋，通其大義。天德初，授百女山世襲謀克。

海陵伐宋，已渡淮，軍士多亡歸而契丹叛，由是疑宗室益甚。已殺永元弟檀奴、阿里白，〔三〕永元與弟耶補兒逃匿得免。

世宗卽位于遼陽，與耶補兒俱來歸，上慰勞甚厚。授宗正丞，改符寶郎，爲灤州刺史。授世襲猛安，乞以謀克與耶補兒，詔許之。轉棣州防禦使、泰寧軍節度使。

張弘信通檢山東，專以多得民間物力爲功，督責苛急。永元面責弘信曰：「朝廷以差調不均，立通檢法。今使者所至，以殘酷妄加農民田產，箠擊百姓有至死者。市肆買販貿易有贏虧，田園屋宇利入有多寡，故官子孫閉門自守，使與商賈同處上役，豈立法本意哉。」弘信無以對。於是棣州賦稅得以實自占。遷震武軍節度使。

大定六年，丁母憂，起復崇義軍節度使，徙順義軍。朔州西境多盜，而猾吏大姓蠹獄訟，〔一三〕啓亂賦役，永元剔其宿姦，百姓安之。坐賣馬與驛人取贏利，及濬州防禦使斡論坐縱孳畜踐民田，俱解職。頃之，永元起爲保大軍節度使，歷昭義、絳陽、震武軍，遷濟南尹、北京副留守。

寧國家婢醜底與咸平人化胡有姦，醜底於主印處給取印署空紙與化胡，遂寫作永元、寧國生日時辰，誣告永元、寧國謀逆。詔有司鞫問，乃醜底意望爲良，使化胡爲之。上曰：「化胡與醜底有姦，造作惡言，誣害宗室，化胡斬，醜底處死。」改興中尹，爲彰德軍節度使。卒官，年五十一。喪過中都，遣使致祭，賻銀三百兩、綵十端、絹百匹。

永元歷典大藩，多知民間利害，所至稱治，相、棣、順義政迹尤著，其民並爲立祠。

兗本名梧桐。皇統七年，爲左副點檢，轉都點檢。九年，爲會寧牧，改左宣徽使。海陵篡立，兗使宋還，拜司徒兼都元帥，領三省事，進拜太尉。及殺太祖妃蕭氏，盡以其財產賜兗。罷都元帥府，立樞密院，兗爲樞密使，太尉、領三省事如故。天德四年十二月晦，薨。明日，貞元元年元旦，海陵爲兗輟朝，不受賀。宋、夏、高麗、回鶻賀正旦使，命有司受其貢獻。追進兗王爵。大定二十二年，追降特進。

兗妻烏延氏，正隆六年坐與奴有姦，海陵殺之。其弟南京兵馬副都指揮使習泥烈私于族弟屋謀魯之妻，屋謀魯之奴謀欲執習泥烈，習泥烈乃殺其奴。海陵聞之，遂殺習泥烈。兗子阿合，大定中爲符寶祗候，俄遷同知定武軍節度使。上曰：「汝歲秩未滿，朕念乃祖乃父爲汝遷官，勿爲不善，當盡心學之。」

襄本名永慶，海陵母弟。爲輔國上將軍。卒，天德二年，追封衞王，再贈司徒。大定二十二年，追降銀青光祿大夫。

子和尙封應國公，賜名樂善。左宣徽使許霖之子知彰與和尙鬭爭，其母妃命家奴捽入凌辱之，使人曳霖至第毆詈之。明日，霖訴于朝。詔大興尹蕭玉、左丞良弼、權御史大夫張忠輔、左司員外郎王全雜治，妃杖一百，殺其家奴爲首者，餘決杖有差。霖嘗跪于妃前，失大臣體，及所訴有妄，笞二十。

大定間，家奴小僧月一妄言和尚熟寢之次有異徵，襄妃僧酷以爲信然，召日者李端卜之。端云當爲天子，司天張友直亦云當大貴。家奴李添壽上變。僧酷、和尚下吏驗問有狀，皆伏誅。上曰：「朕嘗痛海陵翦滅宗族。今和尚所爲如此，欲貸其罪，則妖妄誤惑愚民者，便以爲眞，不可不滅。朕於此子，蓋不得已也。」傷閔者久之。

衮本名蒲甲，亦作蒲家，桀驁强悍。海陵不喜其爲人。初爲輔國上將軍。天德初，加特進，封王，爲吏部尚書，判大宗正事。坐語禁中起居狀，兵部侍郎蕭恭首問，護衛張九具言之。海陵親問。恭奪官解職，張九對不以實，特處死，衮與翰林學士承旨宗秀、護衛龐吉、小底王之章皆決杖有差。海陵自是愈忌之。未幾，授猛安。

及還中都，道中以蒲家爲西京留守。西京兵馬完顏謨盧瓦與蒲家有舊，同在西京，遂相往來。蒲家嘗以玉帶遺之。蒲家稱謨盧瓦驍勇不減尉遲敬德。編修官圓福奴之妻與蒲家姻戚，圓福奴嘗戒蒲家曰：「大王名太彰著，宜少謙晦。」蒲家心知海陵忌之，嘗召日者問休咎。家奴喝里知海陵疑蒲家，乃上變告之，言與謨盧瓦等謀反，嘗召日者問天命。御史大夫高楨、刑部侍郎耶律愼須呂就西京鞫之，無狀。海陵怒，使使者往械蒲家等至中都，不復究問，斬之于市。謨盧瓦、圓福奴并日者皆淩遲處死。

贊曰：金議禮制度，班爵祿，正刑法，治曆明時，行天子之事，成一代之典，杲、宗幹經始之功多矣。杲子宗義爲海陵所殺，宗幹之後又不幸而有海陵，故其子孫之昌熾旣鮮，而亦不免於僇辱焉。秦、漢而下，宗臣世家與國匹休者，何其少歟。君子於此，可以觀世變矣。

校勘記

〔一〕宗磐　「磐」原作「盤」。今據傳文改。它卷亦有作「盤」者，同音異譯，不復校正。又「本名蒲魯虎」，「魯」原作「盧」，今亦與傳文統一。

〔二〕六年爲太保右丞相兼中書令　「六年」原作「三年」。按本書卷四熙宗紀，皇統六年「四月庚子朔，上至自春水，以同判大宗正事宗固爲太保右丞相兼中書令」。今據改。

〔三〕是歲薨　承上文當是六年。按本書卷四熙宗紀，皇統七年「九月，太保丞相宗固薨」，「是歲」當作「七年」爲是。

〔四〕使攝右衛將軍　原脫「衛」字。按本書卷七七亨傳，「海陵忌太宗諸子，將謁太廟，以亨爲右衛將軍」。今據補。

〔五〕宗幹謀誅宗磐　「磐」原作「竞」。按金宗室無「宗竞」。宗幹與希尹共誅宗磐、宗雋，見本書卷七三希尹傳及本卷宗磐傳。宗磐是太宗子，宗幹與宗雋是太祖子，此「宗竞」當是「宗磐」之誤。卷四熙宗紀，天眷二年七月辛巳，「宋國王宗磐、兗國王宗雋謀反伏誅」，修史者遺「磐」字誤書爲「宗兗」。今改正。

〔六〕右司郎中梁銶曰　「銶」原作「球」。按本書卷五海陵紀，正隆二年「十一月己巳朔，以右司郎中梁銶等爲賀宋正旦使」。卷六〇交聘表同。又卷八二郭安國傳，「貞元三年，海陵使右司郎中梁銶按問失火狀」。皆作「銶」，今據改。

〔七〕杲爲國論昊勃極烈　原脫「國論」二字，據永樂大典卷六七六四引文補。

〔八〕賞罰必行　按永樂大典卷六七六四引作「賞罰必得」。

〔九〕其都統馬哥趨撻里　「撻里」下原衍「撻」字。按本書卷七七撻懶傳，「遼都統馬哥奔撻里，撻懶收其羣牧」。知「撻」字係誤入，今删。

〔一〇〕斡魯婁室敗夏將李良輔　「斡」原作「幹」。據永樂大典卷六七六四改。

〔一〕拜左丞相　「左」原作「右」。按本書卷四熙宗紀，皇統九年正月「戊戌，同判大宗正事充爲尚書左丞相」。「壬寅，左丞相充薨」。卷五九宗室表記載同。今據改。

〔二〕已殺永元弟檀奴阿里白　按本卷充傳，「子檀奴、元奴、耶補兒、阿里白」。上文云，「永元……本名元奴」。則檀奴爲其兄，阿里白爲其弟。此處「弟」上當有「兄」字。

〔三〕而猾吏大姓蠹獄訟　疑「蠹」上有脫文。

元 脱脱等撰

第六册

卷七七至卷九六（傳）

中華書局

金史卷七十七

列傳第十五

宗弼本名兀朮　亨本名孛迭　張邦昌　劉豫　撻懶

宗弼，本名斡啜，又作兀朮，亦作斡出，或作晃斡出，太祖第四子也。

希尹獲遼護衞習泥烈，問知遼帝獵鴛鴦濼。都統杲出青嶺，宗望、宗弼率百騎與馬和尚逐越盧、孛古、野里斯等，馳擊敗之。宗弼矢盡，遂奪遼兵士槍，獨殺八人，生獲五人，遂審得遼主在鴛鴦濼畋獵，尚未去，可襲取者。

及宗望伐宋，宗弼從軍，取湯陰縣，降其卒三千人。至御河，宋人已焚橋，不得渡，合魯索以七十騎涉之，殺宋焚橋軍五百人。宗望遣吳孝民先入汴諭宋人，宗弼以三千騎薄汴城，宋上皇出奔，選百騎追之，弗及，獲馬三千而還。

宗望薨，宗輔爲右副元帥，徇地淄、青。宗弼敗宋鄭宗孟數萬衆，遂克青州。復破賊將趙成于臨朐，大破黃瓊軍，遂取臨朐。宗輔軍還，遇敵三萬衆于河上，宗弼擊敗之，殺萬餘人。

詔伐宋康王，宗輔發河北，宗弼攻開德府，糧乏，轉攻濮州。前鋒烏林荅泰欲破王善二十萬衆，遂克濮州，降旁近五縣。攻開德府，宗弼以其軍先登，奮擊破之。攻大名府，宗弼軍復先登，破其城。河北平。

宋主自揚州奔于江南，宗弼等分道伐之。進兵歸德，城中有自西門北門出者，〔一〕當海復敗之。乃絕隍築道，列礮隍上，將攻之，城中人懼，遂降。先遣阿里、蒲盧渾至壽春，宗弼軍繼之。宋安撫使馬世元率官屬出降。進降廬州，再降巢縣王善軍。當海等破酈瓊萬餘衆于和州，遂自和州渡江。將至江寧西二十里，宋杜充率步騎六萬來拒戰，鶻盧補、當海、迪虎、大臭合擊破之。宋陳邦光以江寧府降。留長安奴、斡里也守江寧。使阿魯補、斡里也別將兵徇地，下太平州、濠州及句容、溧陽等縣，泝江而西，屢敗張永等兵，杜充遂降。

宗弼自江寧取廣德軍路，追襲宋主于越州。至湖州，取之。先使阿里、蒲盧渾趨杭州，具舟于錢塘江。宗弼至杭州，官守巨室皆逃去，遂攻杭州，取之。宋主聞杭州不守，遂自越奔明州。宗弼留杭州，使阿里、蒲盧渾以精兵四千襲之。訛魯補、朮列速降越州。大臭破宋周汪軍，阿里、蒲魯渾破宋兵三千，遂渡曹娥江，去明州二十五里，大破宋兵，追至其城下。城中出兵，戰失利，宋主走入于海。宗弼中分麾下兵，會攻明州，克之。阿里、蒲盧渾泛海至昌國縣，執宋明州守趙伯諤，伯諤言「宋主奔溫州，將自溫州趨福州矣」。遂行海追三百餘里，不及，阿里、蒲盧渾乃還。

宗弼還自杭州，遂取秀州。赤盞暉敗宋軍于平江，遂取平江。阿里率兵先趨鎮江，宋韓世忠以舟師扼江口，宗弼舟小，契丹、漢軍沒者二百餘人，遂自鎮江泝流西上。世忠襲之，奪世忠大舟十艘，於是宗弼循南岸，世忠循北岸，且戰且行。世忠艨艟大艦數倍宗弼軍，出宗弼軍前後數里，擊柝之聲，自夜達旦。世忠以輕舟來挑戰，一日數接。將至黃天蕩，宗弼乃因老鸛河故道開三十里通秦淮，一日一夜而成，宗弼乃得至江寧。撻懶使移剌古自天長趨江寧援宗弼，烏林荅泰欲亦以兵來會，連敗宋兵。

宗弼發江寧，將渡江而北。宗弼軍渡自東，移剌古渡自西，與世忠戰于江渡。世忠分舟師絕江流上下，將左右掩擊之。世忠舟皆張五緉，宗弼選善射者，乘輕舟，以火箭射世忠舟上五緉，五緉著火箭，皆自焚，煙焰滿江，世忠不能軍，追北七十里，舟軍殲焉，世忠僅能自免。

宗弼渡江北還，遂從宗輔定陝西。與張浚戰于富平，宗弼陷重圍中，韓常流矢中目，怒拔去其矢，血淋漓，以土塞創，躍馬奮呼搏戰，遂解圍，與宗弼俱出。既敗張浚軍于富平，遂與阿盧補招降熙河、涇原兩路。及攻吳玠于和尚原，抵險不可進，乃退軍，伏兵起，且戰且走，行三十里，將至平地，宋軍陣于山口，宗弼大敗，將士多戰沒。明年，復攻和尚原，克之。天會十五年，爲右副元帥，封瀋王。

天眷元年，撻懶、宗磐執議以河南之地割賜宋，詔遣張通古等奉使江南。明年，宋主遣端明殿學士韓肖胄奉表謝，遣王倫等乞歸父喪及母韋氏兄弟。宗弼自軍中入朝，進拜都元帥。宗弼察撻懶與宋人交通賂遺，遂以河南、陝西與宋，奏請誅撻懶，復舊疆。是時，宗磐已誅，撻懶在行臺，復與鶻懶謀反。會置行臺於燕京，詔宗弼爲太保，領行臺尚書省，都元帥如故，往燕京誅撻懶。撻懶自燕京南走，將亡入于宋，追至祁州，殺之。

詔「諸州郡軍旅之事，決于帥府。民訟錢穀，行臺尚書省治之」。宗弼兼總其事，遂議南伐。太師宗幹以下皆曰：「構蒙再造之恩，不思報德，妄自鴟張，祈求無厭，今若不取，後恐難圖。」上曰：「彼將謂我不能奄有河南之地。且都元帥久在方面，深究利害，宜卽舉兵討之。」遂命元帥府復河南疆土，詔中外。

宗弼由黎陽趨汴，右監軍撒离喝出河中趨陝西。宋岳飛、韓世忠分據河南州郡要害，復出兵涉河東，駐嵐、石、保德之境，以相牽制。宗弼遣孔彥舟下汴、鄭兩州，王伯龍取陳州，李成取洛陽，自率衆取亳州及順昌府，嵩、汝等州相次皆下。時暑，宗弼還軍于汴，岳飛等軍皆退去，河南平，時天眷三年也。上使使勞問宗弼以下將士，凡有功軍士三千，並加忠勇校尉。攻嵐、石、保德皆克之。

宗弼入朝，是時，上幸燕京，宗弼見於行在所。居再旬，宗弼還軍，上起立酌酒飲之，賜以甲冑弓矢及馬二匹。宗弼已啓行四日，召還。至日，希尹誅。越五日，宗弼還軍，進伐淮南，克廬州。

上幸燕京。宗弼朝燕京，乞取江南，上從之。制詔都元帥宗弼比還軍與宰臣同入奏事。俄爲尙書左丞相兼侍中，太保、都元帥、領行臺如故。詔以燕京路隸尙書省，西京及山後諸部族隸元帥府。乃還軍，遂伐江南。旣渡淮，以書責讓宋人，宋人答書乞加寬宥。宗弼令宋主遣信臣來稟議，宋主乞「先斂兵，許弊邑拜表闕下」，宗弼以便宜約以畫淮水爲界。上遣護衛將軍撒改往軍中勞之。

皇統二年二月，〔三〕宗弼朝京師，兼監修國史。宋主遣端明殿學士何鑄等進誓表，其表曰：「臣構言，今來畫疆，合以淮水中流爲界，西有唐、鄧州割屬上國。自鄧州西四十里幷南四十里爲界，屬鄧州。其四十里外並西南盡屬光化軍，爲弊邑沿邊州城。旣蒙恩造，許備藩方，世世子孫，謹守臣節。每年皇帝生辰幷正旦，遣使稱賀不絕。歲貢銀、絹二十五萬兩、匹，自壬戌年爲首，每春季差人般送至泗州交納。有渝此盟，明神是殛，墜命亡氏，踣其國家。臣今既進誓表，伏望上國蚤降誓詔，庶使弊邑永有憑焉。」

宗弼進拜太傅。廼遣左宣徽使劉筈使宋，以衮冕圭寶珮璲玉册册康王爲宋帝。其册文曰：「皇帝若曰：咨爾宋康王趙構。不弔，天降喪于爾邦，亟瀆齊盟，自貽顚覆，俾爾越在江表。用勤我師旅，蓋十有八年于茲。朕用震悼，斯民其何罪。今天其悔禍，誕誘爾衷，封奏狎至，願身列于藩輔。今遣光祿大夫、左宣徽使劉筈等持節册命爾爲帝，國號宋，世服臣職，永爲屛翰。嗚呼欽哉，其恭聽朕命。」仍詔天下。賜宗弼人口牛馬各千、駝百、羊萬，仍每歲宋國進貢內給銀、絹二千兩、匹。

宗弼表乞致仕，不許，優詔答之，賜以金券。皇統七年，〔三〕爲太師，領三省事，都元帥、領行臺尚書省事如故。皇統八年，薨。大定十五年，謚忠烈，十八年，配享太宗廟廷。子孛迭。

亨本名孛迭。熙宗時，封芮王，爲猛安，加銀青光祿大夫。天德初，加特進。海陵忌太宗諸子，將謁太廟，以亨爲右衛將軍，語在太宗諸王傳。

海陵賜良弓，亨性直，材勇絕人，喜自負，辭曰：「所賜弓，弱不可用。」海陵遂忌之，出爲眞定尹，謂亨曰：「太宗諸子方强，多在河朔、山東，眞定據其衝要，如其有變，欲倚卿爲重耳。」其實忌亨也。歷中京、東京留守。家奴梁遵告亨與衞士符公弼謀反，考驗無狀，遵坐誅。海陵益疑之。改廣寧尹，再任李老僧使伺察亨動靜，且令構其罪狀。

亨初除廣寧，諸公主宗婦往賀其母徒單氏，太祖長女兀魯曰：「孛迭雖稍下遷，勿以爲嫌，國家視京府一也，況孛迭年富，何患不貴顯乎。」是時，兀魯與徒單斜也爲室，斜也妾忽撻得幸於徒單后，忽撻譖后，告「兀魯語涉怨望，且指斥，又言孛迭當大貴」。海陵使蕭裕鞫之，左驗皆不敢言，遂殺兀魯而杖斜也，免其官，以兀魯怨望，斜也不先奏聞故也。乃封忽撻爲莘國夫人。

久之，亨家奴六斤頗黠，給使總諸奴，老僧謂六斤曰：「爾渤海大族，不幸坐累爲奴，寧不念爲良乎。」六斤識其意。六斤嘗與亨侍妾私通，亨知之，怒曰：「必殺此奴。」六斤聞之懼，密與老僧謀告亨謀逆。亨有良馬，將因海陵生辰進之，以謂生辰進馬者衆，不能以良馬自異，欲他日入見進之。六斤言亨笑海陵不識馬，不足進。亨之奴有自京師來者，具言徒單阿里出虎誅死。亨曰：「彼有貸死誓券，安得誅之。」奴曰：「必欲殺之，誓券安足用哉。」亨曰：「然則將及我矣。」六斤卽以爲怨望，遂誣亨欲因間刺海陵。老僧卽捕繫亨以聞。工部尚書耶律安禮、大理正忒里等鞫之，亨言嘗論鐵券事，實無反心，而六斤亦自引伏與妾私通，亨嘗言欲殺之狀。安禮等還奏，海陵怒，復遣與老僧同鞫之。與其家奴並加榜掠，皆不伏。

老僧夜至亨囚所，使人蹴其陰間殺之。亨比至死，不勝楚痛，聲達於外。海陵聞亨死，佯爲泣下，遣人諭其母曰：「爾子所犯法，當考掠，不意飲水致死。」

亨擊鞠爲天下第一，常獨當數人。馬無良惡，皆如意。馬方馳，輒投杖馬前，側身附地，取杖而去。每畋獵，持鐵連鎚擊狐兔。一日與海陵同行道中，遇羣豕，亨曰：「吾能以鎚殺之。」即奮鎚遙擊，中其腹，穿入之。終以勇力見忌焉。

正隆六年，海陵遣使殺諸宗室，於是殺亨妃徒單氏、次妃大氏及子羊蹄等三人。大定初，追復亨官爵，封韓王。十七年，詔有司改葬亨及妻子。

贊曰：宗弼蹙宋主于海島，卒定畫淮之約。熙宗舉河南、陝西以與宋人，矯而正之者，宗弼也。宗翰死，宗磐、宗雋、撻懶湛溺富貴，人人有自爲之心，宗幹獨立，不能如之何，時無宗弼，金之國勢亦曰殆哉。世宗嘗有言曰：「宗翰之後，惟宗弼一人。」非虛言也。

張邦昌，宋史有傳。天會四年，〔四〕宗望軍圍汴，宋少帝請割三鎮地及輸歲幣、納質修好。於是，邦昌爲宋太宰，與肅王樞俱爲質以來。而少帝以書誘耶律余睹，宗翰、宗望復伐宋，執二帝以歸。劉彥宗乞復立趙氏，太宗不許。宋吏部尙書王時雍等請邦昌治國事，天會五年三月，立邦昌爲大楚皇帝。

初，少帝以康王構與邦昌爲質，旣而肅王樞易之，康王乃歸。及宗望再舉兵，少帝復使康王奉玉册玉寶衮冕，增上太宗尊號請和。康王至磁州，而宗望已自魏縣渡河圍汴矣。及二帝出汴州，從大軍北來，而邦昌至汴，康王入于歸德。邦昌勸進于歸德，康王已卽位，罪以隱事殺之。

邦昌死，太宗聞之，大怒，詔元帥府伐宋，宋主走揚州，事具宗翰等傳。其後，太宗復立劉豫繼邦昌，號大齊。

劉豫字彥游，景州阜城人。宋宣和末，仕爲河北西路提刑。徙浙西，抵儀眞，喪妻翟氏，繼値父憂。康王至揚州，樞密使張慤薦知濟南府。是時，山東盜賊滿野，豫欲得江南一郡，宰相不與，忿忿而去。撻懶攻濟南，有關勝者，濟南驍將也，屢出城拒戰，豫遂殺關勝出降。遂爲京東東、西、淮南安撫使，知東平府兼諸路馬步軍都總管，節制河外諸軍。以豫子麟知濟南府，撻懶屯兵衝要，以鎭撫之。

初，康王既殺張邦昌，自歸德奔揚州，詔左右副元帥合兵討之，詔曰：「俟宋平，當援立藩輔，以鎭南服，如張邦昌者。」及宋主自明州入海亡去，宗弼北還，乃議更立其人。衆議折可求、劉豫皆可立，而豫亦有心。撻懶爲豫求封，太宗用封張邦昌故事，以九月朔旦授策，受策之後，以藩王禮見使者。臣宗翰、臣宗輔議：「既策爲藩輔，稱臣奉表，朝廷報諭詔命，避正位與使人抗禮，餘禮並從帝者。」詔曰：「今立豫爲子皇帝，既爲鄰國之君，又爲大朝之子，其見大朝使介，惟使者始見躬問起居與面辭有奏則立，其餘並行皇帝禮。」

天會八年九月戊申，備禮册命，立豫爲大齊皇帝，都大名，仍號北京，置丞相以下官，赦境內。復自大名還居東平，以東平爲東京，汴州爲汴京，降宋南京爲歸德府，降淮寧、永昌、順昌、興仁府俱爲州。張孝純等爲宰相，弟益爲北京留守，母翟氏爲皇太后，妾錢氏爲皇后。錢氏，宣和內人也。以辛亥年爲阜昌元年。以其子麟爲尙書左丞相、諸路兵馬大總管。宋人畏之，待以敵國禮，國書稱大齊皇帝。豫宰相張孝純、鄭億年、李鄴家人皆在宋，宋人加意撫之。阜昌二年，豫遷都于汴。睿宗定陝西，太宗以其地賜豫，從張邦昌所受封略故也。

元帥府使蕭慶如汴，與豫議以伐宋事，豫報曰：「宋主軍帥韓世忠屯潤州，劉光世屯江寧。今舉大兵，欲往采石渡江，而劉光世拒守江寧；若出宿州抵揚州，則世忠必聚海船截瓜洲渡。若輕兵直趨采石，彼未有備，我必徑渡江矣。光世海船亦在潤州，韓世忠必先取之，二將由此必不和。〔五〕以此逼宋主，其可以也。」

未幾，宋主閤門宣贊舍人徐文將大小船六十隻、軍兵七百餘人來奔，至密州界中，率將佐至汴。豫與元帥府書曰：「徐文一行，久在海中，盡知江南利害。文言：宋主在杭州，其候潮門外錢塘江內有船二百隻。宋主初走入海時，於此上船，過錢塘江別有河入越州，向明州定海口迤邐前去昌國縣，其縣在海中，宋人聚船積糧之處。今大軍可先往昌國縣，攻取船糧，還趨明州城下，奪取宋主御船，直抵錢塘江口。今自密州上船，如風勢順，可五日夜到昌國縣，或風勢稍慢，十日或半月可至。」

初，宗弼自江南北還，宗翰將入朝，再議以伐宋事。宗翰堅執以爲可伐。宗弼曰：「江南卑濕，今士馬困憊，糧儲未豐足，恐無成功。」宗翰曰：「都監務偷安爾。」及豫以書報，而睿宗亦不肯用豫策，使撻懶帥師至瓜洲而還。

天會十四年，制詔「齊國與本朝軍民相訴，關涉文移，署年止用天會」。天會十五年，詔廢齊國，降封豫爲蜀王。豫稱大號凡八年。於是，置行臺尚書省於汴，除去豫弊政，人情大悅。以故齊宰相張孝純權行臺左丞相，遂遷豫家屬於臨潢府。皇統元年，賜豫錢一萬貫、田五十頃、牛五十頭。二年，進封曹王。〔六〕六年，薨。〔七〕子麟。

麟字元瑞，豫之子也。宋宣和間，父廕補將仕郎，累加承務郎。豫節制東平，以麟知濟南府事。天會七年，豫以濟南降，麟因從軍，討水賊王江，破降之。齊國建，以濟南爲興平軍，〔八〕麟爲節度使、開府儀同三司、梁國公，充諸路兵馬大總管，判濟南府事。明年，爲齊尚書左丞相。明年，從豫遷汴，罷判濟南，依前開府，聽置參謀。豫請立麟爲太子，朝廷不許，曰：「若與我伐宋有功則立之。」於是，麟連歲帥兵南伐，皆無功而還。

及朝廷議廢齊，報以南伐之期，俾豫先遣兵駐淮上。撻懶以軍廢豫，止刁馬河，麟從數百騎出迎，撻懶諭麟，止從騎南岸，獨召麟渡河，因執麟。豫廢，麟遷臨潢。頃之，授北京路都轉運使，歷中京、燕京路都轉運使、參知政事、尚書左丞，復爲興平軍節度使、上京路轉運使、開府儀同三司，封韓國公。薨，年六十四。正隆間，降二品以上官封，改贈特進、息國公。

昌本名撻懶，穆宗子。宗翰襲遼主于鴛鴦濼，遼都統馬哥奔擣里，撻懶收其羣牧。宗翰使撻懶追擊之，不及，獲遼樞密使得里底及其子磨哥、那野以還。

太祖自將襲遼主于大魚濼，留輜重于草濼，使撻懶、牙卯守之。奚路兵官渾黜不能安輯其衆，遂以撻懶爲奚六路軍帥鎭之。習古廼、婆盧火護送常勝軍及燕京豪族工匠自松亭關入內地，上戒之曰：「若遇險阨，則分兵以往。」習古廼、婆盧火廼合於撻懶。

久之，討刻山速古部奚人，奚人據險戰，殺且盡，速古、啜里、鐵尼十三巖皆平之。詔曰：「朕以奚路險阻，經略爲難，命汝往任其事，而克副所託，良用嘉歎。今回离保部族來附，餘衆奔潰，無能爲已。比命習古廼、婆盧火獲送降人，若遇險阻，卽分兵以行，餘衆悉與汝合。降詔二十，招諭未降，汝當審度其事，從宜處之。」其後撫定奚部及分南路邊界，表請設官鎭守。上曰：「依東京渤海列置千戶、謀克。」

遼外戚遙輦昭古牙部族在建州，斜野襲走之，獲其妻孥及官豪之族。撻懶復擊之，擒其隊將曷魯燥、白撒葛，殺之，降民戶千餘，進降金源縣。詔增賜銀牌十。又降遙輦二部，再破興中兵，降建州官屬，得山砦二十，村堡五百八十。阿忽復敗昭古牙，降其官民尤多。昭古牙勢蹙亦降，興中、建州皆平。詔第將士功賞，撫安新民。

撻懶請以遙輦九營爲九猛安。上以奪鄰有功，使領四猛安，昭古牙仍爲親管猛安。五猛安之都帥，命撻懶擇人授之。撻懶與劉彥宗舉蕭公翊爲興中尹，郡府各以契丹、漢官攝治，上皆從之。及宗翰、宗望伐宋，撻懶爲六部路都統。宗望已受宋盟，軍還，撻懶乃歸中京。

天會四年八月，〔九〕復伐宋。閏月，宗翰、宗望軍皆至汴州。撻懶、阿里刮破宋兵二萬於杞，覆其三營，獲京東路都總管胡直孺及其二子與南路都統制隋師元及其三將，〔一〇〕遂克拱州，降寧陵，破睢陽，下亳州。宋兵來復睢陽，又擊走之，擒其將石璝。

宋二帝已降，大軍北還，撻懶爲元帥左監軍，徇地山東，取密州。迪虎取單州，撻懶取鉅鹿，阿里刮取宗城，迪古不取清平、臨清，蒙刮取趙州，阿里刮徇下濬、滑、恩及高唐，分遣諸將趣磁、信德，皆降之。劉豫以濟南府降，詔以豫爲安撫使，治東平，撻懶以左監軍鎮撫之，大事專決焉。後爲右副元帥。天會十五年爲左副元帥，封魯國王。

初，宋人既誅張邦昌，太宗詔諸將復求如邦昌者立之，或舉折可求，撻懶力舉劉豫。豫立爲帝，號大齊。豫爲帝數年，無尺寸功，遂廢豫爲蜀王。撻懶與右副元帥宗弼俱在河南，宋使王倫求河南、陝西地于撻懶。明年，撻懶朝京師，倡議以廢齊舊地與宋，熙宗命羣臣議，會東京留守宗雋來朝，與撻懶合力，宗幹等爭之不能得。宗雋曰：「我以地與宋，宋必德我。」宗憲折之曰：「我俘宋人父兄，怨非一日。若復資以土地，是助讎也，何德之有。勿與便。」撻懶弟勗亦以爲不可。既退，撻懶責勗曰：「他人尚有從我者，汝乃異議乎。」勗曰：

「苟利國家，豈敢私邪。」是時，太宗長子宗磐爲宰相，位在宗幹上，撻懶、宗雋附之，竟執議以河南、陝西地與宋。張通古爲詔諭江南使。

久之，宗磐跋扈尤甚，宗雋亦爲丞相，撻懶持兵柄，謀反有狀。宗磐、宗雋皆伏誅，詔以撻懶屬尊，有大功，因釋不問，出爲行臺尚書左丞相，手詔慰遣。撻懶至燕京，愈驕肆不法，復與翼王鶻懶謀反，而朝議漸知其初與宋交通而倡議割河南、陝西之地。宗弼請復取河南、陝西。會有上變告撻懶者，熙宗乃下詔誅之。撻懶自燕京南走，追而殺之于祁州，并殺翼王及宗人活离胡土、撻懶二子斡帶、烏達補，而赦其黨與。

宗弼爲都元帥，再定河南、陝西。伐宋渡淮，宋康王乞和，遂稱臣，畫淮爲界，乃罷兵。

贊曰：君臣之位，如冠屨定分，不可頃刻易也。五季亂極，綱常斁壞。遼之太宗，慢褻神器，倒置冠屨，援立石晉，以臣易君，宇宙以來之一大變也。金人效尤，而張邦昌、劉豫之事出焉。邦昌雖非本心，以死辭之，孰曰不可。豫乘時徼利，金人欲倚以爲功，豈有是理哉。撻懶初薦劉豫，後以陝西、河南歸宋，視猶儻來，初無固志以處此也。積其輕躁，終陷逆圖，事敗南奔，適足以實通宋之事爾。哀哉。

校勘記

〔一〕城中有自西門北門出者　按永樂大典卷六七六五引文無「北門」二字。

〔二〕皇統二年二月　原作「三年二月」，無「皇統」二字。按本書卷四熙宗紀，皇統二年二月「丙午，以宗弼爲太傅」。又卷六〇交聘表，皇統二年「二月辛卯，宋端明殿學士何鑄、容州觀察使曹勛來進誓表」。今據補「皇統」二字，改「三年」爲「二年」。

〔三〕皇統七年　「七」原作「三」。按本書卷四熙宗紀，皇統七年九月，「以都元帥宗弼爲太師、領三省事，都元帥、行臺尚書省事如故」。今據改。

〔四〕天會四年　「四年」原作「五年」。按本書卷三太宗紀，天會四年正月「癸酉，諸軍圍汴」，「戊寅，宋以康王構、少宰張邦昌爲質」。二月「己亥，復進師圍汴，宋使宇文虛中以書來，改以肅王樞爲質」。卷六〇交聘表同。今據改。

〔五〕二將由此必不和　「和」原作「知」，據殿本改。

〔六〕二年進封曹王　「二」原作「三」。按本書卷四熙宗紀，皇統二年二月「辛卯，改封蜀王劉豫爲曹王」。今據改。

〔七〕六年薨　「六年」原作「皇統三年」。按上文已有「皇統元年」、「二年」，此「皇統」二字衍，今删。

又本書卷四熙宗紀，皇統六年九月「戊寅，曹王劉豫薨」。今據改。

〔八〕以濟南爲興平軍　按本書卷二五地理志，山東東路濟南府，「宋齊州濟南郡。初置興德軍節度使」。「興平」蓋僞齊制，或其後金又改「平」爲「德」。

〔九〕天會四年八月　原脫「天會四年」四字。按本書卷三太宗紀，天會四年「八月庚子，詔左副元帥宗翰、右副元帥宗望伐宋」。今據補。

〔一〇〕隋師元及其三將　「隋」原作「隨」，本書卷六六特進撻懶傳作「隋」，今據改。

金史卷七十八

列傳第十六

劉彥宗　劉萼　劉筈　劉仲誨　劉頍　時立愛

韓企先 子鐸

劉彥宗字魯開，大興宛平人。遠祖怦，唐盧龍節度使。石晉以幽、薊入遼，劉氏六世仕遼，相繼爲宰相。父霄至中京留守。彥宗擢進士乙科。天祚走天德。秦晉國王耶律揑里自立于燕，〔一〕擢彥宗留守判官。蕭妃攝政，遷簽書樞密院事。太祖至居庸關，蕭妃自古北口遁去，都監高六送款于太祖。太祖奄至，駐蹕城南，彥宗與左企弓等奉表降。太祖一見，器遇之，俾復舊，遷左僕射，佩金牌。

張覺爲南京留守，太祖聞覺有異志，使彥宗、斜鉢宣慰之。太祖至鴛鴦濼，不豫，還上京，留宗翰都統軍事，留彥宗佐之。及張覺敗奔于宋，衆推張敦固爲都統，殺使者，乘城拒守，攻之不肯下。彥宗同中書門下平章事，知樞密院事，加侍中，佐宗望軍。宗望奏，方圖攻取，凡州縣之事委彥宗裁決之。

天會二年，詔彥宗曰：「中京等兩路先多拒命，故遣使撫諭，貰其官民之罪，所犯在降附前者勿論。卿等選官與使者往諭之，使勤于稼穡。」未幾，大舉伐宋，彥宗畫十策，詔彥宗兼領漢軍都統。蔡靖以燕山降。詔彥宗凡燕京一品以下官皆承制注授，遂進兵伐宋。至汴，宋少帝割地納質，師還。宗望分將士屯安肅、雄、霸、廣信之境，留闍母、彥宗于燕京節制諸軍。明年，再伐宋，已圍汴京，彥宗謂宗翰、宗望曰：「蕭何入關，秋豪無犯，惟收圖籍。遼太宗入汴，載路車、法服、石經以歸，皆令則也。」二帥嘉納之，執二帝以歸。

天會六年薨，年五十三，追封鄆王。正隆二年，例降封開府儀同三司。大定十五年，追封兗國公，謚英敏。子蕚、箬。〔二〕

蕚，彥宗季子也。遼末以蔭補閤門祗候。天輔七年，授禮賓使，累官德州防禦使。天德初，稍加擢用，歷左右宣徽使，拜參知政事，進尙書左丞，爲沁南軍節度使，歷臨洮、太原尹。正隆南伐，爲漢南道行營兵馬都統制。大定初，除興中尹，封任國公，歷順天、定武軍節度使、濟南尹。

蕚淫縱無行，所至貪墨狼籍。廉使劾之，詔遣大理少卿張九思就濟南鞫問。既就逮，不測所以，引刃自殺，不死。詔削官一階，罷歸田里，卒。子仲詢，天德三年，賜王彥潛牓及第。

筈，彥宗次子。幼時以廕隸閤門，不就，去從學。遼末調兵，而筈在選中。遼兵敗，左右多散亡，乃選筈爲扈從，授左承制。遼主西奔，蕭妃攝政，賜筈進士第，授尙書左司員外郎，寄班閤門。

天輔七年，太祖取燕，筈從其父兄出降，遷尙書左司郎中。八年，授殿中少監。〔三〕太祖崩，宋、夏遣使弔慰，凡館見禮儀皆筈詳定。遷衞尉少卿，授西上閤門使，仍從事元帥府。元帥府以便宜從事，凡約束廢置及四方號令多從筈之畫焉。

天會二年，遷太常少卿、東上閤門使，從宗翰伐宋，圍太原。遷衞尉卿，權簽宣徽院事。四年，授左諫議大夫。秋，復南征，權中書省樞密院事。丁父憂，明年起復，直樞密院事加給事中。七年，爲禮部侍郎。十年，改彰信軍節度使，權簽中書省樞密院事。

天眷二年，改左宣徽使，熙宗幸燕，法駕儀仗筈討論者爲多。皇統二年，充江南封册使，〔四〕假中書侍郎。既至臨安，而宋人牓其居曰「行宮」，筈曰：「未受命，而名行宮，非也。」請去牓而後行禮。宋人驚服其有識，欲厚賄說之，奉金珠三十餘萬，而筈不之顧，皆嘆曰：「大國有人焉。」

六年，爲行臺尚書右丞相，〔五〕兼判左宣徽使事，留京師。或請釐革河南官吏之濫雜者，筈曰：「廢齊用兵江表，求一切近効，其所用人不必皆以章程，故有不由科目而爲大吏，不試弓馬而握兵柄者。今撫定未久，姑收人心，奈何爲是紛更也。」遂仍其舊。

七年，帥府議於館陶築三城，以爲有警卽令北軍入居之。筈曰：「今天下一家，孰爲南北。設或有變，軍人入城，獨能安耶。當嚴武備以察姦，無示彼此之間也。」其後，竟從筈議。初，以河外三州賜夏人，或言秦之在夏者數千人，皆願來歸。諸將請約之，筈曰：「三小州不足爲輕重，恐失朝廷大信。且秦人之在蜀者倍多於此，何獨捨彼而取此乎。」遂從筈議。陝西邊帥請完沿邊城郭以備南寇，筈曰：「我利車騎而不利城守。今城之，則勞民而結怨。況盟已定，豈可妄動。」遂罷之。

九年八月，拜司空。九月，拜平章政事，封吳國公，行臺右丞相如故。天德元年，封滕王。二年，拜尚書右丞相兼中書令，進封鄭王。未幾，以疾求解政務，授燕京留守，進封曹王。

居數月，乞致仕。筈自爲宣徽使，以能得悼后意，致位宰相。海陵卽位，意頗鄙之。及筈求致仕，詔略曰：「不爲暗於臨事，不爲諂於事君。未許告歸，姑從解職。」筈因慚懼而死，年五十八。子仲誨。

仲誨字子忠。皇統初，以宰相子授忠勇校尉。九年，賜進士第，除應奉翰林文字。海陵嚴暴，臣下應對多失次。嘗以時政訪問在朝官，仲誨從容敷奏，無懼色，海陵稱賞之。貞元初，丁父憂，起復翰林修撰。大定二年，遷待制，尋兼修起居注、左補闕。

三年，詔仲誨與左司員外郞蒲察蒲速越廉問所過州縣，仲誨等還奏狀，詔玉田縣令李方進一階，順州知法、權密雲縣事王宗永擢密雲縣尉，順州司候張璘、密雲縣尉石抹烏者皆免去。丁母憂，起復太子右諭德，遷翰林直學士、改棣州防禦使。猒次縣捕得强盜數十人，詣州欲以全獲希賞。仲誨疑其有寃，緩其獄。同僚曰：「縣境多盜，請置之法，以懲其餘。」仲誨乃擇老稺者先釋之。未幾，乃獲眞盜。

入爲禮部侍郞兼左諭德，遷太子詹事兼左諫議大夫。上曰：「東宮官屬，尤當選用正人，如行檢不修及不稱位者，具以名聞。」又曰：「東宮講書或論議間，當以孝儉德行正身之事告之。」頃之，東宮請增牧人及張設什用，上謂仲誨曰：「太子生於富貴，每敎之恭儉。朕服御未嘗妄有增益，卿以此意諭之。」改御史中丞。

十四年，爲宋國歲元使，宋主欲變親起接書之儀，遣館伴王抃來議，曲辨強說，欲要以必從。仲誨曰：「使臣奉命，遠來修好，固欲成禮，而信約所載，非使臣輒敢變更。公等宋國腹心，毋僥倖一時，失大國歡。」往復再三，竟用舊儀，親起接書成禮而還。

復爲太子詹事，遷吏部尚書，轉太子少師兼御史中丞。坐失糾舉大長公主事，與侍御史李瑜各削一階。仲誨前後爲東宮官且十五年，多進規戒，顯宗特加禮敬。大定十九年，卒。

仲誨立朝峻整，容色莊重，世宗嘗曰：「朕見劉仲誨嘗若將切諫者。」其以剛嚴見知如此。

頫字元矩。以大臣子孫充閤門祗候，調莘縣令，召爲承奉班都知，遷西上閤門副使兼宮苑令，累遷西上、東上閤門使。

泰和二年，宋盱眙軍報：明年賀正旦使魯𥳑、楊明輝。及過界，副使乃王處久。入見，魯𥳑殿上不雙跪。詔頫就閤詰問先報名銜楊明輝不復報改王處久之故，及不雙跪者。魯𥳑對，拜時並雙跪，有足疾似單跪者。

初，南苑有唐舊碑，書「貞元十年御史大夫劉怦葬」。上見之曰：「苑中不宜有墓。」頍家本怦後，詔賜頍錢三百貫改葬之。

三遷右宣徽使。貞祐二年，轉左宣徽使。明年，致仕，遷一官。上曰：「卿舊人也，今朝廷多故，豈宜去位。朕自東宮薨後，思慮不周，俟稍寧息，卽以上郡處卿。」頃之，起爲知開封府。四年正月元日，攝左宣徽使。再請老，未半歲復起爲御史中丞。詔安撫河南路，捕盜賊。坐與保靜軍節度使會飲，解職。起爲太子詹事，遷太子少師。詹事院欲闢廣東宮周牆，頍請於皇太子曰：「師旅饑饉之際，何爲興此役。」遂止。尋卒。

時立愛字昌壽，涿州新城人。父承謙，〔六〕以財雄鄉里，歲飢發倉廩賑貧乏，假貸者與之折券。

遼太康九年，中進士第，調泰州幕官。丁父憂，服除，調同知春州事。未逾年，遷雲內縣令，再除文德令。樞密院選爲吏房副都承旨，轉都承旨。累遷御史中丞，剛正敢言，忤權貴。除燕京副留守，丁母憂，起復舊職，遷遼興軍節度使兼漢軍都統。

太祖已定燕京，訪求得平州人韓詢持詔招諭平州。是時，奚王回离保在盧龍嶺，立愛未敢卽朝見，先使人來送款曰：「民情愚執，不卽順從，願降寬恩，以慰反側。」詔曰：「朕親巡西土，底定全燕，號令所加，城邑皆下。爰嘉忠款，特示優恩，應在彼大小官員可皆充舊職，諸囚禁配隸並從釋免。」於是，遼帝尙在天德，平州雖降，民心未固。奚王回离保軍所在保聚，薊州已降復叛。民間流言謂「金人所下城邑，始則存撫，後則俘掠。」時立愛雖開諭而不肯信，乃上表「乞下明詔，遣官分行郡邑，宣諭德義。他日兵臨于宋，順則撫之，逆則討之，兵不勞而天下定矣。」上覽表嘉之，詔答曰：「卿始率吏民歸附，復條利害，悉合朕意，嘉歎不忘。山西部族緣遼主未獲，恐陰相連結，故遷處于嶺東。西京人民既無異望，皆按堵如故。或有將卒貪悍，冒犯紀律，輒掠降人者。已諭諸部及軍帥，約束兵士，秋豪有犯，必刑無赦。今遣斡羅阿里等爲卿副貳，以撫斯民。其告諭所部，使知朕意。」

其後，以平州爲南京，用張覺爲留守，時立愛遂去平州。而張覺遂因燕京人東徙，其衆怨望，覺遂叛入于宋。

立愛旣去平州歸鄉里，太祖以燕、薊與宋，新城入于宋。宋累詔立愛，立愛見宋政日壞，不肯起，戒其宗族不得求仕。

及宗望再取燕山，立愛詣幕府上謁，拜同中書門下平章事，任其子姪數人。立愛從宗望軍數年，謀畫居多，封陳國公。表求解機務，不從。九年，爲侍中、知樞密院事。久之，加中書令。

天會十五年，致仕，加開府儀同三司、鄭國公。薨于家，年八十二。賻贈錢布繒帛有差。詔同簽書燕京樞密院事趙慶襲護喪事，葬用皆官給之。

韓企先，燕京人。九世祖知古，仕遼爲中書令，徙居柳城，世貴顯。乾統間，企先中進士第，回翔不振。都統杲定中京，擢樞密副都承旨，稍遷轉運使。宗翰爲都統經略山西，表署西京留守。天會六年，劉彥宗薨，企先代之，同中書門下平章事、知樞密院事。七年，遷尙書左僕射兼侍中，封楚國公。

初，太祖定燕京，始用漢官宰相賞左企弓等，置中書省、樞密院于廣寧府，而朝廷宰相自用女直官號。太宗初年，無所改更。及張敦固伏誅，移置中書、樞密于平州，蔡靖以燕山降，移置燕京，凡漢地選授調發租稅皆承制行之。故自時立愛、劉彥宗及企先輩，官爲宰相，其職大抵如此。斜也、宗幹當國，勸太宗改女直舊制，用漢官制度。天會四年，始定官制，立尙書省以下諸司府寺。

十二年，以企先爲尙書右丞相，召至上京。入見，太宗甚驚異曰：「朕疇昔嘗夢此人，今果見之。」於是，方議禮制度，損益舊章。企先博通經史，知前代故事，或因或革，咸取折衷。企先爲相，每欲爲官擇人，專以培植獎勵後進爲己責任。推轂士類，甄別人物，一時臺省多君子。彌縫闕漏，密謨顯諫，必咨於王。宗翰、宗幹雅敬重之，世稱賢相焉。皇統元年，封濮王。六年，薨，年六十五。正隆二年，例降封齊國公。大定八年，配享太宗廟廷。

十年，司空李德固孫引慶求襲其祖猛安，世宗曰：「德固無功，其猛安且闕之。漢人宰相惟韓企先最賢，他不及也。」十一年，將圖功臣像于衍慶宮，上曰：「丞相企先，本朝典章制度多出斯人之手，至於關決大政，與大臣謀議，不使外人知之，由是無人能知其功。前後漢人宰相無能及者，置功臣畫像中，亦足以示勸後人。」十五年，謚簡懿。

韓鐸字振文，企先次子也。皇統末，以大臣子授武義將軍。熙宗聞其有儒學，賜進士第，除宣徽判官。再遷刑部員外郎，海陵遣中使諭之曰：「郎官，高選也。汝勳賢之子，行已涖官，能世其家，故以命汝。苟能夙夜在公，當不次擢用，雖公相可到。」鐸感奮，獄或有疑，據經議讞。海陵伐宋，改兵部員外郎。大定初，遷本部郎中，累官河州防禦使，求養親，解去。召爲左諫議大夫，遷中都路都轉運使。頃之，上謂宰臣曰：「韓鐸年高，不任繁劇，且其母老矣，可與之便郡。」於是，改順天軍節度使。卒。

贊曰：太祖入燕，始用遼南、北面官僚制度。是故劉彥宗、時立愛規爲施設，不見于朝廷之上。軍旅之暇，治官政，庀民事，務農積穀，內供京師，外給轉餉，此其功也。韓企先入相兩朝，幾二十年，成功著業，世宗稱其賢焉。

校勘記

〔一〕秦晉國王耶律捏里自立于燕 「捏」原作「雅」。按本書卷二太祖紀，天輔元年「四月，遼秦晉國王耶律捏里來伐」。又卷七四宗望傳，「遼主走陰山，遼秦晉國王捏里自立于燕京」。「宗望奏曰：『遼主尙在陰山、天德之間，而捏里自立于燕京』」。皆作「捏里」。今據改。

〔二〕子蕁筈 按下文蕁爲季子，筈爲次子，當先筈後蕁。

〔三〕八年授殿中少監 按天輔無「八年」。下文敍「太祖崩」之事，據本書卷二太祖紀，在天輔七年八月。是此「八年」或是「八月」之誤。

〔四〕皇統二年充江南封册使　「二」原作「元」。按本書卷四熙宗紀，皇統二年三月「丙辰，遣左宣徽使劉筈以衮冕圭册册宋康王爲帝」。卷六〇交聘表記事同。今據改。

〔五〕六年爲行臺尚書右丞相　「六」原作「五」。按本書卷四熙宗紀，皇統六年五月「辛卯，以左宣徽使劉筈爲行臺右丞相」。今據改。

〔六〕父承謙　按程卓使金錄引金李晏時立愛墓誌銘作「公父諱承謙」。

金史卷七十九

列傳第十七

酈瓊　李成　孔彥舟　徐文　施宜生　張中孚
張中彥　宇文虛中　王倫

酈瓊字國寶，相州臨漳人。補州學生。宋宣和間，盜賊起，瓊乃更學擊刺挽强，試弓馬，隸宗澤軍，駐于磁州。未幾告歸，括集義軍七百人，復從澤，澤署瓊爲七百人長。澤死，調戍滑州。時宗望伐宋，將渡河。戍軍亂，殺其統制趙世彥而推瓊爲主。瓊因誘衆，號爲勤王，行且收兵，比渡淮，有衆萬餘。康王以爲楚州安撫使、淮南東路兵馬鈐轄，累遷武泰軍承宣使。未幾，率所領步騎十餘萬附于齊，授靜難軍節度使，知拱州。齊國廢，以爲博州防禦使。用廉，遷驃騎上將軍。宗弼復河南，以瓊爲山東路弩手千戶，知亳州事。丁母憂，去官。

宗弼再伐江南，以瓊素知南方山川險易，召至軍與計事。從容語同列曰：「瓊嘗從大軍南伐，每見元帥國王親臨陣督戰，矢石交集，而王免冑，指麾三軍，意氣自若，用兵制勝，皆與孫、吳合，可謂命世雄材矣。至於親冒鋒鏑，進不避難，將士視之，孰敢愛死乎。宜其所向無前，日闢國千里也。江南諸帥，才能不及中人。每當出兵，必身居數百里外，謂之持重。或督召軍旅，易置將校，僅以一介之士持虛文諭之，謂之調發。制敵決勝委之偏裨，是以智者解體，愚者喪師。幸一小捷，則露布飛馳，增加俘級以爲己功，斂怨將士。縱或親臨，亦必先遁。而又國政不綱，纔有微功，已加厚賞，或有大罪，乃置而不誅。不卽覆亡，已爲天幸，何能振起耶。」衆以爲確論。元帥，謂宗弼也。

及宗弼問瓊以江南成敗，誰敢相拒者。瓊曰：「江南軍勢怯弱，皆敗亡之餘，又無良帥，何以禦我。頗聞秦檜當國用事。檜，老儒，所謂亡國之大夫，兢兢自守，惟顚覆是懼。吾以大軍臨之，彼之君臣方且心破膽裂，將哀鳴不暇，蓋傷弓之鳥可以虛弦下也。」既而，江南果稱臣，宗弼喜瓊爲知言。

初，瓊去亳未幾，宋兵陷之而不守，復棄去，乃以州人宋超守之。及大軍至，超復以州事委其鈐轄衞經而遁去。帥府使人招經，經不下。及城潰，百姓惶懼待命，瓊請於元帥曰：

城所不下者，以豎刼之也。民何罪，願慰安之。」元帥以瓊先嘗守亳，因止戮經而釋其州人，復命瓊守亳。凡六年，亳人德之。遷武寧軍節度使。八年，爲泰寧軍節度使。〔一〕九年，遷歸德尹。貞元元年，加金紫光祿大夫，卒于官，年五十。

李成字伯友，雄州歸信人。勇力絕倫，能挽弓三百斤。宋宣和初，試弓手，挽强異等。累官淮南招捉使。成乃聚衆爲盜，鈔掠江南，宋遣兵破之，成遂歸齊，累除知開德府，從大軍伐宋。齊廢，再除安武軍節度使。

成在降附諸將中最勇鷙，號令甚嚴，衆莫敢犯。臨陣身先諸將。士卒未食不先食，有病者親視之。不持雨具，雖沾濕自如也。有告成反者，宗弼察其誣，使成自治，成杖而釋之，其不校如此。以此，士樂爲用，所至克捷。

宗弼再取河南，宋李興據河南府。成引軍入孟津，興率衆薄城，鼓譟請戰，成不應。日下昃，興士卒倦且飢，成開門急擊，大破之。興走漢南，成遂取洛陽、嵩、汝等。河南平，宗弼奏成爲河南尹，都管押本路兵馬。嘗取官羨粟充公費，坐奪兩官，解職。正隆間，起爲眞定尹，封郡王，例封濟國公。卒，年六十九。

孔彥舟字巨濟，相州林慮人。亡賴，不事生產，避罪之汴，占籍軍中。坐事繫獄，說守者解其縛，乘夜踰城遁去。已而殺人，亡命爲盜。宋靖康初，應募，累官京東西路兵馬鈐轄。聞大軍將至山東，遂率所部，刼殺居民，燒廬舍，掠財物，渡河南去。宋人復招之，以爲沿江招捉使。彥舟暴橫，不奉約束，宋人將以兵執之，彥舟走之齊，從劉麟伐宋，爲行軍都統，改行營左總管。

齊國廢，累知淄州。從宗弼取河南，克鄭州，擒其守劉政，破孟邦傑於登封，授鄭州防禦使。討平太行車輮嶺賊。從征江南，渡淮破孫暉兵萬餘人，下安豐、霍丘。及攻濠州，以彥舟爲先鋒，順流薄城，擒其水軍統制邵青，遂克濠州。師還，累官工、兵部尚書，河南尹，封廣平郡王。正隆例降金紫光祿大夫，改西京留守。〔二〕

彥舟荒于色，有禽獸行。妾生女姿麗，彥舟苦虐其母，使自陳非己女，遂納爲妾。其官屬負官錢，私其妻與折劵。惟破濠州時，諸軍凡係獲皆殺之，彥舟號令毋輒殺，免者數千人，人頗以此稱之。然自幼至老常在行伍，習兵事，知利鈍。海陵欲以爲征南將佐，正隆五年，除南京留守。

彥舟有疾，朝臣有傳彥舟死者，而彥舟尚無恙，海陵盡杖妄傳彥舟死者，以激勵之。無何竟死於汴，年五十五。遺表言「伐宋當先取淮南」云。

徐文字彥武，萊州掖縣人，徙膠水。少時販鹽爲業，往來瀕海數州，剛勇尚氣，儕輩皆憚之。宋季盜起，募戰士，爲密州板橋左十將。勇力過人，揮巨刀重五十斤，所向無前，人呼爲「徐大刀」。後隸王龍圖麾下，與夏人戰，生擒一將，補進武校尉。東還，破羣賊楊進等，轉承信郎。

宋康王渡江，召文爲樞密院准備將，擒苗傅及韓世績，以功遷淮東、浙西、沿海水軍都統制。諸將忌其材勇。是時，李成、孔彥舟皆歸齊，宋人亦疑文有北歸志，大將閤皐與文有隙，因而譖之。宋使統制朱師敏來襲文，文乃率戰艦數十艘泛海歸于齊。

齊以文爲海、密二州滄海都招捉使兼水軍統制，遷海道副都統兼海道總管，賜金帶。文以策干劉豫，欲自海道襲臨安，豫不能用。齊國廢，元帥府承制以文爲南京步軍都虞候，權馬步軍都指揮使。天眷元年，破太行賊梁小哥，以本職兼水軍統制。朝廷以河南與宋，除文山東路兵馬鈐轄。

宗弼復取河南，文破宋將李寶於濮陽、孟邦傑於登封。宋蔣知軍據河陽，文遲明至其城下，使別將攻城東北，自將精鋭潛師襲南門。城中悉衆救東北，文乃自南門斬關入城。宋軍潰去，追擊敗之。破郭淸、郭遠於汝州。鄭州叛，復取之，擊走宋將戚方。河南旣平，宗弼勞賞將士，賞文銀幣鞍馬。充行軍萬戶，從宗弼取廬、濠等州，超換武義將軍。知濟州，在職七年，移知泰安軍。

海陵卽位，錄舊功，累遷中都兵馬都指揮使，賜金帶，改濬州防禦使。未幾，海陵謀伐宋，改行都水監，監造戰船於通州。

東海縣人徐元、張旺作亂，縣人房眞等三人走海州，及走總管府，上變。州、府皆遣使劾隨眞等詣東海覰賊形勢，皆爲賊所害。州、府合兵攻之，累月不下。海陵且欲伐宋，惡聞其事，詔文與步軍指揮使張弘信、同知大興尹李惟忠、宿直將軍蕭阿窊率舟師九百浮海討之，謂文等曰：「朕意不在一邑，將以試舟師耳。」文等至東海，與賊戰，敗之，斬首五千餘級，獲徐元、張旺，餘衆請降。是役也，張弘信行至萊州，稱疾留止，日與妓樂飲酒。海陵聞之。師還，杖弘信二百。文遷定海軍節度使。房眞三人官賞有差。死賊者皆贈官三級，以銀百兩、絹百匹賜其家。

大定二年，詣闕自陳年老目昏，懇求致仕。許之。以覃恩遷龍虎衛上將軍，卒于家。

施宜生字明望，邵武人也。博聞强記，未冠，由鄉貢入太學。宋政和四年，擢上舍第，試學官，授潁州教授。及王師入汴，宜生走江南。復以罪北走齊，上書陳取宋之策，齊以爲大總管府議事官。失意於劉麟，左遷彰信軍節度判官。齊國廢，擢爲太常博士，遷殿中侍御史，轉尙書吏部員外郎，爲本部郎中。尋改禮部，出爲隰州刺史。天德二年，用參知政事張浩薦宜生可備顧問，海陵召爲翰林直學士，撰太師梁王宗弼墓銘，進官兩階。正隆元年，出知深州，召爲尙書禮部侍郎，遷翰林侍講學士。

四年冬，爲宋國正旦使。宜生自以得罪北走，恥見宋人，力辭，不許。宋命張燾館之都亭，因問以首丘風之。宜生顧其介不在旁，爲廋語曰：「今日北風甚勁。」又取几間筆扣之曰：「筆來，筆來。」於是宋始警。其副使耶律闢離剌使還以聞，坐是烹死。

初，宜生困于場屋，遇僧善風鑑，謂之曰：「子面有權骨，可公可卿。而視子身之毛，皆逆上，且覆腕，必有以合乎此而後可貴也。」宜生聞其言，大喜，竟從范汝爲於建、劍。已而，汝爲敗，變服爲傭泰之吳翁家三年，翁異之，一日屏人詰其姓名，宜生曰：「我服傭事惟謹，主人乃亦置疑邪。」翁固詰之，則請其故。翁曰：「日者燕客，執事咸餒，而汝獨孫諸儕，且撤器有歎聲，是以識汝非眞傭也。」宜生遂告之故，翁盡之金，夜濟淮以歸。試一日獲熊三十六賦擢第一，其後竟如僧言。

張中孚字信甫，其先自安定徙居張義堡。父達，仕宋至太師，封慶國公。中孚以父任補承節郎。宗翰圍太原，其父戰歿，中孚泣涕請迹父尸，乃獨率部曲十餘人入大軍中，竟得其尸以還。累官知鎮戎軍兼安撫使，屢從吳玠、張浚以兵拒大軍。浚走巴蜀，中孚權帥事。天會八年，〔三〕睿宗以左副元帥次涇州，中孚率其將吏來降，睿宗以爲鎮洮軍節度使知渭州，兼涇原路經略安撫使。

齊國建，以什一法括民田，籍丁壯爲鄉軍。中孚以爲涇原地瘠無良田，且保甲之法行之已習，今遽紛更，人必逃徙，秪見其害，未見其利也。竟執不行。時齊政甚急，莫敢違，人爲中孚懼，而中孚不之顧。未幾齊國廢，一路獨免掊克之患。

天眷初，爲陝西諸路節制使知京兆府，朝廷賜地江南，中孚遂入宋。宗弼再定河南、陝西，移文宋人，使歸中孚。至汴，就除行臺兵部尚書，遷除參知行臺尚書省事。明年，拜參知政事。貞元元年，遷尚書左丞，封南陽郡王。三年，以疾告老，乃爲濟南尹，加開府儀同三司，封宿王。移南京留守，又進封崇王。卒，年五十九，加贈鄧王。

中孚天性孝友剛毅，與弟中彥居，未嘗有間言。喜讀書，頗能書翰。其御士卒嚴而有恩，西人尤畏愛之。葬之日，老稚扶柩流涕蓋數萬人，至爲罷市，其得西人之望如此。正隆例封崇進、原國公。

張中彥字才甫，中孚弟。少以父任仕宋，爲涇原副將，知德順軍事。睿宗經略陝西，中彥降，除招撫使。從下熙、河、階、成州，授彰武軍承宣使，爲本路兵馬鈐轄，遷都總管。宋將關師古圍鞏州，與秦鳳李彥琦會兵攻之。王師下饒風關，得金、洋諸州，以中彥領興元尹，撫輯新附。師還，代彥琦爲秦鳳經略使。秦州當要衝而城不可守，中彥徙治北山，因險爲壘，今秦州是也。築臘家諸城，以扼蜀道。帥秦凡十年，改涇原路經略使知平涼府。

朝廷以河南、陝西賜宋，中孚以官守隨例當留關中。熙河經略使慕洧謀入夏，將闚關、陝，中彥與環慶趙彬會兩路兵討之，洧敗入于夏。中彥與兄中孚俱至臨安，被留，以爲龍神衛四廂都指揮使，淸遠軍承宣使，提舉佑神觀，靖海軍節度使。

皇統初，恢復河南，詔徵中彥兄弟北歸，爲靜難軍節度使，歷彰化軍、鳳翔尹，改尹慶陽，兼慶原路兵馬都總管、寧州刺史。宗室宗淵毆死僚佐梁郁。郁，遠人家貧無能赴告者。中彥力爲正其罪，竟置于法。改彰德軍節度使，均賦調法，姦豪無所蔽匿，人服其明。

正隆營汴京新宮，中彥採運關中材木。青峯山巨木最多，而高深阻絕，唐、宋以來不能致。中彥使構崖駕壑，起長橋十數里，以車運木，若行平地，開六盤山水洛之路，遂通汴梁。明年，作河上浮梁，復領其役。舟之始製，匠者未得其法，中彥手製小舟纔數寸許，不假膠漆而首尾自相鉤帶，謂之「鼓子卯」，諸匠無不駭服，其智巧如此。浮梁巨艦畢功，將發旁郡民曳之就水。中彥召役夫數十人，治地勢順下傾瀉于河，取新秫稭密布於地，復以大木限其旁，凌晨督衆乘霜滑曳之，殊不勞力而致諸水。

俄遷平陽。海陵將伐宋，驛召赴闕，授西蜀道行營副都統制，賜細鎧，使先取散關俟後命。

世宗卽位，赦書至鳳翔，諸將惶惑不能決去就，中彥曉譬之，諸將感悟，受詔。上召中彥入朝，以軍付統軍合喜。及見，上賜以所御通犀帶，封宗國公。尋爲吏部尚書。上疏曰：「古者關市譏而不征，今使掌關市者征而不譏。苛留行旅，至披剔囊篋甚於剽掠，有傷國體，乞禁止。」從之。

踰年，除南京留守。時淮楚用兵，士民與戍兵雜居，訟牒紛紜，所司皆依違不決。中彥得戍兵爲盜者，悉論如法，帥府怒其專決，劾奏之，朝廷置而不問。秩滿，轉眞定尹兼河北西路兵馬都總管。未幾，致仕，西歸京兆。明年，起爲臨洮尹兼熙秦路兵馬都總管。鞏州劉海構亂，旣敗，籍民之從亂者數千人，中彥惟論爲首者戮之。

西羌吹折、密臧、隴逋、厖拜四族恃險不服，使侍御史沙醇之就中彥論方略，中彥曰：「此羌服叛不常，若非中彥自行，勢必不可。」卽至積石達南寺，酋長四人來，與之約降，事遂定，賞而遣之。還奏，上大悅，遣張汝玉馳驛勞之，賜以毬文金帶，用郊恩加儀同三司。以疾卒官，年七十五。百姓哀號輟市，立像祀之。

贊曰：自古健將武夫，其不才者，遭世變遷，賣降恐後。此其常態，君子之所不責也，酈瓊、徐文是已。施宜生反覆壬人，李成盜賊之靡，孔彥舟漁色覩出，自絕人類，又何責也。張中孚、中彥雖有小惠足稱，然以宋大臣之子，父戰沒於金，若金若齊，義皆不共戴天之讎。金以地與齊則甘心臣齊，以地歸宋則忍恥臣宋，金取其地則又比肩臣金，若趨市然，唯利所在，於斯時也，豈復知所謂綱常也哉。吁。

宇文虛中字叔通，蜀人。初仕宋，累官資政殿大學士。天會四年，宋少帝已結盟，宗望班師至孟陽，宋姚平仲乘夜來襲，明日復進兵圍汴。少帝使虛中詣宗望軍，告以襲兵皆將帥自爲之，復請和議如初，且覘康王安否。頃之，臺諫以和議歸罪虛中，罷爲青州，復下遷祠職。建炎元年，貶韶州。二年，康王求可爲奉使者，虛中自貶中應詔，復資政殿大學士，爲祈請使。是時，興兵伐宋，已留王倫、朱弁不遣，虛中亦被留，實天會六年也。朝廷方議禮制度，頗愛虛中有才藝，加以官爵，虛中卽受之，與韓昉輩俱掌詞命。明年，洪皓至上京，見虛中甚鄙之。

天會十三年，熙宗即位。宗翰爲太保領三省事，封晉國王，乞致仕。批答不允，其詞虛中作也。天眷間，累官翰林學士知制誥兼太常卿，封河內郡開國公。書太祖睿德神功碑，進階金紫光祿大夫。皇統二年，宋人請和，其誓表曰：「自來流移在南之人，經官陳說，願自歸者，更不禁止。上國之於弊邑，亦乞並用此約。」於是，詔尚書省移文宋國，理索張中孚、張中彥、鄭億年、杜充、張孝純、宇文虛中、王進家屬，發遣李正民、畢良史還宋，惟孟庾去留聽其所欲。〔四〕時虛中子師瑗仕宋，至轉運判官，携家北來。四年，轉承旨，加特進。遷禮部尚書，承旨如故。

虛中恃才輕肆，好譏訕，凡見女直人輒以礦鹵目之，貴人達官往往積不能平。虛中嘗撰宮殿牓署，本皆嘉美之名，惡虛中者擿其字以爲謗訕朝廷，由是媒蘖以成其罪矣。六年二月，唐括酬斡家奴杜天佛留告虛中謀反，詔有司鞫治無狀，乃羅織虛中家圖書爲反具，虛中曰：「死自吾分。至於圖籍，南來士大夫家家有之，高士談圖書尤多於我家，豈亦反耶。」有司承順風旨并殺士談，至今冤之。

士談字季默，高瓊之後。宣和末，爲忻州戶曹參軍。入朝，官至翰林直學士。虛中、士談俱有文集行于世。

王倫字正道，故宋宰相王旦弟王勉玄孫。〔五〕俠邪無賴，年四十餘尚與市井惡少羣游汴中。

天會五年，宋人以倫爲假刑部侍郎，與閤門舍人朱弁充通問使。是時，方議伐宋，凡宋使者如倫及宇文虛中、魏行可、顧縱、張邵等，皆留之不遣。居數年，倫久困，乃唱爲和議求歸。元帥府使人謂之曰：「此非江南情實，特汝自爲此言耳。」倫曰：「使事有指，不然何爲來哉。惟元帥察之。」

天會十年，劉豫連歲出師皆無功，撻懶爲元帥左監軍經略南邊，密主和議，乃遣倫歸。先此，宋已遣使乞和，朝廷未之許也。倫見康王言和議事，康王大喜，遷倫官，幷官其子弟。宋方與齊用兵，未可和。

天會十五年，康王聞天水郡王已薨，以倫假直學士來請其喪，使倫請撻懶曰：「河南之地，上國既不自有，與其封劉豫，曷若歸之趙氏。」是歲，劉豫受封已八年，不能自立其國，尙勤屯戍，朝廷厭其無能爲也，乃廢劉豫。撻懶以左副元帥守汴京，於是倫適至。撻懶，太祖從父兄弟，於熙宗爲祖行。太宗長子宗磐以太師領三省事，位在宗幹上。宗翰薨已久，宗幹不能與宗磐獨抗。明年，天眷元年，撻懶與東京留守宗雋俱入朝，熙宗以宗雋爲左丞相。

宗雋，太祖子也。撻懶、宗磐、宗雋三人皆跋扈嗜利，陰有異圖，遂合議以齊地與宋，自宗幹以下爭之不能得。以侍郎張通古爲詔諭江南使，遣倫先歸。

明年，宋以倫爲端明殿學士，簽書樞密院事，進金器千兩、銀器萬兩，復來請天水郡王喪柩，及請母韋氏兄弟宗族等。保信軍節度使藍公佐副之。是歲，宗磐、宗雋、撻懶皆以謀反屬吏，熙宗誅宗磐、宗雋，以撻懶屬尊，赦其死，以爲行臺尚書省事左丞相，奪其兵權。右副元帥宗弼奏曰：「撻懶、宗磐陰與宋人交通，遂以河南、陝西地與宋人。」會撻懶復謀反，捕而殺之於祁州。倫至上京，有司詳讀康王表文，不書年，閱進奉狀，稱禮物不言職貢，上使宰相責問倫曰：「汝但知有元帥，豈知有上國耶。」遂留不遣，遣其副藍公佐歸。

三年五月，宗弼復取河南、陝西地，遂伐江南，已渡淮。皇統元年，宋人請和。二年二月，宋端明殿學士何鑄、容州觀察使曹勛進誓表。三月，遣左副點檢賽里、山東西路都轉運使劉祹送天水郡王喪柩，及宋帝母韋氏還江南。五月，李正民、畢良史南歸。七月，朱弁、張邵、洪皓南歸。

四年，以倫爲平州路轉運使，倫已受命復辭遜，上曰：「此反覆之人也。」遂殺之於上京，年六十一。

贊曰：孔子云，「行己有恥，使於四方不辱君命，可謂士矣」。宇文虛中朝至上京，夕受官爵。王倫紈袴之子，市井爲徒。此豈「行己有恥」之士，可以專使者耶。二子之死雖寃，其自取亦多矣。

校勘記

〔一〕八年爲泰寧軍節度使　按酈瓊事在齊國廢以後，而此「八年」又在「貞元元年」之前，則「八年」上當脫「皇統」二字。

〔二〕改西京留守　「西」原作「南」。按三朝北盟會編卷二二四，紹興二十六年即正隆元年十二月，「金人以孔彥舟知西京」。又本傳下文，「正隆五年除南京留守」，知會編不誤。今據改。

〔三〕天會八年　「八」原作「九」。按本書卷三太宗紀，天會八年「十一月甲辰，宗輔下涇州。戊申，宋涇原路統制張中孚以衆降」。今據改。

〔四〕惟孟庾去留聽其所欲　「庾」原作「庚」。按大金國志卷一〇，天眷二年，「宋西京留守孟庾至汴京」。又同書卷一一，天眷三年，兀朮分四道征南，「至是攻宋東京，孟庾率官吏迎拜，兀朮入城」。宋史卷二九高宗紀，紹興十年二月丁卯，「以孟庾知開封府，爲東京留守。五月乙酉，兀朮入東京，留守孟庾以城降」。皆作「庾」。今據改。

〔五〕故宋宰相王旦弟王勉玄孫　「王勉」，宋史卷三七一王倫傳作「王勗」，蓋宋人避神宗諱，改成「王勉」。

金史卷八十

列傳第十八

熙宗二子　濟安　道濟

斜卯阿里　突合速　烏延蒲盧渾　赤盞暉

大臭本名撻不野〔一〕　磐本名蒲速越　阿离補子方

熙宗諸子：悼平皇后生太子濟安，賢妃生魏王道濟。

濟安，皇統二年二月戊子生於天開殿。上年二十四始有皇子，喜甚，遣使馳報明德宮太皇太后。五日命名，大赦天下。三月甲寅，告天地宗廟。丁巳，翦鬌，奏告天地宗廟。戊午，册爲皇太子。封皇后父太尉胡塔爲王，賜人口、馬牛五百、駝五十、羊五千。隨朝職官並遷一資，皆有賜。己未，詔天下。十二月，濟安病劇，上與皇后幸佛寺焚香，流涕哀禱，曲赦五百里內罪囚。是夜，薨。謚英悼太子，葬興陵之側，上送至烏只黑水而還。命工塑其像于儲慶寺，上與皇后幸寺安置之。海陵毁上京宮室，寺亦隨毁。

道濟，皇統三年，命爲中京留守，以直學士阿懶爲都提點，張玄素爲同提點，左右輔導之。俄封魏王，封其母爲賢妃。初居外，至是養之宮中。未幾，熙宗怒殺之。

贊曰：國初制度未立，太宗、熙宗皆自諳班勃極烈卽帝位。諳班勃極烈者，漢語云最尊官也。熙宗立濟安爲皇太子，始正名位，定制度焉。

斜卯阿里。父渾坦，穆宗時內附，數有戰功。阿里年十七從其伯父胡麻谷討詐都，獲其弟沙里只。高麗築九城於曷懶甸，渾坦攻之，遇敵於木里門甸，力戰久之，阿里挺槍馳刺其將於陣中，敵遂潰。渾坦與石適歡合兵於徒門水，阿里首敗敵兵，取其二城。高麗入寇，以我兵屯守要害，不得進，乃還。阿里追及于曷懶水，高麗人爭走冰上，阿里乘之，殺略幾盡，遂合兵于石適歡。道遇敵兵五萬，擊走之。又與石適歡遇敵七萬，阿里先登，奮擊大敗之。石適歡曰：「汝一日之間，三破重敵，功豈可忘。」乃厚賜之。

斡塞、烏睹本攻駝吉城，阿里鑿墉爲門，日已暮，不可入，以兵守之，旦日遂取其城。烏睹本以被甲并乘馬賜之。從攻下寧江州，授猛安。又從攻信州、賓州，皆克之。遼人來攻孛堇忽沙里城，阿里率百餘騎救之。遼兵數萬，阿里兵少，乃令軍士裂衣多爲旗幟，出山谷間，遼兵望見，遁去。

蘇、復州叛，衆至十萬。旁近女直皆保於太尉胡沙家，築壘爲固。敵圍之數重，守者糧芻俱盡，牛馬相食其鬃尾，人易子而食。夜，縋二人出，告急於阿里。阿里赴之，內外合擊之，破其衆於闢离密罕水上，勦殺幾盡，水爲之不流。蒲离古胡什吉水、馬韓島凡十餘戰，破數十萬衆。契丹、奚人聚舟千艘，將入于海。阿里以二十七舟邀之，中流矢，臥舟中，中夜始蘇。敵船已入王家島，卽夜取海路追及之，敵走險以拒，阿里以騎兵邀擊，再中流矢，力戰不退，竟破之，盡獲其舟。於是，蘇、復州、婆速路皆平。

攻顯州，下靈山縣，取梁魚務，敗余睹兵，功皆最。後與散睹魯屯高州，契丹昭古牙、九斤合興中兵數萬攻胡里特寨，阿里以八謀克兵救之。胡里特先往，敗於城下。阿里指陣前緋衣者二十餘人曰：「此必賊酋也。」麾兵奮擊，皆殺之，餘衆大潰。來州、隰州兵圍胡里特城，聞阿里來救，卽解圍去。

闍母討張覺，有兵出樓峯口山谷間，阿里、散篤魯、〔三〕忽盧補三猛安擊敗之。宗望代闍母討張覺，阿里再敗平州兵。及伐宋，阿里別擊宋兵，敗之。孟陽之役，阿里扼橋渡力戰。明年，再伐宋，至保州、中山，累破之。進圍眞定，阿里與婁室、豁魯乘風縱火，焚其樓櫓，諸軍畢登，克其城。師至河上，粘割胡撒擊走宋人，扼河津，兵數千遂渡河。諸將分出大名境，阿里破敵四百盡殪，遂圍汴。汴中夜出兵來焚攻具，阿里與謀克常孫陽阿禦之，其衆大潰。還攻趙州，降之。

天會六年，〔三〕伐宋主，取陽穀、莘縣，敗海州兵八萬人，海州降。破賊船萬餘於梁山泊。招降滕陽、東平、泰山羣盜。盜攻范縣，擊走之，獲船七百艘。宗弼攻下睢陽，與烏延蒲盧渾先以二千人往招壽春，具舟淮水上。時康民聚賈船四百與壽春相近，朮列速以騎四百破康民，斬馘數千。與當海、大臭破賊十萬於淮南。比至江，連破宋兵，獲舟二百艘。宗弼至江寧，阿里、蒲盧渾別降廣德軍，先趣杭州。去杭十餘里，遇宋伏兵二千，取我前驅甲士三十人。阿里使諸軍去馬搏戰，伏兵敗，皆逼死於水。宗弼至餘杭，而宋主走明州，阿里與蒲盧渾以精騎四千襲之，破東關兵，濟曹娥江，敗宋兵於高橋鎭。至明州，頗失利。宋主已入于海，乃退軍餘姚。宗弼使當海濟師，遂下明州，執宋守臣趙伯諤，進至昌國縣。宋主自昌國走溫州，由海路追三百餘里，弗及。遂隳明州，與宗弼俱北歸。

睿宗經略陝西，駐涇州，阿里先取渭州。睿宗趨熙河，阿里、斜喝、韓常三猛安爲前軍。

十二年，與高彪監護水運。宋以舟師阻亳州河路，擊敗之，追殺六十餘里，獲其將蕭通。破漣水水寨賊，盡得其大船，遂取漣水軍，招徠安輯之。天眷間，盜據石州，阿里討之。粘割胡撒與所部先登，遂克其城，石州平。

宗弼再伐宋，阿里已老，督造戰船。宋稱臣，詔賜阿里錢千萬。自結髮從軍，大小數十戰，尤習舟楫，江、淮用兵，無役不從，時人以水星目之。爲迭里部節度使，歷順義、泰寧軍，歸德、濟南尹。天德初，致仕，加特進，封王。正隆例封韓國公，召赴闕，命造戰船。以疾薨，年七十八，謚智敏。

阿里性忠直，多智略。兄弟相友愛，家故饒財，以己猛安及財物盡與弟愛拔里。愛拔里不肯受，逃避歲餘，阿里終與之。

突合速，宗室子，拏罕塞人。初隸萬戶石家奴麾下，嘗領偏師破雲中諸山寇盜。宗望攻平州，遣突合速討應州賊，平之，撫安其民而還。

及伐宋，在宗翰軍，以八謀克破石嶺關屯兵數萬，殺戮幾盡。師至太原，祁縣降而復叛，突合速攻下之。進取文水縣，後從諸帥列屯汾州之境。宋河東軍帥郝仲連、張思正，陝西軍帥張關索及其統制馬忠，合兵數萬來援，皆敗之。

宗翰南伐至潞還，太原猶未下，卽留完顏銀术可總督諸軍，經略其地。於是，宋援兵大至，突合速從馬五、沃魯破宋兵四千于文水。聞宋將黃迪等以兵三十萬柵于縣之西山，復與耿守忠合兵九千擊之，殺八萬餘人，獲馬及資糧甚衆。宋制置使姚古率兵至隆州谷，突合速與拔离速以步騎萬餘禦之。种師中兵十萬據榆次，銀术可乃召突合速，使中分其兵而還，與活女等合兵八千擊敗之，斬師中于殺熊嶺。宋將張灝以兵十萬營于文水近郊，復與拔离速擊破之。潞州復叛，宋兵號十七萬，骨赧、突合速、拔离速皆被圍。突合速麾軍士，下馬力戰，遂潰圍而出。

及再舉伐宋，宗翰命婁室率軍先趨汴。婁室至澤州，突合速、沃魯以五百騎爲前驅，往招河陽。先據黃河津，宋兵萬餘背水陣，進擊敗之，皆擠于水，遂降河陽。汴京平，諸將西趣陝津，略定河東郡縣。突合速取憲州，遇其援軍，擊敗之，生擒其將。孛堇濃瑰术魯等攻保德，未下，突合速進兵助擊，梯衝並進，遂克其城。孛堇烏谷攻石州，屢敗，亡其三將，軍士歿者數百人。突合速謂烏谷曰：「敵皆步兵，吾不可以騎戰。」烏谷曰：「聞賊挾妖術，畫馬以縶其足，疾甚奔馬，步戰豈可及之。」突合速笑曰：「豈有是耶。」乃令諸軍去馬戰，盡殪之。六年，宗輔駐師鄧州，突合速、馬五、拔离速西取均、房，遂下其城。攻唐、蔡、陳州及潁昌府皆克之。天眷初，除彰德軍節度使。三年，爲元帥左監軍。皇統八年，改濟南尹。天德間，封定國公，授世襲千戶。卒，年七十二。正隆二年，贈應國公。

初，突合速以次室受封，次室子因得襲其猛安。及分財異居，次室子取奴婢千二百口，正室子得八百口。久之，正室子爭襲，連年不決，家貲費且盡，正室子奴婢存者二百口，次室子奴婢存者纔五六十口。世宗聞突合速諸子貧窘，以問近臣，具以爭襲之故爲對，世宗曰：「次室子豈當受封邪。」遂以嫡妻長子襲。

烏延蒲盧渾，曷懶路烏古敵昏山人。父孛古剌，龍虎衞上將軍。蒲盧渾膂力絶人，能挽强射二百七十步。與兄鶻沙虎俱以勇健隸闍母軍，居帳下。攻黄龍府，力戰有功。闍母敗于兔耳山，張覺復整兵來，諸將皆不敢戰。蒲盧渾登山望之，乃紿諸將曰：「敵軍少，急擊可破也。若入城，不可復制。」遂合戰，破之。

郭藥師、蔡靖以燕京降，蒲盧渾率九十騎先伺察城中居民去就。遂將漢兵千，隸完顏蒙适攻眞定。進攻贊皇，取之，獲人畜甲仗萬餘。汴城破，日已暮，宋人猶力戰，槍刺中蒲盧渾手，戰益力，遂敗宋軍，賜金五十兩。

睿宗爲右副元帥，〔四〕已定關、陝，議取劍外諸州，遂拔和尚原。元帥府承制以蒲盧渾爲河北西路兵馬都總管。及宋主在揚州，蒲盧渾與蒙适將萬騎襲之，宋主已渡江，破其餘兵。後與斜卯阿里俱從宗弼自淮西渡江取江寧。宗弼入杭州，宋主走明州，再走溫州，由海道追三百餘里，隳明州而歸，語在阿里傳。

天眷二年，授鎮國上將軍，除安國軍，以疾去官。皇統六年，授世襲謀克，起爲延安尹，賜尚衣一襲，尋致仕。海陵遷中都，起爲歸德尹，就其家授之，賜銀牌、襲衣、玉吐鶻，馳驛之官。蒲盧渾留數十日，已違程，復聽致仕。召赴京師，至薊州，見海陵于獵所。明日，從獵，獲一狐。海陵曰：「卿年老，尚能馳逐擊獸，健捷如此。」賜以御服，封豳國公。除太子少師，進太子太保，改眞定尹，入判大宗正事。

頃之伐宋，以本官行右領軍副都督事。師次西采石，海陵欲渡江，蒲盧渾曰：「宋軍船高大，我船庳小，恐不可遽渡。」海陵怒曰：「汝昔從梁王追趙構於海島，皆大舟耶，今乃沮吾兵事。」設不能遽渡江，不過有少損耳。爾年已七十，縱自愛，豈有不死理耶。明日當與奔睹先濟。」既而復止之，乃遣別將先渡江，舟小不可戰，遂失利，兩猛安及兵士二百餘人皆陷沒。海陵遇害，軍還。

大定二年，至中都上謁，除東京留守。世宗召問年幾何，對曰：「臣今年七十三矣。」上曰：「卿宿將，久練兵事，年雖老，精神不衰。」因命到官，每旬月一視事。賜衣一襲，進階開府儀同三司，仍封豳國公。是歲，卒。十八年，孫扎虎遷廣威將軍，襲烏古敵昏山世襲猛安，并親管謀克。

赤盞暉字仲明，其先附於遼，居張皇堡，故嘗以張爲氏。後家來州。〔五〕暉體貌雄偉，慷慨有志略。少遊鄉校。遼季以破賊功，授禮賓副使，領來、隰、遷、潤四州屯兵。天輔六年降，仍命領其衆，從闍母定興中府義、錦等州。及破張覺，皆與有功，以粟萬五千石助軍，授洛州刺史。

宗望初伐宋，孟陽之戰，敵之中軍徑薄宗望營，暉與諸將擊敗之，追殺至城下。訖師還，數立戰功。明年，再舉伐宋，攻下保州、眞定，暉皆與焉。進圍汴，宋人夜出兵二萬焚我攻具，暉以二謀克兵擊走之。凡城中出兵拒戰，暉之所當，無不勝捷。

既克宋還，從攻河間。敵將李成以雄、莫之兵來援，暉與所部迎擊，馬傷而墮，暉輒奮起步鬬，竟敗成兵。是日，凡七戰皆勝，敵人多逼死濠隍間，暉兩臂亦數中流矢。賊將劉先生以兵二萬夜襲營，暉力戰達旦，賊始敗走，皆溺死于水。暉復傅城力戰，如是連月，諸軍四面合攻，遂克之。加桂州管內觀察使，因留撫河間。時居民皆爲軍士所掠，老幼存者亡幾。暉下令軍中聽贖還之。未幾，皆按堵如故。

從睿宗經略山東，既攻下青州，復從闍母攻濰州。暉督其裨校先登，而城中積蒭茭乘風縱火發機石，暉率將士衝冒而下，力戰敗之。軍還，復以三十騎破敵于范橋。帥府承制加靜江軍節度使。進攻，城中砲出，幾中暉，拂其甲裳裂之。暉益奮攻，卒破其城。又從攻泗州，克之。還屯汶陽，破賊衆于梁山濼，獲舟千餘。移軍攻濟州，既敗敵兵，因傅城諭以禍福，乃舉城降。暉約束軍士，無秋毫犯，自是曹、單等州皆聞風而下。

從攻壽春、歸德，及渡淮爲先鋒，遇重敵于秀州、蘇州，皆擊敗之，遂至餘杭。通糧餉，治橋道，暉之力爲多，乃還，載資治通鑑版以歸。大軍過江寧，徙其官民北渡，時暑多疾疫，老弱轉死道路，其知府陳邦光者訴于宗弼，怒將殺之，暉曰：「此義士也。」力營救之，竟得免。

富平之戰，暉在右翼，遇濘而敗，睿宗念其前功，杖而釋之。師至熙河，暉別降諸寨將鈐轄及吐蕃酋長等，并民戶萬五千餘。蘭州叛，與訛魯補等攻下之，獲河州安撫使白常、熙河路副都總管劉維輔以獻。還攻慶陽，兩敗重敵，殺其將戴巢。師還，遷歸德軍節度使。

宋州舊無學，暉爲營建學舍，勸督生徒，肄業者復其身，人勸趨之。屬縣民家奴王夔者，嘗業進士，暉以錢五十萬贖之，使卒其業，夔後至顯官。密州吏龐乙卒於官，其孤貧，不克葬，暉爲營治葬事，且資給其家。

十三年，復從大軍渡淮。還鎮，丁母憂，尋以舊職起復。既廢齊，爲安化軍節度使。天眷三年，復河南，宋人乘間陷海州，帥府以登、萊、沂、密四州委暉經畫，敵無敢窺其境者。爲定海軍節度使，尋改濟南尹，累遷光祿大夫。俄以罪罷，久之，起爲昌武軍節度使。天德二年，遷南京留守，尋改河南路統軍使，授世襲猛安，拜尚書右丞，封河內郡王。歲餘，拜平章政事，封戴王。正隆初，出爲興平軍節度使。正隆降王爵，爲樞密副使，封景國公。未幾，復爲左丞，封濟國公。尋除大興尹，封滎國公。薨，年六十五。大定間謚曰武康。子師直，登進士第。

大㚖本名撻不野，其先遼陽人，世仕遼有顯者。太祖伐遼，遼人徵兵遼陽，時㚖年二十餘，在選中。遼兵敗，㚖脫身走寧江。寧江破，㚖越城而逃，爲軍士所獲，太祖問其家世，因收養之。收國二年，爲東京奚民謀克。是時，初破高永昌，東京旁郡邑未盡服屬，使㚖伺察反側。有聞必達，太祖以爲忠實，授猛安，兼同知東京留守事。

取中、西兩京，隸闍母軍。遼軍二十萬來戰，吳王使㚖以本部守營，㚖堅請出戰，不許。或謂㚖曰：「戰，危事，獨苦請，何也？」㚖曰：「丈夫不得一決勝負，尙何爲。苟臨戰不捷，雖死猶生也。」吳王聞而壯之，乃遣出戰。既合戰，闍母軍少却，遼兵後躡之，㚖麾本部兵橫擊，殺數百人，由是顯名軍中。

天會三年，宗望伐宋，信德府居燕、汴之中，可駐軍以濟緩急，欲遂攻之，恐不能亟下，議未決。㚖獨率本部兵，選善射者射其城樓，別以輕銳潛升於樓角之間，遂克其城。明年，軍至濬州，〔六〕宋人已燒河橋，宗望下令，「軍中有能先濟者功爲上」。㚖捕得十餘舟，使勇悍者徑渡，擊其守者而奪其戍柵，由是大軍俱濟。

八月，再伐宋，〔七〕授萬戶，賜金牌。既破汴京，㚖爲河間路都統。已克河間，闍母怒其不早降，因縱軍大掠，㚖諫止之，已掠者官爲贖還。除河間尹，從攻襲慶府。先一日，㚖命軍士預備畚鍤及薪，既傅城，諸將方經營攻具，未鳴鼓，㚖軍有素備，遂先登。軍帥以㚖未鳴鼓輒戰，不如軍令，請罪㚖，朝廷釋弗問，仍例賞之。

宗弼伐江南，濟淮，宋將時康民率兵十七萬來拒，㚖率本部從擊，敗之。復以騎二千與當海擊敗淮南賊十萬，殺萬餘人，王善來降。將渡江，㚖軍先渡，舟行去岸尙遠，宋列兵江口，臬視其水可涉，則麾兵捨舟趨岸疾擊之，宋兵走，大軍相繼而濟。俄遇杜充兵六萬於江寧之西，臬與鶻盧補擊走之。師還，臬留爲揚州都統，經略淮、海、高郵之間。再爲河間尹，兼總河北東路兵馬。

十一年，入見，太宗賜坐，慰勞甚久，特遷太子太保，賜衣一襲、馬二匹及鞍轡鎧甲，改元帥右都監。齊國廢，臬守汴京。熙宗念臬久勞，降御書寵異之。天眷三年，罷漢、渤海千戶謀克，以臬舊臣，獨命依舊世襲千戶。是歲，拜元帥右監軍。

宗弼再伐宋，宋人稱臣乞和，遂班師，臬獨留汴，行元帥府事。皇統三年，加開府儀同三司。八年，進左監軍。天德二年，改右副元帥，兼行臺左丞。遷平章行臺省事，進行臺右丞相，右副元帥如故。海陵疑左副元帥撒离喝，以爲行臺左丞相，使臬伺察之，詔軍事不令撒离喝與聞。撒离喝不知海陵意旨，每與臬爭軍事不能得，遂與臬有隙。海陵竟殺撒离喝，召臬入朝，拜尚書右丞相，封神麓郡王。

四年，請老，爲東京留守。貞元三年，拜太傅，領三省事，累封漢國王。十二月，有疾，海陵幸其第問之。是歲，薨，年六十八。海陵親臨哭之，詔有司廢務三日，禁樂三日。其三日當賜三國使館燕，以不賜教坊樂，命左宣徽使敬嗣暉宣諭之。贈太師、晉國王，謚傑忠，遣使護喪歸葬。正隆奪王爵，贈太傅、梁國公。子磐。

磐本名蒲速越，以大臣子累官登州刺史，襲猛安。大定三年，除嵩州刺史，從僕散忠義伐宋有功。五年，召爲符寶郎，遷拱衞直都指揮使。

初，磐以伐宋功，進官一階，磐心少之，頗形于言。上聞之，下吏按問，杖一百五十，改左衞將軍。詔求良弓，磐多自取，及護衞入直者，輒以己意更代。護衞婁室告其事，詔點檢司詰問。磐有妹在宮中爲寶林，磐屬內侍僧兒員思忠使言于寶林曰，「我無罪，問事者迫我，使自誣服」。寶林訴于上，上怒，杖僧兒一百，磐責隴州防禦使。上戒之曰：「汝在近密，執迷自用，朕以卿父之功，不忍廢棄，姑令補外，其思勉之。」改亳州防禦使，遷武寧軍節度使，坐事除名。起爲韓州刺史，改祁州刺史，復坐事，削四官，解職。久之，尚書省奏「大磐以年當敍」，上曰：「剛暴之人，屢冒刑章，不可復用。太傅大臭，別無嫡嗣，其世襲猛安謀克，不可易也。」

阿离補，宗室子，系出景祖。屢從征伐，滅遼舉宋皆有功。天會九年，睿宗經略陜西，阿离補爲左翼都統，與右翼都統宗弼，撫定鞏、洮、河、西寧、蘭、廓等州軍，來賓、定遠、和政、甘峪、寧洮、安隴等城寨，及鎮、堡、蕃、漢營部四十餘處，漢官軍民蕃部酋長甚衆，於是涇原、熙河兩路皆平。詔以兄猛安沙离質親管謀克之餘户，以阿离補爲世襲謀克。

天會十二年，爲元帥右都監。十五年，遷左監軍。天眷三年，從宗弼復河南，遷左副元帥。皇統三年，封譚國公。六年，爲行臺左丞相，〔八〕元帥如故。是歲，薨。

大定間，大褒功臣，圖像衍慶宮。歡都死康宗時，不及與馳騖遼、宋之郊，然而異姓之臣莫先焉。故定衍慶亞次功臣：代國公歡都，金源郡王石土門，徐國公渾黜，鄭國公謾都訶，濮國公石古乃，濟國公蒲查，〔九〕韓國公斜卯阿里，元帥左監軍拔离速，魯國公蒲察石家奴，銀青光禄大夫蒙适，隨國公活女，特進突合速，齊國公婆盧火，開府儀同三司烏延蒲盧渾，儀同三司阿魯補，鎮國上將軍烏林荅泰欲，太師領三省事勗，太傅大臭，大興尹赤盞暉，金吾衛上將軍耶律馬五，驃騎衛上將軍韓常并阿离補咸著勳焉。子言、方，言別有傳。

方以宗室子累官京兆少尹，遷陝西路統軍都監。方專事財賄，不恤軍旅，詔戒之曰：「卿宗室舊人，乃縱肆敗法，惟利是營，朕甚惡之。自今至於後日，萬一爲之，必罰無赦。」大定三年，遷元帥右都監，轉元帥左監軍，改順天軍節度使，上曰：「卿本無功，歷顯仕，不能接僚友，往往交惡，在京兆貪鄙彰聞，至無謂也。朕念卿已過中年，必能悛改，慎勿復爾。」

除西南路招討使，朝廷以兵部郎中高通爲招討都監，以佐之。詔通曰：「卿到天德，毋以其官長曲從之也。簡閱沿邊士卒，毋用孱弱之人，毋以僕隸代役。女直舊風，凡酒食會聚，以騎射爲樂。今則弈碁雙陸，宜悉禁止，令習騎射。從其居處之便，亦不可召集擾之。」久之，方坐强買部人馬二匹，削一階，解職，降耀州刺史。通亦坐贓除名。方後遷横海軍節度使，入爲同簽大宗正事，簽書樞密院事。

初，阿魯補當授謀克，〔一〇〕未封而薨，烏帶受之。烏帶死，兀荅補襲之。兀荅補死，烏也阿補當襲。是時，已降海陵爲庶人，世宗以烏帶在熙宗逆黨中，其子孫不合受封，停封者久之，而阿离補功亦不可廢絶，特詔方襲之云。

贊曰：斜卯阿里、突合速、烏延蒲盧渾、赤盞暉、大臭、阿离補等六人，皆收國以來所謂熊羆之士、不二心之臣也，其功有可録者焉。

校勘記

〔一〕大臭本名撻不野　「撻不野」原作「塔不也」，同音異譯。今與傳文統一。又下目「阿离補」「离」

原作「里」。今亦與傳文統一。

〔二〕散篤魯　按上文作「散賭魯」，蓋同音異譯。

〔三〕天會六年　原脫「天會」二字。按本書卷三太宗紀，天會六年「七月乙巳，宋主遣使奉表請和，詔進兵伐之」。今據補。

〔四〕睿宗爲右副元帥　「副」原作「輔」。按本書卷一九世紀補，記睿宗云，「天會五年，宗望薨，帝爲右副元帥」。今據改。

〔五〕後家來州　「來」原作「萊」，今改正。參見本書卷七五校記〔三〕。下同。

〔六〕明年軍至濬州　「明年」二字原在下文「由是大軍俱濟」之下，今據本書卷三太宗紀天會四年春「大臭攻下濬州」移改。

〔七〕八月再伐宋　「八月」原作「明年」。按「明年」二字已移至上文「軍至濬州」之前。又本書卷三太宗紀，再伐宋在八月，今據補「八月」二字。

〔八〕六年爲行臺左丞相　按本書卷四熙宗紀，皇統六年「三月壬申，以阿离補爲行臺右丞相」，四月「戊午，行臺右丞相阿离補薨」，皆作「行臺右丞相」。卷五九宗室表，「阿魯補，係出景祖，行臺左丞相」。卷一三二烏帶傳，「行臺左丞相阿魯補子也」。則與此同。

〔九〕濟國公蒲查　按本書卷五九宗室表作「蒲察齊國公」。

〔一〇〕初阿魯補當授謀克　「阿魯」下原脫「補」字。按本書卷一三二烏帶傳，「言本名烏帶，行臺左丞相阿魯補子也」。又「大定六年，以阿魯補謀克授兀荅補」。知「阿魯」下當有「補」字。今補據。

金史卷八十一

列傳第十九

鶻謀琶　迪姑迭　阿徒罕　夾谷謝奴　阿勒根沒都魯
黃摑敵古本　蒲察胡盞　夾谷吾里補　王伯龍　高彪
温迪罕蒲里特　伯德特离補〔一〕　耶律懷義　蕭王家奴
田顥　趙隇

鶻謀琶，术吉水斜卯部人也。性忠直寬厚，重節義，勇於戰。父阿鶻土，贈金吾衞上將軍。

穆宗時，鶻謀琶內附，先遣子寧吉從間道送款。遂使活里疃與鶻謀琶合軍攻降諸部，因領其衆，與弟胡麻谷、渾坦、姪阿里等攻下諸城，從撒改破塢塔城，穆宗屢賞之。破高麗戍兵。與石適歡討平諸部。蒲察部雅里孛堇與其兄弟胡八、雙括等欲叛歸遼，鶻謀琶執之，送于康宗，賜賚甚厚。破高麗曷懶甸及下阤魯城有功。天輔六年卒，年七十二。天眷中，贈銀青光祿大夫。

迪姑迭，溫迪罕部人。祖扎古廼，父阿胡迭，世爲胡論水部長。迪姑迭年二十餘代領父謀克，攻寧江州，敗遼援兵，獲甲馬財物。攻破奚營，回至韓州，遇敵二千人，擊走之。斡魯古與遼人戰于咸州，兵已却，迪姑迭以本部兵力戰，諸軍復振，遂大破之。護步荅岡之役，乙里補孛堇陷敵中，〔三〕迪姑迭援出之。攻黃龍府，身被數創，授猛安。天輔七年，從上至山西，病卒，年四十七。天眷中，贈光祿大夫。

阿徒罕，溫迪罕部人。年十七從撒改、斡帶等討平諸部，皆身先力戰。高麗築九城于曷懶甸，斡塞禦之，阿徒罕爲前鋒。高麗有屯于海島者，阿徒罕率衆三十人夜渡，焚其營柵戰艦，大破之，遂下馳吉城。既而八城皆下，功最。遼兵自寧江州東門出，阿徒罕逆擊，盡殪之，以功授謀克。從攻黃龍府，力戰，身被數十創，竟登其城。後與烏論石準援照散城，阿徒罕請乘不備急擊之，遂夜過益褪水，詰朝，大敗之，斡魯上其功，賜幣與馬。

天輔四年五月疾病，賜良馬一匹，詔曰：「汝安則乘之。」年六十五卒。上悼惜之，遣使弔祭，以馬爲贈。阿徒罕爲人孝弟，好施惠，健捷善弋獵，至角觝、擊鞠，咸精其能。

夾谷謝奴，隆州納魯悔河人也。國初，祖阿海率所部來歸，獻器用甲仗。父不剌速，襲本部勃堇，從太祖伐遼，授世襲猛安，親管謀克，爲曷懶路都統。

謝奴，其長子也。長身多髯，善騎射，通女直、契丹大小字及漢字。旣冠，隨其父見太祖，命佩金牌，總領左翼護衞。

西京未下，謝奴獲城中生口，乃知城中潛遣人求救於外，都統府得爲之備，却其救兵，西京乃下。自燕京還，過判泥恩納阿，遇敵於隘。謝奴身先士卒，射殺敵中先鋒二人，敵潰走，總管蒲魯虎以甲及馬贈之。後領其父猛安，從攻和尙原，出仙人關，宋兵據險，猛安雛訛只突戰不克，謝奴選麾下五十人戰，克之。與吳玠相拒，烏里雅行陣不整，吳玠乘之，謝奴領兵逆戰，遂大破敵。計前後功，襲其父猛安謀克。

宗弼復取河南、陝西，宋人欲潛兵襲取石闉諸營，謝奴自渭南大禹鎭掩其伏兵，射中其軍帥，宋兵敗走，多獲旗幟兵仗，帥府厚賞之。除華州防禦使。改平涼尹、昭義軍節度使。大定初，入爲工部侍郎，遷本部尙書。卒。

阿勒根沒都魯，上京納鄰河人也，後徙咸平路梅黑河。雄偉美鬚髯，勇毅善射。國初伐遼，沒都魯在軍中，領謀克猛安，每遇敵，往來馳突，人莫敢當，故所戰皆克。皇統元年，計功擢宣威將軍。明年，授同知通遠軍節度使，改移剌都乣詳穩。授世襲本路寧打渾河謀克。爲滑州刺史，改肇州防禦使、蒲與路節度使，遷驃騎上將軍。累官金吾衞上將軍。是歲，以年老致仕，卒。〔三〕年七十三。

黃摑敵古本，世居星顯水。從破寧江，取咸州，平東京路及諸山寨柵，皆有功。從麻吉破遼將和尙節使兵七千於上京，復破那野軍二萬。再從麻吉遇敵於阿鄰甸，麻吉被創，不能戰，敵古本率兵擊敗之，剿殺殆盡。從攻回鶻城，破其兵九萬，敗木匠直撒兵於山後，俘獲甚衆。敗昭古牙之兵三千，獲其家屬而還。攻平州張覺，吾春被圍於西山，敵古本引兵救之，解其圍，幷獲糧五千斛，招降戶口甚衆。從平興中，撫安其民人。天會間，大軍伐宋，敵古本從取濬、開德、大名，及取濟南、高唐、棣、密等州。皇統間，以功襲謀克，移屯於壽光縣界爲千戶。六年，授世襲千戶，棣州防禦使。卒。

蒲察胡盞，案出滸水人。年十八從軍，其父特厮死，襲爲謀克。天輔間，夏以兵三萬出天德路，胡盞從婁室迎戰，以兵三百，敗敵二千。天會三年，大軍攻太原，城中出兵萬餘來戰，胡盞以所領千戶軍擊之，復敗敵兵三萬餘於榆次境。六年，從婁室攻京兆，以所部兵屢與宋人接戰，皆先登有功。七年，取邠州，遇宋人二十餘萬，我軍右翼少却，時胡盞爲左翼千戶，摧鋒陷陣，敵遂敗去。敗張浚富平復有功。十三年，擊關師古〔四〕於臨洮衆三萬餘。從攻涇州，從破德順、秦、鞏、臨洮、河、蘭等州，破吳璘兵，胡盞皆有力焉。授德順州刺史，改隴州防禦使，鳳翔尹。卒，年五十五。

夾谷吾里補，暱土渾河人，從天德。父兀屯，討烏春、窩謀罕有功。吾里補隸婁室帳下，攻係遼女直，招降太彎照三等。從婁室救斡魯古于咸州，〔五〕敗遼兵于押魯虎城。遼軍營遼水，吾里補五謀克軍乘夜擊之，遼軍驚潰，殺獲幾盡。

斡魯伐高永昌，吾里補以數騎奮擊于遼水之上，復以四十騎伏于津要，遇其候騎，擊之，獲生口，因盡知永昌虛實。太祖嘉之，賞奴婢八人。永昌駐軍於兎兒陁，先據津要，軍不得渡。吾里補與撒八射殺其先鋒二人，永昌衆稍却，大軍遂渡遼水。及攻廣寧，軍帥選勇士先登，吾里補與赤盞忽沒渾各領所部，突入其陣，大軍繼之，遂拔廣寧。

太祖攻臨潢，吾里補面被重創，奮擊自若，賞以遼宮女二人。遼王杲已取中京，〔六〕吾里補以四十騎覘敵，獲遼候舌人，因知遼主所在。後從都統斡魯定雲中，從宗翰屯應州，遼軍在近境，吾里補以所部擊敗之。宗望伐宋，宋安撫使蔡靖詣吾里補降。婁室攻陝西，諸郡往往復叛，吾里補攻敗之。敗張浚軍于富平，吾里補先登，睿宗賞以金器名馬。遂以先鋒攻蘭州，下其城。加昭武大將軍，授世襲猛安。累官孛特本部族節度使，以老致仕，封芮國公。

吾里補多智略，膂力過人，雖甚老，勇健不少衰。大定初，劇賊嘯聚，出特鄙闕，吾里補率鄉里年少逆擊之，賊黨遂潰。事聞，賞賚甚厚。大定二十六年卒，一百有五歲。

王伯龍，瀋州雙城人也。遼末，聚黨爲盜。天輔二年，率衆二萬及其輜重來降，授世襲猛安，知銀州，兼知雙州。

四年，太祖攻臨潢，〔七〕伯龍與韓慶和以兵護糧餉，輓夫千五百人皆授甲，慶和已將兵行前，伯龍從糧居後，遇遼兵五千餘邀於路，伯龍率輓夫擊敗之，獲馬五百匹。六年，從攻下中京，〔八〕幷克境內諸山寨，爲靜江軍節度留後。天會元年，眞授節度使，從宗望討張覺於平州，〔九〕伯龍先登馳擊，手殺數十百人，遷右金吾衞將軍。白河之戰，伯龍當其左軍，麾兵疾馳蹂之，宋軍亂，我師乘勝奮擊敗之。

宗望伐宋，伯龍爲先鋒，次保州，遇敵五萬，破之，招降新樂軍民十餘萬。大軍圍汴，宋太尉何㮚以軍數萬出酸棗門，伯龍以本部遮擊，多所斬獲。及破汴，伯龍以治攻具有功。進破孔彥舟、酈瓊衆三萬於洺州。〔一〇〕

是年，同知保州兵馬安撫司事，將兵數千攻北平，拔之。復取保州、河間。睿宗經略山東，伯龍從攻青州，未下，城中夜出兵襲伯龍營，伯龍不及甲，獨被衣挺刃拒營門，敵不得入，因奮擊殺數十人。已而，軍士皆甲出，殺傷宋兵不可勝計，并獲其一將，斬之。及下青州，第功，伯龍第一。

六年，還攻莫州，降之，加太子少保、莫州安撫使。破李固寨衆十餘萬於濮州。濮城守，城中鎔鐵揮我軍，攻之不能剋。伯龍被重甲，首冠大釜，挺槍先登，殺守陴者二十餘人，大軍相繼而上，遂剋之。進攻徐州，伯龍復先登，充徐、宿、邳三路軍馬都統。敗高托山之衆十五萬餘於淸河。〔一一〕進擊韓世忠於邳州，走之，與大軍會於宿遷，追世忠至揚州。還攻泗州。泗州守將以城降。

屯軍嵫陽，破陳宏賊衆四十餘萬。破黃戩於單州。進攻歸德，軍帥遣伯龍立攻具，伯龍從二十餘騎行視地形，城中忽出兵千餘，欲生得伯龍，伯龍縱騎馳之，敵兵亂，墮隍而死者幾二百人。破王善之衆於巢縣，取廬州、和州，伯龍之功多。軍渡采石，擊敗岳飛、劉立、路尙等兵，〔三〕獲芻糧數百萬計。還過眞、揚，道遇酈瓊、韓世忠軍，復戰敗之。復爲莫州安撫，改知澤州。太行羣賊往往嘯聚，伯龍皆平之。

天眷元年，爲燕京馬軍都指揮使。從元帥府復收河南，權武定軍節度使，兼本路都統。宋兵據許州，伯龍擊走之，招復其人民。是年秋，泰安卒徒張貴驅脅良民，據險作亂，伯龍討平之。

皇統元年，以本部從宗弼南伐，攻破濠州而還。三年，爲武定軍節度使，改延安尹，寧昌軍節度使。天德三年，改河中尹，徙益都尹，封廣平郡王。卒，年六十五。正隆間，例贈特進、定國公。

高彪，本名召和失，辰州渤海人。祖安國，遼興、辰、開三鎭節度使。父六哥，左承制，官至刺史。彪始生，其父用術者言，爲其時日不利於己，欲不舉，其母爲營護。居數歲，竟逐之，彪匿於外家。遼人調兵東京時，六哥已老，當從軍，悵然謂所親曰：「吾兒若在，可勝兵矣。」所親具以實告，因代其父行。戰於出河店，遼兵敗走，彪獨力戰，軍帥見之曰：「此勇士也。」令生致之。斡魯攻東京，六哥率其鄉人迎降，以爲楡河州千戶。久之告老，彪代領其衆。

都統杲攻中京，彪領謀克，從斡魯破遼將合魯燥及韓慶民於高、惠之境。已而駐軍武安，合魯燥以勁兵二萬來襲，從斡魯出戰，與所部皆去馬先登，奮擊敗之。奚人負險拒命，所在屯結，彪屢戰有功。

宗望攻平州，彪徇地西北道，破敵，招降石家山寨。再從宗望伐宋，爲猛安。師次眞定，彪率兵士七十人，臨城築甬道，城中夜出兵焚攻具，彪擊走之。大軍圍汴，以五十騎屯於東南水門。宋人再以重兵出戰，彪皆敗之。師還，屯鎭河朔，復破敵於霸州，擒其裨將祝昂。河間夜出兵二萬襲我營壘，彪率三謀克兵擊敗之。

天會五年，授靜江軍節度使、壽州刺史。明年，伐宋，從帥府徇地山東，攻城克敵，數被重賞。七年，師至睢，彪以所部招誘京西人民。次柘城縣，〔一三〕其官吏出降，彪獨與五十餘騎入城。繼而城中三千餘人復叛，彪率其衆力戰敗之，撫安其民而還。

從梁王宗弼襲康王，至杭州。師還，宋將韓世忠以戰艦數百扼於江北。宗弼引而西，將至黃天蕩，敵舟三十餘來逼南岸，其一先至者載兵士二百餘，彪度垂及，以鈎拽之，率勇士數十，躍入敵舟，所殺甚衆，餘皆逼死於水中。

明年，從攻陝西，師至寧州，彪與宗人昂率兵三千取鄜州。始至，有來降者言，「城東北隅守兵將謀爲內應」。彪即夜從家奴二人以登，左右守者覺之，彪與從者皆殊死戰，諸軍繼進，遂克其城。從攻和尚原及仙人關。與阿里監護漕糧幷戰艦至亳州，宋人以舟五十艘阻河路，擊敗之，擒其將蕭通。擊漣水賊水寨，進取漣水軍，其官民已遁去，悉招降之。彪勇健絕人，能日行三百里，身被重鎧，歷險如飛。及臨敵，身先士卒，未嘗反顧，大小數十戰，率以少擊衆，無不勝捷。

齊國旣廢，攝滕陽軍以東諸路兵馬都統，撫諭徐、宿、曹、單，滕陽及其屬邑皆按堵如故。爲武寧軍節度使，頗黷貨，嘗坐贓，海陵以其勳舊，杖而釋之。改沂州防禦使，〔一四〕歷安化、安國、武勝軍節度使，遷行臺兵部尚書，改京兆尹，封郜國公。以憂去官，起復爲武定軍節度使，歸德尹。正隆例授金紫光祿大夫。久之致仕，復起爲樞密副使、舒國公，賜名彪。卒年六十七，謚桓壯。彪性機巧，通音律，人無貴賤，皆溫顏接之。

溫迪罕蒲里特，隆州移离閔河胡勒出寨人也。〔一五〕魁梧美髯，有謀略，以智勇聞。都統杲取中京，蒲里特權猛安，領軍五千，遇契丹賊萬餘，與戰敗之。出袞古里道，敗敵八千餘。至臘門華道，復以伏兵敗敵萬人。太祖定燕，自儒州至居庸關，執其喉舌人。有頃，賊三千餘人復寇臘門華道，蒲里特整隊先登，賊識其旗幟，望風而遁，遂奮擊之，親執賊帥。

皇統元年，從梁王宗弼伐宋，留軍唐州。敵衆奄至，蒲里特擊之，大名軍萬四千號二十萬，蒲里特率親管猛安，身先士卒，衝擊，敵少却，乃張左右翼併擊之，敵衆散走。而別遇兵二萬來援，復以兵三千擊走之。時邳州土賊嘯聚，幾二十萬，蒲里特軍三千，分爲數隊急攻之，賊潰去。南京路遇敵軍二萬，蒲里特以軍三千擊敗之。是日，有兵自城中出者，復擊敗之。

皇統二年，遷定遠大將軍，同知鳳翔尹。六年，改京兆尹，轉寧州刺史，改西北路招討都監，遷永定軍節度使。海陵南征，改武衛軍都總管。大定三年，授開遠軍節度使，改泰寧軍。卒。十九年，以功授其子兀帶武功將軍、本猛安奚出痕世襲謀克。

伯德特離補，奚五王族人也，遼御院通進。天會初，與父撻不也歸朝，授世襲謀克，後以京兆尹致仕。

特离補招降松山等州未附軍民，及招降平州、薊州境內，督之耕作。宗望伐宋，特离補爲軍馬猛安，與諸將留，規取保、遂、安三州。攻安肅軍，河間、雄、保等兵十餘萬來救，特离補率所部先戰，大軍繼之，大破其兵，遂拔安肅。特离補攝通判事，降將胡愈陰結衆謀亂，特离補勒兵擒愈及其衆五十餘人。安肅軍改爲州，就除同知州事。改磁州，捕獲太行羣盜。元帥府以磁、相二州屯兵屬之，擒王會、孫小十、苗清等，羣盜遂平。遷濱州刺史，廉入優等。以母憂去官，起復本職，改涿州刺史。

入爲工部郎中，從張浩營繕東京宮室。及田瑴黨事起，朝省爲之一空，特离補攝行六部事，遷大理卿，出爲同知東京留守。天德三年，復爲大理卿，同知南京留守。丁父憂，起復洛州防禦使。正隆盜起，州縣無兵，不能禦。洛舊有河附于城下，特离補乃引水注濠中以爲固，盜弗能近，州賴以安。遷崇義軍節度使，未幾，告老歸田里，卒。

特离補爲人孝謹，爲政簡靜不積財，常曰：「俸祿已足養廉，衣食之外，何用蓄積。」凡調官，行李止車一乘、婢僕數人而已。

耶律懷義本名孛迭，遼宗室子。年二十四，以戰功累遷同知點檢司事。宗翰已取西京，遼主謀奔于夏，懷義諫止之，不見聽，乃竊取遼主廐馬來降。

太祖自燕還師，留宗翰、斡魯經略西方，懷義領謀克從軍。天會初，帥府以新降諸部大小遠近不一，令懷義易置之，承制以爲西南路招討使。乃擇諸部衝要之地，建城市，通商賈。諸部兵革之餘，人多匱乏，自是衣食歲滋，畜牧蕃息矣。

從宗翰伐宋，降馬邑，破雁門，屯兵，進攻太原，以所部別降清源縣徐溝鎮，遂與諸將列屯汾州之境。時河東、陝西路兵來救太原，劉光世、折可求棚于文水西山，懷義捕得生口，盡知宋兵屯守要害，乃分兵襲敗之。

明年，再伐宋，從婁室取汾州及其屬邑，遂過平陽，出澤、潞以趨河陽，所至皆降。及大軍圍汴，懷義屯京西，汴城既下，宋兵之出奔者，邀擊盡之。從攻鄭、鄧州及討平鄭州叛者，攻下濮州及雷澤縣，從破大名、東平府、徐、兗等州，皆有功。七年，還鎭。十年，加尚書左僕射，改西北路招討使。

懷義在西陲幾十年，撫御有恩，及去，老幼遮道攀戀，數日不得發。天眷初，爲太原尹，治有能聲。改中京留守。從宗弼過烏納水，還中京，以老乞致仕，不許。改大名尹，命不赴治所，止以俸傔給之。每歲春水扈從，餘聽自便。明年，再請老得謝，給俸傔之半。海陵卽位，封漆水郡王，進封莘王。久之，進封蕭王。正隆例封景國公。

其子神都斡爲西北路招討都監，迎侍之官。神都斡從海陵南征，懷義卒于雲中，年八十二。

蕭王家奴，奚人也，居庫党河。爲人魁偉多力，未冠仕遼，爲太子率府率。天輔七年，都統杲定奚地，王家奴率其鄉人來降，命爲千戶領之。奚王回离保既死，其親黨金臣阿古者猶保撒葛山，王家奴與突撚往討之，生擒金臣阿古者，降其餘衆。時平、灤多盜，王家奴以所部屢破賊兵，斬馘執俘，數被賞賚。

宗望伐宋，敗郭藥師於白河，亦與有功。至河上，宋兵扼津要，與諸將擊敗之。進圍汴，破其東門兵。明年，再伐宋，宗望軍至中山，諸門分兵出戰，焚我攻具，祁州、〔一六〕河間各以兵來援，皆敗之。

師還，屯鎭河朔。濱州賊葛進聚衆數萬臨淄，孛堇照里以騎兵二千討之，王家奴領謀克先登，力戰大破其衆。

明年，攻滄州，宋兵拒戰，復從照里擊走之。宋將徐文以舟百艘泊海島，卽以商船十八進襲，斬首七百級，獲舟二十。

天會八年，除靜江軍節度使，授世襲千戶。從梁王宗弼征伐，爲萬戶，還爲五院部節度使。天德二年，改烏古迪烈招討都監，卒。

田顥字默之，興中人。遼天慶八年進士，歷官金部員外郎，權歸德節度使。太祖定燕，顥擧四州版圖歸朝，加都官郎中，權節度使事，四遷知眞定府事。招降齊博、游貴等賊衆五千餘人。已而，貴復叛去，顥遣齊博僞叛從貴，因令伺間殺之，降其衆，賊壘悉平。三遷行臺左丞、彰德軍節度使。是時，新定力役，顥蠲籍之半而上之，故相之繇賦比他州獨輕。徙同知河北東路都總管，改同簽燕京留守司事，民遮留不得出，易服夜去。改河東南路轉運使，尋改絳陽軍節度使。居三年，以疾請謝事，徑解印歸。數奏不允，移鎮振武軍。入爲刑部尚書，居三月請老，卒于家。

趙瞡字德固，遼陽人。其婦翁以優伶得幸於遼主，瞡補閤門祗候，累遷太子左衞率。後居灤州。宗望討張覺，瞡踰城出降，授洛苑副使，爲灤州千戶。遷洛苑使，檢校工部尚書。

從伐宋，至汴，遷棣州刺史、侍衞步軍都虞候。及再伐宋，攻眞定與有功，改商州刺史，檢校尚書右僕射。五年，同知信德府路統押軍兵，兼沿邊安撫司事。明年，權知濟州事。八年，從定河南，授隴州團練使。十年，改知石州。瞡久在兵間，不善治民，坐謗議，謫監平州甜水鹽。

齊國廢，河南皆以宿將守之，授瞡宿州防禦使，統本路軍兵。瞡重義，接儒士。嘗以事至汴，有故人子負官錢百萬，瞡以橐金贈之，其子悉爲私費，復代輸之。頃之，有訟徐帥不法者，朝廷使臧鞫治，臧委曲營護，坐是廢罷，寓居於燕。海陵出領行臺省，至燕，臧往見之，因訴其事。及海陵卽位，起爲保大軍節度使。貞元初，改內省使。未幾，爲中都路都轉運使。明年，再徙順義、興平，入爲太子詹事，鎭沁南，以疾卒，年六十六。

後十餘年，臧子孫、司徒張通古子孫皆不肖淫蕩，破貲產，賣田宅。世宗聞之，詔曰：「自今官民祖先亡沒，子孫不得分割居第，止以嫡幼主之，毋致鬻賣。」仍著于令。

校勘記

〔一〕伯德特离補　「离」原作「里」。今與傳文統一。又下目「田顥」原作「田灝」。今亦與傳文統一。

〔二〕護步荅岡之役乙里補孛堇陷敵中　按「乙里補」，本書卷二太祖紀收國元年十二月條作「阿离本」。

〔三〕累官金吾衞上將軍是歲以年老致仕卒　「累官金吾衞上將軍」八字，原在「卒」字下，今據文義乙正。

〔四〕十三年擊關師古　按宋史卷二七高宗紀，紹興四年三月「丙子，以關師古爲熙河蘭廓路安撫制置使」。夏四月甲午，「關師古叛，以洮、岷二州降僞齊」。胡盞之擊關師古當在此時。紹興四年是天會十二年，則「十三」當是「十二」之誤。

〔五〕從婁室救斡魯古于咸州　「咸」原作「威」。按本書卷七一斡魯古傳，「與遼都統實婁戰于咸州西，敗之，斬實婁于陣。與婁室克咸州」。又卷七二婁室傳，「進兵咸州，克之」。今據改。

〔六〕遼王杲已取中京　「王」原作「主」。按本書卷一九世紀補，贊有「遼王杲取中京」語。卷五九宗室表，「杲，本名斜也，遼王」。今據改。

〔七〕四年太祖攻臨潢　「四」原作「三」。按本書卷二太祖紀，天輔四年「四月乙未，上自將伐遼」。五月「壬子，至上京」。「甲寅，亟命進攻」。今據改。

〔八〕六年從攻下中京　「六」原作「四」。按本書卷二太祖紀，天輔六年正月「乙亥，取中京」。今據改。

〔九〕天會元年眞授節度使從宗望討張覺於平州　「天會元年」原作「五年」，無「天會」二字。按本書卷三太宗紀，天會元年十一月「壬子，命宗望問闍母罪，以其兵討張覺。庚午，宗望及張覺戰于南京東，大敗之」。今據補「天會」二字，改「五年」爲「元年」。

〔一〇〕進破孔彥舟酈瓊衆三萬於洛州　「洛」原作「沼」，據殿本改。

〔一一〕敗高托山之衆十五萬餘於清河　「十五萬餘」原作「十五餘萬」，據文義乙正。

〔一二〕擊敗岳飛劉立路倘等兵　「兵」原作「岳」，據殿本改。

〔一三〕次柘城縣　原脫「城」字。按本書卷二五地理志，南京路睢州有柘城，今據補。

〔一四〕改沂州防禦使　「沂」原作「忻」。按金石萃編卷一五四，沂州府普照寺碑後題銜「奉國上將軍、行沂州防禦使事、兼管內安撫使、統押沂海路萬戶兵馬高召和式」。高召和式即高彪，「召和式」本卷作「召和失」，蓋同音異譯。今據改作「沂州」。

〔一五〕隆州移离閔河胡勒出寨人也　「河」原作「阿」。按本書卷六七溫敦蒲剌傳有「隆州移里閔河」，今據改。

〔一六〕祁州　「祁」原作「沂」。據本書卷二五地理志改。

金史卷八十二

列傳第二十

郭藥師，渤海鐵州人也。遼國募遼東人爲兵，使報怨于女直，號曰「怨軍」，藥師爲其渠帥。斡魯古攻顯州，敗藥師于城下。遼帝亡保天德，耶律捏里自立，改「怨軍」爲「常勝軍」，擢藥師諸衞上將軍。揑里死，其妻蕭妃稱制，藥師以涿、易二州歸于宋。藥師以宋兵六千人奄至燕京，甄五臣以五千人奪迎春門，皆入城。蕭妃令閉城門與宋兵巷戰。藥師大敗，失馬步走，踰城以免。宋人猶厚賞之。

太祖割燕山六州與宋人，宋使藥師副王安中守燕山。及安中不能庇張覺而殺之，函其首以與宗望，藥師深尤宋人，而無自固之志矣。宗望軍至三河，藥師等拒戰于白河。兵敗，藥師乃降。宗望遂取燕山。

太宗以藥師爲燕京留守，給以金牌，賜姓完顏氏。從宗望伐宋，凡宋事虛實，藥師盡知之。宗望能以懸軍深入，駐兵汴城下，約質納幣，割地全勝以歸者，藥師能測宋人之情，中其肯綮故也。及兩鎭不受約束，命諸將討之，藥師破順安軍營，殺三千餘人。海陵卽位，詔賜諸姓者皆復本姓，〔一〕故藥師子安國仍姓郭氏。

郭安國，藥師子也。累遷奉國上將軍、南京副留守。貞元三年，南京大內火，海陵使右司郎中梁銶、同知安武軍節度事王全按問失火狀。留守馮長寧、都轉運使左瀛各杖一百，除名。安國及留守判官大良順各杖八十，削三官。火起處勾當官南京兵馬都指揮使吳濬杖一百五十，除名。失火位押宿兵吏十三人並斬。諭之曰：「朕非以宮闕壯麗也。自卽位以來，欲巡省河南，汝等不知防慎，致外方姦細，燒延殆盡。本欲處爾等死罪，特以舊人寬貸之。押宿人兵法當處死，疑此輩容隱姦細，故皆斬也。」

安國性輕躁，本無方略。海陵將伐宋，以安國將家子，擢拜兵部尚書，改刑部尚書。軍興，領武捷軍都總管，與武勝、武平軍爲前鋒。海陵授諸將方略，安國前奏曰：「趙構聞王師至，其勢必逃竄。臣等不以遠近，追之獲而後已，但置之何地？」海陵大喜曰：「卿言是也。得構卽置之寺觀，嚴兵守之。」及聞世宗卽位，海陵謀北還，更置浙西道兵馬都統制府，以完顏元宜爲都統制，〔三〕安國副之。及海陵遇弒，衆惡安國所爲，與李通輩皆殺之。

贊曰：郭藥師者，遼之餘孽，宋之厲階，金之功臣也。以一臣之身而爲三國之禍福，如是其不侔也。魏公叔痤勸其君殺衞鞅，豈無所見歟。

耶律塗山系出遙輦氏，在遼世爲顯族。塗山仕至金吾衞大將軍、遙里相溫。遼帝奔天德，塗山以所部降，宗翰承制授尚書，爲西北路招討使。宗翰伐宋，塗山率本部爲先鋒。至汾州，遇宋將折家軍，請濟師併力破之。從攻太原、隆德府，從入汴，克洛陽。及從婁室平陝右。天會七年，授太子少保。十年，遷尚書左僕射。致仕，卒，年九十一。正隆例贈特進、鄗國公。

烏延胡里改，曷懶路星顯水人也。後授愛也窟謀克，因家焉。從闍母圍平州，有功。及伐宋，圍汴，五謀克與宋兵萬人遇于城南，胡里改先馳擊敗之，元帥府遂賞良馬一匹。帥府賞牛三十頭、馬一匹。天會五年，〔三〕攻宗城縣，敵棄城走恩州，胡里改追殺千餘人，獲車四百兩。七年，討泰山羣盜，平之，毀其營柵。兗州羣寇三千餘保據山險，胡里改復破之。賞牛二十二頭、馬四匹。八年，攻廬州，至柘皐鎮，胡里改領甲士三十爲前鋒，執宋所遣持書與劉四廂錡者七人。復以先鋒軍攻和州，比至含山縣五里，獲甲士二人，乃知宋三將將兵且至，胡里改伏其軍，遂獲姚觀察。帥府賞馬二匹。九年，定陝右，胡里改以所部遇敵千人，敗之，生擒甲士一人，盡得敵之虛實。又從蒲魯渾徇地熙秦，敗敵兵二千於秦州，賞馬一匹。宋人屯襄陽府，監軍按補遣胡里改領四猛安往攻之。宋兵三千已渡江，方營壁壘，乘其未就，突戰破之。梁王宗弼復河南，將攻陳州，遣胡里改以甲士三十捕偵候人。至蔡州西，遇兵八十餘，戰敗之，獲南頓縣令。及攻陳州，夜將四更，忽聞敵開門潰走，胡里改亟領二謀克軍追及之，而猛安突葛速亦領軍繼至，大敗之。皇統二年，遷定遠大將軍。八年，授臨洮少尹，兼熙秦路兵馬副都總管。九年，改同知京兆尹，兼本路兵馬都總管。天德，改同知平陽尹，兼河東南路兵馬都總管。貞元三年，改同知曷懶路總管。大定四年，授胡里改節度使。七年，改歸德軍節度使。〔四〕十年，移鎮顯德。卒官，年六十九。十九年，詔授其子五十六武功將軍，世襲本路婆朵火河謀克。

烏延吾里補，曷懶路禪嶺人也。從大名路。天會中，從其父達吉補隸元帥右監軍麾下。撻懶以事赴闕，以達吉補自隨。吾里補領其父謀克，從大軍攻滄州。方夷濠隍，城中兵來拒，吾里補以本部擊却之。王師下青州，力戰有功，獲馬百匹以獻，降獲賊黨甚衆。青州戍將覩吉補以萊州兵衆，請濟於帥府。吾里補將十二謀克兵往救之。遂降其四營，拔其一營，得戶四千。又敗賊兵五萬于恩州，攻破其營，降戶五萬，獲牛畜萬餘。將至臨清縣，遇敵兵三千，又敗之，俘獲甚衆，生擒賊首以獻。帥府嘉其功，以奴婢百、牛三十賞之。時覩吉補敗于恩州之境，吾里補復以兵四千往救之，破敵萬餘。宋兵十萬在單父間，總管宗室移剌屋選步卒一萬、騎兵四千往討之。吾里補領其親管謀克以從，遇敵先登，力戰有功。大軍經略密州，吾里補將兵二千爲前鋒，遇敵萬人于高密，遂敗其衆，追至城下，殺戮殆盡，獲馬牛三千餘。吾里補與孛太欲敗賊王義軍十餘萬于州南。是夜，賊兵數千來襲營，吾里補以兵橫擊走之。後從大軍攻楚、揚、通、泰等州。天眷二年，襲其父世襲猛安，授寧遠大將軍。皇統七年，益以親管謀克。天德三年，除同知歸德尹。正隆初，爲唐古部族節度使。大定二年，爲保大軍節度使。是歲改鎭通遠。是時，宋軍十萬餘入河、隴，〔五〕據險要，攻郡邑。元帥左都監合喜奏益兵。詔益兵七千，遣吾里補與彰化軍節度使宗室璋等七人偕往，以備任使。進階龍虎衞上將軍。卒于軍中。

蕭恭字敬之，乃烈奚王之後也。父翊，天輔間歸朝，從攻興中，遂以爲興中尹。師還，以恭爲質子。宗望伐宋，翊當領建、興、成、川、懿五州兵爲萬戶，軍帥以恭材勇，使代其父行，時年二十三。至中山，宋兵出戰，恭先以所部擊敗之。經山東，及渡淮，襲康王，皆在軍中。

師還，帥府承制授德州防禦使，奚人之屯濱、棣間者，皆隸焉。改棣州防禦使。皇統間，改同知橫海軍節度使。丁父憂，起復爲太原少尹，用廉，遷同知中京留守事。累遷兵部侍郎，授世襲謀克。坐問禁中起居狀，決杖，奪一官。貞元二年，爲同知大興尹。歲餘，遷兵部尚書，爲宋國生日使。以母憂去官，起復爲侍衞親軍馬步軍都指揮使。正隆四年，〔六〕遷光祿大夫，復爲兵部尚書。

是歲，經畫夏國邊界，還過臨潼，失所佩金牌。至太原，憂恚成疾。時已具其事驛聞於朝，海陵復命給之，仍遣諭恭曰：「汝失信牌，亦猶不謹。朕方俟汝，欲有委使，乃稱疾耶？必以去日身佩信牌，歸則無以爲辭，欲朕先知耳。」使至，恭已疾篤，稽顙受命，俄頃而卒。海陵方遣使與其子護衞九哥馳視，乃戒府官使善護之，至保州，已聞訃矣，海陵深悼惜之。命九哥護喪以還，所過州府設奠。喪至都，命百官致祭。親臨奠，賻贈甚厚，幷賜廄馬一。謂九哥曰：「爾父銜命，卒於道途，甚可悼惜。朕乘此馬十年，今賜汝父，可常控至柩前。既葬，汝則乘之。」

完顏習不主，年十六，從伐宋，攻下懷仁縣，功居最。從睿宗經略陝西，以兵七百人入丹州諸山，遇盜三千，擊敗之。又破賊四千，生擒其將帥。出隴州，以兵四百敗敵數千。宋兵七千來取鞏州，復擊走之。又以五千兵敗吳玠之衆三萬。白塔口遇敵五千，復敗之。別降定遠等寨。皇統二年，授同知臨洮尹，以憂去官。未期，以舊職起復，改孟州防禦使，遷臨洮尹。復以罪罷。正隆三年，起爲京兆尹，改河南尹。卒，年五十八。

紇石烈胡剌，晦發川唵敦河人，徙西北路。識契丹字，爲帥府小吏。梁王宗弼復陝西，久不通問。睿宗在燕京，遣胡剌往候之。是時，宗弼自鳳翔攻和尚原，使胡剌視彼中地形，修道築城。天會十二年，〔七〕往濱州密訪南邊事體，及觀劉豫治齊狀，盡得其虛實。睿宗甚嘉之。

皇統初，從宗弼渡淮，及下廬、和二州，大破張浚、韓世忠等軍。遣胡剌馳奏，賞以金盂、重綵五端、絹五匹。七年，授同知景州軍州事，以廉，加忠武校尉。天德初，以監察御史分司行臺，歷同知濟州防禦使事，入爲監察御史。秩滿再任。大定二年，遷刑部員外郎，與御史大夫白彥敬往西北部族市馬。累轉泗州防禦使，三遷蒲與路節度使，移寧昌軍，卒。

耶律恕字忠厚，本名辱里，遼橫帳秦王之族也。爲人謹愿有志，喜讀書，通契丹大小字。與耶律高八來歸。婁室問高八曰：「與爾同來者，誰可任用治軍旅事？」高八對曰：「耨里可。」

婁室與宗翰伐宋，恕隸前鋒，取和尙原，攻仙人關，特爲睿宗所知，再除太原、眞定少尹。撒离喝辟署陝西參謀，委以軍務，遷行臺兵部侍郎，再遷尙書左司郎中。海陵爲平章政事，謂恕曰：「君亦有黨乎？」恕正色曰：「窮則獨善其身，達則兼善天下。不以其道得之，非恕之志也。何朋黨之有。」海陵徐曰：「前言戲之耳。」久之，爲沁南軍節度使，遷行臺工部尙書。行臺罷，改安國軍節度使，爲參知政事。以疾求解，爲興中尹，入爲太子少保。正隆元年，致仕。封廣平郡王。薨，年六十九。二年，例贈銀青光祿大夫。

郭企忠字元弼，唐汾陽王子儀之後。郭氏自子儀至承勳，皆節鎭北方。唐季，承勳入于遼，子孫繼爲天德軍節度使，至昌金降爲副使。

企忠幼孤，事母孝謹。年十三，居母喪，哀毀如成人。服除，襲父官，加左散騎常侍。天輔中，大軍至雲中，遣耶律坦招撫諸部。企忠來降。軍帥命同勾當天德軍節度使事，徙所部居于韓州。及見太祖，問知其家世，禮遇優厚，以白鷹賜之。

天會三年，伐宋，領西南諸部番、漢軍兵，爲猛安，從破雁門，屯兵，加桂州管內觀察留後，鎭代州。明年，賊楊麻胡等聚衆數千于五臺，企忠與同知州事迪里討平之。遷知汾州事。

是時，汾州初下，居民多爲軍士掠去，城邑蕭然。企忠詣帥府力請，願聽其親舊贖還。帥府從之。未幾，完實如故。石州賊閻先生衆數萬至城下，僚屬慮有內變，請爲備。企忠曰：「吾於汾人有德，保無他。」乃率吏民城守。會援至，合擊，破之。

六年，改靜江軍節度留後，遷天德軍節度使、汴京步軍都指揮使，累遷金吾衞上將軍。秩滿，權沁州刺史。到官歲餘，卒，年六十八。

烏孫訛論，善騎射，襲父撒改謀克，從蒙刮攻東京及廣寧，擊北京山賊，皆有功。蕭霸哲來攻恩州，訛論以六十騎偵之。逮夜，遇敵數百騎，掩擊之，生獲三人，知霸哲衆九萬且至，故蒙刮得以爲備，遂破霸哲。

宗望伐宋，已至汴，訛論破尉氏、中牟援兵，取其城。久之，以兵百五十人破敵一千於滄州西。明年，再伐宋。蒙刮戍開州，訛論以騎四百守河，復敗千餘人，斬首七百餘。宗弼渡淮，阿里先具舟于江上，聞王善兵扼其前。宗弼使訛論濟師敗王善于和州北。李成以兵七萬據烏江，訛論帥二千人直前敗之。宗弼遂渡江至江寧。

十五年，沂州賨防禦叛。訛論敗之，獲賨防禦。錄前後功，授猛安，加昭武大將軍。宗弼再取河南，訛論以五十騎敗楊家賊五百於徐州東。以功受賞，不可勝計。

天德二年，除唐州刺史，移淄州，遷石壘部族節度使。行至北京，病卒。

顏盞門都，隆州帕里干山人也。身長，美鬚髯。天會間，從其兄羊艾在軍中。方取汴京，其兄戰歿，遂擐甲代其兄充軍。睿宗定陝右，以門都為蒲輦，隸監軍杲親管萬戶，攻饒風關。至坊州，杲欲與總管蒲魯虎會於鳳翔，遣門都領六十騎先往期會。及還，備得地形險阨，賞銀五十兩。其後梁王宗弼駐軍山東，遣人詣陝西，特召門都至。令賷廢齊及安撫百姓詔書，往諭監軍宗室杲。門都既還，宗弼賞以良馬銀絹。事畢，復遣從杲。

天眷初，叛將定國軍節度使李世輔偽邀杲至私署，以獻甲為名，遂以兵劫執而去。門都突出，以告押軍猛安完顏撻懶，同率兵追及，首出與戰，杲由此得脫，以功遷明威將軍。復從杲招復陝西，進至鳳翔。齊國初廢，諸路多反覆不一。杲授門都牌劄，令往撫定。門都所至，多張甲兵，從者安之，違者討之，帖然無復叛者，杲甚嘉之。

皇統初，遷廣威將軍。四年，授同知通遠軍節度使事，改知保安軍事。天德三年，爲丹州刺史兼知軍事。正隆初，爲寧州刺史。

大定初，宋將吳璘等以軍數十萬人據秦、隴，元帥府承制以門都爲勇烈軍都總管，領軍討之。宋人保據德順。都監合喜遣武威軍副都總管夾谷查剌，會宗室璋，議征討之策。璋與門都曰：「須都監親至，敵必退矣。」合喜領軍四萬來赴，遂復德順州。明年，秦、隴平，以功遷金吾衞上將軍，授通遠軍節度使。

五年，改慶陽尹，兼本路兵馬都總管，卒于官。十九年，錄功，以子六哥世襲本路曷懶兀主猛安敵骨論窟申謀克，授武功將軍。

門都性忠厚謹慤，安置營壁，尤能愼密。有敵忽來，雖矢石至前，泰然自若，麾號令士卒如平時，由是人益安附，而功易成焉。

僕散渾坦，蒲與路挾懣人也。身長七尺，勇健有力，善騎射。年十六，從其父胡沒速征伐。初授修武校尉，爲宗弼扎也。天眷二年，與宋岳飛相拒。渾坦領六十騎，深入覘伺，至鄜陵，敗宋護糧餉軍七百餘人，多所俘獲。皇統九年，除慈州刺史，再遷利涉軍節度使，授世襲濟州和术海鸞猛安涉里斡設謀克。貞元初，以憂去官。起復舊職，歷泰寧、永定軍，改咸平尹。

海陵殺渾坦弟樞密使忽土，召渾坦至南京。既見，沈思久之，謂之曰：「汝有功舊，不因忽土得官，以此致罪，甚可矜憫。」遂釋之。改興平軍節度使。世宗即位，以爲廣寧尹。窩斡反，爲行軍都統，與曷懶路總管徒單克寧俱在左翼，敗窩斡於長濼。改臨潢尹。賊平，賜金帛。改曷懶路兵馬都總管。徙顯德軍、慶陽尹。致仕。大定十二年，上思舊功，起爲利涉軍節度使，復以金紫光祿大夫致仕。卒，年七十二。

渾坦歷一十七官，未嘗爲佐貳。性沈厚有識，雖未嘗學問，明於聽斷，所至有治聲云。

鄭建充字仲實，其先京兆人，占籍鄜州。仕宋，累官知延安府事。天會七年來降，仍知延安府，屯兵三千。宋劉光烈兵八萬來攻建充，相距四十餘日。攻益急，建充遣人會斜喝軍，夾擊破之，俘其裨將賀貴。遷節制司統制軍馬。改京兆府路兵馬都監。敗宋曲端於彭原。高昌宗據延安，爲宋守，建充擊之，盡復城邑。復知延安軍府事。

齊國建，累遷博州團練使，知寧州。齊國廢，朝廷以地賜宋，爲宋環慶路經略安撫副使，仍知寧州。天眷復取陝西，仍以爲經略安撫使，知慶陽。〔八〕從破甘谷城，改平涼尹。是時營建南京宮室，大發河東、陝西材木，浮河而下，經砥柱之險，筏工多沉溺，有司不敢以聞，乃誣以逃亡，錮其家。建充白其事，請至砥柱解筏，順流散下，令善游者下流接出之，而錮者得釋。正隆軍興，括筋角造軍器，百姓往往椎牛取之，或生拔取其角，牛有泣下者。建充白其事於朝。

建充性剛暴，常畜猘犬十數，奴僕有罪既笞，已復嗾犬嚙之，骨肉都盡。雖謙遜下士，於敵已上一無所屈。省部文移有不應法度，輒置之坐下，或卽毁裂，由是在位者銜之。軍胥李換竊用公帑，自度不得免，乃誣建充藏甲欲反，更再鞫，皆無狀。方奏上，攝事者素與建充有隙，恐其得釋，使吏持文書紿建充曰：「朝省有命，奈何？」建充曰：「惟汝所爲。」是夜，死于獄中。長子愬亦死焉。

烏古論三合，曷懶路愛也窟河人，後徙眞定。睿宗爲右副元帥，聞三合勇略，選充扎也。後從宗弼征伐，補麯院都監。未幾，從伐宋。與宋兵遇於潁州，三合先登破之。皇統元年，領漢軍千戶，帥府再以軍四千隸焉。除同知鄭州防禦使事，再遷太子少詹事。大定六年，改洛州防禦使。上曰：「卿昔事睿宗，積勞苦。逮事朕，輔佐太子，宣力多矣。今典名郡，所以勞卿也。」遷永定軍節度使，歷臨潢、鳳翔尹，陝西路統軍使，東平尹。節制州郡，躬行儉約，政先寬簡，邊庭久寧，人民獲安。召爲簽書樞密院事。卒。十八年，世宗追錄三合舊勞，授其子大興河北西路愛也窟河世襲猛安阿里門河謀克，階武功將軍。

移剌温本名阿撒，遼橫帳人，工契丹小字。睿宗爲左副元帥伐宋，温從大臭渡江，辟江寧府都巡檢。江寧、太平初下，宋遣諜人扇構百姓，應者數萬人。温擒其諜者，遂不敢竊發。宗弼嘉之，賜銀千兩、重綵百端、絹二百匹。宗弼每出征伐，未嘗不在行間。除同知河北西路轉運使事。會宗弼巡邊，温從軍，不之官。

宗弼入朝，熙宗宴羣臣，宗弼欲有奏請，已被酒失次，温掖而出宮。明日，熙宗謂宗弼曰：「阿撒事叔甚謹，不可去左右。」由是宗弼益親信之。嘗謂女壻紇石烈志寧曰：「汝可效阿撒之爲人也，可以幾古人矣。」未幾，除同知中京路都轉運使事，累遷左諫議大夫兼修起居注。正隆伐宋，以本官爲濟州路行軍萬戶，從至揚州。軍還，除同知宣徽院事。世宗御饌不適口，召溫嘗之。奏曰：「味非不美也，蓋南北邊事未息，聖慮有所在耳。」上意遂釋。

歷永定、震武、崇義節度使，移臨海軍。州治近水，秋雨，水潦暴至城下，城頗決，百姓惶駭，不知所爲。溫躬督役夫繕完之，雖臨不測，無所避。僚屬或止溫，溫曰：「爲政疵癘，水泛溢爲災，守臣之罪。當以此身爲百姓謝，雖死不恨。」移鎭武定，歲旱且蝗，溫割指，以血瀝酒中，禱而酹之。旣而雨霑足，有羣鴉啄蝗且盡，由是歲熟，人以爲至誠之感云。以老致仕，卒。

贊曰：軍旅之事，鋒鏑在前，不計其死。耳屬金鼓，目屬旌旗，心屬號令，此行列之任也。自收國用兵，至于大定和宋以前，用命之士，雖細必錄，所以明功也。

蕭仲恭本名朮里者。祖撻不也，仕遼爲樞密使，守司徒，封蘭陵郡王。父特末，爲中書令，守司空，尚主。仲恭性恭謹，動有禮節，能被甲超槖駝。遼故事，宗戚子弟別爲一班，號「孩兒班」，仲恭嘗爲班使，歷宮使、本班詳穩。

遼帝西奔天德，仲恭爲護衞太保，兼領軍事。至霍里底泊，大軍奄至，倉卒走。仲恭母馬乏，不能進，謂仲恭兄弟曰：「汝等盡節國家，無以我爲也。」仲恭母，遼道宗季女也。遼主傷之，命弟仲宣留侍其母。仲恭從而西。時大雪，寒甚，遼主乏食，仲恭進衣并進乾糒。遼主困，仲恭伏冰雪中，遼主藉之以憩。凡六日，乃至天德，始得食。後與遼主俱獲，太宗以仲恭忠於其主，特加禮待。

天會四年，仲恭使宋。且還，宋人意仲恭、耶律余睹皆有亡國之感，而余睹爲監軍，有兵權，可誘而用之，乃以蠟丸書令仲恭致之余睹，使爲內應。仲恭素忠信，無反覆志，但恐宋人留不遣，遂陽許。還見宗望，即以蠟丸書獻之。宗望察仲恭無他，薄罰之。於是再舉伐宋，執二帝以歸。累遷右宣徽使，改都點檢。

宗磐與宗幹爭辯於熙宗前，宗磐拔刀向宗幹，仲恭呵之乃止。既而宗磐以反罪誅，仲恭衞禁有備，以功加銀青光祿大夫，遷尚書右丞。

皇統初，封蘭陵郡王，授世襲猛安，進拜平章政事，同監修國史，封濟王。詔葬遼豫王於廣寧，仲恭請往會葬，熙宗義而許之。改行臺左丞相。居無何，入爲尚書右丞相，拜太傳，領三省事，封曹王。天德二年，封越國王，除燕京留守。海陵親爲書，以玉山子賜之。是歲，薨，年六十一。謚貞簡。正隆例降王爵，改儀同三司、鄭國公。子拱。

拱本名迪輦阿不，初爲蘭子山猛安。海陵爲宰相，徼取人譽，薦大臣子以爲達官，遂以拱爲禮部侍郎。

耶律彌勒，拱妻女弟也，海陵將納爲妃，使拱自汴取之。還過燕，是時仲恭爲燕京留守，見彌勒身形不類處子，竊憂之，曰：「上多猜嫌，拱其及禍矣。」拱去不數日，仲恭卒。拱至上京，聞訃，以本官起復，佩信牌，往燕京治葬事。未行，彌勒入宮，果如仲恭所相度，即遣出宮。夜半召拱至禁中，詰問無狀。海陵終疑之，乃罷拱禮部侍郎，奪其信牌。拱待命，踰年不報，歸蘭子山治猛安事。

是時，蕭恭、張九坐語禁中事得罪，拱至蘭子山，與客會語及之。有阿納與拱有隙，乃誣拱言張九無罪被誅，語涉怨謗。海陵遣使鞫之，戒使者曰：「此子狂妄，宜有此語，不然彼中安得知此事。」使者不復問拱，但榜掠其左驗，使如告語證之，拱遂見殺。

仲宣本名野里補，仲恭母弟。聰敏好學，沉厚少言。五歲，遙授郡刺史，累加太子少師，爲本班詳穩。從天祚西，爲護衞太保左右班詳穩。至石輦鐸，遼主留仲宣侍母，遂與其母皆見獲。太宗嘉之，且謂仲宣能知遼國故事，命權宣徽使，從睿宗伐康王。師還，家居者久之。

皇統二年，特授鎮國上將軍，歷順義、永定、昭義、武寧四鎮節度使。爲政平易，小吏不敢爲姦。賄賂禁絕，奴婢入郡人莫識其面。朔、潞百姓皆爲立祠刻石頌之。正隆二年，卒，年六十四。〔九〕

高松本名檀朶，澄州析木人。年十九，從軍爲蒲輦，有力善戰。宗弼聞其名，召置左右，從破汴京及和尚原，累官咸平總管府判官。世宗卽位，充管押東京路渤海萬戶。

兵部尚書可喜謀反，前同知延安尹李老僧曰：「我與萬戶高松謀之，必從我矣。」衆曰：「若得此軍，舉事易矣。」老僧往見松，說松曰：「君有功舊人，至今不得大官，何也？」松曰：「我一縣令也，每念聖恩，累世不能報，尚敢有望乎。」老僧遂不敢言。可喜、布輝、阿瑣知事不可成，〔一〇〕遂上變，共捕斡論赴有司。

松從征窩斡，以功遷咸平少尹，四遷崇義軍節度使。卒，年七十四。

贊曰：忠信行己，豈不大哉。蕭仲恭盡心故主，而富貴福澤嚮之，與宗室舊臣等矣。仲恭廷叱宗磐而朝廷尊，高松謫遏李老僧而社稷安，皆有古烈丈夫之風焉。

海陵后徒單氏生太子光英，元妃大氏生崇王元壽，柔妃唐括氏生宿王矧思阿補，才人南氏生滕王廣陽。

光英本名阿魯補，徒單后所生。是時燕京轉運使趙襲慶多男，故又名曰趙六。養于同判大宗正方之家，故崇德大夫沈璋妻張氏嘗爲光英保母，於是贈璋銀青光祿大夫，賜宗正方錢千萬。

天德四年二月，立光英爲皇太子。是月，安置太祖畫像于武德殿，盡召國初嘗從太祖破寧江州有功者，得百七十六人，並加宣武將軍，賜酒帛。其中有忽里罕者，解其衣進光英曰：「臣今年百歲矣，有子十人。願太子壽考多男子與小臣等。」海陵使光英受其衣，海陵卽以所服幷佩刀賜忽里罕，答其厚意。後以「英」字與「鷹隼」字聲相近，改「鷹坊」爲「馴鷙坊」。國號有「英國」又有「應國」，遂改「英國」爲「壽國」，「應國」爲「杞國」。宋亦改「光州」爲「蔣州」，「光山縣」爲「期思縣」，「光化軍」爲「通化軍」云。

太醫院保全郎李中、保和大夫薛遵義俱以醫藥侍光英，李中超換宣武將軍、太子左衞副率，薛遵義丁憂，起復宣武將軍、太子右衞副率。光英襁褓時，養于宗正方家，其後養于永寧宮及徒單斜也家。貞元元年，詔朝官，京官五品以下奉引自通天門入，居于東宮。

正隆元年三月二十七日，光英生日，宴百官于神龍殿，賜京師大酺一日。四年八月，光英射鴉，獲之。海陵大喜，命薦原廟，賜光英馬一匹，黃金三斤，班賜從者有差。正隆六年，海陵行幸南京，次安肅州。光英獲二兔，遣使薦于山陵。居數日，復獲麞兔，從官皆稱賀。賜光英名馬弓矢，復遣使薦于山陵。六月，海陵至南京，羣臣迎謁，海陵與徒單后、光英共載而入。

海陵嘗言：「俟太子年十八，以天下付之。朕當日遊宴於宮掖苑囿中以自娛樂。」光英頗警悟，海陵謂侍臣曰：「上智不學而能，中性未有不由學而成者。太子宜擇碩德宿學之士，使輔導之，庶知古今，防過失。詩文小技，何必作耶。至於騎射之事，亦不可不習，恐其懦柔也。」及將親征，后與光英挽衣號慟，海陵亦泣下曰：「吾行歸矣。」

後誦孝經。一日，忽謂人曰：「經言三千之罪，莫大於不孝，何爲不孝？」對者曰：「今民家子博弈飲酒，不養父母，皆不孝也。」光英默然良久，曰：「此豈足爲不孝耶。」蓋指言海陵弒母事。

及伐宋，光英居守，以阤滿訛里也爲太子少師兼河南路統軍使，以衞護之。完顏元宜軍變，海陵遇害，都督府移文訛里也，殺光英于汴京，死時年十二。後與海陵俱葬於大房山諸王墓次。

訛里也，咸平路窟吐忽河人，襲其父忽土猛安。除邳州刺史，三遷昌武軍節度使、歸德尹、南京留守、河南路統軍使、太子少師。大定二年，遷元帥右都監。宋人陷陳、蔡，訛里也師久無功，已而兵敗于宋，解職。俄起爲京兆尹。世宗謂之曰：「卿爲河南統軍，門多私謁，百姓惡之。其後經略陳、蔡，不惟無功，且復致敗。以汝舊勞，故復用汝。京兆地近南邊，宜善理之。」大定三年，卒。

元壽，天德元年封崇王。〔一〕三年，薨。

矧思阿補，正隆元年四月生。小底東勝家保養之，賜東勝錢千萬，仍爲起第。五月己酉，彌月，封其母唐括氏爲柔妃，賜京師貧者五千人錢，人錢二百。二年，矧思阿補生日，海陵與永壽太后及皇后、太子光英幸東勝家。三年正月五日，矧思阿補薨。海陵殺太醫副使謝友正、醫者安宗義及其乳母，杖東勝一百，除名。明日，追封矧思阿補爲宿王，葬大房山。

諫議大夫楊伯雄入直禁中，因與同直者相語，伯雄曰：「宿王之死，蓋養于宮外，供護雖謹，不若父母膝下。豈國家風俗素尚如此。」或以此言告海陵。海陵大怒，謂伯雄曰：「爾臣子也，君父所爲，豈得言風俗。宮禁中事，豈爾當言。朕或體中不佳，間不視朝，秪是少得人幾拜耳。而庶事皆奏決便殿，縱有死刑不卽論決，蓋使囚者得緩其死。至於除授宣勅雖復稽緩，有何利害。朕每當閑暇，頗閱教坊聲樂，聊以自娛。書云：『內作色荒，外作禽荒，酣酒嗜音，峻宇雕牆，有一於此，未或不亡。』此戒人君不恤國事溺於此者耳。如我雖使聲樂喧動天地，宰相敢有濫與人官而吏敢有受賕者乎。外間敢有竊議者乎。爾諫官也，有可言之事，當公言之。言而不從，朕之非也。而乃私議，可乎？」伯雄對曰：「陛下至德明聖，固無竊議者。愚臣失言，罪當萬死，惟陛下哀憐。」海陵曰：「本欲殺汝，今祇杖汝二百。」既決杖至四十，使近臣傳詔諭伯雄曰：「以爾藩邸有舊，今特釋之。」

滕王廣陽，母南氏，本大臭家婢，隨元妃大氏入宮，海陵幸之，及有娠，卽命爲殿直。正隆二年九月二十六日，生廣陽。十月滿月，海陵分施在京貧民，凡用錢千貫。三年二月，封南氏爲才人。七月，封廣陽爲滕王。九月，薨。

贊曰：海陵伐宋，光英居守，使阸滿訛里也以宮師兼統軍之任，計至悉也，豈料死其手乎。荀首有言，「不以人子，吾子其可得耶。」海陵睨人之子不翅魚肉，而獨己子之謀安，不可得矣。

校勘記

〔一〕詔賜諸姓者皆復本姓　按本書卷一三二完顏元宜傳，「天德三年，詔凡賜姓者皆復本姓」，文義較明白。

〔二〕以完顏元宜爲都統制　原脫「制」字。按本書卷五海陵紀，正隆六年十一月，「以勸農使完顏元宜爲浙西道兵馬都統制」。卷一三二完顏元宜傳同。今據補。

〔三〕天會五年　原脫「天會」二字。按本書卷三太宗紀，天會五年四月，「宗望以宋二帝歸」。又卷七七撻懶傳，「宋二帝已降，大軍北還，撻懶爲元帥左監軍，徇地山東……阿里刮取宗城」。知攻宗城在天會五年，今據補。

〔四〕改歸德軍節度使　「德」原作「順」。按金無「歸順軍」，本書卷二四地理志，北京路有「瑞州，歸德軍節度使」。今據改。

〔五〕宋軍十萬餘入河隴　「河」原作「阿」。按本書卷八七徒單合喜傳，大定二年「宋吳璘侵古鎭，分據散關……寶鷄縣」。徒單合喜「以兵四千守德順，吳璘以二十萬人圍之」。宋史卷三六六吳璘傳，紹興三十二年遣姚仲攻德順，「璘按行諸屯，預治黃河戰地」。大散關、寶鷄等皆古隴地，又治黃河戰地，則知「阿」爲「河」之誤，今據改。

〔六〕正隆四年　原脫「正隆」二字。按上文言貞元二年事，而貞元僅歷三年，則此「四年」必屬正隆。本書卷五海陵紀云，正隆三年三月「辛巳，以兵部尚書蕭恭等爲賀宋生日使」。卷六〇交聘表同。又四年「三月丙辰朔，遣兵部尚書蕭恭經畫夏國邊界」。與此處相合。今據補「正隆」二字。

〔七〕天會十二年　原脫「天會」二字，今補。

〔八〕知慶陽　「陽」原作「州」。按本書卷二六地理志，慶原路有慶陽府，今據改。

〔九〕年六十四　原脫「年」字，據殿本補。

〔一〇〕可喜布輝阿瑣知事不可成　按本書卷六五璋傳記此事云，「說萬戶高松不從，璋知事不成，乃與可喜共執斡論詣有司陳」。卷六九可喜傳記此事云，「璋曰：『今不得高松軍，事不可成矣。』可喜、璋、布輝乃擒斡論」。皆有璋無阿瑣。卷六九阿瑣傳亦不及此事。疑「阿瑣」當作「璋」。

〔一〕天德元年封崇王　按本書卷五海陵紀作天德二年二月「戊申，封子元壽爲崇王」。

金史卷八十三

列傳第二十一

張通古　張浩　張汝霖　張玄素　張汝弼　耶律安禮　納合椿年　祁宰

張通古字樂之，易州易縣人。讀書過目不忘，該綜經史，善屬文。遼天慶二年進士第，補樞密院令史。丁父憂，起復，懇辭不獲，因遁去，屏居興平。太祖定燕京，割以與宋。宋人欲收人望，召通古。通古辭謝，隱居易州太寧山下。

宗望復燕京，侍中劉彥宗與通古素善，知其才，召爲樞密院主奏，改兵刑房承旨。天會四年，初建尙書省，除工部侍郎，兼六部事。高慶裔設磨勘法，仕宦者多奪官，通古亦免去。遼王宗幹素知通古名，惜其才，遣人諭之使自理。通古不肯，曰：「多士皆去，而己何心獨求用哉。」宗幹爲論理之。除中京副留守，爲詔諭江南使，宋主欲南面，使通古北面。通古曰：「大國之卿當小國之君。天子以河南、陝西賜之宋，宋約奉表稱臣，使者不可以北面。若欲貶損使者，使者不敢傳詔。」遂索馬欲北歸。宋主遽命設東西位，使者東面，宋主西面，受詔拜起皆如儀。使還，聞宋已置戍河南，謂送伴韓肖胄曰：「天子裂壤地益南國，南國當思圖報大恩。今輒置守戍，自取嫌疑，若興師問罪，將何以爲辭？江左且不可保，況齊乎？」肖胄惶恐曰：「敬聞命矣。」卽馳白宋主。宋主遽命罷戍。通古至上京，具以白宗幹，且曰：「及其部置未定，當議收復。」宗幹喜曰：「是吾志也。」卽除參知行臺尚書省事。

未幾，詔宗弼復取河南，通古請先行至汴諭之。比至汴，宋人已去矣。或謂通古曰：「宋人先退，詐也，今聞將自許、宿來襲我。」通古曰：「南人宣言來者，正所以走耳。」廼使人覘之，宋人果潰去。宗弼撫髀笑曰：「誰謂書生不能曉兵事哉。」

河南卒孫進詐稱「皇弟按察大王」，謀作亂。是時海陵爲相，內懷覬覦，欲先除熙宗弟胙王常勝，因孫進稱皇弟大王，遂指名爲胙王以誣構之。熙宗自太子濟安薨後，繼嗣未定，深以爲念。裴滿后多專制，不得肆意後宮，頗鬱鬱，因縱酒，往往迷惑妄怒，手刃殺人。及海陵中傷胙王，熙宗以爲信然不疑，遣護衞特思就汴京鞫治。行臺知熙宗意在胙王，導引孫進連屬之。通古執其咎，極力辯止。及孫進引服，蓋假託名稱，將以惑衆，規取財物耳，實無其人也。特思奏狀，海陵譖之曰：「特思且將徼福於胙王。」熙宗益以海陵爲信，遂殺胙王，幷特思殺之。行臺諸人乃責通古曰：「爲君所誤，今坐死矣。」通古曰：「以正獲罪死，賢於生。」海陵旣殺胙王，不復緣害他人，由是坐止特思，行臺不坐。

天德初，遷行臺左丞，進拜平章政事，封譚王，改封鄆王。以疾求解機務，不許。拜司徒，封瀋王。海陵御下嚴厲，收威柄，親王大臣未嘗少假以顏色，惟見通古，必以禮貌。

會磁州僧法寶欲去，張浩、張暉欲留之不可得，朝官又有欲留之者。海陵聞其事，詔三品以上官上殿，責之曰：「聞卿等每到寺，僧法寶正坐，卿等皆坐其側，朕甚不取。佛者本一小國王子，能輕舍富貴，自苦修行，由是成佛，今人崇敬。以希福利，皆妄也。況僧者，往往不第秀才，市井游食，生計不足，乃去爲僧，較其貴賤，未可與簿尉抗禮。閭閻老婦，迫於死期，多歸信之。卿等位爲宰輔，乃復效此，失大臣體。張司徒老成舊人，三教該通，足爲儀表，何不師之。」召法寶謂之曰：「汝旣爲僧，去住在己，何乃使人知之？」法寶戰懼，不知所爲。海陵曰：「汝爲長老，當有定力，今乃畏死耶？」遂於朝堂杖之二百，張浩、張暉杖二十。

正隆元年，以司徒致仕，進封曹王。是年，薨，年六十九。

通古天資樂易，不爲表襮，雖居宰相，自奉如寒素焉。子沆，天德三年，賜楊建中牓及第。

張浩字浩然，遼陽渤海人。本姓高，東明王之後。曾祖霸，仕遼而爲張氏。天輔中，遼東平，浩以策干太祖，太祖以浩爲承應御前文字。天會八年，賜進士及第，授祕書郎。太宗將幸東京，浩提點繕修大內，超遷衞尉卿，權簽宣徽院事，管勾御前文字，初定朝儀。求養親，去職。起爲趙州刺史。官制行，以中大夫爲大理卿。天眷二年，詳定內外儀式，歷戶、工、禮三部侍郎，遷禮部尚書。田瑴黨事起，臺省一空，以浩行六部事。簿書叢委，決遣無留，人服其才。以疾求外，補除彰德軍節度使，遷燕京路都轉運使。俄改平陽尹。平陽多盜，臨汾男子夜掠人婦，浩捕得，榜殺之，盜遂衰息。近郊有淫祠，郡人頗事之。廟祝、田主爭香火之利，累年不決。浩撤其祠屋，投其像水中。强宗黠吏屏迹，莫敢犯者。郡中大治。乃繕葺堯帝祠，作擊壤遺風亭。

海陵召爲戶部尚書，拜參知政事。天德二年，丁母憂。起復參知政事，進拜尚書右丞。天德三年，廣燕京城，營建宮室。浩與燕京留守劉筈、大名尹盧彥倫監護工作，命浩就擬差除。既而暑月，工役多疾疫。詔發燕京五百里內醫者，使治療，官給藥物，全活多者與官，其次給賞，下者轉運司舉察以聞。

貞元年，海陵定都燕京，改燕京爲中都，改析津府爲大興府。浩進拜平章政事，賜金帶玉帶各一，賜宴于魚藻池。浩請凡四方之民欲居中都者，給復十年，以實京城，從之。拜尙書右丞相兼侍中，〔一〕封潞王，賜其子汝霖進士及第。未幾，改封蜀王，進拜左丞相。

正隆二年，改封魯國公。表乞致仕。海陵曰：「人君不明，諫不行，言不聽，則宰相求去。宰相老病不能任事則求去。卿於二者何居？」浩對曰：「臣羸病不堪任事，宰相非養病之地也，是以求去。」不許。

海陵欲伐宋，將幸汴，而汴京大內失火，於是使浩與敬嗣暉營建南京宮室。浩從容奏曰：「往歲營治中都，天下樂然趨之。今民力未復，而重勞之，恐不似前時之易成也。」不聽。浩朝辭，海陵問用兵利害。浩不敢正諫，乃婉詞以對，欲以微止海陵用兵，奏曰：「臣觀天意欲絕趙氏久矣。」海陵愕然曰：「何以知之？」對曰：「趙構無子，樹立疏屬，其勢必生變，可不煩用兵而服之。」海陵雖喜其言，而不能從也。浩至汴，海陵時時使宦者梁珫來視工役，凡一殿之成，費累鉅萬。珫指曰：「某處不如法式。」輒撤之。浩不能抗而與之均禮。汴宮成，海陵自燕來遷居之。浩拜太傅、尙書令，進封秦國公。

海陵至汴，累月不視朝，日治兵南伐，部署諸將。浩欲奏事，不得見。會海陵遣周福兒至浩家，浩附奏曰：「諸將皆新進少年，恐誤國事。宜求舊人練習兵者，以爲千戶謀克。」而海陵部署已定，惡聞其言，乃杖之。海陵自將發汴京，皇后、太子居守。浩留治尚書省事。世宗卽位于遼陽，揚州軍變，海陵遇害。都督府使使殺太子光英于南京。浩遣戶部員外郎完顏謀衍上賀表。明年二月，浩朝京師，入見。世宗謂曰：「朕思天位惟艱，夙夜惕懼，不遑寧處。卿國之元老，當勠力贊治，宜令後世稱揚德政，毋失委注之意也。」俄拜太師、尚書令，封南陽郡王。世宗曰：「卿在正隆時爲首相，不能匡救，惡得無罪。營建兩宮，殫竭民力，汝亦嘗諫，故天下不以咎汝，惟怨正隆。而卿在省十餘年，練達政務，故復用卿爲相，當自勉，毋負朕意。」浩頓首謝。居數日，世宗謂浩曰：「卿爲尚書令，凡人材有可用者，當舉用之。」浩舉紇石烈志寧等，其後皆爲名臣。

浩有疾，在告者久之。遣左司郎中高衎及浩姪汝弼宣諭。浩力疾入對，卽詔入朝毋拜，許設座殿陛之東，若有咨謀，然後進對。或體中不佳，不必日至省中，大政可就第裁決。浩雖受詔，然每以退爲請。三年夏，復申前請。乃除判東京留守。疾不能赴任，因請致仕。

初，近侍有欲罷科舉者，上曰：「吾見太師議之。」浩入見，上曰：「自古帝王有不用文學者乎？」浩對曰：「有。」曰：「誰歟？」浩曰：「秦始皇。」上顧左右曰：「豈可使我爲始皇乎。」事遂寢。

是歲，薨。上輟朝一日。詔左宣徽使趙興祥率百官致奠，賻銀千兩、重綵五十端、絹五百匹。諡曰文康。明昌五年，配享世宗廟廷。泰和元年，圖像衍慶宮。子汝爲、汝霖、汝能、汝方、汝猷。

汝霖字仲澤，少聰慧好學，浩嘗稱之曰：「吾家千里駒也。」貞元二年，賜呂忠翰牓下進士第，特授左補闕，擢大興縣令，再遷禮部員外郎、翰林待制。大定八年，除刑部郎中，召見於香閣，諭之曰：「卿以待制除郎中，勿以爲降。朕以刑部闕漢官，故以授卿。且卿入仕未久，姑試其能耳。如職事修舉，當有陞擢。爾父太師以戶部尚書升諸相位，由崇德大夫躐遷金紫，卿所自見也。當旣厥心，無忝乃父。」明年，授太子左諭德兼禮部郎中。

先是，知登聞檢院王震改禮部郎中，世宗諭宰臣曰：「此除未允人望，禮官當選有學術士，如張汝霖者可也。」於是，命汝霖兼之而除震別職。擢刑部侍郎。以憂解，起復爲太子詹事，遷太子少師兼御史中丞。世宗召謂曰：「卿嘗言，監察御史所察州縣官多因沽買以得名譽，良吏奉法不爲表襮，必無所稱。朕意亦然。卿今爲臺官，可革其弊。」尋改中都路都轉運使、太子少師兼禮部尚書，俄轉吏部，爲御史大夫。

時將陵主簿高德溫大收稅戶米，逮御史獄。汝霖具二法上。世宗責之曰：「朕以卿爲公正，故登用之。德溫有人在宮掖，故朕頗詳其事。朕肯以宮掖之私撓法耶？不謂卿等顧徇如是。」汝霖跪謝。久之，上顧左諫議大夫楊伯仁曰：「臺官不正如此。」伯仁奏曰：「罪疑惟輕，故具二法上請，在陛下裁斷耳。且人材難得，與其材智而邪，不若用愚而正者。」上作色曰：「卿輩皆愚而不正者也。」未幾，復坐失出大興推官高公美罪，謫授棣州防禦使。頃之，復爲太子少師兼禮部尚書。拜參知政事，太子少師如故。是日，汝霖兄汝弼亦進拜尙書左丞，〔三〕時人榮之。

後因朝奏日論事上前，世宗謂曰：「朕觀唐史，見太宗行事初甚厲精，晚年與羣臣議多飾辭，朕不如是也。」又曰：「唐太宗，明天子也，晚年亦有過舉。朕雖不能比迹聖帝明王，然常思始終如一。今雖年高，敬愼之心無時或怠。」汝霖對曰：「古人有言，『靡不有初，鮮克有終』，有始有卒者其惟聖人乎。魏徵所言守成難者，正謂此也。」上以爲然。二十五年，章宗以原王判大興府事，上命汝霖但涓視事日且加輔導。尋坐擅支東宮諸皇孫食料，奪官一階。久之，遷尙書右丞。

是時，世宗在位久，熟悉天下事，思得賢材與圖致治，而大臣皆依違苟且，無所薦達。一日，世宗召宰臣謂曰：「卿等職居輔相，曾無薦舉何也？且卿等老矣，殊無可以自代者乎？惟朕嘗言某人可用，然後從而言之。卿等旣無所言，必待朕知而後進用，將復有幾？」因顧汝霖曰：「若右丞者，亦因右丞相言而知也。」汝霖對曰：「臣等苟有所知，豈敢不薦，但無人耳。」上曰：「春秋諸國分裂，土地褊小，皆稱有賢。今天下之大，豈無人才，但卿等不舉而已。今朕自勉，庶幾致治。他日子孫誰與共治乎？」汝霖等皆有慚色。二十八年，進拜平章政事，兼修國史，封芮國公。世宗不豫，與太尉徒單克寧、右丞相襄同受顧命。章宗卽位，加銀青榮祿大夫，進封莘。

先是，右丞相襄言：「熙宗聖節蓋七月七日，爲係景宣忌辰，更用正月受外國賀。〔三〕今天壽節在七月，雨水淫暴，外方人使赴闕，有礙行李，乞移他月爲便。」汝霖言：「帝王之道當示信於天下。昔宋主構生日，亦係五月。是時，都在會寧，上國遣使賜禮，不聞有霖潦礙阻之說。今與宋構好日久，遽以暑雨爲辭，示以不實。萬一雨水踰常，愆期到闕，猶愈更用別日。」參知政事劉瑋、御史大夫唐括貢、中丞李晏、刑部尚書兼右諫議大夫完顏守貞、〔四〕修起居注完顏烏者、同知登聞檢院事孫鐸亦皆言其不可。帝初從之，既而竟用襄議。時帝在諒陰，初出獵，諫院聯章言心喪中未宜。其後冬獵，汝霖諫之。詔答曰：「卿能每事如此，朕復何憂。然時異事殊，難同古昔，如能斟酌得中，斯爲當矣。」

一日，帝謂宰臣曰：「今之用人，太拘資歷，如此何能得人？」汝霖奏曰：「不拘資格，所以待非常之材。」帝曰：「崔祐甫爲相，未踰年薦八百人，豈皆非常材耶。」時有司言民間收藏制文，恐因而滋訟，乞禁之。汝霖謂：「王者之法，譬猶江、河，欲使易避而難犯。本朝法制，坦然明白，今已著爲不刊之典，天下之人無不聞誦。若令私家收之，則人皆曉然不敢爲非，亦助治之一端也。不禁爲便。」詔從之。

明昌元年三月，表乞致仕，不許。十二月，卒。時帝獵饒陽，訃聞，勅百官送葬，賻禮加厚，謚曰文襄。

汝霖通敏習事，凡進言必揣上微意，及朋附多人爲說，故言不忤而似忠也。初，章宗新卽位，有司言改造殿庭諸陳設物，日用繡工一千二百人，二年畢事。帝以多費，意輟造。汝霖曰：「此非上服用，未爲過侈。將來外國朝會，殿宇壯觀，亦國體也。」其後奢用浸廣，蓋汝霖有以導之云。

張玄素字子眞，與浩同曾祖。祖祐，父匡，仕遼至節度使。玄素初以廕得官。高永昌據遼陽，玄素在其中。斡魯軍至，乃開門出降，特授世襲銅州猛安。天會間，歷西上閤門使、客省使、東宮計司。天眷元年，以靜江軍節度使知涿州，察廉最，進官一階。皇子魏王道濟遙領中京，以玄素爲魏王府同提點，尋改鎭西軍節度使，遷東京路都轉運使，改興平軍節度使。正隆末年，天下盜起，玄素發民夫增築城郭，同僚諫止之，不聽。未幾，寇掠鄰郡，皆無備，而興平獨安。

世宗卽位，玄素來見于東京。玄素在東京，希海陵旨，言世宗嘗取在官黃糧，及摭其數事。至是來見，世宗一切不問。玄素與李石力言宜早幸燕京，上深然之。遷戶部尚書，出鎭定武，遂致仕。年八十四，卒。

玄素厚而剛毅，人畏憚之。往往以片紙署字其上治瘧疾，輒愈，人皆異之。

汝弼字仲佐，父玄徵，彰信軍節度使，玄素之兄也。汝弼初以父蔭補官。正隆二年，中進士第，調瀋州樂郊縣主簿。玄徵妻高氏與世宗母貞懿皇后有屬，世宗納玄徵女爲次室，是爲元妃。張氏生趙王允中。世宗卽位于遼陽，汝弼與叔玄素俱往歸之，擢應奉翰林文字。世宗御翠鑾閣，召左司郎中高衎及汝弼問曰：「近日除授，外議何如？宜以實奏，毋少隱也。有不可用者當改之。」衎、汝弼皆無以對。自皇統以來，內藏諸物費用無度，吏夤緣爲姦，多亡失。汝弼與宮籍直長高公穆、入殿小底王添兒閱實之，以類爲籍，作四庫以貯之。於是，內藏庫使王可道等皆杖一百，汝弼等各進階。頃之，兼修起居注，轉右司員外郎。母憂去官。起復吏部郎中，累遷吏部尚書，拜參知政事。

詔徙女直猛安謀克于中都，給以近郊官地，皆塉薄。其腴田皆豪民久佃，遂專爲己有。

上出獵，猛安謀克人前訴所給地不可種藝，詔拘官田在民久佃者與之。因命汝弼議其事。請「條約立限，令百姓自陳。過限，許人首告，實者與賞。」上可其奏。仍遣同知中都轉運使張九思拘籍之。

上問：「高麗、夏皆稱臣。使者至高麗，與王抗禮。夏王立受，使者拜，何也？」左丞襄對曰：「故遼與夏爲甥舅，夏王以公主故，受使者拜。本朝與夏約和，用遼故禮，所以然耳。」汝弼曰：「誓書稱一遵遼國舊儀，今行之已四十年，不可改也。」上曰：「卿等言是也。」上聞尙書省除授小官多不稱職，召汝弼至香閣謂之曰：「他宰相年老，卿等宜盡心。」汝弼對曰：「材薄不足以副聖意耳。」進拜尙書右丞。於是，戶部糶官倉粟，汝弼請使暖湯院得糴之。上讓曰：「汝欲積陰德邪？何區區如此。」

左丞相徒單克寧得解政務，爲樞密使。是日，汝弼亦懷表乞致仕。上使人止之曰：「卿年未老，未可退也。」進左丞，與族弟參知政事汝霖同日拜，族里以爲榮。有年未六十而乞致仕者，上不許。汝弼曰：「聖旨嘗許六十致仕。」上責之曰：「朕嘗許至六十者致仕，不許未六十者。且朕言六十致仕，是則可行，否則當言。卿等不言，皆此類也。」久之，坐擅增諸皇孫食料，與丞相守道、右丞粘割斡特剌、參政張汝霖各削官一階。上曰：「准法當解職，但示薄責耳。」汝弼在病告，上謂宰相曰：「汝弼久居執政，練習制度，頗能斟酌人材，而用心不正。」乃罷爲廣寧尹，賜通犀帶。

汝弼爲相，不能正諫。上所欲爲，則順而導之，所不欲爲，則微言以觀其意。上責之，則婉辭以引過，終不忤之也。而上亦知之。且黷貨，以計取諸家名園甲第珍玩奇好，士論薄之。二十七年，薨。

汝弼既與永中甥舅，陰相爲黨。章宗卽位，汝弼妻高氏每以邪言怵永中覬非望，畫永中母像侍奉祈祝，使術者推算永中。有司鞫治，高氏伏誅。事連汝弼，上以事覺在汝弼死後，得免削奪。

耶律安禮本名納合，系出遙輦氏。幼孤，事母以孝聞。遼季，間關避難，未嘗一日怠溫凊。入朝，當路者重其行義，使主帥府文字，授左班殿直。天眷初，從元帥於山西。母喪，不克歸葬，主帥憐之，賻禮甚厚。安禮冒大暑，挽柩行千餘里，哀毁骨立，行路嗟嘆。服除，由行臺吏、禮部主事累遷工部侍郎，改左司郎中。

天德間，罷行臺尚書省，入爲工部侍郎，累遷本部尙書。明年冬，爲宋國歲元使。被詔鞫治韓王亨獄于廣寧。亨無反狀，安禮還奏。海陵怒，疑安禮梁王宗弼故吏，乃責安禮曰：

「孛迭有三罪。其論阿里出虎有誓券不當死，既引伏。其謂不足進馬，及密遣刺客二者，安得無之？汝等來奏，欲測我喜怒以爲輕重耳。」乃遣安禮再往，與李老僧同鞫之。老僧由是殺亨于獄。海陵猶謂安禮輒殺亨以絕滅事迹，親戚得以不坐。安禮之不附上刻下乃如此。

改吏部尚書，護大房山諸陵工作。拜樞密副使，封譚國公，遷尚書右丞，進封郕國公，轉左丞。議降累朝功臣封爵，密諫伐江南，忤海陵意，罷爲南京留守，封溫國公。安禮長於吏事，廉謹自將，從帥府再伐宋，寶貨人口一無所取。貴爲執政，奴婢止數人，皆有契券，時議賢之。薨，年五十六。

納合椿年本名烏野。初置女直字，立學官於西京，椿年與諸部兒童俱入學，最號警悟。久之，選諸學生送京師，俾上京教授耶魯教之，椿年在選中。補尚書省令史，累官殿中侍御史，改監察御史。

海陵爲相，薦爲右司員外郎，編定新制。海陵篡立，以爲諫議大夫。椿年有酒失，海陵使之戒酒，遂終身不復飲。改祕書監，修起居注，授世襲猛安，爲翰林學士兼御史中丞。貞元初，〔三〕起上京諸猛安於中都、山東等路安置，以勞賜玉帶閑廐馬。奉遷山陵，還爲都點檢。賜今名，拜參知政事。海陵謂椿年曰：「如卿吏材甚難得，復有如卿者乎？」椿年薦大理丞紇石烈婁室。海陵以婁室爲右司員外郎。〔六〕未旬日，海陵謂椿年曰：「吾試用婁室，果如卿言。惟賢知賢，信矣。」婁室後賜名良弼，有宰相才，世宗時，至左丞相，號賢相焉。

正隆二年，椿年薨。海陵親臨哭之，追封特進、譚國公，諡忠辯，賻銀二千兩、綵百端、絹千匹、錢千萬。以長子參謀合爲定遠大將軍，襲猛安，次子合荅爲忠武校尉。及歸葬，再賜錢百萬，仍給道路費。

椿年有宰相才，好推輓士類，然頗營產業，爲子孫慮。冒占西南路官田八百餘頃。大定中，括撿田土，百姓陳言官豪占據官地，貧民不得耕種。溫都思忠子長壽、〔七〕椿年子猛安參謀合等三十餘家凡冒占三千餘頃。詔諸家除牛頭稅地各再給十頃，其餘盡賦貧民種佃。世頗以此譏椿年云。

祁宰字彥輔，江、淮人。宋季，以醫術補官。王師破汴得之，後隸太醫。累遷中奉大夫、太醫使。數被賞賚，常感激欲自效。

海陵將伐宋，宰欲諫，不得見。會元妃有疾，召宰診視。既入見，卽上疏諫，其略言：

「國朝之初，祖宗以有道伐無道，曾不十年，蕩遼戡宋。當此之時，上有武元、文烈英武之君，下有宗翰、宗雄謀勇之臣，然猶不能混一區宇，舉江淮、巴蜀之地，以遺宋人。況今謀臣猛將，異於曩時。且宋人無罪，師出無名。加以大起徭役，營中都，建南京，繕治甲兵，調發軍旅，賦役煩重，民人怨嗟，此人事之不修也。間者晝星見於牛斗，熒惑伏於翼軫。巳歲自刑，害氣在揚州，太白未出，進兵者敗，此天時不順也。舟師水涸，舳艫不繼，而江湖島渚之間，騎士馳射，不可驅逐，此地利不便也。」言甚激切，海陵怒，命戮於市，籍其家產，天下哀之。綦戬，宰壻也，海陵疑奏疏戬爲之。辭曰：「實不知也。」海陵猶杖戬。召禁中諸司局官至咸德門，諭以殺宰事。

明年，世宗即位於遼東。四年，詔贈資政大夫，復其田宅。章宗即位，詔訪其子忠勇校尉、平定州酒監公史，擢尚藥局都監。泰和初，詔定功臣謚，尚書省掾李秉鈞上言：「事有宜緩而急，若輕而重者，名教是也。伏見故贈資政大夫祁宰以忠言被誅，〔八〕慕義之士，盡傷厥心。世宗即位，贈之以官，陛下錄用其子，甚大惠也。雖武王封比干之墓，孔子譽夷、齊之仁，何以異此。而有司拘文，以職非三品不在議謚之例，臣竊疑之。若職至三品方得請謚，當時居高官、食厚祿者，不爲無人，皆畏罪淟涊，曾不敢申一喙，畫一策，以爲社稷計。卒使立名死節之士，顧出於醫卜之流，亦可以少愧矣。臣以謂非常之人，當以非常之禮待之。

乞詔有司特賜謚以旌其忠，斯亦助名教之一端也。」制曰：「可。」下太常，謚曰忠毅。

贊曰：异哉，海陵之爲君也，舞智御下而不卹焉。君子仕於朝，動必以禮，然後免於恥。張通古、耶律安禮位不及張浩，進退始終，其賢遠矣。浩無事不爲，無役不從，爲相最久，用之厚，遇之薄，豈亦自取之邪。海陵伐宋，浩、安禮位皆大臣，一以婉辭，一以密諫，賢於不諫而已。祁宰一醫流，獨能極諫，其後皆如所言。海陵戕之，足以成其百世之名耳。納合椿年援引善類，有君子風。其死適在宋兵未舉之前，然觀其好營產殖，亦未必忘身徇國之士也。祁宰卓乎不可及也夫。

校勘記

〔一〕拜尚書右丞相兼侍中　按本書卷五海陵紀作貞元二年「二月甲申朔，以平章政事張浩爲尚書右丞相兼中書令」。

〔二〕汝霖兄汝弼亦進拜尚書左丞　按汝弼爲汝霖族兄，下文汝弼傳言，「與族弟參知政事汝霖同日拜」，則此「兄」上脫「族」字。

〔三〕為係景宣忌辰更用正日受外國賀　「宣」原作「祖」、「正」原作「五」。按本書卷四熙宗紀，「天會十四年正月乙酉，萬壽節，齊、高麗、夏遣使來賀。上本七月七日生，以同皇考忌日，改用正月十七日」。其父卽景宣皇帝宗峻。今據改。

〔四〕刑部尚書兼右諫議大夫完顏守貞　「貞」原作「道」。按本書卷七三守貞傳，「章宗卽位，召為刑部尚書兼右諫議大夫」。今據改。

〔五〕貞元初　「貞元」原作「正隆」。按本書卷四四兵志，「貞元遷都，遂徙上京路八猛安處之山東」。又卷五海陵紀，貞元三年，「以殿前都點檢納合椿年為參知政事」。今據改。

〔六〕海陵以婁室為右司員外郎　按本書卷八八紇石烈良弼傳，「天德初，累官吏部郎中，改右司郎中。……納合椿年為參知政事，薦良弼才出己右，用是為刑部尚書，賜今名」。此處敍婁室官名皆誤。

〔七〕溫都思忠子長壽　按本書卷四七食貨志作「故太師耨盌溫敦思忠孫長壽」。

〔八〕伏見故贈資政大夫祁宰以忠言被誅　「祁」原作「祈」，據殿本改。

金史卷八十四

列傳第二十二

杲 本名撒离喝〔一〕 耨盌温敦思忠 子乙迭 温敦兀帶 奔睹

高楨 白彥敬 張景仁

杲本名撒离喝，安帝六代孫，泰州婆盧火之族，胡魯補山之子。〔二〕雄偉有才略，太祖愛之，常在軍中。及婆盧火爲泰州都統，宗族皆隨遷泰州。撒离喝嘗爲世祖養子，獨得不遷，仍居安出虎水。

宗翰、宗望已再克汴，執宋二主北還。宗望分遣諸將定河北。左都監闍母攻下河間。雄州李成棄城走，撒离喝邀擊，大破之，雄州遂降。睿宗經略山東，留撒离喝于河上，而眞定境內有賊衆，自稱元帥秦王。撒离喝擊破其衆，執而戮之。從平陝西，撒离喝徇地自渭以西，降德順軍，又降涇原路鎮戎軍，進平熙河，降甘泉等三堡，遂取保川城。明年，同奔睹討平河外，降寧洮、安隴二寨，并降下河及樂州。至西寧，盡降其都護官屬，於是木波族長等皆迎降。攻慶陽，敗其拒者，遂降其城。慕洧以環州來降，得城寨十三，步騎一萬。於是，宗弼軍敗于和尚原，上褒美撒离喝而戒勵宗弼。

睿宗已定陝西，留兵屯衝要，使撒离喝總之。居無何，請收劍外十三州。與宋王彥之軍七千人遇于沙會濼，敗之，遂克金州。連破吳玠諸軍于饒峰關，遂取眞符縣，取洋州入興元府。敗吳玠兵于固鎮，擒其兩將。撒葛杞等破宋兵，盡下諸砦及仙人關。天會十四年，爲元帥右監軍。

天眷三年，〔三〕宗弼復取河南。撒离喝自河中出陝西。既至鳳翔，擊走宋軍。是時，宋軍在京兆西者甚衆。諸將以暑雨，欲駐軍。且聞宋兵九萬會于涇州，都元帥遣河南步卒來會軍。撒离喝留諸將屯環慶，獨以輕騎取涇州。六月，敗宋兵于涇州。宋兵走渭州，拔离速追擊，大敗之。未幾，爲右副元帥。皇統三年，封應國公，錫賚甚厚。熙宗出獵，賜具裝馬二，命射于圍中。加開府儀同三司。將還軍，命宰臣餞之。

海陵升蒲州爲河中府，撒离喝爲河中尹，左副元帥如故。自陝西入朝，因從容言曰：「唐建成不道，太宗以義除之，即位之後，力行善政，後世稱賢。陛下以前主失德，大義廢絕，力行善政，則如唐太宗矣。」海陵聞其言，色變，撒离喝亦悔其言。既而進封國王，從行官吏皆官賞之。海陵念撒离喝久握兵在外，頗得士心，忌之，以爲行臺左丞相兼左副元帥。又恐不奉命，陽尊以殊禮，使係屬籍，以玉帶璽書賜之。撒离喝至汴，詔諭行臺右丞相、右副元帥撻不野無使撒离喝預軍事。撒离喝不知，每事輒爭之。撻不野詭曰：「太師梁王以陝西事屬公，以河南事屬撻不野，今未嘗別奉詔命。陝西之事，撻不野固不敢干涉。」撻不野久在河南，將帥畏而附之。撒离喝始至勢孤，爭之不得，白於朝。大臣知上旨，報曰：「如梁王敎。」及詔使至汴，諭旨於撻不野。使還，撻不野獨有附奏，撒离喝不得與聞，人皆知海陵使撻不野圖之矣。

會海陵欲除遼王斜也子孫及平章政事宗義等，元帥府令史遙設希海陵旨，誣撒离喝父子謀反，并平章宗義、尙書謀里野等。遙設學撒离喝手署及印文，詐爲契丹小字家書與其子宗安，從左都監奔睹上變。封題作已經開拆者，書紙隱約有白字，作曾經水浸，致字畫分明者，稱御史大夫宗安於宮門外遺下此書，遙設拾得之。其書略曰：「撻不野自來於我不好，凡事常有隄防，應是知得上意。移剌補丞相於我不好，若遲緩分毫，猜疑必落他手也。」又曰：「阿渾每見此書，約定月日，敎掃胡令史却寫白字書來。」有司鞫問，宗安不服曰：「使眞有此書，我剖肌肉藏之，猶恐漏泄，安得於朝門下遺之？」有司掠笞楚毒，宗安神色不變。

乃置掃胡爐炭上，掃胡不能堪，自誣服。宗安謂掃胡曰：「爾苦矣。」宗義被掠笞，不能當，亦自誣服，曰：「我輩知不免矣，不早決，徒自苦。」宗安曰：「今雖無以自明，九泉之下當有寃對，吾終不能引屈。」竟不服而死。使厮魯渾殺撒离喝于汴，族其家，而無寫書及傳書者主名。

有折哥者，能契丹小字，舊嘗從撒离喝。特末者，陝西舊將，嘗以左副元帥事馳驛赴闕。兩人者皆族誅。撒离喝親屬坐是死者二十餘人。魯王斡者〔四〕孫耶魯侯撒离喝于汴，厮魯渾執之，耶魯曰：「願付有司，若法當同坐，雖死不恨。」厮魯渾亦殺之。其家訟于朝，海陵不問，但賜錢二百萬。

奔睹遷元帥左監軍，加開府儀同三司。遙設爲同知博州事，賜錢三百萬，謂之曰：「爾無自比老人。老人親告朕，爾以告有司，設有撒离喝黨人在其間，敗吾事矣。」老人指蕭玉也。蕭玉名老人，故云然。遙設在博州數歲，後與蕭裕謀反，伏誅。大定初，詔復撒离喝官爵。三年，追封金源郡王，謚莊襄，以郡王品秩官爲營葬。十七年，配享太宗廟廷。

耨盌溫敦思忠本名乙剌補，阿補斯水人。太祖伐遼，是時未有文字，凡軍事當中覆而應密者，諸將皆口授思忠，思忠面奏受詔，還軍傳致詔辭，雖往復數千言，無少誤。

及遼人議和，思忠與烏林荅贊謀往來專對其間，號閘剌。閘剌者，漢語云行人也。自收國元年正月，遼人遣僧家奴來，使者三往反，議不決。使者賽剌至遼，遼人殺之。遼主自將，至駝門，大敗，歸，復遣使議和。太祖使胡突衮往，書曰：「若不從此，胡突衮但使人送至界上，或如賽剌殺之，惟所欲者。」

天輔三年六月，遼大册使太傅習泥烈以册璽至上京一舍，先取册文副錄閱視，文不稱兄，不稱大金，稱東懷國。太祖不受，使宗翰、宗雄、宗幹、希尹商定册文義指，楊朴潤色，胡十荅、阿撒、高慶裔譯契丹字，使贊謀與習泥烈偕行。贊謀至遼，見遼人再撰册文，復不盡如本國旨意，欲見遼主自陳，閽者止之。贊謀不顧，直入。閽者相與搏擲，折其信牌。遼人懼，遽遣贊謀歸。太祖再遣贊謀如遼。遼人前後十三遣使，和議終不可成。太祖自將，遂克臨潢。

其後伐宋，思忠從宗翰軍，封劉豫爲齊帝，思忠爲傳宣使，俄授謀克。從宗弼克和尚原。還爲同知西京留守事。天眷初，改蒲州防禦使。元帥府在陝西者，其官屬往往豪壓貧民爲奴，起遣工匠千人東來，至河上，思忠留止其人以聞，詔皆還之。爲行臺尚書左丞。是時，贊謨爲行臺參知政事，思忠黷貨無厭，贊謨鄙之，兩人由是交惡。海陵殺左丞相秉德于行臺。贊謨妻，秉德乳母也。思忠因構贊謨，〔五〕殺之。是歲，思忠入爲尙書右丞。俄進平章政事，封郜國公。進拜左丞相兼侍中，封沂國公。

天德三年，致仕。〔六〕貞元二年十月，海陵率三品以上官幸思忠第，使以家禮見，謂思忠曰：「卿神氣康實，習先朝舊事，舍卿無能知者，當爲朕起，共治國政。」對曰：「君之命，臣敢不敬從，但恨老病疏謬，無以塞責耳。」遂命思忠乘馬從入宮，拜太傅，領三省事，封齊國王。尋拜太師兼勸農使。已而罷中書門下省，不置領三省事。置尙書令，位丞相上。思忠爲尙書令，特置散從八人，聽隨至宮，省奏賜坐。海陵欲定封爵制度，風思忠建白之。封王者皆降封，異姓或封公或一品、二品階。惟封思忠廣平郡王，賜以玉帶。思忠言百官不當封妻，海陵從之。惟封思忠次室爲郡夫人。而思忠亦自謂太祖舊臣，頗自任，雖海陵遂非拒諫，而思忠盡言無所避。

海陵將伐宋，問諸大臣，皆不敢對。思忠曰：「不可。」海陵不悅，謂思忠曰：「汝勿論可否，但云何時克之。」思忠曰：「以十年爲期。」海陵曰：「何久也？期月耳。」思忠曰：「太祖伐遼，猶且數年。今百姓愁怨，師出無名。江、淮間暑熱湫濕，不堪久居，未能以歲月期也。」海陵怒，顧視左右，若欲取兵刃者。思忠無所畏恐，復曰：「老臣歷事四朝，位至公相，苟有補於國家，死亦何憾。」有頃，海陵曰：「自古帝王混一天下，然後可爲正統。爾耄夫固不知此，汝子乙迭讀書，可往問之。」思忠曰：「臣昔見太祖取天下，此時豈有文字耶？臣年垂七十，更事多矣，彼乳臭子，安足問哉。」

海陵既不用思忠言，運四方甲仗于中都，思忠曰：「州郡無兵，何以備盜賊。」海陵盡籍丁壯爲兵，思忠曰：「山後契丹諸部恐未可盡起。」皆不聽。其後，州郡盜起，守令不能制。契丹撒八、窩斡果反，期年乃克之。

當是時，海陵伐宋，祁宰諫而死，張浩進言被杖，思忠見疏，孔彥舟畫策先取兩淮，他無及者。正隆六年，思忠薨，年七十三。海陵深悼惜之，親臨奠，賻贈加等，賜金螭頭車，使者監護，給道路費。

大定十二年，詔復烏林荅贊謨官爵，贈特進。上謂宰臣曰：「贊謨忠實剛毅，雖古人無以過。與思忠有隙，遂勸海陵殺之。今思忠子孫皆不肖，亦陰報也。」初，思忠已構殺贊謨，遂納其妻曹氏，盡取其家財產。章宗卽位，贊謨女五十九乞改葬。詔賜葬地于懷州，并以思忠元取家貲付之。

謙本名乙迭，累官御史中丞。世宗謂之曰：「省部官受請託，有以室家傳達者。官刑不肅，士風頹弊如此，其糾正之。」

初，世宗至中都，多放宮人還家，有稱心等數人在放遣之例，所司失於檢照，不得出宮，心常怏怏。大定二年閏二月癸巳夜，遂於十六位放火，延燒太和、神龍殿。〔七〕上命近臣迹火之所發。十六位宮人袁六娘等六人告，實稱心等爲之。稱心等伏誅，賞賜袁六娘六人，放出宮爲良。謙意宮殿被火，將復興工役，勞民傷財，乃上表乞權紓修建。上使張汝弼詔謙曰：「朕思正隆比年徭役，百姓瘡痍未復，邊事未息，豈遽有營繕也。卿可悉之。」

久之，襲父思忠濟州猛安、利涉軍節度副使。烏林荅鈔兀追捕逃軍，至猛安中，謙畏其擾，乃醵民財買銀賂鈔兀。事覺，鈔兀抵罪，謙坐奪猛安。遇赦，求敍。上曰：「乙迭無自與贓，使復其所。」

耨盌溫敦兀帶，太師思忠姪也。天會間，充女直字學生，學問通達，觀書史，工爲詩。選爲尚書省令史，除右司都事，轉行臺右司郎中，入爲左司員外郎。累官同知大興尹，京師盜賊止息，事無留滯。再遷刑部尚書，改定海軍節度使。除兵部尚書，改吏部。正隆伐宋，爲武定軍都總管。世宗卽位，遣使召之，授咸平尹，爲北邊行軍都統。改會寧尹，都統如故。

是時，初定窩斡，人心未安，兀帶爲治寬簡，多備禦，謹斥候，邊郡以寧。改北京留守。以廉察舉「兀帶所在有能名，無私過」，由是入拜參知政事。世宗諭之曰：「凡在卿上者，行事或不當理，咨禀不從，卿以所見奏聞。下位有可用之才，當推薦之。」

久之屬疾，上命左宣徽使敬嗣暉往視，遣醫治療。薨，年四十七。上聞悼惜之，賻銀千兩、重綵四十端、絹四百匹，勑有司致祭。久之，上謂侍臣曰：「故參知政事兀帶、刑部尙書彥忠、滄州節度使兀不喝、侍郎敵斡、郎中骨赧皆爲人忠直，後進中少有能及之者。朕樂得忠直之人，有如兀帶輩者乎，卿等爲朕舉之。」其見思如此。

昂本名奔睹，景祖弟孛黑之孫，斜斡之子。幼時侍太祖。太祖令數人兩兩角力。時昂年十五，太祖顧曰：「汝能此乎？」對曰：「有命，敢不勉。」遂連仆六人。太祖喜曰：「汝，吾宗弟也，自今勿遠左右。」居數日，賜金牌，令佩以侍。

年十七，太祖伐遼，謂之曰：「汝可擐甲從軍矣。」昂遂佩所賜金牌從軍。太祖平燕，策功，賜甲第一區。天輔六年，宗翰駐北安州，聞遼主延禧在鴛鴦濼，遣耨盌溫敦思忠請於國論勃極烈杲，願以所部軍追之。杲不能決，乃遣昂與思忠詣宗翰議，其事遂定。天會二年，南京叛，軍帥闍母遣昂、劉彥宗分兵討之。

宗望伐宋，承制以爲河南諸路兵馬都統，稱「金牌郎君」。及攻汴州，宗弼與昂以兵三千爲前鋒。比暮，昂先以兵千人馳至其北門。時軍中遣使入城，宋人不納。昂諭之以事，遂得入。宗望至汴，令闍母、撻懶等屯于城之東北隅。慮宋主遁去，遣昂等率輕騎環城巡邏。昂所領止八謀克，遇敵萬人，與戰，敗之，其步軍溺死於汴者過半。七年，大軍渡江，敗宋兵於江上。帥府遣昂等以兵追宋主。宋主入會稽，若爲堅守計，有兵數千列陣於郭東竹葦間。諸將欲擊之。昂曰：「此詐也。不若急攻城，不然將由他門逸去。」諸將猶豫未決，而宋主果於他門以單舟入海，不獲而還。

宗輔定陝西，宗弼經略熙秦，遣昂與撒离喝領兵八千攻取河西郡縣。昂等遂取寧洮、安隴二寨。進至河州，其通判率士民迎降。攻樂州，其都護及河州安撫使郭寧偕降。復進取三寨，至西寧州，都護許居簡以城降，吐蕃酋長之孫趙鈐轄率其所部木波首領五人來降。昂別領軍四千往積石軍，降其軍及所部五寨官吏。追吐蕃鈐轄等十二人至廓州，招之不下，攻取之。

天眷元年，授鎮國上將軍，除東平尹。明年夏，宋將岳飛以兵十萬，號稱百萬，來攻東平。東平有兵五千，倉卒出禦之。時桑柘方茂，昂使多張旗幟於林間，以爲疑兵，自以精兵陣于前。飛不敢動，相持數日而退。昂勒兵襲之，至淸口，飛衆泛舟逆水而去。時霖雨晝夜不止，昂乃附水屯營。夜將半，忽促衆北行。諸將諫曰：「軍士遠涉泥淖，饑憊未食，恐難遽行。」昂怒不應，鳴鼓督之，下令曰：「鼓聲絕而敢後者斬。」遂棄營去，幾二十里而止。是夜，宋人來劫營，無所得而去。諸將入賀，且問其故。昂曰：「沿流而下者，走也。泝流而上者，誘我必追也。今大雨泥淖，彼舟行安，我陸行勞。士卒饑乏，弓矢敗弱，我軍居其下流，勢不便利，其襲我必矣。」衆皆稱善。岳飛以兵十萬圍邳州甚急，城中兵才千餘，守將懼，遣人求救。昂曰：「爲我語守將，我嘗至下邳，城中西南隅有塹深丈餘，可速實之。」守將如其敎，塡之。岳飛果自此穴地以入，〔八〕知有備，遂止。昂擧兵以爲聲援，飛乃退。

在東平七年，改益都尹，遷東北路招討使，改崇義軍節度使，遷會寧牧。天德初，改安武軍節度使，遷元帥右都監，轉左監軍，授上京路移里閔斡魯渾河世襲猛安。海陵曰：「汝有大功，一猛安不足酬也。」益以四謀克。昂受親管謀克，餘三謀克讓其族兄弟。拜樞密副使，轉太子少保，進樞密使、尙書左丞相。昂怒族弟妻，去衣杖其脊，海陵聞之，杖昂五十。久之，拜太尉，封瀋國公。進太保，判大宗正事，封楚國公，累進封莒、衞、齊，兼樞密使，太保如故。

海陵南伐，分諸路軍爲三十二總管，分隸左右領軍大都督府，遂以昂爲左領軍大都督。

海陵築臺于江上，召昂及右領軍副大都督蒲盧渾謂之曰：「舟楫已具，可以濟矣。」蒲盧渾曰：「舟小不可濟。」海陵怒，詔昂與蒲盧渾明日先濟。昂懼，欲亡去。抵暮，海陵遣人止之曰：「前言一時之怒耳。」既而至揚州，軍變，海陵死。

世宗卽位遼陽，昂使人殺皇太子光英于南京，遣其子寢殿小底宗浩與其壻牌印祗候回海等奉表賀登寶位。大軍北還，昂恐宋人躡其後，〔九〕卽以罷兵移書于宋。二年，入見世宗，深慰勞之。進封漢國公，拜都元帥，太保如故。置元帥府於山東，經略邊事。未幾，奉遷睿宗皇帝梓宮於山陵，以昂爲勅葬使。事畢，還山東。

三年，召至京師，以疾薨，年六十四。上爲輟朝，親臨奠，賻銀千兩、重綵五十端、絹五百匹。

昂在海陵時，縱飲沉酣，輒數日不醒。海陵聞之，常面戒不令飲。得閒輒飲如故。大定初，還自揚州，妻子爲置酒私第，未數行，輒臥不飲。其妻大氏，海陵庶人從母姊也，怪而問之。昂曰：「吾本非嗜酒者，但向時不以酒自晦，則汝弟殺我久矣。今遇遭明時，正當自愛，是以不飲。」聞者稱之。睦於兄弟，尤善施予，其親族有貧困者，必厚給之。至於茵帳、衣衾、器皿、僕馬之屬，常預設於家。卽命駕相就，爲具，歡樂終日，盡以遺之，卽日使富足。人或以子孫計爲言，答曰：「人各有命，但使其能自立爾，何至爲子孫奴耶？」君子以爲達。

贊曰：撒离喝、溫敦思忠、奔睹皆有功舊臣，當天會、皇統之際，戰勝攻取，可謂壯哉。及海陵之世，崎嶇嫌忌，撒离喝既自以言致疑，猶與大臭辨爭軍事，何見幾之不早也。烏林荅贊謨廉直自奮，思忠擠之於死，自謂固結海陵，堅若金石，豈意執議不合而遽棄耶。始之不以道，未有能終者也。且思忠之最可罪者，構害贊謨，又納其室而斂其貲，〔一〇〕此何異於殺越人于貨者乎。陰報不在其身，在其子孫，亦已晚矣。正隆之末，奔睹位三公，居上將，內不肯與謀，外不肯與戰，逼側趑趄，苟免自全，大臣之道，固若是乎。

高楨，遼陽渤海人。五世祖牟翰仕遼，官至太師，楨少好學，嘗業進士。斡魯討高永昌，已下瀋州，永昌懼，僞送款以緩師，是時，楨母在瀋州，遂來降，告以永昌降款非誠，斡魯乃進攻。既破永昌，遂以楨同知東京留守事，授猛安。天會六年，遷尙書左僕射，判廣寧尹，加太子太傅。在鎭八年，政令淸肅，吏畏而人安之。十五年，加太子太師，提點河北西路錢帛事。天眷初，同簽會寧牧。及熙宗幸燕，兼同知留守，封戴國公，改同知燕京留守。

魏王道濟出守中京，以楨爲同判，俄改行臺平章政事，爲西京留守，封任國公。

是時，奚、霫軍民皆南徙，謀克別朮者因之嘯聚爲盜。海陵患之，即以楨爲中京留守，命乘驛之官，責以平賊之期。賊平，封河內郡王。海陵至中京，楨警夜嚴肅。有近侍馮僧家奴李街喜等皆得幸海陵，嘗夜飲干禁，楨杖之瀕死，由是權貴皆震懾。遷太子太保，行御史大夫，封莒王。策拜司空，進封代王，太子太保、行御史大夫如故。

楨久在臺，彈劾無所避，每進對，必以區別流品，進善退惡爲言，當路者忌之。薦張忠輔、馬諷爲中丞，二人皆險詖深刻，欲令以事中楨。正隆例封冀國公。楨因固辭曰：「臣爲衆小所嫉，恐不能免，尙可受封爵耶？」海陵知其忠直，慰而遣之。及疾革，書空獨語曰：「某事未決，某事未奏，死有餘恨。」薨，年六十九。海陵悼惜之，遣使致奠，賻贈加等。

楨性方嚴，家居無聲伎之奉。雖甚暑，未嘗解衣緩帶。對妻孥危坐終日，不一談笑，其簡默如此。

白彥敬本名遙設，部羅火部族人。初名彥恭，避顯宗諱，改焉。〔一〕祖屋僕根。父阿斯，仕遼爲率府率。

彥敬善騎射，起家爲吏，補元帥府令史。伐宋，爲錢帛司都管勾。立三省，選爲尚書省令史，除都元帥府知事。招諭諸部，授以金牌，行數千里，有功，超遷兵部郎中。熙宗罷統軍司改招討司，遣彥敬分僚屬收牌印，諭諸部隸招討司。還爲本部侍郎，遷大理卿，出爲通州防禦使，改刑部侍郎。怨家告誣開府慎思與西北路部族謀叛，彥敬鞫得其實，海陵嘉之。遷簽書樞密院事，以便宜措置邊防。

正隆六年，調諸路兵伐宋，及調民馬，使彥敬主會寧、蒲與、胡里改三路事。改吏部尚書，充南征萬戶，遷樞密副使。契丹撒八反，樞密使僕散忽土等以無功坐誅，以彥敬爲北面行營都統，與副統紇石烈志寧以便宜往，賜御服皮襖。行至北京，聞南征諸軍逃歸者皆奔東京，欲推戴世宗。彥敬與志寧謀，陰結會寧尹完顏蒲速賚、利涉軍節度使獨吉義以圖之。世宗已卽位，使石抹移迭、移剌曷補等九人招彥敬、志寧。彥敬拒之，使移迭跪。移迭不屈，皆殺之。及完顏謀衍將兵攻北京，彥敬使偏將率兵拒於建州之境，而獨吉義先歸世宗，蒲速賚稱疾不至。世宗密遣人乘夜揭牓於北京市，購以官賞。彥敬、志寧恐爲人圖己，遂降。以爲曷速館節度使。不數月，召爲御史大夫。

窩斡僭帝號。諸軍馬瘦弱，遣彥敬往西北路招討司市馬，得六千餘匹。窩斡敗，西走山後。完顏思敬以新馬三千備追襲。彥敬屯于夏國兩界間。窩斡平，召還爲兵部尚書，出爲鳳翔尹，改太原尹，兼河北東路兵馬總管，尋改河中尹。大定九年，卒于官。

張景仁字壽甫，遼西人。累官翰林待制。貞元二年，與翟永固俱試禮部進士，以「尊祖配天」爲賦題，忤海陵旨，語在永固傳。

大定二年，僕散忠義伐宋，景仁掌其文辭。宋人議和，朝廷已改奉表爲國書，稱臣爲姪，但不肯世稱姪國。往復凡七書，然後定，其書皆景仁爲之。世宗稱其能，嘗曰：「今之文章如張景仁與宋人往復書，指事達意辨而裁，眞能文之士也。」五年，罷兵，入爲翰林直學士。七年，遷侍講。八年，爲詳讀官。宋國書中有「寶鄰」字，景仁奏「鄰」字太涉平易。上問累年國書有「鄰」字否，命一一校勘。六年書中亦有之，上責問六年詳讀官劉仲淵，右丞石琚亦請罪曰：「臣嘗預六年詳讀。」上曰：「此有司之過，安得一一責宰臣邪？」詔有司就諭宋臣王掄，使歸告其主，後日國書不得復爾。仲淵時爲禮部侍郎，降石州刺史，景仁遷翰林學士兼同修國史。

久之，上召景仁讀陳言文字。上問：「事款幾何？」景仁率易，少周密，對曰：「二十餘事。」復曰：「其中如某事某事十事可行，餘皆無謂也。」明日，上召景仁責之曰：「卿昨言可行者，朕觀之，中復有不可行者。卿謂無謂者，中亦有可行者。朕未嘗使卿分別可否，卿輒專可否，何也？自今戒之。」十年，兼太常卿，學士、同修國史如故。轉承旨，兼修國史。改河南尹。二十一年，召爲御史大夫，仍兼承旨、修國史。

世宗謂景仁曰：「卿博學老儒，求如古之御史大夫，然後行之，斯爲稱矣。不能如古之人，衆人不獨誚卿，亦謂朕不能知人。卿醉中頗輕脫失言，當以酒爲戒。」初，朝臣言景仁有文藝而頗率易，不可任臺察。景仁被詔，就臺中治監察罪，輒以便服視決罰。上聞之，責景仁曰：「朕初用卿爲大夫，或言卿不可居此官，今果不用故事，率易如此。卿自慎，不然黜罰及矣！」景仁頓首謝。

未幾，詔葬元妃李氏于海王莊。平章政事烏古論元忠提控葬事，都水監丞高杲壽治道路不如式，元忠不奏，決之四十。景仁劾奏元忠輒斷六品官，無人臣禮。上曰：「卿劾奏甚當。」使左宣徽使蒲察鼎壽傳詔戒勅元忠曰：「監丞六品，有罪聞奏，今乃一切趨辦，擅決六品官，法當如是耶？御史在尊朝廷，汝當自咎，勿復再！」元忠尙豫國公主，怙寵自任，倨慢朝士。景仁劾之，朝廷肅然。是歲，薨。

贊曰：高楨以舊勞爲御史大夫，剛明自任，繩治無所避，幾不免於怨憎之荼毒。直己而行，自古難之。白彥敬不受大定之詔而世宗賢之。嚮使久在此位，其深謀讜論，必有竦動人者。張景仁儒者之勇，廷論元忠，正矣。

校勘記

〔一〕杲本名撒离喝　「离」原作「里」。今據傳文統一。它卷或有作「里」字者，同名異譯，不復校正。

〔二〕胡魯補山之子　按本書卷五九宗室表作「胡特孛山」。

〔三〕天眷三年　「三」原作「二」。按本書卷四熙宗紀，天眷三年「五月丙子，詔元帥府復取河南、陝西地。己卯……命都元帥宗弼以兵自黎陽趨汴，右監軍撒離合出河中趨陝西」。今據改。

〔四〕魯王斡者　「魯」原作「潞」。按本書卷五九宗室表，世祖子「斡者，魯王」。又卷六五始祖以下諸子傳，「斡者，天會十五年大封宗室，追封魯王」。今據改。

〔五〕思忠因構贊譔　原脫「贊」字，據上文補。

〔六〕天德三年致仕　按本書卷五海陵紀作貞元元年十一月「戊戌，左丞相耨盌溫都思忠致仕」。

〔七〕大定二年閏二月癸巳夜……延燒太和神龍殿　按本書卷六世宗紀，大定二年閏月「辛卯，太和、厚德殿火」。紀日及殿名與此不同。

〔八〕岳飛果自此穴地以入　「穴」原作「宂」，據殿本改。

〔九〕昂恐宋人躡其後　「其」原作「兵」，據殿本改。

〔一〇〕又納其室而斂其貲　「貲」原作「訾」，據殿本改。

〔一一〕初名彥恭避顯宗諱改焉　「顯」原作「睿」。按本書卷一九世紀補，睿宗名「宗堯」，與「彥恭」無關；顯宗名「允恭」，知作顯宗是。今據改。

金史卷八十五

列傳第二十三

世宗諸子

永中　永蹈　永功子璹　永德　永成　永升

世宗昭德皇后生顯宗、趙王孰輦、越王斜魯。元妃張氏生鄗王允中、越王允功。元妃李氏生鄭王允蹈、衞紹王允濟、潞王允德。昭儀梁氏生豫王允成。才人石抹氏生夔王允升。孰輦、斜魯皆早卒。

鎬王永中〔一〕本名實魯剌，又名萬僧。大定元年，封許王。五年，判大興尹。七年，進封越王。十一年，進封趙王。十三年，拜樞密使。十九年，子石古乃加光祿大夫。是歲，改葬明德皇后于坤厚陵，永中母元妃張氏陪葬。十一月庚申，自磐寧宮發引。永中以元妃柩先發，使執黃傘者前導。俄頃，皇后柩出磐寧宮，顯宗徒跣。少府監張僅言呼執黃傘者，不應。既葬，僅言欲奏其事，顯宗解之曰：「是何足校哉，或傘人誤耳。」僅言乃止。

二十一年，改判大宗正事。永中不悅，顯宗勸之曰：「宗正之職，自親及疏，自近及遠，此親賢之任也。且皇子之貴，豈以官職閑劇爲計邪？」永中乃喜。二十四年，世宗幸上京，顯宗居守，并留永中。顯宗先遣章宗、宣宗奉表問起居于上京，既而遣永中子光祿大夫石古乃奉表。世宗喜謂豫國公主曰：「皇太子孝德天成，先遣二子，繼遣此子，兄弟之際相友愛如此也。」

二十五年六月，世宗在天平山好水川淸暑，顯宗薨于中都，詔曹王永功視章宗，召永中赴行在。是歲，與章宗及永功等並加開府儀同三司。二十六年，復爲樞密使。是歲，世宗賜諸孫名。石古乃曰瑜，神土門曰璋，阿思懣曰玭，阿离合懣曰璲。二十七年，玭年十五以上，加奉國上將軍。章宗卽位，起復判西京留守，進封漢王，與諸弟各賜金五百兩、銀五千兩、錢二千貫、重幣三百端、絹二千匹。再賜永中修公廨錢三百萬，特加石古乃銀青榮祿大夫，阿离合懣奉國上將軍。

明昌二年正月辛酉，孝懿皇后崩。判眞定府事吳王永成、判定武軍節度使隋王永升奔喪後期，各罰俸一月，杖其長史五十。永中適有寒疾，不能至。上怒，頗意諸王有輕慢心，遣使責永中曰：「已近公除，亦不須來。」二月丙戌，禫祭，永中始至，入臨。辛卯，始克行燒飯禮。壬辰，永中及諸王朝辭，賜遺留物，禮遇雖在，而嫌忌自此始矣。

四月，進封幷王。三年，判平陽府事，進封鎬王。初置王傅、府尉官，名爲官屬，實檢制之也。府尉希望風旨，過爲苛細。永中自以世宗長子，且老矣，動有掣制，情思不堪，殊鬱鬱，乃表乞閑居。詔不許。四年，鄭王永蹈以謀逆誅。增置諸王司馬一員，檢察門戶出入，毬獵游宴皆有制限，家人出入皆有禁防。河東提刑判官把里海坐私謁永中，杖一百，解職。前近侍局副使裴滿可孫嘗受永中請託，爲石古乃求除官，可孫已改同知西京留守，猶坐免。故尙書右丞張汝弼，永中母舅也。汝弼妻高陀斡自大定間畫永中母像，奉之甚謹，挾左道爲永中求福，希覬非望。明昌五年，高陀斡坐詛祝誅。上疑事在永中，未有以發也。

會鎬王傅尉奏永中第四子阿离合懣因防禁嚴密，語涉不道。詔同簽大睦親府事亹、御史中丞孫卽康鞫問，〔三〕幷求得第二子神徒門所撰詞曲有不遜語。家奴德哥首永中嘗與侍妾瑞雪言：「我得天下，子爲大王，以爾爲妃。」詔遣官覆按狀同。再遣禮部尙書張暐、兵部侍郎烏古論慶裔覆之。上謂宰臣曰：「鎬王秖以語言得罪，與永蹈罪異。」參知政事馬琪曰：

「永中與永蹈罪狀雖異，人臣無將，則一也。」上曰：「大王何故輒出此言？」左丞相清臣曰：「素有妄想之心也。」詔以永中罪狀宣示百官雜議，五品以下附奏，四品以上入對便殿。皆曰：「請論如律。」惟宮籍監丞盧利用乞貸其死。詔賜永中死，神徒門、阿离合懣等皆棄市。勅有司用國公禮收葬永中，平陽府監護，官給葬具，妻子威州安置。泰和七年，詔復永中王爵，賜謚曰厲。勅石古乃於威州擇地，以禮改葬，歲時祭奠。貞祐二年，詔徙永中妻、子石古乃等鄭州安置。

貞祐三年，太康縣人劉全嘗爲盜，亡入衞眞界，詭稱愛王。所謂愛王，指石古乃。石古乃實未嘗有王封，小人妄以此目之。劉全欲爲亂，因假託以惑衆，誘王氏女爲妻，且言其子方聚兵河北。東平人李寧居嵩山，有妖術。全同縣人時溫稱寧可論大事，乃使范元書僞號召之。寧至，推爲國師，議僭立。事覺，全、溫、寧皆伏誅。

貞祐四年，潼關破，徙永中子孫于南京。興定二年，亳州譙縣人孫學究私造妖言云：「愛王終當奮發，今匿跡民間，自號劉二。」衞眞百姓王深等皆信以爲誠然。有劉二者出而當之，遣歐榮輩結構逆黨，市兵仗，大署旌旗，謀僭立。事覺，誅死者五十二人，緣坐者六十餘人。永中子孫禁錮，自明昌至于正大末，幾四十年。天興初，詔弛禁錮。未幾，南京亦不守云。

鄭王永蹈本名銀术可，初名石狗兒。大定十一年，封滕王，未期月進封徐王。二十五年，加開府儀同三司。二十六年，爲大興尹。章宗即位，判彰德軍節度使，進封衞王。明昌二年，徙封鄭王。三年，改判定武軍。

初，崔溫、郭諫、馬太初與永蹈家奴畢慶壽私說讖記災祥，畢慶壽以告永蹈：「郭諫頗能相人。」永蹈乃召郭諫相己及妻子。諫說永蹈曰：「大王相貌非常，王妃及二子皆大貴。」又曰：「大王，元妃長子，不與諸王比也。」永蹈召崔溫、馬太初論讖記天象。崔溫曰：「丑年有兵災，屬兔命者來年春當收兵得位。」郭諫曰：「昨見赤氣犯紫微，白虹貫月，皆注丑後寅前兵戈僭亂事。」永蹈深信其說，乃陰結內侍鄭雨兒伺上起居，以崔溫爲謀主，郭諫、馬太初往來游說。河南統軍使僕散揆尚永蹈妹韓國公主，永蹈謀取河南軍以爲助，與妹澤國公主長樂謀，使駙馬都尉蒲剌覩致書于揆，且先請婚，以觀其意。揆拒不許結婚，使者不敢復言不軌事。永蹈家奴董壽諫永蹈，不聽。董壽以語同輩奴千家奴，上變。是時，永蹈在京師，詔平章政事完顏守貞、參知政事胥持國、戶部尚書楊伯通、知大興府事尼厖古鑑鞫問，連引甚衆，久不能決。上怒，召守貞等問狀。右丞相夾谷清臣奏曰：「事貴速絕，以安人心。」於是，賜永蹈及妃卞玉，二子按春、阿辛，公主長樂自盡。蒲剌覩、崔溫、郭諫、馬太初等皆伏誅。僕散揆雖不聞問，猶坐除名。董壽免死，隸監籍。千家奴賞錢二千貫，特遷五官雜班敍使。自是諸王制限防禁密矣。

泰和七年，詔復王封，備禮改葬，賜諡曰剌，以衞王永濟子按辰爲永蹈後，奉其祭祀。

越王永功本名宋葛，又名廣孫，貞元二年生。沉默寡言笑，勇健絕人，涉書史，好法書名畫。大定四年，封鄭王。七年，進封隋王。十一年，進封曹王。十五年，除刑部尙書。上曰：「侍郎張汝霖，汝外舅行也，可學爲政。」十七年，授活活土世襲猛安。〔三〕十八年，改大興尹。世宗幸金蓮川，始出中都，親軍二蒼頭縱馬食民田，詔永功：「蒼頭各杖一百。彈壓百戶二人失覺察，勒停。」上次望京淀，永功奏曰：「親軍人止一蒼頭、兩彈壓服勤，爲日久矣。臣昧死違詔，量決蒼頭，使彈壓待罪，可使償其田直，惟陛下憐察。」上皆從之。

老嫗與男婦憩道傍，婦與所私相從亡去，或告嫗曰：「向見年少婦人自水邊小徑去矣。」嫗告伍長蹤跡之。有男子私殺牛，手持血刃，望見伍長，意其捕己，卽走避之。嫗與伍長疑是殺其婦也，捕送縣，不勝楚毒，遂誣服。問尸安在？詭曰：「棄之水中矣。」求之水中，果獲一尸，已半腐。縣吏以爲是男子眞殺若婦矣，卽具獄上。永功疑之曰：「婦死幾何日，而尸遽半腐哉。」頃之，嫗得其婦於所私者。永功曰：「是男子偶以殺人就獄，其拷掠足以稱殺牛之科矣。」遂釋之而去。武淸黃氏、望雲王氏豪猾不逞，永功發其罪，畿內肅然。

二十三年，判東京留守。是月，改河閒尹。閱月，改北京留守。居無何，上謂宰臣曰：「朕聞永功到北京爲政無良，雖朕子，萬一敗露，法可廢乎。朕已戒勅永功，卿等可諭其長史，俾匡正之。」到北京凡七月，改東京留守。世宗幸上京，過東京，永功從。明年，上還至天平山好水川，皇太子薨。詔永功護喪事，尋拜御史大夫。章宗封原王，加開府儀同三司。趙王永中及永功兄弟皆加開府儀同三司。明年，判大宗正事。

應州僧與永功有舊，將訴事于彰國軍節度使移剌胡剌，求永功手書與胡剌爲地。胡剌得書，奏之。上謂宰臣曰：「永功以書囑事胡剌，此雖細微，不可不懲也。凡人小過不治，遂至大咎。有犯必懲，庶幾能改，是亦教也。」皆曰：「陛下用法無私，臣下敢不敬長。」於是永功解職。未幾，復判大宗正事。

章宗卽位，除判平陽府事，進封冀王。永功之官，隨引醫人沈思存過制限，當解職。上曰：「朕知此事，當痛斷監奴及治府掾長史管轄府事者罪，仍著于令。」家奴王唐犯罪至徒，永功曲庇之。平陽治中高德裔失覺察，笞四十。於是永功改判濟南府。詔永功曰：「所坐雖細事，法令不得不如此。今已釋矣，後毋復然。濟南先帝舊治，風土甚好，可悉此意也。」改授山東西路把魯古世襲猛安。二年，判廣寧府事，進封魯王。明年，判彰德府事。承安元年，進封鄆王。明年，判太原府事。泰和七年，改西京留守。八年，復判平陽府事。大安元年，進封譙王，判中山府事。明年，進封越王。

宣宗卽位，免常參。明年，從遷汴京。久之，詔永功每月朔一朝。興定四年，詔永功無朝。五年，有疾，賜御藥。疾革，賜尚醫診視，一日五遣使候問。是歲，薨。上哭之慟，謚曰忠簡。

子福孫、壽孫、粘沒曷。〔四〕大定二十六年，詔賜福孫名璐，壽孫名璹，粘沒曷名琳。是年，璐加奉國上將軍。章宗卽位，加銀青榮祿大夫，封蕭國公。初爲興陵崇妃養子，常居京師，奉朝請。泰和五年，卒。章宗輟朝，百官進名奉慰。

璹本名壽孫，世宗賜名，字仲實，一字子瑜。資質簡重，博學有俊才，喜爲詩，工眞草書。大定二十七年，加奉國上將軍。明昌初，加銀青榮祿大夫。衞紹王時，加開府儀同三司。貞祐中，封胙國公。正大初，進封密國公。

璹奉朝請四十年，日以講誦吟詠爲事，時時潛與士大夫唱酬，然不敢明白往來。永功薨後，稍得出游，與文士趙秉文、楊雲翼、雷淵、元好問、李汾、王飛伯輩交善。初，宣宗南遷，諸王宗室顛沛奔走，璹乃盡載其家法書名畫，一帙不遺。居汴中，家人口多，俸入少，客至，貧不能具酒肴，蔬飯共食，焚香煑茗，盡出藏書，談大定、明昌以來故事，終日不聽客去，樂而不厭也。

天興初，璹已臥疾，論及時事，嘆曰：「兵勢如此，不能支，止可以降。全完顏氏一族歸吾國中，使女直不滅則善矣，餘復何望。」是時，曹王出質，璹見哀宗於隆德殿。上問：「叔父欲何言？」璹奏曰：「聞訛可欲出議和。訛可年幼，不苦諳練，恐不能辨大事。臣請副之，或代其行。」上慰之曰：「南渡後，國家比承平時有何奉養，然叔父亦未嘗沾溉。無事則置之冷地，無所顧藉，緩急則置于不測，叔父盡忠固可，天下其謂朕何？叔父休矣。」於是君臣相顧泣下。未幾，以疾薨，年六十一。

平生詩文甚多。自删其詩，存三百首，樂府一百首，號如菴小藁。第五子守禧，字慶之，風神秀徹，璹特鍾愛，嘗曰：「平日所蓄書畫將以付斯子。」及汴城降，守禧病卒，年未三十。

潞王永德本名訛出。大定二十五年，與章宗及諸兄俱加開府儀同三司。二十七年，封薛王。明年，除祕書監。二十九年，進判祕書監，進封瀋王。明昌元年，授山東東路把魯古必剌猛安。二年，進封豳王。〔五〕五年，遷勸農使。承安二年，進封潞王。承安三年，再任勸農使。泰和元年，有司劾永德元日進酒後期，有詔勿問。衞紹王時，累遷太子太師。宣宗卽位，改同判大睦親府事。興定五年，遷判大睦親府事。子斡論，賜名琰。

豫王永成本名鶴野，又曰婁室。母昭儀梁氏。永成風姿奇偉，博學，善屬文。世宗尤愛重之。大定七年，始封瀋王，以太學博士王彥潛爲府文學，永成師事之。十一年，進封豳。十五年，就外第。十六年，判祕書監。明年，授世襲山東東路把魯古猛安，判大睦親府事。既而改中都路胡土靄哥蠻猛安。二十年，改授翰林學士承旨。二十三年，判定武軍節度使事，尋改判廣寧府。二十五年，世宗幸上京，命留守中都，判吏部尙書，進開府儀同三司，爲御史大夫。章宗卽位，起復，進封吳，判眞定府事。明昌元年，改山東西路盆買必剌猛安。明年，進封兗。坐率軍民圍獵，解職，奉表謝罪。上賜手詔曰：「卿親實肺腑，夙著忠純，侍顯考於春宮，曲盡友于之愛，洎沖人之繼統，愈明忠赤之心，艱難之中，多所裨益。朕心簡在，毫楮莫窮，用是起之苦塊之中，授以維城之任。自典藩服，歲月荐更，蕞爾趙邦，知驥足之難展，眇哉鎮府，固牛刀之莫施。方思驛召以赴朝，何意遽罹於國憲。偶因時獵，頗擾部民，法所不寬，憲臺聞上。朕尚含容累月，未忍卽行，雖欲遂於私恩，竟莫違於公議，解卿前職，卽乃世封。噫，祖宗立法，非一人之敢私；骨肉至親，豈千里而能間。以此退閑之小誡，欲成終始之洪恩。經云『在上不驕，高而不危』。是以知節愼者修身之本，驕矜者敗德之源。朕每自勵，今以戒卿。昔東平樂善，能成不朽之名，梁孝奢淫，卒致憂疑之悔。前人所行，可爲龜鑑。卿兼資文武，多藝多才，履道而行，何施不可。如能德業日新，無慮牽復之晚。朕素不工詞翰，臨文草草，直寫所懷，冀不以辭害意也。」未幾，授泌南軍節度使。三年，改判咸平府事，未赴，移判太原府事。上以永成誕日，親爲詩以賜，有「美譽自應輝玉牒，忠誠不待啓金縢」之語，當世榮之。

七年，改判平陽府事。承安改元，以覃恩進封豫。明年冬，進馬八十疋，以資守禦之備。上賜詔獎諭曰：「卿夙有雋望，時惟茂親，通達古今，砥礪忠義。方分憂於外服，來輸駿於上閑，欲助邊防，以增武備。惟盡心於體國，乃因物以見誠。載念懇勤，良深嘉獎。」五年，再任。俄召還，以疾不能入見。上親幸其第臨視。泰和四年，薨。訃聞，上爲之震悼，賻贈甚厚，謚曰忠獻。

永成自幼喜讀書，晚年所學益醇，每暇日引文士相與切磋，接之以禮，未嘗見驕色。自號曰「樂善居士」，有文集行于世云。

夔王允升，改名永升，本名斜不出，一名鶴壽。大定十一年，封徐王，進封虞王。二十六年，加開府儀同三司。明年，判吏部尚書，授山東西路按必出虎必剌猛安。〔六〕章宗卽位，加恩宗室，徙封隋王，除定武軍節度使。明昌二年，改封曹王。久之，改封宛王。衞紹王卽位，徙今封。貞祐元年九月，宣宗以允升年高，素羸疾，詔宮中聽扶杖。尋薨。旣殯，燒飯，上親臨奠。

贊曰：世宗保全宗室，無所不至，雖矯海陵之失，亦由天資仁厚而然也。其子永中、永蹈皆死章宗之手，其理蓋有不可詰者。章宗無後，則厥報不爽矣。

校勘記

〔一〕鎬王永中　按「鎬」上文作「鄗」。又世宗諸子名皆排「允」字，後章宗避其父允恭諱，遂改「允」爲「永」。參見本書卷一九世紀補校記〔六〕。

〔二〕御史中丞孫即康鞫問　「問」原作「門」，據永樂大典卷六六七六六引文改。

〔三〕十七年授活活土世襲猛安　按本書卷六世宗紀作大定十一年十二月，「趙王永中、曹王永功俱授猛安」。

〔四〕子福孫壽孫粘沒曷　「沒」原作「役」，據殿本改。

〔五〕二年進封豳王　「二」原作「三」。按本書卷九章宗紀，明昌二年四月「甲午，改封永德豳王」。今據改。

〔六〕授山東西路按必出虎必剌猛安　按本書卷八九移剌慥傳，「大定十九年，以按出虎等八猛安自河南徙置大名、東平之境」。作「按出虎」，無「必」字。疑此處「必」字涉下「必剌」字衍。

金史卷八十六

列傳第二十四

李石子獻可　完顏福壽　獨吉義　烏延蒲离黑
烏延蒲轄奴　烏延查剌　李師雄　尼厖古鈔兀
孛朮魯定方　夾谷胡剌　蒲察斡論　夾谷查剌

李石字子堅，遼陽人，貞懿皇后弟也。先世仕遼，爲宰相。高祖仙壽，嘗脫遼主之舅於難，遼帝賜仙壽遼陽及湯池地千頃，佗物稱是，常以李舅目之。父雛訛只，桂州觀察使，高永昌據東京，率衆攻之，不勝而死。

石敦厚寡言，而器識過人。天會二年，授世襲謀克，爲行軍猛安。睿宗爲右副元帥，引置軍中，屬之宗弼。八年，除禮賓副使，轉洛苑副使。天眷元年，置行臺省於汴，石爲汴京都巡檢使，歷大名少尹、汴京馬軍副都指揮使，累官景州刺史。海陵營建燕京宮室，石護役皇城端門。海陵遷都燕京，石隨例入見。海陵指石曰：「此非葛王之舅乎？」葛王，謂世宗也。未幾，除興中少尹。

石知海陵忌宗室，頗歎前日之言，秩滿，託疾還鄉里。世宗留守東京，禦契丹括里，石留東京巡察城中。海陵使副留守高存福伺察世宗動靜，知軍李蒲速越知存福謀，以告世宗，石因勸世宗先除存福，然後舉事，世宗從之。大定元年，以定策功爲戶部尚書。無何，拜參知政事。

阿瑣殺同知中都留守蒲察沙离只，遣使奉表東京，而羣臣多勸世宗幸上京者。石奏曰：「正隆遠在江、淮，寇盜蠭起，萬姓引領東向，宜因此時直赴中都，據腹心以號令天下，萬世之業也。惟陛下無牽於衆惑。」上意遂決，卽日啓行。世宗納石女後宮，生鄭王永蹈、衞紹王永濟，是爲元妃李氏。

三年，戶部尚書梁銶上言：「大定以前，官吏士卒俸粟支帖眞僞相雜，請一切停罷。」石買革去舊貼，下倉支粟，倉司不敢違，以新粟與之。上聞其事，以問梁銶。梁銶對不以實。上命尚書左丞翟永固鞫之。梁銶削官四階，降知火山軍，石罷爲御史大夫。久之，封道國公。

六年，上幸西京，石與少詹事烏古論三合守衞中都宮闕。詔曰：「京師巡禦不可不嚴。近都猛安內選士二千人巡警，仍給口豢芻粟。」謂宰臣曰：「府庫錢幣非徒聚貨也，若軍士貧弱，百姓困乏，所費雖多，豈可已哉。」故事，凡行幸，留守中都官每十日表問起居。上以使傳頻煩，命二十日一進表。七年，拜司徒，兼太子太師，御史大夫如故。賜第一區。方石奏事，宰相下殿立，俟良久。既退，宰相或問石奏事何久，石正色曰：「正爲天下姦汚未盡誅耳。」聞者悚然。一日，上謂石曰：「御史分別庶官邪、正。卿等惟劾有罪，而未嘗舉善也，宜令監察分路刺舉善惡以聞。」

安化軍節度使徒單子溫，平章政事合喜之姪也，贓濫不法，石即劾奏之。

石司憲既久，年寖高。御史臺奏，事有在制前斷定，乞依新條改斷者。上曰：「若在制前行者，豈可改也。」上御香閤，召中丞移剌道謂之曰：「李石耄矣，汝等宜盡心。向所奏事甚不當，豈涉於私乎？」他日，又謂石曰：「卿近累奏皆常事。臣下善惡邪正，無語及之。卿年老矣，不能久居此，若能舉一二善事，亦不負此職也。」十年，〔一〕進拜太尉、尚書令。詔曰：「太后兄弟惟卿一人，故命領尚書事。軍國大事，涉於利害，議其可否，細事不煩卿也。」進封平原郡王。

平章政事完顏守道奏事，石神色不懌。世宗察之，謂石曰：「守道所奏，既非私事，卿當共議可否。在上位者所見有不可，順而從之，在下位者所見雖當，則遽不從乎？豈可以與己相違而蓄怒哉。如此則下位者誰敢復言？」石對曰：「不敢。」上曰：「朕欲於京府節鎮運司長佐三員內任文臣一員，尚未得人。」石奏曰：「資考未至，不敢擬。」上曰：「近觀節度轉運副使中才能者有之。海陵時，省令史不用進士，故少尹節度轉運副使中乏人。大定以來，用進士，亦頗有人矣，節度轉運副使中有廉能者具以名聞，朕將用之。朝官不歷外任，無以見其才，外官不歷隨朝，無以進其才，中外更試，庶可得人。」他日，上復問曰：「外任五品職事多闕，何也？」石對曰：「資考少有及者。」上曰：「苟有賢能，當不次用之。」對不稱旨，上表乞骸骨，以太保致仕，進封廣平郡王。十六年，薨。上輟朝臨弔，哭之慟，賻錢萬貫，官給葬事。少府監張僅言監護，親王、宰相以下郊送，謚襄簡。

石以勳戚，久處腹心之寄，內廷獻替，外罕得聞。觀其劾奏徒單子溫退答宰臣之問，氣岸宜有不能堪者。時論得失半之，亦豈以是耶。舊史載其少貧，貞懿后周之，不受，曰：「國家方急用人，正宜自勉，何患乎貧。」后感泣曰：「汝苟能此，吾復何憂。」及中年，以冒粟見斥，衆譏貪鄙，如出二人。史又稱其未貴，人有慢之者，及爲相，其人以事見石，惶恐。石曰：「吾豈念舊惡者。」待之彌厚。能爲長者言如是，又與他日氣岸迥殊。

山東、河南軍民交惡，爭田不絕。有司謂兵爲國根本，姑宜假借。石持不可，曰：「兵民一也，孰輕孰重。國家所恃以立者紀綱耳，紀綱不明，故下敢輕冒。惟當明其疆理，示以法禁，使之無爭，是爲長久之術。」趣有司按問，〔三〕自是軍民之爭遂息。北京民曹貴謀反，大理議廷中，謂貴等陰謀久不能發，在法「詞理不能動衆，威力不足率人」，罪止論斬。石是之。又議從坐，久不能決。石曰：「罪疑惟輕。」入，詳奏其狀，上從之，緣坐皆免死。北鄙歲警，朝廷欲發民穿深塹以禦之。石與丞相紇石烈良弼皆曰：「不可。古築長城備北，徒耗民力，無益於事。北俗無定居，出沒不常，惟當以德柔之。若徒深塹，必當置戍，而塞北多風沙，曾未期年，塹已平矣。不可疲中國有用之力，爲此無益。」議遂寢。是皆足稱云。

世宗在位幾三十年，尚書令凡四人：張浩以舊官，完顏守道以功，徒單克寧以顧命，石以定策，他無及者。明昌五年，配享世宗廟廷。子獻可、逵可。

獻可字仲和，大定十年，中進士第。世宗喜曰：「太后家有子孫舉進士，甚盛事也。」累官戶部員外郎，坐事降淸水令，召爲大興少尹，遷戶部侍郎，累遷山東提刑使。卒。衞紹王卽位，以元舅贈特進，追封道國公。子道安，擢符寶郎。

完顏福壽，曷速館人也。父合住，國初來歸，授猛安。天眷二年，福壽襲父合住職，授定遠大將軍，累加金吾衞上將軍。海陵省併猛安謀克，遂停封。

正隆末，海陵伐宋，福壽領婁室、臺答藹二猛安由山東道進至泰安。既受甲，福壽乃誘將校北還，而高忠建、盧萬家奴等亦各率衆萬餘俱歸東京，欲共立世宗。至遼口，世宗遣徒單思忠、府吏張謀魯瓦等來迎，察其去就。思忠等以數騎馳入軍中，見福壽等問曰：「將軍何爲至此？」福壽等向南指海陵而言曰：「此人失道，不能保天下。國公乃太祖皇帝親孫，我輩欲推戴爲主，以此來耳。」諸軍皆東向拜，呼萬歲。爲書以授思忠。於是督諸軍渡遼水，徑至東京城下，卽諭軍士擐甲入衞宮城，殺高存福等。明日，與諸將及東京吏民從婆速路兵馬都總管完顏謀衍勸進。世宗卽位，以福壽爲元帥右監軍，賜以銀幣御馬。

初，謀衍之至也，大會諸軍，以福壽之軍居左，高忠建軍居右。忠建曰：「何以我軍爲右軍？」謀衍曰：「樹置在我，爾曷敢言！」福壽曰：「始建大事，左右軍高下何足爭也。」遂讓忠建爲左軍。世宗聞而賢之。未幾，從完顏謀衍討白彥敬、紇石烈志寧于北京。是冬，上聞臨潢尹兼元帥左都監吾扎忽等與窩斡戰不利，命福壽將兵進討。已敗賊，俘獲生口萬計。世宗以紇石烈志寧代之，召還，授興平軍節度使，復其世襲猛安，尋領濟州路諸軍事。大定三年，卒。

獨吉義本名鶻魯補，曷速館人也。徙居遼陽之阿米吉山。祖回海，父祕剌。收國二年，曷速館來附，祕剌領戶三百，遂爲謀克。祕剌長子照屋，次子忽史與義同母。祕剌死，忽史欲承謀克。義曰：「長兄雖異母，不可奪也。」忽史乃以謀克歸照屋，人咸義之。

義以質子至上京。善女直、契丹字，爲管勾御前文字。天會十五年，擢右監門衞大將軍，除寧化州刺史。察廉，遷迭剌部族節度使、復州防禦使，改卓魯部族節度使、河南路統軍都監，爲武勝軍節度使。邊郡妄稱寇至，統軍司徙居民於汴，義獨不聽，日與官屬擊毬游宴。統軍司使人責之，義曰：「太師梁王南伐淮南，死者未葬，亡者未復，彼豈敢先發？此城中有榷場，若自動，彼將謂我無人。」既而果無事，統軍謝之，請以沿邊唐州等處諸軍猛安皆隸于義。

貞元元年，改唐古部族節度使，爲彰化軍，改利涉軍節度使。是時，海陵伐宋，諸軍往往逃歸，而世宗在東京得衆心。都統白彥敬自北京使人陰結義，欲與共圖世宗。頃之，世宗卽位，義卽日來歸，具陳所以與彥敬密謀者。世宗嘉其不欺，以爲參知政事。

上謂義曰：「正隆率諸道兵伐宋，若反旆北指，則計將安出？」義曰：「正隆多行無道，殺其嫡母，阻兵虐衆，必將自斃。陛下太祖之孫，即位此其時也。」上曰：「卿何以知之？」義曰：「陛下此舉若太早，則正隆未渡淮，太遲則窩斡必太熾。今正隆已渡淮，窩斡未至太盛，將士在南，家屬皆在此，惟早幸中都爲便。」上嘉納之。次榛子嶺，世宗聞海陵死于軍中，謂義曰：「信如卿所料。」大定二年，罷爲益都尹，兼本路兵馬都總管，賜金五十兩、銀五百兩。三年，以疾致仕。四年，薨于家，年七十一。

子和尙，大定初，除應奉翰林文字，佩金牌。陀滿訛里也子撒曷輦充護衛，司吏王得兒加保義校尉，皆佩銀牌。持詔書宣諭中都以南州郡，及往南京諭太傅張浩。中道聞海陵遇害，南京及都督府皆奉表賀，乃止。和尙爲奉使，擅廢置州縣官，輒行殺戮，詔尙書省鞫治之。十九年，詔以義孫引壽爲斜魯菩阿世襲謀克。義性辯給，善談論，服玩不尙奢侈，食不兼味云。

贊曰：章宗嘗問羣臣：「世宗初起東京，大臣爲誰？」完顏守貞對曰：「止有李石一人。」章宗歎曰：「苟如此，信有天命也。」完顏謀衍部署諸軍，高忠建爭長，完顏福壽讓忠建而己下之，其功多矣。當是時，獨吉義最先至，諸將尙未肯附。由是言之，果天也，非人力也。

烏延蒲离黑，速頻路哲特猛安人，改屬合懶路。祖思列，預平烏春、窩謀罕之亂，及伐遼、宋，皆有功，追授猛安，贈銀青光祿大夫。父國也襲猛安。

蒲离黑從太祖伐遼，勇聞軍中。天眷三年，襲猛安，授寧遠大將軍，累官武寧軍節度使，遷京兆尹。海陵伐宋，行武威軍都總管。軍還，爲順義軍節度使。徒單合喜定秦、隴，蒲离黑統完顏習尼列、顏盞門都兵救德順州，改延安、平涼尹。致仕，封任國公。大定十九年卒。

烏延蒲轄奴，速頻路星顯河人也，後改隸曷懶路。父忽撒渾，天輔初，追授猛安，親管謀克。蒲轄奴身長有力，多智略，襲其父猛安謀克，階寧遠大將軍。天德二年，授陳州防禦使。貞元元年，改昌武軍節度使，以善綏撫，再任。海陵南征，改歸德尹，爲神策軍都總管。當屯濟州，比至山東，盜已據其城，蒲轄奴領十餘騎往覘之，忽爲其衆所圍，乃與軍士皆下馬，立而射之，殺百餘人。賊衆敗走，迤邐襲之，至暮而還。明日，攻破其城，號令士卒，毋害居民，郡中獲安。民感其惠，爲立祠以祭。大定二年，爲慶陽尹。元帥左都監徒單合喜奏宋軍十萬餘據險阻，剽掠郡邑，請益師。詔益兵七千，與舊兵合爲二萬。遣蒲轄奴與延安尹高景山等分領其軍以往。卒于軍，年六十一。子查剌。

烏延查剌，銀青光祿大夫蒲轄奴子也。力兼數人，勇果無敵。正隆六年伐宋，諸猛安謀克兵皆行，州縣無備。契丹括里陷韓州，圍信州，遠近震駭。查剌道出咸平，遂率本部亟還信州，與戰敗之。已而，賊復整兵環攻，且登其城，查剌下巨木壓之，殺賊甚衆，括里乃解去。查剌左右手持兩大鐵簡，簡重數十斤，人號爲「鐵簡萬戶」。追及括里于韓州東八里許，賊方就平野爲陣，查剌身率銳士，以鐵簡左右揮擊之，無不僵仆。賊不能成列，乃易馬督軍復擊之，賊衆大敗，遂走，東京、咸平、隆州民復帖然。

世宗卽位，查剌謁見，充護衞，爲驍騎副都指揮使，領萬戶。擊窩斡，戰于花道。大軍未集，查剌在左翼，領六百騎與賊戰，殺賊三千餘人。宗亨、蒲察世傑七謀克戰不利，世傑走查剌軍，賊合圍攻之。查剌圜拒而戰，宗敍軍來援，〔三〕賊乃引去。西過裊嶺，追及於陷泉。賊先犯右翼，查剌迎擊之，賊退走。窩斡募人刺之。僞護衞阿不沙身長有力，奮大刀自後斫查剌，查剌回顧，以簡背擊阿不沙，折其右臂。與紇石烈志寧軍合擊，賊遂大敗。窩斡平，以爲宿直將軍，賜銀三百兩、重綵二十端。丁父憂，以本官起復，襲其父猛安，除蔡州防禦使，改宿州，遷昌武軍節度使，徙鎭邠州。爲賀宋歲元使，射淮上柳樹，矢入其樹飲羽。宋人素聞其名，甚異之。改鳳翔尹，入爲右副點檢，出爲興中尹，改婆速路總管。高麗憚其威名，凡以事至婆速路者，望見而跪之。二十五年，〔四〕爲興平軍節度使，卒官。

查剌貞慤寡言，平居極和易，及臨戰奮勇，見者無不辟易，雖重圍萬衆，出入若無人之境云。

李師雄字伯威，雁門人也。有材力，喜談兵，慕古之英雄，故名師雄。宋宣和中以騎射登科，累官大名、清平尉。王師至大名，師雄與府僚出降，攝本路兵馬都監。齊國建，以爲大總管府先鋒都統制，知淄州。齊廢，爲汴京馬軍都虞候，歷知寧海軍、曹州刺史。皇統二年，爲武勝軍節度使。正隆末，爲河州防禦使。宋將吳璘軍攻秦、隴，會師雄以事就逮臨洮，宋兵至城下，州人乘城拒守，謀欲出降，師雄止之。宋將權儀鞭馬方上浮橋，師雄射之，墜于橋下，遂擒權儀，宋師退。後從元帥左監軍徒單合喜以兵攻河州，有功。未幾，以疾歸汴，卒。

尼厖古鈔兀，曷速館人。初爲大臭扎也，補元帥府通事。宋將韓世忠率軍數萬圍邳州，鈔兀將輕騎數百與偵人數輩間道往救之，敗敵兵六千。翌日，宋兵復圍下邳，鈔兀復敗之。宋人攻濟州，奪戰艦略盡。是時，鈔兀往宿州，分蒲魯虎軍，還至大河，與敵遇，力戰敗之，盡復戰艦。王師復河南，宋別將由胡陵夜襲孛堇布輝營，〔五〕士卒盡沒。鈔兀從東平總管併力戰，却之。元帥府賞以銀幣。鈔兀勇敢，善伺敵虛實，以此屢捷。帥府承制加忠顯校尉，爲蕃部禿里，賜錢萬貫、幣帛三百匹、衣一襲、馬二匹。將之官，河間尹大臭白于元帥，請留鈔兀以給邊事，許之。復賜錢萬貫、銀二百五十兩、重綵三百端、馬三匹。錄功，授慶陽少尹。

海陵將伐宋，而契丹反，召入諭之曰：「汝久在邊陲，屢立戰功。昨遣樞密使僕散忽土、留守石抹懷忠等討契丹，師久無功，已置諸法。今命汝與都統白彥敬、副統紇石烈志寧進討。」因賜具裝廐馬四疋。鈔兀與彥敬等至北京，未能進。會世宗卽位遼陽，鈔兀迎謁，遷輔國上將軍，與都統吾札忽、副統渾坦討窩斡。〔六〕鈔兀行至窊歷，與窩斡遇，左軍小却，鈔兀挺槍馳入其陣，手殺二十餘人，賊乃退。元帥僕散忠義自花道追之，鈔兀以前鋒追及于陷泉，遂大敗之。事平，遷西北路招討使，改東北路。

鈔兀與完顏思敬有隙，思敬爲北京留守，〔七〕奉詔至招討司，鈔兀不出餞。世宗聞之，遣使切責之曰：「卿本大臭扎也，起身細微。受國厚恩，累歷重任，乃以私憾，不餞詔使。當內省自訟，後勿復爾。朕不能再三曲恕汝也。」既而思敬爲平章政事，東北路招討使鈔兀〔八〕以私取諸部進馬，事覺被逮，將赴京師。〔九〕鈔兀爲人尚氣，次海濱縣，慨然曰：「吾豈能爲思敬辱哉。」遂縊而死。十九年，〔一〇〕詔以鈔兀舊功，授其子和尚世襲布輝猛安徒胡眼謀克。

孛朮魯定方本名阿海，內吉河人也。材勇絕倫。海陵素聞其名。天德初，召授武義將軍，充護衞。數月，轉十人長，遷宿直將軍，賜予甚厚。尋爲殿前右衞將軍，又三月，擢殿前右副點檢，世襲猛安，改左副點檢。出爲河南尹，改彰德軍節度使。

海陵南伐，定方爲神勇軍都總管。大定二年，宋人陷汝州，河南統軍使宗尹遣定方將兵四千往取之。汝州東南及北面皆山林險阻，不可以騎軍戰。是時，宋兵由鵶路出沒，定方至襄城，得敵虛實，遂牒諭汝州屬縣曰：「我率許州戍兵十二萬徑取汝州，爾等可備糧草二十萬，使人揚言欲據要路絕宋兵往來。」既而定方引兵趨鵶路，宋人聞之，果棄城遁去。定方至魯山境，知宋兵已去，遂遣輕騎二百追至布袴叉，擊敗之，遂復汝州。授鳳翔尹。

宋人阻邊，以本職行河南道軍馬副統，率步騎六萬，將由壽州進軍，次亳州。宋李世輔陷宿州，定方從左副元帥志寧戰於城下。時天大暑，定方督戰，馳突敵陣中，出入數四，渴甚，因出陣下馬取水，爲人所害，年四十四。上聞而閔之，詔有司致祭，賻銀五百兩、重綵二十端，贈金紫光祿大夫。

夾谷胡剌，〔一〕上京宋葛屯猛安人。初在左副元帥撻懶帳下，有戰功，授武德將軍，襲其父謀克。正隆末，山東盜起，胡剌爲行軍猛安討賊，遇賊千五百人於徐州南，敗之。山東路統軍司選諸軍八百人作十謀克，胡剌將之，與驍騎軍皆隸點檢司。行至淮南，海陵遣以騎兵三百二十往揚州，敗宋兵千五百人於宣化鎮。僕散忠義伐宋，胡剌領萬戶由泗州進戰，遇敵於宿州，歿于陣，贈鎮國上將軍。

蒲察斡論，上京益速河人，徙臨潢。祖忽土華，父馬孫，俱贈金紫光祿大夫。斡論剛毅有技能。天輔初，以功臣子充護衞，遷左衞將軍、定武軍節度使，召爲右副都點檢。天德初，授世襲臨潢府路曷呂斜魯猛安，改東平尹，賜錢千萬，累除河南尹。海陵伐宋，以本官爲右領軍都監。大定二年，仍爲河南尹，兼河南路都統軍使。宋以萬人據壽安縣，嵩州刺史石抹突剌、〔一三〕押軍萬戶徙單賽補以騎兵三百巡邏，遇于縣東，請師於斡論。斡論使猛安完顏鶻沙虎率七百人助之。宋兵多，突剌使士卒下馬，跪而射之。宋兵不能當，走入縣城。突剌進逼之，宋人棄城去，追及于鐵索口，復大敗之，遂復壽安。改北京留守、大定尹，卒官。

夾谷查剌，隆州失撒古河人也。祖不剌速，國初授世襲曷懶兀主猛安、曷懶路總管。父謝奴，官至工部尙書。

查剌狀貌魁偉，善女直、契丹書。天德初，以功臣子充護衞。二年，授武義將軍。未幾，擢符寶郎，凡再考，出爲灤州刺史，改知平定軍事。海陵南征，爲武威軍副都總管。軍還，大定二年，授景州刺史，遷同知京兆尹。

時彰化軍節度使宗室璋等與宋將吳璘相拒於德順州，元帥左都監徒單合喜遣查刺與諸將議破敵策。璋等議曰：「我兵雖屢勝，而敵兵不退者，知我軍少故也。須都監親至，方可破敵。」於是合喜領兵四萬至，遂下德順州。入爲殿前右衞將軍，襲父猛安，改左衞將軍，遷右副點檢。有疾，丞相良弼視之，謂所親曰：「此人國器也。他人有疾，吾未嘗往焉。」九年，出爲東北路招討使兼德昌軍節度使，仍賜金帶。到官，治有勤績，邊境以安。其斷獄公平，道不拾遺。遷臨潢尹兼本路兵馬都總管，蕃部畏服。改西北路招討使。上遣使宣諭曰：「今諸部初附，命汝撫綏，當使治聲達於朕聽。」大定十二年卒。

查刺性忠實，內明敏，每論大事，超越倫輩。太師勗嘗曰：「查刺不學而知，方之古人，如此者鮮矣。」

贊曰：陷泉之捷，震雹燁燁。符離之克，我勢攸赫。隴、坻擺㩧，〔一三〕淮、渦鈎瓠成矣。故列敍諸將之功焉。

校勘記

〔一〕十年　「十」原作「九」。按本書卷六世宗紀，大定十年正月「甲戌，以司徒、御史大夫李石爲太尉、尙書令」。今據改。

〔二〕趣有司按問　「按」原作「拯」，據文義改。

〔三〕宗敍軍來援　「敍」原作「亨」。按本書卷一三三移剌窩斡傳，「賊渡河，以兵四萬餘先犯左翼軍，宗亨、世傑乞謀克指畫失宜，陣亂敗于賊，宗敍以右翼軍來救，賊乃去」。又卷七一宗敍傳、卷八七僕散忠義傳記載略同。今據改。

〔四〕二十五年　按上當有「大定」二字。

〔五〕宋別將由胡陵夜襲孛堇布輝營　「由」原作「田」，據永樂大典卷一〇八八九引文改。

〔六〕副統渾坦討窩斡　原脫「坦」字。按本書卷六世宗紀，大定元年十一月「癸未，遣權元帥左都監吾扎忽、右都監神土懣、廣寧尹僕散渾坦討契丹諸部」。又卷七一吾扎忽傳，「大定初，與廣寧尹僕散渾坦俱從元帥右都監神土懣解臨潢之圍」。今據補。

〔七〕思敬爲北京留守　「北」原作「東」。按本書卷六世宗紀，大定三年五月「乙卯，以北京留守完顏思敬復爲右副元帥」。七年十二月「甲辰，以北京留守完顏思敬爲平章政事」。卷七〇思敬傳，大定「三年四月，召還京師，以爲北京留守」。今據改。

〔八〕東北路招討使鈔兀　原脫「東」字，據上文補。

〔九〕將赴京師　「赴」原作「走」，據永樂大典卷一〇八八九引文改。

〔一〇〕十九年　按上當有「大定」二字。

〔一一〕夾谷胡剌　「谷」原作「古」。按本卷卷目作「谷」。本書卷五五百官志白號之姓所列亦作「夾谷」。今統一。又下文「夾谷查剌」，「谷」亦原作「古」。今幷統一。

〔一二〕嵩州刺史石抹突剌　「石抹突剌」，本書卷六世宗紀大定二年二月丙辰下作「石抹朮突剌」。

〔一三〕隴坻擺撼　「擺撼」原作「撼擺」。按文選張衡西京賦云，「流鏑擺撼」，今據改。

金史卷八十七

列傳第二十五

紇石烈志寧　僕散忠義　徒單合喜

紇石烈志寧本名撒曷輦，上京胡塔安人。自五代祖太尉韓赤以來，與國家世爲甥舅。父撒八，海陵時賜名懷忠，爲泰州路顏河世襲謀克，轉猛安，嘗爲東平尹、開遠軍節度使。志寧沉毅有大略，娶梁王宗弼女永安縣主，宗弼於諸壻中，最愛之。皇統間，爲護衞。海陵以爲右宣徽使，出爲汾陽軍節度使，入爲兵部尚書，改左宣徽使、都點檢，遷樞密副使，開封尹。

契丹撒八反，樞密使僕散忽土、北京留守蕭賾、西京留守蕭懷忠皆以征討無功，坐誅。於是，志寧爲北面副統，〔一〕與都統白彥敬，以北京、臨潢、泰州三路軍討之。志寧至北京，而海陵伐宋已渡淮。彥敬、志寧聞世宗有異志，乃陰結會寧尹完顏蒲速賚、利涉軍節度使獨吉義，將攻之。而世宗已卽位，使石抹移迭、移剌曷補來招，彥敬、志寧殺其使者九人。世宗使完顏謀衍來伐，衆不肯戰，乃與彥敬俱降。世宗問曰：「正隆暴虐，人望旣絕，朕以太祖之孫卽大位。汝殺我使者，又不能爲正隆死節，恐爲人所圖，然後來降。朕今殺汝等，將何辭？」彥敬未有以對，志寧前奏曰：「臣等受正隆厚恩，所以不降，罪當萬死。」上曰：「汝輩初心亦可謂忠於所事，自今事朕，宜勉忠節。」

世宗使扎八招窩斡，扎八乃勸之，〔三〕遂稱帝。世宗使右副元帥完顏謀衍征之，志寧以臨海節度使，都統右翼軍。窩斡敗于長濼，西走，志寧追及于霿䨚河。賊已先渡，依岸爲陣，毀橋岸以爲阻。志寧與賊夾河，爲疑兵，與萬戶夾谷清臣、徒單海羅於下流涉渡。已渡，前有支港岸斗絕，其中泥濘，乃束柳塡藉，士卒畢濟。行數里，得平地，將士方食，賊奄至。賊據南岡，三馳下志寧陣。陣堅，力戰，流矢中左臂，戰自若。賊據上風縱火，乘煙勢馳擊。志寧步軍繼至，轉戰十餘合，火益熾，風煙突人不可當。會雨作，風煙乃熄，遂奮擊，大破之。於是，元帥謀衍、右監軍福壽不急擊賊，久無功，右丞僕散忠義請自討賊，而志寧擊賊有功，上以忠義代謀衍，志寧代福壽，封定國公，使蒲察通至軍中宣諭之。賊略懿州界，陷靈山、同昌、惠和三縣，〔三〕睥睨北京。會土河水漲，賊不得渡，乃西趨三韓縣。志寧方追躡之，元帥忠義與賊遇于花道，軍頗失利，賊見志寧踵其後，不敢乘勝，遂西走。是時，大軍馬瘦弱，不堪追襲，諸將欲止軍勿追。志寧獲賊候人，知賊自選精鋭，與老小輜重分道，期山後會集，可擊其輜重。忠義以爲然，遂過移馬嶺，進及裊嶺西陷泉。賊見左翼據南岡爲陣，不敢犯。右翼萬戶烏延查剌擊賊少却，志寧與夾谷清臣等擊之，賊衆大敗，涉水走。窩斡母徐輦舉營由落括岡西去，志寧追及之，盡獲其輜重，俘五萬餘人，雜畜不可勝計。僞節度使六，及其部族皆降。窩斡走奚中，至七渡河，志寧復敗之。賊過渾嶺，入于奚中。志寧獲賊將稍合住，釋弗殺，許以官賞，縱之歸，約以捕窩斡自効。稍合住既去，見窩斡，祕不言見獲事，乃反間奚人于窩斡曰：「陷泉失利，奚人有貳志，不可不察。」當是時，窩斡屢敗，其下亦各有心，稍合住乃與賊帥神獨斡執窩斡，詣右都監完顏思敬降。志寧與萬戶清臣、宗寧、速哥等，追捕餘黨至燕子城，盡得所畜善馬，因至抹拔里達之地，悉獲之。逆黨既平，入朝爲左副元帥，賜以玉帶。

經略宋事，駐軍睢陽，都元帥忠義居南京，節制諸軍。宋將黃觀察據蔡州，楊思據潁昌。志寧使完顏王祥復取蔡州，黃觀察遁去。完顏襄攻潁州，拔之，獲楊思。乃移牒宋樞密使張浚，使依皇統以來舊式，浚復書曰：「謹遣使者至麾下議之。」是時，宋得窩斡黨人括里、扎八，用其謀攻靈璧、虹縣，都統奚撻不也叛入于宋，遂陷宿州。括里等謀曰：「北人恃騎射，戰勝攻取。今夏月久雨，膠解，弓不可用。」故李世輔與之來攻宿州。歸德尹术甲撒速、宿州防禦使烏林荅剌撒、萬戶溫迪罕速可、裴滿婁室，不守約束，不肯堅壁俟大軍，輒出與戰，由是軍敗，城陷。剌撒嘗遣人入宋界貿易，交通李世輔，受其賂遺，久之，事覺，伏誅。謀克賽一坐故知不舉，除名。撻不也母斡里懶，緣坐當死，上曰：「撻不也背國棄母，殺之何益？朕閔其老」，遂原其死。詔撒速、剌撒、速可、婁室各杖有差，撒速、剌撒仍解職。世輔自以爲得志，日與括里、扎八置酒高會。志寧以精兵萬人，發自睢陽，趨宿州，中使來督軍，志寧附奏曰：「此役不煩聖慮，臣但恐世輔遁去耳。」世輔聞志寧軍止萬人，甚易之，曰：「當令十人執一人也。」括里等問候人所見上將旗幟，知是志寧，謂世輔曰：「此撒合輦監軍也，軍至萬人，愼毋輕之。」大定三年五月二十日，〔四〕志寧將至宿州，乃令從軍盡執旗幟，駐州西爲疑兵，三猛安兵駐州南。志寧自以大軍，駐州東南，阨其歸路。世輔望見州西兵旌旗蔽野，果謂大軍在州西，而謂東南兵少不足慮，先擊之。以步騎數萬，皆執盾，背城爲陣，外以行馬捍之。使別將將兵三千，出自東門，欲自陣後攻志寧軍，萬戶蒲查擊敗之。右翼萬戶夾谷清臣爲前行，撤毀行馬，短兵接戰，世輔軍亂，諸將乘之，追殺至城下。是夕，世輔盡按敗將，將斬之，其統制常吉懼而來奔，盡得城中虛實。明日，世輔悉兵出戰，騎兵居前，志寧使夾谷清臣當之。世輔別將以五六千騎爲一隊，與清臣遇，清臣踵擊之，宋將不能反旆。志寧麾諸軍力戰，世輔復大敗，走者自相蹈藉，僵尸相枕，爭城門而入，門塡塞，人人自阻，遂緣城而上，我軍自濠外射之，往往墮死於隍間，殺騎士萬五千，步卒三萬餘人。世輔乘夜脫走。明日，夾谷清臣、張師忠追及世輔，斬首四千餘，赴水死者不可勝計，獲甲三萬，他兵仗甚衆。上以御服金線袍、玉吐鶻、賓鐵佩刀，使移剌道就軍中賜之。凡有功將士，猛安、謀克並如陝西遷賞，蒲輦進官三階，重綵三端，絹六匹，旗鼓笛手、吏人各賜錢十貫。詔志寧曰：「卿雖年少，前征契丹戰功居最，今復破大敵，朕甚嘉之。」

宋人議和不能決，都元帥僕散忠義移軍泰和，志寧移軍臨渙，遂渡淮，徒單克寧取盱眙、濠、廬、和、滁等州。宋人懼，乃決意請和，使者六七往反，議遂定，宋世爲姪國，約歲幣二十萬兩、匹，魏杞奉誓書入見，復通好。志寧還軍睢陽，上以御服、玉佩刀、通犀御帶賜之。詔曰：「靈璧、〔五〕虹縣、宿州兵士死者，朕實閔焉。宜歸葬鄉里，官爲齎送，人賻錢三十貫。」鳳翔尹孛朮魯定方以下猛安謀克，官爲致祭。定方賻銀五百兩、重綵二十端，猛安三百貫，謀克二百貫，蒲里衍一百貫，權猛安二百貫，權謀克一百五十貫，權蒲里衍七十貫。

五年三月，忠義朝京師，志寧駐軍南京。五月，志寧召至京師，拜平章政事，左副元帥如故。志寧復還軍，賜玉束帶，上曰：「卿壯年能立功如此，朕甚嘉之。南服雖定，日月尚淺，須卿一往規畫。」六年二月，志寧還京師，拜樞密使。七年十一月八日，皇太子生日，宴羣臣於東宮，志寧奉觴上壽，上悅，顧謂太子曰：「天下無事，吾父子今日相樂，皆此人力也。」使太子取御前玉大杓酌酒，上手飲志寧，卽以玉杓及黃金五百兩賜之。以第十四女下嫁志寧子諸神奴，八年十月，進幣，宴百官于慶和殿。皇女以婦禮謁見，志寧夫婦坐而受之，歡飲終日，夜久乃罷。九年，拜右丞相。十一年，代宗敍北征。旣還，遣使者迎勞，賜以弓矢、玉吐鶻。入見，上慰勞良久。是日，封廣平郡王，復遣使就第慰勞之。皇太子生日，宴羣臣於東宮，以玉帶賜志寧，上曰：「此梁王宗弼所服者，故以賜卿。」郊祀覃恩，從征護衞，皆有賜，進封金源郡王。

十二年，志寧有疾，中使看問，日三四輩，疾亟，賜金丹三十粒，詔曰：「此丹未嘗以賜人也。」使者至，志寧已不能言，但稽首而已。是歲，薨。上輟朝，臨其喪，行哭而入，哀動左右。將葬，上致祭，見陳甲柩前，復慟哭之。賻銀千五百兩、重綵五十端、絹五百匹，葬事祠堂，皆從官給，謚武定。十五年，圖像衍慶宮。

志寧妻永安縣主妬甚，嘗殺孕妾，及志寧薨後，諸神奴兄弟皆病亡，世宗甚惜之，遣使諭永安縣主曰：「丞相有大功三，先朝舊臣，惟秦、宋二王功大，餘不及也。今養其孽子，當如親子視之。」二十二年，上問宰臣：「僕散忠義、紇石烈志寧孰愈？」尚書左丞襄奏曰：「忠義兵權精緻，此其所長也。」上曰：「不然。志寧臨敵，身先士卒，勇敢之氣自太師梁王未有如此人者也。」明昌五年，配享世宗廟廷。

僕散忠義本名烏者，上京拔盧古河人，宣獻皇后姪，元妃之兄也。高祖斡魯補。曾祖班覩。祖胡闌。父背魯，國初世襲謀克，婆速路統軍使，致仕。

忠義魁偉，長髯，喜談兵，有大略。年十六，領本謀克兵，從宗輔定陝西，行間射中宋大將，宋兵遂潰，由是知名。帥府錄其功，承制署爲謀克。宗弼再取河南，表薦忠義爲猛安。攻冀州先登，攻大名府以本部兵力戰，破其軍十餘萬，賞以奴婢、馬牛、金銀、重綵。從宗弼渡淮攻壽、廬等州，宗弼稱之曰：「此子勇略過人，將帥之器也。」賞馬五匹、牛一百五十頭、羊五百口，領親軍萬戶，超寧遠大將軍，承其父世襲謀克。

皇統四年，除博州防禦使，公餘學女直字，及古算法，閱月，盡能通之。在郡不事田獵、燕游，以職業爲務，郡中翕然稱治。忽一夕陰晦，囚徒謀爲反獄，倉猝間，將校皆惶駭失措，忠義從容，但使守更吏撾鼓鳴角，囚徒以爲天且曉，不敢出，自就桎梏。及考，郡民詣闕願留，詔從之。八年，改同知眞定尹，兼河北西路兵馬都總管，遷西北路招討使，入爲兵部尙書。

僕散忽土嘗與海陵篡立，恃勢陵傲同列，忠義因會飲衆辱之，海陵不悅，出爲震武軍節度使。火山賊李鐵槍乘暑來攻，忠義單衣從一騎迎擊之，射殺數人，賊乃退。改臨洮尹，兼熙秦路兵馬都總管。海陵召至京師謂之曰：「洮河地接吐蕃、木波，異時剽害良民，州縣不能制。汝宿將，故以命汝。」賜條服、玉具、佩刀。閱再考，徙平陽尹，再徙濟南尹。以本官爲漢南路行營副統制，伐宋，克通化軍。

世宗立，海陵死揚州，罷兵入朝京師，拜尚書右丞。移剌窩斡僭號，兵久不決。右副元帥完顏謀衍既敗之于霿𩆓河，乃擁衆，貪鹵掠，不追討，而縱其子斜哥暴横軍中，士卒不用命。賊得水草善地，官軍踵其遺餘，水草乏，馬益弱，賊軼出山西，久無功。忠義請曰：「契丹小寇，不時殄滅，致煩聖慮。臣聞主憂臣辱，願効死力除之。」世宗大悅。卽召還謀衍，勒歸斜哥本貫。拜忠義平章政事，兼右副元帥，封榮國公，賜以御府貂裘、賓鐵吐鶻弓矢大刀、具裝對馬及安山鐵甲、金牌，詔曰：「軍中將士有犯，連職之外並以軍法從事，有功者依格遷賞。」詔諸將士曰：「兵久駐邊陲，蠹費財用，百姓不得休息。今以右丞忠義爲平章政事、右副元帥，宜同心戮力，無或弛慢。」

忠義至軍，賊陷靈山、同昌、惠和等縣，陣而西行。忠義追之，及于花道，宗亨爲左翼，宗敍爲右翼，與賊夾河而陣。賊渡河，先攻左翼，偏敗，右翼救之，賊引去。窩斡乃以精鋭自隨，以羸兵護其母妻輜重由別道西走，期於山後會集。追復及于裊嶺西陷泉。與賊遇，時昏霧四塞，跬步莫覩物色，忠義禱曰：「狂寇肆暴，殺戮無辜，天不助惡，當爲開霽。」奠已，昏霧廓然。及戰，忠義左據南岡，爲偃月陣，右迤而北，大敗之，獲其弟裊，俘生口三十萬，獲雜畜十餘萬，車帳金珍以鉅萬計，悉分諸軍。賊走趨奚地，遣將追躡，至七渡河，又敗之。既踰渾嶺，復進軍襲之，望風奔潰，遁入奚中，降者相屬於路。詔忠義曰：「卿材能素著，果能大破賊衆，朕甚嘉之。今遣勞卿，如朕親往。賜卿御衣、及骨睹犀具佩刀、通犀帶等。就以俘獲，均散軍士。」窩斡既敗，遂入于奚中。高忠建敗奚于栲栳山，移剌道取抹白諸奚之家，抹白奚乃降，窩斡勢益弱。紇石烈志寧獲賊將稍合住，縱之使歸，約以捕窩斡自贖，仍許以官賞。稍合住與其黨，執窩斡詣完顏思敬降。契丹平。忠義朝京師，拜尚書右丞相，改封沂國公，以玉帶賜之。

自海陵遇弑，大軍北還，而窩斡鴟張，命將徂征。及窩斡敗，其黨括里、扎八奔入于宋，宋人用其謀，侵掠邊鄙，攻取泗、壽、唐、海州。於是，宋主傳位于宗室子眘，是爲宋孝宗，雖嘗遣使來，而欲用敵國禮。世宗以紇石烈志寧經略宋事，制詔忠義以丞相總戎事，居南京節制諸將，時大定二年也。

忠義將行，陛辭，上諭之曰：「彼若歸侵疆，貢禮如故，則可罷兵。」既至南京，簡閱士卒，分屯要害，戒諸將嚴守備。使左副元帥志寧移牒宋樞密使張浚，其略曰：「可還所侵本朝內地，各守自來畫定疆界，凡事一依皇統以來舊約，帥府亦當解嚴。如必欲抗衡，請會兵相見。」宋宣撫使張浚復書志寧曰：「疆埸之一彼一此，兵家之或勝或負，何常之有，當置勿道。謹遣官僚，敬造麾下議之。」是時，已復泗、壽、鄧州，請隳其城，遷其民于宿、亳、蔡州，上曰：「三州本吾土也，得之則已。」忠義使將士擇善水草休息，且牧馬，俟來歲取淮南。初，世宗詔諸將由泗、壽、唐鄧三道進發，宋人聞之，卽自方城、葉縣以來田野皆燒夷之，使無所芻牧。忠義命唐、鄧道軍芻牧許、汝間。

三年，忠義入奏事，遂以丞相兼都元帥。無何，還軍中。忠義與宋相持日久，慮夏久雨，弓力易減，宋或乘時見攻，豫選勁弓萬張於別庫。及自汴赴闕議事，次濬州，宋將李世輔果掩取靈璧、虹縣，遂陷宿州。忠義使人還汴，發所貯勁弓給志寧軍，與宋人戰，遂大捷，竟復宿州。忠義還，以書責宋。宋同知樞密院事洪遵、計議官盧仲賢，遣使二輩持與志寧書及手狀，歸海、泗、唐、鄧州所侵地，約爲叔姪國。報書期十一月使入境，宋又使人來言，禮物未備，請俟十二月行成。忠義以其事馳奏，請定書式，且言宋書如式，則許其入界，如其不然，勢須遣還本國，復禀其主，若是往復，動經七八十日，恐誤軍馬進取。世宗以詔諭之曰：「若宋人歸疆，歲幣如昔，可免奉表稱臣，許世爲姪國。」忠義乃貽書宋人，前後凡七，宋人他託未從。忠義移大軍壓淮境，遣志寧率偏師渡淮，取盱眙、濠、廬、和、滁等州，宋人懼。而世宗意天下厭苦兵革，思與百姓休息，詔忠義度宜以行。

四年正月，忠義使右監軍宗敍入奏，將近暑月，乞俟秋涼進發。詔從之。宋使胡昉以右僕射湯思退書來，宋稱姪國，不肯加世字。忠義執昉留軍中，答其書，使使以聞。詔曰：「行人何罪，遣胡昉還國。邊事從宜措畫。」八月，詔忠義曰：「前請俟秋涼進發，今已八月，復俟何時？」先是，忠義乞增金、銀牌，上曰：「太師梁王兼數職，未嘗增也。」至是增都元帥金牌一、銀牌二十，左右副元帥金牌各一、銀牌各十，左右監軍金牌各一、銀牌各六，左右都監金牌各一、銀牌各四，三路都統府銀牌各二。乃定南界官員、百姓歸附遷賞格。

元帥府獲宋諜人符忠。忠前嘗至中都，大興府官詰問，忠執文據，及與泗州防禦判官張德亨知識，由是獲免，厚謝德亨，德亨受之。忠具款服，乃奏其事于朝，於是，大興少尹王全解職，德亨除名。和議始于張浚，中更洪遵、湯思退，及徒單克寧敗宋魏勝于十八里莊，取楚州，世宗下詔進師，於是宋知樞密院周葵、同知樞密院事王之望書一一如約，和議始定。宋遣試禮部尚書魏杞，崇信軍、承宣使康湑，充通問國信使，取到宋主國書式，幷國書副本，宋世爲姪國，約歲幣爲二十萬兩、匹，國書仍書名再拜，不稱「大」字。大定五年正月，魏杞、康湑入見，其書曰：「姪宋皇帝眘，謹再拜致書于叔大金聖明仁孝皇帝闕下。」魏杞還，復書「叔大金皇帝」不名，不書「謹再拜」，但曰「致書于姪宋皇帝」，不用尊號，不稱闕下。和好已定，罷兵，詔天下。以左副都點檢完顏仲爲報問國信使，太子詹事楊伯雄副之。

忠義奏官軍一十七萬三千三百餘人，留馬步軍一十一萬六千二百屯戍。上曰：「今已許宋講好，而屯戍尙多，可除舊軍外，選馬一萬二千，阿里喜稱是，步軍虞候司軍共選一萬五千，及簽軍一萬，與舊軍通留六萬。富强丁多者摘留，貧難者阿里喜官給，富者就用其奴。其存留馬步軍於河北東西、大名府、速頻、胡里改、會寧、咸平府、濟州、東京、曷速館等路軍內，約量揀取。其西南、西北招討司，臨潢府、泰州、北京、婆速、曷懶、山東東西路，並行放還。」詔近侍局使裴滿子寧佩金牌，護衞醜底、符寶祗候駞滿回海佩銀牌，諭諸路將帥，以宋國進到歲幣銀絹二十萬兩、匹，盡數給與見存留及放散軍充賞。曾過界者，人給絹二匹、銀二兩，不曾過界者銀二兩、絹一匹。阿里喜絹一匹。謀克倍軍人，猛安倍謀克。押軍猛安謀克年老有勞績者，量與除授。又詔曰：「其令一路全罷者，先發遣之。」賜忠義玉束帶。三月，詔曰：「如大軍已放還，丞相忠義宜先還，左副元帥志寧、右監軍宗敍留駐南京，餘官非急用者並勒還任。」

忠義朝京師，上勞之曰：「宋國請和，偃兵息民，皆卿力也。」拜左丞相，兼都元帥。大定初，事多權制，詔有司删定，上謂宰臣曰：「凡已奏之事，朕嘗再閱，卿等毋懷懼。朕於大臣，豈有不相信者？但軍國事，不敢輕易，恐或有誤也。」忠義對曰：「臣等豈敢竊意陛下，但智力不及耳。陛下留神萬幾，天下之福也。」

大定六年正月，忠義有疾，上遣太醫診視，賜以御用藥物，中使撫問，相繼於道。二月，薨。〔六〕上親臨哭之慟，輟朝奠祭，賻銀千五百兩、重綵五十端、絹五百匹。世宗將幸西京，復臨奠焉。命參知政事唐括安禮護喪事，凡葬祭從優厚，官爲給之。大宗正丞竟充勅祭使，中都轉運副使王震充勅葬使，百官送葬，具一品儀物，建大將旗鼓，送至墳域。謚武莊。

忠義動由禮義，謙以接下，敬儒士，與人極和易，侃侃如也。善御將士，能得其死力。及爲宰輔，知無不言。自漢、唐以來，外家多緣恩戚以致富貴，又多不克其終，未有兼任將相，功名始終如忠義者。十一年，詔曰：「故左丞相忠義族人，及昭德皇后親族，人材可用者，左副點檢烏古論元忠體察以聞。」二十一年，上思忠義功，勒銘墓碑。泰和元年，圖像衍慶宮，配享世宗廟廷。子揆，別有傳。

徒單合喜，上京速蘇海水人也。父蒲涅，世襲猛安。合喜魁偉，膂力過人，一經聞見，終身不忘。天輔間，從金源郡王婁室爲扎也，甚愛之。天會六年，以功爲謀克，尋領婁室親管猛安。元帥府聞其才，命權左翼軍事。皇統二年，爲隴州防禦使。以兵十五人敗宋兵二百於高陵，以兵五百人敗宋兵二千於秦州，以兵八百人敗宋兵三千五百於鳳翔。以二謀克拒饒風關，宋兵二千來奪其關口，奮擊敗之，諸軍乃得過險。遷平涼尹，再徙臨洮、延安尹。是時，關、陝以西，初去兵革，百姓多失業，合喜守之以靜，民多還歸者。天德二年，爲元帥左都監，陝西統軍使。貞元二年，以本官兼河中尹。正隆六年，爲西蜀道兵馬都統。世宗卽位，以手詔賜合喜曰：「岐國失道，殺其母后，橫虐兄弟，流毒兆庶。朕惟太祖創業之艱難，勉膺大位。卿之子弟皆自軍中來歸，卿國家舊臣，豈不知天道人事？卿軍不多，未宜深入，當領軍屯境上。陝右重地，非卿無能措畫者。俟兵革旣定，卽當召卿，宜自勉之。」大定二年，復爲陝西路統軍使。未幾，改元帥右都監。表陳伐宋方略，詔許以便宜從事。轉左都監。破宋兵于華州。

是時，宋吳璘侵古鎭，分據散關、和尙原、神叉口、玉女潭、大蟲嶺、石壁寨、寶雞縣，兵十餘萬，陷河州、鎭戎軍。合喜乞濟師，詔以河南兵萬人益之。合喜遣丹州刺史赤盞胡速魯改以兵四千守德順，吳璘以二十萬人圍之。統軍都監石抹迭勒將兵萬人，破宋兵于河州，還過德順，駐兵平涼，求益兵于合喜，以解德順之圍。合喜遣萬戶完顏習尼列、大良順，寧州刺史顏盞門都各將本部兵，合二萬人，以順義軍節度使烏延蒲离黑統押之，與迭勒會。吳璘聞之，使偏將將兵五千人來迎，前鋒特里失烏也、奚王和尙擊敗之，追至德順城南小溪邊，璘自將大軍蔽岡阜而出，烏也等馳擊之，迭勒、蒲离黑繼至，併力戰，日已暮，兩軍不相辨，乃解。已而，璘報云：「宋主遣使至，兩國講和，請各罷兵。」璘遂遁去。蒲离黑亦引軍還。自宋兵圍城，至是凡四十餘日乃解。

初，德順在圍中，押軍猛安溫敦蒲里海身先士卒，力戰未嘗少挫，及救兵至，圍解，蒲里海之功爲多。頃之，吳璘復來犯陝西州郡，兵十餘萬。詔以兵七千益合喜兵，號二萬人，慶陽尹烏延蒲轄奴、延安尹高景山分領之。彰化軍節度使璋、通遠軍節度使烏延吾里補、寧州刺史移剌高山奴、京兆少尹宗室泥河、恩州刺史完顏謀良虎，皆備軍前任使。宋人驅率商、虢及華山、南山之民五萬人，來圍華州。押軍萬戶裴滿挼剌欲堅壁守之，猛安移剌沙里剌曰：「宋兵雖多，半是居民，不習戰，不如擊之。」於是挼剌以騎兵千人敗宋前鋒，追至其大軍，亦敗之，〔七〕斬首五千餘級。已而，璋敗宋姚良輔軍于原州，宋戍軍自寶雞以西，至于大蟲嶺，皆自散關遁去。

頃之，吳璘聞赤盞胡速魯改、〔八〕烏延蒲里黑軍已去德順，率兵號二十萬，復據德順，陷鞏州、臨洮府。臨洮少尹紇石烈騷洽死之，詔贈官一階，賜錢五百貫。合喜以璋權都統，習尼列權副統，將兵二萬攻之。連戰，宋兵雖敗，璘恃其衆，不肯去，分其兵之半，守秦州。合喜乃自行，駐水洛城，東自六盤山，西抵石山頭，分兵守之，當德順、秦州之兩間，斷其餉道，璘乃引去。

都統璋、副統習尼列邀擊宋經略使荆皐，自上八節至甘谷城，殺數千人。習尼列擒宋將朱永以下將校十二人。宋張安撫守德順，亦棄城遁，胡速魯改邀擊之，〔九〕所殺過半，擒將校十餘人，遂復德順州。宋之守秦州者，亦自退。高景山定商、虢，宗室泥河取環州。於是，臨洮、鞏、秦、河、隴、蘭、會、原、洮、積石、鎮戎、德順、商、虢、環、華等州府一十六，盡復之，陝西平。詔書獎諭，賜以玉帶。詔陝西將士，猛安，階昭毅以下遷兩資，昭武以上遷一資。謀克，階六品以下遷兩資，五品以上遷一資。押軍猛安，階昭武以上者遷一資，昭毅以下、武義以上遷兩資，昭信以下，女直人遷宣武，餘人遷奉信，〔一〇〕無官者，女直人授敦信，〔一一〕餘人授忠武。押軍謀克，武功以下、〔一二〕忠顯以上遷兩資，忠勇以下，女直人遷昭信，餘人遷忠顯，無官者，女直人授忠顯，餘人授忠翊。正軍，有官者遷一資，無官者授兩資。猛安賞銀五十兩、重綵五端、絹十四，權、正同之。正軍人給錢三十貫，阿里喜十貫。戰沒軍官、軍士、長行，贈官賜錢有差。

五年，置陝西路統軍使，兼京兆尹。元帥府移治河中府。統軍使璋朝辭，上曰：「合喜年老，以陝西軍事委卿，凡鎮防利害，可訪問合喜也。」七年，入爲樞密副使，改東京留守，賜以衣帶、佩刀，詔曰：「卿年老，以此職優佚，宜勉之。」九年，入爲平章政事，奏睿宗收復陝西功數事，上嘉納之，藏之祕府。封定國公。

十一年，薨。〔一三〕上方擊毬，聞訃遂罷。有司致祭，備禮以葬。賻銀一千二百五十兩及重綵幣帛。二十一年，上念其功，遷其孫三合武功將軍，授世襲本猛安曷懶若窟申謀克。泰和元年，配享世宗廟廷。

贊曰：大定之初，兵連於江、淮，難作於契丹，謀衍挾功，窩斡橫噬，有弗戢之畏焉。世宗獨斷，召還謀衍，僕散忠義受任責成矣。故曰，「兵主於將，將賢則士勇」，其此之謂邪。紇石烈志寧有言，「受詔征伐，則不敢辭，爲宰相則誠不能」。如知爲相之難，固所謂賢也。秦、隴之兵，殆哉岌岌乎。徒單合喜料敵應變若此之審，亦難矣哉。

校勘記

〔一〕志寧爲北面副統　「北面」上原衍「西」字。按本書卷五海陵紀，正隆六年八月壬寅，「以樞密副使白彥恭爲北面兵馬都統，開封尹紇石烈志寧副之，中都留守完顏穀亨爲西北面兵馬都統，西北路招討使唐括孛古的副之，討契丹」。今據删。

〔二〕扎八乃勸之　據文義，「乃」疑當作「反」。

〔三〕陷靈山同昌惠和三縣　「惠」原作「慶」。按金無慶和縣。本卷僕散忠義傳，「忠義至軍，賊陷靈山、同昌、惠和等縣」。今據改。

〔四〕大定三年五月二十日　原脫「大定三年」四字。按本書卷六世宗紀，大定三年五月癸丑，「左副元帥紇石烈志寧復取宿州」。今據補。

〔五〕詔曰靈璧　「璧」原作「壁」。據殿本改。

〔六〕二月薨　「二月」原作「是月」，承上文卽「正月」。按本書卷六世宗紀，大定六年「二月丁亥……僕散忠義薨」。今據改。

〔七〕追至其大軍亦敗之　原脫「之」字，據文義補。

〔八〕吳璘聞赤盞胡速魯改　原脫「胡」字。按上文「合喜遣丹州刺史赤盞胡速魯改以兵四千守德順」。又本書卷六世宗紀，大定二年十月壬辰，「丹州刺史赤盞胡速魯改敗宋兵于德順州」。卷六五斡者孫璋傳記此事亦作「赤盞胡速魯改」。今據補。

〔九〕胡速魯改邀擊之　原脫「胡」字，據上文補。參見前條。

〔一〇〕餘人遷奉信　按本書卷五五百官志，吏部，武散官「正七品上曰承信校尉」，「奉信」疑卽「承信」。

〔一一〕女直人授敦信　按本書卷五五百官志，吏部，武散官「正七品下曰昭信校尉」，「敦信」疑卽「昭信」。

〔一二〕武功以下　按本書卷五五百官志，吏部，武散官「從六品下曰武略將軍」，「武功」疑卽「武略」。

〔一三〕十一年薨　原脫「一」字。按本書卷六世宗紀，大定十一年六月「甲子，平章政事徒單合喜薨」。今據補。

金史卷八十八

列傳第二十六

紇石烈良弼　完顏守道本名習尼列〔一〕　石琚　唐括安禮

移剌道本名趙三　子光祖

紇石烈良弼，本名婁室，回怕川人也。曾祖忽懶。祖忒不魯。父太宇，世襲蒲輦，徙宣寧。天會中，選諸路女直字學生送京師，良弼與納合椿年皆童丱，俱在選中。是時，希尹爲丞相，以事如外郡，良弼遇之途中，望見之，嘆曰：「吾輩學丞相文字，千里來京師，固當一見。」乃入傳舍求見，拜於堂下。希尹問曰：「此何兒也？」良弼自贊曰：「有司所薦學丞相文字者也。」希尹大喜，問所學，良弼應對無懼色。希尹曰：「此子他日必爲國之令器。」留之數日。年十四，爲北京教授，學徒常二百人，時人爲之語曰：「前有谷神，後有婁室。」其從學者，後皆成名。年十七，補尚書省令史。簿書過目，輒得其隱奧。雖大文牒，口占立成，詞理皆到。時學希尹之業者稱爲第一。除吏部主事。

天德初，累官吏部郎中，改右司郎中，借秘書少監爲宋主歲元使。是時，納合椿年爲參知政事，薦良弼才出己右，用是爲刑部尚書，賜今名。丁父憂，以本官起復。海陵嘗曰：「左丞相張浩練達事務，而頗不實。刑部尚書婁室言行端正，無所阿諂。」因謂椿年曰：「卿可謂舉能矣。常人多嫉勝己者，卿舉勝於己者，賢於人遠矣。」改侍衞親軍馬步軍都指揮使。良弼音吐清亮，海陵詔諭臣下，必令良弼傳旨，聞者莫不聳動，以故常被召問。不踰年，拜參知政事，進尚書右丞，賜佩刀入宮，轉左丞。海陵伐宋，良弼諫不聽，以爲右領軍大都督。海陵在淮南，詔良弼與監軍徒單貞撫定上京、遼右。既而，諸軍往往道亡北歸，而世宗卽位于遼陽，良弼乃還汴京。

海陵死，世宗就以良弼爲南京留守兼開封尹，再兼河南都統，召拜尚書右丞。世宗謂良弼曰：「卿嘗諫正隆伐宋，不用卿言，以至廢殞。當時懷祿偷安之人，朕皆黜之矣。今復用卿，凡於國家之事，當盡言，無復顧忌也。」良弼頓首謝。窩斡敗于陷泉，入奚中，詔良弼佩金牌及銀牌四，往北京招撫奚、契丹。還，拜尚書左丞。上言，「祖宗以來未錄功賞者，臣考按得凡三十二人，宜差第封賞」。詔曰：「已有五品以上官者，聞奏。六品以下及無官者，尙書省約量遷除。」自是功勞畢賞矣。進拜平章政事，封宗國公。

初，山東兩路猛安謀克與百姓雜居，詔良弼度宜易置，使與百姓異聚，與民田互相犬牙者，皆以官田對易之，自是無復爭訴。六年十一月，〔三〕皇太子生日，上置酒于東宮，良弼、志寧同賜酒。上曰：「邊境無事，中外晏然，將相之力也。」良弼奏曰：「臣等不才，備位宰相，敢不竭犬馬之力。」上悅。進拜右丞相，監修國史。世宗謂良弼曰：「海陵時，記注皆不完。人君善惡，爲萬世勸戒，記注遺逸，後世何觀？其令史官旁求書之。」又曰：「五從以上宗室在省祗候者，才有可用，具名聞奏。其猥冗不足蒞官者，亦聞奏罷去。」左丞完顏守道奏：「近都兩猛安，父子兄弟往往析居，其所得之地不能贍，日益困乏。」上以問宰臣，良弼對曰：「必欲父兄聚居，宜以所分之地與土民相換易。雖暫擾，然經久甚便。」右丞石琚曰：「百姓各安其業，不若依舊便。」上竟從良弼議。太宗實錄成，賜良弼金帶、重綵二十端，同修國史張景仁、曹望之、劉仲淵以下賜有差。

世宗與侍臣論古今爲臣孰賢不肖，因謂宰相曰：「皇統、正隆多殺臣僚，往往死非其罪。朕委卿等以大政，毋違道以自陷，毋曲從以誤朕。惟忠惟孝，匡救輔益，期致太平。」良弼對曰：「臣等過蒙嘉惠，雖譾薄，敢不盡心。聖諭諄諄，臣等不勝萬幸。」良弼請於榷場市馬，毋拘牝牡。今官馬甚少，一旦邊境有警，乃調於民，不亦晚乎。上從之。八年，選侍衞親軍，世宗聞其中多不能弓矢，詔使習射。頃之，問良弼及平章政事思敬曰：「女直人習射尙未行耶？」良弼對曰：「已行之矣。」同知淸州防禦事常德暉上書言：「吏部格法，止敍年勞，雖有材能，拘滯下位。刺史、縣令，多不得人。乞密加訪察，然後廉問。今酒稅使尙選能吏，縣令可不擇人才，乞以能吏當任酒稅使者，任親民之職。」上是其言，謂宰相曰：「朕思庶職多不得人，中夜而寤，或達旦不能寐。卿等注意選擇，朕亦密加體察。」良弼對曰：「女直、契丹人，須是曾習漢人文字，然後可。方今大率多爲黨與，或稱譽於此，或見毁於彼，所以難也。」上曰：「朕所以密令體察也。」上謂良弼曰：「猛安謀克牛頭稅粟，本以備凶年，凡水旱乏糧處就賑給之。」進拜左丞相，監修國史如故。

良弼爲相既久，練達朝政，上所詢訪盡誠開奏，垂紳正笏不動聲氣，議政多稱上意。以母憂去，起復舊職。是時，夏國王李仁孝乞分國之半，以封其臣任得敬。上以問羣臣，羣臣多言此外國事，從之可也。上曰：「此非是仁孝本心，不可從。」良弼議與上意合。既而，夏國果誅任得敬，上表來謝。參知政事宗敍請置沿邊壕塹，良弼曰：「敵國果來伐，此豈可禦哉？」上曰：「卿言是也。」高麗國王王晛表讓國於其弟晧，上疑之，以問宰相良弼。良弼策以爲讓國非王晛本心。其後趙位寵求以四十州來附，其表果言王晧弒其兄晛，如良弼策，語在高麗傳中。

世宗罷採訪官，謂宰臣曰：「官吏之善惡，何由知之？」良弼對曰：「臣等當爲陛下訪察之。」以進睿宗實錄，賜通犀帶、重綵二十端。是年，有事南郊，良弼爲大禮使。自收國以來，未嘗講行是禮，歷代典故又多不同，良弼討論損益，各合其宜，人服其能。上與良弼、守道論猛安謀克官多年幼，不習教訓，無長幼之禮。曩時，鄉里老者輒教導之。今鄉里中耆老有能教導者，或謂事不在己而不問，或非其職而人不從。可依漢制置鄉老，選廉潔正直可爲師範者，使教導之。良弼奏曰：「聖慮及此，億兆之福也。」他日，上問曰：「朕觀前史，有在下位而存心國家，直言爲民者。今無其人，何也？」良弼曰：「今豈無其人哉。蓋以直道而行，反被謗毀，禍及其身，是以不爲也。」

大定十四年，歲在甲午，大興尹璋爲賀宋正旦使，宋人就館奪其國書，詔梁肅詳問。衆議紛紛，謂凡午年必用兵，上以問良弼，對曰：「太祖皇帝以甲午年伐遼，太宗皇帝以丙午年克宋，今茲宋人奪我國書，而適在午年，故有此語，未必然也。」既而，梁肅至宋，宋主起立授受國書，如舊儀。梁肅既還，宋主遣工部尚書張子顏、知閤門事劉㟭來祈請，其書曰：「言念眇躬，夙承大統。荷上國照臨之惠，尋盟遂閱於十年。修兩朝聘問之勤，繼好靡忘于一日。惟是函書之受，當新賓接之儀。嘗空臆以屢陳，飭行人而再請。仰祈眷顧，俯賜矜從。」上與大臣議，良弼奏曰：「宋國免稱臣爲姪，免奉表爲書，恩賜亦已多矣。今又乞免親接國書，是無厭也，必不可從。」平章政事完顏守道、參知政事移剌道與良弼議合。左丞石琚、右丞唐括安禮以爲不從所請，必至于用兵。上謂琚等曰：「卿等所言，非也。所請有大於此者，更欲從之乎。」遂從良弼議，答其書，略曰：「弗循定分之常，復有授書之請。謂承大統，愈見自尊。奈何以若所爲，尙求其欲。矧曰已行之禮，靡得而更。」其授受禮儀，終不復改。

上問宰臣：「嘗求內外官舉賢能，未聞有舉者，何也？」參政魏子平請，當舉者每任須舉一人，視其當不，以爲賞罰。上曰：「宋制薦舉，其人犯私罪者，舉主雖至宰執，亦坐降罰。人心有恒者鮮，財利怵于前，或喪其所守。宰臣任大責重，豈坐是以爲升黜邪？」良弼曰：「前詔朝官六品以上，外官五品以上，各舉所知。盍申明前詔？」從之。上曰：「朕欲周知官吏善惡，若尋常遣官采訪，恐用非其人。然則，官吏善惡何以知之？」良弼曰：「臣等當爲陛下訪察。」上曰：「然，但勿使名實混淆耳。」上欲徙窩斡逆黨，分散置之遼東。良弼奏：「此輩已經赦宥，徙之生怨望。」上曰：「此目前利害，朕爲子孫後世慮耳。」良弼曰：「非臣等所及也。」於是，以嘗預亂者，徙居烏古里石壘部。上問宰臣曰：「堯有九年之水，湯有七年之旱，而民不病飢。今一二歲不登，而人民乏食，何也？」良弼對曰：「古者地廣人淳，崇尙節儉，而又惟農是務，故蓄積多，而無饑饉之患也。今地狹民衆，又多棄本逐末，耕之者少，食之者衆，故一遇凶歲而民已病矣。」上深然之，於是命有司懲戒荒縱不務生業者。

十七年，以疾辭相位，不許。告滿百日，詔賜告，遣太醫診視，屢使中使問疾。良弼在告既久，省多滯事，上以問宰相、參政，張汝弼對曰：「無之。」上曰：「豈曰無之。自今疑事久不能決者，當具以聞。」

十八年，表乞致仕歸田里，上遣使慰諭之曰：「卿比以疾在告，朕甚憂之。今聞卿將往西京養疾，彼中風土，非老疾所宜。京師中倦於人事，若就近都佳郡居處，待疾少間，速令朕知之。」良弼奏曰：「臣遭遇聖明，濫膺大任，夙夜憂懼，以至成疾。比蒙聖恩，數遣使存問，賜以醫藥，臣之苟活至今，皆陛下之賜也。臣豈敢望到鄉里，便可愈疾。臣去鄉歲久，親識多已亡沒，惟老臣獨在，鄉土之戀，誠不能忘。臣竊惟自來人臣受知人主，無逾臣者，臣雖粉骨碎身無以圖報。若使一還鄉社，得見親舊，則死無恨矣。」上問宰相曰：「丞相良弼必欲歸鄉里，朕以世襲猛安封其子符寶曷荅，俾之侍行，何如？」右丞相完顏守道曰：「不若以猛安授良弼，使其子攝事。」上從之。於是授胡論宋葛猛安，給丞相俸傔，良弼乃致仕歸。上謂宰相曰：「卿等非不盡心，但才力不及良弼，所以惜其去也。」其後，尚書省奏差除，上曰：「丞相良弼擬注差除，未嘗苟與不當得者，而薦舉往往得人。粘割斡特剌、移剌慥、裴滿餘慶，皆其所舉。至于私門請託，絕然無之。」嘗問良弼，「每旦暮日色皆赤何也」？良弼曰：「旦而色赤應在東，高麗當之。暮而色赤應在西，夏國當之。願陛下修德以應天，則災變自弭矣。」既而，夏國有任德敬之亂，高麗有趙位寵之難，其言皆驗云。是歲，薨。年六十。上悼惜之，遣太府監移剌愷、同知西京留守王佐爲勑葬祭奠使，賻白金、綵幣加等，喪葬皆從官給。追封金源郡王，命翰林待制移剌履勒銘墓碑，謚誠敏。

良弼性聰敏忠正，善斷決，言論器識出人意表。雖起寒素，致位宰相，朝夕惕惕盡心於國，謀慮深遠，薦舉人材，常若不及。居家淸儉，親舊貧乏者周給之，與人交久而愈敬。居位幾二十年，以成太平之功，號賢相焉。〔三〕明昌五年，配饗世宗廟廷。

守道，本名習尼列，以祖谷神功，擢應奉翰林文字。皇統九年，同知盧龍軍節度使事，歷獻、祁、濱、薊四州刺史。〔四〕世宗幸中都，過薊，父老遮道請留再任。平章政事移剌元宜舉以自代，於是遷昭毅大將軍，授左諫議大夫。

內族晏以恩舊拜左丞相，守道諫曰：「陛下初卽位，天下略定，邊警未息，方大有爲之時，恐晏非其材。必欲親愛，莫若厚與之祿，俾勿事事。」乃授以太尉，致仕。世宗錄扈從將士之勞，欲行賞賚，而帑藏空竭，議貸民財以與之。守道曰：「人罹虐政，方喜更生，今仁恩未及，而徵斂遽出，如羣望何，寧出宮中所有，無取於民。」遂從其言。契丹叛，遼東猛安謀克在其境者，或附從之，朝議欲徙之內地，守道極陳其不可。右副元帥謀衍將兵討賊，不即擊，守道力言於朝，詔遣僕散忠義、紇石烈志寧往代之，東方以平。

大定二年，宮中十六位火，方事完葺，時已入夏，頗妨民力，守道諫而罷。未幾，改太子詹事，兼右諫議大夫，馳驛規畫山東兩路軍糧，及賑民饑。守道籍大姓戶口，限以歲儲，使盡輸其贏入官，復給其直，以是軍民皆足。拜參知政事、兼太子少保，守道懇辭，世宗諭之曰：「乃祖勳在王室，朕亦悉卿忠謹，以是擢用，無爲多讓。」時契丹餘黨未附者尙衆，北京、臨潢、泰州民不安，詔守道佩金符往安撫之，給羣牧馬千疋，以備軍用。守道招致契丹骨迭聶合等內附，民以寧息。還進尙書左丞，兼太子少師。嘗從獵近郊，有虎傷獵夫，帝欲親射之，守道叩馬極諫而止。俄拜平章政事。十四年，宋人遣使因陳請手接書事，〔五〕左丞石琚等議從其請，帝意未決，守道等以爲不可許，帝卒從之，詳在紇石烈良弼傳中。既而，遷右丞相，監修國史，復遷左丞相，授世襲謀克。

二十年，修熙宗實錄成，帝因謂曰：「卿祖谷神，行事有未當者，尙不爲隱，見卿直筆也。」尋請避賢路，帝不許。進拜太尉、尙書令，改授尙書左丞相，諭之曰：「丞相之位不可虛曠，須用老成人，故復以卿處之，卿宜悉此。」未幾，復乞致仕，帝曰：「以卿先朝勳臣之後，特委以三公重任，自秉政以來，效竭忠勤，朕甚嘉之。今引年求退，甚得宰相體，然未得代卿者，以是難從，汝勉之哉。」二十五年，坐擅支東宮諸皇孫食廩，奪官一階。尋改兼太子太師，特錄其子珪襲謀克，充符寶祗候。章宗爲原王，詔習騎鞠，守道諫曰：「哀制中未可。」帝曰：「此習武備耳，自爲之則不可，從朕之命，庸何傷乎？然亦不可數也。」二十六年，懇求致仕，優詔許之，特賜宴於慶春殿，〔六〕帝手飲以巵酒，錫與甚厚，以其子珪侍行，又賜次子璋進士第。明昌四年卒，年七十四。上聞之震悼，遣其弟點檢司判官蒲帶致祭，賻銀千兩、重綵五十端、絹五百疋。太常議謚曰簡憲，上改曰簡靖，蓋重其能全終始云。

石琚，字子美，定州人。沉厚好學。父皐，補郡吏，廉潔自將，稱爲長者。從魯王闍母攻青州，州人堅守不降。闍母怒之，及城破，命皐計州民之數，將使諸軍分掠有之，皐緩其事。闍母讓之，皐曰：「大王將爲朝廷撫定郡縣，當使百姓按堵，無或侵苦之。若取城邑而殘其民，則未下者必死守以拒我。皐之稽緩，安敢逃罪。」闍母感悟，乃下令曰：「敢有犯州人者，以軍法論。」指其坐謂皐曰：「汝之子孫必有居此坐者。」皐隨守定州，唐縣人王八謀爲亂，書其縣人姓名于籍，無慮數千人，其黨持其籍詣州發之，皐主鞫治。是時冬月，皐抱籍上廳事，佯爲頓仆，覆其籍爐火中，盡焚之，不可復得其姓名，止坐爲首者，餘皆得釋。

琚生七歲，讀書過目卽成誦，旣長博通經史，工詞章。天眷二年，中進士第一，再調弘政、邢臺縣令。邢守貪暴屬縣，掊取民財，以奉所欲，琚獨一物無所與。旣而守以贓敗，他令佐皆坐累，琚以廉辦，改秀容令。復擢行臺禮部主事，召爲左司都事，累遷吏部郎中。貞元三年，以父喪去官，尋起復爲本部侍郎。世宗舊聞其名，大定二年，擢左諫議大夫，侍郎如故。奉命詳定制度，琚上疏六事，大概言正紀綱，明賞罰，近忠直，遠邪佞，省不急之務，罷無名之役。上嘉納之。遷吏部尚書。琚自員外郎至尚書，未嘗去吏部，且十年。典選久，凡宋、齊換授官格，南北通注銓法，能僂指而次第之，當時號爲詳明。頃之，拜參知政事，琚辭讓再三，上曰：「卿之材望無不可者，何以辭爲。」右丞蘇保衡監護十六位工役，詔共典其事，給銀牌二十四，許從宜規畫。上謂琚曰：「此役不欲煩民，丁匠皆給雇直，毋使貪吏夤緣爲姦利，以興民怨。卿等勉力，稱朕意焉。」徒單合喜定陝西，琚請曲赦秦、隴，以安百姓，上從之。丁母憂，尋起復，進拜尚書右丞。天長觀災，詔有司營繕，有司闢民居以廣大之，費錢三十萬貫。蔚州采地蕈，役數百千人。琚奏之，上曰：「自今凡稱御前者，皆稟奏。」琚與孟浩對曰：「聖訓及此，百姓之福也。」是時，議禁網捕狐、兔等野物，累計其獲，或至徒罪，琚奏曰：「捕禽獸而罪至徒，恐非陛下意，杖而釋之可也。」上曰：「然。」久之，進拜左丞，兼太子少師。上問宰相：「古有居下位能憂國爲民直言無忌者，今何以無之？」琚對曰：「是豈無之，但未得上達耳。」上曰：「宜盡心采擢之。」

世宗將行郊祀，議配享，琚曰：「配者，侑神作主也。自外至者無主不止，故推祖考以配天，同尊之也。孝經曰：『郊祀后稷以配天。』漢、魏、晉皆以一帝配之。唐高宗始以高祖、太宗崇配。垂拱初，以高祖、太宗、高宗並配。玄宗開元十一年，罷同配之禮，以高祖配。宋太宗時，以宣祖、太祖配。眞宗時以太祖、太宗配。仁宗時，有司請以三帝並侑，遂以太祖、太宗、眞宗並配。其後禮院議對越天地，神無二主，當以太祖配。此唐、宋變古以三帝配天，終竟依古以一祖配也。將來親郊合依古禮，以一祖配之。」上曰：「唐、宋不足爲法，止當奉太祖皇帝配之。」琚嘗請命太子習政事，或譖之曰：「琚希恩東宮。」世宗察其無他，以此言告之，琚對曰：「臣本孤生，蒙陛下拔擢，備位執政，兼師保之任。臣愚以爲太子天下之本，當使知民事，遂言及之。」因乞解少師。十年二月，祭社，有司奏請御署祝版，上問琚曰：「當署乎？」琚曰：「故事有之。」上曰：「祭祀典禮，卿等愼之，無使後世譏誚。熙宗尊謚太祖，宇文虛中定禮儀，以常朝服行事。當時朕雖童稚，猶覺其非。」琚曰：「祭祀，大事也，非故事不敢行。」

上謂琚曰：「女直人往往徑居要達，不知閭閻疾苦。卿嘗爲丞簿，民間何事不知，凡利害極陳之。」上與宰臣議鑄錢，或以鑄錢工費數倍，欲采金銀坑冶，上曰：「山澤之利可以與民，惟錢幣不當私鑄。若財貨流布四方，與在官何異。」琚進曰：「臣聞天子之富藏於天下，正如泉源欲其流通耳。」上問琚曰：「古亦有百姓鑄錢者乎？」對曰：「使百姓自鑄，則小人圖厚利，錢愈薄惡，古所以禁也。」

時民間往往造作妖言，相爲黨與謀不軌，事覺伏誅。上問宰臣曰：「南方尚多反側，何也？」琚對曰：「南方無賴之徒，假託釋道，以妖幻惑人。愚民無知，遂至犯法。」上曰：「如僧智究是也。此輩不足卹，但軍士討捕，利取民財，害及良民，不若杜之以漸也。」智究，大名府僧，同寺僧苑智義與智究言，蓮華經中載五濁惡世佛出魏地，心經有夢想究竟涅槃之語，汝法名智究，正應經文，先師藏瓶和尚知汝有是福分，亦作頌子付汝。智究信其言，遂謀作亂，歷大名、東平州郡，假託抄化，誘惑愚民，潛結姦黨，議以十一年十二月十七日先取兗州，會徒嶧山，以「應天時」三字爲號，分取東平諸州府。及期嚮夜，使逆黨胡智愛等，劫旁近軍寨，掠取甲仗，軍士擊敗之。會傅戩、劉宣亦於陽穀、東平上變。皆伏誅，連坐者四百五十餘人。

宗室子或不勝任官事，世宗欲授散官，量與廩祿，以贍足之，以問宰臣曰：「於前代何如？」琚對曰：「堯親九族，周家內睦九族，皆帝王盛事也。」琚之將順多此類。

十三年，上表乞致仕。十六年，再表乞致仕。皆不許。參知政事唐括安禮忤上意，出爲橫海軍節度使，數年不復召。琚對便殿，從容進曰：「唐括安禮忠直，久在外官。」世宗深然之，遂自南京留守召爲尚書右丞。琚嘗舉室紹先以爲右司員外郎，紹先中風暴卒，上甚惜之，謂琚曰：「卿之所舉也」，感歎者再三。

十七年，拜平章政事，封莘國公。明年，拜右丞相。修起居注移剌傑上書言「朝奏屏人議事，史官亦不與聞，無由紀錄」。上以問宰相，琚與右丞唐括安禮對曰：「古者史官，天子言動必書，以儆戒人君，庶幾有畏也。周成王翦桐葉爲圭，戲封叔虞，史佚曰：『天子不可戲言，言則史書之。』以此知人君言動，史官皆得記錄，不可避也。」上曰：「朕觀貞觀政要，唐太宗與臣下議論，始議如何，後竟如何，此政史臣在側記而書之耳。若恐漏泄幾事，則擇慎密者任之。」朝奏屏人議事，記注官不避自此始。

以年老衰病固辭，上曰：「朕知卿年老，勉爲朕留，俟一二年，朕將思之。」上謂宰臣曰：「朕爲天子，未嘗敢專行獨斷，每事偏問卿等，可行則行之，不可則止也。」琚與平章政事唐括安禮奏曰：「好問則裕，自用則小，陛下行之，天下幸甚。」居一年，復表致仕，乃許。詔以一孫爲閤門祗候。卽命駕歸鄉里。久之，世宗謂宰臣：「知人最爲難事，近來左選多不得人。惟石琚爲相時，往往舉能其官，左丞移剌道、參政粘割斡特剌舉右選，頗得之。朕常以不能偏識人材爲不足。此宰相事也，左右近侍雖常有言，朕未敢輕信。」又曰：「近日刺史縣令多闕員，當擇幹濟者除之，資級不到庸何傷。」又曰：「惟石琚最爲知人。」

唐括鼎爲定武軍節度使，上謂鼎曰：「久不見石琚，精力比舊何如？汝到官往視之。」顯宗亦思之，因琚生日，寄詩以見意。二十二年，以疾薨于家，年七十二。謚文憲。泰和元年，圖像衍慶宮，配享世宗廟廷。

唐括安禮，本名斡魯古，字子敬。好學，通經史，工詞章，知爲政大體。貞元中，累官臨海軍節度使，入爲翰林侍讀學士，改濬州防禦使、彰化軍節度使。大定初，遷益都尹，召爲大興尹，上曰：「京師好訛言。府中姦吏爲民患。卿雖年少，有治才，去其宿弊，毋爲因仍。」察廉入第一等，進階榮祿大夫。

七年五月，大興府獄空，詔錫宴勞之。凡州郡有獄空者，皆賜錢爲錫宴費，大興府錫宴錢三百貫，其餘有差。久之，拜參知政事，罷爲橫海軍節度使，歷河間尹、南京留守。以喪去官，起復尚書右丞。詔曰：「南路女直戶頗有貧者，漢戶租佃田土，所得無幾，費用不給，不習騎射，不任軍旅。凡成丁者簽入軍籍，月給錢米，山東路沿邊安置。其議以聞。」浹旬，上問曰：「宰臣議山東猛安貧戶如之何？」奏曰：「未也。」乃問安禮曰：「於卿意如何？」對曰：

「猛安人與漢戶，今皆一家，彼耕此種，皆是國人，卽日簽軍，恐妨農作。」上責安禮曰：「朕謂卿有知識，每事專傚漢人，若無事之際可務農作，度宋人之意且起爭端，國家有事，農作奚暇？卿習漢字，讀詩、書，姑置此以講本朝之法。前日宰臣皆女直拜，卿獨漢人拜，是邪非邪，所謂一家者皆一類也，女直、漢人，其實則二。朕卽位東京，契丹、漢人皆不往，惟女直人偕來，此可謂一類乎。」又曰：「朕夙夜思念，使太祖皇帝功業不墜，傳及萬世，女直人物力不困。卿等悉之。」因以有益貧窮猛安人數事，詔左司郎中粘割斡特剌使書之，百官集議于尚書省。

十七年，詔遣監察御史完顏覿古速行邊，從行契丹押剌四人，挼剌、招得、雅魯、斡列阿，自邊亡歸大石。上聞之，詔曰：「大石在夏國西北。昔窩斡爲亂，契丹等響應，朕釋其罪，俾復舊業，遣使安輯之，反側之心猶未已。若大石使人間誘，必生邊患。遣使徙之，俾與女直人雜居，男婚女聘，漸化成俗，長久之策也。」於是遣同簽樞密院事紇石烈奧也、吏部郎中裴滿餘慶、翰林修撰移剌傑，徙西北路契丹人嘗預窩斡亂者上京、濟、利等路安置。以兵部郎中移剌子元爲西北路招討都監，詔子元曰：「卿可省諭徙上京、濟州契丹人，彼地土肥饒，可以生殖，與女直人相爲婚姻，亦汝等久安之計也。卿與奧也同催發徙之。仍遣猛安一員以兵護送而東，所經道路勿令與羣牧相近，脫或有變，卽便討滅。俟其過嶺，卿卽還鎭。」上已遣奧也、子元等，謂宰臣曰：「海陵時，契丹人尤被信任，終爲叛亂，羣牧使鶴壽、駙馬都尉賽一、昭武大將軍朮魯古、金吾衞上將軍蒲都皆被害。賽一等皆功臣之後，在官時未嘗與契丹有怨，彼之野心，亦足見也。」安禮對曰：「聖主溥愛天下，子育萬國，不宜有分別。」上曰：「朕非有分別，但善善惡惡，所以爲治。異時或有邊釁，契丹豈肯與我一心也哉。」

他日，上又曰：「薦舉，大臣之職。外官五品猶得舉人，宰相無所舉，何也？」安禮對曰：「孔子稱才難。賢人君子，世不多有。陛下必欲得人，當廣取士之路，區別器使之，斯得人矣。」上曰：「除授格法不倫。奉職皆閥閱子孫，朕所知識，有資考出身月日。親軍不以門第收補，無廕者不至武義不得出職。但以女直人有超遷官資，故出職反在奉職上。天下一家，獨女直有超遷格，何也？」安禮對曰：「祖宗以來立此格，恐難輒改。」

轉左丞，與右丞蒲察通同日拜，上謂之曰：「朕今年五十有五，若過六十，必倦於政事。宜及朕之康强，凡女直猛安謀克當修舉政事，改定法令。宗族中鮮有及朕之壽者，朕頗習女直舊風，子孫豈能知之，況政事乎，卿等宜悉此意。」上又曰：「大理寺事多留滯，宰執不督責之，何也？」安禮對曰：「案牘疑難者舊例給限。」上曰：「舊例是邪非邪，今不究其事，輒給以限邪？」參政移剌道曰：「臣在大理時，未嘗有滯事。」上曰：「卿在大理無滯事，爲宰執而不能檢治，何也？」道無以對而退。上問宰臣曰：「御史臺官，亦與親知往來否？」皆曰：「往來殊少。」上曰：「臺官當盡絕人事。諫官、記注官與聞議論，亦不可與人游從。」安禮對曰：「親知之間，恐不可盡絕也。」上曰：「職任如是，何恤人之言。」

進拜平章政事，封芮國公，授世襲謀克。上諭安禮，前代史書詳備，今祖宗實錄太簡略。對曰：「前代史皆成書，有帝紀、列傳。他日修史時，亦有帝紀、列傳，其詳自見于列傳也。」安禮嘗議科目，言于上曰：「臣觀近日士人不以策論爲意。今若詩賦策論各場考試，文理俱優者爲中選，以時務策觀其器識，庶得人也。」上曰：「卿等議之。」上謂宰臣曰：「賞有功不可緩，緩賞無以勸善。」安禮對曰：「古所謂賞不踰時者，正謂此也。」

二十一年，拜右丞相，進封申國公，固辭曰：「臣備位宰相，無補於國家，夙夜憂懼，惟恐得罪，上負陛下，下負百姓。臣實不敢受丞相位，惟陛下擇賢於臣者用之。」上曰：「朕知卿正直，與左丞相習顯無異。且練習政事，無出卿之右者。其毋多讓。」安禮頓首謝。是歲，薨。泰和元年，配享世宗廟廷。

移剌道，本名趙三，其先乙室部人也，初徙咸平。爲人寬厚，有大志，以薦孝著名。通女直、契丹、漢字。皇統初，補刑部令史，轉尚書省令史，再遷大理司直。丁母憂，起復，遷戶部員外郎。正隆三年，從臨潢、咸平路、畢沙河等三猛安，屯戍斡盧速。還奏，海陵謂侍臣曰：「道骨相異常，他日必登公輔。」明年，遷本部郎中。

海陵伐宋，爲都督府長史。海陵死，師還，無復紀律，士卒掠淮南，百姓苦之。有男女二百餘人，自願與道爲奴，道受之，至淮，俟諸軍畢濟，乃悉遣還。大定二年，復爲戶部郎中，與梁銶安撫山東，招諭盜賊。民或避盜避役者，並令歸業，不問罪名輕重皆原之，軍人不得並緣虜掠。僕散忠義討窩斡，道參謀幕府事。賊平，元帥府以俘獲生口分給官僚，道悉縱遣之。

還京師，入見，既退，世宗目送之，曰：「此人有幹才，可大用也。」遷翰林直學士，兼修起居注。頃之，世宗曰：「道淸廉有幹局，翰林文雅之職，不足以盡其才。」中都轉運繁劇，乃改同知中都路都轉運事。詔道送河北、山東等路廉察善惡升降官員制勅，上曰：「卿從討契丹，不貪俘獲，其志可嘉。故命卿爲使。卿其勉之。」是歲，以廉升者，磁州刺史完顏蒲速列爲北京副留守，濰州刺史蒲察蒲查爲博州防禦使，威州刺史完顏兀荅補爲磁州刺史。治狀不善下遷者，登州刺史大磐爲嵩州刺史，同知南京留守高德基爲同知北京轉運事，衞州防禦使完顏阿鄰爲陳州防禦使，眞定尹徒單拔改爲興平軍節度使，安國軍節度使唐括重國爲彰化軍節度使。仍具功過善惡宣諭，毋受饋獻。遷大理卿。五年，宋人請和，罷兵。道往山東，閱實軍器，振贍戍兵妻子。再除同知大興尹。

親軍百人長完顏阿思鉢非禁直日帶刀入宮，其夜入左藏庫，殺都監郭良臣，盜取金珠。點檢司執其疑似者八人，掠笞三人死，五人者自誣，其贓不可得。上疑之，命道參問。道持久其獄，既而阿思鉢鬻金事覺，伏誅。上曰：「箠楚之下，何求不得。奈何點檢司不以情求之乎。」賜掠死者錢，人二百貫，周其家，不死者人五十貫。詔自今護衞親軍百人長、五十人長，非直日不得帶刀入宮。

遷戶部尚書。上曰：「朕初即位，卿爲戶部員外郎，聞卿孳孳爲善，進卿郎中，果有可稱。及貳京尹，亦能善治。戶部經治國用，卿其勉之。」道頓首謝。改西北路招討使，賜金帶。故事，招討使到官，諸部皆獻駝馬，多至數百，道皆却之，數月皆復貢職。父喪去官，起復參知政事。初，諸部有獄訟，招討司例遣胥吏按問，往往爲姦利。道請專設一官，上嘉納之，招討司設勘事官自此始。上謂宰臣曰：「比聞大理寺斷獄，輒經旬月，何邪？」道奏曰：「在法，決死囚不過七日，徒刑五日，杖刑三日。」上曰：「法有程限，而輒違之，此官吏之責也，嚴戒約以去其弊。」進尚書右丞。乞致仕，上曰：「卿孝於家，忠於朕，通習法令政事，雖踰六十，心力未衰，未可退也。」乃除南京留守，賜通犀帶。上曰：「河南統軍烏古論思列爲人少戇，凡邊事須與卿共議。卿以朕意諭思列也。」入拜平章政事。

道弟臨潼令幼阿補犯罪至死，道待罪于家。皇太子生日，宴于慶和殿，上問道何故不在，參知政事粘割斡特剌奏曰：「其弟犯死刑，據制不合入內。」上曰：「此何傷也。」卽詔道起視事。是時，縣令多闕，上以問宰相，道奏曰：「散官宣武以上借除以充之。」上曰：「廉察八品以下已去官者，錄事丞簿有淸幹之譽者，縣尉入優等者，皆與縣令。散官至五品，無貪汙曠職之名者，亦可與之。俟縣令不闕，卽如舊制。」

二十三年，罷爲咸平尹，封莘國公。上曰：「卿數年前嘗乞致仕，朕不許卿。卿今老矣。咸平卿故鄉，地凉事少，老者所宜。」賜通犀帶。明日，復遣近侍曹淵諭旨曰：「咸平自窩斡亂後，民業尚未復舊，朕聽卿歸鄉里，所以安輯一境也。」

二十四年，薨。上聞之，悼惜良久。是歲幸上京，道過咸平，遣使致祭，賻贈有加。詔圖像藏祕府，擢其子八狗爲閤門祗候。

光祖字仲禮，幼名八狗。以蔭補閤門祗候，調平晉令、衞州都巡河、內承奉押班，累轉東上閤門使，兼典客署令。大安中，改少府少監。丁母憂，起復儀鸞局使，同知宣徽院事，祕書監右宣徽使。興定二年十一月，詔集百官議所以爲長久之利者，光祖等三人議曰：「募土人假以方面權任，俾人自勸，各保一方。」由是公府封建之論興焉，語在「九公」傳。〔七〕

三年，轉左宣徽使。五年，卒。

贊曰：良弼、守道、琚、安禮、道，皆無聞正隆時，及其簉治朝，佐明主，諫行言聽，膏澤下於民，豈非遇其時邪。官序無闕，上下相安，君享其名，臣終其祿，可謂盛哉。海陵能知移剌道有公輔之器，而不能用，故其治績亦待大定而後著焉。人才之顯晦，有係於世道之污隆也，尚矣。金世內燕，惟親王公主駙馬得與，世宗一日特召琚入，諸王以下竊語，心蓋易之。世宗覺之，卽語之曰：「使我父子家人輩得安然無事，而有今日之樂者，此人力也。」乃歷舉近事數十，顯著爲時所知者以曉之，皆俯伏謝罪。君臣相知如此，有不竭忠者乎。大定末，世宗將立元妃爲后，以問琚，琚屏左右曰：「元妃之立，本無異辭，如東宮何？」世宗愕然曰：「何謂也？」琚曰：「元妃自有子，元妃立，東宮搖矣。」世宗悟而止。且人主家事，人臣之所難言者，許敬宗以一言幾亡唐祚，琚之對，其爲金謀者至矣。

校勘記

〔一〕完顏守道本名習尼列　「尼」原作「宜」，蓋同音異譯。今與傳文統一。

〔二〕六年十一月　按「六年」上脫「大定」二字。

〔三〕號賢相焉　此下原衍「大定十五年圖像衍慶宮謚武定」十三字。按良弼死於大定十八年，不可能於十五年有賜謚諸事。考本書卷八七紇石烈志寧傳，志寧死後「謚武定，十五年圖像衍慶宮」。知此十三字當是志寧傳文，誤抄於此，今刪。

〔四〕歷獻祁濱薊四州刺史　按本書卷八九梁肅傳，先言「前薊州刺史完顏守道」，繼書「守道自濱州刺史召爲諫議大夫」。是任濱州在任薊州之後，「濱」當在「薊」下。

〔五〕十四年宋人遣使因陳請手接書事　按本卷紇石烈良弼傳有「今又乞免親接國書」之語，「手接」即「親接」，上脫「免」字，「書」上脫「國」字。

〔六〕特賜宴於慶春殿　按慶春殿在汴京之「太后苑」見本書卷二五地理志南京路注。非此時所能賜宴之地。金世宗常在慶和殿宴羣臣，紀傳多所記載，疑此當作「慶和殿」。

〔七〕語在九公傳　按本書無「九公」傳之名，所謂「九公」傳，當係卷一一八苗道潤等人傳。

金史卷八十九

列傳第二十七

蘇保衡　翟永固　魏子平　孟浩田瑴附　梁肅　移剌慥

移剌子敬

蘇保衡字宗尹，雲中天成人。父京，遼進士，爲西京留守。宗翰兵至西京，京出降。久之，京病篤，以保衡屬宗翰。京死，宗翰薦之於朝。賜進士出身，補太子洗馬，調解州軍事判官。左監軍撒离喝駐軍陝西，辟幕府，參議軍事，累官同知興中尹。天德間，繕治中都，張浩舉保衡分督工役。改大興少尹，督諸陵工役。再遷工部尚書。海陵治兵伐宋，與徐文等造舟於通州，海陵獵近郊，因至通州視工作。兵興，保衡爲浙東道水軍都統制，率舟師泛海，徑趨臨安。宋兵來襲，敗于海中，副統制鄭家死之。

大定二年，召赴中都。是時，山東盜賊嘯聚，契丹攻掠臨潢等州郡，百姓困弊。詔保衡安撫山東，前太子少保高思廉安撫臨潢，發倉粟以賑之，無衣者賜以幣帛，或官粟有闕，則收糴以給之，無妻室者具姓名以聞。還除刑部尚書。與工部尚書宗永、兵部侍郎完顏余里也，往河南、山東、陝西宣問屯田軍人，有曾破大敵及攻城野戰立功者，具姓名以聞。或以寡敵衆，或與敵相當能先登敗敵者，正軍及擐甲阿里喜補官一階，猛安謀克以功狀上尚書省，曾隨海陵軍至淮上破敵者亦准上遷賞。

僕散忠義伐宋，保衡行戶部於關中，兼糾察，許以便宜，黜守令不法者十餘人。邠守傅慎微忤用事者，被讒構下獄且死，保衡力救之得免，入爲太常卿，遷禮部尚書。三年，拜參知政事。〔一〕宋人請和，詔保衡往南京，與僕散忠義斟酌事宜，行之。入奏，進右丞。四年，宋人請和，師還，保衡朝京師。初，宮女稱心縱火十六位，延燒諸殿，上以方用兵，國用不足，不復營繕。及宋和，詔保衡監護役事，遣少府監張仲愈取南京宮殿圖本。上聞之，謂保衡曰：「追仲愈還。民間將謂朕效正隆華侈也。」

六年冬，有疾，求致仕，不許。遣敬嗣暉傳詔曰：「卿以忠直擢居執政，齒髮未衰，遽以小疾求退。善加攝養，以俟疾間視事。」未幾，薨，年五十五。世宗將放鷹近郊，聞之乃還，爲輟朝，賻贈，命有司致祭。

翟永固字仲堅，中都良鄉人。太祖與宋約攻遼，事成以燕歸宋。宋人以經義兼策取士，永固中第一，授開德府儀曹參軍。金破宋，永固北歸。中天會六年詞賦科，授懷安丞，遷望雲令，補樞密院令史，辟左副元帥宗翰府掾。永固家貧，求外補，宗翰愛其能，不許，以錢三千貫周之，薦於朝，攝左司郎中。除定武軍節度副使，歷同知淸州防禦使，入爲工部員外郎。以母憂去官，起復禮部郎中，遷翰林直學士。

海陵簒立，宋國賀正旦使至廣寧，海陵使使以廢立事諭宋使，遣還之。以侍衞親軍都指揮使完顏思恭爲報諭宋使，永固爲副，且令永固伺察宋人動靜。使還，改禮部侍郎。久之，分護燕京宮室役事，永固請寫無逸圖於殿壁，不納。俄遷太常卿，考試貞元二年進士，〔三〕出尊祖配天賦題，海陵以爲猜度己意，召永固問曰：「賦題不稱朕意。我祖在位時祭天拜乎？」對曰：「拜。」海陵曰：「豈有生則致拜，死而同體配食者乎？」對曰：「古有之，載在典禮。」海陵曰：「若桀、紂曾行，亦欲我行之乎？」於是永固、張景仁皆杖二十。而進士張汝霖賦第八韻有曰：「方今，將行郊祀。」海陵詰之曰：「汝安知我郊祀乎？」亦杖之三十。頃之，永固遷禮部尚書，賜笏頭毬文金帶。改永定軍節度使。

正隆二年，例降二品以上官爵，永固階光祿大夫不降，以寵異之。遷翰林學士承旨，與直學士韓汝嘉俱召至內殿，問以將親伐宋事，永固對曰：「宋人事本朝無釁隙，伐之無名。縱使可伐，亦無煩親征，遣將帥可也。」由是大忤海陵意，永固卽請致仕。正隆四年正月丁巳，海陵朝永壽宮，四品以上官賜宴，永固至殿門外，海陵卽以致仕宣命授之，永固歸臥于家。

大定二年，起拜尚書左丞，請依舊制廉察官吏，革正隆守令之汙，從之。明年，表乞致仕，詔不許。罷爲眞定尹，賜通犀帶。尚書省奏，永固自執政爲眞定尹，其傘蓋當用何制度，上曰：「用執政制度。」遂著爲令。五年，懇乞致仕，許之。六年，薨。

魏子平字仲均，弘州人。登進士第，調五臺主簿，累除爲尚書省令史，除大理丞，歷左司都事，同知中都轉運使事，太府監。正隆三年，爲賀宋主生日副使。是時，海陵謀伐宋，子平使還，入見，海陵問江左事，且曰：「蘇州與大名孰優？」子平對曰：「江、湖地卑濕，夏服蕉葛猶不堪暑，安得與大名比也。」海陵不悅。世宗卽位，除戶部侍郎。大定二年，丞相僕散忠義伐宋，置元帥府於南京，子平掌餽運，給金牌一、銀牌六，糧道給辦。進戶部尚書。六年，復爲賀宋主生日使，上曰：「使宋無再往者，卿昔年供河南軍儲有勞，用此優卿耳。」

久之，拜參知政事。上問子平曰：「古者稅什一而民足，今百一而民不足，何也？」子平對曰：「什一取其公田之入，今無公田而稅其私田，爲法不同。古有一易再易之田，中田一年荒而不種，下田二年荒而不種。今乃一切與上田均稅之，此民所以困也。」上又問曰：「戍卒逋亡物故，今按物力高者補之，可乎？」對曰：「富家子弟騃懦不可用，守戍歲時求索無厭，家產隨壞。若按物力多寡賦之，募材勇騎射之士，不足則調兵家子弟補之，庶幾官收實用，人無失職之患。」上從之。

海州捕賊八十餘人，賊首海州人，其兄今爲宋之軍官。上聞之，謂宰相曰：「宋之和好恐不能久，其宿、泗間漢軍，以女直軍代之。」子平曰：「誓書稱沿邊州城，除自來合設置射糧軍數幷巡尉外，更不得屯軍守戍。」上曰：「此更代之，非增戍也。」

上曰：「前日令內任官六品以上，外任五品以上，並舉所知。未聞有舉之者，豈無其才，蓋知而不舉也。」子平曰：「請令當舉之官，每任須舉一人。」澤州刺史劉德裕、祁州刺史斜哥、滄州同知訛里也、易州同知訛里剌、楚丘縣令劉春哥以贓汙抵罪，上欲詔示中外，丞相守道以爲不可，上以問子平曰：「卿意何如？」子平曰：「臣聞懲一戒百，陛下固宜行之。」上曰：「然。」遂降詔焉。

宋人於襄陽漢江上造舟爲浮梁三，南京統軍司聞而奏之，上問宰臣曰：「卿等度之，以爲何如？」子平曰：「臣聞襄陽薪芻，皆於江北取之，殆爲此也。」上曰：「朕與卿等治天下，當治其未然。及其有事，然後治之，則亦晚矣。」河南統軍使宗敍求入見奏邊事，上使修起居注粘割斡特剌就問狀。宗敍言：「得邊報及宋來歸者言，宋國調兵募民，運糧餉，完城郭，造戰船浮橋，兵馬移屯江北。自和議後即罷制置司，今復置矣。商、虢、海州皆有姦人出沒，此不可不備。嘗報樞密院，彼視以爲文移，故欲入見言之。」斡特剌召凡言邊事者詰問，皆無實狀，行至境上，問知襄陽浮橋乃樵采之路，如子平策。還奏。詔凡妄說邊關兵事者徒二年，告人得實，賞錢五百貫。

上問宰臣曰：「祭宗廟用牛。牛盡力稼穡有功於人，殺之何如？」子平對曰：「惟天地宗廟用之，所以異大祀之禮也。」

十一年，罷爲南京留守，未幾致仕。十五年，起爲平陽尹，復致仕。二十六年，薨于家。

孟浩字浩然，灤州人。遼末年登進士第。天會三年，爲樞密院令史，除平州觀察判官。天眷初，選入元帥府備任使，承制除歸德少尹，充行臺吏、禮部郎中，入爲戶部員外郎、郎中。

韓企先爲相，拔擢一時賢能，皆置機要，浩與田瑴皆在尙書省，瑴爲吏部侍郎，浩爲左司員外郎。既典選，善銓量人物，分別賢否，所引用皆君子。而蔡松年、曹望之、許霖皆小人，求與瑴相結，瑴薄其爲人拒之。

松年，蔡靖子。靖將兵不能守燕山，終敗宋國，瑴頗以此譏斥松年。松年初事宗弼於行臺省，以微巧得宗弼意，宗弼當國，引爲刑部員外郎。望之爲尚書省都事，霖爲省令史。皆怨瑴等，時時毀短之於宗弼，凡與瑴善者皆指以爲朋黨。韓企先疾病，宗弼往問之，是日，瑴在企先所，聞宗弼至，知其惡己，乃自屏以避。宗弼曰：「丞相年老且疾病，誰可繼丞相者？」企先舉瑴，而宗弼先入松年譖言，謂企先曰：「此輩可誅。」瑴聞流汗浹背。企先薨，瑴出爲橫海軍節度使。選人龔夷鑑除名，值赦，赴吏部銓，得預覃恩。瑴已除橫海，部吏以夷鑑白瑴，瑴乃倒用月日署之。許霖在省典覃恩，行臺省工部員外郎張子周素與瑴有怨，以事至京師，微知夷鑑覃恩事，嗾許霖發之，詆以專擅朝政。詔獄鞫之，擬瑴與奚毅、邢具瞻、王植、高鳳庭、王傚、趙益興、龔夷鑑死，其妻子及所往來孟浩等三十四人皆徙海上，仍不以赦原。天下寃之。

世宗在熙宗時，知田瑴黨事皆松年等構成之。而浩等三十二人遇天德赦令還鄉里，多物故，惟浩與瑴兄穀、王補、馮煦、王中安在。大定二年，召見，復官爵。浩爲侍御史，穀爲大理丞，補爲工部員外郎，煦爲兵部主事，中安知火山軍事，而浩尋復爲右司員外郎。

浩篤實，遇事輒言，無所隱。上嘉其忠，每對大臣稱之。有疾，求外補，除祁州刺史，致仕，歸。七年，起爲御史中丞，而浩已年老，世宗以不次用之，再閱月，拜參知政事。故事，無自中丞拜執政者，浩辭曰：「不次之恩，非臣所敢當。」上曰：「卿自刺史致仕，除中丞，國家用人，豈拘階次。卿公正忠勤，雖年高猶可宣力數年，朕思之久矣。」浩頓首謝。

世宗勅有司東宮涼樓增建殿位，浩諫曰：「皇太子義兼臣子，若所居與至尊宮室相侔，恐制度未宜，固宜示以儉德。」上曰：「善。」遂罷其役，因謂太子曰：「朕思漢文純儉，心常慕之，汝亦可以爲則也。」未幾，皇太子生日，上宴羣臣于東宮，以大玉杓、黃金五百兩，賜丞相志寧，顧謂羣臣曰：「卿等能立功，朕亦褒賞如此。」又曰：「參政孟浩公正敢言，自中丞爲執政。卿等能如是，朕亦不次用之。」世宗嘗曰：「女直本尚純朴，今之風俗，日薄一日，朕甚憫焉。」浩對曰：「臣四十年前在會寧，當時風俗與今日不同，誠如聖訓。」上曰：「卿舊人，固知之。」上謂宰臣曰：「宋前廢帝呼其叔湘東王爲『猪王』，食之以牢，納之泥中，以爲戲笑。書于史策，所以勸善而懲惡也。海陵以近習掌記注，記注不明，當時行事，實錄不載，衆人共知之者求訪書之。」浩對曰：「良史直筆，君舉必書。帝王不自觀史，記注之臣乃得盡其直筆。」浩復奏曰：「歷古以來，不明賞罰而能治者，未之聞也。國家賞善罰惡，蓋亦多矣，而天下莫能知。乞自今凡賞功罰罪，皆具事狀頒告之，使君子知勸以遷善，小人知懼以自警。」從之。

進尚書右丞，兼太子少傅。罷爲眞定尹，上曰：「卿年雖老，精神不衰，善治軍民，毋遽言退。」以通犀帶賜之。十三年，薨。

田轂自大理丞累官同知中京留守，終于利涉軍節度使。

二十九年，章宗詔尚書省曰：「故吏部侍郎田轂等皆中正之士，小人以朋黨陷之，由是得罪。世宗用孟浩爲右丞，當時在者俱已用之，亡者未加追復，其議以聞。」張汝霖奏曰：「轂專權樹黨，先朝已正罪名，莫不稱當。今追贈官爵，恐無懲勸。」汝霖先朝大臣，嘗與顧命，上初卽位，不肯輒逆其意，謂之曰：「卿旣以爲不可，姑置之。」蓋張浩與蔡松年友善，故汝霖猶擠之也。汝霖死後，章宗復詔尚書省曰：「蓋自田轂黨事之後，有官者以爲戒，惟務苟且，習以成風。先帝知轂等無罪，錄用生存之人，有擢至宰執者，其次有爲節度、防禦、刺史者。其死者猶未追復，子孫猶在編戶，朕甚憫焉。惟旌賢顯善，無間存沒，宜推先帝所以褒錄忠直之意，並加恩䘏，以勵風俗。據田轂一起人除已敍用外，但未經任用身死，並與復舊官爵。其子孫當時已有官職，以父祖坐黨因而削除者，亦與追復。應合追復爵位人等子孫不及廕敍者，亦皆量與恩例。」

梁肅字孟容，奉聖州人。自幼勤學，夏夜讀書往往達旦，母葛氏常滅燭止之。天眷二年，擢進士第，調平遙縣主簿，遷望都、絳縣令。以廉，入爲尚書省令史。除定海軍節度副使，改中都警巡使，遷山東西路轉運副使。營治汴宫，肅分護役事。攝大名少尹。正隆末，境內盜起，驅百姓平人陷賊中不能自辨者數千人，皆繫大名獄。肅到官，考驗得其情讞，出者十八九。

大定二年，宛平趙植上書曰：「頃者，正隆任用閹寺，少府少監兼上林署令胡守忠因緣巧倖，規取民利。前薊州刺史完顏守道、前中都警巡使梁肅，勤恪清廉，願加進擢。」於是守忠落少監，守道自濱州刺史召爲諫議大夫，肅中都轉運副使改大興少尹。〔三〕

肅上疏言：「方今用度不足，非但邊兵耗費而已。吏部以常調除漕司僚佐，皆年老資高者爲之，類不稱職。臣謂凡軍功、進士諸科、門蔭人，知錢穀利害，能使國用饒足而不傷民者，許上書自言。就擇其可用，授以職事。每五年委吏部通校有無水旱屯兵，視其增耗而黜陟之。自漢武帝用桑弘羊始立榷酤法，民間粟麥歲爲酒所耗者十常二三。宜禁天下酒麴，自京師及州郡官務，仍舊不得酤販出城。其縣鎮鄉村，權行停止。」不報。

三年，坐捕蝗不如期，貶川州刺史，削官一階，解職。上御便殿，召左諫議大夫奚䨼、翰林待制劉仲誨，祕書少監移剌子敬，訪問古今事。少間，䨼從容請曰：「梁肅材可惜，解職太重。」上曰：「卿言是也。」乃除河北東路轉運副使。是時，窩斡亂後，兵食不足，詔肅措置沿邊兵食。移牒肇州、北京、廣寧鹽場，許民以米易鹽，兵民皆得其利。四年，通檢東平、大名兩路戶籍物力，稱其平允。他使者所至皆以苛刻增益爲功，百姓訴苦之。朝廷勅諸路以東平、大名通檢爲準，於是始定。

七年，父憂去官。起復都水監。河決李固，〔四〕詔肅視之，還奏「決河水六分，舊河水四分。今障塞決河，復故道爲一，再決而南則南京憂，再決而北則山東、河北皆可憂。不若止於李固南築隄，使兩河分流，以殺水勢便」。上從之。

改大理卿。尚輦局本把石抹阿里哥，與釘鉸匠陳外兒，〔五〕共盜宮中造車銀釘葉。肅以阿里哥監臨，當首坐。他寺官以陳外兒爲首，抵死。上曰：「罪疑惟輕，各免死，徒五年，除名。」於時，東京久不治，上自擇肅爲同知東京留守事。遷中都都轉運使，轉吏部尚書。上疏論臺諫，其大旨謂「臺官自大夫至監察，諫官自大夫至拾遺，陛下宜親擇，不可委之宰相，恐樹私恩，塞言路也」。上嘉納之。復請奴婢不得服羅，上曰：「近已禁奴婢服明金矣，可漸行之。」肅舉同安主簿高旭，除平陽酒使，肅奏曰：「明君用人，必器使之。旭儒士，優於治民，若使坐列肆，榷酒酤，非所能也。臣愚以爲諸道鹽鐵使依舊文武參注，其酒稅使副以右選三差俱最者爲之。」上曰：「善。」改刑部尚書。

宋主屢請免立受國書之儀，世宗不從。及大興尹璋爲十四年正旦使，宋主使人就館奪其書，而重賂之。璋還，杖一百五十，除名。以肅爲宋國詳問使，其書略曰：「盟書所載，止於帝加皇字，免奉表稱臣稱名再拜，量減歲幣，便用舊儀，親接國書。茲禮一定，於今十年。今知歲元國信使到彼，不依禮例引見，輒令迫取於館，姪國禮體當如是耶？往問其詳，宜以誠報。」肅至宋，宋主一一如約，立接國書。肅還，附書謝，其略曰：「姪宋皇帝謹再拜，致書于叔大金應天興祚欽文廣武仁德聖孝皇帝闕下。惟十載遵盟之久，無一毫成約之違，〔六〕獨顧禮文，宜存折衷。矧辱函封之貺，尙循躬受之儀，既俯迫于輿情，嘗屢伸于誠請，因歲元之來使，遂商榷以從權。敢勞將命之還，先布鄙悰之懇，自餘專使肅控請祈。」肅還至泗州，先遣都管趙王府長史䭾滿蒲馬入奏。世宗大喜，欲以肅爲執政，左丞相良弼曰：「梁肅可相，但使宋還卽爲之，宋人自此輕我矣。」上乃止。

久之，爲濟南尹，上疏曰：「刑罰世輕世重，自漢文除肉刑，罪至徒者帶鐐居役，歲滿釋之，家無兼丁者，加杖准徒。今取遼季之法，徒一年者杖一百，是一罪二刑也，刑罰之重，於斯爲甚。今太平日久，當用中典，有司猶用重法，臣實痛之。自今徒罪之人，止居作，更不決杖。」不報。

未幾，致仕，起復彰德軍節度使，召拜參知政事。上謂侍臣曰：「梁肅以治入異等，遂至大任，廉吏亦可以勸矣。」肅奏：「漢之羽林，皆通孝經。今之親軍，卽漢之羽林也。臣乞每百戶賜孝經一部，使之教讀，庶知臣子之道，其出職也，可知政事。」上曰：「善，人之行，莫大於孝，亦由敎而後能。」詔與護衞俱賜焉。復上奏曰：「方今斗米三百，人已困餓，以錢難得故也。計天下歲入二千萬貫以上，一歲之用餘千萬。院務坊場及百姓合納錢者，通減數百萬。院務坊場可折納穀帛，折支官兵俸給，使錢布散民間，稍稍易得。」上曰：「懸欠院務，許折納，可也。」

肅上疏論生財舒用八事。一曰，罷隨司通事。二曰，罷酒稅司杓欄人。三曰，天水郡王本族已無在者，其餘皆遠族，可罷養濟。四曰，裁減隨司契丹吏員。五曰，罷榷醋，以利與民。六曰，量減鹽價，使私鹽不行，民不犯法。七曰，隨路酒稅許折納諸物。八曰，今歲大稔，乞廣糴粟麥，使錢貨流出。上曰：「趙氏養濟一事，乃國家美政，不可罷。其七事，宰相詳議以聞。」上又曰：「朕在位二十餘年，鑒海陵之失，屢有改作，亦不免有繆戾者，卿等悉心奏之。」肅論「正員官被差，權攝官有公罪，及正員還任，皆准去官勿論，往往其人苟且，不事其事。乞于縣令中留十人備差，無差正員官」。上曰：「自今權攝有公罪，正員雖還而本職未替者，勿以去官論之。」肅曰：「誠如聖旨。」肅與宰相奏事，旣罷，肅跪而言曰：「四時畋獵，雖古禮，聖人亦以爲戒。陛下春秋高，屬時嚴寒，馳騁於山林之間。法宮燕處，亦足怡神，願爲宗社自重，天下之福也。」上曰：「朕諸子方壯，使之習武，故時一往爾。」

同知震武軍節度使鄧秉鈞陳言四事，其一言外多闕官，及循資擬注不得人，上以問宰相張汝弼，曰：「循資格行已久，仍舊便。」肅曰：「不然。如亡遼固不足道，其用人之法有仕及四十年無敗事，卽與節度使，豈必循資哉。」上曰：「仕四十年已衰老。察其政蹟，善者升之，後政再察之，善又升之，如此可以得人，亦無曠事。」肅曰：「誠如聖訓。」肅論盜賊不息，請無禁兵器。上曰：「所在有兵器，其利害如何？」肅曰：「他路則已，中都一路上農夫聽置之，似乎無害。」上曰：「朕將思之。」

凡使宋者，宋人致禮物，大使金二百兩，銀二千兩，副使半之，幣帛雜物稱是。及推排物力，肅自以身爲執政，昔嘗使宋，所得禮物多，當爲庶民率先，乃自增物力六十餘貫，論者多之。

二十三年，肅請老，上謂宰臣曰：「梁肅知無不言，正人也。卿等知而不言，朕實鄙之。雖然，肅老矣，宜從其請。」遂再致仕。詔以其子汝翼爲閤門祗候。二十八年，薨。謚正憲。

移剌慥本名移敵列，契丹虞呂部人。通契丹、漢字，尙書省辟契丹令史，攝知除，擢右司都事。正隆南伐，兼領契丹、漢字兩司都事。大定二年，除眞定少尹，入爲侍御史。母憂去官。起復右司員外郎，累官陳州防禦使。左丞相紇石烈良弼致仕，上問誰可代卿者？對曰：「陳州防禦使移剌慥，淸幹忠正，臣不及也。」遂召爲太府監。改刑部侍郎。

十九年，以按出虎等八猛安，自河南徙置大名、東平之境。還爲大理卿，被詔典領更定制條。初，皇統間，參酌隋、唐、遼、宋律令，以爲皇統制條。海陵虐法，率意更改，或同罪異罰，或輕重不倫，或共條重出，或虛文贅意，吏不知適從，夤緣舞法。慥取皇統舊制及海陵續降，通類校定，通其窒礙，略其繁碎。有例該而條不載者，用例補之。特闕者用律增之。凡制律不該及疑不能參決者，取旨畫定。凡特旨處分，及權宜條例內有可常行者，收爲永格。其餘未可削去者，別爲一部。大凡一千一百九十條，爲十二卷。書奏，詔頒行之，賜銀幣有差。

頃之，摘徙山東猛安八謀克于河北東路，置之酬斡、青狗兒兩猛安舊居之地，詔無牛耕者買牛給之。攝御史大夫。數月，改御史中丞，兼同修國史，遷刑部尚書，改吏部尚書。尋改大興尹。

駕幸上京，顯宗守國，使人諭之曰：「自大駕東巡，京尹所治甚善。我將有春水之行，當益勤乃事。」還以所獲鵝鴨賜之。有疾在告，遣官醫診視。復爲刑部尚書。上還自上京，以爲西京留守，改臨洮尹，卒。

移剌子敬字同文，本名屋骨朶魯，遼五院人。曾祖霸哥，同平章事。父拔魯，准備任使官。都統杲克中京，遼主西走，留拔魯督輜重，已而輜重被掠，拔魯乃自髡，逃于山林。子敬讀書好學，皇統間，特進移剌固修遼史，辟爲掾屬，遼史成，除同知遼州事。舊本廳自有占地，歲入數百貫，州官歲取其課，地主以爲例，未嘗請辯。子敬曰：「已有公田，何爲更取民田」，竟不取。秩滿，郡人請留于行臺省，不許。天德三年，入爲翰林修撰，遷禮部郎中。

正隆元年，諸將巡邊，詔子敬監戰，軍帥以戰獲分將士，亦以遺子敬，子敬不受。及還，入見，海陵謂之曰：「汝家貧而不苟得，不受俘獲，朕甚嘉之。」凡同行官僚所取者，皆沒入于官。其後詔子敬宴賜諸部，諭之曰：「凡受進，例遣宰臣，以汝前能稱職，故特命汝。」使還，遷翰林待制。

大定二年，以待制同修國史。是時，窩斡餘黨散居諸猛安謀克中，詔子敬往撫之，仍宣諭猛安謀克，及州縣漢人，無以前時用兵相殺傷，挾怨輒害契丹人。使還，改祕書少監，兼修起居注，修史如故。詔曰：「以汝博通古今，故以命汝。」常召入講論古今及時政利害，或至夜半。子敬有良馬，平章政事完顏元宜索之，子敬以元宜爲相也，不與。至是，元宜乞致仕，罷爲東京，子敬乃以此馬贐行，識者韙之。

是時，僕散忠義伐宋，宋請和，而書式、疆界未定。子敬與祕書少監石抹頤、修起居注張汝弼侍便殿，上曰：「宋主求成，反覆無信，喜爲夸大。」子敬對曰：「宋人自來浮辭相欺，來書言海陵敗于采石，大軍北歸，按兵不襲，俾全師而還。海陵未嘗敗于采石，其譎詐多此類也。回書宜言往者大軍若令渡江，宋國境土，必爲我有。」上曰：「彼以詭詐，我以誠實，但當以理折之。」遷右諫議大夫，起居注如故。

上幸西京，州縣官入見，猛安謀克不得隨班。子敬奏軍民一體，合令猛安謀克隨班入見，上嘉納之，於是責讓宣徽院。及端午朝會，詔依子敬奏行之。子敬言山後禁獵地太廣，有妨百姓耕墾，上用其言，遂以四外獵地與民。遷祕書監，諫議、起居如故。

子敬舉同知宣徽院事移剌神獨斡、兵部侍郎移剌按荅、太子少詹事烏古論三合自代，上不許。子敬與同簽宣徽院事移剌神獨斡侍，上曰：「亡遼不忘舊俗，朕以爲是。海陵習學漢人風俗，是忘本也。若依國家舊風，四境可以無虞，此長久之計也。」世宗將如涼陘，子敬與右補闕粘割斡特剌、左拾遺楊伯仁奏曰：「車駕至曷里滸，西北招討司囿於行宮之內地矣。乞遷之於界上，以屏蔽環衞。」上曰：「善。」詔尚書省曰：「招討斜里虎可徙界上，治蕃部事。都監撒八仍於燕子城治猛安謀克事。」

上與侍臣論古之人君賢否，子敬奏曰：「陛下凡與宰臣謀議，不可不令史官知之。」上曰：「卿言是也。」轉簽書樞密院事，同修國史，出爲河中尹，請老。河中地熱，上恐子敬不耐暑，改興中尹。子敬女自懿州來興中省謁，遇盜途中，剽掠其行李且盡，既而還之，謝曰：「我輩初不知爲府尹家也，尹有德于民，尚忍侵犯邪。」徙咸平、廣寧尹。二十一年，致仕，卒于家，年七十一。子敬嘗使宋，及受諸部進貢，所受禮物，皆散之親舊。及卒，家無餘財，其子質宅以營葬事。

贊曰：金制，尚書令、左右丞相、平章政事，是謂宰相。左右丞、參知政事，是謂執政。大抵因唐官而稍異焉，因革不同，無足疑者。書曰：「元首明哉，股肱良哉，庶事康哉。」又曰：「元首叢脞哉，股肱惰哉，萬事墮哉。」宰相、執政，豈異道邪。蘇保衡、翟永固、魏子平、孟浩、梁肅皆當時之賢執政也。移剌慥、子敬有其才，適其時，而位不及者，亦命也夫。

校勘記

〔一〕三年拜參知政事　「三年」二字原在「拜參知政事」之下。按本書卷六世宗紀，大定三年六月，「以刑部尚書蘇保衡爲參知政事」。今據乙正。

〔二〕考試貞元二年進士　「二」原作「元」。按本書卷八四張景仁傳，「貞元二年，與翟永固俱試禮部進士，以尊祖配天爲賦題，忤海陵旨」。又卷八三張汝霖傳，「貞元二年，賜呂忠翰牓下進士第」。

今據改。

〔三〕肅中都轉運副使改大興少尹　「肅」字下疑脫「自」字。

〔四〕河決李固　按本書卷六世宗紀、卷二三五行志、卷二七河渠志皆作「河決李固渡」。此亦或是簡稱。

〔五〕與釘鉸匠陳外兒　「鉸」原作「校」，據文義改正。

〔六〕無一毫成約之違　「毫」原作「豪」，據殿本改。

金史卷九十

列傳第二十八

趙元　移剌道本名按　高德基　馬諷　完顏兀不喝
劉徽柔　賈少冲子益　移剌斡里朵　阿勒根彥忠
張九思　高衎　楊邦基　丁暐仁

趙元字善長，涿州范陽人。遼天慶八年，登進士第，仕至尚書金部員外郎。遼亡，郭藥師爲宋守燕，以元掌機宜文字。王師取燕，藥師降，樞密使劉彥宗辟元爲本院令史。天會間，同知薊州事。有賊殺人横道，官吏圜視莫知所爲，路人耕夫聚觀甚衆。元指田中釋耒而來者曰：「此賊也。」叱左右縛之，遂伏。僚吏問其故，元曰：「偶得於眉睫間耳。」其後朝廷立磨勘格，凡嘗仕宣和者皆除名籍，元在磨勘中。

齊國廢，置行臺省于汴，選名士十餘人備官屬，元在選中，授行兵部郎中。行臺徙大名，再徙祁州，及宗弼再取河南，元皆攝戶部事，賦調兵食取辦。天眷三年，爲行臺右司員外郎，囚有殺人當死者，行臺欲宥之，元不從，反覆數四，勢不可奪，乃仰天嘆曰：「如殺人者可宥，死者復何辜，何欲徼己福而亂天下法乎？」行臺竟不能奪。改左司員外郎，攝吏部事。在行臺凡十年，吏事明敏，宗弼深知之，行臺或有事上相府，宗弼必問「曾經趙元未也」？其見重如此。爲同簽汴京留守事，改同知大名尹，用廉遷河北西路轉運使，歷彰德、武勝等軍節度使，以老致仕，卒于家。

移剌道本名按。宗室移剌古爲山東東路兵馬都總管，辟掌軍府簿書，往來元帥府計議邊事，右副元帥宗弼愛其才，召爲元帥府令史。補尚書省令史，特除監察御史，再遷大理丞，兼工部員外郎。海陵南伐，使督運芻糧，所在盜起，道路梗澁，間關僅至淮南。上謁，承問，具言四方盜賊狀，海陵惡聞其言，杖之七十，使督戰艦渡江，會海陵死，軍還。大定二年，除工部郎中。奉詔招撫諸奚。是時，抹白猛安下謀克徐列等皆欲降，制於猛安合住，不敢卽降。道發兵掩襲合住子婦孫男女甥，及謀克留住，及蒲輦白撒妻孥。是日，適窩斡遣白撒發抹白猛安軍，白撒聞其家人被獲，遂來降。改禮部郎中。從討窩斡，佩金牌，與應奉翰林文字訛里也招降叛奚。

奉使河南，勸課農桑，密訪吏治得失。累遷御史中丞、同修國史，廉問職官殿最，還奏。上曰：「職官貪汙罪廢，其餘因循以苟歲月。今廉能卽與升除，無以慰百姓愛留之意，可就遷秩，秩滿升除。」於是，廉能官景州刺史耶律補進一階，單州刺史石抹靳家奴、泰寧軍節度副使尹昇卿、寧陵縣令監邦彥、濬州司候張匡福各進兩階。貪汙官同知濬州防禦使事蒲速越、眞定縣令特謀葛並免死，杖一百五十，除名。同知睢州事烏古孫阿里補杖一百，削四階，非奉旨不得錄用。於是，道改同知大興尹事。詔曰：「京師士民輻湊，犯法者衆，罪狀自實，毋爲文所持，斷之以公可也。朕嘗諭執政矣，必不以小苛譴卿，勉副朕意。」

遷刑部尙書。尙廐局使宗夔、副使石抹青狗私用官芻，事覺。尙廐局隸點檢司，刑部當自問。點檢烏林荅天錫屬刑部使輕其罪，刑部以付大興府鞫治，於是道及天錫、郎中丁暐仁皆坐解職。尋起爲大理卿，兼簽書樞密院事，再遷西京留守，卒。

高德基字元履，遼陽渤海人。皇統二年，登進士第。六年，爲尙書省令史。海陵爲相，專愎自用，人莫敢拂其意，德基每與之詳辨。及篡位，命左司郎中賈昌祚諭旨曰：「卿公直果敢，今委卿南京行省勾當。」未行，會海陵欲都燕京，命德基攝燕京行臺省都事。改攝右司員外郎，除戶部員外郎，改中都路都轉運副使，遷戶部郎中。

正隆三年，詔左丞相張浩、參知政事敬嗣暉營建南京宮室。明年，德基與御史中丞李籌、刑部侍郎蕭中一俱爲營造提點。海陵使中使謂德基等曰：「汝等欲乘傳往邪？欲乘己馬往邪？銀牌可於南京尚書省取之。」籌乞先降銀牌，復遣中使謂籌曰：「牌之與否，當出朕意，爾敢輒言，豈以三人中，官獨高邪。」遂杖之三十，遣乘己馬往，德基、中一乘傳往。轉同知開封尹。

大定三年，以察廉治狀不善，下遷同知北京路都轉運使事。是年秋，土河泛濫，水入京城，德基遽命開長樂門，疏分使入御溝，以殺其勢，水不能爲害。遷刑部侍郎。七年，改中都路都轉運使。九年，轉刑部尚書。有犯罪當死者，宰相欲從末減，德基曰：「法無二門，失出猶失入也。」不從。及奏，上曰：「刑部議，是也。」因召諸尚書諭之曰：「自朕卽位以來，以政事與宰相爭是非者，德基一人而已。自今部上省三議不合，卽具以聞。」爲宋主生日使。及還，宋人禮物外附進臘茶三千胯，不親封署。德基曰：「姪獻叔，而不署，是無名之物也。」却之。

十一年，改戶部尙書。德基上疏，乞免軍須房稅等錢，減農稅及鹽酒等課，未報。隨朝官俸粟折錢，增高市價與之，多出官錢幾四十萬貫，上使人諭之曰：「卿爲尙書，取悅宰執近臣，濫出官錢。卿之官爵，一出於朕，奈何如此。」於是決杖八十，戶部郎中王佐、員外郎盧彥冲、同知中都轉運使劉銚、副使石抹長壽、支度判官韓鎭、左警巡使李克勤、右警巡使李寶、判官强銳昌、姚宗奭、尼厖古達吉不，皆決杖有差。詔自大定十一年十一月郊祀赦後，〔一〕尙書省、御史臺、戶部、轉運司、警巡院多支俸粟折錢，皆追還之。德基降蘭州刺史，王佐降大興府推官，盧彥冲河北西路戶籍判官，劉銚東京警巡使，石抹長壽東京留守推官，韓鎭河東南路戶籍判官，李克勤通遠縣令，李寶淸水縣令，强銳昌、姚宗奭、尼厖古達吉不皆除司候。大定十二年，德基卒，年五十四。子錫。

馬諷字良弼，大興漷陰人。國初以燕與宋，諷游學汴梁，登宣和六年進士第。宗翰克汴京，諷歸朝，復登進士第，調蔚州廣靈丞，遷雄州歸信令。境有河曰八尺口，每秋潦漲溢害民田，諷視地高下，疏決之，其患遂息。召爲尙書省令史，除獻州刺史。

天德初，改寧州，民有告謀不軌者，株連數十百人，諷察其無狀，乃究問告者，告者具伏其誣，衆歡呼感泣。再遷南京副留守，入爲大理少卿。是時，高楨爲御史大夫，素貴重，繩治無所避，權貴憚其威嚴，乃以諷及張忠輔爲中丞，欲有以中傷之者。諷、忠輔皆文吏巧法，不能與楨絲髮相假借，楨畏其害己，因訴于海陵，海陵以楨太祖舊臣，每慰安之。諷改大理卿，歲餘出爲順天軍節度使。

大定二年，復爲大理卿，遷刑部尚書，改忠順軍節度使，致仕。卒。

完顏兀不喝，會寧府海姑寨人。年十三，選充女直字學生。補上京女直吏，再習小字兼通契丹文字。充尚書省令史。天德初，除吏部主事，鞫問押懶路詐襲謀克事，人稱其能，擢右拾遺。海陵謂之曰：「始聞汝名，試以吏部主事。今計其實，優於所聞遠矣。」累遷右司郎中。〔三〕從海陵伐宋，至淮南，聞世宗卽位于遼陽，兀不喝入白其事，海陵沉思良久，曰：「卿等始聞之邪。我已知之，遣人往矣。此大事勿泄于外。」大定二年，秩滿當代，世宗嘉其善敷奏，特詔再任，謂宰臣曰：「兀不喝爲人公忠，後來有如斯人者，卿等宜薦擧之。」其見知如此。

窩斡已平，詔罷契丹猛安謀克，其元管戶口，及從窩斡作亂來降者，皆隸女直猛安謀克，遣兀不喝於猛安謀克人戶少處分置。未經罷去猛安謀克合承襲者，仍許承襲，賑贍其貧乏者，仍括買契丹馬匹，官員年老之馬不在括限。頃之，世宗以諸契丹未嘗爲亂者與來降者一概隸女直猛安中，非是，未嘗從亂可且仍舊。平章政事完顏元宜奏，已遷契丹所棄地，可遷女直人與不從亂契丹雜處。上以問右丞蘇保衡、參政石琚，皆不能對。上責之曰：「卿等每事先熟議然後奏，有問卽對，豈容不知此。」保衡、琚頓首謝，上曰：「分隸契丹，以本猛安租稅給贍之，所棄地與附近女直人及餘戶，願居者聽，其猛安謀克官，選契丹官員不預亂者充之。」改同知大興尹，遷橫海軍節度使。初到官，讞囚能得其情，人以爲不冤。五年，卒官。

劉徽柔字君美，大興安次人。天眷二年，擢進士第。初爲眞定欒城主簿，轉開遠軍節度掌書記，遷洪洞令。徽柔明敏善聽斷。縣人楊遠者，投牒于縣，以爲夜雨屋壞，壓其姪死，號訴哀切。徽柔熟視而笑曰：「汝利姪財而殺之，乃誣雨耶？」叱付獄，其人立伏曰：「公神明也，不敢延死。」遂置于法。秩滿，縣人遮戀不得去者彌日，爲立生祠，刻石頌德。正隆二年，入爲大理評事，遷司直。大定二年，同知河東南路轉運使事，以廉第一，改知平定軍，人爲大理少卿。七年，知磁州，改同知南京留守事。十年，遷中都路轉運使，卒官。

賈少冲字若虛，通州人。勤學，日誦數百千言。家貧甚，嘗道中獲遺金，訪其主歸之。天會中，再伐宋，調及民兵。少冲甫冠，代其叔行，雖行伍間，未嘗釋卷。中天眷二年進士。劉筈欲以妹妻之，少冲辭不就曰：「富貴當自致之。」調營州軍事判官，遷定安令。蔚州刺史恃貴不法，屬吏畏之，每事輒曲從其意，少冲守正不阿。用廉進官一階，再遷吏部主事、定武軍節度副使、河中府判官。海陵寖以失道，少冲謂所親曰：「天下且亂，不可仕也。」秩滿，乃不求仕。

大定二年，調御史臺典事，累遷刑部郎中。往北京決獄，奏誅首惡，誤牽連其中者皆釋不問，全活凡千人。以本職攝右司員外郎。嘗執奏刑名甚堅，既退，上謂侍臣曰：「少冲居下位，有守如此。」除同知河間尹。數月，入爲祕書少監，兼起居注、左補闕。

少冲外柔內剛，每從容進諫，世宗稱美之。十四年，爲宋主生日副使，宋國方有祈請，上以意諭少冲，少冲對曰：「臣有死無辱。」宋人別致珍異，少冲笑謂其人曰：「行人受賜自有常數，寧敢以賂辱君命乎。」遂不受。使還，世宗嘉之，遷右諫議大夫，祕書、起居注如故。

十七年請老，除衞州防禦使，遷河東南路轉運使，召爲太常卿，兼祕書少監。復請致仕，不許，改順天軍節度使，卒。

少冲性夷簡，不喜言利，嘗敎諸子曰：「廕所以庇身，篋庫不可爲也。」聞者尙之。子益。

益字損之，少穎悟如成人。大定十四年，父少冲爲祕書少監，充宋主生日副使，益侍行。是時，宋人常爭起立接受國書之禮，少冲問益曰：「卽宋人欲變禮，持議不決，奈何？」益曰：「守死無辱，可謂使矣。」少冲大奇之。中大定十九年進士，調河津主簿。丁父憂去官，察廉起復轝山令，補尙書省令史。丁母憂，服闋，除定海軍節度副使，監察御史，治書侍御史，轉侍御史，知登聞鼓院，兼少府少監。未幾，改禮部郎中，兼知登聞鼓院，看讀陳言文字，遷左司郎中，改吏部侍郎，兼蔡王傅。以病免。除鄭州防禦使，陝西東路轉運使，順天軍節度使。

大安初，召爲吏部尙書，有疾，改安國軍節度使。益調民夫修完城郭，爲戰守備，按察司止之，不聽，曰：「治城，守臣事也，按察何預。」既而兵至，以有備解去。改横海、定國軍節度使，道阻不赴。宣宗初爲吏部尙書，益爲侍郎，相得歡甚，貞祐二年至汴京，訪益所在，召爲太常卿。上防秋十三事，與戶部尙書李革論遷河北軍民不便，不報。貞祐三年，致仕。

元光元年，卒。

移剌斡里朶，一名八斤，系出遼五院司，通契丹字。天會三年伐宋，隸軍中，遇戰輒先登，屢獲偵人，有司上其功，補尚書省令史。十五年，籍發諸部兵於山後，將與右丞蕭慶會，時官軍竄而南者凡數千，斡里朶以兵邀擊之，盡獲其輜重財物，悉送有司而去，一毫弗取。以勞遷修武校尉。宗弼復河南，斡里朶督諸路帥臣進討，事定以勞遷宣武將軍。時六部未分，乃以爲兵刑二部主事。未幾，遷右司都事。皇統二年，授大理正，歷同知昭德軍節度使事，以廉陞孟州防禦使。

正隆間，轉同知北京留守事。會遊古河闌子山等猛安契丹謀亂，時方發兵討之，別遣斡里朶押軍南下。至松山縣爲賊黨江哥所執，且欲推爲主盟，要以契約，斡里朶怒曰：「我受國厚恩，豈能從汝反耶，寧殺我，契約不可得也。」賊知不可屈，乃困辱之，使布衣草履逐馬而行，且欲害之。斡里朶說其監奴，因得脫還。六年九月，改北京路轉運使。

大定初，爲博州防禦使，再遷利涉軍節度使。先是，有農民避賊入保郡城，以錢三十千寄之鄰家，賊平索之，鄰人諱不與，訴于縣，縣官以無契驗却之，乃訴于州。斡里朶陽怒械繫之，捕其鄰人，關以三木，詰之曰：「汝鄰乙坐劫殺人，指汝同盜。」鄰人大懼，始自陳有欺錢之隙，乃責歸所隱錢而釋之，郡人駭服。改通遠軍節度使，卒。

阿勒根彥忠本名窊合山，曷速館人也。好學，通吏事。天會十四年，選充尚書兵部孔目官，陞尚書省令史，除右司都事。七年，〔三〕改大理丞，爲會寧少尹，進同知會寧府事，入爲尚書吏禮部郎中。貞元二年，進本部侍郎。海陵庶人凡有所疑，常使彥忠裁決，彥忠據法以對。間有不合，則召讓之，彥忠執奏如前，終無阿屈，同列咸爲懼，彥忠固執不變，海陵壯之。明年，除御史中丞，歷尚書戶部侍郎、侍衞親軍副都指揮使。海陵南伐，除南京路都轉運使。大定二年，改大名尹，兼本路兵馬都總管。四年，入爲刑部尚書。詔規措北邊艱食戶口。及泰州、臨潢接境，度宜安置堡戍七十，〔四〕駐兵萬三千，芻糧之用就經畫之。還朝未及入對，以疾卒，年五十三。

彥忠性孝友，嘗使宋，所得金帛，盡分兄弟親友。贈榮祿大夫，命有司致祭，并以銀絹賜其家。

張九思字全行，錦州人。皇統初，補行臺省女直譯史，除同知易州事，三遷亳州防禦使、歸德尹。劉仲延受宋國歲貢於泗州，九思副之。往歲受歲貢者，每以幣物不精責宋使者，宋使者私饋銀幣各直數百千以爲常，九思獨不肯受，仲延從之，自是私饋遂絕。自大理評事，再遷大理少卿。清池令雙申自陳「父虔，天眷初，知永安軍，遇叛寇孟邦傑，執而脅之，不從，遂被害。乞正班用廕」。大理寺議，虔子止合雜班敍，九思曰：「虔奮不顧身，守節以死，其子正班用廕，以勸忠孝。」世宗從九思議。改工部郎中，大興少尹，同知中都都轉運使事，轉刑部侍郎，改工部。

九思所守清約，然急於進取，一切以功利爲務，率意任情不恤百姓。詔檢括官田，凡地名疑似者，如皇后店、太子莊、燕樂城之類，〔三〕不問民田契驗，一切籍之，復有鄰接官地冒占幸免者。世宗聞其如是，召還戒之曰：「如遼時支撥地土，及國初元帥府拘刷民間指射租田，近歲冒爲己業，此類當拘籍之。其餘民田，一旦奪之則百姓失業，朕意豈如此也。」轉御史中丞。九思言屯田猛安人爲盜徵償，家貧輒賣所種屯地。凡家貧不能徵償者，止令事主以其地招佃，收其租入，估賈與徵償相當，即以其地還之。臨洮尹完顏讓亦論屯田貧人徵償賣田，乞用九思議，詔從之。

遷工部尚書。年高愈自用，上謂左丞張汝弼曰：「九思耄矣，頗執強自用，欲令外補，何如？」於是，九思男若拙爲尚書省令史，冒塡詔勅，事覺，亡命。汝弼因奏其事，上曰：「九思豈不知若拙處邪？可免其官，捕若拙，獲日授職。」九思聞命惶懼，因感疾，卒。

高衎字穆仲，遼陽渤海人。敏而好學，自少有能賦聲，同舍生欲試其才，使一日賦十題戲之，衎執筆怡然，未暮十賦皆就，彬彬然有可觀。年二十六登進士第，乞歸養，逾二年方調瀞陰丞，召爲尚書省令史，除右司都事。母喪去官，起復吏部員外郎，攝左司員外郎。

王彥潛、常大榮、李慶之皆在吏部選中，吏部擬彥潛、大榮皆進士第一，次當在慶之上，彥潛洛州防禦判官，大榮臨海軍節度判官，慶之瀋州觀察判官。左司郎中賈昌祚挾私，欲與慶之洛州，詭曰：「洛雖佳郡，防禦幕官在節鎭下。」乃改擬彥潛臨海軍，大榮瀋州，慶之洛州。慶之初赴選，昌祚以慶之爲會試詮讀官，〔六〕而慶之弟慶雲爲尚書省令史，多與權貴游，海陵心惡之，嘗謂左右司「昌祚必與慶之善闕」。大奉國臣者，遼陽人，永寧太后族人，先爲東京警巡院使，以贓免去，欲因太后求見，海陵不許。衎與奉國臣有鄉里舊，擬爲貴德縣令。海陵大怒，於是昌祚、衎、吏部侍郎馮仲等，各杖之有差，慶雲決杖一百五十，罷去。

未幾，仲、昌祚、慶雲皆死，衎降爲淸水縣主簿，兵部員外郎攝吏部主事楊邦基降宜君縣主簿，吏部主事宋仝降滶陰縣主簿，尙書省知除楊伯傑降閬陽縣主簿。大定初，轉左司郎中。居二年，爲大理司直，遷戶部員外郎，同知中都都轉運使，太常少卿，吏部郎中。世宗孜孜求諫，羣臣承順旨意，無所匡正，上曰：「朕初卽位，庶政多未諳悉，實賴將相大臣同心輔佐。百姓且上書言事，或有所補。夫聽斷獄訟，簿書期會，何人不能，如唐、虞之聖，猶曰『稽于衆，舍己從人』。正隆專任獨見，不謀臣下，以取敗亂。卿等其體朕意。」使衎傳詔臺省百司曰：「凡上書言事，或爲有司沮遏，許進表以聞。」

遷吏部尙書。每季選人至，吏部託以檢閱舊籍，謂之檢卷，有滯留至後季猶不得去者。衎三爲吏部知其弊，歲餘銓事修理，選人便之。

五年，爲賀宋國生日使，中道得疾去職。大定七年，卒。

楊邦基字德懋，華陰人。父絢，宋末爲易州州佐。宗望伐宋，蔡靖以燕山降，易州卽日來附，絢被殺，邦基年十餘歲，匿僧舍中，得免。旣長，好學。天眷二年，登進士第，調灤州軍事判官，遷太原交城令。太原尹徒單恭貪汙不法，託名鑄金佛，命屬縣輸金，邦基獨不與，徒單恭怒，召至府，將以手持鐵拄杖撞邦基面，邦基不動。秉德廉察官吏，尹與九縣令皆免去，邦基以廉爲河東第一，召爲禮部主事。以兵部員外郎攝吏部差除，坐銓注李慶之、大奉國臣，與高衎等皆貶官，〔七〕邦基降坊州宜君簿。〔八〕轉高密令。

大定初，尚書省擬邦基刑部郎中，世宗曰：「縣官卽除郎中，如何？」太師張浩對曰：「邦基前爲兵部員外郎矣，且其人材可用。」上許之。改太府少監，知登聞檢院，爲祕書少監，遷翰林直學士，再遷祕書監兼左諫議大夫，修起居注。

中都警巡使張子衍與邦基姻家，子衍道中遇皇太子衞仗，立馬市門不去傘，衞士訶之，子衍以鞭鞭衞士訶己者。御史臺劾奏子衍，邦基見臺官爲子衍求解，及入見顯宗，求脫子衍罪。詔削子衍官兩階。邦基坐削官一階，出爲同知西京留守事，徙山東東路轉運使，永定軍節度使，致仕。大定二十一年，卒。邦基能屬文，善畫山水人物，尤以畫名當世云。

丁暐仁字藏用，大興府宛平人。曾祖奭。祖惟壽。父筠，以吏補州縣，所至有治聲，其後致仕，杜門不出，鄉里有鬭訟者，不之官而就筠質焉。

暐仁沖澹寡欲，讀書之外，無他好，遼季避難，雖間關道塗未嘗釋卷。皇統二年，登進士第，調武清縣丞。縣經兵革後，無學校，暐仁召邑中俊秀子弟教之學，百姓欣然從之。調磁州軍事判官。是時，詔使廉察官吏，暐仁以廉攝守事。遷和川令。前令罷耎不事事，羣小越法干禁無所憚，暐仁申明法禁，皆屏息，或走入他縣以避之。有董祐者最强悍，畏服暐仁，以刀斷指，誓終身不復犯法。凡租賦與百姓前爲期率，比他邑先辦。歷北京推官，再遷大理司直，以憂去官，尋起復。

大定三年，除定武軍節度副使，而節度使、同知皆闕，暐仁爲政無留訟。改大理丞，吏部員外郎，轉戶部郎中。於是，賈少沖爲刑部郎中，上謂左丞相紇石烈良弼曰：「少沖爲人柔緩，不稱刑部之職，其議易之。」乃以暐仁爲刑部郎中。坐尙廐局官私用官芻，違格付大興府鞫問，解職。改祁州刺史。祁州爲定武支郡，〔九〕士民聞暐仁之官，相率歡迎界上，相屬不絕。改同知西京留守事，首興學校，以明養士之法。遷陝西西路轉運使。〔一〇〕大定二十一年，卒官。

贊曰：吏之興，其秦之季邪？吏有選試，其遼、金之際邪？其文「從一，從史」，守法不貳之謂邪？守法不貳，斯眞吏矣。巧者舞文以亂法，窒者執一而弗通，此皆吏道之自失者也。高衎、高德基、張九思之徒，皆詭法以自失者矣。

校勘記

〔一〕詔自大定十一年十一月郊祀赦後　「十一月」原作「八月」。按本書卷六世宗紀，「大定十一年十一月丁亥，有事于圜丘，大赦」。今據改。

〔二〕累遷右司郎中　按本書卷五海陵紀，正隆六年十一月庚午，「左司郎中兀不喝等聞赦，入白東京卽位改元事」。作「左司郎中」。

〔三〕七年　按天會十四年後，貞元二年前，有七年者惟「皇統」。則此上當脫「皇統」二字。

〔四〕度宜安置堡戍七十　原脫「十」字。按本書卷六世宗紀，大定五年正月「乙卯，詔泰州、臨潢接境設邊堡七十，駐兵萬三千」。今據補。

〔五〕如皇后店太子莊燕樂城之類　按本書卷四七食貨志，大定二十二年，「上曰：『工部尙書張九思執强不通，向遣刷官田，凡犯秦、漢以來名稱，如長城、燕子城之類者，皆以爲官田。』」疑此「樂」字當作「子」。

〔六〕昌祚以慶之爲會試詮讀官　「詮」原作「銓」，據殿本改。

〔七〕坐銓注李慶之大奉國臣與高衎等皆貶官　「大奉國臣」原作「大興國奴」。按大興國奴見本書卷六三海陵母大氏傳，「兄興國奴，贈開府儀同三司，衞國公」。爵高位尊，不在銓注之列。本卷高衎傳，「大奉國臣者，遼陽人，永寧太后族人，先爲東京警巡院使，以贓免去，……衎與奉國臣有鄉里舊，擬爲貴德縣令」。今據改。

〔八〕邦基降坊州宜君簿　「君」原作「春」。按本書卷二六地理志，鄜延路坊州有「宜君」縣。又本卷高衎傳，「楊邦基降宜君縣主簿」。今據改。

〔九〕改祁州刺史祁州爲定武支郡　「祁」原皆作「祈」。按本書卷二五地理志，河北西路，「中山府，天會七年降爲定州博陵郡定武軍節度使，後復爲府」。所屬有「祁州」。今據改。

〔一〇〕遷陝西西路轉運使　原脫「遷」字，據文義補。

金史卷九十一

列傳第二十九

完顏撒改　龐迪　溫迪罕移室懣　神土懣　移剌成
石抹卞　楊仲武　蒲察世傑本名阿撒　蕭懷忠
移剌按荅　孛朮魯阿魯罕　趙興祥　石抹榮　敬嗣暉

完顏撒改，上京納魯渾河人也，其先居於兀冷窟河。身長多力，善用槍。王師南征，睿宗爲右副元帥，置之麾下，佩以金牌，使督軍事。天眷元年，〔一〕授本班祗候郎君詳穩。其後從軍泰州路，軍帥以撒改爲萬戶，領銀朮可等猛安，戍北邊，數有戰功。天德二年正月，〔二〕海陵庶人遣使夏國，諭以卽位事，因令伺彼之意。既還，稱旨，爲尚書兵部郎中。改同知會寧尹，遷迭刺部族節度使，改甌里本羣牧使，爲曷懶路都總管。海陵伐宋，授衛州防禦使，爲武震軍都總管。

世宗卽位，遣使召撒改，既至，除昌武軍節度使。已而爲山東路元帥副都統，改安化軍節度使，兼副都統如故。四年，徙鎮安武，仍兼副統。領山東、大名、東平三路軍八萬餘渡淮，會大軍伐宋。進至楚州，宋遣使奉歲幣。還邳州，卒。

龐迪字仲由，延安人。少倜儻，喜讀兵書，習騎射，學推步孤虛之術，無所効用。應募，隸涇原路第三副將，破賊有功，授保義郎。嘗從百餘騎經行山谷，遇夏人數千，衆皆駭懼請避，迪遂躍馬犯陣，敵皆披靡，身被重創，神色自若，完軍以還。自是知名，擢爲正將，權發遣涇原路兵馬都監。

齊國建，涇原路經略使張中孚舉迪權知懷德軍，兼沿邊安撫使。夏人合軍五萬薄懷德城，迪開門待之，夏人不敢入。因以數千騎分門突出，遂破之，斬首五百級，獲軍資羊馬甚衆。復破關師古兵，擢知涇州。未到官，改知鎮戎軍、沿邊安撫使。已而權淮南東路馬步軍副總管，總制沂、密、淮陽，兼權知沂州。丁父憂，去官，尋起復爲環慶路兵馬都鈐轄，權知邠州。齊國廢，改華州防禦使。頃之，軍變，被執入山。已而賊衆悔曰：「公爲政素善，豈宜劫辱。」遂縱之還，復領州事。

天眷元年，除永興軍路兵馬都總管兼知京兆府，徙臨洮尹，兼熙秦路兵馬都總管。陝右大饑，流亡四集，迪開渠溉田，流民利其食，居民藉其力，各得其所，郡人立碑紀其政績。官制行，吏部以武功大夫、博州團練使特授定遠大將軍。七年，〔三〕除慶陽尹。歷三考不易，以治最聞，詔書褒美，西人榮之。正隆元年，遷鳳翔尹，屢上章求退，不許。

海陵南伐，徵斂煩急，官吏因緣爲姦，富者用賄以免，貧者破產益困。迪悉召民使共議增減，不加威督而役力均，人情大悅。五年，徙汾陽軍節度使。大定初，復爲臨洮尹，遷南京路都轉運使，以省事惜費，安靜爲政，河南稱之。徙絳陽軍節度使。卒官，年七十。

迪性純孝，父病，醫藥弗効，迪仰天泣禱，刲股作羹，由是獲安。昆弟析家財，迪盡以與之，一無所取。官爵之廕，率先諸姪。疾革，沐浴朝服而逝。

溫迪罕移室懣，速頻屯懣歡春人，徙上京忽論失懶。兄朮輦，國初有功，授世襲謀克。移室懣性忠正强毅，善騎射，膂力過人。皇統初，襲其兄謀克，積戰功，爲洮州刺史。謂人曰：「謀克，兄職也。兄子斡魯古今已長矣。」遂以謀克讓還兄子。宗弼聞而嘉之曰：「能讓世襲，可謂難矣。」除貴德州刺史，改移典糺詳穩，遷烏古里部族節度使，改德昌軍。

正隆四年，大徵兵南伐，泰州猛安定遠阿補以所部叛還，移室懣以七謀克執定遠阿補，勒其衆付大軍。契丹反，敗會寧六猛安於締母嶺，屯於信、韓二州之境。移室懣率數千人殺賊萬餘于伊改河，以功遷臨潢尹。

世宗卽位，賜手詔曰：「南征諸路將士及卿子姪安遠、斡魯古、斜普兄弟，具甲仗悉來推戴，朕勉卽大位。卿累世有功耆舊之臣，緣邊事未寧，臨潢劇任，姑仍舊職。聞樞密副使白彥敬、南京留守紇石烈志寧來討契丹，今已遣人往招之。其家皆在南京，恐或遁去，兼起異謀，若至則已，若不至，卿當以計執而獻之。兩次遣人招誘招討都監老和尚，去人不知彼之所在，久而不還。兼老和尚不知朕已卽位，卿可使人諭以朕意。如來降，悉令復舊，邊關之事，可設耳目。」

是時，窩斡已反，領兵數萬來攻臨潢，諸路軍未至，窩斡勢益大。移室懣領城中軍士六百人邀擊窩斡，凡數接戰，剿殺甚衆，所乘馬中流矢而仆，爲賊所執。賊使移室懣招城中人曰：「爾生死在頃刻，能使城中出降，官爵如故；不然殺汝矣。」移室懣怒罵賊曰：「我受國家爵祿，肯從汝叛賊乎？」賊執之至城下，迫脅之使招城中。其妻子官屬將士皆登城臨望。移室懣厲聲曰：「我恨軍少不能滅賊。人生會有一死耳，汝輩愼勿降賊！一旦開門納賊，城中百姓皆被殺掠，毋以我故敗國家事，賊無能爲也。」賊怒殺之。城中人皆爲之感激，推官龐珪益繕完城郭，右監軍神土懣、輔國上將軍阿思懣乘城固守。賊不克攻，遂引衆東行。

神土懣本諸宗室，贈銀青光祿大夫胡速魯改子也。年十五，事太宗爲左奉宸。皇統二年，充護衛，除武器署丞，累官肇州防禦使。大定初，除元帥右都監，與咸平尹吾扎忽率泰州兵及曷懶路兵千五百人，會臨潢尹移室懣討契丹。契丹犯臨潢，移室懣死，攻之不能克，迺引衆東行。神土懣表乞濟師。十二月甲辰，世宗次海濱縣，得奏，上曰：「神土懣、吾扎忽軍不少，可以從長攻襲矣。」會右副元帥謀衍以大軍至，神土懣改曷速館節度使，隸右翼，與紇石烈志寧敗賊於長濼，戰霿𩅦河，皆有功，改婆速路兵馬都總管，卒。

移剌成本名落兀，其先遼橫帳人也。沉勇有謀，通契丹、漢字。天會間，隸撻懶下爲行軍猛安，與宋人戰於楚、泗之間，成以所部先登，大破宋軍，功最諸將。劉麟約會天長軍議進止。成與夾古查合你俱爲撻懶前鋒，得宋生口爲鄉導，遂達天長，睿宗嘉之。後從宗弼將兵廢齊國。及再伐宋，攻濠州，每戰輒先登，多所摧破。宗弼再取河南，成及蕭懷忠等八猛安先渡。河南平，第功授宣武將軍，除威州刺史。用廉，擢同知延安尹，再遷昭義軍節度使。

正隆南伐，爲武毅軍都總管。撒八反，海陵以事誅契丹名將，成以本軍守磁，卽遣妻子還汴。海陵用是不疑。時人高其有識。改神武軍都總管，與孛术魯定方爲淛東道先鋒，使由淮陰進兵。以所部護糧赴揚州，敵兵乘夜來攻，成整兵奮擊，斬刈甚衆。會海陵庶人死，軍還，復鎭昭義。

大定二年，以廉在優等，改河中尹。再除臨洮尹，招降喬家等族首領結什角。遷南京留守，召拜樞密副使，封任國公。改北京留守。卒。訃聞，上悼惜之，授其子順思阿不武功將軍，世襲咸平路鈔赤隣猛安下查不魯謀克。

結什角者，西番旣衰，其苗裔曰董氈，〔四〕其子曰巴氈。角始附宋，賜姓趙，改名順忠。順忠子永吉，永吉子世昌，皆受宋官，爲左武大夫，遙領萊州防禦使，襲把羊族長。朝廷定陝西，世昌換忠翊校尉。旣而鬼蘆族長京臧殺世昌，朝廷遣兵執京臧，斬之臨洮市，以世昌子鐵哥爲把羊族都管。大定四年，宋人破洮州，鐵哥弟結什角與其母走入喬家族避之。喬家族首領播逋與鄰族木波隴逋、厖拜、丙離四族耆老大僧等立結什角爲木波四族長，號曰「王子」。其地北接洮州、積石軍。其南隴逋族，南限大山，八百餘里不通人行。東南與疊州羌接。其西丙離族，西與盧甘羌接。其北厖拜族，與西夏容魯族接。地高寒，無絲枲五穀，惟產青稞，與野菜合酥酪食之。其疆境共八千里，合四萬餘戶。其居隨水草畜牧，遷徙不常。結什角念朝廷爲其父報讎，欲棄四族歸朝，四族不許。成至臨洮，使人招結什角，乃率四族來附，進馬百匹，仍請每年貢馬。詔曰：「遠人慕義，朕甚嘉之。其遣能吏往撫其衆，厚其賞賜。」

初，天會中，詔以舊積石地與夏人，夏人謂之祈安城。有莊浪四族，一曰吹折門，二曰密臧門，三曰隴逋門，四曰厖拜門，雖屬夏國，叛服不常。大定六年，夏人破滅吹折、密臧二門，其隴逋、厖拜二門與喬家族相鄰，遂歸結什角。夏國遣使來告莊浪族違命作亂，欲興兵剪除。朝廷不知隴逋、厖拜二門舊屬夏國，報以將檢會其地舊所隸屬，毋擅出兵。

結什角之母居于莊浪族中。大定九年，結什角往省其母，夏人伺知之，遂出兵圍結什角，招之使降。結什角不從，率所部力戰，潰圍出，夏人斫斷其臂，虜其母去，部兵亦多亡者。結什角尋亦死，遺言請命朝廷，復立喬家族首領。陝西奏：「聞知夏國王李仁孝與其臣任得敬中分其國，發兵四萬，役夫三萬，築祈安城，殺喬家等族首領結什角。屢獲宋諜人，言宋欲結夏國謀犯邊境。」詔遣大理卿李昌圖、左司員外郎粘割斡特剌往按之，且止夏人毋築祈安城及處置喬家等族別立首領。夏國報云：「祈安本積石舊城，久廢，邊臣請設戍兵鎮撫莊浪族，所以備盜，非有他也。結什角以兵入境，以是殺之，不知爲喬家族首領也。」李昌圖等按視，〔五〕殺結什角之地本在夏境，築祈安城已畢工，皆罷歸，不得宋、夏交通之狀，乃於熙秦迫近宋、夏衝要量添戍兵。及問喬家等族民戶，願以結什角姪趙師古爲首領，於是詔以趙師古爲木波喬家、丙離、隴逋、庬拜四族都鈐轄，加宣武將軍。

石抹卞本名阿魯古列。五代祖王五，遼駙馬都尉。父五斤爲羣牧使，從睿宗秋山，卞年十三，已能射，連獲二鹿，睿宗奇之，賜以良馬及金吐鶻。天會末，宗弼爲右監軍，召卞隸帳下。丁父憂，是時宗磐爲太師，撻懶爲左副元帥，人爭附之，使人召卞，卞不往。宗磐、撻懶皆以罪誅，人多其有識。宗弼復取河南，與宋人戰於潁州，漢軍少却，卞身被七創，率勇士十餘騎奮擊，敗之。及宋稱臣，宗弼選嘗有勞者與俱入朝，授卞忠勇校尉。遷宣武將軍，除河間少尹。察廉，升遂州刺史，改壽州，再改唐州。丁母憂去官，起復唐州刺史。

海陵伐宋，卞爲武毅軍都總管，由別道進兵。遇宋伏兵數百人，以三十騎擊敗之，遂下信陽軍及羅山縣。至蔣州，〔六〕宋守將棄城遁，因取其城。頃之，軍士皆欲逃歸，闌子山猛安結漢軍三猛安謀克劫卞還，舍於樊水之曲。〔七〕卞乃陰約漢軍將吏乘夜掩殺闌子山猛安，復將其軍。

大定二年，除鄭州防禦使，以本官領行軍萬戶伐宋。遷武勝軍節度使。宋人請和，明年，有水牛數百頭自淮南走入州境，僚佐欲收之充官用，卞不聽，復驅過淮還之。遷河南尹，轉西南路招討使，改大名尹。大名多盜而城郭不完，卞請修大名城。奏可。城完葺，盜賊不得發。徙臨洮尹，卒官，年六十三。

楊仲武字德威，保安人。父遇，以勇聞關西，爲宥州團練使。宋末，仲武謁經略使王庶求自効，遂用爲先鋒。婁室入關，仲武與鄜延路兵馬都監鄭建充俱降，爲安塞堡。環慶路兵馬都監。〔八〕皇統初，復陝西，將兵戍鳳翔，屢却宋軍。除知寧州。關中荐饑，境內盜賊縱橫，仲武悉平之。改坊州刺史，復知寧州，遷同知臨洮尹，改同知河中府。

海陵營繕南京，典浮橋工役。臨洮地接西羌，與木波雜居，邊將貪暴，木波苦之，遂相率爲寇掠。仲武前治臨洮，乃從數騎入其營諭之曰：「此皆將校侵漁汝等，以至此爾。今懲治此輩，不復擾害汝也。」幷以禍福曉之，羌人喜悅，寇掠遂息。至是，木波復掠熙河，熙河主帥使人諭之，不肯去，曰：「楊總管來，我乃解去。」熙河具奏，詔復遣仲武。當是時，木波謂仲武不能復來，及仲武至，與其酋帥相見，責以負約。對曰：「邊將苦我，今之來，求訴於上官耳。今幸見公，願終身不復犯塞。」乃舉酒酹天，折箭爲誓。仲武因以巵酒飲之曰：「當更爲汝請，若復背約，必用兵矣。」羌人羅拜而去。

及伐宋，以仲武爲威定軍都總管，駐兵歸德。大定三年，除武勝軍節度使、改陜西西路轉運使，卒。

蒲察世傑本名阿撒，曷速館斡篤河人，徙遼陽。初在梁王宗弼軍中。爲人多力，每與武士角力賭羊，輒勝之。能以拳擊四歲牛，折脅死之。有糧車陷淖中，七牛挽不能出，世傑手挽出之。宗敏爲東京留守，召置左右。海陵篡立，卽以爲護衞。海陵謂世傑曰：「汝勇力絕倫，今我兄弟有異志者，期以十日除之，則有非常之賞，仍盡以各人家產賜汝。」世傑受詔而不肯爲。已過十日，海陵怒，面責之。世傑曰：「臣自誓不以非道害物，雖死不敢奉詔。」海陵愛其勇，不之罪也。正隆四年，調諸路兵伐宋，年二十以上、五十以下皆籍之。他使者唯恐不如詔書，得數多，世傑往曷懶路得數少。海陵怪問之，對曰：「曷懶地接高麗，今若多籍其丁，卽有緩急，何以爲備？」海陵喜曰：「他人用心不能及也。」除同知安國軍節度使事，賜銀二百五十兩、絹綵六百匹、馬二疋。

是時徵發不已，民不堪命，犯法者衆，邢久無長吏，獄囚積四百餘人。世傑到官月餘，決遣略盡。入爲宿直將軍，以事往胡里改路，還奏：「契丹部族大抵皆叛，百姓驚擾不安。今舉國南伐，賊若乘虛入據東土根本之地，雖得江、淮，無益也。宜先討平契丹，南伐未晚。」海陵不悅曰：「詔令已出矣。今以三萬兵選將屯中都以北，足以鎭壓。」世傑又曰：「若東土大族附於賊，恐三萬衆未易當也。」海陵不聽。

及發汴京，授鄭州防禦使，領武捷軍副總管。大軍渡淮，世傑以軍三千護糧餫東下，敗宋兵數千人，奪其戰船甚衆。至和州境，擊宋兵五萬人走之。明日，使其子兀迭領二百八十騎爲應兵，自領八百騎前戰，連射六十餘人皆應弦而斃，宋兵遂奔潰。海陵欲觀水戰，使世傑領水軍百人試之。宋人舟大而多，世傑舟小，乃急進，至中流取勝而還。

大定初，世傑復取陝州，敗宋兵石壕鎭，復敗宋援兵三千人，遂圍陝州。宋兵二千自潼關來，世傑以兵二百四十迎擊之，射殺十餘人，宋兵敗走。復敗之於土壕山，生擒一將。復以兵三百至斗門城，遇宋兵萬餘，宋將三人挺槍來刺世傑，世傑以刀斷其鎗，宋兵乃退。復以四謀克軍敗宋兵於土華，復圍陝州。世傑嘗擐甲佩刀，腰箭百隻，持鎗躍馬，往來軍中。敵人見而異之，曰：「眞神將也。」親率選卒二百餘人穴地以入，城遂拔。再破宋軍三萬人，復虢州。

未幾，爲衞州防禦使，改河南路統軍都監。召赴闕，上慰勞良久，除西北路副統，賜廐馬、弓矢、佩刀。從僕散忠義討契丹。賊平，改華州防禦使，與徒單合喜經略隴右。合喜復德順，至東山堡，宋兵捍絕樵路，世傑擊走之，追至城下。城中出兵約二萬餘，敗之，殺傷甚衆。宋經略使荆皐棄德順走，世傑與左都監璋追破其軍。改亳州防禦使，四遷通遠軍節度使。宋人輒入鞏州境糴米麪，有司執之，世傑署案作歸附人，縱遣之。譯吏蔡松壽誣府主謀叛，坐斬。十八年，起爲弘州刺史。母憂去職。累遷亳州防禦使，卒。

世傑少貧，然疎財尚氣，每臨陣，敵衆旣敗，必戒士卒毋縱殺掠。平居非忠孝不言，親賢樂善，甚獲當世之譽云。

蕭懷忠本名好胡，奚人也。爲西北路招討使。蕭裕等謀立遼後，使蕭招折往西北路結懷忠，并結節度使耶律朗爲助。懷忠與朗有隙，遂執招折并執朗，遣使上變。裕等旣誅，懷忠爲樞密副使，賜今名。復爲西北路招討使，西京留守，封王。改南京留守。

契丹撒八反，復以懷忠爲西京留守、西南面兵馬都統，與樞密使僕散思恭、北京留守蕭賾、右衞將軍蕭禿剌、護衞十人長斡盧保往討之。蕭禿剌戰無功，大軍追撒八不及。而海陵意謂懷忠與蕭裕皆契丹人，本同謀，逾年乃執招折上變，而撒八亦契丹部族，恐其合，以師恭與太后密語，而禿剌無功，懷忠、賾、師恭逸賊，旣殺師恭，族滅其家，使使卽軍中殺賾、懷忠，皆族之。斡盧保、〔九〕禿剌初爲罪首，〔一〇〕但誅之而已。大定三年，追復賾、懷忠、禿剌、斡盧保官爵。賾弟安州刺史頤求襲賾之謀克，上不許謀克而以賾家產付之。

移剌按荅，遼橫帳人也。父留斡，與耶律余睹俱來降。西京下，復叛，留斡遇害。按荅以死事之子，授左奉宸。熙宗初，充護衞，除安州刺史，累官東京副留守。參知政事完顏守道經略北方，攝咸平路屯軍都統。入爲兵部侍郎，徙西北、西南兩路舊設堡戍迫近內地者于極邊安置，仍與泰州、臨潢邊堡相接。除武定軍節度使，以招徠邊部功遷東北路招討使，改臨潢尹，卒。

按荅騎射絕倫，善相馬，嘗論及善射者，世宗曰：「能如卿乎？」閱馬于市，見良馬，雖羸瘦，輒與善價取之，他日果良馬也。

孛术魯阿魯罕，隆州琶离葛山人。年八歲，選習契丹字，再選習女直字。旣壯，爲黃龍府路萬戶令史。貞元二年，試外路胥吏三百人補隨朝，阿魯罕在第一，補宗正府令史。累擢尙書省令史。僕散忠義討窩斡，辟置幕府，掌邊關文字，甚見信任。窩斡旣平，阿魯罕招集散亡，復業者數萬人。

復從忠義伐宋，屢入奏事，論列可否。上謂宰相曰：「阿魯罕所言，可行者卽行之。」宋人請和，忠義使阿魯罕往。和議定，阿魯罕入奏，賜銀百兩、重綵十端。忠義薦阿魯罕有才幹，可任尙書省都事，詔以爲大理司直。未幾，授尙書省都事，除同知順天軍節度事。紇石烈志寧北巡，阿魯罕攝左右司郎中。還朝，除刑部員外郎，再遷侍御史。上問紇石烈良弼曰：「阿魯罕何如人也？」對曰：「有幹材，持心忠正，出言不阿順。」數日，遷勸農副使，兼同修國史，侍御史如故。改右司郎中。奏請徙河南戍軍屯營城中者於十里外，從之。遷吏部侍郎，除山東統軍都監，徙置河南八猛安。遷武勝軍節度使。〔二〕入爲吏部尙書，改西南路招討使。有司督本路猛安人戶所貸官粟，阿魯罕乞俟豐年，從之。軍人有以甲葉貿易諸物，天德榷場及界外歲采銅礦，或因私挾兵鐵與之市易，皆一切禁絕之。上番軍不許用親戚、奴婢及傭雇者，營塹損圮以時葺治，不與所部猛安謀克會宴，故兵民皆畏愛之。

上謂太尉守道曰：「阿魯罕及上京留守完顏烏里也皆起身胥吏，阿魯罕爲人沉厚，其賢過之。」改陝西路統軍使兼京兆尹。陝西軍籍有闕，舊例用子弟補充，而材多不堪用，阿魯罕於阿里喜旗鼓手內選補。軍人以春牧馬，經夏不收飼，瘠弱多死，阿魯罕命以時收秣之，故死損者少。仍春秋督閱軍士騎射，以嚴武備。終南采漆者，節其期限，檢其出入，以防姦細。上謂宰相曰：「阿魯罕所至稱治，陝西政蹟尤著，用之雖遲，亦可得數年力也。」召爲參知政事，命條上天德、陝西行事，上稱善。以疾乞致仕，除北京留守，卒。

贊曰：記曰「君子聽磬聲，則思死封疆之臣」。傳曰「疆場之事，愼守其一而備其不虞」。故守戍邊圉之臣不可以不論焉。

趙興祥，平州盧龍人。六世祖思溫，遼燕京留守，封天水郡王。父瑾，遼靜江軍節度使。興祥以父任閤門祗候，謁告省親于白霫。會遼季土賊據郡作亂，興祥攜母及弟妹奔燕京，不能進，乃自柳城涉砂磧，夜視星斗而行。僅達遼軍，而不知遼主所向，遂還柳城。及婁室獲遼主，興祥乃歸國，從宗望伐宋，爲六宅使。

天眷初，累官同知宣徽院事。母憂去官。熙宗素聞興祥孝行，及英悼太子受册，以本官起復，護視太子。轉右宣徽使。天德初，改左宣徽使。海陵嘗問興祥，欲使子弟爲官，當自言。興祥辭謝。海陵善之，賜以玉帶，詔曰：「汝官雖未至一品，可佩此侍立。」爲濟南尹，賜車馬、金幣、金銀器皿，改絳陽軍節度使，召爲太子少保，封廣平郡王，改封鉅鹿。正隆初，例奪王爵，遷太子少傅，封中國公，起爲定武軍節度使。海陵伐宋，興祥二子從軍。世宗卽位，海陵尚在淮南，二子未得還。興祥來見於平州，世宗嘉其誠款，以爲祕書監，復爲左宣徽使。上曰：「尚食庖人猥多，徒費廩祿。朕在藩邸時，家務皆委執事者，自卽位以來，事皆留心。俸祿出於百姓，不可妄費，庖人可約量損減。」近臣獻琵琶，世宗却之，謂興祥曰：「朕憂勞天下，未嘗以聲伎爲心，自今勿復有獻，宜悉諭朕意。」有司奏南北邊事未息，恐財用未給，乞罷修神龍殿涼位工役。上卽日使興祥傳詔罷之。久之，以其孫珣爲閤門祗候。

十五年，〔一二〕上幸安州春水，召興祥赴萬春節。上謁于良鄉，賜銀五百兩，感風眩，賜醫藥。未幾，卒官。

石抹榮字昌祖。七世祖仕遼，封順國王。遼主奔天德，榮父惕益挺身赴之。是時，榮方六歲，母忽土特滿攜之流離道路，宗室谷神得之，〔一三〕納爲次室，榮就養於谷神家。惕益既見遼主，委以軍事。軍敗被執，將殺之，金源郡王銀术可曰：「彼忠於所事，殺之何以勸後。」遂釋之。後從伐宋，卒於軍中。

榮年長，事秦王宗翰，居幕府。天眷二年，充護衞。熙宗宴飲，命胙王元與榮角力，榮勝之，連仆力士六七人。熙宗親飲之酒，賜以金幣，遷宿直將軍。天德初，除開遠軍節度使。入謝，不覺泣下。海陵問其故。對曰：「老母在谷神家，違去膝下，是以感泣。」乃詔其母與之俱行，仍賜錢萬貫。改天德尹，徙泰寧軍，再除延安、東平尹。海陵南征，爲神果軍都總管，留駐泗州，以遏逋卒。

大定初，還鎮東平，與戶部尚書梁銶按治山東盜賊。二年，以本官充山東東西、大名等路都統。有疾，改太原尹，徙益都尹。丁母憂，起復召爲簽書樞密院事，北京、東京留守，陝西路統軍使，南京、西京留守。

榮與河南尹婁室、陝州防禦使石抹靳家奴皆坐高賈賣私物、抑賈買民物得罪。靳家奴前爲單州刺史，廉察官行郡，乃劫制民使作虛譽，用是得遷同知太原尹，復多取民利。及爲陝州，尚書省奏其事，法當解職削階，上以靳家奴鼓虛聲以誑朝廷，不可恕，特詔除名。榮與婁室削兩階解職。久之，榮除臨潢尹，改臨洮尹。卒，年六十三。

敬嗣暉字唐臣，易州人。登天眷二年進士第，調懷安丞，遷弘政令，補尙書省令史。有才辯，海陵爲宰相，愛之，及篡立，擢起居注，歷諫議大夫、吏部侍郎、左宣徽使。貞元三年八月，尙食烹飪失宜，庖官各杖二百，嗣暉與同知宣徽院事烏居仁各杖有差。久之，拜參知政事。正隆六年伐宋，留張浩及嗣暉于南京，治尙書省事。

世宗卽位，惡嗣暉巧佞，御史大夫完顏元宜劾奏蕭玉、嗣暉、許霖等六人不可用。嗣暉降通議大夫，放歸田里。嗣暉練習朝儀，進止應對閑雅，由是起爲丹州刺史，戒諭之曰：「卿爲正隆執政，阿順取容，朕甚鄙之。今當竭力奉職，以洗前日之咎。苟或不悛，必罰無赦。」未幾，丁母憂，起復爲左宣徽使。

世宗頗好道術，謂嗣暉曰：「尚食官毋於禁中殺羊豕，朔望上七日有司毋奏刑名。」大定七年，〔一四〕蒲察通除肇州防禦使，上責其飾詐，因顧嗣暉曰：「如卿不可謂無才，但純實不足耳。」久之，有牓匿名書于通衢者，稱海陵舊臣不得用者有怨望心，將圖不軌。上曰：「豈有是哉。」謂嗣暉曰：「正隆時，卿爲執政，今指卿以爲怨望，朕極知其不然。卿性明達能辨，但頗自衒，釣衆人之譽，所以致此媒蘖，後當改之。」

十年，將有事南郊，〔一五〕廷議嗣暉在海陵時凡宗廟禘祫輒行太常事，復拜參知政事，詔以執政冠服攝太常。禮成，薨。

贊曰：趙興祥、石抹榮自拔流離艱阨中，而克有所樹立，固其識之過人，亦其所遭際致然也。迹世宗之却聲伎、減庖人，仁愛若是，而其下孰不興起哉。

校勘記

〔一〕天眷元年　「眷」原作「德」。按上文「王師南征，睿宗爲右副元帥」，據本書卷一九睿宗紀是天會五年事。海陵于皇統九年十二月十一日改元天德，元年僅二十日，不會有「其後從軍泰州路」

及「戍北邊數有戰功」等事。「德」字自是「眷」字之誤，今改正。

〔二〕天德二年正月　原無「天德」二字。按「二年」承上文「天德元年」，今上文「天德」已改天眷，因將「天德」二字補于此處。

〔三〕七年　按天眷、正隆之間有「七年」者惟一皇統，疑上脫「皇統」二字。

〔四〕其苗裔曰董氈　按「董氈」宋史卷四九二吐蕃傳中唃厮囉、董氈等傳，皆作「董氈」。

〔五〕李昌圖等按視　「圖」原作「國」。按上文「詔遣大理卿李昌圖、左司員外郎粘割斡特剌往按之」。又本書卷六世宗紀、卷一三二徒單貞傳皆有作「李昌圖」。本書卷九五粘割斡特剌傳記載同。今據改。「大理卿李昌圖」。今據改。

〔六〕至蔣州　「蔣」原作「獎」。按本書卷五海陵紀，正隆六年十月「丁未，漢南道劉萼取通化軍、蔣州、信陽軍」。卽此事。又卷八二海陵諸子光英傳，「宋亦改光州爲蔣州」。宋史卷八八地理志同。今據改。

〔七〕舍於獎水之曲　「獎」疑作「蔣」。參見前條。

〔八〕爲安塞堡環慶路兵馬都監　「安塞堡」下疑有脫文。

〔九〕斡盧保　「盧」原作「魯」，據上下文改。

〔一〇〕初爲罪首　據文義疑「爲」當作「非」。

〔一二〕遷武勝軍節度使　原脫「軍」字。按本書卷二五地理志，南京路，「鄧州，武勝軍節度使」。今據補。

〔一三〕十五年　按其上當脫「大定」二字。

〔一四〕宗室谷神得之　「谷神」原作「神谷」，據永樂大典卷一〇八一三引文乙正。下同。

〔一五〕大定七年　原脫「大定」二字。按本書卷六世宗紀，責蒲察通、敬嗣暉飾詐事在大定七年十二月。故今將下文「大定十年將有事南郊」之「大定」二字移此。

〔一六〕十年將有事南郊　「十年」上原有「大定」二字，今移至上文「七年」之前。參見前條。

金史卷九十二

列傳第三十

毛碩　李上達　曹望之　大懷貞　盧孝儉　盧庸

李偲　徒單克寧本名習顯

毛碩字仲權，甘陵人。宋末，試弓馬子弟，碩中選，調高陽關路安撫司准備差使。尋辟河間尉，再辟兵馬都監。宗望軍至，碩以本部迎降。齊國建，由淮東路第一副將擢知滑州。劉麟伐宋，充行營中軍統制軍馬。天眷間，歷汴京路、山東西路兵馬都監。皇統元年，權知拱州。宋將張俊據亳州，而柘城酒監房人傑叛以應俊，碩發兵討之。至柘城，躬扣城門，呼耆老以諭意。縣人縛人傑以降。碩徑入縣署，召百姓慰安之，衆皆感悅，刻石紀其事。四年，眞授拱州刺史。元帥梁王宗弼承制超武義將軍，改知曹州。有書生投書于碩，辭涉謗訕，僚屬皆不能堪。碩延之上座，謝曰：「使碩常聞斯言，庶乎寡過。」士論以故嘉之。遷鄭州防禦使，尋改通州。

天德二年，充陝西路轉運使。碩以陝右邊荒，種藝不過麻、粟，蕎麥，賦入甚薄，市井交易惟川絹、乾薑，商賈不通，酒稅之入耗減，請視汴京、燕京例給交鈔通行。而鞏、會、德順道路多險，鹽引斤數太重，請一引分作三四，以從輕便。朝廷皆從之。秦州倉粟陳積，而百姓有支移者，止就本州折納其直，公私便之。改河東南路轉運使。上言：「頃者，定立商酒課，不量土產厚薄、戶口多寡及今昔物價之增耗，一概理責之，故監官被繫，失身破家，折傭逃竄。或爲姦吏盜有實錢，而以賒券輸官，故河東有積負至四百餘萬貫，公私苦之。請自今禁約酒官，不得折准賒貸，惟許收用實錢，則官民俱便。」至今行之。秩滿，除南京路都轉運使。

大定六年，致仕，卒于家。碩文雅好事，性謹飭，每見古人行事有益於時者，常書置座右，以爲莅官之戒云。

李上達字達道，曹州濟陰人。在宋時以蔭補官，累東平府司戶參軍。〔一〕撻懶取東平，上達給軍須，號辦治。齊國建，爲吏部員外郎，攝戶部事。劉豫行什一之法，樂歲輸多，歉歲寡取之，蓋古人助法也。收斂之時，蓄積蓋藏，民或不以實輸官，官亦不肯盡信，於是告訐起而獄訟繁，公私苦之。上達論其弊，豫改定爲五等之制。

齊國廢，以河南與宋人，上達隨地入宋。宗弼復取河南，上達爲同知大名尹，按察陝西、河南。是時，關、陝、蒲、解、汝、蔡民饑，上達輒以便宜發倉粟賑百姓。累遷知山東西路轉運使。上達到官再期，比舊增三十餘萬貫。戶部以其法頒之鄰路。上達長於吏事，能治繁劇，猾吏不能欺，所至稱之。卒官，年六十一。

曹望之字景蕭，其先臨潢人，遼季移家宣德。天會間，以秀民子選充女直字學生。年十四，業成，除西京教授。爲元帥府書令史，補正令史，轉行臺省令史。錄教授資，補修武校尉，除右司都事。吏部侍郎田瑴素薄望之，望之顧交不肯納，遂與蔡松年、許霖構致黨獄。改行臺吏部員外郎。

海陵爲相，嘗以書致其私，望之不從。天德元年，調同知石州軍州事，坐事免。丁母憂，久之，除絳陽軍節度副使，入爲戶部員外郎。詔買牛萬頭給按出虎八猛安徙居南京者，望之主給之。撒八反，轉致甲仗八萬自洛州輸燕子城。運米八十萬斛由蔡水入淮，饋伐宋諸軍，期以一日。望之如期集事。進本部郎中，特賜進士及第。

大定初，討窩斡，望之主軍食，給與有節，凡省糧三十萬石，省芻草五十萬石。帥府以捷入告，議者欲遂罷轉輸，望之以爲元惡未誅，不可弛備。旣而大軍追討，果賴以濟。以勞進一階，兼同修國史。請於大鹽濼設官榷鹽，聽民以米貿易，民成聚落，可以固邊圉，其利無窮。從之。其後凡貯米二十餘萬石。及東北路歲饑，賴以濟者不可勝數。

三年，上曰：「自正隆兵興，農桑失業，猛安謀克屯田多不如法。」詔遣戶部侍郎魏子平、大興少尹同知中都轉運事李滌、禮部侍郎李愿、禮部郎中移剌道、〔三〕戶部員外郎完顏兀古出、監察御史夾谷阿里補及望之分道勸農，廉問職官臧否。望之還言，乞汰諸路胥吏，可減其半。詔胥吏如故。於是始禁用貼書云。遷本部侍郎，領覆實繕修大內財用，費用大省。復以勞進階，上召見諭勉之。

望之家奴袁一言涉妖妄，大興府鞫治。望之恐，使戶部令史劉公輔問其事于大興少尹王全，全具其事語公輔，公輔以語望之。御史臺劾奏劉公輔言泄獄情。上曰：「妖妄之言，交相傳說何也？」於是，望之決杖一百，王全杖八十，劉公輔杖一百五十，除名。

頃之，運河堙塞，世宗出郊見之，問其故。主者奏曰：「戶部不肯經畫，歲久以致如此。」上責望之曰：「有水運不濬治，乃用陸運，煩費民力，罪在汝等，其往治之。」尙書省奏當用夫役數萬人。上曰：「方春耕作，不可勞民。以宮籍監戶及摘東宮、諸王人從充役，若不足卽以五百里內軍夫補之。」

太宗實錄成，監修國史紇石烈良弼賜金帶一、重綵二十端。同修國史張景仁、劉仲淵、望之皆賜銀幣有差。望之嘆賞薄，謂人曰：「栽花接木乃加爵命，勤勞者不遷官。」無何，張景仁遷翰林學士，望之又曰：「止與他人便遣，獨不及我哉。」世宗聞之，出望之德州防禦使，謂之曰：「汝爲人能幹而心不忠實。朕前往安州春水，人言汝無事君之義。朕勑臣下，有過卽當諫爭。汝但面從，退則謗議，此不忠不孝也。汝自五品起遷四品，太宗皇帝實錄成，優賜銀幣，不思盡心竭力，惟官賞是覬。今出汝於外，宜改心滌慮。不然，則身亦莫保。」望之到德州，有惠政，百姓爲立生祠。改同知西京留守事。上書論便宜事：

其一，論山東、河北猛安謀克與百姓雜處，民多失業。陳、蔡、汝、潁之間土廣人稀，宜徙百姓以實其處，復數年之賦以安輯之。百姓亡命及避役軍中者，閱實其人，使還本貫。或編近縣以爲客戶，或留爲佃戶者，亦籍其姓名。州縣與猛安事干涉者無相黨匿，庶幾軍民協和，盜賊弭息。

其二，論薦舉之法虛文無實。宰相拔擢及其所識，不及其所不識。內外官所舉亦輒不用，或指以爲朋黨，遂不敢復舉。宜令宰執歲舉三品二人，御史大夫以下內外官終秩舉二人，自此以下以品殺爲差等。終秩不舉者遇轉官勒不遷，三品者削後任俸三月。其舉者已改除，吏部以類品第，季而上之。三品闕則於類第四品中補授，四品五品以下視此爲差。其待以不次者，宰執具才行功實以聞。舉當否罪當如律。廉介之士老於令幕無舉主者、七考無贓私罪者，准朝官三考勞敍。吏部每季圖上外路職官姓名，路爲一圖，大書贓汙者於其名下，使知畏慎。外任五品以上官改除，令代之者具功過以聞。年六十以上者，終更赴調，有司察其視聽精力，老疾不堪釐務，給以半祿罷遣。

其三，論守邊將帥及沿邊州縣官漁剝軍民，擅興力役，宜歲遣監察御史周行察之。邊部有訟，招討司無得輒遣白身人徵斷，宜於省部有出身女直、契丹人及縣令丞簿中擇廉能者，因其風俗，略定科條，務爲簡易。徵斷羊馬入官籍數，如邊部遇饑饉，即以此賑給之。招討及都監視事，宜限邊部饋送駝馬。招討司女直人戶或撷野菜以濟艱食，而軍中舊籍馬死則一村均錢補買，往往鬻妻子、賣耕牛以備之。臣恐數年之後邊防困弊，臨時賑濟，費財十倍而無益，早爲之所，則財用省而邊備實矣。官給軍箭用盡，則市以補之，皆朽鈍不堪用，可每歲給官箭一分，以補其闕。邊民闕食給米，地遠負重，往往就倉賤賣而去，可計口支錢，則公私兩便。陝西正副，宜如猛安謀克用土人一員，隊將亦宜參用土人，久居其任。增弓箭田，復其賦役。以廉吏爲提舉，舉察總管府以下官。農隙校閱，以嚴武備。則太平之時有經略之制矣。

又論六鹽場用人，宜令戶部公議辟舉。

論漕運，先計河倉見在幾何，通州容受幾何，京師歲費幾何。今近河州縣歲稅或六七萬石，小民有入資之費，富室收轉輸之利，宜計實數以科稅入。

論民間私錢苦惡，宜以官錢五百易私錢千，期以一月易之，過期以銷錢法坐之。

論州府力役錢物，戶部頒印署白簿，使盡書之，以俟審閱，有畏避不書者坐之。

論工部營造調發，妨民生業。諸路射糧軍約量人數，習武藝，期以三年成，以息調民。

書奏，多見采納。以本官行六部事於北邊，召拜戶部尚書。上數之曰：「汝前爲侍郎以不忠外補，頗能練習錢穀，故任以尚書之重，宜改前非，以圖新效也。」

是時，戶部尚書高德基坐高估俸粟責降，世宗念望之吝出納或懲德基也，既出，使人諭之曰：「勿以高德基下粟直，要在平估而已。」十五年新宮成，世宗幸新宮，勑望之曰：「新宮中所須，毋取于民間也。」有良民夫婦質身於東京留守完顏轂英家，〔三〕期終而不遣，尚書省下東京鞫治。望之言轂英爲留守，其同官必且阿徇，不肯窮竟，當移他州。

望之久習事，有治錢穀名，性剛愎，頗沾沾自露，希覬執政。而刑部尚書梁肅自詳問宋國使還，世宗嘗欲以爲執政，久而未用，亦頗衒耀求進。世宗謂左丞相紇石烈良弼曰：「曹望之、梁肅急於見知，涉於躁進。」遂出梁肅爲濟南尹。數年，乃召拜參知政事。而望之終於戶部尚書，年五十六。世宗惜其未及用，賜錢三千貫，勑使致祭，賻銀五百兩、重綵二十端、絹二百匹，以其子淵爲奉御，澤爲筆硯承奉。

其後，尚輦局舉出身人年六十餘可以臨事，世宗曰：「豈爲此輩惜官邪，但此輩專以盜取官錢爲謀生計，不可用也。」由是欲更改監臨格式，以問戶部尚書劉瑋。瑋恐監官謗己，不肯實對。世宗因思望之，嘆曰：「不如望之之敢行也。」

望之初不學，及貴，稍知讀書，遂刻苦自致，有詩集三十卷。

大懷貞字子正，遼陽人。皇統五年，除閤門祗候，三遷東上閤門使。丁母憂，起復符寶郎，累官右宣徽使。正隆伐宋，爲武勝軍都總管。

大定二年，除洛州防禦使兼押軍萬戶，改沂州，再遷彰國、安武軍節度使。縣尉獲盜，得一旗，上圖亢宿。詰之，有謀叛狀，株連幾萬人。懷貞當以亂民之刑，請誅其首亂者十八人，〔四〕餘皆釋之。嘗以私忌飯僧數人，就中一僧異常，懷貞問曰：「汝何許人也？」對曰：「山西人。」復問「曾爲盜殺人否？」對曰：「無之。」後三日詰盜，果引此僧，皆服其明察。改興中尹。錦州富民蕭鶴壽塗中殺人，匿府少尹家，有司捕不得，懷貞以計取之，置於法。改彰德軍節度使，卒。

盧孝儉，宣德州人。登天眷二年第，調憲州軍事判官，補尚書省令史，累官太原少尹。大定二年，陝西用兵，尚書省發本路稅粟赴平涼充軍實，期甚嚴迫。孝儉輒易以金帛，馳至平涼，用省而不失期，幷人稱之。用廉，進官二階，遷同知廣寧尹。廣寧大饑，民多流亡失業，乃借僧粟，留其一歲之用，使平其價市與貧民，既以救民，僧亦獲利。累遷山東東路轉運使。

孝儉素褊躁，與同僚王公謹失歡。其子嘗私用官帑，孝儉不知也。既而改河北西路轉運使，公謹乃發其事。孝儉聞被逮，莫測所以，行至章丘，自縊死。

盧庸字子憲，薊州豐潤人。大定二十八年進士，調唐州軍事判官，再調定平縣令。庸治舊堰，引涇水溉田，民賴其利。補尚書省令史，除南京轉運副使，改中都戶籍判官。察廉，遷禮部主事，累官鳳翔治中。大安三年，徵陝西屯田軍衞中都，以庸簽三司事，主兵食。至潞州，放還屯田軍，庸改乾州刺史，入爲吏部郎中。

至寧元年，改陝西按察副使。夏人犯邊，庸繕治平涼城池，積芻粟，團結士兵爲備。十一月，夏人掠鎭戎，陷涇、邠，遂圍平涼。庸矢盡，募人取夏兵射城上箭以濟急用，出府庫賞有功者，人樂爲死，平涼賴以完。貞祐二年，庸移書陝西行省僕散端，大概謂慶陽、平涼、德順陝西重地，長安以西邠爲隘塞，當重兵屯守。詔賞平涼功，庸進官四階，遷按察轉運使。

三年，詔諸道按察司講究防秋，庸陳便宜曰：「自鄜延至積石，雖多溝坂，無長河大山爲之屏蔽，恃弓箭手以禦侮，其人皆剛猛善鬬，熟于地利，夏人畏之。向者徙屯他所，夏人卽時犯邊，此近年深患也。人情樂土，且耕且戰，緩急將自奮。」又曰：「防秋之際，宜先淸野。」又曰：「掌軍之官不宜臨時易代，兵家所忌，將非其人，屢代何益？」無何，有言庸老不勝任者，卽罷之。

未幾，改定海軍節度使，山東亂，不能赴，按察司劾之，當奪兩官，審理官直之。庸以病請求醫藥，遂致仕。興定三年，卒。

李偲字子友，定州安喜人。中天眷二年進士，調遼山簿，累官戶部主事。丁母憂，起復舊職，除同知河東南路轉運使事。大定初，改同知中都路都轉運使事。僕散忠義行省事於汴京，奏偲幕府，世宗曰：「李偲方治京畿漕事，行省可他選也。」三年，權知登聞檢院，再遷戶部侍郎，上曰：「戶部，財用出入，朕難其人。卿非舊勞，資敍尚淺，勿以秩滿例升三品，因循歲月，若不自勉，必不汝貸。」偲每朝會與高德基屏人私語。上聞而怪之，問右丞石琚曰：「李偲果何如人？」琚曰：「亦幹事吏耳。」改同知北京留守、沂州防禦使。

沂南邊郡，戶部符借民閑田，種禾取藁秸，備警急用度。偲曰：「如此則農民失業。」具奏止之。轉運司牒郡輸粟朐山，調急夫數萬人，是時久雨泥濘，輓運不能前進。偲遣吏往朐山刺取其官廩，見儲糧數可支半歲，卽具其事牒運司，請緩期，毋自困百姓。先是，郡縣街陌間聽民作廛舍，取其僦直。至是，罷收僦直，廛舍一切撤毀。他郡奉承號令，督百姓必盡撤去，使街陌繩齊矢棘如初時然後止。偲獨教民撤治前却不齊一者三五所，使巷道端正卽已，民便之。改陝西西路轉運使，卒。

贊曰：毛碩、李上達、曹望之、李偲之流，皆金之能吏也。望之悻悻然以求大用，君子無取焉。

徒單克寧本名習顯，其先金源縣人，徙居比古土之地，後徙置猛安于山東，遂占籍萊州。父況者，官至汾陽軍節度使。

克寧資質渾厚，寡言笑，善騎射，有勇略，通女直、契丹字。左丞相希尹，克寧母舅。熙宗問希尹表戚中誰可侍衞者，希尹奏曰：「習顯可用。」以爲符寶祗候。是時，悼后干政，后弟裴滿忽土侮克寧，克寧毆之。明日，忽土以告悼后，后曰：「習顯剛直，必汝之過也。」已而，充護衞，轉符寶郎，遷侍衞親軍馬步軍都指揮使，改忠順軍節度使。

克寧娶宗幹女嘉祥縣主，同母兄蒲甲判大宗正事，海陵心忌之，出爲西京留守，搆致其罪誅之，因降克寧知滕陽軍。歷宿州防禦使、胡里改路節度使、曷懶路兵馬都總管。

大定初，詔克寧以本路兵會東京。遷左翼都統。詔與廣寧尹僕散渾坦、同知廣寧尹完顏巖雅、肇州防禦使唐括烏也，從右副元帥完顏謀衍討契丹窩斡。趨濟州。謀衍用契丹降吏乣者計策襲賊輜重，克寧與紇石烈志寧爲殿，與賊遇于長濼。謀衍使伏兵于左翼之側。賊二萬餘躡吾後，又以騎四百餘突出左翼伏兵之間，欲繞出陣後攻我。克寧與善射二十餘人拒之。衆曰：「賊衆我寡，不若與伏兵合擊，或與大軍相依，可以萬全。」克寧曰：「不可。若賊出陣後，則前後夾擊，我敗矣，大軍不可俟也。」於是奮擊，賊乃却。左翼萬戶襄與大軍合擊之，賊遂敗，追奔十餘里，二年四月一日也。越九日，復追及賊于霿𩆳河。左翼軍先與賊戰，克寧以騎二千追掩十五里，賊迫澗不得亟渡，殺傷甚衆。賊收軍返旆，大軍尙未至，克寧令軍士下馬射賊，賊遂引而南。

是時，窩斡已再北，元帥謀衍利鹵掠，駐師白濼。世宗訝其持久，遣問之。謀衍曰：「賊騎壯，我騎弱，此少駐所以完養馬力也。不然，非益萬騎不可勝。」克寧奮然而言曰：「吾馬固不少，但帥不得人耳。其意常利虜掠，賊至則引避，賊去則緩隨之，故賊常得善牧，而我常拾其蹂踐之餘，此吾馬所以弱也。今誠能更置良帥，雖不益兵，可以有功。不然，騎雖十倍，未見其利也。」朝廷知其議，召還謀衍，以平章政事僕散忠義兼右副元帥。〔三〕師將發，賊聲言乞降。克寧曰：「賊初困蹙，且無降意，所以揚言者，是欲緩吾師期也。不若攻其未備，賊若挫衂，則其降必速。如其不降，乘其怠而急擊之，可一戰而定也。」忠義以爲然，乃與克寧出中路，遂敗賊兵于羅不魯之地。賊奔七渡河，負險爲柵，克寧覘知賊柵之背其勢可上，乃潛師夜登，俯射之，大軍自下攻，賊潰，皆遁去。

契丹平，克寧除太原尹。未閱月，宋吳璘侵陝右，元帥左都監徒單合喜乞益兵，遣克寧佩金牌駐軍平涼。詔合喜曰：「朕遣克寧參議軍事，此其智勇足敵萬人，不必益軍也。」克寧至，下令安輯，未幾，民皆完聚。

治兵伐宋，右丞相僕散忠義駐南京節制諸軍，左副元帥紇石烈志寧經略邊事，克寧改益都尹，兼山東路兵馬都總管、行軍都統。四年，元帥府欲遣左都監璋以兵四千由水路進，詔曰：「可付都統徒單習顯，仍益兵二千，擇良將副之。璋可經略山東。」於是，克寧出軍楚、泗之間，與宋將魏勝相拒于楚州之十八里口。魏勝取弊舟鑿其底，貫以大木，列植水中，別以船載巨石貫以鐵鏁，沉之水底，以塞十八里口及淮渡舟路。以步兵四萬人屯於淮渡南岸、運河之間。克寧使斜卯和尚選善游者沒水，繫大繩植木上，數百人於岸上引繩曳一植木，皆拔出之，徹去沉船。進至淮口，宋兵來拒，隔水矢石俱發，斜卯和尚以竹編籬捍矢石，復拔去植木沉船，師遂入淮。與宋兵奪渡口，合戰數四，猛安長壽先行薄岸，水淺，先率勁卒數人涉水登岸，敗其津口兵五百人，餘衆皆濟。宋兵四百餘自清河口來，鎭國上將軍蒲察阿离合懣以步兵百人禦之。克寧自與扎也銀朮可五騎先行六七里與戰，銀朮可先登，奮擊敗之。宋大兵整陣來拒，克寧麾兵前戰，自旦至午，宋兵敗，踰運河爲陣，餘衆數千皆走入營中。克寧使以火箭射其營舍，盡焚，踰河撤橋，與其大軍相會。隔水射之，宋兵不能爲陣。猛安鈔兀以六十騎擊宋騎兵千餘，不利，少却。克寧以猛安賽剌九十騎橫擊之，宋兵大敗。追至楚州，射殺魏勝，遂取楚州及淮陰縣。是役也，賽剌功居多。是時，宋屢遣使請和，僕散忠義、紇石烈志寧約以世爲叔姪國，割還海、泗、唐、鄧四州。宋人尚遷延有請，及克寧取楚州，宋人乃大懼，一一如約。

兵罷，改大名尹，歷河間、東平尹，召爲都點檢。十一年，從丞相志寧北伐，還師。十一月皇太子生日，世宗置酒東宮，賜克寧金帶。明年，遷樞密副使，兼知大興府事，〔六〕改太子太保，樞密副使如故。拜平章政事，封密國公。

克寧女嫁爲瀋王永成妃，得罪，克寧不悅，求致仕，不許，罷爲東京留守。明年，上將復相克寧，改南京留守，兼河南統軍使。遣使者諭之曰：「統軍使未嘗以留守兼之，此朕意也。可過京師入見。」克寧至京師，復拜平章政事，授世襲不扎土河猛安兼親管謀克。

世宗欲以制書親授克寧，主者不知上意，及克寧已受制，上謂克寧曰：「此制朕欲親授與卿，誤授之於外也。」又曰：「朕欲盡徙卿宗族在山東者居之近地，卿族多，官田少，無以盡給之。」乃選其最親者徙之。十九年，拜右丞相，〔七〕徙封譚國公。克寧辭曰：「臣無功，不明國家大事，更內外重任，當自愧。乞歸田里，以盡餘年。」上曰：「朕念衆人之功無出卿右者，卿愼重得大臣體，毋復多讓。」克寧出朝，上使徒單懷忠諭之曰：「凡人醉時醒時處事不同，卿今日親賓慶會，可一飮，過今日可勿飮也。」克寧頓首謝曰：「陛下念臣及此，臣之福也。」

克寧爲相，持正守大體，至於簿書期會，不屑屑然也。世宗嘗曰：「習顯在樞密，未嘗有過舉。」謂克寧曰：「宰相之職，進賢爲上。」克寧謝曰：「臣愚幸得備位宰輔，但不能明於知人，以此爲恨耳。」二十一年，左丞相守道爲尚書令，克寧爲左丞相，徙封定國公，懇求致仕。上曰：「汝立功立事，廼登相位，朝廷是賴，年雖及，未可去也。」後三日，與守道奏事，俱跪而請曰：「臣等齒髮皆衰，幸陛下賜以餘年。」上曰：「上相坐而論道，不惟其官惟其人，豈可屢改易之邪？」頃之，克寧改樞密使，而難其代。復以守道爲左丞相，虛尙書令位者數年，其重如此。未幾，以司徒兼樞密使。二十二年，詔賜今名。二十三年，克寧復以年老爲請。上曰：「卿昔在政府，勤勞夙夜，除卿樞密使亦可以優逸矣。朕念舊臣無幾人，萬一邊隅有警，選將帥，授方略，山川險要，兵道軍謀，舍卿誰可與共者？勉爲朕留！」克寧乃不敢復言。

二十四年，世宗幸上京，皇太子守國，詔左丞相守道與克寧俱留中都輔太子。上謂克寧曰：「朕巡省之後，萬一有事，卿必躬親之，毋忽細微，圖難於其易可也。」二十五年，左丞相守道賜宴北部，詔克寧行左丞相事。

是時，世宗自上京還，次天平山清暑，皇太子薨於京師，諸王妃主入宮弔哭，奴婢從入者多，頗喧雜不嚴。克寧遣出之，身護宮門，嚴飭殿廷宮門禁衞如法，然後聽宗室外戚入臨，從者有數。謂東宮官屬曰：「主上巡幸，未還宮闕，太子不幸至于大故，汝等此時能以死報國乎？吾亦不敢愛吾生也。」辭色俱厲，聞者肅然敬憚。章宗時爲金源郡王，哀毀過甚，克寧諫曰：「哭泣，常禮也。郡王身居冢嗣，豈以常禮而忘宗社之重乎？」召太子侍讀完顏匡曰：「爾侍太子日久，親臣也。郡王哀毀過甚，爾當固諫。謹視郡王，勿去左右。」世宗在天平山，皇太子訃至，哀慟者屢矣。聞克寧嚴飭宮衞，謹護皇孫，嘉其忠誠而愈重之。

九月，世宗還京師。十一月，克寧表請立金源郡王爲皇太孫，以係天下之望。其略曰：「今宣孝皇太子陵寢已畢，東宮虛位，此社稷安危之事，陛下明聖超越前古，寧不察此，事貴果斷，不可緩也。緩之則起覬覦之心，來讒佞之言。讒佞之言起，雖欲無疑得乎？玆事深可畏、大可慎，而不畏不慎，豈惟儲位久虛，而骨肉之禍，自此始矣。臣愚不避危身之罪，伏願亟立嫡孫金源郡王爲皇太孫，以釋天下之惑，塞覬覦之端，絕搆禍之萌，則宗廟獲安，臣民蒙福。臣備位宰相，不敢不盡言，惟陛下裁察。」

踰月，有詔起復皇孫金源郡王判大興尹，封原王。世宗諸子中趙王永中最長，其母張玄徽女，玄徽子汝弼爲尚書左丞。二十六年，世宗出汝弼爲廣寧尹。〔八〕於是，左丞相守道致仕，遂以克寧爲太尉，兼左丞相，原王爲右丞相，因使克寧輔導之。

原王爲丞相方四日，世宗問之曰：「汝治事幾日矣？」對曰：「四日。」「京尹與省事同乎？」對曰：「不同。」上笑曰：「京尹浩穰，尚書省總大體，所以不同也。」數日，復謂原王曰：「宮中有四方地圖，汝可觀之，知遠近阨塞也。」世宗與宰相論錢幣，上曰：「中外皆患錢少，今京師積錢止五百萬貫，〔九〕除屯兵路分其他郡縣錢可運至京師。」克寧曰：「郡縣錢盡入京師，民間錢益少矣。若起運其半，其半變折輕齎，庶幾錢貨流布也。」上嘉納之。

章宗雖封原王，爲丞相，克寧猶以未正太孫之位，屢請於世宗，世宗嘆曰：「克寧，社稷之臣也。」十一月戊午，宰相入見于香閤，既退，原王已出，克寧率宰臣屏左右奏立太孫，世宗許之。庚申，詔立原王右丞相爲皇太孫。

明日，徒單公弼尚息國公主納幣，賜六品以上宴于慶和殿。上謂諸王大臣曰：「太尉忠實明達，漢之周勃也。」稱嘆再三。克寧進酒，上舉觴爲之釂。有詔給太尉假三日。明年正月，復求解機務。上曰：「卿遽求去邪？豈朕用卿有未盡乎？或因喜怒用刑賞乎？其他宰相未有能如卿者，宜勉留以輔朕。卿若思念鄉土，可以一往，不必謝政事。三月一日朕之生辰，卿不必到，從容至暑月還京師相見。」四月，克寧還朝，入見上。上問曰：「卿往鄉中，百姓皆安業否？」克寧曰：「生業頗安，然初起移至彼，未能滋殖耳。」未幾，以丞相監修國史。上問史事，奏曰：「臣聞古者人君不觀史，願陛下勿觀。」上曰：「朕豈欲觀此？深知史事不詳，故問之耳。」初，瀘溝河決久不能塞，〔一〇〕加封安平侯，久之，水復故道。上曰：「鬼神雖不可窺測，卽獲感應如此。」克寧奏曰：「神之所佑者正也，人事乖，則弗享矣。報應之來皆由人事。」上曰：「卿言是也。」世宗頗信神仙浮圖之事，故克寧及之。

宋前主殂，宋主遣使進遺留物，上怪其禮物薄。克寧曰：「此非常貢，責之近於好利。」上曰：「卿言是也。」乃以其玉器五事、玻瓈器大小二十事及茶器刀劍等還之。

二十八年十一月癸丑，上幸克寧第。初，上欲以甲第賜克寧，克寧固辭，乃賜錢因其舊居宏大之。畢工，上臨幸，賜金器錦繡重綵，克寧亦有獻。上飮歡甚，解御衣以衣之。詔畫克寧像藏內府。

十二月乙亥，世宗不豫。甲申，克寧率宰執入問起居。上曰：「朕疾殆矣。」謂克寧曰：「皇太孫年雖弱冠，生而明達，卿等竭力輔之。」又曰：「尙書省政務權聽於皇太孫。」克寧奏曰：「陛下幸上京時，宣孝太子守國，許除六品以下官，〔二〕今可權行也。」上曰：「五品以下亦何不可。」乙酉，詔皇太孫攝行政事，注授五品以下官。詔太孫與諸王大臣俱宿禁中。克寧奏曰：「皇太孫與諸王宜別嫌疑，正名分，宿止同處，禮有未安。」詔太孫居慶和殿東廡。丙戌，詔克寧以太尉兼尙書令，封延安郡王。平章政事襄爲右丞相，右丞張汝霖爲平章政事。戊子，詔克寧、襄、汝霖宿於內殿。

二十九年正月癸巳，世宗崩于福安殿。是日，克寧等宣遺詔立皇太孫爲皇帝，是爲章宗。徙封爲東平郡王。詔克寧朝朔望，朝日設坐殿上。克寧固辭，詔近臣勉諭。克寧涕泣謝曰：「憐憫老臣，幸免常朝，豈敢當坐禮。」其後，每朝必爲克寧設坐，克寧侍立益敬。卽位詔文「凡除名開落官吏並量材錄用」，張汝霖奏眞盜枉法不可恕，克寧曰：「陛下初卽位行非常之典，贓吏誤沾恩宥其害小，國之大信不可失也。」章宗深然之。無何，進拜太傅，兼尙書令，賜尙衣玉帶。乞致仕，不許。詔譯諸葛孔明傳賜之。詔尙書省曰：「太傅年高，旬休外四日一居休，大事錄之，細事不須親也。」賜金五百兩、銀五千兩、錢千萬、重綵二百端、絹二千四。

尚書省奏猛安謀克願試進士者聽之，上曰：「其應襲猛安謀克者學於太學可乎？」克寧曰：「承平日久，今之猛安謀克其材武已不及前輩，萬一有警，使誰禦之？習辭藝，忘武備，於國弗便。」上曰：「太傅言是也。」章宗初卽位，頗好辭章，而疆場方有事，故克寧言及之。

明昌二年，〔三〕克寧屬疾，章宗往視之。克寧頓首謝曰：「臣無似，嘗蒙先帝任使，陛下卽位，屬以上相，今臣老病，將先犬馬塡溝壑，無以輔明主綏四方。陛下念臣駑怯，親枉車駕臨幸，死有餘罪矣。」是日，卽榻前拜太師，封淄王，加賜甚厚。

是歲二月，〔三〕薨，遺表，其大概言：「人君往往重君子而反疎之，輕小人而終昵之。願陛下愼終如始，安不忘危，而言不及私。」詔有司護喪事，歸葬于萊州，謚曰忠烈。明昌五年，配享世宗廟廷，圖像衍慶宮。大安元年，改配享章宗廟廷。

贊曰：徒單克寧可謂大臣矣，功高而身愈下，位盛而心愈勞。經曰：「在上不驕，高而不危，制節謹度，滿而不溢」，所以長守富貴。故曰忠信匪懈，不施其功，履盛滿而不忘，德之上也。孜孜勉勉，恪守職業，不居不可成，不事不可行，人主知之，次也。諫期必行，言期必聽，爲其事必有其功者，又其次也。

校勘記

〔一〕累東平府司戶參軍　「累」下疑脫「遷」字。

〔二〕禮部郎中移剌道　「禮部」原作「工部」。按本書卷九〇移剌道傳，「大定二年除工部郎中，奉詔撫諸奚。……白撒聞其家人被獲，遂來降。改禮部郎中……奉使河南勸課農桑」。今據改。

〔三〕東京留守完顏𣪘英家　「京」原作「宮」，據殿本改。

〔四〕請誅其首亂者十八人　按上文「縣尉獲盜，得一旗，上圖亢宿」，知以二十八宿爲號，疑是二十八人，似脫「二」字。

〔五〕以平章政事僕散忠義兼右副元帥　「右副元帥」原作「都元帥」。按本書卷六世宗紀、卷七〇宗亨傳、卷七二謀衍傳、卷一三三窩斡傳記此事皆作「右副元帥」。今據改。

〔六〕明年遷樞密副使兼知大興府事　按「明年」承上「十一年」，卽「十二年」。本書卷七世宗紀大定十四年四月「戊子，以樞密副使徒單克寧兼大興尹」。與此不同。

〔七〕十九年拜右丞相　按本書卷七世宗紀作大定二十年三月「辛巳，以平章政事徒單克寧爲尚書右丞相」。

〔八〕世宗出汝弼爲廣寧尹　「寧」原作「平」。按金之廣平不得有「尹」，本書卷八三張汝弼傳作「乃罷爲廣寧尹」。今據改。

〔九〕今京師積錢止五百萬貫　「止」原作「正」，據殿本改。

〔一〇〕瀘溝河決久不能塞　「決」原作「法」，據殿本改。

〔一一〕許除六品以下官　「許」原訛作「詐」，據殿本改。

〔一二〕明昌二年　按本書卷九章宗紀作明昌元年十二月「甲辰，幸太傅徒單克寧第視疾」。

〔一三〕是歲二月　按「二月」本書卷九章宗紀作「正月」。

金史卷九十三

列傳第三十一

顯宗諸子

琮　瓌　從彝　從憲　玠

章宗諸子

洪裕　洪靖　洪熙　洪衍　洪輝　忒隣

衛紹王子

從恪

宣宗三子

莊獻太子　玄齡　守純

獨吉思忠　承裕　僕散揆　抹撚史扢搭　宗浩

顯宗孝懿皇后生章宗，昭聖皇后生宣宗，諸姬田氏生鄆王琮、瀛王瓌、霍王從彝，劉氏生瀛王從憲，王氏生溫王玠。

鄆王琮本名承慶，母田氏，其後封裕陵充華。琮儀觀豐偉，機警淸辯，性寬厚，好學。世宗選進士之有名行者納坦謀嘉敎之，女直小字及漢字皆通習。及長，輕財好施，無慍色，善吟詠，不喜聞人過，至于騎射繪塑之藝，皆造精妙。大定十八年，封道國公。二十六年，加崇進。章宗卽位，遷開府儀同三司，封鄆王。明昌元年，授婆速路獲火羅合打世襲猛安，留京師。五年，薨。上輟朝，親臨奠于殯所。謚曰莊靖，改莊惠。

瀛王瓌本名桓篤，鄆王琮之同母弟也。重厚寡言，內行修飭，工詩，精于騎射、書藝、女直大小字。大定二十二年，封崇國公。二十六年，加崇進。章宗卽位，遷開府儀同三司，封瀛王。明昌三年，薨。勅葬事所須皆從官給，命工部侍郎胥持國等典喪事。比葬，帝三臨奠，哭之慟。謚曰文敬。其後帝謂輔臣曰：「王性忠孝，兄弟中最爲善人，故朕嘗令在左右。溫王雖幼，亦佳。不二旬俱逝，良可哀悼。」

霍王從彝本名阿憐，母田氏早卒，溫妃石抹氏養爲己子。大定二十五年，封宿國公，加崇進。二十六年，賜名瓚。章宗即位，封沂王。明昌元年，諭旨有司曰：「豐、鄆、瀛、沂四王府各賜奴婢七百人。」四年，詔追封故魯王執葦爲趙王，〔一〕以從彝爲趙王後。承安元年，爲兵部尙書，改封蔡。四年，除祕書監。泰和五年，賜今名。八年，封霍。貞祐二年，薨。

瀛王從憲本名吾里不，母劉氏，後封裕陵茂儀。大定二十六年，賜名琦。章宗卽位，加開府儀同三司，封壽王。承安元年，以郊祀恩進封英。四年，改封瀛。泰和五年，更賜今名。六年，授祕書監。八年，薨。

從憲風儀秀峙，性寬厚，善騎射，待府僚以禮，秩滿去者皆有贐。帝尤愛重，初以病聞，即臨問之，賜錢五百萬。還宮，詔府僚上其疾增損狀，仍勅門司夜一鼓即奏，比五更重言之。及薨，上哭之慟，爲輟朝臨奠者再。諭旨判大睦親府事宛王永升曰：「瀛王家事，叔宜規畫。聞其二姬方孕，若生子，卽以付之。」以右宣徽使移剌都護其喪葬，斂以內庫之服，其餘所須，亦從官給。謚曰敦懿。

溫王玠本名謀良虎，母王氏，後封裕陵婉儀。玠幼穎秀，性溫厚，好學。大定二十九年，章宗卽位，加開府儀同三司，封溫王。明昌三年，薨，年十一。訃聞，上爲輟朝，親臨奠哭之。謚曰悼敏。

章宗欽懷皇后生絳王洪裕，資明夫人林氏生荊王洪靖，諸姬生榮王洪熙、英王洪衍、壽王洪輝。元妃李氏生葛王忒隣。

洪裕，大定二十六年生。是時顯宗薨踰年，世宗深慼，及聞皇曾孫生，喜甚。滿三月，宴于慶和殿，賜曾孫金鼎，金香合，重綵二十端，骨覩犀、吐鶻玉山子、兔兒垂頭一副，名馬二匹。章宗進玉雙駝鎭紙、玉琵琶撥、玉鳳鉤、骨覩犀具佩刀、衣服一襲。世宗御酒歌歡，乙夜方罷。二十八年十月丙寅，薨。明昌三年，追封絳王，賜名。

洪靖本名阿虎懶，明昌三年生。生而警秀，上所鍾愛。四年，薨。承安四年，追封荊王，賜名，加開府儀同三司。

洪熙本名訛魯不，明昌三年生，未彌月薨。承安四年，追封榮王，賜名，加開府儀同三司。

洪衍本名撒改，明昌四年生，未幾薨。承安四年，追封英王，賜名，加開府儀同三司。

洪輝本名訛論，承安二年五月生，彌月，封壽王。閏六月壬午，病急風，募能醫者加宣武將軍，賜錢五百萬。甲申，疾愈，印無量壽經一萬卷報謝，衍慶宮作普天大醮七日，無奏刑名，仍禁屠宰。十月丁亥，薨，備禮葬。

忒隣，泰和二年八月生。上久無皇嗣，祈禱于郊、廟、衍慶宮、亳州太淸宮，至是喜甚。彌月，將加封，三等國號無愜上意者，念世宗在位最久，年最高，初封葛王，遂封爲葛王。十二月癸酉，生滿百日，放僧道度牒三千道，設醮玄眞觀，宴于慶和殿。百官用天壽節禮儀，進酒稱賀，三品以上進禮物。泰和三年，薨。

衞紹王六子，大定二十六年，賜名猛安曰琚，按出曰瑄，按辰曰璪。泰和七年，詔按辰出繼鄭王永蹈後，詔曰：「朕追惟鄭邸，誤蹈非彝，藁窆原野，多歷歲年，怛然軫懷，有不能已，乃詔追復王爵，備禮改葬。今稽式古典，命汝爲鄭王後，守其祭祀。」

大安元年，封子六人爲王，從恪胙王，有任王、犨王，餘弗傳。是歲，從恪爲左丞相。二年八月，立從恪爲皇太子。至寧末，胡沙虎殺衞王，從恪兄弟皆廢居中都。貞祐二年，徙鄭州。四年，徙居南京。天興元年，崔立以從恪爲梁王，汴京破，死焉。

贊曰：章宗晚年，繼嗣不立，遂屬意衞紹王。衞紹歷年不永，諸子凡禁錮二十餘年，鎬厲王諸子禁錮四十餘年，長女鰥男皆不得婚嫁。天興初，方弛其禁，金亡祚後可知矣。

莊獻太子名守忠，宣宗長子也。其母未詳，說在王后傳。胡沙虎既廢衞王，時上未至，卽迎守忠入居東宮。貞祐元年閏九月甲申，立爲皇太子，詔曰：「朕以眇躬，嗣服景命，念祖宗之遺統，方夙夜以靡遑，將上以承九廟之靈，而下以係多方之望。皇太子守忠性秉溫良，地居長嫡，以次第言之，則宜升儲嗣，以典禮質之，則足愜羣情，其立爲皇太子。」十月己未，以鎭國上將軍、太子少保阿魯罕爲太子少師。庚申，上遣諭曰：「朕宮中每事裁減，汝亦宜知時難，斟酌撙節也。」又謂曰：「時方多艱，每事當從貶損，吾已放宮人百餘矣，東宮無用者亦宜出之。汝讀書人，必能知此也。」

二年四月，宣宗遷汴，〔二〕留守中京。七月，召至汴。三年正月，薨。上臨奠殯所凡四次。四月，葬迎朔門外五里。謚莊獻。五月，立其子鏗爲皇太孫，始二歲。十二月薨，四年正月，賜謚冲懷太孫。

玄齡，或曰莊獻太子母弟，早卒，未封爵。或曰麗妃史氏所生。

荆王守純本名盤都，宣宗第二子也。母曰眞妃龐氏。貞祐元年，封濮王。二年，爲殿前都點檢兼侍衞親軍都指揮使，權都元帥。上諭帥府曰：「濮王年幼，公事殊未諳，卿等毋以朕子故不相規戒。凡見將校，令謙和接遇可也。」三年，爲樞密使。四年，拜平章政事。興定元年，授世襲東平府路三屯猛安。三年，以知管差除令史梁瓛，誤書轉運副使張正倫宣命，奏乞治罪。上曰：「令史有犯，宰臣自當治之，何必關朕耶？」是年三月，進封英王。時監察御史程震言其不法，宣宗切責，杖司馬及大奴尤不法者數人。四年九月，守純欲發丞相高琪罪，密召知案蒲鮮石魯剌、令史蒲察胡魯、員外郎王阿里謀之，且屬令勿泄，而石魯剌、胡魯輒以告都事僕散奴失不，奴失不白高琪。及高琪伏誅，守純劾三人者泄密事，奴失不免死，除名，〔三〕石魯剌、胡魯各杖七十，勒停。

元光二年三月壬子，上戒諭守純曰：「始吾以汝爲相者，庶幾相輔，不至爲人譏病耳。汝乃惟飲酒耽樂，公事漫不加省，何耶？吾常聞人言已過，雖自省無之，亦未敢容易去懷也。」又曰：「吾所以責汝者，但以崇飲不事事之故，汝勿過慮，遂至奪權。今諸相皆老臣，每事與之商略，使無貽物議足矣。」

是年十二月庚寅，宣宗病喉痺，危篤，將夕，守純趣入侍。哀宗後至，東華門已閉，聞守純在宮，分遣樞密院官及東宮親衛軍總領移剌蒲阿集軍三萬餘屯東華門外。部署定，扣門求見。都點檢駙馬都尉徒單合住奏中宮，得旨，領符鑰開門。哀宗入，宰相把胡魯已遣人止丞相高汝礪，不聽入宮，以護衛四人監守純於近侍局。是夕，宣宗崩。明日，哀宗即位。

正大元年正月，進封荆王，罷平章政事、判睦親府，封眞妃龐氏爲荆國太妃。三月，或告守純謀不軌，下獄推問。慈聖宮皇太后有言於帝，由是獲免，語在皇后傳。守純三子，長曰訛可，封肅國公，天興元年三月進封曹王，出質於軍前。次曰某，封戴王。次曰孛德，封鞏王。

天興初，守純府第產肉芝一株，高五寸許，色紅鮮可愛，既而枝葉津流，濡地成血，臭不可聞，剷去復生者再。夜則房榻間羣狐號鳴，秉燭逐捕則失所在。未幾，訛可出質，哀宗遷歸德。明年正月，崔立亂。四月癸巳，守純及諸宗室皆死靑城。

贊曰：詩云「天難忱斯，不易維王，天位殷適，使不挾四方」。信哉。守忠立爲太子，未幾而薨，其子鏗立，又薨，哀宗復乏嗣，豈非天乎。正大間，國勢日蹙，本支殆盡，哀宗尙且踈忌骨肉，非明惠之賢，荆王幾不能免，豈「宗子維城」之道哉。

獨吉思忠本名千家奴。明昌六年，爲行省都事，累遷同簽樞密院事。承安三年，除興平軍節度使，改西北路招討使。

初，大定間修築西北屯戍，西自坦舌，東至胡烈么，〔四〕幾六百里。中間堡障，工役促迫，雖有牆隍，無女牆副堤。思忠增繕，用工七十五萬，止用屯戍軍卒，役不及民。上嘉其勞，賜詔奬諭曰：「直乾之維，扼邊之要，正資守備，以靖翰藩，垣壘弗完，營屯未固。卿督茲事役，唯用戍兵，民不知勞，時非淹久，已臻休畢，仍底工堅。賴爾忠勤，辦茲心畫，有嘉乃力，式副予懷。」賜銀五百兩、重幣十端。入爲簽樞密院事，轉吏部尚書，拜參知政事。

泰和五年，宋渝盟有端，平章政事僕散揆宣撫河南。揆奏宋人懦弱，韓侂胄用事，請遣使詰問。上召大臣議。左丞相宗浩曰：「宋久敗之國，必不敢動。」思忠曰：「宋雖羈栖江表，未嘗一日忘中國，但力不足耳。」其後，果如思忠策。六年四月，上召大臣議伐宋事，大臣猶言無足慮者。或曰：「鼠竊狗盜，非用兵也。」思忠執前議曰：「不早爲之所，彼將誤也。」上深然之。

七年正月，元帥左監軍紇石烈執中圍楚州，久不能下，宰臣奏請命大臣節制其軍，及益兵攻之。思忠請行。上曰：「以執政將兵攻一小州，克之亦不武。」乃用唐宰相宣慰諸軍故事，以思忠充淮南宣慰使，持空名宣勅賞立功者。詔大臣宿于祕書監，各具奏帖以聞。明日，詔百官集議于廣仁殿，問對者久之。旣而宋人來請和，議遂寢。

頃之，進拜尚書右丞。大安初，拜平章政事。三年，與參知政事承裕將兵屯邊，方繕完烏沙堡，思忠等不設備，大元前兵奄至，取烏月營，思忠不能守，乃退兵，思忠坐解職。衞紹王命參知政事承裕行省，既而敗績于會河堡云。

承裕本名胡沙，頗讀孫、吳書，以宗室子充符寶祗候。除中都左警巡副使，通括戶籍，百姓稱其平。遷殿中侍御史，改右警巡使、彰德軍節度副使、刑部員外郎，轉本部郎中。歷會州、惠州刺史，遷同知臨潢府事，改東北路招討副使。以病免，起爲西南招討副使。

泰和六年，伐宋，遷陝西路統軍副使，俄改通遠軍節度使、陝西兵馬都統副使，與秦州防禦使完顏璘屯成紀界。宋吳曦兵五萬由保岔、姑蘇等谷襲秦州，承裕、璘以騎兵千餘人擊走之，追奔四十里，凡六戰，宋兵大敗，斬首四千餘級。詔承裕曰：「昔乃祖乃父，戮力戎旅，汝年尚少，善於其職，故命汝與完顏璘同行出界。昔汝自言得兵三萬足以辦事，今以石抹仲溫、朮虎高琪及青宜可與汝軍相合，計可六萬，斯亦足以辦矣。仲溫、高琪兵道險阻，汝兵道甚易也。自秦州至仙人關纔四百里耳，從長計畫，以副朕意。」詔完顏璘曰：「汝向在北邊，以幹勇見稱，頃以過失，逮問有司。近知與宋人奮戰，故特赦免，仍充副統，如能佐承裕立功業，朕於官賞，豈復吝惜。聞汝臨事頗黠，若復自速罪，且不赦汝矣。」

宋吳曦使其將馮興、楊雄、李珪以步騎八千入赤谷，承裕、璘及河州防禦使蒲察秉鉉逆擊破之。宋步兵保西山，騎兵走赤谷。承裕遣部將唐括按荅海率騎二百馳擊宋步兵，甲士蒙括挺身先入乘之，宋步兵大潰，追奔至皂郊城，斬二千餘級。猛安把添奴追宋騎兵，殺千餘人，斬楊雄、李珪于陣，馮興僅以身免。承裕進兵克成州。

八年，罷兵，遷河南東路統軍使，兼知歸德府事，俄改知臨潢府事。賜金帶、重幣十端、銀百五十兩。大安初，召爲御史中丞。三年，拜參知政事，與平章政事獨吉思忠行省戍邊。烏沙堡之役不爲備，失利，朝廷獨坐思忠，詔承裕主兵事。

八月，大元大兵至野狐嶺，承裕喪氣，不敢拒戰，退至宣平。縣中土豪請以土兵爲前鋒，以行省兵爲聲援，承裕畏怯不敢用，但問此去宣德間道而已。土豪嗤之曰：「溪澗曲折，我輩諳知之。行省不知用地利力戰，但謀走耳，今敗矣。」其夜，承裕率兵南行，大元兵踵擊之。明日，至會河川，承裕兵大潰。承裕僅脫身，走入宣德。大元游兵入居庸關，中都戒嚴。識者謂金之亡決於是役。衞紹王猶薄其罪，除名而已。

崇慶元年，起爲陝西安撫使。至寧元年，遷元帥右監軍，兼咸平府路兵馬都總管，與契丹留可戰，敗績。改同判大睦親府事、遼東宣撫使。貞祐初，改臨海軍節度使，卒。

贊曰：曹劌有言：「一鼓作氣，再而衰，三而竭。」夫兵以氣爲主，會河堡之役，獨吉思忠、承裕沮喪不可復振，金之亡國，兆於此焉。

僕散揆本名臨喜，其先上京人，左丞相兼都元帥沂國武莊公忠義之子也。少以世冑，選爲近侍奉御。大定十五年，尙韓國大長公主，擢器物局副使，特授臨潢府路赫沙阿世襲猛安。歷近侍局副使、尙衣局使、拱衞直副都指揮使，爲殿前左衞將軍。罷職，世宗諭之曰：「以汝宣獻皇后之親，故令尙主，置之宿衞，謂當以忠孝自勵。日者乃與外人竊議，汝腹中事，朕不能測，其罷歸田里。」尋起爲灤州刺史，改蠡州，入爲兵部侍郎、大理卿、刑部尙書。

章宗卽位，出爲泰定軍節度使，改知臨洮府事。以政蹟聞。升河南路統軍使。陝西提刑司舉揆「剛直明斷，獄無寃滯。禁戢家人，百姓莫識其面。積石、洮二州舊寇皆遁，商旅得通」。於是，進官一階，仍詔褒諭。

明昌四年，鄭王永蹈謀逆，事覺，揆坐嘗私品藻諸王，獨稱永蹈性善，靜不好事，〔三〕乃免死，除名。未幾，復五品階，起爲同知崇義軍節度使事。以戰功遷西北路副招討，進官七階，賜金馬盂一、銀二百兩、重綵一十端。復以戰功升西南路招討使兼天德軍節度使，賜金五十兩、重綵一十端。復出禦邊，嘗轉戰出塞七百里，至赤胡覩地而還。優詔褒諭，遷一官，仍許其子安貞尙邢國長公主，且許揆入謝，禮成，歸鎭。

會韓國大長公主薨，揆來赴，上諭之曰：「北邊之事，非卿不能辦。」乃賜戰馬二，卽日遣還。揆沿徼築壘穿塹，連亙九百里，營柵相望，烽候相應，人得恣田牧，北邊遂寧。復以手詔褒諭，且欲大用，以知興中府事紇石烈子仁代之，勑盡以方略授子仁。既入，拜參知政事，改授中都路胡土愛割蠻世襲猛安。進拜尙書右丞。尋出經略邊事，還拜平章政事，封濟國公。

泰和五年，宋人渝盟，以揆爲宣撫河南軍民使。上諭之曰：「朕卽位以來，任宰相未有如卿之久者，若非君臣道合，一體同心，何以及此。先丞相亦嘗總師南邊，効力先朝，今復委卿，諒無過舉。朕非好大喜功，務要寧靜內外。宋人屈服，無復可議，若怙不改，可整兵渡淮，掃蕩江左，以繼爾先公之功。」卽以尙廐名馬、玉束帶、內府重綵及御藥賜之。揆至汴，蒐練將士，軍聲大振。會天壽節，特遣其子安貞賜宴，且命持白玉杯以飲揆，及上秋獮所親獲鹿尾舌爲賜。宋人服罪，卽罷宣撫使，召揆還。

六年春，宋人復數路來侵，取泗州，取靈璧，圍壽春。命撒爲左副元帥以討之。〔六〕撒至軍前，集諸將校告以朝廷弔伐之意，分遣將士禦敵。復取臨淮、蘄縣，而符離、壽春之圍亦解去。敵屢敗衄，悉遁出境。上卽遣提點近侍局烏古論慶壽持手詔勞問征討事宜，仍賜玉具劍一、玉荷蓮盞一、金器一百兩、重綵一十端。尋復以詔褒諭，賜玉鞍勒馬二及玉具佩刀、內府重綵、御藥，以旌其功。

宋人旣敗退，上欲進討，乃召撒赴闕，戒以師期，宴于慶和殿，親諭之曰：「朕以趙擴背盟，侵我疆埸，命卿措畫。曾未期月，諸處累報大捷。振我國威，挫彼賊鋒，皆卿之力，朕不能忘。」是日寵錫甚厚，特收其次子寧壽爲奉御，乃密授以成算，俾還軍。

十月，撒總大軍南伐，〔七〕分兵爲九路進。撒以行省兵三萬出潁、壽，至淮，宋人旅拒于水南。撒密遣人測淮水，惟八疊灘可涉，卽遣奧屯驤揚兵下蔡，聲言欲渡。宋帥何汝礪、姚公佐悉銳師屯花黶以備。撒乃遣右翼都統完顏賽不、先鋒都統納蘭邦烈潛渡八疊，駐南岸。撒麾大軍直壓其陣。敵不虞我卒至，皆潰走，自相蹂踐，死于水者不可勝計。進奪潁口，下安豐軍，遂攻合肥，取滁州，盡獲其軍實。上遣使諭之曰：「前得卿奏，先鋒已奪潁口，偏師又下安豐，斬馘之數，各以萬計。近又西帥奏捷，棗陽、光化旣爲我有，樊城、鄧城亦自潰散。又聞隨州闔城歸順，山東之衆久圍楚州，隴右之師剋期出界。卿提大兵攻合肥，趙擴聞之，料已破膽，失其神守。度彼之計，乞和爲上。昔嘗畫三事付卿，以今事勢計之，徑渡長江，亦其時矣。淮南既爲我有，際江爲界，理所宜然。如使趙擴奉表稱臣，歲增貢幣，縛送賊魁，還所俘掠，一如所諭，亦可罷兵。卿宜廣爲渡江之勢，使彼有必死之憂，從其所請而縱之，僅得餘息偸生，豈敢復萌他慮。卿於此時，經營江北，勞徠安集，除其虐政横賦，以良吏撫字疲民，以精兵分守要害，雖未係趙擴之頸，而朕前所畫三事，上功已成矣。前入見時，已嘗議定，今復諄諄者，欲決卿成功爾。機會難遇，卿其勉之。」

既而，宋帥丘崈果奉書乞和，揆以前五事諭而遣之。復進軍圍和州，敵以騎萬五千駐六合，揆偵知之，卽以右翼掩擊，斬首八千級，進屯于瓦梁河以控眞、揚諸路之衝。乃整列軍騎，畢張旗幟，沿江上下，皆金兵焉。於是江表震恐。宋眞州兵數萬保河橋，復遣統軍紇石烈子仁往攻之，分軍涉淺，潛出敵後。敵見之大驚，不戰而潰，斬首二萬餘級，生擒其帥劉侹、常思敬、蕭從德、莫子容，皆宋驍將也。遂下眞州。宋復遣陳壁來告和，揆以乞辭未誠，徒欲緩師，卻之。宋人既喪敗，不獲請成，乃決巨勝、成公、雷塘潴積水以爲阻，盡焚其廬舍儲積，過江遁去。

揆以方春地濕，不可久留，且欲休養士馬，遂振旅而還。次下蔡，遇疾。詔遣宣徽使李仁惠及其子寧壽引太醫診視，仍遣中使撫問。泰和七年二月，薨。訃聞，上哀悼之，輟朝，遣使迎喪殯于都城之北。百官會弔，車駕臨奠哭之，賻銀一千五百兩、重幣五十端、絹五百疋，其葬祭物皆從官給。謚曰武肅。

揆體剛內和，與物無忤，臨民有惠政。其爲將也，軍門鎮靜，賞罰必行。初渡淮，卽命徹去浮梁。所至皆因糧于敵，無餽運之勞。未嘗輕用士卒，而與之同甘苦，人亦樂爲之用。故南征北伐，爲一名將云。

抹撚史扢搭，臨潢路人也。其先以功授世襲謀克。史扢搭幼襲爵，守邊有勞。泰和六年，南鄙用兵，授同知蔡州防禦使事。

五月，宋將李爽圍壽州，田俊邁陷蘄縣，平章政事僕散揆謂諸將曰：「符離、彭城，齊魯之蔽，符離不守，是無彭城，彭城陷則齊魯危矣。」乃遣安國軍節度副使納蘭邦烈與史扢搭以精騎三千戍宿州。俊邁果率步騎二萬來襲，邦烈、史扢搭逆擊，大破之。邦烈中流矢。宋郭倬、李汝翼以衆五萬繼至，〔八〕遂圍城，攻之甚力，城中叢射，敵不能逼。會淫雨潦溢，敵露處勞倦，邦烈遣騎二百潛出敵後突擊之。敵亂，史扢搭率騎蹂之，殺傷數千人。敵復聞援軍將至，遂夜遁。邦烈、史扢搭躡其後，黎明合擊，大破之，獲田俊邁。十月，揆以行省兵三萬出潁、壽，史扢搭爲驍騎將中軍副統，克安豐軍，戰霍丘、花靨，功居多。十二月，從攻和州，中流矢卒。史扢搭形不過中人，而拳勇善鬬，所用槍長二丈，軍中號爲「長槍副統」。又工用手箭，箭長不盈握，每用百數，散置鎧中，遇敵抽箭，以鞭揮之，或以指鉗取飛擲，數矢齊發，無不中，敵以爲神。其箭皆以智創，雖子弟亦不能傳其法。在北部守猒山營，敵尤畏之，不敢近。及死，將士皆惋惜之。

內族宗浩字師孟，本名老，昭祖四世孫，太保兼都元帥漢國公昂之子也。貞元中，爲海陵庶人入殿小底。世宗卽位遼陽，昂遣宗浩馳賀。世宗見之喜，命充符寶祗候。大定二年冬，昂以都元帥置幕山東，宗浩領萬戶從行，仍授山東東路兵馬都總管判官。丁父憂，起復，承襲因閔斡魯渾猛安，授河南府判官。以母喪解，服闋，授同知陝州防禦使事。察廉能第一等，進官一階，陞同知彰化軍節度使事，累遷同簽樞密院事，改曷蘇舘節度使。

世宗謂宰臣曰：「宗浩有才幹，可及者無幾。」二十三年，徵爲大理卿，踰年授山東路統軍使，兼知益都府事。陛辭，世宗諭之曰：「卿年尙少，以卿近屬，有治迹，故以此授卿，宜體朕意。」因賜金帶遣之。二十六年，爲賜宋主趙眘生日使。還，授刑部尚書，俄拜參知政事。

章宗卽位，出爲北京留守，三轉同判大睦親府事。北方有警，命宗浩佩金虎符駐泰州便宜從事。朝廷發上京等路軍萬人以戍。宗浩以糧儲未備，且度敵未敢動，遂分其軍就食隆、肇間。是冬，果無警。

北部廣吉剌者尤桀驁，屢脅諸部入塞。宗浩請乘其春暮馬弱擊之。時阻䩨亦叛，內族襄行省事于北京，詔議其事。襄以謂若攻破廣吉剌，則阻䩨無東顧憂，不若留之，以牽其勢。宗浩奏：「國家以堂堂之勢，不能掃滅小部，顧欲藉彼爲捍乎？臣請先破廣吉剌，然後提兵北滅阻䩨。」章再上，從之。詔諭宗浩曰：「將征北部，固卿之誠，更宜加意，毋致後悔。」宗浩覘知合底忻與婆速火等相結，廣吉剌之勢必分，彼旣畏我見討，而復掣肘仇敵，則理必求降，可呼致也。因遣主簿撒領軍二百爲先鋒，戒之曰：「若廣吉剌降，可就徵其兵以圖合底忻，仍偵餘部所在，速使來報，大軍當進，與汝擊破之必矣。」合底忻者，與山只昆皆北方別部，恃强中立，無所羈屬，往來阻䩨、廣吉剌間，連歲擾邊，皆二部爲之也。撒入敵境，廣吉剌果降，遂徵其兵萬四千騎，馳報以待。

宗浩北進，命人齎三十日糧，報撒會于移米河共擊敵，而所遣人誤入婆速火部，由是東軍失期。宗浩前軍至忒里葛山，遇山只昆所統石魯、渾灘兩部，擊走之，斬首千二百級，俘生口車畜甚衆。進至呼歇水，敵勢大蹙，於是合底忻部長白古帶、山只昆部長胡必刺及婆速火所遣和火者皆乞降。宗浩承詔，諭而釋之。胡必刺因言，所部迪列土近在移米河不肯偕降，乞討之。乃移軍趨移米，與迪列土遇，擊之，斬首三百級，赴水死者十四五，獲牛羊萬二千，車帳稱是。合底忻等恐大軍至，西渡移米，棄輜重遁去。撒與廣吉刺部長忒里虎追躡及之，〔九〕於窊里不水縱擊大破之。婆速火九部斬首、溺水死者四千五百餘人，獲駝馬牛羊不可勝計。軍還，婆速火乞內屬，幷請置吏。上優詔褒諭，遷光祿大夫，以所獲馬六千置牧以處之。明年，宴賜東北部，尋拜樞密使，封榮國公。

初，朝廷置東北路招討司泰州，去境三百里，每敵入，比出兵追襲，敵已遁去。至是，宗浩奏徙之金山，以據要害，設副招討二員，分置左右，由是敵不敢犯。

會中都、山東、河北屯駐軍人地土不贍，官田多爲民所冒占，命宗浩行省事，詣諸道括籍，凡得地三十餘萬頃。還，坐以倡女自隨，爲憲司所糾，出知眞定府事。徙西京留守，復爲樞密使，進拜尚書右丞相，超授崇進。時徼北邊不寧，議築壕壘以備守戍，廷臣多異同。平章政事張萬公力言其不可，宗浩獨謂便，乃命宗浩行省事，以督其役。功畢，上賜詔褒賚甚厚。

撒里部長陁括里入塞，宗浩以兵追躡，與僕散揆軍合擊之，殺獲甚衆，敵遁去。詔徵還，入見，優詔獎諭，躐遷儀同三司，賜玉束帶一、金器百兩、重幣二十端，進拜左丞相。

宋人畔盟，王師南伐，會平章政事揆病，乃命宗浩兼都元帥往督進討。宗浩馳至汴，大張兵勢，親赴襄陽巡師而還。宋人大懼，乃命知樞密院事張巖以書乞和。宗浩以辭旨未順卻之，仍諭以稱臣、割地、縛送元謀姦臣等事。巖復遣方信孺齎其主趙擴誓藁來，且言擴倂發三使，將賀天壽節及通謝，仍報其祖母謝氏殂，致書于都元帥宗浩曰：

方信孺還，遠貽報翰及所承鈞旨，仰見以生靈休息爲重，曲示包容矜軫之意。聞命踊躍，私竊自喜，卽具奏聞，備述大金皇帝天覆地載之仁，與都元帥海涵春育之德。旋奉上旨，亟遣信使通謝宸庭，仍先令信孺再詣行省，以請定議。區區之愚，實恃高明，必蒙洞照，重布本末，幸垂聽焉。

兵端之開，雖本朝失于輕信，然痛罪姦臣之蔽欺，亦不爲不早。自去歲五月，編竄鄧友龍，六月又誅蘇師旦等，是時大國尚未嘗一出兵也，本朝卽捐已得之泗州，諸軍屯于境外者盡令徹戍而南，悔艾之誠，于茲可見。惟是名分之諭，今昔事殊，本朝皇帝本無佳兵之意，況關繫至重，又豈臣子之所敢言？

江外之地，恃爲屏蔽，儻如來諭，何以爲國？大朝所當念察。至于首事人鄧友龍等誤國之罪，固無所逃，若使執縛以送，是本朝不得自致其罰于臣下。所有歲幣，前書已增大定所減之數，此在上國初何足以爲重輕，特欲藉手以見謝過之實。儻上國諒此至情，物之多寡，必不深計。矧惟兵興以來，連歲創殘，賦入屢蠲，若又重取于民，豈基元元無窮之困，竊計大朝亦必有所不忍也。於通謝禮幣之外，別致微誠，庶幾以此易彼。

其歸投之人，皆雀鼠偷生，一時竄匿，往往不知存亡，本朝既無所用，豈以去來爲意。當隆興時，固有大朝名族貴將南來者，洎和議之定，亦嘗約各不取索，況茲瑣瑣，誠何足云。儻大朝必欲追求，尚容拘刷。至如泗州等處驅掠人，悉當護送歸業。

夫締新好者不念舊惡，成大功者不較小利。欲望力賜開陳，捐棄前過，闊略他事，玉帛交馳，歡好如初，海內寧謐，長無軍兵之事。功烈昭宣，德澤洋溢，鼎彝所紀，方册所載，垂之萬世，豈有既乎。重惟大金皇帝誕節將臨，禮當修賀，兼之本國多故，又言合遣人使，接續津發，已具公移，企望取接。伏冀鑒其至再至三有加無已之誠，亟踐請盟之諾，卽底于成，感戴恩德永永無極。誓書副本慮往復遷延，就以錄呈。

初，信孺之來，自以和議遂成，輒自稱通謝使所參議官。大定中，宋人乞和，以王抃爲通問使所參議官，信孺援以爲例。宗浩怒其輕妄，囚之以聞。朝廷亦以其爲行人而不能孚兩國之情，將留之，遣使問宗浩。宗浩曰：「今信孺事既未集，自知還必得罪，拘之適使他日有以藉口。不若數其恌易，而釋遣之使歸，自窮無辭以白其國人，則擴、侂胄必擇謹厚者來矣。」於是遣之。而復張巖書曰：

方信孺重以書來，詳味其辭，於請和之意雖若婉遜，而所畫之事猶未悉從，惟言當還泗州等驅掠而已。至於責貢幣，則欲以舊數爲增，追叛亡，則欲以橫恩爲例，而稱臣、割地、縛送姦臣三事，則並飾虛說，弗肯如約。豈以爲朝廷過求有不可從，將度德量力足以背城借一，與我軍角一日勝負者哉？既不能强，又不能弱，不深思熟慮以計將來之利害，徒以不情之語，形于尺牘而勤郵傳，何也？

兵者凶器，佳之不祥，然聖人不得已而用之，故三皇、五帝所不能免。夫豈不以生靈爲念，蓋犯順負義有不可恕者。乃者彼國犯盟，侵我疆埸，帥府奉命征討，雖未及出師，姑以逐處戍兵隨宜捍禦，所向摧破，莫之敢當，執俘折馘不可勝計，餘衆震懾靡然奔潰。是以所侵疆土，旋卽底平，爰及泗州亦不勞而復。今乃自謂捐其已得，斂軍徹戍，以爲悔過之効，是豈誠實之言！據陝西宣撫司申報，今夏宋人犯邊者十餘次，並爲我軍擊退，梟斬捕獲，蓋以億計。夫以悔艾罪咎，移書往來丐和之間，乃暗遣賊徒突我守圉，〔一〇〕冀乘其不虞，以儌倖毫末，然則所爲來請和者，理安在哉！

其言名分之諭，今昔事殊者，蓋與大定之事固殊矣。本朝之於宋國，恩深德厚，莫可殫述，皇統謝章可概見也。至于世宗皇帝俯就和好，三十年間恩澤之渥，夫豈可忘。江表舊臣于我，大定之初，以失在正隆，致南服不定，故特施大惠，易爲姪國，以鎮撫之。今以小犯大，曲在於彼，既以絕大定之好，則復舊稱臣，於理爲宜。若爲非臣子所敢言，在皇統時何故敢言而今獨不敢，是又誠然乎哉！又謂江外之地將爲屏蔽，割之則無以爲國。夫藩籬之固，當守信義，如不務此，雖長江之險，亦不可恃，區區兩淮之地，何足屏蔽而爲國哉！昔江左六朝之時，淮南屢嘗屬中國矣。至後周顯德間，南唐李景獻廬、舒、蘄、黃，畫江爲界，是亦皆能爲國。既有如此故實，則割地之事，亦奚不可！

自我師出疆，所下州軍縣鎭已爲我有，未下者卽當割而獻之。今方信孺賫到誓書，乃云疆界並依大國皇統、彼之隆興年已畫爲定，若是則既不言割彼之地，又翻欲得我之已有者，豈理也哉！又來書云通謝禮幣之外，別備錢一百萬貫，折金銀各三萬兩，專以塞再增幣之責，又云歲幣添五萬兩疋，其言無可准。況和議未定，輒前具載約，擬爲誓書，又直報通謝等三番人使，其自專如是，豈協禮體。此方信孺以求成自任，臆度上國，謂如此徑往，則事必可集，輕瀆誑紿，理不可容。

尋具奏聞，欽奉聖訓：「昔宣、靖之際，棄信背盟，我師問罪，嘗割三鎭以乞和。今既無故興兵，蔑棄信誓，雖盡獻江、淮之地，猶不足以自贖。況彼國嘗自言，叔父姪子與君臣父子略不相遠，如能依應稱臣，〔一〕即許以江、淮之間取中爲界。如欲世爲子國，卽當盡割淮南，直以大江爲界。陝西邊面並以大軍已占爲定據。元謀姦臣必使縛送，緣彼懇欲自致其罰，可令函首以獻。外歲幣雖添五萬兩疋，止是復皇統舊額而已，安得爲增？可令更添五萬兩疋，以表悔謝之實。向汴陽乞和時〔二〕嘗進賞軍之物，金五百萬兩、銀五千萬、表段裏絹各一百萬、牛馬騾各一萬、駝一千、書五監。今卽江表一隅之地，與昔不同，特加矜憫，止令量輸銀一千萬兩以充犒軍之用。方信孺言語反覆不足取信，如李大性、朱致知、李璧、吳琯輩似乎忠實，可遣詣軍前禀議。據方信孺詭詐之罪，過於胡昉，然自古兵交，使人容在其間，姑放令回報。」

伏遇主上聖德寬裕光大，天覆地容，包荒宥罪，其可不欽承以仰副仁恩之厚！儻猶有所稽違，則和好之事，勿復冀也。夫宋國之安危存亡，將繫于此，更期審慮，無貽後悔！

泰和七年九月，薨于汴。其後宋人竟請以叔爲伯，增歲幣，備犒軍銀，函姦臣韓侂胄、蘇師旦首以獻而乞盟焉。訃聞，上震悼，輟朝，命其子宿直將軍天下奴奔赴喪所，仍命葬畢持繪像至都，將親臨奠。以南京副留守張巖叟爲勅祭兼發引使，莒州刺史女奚列孛葛速爲勅葬使，仍摘軍前武士及旗鼓笛角各五十人，外隨行親屬官員親軍送至葬所，賻贈甚厚。謚曰通敏。

贊曰：金自宗弼渡江而還，既而畫淮爲界。厥後海陵啡衆擧兵，國用虛耗，上下離心，內難先作。故世宗之初，章宗之末，有事于南，皆非得已，而詳問之使每先發焉。侂胄狂謀誤國，動非其時，取敗宜也。揆、宗浩雖師出輒捷，而行成之使，不拒其來。儀幣書辭，抑揚增損之際，有可藉口，卽許其平矣。函首之事，宋人亦欲因是以自除其禍耳。雖然，揆、宗浩常勝之家，史扢搭驍勇之將，三人相繼而死，和議亦成，天意蓋已休息南北之人歟？

校勘記

〔一〕詔追封故魯王執𪏭爲趙王　「執𪏭」原作「永功」。按本書卷八五世宗諸子傳，永功死於興定五年，不能有預在明昌四年「追封」事。又同卷云，「世宗昭德皇后生顯宗、趙王執𪏭、越王斜魯。執𪏭、斜魯皆早卒」。卷五九宗室表亦記世宗子執𪏭封趙王。蓋執𪏭爲章宗胞叔，故雖已早卒，仍爲立後，今據改。

〔二〕二年四月宣宗遷汴　按本書卷一四宣宗紀，貞祐二年五月，「上決意南遷，詔告國內。壬午，車駕發中都」。此作「四月」似誤。

〔三〕奴失不免死除名　「免」原作「處」，據文義改。

〔四〕東至胡烈么　按本書卷一一章宗紀，承安五年九月己未，記獨吉思忠言，「各路邊堡牆隍，西自坦舌，東至胡烈公」。「么」、「公」蓋皆「乣」字之誤，見本書卷一一校記〔一五〕。

〔五〕獨稱永蹈性善靜不好事　原脫「不」字，據文義補。

〔六〕命揆爲左副元帥以討之　「左」原作「右」。按本書卷一二章宗紀，泰和六年五月「戊子，平章政事僕散揆兼左副元帥」。七年二月「戊辰，平章政事兼左副元帥僕散揆薨于軍」。今據改。

〔七〕十月揆總大軍南伐　「十月」原作「十一月」。按本書卷一二章宗紀，泰和六年「冬十月戊申朔，平章政事僕散揆督諸道兵伐宋」。今據刪「一」字。

〔八〕宋郭倬李汝翼以衆五萬繼至　原脫「宋」字。按本書卷一二章宗紀，泰和六年五月癸巳，「宋田俊邁攻宿州。宋郭倬李汝翼以衆繼至，遂圍宿州」。今據補。

〔九〕撒與廣吉剌部長忒里虎追躡及之　「剌」原作「利」，據上文改。

〔一〇〕乃暗遣賊徒突我守圉　「圉」原作「圍」，據文義改。

〔一一〕如能依應稱臣　「應」殿本作「舊」。

〔一三〕向汴陽乞和時　「陽」疑當作「州」。按汴州指北宋首都，各傳常見，如本書卷六六勗傳，「宗翰、宗望定汴州，受宋帝降」。又卷七四宗翰傳，「丙辰，銀朮可等克汴州。辛酉，宋少帝詣軍前，舍青城。十二月癸亥，少帝奉表降」。此處敍北宋敗降納款史事，似作「汴州」爲是。

金史卷九十四

列傳第三十二

夾谷清臣　內族襄　夾谷衡　完顏安國　瑤里孛迭

夾谷清臣本名阿不沙，胡里改路桓篤人也。姿狀雄偉，善騎射。皇統八年，襲祖駮達猛安。大定元年，聞世宗即位，率本部軍六千赴中都會之，以功遷昭武大將軍。從右副元帥紇石烈志寧爲管押萬戶，接應左都監完顏思敬，逐窩斡餘黨，敗之柔遠，至抹拔里達悉獲之。賊平，遷鎮國上將軍，知潁順軍事。

會宋兵二萬襲陷汝州，殺刺史烏古孫麻發〔一〕及漢軍二千。河南統軍宗尹〔二〕遣萬戶孛朮魯定方與清臣等領騎兵四千往擊之。宋人棄城遁，遂復汝州。三年五月，從志寧復取宿州，宋將李世輔大敗遁去，志寧復遣清臣等以兵追襲，又敗之。捷聞，授宿州防禦使。移博州，改西北路招討都監，遷烏古十壘部族節度使。〔三〕十二年，授右副都點檢，遷左副都點檢，出爲陝西路統軍使，兼知京兆府事。朝辭，賜以金帶廐馬，仍諭之曰：「卿典禁兵，日侍左右，勤勞久矣，故以是授卿，宜益思勉。」二十六年，改西京留守。閱三歲，遷樞密副使。

明昌元年，初議出師，以本職充東北路兵馬都統制使，旣而詔止之。俄以其女爲昭儀，眷倚益重。二年，拜尚書左丞。頃之，進平章政事，封芮國公，賜同本朝人。四年，遷右丞相，監修國史。

時議簽軍戍邊，上問：「漢人與夏人孰勇？」淸臣曰：「漢人勇。」上曰：「昔元昊擾邊，宋終不能制，何也？」淸臣曰：「宋馭軍法不可得知，今西南路人殊勝彼也。」未幾，遷崇進，改封戴。一日，上謂宰臣曰：「人有以八陣圖來上者，其圖果何如？朕嘗觀宋白所集武經，然其載攻守之法亦多難行。」淸臣曰：「兵書皆定法，難以應變。本朝行兵之術，惟用正奇二軍，臨敵制變，以正爲奇，以奇爲正，故無往不克。」上曰：「自古用兵亦不出奇正二法耳。且學古兵法如學弈碁，未能自得於心，而欲用舊陣勢以接敵，亦以疎矣。」

尋上表丐閒，不許。固請，乃賜告省親，諭之曰：「聞卿母老，欲令歸省，故特給假五十日，馳驛以往，至彼可爲一月留也。」五年二月，上御凝和殿，淸臣省覲還，謁上。上問：「卿母健否？其壽幾何？相別幾年矣？」淸臣對曰：「臣母年八十三矣，別十年，幸頗强健。」上曰：「何不來此？」曰：「急於家務，故不欲離耳。」上曰：「老人多如是，所謂『血氣既衰，戒之在得』也。」復謂清臣：「胡里改路風俗何如？」對曰：「視舊則稍知禮貌，而勇勁不及矣。」因言西南、西北等路軍人，其閑習弓矢，亦非復曩時。

六年，遷儀同三司，進拜左丞相，改封密。受命出師，行尚書省事於臨潢府。清臣遣人偵知虛實，以輕騎八千，令宣徽使移剌敏爲都統，左衞將軍充、〔四〕招討使完顏安國爲左右翼，分領前隊，自選精兵一萬以當後隊。進至合勒河，前隊敏等於栲栳濼攻營十四，下之，回迎大軍，屬部斜出掩其所獲羊馬資物以歸。清臣遣人責其賧罰，北阻
韄由此叛去，大侵掠。上遣責清臣，命右丞相襄代之。承安五年，降授橫海軍節度使兼滄州管內觀察使。

初，上諭宰臣曰：「清臣舊有勞效，罪狀未甚明，若降授，應須告致仕耳。」初擬知廣寧府，上曰：「姑與滄州。」既而又曰：「與則與之，第恐有人言也。」尋復致仕。泰和二年薨，年七十。子么查剌襲猛安。初議征討，清臣主其事，既而領軍出征，雖屢獲捷而貪小利，遂致北邊不寧者數歲，天下尤之。

丞相襄本名唵，昭祖五世孫也。祖什古廼〔五〕從太祖平遼，以功授上京世襲猛安，歷東京留守。父阿魯帶，皇統初北伐有功，拜參知政事。

襄幼有志節，善騎射，多勇略，年十八襲世爵。大定初，契丹叛，從左副元帥謀衍以本部兵討賊，戰于肇州之長濼。襄先登鏖擊，足中流矢，裹創以戰，氣愈厲，七戰皆勝。謀衍握其手曰：「今日之捷，皆公力也。」賊走渡霿鬆河，追及之，所駐地多草，賊乘風縱火，襄亦縱火，立空地以俟，戰十餘合，賊益困。襄謂謀衍曰：「今不乘此平殄，後將有悔。」謀衍然之。襄率衆搏戰。大敗之，俘獲萬計。會朝廷遣平章政事僕散忠義代謀衍將，襄復從忠義追賊至裊嶺西之陷泉，及之，率右翼身先奮擊，賊大潰，人馬相蹂而死，陷泉幾平。賊酋窩斡僅與數十騎遁去，卒就擒，論功爲第一。有司擬淄州刺史，詔特授亳州防禦使，時年二十三。

宋人犯南鄙，襄爲潁、壽都統，率甲士二千人渡潁水，敗敵兵五千，復潁州，生擒宋帥楊思。次濠州，宋將郭太尉退保橫㵎山，襄攻之，伏弩射中其膝，督攻愈急，拔之，獲郭太尉。既而趨滁州，襄爲先鋒，將至淸流關，得宋偵者，知敵欲三道夜出，掩我不備。左副元帥紇石烈志寧問計。襄曰：「今兵少地隘，儻不得關，敵至，我無所據，必先取之。」曰：「我與若孰往？」襄曰：「元帥國家大臣，詎宜輕動？襄當爲公往取。」志寧韙之。襄率騎二千，分二道，一由衢路，自以千兵間道潛登。既近，敵始覺。襄攻克之，據其關，志寧履行戰地，顧謂曰：「克敵於不可勝之地，眞天下英傑也。」及宋乞盟，班師，召爲拱衞直都指揮使，改殿前右衞將軍，轉左衞，出爲東北路招討都監，遷速頻路節度使，移曷懶路兵馬都總管。

左丞相志寧疾甚，世宗臨問之，志寧薦襄「智勇兼濟，有經世才，他人莫及，異時任用，殆勝于臣」。即召授殿前左副都點檢。爲宋生日使，宋方祈免親接國書，襄至，宋人屢來議，皆折之，迄成禮而還。授陝西路統軍使，賜之尙服、廐馬、鞍勒、佩刀。改河南統軍使。

入爲吏部尙書，轉都點檢，賜錢千萬。世宗謂宰執曰：「襄爲人甚藴藉，非直日，亦入宮規畫諸事，事有所付乃退，其公勤如此。若襄之才豈多得哉！」擢御史大夫，踰月，拜尙書右丞，諭之曰：「卿在河南經制邊事，甚有統紀，及在吏部，至爲點檢，尤奉公守法，朕甚嘉之。近長憲臺，亦以剛直聞，是用委以機政，〔六〕其益勉之！」未幾，進拜左丞。襄在外任，治有異効，至是朝廷以襃賞廉吏詔天下，列其名以示獎勵。二十三年，進拜平章政事，封蕭國公。

世宗以金源郡王世嫡皇孫，將加王爵，詔擇國號。襄曰：「爲天下大計，必先正其本，原者本也，請封原。」從之。故事，諸部族節度使及其僚屬多用糺人，而頗有私縱不法者，議改用諸色人。襄曰：「北邊雖無事，恒須經略之，若杜此門，其後有勞績何以處之？請如舊。」他日，議及古有監軍之事。襄曰：「漢、唐初無監軍，將得專任，故戰必勝，攻必克。及叔世始以內臣監其軍，動爲所制，故多敗而少功。若將得其人，監軍誠不必置。」並嘉納之。詔受北部進貢。使還，世宗問邊事，具圖以進，因上羈縻屬部、鎭服大石之策，詔悉行之。進拜右丞相，徙封戴。

章宗初卽政，議罷僧道奴婢。世宗不豫，與太尉徒單克寧、平章政事張汝霖宿內殿，同受顧命。太尉克寧奏曰：「此蓋成俗日久，若遽更之，於人情不安。陛下如惡其數多，宜嚴立格法，以防濫度，則自少矣。」襄曰：「出家之人安用僕隸？乞不問從初如何所得，悉放爲良。若寺觀物力元係奴婢之數推定者，並合除免。」詔從襄言。由是二稅戶多爲良者。

明昌元年，同知棣州防禦使膏上封事，歷詆宰執。太傅克寧奏，膏所言襄預知之。於是詔膏還本猛安，而襄出知平陽府事。移知鳳翔，歷西京留守，召授同判大睦親府事，進樞密使，復拜右丞相，改封任。

時左丞相夾谷清臣北禦邊，措畫乖方，屬邊事急，命襄代將其衆，佩金牌，便宜從事。臨宴慰遣，賜以貂裘、鞍山、細鎧及戰馬二。時胡里乣亦叛，〔七〕嘯聚北京、臨潢之間。襄至，遣人招之，卽降，遂屯臨潢。頃之，出師大鹽濼，復遣右衞將軍完顏充進軍斡魯速城，欲屯守，俟隙進兵。繪圖以聞，議者異同，卽召面論，厚賜遣還。

未幾，遣西北路招討使完顏安國等趨多泉子。密詔進討，乃命支軍出東道，襄由西道。而東軍至龍駒河爲阻轐所圍，三日不得出，求援甚急，或請俟諸軍集乃發。襄曰：「我軍被圍數日，馳救之猶恐不及，豈可後時？」卽鳴鼓夜發。或請先遣人報圍中，使知援至。襄曰：

「所遣者儻爲敵得，使知我兵寡而糧在後，則吾事敗矣。」乃益疾馳。遲明，距敵近，衆請少憩。襄曰：「吾所以乘夜疾馳者，欲掩其不備爾。緩則不及。」嚮晨壓敵，突擊之，圍中將士亦鼓譟出，大戰，獲輿帳牛羊。衆皆奔斡里札河。遣安國追躡之。衆散走，會大雨，凍死者十八九，降其部長，遂勒勳九峯石壁。捷聞，上遣使厚賜以勞之，別詔許便宜賞賚士卒。九月，赴闕，拜左丞相，監修國史，封常山郡王。宴慶和殿，上親舉酒飲，解所服玉具佩刀以賜，俾卽服之。

十月，阻􅈉復叛，襄出屯北京，會羣牧契丹德壽、陁鎖等據信州叛，僞建元曰身聖，衆號數十萬，遠近震駭。襄閑暇如平日，人心乃安。初，襄之出鎭也，至石門鎭，密謂僚屬曰：「北部犯塞奚足慮。第恐姦人乘隙而動。北京近地軍少，當預爲之備。」卽遣官發上京等軍六千，至是果得其用。臨潢總管烏古論道遠、咸平總管蒲察守純分道進討，擒德壽等送京師。

契丹之亂，廷臣議罷郊祀，又欲改用正月上辛，上遣使問之，對曰：「郊爲重禮，且先期詔天下，又藩國已報表賀，今若中罷，何以副四方傾望之意？若改用正月上辛，乃祈穀之禮，非郊見上帝之本意也。大禮不可輕廢，請決行之，臣乞於祀前滅賊。」既而賊破，果如所料。郊禮成，進封南陽郡王。始討契丹，自龍虎衞上將軍、節度使以下許承制授之。襄以宣三十、勑百五十，視功給之。

爲賞罰之柄非人臣所預，不敢奉詔。賊平，請委近臣諭旨將士，使知上恩。乃遣李仁惠持

方德壽之叛，諸乣亦剽略爲民患，襄慮其與之合，乃移諸乣居之近京地，撫慰之。或曰：「乣人與北俗無異，今置內地，或生變奈何？」襄笑曰：「乣雖雜類，亦我之邊民，若撫以恩，焉能無感？我在此，必不敢動。」後果無患。尋詔參知政事裔代領其軍。入見，賜錢五千萬。明年，以內艱免。翌日，起復視事。時議以契丹戶之驅奴尙衆，乞盡鬻以散其黨，襄以爲非便，奏請量存口數，餘悉官贖爲良，上納之。

北部復叛，裔戰失律，復命襄爲左副元帥莅師，尋拜樞密使兼平章政事，屯北京。民方艱食，乃減價出糶倉粟以濟之。或以兵食方闕爲言，襄曰：「烏有民足而兵不足者？」卒行之，民皆悅服。時議北討，襄奏遣同判大睦親府事宗浩出軍泰州，又請左丞衡於撫州行樞密院，出軍西北路以邀阻轐，而自帥兵出臨潢。上從其策，賜內庫物卹軍中用之。其後斜出部族詣撫州降，上專使問襄，襄以爲受之便。賜寶劍，詔度宜窮討。乃令士自賫糧以省輓運，進屯於沔移剌烈、烏滿掃等山以逼之。因請就用步卒穿壕築障，起臨潢左界北京路以爲阻塞。言者多異同，詔問方略。襄曰：「今茲之費雖百萬貫，然功一成則邊防固而戍兵可減半，歲省三百萬貫，且寬民轉輸之力，實爲永利。」詔可。襄親督視之，軍民並役，又募

飢民以傭卽事，五旬而畢。於是西北、西南路亦治塞如所請。無何，泰州軍與敵接戰，宗浩督其後，殺獲過半，諸部相率送款，襄納之。自是北陲遂定。

襄還臨潢，減屯兵四萬、馬二萬疋。上以信符召還，遣近臣迎勞于途。旣至，復撫問于第，入獻邊機十事，皆爲施行，仍厚賜之，復拜左丞相。初，襄至自軍，上諭宰臣曰：「樞密使襄築立邊堡完固。古來立一城一邑，尚有賞賚，卽欲拜三公，三公非賞功官，如左丞相亦非賞功者，雖然可特授之。」遣左司郎中阿勒根阿海降詔褒諭。四年正月，進拜司空，領左丞相如故。

襄重厚寡言，務以鎭靜守法。每掾有所稟，必問曰：「諸相云何？」掾對某相如是，某相如是。襄曰：「從某議。」其事無有異者。識者謂襄誠得相體。時上頗更定制度，初置提刑司，又議設淸閑職位，如宋朝宮觀使，以待年高致仕之官。襄言：「年老致仕，朝廷養以俸廩，恩禮至渥。老不爲退，復有省會之法，所以抑貪冒，長廉節。若擬別設，恐涉于濫。」又言：「省事不如省官，今提刑官吏，多無益於治，徒亂有司事。議者以謂斯乃外臺，不宜罷。臣恐混淆之辭，徒煩聖聽。且憲臺所掌者察官吏非違，正下民寃枉，亦無提點刑獄、擧薦之權。若已設難以遽更，其採訪廉能不宜隸本司，宜令監察御史歲終體究，仍不時選官廉訪。」上皆聽納。俄乞致仕，不許。

時方旱，命有司祈雨，襄及平章政事張萬公、參政僕散揆等上表待罪。上召翰林學士党懷英草罪己詔，仍慰諭襄等視事。泰和元年春，承命馳禱于亳州太清宮及后土方嶽。以其世封遠，特改授河間府路算朮海猛安。明年，皇子生，襄復自請報謝。既祀嵩嶽，還次芝田之府店，遂以疾薨，年六十三。訃聞，輟朝，遣使祭于路，葬禮依太師淄王克寧。謚曰武昭。命張行簡銘其碑。

襄明敏，才武過人，上親待之厚，故所至有功。其駐軍臨潢也，有以僞書遺西京留守徒單鎰，欲構以罪。書聞，上以書還畀襄，其明信如此。既而果獲爲僞書者。在政府二十年，明練故事，簡重能斷，器局尤寬大，待掾吏盡禮，用人各得所長，爲當世名將相。大安間，配享章宗廟廷。

夾谷衡本名阿里不，山東西路三土猛安益打把謀克人也。大定十三年，創設女直進士舉，衡中第四人，補東平府教授。調范陽簿，選充國史院編修官，改應奉翰林文字。世宗嘗謂宰臣曰：「女直進士中才傑之士蓋亦難得，如徒單鎰、夾谷衡、尼厖古鑑皆有用材也。」遷修起居注。章宗立，爲侍御史，轉右司員外郎，敷奏稱旨，升左司郎中。明昌二年，擢御史中丞，未幾，拜參知政事。三年八月，以病，表乞致仕，詔撫慰不許。

衡久在告，承詔始出，上見其羸瘠，復賜告一月。四年，詔賜今名，諭之曰：「朕選大臣，俾參機務，必資謀畫，協贊治平。其或得失晦而未形，利害膠而未決，正須識見純直，方能去取合公。比來議事之臣，鮮有一定之論，蓋以內無所守，故臨事而惑，致有中失，朕將何賴？卿忠實公方，審其是則執而不回，見其非則去而能果，度其事勢，有若權衡。汝之所長，衡實似之，可賜名『衡』。古者命名將以責實，汝先有實，可謂稱名，行之克終，乃副朕意。」

參知政事胥持國言區種法。衡曰：「若苟有利，古已行之，且用功多而所種少，復恐荒廢土田，徒勞民，無益也。」進尚書右丞。舊制，久歷隨朝職任者，得奉使江表。衡未使而拜執政，特賜錢六千貫。六年，遷尚書左丞，尋出行省于撫州。洎還入朝，聞父憂去，上亟召回，起復本職。

承安二年，出爲上京留守，尋改樞密副使，行院規畫邊事。三年，以修完封界，賜詔褒諭。四年正月，就拜平章政事，封英國公。薨，年五十一。上聞之惻然，爲輟朝，命官致祭，賻贈有加。遣使勅葬，謚曰貞獻。

完顏安國字正臣，本名閻母。其先占籍上京，世有戰功。祖斜婆，授西南路世襲合札謀克。

安國沉雄有謀畫，尤善騎射。正隆元年，從軍爲謀克，常以少擊衆。大定中，爲常山簿，轉虹縣令。會王府新建，選充虞王府掾。再遷儀鸞局副使。明昌元年，改本局使。會大石部長有乞修歲貢者，朝廷許其請，詔安國往使之。至則率衆遠迓至帳，望闕羅拜，執禮無惰容。

時北阻䪁迫近塞垣，隣部欲立功以誇雄上國，議邀安國俱行討之。安國以未奉詔爲辭。强之，不可。或以危言怵之，安國曰：「大丈夫豈以生死易節。暴骨邊庭，不猶愈於病死牖下。」衆壯其言，餽贐如禮。旣還，以奉使稱旨，升武衞軍都指揮使。出爲東北路副招討，未赴，改西北路副招討。

六年，左丞相夾谷清臣用兵，以安國爲先鋒都統。適臨潢、泰州屬部叛，安國先討定之，以功遷本路招討使，兼威遠軍節度使。承安元年，大鹽濼之戰，殺獲甚衆，詔賜金幣。旣而右丞相襄總大軍進，安國爲兩路都統，大捷於多泉子。襄遣安國追敵，僉言糧道不繼，不可行也。安國曰：「人得一羊可食十餘日，不如驅羊以襲之便。」遂從其計。安國統所部萬人疾驅以薄之，降其部長。捷聞，進官四級，遷左翼都統。

承安二年，以營邊堡功，召簽樞密院事。賜虎符還邊，得以便宜從事。時並塞諸部降，諭使輸貢如初。進拜樞密副使。泰和元年，特授世襲西南路延晏河猛安，兼合札謀克。帝幸慶寧宮，命安國嚴飭邊備。奏西南路邊戍私竄者乞招誘以安人心，上是其言。三年，以疾致仕，封道國公。四年，起復前職，卒。上聞之，輟朝。勅有司葬以執政禮，贈特進。

安國在軍旅幾十五年，號令嚴明，指麾卒伍如左右手。又善伺知敵人虛實及山川險易，戰必身先士卒，故所向輒克。諸部入貢，安國能一一呼其祖先弟姪名字以戒諭之，諸部皆震悚，甚爲隣國所畏服。

瑤里孛迭，北京路窟白猛安陀羅山謀克人也。以軍功歷海濱令，遷徐王府掾，以稱職，再任御史臺。察廉，升同知震武軍節度使事。明昌初，爲唐州刺史，尋授西北路招討副使。未幾，改東北路。六年正月，北邊有警，聚兵圍慶州急，孛迭率本路軍往救，敵解去，州竟無患。

承安元年，丞相襄北伐，孛迭爲先鋒副統，進軍至龍駒河，受圍，會襄引大軍至，得解。後授鎮寧軍節度使，以六羣牧人叛，改寧昌軍。孛迭爲都統，領步騎萬次懿州，敵數萬來逆戰，兵勢甚張，孛迭親陷陣，奮力鏖擊却之，身中二創，捷聞，遷一官。

承安二年，乣軍千餘出沒剽掠錦、懿間，孛迭追敗之，復獲所掠，悉還本戶。三年，從同判大睦親府事宗浩爲左翼都統，戰移密河，勝；戰骨堡子西，殺獲甚衆。五年，授知廣寧府事，俄改東北路招討使。以捍邊有功，賜詔褒諭，三遷爲崇義軍節度使。泰和六年，卒。訃聞，遣官致祭，賜銀五百兩，贈金紫光祿大夫。

孛迭勇決善戰，自幼以軍功顯，任兵鎮十餘年，所向克捷，凡再遷官，賜金幣，甚爲上倚注云。

贊曰：易師之初六：「師出以律，否臧凶。」蓋初爲師之始，出師之道，當愼其始。清臣首議出師，遽以貪小利敗。襄雖賢，竭力而後勝其任。衡、安國、孛迭之功又亞於襄者也。然而，兵連禍結，以終金世。故兵無常勝，制勝在勢。勢制兵者强，兵制勢者亡。迹襄之開築壕塹以自固，其猶元魏、北齊之長城歟？金之勢可知矣。勢屈而兵勝，亡國之道也。金以兵始，亦以兵終。嗚呼！用兵之始，可不愼歟，可不愼歟！

校勘記

〔一〕殺刺史烏古孫麻發　按本書卷七三宗尹傳作「殺刺史烏古孫麻潑」。

〔二〕河南統軍宗尹　「尹」原作「正」。按本書卷六世宗紀，大定二年九月「癸亥，河南統軍使宗尹復取汝州」。卷七三宗尹傳亦記此事。今據改。

〔三〕遷烏古十疊部族節度使　按本書卷二四地理志，「部族節度使」有「烏古里部族節度使、石壘部族節度使」。又卷七三守能傳有「烏古里石壘部族節度副使」。「烏古十壘」當卽「烏古里石壘」。

〔四〕左衞將軍充　按「左衞將軍」本卷內族襄傳作「右衞將軍」。

〔五〕祖什古迺　按本書卷五九宗室表，「什古」兩見，無「迺」字。

〔六〕是用委以機政　「機政」原作「政機」，據文義乙正。

〔七〕時胡里乣亦叛　「里」原作「疋」，草書形近致誤。按本書卷九三獨吉思忠傳，「大定間，修築西北屯戍，西自坦舌，東至胡烈么，幾六百里」。「胡烈么」卽「胡烈乣」，亦卽「胡里乣」，參見本書卷一一章宗紀校記〔一五〕。

金史卷九十五

列傳第三十三

移剌履　張萬公　蒲察通　粘割斡特剌　程輝　劉瑋

董師中　王蔚　馬惠迪　馬琪　楊伯通　尼厖古鑑

移剌履字履道，遼東丹王突欲七世孫也。父聿魯，早亡。聿魯之族兄興平軍節度使德元無子，以履爲後。方五歲，晚臥廡下，見微雲往來天際，忽謂乳母曰：「此所謂『臥看青天行白雲』者耶？」德元聞之，驚曰：「是子當以文學名世。」及長，博學多藝，善屬文。初舉進士，惡搜檢煩瑣，去之。廕補爲承奉班祗候、國史院書寫。

世宗方興儒術，詔譯經史，擢國史院編修官，兼筆硯直長。一日，世宗召問曰：「朕比讀貞觀政要，見魏徵嘉謀忠節，良可稱歎。近世何故無如徵者？」履曰：「忠嘉之士，何代無之，但上之人用與不用耳。」世宗曰：「卿不見劉仲誨、〔一〕張汝霖耶，朕超用二人者，以嘗居諫職，屢有忠言故也。安得謂之不用，第人材難得耳。」履曰：「臣未聞其諫也。且海陵杜塞言路，天下緘口，習以成風。願陛下懲艾前事，開諫諍之門，天下幸甚。」

初議以時務策設女直進士科，禮部以所學不同，未可概稱進士，詔履定其事，乃上議曰：「進士之科，起于隋大業中，始試以策。唐初因之，高宗時雜以箴銘賦詩，至文宗始專用賦。且進士之初，本專試策，今女直諸生以試策稱進士，又何疑焉。」世宗大悅，事遂施行。十五年，授應奉翰林文字，兼前職，俄遷修撰。二十年，詔提控衍慶宮畫功臣像，過期，降應奉。踰年，復爲修撰，轉尚書禮部員外郎。

章宗爲金源郡王，喜讀春秋左氏傳，聞履博洽，召質所疑。履曰：「左氏多權詐，駁而不純。尚書、孟子皆聖賢純全之道，願留意焉。」王嘉納之。二十六年，進本部郎中，兼同修國史、翰林修撰，表進宋司馬光古文孝經指解曰：「臣竊觀近世，皆以兵刑財賦爲急，而光獨以此進其君。有天下者，取其辭施諸宇內，則元元受賜。」俄以疾，乞補外，世宗曰：「履多病，可與便州。」遂授薊州刺史。無幾，召爲翰林待制，同修國史。明年，擢尚書禮部侍郎，兼翰林直學士。

世宗崩，遺詔移梓宮壽安宮。章宗詔百官議，皆謂當如遺詔，履獨曰：「非禮也。天子七月而葬，同軌畢至。其可使萬國之臣朝大行於離宮乎？」上曰：「朕日夜思之，捨正殿而奠於別宮，情有所不忍，且於禮未安。」遂殯於大安殿。二十九年三月，進禮部尚書，兼翰林直學士，賜大定三年孟崇獻牓下進士及第。七月，拜參知政事，提控刊修遼史。明昌元年，進尚書右丞。

初，河溢曹州，帝問曰：「春秋二百四十二年，不言河決，何也？」履曰：「春秋止是魯史，所以鮮及他國事。」二年六月，薨，年六十一。是日，履所生也。謚曰文獻。

履秀峙通悟，精曆算書繪事。先是，舊大明曆舛誤，履上乙未曆，以金受命于乙未也，世服其善。初，德元未有子，以履爲後，旣而生子震，德元歿，盡推家貲與之。其自禮部兼直學士爲執政，乃舉前代光院故事，以錢五十萬送學士院，學者榮之。

張萬公字良輔，東平東阿人也。幼聰悟，喜讀書。父彌學，夢至一室，牓曰「張萬相公讀書堂」，已而萬公生，因以名焉。登正隆二年進士第，調新鄭簿。以憂去。服闋，除費縣簿。大定四年，爲東京辰瀋鹽副使，課增，遷長山令。時土寇未平，一旦至城下者幾萬人，萬公登陴諭以鄉里親舊意，衆感悟相率而去，邑人賴之，爲立生祠。久之，補尚書省令史，擢河北西路轉運司都勾判官，改大理評事，就陞司直，四遷侍御史、尚書右司員外郎。丞相徒單克寧嘗謂曰：「後代我者必汝也。」俄授郎中，敷奏明敏，世宗嘉之，謂侍臣曰：「張萬公純直人也。」尋遷刑部侍郎。

章宗卽位，初置九路提刑司，選爲南京路提刑使。以治最，遷御史中丞。會北邊屢有警，上命樞密使夾谷清臣發兵擊之。萬公言：「勞民非便。」詔百官議於尚書省，遂罷兵。尋爲彰國軍節度使。

明昌二年，知大興府事，拜參知政事。踰年，以母老乞就養，詔不許，賜告省親。還，上問山東、河北粟貴賤，今春苗稼，萬公具以實對。上謂宰臣曰：「隨處雖得雨，尚未霑足，奈何？」萬公進曰：「自陛下卽位以來，興利除害，凡益國便民之事，聖心孜孜，無不舉行。至於旱災，皆由臣等，若依漢典故，皆當免官。」上曰：「卿等何罪，殆朕所行有不逮者。」對曰：「天道雖遠，實與人事相通，唯聖人言行可以動天地。昔成湯引六事自責，周宣遇災而懼，側身修行，莫不修飭人事。〔三〕方今宜崇節儉，不急之務、無名之費，可俱罷去。」上曰：「災異不可專言天道，蓋必先盡人事耳，故孟子謂王無罪歲。」左丞完顏守貞曰：「陛下引咎自責，社稷之福也。」上由是以萬公所言下詔罪己。

進士李邦乂者上封事，因論世俗侈靡，譏涉先朝，有司議言者罪，上謂宰臣曰：「昔唐張玄素以桀、紂比文皇。今若方我爲桀、紂，亦不之罪。至於世宗功德，豈容譏毀。」顧問萬公曰：「卿謂何如？」〔三〕萬公曰：「譏斥先朝，固當治罪，然舊無此法。今宜定立，使人知之。」乃命免邦乂罪，惟殿三舉。其奏對詳敏，多類此。

四年，復申前請，授知東平府事，諭之曰：「卿在政府，非不稱職，以卿母老，乞侍養，特畀鄉郡，以遂孝養。朕心所屬，不汝忘也。」萬公謝，且捧書言曰：「臣狂妄，有一言欲今日以聞，會受除未及耳。夫內外之職，憂責如一，畎畝之臣猶不忘君，芻蕘之言，明主所擇，伏望聖聰省察。」上嘉納之。六年，改知河中府，時軍興，調發叢劇，悉爲寬假，使民力易辦。人爲繪像於薰風樓，又建「去思堂」。

移鎮濟南，以母憂去職。卒哭，詔起復，拜平章政事，躐遷資善大夫，封壽國公。時李淑妃有寵，用事，帝意惑之，欲立爲后，大臣多不可。御史姬端脩上書論之，帝怒，御史大夫張暐削一官，侍御史路鐸削兩官，端脩杖七十，以贖論。淑妃竟進封元妃。又大兵雖罷，而邊事方殷，連歲旱暵，災異數見。又多變更制度，民以爲弗便而又改之，紛紛無定。萬公素沉厚深謹，務安靜少事以爲治，與同列議多不合，然頗嫌畏，不敢犯顏强諫，須帝有問，然後審畫利害而質言之，帝雖從而弗行也。萬公於是兩上表以衰病匄閒，詔諭曰：「近卿言數事，朕未嘗行，乃朕之過。卿年未老，而遽告病，今特賜告兩月，復起視事。」

初，明昌間，有司建議，自西南、西北路，沿臨潢達泰州，開築壕塹以備大兵，役者三萬人，連年未就。御史臺言：「所開旋爲風沙所平，無益於禦侮，而徒勞民。」上因旱災，問萬公所由致。萬公對以「勞民之久，恐傷和氣，宜從御史臺所言，罷之爲便」。後丞相襄師還，卒爲開築，民甚苦之。主兵者又言：「比歲征伐，軍多敗衄，蓋屯田地寡，無以養贍，至有不免飢寒者，故無鬭志。願括民田之冒稅者分給之，則戰士氣自倍矣。」朝臣議已定，萬公獨上書，言其不可者五，大略以爲：「軍旅之後，瘡痍未復，百姓拊摩之不暇，何可重擾，一也。通檢未久，田有定籍，括之必不能盡，適足以增猾吏之敝，長告訐之風，二也。浮費侈用，不可勝計，推之以養軍，可斂不及民而足，〔四〕無待於奪民之田，三也。兵士失於選擇，强弱不別，而使同田共食，振厲者無以盡其力，疲劣者得以容其姦，四也。奪民而與軍，得軍心而失天下心，其禍有不可勝言者，五也。必不得已，乞以冒地之已括者，召民蒔之，以所入贍軍，則軍有坐獲之利，而民無被奪之怨矣。」皆不報。一日奏事，上謂萬公曰：「卿昨言天久陰晦，亦由人君用人邪正不分。君子當在內，小人當在外，甚有理也，然孰謂小人？」萬公奏「張煒、田櫟、張嘉貞等，雖有才幹，無德可稱」。上卽命三人補外。

泰和元年，連章請老，不許，遷榮祿大夫，賜其子進士及第。明年，章再上，有旨：「得非卿有所言，朕有不從者乎？或同列情見不一，而多違卿意邪？不然，何求去如是之數也。」萬公謝無他，第以病言。三年正月，章再上，不允，加銀青光祿大夫。三月，歷舉朝臣有名者以自代，求去甚力，上知其不能留，諭曰：「朕初卽位，擢卿執政，繼遷相位，以卿先朝舊人，練習典故，朕甚重之。且年雖高而精力未衰，故以機務相勞。爲卿屢求退去，故勉從之，甚非朕意也。」加金紫光祿大夫，致仕。

六年，南鄙用兵，上以山東重地，須大臣鎭撫之，先任完顏守貞卒，於是特起萬公知濟南府、山東路安撫使。山東連歲旱蝗，沂、密、萊、莒、濰五州尤甚。萬公慮民飢盜起，當預備賑濟。時兵興，國用不給，萬公乃上言乞將僧道度牒、師德號、觀院名額幷鹽引，付山東行部，於五州給賣，納粟易換。又言督責有司禁戢盜賊之方。上皆從之。宋人請和，復乞致仕，許之，加崇進，仍給平章政事俸之半。泰和七年，薨。命依宰臣故事，燒飯，賻葬。贈儀同三司，謚曰文貞。

萬公淳厚剛正，門無雜賓，典章文物，多所裁正。上嘗與司空襄言秋山之樂，意將有事於春蒐也。顧視萬公，萬公曰：「動何如靜。」上改容而止。輔政八年，其所薦引，多廉讓之士焉。大安元年，配享章宗廟廷。

蒲察通本名蒲魯渾，中都路胡土愛割蠻猛安人也。熙宗選護衞，見通名，以筆識之。通以父老，懇乞就養。衆訝之曰：「得充侍衞，終身榮貴，今乃辭，過人遠矣。」朝廷義而從之。後因會葬宋王宗望於房山，以門閥，加昭信校尉，授頓舍。〔五〕改御院通進。及彝中，敵兵躍出，通按兵直前，傍有舞槊來刺者，回身射之，應弦而斃。諸軍併擊，敗之。海陵召見，喜形於色，曰：「兵事定，汝勿憂爵賞。」至揚州，通營別屯。是夜，海陵遇弒，有來告者，通欲執而殺之，續聞其實，哀悶仆地，衆掖而起，徑入營門哭之。

海陵伐宋，隆州諸軍尤精銳，付通總之。兵壓淮，令通率騎二百先濟覘敵。

軍還，入見，世宗顧謂近臣曰：「朕素知是人，幼嘗從游，性溫厚，有識慮，又精騎射。」授尚廐局副使。又諭近臣曰：「常令見朕，欲問以事而考其言，朕將用之。」窩斡反，命通佩金符，詣軍前督戰。賊破，以功授世襲謀克。奚人亂，承詔繼往涖軍。還本局使，以母喪免，起爲殿前右衛將軍，兼領閑廐。尋命其子蒲速烈尚衛國公主。出爲肇州防禦使，賜以金帶，〔六〕仍諭以補外之意，因戒勅之，語在世宗紀中。尋擢蒲與路節度使，移鎭歸德軍，遷西南路招討，入知大興府事，除殿前都點檢。初，大理卿闕，世宗欲令通爲之，問宰臣，對曰：「通，點檢器也。」上曰：「點檢繁冗，無由顯其能。通明敏才幹，正掌法之官。」又曰：「通之機識，崇尹不及也。」

大定十七年，拜尚書右丞，轉左丞。詔議推排猛安謀克事，大臣皆以爲止驗見在產業，定貧富，依舊科差爲便。通言：「必須通括各謀克人戶物力多寡，則貧富自分。貧富分，則版籍定，如有緩急，驗籍科差，富者不得隱，貧者不重困。與一例科差者，大不侔矣。」上是通言，謂宰臣曰：「議事當如通之盡心也。」閱三歲，進平章政事，封任國公。

世宗將幸上京，以通朝廷舊人，命爲上京留守，先往鎮撫之。二十五年，除知眞定府事，世宗曰：「朕復欲相卿，惜卿老矣，故以此授卿。」仍賜錢千貫。未幾，改知平陽府事，移鳳翔，致仕。明昌四年，上諭宰臣曰：「通先朝重臣，年雖高而未衰。」因命知廣寧府事。累表請老，復以開府儀同三司致仕。

承安三年薨。諭旨於其弟曰：「舊制，致仕宰相，無祭葬禮，通舊臣懿戚，故特命勅祭及葬。」初，通在政府，舉太子率府完顏守貞、監察御史裔俱可大用，其後皆爲名臣，世多其知人云。

粘割斡特剌，蓋州別里賣猛安奚屈謀克人也。貞元初，以習女直字試補戶部令史，轉尙書省令史。大定七年，選授吏部主事，歷右補闕、修起居注。九年，河南路統軍使宗敍以宋人欲啓兵釁，上言求入見，世宗遣斡特剌就問之，仍究其實。至汴，問宗敍，及召凡嘗言邊事者詰之，皆無狀。還報，世宗喜曰：「朕固知妄也。」授左司員外郎。

十年，以夏國發兵築祁安城及襲殺喬家族首領結什角，又諜者言夏與宋人通謀犯邊，詔大理卿李昌圖與斡特剌往按其事。夏人報言，結什角以兵犯夏境故殺之，祁安城本上國所賜舊積石地，發兵修築以備他盜耳。又察知宋、夏無交通狀，及喬家族民戶願令結什角姪趙師古爲首領，具以聞。世宗甚悅，轉右衞將軍，〔七〕賜衣馬車牛弓矢器仗。十二年，爲夏國生日使，還授右司郎中，遷右副都點檢。久之，出爲河南路統軍都監，賜金帶及具裝馬。

十七年，授昌武軍節度使，兼領前職。明年，入爲刑部尚書，拜參知政事。世宗嘗諭平章政事唐括安禮曰：「朕思爲治之道，考擇人材最爲難事，其餘常務各有程式，非此比也。如斡特剌所舉者，頗稱朕意。」時右三部檢法蒙括蠻都告斡特剌與招討哲典朋黨，乞付刑部詰問，世宗曰：「若哲典免死，則可謂朋黨。今已伏誅，乃誣謗耳。」又謂宰臣曰：「朕素知此人極有識慮，貌雖柔而心甚剛直，所行不率易也。」二十二年，委提控代州阜通監，召見諭之曰：「朕自任卿以來，悉卿材幹，故擢爲執政。卿亦體朕待遇之意，能勉盡所職，凡謀議奏對多副朕心，莫倚上有宰相而自嫌外。蓋舊人年老，新人未苦經練，是以委責於卿，但有所見悉心以言，勿持嫌以爲不知也。」二十三年，進尚書右丞，兼樞密副使，表乞解一職，詔許解樞密。世宗以猛安謀克拋留土田，責宰臣曰：「此事皆卿輩所當陳舉，乃俟朕言而後行，蓋卿輩以爲細務非天子所親。朕嘗思之，獄訟簿書有斡特剌在，餘事卿輩略不介意，朕亦安能置而不問邪？」俄坐事削一階，令視事如故。

二十六年，轉尙書左丞，世宗謂曰：「朕昨與宰臣議可授執政者，卿不在焉。今阿魯罕年老，斡魯也多病，吾欲用宗浩何如？」斡特剌奏曰：「彼二人者恐不得力，獨宗浩幹能可任。」遂用宗浩。又謂曰：「朕於天下事無不用心，一如草創時。」斡特剌曰：「自古人君始勤終怠者多矣，有始有終，惟聖人能之。」上曰：「唐太宗至明之主也，然魏徵諫以十事，謂其不能有終，是則有終始者實爲難矣。」二十八年，爲上京留守，賜通犀帶及射生馬一。

明昌二年致仕。承安初，有事北方，朝廷欲得舊臣任之，乃起爲東京留守，遣監察御史完顏綱諭旨曰：「知汝精神尙健，故復用也。」明年，改上京留守，又諭之曰：「上京祖先基業之地，卿馳驛之任，到彼便宜行事。邊事稍息，卽召卿還。」二年九月，還朝，拜平章政事，封芮國公。在位數月，薨，年六十九。訃聞，上傷悼久之，遣官致祭，賻贈銀千二百五十兩、重幣四十五端、絹四百五十疋、錢二千貫，謚曰成肅。

斡特剌性溫厚醞藉，嘗爲丞相紇石烈良弼所薦，後世宗謂宰臣曰：「良弼善知人，如斡特剌輩其才眞可用也。」在相位十餘年，甚見寵遇，唯奏定五品官子與外路司吏同試部令史、及令隨朝吏員得試國史院書寫，世宗以爲非云。

程輝字日新，蔚州靈仙人也。皇統二年，擢進士第，由尚書省令史升左司都事。久之，爲南京路轉運使，以宮殿火，降授磁州刺史。有吳僧者殺州人張善友而取其妻，輝督捕之，命張母以長錐刺僧與其妻無完膚以死。改陝西東路轉運使，再遷戶部尚書。

大定二十三年，拜參知政事。世宗諭之曰：「卿年雖老，猶可宣力。事有當言，毋或隱默。卿其勉之。」一日，輝侍朝，世宗曰：「人嘗謂卿言語荒唐，今過事輒言，過於王蔚。」顧謂宰臣曰：「卿等以爲何如？」皆曰：「輝議政可否，略無隱情。」輝對曰：「臣年老耳聵，第患聽聞不審，或失奏對。苟有所聞，敢不盡心。」舊廟祭用牛，世宗晚年欲以他牲易之，輝奏曰：「凡祭用牛者，以牲之最重，故號太牢。語曰：『犁牛之子騂且角，雖欲勿用，山川其舍諸？』古禮不可廢也。」

二十四年，世宗幸上京，尚書省奏來歲正旦外國朝賀事，世宗曰：「上京地遠天寒，朕甚憫人使勞苦，欲即南京受宋書，何如？」輝對曰：「外國使來必面見天子，今半途受書，異時宋人託事效之，何以辭爲？」世宗曰：「朕以誠實，彼若相詐，朕自有處置耳。」輝以爲不可，於是議權免一年。會有司市麵不時酬直，世宗怒監察不舉劾，杖責之。以問輝，輝對曰：「監察，君之耳目。所犯罪輕，不贖而杖，亦一時之怒也。」世宗曰：「職事不舉，是故犯也，杖之何不可。」輝對曰：「往者不可諫，來者猶可追。」

二十六年，以老致仕。次年，復起知河南府事，輝辭以衰老不任，召入香閣，諭之曰：「卿年老而精力尙强，雖久歷外，未嘗得嘉郡，河南地勝事簡，故以處卿，卿可優游頤養。」輝曰：「臣猶老馬也，芻豆待養，豈可責以筋力。向者南京宮殿火，非聖恩寬貸，臣死久矣。今河之徑河南境上下千餘里，河防之責視彼尤重，此臣所以憂不任也。」於是特詔不預河事。章宗立，時輝年七十六，復乞致仕，詔許之，仍給參知政事半俸。承安元年卒，謚曰忠簡。

輝性倜儻敢言，喜雜學，尤好論醫，從河間劉守眞說，率用涼藥。神童嘗添壽者方數歲，〔八〕輝召之，因書「醫非細事」四字，添壽塗「細」字，改書作「相」，輝頗慚，人亦以此爲中其病云。

劉瑋字德玉，咸平人也。唐盧龍節度使仁敬之裔。祖弘，遼季鎭懿州，王師至，弘以州降，太祖俾知咸州，後以同平章政事致仕。父君詔，同知宣徽院事。瑋幼警悟，業進士舉，熙宗錄其舊，特賜及第。調安次丞。由遵化縣令補尙書省令史，歷戶部主事、監察御史，累轉尙書省都事。宰臣奏擬瑋經畫軍民田土，世宗見其名曰：「劉瑋尙淹此乎。」遷戶部員外郎。時將東巡，命瑋同工部郎中宋中往營行宮，就陞郎中。改同知宣徽院事，爲使宋國信副使。璋父兄皆以是官使江左，當時榮之。還授戶部侍郎。

初，世宗器璋材幹，以爲無施不可，及將幸上京，以行在所須皆隸太府，欲璋領其事，嫌其稍下，故移戶部侍郎張大節於工部，而以戶部授璋。上還，謂宰臣曰：「劉璋極有心力，臨事閑暇，第用心不正耳。若心正當，其人才不可得也。」

明年，擢戶部尚書。時河決于衞，自衞抵淸、滄皆被其害，詔兼工部尚書往塞之。或以謂天災流行，非人力所能禦，惟當徙民以避其衝，璋曰：「不然。天生五材，遞相休王，今河決者土不勝水也。俟秋冬之交，水勢稍殺，以漸興築，庶幾可塞。」明年春，璋齋戒禱于河，功役齊舉，河乃復故。召還增秩，以爲宋弔祭副使。世宗不豫，拜參知政事，仍領戶部，旣而爲山陵使。尋上表請外，出知濟南府事，移鎭河中。明昌二年，徙知大名府，〔九〕仍領河防事。

三年，入拜尚書右丞。上嘗問考課法今可行否，右丞相夾谷淸臣曰：「行之亦可，但格法繁則有司難於承用耳。」璋曰：「考課之法本於總核名實，今提刑司體察廉能贓濫以行賞罰，亦其意也。若別議設法，恐涉太繁。」上問唐代何如，璋對以「四善、二十七最」。明年六月，卒。是日，上將擊毬於臨武殿，聞璋卒而止，謚曰安敏。

後上謂宰臣曰：「人爲小官或稱才幹，及其大用則不然。如劉璋固甚幹，然自世宗朝逮輔朕，於事多有知而不言者。若實愚人則不足論，知及之而不肯盡心，可乎？」平章政事完顏守貞曰：「春秋之法，責備賢者。」上曰：「夫爲宰相而欲收恩避怨，使人人皆稱己是，賢者固若是乎？」

董師中字紹祖，洺州人也。少敏贍，好學強記。擢皇統九年進士第，調澤州軍事判官。改平遙丞。縣有劇賊王乙，素凶悍不可制，師中捕得杖殺之，一境遂安。時大軍後，野多枯胔，縣有遺櫬寓于驛舍者，悉爲葬之。遷絳上令，補尚書省令史，右相唐括訛魯古尤器重之，撫其座曰：「子議論英發，襟度開朗，他日必居此座。」再考，擢監察御史，遷尚書省都事。初，師中爲監察時，漏察大名總管忽刺不公事，及忽刺以罪誅，世宗怒曰：「監察出使郡縣，職在彈糾，忽刺親貴尤當用意，乃徇不以聞。」削官一階，降授沁南軍節度副使。累遷坊州刺史。

明昌元年，初置九路提刑司，師中選爲陝西路副使，坐修公廨濫支官錢罪，以贖論。及御史臺言其寬和有體，召爲大理卿。御史中丞吳鼎樞舉以自代，尚書省亦奏其才行，遂擢中丞。時西北路招討使宗肅以平章夾谷清臣薦，知大興府事。師中上言：「宗肅近以贓罪鞫于有司，獄未竟，不宜改除。」上納其言，曰：「朕知之矣。有功不賞，有罪不罰，雖唐、虞不能化天下。」命復送有司。

四年，上將幸景明宮，師中及侍御史賈鉉、治書侍御史粘割遵古諫，以謂「勞人費財，蓋其小者，變生不虞，所繫非輕。聖人法天地以順動，故萬舉萬全。今邊鄙不馴，反側無定，必里哥孛瓦貪暴強悍，深可爲慮。陛下若問諸左右，必有容悅而言者，謂堂堂大國，何彼之恤。夫蠭蠆有毒，患起所忽。今都邑壯麗，內外苑囿足以優佚皇情，近畿山川飛走充牣，足以閱習武事，何必千車萬騎，草居露宿，逼介邊陲，遠煩偵候，以冒不測之悔哉。」上不納。

師中等又上疏曰：「近年水旱爲沴，明詔罪己求言，罷不急之役，省無名之費，天下欣幸。今方春東作，而亟遣有司修建行宮，揆之於事，似爲不急。況西、北二京，臨潢諸路，比歲不登。加以民有養馬簽軍挑壕之役，財力大困，流移未復，米價甚貴，若扈從至彼，又必增價。日糴升合者口以萬數，舊藉北京等路商販給之，倘以物貴或不時至，則飢餓之徒將復有如曩歲，殺太尉馬、毀太府瓜果、出忩怨言、起而爲亂者矣。書曰：『民情大可見，小人難保。』況南北兩屬部數十年捍邊者，今爲必里哥孛瓦誘脅，傾族隨去，邊境蕩搖如此可虞，若忽之而往，豈聖人萬舉萬全之道哉。迺者太白晝見，京師地震，又北方有赤色，遲明始散。天之示象，冀有以警悟聖意，修德銷變。矧夫逸遊，古人所戒，遠自周、秦，近逮隋、唐與遼，皆以是生釁，可不愼哉，可不畏哉。」左補闕許安仁、右拾遺路鐸亦皆上書論諫。是日，上御後閣，召師中等賜對，卽從其奏，仍遣諭輔臣曰：「朕欲巡幸山後，無他，不禁暑熱故也。今臺諫官咸言民間缺食處甚多，朕初不盡知，旣已知之，暑雖可畏，其忍私奉而重民之困哉。」迺罷北幸。尋爲宋生日國信使，還以所得金帛分遺親舊。五年，上復如景明宮，師中及臺諫官各上疏極諫，上怒，遣近侍局直長李仁愿詣尚書省，召師中等諭之曰：「卿等所言，非無可取，然亦有失君臣之體者。今命平章諭旨，其往聽焉。」

戶部尚書馬琪表舉自代，擢吏部尚書。初，完顏守貞改爲西京留守，朝京師，上欲復用，監察御史蒲剌都等糾彈數事，師中辨其誣，而舉守貞正人可用，守貞由是復拜平章政事。及守貞以罪斥，上曰：「向薦守貞者應降黜。如董師中言臺省無此人不治，路鐸、李敬義亦嘗推舉，可左遷於外。然三人者後俱可用，今姑出之，以正失舉罪。」除陝西西路轉運使。歲餘，徵爲御史大夫，命與禮部尚書張暐看讀陳言文字。踰三月，拜參知政事，進尚書左丞。他日奏事，上語輔臣曰：「御史姬端脩言小人在側，果誰歟？」師中曰：「應謂李喜兒輩。」上默然。

師中通古今，善敷奏，練達典憲，處事精敏，嘗言曰：「宰相不當事細務，要在知人才，振綱紀，但一心正、兩目明，足矣。」承安四年，表乞致仕，詔賜宅一區，留居京師。以寒食，乞過家上冢，許之，且命賦寒食還家上冢詩。每節辰朝會，召入侍宴，其眷禮如此。泰和二年，薨，年七十四。上聞之，甚悼惜，顧謂大臣曰：「凡正人多執方而不通，獨師中正而通。」詔依見任宰執例葬祭，仍賻贈之，謚曰文定。

師中工文，性通達，疏財尙義，平居則樂易眞率，其臨事則剛決，挺然不可奪。弟師儉，初業進士，欲籍其資廕。師中保任之，密令人代給堂帖，使之肄業。師儉感其義方，力學後遂登第。方在政府，近侍傳詔，將錄用其子，師中奏曰：「臣有姪孤幼，若蒙恩錄，勝于臣子。」上義之，以其姪爲筆硯承奉。與胥持國同輔政，頗相親附，世以此少之。

王蔚字叔文，香河人也。登皇統二年進士第，調良鄉丞。治績優等，補尙書省令史，知管差除。蔚性通敏，曉析吏事，尋授都事，以喪去，起復，行左司員外郎，遷郎中。大定二年，超授河東北路轉運使，諭旨曰：「汝在海陵時，行事多不法。然朕素知爾才幹，欲授以內除，而憲臺有言，以是補外。如能澡心易行，必當升擢，否則勿望再用。」既而察廉爲第一，授中都路都轉運使。改吏部尙書，以斷護衞出職事不當，奪官一階。頃之，出知河中府事，遷南京留守。十五年，拜參知政事，蔚懇辭不任負荷，勅諭之曰：「卿但履正奉公，無或阿順，何以辭爲？」十六年，出知眞定府事，累轉知河中府。明昌元年，召拜尙書右丞，致仕，卒。

馬惠迪字吉甫，漷陰人也。擢天德三年進士第，再調昌邑令，察廉第一，補尚書省令史。大定中，出爲西京留守判官，以治最，擢同知崇義軍節度事。累遷左司郎中。先是，鄧儼居是職，世宗愛其明敏，惠迪一日奏事退，上謂宰臣曰：「人之聰明多失於浮衒，若惠迪聰明而朴實，甚可喜也。朕嘗與論事，五品以下朝官少有如者。」未幾，超授御史中丞，拜參知政事。

時烏底改叛亡，世宗已遣人討之，又欲益以甲士，毀其船栰。惠迪奏曰：「得其人不可用，有其地不可居，恐不足勞聖慮。」上曰：「朕固知之。所以毀其船栰，正欲不使再窺邊境耳。」尋以憂去，起爲昭義軍節度使。明昌元年，爲南京留守，致仕，卒。

馬琪字德玉，大興寶坻人。正隆五年擢進士第，調清源主簿，三遷永清令。永清畿縣，號難治，前令要介有能聲，琪繼以治聞。補尚書省令史，以永清治最，授同知定武軍節度使事、興中府治中，召爲戶部員外郎，改侍御史。

世宗謂宰臣曰：「比者馬琪主奏高德溫獄，其於富戶寄錢事皆略不奏。朕以琪明法律而正直，所爲乃爾，稱職之才何其難也？古人雖云『罪疑惟輕』，非爲全尙寬縱也。」尋轉左司員外郎，扈從東巡，遷右司郎中，移左司。時擇使宋國者，世宗欲命琪，宰臣言其資淺，詔特遣之，還授吏部侍郎，改戶部。

章宗即位，除中都路都轉運使。時戶部闕官，上命宰臣選可任者，或舉同知大興府事烏古孫仲和，上曰：「仲和雖有智力，恐不能主錢穀。理財安得如劉晏者，官用足而民不困，唐以來一人而已。」或舉琪，上然之，曰：「琪不肯欺官，亦不肯害民，是可用也。」遂擢爲戶部尚書。久之，削官一階。初，琪病告，近侍傳旨，不具服曳履而出，有司議當徒二年，減外猶追官解任。大理少卿閻公貞以爲琪本荒遽失措，與非病告有違不同，宜減徒二年三等論之。上從公貞議，任職如故。

明昌四年，拜參知政事，詔諭之曰：「戶部遽難得人，顧無以代卿者，故用卿晚耳。」一日，上謂琪曰：「卿在省久矣，比來事少於往時何也。」琪曰：「昔宰職多有異同，今情見不同者甚少。」上曰：「往多情見爲是耶，今無者爲是耶？」琪曰：「事狀明者不假情見，便用情見，亦要歸之是而已。」五年，河決陽武，灌封丘而東，琪行尚書省事往治之，訖役而還。遷中大夫。承安元年，北邊用兵，而連歲旱暵，表乞致仕，不許。明年，出鎮安武軍，致仕，卒。子師周，閤門祗候，當給假，以聞。上悼之，以不奏聞責諭有司，後二品官卒皆具以聞，自琪始。

琪性明敏，習吏事，其治錢穀尤長，然性吝好利，頗爲上所少云。

楊伯通字吉甫，弘州人。擢大定三年進士第，由尚書省令史爲吏部主事、順義軍節度副使，以憂去。吏部侍郎馬琪表薦伯通廉幹，尚書省覆察如所舉，召爲尚書省都事，授同知定武軍節度使事。明昌元年，擢左司員外郎，轉郎中，累遷吏部尚書，尋移戶部。承安二年，拜參知政事。監察御史路鐸劾奏伯通引用鄉人李浩，以公器結私恩。左司郎中賈益承望風旨，不復檢詳，言之臺端，欲加糾劾，大夫張暐輒尼不行。上命同知大興府事賈鉉詰之，伯通居家待罪。鉉奏：「暐言彈糾大臣，須有實跡，所劾不當，徒壞臺綱。益言除授皆宰執公議，不言伯通私枉。」詔責鐸言事輕率，而慰諭伯通治事。伯通再上表辭，不許。四年，進尚書左丞，致仕，卒。

尼厖古鑑本名外留，隆州人也。識女直小字及漢字，登大定十三年進士第，調隆安教授。改卽墨主簿，召授國子助教，擢近侍局直長。世宗器其材，謂宰臣曰：「新進士中如徒單鎰、夾谷衡、尼厖古鑑，皆可用也。」改太子侍丞。〔一〇〕踰年，遷應奉翰林文字，兼右三部司正。世宗復謂宰臣曰：「鑑嘗近侍，朕知其正直幹治。」及爲東宮侍丞，保護太孫，禮節言動猶有國俗純厚舊風，朕甚嘉之。」

章宗立，累遷尙書戶部侍郎，兼翰林直學士。俄轉同知大興府，用大臣薦，改知大興府事。明昌五年拜參知政事，薨，謚曰文肅。

贊曰：移剌履從容進說，信孚於君，至論經純傳駁，以孝行爲治本，其得古人遺學歟。昔臧孫達忠諫於魯，君子知其有後，信矣。張萬公引正守己，質言無華。開壕括地之議，明灼利害，如指諸掌，閉於羣說而不式，致仕而歸，理勢然也。蒲察通之哭海陵，君臣大義死生一之，其志烈矣。程輝、斡特剌之鯁直，劉瑋、董師中之通敏，才皆足以發聞，然師中有附胥之譏，劉瑋見避事之責，其視前人多有愧矣。王蔚、馬惠迪之徒，何足算也。

校勘記

〔一〕卿不見劉仲誨　「誨」原作「晦」，據本書卷七八劉仲誨傳改。

〔二〕莫不修飭人事　「飭」原作「飾」，據殿本改。

〔三〕卿謂何如　「謂」原作「爲」，據殿本改。

〔四〕可斂不及民而足　原脫「足」字。按元遺山集卷一六平章政事壽國張文貞公神道碑記張萬公上書大略，詞句相同，此句作「可斂不及民而足」。今據補。

〔五〕授頓舍　按本書卷五六百官志，殿前都點檢司屬官有「頓舍官二員，正八品」。「舍」下疑脫「官」字。

〔六〕賜以金帶　原脫「帶」字。按本書卷六世宗紀，大定七年十二月「戊戌，肇州防禦使蒲察通朝辭，賜通金帶」。今據補。

〔七〕轉右衞將軍　原脫「衞」字。按金制無「右將軍」。本書卷六一交聘表，大定十二年「九月辛巳，以殿前右衞將軍粘割斡特剌爲夏生日使」。今據補。

〔八〕神童嘗添壽者方數歲　按本書卷一二六麻九疇傳，「太原常添壽四歲能作詩」。疑「嘗」作「常」是。

〔九〕徙知大名府　「名」原作「明」。據本書卷二六地理志改。

〔一〇〕改太子侍丞　按本書卷八世宗紀，大定二十六年十一月「戊辰，以近侍局直長尼厖古鑑純直通敏，擢皇太孫侍丞」。又本卷下文有「及爲東宮侍丞，保護太孫」句，則「太子」當作「太孫」是。

金史卷九十六

列傳第三十四

黃久約　李晏　李仲略　李愈　王賁

許安仁　梁襄　路伯達

黃久約字彌大，東平須城人也。曾祖孝綽有隱德，號「潛山先生」。父勝，通判濟州。母劉氏，尚書右丞長言之妹，一夕夢鼠銜明珠，寤而久約生，歲實在子也。

擢進士第，調鄆城主簿，三遷曹州軍事判官。有盜竊民財，訴者以爲强，郡守欲傅以重辟，久約閱實，因得免死。累擢禮部員外郎，兼翰林修撰，升待制，授磁州刺史。磁並山，素多盜，既獲而款伏者，審錄官或不時至，繫者多以杖殺，或死獄中。久約惻然曰：「民雖爲盜而不死于法可乎？」乃盡請讞之而後行。

久之，復入翰林爲直學士，尋授左諫議大夫，兼禮部侍郎，爲賀宋生日副使。至臨安，適館伴使病，宋人議欲以副使代行使事，久約曰：「設副使亦病，又將使都轄、掌儀輩行禮乎？」竟令國信使獨前行，副使與館伴副使聯騎如故，乃終禮而還。道經宿、泗，見貢新枇杷子者，州縣調民夫遞進，還奏罷之。

時以貧富不均，或欲令富民分貸貧者，下有司議，久約曰：「物之不齊，物之情也。貧富不均，亦理之常。若從或者言，適足以斂怨，非損有餘補不足之道。」章宗時領右丞相，韙其議。尋上章請老，詔諭之曰：「卿忠直敢言，匡益甚多，未可使去左右。」遷太常卿，仍兼諫職。

時郡縣多闕官，久約言：「世豈乏材，閡於資格故也。明詔每責大臣以守格法而滯人材，乞斷自宸衷而力行之。」世宗曰：「此事宰相不屬意，而使諫臣言之歟？」即日授刺史者數人。久約又言宜令親王以下職官遞相推舉，世宗曰：「薦舉人材惟宰相當爲耳，他官品雖高，豈能皆有知人之監。方今縣令最闕，宜令刺史以上舉可爲縣令者，朕將察其實能而用之。」又謂久約曰：「近日察舉好官皆是諸科監臨，全無進士何也？豈薦舉之法已有姦弊，不可久行乎？」久約曰：「諸科中豈無廉能人，不因察舉有終身不至縣令者，此法未可廢也。」上曰：「爾舉孫必福是乎？」久約曰：「臣頃任磁州時，必福爲武安丞，臣見其廉潔向公、無所顧避，所以保舉。不謂必福既任警巡使，處決凝滯。」上曰：「必福非獨遲緩，亦全不解事，所以罪不及保官者，幸其無贓汙耳。」久約無以對。必福五經出身，蓋諸科人，故上問及之。翌日侍朝，故事，宰相奏事則近臣退避，久約欲趨出，世宗止之，自是諫臣不避以爲常。

章宗即位，久約以國富民貧、本輕末重、任人太雜、吏權太重、官鹽價高、坊場害民、與夫選左右、擇守令八事爲獻，皆嘉納之。再乞致仕，不許，授橫海軍節度使以優佚之。明昌二年致仕，卒。久約雋朗敢言，性友弟，爲文典贍，有外祖之風云。〔一〕

李晏字致美，澤州高平人。性警敏，倜儻尚氣。皇統六年，登經義進士第。調岳陽丞。再轉遼陽府推官，歷中牟令。會海陵方營汴京，運木於河，晏領之。晏以經三門之險，前後失敗者衆，乃馳白行臺，以其木散投之水，使工取於下流，人皆便之。丁內艱，〔二〕服除，召補尚書省令史。辭去，爲衞州防禦判官。世宗素識其才名，尋召爲應奉翰林文字，特令詣閤謝，上顧謂左右曰：「李晏精神如舊。」慰勞甚悉。時方議郊禮，命攝太常博士，俄而眞授。爲高麗讀册官，五遷祕書少監，兼尚書禮部郎中，除西京副留守。世宗謂侍臣曰：「翰林舊人少，新進士類不學，至於詔赦册命之文鮮有能者，可選外任有文章士爲之。」左右舉晏，上曰：「李晏朕所自識。」於是召爲翰林直學士，兼太常少卿。以母老乞歸養，授鄭州防禦使，未赴，母卒。起復爲翰林直學士。

世宗御後閣，召晏讀新進士所對策，至「縣令闕員取之何道」，上曰：「朕夙夜思此，未知所出。」晏對曰：「臣伏念久矣，但無路不敢言。今幸待罪侍從，得承大問，願竭所知。」上曰：「然則何如？」對曰：「國朝設科取士始分南北兩選，北選百人，南選百五十人，合二百五十人。詞賦經義入仕之人既多，所以縣令未嘗闕員。其後南北通選，止設詞賦一科，每舉限取六七十人。入仕之人既少，縣令闕員蓋由此也。」上以爲然，詔後取人毋限以數。尋擢吏部侍郎，兼前職，諭旨曰：「卿性果敢，有激揚之意，故以授卿，宜加審愼，毋涉荒唐。」俄爲中都路推排使，還翰林侍講學士，兼御史中丞。

會朝士以病謁告，世宗意其詐，謂晏曰：「卿素剛正，今某詐病，以宰相親故，畏而不糾歟？」晏跪對曰：「臣雖老，平生所恃者誠與直爾。百官病告，監察當視。臣爲中丞，官吏姦私則當言之。病而在告，此小事臣容有不知，其畏宰相何圖焉。」既出，世宗目送之，曰：「晏年老，氣猶未衰。」一日，御史臺奏請增監察員，上曰：「採察內外官吏，固係監察。然爾等有所聞知，亦當彈劾。況糾正非違，臺官職也，苟不能正其身，如正人何？」顧謂晏曰：「豳王年少未練，朕以臺事委卿，當一一用意。」

初，錦州龍宮寺，遼主撥賜戶民俾輸稅于寺，歲久皆以爲奴，有欲訴者害之島中。晏乃具奏：「在律，僧不殺生，況人命乎。遼以良民爲二稅戶，此不道之甚也，今幸遇聖朝，乞盡釋爲良。」世宗納其言，於是獲免者六百餘人。故同判大睦親府事謀衍家有民質券，積其息不能償，因沒爲奴，屢訴有司不能直，至是，投匭自言。事下御史臺，晏檢擿案狀得其情，遂奏免之。尋爲賀宋正旦國信副使。及世宗不豫，命宿禁中，一時詔册皆晏爲之。

章宗立，晏畫十事以上。一曰，風俗奢僭，宜定制度。二曰，禁游手。三曰，宜停鑄錢。四曰，免上戶管庫。五曰，太平宜興禮樂。六曰，量輕租稅。七曰，減鹽價。八曰，免監官陪納虧欠。九曰，有司尙苟且，乞申明經久遠圖。十曰，禁網差密，宜尙寬大。又奏「乞委待制党懷英、修撰張行簡更直進讀陳言文字，以廣視聽」。皆採納之。以年老乞致仕，改禮部尙書，兼翰林學士承旨。越二年，復申前請，授沁南軍節度使，久之，致仕。上念其先朝舊人，復起爲昭義軍節度使。

明昌六年，歸老，得疾，詔除其子左司員外郎仲略爲澤州刺史，以便侍養。承安二年卒，年七十五，謚曰文簡。

仲略字簡之。聰敏力學，登大定十九年詞賦進士第，調代州五臺主簿。以母憂去，服闕，轉韓州軍事判官，遷澤州晉城令，補尚書省令史。除翰林修撰，兼太常博士。改授左司都事，爲立夏國王讀册官。還，權領左司。一日，奏事退，上顧謂侍臣曰：「仲略精神明健，如俊鶻脫帽。」又曰：「李仲略健吏也。」未幾，轉員外郎，以親病求侍，特授澤州刺史以便祿養。先是，晏領沁南軍節度使，澤於懷爲支郡，父子相繼，鄉人榮之。以父喪免，起爲戶部郎中。

時上命六品以上官，十日以次轉對，乃進言曰：「凡救其末，不若正其本。所謂本者厚風俗，去冗食，養財用而已。厚風俗在乎立制度，禁奢僭。去冗食在乎寵力農，抑游墮。養財用在乎廣儲蓄，時斂散。商賈不通難得之貨，工匠不作無用之器，則下知重本。下知重本，則末息矣。」又條陳制度之宜，上嘉納之。俄授翰林直學士，兼前職，因命充經義讀卷官。上問曰：「有司以謂經義不若詞賦，罷之何如？」仲略奏曰：「經乃聖人之書，明經所以適用，非詞賦比。乞自今以經義進士爲考試官，庶得碩學之士。」上可其奏。改吏部郎中，遷侍郎，兼翼王傅，俄兼宛王傅。

時知大興府事紇石烈執中坐贓，上命仲略鞫之，罪當削解。權要競言太重，上頗然之，仲略奏曰：「教化之行，自近者始。京師，四方之則也。郡縣守令無慮數百，此而不懲，何以勵後？況執中兇殘很愎，慢上虐下，豈可宥之。」上曰：「卿言是也。」未幾，授山東東西路按察使。尋以病訪醫京師，泰和五年卒。上聞之，歎曰：「此人於國家宣力多矣，何遽止是耶。」贈朝列大夫，謚曰襄獻。

仲略性豪邁有父風，剛介特立，不阿權貴，臨事明敏無留滯，故所任以幹濟稱云。

李愈字景韓，絳之正平人。業儒術，中正隆五年詞賦進士第，調河南澠池主簿。察廉優等爲平陽酒副使，遷冀氏令，累遷解州刺史。章宗卽位，召授同知中都路都轉運使事，改同知濟南府。

明昌二年，授曹王傅，兼同知定武軍節度使事。王奉命宴賜北部，愈從行，還過京師，表言：「諸部所貢之馬，止可委招討司受於界上，量給廻賜，務省費以廣邊儲。擬自臨潢至西夏沿邊創設重鎭十數，仍選猛安謀克勳臣子孫有材力者使居其職，田給於軍者許募漢人佃種，不必遠輓牛頭粟而兵自富强矣。」上覽其奏，謂宰臣曰：「愈一書生耳，其用心之忠如是。」以表下尙書省議。會愈遷同知西京留守，過闕復上言，以爲「前表儻可採，乞斷自宸衷」，上納用焉。自是，命五年一宴賜，人以爲便。改棣州防禦使。未幾，授大興府治中，上諭之曰：「卿資歷應得三品，以是員方闕而卿能幹，故用之，當知朕意。」北京提刑副使范楫、知歸德府事鄧儼各舉愈以自代，由是擢河南路提刑使。上言：「隨路提刑司乞留官一員，餘分部巡按。」又言：「本司見置許州，乞移治南京為便。」並從之。憲臺廉察，九路提刑司以愈為最。

五年，入見，尚書省以聞，上問宰執有何議論，平章政事守貞曰：「李愈言河決事。」上曰：「愈嚮陳備禦北邊策。〔三〕言甚荒唐。」守貞曰：「愈於見職甚幹。」上曰：「蓋以其敢為耳。」又曰：「李愈論河決事，謂宜遣大臣視護以慰人心，其言良是。」明年，改河平軍節度使。承安二年，徙順義軍，奏陳屯田利害，上遣使宣諭，仍降金牌俾領其事。四年，召為刑部尚書。先是，刑部尚書闕，上以愈為可用，令議之，或言愈病，上曰：「愈比陳言，有退地千里而爭言其功之語，卿等定惡此人多言耶。」特召用之。舊制，陳言者漏所言事於人，並行科罪，仍給告人賞。愈言：「此蓋所以防閑小人也。比年以來詔求直言，及命朝臣轉對，又許外路官言事，此皆聖言樂聞忠讜之意，請除去舊條以廣言路。」上嘉納焉。尋為賀宋正旦副使。

泰和二年春，上將幸長樂川，愈切諫曰：「方今戍卒貧弱，百姓騷然，三叉尤近北陲，恒防外患。兼聞泰和宮在兩山間，地形狹隘，雨潦遄集，固不若北宮池臺之勝，優游閑適也。」上不從，夏四月，愈復諫曰：「北部侵我舊疆千有餘里，不謀雪恥，復欲北幸，一旦有警，臣恐丞相襄、樞密副使闍母等不足恃也。況皇嗣未立，羣心無定，豈可遠事逸游哉。」上異其言。

未幾，授河平軍節度使，改知河中府事，致仕。泰和六年卒，年七十二。謚曰清獻。自著狂愚集二十卷。

王賁字文孺，其先自臨潢移貫宛平。曾祖士方，正直敢言。遼道宗信樞密使耶律乙辛之讒殺其太子，世無敢白其寃者，士方擊義鍾以訴，遼主感悟，卒誅乙辛，厚賞士方，授承奉官。父中安，擢進士第，坐田瑴黨事廢。世宗卽位黨禁解，終沂州防禦使。

賁性孝友，勤敏好學，第進士，由復州軍事判官補尚書省令史，擢右三部檢法司正。侍御史賈鉉舉賁安靜有守，不尙奔競，政府亦言其廉，素善論議。擢河北東西、大名府路提刑判官，選授尚書省都事，以喪去。用薦者多，起復刑部員外郎、侍御史，累遷南京路按察使，卒。賁敦厚尙義，篤於親朋，不營產業，比歿家甚窶，上聞憫惜之，贈朝列大夫，仍厚邮其家。

弟質字敬叔，登大定二十五年進士第，累官吏部主事，以才幹舉遷昭義軍節度副使。章宗問質臨事若何，張萬公對曰：「勝其兄賁。」章宗曰：「及其兄亦可矣。」後以禮部尙書致仕，終。

許安仁字子靜，獻州交河人。幼孤，能自刻苦讀書，善屬文。登大定七年進士第，調河間縣主簿。累遷太常博士，兼國史院編修官。章宗爲皇太孫，安仁以講學被選東宮，轉左補闕、應奉翰林文字。上卽位，改國子監丞，兼補闕，徙翰林修撰，同知制誥，兼職如故。侍御史賈鉉以安仁守道端慤，薦于朝。同知濟南府事路伯達繼上章稱其立己純正，宜加顯任，超授禮部郎中，兼左補闕。適朝議以流人實邊，安仁言：「昔漢有募民實邊之議，蓋度地營邑，制爲田宅，使至者有所居，作者有所用，於是輕去故鄉而易於遷徙。如使被刑之徒寒餓困苦，無聊之心靡所顧藉，與古之募民實塞不同，非所宜行。」上然之。

明昌四年春，上將幸景明宮，安仁與同列諫曰：「昔漢、唐雖有甘泉、九成避暑之行，然皆去京師不遠。非如金蓮千里之外，鄰沙漠，隔關嶺，萬一有警，何以應變，此不可不慮也。」疏奏，遂罷幸。

出爲澤州刺史，作無隱論上之，凡十篇，曰本朝、曰情欲、曰養心、曰田獵、曰公道、曰養源、曰冗官、曰育材、曰限田、曰理財。在郡二年，徙同知河南府事，升汾陽軍節度使，致仕。泰和五年卒，年七十七，謚曰文簡。安仁質實無華，澹然有古君子風，故爲時人所稱云。

梁襄字公贊，絳州人。少孤，養於叔父寧。性穎悟，日記千餘言。登大定三年進士第，調耀州同官主簿。三遷邠州淳化令，有善政。察廉升慶陽府推官，召爲薛王府掾。

世宗將幸金蓮川，有司具辦，襄上疏極諫曰：

金蓮川在重山之北，地積陰冷，五穀不殖，郡縣難建，蓋自古極邊荒棄之壤也。氣候殊異，中夏降霜，一日之間寒暑交至，特與上京、中都不同，尤非聖躬將攝之所。凡奉養之具無不遠勞飛輓，越山踰嶮，其費數倍。至於頓舍之處，軍騎闐塞，主客不分，馬牛風逸以難收，臧獲逋逃而莫得，奪攘蹂躪，未易禁止。公卿百官衞士，富者車帳僅容，貧者穴居露處，輿臺皂隸不免困踣，飢不得食，寒不得衣，一夫致疾染及衆人，夭傷無辜何異刃殺。此特細故耳，更有大於此者。

臣聞高城、峻池、深居、邃禁，帝王之藩籬也，壯士、健馬、堅甲、利兵，帝王之爪牙也。今行宮之所，非有高殿廣宇城池之固，〔四〕是廢其藩籬也。掛甲常坐之馬，日暴雨蝕，臣知其必羸瘠矣。禦侮待用之軍，穴居野處，冷啖寒眠，臣知其必疲瘵矣。衞宮周廬才容數人，一旦霖潦積旬，衣甲弓刀霑濕柔脆，豈堪爲用，是失其爪牙也。秋杪將歸，人已疲矣，馬已弱矣，裹糧已空，褚衣已弊，猶且遠幸松林，以從畋獵，行於不測之地，往來之間動踰旬月，轉輸移徙之勞更倍於前矣。

以陛下神武善騎射，舉世莫及，若夫銜橜之變，猛摯之虞，姑置勿論。設於行獵之際，烈風暴至，塵埃漲天，宿霧四塞，跬步不辨，以致翠華有崤陵之避、襄城之迷，百官狼狽於道途，衞士參錯於隊伍，當此宸衷寧無戒悔。夫神龍不可以失所，人主不可以輕行，良謂此也。所次之宮，草略尤甚，殿宇周垣唯用氈布。押宿之官、上番之士，終日驅馳，加之飢渴，已不勝倦。更使徹曙巡警，露坐不眠，精神有限，何以克堪。雖陛下悅以使人，勞而不怨，豈若不勞之爲愈也。故君人者不可恃人無異謀，要在處己於無憂患之域也。

燕都地處雄要，北倚山嶮，南壓區夏，若坐堂隍，俯視庭宇，本地所生，人馬勇勁，亡遼雖小，止以得燕故能控制南北，坐致宋幣。燕蓋京都之選首也，況今又有宮闕井邑之繁麗，倉府武庫之充實，百官家屬皆處其內，非同曩日之陪京也。居庸、古北、松亭、榆林等關，東西千里，山峻相連，近在都畿，易於據守，皇天本以限中外，開大金萬世之基而設也。奈何無事之日越居草萊，輕不貲之聖躬，愛沙磧之微凉，忽祖宗之大業，此臣所惜也。又行幸所過，山徑阻修，林谷晻靄，上有懸崖，下多深壑，垂堂之戒，不可不思。

臣聞漢、唐離宮去長安才百許里，然武帝幸甘泉遂中江充之姦，太宗居九成幾致結社之變。太康畋於洛汭，后羿拒河而失邦。魏帝拜陵近郊，司馬懿竊權而篡國。隋煬、海陵雖惡德貫盈，人誰敢議，止以離棄宮闕，遠事巡征，其禍遂速，皆可爲殷鑒也。臣嘗論之，安民濟衆，唐、虞猶難之。而今日之民，賴陛下之英武無兵革之憂，賴陛下之聖明無官吏之虐，賴陛下之寬仁無刑罰之枉，賴陛下之節儉無賦斂之繁，可謂能安濟矣。而遊畋納涼之樂，出於富貴之餘，靜而思動，非如衣食切身有不可去者，罷之至易耳。唐太宗將行關南，畏魏徵而停，漢文帝欲馳霸陵，袁盎諫而遽止。是陛下能行唐、虞之難行，而未能罷中主之易罷，臣所未諭也。

且燕京之涼非濟南之比，陛下牧濟南日，每遇炎蒸不離府署，今九重之內，臺榭高明，宴安穆清，何暑得到。議者謂陛下北幸久矣，每歲隨駕大小前歌後舞而歸，今茲再出，寧有遽不可乎。臣愚以爲患生於不戒者多矣，西漢崇用外戚，而有王莽之禍，梁武好納叛降，而有侯景之變。今者累歲北幸，狃於無虞，往而不止，臣甚懼焉。夫事知其不可猶冒爲之，則有後難必矣。

議者又謂往年遼國之君，春水、秋山、冬夏捺鉢，舊人猶喜談之，以爲眞得快樂之趣，陛下效之耳。臣愚以謂三代之政今有不可行者，況遼之過擧哉。且本朝與遼室異，遼之基業根本在山北之臨潢，臣知其所遊不過臨潢之旁，亦無重山之隔，冬猶處於燕京。契丹之人以逐水草牧畜爲業，穹廬爲居，遷徙無常，又壤地褊小，儀物殊簡，輜重不多，然隔三五歲方能一行，非歲歲皆如此也。我本朝皇業根本在山南之燕，豈可捨燕而之山北乎。上京之人棟宇是居，不便遷徙。方今幅員萬里，惟奉一君，承平日久，制度殊異，文物增廣，輜重浩穰，隨駕生聚，殆逾於百萬。如何歲歲而行，以一身之樂，歲使百萬之人困於役、傷於財、不得其所，陛下其忍之歟？臣又聞，陛下於合圍之際，麋鹿充牣圍中，大而壯者才取數十以奉宗廟，餘皆縱之，不欲多殺。是陛下恩及於禽獸，而未及於隨駕衆多之臣庶也。

議者謂，前世守文之主，生長深宮，畏見風日，彎弧、上馬皆所不能，志氣銷懦，筋力拘柔，臨難戰懼，束手就亡。陛下監其如此，〔三〕不憚勤身，遠幸金蓮，至於松漠，名爲坐夏打圍，實欲服勞講武。臣愚以爲戰不可忘，畋獵不可廢，宴安鴆毒亦不可懷，然事貴適中，不可過當。今過防驕惰之患，先蹈萬有一危之途，何異無病而服藥也。況欲習武不必度關，涿、易、雄、保、順、薊之境地廣又平，且在邦域之中，獵田以時，誰曰不可。伏乞陛下發如綸之旨，回北轅之車，塞雞鳴之路，安處中都，不復北幸，則宗社無疆之休，天下莫大之願也。

方今海內安治，朝廷尊嚴，聖人作事，固臣下將順之時，而臣以螻蟻之命，進危切之言，仰犯雷霆之威，陷於吏議，小則名位削除，大則身首分磔，其爲身計豈不愚謬。惟陛下深思博慮，不以人廢言，以宗廟天下爲心，俯垂聽納，則小臣素願遂獲，雖死猶生，他非所覬望也。

世宗納之，遂爲罷行，仍諭輔臣曰：「梁襄諫朕毋幸金蓮川，朕以其言可取，故罷其行。然襄至謂隋煬帝以巡游敗國，不亦過乎。如煬帝者蓋由失道虐民，自取滅亡。民心既叛，雖不巡幸國將安保？爲人上者但能盡君道，則雖時或巡幸，庸何傷乎？治亂無常，顧所行何如耳。豈必深處九重便謂無虞，巡游以時卽兆禍亂者哉。」

襄由是以直聲聞。擢禮部主事、太子司經。選爲監察御史，坐失察宗室弈事，罰俸一月。世宗責之曰：「監察，人君耳目，風聲彈事可也。至朕親發其事，何以監察爲？」轉中都路都轉運戶籍判官，未幾，遷通遠軍節度副使，以喪去。服闋，授安國軍節度副使，同知定武軍節度事，避父諱改震武軍。太常卿張暐、曹州刺史段鐸薦襄學問該博，練習典故，可任禮官。轉同知順義軍節度使事、東勝州刺史。坐簸揚俸粟責倉典使償，爲按察司所劾，以贖論。歷陝州刺史，累遷保大軍節度使，卒。

襄長于春秋左氏傳，至于地理、氏族，無不該貫。自蚤達至晚貴，膳服常淡薄，然議者譏其太儉云。

贊曰：金起東海，始立國卽設科取士，蓋亦知有文治也。漸摩培養，至大定間人材輩出，文義蔚然。加以世宗之聽納，人各盡其所能，論議書疏有可傳者。惜史無全文，僅存梁襄諫北幸一書，辭雖過繁而意亦切至，故備載之，以見當時君明臣直，不以言爲忌。金之致治於斯爲盛，嗚呼休哉。

路伯達字仲顯，冀州人也。性沉厚，有遠識，博學能詩，登正隆五年進士第，調諸城主簿。由泗州榷場使補尚書省掾，除興平軍節度副使，入爲大理司直。大定二十四年，世宗將幸上京，伯達上書諫曰：「人君以四海爲家，豈獨舊邦是思，空京師而事遠巡，非重愼之道也。」書奏，不報。閱歲，改祕書郎，兼太子司經。時章宗初嚮學，伯達以文行知名，選爲侍讀，居無何以憂去。會安武軍節度使王克溫舉伯達行義，〔六〕起爲同知西京路轉運使事，召爲尚書禮部員外郎，兼翰林修撰，敕與張行簡進讀陳言文字。

先是，右丞相襄奏移賀天壽節於九月一日，伯達論列以其非時，平章政事張汝霖、右丞劉瑋〔七〕及臺諫亦皆言其不可，下尚書省議，伯達曰：「上始即政，當行正、信之道，今易生辰非正，以給四方非信。且賀非其時，是輕禮重物也。」因陳正名從諫之道。升尚書刑部郎中。上問羣臣曰：「方今何道使民務本業、廣儲蓄？」伯達對曰：「布德流化，必自近始。請罷畿內採獵之禁，廣農郊以示敦本，輕幣重穀，去奢長儉，遵月令開籍田以率先天下，如是而農不勸、粟不廣者未之有也。」是時，採捕禁嚴，自京畿至眞定、滄、冀，北及飛狐，數百里內皆爲禁地，民有盜殺狐兔者有罪，故伯達及之。累遷刑部侍郎、太常卿，拜安國軍節度使，未幾，改鎭安武。

嘗使宋回，獻所得金二百五十兩、銀一千兩以助邊，表乞致仕，未及上而卒。其妻傅氏言之，上嘉其誠，贈太中大夫，仍以金銀還之，傅泣請，弗許。傅以伯達嘗修冀州學，乃市信都、棗强田以贍學，有司具以聞，上賢之，賜號「成德夫人」。

子鐸、鈞。鈞字和叔，登大定二十五年進士第，終萊州觀察判官。鐸最知名，別有傳。

贊曰：金詘宋稱臣稱姪，受其歲幣，禮也。使聘於其國，燕享禮也，納其重賂其可乎哉？時人貪利忘禮，習以爲常，莫有知其爲非者。故去則云酬勞効，還則戶增物力，上下交征，惟利是事，此何誼耶？伯達獨能明其非禮，回獻所餽，齎志未畢，傅氏又能成之，及歸所獻，竟以買田贍學。婦人秉心之烈、制事之宜，乃能如是，士大夫溺於世俗之見者寧不愧哉。賜號成德，不亦宜乎。

校勘記

〔一〕有外祖之風云　按中州集卷九劉長言傳，「父贖，年三十五終於儀眞令，工詩能文，有南榮集」。「外祖」下當有「劉贖」二字，文義方完。

〔二〕丁內艱　按下文有「以母老乞歸養，授鄭州防禦使，未赴，母卒」。則是時其母未卒，疑此是「外艱」之誤。

〔三〕愈嚮陳備禦北邊策　按上文云，「上覽其奏，謂宰臣曰：『愈一書生耳，其用心之忠如是。』」幷皆「納用焉」。與下文「言甚荒唐」殊相矛盾。本書卷二七河渠志，明昌五年「八月，以河決陽武故堤，灌封丘而東，上曰：『李愈不得爲無罪，徒能張皇水勢而無經畫，問王村河口開導之月，則對以四月終，其實六月也，月日尚不知，提刑司官當如是乎』！」其「言甚荒唐」似指此而言。疑此處有脫文。

〔四〕今行宮之所非有高殿廣宇城池之固　「非」原作「亦」，據殿本改。

〔五〕陛下監其如此　「其」原作「某」，據殿本改。

〔六〕會安武軍節度使王克溫舉伯達行義　原脫「武」字。按本書卷八世宗紀，大定二十八年「九月甲午朔，以安武軍節度使王克溫等爲賀宋生日使」。今據補。

〔七〕右丞劉瑋　按本書卷八三張汝霖傳記此事作「參知政事劉瑋」。卷九章宗紀，大定二十九年八月「甲辰，參知政事劉瑋罷」。又明昌三年六月「乙丑，以知大名府事劉瑋爲尙書右丞」。此議移賀天壽節事在章宗卽位之初，劉瑋之官當是參知政事。

元 脱脱等撰

金

第 七 册

卷九七至卷一一四（傳）

中 華 書 局

金史卷九十七

列傳第三十五

裴滿亨字仲通，本名河西，臨潢府人。其先世居遼海，祖諱虎山者，天輔間，移屯東受降城以禦夏人，後徙居臨潢。

亨性敦敏習儒，大定間，收充奉職，世宗謂曰：「聞爾業進士舉，其勿忘爲學也。」二十八年，擢第，世宗嘉之，升爲奉御。一日問以上古爲治之道，亨奏：「陛下欲興唐、虞之治，要在進賢，退不肖，信賞罰，薄徵斂而已。」

章宗卽位，諭之曰：「朕左右侍臣多以門第顯，惟爾繇科甲進，且先朝信臣，國家利害爲朕盡言。」俄擢監察御史。內侍梁道兒恃恩驕橫，朝士側目，亨劾奏其姦。遷鎬王府尉，出爲定國軍節度副使，三遷同知大名府事。先是，豪猾從衡，前政莫制，亨下車宣明約束，闔境帖然。承安四年，改河南路按察副使，就遷本路副統軍，中都、西京等路按察使。時世襲家豪奪民田，亨檢其實，悉還正之。泰和五年，改安武軍節度使。歲大雪，民多凍殍，亨輸己俸爲之賙贍，及勸率僚屬大姓同出物以濟。轉河東南北路按察使，卒於官。上聞而惜之，贈嘉議大夫，賻物甚厚。

亨性尤謹密，出入宮禁數年，讜議忠言多所裨益，有藁則焚之，雖家人輩莫知也。所歷州郡，皆有政績可紀云。

斡勒忠本名宋浦，蓋州人也。習女直、契丹字，歷兵部、樞密院、尚書省令史，再轉大理寺知法，遷右三部司正。練達邊事，嘗奉命使北，歸致馬四千餘匹，詔褒諭之。大定二十六年爲監察御史，轉尚書省都事。章宗立，遷尚書兵部員外郎，出爲滄州刺史。河東路提刑副使徒單移剌古舉以自代，改滕州刺史。嘗調發黃河船，數以稽期聽贖。授北京副留守，入爲同簽樞密院事，兼沂王傅。承安二年，拜武寧軍節度使，致仕。泰和三年卒，年七十一。忠性敦慤，通法律，以直自守，不交權貴，故時譽歸之。

張大節字信之，代州五臺人。擢天德三年進士第，調嶧縣丞。改東京市令。世宗判留務，甚愛重之。海陵修汴京，以大節領其役。世宗改元於遼東，或勸赴之，富貴可一朝遂，大節曰：「自有定分，何遽爾。」隨例補尚書省令史，擢祕書郎、大理司直。會左警巡使闕，世宗謂宰臣曰：「朕得其人矣。」遂授大節。俄以杖殺豪民爲有司所劾，削一階解職。未幾，授同知洛州防禦使事。

入爲太府丞、工部員外郎。盧溝水嚙安次，承詔護視堤城。擢修內司使，推排東京路戶籍，人服其平。進工部郎中。時阜通監鑄錢法弊，與吏部員外郎麻珪涖其事，積銅皆窳惡，或欲徵民先所給直，大節曰：「此有司受納之過，民何與焉。」以其事聞，卒得免徵。就改戶部郎中，定襄退吏誣縣民匿銅者十八村，大節廉得其實，抵吏罪，民斲石頌之。召授工部侍郎，改戶部。世宗東巡，徙太府監，諭之曰：「侍郎與太府監品同，以從行支應籍卿辦耳。」

尋爲宋生日使，還授橫海軍節度使，過闕謁謝東宮，顯宗撫慰良久，曰：「萬事惟中可也。」因牓其公堂曰「惟中」。郡境有巨盜久不獲，大節以方略擒之。後河決於衞，橫流而東，滄境有九河故道，大節卽相宜繕堤，水不爲害。

章宗卽位，擢中都路都轉運使，因言河東賦重宜減，議者或不同，大節以他路田賦質之，遂命減焉。乞致仕，不許，徙知太原府，以幷、代鄉郡，故優寵之。近郭有男子被殺者，聞其妻哭聲不哀，召而審之，果爲姦夫所殺，人以爲神。西山有晉叔虞祠，舊以施錢輸公使庫，大節還其廟以給營繕。選授河東路提刑使，未赴，留知大興府事，治有能名。

閱歲，移知廣寧府，復請老，授震武軍節度使。部有銀冶，有司以爲爭盜由此生，付河東、西京提刑司與州同議，皆以官榷爲便，大節曰：「山澤之利當與民共，且貧而無業者雖嚴刑能禁其竊取乎。宜明諭民，授地輸課，則其游手者有所資，於官亦便。」上從其議。復乞致仕，許之，仍擢其子尙書刑部員外郎巖叟爲忻州刺史，以便祿養。承安五年卒，年八十。

大節素廉勤好學，能勵勉後進，自以得學于任倜，待倜子如親而加厚。又善弈碁，當世推爲第一，嘗被召與禮部尙書張景仁弈。世宗嘗謂宰臣曰：「人多稱王翛能官，以朕觀之，凡事不肯盡心，一老姦耳。張大節賦性剛直，果於從政，遠在王翛之上，惜乎用之太晚。」又屢語近臣曰：「某某非不幹，然不及張大節忠實也。」其見知如此。

巖叟字孟弼，大節子也。大定十九年進士，調葭州司候判官，再除雄州觀察判官，補尚書省令史，除大理評事，再遷監察御史、同知河東北路轉運使事、中都路都轉運副使、刑部員外郎、忻州刺史，以父憂去官。起復大理少卿、河北東西大名等路按察轉運副使，累遷刑部侍郎，兼夔王傅，太常卿兼國子祭酒。

大安三年，朝廷欲塞諸城門以爲兵備，集三品官議於尚書省，巖叟曰：「塞門所以受兵，是任城而不任人。莫若遣兵擇將，背城疾戰。」時議多之。除鎮西軍節度使，移定國軍。貞祐二年改昭義，復移沁南。逾年，按察司言其年老不任邊要，乃致仕，退寓洛陽，卒。

張亨字彥通，大興漷陰人。登皇統六年進士第，調樊山丞，以廉幹聞。授弘州軍事判官，歷鉅鹿、宜川令。大定二年，補尚書省令史，除大理司直，累遷尚書左司郎中，授戶部侍郎，移吏部。擢中都路都轉運使，坐草場使鄧汝霖盜草失舉劾，解職，削一官。起授戶部尚書。世宗問宰臣曰：「御史中丞馬惠迪與張亨人才孰優？」平章政事張汝霖曰：「惠迪爲人雖正，於事不敏，亨吏才極高。」上曰：「如汝父浩，於事明敏少有及者，但臨事多徇，若無此過則誠難得之賢相也。」時車駕東巡，費用百出，自遼以東泉貨甚少，計司患其不給，欲輦運以支調度，亨謂：「上京距都四千里，若輓錢而行，是率三而致一也，不獨枉費國用，無乃重勞民力乎。不若行會便法，使行旅便於囊橐，國家無轉輸之勞而用自足矣。」出爲絳陽軍節度使。已而，復謂宰臣曰：「漢人三品以上官常少得人，如張亨近令補外，頗爲衆議所歸，以朕觀之，無甚過人。小官中豈無才能之士，第未知耳。」又曰：「亨嘗爲左司，奏事多有脫略，是亦謬庸人也。」

章宗卽位，初置九路提刑司，時方重其選，上以亨爲河東南北路提刑使，兼勸農採訪事。訪其利病，條爲十三事以聞，上嘉納之。亨在職每事存大體、略苛細，御史以寬緩不事事劾之，降授蔡州防禦使。明年，遷南京路轉運使，轉知歸德府事，致仕。泰和二年卒，年七十八。亨才識强敏，明達吏事，終始有可稱云。

韓錫字難老，其先自析津徙薊之漁陽。祖貽愿，遼宣徽北院使。父秉休，歸朝，領忠正軍節度使。

錫以廕補閤門祗候。天會中，南伐，錫從軍掌禮儀，俄以母老迺就監差。久之，授神銳軍都指揮使，入爲宮苑使。天德元年，擢尚書工部員外郎，領燕都營繕。特賜胡礪榜進士及第，〔一〕四遷尚書戶部侍郎，〔二〕以母喪解。

旋起復舊職，付金牌一、銀牌十，籍水手於山東。時蘇保衡爲水軍都統制，趨杭州，俾錫部船三百會廣陵。適保衡敗還，喪船過半，令錫補足之。時水淺，船不得進，海陵遣使急責之，衆稍亡，錫召諸豪諭之曰：「今連保法嚴，逃將安往，縱一身偶脫，其如妻子何？」衆悟，亡者稍止。

大定改元於遼東，錫奔赴行在，詔復前職。明年，授同知河間府事，引見於香閤，誡之曰：「聞皇族居彼者縱甚，卿當以法繩之。」錫下車宣布詔言，後無有撓政害民者。遷孟州防禦使，累拜絳陽軍節度使，改知濟南府事，告老，許之。明昌五年卒，年八十三。

鄧儼字子威，懿州宜民人也。天德三年，擢進士第。大定中，爲左司員外郎、右司郎中，尋轉左司，掌機務者數年。有司奏使宋者，世宗命選漢官一人，參知政事梁肅以戶部侍郎王翛、工部侍郎張大節、左司郎中鄧儼對，世宗曰：「王翛、張大節苦無資歷，與左右司官辛苦不同，其命儼往。」嘗謂宰臣曰：「人言鄧儼用心不正，朕視儼奏事其心識甚明，在太府監心亦向公。」宰臣因奏儼明事機、有心力，於是擢戶部侍郎。翌日，復謂宰臣曰：「吏部掌銓選，當得通練人，可置儼於吏部。」因改命焉。累遷中都路都轉運使。

明昌初，爲戶部尚書。上命尚書省集百官議，如何使民棄末務本以廣儲蓄。儼言：「今之風俗競爲侈靡，莫若定立制度，使貴賤、上下、衣冠、車馬、室宇、器用各有等差，裁抑婚姻喪葬過度之禮，罷去鄉社追逐無名之費，用度有節則蓄積日廣矣。」尋知歸德府事，致仕，卒。

初，儼致仕復夤緣求進，上問左右「鄧儼可復用乎」？平章政事完顏守貞曰：「儼有才力，第以謀身爲心。」上曰：「朕亦知之。然儼可以誰比？」守貞曰：「臨事則不後於人，但多務自便耳。儼前乞致仕，陛下以其頗黠故許之，甚合衆議。今使復列于朝，恐風化從此壞矣。」上然之，遂不復用云。

巨構字子成，薊州平谷人。幼篤學，年二十登進士第。由信都丞，察廉爲石城令，補尚書省令史，授振武軍節度副使。改同提舉解鹽司事，以課增入爲少府監丞。再遷知登聞檢院，兼都水少監。時右司郎中段珪卒，世宗曰：「是人甚明正可用，如巨構每事但委順而已。」二十五年，除南京副留守，上謂宰臣曰：「巨構外淳質而內明悟，第乏剛鯁耳。佐貳之任貴能與長官辨正，恐此人不能爾。若任以長官，必有可稱。」章宗卽位，擢橫海軍節度使。承安五年致仕，卒。

構性寬厚寡言，所治以鎭靜稱，性尤恬退，故人旣貴不復往來，先遺以書則裁答寒溫而已。大定中，詔與近臣同經營香山行宮及佛舍，其近臣私謂構曰：「公今之德人，我欲舉奏，公行將大任矣。」構辭之。以廉愼守法在考功籍，始終無過云。

賀揚庭字公叟，曹州濟陰人也。登天德三年經義進士第，調范縣主簿兼尉，籍有治聲。大定十三年，由安肅令補尙書省令史，授沁南軍節度副使，入爲監察御史，歷右司都事、戶部員外郞、侍御史、右司員外郞。世宗喜其剛果，謂揚庭曰：「南人礦直敢爲，漢人性姦，臨事多避難。異時南人不習詞賦，故中第者少，近年河南、山東人中第者多，殆勝漢人爲官。」俄以廉能遷戶部郞中，進官二階。頃之，授左司郞中，改刑部侍郞、山東東路轉運使。章宗卽位，初置九路提刑司，驛召赴闕，授山東東西路提刑使。揚庭性疾惡，纖介不少容。明昌改元，詔諸路提刑使入見，親問所察事條，至揚庭則斥之曰：「爾何治之煩也。」明年，下除洛州防禦使，時歲歉民飢，揚庭諭蓄積之家令出所餘以糶之，飢者獲濟，洛人爲之立石頌德。改陝西西路轉運使，表乞致仕，上曰：「揚庭能幹者也，當何如？」右丞劉瑋言其疾，遂許之。卒年六十七。

贊曰：裴滿亨以進士選奉御，能陳唐、虞致治之道於宮庭燕私之地，又能斥中貴梁道兒之姦。斡勒忠以吏道致身，始終不交權貴。世宗自立於遼東，歸者如市，張大節獨守正不赴。韓錫出守河間，面諭皇族之居彼者恣睢不道，俾繩以法，佞者必希旨以市權，錫下車宣布告戒而已。是皆有識之士，不爲富貴所移者也。巨構骫骳，賀揚庭骨鯁，大定於二人而屢評南北士習之優劣，亶其然乎。張亨始以繆庸見薄，晚以論列稱賞，亦砥礪之功歟。鄧儼專務謀身，上下稱黠，致仕又求進用，弗可改也夫。

閻公貞字正之，大興宛平人。大定七年擢進士第，調朝邑主簿。由普潤令補尚書省令史，察廉，升同知亳州防禦事，改中都左警巡使。以政績聞，遷同知武定軍節度使。明昌初，召爲大理正，累進大理卿。承安元年，遷翰林侍讀學士，仍兼前職，命與登聞檢院賈益同看讀陳言文字。

公貞居法寺幾十年，詳愼周密，未嘗有過舉。被命校定律令，多所是正，金人以爲法家之祖云。

焦旭字明銳，沃州栢鄉人。第進士，調安喜主簿。再轉大興令，攝左警巡事，以杖親軍百人長，有司議其罪當杖決，世宗曰：「旭親民吏也，若因杖有官人復行杖之，何以行事？其令收贖。」改良鄉令。世宗幸春水，見石城、玉田令皆年老不治，謂宰臣曰：「縣令最親民，當得賢才。畿甸尚如此，天下可知矣。」平章政事石琚薦旭幹能可甄用，上然之，召爲右警巡使。

旭爲人剛果自任，不避權勢。初，旭部民訴良，旭以無文據付本主，道逢監察御史訴其事，語涉訛亂，卽收付旭，旭釋之不問，爲御史所劾，削官兩階，杖百八十，出爲大名府推官。尋授右三部檢法司正，代韓天和爲監察御史，時御史臺言：「監察糾彈之司，天和諸科出身，難居是職。」上命別舉，中丞李晏薦旭剛正可任，遂授之，而改天和獲鹿令。

章宗初卽位，太傅克寧、右丞相襄請上出獵，旭劾奏其非，上慰諭之，爲罷獵。明昌元年，登聞鼓院初設官，宰執奏司諫郭安民、補闕許安仁及旭皆堪擢用。改侍御史，四遷都水監，以治河防勞進官一階，授西京路轉運使，卒。旭性警敏，練達時政，與王脩、劉仲洙輩世稱能吏云。

劉仲洙字師魯，大興宛平人。大定三年，登進士第。歷龍門主簿、香河酒稅使，再調深澤令。縣近滹沱河，時秋成，水忽暴溢，仲洙極力護塞，竟無害。有盜夜發，居民震驚，仲洙率縣卒生執其一，餘衆遂潰，旦日掩捕皆獲。尋以廉能進官一階，陞河北西路轉運司支度判官，入爲刑部主事，六遷右司員外郎，俄轉吏部。世宗謂宰臣曰：「人有言語敏辯而庸常不正者，有語言拙訥而才智通達、存心向正者，如劉仲洙頗以才行見稱，然而口語甚訥也。」右丞張汝霖曰：「人之若是者多矣，願陛下深察之。」二十九年，出爲祁州刺史，以六善爲教，民化之。

章宗卽位，除中都、西京等路提刑副使。先是，田轂等以黨罪廢錮者三十餘家，仲洙知其寃，上書力辨，帝從之，迺復轂官爵而黨禁遂解。明昌二年，授幷王傅、兼同知大同府事，尋改平陽，移德州防禦使。轉運郭邦傑、節度李晏皆舉仲洙以自代。陞爲定海軍節度使。歲饑，仲洙表請開倉，未報，先爲賑貸，有司劾之，罪以贖論。時仲洙兄仲淵以罪責石州，仲洙上書請以萊易石，朝廷義而不許。久之，以年老乞致仕，累表方聽。泰和八年卒，年七十五。

仲洙性剛直，果於從政，尤長於治民，所在皆有功迹，蓋一時之能吏云。

李完字全道，朔州馬邑人。經童出身，復登詞賦進士第。調澄城主簿，有遺愛，民爲立祠。用廉遷定襄令，召補尚書省令史。時以縣令闕人廉問，世宗選能吏八人按行天下，完其一也。明昌初，爲監察御史。故事，臺令史以六部令史久次者補，吏皆同類，莫肯舉劾。完言：「尚書省令史，正隆間用雜流，大定初以太師張浩奏請，始純取進士，天下以爲當。今乞以三品官子孫及終場舉人，委臺官辟用。」上納其言。擢尚書省都事，出爲同知橫海軍節度使事、河間府治中。提刑司言「完習法律，有治劇材，軍民無間語」。陞沁州刺史，仍以璽書褒諭。遷同知廣寧府。初，遼濱民崔元入城飲不歸，求得尸於水中，有司執同飲者訊之，皆誣服，提刑司疑其寃，以獄畀完。完廉得其賊乃舟師也，遂免同飲人。改北京臨潢路提民皆便之。完長於吏治，所至姦惡屏迹，承安二年，遷陝西西路轉運使，尋授南京路按察使，卒。

馬百祿字天錫，通州三河人。父柔德，天會初第進士，累遷翰林修撰，坐田穀黨免官，迨世宗朝解黨禁，復召用焉。百祿幼志學，事繼母以孝聞，登大定三年詞賦進士第，調武清主簿。由龍山令召補尚書省令史，不就，改榷貨副使、平陽府判官，入爲國子博士。朝廷以宰縣日淸白有治迹，特遷官一階，升同知北京路轉運事。委錄南北路刑獄，所至無寃。召爲尙書戶部員外郞，與同知河北東路轉運事李京爲中都等路推排使。明昌初，遷耀州刺史，吏民畏愛。提刑司以狀聞，授韓王傅、同知安武軍節度事。俄改兼同知興平軍，以提刑司復舉廉，升孟州防禦使，再遷南京路提刑使。御史臺以剛直能幹聞，轉知河中府。承安四年致仕，卒。謚曰貞忠。

楊伯元字長卿，開封尉氏人。登大定三年進士第，調鄜城主簿。升榆次令，召爲大理評事，累除定海軍節度副使，用廉超授同知河東北路轉運事，入爲尚書刑部員外郎，以憂免，起爲遼州刺史。明昌元年，移涿州。久之，擢工部侍郎，四遷安武軍節度使。泰和三年致仕，卒。

伯元以才幹多被委注，凡兩爲推排定課使，累爲審錄官，人稱其平。每有疑獄，必專遣決，明辯多中理。賜謚曰達。

劉璣字仲璋，益都人也。登天德三年進士第。大定初，爲太常博士，改左拾遺，兼許王府文學。璣奏王府事，世宗責之曰：「汝職掌教道，何預奏事！」因命近侍諭旨永中曰：「卿有長史，而令文學奏事何也？後勿復爾。」累除同知漕運司事，嘗奏言：「漕戶顧直太高，虛費官物，宜約量裁損。若減三之一，歲可省官錢一十五萬餘貫。」世宗是其言。授戶部員外郎，條上便宜數事，世宗謂宰臣曰：「璣言河堤種柳可省每歲隄防之費，及言官錢利害，甚可取。前後戶部官往往偷延歲月，如璣者不可多得，卿等議其可者行之。璣向言漕運省費事，盡心公家，不厚賞無以勸來者。」乃賜錢三千貫。擢濰州刺史，徙知濟州。

未幾，遷同知北京留守事，坐曲法放免奴婢訴良者，左降管州刺史。世宗謂宰臣曰：「璣爲人何如？」參知政事程輝曰：「璣執强跋扈，嘗追濟南府官錢，以至委曲生意而害及平民。」上曰：「朕聞璣在北京，凡奴隸訴良，不問契券眞僞輒放爲良，意欲徼福於冥冥，則在己之奴何爲不放？」又曰：「璣放朕之家奴，意欲以此邀福，存心若是，不宜再用。」明昌二年，入爲國子司業，乞致仕不許，轉國子祭酒，尋擢太常卿，以昏耄不任職爲御史臺所糾罷。承安二年卒，年八十二。兄琉。

琉字伯玉，幼名太平。以功臣子補閤門祗候，遭父喪求終制，會海陵篡立，不許，改充護衞。海陵忌宗室，琉坐與往來，斥居鄉里。

世宗卽位，琉晝夜兼馳上謁，世宗大悅，以爲護衞十人長。往招宗敍、白彥敬、紇石烈志寧，皆相繼來附。還報，上喜其有功，呼其小字而謂之曰：「太平所至，庶幾能贊朕致太平矣。」改御院通進。與烏居仁等往南京發遣六宮百司，琉建議留尙書右丞紇石烈良弼經略淮右，餘皆北來，詔從之。丁母憂，起復，三遷武庫署令。車駕幸西京，留琉爲中都總管判官。再轉近侍局使，遷太子少詹事，兼引進使，賜襲衣。未幾，爲陝西統軍都監，賜廐馬、金帶，皇太子以馬與幣爲贐。召爲同知宣徽院事，遷太子詹事、右宣徽使，與張僅言典領昭德皇后園陵，襄事，太子贈以廐馬。轉左宣徽使，以疾求補外，除定海軍節度使，以其弟太府監瑋爲同知宣徽院事。〔三〕珫朝辭，上曰：「卿舊臣，今補外，寧不惻然。東萊瀕海，風物亦佳，卿到必得調養。朕用卿弟在近密，如見卿也。」仍賜廐馬、金帶、綵十端、絹百匹。卒官，年五十七。珫柩過京畿，勅有司致祭，賻銀三百兩、重綵三十端。

康元弼字輔之，大同雲中人。幼敏學，善屬文，登正隆二年進士第。調汝陽簿，改崇義軍節度判官。由垣曲縣令補尚書省令史，累遷同知河北西路轉運使事，召爲大理丞。

大定二十七年，河決曹、濮間，瀕水者多墊溺，朝廷遣元弼往視，相其地如盎，而城在盎中，水易爲害，請命於朝以徙之，卒改築於北原，曹人賴焉。出爲弘州刺史，閱歲授大理少卿。先是，衞州爲河所壞，增築蘇門以寓州治。水既退，民不樂遷，欲復歸衞，於是遣元弼按視，還言治故城便，遂復其舊。轉祕書少監，兼著作郎，改通州刺史，兼領漕事。

章宗立，尊孝懿皇后爲皇太后，以元弼舊臣詔充副衞尉。再轉大理卿，以喪去，起復爲尚書刑部侍郎，兼鄆王傅，遷南京路轉運使。承安三年致仕，卒。

移剌益字子遷，本名特末阿不，中都路胡魯土猛安人也。以𧦬補國史院書寫，積勞調徐州錄事，召爲樞密院知法，三遷翰林修撰。時北邊有警，詔百官集尚書省議之，太尉克寧銳意用兵，益言天時未利，宜俟後圖。御史臺舉益剛正可任，遂兼監察御史。未幾，改戶部員外郎。

明昌三年，畿內饑，擢授霸州刺史，同授刺史者十一人，既入謝，詔諭之曰：「親民之職惟在守令，比歲民饑，故遣卿等往撫育之。其資序有過者有弗及者，朕不計此，但以材選，爾其知之。」既至，首出俸粟以食饑者，于是倅以下及郡人遞出粟以佐之，且命屬縣視以爲法，多所全活。郡東南有堤久頹圮，水屢爲害，益增修之，民以爲便，爲益立祠。升遼東路提刑副使。五年，宋主新立，詔以泗州當使客所經，守臣宜擇人，宰臣進擬數人，皆不合上意，上曰：「特末阿不安在？此人可也。」卽授防禦使。

召爲尚書戶部侍郎，尋轉兵部。屬羣牧人叛，命益同殿前都點檢充往招降之。承安二年，邊鄙弗寧，上御便殿，召朝官四品以上入議，益謂「守爲便。天子之兵當取萬全，若王師輕出，少有不利，非惟損大國之威，恐啓敵人侵玩之心」。出爲山東西路轉運使。有勅使按鷹于山東，益奏：「乞止令調於近甸，何必驚遠方耳目。」書聞，上命有司治使者罪。遷河東南北路按察使。舊制，在位官有不任職，委所屬上司體訪。州府長貳幕職，許互相舉申。益上言以爲「傷禮讓之風，亦恐同官因之不睦，別生姦弊。乞止令按察司糾劾，似爲得體」。又言：「隨路點軍官與富人飲會，公通獻遺，宜依准監臨官於所部內犯罪究治。」上皆納焉。泰和二年，卒于官。

贊曰：閻公貞定金律令，楊伯元定金推排，人皆以平稱之，難矣。焦旭畿內小官，聽斷不受御史風指，遂罹深憲。大臣請人主遊獵，劾奏其非，爲之罷獵，誠有古人之風焉。李完、康元弼無他足稱，完論臺令史一事，元弼論曹、衞兩城，各當其可。馬百祿初坐黨廢，晚著治跡。劉璣初以理財得幸，晚以曲法得罪，人有前後遭遇不同，而百祿求福不回，非璣所及也。劉琉以大定之立馳赴行在，雖終身榮寵，蓋一趨時之士耳。劉仲洙剛而訥於言，移刺益剛而敢言。益以志寧北伐爲不可，仲洙釋田穀黨禍三十家。語曰「剛毅木訥近仁」，豈不信哉。

校勘記

〔一〕特賜胡礪榜進士及第 按本書卷一二五胡礪傳，天會「十年，舉進士第一」，則此「特賜胡礪榜進士及第」九字不當在天德元年之後，疑是衍文。

〔二〕四遷尙書戶部侍郎 按本書卷五海陵紀，正隆二年正月「庚寅，以工部侍郎韓錫同知宣徽院事」。「戶部」作「工部」。

〔三〕以其弟太府監瑋爲同知宣徽院事 按本書卷九五劉瑋傳，「遷戶部員外郎，就陞郎中，改同知宣徽院事」，未言官太府監。

金史卷九十八

列傳第三十六

完顏匡　完顏綱　完顏定奴

完顏匡本名撒速，始祖九世孫。事豳王允成，爲其府教讀。大定十九年，章宗年十餘歲，顯宗命詹事烏林荅愿擇德行淳謹、才學該通者，使教章宗兄弟。閱月，愿啓顯宗曰：「豳王府教讀完顏撒速、徐王府教讀僕散訛可二人，可使教皇孫兄弟。」顯宗曰：「典教幼子，須用淳謹者。」已而，召見于承華殿西便殿，顯宗問其年，對曰：「臣生之歲，海陵自上京遷中都，歲在壬申。」顯宗曰：「二十八歲爾，詹事乃云三十歲何也？」匡曰：「臣年止如此，詹事謂臣出入宮禁，故增其歲言之耳。」顯宗顧謂近臣曰：「篤實人也。」命擇日，使皇孫行師弟子禮。七月丁亥，宣宗、章宗皆就學，顯宗曰：「每日先教漢字，至申時漢字課畢，教女直小字，習國朝語。」因賜酒及綵幣。頃之，世宗詔匡、訛可俱充太子侍讀。

寢殿小底駝滿九住問匡曰：「伯夷、叔齊何如人？」匡曰：「孔子稱夷、齊求仁得仁。」九住曰：「汝輩學古，惟前言是信。夷、齊輕去其親，不食周粟餓死首陽山，仁者固如是乎？」匡曰：「不然，古之賢者行其義也，行其道也。伯夷思成其父之志以去其國，叔齊不苟從父之志亦去其國。武王伐紂，夷、齊叩馬而諫。紂死，殷爲周，夷、齊不食周粟遂餓而死。正君臣之分，爲天下後世慮至遠也，非仁人而能若是乎。」是時，世宗如春水，顯宗從，二人者馬上相語遂後。顯宗遲九住至，問曰：「何以後也？」九住以對，顯宗嘆曰：「不以女直文字譯經史，何以知此。主上立女直科舉，教以經史，乃能得其淵奧如此哉。」稱善者良久，謂九住曰：「論語『知之爲知之，不知爲不知，是知也』。汝不知不達，務辯口以難人。由是觀之，人之學、不學，豈不相遠哉。」

顯宗嘗謂中侍局都監蒲察查剌曰：「入殿小底完顏訛出、侍讀完顏撒速，與我同族，汝知之乎？」對曰：「不知也。」顯宗曰：「撒速，始祖九世孫。訛出，保活里之世也。始祖兄弟皆非常人，汝何由知此。」

顯宗命匡作睿宗功德歌，教章宗歌之，其詞曰：「我祖睿宗，厚有陰德。國祚有傳，儲嗣當立。滿朝疑懼，獨先啓策。徂征三秦，震驚來附。富平百萬，望風奔仆。靈恩光被，時雨春暘。神化周浹，春生冬藏。」蓋取宗翰與睿宗定策立熙宗，及平陝西大破張浚于富平也。〔一〕二十三年三月萬春節，顯宗命章宗歌此詞侑觴，世宗愕然曰：「汝輩何因知此？」顯宗奏曰：「臣伏讀睿宗皇帝實錄，欲使兒子知創業之艱難，命侍讀撒速作歌教之。」世宗大喜，顧謂諸王侍臣曰：「朕念睿宗皇帝功德，恐子孫無由知，皇太子能追念作歌以教其子，嘉哉盛事，朕之樂豈有量哉。卿等亦當誦習，以不忘祖宗之功。」命章宗歌數四，酒行極歡，乙夜乃罷。

二十五年，匡中禮部策論進士。是歲，世宗在上京，顯宗監國。三月甲辰，御試，前一日癸卯，讀卷官吏部侍郎李晏、棣州防禦使把內剌、國史院編修官夾谷衡、國子助教尼厖古鑑進稟，策題問「契敷五教，皐陶明五刑，是以刑措不用、比屋可封。今欲興教化，措刑罰，振紀綱，施之萬世，何術可致？」匡已試，明日入見，顯宗問對策云何，匡曰：「臣熟觀策問敷教、措刑兩事，不詳『振紀綱』一句，秖作兩事對，策必不能中。」顯宗命匡誦所對策，終篇，曰：「是亦當中。」匡曰：「編修衡、助教鑑長於選校，必不能中。」已而，匡果下第。顯宗惜之，謂侍臣曰：「我只欲問教化、刑罰兩事，乃添振紀綱一句，命删去，李晏固執不可，今果誤人矣。」謂侍正石敦寺家奴、唐括曷答曰：「侍讀二十一年府試不中，我本不欲侍讀再試，恐傷其志，今乃下第，使人意不樂。」是歲初取止四十五人，顯宗命添五人，僕散訛可中在四十五人，後除書畫直長。匡與訛可俱爲侍讀，匡被眷遇特異，顯宗謂匡曰：「汝無以訛可登第快快，但善教金源郡王，何官不可至哉。」是歲，顯宗薨，章宗判大興尹，封原王，拜右丞相，立爲皇太孫。匡仍爲太孫侍讀。二十八年，匡試詩賦，漏寫詩題下注字，不取，特賜及第，除中都路教授，侍讀如故。

章宗卽位，除近侍局直長，歷本局副使、局使，提點太醫院，遷翰林直學士。使宋，上令權更名弼，以避宋祖諱，事載本紀。遷祕書監，仍兼太醫院、近侍局事，再兼大理少卿。遷簽書樞密院事，兼職如故。承安元年，行院于撫州。河北西路轉運使溫昉行六部事，主軍中餽餉，屈意事匡，以馬幣爲獻，及私以官錢佐匡宴會費，監察御史姬端脩劾之，上方委匡以邊事，遂寢其奏。三年，入奏邊事，居五日，還軍。尋入守尚書左丞，兼修國史，進世宗實錄。〔三〕

章宗立提刑司，專糾察黜陟，當時號爲外臺，匡與司空襄、參政揆奏：「息民不如省官，聖朝舊無提刑司，皇統、大定間每數歲一遣使廉察，郡縣稱治。自立此官，冀達下情，今乃是非混淆，徒煩聖聽。自古無提點刑獄專薦舉之權者，若陛下不欲遽更，不宜使兼採訪廉能之任。歲遣監察體究，仍不時選使廉訪。」上從其議，於是監察體訪之使出矣。

初，匡行院于撫州，障葛將攻邊境，會西南路通事黃摑按出使烏都椀部知其謀，奔告行院爲之備，迎擊障葛，敗其兵。按出與八品職，遷四官。匡遷三官。匡奏乞以所遷三官讓其兄奉御賽一，上嘉其義，許之。改樞密副使，授世襲謀克。

宋主相韓侂冑。侂冑嘗再爲國使，頗知朝廷虛實。及爲相，與蘇師旦倡議復讎，身執其咎，繕器械，增屯戍，初未敢公言征伐，乃使邊將小小寇鈔以嘗試朝廷。泰和五年正月，入確山界奪民馬。三月，焚平氏鎭，剽民財物，掠鄧州白亭巡檢家貲，持其印去。遂平縣獲宋人王俊，唐州獲宋諜者李忭，俊襄陽軍卒，忭建康人。俊言宋人於江州、鄂、岳屯大兵，貯甲仗，修戰艦，期以五月入寇。忭言侂冑謂大國西北用兵連年，公私困竭，可以得志，命修建康宮，勸宋主都建康節制諸道。河南統軍司奏請益兵爲之備。詔平章政事僕散揆爲河南宣撫使，籍諸道兵，括戰馬，臨洮、德順、秦、鞏各置弓手四千人。詔揆遺書宋人曰：「奈何興兵？」宋人辭曰：「盜賊也。邊臣不謹，今黜之矣。」

宋人將啓邊釁，太常卿趙之傑、知大興府承暉、中丞孟鑄皆曰：「江南敗衂之餘，自救不暇，恐不敢敗盟。」匡曰：「彼置忠義保捷軍，取先世開寶、天禧紀元，豈忘中國者哉。」大理卿畏也曰：「宋兵攻圍城邑，動輒數千，不得爲小寇。」上問參政思忠，思忠極言宋人敗盟有狀，與匡、畏也合，上以爲然。及河南統軍使紇石烈子仁使宋還，奏宋主修敬有加，無他志。上問匡曰：「於卿何如？」匡曰：「子仁言是。」上愕然曰：「卿前議云何，今乃中變邪？」匡徐對曰：「子仁守疆圉，不妄生事，職也。書曰『有備無患』，在陛下宸斷耳。」於是，罷河南宣撫司，僕

散揆還朝。〔三〕

六年二月，宋人陷散關，取泗州、〔四〕虹縣、靈璧。四月，復詔僕散揆行省事于汴，制諸軍。頃之，以匡爲右副元帥。揆請匡先取光州，還軍懸瓠，與大軍合勢南下。匡奏：「僕散揆大軍渡淮，宋人聚兵襄、沔以窺唐、鄧，汴京留兵頗少，有掣肘之患，請出唐、鄧。」從之。遣前鋒都統烏古論慶壽以騎八千攻棗陽，遣左翼提控完顏江山以騎五千取光化，右翼都統烏古孫兀屯取神馬坡，皆克之。匡軍次白虎粒，都統完顏按帶取隨州，烏古論慶壽扼赤岸，斷襄、漢路。宋隨州將雷太尉遁去，遂克隨州。於是，宋鄧城、樊城戍兵皆潰。賜詔獎諭，戒諸軍毋虜掠、焚壞城邑。匡進兵圍德安，分遣諸將徇下安陸、應城、雲夢、漢川、荊山等縣，副統蒲察攻宜城縣取之。十二月敗宋兵二萬人于信陽之東，詔曰：「卿總師出疆屢捷，殄寇撫降，日闢土宇。彼恃漢、江以爲險阻，箠馬而渡，如涉坦途，荊、楚削平，不爲難事，雖天佑順，亦卿籌畫之效也。益宏遠圖，以副朕意。」匡進所獲女口百人。詔匡權尙書右丞，行省事，右副元帥如故。

吳曦以蜀、漢內附，詔匡先取襄陽以屏蔽蜀、漢。完顏福海破宋援襄陽兵於白石峪，遂取穀城縣。僕散揆得疾，遂班師，至蔡，疾革，詔右丞相宗浩代之。七年二月，揆薨。匡久圍襄陽，士卒疲疫，會宗浩至汴，匡乃放軍朝京師，轉左副元帥，賜宴于天香殿，還軍許州。

九月，宗浩薨，匡爲平章政事，兼左副元帥，封定國公，代宗浩總諸軍，行省于汴京。

初，僕散揆初至汴，既定河南諸盜，乃購得韓侂胄族人元靚，使行間於宋。元靚渡淮，宋督視江、淮兵馬事丘崈奏之宋主。是時，宋主、侂胄見兵屢敗以爲憂，欲乞盟無以爲請，得崈奏，卽命遣人護元靚北歸，因請議和。崈使其屬劉祐送元靚申和議于揆，揆曰：「稱臣割地，獻首禍之臣，然後可。」宋主因密諭丘崈，使歸罪邊將以請焉。及宗浩代揆，方信孺至，宗浩以方信孺輕佻不可信，移書宋人，果欲請和當遣朱致知、〔五〕吳琯、李大性、李壁來。侂胄得報大喜過望，乃召張巖于建康，罷爲福建觀察使，歸罪蘇師旦，貶之嶺南。是時，李壁已爲參政，不可遣。朱致知、吳琯已死，李大性知福州，道遠不能遽至。乃遣左司郎中王柟來，至濠州，匡使人責以稱臣等數事。柟以宋主、侂胄情實爲請，依靖康二年正月請和故事，世爲伯姪國，增歲幣爲三十萬兩、匹，犒軍錢三百萬貫，蘇師旦等俟和議定當函首以獻。柟至汴，以侂胄書上元帥府，匡復詰之，柟懇請曰：「此事實出朝旨，非行人所專。」匡察其不妄，乃具奏。章宗詔匡移書宋人，當函侂胄首贖淮南地，改犒軍錢爲銀三百萬兩。於是，宋吏部侍郞史彌遠定計殺韓侂胄，彌遠知國政，和好自此成矣。

於是，廷議諸軍已取關隘不可與。王柟以宋參政錢象祖書來，略曰：

竊惟昔者修好之初，蒙大金先皇帝許以畫淮爲界。今大國遵先皇帝聖意，自盱眙至唐、鄧畫界仍舊，是先皇帝惠之于始，今皇帝全之于後也。然東南立國，吳、蜀相依，今川、陝關隘大國若有之，則是撤蜀之門戶，不能保蜀，何以固吳？已增歲幣至三十萬，通謝爲三百萬貫，以連歲師旅之餘，重以喪禍，豈易辦集。但邊隙既開和議，區區悔艾之實，不得不黽勉遵承。又蒙聖畫改輸銀三百萬兩，在本朝宜不敢固違，然傾國資財，竭民膏血，恐非大金皇帝棄過圖新、兼愛南北之意也。

主上仁慈寬厚，謹守信誓，豈有意於用兵。止緣侂胄啓釁生事，迷國罔上，以至於斯。是以奮發英斷，大正國典，朋附之輩誅斥靡貸。今大國欲使斬送侂胄，是未知其已死也。〔六〕侂胄實本庸愚，怙權輕信，有誤國事，而致侂胄誤國者蘇師旦也。師旦既貶，侂胄尙力庇之，囑方信孺妄言已死，近推究其事，師旦已行斬首。儻大國終惠川、陝關隘，所畫銀兩悉力祗備，師旦首函亦當傳送，以謝大國。

本朝與大國通好以來，譬如一家叔姪，本自協和，不幸奴婢交鬭其間，遂成嫌間。一旦猶子翻然改悟，斥逐奴隸，引咎謝過，則前日之嫌便可銷釋，奚必較錙銖豪末，反傷骨肉之恩乎？惟吳、蜀相爲首尾，關隘繫蜀安危，望敢備奏，始終主盟，使南北遂息肩之期，四方無兵革之患，不勝通國至願。

是時，陝西宣撫司請增新得關隘成兵萬人。王柟狀稟，如蒙歸川、陝關隘，韓侂胄首必當函送，遵上國之命。匡奏曰：「關隘之事，臣初亦惑之，今當增戍萬人，壁壘之役，餽餫之勞，費用必廣。祖宗所以不取者，以關隘僅能自保耳，非有益於戰也。設能入寇，縱之平地，以鐵騎蹂之，無一得脫。彼哀祈不已者，以前日負固尚且摧覆，今遂失之，是無一日之安也。必謂兵力得之不可還賜，則漢上諸郡皆膏腴耕桑之地，棗陽、光化歸順之民數萬戶，較之陝右輕重可知，獨在陛下決之耳。」詔報曰：「侂胄渠魁，既請函首，宋之悔服可謂誠矣。」匡乃遣王柟還，復書曰：「宋國負渝盟之罪，自陳悔艾，主上德度如天，不忍終絕，優示訓諭，許以更成，所以覆護鎮撫之恩至深至厚。昨奉聖訓，如能斬送韓侂胄，徐議還淮南地。來書言韓侂胄已死，將以蘇師旦首易之，飾辭相紿如此。至于犒軍銀兩欲俟歸關隘然後祗備，是皆有咈聖訓。及王柟狀稟，如蒙歸還川、陝關隘，其韓侂胄首必當函送。聖訓令斬送侂胄首者，本欲易淮南地，〔七〕陝西關隘不預焉。王柟所陳亦非元畫事理，不敢專決，具奏。奉旨『朕以生靈爲念，已貫宋罪，關隘區區豈足深較，既能函送韓侂胄首，陝西關隘可以還賜』。今恩訓如此，其體大國寬仁矜恤曲從之意，追修誓書，〔八〕齎遣通謝人使赴闕。」

王柟之歸也，匡要以先送叛亡驅掠，然後割賜淮南、川、陝，及彼誓書草本有犯廟諱字及文義有不如體製者，諭令改之。宋人以叛亡驅掠散在州縣，一旦拘刷，未易聚集。今已四月，農事已晚，邊民連歲流離失所，扶携道路，卽望復業，過此農時，遂失一歲之望。歲幣犒軍物多，非旬月可辦。錢象祖復以書來，略曰：「竊見大金皇帝前日聖旨，如能斬送韓侂冑首，沿淮之地並依皇統、大定已畫爲定。又睹今來聖旨，旣能送侂冑首，陝西關隘可併還賜。以此仰見聖慈寬大，初無必待發遣驅掠官兵，然後退兵交界之語。誓書草本添改處，先次錄本齎呈，幷將侂冑首函送，及管押納合、道僧、李全家口一併發還。欲望上體大金皇帝畫定聖旨，先賜行下沿邊及陝西所屬，候侂冑首到界上，卽便抽回軍馬，歸還淮南及川、陝關隘地界。所有驅掠官兵留之何益，見已從實刷勘發還。其使人禮物歲幣等已起發至眞、揚間，伺候嘉報，迤邐前去界首，以俟取接。」

匡得錢象祖書，卽具奏，詔報曰：「朕以生靈之故已從所請，〔九〕稱臣割地尙且闊略，區區小節何足深較。其侂冑、師旦首函及諸叛亡至濠州，卽聽通謝人使入界，軍馬卽當徹還，川、陝關隘俟歲幣犒軍銀綱至下蔡，畫日割賜。」匡得詔書，卽以諭宋人，使如詔書從事。

泰和八年閏四月乙未，〔一〇〕宋獻韓侂冑、蘇師旦首函至元帥府，匡遣平南撫軍上將軍紇石烈貞以侂冑、師旦首函露布以聞。五月丁未，遣戶部尙書高汝礪、禮部尙書張行簡奏告天地，武衞軍都指揮使徒單鏞奏告太廟，御史中丞孟鑄告社稷。是日，上御應天門，立黃麾仗，受宋馘。尙書省奏露布，親王百官起居上表稱賀。獻馘廟社，以露布頒中外。竿侂胄、師旦首幷二人畫像于通衢，百姓縱觀，然後漆其首藏之軍器庫。丙辰，匡朝京師，進官兩階，賜玉帶、金一百兩、銀一千五百兩、重幣三十端。罷元帥府仍爲樞密院。六月癸酉，宋通謝使許弈、吳衡等入見。癸未，以宋人請和詔天下。

十一月丙辰，章宗崩，匡受遺詔，立衞紹王。其遺詔略曰：「皇叔衞王，承世宗之遺體，鍾厚慶於元妃，人望所歸，歷數斯在。今朕上體太祖皇帝傳授至公之意，付畀寶祚，卽皇帝位於柩前。載惟禮經有嫡立嫡、無嫡立庶，今朕之內人見有娠者兩位，已詔皇帝，如其中有男當立爲儲貳，如皆是男子，擇可立者立之。」丁巳，衞紹王卽位。戊午，章宗內人范氏胎氣有損。大安元年四月，平章政事僕散端、左丞孫卽康奏：「承御賈氏產期已出三月，有人告元妃李氏令賈氏詐稱有身。」詔元妃李氏、承御賈氏皆賜死。初，章宗大漸，匡與元妃俱受遺詔立衞王，匡欲專定策功，遂構殺李氏。數日，匡拜尙書令，封申王。大安元年十二月，薨。

匡事顯宗，深被恩遇。自章宗幼年，侍講讀最親幸，致位將相，怙寵自用，官以賄成。承安中，撥賜家口地土，匡乃自占濟南、眞定、代州上腴田，百姓舊業輒奪之，及限外自取。上聞其事，不以爲罪，惟用安州邊吳泊舊放圍場地、奉聖州在官閑田易之，以向自占者悉還百姓。宣宗嘗謂侍臣曰：「撒速往年嘗受人玉吐鶻，然後與之官，此豈宰相所爲哉。」

完顏綱本名元奴，字正甫。明昌中，爲奉御，累官左拾遺。詔三叉口置捺鉢，綱上疏諫，疏中有云「賊出沒其間」，詔尙書省詰問，所言不實，章宗以綱諫官，不之罪。

遷刑部員外郎，綱言：「諸犯死罪除名移推相去二百里，幷犯徒罪連逮二十人以上者並令就問，曾經所屬按察司審讞者移推別路，官亦依上就問。凡告移推之人皆已經本路按察審訖，卽當移推別路。按察司部分廣闊，如上京路移推臨潢路，最近亦往復二三千里，北京留守司移推西北路招討司，最近亦須數月。乞依舊制，令移推官司追取其人歸問。」從之。

故事，使夏國者夏人饋贈禮物，視書幾道以爲多寡。泰和元年，綱爲賜夏主生日使，章宗命齎三詔，左司員外郎孫椿年奏詔爲一道，〔二〕尋自陳首，上責宰臣曰：「椿年忽略，卿等奈何不奏也。」轉工部郎中，上言：「太府監官兼尙食局官，乞於少府監依此例，注能幹官一員兼儀鸞局官，儀鸞局官一員兼少府監官，相須檢治。」從之。四年，詔綱與喬宇、宋元吉編類陳言文字，綱等奏，「凡關涉宮庭及大臣者摘進，其餘以省臺六部各爲一類」，凡二十卷。遷同簽宣徽院事。

六年，與宋連兵，陝西諸將頗相異同，以綱爲蜀漢路安撫使、都大提舉兵馬事，與元帥府參決西事，調羌兵之未附者。於是，知鳳翔府事完顏昱、同知平涼府事蒲察秉鉉分駐鳳翔諸隘，通遠軍節度使承裕、秦州防禦使完顏璘屯成紀界，知臨洮府事石抹仲溫駐臨洮，同知臨洮府事术虎高琪、彰化軍節度副使把回海備鞏州諸鎭，乾州刺史完顏思忠扼六盤，陝西路都統副使斡勒牙剌、京兆府推官蒲察秉彝戍虢華、扼潼關蒲津，陝西都統完顏忠本名鼻懶、同知京兆府事烏古論兗州守京兆要害，以鳳翔、臨洮路蕃漢弓箭手及緋翮翅軍散據邊陲。「緋翮翅」，軍名也。元帥右監軍充右都監蒲察貞分總其事。

宋吳曦以兵六千攻鹽川，鞏州戍將完顏王善、〔三〕隊校僕散六斤、猛安龍延常擊走之，斬首二百級。七月，吳曦兵五萬由保坌、姑蘇等路寇秦州，承裕、璘以騎千餘擊之，曦兵大敗，追奔四十里。曦別兵萬人入來遠鎭，术虎高琪破之。

青宜可者，吐蕃之種也。宋取河湟，夏取河西四郡，部落散處西鄙，其魯黎族帥曰冷京，據古疊州，有四十三族、十四城、三十餘萬戶，東鄰宕昌，北接臨洮、積石，南行十日至箄竹大山，蓋蠻境也。西行四十日至河外，俗不論道里而以日計之云。冷京卒，子耳骨延嗣，宋不能制，縻以官爵。傳六世至青宜可，尤勁勇得衆，以宋政令不常，有改事中國之意。曹佛留爲洮州刺史。佛留材武有智策，能結諸羌。青宜可畏慕佛留，以父呼之，請舉國內附，朝廷以宋有盟不許，厚賜金帛以撫之。

明昌間，屬羌巳彪殺郡佐反，是時綱爲奉御，奉詔與曹佛留計事，因召青宜可會兵擊破巳彪。曹佛留遷同知臨洮尹，兼洮州刺史。子普賢爲洮州管內巡檢使。綱屢以事至洮，佛留每謂綱言青宜可願內屬，出其至情，綱輒奏之，上終不納。

及綱部署陝西，上密勑經略西事。於是，曹佛留已死，普賢爲懷羌巡檢使。綱至洮，馳召普賢攝同知洮州事。普賢傳箭入羌中，青宜可大喜，率諸部長，籍其境土人民，詣綱請內屬。綱奏其事，上以青宜可爲疊州副都總管，加廣威將軍。詔青宜可曰：「卿統有部人，世爲雄長，嚮風慕義，背僞歸朝，願效純誠，恒輸忠力，緬懷嘉矚，式厚褒旌。覽卿進上所受僞牌，朝廷之馭諸蕃固無此例，欲使卿有以鎭撫部族、增重觀望，是以特加改命，賜金牌一、銀牌二，到可祗承，服我新恩，永爲藩衞。」曹普賢眞授同知洮州事，綱遷拱衞直都指揮使，遷三階，安撫、都大提舉如故。以商州刺史烏古論兗州領、曹普賢押領、青宜可勾當。詔曰：「完顏綱，初行時汝未知朝廷有青宜可之事，獨言可以招撫，必獲其用，旣而果來效順。今汝勿以青宜可兵勢重大，卑屈失體，亦勿以蕃部而藐視之。」

九月，詔安慰陝西，略曰：「京兆、鳳翔、臨洮三路，應被宋兵逼脅，背國從僞，或沒落外境，若能自歸者，官吏依舊勾當，百姓各令復業，元拋地土依數給付。及受宋人旗牓結構等，或值驚擾因而避役逃亡，未發覺者，許令所在官司陳首，並行釋免，更不追究，軍前可用之人隨宜任使。限外不首，復罪如初。」

宋程松遣別將曲昌世襲方山原，自率兵數萬分道襲和尙原、西山寨、龍門等關。是日，大霧四塞，既又暴雨，和尙原、西山寨、龍門關戍兵不知宋兵來，松遂據之。蒲察貞遣行軍副統裴滿阿里、同知隴州事完顏孛論以兵千人伏方山原下，萬戶奧屯撒合門、美原縣令术虎合沓別將壯士五百，取間道潛登，出宋兵上，自高而下，宋兵大駭，伏兵合擊，遂破之。貞乃分遣术虎合沓、部將完顏出軍奴率兵千人出黃兒谷取和尙原，同知會州事女奚列南家、押軍猛安粘割撒改率兵千人出大寧谷取西山寨，貞自以兵七百由中路取龍門等關。程松已焚閣道，貞且修道、且進兵，至小關，松將楊廷據險注射，貞不得前，令行軍副統裴滿阿里爲疑兵，潛遣猛安胡信率甲士五十人繞出其後，反擊之，宋兵大亂，遂斬廷于陣。宋兵走二里關，復敗。宋將彭統領宋兵走龍門，追擊大破之。合沓乘夜潛登和尙原絕頂，宋人驚以爲神，皆散走，破其衆二千，生獲數十人。南家斬木開道以登西山，再與宋兵遇，皆敗之，〔一三〕遂盡復故地。

宋吳曦將馮興、楊雄、李珪以步騎八千人入赤谷，將寇秦州。承裕、完顏璘、河州防禦使蒲察秉鉉逆擊，破之。宋步兵趨西山，騎兵走赤谷。承裕分兵躡宋步兵，宋步兵據山搏戰，部將唐括按答海率二百騎馳擊之，甲士蒙葛挺身先入其陣，衆乘之，宋步兵大潰，殺數百人，追者至皂郊城，斬首二千級。猛安把添奴追宋騎兵，殺千餘人，馮興僅以身免，楊雄、李珪皆爲金軍所殺。十月，綱以蕃、漢步騎一萬出臨潭，充以關中兵一萬出陳倉，蒲察貞以岐、隴兵一萬出成紀，石抹仲溫以隴右步騎五千出鹽川，完顏璘以本部兵五千出來遠。

初，吳玠、吳璘俱爲宋大將，兄弟父子相繼守西土，得梁、益間士衆心。璘孫曦太尉、昭武軍節度使、成都潼川府夔利等州路宣撫副使，泰和六年出兵興元，有窺關、隴之志，誘募邊民爲盜，遣諜以利餌鳳翔卒溫昌，結三虞候軍爲內應。昌詣府上變。曦遣諸將出秦、隴間，與綱等諸軍相拒。上聞韓侂冑忌曦威名，可以間誘致之，梁、益居宋上游，可以得志于宋，封曦蜀國王，鑄印賜詔，詔綱經略之。其賜曦詔曰：

宋自佶、桓失守，構竄江表，僭稱位號，偷生吳會，時則乃祖武安公玠捍禦兩川。洎武順王璘嗣有大勳，固宜世胙大帥，遂荒西土，長爲藩輔，誓以河山，後裔縱有欒黶之汏，猶當十世宥之。然威略震主者身危，功蓋天下者不賞，自古如此，非止于今。

卿家專制蜀漢，積有歲年，猜嫌既萌，進退維谷，代之而不受，召之而不赴，君臣之義已同路人，譬之破桐之葉不可以復合，騎虎之勢不可以中下矣。此事流傳，稔於朕聽，每一思之未嘗不當饋歎息，而卿猶偃然自安。且卿自視翼贊之功孰與岳飛？飛之威名戰功暴于南北，一旦見忌，遂被叁夷之誅，可不畏哉。故智者順時而動，明者因機而發，與其負高世之勳見疑于人，惴惴然常懼不得保其首領，曷若順時因機，轉禍爲福，建萬世不朽之業哉。

今趙擴昏孱，受制强臣，比年以來頓違誓約，增屯軍馬，招納叛亡。朕以生靈之故，未欲遽行討伐，姑遣有司移文，復因來使宣諭，而乃不顧道理，愈肆憑陵，虔劉我邊陲，攻剽我城邑。是以忠臣扼腕，義士痛心，家與爲讎，人百其勇，失道至此，雖欲不亡得乎？朕已分命虎臣，臨江問罪，長驅並騖，飛渡有期，此正豪傑分功之秋也。

卿以英偉之姿，處危疑之地，必能深識天命，洞見事機，若按兵閉境不爲異同，使我師併力巢穴而無西顧之虞，則全蜀之地卿所素有，當加封册，一依皇統册構故事。更能順流東下，助爲掎角，則旌麾所指盡以相付。天日在上，朕不食言。今送金寶一鈕，至可領也。

綱次臨江被詔，進至水洛，訪得曦族人端，署爲水洛城巡檢使，遣持詔間行諭曦。曦得詔意動，程松尚在興元，未敢發，詐稱杖殺端，以蔽匿其事。松兵既敗，曦乃遣掌管機宜文字姚圓與端奉表送款。綱遣前京兆府錄事張仔會吳曦于興州之置口，曦言歸心朝廷無他，張仔請以告身爲報，曦盡出以付之，仍獻階州。

朝廷以曦初附，恃中國爲援，欲先取襄陽以爲蜀漢屏蔽，乃詔右副元帥匡先攻襄陽，詔略曰：「陝西一面雖下四州，吳曦之降朕所經略。自大軍出境，惟卿所部力戰爲多，方之前人無所愧謝。今南伐之事責成卿等，區區俘獲不足羨慕，果能爲國建功，豈止一身榮寵，後世子孫亦保富貴。」匡得詔，乃移兵趨襄陽。十二月，曦遣果州團練使郭澄、仙人關使任辛奉表及蜀地圖志、吳氏譜牒來上。

七年正月，召綱赴京師，以爲陝西宣撫副使，進三階。還軍，吳曦遣郭澄進謝恩表、誓表、賀全蜀歸附三表，親王百官稱賀，朝廷以詔答之，幷賜誓詔。郭澄朝辭，諭澄曰：「汝主效順，以全蜀歸附，朕甚嘉之。然立國日淺，恐宋兵侵軼，人心不安，凡有當行事務已委宣撫完顏綱移文計議。或有緊急，卽差人就去講究。大定間，汝主嘗以事入覲，今亦多歲，朕嘉汝主之義，懷想不忘，欲得其繪像，如見其面。今已遣使封册，俟回日附進。可以此意歸諭汝主。」詔以同知臨洮府事朮虎高琪爲封册使，翰林直學士喬宇副之。詔高琪曰：「卿以邊面宣力，加之讀書，蜀人識卿威名，勿以財賄動心，失大國體。檢制隨去奉職，勿有違枉生事。」

頃之，宋安丙殺吳曦。上聞曦死，遣使責綱，詔曰：「曦之降，自當進據仙人關，以制蜀命，且爲曦重。既不據關，復撤兵，〔一四〕使丙無所憚，是宜有今日也。」於是，詔贈曦太師，命德順州刺史完顏思忠招魂葬于水洛縣。以曦族兄端之子爲曦後。詔諭陝西軍士，略曰：「汝等爰自去冬，出疆用命，擐披甲胄，冒涉艱險，直取山外數州，比之他軍實有勤效。界外屯駐日久，負勞苦，恩賞未行，有司申奏不明，以致如此。朕已令增給賞物，以酬爾勞。惟是餘賊未殄，猶須經略。眷我師徒，久役未解，深懷憫念，寤寐弗忘。汝等益思體國之忠，奮敵愾之勇，協心畢力，建立功勳，高爵厚祿，朕所不吝。」

宋人復陷階州、西和州，綱至鳳翔，詔徹五州之兵退保要害，五州之民願徙內地者厚撫集之。以近侍局直長爲四川安慰使。〔一五〕蒲察貞撤黃牛戍，宋安丙乘之，連兵來襲，遂陷散關，鞏州鈐轄兀顏阿失死之。詔奪綱官一階，降兵部侍郎，權宣撫副使。遣戶部侍郎尼厖古懷忠按治綱以下將吏。懷忠未至陝西，綱、貞遣兵潛自昆谷西山養馬澗入，四面攻之，復取散關，斬宋將張統領、于團練。綱遣使奏捷，詔書獎諭，貞等釋不問。

八年，宋獻韓侂胄、蘇師旦首，詔以陝西關隘還之，宋罷兵。綱還京師。是歲，章宗崩，衞紹王卽位，除陝西路按察使，累官尚書左丞。至寧元年，綱行省事于縉山，徒單鎰使人謂綱曰：「高琪駐兵縉山甚得人心，士皆思奮，與其行省親往，不若益兵爲便。」綱不聽。徒單鎰復使人止之曰：「高琪措畫已定，彼之功卽行省之功。」綱不從。綱至縉山遂大敗。

胡沙虎斬關入中都，遷衞紹王于衞邸，命綱子安和作家書，使親信人召綱。〔一六〕綱至，囚之憫忠寺，明日，押至市中，使張霖卿數以失四川、敗䧌山之事，殺之。

貞祐四年，綱子權復州刺史安和上書訟父寃，略曰：「先臣綱在章宗時，招懷西羌青宜可等十八部族，取宋五州，吳曦以全蜀歸朝。胡沙虎無故見殺，奪其官爵。」詔下尚書省議，「謹按元年詔書云，胡沙虎屢害良將，正謂綱輩也」。乃追復尚書左丞。弟定奴。

定奴與兄綱俱知名，充護衞，除平涼府判官，累官同知眞定府。從平章政事僕散揆伐宋，加平南虎威將軍。兵罷，遷河南東路副統軍，三遷武勝軍節度使，入爲右副點檢。大安二年，遷元帥右都監，救西京，改震武軍節度使。元帥奧屯襄敗績，定奴坐失期及不以軍敗實奏，降河州防禦使。遷鎭西軍節度使、河東北路按察轉運使。宣宗卽位，改知歸德府。貞祐二年，改知河南府，兼河南副統軍。尋遷河南統軍使，兼昌武軍節度使。請內外五品以上舉能幹之士充河北州縣官。改簽樞密院事、殿前都點檢、兼侍衞親軍都指揮使。復爲簽樞密院事、行院事兼知歸德府事，改兼武寧軍節度使，行院于徐州。召爲刑部尙書、參知政事。興定三年，薨。

贊曰：章宗伐宋之役，三易主帥，兵家所忌也，宋不知乘此以爲功，猶曰有人焉？韓侂胄心强智疏，蘇師旦謀淺任大，函首燕、薊，南北皆曰賊臣，何哉？完顏匡、完顏綱皆泰和終功之臣，然匡隳忠于大安，綱罔難于至寧，富貴之惑人乃如此邪？

校勘記

〔一〕及平陝西大破張浚于富平也　「及平」原作「及乎」，據永樂大典卷六七六四引文改。

〔二〕進世宗實錄　「實」原作「寶」，據永樂大典卷六七六四引文改。

〔三〕於是罷河南宣撫司僕散揆還朝　按本書卷一二章宗紀，泰和五年八月辛卯，因宣撫使僕散揆之奏請，「詔罷宣撫司」。九月戊子，「以河南路統軍使紇石烈子仁等爲賀宋生日使」。又卷六二交聘表同。是罷宣撫司在前，子仁使宋在後。此處敍事顚倒。

〔四〕取泗州　「州」原作「川」，據永樂大典卷六七六四引文改。

〔五〕果欲請和當遣朱致知　「知」原作「和」。按本書卷六二交聘表承安五年條，卷九三宗浩傳宗浩復張巖書，宋史卷三七寧宗紀慶元五年條，皆作「朱致知」，今據改。下同。

〔六〕是未知其已死也　「已」原作「亡」，據殿本改。

〔七〕本欲易淮南地　原脫「淮」字，據上下文補。

〔八〕追修誓書　「追修」原作「修追」，據殿本乙正。

〔九〕朕以生靈之故已從所請　原脫「所」字，據文義補。

〔一〇〕泰和八年閏四月乙未　原脫「閏」字，按本書卷一二章宗紀，泰和八年「閏月乙未，宋獻韓侂冑等首于元帥府」。據長術此年閏四月，今補「閏」字。

〔一一〕左司員外郎孫椿年奏詔爲一道　「奏詔」原作「詔奏」，據文義乙正。

〔一二〕宋吳曦以兵六千攻鹽川鞏州戍將完顏王善　「川」原作「州」。按本書卷二六地理志，臨洮路鞏州定西縣「鎭一，鹽川」。又卷一二章宗紀，「泰和六年六月乙亥，宋吳曦攻鹽川，戍將完顏王喜敗之」。今據改爲「鹽川」。至于「王善」「王喜」之異，因無它證，今仍兩存。

〔一三〕再與宋兵遇皆敗之　原脫「之」字，據殿本補。

〔一四〕復撤兵　「撤」原作「撒」，據殿本改。

〔一五〕以近侍局直長爲四川安慰使　按此處脫人名。

〔一六〕命綱子安和作家書使親信人召綱　按本書卷一三衞紹王紀，至寧元年八月，胡沙虎「誘奉御和尚使作書急召其父左丞元奴議事，元奴以軍來，并其子皆殺之」。元奴卽綱，子名「和尚」，且與綱同被殺，與此略異。

金史卷九十九

列傳第三十七

徒單鎰　賈鉉　孫鐸　孫即康　李革

徒單鎰本名按出，上京路速速保子猛安人。父烏輦，北京副留守。鎰穎悟絕倫，甫七歲，習女直字。大定四年，詔以女直字譯書籍。五年，翰林侍講學士徒單子溫進所譯貞觀政要、白氏策林等書。六年，復進史記、西漢書，詔頒行之。選諸路學生三十餘人，〔一〕令編修官溫迪罕締達教以古書，習作詩、策。鎰在選中，最精詣，遂通契丹大小字及漢字，該習經史。久之，樞密使完顏思敬請教女直人舉進士，下尙書省議。奏曰：「初立女直進士科，且免鄉、府兩試，其禮部試、廷試，止對策一道，限字五百以上成。在都設國子學，諸路設府學，並以新進士充教授，士民子弟願學者聽。歲久，學者當自衆，即同漢人進士三年一試。」從之。十三年八月，〔二〕詔策女直進士，問以求賢爲治之道。侍御史完顏蒲涅、太常博士李晏、應奉翰林文字阿不罕德甫、移剌傑、中都路都轉運副使奚𬴐考試鎰等二十七人及第。鎰授兩官，餘授一官，上三人爲中都路教授，四名以下除各路教授。

十五年，詔譯諸經，著作佐郎溫迪罕締達、編修官宗璧、尚書省譯史阿魯、吏部令史楊克忠譯解，〔三〕翰林修撰移剌傑、應奉翰林文字移剌履講究其義。鎰自中都路教授選爲國子助教。左丞相紇石烈良弼嘗到學中與鎰談論，深加禮敬。丁母憂，起復國史院編修官。世宗嘗問太尉完顏守道曰：「徒單鎰何如人也？」守道對曰：「有材力，可任政事。」上曰：「然，當以劇任處之。」又曰：「鎰容止溫雅，其心平易。」久之，兼修起居注，累遷翰林待制，兼右司員外郎。獻漢光武中興賦，世宗大悅曰：「不設此科，安得此人。」

章宗卽位，遷左諫議大夫，兼吏部侍郎。明昌元年，爲御史中丞。無何，拜參知政事，兼修國史。鎰言：「人生有欲，不限以制則侈心無極。今承平日久，當愼行此道，以爲經久之治。」

章宗銳意于治平，鎰上書，其略曰：「臣竊觀唐、虞之書，其臣之進言於君曰『戒哉』，『懋哉』，曰『吁』，曰『都』。既陳其戒，復導其美。君之爲治也，必曰『稽于衆，舍己從人』。既能聽之，又能行之，又從而興起之。君臣上下之間相與如此。陛下繼興隆之運，撫太平之基，誠宜稽古崇德，留意於此，無因物以好惡喜怒，無以好惡喜怒輕忽小善，不卹人言。

夫上下之情有通塞，天地之運有否泰，唐陸贄嘗陳隔塞之九弊，上有其六，下有其三。陛下能愼其六，爲臣子者敢不愼其三哉。上下之情旣通，則大綱舉而羣目張矣。」進尙書右丞，修史如故。

三年，罷爲橫海軍節度使，改定武軍節度使，知平陽府事。先是，鄭王永蹈判定武軍，鎬王永中判平陽府，相繼得罪，連引者衆，上疑其有黨，或命節度定武，〔四〕繼又知平陽焉。改西京留守。承安三年，改上京留守。五年，上問宰臣：「徒單鎰與宗浩孰優？」平章政事張萬公對曰：「皆才能之士，鎰似優者，鎰有執守，宗浩多數耳。」上曰：「何謂多數？」萬公曰：「宗浩微似趨合。」上曰：「卿言是也。」頃之，鎰拜平章政事，封濟國公。

淑妃李氏擅寵，兄弟恣横，朝臣往往出入其門。是時烈風昏曀連日，詔問變異之由。鎰上疏略曰：「仁、義、禮、智、信謂之五常，父義、母慈、兄友、弟敬、子孝謂之五德。今五常不立，五德不興，縉紳學古之士棄禮義，忘廉恥，細民違道畔義，迷不知返，背毀天常，骨肉相殘，動傷和氣，此非一朝一夕之故也。今宜正薄俗，順人心，父父子子夫夫婦婦，各得其道，然後和氣普洽，福祿薦臻矣。」因論「爲政之術，其急有二。一曰，正臣下之心。竊見羣下不明禮義，趨利者衆，何以責小民之從化哉。其用人也，德器爲上，才美爲下，兼之者待以不次，才下行美者次之，雖有才能，行義無取者，抑而下之，則臣下之趨向正矣。其二曰，導學者之志。教化之行，興于學校。今學者失其本眞，經史雅奧，委而不習，藻飾虛詞，釣取祿利，乞令取士兼問經史故實，使學者皆守經學，不惑於近習之靡，則善矣。」又曰：「凡天下之事，叢來者非一端，形似者非一體，法制不能盡，隱於近似，乃生異論。孔子曰：『義者天下之制也。』〔五〕記曰：『義爲斷之節。』伏望陛下臨制萬機，事有異議，少凝聖慮，尋繹其端，則裁斷有定，而疑可辨矣。」鎰言皆切時弊，上雖納其說，而不能行。

上問漢高帝、光武優劣。平章政事張萬公對曰：「高祖優甚。」鎰曰：「光武再造漢業，在位三十年，無沈湎冒色之事。高祖惑戚姬，卒至于亂。由是言之，光武優。」上默然。鎰蓋以元妃李氏隆寵過盛，故微諫云。泰和四年，罷知咸平府。五年，改南京留守。六年，徙知河中府，兼陝西安撫使。

僕散揆行省河南、陝西，元帥府雖受揆節制，實顓方面，上思用謀臣制之，由是升宣撫使一品，鎰改知京兆府事，充宣撫使，陝西元帥府並受節制。詔曰：「將帥雖武悍，久歷行陣，而宋人狡獪，亦資算勝。卿之智略，朕所深悉，且股肱舊臣，故有此寄。宜以長策御敵，厲兵撫民，稱朕意焉。」鎰言：「初置急遞鋪本爲轉送文牒，今一切乘驛，非便。」上深然之。始置提控急遞鋪官。自中都至眞定、平陽置者，達于京兆。京兆至鳳翔置者，達于臨洮。自眞定至彰德置者，達于南京。自南京分至歸德置者，達于泗州、壽州，分至許州置者，達于鄧州。自中都至滄州置者，達于益都府。自此郵達無復滯焉。

七年，吳曦死，宋安丙分兵出秦、隴間。十月，詔鎰出兵金、房以分掣宋人梁、益、漢、沔兵勢。鎰遣行軍都統斡勒葉祿瓦、副統把回海、完顏撾剌以步騎五千出商州。十一月，葉祿瓦拔鶻嶺關，撾剌別將攻破燕子關新道口，回海取小湖關敖倉，至營口鎮，破宋兵千餘人，追至上津縣，斬首八百餘級，遂取上津縣。葉祿瓦破宋兵二千于平溪，將趨金州。宋王柟以書乞和，詔鎰召葉祿瓦軍退守鶻嶺關。八年正月，宋安丙遣景統領由梅子溪、新道口、朱砂谷襲鶻嶺關，回海、撾剌擊走之，斬景統領于陣。是歲，罷兵。鎰遷特進，賜賚有差。改知眞定府事。

大安初，加儀同三司，封濮國公。改東京留守，過闕入見。衛紹王謂鎰曰：「卿兩朝舊德，欲用卿爲相。太尉匡，卿之門人，朕不可屈卿下之。」遷開府儀同三司，佩金符，充遼東安撫副使。三年，改上京留守。平章政事獨吉思忠敗績于會河堡，中都戒嚴，鎰曰：「事急矣。」乃選兵二萬，遣同知烏古孫兀屯將之，入衛中都。朝廷嘉之，徵拜尙書右丞相，監修國史。

鎰言：「自用兵以來，彼聚而行，我散而守，以聚攻散，其敗必然。不若入保大城，併力備禦。昌、桓、撫三州素號富實，〔六〕人皆勇健，可以內徙，益我兵勢，人畜貨財，不至亡失。」

平章政事移剌、〔七〕參知政事梁瑝曰：「如此是自蹙境土也。」衞紹王以責鎰。鎰復奏曰：「遼東國家根本，距中都數千里，萬一受兵，州府顧望，必須報可，誤事多矣。可遣大臣行省以鎭之。」衞紹王不悅曰：「無故置行省，徒搖人心耳。」其後失昌、桓、撫三州，衞紹王乃大悔曰：「從丞相之言，當不至此！」頃之，東京不守，衞紹王自訟曰：「我見丞相恥哉！」朮虎高琪駐兵縉山，甚得人心，士樂爲用。至寧元年，尙書左丞完顏綱將行省于縉山，鎰謂綱曰：「行省不必自往，不若益兵爲便。」綱不聽，且行，鎰遣人止之曰：「高琪之功卽行省之功也。」亦不聽。綱至縉山，遂敗績焉。

頃之，鎰墜馬傷足在告，聞胡沙虎難作，命駕將入省。或告之曰：「省府相幕皆以軍士守之，不可入矣。」少頃，兵士索人于閭巷，鎰乃還第。胡沙虎意不可測，方猶豫，不能自定，乃詣鎰問疾，從人望也。鎰從容謂之曰：「翼王，章宗之兄，顯宗長子，衆望所屬，元帥決策立之，萬世之功也。」胡沙虎默然而去，乃迎宣宗于彰德。胡沙虎既殺徒單南平，欲執其弟知眞定府事銘，鎰說之曰：「車駕道出眞定，鎬王家在威州，河北人心易搖，徒單銘有變，朝廷危矣。不如與之金牌，奉迎車駕，銘必感元帥之恩。」胡沙虎從之。至寧、貞祐之際，轉敗爲功，惟鎰是賴焉。

宣宗卽位，進拜左丞相，封廣平郡王，授中都路迭魯都世襲猛安蒲魯吉必剌謀克。鎰尙有足疾，詔侍朝無拜。明年，鎰建議和親。言事者請罷按察司。鎰曰：「今郡縣多殘毀，正須按察司撫集，不可罷。」遂止。宣宗將幸南京，鎰曰：「鑾輅一動，北路皆不守矣。今已講和，聚兵積粟，固守京師，策之上也。南京四面受兵。遼東根本之地，依山負海，其險足恃，備禦一面，以爲後圖，策之次也。」不從。是歲，薨。詔賻贈從優厚。

鎰明敏方正，學問該貫，一時名士皆出其門，多至卿相。嘗嘆文士委頓，雖巧拙不同，要以仁義道德爲本，乃著學之急、道之要二篇。太學諸生刻之于石。有弘道集六卷。

賈鉉字鼎臣，博州博平人。性純厚，好學問。中大定十三年進士，調滕州軍事判官、單州司候，補尙書省令史。章宗爲右丞相，深器重之，除陝西東路轉運副使。入爲刑部主事，遷監察御史。遷侍御史，改右司諫。上疏論邊戍利害，上嘉納之，遷左諫議大夫兼工部侍郎，與党懷英同刊修遼史。

鉉上書曰：「親民之官，任情立威，所用決杖，分徑長短不如法式，甚者以鐵刃置於杖端，因而致死。間者陰陽愆戾，和氣不通，未必不由此也。願下州郡申明舊章，檢量封記，按察官其檢察不如法者，具以名聞。內庭勅斷，亦依已定程式。」制可。復上書論山東採茶事，其大概以爲「茶樹隨山皆有，一切護邏，已奪民利，因而以揀茶樹執誣小民，嚇取貨賂，宜嚴禁止。仍令按察司約束。」上從之。

承安四年，遷禮部尚書，諫議如故。是時有詔，凡奉勅商量照勘公事皆期日聞奏。鉉言：「若如此，恐官吏迫於限期，姑務苟簡，反害事體。況簿書自有常程，御史臺治其稽緩，如事有應密，三月未絕者，令具次第以聞。」下尚書省議。如省部可即定奪者，須三月擬奏，如取會案牘卒難補勘者，先具次第奏知，更限一月結絕，違者准稽緩制書罪之。

上議置相，欲用鉉，宰臣薦孫即康。張萬公曰：「即康及第在鉉前。」上曰：「用相安問榜次？朕意以爲賈鉉才可用也。」然竟用即康焉。

泰和二年，興陵崇妃薨，上欲成服苑中，行登門送喪之禮，以問鉉，鉉對曰：「故宋嘗行此禮，古無是也。」遂已。改刑部尚書。泰和三年，拜參知政事。亳州醫者孫士明輒用黃紙大書「勅賜神針先生」等十二字，及於紙尾年月間摹作寶樣朱篆青龍二字，以誑惑市人。有司捕治款伏。值赦，大理寺議宜准僞造御寶，〔六〕雖遇赦不應原。已奏可矣。鉉奏：「天子有八寶，其文各異，若僞造，不限用泥及黃蠟。今用筆描成青龍二字，既非八寶文，論以僞造御寶，非本法意。」上悟，遂以赦原。明日，上謂大臣曰：「已行之事，賈鉉猶執奏，甚可嘉也，羣臣亦當如此矣。」

泰和六年，御試，鉉爲監試官。上曰：「丞相宗浩嘗言試題頗易，由是進士例不讀書。

朕今以日合天統爲賦題。」鉉曰：「題則佳矣，恐非所以牢籠天下士也。」上曰：「帝王以難題窘舉人，固不可，欲使自今積致學業而已。」遂用之。久之，鉉與審官院掌書大中漏言除授事。上謂鉉曰：「卿罪自知之矣。然卿久參機務，補益弘多，不深罪也。」乃出爲安武軍節度使，改知濟南府。致仕。貞祐元年，薨。

孫鐸字振之，其先滕州人，徙恩州歷亭縣。鐸性敏好學，遼陽王遵古一見器之，期以公輔。登大定十三年進士第，調海州軍事判官，衞縣丞，補尚書省令史。章宗爲右丞相，語人曰：「治官事如孫鐸，必無錯失。」初卽位，問鐸安在？有司奏爲右都管，使宋。及還，除同知登聞檢院事。鐸言：「凡上訴者皆因尚書省斷不得直，若上訴者復送省，則必不行矣，乞自宸衷斷之。」上以爲然。詔登聞檢院，凡上訴者，每朝日奏十事。詔刊定舊律，鐸先奏名例一篇。

承安元年，遷左諫議大夫，改河東南路轉運使，召爲中都路都轉運使。初置講議錢穀官十人，鐸爲選首。承安四年，遷戶部尚書。鐸因轉對奏曰：「比年號令，或已行而中輟，或既改而復行，更張太煩，百姓不信。乞自今凡將下令，再三講究，如有益于治則必行，無恤小民之言。」國子司業紇石烈善才亦言「頒行法令，絲綸既出，尤當固守」。上然之。

泰和二年閏十二月，〔六〕上召鐸、戶部侍郎張復亨議交鈔。復亨曰：「三合同鈔可行。」鐸請廢不用，詰難久之，復亨議詘。上顧謂侍臣曰：「孫鐸剛正人也，雖古魏徵何加焉！」

三年，御史中丞孫卽康、刑部尚書賈鉉皆除參知政事，鐸再任戶部尚書。鐸心少之，對賀客誦古人詩曰：「唯有庭前老柏樹，春風來似不曾來。」御史大夫卞劾鐸怨望，降同知河南府事。改彰化軍節度使，復爲中都轉運使。泰和七年，拜參知政事。

蒲陰縣令大中與左司郎中劉昂、通州刺史史肅、前監察御史王宇、吏部主事曹元、戶部員外郎李著、監察御史劉國樞、尚書省都事曹溫、雄州都軍馬師周，吏部員外郎徒單永康、太倉使馬良顯、順州刺史唐括直思白坐私議朝政，下獄，尚書省奏其罪。鐸進曰：「昂等非敢議朝政，但如鄭人游鄉校耳。」上悟，乃薄其罪。

鐸上言：「民間鈔多，宜收斂。院務課程及諸窠名錢須要全收交鈔。秋夏稅本色外，盡令折鈔，不拘貫例，農民知之，迤漸重鈔。比來州縣抑配行市買鈔，無益，徒擾之耳。乞罷諸處鈔局，惟省庫仍舊，小鈔無限路分，可令通行。」上覽奏，卽詔有司曰：「可速行之。」

大安初，議誅黃門李新喜。鐸曰：「此先朝用之太過耳。」衞紹王不察，卽曰：「卿今日始言之何耶？」既而復曰：「後當盡言，勿以此介意。」頃之，遷尚書左丞，兼修國史。議鈔法忤旨，猶以論李新喜降濬州防禦使。改安國軍節度使，徙絳陽軍。

宣宗卽位，召赴闕，以兵道阻。宣宗遷汴，鐸上謁于宜村，除太子太師。有疾，累遣使候問。貞祐三年，致仕。是歲，薨。

孫卽康字安伯，其先滄州人。石晉之末，遼徙河北實燕、薊，八代祖延應在徙中，占籍析津，實大興，仕至涿州刺史。延應玄孫克構，遼檢校太傅、啓聖軍節度使。卽康，克構曾孫，中大定十年進士第。章宗爲右丞相，是時，卽康爲尙書省令史，由是識其人。章宗卽位，累遷戶部員外郞，講究鹽法利害，語在食貨志。除耀州刺史，入爲吏部左司郞中。

上謂宰臣曰：「孫卽康向爲省掾，言語拙訥，今才力大進，非向時比也。」宰臣因曰：「卽康年已高，幸及早用之。」上問：「年幾何矣？」對曰：「五十六歲。」上復問：「其才何如張萬公？」平章政事守貞對曰：「卽康才過之。」上曰：「視萬公爲通耳。」由是遷御史中丞。

初，張汝弼妻高陀斡不道，伏誅。汝弼，鎬王永中舅也，上由是頗疑永中。永中府傅尉奏永中第四子阿离合懣語涉不軌，詔同簽大睦親府事𩏂與卽康鞫之。第二子神土門嘗撰詞曲，頗輕肆，遂以語涉不遜就逮。家奴德哥首永中嘗與侍妾瑞雲言：「我得天下，以爾爲妃，子爲大王。」𩏂、卽康還奏，詔禮部尙書張暐覆訊。永中父子皆死，時論寃之。頃之，遷泰寧軍節度使，改知延安府事。

承安五年，上問宰相：「今漢官誰可用者？」司空襄舉卽康。上曰：「不輕薄否？」襄曰：「可再用爲中丞觀之。」上乃復召卽康爲御史中丞。泰和三年，除參知政事。明年，進尙書右丞。六年，宋渝盟有端，大臣猶以爲小盜竊發不足恤。卽康與左丞僕散端、參政獨吉思忠以爲必當用兵，上以爲然。

上問卽康、參知政事賈鉉曰：「太宗廟諱同音字，有讀作『成』字者，旣非同音，便不當缺點畫。睿宗廟諱改作『崇』字，其下却有本字全體，不若將『示』字依蘭亭帖寫作『未』字。〔一〇〕顯宗廟諱『允』，『充』字合缺點畫，〔一一〕如『統』傍之『充』，似不合缺。」卽康奏曰：「唐太宗諱世民，偏傍犯如『葉』字作『莱』字，『泯』字作『汦』字。」乃擬「熙宗廟諱從『面』從『且』。睿宗廟諱上字從『未』，下字從『㞷』。〔一二〕世宗廟諱從『系』。顯宗廟諱如正犯字形，止書斜畫，『沇』字『鈗』字各從『口』，『兌』『悅』之類各從本傳。」〔一三〕從之，自此不勝曲避矣。進左丞。宋人請和，進官一階。

舊制，尙書省令史考滿優調，次任回降，崔建昌已優調與平軍節度副使，未回降卽除大理司直。詔知除郭邦傑、李蹊杖七十勒停，左司員外郎高庭玉決四十解職，卽康待罪，有詔勿問。章宗崩，衞紹王卽位，卽康進拜平章政事，封崇國公。大安三年，致仕。是歲，薨。

遣使致祭。

李革字君美，河津人。父餘慶，三至廷試，不遂，因棄去。革穎悟，讀書一再誦，輒記不忘。大定二十五年進士。調眞定主簿。察廉，遷韓城令。同知州事納富商賂，以歲課軍須配屬縣，革獨不聽，提刑司以爲能。遷河北東路轉運都勾判官、太原推官。丁母憂，起復，遷大興縣令、中都左警巡使、南京提刑判官、監察御史、同知昭義軍節度事。丁父憂，起復，簽南京按察事。

泰和六年，伐宋，尚書省奏：「軍興，隨路官，差占者別注，闕者選補，老不任職者替罷，及司、縣各存留强幹正官一員。」革與簽陝西高霖、簽山東孟子元俱被詔，體訪三路官員能否，籍存留正官，行省、行部、元帥府差占員數及事故闕員，老不任職，赴闕奏事。改刑部員外郎，調觀州刺史兼提舉漕運，陝西西路按察副使，大興府治中。知府徒單南平貴幸用事，勢傾中外，遣所親以進取誘革，革拒之。貞祐二年，遷戶部侍郎。宣宗遷汴，行河北西路六部事，遷知開封府事，河南勸農使，戶部、吏部尚書，陝西行省參議官。

四年，拜參知政事。革奏：「有司各以情見引用斷例，牽合附會，實啓倖門。乞凡斷例敕條特旨奏斷不爲永格者，不許引用，皆以律爲正。」詔從之。是歲，大元兵破潼關，革自以執政失備禦之策，上表請罪。不許，罷爲絳陽軍節度使。興定元年，胥鼎自平陽移鎮陝西，革以知平陽府事，權參知政事，代鼎爲河東行省。

是時興兵伐宋，革上書曰：「今之計當休兵息民，養銳待敵。宋雖造釁，止可自備。若不忍小忿以勤遠略，恐或乘之，不能支也。」不納。太原兵後闕食，革移粟七萬石以濟之。二年，宣差粘割梭失至河東，於是晚禾未熟，牒行省耕毁清野。革奏：「今歲雨澤及時，秋成可待。如令耕毁，民將不堪。」詔從革奏。十月，平陽被圍，城中兵不滿六千，屢出戰，旬日間傷者過半。徵兵吉、隰、霍三州，不時至。裨將李懷德縋城出降，兵自城東南入。左右請革上馬突圍出。革歎曰：「吾不能保此城，何面目見天子！汝輩可去矣。」乃自殺。贈尚書右丞。

贊曰：傳曰：「君子之言，其利博哉。」〔四〕徒單鎰拱挹一語而宣宗立，厥功懋矣。賈鉉、孫鐸皆舊臣，鉉久致仕，鐸忤旨衞王，皆不復見用。徒單鎰亦外官，惟孫卽康詭隨，乃驟至宰相。古所謂斗筲之人，卽康之謂矣。鐸論李新喜，其言似漢耿育，有旨哉。貞祐執政李革，可謂君子，其進退之際，有古人爲相之風焉。

校勘記

〔一〕選諸路學生三十餘人　按此上當脫「九年」二字。本書卷五一選舉志，策論進士「始大定四年，世宗命頒行女直大小字所譯經書，九年選異等者得百人薦於京師，廩給之，命溫迪罕締達敎以古書，作詩、策，後復試，得徒單鎰以下三十餘人」。又「女直學」條同，是其證。

〔二〕十三年八月　「十三年」原作「九年」。按本書卷五一選舉志策論進士條，大定「十一年始議行策選之制，至十三年始定每場策一道，……乃就憫忠寺試徒單鎰等，……中選者得徒單鎰以下二十七人」。又卷一〇五溫迪罕締達傳，大定「十三年設女直進士科，是歲徒單鎰等二十七人登第」。今據改。

〔三〕吏部令史楊克忠譯解　按本書卷一〇五溫迪罕締達傳記此事作「吏部令史張克忠」。

〔四〕或命節度定武　「或」據文義疑當作「故」。

〔五〕孔子曰義者天下之制也　「制」原作「斷」，據禮記表記改正。鎰蓋習女直文禮記，故用字不同，下文「義爲斷之節」似出禮記喪服四制，文亦不同。

〔六〕素號富實　「實」原作「貴」，據文義改。

〔七〕平章政事移剌　按姓氏下脫其名。

〔八〕大理寺議宜准僞造御寶　「造」原作「學」，據殿本改。

〔九〕泰和二年閏十二月 原脫「閏」字。按本書卷四八食貨志，泰和二年「閏十二月，上以交鈔事召戶部尚書孫鐸、侍郎張復亨議於內殿」。今據補。

〔一〇〕不若將示字依蘭亭帖寫作未字 原脫「不」字，據文義補。

〔一一〕顯宗廟諱允充字合缺點畫 原脫「顯宗廟諱允」五字，據文義補。

〔一二〕下字從㞢 「㞢」原作「世」，據宗堯名「堯」字上半字形改。

〔一三〕沇字銃字各從口兊悅之類各從本傳 按此有誤字，疑「沇」當作「兖」，「銃」當作「銳」，「傳」當作「体」。

〔一四〕傳曰君子之言其利博哉 按左傳昭公三年，「君子曰：仁人之言，其利博哉」。引文不確。

金史卷一百

列傳第三十八

孟鑄　宗端脩　完顏閭山　路鐸　完顏伯嘉

术虎筠壽　張煒　高竑　李復亨

孟鑄，大定末，補尚書省令史。明昌元年，御史臺奏薦戶部員外郎李獻可、完顏掃合、太府丞徒單繹、宮籍監丞張庸、右警巡使衮、禮部主事蒲察振壽、戶部主事郭蛻、應奉翰林文字移剌益、中都鹽鐵判官趙暠、尚書省令史劉昂及鑄十一人皆剛正可用。詔除獻可右司諫，掃合磁州刺史，繹祕書丞，庸中都右警巡使，衮彰國軍節度副使，振壽治書侍御史，蛻同知定武軍節度使事，益翰林修撰，暠都水丞，昂戶部主事，鑄刑部主事。累遷中都路按察副使、南京副留守、河平軍節度使。

泰和四年，入爲御史中丞，召見於香閣。上謂鑄曰：「朕自知卿，非因人薦舉也。御史責任甚重，往者臺官乃推求細故，彈劾小官，至於巨室重事，則畏徇不言。其勤乃職，無廢朕命。」是歲，自春至夏，諸郡少雨。鑄奏：「今歲愆陽，已近五月，比至得雨，恐失播種之期，可依種麻菜法，擇地形稍下處撥畦種穀，穿土作井，隨宜灌漑。」上從其言，區種法自此始。知府無何，奏彈知大興府事紇石烈執中過惡，其文略曰：「京師百郡之首，四方取則。知府執中貪殘專恣，不奉法令，自奉聖州罪解以後，怙罪不悛，蒙朝廷恩貸，轉生跋扈。雄州詐奪人馬，平州冒支已俸，無故破魏廷碩家，發其冢墓。拜表以調鷹不赴，祈雨聚妓戲嬉，毆詈同僚，擅令住職，失師帥之體。乞行黜退，以厭人望。」上以執中東宮舊人，頗右之，謂鑄曰：「執中粗人，似有跋扈者。」鑄曰：「明天子在上，豈容有跋扈之臣？」上悟，詔尚書省問之。

泰和五年，唐、鄧、河南屢有警，議者謂宋且敗盟。六年正月，宋賀正旦使陳克俊等朝辭，〔一〕上使鑄就館諭克俊以國家涵容之意，果不詳此旨，恐兵未可息也。使以上言達宋主。章宗本無意用兵，故再三諭之。

鑄論提刑司改按察司，差官覆察，權削望輕。下尚書省議。參知政事賈鉉奏：「乞差監察時，卽別遣官偕往，更不覆察，諸疑獄並令按察司從正與決，庶幾可慰人望。」從之。

永豐庫官不守宿，因而被盜；上召登聞鼓院官欲有所問，皆不在。上諭鑄曰：「此輩慢法如此，御史臺所職何事也！」復諭御史大夫宗肅及鑄曰：「朕聞唐宰相宿省中，卿等所知也。臺官、六部官、其餘司局亦嘗宿直。今尚書省左右司官宿直，餘亦當準此。」八年，除絳陽軍節度使。至寧元年，復爲御史中丞。

紇石烈執中作亂，召鑄及右諫議大夫張行信俱至大興府，問曰：「汝輩向來彈我者耶？」鑄等各以正言答之。執中乃遣還家，曰：「且須後命。」既而執中死，鑄亦尋卒。

宗端脩字平叔，汝州人。章宗避睿宗諱上一字，凡太祖諸子皆加「山」爲「崇」，改「宗」氏爲「姬」氏。端脩好學，喜名節，中大定二十二年進士第。明昌間，補尚書省令史。承安元年，監察御史孫椿年、武簡職事不修舉，詔以端脩及范鐸代之。

是時元妃李氏兄弟干預朝政，端脩上書乞遠小人。上遣李喜兒傳詔問端脩：「小人爲誰，其以姓名對。」端脩對曰：「小人者，李仁惠兄弟。」仁惠，喜兒賜名也。喜兒不敢隱，具奏之。上雖責喜兒兄弟，而不能去也。四年，復上書言事，宰相惡之，坐以不經臺官直進奏帖，准上書不以實，削一官，期年後敍。章宗知端脩不爲衆所容，釋之，改大理司直。

泰和四年，遷大理丞，召見于香閤。上謂端脩曰：「汝前爲御史，以幹能見用。汝言多細碎，不究其實，嘗令問汝，亦不汝罪。及爲大理司直，乃能稱職，用是擢汝爲丞，盡乃心力，惟法是守，勿問上位宰執所見何如，汝其志之！」知大興府紇石烈執中陳言，下大理寺議。端脩謂執中言事涉私治罪。詔以端脩別出情見不當，與言直溫敦按帶各削一官解職。久之，爲節度副使，〔三〕卒官。

端脩終以直道不振於時，自守愈篤。妻死不復更娶，獨居二十年，士論高之。汝州司候游彥哲將之官，問爲政。端脩曰：「爲政不難，治氣養心而已。」彥哲不達，端脩曰：「心正則不私，氣平則不暴。爲政之術，盡於此矣。」

完顏閭山，蓋州猛安人。明昌二年進士，累調觀察判官，補尚書省令史，知管差除。授都轉運都勾判官，改河東南路轉運都勾判官、南京警巡使。丁母憂，起復南京按察判官，累遷沁南軍節度使，入爲工部尚書。貞祐三年，知京兆府事，充行省參議官。四年，知鳳翔府事。

興定元年冬，詔陝西行省伐宋，閭山權元帥右都監，參議諸軍事。宋兵千餘人伏吳寨谷，閭山率騎兵掩擊敗之，追襲十五里，殺三百餘，獲牛羊以千計。改知平涼府，敗宋人于步落堝。遷官一階。三年，召爲吏部尚書。廷議選戶部官，往往舉聚斂苛刻以應詔。閭山曰：「民勞至矣，復用此輩，將何以堪。」識者稱之。三年，朝廷以晉安行元帥府陀滿胡土門暴刻，以閭山代之。〔三〕是歲十月，卒。

路鐸字宣叔，伯達子也。明昌三年，爲左三部司正。上書言事，召見便殿，遷右拾遺。明年，盧溝河決，鐸請自玄同口以下、丁村以上無修舊堤，縱使分流，以殺減水勢。詔工部尚書胥持國與鐸同檢視。章宗將幸景明宮，是歲民饑，不可行。御史中丞董師中上書諫，鐸與左補闕許安仁繼之，賜對御閤。詔尚書省曰：「朕不禁暑熱，欲往山後。今臺諫言民間多闕食，朕初不盡知，既已知之，其忍自奉以重困民哉。」乃罷行。

尚書左丞完顏守貞每論政事，守正不移，與同列不合，罷知東平府事，臺諫因而擠之。鐸上書論守貞賢，可復用，其言太切，召對于崇政殿。既而章宗以鐸書語大臣，於是尚書左丞烏林荅愿、參知政事夾谷衡、胥持國奏路鐸以梁冀比右丞相，所言狂妄，不稱諫職。右丞相，夾谷清臣也。上曰：「周昌以桀、紂比漢高祖，高祖不以爲忤。路鐸以梁冀比丞相耳。」頃之，守貞入爲平章政事。五年，復與禮部尚書張暐、御史中丞董師中、右諫議大夫賈守謙、翰林修撰完顏撒剌諫幸景明宮，語多激切，章宗不能堪，遣近侍局直長李仁愿召凡諫北幸者詣尚書省，詔曰：「卿等諫北幸甚善，但其間頗失君臣之體耳。」

是歲，郝忠愈獄起，事密，諫官不能察其詳，議者頗謂事涉鎬王永中，思有以寬解上意。

右諫議大夫賈守謙上封事，鐸繼之，尤切直。上優容之，謂鐸曰：「汝言諸王皆有覬心，游其門者不無橫議，是何言也。但朕不罪諫官耳。」頃之，尚書省奏擬鐸同知河北西路轉運使事，詔再任右拾遺，謂宰相曰：「鐸敢言，但識短耳。朕嘗詰責而氣不沮。」鐸因召對，論宰相權太重。上曰：「凡事由朕，宰相安得權重。」既而復奏曰：「乞陛下勿泄此言，泄則臣虀粉矣。」上曰：「宰相安能虀粉人。」至是，章宗並以此言告宰相，雖留再任，宰相愈銜之。改右補闕。

自完顏守貞再入相，以政事爲己任，胥持國方幸，尤忌守貞，并忌鐸輩。鐸輩雖嘗爲守貞論辨而不相附。鐸論邊防，守貞以爲掇拾唐人餘論，皆不行。及守貞持鎬王永中事久不決，鐸等亦上言切諫，並指以爲黨。上乃出守貞知濟南府，凡曾薦守貞者皆黜降，謂宰臣曰：「董師中謂臺省無守貞不可治，路鐸、李敬義皆稱舉之者。然三人者後俱可用，今姑出之。」上復曰：「路鐸敢言，甚有時名，一旦外補，人將謂朕不能容直臣。可選敢言及才識處鐸右者。」參知政事馬琪奏曰：「鐸雖知無不言，然亦多不當理。」上曰：「諫官非但取敢言，亦須間有出朕意表者，乃有裨益耳。」於是，吏部尚書董師中出爲陝西西路轉運使，鐸爲南京留守判官。戶部郎中李敬義方使高麗還，即出爲安化軍節度副使。詔曰：「卿等昨來交薦守貞公正可用，今坐所舉失實耳。」

承安二年，召爲翰林修撰，同看讀陳言文字。上召禮部尚書張暐、大理卿麻安上及鐸，問趙晏所言十事，〔四〕因問董師中、張萬公優劣。鐸奏：「師中附胥持國以進，趙樞、張復亨、張嘉貞皆出持國門下，嘉貞復趨走襄之門。持國不可復用，若再相，必亂綱紀。」上曰：「朕豈復相此人，但遷官二階使致仕，何爲不可？」持國黨聞之，怒愈甚。改監察御史。

參知政事楊伯通引用鄉人李浩，鐸劾奏：「伯通以公器結私恩，左司郎中賈益、知除武郁承望風旨，不詳檢起復條例。」涉妄冒，大夫張暐抑之不行。上命同知大興府事賈鉉詰問。張暐、伯通待罪于家。賈鉉奏：「近詔書詰問御史大夫張暐。暐言路鐸嘗稟會楊伯通私用鄉人李浩。暐以爲彈糾大臣，須有阿曲實迹，恐所劾不當，臺綱愈壞，令再體察。賈益言除授皆宰執公議，奏稟，不見伯通私任形迹。」於是，詔責鐸言事輕率，慰諭伯通治事如故。

頃之，遷侍御史，主奏事。監察御史姬端脩以言事下吏，使御史臺令史郭公仲達意于大夫張暐及鐸。暐與鐸奏事殿上，上問：「姬端脩彈事嘗中臺官否？」對曰：「嘗來面議。」端脩款伏乃云：「秖曾與侍御私議，大夫不知也。」既而端脩杖七十收贖，公仲杖七十替罷。暐、鐸坐奏事不實，暐追一官，鐸兩官，皆解職。頃之，起爲泰定軍節度副使。上謂宰臣曰：「凡言事者，議及朕躬亦無妨，語涉宰相，間有憎嫌，何以得進？」詔左司計鐸資考至正五品，即除東平府治中。未幾，景州闕刺史，尚書省已奏郭歧爲之，詔特改鐸爲景州刺史，仍勿送審官院。鐸述十二訓以敎民。詔曰：「路鐸十二訓皆勸人爲善，遍諭州郡使知之。」遷陝西路按察副使。坐以糾彈之官與京兆府治中蒲察張鐵、總管判官辛孝儉、推官愛剌宴飲，奪一官解職。泰和六年，召爲翰林待制兼知登聞鼓院，累除孟州防禦使。貞祐初，城破，投沁水死。

鐸剛正，歷官臺諫，有直臣之風。爲文尚奇，詩篇溫潤精緻，號虛舟居士集云。

完顏伯嘉字輔之，北京路訛魯古必剌猛安人。明昌二年進士，調中都左警巡判官。孝懿皇后妹晉國夫人家奴買漆不酬直，伯嘉鈎致晉國用事奴數人繫獄。晉國白章宗，章宗曰：「姨酬其價，則奴釋矣。」由是豪右屛迹。改寶坻丞。補尚書省令史，除太學助敎、監察御史。劾奏平章政事僕散揆。或曰：「與宰相有隙，奈何？」伯嘉曰：「職分如此。」遷平涼治中。累官莒州刺史。讞屬縣盜，伯嘉曰：「飢寒爲盜，得錢二千，經月不使一錢云何？此必官兵捕他盜不獲，誣以準罪耳。」詰之，果然。詔與按察官俱推排物力，召見于香閤。大安中，三遷同知西京留守，權本路安撫使。貞祐初，遷順義軍節度使。居父母喪，卒哭，起復震武軍節度使兼宣撫副使，提控太和嶺諸隘。副統李鵬飛誣殺彰國軍節度使牙改，詔伯嘉治之。貞祐四年三月，伯嘉奏：「西京副統程琢智勇過人，持心忠孝，以私財募集壯士二萬，復取渾源、白登，有恢復山西之志，已命駐于弘州矣。近者靖大中、完顏毛吉打以三千人歸國，各遷節度副使。今山西已不守，琢收合餘衆，盡忠於國，百戰不挫。臣恐失機會，輒擬琢昭勇大將軍，同知西京留守事，兼領一路義軍，給以空名勅二十道，許擇有謀略者充州縣。」制可，仍賜琢姓夾谷氏。琢請曰：「前代皆賜國姓，不繫他族，如蒙更賜，榮莫大焉。」詔更賜完顏氏。

是月，伯嘉遷元帥左監軍，知太原府事，河東北路宣撫使。以同知太原府斡勒合打爲彰國軍節度使、宣撫副使。六月，斡勒合打奏：「同知西京留守完顏琢恃與宣撫使伯嘉雅善，徙居代州，肆爲侵掠。遙授太原治中、權堅州刺史完顏斜烈私離邊面，臣白伯嘉，伯嘉不悅，遣臣護送糧運于代州。臣請益兵，乃以羸卒數百見付，半無鎧仗。臣復爲言，伯嘉怒臣，榜掠幾死。臣立功累年，頗有寸効，伯嘉挾私陵轢，無復宣撫同僚之禮。臣欲不言，恐他日反爲所誣，無以自明。」上問宰臣，奏曰：「太原重鎭，防秋在邇，請勅諭和解。」詔曰：「太原兵衝，若以私忿廢國事，國家何賴焉！卿等同心戮力，以分北顧之憂，無執前非，誤大計也。」七月，伯嘉改知歸德府事，合打改武寧軍節度使。御史臺奏：「宣撫副使合打訴元帥伯嘉以私忿加箠楚，令本臺廉問，旣得其事，遂不復窮治。若合打奏實，伯嘉安得無罪，伯嘉無罪，合打合坐欺罔，乞審正是非，明示黜陟。」宣宗曰：「今正防秋，且已。」

初，河東行省胥鼎奏：「完顏伯嘉屢言同知西京留守兼臺州刺史完顏琢，可倚之以復山西，朝廷遷官賜姓，令屯代北，扼太和嶺。今聞諸隘悉無琢兵，蓋琢挈太原之衆，保五臺剽掠耳。如尚以伯嘉之言爲可信，乞遣琢出太原，或徙之內地，分處其衆，以備不測之變。」宰臣奏：「已遣官體究琢軍，且令太原元帥府烏古論德升召琢使之矣。當以此意報鼎。」無何，德升奏：「琢兵數萬分屯代州諸險，拒戰甚力，其衆烏合，非琢不可制。」胥鼎復奏：「宜差提控古里甲石倫言，琢方招降人，謀復山西，盤桓于忻、代、定、襄間，恣爲侵擾，無復行意。發掘民粟，戕殺無辜，雖曰不煩官廩，博易爲名，實則攘劫，欺國害民無如琢者。石倫之言如此，臣已令帥府禁止之矣。」宰臣奏：「所遣官自忻、代來，云不見劫掠之迹，惟如德升言便。」從之。

伯嘉至歸德，上言，乞雜犯死罪以下納粟贖免。宰臣奏：「伯嘉前在代州嘗行之，蓋一時之權，不可爲常法。」遂寢。俄改簽樞密院事。未閱月，改知河南府事。是時，甫經兵後，乏兵食，伯嘉令輸棗栗菜根足之，皆以爲便。興定元年，知河中府，充宣差都提控，未幾召爲吏部尚書。二年，改御史中丞。

初，貞祐四年十月，詔以兵部尚書、簽樞密院事蒲察阿里不孫爲右副元帥，備禦潼關、陝州。次澠池土濠村，〔五〕兵不戰而潰。阿里不孫逸去，亡所佩虎符，變易姓名，匿柘城縣，與其妻妹前韓州刺史合喜男婦紇石烈氏及僕婢三人僦民舍居止。合喜母徒單氏聞之，捕執紇石烈，斷其髮，拘之佛寺中。阿里不孫復亡去。監察御史完顏藥師劾奏：「乞就詰紇石烈及僕婢，當得所在。其妻子見在京師，亦無容不知，請窮治。」有司方繫其家人，特命釋之，詔曰：「阿里不孫若能自出，當免極罪。」阿里不孫乃使其子上書，請圖後効。尚書省奏：「阿里不孫幸特赦死，當詣闕自陳，乃令其子上書，猶懷顧望。」伯嘉劾之曰：「古之爲將者，受命之日忘其家，臨陣之日忘其身，服喪衣、鑿凶門而出，以示必死。進不求名，退不避罪，惟民是保。阿里不孫膺國重寄，握兵數萬，未陣而潰，委棄虎符，旣不得援枹鼓以死敵，又不能負斧鑕而請罪，逃命竄伏，猥居里巷，挾匿婦人，爲此醜行。聖恩寬大，曲赦其死，自當奔走闕庭，皇恐待命。安坐要君，略無忌憚，迹其情罪，實不容誅。此而不懲，朝綱廢矣。乞尸諸市以戒爲臣之不忠者！」宣宗曰：「中丞言是，業已赦之矣。」阿里不孫乃除名。

五月，充宣差河南提控捕蝗，許決四品以下。宣宗憂旱。伯嘉奏曰：「日者君之象，陽之精，旱熯乃人君自用亢極之象，宰執以爲寃獄所致。夫爕和陰陽，宰相之職，而猥歸咎於有司。高琪武弁出身，固不足論，汝礪輩不知所職，其罪大矣。漢制，災異策免三公，顧歸之有司邪。臣謂今日之旱，聖主自用，宰相諂諛，百司失職，實此之由。」高琪、汝礪深怨之。

禮部郎中抹撚胡魯剌以言事忤旨，集五品以上官顯責之。明日，伯嘉諫曰：「自古帝王莫不欲法堯、舜而耻爲桀、紂，蓋堯、舜納諫，桀、紂拒諫也。故曰『納諫者昌，拒諫者亡』。胡魯剌所言是，無益於身，所言不是，無損於國。陛下廷辱如此，獨不欲爲堯、舜乎。近日言事者語涉謗訕，有司當以重典，陛下釋之。與其釋之以爲恩，曷若置之而不問。」

宰相請修山寨以避兵，伯嘉諫曰：「建議者必曰據險可以安君父，獨不見陳後主之入井乎？假令入山寨可以得生，能復爲國乎。人臣有忠國者，有媚君者，忠國者或拂君意，媚君者不爲國謀。臣竊論之，有國可以有君，有君未必有國也。」高琪、汝礪聞之，怒愈甚。

十二月，以御史中丞、權參知政事、元帥左監軍，行尚書省、元帥府于河中，控制河東南北路便宜從事。興定三年，伯嘉至河中，奏曰：「本路衝要，不可闕官，凡召辟者每以艱險爲辭。乞凡檄召無故不至者宜令降罰，悉心幹當者視所歷升遷。」詔召不至者決杖一百，餘如所請。廷議欲棄河東，徙其民以實陜西。伯嘉上書諫曰：「中原之有河東，如人之有肩背。古人云『不得河東不雄』，萬一失之，恐未易取也。」大忤宰執意。

頃之，召還，罷爲中丞。伯嘉入見，奏曰：「如臣駑鈍，固宜召還，更須速遣大臣鎭撫。」宣宗深然之。伯嘉上疏曰：「國家兵不强，力不足以有爲，財不富，賞不足以周衆，獨恃官爵以激勸人心。近日以功遷官赴都求調者，有司往往駁之，冒濫者固十之三，旣與而復奪之，非所以勸功也。乞應軍功遷官，宣勅無僞者卽準用之。」又曰：「自兵興以來，河北桀黠往往聚衆自保，未有定屬。乞賜招撫，署以職名，無爲他人所先。」又曰：「河東、河北有能招集餘民完守城寨者，乞無問其門地，皆超踰等級，授以本處見任之職。」又曰：「河中、晉安被山帶河，保障關、陝，此必爭之地。今雖殘破，形勢猶存，若使他人據之，因鹽池之饒，聚兵積糧，則河津以南，太行以西，皆不足恃矣。」

四年秋，河南大水，充宣慰副使，按行京東。奏曰：「亳州災最甚，合免三十餘萬石。三司止奏除十萬石，民將重困，惟陛下憐之！」詔治三司奏災不以實罪。伯嘉行至蘄縣，聞前有紅襖賊，不敢至泗州。監察御史烏古孫奴申劾伯嘉違詔，不遍按視。又曰：「伯嘉知永城縣主簿蒙古訛里剌不法，沈丘令夾谷陶也受賄，匿而不發。前穀城縣令獨吉鼎朮可嘗受業伯嘉，伯嘉諷御史辟之。」詔有司鞫問，會赦免。

五年，起爲彰化軍節度使，改翰林侍講學士。伯嘉純直，不能與時低昂，嘗曰：「生爲男子，當益國澤民，其他不可學也。」高汝礪方希寵固位，伯嘉論事輒與之忤，由是毀之者衆。元光元年，坐言事過切，降遙授同知歸德府事。二年三月，遙授集慶軍節度使，權參知政事，行尚書省于河中，率陝西精銳與平陽公史詠共復河東。頃之，伯嘉有疾。六月，薨。

伯嘉去太原後，完顏琢寓軍平定石仁寨，權平定州刺史范鐸以閤德用充本州提控。德用桀驁，蓄姦謀，鐸不能制，委曲容庇之。興定元年，德用率所部掩襲，〔六〕殺琢及官屬程珪

等百餘人，遂據石仁寨。鐸懼，挈家奔太原。德用遂據平定州。二年十月，詔誅范鐸。〔七〕

术虎筠壽，貞祐間爲器物局直長，遷副使。貞祐三年七月，工部下開封市白牯取皮治御用鞠仗。筠壽以其家所有鞠仗以進，因奏曰：「中都食盡，遠棄廟社，陛下當坐薪懸膽之日，奈何以毬鞠細物動搖民間，使屠宰耕牛以供不急之用，非所以示百姓也。」宣宗不懌，擲仗籠中。明日，出筠壽爲橋西提控。

贊曰：孟鑄、宗端脩、路鐸盡言於章宗，皆擯斥不遂。鑄刻胡沙虎，可謂先知，雖行其言，弗究厥罰。厥後胡沙虎逆謀，胥持國終至于誤國，而不悟也。宣宗時，完顏素蘭、許古皆敢言者，亦挫于高琪、汝礪之手。蕢土不能塞河決，有以也夫。完顏伯嘉以著功參大政，亦不能一朝而安，言之難也如是哉。术虎筠壽，所謂執藝事以諫者邪。

張煒字子明，洛州永年人，本名燝，避章宗嫌名改焉。大定二十五年進士，調葭州軍事判官，再遷中都左警巡使。煒喜言功利，寡廉節，交通部民閻元翬，縉紳薄之。累官戶部員外郎。

承安五年，天色久陰晦，平章政事張萬公奏：「此由君子小人邪正不分所致，君子宜在內，小人宜在外。」章宗問：「孰爲小人？」萬公對曰：「戶部員外郎張煒、文繡署丞田櫟、都水監丞張嘉貞雖有幹才，無德而稱，好奔走以取勢利。大抵論人當先德後才。」詔三人皆與外除，煒出爲同知鎮西軍節度使事，轉同知西京轉運使事。是時，大築界牆，被行戶工部牒主役事。丁母憂，起復桓州刺史，奏請以鹽易米事，且所言利害甚多，恐涉細碎，不敢盡上。詔尚書省曰：「張煒通曉人也，朕不敢縷詰，卿等詳問之，毋爲虛文。」充宣差西北路軍儲，自言斂不及民，可以足用。大抵募商賈縱其販易，不問所從來。姦人往往投牒，妄指產業，疏隣保姓名，煒信之，多與之錢。已而亡去，即逮繫隣保，使之代償，一路爲之疲弊。以故舊韆屬繒絮皮革折給軍士，皆棄於道而去。歲餘，改戶部郎中，遷翰林直學士，俱兼規措職事。左丞相宗浩奏：「張煒長於恢辦，比戶部給錢三十萬，已增息十四萬矣。請給錢通百萬，令從長恢辦，乞不隸省部，委臣專一提控，有應奏者，許煒專達，歲差幹事官計本息具奏。」上從其請。

泰和六年，〔六〕伐宋，煒進銀五千兩。詔曰：「汝幹集資儲，固其職也，毋令軍士有議國家。人之短汝，朕皆知之，惟能興利，斯惟汝功。」自西北路召還，勾計諸道倉庫，除簽三司事。上問：「誰可代卿規措者？」煒舉中都轉運戶籍判官王謙。謙至西北路，盡發煒前後散失錢物以鉅萬計，對獄者積年。大安三年，起爲同簽三司事。會河堡兵敗，〔九〕軍士猶云張宣差刻我，欲倒戈殺之。累遷戶部侍郎。貞祐初，遷河北西路按察轉運使。

貞祐二年春，中都乏糧，詔同知都轉運使事。邊源以兵萬人護運通州積粟，軍敗死焉，平章政事高琪舉煒代源行六部事。以勞進官一階，改河北東路轉運使。宣宗遷汴，佐尚書右丞胥鼎前路排頓，及修南京宮闕。無何，坐事降孟州防禦使。三年，遷安國軍節度使致仕。宣宗初以煒有才，既察其無實，遂不復用。貞祐四年，卒。

高竑，渤海人。以廕補官，累調貴德縣尉。提刑司舉任繁劇，遷奉聖州錄事。察廉，遷內黃令，累官左藏庫副使。元妃李氏以皁幣易紅幣，竑獨拒不肯易。元妃奏之。章宗大喜，遣人諭之曰：「所執甚善。今姑與之，後不得爲例。」轉儀鸞局、少府少監，改戶部員外郎、安州刺史。

大安中，越王永功判中山，竑以王傅同知府事。改同知河南府，充安撫使。徙同知大名府，兼本路安撫使。貞祐二年，遷河北西路按察轉運使，錄大名功，遷三官，致仕。興定四年，卒。

李復亨字仲修，榮州河津人。〔一〇〕年十八，登進士第。復中書判優等，調臨晉主簿。護送官馬入府，宿逆旅，有盜殺馬，復亨曰：「不利而殺之，必有仇者。」盡索逆旅商人過客。同邑人槖中盛佩刀，謂之曰：「刀蟣馬血，火煆之則刃青。」其人款服，果有仇。以提刑薦遷南和令。盜割民家牛耳。復亨盡召里中人至，使牛家牽牛徧過之，至一人前，牛忽驚躍，詰之，乃引伏。察廉，遷臨洮府判官，改陝西東路戶籍判官，轉河東北路支度判官。〔一一〕

泰和中，伐宋，充宣撫司經歷官，遷解鹽副使，歷保大、震武同知節度事。丁母憂，起復同知震武節度，加遙授忻州刺史。貞祐間，歷左司員外郎、郎中，遷翰林直學士行三司事。興定三年，上言：「近日興師伐宋，恐宋人乘虛掩襲南鄙，故籍邊郡民爲軍。今大軍已還，乞罷遣歸本業。」從之。復亨舉陳留縣令程震等二十九人農桑有効，徵科均一，朝廷皆遷擢之。

是歲七月，置京東、京西、京南三路行三司，掌勸農催租、軍須科差及鹽鐵酒榷等事，戶部侍郎張師魯攝東路，治歸德，戶部侍郎完顏麻斤出攝南路，治許州，復亨攝西路，治中京實河南府，三司使侯摯總之。復亨奏：「民間銷毀農具以供軍器，臣竊以爲未便。汝州魯山、寶豐，鄧州南陽皆產鐵，〔一二〕募工置冶，可以獲利，且不厲民。」又奏：「陽武設賣鹽官以佐軍用，乞禁止滄、濱鹽勿令過河，河南食陽武、解鹽，河北食滄、濱鹽，南北俱濟。」詔尚書省行之。九月，以勸農有勞，遷兵部尚書。再閏月，轉吏部尚書，權參知政事。四年三月，眞拜參知政事，兼修國史。

七月，河南雨水害稼，復亨爲宣慰使，御史中丞完顏伯嘉副之，循行郡縣，凡官吏貪汙不治者，得廢罷推治。復亨奏乞禁宣慰司官吏不得與州府司縣行總管府及管軍官會飲。又奏曰：「詔書令臣，民間差發可免者免之。民養驛馬，此役最甚，使者求索百端，皆出養馬之家，人多逃竄，職此之由。可依舊設回馬官，使者食料皆官給之，歲終會計，〔三〕均賦於民。」又奏：「河南閑田多，可招河東、河北移民耕種。被災及沿邊郡縣租稅全免，內地半之，以救塗炭之民，資蓄積之用。」詔有司議行焉。還奏：「南陽禾麥雖傷，土性宜稻，今因久雨，乃更滋茂。田凡五百餘頃，畝可收五石，都得二十五萬餘石。可增直糴稻給唐、鄧軍食。緣詔書不急科役卽令免罷，臣不敢輒行，如以臣言爲然，乞付有司計之。」制可。無何，被詔提控軍興糧草。復亨奏：「河渡不通，陝西鹽價踊貴，乞以粟互易足兵食。」詔戶部從長規措。

復亨有會計才，號能吏，當時推服，故驟至通顯。既執政，頗矜持，以私自營，譽望頓減。五年三月，廷試進士，復亨監試。進士盧元謬誤，濫放及第。讀卷官禮部尚書趙秉文、翰林待制崔禧、歸德治中時戩、應奉翰林文字程嘉善當奪三官降職，復亨當奪兩官。趙秉文嘗請致仕，宣宗憐其老，降兩階，以禮部尚書致仕。復亨罷爲定國軍節度使。〔一四〕元光元年十一月，城破自殺，年四十六。贈資德大夫、知河中府事。

贊曰：大凡兵興則財用不足，是故張煒、李復亨乘時射利，聚斂爲功。大安，軍士欲倒戈殺煒。復亨宣慰南陽，還奏稻熟可糴。所謂聚斂之臣者，二子之謂矣。高汝之守藏，君子頗有取焉。

校勘記

〔一〕宋賀正旦使陳克俊等朝辭　按陳克俊本名景俊，爲避章宗諱改。參見本書卷一二章宗紀校記〔七〕。

〔二〕久之爲節度副使　「爲」下脫地名。按本書卷一二三姬汝作傳，「全州節度副使端脩之姪孫也」。又中州集卷八宗端脩小傳云：「以全州節度副使卒官」。蓋脫地名爲「全州」。

〔三〕三年朝廷以晉安行元帥府陀滿胡土門暴刻以閭山代之　按本書卷一二三陀滿胡土門傳，胡土門知晉安府在興定二年十月。又卷一〇八胥鼎傳，興定三年八月上言晉安帥府完顏閭山「奉旨淸野」事，則閭山代胡土門當在三年八月前。又本卷上文已有「三年」二字，疑此「三年」或「三月」之誤。

〔四〕問趙晏所言十事　按本書卷九六李晏傳，載李晏所言十事。疑此處「趙」當作「李」。

〔五〕次澠池土濠村　「澠」原作「沔」，今改。參見本書卷二五地理志校記〔一九〕。

〔六〕興定元年德用率所部掩襲　「元」原作「二」。按本書卷一五宣宗紀，興定元年四月戊午，「平定州賊閻德用之黨閻顯殺德用，以其衆降」。知事在元年。今據改。

〔七〕二年十月詔誅范鐸　原脫「二年」二字。按本書卷一五宣宗紀，興定二年十月「甲寅，權平定州刺史范鐸以棄城伏誅」。今據補。

〔八〕泰和六年　「六」原作「八」。按本書卷一二章宗紀，泰和六年五月「丙戌，以宋畔盟出師告于天地太廟社稷。辛卯，以征南詔中外」。今據改。

〔九〕會河堡兵敗　「堡」原作「東」。按本書卷一三衞紹王紀，大安三年「九月，千家奴、胡沙敗績于會河堡」。卷九三獨吉思忠傳，「旣而敗績于會河堡」。又同卷承裕傳，「會河堡之役，獨吉思忠、承裕沮喪不可復振」。今據改。

〔一〇〕滎州河津人　「滎」原作「滎」，今改。參見本書卷二六地理志校記〔三〕。

〔一一〕轉河東北路支度判官　原脫「路」字，今補。「支度」原作「度支」。按本書卷五七百官志，「都轉運司，支度判官二員，從六品，掌勾判、分判支度案事」。今據乙正。

〔一二〕鄧州南陽皆產鐵　原脫「陽」字。按本書卷二五地理志，南京路鄧州有南陽縣，今據補。

〔一三〕歲終會計　「終」原作「給」，據殿本改。

〔一四〕復亨罷爲定國軍節度使　「定」原作「安」。按本書卷一六宣宗紀，元光元年「十一月丁未，大元兵徇同州，定國軍節度使李復亨、同知定國軍節度使訛可皆自盡」。又卷二六地理志，京兆府路「同州，宋馮翊郡定國軍節度」。卷二七河渠志漕渠條有「定國軍節度使李復亨言」句，知「定國軍」是。今據改。

金史卷一百一

列傳第三十九

承暉 本名福興　抹撚盡忠　僕散端 本名七斤　耿端義

李英　孛术魯德裕　烏古論慶壽

承暉字維明，本名福興。好學，淹貫經史。襲父益都尹鄭家塔割剌訛沒謀克。大定十五年，選充符寶祗候，遷筆硯直長，轉近侍局直長，調中都右警巡使。章宗爲皇太孫，選充侍正。章宗卽位，遷近侍局使。孝懿皇后妹夫吾也藍，世宗時以罪斥去，乙夜，詔開宮城門召之。承暉不奉詔，明日奏曰：「吾也藍得罪先帝，不可召。」章宗曰：「善。」未幾，遷兵部侍郎兼右補闕。

初置九路提刑司，承暉東京咸平等路提刑副使，改同知上京留守事。御史臺奏：「承暉前爲提刑，豪猾屏息。」遷臨海軍節度使。歷利涉、遼海軍，遷北京路提刑使。歷知咸平、臨潢府，爲北京留守。副留守李東陽素貴，承暉自非公事，不與交一言。改知大名府，召爲刑部尚書，兼知審官院。惠民司都監余里痕都遷織染署直長，承暉駁奏曰：「痕都以廕得官，別無才能，前爲大陽渡譏察，纔八月擢惠民司都監，已爲太優，依格兩除之後，當再入監差，今乃超授隨朝八品職任。況痕都乃平章鎰之甥，不能不涉物議。」上從承暉議，召徒單鎰深責之。

改知大興府事。宦者李新喜有寵用事，借大興府妓樂。承暉拒不與，新喜慚。章宗聞而嘉之。豪民與人爭種稻水利不直，厚賂元妃兄左宣徽使李仁惠。仁惠使人屬承暉右之。承暉卽杖豪民而遣之，謂其人曰：「可以此報宣徽也。」復改知大名府事。雨潦害稼，承暉決引潦水納之濠隍。

及伐宋，遷山東路統軍使。山東盜賊起，承暉言「捕盜不卽獲，比奏報或遷官去官，請權行的決」。尚書省議：「猛安依舊收贖，謀克奏報，其餘鈐轄都軍巡尉先決奏聞，俟事定復舊。」從之。及罷兵，盜賊渠魁稍就招降，猶往往潛匿泰山巖穴間。按察司請發數萬人刊除林木，則盜賊無所隱矣。承暉奏曰：「泰山五岳之宗，故曰岱宗。王者受命，封禪告代，國家雖不行此事，而山亦不可赭也。齊人易動，驅之入山，必有凍餓失所之患，此誨盜非止盜也。天下之山亦多矣，豈可盡赭哉。」議遂寢。

是時，行限錢法。承暉上疏，略曰：「貨聚於上，怨結於下。」不報。改知興中府事。衞紹王卽位，召爲御史大夫，拜參知政事。駙馬都尉徒單沒烈與其父南平干政事，大爲姦利，承暉面質其非。進拜尚書左丞，行省于宣德。參知政事承裕敗績于會河堡，承暉亦坐除名。至寧元年，起爲橫海軍節度使。貞祐初，召拜尚書右丞。承暉卽日入朝，妻子留滄州。滄州破，妻子皆死。紇石烈執中伏誅。〔一〕進拜平章政事，兼都元帥，封鄒國公。

中都被圍，承暉出議和事。宣宗遷汴，進拜右丞相，兼都元帥，徙封定國公，與皇太子留守中都。承暉以尚書左丞抹撚盡忠久在軍旅，知兵事，遂以赤心委盡忠，悉以兵事付之，己乃總持大綱，期於保完都城。頃之，莊獻太子去之，右副元帥蒲察七斤以其軍出降，中都危急。詔以抹撚盡忠爲平章政事，兼左副元帥。三年二月，詔元帥左監軍永錫將中山、眞定兵，〔二〕元帥左都監烏古論慶壽將大名軍萬八千人、西南路步騎萬一千、河北兵一萬，御史中丞李英運糧，參知政事、大名行省孛朮魯德裕調遣繼發，〔三〕救中都。承暉間遣人以礬寫奏曰：「七斤既降，城中無有固志，臣雖以死守之，豈能持久。伏念一失中都，遼東、河朔皆非我有，諸軍倍道來援，猶冀有濟。」詔曰：「中都重地，廟社在焉，朕豈一日忘也。已趣諸路兵與糧俱往，卿會知之。」及詔中都官吏軍民曰：「朕欲紓民力，遂幸陪都，天未悔禍，時尚多虞，道路久梗，音問難通。汝等朝暮矢石，暴露風霜，思惟報國，靡有貳心，俟兵事之稍息，當不悋於旌賞。今已會合諸路兵馬救援，故茲獎諭，想宜知悉。」永錫、慶壽等軍至霸州北。三月乙亥，李英被酒，軍無紀律，大元兵攻之，英軍大敗。

是時，高琪居中用事，忌承暉成功，諸將皆顧望。既而，以刑部侍郎阿典宋阿爲左監軍，行元帥府于淸州，同知眞定府事女奚烈胡論出爲右都監，行元帥府于保州，〔四〕戶部侍郎侯摯行尚書六部，往來應給，終無一兵至中都者。慶壽軍聞之亦潰。

承暉與抹撚盡忠會議于尚書省。承暉約盡忠同死社稷。盡忠謀南奔，承暉怒，卽起還第，亦無如盡忠何。召盡忠腹心元帥府經歷官完顏師姑至，謂曰：「始我謂平章知兵，故推心以權畀平章，嘗許與我俱死，今忽異議，行期且在何日，汝必知之。」師姑曰：「今日向暮且行。」曰：「汝行李辦未？」曰：「辦矣。」承暉變色曰：「社稷若何？」師姑不能對。叱下斬之。承暉起，辭謁家廟，召左右司郎中趙思文與之飮酒，謂之曰：「事勢至此，惟有一死以報國家。」作遺表付尚書省令史師安石，其表皆論國家大計，辨君子小人治亂之本，歷指當時邪正者數人，曰：「平章政事高琪，賦性陰險，報復私憾，竊弄威柄，包藏禍心，終害國家。」因引咎以不能終保都城爲謝。復謂妻子死于滄州，爲書以從兄子永懷爲後。從容若平日，盡出財物，召家人隨年勞多寡而分之，皆與從良書。舉家號泣，承暉神色泰然，方與安石舉白引滿，謂之曰：「承暉於五經皆經師授，謹守而力行之，不爲虛文。」旣被酒，取筆與安石訣，最後倒寫二字，投筆歎曰：「遽爾謬誤，得非神志亂邪？」謂安石曰：「子行矣。」安石出門，聞哭聲，復還問之，則已仰藥薨矣。家人匆匆瘞庭中。是日暮，盡忠出奔，中都不守。貞祐三年五月二日也。師安石奉遺表奔赴行在奏之。宣宗設奠於相國寺，哭之盡哀。贈開府儀同三司、太尉、尙書令、廣平郡王，謚忠肅。詔以永懷爲器物局直長。永懷子撒速爲奉御。

承暉生而貴富，居家類寒素，常置司馬光、蘇軾像於書室，曰：「吾師司馬而友蘇公。」平章政事完顏守貞素敬之，與爲忘年交。

抹撚盡忠本名象多，上京路猛安人。中大定二十八年進士第，調高陽、朝城主簿，北京、臨潢提刑司知事。御史臺舉廉能，遷順義軍節度副使。以憂去官，起復翰林修撰，同知德昌軍節度事，簽北京按察司、滑州刺史，改恩州。上言：「凡買賣軍器，乞令告給憑驗，以防盜賊私市。」尙書省議，「止聽係籍人匠貨賣，有知情售不應存留者同私造法」。從之。遷山東按察副使，坐虛奏田稼豐收請糴常平粟，詐稱宣差和糴，降虢州刺史，改乾州。

泰和六年，伐宋，爲元帥右監軍完顏充經歷官，坐奏報稽滯，杖五十。八年，入爲吏部郎中，累遷中都、西京按察使。是時，紇石烈執中爲西京留守，與盡忠爭，私意不協。盡忠陰伺執中過失，申奏。執中雖跋扈，善撫御其部曲，密於居庸、北口置腹心刺取按察司文字。及執中自紫荆關走還中都，詔盡忠爲左副元帥兼西京留守。以保全西京功進官三階，賜金百兩、銀千兩、重綵百段、絹二百疋。未幾，拜尚書右丞，行省西京。

貞祐初，進拜左丞。詔曰：「卿總領行省，鎭撫陪京，守禦有功，人民攸賴。朕新嗣祚，念爾重臣，益勉乃力，以副朕懷。」二年五月，自西京入朝，加崇進，封申國公，賜玉帶、金鼎、重幣。二年，進拜都元帥，左丞如故。

宣宗遷汴，與右丞相承暉守中都。承暉爲都元帥，盡忠復爲左副元帥。十月，進拜平章政事，監修國史，左副元帥如故。宣宗詔盡忠善撫糺軍，盡忠不察，殺糺軍數人。已而中都受圍，承暉以盡忠久在軍旅，付以兵事，嘗約同死社稷。及烏古論慶壽等兵潰，外援不至，中都危急，密與腹心元帥府經歷官完顏師姑謀棄中都南奔，已戒行李，期以五月二日向暮出城。是日，承暉、盡忠會議于尚書省，承暉無奈盡忠何，徑歸家，召師姑問之，知將以其夜出奔，乃先殺師姑，然後仰藥而死。是日，凡在中都妃嬪，聞盡忠出奔，皆束裝至通玄門。盡忠謂之曰：「我當先出，與諸妃啓途。」諸妃以爲信然。盡忠乃與愛妾及所親者先出城，不復顧矣。中都遂不守。盡忠行至中山，謂所親曰：「若與諸妃偕來，我輩豈能至此！」

盡忠至南京，宣宗釋不問棄中都事，仍以爲平章政事。盡忠言：「記注之官，奏事不當回避，可令左右司官兼之。」宣宗以爲然。盡忠奏應奉翰林文字完顏素蘭可爲近侍局。宣宗曰：「近侍局例注本局人及宮中出身，雜以他色，恐或不和。」盡忠曰：「若給使左右，可止注本局人。既令預政，固宜愼選。」宣宗曰：「何謂預政？」盡忠曰：「中外之事得議論訪察，卽爲預政矣。」宣宗曰：「自世宗、章宗朝許察外事，非自朕始也。如請謁營私，擬除不當，臺諫不職，非近侍體察，何由知之？」盡忠乃謝罪。參政德升繼之曰：「固當愼選其人。」宣宗曰：「朕於庶官曷嘗不愼，有外似可用而實無才力者，視之若忠孝而包藏悖逆者。蒲察七斤以刺史立功，驟升顯貴，輒懷異志。蒲鮮萬奴委以遼東，乃復肆亂。知人之難如此，朕敢輕乎！衆以蒲察五斤爲公幹，乃除副使。衆以斜烈爲淳直，乃用爲提點。若烏古論石虎乃汝等共舉之，朕豈不盡心哉！」德升曰：「比來訪察，開決河隄，水損田禾等，覆之皆不實。」上曰：「朕自今不敢問若輩，外間事皆不知，朕幹何事，但終日默坐聽汝等所爲矣。方朕有過，汝等不諫，今乃面訐，此豈爲臣之義哉！」德升亦謝罪。

紇石烈執中之誅，近侍局嘗先事啓之，遂以爲功，陰秉朝政。高琪託此輩以自固。及盡忠、德升面責，愈無所忌。未幾，德升罷相，盡忠下獄，自是以後，中外蔽隔，以至于亡。

盡忠與高琪素不相能，疑宣宗頗疏己，高琪間之。其兄吾里也爲許州監酒，秩滿，求調南京。盡忠與吾里也語及中都事，曰：「邇來上頗疏我，此高琪所爲也。若再主兵，必不置此，胡沙虎之事孰爲爲之！」〔五〕吾里也曰：「然。」九月，尚書省奏：「遙授武寧軍節度副使徒單吾典告盡忠謀逆。」上憮然曰：「朕何負衆多，彼棄中都，凡祖宗御容及道陵諸妃皆不顧，獨與其妾偕來，此固有罪。」乃命有司鞫治，問得與兄吾里也相語事，遂幷吾里也誅之。

僕散端本名七斤，中都路火魯虎必刺猛安人。事親孝，選充護衛，除太子僕正、滕王府長史、宿直將軍、邳州刺史、尚廄局副使、右衛將軍。章宗卽位，轉左衞。章宗朝隆慶宮，護衞花狗邀駕陳言：「端叔父胡覩預弑海陵，端不宜在侍衞。」詔杖花狗六十，代撰章奏人杖五十。丁憂，起復東北路招討副使，改左副點檢，轉都點檢，歷河南、陝西統軍使，復召爲都點檢。

承安四年，上如薊州秋山獵，端射鹿誤入圍，杖之，解職。泰和三年，起爲御史大夫。明年，拜尚書左丞。泰和六年，詔大臣議伐宋，皆曰無足慮者。左丞相宗浩、參知政事賈鉉亦曰：「狗盜鼠竊，非舉兵也。」端曰：「小寇當晝伏夜出，豈敢白日列陳，犯靈璧、入渦口、攻壽春邪？此宋人欲多方誤我，不早爲之所，一旦大舉入寇，將墮其計中。」上深然之。未幾，丁母憂，起復尚書左丞。

平章政事僕散揆伐宋，發兵南京，詔端行省，主留務。僕散揆已渡淮，次廬州。宋使皇甫拱奉書乞和，〔六〕端奏其書。朝議諸道兵既進，疑宋以計緩師，詔端遣拱還宋。七年，僕散揆以暑雨班師，端還朝。

初，婦人阿魯不嫁爲武衞軍士妻，生二女而寡，常託夢中言以惑衆，頗有驗，或以爲神。乃自言夢中屢見白頭老父指其二女曰：「皆有福人也。若侍掖廷，必得皇嗣。」是時，章宗在位久，皇子未立，端請納之。章宗從之。既而京師久不雨，阿魯不復言：「夢見白頭老父使己祈雨，三日必大澍足。」過三日雨不降，章宗疑其誕妄，下有司鞫問，阿魯不引伏。詔讓端曰：「昔者所奏，今其若何？後人謂朕信其妖妄，實由卿啓其端，俛鬱于予懷，念之難置。其循省于往咎，思善補于將來。恪整乃心，式副朕意！」端上表待罪，詔釋不問。頃之，進拜平章政事，封申國公。八年，宋人請盟，端遷一官。

章宗遺詔：「內人有娠者兩位，生子立爲儲嗣。」衞紹王卽位，命端與尚書左丞孫卽康護視章宗內人有娠者。泰和八年十一月二十日，章宗崩。二十二日，太醫副使儀師顏狀：「診得范氏胎氣有損。」明年四月，有人告元妃李氏敎承御賈氏詐稱有身。元妃、承御皆誅死。端進拜右丞相，授世襲謀克。

貞祐二年五月，判南京留守，與河南統軍使長壽、按察轉運使王質表請南遷，凡三奏，宣宗意乃決。百官士庶皆言其不可，太學生趙昉等四百人上書極論利害，宣宗慰遣之，乃下詔遷都。明年，中都失守。

宣宗至南京，以端知開封府事。頃之，爲御史大夫，無何，拜尚書左丞相。三年，兼樞密副使，未幾，進兼樞密使。數月，以左丞相兼都元帥行省陝西，給親軍三十人、騎兵三百爲衞，次子宿直將軍納坦出侍行。〔七〕賜契紙勘同曰：「緩急有事，以此召卿。」端招遙領通遠軍節度使完顏狗兒即日來歸，〔八〕奏遷知平涼府事，諸將聞之，莫不感激。遣納蘭伴僧招諭臨洮苽黎五族都管青覺兒、積石州章羅謁蘭冬及鐸精族都管阿令結、蘭州葩俄族都管汪三郎等，皆相繼內附。汪三郎賜姓完顏，後爲西方名將。

四年，以疾請致仕，不許，遣近侍與太醫診視。端雖癃老，凡朝廷使至必遠迓，宴勞不懈，故讒構不果行。宣宗聞之，詔自今專使酒三行別于儀門，他事經過者一見而止。初，同、華舊屯陝西軍及河南步騎九千餘人，皆隸陝州宣撫副使永錫，端奏：「潼關之西，皆陝西地，請此軍隸行省，緩急可使。」朝廷從之。及大元兵入潼關，永錫坐誅，〔九〕而罪不及端。

興定元年，〔一〇〕朝廷以知臨洮府事承裔爲元帥左都監，行元帥府於鳳翔。端奏：「隴外十州，介宋、夏之間，與諸番雜處，先於鞏州置元帥府以鎮之。今承裔以隴外萬兵移居鳳翔，臣恐一旦有警，援應不及。乞令承裔行元帥府於鞏州。若以鳳翔密邇宋界，則本路屯兵已多，但令總管攝行帥事，與京兆、鞏相爲首尾，足以備緩急矣。」從之。是歲，薨。訃聞，宣宗震悼，輟朝。贈延安郡王，謚忠正。正大三年，配享宣宗廟廷。

子納坦出爲定國軍節度使。天興元年十一月，納坦出之子忙押門與兄石里門及護衛顏盞宗阿同飮，忙押門詐以事出投北兵，省以刑部郎中趙楠推其家屬及同飮人。時上下迎合，必欲以知情處之，至於忙押門妻皆被訊掠。其母完顏氏曰：「忙押門通其父妾，父殺此妾，忙押門不自安，遂叛，求脫命而已。」委曲推問，無知情之狀。省中微聞之，召小吏郭從革喩以風旨，從革言之。楠方食，擲匕筯於案，大言曰：「寧使趙楠除名，亦不能屈斷無辜人。」遂以不知情奏，且以妾事上聞。上曰：「丞相功臣，納坦出父子俱受國恩，吾已保其不知情也。立命赦出之。」楠字才美，進士，高平人。

耿端義字忠嗣，博州博平人。大定二十八年進士。調滑州軍事判官，歷上洛縣令，安化、順義軍節度判官，補尚書省令史，除汾陽軍節度副使，改都轉運司戶籍判官，轉太常博士，遷太常丞兼秘書郎，再除左司員外郎，歷太常少卿兼吏部員外郎，同修國史，戶部郎中，河北東路按察副使，同知東平府事，充山東安撫使。宣宗判汾陽軍，是時端義爲副使。宣宗卽位，召見，訪問時事，遷翰林侍講學士兼戶部侍郎，未幾，拜參知政事。

貞祐二年，中都被圍，將帥皆不肯戰。端義奏曰：「今日之患，衞王啓之。士卒縱不可使，城中軍官自都統至謀克不啻萬餘，遣此輩一出，或可以得志。」議竟不行。中都解圍，端義請遷南京。旣而僕散端三表皆言遷都事，宣宗意遂決。是歲，薨。宣宗輟朝，賻贈甚厚，遣使祭葬。

李英字子賢，其先遼陽人，徙益都。中明昌五年進士第，調淳化主簿、登州軍事判官、封丘令。丁父憂，服除，調通遠令。蕃部取民物不與直，攝之不時至，卽掩捕之，論如法。補尚書省令史。

大安三年，集三品以上官議兵事，英上疏曰：「軍旅必練習者，朮虎高琪、烏古孫兀屯、納蘭胡頭、抹撚盡忠先朝嘗任使，可與商略。餘者紛紛，恐誤大計。」又曰：「比來增築城郭，修完樓櫓，事勢可知。山東、河北不大其聲援，則京師爲孤城矣。」不報。除吏部主事。

貞祐初，攝左司都事，遷監察御史。右副元帥朮虎高琪辟爲經歷官，乃上書高琪曰：「中都之有居庸，猶秦之崤、函，蜀之劍門也。邇者撤居庸兵，我勢遂去。今土豪守之，朝廷當遣官節制，失此不圖，忠義之士，將轉爲他矣。」又曰：「可鎭撫宣德、德興餘民，使之從戎。所在自有宿藏，足以取給，是國家不費斗糧尺帛，坐收所失之關隘也。居庸咫尺，都之北門，而不能衞護，英實恥之。」高琪奏其書，卽除尚書工部員外郎，充宣差都提控，居庸等關隘悉隸焉。

二年正月，乘夜與壯士李雄、郭仲元、郭興祖等四百九十人出城，緣西山進至佛巖寺。令李雄等下山招募軍民，旬日得萬餘人。擇衆所推服者領之，詭稱土豪，時時出戰。被創，召還。遷翰林待制，因獻十策，其大概謂：「居中土以鎭四方，委親賢以守中都，立藩屏以固關隘，集人力以防不虞，養馬力以助軍威，愛禾稼以結民心，明賞罰以勸百官，選守令以復郡縣，併州縣以省民力。」頗施行之。

宣宗南遷，與左諫議大夫把胡魯俱爲御前經歷官。詔曰：「扈從軍馬，朕自總之，事有利害，可因近侍局以聞。」宣宗次眞定，以英爲國子祭酒，充宣差提控隴右邊事。無何，召爲御史中丞。英言：「兵興以來，百務皆弛，其要在于激濁揚淸，獎進人材耳。近年改定四善、二十七最之法，徒爲虛文。大定間，數遣使者分道考察廉能，當時號爲得人。願改前日徒設之文，遵大定已試之效，庶幾人人自勵，爲國家用矣。」宣宗嘉納之。

自兵興以來，亟用官爵爲賞，程陳僧敗官軍于龕谷，遣僞統制董九招西關堡都統王狗兒，狗兒立殺之。詔除通遠軍節度使，加榮祿大夫，賜姓完顏氏。英言：「名器不可以假人，上恩以難得爲貴。比來醲於用賞，實駭聞聽。帑藏不足，惟恃爵命，今又輕之，何以使人？伏見蘭州西關堡守將王狗兒向以微勞，旣蒙甄錄，頃者堅守關城，誘殺賊使，論其忠節，誠有可嘉。若官之五品，命以一州，亦無負矣。急於勸獎，遂擢節鉞，加階二品，賜以國姓，若取蘭州，又將何以待之？陝西名將項背相望，曹記僧、包長壽、東永昌、徒單醜兒、郭祿大皆其著者。狗兒藐然賤卒，一朝處衆人之右，爲統領之官，恐衆望不厭，難得其死力。」宣宗以英奏示宰臣。宰臣奏：「狗兒奮發如此，賞以異恩，殆不爲過。」上然其言。

中都久圍，丞相承暉遣人以礬寫奏告急。詔元帥左監軍永錫、〔二〕左都監烏古論慶壽將兵，英收河間清、滄義軍自清州督糧運救中都。英至大名，得兵數萬，馭衆素無紀律。貞祐三年三月十六日，英被酒，與大元兵遇于霸州北，大敗，盡失所運糧。英死，士卒殲焉。慶壽、永錫軍聞之，皆潰歸。五月，中都不守，宣宗猶加恩，贈通奉大夫，謚剛貞，官護葬事，錄用其子云。

孛术魯德裕本名蒲剌都，隆安路猛安人。補樞密院尙書省令史，右三部檢法、監察御史，遷少府監丞。明昌末，修北邊壕塹，立堡塞，以勞進官三階，授大理正。丁母憂，起復廣寧治中，歷順州、濱州刺史。坐前在順州市物虧直，遇赦，改刺濬州，累官北京路按察使、太子詹事、元帥左都監，遷左監軍兼臨潢府路兵馬都總管。坐士馬物故多，及都統按帶私率官兵救護家屬，德裕蔽之，御史劾奏逮獄。遇赦，謫寧海州刺史，稍遷泗州防禦使、武勝軍節度使。

貞祐二年，改知臨洮府事，兼陝西路副統軍。召爲御史中丞，拜參知政事兼簽樞密院事，行省大名。詔發河北兵救中都。凡眞定、中山、保、涿等兵，元帥左監軍永錫將之，大名、河間、淸、滄、觀、霸、河南等兵，德裕將之，幷護淸、滄糧運。德裕不時發。及李英至霸州兵敗，糧盡亡失，坐弛慢兵期，責授沂州防禦使，尋知益都府事。興定元年二月，卒。

烏古論慶壽，河北西路猛安人，由知把書畫充奉御，除近侍局直長，再轉本局使。禦邊有勞，進一階，賜金帶。泰和四年，遷本局提點。是時，議開通州漕河，詔慶壽按視。漕河成，賜銀一百五十兩、重幣十端。

泰和六年，伐宋，從右副元帥完顏匡出唐鄧，爲先鋒都統，賜御弓一。以騎兵八千攻下棗陽。頃之，完顏匡軍次白虎粒，遣都統完顏按帶取隨州，遣慶壽以兵五千扼赤岸，斷襄漢路。行與宋兵遇，斬首五百級，宋隨州將雷太尉遁去，遂克隨州。於是宋鄧城、樊城戍兵皆潰，遂與大軍渡漢江，圍襄陽。元帥匡表薦慶壽謀略出衆。上嘉之，進一官，遷拱衞直都指揮使，提點如故。

初，慶壽上書云：「汝州襄城縣去汝州遠於許州兩舍，請割隸許州便。」尚書省議：「汝州南有鵶路舊屯四千，其三千在襄城，今割襄隸許州，道里近便，仍食用解鹽，其屯軍三千，依舊汝州總押。」從之。八年，罷兵，遷兩階，賜銀二百五十兩、重幣十端。有疾，賜御藥。衞紹王即位，改左副點檢、近侍局如故。未幾，坐與黃門李新喜題品諸王，免死除名。久之，起爲保安州刺史，歷同知延安府，西北、西南招討副使，棣州防禦使，興平軍節度使。貞祐二年，遷元帥右都監，以保全平州功進官五階，賜金吐鶻、重幣十端。頃之，宣宗遷汴，改右副點檢兼侍衞親軍副都指揮使。閏月，知大興府事。未行，改左副點檢兼親軍副都指揮。數月，知彰德府事。三年，中都危急，改元帥左都監，將大名兵萬八千、西南路步騎萬一千、河北兵一萬救中都。次霸州北，兵潰。頃之，中都不守，改大名府權宣撫使。

未幾，知河中府，權河東南路宣撫副使。四年，遷元帥左監軍兼陝西統軍使。〔二〕駐兵延安，敗夏人于安塞堡。戰于鄜州之倉曲谷，有功。

興定元年，與簽樞密院事完顏賽不經略伐宋，敗宋兵于泥河灣石壕村，斬首三千級，獲馬四百匹、牛三百頭，器械稱是。復破宋兵七千於樊城縣。既而，以軍士多被傷，奏不以實，詔有司鞫問，已而釋之。歷鎮南集慶軍節度使，卒。

贊曰：承暉守中都期年，相爲存亡，臨終就義，古人所難也。大抵宣宗既遷，則中都必不能守，中都不守，則土崩之勢決矣。僕散端、耿端義似忠而實愚，抹撚盡忠委中都，庸何議焉。高琪忌承暉成功，孛术魯德裕緩師期，姦人之黨，於是何誅。李英被酒敗軍，雖死不能贖也。烏古論慶壽無罰，貞祐之刑政，從可知矣。

校勘記

〔一〕紇石烈執中伏誅　按本書卷一四宣宗紀，貞祐元年十月辛亥，「殺胡沙虎于其第」。十一月庚午，「承暉爲尚書右丞」。此記執中伏誅于承暉召拜右丞之後，時序既誤，且與上下文全無關係，此七字當是衍文。

〔二〕詔元帥左監軍永錫將中山真定兵　按本書卷一四宣宗紀，貞祐二年十二月「戊戌，遣真定行元帥府事永錫等援中都」。此記于三年二月之下，誤。

〔三〕大名行省孛术魯德裕調遣繼發　原脱「裕」字。按本卷孛术魯德裕傳，貞祐二年「行省大名，詔發河北兵救中都」。有「裕」字，今據補。

〔四〕行元帥府于保州　「于」原作「爲」，據殿本改。

〔五〕胡沙虎之事孰爲爲之　「事」原訛作「子」，據文義改正。

〔六〕宋使皇甫拱奉書乞和　按本書卷六二交聘表，泰和六年十一月，宋「遣忠訓郎林拱持書乞和於僕散揆」。與此不同。

〔七〕次子宿直將軍納坦出侍行　「坦」原作「丹」。按下文三見皆作「納坦出」，今據改。

〔八〕端招遥領通遠軍節度使完顔狗兒即日來歸　「遠」原作「安」。按金無「通安軍」。本卷李英傳，「程陳僧敗官軍于龕谷，遣僞統制董九招西關堡都統王狗兒，狗兒立殺之，詔除通遠軍節度使，賜姓完顔氏」。又本書卷二六地理志，臨洮路「鞏州，皇統二年升軍事爲通遠軍節度使」。今據改。

〔九〕永錫坐誅　按本書卷一一四完顔合周傳記此事作「遂再奪爵，免死除名」。

〔一〇〕興定元年　「元」原作「四」。按本書卷一一三白撒傳，白撒「名承裔，興定元年爲元帥左都監，行帥府事於鳳翔」。卷一五宣宗紀，興定元年八月「甲戌，元帥右都監承裔遣其部將納蘭記僧等，合葩俄族都管尼厖古，以兵掩襲瓜黎餘族諸蕃帳」。今據改。

〔一二〕詔元帥左監軍永錫　「左」原作「右」。按上文承暉傳，「詔元帥左監軍永錫將中山、真定兵……救中都」。又下文孛术魯德裕傳，「詔發河北兵救中都，凡真定、中山、保、涿等兵，元帥左監軍永錫將之」。皆作「左監軍」。今據改。

〔一三〕遷元帥左監軍兼陝西統軍使　「左」原作「右」。按本書卷一四宣宗紀，貞祐四年八月，「夏人入安塞堡，元帥左監軍烏古論慶壽遣軍敗之」。卷一三四西夏傳，「貞祐四年八月，左監軍烏古論慶壽敗夏兵于安塞堡」。今據改。

金史卷一百二

列傳第四十

僕散安貞　田琢　完顏弼　蒙古綱　必蘭阿魯帶

僕散安貞本名阿海，以大臣子充奉御。父揆，尚韓國公主，鄭王永蹈同母妹也。永蹈誅，安貞罷歸，召爲符寶祗候。復爲奉御，尚邢國長公主，加駙馬都尉，襲胡土愛割蠻猛安。歷尚衣直長、御院通進、尚藥副使。丁母憂，起復，轉符寶郎，除同知定海軍節度使事。歷邳、淄、涿州刺史，拱衞直都指揮使。貞祐初，改右副點檢兼侍衞親軍副都指揮使，遷元帥左都監。二年，中都解嚴，河北州郡未破者惟眞定、大名、東平、淸、沃、徐、邳、海州而已。朝廷遣安貞與兵部尚書裴滿子仁、刑部尚書武都分道宣撫。於是除安貞山東路統軍安撫等使。

初，益都縣人楊安國自少無賴，以鬻鞍材爲業，市人呼爲「楊鞍兒」，遂自名楊安兒。泰和伐宋，山東無賴往往相聚剽掠，詔州郡招捕之。安兒降，隸諸軍，累官刺史、防禦使。大安三年，招鐵瓦敢戰軍得千餘人，以唐括合打爲都統，安兒爲副統，戍邊。至雞鳴山不進。衞紹王驛召問狀。安兒乃曰：「平章參政軍數十萬在前，無可慮者。屯駐雞鳴山所以備間道透漏者耳。」朝廷信其言。安兒乃亡歸山東，與張汝楫聚黨攻劫州縣，殺略官吏，山東大擾。

安貞至益都，敗安兒于城東。安兒奔萊陽。萊州徐汝賢以城降安兒，賊勢復振。登州刺史耿格開門納僞鄒都統，以州印付之，郊迎安兒，發帑藏以勞賊。安兒遂僭號，置官屬，改元天順，凡符印詔表儀式皆格草定，遂陷寧海，攻濰州。僞元帥方郭三據密州，〔一〕略沂、海。李全略臨朐，扼穆陵關，欲取益都。安貞以沂州防禦使僕散留家爲左翼，安化軍節度使完顏訛論爲右翼。

七月庚辰，安貞軍昌邑東，徐汝賢等以三州之衆十萬來拒戰。自午抵暮，轉戰三十里，殺賊數萬，獲器械不可勝計。壬午，賊棘七率衆四萬陣于辛河。安貞令留家由上流膠西濟，繼以大兵，殺獲甚衆。

甲申，安貞軍至萊州，僞寧海州刺史史潑立以二十萬陣于城東。留家先以輕兵薄賊，諸將繼之，賊大敗，殺獲且半，以重賞招之，不應。安貞遣萊州黥卒曹全、張德、田貴、宋福詐降于徐汝賢以爲內應。全與賊西南隅戍卒姚雲相結，約納官軍。丁亥夜，全縋城出，潛告留家。留家募勇敢士三十人從全入城，姚雲納之，大軍畢登，遂復萊州，斬徐汝賢及諸賊將以徇。安兒脫身走，訛論以兵追之。耿格、〔三〕史潑立皆降。留家略定膠西諸縣，宣差伯德玩襲殺方郭三，復密州。餘賊在諸州者皆潰去。安兒嘗遣梁居實、黃縣甘泉鎭監酒石抹充浮海赴遼東構留哥，已具舟，皆捕斬之。

十一月戊辰，曲赦山東，除楊安兒、耿格及諸故官家作過驅奴不赦外，劉二祖、張汝楫、李思溫及應脅誘從賊，并在本路自爲寇盜，罪無輕重，並與赦免。獲楊安兒者，官職俱授三品，賞錢十萬貫。十二月辛亥，耿格伏誅，〔四〕妻子皆遠徙。諸軍方攻大沬堌，赦至，宣撫副使、知東平府事烏林荅與卽引軍還。賊衆乘之，復出爲患。詔以陝西統軍使完顏弼知東平府事，權宣撫副使。其後楊安兒與汲政等乘舟入海，欲走岠嵎山。舟人曲成等擊之，墜水死。

三年二月，安貞遣提控紇石烈牙吾塔破巨蒙等四堌，及破馬耳山，殺劉二祖賊四千餘人，降餘黨八千，擒僞宣差程寬、招軍大使程福，招降脅從百姓三萬餘人。安貞遣兵會宿州提控夾谷石里哥同攻大沬堌，賊千餘逆戰。石里哥以騎兵擊之，盡殪。提控沒烈奪其北門以入，別軍取賊水寨，諸軍繼進，殺賊五千餘人。劉二祖被創，獲之，及僞參謀官崔天祐，楊安兒僞太師李思溫。餘衆保大小峻角子山，前後追擊，殺獲以萬計，斬劉二祖。詔遷賞沒烈等有差。詔尚書省曰：「山東東、西路賊黨猶嘯聚作過者，詔書到日，並與免罪，各令復業。在處官司盡心招撫，優加存卹，無令失所。」十月，安貞遷樞密副使，行院于徐州。

四年二月，楊安兒餘黨復擾山東。詔安貞與蒙古綱、完顏弼以近詔招之。五月，安貞遣兵討郝定，連戰皆克，殺九萬人，降者三萬餘，郝定僅以身免。獲僞金銀牌、器械甚衆，來歸且萬人，皆安慰復業。自楊安兒、劉二祖敗後，河北殘破，干戈相尋。其黨往往復相團結，所在寇掠，皆衣紅納襖以相識別，號「紅襖賊」。官軍雖討之，不能除也。大概皆李全、國用安、時青之徒焉。

興定元年十月，詔安貞曰：「防河卒多老幼疲軟不勝執役之人，其令速易之。」二年十二月，〔四〕開封治中呂子羽等以國書議和于宋，宋人不受。以安貞爲左副元帥權參知政事行尚書省元帥府，及唐、息、壽、泗行元帥府分道各將兵三萬，安貞總之，晝定期日，下詔伐宋。安貞至安豐，宋兵七千拒戰，權都事完顏胡魯剌衝擊敗之，追至淝水，死者二千餘人。安貞至大江，乃班師。

三年閏月，安貞至自軍中，入見于仁安殿。胡魯剌進一階。久之，安貞燕見，奏曰：「淝水之捷，胡魯剌功第一，〔五〕臣之兵事皆咨此人，功厚賞薄，乞加賞以勸來者。」尚書省奏：

「凡行省行院帥府參議左右司經歷官都事以下皆遷一官，所以絕求請之路，塞姦倖之門也。安貞之請不可從。」遂止。

五年，復伐宋。二月，安貞出息州，軍于七里鎮，宋兵據淨居山，遣兵擊敗之。宋兵保山寺。縱火焚寺，乘勝追至洪門山。宋兵方浚濠立柵，安貞軍亟戰，奪其柵。宋黃統制團兵五千保黃土關，關絕險，素有備，堅壁不出。安貞遣輕兵分爲左右軍潛登，〔六〕別以兵三千直逼關門。翼日，左右軍會于山顛，俯瞰關內。宋人守關者望之，駭愕不能立。中軍急攻，宋兵潰，遂奪黃土關。遂入梅林關，拔麻城縣，抵大江，至黃州，克之。進克蘄州，前後殺略不可勝計。獲宋宗室男女七十餘口，獻之，師還。安貞每獲宋壯士，輒釋不殺，無慮數萬，因用其策，輒有功。宣宗謂宰臣曰：「阿海將略固善矣，此輩得無思歸乎？南京密邇宋境，此輩既不可盡殺，安所置之？朕欲驅之境上，遣之歸如何？」宰臣不對。

六月甲寅朔，尚書省奏安貞謀叛。宣宗謂平章政事英王守純曰：「朕觀此奏，皆飾詞不實，其令覆案之。」戊寅，幷其二子殺之，〔七〕以祖忠義、父揆有大功，免兄弟緣坐。詔曰：「銀青榮祿大夫、左副元帥兼樞密副使、駙馬都尉僕散阿海，早藉世姻，寖馳仕軌，屬當軍旅之事，益厚朝廷之恩，爰自帥藩，擢居樞府。頃者南伐，時乃奏言，是俾行鱗介之誅，而盡露梟獍之狀。二城雖得，多罪稔彰，念勝負之靡常，肯刑章之輕用。始自晝因糧之計，乃更嚴橫斂之期，督促計司，彫弊民力，信其私意，或失防秋。顧利害之實深，尙優容而弗問。頃因近侍，悉露姦謀，蓋虞前後罪之上聞，廼以金玉帶而夜獻。審事情之詭秘，命信臣而鞫推，迨致款詞，乃詳實狀。自以積愆之著，必非公憲所容，欲結近臣之歡心，俾伺內庭之指意，如釁端之少露，得先事而易圖。因其方握兵權，得以謀危廟祏，事或不濟，計卽外奔。前日之俘，隨時誅戮，獨於宋族，曲活全門，示其悖德于敵讎，豫冀全身而納用。」

初，安貞破蘄州，獲宋宗室不殺而獻之，遂以爲罪。安貞憂讒，以賄近侍局，乃以質成其誣。安貞典兵征伐，嘗曰：「三世爲將，道家所忌。」自忠義、揆至安貞，凡三世大將焉。

初，安貞破蘄州，所得金帛，分給將士。南京都轉運使行六部事李特立、金安軍節度副使紇石烈蒲剌都、大名路總管判官銀朮可因而欺隱。事覺，特立當死，蒲剌都、銀朮可當杖一百除名。詔薄其罪，特立奪三官、降三等，蒲剌都、銀朮可奪兩官、降二等云。

田琢字器之，蔚州定安人。中明昌五年進士，調寧邊、茌平主簿，潞州觀察判官，中都商稅副使。丁父憂，起復懷安令，補尙書省令史。

貞祐二年，中都被圍，琢請由間道往山西招集義勇，以爲宣差兵馬提控、同知忠順軍節度使事，經略山西。琢與弘州刺史魏用有隙，琢自飛狐還蔚州，用伏甲於路，將邀而殺之。

殺之。

琢知其謀，自別道入定安。用入蔚州，殺觀察判官李宜、錄事判官馬士成、永興縣令張福，劫府庫倉廩，以兵攻琢於定安。琢與戰，敗之。用脫身走，易州刺史蒲察縛送中都元帥府殺之。

是時，勸農副使侯摯提控紫荆等關隘，朝廷聞蔚州亂，欲以摯就代琢守蔚州，令軍中推可爲管押者，卽以魏用金牌佩之，以安其衆。丞相承暉奏：「田琢實得軍民心，諳練山西利害，魏用將士本無勞效，以用弄兵死禍，遽爾任用，恐開倖門。」詔從之。

琢至蔚州，誅與用同惡數人。募兵旬日，得二萬人。十月，琢兵敗，僅以身免。招集散亡，得三萬餘，入中山界屯駐，而遣沈思忠招集西京蕩析百姓，得萬餘人，皆願徙河南。琢上書：「此輩與河南鎭防，往往鄉舊，若令南渡，擇壯健爲兵，自然和協，且可以招集其餘也。」從之。加沈思忠同知深州軍州事。琢復遣沈思忠、宮楫招弘州、蔚州百姓，得五萬餘人，可充軍者萬五千人，分屯蔚州諸隘，皆願得沈思忠爲將。詔加思忠順天軍節度副使，提控弘、蔚州軍馬，宮楫副之。

頃之，西山諸隘皆不能守。琢移軍沃州。沃州刺史完顏僧家奴奏：「田琢軍二千五百人，官廩不足，發民窖粟猶不能贍。其中多女直人，均爲一軍，不可復有厚薄，可令於衛、輝、大名就食。」制可。加琢河北西路宣撫副使，遙授濬州防禦使，屯濬州。琢欲陂西山諸水以衞濬州。

貞祐三年十一月，河北行省侯摯入見，奏：「河北兵食少，請令琢汰遣老弱，就食歸德。」琢奏：「此輩嶺外失業，父子兄弟合爲一軍，若離而分之，定生他變，乞以全軍南渡，或徙衞州防河。」詔盡徙屯陝。琢復奏：「臣幸徙安地，然濬乃河北要郡，今見糧可支數月，乞俟來春乃行。」數日，琢復奏：「濬不可守，惟當遷之。」宰臣劾琢前後奏陳不一，請逮鞫問。宣宗不許。

琢至陝，上書曰：「河北失業之民僑居河南、陝西，蓋不可以數計。百司用度，三軍調發，一人耕之，百人食之，其能贍乎？春種不廣，收成失望，軍民俱困，實繫安危。臣聞古之名將，雖在征行，必須屯田，趙充國、諸葛亮是也。古之良吏，必課農桑以足民，黃霸、虞詡是也。方今曠土多，游民衆，乞明勑有司，無蹈虛文，嚴升降之法，選能吏勸課，公私皆得耕墾。富者備牛出種，貧者傭力服勤。若又不足，則教之區種，期于盡闢而後已。官司圉牧，勢家兼幷，亦籍其數而授之農民，寬其負算，省其徭役，使盡力南畝，則蓄積歲增，家給人足，富國强兵之道也。」宣宗深然之。

陝西元帥府請益兵，詔以琢衆與之。興定元年，朝廷易置諸將，遷山東西路轉運使。二年，改山東東路轉運使，權知益都府事，行六部尚書宣差便宜招撫使。李旺據膠西，琢遣益都治中張林討之，生擒李旺。八月，萊州經略使朮虎山壽襲破李旺黨僞鄒元帥于小堌，獲其前鋒于水等三十人，追擊僞陳萬戶，斬首八百級。明日，復破之于朱寒寨。膠西、高密官軍亦屢破之于諸村及海島間。

是月，棣州裨將張聚殺防禦使斜卯重興，遂據棣州，襲濱州，其衆數千人。琢遣提控紇石烈醜漢會兵討之。聚棄濱專保棣州。諸軍趣棣，聚出戰，敗之，斬首百級，生擒僞都統王仙等十三人。餘衆奔潰，追及于別寨，攻拔之，聚僅以身免。遂復二州。

李全據安丘，琢遣總領提控王政、王庭玉討之。宣差提控、太府少監伯德玩率政兵攻安丘，敗焉，提控王顯死之。琢奏：「伯德玩本相視山東山堌水寨，未嘗偏行，獨留密州，輒爲此舉，乞治其罪。」詔遣官鞫玩，會赦而止。既而昌樂縣令朮虎桓都、臨朐縣令兀顏吾丁、福山縣令烏林荅石家奴、壽光縣巡檢紇石烈醜漢破李全于日照縣，琢承制各遷官一階，進職一等，詔許之。

三年，沂州注子堌王公喜構宋兵據沂州，防禦使徒單福定徒跣脫走，百姓潰散。琢奏：「去歲顧王二嘗據沂州，邳州總領提控納合六哥前爲同知沂州防禦事，招集餘衆攻取之，百姓歸心。可用六哥取沂州，今方在行省侯摯麾下，乞發還，取便道進討。」制可。既而莒州提控燕寧復沂州，王公喜復保注子堌。琢奏：「沂州須知兵者守之。徒單福定已衰老，納合六哥善治兵，識沂形勢。」詔福定專治州事，以六哥爲沂州總領。琢奏：「濰州刺史致仕獨吉世顯能招集猛安餘衆及義軍，却李全，保濰州。六哥破灰山堌，沂境以安。守兗州觀察判官梁昱嘗攝淄州刺史，率軍民力田，徵科有度，饋餉不乏，保全淄州，土賊不敢發。前猗氏主簿張亞夫嘗權行部官，主餉密州，委曲購得糧二萬斛，兵儲乃足，行至高密，徵他州兵拒李全。」詔世顯升職從四品，遙授同知海州事。六哥遷一官，升一等，充沂州宣差都提控。梁昱遷一官，同知淄州事。張亞夫遷兩官，密州觀察判官。

初，張林本益都府卒，有復立府事之功，遂爲治中，而兇險不逞，恥出琢下。琢在山東徵求過當，頗失衆心，林欲因衆以去琢，未有間也。會于海、牟佐據萊州，琢遣林分兵討之。林既得兵，伺琢出，卽率衆譟入府中。琢倉猝入營，領兵與林戰，不勝，欲就外縣兵，且戰且行。至章丘，兵變，求救於鄰道，不時至。東平行省蒙古綱以狀聞。宣宗度不能制林，而欲馴致之，乃遣人召琢還。行至壽張，疽發背卒。

完顏弼本名達吉不，蓋州猛安人。充護衛，轉十人長。從丞相襄戍邊，功最，除同知德州防禦使事、武衞軍鈐轄，轉宿直將軍、深州刺史。泰和六年，從左副元帥完顏匡攻襄陽，破雷太尉兵，積功加平南盪江將軍。丁母憂，起復。八年，除南京副留守、壽州防禦使。大安二年，入爲武衞軍副都指揮使。三年，以本官領兵駐宣德。會河之敗，弼被創，馬中流矢，押軍千戶夾谷王家奴以馬授弼，遂得免。遷右副都點檢。

至寧元年，東京不守，弼爲元帥左監軍，扞禦遼東。請「自募二萬人爲一軍，萬一京師有急，亦可以回戈自救。今驅市人以應大敵，往則敗矣」。衞紹王怒曰：「我以東北路爲憂，卿言京師有急何邪？就如卿言，我自有策。以卿皇后連姻，故相委寄，乃不體朕意也。」弼曰：「陛下勿謂皇后親姻俱可恃也。」時提點近侍局駙馬都尉徒單沒烈侍側，弼意譏之。衞紹王怒甚，顧謂沒烈曰：「何不叱去？」沒烈乃引起，付有司，論以奏對無人臣禮，詔免死，杖一百，責爲雲內州防禦使。

貞祐初，宣宗驛召弼赴中都，是時雲內已受兵，弼善馬矟，與數騎突出，由太原出澤、潞，將從清、滄赴闕。會有詔除定武軍節度使，尋爲元帥左都監，駐眞定。弼奏：「賞罰所以勸善懲惡，有功必賞，有罪必罰，而后人可使、兵可强。今外兵日增，軍無鬬志。亦有逃歸而以戰潰自陳者，有司從而存恤之，見聞習熟，相傚成風。」又曰：「村寨城邑，兵退之後，有心力勇敢可使者，乞招用之。」又曰：「河朔郡縣，皆以拘文不相應救，由此殘破。乞勑州府，凡有告急徵兵，卽須赴救，違者坐之。」又曰：「河北軍器，乞權宜弛禁，仍令團結堡寨以備外兵。」又曰：「今雖議和，萬一輕騎復來，則吾民重困矣。願速講防禦之策。」及勸遷都南京，阻長淮，拒大河，扼潼關以自固。

宣宗將遷汴，弼兼河北西路兵馬都總管。宣宗次眞定，弼言：「皇太子不可留中都，蓋軍少則難守，軍多則難養。」又奏：「將帥以閫外爲威，今生殺之權皆從中覆。」又奏：「瑞州軍頗狡，左丞盡忠多疑，乞付他將。」宣宗頗采用其言。

大名軍變，殺蒲察阿里，詔弼鎭撫之。未幾，改陝西路統軍使、京兆兵馬都總管。宣撫副使烏古論兗州置秦州榷場，弼以擅置，移文問之。兗州曰：「近日入見，許山外從宜行事。秦州自宋兵焚蕩榷場，幾一年矣，今既安帖，復宜開設，彼此獲利，歲收以十萬計。對境天水軍移文來請，如俟報可，實慮後時。」弼奏其事，宰臣以兗州雖擅舉而無違失，苟利於民，專之亦可。宣宗曰：「朕固嘗許其從宜也。」

三年，改知東平府事、山東西路宣撫副使。是時，劉二祖餘黨孫邦佐、張汝楫保濟南勤子堌，弼遣人招之，得邦佐書云：「我輩自軍興屢立戰功，主將見忌，陰圖陷害，竄伏山林，以至今日，實畏死耳。如蒙湔洗，便當釋險面縛，餘賊未降者保盡招之。」弼奏：「方今多故，此賊果定，亦一事畢也。乞明以官賞示之。」詔曰：「孫邦佐果受招，各遷五官職。」〔六〕於是邦佐、汝楫皆降。邦佐遙授濰州刺史，汝楫遙授淄州刺史，皆加明威將軍。頃之，弼薦邦佐、汝楫改過用命，招降甚衆，稍收其兵仗，放歸田里。詔邦佐遙授同知益都府事，汝楫遙授同知東平府事，皆加懷遠大將軍。梁聚寬遙授泰定軍節度副使，加宣武將軍。四年，弼遷宣撫使。〔九〕已而，汝楫復謀作亂，邦佐密告弼，弼饗汝楫，伏甲廡下，酒數行，鍾鳴伏發，殺汝楫幷其黨與。手詔褒諭，封密國公。其後邦佐屢立功。元光末，累官知東平府事、山東西路兵馬都總管，充宣差招撫使。

弼上書曰：「山東、河北、河東數鎭僅能自守，恐長河之險有不足恃者。河南嘗招戰士，率皆游惰市人，不閑訓練。若選簽驅丁監戶數千，別爲一軍，立功者全戶爲良，必將爭先效命以取勝矣。武衞軍家屬嘗苦于兵，人人懷憤，若擇驍悍千餘，加以爵賞，亦可得其死力。」又曰：「老病之官，例許致仕，居河北者嫌于避難，居河南者苟于尸祿，職事曠廢。乞徧諭覈實，其精力可用者仍舊，年高昏聵不事事者罷之。」又曰：「賦役頻煩，河南百姓新强舊乏，諸路豪民行販市易，侵士人之利，未有定籍，一無庸調，乞權宜均定。如知而輒避、事過復來者，許諸人捕告，以軍興法治之。」詔下尚書省議，惟老病官從所言，餘皆不允。

大元兵圍東平，弼百計應戰，久之乃解圍去。宣宗賜詔，獎諭將士，賞賚有差。是歲五月，疽發于腦。詔太醫診視，賜御藥。俄卒。

弼平生無所好，惟喜讀書，閑暇延引儒士，歌詠投壺以爲常。所辟如承裔、陀滿胡土門、紇石烈牙吾塔，〔一〇〕皆立方面功。治東平，愛民省費，井邑之間軍民無相訟，有古良將之風焉。

蒙古綱本名胡里綱，咸平府猛安人。承安五年進士，累調補尚書省令史，除國子助教。貞祐初，自請招集西山兵民，進官一階，賜錢二百萬，遷都水監丞，尋加遙授永定軍節度副使。招捕有功，遷太子左諭德，除順州刺史，遷同知大興府事。三年，知河間府事，權河北東路宣撫使，屯冀州。軍食不足，徙濟南。綱欲徙河南，行至徐州，未渡河，尚書省奏：「東平宣撫使完顏弼行事多不盡。」乃以綱權山東宣撫副使。改山東路統軍使，兼知益都府事，權元帥右都監，宣撫如故。

四年十月，行元帥府事。綱奏：「山東兵後，楊安兒黨內有故淄王習顯、故留守术羅等家奴，不在赦原，據險作亂，至今未息，民多歸之，乞普賜恩宥。」宣宗卽命赦之，仍贖爲良。

興定元年，徙知東平府事，遷元帥右監軍。久之，拜右副元帥權參知政事，行尚書省。先是，東平治中没烈坐事削降殿年，詔仍從軍，有功復用。綱遣没烈討花帽賊于曹、濟間，捷報，没烈乃復前職。〔二〕興定二年，詔曰：「卿以忠貞，爲國捍難，保完城邑，朕甚嘉之。可進官二階，賜金帶一重、幣十端。」

興定三年，奏曰：「濟南介山東兩路之間，最爲衝要，被兵日久，雖與東平隣接，不相統屬，緩急不相應，乞權隸本路，且差近於益都。」詔從之。綱奏：「恩州武城縣艾家凹水濼、清河縣澗口河濼，其深一丈，廣數十里，險固可恃。因其地形，少加浚治，足以保禦。請遷州民其中，多募義軍以實之。」綱以山東恃東平爲重鎭，兵卒少，守城且不足，況欲分部出戰，是安坐以待困也。乃上奏曰：「伏見貞祐三年古里甲石倫招義軍，設置長校，各立等差，都統授正七品職，副統正八品，萬戶正九品，千戶正班任使，謀克雜班，仍三十人爲一謀克，五謀克爲一千戶，四千戶爲一萬戶，四萬戶爲一副統，兩副統爲一都統，設一總領提控。今乞依此格募選，以益兵威。」制可。

是歲，益都桃林寨總領張林號「張大刀」，據險爲亂，自稱安化軍節度使。綱奏：「林勢甚張，乞遣河南馬軍千人，單州經略司以衆接應。」左司郎中李蹊請令綱約燕寧同力殄滅，單州經略使完顏仲元分兵三千人同往。宰相以糧運不給，益都以東，嘯聚不止一張林，宜令綱設備禦，俟來春議之。

四年，張林侵掠東平，綱遣元帥右監軍行樞密院事王庭玉討之。至舊縣，遇張林衆萬餘人據嶺爲陣，庭玉督兵踰嶺搏戰。林衆少却，且欲東走。庭玉踵擊，大破之，殺數千人，生擒張林，獲雜畜兵仗萬計。招降虎窟諸寨，悉令歸業。詔賜空名宣勅，聽綱第功遷賞。遣樞密院令史劉顒涖殺張林于東平。張林乞貰死自効，請曰：「臣兄演在宋爲統制，有衆三千，駐卽墨、萊陽之境，請以書招之，使轉致諸賊之款密者，相爲表裏，然後以檄招益都張林，不從則合擊之，山東不足平也。」所謂益都張林，卽據府事逐田琢者也，事見琢傳。綱以林策請于朝，樞密院請羈縻使之。制可，以爲萊州兵馬鈐轄。久之，山東不能守，林乃降于宋云。

初，東平提控鄭倜生擒宋將李資，綱奏賞倜。宰臣謂：「李資自稱宋將，無所憑據，請詳究其實。」綱奏：「臣自按問俱獲宋將統制十餘人，皆以資爲將無異辭。此輩力屈就擒，豈肯虛稱僞將以重獲者之功？今多故之際，賞功後時，將士且解體。凡行賞必求形迹，過爲逗遛，甚未可也。」詔卽賞之。綱奏：「遼東渡海，必由恩、博二州之間，乞置經略司鎭撫。」從之。興定五年二月，東平解圍，宣宗曲赦境內。凡東平府試諸科中選人，嘗被任使，已逾省試期日，特免省試。惟經童律科卽爲及第，似涉太優，別日試之。皆從綱所請也。詔以綱、王庭玉、東莒公燕寧保全東平，各遷一階。

是歲，燕寧戰死。綱奏：「寧所居天勝寨，乃益都險要之地。寧嘗招降羣盜胡七、胡八，用爲牙校，委以腹心，羣盜皆有歸志。及寧死，復懷顧望，胡七、胡八亦反側不安。臣以提控孫邦佐世居泰安，衆心所屬，遂署招撫使。以提控黃摑兀也充總領，副之。此當先奏可，顧事勢危迫，故輒授之。」燕寧死而綱勢孤矣。

綱奏請移軍於河南，詔百官議，御史大夫紇石烈胡失門以下皆曰：「金城湯池，非粟不守。東平孤城，四無應援，萬一失之，則官吏兵民俱盡。宜徙之河南，〔三〕以助防秋。」翰林待制抹撚阿虎德奏曰：「車駕南遷，恃大河以爲險。大河以東平爲藩籬，今乃棄之，則大河不足恃矣。兵以將爲主，將以心爲主，蒙古綱既欲棄之，決不可使之守矣。宜就選將士之願守者擢用之，別遣官爲行省，付以兵馬鎧仗，從宜規畫軍食。」樞密院請用胡失門議，焚其樓櫓廨舍而徙之。宣宗曰：「此事朕不能決擇，衆議可者行之。」樞密院頗采阿虎德議，許綱內徙，率所部女直、契丹、漢軍五千人，行省邳州。元帥左監軍王庭玉將餘軍屯黃陵岡，行元帥府事。於是，綱改兼靜難軍節度使，行省邳州。自此山東事勢去矣。

是歲六月，以歸德、邳、宿、徐、泗乏軍食，詔綱率所部就食睢州。綱奏：「宿州連年饑饉，加之重斂，百姓離散。鎮防軍遽徵逋課，窘迫陵辱有甚于官，衆不勝其酷，皆懷報復之心。近日，高羊哥等苦其佃戶，佃戶憤怒，執羊哥等投之井中。武夫不識緩急，乃至于此。乞一切所負並令停止，俟夏秋收成徵還，軍人量增廩給，可也。」詔議行之。元光二年三月，以邳州經略司隸綱，令募勇敢收復山東。

初，碭山首領數人，以減罷懷忿怨，誘脅餘衆作亂，引水環城以自固，構浮橋於河上，結紅襖賊爲援。同簽樞密院事徒單牙剌哥會諸道兵討之。綱云：「碭山北近大河，南近汴堤，東西二百里，大河分派其間，乾灘泥淖，步騎俱不可行，惟宜輕舟往來。可選銳卒數千與水軍埽兵，以舟二百艘，由便道斷浮梁，絕紅襖之援。募膽勇有口辯者，持牒密諭之以離間其黨，與臣已遣三人入賊中。復分兵屯要害，別以三百人巡邏。乞賜空名告身，從便遷賞。」樞密院奏：「已委監軍王庭玉駐歸德、寧陵備之矣。仍令牙剌哥水陸並進，先行招誘，不從，乃合擊之。其空名告身，宜從所請，以責成功。」

無何，碭山賊夜襲永城縣，行軍副總領高琬、萬戶麻吉擊走之，殺傷及溺死者甚衆，奪其所俘掠而還。詔綱併力討之。綱遣降人陳松持牒招李全，全縛松將斬之，已而但黥其面遣還。綱奏：「全有歸國意，嚴實、張林亦可招之。」此謂益都張林也。詔擬實一品官職，封國公，仍世襲。全階正三品、職正二品。林山東西路宣撫使兼知益都府事，與全皆賜田百頃。受命往招者先授正七品官職，賜銀二十五兩，事成遷五品。會綱遇害而止。

綱御下嚴，信賞必罰，邳州軍不樂屬綱。八月辛未朔，邳州從宜經略使納合六哥、都統金山顏俊〔一三〕率沂州軍士百餘人晨入行省，殺綱及僚屬于省署，遂據州反。樞密院奏請出空名宣勅，設重賞招誘。丞相高汝礪曰：「懸重賞募死士，必有能取之者。」宣宗不得已，下詔罪綱，以撫諭六哥。六哥遣人送綱尸及虎符牌印，終不肯出。乃升經略司爲元帥府，加六哥泗州防禦使，權元帥左監軍，副使烏古論老漢加邳州刺史，權右監軍。頃之，邳州卒逃歸，詣總帥牙吾塔言，六哥已結李全爲助。遣總領孛术魯留住等毀其橋梁，攻破承安、青陽寨，留兵戍守。六哥惶懼，乃言待李全兵入邳州，誘而殺之，以圖報效。宣宗曰：「李全豈無心者，六哥能誘而殺之，殆詐耳。」十月壬辰，牙吾塔圍邳州，急攻之。紅襖賊高顯等殺六哥，函首以獻。詔加顯三品官職，授世襲謀克，侯進四品，陳榮、邢進、邊全、魏興、孫仲皆五品，賞銀有差。

必蘭阿魯帶，貞祐初，累官寧化州刺史。二年，同知眞定府事，權河北、大名宣撫副使。三年，保全贊皇，加遙授安武軍節度使，改昭義軍節度使，充宣撫副使。閏月，權元帥左都監行元帥府事，節度、宣撫如故。

遣都統奧屯喜哥復取威州及獲鹿縣。既而詔擇義軍爲三等，阿魯帶奏：「自去歲初置帥府，已按閱本軍，去其冗食。部分既定，上下既親，故能所向成功，此皆血戰屢試而可者。父子兄弟自相救援，各顧其家，心一力齊，勢不可離。今必析之，將互易其處，不相諳委矣。國家糧儲常患不繼，豈容僥冒其間？但本府之兵不至是耳。事勢方殷，分別如此，彼居中下，將氣挫心懈而不可用。且義軍率皆農民，已散歸田畝，趨時力作，徵集旬日，農事廢而歲計失矣。乞本府所定，無輕變易。」詔許之。阿魯帶繕完州縣之可守者，其不可守者遷徙其民，依險爲栅以備緩急。

澤州舊隸昭義軍，近年改隸孟州，阿魯帶奏：「澤州城郭堅完，器械具備，若屯兵數千，臣能保守之。今聞議遷于青蓮寺山寨，距州既遠，地形狹隘，所容無幾。一旦有急，所保者少，所遺者多，徒棄名城以失太行之險，則沁南、昭義不通問矣。」詔澤州復隸昭義軍。是歲，潼關失守，阿魯帶趨備藍田、商州，乃陳河北利害，略曰：「今忻、代撤戍，太原帥府衆纔數千，平陽行省兵亦不多，河東、河北之勢全恃潞州，潞州兵強則國家基本漸可復立。臣已將兵離境，乞復置潞州帥府。」阿魯帶行次澠池，〔一四〕右副元帥蒲察阿里不孫敗績，逃匿不知所在。阿魯帶亦被創，收集潰卒，臥澠池。詔還潞州。

興定元年，改簽樞密院事。數月，以元帥左監軍兼山東路統軍使，知益都府事。未幾，權參知政事，行尚書省于益都。阿魯帶復立潞州，最有功，識遼州刺史郭文振，舉以爲將。既而去潞州，張開代領其衆，與郭文振不相得，文振漸不能守矣。

贊曰：貞祐之時，僕散安貞定山東，僕散端鎮陝西，胥鼎控制河東，侯摯經營趙、魏，其措注施設有可觀者。故田琢撫青、齊，完顏弼保東平，必蘭阿魯帶守上黨，皆嚮用有功焉。高琪忌功，汝礪固位，西啓夏釁，南挑宋兵。宣宗道謀是用，煦煦以爲慈，皦皦以爲明，孑孑以爲强。旣而潼關破毁，嵴、澠喪敗，汴州城門不啓連月，高琪方且增陴浚隍爲自守計，繕御寨以祈逃死。然後田琢走益都而靑、齊裂，蒙古綱去東平而兗、魯蹙，僕散安貞死而南伐無功。雖曰天道，亦由人事。自是以往，無足言者矣。

校勘記

〔一〕僞元帥方郭三據密州　「方郭三」原作「郭方三」。按下文「宣差伯德玩襲殺方郭三，復密州」。又本書卷一二二時茂先傳，「紅襖賊方郭三據密州……方郭三聞而執之」。皆作「方郭三」。今據改。

〔二〕耿格　「格」原作「略」，據殿本改。

〔三〕十二月辛亥耿格伏誅　按本書卷一四宣宗紀，貞祐二年十二月「乙卯，登州刺史耿格伏誅，流其妻孥」。記日與此異。

〔四〕二年十二月　「十二月」原作「十月」。按本書卷一五宣宗紀，興定二年十二月「甲寅，以開封府治中呂子羽等使宋講和」。卷六二交聘表，「興定二年十二月甲寅，朝議乘勝與宋議和，以開封治中呂子羽、南京路轉運副使馮璧爲詳問宋國使」。今據補「二」字。

〔五〕胡魯剌功第一　原脫「剌」字，據殿本補。

〔六〕安貞遣輕兵分爲左右軍潛登　「潛」原作「澄」，據殿本改。

〔七〕幷其二子殺之　按本書卷一六宣宗紀，興定五年六月「戊寅，僕散安貞坐謀反，幷其三子皆伏誅」。「二子」作「三子」。

〔八〕孫邦佐果受招各遷五官職　據文義「邦佐」下當有「等」字。

〔九〕四年弼遷宣撫使　按本書卷一四宣宗紀，貞祐三年八月「丙午，山東西路宣撫使完顏弼表，遙授同知東平府事張汝楫將謀復叛」。事在三年。此「年」疑當作「月」。

〔一〇〕紇石烈牙吾塔　「吾」原作「古」。按上下文三見此名皆作「吾」，又本書卷一一一有紇石烈牙吾塔傳，亦作「吾」，殿本同。今據改。

〔一一〕沒烈乃復前職　「乃」原在「沒烈」上，據文義乙正。

〔一二〕宜徙之河南　原脫「宜」字，據殿本補。

〔一三〕都統金山顏俊　「統」原作「俊」。按本書卷一六宣宗紀，元光二年「八月辛未朔，邳州從宜經略使納合六哥等率都統金山顏俊以沂州百餘人晨入省署，殺行尚書省蒙古綱，據州反」。今據改。

〔一四〕阿魯帶行次澠池　「澠」原作「沔」，今改。下文同。參見本書卷二五地理志校記〔一九〕。

金史卷一百三

列傳第四十一

完顏仲元　完顏阿鄰　完顏霆　烏古論長壽　完顏佐
石抹仲溫　烏古論禮　蒲察阿里　奧屯襄　完顏蒲剌都
夾谷石里哥　朮甲臣嘉　紇石烈桓端　完顏阿里不孫
完顏鐵哥　納蘭胡魯剌

完顏仲元本姓郭氏，中都人。大安中，李雄募兵，仲元與完顏阿鄰俱應募，數有功。貞祐三年，與阿鄰俱累功至節度。仲元爲永定軍節度使，賜姓完顏氏。仲元在當時兵最强，號「花帽軍」，人呼爲「郭大相公」，以與阿鄰相別。頃之，兼本路宣撫使。八月，遙授知河間府事。數月，改知濟南府事，權山東東路宣撫副使。

貞祐四年，山東乏糧，仲元軍三萬欲於黃河之側或陝右分屯，上書乞補京官，且言恢復河朔之策，當詣闕面陳。詔曰：「卿兄弟鳩集義旅，所在立功，忠義之誠，皎然可見。朕以參政侯摯與卿素厚，命於彼中行省，應悉朕心。卿求入見，其意固嘉，東平方危，正賴卿等相爲聲援，俟兵勢稍緩，即徙軍附河屯駐，此時卿來，蓋未晚也。尚思戮力，朕不汝忘。」未幾，改河北宣撫副使。

仲元部將李霆等積功至刺史、提控，仲元奏賜金牌，霆等皆爲名將，功名與仲元相埒。仲元屢有功，以本職爲從宜招撫使，計約從坦等軍圖恢復。詔以仲元軍猥多，差爲三等，上等備征伐，中下給戍守，懦弱者皆罷去。紅襖賊千餘人據漣水縣，仲元遣提控婁室率兵擊破之，斬首數百，敗祝春，擒郭偉，餘衆奔潰，遂復漣水縣。仲元兼單州經略使，婁室遷兩階，升職一等。未幾，仲元遙授知歸德府事。

是歲十月，徙軍盧氏，改商州經略使，權元帥右都監。詔曰：「商、虢、潼關，實相連屬，卿思爲萬全之計。」未幾，潼關失守，仲元軍趨商、虢，復至嵩、汝，皆弗及。仲元上書曰：「去年六月，臣嘗請於朝廷，乞選名將督諸軍，臣得推鋒，身先士卒，糧儲不繼，竟不果行。今將坐甲待敵，則師老財殫，日就困弊。」其大概欲伐西夏以張兵勢。又曰：「陝西一路最爲重地，潼關、禁坑及商州諸隘俱當預備。向者中都，居庸最爲要害，乃由小嶺、紫荆遶出，我軍腹背受兵，卒不能守。近日由禁坑出，遂失潼關。可選精兵分地戍之。」其後乃置秦、藍守禦，及用兵西夏矣。

興定元年，復爲單州經略使，敗宋人二千于龜山，復敗步騎千餘于盱眙，敗紅襖于白里港，獲老幼萬餘人，皆縱遣之。宋人圍海州，仲元軍高橋，令提控完顏阿隣領騎繞出其後夾擊之。宋兵解去。賜金帶，優詔獎諭。紅襖賊陷曹馬城，剽掠徐、單之間。提控高琬等分兵擊之，俘生口二千。三年，仲元奏：「州城旣固，積糧二十萬石，集鄉義軍萬餘人，並閑訓練，足以守禦，乞以所部渡河。」詔屯宿州，與右都監紇石烈德同行帥府事。仲元有足疾，滿百日，詔曰：「卿處置機務，撫存將士，出兵使李辛可也。」四年，兼保靜軍節度使，尋爲勸農使。五年，爲鎭南節度使。

元光元年，知鳳翔府事。鳳翔被圍，左監軍石盞合喜來濟軍。仲元讓合喜總兵事。合喜曰：「公素得衆心，不必以官位見讓。」仲元請身先士卒，諭諸將士曰：「凡有奇功者，卽承制超擢。」及危急乃輒注四品以下。顏盞蝦蟆力戰功最，輒授通遠軍節度使。圍解，奏請擅除拜之罪。宣宗嘉其功，皆許之。

遷元帥右監軍，授河北東路洮委必剌猛安，賜金五十兩、重幣十五端、通犀帶，優詔褒諭。正大間，爲兵部尚書，皇太后衞尉，卒。仲元爲將，沈毅有謀，南渡後最稱名將云。

完顏阿隣本姓郭氏，以功俱賜姓完顏。〔一〕大安中，李雄募兵，阿隣與完顏仲元等俱應募，數有功。宣宗卽位，遷通州防禦使。〔二〕宣宗遷汴，阿隣改同知河間府事兼淸州防禦使，將所部兵駐淸、滄，控扼山東。遷橫海軍節度使，賜以國姓。阿隣與山東路宣撫副使顏盞天澤不相能，詔阿隣當與天澤共濟國事，無執偏見，妄分彼此。尋改泰定軍節度使、山東西路宣撫使。是時，仲元亦積功勞，知濟南府，賜姓完顏，與阿隣俱加從宜招撫使，詔書奬諭，且令計約涿州刺史從坦等軍恢復中都。於是，仲元、阿隣部兵猥多，詔以三等差第之，上等備征伐，中下戍守，懦弱者罷去，量給地以贍其家。阿隣所部「黃鶴袖軍」駐魚臺者，桀驁不法，掠平民，劫商旅，道路不通，有司乞徙于滕州。詔阿隣就處置之。頃之，破紅襖賊郝定于泗水縣柘溝村，生擒郝定，送京師斬之。

近制，賜本朝姓者，凡以千人敗敵三千者賜及緦麻以上，敗二千人以上者賜及大功以上，敗千人以上者賜止其家。阿隣旣賜姓，以兄守楫及從父兄弟爲請。宰臣奏阿隣功止賜一家，宣宗特詔許之。至是仲元上奏曰：「臣頃在軍旅，纔立微功，遽蒙天恩，賜之國姓，非臣殺身所能仰報。族兄徐州議察副使僧喜、〔三〕前汾州酒同監三喜、前解州鹽管勾添章、守興平縣監酒添福猶姓郭氏。念臣與僧喜等昔同一家，今爲兩族，完顏阿隣與臣同功，皇恩所加併及本族，僧喜等四人乞依此例。」不許。改輝州經略使。

阿隣有衆萬五千，詔分五千隸東平行省，其衆泣訴云：「我曹以國家多難，奮義相從，捐田宅，離親戚，轉戰至此，誓同立功，偕還鄉里。今將分配他軍，心實艱苦。乞以全軍分駐懷、衞、輝州之間，捍蔽大河，惟受阿隣節制。」阿隣亦不欲分之，因以爲請。宰臣奏：「若遂聽之，非唯東平失備，他將傚效，皆不可使矣。」宣宗以爲然。加遙授知河南府事，應援陝西。阿隣將兵八千，西赴至潼關，聞京兆已被圍，游騎至華州，陝西行院欲令阿隣駐軍商、虢，拒東向之路。阿隣上奏：「臣本援陝西，遇難而止，豈人臣之節？夫自古用兵，步騎相參，乃可以得志。今乃各有所屬，臨難不救，互分彼此。今臣所統皆步卒，願賜馬軍千人，則京兆之圍不足解矣。」宣宗謂皇太子曰：「阿隣赴難不回，固善矣。而軍勢單弱，且駐內地以觀事變，併以虢州兵五千付之，使乘隙而進，卿以此意諭之也。」

興定元年，遷元帥右都監。出秦州伐宋，〔四〕宋統制吳筠守皂角角又作郊堡，城三重，據山之巔。〔五〕阿隣分兵絕其汲路，克其外城，再克其次城。宋兵縱火而出，阿隣以騎兵邀之，遣步卒襲其後，宋兵敗，生獲吳筠及將校二百人，馬數百匹，糧萬石及兵甲衣襖。復敗宋兵于裴家莊六谷中，斬五百級，墜澗死者甚衆。又敗之于寒山嶺、龍門關、大石渡，得粟二千餘石。復敗之于稍子嶺，斬首二千餘級，生擒百人。是時三月，宿麥方滋，阿隣留兵守之。已而宋兵大至，金兵敗，阿隣戰沒。贈金紫光祿大夫、西京留守。

完顏霆本姓李氏，中都寶坻人。粗知書，善騎射，輕財好施，得鄉曲之譽。貞祐初，縣人共推霆爲四鄉部頭。霆招集離散，糾合義兵，衆賴以安。招撫司奏其事，遷兩官。霆與弟雲率衆數千巡邏固安、永淸間，遙授寶坻縣丞，充義軍都統。劉璋說霆使出降，霆縛送經略司。遷三階，攝寶坻令，升都提控，遙授同知通州軍州事。

中都食盡，霆遣軍分護淸、滄河路，召募買船通餉道。遙授同知淸州防禦事，從河北路宣撫使完顏仲元保淸、滄。遙授通州刺史、河北東路行軍提控，佩金牌。舊制，宣撫副使乃佩金牌，仲元奏：「臣軍三萬，管軍官三人，皆至五品，乞各賜金牌。」廷議霆輩忠勇絕人，遂與之。改大名路提控，復取玉田、三河、香河三縣。徙屯濱、棣、淄，留副將孫江守滄州。江以滄州降于王檝，而江將兵圍觀州。霆乃詐作書與孫江，約同取滄州者。王檝得其書，果疑孫江與霆有謀，召江還，殺之。霆乃定觀州而還。進官三階，充濱、棣行軍都提控。未幾，遙授同知益都府事，加宣差都提控，遷棣州防禦使，賜姓完顏氏，屯海州。俄權單州經略司事，充宣差總領都提控。

興定元年，泰安、滕、兗土寇蠭起，東平行省侯摯遣霆率兵討之，降石花五、夏全餘黨二萬人，老幼五萬口，充權海州經略副使。紅襖賊于忙兒寇海州，霆擊走之。二年，宋高太尉兵三萬駐朐山。霆軍乏糧，采野菜麥苗雜食之。宋兵柵朐山，下隔湖港，霆作港中暗橋，遣萬戶胡仲珪、副統劉贇率死士由暗橋登山，霆率兵四千人趨山下，約以昏時舉火爲期，上下夾擊，宋兵大敗，墜澗溺水死者，不可勝計，斬高太尉、彭元帥于陣，餘衆潰去。遷安化軍節度使，經略副使如故。以其子爲符寶典書。逾月，宋兵復至，霆逆戰，駐兵城外。夜半，宋人乘虛踰城而入。經略使阿不罕奴失剌率兵拒戰，都統溫迪罕五兒、副統蒲察永成、蒲察只魯身先士卒，殺二百餘人，城賴以完。詔五兒等各遷兩階。

四年，改集慶軍節度使，兼同知歸德府事。五年，改定國軍節度使，兼同知京兆府事，擢其子爲護衞。元光元年，陝西行省白撒奏：「京兆南山密邇宋境，官民遷避其間者，無慮百萬人。可遣官鎮撫，庶幾不生他變。」宣宗以爲然。十月，霆以本官爲安撫使，守同知歸德府惟宏、大司農丞郭皓爲副使，分護百姓之遷南山者。元光二年，卒。

烏古論長壽，臨洮府第五將突門族人也。本姓包氏，襲父永本族都管。泰和伐宋，充緋翮翅軍千戶，取床川寨及祐州、宕昌、辛城子，以功進官二階。貞祐初，夏人攻會州，統軍使署征行萬戶，升副統，與夏人戰於窄土峽，先登陷陣，賞銀五十兩。戰東關堡，以功署都統，兼充安定、定西、保川、西寧軍馬都彈壓。詔錄前後功，遙授同知隴州防禦事，世襲本族都巡檢。三年，賜今姓。攻蘭州程陳僧，爲先鋒都統。夏人圍臨洮，扼渭源堡，〔六〕內外不通。統軍司募人偵候臨洮消息，長壽應募，馘二人，擒一人，問得臨洮及夏兵事勢。以勞遷宣武將軍，遙授通遠軍節度副使。招降諸蕃族及熟羊寨秦州逋亡者。復遷懷遠大將軍，升提控。興定元年，夏人大入隴西，長壽拒戰，遷平涼府治中，兼節度副使，充宣差鞏州規措官。頃之，遙授同知鳳翔府事，兼同知通遠軍節度事，提控如故。

興定二年，遷同知臨洮府事。與提控洮州刺史納蘭記僧分兵伐宋。長壽由鹽川鎭進兵，宋人守戍者走保馬頭山，合諸部族兵來拒。長壽擊敗之，復破其援兵四千於荔川寨。即趨宕昌縣，破宋兵二千于八斜谷，拔宕昌縣，進攻西和州，先敗其州兵。明日，木波兵三千與宋兵合，依川爲陣，長壽奮擊，宋兵入保城，堅壁不復出，長壽乃還。凡斬馘八千，獲馬二百餘、牛羊三萬，器械軍實甚多。納蘭記僧出洮州鐵城堡，屢敗宋人，完軍而還。詔賞鳳翔、秦、鞏伐宋將士，長壽遙授隴安軍節度使，同知通遠軍、提控如故。頃之，長壽升總領都提控，改通遠軍節度使。

夏人攻定西，是時弟世顯已降夏人，夏人執世顯至定西城下，謂長壽曰：「若不速降，即殺汝弟。」長壽不顧，奮戰，夏兵退，加榮祿大夫，賜金二十五兩、重幣三端。世顯旣降，二子公政、重壽當緣坐。宣宗嘉長壽守定西功，釋公政兄弟，有司廩給之。詔長壽曰：「汝久在戎行，盡忠國事。世顯之降，必不得已，汝永念國恩，益思自效。」未幾，夏人復攻會州，行元帥府事石盞合喜發兵救未至，夏人移兵臨洮，長壽伏精兵五千于定西險要間，敗夏兵三萬騎，殺千餘人，獲馬數百。夏人已破西寧，乃犯定西，長壽擊却之，斬首三百級。旣而三萬騎復至，攻城甚急，長壽乘城拒戰，矢石如雨，夏兵死者數千，被創者衆，乃解去。是歲，卒。

完顏佐本姓梁氏，初爲武清縣巡檢。完顏鹼住本姓李氏，爲柳口鎭巡檢。久之，以佐爲都統，鹼住副之，戍直沽寨。貞祐二年，𠃵軍遣張暉等三人來招佐，佐執之。翌日，劉永昌率衆二十人持文書來，署其年曰天賜，佐擲之，麾衆執永昌，及暉等倂斬之。宣宗嘉其功，遷佐奉國上將軍，遙授德州防禦使，鹼住鎭國上將軍，遙授同知河間府事，皆賜姓完顏氏。詔曰：「自今有忠義如是者，並一體遷授。」

贊曰：古者天子胙土命氏，漢以來乃有賜姓。宣宗假以賞一時之功，郭仲元、郭阿鄰以功皆賜國姓。女奚烈資祿、烏古論長壽皆封疆之臣而賜以他姓。貞祐以後，賜姓有格。夫以名使人，用之貴則貴，用之賤則賤，使人計功而得國姓，則以其貴者反賤矣。完顏霆、完顏佐皆賜國姓者，併附于此。

石抹仲溫本名老斡，懿州胡土虎猛安人。充護衞十人長、太子僕正，除同知武寧軍節度使事、宿直將軍、器物局使。坐前在武寧造馬鞍虧直，章宗原之，改左衞將軍，遷左副點檢。坐征契丹逗遛，降蔡州防禦使。復召爲左副點檢，遷知臨洮府事。

泰和伐宋，青宜可內附，進爵二級，賜銀二百五十兩、重幣十端。詔曰：「青宜可之來，乃汝管內，與有勞焉。比與青宜可相合，其間諸事量宜而行。」頃之，諸道進兵，仲溫以隴右步騎五千出鹽川。八年，罷兵，改知河中府。崇慶初，遷陝西統軍使。貞祐二年，宋人攻秦州，仲溫率兵敗之。尋充本路安撫使，改鎭南軍節度使。致仕。興定三年，卒。

烏古論禮本名六斤，益都猛安人。充習騎，累擢近侍局直長，轉本局副使、左衞副將軍。坐受沁南軍節度使兗王永成名馬玉帶，〔七〕杖一百，削官解職。起爲蒲速碗羣牧副使，改武庫署令、宿直將軍，復爲左衞副將軍、順州刺史，累遷武寧軍節度。

泰和伐宋，爲山東路兵馬都統副使兼副統軍、安化軍節度。八年，宋人請盟，罷兵馬都統官，仍以節度兼副統軍。大安三年，改知歸德府兼河南副統軍，歷知河南府。至寧初，改知太原府事。貞祐二年，兼河東北路安撫使。三年，充本路宣撫使，頃之，兼左副元帥。四年，太原被圍，未幾圍解，進官二階。興定三年，卒。

蒲察阿里，興州路人。以廕補官，充護衞十人長、武器署令，轉宿直將軍，遷右衞副將軍。宋兵犯分道鋪，馳驛赴邊，伺其入，以伏兵掩之。改提點器物局。泰和伐宋，從右副元帥匡爲副統，攻宜城縣，取之。八年，以功遷武衞軍副都指揮使。大安元年，同知南京留守事，徙壽州防禦使，遷興平軍節度使。崇慶初，遷元帥右都監，明年，轉左都監。時都城被圍，道路梗塞，阿里由太原至眞定，率師赴援，抵中山，不克進。貞祐二年，移駐大名。徵河南鎭防軍圖再舉，衆旣憚于行，而阿里遇之有厚薄，軍變，遇害，衆因逃散。宣宗詔元帥左都監完顏弼安集其軍，赦首惡以下，河南統軍司更加撫諭。

奧屯襄本名添壽，上京路人。大定十年，襲猛安。丞相襄舉通練邊事，授崇義軍節度副使，改烏古里乣詳穩，召爲都水少監、石州刺史。未幾，爲平南盪江將軍，以功陞壽州防禦使，遷河南路副統軍兼同知歸德府事、昌武軍節度使，仍兼副統軍。崇慶改元，爲元帥左都監，救西京，至墨谷口，一軍盡殪，襄僅以身免，坐是除名。明年，授上京兵馬使。宣宗即位，擢遼東路宣撫副使。未幾，改速頻路節度使，兼同知上京留守事。二年二月，爲元帥右都監，行元帥府事于北京。五月，改留守，兼前職，俄遷宣撫使兼留守。

十一月，詔諭襄及遼東路宣撫使蒲鮮萬奴、宣差蒲察五斤曰：「上京、遼東國家重地，以卿等累效忠勤，故委腹心，意其協力盡公，以徇國家之急。及詳來奏，乃大不然，朕將何賴。自今每事同心，併力備禦，機會一失，悔之何及！且師克在和，善鈞從衆，尚懲前過，以圖後功。」三年正月，襄爲北京宣差提控完顏習烈所害。未幾，習烈復爲其下所殺，詔曲赦北京。

完顏蒲剌都，西南路按出灰必剌罕猛安人。充護衞，除泰定軍節度副使。以憂去官，起復唐古部族節度副使，徙安國軍、移乣詳穩，〔八〕累官原州刺史。坐買部內馬虧直，奪官一階，降北京兵馬都指揮使、寧遠軍刺史，歷同知臨洮府、西京留守事。崇慶元年，遷震武軍節度，備禦有功，遷一官。

貞祐初，置東西面經略司，〔九〕就充西面經略使，上言：「管內大和嶺諸隘屯兵，控制邊要。行元帥府輒分臣兵萬二千戍眞定，餘衆不足守禦，近日復簡精銳二千七百人以往。今見兵不滿萬，老羸者十七八。臣死固不足惜，顧國家之事不可不慮，新設經略移文西京、太原、河東取軍馬，大數並稱非臣所統。」詔眞定元帥府還其精銳二千七百人。西京、太原、嵐州有警急，約爲應援。州郡皆不欲屬經略司，遂罷經略官，入爲簽樞密院事，改左副點檢。四年，遷兵部尚書。興定元年，致仕。四年，卒。

夾谷石里哥，上京路猛安人。明昌五年進士，泰州防禦判官，補尚書省令史，歷臨潢、婆速路都總管判官，累除刑部主事，改薊州副提控，駐軍大名。俄遷翰林待制，爲宿州提控。與山東宣撫完顏弼攻大沫堌，賊衆千餘逆戰，石里哥以騎兵擊之，盡殪。提控沒烈入自北門，遂擒劉二祖。以功遷武衞軍副都指揮使。坐前在宿州掠良人爲生口，當死，特詔決杖八十。徙洛州防禦使、山東路副統軍。坐不時進兵，往宿遷取妻子，〔一〇〕解職。起爲東平行軍提控。興定元年，破宋兵于宿州，以功遙授安化軍節度使，移定海軍，卒。

朮甲臣嘉，北京路猛安人，襲父謀克。泰和伐宋，隸陝西完顏綱麾下。歷通州、海州同知軍州事。貞祐二年，除武器署丞。救集寧有功，遷河南統軍判官、拱衞直副都指揮使、河南治中，遙領綏州刺史兼延安治中，就遷同知府事，改同知河間府事。

興定元年，行樞密院于壽州，由壽、泗渡淮伐宋。二年二月，破宋兵三千於漸湖灘，〔一一〕

斬三百級。有詔蹂踐宋境上，毋深入。臣嘉駐霍丘楂岡村，縱輕騎鈔掠，焚毁積聚。獲宋諜者張聰，知宋兵二千屯高柳橋，老幼甚衆，其寨兩城，環之以水。臣嘉遣張聰持牒招之，不從。先令水軍徑渡攻之。軍士牛青操戈刺門卒，皆披靡散去，遂登陴，大軍繼之，夷其寨而還。遇宋兵數千於梅景村。臣嘉伏兵林間，以步卒誘致之，伏發，宋兵潰，追奔十餘里，生擒其將阮世安等五人，獲器仗甚衆。七月，賞征南功，〔一三〕升職一等，遷元帥右都監，充陜西行省參議官。四年，兼金安軍節度使。五年，改知延安府事，轉左都監，駐兵京兆。元光元年，卒。

紇石烈桓端，西南路忽論宋割猛安人，襲兄銀朮可謀克。泰和伐宋，充行軍萬戶，破宋兵二千於蔡州，加宣武將軍。自壽州渡淮，敗宋步騎一萬五千于鵶子嶺，遂克安豐軍。軍還，除同知懷遠軍節度事，權木典糺詳穩。大安三年，西京行省選充合扎萬戶，遙授同知淸州防禦事，改興平軍節度副使，遙授顯德軍節度副使，徙遼東路宣撫司都統。〔一四〕敗移剌哥萬五千衆于御河寨，奪車數千兩，降萬餘人。加驃騎衞上將軍，遙授同知順天軍節度事。貞祐二年，爲宣差副提控，同知婆速路兵馬都總管，行府事。貞祐三年，蒲鮮萬奴取咸平、東京瀋、澄諸州，及猛安謀克人亦多從之者。三月，萬奴步騎九千侵婆速近境，桓端遣都統溫迪罕怕哥輩擊却之。四月，復掠上京城，〔四〕遣都統兀顏鉢轄拒戰。萬奴別遣五千人攻望雲驛，都統奧屯馬和尚擊之。都統夾谷合打破其衆數千于三叉里。五月，都統溫迪罕福壽攻萬奴之衆于大寧鎮，拔其壘，其衆殲焉。九月，萬奴衆九千人出宜風及湯池，桓端率兵與戰，其衆潰去，因招唵吉斡、都麻渾、賓哥、出臺、荅愛、顏哥、不灰、活拙、按出、孛德、烈隣十一猛安復來附，擇其丁男補軍，攻城邑之未下者。貞祐四年，桓端遣王汝弼由海道奏事，宣宗嘉其功，桓端遷遼海軍節度使、同知行府事，宣差提控如故。婆速路溫甲海世襲猛安、權同知府事溫迪罕哥不靄遷顯德軍節度使，兼婆速府治中。權判官、前修起居注裴滿按帶遷兩階，升二等。王汝弼遷四階，升四等。餘將士有功者，詔遼東宣撫承制遷賞。是歲，改邳州刺史，充徐州界都提控。

紅襖賊數萬攻邳州，桓端破之于黃山。賊復來，桓端薄其營，走保北山，追擊敗之，溺沂水死者甚衆。賊數萬圍沂州，同知防禦事僕散撒合突圍出求救，桓端率兵赴之。撒合還入沂州，與桓端內外夾擊之，殺萬餘人，賊乃去。樞密副使僕散安貞上其功，因奏曰：「桓端天資忠實，深有計畫，曉習軍事，撒合勇而有謀，皆得軍民心，乞加擢用。」桓端進金紫光祿大夫，兼同知武寧軍節度事，提控如故。召爲勸農副使，充都提控，屯陳州。

興定元年，自新息渡淮伐宋，破中渡店，至定城，以少擊衆，戰不留行。未幾，充宣差參議官，復渡淮，連破宋兵，獲其將沈俊，遷武衞軍副都指揮使。宋人城守不出，分兵攻其山寨水堡，殺獲甚衆。興定二年，遷鎭南軍節度使，權元帥右都監。數月，改武衞軍都指揮使，仍權右都監，行元帥府于息州。

徐州行樞密院石盞女魯歡剛愎自用，詔桓端以本官權簽樞密院事，往代之。四年冬，上言：「竊聞宋人與李全將併力來攻，當預爲之防。」樞密院奏可，召桓端與朝臣面議。尋有疾，賜太醫御藥。五年正月，召至京師，疾病不能入見，力疾草奏，大略以南北皆用兵，當豫防其患，及防河數策。無何，卒，年四十五。勅有司給喪事。

完顏阿里不孫字彥成，曷懶路泰申必刺猛安人。明昌五年進士，調易州、忻州軍事判官、安豐縣令。補尚書省令史，除興平軍節度副使，應奉翰林文字，轉修撰，充元帥左監軍紇石烈執中經歷官。執中圍楚州，縱兵大掠，坐不諫正，決杖五十。大安初，改戶部員外郎、鈞州刺史。執中行樞密院於西京，復以爲經歷官。改威州刺史。貞祐初，累遷國子祭酒，歷越王、濮王傅，改同知平陽府事，兼本路宣撫副使。召爲兵部侍郎，遷翰林侍講學士。改陝西路宣撫副使，遷元帥左都監。改河平軍節度使、河北西路宣撫副使。改御史中丞、遼東宣撫副使。再閱月，權右副元帥、參知政事、遼東路行尚書省事，賜御衣、廐馬、安山甲。上京行省蒲察五斤奏其功，賜金百兩、絹百匹。

興定元年，眞拜參知政事，權右副元帥，行尚書省、元帥府于婆速路，承制除拜刺史以下。不協。〔一五〕是時，蒲鮮萬奴據遼東，侵掠婆速之境，高麗畏其强，助糧八萬石。上京行省蒲察五斤入朝，遼東兵勢愈弱，五斤留江山守肇州，江山亦頗懷去就。及上京宣撫使蒲察移剌都改陝西行省參議官，而伯德胡土遂有異志。宣撫使海奴不迎制使，坐而受詔，阿里不孫械繫之。頃之，阿里不孫輒矯制大赦諸道，衆乃稍安，而請罪于朝。

初，留哥據廣寧，知廣寧府事溫迪罕青狗居蓋州，妻子留廣寧，與伯德胡土約爲兄弟。青狗兵隸阿里不孫，內猜忌不協，蒲察移剌都嘗奏青狗無隸阿里不孫。宣宗乃召青狗，青狗不受詔，阿里不孫殺之。胡土乃怨阿里不孫。既而胡土率衆伐高麗，乃以兵脅殺阿里不孫。權左都監納坦裕與監軍溫迪罕哥不靄謀授東平判官參議軍事郭澍謀誅胡土，未敢發，會上京留守蒲察五斤遣副留守夾谷愛荅、左右司員外郎抹撚獨魯詣裕計事。裕以謀告二人，二人許諾，遂召胡土至帳中殺之。阿里不孫已死，朝廷始得矯赦奏疏，詔有司獎諭。未幾，聞阿里不孫死于亂，詔贈平章政事、芮國公。納合裕眞授左都監，〔一六〕哥不靄進一階，愛荅、獨魯、郭澍遷官升職有差。

阿里不孫寬厚愛人，敏於吏事，能治劇要，識者以爲用之未盡云。

完顏鐵哥性淳直，體貌雄偉，粗通書。年二十四，襲父速頻路曷懶合打猛安。授廣威將軍。御下惠愛。察廉，除臨海軍節度副使，改底剌乣詳穩。丞相襄行省于北京，鐵哥爲先鋒萬戶，有功。丁母憂，服除，遷同知武勝軍節度使事，充右副元帥完顏匡副統，號平南盪江將軍。攻光化軍，王統制以步騎出東門逆戰，鐵哥擊却之，拔鹿角，奪門以入，遂克之。進攻襄陽，爲前驅，獲生口，知江渡可涉處，陰植標以識之。大軍至，鐵哥導之濟，屢戰皆捷，以勞進官兩階。匡圍德安，鐵哥總領攻城，築壘于德安南鳳凰臺，並城作甬道，立鵝車，對樓攻之，擊走張統制兵。時暑，還屯鄧州。兵罷，進官兩階，遷同知臨潢府事，改西南路副招討、宿州防禦使。貞祐二年，樞密使徒單度移剌以鐵哥充都統，入衞中都。遷東北路招討使，兼德昌軍節度使。

蒲鮮萬奴在咸平，忌鐵哥兵强，牒取所部騎兵二千，又召泰州軍三千及戶口遷咸平。鐵哥察其有異志，不遣。宣撫使承充召鐵哥赴上京，命伐蒲與路。既還，適萬奴代承充爲宣撫使，摭前不發軍罪，下獄被害。謚勇毅。

納蘭胡魯剌，大名路怕魯歡猛安人。性淳直，寡言笑，好讀書，博通今古。承安二年，進士第一，除應奉翰林文字。被詔括牛于臨潢、上京等路。丞相襄有田在肇州，家奴匿牛不以實聞，卽械繫正其罪而盡括之。於是豪民皆懼，無敢匿者。使還，襄稱其能。〔一七〕居父喪盡禮，御史舉其淸節。服除，轉修撰。平章政事僕散端舉廉能有文采，遷同知順天軍節度使事，從伐宋。以勞加朝請大夫，改禮部員外郎、曹州刺史。豪民僕散掃合立私渡於定陶間，逃兵盜刼，皆籍爲囊橐，累政莫敢問。胡魯剌捕治之，窮竟其黨，闔郡肅然。改沃州。改南京路按察副使。貞祐二年，改泗州防禦使。召爲吏部侍郎，遷絳陽軍節度使，權河東南路宣撫副使。

是時兵興，胡魯剌完城郭，繕器械，料丁壯爲鄉兵。〔一八〕延問耆老，招致儒士，咨以備禦之策。鹽米儲偫，勸富民出粟，郡賴以完。賜詔褒諭，加資善大夫，官其次子吾申。改權經略使，被召，以疾不能行，卒于絳州。

贊曰：泰和、貞祐，其間相去五年耳，故將遺老往往在焉。〔一九〕高琪得君，宿將皆斥外矣。高汝礪任職，舊臣皆守藩矣。假以重任，其實疏之。故石抹仲溫以下，以見當時之將校焉。

校勘記

〔一〕以功俱賜姓完顏　按殿本無「俱」字。

〔二〕宣宗卽位遷通州防禦使　按本書卷二四地理志，中都路「通州，下，刺使。……興定二年五月陞爲防禦使」。事在南遷之前，此「防禦使」似當作「刺史」。

〔三〕族兄徐州譏察副使僧喜　「譏」原作「機」。按本書卷五七百官志，「提舉譏察使，正五品。副使，從五品」。今據改。

〔四〕出秦州伐宋　按本書卷一五宣宗紀，興定二年二月「癸丑，完顏阿隣報皂郊堡之捷」。似「出」字上當有「二年」二字。

〔五〕據山之巔　「巔」原作「鎭」，據文義改。

〔六〕扼渭源堡　原脫「源」字。按本書卷一三四西夏傳，貞祐三年十月有「救臨洮，大敗于渭源堡」之文。又卷二六地理志，臨洮路臨洮府康樂縣有渭源堡。今據補「源」字。

〔七〕坐受沁南軍節度使兗王永成名馬玉帶　「受」原作「授」，據殿本改。

〔八〕移糺詳穩　按移下當有闕文，本書卷二四地理志，西京路後有「移典糺詳穩」，卷五七百官志「諸糺詳移」下有「移剌糺」，卷八一阿勒根沒都魯傳有「移剌都糺詳穩」，不知此處所闕何字。

〔九〕貞祐初置東西面經略司　原脫「貞祐」二字。按本書卷二四地理志，中都路，平州「貞祐二年四月置東面經略司，八月罷」。卷二六地理志，河東北路，「代州，天會六年置震武軍節度使，貞祐二年四月僑置西面經略司，八月罷」。今據補。

〔一〇〕往宿遷取妻子　按上文言夾谷石里哥曾爲宿州提控，疑「遷」或當作「州」。

〔一一〕二年二月破宋兵三千於漸湖灘　原脫「二年」二字。按本書卷一五宣宗紀，興定二年二月「丁巳，壽州行樞密院破宋人高柳橋水砦，夷其砦而還」。今據補。

〔一二〕七月賞征南功　「七月」原作「二年」。按上文已補「二年」二字，此處重複。本書卷一五宣宗紀，興定二年「七月辛未，詔賞南伐將士有差」。今據改爲「七月」。

〔一三〕徙遼東路宣撫司都統　原脫「遼」字。按下文「宣宗嘉其功，詔遼東宣撫承制遷賞」。又本書卷一四宣宗紀，貞祐三年十月「戊戌，遼東宣撫司報敗留哥之捷」。今據補。

〔一四〕復掠上京城　「京」原作「古」。按本書卷一二二溫迪罕老兒傳，「蒲鮮萬奴攻上京」。又卷一二八紇石烈德傳，「蒲鮮萬奴逼上京」。今據改。

〔一五〕不協　疑上有脫文。

〔一六〕納合裕眞授左都監　按上文作「納坦裕」。本書卷五五百官志，吏部，「白號之姓」，有「納合」及「納坦」。今不能定何者爲是。

〔一七〕襄稱其能　原脫「其」字，據文義補。

〔一八〕料丁壯爲鄉兵　「丁」原作「才」，據文義改。

〔一九〕故將遺老往往在焉　「焉」原作「爲」，據殿本改。

金史卷一百四

列傳第四十二

納坦謀嘉，上京路牙塔懶猛安人。初習策論進士，大定二十六年，選入東宮，教鄆王琮、瀛王瓌讀書。以終場舉人試補上京提刑司書史，以廉能著稱。承安元年，契丹陀鎖寇掠韓州、信州，提刑司問諸書史「誰入奏者」？皆難之，謀嘉請行。五年，特賜同進士出身，調東京教授、湯池主簿、太學助教。丁母憂，服闋，累除翰林修撰，兼修起居注、監察御史。貞祐初，遷吏部員外郞、翰林待制、侍御史。

完顏寓舉謀嘉才行，志在匡國，可預軍政。充元帥府經歷官。中都被圍，食且盡，胥鼎奏「京師官民能贍足貧民者，計所贍遷官，皆先給據」，謀嘉不受據而去。中都危急，謀嘉曰：「帥臣統數萬衆不能出城一戰，何如自縛請降邪？」宣宗議遷都，謀嘉曰：「不可。河南地狹土薄，他日宋、夏交侵，河北非我有矣。當選諸王分鎭遼東、河南，中都不可去也。」不聽。頃之，除唐州刺史。入爲太常少卿兼左拾遺，遷鄭州防禦使。改左諭德，轉少詹事，攝御史中丞，未幾，攝太子詹事。興定元年，潼關失守，〔一〕遷河南統軍使兼昌武軍節度使，攝簽樞密院事，行院許州，汰去冗食軍士二千餘人。上書諫伐宋，不聽。

三年，降潁州防禦使。有告宋人將襲潁州者，已而宋兵果至，謀嘉有備，乃引去。有司上功，不及告者，謀嘉請而賞之。四年，召爲翰林侍講學士兼兵部侍郎，同修國史。五年，卒。

鄒谷字應仲，密州諸城人。中大定十三年進士第，累官滯王府文學。尙書省奏擬大理司直，上曰：「司直爭論情法，折正疑難，谷非所長也。」宰臣曰：「谷有吏才，陝西、河南訪察及定課皆稱職。」上以谷爲同知曹州軍州事。召爲刑部主事，轉北京、臨潢提刑判官，入爲大理寺丞。

尚書省點差接送伴宋國使官，令史周昂具數員呈請，左司都事李炳乘醉見之，怒曰：「吾口舉兩人即是，安用許爲？」命左右攬昂衣欲杖之，會左司官召昂去乃已，詈諸令史爲奴畜。明日語權令史李秉鈞曰：「吾豈惟箠駡，汝進退去留，亦皆在我！」羣吏將陳訴，會官劾奏，事下大理寺議，差接送伴官事當奏聞，炳謂口舉兩人，當科「違制」。谷曰：「口舉兩人，一時之言，當杖贖。攬昂衣欲加杖，當決三十。」上曰：「李炳讀書人，何乃至是？」宰臣對曰：「李炳疾惡，衆人不能容耳。」上曰：「炳誠過矣，告者未必是也。」乃從谷議。

歷濟南、彰德府治中，吏部郎中，河東按察副使，沂州防禦使。歷定海、泰寧軍節度使。泰和六年，致仕。貞祐初，卒。

高霖字子約，東平人。大定二十五年進士，調符離主簿。察廉，遷泗水令，再調安國軍節度判官。以父憂還鄉里，敎授生徒，恒數百人。服除，爲絳陽軍節度判官。用薦舉，召爲國史院編修官。建言：「黃河所以爲民害者，皆以河流有曲折，適逢隘狹，故致湍決。按水經當疏其阸塞，行所無事。今若開雞爪河以殺其勢，可免數埽之勞。凡捲埽工物，皆取於民，大爲時病。乞並河隄廣樹楡柳，數年之後，隄岸旣固，埽材亦便，民力漸省。」朝廷從之。遷應奉翰林文字兼前職，改監察御史。丁母憂，起復太常博士。改都水監丞，簽陝西路按察司事，體訪官員能否，仍赴闕待對。時南征調發繁急，民稍稽滯，有司皆坐失誤軍期罪。霖言其枉，悉出之。授都水少監。大安初，爲耀州刺史。三年，遷河北東路按察副使，改韓王傅，兼翰林直學士。崇慶初，改工部侍郎兼直學士。至寧元年八月，霖奉儲待迎宣宗至新城，勅霖南迎諸妃。既至，賜錢千貫，遷官三階。貞祐二年，〔二〕除河平軍節度使兼都水監。霖請城宜村爲衞州以護北門，上從之。入爲兵部尚書，知大興府事，俄權參知政事，與右丞相承暉行省于中都。尋改中都留守，兼本路兵馬都總管。

平章政事抹撚盡忠棄中都南奔，霖與子義傑率其徒夜出，不能進，謂義傑曰：「汝可求生，吾死於此矣。」霖死，義傑伏羣屍中以免。贈翰林學士承旨，令立碑鄉里，歲時致祭，訪其子孫錄用，謚文簡。

孟奎字元秀，遼陽人也。大定二十一年進士，調黎陽主簿。丁母憂，服闋，調淄州軍事判官，遷汲縣令。察廉，改定興令。補尚書省令史，從參知政事馬琪塞澶淵決河，改中都左警巡使。平章政事完顏守貞禮接士大夫在其門者，號「冷巖十俊」，奎其一也。改都轉運司支度判官、〔三〕上京等路提刑判官。

初，遼東契丹判余里也嘗殺驛使大理司直，〔四〕有契丹人同名者，有司輒繫之獄，奎按囚逮頻路讞而出之，既而果獲其殺司直者。遷同知西京路轉運使事。置行樞密院于鎭寧，充宣差規措所官給軍用。改簽河東南北路按察司事、武州刺史。上言三事，其一曰：「親民之寄，〔五〕今吏部之選頗輕，使武夫計資而得，權歸胥吏。每縣宜參用士人，使紀綱其事。」未幾，改曹州刺史，再調同知中都路都轉運使事。旱，詔審錄中都路寃獄，多平反。

大安初，除博州防禦使，凡屬縣事應赴州者，不得泊於逆旅，以防吏姦，人便之。改山東東西路安撫副使，遷北京、臨潢等路按察轉運使，以本官爲行六部侍郎。劾奏監軍完顏訛出虛造功狀，訛出坐免官。詔以奎爲宣差都提控。貞祐初，以疾卒，謚莊肅。

烏林荅與本名合住，大名路納鄰必剌猛安人。充奉職，奉御、尙食局直長，兼頓舍。除監察御史，累官武勝軍節度使、北京按察轉運使、太子詹事、武衞軍都指揮使。貞祐二年，知東平府事，權宣撫副使。改西安軍節度使，入爲兵部尙書。上言：「按察轉運司拘榷錢穀，糾彈非違，此平時之治法。今四方兵動，民心未定，軍士動見刻削，乞權罷按察及勸農使。」又曰：「東平屯兵萬餘，可運濱鹽易糧芻給之。」又曰：「潼關及黃河津要，將校皆出卒伍，類庸懦不可用。乞選材武者代之。」又曰：「兗、曹、濮、濬諸郡皆可屯重兵，勅州縣官勸民力穡，至於防秋，則淸野保城。」下尙書省，竟不施行。新制科買軍器材物稽緩者並的決，與奏：「有司必督責趣辦，民將不堪，可量罰月俸。」從之。坐前在陝州市物虧直，降鄭州防禦使。尋召爲拱衞直都指揮使，復爲兵部尙書。興定三年，卒。

郭俁字伯有，澤州人。大定二十二年進士，調長子主簿、萊州觀察判官、萊陽縣令，補尙書省令史，知管差除。除大理司直。丁母憂，起復太常博士、左司都事。御史臺舉俁及前應奉翰林文字張檝、吏部主事王質、刑部主事抹撚居中、通事舍人完顏合住、弘文校理把掃合、吏部架閣管勾烏古論和尙、尙書省令史溫迪罕思敬皆才幹可用。詔各升一等，遷除俁平陽府治中、張檝國子博士、王質昭義軍節度副使、抹撚居中大理司直、完顏合住侍儀司令、把掃合同知弘文院事、烏古論和尙利涉軍節度副使、溫迪罕思敬同知定武軍節度事。久之，俁召爲同知登聞鼓院兼祕書丞，遷禮部郎中、滕州刺史、同知眞定府事。上言：「每季合注巡尉官，吏、刑兩部斟酌盜賊多寡處選注。」詔議行之。改中都、西京按察副使，遷國子祭酒。泰和六年，伐宋，充宣差山東安撫副使。七年，遷山東宣撫副使。大安元年，遷遼東按察轉運使，改中都路都轉運使、泰定軍節度使、陝西東路按察轉運使。貞祐三年，罷按察司，仍充本路轉運使，行六部尙書。改河北西路轉運使，致仕。元光二年，卒。

溫迪罕達字子達，本名謀古魯，蓋州按春猛安人。性敦厚，寡言笑。初舉進士，廷試摉閱官易達藐小，謂之曰：「汝欲求作官邪？」達曰：「取人以才學，不以年貌。」衆咸異之。明昌五年，中第，調固安主簿。以憂去官，服除，調信州判官。丞相襄辟行省幕府。改順州刺史，補尚書省令史，除南京警巡使。居父喪，是時伐宋兵興，起復，給事行尚書省。大安初，遷德興府判官，再遷監察御史。宣宗遷汴，以本職護送衞士妻子。復被詔運大名粟，由御河抵通州，事集，遷一官，轉戶部員外郎、左司郎中。遇繼母憂，起復太常少卿，充陝西元帥府經歷官。

興定元年，召還，攝侍御史，上疏論伐宋，略曰：「天時向暑，士馬不利，宜俟秋涼，無不可者。」又曰：「遼東興王之地，移刺都不能守，走還南京。度今之勢，可令濮王守純行省蓋州，駐兵合思罕，以繫一方之心。昔祖宗封建諸王，錯峙相維，以定大業。今乃委諸疏外，非計也。」宣宗曰：「一子非所愛，但幼不更事，詎能辦此？」逾月，復上言：「天下輕重，係于宰相，邇來每令權攝，甚無謂也。今之將帥，謀者不能戰，戰者不能謀。今豈無其人，但用之未盡耳。」宣宗曰：「人才難知，故先試其稱否，卿何患焉。所謂用之未盡者爲誰？」對曰：「陝西統軍使把胡魯忠直幹略，知延安府古里甲石倫深沉有謀，能得士心，雖有微過，不足以累大。」宰相高琪、高汝礪惡其言。俄充陝州行樞密院參議官。二年，召爲戶部侍郎。改刑部，兼左司諫，同知集賢院。改大理卿，兼越王傅。尋遷河南統軍使、昌武軍節度使，行六部，攝同簽樞密院，行院許州。改集慶軍節度使。

是時，東方荐饑，逵上疏曰：「亳州戶舊六萬，今存者無十一，何以爲州？且今調發數倍于舊，乞量爲減免。」是歲大水，碭山下邑野無居民，轉運司方憂兵食，逵謾聞二縣無主稻田且萬頃，收可數萬斛，卽具奏。朝廷大駭，詔戶部尙書高夔佩虎符專治其事，所獲無幾，夔坐累抵罪。逵自念失奏，因感愧發病，尋卒。

王擴字充之，中山永平人。明昌五年進士，調鄧州錄事，潤色律令文字。〔六〕遷懷安令。猾吏張執中誣敗二令，擴到官，執中挈家避去。改徐州觀察判官，補尙書省令史，除同知德州防禦使事。被詔賑貸山東西路饑民，棣州尤甚，擴輒限數外給之。泰和伐宋，山東盜賊起，被安撫使張萬公牒提控督捕。擴行章丘道中，遇一男子舉止不常，捕訊，果歷城大盜也。衆以爲有神。再遷監察御史，被詔詳讞寃獄。是時，凡鬬殺奏決者，章宗輒減死，由是中外斷獄，皆以出罪爲賢。擴謂同輩曰：「生者旣讞，地下之寃云何！」是時，置三司治財，擴上書曰：「大定間，曹望之爲戶部，財用殷阜，亦存乎人而已。今三司職掌，皆戶部舊式，其官乃戶部之舊官，其吏亦戶部之舊吏，何愚於戶部而智於三司乎？」既而三司亦竟罷。張煒職辦西北路糧草者數年，失亡多，尚書省奏擴考按，會煒亦舉王謙自代，王謙發其姦蠹，擴按之無所假借。煒舊與擴厚，使人諉擴曰：「君不念同舍邪？」擴曰：「既奉詔，安得顧故人哉！」

大安中，同知橫海軍節度事，簽河東北路按察事。貞祐二年，上書陳河東守禦策，大概謂：「分軍守隘，兵散而不成軍。聚之隘內，軍合則勢重。饋餉一塗，以逸待勞，以主待客，此上策也。」又曰：「軍校猥衆，分例過優，萬戶一員，其費可給兵士三十人。本路三從宜，萬戶二百餘員，十羊九牧，類例可知。乞以千人爲一軍，擇望重者一人萬戶，〔七〕兩猛安、四謀克足以教閱約束矣，豈不簡易而省費哉。」又曰：「按察兼轉運，本欲假糾劾之權，以檢括錢穀。邇來軍興，糧道軍府得而制之。今太原、代、嵐三軍皆其州府長官，如令通掌資儲，則弊立革，按察之職舉矣。」又曰：「數免租稅，科糴益繁，民不爲恩，徒增廩給，教練無法，軍不足用。」書奏，不見省。

遷汴後，召爲戶部侍郎，遷南京路轉運使。太府監奏羊瘦不可供御。宣宗召擴詰問。擴奏曰：「官無羊，皆取於民，今民心未安，宜崇節儉。廷議肥瘠紛紛，非所以示聖德也。」宣宗首肯之。平章政事高琪閱尚食物，謂擴曰：「聖主焦勞萬機，賴膳羞以安養，臣子宜盡心。」擴曰：「此自食監事，何勞宰相！」高琪默然，銜之。有司奪市人衣，以給往戍潼關軍士，京師大擾。擴白宰相，請三日造之。高琪怒不從。潼關已破，大元兵至近郊，遣擴行六部事，規辦潼關芻糧。偕戶部員外郎張好禮往商、虢，〔八〕過中牟不可進。高琪奏擴畏避，下吏論死。宣宗薄其責，削兩階，杖七十，張好禮削三階，杖六十。踰月，權陝西東路轉運使，行六部侍郎，規辦秦、鞏軍食。降爲遙授隴州防禦使，行六部尚書。致仕。興定三年，卒，諡剛毅。擴博學多才，梗直不容物，以是不振於時云。

移剌福僧，東北路烏連苦河猛安人。以蔭補吏部令史，轉樞密院，調滕州軍事判官，歷甄官署直長、豳王府司馬、順義軍節度副使。部內世襲猛安木吞掠民婦女，藏之窟室，人頗聞之，無敢發其罪者。福僧請于節度使，願自效，既跡得其所在，率衆入索之，得婦女四十三人，木吞抵罪。徙橫海軍，轉同知開遠軍節度事，簽北京、臨潢按察事，興中治中，莫州刺史。上言「沿邊軍官私役軍人，邊防不治，及擾動等事，按察司專一體究，各路宜差提控嚴勒禁治」。詔尚書省行之。

大安初，改沃州，同知興中府事。福僧督民繕治城郭，浚濠爲禦守備，百姓頗怨。頃之，兵果至，攻其北城。福僧戰其北，使備其西，薄暮果攻其西，以有備乃解去。尋改廣寧。

崇慶元年秋，福僧被牒如鄰郡，大兵薄城，其子銅和尚率家奴拒戰，廣寧賴之以完。福僧還，悉放奴爲良，終不言子之功，識者多之。未幾，充遼東宣撫副使。歲大饑，福僧出沿海倉粟，先賑其民，而後奏之，優詔獎諭。至寧元年，除肇王傅兼吏部郎中。胡沙虎作難，福僧稱疾不出。宣宗封胡沙虎澤王，百官皆賀，福僧不往，胡沙虎欲摭而罪之。詔除福僧壽州防禦使。貞祐三年，遷山東西路按察轉運使。是歲按察司罷，仍充轉運使。久之，致仕。

興定二年十一月庚辰，宣宗御登賢門，召致仕官，兵部尚書完顏蒲剌都、戶部尚書蕭貢、刑部尚書僕散偉、工部尚書奧屯扎里吉、翰林學士完顏孛迭、轉運使福僧、河東北路轉運使趙重福、沁南軍節度使猪奮、鎭南軍節度使石抹仲温、泰定軍節度使李元輔、中衛尉完顏奴婢、原州刺史紇石烈孛吉賜食，訪問時政得失。福僧乃上書曰：「爲今之計，惟先招徠糺人。選擇糺人舊有宿望雄辨者，諭以恩信，彼若內附，然後中都可復，遼東可通。今西北多虞，而南鄙不敢撤戍，芻糧調度，仰給河南，賦役頻繁，民力疲弊。宜開宋人講和之端，撫定河朔，養兵蓄銳，策之上也。」又曰：「山東殘破，羣盜滿野，官軍旣少，且無騎兵。若宋人資以糧餉，假以官爵，爲患愈大。當選才幹官充宣差招捕，以恩賞諭使復業。募其壯悍爲兵，亦致勝之一也。」又曰：「自承安用兵，軍中設監戰官，論議之間，動相矛盾，不懲其失，反以爲法。若輩平居，皆選材勇自衞，一旦有急，驅疲懦出戰，寧不敗事？罷之爲便。」書奏，朝廷略施用焉。元光元年，卒。

贊曰：宣宗急於求賢，而使小人間之；悅於直言，而使邪說亂之。貞祐、興定之間，豈無其人哉。是故直言蔽於所惑，羣才詘於見忌耳。自納坦謀嘉以下，可考見焉。

奧屯忠孝字全道，本名牙哥，懿州胡土虎猛安人。幼孤，事母孝。中大定二十二年進士科，調蒲州司候。察廉，遷一官，除校書郎兼太子司經。三遷禮部員外郎。遷翰林待制，權戶部侍郎，佐參知政事胥持國治決河，以勞進一階。除河平軍節度使，兼都水監，遂疏七祖佛河及王村、周平、道口、雞爪、孫家港，復開東明、南陽岡、馬蹄、孫村諸河。忠孝常曰：「河之爲患，不免勞民。復壘石爲岸十餘里，民不勝其病矣。」改沁南軍，坐前在衞州勾集妨農軍借民錢不令償，〔九〕由是貧富不相假貸，軍民不相安，降寧海州刺史。改滑州，歷同知南京留守，遷定國軍節度使，復爲沁南軍。入爲太子少傅兼禮部尚書。

貞祐初，議降衞紹王，忠孝與蒲察思忠附胡沙虎議，語在思忠傳。頃之，拜參知政事。中都圍急，糧運道絕，詔忠孝搜括民間積粟，存兩月食用，悉令輸官，酬以銀鈔或僧道戒牒。

是時，知大興府事胥鼎計畫軍食，奏許人納粟買官，鼎已籍者忠孝再括之，〔一〇〕令百姓兩輸，欲爲己功。左諫議大夫張行信上疏論之曰：「民食止存兩月，而又奪之，使當絕食，不獨歸咎有司，而亦怨朝廷之不察也。」宣宗善行信言，命近臣與忠孝同審取焉。謂忠孝曰：「國家本欲得糧，今既得矣，姑從民便可也。」

頃之，行信復奏曰：「參政奧屯忠孝平生矯僞不近人情，急於功名，詭異要譽，慘刻害物，忍而不恤。勾當河防，河朔居民不勝其病。軍負民錢，抑不令償。東海欲用胡沙虎，舉朝皆曰不可，忠孝獨力薦。及胡沙虎作難，忠孝自謂有功。詔議東海爵號，忠孝請籍沒其子孫，及論特末也則云不當籍沒，其偏黨不公如此。無事之時，猶不容一相非才，況今多故，乃使此人與政，如社稷何！」宣宗曰：「朕初卽位，當以禮進退大臣，卿語其親知，諷之求去可也。」行信以語右司郎中把胡魯，把胡魯以宣宗意白忠孝，忠孝靦然不聽。頃之，罷爲太子太保，出知濟南府事，改知中山府。尋薨，年七十，謚惠敏。

蒲察思忠本名畏也，隆安路合懶合兀主猛安人。大定二十五年進士，調文德、灤陰主簿，國子助教，應奉翰林文字，太學博士，累遷涿州刺史、吏部郎中，遷潞王傅。被詔與翰林侍讀學士張行簡討論武成王廟配等列，思忠奏曰：「伏見武成王廟配享諸將，不以世代爲先。後按唐祀典，李靖、李勣居吳起、樂毅上。聖朝太祖以二千之衆，破百萬之師，太宗克宋，成此帝業，秦王宗翰、宋王宗望、婁室、谷神與前代之將，各以功德間列可也。」思忠論多矯飾，不盡錄，錄其頗有理者云。遷大理卿，兼左司諫，同修國史。

泰和六年，平章政事僕散揆宣撫河南，詔以備禦攻守之法，集百官議于尚書省。廷臣尚多異議，思忠曰：「宋人攻圍城邑，動至數千，不得爲小寇。但當選擇賢將，宜攻宜守，臨時制變，無不可者。」上以爲然。頃之，遷翰林侍講學士兼左諫議大夫，大理卿、同修國史如故。再閱月，兼知審官院正職，外兼四職自思忠始。宋人請和。賜銀五十兩、重綵十端。丁母憂，起復侍講學士，兼諫議、修史、知審官院，轉侍讀，兼兵部侍郎。

貞祐初，胡沙虎請廢衞紹王爲庶人，思忠與奧屯忠孝阿附胡沙虎，曰：「竊人之財，猶謂之盜，況偸天位以私己乎！」宣宗不從。頃之，遷太子太保兼侍讀、修國史。二年春，享于太廟，思忠攝太尉，醉毆禮直官，御史臺劾奏，降祕書監兼同修國史。頃之，遷翰林學士同修國史，卒。

紇石烈胡失門，上京路猛安人。明昌五年進士，累官補尚書省令史，除中都路支度判官，〔二〕調河北東路都勾判官，累官翰林直學士、大理卿、右諫議大夫。興定二年，伐宋，充元帥左都監紇石烈牙吾塔參議官。牙吾塔至楚州，不待行省僕散安貞節制，輒進兵。宋人堅壁不出，野無所掠，軍士疲乏，餓死相望，直前至江而復。安貞劾奏之，牙吾塔坐不奉詔約，胡失門不矯正，特詔原之。改同知彰德府事。五遷吏部尚書。五年，拜御史大夫。元光元年，兼大司農。二年，薨，宣宗輟朝，百官致奠。

完顏寓本名訛出，西南路猛安人。大定二十八年進士，累調河東北路提刑司知事，改同知遼州軍州事，召爲國史院編修官，遷應奉翰林文字、南京路轉運副使。丁父憂，起復太府監丞，改吏部員外郎。大安初，除知登聞檢院，累遷右司郎中、翰林待制，兼侍御史。貞祐初，議衞紹王事，語在衞紹王紀。

中都圍急，詔於東華門置招賢所，內外士庶皆得言事，或不次除官，由是閭閻細民，往往衒鬻求售。王守信者，本一村夫，敢爲大言，以諸葛亮爲不知兵，寓薦于朝。詔署行軍都統，募市井無賴爲兵，教閱進退跳擲，大概似童戲。其陣法大書「古今相對」四字於旗上，作黃布袍、緇巾、鑞牌各三十六事，牛頭響環六十四枚，欲以怖敵而走之，大率皆誕妄。因與其衆出城，殺百姓之樵採者以爲功。賈耐兒者，本歧路小說人，俚語詼嘲以取衣食，製運糧車千兩。是時材木甚艱，所費浩大，觀者皆竊笑之。草澤李棟在衞紹王時嘗事司天監李天惠，依附天文，假託占卜，趨走貴臣，俱爲司天官。棟嘗密奏白氣貫紫微，主京師兵亂，幸不貫徹，得不成禍。既而高琪殺胡沙虎，宣宗愈益信之。

左諫議大夫張行信奏曰：「狂子庸流，猥蒙拔擢，參預機務，甚無謂也。司天之官，占見天象，據經陳奏，使人主飭己修政，轉禍爲福。如有天象，乞令諸監官公同陳奏，所見或異，則各以狀聞，不宜偏聽也。」上召行信與寓面計守信事，〔二〕復與近侍就決于高琪。高琪言守信不可用，上乃以行信之言爲然。

頃之，寓遷禮部侍郎，改東京副留守、隴州防禦使，遷安化軍節度使，兼山東路統軍副使。興定元年四月，詔寓以本官權元帥左都監，行元帥府事，和輯苗道潤、移剌鐵哥軍事，語在道潤傳。十二月，密州破，寓爲亂軍所殺。

斡勒合打，蓋州本得山猛安人。以廕補官，充親軍，調山陰尉。〔三〕縣當兵衝，合打率土豪官兵身先行陣。貞祐初，以功遷本縣令。縣升爲忠州，合打充刺史。州被兵久，耕桑俱廢，詔徙其民于太和嶺南。合打遙授同知太原府事，仍領其衆。俄以本官遙授彰國軍節度使，權河東北路宣撫副使，督糧餉往代州。合打不欲行，因與宣撫使完顏伯嘉爭辨。合打恐伯嘉奏聞，乃先奏伯嘉辱己。御史臺廉得其事，未及奏，伯嘉、合打皆改遷。合打改武寧軍節度使。數月，召爲勸農使。久之，爲金安軍節度使。興定元年，復爲勸農使，歷知河間府，權元帥右都監，行元帥府事，駐兵蔡、息間。權同簽樞密院事，守河清，改知歸德府事。合打屢守邊要，無他將略，雖未嘗敗北，亦無大功。元光元年，卒。

蒲察移剌都，東京猛安人。父吾迭，太子太傅致仕。移剌都勇健多力，充護衞十人長，調同知秦州防禦使事、武衞軍鈐轄，以憂去官。起復武器署令。從軍，兵潰被執。貞祐二年，與降兵萬餘人俱脫歸。遷隆安府治中，賜銀百兩、重幣六端，遙授信州刺史。有功，遷蒲與路節度使兼同知上京留守事，進三階，改知隆安府事。逾年，充遼東、上京等路宣撫使兼左副元帥。再閱月，就拜尚書右丞。

移剌都與上京行省蒲察五斤爭權，及賣隆安戰馬，擅造銀牌，睚眦殺人，已而矯稱宣召，棄隆安赴南京，宣宗皆釋不問。除知河南府事，俄改元帥左監軍，權左副元帥，充陝西行省參議官。無何，兼陝西路統軍使。興定二年四月，改簽樞密院事，權右副元帥，行樞密院於鄜州。御史臺奏移剌都在軍中，買沙覆道，盜用官銀，矯制收禁書，指斥鑾輿，使親軍守門，護衞押宿，擬前後衞仗，婢妾效內人粧飾等數事。詔吏部尚書阿不罕斜不失鞫之，坐是誅。

贊曰：讀金史，至張行信論奧屯忠孝事，曰：嗟乎，宣宗之不足與有爲也如此！夫進退宰執，豈無其道也哉！語其親知，諷之求去，豈禮邪？是故奧屯忠孝、蒲察思忠之黨比，紇石烈胡失門之疲𠏉，完顏寓之輕信誤國，斡勒合打之詆訟上官，於是曾不之罪，失政刑矣，豈小懲大誡之道哉！

校勘記

〔一〕興定元年潼關失守　按本書卷九九李革傳，貞祐四年拜參知政事，「是歲大元兵破潼關」。又卷一〇一僕散端傳，貞祐四年，「大元兵入潼關」。卷一〇三完顏仲元傳，貞祐四年十月「潼關失守」。皆記潼關失守在貞祐四年，與此不同。

〔二〕貞祐二年　原脫「貞祐」二字。按至寧無二年。本書卷一四宣宗紀，貞祐二年五月庚申，中都破，「知大興府事高霖皆及於難」。知此當是貞祐二年。今據補。

〔三〕改都轉運司支度判官　「支度」原作「度支」。按本書卷五七百官志，「都轉運司，支度判官二員，從六品，掌勾判、分判支度案事」。今據乙正。

〔四〕遼東契丹判余里也嘗殺驛使大理司直　按「判」下疑脫「官」字。

〔五〕其一曰親民之寄　按此句文義不完，疑「曰」下當有「縣令佐」等字。

〔六〕調鄧州錄事潤色律令文字　按元遺山集卷一八嘉議大夫陝西東路轉運使剛敏王公神道碑銘敍此事云，「明昌五年甲科，釋褐鄧州錄事，朝廷更定律令，留公不遣」。是擴因潤色律令，留朝未赴鄧州任。此處有脫文，致文義不明。

〔七〕擇望重者一人萬戶　按疑「人」下脫「爲」字。

〔八〕借戶部員外郎張好禮往商號　原脫「借」字，據文義補。

〔九〕坐前在衞州勾集妨農軍借民錢不令償　按「妨農軍」之名僅此一見。上文云，「除河平軍節度使，兼都水監」，遂疏通黃河諸道。下文亦云，「參政奧屯忠孝……勾當河防，河朔居民不勝其病。軍負民錢，抑不令償」。考本書卷二七河渠志，河防有「河防軍」，卷八世宗紀亦有「詔增河防軍數」語。疑「妨農軍」或爲「河防軍」之誤，或當作「勾集河防軍妨農事」。

〔一〇〕鼎已籍者忠孝再括之　「孝」原作「存」，據永樂大典卷三五八七引文改。

〔一一〕除中都路支度判官　「支度」原作「度支」，今改。參見本卷校記〔三〕。

〔一二〕上召行信與寓面計守信事　「計」原作「訂」，據文義改。

〔一三〕調山陰尉　「山陰」原作「陰山」。按本書卷二四地理志，西京路應州有山陰縣。「貞祐二年五月，陞爲忠州」。今據乙正。

金史卷一百五

列傳第四十三

程寀　任熊祥　孔璠子拯　范拱　張用直　劉樞　王翛

楊伯雄兄伯淵　蕭貢　溫迪罕締達　張翰　任天寵

程寀字公弼，燕之析津人。祖冀，仕遼廣德軍節度使。冀凡六男，父子皆擢科第，士族號其家爲「程一舉」。冀次子四穆，遼崇義軍節度使。

寀，四穆之季子也。自幼如成人。及冠，篤學，中進士甲科，累遷殿中丞。天輔七年，太祖入燕，授尚書都官員外郎、錦州安昌令，累加起居郎，爲史館修撰，以從軍有勞，加少府少監。

熙宗時，歷翰林待制，兼右諫議大夫。寀上疏言事，其略曰：「殿前點檢司，古殿巖環衞之任，所以肅禁籞、尊天子、備不虞也。臣幸得近清光，從天子觀時畋之禮。比見陛下校獵，凡羽衞從臣無貴賤皆得執弓矢馳逐，而聖駕崎嶇沙礫之地，加之林木叢欝，易以迷失。是日自卯及申，百官始出沙漠，獨不知車駕何在。瞻望久之，始有騎來報，皇帝從數騎已至行在。竊惟古天子出入警蹕，淸道而行。至於楚畋雲夢，漢獵長楊，皆大陳兵衞，以備非常。陛下膺祖宗付託之重，奈何獨與數騎出入林麓沙漠之中，前無斥候，後無羽衞，甚非肅禁籞之意也。臣願陛下熟計之。後若復獵，當預戒有司，圖上獵地，具其可否，然後下令淸道而行。擇衝要稍平之地，爲駐蹕之所，簡忠義爪牙之士，統以親信腹心之臣，警衞左右。俟其麇鹿旣來，然後馳射。仍先遣搜閱林藪，明立幖幟，爲出入之馳道。不然，後恐貽宗廟社稷之憂。」

又曰：「臣伏讀唐史，追尊高祖以下，謚號或加至十八字。前宋大中祥符間亦加至十六字，亡遼因之，近陛下亦受『崇天體道欽明文武聖德』十字。臣竊謂人臣以歸美報上爲忠，天子以追崇祖考爲孝。太祖武元皇帝受命開基，八年之間，奄有天下，功德茂盛，振古無前，止謚『武元』二字，理或未安，何以示將來？臣願詔有司定議謚號，庶幾上慰祖宗在天之靈，使耿光丕烈，傳于無窮。」

又曰：「古者天子皆有巡狩，無非事者。或省察風俗，或審理冤獄，或問民疾苦，以布宣德澤，皆巡狩之名也。國家肇興，誠恐郡國新民，逐末棄本，習舊染之汙，奢侈詐僞，或有不明之獄，僭濫之刑，或力役無時，四民失業。今鑾輅省方，將憲古行事，臣願天心洞照，委之長貳，釐正風俗，或置匭匣，以申寃枉，或遣使郡國，問民無告，皆古巡狩之事。昔漢昭帝問疾苦，光武求民瘼，如此則和氣通，天下丕平可坐而待也。」

又曰：「臣聞，善醫者不視他人之肥瘠，察其脈之病否而已。善計天下者不視天下之安危，察其紀綱理否而已。天下者人也，安危者肥瘠也，紀綱者脈也，脈不病雖瘠不害，脈病而肥者危矣。是故，四肢雖無故，不足恃也，脈而已矣。天下雖無事，不足矜也，綱紀而已矣。尙書省，天子喉舌之官，綱紀在焉。臣願詔尙書省，戒勵百官，各揚其職，以立綱紀。如吏部天官以進賢、退不肖爲任，誠使升黜有科，任得其人，則綱紀理而民受其賜，前代興替，未始不由此者。」

又曰：「虞舜不告而娶二妃。〔一〕帝嚳娶四妃，法天之四星。周文王一后、三夫人，嬪御有數。選求淑媛以充後宮，帝王之制也。然女無美惡，入宮見妬，陛下欲廣嗣續，不可不知而告戒之。」

又曰：「臣伏見本朝富有四海，禮樂制度，莫不一新。宮禁之制，尙未嚴密，胥吏健卒之輩，皆得出入，莫有呵止，至淆混而無別。雖有闌入之法，久尙未行，甚非嚴禁衞、明法令之意，陛下不可不知而必行。」疏奏，上嘉納之，於是始命有司議增上太祖尊謚。〔二〕皇統八年十二月，由翰林侍講學士爲橫海軍節度使，移彰德軍節度使。卒官，年六十二。宗剛直耿介，不諂奉權貴以希苟進，有古君子之風云。

任熊祥字子仁。八代祖圜，爲後唐宰相。圜孫睿，隨石晉北遷，遂爲燕人。熊祥登遼天慶八年進士第，爲樞密院令史。太祖平燕，以其地畀宋，熊祥至汴，授武當丞。宋法，新附官不釐務，熊祥言於郡守楊晳曰：「既不與事，請止給半俸以養親。」晳雖不許，而喜其廉。金人取均、房州，熊祥歸朝，復爲樞密院令史。時西京留守高慶裔攝院事，無敢忤其意者，熊祥未嘗阿意事之。其後杜充、劉筈同知燕京行省，法制未一，日有異論，熊祥爲折衷之。歷深、磁州刺史，開封少尹，行臺工部郎中，同知汴京留守事。天德初，爲山東東路轉運使，改鎮西軍節度使。是時，詔徐文、張弘信討東海縣，弘信逗遛，稱疾不進，決杖二百。熊祥被詔爲會試主文，以「事不避難臣之職」爲賦題。及御試，〔三〕熊祥復以「賞罰之令信如四時」爲賦題，海陵大喜，以爲翰林侍讀學士。

大定初，起爲太子少師。時契丹賊窩斡竊號，北鄙用兵未息，上以爲憂，詔公卿百官議所以招伐之宜。衆皆異議，熊祥徐進曰：「陛下以勞民爲憂，用兵爲重，莫若以恩信招懷之。」上問：「孰可使者？」對曰：「臣雖老，憑國威靈，尚堪一行。」上曰：「卿老矣，無煩爲此。」七年，復致仕。熊祥事母以孝聞，母沒時，熊祥年已七十，不食三日，人皆稱之。卒于家。

孔璠字文老，至聖文宣王四十九代孫，故宋朝奉郎襲封端友弟端操之子。齊阜昌三年補迪功郎，襲封衍聖公，主管祀事。天會十五年，齊國廢。熙宗即位，興制度禮樂，立孔子廟於上京。天眷三年，詔求孔子後，加璠承奉郎，襲封衍聖公，奉祀事。是時，熙宗頗讀論語、尚書、春秋左氏傳及諸史、通曆、唐律，乙夜乃罷。皇統元年二月戊午，上謁奠孔子廟，〔四〕北面再拜，顧謂侍臣曰：「朕幼年游佚，不知志學，歲月逾邁，深以爲悔。大凡爲善，不可不勉，孔子雖無位，其道可尊，萬世高仰如此。」皇統三年，璠卒。〔五〕子拯襲封，加文林郎。

拯字元濟。天德二年，定襲封衍聖公俸格，有加于常品。是歲立國子監，久之，加拯承直郎。大定元年，卒。弟總襲封，加文林郎。

總字元會。大定二十年，召總至京師，欲與之官。尙書省奏：「總主先聖祀事，若加任使，守奉有闕。」上曰：「然。」乃授曲阜縣令。明昌元年，卒。子元措襲封，加文林郎。

元措字夢得。三年四月詔曰：「衍聖公視四品，階止八品，不稱。可超遷中議大夫，永著于令。」四年八月丁未，章宗行釋奠禮，北面再拜，親王、百官、六學生員陪位。承安二年正月，詔元措兼曲阜縣令，仍世襲。元措歷事宣宗、哀宗，後歸大元終焉。

四十八代端甫者，明昌初，學士党懷英薦其年德俱高，讀書樂道，該通古學。召至京師，特賜王澤榜及第，除將仕郎、小學教授，以主簿半俸致仕。〔六〕

范拱字清叔，濟南人。九歲能屬文，深於易學。宋末，登進士第，調廣濟軍曹，權邦彥辟爲書記，攝學事。劉豫鎭東平，〔七〕拱撰謁廟文，豫奇之，深加賞識。拱獻六箴。齊國建，累擢中書舍人。上初政錄十五篇：一曰得民，二曰命將，三曰簡禮，四曰納諫，五曰遠圖，六曰治亂，七曰舉賢，八曰守令，九曰延問，十曰畏愼，十一曰節祥瑞，十二曰戒雷同，十三曰用人，十四曰御將，十五曰御軍。豫納其說而不能盡用也。久之，權尚書右丞，進左丞，兼門下侍郎。

豫以什一稅民，名爲古法，其實裒斂，而刑法嚴急，吏夤緣爲暴。民久罹兵革，益窮困，陷罪者衆，境內苦之。右丞相張孝純及拱兄侍郎巽，極言其弊，請仍因履畝之法，豫不從。巽坐貶官，自是無復敢言者。拱曰：「吾言之則爲黨兄，不言則百姓困弊。吾執政也，寧爲百姓言之。」乃上疏，其大略以爲「國家懲亡宋重斂弊，什一稅民，本務優恤，官吏奉行太急，驅民犯禁，非長久計也」。豫雖未卽從，而亦不加譴。拱令刑部條上諸路以稅抵罪者凡千餘人，豫見其多，乃更爲五等稅法，民猶以爲重也。

齊廢，梁王宗弼領行臺省事，拱爲官屬。宗弼訪求百姓利病，拱以減稅爲請，宗弼從之，減舊三分之一，民始蘇息。拱愼許可，而推轂士，〔八〕李南、張輔、劉長言皆拱薦也。長言自汝州郟城酒監擢省郎，人不知其所以進，拱亦不自言也。以久病乞近郡，除淄州刺史。皇統四年，以疾求退，以通議大夫致仕。齋居讀書，罕對妻子。

世宗在濟南聞其名。大定初，拱上封事。七年，召赴闕，除太常卿。議郊祀。或有言前代都長安及汴、洛，以太、華等山列爲五岳，今旣都燕，當別議五岳名。寺僚取崧高疏「周都酆鎬，以吳嶽爲西岳」。拱以爲非是，議略曰：「軒轅居上谷，在恒山之西，舜居蒲坂，在華山之北。以此言之，未嘗據所都而改岳祀也。」後遂不改。拱嘗言：「禮官當守禮，法官當守法，若漢張釋之可謂能守法矣。」故其議論確然不可移奪。九年，復致仕，卒于家，年七十四。

張用直，臨潢人。少以學行稱。遼王宗幹聞之，延置門下，海陵與其兄充皆從之學。天眷二年，以教宗子賜進士及第，除禮部郎中。皇統四年，爲宣徽判官，歷横海軍節度副使，改寧州刺史。海陵卽位，召爲簽書徽政院事、〔九〕太常卿、太子詹事。海陵嘗謂用直曰：「朕雖不能博通經史，亦粗有所聞，皆卿平昔輔導之力。太子方就學，宜善導之。朕父子並受卿學，亦儒者之榮也。」爲賀宋國正旦使，卒于汴。海陵深悼惜之，遣使迎護其喪，官給道途費。喪至，親臨奠，賜錢千萬。其養子始七歲，特受武義將軍。

劉樞字居中，通州三河人。少以良家子從軍，屯河間。同輩皆騎射，獨樞刻意經史。登天眷二年進士，調唐山主簿。改飛狐令，蔚州刺史恃功貪汙無所顧忌，屬邑皆厭苦之，樞一無所應，乃摭以他事繫獄，將致之死。郡人有憐樞者，導樞脫走，訴於朝。會廉察使至守倅而下皆抵罪廢，獨樞治狀入優等，躐遷奉直大夫。張浩營建燕京宮室，選樞分治工役。遷尚書刑部員外郎，鞫治太原尹徒單阿里出虎反狀，〔一〇〕旬日獄具。轉工部郎中，進本部侍郎。正隆末，從軍還自江上。大定初，與左司郎中王蔚、右司員外郎王全俱出補外，樞爲南京路轉運使事。

初，世宗欲復用樞等，御史臺奏：「樞等在正隆時皆以巧進，敗法蠹政，人多怨嫉之。」上以樞等頗幹濟，猶用之，戒之曰：「能悛心改過，必加升擢。不然，則斥汝等矣。」是時，阿勒根彥忠爲南京都轉運使，不閑吏事，故用樞以佐之。遷山東路轉運使，改中都路轉運使。大定四年，卒于官。

王脩字脩然，涿州人也。登皇統二年進士第，由尚書省令史除同知霸州事。累遷刑部員外郎，坐請囑故人姦罪，杖四十，降授泰定軍節度副使。四遷大興府治中，授戶部侍郎。世宗謂宰臣曰：「王脩前爲外官，聞有剛直名。今聞專務出罪爲陰德，事多非理從輕。又巧佞偷安，若果剛直，則當忘身以爲國，履正以無偏，何必賣法以徼福耶？」尋命賑濟密雲等三十六縣猛安人戶，冒請粟三萬餘石，爲尙書省奏奪官一階，出爲同知北京留守事。上曰：「人多言王翛能官，以朕觀之，凡事不肯盡力，直一老姦耳。」二十四年，遷遼東路轉運使。歲餘，改顯德軍節度使。以前任轉運使挾辱倉使王祺致死，追兩官解職，勅杖七十，降授鄭州防禦使。

章宗卽位，擢同知大興府事。審錄官奏，翛前任顯德潔廉剛直，軍吏斂迹，無訟獄。遷禮部尙書，兼大理卿。使宋還，會改葬太師廣平郡王徒單貞。貞，章宗母孝懿皇后父也。帝欲用前代故事，班劍、鼓吹、羽葆等儀衞。宰臣以貞與弑熙宗誅死，意難之。於是，詔下禮官議。翛言：「晉葬丞相王導，給前後羽葆、鼓吹、武賁、班劍百人。唐以來，大駕鹵簿有班劍，其王公以下鹵簿並無班劍，兼羽葆非臣下所宜用，國朝葬大臣亦無之。」上先知唐葬大臣李靖等皆用班劍、羽葆，怒曰：「典故所無，固可從，然用之亦不過禮。」一日，詔翛及諫議大夫兼禮部侍郎張暐詣殿門，諭之曰：「朝廷之事，汝諫官、禮官卽當辯析。且小民言可採，朕尙從之，況卿等乎？自今議事，毋但附合尙書省。」

明昌二年，改知大興府事。時僧徒多游貴戚門，翛惡之，乃禁僧午後不得出寺。嘗一僧犯禁，皇姑大長公主爲請，翛曰：「奉主命，卽令出之。」立召僧，杖一百死，京師肅然。後坐故出人罪，復削官解職。明年，特授定海軍節度使。諭旨曰：「卿賦性太剛，率意行事，乃自陷於刑。若殿年降敍，念卿入仕久，頗有執持，故特起於罪謫之中，授以見職。且彼歲歉民飢，盜賊多，須用舊人鎮撫，庶得安治。勉盡乃心，以圖後效。」未幾，表乞致仕。上曰：「脩能幹者，得力爲多。」不許。復申請，從之。泰和七年，卒，年七十五。

脩性剛嚴，臨事果決，吏民憚其威，雖豪右不敢犯。承安間，知大興府事闕，詔諭宰臣曰：「可選極有風力如王脩輩者用之。」其爲上所知如此。

楊伯雄字希雲，眞定藁城人。八世祖彥稠，後唐淸泰中爲定州兵馬使。後隨晉主北遷，〔一〕遂居臨潢。父丘行，太子左衞率府率。

伯雄登皇統二年進士，海陵留守中京，丘行在幕府，伯雄來省覲，海陵見之，深加器重。久之，調韓州軍事判官。有二盜詐稱賈販，逆旅主人見欺，至州署陳訴，實欲刼取伯雄，伯雄心覺其詐，執而詰之，幷獲其黨十餘人，一郡駭服。遷應奉翰林文字。是時，海陵執政，自以舊知伯雄，屬之使時時至其第，伯雄諾之而不往也。日，海陵怪問之，對曰：「君子受知於人當以禮進，附麗奔走，非素志也。」由是愈厚待之。

海陵篡立，數月，遷右補闕，改修起居注。海陵銳於求治，講論每至夜分，嘗問曰：「人君治天下其道何貴？」對曰：「貴靜。」海陵默然。明日，復謂曰：「我遷諸部猛安分屯邊戍，前夕之對豈指是爲非靜邪？」對曰：「徙兵分屯，使南北相維，長策也。所謂靜者，乃不擾之耳。」乙夜，復問鬼神事。伯雄進曰：「漢文帝召見賈生，夜半前席，不問百姓而問鬼神，後世頗譏之。陛下不以臣愚陋，幸及天下大計，鬼神之事未之學也。」海陵曰：「但言之，以釋永夜倦思。」伯雄不得已，乃曰：「臣家有一卷書，記人死復生，或問冥官何以免罪，答曰，汝置一曆，白日所爲，暮夜書之，不可書者是不可爲也。」海陵爲之改容。夏日，海陵登瑞雲樓納涼，命伯雄賦詩，其卒章云：「六月不知蒸鬱到，清涼會與萬方同。」海陵忻然，以示左右曰：「伯雄出語不忘規戒，爲人臣當如是矣。」再遷兵部員外郎。丁父憂，起復翰林待制，兼修起居注。

皇子慎思阿不薨，伯雄坐與同直者竊議被責，語在海陵諸子傳。海陵議征江南，伯雄奏：「晉武平吳皆命將帥，何勞親總戎律？」不聽。乃落起居注，不復召見。

遷直學士，再遷右諫議大夫，兼著作郎，修起居注如故。

大定初，除大興少尹，丁母憂。顯宗爲皇太子，選東宮官屬，張浩薦伯雄，起復少詹事，兄子蟠爲左贊善，言聽諫從，時論榮之。集古太子賢不肖爲書，號瑤山往鑒，進之。及進羽獵、保成等箴，皆見嘉納。復爲左諫議大夫、翰林直學士。會太子詹事闕，宰相復舉伯雄。上曰：「伯雄不可去朕左右，而東宮亦須輔導。」遂以太子詹事兼諫議。

六年，上幸西京，欲因往涼陘避暑，伯雄率衆諫官入諫。上曰：「朕徐思之。」伯雄言之不已，同列皆引退，久之乃起。是年，至涼陘，徼巡果有疏虞。上思伯雄之言，及還，遷禮部尚書，謂近臣曰：「羣臣有幹局者衆矣，如伯雄忠實，皆莫及也。」上謂伯雄曰：「龍逢、比干皆以忠諫而死，使遇明君，豈有是哉！」伯雄對曰：「魏徵願爲良臣，正謂遇明君耳。」因顧謂宰相曰：〔二〕「書曰『汝無面從，退有後言』。朕與卿等共治天下，事有可否，〔三〕卽當面陳。卿等致位卿相，正行道揚名之時，偸安自便，徼倖一時，如後世何？」羣臣皆稱萬歲。

十二年，改沁南軍節度使，召爲翰林學士承旨。丞相石琚致仕，上問：「誰可代卿者？」琚對曰：「伯雄可。」時論以琚舉得其人。復權詹事，伯雄知無不言，匡救弘多。後宮僚有詭隨者，人必稱楊詹事以愧之。除定武軍節度使，改平陽尹。先是，張浩治平陽，有惠政，及伯雄爲尹，百姓稱之，曰：「前有張，後有楊。」徙河中尹。卒，年六十五。謚莊獻。弟伯傑、伯仁，族兄伯淵。

伯淵字宗之。父丘文，遼中書舍人。伯淵早孤，事母以孝聞，疏財好施，喜收古書。天會初，以名家子補尚書省令史。十四年，賜進士第，歷吏、禮二部主事、御前承應文字，秩滿，除同知永定軍節度使事。召爲司計郎中。知平定軍，用廉，遷平州路轉運使。知泰安軍，有惠政，百姓刻石紀其事。四遷山東東路轉運使。正隆末，羣盜蠭起，州郡往往罹害，獨濟南賴伯淵保全。大定三年，致仕，卒于家。

蕭貢字眞卿，京兆咸陽人。大定二十二年進士，調鎮戎州判官，涇陽令，涇州觀察判官。補尚書省令史。舊例，試補兩月，乃補用。貢至數日，執政以爲能，卽用之。擢監察御史。提刑司奏涇州有美政，遷北京轉運副使。親老，歸養。

左丞董師中、右丞楊伯通薦其文學，除翰林修撰。上書論「比年之弊，人才不以器識、操履，巧于案牘，不涉吏議者爲工。用人不務因才授官，惟泥資敍。名器不務愼與，人多僥倖。守令不務才實，民罹其害。伏望擢眞才以振澆俗，核功能以理職業，愼名器以抑僥倖，重守令以厚邦本。然後政化可行，百事可舉矣」。詔詞臣作唐用董重質誅郭誼得失論，貢爲第一，賜重幣四端。貢論時政五弊，言路四難，詞意切至，改治書侍御史。丁父憂，起復，改右司員外郎，尋轉郎中，遷國子祭酒，兼太常少卿，與陳大任刊修遼史。改刑部侍郎，歷同知大興府事、德州防禦使，三遷河東北路按察轉運使。

大安末，改彰德軍節度使。坐兵興不能守城，亡失百姓，降同知通遠軍節度事。未幾，改靜難軍節度使，歷河東北路、南京路轉運使、御史中丞、戶部尚書。南京戒嚴，坐乏軍儲，詔釋不問。興定元年，致仕。元光二年，卒，謚文簡。貢好學，讀書至老不倦，有注史記一百卷。

溫迪罕締達，該習經史，以女直字出身，累官國史院編修官。初，丞相希尹制女直字，設學校，使訛离剌等教之。其後學者漸盛，轉習經史，故納合椿年、紇石烈良弼皆由此致位宰相。締達最號精深。大定十二年，詔締達所教生員習作詩、策，若有文采，量才任使，其自願從學者聽。十三年，設女直進士科。是歲，徒單鎰等二十七人登第。十五年，締達遷著作佐郎，與編修官宗璧、尚書省譯史阿魯、吏部令史張克忠譯解經書。〔一四〕累遷祕書丞。十九年，改左贊善，以母老求養。顯宗使內直丞六斤謂締達曰：「贊善，初未除此官，天子謂孤曰：『朕得一出倫之才，學問該貫，當令輔汝德義。』既數日，贊善除此官。自謂親炙德義，不勝其喜。未可去也，勿難于懷。」久之，轉翰林待制，卒。明昌五年，贈翰林學士承旨，謚文成。

子二十，章宗卽位，以爲符寶典書，累官左諫議大夫。貞祐四年，上疏，略曰：「今邊備未撤，征調不休，州縣長吏不知愛養其民，督責徵科，鞭笞逼迫，急於星火，文移重複，不勝其弊，宜勑有司務從簡易。兵興以來，忠臣烈士，孝子順孫，義夫節婦，湮沒無聞者甚衆，乞遣史官一員，廣爲采訪，以議褒嘉。」興定元年，遷武勝軍節度使，〔一五〕改吏部尚書，知開封府。坐縱軍人家屬出城，當杖，詔解職。四年，復知開封府，復坐以事囑警巡使完顏金僧奴，降爲鄭州防禦使。未幾，復爲知開封府事。

張翰字林卿，忻州秀容人。大定二十八年進士，調隰州軍事判官。有誣昆弟三人爲𠜱者，翰微行廉得其狀，白于州釋之。歷東勝、義豐、會川令，補尚書省令史，除戶部主事，遷監察御史。丁母憂，服闋，調山東路鹽使。丁父憂，起復尚書省都事、戶部員外郎。大安間，平章政事獨吉思忠、參知政事承裕行省戍邊，〔一六〕翰充左右司郎中，論議不相協。處置乖方，翰屢爭之不見省。承裕就逮，衞紹王知翰嘗有言，召見撫慰之。改知登聞鼓院，兼前職，遷侍御史。貞祐初，爲翰林直學士，充元帥府經歷官。中都戒嚴，調度方殷，改戶部侍郎。

宣宗遷汴，翰規措扈從糧草至眞定，上書言五事：「一曰强本，謂當裒兵徒、徙豪民，以實南京。二曰足用，謂當按蔡、汴舊渠以通漕運。三曰防亂，謂當就集義軍假之官印，使相統攝，以安反側。四曰省事，謂縣邑不能自立者宜稍併之，旣以省官，且易於備盜。五曰推恩，謂當推恩以示天子所在稱幸之意。」上略施行之。

翰雅有治劇才，所至輒辦。遷河平軍節度使、都水監、提控軍馬使，俄改戶部尙書。是時，初至南京，庶事草略，翰經度區處皆有條理。是歲卒，謚達義。

任天寵字清叔，曹州定陶人也。明昌二年進士，調考城主簿，再遷威戎縣令。縣故堡寨，無文廟學舍，天寵以廢署建。有兄弟訟田者，天寵諭以理義，委曲周至，皆感泣而去。調泰定軍節度判官。丁父憂，服闋，調崇義軍節度判官。補尙書省令史、右三部檢法司正，遷監察御史。改右司都事，遷員外郎。改左司諫，轉左司郎中，遷國子祭酒。

貞祐初，轉祕書監兼吏部侍郎，改中都路都轉運使。時京師戒嚴，糧運艱阻，天寵悉力營辦，曲盡勞瘁，出家貲以濟飢者，全活甚衆。監察御史高夔、劉元規舉天寵二十人公勤明敏，有材幹，可安集百姓。遷戶部尙書。三年，中都不守，天寵繼走南京，中道遇兵，死之。

謚純肅。

贊曰：程寀、任熊祥，遼之進士，孔璠、范拱事宋、事齊，太祖皆見禮遇，〔一七〕而金之文治日以盛矣。張用直，海陵父子並列舊學。〔一八〕劉樞之練達，王脩之強敏於事，楊伯雄之善諷諫，工辭藻，蕭貢、溫迪罕締達之文藝適時，之數人者迭用於正隆、大定、明昌之間。張翰、任天寵之經理調度，宣宗南遷，猶賴其用焉。金源氏百餘年所以培植人才而獲其效者，於斯可概見矣。

校勘記

〔一〕又曰虞舜不告而娶二妃　原脫「又曰」二字，今依上下文例補。

〔二〕於是始命有司議增上太祖尊謚　「增」原作「贈」，據文義改。

〔三〕及御試　「試」原誤作「題」。按本書卷五一選舉志，「海陵庶人天德二年，始增殿試之制」，又「自來御試賦題皆士人嘗擬作者」，「經義進士御試第二場」，「遂定御試同日各試本業」，屢見「御試」一詞。今據改。

〔四〕皇統元年三月戊午上謁奠孔子廟　按大金集禮卷三六宣聖廟祀儀作「皇統元年二月戊子日，帝詣文宣王廟奠祭」。考本書卷三五禮志云，「歲春秋仲月上丁日釋奠于文宣王」。則作二月是。

〔五〕皇統三年璠卒　按本書卷四熙宗紀作皇統二年正月，「壬子，衍聖公孔璠薨」。

〔六〕以主簿半俸致仕　原脫「半」字，「俸」作「奉」。按本書卷一〇章宗紀，明昌四年三月「丙子，特賜有司孔端甫及第，命食主簿半俸致事」。今據改。

〔七〕劉豫鎮東平　原脫「平」字。按本書卷七七劉豫傳，「撻懶攻濟南……豫遂殺關勝出降，遂爲京東東西淮南安撫使，知東平府」。又同卷撻懶傳，「劉豫以濟南府降，詔以豫爲安撫使，治東平」。今據補。

〔八〕而推轂士　據文義疑「士」下當有「類」字。

〔九〕召爲簽書徽政院事　按金無「徽政院」。本書卷五六百官志，「宣徽院：同簽宣徽院事，正五品」。且本卷上文用直會「爲宣徽判官」，故疑「徽政院」爲「宣徽院」之誤。

〔一〇〕鞫治太原尹徒單阿里出虎反狀　「阿里出虎」原作「阿里虎出」。按本書卷一三二徒單阿里出虎傳記此事云，「起復爲太原尹。……王乞以謂當有天命，阿里出虎喜，以王乞語告鼎，鼎上變，阿里出虎伏誅」。今據乙正。

〔一一〕後隨晉主北遷　「遷」原作「還」，據文義改。

〔一二〕因顧謂宰相曰　按「相」殿本作「臣」。

〔一三〕事有可否　「事有」原作「有事」。按本書卷六世宗紀，大定八年正月，記此作「事有不可」。今據乙正。

〔一四〕吏部令史張克忠譯解經書　按本書卷九九徒單鎰傳記此事作「吏部令史楊克忠譯解」。

〔一五〕遷武勝軍節度使　「軍」原作「州」。按本書卷二五地理志，「鄧州，武勝軍節度使」。今據改。

〔一六〕大安間平章政事獨吉思忠參知政事承裕行省戍邊　原脫「戍邊」二字，文義不明。按本書卷九三承裕傳，大安三年，「拜參知政事，與平章政事獨吉思忠行省戍邊，烏沙堡之役不爲備，失利」。今據補。

〔一七〕太祖皆見禮遇　按程寀、任熊祥入金在太祖時，孔璠、范拱入金在熙宗時。此處文欠周密。道光四年殿本作「至金皆禮遇之」，文義爲優。

〔一八〕張用直海陵父子並列舊學　原脫「海陵」二字，文義不明。按本卷張用直傳，「海陵嘗謂用直曰：『太子方就學，宜善導之。朕父子並受卿學，亦儒者之榮也。』」今據補。

金史卷一百六

列傳第四十四

張暐　張行簡　賈益謙　劉炳　术虎高琪　塔不也

張暐字明仲，莒州日照縣人。博學該通。登正隆五年進士。調陳留主簿、淄州酒稅副使，課增羨，遷昌樂令。改永淸令，補尙書省令史，除太常博士，兼國子助教。丁父憂，服除，調山東東路轉運副使，入爲太常丞，兼左贊善大夫。章宗封原王，兼原王府文學。章宗册爲皇太孫，復爲左贊善，轉左諭德，兼太常丞，充宋國報諭使。至盱眙，宋人請赴宴，暐曰：「大行在殯，未可。」及受賜，不舞蹈，宋人服其知禮。使還，遷太常少卿，兼修起居注。改禮部郎中，修起居注如故。遷右諫議大夫，兼禮部侍郎。

明昌二年，太傅徒單克寧薨，〔一〕章宗欲親爲燒飯，是時，孝懿皇后梓宮在殯，暐奏：「仰惟聖慈，追念勳臣，恩禮隆厚，孰不感勸。太祖時享，尙且權停，若爲大臣燒飯，禮有未安。

今已降恩旨，聖意至厚，人皆知之，乞俯從典禮，則兩全矣。」章宗從之。

上封事者言提刑司可罷，暐上疏曰：「陛下卽位，因民所利更法立制，無慮數十百條。提刑之設，政之大者，若爲浮議所搖，則內外無所取信。唐開元中，或請選擇守令，停採訪使，姚崇奏『十道採訪猶未盡得人，天下三百餘州，縣多數倍，安得守令皆稱其職』。然則，提刑之任，誠不可罷，擇其人而用之，生民之大利，國家之長策也。」因舉漢刺史六條以奏。上曰：「卿言與朕意合。」

拜禮部尙書。孫卽康鞫治鎬王永中事，還奏，有詔覆訊，〔二〕羣臣舉暐及兵部侍郎烏古論慶裔。〔三〕上使參知政事馬琪諭暐曰：「百官舉閔實鎬王事，要勿屈抑其人，亦不可虧損國法。」上因謂宰臣曰：「鎬王視永蹈爲輕。」馬琪曰：「人臣無將。」由是永中之獄決矣。

霍王從彝母早死，溫妃石抹氏養之，明昌六年溫妃薨，上問從彝喪服。暐奏：「慈母服齊衰三年，桐杖布冠，禮也。從彝近親，至尊厭降與臣下不同，乞於未葬以前服白布衣絹巾，既葬止用素服終制，朝會從吉。」上從其奏。

承安元年八月壬子，上召暐至內殿，問曰：「南郊大祀，今用度不給，俟他年可乎？」暐曰：「陛下卽位于今八年，大禮未舉，宜亟行之。」上曰：「北方未寧，致齋之際有不測奏報何如？」對曰：「豈可逆度而妨大禮。今河平歲豐，正其時也。」上復問曰：「僧道三年一試，八十而取一，不亦少乎？」對曰：「此輩浮食，無益有損，不宜滋益也。」上曰：「周武帝、唐武宗、後周世宗皆賢君，其壽不永，雖曰偶然，似亦有因也。」對曰：「三君矯枉太過。今不毁除、不崇奉，是爲得中矣。」是歲，郊見上帝焉。

頃之，翰林修撰路鐸論胥持國不可再用，因及董師中趨走持國及丞相襄之門，上曰：「張暐父子必不如是也。」三年，爲御史大夫，懇辭，不許。明年，坐奏事不實，奪一官，解職。起爲安武軍節度使。致仕，例給半俸，久之，暐不復請，遂止。

暐自妻卒後不復娶，亦無姬侍，齋居與子行簡講論古今，諸孫課誦其側，至夜分乃罷，以爲常。歷太常、禮部二十餘年，最明古今禮學，家法爲士族儀表。子行簡、行信，行信自有傳。

行簡字敬甫。穎悟力學，淹貫經史。大定十九年進士第一，除應奉翰林文字。丁母憂，歸葬益都，杜門讀書，人莫見其面。服除，復任。章宗即位，轉修撰，進讀陳言文字，攝太常博士。夏國遣使陳慰，欲致祭大行靈殿。行簡曰：「彼陳慰非專祭，不可。」廷議遣使橫賜高麗，「比遣使報哀，〔四〕彼以細故邀阻，且出嫚言，俟移問還報，橫賜未晚」。徒單克寧韙其言，深器重之。轉翰林修撰，〔五〕與路伯達俱進讀陳言文字，累遷禮部郎中。

司天臺劉道用改進新曆，詔學士院更定曆名，行簡奏乞覆校測驗，俟將來月食無差，然後賜名。詔翰林侍講學士党懷英等覆校。懷英等校定道用新曆：明昌三年不置閏，卽以閏月爲三月；二年十二月十四日，金木星俱在危十三度，道用曆在十三日，差一日；三年四月十六日夜月食，時刻不同。道用不曾考驗古今所記，比證事迹，輒以上進，不可用。道用當徒一年收贖，長行彭徽等四人各杖八十罷去。

羣臣屢請上尊號，章宗不從，將下詔以示四方，行簡奏曰：「往年飢民棄子，或匄以與人，其後詔書官爲收贖，或其父母衣食稍充，卽識認，官亦斷與之。自此以後，饑歲流離道路，人不肯收養，肆爲捐瘠，餓死溝中。伏見近代禦災詔書，皆曰『以後不得復取』，今乞依此施行。」上是其言，詔書中行之。〔六〕久之，兼同修國史。改禮部侍郎、提點司天臺，直學士，同修史如故。

行簡言：「唐制，僕射、宰相上日，百官通班致賀，降階答拜。國朝皇太子元正、生日，三師、三公、宰執以下須羣官同班拜賀，皇太子立受再答拜。今尚書省宰執上日，分六品以下別爲一班揖賀，宰執坐答揖，左右司郎中五品官廷揖，亦坐答之。臣謂身坐舉手答揖，近於坐受也。宰執受賀，其禮乃重於皇太子，恐於義未安。別嫌明微，禮之大節，伏請宰執上日令三品以下官同班賀，宰執起立，依見三品官儀式通答揖。」上曰：「此事何不早辨正之，如都省擅行，卿論之是矣。」行簡對曰：「禮部蓋嘗參酌古今典禮，擬定儀式，省廷不從，輒改以奏。」下尚書省議，遂用之。宰執上日，三品以下羣官通班賀，起立答拜，自此始。

行簡轉對，因論典故之學，乞於太常博士之下置檢閱官二員，通禮學資淺者使爲之，積資乃遷博士。又曰：「今雖有國朝集禮，至於食貨、官職、兵刑沿革，未有成書，乞定會要，以示無窮。」承安五年，遷侍講學士，同修史、提點司天如故。

泰和二年，爲宋主生日副使。上召生日使完顏瑭戒之曰：「卿過界勿飲酒，每事聽於行簡。」謂行簡曰：「宋人行禮，好事末節，苟有非是，皆須正之，舊例所有不可不至。」上復曰：「頗聞前奉使者過淮，每至中流，卽以分界爭渡船，此殊非禮。卿自戒舟人，且語宋使曰：『兩國和好久矣，不宜爭細故傷大體。』丁寧諭之，使悉此意也。」四年，詔曰：「每奏事之際，須令張行簡常在左右。」

五年，羣臣復請上尊號，上不許，詔行簡作批答，因問行簡宋范祖禹作唐鑑論尊號事。行簡對曰：「司馬光亦嘗諫尊號事，不若祖禹之詞深至，以謂臣子生謚君父，頗似慘切。」上曰：「卿用祖禹意答之，仍曰太祖雖有尊號，太宗未嘗受也。」行簡乞不拘對偶，引祖禹以微見其意。從之。其文深雅，甚得代言之體。

改順天軍節度使。上謂行簡曰：「卿未更治民，今至保州，民之情僞，卒難臆度，如何治之則可？」對曰：「臣奉行法令，不敢違失，獄訟之事，以情察之，鈐制公吏，禁抑豪猾，以鎮靜爲務，庶幾萬分之一。」上曰：「在任半歲或一年，所得利害上之。」行簡到保州，上書曰：「比者括官田給軍，既一定矣，有告欲別給者，輒從其告，至今未已。名曰官田，實取之民以與之，奪彼與此，徒啓爭端。臣所管已撥深澤縣地三百餘頃，復告水占沙鹹者三之二，若悉從之，何時可定。臣謂當限以月日，不許再告爲便。」下尚書省議，奏請：「如實有水占河塌不可耕種，本路及運司佐官按視，尚書省下按察司覆同，然後改撥。若沙鹹塉薄，當準已撥爲定。」制曰：「可。」

六年，召爲禮部尚書，兼侍講、同修國史。祕書監進太一新曆，詔行簡校之。七年，上遣中使馮賢童以實封御扎賜行簡曰：「朕念鎬、鄭二王誤干天常，自貽伊戚。藁葬郊野，多歷年所，朕甚悼焉。欲追復前爵，備禮改葬，卿可詳閱唐貞觀追贈隱、巢，并前代故事，密封以聞。」又曰：「欲使石古乃於威州擇地營葬，歲時祭奠，兼命衞王諸子中立一人爲鄭王後，謹其祭祀。此事既行，理須降詔，卿草詔文大意，一就封進。」行簡乃具漢淮南厲王長、楚王英、唐隱太子建成、巢剌王元吉、譙王重福故事爲奏，并進詔草，遂施行焉。累遷太子太保、翰林學士承旨，尚書、修史如故。

貞祐初，轉太子太傅，上書論議和事，其略曰：「東海郡侯嘗遣約和，較計細故，遷延不決。今都城危急，豈可拒絕。臣願更留聖慮，包荒含垢，以救生靈。或如遼、宋相爲敵國，歲奉幣帛，或二三年以繼。選忠實辨捷之人，往與議之，庶幾有成，可以紓患。」是時，百官議者，雖有異同，大概以和親爲主焉。莊獻太子葬後，不置宮師官，升承旨爲二品，以寵行簡，兼職如故。

三年七月，朝廷備防秋兵械，令內外職官不以丁憂致仕，皆納弓箭。行簡上書曰：「弓箭非通有之物，其清貧之家及中下監當，丁憂致仕，安有所謂如法軍器。今綳以軍期，補弊修壞，以求應命而已，與倉猝製造何以異哉。若於隨州郡及猛安謀克人戶拘括，擇其佳者買之，不足則令職輸所買之價，庶不擾而事可辦。」左丞相僕散端、平章政事高琪、盡忠、右丞賈益謙皆曰：「丁憂致仕者可以免此。」權參政烏古論德升曰：「職官久享爵祿，軍興以來，曾無寸補，況事已行而復改，天下何所取信。」是議也，丁憂致仕官竟得免。是歲，卒，贈銀青榮祿大夫，謚文正。

行簡端愨慎密，爲人主所知。自初入翰林，至太常、禮部，典貢舉終身，縉紳以爲榮。與弟行信同居數十年，人無間言。所著文章十五卷，禮例纂一百二十卷，會同、朝獻、禘祫、喪葬，皆有記錄，及清臺、皇華、戒嚴、爲善、自公等記，藏于家。

贊曰：張暐、行簡世爲禮官，世習禮學。其爲禮也，行於家庭，講於朝廷，施用於鄰國，無不中度。古者官有世掌，學有專門，金諸儒臣，唯張氏父子庶幾無愧於古乎。

賈益謙字彥亨，沃州人也，本名守謙，避哀宗諱改焉。大定十年詞賦進士，歷仕州郡，以能稱。明昌間，入爲尚書省令史，累遷左司郎中。章宗諭之曰：「汝自知除至居是職，左司事不爲不練，凡百官行止、資歷固宜照勘，勿使差繆。若武庫署直長移剌郝自平定州軍事判官召爲典輿副轄，〔七〕在職才五月，降授門山縣簿尉。朕比閱貼黃，行止乃俱書作一十三月，行止尚如此失實，其如選法何？蓋是汝不用心致然爾。今姑杖知除掾，汝勿復犯之。」

五年，爲右諫議大夫，上言：「提刑司官不須遣監察體訪，宜據其任內行事，考其能否而升黜之。」上曰：「卿之言其有所見乎？」守謙對曰：「提刑官若不稱職，衆所共知，且其職與監察等，臣是故言之。」上嘉納焉。是年夏，上將幸景明宮清暑，守謙連上疏，極諫之。上御後閣，召守謙入對，稱旨。進兼尚書吏部侍郎。時鎬王以疑忌下獄，上怒甚，朝臣無敢言者。守謙上章論其不可，言極懇切。上諭之曰：「汝言諸王皆有覬心，而游其門者不無橫議。此何等語，固當罪汝。以汝前言事亦有當處，故免。」既而以議鎬王事有違上意，〔八〕解職，削官二階。承安元年七月，降爲寧化州刺史。五年八月，改爲山東路按察使，轉河北西路轉運使。泰和三年四月，召爲御史中丞。四年三月，出爲定武軍節度使。

八年六月，復爲御史中丞。八月，改吏部尚書。九月，詔守謙等一十三員分詣諸路，與本路按察司官一員同推排民戶物力。上召見於香閣，諭之曰：「朕選卿等隨路推排，除推收外，其新强、銷乏戶，雖集衆推唱，然銷乏者勿銷不盡，如一戶元物力三百貫，今蠲減二百五十貫，猶有不能當。新强者勿添盡，量存氣力，如一戶添三百貫而止添二百貫之類。卿等宜各用心。百姓應當賦役，十年之間，利害非細。苟不稱所委，治罪當不輕也。」尋出知濟南府，移鎮河中。大安末，拜參知政事。貞祐二年二月，改河東南路安撫使，俄知彰德府。

三年，召爲尚書省右丞。會宣宗始遷汴梁，益謙乃建言：「汴之形勢，惟恃大河。今河朔受兵，羣盜並起，宜嚴河禁以備不虞，凡自北來而無公憑者勿聽渡。」是時，河北民遷避河南者甚衆。侍御史劉元規上言：「僑戶宜與土民均應差役。」上留中，而自以其意問宰臣。丞相端、平章盡忠以爲便。益謙曰：「僑戶應役，甚非計也。蓋河北人戶本避兵而來，兵稍息即歸矣。今旅寓倉皇之際，無以爲生，若又與地著者並應供億，必騷動不能安居矣。豈主上矜恤流亡之意乎。」上甚嘉賞，曰：「此非朕意也。」因出元規章示之。三年八月，進拜尚書左丞。

興定五年正月，尚書省奏：「章宗實錄已進呈，衞王事迹亦宜依海陵庶人實錄，纂集成書，以示後世。」制可。初，胡沙虎弒衞王，立宣宗，一時朝臣皆謂衞王失道，天命絕之，虎實無罪，且有推戴之功，獨張行信抗章言之，不報，舉朝遂以爲諱。及是，史官謂益謙嘗事衞王，宜知其事，乃遣編修一人就鄭訪之。益謙知其旨，謂之曰：「知衞王莫如我。然我聞海陵被弒而世宗立，大定三十年，〔九〕禁近能暴海陵蟄惡者，輒得美仕，故當時史官修實錄多所附會。衞王爲人勤儉，愼惜名器，較其行事，中材不及者多矣。吾知此而已，設欲飾吾言以實其罪，吾亦何惜餘年。」朝議偉之。正大三年，年八十，薨。三子：賢卿、頤卿、翔卿，皆以門資入仕。

贊曰：賈益謙於衞紹王，可謂盡事君之義矣。海陵之事，君子不無憾焉。夫正隆之爲惡，暴其大者斯亦足矣。中冓之醜史不絕書，誠如益謙所言，則史亦可爲取富貴之道乎？噫，其甚矣。傳曰：「不有廢者，其何以興。」

劉炳，葛城人。每讀書，見前古忠臣烈士爲國家畫策慮萬世安，輒歎息景慕。貞祐三年，中進士第，即日上書條便宜十事：

其一曰，任諸王以鎮社稷。臣觀往歲，王師屢戰屢衂，〔一〇〕率皆自敗。承平日久，人不知兵，將帥非才，既無靖難之謀，又無效死之節，外託持重之名，而內爲自安之計，擇驍果以自隨，委疲懦以臨陣，陣勢稍動，望塵先奔，士卒從而大潰。朝廷不加詰問，輒爲益兵。是以法度日紊，倉庾日虛，閭井日凋，土地日蹙。自大駕南巡，遠近相望，益無固志。吏任河北者以爲不幸，逡巡退避，莫之敢前。昔唐天寶之末，洛陽、潼關相次失守，皇輿夜出，向非太子迴趨靈武，率先諸將，則西行之士當終老於劍南矣。臣願陛下擇諸王之英明者，總監天下之兵，北駐重鎮，移檄遠近，戒以軍政。則四方聞風者皆將自奮，前死不避。折衝厭難，無大於此。夫人情可以氣激不可以力使，一卒先登，則萬夫齊奮，此古人所以先身教而後威令也。

二曰，結人心以固基本。天子惠人，不在施予，在于除其同患，因所利而利之。今艱危之後，易於爲惠，因其欲安而慰撫之，則忠誠親上之心，當益加於前日。臣願寬其賦役，信其號令，凡事不便者一切停罷。時遣重臣按行郡縣，延見耆老，問其疾苦，選廉正，黜貪殘，拯貧窮，卹孤獨，勞來還定，則效忠徇義，無有二志矣。故曰安民可與行義，危民易與爲亂，惟陛下留神。

三曰，廣收人材以備國用。備歲寒者必求貂狐，適長塗者必畜騏驥。河南、陝西，車駕臨幸，當有以大慰士民之心。其有操行爲民望者，稍擢用之，平居可以勵風俗，緩急可以備驅策。昭示新恩，易民觀聽，陰係天下之心也。

四曰，選守令以安百姓。郡守、縣令，天子所恃以爲治，百姓所依以爲命者也。今衆庶已弊，官吏庸暗，無安利之才，貪暴昏亂，與姦爲市，公有斗粟之賦，私有萬錢之求，遠近嚻嚻，無所控告。自今非才器過人，政迹卓異者，不可使在此職。親勳故舊，雖望隆資高，不可使爲長吏。則賢者喜於殊用，益盡其能，不肖者愧慕而思自勵矣。

五曰，褒忠義以勵臣節。忠義之士，奮身效命，力盡城破而不少屈。事定之後，有司略不加省，棄職者顧以恩貸，死事者反不見錄，天下何所慕憚，而不爲自安之計邪？使爲臣者皆知殺身之無益，臨難可以苟免，甚非國家之利也。

六曰，務農力本以廣蓄積。此最强兵富民之要術，當今之急務也。

七曰，崇節儉以省財用。今海內虛耗，田疇荒蕪，廢奢從儉以紓生民之急，無先於此者。

八曰，去冗食以助軍費。兵革之後，人物凋喪者十四五，郡縣官吏署置如故，甚非審權救弊之道。

九曰，修軍政以習守戰。自古名將料敵制勝，訓練士卒，故可使赴湯蹈火，百戰不殆。孔子曰：「以不教民戰，是謂棄之。」兵法曰：「器械不利，以其卒與敵也。卒不服習，以其將與敵也。將不知兵，以其主與敵也。主不擇將，以其國與敵也。」可不愼哉。

十曰，修城池以備守禦。保障國家，惟都城與附近數郡耳。北地不守，是無河朔矣，黃河豈足恃哉。

書奏，宣宗異焉。復試之曰：「河北城邑，何術可保？兵民雜居，何道可和？鈔法如何而通？物價如何而平？」炳對大略以審擇守將則城邑固，兵不侵民則兵民和，斂散相權則鈔法通，勸農薄賦則物價平。宣宗雖異其言，而不能用，但補御史臺令史而已。

論曰：劉炳可謂能言之士矣。宣宗召試旣不失對，而以一臺令史賞之，足以倡士氣乎？

术虎高琪或作高乞，西北路猛安人。大定二十七年充護衞，轉十人長，出職河間都總管判官，召爲武衞軍鈐轄，遷宿直將軍，除建州刺史，改同知臨洮府事。

泰和六年，伐宋，與彰化軍節度副使把回海備鞏州諸鎭，宋兵萬餘自鞏州轆轤嶺入，高琪奮擊破之，賜銀百兩、重綵十端。青宜可內附，詔知府事石抹仲溫與高琪俱出界，與青宜可合兵進取。詔高琪曰：「汝年尚少，近聞與宋人力戰奮勇，朕甚嘉之。今與仲溫同行出界，如其成功，高爵厚祿，朕不吝也。」

詔封吳曦爲蜀國王，高琪爲封册使。詔戒諭曰：「卿讀書解事，蜀人亦識威名，勿以財賄動心，失大國體。如或隨去奉職有違禮生事，卿與喬宇體察以聞。」使還，加都統，號平南虎威將軍。

宋安丙遣李孝義率步騎三萬攻秦州，先以萬人圍皂角堡，高琪赴之。宋兵列陣山谷，以武車爲左右翼，伏弩其下來逆戰。旣合，宋兵陽却。高琪軍見宋兵伏不得前，退整陣，宋兵復來。凡五戰，宋兵益堅，不可以得志。高琪分騎爲二，出者戰則止者俟，止者出則戰者還，還者復出以更。久之，遣蒲察桃思剌潛兵上山，自山馳下合擊，大破宋兵，斬首四千級，生擒數百人，李孝義乃解圍去。宋兵三千致馬連寨以窺湫池，遣夾谷福壽擊走之，斬七百餘級。

大安三年，累官泰州刺史，以糺軍三千屯通玄門外。未幾，升縉山縣爲鎭州，以高琪爲防禦使，權元帥右都監，所部糺軍賞賚有差。至寧元年八月，尚書左丞完顏綱將兵十萬行省於縉山，敗績。貞祐初，遷元帥右監軍。閏月，詔高琪曰：「聞軍事皆中覆，得無失機會乎？自今當即行之，朕但責成功耳。」

是月，被詔自鎮州移軍守禦中都迤南，次良鄉不得前，乃還中都。每出戰輒敗，紇石烈執中戒之曰：「汝連敗矣，若再不勝，當以軍法從事。」及出果敗，高琪懼誅。十月辛亥，高琪自軍中入，遂以兵圍執中第，殺執中，持其首詣闕待罪。宣宗赦之，以爲左副元帥，一行將士遷賞有差。丙寅，詔曰：「胡沙虎畜無君之心，形迹露見，不可盡言。武衛副使提點近侍局慶山奴、近侍局使斜烈、直長撒合輦累曾陳奏，方慎圖之。斜烈漏此意於按察判官胡魯，胡魯以告翰林待制訛出，訛出達於高琪，今月十五日將胡沙虎戮訖。惟茲臣庶將恐有疑，肆降札書，不匿厥旨。」論者謂高琪專殺，故降此詔。頃之，拜平章政事。

宣宗論馬政，顧高琪曰：「往歲市馬西夏，今肯市否？」對曰：「木波畜馬甚多，市之可得，括緣邊部落馬，亦不少矣。」宣宗曰：「盡括邊馬，緩急如之何？」閱三日，復奏曰：「河南鎮防二十餘軍，計可得精騎二萬，緩急亦足用。」宣宗曰：「馬雖多，養之有法，習之有時，詳諭所司令加意也。」貞祐二年十一月，宣宗問高琪曰：「所造軍器往往不可用，此誰之罪也？」對曰：「軍器美惡在兵部，材物則戶部，工匠則工部。」宣宗曰：「治之！且將敗事。」宣宗問楊安兒事，高琪對曰：「賊方據險，臣令主將以石牆圍之，勢不得出，擒在旦夕矣。」宣宗曰：「可以急攻，或力戰突圍，我師必有傷者。」

應奉翰林文字完顏素蘭自中都議軍事還，上書求見，乞屏左右。故事，有奏密事輒屏左右。先是，太府監丞游茂以高琪威權太重，中外畏之，常以爲憂，因入見，屏人密奏，請裁抑之。宣宗曰：「既委任之，權安得不重？」茂退不自安，復欲結高琪，詣其第上書曰：「宰相自有體，豈可以此生人主之疑，招天下之議。」恐高琪不相信，復曰：「茂嘗間見主上，實惡相公權重。相公若能用茂，當使上不疑，而下無所議。」高琪聞茂嘗請間屏人奏事，疑之，乃具以聞。游茂論死，詔免死，杖一百，除名。自是凡屏人奏事，必令近臣一人侍立。及素蘭請密，召至近侍局，給筆札，使書所欲言。少頃，宣宗御便殿見之，惟留近侍局直長趙和和侍立。素蘭奏曰：「日者，元帥府議削伯德文哥兵權，朝廷乃詔領義軍。改除之命拒而不受，元帥府方欲討捕，朝廷復赦之，且不令隸元帥府。不知誰爲陛下畫此計者，臣自外風聞皆出平章高琪。」宣宗曰：「汝何以知此事出於高琪？」素蘭曰：「臣見文哥與永清副提控劉溫牒云，差人張希韓至自南京，道副樞平章處分，已奏令文哥隸大名行省，毋遵中都帥府約束。溫卽具言於帥府。然則，文哥與高琪計結，明矣。」上頷之。素蘭復奏曰：「高琪本無勳望，嚮以畏死擅殺胡沙虎，計出於無聊耳。妬賢能，樹黨與，竊弄威權，自作威福。去歲，都下書生樊知一詣高琪，言糺軍不可信，恐生亂。高琪以刀杖決殺之，自是無復敢言軍國利害者。使其黨移剌塔不也爲武寧軍節度使，招糺軍，已而無功，復以爲武衞軍使。以臣觀之，此賊滅亂紀綱，戕害忠良，實有不欲國家平治之意。惟陛下斷然行之，社稷之福也。」宣宗曰：「朕徐思之。」素蘭出，復戒曰：「愼無泄也。」

四年十月，大元大兵取潼關，次嵩、汝間，待闕臺院令史高嶷上書曰：「向者河朔敗績，朝廷不時出應，此失機會一也。及深入吾境，都城精兵無慮數十萬，若效命一戰，必無今日之憂，此失機會二也。旣退之後，不議追襲，此失機會三也。今已度關，不亟進禦，患益深矣。乞命平章政事高琪爲帥，以厭衆心。」不報。御史臺言：「兵踰潼關、崤、澠，〔一〕深入重地，近抵西郊。彼知京師屯宿重兵，不復叩城索戰，但以遊騎遮絕道路，而別兵攻擊州縣，是亦困京師之漸也。若專以城守爲事，中都之危又將見於今日，況公私蓄積視中都百不及一，此臣等所爲寒心也。不攻京城而縱其別攻州縣，是猶火在腹心，撥置于手足之上，均一身也，願陛下察之。請以陝西兵扼拒潼關，與右副元帥蒲察阿里不孫爲掎角之勢，選在京勇敢之將十數人，各付精兵數千，隨宜伺察，且戰且守，復諭河北，亦以此待之。」詔付尚書省，高琪奏曰：「臺官素不習兵，備禦方略，非所知也。」遂寢。高琪止欲以重兵屯駐南京以自固，州郡殘破不復恤也。宣宗惑之，計行言聽，終以自斃。

未幾，進拜尚書右丞相，奏曰：「凡監察有失糾彈者從本法。若人使入國，私通言語，說知本國事情，宿衞、近侍官、承應人出入親王、公主、宰執之家，災傷闕食，體究不實，致傷人命，轉運軍儲，而有私載，及考試舉人關防不嚴者，並的杖。在京犯至兩次者，臺官減監察一等論贖，餘止坐專差者。任滿日議定升降。若任內有漏察之事應的決者，依格雖爲稱職，止從平常，平常者從降罰。」制可。高琪請修南京裏城，宣宗曰：「此役一興，民滋病矣。城雖完固，能獨安乎？」

初，陳言人王世安獻攻取盱眙、楚州策，樞密院奏乞以世安爲招撫使，選謀勇二三人同往淮南，招紅襖賊及淮南宋官。宣宗可其奏，詔泗州元帥府遣人同往。興定元年正月癸未，宋賀正旦使朝辭，宣宗曰：「聞息州透漏宋人，此乃彼界饑民沿淮爲亂，宋人何敢犯我？」高琪請伐之以廣疆土。上曰：「朕但能守祖宗所付足矣，安事外討。」高琪謝曰：「今雨雪應期，皆聖德所致。而能包容小國，天下幸甚，臣言過矣。」四月，遣元帥左都監烏古論慶壽、簽樞密院事完顏賽不經略南邊，尋復下詔罷兵，然自是與宋絕矣。

興定元年十月，右司諫許古勸宣宗與宋議和，宣宗命古草牒，以示宰臣，高琪曰：「辭有哀祈之意，自示微弱不足取。」遂寢。集賢院諮議官呂鑑言：「南邊屯兵數十萬，自唐、鄧至壽、泗沿邊居民逃亡殆盡，兵士亦多亡者，亦以人煙絕少故也。臣嘗比監息州榷場，每場所獲布帛數千匹、銀數百兩，大計布帛數萬匹、銀數千兩，兵興以來俱失之矣。夫軍民有逃亡之病，而國家失日獲之利，非計也。今隆冬冱寒，吾騎得騁，當重兵屯境上，馳書諭之，誠爲大便。若俟春和，則利在於彼，難與議矣。昔燕人獲趙王，趙遣辯士說之，不許，一牧豎請行，趙王乃還。孔子失馬，馭卒得之。人無貴賤，苟中事機，皆可以成功。臣雖不肖，願效牧豎馭卒之智，伏望宸斷。」詔問尚書省。高琪曰：「鑑狂妄無稽，但其氣岸可尚，宜付陝西行省備任使。」制可。十二月，胥鼎諫伐宋，語在鼎傳。高琪曰：「大軍已進，無復可議。」遂寢。

二年，胥鼎上書諫曰：「錢穀之冗，非九重所能兼，天子總大綱，責成功而已。」高琪曰：「陛下法上天行健之義，憂勤庶務，夙夜不遑，乃太平之階也。鼎言非是。」宣宗以南北用兵，深以爲憂，右司諫呂造上章：「乞詔內外百官各上封事，直言無諱。或時召見，親爲訪問。陛下博采兼聽，以盡羣下之情，天下幸甚。」宣宗嘉納，詔集百官議河北、陝西守禦之策。高琪心忌之，不用一言。是時，築汴京城裏城，宣宗問高琪曰：「人言此役恐不能就，如何？」高琪曰：「終當告成，但其濠未及浚耳。」宣宗曰：「無濠可乎？」高琪曰：「苟防城有法，正使兵來，臣等愈得效力。」宣宗曰：「與其臨城，曷若不令至此爲善。」高琪無以對。

高琪自爲宰相，專固權寵，擅作威福，與高汝礪相唱和。高琪主機務，高汝礪掌利權，附己者用，不附己者斥。凡言事忤意，及負材力或與己頡頏者，對宣宗陽稱其才，使幹當於河北，陰置之死地。自不兼樞密元帥之後，常欲得兵權，遂力勸宣宗伐宋。置河北不復爲意，凡精兵皆置河南，苟且歲月，不肯輒出一卒，以應方面之急。

平章政事英王守純欲發其罪，密召右司員外郎王阿里、知案蒲鮮石魯剌、令史蒲察胡魯謀之。石魯剌、胡魯以告尚書省都事僕散奴失不，僕散奴失不以告高琪。英王懼高琪黨與，遂不敢發。頃之，高琪使奴賽不殺其妻，乃歸罪於賽不，送開封府殺之以滅口。開封府畏高琪，不敢發其實，賽不論死。事覺，宣宗久聞高琪姦惡，遂因此事誅之，時興定三年十二月也。尚書省都事僕散奴失不以英王謀告高琪，論死。蒲鮮石魯剌、蒲察胡魯各杖七十，勒停。

初，宣宗將遷南，欲置乣軍于平州，高琪難之。及遷汴，戒象多厚撫此軍，象多輒殺乣軍數人，以至于敗。宣宗末年嘗曰：「壞天下者，高琪、象多也。」終身以爲恨云。

移剌塔不也，東北路猛安人。明昌元年，累官西上閤門使。二年，襲父謀克。泰和伐宋，有功，遙授同知慶州事，權迪列乣詳穩。丁父憂，起復西北路招討判官，改尚輦局使、曹王傅。貞祐二年，遷武寧軍節度使，招徠中都乣軍，無功，平章高琪芘之，召爲武衞軍都指揮使。應奉翰林文字完顏素蘭嘗面奏高琪黨比，語在高琪傳。尋知河南府事，兼副統軍，徙彰化軍節度使。上言：「盡籍山東、河間、大名猛安人爲兵，老弱城守，壯者捍禦。」又言：「河東地險人勇，步兵爲天下冠，可盡調以戍諸隘。」從之。自是河東郡縣屯兵少，不可守矣。改知臨洮府事，兼陝西副統軍。

貞祐三年十一月，破夏兵于熟羊寨。平章高琪率宰臣入賀曰：「塔不也以少敗衆，蓋陛下威德所致。」宣宗曰：「自古興國皆賴忠賢，今茲立功，皆將率諸賢之力也。」乃以塔不也爲勸農使，兼知平涼府事，進階銀青榮祿大夫。四年，伐西夏，攻威、靈、安、會等州。興定元年，知慶陽府事。三年，遷元帥左都監，卒。

論曰：高琪擅殺執中，宣宗不能正其罪，又曲爲之說，以詔臣下。就其事論之，人君欲誅大臣，而與近侍密謀于宮中，已非其道。謀之不密，又爲外臣所知，以告敗軍之將，因殺之以爲說，此可欺後世邪。金至南渡，譬之尫羸病人，元氣無幾。琪喜吏而惡儒，好兵而厭靜，沮遷糺之議，破和宋之謀，正猶繆醫，投以烏喙、附子，祇速其亡耳。使宣宗於擅殺之日，卽能仲大義而誅之，何至誤國如是邪。

校勘記

〔一〕明昌二年太傅徒單克寧薨　「二」原作「元」。按本書卷九章宗紀，「明昌二年正月庚午，太師尚書令淄王徒單克寧薨」。今據改。

〔二〕拜禮部尚書孫卽康鞫治鎬王永中事還奏有詔覆訊　原脫「拜」字，「覆」原作「復」。按本書卷九九孫卽康傳，「永中府傅尉奏永中第四子阿离合懣語涉不軌，詔同簽大睦親府事㝡與卽康鞫之」。「㝡、卽康還奏，詔禮部尚書張暐覆訊」。今據補「拜」字，改「復」爲「覆」。

〔三〕𦐇臣舉暐及兵部侍郎烏古論慶裔　「裔」原作「壽」。按本書卷一〇一烏古論慶壽傳，其年世較晩，歷官亦不合。卷八五永中傳，「詔遣官覆按狀同，再遣禮部尚書張暐、兵部侍郎烏古論慶裔覆之」。今據改。

〔四〕比遣使報哀　「比」上當脫「行簡曰」等字。

〔五〕轉翰林修撰　按上文有「章宗卽位，轉修撰」，不應復出。下文「改禮部侍郎，提點司天臺，直學士，同修史如故」。其「直學士」一官「如故」上無所承，疑「翰林修撰」當作「直學士」。

〔六〕詔書中行之　按「書中」殿本作「中書」。本書卷五五百官志云，「正隆元年罷中書門下省，止置尚書省」。則章宗時不得有「中書」之稱。疑此或爲「尚書省」之誤。

〔七〕若武庫署直長移剌郝自平定州軍事判官召爲典輿副轄　按本書卷九三從憲傳，「泰和八年薨，以右宣徽使移剌都護共喪葬」。「移剌都」與「移剌郝」殆是一人，疑「郝」字誤。

〔八〕既而以議鎬王事有違上意　「鎬」原作「衞」。按本書卷一〇章宗紀，「明昌六年六月丙辰，右諫議大夫賈守謙、右拾遺僕散訛可坐鎬王永中事奏對不實，削官二階，罷之」。今據改。

〔九〕大定三十年　「三十年」原作「三十餘年」。按大定祗二十九年。中州集卷九賈益謙小傳中記此語作「知衞王莫如我，然我聞海陵被弑而世宗皇帝立，大定三十年禁近能暴海陵蟄惡者得美仕」。今據削「餘」字。

〔一〇〕王師屢戰屢衂　「衂」原作「刼」，據殿本改。

〔一一〕兵踰潼關崤澠　「澠」原作「沔」，今改，參見本書卷二五地理志校記〔一九〕。

金史卷一百七

列傳第四十五

高汝礪　張行信

高汝礪字巖夫，應州金城人。登大定十九年進士第，蒞官有能聲。明昌五年九月，章宗詔宰執，舉奏中外可爲刺史者，上親閱闕點注，蓋取兩員同舉者升用之。於是，汝礪自同知絳陽軍節度事起爲石州刺史。承安元年七月，入爲左司郎中。一日奏事紫宸殿，時侍臣皆迴避，上所御涼扇忽墮案下，汝礪以非職不敢取以進。奏事畢，上謂宰臣曰：「高汝礪不進扇，可謂知體矣。」

未幾，擢爲左諫議大夫。以賦調軍須，郡縣有司或不得人，追胥走卒利其事急，規取貨賂，深爲民害，建言「自今若因兵調發，有犯者乞權依『推排受財法』治之，庶使小人有所畏懼」。二年六月，定制，因軍前差發受財者，一貫以下徒二年，以上徒三年，十貫處死，從汝礪之言也。

時遇奏事，臺臣亦令廻避，汝礪乃上言：「國家置諫臣以備侍從，蓋欲周知時政以參得失，非徒使排行就列而已。故唐制，凡中書、門下及三品以上入閤，必遣諫官隨之，俾預聞政事，冀其有所開說。今省臺以下，遇朝奏事則一切廻避，與諸侍衞之臣旅進旅退。殿廷論事初莫得聞，及其已行，又不詳其始末，遂事而諫，斯亦難矣。顧諫職爲何如哉？若曰非材，擇人可也，豈可置之言責而疏遠若此。乞自今以往，有司奏事諫官得以預聞，庶望少補。且修注之職，掌記言動，俱當一體。」上從之。

又言：「年前十月嘗舉行推排之法，尋以踰時而止，誠知聖上愛民之深也。切聞周制，以歲時定民之衆寡，辨物之多少，入其數于小司徒，以施政教，以行徵令，三年則天下大比，按爲定法。伏自大定四年通檢前後，迄今三十餘年，其間雖兩經推排，其浮財物力，惟憑一時小民之語以爲增減，有司惟務速定，不復推究其實。由是豪强有力者符同而幸免，貧弱寡援者抑屈而無訴。況近年以來，邊方屢有調發，貧戶益多。如止循例推排，緣去歲條理已行，人所通知，恐新强之家預爲請囑狡獪之人，冀望至時同辭推唱。或虛作貧乏，故以產業低價質典，及將財物徙置他所，權止營運。如此姦弊百端，欲望物力均一，難矣。欲革斯弊，莫若據實通檢，預令有司照勘大定四年條理，嚴立罪賞，截日立限，關防禁約。其間有可以輕重者斟酌行之，去煩碎而就簡易，戒搔擾而尋鎮靜，使富者不得以苟避，困者有望於少息，則賦稅易辦，人免不均之患矣。」詔尚書省俟邊事息行之。

是歲十月，上諭尚書省，遣官詣各路通檢民力，命戶部尚書賈執剛與汝礪先推排在都兩警巡院，令諸路所差官視以爲法焉。尋爲同知大興府事。四年十二月，爲陝西東路轉運使。泰和元年七月，改西京路轉運使。二年正月，爲北京臨潢府路按察使。四年二月，遷河北西路轉運使。十一月，進中都路都轉運使。

六年六月，拜戶部尚書。時鈔法不能流轉，汝礪隨事上言，多所更定，民甚便之，語在食貨志。上嘉其議，勅尚書省曰：「內外百官所司不同，比應詔言事者不啻千數，俱不達各司利害，汗漫陳說，莫能詳盡。近惟戶部尚書高汝礪，論本部數事，並切事情，皆已行之。其諭內外百司各究利害舉明，若可舉而不即申聞，以致上司舉行者，量制其罰。」

貞祐二年六月，宣宗南遷，次邯鄲，拜汝礪爲參知政事。次湯陰，上聞汴京穀價騰踴，慮扈從人至則愈貴，問宰臣何以處之。皆請命留守司約束，汝礪獨曰：「物價低昂，朝夕或異，然糴多糶少則貴。蓋諸路之人輻湊河南，糴者既多，安得不貴。若禁止之，有物之家皆將閉而不出，商旅轉販亦不復入城，則糴者益急而貴益甚矣。事有難易，不可不知，今少而難得者穀也，多而易致者鈔也，自當先其所難，後其所易，多方開誘，務使出粟更鈔，則穀價自平矣。」〔一〕上從之。

三年五月，朝廷議徙河北軍戶家屬於河南，留其軍守衞郡縣，汝礪言：「此事果行，但便於豪强家耳，貧戶豈能徙。且安土重遷，人之情也。今使盡赴河南，彼一旦去其田園，扶攜老幼，驅馳道路，流離失所，豈不可憐。且所過百姓見軍戶盡遷，必將驚疑，謂國家分別彼此，其心安得不搖。況軍人已去其家，而令護衞他人，以情度之，其不肯盡心必矣。民至愚而神者也，雖告以衞護之意，亦將不信，徒令交亂，俱不得安，此其利害所繫至重。乞先令諸道元帥府、宣撫司、總管府熟論可否，如無可疑，然後施行。」不報。

軍戶既遷，將括地分授之，未有定論，上勅尙書省曰：「北兵將及河南，由是盡起諸路軍戶，共圖保守。今既至矣，糧食所當必與，然未有以處之。可分遣官聚耆老問之，其將益賦，或與之田，二者孰便。」又以諭汝礪。既而所遣官言：「農民並稱，比年以來租賦已重，若更益之，力實不足，不敢復佃官田，願以給軍。」於是汝礪奏：「遷徙軍戶，一時之事也。民佃官田，久遠之計也。河南民地、官田，計數相半。又多全佃官田之家，墳塋、莊井俱在其中。民佃率皆貧民，一旦奪之，何以自活。夫小民易動難安，一時避賦，遂有此言。及其與人，即前日之主今還爲客，能勿悔乎，悔則忿心生矣。如山東撥地時，腴田沃壤盡入勢家，瘠惡者乃付貧戶。無益於軍，而民則有損，至於互相憎疾，今猶未已，前事不遠，足爲明戒。惟當倍益官租，以給軍糧之半，復以係官荒田、牧馬草地量數付之，令其自耕，則百姓免失業之艱，而官司不必爲厲民之事矣。且河南之田最宜麥，今雨澤霑足，正播種之時，誠恐民疑以誤歲計，宜早決之。」上從其請。

尋遷尚書右丞。時上以軍戶地當撥付，使得及時耕墾，而汝礪復上奏曰：「在官荒田及牧馬地，民多私耕者。若候畢功而後撥，量收所得，以補軍儲，則公私俱便。今正藝麥之時，彼知將以與人，必皆棄去，軍戶雖得，亦已逾時，徒成曠廢。乞盡九月然後遣官。」十月，汝礪言：「今河北軍戶徙河南者幾百萬口，人日給米一升，歲率三百六十萬石，半給其直猶支粟三百萬石。河南租地計二十四萬頃，歲徵粟纔一百五十六萬有奇，更乞於經費之外倍徵以給，仍以係官閑田及牧馬地可耕者畀之。」奏可。乃遣右司諫馮開等分詣諸郡就給之，人三十畝，以汝礪總之。既而，括地官還，皆曰：「頃畝之數甚少，且瘠惡不可耕。計其可耕者均以與之，人得無幾，又僻遠處不免徙就之，軍人皆以爲不便。」汝礪遂言於上，詔有司罷之，但給軍糧之半，而半折以實直焉。

四年正月，拜尚書左丞，連上表乞致仕，皆優詔不許。會朝廷議發兵河北，護民芟麥，而民間流言謂官將盡取之。上聞，以問宰職曰：〔三〕「爲之奈何？」高琪等奏：「若令樞密院遣兵居其衝要，鎮遏土寇，仍許收逃戶之田，則軍民兩便。或有警急，軍士亦必盡心。」汝礪曰：「甚非計也。蓋河朔之民所恃以食者惟此麥耳。今已有流言，而復以兵往，是益使之疑懼也。不若聽其自便，令宣撫司禁戢無賴，不致侵擾足矣。逃戶田令有司收之，以充軍儲可也。」乃詔遣戶部員外郎裴滿蒲剌都閱視田數，及訪民願發兵以否，還奏：「臣西由懷、孟，東抵曹、單，麥苗苦亦無多，訊諸農民，往往自爲義軍。臣卽宣布朝廷欲發兵之意，皆感戴而不願也。」於是罷之。

汝礪以數乞致仕不從，乃上言曰：「立非常之功，必待非常之人。今大兵旣退，正完葺闕隘、簡練兵士之時，須得通敏經綸之才預爲籌畫，俾濟中興。伏見尚書左丞兼行樞密副使胥鼎，才擅衆長，身兼數器，乞召還朝省。」不從。時高琪欲從言事者歲閱民田徵租，朝廷將從之。汝礪言：「臣聞治大國者若烹小鮮，最爲政之善喩也。國朝自大定通檢後，十年一推物力，惟其貴簡靜而重勞民耳。今言者請如河北歲括實種之田，計數徵斂，卽是常時通檢，無乃駭人視聽，使之不安乎。且河南、河北事體不同，河北累經劫掠，戶口亡匿，田疇荒廢，差調難依元額，故爲此權宜之法，蓋軍儲不加多，且地少而易見也。河南自車駕巡幸以來，百姓湊集，凡有閑田及逃戶所棄，耕墾殆徧，各承元戶輸租，其所徵斂皆準通推之額，雖軍馬益多，未嘗闕誤，詎宜一槪動擾。若恐豪右蔽匿而逋征賦，則有司檢括亦豈盡實。但嚴立賞罰，許其自首，及聽人告捕，犯者以盜軍儲坐之，地付告者，自足使人知懼，而賦悉入官，何必爲是紛紛也。抑又有大不可者三，如每歲檢括，則夏田春量，秋田夏量，中間雜種亦且隨時量之，一歲中略無休息，民將厭避，耕種失時，或止耕膏腴而棄其餘，則所收仍舊而所輸益少，一不可也。檢括之時，縣官不能家至戶到，里胥得以暗通貨賂，上下其手，虛爲文具，轉失其眞，二不可也。民田與軍田犬牙相錯，彼或陰結軍人以相冒亂，而朝廷止憑有司之籍，儻使臨時少於元額，則資儲闕誤必矣，三不可也。夫朝廷舉事，務在必行，既行而復中止焉，是豈善計哉。」議遂寢。

興定元年十月，上疏曰：「言者請姑與宋人議和以息邊民，切以爲非計。宋人多詐無實，雖與文移往來，而邊備未敢遽撤。備既不撤，則議和與否蓋無以異。或復蔓以浮辭，禮例之外別有求索，言涉不遜，將若之何？或曰『大定間亦嘗先遣使，今何不可』。切謂時殊事異，難以例言。昔海陵師出無名，曲在於我，是以世宗即位，首遣高忠建等報諭宋主，罷淮甸所侵以修舊好。彼隨遣使來，書辭慢易，不復奉表稱臣，願還故疆爲兄弟國。雖其樞密院與我帥府時通書問，而侵軼未嘗已也。既而，征西元帥合喜敗宋將吳璘、姚良輔於德順、原州，右丞相僕散忠義、右副元帥紇石烈志寧敗李世輔于宿州，斬首五萬，兵威大振。世宗謂宰臣曰：『昔宋人言遣使請和，乘吾無備遂攻宿州，今爲我軍大敗，殺戮過當，故不敢復通問。朕哀南北生靈久困于兵，本欲息民，何較細故，其令帥府移書宋人以議和好。』宋果遣使告和，以當時堂堂之勢，又無邊患，竟免其奉表稱臣之禮。今宋棄信背盟，侵我邊鄙，是曲在彼也。彼若請和，於理爲順，豈當先發此議而自示弱耶？恐非徒無益，反招謗侮而已。」

十一月，汝礪言：「臣聞國以民爲基，民以財爲本，是以王者必先愛養基本。國家調發，河南爲重，所徵稅租率常三倍于舊。今省部計歲收通寶不敷所支，乃于民間科歛桑皮故紙錢七千萬貫以補之。近以通寶稍滯，又加兩倍。河南人戶，農民居三之二，今稅租猶多未足，而此令復出，彼不糶所當輸租，則必減其食以應之。夫事有難易，勢有緩急。今急用而難得者芻糧也，出於民力，其來有限，可緩圖。而易爲者鈔法也，行于國家，其變無窮。向者大鈔滯更爲小鈔，小鈔弊改爲寶券，寶券不行易爲通寶，從權制變皆由于上，尙何以煩民爲哉。彼悉力以奉軍儲已患不足，而又添徵通寶，苟不能給，則有逃亡。民逃亡則農事廢，兵食何自而得。有司不究遠圖而貪近效，不固本原而較末節，誠恐軍儲、鈔法兩有所妨。臣非於鈔法不爲意也，非與省部故相違也，但以鈔法稍滯物價稍增之害輕，民生不安軍儲不給之害重耳。惟陛下外度事勢，俯察臣言，特命有司減免，則羣心和悅，而未足之租有所望矣。」

時朝廷以賈仝、苗道潤等相攻不和，〔三〕將分畀州縣、別署名號以處之。汝礪上書曰：

「甚非計也。蓋河北諸帥多本土義軍，一時權爲隊長，亦有先嘗叛亡者，非若素宦於朝，知禮義、識名分之人也。貪暴不法，蓋無足怪。朝廷以時方多故，姑牢籠用之，庶使遺民少得安息。彼互相攻劫則勢寖弱，勢力既弱則朝廷易制。今若分地而與之，州縣官吏得輒署置，民戶稅賦得擅徵收，則地廣者日益强，狹者日益弱。久之，弱者皆併於强，强者之地不可復奪，是朝廷愈難制也。昔唐分河朔地授諸叛將，史臣謂其護養孽萌以成其禍，此可爲今日大戒也。不若姑令行省羈縻和輯，多方牽制使之不得逞。異時邊事稍息，氣力漸完，若輩又何足患哉。」議遂寢。

上嘗謂汝礪曰：「朕每見卿侍朝，恐不任其勞，許坐殿下，而卿終不從何哉？夫君臣相遇貴在誠實，小謹區區朕固不較也。」汝礪以君臣之分甚嚴，不敢奉命。

三年，河南頗豐稔，民間多積粟，汝礪乃奏曰：「國家之務莫重於食，今所在屯兵益衆，而修築新城其費亦廣，若不及此豐年多方營辦，防秋之際或乏軍興。乞於河南州府驗其物價低昂，權宜立式，凡內外四品以下雜正班散官及承廕人，免當儤使監官功酬，或僧道官師德號度牒、寺觀院額等，並聽買之。司縣官有能勸誘輸粟至三千石者，將來注授升本牓首，五千石以上遷官一階，萬石以上升職一等，並注見闕。庶幾人知勸慕，多所收獲。」上從之。

同提舉榷貨司王三錫建議榷油，高琪以用度方急，勸上行之。汝礪上言曰：「古無榷法，自漢以來始置鹽鐵酒榷均輸官，以佐經費。末流至有算舟車、稅間架，其征利之術固已盡矣，然亦未聞榷油也。蓋油者世所共用，利歸於公則害及於民，故古今皆置不論，亦厭苛細而重煩擾也。國家自軍興，河南一路歲入稅租不啻加倍，又有額徵諸錢、橫泛雜役，無非出於民者，而更議榷油，歲收銀數十萬兩。夫國以民爲本，當此之際民可以重困乎。若從三錫議，是以舉世通行之貨爲榷貨，私家常用之物爲禁物，自古不行之法爲良法，切爲聖朝不取也。若果行之，其害有五，臣請言之。河南州縣當立務九百餘所，設官千八百餘員，而胥隸工作之徒不與焉。費既不貲，而又創構屋宇，奪買作具，公私俱擾，殆不勝言。至於提點官司有升降決罰之法，其課一虧必生抑配之弊，小民受病益不能堪，其害一也。夫油之貴賤所在不齊，惟其商旅轉販有無相易，所以其價常平，人易得之。今既設官各有分地，輒相侵犯者有罪，是使貴處常貴而賤處常賤，其害二也。民家日用不能躬自沽之，而轉鬻者增取利息，則價不得不貴，而用不得不難，其害三也。鹽、鐵、酒、醋，公私所造不同，易於分別，惟油不然，莫可辨記。今私造者有刑，捕告者有賞，則無賴輩因之得以誣構良民枉陷於罪，其害四也。油戶所置屋宇、作具，用錢已多，有司按業推定物力，以給差賦。今奪其具、廢其業而差賦如前，何以自活，其害五也。惟罷之便。」上是之，然重違高琪意，乃詔集百官議于尚書省。戶部尚書高夔、工部侍郎粘割荊山、知開封府事溫迪罕二十等二十六人議同高琪，禮部尚書楊雲翼、翰林侍讀學士趙秉文、南京路轉運使趙瑄、吏部侍郎趙伯成、刑部郎中姬世英、右司諫郭著、提舉倉場使時戩皆以爲不可。上曰：「古所不行者而今行之，是又生一事也，其罷之。」

十月，賜金鼎一、重幣三。四年三月，拜平章政事，俄而進拜尚書右丞相，監修國史，封壽國公。五年二月，上表乞致政，不許。九月，上諭汝礪曰：「昨日視朝，至午方罷。卿老矣，不任久立，奏事畢，用寶之際，可先退坐，恐以勞致疾，反妨議政也。」是月，復乞致仕，上諭之曰：「丞相之禮盡矣，然今廷臣誰如丞相者，而必欲求去乎，姑留輔朕可也。」十月，躐遷榮祿大夫，仍諭曰：「丞相數求去，朕以社稷事重，故堅留之。丞相老矣，而官猶未至二品，故特陞兩階。」十二月，上復諭曰：「向朕以卿年老，視朝之日侍立爲勞，令用寶時退坐廊下，而卿違之，復侍立終朝，豈有司不爲設榻耶，卿其勉從朕意。」元光元年四月，汝礪跪奏事，上命起曰：「卿大臣也，所言皆社稷計。朕之責卿惟在盡誠，何事小謹，自今勿復爾也。」

七月，上謂宰臣曰：「昔有言世宗太儉者，或曰不爾則安得廣畜積。章宗時用度甚多，而得不闕乏者，蓋先朝有以遺之也。」汝礪因進言曰：「儉乃帝王大德，陛下言及此，天下福也。」九月，上又謂宰臣曰：「有功者雖有微過亦當貸之，無功者豈可貸耶。然有功者人喜謗議。凡有以功過言於朕者，朕必深求其實，雖近侍爲言不敢輕信，亦未嘗徇一己之愛憎也。」汝礪因對曰：「公生明，偏生暗。凡人多徇愛憎，不合公議。陛下聖明，故能如是耳。」

二年正月，復乞致政，上面諭曰：「今若從卿，始終之道俱盡，於卿甚安，在朕亦爲美事。但時方多故，而朕復不德，正賴舊人輔佐，故未能遂卿高志耳。」汝礪固辭，竟不許，因謂曰：「朕每聞人有所毁譽，必求其實。」汝礪對曰：「昔齊威王封卽墨大夫，烹阿大夫及左右之嘗毁譽者，由是羣臣恐懼，莫敢飾非，齊國大治。陛下言及此，治安可期也。」二月，上以汝礪年高，免朝拜，侍立久則甜于殿下，仍勑有司設榻焉。三月，又乞致仕，復優詔不許。上謂羣臣曰：「人有才堪任事，而處心不正者，終不足貴。」汝礪對曰：「其心不正而濟之以才，所謂虎而翼者也，雖古聖人亦未易知。」上以爲然，他日復謂宰臣曰：「凡人處心善良而行事忠實，斯爲難得。若言巧心僞，亦復何用。然善良者，人又多目爲平常。」汝礪對曰：「人材少全，亦隨其所長取之耳。」上然之。五月，上問宰執以修完京城樓櫓事，汝礪奏：「所用皆大木，顧今難得，方令計置。」上曰：「朕宮中別殿有可用者卽用之。」汝礪對以不宜毁，上曰：「所居之外，毁亦何害，不愈於勞民遠致乎。」

哀宗初卽位，諫官言汝礪欺君固位，天下所共嫉，宜黜之以厲百官。哀宗曰：「昔惠帝言，我不如高帝，當守先帝法耳。汝礪乃先帝立以爲相者，又可黜歟。」又有投匿名書云：「高某不退當殺之。」汝礪因是告老，優詔不許。正大元年三月，薨，年七十一，配享宣宗廟。

爲人愼密廉潔，能結人主知，然規守格法，循嘿避事，故爲相十餘年未嘗有譴訶。貪戀不去，當時士論頗以爲譏云。

張行信字信甫，先名行忠，〔四〕避莊獻太子諱，改焉。行簡弟也。登大定二十八年進士第，累官銅山令。明昌元年，以廉擢授監察御史。泰和三年，同知山東西路轉運使，俄簽河東路按察司事。四年四月，召見于泰和殿，行信因言二事，一依舊移轉吏目以除民害，一徐、邳地下宜麥，稅粟許納麥以便民。上是其言，令尚書省議行之。

崇慶二年，爲左諫議大夫。時胡沙虎已除名爲民，賂遺權貴，將復進用。舉朝無敢言者，行信乃上章曰：「胡沙虎殘忍凶悖，跋扈强梁，媚結近習，以圖稱譽。自其廢黜，士庶莫不忻悅。今若復用，惟恐爲害更甚前日，況利害之機更有大於此者。」書再上，不報。及胡沙虎弑逆，人甚危之，行信坦然不顧也。

是歲九月，宣宗卽位，改元貞祐。行信以皇嗣未立，無以係天下之望，上疏曰：「自古人君卽位，必立太子以爲儲副，必下詔以告中外。竊見皇長子每遇趨朝，用東宮儀衞，及至丹墀，還列諸王班。況已除侍臣，而今未定其禮，可謂名不正言不順矣。昔漢文帝元年，首立子啓爲太子者，所以尊祖廟、重社稷也。願與大臣詳議，酌前代故事，早下明詔，以定其位，愼選宮僚，輔成德器，則天下幸甚。」上嘉納之。

胡沙虎誅，上封事言正刑賞，辭載胡沙虎傳。又言：「自兵興以來，將帥甚難其人，願陛下令重臣各舉所知，才果可用，卽賜召見，褒顯獎諭，令其自效，必有奮命報國者。昔李牧爲趙將，軍功爵賞皆得自專，出攻入守不從中覆，遂能北破大敵，西抑强秦。今命將若不以文法拘繩、中旨牽制，委任責成，使得盡其智能，則克復之功可望矣。」上善其言。時方擢任王守信、賈耐兒者爲將，皆鄙俗不材、不曉兵律，行信懼其誤國，上疏曰：「易稱『開國承家，小人勿用』。聖人所以垂戒後世者，其嚴如此。今大兵縱橫，人情恟懼，應敵興理非賢智莫能。狂子庸流，猥蒙拔擢，參預機務，甚無謂也。」於是，上皆罷之。

權元帥右都監內族訛可率兵五千護糧通州，遇兵輒潰，行信上章曰：「御兵之道，無過賞罰，使其臨敵有所慕而樂於進，有所畏而不敢退，然後將士用命而功可成。若訛可敗衄，宜明正其罪，朝廷寬容，一切不問，臣恐御兵之道未盡也。」詔報曰：「卿意具悉，訛可等已下獄矣。」

時中都受兵，方遣使請和，握兵者畏縮不敢戰，曰「恐壞和事」。行信上言：「和與戰二事本不相干，奉使者自專議和，將兵者惟當主戰，豈得以和事爲辭。自崇慶來，皆以和誤，若我軍時肯進戰，稍挫其鋒，則和事成也久矣。頃北使旣來，然猶破東京，略河東。今我使方行，將帥輒按兵不動，於和議卒無益也。事勢益急，芻糧益艱，和之成否，蓋未可知，豈當閉門坐守以待斃哉。宜及士馬尚壯，擇猛將銳兵，防衞轉輸，往來拒戰，使之少沮，則附近蓄積皆可入京師，和議亦不日可成矣。」上心知其善而不能行。

二年三月，以朝廷括糧恐失民心，上書言：「近日朝廷令知大興府胥鼎便宜計畫軍食，鼎因奏許人納粟買官。既又遣參知政事奧屯忠孝括官民糧，戶存兩月，餘悉令輸官，酬以爵級銀鈔。時有粟者或先具數于鼎，未及入官。忠孝復欲多得以明己功，凡鼎所籍者不除其數，民甚苦之。今米價踴貴，無所從糴，民糧止兩月又奪之，將不獨歸咎有司，亦怨朝廷不察也。大兵在邇，人方危懼，若復無聊，或生他變，則所得不償所損矣。」上深善其言，卽命與近臣往審處焉。仍諭忠孝曰：「極知卿盡心于公，然國家本欲得糧，今既得矣，姑從人便可也。」四月，遷山東東路按察使，兼轉運使，仍權本路宣撫副使。將行，求入見，上御便殿見之。奏曰：「臣伏見奧屯忠孝飾詐不忠，臨事慘刻，與胡沙虎爲黨。」歷數其罪，且曰：「無事時猶不容一相非才，況今多故，可使斯人與政乎？願卽罷之。」上曰：「朕始卽位，進退大臣自當以禮，卿語其親知，諷令求去可也。」行信以告右司郎中把胡魯白忠孝，忠孝不恤也。

三年二月，改安武軍節度使，兼冀州管內觀察使。始至，卽上書言四事，其一曰：「楊安兒賊黨旦暮成擒，蓋不足慮。今日之急，惟在收人心而已。向者官軍討賊，不分善惡，一概誅夷，劫其資產，掠其婦女，重使居民疑畏，逃聚山林。今宜明勑有司，嚴爲約束，毋令劫掠平民。如此則百姓無不安之心，姦人誑脅之計不行，其勢漸消矣。」其二曰：「自兵亂之後，郡縣官豪，多能糾集義徒，摧擊土寇，朝廷雖授以本處職任，未幾遣人代之。夫舊者人所素服，新者未必皆才，緩急之間，啓釁敗事。自今郡縣闕員，乞令尚書省選人擬注。其舊官，民便安者宜就加任使，如資級未及，令攝其職，待有功則正授。庶幾人盡其才，事易以立。」其三曰：「掌軍官敢進戰者十無一二，其或有之，即當責以立功，不宜更授他職。」其四曰：「山東軍儲皆鬻爵所獲，及或持勑牒求仕，選曹以等級有不當鬻者往往駁退。夫鬻所不當，有司罪也，彼何責焉。況海岱重地，羣寇未平，田野無所收，倉廩無所積，一旦軍餉不給，復欲鬻爵，其誰信之。」朝廷多用其議。八月，召爲吏部尚書。九月，改戶部尚書。十二月，轉禮部尚書，兼同修國史。

四年二月，爲太子少保，兼前職。時尚書省奏：「遼東宣撫副使完顏海奴言，參議官王澮嘗言，本朝紹高辛，黃帝之後也。昔漢祖陶唐，唐祖老子，皆爲立廟。我朝迄今百年，不爲黃帝立廟，無乃愧於漢、唐乎。」又云：「本朝初興，旗幟尚赤，其爲火德明矣。主德之祀，闕而不講，亦非禮經重祭祀之意。臣聞於澮者如此，乞朝廷議其事。」詔問有司，行信奏曰：

「按始祖實錄止稱自高麗而來，未聞出於高辛。今所據欲立黃帝廟，黃帝高辛之祖，借曰紹之，當爲木德，今乃言火德，亦何謂也。況國初太祖有訓，因完顏部多尚白，又取金之不變，乃以大金爲國號，未嘗議及德運。近章宗朝始集百僚議之，而以繼亡宋火行之絕，定爲土德，以告宗廟而詔天下焉。顧滄所言特狂妄者耳。」上是之。

八月，上將祔享太廟，詔依世宗十六拜之禮。行信與禮官參定儀注，上言宜從四十四拜之禮，上嘉納焉，語在禮志。祭畢，賜行信寶券二萬貫、重幣十端，諭之曰：「太廟拜禮，朕初欲依世宗所行，卿進奏章，備述隨室讀祝，殊爲中理。向非卿言，朕幾失之，故特以是旌賞，自今每事更宜盡心。」是年十二月，行信以父暐卒，去官。

興定元年三月，起復舊職，權參知政事。六月，眞拜參知政事。時高琪爲相，專權用事，惡不附己者，衣冠之士動遭窘辱，惟行信屢引舊制力抵其非。會宋兵侵境，朝廷議遣使詳問，高琪等以爲失體，行信獨上疏曰：「今以遣使爲不當，臣切惑之。議者不過曰：『遣使則爲先示弱，其或不報，報而不遜，則愈失國體。』臣獨以爲不然。彼幸吾釁隙，數肆侵掠，邊臣以兵却之復來，我大國不責以辭而敵以兵，茲非示弱乎。至於問而不報，報而不遜，曲自在彼，何損於我。昔大定之初，彼嘗犯順，世宗雖遣丞相烏者行省于汴，實令元帥撒合輦先爲辭詰之，彼遂伏罪。其後宋主奪取國書，朝廷復欲加兵，丞相婁室獨以爲不可，及刑部尙書梁肅銜命以往，尋亦屈焉。在章宗時，猖狂最甚，猶先理問而後用兵。然則遣使詳問正國家故事，何失體之有。且國步多艱，戍兵滋久，不思所以休息之，如民力何。臣書生無甚高論，然事當機會，不敢不罄其愚，惟陛下察之。」上復令尙書省議，高琪等奏：「行信所言固遵舊制，然今日之事與昔不同。」詔姑待之。已而，高汝礪亦上言先遣使不便，議遂寢，語在汝礪傳。

時監察御史多被的決，行信乃上言曰：「大定間，監察坐罪大抵收贖，或至奪俸，重則外降而已，間有的決者皆有爲而然。當時執政程輝已嘗面論其非是，又有勅旨，監察職主彈劾，而或看循者，非謂凡失察皆然也。近日無問事之大小、情之輕重，一概的決，以爲大定故實、先朝明訓，過矣。」於是詔尙書省更定監察罪名制。

史舘修章宗實錄，尙書省奏：「舊制，凡修史，宰相執政皆預焉。然女直、漢人各一員。崇慶中，既以參知政事梁瑾兼之，復命翰林承旨張行簡同事，蓋行簡家學相傳，多所考據。今修章宗實錄，左丞汝礪已充兼修，宜令參知政事行信同修如行簡例。」制可。

二年二月，出爲彰化軍節度使，兼涇州管內觀察使，諭之曰：「初，朕以朝臣多稱卿才，乃令參決機務。而廷議之際，每不據正，妄爲異同，甚非爲相之道。復聞邇來殊不以幹當爲意，豈欲求散地故耶。今授此職，卿宜悉之。」初，內族合周避敵不擊，且詭言密奉朝旨，下獄當誅。諸皇族多抗表乞從末減，高琪以爲自古犯法無告免者，行信獨曰：「事無古今，但合周平昔忠孝，或可以免。」又以行信族弟行貞居山東，受紅襖賊僞命，樞密院得宋人書，有干涉行信事，故出之。其子莒，時爲尚書省令史，亦命別加注授焉。

初，行信言：「今法，職官論罪，多從的決。伏見大定間世宗勅旨，職官犯故違聖旨，徒年、杖數並的決。然其後三十餘年，有司論罪，未嘗引用，蓋非經久爲例之事也。乞詳定之。」行信既出，上以其章付尚書省。至是，宰臣奏：「自今違奏條之所指揮、及諸條格，當坐違制旨者，其徒年、杖數論贖可也。特奉詔旨違者，依大定例。」制可。行信去未久，上嘗諭宰臣曰：「自張行信降黜，卿等遂緘默，此殊非是。行信事，卿等具知，豈以言之故耶。自今宜各盡言，毋復畏忌。」

行信始至涇，卽上書曰：「馬者甲兵之本，方軍旅未息，馬政不可緩也。臣自到涇，聞陝右豪民多市於河州，轉入內地，利蓋百倍。及見省差買馬官平涼府判官烏古論桓端市于洮州，以銀百鋌幾得馬千疋，云生羌木波諸部蕃族人戶畜牧甚廣。蓋前所遣官或抑其直，或以勢陵奪，遂失其和，且常患銀少，所以不能多得也。又聞蕃地今秋薄收，鬻馬得銀輒以易粟。冬春之交必艱食，馬價甚低。乞令所司輦銀粟于洮、河等州，選委知蕃情、達時變如桓端者貿易之。若捐銀萬兩，可得良馬千疋，機會不可失，惟朝廷亟圖之。」

又曰：「比者沿邊戰士有功，朝廷遣使宣諭，賜以官賞，莫不感戴聖恩，願出死力，此誠得激勸之方也。然賵遺使者或馬或金，習以爲常，臣所未諭也。大定間，嘗立送宣禮，自五品以上各有定數，後竟停罷。況今時務與昔不同，而六品以下及止遷散官者，亦不免饋獻，或莫能辦，則歛所部以應之，至有因而獲罪者。彼軍士效死立功，僅蒙恩賞，而反以饋獻爲苦，是豈朝廷之意哉。乞令有司依大定例，參以時務，明立等夷，使取予有限，無傷大體，則上下兩得矣。」

又曰：「近聞保舉縣令，特增其俸，此朝廷爲民之善意也。然自關以西，尚未有到任者，遠方之民不能無望，豈舉者猶寡，而有所不敷耶。乞詔內外職事官，益廣選舉，以補其闕，使天下均受其賜。且丞、簿、尉亦皆親民，而獨不增俸，彼既不足以自給，安能禁其侵牟乎。或謂國用方闕，不宜虛費，是大不然。夫重吏祿者，固使之不擾民也，民安則國定，豈爲虛費。誠能裁減冗食，不養無用之人，亦何患乎不足。今一軍充役，舉家廩給，軍既物故，給其子弟，感悅士心，爲國盡力耳。至於無男丁而其妻女猶給之，此何謂耶？自大駕南巡，存贍者已數年，張頤待哺，以困農民。國家糧儲常患不及，顧乃久養此老幼數千萬口，冗食虛費，正在是耳。如卽罷之，恐其失所，宜限以歲月，使自爲計，至期而罷，復將何辭。」上多採納焉。

元光元年正月，遷保大軍節度使，兼鄜州管內觀察使。二月，改靜難軍節度使，兼邠州管內觀察使。未幾，致仕。哀宗卽位，徵用舊人，起爲尙書左丞，言事稍不及前，人望頗減。尋復致仕家居，惟以抄書敎子孫爲事，葺園池汴城東，築亭號「靜隱」，時時與侯摯輩游詠其間。正大八年二月乙丑，薨于嵩山崇福宮，年六十有九。初遊嵩山，嘗曰：「吾意欲主此山」，果終于此。

爲人純正眞率，不事修飾，雖兩登相位，殆若無官然。遇事輒發，無所畏避，每奏事上前，旁人爲動色，行信處之坦如也。及薨之日，雖平昔甚娼忌者，亦曰正人亡矣。初至汴，父暐以御史大夫致仕猶康健，兄行簡爲翰林學士承旨，行信爲禮部尙書，諸子姪多中第居官，當世未之有也。

贊曰：高汝礪褆身淸愼，練達事宜，久居相位，雖爲大夫士所鄙，而人主寵遇不衰。張行信礪志謇諤，言無避忌，然一箚政塗，便多坎壈，及其再用，論事稍不及前，豈以汝礪爲眞可法耶。宣宗伐宋本非萬全之策，行信諫，汝礪不諫，又沮和議。胡沙虎之惡未著，行信兩疏擊之。汝礪與高琪共事，人疑其黨附。優劣可槪見於斯矣。

校勘記

〔一〕則穀價自平矣　「則」原作「例」，據文義改。

〔二〕以問宰職曰　「職」似當作「執」。

〔三〕時朝廷以賈仝苗道潤等相攻不和　「仝」原作「全」。按本書卷一一八苗道潤傳，「既而道潤與賈仝、賈瑀互相攻擊，詔道潤、賈仝、王福、武仙、賈瑀分畫各路元帥府控制之」。又同卷郭文振傳，「興定元年，詔文振接應苗道潤恢復中都，會道潤與賈仝相攻而止」。皆作「賈仝」。今據改。

〔四〕先名行忠　按「行忠」中州集壬集小傳作「行中」。

金史卷一百八

列傳第四十六

胥鼎　侯摯　把胡魯　師安石

胥鼎字和之，尚書右丞持國之子也。大定二十八年擢進士第，入官以能稱，累遷大理丞。承安二年，持國卒，去官。四年，尚書省起復爲著作郎。上曰：「鼎故家子，其才如何？」宰臣奏曰：「爲人甚幹濟。」上曰：「著作職閑，緣今無他闕，姑授之。」未幾，遷右司郎中，轉工部侍郎。泰和六年，鼎言急遞鋪轉送文檄之制，上從之，時以爲便。至寧初，中都受兵，由戶部尚書拜參知政事。

貞祐元年十一月，出爲泰定軍節度使，兼兗州管內觀察使，未赴，改知大興府事，兼中都路兵馬都總管。二年正月，鼎以在京貧民闕食者衆，宜立法振救，乃奏曰：「京師官民有能贍給貧人者，宜計所贍遷官升職，以勸奬之。」遂定權宜鬻恩例格，如進官升職、丁憂人許應舉求仕、官監戶從良之類，入粟草各有數，全活甚衆。四月，拜尚書右丞，仍兼知府事。五月，宣宗將南渡，留爲汾陽軍節度使，兼汾州管內觀察使。十一月，改知平陽府事，兼河東南路兵馬都總管，權宣撫使。

三年四月，建言利害十三事，若積軍儲、備黃河、選官讞獄、簡將練卒、鈔法、版籍之類，上頗採用焉。又言：「平陽歲再被兵，人戶散亡，樓櫓修繕未完，衣甲器械極少，庾廩無兩月食。夏田已爲兵蹂，復不雨，秋種未下。雖有復業殘民，皆老幼，莫能耕種，豈足徵求。比聞北方劉伯林聚兵野狐嶺，將深入平陽、絳、解、河中，遂抵河南。戰禦有期，儲積未備，不速錯置，實關社稷生靈大計。乞降空名宣勅一千、紫衣師德號度牒三千，以補軍儲。」上曰：「鼎言是也，有司其如數亟給之。」

七月，就拜本路宣撫使，兼前職。朝廷欲起代州戍兵五千，鼎上言：「嶺外軍已皆南徙，代爲邊要，正宜益兵保守，今更損其力，一朝兵至，何以待之。平陽以代爲藩籬，豈可撤去。」尚書省奏宜如所請，詔從之。又言：「近聞朝廷令臣清野，切謂臣所部乃河東南路，太原則北路也，大兵若來，必始於北，故清野當先北而後南。況北路禾稼早熟，其野既清，兵無所掠，則勢當自止。不然，南路雖清，而穀草委積於北，是資兵而召之南也。臣已移文北路宣撫司矣，乞更詔諭之。」既而大兵果出境，賜詔獎諭曰：「卿以文武之才，膺兵民之寄，往鎭方面，式固邊防，坐釋朕憂，孰如卿力。益懋忠勤之節，以收綏靜之功，仰副予心，嗣有後寵。」尋以能設方略退兵，進官一階。

十月，鼎上言：「臣所將義軍，皆從來背本趨末、勇猛兇悍、盜竊亡命之徒，苟無訓練統攝官以制之，則朋聚黨植，無所不至。乞許臣便宜置總領義軍使、副及彈壓，仍每五千人設訓練一員，不惟預爲防閑，使有畏忌，且令武藝精熟，人各爲用。」上從之。

四年正月，大兵略霍、吉、隰三州，已而步騎六萬圍平陽，急攻者十餘日，鼎遣兵屢却之，且上言：「臣以便宜立官賞，預張文牓，招還脅從人七千有奇，續至者又六千餘，俱令復業。竊謂凡被俘未歸者，更宜多方招誘，已歸者所居從便，優加存恤，無致失所。」制可。二月，拜樞密副使，權尚書左丞，行省于平陽。時鼎方抗表求退，上不許，因進拜焉，且遣近侍諭曰：「卿父子皆朕所知，向卿執政時，因有人言，遂以河東事相委，果能勉力以保無虞。方國家多難，非卿孰可倚者。卿退易耳，能勿慮社稷之計乎。今特授卿是任，咫尺防秋，更宜悉意。」

時河南粟麥不令興販渡河，鼎上言曰：「河東多山險，平時地利不遺，夏秋荐熟，猶常藉陝西、河南通販物斛。況今累值兵戎，農民寖少，且無雨雪，闕食爲甚。又解州屯兵數多，糧儲僅及一月。伏見陝州大陽渡、河中大慶渡皆邀阻粟麥，不令過河，臣恐軍民不安，或生內患。伏望朝廷聽其輸販，以紓解州之急。」從之。

又言：「河東兵革之餘，疲民稍復，然丁牛既少，莫能耕稼，重以亢旱蝗螟，而餽餉所須，徵科頗急，貧無依者俱已乏食，富戶宿藏亦爲盜發，蓋絕無而僅有焉，其憔悴亦已甚矣。有司宜奉朝廷德意，以謀安集，而潞州帥府遣官於遼、沁諸郡搜括餘粟，懸重賞誘人告訐，州縣憚帥府，鞭箠械繫，所在騷然，甚可憐憫。今大兵既去，惟宜汰冗兵，省浮費，招集流亡，勸督農事。彼不是務，而使瘡痍之民重罹茲苦，是兵未來而先自弊也。願朝廷亟止之，如經費果闕，以恩例勸民入粟，不猶愈於强括乎。」又言：「霍州回牛、鳳棲嶺諸阸，戍卒幾四千。今兵既去而農事方興，臣乞量留偵候，餘悉遣歸，有警復徵。既休民力，且省縣官，萬一兵來，亦足禦遏。舉一事而獲二利，臣敢以爲請。」詔趣行之。

又言：「河東兩路農民寖少，而兵戍益多，是以每歲糧儲常苦不繼。臣切見潞州元帥府雖設鬻爵恩例，然條目至少，未盡勸誘之術，故進獻者無幾。宜增益其條，如中都時，仍許各路宣撫司俱得發賣，庶幾多獲貯儲，以濟不給。」於是尚書省更定制奏行焉。

又言：「交鈔貴於通流，今諸路所造不敷所出，苟不以術收之，不無闕誤。宜從行省行部量民力徵歛，以裨軍用。河中宣撫司亦以寶券所支已多，民不貴，乞驗民貧富徵之。雖然，陝西若一體徵收，則彼中所有日湊于河東，其與不歛何異。又河北寶券以不許行于河南，由是愈滯，將誤軍儲而啓釁端。」時以河北寶券商旅齎販南渡，致物價翔貴，權限路分行用，因鼎有言，罷之。

又言：「比者朝廷命擇義軍爲三等，臣即檄所司，而潞帥必蘭阿魯帶言：『自去歲初置帥府時已按閱本軍，去其冗者。部分既定，上下既親，故能所向成功。此皆血戰之餘，屢試可者。且又父子兄弟自相赴援，各顧其家，心一而力齊，勢不可離。今必析之，將互易而不相諳矣。國家糧儲常恐不繼，豈容僥冒，但本府兵不至是耳。況潞州北即爲異境，日常備戰，事務方殷，而分別如此，彼居中下者皆將氣挫心懈而不可用，慮恐因得測吾虛實。且義軍率皆農民，已各散歸田畝，趨時力作。若徵集之，動經旬日，農事廢而歲計失矣。乞從本府所定，無輕變易。』臣切是其言。」時阿魯帶奏亦至，詔遂許之。

又言：「近偵知北兵駐同、耀，窺慮梗吾東西往來之路，遂委河中經略使陀滿胡土門領軍赴援。今兵勢將叩關矣，前此臣嘗奏聞，北兵非止欲攻河東、陝西，必將進取河南。雖已移文陝州行院及陝西鄰境，俱令設備，恐未即遵行。乞詔河南行院統軍司，議所以禦備之策。」上以示尚書省，宰臣奏：「兵已踰關，惟宜嚴責所遣帥臣趣迎擊之，及命鼎益兵渡河以掣其肘。」制可。既而鼎聞大兵已越關，乃急上章曰：「臣叨蒙國恩擢列樞府，凡有戎事，皆當任之。今入河南，〔一〕將及畿甸，豈可安據一方，坐視朝廷之急，而不思自奮以少寬陛下之憂乎。去歲頒降聖訓，以向者都城被圍四方無援爲恨，明勑將帥，若京師有警，卽各提兵奔赴，其或不至自有常刑。臣已奉詔，先遣潞州元帥左監軍必蘭阿魯帶領軍一萬，孟州經略使徒單百家領兵五千，由便道濟河以趨關、陝，臣將親率平陽精兵直抵京師，與王師相合。」又奏曰：「京師去平陽千五百餘里，儻俟朝廷之命方圖入援，須三旬而後能至，得無失其機耶。臣以身先士卒倍道兼行矣。」上嘉其意，詔樞府督軍應之。

初，鼎以將率兵赴援京師，奏乞委知平陽府事王質權元帥左監軍，同知府事完顏僧家奴權右監軍，以鎭守河東，從之。至是，鼎拜尚書左丞，兼樞密副使。是時，大兵已過陝州，自關以西皆列營柵，連亙數十里。鼎慮近薄京畿，遂以河東南路懷、孟諸兵合萬五千，由河中入援，又遣遙授河中府判官僕散掃吾出領軍趨陝西，併力禦之。且慮北兵扼河，移檄絳、解、吉、隰、孟州經略司，相與會兵以爲夾攻之勢。已而北兵果由三門、集津北渡而去。

鼎復上言：「自兵興以來，河北潰散軍兵、流亡人戶，及山西、河東老幼，俱徙河南。〔三〕在處僑居，各無本業，易至動搖。竊慮有司妄分彼此，或加迫遣，以致不安。今兵日益盛，將及畿甸，儻復誘此失職之衆使爲鄉導，或驅之攻城，豈不益資其力。乞朝廷遣官撫慰，及令所司嚴爲防閑，庶幾不至生釁。」上從其計，遣監察御史陳規等充安撫捕盜官，巡行郡邑。大兵還至平陽，鼎遣兵拒戰，不利乃去。

興定元年正月，上命鼎選兵三萬五千，付陀滿胡土門統之西征。至是，鼎馳奏以爲非便，略曰：「自北兵經過之後，民食不給，兵力未完。若又出師，非獨饋運爲勞，而民將流亡，愈至失所。或宋人乘隙而動，復何以制之，此繫國家社稷大計。方今事勢，止當禦備南邊，西征未可議也。」遂止。是月，進拜平章政事，封莘國公。又上奏曰：「臣近遣太原、汾、嵐官軍以備西征，而太原路元帥左監軍烏古論德升以狀白臣，甚言其失計。臣愚以爲德升所言可取，敢具以聞。」詔付尚書省議之，語在德升傳。〔三〕三月，鼎以祖父名章，乞避職，詔不從。

朝廷詔鼎舉兵伐宋，且令勿復有言以沮成算。鼎已分兵由秦、鞏、鳳翔三路並進，乃上書曰：「竊懷愚懇，不敢自默，謹條利害以聞。昔泰和間，蓋嘗南伐，時太平日久，百姓富庶，馬蕃軍銳，所謂萬全之舉也，然猶亟和，以偃兵爲務。大安之後，北兵大舉，天下騷然者累年，然軍馬氣勢視舊纔十一耳。至于器械之屬亦多損弊，民間差役重繁，寖以疲乏，而日勤師旅，遠近動搖，是未獲一敵而自害者衆，其不可一也。今歲西北二兵無入境之報，此非有所憚而不敢也，意者以去年北還，姑自息養，不然則別部相攻，未暇及我。如聞王師南征，乘隙併至，雖有潼關、大河之險，殆不足恃，則三面受敵者首尾莫救，得無貽後悔乎？其不可二也。凡兵雄于天下者，必其士馬精强，器械犀利，且出其不備而後能取勝也。宋自泰和再修舊好，練兵峙糧，繕修營壘，十年于茲矣。又車駕至汴益近宋境，彼必朝夕憂懼，委曲爲防。況聞王師已出唐、鄧，必徙民渡江，所在清野，止留空城，使我軍無所得，徒自勞費，果何益哉？其不可三也。宋我世讎，比年非無恢復舊疆、洗雪前恥之志，特畏吾威力，不能窺其虛實，故未敢輕舉。今我軍皆山西、河北無依之人，或招還逃軍，脅從歸國，大抵以烏合之衆，素非練習，而遽使從戎，豈能保其決勝哉。雖得其城，內無儲蓄，亦何以守。以不練烏合之軍，深入敵境，進不得食，退無所掠，將復遁逃嘯聚爲腹心患，其不可四也。發兵進討，欲因敵糧，此事不可必者。隨軍轉輸，則又非民力所及。沿邊人戶雖有恒產，而賦役繁重，不勝困憊。又凡失業寓河南者，類皆衣食不給。貧窮之迫，盜所由生，如宋人陰爲招募，誘以厚利，使爲鄉導，伺我不虞突而入寇，則內有叛民，外有勍敵，未易圖之，其不可五也。今春事將興，若進兵不還，必違農時，以誤防秋之用，此社稷大計，豈特疆場利害而已哉，其不可六也。臣愚以爲止當遴選材武將士，分布近邊州郡，敵至則追擊，去則力田，以廣儲蓄。至于士氣益强，民心益固，國用豐饒，自可恢廓先業，成中興之功，一區區之宋何足平乎。」詔付尚書省，宰臣以爲諸軍既進，無復可議，遂寢。

既而元帥承裔等取宋大散關，上諭鼎曰：「所得大散關，可保則保，不可則焚毀而還。」於是鼎奏：「臣近遣官問諸帥臣，皆曰散關至蕎關諸隘，其地遠甚，中間堡壘相望，如欲分屯非萬人不可。而又有恒州、虢縣所直數關，宋兵皆固守如舊，緩急有事當復分散關之兵。

餘衆數少必不能支，而鳳翔、恒、隴亦無應援，恐兩失之。且比年以來，民力困於調度，今方春農事已急，恐妨耕墾，不若焚毁此關，但屯邊隘以張其勢，彼或來侵，互相應援易爲力也。」制可。

二年四月，鼎乞致仕，上遣近侍諭曰：「卿年旣耄，朕非不知，然天下事方有次第，卿舊人也，姑宜勉力以終之。」鼎以宣宗多親細務，非帝王體，乃上奏曰：「天下之大，萬機之衆，錢穀之冗，非九重所能兼，則必付之有司，天子操大綱、責成功而已，況今多故，豈可躬親細務哉？惟陛下委任大臣，坐收成算，則恢復之期不遠矣。」上覽其奏不悅，謂宰臣曰：「朕惟恐有怠，而鼎言如此何耶？」高琪奏曰：「聖主以宗廟社稷爲心，法上天行健之義，憂勤庶政，夙夜不遑，乃太平之階也。鼎言非是。」上喜之。

三年正月，上言：「沿邊州府官旣有減定資歷月日之格，至于掌兵及守禦邊隘者，征行暴露，備歷艱險，宜一體減免，以示激勸。」從之。二月，上言：「近制，軍前立功犯罪之人，行省、行院、帥府不得輒行誅賞。夫賞由中出則恩有所歸，茲固至當。至于部分犯罪，主將不得施行，則下無所畏而令莫得行矣。」宰臣難之，上以問樞密院官，對如鼎言，乃下詔，自今四品以下皆得裁決。

時元帥內族承裔、移剌粘何伐宋，所下城邑多所焚掠，於是鼎上言：「承裔等奉詔宣揚國威，所謂『弔民伐罪』者也。今大軍已克武休，將至興元。興元乃漢中、西蜀喉衿之地，乞諭帥臣，所得城邑姑無焚掠，務慰撫之。誠使一郡帖然，秋毫不犯，則其餘三十軍，將不攻自下矣。若拒王師，乃宜有戮。」上甚是其言，遂詔諭承裔。鼎以年老屢上表求致仕，上謂宰臣曰：「胥鼎以老求退，朕觀其精力未衰，已遣人往慰諭之。鼎嘗薦把胡魯，以爲過己遠甚，欲以自代。胡魯固佳，至于駕馭人材，處決機務，不及鼎多矣。」俄以伐宋有功，遷官一階。

八月，上言：「臣奉詔兼節制河東，近晉安帥府令百里內止留桑棗果木，餘皆伐之。方今秋收，乃爲此舉以奪其事，既不能禦敵而又害民，非計也。且一朝警急，其所伐木豈能盡去，使不資敵乎。他木雖伐，桑棗舍屋獨非木乎，此殆徒勞。臣已下帥府止之，而左都監完顏閭山乃言嘗奉旨清野，臣不知其可。」詔從鼎便宜規畫。是時，大元兵大舉入陝西，鼎多料敵之策，朝臣或中沮之，上諭樞密院官曰：「胥鼎規畫必無謬誤，自今卿等不須指授也。」尋又遣諭曰：「卿專制方面，凡事得以從宜規畫，又何必一一中覆，徒爲逗遛也。」

四年，進封溫國公，致仕，詔諭曰：「卿屢求退，朕初不許者，俟其安好，復爲朕用爾。今從卿請，仍可來居京師，或有大事得就諮決也。」五年三月，上遣近侍諭鼎及左丞賈益謙曰：「自去冬至今，雨雪殊少，民心不安，軍用或闕，爲害甚重。卿等皆名臣故老，今當何以處之。欲召赴尚書省會議，恐與時相不合，難於面折，故令就第延問，其悉意以陳，毋有所隱。」元光元年五月，上勅宰相曰：「前平章胥鼎、左丞賈益謙、工部尚書札里吉、翰林學士孛迭，皆致政老臣，經練國事，當邀赴省與議利害。」仍遣侍官分詣四人者諭意焉。〔四〕

六月，晉陽公郭文振奏：「河朔受兵有年矣，向皆秋來春去，今已盛暑不廻，且不嗜戕殺，恣民耕稼，此殆不可測也。樞府每檄臣會合府兵進戰，蓋公府雖號分封，力實單弱，且不相統攝，方自保不暇，朝廷不卽遣兵爲援，臣恐人心以謂舉棄河北，甚非計也。伏見前平章政事胥鼎，才兼將相，威望甚隆，向行省河東，人樂爲用。今雖致政，精力未衰，乞付重兵，使總制公府，同力戰禦，庶幾人皆響應，易爲恢復，惟陛下圖之。」

明年，宣宗崩，哀宗卽位。正大二年，起復，拜平章政事，進封英國公，行尚書省于衛州。鼎以衰病辭，上諭曰：「卿向在河東，朝廷倚重。今河朔州郡多歸附，須卿圖畫。卿先朝大臣，必濟吾事，大河以北，卿皆節制。」鼎乃力疾赴鎭，來歸者益衆。鼎病不能自持，復申前請，優詔不許。三年，復上章請老，且舉朝賢練軍政者自代。詔答曰：「卿往在河東，殘破孤危，殆不易保，卿一至而定。迄卿移鎭，敵不復侵。何乃過爲嫌避？且君臣均爲一體，朕待下亦豈自殊，自外之語殆爲過計。況餘人才力孰可副卿者。卿年高久勞於外，朕豈不知，但國家百年積累之基，河朔億萬生靈之命，卿當勉出壯圖，同濟大事。」鼎奉詔惶懼不敢退。是年七月，薨。

鼎通達吏事，有度量，爲政鎮靜，所在無賢不肖皆得其歡心。南渡以來，書生鎮方面者，惟鼎一人而已。

侯摯初名師尹，避諱改今名，字莘卿，東阿人。明昌二年進士，入官慷慨有爲。承安間，積遷山東路鹽使司判官。泰和元年，以課增四分，特命遷官二階。八年七月，追官一階，降授長武縣令。初，摯爲戶部主事，與王謙規措西北路軍儲以代張煒，〔五〕摯上章論本路財用不實，至是降除焉。貞祐初，大兵圍燕都，時摯爲中都麴使，請出募軍，已而嬰城有功，擢爲右補闕。二年正月，詔摯與少府監丞李迥秀分詣西山招撫。宣宗南渡，轉勸農副使，提控紫荆等關。俄遷行六部侍郎。三年四月，同簽樞密院阿勒根訛論等以謂「今車駕駐南京，河南兵不可易動，且兵不在多，以將爲本。侯摯有過人之才，儻假以便宜之權，使募兵轉糧，事無不克，可升爲尙書，以總制永錫、慶壽兩軍」。於是以摯爲太常卿，行尙書六部事，往來應給之。

摯遂上章言九事，其一曰：「省部所以總天下之紀綱，今隨路宣差便宜、從宜，往往不遵條格，輒劄付六部及三品以下官，其於紀綱豈不紊亂，宜革其弊。」其二曰：「近置四帥府，所統兵校不爲不衆，然而弗克取勝者，蓋一處受敵，餘徒傍觀，未嘗發一卒以爲援，稍見小却，則棄戈遁去，此師老將怯故也。將將之道，惟陛下察之。」其三曰：「率兵禦寇，督民運糧，各有所職，本不可以兼行，而帥府每令雜進，累遇寇至，軍未戰而丁夫已遁，行伍錯亂，敗之由也。夫前陣雖勝，而後必更者，恐爲敵所料耳，況不勝哉。用兵尚變，本無定形，今乃因循不改覆轍，臣雖素不知兵，妄謂率由此失。」其四曰：「雄、保、安肅諸郡據白溝、易水、西山之固，今多闕員，又所任者皆柔懦不武，宜亟選勇猛才幹者分典之。」其五曰：「漳水自衞至海，宜沿流設備，以固山東，使力穡之民安服田畝。」其六曰：「近都州縣官吏往往逋逃，蓋以往來敵中失身者多，兼轉輸頻併，民力困弊，應給不前復遭責罰，秩滿乃與他處一體計資考，實負其人。乞詔有司優定等級，以别異之。」其七曰：「兵威不振，罪在將帥輕敵妄舉，如近日李英爲帥，臨陣之際酒猶未醒，是以取敗。臣謂英旣無功，其濫注官爵並宜削奪。」其八曰：「大河之北，民失稼穡，官無俸給，上下不安，皆欲逃竄。加以潰散軍卒還相剽掠，以致平民愈不聊生。宜優加矜恤，亟招撫之。」其九曰：「從來掌兵者多用世襲之官，此屬自幼驕惰不任勞苦，且心膽懦怯何足倚辦。宜選驍勇過人、衆所推服者，不考其素用之。」上略施行焉。

時元帥蒲察七斤以通州叛，累遣諜者間摯，摯恐爲所陷，上章自辯。詔諭之曰：「卿朕素知，豈容間耶。其一意於職，無以猜嫌自沮也。」八月，權參知政事。俄拜參知政事，行尚書省于河北。先是，摯言：「河北東、西兩路最爲要地，而眞定守帥胡論出輒棄城南奔，州縣危懼。今防秋在邇，甚爲可憂，臣願募兵與舊部西山忠義軍往安撫之。」制可，故有是命。十一月，入見。壬申，遣祭河神于宜村。十二月，復行省于河北。

四年正月，進拜尙書右丞。嘗上言，宜開沁水以便饋運，至是，詔有司開之。是時，河北大飢，摯上言曰：「今河朔饑甚，人至相食，觀、滄等州斗米銀十餘兩，殍殣相屬。伏見沿河上下許販粟北渡，然每石官糴其八，彼商人非有濟物之心也，所以涉河往來者特利其厚息而已，利旣無有，誰復爲之。是雖有濟物之名，而實無所渡之物，其與不渡何異。昔春秋列國各列疆界，然晉饑則秦輸之粟，及秦饑，晉閉之糴，千古譏之。況今天下一家，河朔之民皆陛下赤子，而遭罹兵革，尤爲可哀，其忍坐視其死而不救歟。人心惟危，臣恐弄兵之徒，得以藉口而起也。願止其糴，縱民輸販爲便。」詔尙書省行之。

時紅襖賊數萬人入臨沂、費縣之境，官軍敗之，生擒僞宣徽使李壽甫。訊之，則云其衆皆楊安兒、劉二祖散亡之餘，今復聚及六萬，賊首郝定者兗州泗水人，署置百官，僭稱大漢皇帝，已攻泰安、滕、兗、單諸州，及萊蕪、新泰等十餘縣，又破邳州硐子堌，得船數百艘，近遣人北構南連皆成約，行將跨河爲亂。摯以其言聞于上，且曰：「今邳、滕之路不通，恐實有此謀。」遂詔摯行省事于東平，權本路兵馬都總管，以招誘之，若不從卽率兵捕討。興定元年四月，濟南、泰安、滕、兗等州土賊並起，肆行剽掠，摯遣提控遙授棣州防禦使完顏霆率兵討之，前後斬首千餘，招降僞元帥石花五、夏全餘黨壯士二萬人，老幼五萬口。

是年冬，陞資德大夫，兼三司使。二年二月，摯上言：「山東、河北數罹兵亂，遺民嗷嗷，實可哀卹，近朝廷遣官分往撫輯，其惠大矣。然臣忝預執政，敢請繼行，以宣布國家德信，使疲瘵者得以少蘇，是亦圖報之一也。」宰臣難之，無何，詔遣摯行省于河北，兼行三司安撫事。既行，又上言曰：「臣近歷黃陵崗南岸，多有貧乏老幼自陳本河北農民，因敵驚擾故南遷以避，今欲復歸本土及春耕種，而河禁邀阻。臣謂河禁本以防閑自北來者耳，此乃由南而往，安所容姦，乞令有司驗實放渡。」詔付尙書省，宰臣奏「宜令樞府講究」，上曰：「民饑且死，而尙爲次第何耶。其令速放之。」

四月，招撫副使黃摑阿魯荅破李全於密州。初，賊首李全據密州及膠西、高密諸縣，摯督兵討之。會高密賊陳全等四人默白招撫副使黃摑阿魯荅，願爲內應，阿魯荅乃遣提控朱琛率兵五百赴之。時李全曁其黨于忙兒者皆在城中，聞官軍且西來，全潛逸去，忙兒不知所爲。阿魯荅馳抵城下，鼓譟逼之，賊守陴者八百人皆下乞降，餘賊四千出走，進軍邀擊之，斬首千級，俘百餘人，所獲軍實甚衆，遂復其城。是夜，琛又用陳全計，拔高密焉。六月，上遣諭摯曰：「卿勤勞王家，不避患難，身居相職而往來山堌水寨之間，保庇農民收穫二麥，忠恪之意朕所具知。雖然，大臣也，防秋之際亦須擇安地而處，不可墮其計中。」摯對曰：「臣蒙大恩，死莫能報，然承聖訓敢不奉行。擬駐兵于長淸縣之靈巖寺，有屋三百餘間，且連接泰安之天勝寨，介於東平、益都之間，萬一兵來，足相應援。」上恐分其兵糧，乃詔權移邳州行省。

九月，摯上言：「東平以東累經殘毀，至于邳、海尤甚，海之民戶曾不滿百而屯軍五千，邳戶僅及八百，軍以萬計。夫古之取兵以八家爲率，一家充軍七家給之，猶有傷生廢業、疲於道路之歎。今兵多而民不足，使蕭何、劉晏復生亦無所施其術，況於臣者何能爲哉。伏見邳、海之間，貧民失業者甚衆，日食野菜，無所依倚，恐因而嘯聚以益敵勢。乞募選爲兵，自十月給糧，使充戍役，至二月罷之，人授地三十畝，貸之種粒而驗所收穫，量數取之，逮秋復隸兵伍。且戰且耕，公私俱利，亦望被俘之民易于招集也。」詔施行之。

是時，樞密院以海州軍食不足，艱于轉輸，奏乞遷于內地。詔問摯，摯奏曰：「海州連山阻海，與沂、莒、邳、密皆邊隅衝要之地，比年以來爲賊淵藪者，宋人資給之故。若棄而他徙，則直抵東平無非敵境，地大氣增，後難圖矣，臣未見其可。且朝廷所以欲遷者，止慮糧儲不給耳。臣請盡力規畫，勸喩農民趨時耕種，且令煑鹽易糧，或置場宿遷，以通商旅，可不勞民力而辦。仍擇沭陽之地可以爲營屯者，分兵護邏，雖不遷無患也。」上是其言，乃止。

十月，先是，邳州副提控王汝霖以州廩將乏，扇其軍爲□。〔六〕山東東路轉運副使兼同知沂州防禦使程戩懼禍及己，遂與同謀，因結宋兵以爲外應。摯聞，卽遣兵捕之，訊竟具伏，汝霖及戩幷其黨彈壓崔榮、副統韓松、萬戶戚誼等皆就誅，至是以聞。三年七月，設汴京東、西、南三路行三司，詔摯居中總其事焉。十月，以裏城畢工，遷官一階。四年七月，遷榮祿大夫，致仕。

天興元年正月，起復爲大司農。四月，歸大司農印，復致仕。八月，復起爲平章政事，封蕭國公，行京東路尚書省事。以軍三千護送就舟張家渡，行至封丘，敵兵覺，不能進。諸將卒謀倒戈南奔，留數騎衞摯。摯知其謀，遂下馬，坐語諸將曰：「敵兵環視，進退在我。汝曹不思持重，吾寧死於汝曹之手，不忍爲亂兵所蹂，以辱君父之命。」諸將諾而止，得全師以還，聞者壯之。十一月，復致仕。居汴中，有園亭蔡水濱，日與耆舊讌飲，及崔立以汴城降，爲大兵所殺。

摯爲人威嚴，御兵人莫敢犯。在朝遇事敢言，又喜薦士，如張文舉、雷淵、麻九疇輩皆由摯進用。南渡後宰執中，人望最重。

把胡魯，不詳其初起。貞祐二年五月，宣宗南遷，由左諫議大夫擢爲御前經歷官，上面諭之曰：「此行，軍馬朕自總之，事有利害可因近侍局以聞。」三年十一月，出爲彰化軍節度使，兼涇州管內觀察使。四年五月，改知京兆府事，兼本路兵馬都總管，充行省參議官。興定元年三月，授陝西路統軍使，兼前職。二年正月，召爲御史中丞。三月，上言：「國家取人，惟進士之選爲重，不求備數，務在得賢。竊見今場會試，考官取人泛濫，非求賢之道也。宜革其弊，依大定舊制。」詔付尚書省集文資官雜議，卒依泰和例行之。是月，拜參知政事。六月，詔權左副元帥，與平章胥鼎同事防秋。三年六月，平涼等處地震，胡魯因上言：「皇天不言，以象告人，災害之生必有其故，乞明諭有司，敬畏天戒。」上嘉納之，遣右司諫郭著往閱其迹，撫諭軍民焉。

四年四月，權尚書右丞、左副元帥，行尚書省、元帥府于京兆。時陝西歲運糧以助關東，民力寖困，胡魯上言：「若以舟楫自渭入河，順流而下，庶可少紓民力。」從之。時以爲便。

五年正月，朝議欲復取會州，胡魯上言：「臣竊計之，月當費米三萬石、草九萬稱，轉運丁夫不下十餘萬人。使此城一月可拔，其費已如此，況未必耶。臨洮路新遭刼掠，瘡痍未復，所須芻糧決不可辦，雖復取之慶陽、平涼、鳳翔及邠、涇、寧、原、恒、隴等州，亦恐未能無闕。今農事將興，沿邊常費已不暇給，豈可更調十餘萬人以餉此軍。果欲行之，則數郡春種盡廢矣。政使此城必得，不免留兵戍守，是飛輓之役無時而已也。止宜令承裔軍于定西、鞏州之地，護民耕稼，俟敵意怠，然後取之。」詔付省院曰：「其言甚當，從之可也。」

三月，上言：「禦敵在乎强兵，强兵在乎足食，此當今急務也。竊見自陝以西，州郡置帥府者九，其部衆率不過三四千，而長校猥多，虛糜廩給，甚無謂也。臣謂延安、鳳翔、鞏州邊隅重地固當仍舊，德順、平涼等處宜皆罷去。河南行院、帥府存沿邊並河者，餘亦宜罷之。」制可。

是年十月，〔七〕西北兵三萬攻延安，胡魯遣元帥完顏合達、元帥納合買住禦之，遂保延安。先是，胡魯以西北兵勢甚大，屢請兵於朝，上由是惡之。元光元年正月，遂罷參知政事，以知河中府事權安撫使。〔八〕於是陝西西路轉運使夾谷德新上言曰：「臣伏見知河中府把胡魯廉直忠孝，公家之利知無不爲，實朝廷之良臣也。去歲，兵入延安，胡魯遣將調兵，城賴以完，不爲無功。今合達、買住各授世封，而胡魯改知河中府。切謂方今用人之時，使謀略之臣不獲展力，緩急或失事機。誠宜復行省之任，使與承裔共守京兆，令合達、買住捍禦延安，以藩衛河南，則內外安矣。」不報。

六月，召爲大司農，既至汴，遂上言曰：「邇來羣盜擾攘，侵及內地，陳、潁去京不及四百里，民居稀闊，農事半廢，蔡、息之間十去八九。甫經大赦，賊起益多，動計數百，驅牛焚舍，恣行剽掠，田穀雖熟莫敢穫者。所在屯兵率無騎士，比報至而賊已遁，叢薄深惡復難追襲，則徒形跡而已。今向秋成，奈何不爲處置也。」八月，復拜參知政事，上謂之曰：「卿頃爲大司農，巡行郡縣，盜賊如何可息？」對曰：「盜賊之多，以賦役多也。賦役省則盜賊息。」上曰：「朕固省之矣。」胡魯曰：「如行院、帥府擾之何。」上曰：「司農官旣兼採訪，自今其令禁止之。」

初，胡魯拜命日，巡護衞紹王宅都將把九斤來賀，御史粘割阿里言：「九斤不當遊執政門，胡魯亦不當受其賀，請併案之。」於是詔諭曰：「卿昔行省陝西，擅出繫囚，此自人主當行，非臣下可事，人苟有言，其罪豈特除名。朕爲卿地，因而肆赦，以弭衆口，卿知之乎。今九斤有職守，且握兵柄，而縱至門下，法當責降，朕重卿素有直氣，故復曲留。公家事但當履正而行，要取人情何必爾也，卿其戒之。」是年十二月，進拜尙書右丞。

元光二年正月，上諭宰臣曰：「陝右之兵將退，當審後圖，不然今秋又至矣。右丞胡魯深悉彼中利害，其與共議之。」尋遣胡魯往陝西，與行省賽不、合達從宜規畫焉。哀宗卽位，以有册立功，進拜平章政事。正大元年四月，薨。〔九〕詔加贈右丞相、東平郡王。胡魯爲人忠實，憂國奉公。及亡，朝廷公宰，下逮吏民，皆嗟惜之。

師安石字子安，清州人，本姓尹氏，避國諱更焉。承安五年詞賦進士。爲人輕財尙義。初補尙書省令史，適宣宗南遷，留平章完顏承暉守燕都，承暉將就死，以遺表託安石使赴行在，安石間道走汴以聞。上嘉之，擢爲樞密院經歷官。時哀宗在春宮，領密院事，遂見知遇。

元光二年，累遷御史中丞。其七月，上章言備禦二事，其一曰：「自古所以安國家、息禍亂，不過戰、守、避、和四者而已。爲今之計，守、和爲上。所謂守者，必求智謀之士，使內足以得戍卒之心，外足以挫敵人之銳，不惟彼不能攻，又可以伺其隙而敗之。其所謂和，則漢、唐之君固嘗用此策矣，豈獨今日不可用乎。乞令有司詳議而行。」其二曰：「今敵中來歸者頗多，宜豐其糧餉，厚其接遇，度彼果肯爲我用，則擇有心力者數十人，潛往以誘致其餘。來者既衆，彼必轉相猜貳，然後徐起而圖之，則中興之功不遠矣。」上嘉納之。

九月，坐劾英王守純附奏不實，決杖追官。及哀宗卽位，正大元年擢爲同簽樞密院事。二年，復御史中丞。三年，工部尙書、權左參政。四年，進尙書右丞。五年，臺諫劾近侍張文壽、張仁壽、李麟之，安石亦論列三人不已，上怒甚，有旨謂安石曰：「汝便承取賢相，朕爲昏主，止矣。」如是數百言。安石驟蒙任用，遽遭摧折，疽發腦而死，上甚悼惜之。

贊曰：宣宗南遷，天命去矣，當是時雖有忠良之佐、謀勇之將，亦難爲也。然而汝礪、行信拯救于內，胥鼎、侯摯守禦于外，訖使宣宗得免亡國，而哀宗復有十年之久，人才有益于人國也若是哉。胡魯養兵惜穀之論，善矣。安石不負承暉之託，遂見知遇，以論列近侍觸怒而死，悲夫。

校勘記

〔一〕今入河南　據文義「今」下疑脫「北兵」二字。

〔二〕及山西河東老幼俱徙河南　按山西與河東意複。上文「北兵非止欲攻河東、陝西」，又「是時，大兵已過陝州，自關以西皆列營栅，連亙數十里」。疑「山西」當作「陝西」。

〔三〕語在德升傳　按本書卷一二二烏古論德升傳並無西征失計事。

〔四〕仍遣侍官分詣四人者諭意焉　按本書卷五六百官志，「近侍局，掌侍從，承勅令，轉進奏帖」。此「侍」上當脫「近」字。

〔五〕與王謙規措西北路軍儲以代張煒　「謙」原作「說」。按本書卷一〇〇張煒傳，「上問誰可代卿規措者，煒舉中都轉運戶籍判官王謙。謙至西北路盡發煒前後散失錢物以鉅萬計，對獄者積年」。

又卷一〇四王擴傳，「張煒職辦西北路糧草者數年，失亡多，尚書省奏擴考按，會煒亦舉王謙自代，王謙發其姦蠹，擴按之無所假借」。今據改。

〔六〕扇其軍爲□　「爲」字下當闕一「變」字或「亂」字，今以□誌缺。

〔七〕是年十月　按本書卷一六宣宗紀，興定五年「十一月，大元兵攻延安」。卷一一二完顏合達傳，興定五年十一月，「與元帥買住又戰延安，皆被重創，十二月以保延安功賜金帶一」。此「十」下疑脫「一」字。

〔八〕以知河中府事權安撫使　原脫「知」字。按下文有「臣伏見知河中府把胡魯廉直忠孝」句，知此處脫「知」字。道光四年殿本已補，今從之。

〔九〕正大元年四月薨　按本書卷一七哀宗紀，正大元年「五月戊戌，平章政事把胡魯薨」。作「五月」，與此異。

金史卷一百九

列傳第四十七

完顏素蘭　陳規　許古

完顏素蘭一名翼，字伯揚，至寧元年策論進士也。貞祐初，累遷應奉翰林文字，權監察御史。二年，宣宗遷汴，留皇太子於燕都，既而召之，素蘭以爲不可，平章高琪曰：「主上居此，太子宜從。且汝能保都城必完否？」素蘭曰：「完固不敢必，但太子在彼則聲勢俱重，邊隘有守則都城可無虞。昔唐明皇幸蜀，太子實在靈武，蓋將以繫天下之心也。」不從，竟召太子從。

七月，車駕至汴，素蘭上書言事，略曰：「昔東海在位，信用讒諂，疏斥忠直，以致小人日進，君子日退，紀綱紊亂，法度益隳。風折城門之關，火焚市里之舍，蓋上天垂象以儆懼之也。言者勸其親君子、遠小人、恐懼修省以答天變，東海不從，遂至亡滅。夫善救亂者必迹其亂之所由生，善革弊者必究其弊之所自起，誠能大明黜陟以革東海之政，則治安之効可指日而待也。陛下龍興，不思出此，輒議南遷，詔下之日士民相率上章請留，啓行之日風雨不時，橋梁數壞，人心天意亦可見矣。此事既往，豈容復追，但自今尤宜戒愼，覆車之轍不可引轅而復蹈也。」

又曰：「國家不可一日無兵，兵不可一日無食。陛下爲社稷之計，宮中用度皆從貶損，而有司復多置軍官，不恤妄費，甚無謂也。或謂軍官之衆所以張大威聲，臣竊以爲不然。不加精選而徒務其多，緩急臨敵其可用乎？且中都惟其糧乏，故使車駕至此。稍獲安地，遂忘其危而不之備，萬一再如前日，未知有司復請陛下何之也。」

三年正月，素蘭自中都計議軍事廻，上書求見，乞屏左右。上遣人諭之曰：「屏人奏事，朕固常爾。近以游茂因緣生疑問之語，故凡有所引見，必令一近臣立侍，汝有封章亦無患不密也。」尋召至近侍局，給紙劄令書所欲言，書未及半，上出御便殿見之，悉去左右，惟近侍局直長趙和和在焉。素蘭奏曰：「臣聞興衰治亂有國之常，在所用之人如何耳。用得其人，雖衰亂尚可扶持，一或非才，則治安亦亂矣。向者糺軍之變，中都帥府自足勦滅，朝廷乃令移剌塔不也等招誘之，使帥府不敢盡其力，既不能招，愈不可制矣。至於伯德文哥之叛，帥府方議削其權，而朝廷傳旨俾領義軍，文哥由是益肆，改除之令輒拒不受，不臣之狀亦顯矣。帥府方且收捕，而朝廷復赦之，且不令隸帥府。國家付方面於重臣，乃不信任，顧養叛賊之姦，不知誰爲陛下畫此計者。臣自外風聞，皆平章高琪之意，惟陛下裁察。」上曰：「汝言皆是。文哥之事，朕所未悉，誠如所言，朕肯赦之乎？且汝何以知此事出於高琪。」素蘭曰：「臣見文哥牒永清副提控劉溫云『所差人張希韓至自南京，道副樞平章處分，已奏令文哥隸大名行省，勿復遵中都帥府約束』。溫卽具言於帥府。然則，罪人與高琪計結明矣。」上頷之。素蘭續奏曰：「高琪本無勳勞，亦無公望，向以畏死故擅誅胡沙虎，蓋出無聊耳。一旦得志，妬賢能，樹姦黨，竊弄國權，自作威福。去歲，都下書生樊知一者詣高琪言，『乣軍不可信，恐終作亂』，遂以刀杖決殺之，自是無復敢言軍國利害者。宸聽之不通，下情之不達，皆此人罪也。及乣軍爲變，以黨人塔不也爲武寧軍節度使往招之，已而無成，則復以爲武衞軍使。塔不也何人，且有何功，而重用如此。以臣觀之，此賊變亂紀綱，戕害忠良，實有不欲國家平治之意。昔東海時，胡沙虎跋扈無上，天下知之，而不敢言，獨臺官烏古論德升、張行信彈劾其惡，東海不察，卒被其禍。今高琪之姦過於胡沙虎遠矣。臺諫職當言責，迫於兇威，噤不敢忤。然內外臣庶見其恣橫，莫不扼腕切齒，欲一剚刃，陛下何惜而不去之耶。臣非不知言出而患至，顧臣父子迭仕聖朝，久食厚祿，不敢偸安。惟陛下斷然行之，社稷之福也。」上曰：「此乃大事，汝敢及之，甚善。」素蘭復奏：「丞相福興，國之勳舊，乞召還京，以鎭雅俗，付左丞象多以留後事，足矣。」上曰：「如卿所言，二人得無相惡耶。」素蘭曰：「福興、象多同心同德，無不協者。」上曰：「都下事殷，恐丞相不可輟。」素蘭曰：「臣聞朝廷正則天下正，不若令福興還，以正根本。」上曰：「朕徐思之。」素蘭出，上復戒曰：「今日與朕對者止汝二人，愼無泄也。」厥後，上以素蘭屢進直言，命再任監察御史。

四年三月，言：「臣近被命體問外路官，廉幹者擬不差遣，若懦弱不公者罷之，具申朝廷，別議擬注。臣伏念彼懦弱不公之人雖令罷去，不過止以待闕者代之，其能否又未可知，或反不及前官，蓋徒有選人之虛名，而無得人之實跡。古語曰『縣令非其人，百姓受其殃』。今若後官更劣，則爲患滋甚，豈朝廷恤民之意哉。夫守令，治之本也。乞令隨朝七品、外路六品以上官，各舉堪充司縣長官者，仍明著擧官姓名，他日察其能否，同定賞罰，庶幾其可。議者或以閡選法、紊資品爲言，是不知方今之事與平昔不同，豈可拘一定之法，坐視斯民之病而不權宜更定乎。」詔有司議行之。

時哀宗爲皇太子，春宮所設師保贊諭之官多非其人，於是素蘭上章言：「臣聞太子者天下之本也，欲治天下先正其本，正本之要無他，在選人輔翼之耳。夫生于齊者能齊言而不能楚語，未習之故也。人之性亦在夫習之而已。昔成王在襁褓中，卽命周、召以爲師保，戒其逸豫之心，告以持守之道，終之功光文、武，垂休無窮。欽惟陛下順天人之心，預建春宮。

皇太子仁孝聰明出于天資，總制樞務固已綽然有餘，儻更選賢如周、召之儔者使之夾輔，則成周之治不足侔矣。」上稱善。未幾，擢爲內侍局直長，尋遷諫議大夫，進侍御史。

興定二年四月，以蒲鮮萬奴叛，遣素蘭與近侍局副使內族訛可同赴遼東，詔諭之曰：「萬奴事竟不知果何如，卿等到彼當得其詳，然宜止居鐵山，若復遠去，則朕難得其耗也。」又曰：「朕以訛可性頗率易，故特命卿偕行，每事當詳議之。」素蘭將行，上言曰：「臣近請宣諭高麗復開互市事，聞以詔書付行省必蘭出。若令行省就遣諭之，不過鄰境領受，恐中間有所不通，使聖恩不達於高麗，高麗亦無由知朝廷本意也。況彼世爲藩輔，未嘗闕臣子禮，如遣信使明持恩詔諭之，貸糧、開市二者必有一濟。苟俱不從，則其曲在彼，然後別議圖之可也。」上是其言，於是遣典客署書表劉丙從行。及還，授翰林待制。

正大元年正月，詔集羣臣議修復河中府，素蘭與陳規等奏其未可，語在規傳。是月，轉刑部郎中。時南陽人布陳謀反，坐繫者數百人，司直白華言於素蘭曰：「此獄詿誤者多，新天子方務寬大，他日必再詔推問，比得昭雪，死於榜笞之下者多矣。」素蘭命華及檢法邊澤分別當死、當免者，素蘭以聞，止坐首惡及擬僞將相者數人，餘悉釋之。八月，權戶部侍郎。二年三月，授京西司農卿，俄改司農大卿，轉御史中丞。七年七月，權元帥右都監、參知政事，行省於京兆。未幾，遷金安軍節度使，兼同、華安撫使。既而，召還朝，行至陝被圍，久進言多有補益。其居父喪，不飲酒，廬墓三年，時論以爲難。

素蘭莅官以修謹得名，然苛細不能任大事，較之輩流頗可稱。自擢爲近侍局直長，每

之，亡奔行在，道中遇害。

陳規字正叔，絳州稷山人。明昌五年詞賦進士，南渡爲監察御史。貞祐三年十一月，上章言：「參政侯摯初以都西立功，獲不次之用，遂自請鎮撫河北。陛下遽授以執政，蓋欲責其報効也。既而盤桓西山，不能進退，及召還闕，自當辭避，乃恬然安居，至於按閱倉庫，規畫榷酤，豈大臣所宜親。方今疆土日蹙，將帥乏人，士不選練，冗食猥多，守令貪殘，百姓流亡，盜賊滋起，災變不息，則當日夜講求其故，啓告陛下者也，而摯未嘗及之。伏願陛下特賜省察，量其才分別加任使，無令負天下之謗。」不報。又言：「警巡使馮祥進由刀筆，無他才能，第以慘刻督責爲事。由是升職，恐長殘虐之風，乞黜退以勵餘者。」詔卽罷祥職，且諭規曰：「卿知臣子之分，敢言如此，朕甚嘉之。」

四年正月，上言：「伏見沿河悉禁物斛北渡，遂使河北艱食，人心不安。昔秦、晉爲讎，一遇年饑則互輸之粟。今聖主在上，一視同仁，豈可以一家之民自限南北，坐視困餒而不

救哉。況軍民効死禦敵，使復乏食，生亦何聊，人心一搖，爲害不細。臣謂宜於大陽、孟津等渡委官閱視，過河之物每石官收不過其半，則富有之家利其厚息，輻湊而往，庶幾公私俱足。」宰執以河南軍儲爲重，詔兩渡委官取其八，二以與民，至春澤足，大兵北還，乃依規請。制可。

三月，上言：「臣因巡按至徐州。去歲河北紅襖盜起，州遣節度副使紇石烈鶴壽將兵討之，而乃大掠良民家屬爲驅，甚不可也。乞明勅有司，凡鶴壽所虜俱放免之，餘路軍人有掠本國人爲驅者，亦乞一體施行，庶幾河朔有所係望，上恩無有極已。」事下尙書省，命徐州、歸德行院拘括放之，有隱匿者坐掠人爲奴婢法，仍許諸人告捕，依令給賞，被虜人自訴者亦賞之。

四月，上言：「河北瀕河州縣，率距一舍爲一寨，籍居民爲兵。數寨置總領官一人，並以宣差從宜爲名。其人大抵皆閑官，義軍之長、偏裨之屬尤多無賴輩，徵逐宴飲取給于下，日以爲常。及敵至則伏匿不出，敵去騷擾如初。此輩小人假以重柄，朝廷號令威權無乃太輕乎。臣謂宜皆罷之，第委宣撫司從宜措畫足矣。」制可。

七月，上章言：

陛下以上聖寬仁之姿，當天地否極之運，廣開言路以求至論，雖狂妄失實者亦不坐罪。臣忝耳目之官，居可言之地，苟爲緘默，何以仰酬洪造。謹條陳八事，願不以人微而廢之，卽無可採，乞放歸山林以懲尸祿之罪。

一曰：責大臣以身任安危。今北兵起自邊陲，深入吾境，大小之戰無不勝捷，以致神都覆沒，翠華南狩，中原之民肝腦塗地，大河以北莽爲盜區，臣每念及此，驚怛不已。況宰相大臣皆社稷生靈所繫以安危者，豈得不爲陛下憂慮哉。每朝奏議不過目前數條，特以碎末，互生異同，俱非救時之急者。況近詔軍旅之務，專委樞府，尙書省坐視利害，泛然不問，以爲責不在己，其於避嫌周身之計則得矣，社稷生靈將何所賴。古語云：「疑則勿任，任則勿疑。」又曰：「謀之欲衆，斷之欲獨。」陛下旣以宰相任之，豈可使親其細而不圖其大者乎。伏願特出睿斷，若軍伍器械、常程文牘卽聽樞府專行，至于戰守大計、征討密謀皆須省院同議可否，則爲大臣者知有所責，而天下可爲矣。

二曰：任臺諫以廣耳目。人主有政事之臣，有議論之臣。政事之臣者宰相執政，和陰陽，遂萬物，鎭撫四夷，親附百姓，與天子經綸於廟堂之上者也。議論之臣者諫官御史，與天子辨曲直、正是非者也。二者豈可偏廢哉。昔唐文皇制中書門下入閤議事皆令諫官隨之，有失輒諫。國朝雖設諫官，徒備員耳，每遇奏事皆令迴避。或兼他職，或爲省部所差，有終任不覿天顏、不出一言而去者。雖有御史，不過責以糾察官吏、照刷案牘、巡視倉庫而已，其事關利害或政令更革，則皆以爲機密而不聞。萬一政事之臣專任胸臆、威福自由，或掌兵者以私見敗事機，陛下安得而知之。伏願遴選學術該博、〔二〕通曉世務、骨鯁敢言者以爲臺諫，凡事關利害皆令預議，其或不當，悉聽論列，不許兼職及充省部委差，苟畏徇不言則從而黜之。

三曰：崇節儉以答天意。昔衞文公乘狄人滅國之餘，徙居楚丘，緫革車三十兩，乃躬行儉約，冠大帛之冠，衣大布之衣，季年致騋牝三千，遂爲富庶。漢文帝承秦、項戰爭之後，四海困窮，天子不能具鈞駟，乃示以敦朴，身衣弋綈，足履革舄，未幾天下富安，四夷咸服。國家自兵興以來，州縣殘毀，存者復爲土寇所擾，獨河南稍完，然大駕所在，其費不貲，舉天下所奉責之一路，顧不難哉。賴陛下慈仁，上天眷佑，蝗災之餘而去歲秋禾、今年夏麥稍得支持。夫應天者要在以實，行儉者天必降福，切見宮中及東宮奉養與平時無異，隨朝官吏、諸局承應人亦未嘗有所裁省。至於貴臣、豪族、掌兵官莫不以奢侈相尚，服食車馬惟事紛華。今京師鬻明金衣服及珠玉犀象者日增於舊，俱非克己消厄之道。願陛下以衞文公、漢文帝爲法，凡所奉之物痛自撙節，罷冗員，減浮費，戒豪侈，禁戢明金服飾，庶皇天悔禍，太平可致。

四曰：選守令以結民心。方今舉天下官吏軍兵之費、轉輸營造之勞，皆仰給河南、陝西。加之連年蝗旱，百姓荐饑，行賑濟則倉廩懸乏，免征調則用度不足，欲其實惠及民，惟得賢守令而已。當賦役繁殷、期會促迫之際，若措畫有方則百姓力省而易辦，一或乖謬有不勝其害者。況縣令之弊無甚于今，由軍衞監當進納勞効而得者十居八九，其桀黠者乘時貪縱，庸懦者權歸猾吏。近雖遣官廉察，治其姦濫，易其疲軟，然代者亦非選擇，所謂除狼得虎也。伏乞明勅尚書省，公選廉潔無私、才堪牧民者，以補州府官。仍淸縣令之選，及責隨朝七品、外任六品以上官各保堪任縣令者一員，如他日犯贓並從坐。其資歷已係正七品，及見任縣令者，皆聽寄理，俟秩滿升遷。復令監察以時巡按，有不法及不任職者究治之，則實惠及民而民心固矣。

五曰：博謀羣臣以定大計。比者徙河北軍戶百萬餘口于河南，雖革去冗濫而所存猶四十二萬有奇，歲支粟三百八十餘萬斛，致竭一路終歲之斂，不能贍此不耕不戰之人。雖無邊事，亦將坐困，況兵事方興，未見息期耶。近欲分布沿河，使自種殖，然游惰之人不知耕稼，羣飲賭博習以成風，是徒煩有司徵索課租而已。舉數百萬衆坐糜廩給，緩之則用闕，急之則民疲，朝廷惟此一事已不知所處，又何以待敵哉。是蓋不審於初，不計其後，致此誤也。使初遷時去留從其所願，〔三〕則欲來者是足以自贍之家，何假官廩，其留者必有避難之所，不必强遣，當不至今日措畫之難。古昔人君將舉大事，則謀及乃心，謀及卿士、庶人、卜筮，乞自今凡有大事必令省院臺諫及隨朝五品以上官同議爲便。

六曰：重官賞以勸有功。陛下卽位以來，屢沛覃恩以均大慶，不吝官爵以激人心，至有未滿一任而併進十級，承應未出職而已帶驃騎榮祿者，冗濫之極至于如此，復開鬻爵進獻之門，然則被堅執銳効死行陣者何所勸哉。官本虛名，特出於人主之口，而天下之人極意趨慕者，以朝廷愛重耳。若不計勳勞，朝授一官，暮升一職，人亦將輕之而不慕矣。已然之事既不可咎，伏願陛下重惜將來，無使公器爲尋常之具，功賞爲僥倖所乘。又今之散官動至三品，有司艱於遷授，宜於減罷八資內量增階數，易以美名，庶幾歷官者不至于太驟，而國家恩權不失之太輕矣。

七曰：選將帥以明軍法。夫將者國之司命，天下所賴以安危者也。舉萬衆之命付之一人，呼吸之間以決生死，其任顧不重歟？自北兵入境，野戰則全軍俱殁，城守則闔郡被屠，豈皆士卒單弱、守備不嚴哉，特以庸將不知用兵之道而已。古語云：「三辰不軌，取士爲相。四夷交侵，拔卒爲將。」今之將帥大抵先論出身官品，或門閥膏粱之子，或親故假託之流，平居則意氣自高，遇敵則首尾退縮，將帥既自畏怯，士卒夫誰肯前。又居常裒刻，納其饋獻，士卒因之以擾良民而莫可制。及率之應敵，在途則前後亂行，頓次則排門擇屋，〔三〕恐逼小民，恣其求索，以此責其畏法死事，豈不難哉。況今軍官數多，自千戶而上有萬戶、有副統、有都統、有副提控，十羊九牧，號令不一，動相牽制。切聞國初取天下，元帥而下惟有萬戶，所統軍士不下數萬人，專制一路豈在多哉，多則難擇，少則易精。今之軍法，每二十五人爲一謀克，四謀克爲一千戶，謀克之下有蒲輦一人、旗鼓司火頭五人，其任戰者纔十有八人而已。古之良將常與士卒同甘苦，今軍使令，則是一千戶所統不及百人，不足成其隊伍矣。又爲頭目選其壯健以給官既有俸廩，又有劵糧，一日之給兼數十人之用。將帥則豐飽有餘，士卒則飢寒不足，曷若裁省冗食而加之軍士哉。伏乞明勑大臣，精選通曉軍政者，分詣諸路，編列隊伍，要必五十人爲一謀克，四謀克爲一千戶，五千戶爲一萬戶，謂之散將。萬人設一都統，謂之大將，總之帥府。數不足者皆併之，其副統、副提控及無軍虛設都統、萬戶者悉罷省。仍勑省院大臣及內外五品以上，各舉方略優長、武勇出衆、材堪將帥者一二人，不限官品，以充萬戶以上都統、元帥之職。千戶以下，選軍中有謀略武藝爲衆所服者充。申明軍法，居常教閱，必使將帥明於奇正虛實之數，士卒熟于坐作進退之節。至于弓矢鎧仗須令自負，習於勞苦。若有所犯，必刑無赦。則將帥得人，士氣日振，可以待敵矣。

八曰：練士卒以振兵威。昔周世宗常曰：「兵貴精而不貴多，百農夫不能養一戰士，奈何朘民脂膏養此無用之卒。苟健懦不分，衆何以勸。」因大蒐軍卒，遂下淮南，取三關，兵不血刃，選練之力也。唐魏徵曰：「兵在以道御之而已。御壯健足以無敵于天下，何取細弱以增虛數。」比者凡戰多敗，非由兵少，正以其多而不分健懦，故爲敵所乘，懦者先奔，健者不能獨戰而遂潰，此所以取敗也。今莫若選差習兵公正之官，將已籍軍人隨其所長而類試之。其武藝出衆者別作一軍，量增口糧，時加訓練，視等第而賞之。如此，則人人激厲，爭効所長，而衰懦者亦有可用之漸矣。昔唐文皇出征，常分其軍爲上中下，凡臨敵則觀其强弱，使下當其上，而上當其中，中當其下。敵乘下軍不過奔逐數步，而上軍中軍已勝其二軍，用是常勝。蓋古之將帥亦有以懦兵委敵者，要在預爲分別，不使混淆耳。

上覽書不悅，詔付尚書省詰之。宰執惡其紛更諸事，謂所言多不當。於是，規惶懼待罪，詔諭曰：「朕始以規有放歸山林之語，故令詰之，乃辭以不識忌諱，意謂朕惡其言而怒也。朕初無意加罪，其令御史臺諭之。」尋出爲徐州帥府經歷官。

正大元年，召爲右司諫，數上章言事，尋權吏部郎中。時詔羣臣議修復河中府，規與楊雲翼等言：「河中今爲無人之境，陝西民力疲乏，修之亦不能守，不若以見屯軍士量力補治，待其可守卽修之未晚也。」從之。未幾，坐事解職。初，吏部尚書趙伯成坐銓選吏員出身王京與進士王著塡開封警巡判官見闕，爲京所訟免官，規亦坐之。是年十一月，改充補闕。十二月，言將相非材，且薦數人可用者。

二年正月，規及臺諫同奏五事：一，乞尚書省提控樞密院，如大定、明昌故事。二，簡留親衞軍。三，沙汰冗軍，減行樞密院、帥府。四，選大臣爲宣撫使，招集流亡以實邊防。五，選官置所，議一切省減。略施行之。

四月，以大旱詔規審理寃滯，臨發上奏：「今河南一路便宜、行院、帥府、從宜凡二十處，陝西行尚書省二、帥府五，皆得以便宜殺人，寃獄在此不在州縣。」又曰：「雨水不時則責審理，然則職燮理者當何如。」上善其言而不能有爲也。

十一月，上召完顏素蘭及規入見，面諭曰：「宋人輕犯邊界，我以輕騎襲之，冀其懲創告和，以息吾民耳。宋果行成，尙欲用兵乎。卿等當識此意。」規進曰：「帝王之兵貴於萬全，昔光武中興，所征必克，猶言『每一出兵，頭須爲白』。兵不妄動如此。」上善之。四年三月，〔四〕上召羣臣喩以陝西事曰：「方春北方馬漸羸瘠，秋高大勢併來，何以支持。朕已喩合達盡力決一戰矣，卿等以爲如何。」又言和事無益，撒合輦力破和議，賽不言：「今已遣和使，可中輟乎。」餘皆無言，規獨進曰：「兵難遙度，百聞不如一見。臣嘗任陝西官，近年又屢到陝西，兵將冗懦，恐不可用，未如聖料。」言未終，烏古論四和曰：「陳規之言非是，臣近至陝西，軍士勇銳，皆思一戰。」監察御史完顏習顯從而和之，上首肯，又泛言和事。規對曰：「和事固非上策，又不可必成，然方今事勢不得不然。使彼難從，猶可以激厲將士，以待其變。」上不以爲然。明日，又令集議省中，欲罷和事，羣臣多以和爲便，乃詔行省斟酌發遣，而事竟不行。

十月，規與右拾遺李大節上章，劾同判大睦親事撒合輦諂佞，招權納賄及不公事。由是撒合輦竟出爲中京留守，朝廷快之。五年二月，又與大節言三事：一，將帥出兵每爲近臣牽制，不得專輒。二，近侍送宣傳旨，公受賂遺，失朝廷體，可一切禁絕。三，罪同罰異，何以使人。上嘉納焉。

初，宣宗嘗召文繡署令王壽孫作大紅半身繡衣，且戒以勿令陳規知。及成，進，召壽孫問曰：「曾令陳規輩知否？」壽孫頓首言：「臣侍禁庭，凡宮省大小事不敢爲外人言，況親被聖訓乎。」上因嘆曰：「陳規若知，必以華飾諫我，我實畏其言。」蓋規言事不假借，朝望甚重，凡宮中舉事，上必曰：「恐陳規有言。」一時近臣切議，惟畏陳正叔耳，挺然一時直士也。後出爲中京副留守，未赴，卒，士論惜之。

規博學能文，詩亦有律度。爲人剛毅質實，有古人風，篤於學問，至老不廢。渾源劉從益見其所上八事，歎曰：「宰相材也。」每與人論及時事輒憤惋，蓋傷其言之不行也。南渡後，諫官稱許古、陳規，而規不以訐直自名，尤見重云。死之日，家無一金，知友爲葬之。子良臣。

許古字道眞，汾陽軍節度使致仕安仁子也。登明昌五年詞賦進士第。貞祐初，自左拾遺拜監察御史。時宣宗遷汴，信任丞相高琪，無恢復之謀，古上章曰：

自中都失守，廟社、陵寢、宮室、府庫，至于圖籍、重器，百年積累，一朝棄之。惟聖主痛悼之心至爲深切，夙夜思懼所以建中興之功者，未嘗少置也。爲臣子者食祿受責，其能無愧乎。且閭閻細民猶顒望朝廷整訓師徒，爲恢復計。而今纔聞拒河自保，又盡徙諸路軍戶河南，彼既棄其恒產無以自生，土居之民復被其擾，臣不知誰爲此謀者。然業已如是，但當議所以處之，使軍無妄費，民不至困窮則善矣。

臣聞安危所繫在於一相，孔子稱「危而不持，顚而不扶，則將焉用」？事勢至此，不知執政者每對天顏，何以仰答淸問也。今之所急，莫若得人，如前御史大夫裴滿德仁、工部尚書孫德淵，忠諒明敏，可以大用，近皆許告老，願復起而任之，必能有所建立以利國家。太子太師致仕孫鐸，雖頗衰疾，如有大議猶可賜召，或就問之。人才自古所難，凡知治體者皆當重惜，況此耆舊，豈宜輕棄哉。若乃臨事不盡其心，雖盡心而不明於理，得無益、失無損者，縱其尙壯，亦安所用。方時多難，固不容碌碌之徒備員尸素，以塞賢路也。惟陛下宸衷剛斷，黜陟一新，以幸天下。臣前爲拾遺時，已嘗備論擇相之道，乞取臣前奏幷今所言，加審思焉。

臣又聞將者民之司命，國家安危所繫，故古之人君必重其選，爲將者亦必以天下爲己任。夫將者貴謀而賤戰，必也賞罰使人信之而不疑，權謀使人由之而不知，三軍奔走號令以取勝，然後中心誠服而樂爲之用。邇來城守不堅，臨戰輒北，皆以將之不才故也。私於所暱，賞罰不公，至於衆怨，而懼其生變則撫摩慰籍，一切爲姑息之事。由是兵輕其將，將畏其兵，尙能使之出死力以禦敵乎？願令腹心之臣及閑於兵事者，各舉所知，果得眞才，優加寵任，則戰功可期矣。如河東宣撫使胥鼎、山東宣撫使完顏弼、涿州刺史內族從坦、昭義節度使必蘭阿魯帶，或忠勤勇幹，或重厚有謀，皆可任之以扞方面。

又曰：

河北諸路以都城既失，軍戶盡遷，將謂國家舉而棄之，州縣官往往逃奔河南。乞令所在根括，立期遣還，違者勿復錄用。未嘗離任者議加恩賚，如願自効河北者亦聽陳請，仍先賞之，減其日月。州縣長貳官並令兼領軍職，許擇軍中有才略膽勇者爲頭目，或加爵命以收其心，能取一府者卽授以府長官，州縣亦如之，使人懷復土之心。別遣忠實幹濟者，以文檄官賞招諸脅從人，彼旣苦於敵役，來者必多，敵勢當自削。有司不知出此，而但爲淸野計，事無緩急惟期速辦，今晚禾十損七八，遠近危懼，所謀可謂大戾矣。

又曰：

京師諸夏根本，況今常宿重兵，緩急征討必由于此，平時尙宜優於外路，使百姓有所蓄積，雖在私室猶公家也。今有司搜括餘糧，致轉販者無復敢入，宜卽止之。

臣頃看讀陳言，見其盡心竭誠以吐正論者率皆草澤疏賤之人，況在百僚，豈無爲國深憂進章疏者乎？誠宜明勅中外，使得盡言不諱，則太平之長策出矣。

詔付尙書省，略施行焉。

尋遷尙書左司員外郞，兼起居注，無何，轉右司諫。時丞相高琪立法，職官有犯皆的決，古及左司諫抹撚胡魯剌上言曰：「禮義廉耻以治君子，刑罰威獄以治小人，此萬世不易論也。近者朝廷急於求治，有司奏請從權立法：職官有犯應贖者亦多的決。夫爵祿所以馭貴也，貴不免辱，則卑賤者又何加焉。車駕所駐非同征行，而凡科徵小過皆以軍期罪之，不已甚乎。陛下仁恕，決非本心，殆有司不思寬靜可以措安，而專事督責故耳。且百官皆朝廷遴選，多由文行、武功、閥閱而進，乃與凡庶等，則享爵祿者亦不足爲榮矣。抑又有大可慮者，爲上者將曰官猶不免，民復何辭，則苛暴之政日行。爲下者將曰彼既亦然，吾復何恥，〔五〕則陵犯之心益肆。其弊豈勝言哉。伏願依元年赦恩『刑不上大夫』之文，削此一切之法，幸甚。」上初欲行之，而高琪固執以爲不可，遂寢。

四年，以右司諫兼侍御史。時大兵越潼關而東，詔尚書省集百官議，古上言曰：「兵踰關而朝廷甫知，此蓋諸將欺蔽罪也。雖然，大兵駐閿鄉境數日不動，意者恐吾河南之軍逆諸前，陝西之衆議其後，或欲先令覘者伺趨向之便，或以深入人境非其地利而自危，所以觀望未遽進也。此時正宜選募銳卒併力擊之，且開其歸路，彼既疑惑，遇敵必走，我衆從而襲之，其破必矣。」上以示尚書省，高琪沮其議，遂不行。是月，始置招賢所，令古等領其事。

興定元年七月，上聞宋兵連陷贛榆、漣水諸縣，且獲僞檄，辭多詆斥，因諭宰臣曰：「宋人構禍久矣，朕姑含容者，衆慮開兵端以勞吾民耳。今數見侵，將何以處，卿等其與百官議。」於是集衆議于都堂，古曰：「宋人孱弱，畏我素深，且知北兵方强，將恃我爲屏蔽，雖時跳梁，計必不敢深入，其侮嫚之語，特市井屠沽兒所爲，烏足較之。止當命有司移文，諭以本朝果有大造，及聖主兼愛生靈意。彼若有知，復尋舊好，則又何求。其或怙惡不悛，舉衆討之，顧亦未晚也。」時預議者十餘人，雖或小異而大略則一，既而丞相高琪等奏：「百官之議，咸請嚴兵設備以逸待勞，此上策也。」上然之。

時朝廷以諸路把軍官時有不和不聽，更相訴訟，古上言曰：「臣以爲善者有勸，惡者有懲，國之大法也。苟善惡不聞，則上下相蒙，懲勸無所施矣。」上嘉納之。

古以朝廷欲舉兵伐宋，上疏諫曰：「昔大定初，宋人犯宿州，已而屢敗，世宗料其不敢遽乞和，乃勅元帥府遣人議之，自是太平幾三十年。泰和中，韓侂冑妄開邊釁，章宗遣駙馬僕散揆討之。揆慮兵興費重不能久支，陰遣侂冑族人賫乃祖琦畫像及家牒，僞爲歸附，以見丘崇，因之繼好，振旅而還。夫以世宗、章宗之隆，府庫充實，天下富庶，猶先俯屈以即成功，告之祖廟，書之史册，爲萬世美談，今其可不務乎？今大兵少息，若復南邊無事，則太平不遠矣。或謂專用威武可使宋人屈服，此殆虛言，不究實用。借令時獲小捷，亦不足多賀。彼見吾勢大，必堅守不出，我軍倉猝無得，須還以就糧，彼復乘而襲之，使我欲戰不得、欲退不能，則休兵之期殆未見也。況彼有江南蓄積之餘，我止河南一路征斂之弊，可爲寒心。願陛下隱忍包容，速行此策，果通和，則大兵聞之亦將斂跡，以吾無掣肘故也。河南既得息肩，然後經略朔方，則陛下享中興之福，天下賴涵養之慶矣。惟陛下略近功、慮後患，不勝幸甚。」上是其言，卽命古草議和牒文，旣成以示宰臣，宰臣言其有哀祈之意，自示微弱，遂不用。

監察御史粘割梭失劾權貨司同提舉毛端卿貪汚不法，古以詞理繁雜輒爲删定，頗有脫漏，梭失以聞，削官一階，解職，特免殿年。三年正月，尙書省奏諫官闕員，因以古爲請，上曰：「朕昨暮方思古，而卿等及之，正合朕意，其趣召之。」復拜左補闕。八月，削官四階，解職。初，朝廷遣近侍局直長溫敦百家奴暨刑部侍郞奧屯胡撒合徙吉州之民於丹以避兵鋒，州民重遷，遮道控訴，百家奴諭以天子恐傷百姓之意，且令召晉安兵將護老幼以行。衆意兵至則必見强也，廼譟入州署，索百家奴殺之。胡撒合畏禍，矯徇衆情，與之會飲歌樂盡日，衆肩舁導擁，讙呼拜謝而去。旣還，詔古與監察御史紇石烈鐵論鞫之，諭旨曰：「百家奴之死皆胡撒合所賣也，其閱實以聞。」奧屯胡撒合旣下獄，上怒甚，亟欲得其情以正典刑，而古等頗寬縱之，胡撒合自縊死，有司以故出論罪，遂有是罰。

哀宗初卽位，召爲補闕，俄遷左司諫，言事稍不及昔時。未幾，致仕，居伊陽，郡守爲起伊川亭。古性嗜酒，老而未衰，每乘舟出村落間，留飲或十數日不歸，及泝流而上，老稚爭爲挽舟，數十里不絕，其爲時人愛慕如此。正大七年卒，年七十四。古平生好爲詩及書，然不爲士大夫所重，時論但稱其直云。

天興間，有右司諫陳岢者，遇事輒言無少隱，上嘗面獎。及汴京被兵，屢上封事言得失，請戰一書尤爲剴切，其略云：「今日之事，皆出陛下不斷，將相怯懦，若因循不決，一旦無如之何，恐君臣相對涕泣而已。」可謂切中時病，而時相赤盞合喜等沮之，策爲不行，識者惜焉。岢字和之，滄州人，大安元年進士。

贊曰：宣宗卽位，孜孜焉以繼述世宗爲志，而其所爲一切反之。大定講和，南北稱治，貞祐用兵，生民塗炭。石琚爲相，君臣之間務行寬厚。高琪秉政，惡儒喜吏，上下苛察。完顏素蘭首攻琪惡，謂琪必亂紀綱。陳規力言刀筆吏殘虐，恐壞風俗。許古請與宋和，辭極忠愛。三人所言皆切中時病，有古諍臣之風焉。宣宗知其爲直，而不用其言，如是而欲比隆世宗，難矣。

校勘記

〔一〕伏願遴選學術談博　按「談」殿本作「該」。疑當作「浹」。

〔二〕使初遷時去留從其所願　「時」原作「將」，據殿本改。

〔三〕帳次則排門擇屋　「帳」字筆畫原有殘缺，類「頃」；殿本卽誤作「頃」。道光四年殿本補足原缺，作「帳」，今從之。

〔四〕四年三月　按本書卷一一一撒合輦傳，正大「四年，大元旣滅西夏，進軍陝西。四月丙申，召尚書溫迪罕壽孫、中丞烏古孫卜吉、祭酒裴滿阿虎帶、直學士蒲察世達、右司諫陳規、監察烏古論四和完顏習顯、同判睦親府事撒合輦同議西事」。疑「三月」當作「四月」。

〔五〕吾復何耻　「吾」下原係一空格，今據殿本補「復」字。

金史卷一百十

列傳第四十八

楊雲翼 趙秉文 韓玉 馮璧 李獻甫 雷淵 程震

楊雲翼字之美，其先贊皇檀山人，六代祖忠客平定之樂平縣，遂家焉。曾祖青、祖郁、考恒皆贈官于朝。雲翼天資穎悟，初學語輒畫地作字，日誦數千言。登明昌五年進士第一，詞賦亦中乙科，特授承務郎、應奉翰林文字。承安四年，出爲陝西東路兵馬都總管判官。泰和元年，召爲太學博士，遷太常寺丞，兼翰林修撰。七年，簽上京、東京等路按察司事，因召見，章宗咨以當世之務，稱旨。大安元年，翰林承旨張行簡薦其材，且精術數，召授提點司天臺，兼翰林修撰，俄兼禮部郎中。崇慶元年，以病歸。貞祐二年，有司上官簿，宣宗閱之，記其姓名，起授前職，兼吏部郎中。三年，轉禮部侍郎，兼提點司天臺。四年，大元及西夏兵入鄜延，潼關失守，朝議以兵部尚書蒲察阿里不孫爲副元帥以禦之。雲翼言其人言浮於實，必誤大事。不聽，後果敗。

興定元年六月，遷翰林侍講學士，兼修國史，知集賢院事，兼前職，詔曰：「官制入三品者例外除，以卿遇事敢言，議論忠讜，故特留之。」時右丞相高琪當國，人有請榷油者，高琪主之甚力，詔集百官議，戶部尚書高夔等二十六人同聲曰：「可。」雲翼獨與趙秉文、時戩等數人以爲不可，議遂格。高琪後以事譴之，雲翼不卹也。二年，拜禮部尚書，兼職如故。三年，築京師子城，役兵民數萬，夏秋之交病者相籍，雲翼提舉醫藥，躬自調護，多所全濟。四年，改吏部尚書。凡軍興以來，入粟補官及以戰功遷授者，事定之後，有司苛爲程式，或小有不合輒罷去，雲翼奏曰：「賞罰國之大信，此輩宜從寬錄，以勸將來。」

是年九月，上召雲翼及戶部尚書夔、翰林學士秉文於內殿，皆賜坐，問以講和之策，或以力戰爲言，上俯首不樂，雲翼徐以孟子事大、事小之說解之，且曰：「今日奚計哉，使生靈息肩，則社稷之福也。」上色乃和。

十一月，改御史中丞。宗室承立權參知政事，行尚書省事於京兆，大臣言其不法，詔雲翼就鞫之，獄成，廷奏曰：「承立所坐皆細事，不足問。向大兵掠平涼以西，數州皆破，承立坐擁强兵，瞻望不進。鄜延帥臣完顏合達以孤城當兵衝，屢立戰績。其功如此，而承立之罪如彼，願陛下明其功罪以誅賞之，則天下知所勸懲矣。自餘小失，何足追咎。」承立由是免官，合達遂掌機務。

哀宗卽位，首命雲翼攝太常卿，尋拜翰林學士。正大二年二月，〔一〕復爲禮部尙書，兼侍讀。詔集百官議省費，雲翼曰：「省費事小，戶部司農足以辦之。樞密專制軍政，蔑視尙書。尙書出政之地，政無大小皆當總領。今軍旅大事，社稷繫焉，宰相乃不得預聞，欲使利病兩不相蔽得乎。」上嘉納之。

明年，設益政院，雲翼爲選首，每召見賜坐而不名。時講尙書，雲翼爲言帝王之學不必如經生分章析句，但知爲國大綱足矣。因舉「任賢」「去邪」、「與治同道」「與亂同事」、「有言逆於汝心」「有言遜於汝志」等數條，一皆本於正心誠意，敷繹詳明。上聽忘倦。尋進龜鑑萬年錄、聖學、聖孝之類凡二十篇。

當時朝士，廷議之際多不盡言，顧望依違，寖以成俗。一日，經筵畢，因言：「人臣有事君之禮，有事君之義。禮，不敢齒君之路馬，蹴其芻者有罰，入君門則趨，見君之几杖則起，君命召不俟駕而行，受命不宿於家，是皆事君之禮，人臣所當盡者也。然國家之利害，生民之休戚，一一陳之，則向所謂禮者特虛器耳。君曰可，而有否者獻其否。君曰否，而有可者獻其可。言有不從，雖引裾、折檻、斷鞅、軔輪有不恤焉者。當是時也，姑徇事君之虛禮，而不知事君之大義，國家何賴焉。」上變色曰：「非卿，朕不聞此言。」

雲翼嘗患風痺，至是稍愈，上親問愈之之方，對曰：「但治心耳。心和則邪氣不干，治國亦然，人君先正其心，則朝廷百官莫不一於正矣。」上矍然，知其為醫諫也。夏人既通好，遣其徽猷閣學士李弁來議互市，往返不能決，朝廷以雲翼往議乃定。五年卒，年五十有九，謚文獻。

雲翼天性雅重，自律甚嚴，其待人則寬，與人交分一定，死生禍福不少變。其於國家之事，知無不言。貞祐中，主兵者不能外禦而欲取償於宋，故頻歲南伐。有言之者，不謂之與宋為地，則疑與之有謀。至於宰執，他事無不言者，獨南伐則一語不敢及。雲翼乃建言曰：「國家之慮，不在於未得淮南之前，而在於既得淮南之後。蓋淮南平則江之北盡為戰地，進而爭利於舟楫之間，恐勁弓良馬有不得騁者矣。彼若扼江為屯，潛師於淮以斷饟道，或決水以瀦淮南之地，則我軍何以善其後乎。」及時全倡議南伐，宣宗以問朝臣，雲翼曰：「朝臣率皆謏辭，天下有治有亂，國勢有弱有强，今但言治而不言亂，言强而不言弱，言勝而不言負，此議論所以偏也。臣請兩言之。夫將有事於宋者，非貪其土地也，第恐西北有警而南又綴之，則我三面受敵矣，故欲我師乘勢先動，以阻其進。借使宋人失淮，且不敢來，此戰勝之利也。就如所料，其利猶未可必然。彼江之南其地尚廣，雖無淮南豈不能集數萬之衆，伺我有警而出師耶。戰而勝且如此，如不勝害將若何。且我以騎當彼之步，理宜萬全，臣猶恐其有不敢恃者。蓋今之事勢與泰和不同，泰和以冬征，今我以夏往，此天時之不同也。冬則水涸而陸多，夏則水潦而塗淖，此地利之不同也。泰和舉天下全力，驅乣軍以爲前鋒，今能之乎，此人事之不同也。議者徒見泰和之易，而不知今日之難。請以夏人觀之，向日弓箭手之在西邊者〔三〕一遇敵則搏而戰、袒而射，彼已奔北之不暇。今乃陷吾城而虜守臣，敗吾軍而禽主將。曩則畏我如彼，今則侮我如此。夫以夏人既非前日，奈何以宋人獨如前日哉。願陛下思其勝之之利，又思敗之之害，無悅甘言，無貽後悔。」章奏不報。時全果大敗於淮上，一軍全沒。宣宗責諸將曰：「當使我何面目見楊雲翼耶。」

河朔民十有一人爲游騎所迫，泅河而南，有司論罪當死，雲翼曰：「法所重私渡者，防姦僞也。今平民爲兵所迫，奔入於河，爲逭死之計耳。今使不死於敵而死於法，後惟從敵而已。」宣宗悟，盡釋之。哀宗以河南旱，詔遣官理冤獄，而不及陝西，雲翼言：「天地人通爲一體，今人一支受病則四體爲之不寧，豈可專治受病之處而置其餘哉。」朝廷是之。

司天有以太乙新歷上進者，尙書省檄雲翼參訂，摘其不合者二十餘條，曆家稱焉。所著文集若干卷，校大金禮儀若干卷，續通鑑若干卷，周禮辨一篇，左氏、莊、列賦各一篇，五星聚井辨一篇，縣象賦一篇，勾股機要、象數雜說等著藏于家。

趙秉文字周臣，磁州滏陽人也。幼穎悟，讀書若夙習。登大定二十五年進士第，調安塞簿，以課最遷邯鄲令，再遷唐山。丁父憂，用薦者起復南京路轉運司都勾判官。

明昌六年，入爲應奉翰林文字，同知制誥。上書論宰相胥持國當罷，宗室守貞可大用。章宗召問，言頗差異，於是命知大興府事內族膏等鞫之。秉文初不肯言，詰其僕，歷數交游者，秉文乃曰：「初欲上言，嘗與修撰王庭筠、御史周昂、省令史潘豹、鄭贊道、高坦等私議。」庭筠等皆下獄，決罰有差。有司論秉文上書狂妄，法當追解，上不欲以言罪人，遂特免焉。當時爲之語曰：「古有朱雲，今有秉文，朱雲攀檻，秉文攀人。」士大夫莫不恥之。坐是久廢，後起爲同知岢嵐軍州事，轉北京路轉運司支度判官。〔三〕承安五年冬十月，陰晦連日，宰相張萬公入對，上顧謂萬公曰：「卿言天日晦冥，亦猶人君用人邪正不分，極有理。若趙秉文曩以言事降授，聞其人有才藻、工書翰，又且敢言，朕非棄不用，以北邊軍事方興，姑試之耳。」泰和二年，召爲戶部主事，遷翰林修撰。十月，出爲寧邊州刺史。三年，改平定州。前政苛於用刑，每聞赦將至，先掊賊死乃拜赦，而盜愈繁。秉文爲政一從寬簡，旬月盜悉屏跡。歲飢，出祿粟倡豪民以賑，全活者甚衆。〔四〕

大安初，北兵南嚮，召秉文與待制趙資道論備邊策，秉文言：「今我軍聚於宣德，城小，列營其外，涉暑雨器械弛敗，人且病，俟秋敵至將不利矣。可遣臨潢一軍擣其虛，則山西之圍可解，兵法所謂『出其不意，攻其必救』者也。」衞王不能用，其秋宣德果以敗聞。尋爲兵部郎中，兼翰林修撰，俄轉翰林直學士。

貞祐初，建言時事可行者三：一遷都，二導河，三封建。朝廷略施行之。明年，上書願爲國家守殘破一州，以宣布朝廷恤民之意，且曰：「陛下勿謂書生不知兵，顏眞卿、張巡、許遠輩以身許國，亦書生也。」又曰：「使臣死而有益於國，猶勝坐縻廩祿爲無用之人。」上曰：「秉文志固可尚，然方今翰苑尤難其人，卿宿儒當在左右。」不許。

四年，拜翰林侍講學士，言：「寶券滯塞，蓋朝廷初議更張，市肆已妄傳其不用，因之抑遏，漸至廢絕。臣愚以爲宜立回易務，令近上職官通市道者掌之，給以銀鈔粟麥縑帛之類，權其低昂而出納。」詔有司議行之。

興定元年，轉侍讀學士。拜禮部尚書，兼侍讀學士，同修國史，知集賢院事。又明年，知貢舉，坐取進士盧亞重用韻，〔五〕削兩階，因請致仕。金自泰和、大安以來，科舉之文其弊益甚。蓋有司惟守格法，所取之文卑陋陳腐，苟合程度而已，稍涉奇峭，卽遭黜落，於是文風大衰。貞祐初，秉文爲省試，得李獻能賦，雖格律稍疏而詞藻頗麗，擢爲第一。舉人遂大喧噪，愬於臺省，以爲趙公大壞文格，且作詩謗之，久之方息。俄而獻能復中宏詞，入翰林，而秉文竟以是得罪。

五年，復爲禮部尚書，入謝，上曰：「卿春秋高，以文章故須復用卿。」秉文以身受厚恩，無以自效，願開忠言、廣聖慮，每進見從容爲上言，人主當儉勤、慎兵刑，所以祈天永命者，上嘉納焉。哀宗卽位，再乞致仕，不許。改翰林學士，同修國史，兼益政院說書官。以上嗣德在初，當日親經史以自裨益，進無逸直解、貞觀政要、申鑒各一通。

正大九年正月，汴京戒嚴，上命秉文爲赦文，以布宣悔悟哀痛之意。秉文指事陳義，辭情俱盡。及兵退，大臣欲稱賀，且命爲表，秉文曰：「春秋『新宮火，三日哭』。今園陵如此，酌之以禮，當慰不當賀。」遂已。時年已老，日以時事爲憂，雖食息頃不能忘。每聞一事可便民，一士可擢用，大則拜章，小則爲當路者言，殷勤鄭重，不能自已。三月，草開興改元詔，閭巷間皆能傳誦，洛陽人拜詔畢，舉城痛哭，其感人如此。是年五月壬辰，卒，年七十四，積官至資善大夫、上護軍、天水郡侯。

正大間，同楊雲翼作龜鑑萬年錄上之。又因進講，與雲翼共集自古治術，號君臣政要爲一編以進焉。秉文自幼至老未嘗一日廢書，著易叢說十卷，中庸說一卷，揚子發微一卷，太玄箋贊六卷，文中子類說一卷，南華略釋一卷，列子補注一卷，刪集論語、孟子解各一十卷，資暇錄一十五卷，所著文章號滏水集者三十卷。

秉文之文長於辨析，極所欲言而止，不以繩墨自拘。七言長詩筆勢縱放不拘一律，律詩壯麗，小詩精絕多以近體爲之，至五言古詩則沉鬱頓挫。字畫則草書尤遒勁。朝使至自河、湟者，多言夏人問秉文及王庭筠起居狀，其爲四方所重如此。

爲人至誠樂易，與人交不立崖岸，未嘗以大名自居。仕五朝，官六卿，自奉養如寒士。楊雲翼嘗與秉文代掌文柄，時人號楊趙。然晚年頗以禪語自污，人亦以爲秉文之恨云。

贊曰：楊雲翼、趙秉文，金士巨擘，其文墨論議以及政事皆有足傳。雲翼諫伐宋一疏，宣宗雖不見聽，此心何愧景略。庭筠之累，秉文所爲，玆事大愧高允。

韓玉字溫甫，其先相人，曾祖錫仕金，以濟南尹致仕。玉明昌五年經義、辭賦兩科進士，入翰林爲應奉，應制一日百篇，文不加點。又作元勳傳，稱旨，章宗嘆曰：「勳臣何幸，得此家作傳耶。」泰和中，建言開通州潞水漕渠，船運至都。陞兩階，授同知陝西東路轉運使事。

大安三年，都城受圍。夏人連陷邠、涇，陝西安撫司檄玉以鳳翔總管判官爲都統府募軍，旬日得萬人，與夏人戰，敗之，獲牛馬千餘。時夏兵五萬方圍平涼，又戰于北原，夏人疑大軍至，是夜解去。當路者忌其功，驛奏玉與夏寇有謀，朝廷疑之，使使者授玉河平軍節度副使，且覘其軍。

先是，華州李公直以都城隔絕，謀舉兵入援，而玉恃其軍爲可用，亦欲爲勤王之舉，乃傳檄州郡云：「事推其本，禍有所基，始自賊臣貪容姦賂，繼緣二帥貪固威權。」又云：「裹糧坐費，盡膏血於生民。棄甲復來，竭資儲於國計。要權力而望形勢，連歲月而守妻孥。」又云：「人誰無死，有臣子之當然。事至于今，忍君親之弗顧。勿謂百年身後，虛名一聽史臣。只如今日目前，何顏以居人世。」公直一軍行有日矣，將有違約、〔六〕國朝人有不從者，輒以軍法從事。京兆統軍便謂公直據華州反，遣都統楊珪襲取之，遂置極刑。公直曾爲書約玉，玉不預知，其書乃爲安撫所得，及使者覘玉軍，且疑預公直之謀，卽實其罪。玉道出華州，被囚死於郡學，臨終書二詩壁間，士論冤之。

子不疑，字居之。以父死非罪，誓不祿仕。藏其父臨終時手書云：「此去冥路，吾心皓然，剛直之氣，必不下沉。兒可無慮。世亂時艱，努力自護，幽明雖異，寧不見爾。」讀者惻然。

馮璧字叔獻，眞定縣人。幼穎悟不凡，弱冠補太學生。承安二年經義進士，制策復優等，調莒州軍事判官，宰相奏留校祕書。未幾，調遼濱主簿。縣有和糴粟未給價者餘十萬斛，散貯民居，以富人掌之，有腐敗則責償於民，民殊苦之。璧白漕司，卽日罷之，民大悅。

泰和四年，調鄜州錄事。〔七〕明年，伐蜀，行部檄充軍前檢察，帥府以書檄委之。章宗欲招降吳曦，詔先以文告曉之，然後用兵。蜀人守散關不下，金兵殺獲甚衆，璧言：「彼軍拒守而幷禍其民，無乃與詔旨相戾乎？」主帥憾之，以璧招兩當潰卒，璧卽日率鳳州已降官屬淡剛、李果偕行。道逢軍士所得子女金帛牛馬皆奪付剛，使歸其家，軍士則以違制決遣之。比到兩當，軍民三萬餘衆鼓舞迎勞，璧以朝旨慰遣之。及還，主帥嘉其能，奏遷一官。五年，自東阿丞召補尚書省令史，用宗室承暉薦授應奉翰林文字，兼韓王府記室參軍。俄轉太學博士。至寧初，忽沙虎弒逆，遂去官。

宣宗南遷，璧時避兵東方，由單父渡河詣汴梁，時相奏復前職。貞祐三年，遷翰林修撰。時山東、河朔軍六十餘萬口，仰給縣官，率不逞輩竄名其間。詔璧攝監察御史，汰逐之。總領撒合問冒券四百餘口，劾案以聞，詔杖殺之，故所至爭自首，減幾及於半。復進一官。初，監察御史本溫被命汰宗室從坦軍於孟州，軍士欲謀變，本溫懼不知所爲，尋有旨北軍沈思忠以下四將屯衞州，餘衆果叛入太行。於是，密院奏以璧代本溫竟其事。璧馳至衞，召四將喻以上意，思忠等挾叛者請還奏之，璧責以大義，將士慚服，不日就汰者三千人。

六月，改大理丞，與臺官行關中，劾奏姦贓之尤者商州防禦使宗室重福等十數人，自是權貴側目。

興定四年，以宋人拒使者於淮上，遣兵南伐，〔八〕詔京東總帥紇石烈牙吾塔攻盱眙，牙吾塔不從命，乃率精騎由滁州略宣化，縱兵大掠。故兵所至原野蕭條，絕無所資，宋人堅壁不戰，乃無功而歸。行省奏牙吾塔故違節制，詔璧佩金符鞫之。璧馳入牙吾塔軍，奪其金符，易以他帥攝。牙吾塔入獄，兵士譁譟，以吾帥無罪爲言，璧怒責牙吾塔曰：「元帥欲以兵抗制使耶，待罪之禮恐不如此，使者還奏，獄能竟乎。」牙吾塔伏地請死，璧曰：「兵法，進退自專，有失機會以致覆敗者斬。」即擬以聞，時議壯之。

十月，改禮部員外郎，權右司諫、治書侍御史。詔問時務所當先者，璧上六事，大略言減冗食，備選鋒，緩疑似以慎刑，擇公廉以檢吏，屯戍革朘削之弊，權貴嚴請託之科。又條自治之策四，謂別賢佞，信賞罰，聽覽以通下情，貶損以謹天戒。

詔以東方飢饉，盜賊並起，以御史中丞完顏伯嘉爲宣慰使，監察御史道遠從行。道遠發永城令簿姦贓，伯嘉與令有違，付令有司，釋簿不問，燕語之際又許參佐克忠等臺職，璧皆劾之，伯嘉竟得罪去。

初，諜者告歸德行樞密院言，河朔叛軍有竊謀南渡者，行院事胡土門、都水監使毛花輦易其人，不爲備。一日，紅衲數百聯筏南渡，殘下邑而去。命璧鞫之。璧以二將託疾營私，聞寇弛備，且來不戰、去不追，在法皆當斬。或以爲言：「二將皆寵臣，而都水者貲累巨萬，若求援禁近，必從輕典，君徒結怨權貴，果何益耶？」璧嘆曰：「睢陽行闕，東藩重兵所宿，門廷之寇且不能禦，有大於此者復何望乎。」即具所擬聞。

四年，遷刑部郎中。關中旱，詔璧與吏部侍郎畏忻審理冤獄。時河中帥阿虎帶及僚屬十數人皆以棄城罪當死，繫同州獄待報。同州官僚承望風旨，問璧何以處之，璧曰：「河中今日重地，朝議擬爲駐蹕之所，若失此則河南、陝西有脣亡之憂。以彼宗室勳貴故使鎮之，平居無事竭民膏血爲浚築計，一旦有警乃遽焚蕩而去，此而不誅，三尺法無用矣。」竟以無冤上之。

冬十月，出爲歸德治中。未幾，改同知保靜軍節度使，又改同知集慶軍節度使，到官即上章乞骸骨，進一官致仕。正大九年，河南破，北歸，又數年卒，年七十有九。

李獻甫字欽用，獻能從弟也。博通書傳，尤精左氏及地理學。爲人有幹局，心所到則絕人遠甚，故時人稱其精神滿腹。興定五年登進士第，歷咸陽簿，辟行臺令史。

正大初，夏使來請和，朝廷以翰林待制馮延登往議，時獻甫爲書表官，從行。夏使有口辯，延登不能折，往復數日不定，至以歲幣爲言，獻甫不能平，從旁進曰：「夏國與我和好百年，今雖易君臣之名爲兄弟之國，使兄輸幣寧有據耶。」使者曰：「兄弟且不論。宋歲輸吾國幣二十五萬疋，典故具在，君獨不知耶。金朝必欲修舊好，非此例不可。」獻甫作色曰：「使者尚忍言耶。宋以歲幣餌君家而賜之姓，岸然以君父自居，夏國君臣無一悟者，誠謂使者當以爲諱，乃今公言之。使者果能主此議，以從賜姓之例，弊邑雖歲捐五十萬，獻甫請以身任之。」夏使語塞，和議乃定。後朝廷錄其功，授慶陽總帥府經歷官。尋辟長安令。京兆行臺所在，供億甚繁，獻甫處之常若有餘，縣民賴之以安。入爲尚書省令史。天興元年，充行六部員外郎，守備之策時相倚任之。以功遷鎮南軍節度副使，兼右警巡使，死於蔡州之難，年四十。

所著文章號天倪集，留汴京。獻甫死，其家亦破，同年華陰王元禮購得之，傳于世。

雷淵字希顏，一字季默，應州渾源人。父思，名進士，仕至同知北京轉運使，註易行于世。淵庶出，年最幼，諸兄不齒，父歿不能安於家，乃發憤入太學，衣弊履穿，坐榻無席，自以跣露恒兀坐讀書，不迎送賓客，人皆以爲倨。其友商衡每爲辯之，且賙卹焉。後從李之純游，遂知名。登至寧元年詞賦進士甲科，調涇州錄事，坐高庭玉獄幾死。

後改東平，河朔重兵所在，驕將悍卒倚外敵爲重，自行臺以下皆摩撫之，淵出入軍中偃然不爲屈。不數月，閭巷間多畫淵像，雖大將不敢以新進書生遇之。尋遷東阿令，轉徐州觀察判官。

興定末，召爲英王府文學兼記室參軍，轉應奉翰林文字。拜監察御史，言五事稱旨，又彈劾不避權貴，出巡郡邑所至有威譽，奸豪不法者立箠殺之。至蔡州，杖殺五百人，時號曰「雷半千」，坐此爲人所訟，罷去。久之，用宰相侯摯薦，起爲太學博士、南京轉運司戶籍判官，遷翰林修撰。一夕暴卒，年四十八。

正大庚寅倒廻谷之役，淵嘗上書破朝臣孤注之論，引援深切，灼然易見，主兵者沮之，策竟不行。

爲人軀幹雄偉，髯張口哆，顏渥丹，眼如望洋，遇不平則疾惡之氣見於顏間，或嚼齒大罵不休，雖痛自懲創，然亦不能變也。爲文章詩喜新奇。善結交，凡當塗貴要與布衣名士無不往來。居京師，賓客踵門未嘗去舍，家無餘貲，及待賓客甚豐腆。莅官喜立名，初登第攝遂平縣事，年少氣銳，擊豪右，發姦伏，一邑大震，稱爲神明。嘗擅笞州魁吏，州檄召之不應，罷去。後凡居一職輒震耀，亦坐此不達。

程震字威卿，東勝人。與其兄鼎俱擢第。震入仕有能聲。興定初，詔百官舉縣令，〔九〕

震得陳留，治爲河南第一，召拜監察御史，彈劾無所撓。時皇子荆王爲宰相，家僮輩席勢侵民，震以法劾之，奏曰：「荆王以陛下之子，任天下之重。不能上贊君父，同濟艱難。顧乃專恃權勢，蔑棄典禮，開納貨賂，進退官吏。縱令奴隸侵漁細民，名爲和市，其實脅取。諸所不法不可枚舉。陛下不能正家，而欲正天下，難矣。」於是，上責荆王，出內府銀以償物直，杖大奴尤不法者數人。未幾，坐爲故吏所訟，罷官。歲餘，嘔血卒。

震爲人剛直有材幹，忘身徇國，不少私與。及爲御史，臺綱大振，以故小人側目者衆，不能久留於朝，士論惜之。

贊曰：韓玉、馮璧、李獻甫、雷淵皆金季豪傑之士也。邠、涇之變，玉募兵旬日而得萬人。牙吾塔之凶暴，璧以王度繩之，卒不敢動。夏人援宋例以邀歲幣，獻甫以宋賜夏姓一事折之，夏使語塞而和議定。淵爲御史，權貴斂避，古之國士何加焉。玉以疑見冤，璧、淵疾惡太甚，議者以酷譏之，瑕豈可以掩瑜哉。程震劾荆抵罪，比蹤馮、雷，然亦以羣小齟齬而死，直士之不容於世也久矣。吁。

校勘記

〔一〕正大二年二月　「二年」原作「三年」。按下文有「明年設益政院」云云，本書卷一七哀宗紀，正大三年八月，「詔設益政院于內廷，以禮部尚書楊雲翼等爲益政院說書官」。又卷五六百官志所記同。今據改。

〔二〕向日弓箭手之在西邊者　「手之」原作「之手」，據文義乙正。

〔三〕支度判官　原作「度支判官」。今據本書卷五七百官志乙正。

〔四〕十月出爲寧邊州刺史三年改平定州至全活者甚衆　按以上六十六字當在下文「其秋宣德果以敗聞」之下，「三年」當作「二年」。元遺山集卷一七閑閑公墓銘，「泰和二年改戶部主事，遷翰林修撰，考滿留再任。衞紹王大安初，北兵入邊，召公與待制趙資道論邊備……王不能用，其秋宣德以敗聞。十月，出爲寧邊州刺史。二年，改平定州。……入爲兵部郎中兼翰林修撰」。考之滏水文集詩文皆合，此誤。

〔五〕又明年知貢舉坐取進士盧亞重用韻　按本書卷一七哀宗紀，正大四年六月「丙辰，賜詞賦經義盧亞以下進士第」，與此年代不合。又卷一〇〇李復亨傳，「興定五年三月，廷試進士，復亨監試，進士盧元謬誤，濫放及第，讀卷官禮部尚書趙秉文……當奪三官降職」。則「又明年」當爲「五年」，「盧亞」當作「盧元」。

〔六〕將有違約　按中州集卷八韓玉小傳記此事作「將佐違約」。

〔七〕泰和四年調鄜州錄事　原脫「泰和」二字。按元遺山集卷一九內翰馮公神道碑銘，「璧以承安二年中乙科，調莒州軍事判官。丁母憂，服闋，調遼濱主簿。丁父憂，服闋，調鄜州錄事」。則此「四年」決非承安四年。又本卷下文云：「明年伐蜀……，章宗欲招降吳曦」。考本書卷一二章宗紀，泰和六年十二月辛酉，「完顏綱遣京兆錄事張仔會吳曦于興州之置口，曦具言所以歸朝之意」。卷九八完顏綱傳記其事亦在泰和六年，知此「四年」當是泰和四年。今據補。又下文「明年」亦當作「六年」。

〔八〕興定四年以宋人拒使者於淮上遣兵南伐　原脫「興定」二字。按本書卷六二交聘表，「興定二年十二月甲寅，朝議乘勝與宋議和，以開封治中呂子羽、南京路轉運副使馮璧爲詳問宋國使，行至淮中流，宋人拒之，自此和好遂絕」。又卷一五宣宗紀，「興定三年春正月庚午，呂子羽至淮，宋人不納而還。詔伐宋」。是伐宋事在興定三年。本書列傳中，紀年之下或偶述已發生之事，而其事實在前一年。此處云「以宋人拒使者……」義尤明顯，蓋馮璧鞫牙吾塔在興定四年。今據補「興定」二字。又下文「四年」亦是興定四年。王鶚汝南遺事卷二，宣宗朝，阿虎帶「帥河中，以棄城應死，議親獲免」。卽本卷所記之事，可爲佐證。

〔九〕詔百官舉縣令　「詔」原作「召」，據文義改。

金史卷一百十一

列傳第四十九

古里甲石倫　內族訛可　撒合輦　强伸　烏林荅胡土　內族思烈　紇石烈牙吾塔

古里甲石倫，隆安人。以武舉登第。爲人剛悍頗自用，所在與人不合，宣宗以其勇善戰，每任用之。貞祐二年，累遷副提控、太原府判官，與從宜都提控、振武軍節度使完顏蒲剌都議拒守不合，措置乖方，敵因大入，幾不可禦。旣乃交章論列以自辨其無罪，上惡其不和，詔分統其兵。

未幾，遷同知太原府事。奏請招集義軍，設置長校，各立等差。都統授正七品職，副統正八品，萬戶正九品，千戶正班任使，謀克雜班。仍三十人爲一謀克，五謀克爲一千戶，四千戶爲一萬戶，四萬戶爲一副統，兩副統爲一都統，外設一總領提控。制可。

四年，遷河東宣撫副使，上章言宣撫使烏古論禮不肯分兵禦敵，且所行多不法。詔禮罷職，石倫遷絳陽軍節度使，權經略使，尋知延安府事、兼鄜延路兵馬都總管。大元兵圍忻州，石倫率兵往援，以兵護其民入太原，所保軍民甚衆。

興定元年七月，改河平軍節度、兼衞州管內觀察使，詔諭曰：「朕初謂汝勇果，爲國盡力，故倚以濟事。尋聞汝嗜酒不法，而太原知府烏古論德升亦屢嘗爲朕言之，然皆瑣屑，乃若不救汾州，豈細事哉。有司議罪如此，汝其悉之，益當戮力，以掩前過。」是年十一月，遷鎭西軍節度使、兼嵐州管內觀察使、行元帥府事。

二年四月，石倫言：「去歲北兵破太原，游兵時入嵐州境，而官民將士悉力扞禦，卒能保守無虞。向者河東內郡皆駐以精甲，實以資儲，視邊城尤爲完富，然兵一至相繼淪沒。嵐兵寡而食不足，惟其上下協同，表裏相應，遂獲安帖。當大軍初入，郡縣倉皇，非此帥府控制，則隩、管保德、岢嵐、寧化皆不可知矣。今防秋不遠，乞朝廷量加旌賞，務令益盡心力，易以鎭守。」詔有功者各遷官一級，仍給降空名宣勅，令樞密院遣授之。

三年二月，石倫奏：「向者幷、汾既破，兵入內地，臣謂必攻平陽，平陽不守，將及潞州，其還當由龍州谷以入太原。故臣嘗請兵欲扼其歸路，朝廷不以爲然，既而皆如臣所料。始敵入河東時，郡縣民皆携老幼徙居山險，後雖太原失守，而衆卒不從，其意謂敵不久留，且望官軍復至也。今敵居半歲，遣步騎擾諸保聚，而官軍竟無至者，民其能久抗乎。夫太原，河東之要郡，平陽，陝西、河南之藩籬也。若敵兵久不去，居民盡從，屯兵積糧以固基本，而復擾吾郡縣未殘者，則邊城指日皆下矣。北路不守，則南路爲邊，去陝西、河南益近，臣竊憂之，故復請兵以圖戰守。而樞府檄臣，幷將權太原治中郭遹祖、義軍李天祿等萬餘人，就其糧五千石，會汾州權元帥右都監抹撚胡刺復太原。臣召遹祖，欲號令其衆，遹祖不從。蓋尋得胡刺報曰：『嘗問軍數於遹祖，但稱天祿等言之，未嘗親閱。問糧，則曰散在數處。』蓋其情本欲覘朝廷以己有兵糧，冀或見用，以取重職，不可指爲實用也。雖然，臣已遣提控石盞吾里忻等領軍以往矣。但敵勢頗重，而往者皆新集白徒，絕無精銳，恐不能勝。乞於河南、陝西量分精兵，以增臣力，仍令陝西州郡近河東者給之資糧，更令南路諸軍綴敵之南，以分其勢，如此庶幾太原可復也。」詔陝西、河東行省分糧與之，請兵之事以方伐宋不從。

三月，石倫復上言曰：「頃者大兵破太原，招民耕稼，爲久駐之基。臣以太原要鎮，所當必爭，遣提控石盞吾里忻引官兵義兵共圖收復。又以軍士有功者宜速賞之，故擬令吾里忻得注授九品之職，以是請于朝，而執政以爲賞功罰罪皆須中覆。夫河東去京師甚遠，移報往返不暇數十日，官軍皆敗亡之餘，鋒銳略盡，而義兵亦不習行陣，無異烏合，以重賞誘之猶恐不爲用，況有功而久不見報乎。夫衆不可用則不能退敵，敵不退則太原不可復，太原不可復則平陽之勢日危，而境土日蹙矣。今朝廷抑而不許，不過慮其濫賞耳。借使有濫賞之弊，其與失太原之害孰重？」於是詔從其請，自太原治中及他州從七品以下職、四品以下散官，並聽石倫遷調焉。

是月，石倫復言：「日者遣軍潛擣敵壘，欲分石州兵五百權屯方山，剿殺土寇，且備嵐州，而同知蒲察桓端拒而不發。又召同知寧邊軍節度使姚里鴉鶻與之議兵，竟不聽命。近領兵將取太原，委石州刺史紇合萬家權行六部，而辭以他故，幾誤軍糧。約武州刺史郭憲率所領併進，憲亦不至。臣猥當方面之任，而所統官屬並不稟從，乞朝廷嚴爲懲誡，庶人知職分，易以責辦。」宰臣惡之，乃奏曰：「桓端、鴉鶻已經奏改，無復可議。石倫身兼行部，不自規畫，而使萬家往來應給，石州無人恐亦有失。武州邊郡正當兵衝，使憲率軍離城，敵或乘之，孰與守禦。萬家等不從，未爲過也。」上以爲然，因遣諭石倫曰：「卿嘗行院于歸德，衞州防備之事非不素知，乃屢以步騎爲請何耶。比授卿三品，且數兔罪譴卿，嘗自誓以死報國，今所爲如此，豈報國之道哉！意謂河南之衆必不可分，但圖他日得以藉口耳。卿果赤心爲國，盡力經畫，亦足自效。萬家等若必懲戒，彼中誰復可使者，姑爲容忍可也。」

閏三月，石倫駐兵太原之西，俟諸道兵至進戰，聞脅從人頗有革心，上言于朝，乞降空名宣勑、金銀符，許便宜遷注，以招誘之。上從其請，並給付之，仍聽注五品以下官職。

六月，保德州振威軍萬戶王章、弩軍萬戶齊鎮殺其刺史孛术魯銀术哥，仍滅其家，脅官吏軍民同狀白嵐州帥府，言銀术哥專恣慘酷，私造甲仗，將謀不軌。石倫密令同知州事把蒲剌都圖之，蒲剌都乃與兵吏置酒召章等飲，擒而族誅之。至是，朝廷命行省胥鼎量宜遷賞，仍令蒲剌都攝州事，撫安其衆焉。

六月，遷金安軍節度使，行帥府事於葭州。時鄜州元帥內族承立慮夏人入寇，遣納合買住以兵駐葭州，石倫輒分留買住兵千八百人，令以餘兵屯綏德，而後奏之。有司論罪當絞，既而遇赦，乃止除名。元光元年，起爲鄭州同知防禦使，與防禦使裴滿羊哥部內酤酒不償直，皆除名。三月，上諭元帥監軍內族訛可曰：「石倫今以罪廢，欲再起之，恐生物議，汝軍前得無用之乎。此人頗善戰，果可用便當遣去。古亦有白衣領職者，渠雖除名何害也。」十月，大元兵圍青龍堡，詔以石倫權左都監，將兵會上黨公、晉陽公往援之。兵次彈平寨東三十里，敵兵梗道不得進，會青龍堡破，召還。既而復以罪免。

正大八年，大兵入河南，州郡無不下者，朝議以權昌武軍節度使粘葛仝周不知兵事，起石倫代之。石倫初赴昌武，詔諭曰：「卿先朝宿將，甚有威望，故起拜是職。元帥蘇椿、武監軍皆曉兵事，今在昌武，宜與同議，勿復不睦失計也。」時北兵已至許，石倫赴鎮幾爲游騎所獲。數日，知兩省軍敗，潰軍踵來，有忠孝軍完顏副統入城，兩手皆折，血汚滿身，州人憂怖不知所出。石倫遣歸順軍提控嵐州人高珪往斥候，珪因持在州軍馬糧草數目奔大元軍，〔二〕仍告以城池深淺。俄大兵至城下，以鳳翔府韓壽孫持檄招降，言三峰敗狀。石倫、蘇椿不詰問卽斬之市中。既而武監軍偏裨何魏輩開東門，內族按春開南門，夾谷太守開西門，大元軍入城，擒蘇椿，問以大名南奔之事，椿曰：「我本金朝人，無力故降，我歸國得爲大官，何謂反耶。」大將怒其不屈，卽殺之。石倫投廨後井中，仝周自縊州廨。武監軍者初不預開門之謀，何魏輩欲保全之，故言於大將曰：「監軍令我輩獻門。」然亦怒其不迎軍而降，亦殺之。

仝周名暉，字子陽，策論進士，興定間爲徐州行樞密院參議官，上章言：「惟名與器不可假人，自古帝王靡不爲重。今之金銀牌，卽古符節也，其上有太祖御畫，往年得佩者甚難，兵興以來授予頗濫，市井道路黃白相望，恐非所以示信於下也。乞寶惜之，有所甄別。」上以語宰臣，而丞相高琪等奏：「時方多難，急於用人，駕馭之方，此其一也，如故爲便。」

蘇椿，大名人，初守大名，歸順于大元，正大二年九月，〔三〕自大名奔汴，詔置許州，至是見殺。

完顏訛可，內族也。時有兩訛可，皆護衞出身，一曰「草火訛可」，每得賊好以草火燎之，一曰「板子訛可」，嘗誤以宮中牙牌報班齊者爲板子，故時人各以是目之。

正大八年九月，大兵攻河中。初，宣宗議遷都，朝臣謂可遷河中：「河中背負關陝五路，士馬全盛，南阻大河，可建行臺以爲右翼。前有絳陽、平陽、太原三大鎭，敵兵不敢輕入。應三鎭郡縣之民皆聚之山寨，敵至則爲晝攻夜刼之計。屯重軍中條，則行在有萬全之固矣。」主議者以河中在河朔，又無宮室，不及汴梁，議遂寢。

宣宗既遷河南，三二年之後，詔元帥都監內族阿祿帶行帥府事。阿祿帶恇怯不能軍，竭民膏血爲浚築之計。未幾，絳州破，阿祿帶益懼，馳奏河中孤城不可守，有旨親視，果不可守則棄之，無至資敵。阿祿帶遂棄河中，燒民戶官府，一二日而盡。尋有言河中重鎭，國家基本所在，棄之爲失策，設爲敵人所據，則大河之險我不得專恃矣。宣宗悔悟，繫阿祿帶同州獄，累命完復之，隨守隨破。至是，以內族兩訛可將兵三萬守之。

大兵謀取宋武休關。未幾，鳳翔破，睿宗分騎兵三萬入散關，攻破鳳州，徑過華陽，屠洋州，攻武休關。開生山，截焦崖，出武休東南，遂圍興元。興元軍民散走，死於沙窩者數十萬。分軍而西，西軍由别路入沔州，取大安軍路開魚鼈山，撤屋爲筏，渡嘉陵江入關堡，並江趨葭萌，略地至西水縣而還。東軍止屯興元、洋州之間，遂趨饒峰。宋人棄關不守，大兵乃得入。

初，大兵期以明年正月合南北軍攻汴梁，故自將攻河中。河中告急，合打蒲阿遣王敢率步兵一萬救之。十二月，河中破。初，河中主將知大兵將至，懼軍力不足，截故城之半守之。及被攻，行帳命築松樓高二百尺，下瞰城中，土山地穴百道並進。至十一月，攻愈急。自王敢救軍至，軍士殊死鬭，日夜不休，西北樓櫓俱盡，白戰又半月，力盡乃陷。草訛可戰數十合始被擒，尋殺之。板訛可提敗卒三千奪船走，北兵追及，鼓譟北岸上，矢石如雨。數里之外有戰船橫截之，敗軍不得過，船中有賫火砲名「震天雷」者連發之，砲火明，見北船軍無幾人，力斫橫船開，得至潼關，遂入閿鄉。尋有詔赦將佐以下，〔三〕責訛可以不能死，車載入陝州，決杖二百。識者以爲河中城守不下，德順力竭而陷，非戰之罪，故訛可之死人有寃之者。

初，訛可以元帥右監軍、邠涇總帥、權參知政事，奉旨於邠、涇、鳳翔往來防秋，奉御六兒監戰，於訛可爲孫行，而訛可動爲所制，意頗不平，漸生猜隙。七年九月，召赴京師，改河中總帥，受京兆節制。此時六兒同赴召，謂訛可奉旨往來防秋，而乃畏怯避遠，正與朝旨相違，上意頗罪訛可。及河中陷，苦戰力盡，而北兵百倍臨之，人謂雖至不守猶可以自贖，竟杖而死，蓋六兒先入之言主之也。

劉祁曰：〔四〕「金人南渡之後，近侍之權尤重。蓋宣宗喜用其人以爲耳目，伺察百官，故奉御輩採訪民間，號『行路御史』，或得一二事即入奏之，上因以責臺官漏泄，〔五〕皆抵罪。又方面之柄雖委將帥，又差一奉御在軍中，號曰『監戰』，每臨機制變多爲所牽制，遇敵輒先奔，故師多喪敗。」哀宗因之不改，終至亡國。

論曰：古里甲石倫善戰而好犯法，故見廢者屢，晚起爲將，卒死於難。金運將終，又用數奇之李廣，其乏絕不亦宜乎。草訛可力戰而死，板訛可亦力戰，不死於陣而死於刑，論者以爲有近侍先入之言。夫以暬御治軍，既掣之肘，又信其讒以殺人，金失政刑矣。唐之亡，坐以近侍監軍，金蹈其轍，哀哉。

撒合輦字安之，內族也。宣宗朝，累遷同簽樞密院事。元光二年十二月庚寅夜，宣宗病篤，英王盤都先入侍，哀宗後至，東華門已閉，聞英王在宮，遣樞密院官及東宮親衞軍總領移剌蒲阿勒兵東華門，都點檢駙馬都尉徒單合住奏中宮，得旨，領符鑰啓門。合住見上，上命撒合輦解合住刀佩之，哀宗遂入，明日卽位，由是見親信。正大元年正月庚申，以輦同判大睦親府事，兼前職。刑部完顏素蘭言：「把胡魯策功第一，非超拜右丞相無以酬之。」然同功數人亦有不次之望，故胡魯之命中輟，輦猶升二品云。

四年，大元旣滅西夏，進軍陝西。四月丙申，召尙書溫迪罕壽孫、中丞烏古孫卜吉、祭酒裴滿阿虎帶、直學士蒲察世達、右司諫陳規、監察烏古論四和完顏習顯、同判睦親府事撒合輦同議西事，上曰：「已諭合達盡力決一戰矣。」羣臣多主和事，獨輦力破和議，語在陳規傳。

八月，朝廷得淸水之報，令有司罷防城及修城丁壯，凡軍需租調不急者權停。初，聞大兵自鳳翔入京兆，關中大震，以中丞卜吉、祭酒阿忽帶兼司農卿，簽民兵，督秋稅，令民入保爲避遷計。當時議者以謂大兵未至而河南先亂，且曰：「御史監察城洛陽，治書供帳北使，中丞下兼司農簽軍督稅，臺政可知矣。」至是，上謂撒合輦曰：「諺云，水深見長人。朝臣或欲我一戰，汝獨言當靜以待之，與朕意合，今日有太平之望，皆汝謀也。先帝嘗言汝可用，可謂知人矣。」

未幾，右拾遺李大節、右司諫陳規言，撒合輦諂佞納賄及不公事，奏帖留中不報。明惠皇后嘗傳旨戒曰：「汝諂事上，上之騎鞠皆汝所教。」尉忻亦極言之，上頗悟，出爲中京留守、兼行樞密院事。初，宣宗改河南府爲金昌府，號中京，又擬少室山頂爲御營，命移剌粘合築之，至是撒合輦爲留守。

九年正月，北兵從河清徑渡，分兵至洛，出沒四十餘日。二月乙亥，立砲攻城。洛中初無軍，得三峰潰卒三四千人，與忠孝軍百餘守禦。時輦疽發于背，不能軍，同知溫迪罕斡朵羅主軍務，有大事則就輦稟之。三月甲申，忠孝軍百餘騎入使宅，强擁輦出奔，輦不得已從之，幷以官屬及其子自隨，才出南裏城門，城上軍覺，閉之甕城中，〔六〕矢石亂下，人馬多死傷。輦知不能出，仰呼求救，軍士知出奔非輦意，以繩引而上，送入其宅，不敢出。鎭撫官縛出奔之黨，欲殺之，已斬三人，輦親爲乞命，得免。

乙酉，斡朵羅賫金帛出北門，如前日巡城犒軍之狀，既出即沿城而西，直出外壕，城上人呼曰：「同知講和去矣。」軍士及將領隨而下者三四百人。少之，輦傳令云：「同知叛降，有再下城者斬。」凡斬三四人，乃定。丙戌夜，城東北角破，輦奪南門出不得，投濠水死。已而，大兵退，强伸復立帥府。

强伸，本河中射糧軍子弟，貌極寢陋，而膂力過人。興定初，從華州副都統安寧復潼關，以勞任使，嘗監郃陽醋。後客洛下，選充官軍，戍陝鐵嶺，軍潰被虜，從都尉兀林荅胡土竄歸中京。時中京已破，留守兼行樞密院使內族撒合輦死之，元帥任守眞復立府事，以便宜署伸警巡使。後守眞率部曲軍從行省思烈入援，鄭州之敗守眞死。

天興元年八月，中京人推伸爲府簽事，領所有軍二千五百人，傷殘老幼半之。甫三日，北兵圍之，東西北三面多樹大砲，伸括衣帛爲幟，立之城上，率士卒赤身而戰，以壯士五十人〔七〕往來救應，大叫，以「憨子軍」爲號，其聲勢與萬衆無異。兵器已盡，以錢爲鏃，得大兵一箭截而爲四，以筒鞭發之。又創遏砲，用不過數人，能發大石於百步外，所擊無不中。伸奔走四應，所至必捷。得二馳及所乘馬皆殺之，以犒軍士，人不過一啗，而得者如百金之賜。九月，大兵退百里外。閏月，復攻，兵數倍於前。又一月，不能拔。事聞，哀宗降詔褒諭，以伸爲中京留守、元帥左都監、世襲謀克、行元帥府事。

十月，參知政事內族思烈自南山領軍民十餘萬入洛，行省事。二年二月，伸建一堂於洛川驛之東，名曰「報恩」，刻詔文於石，願以死自効。三月，中使至，以伸便宜從事。是月，大兵自汴驅思烈之子於東門下，誘思烈降。思烈卽命左右射之，旣而知崔立之變，病不能語而死。總帥忽林荅胡土代行省事，仲行總帥府事，月餘糧盡，軍民稍稍散去。

五月，大兵復來，陣於洛南，仲陣水北。有韓帥者匹馬立水濱，招仲降，仲謂帥曰：「君獨非我家臣子耶？一日勤王，猶遺令名于世，君旣不能，乃欲誘我降耶？我本一軍卒，今貴爲留守，誓以死報國耳。」遂躍而射之。帥奔陣，率步卒數百奪橋，仲軍一旗手獨出拒之，殺數人，仲乃手解都統銀符與之佩，士卒氣復振。初，築戰壘於城外四隅，至五門內外皆有屛，謂之迷魂牆。大兵以五百騎迫之，仲率卒二百鼓噪而出，大兵退。

六月，行省胡土率衆走南山，鷹揚都尉〔八〕獻西門以降，仲知城不能守，率死士數十人突東門出，轉戰至偃師，力盡就執。載以一馬，擁迫而行，仲宛轉不肯進，强掖之，將見大帥塔察。及中京七里河，仲語不遜，兵卒相謂曰：「此人乖角如此，若見大帥其能降乎，不若殺之。」因好語誘之曰：「汝能北面一屈膝，吾貸汝命。」仲不從，左右力持使北面，仲拗頭南向，〔九〕遂殺之。

烏林荅胡土。正大九年正月戊子，北兵以河中一軍由洛陽東四十里白坡渡河。白坡故河清縣，河有石底，歲旱水不能尋丈。國初以三千騎由此路趨汴，是後縣廢爲鎭，宣宗南遷，河防上下千里，常以此路爲憂，每冬日命洛陽一軍戍之。河中破，有言此路可徒涉者，已而果然。北兵既渡，奪河陰官舟以濟諸軍。時胡土爲破虜都尉，戍潼關，以去冬十二月被旨入援，至偃師，聞白坡徑渡之耗，直趨少室，夜至少林寺。時登封縣官民已遷太平頂御寨。明日，胡土使人紿縣官云：「吾軍中家屬輜重欲留此山，卽率兵赴汴京。」因攝縣官下山，使之前導，一軍隨之而上。山既險固，糧亦充足，遂有久住之意。尋縱軍下山劫掠居民，甚於盜賊，旁近一二百里無不被害。胡土畏變，知而不禁，又所劫牛畜糧糗亦分有之。

七月，恒山公武仙、參政思烈兩行省軍，屯登封城南大林下，遣人約之入京。胡土百計不肯下，不得已，乃分其軍四千，與思烈俱東。八月三日，兩行省軍潰於中牟，胡土狼狽上山，殘卒三二十人外偏裨無一人至者。十二月，思烈自留山行省於中京，徵兵同保洛陽，又遷延不行。思烈以檄來，言：「若依前逗遛，自有典憲，吾不汝容矣。」胡土懼，乃挈妻子及軍往中京，留其半山上以爲巢穴。天興二年三月，思烈病卒，留語胡土代行省事。六月，敵勢益重，强伸方盡力戰禦，而胡土卽領輕騎，挈妻子棄城南奔，遂失中京。

初，胡土在太平頂既顧望不進，又懼人議己，乃出榜募人爲救駕軍，云：「一旅之衆可以興復國家，諸人有能奮發許國捐軀者，豈不濟大事乎！」於是，不逞之徒隨募而出，得澤人緝麻觜、武錄事等二十餘人，促令赴京，行及盧店卽行劫，械至，杖之二百，人無不竊笑。

既而，走蔡州，上召見慰問，而心薄之。會宋人攻唐州，元帥烏古論黑漢屢遣人告急，卽命胡土領忠孝軍百人，就徵西山招撫烏古論換住、黃八兒等軍赴之。胡土率兵至唐，宋人斂避，縱其半入城，夾擊之，胡土大敗，僅存三十騎以還，換住死焉。

既而，以胡土爲殿前都點檢，罷權參政。大兵圍蔡，分軍防守，胡土守西面。十一月，胡土之奴竊其金牌，夜縋城降，朝士喧播謂胡土縱之往，將有異志。胡土聞之，內不自安，乞解軍職。上慰之曰：「卿父子昆弟皆爲帥臣，受恩不爲不厚，顧肯降耶。且卿向在洛陽不卽降，而千里遠來降於蔡，豈人情也哉。聞卿遇奴太察，且其衣食不常給之，此蓋往求溫飽耳，卿何慊焉。」因賜饌以安其心。初，胡土罷機政，頗有怨言，左右勸上誅之，上不聽。及令守西城，尤怏怏不樂，至是始感恩無他慮矣。

尋以總帥孛朮魯婁室與胡土皆權參政，婁室與右丞仲德同事，胡土防守如故，復以都尉承麟爲東面元帥權總帥。先是，攻東城，婁室隨機備禦。二日移攻南城，烏古論鎬易之，砲擊城樓幾仆，右丞仲德率軍救援，乃罷攻。俄而四面受敵，仲德艱於獨援，遂薦承麟代婁室東面，而乞與婁室同救應。初，胡土失外城，頗慚恨，聲言力小不能令衆，仲德亦薦之，故有是命。蔡城破，投汝水死。

贊曰：撒合輦本以佞進，烏林荅胡土戰陣不武，付以孤城，望其捍禦大難，豈得爲知人乎。强伸一射糧卒耳，及授以兵，乃能應變制勝，遠過二人，力盡乃斃，猶有烈丈夫之風焉。古人有言：「四郊多壘，拔士爲將。」使金運未去，伸足以建功名矣夫。

內族思烈，南陽郡王襄之子也。資性詳雅，頗知書史。自五六歲入宮充奉御，甚見寵幸，世號曰「自在奉御」。當宣宗入承大統，胡沙虎跋扈，思烈尚在髫齓，嘗涕泣跪抱帝膝致說曰：「願早誅權臣，以靖王室。」帝急顧左右掩其口。自是，帝甚器重之。後由提點近侍局遷都點檢。

天興元年，汴京被圍，哀宗以思烈權參知政事，行省事于鄧州。會武仙引兵入援，於是思烈率諸軍發自汝州，過密縣，遇大元兵，不用武仙阻澗之策，遂敗績于京水，語在武仙傳。中京留守、元帥左監軍任守眞死之。上聞，罷思烈行省之職，以守中京。無何，大兵圍中京未能下，崔立遣人監思烈子於中京城下，招之使降。思烈不顧，令軍士射之，既而知崔立已以汴京歸順，病數日而死。

初，思烈會武仙等軍入援，卽與仙論議不同，仙以思烈方得君，每假借之。思烈謂仙本無入援意，特以朝廷遣一參政召兵，迫於不得已乃行耳。然仙知兵，頗以持重爲事。思烈急於入京，不聽仙策，於是左右司員外郎王渥乃勸思烈曰：「武仙大小數百戰，經涉不爲不多，兵事當共議。」思烈疑其與仙有謀，幾斬之，渥自以無愧於內，不懼也。已而，思烈果敗，渥歿於陣。

渥字仲澤，後名仲澤，太原人。性明俊不羈，博學善談論，工尺牘，字畫淸美，有晉人風。少游太學，長於詞賦，登興定二年進士第。爲時帥奧屯邦獻、完顏斜烈所知，故多在兵間。後辟寧陵令，有治迹，入爲尙書省令史。因使宋至揚州，應對敏給，宋人重之。及還，爲太學助教，轉樞密院經歷官，俄遷右司都事，稍見信用。及思烈往鄧州，以渥爲左右司員外郎，從行。

贊曰：思烈夙惠，請誅權奸以立主威，有甘羅、辟彊之風，所謂「茂良不必父祖」者也。中京之圍，崔立脅其子使招之降，不顧而趣射之，何愧乎橋玄。至如不從武仙之言，以至於敗，此蓋時人因惜王仲澤之死而有是言，仙無入援之意則非誣也。

紇石烈牙吾塔一名志。本出親軍，性剛悍喜戰。貞祐間，僕散安貞爲山東路宣撫使，以牙吾塔爲軍中提控。是時，山東羣盜蜂起，安貞遣牙吾塔破巨蒙等四堌，又破馬耳山砦，殺劉二祖賊黨四千餘人，降賊八千，虜其僞宣差程寬、招軍大使程福，又降脅從民三萬餘人。貞祐四年六月，積功累遷欄通渡經略使。十月，爲元帥左都監。十二月，行山東西路兵馬都總管府事，兼武寧軍節度使、徐州管内觀察使。

興定二年正月，宋兵萬餘攻泗州，牙吾塔赴援，至臨淮，遇宋人三百，掩殺殆盡。及泗州，宋兵八千圍甚急，督衆進戰，大破之，溺水死者甚衆，獲馬三百餘匹，俘五十餘人。又圍盱眙，宋人閉門堅守不敢出。以騎兵分掠境內，而時遣羸卒薄城誘之。宋人出騎數百來拒，牙吾塔麾兵佯北，發伏擊之，斬首二百。宋人復出步騎八千來援，合擊敗之，殺一太尉，斬首三百。尋獲覘者，稱青平宋兵甚衆，將救盱眙。牙吾塔移兵赴之，宋兵步騎七千人突出，兵少却，旋以輕騎扼其後，初逗遛不與戰，縱之走東南，薄諸河，斬首千餘，溺死者無算，獲馬牛數百，甲仗以千計。師還，遇宋兵三千於連塘村，斬首千餘級，俘五十人，獲馬三十五疋。宣宗以其有功，賜金帶一。

三年正月，敗宋人於濠州之香山村。二月，又敗之於滁州，〔一○〕斬首千級。拔小江寨，殺統制王大篷等，斬三萬，俘萬餘人。又拔輔嘉平山寨，斬首數千，俘五百餘人，獲馬牛數百，糧萬斛。三月，提控奥敦吾里不大敗宋人于上津縣，兵還至濠州，宋人以軍八千拒戰，牙吾塔迎擊敗之，獲馬百餘疋。

五年正月，上以紅襖賊助宋爲害，邊兵久勞苦，詔牙吾塔遺宋人書求戰，略曰：「宋與我國通好，百年於此，頃歲以來，納我叛亡，絕我貢幣，又遣紅襖賊乘間竊出，跳梁邊疆，使吾民不得休息。彼國若以此曹爲足恃，請悉衆而來，一決勝負，果能當我之鋒，沿邊城邑當以相奉。度不能，卽宜安分保境，何必狐號鼠竊、乘陰伺夜以爲此態耶？且彼之將帥亦自受鉞總戎，而臨敵則望風遠遁，被攻則閉壘深藏，逮吾師還，然後現形耀影以示武。夫小民尙氣，女子有志者猶不爾也，切爲彼國羞之。」

先是，宋將時靑襲破泗州西城。二月，牙吾塔將兵取之，宋兵拒守甚力，乃募死士以梯衝並進，大敗宋兵。時靑乘城指麾，射中其目，遂拔衆南奔。乃陳兵橫絕走路擊之，宋兵大潰，遂復泗州西城。三月，復出兵宋境，以報其役，破團山、賈家等諸寨，進逼濠州。牙吾塔慮州人出拒，躬率勁兵逆之，遇邏騎二百于城東，擊殺過半。會偵者言前路芻糧甚艱，乃西掠定遠，由渦口而還。九月，又率兵渡淮，大破宋兵於團山，詔遷官升職有差。

元光元年五月，以京東便宜總帥兼行戶、工部事，上因謂宰臣曰：「牙吾塔性剛，人皆畏之，委之行部，無不辦者。至於御下亦頗有術，提控有胡論出者，渠厚待之，常同器而食，其人感奮，遂以戰死。」英王守純曰：「凡爲將帥，駕馭人材皆當如此。」上曰：「然。」未幾，宋人三千潛渡淮，至聊林，盡伐隄柳，塞汴水以斷吾糧道。牙吾塔遣精甲千餘破之，獲其舟及渡者七百人，汴流由是復通。

二年四月，上言：「賞罰國之大信，帝王所以勸善而懲惡，其令一出不可中變。向官軍戰歿者皆廩給其家，恩至厚也。臣近抵宿州，乃知例以楮幣折支，往往不給，至于失所。此殆有司出納之吝，不能奉行朝廷德意之過也。自今願支本色，令得贍濟。」以糧儲方艱，詔有司給其半。

紅襖賊寇壽、潁，剽掠數日而去。牙吾塔聞之，率兵渡淮，偵知朱村、孝義村有賊各數百，分兵攻之，連破兩柵，及焚其村塢數十。還遇宋兵數百，陣淮南岸，擊殺其半，尋有兵千餘自東南來追，復大敗之。

先是，納合六哥殺元帥蒙古綱，據邳州以叛。十月，牙吾塔圍之，焚其樓櫓，斬首百餘。於是，宋鈐轄高顯、統制侯進、正將陳榮等知不能守，共誅六哥，持其首縋城降。六哥既誅，衆猶拒守，方督兵進攻，宋總領劉斌、提控黃溫等縛首亂顏俊、戚誼、完顏乞哥，及梟提控金山八打首，遣其校馬俊、吳珪來獻。既而紅襖監軍徐福、統制王喜等亦遣其總領孫成、總押徐琦納欵。劉斌等遂率軍民出降，牙吾塔入城，撫慰其衆，各使安集，又招獲紅襖統制十有五人，將官訓練百三十有九人。十一月，遣人來報，仍函六哥首以獻。宣宗大喜，進牙吾塔官一階，賜金三百兩、內府重幣十端，將士遷賞有差。

正大三年十一月，北兵猝入西夏，攻中興府甚急。召陝西行省及陝州、靈寶二總帥訛可、牙吾塔議兵。又詔諭兩省曰：「儻邊方有警，內地可憂，若不早圖，恐成噬臍。旦夕事勢不同，隨機應變，若逐旋申奏，恐失事機，並從行省從宜規畫。」

四年，牙吾塔復取平陽，獲馬三千。是歲，大兵既滅夏國，進攻陝西德順、秦州、清水等城，遂自鳳翔入京兆，關中大震。五年，圍慶陽。〔二〕六年十月，上命陝省以羊酒及幣赴慶陽犒北帥，爲緩師計。北中亦遣唐慶等往來議和，尋遣斡骨欒爲小使，徑來行省。十二月，詔以牙吾塔與副樞蒲阿權簽樞密院事，內族訛可將兵救慶陽。七年正月，戰于大昌原，慶陽圍解。詔以牙吾塔爲左副元帥，屯京兆。初，斡骨欒來，行省恐泄事機，因留之。蒲阿等既解慶陽之圍，志氣驕滿，乃遣還，謂使者曰：「我已準備軍馬，可戰鬭來。」語甚不遜。〔三〕斡骨欒以此言上聞，太宗皇帝大怒，至應州，以九日拜天，卽親統大兵入陝西。八年，遷居民於河南，棄京兆東還。五月，至閿鄉，得寒疾，汗不出，死。「塔」亦作「太」，亦曰「牙忽帶」，蓋女直語，無正字也。是歲九月，國信使內族乘慶自北使還，始知牙吾塔不遜激怒之語，且言慶等在旁心魄震蕩，殆不忍聞。當時以帥臣不知書，悞國乃爾。〔三〕

塔爲人鷙狠狠戾，好結小人，不聽朝廷節制。嘗入朝，詣省堂，詆毀宰執，宰執亦不敢言，而上倚其鎮東方，亦優容之。尤不喜文士，僚屬有長裾者輒以刀截去。又喜淩侮使者，凡朝廷遣使來，必以酒食困之，或辭以不飲，因併食不給，使餓而去。司農少卿張用章以行戶部過宿，塔飮以酒，張辭以寒疾，塔笑曰：「此易治耳。」趨左右持艾來，臥張於牀，灸之數十。又以銀符佩妓，屢往州郡取賕，州將之妻皆遠迎迓，號「省差行首」，厚賄之。御史康錫上章劾之，且曰：「朝廷容之，適所以害之。欲保全其人，宜加裁制。」朝廷竟不治其罪。以屢敗宋兵，威震淮、泗，好用鼓椎擊人，世呼曰「盧鼓椎」，其名可以怖兒啼，大概如呼「麻胡」云。

有子名阿里合，世目曰「小鼓椎」，嘗爲元帥，從哀宗至歸德，與蒲察官奴作亂，伏誅。

康錫字伯祿，趙州人。至寧元年進士。正大初，由省掾拜御史，劾侯摯、師安石非相材，近侍局宗室撒合輦聲勢熏灼，請托公行，不可使在禁近，時論韙之。轉右司都事、京南路司農丞，爲河中路治中。河中破，從時帥率兵南奔，濟河，船敗死。爲人氣質重厚，公家之事知無不爲，與雷淵、冀禹錫齊名。

贊曰：金自胡沙虎、高琪用事，風俗一變，朝廷矯寬厚之政，好爲苛察，然爲之不果，反成姑息。將帥鄙儒雅之風，好爲粗豪，然用非其宜，終至跋扈。牙吾塔戰勝攻取，威行江、淮，而矜暴不法，肆侮王人，此豈可制者乎？棄陝而歸，死於道途，殆其幸歟。其子效尤，竟陷大僇，君子乃知康錫之言不爲過也。

校勘記

〔一〕珪因持在州軍馬糧草數目奔大元軍　「目」原作「日」，據殿本改。

〔二〕正大二年九月　按本書卷一七哀宗紀記此事在正大二年五月。

〔三〕尋有詔赦將佐以下　「詔赦」原作「赦詔」，據文義乙正。

〔四〕劉祁曰 「祁」原作「祈」。按此文見劉祁歸潛志卷七，今據改。

〔五〕上因以責臺官漏泄 「以」原作「所」，文義不通。據歸潛志卷七改。

〔六〕閉之甕城中 「甕」原作「壅」，據文義改。

〔七〕以壯士五十人 「十」原作「千」。按上文「領所有軍二千五百人，傷殘老幼半之」，則所謂「壯士」必不至「五千」，蓋「十」與「千」形近致誤，今改正。

〔八〕鷹揚都尉 按下闕人名。

〔九〕伸拗頭南向 「拗」原作「抝」，據殿本改。

〔一〇〕二月又敗之於滁州 原脫「之」字。按本書卷一五宣宗紀，興定三年二月庚子，「紇石烈牙吾塔敗宋人于滁」。今據補。

〔一一〕五年圍慶陽 按本書卷一七哀宗紀不載正大五年元兵圍慶陽事，而記六年十月「犒北帥」「緩師」事則與下文同。疑此「五年」或誤。

〔一二〕語甚不遜 「遜」原作「孫」，據殿本改。下同。

〔一三〕愎國乃爾 「爾」原作「耳」，據文義改。

金史卷一百十二

列傳第五十

完顏合達　移剌蒲阿

完顏合達名瞻，字景山。少長兵閒，習弓馬，能得人死力。貞祐初，以親衞軍送岐國公主，充護衞。〔一〕三年，授臨潢府推官，權元帥右監軍。時臨潢避遷，與全、慶兩州之民共壁平州。合達隸其經略使烏林荅乞住，乞住以便宜授軍中都統，累遷提控，佩金符。未幾，會燕南諸帥將兵復中都城，行至平州遷安縣，臨潢、全慶兩軍變，殺乞住，擁合達還平州，推爲帥，統乞住軍。合達以計誅首亂者數人。其年六月，北兵大將喊得不遣監戰提軍至平州城下，以州人黃裳入城招降，父老不從，合達引兵逆戰，知事勢不敵，以本軍降於陣。監戰以合達北上，留半歲，令還守平州。已而，謀自拔歸，乃遣奉先縣令紇石烈布里哥、北京教授蒲察胡里安、右三部檢法蒲察蒲女涉海來報。

四年十一月，合達果率所部及州民並海西南歸國。詔進官三階，升鎮南軍節度使，駐益都，與元帥蒙古綱相應接，充宣差都提控。十二月，大元兵徇地博興、樂安、壽光，東涉濰州之境，蒙古綱遣合達率兵屢戰於壽光、臨淄。興定元年正月，轉通遠軍節度使、兼鞏州管內觀察使。七月，改平西軍節度使、兼河州管內觀察使。二年正月，知延安府事、兼鄜延路兵馬都總管。

三年正月，詔伐宋，以合達爲元帥右都監。三月，破宋兵於梅林關，擒統領張時。又敗宋兵於馬嶺堡，獲馬百匹。又拔麻城縣，獲其令張倜、幹辦官郭守紀。

四月，夏人犯通秦寨，〔三〕合達出兵安塞堡，抵隆州，夏人自城中出步騎二千逆戰，進兵擊之，斬首數十級，俘十人，遂攻隆州，陷其西南隅，〔四〕會日暮乃還。六月，行元帥府事於唐、鄧，上遣諭曰：「以卿才幹故委卿，無使敵人侵軼，第固吾圉可也。」四年正月，復爲元帥右都監，屯延安。十月，夏人攻綏德州，駐兵于拄天山，合達將兵擊之，別遣先鋒提控樊澤等各率所部分三道以進，畢會于山顚，見夏人數萬餘傅山而陣，卽縱兵分擊，澤先登，摧其左軍，諸將繼攻其右，敗之。

五年五月，知延安府事，兼前職。上言：「諸軍官以屢徙，故往往不知所居地形迂直險易，緩急之際恐至敗事，自今乞勿徙。」又言：「河南、陝西鎭防軍皆分屯諸路，在營惟老稚而已。乞選老成人爲各路統軍以鎮撫之，且督其子弟習騎射，將來可用。」皆從之。

十一月，夏人攻安塞堡，其軍先至，合達與征行元帥納合買住禦之。合達策之曰：「比北方兵至，先破夏人則後易爲力。」於是潛軍裹糧倍道兼進，夜襲其營，夏人果大潰，追殺四十里，墜崖谷死者不可勝計。上聞之，賜金各五十兩、重幣十端，且詔諭曰：「卿等克成大功，朕聞之良喜。經畫如此，彼當知畏，期之數年，卿等可以休息矣。」仍詔以合達之功徧諭河南帥臣。是月，與元帥買住又戰延安，皆被重創。十二月，以保延安功賜金帶一、玉吐鶻一、重幣十端。

元光元年正月，遷元帥左監軍，授山東西路吾改必剌世襲謀克。權參知政事，行省事於京兆。未幾，眞拜。〔四〕是年五月，上言：「頃河中安撫司報，北將按察兒率兵入隰、吉、翼州，寖及榮、解之境，今時已暑，猶無回意，蓋將蹂吾禾麥。儻如此，則河東之土非吾有也。又河南、陝西調度仰給解鹽，今正澆鹽之時，而敵擾之，將失其利。乞速濟師，臣已擬分兵二萬，與平陽、上黨、晉陽三公府兵同力禦之。竊見河中、榮、解司縣官與軍民多不相諳，守禦之間或失事機。乞從舊法，凡司縣官使兼軍民，庶幾上下相得，易以集事。」又言鹽利：「今方敵兵迫境，不厚以分人，孰肯冒險而取之。若自輸運者十與其八，則人爭赴以濟國用。」從之。

葭州提控王公佐言於合達曰：「去歲十月，北兵既破葭州，構浮梁河上。公佐寓州治北石山子，〔五〕招集餘衆得二千餘人，欲復州城。以士卒皆自北逃歸者，且無鎧仗，故嘗請兵於帥府，將焚其浮橋，以取葭州，帥府不聽。又請兵援護老幼稍徙內地，而帥府亦不應。今葭州之民迫於敵境，皆有動搖之心。若是秋敵騎復來，則公佐力屈死於敵手，而遺民亦俱屠矣。」合達乃上言：「臣願馳至延安，與元帥買住議，以兵護公佐軍民來屯吳堡，伺隙而動。」詔省院議之，於是命合達率兵取葭州。行至鄜州，千戶張子政等殺萬戶陳紋，將掠城中。合達已勒兵爲備，子政等乃出城走，合達追及之，衆復來歸，斬首惡數十人，軍乃定。

六月，合達上言：「累獲諜者，皆云北方已約夏人，將由河中、葭州以入陝西。防秋在近，宜預爲計。今陝西重兵兩行省分制之，然京兆抵平涼六百餘里，萬一敵梗其間，使不得通，是自孤也。宜令平涼行省內族白撒領軍東下，與臣協力禦敵，以屏潼、陝，敵退後復議分司爲便。」詔許之。二年二月，以保鳳翔之功進官，賜金幣及通犀帶一。是時，河中已破，合達提兵復取之。

正大二年七月，陝西旱甚，合達齋戒請雨，雨澍，是歲大稔，民立石頌德。延安既殘毀，合達令於西路買牛付主者，招集散亡，助其耕墾，自是延安之民稍復耕稼之利。八月，鞏州田瑞反，合達討之，諸軍進攻，合達移文諭之曰：「罪止田瑞一身，餘無所問。」不數日，瑞弟濟殺瑞以降，合達如約撫定一州，民賴以寧。三年，詔還平凉行省。四年二月，〔六〕徵還，拜平章政事、芮國公。七年七月庚寅朔，以平章政事妨職樞密副使。初，蒲阿面奏：「合達在軍中久，今日多事之際乃在於省，用違其長。臣等欲與樞密協力軍務，擢之相位似亦未晚。」故有此授。

十月己未朔，詔合達及樞密副使蒲阿救衞州。初，朝廷以恒山公仙屯衞州，公府節制不一，欲合而一之。至是，河朔諸軍圍衞，內外不通已連月，但見塔上時舉火而已。合達等既至，先以親衞兵三千嘗之，北兵小退，翼日圍解。上登承天門犒軍，皆授世襲謀克，賜良馬玉帶，全給月俸本色，蓋異恩也。

未幾，以蒲阿權參知政事，同合達行省事於閿鄉，以備潼關。先是，陝省言備禦策，朝官集議，上策親征，中策幸陝，下策棄秦保潼關。議者謂止可助陝西軍以決一戰，使陝西不守，河南亦不可保。至是，自陝以西亦不守矣。

八年正月，北帥速不解攻破小關，殘盧氏、朱陽，散漫百餘里間。潼關總帥納合買住率夾谷移迪烈、都尉高英拒之，求救於二省。省以陳和尚忠孝軍一千，都尉夾谷澤軍一萬往應，〔七〕北軍退，追至谷口而還。兩省輒稱大捷，以聞。既而北軍攻鳳翔，二省提兵出關二十里，與渭北軍交，至晚復收兵入關，鳳翔遂破。二省遂棄京兆，與牙古塔起遷居民於河南，留慶山奴守之。九月，北兵入河中，時二相防秋還陝，量以軍馬出冷水谷以爲聲援。十一月，鄧州報，北兵道饒峯關，由金州而東。於是，兩省軍入鄧，遣提控劉天山以劄付下襄陽制置司，約同禦北兵，且索軍食。兩省以前月癸卯行，留楊沃衍軍守閿鄉。沃衍尋被旨取洛南路入商州，屯豐陽川備上津，與恒山公仙相犄角。合達復留禦侮中郎將完顏陳和尚於閿鄉南十五里，乃行。陳和尚亦隨而往。沃衍軍八千及商州之木瓜平，一日夜馳三百里入桃花堡，知北兵由豐陽而東，亦東還，會大軍於鎭平。恒山公仙萬人元駐胡陵關，至是亦由荆子口、順陽來會。十二月朔，俱至鄧下，屯順陽。乃遣天山入宋。

初，宋人於國朝君之、伯之、叔之，納歲幣將百年。南渡以後，宋以我爲不足慮，絕不往來。故宣宗南伐，士馬折耗十不一存，雖攻陷淮上數州，徒使驕將悍卒恣其殺虜、飽其私欲而已。又宣徽使奧敦阿虎使北方，北中大臣有以輿地圖指示之曰：「商州到此中軍馬幾何？」又指興元云：「我不從商州，則取興元路入汝界矣。」阿虎還奏，宣宗甚憂之。哀宗卽位，羣臣建言可因國喪遣使報哀，副以遺留物，因與之講解，盡撤邊備，共守武休之險。遂下省院議之，而當國者有仰而不能俯之疾，皆以朝廷先遣人則於國體有虧爲辭。元年，上諭南鄙諸帥，遣人往滁州與宋通好，宋人每以奏稟爲辭，和事遂不講。然十年之間，朝廷屢敕邊將不妄侵掠，彼我稍得休息，宋人始信之，遂有繼好之意。及天山以劄付至宋，劄付者指揮之別名，宋制使陳該怒辱天山，且以惡語復之。報至，識者皆爲竊嘆。

戊辰，北兵渡漢江而北，諸將以爲可乘其半渡擊之，蒲阿不從。丙子，兵畢渡，戰於禹山之前，北兵小却，營於三十里之外。二相以大捷驛報，百官表賀，諸相置酒省中，左丞李蹊且喜且泣曰：「非今日之捷，生靈之禍可勝言哉。」蓋以爲實然也。先是，河南聞北兵出饒峰，百姓往往入城壁、保險固，及聞敵已退，至有晏然不動者，不二三日游騎至，人無所逃，悉爲捷書所誤。

九年正月丁酉，兩省軍潰於陽翟之三峯山。初，禹山之戰，兩軍相拒，北軍散漫而北，金軍懼其乘虛襲京城，乃謀入援。時北兵遣三千騎趨河上，已二十餘日，泌陽、南陽、方城、襄、郟至京諸縣皆破，〔八〕所有積聚焚燬無餘。金軍由鄧而東無所仰給，乃並山入陽翟，既行，北兵卽襲之，且行且戰，北兵傷折亦多。恒山一軍爲突騎三千所衝，軍殊死鬬，北騎退走，追奔之際，忽大霧四塞，兩省命收軍。少之，霧散乃前，前一大澗長闊數里，非此霧則北兵人馬滿中矣。明日，至三峯山，遂潰，事載蒲阿傳。合達知大事已去，欲下馬戰，而蒲阿已失所在。合達以數百騎走鈞州，北兵塹其城外攻之，走門不得出，匿窟室中，城破，北兵發而殺之。時朝廷不知其死，或云已走京兆，賜以手詔，募人訪之。及攻汴，乃揚言曰：「汝家所恃，惟黄河與合達耳。今合達爲我殺，黄河爲我有，不降何待。」

合達熟知敵情，習於行陣，且重義輕財，與下同甘苦，有俘獲卽分給，遇敵則身先之而不避，衆亦樂爲之用，其爲人亦可知矣。左丞張行信嘗薦之曰：「完顏合達今之良將也。」

移剌蒲阿本契丹人，少從軍，以勞自千戶遷都統。初，哀宗爲皇太子，控制樞密院，選充親衞軍總領，佩金符。元光二年冬十二月庚寅，宣宗疾大漸，皇太子異母兄英王守純先入侍疾，太子自東宮扣門求見，令蒲阿衷甲聚兵屯於艮嶽，以備非常。哀宗卽位，嘗謂近臣言：「向非蒲阿，何至於此。」遂自遙授同知睢州軍州事，權樞密院判官，自是軍國大計多從決之。

正大四年十二月，河朔軍突入商州，殘朱陽、盧氏，蒲阿逆戰至靈寶東，遇游騎十餘，〔九〕獲一人，餘卽退，蒲阿輒以捷聞。賞世襲謀克，仍厚賜之。人共知其罔上，而無敢言，吏部郎中楊居仁以微言取怒。

六年二月丙辰，以蒲阿權樞密副使。自去年夏，北軍之在陝西者駸駸至涇州，且阻慶陽糧道。蒲阿奏：「陝西設兩行省，本以藩衞河南，今北軍之來三年於玆，行省統軍馬二三十萬，未嘗對壘，亦未嘗得一折箭，何用行省。」院官亦俱奏將來須用密院軍馬勾當，上不語者久之。是後，以丞相賽不行尚書省事於關中，召平章政事合達還朝，白撒亦召至闕，蒲阿率完顏陳和尙忠孝軍一千駐邠州，且令觀北勢。八月丙申，蒲阿再復潞州。十月乙未朔，蒲阿東還。

十二月乙未，詔蒲阿與總帥牙吾塔、權簽樞密院事訛可救慶陽。七年正月，戰北兵於大昌原，〔一〇〕北軍還，慶陽圍解。詔以訛可屯邠州，蒲阿、牙吾塔還京兆。未幾，以權參知政事與合達行省于閿鄉。八年正月，北軍入陝西，鳳翔破，兩行省棄京兆而東，至洛陽驛，被召議河中事，語在白華傳。

十二月，北兵濟自漢江，兩省軍入鄧州，議敵所從出，謂由光化截江戰爲便、放之渡而戰爲便？張惠以「截江爲便，縱之渡，我腹空虛能不爲所潰乎？」蒲阿麾之曰：「汝但知南事，於北事何知。我向於裕州得制旨云，『使彼在沙磧且當往求之』，況今自來乎。汝等更勿似大昌原、舊衞州、扇車回縱出之。」定住、高、樊皆謂蒲阿此言爲然。合達乃問按得木，木以爲不然。軍中以木北人，知其軍情，此言爲有理，然不能奪蒲阿之議。

順陽留二十日，光化探騎至，云「千騎已北渡」，兩省是夜進軍，比曉至禹山，探者續云「北騎已盡濟」。癸酉，北軍將近，兩省立軍高山，各分據地勢，步迎於山前，騎屯於山後。甲戌，日未出，北兵至，大帥以兩小旗前導來觀，觀竟不前，散如雁翅，轉山麓出騎兵之後，分三隊而進，輜重外餘二萬人。合達令諸軍，「觀今日事勢不當戰，且待之。」俄而北騎突前，金兵不得不戰，至以短兵相接，戰三交，北騎少退。北兵之在西者望蒲阿親繞甲騎後而突之，至於三，爲蒲察定住力拒而退。大帥以旗聚諸將，議良久。合達知北兵意向。時高英軍方北顧，而北兵出其背擁之，英軍動，合達幾斬英，英復督軍力戰。北兵稍却觀變，英軍定，復擁樊澤軍，合達斬一千夫長，軍殊死鬭，乃却之。

北兵回陣，南向來路。兩省復議，「彼雖號三萬，而輜重三之一焉。又相持二三日不得食，乘其却退當擁之。」張惠主此議，蒲阿言：「江路已絕，黃河不冰，彼入重地，將安歸乎，何以速爲。」不從。乙亥，北兵忽不知所在，營火寂無一耗。兩省及諸將議，四日不見軍，又不見營，鄧州津送及路人不絕，而亦無見者，豈南渡而歸乎。己卯，邏騎乃知北軍在光化對岸棗林中，晝作食，夜不下馬，望林中往來，不五六十步而不聞音響，其有謀可知矣。

初，禹山戰罷，有二騎迷入營，問之，知北兵凡七頭項，大將統之。復有詐降者十人，弊衣羸馬泣訴艱苦，兩省信之，易以肥馬，飲之酒，及煖衣食而置之陣後，十人者皆鞭馬而去，始悟其爲覘騎也。

庚辰，兩省議入鄧就糧，辰巳間到林後，北兵忽來突，兩省軍迎擊，交綏之際，北兵以百騎邀輜重而去，金兵幾不成列，逮夜乃入城，懼軍士迷路，鳴鍾招之。樊澤屯城西，高英屯城東。九年正月壬午朔，耀兵於鄧城下，北兵不與戰，大將使來索酒，兩省與之二十瓶。

癸未，大軍發鄧州，趨京師，騎二萬，步十三萬，騎帥蒲察定住、蒲察荅吉卜，郎將按忒木，忠孝軍總領夾谷愛荅、內族達魯歡，總領夾谷移特剌，提控步軍臨淄郡王張惠，殄寇都尉完顏阿排、高英、樊澤，中軍陳和尙，與恒山公武仙、楊沃衍軍合。是日，次五朶山下，取鴉路，北兵以三千騎尾之，遂駐營待楊武。

楊武至，知申、裕兩州已降。七日至夜，議北騎明日當復襲我，彼止騎三千，而我示以弱，將爲所輕，當與之戰。乃伏騎五十於鄧州道。明日軍行，北騎襲之如故，金以萬人擁之而東，伏發，北兵南避。是日雨，宿竹林中。庚寅，頓安皐。辛卯，宿鴉路、魯山。河西軍已獻申、裕，擁老幼牛羊取鴉路，金軍適値之，奪其牛羊餉軍。

癸巳，望鈞州，至沙河，北騎五千待於河北，金軍奪橋以過，北軍卽西首歛避。金軍縱擊，北軍不戰，復南渡沙河。金軍欲盤營，北軍復渡河來襲。金軍不能得食，又不得休息。合昏，雨作，明旦變雪。北兵增及萬人，且行且戰，至黃榆店，望鈞州二十五里，雨雪不能進，盤營三日。丙申，一近侍入軍中傳旨，集諸帥聽處分，制旨云：「兩省軍悉赴京師，我御門犒軍，換易御馬，然後出戰未晚。」復有密旨云：「近知張家灣透漏二三百騎，已遷衞、孟兩州，兩省當常切防備。」領旨訖，蒲阿拂袖而起，合達欲再議，蒲阿言：「止此而已，復何所議。」蓋已奪魄矣。軍卽行。

北軍自北渡者畢集，前後以大樹塞其軍路，沃衍軍奪路，得之。合達又議陳和尙先擁山上大勢，比再整頓，金軍已接竹林，去鈞州止十餘里矣。金軍遂進，北軍果却三峯之東北、西南。武、高前鋒擁其西南，楊、樊擁其東北，北兵俱却，止有三峯之東。張惠、按得木立山上望北兵二三十萬，約厚二十里。按得木與張惠謀曰：「此地不戰欲何爲耶。」乃率騎兵萬餘乘上而下擁之，北兵却。

須臾雪大作，白霧蔽空，人不相覿。時雪已三日，戰地多麻田，往往耕四五過，人馬所踐泥淖沒脛。軍士被甲胄僵立雪中，槍槊結凍如椽，軍士有不食至三日者。北兵與河北軍合，四外圍之，熾薪燔牛羊肉，更遞休息，乘金困憊，乃開鈞州路縱之走，而以生軍夾擊之。金軍遂潰，聲如崩山，忽天氣開霽，日光皎然，金軍無一人得逃者。

武仙率三十騎入竹林中，楊、樊、張三軍爭路，北兵圍之數重，及高英殘兵共戰於柿林村南，沃衍、澤、英皆死，〔二〕惟張惠步持大槍奮戰而歿。蒲阿走京師，未至，追及，擒之。七月，械至官山，召問降否，往復數百言，但曰：「我金國大臣，惟當金國境內死耳。」遂見殺。

贊曰：金自南渡，用兵克捷之功史不絕書，然而地不加闢，殺傷相當，君子疑之。異時伐宋，唐州之役喪師七百，主將訛論匿之，而以捷聞。御史納蘭糾之，宣宗獎御史，而不罪訛論，是君臣相率而爲虛聲也。禹山之捷，兩省爲欺，遂致誤國，豈非宣宗前事有以啓之耶。至於三峯山之敗，不可收拾，上下睰眙，而金事已去十九。天朝取道襄、漢，懸軍深入，機權若神，又獲天助，用能犯兵家之所忌，以建萬世之儁功，合達雖良將，何足以當之。蒲阿無謀，獨以一死無愧，猶足取焉爾。

校勘記

〔一〕充護衞　「衞」原訛作「尉」，今改正。

〔二〕四月夏人犯通秦寨　原脫「寨」字。按本書卷一五宣宗紀，興定三年四月「辛卯，夏人犯通秦砦，元帥完顏合達出兵安塞堡以擣其巢」。又卷一三四西夏傳，「興定三年閏月，夏人破通秦寨，……華州元帥完顏合達出安塞堡至隆州，敗其兵二千」。今據補。

〔三〕遂攻隆州陷其西南隅　「南」原作「北」。按本書卷一五宣宗紀記此事作「陷其西南隅」。卷一三四西夏傳記此事亦云「進攻隆州，克其西南」。今據改。

〔四〕權參知政事行省事於京兆未幾眞拜　按本書卷一七哀宗紀，正大元年三月「甲寅，以延安帥臣完顏合達戰禦有功，授金虎符，權參知政事，行尙書省事于京兆，兼統河東兩路」。考之各傳皆合。此在元光元年，誤。

〔五〕公佐寓州治北石山子　「州治」原作「治州」，據文義乙正。

〔六〕四年二月　按本書卷一七哀宗紀作正大六年二月「丙辰，召平章政事完顏合達還朝」。

〔七〕都尉夾谷澤軍一萬往應　「澤」原作「渾」。按本書卷四四兵志，「天興初元，有十五都尉」，其一是「許州折衝夾谷澤」，原注「本姓樊」。樊澤在本書中屢見，如本卷移剌蒲阿傳，有「北兵稍却觀變，英軍定，復擁樊澤軍」、「樊澤屯城西，高英屯城東」、「殄寇都尉完顏阿排、高英、樊澤，中軍陳和尙」、「澤、英皆死」等文。又卷一一四白華傳，「遂私問樊澤、定住、陳和尙以爲何如」。皆高英、樊澤、陳和尙相偕，知此都尉「夾谷渾」必「夾谷澤」之誤，今據改。

〔八〕泌陽南陽方城襄郟至京諸縣皆破　「郟」原作「陜」。按本書卷二五地理志，南京路，汝州有郟城，許州有襄城，蓋以二縣名接方城之後，皆有「城」字，遂省稱「襄、郟」。「郟」字不常見，寫刻誤以爲「陜」。襄、郟與京皆近，陜州則遠，今改正。

〔九〕遇游騎十餘　「遇」原作「至」，據殿本改。

〔一〇〕戰北兵於大昌原　「大」原作「太」。按本書卷一一一紇石烈牙吾塔傳，「正大七年正月戰于大昌原，慶陽圍解」。卷一一三赤盞合喜傳，「故頻年有大昌原、倒回谷之捷」。卷一二三完顏陳和尙傳，「正大五年，北兵入大昌原，以四百騎破八千衆，蓋自軍興二十年始有此捷」。又曰「大昌原之勝者我也」。皆作「大昌原」。今據改。下同。

〔一一〕沃衍澤英皆死　按本書卷一七哀宗紀，天興元年正月「丁酉，大雪，大元兵及兩省軍戰鈞州之三峯山，兩省軍大潰，合達、陳和尚、楊沃衍走鈞州，城破皆死之」。又卷一二三楊沃衍傳，「三峯山之敗，沃衍走鈞州」。此處衍「沃衍」二字。

金史卷一百十三

列傳第五十一

完顏賽不 白撒一名承裔 赤盞合喜

完顏賽不，始祖弟保活里之後也。狀貌魁偉，沉厚有大略。初補親衞軍，章宗時，選充護衞。明昌元年八月，由宿直將軍爲寧化州刺史。未幾，遷武衞軍副都指揮使。泰和二年，轉胡里改路節度使。四年，升武衞軍都指揮使，尋爲殿前左副都點檢。

及平章僕散揆伐宋，爲右翼都統。六年六月，宋將皇甫斌遣率步騎數萬由確山、褒信分路侵蔡，〔一〕聞郭倬、李爽之敗，阻溱水不敢進。於是，揆遣賽不及副統尙廐局使蒲鮮萬奴、深州刺史完顏達吉不等以騎七千往擊之。會溱水漲，宋兵扼橋以拒，賽不等謀潛師夜出，達吉不以騎涉水出其右，萬奴等出其左，賽不度其軍畢渡，乃率副統阿魯帶以精兵直趨橋，宋兵不能遏，比明大潰，萬奴以兵斷眞陽路，諸軍追擊至陳澤，斬首二萬級，獲戰馬雜畜千餘。兵還，進爵一級，賜金幣甚厚。

貞祐初，拜同簽樞密院事。三年，遷知臨洮府事，兼陝西路副統軍。上召見諭曰：「卿向在西京盡心爲國，及治華州亦嘗宣力，今始及三品。特升授汝此職者，以陝西安撫副使烏古論兗州不遵安撫使達吉不節制，多致敗事。今已責罰兗州，命卿副之。宜益務盡心，其或不然，復當別議行之。」八月，知鳳翔府事，兼本路兵馬都總管，俄爲元帥右都監。四年四月，調兵拔宋木陡關。五月，夏人於來羌城界河修折橋，以兵守護，賽不遣兵焚之。八月，夏人寇結耶觜川，遣兵擊走之，尋又破其衆于車兒堡。

興定元年二月，轉簽樞密院事。時上以宋歲幣不至，且復侵盜，詔賽不討之。四月，與宋人戰於信陽，斬首八千，生擒統制周光，獲馬數千、牛羊五百。又遇宋人於隴山、七里山等處，前後六戰，斬獲甚衆。尋遣兵渡淮，略中渡店，拔光山、羅山、定城等縣，破光州兩關，斬首萬餘，獲馬牛及布，分給將士。詔賜玉兎鶻一、內府重幣十端。

七月，上章言：「京都天下之根本，其城池宜極高深，今外城雖堅，然周六十餘里，倉猝有警難於拒守。竊見城中有子城故基，宜於農隙築而新之，爲國家久長之利。及凡河南、陝西州府，皆乞量修。」從之。

二年正月，破宋人於鐵山及上石店、唐縣。四月，進兼西南等路招討使、西安軍節度使、陝州管內觀察使。奉詔攻棗陽，宋出兵三萬拒戰，稍誘擊之，宋兵敗走城，薄諸濠，殺及溺死者三千餘人，遂進兵圍之。宋騎兵千、步卒萬來援，逆戰復大敗之。七月，遷行山東西路兵馬都總管，兼武寧軍節度使。三年二月，奪宋白石關，殺其守者千餘人，獲鎧仗千計。三月，破宋兵於七口倉，又奪宋小鶻倉，獲糧九千石、兵仗三十餘萬。是月，復敗宋兵三千于石鶻崖。

四年三月，奉詔出兵河北招降，晉安權府事皇甫珪、正平縣令席永堅率五千餘人來歸，得糧萬石。時河北所在義軍官民堅守堡寨，力戰破敵者衆。賽不上章言：「此類忠赤可嘉，若不旌酬無以激人心。乞朝廷量加官賞，萬一敵兵復來，將爭先效用矣。」上覽奏，召樞密官曰：「朕與卿等亦嘗有此議，以不見彼中事勢，故一聽帥臣規畫。今觀此奏，甚稱朕意，其令有司遷賞之。」是年四月，遷樞密副使。

五年五月，奉詔引兵救河東，戰屢捷，復晉安、平陽二城。監察御史言其不能檢束士衆，縱之虜略，請正其罪。上以有功，詔勿問。元光二年五月，復河中。六月，詔諭宰臣曰：「樞密副使賽不本皇族，先世偶然脫遺。朕重其舊人，且久勞王家，已命睦親府附于屬籍矣。卿等宜知之。」

正大元年五月，拜平章政事。未幾，轉尚書右丞相。雅與參知政事李蹊相得，及蹊以公罪出尹京洛，賽不數薦蹊比唐魏徵，以故蹊得復相。三年，宣宗廟成，將禘祭，議配享功臣，論者紛紜。賽不爲大禮使，因言「丞相福興死王事，七斤謹守河南以迎大駕，功宜配享」。議遂定。

四年，吏部郎中楊居仁上封事，言宰相宜擇人，上語大臣曰：「相府非其人，御史諫官當言，彼吏曹何與于此。」尚書左丞顏盞世魯素嫉居仁，亦以爲僭，賽不徐進曰：「天下有道，庶人猶得獻言，況在郎官。陛下有寬弘之德，故不應言者猶言。使其言可用則行之，不可用不必示臣下也。」上是之。居仁字行之，大興人。泰和三年進士。天興末時北渡，舉家投黃河死。

五年，行尚書省于京兆，〔二〕謂都事商衡曰：「古來宰相必用文人，以其知爲相之道。賽不何所知，使居此位，吾恐他日史官書之，某時以某爲相而國乃亡。」即促衡草表乞致仕。

平章政事侯摯朴直無蘊藉，朝廷鄙之，天興元年兵事急，〔三〕自致仕起爲大司農，未幾復致仕，徐州行尚書省無敢行者，復拜摯平章政事。都堂會議，摯以國勢不支，因論數事，曰：「只是更無擘劃。」白撒怒曰：「平章出此言，國家何望耶。」意在置之不測。賽不顧謂白撒曰：「侯相言甚當。」白撒遂含憤而罷。

時大元兵薄汴，白撒策後日講和或出質必首相當行，力請賽不領省事，拜爲左丞相，尋復致仕。是年冬，哀宗遷歸德，起復爲右丞相、樞密使，兼左副元帥，封壽國公，扈從以行。河北兵潰，從至歸德，又請致仕。

二年七月，復詔行尙書省事於徐州。〔四〕旣至，以州乏糧，遣郎中王萬慶會徐、宿、靈壁兵取源州，令元帥郭恩統之。九月，恩至源州城下，敗績而還。再命卓翼攻豐縣，破之。初，郭恩以敗爲恥，託疾不行，乃密與河北諸叛將郭野驢輩謀歸國用安，執元帥商瑀父子、元帥左都監紇石烈善住，併殺之。又逐都尉斡轉留奴、泥厖古桓端、蒲察世謀、元帥右都監李居仁、員外郎常忠。自是，防城與守門者皆河北義軍，出入自恣。賽不先病疽，久不視事，重爲賊黨所制，束手聽命而已。

初，源、徐交攻，郭野驢者每辭疾不行，賽不遂授野驢徐州節度副使、兼防城都總領，實羈之也。野驢旣見徐州空虛，乃約源州叛將麻琮內外相應。十月甲申，詰旦，襲破徐州。時蔡已被圍，徐州將士以朝命阻絕，且逼大兵，議出降。賽不弗從，恐被執，至是投河求死，流三十餘步不沒，軍士援出之。又五日，自縊于州第。麻琮乃遣人以州降大元。

子按春，正大中充護衞，坐與宗室女姦，杖一百收係。居許州，大兵至許，按春開南門以降。從攻京師，曹王出質，朝臣及近衞有從出者，按春極口大罵，以至指斥。是冬，復自北中逃廻，詔令押入省，問事情，按春隨近侍登階作揮涕之狀。詔問丞相云：「按春自北中來，丞相好與問彼中息耗。」賽不附奏曰：「老臣不幸生此賊，事至今日，恨不手刃之，忍與對面語乎。」〔五〕十二月，車駕東狩，留後二相下開封，擒捕斬之獄中。

贊曰：賽不臨陣對壘旣有將略，洎秉鈞衡，觀其救解楊居仁、侯摯等言，殊有相度，按春之事尤有古人之風焉。晚以老病受制叛臣，致修匹夫匹婦之節，此猶大厦將傾，非一木之所能支也，悲夫。

內族白撒名承裔，末帝承麟之兄也，系出世祖諸孫。自幼爲奉御。貞祐間，累官知臨洮府事，兼本路兵馬都總管。

興定元年，爲元帥左都監，行帥府事於鳳翔。是年，詔陝西行省伐宋，白撒出鞏州鹽川，〔六〕遇宋兵于皂郊堡，敗之。又遇宋兵于天水軍，掩擊，宋兵大潰。二年四月，復敗宋兵，至雞公山，遂拔西和州，毁其諸隘營屯。遣合扎都統完顏習涅阿不率軍趨成州，宋帥羅參政、統制李大亨焚廬舍棄城遁，留千餘人城守，督兵赴之，遂克焉，獲糧七萬斛、錢數千萬。河池縣守將楊九鼎亦焚縣舍走保清野原。統制高千據黑谷關甚固，遣兵襲之，千遁去，獲糧二萬斛，器杖稱是，因夷其險而還。

三年，破虎頭關，敗宋兵于七盤子、雞冠關。褒城縣官民自焚城宇遁，因取其城。興元府提刑兼知府事趙希昔聞兵將至，率官民遁，於是白撒遂取興元，以駐兵焉。命提控張秀華馳視洋州，官民亦遁，又取其城。尋聞漢江之南三十里，宋兵二千據山而陣，遣提控唐括移失不擊走之。行省以捷聞，宣宗大悅，進白撒官一階。時朝議以蘭州當西夏之衝，久爲敵據，將遣白撒復之，白撒奏曰：「臣近入宋境，略河池，下鳳州，破興元，抵洋州而還。經涉險阻數千里，士馬疲弊，未得少休，而欲重爲是舉，甚非計也，不若息兵養士以備。」從之。

未幾，權參知政事，行省事于平涼。四年，上言：「宋境山州宕昌東上拶一帶蕃族，昔嘗歸附，分處德順、鎮戎之間。其後，有司不能存撫，相繼亡去。近聞復有歸心，然不招之亦無由自至。誠得其衆，可以助兵，寧謐一方。臣以同知通遠軍節度使事烏古論長壽及通遠軍節度副使溫敦永昌皆本蕃屬，且久鎮邊鄙，深得彼心，已命遣人招之。其所遣及諸來歸者皆當甄獎，請預定賞格以待之。」上是其言。

是年，夏兵三萬由高峯嶺入寇定西州，環城爲柵，白撒遣刺史愛申阿失刺與行軍提控烏古論長壽、溫敦永昌出戰，大敗之，斬首千餘，獲馬仗甚衆。五年五月，白撒言：「近詔臣遣官諭諸蕃族以討西夏，臣即令臨洮路總管女奚烈古里間計約喬家丙令族首領以諭餘族。又別遣權左右司都事趙梅委差官遙授合河縣尉劉貞同往撫諭。未幾，梅、貞報溪哥城等處諸族，與先降族共願助兵七萬八千餘人，本國蕃族願助兵九千，若更以官軍繼爲聲援，勝夏必矣。臣已令古里間將鞏州兵三萬，宜更擇勇略之臣副之。梅、貞等旣悉事勢，當假以軍前之職。蕃僧納林心波亦招誘有功，乞遷官授職以獎勵之。」上皆從其請。

元光元年二月，行省上言：「近與延安元帥完顏合達、納合買住議：河北郡縣俱已殘毀，陝西、河南亦經抄掠。比者西北二敵併攻鄜延，城邑隨陷，惟延安孤墉僅得保全。若今秋復至，必長驅而深入，雖京兆、鳳翔、慶陽、平涼已各益軍，而率皆步卒，且相去闊遠，卒難應援，儻關中諸鎭不支，則河南亦不安矣。今二敵遠去，西北少休，宜乘此隙徑取蜀、漢，實國家基業萬全之計。」詔樞密議之。

先是，夏兵數十萬分寇龕谷、鄜延、大通諸城，上召白撒等授以方略，命發兵襲其浮橋，遂趨西涼。別遣將取大通城，出溪哥路，略夏地。白撒徐出鎭戎，合達出環州，以報三道之役。白撒馳至臨洮，遣總管女奚烈古里間、積石州刺史徒單牙武各攝帥職，率兵西入，遇夏兵千餘於踏南寺，擊走之。夏人據大通城，因圍之，分兵奪其橋，與守兵七千人戰，大敗之，幾殺其半，入河死者不可計，餘兵焚其橋西遁。乃還軍攻大通，克之，斬首三千，因招來諸寺族被脅僧俗人，皆按堵如故。以河梁旣焚，塞外地寒少草，師遂還。

十二月，行省言：「近有人自北來者，稱國王木華里悉兵沿渭而西，謀攻鳳翔，鳳翔旣下乃圖京兆，京兆卒不可得，留兵守之，至春蹂踐二麥以困我。未幾，大兵果圍鳳翔，帥府遣人告急。臣以爲二鎮脣齒也，鳳翔蹉跌則京兆必危，而陝右大震矣。然平川廣野實騎兵馳騁之地，未可與之爭鋒。已遣提控羅桓將兵二千，循南山而進，伺隙攻其栅壘，以紓城圍。更乞發河南步騎以備潼關。」詔付尙書省樞密院議之。

二年冬，哀宗卽位，邊事益急。正大五年八月，召白撒還朝，拜尙書右丞，未幾，拜平章政事。白撒居西垂幾十年，當宋、夏之交，雖頗立微效，皆出諸將之力。然本恇怯無能，徒以儀體爲事，性愎貪鄙，〔七〕及入爲相，專愎尤甚。嘗惡堂食不適口，每以家膳自隨，國家顚覆，初不恤也。

九年正月，諸軍敗績於三峯山。〔八〕大兵與白坡兵合，長驅趨汴。令史楊居仁請乘其遠至擊之，白撒不從，且陰怒之。遂遣完顏麻斤出、邵公茂等部民萬人，開短堤，決河水，以固京城。功未畢而騎兵奄至，麻斤出等皆被害，〔九〕丁壯無二三百人得反者。

壬辰，棄衞州，運守具入京。初，大兵破衞州，宣宗南遷，移州治於宜村渡，築新城於河北岸，去河不數步，惟北面受敵，而以石包之，歲屯重兵於此，大兵屢至不能近。至是，棄之，隨爲大兵所據。

甲午，修京城樓櫓。初，宣宗以京城闊遠難守，詔高琪築裏城，公私力盡僅乃得成。至是，議所守。朝臣有言裏城決不可守，外城決不可棄。大兵先得外城，糧盡救絕，走一人不出。裏城或不測可用，於是決計守外城。時在城諸軍不滿四萬，京城周百二十里，人守一乳口尚不能徧，故議避遷之民充軍。又召在京軍官於上清宮，平日防城得功者如內族按出虎、大和兒、劉伯綱等皆隨召而出，截長補短假借而用，得百餘人。又集京東西沿河舊屯兩都尉及衞州已起義軍，通建威得四萬人，益以丁壯六萬，分置四城。每面別選一千，名「飛虎軍」，以專救應，然亦不能軍矣。

三月，京城被攻，大臣分守四面。白撒主西南，受攻最急，樓櫓垂就輒摧，傳令取竹爲護簾，所司馳入城大索，竟無所得，白撒怒欲斬之。員外郞張衮附所司耳語曰：「金多則濟矣，胡不卽平章府求之。」所司懷金三百兩徑往，賂其家僮，果得之。

已而兵退，朝廷議罷白撒，白撒不自安，乃謂令史元好問曰：「我妨賢路久矣，得退是幸，爲我撰乞致仕表。」頃之，上已遣使持詔至其第，令致仕。旣廢，軍士恨其不戰誤國，揚言欲殺之。白撒懼，一夕數遷，上以親軍二百陰爲之衞。軍士無以泄其憤，遂相率毀其別墅而去。其黨元帥完顏斜捻阿不領本部軍戍汴，聞之徑詣其所，斬經其垣下者一人以鎮之。

是時，速不䚟等兵散屯河南，汴城糧且盡，累召援兵復無至者。冬十月，乃復起白撒爲平章政事、權樞密使、兼右副元帥。於是，羣臣爲上畫出京計，以賽不爲右丞相、樞密使、兼左副元帥，內族訛出右副元帥、兼樞密副使、權參知政事，李蹊兵部尚書、權尚書左丞，徒單百家元帥左監軍、行總帥府事。東面元帥高顯，副以果毅都尉粘合咬住兵五千。南面元帥完顏猪兒，副以建威都尉完顏斡論出兵五千。西面元帥劉益、上黨公張開，副以安平都尉紀綱軍五千。北面元帥內族婁室，副以振威都尉張闓軍五千。中翼都尉賀都喜軍四千，隸總帥百家。都尉內族久住、副都尉王簡、總領王福胤神臂軍三千五百，左翼元帥內族小婁室親衛軍一千，右翼元帥完顏按出虎親衛軍一千，總領完顏長樂、副帥溫敦昌孫馬軍三百，郡王王義深馬軍一百五十，郡王范成進、總領蘇元孫圭軍三千，隸總帥百家。飛騎都尉兼合里合總領术虎只魯歡、〔一〇〕總領夾谷得伯、糺軍田衆家奴等百人及諸臣下，發京師。

十二月甲辰，車駕至黃陵岡，白撒先降大兵兩寨，得河朔降將，上赦之，授以印及金虎符。羣臣議以河朔諸將前導，鼓行入開州，取大名、東平，豪傑當有響應者，破竹之勢成矣。溫敦昌孫曰：「太后、中宮皆在南京，北行萬一不如意，聖主孤身欲何所爲。若往歸德，更五六月不能還京。不如先取衞州，還京爲便。」白撒奏曰：「聖體不便鞍馬，且不可令大兵知上所在，今可駐歸德。臣等率降將往東平，俟諸軍到，可一鼓而下，因而經略河朔，且空河南之軍。」上以爲然。時上已遣官奴將三百騎探漚麻岡未還，上將御船，賜白撒劍，得便宜從事決東平之策。官奴還奏衞州有糧可取，〔二〕上召白撒問之，白撒曰：「京師且不能守，就得衞州欲何爲耶。以臣觀之，東平之策爲便。」上主官奴之議。

明年正月朔，次黃陵岡。是日，歸德守臣以糧糗三百餘船來餉，遂就其舟以濟南岸，未濟者萬人，大元將回古乃率四千騎追擊之，賀都喜揮一黃旗督戰，身中十六七箭，軍殊死鬪，得卒十餘人，大兵少却。上遣送酒百壺勞之。須臾，北風大作，舟皆吹著南岸，諸兵復擊之，溺死者近千人，元帥猪兒、都尉紇石烈訛論等死之。建威都尉完顏訛論出降於大元。上於北岸望之震懼，率從官爲猪兒等設祭，哭之，皆贈官，錄用其子姪，斬訛論出二弟以徇。

遂命白撒攻衞州。上駐兵河上，留親衞軍三千護從，都尉高顯步軍一萬，元帥官奴忠孝軍一千，郡王范成進、王義深、上黨公張開、元帥劉益等軍總帥百家總之，各賫十日糧，聽承裔節制。發自蒲城，上時已遣賽不將馬軍北向矣，白撒以三十騎追及，謂賽不曰：「有旨，令我將馬軍。」賽不謂上曰：「北行議已決，不可中變。」上曰：「丞相當與平章和同。」完顏仲德持御馬銜苦諫曰：「存亡在此一舉，衞州決不可攻。」上麾之曰：「參政不知。」白撒遂攻衞州，兵至城下，御旗黃傘招之不下。其夜，北騎三千奄至，官奴、和速嘉兀地不、按出虎與之戰，北兵却六十里。然自發蒲城遷延八日始至衞，而猝無攻具，縛槍爲雲梯，州人知不能攻，守益嚴。凡攻三日不克。及聞河南大兵濟自張家渡至衞西南，遂班師。大兵踵其後，戰於白公廟，敗績，白撒等棄軍遁，劉益、張開皆爲民家所殺。車駕還次蒲城東三十里，白撒使人密奏劉益一軍叛去。點檢抹撚兀典、總領溫敦昌孫時侍行帳中，請上登舟，上曰：「正當決戰，何遽退乎。」少頃，白撒至，倉皇言於上曰：「今軍已潰，大兵近在堤外，請聖主幸歸德。」上遂登舟，侍衞皆不知，巡警如故。時夜已四更矣，遂狼狽入歸德。

白撒收潰兵大橋，得二萬餘人，懼不敢入。上聞，遣近侍局提點移剌粘古、〔三〕紇石烈阿里合、護衞二人以舟往迎之。既至，不聽入見，幷其子下獄。諸都尉司軍以白撒不戰而退，發憤出怨言。上乃暴其罪曰：「惟汝將士，明聽朕言。我初提大軍次黃陵岡得捷，白撒卽奏宜渡河取衞州，可得糧十萬石，乘勝恢復河北。我從其計，令率諸軍攻衞。去蒲城二百餘里，白撒遷延八日方至，又不預備攻具，以致敗衄。白撒棄軍竄還蒲城，便言諸軍已潰，北兵勢大不可當，信從登舟，幾死于水。若當時知諸軍未嘗潰，只河北戰死亦可垂名於後。今白撒已下獄，不復錄用，籍其家產以賜汝衆，其盡力國家，無效此人。」囚白撒七日而餓死，發其弟承麟、子狗兒徐州安置。當時議者，衞州之舉本自官奴，歸之白撒則亦過矣。

初，瀕河居民聞官軍北渡，築垣塞戶，潛伏洞穴，及見官奴一軍號令明肅，撫勞周悉，所過無絲髮之犯，老幼婦子坦然相視，無復畏避。俄白撒輩縱軍四出，剽掠俘虜，挑掘焚炙，靡所不至。哭聲相接，屍骸盈野。都尉高祿謙、苗用秀輩仍掠人食之，而白撒誅斬在口，所過官吏殘虐不勝，一飯之費有數十金不能給者，公私皇皇，日徯大兵至矣。

白撒目不知書，姦黠有餘，簿書政事聞之卽解，善談議，多知，接人則煦煦然，好貨殖，能捭闔中人主心，遂浸漬以取將相。旣富貴，起第於汴之西城，規模擬宮掖，婢妾百數，皆衣金縷，奴隸月廩與列將等，猶以爲未足也。上嘗遣中使責之曰：「卿汲汲於此，將無北歸意耶。」白撒終不悛，以及於禍。

贊曰：白撒本非將才，恇怯誤國，徒能阿合以取富貴，性愎貪鄙，當此危亡，方謀封殖以自逸，此猶大厦將焚而燕雀不悟者歟。

赤盞合喜，性剛愎，好自用，朝廷以其有才幹任之。宣宗時，累遷蘭州刺史、提控軍馬。貞祐四年十一月，夏人四萬餘騎圍定西，輦致攻具，將取其城。合喜及楊斡烈等〔一三〕率兵鏖戰走之，斬首二千級，俘數十人，獲馬八百餘匹，器械稱是，餘悉遁去。興定元年正月，以屢敗夏人，遙授同知臨洮府事，兼前職。是冬，陝西行省奉詔伐宋，合喜權行元帥府，駐來遠寨以張聲勢，既而獲捷。二年四月，宋兵數千侵臨洮，合喜擊走之，斬獲甚衆。三年四月，遷元帥左都監，行元帥府事于鞏州。

四年四月，夏人犯邊，合喜討之，師次鹿兒原，遇夏兵千人，遣提控烏古論世顯率偏師敗之，〔四〕都統王定亦破其衆一千五百于新泉城。九月，夏人攻鞏州，合喜遣兵擊之，一日十餘戰，夏人退據南岡，遣精兵三萬傅城，又擊走之，生擒夏將劉打、甲玉等。訊知夏大將你思丁、兀名二人謀，以爲鞏帥府所在，鞏既下則臨洮、積石、河、洮諸城不攻自破，故先及鞏，且構宋統制程信等將兵四萬來攻。合喜聞之，飭兵嚴備。俄而兵果至，合喜督兵搏戰，却之，殺數千人。攻益急，將士殊死戰，殺傷者以萬計。夏人焚其攻具，拔柵而去。合喜已先伏甲要地邀之，復率衆躡其後，斬首甚衆。十月，以功遙授平西軍節度使。

元光元年，大將萌古不花攻鳳翔，朝廷以主將完顏仲元孤軍不足守禦，命合喜將兵援之。二年二月，木華黎國王、斜里吉不花等及夏人步騎數十萬圍鳳翔，東自扶風、岐山，西連汧、隴，數百里間皆其營柵，攻城甚急，合喜盡力，僅能禦之。於是，合喜以同知臨洮府事顏盞蝦蟆戰尤力，遂以便宜升爲通遠軍節度使，上嘉其功，許之。是歲，升簽樞密院事。哀宗卽位，拜參知政事、權樞密副使。

正大八年十一月，鄧州馳報大元兵破嶢峯關，由金州東下。報至時日已暮，省院官入奏，上曰：「事至於此奈何。」上卽位至是八年，從在東宮日立十三都尉，〔一五〕每尉不下萬人，强壯趫捷，極爲精練。步卒負擔器甲糧糗重至六七斗，一日夜行二百里。忠孝軍萬八千人，皆回紇、河西及中州人被掠而逃歸者，人有從馬，以騎射選之乃得補。親衞、騎兵、武衞、護衞，選外諸軍又二十餘萬。故頻年有大昌原、倒回谷之捷，士氣旣振，遂有一戰之資。至是，院官同奏：「北軍冒萬里之險，歷二年之久，方入武休，其勞苦已極。爲吾計者，以兵屯睢、鄭、昌武、歸德及京畿諸縣，以大將守洛陽、潼關、懷、孟等處，嚴兵備之。京師積糧數百萬斛，令河南州郡堅壁淸野，百姓不能入城者聚保山砦。彼深入之師，欲攻不能，欲戰不得，師老食盡，不擊自歸矣。」上太息曰：「南渡二十年，所在之民破田宅、鬻妻子以養軍士。且諸軍無慮二十餘萬，今敵至不能迎戰，徒以自保，京城雖存，何以爲國，天下其謂我何。」又曰：「存亡有天命，惟不負民可也。」乃詔合達、蒲阿等屯軍襄、鄧。

九年正月，兩省軍潰于三峯山，北兵進薄京師。三月庚子，議曹王出質。大兵北行，留速不斛攻城，攻具已辦，旣有納質之請，卽又云：「我受命攻城，但曹王出則退，不然不罷也。」壬寅，曹王入辭，〔一六〕宴於宮中。癸卯，北兵立攻具，沿壕列木栅，以薪草塡壕，頃刻平十餘步。主兵者以議和之故不敢與戰，但於城上坐視而已。

城中喧鬨，上聞之，從六七騎出端門至舟橋。時新雨淖，車駕忽出，人驚愕失措，但跪於道傍，亦有望而拜者，上自麾之曰：「勿拜，恐泥汙汝衣。」倉皇中，市肆米豆狼藉於地，上勅衞士令各歸其家，老幼遮擁至有愱觸御衣者。少頃，宰相從官皆至，進笠不受，曰：「軍士暴露，我何用此爲。」所過慰勞軍士，皆踴躍稱萬歲，臣等戰死無所恨，至有感泣者。西南軍士五六十輩聚而若有言者，上就問之，跪曰：「大兵舁土塡壕，功已過半，平章傳令勿放一鏃，恐壞和事，想豈有計耶。」上顧謂其中長者云：「朕爲生靈，稱臣進奉無不從順，止有一子，養來成長，今往作質子矣。汝等略忍，待曹王出，大兵不退，汝等死戰未晚。」復有拜泣者曰：「事急矣，聖主毋望和事。」乃傳旨城上放箭。西水門千戶劉壽控御馬仰視曰：「聖主無信賊臣，賊臣盡，大兵退矣。」衞士欲擊之，上止之曰：「醉矣，勿問。」是日，曹王出詣軍前，大兵併力進攻。甲辰，上復出撫東門將士，太學生楊奐等前白事，上問何所欲言，曰：「臣等皆太學生，令執砲夫之役，恐非國家百年以來待士之意。」勅記姓名，卽免其役。過南薰門，值被創者，親傅以藥，手酌巵酒以賜，且出內府金帛以待有功者。是日，大兵驅漢俘及婦女老幼負薪草塡壕塹，城上箭鏃四下如雨，頃刻壕爲之平。

龍德宮造砲石，取宋太湖、靈壁假山爲之，小大各有斤重，其圓如燈毬之狀，有不如度者杖其工人。大兵用砲則不然，破大磑或碌碡爲二三，皆用之。攢竹砲有至十三稍者，餘砲稱是。每城一角置砲百餘枝，更遞下上，晝夜不息，不數日石幾與裏城平。而城上樓櫓皆故宮及芳華、玉谿所拆大木爲之，合抱之木，隨擊而碎，以馬糞麥秸布其上，網索旃褥固護之。其懸風板之外皆以牛皮爲障，遂謂不可近。大兵以火砲擊之，隨卽延爇不可撲救。父老所傳周世宗築京城，取虎牢土爲之，堅密如鐵，受砲所擊唯凹而已。大兵壕外築城圍百五十里，城有乳口樓櫓，壕深丈許，闊亦如之，約三四十步置一鋪，鋪置百許人守之。

初，白撒命築門外短牆，委曲陿隘容二三人得過，以防大兵奪門。及被攻，諸將請乘夜斫營，軍乃不能猝出，比出已爲北兵所覺。後又夜募死士千人，穴城由壕徑渡，燒其砲坐。城上懸紅紙燈爲應，約燈起渡壕，又爲圍者所覺。又放紙鳶，置文書其上，至北營則斷之，以誘被俘者。識者謂前日紙燈、今日紙鳶，宰相以此退敵難矣。右丞世魯命作江水曲，使城上之人靜夜唱之，蓋河朔先有此曲以寄謳吟之思，其謬計如此。

合喜先以守鳳翔自誇，及令守西北隅，其地受攻最急，而合喜當之，語言失措，面無人色，軍士特以車駕數出慰勞，人自激昂，爭爲效命耳。其守城之具〔一七〕有火砲名「震天雷」者，鐵罐盛藥，以火點之，砲起火發，其聲如雷，聞百里外，所爇圍半畝之上，火點著甲鐵皆透。大兵又爲牛皮洞，直至城下，掘城爲龕，間可容人，則城上不可奈何矣。人有獻策者，以鐵繩懸「震天雷」者，順城而下，至掘處火發，人與牛皮皆碎迸無迹。又飛火槍，注藥以火發之，輒前燒十餘步，人亦不敢近。大兵惟畏此二物云。

四月罷攻。至是十六晝夜矣，內外死者以百萬計，大兵知不可下，乃謾爲好語云：「兩國已講和，更相攻耶。」朝廷亦就應之。明日，遣戶部侍郎楊居仁出宜秋門以酒炙犒師，於是營幕稍稍外遷，遂退兵。

壬戌，合喜以大兵退，〔一〇〕議入賀，諸相皆不欲，獨合喜以守城爲己功，持論甚力，呼令史元好問曰：「罷攻已三日而不入賀，何也。速召翰苑官作表。」好問以白諸相，權參政內族思烈曰：「城下之盟，諸侯以爲恥，況以罷攻爲可賀歟。」合喜怒曰：「社稷不亡，帝后免難，汝等不以爲喜耶。」明日，近侍局直長張天任至省，好問私以賀議告之，天任曰：「人不知恥乃若是耶。」因謂諸相曰：「京城受兵，上深以爲辱。聞百官欲入賀，誠有此否。」會學士趙秉文不肯撰表，議遂寢。

是月，以尚書省兼樞密院事，合喜罷樞密。合喜旣失兵柄，意殊不樂，欲銷院印，諸相謂院事仍在，印有用時，不宜毀。合喜怒，欲笞其掾。有投匿名書於御路云：「副樞合喜、總帥撒合、參政訛出皆國賊，朝廷不殺，衆軍亦須殺之，爲國除害。」衞士以聞。撒合飲藥死，訛出稱疾不出，惟合喜坦然若無事者，上亦無所問，由是軍國之事盡決于合喜矣。

初，大兵圍汴，司諫陳岢屢上封事言得失，切中時病。合喜大怒，召入省，呼其名責之曰：「子爲『陳山可』耶，果如子言能退大敵，我當世世與若爲奴。」聞者無不竊笑。蓋不識「岢」字，至分爲兩耳。

天興元年七月，權參知政事思烈、恒山公武仙合軍自汝州入援，詔以合喜爲樞密使，統京城軍萬五千應之，且命賽不爲之助。八月己酉朔，駐於近郊，候益兵乃進屯中牟古城。凡三日，聞思烈軍潰，卽夜棄輜重馳還，黎明至鄭門，聚軍乃入。言者謂：「合喜始則抗命不出，中則逗遛不進，終則棄軍先遁，委棄軍資不可勝計，不斬之無以謝天下。」上貸其死，免爲庶人，既而籍其家以賜軍士。

既廢，居汴中，常鞅鞅不樂。會大將速不觮遣人招之，合喜卽治裝欲行，崔立邀至省酌酒餞送，且以白金二百兩爲贐。明日，復詣省別立，方對語，適一人自歸德持文書至，發視之，乃行省傳哀宗語以諭合喜者，其言曰：「卿朕老臣，中間雖廢出，未嘗忘卿。今崔立已變，卿處舊人尚多，若能反正，與卿世襲公相。」立怒，叱左右繫之獄，是日斬之。

論曰：合喜初年用兵西夏，屢著勞效，要亦諸將顏盞蝦蟆等功也。〔一九〕既當大任，遂自矜伐，汴城之役舉措煩擾，〔二〇〕質出兵退卽圖稱賀，此豈有體國之誠心者乎。中牟之潰，衆怒所歸，幸道一死，猶懷異圖，卒殞猜疑，天蓋假手於崔立也。

校勘記

〔一〕宋將皇甫斌遣率步騎數萬由確山褒信分路侵蔡　按本書卷一二章宗紀，泰和六年五月「甲辰，皇甫斌攻唐州」。六月「庚申，右翼都統完顏賽不敗宋曹統制于溱水」。此處「遣」字下當脫「曹統制」三字。

〔二〕五年行尚書省于京兆　按本書卷一七哀宗紀作正大六年春二月「丙辰，以丞相完顏賽不行尚書省事于關中」。與此不同。

〔三〕天興元年兵事急　「元」原作「九」。按本書卷一七哀宗紀，天興元年八月戊辰，「起復前大司農侯摯爲平章政事，行京東路尙書省事」。今據改。

〔四〕二年七月復詔行尙書省事於徐州　按本書卷一八哀宗紀作天興二年六月「己亥，上入蔡州，詔徐州行省抹撚兀典赴蔡州，起復右丞相致仕賽不代行省事」。

〔五〕忍與對面語乎　「忍」原作「恐」，據文義改。

〔六〕白撒出鞏州鹽川　「川」原作「井」。按本書卷二六地理志，臨洮路鞏州定西縣「鎮一，鹽川」。今據改。

〔七〕性愎貪鄙　按「愎」疑當作「復」。下同。

〔八〕諸軍敗績於三峯山　按本書卷一七哀宗紀，正大九年正月「壬辰，衞州節度使完顏斜捻阿不棄城走汴」。甲午，「大元兵薄鄭州，與白坡兵合。乙未，大元游騎至汴城。丁酉，大雪，大元兵及兩省軍戰鈞州之三峯山，兩省軍大潰」。此處敍述失次。

〔九〕禰斤出等皆被害　原脫「出」字。按上文作「完顏禰斤出」。又本書卷一七哀宗紀，天興元年，「遣完顏禰斤出等部民丁萬人決河水衞京城」。亦有「出」字。今據補。

〔一〇〕飛騎都尉兼合里合總領朮虎只魯歡　「里」原作「剌」。按本書卷四四兵志，「又以歸正人過多，乃係於忠孝籍中別爲一軍，減忠孝所給之半，不能射者令閱習一再月然後試補忠孝軍，是所謂合里合軍也」。卷一七、一八哀宗紀，亦皆作「合里合」。今據改。

〔一一〕宫奴還奏衞州有糧可取　「還」原作「遂」。按上文「已遣宫奴將三百騎探遍禰岡未還」，此「遂」顯爲「還」之誤。今改。

〔一二〕遣近侍局提點移剌粘古　「粘」原作「粘」，據殿本改。

〔一三〕合喜及楊斡烈等　「斡」原作「幹」。按本書卷一四宣宗紀貞祐四年十一月及卷一三四西夏傳貞祐四年十一月記此事皆作「楊斡烈」。今據改。

〔一四〕遣提控烏古論世顯率偏師敗之　「顯」原作「鮮」。按本書卷一三四西夏傳，「興定四年四月，夏兵犯邊，元帥石盞合喜遇于鹿兒原，提控烏古論世顯以偏師敗之」。他如卷一一六宣宗紀、卷一〇三烏古論長壽傳亦皆作「世顯」。同音異譯，今統一作「世顯」。

〔一五〕從在東宮日立十三都尉　按本書卷四四兵志，「天興初元，有十五都尉」。

〔一六〕壬寅曹王入辭　「寅」原作「辰」。按本書卷一七哀宗紀，正大九年三月「庚子，封荆王子訛可爲曹王，議以爲質」。「壬寅，尚書左丞李蹊送曹王出質」。「壬辰」在「庚子」前，顯然不合，作「壬寅」是。今據改。

〔一七〕其守城之具　「守」原作「攻」，據文義改。

〔一八〕壬戌合喜以大兵退　「戌」原作「午」。按本書卷一一六石盞女魯歡傳，正大九年「三月壬午朔」，四月無壬午。卷一七哀宗紀，正大九年「四月丁巳，遣户部侍郎楊居仁奉金帛詣大元兵乞和。戊午，又以珍異往謝許和」。本卷下文合喜云，「罷攻已三日而不入賀」，依日數計之，「壬午」當是「壬戌」之誤，今據改。

〔一九〕顏盞蝦蟆等功也　「顏盞」原作「石盞」。按本書卷一二四郭蝦蟆傳，「興定初，與兄禄大俱以善射應募……賜姓顏盞」。今據改。

〔二〇〕舉措煩擾　「措」原作「揩」，據殿本改。

金史卷一百十四

列傳第五十二

白華　斜卯愛實 合周附　石抹世勣

白華字文舉，隩州人。〔一〕貞祐三年進士。初爲應奉翰林文字。正大元年，累遷爲樞密院經歷官。二年九月，〔二〕武仙以眞定來歸，朝廷方經理河北，宋將彭義斌乘之，遂由山東取邢、洺、磁等州。華上奏曰：「北兵有事河西，故我得少寬。今彭義斌招降河朔郡縣，駸駸及於眞定，宜及此大舉，以除後患。」時院官不欲行，卽遣華相視彰德，實擠之也，事竟不行。

三年五月，宋人掠壽州，永州桃園軍失利，死者四百餘人。時夏全自楚州來奔。十一月庚申，〔三〕集百官議和宋。上問全所以來，華奏：「全初在盱眙，從宋帥劉卓往楚州。州人訛言劉大帥來，欲屠城中北人耳。衆軍怒，殺卓以城來歸。全終不自安，跳走盱眙，盱眙不納，城下索妻孥，又不從，計無所出，乃狼狽而北，止求自免，無他慮也。」華因是爲上所知。

全至後，盱眙、楚州，王義深、張惠、范成進相繼以城降。詔改楚州爲平淮府，以全爲金源郡王、平淮府都總管，張惠臨淄郡王，義深東平郡王，成進膠西郡王。和宋議寢。

四年，李全據楚州，衆皆謂盱眙不可守，上不從，乃以淮南王招全，全曰：「王義深、范成進皆我部曲而受王封，何以處我。」竟不至。

是歲，慶山奴敗績于龜山。五年秋，增築歸德城，擬工數百萬，宰相奏遣華往相役，華見行院溫撒辛，語以民勞，朝廷愛養之意，減工三之一。溫撒，李辛賜姓也。

六年，以華權樞密院判官。上召忠孝軍總領蒲察定住、經歷王仲澤、戶部郎中刁壁及華諭之曰：「李全據有楚州，睥睨山東，久必爲患。今北事稍緩，合乘此隙令定住權監軍，率所統軍一千，別遣都尉司步軍萬人，以壁、仲澤爲參謀，同往沂、海界招之，不從則以軍馬從事，卿等以爲何如？」華對曰：「臣以爲李全借大兵之勢，要宋人供給餽餉，特一猾寇耳。老狐穴塚待夜而出，何足介懷。我所慮者北方之強耳。今北方有事，未暇南圖，一旦事定，必來攻矣。與我爭天下者此也，全何預焉。若北方事定，全將聽命不暇，設不自量，更有非望，天下之人寧不知逆順，其肯去順而從逆乎。爲今計者，姑養士馬，以備北方。使全果有不軌之謀，亦當發於北朝息兵之日，當此則我易與矣。」上沉思良久曰：「卿等且退，容我更思。」明日，遣定住還屯尉氏。

時陝西兵大勢已去，留脫或欒駐慶陽以擾河朔，且有攻河中之耗，而衞州帥府與恒山公府並立，慮一旦有警，節制不一，欲合二府爲一，又恐其不和，命華往經畫之。初，華在院屢承面諭云：「汝爲院官，不以軍馬責汝。汝辭辯，特以合喜、蒲阿皆武夫，一語不相入，便爲齟齬，害事非細，今以汝調停之，或有乖忤，罪及汝矣。院中事當一一奏我，汝之職也。今衞州之委，亦前日調停之意。」

國制，凡樞密院上下所倚任者名奏事官，其目有三，一曰承受聖旨，二曰奏事，三曰省院議事，皆以一人主之。承受聖旨者，凡院官奏事，或上處分，獨召奏事官付之，多至一二百言，或直傳上旨，辭多者卽與近侍局官批寫。奏事者，謂事有區處當取奏裁者殿奏，其奏每嫌辭費，必欲言簡而意明，退而奉行，卽立文字謂之檢目。省院官殿上議事則默記之，議定歸院亦立檢目，呈覆。有疑則復禀，無則付掾史施行。其赴省議者，議旣定，留奏事官與省左右司官同立奏草，圓覆諸相無異同，則右司奏上。此三者之外又有難者，曰備顧問，如軍馬糧草器械、軍帥部曲名數、與夫屯駐地里阨塞遠近之類，凡省院一切事務，顧問之際一不能應，輒以不用心被譴，其職爲甚難，故以華處之。

五月，以丞相賽不行尚書省事於關中，〔四〕蒲阿率完顏陳和尚忠孝軍一千駐邠州，且令審觀北勢。如是兩月，上謂白華曰：「汝往邠州六日可往復否？」華自量日可馳三百，應之曰：「可。」上令密諭蒲阿纔候春首，當事慶陽。華如期而還。上一日顧謂華言：「我見汝從來凡語及征進，必有難色，今此一舉特銳於平時，何也。」華曰：「向日用兵，以南征及討李全之事梗之，不能專意北方，故以北向爲難。今日異於平時，況事至於此，不得不一舉。大軍入界已三百餘里，若縱之令下秦川則何以救，終當一戰摧之。與其戰於近裏之平川，不若戰於近邊之險隘。」上亦以爲然。

七年正月，慶陽圍解，大軍還。白華上奏：「凡今之計，兵食爲急。除密院已定忠孝軍及馬軍都尉司步軍足爲一戰之資，此外應河南府州亦須簽揀防城軍，秋聚春放，依古務農講武之義，各令防本州府城，以今見在九十七萬，無致他日爲資敵之用。」

五月，華眞授樞密判官，上遣近侍局副使七斤傳旨云：「朕用汝爲院官，非責汝將兵對壘，第欲汝立軍中綱紀、發遣文移、和睦將帥、究察非違，至於軍伍之閱習、器仗之修整，皆汝所職。其悉力國家，以稱朕意。」

八年，大軍自去歲入陝西，翺翔京兆、同、華之間，破南山砦柵六十餘所。已而攻鳳翔，金軍自閿鄉屯至澠池，兩行省晏然不動。宰相臺諫皆以樞院瞻望逗遛爲言，京兆士庶橫議蜂起，以至諸相力奏上前。上曰：「合達、蒲阿必相度機會，可進而進耳。若督之使戰，終出勉强，恐無益而反害也。」因遣白華與右司郎中夾谷八里門道宰相百官所言，并問以「目今二月過半，有怠歸之形，諸軍何故不動」。且詔華等往復六日。華等既到同，諭兩行省以上意。合達言：「不見機會，見則動耳。」蒲阿曰：「彼軍絕無糧餉，使欲戰不得，欲留不能，將自斃矣。」合達對蒲阿及諸帥則言不可動，見士大夫則言可動，人謂合達近嘗得罪，又畏蒲阿方得君，不敢與抗，而亦言不可動。華等觀二相見北兵勢大皆有懼心，遂私問樊澤、定住、陳和尚以爲何如，三人者皆曰：「他人言北兵疲困故可攻，此言非也。大兵所在豈可輕料，是眞不敢動。」華等還，以二相及諸將意奏之，上曰：「我故知其怯不敢動矣。」卽復遣華傳旨諭二相云：「鳳翔圍久，恐守者力不能支。行省當領軍出關宿華陰界，次日及華陰，次日及華州，略與渭北軍交手。計大兵聞之必當奔赴，且以少紓鳳翔之急，我亦得爲掣肘計耳。」二相迴奏領旨。華東還及中牟，已有兩行省納奏人追及，華取報密院副本讀之，言「領旨提軍出關二十里至華陰界，與渭北軍交，是晚收軍入關」，華爲之仰天浩嘆曰：「事至於此，無如之何矣。」華至京，奏章已達，知所奏爲徒然，不二三日鳳翔陷，兩行省遂棄京兆，與牙古塔起遷居民於河南，留慶山奴守之。

夏五月，楊妙眞以夫李全死於宋，構浮橋於楚州之北，就北帥梭魯胡吐乞師復讎。朝廷覘知之，以謂北軍果能渡淮，淮與河南跬步間耳，遣合達、蒲阿駐軍桃源界滶河口備之。兩行省乃約宋帥趙范、趙葵爲夾攻之計。二趙亦遣人報聘，俱以議和爲名，以張聲勢。二相屢以軍少爲言，而省院難之，因上奏云：「向來附關屯駐半年，適還舊屯，喘不及息，又欲以暑月東行，實無可圖之事，徒自疲而已。況兼桃源、青口蚊虻湫濕之地，不便牧養，目今非征進時月，決不敢妄動。且我之所慮，特楚州浮梁耳。姑以計圖之，已遣提控王銳往視可否。」奏上，上遣白華以此傳諭二相，兼領王銳行。二相不悅。蒲阿遣水軍虹縣所屯王提控者以小船二十四隻令華順河而下，必到八里莊城門爲期，且曰：「此中望八里莊如在雲間天上，省院端坐徒事口吻，今樞判親來可以相視可否，歸而奏之。」華力辭不獲，遂登舟，及淮與河合流處，纔及八里莊城門相直，城守者以白鷂大船五十泝流而上，占其上流以截華歸路。華幾不得還，昏黑得徑先歸，乃悟兩省怒朝省不益軍，謂皆華輩主之，故擠之險地耳。是夜二更後，八里莊次將遣人送款云：「早者主將出城開船，截大金歸路，某等商議，主將還卽閉門不納，渠已奔去楚州，乞發軍馬接應。」二相卽發兵騎、開船赴約，明旦入城安慰，又知楚州大軍已還河朔，宋將燒浮橋，二相附華納奏，上大喜。

初，合達謀取宋淮陰。五月渡淮。淮陰主者胡路鈐往楚州計事於楊妙眞，比還，提正官郭恩送款于金，胡還不納，慟哭而去。合達遂入淮陰，詔改歸州，以行省烏古論葉里哥守之，郭恩爲元帥右都監。旣而，宋人以銀絹五萬兩匹來贖盱眙龜山，宋使留館中，郭恩謀劫而取之，或報之于盱眙帥府，卽以軍至，恩不果發。明日，宋將劉虎、湯孝信以船三十艘燒浮梁，因遣其將夏友諒來攻盱眙，未下。泗州總領完顏矢哥利舘中銀絹，遂反。防禦使徒單塔剌聞變，扼罘山亭甬路，好謂之曰：「容我拜辭朝廷然後死。」遂取朝服望闕拜，慟良久，投亭下水死。矢哥遂以州歸楊妙眞，總帥納合買住亦以盱眙降宋。

九月，陝西行省防秋，時大兵在河中，睿宗已領兵入界，慶山奴報糧盡，將棄京兆而東。一日，白華奏，偵候得睿宗所領軍馬四萬，行營軍一萬，布置如此，「爲今計者與其就漢禦之，諸軍比到可行半月，不若徑往河中。目今沿河屯守一日可渡，如此中得利，襄、漢軍馬必當遲疑不進。在北爲投機，在南爲掣肘，臣以爲如此便」。上曰：「此策汝畫之，爲得之他人？」華曰：「臣愚見如此。」上平日銳於武事，聞華言若欣快者，然竟不行。

未幾，合達自陝州進奏帖，亦爲此事，上得奏甚喜。蒲阿時在洛陽，驛召之，蓋有意於此矣。蒲阿至，奏對之間不及此，止言大兵前鋒忒木䚟統之，將出冷水谷口，且當先禦此軍。上曰：「朕不問此，只欲問河中可擣否。」蒲阿不獲已，始言睿宗所領兵騎雖多，計皆冗雜。大兵軍少而精，無非選鋒。金軍北渡，大兵必遣輜重屯於平陽之北，匿其選鋒百里之外，放我師渡，然後斷我歸路與我決戰，恐不得利。」上曰：「朕料汝如此，果然。更不須再論，且還陝州。」蒲阿曰：「合達樞密使所言，此間一面革撥恐亦未盡，乞召至同議可否。」上曰：「見得合達亦止此而已，往復遲滯，轉致誤事。」華奏合達必見機會，召至同議爲便。副樞赤盞合喜亦奏蒲阿、白華之言爲是。上乃從之。召合達至，上令先與密院議定，然後入見。既議，華執合達奏帖舉似再三，竟無一先發言者。移時，蒲阿言：「且勾當冷水谷一軍何如。」合達曰：「是矣。」遂入見。上問卿等所議若何，合達敷奏，其言甚多，大概言河中之事與前日上奏時勢不同，所奏亦不敢自主，議遂寢。一相還陝，量以軍馬出冷水谷，奉行故事而已。十二月，河中府破。

九年，京城被攻，四月兵退，改元天興。是月十六日，併樞密院歸尚書省，以宰相兼院官，左右司首領官兼經歷官，惟平章白撒、副樞合喜、院判白華、權院判完顏忽魯剌退罷。忽魯剌有口辯，〔五〕上愛幸之。朝議罪忽魯剌，而書生輩妬華得君，先嘗以語撼之，用是而罷。金制，樞密院雖主兵，而節制在尚書省。兵興以來，茲制漸改，凡在軍事，省官不得預，院官獨任專見，往往敗事。言者多以爲將相權不當分，至是始併之。

十二月朔，上遣近侍局提點曳剌粘古卽白華所居，問事勢至於此，計將安出。華附奏：「今耕稼已廢，糧斛將盡，四外援兵皆不可指擬，車駕當出就外兵，可留皇兄荊王使之監國，任其裁處。聖主既出，遣使告語北朝，我出非他處收整軍馬，止以軍卒擅誅唐慶，和議從此斷絕，京師今付之荊王，乞我一二州以老耳。如此則太后皇族可存，正如春秋紀季入齊爲附庸之事，聖主亦得少寬矣。」於是起華爲右司郎中。初，親巡之計決，諸將皆預其議，將退，首領官張衮、聶天驥奏：「尙有舊人諳練軍務者，乃置而不用，今所用者皆不見軍中事體，此爲未盡。」上問未用者何人，皆曰院判白華，上頷之，故有是命。

明日，召華諭之曰：「親巡之計已決，但所往羣議未定，有言歸德四面皆水可以自保者，或言可沿西山入鄧。或言設欲入鄧，大將速不䚟今在汝州，不如取陳、蔡路轉往鄧下。卿以爲如何？」華曰：「歸德城雖堅，久而食盡，坐以待斃，決不可往。欲往鄧下，旣汝州有速不䚟，斷不能往。以今日事勢，博徒所謂孤注者也。孤注云者，止有背城之戰。爲今之計當直赴汝州，與之一決，有楚則無漢，有漢則無楚。汝州戰不如半塗戰，半塗戰又不如出城戰，所以然者何，我軍食力猶在，馬則豆力猶在。若出京益遠，軍食日減，馬食野草，事益難矣。若我軍便得戰，存亡決此一舉，外則可以激三軍之氣，內則可以慰都人之心。或止爲避遷之計，人心顧戀家業，未必毅然從行。可詳審之。」遂召諸相及首領官同議，禾速嘉兀地不、元帥猪兒、高顯、王義深俱主歸德之議，丞相賽不主鄧，議竟不能決。

明日，制旨京城食盡，今擬親出，聚集軍士於大慶殿〔六〕諭以此意，諭訖，諸帥將佐合辭奏曰：「聖主不可親出，〔七〕止可命將，〔八〕三軍欣然願爲國家效死。」上猶豫，欲以官奴爲馬軍帥，高顯爲步軍帥，劉益副之，蓋採輿議也，而三人者亦欲奉命。權參政內族訛出大罵云：「汝輩把鋤不知高下，國家大事，敢易承邪。」衆默然，惟官奴曰：「若將相可了，何至使我輩。」事亦中止。

明日，民間鬨傳車駕欲奉皇太后及妃后往歸德，軍士家屬留後。目今食盡，坐視城中俱餓死矣。縱能至歸德，軍馬所費支吾復得幾許日。上聞之，召賽不、合周、訛出、烏古孫卜吉、完顏正夫議，餘人不預。移時方出，見首領官、丞相言，前日巡守之議已定，止爲一白華都改却，今往汝州就軍馬索戰去矣。遂擇日祭太廟誓師，擬以二十五日啓行。是月晦，車駕至黃陵岡，復有北幸之議，語在白撒傳。

天興二年正月朔，上次黃陵岡，就歸德餫船北渡，諸相共奏，京師及河南諸州聞上幸河北，恐生他變，可下詔安撫之。是時，在所父老僧道獻食，及牛酒犒軍者相屬，上親爲拊慰，人人爲之感泣。乃赦河朔，招集兵糧，赦文條畫十餘款，分道傳送。二日，或有云：「昨所發河南詔書，儻落大軍中，奈泄事機何。」上怒，委近侍局官傳旨，謂首領官張衮、白華、內族訛可當發詔時不爲後慮，皆量決之。

是時，衞州軍兩日至蒲城，而大軍徐躡其後。十五日，宰相諸帥共議上前，〔九〕郎中完顏胡魯剌秉筆書，某軍前鋒，某軍殿後，餘事皆有條畫。書畢，惟不言所往，華私問胡魯剌，託以不知。是晚，平章及諸帥還蒲城軍中。夜半，訛可、衮就華帳中呼華云：「上已登舟，君不知之耶？」華遂問其由，訛可云：「我昨日已知上欲與李左丞、完顏郎中先下歸德，令諸軍並北岸行，至鳳池渡河。今夜，平章及禾速嘉、元帥官奴等來，言大軍在蒲城曾與金軍接戰，勢莫能支，遂擁主上登舟，軍資一切委棄，止令忠孝軍上船，馬悉留營中。計舟已行數里矣。」華又問：「公何不從往？」云：「昨日擬定首領官止令胡魯剌登舟，餘悉隨軍，用是不敢。」是夜，總帥百家領諸軍舟往鳳池，大軍覺之，兵遂潰。

上在歸德。三月，崔立以汴京降，右宣徽提點近侍局移剌粘古謀之鄧，上不聽。時粘古之兄瑗爲鄧州節度使、兼行樞密院事，其子與粘古之子並從駕爲衞士。適朝廷將召鄧兵入援，粘古因與華謀同之鄧，且拉其二子以往，上覺之，獨命華行，而粘古改之徐州。華既至鄧，以事久不濟，淹留于館，遂若無意於世者。會瑗以鄧入宋，華亦從至襄陽，宋署爲制幹，又改均州提督，後范用吉殺均之長吏送款于北朝，遂因而北歸。士大夫以華夙儒貴顯，國危不能以義自處爲貶云。

用吉者，本姓孛术魯，名久住。初歸入宋，謁制置趙范，將以計動其心，故更姓名范用吉。趙怒其觸諱，斥之，用吉猶應對如故。趙良久方悟，且利其事與己符，遂擢置左右，凡所言動略不加疑，遂易其姓曰花，使爲太尉，改鎮均州。未幾，納款于北。後以家人誣以欲叛，爲同列所害。

贊曰：白華以儒者習吏事，以經生知兵，其所論建，屢中事機，然三軍敗衄之餘，士氣不作，其言果可行乎。從瑗歸宋，聲名掃地，而猶得列於金臣之傳者，援蜀譙周等例云。

斜卯愛實字正之，策論進士也。正大間，累官翰林直學士，兼左司郎中。天興元年正月，聞大兵將至，以點檢夾谷撒合爲總帥，率步騎三萬巡河渡，命宿直將軍內族長樂權近侍局使，監其軍。行至封丘而還。入自梁門，樞密副使合喜遇之，笑語撒合曰：「吾言信矣，當爲我作主人。」蓋世俗酬謝之意也。明日，大兵遂合，朝廷置而不問。〔一〇〕於是愛實上言曰：「撒合統兵三萬，本欲乘大兵遠至，喘息未定而擊之。出京纔數十里，不逢一人騎，已畏縮不敢進。設遇大兵，其肯用命乎？乞斬二人以肅軍政。」不報。蓋合喜輩以京師倚此一軍爲命，初不敢俾之出戰，特以外議閧然，故暫出以應之云。

衞紹、鎬厲二王家屬，皆以兵防護，且設官提控，巡警之嚴過於獄犴。至是，衞紹宅二十年，鎬厲宅四十年。〔一一〕正大間，朝臣屢有言及者，不報。愛實乃上言曰：「一族衰微，無異匹庶，假欲爲不善，孰與同惡。男女婚嫁，人之大欲，豈有幽囚終世，永無伉儷之望，在他人尚且不忍，況骨肉乎。」哀宗感其言，始聽自便。未幾，有青城之難。

愛實憤時相非其人，嘗歷數曰：「平章白撒固權市恩，擊丸外百無一能。丞相賽不菽麥不分，更謂乏材，亦不至此人爲相。參政兼樞密副使赤盞合喜粗暴，一馬軍之材止矣，乃令兼將相之權。右丞顏盞世魯居相位已七八年，碌碌無補，備員而已。患難之際，倚注此類，欲冀中興難矣。」於是，世魯罷相，賽不乞致仕，而白撒、合喜不恤也。

是年四月，京城罷攻，大兵退。既而，以害唐慶事，和議遂絕。於是，再簽民兵爲守禦備。八月，括京城粟，以轉運使完顏珠顆、張俊民、曳剌克忠等置局，以推舉爲名，珠顆諭民曰：「汝等當從實推唱，果如一旦糧盡，令汝妻子作軍食，復能吝否。」既而，罷括粟令，復以進獻取之。

前御史大夫內族合周復冀進用，建言京城括粟可得百餘萬石。朝廷信之，命權參知政事，與左丞李蹊總其事。先令各家自實，壯者存石有三斗，幼者半之，仍書其數門首，敢有匿者以升斗論罪。京城三十六坊，各選深刻者主之，內族完顏久住尤酷暴。有寡婦二口，實豆六斗，內有蓬子約三升，久住笑曰：「吾得之矣。」執而以令于衆。婦泣訴曰：「妾夫死於兵，姑老不能爲養，故雜蓬粃以自食耳，非敢以爲軍儲也。且三升，六斗之餘。」不從，竟死杖下。京師聞之股栗，盡投其餘于糞溷中。或白於李蹊，蹊顰蹙曰：「白之參政。」其人卽白合周，周曰：「人云『花又不損，蜜又得成』。予謂花不損，何由成蜜。且京師危急，今欲存社稷耶，存百姓耶。」當時皆莫敢言，愛實遂上奏，大概言：「罷括粟，則改虐政爲仁政，散怨氣爲和氣。」不報。

時所括不能三萬斛，而京城益蕭然矣。自是之後，死者相枕，貧富束手待斃而已。上聞之，命出太倉米作粥以食餓者，愛實聞之歎曰：「與其食之，寧如勿奪。」爲奉御把奴所告。又近侍干預朝政，愛實上章諫曰：「今近侍權太重，將相大臣不敢與之相抗。自古僕御之臣不過供給指使而已，雖名僕臣，亦必選擇正人。今不論賢否，惟以世胄或吏員爲之。夫給使令之材，使預社稷大計，此輩果何所知乎。」章既上，近侍數人泣訴上前曰：「愛實以臣等爲奴隸，置至尊何地耶。」上益怒，送有司。近侍局副使李大節從容開釋，乃赦之，出爲中京留守，後不知所終。

合周者一名永錫。貞祐中，爲元帥左監軍，失援中都，宣宗削除官爵，杖之八十。已而復用。四年，以御史大夫權尚書右丞，總兵陝西。合周留澠池數日，〔三〕進及京兆，而大兵已至，合周竟不出兵，遂失潼關。有司以敵至不出兵當斬，諸皇族百餘人上章救之，上曰：

「向合周救中都，未至而軍潰，使宗廟山陵失守，罪當誅，朕特寬貸以全其命。尋復重職，今鎮陝西，所犯乃爾，國家大法豈敢私耶。」遂再奪爵，免死除名。至是，爲參知政事。性好作詩詞，語鄙俚，人采其語以爲戲笑。因自草括粟榜文，有「雀無翅兒不飛，蛇無頭兒不行」等語，以「而」作「兒」，掾史知之不敢易也。京城目之曰「雀兒參政」。哀宗用而不悟，竟致敗事。

石抹世勣字景略。幼勤學，爲文有體裁。承安二年，以父元毅死王事，收充擎執。五年，登詞賦、經義兩科進士第。貞祐三年，累官爲太常丞，預講議所事。時朝廷徙河北軍戶河南，宰職議給以田，世勣上言曰：「荒閑之田及牧馬地，其始耕墾，費力當倍，一歲斷不能熟。若奪民素蒔者與之，則民將失所，且啓不和之端。況軍戶率無耕牛，雖或有之，而廩給未敢遽減。彼既南來，所捐田宅爲人所有，一旦北歸，能無爭奪。切謂宜令軍戶分人歸守本業，收其晚禾，至春復還爲固守計。」會侍御史劉元規亦言給田不便，上大悟，乃罷之。未幾，遷同知金安軍節度使。

興定二年，選爲華州元帥府參議官。初，右都監完顏合達行帥府于楨州，嘗以前同知平涼府事卓魯回蒲乃速爲參議，及移駐華州，陝西行省請復用蒲乃速，令世勣副之。上曰：「蒲乃速但能承奉人耳，餘無所長，非如世勣可任以事。華爲要鎭，而輕用其人，或致敗事。」遂獨用世勣焉。

尋入爲尙書省左司郎中。元光元年，奪一官，解職。初，世勣任華州，有薦其深通錢穀者，覆察不如所舉，未籍行止中。後主者舉覺，平章英王以世勣避都司之繁，私屬治籍吏冀改他職，奏下有司，故有是責。久之，起爲禮部侍郎，轉司農，改太常卿。正大中，爲禮部尙書，兼翰林侍講學士。

天興元年冬，哀宗將北渡，世勣率朝官劉肅、田芝等二十人求見仁安殿。上問卿等欲何言，世勣曰：「臣等聞陛下欲親出，切謂此行不便。」上曰：「我不出，軍分爲二，一軍守，一軍出戰。我出則軍合爲一。」世勣曰：「陛下出則軍分爲三，一守、一戰、一中軍護從，不若不出爲愈也。」上曰：「卿等不知，我若得完顏仲德、恒山公武仙付之兵事，何勞我出。我豈不知今日將兵者，官奴統馬兵三百止矣，劉益將步兵五千止矣，欲不自將得乎。」上又指御榻曰：「我此行豈復有還期，但恨我無罪亡國耳。我未嘗奢侈，未嘗信任小人。」世勣應聲曰：「陛下用小人則亦有之。」上曰：「小人謂誰？」世勣歷數曰：「移剌粘古、〔三〕溫敦昌孫、兀撒惹、完顏長樂皆小人也。陛下不知爲小人，所以用之。」肅與世勣復多有言，良久，君臣涕泣而別。初，肅等求見，本欲數此四人。至是，世勣獨言之，於是哀宗以世勣從行。自蒲城至歸德。明年六月，走蔡州，次新蔡縣之姜寨。

世勣子嵩，時爲縣令，拜上於馬前，兵亂後父子始相見。上嘉之，授嵩應奉翰林文字，以便養親。蔡城破，父子俱死。嵩字企隆，與定二年經義進士。

贊曰：愛實言衞、鎬家屬禁錮之虐，京城括粟之暴，近侍干政之橫；世勣言河北軍戶給田之不便，親出渡河之非計；皆藥石之言也。然金至斯時，病在膏肓間矣，倉扁何施焉。其爲忠讜，則不可廢也。

校勘記

〔一〕隩州人　「隩」原作「澳」。按本書卷二六地理志，河東北路有隩州，今據改。

〔二〕二年九月　按本書卷一七哀宗紀作正大二年「夏四月辛卯朔，恒山公武仙自眞定府來奔」。

〔三〕十一月庚申　「十一月」原作「十月」。按正大三年十月癸未朔，無庚申。本書卷一七哀宗紀作正大三年「十一月庚申，議與宋修好」。今據改。

〔四〕五月以丞相賽不行尚書省事於關中　按本書卷一七哀宗紀作正大六年二月丙辰，「以丞相完顏賽不行尚書省事于關中」。

〔五〕忽魯剌有口辯　原脫「剌」字，據上下文補。

〔六〕聚集軍士於大慶殿　「大」原作「木」，據殿本改。

〔七〕聖主不可親出　「主」原作「旨」，據殿本改。

〔八〕止可命將　「止」原作「正」，據殿本改。

〔九〕十五日宰相諸帥共議上前　按本書卷一一八哀宗紀，天興二年「正月丙午朔，濟河。辛亥六日，白撒引兵攻衞州不克。乙卯十日，聞大元兵自河南渡河至衞之西南，遂退師。戊午十三日，上進次蒲城，復還魏樓村。己未十四日，上以白撒謀，夜棄六軍渡河，與副元帥、合里合六七人走歸德。庚申十五日，諸軍始知上已往，遂潰」。所謂「宰相諸帥共議上前」當在十三日戊午進次蒲城之時。「五」似爲「三」之誤。

〔一〇〕明日大兵遂合朝廷置而不問　「大」原作「金」，與上下文義不貫。按本書卷一七哀宗紀，天興元年正月記此事作「甲午，大元兵薄鄭州，與白坡兵合」。今據改。

〔一一〕至是衞紹宅二十年鎬厲宅四十年　原作「衞紹宅四十年，鎬厲宅二十年」。按本書卷八五鎬王永中傳，「永中子孫禁錮，自明昌至于正大末，幾四十年」。卷九三從恪傳贊云：「衞紹歷年不永，諸子凡禁錮二十餘年，鎬厲王諸子禁錮四十餘年，長女鰥男皆不得婚嫁，天興初方弛其禁」。今據改。

〔一二〕合周留澠池數日　「澠」原作「沔」，今改。參見本書卷二五地理志校記〔一九〕。

〔一三〕移剌粘古　「粘」原作「粘」，據殿本改。

元 脱脱等撰

第八册

卷一一五至卷一三五（傳）

中華書局

金史卷一百十五

列傳第五十三

完顏奴申　崔立　聶天驥　赤盞尉忻

完顏奴申字正甫，素蘭之弟也。登策論進士第，仕歷清要。正大三年八月，由翰林直學士，充益政院說書官。五年，轉吏部侍郎。監察御史烏古論石魯剌劾近侍張文壽、仁壽、李麟之受敵帥饋遺，〔一〕詔奴申鞫問，得其姦狀，上曲赦其罪，皆斥去，朝論快之。九月，改侍講學士，以御史大夫奉使大元，〔二〕至龍駒河，朝見太宗皇帝。十二月，〔三〕還。明年六月，遷吏部尚書，復往。八年春，還。朝廷以勞拜參知政事。〔四〕

天興元年春，大兵駐鄭州海灘寺，遣使招哀宗降。復以奴申往乞和，不許，攻汴益急。汴受圍數月，倉庫匱乏，召武仙等入援不至，哀宗懼，以曹王訛可出質，請罷攻。冬十月，哀宗議親出捍禦，以奴申參知政事、兼樞密副使，〔五〕完顏習捏阿不樞密副使、兼知開封府、權參知政事，總諸軍留守京師。又以翰林學士承旨烏古孫卜吉提控諸王府，同判大睦親府事兼都點檢內族合周管宮掖事，左副點檢完顏阿撒、右副點檢溫敦阿里副之，戶部尚書完顏珠顆兼裏城四面都總領，御史大夫裴滿阿虎帶兼鎭撫軍民都彈壓，諫議大夫近侍局使行省左右司郎中烏古孫奴申兼知宮省事。〔六〕又以把撒合爲外城東面元帥，术甲咬住南面元帥，崔立西面元帥，孛术魯買奴北面元帥。乙酉，除拜定，以京城付之。又以戶部侍郎刁璧爲安撫副使，總招撫司，規運京外糧斛。設講議所，受陳言文字，以大理卿納合德輝、戶部尚書仲平、中京副留守愛失等總其事。

十二月辛丑，上出京，服絳紗袍，乘馬導從如常儀。留守官及京城父老從至城外奉辭，有詔撫諭，仍以鞭揖之。速不䚟聞上已出，復會兵圍汴。初，上以東面元帥李辛跋扈出怨言，罷爲兵部侍郎，將出，密喻奴申等覊縶之。上既行，奴申等召辛，辛懼，謀欲出降，棄馬踰城而走，奴申等遣人追及之，斬於省門。汴民以上親出師，日聽捷報，且以二相持重，幸以無事。俄聞軍敗衞州，蒼黃走歸德，民大恐以爲不救。時汴京內外不通，米升銀二兩，百姓糧盡，殍者相望，縉紳士女多行乞於市，至有自食其妻子者，至於諸皮器物皆煑食之，貴家第宅、市樓肆館皆撤以爨。及歸德遣使迎兩宮，人情益不安，於是民間有立荆王監國以城歸順之議，而二相皆不知也。

天興二年正月丙寅，〔七〕省令史許安國詣講議所言：「古者有大疑，謀及卿士，謀及庶人。今事勢如此，可集百官及僧道士庶，問保社稷、活生靈之計。」左司都事元好問以安國之言白奴申，奴申曰：「此論甚佳，可與副樞議之。」副樞亦以安國之言爲然。好問曰：「自車駕出京今二十日許，又遣使迎兩宮。民間洶洶，皆謂國家欲棄京城，相公何以處之？」阿不曰：「吾二人惟有一死耳。」好問曰：「死不難，誠能安社稷、救生靈，死而可也。如其不然，徒欲一身飽五十紅衲軍，亦謂之死耶。」阿不款語曰：「今日惟吾二人，何言不可。」好問乃曰：「聞中外人言，欲立二王監國，以全兩宮與皇族耳。」阿不曰：「我知之矣，我知之矣。」卽命召京城官民，明日皆聚省中，諭以事勢危急當如之何。有父老七人陳詞云云，二相命好問受其詞。白之奴申，顧曰：「亦爲此事也。」且問副樞「此事謀議今幾日矣」？阿不屈指曰：「七日矣。」奴申曰：「歸德使未去，愼勿泄。」或曰是時外圍不解，如在陷穽，議者欲推立荆王以城出降，是亦春秋紀季入齊之義，況北兵中已有曹王也。衆憒二人無策，但曰「死守」而已。忽聞召京城士庶計事，奴申拱立無語，獨阿不反覆申諭，「國家至此無可奈何，凡有可行當共議之」，且繼以涕泣。

明日戊辰，西面元帥崔立與其黨孛朮魯長哥、韓鐸、藥安國等爲變，率甲卒二百橫刀入省中，拔劍指二相曰：「京城危困已極，二公坐視百姓餓死，恬不爲慮何也？」二相大駭，曰：

「汝輩有事，當好議之，何遽如是。」立麾其黨先殺阿不，次殺奴申及左司郎中納合德輝等〔八〕，餘見崔立傳。

劉祁曰：「金自南渡之後，爲宰執者往往無恢復之謀，臨事相習低言緩語互相推讓，以爲養相體。每有四方災異、民間疾苦，將奏必相謂曰：『恐聖主心困。』事至危處輒罷散，曰『俟再議』，已而復然。或有言當改革者，輒以生事抑之，故所用必擇愞熟無鋒鋩易制者用之。每北兵壓境，則君臣相對泣下，或殿上發長吁而已。兵退，則大張具，會飲黃閣中矣。因循苟且，竟至亡國。又多取渾厚少文者置之台鼎，宣宗嘗責丞相僕散七斤『近來朝廷紀綱安在』？七斤不能對，退謂郎官曰：『上問紀綱安在，汝等自來何嘗使紀綱見我。』故正人君子多不見用，雖用亦未久而遽退也。」祁字京叔，〔九〕渾源人。

贊曰：劉京叔歸潛志與元裕之壬辰雜編二書雖微有異同，而金末喪亂之事猶有足徵者焉。哀宗北禦，以孤城弱卒託之奴申、阿不二人，可謂難矣。雖然，卽墨有安平君，玉壁有韋孝寬，必有以處此。

崔立，將陵人。少貧無行，嘗爲寺僧負鈸鼓，乘兵亂從上黨公開爲都統、提控，積階遙領太原知府。正大初，求入仕，爲選曹所駁，每以不至三品爲恨。圍城中授安平都尉。天興元年冬十二月，上親出師，授西面元帥。性淫姣，常思亂以快其欲。

藥安國者管州人，年二十餘，有勇力。嘗爲嵐州招撫使，以罪繫開封獄，旣出，貧無以爲食。立將爲變，潛結納之，安國健啖，日飽之以魚，遂與之謀。先以家置西城上，事不勝則挈以逃。日與都尉揚善入省中候動靜，布置已定，召善以早食，殺之。二年正月，遂帥甲卒二百，撞省門而入。二相聞變趨出，立拔劍曰：「京城危困，二公欲如何處之？」二相曰：「事當好議之。」立不顧，麾其黨張信之、孛术魯長哥出省，〔一〇〕二相遂遇害。馳往東華門，道遇點檢溫屯阿里，見其衷甲，殺之。卽諭百姓曰：「吾爲二相閉門無謀，今殺之，爲汝一城生靈請命。」衆皆稱快。是日，御史大夫裴滿阿忽帶、諫議大夫左右司郎中烏古孫奴申、左副點檢完顏阿散、奉御忙哥、講議蒲察琦、戶部尚書完顏珠顆皆死。

立還省中，集百官議所立。立曰：「衞紹王太子從恪，〔一一〕其妹公主在北兵中，可立之。」乃遣其黨韓鐸以太后命往召從恪，須臾入，以太后誥命梁王監國。百官拜舞山呼，從恪受之，遂遣送二相所佩虎符詣速不解納款。凡除拜皆以監國爲辭。立自稱太師、軍馬都元帥、尚書令、鄭王，出入御乘輿，稱其妻爲王妃，弟倚爲平章政事，侃爲殿前都點檢。其黨孛术魯長哥御史中丞，韓鐸都元帥兼知開封府事，〔一二〕折希顏、藥安國、張軍奴〔一三〕並元帥，師肅左右司郎中，賈良兵部郎中兼右司都事，內府之事皆主之。初，立假安國之勇以濟事，至是復忌之，聞安國納一都尉夫人，數其違約斬之。

壬申，速不䚟至青城，立服御衣，儀衞往見之。大帥喜，飲之酒，立以父事之。既還，悉燒京城樓櫓，火起，大帥大喜，始信其實降也。立託以軍前索隨駕官吏家屬，聚之省中，人自閱之，日亂數人猶若不足。又禁城中嫁娶，有以一女之故殺數人者。未幾，遷梁王及宗室近族皆置宮中，以腹心守之，限其出入。以荊王府爲私第，取內府珍玩實之。二月乙酉，以天子袞冕后服上進。又括在城金銀，搜索薰灌，訊掠慘酷，百苦備至，鄎國夫人及內侍高祐、京民李民望之屬，皆死杖下。溫屯衞尉親屬八人，不任楚毒皆自盡。白撒夫人、右丞李蹊妻子皆被掠死。同惡相濟，視人如讎，期於必報而後已。人人竊相謂曰：「攻城之後七八日之中，諸門出葬者開封府計之凡百餘萬人，恨不早預其數而值此不幸也。」立時與其妻入宮，兩宮賜之不可勝計。立因諷太后作書陳天時人事，遣皇乳母招歸德。當時冒進之徒爭援劉齊故事以冀非分者，比肩接武。

四月壬辰，立以兩宮、梁王、荊王及諸宗室皆赴青城，〔一四〕甲午北行，立妻王氏備仗衞送兩宮至開陽門。是日，宮車三十七兩，太后先，中宮次之，妃嬪又次之，宗族男女凡五百餘口，次取三教、醫流、工匠、繡女皆赴北。四月，北兵入城。立時在城外，兵先入其家，取其妻妾寶玉以出，立歸大慟，無如之何。

李琦者山西人，爲都尉，在陳州與粘哥奴申同行省事，陳州變，入京，附崔立妹壻折希顏，娶夾谷元之妻。妻年二十餘，有姿色，立初拘隨駕官之家屬，妻輿病而往，得免。琦娶之後，有言其美者，立欲强之。琦每見立欲奪人妻，必差其夫遠出，一日差琦出京，琦以妻自隨，如是者再三，立遂欲殺琦。琦又數爲折希顏所折辱，乃首建殺立之謀。李伯淵者寶坻人，本安平都尉司千戶，美姿容，深沉有謀，每憤立不道，欲仗義殺之。李賤奴者燕人，嘗以軍功遙領京兆府判，壬辰冬，車駕東狩，以都尉權東面元帥。立初反，以賤奴舊與敵體，頗貌敬之。數月之後，勢已固，遂視賤奴如部曲然。賤奴積不能平，數出怨言，至是與琦等合。

三年六月甲午，傳近境有宋軍，伯淵等陽與立謀備禦之策。翌日晚，伯淵等燒外封丘門以警動立。是夜，立殊不安，一夕百臥起。比明，伯淵等身來約立視火，立從苑秀、折希顏數騎往，諭京城民十五以上、七十以下男子皆詣太廟街點集。既還，行及梳行街，伯淵欲送立還二王府，立辭數四，伯淵必欲親送，立不疑，倉卒中就馬上抱立。立顧曰：「汝欲殺我耶？」伯淵曰：「殺汝何傷。」即出匕首橫刺之，洞而中其手之抱立處，再刺之，立墜馬死。伏兵起，元帥黃摑三合殺苑秀。折希顏後至不知，見立墜馬，謂與人鬭，欲前解之，隨爲軍士所斫，被創走梁門外，追斬之。伯淵係立屍馬尾，至內前號于衆曰：「立殺害劫奪，烝淫暴虐，大逆不道，古今無有，當殺之不？」萬口齊應曰：「寸斬之未稱也。」乃梟立首，望承天門祭哀宗。伯淵以下軍民皆慟，或剖其心生噉之。以三尸掛闕前槐樹上，樹忽拔，人謂樹有靈亦厭其爲所汙。已而，有告立匿宮中珍玩，遂籍其家，以其妻王花兒賜丞相鎮海帳下士。

初，立之變也，前護衞蒲鮮石魯負祖宗御容五，走蔡。前御史中丞蒲察世達、西面元帥把撒合挈其家亦自拔歸蔡。七月己巳，以世達爲尚書吏部侍郎，權行六部尚書。世達嘗爲左司郎中，同簽樞密院事，充益政院官，皆稱上意。及上幸歸德，遣世達督陳糧運。陳變，世達亦與脅從，尋間道之汴，至是徒往行在，上念其舊，錄用之。左右司官因奏把撒合、石魯亦宜任用，上曰：「世達曲從非出得已，然朕猶少降資級以示薄罰。彼撒合掌軍一面，〔一五〕石魯宿衞九重，崔立之變曾不聞發一矢，束手於人。今雖來歸，待以不死足以示恩，又安得與世達等。撒合老矣，量用其子可也。石魯但當酬其負御容之勞。」未幾，以撒合爲北門都尉，其子爲本軍都統。石魯復充護衞。世達字正夫，泰和三年進士。

論曰：崔立納款，使其封府庫、籍人民以俟大朝之命可也。乘時僭竊，大肆淫虐，徵索暴横，輒以供備大軍爲辭，逞欲由己，斂怨歸國，其爲罪不容誅矣。而其志方且要求劉豫之事，我大朝豈肯效尤金人者乎。金俘人之主，帝人之臣，百年之後適啓崔立之狂謀，以成靑城之烈禍。曾子曰：「戒之，戒之，出乎爾者反乎爾者也。」豈不信哉。

聶天驥字元吉，五臺人。至寧元年進士，調汝陰簿，歷睢州司候、封丘令。興定初，辟爲尚書省令史。時胥吏擅威，士人往往附之，獨天驥不少假借，彼亦不能害也。尋授吏部主事，權監察御史。夏使賀正旦，互市於會同館，外戚有身貿易于其間者，天驥上章曰：「大官近利，失朝廷體，且取輕外方。」遂忤太后旨。出爲同知汝州防禦使事，未赴，陝西行尚書省驛召，特旨遙領金安軍節度副使，兼行尚書省都事。未幾，入爲右司員外郎，轉京兆治中，尋爲衞州行尚書六部事。

慶陽圍急，朝廷遣宿州總帥牙古塔救之，以天驥充經歷官。圍解，從別帥守邠，帥欲棄州而東，天驥力勸止之，不從，帥坐是被繫逮，天驥降京兆治中。尋有訟其寃者，卽召爲開封簽事，旬月復右司員外郎。丁母憂，未卒哭，奪哀復職。

哀宗遷歸德，天驥留汴中。崔立變，天驥被創甚，臥一十餘日，〔一五〕其女舜英謁醫救療，天驥嘆曰：「吾幸得死，兒女曹乃爲謁醫，尚欲我活耶。」竟鬱鬱以死。舜英葬其父，明日亦自縊，有傳。

天驥沉靜寡言，不妄交。起於田畝，能以雅道自將，踐歷臺省若素宦然，諸人多自以爲不及也。

赤盞尉忻字大用，上京人。當襲其父謀克，不願就，中明昌五年策論進士第。後選爲尙書省令史、吏部主事、監察御史，言「諸王駙馬至京師和買諸物，失朝廷體」。有詔禁止。遷鎭南軍節度副使、息州刺史。耕鞠場種禾，兩禾合穗，進於朝，特詔褒諭。改丹州，遷鄭州防禦使，權許州統軍使。丞相高汝礪嘗薦其才可任宰相。元光二年正月，召爲戶部侍郎。未幾，權參知政事。二月，爲戶部尙書，權職如故。三月，拜參知政事，兼修國史。詔諭近臣曰：「尉忻資稟純質，事可倚任，且其性孝，朕今相之，國家必有望，汝輩當效之也。」

正大元年五月，拜尙書右丞。哀宗欲修宮室，尉忻極諫，至以臥薪嘗膽爲言，上悚然從之。同判睦親府內族撒合輦交結中外，久在禁近。哀宗爲太子，有定策功，由是頗惑其言，復倚信日深，臺諫每以爲言。太后嘗戒勅曰：「上之騎鞠舉樂皆汝敎之，再犯必杖汝。」哀宗終不能去。尉忻諫曰：「撒合輦姦諛之最，日在天子左右，非社稷福。」上悔悟，出爲中京留守，朝論快之。

五年，致仕，居汴中。崔立之變明日，召家人付以後事，望睢陽慟哭，以弓弦自縊而死，時年六十三。一子名董七，沒於兵間。弟秉甫字正之。

贊曰：聶天驥素履淸愼，赤盞尉忻天資忠諒，在治世皆足爲良臣，不幸仕亂離之朝，以得死爲願欲，哀哉。

校勘記

〔一〕監察御史烏古論石魯剌劾近侍張文壽仁壽李麟之受敵帥饋遺　按本書卷一七哀宗紀，正大五年三月「乙酉，監察御史烏古論不魯剌劾近侍張文壽、張仁壽、李麟之受饋遺」。「石」作「不」，「仁壽」上有「張」字。

〔二〕九月改侍講學士以御史大夫奉使大元　按本書卷一七哀宗紀作「正大五年十二月壬子，完顏訥申改侍講學士，充國信使」。月份不同。「奴申」作「訥申」蓋同音異譯。

〔三〕十二月　按「十二月」上疑脫「六年」二字。

〔四〕朝廷以勞拜參知政事　按本書卷一七哀宗紀，天興元年七月「癸未，吏部尙書完顏奴申爲參知政事」。則此句當在下文「請罷攻」之後，其「勞」蓋指天興元年春乞和事。

〔五〕冬十月哀宗議親出捍禦以奴申參知政事兼樞密副使　按本書卷一八哀宗紀，天興元年十二月「甲申，詔議親出。乙酉，再議於大慶殿。是日，除拜扈從及留守京城官，以參知政事兼樞密院副使完顏奴申等留守」。是「十月」當作「十二月」。

〔六〕諫議大夫近侍局使行省左右司郎中烏古孫奴申兼知宮省事　原脫「局使」二字。按本書卷一二四烏古孫奴申傳，「哀宗東遷，爲諫議大夫、近侍局使、行省左右司郎中，兼知宮省事，留汴京居守」。今據補。

〔七〕天興二年正月丙寅　「丙寅」原作「戊辰」。按下文有「卽命召京城官民明日皆聚省中」，又有「明日戊辰，西面元帥崔立等爲變」，與本書卷一八哀宗紀合，知「戊辰」誤。歸潛志卷一一錄大梁事，「二十有一日，忽聞執政召在京父老士庶計事詣都堂」。是月丙午朔，見哀宗紀。二十一日爲丙寅。今據改。

〔八〕次殺奴申及左司郎中納合德輝等　「輝」原作「暉」。按上文作「輝」。今統一。

〔九〕祁字京叔　「祁」原作「祚」，據殿本改。

〔一〇〕孛朮魯長哥出省　「朮」原作「水」，據殿本改。

〔一一〕衞紹王太子從恪　「從」原作「承」。按本書卷一八哀宗紀，記崔立等舉兵爲亂，「勒兵入見太后，傳令召衞王子從恪爲梁王監國」。又卷九三衞紹王子從恪傳，「天興元年，崔立以從恪爲梁王，汴京破死焉」。皆作「從恪」。卷五九宗室表亦作「從恪」。今據改。下同。

〔一二〕韓鐸都元帥兼知開封府事　按上文崔立自稱「軍馬都元帥」，韓鐸不得同爲「都元帥」。本書卷一八哀宗紀記此事作「韓鐸副元帥兼知開封府」。疑原是「左」或「右副元帥」，脫「左」或「右」字。

〔一三〕張軍奴　按本書卷一一八哀宗紀，此下還有完顏合荅。

〔一四〕三月壬辰立以兩宮梁王荆王及諸宗室皆赴青城　按是年三月乙巳朔，無壬辰。本書卷一一八哀宗紀，天興二年四月「癸巳，崔立以梁王從恪、荆王守純及諸宗室男女五百餘人至青城，皆及於難」。癸巳後壬辰一日，或傳聞之誤，其繫月則不誤，作「四月」是。

〔一五〕彼撒合掌軍一面　「撒」原作「散」，據殿本改。

〔一六〕卧一十餘日　「一」疑是「二」字之誤。

金史卷一百十六

列傳第五十四

徒單兀典　石盞女魯歡　蒲察官奴

內族承立 一名慶山奴

徒單兀典，〔一〕不知其所始，累官爲武勝軍節度使，駐鄧州。尋遷中京留守，知金昌府事，駐洛陽。鄧及洛陽兀典皆城之，且招亡命千人，號「熊虎軍」，以剽掠南鄙爲事，宋人亦時時報復，邊民爲之搔動。兀典資性深刻，而以大自居，好設耳目，凡諸將官屬下及民家細事，令親暱日報之，務爲不可欺。正大間，以兵部尚書權參知政事，行省事於徐州。自恃得君，論議之際不少假貸，同列皆畏之。

天興元年正月，朝廷聞大兵入饒風，移兀典行省閺鄉，以備潼關。徒單百家爲關陝總帥，便宜行事。百家馳入陝，榜州民云：「淮南透漏軍馬，慮其道由潼關，勢不能守，縣鎮遷入大城，糧斛輜重聚之陝州，近山者入山寨避兵。」會阿里合傳旨召兀典入援，兀典遂與潼關總帥納合合閏、秦藍總帥都點檢完顏重喜、安平都尉苗秀、〔二〕蕩寇都尉朮甲某、振武都尉張翼及虎威、鷹揚、葭州劉趙二帥，軍十有一萬、騎五千，盡撤秦藍諸隘之備，從虢入陝。同、華、閿鄉一帶軍糧數十萬斛，備關船二百餘艘，皆順流東下。俄聞大兵近，糧皆不及載，船悉空下。復盡起州民，運靈寶、硤石倉粟，游騎至，殺掠不勝計。又遣陝州觀察副使兼規措轉運副使抹撚速也以船八十往運潼關、閿鄉糧，行及靈寶北河夾灘。義軍張信、侯三集壯士三百餘，保老幼，立水柵。北將忽魯罕只乘淺攻之不能克，遇速也船至即降，大兵得此船遂破侯、張，殺戮殆盡。

是時陝州同知內族探春願從行省征進，兀典授以帥職，聽招在城民充軍。探春厚擬官賞，數日無一人，乃以兀典命招之，得壯士八百。宣差趙三三名偉，亦依探春招募，偉人所知識，不二日得軍八百餘，號「破敵軍」。兀典忌偉得衆，欲挾詐坑之，完顏素蘭時爲同華安撫使，力諫乃止。尋以偉權興寶軍節度使，〔三〕兼行元帥府事，領軍三百，屯金鷄堡。

大兵既知潼關焚棄，長驅至陝，賀都喜不待命出城迎戰，馬蹶幾爲所獲，兀典易以一馬，遂下令不復令一人出，大兵亦去。自此潼關諸渡船筏俱盡，偉亦無船可渡矣。

初，兀典發閺鄉，拜天，賞軍，人白金三兩，將校有差。州之庫藏，軍資器械，爲之一空。期日進發，已而不行，日造銀器及兵幕牌印，陝州及鹽司牌亦奪取之。又欲刼州民財物以資軍，素蘭諫之而止。二月戊午，乃行。有李先生者諫曰：「方今大兵俱在河南，河北空虛，相公可先取衞州，出其不意。彼知我軍在北，必分兵北渡，京師卽得少寬，相公入援亦易爲矣。」兀典大怒，以爲泄軍機，斬之於市，遂行。軍士各以老幼自隨。州中亦有關中、河中遷避商賈老幼，亦倚兵力從行，婦女皆嫁士卒，軍中亦有强娶奪者。

是日，軍出兩東門及南門，不遵洛陽路，乃由州西南徑入大山冰雪中。葭州劉、趙兩帥卽日叛去，大兵以數百騎遙躡其後。明日，張翼軍叛往朱陽，入鹿盧關，大兵追及降之。山路積雪，晝日凍釋，泥淖及脛，隨軍婦女棄擲幼稚，哀號盈路。軍至鐵嶺，大兵潛召洛陽大軍從西三縣過盧氏，所至燒官民廬舍積聚，慮爲金軍所據，又反守鐵嶺，以斷歸路。金兵知必死，皆有鬭志，然已數日不食，行二百里許，困憊不支，頗亦散走。於是，完顏重喜先降，大軍斬於馬前。鄭倜刼苗英降，英不從，殺之，携其首以降，於是士卒大潰。兀典、合閏提數十騎走山間，追騎禽得，皆殺之。

先是，兀典嘗爲鄧州節度使，世襲謀克黃摑三合時爲宣差都總領，與兀典親厚，故決計入鄧。是役也，安平、盪寇、鷹揚、振威諸都尉，及西安、金雞等軍，脫走者百才一二。

二月，素蘭竄歸，有報徒單百家言「行省至」，百家欲出迎，父老遮馬前哀訴云：「行省復來，吾州碎矣，願無出迎。」百家曉之曰：「前日兀典欲刼此州，爲素蘭力勸而止，此行省非兀典乃素蘭也。」父老乃聽百家出城。陝州自軍出，日有逃還者，百家皆撫納之，所得及萬人。百家又募收所棄甲仗。若獲二副，卽以一與之，其一官出直買之。由是軍稍振。

五月，總帥副點檢顏盞領軍復立商州總帥。華州人王某立虢州，權刺史。七月，制旨召百家入援，以權西安軍節度使、行元帥府事阿不罕奴十剌爲金安軍節度使、關陝總帥。九月，鞏昌知府元帥完顏忽斜虎入陝州，詔拜參知政事，行尚書省事。以河中總帥府經歷李獻能充左右司員外郞。獻能字欽叔，貞祐三年進士。復立山寨，安撫軍民。十月朔，制旨召忽斜虎赴南陽留山寺，以阿不罕奴十剌權參知政事，行省。

時趙偉爲河解元帥，屯金雞堡，軍務隸陝省，行省月給糧以贍其軍，明年五月，麥熟，省劄令偉計置兵食，權罷月給。十月，偉軍食又盡，屢白陝省，云無糧可給，偉私謂其軍言：「我與李員外郞有隙，坐視我軍飢餓，不爲存恤。」於是，自往永寧勸喩，偉頗爲小民所信，往往獻糧，或導其發藏。南縣把隘軍提控以偉橫恣言於行省，〔四〕行省遣趙提控者權元帥，守永寧元村寨，偉還金雞。

十一月冬至，大兵已攻破元村寨，偉攻解州不能下，於是密遣總領王茂軍士三十人入陝州，匿菜圃中凡三四日，乘夜，王茂殺北城邏卒，舉號召偉軍八百渡河，入城刼殺阿不罕奴十剌、李獻能、提控蒲鮮某，總領來道安，因誣奏：「奴十剌等欲反，臣誅之矣。」朝廷知其寃而莫敢詰，就授偉元帥左監軍，兼西安軍節度使，行總帥府事。食盡。括粟，粟又盡，以明年三月降大兵。

或謂偉軍餉不繼，以刼掠自資，一日詣李獻能，獻能靳之，曰：「從宜破敵不易。」由是憾之。乃乘奴十剌宴飲不設備，選死士二十八人，夜由後河灘踰城而上，取餅爐碎石擲屋瓦門扇爲箭鏃聲。州人疑叛軍多，不敢動，遂開門納軍。殺行省以下官屬二十一人，獻能最爲所恨，故被害尤酷。

偉之變，絳州錄事張升字進之，大同人，戶工部令史出身，曾爲漁陽簿，遷絳州錄事，謂知識者曰：「我本小人，受國家官祿，今日國家遭不幸，我不能從反賊。」言訖赴水死，岸上數百人皆嗟惜之。

及徒單百家鄭西之敗，單騎間道數百里入京，爲上言兀典等鐵嶺敗狀。於是籍重喜、合閏、兀典家貲，暴兀典爲罪首，牓通衢云。

石盞女魯歡，本名十六。興定三年，以河南路統軍使爲元帥右都監，行平涼元帥府事。

先是，陝西行省胥鼎言：「平涼控制西垂，實爲要地。都監女奚烈古里間材識凡庸，不閑軍務，且以入粟補官，遂得升用，握重兵，當方面，豈能服衆。防秋在邇，宜選才謀、有宿望、善將兵者代之。」故以命女魯歡。

十一月，女魯歡上言：「鎭戎赤溝川，東西四十里，地無險阻，當夏人往來之衝，比屢侵突，金兵常不得利。明年春，當城鎭戎，彼必出兵來撓。乞於二三月間，徵傍郡兵聲言防護，且令鄜、鞏各屯兵境上示進伐之勢，以掣其肘。臣領平涼之衆由鎭戎而入，攻其心腹。彼自救之不暇，安能及我，如此則鎭戎可城，而彼亦不敢來犯。又所在官軍多河北、山西失業之人，其家屬仰給縣官，每患不足。鎭戎土壤肥沃，又且平衍，臣裨將所統幾八千人，每以遷徙不常爲病。若授以荒田，使耕且戰，則可以禦備一方，縣官省費而食亦足矣。其餘邊郡亦宜一體措置。」上嘉納焉。遷昌武軍節度使。

元光二年九月，又言：「商洛重地，西控秦陝，東接河南，軍務繁密，宜選才幹之士爲防禦使、攝帥職以鎭之。又舊來諸隘守禦之官，並從帥府辟置，其所辟者多其親暱，殖產營私，專事漁獵，及當代去，又復保留，此最害之甚者。宜令樞府選舉，以革其弊。又州之戍兵艱於餽運，亦合依上屯田，以免轉輸之費。」又言：「每年防秋，諸隘守者不過數十人，餘衆盡屯保安、石門、大荊、洛南以爲應援，中間相距遠至百里，倉猝豈能徵集。宜近隘築營，徙見兵居之，以待緩急。又南邊所設巡檢十員，兵率千人，此乃平時以詰姦細者，已有大軍，宜悉罷去。」朝廷略施行之。

正大九年二月，以行樞密院事守歸德。乙丑，大元將忒木解率眞定、信安、大名、東平、益都諸軍來攻。是日，無雲而雷，有以神武祕略占之者，曰「其城無害」，人心稍安。適慶山奴潰軍亦至，城中得之，頗有鬬志。己巳，提控張定夜出斫營，發數砲而還。定平日好談兵，女魯歡令自募一軍，使爲提控，小試而勝，上下遂恃以爲可用。初患砲少，欲以泥或塼爲之，議者恐爲敵所輕，不復用。父老有言北門之西一菜圃中時得古砲，云是唐張巡所埋，掘之得五千有奇，上有刻字或「大吉」字者。大兵晝夜攻城，駐營于南城外，其地勢稍高。相傳是安祿山將尹子奇於此攻巡、遠，得睢陽。時經歷冀禹錫及官屬王璧、李琦、傅瑜極力守禦，城得不拔。

方大兵圍城，議決鳳池大橋水以護城，都水官言，去歲河決敖游堌時，曾以水平量之，其地與城中龍興塔平，果決此口則無城矣。及大兵至，不得已遣招撫陳貴往決之，纔出門爲游騎所鈔，無一返者。三月壬午朔，攻城不能下，大軍中有獻決河之策者，主將從之。河既決，水從西北而下，至城西南，入故濉水道，城反以水爲固。求獻策者欲殺之，而不知所在。四月，以女魯歡爲總帥，佩金虎符。罷司農司，以其官蒲察世達爲集慶軍節度使、行六部侍郎。溫特罕道僧歸德府同知，李無黨府判。五月，圍城稍緩，頗遷民出城就食。十二月，哀宗次黄陵岡，遣奉職术甲搭失不、奉職權奉御粘合斜烈來歸德徵糧。女魯歡遣侍郎世達，治中王元慶權郎中，儀封從宜完顏胡土權元帥，護送載糧千五百石。是月晦二更發船。二年正月，達蒲城東二十里。六軍給糧盡，因留船不聽歸，且命張布爲幄，上遂用此舟以濟。

及上來歸德，隨駕軍往往出城就糧，時城中止有馬用一軍近七百人。用，山西人，與李辛同鄉里，嘗爲辛軍彈壓，在歸德權果毅都尉，車駕至，授以帥職。此軍外復有官奴忠孝軍四百五十人。河北潰軍至者皆縱遣之，故城中惟此兩軍。上時召用計事，而不及官奴，故官奴有異心。朝廷知兩人不協，恐生變。三月戊辰，〔五〕制旨令宰相錫宴省中，和解之。是夜，用撤備，官奴以兵乘之爲亂。明日，攻用軍，用敗走被殺，衆下城投水奪船而去者斯須而盡。

官奴在雙門，驅知府女魯歡至，言汝自車駕到府，上供不給，好醬亦不與，汝罪何辭。遂以一馬載之，令軍士擁至其家，檢其家雜醬凡二十甕，且出所有金具，〔六〕然後殺之。卽提兵入見，言「石盞女魯歡等反，臣殺之矣」。上不得已，就赦其罪，且暴女魯歡之惡。後其姪大安入蔡，上言求湔雪，上復其官，語在烏古論鎬傳。

禾速嘉兀底代女魯歡爲總帥，軍變，官奴無意害兀底，使二卒召之，道官奴有善意，兀底喜，各以金十星與之，同見官奴。二卒復恐受金事泄，亦殺之。

初，河北潰軍至歸德，糧餉不給。朝廷命孛术魯阿海行總帥府事，以親軍武衞皆隸之。往宿州就食，軍士有不願者，誶語道中，朝廷聞之，使問其故。或言願入京或陳州，阿海請從其願，以券給之，軍心稍定。既而令求誶語者，阿海得四人，斬之國子監前，由是諸軍洶洶。二月庚子夜，劫府民武邦傑及蒲察𪐴住等凡九家，一軍遂散。數日，遂有官奴之變。

蒲察官奴，少嘗爲北兵所虜，往來河朔。後以姦事繫燕城獄，劫走夏津，殺回紇使者得鞍馬資貨，卽自拔歸。朝廷以其種人，特恩收充忠孝軍萬戶。此軍月給甚優，官奴日與羣不逞博，爲有司所劾。事聞，以其新自河朔來，未知法禁，詔勿問。

移剌蒲阿攻平陽，官奴請行，論功第一，遷本軍提控，佩金符。三峯山之敗，走襄陽，說宋制使以取鄧州自效，制使信之，至與同燕飲。已而，知汴城罷攻，復謀北歸。遣移剌留哥入鄧，說鄧帥粘合，稱欲劫南軍爲北歸計。留哥以情告粘合，官奴繼以騎卒十餘入城議事，粘合欲就甕城中擒之。官奴知事泄，卽馳還，見制使得騎兵五百，掠鄧之邊面小城，獲牛羊數百，宋人不疑。官奴掩宋軍得馬三百，至鄧州城下，移書粘合辨理屈直，留馬於鄧而去。

乃縛忠孝軍提控姬旺，詐爲唐州太守，械送北行，隨營帳取供給，因得入汴。有言其出入南北軍、行數千里而不懾，其智略有可取者，宰相以爲然，乃使權副都尉。未幾，提軍數百馳入北軍獵騎中，生挾一回紇而還。遂巡黃陵、八谷等處，劫牛羊糧資甚衆，尋轉正都尉。又以軍至黃陵，幾獲鎮州大將，於是中外皆以爲可用，遂拜爲元帥，統馬軍。

天興元年十二月，從哀宗北渡。上次黃陵岡，平章白撒率諸將戰，官奴之功居多。及渡河朔，惟官奴一軍號令明肅，秋毫無犯。明年正月，上至歸德。知府石盞女魯歡以軍衆食寡，懼不能給，請於上，令河北潰軍至者就糧於徐、宿、陳三州，親衛軍亦遣出城就食，上不得已從之。乃召諭官奴曰：「女魯歡盡散衞兵，卿當小心。」

是時，惟官奴忠孝軍四百五十人，馬用軍七百人，留府中。用本果毅都尉，上至歸德始升爲元帥，又嘗召之謀事，而不及官奴，故官奴始有圖用之志。是時，大元將忒木觧攻歸德。〔七〕官奴既總兵柄，私與國用安謀，欲邀上幸海州。及近侍局直長阿勒根兀惹使用安廻，附奏帖，謂海州可就山東豪傑以圖恢復，且已具舟楫，可通遼東。上覽奏不從。又嘗請上北渡，再圖恢復，女魯歡沮之，自是有異心矣。且一軍倚外兵肆爲剽掠，官奴不之禁。於是，左丞李蹊、左右司郎中張天綱、近侍局副使李大節俱爲上言官奴有反狀。上竊憂之，以馬軍總領紇石烈阿里合、內族習顯陰察其動靜，與朝臣言及，則曰：「我從官奴微賤中起爲大帥，何負而反耶。卿等勿過慮。」阿里合、習顯知官奴漸不能制，反泄上意。上亦懼官奴、馬用相圖，因以爲亂，命宰執置酒和解之。用撤備。俄官奴乘隙率其軍攻用，用軍敗走。官奴亂殺軍民，以卒五十人守行宮，劫朝官皆聚於都水毛花輦宅，以兵監焉。驅參知政事石盞女魯歡至其家，悉出所有金具，然後殺之。乃遣都尉馬實被甲持刃劫直長把奴申於上前，上初握劍，見實，擲劍於地曰：「爲我言於元帥，我左右止有此人，且留侍我。」實不敢迫，逡巡而退。凡殺朝官左丞李蹊已下三百餘人，軍將、禁衞、民庶死者三千。郎中完顏胡魯剌、都事冀禹錫赴水死。

禹錫字京甫，龍山人。至寧元年進士，仕歷州郡有能聲。歸德受兵，禹錫爲行院都事，經畫守禦一府倚重。聞變，或勸以微服免，不從，見害。

是日薄暮，官奴提兵入見，言：「石盞女魯歡等反，〔八〕臣殺之矣。」上不得已，赦其罪，以爲樞密副使、權參知政事。

初，官奴之母，自河北軍潰，北兵得之。至是，上乃命官奴因其母以計請和，故官奴密與忒木䚟議和事，令阿里合往言，欲劫上以降。忒木䚟信之，還其母，因定和計。官奴乃日往來講議，或乘舟中流會飲。其遣來使者二十餘輩，皆女直、契丹人，上密令官奴以金銀牌與之，勿令還營。因知王家寺大將所在，故官奴畫斫營之策。

先是，忠孝軍都統張姓者，謂官奴決欲劫上北降，遂率本軍百五十人圍官奴之第，數之曰：「汝欲獻主上，我輩皆大朝不赦者，使安歸乎。」官奴懼，乃以其母出質，云：「汝等若以吾母自北中來，疑我與北有謀，卽殺之，我不恨。」張意稍解，卽以好語與之約曰：「果如參政所言，今後勿復言講和，北使至卽當殺之。」官奴曰：「殺亦可，不殺亦可，奏而殺之亦可。」張乃退。官奴卽聚軍北草場，自言無反情，今勿復相疑也。遂畫斫營之策。

五月五日，祭天。軍中陰備火槍戰具，率忠孝軍四百五十人，自南門登舟，由東而北，夜殺外堤邏卒，遂至王家寺。上御北門，繫舟待之，慮不勝則入徐州而遁。四更接戰，忠孝初小却。再進，官奴以小船分軍五七十出柵外，腹背攻之。持火槍突入，北軍不能支，卽大潰，溺水死者凡三千五百餘人，盡焚其柵而還。遂眞拜官奴參知政事、兼左副元帥，仍以御馬賜之。

槍制，以勅黃紙十六重爲筒，長二尺許，實以柳炭、〔九〕鐵滓、磁末、硫黃、砒霜之屬，以繩繫槍端。軍士各懸小鐵鑵藏火，臨陣燒之，焰出槍前丈餘，藥盡而筒不損。蓋汴京被攻已嘗得用，今復用之。

兵旣退，官奴入亳州，留習顯總其軍。上御照碧堂，無一人敢奏對者，日悲泣云：「自古無不亡之國、不死之君，但恨我不知用人，故爲此奴所囚耳。」於是，內局令宋乞奴與奉御吾古孫愛實、納蘭忔荅、女奚烈完出密謀誅官奴。或言，官奴密令兀惹計構國用安，脅上傳位，恢復山東。事不成則獻上於宋，自贖反復之罪。

官奴以己未往亳州。辛酉，召之還，不至。再召，乃以六月己卯還。上諭以幸蔡事，官奴憤憤而出，至於扼腕頓足，意趣叵測。上決意欲誅之，遂與內侍宋乞奴處置，令裴滿抄合召宰相議事，完出伏照碧堂門間。官奴進見，上呼參政，官奴即應。完出從後刺其肋，上亦拔劒斫之。官奴中創投階下以走，〔一〇〕完出叱忔荅、愛實追殺之。

忠孝軍聞難皆擐甲，完出請上親撫慰之。名呼李泰和，授以虎符，使往勞軍，因召范陳僧、王山兒、白進、阿里合。進先至，殺之堂下。阿里合中路覺其事，悔發之晚，爲亂箭所射而死。乞奴、愛實、忔荅皆授節度使、世襲千戶，完出兼殿前右衞將軍，范陳僧、王山兒忠孝軍元帥。於是，上御雙門，赦忠孝軍以安反側。除崔立不赦外，其餘常所不原者咸赦之。

初，官奴解睢陽之圍，侍從官屬久苦飢窘，聞蔡州城池堅固、兵衆糧廣，咸勸上南幸。惟官奴以嘗從點檢內族斜烈過蔡，知其備禦不及睢陽，力爭以爲不可，故號於衆曰：「敢言南遷者斬。」衆以官奴爲無君，諷上早爲計，會其變，遂以計誅之。後遣烏古論蒲鮮如蔡，還言其城池兵糧果不足恃，上已在道，無可奈何。及蔡受兵，始悔不用官奴之言，特詔尚書省月給其母妻糧，俾無失所。

習顯既黨官奴，一日率忠孝軍刦官庫金四千兩。上命歸德治中溫特罕道僧、帥府經歷把奴申鞫問，顯伏罪下獄。官奴變，顯脫走，殺總領完顏長樂於宮門，殺道僧、奴申於其家，遂奔亳。及官奴伏誅，詔點檢阿勒根阿失荅卽亳州斬顯及忠孝軍首領數人。兀惹使用安未還，伺於中路，數其罪殺之。

內族慶山奴名承立，字獻甫，統軍使枒山之子，平章白撒之從弟也。爲人儀觀甚偉，而內恇怯無所有。〔二〕至寧初，宣宗自彰德赴闕，慶山奴迎見于臺城。宣宗喜，遣先還中都觀變。宣宗旣卽位，以承立爲西京副留守，權近侍局直長，進官五階，賜錢五千貫，且詔曰：「汝雖授此職，姑留侍朕，遇闕赴之，仍給汝副留守祿。此朕特恩，宜知悉也。」貞祐初，遷武衛軍副都指揮使，兼提點近侍局。胡沙虎專權僭竊，嘗爲宣宗言之，後胡沙虎伏誅，慶山奴愈見寵幸，以爲殿前右副都點檢。三年，大元兵圍中都，詔以慶山奴爲宣差便宜都提控，率所募兵往援。俄爲元帥右都監，行帥府事，兼前職。

四年，知慶陽府事，兼慶原路兵馬都總管，以所獲馬駝進，詔諭曰：「此皆軍士所得，卽以與之可也。朕安用哉，後勿復進。」因令偏諭諸道帥府焉。

興定元年正月，大元兵及夏人廻經寧州，慶山奴以兵邀擊敗之，以功進元帥左都監，兼保大軍節度使，行帥府事於鄜州。二年五月，夏人率步騎三千由葭州入寇，慶山奴以兵逆之，戰于馬吉峯，殺百餘人，斬酋首二級，生擒數十人，獲馬三十餘疋。三年四月，夏人據通秦寨，慶山奴遣提控納合買住討之。夏人以步騎二萬逆戰，買住擊敗之，夏人由葭蘆川遁去，凡斬首八百級。俄而，復攻寨據之，慶山奴率兵與戰，斬首五千級，復其寨。詔賜慶山奴金帶一，將士賞賚有差。四年四月，破夏兵于宥州，斬首千餘級，遂圍神堆府。慶山奴四面攻之，士卒方登陴，援兵大至，復擊走之。

正大四年，李全據楚州，詔以慶山奴爲元帥，同總帥完顏訛可將兵守盱眙，且令城守勿出戰。已而，全軍盱眙界，二帥迎敵大敗，死者萬餘人，委棄資仗甚衆。時軍無見糧，轉輸不繼，民疲奔命，愁嘆盈路。諸相不肯正言，樞密判官白華拜章乞斬之以謝天下，不報。降爲定國軍節度使，又以受賂奪一官。

八年正月，鳳翔破，兩行省徙京兆居民於河南，令慶山奴以行省守之。時京兆行省止有病卒八百、瘦馬二百，承立懼不能守，屢上奏請還。每奏一帖，附其兄白撒一書，令爲地，朝廷不許。十月，慶山奴棄京兆還朝，〔三〕留同知乾州軍州事、保義軍提控苟琪守之。

慶山奴行至閿鄉，哀宗遣近侍裴滿七斤授以黃陵岡從宜，不聽入見。未幾，代徒單兀典行省事於徐州。九年正月，自徐引兵入援，選精銳一萬五千，與徐帥完顏兀論統之，將趨歸德。義勝軍總領侯進、杜政、張興等率所部三千人降大兵。慶山奴留睢州三日不敢進，聞大兵且至，懼此州不可守，退保歸德。二月，行次楊驛店，遇小乃鮮軍，遂潰。兀論戰死，慶山奴馬躓被擒，惟元帥郭恩、都尉烏林荅阿督率三百餘人走歸德。

大兵以一馬載慶山奴，擁迫而行，道中見眞定史帥，承立問曰：「君爲誰？」史帥言：「我眞定五路史萬戶也。」承立曰：「是天澤乎？」曰：「然。」曰：「吾國已殘破，公其以生靈爲念。」及見大帥忒木䚟，誘之使招京城，不從，又偃蹇不屈，左右以刀斫其足折，亦不降，卽殺之。議者以承立累敗不能解其軍職，死有餘責，而能以死報國，亦足稱云。

初，睢州刺史張文壽聞大兵將至，遷旁縣居民入城，大聚芻粟，然無固守意，日夜謀走以自便。旣而，聞承立入援，卽以州事付其僚佐，託以應援徐兵，夜啓關挈家走歸德，慶山奴以爲行部郎中，死楊驛。俄大兵圍睢州，以無主將，故殘破之甚也。

兀論，丞相賽不之姪，元光間例以諸帥爲總領，兀論以丞相故獨不罷。金朝防近族而用疏屬，故白撒、承立、兀論輩皆腹心倚之。

贊曰：宮奴素行反側，倏南倏北，若龍斷然。哀宗一旦倚爲腹心，終爲所制，照碧之處何異幽囚，其事與梁武、侯景大同而小異。徒單兀典、慶山奴爲將皆貪，宜數取敗。女魯歡無大失行，而死於官奴，哀宗猶暴其罪，冤哉。

校勘記

〔一〕徒單兀典　按本書卷一四宣宗紀作「徒單吾典」，蓋同音異譯。

〔二〕安平都尉苗秀　「安」原作「高」。按金末都尉有「安平」之號。本書卷四四兵志載「天興初元有十五都尉」，其中有「申裕安平完顏斜列」。又卷一一三白撒傳、卷一一五崔立傳、卷一二三完顏陳和尚傳、卷一二四蒲察琦傳皆有「安平都尉」，本傳下文亦云「是役也，安平、盪寇、鷹揚、振威諸都尉及西安、金雞等軍脫走者百才一二」。今據改。又「苗秀」下文作「苗英」，卷一七哀宗紀同。疑此處誤。

〔三〕尋以偉權興寶軍節度使　按「興寶軍」或是「寶昌軍」之誤，參見本書卷一八哀宗紀校記〔二〕。

〔四〕南縣把隘軍提控以偉橫恣言於行省　按金無「南縣」，疑有脫誤。本書卷二六地理志，陝州有洛南縣，「南」上或脫「洛」字。

〔五〕三月戊辰　原作「二月戊辰朔」。按本書卷一八哀宗紀，天興二年「二月丙子朔」，無戊辰。又明記三月「戊辰，官奴以忠孝軍爲亂」。戊辰是三月二十四日，今改「二月」爲「三月」，並删「朔」字。

〔六〕且出所有金具　「具」原作「貝」，據殿本改。下同。

〔七〕大元將忒木觧攻歸德　「攻」原作「守」。按本卷石盞女魯歡傳，「正大九年二月，以行樞密院事守歸德。乙丑，大元將忒木觧率眞定、信安、大名、東平、益都諸軍來攻」。本書卷一一七粘哥荆山傳，天興「二年夏四月，北省忒木觧攻歸德」。作「攻」是。今據改。

〔八〕石盞女魯歡等反　「石盞」原作「赤盞」。同音異譯。今與本卷傳文統一。

〔九〕實以柳炭　「炭」原作「灰」，據殿本改。

〔一〇〕官奴中創投階下以走　「階」原作「城」，據文義改。

〔一一〕而內恇怯無所有　「恇」原作「惟」，據殿本改。

〔一二〕十月慶山奴棄京兆還朝　按本書卷一七哀宗紀記此事在九月。

金史卷一百十七

列傳第五十五

徒單益都　粘哥荊山 劉均附　王賓 王進等附　國用安　時青

徒單益都，不詳其履歷，嘗累官爲延安總管。正大九年正月，行省事於徐州。時慶山奴撤東方之備入援，未至睢州，徐、邳義勝軍總領侯進、杜政、張興率本軍降大兵於永州。辛丑，大兵守徐張盆渡。益都到官才三日，懼兵少不能守，卽令移剌長壽率甲士千人迎大兵。長壽軍無紀律，大兵掩之，一軍皆覆，徐危甚。益都籍州人及運糧埽兵得萬人。乙巳，大兵傅城，燒南關而去。侯進既降北，卽以爲京東行省，進遂請千人來襲。二月庚申未明，大兵坎南城而上，守者皆散走，城中大呼曰：「大兵入南門矣。」益都聞之不及甲，率州署夜直兵三百，由黃樓而南，力戰禦敵。亂定，遷賞有差。

由是，軍勢稍振，復奪張盃渡，取蕭縣，破白塔，戰於土山，救被俘老幼五千還徐。既而，侯進亡命駐靈璧，杜政、張興亦慮爲北所害，窮窘自歸。益都撫而納之，與留徐，杜政還邳州。

益都資稟仁厚，持大體，二子兩姪爲軍將，頗侵漁軍民。靑州人王祐爲埽兵總領，將兵千七百人，益都常倚之，雖有過亦不責。以故祐亦橫恣，與河間張祚、下邑令李閏、義勝都統封仙、遙授永州刺史成進忠輩，乘軍政廢弛，城中空虛，以六月丁巳夜燒草場作亂。時張興臥病，祐恐事不成，起興與同行。益都疑左右皆叛，挈妻子縋城而出，就從宜衆僧奴及東面總領劉安國軍。張興推祐爲都元帥，復懼祐圖己，遂誅祐，并張祚殺之，因大掠城中。壬戌，國用安以行山東路尙書省事率兵至徐，張興率甲士迎之。用安輕騎而入，執興與其黨十餘人，斬之于市，遂以封仙爲元帥，兼節度使，主徐州。

益都窘無所歸，乃奔宿州，節度使紇石烈阿虎以益都爲人所逐不納，乃與諸將駐于城南。時宿之鎭防軍有逃還者，阿虎以爲叛歸亦不納。城中鎭防千戶高臘哥，結小吏郭仲安，謀就徐州將士內外相應以取宿，因歸楊妙眞。甲戌夜半，開門納徐州總領王德全及妻弟高元哥軍。劉安國尋亦入城，縛阿虎父子殺之。州中請益都主帥府事，益都不從曰：「吾國家舊人，爲將帥亦久，以資性疏迂不能周防，遂失重鎭。今大事已去，方逃罪不暇，豈有改易髻髮、奪人城池、以降外方乎。」即日，率官吏而行，至穀熟東，遇大兵，不屈而死。

徐州既歸海州，邳帥兀林荅某亦讓印於杜政，遂送款於用安。已而，宿州王德全、劉安國亦送款海州。惟益都不改髻髮，〔一〕以至於死云。

粘哥荆山，不知其所始，正大中，累官亳州節度使。九年正月己丑，游騎自鄧至亳，鈔鹿邑，營於衞眞西北五十里。鹿邑令高昂霄知太康已降，即夜趨亳，道出衞眞，呼縣令楚珩約同行。珩知勢不支，即明諭縣人以避遷之意，遂同走亳。丁未，二邑皆降。是日，軍至亳州城下。州止有單州兵四百人，號「鎭安軍」，提控楊春、邢某、都統戴興屯已六年。荆山悉籍城中丁壯爲軍，修守具，而大兵亦不暇攻。四月，擁降民而北，城門閉，不之知也。五月，縱遷民收麥，老幼得出，丁壯悉留之。民往往不肯留而遁，數日，城爲之空。荆山遣將領各詣所屬招之，幷將領亦不返。「鎭安」者皆紅襖餘黨，力盡來歸，變詐反覆，朝廷終以盜賊待之。荆山以遷民爲軍，蓋防之也。及召外兵不至，乃請於歸德，得甲騎百餘，兩總領統之。既至，「鎭安」疑其謀己，乃乘將士新到不設備，至夜，掩殺殆盡。荆山出走衞眞，楚珩與之馬而去，州中豪貴悉被剽略。

劉堅者，初爲大兵守城父，亳州復，擒之，囚之於獄。楊春謀欲北降，乃出之，使爲宣差。乙巳，大兵石總管入州，改州爲順天府，春爲總管，戴興爲同知，劉順治中，留党項軍千人戍之。屬縣皆下，惟城父令李用宜不降，其妻子在亳，春以爲質，竟不屈而死。春既據州，與劉堅坐樓上，召副提控邢某。邢剛直循理，將士嚴憚之，時臥病，聞春亂，流涕不自禁。春遣人舁致之，邢指春大罵，春慚恧無言。春欲殺荆山家，邢力勸止之，且令給道路費送之出城，邢尋病卒。

二年夏四月，〔二〕北省忒木觧攻歸德，春以戴興提精卒以往，獨與疲弱者守城，州人王賓遂反正，春渡河北遁。既而，崔七斤爲亂，殺王賓，朝廷不得已，以七斤爲節度使，就其兵仗入蔡。八月，劉順攻亳州，破之，七斤爲城父令所殺。未幾，單州軍以州人殺其家屬，召大兵來攻，不能拔，殺屬縣民而去。既渡河，知亳人不疑，復來攻，州竟爲春所破。是年六月，〔三〕宋人來攻，春出降，劉堅北走。

劉均者林慮人，時爲亳州觀察判官。春既逐荆山，納款大兵，脅均同降。均佯應之，歸其家取朝服服之，顧謂妻子曰：「我起身刀筆，仰荷上知，始列朝著，又佐大藩，死亦足矣。

今頭顱已如此，假使有十年壽，何以見先帝於地下乎。」卽仰藥而死。

王賓字德卿，亳州人。貞祐二年進士。外若曠達，而深有謀畫。初調蘭陵主簿，辟虹縣令，尋入爲尙書省令史，坐事罷歸鄉里。

天興元年正月，〔四〕亳州軍變，節度使粘哥荆山出走，楊春以州出降。旣而，自以羸兵守之。賓與前譙縣尉王進、魏節亨、呂鈞約城中軍民復其州，楊春遂遁，遣節亨詣歸德以聞。哀宗嘉之，授進節度使，賓同知節度使，節亨節度副使，鈞觀察判官。楊春復以兵來攻，月餘不能拔，卽渡河而北。

六月，哀宗遷蔡，賓奉迎於州北之高安，上與語大悅，恨用之晚，擢爲行部尙書、世襲謀克。上初至亳，賓等適徵民丁負鐵甲入蔡，及會計忠孝軍家屬口糧，故留參知政事張天綱董之，就遷有功將士。時亳之糧儲不廣，賓等常吝惜，軍士以此歸怨。及運甲之役，復不欲行。會天綱與賓等於一樓上銓次立功等第，鎭防軍崔復哥、王六十之徒擐甲譟登樓，天綱問曰：「卽欲見殺，容我望闕拜辭。」賊曰：「無預相公。」卽拽賓及呂鈞往市中。鈞且行且跪，涕淚俱下。賓岸然不懼，大叫曰：「不過殺我。但殺，但殺。」乃並害之。節度副使魏節亭、節度判官孫良、觀察副使孫九住皆被害。又數日，殺節度使王進。至汴，以勞遷本州節度判官，〔三〕賜以白金，亦不受，一時甚稱之。

進嘗應荆山之募，由間道入汴京納奏，賞以物不受，又散家所有濟貧民，以死自勵。

有李喜住者，本宿州衆僧奴下宣差。天興二年四月，進糧入歸德，將還，聞亳州王進反正，制旨以喜住爲振武都尉，將兵三千應援。是時，太赤圍亳步騎十萬，喜住以衆寡不敵，獨與三人間道入城，王進方議遷左軍林，喜住不可，進卽以兵付喜住。大兵攻八日不能下，五月壬子，兵退。

己未，官奴與阿里合提忠孝軍百人至亳，與諸將議遷可否。以爲不可，當留輜重於蔡，選軍扈從入聖朶就武仙軍，遂入關中。關中地利可恃，又有郭蝦蟆等軍在西可恃。五月甲子，召官奴還歸德，不赴，再召，留其軍半於亳乃赴。

六月壬辰，車駕舟行至亳，王進奏：「臣本軍伍，不知治體，如李喜住扈從入蔡，則亳不守矣。乞留治此州。」詔以喜住爲集慶軍節度使，便宜從事，進領帥職。七月，進死。喜住先往城父督糧餫，聞亂遂不敢入亳，後投宋。

論曰：金季之亂，軍士欲代其偏裨，偏裨欲代其主將，卽羣起而僨之，無復忌憚。益都、荆山皆忠亮之士，賓、進才略尤足取焉，而並不免於難，惜哉。

國用安先名安用，本名咬兒，淄州人。紅襖賊楊安兒、李全餘黨也。嘗歸順大元，爲都元帥、行山東路尚書省事。

天興元年六月，徐州埽兵總領王祐、義勝軍都統封仙、總領張興等夜燒草場作亂，逐元帥徒單益都。安用率兵入徐，執張興與其黨十餘人斬之，以封仙爲元帥兼節度使，主徐州。宿州鎭防軍千戶高臘哥與東面總帥劉安國搆徐州總帥王德全，殺宿帥紇石烈阿虎，以其州歸海州。邳州從宜兀林荅某亦讓州於杜政，送欵海州。旣而，皆歸安用。

北大將阿朮魯聞安用據徐、宿、邳，大怒曰：「此三州我當攻取，安用何人，輒受降。」遣信安、張進等率兵入徐，欲圖安用，奪其軍。安用懼，謀於德全，劫殺張進及海州元帥田福等數百人，與楊妙眞絕，乃還邳州。會山東諸將及徐、宿、邳主帥，刑馬結盟，誓歸金朝。旣盟，諸將皆散去，安用無所歸，遂同德全、安國託從宜衆僧奴自通於朝廷。衆僧奴遣人上奏：「安用以數州反正，功甚大。且其兵力强盛，材略可稱。國家果欲倚用，非極品重權不足以堅其許國之心。」未報。安用率兵萬人攻海州，未至，衆稍散去。安國因勸安用當赤心歸國，安用亦自知反復失計，事已無可奈何，於是復金朝衣冠。妙眞怒其叛己，又懼爲所圖，悉屠安用家走益都。安用遂選兵分將，期必得妙眞，自此淮海之上無寧歲矣。

未幾，朝廷遣近侍局直長因世英、都事高天祐持手詔至邳，以安用爲開府儀同三司、平章政事、兼都元帥、京東山東等路行尚書省事，特封兗王，賜號「英烈戡難保節忠臣」，錫姓完顏，附屬籍，改名用安，賜金鍍銀印、駞紐金印、金虎符、世襲千戶宣命、勅樣、牌樣、御畫體宜、空頭河朔山東赦文，便宜從事，且以彭王妃誥委用安招妙眞。用安始聞使者至，猶豫未決，以總領楊懋迎使者入，監于州廨，問所以來。世英對以封建事，意頗順。諸帥王、杜輩皆不欲宣言，欲殺使者。明日，用安乃出見使者，跪揖如等夷，坐定，語世英曰：「予向隨大兵攻汴，嘗於開陽門下與侯摯議內外夾擊。此時大兵病死者衆，十七頭項皆在京城，若從吾計出軍，中興久矣。朝廷乃無一人敢決者，今日悔將何及。」言竟而起。既而選人取朝廷賜物遍觀之，喜見顏色。復與使者私議，欲不以朝禮受之，世英等不可，卽設宴拜授如儀，以主事常謹等隨使者奉表入謝。

上復遣世英、天祐賜以鐵券一、虎符六、龍文衣一、玉魚帶一、弓矢二、封贈其父母妻誥命，及郡王宣、世襲宣、大信牌、玉兔鶻帶各十，聽同盟可賜者賜之。使者至邳，用安迎受如禮，始有入援意。及聞上將遷蔡州，乃遣人以蠟書言遷蔡有六不可，大率以謂：「歸德環城皆水，卒難攻擊，蔡無此險，一也。歸德雖乏糧儲，而魚芡可以取足，蔡若受圍，廩食有限，二也。大兵所以去歸德者，非畏我也，縱之出而躡其後，舍其難而就其易者攻焉，三也。蔡去宋境不百里，萬一資敵兵糧，禍不可解，四也。歸德不保，水道東行猶可以去，蔡若不守，去將安之，五也。時方暑雨，千里泥淖，聖體豐澤，不便鞍馬，倉卒遇敵，非臣子所敢言，六也。雖然，陛下必欲去歸德，莫如權幸山東。山東富庶甲天下，臣略有其地，東連沂、海，西接徐、邳，南扼盱、楚，北控淄、齊。若鑾輿少停，臣仰賴威靈，河朔之地可傳檄而定。惟陛下審察。」上以其言示宰臣。宰臣奏用安反復，本無匡輔志，此必參議張介等議之，業已遷蔡，議遂寢。

初，世英等過徐，王德全、劉安國說之曰：「朝廷恩命豈宜出自用安，郡王宣吾二人最當得者，乞就留之。」世英乃留郡王宣、世襲宣、玉帶各一。由是與用安有隙，又懼爲所圖，皆不聽其節制。十郡王者，李明德、封仙、張瑀、張友、卓翼、康琮、杜政、吳歪頭、王德全、劉安國也。用安必欲取山東，累徵徐、宿兵，止以勤王爲辭，二帥不應。用安怒，令杜政等率兵三千，以取糧爲名，襲徐、宿。既入城，德全覺之，就留杜政、封仙不遣。用安愈怒，謂德全、安國必有謀，乃執桃園帥吳某等八九人下獄鞫問。二帥遣溫特罕張哥以杜政、封仙欲襲取徐州白用安，不聽，驅吳帥、張哥輩九人併斬之。張哥將死大呼曰：「國咬兒，汝無尺寸功，受國家大封爵。何負於汝，而從杜政等變亂，又殺無罪之人。今雖死，當與汝辨於地下矣。」

會上遣臧國昌以密詔徵兵東方，故用安假朝命聲言入援，檄劉安國爲前鋒，親率兵三千駐徐州城下招德全。德全終疑見圖，不出，係封仙於獄，殺之，遣杜政出城。安國既至宿州，用安復召安國還，安國不從，獨與衆僧奴赴援。行及臨渙龍山寺，用安使人劫殺之，遂攻徐州，踰三月不能下，退歸漣水。於是，因世英以用安終不赴援，乃還朝，至宿州西遇大兵，不屈而死，事聞，贈汝州防禦使。

既而，用安軍食不給，乞糧於宋，宋陽許之，卽改從宋衣冠，〔六〕而私與朝使相親。尋益乏食，軍民多亡去，乃命蕭均以嚴刑禁亡者，血流滿道。大元東平萬戶查剌將兵至漣水，遂降焉。查剌既渡河，趨蔡州，用安以詭計還漣水，復叛歸於宋，受浙東總管、忠州團練使，隸淮閫。甲午正月，聞大兵圍沛，用安往救之，敗走徐州。會移兵攻徐，用安投水死，求得其尸，剜面繫馬尾，爲怨家田福一軍臠食而盡。

用安形狀短小無須，喜與輕薄子游，日擊鞠衢市間，顧眄自矜，無將帥大體。

介字介甫，平州人，正大元年經義進士第一，時爲用安參議。

初，天祐等出汴，微服間行，經北軍營幕，至通許崔橋始有義軍招撫司官府，去京師二百里矣。至陳州，防禦使粘葛奴申始立州事。留二日，至項城，縣令朱珍立縣事，有士卒千二百人。至泰和縣，縣令王義立縣已五月矣。八月，至宿州，衆僧奴得報，且知朝廷授以權宿州節度使、兼元帥左都監之命，具彩輿儀衞出城五里奉迎。〔七〕時東方不知朝廷音問已八月矣，官民見使者至，且拜且哭。有張顯者任俠尙氣知義理，卽謂天祐曰：「東方不知朝廷音問已數月，今見使者，百姓皆感動。若不以聖旨撫慰之，恐失東民之心。我欲矯稱制旨宣諭，如何。」天祐書生守規矩，不敢從，但以宰相旨集州民慰撫之，州民復大哭。明日，往徐州。

時青，滕陽人。初與叔父全俱爲紅襖賊，及楊安兒、劉二祖敗，承赦來降，隸軍中。興定初，青爲濟州義軍萬戶。是時，叔父全爲行樞密院經歷官。興定二年冬，全馳驛過東平，青來見，因告全將叛入宋，全祕之。頃之，青率其衆入于宋。宋人置之淮南，屯龜山，有衆數萬。

興定四年，泗州行元帥府紇石烈牙吾塔遣人招之，青以書來。書曰：「青本滕陽良民，遭時亂離，扶老携幼避地草莽。官吏不明此心，目以叛逆，無所逃死，竄匿淮海。離親舊、去鄉邑，豈人情之所樂哉。僕雖偷生寄食他國，首丘之念未嘗一日忘之。如朝廷赦青之罪，乞假邳州以屯老幼。當襲取盱眙，盡定淮南，以贖往昔之過。」牙吾塔復書曰：「公等初亦無罪，誠能爲國建功，全軍來歸，卽吾人也。邳州吾城，以吾人居之亦何不可。易曰：『君子見幾而作，不俟終日。』公其亟圖之。生還父母之邦，富貴終身，傳芳後世，與其羈縻異域，目以兵虜，孰愈哉。」牙吾塔奏其事。十月，詔加青銀青榮祿大夫，封滕陽公，仍爲本處兵馬總領元帥、兼宣撫使。青濳表陳謝，復以邳州爲請。樞密院奏：「恐青意止欲得邳州。可諭牙吾塔，若青誠實來歸，卽當授之。如審其詐，可使人入宋境宣布往來之言，及所授官爵，亦行間之術也。」青旣不得邳州，復爲宋守。

興定五年正月二十五日夜，〔八〕青襲破泗州西城，提控王祿遇害。是時，時全爲同簽樞密院事，朝廷不知青襲破西城，止稱宋人而已。詔全往督泗州兵取西城。全至泗州，獲紅襖賊一人，詰問之，乃知青爲宋京東鈐轄，襲破西城。全頗喜，乃殺其人以滅口。牙吾塔晝夜力戰，募死士以梯衝逼城，青縋兵出拒不得前。牙吾塔遣提控王應孫穴城東北隅，青夜出兵來襲，擊却之。越二日，復出又却之。攻城益急，青以舟兵二千合城中兵來犯牙吾塔營，提控斡魯朶先知，設伏掩擊，青兵大敗，溺淮水死者千人，自是不復出矣。王應孫穴城將及城中，青隧地然薪逼出之。青乘城指麾，流矢中其目，餘衆往往被創，樓堞相繼摧壞，城中恟懼，遂無固志。二月二十六日夜，青拔衆走，遂復西城。〔九〕

元光元年二月，全與元帥左監軍訛可，節制三路軍馬伐宋。詔曰：「卿等重任，毋致不和以貽喪敗。其資糧可取，規取失宜不能得之，罪在訛可。既已得之，不能運致以爲我用，罪在全。」全與訛可由潁、壽進渡淮，敗宋人于高塘市，攻固始縣，破宋廬州將焦思忠兵。無何，獲生口言，時青受宋詔與全兵相拒，全匿其事。

五月，兵還，距淮二十里，諸軍將渡，全矯稱密詔「諸軍且留收淮南麥」，遂下令人穫麥三石以給軍。衆惑之，訛可及諸將佐勸之不聽，軍留三日。訛可謂全曰：「今淮水淺狹，可以速濟。時方暑雨，若值暴漲，宋乘其後，將不得完歸矣。」全力拒之。從宜達阿、移失不、斜烈、李辛稍稍不平，全怒曰：「訛可一帥耳，汝曹黨之。汝曹致身至此，皆吾之力。吾院官也，於汝無不可者。」衆乃不敢言。是夜，大雨。明日，淮水暴漲，乃爲橋渡軍。宋兵襲之，軍遂敗績。橋壞，全以輕舟先濟，士卒皆覆沒。宣宗乃下詔誅之，遣官招集潰軍，詔曰：「大軍渡淮，每立功效。諸將謬誤，部曲散亡，流離憂苦，朕甚閔焉。各歸舊營，勉圖自效。」又詔曰：「陣亡把軍品官子孫，十五以上者依品官子孫例隨局承應，十五以下、十歲以上者依品從隨局給俸，至成人本局差使。無子孫官，依例給俸。應贈官、賻錢、軍人家口當養贍者，並如舊制。」

贊曰：金自章宗季年，宋韓侂胄搆難，招誘隣境亡命以撓中原，事竟無成。而青、徐、淮海之郊民心一搖，歲遇饑饉，盜賊蠭起，相爲長雄，又自屠滅，害及無辜，十餘年糜沸未息。宣宗不思靖難，復爲伐宋之舉，迄金之亡，其禍尤甚。簡書所載國用安、時青等遺事，至今仁人君子讀之猶蹙頞終日。當時烝黎，如魚在釜，其何以自存乎。兵，凶器也。金以兵得國，亦以兵失國，可不愼哉，可不愼哉。

校勘記

〔一〕惟益都不改髻髮　「益都」原作「安國」，據殿本改。

〔二〕二年夏四月　「二年」上當脫「天興」二字。

〔三〕是年六月　按周密齊東野語卷五端平入洛：「端平元年甲午，六月十二日離合肥，二十四日入亳州，總領七人出降。城雖土築尙堅，單州出戍軍六百餘人在內，皆出降。戍兵暴橫，亳人怨之，前日降韃，今日降宋，皆此軍也。」宋端平元年即金天興三年，則此「是年」當作「明年」。

〔四〕天興元年正月　按「亳州軍變」已見上文粘哥荆山傳，事在五月。此作「正月」疑誤。

〔五〕至汴以勞遷本州節度判官　按此處文有脫誤。上文有「前譙縣尉王進」及「授進節度使」，始末甚明，則「以勞遷本州節度判官」者必非王進。上文節度判官爲孫良，疑此或敍孫良事，緣上文誤作「王進」。或本敍王進事，而有訛誤。

〔六〕即改從宋衣冠　原脫「冠」字。按上文有「復金朝衣冠」，今亦補「冠」字。

〔七〕具彩輿儀衞出城五里奉迎　「具」原作「且」，據殿本改。

〔八〕興定五年正月二十五日夜　按本書卷一六宣宗紀，興定五年正月丙戌朔。「戊戌，宋人襲泗州西城，提控王祿死之」。戊戌是正月十三日，與此二十五日異。

〔九〕二月二十六日夜青拔衆走遂復西城　按本書卷一六宣宗紀，興定五年二月丙子，「元帥紇石烈牙吾塔破宋兵復泗州，進逼濠州，至渦口乏糧而還西城」。是月丙辰朔，丙子爲二十一日，與此「二十六日」異。

金史卷一百十八

列傳第五十六

苗道潤　王福　移剌衆家奴　武仙　張甫

靖安民　郭文振　胡天作　張開　燕寧

苗道潤，貞祐初，爲河北義軍隊長。宣宗遷汴，河北土人往往團結爲兵，或爲羣盜。道潤有勇略，敢戰鬬，能得衆心。比戰有功，略定城邑，遣人詣南京求官封。宰相難其事，宣宗召河南轉運使王擴問曰：「卿有智慮，爲朕決道潤事。今卽以其衆使爲將，肯終爲我盡力乎？」擴對曰：「兼制天下者以天下爲度。道潤得衆，有功因而封之，使自爲守，羈縻使之，策之上也。今不許，彼負其衆，何所不可爲。」宣宗顧謂宰執曰：「王擴之言，實契朕心。」於是，除道潤宣武將軍、同知順天軍節度使事。貞祐四年，復以功遷懷遠大將軍、同知中山府事。再閱月，復戰有功，遷驃騎上將軍、中都路經略使、兼知中山府事。頃之，加中都留守、兼經略使。道潤前後撫定五十餘城。

興定元年，詔道潤恢復中都，以山東兵益之。道潤奏：「去年十一月，臣遣總領張子明招降蠡州獨吉七斤。近日，河北東路兵馬都總管移剌鐵哥移軍蠡州，襲破子明軍，殺數百人，子明亦被創。臣將提兵問罪，重以鐵哥自拔來歸，但備之而已。今欲復取都城，乞無罪鐵哥，直令受臣節制，庶可集事。」宣宗以問宰相，奏曰：「道潤、鐵哥不協，不可相統屬。」詔以完顏寓行元帥府事，督道潤復中都，和輯鐵哥軍。

初，道潤與順天軍節度使李琛不相能，兩軍士兵因之相攻，琛遣兵攻滿城、完州，道潤軍拒戰，殺琛兄榮及弟明等。琛奏：「潞州提控烏林荅吾典承道潤風指，日謀侵害。山東行省數諭道潤與臣通和，竟不見從，且殺臣兄榮、弟明等，恣横如此，將爲後患。」又奏：「乞令河北州府官不相統攝，並聽帥府節制。仍遣官增減諸路兵力，使權均勢敵無相併吞，則百姓安農畝矣。」道潤奏李琛以衆叛，陷滿城，攻完州。琛亦奏道潤叛。廷議以爲兩人失和，故至于此，令山東行省樞密院諭琛：「行省在彼，自當俱聽節制，何待帥府。士兵本以義團結，且耕且戰。今乃聚之城寨，遂相併吞。百姓不安，皆由官長無所忌憚使之然也。嚴爲約束，依時樹藝，無致生事。」有詔道潤與移剌鐵哥合兵撫定河北，令諸道兵互相應援。

既而，道潤與賈仝、〔一〕賈瑀互相攻擊，詔道潤、賈仝、王福、武仙、賈瑀分畫各路元帥府控制之，彰德衞輝招撫司隸樞密院。賈瑀既與道潤相攻，已而詐爲約和，道潤信之，遂伏兵刺殺道潤。朝廷不能問，一軍彷徨無所依，提控靖安民乞權隸潞州行元帥府，聽其節制。時興定二年也。

右丞侯摯乞以保、蠡、完三州隸眞定，而蠡州舊受移剌衆家奴節制，一旦改隸眞定，恐因而交爭。靖安民等願隸潞州，乃令河北行省審處之。經略副使張柔奏：「賈瑀攻易州寨，殺刺史馬信及其裨校，奪所佩金符而去。」頃之，張柔攻賈瑀殺之。道潤既死，靖安民代領其衆，是後乃封建矣。

初，貞祐四年，右司諫朮甲直敦乞封建河朔，詔尚書省議，事寢不行。興定三年，以太原不守，〔二〕河北州縣不能自立，詔百官議所以爲長久之利者。翰林學士承旨徒單鎬等十有六人以謂「制兵有三，一曰戰，二曰和，三曰守。今欲戰則兵力不足，欲和則彼不肯從，唯有守耳。河朔州郡既殘毀，不可一概守之，宜取願就遷徙者屯于河南、陝西，其不願者許自推其長，保聚險阻。」刑部侍郎奧屯胡撒合三人曰：「河北於河南有輔車之勢，蒲、解於陝西有襟喉之要，盡徙其民，是撤其籓籬也。宜令諸郡，選才幹衆所推服、能糾衆遷徙者，願之河南或晉安、河中及諸險隘，量給之食，授以曠土，盡力耕稼。置僑治之官，以撫循之。擇其壯者，教之戰陣。勅晉安、河中守臣撒石、嵐、汾、霍之兵，以謀恢復，莫大之便。」兵部尚書烏林荅與等二十一人曰：「河朔諸州，親民掌兵之職，擇土人嘗居官、有材略者授之，急則走險，無事則耕種。」宣徽使移剌光祖等三人曰：「度太原之勢，雖暫失之，頃亦可復。當募土人威望服衆者，假以方面重權。能克復一道，即以本道總管授之。能捍州郡，即以長佐授之。必能各保一方，使百姓復業。」提點尚食局石抹穆請以高爵募民，大概同光祖議。宰臣欲置公府，宣宗意未決，御史中丞完顏伯嘉曰：「宋人以虛名致李全，遂有山東實地。苟能統衆守土，雖三公亦何惜焉。」宣宗曰：「他日事定，公府無乃多乎。」伯嘉曰：「若事定，以三公就節鎮何不可者。」宣宗意乃決。

四年二月，封滄州經略使王福爲滄海公，河間路招撫使移剌衆家奴爲河間公，眞定經略使武仙爲恒山公，中都東路經略使張甫爲高陽公，中都西路經略使靖安民爲易水公，遼州從宜郭文振爲晉陽公，平陽招撫使胡天作爲平陽公，昭義軍節度使完顏開爲上黨公，山東安撫副使燕寧爲東莒公。九公皆兼宣撫使，階銀青榮祿大夫，賜號「宣力忠臣」，總帥本路兵馬，署置官吏，徵斂賦稅，賞罰號令得以便宜行之。仍賜詔曰：「乃者邊防不守，河朔失寧，卿等自總戎昭，備殫忠力，若能自効，朕復何憂。宜膺茅土之封，復賜忠臣之號。除已畫定所管州縣外，如能收復鄰近州縣者，亦聽管屬。」

王福，本河北義軍，積戰功累遷同知橫海軍節度使事、滄州經略副使。興定元年，福遣提控張聚、王進復濱、棣二州，以聚攝棣州防禦使，進攝濱州刺史。久之，福與聚有隙，聚以棣州附於益都張林。

興定三年九月，福上言：「滄州東濱滄海，西連眞定，北備大兵，可謂要地。乞選重臣爲經略使，得便宜從事，以鎭撫軍民。」朝廷以福初率義兵復滄州，招集殘民，今有衆萬餘，器甲完具，自雄一方。與益都張林、棣州張聚皆爲鄰境。今利津已不守，遼東道路艱阻，且其意本欲自爲使，但託詞耳。因而授之，使招集濱、棣之人，通遼東音問。今若不許，宋人或以大軍迫脅，或以官爵招之，將貽後悔。宣宗以爲然，乃以福爲本州經略使，仍令自擇副使。會福有戰功，遷遙授同知東平府事、權元帥右都監，經略節度如故。興定四年，封爲滄海公，以清、滄、觀州，鹽山、無棣、樂陵、東光、寧津、吳橋、將陵、阜城、蓨縣隸焉。

四月，紅襖賊李二太尉寇樂陵，〔三〕棣州張聚來攻，福皆擊却之。李二復寇鹽山，經略副使張文與戰，李二大敗，擒其統制二人，斬首二千級，獲馬三十匹。七月，宋人與紅襖賊入河北，福嬰城固守。益都張林、棣州張聚日來攻掠，滄州危蹙，福將南奔，爲衆所止，遂納款於張林。東平元帥府請討福，乞益河南步卒七千、騎兵五百，滑、濬、衞州資助芻糧，先定賞格以待有功。朝廷以防秋在近，河南兵不可往，東平兵少不能獨成功，待至來年春，使東平帥府與高陽公併力討之，乃止。

移剌衆家奴，積戰功，累官河間路招撫使，遙授開州刺史，權元帥右都監，賜姓完顏氏。興定四年，與張甫俱封。衆家奴封河間公，以獻、蠡、安、深州、河間、肅寧、安平、武强、饒陽、六家莊、郎山寨隸焉。

興定末，所部州縣皆不可守。元光元年，移屯信安，本張甫境內。張甫因奏：「信安本臣北境，地當衝要，乞權改爲府以重之。」詔改信安爲鎭安府。是歲，與甫合兵，復取河間府及安、蠡、獻三州，與張甫皆遷金紫光祿大夫。二年，衆家奴及張甫同保鎭安，各當一面，別遣總領提控〔四〕孫汝楫、楊壽、提控袁德、李成分保外垣，遂全鎭安。

未幾，衆家奴奏：「鎭安距迎樂堌海口二百餘里，實遼東往來之衝。高陽公甫有海船在鎭安西北，可募人直抵遼東，以通中外之意。若賞不重不足以使人，今擬應募者特遷忠顯校尉，授八品職，仍賞寶泉五千貫。如官職已至忠顯八品以上者，遷兩官、升職一等，回日再遷兩官、升職二等。」詔從之。

武仙，威州人。或曰嘗爲道士，時人以此呼之。貞祐二年，仙率鄉兵保威州西山，附者日衆，詔仙權威州刺史。興定元年，破石海于眞定，宣差招撫使惟宏請加官賞，眞授威州刺史，兼眞定府治中，權知眞定府事。遷洺州防禦使、兼同知眞定府事，遥授河平軍節度使。興定四年，遷知眞定府事，兼經略使，遥領中京留守，權元帥右都監。無何，封恒山公，以中山、眞定府，沃、冀、威、鎭寧、平定州，抱犢寨，欒城、南宮縣隸焉。同時九府，財富兵强恒山最盛。

是歲，歸順于大元，副史天倪治眞定。仙兄貴爲安國軍節度使，史天祥擊之，貴亦歸順于大元。仙與史天倪俱治眞定且六年，積不相能，懼天倪圖己，嘗欲南走。宣宗聞之，詔樞密院牒招之，仙得牒大喜，正大二年，仙賊殺史天倪，復以眞定來降。大元大將笑乃解討仙，仙走。閱月，乘夜復入眞定，笑乃解復擊之，仙乃奔汴京。

五年，召見，哀宗使樞密判官白華導其禮儀，復封爲恒山公，置府衞州。七年，仙圍上黨，已而大兵至，仙遁歸。未幾，衞州被圍，內外不通。詔平章政事合達、樞密副使蒲阿救之，徙仙兵屯胡嶺關，扼金州路。

八年十一月，大元兵涉襄漢，合達、蒲阿駐鄧州，仙由荆子口會鄧州軍。天興元年正月丁酉，合達、蒲阿敗績於三峯山，仙從四十餘騎走密縣，趨御寨，都尉烏林荅胡土不納，幾爲追騎所得。乃舍騎，步登嵩山絕頂淸涼寺，謂登封蘭若寨招撫使霍琢僧秀曰：「我豈敢入汴京。一旦有急，縛我獻大國矣。」遂走南陽留山，收潰軍得十萬人，屯留山及威遠寨。立官府，聚糧食，修器仗，兵勢稍振。

三月，汴京被圍，哀宗以仙爲參知政事、樞密副使、河南行省，詔與鄧州行省思烈合兵入救。八月，至密縣東，遇大元大將速不解兵過之，仙卽按軍眉山店，報思烈曰：「阻澗結營待仙至俱進，不然敗矣。」思烈急欲至汴，不聽，行至京水，大兵乘之，不戰而潰。仙亦令其軍散走，期會留山。仙至留山，潰軍至者益衆。哀宗罷思烈爲中京留守，詔仙曰：「思烈不知兵，向使從卿阻澗之策，豈有敗哉。軍務一以付卿，日夕以待，勠力一心以圖後舉。」十一月，遣刑部主事烏古論忽魯召仙，〔五〕仙不欲行，乃上疏陳利害，請緩三月，生死入援。

初，思烈至鄧州，承制授宣差總領黃摑三合五朵山一帶行元帥府事、兼行六部尙書。及仙還留山，惡三合權盛，改爲征行元帥，屯比陽。三合怨仙奪其權，乃歸順于大元，大將速不解署三合守裕州。三合乃詐以書約仙取裕州，可以得志，仙信之。三合乃報大元大將，遣兵夾擊，敗仙于柳河，仙跳走聖朵寨。

初，沈丘尉曹政承制召兵西山，裕州防禦使李天祥不用命，政斬之以徇。仙至聖朵，謂政曰：「何故擅誅吾將？」政曰：「天祥違詔逗遛不行，政用便宜斬之。」仙怒曰：「今日宣差來起軍，明日宣差來起軍，因此軍卒戰亡殆盡矣。自今選甚人來亦不聽，且敎兒郎輩山中休息。」又曰：「天祥果有罪，待我來處置，汝何人輒敢殺之。」政曰：「參政柳河失利，不知存亡，天祥違詔，何爲不殺。」仙大怒，叱左右奪政所佩銀牌，令總領楊全械繫之。會赦，猶囚之，及仙敗始得釋，與楊全俱降宋。

是時，哀宗走歸德，遣翰林修撰魏璠間道召仙。行至裕州，會仙敗于柳河，璠矯詔招集潰軍以待仙，仙疑璠圖己。二年正月，仙閱兵，選鋒尙十萬，璠曰：「主上旦夕西首望公，公不宜久留於此。」仙怒，幾殺璠。璠及忽魯剌還歸德，仙乃奏請誅璠，哀宗不聽，以璠爲歸德元帥府經歷官。璠字邦彥，渾源人，貞祐二年進士云。

仙部將董祐有戰功，詔賜虎符，仙畏其偪己，久不與佩。祐憾之，乃結官奴欲殺仙，猶豫未敢發。近侍局使完顏四和有謀敢斷，嘗徵兵鄧州，圉牧使移剌呆合有異志，〔六〕四和以計誅之。祐使謂四和曰：「仙終不肯入援，祐等位卑，力不能誅，惟君爲國家圖之。」四和曰：「已殺呆合，復殺武仙，他日使者來，人誰肯信。」不從。仙知祐嘗有此謀，使祐使河北，其後竟殺之。

三月，仙以聖朶軍食不足，徙軍鄧州，仰給于鄧州總帥移剌瑗。鄧州倉廩亦乏，乃分軍新野、順陽、淅川就食民家。遣講議官朱槩、劉琢往襄陽，借糧于宋制置使史嵩之。琢、槩持兩端，畏留，廼以情告史嵩之曰：「仙兵勢不復振矣。」且曰：「名爲借糧，實欲納款，待將軍一諾耳。」嵩之以爲實然，遣田俊持書報仙。四月，仙遣大理少卿張伯直取糧于襄陽，屯軍小江口以待之。嵩之聞張伯直至大喜，謂仙送款矣，發書乃謝狀也，大怒，留伯直不遣。

仙自順陽入鄧州，移剌瑗畏逼，以女女仙，仙不疑納之，乃還順陽。鄧州糧盡，瑗終疑仙。五月，瑗舉城降宋。嵩之益知仙軍虛實，使孟珙率兵五千襲仙軍于順陽。是時，仙令士卒刈麥供軍，未至二里許始覺，仙率帳下百餘人迎擊之，孟珙不敢前。俄頃，軍士稍集，有五六百人，大敗珙兵。珙與數百人脫走，生擒其統制、統領數十人，獲馬千餘。至是，槩、琢妄謂將納款于嵩之之語泄矣，仙皆誅之。

移剌瑗本名粘合，字廷玉。世襲契丹猛安，累功鄧州便宜總帥。既至襄陽，使更姓名，稱歸正人劉介，具將校禮謁制置使。瑗大悔恨，明年三月，疽發背死。

孟珙雖敗而去，仙懼宋兵復來，七月，徙淅川之石穴。是時，哀宗在蔡州，遣近侍兀顏責仙赴難，詔曰：「朕平日未嘗負卿，國家危難至此，忍擁兵自恃，坐待滅亡邪。」將士聞之，相視哽咽，皆願赴難與國同生死。仙懼衆心有變，乃殺馬牛，與將士三千人歃血盟誓，不負國家，衆乃大喜。

無何，仙復謂衆曰：「蔡州道梗，吾兵食少，恐不能到。且蔡不可堅守，縱到亦無益。近遣人覘視宋金州，百姓據山爲栅極險固，廣袤百里，積糧約三百萬石。今與汝曹共圖之，可不勞而下，留老弱守此寨以爲根本，然後選勁勇趨蔡，迎上西幸未晚也。」衆未及應，卽令戒行李。取淅川泝流而上，山路險阻，霖雨旬日水湍悍，老幼溺死者不可勝數，糧食絕，軍士亡者八九。

仙計無所出，八月，乃由荊子口東還，自內鄉將入聖朶寨，至峽石左右八疊秋林，聞總領楊全已降宋，留秋林十日乃還大和。九月，至黑谷泊，進退失據，遂謀北走，行部尚書盧芝、侍郎石玠不從。

芝字庭瑞，河東人，任子補官，以西安軍節度使行尚書。玠字子堅，河中人，崇慶二年進士，以汝州防禦使行侍郎。二人相與謀曰：「吾等知仙不卹國家久矣。諫之不從，去之未可，事至今日，正欠蔡州一死耳。假若不得到蔡州，死於道中猶勝死於仙也。」旣去，仙始覺，追玠殺之。芝走至南陽，爲土賊所害。

甲午，蔡州破。糧且盡，將士大怨，皆散去。仙無所歸，乃從十八人北渡河，又亡五人。五月，趨澤州，爲澤之戍兵所殺。

張甫，賜姓完顏氏。初歸順大元。涿州刺史李瘸驢招之，興定元年正月，甫與張進俱來降。東平行省蒙古綱承制除甫中都路經略使，進經略副使。二年，苗道潤死，河北行省侯摯承制以李瘸驢權道潤中都路經略使，甫與張柔爲副。頃之，苗道潤之衆請以靖安民代道潤。是時，張柔、安民實分掌道潤部衆，朝廷乃以瘸驢爲中都東路經略使，自雄、霸以東皆隸之。

甫、進與永定軍節度使賈仝不協，以兵相攻，奪據仝地，取仝馬以遺經略使李瘸驢，瘸驢受之。朝廷怪瘸驢不能和輯州府，乃有向背，召瘸驢別與官職。詔東平蒙古綱講睦甫與賈仝。綱遣同知安武軍王郁、博野令高常住往平之，輒留瘸驢不遣，因奏曰：「張甫本受瘸驢招降，情意厚善，今遣郁先與瘸驢議所以平之者然後可。況甫等不識禮義之人，瘸驢就徵則皆自疑，恐生他變，故不避專擅之罪。」詔從綱奏。未幾，賈仝復以兵捕甫部民，殺甫參議官邢琿，甫率兵攻之，賈仝敗走，遂自縊死。甫請符印以安輯部衆，詔與之。

無何，李瘸驢歸順大元。甫爲中都東路經略使、遙授同知彰德府事、權元帥右都監。

三年，張進爲中都南路經略使。甫奏：「眞定兵衝，乞遣重臣與恒山公武仙併力守之。」不報。及眞定不守，甫復奏：「權元帥右都監柴茂保冀州水寨，孤立無援，若不益兵，非臣之所知也。」

四年，甫封高陽公，以雄、莫、霸州，高陽、信安、文安、大城、〔七〕保定、靜海、寶坻、武清、安次縣隸焉。元光元年，移剌衆家奴不能守河間，甫居之信安。是歲，以功進金紫光祿大夫，始賜姓完顏。二年二月，張進亦遷元帥左監軍，賜姓完顏。

靖安民，德興府永興縣人。貞祐初，充義軍，歷謀克、千戶、總領、萬戶、都統，皆隸苗道潤麾下。以功遙授定安縣令，遷涿州刺史，遙授順天軍節度使，充提控。興定元年，遙授安武軍節度使。

興定二年，遷知德興府事、中都路總領招撫使。是歲，苗道潤死，安民代領其衆，行省承制以涿州刺史李瘸驢權中都路經略使。三年，詔瘸驢自雄、霸以東為中都東路經略使，自易州以西安民為中都西路經略使，西山義軍屯壘諸招撫皆隸焉。

四年，遙授知德興府事，權元帥左監軍，行中都西路元帥府事。三月，安民上書曰：「苗道潤撫定州縣五十餘城，其功甚大。西京路經略使劉鐸嫉其功，反間賈瑀、李琛與道潤不協，轉相攻伐，竟以陰謀殺道潤。鐸令所部劉智元等掠鎮撫孫資孫、招撫楊德勝家人二十餘口，錮之山寨。若鐸常居此，恐致敗事。」劉鐸亦遣副使劉璋詣南京自訴，且言：「安民侵入飛狐之境，冒濫封拜，誘惑人心，强抑總領馮通等輸銀粟。索飛狐總領王彥暉，彈壓劉智元、杜貴，欲充偏裨。彥暉等拒之，輒殺貴而杖智元，竟驅彥暉而去。」又言：「經略職卑，以致從宜李栢山等日謀見害，乞許罷去。」廷議，劉鐸本行招誘逋亡，今乃與安民互相論列以起爭端。苗道潤死，安民實代領其衆，彥暉等軍本隸道潤，當聽安民節制。乃召鐸還。頃之，封易水公，〔八〕以涿、易、安肅、保州，君氏川、季鹿、三保河、北江、礬山寨、青白口、朝天寨、水谷、懽谷、東安寨隸焉。十月，安民出兵至礬山，復取檐車寨。

大元兵圍安民所居山寨，守寨提控馬豹等以安民妻子及老弱出降，安民軍中聞之駭亂，衆議欲降以保妻子，安民及經歷官郗端不肯從，遂遇害。詔贈金紫光祿大夫。

郭文振字拯之，太原人。承安二年進士。累官遼州刺史。貞祐四年，昭義節度使必蘭阿魯帶請升遼州爲節鎮，廷議遼州城郭人戶不稱節鎮，而文振有功當遷，乃以本官充宣差從宜都提控。興定元年，詔文振接應苗道潤，恢復中都，會道潤與賈仝相攻而止。文振治遼州，深得衆心。興定三年，遷遙授中都副留守，權元帥左都監，行河東北路元帥府事，刺史、從宜如故。文振招降太原東山二百餘村，遷老幼于山寨，得壯士七千，分駐營柵，防護秋穫。文振奏：「若秋高無兵，直取太原，河東可復。」優詔許之。十月，權元帥右都監、行元帥府事，〔九〕與張開合壓、臺州兵復取太原。四年，詔升樂平縣爲皐州，壽陽縣西張寨爲晉州，從文振之請也。

文振上疏曰：「揚子雲有言，『御得其道則天下狙詐咸作使，御失其道則天下狙詐咸作敵』。有天下者審所御而已。河朔自用兵之後，郡邑蕭然，並無官長，武夫悍卒因緣而起以爲得志，僭越名位，瓜分角競以相侵攘，雖有內除之官亦不得領其職，所爲不法，可勝言哉？乞行帥府擅請便宜，妄自誇張以尊大其權，包藏之心蓋可知也。朝廷因而撫之，假權傳授，至與各路帥府力侔勢均，不相統屬。陝西行省總爲節制，相去遼遠，道路梗塞，卒難聞知。故飛揚跋扈無所畏憚，鄰道相望莫敢誰何。自平陽城破以來，河北不置行省，朝廷信臣不復往來布揚聲教，但令曳剌行報而已。所司勞以酒食，悅以貨財，借其聲譽共欺朝廷。姦倖既行，遂至驕恣，變故之生何所不有，此臣所以夙夜痛心而爲之憂懼也。乞分遣公廉之官徧詣訪察，庶知所在利害之實。伏見澤、潞等處芻糧猶廣，人民猶衆，地多險阻，乞選重臣復置行省，皆聽節制，上下相維可臂指使之，則國勢日重，姦惡不萌矣。」是時，澤、潞已詔張開規劃，不能盡用文振之言，但令南京兵馬使术甲賽也行帥府於懷、孟而已。是歲，封晉陽公，河東北路皆隸焉。

文振奏：「孟州每以豪猾不逞之人攝行州事，朝廷重於更代，就令主之。去年，伯德和攝刺史，提控伯德安殺之，奪其職。河東行省以陳景璠代安，安內不能平，因誣告景璠死罪，朝廷未及按問，安輒逐之。恥受臣節制，宣言于衆，待道路稍通當隸恒山公節制。今眞定已不守，安猶向慕不已。臣徵兵諸郡，安輒詭辭不遣。臣若興師，是自生一敵，非國家之便也。聞安有女，臣輒違律令爲姪孫述娶之，安遂見許。臣非願與安爲姻，爲公家計，屑就之耳。自結親以來，安頗循率以從王事，法不當娶而輒娶之，敢以此罪爲請。」宣宗嘉其意，遣近臣慰諭之。

文振復奏：「武仙所統境土甚大，雖與林州元帥府共招撫之，乞更選本土州縣官，重其職任，同與安集，可使還定。」宣宗用其策。

五年，文振奏：「臣所統嵐、管、隩、石、寧化、保德諸州，境土闊遠，不能周知利害，恐誤軍國大計。伏見葭州刺史古里甲蒲察智勇過人，深悉河東事勢，乞令行元帥府事，或爲本路兵馬都總管，與臣分治。」詔文振就擇可者處之便地，仍受文振節制。

上黨公張開以厚賞誘文振將士，頗有亡歸者。詔分遼、潞粟賑太原饑民，張開不與。文振奏其事，詔遣使慰諭之。文振復申前請，以葭州刺史古里甲蒲察分治嵐、管以西諸州，制可，仍令防秋後再度其宜。文振請分上黨粟以贍太原，詔文振與張開計度。頃之，詔以石州隸晉陽公府。

元光元年，林州行元帥府惟良得罪召還，文振奏：「近聞惟良召還，臣竊以爲不可。惟良在林州五歲，政尙寬厚，大得民心，今茲被召，軍民遮路泣留。其去未幾，義尖之衆作亂，遂招撫使康瑭。乞遣惟良還林州爲便。」不許。

文振上書：「乞遣前平章政事胥鼎行省河北，諸公府、帥府並聽節制，詔諭百姓使知不忘遺黎之意，然後以河南、陝西精銳併力恢復。」不報。文振復奏：「河朔百姓引領南望，臣再四請於樞府，但以會合府兵爲言。公府雖號分封，力實單弱，且不相統攝，所在被兵。朝廷不即遣兵復河北，人心將以爲舉河朔而棄之，甚非計也。」文振大抵欲起胥鼎爲行省，定河北，朝廷不能用。

二年，詔文振應援史詠復河東。是歲，遼州不能守，徙其軍于孟州，以部將郝安等爲文振副，護沿山諸寨。文振辭公府，詔不許。頃之，文振部將汾州招撫使王遇與孟州防禦使納蘭謀古魯不相能，復徙衞州，然亦不可以爲軍，迄正大間，寓于衞而已。

胡天作字景山，管州人。初以鄉兵守禦本州，累功少中大夫、管州刺史。興定二年，遙授同知太原府事，刺史如故。是歲，平陽失守，改同知平陽府事。

三年，復取平陽，天作言：「汾、潞皆置帥府，平陽大鎭，今稍完復，所管州縣不下十萬戶，復業者相繼不絕，其過汾、潞遠甚，〔一〇〕宜一體置之。」是時，晉安、嵐州皆有帥府，乃以天作充便宜招撫使、權元帥左都監。四年，封平陽公，以平陽、晉安府，隰、吉州隸焉。天作請以晉安府之翼城縣爲翼州，以垣曲、絳縣隸焉。置平水縣于汾河之西，朝廷皆從之。

初，軒成本隸程琢麾下，琢死，成率衆保隰州，以爲同知隰州軍州事、兼提控軍馬。成增繕器甲，招納亡命，頗有他志。是時，隰州方用兵，未可制，天作請增置要害州縣，以分其勢。隰州之境蒲縣最居其衝，可改爲州，隰川之仵城鎮可改爲縣，選官守備。詔升蒲縣爲蒲州，以大寧縣隸之，仵城鎮爲仵城縣。天作守平陽凡四年，屢有功，詔錄其子定哥爲奉職。

元光元年十月，青龍堡危急，詔遣古里甲石倫會張開、郭文振兵救之，次彈平寨東三十里，不得進。知府事朮虎忽失來、總領提控王和各以兵歸順，臨城索其妻子，兵民皆潰，執天作出。天作已歸順，詔誅忽失來子之南京者，命天作子定哥承應如故。天作已受大元官爵，佩虎符，招撫懷、孟之民，定哥聞之乃自經死，贈信武將軍、同知睢州軍州事。詔張開、郭文振招天作，天作至濟源欲脫走，先遣人奏表南京，大元大將惡其反覆，遂誅之。

天作死後，宣宗以同知平陽府事史詠權行平陽公府事，後封平陽公。平陽初破，詠父祚、母蕭氏藏於窟室，索出之，使祚招詠，祚乃自縊死，蕭氏逃歸。詠妻梗氏亦自死。宣宗贈祚榮祿大夫、京兆郡公，謚成忠。蕭氏封京兆郡太夫人，賜號歸義。梗氏贈京兆郡夫人，謚義烈。未幾，詠乞內徙，徙其軍于解州河中府。

張開賜姓完顏氏，景州人。至寧末，河北兵起，開團結鄉兵爲固守，累功遙授同知清州防禦事，兼同知觀州事。

貞祐四年，開率所部復取河間府及滄、獻二州十有三縣。開有宣撫司留付空名宣勑二百道，奏乞從權署置，就任所復州縣舊官，闕者補之。詔遷同知觀州軍州事。開復清州，乞輸鹽易糧，詔與之糧。遷觀州刺史、權本州經略使。至是，始賜姓完顏氏。開奏乞許便宜，及論淇門、安陽、黎陽皆作堰塞水，河運不通，乞開發水道，不報。

觀州糧盡，是歲秋，徙軍輝州，乞麥種三千石、驢羸三百或寶券二百貫，戶部不與。御史臺奏：「開自觀州轉戰來此，久著勞績，欲令其軍耕種以自給，有司計小費拒不與。乞斷自宸衷，與之麥種，若無牛可與，給以寶券。」制可。

是歲，潼關不守，被召入衞南京。興定元年，遙授澤州刺史。二年，遙授同知彰德府、兼總領提控。三年，充潞州招撫使。林州元帥府徙潞人實林州，既復遣還。開乞隸晉安元帥府，或與林州並置元帥府，各自爲治。十月，開以權昭義軍節度使、遙授孟州防禦使、權元帥左都監、行元帥府事，與郭文振共復太原。四年，封上黨公，以澤、潞、沁州隸焉。五年，詔復以涉縣爲崇州，從開請也。

元光元年，復取高平縣及澤州。二年，大戰壺關，有功。既而潞州危急，開奏：「封建公府以固屏翰，今胡天作出平陽，郭文振南徙河東，公府獨臣與史詠而已。乞升澤、沁二州爲節鎮，以重守禦。」詔以澤爲忠昌軍，沁爲義勝軍。林州義尖寨衆亂，逐招撫使康瑭，推杜仙爲招撫使，開請以盧芝瑞爲副，代領其衆。又奏：「比聞郭文振就食懷、孟，史詠徙解州，高倫遷葛伯寨，各自保守，民安所仰哉？臣領孤軍，内無儲峙，外無應援，臣不敢避失守之罪，恐益重朝廷之憂。」

正大間，潞州不守，開居南京，部曲離散，名爲舊公，與匹夫無異。天興初，起復，與劉益爲西面元帥，領安平都尉紀綱軍五千攻衞州，敗績于白公廟。是時，哀宗走歸德，開與劉益謀收潰兵從衞，不果，遂與承裔西走，皆爲民家所殺。

初置公府，開與恒山公武仙最强。後駐兵馬武山，遣人間道請糧二萬石，用事者難之，止給二千石。公府將佐得報皆不敢白，開聞，置酒召諸將曰：「朝廷待某特厚，今日與諸君一醉。」諸將問故，曰：「頃以糧竭爲請，祈二萬而得二千，是吾君相不以武仙輩待我也。」是時，郭文振處開西北，當兵之衝，民貧地瘠，開又不奉命以糧賑文振軍。文振窮窘，開勢愈孤，以至於敗。

燕寧，初爲莒州提控，守天勝寨，與益都田琢、東平蒙古綱相依爲輔車之勢，山東雖殘破，猶倚三人爲重。紅襖賊王公喜據注子堌，〔二〕率衆襲據沂州。寧擊走之，遂復沂州，語在田琢傳。寧旣屢破紅襖賊，招降胡七、胡八，引爲腹心，賊中聞之多有欲降者。累官遙授同知安化軍節度使事、山東安撫副使。興定四年，封東莒公，益都府路皆隸焉。

五年，與蒙古綱、王庭玉保全東平，以功遷金紫光祿大夫。還天勝，戰死。蒙古綱奏：「寧克盡忠孝，雖位居上公，祖考未有封爵，身沒之後老稚無所衣食，乞降異恩以勵節義之士。」詔贈故祖臯銀青榮祿大夫，祖母張氏范陽郡夫人，父希遷金紫光祿大夫，母彭氏、繼母許氏、妻霍氏皆爲范陽郡夫人，族屬五十二人皆廩給之。

自益都張林逐田琢，繼而寧死，蒙古綱勢孤，徙軍邳州，山東不復能守矣。

贊曰：苗道潤死，中分其地，靖安民有其西之半，中分以東者其後張甫有之，然無北境矣。大凡九公封建，宣宗實錄所載如此。他書載滄海公張進、河間公移剌中哥、易水公張進、晉陽公郭棟，此必正大間繼封，如史詠繼胡天作者，然不可考矣。

校勘記

〔一〕道潤與賈仝　「仝」原作「全」，據殿本改。下同。

〔二〕興定三年以太原不守　原脫「以」字。按本書卷一五宣宗紀，太原不守在興定二年九月，至三年正月「壬辰，以大元兵已定太原，河北事勢非復向日，集百官議備禦長久之計」。今據補「以」字。

〔三〕四月紅襖賊李二太尉寇樂陵　按本書卷一六宣宗紀記此事在興定四年五月。

〔四〕別遣總領提控　「控」原作「領」。按本書卷一一一古里甲石倫傳，貞祐三年，「奏請招集義軍，設置長校，各立等差，……外設一總領提控，制可」。卷一〇二蒙古綱傳同。卷四四兵志，「元光間，時招義軍……然又外設一總領提控」。今據改。

〔五〕遣刑部主事烏古論忽魯召仙　按下文云「忽魯剌還歸德」，或此脫或彼衍一「剌」字，今不可定。

〔六〕圉牧使移剌呆合有異志　「圉」原作「禦」。按本書卷五六百官志，「圉牧司，興定二年置，使，正七品」。今據改。

〔七〕文安大城　「城」原作「成」。按本書卷二四地理志，中都路霸州有大城縣，今據改。

〔八〕頃之封易水公　按本卷苗道潤傳，四年二月封靖安民爲易水公。此在三月以後，似誤。

〔九〕十月權元帥右都監行元帥府事　按本書卷五五百官志，都元帥府，「元帥左監軍一員，正三品。元帥右監軍一員，正三品。左都監一員，從三品。右都監一員，從三品」。本傳上文已云「權元帥左都監」，不合此反權右都監，疑是「右監軍」之誤。

〔一〇〕其過汾潞遠甚　「遠」原作「達」，據殿本改。

〔一一〕紅襖賊王公喜據沭子堌　「王」原作「五」。按本書卷一〇二田琢傳，興定「三年，沂州沭子堌王公喜構宋兵據沂州」，又「既而，莒州提控燕寧復沂州，王公喜復保沭子堌」。今據改。

金史卷一百十九

列傳第五十七

粘葛奴申 劉天起附　完顏婁室　烏古論鎬　張天綱

完顏仲德

粘葛奴申，由任子入官，或曰策論進士。天興初，倅開封府，以嚴幹稱。其年五月，擢爲陳州防禦使。時兵戈搶攘，道路不通，奴申受命，毅然策孤騎由間道以往。陳自兵興，軍民皆避遷他郡，奴申爲之擇官吏，明號令，完城郭，立廬舍，實倉廩，備器械。未幾，聚流亡數十萬口，米一斛直白金四兩，市肆喧閧如汴之闤闠，京城危困之民望而歸者不絕，遂指以爲東南生路。

明年，哀宗走歸德，改陳州爲金興軍，馳使褒諭，以奴申爲節度使。俄拜參知政事，行尙書省于陳。於是，奴申立五都尉以將其兵，建威來猪糞、虎威蒲察合達、振武李順兒、振威王義、果毅完顏某，凡招撫司至者皆使隸都尉司。

是時，交戰無虛日，州所屯軍十萬有餘。奴申與官屬謀曰：「大兵日至，而吾州糧有盡，奈何。」乃減軍所給，月一斛五斗者作一斛，又作八斗，又作六斗。將領則不給。人心稍怨。故李順兒、崔都尉因而有異志，劉提控及完顏不如哥提控者預焉。

奴申知其謀，常以兵自防。及聞大元兵往朱仙鎭市易，奴申遣五都尉軍各二百人，以李順兒、副都尉崔某將之，襲項城寨。令孫鎭撫者召順兒議兵事，孫至其家，順兒已擐甲，孫欲觀其刀，順兒拔示之，孫色動，卽出門奔去。順兒追殺之，乃上馬，引兵二百人入省，說軍士曰：「行省剋減軍糧，汝輩欲飽食則從我，不欲則從行省。」於是，省中軍士皆坐不起。奴申聞變走後堂，追殺之。提控劉某加害，解其虎符以與順兒，并殺其子姪壻及鄉人王都尉。順兒令五都尉軍皆甲，守街曲。自稱行省，署元帥、都尉。以劉提控語不順，斬之坐中。明日，遂遣剋石烈正之送款于汴。崔立乃遣其弟倚就加順兒淮陽軍節度使，行省如故。

未幾，虎威都尉蒲察合達與高元帥者盡殺順兒之徒，舉城走蔡州。大兵覺，追及孫家林，老幼數十萬少有脫者。

初，奴申聞崔立之變，遣人探其事情，而順兒、崔都尉亦密令人結構崔立，適與奴申所遣者同往同還。順兒懼其謀泄，故發之益速。奴申亦知其謀，故遣襲項城，欲因其行襲殺之，然已爲所先。

劉天起者起於匹夫，初甚庸鄙。汴京戒嚴，嘗上書以干君相，願暫假一職以自効。每言戰國兵法，平章白撒等信之，令景德寺監造革車三千兩。天興元年，授都招撫使，佩金符。召見，乞往陳州運糧，上從之，一時皆竊笑其僥倖。及至陳，行軍殊有方略，每出戰數有功，陳人甚倚重之。順兒之變，天起偃蹇不從，爲所殺。同時一唐括招撫者亦不屈而死。

完顏婁室三人，皆內族也，時以其名同，故各以長幼別之。

正大八年，慶山奴棄京兆，適鷹揚都尉大婁室運軍器至白鹿原，遇大兵與戰，兵刃既盡，以條繫掉金牌，力戰而死。

九年正月，大兵至襄城，元帥中婁室、小婁室以馬軍三千遇之於汝墳。時大兵以三四十騎入襄城，驅驛馬而出，又入東營，殺一千夫長，金人始覺之。兩婁室以正旦飲將校，皆中醉不能軍，遂敗，退走許州。會中使召入京師。天興二年正月，河朔軍潰，哀宗走歸德，中婁室爲北面總帥，小婁室左翼元帥，收潰卒及將軍夾谷九十奔蔡州。蔡帥烏古論栲栳知其跋扈不納，遂走息州，息帥石抹九住納之。

時白華以上命送虎符於九住爲息州行帥府事。九住出近侍，好自標致，騶從盈路。三人者妬之，各以招集勤王軍士爲名，得五六百人，州以甲仗給之。久之，漸生猜貳，九住亦招負販牙儈數百人爲「虎子軍」，夜則擐甲爲備。一日，九住使一萬戶巡城，三帥執而驅之，使大呼云「勿學我欲開西門反」，卽斬之。乃召九住，九住欲不往，懼州人及禍，乃從三百卒以往。三帥令甲士守街曲，九住從者過，處處執之。九住獨入，三帥問汝何爲欲反，九住曰：「我何緣反。」三帥怒，欲殺者久之，小婁室意稍解，頗爲救護得不殺，使人鎖之。以夾谷九十爲帥，兼權息州。

蔡帥栲栳聞九住爲三帥所誣，上奏辨之，三帥亦掊摭九住之過上聞。朝廷主栲栳之辨，且不直三帥。六月，赦至蔡，栲栳懼九住爲三帥所誅，遣二卒馳送詔書於息，乃得免。及上將幸蔡，密召中婁室引兵來迓，婁室遲疑久之，乃率所招卒奉迎。七月，上遣近侍局使入息州括馬，卽召九住。九住至，與中婁室辨於上前。時中婁室已授同簽樞密院事，上不欲使之終訟，乃罷九住帥職，授戶部郎中，以烏古論忽魯爲息州刺史。〔一〕

時有土豪劉禿兒、馬安撫者自蔡朝還，以軍儲不給叛入宋，州之北關爲所焚毀。是時，城中軍無幾，日有叛去者，且覘知宋人有窺息之意，息帥懼，上奏請益兵爲備。朝廷以參知政事抹撚兀典行省事于息州，中婁室以同簽樞密院事爲總帥，小婁室以副點檢爲元帥，王進爲彈壓帥，夾谷九十爲都尉，以忠孝馬軍二百、步軍五百屬之，行省、院於息。將行，上諭之曰：「北兵所以常取全勝者，〔二〕恃北方之馬力，就中國之技巧耳。我實難與之敵，至於宋人，何足道哉。朕得甲士三千，縱橫江、淮間有餘力矣。卿等勉之。」

八月壬辰，行省遣人奏中渡店之捷。〔三〕初，兀典等赴息，既至之夜，潛遣忠孝軍百餘騎襲宋營於中渡。我軍皆北語，又散漫似之，宋人望之駭愕奔潰，斬獲甚衆。復奏元帥張閏不遵約束，失亡軍士，乞正典刑。婁室表閏無罪，上遣人赦之，比至，已死獄中。蓋閏爲婁室腹心，九住之獄皆閏發之，兀典廉得其事，因其失律而誅之也。九月，以忽魯退縮，〔四〕不能撫御，民多叛去，奪其職，以夾谷九十權息州事。〔五〕

十一月，宋人以軍二萬來攻。城中食盡，乃和糴，既而括之，每石止留一斗，并括金帛衣物，城中皆無聊矣。前兩月，蔡州以軍護老幼萬口來就食，北兵覺之，追及於二十里之外，至息者才十餘人。至是，蔡問不通。行省及諸帥日以歌酒爲事，聲樂不絕。下及軍士强娶寡婦幼女，絕滅人理，無所不至。

三年甲午正月，蔡凶問至，諸帥殺之以滅口，然民間亦頗有知者。初，諸帥欲北降，而遞相猜忌，無敢先發者。數日，蔡信闃然，諸帥屏人聚議，皆言送款南中爲便。時李裕爲睦親府同僉桓端國信使下經歷官，乃使送款于宋。遂發喪設祭，謚哀宗曰昭宗。州民奉行省爲領省，丞相、總帥、左平章皆娶婦。十三日，舉城南遷，宋人焚州樓櫓。州人老幼渡淮南行，入羅山，委曲之信陽。北兵見火起，追及之，無有免者，且誅索行省已下官屬于宋。宋人令官屬入城，託以犒賞，從萬戶以上六七百人皆殺之，軍中亦有奪命死敵者。宋人諭諸軍，行省已下有罪已處置，汝等就迷魂寨安屯，遂以軍防之。既而與北軍接，南軍斂避，一軍悉爲所殺。

烏古論鎬本名栲栳，東北路招討司人。由護衞起身，累官慶陽總管。天興初，遷蔡、息、陳、潁等州便宜總帥。二年，哀宗在歸德，蒲察官奴、國用安欲上幸海州，未決。會鎬餫米四百餘斛至歸德，且請幸蔡，上意遂決。先遣直學士烏古論蒲鮮如蔡，告蔡人以臨幸之意。六月，徵蔡、息軍馬來迓，以蔡重鎮，且慮有不測，詔鎬勿遠迎。辛卯，車駕發歸德，時久雨，朝士扈從者徒行泥水中，掇青棗爲糧，數日足脛盡尰，參政天綱亦然。壬辰，至亳，上黄衣皂笠金兔鶻帶，以青黄旗二導前，黄傘擁後，從者二三百人，馬五十餘匹而已。行次城中，僧道父老拜伏道左，上遣近侍諭以「國家涵養汝輩百有餘年，今朕無德，令爾塗炭。朕亦無足言者，汝輩無忘祖宗之德可也」。皆呼萬歲，泣下。留一日。進亳之南六十里，避雨雙溝寺中，蒿艾滿目，無一人迹，上太息曰：「生靈盡矣。」爲之一慟。是日，小婁室自息來迓，〔六〕得馬二百。己亥，入蔡。蔡之父老千人羅拜於道，見上儀衛蕭條，莫不感泣，上亦歔欷者久之。

七月，以鎬爲御史大夫，總帥如故。初，鎬守蔡，門禁甚嚴，男女樵采必以墨識其面，人有以錢出者，十取一分有半以贍軍。上至蔡，或言其非便，即弛其禁。時大兵去遠，商販頗集，小民鼓舞以爲復見太平，公私宿釀一日俱盡。

鄽城土豪盧進殺其長吏，自稱招撫使，以前關、陝帥府經歷范天保爲副。至是，天保來見，進麥三百石及獐鹿脯、茶、蜜等物，遂賜進金牌，加天保官，自是進物者踵至。既而，遣内侍殿頭宋珪與鎬妻選室女備後宮，已得數人，右丞忽斜虎諫曰：「小民無知，將謂陛下駐蹕以來不聞恢復遠略，而先求處女以示久居。民愚而神不可不畏。」上曰：「朕以六宮失散，左右無人，故令採擇。今承規誨，敢不敬從。止留解文義者一人，餘皆放遣。」

是時，從官近侍率皆窮乏，悉取給於鎬，鎬亦不能人滿其欲，日夕交譖於上，甚以尚食闕供爲言。上怒，雖擢拜大夫，而召見特疏。小婁室之在息州也，與石抹九住有隙，怨鎬爲九住辨曲直。及上幸蔡，婁室見於雙溝，因厚誣鎬罪，上頗信之。鎬自知被讒，憂憤鬱抑，常稱疾在告。會前參知政事石盞女魯歡姪大安來，以女魯歡無反狀，爲官奴所殺，白尚書省求改正，尚書省以聞。上曰：「朕嘗謂女魯歡反邪，而無迹可尋。謂不反邪，朕方暴露，遣人徵援兵，彼留精鋭自防，發其羸弱者以來。既到睢陽，彼厚自奉養，使朕醯醬有闕。朕爲人君，不當語此細事，但四海郡縣孰非國家所有？坐保一城，臣子之分，彼乃自負而有驕君上之心，非反而何。然朕方駕馭人材以濟艱難，錄功忘過此其時也，其釐正之。」羣臣知上意之在鎬也，數爲右丞仲德言之。仲德每見上必稱鎬功業，宜令預參機務，又薦以自代，上怒少解。及參政抹撚兀典行省息州，鎬遂以御史大夫權參知政事。九月，大兵圍蔡，鎬守南面，忠孝軍元帥蔡八兒副之。未幾，城破被執，以招息州不下，殺之。

烏古論先生者，本貴人家奴，爲全眞師。佯爲狂態，裸顛露足，綴麻爲衣，人亦謂之「麻帔先生」。宣宗嘗召入宮，問以祕術。因出入大長主家，殊有穢迹，上微聞之，勅有司掩捕，已逃去。正大末，從鎬來官汝南，人皆知與其妻通，而鎬不知。生不自安，求出，鎬爲營道宇，親率僧道送使居之。車駕將至蔡，生欲遁無所往，因自言能使軍士服氣不費糧。右丞仲德知其妄，乃奏：「欲如田單假神師退敵之意，授一眞人之號，旋出奇計，北兵信巫必駭異之，或可以有成功。」參政天綱以爲不可，遂止。復求入見，言有詭計可以退敵。及見，長揖不拜，且多大言，欲出說大帥噴盞爲脫身計。時郎中移剌克忠、員外郞王鶚具以向者「麻帔」爲言，上怒殺之。

贊曰：晉劉越石長於撫納，短於駕馭，以故取敗。粘葛奴申陳州之事，殆類之矣。三婁室皆金內族，唯大婁室死得其所，其兩婁室讒賊人也，襄城事急，醉不能軍，乃逭一死，金失政刑一至於是。烏古論鎬幸蔡之請，雖非至謀，區區効忠以讒見忌，哀宗之明蓋可知矣。

張天綱字正卿，霸州益津人也。至寧元年詞賦進士。性寬厚端直，論議醇正，造次不少變。累官咸寧、臨潼令，入補尚書省令史，拜監察御史，以鯁直聞。陞戶部郎中，權左右司員外郞。哀宗東幸，遷左右司郎中，扈從至歸德，改吏部侍郞。知元帥官奴有反狀，屢爲上言之，上不從，官奴果變，遂擢天綱權參知政事。及從上遷蔡，留亳州，適軍變，天綱以便宜授作亂者官，州賴之以安。及蔡，轉御史中丞，仍權參政。

扶溝縣招撫司知事劉昌祖上封事，請大舉伐宋，其略云：「官軍在前，飢民在後，南踐江、淮，西入巴、蜀。」頗合上意。上命天綱面詰其蘊藉，召與語無可取者，然重違上命，且恐閉塞言路，奏以爲尚書省委差官。

護衞女奚烈完出、近侍局直長粘合斜烈、奉御陳謙、權近侍局直長內族泰和四人，以食不給出怨言，乞往陳州就食。天綱奏令監之出門任所往。才出及汝南岸，遇北兵皆見殺，時人快之。

妖人烏古論先生者自言能使軍士服氣，可不費糧。右丞仲德援田單故事，欲假其術以駭敵，語在烏古論鎬傳。〔七〕上頗然之，天綱力辨以爲不可，遂止，且曰：「向非張天綱，幾爲此賊所誑。」軍吏石抹虎兒者求見仲德，自謂有奇計退敵，出馬面具如獅子狀而惡，別制青麻布爲足、尾，因言：「北兵所恃者馬而已，欲制其人，先制其馬。如我軍進戰，蕁少却，彼必來追。我以馴騎百餘皆此狀，仍繫大鈴于頸，壯士乘之，以突彼騎，騎必驚逸，我軍鼓譟繼其後，此田單所以破燕也。」天綱曰：「不可。彼衆我寡，此不足恃，縱使驚去，安保其不復來乎。恐徒費工物，秪取敵人笑耳。」乃罷之。

蔡城破，爲宋將孟珙得之，〔八〕檻車械至臨安，備禮告廟。既而，命臨安知府薛瓊問曰：「有何面目到此？」天綱對曰：「國之興亡，何代無之。我金之亡，比汝二帝何如？」瓊大叱曰：「曳去。」明日，遂奏其語，宋主召問曰：「天綱眞不畏死耶？」對曰：「大丈夫患死之不中節爾，何畏之有。」因祈死不已。宋主不聽。初，有司令供狀必欲書虜主，天綱曰：「殺卽殺，焉用狀爲。」有司不能屈，聽其所供，天綱但書故主而已。聞者憐之。後不知所終。

完顏仲德本名忽斜虎，合懶路人。少穎悟不羣，讀書習策論，有文武才。初試補親衞軍，雖備宿衞而學業不輟。中泰和三年進士第，歷仕州縣。貞祐用兵，辟充軍職，嘗爲大元兵所俘，不踰年盡解其語，尋率諸降人萬餘來歸。宣宗召見，奇之，授邳州刺史、兼從宜。增築城壁，匯水環之，州由是可守。哀宗卽位，遙授同知歸德府事，同簽樞密院事，行院於徐州。徐州城東西北三面皆黃河而南獨平陸，仲德疊石爲基，增城之半，復浚隍引水爲固，民賴以安。

正大五年，詔關陝以南行元帥府事，以備小關及扇車回。時北兵叩關，仲德適與前帥奧屯阿里不酌酒更代，而兵猝至，遂驅而東。阿里不素無守禦之策，爲有司所劾，罪當死。

仲德上書引咎，以謂「北兵越關之際，符印已交，安得歸罪前帥，臣請受戮」。上義之，止杖阿里不而貫其死。

六年，移知鞏昌府，兼行總帥府事。時陝西諸郡已殘，仲德招集散亡，得軍數萬，依山爲柵，屯田積穀，人多歸焉。一方獨得小康，號令明肅，至路不拾遺。八年四月，詔授仲德鞏昌行省及虎符、銀印。

天興元年九月，拜工部尚書、參知政事，行尚書省事於陝州。時兀典新敗，陝州殘破，仲德復立山寨，安撫軍民。會上以蠟丸書徵諸道兵入援，行省院帥府往往觀望不進，或中道遇兵而潰，惟仲德提孤軍千人，歷秦、藍、商、鄧，擷果菜爲食，間關百死至汴。至之日，適上東遷。妻子在京師五年矣，仲德不入其家，趨見上於宋門，問東幸之意。知欲北渡，力諫云：「北兵在河南，而上遠徇河北，萬一無功，得完歸乎。國之存亡，在此一舉，願加審察。臣嘗屢遣人奏，秦、鞏之間山巖深固，糧餉豐贍。不若西幸，依險固以居，命帥臣分道出戰，然後進取興元，經略巴蜀，此萬全策也。」上已與白撒議定，不從，然素重仲德，且嘉其赴難，進拜尚書省右丞、兼樞密副使，軍次黃陵岡。〔九〕

二年正月，車駕至歸德，以仲德行尚書省于徐州。既至，遣人與國用安通問。沛縣卓翼、孫璧沖者初投用安，用安封翼爲東平郡王，璧沖博平公，升沛縣爲源州。已而，翼、璧沖來歸，仲德畀之舊職，令統河北諸砦，行源州帥府事。用安累檄王德全入援，不赴，仲德至徐，德全大恐，求赴歸德。仲德留之，遣人納奏帖云：「徐州重地，德全不宜離鎮。」仲德虛州廨不居，亦無兵衛自防，日以觀書爲事，而德全自疑益甚。

二月，魚山總領張瓛作亂，殺元帥完顏胡土降北。仲德累議討之，德全不從，卽領麾下十許人，親勸民兵得三百人，徑往魚山，而從宜嚴祿已誅瓛反正，仲德撫慰軍民而還。有曹總領者，盜御馬東行，制旨諭行省討之，仲德旣殺賊，德全欲功出己，殺曹黨四十八人。

三月，阿朮魯攻蕭縣，游騎至徐，德全馬悉爲所邀。仲德時往宿州，德全以失馬故始議救蕭縣，遣張元哥、苗秀昌率騎八百以往。未及交戰，元哥退走，北兵掩之，皆爲所擒殺之，蕭縣遂破。四月，仲德陽以關糧往邳州，州官出迎，就執德全幷其子殺之，餘黨之外一無所問，闔郡稱快。

初，完顏胡土以遙授徐州節度，往帥嚴祿軍於永州北保安鎭。時祿已爲從宜，在碭山數年，又得士心。忽土到，軍士不悅，二月辛卯夜，遂爲總領張瓛、崔振所害。吏部郎中張敏修，忽土下經歷官，乃以軍變脅嚴祿降北。祿佯應之，陰召永州守陳立、副招撫郭昇，會諸義軍赴保安鎭誅作亂者。軍夜至，祿遣敏修召瓛、振計事，二人不疑，介胄而至，及其黨與皆爲祿所殺。徐州去保安百里，行省聞之來討，會祿已反正，乃以便宜授祿行元帥左都監，就佩忽土虎符。朝廷復授祿遙領歸德知府、兼行帥府事。未幾，大元將阿朮魯兵至保安，祿夜遁。後祿聞官奴變，一軍頓徐、宿間幾一月，遂投漣水，斂修入徐。

五月，詔仲德赴行在。時官奴已變，官屬懼爲所紿，勸勿往。仲德曰：「君父之命，豈辨眞僞耶，死亦當行。」尋使者至，果官奴之詐。六月，官奴誅，詔仲德議遷蔡，仲德雅欲奉上西幸，因贊成之。及蔡，領省院，事無鉅細率親爲之，選士括馬，繕治甲兵，未嘗一日無西志。近侍左右久困睢陽，幸卽汝陽之安，皆娶妻營業不願遷徙，日夕爲上言西行不便。未幾，大兵梗路，竟不果行。仲德每深居燕坐，瞑目太息，以不得西遷爲恨。

是月，上至蔡，命有司修見山亭及同知衙，爲遊息之所。仲德諫曰：「自古人君遭難，播越于外，必痛自刻苦貶損，然後可以克復舊物。況今諸郡殘破，保完者獨一蔡耳。蔡之公廨固不及宮闕萬一，方之野處露宿則有加矣。且上初行幸已嘗勞民葺治，今又興土木之役以求安逸，恐人心解弛，不足以濟大事。」上遽命止之。

七月，定進馬遷賞格，〔一〇〕每甲馬一匹或二匹以上，遷賞有差。自是，西山帥臣范眞、姬汝作等各以馬進，凡得千餘匹，以抹撚阿典領之。又遣使分詣諸道徵兵赴蔡，得精銳萬人。又以器甲不完，命工部侍郎朮甲咬住監督修繕，不踰月告成。軍威稍振，扈從諸人苟一時之安，遂以蔡爲可守矣。

魯山元帥元志領軍千餘來援。時諸帥往往擁兵自固，志獨冒險數百里，且戰且行，比至蔡幾喪其半。上表異之，賜以大信牌，升爲總帥。息州忠孝軍帥蔡八兒、王山兒亦來援。

壬午，忠孝軍提控李德率十餘人乘馬入省大呼，以月糧不優，幾於罵詈。郎中移剌克忠白之仲德，仲德大怒，縛德堂下，杖之六十。上諭仲德曰：「此軍得力，方欲倚用，卿何不容忍，責罰乃爾。」仲德曰：「時方多故，錄功隱過自陛下之德。至于將帥之職則不然，小犯則決，大犯則誅，强兵悍卒不可使一日不在紀律。蓋小人之情縱則驕，驕則難制，睢陽之禍豈獨官奴之罪，亦有司縱之太過耳。今欲更易前轍，不宜愛克厥威，賞必由中，罰則臣任其責。」軍士聞之，至于國亡不敢有犯。

九月，蔡城戒嚴。行六部尙書蒲察世達以大兵將至，請諭民併收晚田，不及者踐毀之，毋資敵，制可。丙辰，詔裁冗員，汰冗軍，及定官吏軍兵月俸，自宰執以下至于皂隸，人月支六斗。初，有司定減糧，人頗怨望。上聞之，欲分軍爲三，上軍月給八斗，中七斗，下六斗，人復怨不均。乃立射格，而上中軍輒多受賞，連中者或面賜酒，人益爲勸，且陰有所增而人不知，仲德之謀也。甲子，分軍防守四面。

十月壬申朔，大兵壕壘成，耀兵城下，旗幟蔽天。城中駭懼，及暮，焚四關，夷其牆而退。十一月辛丑，大兵以攻具傅城，有司盡籍民丁防守，不足則括婦女壯健者，假男子衣冠使運木石。蔡旣受圍，仲德營畫禦備，未嘗一至其家，拊存軍士，無不得其歡心，將校有戰亡者，親爲賻祭，哭之盡哀。己丑，西城破，城中前期築柵浚濠爲備，雖克之不能入也。但於城上立柵，南北相去百餘步而已。仲德摘三面精銳日夕戰禦，終不能拔。

三年正月庚子朔，大兵以正旦會飲，鼓吹相接，城中飢窘愁嘆而已。圍城以來，戰歿者四帥、三都尉，其餘總帥以下，不可勝紀。至是，盡出禁近，至於舍人、牌印、省部掾屬，亦皆供役。戊申，大兵鑿西城爲五門，整軍以入，督軍鏖戰及暮乃退，聲言來日復集。

己酉，大兵果復來，仲德率精兵一千巷戰，自卯及巳，俄見子城火起，聞上自縊，謂將士曰：「吾君已崩，吾何以戰爲。吾不能死於亂兵之手，吾赴汝水，從吾君矣。諸君其善爲計。」言訖，赴水死。將士皆曰：「相公能死，吾輩獨不能耶。」於是參政孛朮魯婁室、兀林荅胡土，總帥元志，元帥王山兒、紇石烈柏壽、烏古論桓端及軍士五百餘人，皆從死焉。

仲德狀貌不踰常人，平生喜怒未嘗妄發，聞人過，常護諱之。雖在軍旅，手不釋卷，門生故吏每以名分敎之。家素貧，敝衣糲食，終其身晏如也。雅好賓客，及薦舉人材，人有寸長，極口稱道。其掌軍務，賞罰明信，號令嚴整，故所至軍民爲用，至危急死生之際，無一士有異志者。南渡以後，將相文武，忠亮始終無瑕，仲德一人而已。

贊曰：金之亡，不可謂無人才也。若完顏仲德、張天綱，豈非將相之器乎。昔者智伯死又無後，其臣豫讓不忘國士之報，君子謂其無所爲而爲之，眞義士也。金亡矣，仲德、天綱諸臣不變所守，豈愧古義士哉。

校勘記

〔一〕以烏古論忽魯爲息州刺史　按本書卷一八哀宗紀，天興二年七月「戊申，左右司郎中烏古論蒲鮮兼息州刺史」。汝南遺事卷一作「七月己酉」，官職略同，此作「烏古論忽魯」似誤。

〔二〕北兵所以常取全勝者　「全」原作「金」。按汝南遺事卷二記此言作「全」。今據改。

〔三〕行省遣人奏中渡店之捷　「捷」原作「楚」，據殿本改。

〔四〕九月以忽魯退縮　「忽魯」疑當作「蒲鮮」，參見本卷校記〔一〕。

〔五〕以夾谷九十權息州事　「十」原作「住」，據殿本改。

〔六〕小婁室自息來迓　按本卷完顏婁室傳，「及上幸蔡，密召中婁室引兵來迓」。此作「小婁室」似誤。

〔七〕語在烏古論鎬傳　原脫「鎬」字，據本卷烏古論鎬傳補。

〔八〕爲宋將孟珙得之　「珙」原作「拱」，據殿本改。

〔九〕軍次黄陵岡　原脱「岡」字。按本書卷一八哀宗紀，天興元年十二月辛丑，「鞏昌元帥完顔忽斜虎至自金昌，以爲尚書右丞從行，甲辰，次黄陵岡」。今據補。

〔一〇〕七月定進馬遷賞格　「七」原作「八」。按本書卷一八哀宗紀，天興二年七月「丁卯，定進馬遷賞格」。汝南遺事卷二同。今據改。

金史卷一百二十

列傳第五十八

世戚

石家奴　裴滿達　忽覩　徒單恭　烏古論蒲魯虎

唐括德溫　烏古論粘沒曷〔一〕　蒲察阿虎迭　烏林荅暉

蒲察鼎壽　徒單思忠　徒單繹　烏林荅復　烏古論元忠　子誼

唐括貢　烏林荅琳　徒單公弼　徒單銘　徒單四喜

金昭祖娶徒單氏，后妃之族自此始見。世祖時，烏春爲難，世祖欲求昏以結其驩心，烏春曰：「女直與胡里改豈可爲昏。」世宗時，〔二〕賜夾谷清臣族同國人。清臣，胡里改人也。然則四十七部之中亦有不通昏因者矣，其故則莫能詰也。有國家者，昏因有恒族，能使風氣淳固、親義不渝、而貴賤等威有別焉，蓋良法也歟。作世戚傳。

石家奴，蒲察部人，世居案出虎水。祖斛魯短，世祖外孫。桓赧、散達〔三〕之亂昭肅皇后父母兄弟皆在敵境，斛魯短以計迎還之。

石家奴自幼時撫養于太祖家，及長，太祖以女妻之。年十五，從攻寧江州，敗遼主親軍，攻臨潢府皆有功，襲謀克。其後，自山西護齊國王謀良虎之喪歸上京，道由興中。是時，方攻興中未下，石家奴置柩于驛，率其所領猛安兵助王師，遂破其城。

從宗望討張覺。再從宗翰伐宋。宗翰聞宗望軍已圍汴，遣石家奴計事，抵平定軍遇敵兵數萬，敗之，遂見宗望。已還報，宗翰聞其平定之戰，甚嘉之。

明年，復伐宋，石家奴隸婁室軍。婁室討陝西未下，石家奴領所部兵援之。既而，以本部屯戍西京，會契丹大石出奔，以余睹爲元帥，石家奴爲副，襲諸部族以還。未幾，有疾，退居鄉里。

天眷間，授侍中、駙馬都尉。再以都統定邊部，熙宗賜御書嘉獎之。封蘭陵郡王。除東京留守，以病致仕。卒，年六十三，加贈鄖王。正隆奪王爵，封魯國公。

裴滿達本名忽撻，婆盧木部人。爲人淳直孝友。天輔六年，從蒲家奴追叛寇於鐵呂川，力戰有功。熙宗娶忽撻女，是爲悼平皇后。天眷元年，授世襲猛安。明年，以皇后父拜太尉，封徐國公。皇統元年，除會寧牧。居數歲，以太尉奉朝請。

九年，悼后死。無何，海陵弑熙宗，欲邀衆譽，揚熙宗過惡，以悼后死非罪，於是封忽撻爲王。天德三年，薨。子忽覩，爲燕京留守，以罪免，居中都，海陵命馳驛赴之。及葬，使祕書監納合椿年致祭，賻銀五百兩。

忽覩，天眷三年權猛安，皇統元年爲行軍猛安。歷橫海、崇義軍節度使，以后戚怙勢贓汙不法。其在橫海，拜富人爲父，及死，爲之行服而分其貲。在崇義，諷寺僧設齋而受其施。〔四〕及留守中京，益驕恣，苟可以得財無不爲者。選諸猛安富人子弟爲扎野，規取財物，時號「閑郎君」。朝廷以忽覩與徒單恭等汙濫至甚，命秉德黜陟天下官吏，忽覩以贓罷。海陵以忽覩所至縱家奴擾民，乃定禁外官任所閑雜人條約。天德三年，復起爲鄭州防禦使，改安國軍節度使。卒，年三十九。

徒單恭本名斜也。天眷二年，爲奉國上將軍。以告吳十反事，超授龍虎衞上將軍。爲戶部侍郎，出爲濟南尹，遷會寧牧，封譚國公。復出爲太原尹。斜也貪鄙，使工繪一佛像，自稱嘗見佛，其像如此，當以金鑄之。遂賦屬縣金，而未嘗鑄佛，盡入其家，百姓號爲「金總管」。秉德廉訪官吏，斜也以贓免。

海陵篡立，海陵后徒單氏，斜也女，由是復用爲會寧牧，封王。未幾，拜平章政事。海陵獵於胡剌渾水，斜也編列圍場，凡平日不相能者輒杖之。海陵謂宰相曰：「斜也爲相，朕非私之。今聞軍國大事凡斜也所言，卿等一無取，豈千慮無一得乎？」他宰相無以對，溫都思忠舉數事對曰：「某事本當如此，斜也輒以爲如彼，皆妄生異議，不達事宜。臣逮事康宗，累朝宰相未嘗有如斜也專恣者。」海陵默然。斜也於都堂脊杖令史馮仲尹，御史臺劾之，海陵杖之二十。斜也猛安部人撒合出者，言斜也强率取部人財物，海陵命侍御史保魯鞫之。保魯鞫不以實，海陵杖保魯，而以撒合出爲符寶祗候，改隸合扎猛安。

斜也兄定哥尚太祖長女兀魯，定哥死無子，以季弟之子查剌爲後。斜也謀取其兄家財，强納兀魯爲室而不相能，兀魯嘗怨詈斜也。斜也妾忽撻與兀魯不叶，乃譖兀魯於海陵后徒單氏曰：「亢魯怨上殺其兄宗敏，有怨望語。」會韓王亨改廣寧尹，諸公主宗婦往賀其母，亢魯以言慰亨母，忽撻亦以怨望指斥誣亢魯。海陵使蕭裕鞫之，忽撻得幸于徒單后，左驗皆不敢言，遂殺亢魯，斜也因而盡奪查剌家財。大定間皆追正之。海陵以亢魯有怨望語，斜也不奏，遂杖斜也，免所居官。俄，復爲司徒，進拜太保，領三省事，兼勸農使。再進太師，封梁　晉國王。

貞元二年九月，斜也從海陵獵于順州。方獵，聞斜也薨，卽日罷獵，臨其喪，親爲擇葬地，遣使營治。及葬，賜輼輬車，上及后率百官祭之，賜謚曰忠。正隆間，改封趙國公，再進齊國公。

其妻先斜也卒，海陵嘗至其葬所致祭，起復其子率府率吾里補爲諫議大夫。大定間，海陵降爲庶人，徒單氏爲庶人妻，斜也降特進翬國公。

烏古論蒲魯虎。父當海，國初有功。蒲魯虎通契丹大小字，娶宋王宗望女昭寧公主什古。熙宗初，爲護衞，改牌印，常侍左右。轉通進，襲父謀克，再遷臨海軍節度使，改衞州防禦使。海陵賜食內殿，謂之曰：「衞州風土甚佳，勿以防禦爲降也。」對曰：「頗聞衞州官署不利守者。」卽日，改汾陽軍節度使，賜衣服、佩玉、帶劍。入爲太子詹事，卒，年四十一。海陵親臨哭之，后妃皆弔祭，賻贈甚厚。有司給喪事，贈特進駙馬都尉。正隆例贈光祿大夫。

唐括德溫本名阿里，上京率河人也。曾祖石古，從太祖平臘醅麻產，領謀克。祖脫孛魯，領其父謀克，從太祖伐遼，攻寧江、泰州戰有功。父撻懶，尙康宗女，從宋王宗望以軍二萬收平州，至城東十里許遇敵兵甚衆，戰敗之，太祖賞賚甚厚，授行軍猛安。皇統初，遷龍虎衞上將軍，歷興平、臨海等軍節度使。

德溫善射，尙睿宗皇帝女楚國長公主。天眷三年，授宣武將軍。皇統元年，從都元帥宗弼南征，以善突戰遷廣威將軍。六年，遷定遠大將軍。七年，授殿前右副都點檢。天德初，改殿前左副都點檢，遷兵部尙書。出爲大名尹兼本路兵馬都總管，改橫海軍節度使，延安尹兼鄜延路兵馬都總管。世宗卽位，封道國公，爲殿前都點檢、駙馬都尉。大定二年，以父祖功授按出虎猛安所管世襲謀克。三年九月九日，世宗以故事出獵，謂德溫曰：「扈從軍士二千，飲食芻秣能無擾百姓乎。」嚴爲約束，仍以錢一萬貫分給之。四年，爲勸農使，出爲西京留守，賜犀弓玉帶，召入爲皇太子太傅，卒。上輟朝，親臨喪奠祭，賻贈甚厚。

十八年，追錄其父撻懶并德溫前後功，授其長子駙馬都尉鼎世襲西北路沒里山猛安，徙隸泰州。

烏古論粘沒曷，上京胡剌溫屯人也，移屯河間。祖喚端，太祖伐遼常侍左右，追遼主延禧、却夏人援兵皆有功，授世襲謀克。父歡覩，官至廣威將軍。

粘沒曷尚睿宗女冀國長公主，初爲護衞，天德二年襲謀克。海陵伐宋，爲押軍猛安。世宗卽位，軍還，授侍衞親軍步軍都指揮使，加駙馬都尉。歷左副點檢，禁直被酒不親視扃鐍，杖四十。遷右宣徽使、勸農使，出爲興平軍節度使。改廣寧尹，賜錢三千貫。

粘沒曷至廣寧，嗜酒不視事，上以兵部員外郎宗安爲少尹，詔宗安戒諭之，上謂宗安曰：「汝能繼修前政，朕不忘汝，勉之。」大定中，粘沒曷卒。上聞之，遣其子駙馬都尉公說馳驛奔喪，賜錢三千貫，沿路祭物並從官給。

蒲察阿虎迭，初授信武將軍，尙海陵姊遼國長公主迪鉢，爲駙馬都尉。遼國薨，繼尙鄧國長公主崔哥。皇統三年，爲右副點檢。五年，使宋爲賀正旦使，改左副點檢，禮部、工部尙書，廣寧、咸平、臨潢尹，武定軍節度使，封葛王。薨年二十八。海陵親臨葬，贈譚王。正隆例贈特進楚國公。

烏林荅暉本名謀良虎，明德皇后兄也。天眷初，充護衞，以捕宗磐、宗雋功授忠勇校尉，遷明威將軍。從宗弼北征，〔五〕遷廣威將軍，賞以金幣、尙廐擊毬馬。久之，除殿中侍御史，再除蒲速盌羣牧使，謹畜牧，不事遊宴，孳產蕃息，進秩，改特滿羣牧使。

世宗卽位，召見行在，除中都兵馬都指揮使。世宗至中都，將遣使於宋，以暉爲使。世宗曰：「暉嘗私用官錢五百貫。」乃數其罪而罷之，遣高忠建往。因謂宰臣曰：「朕於賞罰，豪髮無所假借。果公廉辦治，雖素所不喜必加升擢，若抵冒公法，雖至親不少恕。」遷都點檢、兼侍衞親軍副都指揮使，卒。遣官致祭，皇太子諸王百官會喪，賻銀千兩、重綵四十端、絹四十匹。詔以暉第三子天錫世襲納鄰河猛安親管謀克。

蒲察鼎壽本名和尚，上京曷速河人，欽懷皇后父也。賦性沉厚有明鑒，通契丹、漢字，長於吏事。尚熙宗女鄭國公主。貞元三年，以海陵女弟慶宜公主子加定遠大將軍，爲尚衣局使，累官器物局使。大定二年，加駙馬都尉，職如故。歷符寶郎、磁州刺史、濬州防禦使，有惠政，兩州百姓刻石紀之。遷泰寧軍節度使，歷東平府、横海軍，入爲右宣徽使，改左宣徽，授中都路昏得渾山猛安曷速木單世襲謀克。

改河間尹，號令必行，豪右屛跡。有宗室居河間，侵削居民，鼎壽奏徙其族于平州，郡內大治。卒官。上聞之深加悼惜。喪至香山，皇太子往奠，百官致祭，賻銀綵絹。〔六〕明昌三年，以皇后父贈太尉、越國公。

鼎壽既世連姻戚，女爲皇后，長子辭不失凡三尚定國、景國、道國公主。其寵遇如此，未嘗以富貴驕人，當時以爲外戚之冠云。

徒單思忠字良弼，本名寧慶。曾祖賽補，尚景祖女。從太祖伐遼，戰歿于臨潢之渾河。父賽一，尚熙宗妹。正隆末，爲糺椀羣牧使，契丹賊窩斡擾北邊，賽一與戰死之。大定初，贈金吾衞上將軍。

思忠通敏有才，頗通經史。世宗在潛邸，撫養之。賦性寬厚。十有二歲從上在濟南，一日，與姻戚公子出遊近郊，有醉人腰弓矢策馬突過，諸公子怒欲鞭之，思忠曰：「醉人昏昧，又何足責。」遂釋之。其人行數十步，忽執弓矢，思忠恐欲傷人，速馳至其傍，奪其弓，弛而還之。上聞之，嘉有識量，由是常使侍側。尚皇弟二女唐國公主。

大定初，世宗使思忠迎南征萬戶高忠建、完顏福壽于遼口，察其去就，思忠知其誠意，乃與俱至東京。世宗卽位，如中都，思忠從行，軍國庶事補益弘多。大定元年十月，拜殿前左衞將軍，二年，加駙馬都尉，卒。上爲輟朝，卽喪所臨奠，命有司備禮葬之，營費從官給。十九年，上追念思忠輔立功，贈驃騎衞上將軍，仍授其子鐸武功將軍、世襲中都路烏獨渾謀克。

徒單繹本名朮輦，其先上京按出虎達阿人。祖撒合懣，國初有功，授隆安府路合扎謀克、〔七〕奪古阿隣猛安。

繹美姿儀，通諸國語。尙熙宗第七女瀋國公主。充符寶祇候，遷御院通進，授符寶郎。

歷宣德、泰安、淄州刺史，有廉名。改同知廣寧府事，以母鄂國公主憂，不赴。世宗特許以憂制中襲父封。服闋，授同知濟南府事。二十六年，遷棣州防禦使，以政迹聞，升臨海軍節度使，卒。

釋家世貴寵，自曾祖照至釋尙公主者凡四世云。

烏林荅復本名阿里剌，東平人也。奉御出身，大定七年尙世宗第七女宛國公主，授駙馬都尉。改引進使、兼符寶郎，出爲蠡州刺史，三遷歸德軍節度使。明昌三年，轉知興中府事，久之，爲曷懶路兵馬都總管。承安四年，拜絳陽軍節度使，卒。

烏古論元忠本名訛里也，其先上京獨拔古人。父訛論，尙太祖女畢國公主。元忠幼秀異，世宗在潛邸以長女妻之，後封魯國大長公主。正隆末，從海陵南伐。世宗卽位遼陽，時太保昂爲海陵左領軍大都督，遣元忠朝于行在，遂授定遠大將軍，擢符寶郎。諭之曰：「朕初卽位，親密無如汝者，侍從宿衞宜戒不虞。」大定二年，加駙馬都尉，除近侍局使，遷殿前左衞將軍。從世宗獵，上欲射虎，元忠諫止之。進殿前右副都點檢，爲賀宋正旦使，還，轉左副都點檢。坐家奴結攬民稅，免官。十一年，復舊職。明年，升都點檢。十五年，北邊進獻，命元忠往受之，及還，詔諭曰：「朕每遇卿直宿，其寢必安。今夏幸景明宮，卿去久，朕甚思之。」

會大興府守臣闕，遂以元忠知府事。有僧犯法，吏捕得置獄，皇姑梁國大長公主屬使釋之，元忠不聽，主奏其事，世宗召謂曰：「卿不徇情，甚可嘉也，治京如此，朕復何憂。」秩滿，授吏部尚書。以其子誼尚顯宗長女薛國公主。〔八〕

十八年，擢御史大夫，授撒巴山世襲謀克。世宗問左丞相紇石烈良弼孰可相者，良弼以元忠對，乃拜平章政事，封任國公，進尚書右丞相。策論進士之科設，元忠贊成之。世宗將幸會寧，元忠進諫不聽，出知眞定府，尋復詔爲右丞相。

世宗欲甓上京城，元忠曰：「此邦遭正隆軍興，百姓凋弊，陛下休養二十餘年，尚未完復。況土性疏惡，甓之恐難經久，風雨摧壞，歲歲繕完，民將益困矣。」駕東幸久之未還，元忠奏曰：「鑾輿駐此已閱歲，倉儲日少，市買漸貴，禁衞暨諸局署多逃者，有司捕置諸法恐傷陛下仁愛。」世宗嘉納之。

尋出爲北京留守，責諭之曰：「汝强悍自用，顓權而結近密。汝心叵測，其速之官。」後左丞張汝弼奏事，世宗惡其阿順，謂左右曰：「卿等每事依違苟避，不肯盡言，高爵厚祿何以勝任。如烏古論元忠爲相，剛直敢言，義不顧身，誠可尙也。」於是，改知眞定府事，移河間。

明昌二年，知廣寧府。以河間修築毬場擾民，會赦下，除順義軍節度使。乞致仕不許，特加開府儀同三司、北京留守。徙知濟南府，過闕令預宴，班平章政事之上。承安二年，移守南京，尋改知彰德府，卒。訃聞，上遣宣徽使白琬燒飯，賻物甚厚。元忠素貴，性麤豪而內深忌，世宗嘗責之。又所至不能戢奴僕，世以此爲訾云。子誼。

誼本名雄名。大定八年，尙海陵女。宴宗室及六品以上官，命婦預焉，上曰：「此女亦太祖之曾孫，猶朕之女，乃父廢亡，非其女之罪也。」海陵女卒，大定二十一年，尙顯宗女廣平郡主。誼歷仕宮衞，爲人麤豪類其父。二十六年，上謂原王曰：「元忠匆望其可復相也。雄名又不及乃父，朕嘗宥待，殊不知恩，汝宜知其爲人。」謂平章政事襄曰：「雄名可令補外。自今宮掖官已有旨補外者，比及廷授，卽毋令入宮。」於是，誼除同知澄州軍州事。章宗卽位，廣平郡主進封鄴國長公主，誼改順天軍節度副使，加駙馬都尉。承安元年，累遷祕書監兼吏部侍郎，改刑部，遷工部尙書。泰和元年，遇父元忠憂。二年，以本官起復。三年，知夫。大安中，知大名府。至寧初，以謀逆伏誅。

東平府事，改知眞定府事。六年，伐宋，遷元帥左都監。七年，轉左監軍。八年，拜御史大

唐括貢本名達哥，太傅阿里之子也。尙世宗第四女吳國公主，授駙馬都尉，充奉御。特授拱衞直副都指揮使，五遷刑部侍郎，坐擅離職削官一階，出爲德州防禦使。升順天軍節度使，移鎭橫海。召爲左宣徽使，遷兵部尙書，改吏部，轉禮部尙書、兼大理卿。

先是，大理卿闕，世宗命宰臣選可授者，左丞張汝弼舉西京副留守楊子益法律詳明。上曰：「子益雖明法，而用心不正，豈可任之以分別天下是非也？大理須用公正人。」右丞粘割斡特剌舉貢可任以閑簡部分而兼領是職，遂以貢爲之。

二十八年，拜樞密副使。章宗立，爲御史大夫。會貢生日，右丞相襄、參知政事劉瑋、吏部郎中膏、中都兵馬都指揮使和喜爲貢壽，遂犯夜禁，和喜遣軍人送襄至第。監察御史徒單德勝劾其事，下刑部逮膏等問狀。上以襄、瑋大臣釋之，而貢等各解職。

尋知大興府事，復爲樞密副使。乞致仕不許，進樞密使，封莘國公，改封蕭。復上表乞退，上曰：「向已嘗告，續知意欲外除，今之告將復若何。」遂優詔許之。尋起知眞定府事。

泰和二年，薨。

烏林荅琳，本名留住。尚鄴國公主，加駙馬都尉。貞祐元年爲靜難軍節度使，夏人犯邠州，琳降。會延安府遣通事張福孫至夏國，夏人使福孫見琳，時已中風，公主令人以狀付福孫，屬以懇禱朝廷，冀早太平得還鄉之意。福孫具以聞，詔賜以藥物。

徒單公弼本名習烈，河北東路算主海猛安人。父府君奴，尚熙宗女，加駙馬都尉，終武定軍節度使。公弼初充奉御，大定二十七年，尚世宗女息國公主，加定遠大將軍、駙馬都尉，改器物局直長。轉副使、兼近侍局直長。丁父憂，起復本局副使。章宗秋山射中虎，虎怒突而前，侍衞皆避去，公弼不動，虎亦隨斃。詔責侍衞而慰諭公弼。除濱州刺史，再遷兵部侍郎，累除知大名府事。

是時，伐宋軍興，有司督逋租及牛頭稅甚急，公弼奏：「軍士從戎，民亦疲弊，可緩徵以紓民。」朝廷從之。大安初，知大興府事，讞武清盜，疑其有寃，已而果獲眞盜。歲餘拜參知政事，進右丞，轉左丞。至寧初，拜平章政事，封定國公。貞祐初，進拜右丞相，罷知中山府事。是時，中都圍急不可行，圍解，宣宗曰：「中山新被兵，不如河中善。」乃改知河中府。歷定國軍節度使事、太孫太師、同判大睦親府事。興定五年薨，宣宗輟朝，賻贈，謚恪愿。

徒單銘字國本，顯宗賜名重泰。祖貞，別有傳。父特進、涇國公。〔九〕性重默寡言，粗通經史，事母盡孝。大定末，充奉御。章宗卽位，特勑襲中都路渾特山猛安。明昌五年，授尚醞署直長，累遷侍儀司令、宿直將軍、尚衣局使、兵部郎中，與大理評事孫人鑑爲採訪使，覆按提刑司事。改右衞將軍，轉左衞，出爲永定軍節度使，移河東北路按察使、轉運使。大安三年，改知大名府，就陞河北東西、大名路安撫使。大名荐饑重困，銘乞大出交鈔以賑之。崇慶初，移知眞定府，復充河北東西、大名路宣撫使。至寧元年九月，奉迎宣宗于彰德府，俄拜尚書右丞，出爲北京留守，以路阻不能赴。貞祐二年，卒。

贊曰：天子娶后，王姬下嫁，豈不重哉。秦、漢以來，無世世甥舅之家。關雎之道缺，外戚驕盈，何彼穠矣不作，王姬肅雝之義幾希矣。蓋古者異姓世爵公侯與天子爲昏因，他姓不得參焉。女爲王后，己尚王姬，而自貴其貴，富厚不加焉，寵榮不與焉。使漢、唐行此道，則無呂氏、王氏、武氏之難，公主下嫁各安其分、各得其所矣。金之徒單、拏懶、唐括、蒲察、裴滿、紇石烈、僕散皆貴族也，天子娶后必于是，公主下嫁必于是，與周之齊、紀無異，此昏禮之最得宜者，盛於漢、唐矣。

徒單四喜，哀宗皇后之弟也。天興二年正月辛酉夜，〔一〇〕四喜、內侍馬福惠至自歸德，時河朔已失利，京城猶未知，二人被旨迎兩宮，遂託以報捷，執小黃旗以入，至則奏兩宮以奉迎之意。是日，召二相入議，二相及烏古孫奴申諫不可行。四喜作色曰：「我奉制旨迎兩宮，有敢言不行者當以別勑從事矣。」二相不復敢言，行議遂決。制旨所取兩宮、柔妃裴滿氏及令人張秀蕖、都轄、承御、湯藥、皇乳母輩國夫人等十餘人外，皆放遣之。又取宮中寶物，馬蹄金四百枚、大珠如栗黃者七千枚、生金山一、龍腦板二及信瑞御璽，仍許賜忠孝軍以兩宮隨行物之半。

壬寅，太后御仁安殿，〔二〕出錠金及七寶金洗分賜忠孝軍。是夜，兩宮騎而出，至陳留，見城外二三處火起，疑有兵，遲回間，奴申初不欲行，即承太后旨馳還。癸卯，入京頓四喜家，〔三〕少頃，還宮。復議以是夜再往，太后憊於鞍馬不能動，遂止。

明日，崔立變。四喜、朮甲塔失不及塔失不之父咬住、四喜妻完顏氏，以忠孝卒九十七騎奪曹門而出，將往歸德，不得出，轉陳州門，亦爲門卒所止。門帥裕州防禦使阿不罕斜合已遁去，經歷官完顏合住權帥職，麾門卒放塔失不等去，且曰：「罪在我，非汝等之過。」明日，立以數十騎召合住，合住自分必死，易衣冠而往。立左右扼腕欲加刃。立遙見，問：「汝是放忠孝軍出門者耶？」合住曰：「然。天子使命，某實放之，罪在某。」立忽若有所省，顧羣卒言：「此官人我識之，前築裏城時與我同事。我所部十餘卒盜官木罪當死，此官人不之問，但笞數十而已。此家能殺人，能救人。」因好謂合住曰：「業已放出，吾不汝罪也。」四喜等至歸德，上驚問兩宮何如，二人奏京城軍變不及入宮。上曰：「汝父汝妻獨得出耶。」下之獄，皆斬於市。

贊曰：四喜奉迎兩宮，而值崔立之變，智者居此，與兩宮周旋兵間，以俟事變之定而徐圖之。萬一不然，以一死徇之耳，他無策也。四喜奉其私親以歸，而望人主貸其死，豈非愚乎。

校勘記

〔一〕烏古論粘沒曷　「曷」原作「合」，同音異譯。今據本卷傳文統一。

〔二〕世宗時　按本書卷九四夾谷清臣傳，明昌「二年，拜尚書左丞，頃之，進平章政事，封芮國公，賜同本朝人」。是「世宗」當作「章宗」。

〔三〕桓赧散達　「達」原作「荅」，同音異譯。今據本書卷六七桓赧、散達傳統一。

〔四〕諷寺僧設齋而受其施　原脫「齋」字。殿本有「齋」字脫「而」字。今據補「齋」字。

〔五〕從宗弼北征　按天眷以後宗弼專力伐宋，無北征事。「北」疑爲「南」字之誤。

〔六〕百官致祭賻銀綵絹　「賻」原作「䝭」，據殿本改。

〔七〕授隆安府路合扎謀克　按本書卷二四地理志，上京路隆州，遼名黃龍府，天眷三年改爲濟州，大定二十九年更今名，貞祐初升爲隆安府。是「隆安府」之名甚晚，金初當稱「上京路」或「濟州路」。

〔八〕以其子誼尚顯宗長女薛國公主　按本卷誼傳，「大定二十一年尚顯宗女廣平郡主。章宗卽位，廣平郡主進封鄴國長公主」。當世宗時不得有「顯宗」「公主」等稱，此蓋修史者追記。又「薛」

字當是「鄴」字之誤。」

〔九〕父特進涇國公　按此處顯有脫文，既闕其父名，下文接敍徒單銘事，亦闕一「銘」字。

〔一〇〕天興二年正月辛酉夜　原作「正大九年正月丁酉夜」。按本書卷一八哀宗紀，哀宗於天興元年十二月離汴京，二年正月辛酉至歸德，卽「遣奉御朮甲塔失不，后弟徒單四喜往汴京奉迎兩宮」。又本書卷六四后妃傳記此事亦在天興二年正月。而是年正月丙午朔，亦無丁酉。今據改。

〔一一〕壬寅太后御仁安殿　按是月丙午朔，無壬寅。其事在崔立之變前二日。據本書卷一八哀宗紀，崔立之變在戊辰，則「壬寅」當是「丙寅」之誤。

〔一二〕癸卯入京頓四喜家　按下文「明日崔立變」，崔立變在戊辰，則「癸卯」當作「丁卯」。

金史卷一百二十一

列傳第五十九

忠義一

胡沙補　特虎[一]　僕忽得　粘割韓奴　曹珪　溫迪罕蒲睹
訛里也　納蘭綽赤　魏全　鄯陽　夾谷守中　石抹元毅
伯德梅和尚　烏古孫兀屯　高守約　和速嘉安禮　王維翰
移剌古與涅　宋扆　烏古論榮祖　烏古論仲溫　九住
李演　劉德基　王毅　王晦　齊鷹揚　术甲法心　高錫

欒共子曰：「民生於三，事之如一，唯其所在則致死焉。」公卿大夫居其位，食其祿，國家有難，在朝者死其官，守郡邑者死城郭，治軍旅者死行陣，市井草野之臣發憤而死，皆其所也。故死得其所，則所欲有甚於生者焉。金代襃死節之臣，既贈官爵，仍錄用其子孫。貞祐以來，其禮有加，立祠樹碑，歲時致祭，可謂至矣。聖元詔修遼、金、宋史，史臣議凡例，凡前代之忠於所事者請書之無諱，朝廷從之，烏虖，仁哉聖元之爲政也。司馬遷記豫讓對趙襄子之言曰：「人主不掩人之美，而忠臣有成名之義。」至哉斯言，聖元之爲政足爲萬世訓矣。作忠義傳。

胡沙補，完顏部人。年三十五從軍，頗見任用。太祖使僕刮剌往遼國請阿踈，實觀其形勢。僕刮剌還言遼兵不知其數，太祖疑之，使胡沙補往。還報曰：「遼方調兵，尙未大集。」及見統軍，使其孫被甲立於傍，統軍曰：「人謂汝輩且反，故爲備耳。」及行道中，遇渤海軍，渤海軍向胡沙補且笑且言曰：「聞女直欲爲亂，汝輩是邪。」具以告太祖，又曰：「今舉大事不可後時，若俟河凍，則遼兵盛集來攻矣。乘其未集而早伐之，可以得志。」太祖深然之。及破寧江州，戰于達魯古城，皆有功，賜以旗鼓幷御器械。

高永昌請和，胡沙補往招之，取胡突古以歸。高永昌詐降于斡魯，斡魯使胡沙補、撒八往報。會高楨降，言永昌非眞降者，斡魯乃進兵。永昌怒，遂殺胡沙補、撒八，皆支解之。胡沙補就執，神色自若，罵永昌曰：「汝叛君逆天，今日殺我，明日及汝矣。」罵不絕口，至死。年五十九。天會中，與撒八俱贈遙鎮節度使。

特虎，雅撻瀾水人。軀幹雄偉，敢戰鬭。達魯古城之役，活女陷敵，特虎救出之。攻照散城，遼兵三千來拒，特虎先登，敗之。攻盧葛營，麻吉墮馬，特虎獨殺遼兵數輩，掖而出之。賞賚逾渥。自臨潢班師，至遼河，余睹來襲，婁室已引去，特虎獨殿，馬僨乃步鬭，婁室與數騎來救，特虎止之曰：「我以一死捍敵，公勿來，俱斃無益。」遂沒于陣。皇統間，贈明威將軍。

僕忽得，宗室子。初事國相撒改，伐蕭海里有功。與酬斡俱，招降燭偎水部族，酬斡爲謀克，僕忽得領行軍千戶。從破黃龍府，戰于達魯古城，皆有功。寧江州渤海乙塞補叛，僕忽得追復之。天輔五年九月，酬斡、僕忽得往鼈古河籍軍馬，燭偎水部實里古達等七人殺酬斡、僕忽得，投其尸水中，俱年四十三。太祖悼惜，遣使弔賻加等。六年正月，斡魯伐實里古達于石里罕河，追及於合撻剌山，殺四人，撫定餘衆。詔斡魯求酬斡、僕忽得尸以葬。天眷中，贈酬斡奉國上將軍、僕忽得昭義大將軍。

酬斡，亦宗室子也。年十五隸軍，從太祖伐遼，率濤溫路兵招撫三坦、石里很、跋苦三水鱉古城邑，皆降之。敗室韋五百于阿良葛城，〔二〕獲其民衆。至是死焉。

粘割韓奴，以護衞從宗弼征伐，賜鎧甲弓矢戰馬。初，太祖入居庸關，遼林牙耶律大石自古北口亡去，以其衆來襲奉聖州，壁于龍門東二十五里，婁室往取之，獲大石幷降其衆。宗望襲遼主輜重于青塚，以大石爲鄉導，詔曰：「遼趙王習泥烈、林牙大石、北王喝里質、節度使訛里剌、孛堇赤狗兒、招討迪六、詳穩六斤、同知海里及諸官民，並釋其罪。」復詔斡魯曰：「林牙大石雖非降附，其爲鄉導有勞，可明諭之。」時天輔六年也。〔三〕既而亡去，不知所往。

天會二年，遼詳穩撻不野來降，言大石稱王於北方，署置南北面官僚，有戰馬萬匹，畜產甚衆。詔曰：「追襲遼主，必酌事宜而行。攻討大石，須俟報下。」三年，都統完顏希尹言，聞夏人與耶律大石約曰：「大金旣獲遼主，諸軍皆將歸矣，宜合兵以取山西諸部。」詔答曰：「夏人或與大石合謀爲釁，不可不察，其嚴備之。」七年，泰州路都統婆盧火奏：「大石已得北部二營，恐後難制，且近羣牧，宜列屯戍。」詔答曰：「以二營之故發兵，諸部必擾，當謹斥候而已。」八年，遣耶律余睹、石家奴、拔离速追討大石，徵兵諸部，諸部不從，石家奴至兀納水而還。余睹報元帥府曰：「聞耶律大石在和州之域，恐與夏人合，當遣使索之。」夏國報曰：「小國與和州壤地不相接，且不知大石所往也。」

皇統四年，回紇遣使入貢，言大石與其國相鄰，大石已死。詔遣韓奴與其使俱往，因觀其國風俗，加武義將軍，奉使大石。韓奴去後不復聞問。

大定中，回紇移習覽三人至西南招討司貿易，自言：「本國回紇鄒括番部，所居城名骨斯訛魯朶，俗無兵器，以田爲業，所獲十分之一輸官。耆老相傳，先時契丹至不能拒，因臣之。契丹所居屯營，乘馬行自旦至日中始周匝。近歲契丹使其女壻阿本斯領兵五萬北攻葉不輦等部族，不克而還，至今相攻未已。」詔曰：「此人非隸朝廷番部，不須發遣，可於咸平府舊有回紇人中安置，毋令失所。」

是歲，粘拔恩君長撒里雅寅特斯率康里部長孛古及戶三萬餘求內附，乞納前大石所降牌印，受朝廷牌印。詔西南招討司遣人慰問，且觀其意。秃里余睹、通事阿魯帶至其國見撒里雅，具言願歸朝廷，乞降牌印，無他意也。因曰：「往年大國嘗遣粘割韓奴自和州往使大石，既入其境，大石方適野，與韓奴相遇，問韓奴何人敢不下馬，韓奴曰：『我上國使也，奉天子之命來招汝降，汝當下馬聽詔。』大石曰：『汝單使來，欲事口舌耶。』使人捽下，使韓奴跪，韓奴罵曰：『反賊，天子不忍於爾加兵，遣招汝。爾縱不能面縛請罪闕下，亦當盡敬天子之使，乃敢反加辱乎。』大石怒乃殺之。此時大石林牙已死，子孫相繼，西方諸部仍以大石呼之。」

余睹，阿魯帶還奏，并奏韓奴事。世宗嘉韓奴忠節，贈昭毅大將軍，召其子永和縣商酒都監詳古、汝州巡檢婁室諭之曰：「汝父奉使萬里，不辱君命，能盡死節，朕甚閔之。」以詳古爲尚輦局直長，遷武義將軍，婁室爲武器署直長。

曹珪，徐州人。大定四年，州人江志作亂，珪子弼在賊黨中，珪謀誅志，并弼殺之。尚書省議，當補二官雜班敍。詔曰：「珪赤心爲國，大義滅親，自古罕聞也。法雖如是，然未足以當其功，更進一官，正班用之。」

温迪罕蒲睹，爲兀者羣牧使。西北路契丹撒八等反，諸羣牧皆應之。蒲睹聞亂作，選家奴材勇者數十人，給以兵仗，陰爲之備。賊不得發，乃紿諸奴曰：「官閱兵器，願借兵仗以應閱。」諸奴以爲實然，遂借與之。明旦，賊至，蒲睹無以禦之。賊執蒲睹而問之曰：「今欲反未？」蒲睹曰：「吾家世受國厚恩，子姪皆仕宦，不能從汝反而累吾族也。」賊怒，臠而殺之，子與孫皆與害。

是時，迪斡羣牧使徒單賽里、副使赤盞胡失荅，耶魯瓦羣牧使鶴壽，歐里不羣牧使完顏术里骨、〔四〕副使完顏辭不失，卜迪不部副使赤盞胡失賴，速木典糺詳穩加古買住，胡睹糺詳穩完顏速沒葛，轄木糺詳穩高彭祖等皆遇害。

鶴壽，鄆王昂子，本名吾都不。〔五〕五院部人老和尚率衆來招鶴壽與俱反，鶴壽曰：「吾宗室子，受國厚恩，寧殺我，不能與賊俱反。」遂與二子皆被殺。

訛里也，契丹人。爲尚廐局直長。大定初，招諭契丹，窩斡叱令訛里也跪見，訛里也不從，謂曰：「我朝廷使也，豈可屈節於汝。汝等早降可全性命，若大軍至，汝輩悔將何及。」窩斡怒曰：「汝本契丹人，而不我從，敢出是言。」遂害之。從行驍騎軍士閏孫、史大、習馬小底頗荅皆被害。三年，贈訛里也宣武將軍，錄其子阿不沙爲外帳小底。閏孫、史大皆贈修武校尉。頗荅贈忠翊校尉。

納蘭綽赤，咸平路伊改河猛安人。契丹括里使人招之，綽赤不從。括里兵且至，綽赤遂團結旁近村寨爲兵，出家馬百餘匹給之，教以戰陣擊刺之法，相與拒括里于伊改渡口，〔六〕由是賊衆月餘不得進。旣而括里兵四萬人大至，綽赤拒戰，賊兵十倍，遂見執，臠而殺之。詔贈官兩階，二子皆得用廕。

魏全，壽州人。泰和六年，宋李爽圍壽州，刺史徒單義盡籍城中兵民及部曲廝役得三千餘人，隨機拒守堅甚。義善撫御，得衆情，雖婦人皆樂爲用。同知蒲烈古中流矢卒，義益勵不衰，募人往斫爽營，全在選中，爲爽兵所執。爽謂全曰：「若爲我罵金主，免若死。」全至城下，反罵宋主，爽乃殺之，至死罵不絕口。

僕散揆遣河南統軍判官乞住及買哥等以騎二千人救壽州，去壽州十餘里與爽兵遇，乞住分兩翼夾擊爽兵，大破之，斬首萬餘級，追奔至城下，拔其三栅，焚其浮梁。羲出兵應之，爽兵大潰，赴淮死者甚衆。爽與其副田林僅脫身去，餘兵脫者十之四。詔遷羲防禦使、乞住同知昌武軍節度使事、買哥河南路統軍判官。

贈蒲烈古昭勇大將軍，官其子圖刺。

贈全宣武將軍、蒙城縣令，封其妻爲鄉君，賜在州官舍三間、錢百萬，俟其子年至十五歲收充八貫石正班局分承應，用所贈官廕，仍以全死節送史館，鏤版頒諭天下。

鄯陽，宗室子。爲符寶祗候。完顏石古乃爲護衞十人長。至寧元年八月，紇石烈執中作亂，入自通玄門。是日，變起倉猝，中外不知所爲，鄯陽、石古乃往天王寺召大漢軍五百人赴難，與執中戰於東華門外。執中揚言曰：「大漢軍反矣，殺一人者賞銀一定。」執中兵衆，大漢軍少，二人不勝而死。須臾，執中兵殺五百人殆盡。

執中死，詔削官爵。詔曰：「宣武將軍、護衞十人長完顏石古乃，修武校尉、符寶祗候鄯陽，忠孝勇果，沒于王事。石古乃贈鎭國上將軍、順州刺史，鄯陽贈宣武將軍、順天軍節度副使。嘗從拒戰猛安賞錢五百貫，謀克三百貫，蒲輦散軍二百貫，各遷兩階。戰沒者，贈賞付其家。石古乃子尚幼，以八貫石俸給之，俟年十五以聞。」

夾谷守中，咸平人，本名阿土古。大定二十二年進士，歷淸池、聞喜主簿，補尙書省令史，除刑部主事、監察御史、修起居注。轉禮部員外郎、大名治中，歷嵩珹、〔七〕北京、臨洮路按察副使。以憂去官，起復同知曷懶路兵馬都總管府事，坐事謫韓州刺史，尋復同知平涼府事。大安二年，爲秦州防禦使，遷通遠軍節度使。

至寧末，移彰化軍，〔八〕未行，夏兵數萬入鞏州。守中乘城備守，兵少不能支，城陷，官吏盡降，守中獨不屈。夏人壯之，且誘且脅，守中益堅，遂載而西。至平涼，要以招降府人，守中佯許，至城下卽大呼曰：「外兵矢盡且遁矣，愼勿降。」夏人交刃殺之。興定元年，監察御史郭著按行秦中，得其事以聞。詔贈資善大夫、東京留守，仍收其子兀母爲筆硯承奉。

石抹元毅本名神思，咸平府路酌赤烈猛安莎果歌仙謀克人也。以廕補吏部令史。再調景州寧津令，有劇盜白晝恣劫爲民害，元毅以術防捍，賊散去。入爲大理知法，除同知亳州防禦使事，被省檄，錄陝右五路刑獄，無寃人。復委受宋歲幣，故事有私遺物，元毅一無所受。

明昌初，驛召爲大名等路提刑判官，以最遷汾陽軍節度副使。時石、嵐間賊黨嘯聚，肆行剽掠，朝廷命元毅捕之，賊畏而遁，元毅追襲，盡殪之，二境以安。遷同知武勝軍節度使事，別郡有殺人者，屢鞫不伏，元毅訊不數語卽具服。河東北路田多山坂磽瘠，大比時定爲上賦，民力久困，朝廷命相地更賦，元毅以三壤法平之，民賴其利。

改彰德府治中，尋以邊警授撫州刺史。會邊將失守，芻糧馬牛焚剽殆盡，元毅率吏卒三十餘人出州經畫軍餉，卒與敵遇。州倅暨從吏堅請還，元毅曰：「我輩責任邊守，遇敵而奔其如百姓何，縱得自安，復何面目見朝廷乎。」〔九〕遂執弓矢令衆，衆感其忠，爭爲效死。元毅力戰，射無不中，敵去而復合，元毅氣愈厲，鏖戰久之，衆寡不敵遂遇害，時年四十七。事聞，上深驚悼，贈信武將軍，召用其子世勣侍儀司承應。

世勣後登進士第，奏名之日，上謂宰臣曰：「此神思子耶。」歎賞者久之。元毅性沈厚，武勇過人，每讀書見古人忠義事未嘗不嗟歎賞慕，喜動顏色，故臨難能死所事云。

伯德梅和尚，泰州人也。性鯁直，尚氣節。正隆五年，收充護衞，授曷魯椀羣牧副使。未幾，復召爲護衞十人長，改尚廐局副使，遷本局使，轉右衞將軍拱衞使。典尚廐者十餘年，積勞特遷官二階，除復州刺史。明昌初，爲西北路副招討，改秦州防禦使，升武勝軍節度使。六年，移鎭崇義軍。時有事北邊，左丞相夾谷清臣行省于臨潢，檄爲副統。會敵入臨潢，梅和尚曁護衞闢合土等領軍逆擊之。敵積陣以待，梅和尚直擣其陣，殺傷甚衆。敵知孤軍無繼，聚兵圍之。度不能免，乃下馬相背射，復殺百餘人，矢盡猶以弓提擊，爲流矢所中死，闢合土等皆沒。

上聞之震悼，詔贈龍虎衞上將軍，躐遷十階，特賜錢二十萬，命以禮葬之，物皆官給，以其子都奴爲軍前猛安，中奴護喪，就差權同知臨潢府事李達可爲勅祭使，同知德昌軍節度使事石抹和尚爲勅葬使。

承安五年，上諭尚書省曰：「梅和尚死王事，其子都奴從軍久有功，其議所以酬之。」乃命爲典署丞。

烏古孫兀屯，上京路人。大定末，襲猛安。明昌七年，以本兵充萬戶，備邊有功，除歸德軍節度副使，改盤安軍，察廉，遷同知速頻路節度使事。以憂去官，起復歸德府治中，遷唐州刺史。

泰和六年四月，宋皇甫斌步騎萬人侵唐州，兀屯兵甚少，遣泌陽尉白撒不、巡檢蒲閑各以五十人乘城拒守。兀屯見宋兵在城東北者可破，令軍事判官撒虎帶以精兵百人自西門出，繞出東北宋兵營後掩擊之，殺數十百人，宋兵大亂，迨夜乃遁去。五月，皇甫斌復以兵數萬來攻，行省遣泌陽副巡檢納合軍勝救唐州。兀屯出兵與軍勝合兵城東北，設伏兵以待之。乃分騎兵爲三，一出一入以致宋兵。宋兵陷于淖，伏兵發，中衝宋兵爲二，遂大潰。追奔至湖陽，斬首萬餘級，獲馬三百匹。宋別將以兵三千來襲，遇之竹林寺，殪之。納合軍勝手殺宋將，取其金帶印章以獻。詔遷兀屯同知河南府事，軍勝遷梁縣令，各進兩階。兀屯賞銀三百五十兩、重綵十端，爲右副元帥完顏匡右翼都統。

匡取棗陽，遣兀屯襲神馬坡，宋兵五萬人夾水陣，以强弩拒岸，兀屯分兵奪其三橋，自辰至午連拔十三柵，遂取神馬坡。從攻襄，至漢江，兀屯亂流徑度。復進一階，號平南虎威將軍。宋人請和，遷河南副統軍。大安初，遷昌武軍節度使，副統軍如故。遷西南路招討使。兀屯御下嚴酷，軍士多亡，杖六十。除同知上京留守事。大安三年，將兵二萬入衞中都，遷元帥右都監，轉左都監、兼北京留守。有功，賜金吐鶻、重綵十端。遷元帥左監軍，留守如故。

貞祐元年閏月，以兵入衞中都，詔以兵萬六千人守定興，軍敗，兀屯戰沒。

高守約字從簡，遼陽人。大定二十八年進士，累官觀州刺史。大元兵徇地河朔，郭邦獻已歸順，從至城下，呼守約曰：「從簡當計全家室。」守約弗顧，至再三，守約厲聲曰：「吾不汝識也。」城破被執，使之跪，守約不屈，遂死。詔贈崇義軍節度使，諡忠敬。

和速嘉安禮字子敬，本名酌，大名路人。穎悟博學，淹貫經史。大定二十八年進士。至寧末，爲泰安州刺史。貞祐初，山東被兵，郡縣望風而遁，或勸安禮去之，安禮曰：「我去，城誰與守，且避難負國家之恩乎？」乃團練繕完，爲禦守計。已而，大元兵至，戰旬日不能下，謂之曰：「此孤城耳，內無糧儲，外無兵援，不降無遺類矣。」安禮不聽。城破被執，初不識其爲誰，或妄以酒監對，安禮曰：「我刺史也，何以諱爲？」使之跪，安禮不屈，遂以戈撞其胸而殺之。詔贈泰定軍節度使，謚堅貞。

王維翰字之翰，利州龍山人。父庭，遼季率縣人保縣東山，後以衆降。維翰好學不倦，中大定二十八年進士。調貴德州軍事判官，察廉遷永霸令。縣豪欲嘗試維翰，設事陳訴，維翰窮竟之，遂伏其詐，杖殺之，健訟衰息。歷弘政、獲嘉令，佐胥持國治河決，有勞，遷一階。改北京轉運戶籍判官，補尙書省令史。

除同知保靜軍節度使事，檢括戶籍，一郡稱平。屬縣有奴殺其主人者，誣主人弟殺之，刑部疑之。維翰審讞，乃微行物色之，得其狀，奴遂引服。改中都轉運副使，攝侍御史，奏事殿中，章宗曰：「佳御史。」就除侍御史。改左司員外郎，轉右司郎中。僕散揆伐宋，維翰行省左右司郎中。

泰和七年，河南旱蝗，詔維翰體究田禾分數以聞。七月，雨，復詔維翰曰：「雨雖霑足，秋種過時，使多種蔬菜猶愈於荒萊也。蝗蝻遺子，如何可絕？舊有蝗處來歲宜菽麥，諭百姓使知之。」

八年，宋人受盟，還爲右司郎中，進官一階。上問：「宋人請和復能背盟否？」維翰對曰：「宋主怠于政事，南兵佻弱，兩淮兵後千里蕭條，其臣懲韓侂冑、蘇師旦，無復敢執其咎者，不足憂也。唯北方當勞聖慮耳。」久之，遷大理卿、兼潞王傅，同知審官院事。新格，教坊樂工階至四品，換文武正資，服金紫。維翰奏：「伶優賤工，衣縉紳之服，非所以尊朝廷也。」從之。大安初，權右諫議大夫，三司欲稅間架，維翰諫不聽。轉御史中丞，無何，遷工部尙書、兼大理卿，改刑部尙書，拜參知政事。

貞祐初，罷爲定海軍節度使。是時，道路不通，維翰舟行遇盜，呼謂之曰：「爾輩本良民，因亂至此，財物不惜，勿恐吾家。」盜感其言而去。至鎭，無兵備，鄰郡皆望風奔潰，維翰謂吏民曰：「孤城不可守。此州阻山浮海，當有生地，無俱爲魚肉也。」乃縱百姓避難。維翰率吏民願從者奔東北山，結營堡自守，力窮被執不肯降。妻姚氏亦不肯屈，與維翰俱死。詔贈中奉大夫，姚氏芮國夫人，謚貞潔。

移剌古與涅，安化軍節度使。貞祐初，大元兵取密州，古與涅率兵力戰，流矢連中其頸，既拔去復中其頰，死焉。貞祐三年，詔贈安遠大將軍、知益都府事。

宋扆，中都宛平人也。正隆五年進士。歷辰州、寧化州軍事判官，曹王府記室參軍，陝西西路轉運都勾判官。補尚書省令史，除武定軍節度副使、中都右警巡使。時固安縣丞劉昭與部民裴原爭買鄰田，扆用昭屬，抑原使毋爭。御史臺劾奏，奪一官，解職，降廣寧府推官。改遼東路鹽使。丁父憂，起復吏部員外郎，歷薊、曹、景州刺史，〔一〇〕同知中都路轉運使事，遷北京、臨潢等路按察使。改安國軍節度使、河東南路轉運使。御史劾其前任按察侵民舍不稱職，降沂州防禦使，移濬州，遷山東西路轉運使，改定海軍節度使。

貞祐二年，改沁南軍，〔一一〕正月，大元兵至懷州，城破死焉。扆天資刻酷，所至不容物，以是蹭蹬於世云。

烏古論榮祖本名福興，河間人。明昌二年進士，歷官補尚書省令史，除都轉運司都勾判官，轉弘文校理，升中都總管府判官，察廉除震武軍節度副使、彰德府司馬，累遷戶部員外郎、寧海州刺史。貞祐二年城破，榮祖猶力戰，死之。贈安武軍節度使，賜謚毅勇。

烏古論仲溫本名胡刺，蓋州按春猛安人。大定二十五年進士，累官太學助教、應奉翰林文字、河東路提刑判官，改河北東路轉運副使。御史薦前任提刑稱職，遷同知順天軍節度使事，簽上京、東京等路按察司事，改提舉肇州漕運、兼同知武興軍節度使事、東勝州刺史。坐前在上京不稱職，降鎭寧軍節度副使。改滑州刺史、河東南路按察副使、壽州防禦使。

貞祐初，遷鎭西軍節度使。是時，中都被圍，遂至太原，移書安撫使賈益謙，約以鄉兵救中都。因馳驛如平陽，將與益謙會于絳，不能進，抵平陽而還。仲溫嘗治平陽，吏民爭留之，仲溫曰：「平陽巨鎭，易爲守禦，於私計得矣，如嵐州何。」遂還鎭。已而，大元兵大至，城破，不屈而死。贈資德大夫、婆速路兵馬都總管，謚忠毅，歲時致祭。

九住，宗室子，爲武州刺史，唐括孛果速爲軍事判官。貞祐二年十一月，大元兵取九住子姪抵城下，謂之曰：「山東、河北今皆降我，汝之家屬我亦得已，苟不速降且殺之也。」九住曰：「當以死報國，遑恤家爲。」無何，城破，力戰而死，孛果速亦不屈死焉。詔贈九住臨海軍節度使，加驃騎衞上將軍。孛果速建州刺史，加鎭國上將軍。仍令樹碑，歲時致祭。

李演字巨川，任城人。泰和六年進士第一，除應奉翰林文字。再丁父母憂，居鄉里。貞祐初，任城被兵，演墨衰爲濟州刺史，畫守禦策。召集州人爲兵，搏戰三日，衆皆市人不能戰，逃散。演被執，大將見其冠服非常，且知其名，問之曰：「汝非李應奉乎？」演答曰：「我是也。」使之跪不肯，以好語撫之亦不聽，許之官祿，演曰：「我書生也，本朝何負於我，而利人之官祿哉。」大將怒，擊折其脛，遂曳出殺之，時年三十餘。贈濟州刺史，詔有司爲立碑云。

劉德基，大興人。貞祐元年，特賜同進士出身。守官邊邑，夏兵攻城，德基坐廳事，積薪其傍，謂家人曰：「城破即焚我。」及城破，其家人不忍縱火，遂被執。脅使跪降，德基不屈。同僚故人紿夏人曰：「此人素病狂，故敢如此。」德基曰：「爲臣子當如此爾，吾豈狂耶？」夏人壯其義，乃縶諸獄，冀其改圖。已而召問，德基大罵，終不能從，曰：「吾豈苟生者哉。」遂害之。贈朝列大夫、同知通遠軍節度使事。

王毅，大興人。經義進士，累官東明令。貞祐二年，東明圍急，毅率民兵願戰者數百人拒守。城破，毅猶率衆抗戰，力窮被執，與縣人王八等四人同驅之郭外。先殺二人，王八即前跪將降，毅以足蹋之，厲聲曰：「忠臣不佐二主，汝乃降乎。」驅毅者以刃斫其脛，毅不屈而死。贈曹州刺史。

王晦字子明，澤州高平人。少負氣自憙，常慕張詠之爲人，友妻與人有私，晦手刃殺之。中明昌二年進士，調長葛主簿，有能聲。察廉除遼東路轉運司都勾判官，提刑司舉其能，轉北京轉運戶籍判官。遷安陽令，累除簽陝西西路按察司事，改平涼治中。召爲少府少監，遷戶部郎中。貞祐初，中都戒嚴，或舉晦有將帥才，俾募人自將，得死士萬餘統之。率所統衞送通州粟入中都，有功，遷霍王傅。以部兵守順州。

通州圍急，晦攻牛欄山以解通州之圍。賜賚優渥，遷翰林侍讀學士，加勸農使。九月，順州受兵，晦有別部在滄、景，遣人突圍召之，衆皆踊躍思奮，而主者不肯發。王臻，晦之故部曲也，免冑出見，且拜曰：「事急矣，自苦何爲，苟能相從，可不失富貴。」晦曰：「朝廷何負汝耶？」臻曰：「臻雖負國，不忍負公。」因泣下。晦叱曰：「吾年六十，致位三品，死則吾分，詎從汝耶。」將射之，臻掩泣而去。無何，將士縋城出降，晦被執，不肯降，遂就死。

初，晦就執，謂其愛將牛斗曰：「若能死乎？」曰：「斗蒙公見知，安忍獨生。」併見殺。詔贈榮祿大夫、樞密副使，仍命有司立碑，歲時致祭。錄其子汝霖爲筆硯承奉。

齊鷹揚，淄州軍事判官。楊敏中，屯留縣尉致仕。張乞驢，淄州民。貞祐初，大元兵取淄州，鷹揚等募兵備禦，城破，率衆巷戰。鷹揚等三人創甚被執，欲降之，鷹揚伺守者稍怠，即起奪槊殺數人，與敏中、乞驢皆不屈以死。〔一三〕詔贈鷹揚嘉議大夫、淄州刺史，仍立廟于州，以時致祭。敏中贈昭勇大將軍、同知橫海軍節度使事。乞驢特贈宣武將軍、同知淄州軍州事。

术甲法心，薊州猛安人。官至北京副留守。貞祐二年，爲提控，與同知順州軍州事溫迪罕咬查剌俱守密雲縣。法心家屬在薊州，大元兵得之，以示法心曰：「若速降當以付汝，否則殺之。」法心曰：「吾事本朝受厚恩，戰則速戰，終不能降也，豈以家人死生爲計耶。」城破，死于陣。咬查剌被執，亦不屈而死。

盤安軍節度判官蒲察紇舍與雞澤縣令溫迪罕十方奴同守薊州，衆潰而出，紇舍、十方奴死之。

詔贈法心開府儀同三司、樞密副使，封宿國公，咬查剌鎭國上將軍、順州刺史，紇舍金紫光祿大夫、薊州刺史，十方奴鎭國上將軍、薊州刺史。仍命樹碑，以時致祭。

高錫字永之，德基子。以廕補官。積勞調淄州酒使，課最。遷平鄉令。〔一三〕察廉遷遼東路轉運支度判官、〔一四〕太倉使、法物庫使、兼尙林署直長、提舉都城所，歷北京、遼東轉運副使、同知南京路轉運使事。貞祐初，累遷河北東路按察轉運使。城破，遂自投城下而死。

校勘記

〔一〕特虎　原作「特虎雅」。按本卷特虎傳云，「特虎，雅撻瀾水人」。此「雅」字顯係涉下文而衍。道光四年殿本已删，今從之。

〔二〕敗室韋五百于阿良葛城　按本書卷七一斡魯傳記此事作「以兵五百敗室韋，獲其民衆」。

〔三〕時天輔六年也　按本書卷二太祖紀，天輔七年「四月，生獲大石，悉降其衆」。又五月己巳，次落藜濼，「斡魯等以趙王習泥烈、林牙大石、駙馬乳奴等來獻」。與此作「六年」異。

〔四〕歐里不羣牧使完顏朮里骨　原脱「使」字。據本書卷五七百官志諸羣牧所條補。

〔五〕鶻壽鄆王昂子本名吾都不　按卷六五昂傳，「鄆王昂，本名吾都補」。「不」「補」同音異譯，疑此處「子」字當在「吾都不」之下。

〔六〕相與拒括里于伊改渡口　原脱「伊」字。按上文已見伊改河之名。本書卷九一溫迪罕移室懣傳，正隆末年契丹反，「移室懣率數千人殺賊萬餘于伊改河」。今據補。

〔七〕歷嵩琢　「琢」殿本作「涿」。按金地名無「琢」。本書常見「嵩汝」連書，此「琢」或「汝」字之誤。

〔八〕至寧末移彰化軍　「化」原作「德」。按本書卷二六地理志，「涇州，彰化軍節度使」。卷六二交聘表，「貞祐元年十二月癸亥，夏人陷鞏州，涇州節度使夾谷守中死之」。今據改。

〔九〕復何面目見朝廷乎　原脫「見」字，據文義補。

〔一〇〕歷薊曹景州刺史　「薊」原作「蘇」。按本書卷二四地理志，中都路有「薊州」，「刺史」。今據改。

〔一一〕改沁南軍　「沁」原作「泌」，據殿本改。

〔一二〕與敏中乞驢皆不屈以死　原脫「與」字，據文義補。

〔一三〕遷平鄉令　「平」原作「萍」。按本書卷二五地理志，河北西路邢州有平鄉縣。今據改。

〔一四〕察廉遷遼東路轉運支度判官　「支度」原作「度支」，據本書卷五七百官志都轉運司條改。

金史卷一百二十二

列傳第六十

忠義二

吳僧哥，西南路唐古乙剌糺上沙鷰部落人。拳勇善騎射。大安間，選籍山西人爲兵，僧哥充馬軍千戶，有功。貞祐初，遷萬戶，權順義軍節度使。朔州失守，僧哥復取之，眞授同知節度使事。弟權同知節度使事迪剌眞授節度副使。權節度副使燕曹兒眞授節度判官。提控馬壽兒以下，遷授有差。

衆苦乏食，僧哥乞賜糧十五萬斛，朝廷以爲應州已破，朔爲孤城，其勢不可守，乃遷朔之軍民九萬餘口分屯於嵐、石、隰、吉、絳、解之間。未行，大元兵至朔州，戰七晝夜，有功，加遙授同知太原府事、兼同知節度使事，迪剌石州刺史，曹兒同知岢嵐州防禦使事。

四年，始遷其民南行，且戰且行者數十里，僧哥力憊馬蹶死焉，時年三十。詔贈鎭國上將軍、順義軍節度使。

烏古論德升本名六斤，益都路猛安人。明昌二年進士。累官補尙書省令史，知管差除。除吏部主事、絳陽軍節度副使。丁父憂，起復太常博士、東平治中。大安初，知弘文院。改侍御史，論西京留守紇石烈執中姦惡，衞紹王不聽，遷肇州防禦使。宣宗遷汴，召赴闕，上言：「泰州殘破，東北路招討司猛安謀克人皆寓于肇州，凡徵調往復甚難。乞升肇州爲節度使，以招討使兼之。置招討副使二員，分治泰州及宜春。」詔從之。進翰林侍讀學士、兼戶部侍郎。俄以翰林侍讀權參知政事，與平章政事抹撚盡忠論近侍局預政，宣宗怒，語在盡忠傳。無何，出爲集慶軍節度使，改汾陽軍節度使、河東北路宣撫副使，復改知太原府事、權元帥左監軍。

興定元年，大元兵急攻太原，糧道絕。德升屢出兵戰，糧道復通，詔遷官一階。德升上言：「皇太子聰明仁孝，保訓之官已備，更宜選德望素著之士朝夕左右之。日聞正言、見正行，此社稷之洪休、生民之大慶也。」宣宗嘉納之。

二年，眞授左監軍，行元帥府事。大元兵復圍太原，環之數匝，已破濠垣，德升植栅爲拒，出其家銀幣及馬賞戰士。北軍壞城西北隅以入，德升聯車塞之，三却三登，矢石如雨，守陴者不能立。城破，德升至府署，謂其姑及其妻曰：「吾守此數年，不幸力窮。」乃自縊而死。其姑及其妻皆自殺。詔贈翰林學士承旨。子兀里偉尚幼，詔以奉御俸養之。

張順，淄州士伍。淄州被圍，行省侯摯遣總領提控王庭玉將兵救之。庭玉募順等三十人往覘兵勢，且欲令城中知援兵之至。乘夜潛至城下，順爲所得。執之使宣言行省軍敗績，庭玉亦死，宜速降。順陽許諾，既乃呼謂城中曰：「外兵無多，王節度軍且至，堅守毋降。」兵刃交下，順曰：「得爲忠孝鬼，足矣。」遂死。淄人知救兵至，以死守，城賴以完。後贈宣武將軍、同知棣州防禦使事。詔有司給養其親，且訪其子孫，優加任用。

馬驤，禹城人也。登進士，歷官有聲。貞祐三年，爲曹州濟陰令。四月，大元克曹州，驤被執。軍卒搒掠求金，驤曰：「吾書生，何從得是。」又使跪，驤曰：「吾膝不能屈，欲殺卽殺，得死爲大金鬼，足矣。」遂死。贈朝列大夫、泰定軍節度副使，仍樹碑于州，歲時致祭。〔三〕貞祐四年七月，詔以其男惟賢于八貫石局分收補。

伯德窊哥，西南路咩乣奚人。壯健沉勇。大元兵克西南路，鄰郡皆降，窊哥獨不屈。貞祐五年，東勝州已破，窊哥與姚里鵶胡、姚里鵶兒招集義軍，披荆棘復立州事。河東北路行元帥府承制除窊哥武義將軍、寧遠軍節度副使，姚里鵶胡武義將軍、節度判官，姚里鵶兒武義將軍、觀察判官。窊哥等以恩不出朝廷，頗懷觖望，縱兵剽掠。興定元年，詔窊哥遙授武州刺史、權節度使，姚里鵶胡權同知節度使事，姚里鵶兒權節度副使，各遷官兩階。興定三年，窊哥特遷三官，遙授同知晉安府事，尋眞授東勝軍節度使。東勝被圍，城中糧盡，援兵絕，窊哥率衆潰圍，走保長寧寨，詔各進一官，戰沒者贈三官。九月，復被圍，窊哥死之。

奧屯醜和尚，爲代州經略使。貞祐四年八月，大元兵攻代州，和尚禦戰敗績，身被數創，被執。欲降之，不屈，遂死。

從坦，宗室子。大安中，充尙書省祗候郎君。貞祐二年，自募義兵數千，充宣差都提控，詔從提舉奉先、范陽三都統兵。除同知涿州事，遷刺史，佩金牌，經略海州。頃之，充宣差都提控，安撫山西軍民，應援中都。上書曰：「絳、解二州僅能城守，而村落之民皆嘗被兵，重以連歲不登，人多艱食，皆恃鹽布易米。今大陽等渡乃不許粟麥過河，願罷其禁，官稅十三，則公私皆濟矣。」又曰：「絳、解、河中必爭之地，惟令寶昌軍節度使從宜規畫鹽池之利，〔三〕以實二州，則民受其利，兵可以强矣。」又曰：「中條之南，垣曲、平陸、芮城、虞鄉，河東之形勢，陝、洛之襟喉也。可分陝州步騎萬二千人爲一提控、四都統，分戍四縣，此萬全之策也。」又曰：「平陸產銀鐵，若以鹽易米，募工鍊冶，可以廣財用、備戎器，小民傭力爲食，可以息盜。」又曰：「河北貧民渡河逐食，已而復還濟其饑者，艱苦殊甚。苛暴之吏抑止誅求，弊莫大焉。」又曰：「河南、陝西調度未急，擇騎軍牝馬羣牧，不二三年可增數萬騎，軍勢自振矣。」又曰：「諸路印造寶券，久而益多，必將積滯。止於南京印造給降，庶可久行。」又曰：「河北職任雖除授不次，而人皆不願者，蓋以物價十倍河南，祿廩不給，飢寒且至。若實給俸粟之半，少足養廉，則可責其効力。」又曰：「河北之官，朝廷減資遷秩躐等以答其勞。聞河南官吏以貶逐目之，彼若以爲信然，誰不解體。」書奏，下尚書省議，惟許放大陽等渡、宣撫司量民力給河北官俸，目河北爲貶所者有禁而已。

四年，行樞密院于河南府，上書曰：「用兵累年，出輒無功者，兵不素勵也。士庶且充行伍，況於皇族與國同休戚哉。皆當從軍，親冒矢石爲士卒先，少寬聖主之憂。族人道哥實同此心，願隸臣麾下。」宣宗嘉其忠，許之。

興定元年，改輝州刺史，權河平軍節度使、孟州經略使。初，御史大夫權尚書右丞永錫被詔經略陝西，宣宗曰：「敵兵强則謹守潼關，毋使得東。」永錫旣行，留澠池數日，〔四〕至京兆駐兵不動。頃之，潼關破，大元兵次近郊。由是永錫下獄，久不決。從坦乃上疏救之，略曰：「竊聞周祚八百，漢享國四百餘載，皆以封建親戚，犬牙相制故也。孤秦、曹魏亡國不永，晉八王相魚肉，猶歷過秦、魏，自古同姓之親未有不與國存亡者。本朝胡沙虎之難，百僚將士無敢誰何，鄯陽、石古乃奮身拒戰，盡節而死。御史大夫永錫才不勝任，而必用之，是朝廷之過也。國之枝葉已無幾矣，伏惟陛下審圖之。」於是，宗室四百餘人上書論永錫，皆不報。久之，永錫杖一百，除名。

當是時諸路兵皆入城自守，百姓耕稼失所，從坦上書曰：「養兵所以衞民。方今河朔惟眞定、河間之衆可留扞城，其餘府州皆當散屯于外，以爲民防，俟稼穡畢功然後移于屯守之地，是爲長策。」從之。加遙授同知東平府事，權元帥左監軍、行元帥府事，與參知政事李革俱守平陽。

興定二年十月，從坦上奏：「太原已破，行及平陽。河東郡縣皆不守，大抵屯兵少、援兵不至故耳。行省兵不滿六千。平陽，河東之根本，河南之藩籬也。乞併懷、孟、衞州之兵以實潞州，調澤州、沁水、端氏、高平諸兵並山爲營，爲平陽聲援。惟祈聖斷，以救倒懸之急。」是月壬子，大元兵至平陽，提控郭用戰于城北濠垣，被執不屈而死。癸丑，城破，從坦自殺。贈昌武軍節度使。

孛术魯福壽，爲唐邑主簿。大元兵攻唐邑，福壽與戰，死之。贈官三階，賻錢五百貫。

吳邦傑，登州軍事判官。邦傑寓居日照之村墅，爲大元兵所得，驅令攻城，邦傑曰：「吾荷吾國恩，詎忍攻吾君之城。」與之酒食不顧，乃殺之。詔贈朝列大夫、定海軍節度副使。

納合蒲刺都，大名路猛安人。承安二年進士，調大名教授。累除比陽令，補尚書省令史，除彰德軍節度副使，以憂去官。貞祐二年，調同知西安軍節度使事，歷同知臨洮、平涼府事，河州防禦使。三年，夏人圍定羌，蒲剌都擊走之，以功加遙授彰化軍節度使。

四年，升河州爲平西軍，就以蒲剌都爲節度使。上言：「古者一人從軍，七家奉之，與十萬之師，不得操事者七十萬家。今籍諸道民爲兵者十之七八，奉之者纔二三，民安得不困。夫兵貴精，不在衆寡。擇勇敢謀略者爲兵，脆懦之徒使歸農畝，是亦紓民之一端也。」又請補官贖罪以足用，及請許人射佃陝西荒田、開採礦冶，不報。

改知平涼府事，入爲戶部尚書。是時，伐宋大捷，蒲剌都奏：「宋人屢敗，其氣必沮，可乘此遣人諭說，以尋舊盟。若宋人不從，然後伐之，疾雠怒頑，易以成功。」朝廷不能用。蒲剌都又言：「諸軍當汰去老弱，妙選精銳，庶可取勝。陝西弓箭手不習騎射，可選善騎者代之。延安屯兵甚衆，分徙萬人駐平涼。關中元帥猥多，除京兆重鎮，其餘皆可罷。鞏縣以北，黃河南岸，及金鉤、弔橋、虎牢關、虢州崿嶺，凡斜徑僻路俱當置兵防守。」詔下尚書省、樞密院議，竟不施行。

未幾，改元帥右監軍、兼昭義軍節度使、行元帥府事。興定二年，潞州破，力戰而死。贈御史大夫。

女奚烈斡出，仕至楨州刺史，被行省牒徙州人于金勝堡。已而大兵至，斡出拒戰，中流矢，病創臥。花帽軍張提控言：「兵勢不可當，宜速降。」斡出曰：「吾曹坐食官祿，可忘國家恩乎。汝不聞趙坊州乎，以金帛子女與敵人，終亦不免。我輩但當力戰而死耳。」至夜，張提控引數人持兵仗以入，脅斡出使出降，斡出曰：「聽汝所爲，吾終不屈也。」遂殺之，執其妻子出降。

初，楨州人遷金勝堡多不能至，軍事判官王謹收遺散之衆，別屯周安堡。周安堡不繕完樓堞，置戰守之具，兵至，謹拒戰十餘日，內潰，被執不屈而死。詔斡出、謹各贈官六階、升職三等。

時茂先，日照縣沙溝酒監，寓居諸城。紅襖賊方郭三據密州，過其村，居民相率迎之。賊以元帥自稱，茂先怒謂衆曰：「此賊首耳，何元帥之有。」方郭三聞而執之，斷其腕，茂先大駡，賊不勝忿，復剔其目，亂刃剉之，至死駡不絕。詔贈武節將軍、同知沂州防禦使事。

溫迪罕老兒，爲同知上京留守事。蒲鮮萬奴攻上京，其子鐵哥生獲老兒，脅之使招餘人，不從，鐵哥怒，亂斫而死。贈龍虎衞上將軍、婆速兵馬都總管，以其姪黑厮爲後，特授四官。

梁持勝字經甫，本名詢誼，避宣宗嫌名改焉。保大軍節度使襄之子。多力善射。泰和六年進士，復中宏詞。累官太常博士，遷咸平路宣撫司經歷官。興定初，宣撫使蒲鮮萬奴有異志，〔五〕欲棄咸平徙曷懶路，持勝力止之，萬奴怒，杖之八十。持勝走上京，告行省太平。是時，太平已與萬奴通謀，口稱持勝忠，而心實不然，署持勝左右司員外郎。

既而，太平受萬奴命，焚毀上京宗廟，執元帥承充，奪其軍。持勝與提控咸平治中裴滿賽不、萬戶韓公恕約，殺太平，復推承充行省事，共伐萬奴。事泄，俱被害。詔贈持勝中順大夫、韓州刺史，賽不鎭國上將軍、顯德軍節度使，公恕明威將軍、信州刺史。

賈邦獻，霍州霍邑縣陳村人也。舉進士第。質直有勇略。大元攻河東，邦獻集居民爲守禦計。既而，兵大至，居民悉降。邦獻棄其家，獨與子懿保於松平寨。是時，權知州事劉珍在寨，與之共守，竟能成功。珍每欲辟之，邦獻輒以衰老爲辭。

興定四年十月，兵復大至，病不能避，與懿俱被執。欲以爲鎭西元帥，且持刃脅之，邦獻不屈，密遣懿歸松平，遂自剄。贈奉直大夫、本縣令。

移剌阿里合，遼人。興定間，累遷霍州刺史。興定四年正月，移霍州治好義堡。大元兵至，阿里合力戰不能敵，兵敗被執。誘使降，阿里合曰：「吾有死無貳。」叱使跪，但向闕而立，於是叢矢射殺之。

寶昌軍節度副使孔祖湯同時被獲。旣又令祖湯跪，祖湯不從，亦死。詔贈阿里合龍虎衞上將軍、泰定軍節度使，祖湯資善大夫、同知平陽府事。祖湯，泰和三年進士。

完顏六斤，中都路胡土愛割蠻猛安人。大安中，以廕補官，選充親軍。調阜平尉，遷方城令，改通州軍事判官，以功遷本州刺史。頃之，元帥右都監蒲察七斤執之以去。未幾，挈家脫歸，除同知臨洮府事，徙慶陽，遷保大軍節度使。興定五年，鄜州破，六斤自投崖下死焉。贈特進、知延安府事。詔陝西行省訪其子孫以聞。

紇石烈鶴壽，河北西路山春猛安人。性淳質，軀幹雄偉。初充親軍。中泰和三年武舉，調褒信縣副巡檢。六年，宋人圍蔡州，鶴壽請于防禦使，與勇士五十人夜斫宋營，使諸軍譟于城上，斬三百餘級，宋兵自相蹂踐，死者千餘人。遲明，宋人解圍去。鶴壽追之，使殿曳柴，宋人顧塵起，以爲大兵且至，遂奔，追至陳寨而還。已而，宋兵復據新蔡、新息、褒信三縣，鶴壽皆復取之，得馬三百匹。充行軍萬戶，從大軍出壽春，敗宋人于渦口，奪馬千餘匹，攻下眞、滁二州及盱眙軍。軍還，進九官，遷同知息州軍州事。改萬寧宮同提舉。大安三年，充西南路馬軍萬戶。夏人五萬圍東勝，鶴壽救之，突圍入城，夏兵解去。遷兩階，賜銀百兩、重綵十端。遷尙方署令，充行軍副統，升充行省左翼都統。轉武衞軍都統，充馬軍副提控。轉鈐轄，充都城東面宣差副提控。

貞祐二年，丁父憂，起復武寧軍節度副使。破紅襖賊于蘭陵石城堌，一切掠良人爲生口。監察御史陳規奏：「乞勅有司，凡鶴壽所獲俱從放免。」詔徐州、歸德行院拘括放之。尋遙授同知武寧軍節度使事，兼節度副使。坐出獵縱火延燒官草，杖一百，改同知河平軍節度使事。

興定元年，充馬軍都提控，入宋襄陽界，遙授同知武勝軍節度使事，改遙授睢州刺史。二年，攻棗陽，三敗宋兵，改遙授同知歸德府事。三年，奪宋石渠寨，決去棗陽濠水，加宣差鄧州路軍馬從宜，遙授汝州防禦使。四年，宋扈太尉步騎十萬圍鄧州，鶴壽分兵拒守，出府庫金帛賞士，許以遷官加爵。自將餘衆日出搏戰，宋兵焚營去，鶴壽被創不能騎馬，遣招撫副使朮虎移剌答追及之，殺數十人，奪其俘而還。詔所散金帛勿問，將士優遷官爵，鶴壽遷金紫光祿大夫，遙授武勝軍節度使。

俄丁母憂，以本官起復，權元帥左都監，行元帥府于鄜州。興定五年閏十二月，鄜州破，〔六〕鶴壽與數騎突出城，追及之，鶴壽據土山力戰而死。謚果勇。

蒲察婁室，東北路按出虎割里罕猛安人。泰和三年進士。調慶都、牟平主簿，以廉能遷中都右警巡副使。補尚書省令史，知管差除。貞祐初，除吏部主事、監察御史。丁母憂，服闋，充行省經歷官，改京兆治中，遙授定西州刺史，充元帥參議官。

興定二年，與元帥承裔攻下西和州。白撒由秦州進兵抵棧道，宋人悉銳來拒，婁室乘高立幟，策馬旋走，揚塵爲疑兵，別遣精騎掩出其後，宋兵大潰，乘勝遂拔興元。進一階，除丹州刺史。

再遷同知河中府事，權元帥右都監、河東路安撫使。復取平陽、晉安，優詔褒寵，進一階，賜銀二百兩、重幣二十端，遙授孟州防禦使，權都監如故。將兵救鄜州，轉戰而至，城破死之。贈資德大夫、定國軍節度使，謚襄勇。勅行省求其尸以葬。

女奚烈資祿本姓張氏，咸平府人。泰和伐宋，從軍有功，調易縣尉，遷潞縣主簿。貞祐初，遙授同知德州防禦事，改秦州。三年，遙授同知通遠軍節度事。興定元年，改西寧州刺史，賜今姓。久之，遙授同知臨洮府事，兼定西州刺史。從元帥右都監完顏阿鄰破宋兵于梢子嶺。三年，攻破武休關，資祿功最。詔比將士遷五官、職二等外，資祿更加官、職一等，遙授通遠軍節度使，刺史如故。

五年，遙授隴安軍節度使，俄改金安軍，詔曰：「陝西行省奏軍官闕員。卿久在行陣，御下有法，舊隸士卒多在京兆。今正防秋，關、河要衝，悉心備禦。」將兵救鄜州。閏十二月，鄜州破，被執不肯降，遂死。贈銀青榮祿大夫、中京留守。元光元年，言事者謂資祿褒贈尚薄，詔錄其二子烈山、林泉，升職一等，陝西行省軍中用之。

趙益，太原人。讀書肄業。大元兵入境，益鳩合土豪，保聚山砦，〔七〕屢戰有功。晉陽公郭文振署爲壽陽令，駐兵榆次重原寨。遂率衆收復太原，夜登其城，斬馘甚衆，所獲馬仗不可計，護老幼二萬餘口以出。升太原治中，復擢同知府事、兼招撫使。

元光元年八月，大元兵大至，攻城益急，知不可支，迺自焚其府庫，殺妻子，沉其符印于井，遂自殺。宣宗聞之嘉歎，贈銀青榮祿大夫、河東北路宣撫使，仍諭有司求其子孫錄用。

侯小叔，河東縣人。爲河津水手。貞祐初，籍充鎭威軍，以勞補官。元光元年，遷河中府判官，權河東南路安撫副使。小叔盡護農民入城，以家財賞戰士。河中圍解，遷治中，安撫如故。樞密院奏：「小叔才能可用，權位輕不足以威衆，乞假符節。」十二月，詔權元帥右都監，〔八〕便宜從事。

提控吳德說小叔出降，叱出斬之。表兄張先從容言大兵勢重，可出降以保妻子，小叔怒謂先曰：「我舟人子，致身至此，何謂出降。」縛先於柱而殺之，飯僧祭葬，以盡戚黨之禮。頃之，樞密院遣都監訛論與小叔議兵事，小叔出城與訛論會，石天應乘之取河中府，作浮橋通陝西。小叔駐樂李山寨，衆兵畢會，夜半坎城以登，焚樓櫓，火照城中，天應大驚不知所爲，盡棄輜重、牌印、馬牛雜畜，死于雙市門。小叔燒絕浮橋，撫定其衆。遷昭毅大將軍，遙授孟州防禦使、同知府事，監軍、安撫如故。

二年正月，大元軍騎十萬圍河中，總帥訛可遣提控孫昌率兵五千，樞密副使完顏賽不遣李仁智率兵三千，俱救河中。小叔期以夜中鳴鉦，內外相應。及期，小叔出兵戰，昌、仁智不敢動。小叔斂衆入城，圍益急，衆議出保山寨，小叔曰：「去何之？」密遣經歷官張思祖潰圍出，奔告于汴京。

明日，城破，小叔死，不得其尸。總帥訛可以河中府推官籍阿外代小叔權右都監。樞密院奏：「小叔功卓異，或疑尚在，遽令阿外代之，絕歸向之路。」至是，小叔已亡四十餘日，中條諸寨無所統領，乃詔阿外權領。宣宗思小叔功，下詔褒贈，切責訛可不救河中之罪。

王佐字輔之，霍州農家子。豁略不事產業，輕財好施，善騎射。興定中，聚兵數千人，權領霍州事。平陽胡天作承制加忠勇校尉、趙城丞，遷霍邑令、同知蒲州軍事，權招撫副使、蒲州經略使。詔遷宣武將軍，遙授寶昌軍節度副使。

大元兵取青龍堡，佐被獲，署霍州守將，隸元帥崔環，質其妻子。招撫使成天祐與環有隙，佐與天祐謀殺環，天祐曰：「君妻子爲質奈何？」佐曰：「佐豈顧家者邪？」元光二年七月，〔九〕因環出獵殺之，率軍民數萬請命，加龍虎衞上將軍、元帥右監軍、兼知平陽府事。佐與平陽公史詠素不協，請徙沁州玉女寨，詔從之，仍令聽上黨公完顏開節制。是歲七月，救襄垣，中流矢卒。贈金吾衞上將軍，以其子爲符寶典書。

黃摑九住，臨潢人。大定間，以廕補部令史，轉樞密院令史，調安肅州軍事判官。明昌四年，爲大理執法，同知薊州軍事，再遷潞王府司馬，累官河東北路按察使、轉運使，改知彰德府事。戰歿。贈榮祿大夫、南京留守，仍錄用其子孫。

烏林荅乞住，大名路猛安人。大定二十八年進士。累官補尚書省令史，除山東提刑判官、英王府司馬。御史臺舉前在山東稱職，改太原府治中。簽陝西按察司事，歷汝州、沁州刺史，北京、臨潢按察副使，遷蒲與路節度使。未幾，以罪奪三官，解職，降德昌軍節度副使。崇慶初，戍邊有功，遷一官，賞銀百兩、重幣十端，轉利州刺史。貞祐初，改同知咸平府事，遷歸德軍節度使。改興平軍，就充東面經略使。尋罷經略司，改元帥右都監。赴援中都戰歿。贈榮祿大夫、參知政事，以參政半俸給其家。

陀滿斜烈，咸平路猛安人。襲父猛安。明昌中，以所部兵充押軍萬戶，戍邊。承安中，討契丹有功，除陳州防禦使。遷知平涼府事，改保大軍節度使，徙知彰德府事。貞祐四年，大元兵復取彰德，斜烈死焉。

尼厖古蒲魯虎，中都路猛安人。明昌五年進士。累官補尚書省令史，從平章政事僕散揆伐宋。兵罷，除同知崇義軍節度使事。察廉，改東平府治中。歷環州、裕州刺史，翰林待制，開封府治中，大理卿。尋擢知河南府事，兼河南路副統軍。貞祐四年，急備京西，爲陝州宣撫副使、兼西安軍節度使。是歲，大元兵取潼關，戍卒皆潰，蒲魯虎禦戰，兵敗死焉。

兀顏畏可，隆安路猛安人。補親軍，充護衞，除益都總管府判官、中都兵馬副都指揮使，累官會州刺史。貞祐初，爲左衞將軍、拱衞直都指揮使、山東副統軍、安化軍節度使。土賊據九仙山爲巢穴，畏可擁衆不擊，賊愈熾。東平行省蒙古綱劾奏畏可不任將帥，朝廷不問。改鎭西軍，權經略副使，歷金安、武勝軍。〔一〇〕興定四年，改泰定軍。是歲五月，兗州破，死焉。

兀顏訛出虎，隆安府猛安人。大定二十八年進士。累官補尙書省令史，除順天軍節度副使，召爲治書侍御史，刑部員外郎、單州刺史、戶部郎中、河東北路按察副使、同知大興府事、秦州防禦使。丁母憂，起復泗州防禦使，遷武寧軍節度使，徙河平軍、兼都水監。坐前在武寧奏軍功不實，降沂州防禦使，遷汾陽軍節度使、兼經略使。興定二年九月，城破死焉。

粘割貞本名抄合，西南路招討司人。大定二十八年進士。歷教授、主簿，用薦舉除河北大名提刑知事。察廉遷都轉運戶籍判官，累官泰定軍節度副使。丁父憂，服闋，除德興治中、宣德州刺史。貞祐元年十二月，貞以禮部郎中攝國子祭酒，與恩州刺史攝武衞軍副都指揮使粘割合達、河間府判官攝同知順天軍節度使事梅只乞奴、保州錄事攝永定軍節度副使伯德張奴出議和事。〔二〕二年，和議成，賞銀二百兩、重幣十端、玉吐鶻。改戶部侍郎，歷沁南、河平、鎭南、集慶、汾陽軍節度使。貞祐四年，改昭義軍，充潞州經略使。興定二年，入爲工部尚書。由壽州伐宋，攻正陽有功。權元帥左都監，守晉安府。興定三年十一月，城破，貞與府官十餘人皆死之。

校勘記

〔一〕賈邦獻　「獻」原作「憲」。按本卷賈邦獻傳，其名凡五見，三作「獻」，二作「憲」，殿本則一律作「憲」。嘉慶重修一統志卷一五三霍州，誌其州歷朝人物，有「賈邦獻」。今皆改作「獻」。又上目「奧屯醜和尚」，「屯」原作「敦」；下目「陀滿斜烈」，「陀」原作「駞」；「尼厖古蒲魯虎」，「魯」原作「路」；「粘割貞」，「貞」原作「眞」。皆同音異譯，今亦據傳文統一。

〔二〕歲時致祭　原脫「歲」字，據文義補。

〔三〕惟令寶昌軍節度使從宜規畫鹽池之利　「池」原作「地」。按本書卷二六地理志，河東南路解州「貞祐三年復升爲節鎮，軍名寶昌」。所轄解縣、安邑皆有「鹽池」。今據改。

〔四〕留澠池數日　「澠」原作「沔」，今改。參考本書卷二五地理志校記〔一九〕。

〔五〕興定初宣撫使蒲鮮萬奴有異志　按本書卷一四宣宗紀，貞祐三年十月壬子，「遼東賊蒲鮮萬奴僭號，改元天泰」。卷一〇三完顏鐵哥傳，「貞祐二年，遷東北路招討使兼德昌軍節度使。蒲鮮萬奴在咸平，忌鐵哥兵强，牒取所部騎兵二千，又召泰州軍三千及戶口遷咸平，鐵哥察其有異志，不遣」。則「興定初」當爲「貞祐初」。

〔六〕興定五年閏十二月鄜州破　「閏十二月」原作「十月」。按本書卷一六宣宗紀，興定五年「閏月辛巳朔，大元兵徇鄜州，……，權元帥左都監紇石烈鶴壽、……遙授金安軍節度使女奚烈資祿皆死之」。本卷女奚烈資祿傳，「興定五年，遙授隴安軍節度使，俄改金安軍，將兵救鄜州。閏十二月，鄜州破，被執不肯降，遂死」。今據改。

〔七〕保聚山硤　「硤」原作「陜」。按上文云，「盆鳩合土豪」，且云「保聚」，則規模必不甚大。又下文亦僅記其「率衆收復太原」，而不及陜事，則「陜」字必譌。施云「陜」當作「硤」是。今據改。

〔八〕詔權元帥右都監　「右」原作「左」。按本書卷一六宣宗紀，元光元年「十二月乙亥朔，以河中治中侯小叔權元帥右都監，便宜行事」。又本傳下文「總帥訛可以河中府推官籍阿外代小叔權右都監」。皆作「右都監」。今據改。

〔九〕元光二年七月　按本書卷一六宣宗紀，元光二年「夏四月癸酉朔，復霍州汾西縣，詔給空名宣勅，遷賞將士之有功者」。王佐反正當在此時。本卷下文記佐死於七月亦可證。知此作「七月」誤。

〔一〇〕歷金安武勝軍　「金」原作「全」。按金無「全安軍」。本書卷二六地理志，京兆府路，「華州，貞祐三年八月升爲節鎭，軍曰金安」。今據改。

〔一一〕保州錄事攝永定軍節度副使伯德張奴出議和事　原脫「軍」字。按本書卷二四地理志，中都路，「雄州，天會七年置永定軍節度使」。今據補。

金史卷一百二十三

列傳第六十一

忠義三

徒單航　完顏陳和尚　楊沃衍〔一〕　烏古論黑漢
陀滿胡土門　姬汝作　愛申馬肩龍附　禹顯

徒單航一名張僧，駙馬樞密使某之子也。父號九駙馬，衞王有事北邊，改授都元帥，仍權平章，殊不允人望。張僧時爲吏部侍郎，力勸其父請辭帥職，遂拜平章。至寧元年，胡沙虎弑逆，降航爲安州刺史。會北兵大至城下，聲言都城已失守，汝可速降。航謂其民曰：「城守雖嚴，萬一攻破，汝輩無孑遺矣。我家兩世駙馬，受國厚恩，決不可降。汝輩計將安出？」其民曰：「太守不屈，我輩亦何忍降，願以死守。」航乃盡出家財以犒軍民，軍民皆盡力備禦。又五日，城危，航度不可支，謂其妻孥曰：「今事急矣，惟有死爾。」乃先縊其妻孥，謂其家人曰：「我死卽撤屋焚之。」遂自縊死。城破，人猶力戰，曰：「太守旣死，我輩不可獨降。」死者甚衆。

完顏陳和尚名彝，字良佐，世以小字行，豐州人。系出蕭王諸孫。父乞哥，泰和南征，以功授同知階州軍事，及宋復階州，乞哥戰歿於嘉陵江。

貞祐中，陳和尚年二十餘，爲北兵所掠，大帥甚愛之，置帳下。時陳和尚母留豐州，從兄安平都尉斜烈事之甚謹。陳和尚在北歲餘，託以省母，乞還，大帥以卒監之至豐。乃與斜烈劫殺監卒，奪馬奉其母南奔，大兵覺，合騎追之，由他路得免。旣而失馬，母老不能行，載以鹿角車，兄弟共輓，南渡河。宣宗奇之。

斜烈以世官授都統，陳和尚試補護衞，未幾轉奉御。及斜烈行壽、泗元帥府事，奏陳和尚自隨，詔以充宣差提控，佩金符。斜烈辟太原王渥爲經歷。渥字仲澤，文章論議與雷淵、李獻能相上下，故得師友之。陳和尚天資高明，雅好文史，自居禁衞日，人以秀才目之。至是，渥授以孝經、小學、論語、春秋左氏傳，略通其義。軍中無事，則窗下作牛毛細字，如寒苦之士，其視世味漠然。

正大二年，斜烈落帥職，例爲總領，屯方城。陳和尚隨以往，凡兄軍中事皆預知之。斜烈時在病，軍中李太和者與方城鎮防軍葛宜翁相毆，訴於陳和尚，宜翁事不直，卽量笞之。宜翁素凶悍，恥以理屈受杖，竟鬱鬱以死，留語其妻必報陳和尚。妻訟陳和尚以私忿侵官，故殺其夫，訴於臺省，於近侍，積薪龍津橋南，約不得報則自焚以謝其夫。以故陳和尚繫獄。議者疑陳和尚，狃於禁近倚兵閫之重必横恣違法，當以大辟。奏上，久不能決。陳和尚聚書獄中讀之，凡十有八月。明年，斜烈病愈，詔提兵而西，入朝，哀宗怪其瘦甚，問：「卿寧以方城獄未決故耶？卿但行，吾今赦之矣。」以臺諫復有言，不敢赦。未幾，斜烈卒。上聞，始馳赦陳和尚，曰：「有司奏汝以私忿殺人。汝兄死，失吾一名將。今以汝兄故，曲法赦汝，天下必有議我者。他日，汝奮發立功名，國家得汝力，始以我爲不妄赦矣。」陳和尚且泣且拜，悲動左右，不能出一言爲謝。乃以白衣領紫微軍都統，踰年轉忠孝軍提控。

五年，北兵入大昌原，平章合達問誰可爲前鋒者，陳和尚出應命，先已沐浴易衣，若將就木然者，擐甲上馬不反顧。是日，以四百騎破八千衆，三軍之士踴躍思戰，蓋自軍興二十年始有此捷。奏功第一，手詔褒諭，授定遠大將軍、平涼府判官，世襲謀克。一日名動天下。

忠孝一軍皆回紇、乃滿、羌、渾及中原被俘避罪來歸者，鷙狠凌突號難制。陳和尙御之有方，坐作進退皆中程式，所過州邑常料所給外秋毫無犯，街曲間不復喧雜，每戰則先登陷陣，疾若風雨，諸軍倚以爲重。六年，有衞州之勝。〔三〕八年，有倒回谷之勝。自刑徒不四五遷爲禦侮中郎將。

副樞移剌蒲阿無持重之略，嘗一日夜馳二百里趨小利，軍中莫敢諫止。陳和尙私謂同列曰：「副樞以大將軍爲剽略之事，今日得生口三百，明日得牛羊一二千，士卒喘死者則不復計。國家數年所積，一旦必爲是人破除盡矣。」或以告蒲阿，一日，置酒會諸將飲，酒行至陳和尙，蒲阿曰：「汝曾短長我，又謂國家兵力當由我盡壞，誠有否？」陳和尙飲畢，徐曰：「有。」蒲阿見其無懼容，漫爲好語云：「有過當面論，無後言也。」

九年正月，三峯山之敗，走鈞州。城破，大兵入，即縱軍巷戰。陳和尙趨避隱處，殺掠稍定乃出，自言曰：「我金國大將，欲見白事。」兵士以數騎夾之，詣行帳前。問其姓名，曰：「我忠孝軍總領陳和尙也。大昌原之勝者我也，衞州之勝亦我也，倒回谷之勝亦我也。我死亂軍中，人將謂我負國家，今日明白死，天下必有知我者。」時欲其降，斫足脛折不爲屈，豁口吻至耳，噀血而呼，至死不絕。大將義之，酹以馬湩，祝曰：「好男子，他日再生，當令我得之。」時年四十一。是年六月，詔贈鎭南軍節度使，塐像褒忠廟，勒石紀其忠烈。

斜烈名鼎，字國器，畢里海世襲猛安。年二十，以善戰知名。自壽、泗元帥轉安平都尉，鎮商州，威望甚重，敬賢下士，有古賢將之風。初至商州，一日搜伏，於大竹林中得歐陽脩子孫，問而知之，併其族屬鄉里三千餘人皆縱遣之。

楊沃衍一名斡烈，賜姓兀林荅，朔州靜邊官莊人，本屬唐括迪剌部族。少嘗爲北邊屯田小吏，會大元兵入境，朝命徙唐括族內地，沃衍留不徙，率本部族願從者入保朔州南山茶杞溝，有衆數千，推沃衍爲招撫使，號其溝曰府。故殘破鎮縣徒黨日集，官軍不能制，又與大兵戰，連獲小捷，及乏食遂行剽劫，官軍捕之，拒戰不下，轉走寧、陝、武、朔、寧邊諸州，民以爲病。朝廷遣人招之，沃衍卽以衆來歸。時宣宗適南遷，次淇門，聞之甚喜，遂以爲武州刺史。

武州屢經殘毀，沃衍入州未幾而大兵來攻，死戰二十七晝夜不能拔，乃退，時貞祐二年二月也。既而，朝廷以武州終不可守，令沃衍遷其軍民駐嵓嵐州，以武州功擢爲本州防禦使。俄升嵓嵐爲節鎮，以沃衍爲節度使，仍詔諭曰：「卿於國盡忠，累有勞績。今特升三品，恩亦厚矣，其益勵忠勤，與宣撫司輯睦以安軍民。」沃衍自奉詔即以身許國，曰：「爲人不死王事而死於家，非大丈夫也。」

三年，奉旨屯涇、邠、隴三州，沃衍分其軍九千人爲十翼五都統，親統者十之四。是冬，西夏四萬餘騎圍定西州，〔三〕元帥右都監完顏賽不以沃衍提控軍事，率兵與夏人戰，斬首幾二千，生擒數十人，獲馬八百餘疋，器械稱是，餘悉遁去。詔陝西行省視功官賞之。

興定元年春，上以沃衍累有戰功，賜今姓。未幾，遙授通遠軍節度使、兼鞏州管內觀察使。是冬，詔陝西行省伐宋，沃衍與元帥左都監內族白撒、通遠軍節度使溫迪罕婁室、同知通遠軍節度使事烏古論長壽、平西軍節度副使和速嘉兀迪將兵五千出鞏州鹽川，〔四〕至故城逢夏兵三百，擊走之。又入西和州至岐山堡，遇兵六千凡三隊，遣軍分擊，逐北三十餘里，斬首四百級，生獲十人、馬二百疋、甲仗不勝計。尋復得散關。二年正月，捷報至，上大喜，詔遷沃衍官一階，遙授知臨洮府事。三年，武休關之捷，沃衍功居多，詔特遷一官。

元光元年正月，遙授中京留守。六月，進拜元帥右監軍，仍世襲納古胡里愛必剌謀克。二年春，北兵游騎數百掠延安而南，沃衍率兵追之，戰于野猪嶺，獲四人而還。俄而，兵大至，駐德安寨，復擊走之。未幾，大兵攻鳳翔還，道出保安，沃衍遣提控完顏查剌破于石樓臺，前後獲馬二百、符印數十。詔有司論賞。

初，聞野猪嶺有兵，沃衍約陀滿胡土門以步軍會戰。胡土門宿將，常輕沃衍，至是失期。沃衍戰還，會諸將欲斬胡土門，諸將哀請乃釋之。時大兵聲勢益振，陝西行省檄沃衍清野，不從，曰：「我若清野，明年民何所得食。」遂隔大澗持勢使民畢麥事。正大二年，進拜元帥左監軍，遙領中京留守。

八年冬，平章合達、參政蒲阿由鄧州而西，沃衍自豐陽川遇於五朵山下，問禹山之戰如何，合達曰：「我軍雖勝，而大兵已散漫趨京師矣。」沃衍憤云：「平章、參政蒙國厚恩，握兵柄，失事機，不能戰禦，乃縱兵深入，尚何言耶。」

三峯山之敗，沃衍走鈞州。其部曲白留奴、呆劉勝旣降，請于大帥，願入鈞招沃衍。大帥質留奴，令勝入鈞見沃衍，道大帥意，降則當授大官。沃衍善言慰撫之，使前，拔劍斫之，曰：「我起身細微，蒙國大恩，汝欲以此汚我耶。」遂遺語部曲後事，望汴京拜且哭曰：「無面目見朝廷，惟有一死耳。」卽自縊。部曲舉火幷所寓屋焚之，從死者十餘人。沃衍死時年五十二。

初，大兵破西夏，長驅而至，關輔千里皆洶洶不安，雖智者亦無如之何。沃衍與其部將劉興哥者率兵往來邠、隴間，屢戰屢勝，故大軍猝不能東下。

興哥，鳳翔虢縣人，起於羣盜，人呼曰「熱劉」。後於清化戰死，大兵至酹酒以弔，西州耆老語之至爲泣下。

烏古論黑漢，初以親軍入仕，嘗爲唐、鄧元帥府把軍官。天興二年，唐州刺史內族斜魯病卒，鄧州總帥府以蒲察都尉權唐州事。宋軍兩來圍唐，又唐之糧多爲鄧州所取，以故乏食。六月，遣萬戶夾谷定住入歸德，奏請軍糧，不報。七月，鎮防軍馮總領、甄改住爲變，殺蒲察都尉。時朝廷道梗，帥府承制以黑漢權刺史行帥府事。

既而，鎮防軍有歸宋之謀，時裕州大成山聶都統一軍五百人在州，獨不欲歸宋，與鎮防軍爲敵，鎮防不能勝，棄老幼奔棗陽，宋人以故知唐之虛實。會鄧帥移剌瑗以城叛歸于宋，〔五〕遺書招黑漢，黑漢殺其使者不報。

宋王安撫率兵攻唐，鄂司王太尉繼至，攻益急。黑漢聞哀宗遷蔡，遣人求救，上命權參政兀林荅胡土將兵以往。宋人設伏，縱其半入城，邀擊之，胡土大敗，僅存三十騎以還。

城中糧盡，人相食，黑漢殺其愛妾啖士，士爭殺其妻子。官屬聚議欲降，黑漢與聶都統執議益堅，馮總領乃私出城與王安撫會飲，約明日宋軍入城。馮歸，宋軍不得入，聶都統請馮議事，卽坐中斬之，及其黨皆死。總領趙醜兒者初與馮同謀，內不自安，開西門納宋軍。黑漢率大成山軍巷戰，自辰至午，宋軍大敗而出，殺傷無數。宋人城下大呼趙醜兒，約併力殺大成山軍。大成軍敗，宋人獲黑漢，脅使降，黑漢不屈，爲所殺。其得脫走者十餘人，總領移剌望軍、女奚烈軍、醜兒走蔡州，皆得遷賞，後俱死於甲午之難。

陀滿胡土門字子秀，策論進士也。累官翰林待制。貞祐二年，遷知中山府。三年，改知臨洮府、兼本路兵馬都總管。叛賊蘭州程陳僧等誘夏人入寇，圍臨洮凡半月，城中兵數千而粟且不支，衆皆危之。胡土門日爲開諭逆順禍福，皆自奮，因捕其黨欲爲內應者二十人，斬之，擲首城外。賊四面來攻，乃夜出襲賊壘，夏兵大亂，金軍乘之，遂大捷，夏人遁去。

四年，知河中府事，權河東南路宣撫副使。十月，進元帥右監軍、兼前職。興定二年，爲絳陽軍節度使、兼絳州管內觀察使。十月，遷元帥左監軍、行元帥府事、兼知晉安府、河東南路兵馬都總管。於是，修城池，繕甲兵，積芻糧，以備戰守。民不悅，行省胥鼎聞之，遺以書曰：「元帥始鎭河中，惠愛在民，移旆晉安，遠近忻仰。去歲兵入，平陽不守，河東保完者惟絳而已。蓋公坐籌制勝，威德素著，故不動聲氣以至無虞也。邇來傳聞，治政太剛，科徵太重，鼎切憂之。古人有言，御下不寬則人多懼禍，用人有疑則士不盡心。況大兵在邇，鄰境已虛，小人易動，誠不可不慮也。願公以謙虛待下，忠孝結人，明賞罰，平賦稅，上以分聖主宵旰之憂，下以爲河東長城之託。」

胡土門得書，懼民不從且或生變，乃上言：「臣本瑣材，猥膺重寄，方將治隍陴、積芻糧爲捍禦之計，而小民難與慮始，以臣政令頗急，皆有怨言，遂貽行省之憂。自聞訓諭，措身無所，內自悛悔，外加寬撫，庶幾少慰衆心。而近以朝命分軍過河，則又讙言帥臣不益兵保守，而反助河南，將棄我也。人心如此，恐一旦遂生他變。向者李革在平陽，人不安之，而革隱忍不言，以至于敗。臣實拙繆，無以服人，敢以鼎書上聞，惟朝廷圖之。」朝廷以鼎言，遣吏部尚書完顏閭山代之。或曰，胡土門欲以計去晉安，乃大興役，恣爲殺戮，務失民心，故鼎言及之。未幾，晉安失守，死者幾百萬人，遂失河東。

三年八月，改太常卿、權簽樞密院事、知歸德府事。元光二年二月，坐上書不實，削一官。正大三年七月，復爲臨洮府總管。四年五月，城破被執，誘之降不應，使之跪不從，以刀亂斫其膝脛，終不爲屈，遂殺之。五年，詔贈中京留守，立像褒忠廟，錄用其子孫。其妻烏古論氏亦死節，有傳。

姬汝作字欽之，汝陽人，全州節度副使端脩之姪孫也。父懋以廕試部掾，轉尚書省令史。汝作讀書知義理，性豪宕不拘細行，平日以才量稱。正大末，避兵崧山，保鄉鄰數百家，衆以長事之。後徙居交牙山砦，會近侍局使烏古論四和撫諭西山，以便宜授汝作北山招撫使，佩銀符，遂還入汝州。

初，汝州殘破之後，天興元年正月，同知宣徽院事張楷授防禦使，自汴率襄、郟縣土兵百餘人入青陽堢。時呼延實者領青陽砦事。實，趙城人，本楊沃衍部曲，以戰功至寶昌軍節度使，閒居汝之西山。楷自揣不能服衆，乃以州事託實，尋往鄧州從恒山公武仙。後大元兵至，城破，殺數千人，乃許降，以張宣差者管州事。三月，鈞州潰軍柳千戶者入州，張逃去，柳遂據之。未幾，城復破。

及汝作至，北兵雖去，但空城爾。汝作招集散亡，復立市井，北兵屢招之不從，數戰互有勝負。已而，北兵復來攻，汝作親督士卒，以死拒之。兵退，間道納奏，哀宗宣諭：「此州無險固可恃，汝乃能爲國用命，今授以同知汝州防禦使，便宜從事。」

是時，此州南通鄧州，西接洛陽，東則汴京，使傳所出，供億三面，傳通音耗。然呼延實在青陽爲總帥，忌汝作城守之功，不能相下，州事動爲所制。實欲遷州入山，謂他日必爲大兵所破。汝作以爲倉中糧尚多，四面潰軍日至，此輩經百死，激之皆可用，朝廷倚我守此州，總帥乃欲棄之，何心哉。讒間既行，有相圖之隙，詳議官楊鵬釋之曰「外難未解而顧私忿」，語甚諄切。實乃還山，鵬因勸汝作納奏，乞死守此州，以堅軍民之心。其冬，戰于襄、郟，得馬百餘，士氣頗振，遂以汝作爲總帥，不復與實相關矣。

天興二年六月，哀宗在蔡州，遣使徵兵入援。州人爲邏騎所擾，農事盡廢，城中糧亦垂盡。是月，中京破，部曲私議有脣亡之懼，謀以城降，懼汝作，不敢言，乃以遷州入山白之。汝作怒曰：「吾家父祖食祿百年，今朝廷又以州事帥職委我，吾生爲金民，死爲金鬼。汝輩欲避於山，非欲降乎？有再言遷者吾必斬之。」

八月，塔察將大兵攻蔡，經汝州。州人梁皐作亂，與故吏溫澤、王和七八人徑入州廨，汝作不爲備，遂爲所殺。時宜使石珪體究洛陽所以破及强伸死節事，以路阻，留汝州驛。梁皐既殺汝作，走告珪曰：「汝作私積糧斛，不卹軍民，衆怒殺之矣。皐不圖汝作官職，惟宜使裁之。」珪懼，乃以皐權汝州防禦使、行帥府事。脫走入蔡，以皐殺汝作事聞。

哀宗甚嗟惜之，遣近侍張天錫贈汝作昌武軍節度使，子孫世襲謀克，仍詔峴山帥呼延實、登封帥范眞併力討皐。天錫避峴山遠，先約范眞，眞以麾下李某者往，以撫諭軍民爲名。皐率軍士迎於東門，知朝廷圖己，陰爲之備，李猶豫不敢發。皐館天錫于望嵩樓，隱毒於食，天錫遂中毒而死。臯後爲大元兵所殺。

楊鵬字飛卿，能詩。

愛申逸其族與名，或曰一名忙哥。本虢縣鎭防軍，累功遷軍中總領。李文秀據秦州，宣宗詔鳳翔軍討之，軍圍秦州城。時愛申在軍中，有罪當死。宣宗問之樞帥，有知其名者奏此人將帥材，忠實可倚。宣宗命馳赦之，以爲德順節度使、行元帥府事。

正大四年春，大兵西來，擬以德順爲坐夏之所，德順無軍，人甚危之。愛申識鳳翔馬肩龍舜卿者可與謀事，乃遺書招之。肩龍得書欲行，鳳翔總管禾速嘉國鑑以大兵方進，吾城可恃，德順決不可守，勸勿往。肩龍曰：「愛申平生未嘗識我，一見許爲知己。我知德順不可守，往則必死，然以知己故，不得不爲之死耳。」乃舉行槖付族父，明爲死別，冒險而去。旣至，不數日受圍，城中惟有義兵鄉軍八九千人，大兵舉天下之勢攻之。愛申假舜卿鳳翔總管府判官，守禦一與共之。凡攻百二十晝夜，力盡乃破，愛申以劍自剄，時年五十三。軍中募生致肩龍，而不知所終。臺諫有言當贈德順死事者官，以勸中外。詔各贈官，配食褒忠廟。

肩龍字舜卿，宛平人。先世遼大族，有知興中府者，故人號興中馬氏。祖大中，金初登科，節度全、錦兩州。父成誼，明昌五年登科，仕爲京兆府路統軍司判官。肩龍在太學有賦聲。

宣宗初，有誣宗室從坦殺人，將置之死。人不敢言其冤，肩龍上書，大略謂：「從坦有將帥材，少出其右者，臣一介書生，無用於世，願代從坦死，留爲天子將兵。」書奏，詔問：「汝與從坦交分厚歟？」肩龍對曰：「臣知有從坦，從坦未嘗識臣。從坦冤人不敢言，臣以死保之。」宣宗感悟，赦從坦，授肩龍東平錄事，委行省試驗。

宰相侯摯與語不契，留數月罷歸，將渡河，與排岸官紛競，搜篋中得軍馬糧料名數及利害數事，疑其爲姦人偵伺者，繫歸德獄根勘，適從坦至，立救出之。正大三年，客鳳翔，元帥愛申深器重之，至是，同死於難。

禹顯，雁門人。貞祐初，隸上黨公張開，累以戰功授義勝軍節度使、兼沁州招撫副使。元光二年四月，大帥達兒觶、按察兒攻河東，張開遣顯扼龍猪谷，夾攻敗之，擒元帥韓光國，獲輜重甲仗甚衆，追至祁縣而還，所歷州縣悉復之。顯將軍三百人，守襄垣，八年不遷。大帥嘗集河朔步騎數萬攻之，至於數四不能拔。既而，戰於玉女寨，大獲。開言於朝，權元帥右都監。正大六年冬十二月，軍內變，城破被擒。帥義之，不欲加害。初以鐵繩鈐之，既而，密與舊部曲二十人遁去，聞上黨公軍復振，將往從之。大兵四向來追，顯適與負釜一兵相失，乞飯山寺中，僧走報焉，被執不屈死，時年四十一。

秦州人張邦憲字正叔，登正大中進士第，爲永固令。天興二年，避兵徐州。卓翼率兵至城，邦憲被執，將驅之北，邦憲罵曰：「我進士也，誤蒙朝廷用爲邑長，可從汝曹反耶。」遂遇害。

劉全者，彭城民也。率鄉隣數百避兵沬溝，推爲砦主。北兵至徐，盡俘其老幼，全父亦在其中，北兵質之以招全，全縛其人送徐州，因竊其父以歸。徐帥益都嘉其忠，承制以爲昭信校尉，遙領彭城縣尉。後遇國用安，怒其不附己，見殺。

校勘記

〔一〕楊沃衍　「沃」原作「兀」。同音異譯。今據傳文校改。又下目「陀滿胡土門」，「陀」原作「駞」，亦與傳文統一。

〔二〕六年有衞州之勝　按本書卷一七哀宗紀，正大七年「冬十月，平章合達、副樞蒲阿引兵救衞州，衞州圍解」，是其事。「六年」當作「七年」。

〔三〕是冬西夏四萬餘騎圍定西州　按本書卷一四宣宗紀，貞祐四年十一月「乙酉，元帥右都監完顏賽不來獻其提控石盞合喜、楊斡烈等大敗夏人于定西之捷」。卷一一三赤盞合喜傳，「貞祐四年十一月，夏人四萬餘騎圍定西，合喜及楊斡烈等率兵鏖戰走之」。卷一三四西夏傳，「貞祐四年十一月，提控石盞合喜、楊斡烈解定西之圍」。則「是冬」當是貞祐四年冬。上文「三年奉旨屯涇、邠、隴三州」究是三年或四年，今無可考。

〔四〕將兵五千出鞏州鹽川　「川」原作「井」。按本書卷二六地理志，臨洮路鞏州定西縣「鎮一，鹽川」。今據改。

〔五〕會鄧帥移剌瑗以城叛歸于宋　原脫「剌」字。按本書卷一八哀宗紀，天興二年五月「甲辰，鄧州節度使移剌瑗以其城叛」。卷一一八武仙傳，「仰給于鄧州總帥移剌瑗」。今據補。

金史卷一百二十四

列傳第六十二

忠義四

馬慶祥字瑞寧，本名習禮吉思。先世自西域入居臨洮狄道，以馬爲氏，後徙家淨州天山。泰和中，試補尚書省譯史。大安初，衞王始通問大元，選使副，上曰：「習禮吉思智辯通六國語，往必無辱也。」使還，授開封府判官。內城之役充應辦使，不擾而事集。未幾，大元兵出陝右，朝廷命完顏仲元爲鳳翔元帥，舉慶祥爲副，上曰：「此朕志也，且築城有勞。」卽拜鳳翔府路兵馬都總管判官。元光元年冬十一月，聞大將萌古不花將攻鳳翔，行省檄慶祥與治中胥謙分道淸野。將行，命畫工肖其貌，付其家人。或曰：「君方壯，何乃爲此不祥？」慶祥曰：「非汝所知也。」明日遂行。遇先鋒于澮水，戰不利。且行且戰，將及城，會大兵邀其歸路，度不能脫，令其騎曰：「吾屬荷國厚恩，竭力効死乃其職也。」諸騎皆曰：「諾。」人殊死戰，良久矢盡。大兵圍數匝，欲降之，軍擁以行，語言往復，竟不屈而死，年四十有六。元帥郭仲元與其尸以歸，葬鳳翔普門寺之東。事聞，詔贈輔國上將軍、恒州刺史，諡忠愍。胥謙及其子嗣亨亦不屈死，謙贈輔國上將軍、彰化軍節度使，嗣亨贈威遠將軍、鳳翔府判官。

楨州金勝堡提控僕散胡沙亦死，贈銀青榮祿大夫。

正大二年，哀宗詔褒死節士，若馬習禮吉思、王淸、田榮、李貴、王斌、馮萬奴、張德威、高行中、程濟、姬玘、張山等十有三人，爲立褒忠廟，仍錄其孤。二人者逸其名，餘亦無所考。

商衡字平叔，曹州人。至寧元年，特恩第一人，授鄜州洛郊主簿。以廉能換鄜縣，尋辟威戎令。興定三年，歲飢，民無所於糴，衡白行省，得開倉賑貸，全活者甚衆。後因地震城圮，夏人乘釁入侵，衡率蕃部土豪守禦應敵，保以無虞。秩滿，縣人爲立生祠。再辟原武令。未幾，入爲尚書省令史，轉戶部主事，兩月拜監察御史。

哀宗姨郕國夫人不時出入宮闈，干預政事，聲跡甚惡。衡上章極言，自是郕國被召乃敢進見。內族慶山奴將兵守盱眙，與李全戰敗，朝廷置而不問。衡上言：「自古敗軍之將必正典刑，不爾則無以謝天下。」詔降慶山奴爲定國軍節度使。戶部侍郎權尚書曹溫之女在掖庭，親舊干預權利，其家人塡委諸司，貪墨彰露。臺臣無敢言者，衡歷數其罪。詔罷溫戶部，改太后府衞尉。再上章言：「溫果可罪當貶逐，無罪則臣爲妄言，豈有是非不別而兩可之理。」哀宗爲之動容，乃出溫爲汝州防禦使。

未幾，爲右司都事，改同知河平軍節度使，未赴，改樞密院經歷官，遙領昌武軍同知節度使事。丞相完顏賽不領陝西行省，奏衡爲左右司員外郎，密院表留，有旨「行省地重，急於得人，可從丞相奏」。明年，召還，行省再奏留之。

正大八年，以母喪還京師。十月，起復爲秦藍總帥府經歷官。天興元年二月，關陝行省徒單兀典等敗於鐵嶺，衡未知諸帥存歿，招集潰軍以須其至。遂爲兵士所得，欲降之，不爲屈。監至長水縣東岳祠前，誘之使招洛陽，衡曰：「我洛陽識何人爲汝招之耶？」兵知不可誘，欲捽其巾。衡瞋目大呼曰：「汝欲脅從我耶？」終不肯降，望闕瞻拜曰：「主將無狀，亡兵失利。臣之罪責亦無所逃，但以一死報國耳。」遂引佩刀自剄，年四十有六。

正大初，河間許古詣闕拜章，言：「八座率非其材，省寺小臣有可任宰相者，不大升黜之則無以致中興。」章奏，詔古赴都堂，問孰爲可相者，古以衡對，則衡之材可知矣。

术甲脫魯灰，上京人，世爲北京路部長。其先有開國功，授北京路宋阿苔阿猛安，脫魯灰自幼襲爵。貞祐二年，宣宗遷汴，率本部兵赴中都扈從，上喜，特授御前馬步軍都總領。

宋人略南鄙，命同簽樞密院事時全將大軍南伐，脫魯灰率本部屢摧宋兵破城寨，以功遙授昌武軍節度使、〔一〕元帥右都監、行蔡、息等路元帥府事。既而，宋人有因畜牧越境者，邏卒擒之，法當械送朝廷，脫魯灰曰：「國家自遷都以來，境土日蹙，民力彫耗，幸邊無事人稍得息。若戮此曹則邊釁復生，兵連禍結矣。不如釋之，以絕兵端。」

哀宗卽位，授鎭南軍節度使、蔡州管內觀察使、行戶、工部尙書。時大元兵入陝西，乃上章曰：「宋人與我爲讎敵，頃以力屈自保，非其本心。今陝西被兵，河南出師，轉戰連年不絕，兵死于陣，民疲于役，國力竭矣。壽、泗一帶南接盱、楚，紅襖賊李全巢穴也。萬一宋人諜知，與全乘虛而入，腹背受敵，非計之得者也。臣已令所部沿邊警斥，以備非常。宜勑壽、泗帥臣謹斥候，嚴烽燧，常若敵至，此兵法所謂『無恃其不來，恃吾有以待之』之道也。」上是而行之。

正大二年秋，〔三〕傳言宋人將入侵，農司令民先期刈禾，脫魯灰曰：「夫民所恃以仰事俯育及供億國家者，秋成而已。今使秋無所獲，國何以仰，民何以給。」遂遣軍巡邏，聽民待熟而刈，宋人卒不入寇。諜者又報光州汪太尉將以八月發兵來取眞陽，議者請籍丁男以備，脫魯灰曰：「汪太尉恇怯人耳，寧敢爲此？必姦人聲言來寇，欲使吾民廢務也，不可信。」已而果然。

叛人焦風子者，沿河南北屢爲反覆，朝廷授以提控之職，令將三千人戍遂平。四年春，風子謀率其衆入宋，脫魯灰策之，以兵數千伏鄫陽道，賊果夜出此途，伏發殪之。

七年，大元兵攻藍關，至八渡倉退。舉朝皆賀，以爲無事。脫魯灰獨言曰：「潼關險隘，兵精足用。然商、洛以南瀕於宋境，大山重複，宋人不知守，國家亦不能逾宋境屯戍。大兵若由散關入興元，下金、房，繞出襄、漢，北入鄧鄙，則大事去矣。宜與宋人釋怨，諭以輔車之勢，脣亡齒寒，彼必見從。據其險要以備，不然必敗。」是秋，改授小關子元帥，屯商州大吉口。

九年春，從行省參政徒單吾典將潼關兵入援，至商山遇雪，大兵邀擊之，士卒饑凍不能戰而潰。脫魯灰被執不屈，拔佩刀自殺。

楊達夫字晉卿，耀州三原人。泰和三年進士。有才幹，所至可紀。召補省掾，草奏章，坐字誤，降平涼府判官。嘗主鄠縣簿，事一從簡，吏民樂之。達夫亦愛其山水之勝，因家焉。日以詩酒自娛，了無宦情。

會有詔徙民東入關，達夫與衆行，及韶，避兵于州北之橫嶺，〔三〕爲游騎所執，將褫衣害之。達夫挺然直立馬首，略無所懼，稍侵辱之，卽大言曰：「我金國臣子，旣爲汝所執，不過一死，忍裸袒以黷天日耶。」遂見殺。兩山潛伏之民竊觀之者，皆相告曰：「若此好官，異日祠之，當作我橫嶺之神。」

馮延登字子俊，吉州吉鄉人。世業醫。延登幼穎悟，旣長事舉業，承安二年登詞賦進士第。調臨眞簿、德順州軍事判官。泰和元年，轉寧邊令。大安元年秋七月，霜害稼，民艱于食，延登發粟賑貸，全活甚衆。貞祐二年，補尙書省令史，尋授河中府判官、兼行尙書省左右司員外郎。興定五年，入爲國史院編修官，改太常博士。元光二年，知登聞鼓院，兼翰林修撰，奉使夏國，就充接送伴使。

正大七年十二月，遷國子祭酒。假翰林學士承旨，充國信使。以八年春奉國書朝見於虢縣御營。有旨問：「汝識鳳翔帥否？」對曰：「識之。」又問：「何如人？」曰：「敏於事者也。」又問：「汝能招之使降卽貰汝死，不則殺汝矣。」曰：「臣奉書請和，招降豈使職乎。招降亦死，不還朝亦死，不若今日卽死爲愈也。」明日，復問：「汝曾思之不？」對如前，問至再三，執義不回。又明日，乃喻旨云：「汝罪應死，但古無殺使者理，汝愛汝須髯猶汝命也。」叱左右以刀截去之，延登岸然不動，乃監之豐州。二年後放還，哀宗撫慰久之，復以爲祭酒，歷禮、吏二部侍郎，權刑部尚書。

明年，大元兵圍汴京，倉猝逃難，爲騎兵所得，欲擁而北行。延登辭情慷慨，義不受辱，遂躍城旁井中，年五十八。

烏古孫仲端本名卜吉，字子正。承安二年策論進士。宣宗時，累官禮部侍郎。與翰林待制安延珍奉使乞和于大元，〔四〕謁見太師國王木華黎，於是安延珍留止，仲端獨往。並大夏，涉流沙，踰葱嶺，至西域，進見太祖皇帝，致其使事乃還。自興定四年七月啓行，明年十二月還至。朝廷嘉其有奉使勞，進官兩階，延珍進一階。歷裕州刺史。正大元年，召爲御史中丞，奉詔安撫陝西。及歸，權參知政事。

正大五年十二月，知開封府事完顏麻斤出、吏部郎中楊居仁以奉使不職，尙書省具獄，有旨釋之備再使。仲端言曰：「麻斤出等辱君命，失臣節，大不敬，宜償禮幣誅之。」奏上，麻斤出等免死除名。會議降大軍事，及評太后奉佛，涉亡家敗國之語，上怒，貶同州節度使。哀宗將遷歸德，召爲翰林學士承旨，兼同簽大睦親府事，留守汴京。及大元兵圍汴，日久食盡，諸將不相統一，仲端自度汴中事變不測。一日與同年汝州防禦裴滿思忠小飲，談太學同舍事以爲笑樂，因歎言「人死亦易事耳」。思忠曰：「吾兄何故頻出此語？」仲端因寫一詩示之，其詩大概謂人生大似巢燕，或在華屋杏梁，或在村居茅茨，及秋社甫臨，皆當逝去。人生雖有富貴貧賤不同，要之終有一死耳。書畢，連飮數杯，送思忠出門，曰：「此別終天矣。」思忠去，仲端卽自縊，其妻亦從死。明日，崔立變。

仲端爲人樂易寬厚知大體，奉公好善，獨得士譽。一子名愛實，嘗爲護衞、奉御，〔五〕以誅官奴功授節度，世襲千戶。

思忠名正之，本名蒲剌篤，亦承安二年進士。

烏古孫奴申，字道遠。由譯史入官。性伉特敢爲有直氣，嘗爲監察御史，時中丞完顏百家以酷烈聞，奴申以事糾罷，朝士聳然。後爲左司郎中、近侍局使，皆有名。哀宗東遷，爲諫議大夫、近侍局使、行省左右司郎中、兼知宮省事，留汴京居守。崔立變之明日，同御史大夫裴滿阿虎帶自縊死於臺中。是日，戶部尙書完顏珠顆亦自縊。

阿虎帶字仲寧，珠顆字仲平，皆女直進士。

時不辱而死者，奉御完顏忙哥、大睦親府事烏古孫仲端。〔六〕大理裴滿德輝、右副點檢完顏阿撒、參政完顏奴申之子麻因，可知者數人，餘各有傳。

蒲察琦本名阿憐，字仁卿，棣州陽信人。試補刑部掾。兄世襲謀克，兄死，琦承襲。正大六年，秦、藍總帥府辟琦爲安平都尉粘葛合典下都統兼知事。其冬，小關破，事勢已迫，琦常在合典左右，合典令避矢石，琦不去，曰：「業已從公，死生當共之，尙安所避耶。」哀宗遷歸德，汴京立講議所，受陳言文字，其官則御史大夫納合寧以下十七人，皆朝臣之選，而琦以有論議預焉。時左司都事元好問領講議，兼看讀陳言文字，與琦甚相得。

崔立變後，令改易巾髻，琦謂好問曰：「今日易巾髻，在京人皆可，獨琦不可。琦一刑部譯史，襲先兄世爵，安忍作此。今以一死付公，然死則卽死，付公一言亦剩矣。」因泣涕而別。琦既至其家，母氏方晝寢，驚而寤。琦問阿母何爲，母曰：「適夢三人潛伏梁間，故驚寤。」仁卿跪曰：「梁上人，鬼也。兒意在懸梁，阿母夢先見耳。」家人輩泣勸曰：「君不念老母歟。」母止之曰：「勿勸，兒所處是矣。」卽自縊，時年四十餘。

琦性沉靜好讀書，知古今事。其母完顏氏，以孝謹稱。

蔡八兒，不知其所始。趫捷有勇，性純質可任。時爲忠孝軍元帥。天興二年，自息州入援，會大將奔盞遣數百騎駐城東，令人大呼曰：「城中速降，當免殺戮，不然無噍類矣。」於是，上登城，遣八兒率挽强兵百餘潛出暗門，渡汝水，左右交射之。自是兵不復薄城，築長壘爲久困計。上令分軍防守四城，以殿前都點檢兀林荅胡土守西面，八兒副之。已而，哀宗度蔡城不守，傳位承麟。羣臣入賀，班定，八兒不拜，謂所親曰：「事至於此，有死而已，安能更事一君乎。」遂戰死。

毛佺者，恩州人。貞祐中爲盜，宣宗南渡，率衆歸國，署爲義軍招撫。哀宗遷蔡，以佺爲都尉。圍城之戰，佺力居多，城破自縊。其子先佺戰歿。

時死事者則有閻忠、郝乙、王阿驢、樊喬焉。忠，滑州人。衞王時，開州刺史賽哥叛，忠單騎入城，縛賽哥以出，由是漸被擢用。乙，磁州人，同日戰死，哀宗贈官。

阿鱸、樊喬皆河中人，初爲砲軍萬戶。鳳翔破，北降，從軍攻汴，司砲如故，即給主者曰：「砲利於短，不利於長。」信之，使截其木數尺、緶十餘握，由是機雖起伏，所擊無力。即日，二人皆捐家走城。

是時，女直人無死事者，長公主言於哀宗曰：「近來立功效命多諸色人，無事時則自家人爭强，有事則他人盡力，焉得不怨。」上默然。餘各有傳。

溫敦昌孫，皇太后之姪，衞尉七十五之子。爲人短小精悍，性復愷弟。累遷諸局分官。上幸蔡，授殿前左副點檢。圍城中，數引軍潛出巡邏。時尙食須魚，汝河魚甚美，上以水多浮尸，惡之。城西有積水曰練江，魚大且多，往捕必軍衞乃可。昌孫常自領兵以往，所得動千餘斤，分賜將士。後知其出，左右設伏，伺而邀之，力戰而死。蔡城破，前監察御史納坦胡失打聞之，〔七〕慟哭，投水而死。

完顏絳山，哀宗之奉御也，系出始祖。天興二年十月，蔡城被圍，城中飢民萬餘訴於有司求出，有司難之，民大呼於道。上聞之，遣近侍官分監四門，門日出千人，必老稚羸疾者聽其出。絳山時在北門，憫人之飢，出過其數，命杖之四十。然出者多泄城中虛實，尋止之。

三年正月己酉，蔡城破，哀宗傳位承麟，卽自縊于幽蘭軒。權點檢內族斜烈嬌制召承御石盞氏、近侍局大使焦春和、內侍局殿頭宋珪赴上前，曉以名分大義，及侍從官巴良弼、阿勒根文卿皆從死。斜烈將死，遺言絳山，使焚幽蘭軒。

火方熾，子城破，大兵突入，近侍左右皆走避，獨絳山留不去，爲兵所執，問曰：「汝爲誰？」絳山曰：「吾奉御絳山也。」兵曰：「衆皆散走，而獨後何也？」曰：「吾君終于是，吾候火滅灰寒，收瘞其骨耳。」兵笑曰：「若狂者耶，汝命且不能保，能瘞而君耶？」絳山曰：「人各事其君。吾君有天下十餘年，功業弗終，身死社稷，忍使暴露遺骸與士卒等耶？吾逆知君輩必不遺吾，吾是以留，果瘞吾君之後，雖寸斬吾不恨矣。」兵以告其帥，奔盞曰：「此奇男子也。」許之。絳山乃掇其餘燼，裹以弊衾，瘞于汝水之旁，再拜號哭，將赴汝水死。軍士救之得免，後不知所終。

畢資倫，縉山人也。泰和南征，以傭雇從軍，軍還，例授進義副尉。崇慶元年，改縉山爲鎮州，术虎高琪爲防禦使，行元帥府事于是州，選資倫爲防城軍千戶。至寧元年秋，大元兵至鎮州，高琪棄城遁。資倫行及昌平，收避遷民兵，轉戰有功，擢授都統軍。軍數千，與軍中將領沈思忠、甯子都輩同隸一府，屯鄭州及衞州，時號「沈、畢軍」。積功至都總領，思忠爲副都尉。

僕散阿海南征，軍次梅林關不得過，阿海問諸將誰能取此關者，資倫首出應命，問須軍士幾何，曰：「止用資倫所統足矣，不煩餘軍。」明日遲明，出宋軍不意，引兵薄之，萬衆崩，遂取梅林關。阿海軍得南行，留提控王祿軍萬人守關。不數日，宋兵奪關守之，阿海以梅林歸途爲敵據，計無所出，復問「誰能取梅林者，以帥職賞之」，資倫復出應命，以本軍再奪梅林。阿海破蘄、黃，按軍而還，論功資倫第一，授遙領同知昌武軍節度使、宣差總領都提控。

既而，樞密院以資倫、思忠不相能，恐敗事，以資倫統本軍屯泗州。興定五年正月戊戌，提控王祿湯餅會軍中宴飲，宋龜山統制時青乘隙襲破泗州西城。資倫知失計，墮南城求死，爲宋軍所執，以見時青。青說之曰：「畢宣差，我知爾好男子，亦宜相時達變。金國勢已衰弱，爾肯降我，宋亦不負爾。若不從，見劉大帥卽死矣。」資倫極口罵曰：「時青逆賊聽我言。我出身至貧賤，結柳器爲生，自征南始得一官，今職居三品。不幸失國家城池，甘分一死尚不能報，肯從汝反賊求生耶。」青知無降意，下盱眙獄。

時臨淮令李某者亦被執，後得歸，爲泗州從宜移剌羊哥言其事。羊哥以資倫惡語罵時青必被殺，卽以死不屈節聞于朝。時資倫子牛兒年十二，居宿州，收充皇后位奉閤舍人。

宋人亦賞資倫忠憤不撓，欲全活之，鈐以鐵繩，囚于鎭江府土獄，略給衣食使不至寒餓，脅誘百方，時一引出問云：「汝降否？」資倫或罵或不語，如是十四年。及盱眙將士降宋，宋使總帥納合買住已下北望哭拜，謂之辭故主，驅資倫在旁觀之。資倫見買住罵曰：「納合買住，國家未嘗負汝，何所求死不可，乃作如此觜鼻耶。」買住俯首不敢仰視。及蔡州破，哀宗自縊，宋人以告資倫。資倫歎曰：「吾無所望矣。容我一祭吾君乃降耳。」宋人信之，爲屠牛羊設祭鎭江南岸。資倫祭畢，伏地大哭，乘其不防投江水而死。宋人義之，宣示四方，仍議爲立祠。

鎭江之囚有方士者親嘗見之，以告元好問，及言泗州城陷資倫被執事，且曰：「資倫長身，面赤色，顴頰微高，髯疏而黃。資禀質直，重然諾，故其堅忍守節卓卓如此。」宣宗實錄載資倫爲亂兵所殺，當時傳聞不得其實云。

郭蝦蟆，會州人。世爲保甲射生手，與兄祿大俱以善射應募。興定初，祿大以功遷遙授同知平涼府事、兼會州刺史，進官一階，賜姓顏盞。夏人攻會州，祿大遙見其主兵者人馬皆衣金，出入陣中，約二百餘步，一發中其吭，殪之。又射一人，矢貫兩手於樹，敵大駭。城破，祿大、蝦蟆俱被禽。夏人憐其技，囚之，兄弟皆誓死不屈。朝廷聞之，議加優獎，而未知存沒，乃特遷祿大子伴牛官一階，授巡尉職，以旌其忠。其後兄弟謀奔會，自拔其鬚，事覺，祿大竟爲所殺，蝦蟆獨拔歸。上思祿大之忠，命復遷伴牛官一階，遙授會州軍事判官，蝦蟆遙授鞏州鈐轄。會言者乞獎用祿大弟，遂遷蝦蟆官兩階，授同知蘭州軍州事。

興定五年冬，夏人萬餘侵定西，蝦蟆敗之，斬首七百，獲馬五十匹，以功遷同知臨洮府事。

元光二年，夏人步騎數十萬攻鳳翔甚急，元帥赤盞合喜以蝦蟆總領軍事。從巡城，濠外一人坐胡牀，以箭力不及，氣貌若蔑視城守者。合喜指似蝦蟆云：「汝能射此人否？」蝦蟆測量遠近，曰：「可。」蝦蟆平時發矢，伺腋下甲不掩處射之無不中，即持弓矢伺坐者舉肘，一發而斃。兵退，升遙授靜難軍節度使，尋改通遠軍節度使，授山東西路斡可必剌謀克，仍遣使賞賚，徧諭諸郡焉。

是年冬，蝦蟆與鞏州元帥田瑞攻取會州。蝦蟆率騎兵五百皆被赭衲，蔽州之南山而下，夏人猝望之以爲神。城上有舉手於懸風版者，蝦蟆射之，手與版俱貫。凡射死數百人。夏人震恐，乃出降。蓋會州爲夏人所據近四年，至是復焉。〔八〕

正大初，田瑞據鞏州叛，詔陝西兩行省併力擊之。蝦蟆率衆先登，瑞開門突出，爲其弟濟所殺，斬首五千餘級，以功遷遙授知鳳翔府事、本路兵馬都總管、元帥左都監、兼行蘭、會、洮、河元帥府事。六年九月，蝦蟆進西馬二疋，詔曰：「卿武藝超絕。此馬可充戰用，朕乘此豈能盡其力。既入進，即尚廐物也，就以賜卿。」仍賜金鼎一、玉兔鶻一，并所遣郭倫哥等物有差。

天興二年，哀宗遷蔡州，慮孤城不能保，擬遷鞏昌，以粘葛完展爲鞏昌行省。三年春正月，完展聞蔡已破，欲安衆心，城守以待嗣立者，乃遣人稱使者至自蔡，有旨宣諭。綏德州帥汪世顯者亦知蔡凶問，且嫉完展制己，欲發矯詔事，因以兵圖之，然懼蝦蟆威望，乃遣使約蝦蟆併力破鞏昌。使者至，蝦蟆謂之曰：「粘葛公奉詔爲行省，號令孰敢不從。今主上受圍於蔡，擬遷鞏昌。國家危急之際，我輩既不能致死赴援，又不能叶衆奉迎，乃欲攻粘葛公，先廢遷幸之地，上至何所歸乎。汝帥若欲背國家，任自爲之，何及於我。」世顯即攻鞏昌破之，劫殺完展，送款於大元，復遣使者二十餘輩諭蝦蟆以禍福，不從。

甲午春，金國已亡，西州無不歸順者，獨蝦蟆堅守孤城。丙申歲冬十月，大兵併力攻之。蝦蟆度不能支，集州中所有金銀銅鐵，雜鑄爲砲以擊攻者，殺牛馬以食戰士，又自焚廬舍積聚，曰：「無至資兵。」日與血戰，而大兵亦不能卒拔。及軍士死傷者衆，乃命積薪於州廨，呼集家人及城中將校妻女，閉諸一室，將自焚之。蝦蟆之妾欲有所訴，立斬以徇。火既熾，率將士於火前持滿以待。城破，兵塡委以入，鏖戰既久，士卒有弓盡矢絕者，挺身入火中。蝦蟆獨上大草積，以門扉自蔽，發二三百矢無不中者，矢盡，投弓劍于火自焚，城中無一人肯降者。蝦蟆死時年四十五。士人爲立祠。

完展字世昌。泰和三年策論進士。初爲行省，以蠟丸爲詔，期以天興二年九月集大軍與上會於饒峯關，出宋不意取興元。既而不果云。

校勘記

〔一〕以功遙授昌武軍節度使　「昌武」原作「武昌」。按金無「武昌軍」。本書卷二五地理志，南京路有「許州，昌武軍節度使」。今據乙正。

〔二〕正大二年秋　原脫「正大」二字，今據上下文補。

〔三〕達夫與衆行及韶避兵于州北之橫嶺　按「韶」之名本書僅此一見。嘉慶重修一統志卷二〇五河南府云，澠池縣，「金末於縣置韶州」。嘉慶澠池縣志卷一山川，「治西二十五里，橫嶺迴障，蜿蜒十數里」。疑「韶」字下當有州字。

〔四〕與翰林待制安延珍奉使乞和于大元　按本書卷一六宣宗紀，興定五年十二月「丁巳，禮部侍郎烏古孫仲端、翰林待制安庭珍使北還，各遷一階」。「延」作「庭」。

〔五〕嘗爲護衞奉御　「衞」原作「尉」。按本書卷四一儀衞志，「金制天子之儀衞，其衞士曰護衞」。卷四四兵志，「禁軍之制，又設護衛二百人，近侍之執兵仗者也」。今據改。

〔六〕大睦親府事烏古孫仲端　原脫「仲」字。按本卷烏古孫仲端傳，「哀宗將遷歸德，召爲翰林學士承旨，兼同簽大睦親府事，留守汴京」。元兵圍汴，「仲端卽自縊」。今據補一「仲」字。又「烏古孫」原作「吾古孫」。今亦據傳文統一。

〔七〕前監察御史納坦胡失打聞之　「監察御史」原作「御史監察」。按本書卷五五百官志，御史臺，「監察御史十二員，正七品」。今據乙正。

〔八〕蓋會州爲夏人所據近四年至是復焉　「四」原作「十」。按本書卷一六宣宗紀，興定四年八月「庚午，夏人陷會州」，至元光二年冬共四年，今據改。

金史卷一百二十五

列傳第六十三

文藝上

韓昉 蔡松年 子珪 吳激 馬定國 任詢 趙可 郭長倩

蕭永祺 胡礪 王競 楊伯仁 鄭子聃 党懷英

金初未有文字。世祖以來漸立條教。〔一〕太祖既興，得遼舊人用之，使介往復，其言已文。太宗繼統，乃行選舉之法，及伐宋，取汴經籍圖，〔二〕宋士多歸之。熙宗款謁先聖，北面如弟子禮。世宗、章宗之世，儒風丕變，庠序日盛，士繇科第位至宰輔者接踵。當時儒者雖無專門名家之學，然而朝廷典策、鄰國書命，粲然有可觀者矣。金用武得國，無以異於遼，而一代制作能自樹立唐、宋之間，有非遼世所及，以文而不以武也。傳曰：「言之不文，行之不遠。」文治有補於人之家國，豈一日之效哉。作文藝傳。

韓昉字公美，燕京人。仕遼，累世通顯。昉五歲喪父，哭泣能盡哀。天慶二年，中進士第一。補右拾遺，轉史館修撰。累遷少府少監、乾文閣待制。加衞尉卿，知制誥，充高麗國信使。

高麗雖舊通好，天會四年，奉表稱藩而不肯進誓表，累使要約，皆不得要領。而昉復至高麗，移督再三。高麗徵國中讀書知古今者，商榷辭旨，使酬答專對。凡涉旬乃始置對，謂昉曰：「小國事遼、宋二百年無誓表，未嘗失藩臣禮。今事上國當與事遼、宋同禮。而屢盟長亂聖人所不與，必不敢用誓表。」昉曰：「貴國必欲用古禮，舜五載一巡狩，羣后四朝。周六年五服一朝，又六年王乃時巡，諸侯各朝于方岳。今天子方事西狩，則貴國當從朝會矣。」高麗人無以對，乃曰：「徐議之。」昉曰：「誓表朝會，一言決耳。」於是高麗乃進誓表如約，昉乃還。宗幹大說曰：「非卿誰能辦此。」因謂執事者曰：「自今出疆之使皆宜擇人。」

明年，加昭文館直學士，兼堂後官。再加諫議大夫，遷翰林侍講學士。改禮部尚書，遷翰林學士，兼太常卿、修國史，尚書如故。昉自天會十二年入禮部，在職凡七年。當是時，朝廷方議禮，制度或因或革，故昉在禮部兼太常甚久云。除濟南尹，拜參知政事。皇統四年，表乞致仕，不許。六年，再表乞致仕，乃除汴京留守，封鄆國公。復請如初，以儀同三司致仕。天德初，加開府儀同三司。薨。年六十八。

昉性仁厚，待物甚寬。有家奴誣告昉以馬資送叛人出境，考之無狀，有司以奴還昉，昉待之如初，曰：「奴誣主人以罪，求爲良耳，何足怪哉。」人稱其長者。昉雖貴，讀書未嘗去手，善屬文，最長於詔册，作太祖睿德神功碑，當世稱之。自使高麗歸，後高麗使者至必問昉安否云。

蔡松年字伯堅。父靖，宋宣和末，守燕山。松年從父來，管勾機宜文字。宗望軍至白河，郭藥師敗，靖以燕山府降，元帥府辟松年爲令史。天會中，遼、宋舊有官者皆換授，松年爲太子中允，除眞定府判官，自此爲眞定人。

嘗從元帥府與齊俱伐宋。是時，初平眞定西山羣盜，〔三〕山中居民爲賊汙者千餘家，松年力爲辨論，竟得不坐。齊國廢，置行臺尚書省於汴，松年爲行臺刑部郎中。都元帥宗弼領行臺事，伐宋，松年兼總軍中六部事。宋稱臣，師還，宗弼入爲左丞相，薦松年爲刑部員外郎。

皇統七年，尙書省令史許霖告田瑴黨事，松年素與瑴不相能。是時宗弼當國，瑴性剛正好評論人物，其黨皆君子，韓企先爲相愛重之。而松年、許霖、曹望之欲與瑴相結，瑴拒之，由是構怨。故松年、許霖構成瑴等罪狀，勸宗弼誅之，君子之黨熄焉。是歲，松年遷左司員外郎。

松年前在宗弼府，而海陵以宗室子在宗弼軍中任使，用是相厚善。天德初，擢吏部侍郎，俄遷戶部尙書。海陵遷中都，徙榷貨務以實都城，復鈔引法，皆自松年啓之。海陵謀伐宋，以松年家世仕宋，故亟擢顯位以聳南人觀聽，遂以松年爲賀宋正旦使。使還，改吏部尙書，尋拜參知政事。是年，自崇德大夫進銀青光祿大夫，遷尙書右丞，未幾，爲左丞，封郜國公。

初，海陵愛宋使人山呼聲，使神衞軍習之。及孫道夫賀正隆三年正旦，入見，山呼聲不類往年來者。道夫退，海陵謂宰臣曰：「宋人知我使神衞軍習其聲，此必蔡松年、胡礪泄之。」松年惶恐對曰：「臣若懷此心，便當族滅。」

久之，進拜右丞相，加儀同三司，封衞國公。正隆四年薨，年五十三。海陵悼惜之，奠于其第，命作祭文以見意。加封吳國公，謚文簡。起復其子三河主簿珪爲翰林修撰，璋賜進士第。遣翰林待制蕭顯護送其喪，歸葬眞定，四品以下官離都城十里送之，道路之費皆從官給。

松年事繼母以孝聞，喜周恤親黨，性復豪侈，不計家之有無。文詞清麗，尤工樂府，與吳激齊名，時號「吳、蔡體」。有集行于世。子珪。

珪字正甫。中進士第，不求調，久乃除澄州軍事判官，遷三河主簿。丁父憂，起復翰林修撰，同知制誥。在職八年，改戶部員外郎，兼太常丞。珪號爲辨博，凡朝廷制度損益，珪爲編類詳定檢討删定官。

初，兩燕王墓舊在中都東城外，海陵廣京城圍，墓在東城內。前嘗有盜發其墓，大定九年詔改葬於城外。俗傳六國時燕王及太子丹之葬，及啓壙，其東墓之柩題其和曰「燕靈王舊」。「舊」，古「柩」字，通用。乃西漢高祖子劉建葬也。其西墓，蓋燕康王劉嘉之葬也。珪作兩燕王墓辯，據葬制名物款刻甚詳。

安國軍節度判官高元鼎坐監臨姦事，求援於太常博士田居實、大理司直吳長行、吏部主事高震亨、大理評事王元忠。震亨以屬鞫問官御史臺典事李仲柔，仲柔發之。珪與刑部員外郎王翛、宛平主簿任詢、前衞州防禦判官閻恕、承事郎高復亨、文林郎翟詢、敦武校尉王景晞、進義校尉任師望，坐與居實等轉相傳教，或令元鼎逃避，居實、長行、震亨、元忠各杖八十，脩、珪、詢、恕、復亨、翟詢各笞四十，景晞、師望各徒二年，官贖外並的決。

久之，除河東北路轉運副使，復入爲修撰，遷禮部郎中，封眞定縣男。珪已得風疾，失音不能言，乃除濰州刺史，同輩已奏謝，珪獨不能入見。世宗以讓右丞唐括安禮、參政王蔚曰：「卿等閱書史，亦有不能言之人可以從政者乎。」又謂中丞劉仲誨曰：「蔡珪風疾不能奏謝，卿等何不糾之。人言卿等相爲黨蔽，今果然邪。」珪乃致仕，尋卒。

珪之文有補正水經五篇，合沈約、蕭子顯、魏收宋、齊、北魏志作南北史志三十卷，續金石遺文跋尾十卷，晉陽志十二卷，文集五十五卷。補正水經、晉陽志、文集今存，餘皆亡。

吳激字彥高，建州人。父拭，宋進士，官終朝奉郎、知蘇州。激，米芾之壻也，工詩能文，字畫俊逸得芾筆意。尤精樂府，造語清婉，哀而不傷。將宋命至金，以知名留不遣，命爲翰林待制。皇統二年，出知深州，到官三日卒。詔賜其子錢百萬、粟三百斛、田三頃以周其家。有東山集十卷行于世。「東山」，其自號也。

馬定國字子卿，茌平人。自少志趣不羣。宣、政末，〔四〕題詩酒家壁，坐譏訕得罪，亦因以知名。阜昌初，遊歷下，以詩撼齊王豫，豫大悅，授監察御史，仕至翰林學士。石鼓自唐以來無定論，定國以字畫考之，云是宇文周時所造，作辯萬餘言，出入傳記，引據甚明，學者以比蔡正甫燕王墓辯。初，學詩未有入處，夢其父與方寸白筆，從是文章大進。有集傳于世。

任詢字君謨，易州軍市人。父貴有才幹，善畫，喜談兵，宣、政間游江、浙。詢生於虔州，爲人慷慨多大節。書爲當時第一，畫亦入妙品。評者謂畫高於書，書高於詩，詩高於文，然王庭筠獨以其才具許之。登正隆二年進士第。歷益都都勾判官，北京鹽使。年六十四致仕，優游鄉里，家藏法書名畫數百軸。年七十卒。

趙可字獻之，高平人。貞元二年進士。仕至翰林直學士。博學高才，卓犖不羈。天德、貞元間，有聲場屋。後入翰林，一時詔誥多出其手，流輩服其典雅。其歌詩樂府尤工，號玉峯散人集。

郭長倩字曼卿，文登人。登皇統丙寅經義乙科。仕至祕書少監，兼禮部郎中，修起居注。與施朋望、王無競、劉嵓老、劉無黨相友善。所撰石決明傳爲時輩所稱。有崑崙集行于世。

蕭永祺字景純，本名蒲烈。少好學，通契丹大小字。廣寧尹耶律固奉詔譯書，辟置門下，因盡傳其業。固卒，永祺率門弟子服齊衰喪。固作遼史未成，永祺繼之，作紀三十卷、志五卷、傳四十卷，上之。加宣武將軍，除太常丞。海陵爲中京留守，永祺特見親禮。天德初，擢左諫議大夫，遷翰林侍講學士，同修國史，再遷翰林學士。明年，遷承旨。尙書左丞耶律安禮出守南京，海陵欲以永祺代之，召見于內閤，諭以旨意，永祺辭曰：「臣材識卑下，不足以辱執政。」海陵曰：「今天下無事，朕方以文治，卿爲是優矣。」永祺固辭，既出，或問曰：「公遇知人主，進取爵位，以道佐時，何多讓也。」永祺曰：「執政繫天下休戚，縱欲貪冒榮寵，如蒼生何。」海陵嘗選廷臣十人備諮訪，獨永祺議論寬厚，時稱長者。卒年五十七。

胡礪字元化，磁州武安人。少嗜學。天會間，大軍下河北，礪爲軍士所掠，行至燕，亡匿香山寺，與傭保雜處。韓昉見而異之，使賦詩以見志，礪操筆立成，思致清婉，昉喜甚，因館置門下，使與其子處，同教育之，自是學業日進。昉嘗謂人曰：「胡生才器一日千里，他日必將名世。」十年，舉進士第一，授右拾遺，權翰林修撰。久之，改定州觀察判官。定之學校爲河朔冠，士子聚居者常以百數，礪督教不倦，經指授者悉爲場屋上游，稱其程文爲「元化格」。皇統初，爲河北西路轉運都勾判官。礪性剛直無所屈。行臺平章政事高楨之汴，道真定，燕于漕司。礪欲就坐，楨責之，礪曰：「公在政府則禮絕百僚，今日之會自有賓主禮。」楨曰：「汝他日爲省吏當何如？」礪曰：「當官而行，亦何所避。」楨壯其言，改謝之。

改同知深州軍州事，加朝奉大夫。郡守暴戾，蔑視僚屬，礪常以禮折之，守愧服，郡事一委于礪。州管五縣，例置弓手百餘，少者猶六七十人，歲徵民錢五千餘萬爲顧直。〔五〕其人皆市井無賴，以迹盜爲名，所至擾民。礪知其弊，悉罷去。繼而有飛語曰：「某日賊發，將殺通守。」或請爲備，礪曰：「盜所利者財耳，吾貧如此，何備爲。」是夕，令公署撤關，竟亦無事。

再補翰林修撰，遷禮部郎中，一時典禮多所裁定。海陵拜平章政事，百官賀於廟堂，礪獨不跪。海陵問其故，礪以令對，且曰：「朝服而跪，見君父禮也。」海陵深器重之。天德初，再遷侍講學士，同修國史。以母憂去官。起復爲宋國歲元副使，刑部侍郎白彥恭爲使，海陵謂礪曰：「彥恭官在卿下，以其舊勞，故使卿副之。」遷翰林學士，改刑部尚書。扈從至汴得疾，海陵數遣使臨問，卒，深悼惜之。年五十五。

王競字無競，彰德人。警敏好學。年十七以廕補官。宋宣和中，太學兩試合格，調屯留主簿。入國朝，除大寧令，歷寶勝鹽官，轉河內令。時歲饑盜起，競設方略以購賊，不數月盡得之。夏秋之交，沁水泛溢，歲發民築隄，豪民猾吏因緣爲姦，競覈實之，減費幾半，縣民爲之謠曰：「西山至河岸，縣官兩人半。」蓋以前政韓希甫與競相繼治縣，皆有幹能，絳州正平令張元亦有治績而差不及，故云然。

天眷元年，轉固安令。皇統初，參政韓昉薦之，召權應奉翰林文字，兼太常博士。詔作金源郡王完顏婁室墓碑，〔六〕競以行狀盡其實，乃請國史刊正之，時人以爲法。二年，試館閣，競文居最，遂爲眞。

遷尙書禮部員外郎。時海陵當國，政由己出，欲令百官避堂諱，競言人臣無公諱，遂止。蕭仲恭以太傅領三省事封王，欲援遼故事，親王用紫羅傘。事下禮部，競與郎中翟永固明言其非是，事竟不行，海陵由是重之。天德初，轉翰林待制，遷翰林直學士，改禮部侍郎，遷翰林侍講學士，改太常卿，同修國史，擢禮部尙書，同修國史如故。

大定二年春，從太傅張浩朝京師，詔復爲禮部尙書。是歲，奉遷睿宗山陵，儀注不應典禮，競削官兩階。詔改創五龍車，兼翰林學士承旨，修國史。四年，卒官。

競博學而能文，善草隸書，工大字，兩都宮殿牓題皆競所書，士林推爲第一云。

楊伯仁字安道，伯雄之弟也。天性孝友，讀書一過成誦。登皇統九年進士第，事親不求調。天德二年，除應奉翰林文字。初名伯英，避太子光英諱，改今名。

海陵嘗夜召賦詩，傳趣甚亟，未二鼓奏十詠，海陵喜，解衣賜之。海陵射烏，伯仁獻獲烏詩以諷。丁父憂，起復，賜金帶襲衣，及賜白金以奉母。改左拾遺。進士呂忠翰廷試已在第一，未唱名，海陵以忠翰程文示伯仁，問其優劣，伯仁對曰：「當在優等。」海陵曰：「此今試狀元也。」伯仁自以知忠翰姓名在第一，遂宿諫省，俟唱名乃出，海陵嘉其愼密。轉翰林修撰。孟宗獻發解第一，伯仁讀其程文稱之「此人當成大名」。是歲，宗獻府試、省試、廷試皆第一，號「孟四元」，時論以爲知文。故事，狀元官從七品，階承務郎，世宗以宗獻獨異等，與從六品，階授奉直大夫。

改著作郎。居母喪，服除，調鎭西節度副使。入爲起居注兼左拾遺，上書論時務六事。改大名少尹。郡中豪民橫恣甚，莫可制，民受其害，伯仁窮竟渠黨，四境帖然。讞館陶大辟，得其寃狀，館陶人爲立祠。府尹荆王文坐贓削封，降德州防禦使，同知裴滿子寧及伯仁、判官謝奴皆以不能匡正解職。伯仁降南京留守判官，改同知安化軍節度使，到官三日，召爲太子右諭德、兼侍御史，改翰林待制，復兼右諭德。

除濱州刺史。郡俗有遺奴出亡，捕之以規賞者，伯仁至，責其主而杖殺其奴，如是者數輩，其弊遂止。入爲左諫議大夫，兼禮部侍郎、翰林直學士。故事，諫官詞臣入直禁中，上閔其勞，特免入直。改吏部侍郎，直學士如故。鄭子聃卒，宰相舉伯仁代之，乃遷侍講，兼禮部侍郎。

伯仁久在翰林，文詞典麗，上曰：「自韓昉、張鈞後，則有翟永固，近日則張景仁、鄭子聃，今則伯仁而已，其次未見能文者。呂忠翰草降海陵庶人詔，點竄再四終不能盡朕意，狀元雖以詞賦甲天下，至於辭命未必皆能。凡進士可令補外，考其能文者召用之。」不數月，兼左諫議大夫，俄兼太常卿。

大臣舉可修起居注者數人，上以伯仁領之。從幸上京，伯仁多病，至臨潢，地寒因感疾，〔七〕還中都。明年，上還幸中都，遣使勞問，賜以丹劑。是歲，卒。

鄭子聃字景純，大定府人。父宏，遼金源令，二子子京、子聃。楊丘行嘗謂人曰：「金源二子，鳳毛也。小者尤特達，後必名世。」子聃及冠有能賦聲。天德三年，丘行爲太子左衞率府率，廷試明日，海陵以子聃程文示丘行，對曰：「可入甲乙。」及拆卷，果中第一甲第三人。調翼城丞，遷贊皇令，召爲書畫直長。

子聃頗以才望自負，常慊不得爲第一甲第一人。正隆二年會試畢，海陵以第一人程文問子聃，子聃少之。海陵問作賦何如，對曰：「甚易。」因自矜，且謂他人莫己若也。海陵不悅，乃使子聃與翰林修撰綦戩、〔八〕楊伯仁、宣徽判官張汝霖、應奉翰林文字李希顏同進士雜試。七月癸未，海陵御寶昌門臨軒觀試，以「不貴異物民乃足」爲賦題，「忠臣猶孝子」爲詩題，「憂國如飢渴」爲論題。上謂讀卷官翟永固曰：「朕出賦題，能言之或能行之，未可知也。詩、論題，庶戒臣下。」丁亥，御便殿親覽試卷，中第者七十三人，子聃果第一，海陵奇之。有頃，進官三階，除翰林修撰。改侍御史。

京畿旱，詔子聃決囚，遂澍雨，人以比顏眞卿。遷待制，兼吏部郎中，改祕書少監。遷翰林直學士，兼太子左諭德，顯宗深器重之。以疾求補外，遂爲沂州防禦使，皇太子幣贐甚厚，命以安輿之官。召還，爲左諫議大夫、兼直學士。改吏部侍郎、同修國史，直學士如故。遷侍講、兼修國史，上曰：「修海陵實錄，知其詳無如子聃者。」蓋以史事專責之也。二十年，卒，〔九〕年五十五。子聃英俊有直氣，其爲文亦然。平生所著詩文二千餘篇。

党懷英字世傑，故宋太尉進十一代孫，馮翊人。父純睦，泰安軍錄事參軍，卒官，妻子不能歸，因家焉。應舉不得意，遂脫略世務，放浪山水間。簞瓢屢空，晏如也。大定十年，中進士第，調莒州軍事判官，累除汝陰縣令、〔一〇〕國史院編修官、應奉翰林文字、翰林待制、兼同修國史。

懷英能屬文，工篆籒，當時稱爲第一，學者宗之。大定二十九年，與鳳翔府治中郝俣充遼史刊修官，應奉翰林文字移剌益、趙渢等七人爲編修官。凡民間遼時碑銘墓誌及諸家文集，或記憶遼舊事，悉上送官。

是時，章宗初即位，好尚文辭，旁求文學之士以備侍從，謂宰臣曰：「翰林闕人如之何？」張汝霖奏曰：「郝俣能屬文，宦業亦佳。」〔二〕上曰：「近日制詔惟党懷英最善。」移剌履進曰：「進士擢第後止習吏事，更不復讀書，近日始知爲學矣。」上曰：「今時進士甚滅裂，唐書中事亦多不知，朕殊不喜。」上謂宰臣曰：「郝俣賦詩頗佳，舊時劉迎能之，李晏不及也。」

明昌元年，懷英再遷國子祭酒。二年，遷侍講學士。明年，議開邊防濠塹，懷英等十六人請罷其役，詔從之。遷翰林學士。七年，有事于南郊，〔三〕攝中書侍郎讀祝冊，上曰：「讀冊至朕名，聲微下，雖曰尊君，然在郊廟，禮非所宜，當平讀之。」承安二年乞致仕，改泰寧軍節度使。明年，召爲翰林學士承旨。泰和元年，增修遼史編修官三員，詔分紀、志、列傳刊修官，有改除者以書自隨。久之，致仕。大安三年卒，年七十八，謚文獻。懷英致仕後，章宗詔直學士陳大任繼成遼史云。

校勘記

〔一〕世祖以來漸立條教　按本書卷一世紀云，「昭祖稍以條教爲治，部落寖強」。疑此處誤。

〔二〕取汴經籍圖　按文有脫誤，或「圖」下脫「書」字，或當作「取汴京圖籍」。

〔三〕初平眞定西山羣盜　「眞」原作「鎭」，據上文「眞定」改。

〔四〕宣政末　按此言北宋末年事，宋徽宗建元政和在宣和之前，此當作「宣和末」爲是。下文任詢傳「宣政間」亦當作「政宣間」。

〔五〕歲徵民錢五千餘萬爲顧直　原脫「徵」字，據文義補。

〔六〕詔作金源郡王完顏婁室墓碑　按楊賓柳邊紀略卷四，「船廠西二百里薄屯山有金完顏婁室神道碑」，乃王彥潛撰文。又本卷下文云，「競以行狀盡其實，乃請國史刊正之」，則競似校者非作者。疑「詔作」當作「詔校」。

〔七〕地寒因感疾　「地」原作「池」，據文義改。

〔八〕乃使子聃與翰林修撰綦戩　「綦」原作「纂」。按本書卷八三祁宰傳，「綦戩，宰壻也」。今據改。

〔九〕二十年卒　「二」上當脫「大定」二字。

〔一〇〕累除汝陰縣令　「令」原作「尹」。按金制無縣尹，元始有之。此蓋作者或寫刻者之誤，今改。

〔一一〕宦業亦佳　「宦」原作「官」，據殿本改。

〔一二〕七年有事于南郊　「七」原作「六」。按明昌六年無祀南郊事。本書卷一〇章宗紀，「承安元年十一月戊戌，有事于南郊，大赦，改元」。則祀南郊時當是明昌七年。今據改。

金史卷一百二十六

列傳第六十四

文藝下

趙渢字文孺，東平人。大定二十二年進士，仕至禮部郎中。性沖澹，學道有所得，尤工書，自號「黃山」。趙秉文云：「渢之正書體兼顏、蘇，行草備諸家體，其超放又似楊凝式，當處蘇、黃伯仲間。」党懷英小篆，李陽冰以來鮮有及者，時人以渢配之，號曰「党、趙」。有黃山集行於世。

周昂字德卿，眞定人。父伯祿字天錫，大定進士，仕至同知沁南軍節度使。昂年二十四擢第。調南和簿，有異政。遷良鄉令，入拜監察御史。路鐸以言事被斥，昂送以詩，語涉謗訕，坐停銓。久之，起爲隆州都軍，〔二〕以邊功復召爲三司官。大安兵興，權行六部員外郎。

其甥王若虛嘗學於昂，昂教之曰：「文章工於外而拙於內者，可以驚四筵而不可以適獨坐，可以取口稱而不可以得首肯。」又云：「文章以意爲主，以言語爲役，主强而役弱則無令不從。今人往往驕其所役，至跋扈難制，甚者反役其主，雖極辭語之工，而豈文之正哉。」

昂孝友，喜名節，學術醇正，文筆高雅，諸儒皆師尊之。旣歷臺省，爲人所擠，竟坐詩得罪，謫東海上十數年。始入翰林，言事愈切。出佐三司非所好，從宗室承裕軍。承裕失利，跳走上谷，衆欲徑歸，昂獨不從，城陷，與其從子嗣明同死於難。嗣明字晦之。

王庭筠字子端，遼東人。〔三〕生未期，視書識十七字。七歲學詩，十一歲賦全題。稍長，涿郡王翛一見，期以國士。登大定十六年進士第。調恩州軍事判官，臨政卽有聲。郡民鄒四者謀爲不軌，事覺，逮捕千餘人，而鄒四竄匿不能得。朝廷遣大理司直王仲軻治其獄，庭筠以計獲鄒四，分別詿誤，坐預謀者十二人而已。再調館陶主簿。

明昌元年三月，章宗諭旨學士院曰：「王庭筠所試文，句太長，朕不喜此，亦恐四方傚之。」又謂平章張汝霖曰：「王庭筠文藝頗佳，然語句不健，其人才高，亦不難改也。」四月，召庭筠試館職，中選。御史臺言庭筠在館陶嘗犯贓罪，不當以館閣處之，遂罷。乃卜居彰德，買田隆慮，讀書黃華山寺，因以自號。是年十二月，上因語及學士，歎其乏材，參政守貞曰：「王庭筠其人也。」三年，召爲應奉翰林文字，命與祕書郎張汝方品第法書、名畫，遂分入品者爲五百五十卷。

五年八月，上顧謂宰執曰：「應奉王庭筠，朕欲以詔誥委之，其人才亦豈易得。近党懷英作長白山冊文，殊不工。聞文士多妬庭筠者，不論其文顧以行止爲訾。大抵讀書人多口頰，或相黨。昔東漢之士與宦官分朋，固無足怪。如唐牛僧孺、李德裕，宋司馬光、王安石，均爲儒者，而互相排毀何耶。」遂遷庭筠爲翰林修撰。

承安元年正月，坐趙秉文上書事，削一官，杖六十，解職，語在秉文傳。二年，降授鄭州防禦判官。四年，起爲應奉翰林文字。泰和元年，復爲翰林修撰，扈從秋山，應制賦詩三十餘首，上甚嘉之。明年，卒，年四十有七。上素知其貧，詔有司賻錢八十萬以給喪事，求生平詩文藏之祕閣。又以御製詩賜其家，其引云：「王遵古，朕之故人也。乃子庭筠，復以才選直禁林者首尾十年，今茲云亡，玉堂、東觀無復斯人矣。」

庭筠儀觀秀偉，善談笑，外若簡貴，人初不敢與接。既見，和氣溢於顏間，殷勤慰藉如恐不及，少有可取極口稱道，他日雖百負不恨也。從游者如韓溫甫、路元亨、張進卿、李公度，其薦引者如趙秉文、馮璧、李純甫，皆一時名士，世以知人許之。

爲文能道所欲言，暮年詩律深嚴，七言長篇尤工險韻。有藂辨十卷，文集四十卷。書法學米元章，與趙渢、趙秉文俱以名家，庭筠尤善山水墨竹云。

子曼慶，亦能詩幷書，仕至行省右司郎中，自號「澹游」云。

劉昂字之昂，興州人。大定十九年進士。曾、高而下七世登科。昂天資警悟，律賦自成一家，作詩得晚唐體，尤工絕句。李純甫故人外傳云，昂早得仕，年三十三爲尚書省掾，調平涼路轉運副使。時術士有言昂官止五品，昂不信。俄以母憂去職，連蹇十年，卜居洛陽，有終焉之志。有薦其才於章宗者，泰和初，自國子司業擢爲左司郎中。會掌書大中與賈鉉漏言除授事，爲言者所劾，獄辭連昂。章宗震怒。一時聞人如史肅、李著、王宇、宗室從郁皆譴逐之，鉉尋亦罷政。昂降上京留守判官，道卒，竟如術者之言。

李經字天英，錦州人。作詩極刻苦，喜出奇語，不蹈襲前人。李純甫見其詩曰：「眞今世太白也。」由是名大震。再舉不第，拂衣去。南渡後，其鄉帥有表至朝廷，士大夫識之曰：「此天英筆也。」朝議以武功就命倅其州，後不知所終。

劉從益字雲卿，渾源人。其高祖撝，天會元年詞賦進士，子孫多由科第入仕。從益登大安元年進士第，累官監察御史，坐與當路辨曲直，得罪去。久之，起爲葉縣令，修學勵俗，有古良吏風。葉自兵興，戶減三之一，田不毛者萬七千畝有奇，其歲入七萬石如故。從益請於大司農，爲減一萬，民甚賴之，流亡歸者四千餘家。〔三〕未幾，被召，百姓詣尚書省乞留，不聽。入授應奉翰林文字，踰月以疾卒，年四十四。葉人聞之，以端午罷酒爲位而哭，且立石頌德，以致哀思。

從益博學强記，精於經學。爲文章長於詩，五言尤工，有蓬門集。子祁字京叔。爲太學生，甚有文名。值金末喪亂，作歸潛志以紀金事，修金史多採用焉。

呂中孚字信臣，冀州南宮人。張建字吉甫，蒲城人。皆有詩名。中孚有清漳集。建，明昌初，授絳州教官，召爲宮教、應奉翰林文字。以老請致仕，章宗愛其純素，不欲令去，授同知華州防禦使，仍賜詩以寵之。自號「蘭泉」，有集行于世。

李純甫字之純，弘州襄陰人。祖安上，嘗魁西京進士。父采，卒於益都府治中。純甫幼穎悟異常，初業詞賦，及讀左氏春秋，大愛之，遂更爲經義學。擢承安二年經義進士。爲文法莊周、列禦寇、左氏、戰國策，後進多宗之。又喜談兵，慨然有經世心。章宗南征，兩上疏策其勝負，上奇之，給送軍中，後多如所料。宰執愛其文，薦入翰林。及大元兵起，又上疏論時事，不報。宣宗遷汴，再入翰林。時丞相高琪擅威福柄，擢爲左司都事。純甫審其必敗，以母老辭去。既而高琪誅，復入翰林，連知貢舉。正大末，坐取人踰新格，出倅坊州。未赴，改京兆府判官。卒於汴，年四十七。

純甫爲人聰敏，少自負其材，謂功名可俯拾，作矮柏賦，以諸葛孔明、王景略自期。由小官上萬言書，援宋爲證，甚切，當路者以迂闊見抑。中年，度其道不行，益縱酒自放，無仕進意。得官未成考，旋卽歸隱。日與禪僧士子游，以文酒爲事，嘯歌袒裼出禮法外，或飲數月不醒。人有酒見招，不擇貴賤必往，往輒醉，雖沉醉亦未嘗廢著書。然晚年喜佛，力探其奧義。自類其文，凡論性理及關佛老二家者號「內藁」，其餘應物文字爲「外藁」。又解楞嚴、金剛經、老子、莊子。又有中庸集解、鳴道集解，號「中國心學、西方文教」，〔四〕數十萬言，以故爲名敎所貶云。

王鬱字飛伯，大興人。儀狀魁奇，目光如鶻。少居釣臺，閉門讀書，不接人事。久之，爲文法柳宗元，閎肆奇古，動輒數千言。歌詩俊逸，效李白。嘗作王子小傳以自敍。天興初元，汴京被圍，上書言事，不報。四月，圍稍解，挺身突出，爲兵士所得。其將遇之甚厚，鬱經行無機防，爲其下所忌，見殺。臨終，懷中出書曰：「是吾平生著述，可傳付中州士大夫曰，王鬱死矣。」年三十餘。同時以詩鳴者，雷琯、侯册、王元粹云。

宋九嘉字飛卿，夏津人。爲人剛直豪邁，少遊太學，有能賦聲。長從李純甫讀書，爲文有奇氣，與雷淵、李經相伯仲。中至寧元年進士第。歷藍田、高陵、扶風、三水四縣令，咸以能稱。入爲翰林應奉。正大中，以疾去。沒于癸巳之難。

龐鑄字才卿，遼東人。少擢第，仕有聲。南渡後，爲翰林待制，遷戶部侍郎。坐游貴戚家，出倅東平，改京兆路轉運使，卒。博學能文，工詩，造語奇健不凡，世多傳之。

李獻能字欽叔，河中人。先世有爲金吾衞上將軍者，時號「李金吾家」。迨獻能昆弟皆以文學名，從兄獻卿、獻誠、從弟獻甫相繼擢第，故李氏有「四桂堂」。

獻能苦學博覽，於文尤長於四六。貞祐三年，特賜詞賦進士，廷試第一人，宏詞優等。

授應奉翰林文字。在翰苑凡十年，出爲鄜州觀察判官。用薦者復爲應奉，俄遷修撰。正大末，以鎮南軍節度副使充河中帥府經歷官。大元兵破河中，奔陝州，行省以權左右司郎中，值趙三三軍變遇害，年四十三。

獻能爲人眇小而墨色，頗有髯。善談論，每敷說今古，聲鏗亮可聽。作詩有志於風雅，又刻意樂章。在翰院，應機敏捷號得體。趙秉文、李純甫嘗曰：「李獻能天生今世翰苑材。」故每薦之，不令出館。

家故饒財，盡於貞祐之亂，在京師無以自資。其母素豪奢，厚於自奉，小不如意則必訶譴，人視之殆不堪憂，獻能處之自若也。時人以純孝稱之。嘗謂人云：「吾幼夢官至五品，壽不至五十。」後竟如其言。

王若虛字從之，稾城人也。幼穎悟，若夙昔在文字間者。擢承安二年經義進士。調鄜州錄事，歷管城、門山二縣令，皆有惠政，秩滿，老幼攀送，數日乃得行。用薦入爲國史院編修官，遷應奉翰林文字。奉使夏國，還授同知泗州軍州事，留爲著作佐郎。正大初，宣宗實錄成，〔三〕遷平涼府判官。未幾，召爲左司諫，後轉延州刺史，入爲直學士。

天興元年，哀宗走歸德。明年春，崔立變。羣小附和，請爲立建功德碑，翟奕以尚書省命召若虛爲文。時奕輩恃勢作威，人或少忤，則讒構立見屠滅。若虛自分必死，私謂左右司員外郎元好問曰：「今召我作碑，不從則死。作之則名節掃地，不若死之爲愈。雖然，我姑以理諭之。」乃謂奕輩曰：「丞相功德碑當指何事爲言。」奕輩怒曰：「丞相以京城降，活生靈百萬，非功德乎？」曰：「學士代王言，功德碑謂之代王言可乎。且丞相既以城降，則朝官皆出其門，自古豈有門下人爲主帥誦功德而可信乎後世哉。」奕輩不能奪，乃召太學生劉祁、麻革輩赴省，好問、張信之喻以立碑事，曰：「衆議屬二君，且已白鄭王矣，二君其無讓。」祁等固辭而別。數日，促迫不已，祁即爲草定，以付好問。好問意未愜，乃自爲之，既成以示若虛，乃共删定數字，然止直敍其事而已。後兵入城，不果立也。

金亡，微服北歸鎭陽，與渾源劉郁東游泰山，至黃峴峯，憩萃美亭，顧謂同游曰：「汨沒塵土中一生，不意晚年乃造仙府，誠得終老此山，志願畢矣。」乃令子忠先歸，遣子恕前行視夷險，因垂足坐大石上，良久瞑目而逝，年七十。所著文章號慵夫集若干卷、滹南遺老若干卷，傳於世。

王元節字子元，弘州人也。祖山甫，遼戶部侍郎。父詡，海陵朝，左司員外郎。元節幼穎悟，雖家世貴顯，而從學甚謹。渾源劉撝愛其才俊，以女妻之，遂傳其賦學。登天德三年詞賦進士第。雅尚氣節，不能隨時俯仰，故仕不顯。及遷密州觀察判官，既罷，卽逍遙鄉里，以詩酒自娛，號曰「遯齋」。年五十餘卒。有詩集行於世。

弟元德，亦第進士。有能名於時，終南京路提刑使。

孫國綱字正之。業儒術，尤長吏事。爲人端重樂易，或有忤者略不與校，亦未嘗形于怒色。大安三年，試補尚書吏部掾，未幾，轉御史臺令史。宣宗聞其材幹，興定三年特召爲近侍，奉職承應，甚見寵遇，勒留凡三考，出爲同知申州事。無何，召爲筆硯直長，擢監察御史，秩滿，勑留再任，蓋知其材器故也。

開興元年，關陝完顏總帥屯河中府，與大元軍戰敗績，哀宗遣國綱乘上廄馬，徑詣河中問敗軍之由，〔六〕還至中途，值大兵見殺，時年四十四。

麻九疇字知幾，易州人。三歲識字，七歲能草書，作大字有及數尺者，一時目爲神童。

章宗召見，問：「汝入宮殿中亦懼怯否？」對曰：「君臣，父子也。子寧懼父耶？」上大奇之。弱冠入太學，有文名。

南渡後，寓居郾、蔡間，入遂平西山，始以古學自力。博通五經，於易、春秋爲尤長。興定末，試開封府，詞賦第二，經義第一。再試南省，復然。聲譽大振，雖婦人小兒皆知其名。及廷試，以誤絀，〔七〕士論惜之。已而，隱居不爲科舉計。正大初，門人王說、王采苓俱中第，上以其年幼，怪而問之，乃知嘗師九疇。平章政事侯摯、翰林學士趙秉文連章薦之，特賜盧亞牓進士第。以病，未拜官告歸。再授太常寺太祝，權博士，俄遷應奉翰林文字。

九疇性資野逸，高蹇自便，與人交，一語不相入則逕去不返顧。自度終不能與世合，頃之，復謝病去。居郾城，天興元年，大元兵入河南，挈家走確山，爲兵士所得，驅至廣平，病死，年五十。

九疇初因經義學易，後喜邵堯夫皇極書，因學算數，又喜卜筮、射覆之術。晚更喜醫，與名醫張子和游，盡傳其學，且爲潤色其所著書。爲文精密奇健，詩尤工緻。後以避謗忌，持戒不作。明昌以來，稱神童者五人，太原常添壽四歲能作詩，劉滋、劉微、張漢臣後皆無稱，獨知幾能自樹立，耆舊如趙秉文，以徵君目之而不名。

李汾字長源，太原平晉人。爲人尚氣，跌宕不羈。性褊躁，觸之輒怒，以是多爲人所惡。喜讀史。工詩，雄健有法。避亂入關，京兆尹子容愛其材，招致門下。留二年去，之涇州，謁左丞張行信，一見即以上客禮之。

元光間，游大梁，舉進士不中，用薦爲史館書寫。書寫，特抄書小史耳，凡編修官得日錄，纂述既定，以稾授書寫，書寫錄潔本呈翰長。〔八〕汾既爲之，殊不自聊。時趙秉文爲學士，雷淵、李獻能皆在院，刊修之際，汾在旁正襟危坐，讀太史公、左丘明一篇，或數百言，音吐洪暢，旁若無人。既畢，顧四坐漫爲一語云「看」。秉筆諸人積不平，而雷、李尤切齒，乃以嫚罵官長訟于有司，然時論亦有不直雷、李者。尋罷入關。

明年來京師，上書言時事，不合，去客唐、鄧間。恒山公武仙署行尚書省講議官。既而，仙與參知政事完顏思烈相異同，頗謀自安，懼汾言論，欲除之。汾覺，遁泌陽，仙令總帥王德追獲之，鎖養馬平，絕食而死，年未四十。

汾平生詩甚多，不自收集，世所傳者十二三而已。

元德明，系出拓拔魏，太原秀容人。自幼嗜讀書，口不言世俗鄙事，樂易無畦畛，布衣蔬食處之自若，家人不敢以生理累之。累舉不第，放浪山水間，飲酒賦詩以自適。年四十八卒。有東嵓集三卷。子好問，最知名。

好問字裕之。七歲能詩。年十有四，從陵川郝晉卿學，不事舉業，淹貫經傳百家，六年而業成。下太行，渡大河，爲箕山、琴臺等詩，禮部趙秉文見之，以爲近代無此作也。於是名震京師。中興定五年第，歷內鄉令。正大中，爲南陽令。天興初，擢尙書省掾，頃之，除左司都事，轉行尙書省左司員外郎。金亡，不仕。

爲文有繩尺，備衆體。其詩奇崛而絕雕劌，巧縟而謝綺麗。五言高古沈鬱。七言樂府不用古題，特出新意。歌謠慷慨挾幽、幷之氣。其長短句，揄揚新聲，以寫恩怨者又數百篇。兵後，故老皆盡，好問蔚爲一代宗工，四方碑板銘志盡趨其門。其所著文章詩若干卷、杜詩學一卷、東坡詩雅三卷、錦機一卷、詩文自警十卷。

晚年尤以著作自任，以金源氏有天下，典章法度幾及漢、唐，國亡史作，已所當任。時金國實錄在順天張萬戶家，乃言於張，願爲撰述，既而爲樂夔所沮而止。好問曰：「不可令一代之跡泯而不傳。」乃構亭於家，著述其上，因名曰「野史」。凡金源君臣遺言往行，采摭所聞，有所得輒以寸紙細字爲記錄，至百餘萬言。今所傳者有中州集及壬辰雜編若干卷。年六十八卒。纂修金史，多本其所著云。

贊曰：韓昉、吳激，楚材而晉用之，亦足爲一代之文矣。蔡珪、馬定國之該博，胡礪、楊伯仁之敏贍，鄭子聃、麻九疇之英儁，王欝、宋九嘉之邁往。三李卓犖，純甫知道，汾任氣，獻能尤以純孝見稱。王庭筠、党懷英、元好問自足知名異代。王兢、劉從益、王若虛之吏治，文不掩其所長。蔡松年在文藝中，爵位之最重者，道金人言利，興黨獄，殺田瑴，文不能掩其所短者歟？事繼母有至行，其死家無餘貲，有足取云。

校勘記

〔一〕起爲隆州都軍　「隆」原作「龍」。按金無「龍州」。本書卷二四地理志，上京路，「隆州，古扶餘之地，遼太祖時……名黃龍府。大定二十九年更今名」。今據改。

〔二〕王庭筠字子端遼東人　「遼」原作「河」。按本書卷一二八王政傳，「王政，辰州熊岳人也」，「子遵古」，遼古卽庭筠之父。辰州熊岳縣屬東京路，見本書卷二四地理志。自當稱「遼東」。今據改。

〔三〕田不毛者萬七千畝有奇其歲入七萬石如故從益請於大司農爲減一萬民甚賴之流亡歸者四千餘家　按趙秉文葉令劉君德政碑、金文最卷七〇引石刻拓本。滏水集卷一二故葉令劉君遺愛碑、元好問中州集卷六劉御史從益所記數目均與此有出入。

〔四〕又有中庸集解鳴道集解號中國心學西方文教　原脫「又有」二字、「文教」作「父教」。按本傳全抄歸潛志卷一，而略有刪節，歸潛志云，「又解楞嚴、金剛經、老子、莊子，又有中庸集解、鳴道集解，號爲『中國心學、西方文教』」，文義分明，今據補改。

〔五〕正大初宣宗實錄成　原作「章宗宣宗實錄成」。按本書卷一六宣宗紀，興定四年九月「辛卯，進章宗實錄」。卷一七哀宗紀，正大五年冬十一月「辛巳，進宣宗實錄」。今據刪「章宗」二字。

〔六〕徑詣河中問敗軍之由　「徑」原作「經」，據殿本改。

〔七〕及廷試以誤絀　「絀」原作「出」。按歸潛志卷二述此事作「以誤絀」。今據改。

〔八〕書寫錄潔本呈翰長　「長」原作「表」。按中州集卷一〇李講議汾，「舊例，史院有監修，宰相爲之。同修，翰長至直學士兼之」。又「錄潔本呈翰長」。今據改。

金史卷一百二十七

列傳第六十五

孝友

溫迪罕斡魯補　陳顏　劉瑜　孟興　王震　劉政

孝友者人之至行也，而恒性存焉。有子者欲其孝，有弟者欲其友，豈非人之恒情乎。爲子而孝，爲弟而友，又豈非人之恒性乎。以人之恒情責人之恒性，而不副所欲者恒有焉。有竭力於是，豈非難乎。天生五穀以養人，五穀之有恒性也。服田力穡以望有秋，農夫之有恒情也。五穀熟，人民育，豈異事乎。然以唐、虞之世，「黎民阻飢」不免以命稷，「百姓不親，五品不遜」不免以命契，以是知順成之不可必，猶孝友之不易得也。是故「有年」、「大有年」以異書於聖人之經，孝友以至行傳於歷代之史，勸農、興孝之敎不廢於歷代之政，孝弟、力田自漢以來有其科。章宗嘗言：「孝義之人，素行已備，雖有希覬猶不失爲行善。」庶幾帝王之善訓矣。夫金世孝友見於旌表、載於史册者僅六人焉。作孝友傳。

溫迪罕斡魯補，西北路宋葛斜斯渾猛安人。年十五，居父喪，不飲酒食肉，廬于墓側。母疾，刲股肉療之，疾愈。詔以爲護衞。

陳顏，衞州汲縣人。世業農。父光，宋季擢武舉第，調壽陽尉，未赴。值金兵取汴，光病，圍城中。顏間關渡河，〔一〕往省其父，因扶疾北歸。光家奴謀良不可，誣告光與賊殺人。光繫獄，榜掠不勝，因自誣服。顏詣郡請代父死，太守徐某哀之，不敢決，適帥臣至郡，以其狀白，帥曰：「此眞孝子也。」遂併釋之。天會七年，詔旌表其門閭。

劉瑜，棣州人。家貧甚，母喪不能具葬，乃質其子以給喪事。明昌三年，詔賜粟帛，復其終身。

孟興，蚤喪父，事母孝謹，母沒，喪葬盡禮。事兄如事其父。明昌三年，詔賜帛十匹、粟二十石。

王震，寧海州文登縣人。爲進士學。母患風疾，刲股肉雜飲食中，〔二〕疾遂愈。母沒，哀泣過禮，目生翳。服除，〔三〕目不療而愈，皆以爲孝感所致。特賜同進士出身，詔尚書省擬注職任。

劉政，洛州人。性篤孝，母老喪明，政每以舌舐母目，逾旬母能視物。母疾，晝夜侍側，衣不解帶，刲股肉啖之者再三。母死，負土起墳，鄉鄰欲佐其勞，政謝之。葬之日，飛鳥哀鳴，翔集丘木間。廬於墓側者三年。防禦使以聞，除太子掌飲丞。

隱逸

褚承亮　王去非　趙質　杜時昇　郝天挺　薛繼先

高仲振　張潛　王汝梅　宋可　辛愿　王予可

孔子稱逸民伯夷、叔齊、夷逸、朱張、柳下惠、少連，其立心造行之異同，各有所稱謂，而柳下惠則又嘗仕於當世者也。長沮、桀溺之徒，則無所取焉。後世，凡隱遁之士其名皆列於史傳，何歟？蓋古之仕者，其志將以行道，其爲貧而仕下列者，猶必先事而後食焉。後世干祿者多，其先人尚人之志與歎老嗟卑之心，能去是者鮮矣。故君子於士之遠引高蹈者特稱述之，庶聞其風猶足以立懦廉頑也。作隱逸傳。

褚承亮字茂先，真定人。宋蘇軾自定武謫官過真定，承亮以文謁之，大爲稱賞。宣和五年秋，應鄉試，同試者八百人，承亮爲第一。明年，登第。調易州户曹，未赴，會金兵南下。

天會六年，〔四〕斡离不既破真定，拘籍境内進士試安國寺，承亮名亦在籍中，匿而不出。軍中知其才，嚴令押赴，與諸生對策。策問「上皇無道、少帝失信」。舉人承風旨，極口詆毁。承亮詣主文劉侍中曰：「君父之罪豈臣子所得言耶。」長揖而出。劉爲之動容。餘悉放第，凡七十二人，遂號七十二賢榜。狀元許必仕爲郎官，一日出左掖門，墮馬，首中閫石死，餘皆無顯者。劉多承亮之誼，薦知稾城縣。漫應之，即棄去。年七十終，門人私謚曰「玄貞先生」。

子席珍，正隆二年進士，官州縣有聲。

王去非字廣道，平陰人。嘗就舉，不得意卽屏去，督妻孥耕織以給伏臘。家居敎授，束
脩有餘輒分惠人。弟子班忱貧不能朝夕，一女及笄，去非爲辦資裝嫁之。北隣有喪忌東
出，西與北皆人居，南則去非家，去非壞蠶室使喪南出，遂得葬焉。大定二十四年卒，年八
十四。

趙質字景道，遼相思溫之裔。大定末，舉進士不第，隱居燕城南，敎授爲業。明昌間，
章宗遊春水過焉，聞絃誦聲，幸其齋舍，見壁間所題詩，諷詠久之，賞其志趣不凡。召至行
殿，命之官。固辭曰：「臣僻性野逸，志在長林豐草，金鑣玉絡非所願也。況聖明在上，可不
容巢、由爲外臣乎。」上益奇之，賜田畝千，復之終身。泰和二年卒，年八十五。

杜時昇字進之，霸州信安人。博學知天文，不肯仕進。承安、泰和間，宰相數薦時昇可
大用。時昇謂所親曰：「吾觀正北赤氣如血，東西亙天，天下當大亂，亂而南北當合爲一。
消息盈虛，循環無端，察往考來，孰能違之。」是時，風俗侈靡，紀綱大壞，世宗之業遂衰。時

昇乃南渡河，隱居嵩、洛山中，從學者甚衆。大抵以「伊洛之學」教人自時昇始。

正大間，大元兵攻潼關，拒守甚堅，衆皆相賀，時昇曰：「大兵皆在秦、鞏間，若假道於宋，出襄、漢入宛、葉，鐵騎長驅勢如風雨，無高山大川爲之阻，土崩之勢也。」頃之，大元兵果自饒峯關涉襄陽出南陽，金人敗績于三峯山，汴京不守，皆如時昇所料云。正大末，卒。

郝天挺字晉卿，澤州陵川人。早衰多疾，厭於科舉，遂不復充賦。太原元好問嘗從學進士業，天挺曰：「今人賦學以速售爲功，六經百家分磔緝綴，或篇章句讀不之知，幸而得之，不免爲庸人。」又曰：「讀書不爲藝文，選官不爲利養，唯通人能之。」又曰：「今之仕多以貪敗，皆苦飢寒不能自持耳。丈夫不耐飢寒，一事不可爲。子以吾言求之，科舉在其中矣。」或曰：「以此學進士無乃戾乎？」天挺曰：「正欲渠不爲舉子爾。」貞祐中，居河南，往來淇衞間。爲人有崖岸，耿耿自信，寧落魄困窮，終不一至豪富之門。年五十，〔三〕終于舞陽。

薛繼先字曼卿。南渡後，隱居洛西山中，課童子讀書。事母孝，與人交謙遜和雅，所居化之。子純孝字方叔，有父風。有詐爲曼卿書就方叔取物者，曼卿年已老狀貌如少者，客不知其爲曼卿而以爲方叔也，而與之書，曼卿如所取付之。

監察御史石玠行部過曼卿，曼卿不之見。或言君何無鄉曲情，曼卿曰：「君未之思耳。凡今時政未必皆善，御史一有所劾，將謂自我發之。同惡相庇，他日幷鄰里必有受禍者。」其畏愼皆此類。壬辰之亂，病沒宜陽。

高仲振字正之，遼東人。其兄領開封鎮兵，仲振依之以居。旣而以家業付其兄，挈妻子入嵩山。博極羣書，尤深易皇極經世學。安貧自樂，不入城市，山野小人亦知敬之。嘗與其弟子張潛、王汝梅行山谷間，人望之翩然如仙。或曰仲振嘗遇異人教以養生術，〔六〕嘗終日燕坐，骨節戛戛有聲，所談皆世外事，有扣之者輒不復語云。

張潛字仲升，武淸人。幼有志節，慕荆軻、聶政爲人，年三十始折節讀書。時人高其行誼，目曰：「張古人。」後客崧山，從仲振受易。年五十，始娶魯山孫氏，亦有賢行，夫婦相敬如賓，負薪拾穗，行歌自得，不知其貧也。鄰里有爲潛種瓜者，及熟讓潛，潛弗許，竟分而食之。嘗行道中拾一斧，夫婦計度移時，乃持歸訪其主還之。里有兄弟分財者，其弟曰：「我家如此，獨不畏張先生知耶。」遂如初。天興間，潛挈家避兵少室，乃不食七日死，孫氏亦投絕澗死焉。

王汝梅字大用，大名人。始由律學爲伊陽簿，秩滿，遂隱居不仕。性嗜書，動有禮法。生徒以法經就學者，兼授以經學。諸生服其教，無敢爲非義者。同業嘗憫其貧，時周之，皆謝不受。後不知所終。

宋可字予之，武陟人。其姑適大族稾氏，貞祐之兵，夫及子皆死於難。姑以白金五十笏遺可，可受不辭。其後姑得稾氏疏族立爲後，挈之省外家。可乃置酒會鄉鄰，謂姑曰：「姑往時遺可以金，可以稾氏無子故受之。今有子矣，此金稾氏物，非姑物也，可何名取之。」因呼妻子舁金歸之，鄉里用是重之。

未幾，北兵駐山陽，軍中有聞可名者，訪知所在，質其子，使人招之曰：「從我者禍福共之，不然，汝子死矣。」親舊競勸之往，可皆謝不從，曰：「吾有子無子，與吾兒死生，皆有命焉。豈以一子故，併平生所守者亡之。」後竟以無子。

辛愿字敬之，福昌人。年二十五始知讀書，取白氏諷諫集自試，一日便能背誦。乃聚書環堵中讀之，至書伊訓、詩河廣，頗若有所省，欲罷不能，因更致力焉。由是博極書史，作文有繩尺，詩律精嚴有自得之趣。

性野逸不修威儀，貴人延客，麻衣草屨，足脛赤露，坦然於其間，劇談豪飲，傍若無人。嘗謂王鬱曰：「王侯將相，世所共嗜者，聖人有以得之亦不避。得之不以道，與夫居之不能行己之志，是欲澡其身而伏於厠也。是難與他人道，子宜保之。」其志趣如此。

後爲河南府治中高廷玉客。廷玉爲府尹溫迪罕福興所誣，愿亦被訊掠，幾不得免，自是生事益狼狽。

愿雅負高氣，不能從俗俯仰，迫以飢凍流離，往往見之于詩。有詩數千首，常貯竹橐中。正大末，歿洛下。其詩有云：「黃、綺暫來爲漢友，巢、由終不是唐臣。」眞處士語也。

王予可字南雲，河東吉州人。父本軍校，予可亦嘗隸籍。年三十許，大病後忽發狂，久之能把筆作詩文，及說世外怳惚事。南渡後，居上蔡、遂平、郾城之間，遇文士則稱「大成將軍」，於佛前則稱「謡摩龍什」，於道則稱「騶天玄俊」，於貴游則稱「威錦堂主人」。

爲人軀幹雄偉，貌奇古，戴青葛巾，項後垂雙帶若牛耳，一金鏤環在頂額之間。兩頰以青涅之爲翠靨。衣長不能掩脛。落魄嗜酒，每入城，市人爭以酒食遺之。夜宿土室中，夏月或尸穢在傍，蛆蟲狼藉不恤也。

人與之紙，落筆數百言，或詩或文，散漫碎雜，無句讀、無首尾，多六經中語及韻學家古文奇字，字畫峭勁，遇宋諱亦時避之。或問以故事，其應如響，諸所引書皆世所未見。談說之際稍若有條貫，則又以誕幻語亂之。麻九疇、張穀與之游最狎，言其詩以百分爲率，可曉者才二三耳。

壬辰兵亂，爲順天將領所得，知其名，竊議欲挈之北歸，館於州之瑞雲觀。予可明日見將領自言曰：「我不能住君家瑞雲觀也。」不數日卒。後復有見於淮上者。

贊曰：金世隱逸不多見，今於簡册所有，得十有二人焉。其卓爾不羣者三人。褚承亮宋人，勒試進士，主司發策問宋徽、欽之罪，承亮長揖而去之。方金人重舉業，杜時昇居山中，首以「伊洛之學」敎後進。宋可不願仕，人執其子爲質，寧棄而不就，遂以無子。雖制行過中，豈不賢於殺妻以求大將者乎。大夫士見善明、用心剛，故能爲人所難爲者如此。

校勘記

〔一〕顏間關渡河　「間」原作「艱」。據殿本改。

〔二〕封股肉雜飲食中　按永樂大典卷一二〇一五引文「中」作「進」。

〔三〕服除　按永樂大典卷一二〇一五引文「除」下有「日」字。

〔四〕天會六年　按，據本書卷三太宗紀，宗望（即斡离不）破真定在天會三年，而天會五年五月「右副元帥宗望薨」。卷七四宗望傳所記同。疑此處紀年有誤。

〔五〕年五十　按中州集卷九郝天挺傳作「年五十七，卒于舞陽」。

〔六〕或曰仲振嘗遇異人教以養生術　「曰」原作「自」。據殿本改。

金史卷一百二十八

列傳第六十六

循吏

盧克忠　牛德昌　范承吉　王政　張奕　李瞻　劉敏行
傅愼微　劉煥　高昌福　孫德淵　趙鑑　蒲察鄭留
女奚烈守愚　石抹元　張轂　趙重福　武都
紇石烈德　張特立　王浩

金自穆宗號令諸部不得稱都孛堇，於是諸部始列於統屬。太祖命三百戶爲謀克，十謀克爲猛安，一如郡縣置吏之法。太宗既有中原，申畫封疆，分建守令。熙宗遣廉察之使循行四方。世宗承海陵彫劲之餘，休養生息，迄于明昌、承安之間，民物滋殖，循吏迭出焉。

泰和用兵，郡縣多故，吏治衰矣。宣宗尚刀筆之習，嚴考核之法，能吏不乏，而豈弟之政罕見稱述焉。金百餘年吏治始終可考，於是作循吏傳。

盧克忠，貴德州奉集人。〔一〕高永昌據遼陽，克忠走詣金源郡王斡魯營降，遂以撒屋出爲鄉導。斡魯克東京，永昌走長松島，克忠與渤海人撻不也追獲之。收國二年，授世襲謀克。其後，定燕伐宋皆與有功，除登州刺史，改刺澶州。

天德間，同知保大軍節度使。綏德州軍卒數人道過鄜城，求宿民家，是夜有賊剽主人財而去。有司執假宿之卒，繫獄榜掠誣服。克忠察其冤，獨不肯署，未幾果得賊，假宿之卒遂釋。

大定二年，除北京副留守，會民艱食，克忠下令凡民有蓄積者計留一歲，悉平其價糴之，由是無捐瘠之患。轉陳州防禦使，後以靜難軍節度使致仕，卒。

牛德昌字彥欽，蔚州定安人。父鐸，遼將作大監。德昌少孤，其母教之學，有勸以就蔭者，其母曰：「大監遺命不使作承奉也。」中皇統二年進士第，調礬山簿。遷萬泉令。屬蒲、陝荐饑，羣盜充斥，州縣城門晝閉。德昌到官，卽日開城門縱百姓出入，牓曰：「民苦飢寒，剽掠鄉聚以偸旦夕之命，甚可憐也。能自新者一不問。」賊皆感激解散，縣境以安。府尹王伯龍嘉之，禮待甚厚。累官刑部、吏部侍郎，中都路都轉運使，廣寧、太原尹。卒，贈中奉大夫。

范承吉字寵之。好學問，屬遼季盜賊起，雖避地未嘗廢書。天慶八年中進士丙科，授祕書省校書郎，至大定府金源令。歸朝爲御前承應文字。天會初，〔三〕遷殿中少監。四年，從攻太原，遷少府監。五年，宗翰克宋，所得金珠承吉司其出入，無毫髮欺，及還，犢車載書史而已。尋遷昭文館直學士，知絳州。

先是，軍興，民有爲將士所掠而逃歸者，承吉使吏遍諭，俾其自實，凡數千人，具白元帥府，許自贖爲良，或貧無貲者以公厨代輸。六年，改河東北路轉運使。時承宋季之弊，民賦繁重失當，承吉乃爲經畫，立法簡便，所入增十數萬斛，官旣足而民有餘。歷同知平陽尹、西京副留守，遷河東南路轉運使，改同簽燕京留守事、順天軍節度使。屬地震壞民廬舍，有欲爭先營葺者，工匠過取其直，承吉命官屬董其役，先後以次，不問貧富，民賴以省費。

歷鎭西軍節度使、行臺禮部尙書、泰寧軍節度使，復鎭順天。奚卒散居境內，率數千人爲盜，承吉繩以法不少貸，懼而不敢犯。貞元二年以光祿大夫致仕，卒年六十六。

王政，辰州熊岳人也。其先仕渤海及遼，皆有顯者。政當遼季亂，浮沈州里。高永昌據遼東，知政材略，欲用之。政度其無成，辭謝不就。永昌敗，渤海人爭縛永昌以爲功，政獨逡巡引退。吳王闍母聞而異之，言於太祖，授盧州渤海軍謀克。從破白霫，下燕雲。及金兵伐宋，滑州降，留政爲安撫使。前此，數州既降，復殺守將反爲宋守。及是，人以爲政憂，政曰：「苟利國家，雖死何避。」宋王宗望壯之，曰：「身沒王事，利及子孫，汝言是也。」政從數騎入州。是時，民多以饑爲盜，坐繫。政皆釋之，發倉廩以賑貧乏，於是州民皆悅，不復叛。傍郡聞之，亦多降者。宋王召政至轅門，撫其背曰：「吾以汝爲死矣，乃復成功耶。」慰諭者久之。

天會四年，爲燕京都麴院同監。未幾，除同知金勝軍節度使事。改權侍衞親軍都指揮使，兼掌軍資。是時，軍旅始定，筦庫紀綱未立，掌吏皆因緣爲姦。政獨明會計，嚴扃鐍，金帛山積而出納無錙銖之失。吳王闍母戲之曰：「汝爲官久矣，而貧不加富何也？」對曰：「政以楊震四知自守，安得不貧。」吳王笑曰：「前言戲之耳。」以黃金百兩、銀五百兩及所乘馬遺之。

六年，授左監門將軍，歷安州刺史、檀州軍州事、戶吏房主事。天眷元年，遷保靜軍節度使，〔三〕致仕卒，年六十六。

政本名南撒里，嘗使高麗，因改名政。子遵仁、遵義、遵古。遵古子庭筠有傳。〔四〕

張奕字彥徽，其先澤州高平人。以廕補官，仕齊爲歸德府通判。齊國廢，齊兵之在郡者二萬人謀爲亂，約夜半舉燎相應。奕知之，選市人丁壯授以兵，結陣扼其要巷，開小南門以示生路，亂不得作，比明亡匿略盡，擒其首惡誅之。後五日，都統完顏阿魯補以軍至歸德，〔五〕欲根株餘黨，奕以闔門保郡人無他，遂止。行臺承制除同知歸德尹。

天眷元年，以河南與宋，改同知沂州防禦使事。三年，宗弼復取河南，徵奕赴行省，既定汴京，授汴京副留守。歷陳、秦州防禦使，同知太原尹。

晉寧軍報夏人侵界，詔奕往征之。奕至境上，按籍各歸所侵土，還奏曰：「折氏世守麟府，以抗夏人。本朝有其地遂以與夏。夏人夷折氏墳壠而戮其屍，折氏怨入骨髓而不得報也。今復使守晉寧，故激怒夏人使爲鼠侵，而條上其罪，苟欲開邊釁以雪私讎耳。獨可徙折氏他郡，則夏人自安。」朝廷從之，遂移折氏守青州。

正隆間，同知西京留守事，遷河東北路轉運使。大定二年，徵爲戶部尚書，甫視事，得疾卒。

李瞻，薊州玉田人。遼天慶二年進士，爲平州望雲令。張覺據平州叛，以瞻從事。宗望復平州，覺亡去，城中復叛，瞻踰城出降，其子不能出，爲賊所害。宋王宗望嘉之，承制以爲興平府判官。天會三年，遷大理少卿，從宗望南伐，爲漢軍糧料使。四年，金兵圍汴，宋人請割河北三鎮，瞻與禮部侍郎李天翼安撫河北東、西兩路，略定懷、濬、衞等州，衞、湯陰等縣。七年，知寧州，累遷德州防禦使。爲政寬平，民懷其惠，相率詣京師請留者數百千人。貞元三年，遷濟州路轉運使，改忠順軍節度使。正隆末，盜賊蠭起，瞻增築城壘爲備，蔚人賴之以安。大定初，卒于官。

劉敏行，平州人。登天會三年進士。除太子校書郎，累遷肥鄉令。歲大饑，盜賊掠人爲食。諸縣老弱入保郡城，不敢耕種，農事廢，畎畝荒蕪。敏行白州，借軍士三十護縣民出耕，多張旗幟爲疑兵，敏行率軍巡邏，日暮則閲民入城，由是盜不敢犯而耕稼滋殖。轉高平令。縣城圮壞久不修，大盜横恣，掠縣鎮不能禦。敏行出己俸，率僚吏出錢顧役繕治，百姓欣然從之，凡用二千人，版築遂完。鄉村百姓入保，賊至不能犯。凡九遷，爲河北東路轉運使。致仕，卒。

傅慎微字幾先。其先秦州沙溪人，後徙建昌。慎微遷居長安。宋末登進士，累官河東路經制使。宗翰已克汴京，使婁室定陝西，慎微率衆迎戰，兵敗被獲，送至元帥府。元帥宗翰愛其才學，弗殺，羈置歸化州，希尹收置門下。宗弼復取河南地，起爲陝西經略使，尋權同州節度使事。明年，陝西大旱，饑死者十七八，以慎微爲京兆、鄜延、環慶三路經濟使，許以便宜。慎微募民入粟，得二十餘萬石，立養濟院飼餓者，全活甚衆。改同知京兆尹，權陝西諸路轉運使。復修三白、龍首等渠以溉田，募民屯種，貸牛及種子以濟之，民賴其利。轉中京副留守，用廉改忻州刺史，累遷太常卿，除定武軍節度使，移靜難軍，忤用事者，蘇保衡救之得免。

大定初，復爲太常卿，遷禮部尚書，與翰林侍講學士徒單子溫、翰林待制移剌熙載俱兼同修國史。卒官，年七十六。

慎微博學喜著書，嘗奏興亡金鏡錄一百卷。性純質，篤古喜談兵，時人以爲迂闊云。

劉煥字德文，中山人。宋末兵起，城中久乏食，煥尚幼，煮糠覈而食之，自飲其清者，以醲厚者供其母，鄉里異之。稍長就學，天寒擁糞火讀書不怠。登天德元年進士。調任丘尉。縣令貪汙，煥每規正之，秩滿，令持盃酒謝曰：「尉廉慎，使我獲考。」調中都市令。樞密使僕散忽土家有絛結工，牟利於市，不肯從市籍役，煥繫之。忽土召煥，煥不往，暴工罪而笞之。煥初除市令，過謝鄉人吏部侍郎石琚，琚不悅曰：「京師浩穰，不與外郡同，棄簡就煩，吾所不曉也。」至是，始重之。以廉升京兆推官，再遷北京警巡使。捕二惡少杖于庭中，戒之曰：「孝弟敬慎，則爲君子。暴戾隱賊，則爲小人。自今以往，毋狃于故習，國有明罰，吾不得私也。」自是，衆皆畏憚，毋敢犯者。召爲監察御史，父老數百人或臥車下，或挽其靴鐙，曰：「我欲復留使君期年，不可得也。」

以本官攝戶部員外郎。代州錢監雜青銅鑄錢，錢色惡，類鐵錢。民間盜鑄，抵罪者衆，朝廷患之，下尚書省議。煥奏曰：「錢寶純用黃銅精治之，中濡以錫，若青銅可鑄，歷代無緣不用。自代州取二分與四六分，青黃雜糅，務省銅而功易就。由是，民間盜鑄，陷罪者衆，非朝廷意也。必欲爲天下利，宜純用黃銅，得數少而利遠。其新錢已流行者，宜驗數輸納準換。」從之。

再遷管州刺史，耆老數百人疏其著蹟十一事，詣節鎮請留煥，曰：「刺史守職奉法，乞留之。」以廉升鄭州防禦使，遷官一階，轉同知北京留守事。世宗幸上京，所過州郡大發民夫治橋梁馳道，以希恩賞，煥所部惟平治端好而已。上嘉其意，遷遼東路轉運使，卒。

高昌福，中都宛平人。父履，遼御史中丞致仕，太宗聞其名召之，未及入見而卒，特詔昌福釋服應舉。登天會十年進士第，補樞密院令史。明年，辟元帥府令史。皇統初，宗弼復河南，元帥府治汴，人有疑似被獲，皆目爲宋諜者，卽殺之。昌福讞得其實，釋去者甚衆。

許州都統韓常用法嚴，好殺人，遣介送囚於汴，或道亡，監吏自度失囚恐得罪，欲盡殺諸囚以滅口。昌福識監吏意，窮竟其狀，免死者十七八，而諸吏遂怨昌福，欲搆害之。是時方用兵，梁、楚間夜多陰雨，元帥府選人偵宋兵動靜，諸吏遣昌福。昌福不辭卽行，盡得敵軍虛實報元帥府。師還，除震武軍節度副使，轉行臺禮部員外郎。天德間，行臺罷，改絳陽軍節度副使，入爲兵部員外郎，改河間少尹。

世宗卽位，上書陳便宜事，上披閱再三，因謂侍臣曰：「內外官皆上書言事，可以知人材優劣，不然，朕何由知之。」三除同知東京留守事，治最，遷山東西路轉運使、工部尙書，改彰德軍節度使。上書言賦稅太重，上問翰林學士張景仁曰：「稅法比近代爲輕，而以爲重何也。」景仁曰：「今之稅殊輕，若復輕之，國用且不足。」事遂寢。累遷河中尹，致仕，卒。

孫德淵字資深，興中府人也。〔六〕大定十六年進士，調石州軍事判官、淶水丞，察廉遷沙河令。有盜秋桑者，主逐捕之，盜以叉自刺其足面，曰：「秋桑例不禁採，汝何得刺我。」主懼，賂而求免，盜不從，訴之縣。德淵曰：「若逐捕而傷，瘡必在後，今在前，乃自刺也。」盜遂引服。選尚書省令史，不就。丁父憂去官，民爲刻石祠之。

察廉起復北京轉運司都勾判官，以累薦遷中都左警巡使、監察御史、山東東路轉運副使，累官大理丞、兼左拾遺。審官院奏德淵剛正幹能，可任繁劇，遂再任。丁母憂，服除特遷恩州刺史，入爲右司郎中，滕州刺史，遷同知河間府事，歷大興治中、同知府事。大安初，遷盤安軍節度使，改河北西路按察轉運使，改昭義軍節度使。潞州破被執，俄有拜于前者，皆沙河舊民也，密護德淵，由是得脫。

貞祐二年，拜工部尚書，攝御史中丞。是時，山東乏兵食，有司請鬻恩例舉人，居喪者亦許納錢就試。德淵奏，此大傷名教，事遂寢。尋致仕。監察御史許古論德淵「忠亮明敏，可以大用，近許告老，士大夫竊歎。望朝廷起復，必能建明以利國家」。宣宗嘉納，未及用而卒。

趙鑑字擇善，濟南章丘人。宋建炎二年進士，調廬州司理參軍。是時江、淮方用兵，鑑棄官還鄉里。齊國建，除歷城丞，轉長清令，皆劇邑難治，鑑政甚著。劉豫召見，遷直祕閣、提舉涇原路弓箭手、兼提點本路刑獄公事，誡之曰：「邊將多不法，可痛繩之。」原州守將武悍自用，以鑑年少易之，鑑發其姦，守將坐免，郡縣聞風無敢犯者。

齊廢，除知城陽軍，改山東東路轉運副使，攝行臺左司郎中。行臺宰相欲以故宋宦者權都水監，鑑曰：「誤國閹豎，汴人視爲寇讎，付以美官，將失人望。」遂不用。以母憂解職，天德初，起爲濟州刺史，移涿州。海陵召鑑入朝，應對失旨，遣還郡，俄除知火山軍，以病免。

大定初，起知寧海軍。秋禾方熟，子方蟲生，〔七〕鑑出城行視，蟲乃自死。再遷鎭西軍節度使，改河北西路轉運使，致仕，卒。

蒲察鄭留字文叔，東京路斡底必刺猛安人。大定二十二年進士，調高苑主簿、濬州司候，補尙書省令史，除監察御史，累遷北京、臨潢按察副使、戶部侍郎。御史臺奏鄭留前任北京稱職，遷陝西路按察使，改順義軍節度使。

西京人李安兄弟爭財，府縣不能決，按察司移鄭留平理，月餘不問。會釋奠孔子廟，鄭留乃引安兄弟與諸生敍齒，列坐會酒，陳說古之友悌數事，安兄弟感悟，謝曰：「節使父母也，誓不復爭。」乃相讓而歸。

朔州多盜，鄭留禁絕游食，多蓄兵器，因行春撫諭之，盜乃衰息，獄空。賜錫宴錢以褒之。

改利涉軍節度使，詔括馬，鄭留使百姓飼養以須，御史劾之。旣而伐宋，諸路括馬皆瘦，惟隆州馬肥，乃釋鄭留。大安初，徙安國軍。二年，知慶陽府事。三年，夏人犯邊，鄭留擊走之。至寧元年，改知平涼府。是時，平涼新被兵，夏人復來攻，鄭留招潰卒爲禦守計，夏兵退，遷官四階。貞祐二年，改東京留守，致仕。貞祐四年，卒。

鄭留重厚寡言笑，人不見其喜愠，臨終取奏藁盡焚之。

女奚烈守愚字仲晦，本名胡里改門，眞定府路吾直克猛安人也。六歲知讀書。旣亂，或謂食肉昏神識，乃戒而不食。性至孝，父沒時年十五，營葬如禮，治家有法，鄉人稱之。中明昌二年進士。調深澤主簿，治有聲。遷懷仁令，改弘文校理，秩滿爲臨沂令。有不逞輩五百人，結爲黨社，大擾境內，守愚下車，其黨散去。蝗起莒、密間，獨不入臨沂境。

先是，朝廷括河朔、山東地，隱匿者沒入官，告者給賞。莒州刺史教其奴告臨沂人冒地，積賞錢三百萬，先給官鏹乃徵于民，民甚苦之。守愚列其寃狀白州，州不爲理，卽聞于戶部而徵還之，流民歸業，縣人勒其事于石。

改祕書郎。母喪，勺飲不入口三日，終喪未嘗至內寢。太常寺、勸農司交辟守愚，皆不聽，服除，除同知登聞檢院，改著作郎、永定軍節度副使。泰和伐宋，守愚爲山東行六部員外郎，改大興都總管判官。大安元年，除修起居注，轉刑部員外郎、戶部郎中、太子左諭德。貞祐初，除戶部侍郎，數月拜諫議大夫、提點近侍局。二年，除保大軍節度使，改翰林學士、參議陝西路安撫司事。安撫完顏弼重其爲人，每事咨而後行。未幾，有疾，詔賜御藥。三年，卒。

守愚爲人忠實無華，孜孜于公，蓋天性然也。

石抹元字希明，懿州路胡土虎猛安人。七歲喪父，號泣不食者數日。十三居母喪如成人。嘗爲擊鞠戲，馬踣，歎曰：「生無兄弟，而數乘此險，設有不測奈何。」由是終身不復爲之。補樞密院尙書省譯史，調同知恩州軍州事，遷監察御史，爲同知淄州軍州事。劇盜劉奇久爲民患，一日捕獲，方訊鞫，聞赦將至，亟命杖殺之，闔郡稱快。改大興府判官、沂王府司馬、沁南軍節度副使。河內民家有多美橙者，歲獲厚利。仇家夜入殘毀之，主人捕得，乃以劫財誣其人，仇家引服，贓不可得。元攝州事，究得其情。尋改河北西路轉運副使，累遷山東西路按察轉運使。

貞祐初，黃摑吾典徵兵東平，擁衆不進，大括民財，衆皆忿怨。副統僕散掃合殺吾典於坐，取其符佩之，縱恣尤甚。元密疏劾掃合擅殺近臣，無上不道，掃合坐誅。移知濟南府，到官六月卒。

元生平寡言笑，尙節儉，居官自守，不交權要，人以是稱之。

張轂字伯英，許州臨潁人。大定二十八年進士，調寧陵縣主簿。改泰定軍節度判官，率儒士行鄉飲酒禮。改同州觀察判官。是時，出兵備邊，州徵箭十萬，限以鵰雁羽爲之，其價翔躍不可得。轂曰：「矢去物也，何羽不可。」節度使曰：「當須省報。」轂曰：「州距京師二千里，如民急何。萬一有責，下官身任其咎。」一日之間，價減數倍。尙書省竟如所請。補尙書省令史，除同知鄭州防禦使事，改北京鹽使。丁父憂，服除，再遷監察御史。從伐宋，遷武寧軍節度副使。居母憂。貞祐二年，改惠民司令，歷河南治中、隰州刺史、刑部郎中、同知河南府事，遷河東南路轉運使、權行六部尚書、安撫使。興定元年，以疾卒。

轂天性孝友，任子悉先諸弟，俸入所得亦委其弟掌之，未嘗問有無云。

趙重福字履祥，豐州人。通女直大小字，試補女直誥院令史。轉兵部譯史、陝西提刑知法，遷陝西東路都勾判官、右藏庫副使、同知陳州防禦事。宋諜人蘇泉入河南，重福迹之，至魚臺將渡河，見前一舟且渡，令從者大呼泉姓名，前舟中忽有蒼惶失措者，執之果泉也。

改滄州鹽副使。歲饑，民煮鹵爲鹽賣以給食，鹽官往往杖殺之。重福曰：「寧使課殿，不忍殺人。」歲滿，課殿當降，尚書右丞完顏匡、三司使按出虎知其事，乃以歲荒薄其罰，除織染署令。

大安三年，佐戶部尚書張煒調兵食于古北口，〔八〕遷都水少監，行西北路六部郎中，治密雲縣，俄兼戶部員外郎。貞祐二年，以守密雲功遷同知河間府事，行六部侍郎，權淸州防禦使，攝河北東路兵馬都總管。三年，河間被圍，有劉中者嘗與重福密雲聯事，勸重福出降，重福不聽。是時，河間兵少，多羸疾不任戰，欲亡去。重福勸其父老率其子弟，强者戰、弱者守，會久雨圍乃解去。遷河東北路轉運使，致仕。元光二年，卒。

武都字文伯，東勝州人。大定二十二年進士，調陽穀主簿，遷商水令。縣素多盜，凡姦民嘗縱火行劫、椎埋發冢者，都皆廉得姓名，牓之通衢，約毋再犯，悉奔他境。察廉遷南京路轉運支度判官，〔九〕累遷中都路都轉運副使，以親老，與弟監察御史郁俱乞侍。尋丁憂，服除，調太原治中，復爲都轉運副使，遷灤州刺史。充宣差北京路規措官，都拘括散逸官錢百萬。入爲戶部郎中，權右司郎中，奏事稱旨。被詔由海道漕遼東粟賑山東，都高其價直募人入粟，招海賈船致之。三遷中都、西京按察副使。大安三年，充宣差行六部侍郎，以勞遷本路按察使，行西南路六部尚書，佐元帥抹撚盡忠備禦西京，有勞，召爲戶部尚書，賞銀二百兩、絹一百匹。

宣宗卽位，議衞紹王降封，語在衞紹王紀。頃之，中都戒嚴，都知大興府，佩虎符便宜行事，彈壓中外軍民。都醉酒以褻衣見詔使，坐是解職。起爲刑部尙書。中都解圍，爲河東路宣撫使，俄以參知政事胥鼎代之。興定元年，以疾卒。

紇石烈德字廣之，眞定路山春猛安人。明昌二年進士，調南京教授。察廉能遷猒次令，補尙書省令史，除同知泗州防禦事、監察御史、大名治中、安、曹、裕三州刺史，歷同知臨潰、大興府事。

貞祐二年，遷肇州防禦使。是歲，肇州升爲武興軍節度，德爲節度使宣撫司署都提控。肇州圍急，食且盡，有糧三百船在鴨子河，去州五里不能至。德乃浚濠增陴，築甬道導濠水屬之河。鑿陷馬穽，伏甲其傍以拒守，一日兵數接，士殊死戰。渠成，船至城下，兵食足，圍乃解。改遼東路轉運使，軍民遮道挽留，乘夜乃得去。

蒲鮮萬奴逼上京，德與部將劉子元戰却之。遷東京留守，歷保靜、武勝軍節度使。興定二年，以本官行六部事。三年，以節度權元帥右都監，與左都監單州經略使完顏仲元俱行元帥府于宿州。四年，遷工部尚書。明年，召還中都。是歲，卒。

張特立字文舉，曹州東明人。泰和三年中進士第，調宣德州司候。郡多皇族巨室，特立律之以法，闔境肅然。調萊州節度判官，不赴，躬耕杞之圉城，〔一〇〕以經學自樂。正大初，左丞侯摯、參政師安石薦其才，授洛陽令。

四年，拜監察御史。拜章言：「鎬、厲二宅，久加禁錮，棘圍柝警，如防寇盜。近降赦恩，謀反大逆皆蒙湔雪，彼獨何罪，幽囚若是。世宗神靈在天，得無傷其心乎。聖嗣未立，未必不由是也。」又言：「方今三面受敵，百姓凋敝，宰執非才，臣恐中興之功未可以歲月期也。」

又言：「尚書右丞顏盞世魯遣其奴與小民爭田，失大臣體。參知政事徒單兀典諂事近習，得居其位。皆宜罷之。」當路者忌其直，陰有以擠之。因劾省掾高楨輩受請託，飲娼家。時平章政事白撒犒軍陝西歸，楨等泣訴于道，以當時同席幷有省掾王賓，張爲其進士故不劾。白撒以其私且不實，幷治特立及賓。特立左遷邳州軍事判官，〔一〕杖五十，賓亦勒停。士論皆惜特立之去。後卒癸丑歲，年七十五。

王浩，由吏起身，初辟涇陽令，廉白爲關輔第一。時西臺檄州縣增植棗果，督責嚴急，民甚被擾，浩獨無所問，主司將坐之，浩曰：「是縣所植已滿其數，若欲增植，必盜他人所有，取彼置此，未見其利。」其愛民多此類。所在有善政，民絲毫無所犯，秦人爲立生祠，歲時思之。

南遷後，爲扶溝令。開興元年正月，民錢大亨等執縣官送款于北，大亨以浩有恩於民，不忍加刃，日遣所知勸之降，浩終不聽，於是殺之，無血。主簿劉坦、尉宋乙並見害。棄屍道路，自春徂夏，獨浩屍儼然如生，目且不瞑，烏犬莫敢近，殆若有神護者。

初，辟舉法行，縣官甚多得人，如咸寧令張天綱、長安令李獻甫、洛陽令張特立三人有傳。餘如興平師夔、臨潼武天禎、汜水党君玉、偃師王登庸、高陵宋九嘉、登封薛居中、長社李天翼、河津孫鼎臣、郟城李無黨、滎陽李過庭、尉氏張瑜、長葛張子玉、猗氏安德璋、三原蕭邦傑、藍田張德直、葉縣劉從益皆淸愼才敏，極一時之選，而能扶持百年將傾之祚者，亦曰吏得其人故也。

校勘記

〔一〕貴德州奉集人　「奉」原作「鳳」。按本書卷二四地理志，東京路貴德州有奉集縣，「遼集州懷遠軍奉集縣，本渤海舊縣」。今據改。

〔二〕天會初　「會」原作「眷」。按下文「四年，從攻太原。五年，宗翰克宋」。考本書卷三太宗紀，天會四年九月「丙寅，宗翰克太原」。五年正月「癸巳，宗翰宗望使使以宋降表來上」。今據改。

〔三〕遷保靜軍節度使　按遺山文集卷一六王黃華墓碑，「政事金朝，官至金吾衞上將軍、建州保靜軍節度使」。又本書卷二四地理志，北京路建州作「保靜軍」，且爲刺史非節鎭。與此異。

〔四〕遵古子庭筠有傳　原脫「子庭筠」三字。按本書遵古無傳，僅附見于子庭筠傳中，見卷一二六文藝傳下。今據補「子庭筠」三字。

〔五〕都統完顏阿魯補以軍至歸德　原脫「阿」字。按本書卷六八阿魯補傳，「天會十五年，詔廢齊國，明年，除歸德尹」。今據補。

〔六〕興中府人也　「府」原作「州」。按本書卷二四地理志，北京路有興中府。今據改。

〔七〕子方蟲生　按齊民要術卷一有「虸蚄蟲」，廣韻陽韻「虸蚄，蟲名」，是「子方」二字皆當有「虫」旁。

〔八〕大安三年佐戶部尚書張煒調兵食于古北口　按本書卷一〇〇張煒傳作「大安三年，起爲同簽三司事，累遷戶部侍郎」。與此處「戶部尚書」異。

〔九〕察廉遷南京路轉運支度判官　「支度」原作「度支」。據本書卷五七百官志都轉運司條乙正。

〔一〇〕躬耕杞之圉城　「圉」原作「韋」。按本書卷二五地理志，南京路開封府杞縣「鎮一，圉城」。今據改。

〔一一〕特立左遷邳州軍事判官　「事」原作「士」。按本書常見「軍事判官」，如卷一二一烏古孫兀屯傳，「遷唐州刺史，令軍事判官撒虎帶」掩擊宋兵。卷一二二女奚烈斡出傳，「仕至楨州刺史，軍事判官王謹收遺散之衆，別屯周安堡」。今據改。

金史卷一百二十九

列傳第六十七

酷吏

高閭山　蒲察合住

太史公有言，「法家嚴而少恩」。信哉斯言也。金法嚴密，律文雖因前代而增損之，大抵多準重典。熙宗迭興大獄，海陵翦滅宗室，鈎棘傅會，告姦上變者賞以不次。於是，中外風俗一變，咸尚威虐以爲事功，而讒賊作焉。流毒遠邇，慘矣。金史多闕逸，據其舊錄得二人焉，作酷吏傳。

高閭山，澄州析木人。選充護衞，調順義軍節度副使，轉唐括、移剌都糺詳穩，改震武軍節度副使、曹王府尉、大名治中。遷汝州刺史，改單州。制禁不依法用杖決人者，閻山見之笑曰：「此亦難行。」是日，特用大杖杖死部民楊仙，坐削一官，解職。久之，降鳳翔治中，歷原州、濟州、泗州刺史，改鄭州防禦使，遷蒲與路節度使，移臨海軍、〔一〕盤安軍、寧昌軍。貞祐二年，城破死之。

蒲察合住，以吏起身，久爲宣宗所信，聲勢烜赫，性復殘刻，人知其蠹國而莫敢言。其子充護衞，先逐出之。繼而合住爲恒州刺史，需次近縣。後大兵入陝西，關中震動，或言合住赴恒州爲北走計，朝廷命開封羈其親屬，合住出怨言曰：「殺却我卽太平矣。」尋爲御史所劾，初議笞贖，宰相以爲悖理，〔二〕斬於開封府門之下。故當時有宣朝三賊之目，謂王阿里、蒲察咬住，合住其一也。

興定中，駙馬僕散阿海之獄，京師宣勘七十餘所，阿里輩乘時起事以肆其毒，朝士惴惴莫克自保，惟獨吉文之在開封府幕，明其不反，竟不署字，阿海誅，文之亦無所問。

咬住，正大初致仕，居睢陽，潰軍變，與其家皆被殺。

初，宣宗喜刑罰，朝士往往被笞楚，至用刀杖決殺言者。高琪用事，威刑自恣。南渡之後習以成風，雖士大夫亦爲所移，如徒單右丞思忠好用麻椎擊人，號「麻椎相公」。李運使特立號「半截劍」，言其短小鋒利也。馮內翰壁號「馮劊」。雷淵爲御史，至蔡州得奸豪，杖殺五百人，號曰「雷半千」。又有完顏麻斤出，皆以酷聞，而合住、王阿里、李渙之徒，胥吏中尤狡刻者也。

佞幸

蕭肄　張仲軻　李通　馬欽　高懷貞　蕭裕　胥持國

世之有嗜慾者，何嘗不被其害哉。龍，天下之至神也，一有嗜慾，見制於人，故人君亦然。嗜欲不獨柔曼之傾意也，征伐、畋獵、土木、神仙，彼爲佞者皆有以投其所好焉。金主內蠱聲色，外好大喜功，莫甚於熙宗、海陵，而章宗次之。金史自蕭肄至胥持國得佞臣之尤者七人，皆被寵遇於三君之朝，以亡其身，以蠹其國，其禍皆始於此，可不戒哉。作佞幸傳。

蕭肄，本奚人，有寵於熙宗，復諂事悼后，累官參知政事。皇統九年四月壬申夜，大風雨，雷電震壞寢殿鴟尾，有火自外入，燒內寢幃幔。帝徙別殿避之，欲下詔罪己，翰林學士張鈞視草。鈞意欲奉答天戒，當深自貶損，其文有曰：「惟德弗類，上干天威」及「顧兹寡昧眇予小子」等語。肆譯奏曰：「弗類是大無道，寡者孤獨無親，昧則於人事弗曉，眇則目無所見，小子嬰孩之稱，此漢人託文字以詈主上也。」帝大怒，命衞士拽鈞下殿，榜之數百，不死，以手劍剺其口而醢之。賜肆通天犀帶。

憑恃恩倖，倨視同列，遂與海陵有惡。及篡立，加大臣官爵，例加銀青光祿大夫。數日，召肆詰之曰：「學士張鈞何罪被誅，爾何功受賞？」肆不能對。海陵曰：「朕殺汝無難事，人或以我報私怨也。」於是，詔除名，放歸田里，禁錮不得出百里外。

張仲軻幼名牛兒，市井無賴，說傳奇小說，雜以俳優詼諧語爲業。〔三〕海陵引之左右，以資戲笑。海陵封岐國王，以爲書表，及卽位，爲祕書郎。海陵嘗對仲軻與妃嬪褻瀆，仲軻但稱死罪，不敢仰視。又嘗令仲軻倮形以觀之，侍臣往往令倮褫，雖徒單貞亦不免此。兵部侍郎完顏普連、大興少尹李惇皆以贓敗，海陵置之要近。伶人于慶兒官五品，大氏家奴王之彰爲祕書郎。之彰睪珠偏僻，海陵親視之不以爲褻。唐括辯家奴和尙、烏帶家奴葛溫、葛魯，皆置宿衞，有僥倖至一品者。左右或無官職人，或以名呼之，卽授以顯階，海陵語其人曰：「爾復能名之乎。」常置黃金裀褥間，喜之者令自取之，其濫賜如此。宋余唐弼賀登寶位，且還，海陵以玉帶附賜宋帝，使謂宋帝曰：「此帶卿父所常服，今以爲賜，使卿如見而父，當不忘朕意也。」使退，仲軻曰：「此希世之寶，可惜輕賜。」上曰：「江南之地，他日當爲我有，此置之外府耳。」由是知海陵有南伐之意。

俄遷祕書丞，轉少監。是時，營建燕京宮室，有司取眞定府潭園材木，仲軻乘間言其中材木不可用，海陵意仲軻受請託，免仲軻官。未幾，復用爲少監。海陵獵于途你山，次于鐸瓦，酹天而拜，謂羣臣曰：「朕幼時習射，至一門下，默祝曰，『若我異日大貴，當使一矢橫加門脊上』。及射，果橫加門脊上。後爲中京留守，嘗大獵于此地，圍未合，禱曰，『我若有大位，百步之內當獲三鹿。若止爲公相，獲一而已』。於是不及百步連獲三鹿。又祝曰，『若統一海內，當復獲一大鹿』。於是果獲一大鹿。此事嘗與蕭裕言之，朕今復至此地，故拜奠焉。」海陵意欲取江南，故先設禨祥以諷羣臣，是以仲軻每先逢其意，導之南伐。

貞元二年正月，宋賀正旦使施巨朝辭，海陵使左宣徽使敬嗣暉問施巨曰：「宋國幾科取士？」對曰：「詩賦、經義、策論兼行。」又問：「秦檜作何官，年今幾何？」對曰：「檜爲尙書左僕射中書門下平章事，年六十五矣。」復謂之曰：「我聞秦檜賢，故問之。」

正隆二年，仲軻爲左諫議大夫，修起居注，但食諫議俸，不得言事。三年正月，宋賀正使孫道夫陛辭，海陵使左宣徽使敬嗣暉諭之曰：「歸白爾帝，事我上國多有不誠，今略舉二事：「爾民有逃入我境者，邊吏皆即發還，我民有逃叛入爾境者，有司索之往往託辭不發，一也。爾於沿邊盜買鞍馬，備戰陣，二也。且馬待人而後可用，如無其人，得馬百萬亦奚以爲？我亦豈能無備。且我不取爾國則已，如欲取之，固非難事。我聞接納叛亡、盜買鞍馬，皆爾國楊太尉所爲，常因俘獲問知其人無能爲者也。」又曰：「聞秦檜已死，果否？」道夫對曰：「檜實死矣，陪臣亦檜所薦用者。」又曰：「爾國比來行事，殊不似秦檜時何也？」道夫曰：「容陪臣還國，一一具聞宋帝。」海陵蓋欲南伐，故先設納叛亡、盜買馬二事，而雜以他辭言之。

海陵召仲軻、右補闕馬欽、校書郎田與信、直長習失入便殿侍坐。海陵與仲軻論漢書，謂仲軻曰：「漢之封疆不過七八千里，今吾國幅員萬里，可謂大矣。」仲軻曰：「本朝疆土雖大，而天下有四主，南有宋，東有高麗，西有夏，若能一之，乃爲大耳。」海陵曰：「彼且何罪而伐之？」仲軻曰：「臣聞宋人買馬修器械，招納山東叛亡，豈得爲無罪。」海陵喜曰：「向者梁珫嘗爲朕言，宋有劉貴妃者姿質艷美，蜀之華蘂、吳之西施所不及也。今一舉而兩得之，俗所謂『因行掉手』也。江南聞我舉兵，必遠竄耳。」欽與與信俱對曰：「海島、蠻越，臣等皆知道路，彼將安往。」欽又曰：「臣在宋時，嘗帥軍征蠻，所以知也。」海陵謂習失曰：「汝敢戰乎？」習失對曰：「受恩日久，死亦何避。」海陵曰：「汝料彼敢出兵否，彼若出兵，汝果能死敵乎？」良久曰：「臣雖懦弱，亦將與之爲敵矣。」海陵曰：「彼將出兵何地？」曰：「不過淮上耳。」海陵曰：「然則天與我也。」既而曰：「朕舉兵滅宋，遠不過二三年，然後討平高麗、夏國。一統之後，論功遷秩，分賞將士，彼必忘勞矣。」

四年三月，仲軻死。冬至前一夕，海陵夢仲軻求酒，既覺，嗟悼良久，遣使者奠其墓。

李通，以便辟側媚得幸於海陵。累官右司郎中，遷吏部尚書。請謁賄賂輻湊其門。正隆二年正月乙酉，詔左右司御史中丞以下奏事便殿，海陵曰：「知子莫若父，知臣莫若君，朕嘗試之矣。朕詢及人材，汝等若不舉同類，必舉其相善者。朕聞女直、契丹之仕進者，必賴刑部尚書烏帶、簽書樞密遙設爲之先容，左司員外郎阿里骨列任其事。渤海、漢人仕進者，必賴吏部尚書李通、戶部尚書許霖爲之先容，左司郎中王蔚任其事。凡在仕版，朕識者寡，不識者衆，莫非人臣，豈有遠近親疏之異哉。苟奉職無愆，尚書侍郎節度使便可得，萬一獲罪，必罰無赦。」頃之，拜參知政事。

海陵恃累世彊盛，欲大肆征伐，以一天下，嘗曰：「天下一家，然後可以爲正統。」通揣知其意，遂與張仲軻、馬欽、宦者梁珫近習羣小輩，盛談江南富庶，子女玉帛之多，逢其意而先道之。海陵信其言，以通爲謀主，遂議興兵伐江南。四年二月，海陵諭宰相曰：「宋國雖臣服，有誓約而無誠實，比聞沿邊買馬及招納叛亡，不可不備。」遣使籍諸路猛安部族、及州縣渤海丁壯充軍，仍括諸道民馬。於是，遣使分往上京、速頻路、胡里改路、曷懶路、蒲與路、泰州、咸平府、東京、婆速路、曷蘇館、臨潢府、西南招討司、西北招討司、北京、河間府、眞定府、益都府、東平府、大名府、西京路，凡年二十以上、五十以下者皆籍之，雖親老丁多，求一子留侍，亦不聽。五年十一月，使益都尹京等三十一人押諸路軍器於軍行要會處安置，俟軍至分給之。其分給之餘與繕完不及者，皆聚而焚之。

六年正月，海陵使通諭旨宋使徐度等曰：「朕昔從梁王嘗居南京，樂其風土。帝王巡狩，自古有之。淮右多隙地，欲校獵其間，從兵不踰萬人。汝等歸告汝主，令有司宣諭朕意，使淮南之民無懷疑懼。」二月，通進拜右丞，詔曰：「卿典領繕完兵械，今已畢功，朕嘉卿忠謹，故有是命，俟江南事畢，別當旌賞。」

四月，簽書樞密院事高景山爲賜宋帝生日使，右司員外郎王全副之，海陵謂全曰：「汝見宋主，卽面數其焚南京宮室、沿邊買馬、招致叛亡之罪，當令大臣某人某人來此，朕將親詰問之，且索漢、淮之地，如不從，卽厲聲詆責之，彼必不敢害汝。」海陵蓋使王全激怒宋主，將以爲南伐之名也。謂景山曰：「回日，以全所言奏聞。」全至宋，一如海陵之言詆責宋主，宋主謂全曰：「聞公北方名家，何乃如是？」全復曰：「趙桓今已死矣。」宋主遽起發哀而罷。海陵至南京，宋遣使賀遷都，海陵使韓汝嘉就境上止之曰：「朕始至此，比聞北方小警，欲復歸中都，無庸來賀。」宋使乃還。

於是，大括天下驘馬，官至七品聽留一馬，等而上之。并舊籍民馬，其在東者給西軍，在西者給東軍，東西交相往來，晝夜絡繹不絕，死者狼籍于道。其亡失多者，官吏懼罪或自殺。所過蹂踐民田，調發牽馬夫役。詔河南州縣所貯糧米以備大軍，不得他用，而驘馬所至當給芻粟，無可給，有司以爲請，海陵曰：「此方比歲民間儲畜尚多，今禾稼滿野，驘馬可就牧田中，借令再歲不獲，亦何傷乎。」及徵發諸道工匠至京師，疫死者不可勝數，天下始騷然矣。調諸路馬以戶口爲率，富室有至六十匹者。凡調馬五十六萬餘匹，仍令本家養飼，以俟師期。

海陵因出獵，遂至通州觀造戰船，籍諸路水手得三萬餘人。及東海縣人張旺、徐元反，遣都水監徐文等率師浮海討之，海陵曰：「朕意不在一邑，將試舟師耳。」

於是，民不堪命，盜賊蠭起，大者連城邑，小者保山澤，遣護衛普連二十四人，各授甲士五十人，分往山東、河北、河東、中都等路節鎮州郡屯駐，捕捉盜賊。以護衛頑犀爲定武軍節度副使，尙賢爲安武軍節度副使，蒲甲爲昭義軍節度副使，皆給銀牌，使督責之。是時，山東賊犯沂州，臨沂令胡撒力戰而死。大名府賊王九等據城叛，衆至數萬。契丹邊六斤、王三輩皆以十數騎張旗幟，白晝公行，官軍不敢誰何，所過州縣開劫府庫物置于市，令人攘取之，小人皆喜賊至，而良民不勝其害。太府監高彥福、大理正耶律道、翰林待制大穎出使還朝，皆言盜賊事，海陵惡聞，怒而杖之，穎仍除名，自是人人不復敢言。

海陵自將，分諸道兵爲神策、神威、神捷、神銳、神毅、神翼、神勇、神果、神略、神鋒、武勝、武定、武威、武安、武捷、武平、武成、武毅、武銳、武揚、武翼、武震、威定、威信、威勝、威捷、威烈、威毅、威震、威略、威果、威勇三十二軍，置都總管、副總管各一員，分隸左右領軍大都督及三道都統制府。置諸軍巡察使、副各一員。以太保奔睹爲左領軍大都督，通爲副大都督。海陵以奔睹舊將，使帥諸軍以從人望，實使通專其事。

海陵召諸將授方略，賜宴于尙書省。海陵曰：「太師梁王連年南伐，淹延歲月。今舉兵必不如彼，遠則百日，近止旬月。惟爾將士無以征行爲勞，戮力一心，以成大功，當厚加旌賞，其或弛慢，刑茲無赦。」海陵恐糧運不繼，命諸軍渡江無以僮僕從行，聞者莫不怨咨。徒單后與太子光英居守，尙書令張浩、左丞相蕭玉、參知政事敬嗣暉留治省事。

九月甲午，海陵戎服乘馬，具裝啓行。明日，妃嬪皆行，宮中慟哭久之。十月乙巳，陰晦失路，是夜二更始至蒙城。丁未，大軍渡淮，至中流，海陵拜而酹之。至宿次，見築繚垣者，殺四方館使張永鈐。將至廬州，見白兔，〔四〕馳射不中。旣而，後軍獲之以進，海陵大喜，以金帛賜之，顧謂李通曰：「昔武王伐紂，白魚躍於舟中。今朕獲此，亦吉兆也。」癸亥，海陵至和州，百官表奉起居，海陵謂其使「汝等欲伺我動靜邪。自今勿復來，俟平江南始進賀表」。

是時，梁山濼水涸，先造戰船不得進，乃命通更造戰船，督責苛急，將士七八日夜不得休息，壞城中民居以爲材木，煮死人膏爲油用之。遂築臺於江上，海陵被金甲登臺，殺黑馬以祭天，以一羊一豕投於江中。召都督昂、副都督蒲盧渾謂之曰：「舟楫已具，可以濟江矣。」蒲盧渾曰：「臣觀宋舟甚大，我舟小而行遲，恐不可濟。」海陵怒曰：「爾昔從梁王追趙構入海島，豈皆大舟邪。明日汝與昂先濟。」昂聞令已渡江，悲懼欲亡去。至暮，海陵使謂昂曰：「前言一時之怒耳，不須先渡江也。」明日，遣武平軍都總管阿隣、武捷軍副總管阿撒率舟師先濟。宿直將軍溫都奧剌、國子司業馬欽、武庫直長習失皆從戰。海陵置黃旗紅旗於岸上，以號令進止，紅旗立則進，黃旗仆則退。既渡江，兩舟先逼南岸，水淺不得進，與宋兵相對射者良久，兩舟中矢盡，遂爲所獲，亡一猛安、軍士百餘人。海陵遂還和州。

於是尚書省使右司郎中吾補可、員外郎王全奏報：世宗卽位於東京，改元大定。海陵前此已遣護衞謀良虎、特离補往東京，欲害世宗，行至遼水，遇世宗詔使撒八，執而殺之，遂還軍中。海陵拊髀嘆曰：「朕本欲平江南改元大定，此豈非天乎。」乃出素所書取一戎衣天下大定改元事，以示羣臣。遂召諸將帥謀北歸，且分兵渡江。

議定，通復入奏曰：「陛下親師深入異境，無功而還，若衆散於前，敵乘於後，非萬全計。若留兵渡江，車駕北還，諸將亦將解體。今燕北諸軍近遼陽者恐有異志，宜先發兵渡江，歛舟焚之，絕其歸望。然後陛下北還，南北皆指日而定矣。」海陵然之，明日遂趨揚州。過烏江縣，觀項羽祠，嘆曰：「如此英雄不得天下，誠可惜也。」

海陵至揚州，使符寶耶律沒荅護神果軍扼淮渡，凡自軍中還至淮上，無都督府文字皆殺之。乃出內箭飾以金龍，題曰御箭，繫帛書其上，使人乘舟射之南岸，其書言「宋國遣人焚毀南京宮室、及沿邊買馬、招誘軍民，今興師問罪，義在弔伐，大軍所至，必無秋毫之犯」。以此招諭宋人。於是，宋將王權亦縱所獲金軍士三人，齎書數海陵罪，通奏其書，卽命焚之。

海陵怒，亟欲渡江。驍騎高僧欲誘其黨以亡，事覺，命衆刃剉之。乃下令，軍士亡者殺其蒲里衍，蒲里衍亡者殺其謀克，謀克亡者殺其猛安，猛安亡者殺其總管，由是軍士益危懼。甲午，令軍中運鴉鶻船及糧船於瓜洲渡，期以明日渡江，敢後者死。

乙未，完顏元宜等以兵犯御營，海陵遇弑。都督府以南伐之計皆通等贊成之，徒單永年乃其姻戚，郭安國衆所共惡，皆殺之。大定二年，詔削通官爵，人心始快。

馬欽，幼名韓哥，嘗仕江南，故能知江南道路。正隆三年，海陵將南伐，遂召用欽，自貴德縣令爲右補闕。欽爲人輕脫不識大體，海陵每召見與語，欽出宮輒以語人曰：「上與我論某事，將行之矣。」其視海陵如僚友然。累遷國子司業。

海陵至和州，欲遣蒲盧渾渡江，蒲盧渾言舟小不可濟，海陵使人召欽，先戒左右曰：「欽若言舟小不可渡江，卽殺之。」欽至，問曰：「此舟可渡江否？」欽曰：「臣得栰亦可渡也。」大定二年，除名。是日，起前翰林待制大穎爲祕書丞。穎在正隆間嘗言山東盜賊，海陵惡其言，杖之除名。世宗嘉穎忠直，惡欽巧佞，故復用穎而放欽焉。

高懷貞，爲尚書省令史，素與海陵狎昵。海陵久蓄不臣之心，嘗與懷貞各言所志，海陵曰：「吾志有三：國家大事皆自我出，一也。帥師伐國，執其君長問罪於前，二也。得天下絕色而妻之，三也。」由是小人佞夫皆知其志，爭進諛說。大定縣丞張忠輔謂海陵言：「夢公與帝擊毬，公乘馬衝過之，帝墜馬下。」海陵聞之大喜。會熙宗在位久，委政大臣，海陵以近屬爲宰相，專威福柄，遂成弒逆之計，皆懷貞輩小人從與導之。

海陵篡立，以懷貞爲修起居注，懷貞故父濱州刺史贈中奉大夫。懷貞累遷禮部侍郎。大定二年，降奉政大夫，放歸田里。五年，與許霖俱賜起復，懷貞爲定國軍節度使，上戒之曰：「汝等在正隆時，姦佞貪私，物論鄙之。朕念沒身不齒則無以自新。若怙舊不悛，必不貸汝矣。」

蕭裕，本名遙折，奚人。初以猛安居中京，海陵爲中京留守，與裕相結，每與論天下事。裕揣海陵有覬覦心，密謂海陵曰：「留守先太師，太祖長子。德望如此，人心天意宜有所屬，誠有志舉大事，願竭力以從。」海陵喜受之，遂與謀議。海陵竟成弒逆之謀者，裕啓之也。

海陵爲左丞，除裕兵部侍郎，改同知南京留守事，改北京。海陵領行臺尚書省事，道過北京，謂裕曰：「我欲就河南兵建立位號，先定兩河，舉兵而北。君爲我結諸猛安以應我。」定約而去。海陵雖自良鄉召還，不能如約，遂弒熙宗篡立，以裕爲祕書監。

海陵心忌太宗諸子，欲除之，與裕密謀。裕傾險巧詐，因構致太傅宗本、秉德等反狀，海陵殺宗本，唐括辯遣使殺秉德、宗懿及太宗子孫七十餘人、秦王宗翰子孫三十餘人。宗本已死，裕乃求宗本門客蕭玉，教以具款反狀，令作主名上變。海陵既詔天下，天下冤之。海陵賞誅宗本功，以裕爲尚書左丞，加儀同三司，授猛安，賜錢二千萬、馬四百匹、牛四百頭、羊四千口。再閱月，爲平章政事、監修國史。舊制，首相監修國史，海陵以命裕，謂裕曰：「太祖以神武受命，豐功茂烈光於四海，恐史官有遺逸，故以命卿。」久之，裕爲右丞相、兼中書令。裕在相位，任職用事頗專恣，威福在己，勢傾朝廷。海陵倚信之，他相仰成而已。裕與高藥師善，嘗以海陵密語告藥師，藥師以其言奏海陵，且曰：「裕有怨望心。」海陵召裕戒諭之，而不以爲罪也。或有言裕擅權者，海陵以爲忌裕者衆，不之信。又以爲人見裕弟蕭祚爲左副點檢，妹夫耶律闢离剌爲左衞將軍，勢位相憑藉，遂生忌嫉，乃出祚爲益都尹，闢离剌爲寧昌軍節度使，以絕衆疑。

裕不知海陵意，遽見出其親表補外，不令己知之，自是深念恐海陵疑己。海陵弟太師兗領三省事，共在相位，以裕多自用，頗防閑之，裕乃謂海陵使兗備之也。而海陵猜忍嗜殺，裕恐及禍，遂與前眞定尹蕭馮家奴、前御史中丞蕭招折、博州同知遙設、裕女夫遏剌補謀立亡遼豫王延禧之孫。

裕使親信蕭屯納往結西北路招討使蕭好胡，好胡卽懷忠。懷忠依違未決，謂屯納曰：「此大事，汝歸遣一重人來。」裕乃使招折往。招折前爲中丞，以罪免，以此得詣懷忠。懷忠問招折與謀者復有何人，招折曰：「五院節度使耶律朗亦是也。」懷忠舊與朗有隙，而招折嘗上撻懶變事，懷忠疑招折反覆，因執招折，收朗繫獄，遣使上變。

遙設亦與筆硯令史白荅書，使白荅助裕以取富貴，白荅奏其書。海陵信裕不疑，謂白荅構誣之，命殺白荅於市。執白荅出宣華門，點檢徒單貞得蕭懷忠上變事入奏，遇見白荅，問其故，因止之。徒單貞已奏變事，以白荅爲請，海陵遽使釋之。

海陵使宰相問裕，裕卽款伏。海陵甚驚愕，猶未能盡信，引見裕，親問之。裕曰：「大丈夫所爲，事至此又豈可諱。」海陵復問曰：「汝何怨於朕而作此事？」裕曰：「陛下凡事皆與臣議，及除祚等乃不令臣知之。領省國王每事謂臣專權，頗有隄防，恐是得陛下旨意。陛下與唐括辯及臣約同生死，辯以强忍果敢致之死地，臣皆知之，恐不得死所，以此謀反，幸苟免耳。太宗子孫無罪皆死臣手，臣之死亦晚矣。」海陵復謂裕曰：「朕爲天子，若於汝有疑，雖汝弟輩在朝，豈不能施行，以此疑我，汝實錯誤。太宗諸子豈獨在汝，朕爲國家計也。」又謂裕之曰：「自來與汝相好，雖有此罪，貸汝性命，惟不得作宰相，令汝終身守汝祖先墳壠。」裕曰：「臣子旣犯如此罪逆，何面目見天下人，但願絞死，以戒其餘不忠者。」海陵遂以刀刺左臂，取血塗裕面，謂之曰：「汝死之後，當知朕本無疑汝心。」裕曰：「久蒙陛下非常眷遇，仰戀徒切，自知錯繆，雖悔何及。」海陵哭送裕出門，殺之，幷誅遙設及馮家奴。馮家奴妻，豫王女也，與其子穀皆與反謀，幷殺之。遣護衞厖葛往西北路招討司誅朗及招折，而屯納、遏剌補皆出走，捕得屯納棄市，遏剌補自縊死。

屯納出走，過河間少尹蕭之詳，之詳初不知裕事，留之三日。屯納往之詳茶扎家，〔五〕茶扎遣人詣之詳告公引，得之，付屯納遣之他所。茶扎家奴發其事，吏部侍郎窊產鞫之，之詳曰：「屯納宿二日而去。」法家以之詳隱其間，欺尙書省，罪當贖。海陵怒，命殺之，杖宼產及議法者，茶扎杖四百死。

庬葛殺招折等，幷殺無罪四人，海陵不問，杖之五十而已。以裕等罪詔天下。賞上變功，懷忠遷樞密副使，以白苔爲牌印云。高藥師遷起居注，進階顯武將軍。藥師嘗奏裕有怨望，至是賞之云。

胥持國字秉鈞，代州繁時人。經童出身，累調博野縣丞。上書者言民間冒占官地，如「太子務」、「大王莊」，非私家所宜有。部委持國按覈之。持國還言「此地自異代已爲民有，不可取也」。事遂寢。尋授太子司倉，轉掌飲令，兼司倉。皇太子識之，擢祗應司令。章宗卽位，除宮籍副監，賜宮籍庫錢五十萬、宅一區。俄改同簽宣徽院事、工部侍郞，並領宮籍監。閱三月，遷工部尙書，使宋。明昌四年，拜參知政事，賜孫用康牓下進士第。會河決陽武，持國請督役，遂行尙書省事。明年，進尙書右丞。

持國爲人柔佞有智術。初，李妃起微賤，得幸於上。持國久在太子宮，素知上好色，陰以祕術干之，又多賂遺妃左右用事人。妃亦自嫌門地薄，欲藉外廷爲重，乃數稱譽持國能，由是大爲上所信任，與妃表裏，筦擅朝政。誅鄭王永蹈、鎬王永中，罷黜完顏守貞等事，皆起於李妃、持國。士之好利躁進者皆趨走其門下。四方爲之語曰：「經童作相，監婢爲妃。」惡其卑賤庸鄙也。

承安三年，〔六〕御史臺劾奏：「右司諫張復亨、右拾遺張嘉貞、同知安豐軍節度使事趙樞、同知定海軍節度使事張光庭、戶部主事高元甫、刑部員外郎張巖叟、尚書省令史傅汝梅、張翰、裴元、郭郛，皆趨走權門，人戲謂『胥門十哲』。復亨、嘉貞尤卑佞苟進，不稱諫職。俱宜黜罷。」奏可。於是持國以通奉大夫致仕，嘉貞等皆補外。

頃之，起知大名府事，未行，改樞密副使，佐樞密使襄治軍於北京。一日，上召翰林修撰路鐸問以他事，因語及董師中、張萬公優劣，鐸曰：「師中附胥持國進。持國姦邪小人，不宜典軍馬，以臣度之，不惟不允人望，亦必不能服軍心，若回日再相，必亂天下。」上曰：「人臣進退人難，人君進退人易，朕豈以此人復爲相耶。第遷官二階，使之致仕耳。」尋卒于軍，謚曰「通敏」。後上問平章政事張萬公曰：「持國今已死，其爲人竟如何？」萬公對曰：「持國素行不純謹，如貨酒平樂樓一事，可知矣。」上曰：「此亦非好利。如馬琪位參政，私鬻省醞，乃爲好利也。」子鼎，別有傳。

校勘記

〔一〕移臨海軍　原脫「軍」字。按本書卷二四地理志，北京路，「錦州，臨海軍節度使」。今據補。

〔二〕宰相以爲悖理　「悖」原作「情」。據殿本改。

〔三〕雜以俳優詼諧語爲業　「詼」原作「談」。據殿本改。

〔四〕見白兔　按本書卷五海陵紀作「白鹿」。

〔五〕屯納往之詳茶扎家　「之詳」下疑脫一親屬稱謂詞。

〔六〕承安三年　按本書卷一〇章宗紀作「承安二年八月丙戌，右丞胥持國致仕」。

金史卷一百三十

列傳第六十八

列女

阿鄰妻　李寶信妻　韓慶民妻　雷婦師氏　康住住
李文妻　李英妻　相琪妻　阿魯眞　撒合輦妻　許古妻
馮妙眞　蒲察氏　烏古論氏　素蘭妻　忙哥妻　尹氏
白氏　聶孝女　仲德妻　寶符李氏 張鳳奴附

漢成帝時，劉向始述三代賢妃淑女，及淫泆奢僭、興亡盛衰之所由，彙分類別，號列女傳，因以諷諫。范曄始載之漢史。古者女子生十年有女師，漸長有厤枲絲繭之事，有祭祀助奠之事，旣嫁職在中饋而已，故以無非無儀爲賢。若乃嫠居寡處，患難顚沛，是皆婦人之不幸也。一遇不幸，卓然能自樹立，有烈丈夫之風，是以君子異之。

阿鄰妻沙里質者，金源郡王銀朮可之妹。天輔六年，黃龍府叛卒攻鈔旁近部族。是時，阿鄰從軍，沙里質糾集附近居民得男女五百人，樹營柵爲保守計。賊千餘來攻，沙里質以氈爲甲，以裳爲旗，男夫授甲，婦女鼓譟，沙里質仗劍督戰，凡三日賊去。皇統二年，論功封金源郡夫人。大定間，以其孫藥師爲謀克。

李寶信妻王氏。寶信爲義豐縣令，張覺以平州叛，王氏陷賊中。賊欲逼室之，王氏罵賊，賊怒遂支解之。大定十二年，贈「貞烈縣君」。

韓慶民妻者，不知何許人，亦不知其姓氏。慶民事遼爲宜州節度使。天會中，攻破宜州，慶民不屈而死，以其妻配將士，其妻誓死不從，遂自殺。世宗讀太宗實錄，見慶民夫婦事，嘆曰：「如此節操，可謂難矣。」

雷婦師氏，夫亡，孝養舅姑。姑病，刲臂肉飼之，姑卽愈。舅姑旣歿，兄師逵與夫姪規其財產，乃僞立媒證致之官，欲必嫁之。縣官不能辨曲直，師氏畏逼，乃投縣署井中死。詔有司祭其墓，賜謚曰「節」。

康住住，鄜州人。夫早亡，服闋，父取之歸家，許嚴沂爲妻。康氏誓死弗聽，欲還夫家不可得，乃投崖而死。詔有司致祭其墓。

李文妻史氏，同州白水人。夫亡，服闋，誓死弗嫁。父强取之歸，許邑人姚乙爲妻。史氏不聽，姚訴之官，被逮，遂自縊死。詔有司致祭其墓。

李英妻張氏。英初爲監察御史，在中都，張居濰州。貞祐元年冬，大元兵取濰州，入其家，張氏盡以所有財物與之。既而，令張氏上馬，張曰：「我盡以物與汝，猶不見贖邪？」答曰：「汝品官妻，當復爲夫人。」張曰：「我死則爲李氏鬼。」頓坐不起，遂見殺。追封隴西郡夫人，謚「莊潔」。英仕至御史中丞，有傳。

相琪妻欒氏，有姿色。琪爲萊州掖縣司吏。貞祐三年八月，紅襖賊陷掖縣，琪與欒氏及子俱爲所得。賊見欒悅之，殺琪及其子而誘欒。欒奮起以頭觸賊而仆，罵曰：「我豈爲犬彘所汙者哉。」賊怒，殺之。追封西河縣君，謚「莊潔」。

阿魯眞，宗室承充之女，胡里改猛安夾谷胡山之妻。夫亡寡居，有衆千餘。興定元年，承充爲上京元帥，上京行省太平執承充應蒲鮮萬奴。阿魯眞治廢壘，修器械，積芻糧以自守。萬奴遣人招之，不從，乃射承充書入城，阿魯眞得而碎之，曰：「此詐也。」萬奴兵急攻之，阿魯眞衣男子服，與其子蒲帶督衆力戰，殺數百人，生擒十餘人，萬奴兵乃解去。後復遣將擊萬奴兵，獲其將一人。詔封郡公夫人，子蒲帶視功遷賞。

承充已被執，乘間謂其二子女胡、蒲速乃曰：「吾起身宿衞，致位一品，死無恨矣。若輩亦皆通顯，未嘗一日報國家，當思自處，以爲後圖。」二子乃冒險自拔南走，是年四月至南京。

獨吉氏，平章政事千家奴之女，護衞銀朮可妹也。自幼動有禮法，及適內族撒合輦，閨門肅如。撒合輦爲中京留守，大兵圍之，撒合輦疽發背不能軍，獨吉氏度城必破，謂撒合輦曰：「公本無功能，徒以宗室故嘗在禁近，以至提點近侍局，同判睦親府，今又爲留守外路第一等官，受國家恩最厚。今大兵臨城，公不幸病，不能戰禦。設若城破，公當率精銳奪門而出，攜一子走京師。不能則獨赴京師，又不能，戰而死猶可報國，幸無以我爲慮。」撒合輦出巡城，獨吉氏乃取平日衣服粧具玩好布之臥榻，資貨悉散之家人，艷粧盛服過於平日，且戒女使曰：「我死則扶置榻上，以衾覆面，四圍舉火焚之，無使兵見吾面。」言訖，閉門自經而死。家人如言，臥尸榻上，以衾覆之。撒合輦從外至，家人告以夫人之死，撒合輦拊榻曰：「夫人不辱我，我肯辱朝廷乎。」因命焚之。年三十有六。少頃，城破，撒合輦率死士欲奪門出，不果，投壕水死，有傳。

許古妻劉氏，定海軍節度使仲洙之女也。貞祐初，古挈家僑居蒲城，後留劉氏母子于蒲，仕于朝。既而，兵圍蒲，劉謂二女曰：「汝父在朝，而兵勢如此，事不可保。若城破被驅，一爲所汙奈何？不若俱死以自全。」已而，攻城益急，於是劉氏與二女相繼自盡。有司以聞于朝，四年五月，追封劉氏爲郡君，謚曰「貞潔」，其長女謚曰「定姜」，次「肅姜」，以其事付史館。

馮妙眞，刑部尚書延登之女也。生十有八年，適進士張慥。興定五年，慥爲洛川主簿。

大元兵破葭州、綏德，遂入鄜延。鄜人震恐具守備，守臣以西路輸芻粟不時至，檄惜詣平涼督之。時延登爲平涼行省員外郎，惜欲偕妙眞以往，妙眞辭曰：「舅姑老矣，雖有叔姒，妾能安乎。子行，妾留奉養。」十一月，洛川破，妙眞從舅姑匿窟室，兵索得之。妙眞泣與舅姑訣曰：「婦生不辰，不得終執箕箒，義不從辱。」卽攜三子赴井死。縣人從而死者數十人。明年春，惜發井得屍，殯于縣之東郭外。死時年二十四。

蒲察氏字明秀，鄜州帥訥申之女，完顏長樂之妻也。哀宗遷歸德，以長樂爲總領，將兵扈從。將行，屬蒲察氏曰：「無他言，夫人愼毋辱此身。」明秀曰：「君第致身事上，無以妾爲念。妾必不辱。」長樂一子在幼，出妻柴氏所生也，明秀撫育如己出。崔立之變，驅從官妻子于省中，人自閱之。蒲察氏聞，以幼子付婢僕，且與之金幣，親具衣棺祭物，與家人訣曰：「崔立不道，强人妻女，兵在城下，吾何所逃，惟一死不負吾夫耳。汝等惟善養幼子。」遂自縊而死，欣然若不以死爲難者。時年二十七。

烏古論氏，伯祥之妹，臨洮總管陀滿胡土門之妻也。伯祥朝貴中聲譽藉甚，胡土門死王事。〔一〕崔立之變，衣冠家婦女多爲所汙，烏古論氏謂家人曰：「吾夫不辱朝廷，我敢辱吾兄及吾夫乎。」卽自縊。一婢從死。

參政完顏素蘭妻，亡其姓氏。當崔立之變，謂所親曰：「吾夫有天下重名，吾豈肯隨衆陷身以辱吾夫乎。今日一死固當，但不可無名而死，亦不可離吾家而死。」卽自縊于室。

溫特罕氏，夫完顏忙哥，五朶山宣差提控回里不之子也，系出蕭王。忙哥叔父益都，節度秦州，爲大元兵所攻，適病不能軍，忙哥爲提控，獨當一面。兵退而益都死，忙哥以城守功世襲謀克，收充奉御。及崔立之變，忙哥義不受辱，與其妻訣。妻曰：「君能爲國家死，我不能爲君死乎。」一婢曰：「主死，婢將安歸。」是日，夫婦以一繩同縊，婢從之。

尹氏，完顏猪兒之妻也。猪兒系出蕭王，天興二年正月從哀宗爲南面元帥，戰死黃陵岡。其妻金源郡夫人聞猪兒死，聚家資焚之，遂自縊，年三十一。猪兒贈官，弟長住卽日詔補護衞。

白氏，蘇嗣之之母，許州人，宋尙書右丞子由五世孫婦也。初，東坡、潁濱、叔黨俱葬郟城之小峨嵋山，故五世皆居許昌。白氏年二十餘卽寡居，服除，外家迎歸，兄嫂竊議改醮。白氏微聞之，牽車徑歸，曰：「我爲蘇學士家婦，又有子，乃欲使我失身乎。」自是，外家非有大故不往也。嘗於宅東北爲祭室，畫兩先生像，圖黃州、龍川故事壁間，香火嚴潔，躬自洒掃，士大夫求瞻拜者往往過其家奠之。天興元年正月庚戌，許州被兵，嗣之爲汴京廟官，白拜辭兩先生前曰：「兒子往京師，老婦死無恨矣，敢以告。」卽自縊於室側。家人幷屋焚之。年七十餘。嗣之本名宗之，避諱改焉。

聶孝女字舜英，尚書左右司員外郎天驥之長女也。年二十三，適進士張伯豪。伯豪卒，歸父母家。及哀宗遷歸德，天驥留汴。崔立劫殺宰相，天驥被創甚，日夜悲泣，恨不卽死。舜英謁醫救療百方，至刲其股雜他肉以進，而天驥竟死。時京城圍久食盡，閭巷間有嫁妻易一飽者，重以崔立之變，剽奪暴淩，無復人理。舜英頗讀書知義理，自以年尚少艾，夫旣亡，父又死非命，比爲兵所汙，何若從吾父于地下乎。葬其父之明日，絕脰而死。一時士女賢之，有爲泣下者。其家以舜英合葬張伯豪之墓。

完顏仲德妻，不知其族氏。崔立之變，妻自毀其容服，攜妾及二子給以采蔬，自汴走蔡。蔡被圍，丁男皆乘城拒守，謂仲德曰：「事勢若此，丈夫能爲國出力，婦人獨不能耶。」率諸命婦自作一軍，親運矢石於城下，城中婦女爭出繼之。城破自盡。

哀宗寶符李氏，國亡從后妃北遷，至宣德州，居摩訶院，日夕寢處佛殿中，作幡旆。會當赴龍庭，將發，卽於佛像前自縊死，且自書門紙曰：「寶符御侍此處身故。」後人至其處，見其遺跡，憐而哀之。

天興元年，北兵攻城，矢石之際忽見一女子呼於城下曰：「我倡女張鳳奴也，許州破被俘至此。彼軍不日去矣，諸君努力爲國堅守，無爲所欺也。」言竟，投濠而死。朝廷遣使馳祭于西門。

正大、天興之際，婦人節義可知者特數人耳。鳳奴之事別史錄之，蓋亦有所激云。

校勘記

〔一〕胡土門死王事　「王」原作「主」。據殿本改。

金史卷一百三十一

列傳第六十九

宦者

梁珫　宋珪　潘守恒附

古之宦者皆出於刑人，刑餘不可列於士庶，故掌宮寺之事，謂之「婦寺」焉。東漢以來，宦者養子以繼世。唐世，繼者皆爲閹人，其初進也，性多巧慧便僻、善固恩寵，及其得志，黨比糾結不可制。東漢以宦者亡，唐又甚焉。世儒論宦者之害，如毒藥猛虎之不可拯也。金法置近侍局，嘗與政事，而宦者少與焉。惟海陵時有梁珫，章宗時有梁道、李新喜干政，二君爲所誤多矣。世傳梁道勸章宗納李妃後宮，金史不載梁道始末，弗得而論次之。惟宋珪、潘守恒頗能諷諫宣、哀，時有裨益，蓋傭之佼佼、鐵之錚錚者也。作宦者傳。

梁珫，本大臭家奴，隨元妃入宮，以閹豎事海陵。珫性便佞，善迎合，特見寵信。舊制，宦者惟掌掖廷宮闈之事。天德三年，始以王光道爲內藏庫使，衞愈、梁安仁皆以宦官領內藏，海陵謂光道等曰：「人言宦者不可用，朕以爲不然。後唐莊宗委張承業以軍，竟立大功，此中豈無人乎。卿等宜悉此意。帑藏之物皆出民力，費十致一，當糾察姦弊，犯者必罰無赦。」宦者始與政事，而珫委任尤甚，累官近侍局使。及營建南京宮室，海陵數數使珫往視工役。是時，一殿之費已不可勝計，珫或言其未善，卽盡撤去。雖丞相張浩亦曲意事之，與之均禮。

海陵欲伐宋，珫因極言宋劉貴妃絕色傾國。海陵大喜，及南征將行，命縣君高師姑兒貯衾褥之新潔者俟得劉貴妃用之。議者言珫與宋通謀，勸帝伐宋，徵天下兵以疲弊中國。海陵至和州，聞珫與宋人交通有狀，謂珫曰：「聞汝與宋國交通，傳泄事情。汝本奴隸，朕拔擢至此，乃敢爾耶。若至江南詢得實迹，殺汝亦未晚也。」又謂校書郎田與信曰：「爾面目亦可疑，必與珫同謀者。」皆命執於軍中。海陵遇弒，珫、與信皆爲亂軍所殺。

宋珪本名乞奴，燕人也。爲內侍殿頭。宣宗嘗以元夕欲觀燈戲，命乞奴監作，乞奴誶語云：「社稷棄之中都，南京作燈戲有何看耶。」宣宗微聞之，杖之二十，既而悔之，有旨宣諭。哀宗放鶴後苑，鶴逸去，勅近侍追訪之。市中一農民臂此鶴，近侍不敢言宮中所逸者，百方索之，農民不與，與之物直，僅乃得。事聞，哀宗欲送其人於有司，乞奴從旁諫曰：「貴畜賤人，豈可宣示四方。」哀宗惡其大訐，又杖之，尋亦悔，賜物慰遣之。

及哀宗至歸德，馬軍元帥蒲察官奴爲變，殺左丞李蹊、參政石盞女魯歡以下從官三百餘人。倉皇之際，哀宗不得已，以官奴權參知政事，既爲所制，含恨欲誅之未能也。及官奴往亳州，珪陰與奉御吾古孫愛實、納蘭忔荅，護衞女奚烈完出、范陳僧、王山兒等謀誅之。官奴自亳還，哀宗御臨漪亭，召參政張天綱及官奴議事。官奴入見，珪等卽從旁殺之，及其黨阿里合、白進、習顯。

及蔡城破，哀宗自縊於幽蘭軒，珪與完顏斜烈、焦春和等皆從死。

有潘守恒者亦內侍也，素稱知書，南遷後規益甚多。及哀宗自蒲城走歸德，道次民家，守恒進櫛，曰：「願陛下還宮之日無忘此草廬中，更加儉素，以濟大業。」上聞其言，悽惋咨嗟久之。

方伎

劉完素　張從正　李慶嗣　紀天錫　張元素

馬貴中　武禎子亢　李懋　胡德新

太史公敍九流，述日者、龜策、扁鵲倉公列傳。劉歆校中祕書，以術數、方伎載之七略。後世史官作方伎傳，蓋祖其意焉。或曰素問、內經言天道消長、氣運贏縮，假醫術，託岐、黃，以傳其祕奧耳。秦人至以周易列之卜筮，〔一〕斯豈易言哉，第古之爲術以吉凶導人而爲善，後世術者或以休咎導人爲不善，古之爲醫以活人爲功，後世醫者或因以爲利而誤殺人，故爲政於天下，雖方伎之事亦必愼其所職掌而務旌別其賢否焉。金世，如武禎、武亢之信而不誣，劉完素、張元素之治療通變，學其術者皆師尊之，不可不記云。

劉完素字守眞，河間人。嘗遇異人陳先生，以酒飲守眞，大醉，及寤洞達醫術，若有授之者。乃撰運氣要旨論、精要宣明論，慮庸醫或出妄說，又著素問玄機原病式，特舉二百八十八字，注二萬餘言。然好用涼劑，以降心火、益腎水爲主。自號「通元處士」云。

張從正字子和，睢州考城人。精於醫，貫穿難、素之學，其法宗劉守眞，用藥多寒涼，然起疾救死多取效。古醫書有汗下吐法，亦有不當汗者汗之則死，不當下者下之則死，不當吐者吐之則死，各有經絡脈理，世傳黃帝、岐伯所爲書也。從正用之最精，號「張子和汗下吐法」。妄庸淺術習其方劑，不知察脈原病，往往殺人，此庸醫所以失其傳之過也。其所著有「六門、二法」之目，存於世云。

李慶嗣，洺人。少舉進士不第，棄而學醫，讀素問諸書，洞曉其義。天德間，歲大疫，廣平尤甚，貧者往往闔門臥病。慶嗣攜藥與米分遺之，全活者衆。慶嗣年八十餘無疾而終。所著傷寒纂類四卷、改證活人書三卷、傷寒論三卷、針經一卷，傳於世。

紀天錫字齊卿，泰安人。早棄進士業，學醫，精於其技，遂以醫名世。集註難經五卷，大定十五年上其書，授醫學博士。

張元素字潔古，易州人。八歲試童子舉。二十七試經義進士，犯廟諱下第。乃去學醫，無所知名，夜夢有人用大斧長鑿鑿心開竅，納書數卷於其中，自是洞徹其術。河間劉完素病傷寒八日，頭痛脈緊，嘔逆不食，不知所爲。元素往候，完素面壁不顧，元素曰：「何見待之卑如此哉。」既爲診脈，謂之曰：「脈病云云，」曰：「然。」「初服某藥，用某味乎？」曰：「然。」元素曰：「子誤矣。某味性寒，下降走太陰，陽亡汗不能出。今脈如此，當服某藥則效矣。」完素大服，如其言遂愈，元素自此顯名。平素治病不用古方，其說曰：「運氣不齊，古今異軌，古方新病不相能也。」自爲家法云。

馬貴中，天德中，爲司天提點。與校書郎高守元奏天象災異忤旨，海陵皆杖之，黜貴中爲大同府判官。久之，遷司天監。正隆三年三月辛酉朔，日當食。是日，候之不食，海陵謂貴中曰：「自今凡遇日食皆面奏，不須頒示內外。」

海陵伐宋，問曰：「朕欲自將伐宋，天道何如？」貴中對曰：「去年十月甲戌，熒惑順入太微，至屏星，留、退、西出。占書，熒惑常以十月入太微庭，受制出伺無道之國。十二月，太白晝見經天，占爲兵喪、爲不臣、爲更主，又主有兵兵罷、無兵兵起。」

鎮戎軍地震大風，海陵以問，貴中對曰：「伏陰逼陽，所以震也。」又問曰：「當震，大風何也？」對曰：「土失其性則地震，風爲號令，人君命令嚴急則有烈風及物之災。」

六年二月甲辰朔，日有暈珥戴背，海陵問：「近日天道何如？」貴中對曰：「前年八月二十九日，太白入太微右掖門，九月二日，至端門，九日，至左掖門出，並歷左右執法。太微爲天子南宮，太白兵將之象，其占，兵入天子之廷。」海陵曰：「今將征伐而兵將出入太微，正其事也。」貴中又曰：「當端門而出，其占爲受制，歷左右執法爲受事，此當有出使者，或爲兵，或爲賊。」海陵曰：「兵興之際，小盜固不能無也。」及被害于揚州，貴中之言皆驗。

大定八年，世宗擊毬於常武殿，貴中上疏諫曰：「陛下爲天下主，守宗廟社稷之重，圍獵擊毬皆危事也。前日皇太子墜馬，可以爲戒，臣願一切罷之。」上曰：「祖宗以武定天下，豈以承平遽忘之邪。皇統嘗罷此事，當時之人皆以爲非，朕所親見，故示天下以習武耳。」

十年十一月，皇太子生日，世宗宴百官于東宮。上飲歡甚，貴中被酒前跪欲言事，錯亂失次，上不之罪，但令扶出。

武禎，宿州臨渙人。祖官太史，靖康後業農，後畫界屬金。禎深數學。貞祐間，行樞密院僕散安貞聞其名，召至徐州，以上客禮之，每出師必資焉，其占如響。正大初，徵至汴京，待詔東華門。其友王鉉問禎曰：「朝廷若問國祚修短，子何以對？」禎曰：「當以實告之，但更言周過其歷，秦不及期，亦在修德耳。」

時久旱祈禱不應，朝廷爲憂，禎忽謂鉉曰：「足下今日早歸，恐爲雨阻。」鉉曰：「萬里無雲，赤日如此，安得有雨。」禎笑曰：「若是，則天不誠也。天何嘗不誠。」既而東南有雲氣，須臾蔽天，平地雨注二尺，衆皆驚嘆。尋除司天臺管勾。

子亢，寡言笑，不妄交。嘗與一學生終日相對，握籌布畫，目炯炯若有所營，見者莫測也。哀宗至蔡州，右丞完顏仲德薦其術。召至，屏人與語，大悅，除司天長行，賞賚甚厚。

上書曰：「比者有星變于周、楚之分，彗星起于大角西，掃軫之左軸，蓋除舊布新之象。」又言：「鄭、楚、周三分野當赤地千里，兵凶大起，王者不可居也。」又曰：「蔡城有兵喪之兆，楚有亡國之徵，三軍苦戰於西垣前後有日矣。城壁傾頹，內無見糧，外無應兵，君臣數盡之年也。」聞者悚然奪氣，哀宗惟嗟嘆良久，不以爲罪。性頗倨傲，朝士以此非之。

天興二年九月，蔡州被圍，亢奏曰：「十二月三日必攻城。」及期果然。末帝問曰：〔二〕「解圍當在何日？」對曰：「明年正月十三日，城下無一人一騎矣。」帝不知其由，乃喜圍解有期，日但密計糧草使可給至其日不闕者。明年甲午正月十日，蔡州破，十三日，大元兵退。是日，亢赴水死云。

李懋，不知何許人。有異術。正大間，游京兆，行省完顏合達愛其術，與俱至汴京，薦於哀宗。遣近侍密問國運否泰，言無忌避。居之繁臺寺，朝士日走問之，或能道隱事及吉凶之變，人以爲神。帝惡其言太洩，遣使者殺之。使者乃持酒肴入寺，懋出迎，笑曰：「是矣。」使者曰：「何謂也？」懋曰：「我數當盡今日，尚復何言。」遂索酒，痛飲就死。

胡德新，河北士族也。寓居南陽，往來宛、葉間，嗜酒落魄不羈，言禍福有奇驗。正大七年夏，與燕人王鉉邂逅於葉縣村落中。與鉉初不相識，坐中謬以兵官對，胡曰：「此公在吾法中當登科甲，何以謂之兵官。」衆愕然，遂以實告。二人相得甚歡，卽命家人具雞酒以待，酒酣、舉大白相屬曰：「君此去事業甚遠，不必置問。某有所見，久不敢對人言，今欲告子。」遂邀至野田，密謂曰：「某自去年來，行宛、葉道中，見往來者十且八九有死氣。今春至陳、許間，見其人亦有太半當死者。若吾目可用，則時事可知矣。」鉉驚問應驗遲速，曰：「不過歲月間耳，某亦不逃此厄，請密誌之。」明年，大元兵由金、房入，取峭石灘渡漢，所過廬舍蕭然，胡亦舉家及難，其精驗如此。

校勘記

〔一〕秦人至以周易列之卜筮 「至」原作「致」。據殿本改。

〔二〕末帝問曰 按「末帝」當作「哀宗」。參見本書卷五六百官志二校記〔一七〕。

金史卷一百三十二

列傳第七十

逆臣

昔者孔子作春秋而亂臣賊子懼，其法有五焉：微而顯，志而晦，婉而成章，盡而不汙，懲惡而勸善。夫懲惡乃所以勸善也，作逆臣傳。

秉德，本名乙辛。初爲西南路招討使，改汴京留守。丁母憂，起復爲兵部尚書，拜參知政事。皇統八年，與烏林荅蒲盧虎等廉察郡縣，使還，拜平章政事。廷議欲徙遼陽渤海人屯燕南，秉德及左司郎中三合議其事。近侍高壽星在徙中，壽星訴於悼后，后以白帝，帝怒，杖秉德而殺三合。是時，熙宗在位久，悼后干政，而繼嗣未立，帝無聊不平，屢殺宗室，箠辱大臣。秉德以其故懷忿，乃與唐括辯、烏帶等謀廢立。

烏帶以其謀告海陵，海陵乃與秉德謀弑熙宗。皇統九年十二月九日，遂與唐括辯、烏帶、忽土、阿里出虎、〔一〕大興國、李老僧、海陵妹夫特厮，弑熙宗于寢殿。秉德初意不在海陵，已弑熙宗，未有所屬，忽土奉海陵坐，秉德等皆拜稱萬歲。殺曹國王宗敏、左丞相宗賢。時秉德位在海陵上，因被杖怨望謀廢立，而海陵因之以爲亂。既立，以秉德爲左丞相，兼侍中、左副元帥，封蕭王，賜鐵券，與錢二千萬、絹一千匹、馬牛各三百、羊三千。久之，爲烏帶所譖，出領行臺尚書省事。

時秉德方在告，亟召之，限十日內發行。會海陵欲除太宗諸子，幷除秉德，以秉德首謀廢立，及弑熙宗不即勸進，銜之。烏帶因言秉德與宗本謀反有狀，曰：「昨來秉德曾於宗本家飲酒，海州刺史子忠言，秉德有福，貌類趙太祖，秉德偃仰笑受其言。臣妻言秉德妻嘗指斥主上，語皆不順。及秉德與宗本相別時，指斥尤甚，且謂曆數有歸。秉德招刑部侍郎漫獨曰，『已前曾說那公事，頗記憶否』。漫獨曰，『不存性命事何可對衆便說』。似此逆狀甚明。」海陵遣使就行臺殺秉德，幷殺前行臺參知政事烏林荅贊謀。贊謀妻，秉德乳母也。初，贊謀與前行臺左丞溫敦思忠同在行臺，思忠黷貨無厭，贊謀薄之，由是有隙，故思忠乘是幷誣贊謀及其子，殺之。贊謀不肯跪受刑，行刑者立而縊殺之。海陵以贊謀家財奴婢盡賜思忠。

秉德與烏帶以口語致怨，旣死遂幷殺其弟特里、紇里，及宗翰子孫，死者三十餘人，宗翰之後遂絕。世宗卽位，追復秉德官爵，贈儀同三司。

初，撒改薨，宗翰襲其猛安親管謀克。秉德死，海陵以賞烏帶，傳其子兀荅補。大定六年，世宗憫宗翰無後，詔以猛安謀克還撒改曾孫盃買，遣使改葬撒改、宗翰於山陵西南二十里，百官致奠，其家產給近親以奉祭祀。

秉德旣死，其中都宅第，左副元帥杲居之。杲死，海陵遷都，迎其嫡母徒單氏居之。徒單遇害，世宗惡其不祥，施爲佛寺。

唐括辯本名斡骨剌。尙熙宗女代國公主，爲駙馬都尉。累官參知政事、尙書左丞。與右丞相秉德謀廢立，而烏帶以告海陵，海陵謂辯曰：「我輩不能匡救，旦暮且及禍。若行大事，誰可立者？」辯曰：「無乃胙王常勝乎？」海陵問其次，辯曰：「鄧王子阿楞。」海陵曰：「阿楞屬疏，安得立。」辯曰：「公豈有意邪？」海陵曰：「若不得已，捨我其誰。」於是，旦夕相與密謀。護衞將軍特思疑之，以告悼后曰：「辯等因間每竊竊偶語，不知議何事。」悼后以告熙宗，熙宗怒，召辯責之曰：「爾與亮謀何事，將如我何。」杖而遣之。自是謀益甚。

十二月九日，〔三〕代國公主爲其母悼后作佛事，居寺中，故海陵、秉德等俱會於辯家。至夜，辯等以刀藏衣下，相隨入宮，門者以辯駙馬不疑，皆內之。至殿門，直宿護衞覺之，辯舉刀呵之使無動。既弒熙宗，立海陵，辯爲尙書右丞相兼中書令，封王，賜錢二千萬、絹千四、馬牛各三百、羊三千，幷鐵券。進拜左丞相。父彰德軍節度使重國，遷東平尹。

初，辯與海陵謀逆，辯嘗言其家奴多可用者，海陵固已懷之。及行弒之夕會於辯家，待興國出宮，辯因設饌，衆皆恇懼不能食，辯獨飽食自若，海陵由此知其忮忍，畏忌之。及卽位，嘗與辯觀太祖畫像，海陵指示辯曰：「此眼與爾相似。」辯色動，海陵亦色動，由是疑辯，益忌之。及與蕭裕謀致宗本罪，幷致辯嘗與宗本謀反，卽殺之。

重國坐奪官，正隆二年，起爲沂州防禦使，改淸州防禦使。大定初，重國與徒單拔改俱以政跡著聞，歷安國、彰化、橫海軍節度使。

後辯子孫上書，言辯死天德間，祖重國亦坐追削。正隆初，重國已復官職，乞追復辯官爵。是時，海陵已降爲庶人，以辯與弒逆，不許。

言本名烏帶，行臺左丞相阿魯補子也。熙宗時，累官大理卿。熙宗晚年喜怒不常，大臣往往危懼，右丞相秉德、左丞唐括辯謀廢立，烏帶卽詣海陵啓之，遂與俱弒熙宗。海陵卽位，烏帶爲平章政事，封許國王，賜錢、絹、馬、牛、羊、鐵券，並如其黨。

烏帶妻唐括氏淫泆，舊與海陵通，又私其家奴閻乞兒，秉德嘗對熙宗斥其事，烏帶銜之未發也。時海陵多忌，會有疾，少間，烏帶遂誣奏「秉德有指斥語，曰：主上數日不視朝，若有不諱，誰當繼者？臣曰：主上有皇子。秉德曰：嬰兒豈能勝天下大任，必也葛王乎」。海陵以爲實然，故出秉德，已而殺之，以秉德世襲猛安謀克授烏帶。進右丞相。烏帶與宗本有親，海陵以烏帶告秉德事，故宗本之禍烏帶獨免，遂以秉德千戶謀克及其子婦家產盡賜之。進司空、左丞相、兼侍中。

居數月，烏帶早朝，以日陰晦將雨，意海陵不視朝，先趨出朝，百官皆隨之去。已而海陵御殿，知烏帶率百官出朝，惡之，遂落司空，出爲崇義軍節度使。後海陵思慕唐括容色，因其侍婢來候問起居，海陵許立爲后，使殺烏帶。海陵詐爲烏帶哀傷，使其子兀荅補佩金符乘驛赴喪，追封爲王，仍詔有司送其靈車，賜絹三百爲道途費。納唐括於宮中，封貴妃。兀荅補襲猛安謀克。大定六年，以猛安謀克還撒改曾孫，以阿魯補謀克授兀荅補，終同知大興尹。子瑭，本名烏也阿補，以曾祖阿魯補功，充筆硯祗候。

大興國，事熙宗爲寢殿小底，權近侍局直長，最見親信，未嘗去左右。每逮夜，熙宗就寢，興國時從主者取符鑰歸家，主者即以付之，聽其出入以爲常。皇統九年，海陵生日，熙宗使興國以宋司馬光畫像及他珍翫賜海陵，悼后亦以物附賜，熙宗不悅，杖興國一百。海陵謀弒，意先得興國迺可伺間入宮行大事，且度興國無罪被杖必有怨望心，可乘此說之，乃因李老僧結興國。既而，知無異心可與謀，乃召至臥內，令解衣，欲與之俱臥，意有所屬者。興國固辭不敢，曰：「即有使，惟大王之命。」海陵曰：「主上無故殺常勝，又殺皇后。乃以常勝家產賜阿楞，既又殺阿楞，遂以賜我。我深以爲憂，奈何？」興國曰：「是固可慮也。」海陵曰：「朝臣旦夕危懼，皆不自保。向者我生日，因皇后附賜物，君遂被杖，我亦見疑。主上嘗言會須殺君，我與君皆將不免，寧坐待死何如舉大事。我與大臣數人謀議已定，爾以爲如何？」興國曰：「如大王言，事不可緩也。」

乃約十二月九日夜起事。興國取符鑰開門，矯詔召海陵入。夜二更，海陵、秉德等入。熙宗常置佩刀於御榻上，是夜興國先取投榻下，及亂作，熙宗求佩刀不得，遂遇弒。海陵既立，以興國爲廣寧尹，賜奴婢百口、犀玉帶各一、錢絹馬牛鐵券如其黨，進階金紫光祿大夫。再賜興國錢千萬、黃金四百兩、銀千兩、良馬四匹、駝車一乘、槖駝三頭、眞珠巾、玉鈎帶、玉佩刀、及玉校鞍轡。天德四年，改崇義軍節度使，賜名邦基。再授絳陽、武寧節度使，改河間尹。

世宗卽位，廢于家，凡海陵所賜皆奪之。大定中，邦基兄邦傑自京兆判官還，世宗曰：「大邦傑因其弟進，濫厠縉紳，豈可復用。」併罷其子弟與所贈父官。及海陵降爲庶人，詔曰：「大邦基與海陵同謀弑逆，逋誅至今，爲幸多矣。」遂磔于思陵之側。

徒單阿里出虎，會寧葛馬合窟申人，徙懿州。父拔改，太祖時有戰功，領謀克，曷速館軍帥，皇統四年爲兵部侍郎，歷天德軍節度使，改興中尹，與宗幹世爲姻家。皇統九年，阿里出虎與僕散忽土俱爲護衞十人長。海陵將弑熙宗，欲得二人者爲內應，遂許以女妻阿里出虎子，而以逆謀告之。阿里出虎素凶暴，聞其言喜甚，曰：「阿家此言何晚邪，廢立之事亦男子所爲。主上不能保天下，人望所屬惟在阿家，今日之謀乃我素志也。」遂與忽土俱以十二月九日直禁中，海陵故以是夜二更入宮，至寢殿，阿里出虎先進刃，忽土次之，熙宗頓仆，海陵復刃之，血濺其面及衣。

海陵旣立，以阿里出虎爲右副點檢，賜錢絹馬牛羊如其黨，子朮斯剌尙榮國公主合女，加昭毅大將軍駙馬都尉。天德二年，留守東京，加儀同三司。八月，改河間尹，世襲臨潢府路斜剌阿猛安頜親管謀克。以憂去職，起復爲太原尹，封王。

阿里出虎自謂有佐立功，受鐵劵，凶狠益甚，奴視僚屬，少忤其意輒箠辱無所恤。嘗問休咎於卜者高鼎，遂以鼎所占問張王乞。王乞以謂當有天命，阿里出虎喜，以王乞語告鼎。鼎上變，阿里出虎伏誅，并殺其妻及王乞。海陵使其子朮斯剌焚其尸，投骨水中。拔改自西京留守歷西南路招討使、忠順軍節度使，入爲勸農使，復爲河間尹，改臨洮尹，入爲工部尚書，改興平軍節度使、濟南尹，卒。

僕散師恭本名忽土，上京老海達葛人。本微賤，宗幹嘗周恤之，擢置宿衞爲十人長。海陵謀逆，以忽土出自其家，有恩，欲使爲內應，謂之曰：「我有一言欲告君久矣，恐泄於人，未敢也。」忽土曰：「肌肉之外皆先太師所賜，苟有補於國王，死不敢辭。」先太師，謂宗幹也。海陵曰：「主上失道，吾將行廢立事，必得君爲助乃可。」忽土許之。十二月九日，忽土直宿，海陵因之入宮。至寢殿，熙宗聞步屧聲，咄之，衆皆却立不敢動，忽土曰：「事至此，不進得乎。」乃相與排闥而入。既弒熙宗，秉德等尚未有所屬，忽土曰：「始者議立平章，今復何疑。」乃奉海陵坐，衆前稱萬歲。遂召曹國王宗敏至，卽使忽土殺之。

既卽位，忽土爲左副點檢，賜錢絹馬牛羊鐵券。轉都點檢，改名師恭。〔三〕遷會寧牧，拜太子少師、工部尙書，封王。頃之，以憂解職。起復爲樞密副使，進拜樞密使。貞元三年，爲右丞相。正隆初，拜太尉，復爲樞密使。無何，以憂去，起復爲太尉、樞密使。

海陵至汴京，賜忽土第一區，隣寧德宮。宮，徒單太后所居也，忽土時時入見太后。及契丹撒八反，海陵命忽土與蕭懷忠北伐。比行，忽土入辭寧德，太后與語久之。海陵聞而惡之，疑其與太后有異謀。是時，蕭禿剌、斡盧補與契丹撒八連戰皆無功，糧運不繼，乃退軍臨潢。而撒八聞師恭以大軍且至，乃謀歸大石，沿龍駒河西去。師恭至臨潢，追之不及。海陵使樞密副使白彥敬等討撒八，師恭還，遣其子忽殺虎乘傳逆之，至則執而戮于市。師恭臨刑，繩枚窒口不能言，但舉首視天日而已。遂族滅之，并誅滅蕭禿剌、蕭賾、蕭懷忠家。

大定初，皆復官爵。及海陵降爲庶人，師恭以預弑復削之。世宗幸上京，過老海達葛，師恭族人臨潢尹守中、定遠大將軍阿里徒等皆奪官。二十八年，上謂宰臣曰：「海陵遣僕散師恭、蕭禿剌、蕭懷忠追撒八不及，皆坐誅，遂夷其族，虐之甚也。」平章政事襄對曰：「是時臣在軍中，忽土、賾有精甲一萬三千有餘，賊軍雖多皆脅從之人，以氈紙爲甲，易與也。忽土等恇怯遷延，賊乃遁去。」上曰：「審如是，則誅之可也。」兄渾坦。

徒單貞，本名特思，忒黑闢剌人也。祖抄，從太祖伐遼有功，授世襲猛安。父婆盧火，以戰功累官開府儀同三司。貞娶遼王宗幹女，海陵同母女弟也。皇統九年，貞與海陵俱弒熙宗。海陵既立，以貞爲左衞將軍，封貞妻平陽長公主，貞爲駙馬都尉、殿前左副點檢。轉都點檢，兼太子少保，封王。改大興尹，都點檢如故。俄授臨潢府路昏斯魯猛安。居二年，海陵召貞勖之曰：「汝自幼常在左右，頗著微勞，而近日乃怠忽，縱有罪，樹私恩。凡人富貴而驕，皆死徵也。汝若不制汝心，將無所不至，賜之死復何辭。朕念弟襄及公主與朕同胞，故少示懲戒。」貞但號泣。卽日解點檢職，仍爲大興尹，復戒之曰：「今而後能以勤自勵，朕當思之。不然，黜爾歸田里矣。」逾月，復爲都點檢、大興尹如故。正隆二年，例封濬。遷樞密副使，賜佩刀入宮，轉同判大宗正事。

海陵將伐宋，詔朝官除三國人使宴飲，其餘飲酒者死。六年正月四日立春節，益都尹京、安武節度使爽、金吾上將軍阿速飲於貞第。海陵使周福兒賜土牛至貞第，見之以告，海陵召貞詰之曰：「戎事方殷，禁百官飲酒，卿等知之乎？」貞等伏地請死，海陵數之曰：「汝等若以飲酒殺人太重，固當諫，古人三諫不聽亦勉從君命。魏武帝軍行令曰『犯麥者死』。已而所乘馬入麥中，乃割髮以自刑。犯麥，微事也，然必欲以示信。朕爲天下主，法不能行于貴近乎？朕念慈憲太后子四人，惟朕與公主在，而京等皆近屬，曲貸死罪。」於是杖貞七十，京等三人各杖一百，降貞爲安武軍節度使，京爲灤州刺史，爽歸化州刺史。

無何，拜貞御史大夫，以本官爲左監軍，從伐宋。至揚州，海陵死，北還。見世宗于中都，詔以貞女爲皇太子妃，除貞爲太原尹，改咸平。貞在咸平貪汙不法，累贓鉅萬，徙眞定尹，事覺。世宗使大理卿李昌圖鞫之，貞卽引伏，昌圖還奏，上問之曰：「貞停職否？」對曰：「未也。」上怒，抵昌圖罪，復遣刑部尚書移剌道往眞定問之，徵其贓還主。有司徵給不以時，詔先以官錢還其主，而令貞納官。凡還主贓，皆準此例。降貞爲博州防禦使，降貞妻爲清平縣主。

頃之，遷震武節度使，〔四〕遣使者往戒勅之，詔曰：「朕念卿懿戚，不待終考，更遷大鎮。非常之恩不可數得，卿勿蹈前過。」轉河中尹。進封其妻爲任國公主，賜黃金百兩、重綵二十端，賜貞擊毬馬二匹。改東京留守，賜玉吐鶻、弓矢，賜貞妻錢萬貫。

有司奏「海陵已貶爲庶人，宗幹不當猶稱帝」。於是，以宗幹有社稷功，詔追封爲遼王，其子孫及諸女皆降，貞妻降永平縣主，貞自儀同三司降特進，奪猛安，不稱駙馬都尉。再徙臨潢尹。

初，與弒熙宗凡九人，海陵以暴虐自斃，秉德、辯、忽土、阿里出虎以疑見殺，言以妻殞，裕、老僧以反誅，至是貞與大興國尚在。而興國擯棄不用，獨貞以世姻籍恩寵，雖夫婦降削爵號，而世宗慮久遠，終不以私恩曲庇，久之，詔誅貞及其妻與二子愼思、十六，而宥其諸孫。俄而，興國亦誅，皇統逆黨盡矣。

章宗卽位，尊母皇太子妃爲皇太后，追封貞爲太尉梁國公，貞祖抄司空魯國公，父婆盧火司徒齊國公，貞妻梁國夫人，子陁補火、愼思、十六俱爲鎭國上將軍。無何，再贈貞太師、廣平郡王，謚莊簡。貞妻進封梁國公主。

李老僧，舊爲將軍司書吏，與大興國有親，素相厚。海陵秉政，興國屬諸海陵，海陵以爲省令史。及將舉事，使老僧結興國，興國終爲海陵取符鑰，納海陵宮中成弑逆者，老僧爲之也。海陵旣立，以老僧爲同知廣寧尹事，賜錢千萬、絹五百匹、馬牛各二百、羊二千。

久之，海陵惡韓王亨，將殺之，求其罪不可得，遂以亨爲廣寧尹，再任老僧同知，使伺察亨，構致其罪。亨喜博，及至廣寧，常與老僧博，待之甚厚。老僧由是不忍致亨死罪，遲疑者久之。海陵再使小底訛論促老僧，老僧乃與亨家奴六斤謀，殺亨獄中，語在亨傳。及耶律安禮自廣寧還朝，海陵謂之曰：「孛迭三罪，伏其一已見觖望。爾乃梁王故吏，若亨伏辜，必罪及親族，故榜殺之。」

海陵以老僧於亭有遲回意，遂降老僧爲易州刺史。久之，遷同知大興尹，賜名惟忠，改延安府同知。大定二年，與兵部尚書可喜謀反，誅。

論曰：書曰：「王左右常伯、常任、準人、綴衣、虎賁。周公曰：嗚呼，休茲知恤，鮮哉。」穆王告伯冏曰：「愼簡乃僚，其無以巧言令色、便辟側媚，其惟吉士。」金人所謂寢殿小底猶周之綴衣，所謂護衞猶周之虎賁也，則皆羣僕侍御之臣矣。海陵弒逆，而大興國、忽土、阿里出虎爲之扼擊，皆出于小底護衞之中，熙宗固不知恤之也。一日，熙宗與近侍飮酒，會夜，稽古殿火，上欲往視，都點檢辭不失引帝裾止之，奏曰：「臣在此，陛下何患，願無親往。」熙宗謂辭不失被酒，甚怒之，明日，杖而出之，已而思其忠，復見召用。海陵與唐括辯時時屛人私語，護衞特思察其非常，海陵擠而殺之。皇統末年，羣臣解體，無尊君謹上之心，而羣姦竊發，僕御之臣不復有如辭不失、特思者矣。緜之詩曰：「予曰有疏附，予曰有先後，予曰有奔走，予曰有禦侮。」嗚呼，先後禦侮之臣豈可少哉。

完顏元宜，本名阿列，一名移特輦，本姓耶律氏。父愼思，天輔七年，宗望追遼主至天德，愼思來降，且言夏人以兵迎遼主，將渡河去。宗望移書夏人諭以禍福，夏人乃止。賜愼思姓完顏氏，官至儀同三司。

元宜便騎射，善擊毬。皇統元年，充護衞，累遷甌里本羣牧使，入爲武庫署令，轉符寶郎。海陵篡立，爲兵部尚書。天德三年，詔凡賜姓者皆復本姓，元宜復姓耶律氏。歷順義、昭義節度使，復爲兵部尚書、勸農使。

海陵伐宋，以本官領神武軍都總管，以大名路騎兵萬餘益之。前鋒渡淮，拔昭關，遇宋兵萬餘于柘皐，力戰却之。至和州，宋兵十萬來拒，元宜麾軍力戰，抵暮而罷。宋人乘夜襲營，元宜擊走之，黎明追及宋兵，斬首數萬，以功遷銀青光祿大夫。海陵增置浙西道都統制，〔五〕使元宜領之，督諸軍渡江，佩金牌，賜衣一襲。

是時，世宗已卽位于遼陽，軍中多懷去就。海陵軍令慘急，亟欲渡江，衆欲亡歸，決計於元宜。猛安唐括烏野曰：「前阻淮渡，皆成擒矣。比聞遼陽新天子卽位，不若共行大事，然後舉軍北還。」元宜曰：「待王祥至謀之。」王祥者元宜子，爲驍騎副都指揮使，在別軍。元宜使人密召王祥，既至，遂約詰旦衞軍番代卽行事。元宜先欺其衆曰：「有令，爾輩皆去馬，詰旦渡江。」衆皆懼，乃以舉事告之，皆許諾。

十月乙未黎明，元宜、王祥與武勝軍都總管徒單守素、猛安唐括烏野、謀克斡盧保、婁薛、溫都長壽等率衆犯御營。海陵聞亂，以爲宋兵奄至，攬衣遽起，箭入帳中，取視之，愕然曰：「乃我兵也。」大慶山曰：「事急矣，當出避之。」海陵曰：「走將安往。」方取弓，已中箭仆地。延安少尹納合斡魯補先刃之，手足猶動，遂縊殺之。驍騎指揮使大磐整兵來救，王祥出語之曰：「無及矣。」大磐乃止。軍士攘取行營服用皆盡，乃取大磐衣巾裹海陵尸，焚之。遂收尚書右丞李通、浙西道副統制郭安國、監軍徒單永年、近侍局使梁珫、副使大慶山，皆殺之。元宜行左領軍副大都督事，使使者殺皇太子光英于南京。大軍北還。

大定二年春，入見，拜御史大夫，詔曰：「高楨爲御史大夫，號爲正直，頗涉煩碎，臣下衣冠不正亦被糾舉。職事有大於此者，爾宜勉之。」未幾，拜平章政事，封冀國公，賜玉帶、甲第一區，復賜姓完顏氏。

往泰州路規措討契丹事，元宜使忠勇校尉李榮招窩斡，窩斡殺榮，詔追贈榮進官四階。五月，上聞元宜將還，遣使止之。契丹已平，元宜還朝，奏請益諸羣牧鎧甲。詔從之，每羣牧益二十副。元宜復請益臨潢戍軍士馬，詔給馬六百匹。久之，罷爲東京留守。乞還所賜甲第，上從之，賜以襲衣、吐鶻、廐馬、海東青鶻。未幾，致仕，薨于家。上聞之，遣使致祭，賻贈甚厚。

大定十一年，尚書省奏擬納合斡魯補除授，上曰：「昔廢海陵，此人首入弑之，人臣之罪莫大於是，豈可復加官使？其世襲謀克姑聽仍舊。」大定十八年，扎里海上言：「凡爲人臣能捍災禦侮有功者，宜錄用之。今弑海陵者以爲有功，賞以高爵，非所以勸事君也。宜削奪，以爲人臣之戒。臣在當時亦與其黨，如正名定罪，請自臣始。」上曰：「扎里海自請其罪以勸事君，此亦人之所難。」遂以扎里海充趙王府祗候郎君。

元宜子習涅阿補，大定二十五年爲符寶祗候，乞依女直人例遷官，上曰：「賜姓一時之權宜。」令習涅阿補還本姓。

論曰：春秋書「齊公子商人弑其君舍」，又曰：「齊人弑其君商人。」嗟乎，弑舍者商人也，弑商人者邴歜、閻職也。海陵弑熙宗，完顏元宜弑海陵。商人之弑也，邴歜、閻職去之。海陵之弑也，元宜歸于世宗。邴、閻賤役，元宜都將也，握君之親兵，窺利以弑之，其罪豈容誅乎，世宗僅能不大用之而已。扎里海猶殺人而自首者也，在律，殺人未聞准首免罪而又予賞者也，況弑逆乎。海陵弑五十三年，復有胡沙虎之事。

紇石烈執中，本名胡沙虎，阿疎裔孫也。徙東平路猛安。大定八年，充皇太子護衞，出職太子僕丞，改鷹坊直長，再遷鷹坊使、拱衞直指揮使。明昌四年，使過阻居，監酒官移剌保迎謁後時，飲以酒，酒味薄，執中怒，毆傷移剌保，詔的決五十。未幾，遷右副點檢，肆傲不奉職，降肇州防禦使。踰年，遷興平軍節度使。丁母憂，起復歸德軍節度使，改開遠軍兼西南路招討副使。俄知大名府事。承安二年，召爲簽樞密院事。詔佐丞相襄征伐，執中不欲行，奏曰：「臣與襄有隙，且殺臣矣。」上怒其言不遜，事下有司，既而赦之，出爲永定軍節度使。改西北路招討使，復爲永定軍，坐奪部軍馬解職。

泰和元年，起知大興府事。詔契丹人立功官賞恩同女直人，許存養馬匹，得充司吏譯人，著爲令。執中格詔不下，上責之曰：「汝雖意在防閑，而不知朝廷自有定格，自今勿復如此煩碎生事也。」乃下詔行之。

淶水人魏廷實祖任兒，〔六〕舊爲靳文昭家放良，天德三年，編籍正戶，已三世矣。文昭孫勍誣廷實爲奴，及妄訴毆詈，警巡院鞫對無狀，法當訴本貫。勍訴于府，執中使廷實納錢五百貫與勍。廷實不從，還淶水，執中徑遣鎖致廷實。御史臺請移問，執中轉奏御史臺不依制，府未結斷，令移推。詔吏部侍郎李炳、〔七〕戶部侍郎粘割合荅推問。炳、合荅奏御史臺理直，詔乃切責執中。

御史中丞孟鑄奏彈執中「貪殘專恣，不奉法令。釋罪之後，累過不悛。既蒙恩貸，轉生跋扈。如雄州詐認馬，平州冒支俸，破魏廷實家，發其冢墓，拜表不赴，祈雨聚妓，毆詈同僚擅令停職，失師帥之體，不稱京尹之任」。上曰：「執中粗人，似有跋扈爾。」鑄對曰：「明天子在上，豈容有跋扈之臣。」上意寤，取閱奏章，詔尚書省問之。由是改武衞軍都指揮使。

平章政事僕散揆宣撫河南，執中除山東東西路統軍使。揆行省汴京伐宋，升諸道統軍司爲兵馬都統府，執中爲山東兩路兵馬都統，定海軍節度使完顏撒剌副之。執中分兵駐金城、朐山，請益發東平路兵屯密、沂、寧海、登、萊以遏兵衝，詔從之，時泰和六年四月也。

五月，宋兵犯金城，執中遣巡檢使周奴以騎兵三百禦之。會宋益兵轉趨沭陽，謀克三合伏卒五十人篁竹中，伺宋兵過突出擊之，殺十數人，追至縣城，宋兵不敢出。會周奴以兵入城，宋兵踰城走，三合已焚其舟，合擊大破之，斬首五百餘級，殺宋統領李藻，擒忠義軍將呂璋。

十月，執中率兵二萬出淸口，宋以步騎萬餘列南岸，戰艦百艘拒上流，相持累日。執中以舟兵二千搏戰，遏宋舟兵，遣副統移剌古與涅率精騎四千自下流徑渡。宋兵望騎兵登南岸，水陸俱潰。追斬及溺死者甚衆，盡獲其戰艦及戰馬三百，遂克淮陰，進兵圍楚州。遷元帥左監軍。執中縱兵虜掠，上聞之，杖其經歷官阿里不孫，放還所掠。未幾，宋人請和，詔罷兵。除西南路招討使，改西京留守。

大安元年，授世襲謀克，復知大興府事，出知太原府，復爲西京留守，行樞密院，兼安撫使。以勁兵七千遇大兵，戰于定安之北，薄暮，先以麾下遁去，衆遂潰。行次蔚州，擅取官庫銀五千兩及衣幣諸物，奪官民馬，與從行私人入紫荊關，杖殺淶水令。至中都，朝廷皆不問。乃遷右副元帥，權尚書左丞。執中益無所忌憚，自請步騎二萬屯宣德州，與之三千，令駐嬀川。

崇慶元年正月，執中乞移屯南口或屯新莊，移文尚書省曰：「大兵來必不能支，一身不足惜，三千兵爲可憂，十二關、建春、萬寧宮且不保。」朝廷惡其言，下有司按問，詔數其十五罪，罷歸田里。

明年，復召至中都，預議軍事。左諫議大夫張行信上書曰：「胡沙虎專逞私意，不循公道，蔑省部以示强梁，媚近臣以求稱譽，骩法行事，枉害平民。行院山西，出師無律，不戰先退，擅取官物，杖殺縣令。屯駐嬀川，乞移內地，其謀略概可見矣。欲使改易前非，以收後效，不亦難乎。才誠可取，雖在微賤皆當擢用，何必老舊始能立功。一將之用，安危所係，惟朝廷加察，天下幸甚。」丞相徒單鎰以爲不可用，參知政事瑝跪奏其姦惡，乃止。執中善結近倖，交口稱譽。五月，詔給留守半俸，預議軍事。張行信復諫曰：「伏聞以胡沙虎老臣，欲起而用。人之能否，不在新舊。彼向之敗，朝廷既知之矣，乃復用之，無乃不可乎。」遂止。

上終以執中爲可用，賜金牌，權右副元帥，將武衞軍五千人屯中都城北。執中乃與其黨經歷官文繡局直長完顏醜奴、提控宿直將軍蒲察六斤、武衞軍鈐轄烏古論奪剌謀作亂。是時，大元大兵在近，上使奉職卽軍中責執中止務馳獵，不恤軍事。執中方飼鷂，怒擲殺之，遂妄稱知大興府徒單南平及其子刑部侍郎駙馬都尉沒烈謀反，奉詔討之。南平姻家福海，別將兵屯於城北，遣人以好語招之，福海不知，旣至乃執之。

八月二十五日未五更，分其軍爲三軍，由章義門入，自將一軍由通玄門入。執中恐城中出兵來拒，乃遣一騎先馳抵東華門大呼曰：「大軍至北關，已接戰矣。」旣而再遣一騎亦如之。使徒單金壽召知大興府徒單南平，南平不知，行至廣陽門西富義坊，馬上與執中相見，執中手槍刺之墮馬下，金壽斫殺之。使烏古論奪剌召沒烈，殺之。符寶祗候鄯陽、〔八〕護衞十人長完顏石古乃聞亂，遽召大漢軍五百人赴難，〔九〕與執中戰不勝，皆死之。執中至東華門，使呼門者親軍百戶冬兒、五十戶蒲察六斤，皆不應，許以世襲猛安、三品職事官，亦不應。呼都點檢徒單渭河，渭河卽徒單鎬也。渭河縋城出見執中，執中命聚薪焚東華門，立梯登城。護衞斜烈、乞兒、親軍春山共捽鎖開門納執中。執中入宮，盡以其黨易宿衞，自稱監國都元帥，居大興府，陳兵自衞。急召都轉運使孫椿年取銀幣賞金壽、奪剌及軍官軍士、大興府輿隸。是夜，召聲妓與親黨會飲。明日，以兵逼上出居衞邸，誘左丞完顏綱至軍中，卽殺之。執中意不可測，丞相徒單鎰勸執中立宣宗，執中然之。

是時，莊獻太子在中都，執中以皇太子儀仗迎莊獻入居東宮。召符寶郎徒單福壽取符寶，陳於大興府露階上。盜用御寶出制，除完顏醜奴德州防禦使，烏古論奪剌順天軍節度使，蒲察六斤橫海軍節度使，徒單金壽永定軍節度使，雖除外官，皆留之左右。其餘除拜猶數十人。同時有兩蒲察六斤，其一守東華門不肯從亂者。召禮部令史張好禮欲鑄監國元帥印，好禮曰：「自古無異姓監國者。」乃止。遣奉御完顏忽失來等三人，護衞蒲鮮班底、完顏醜奴等十人，迎宣宗於彰德。使宦者李思忠弒上於衞邸。盡徹沿邊諸軍赴中都平州、騎兵屯薊州以自重，邊戍皆不守矣。

九月甲辰，宣宗卽位，拜執中太師、尚書令、都元帥、監修國史，封澤王，授中都路和魯忽土世襲猛安。以其弟同知河南府特末也爲都點檢，兼侍衞親軍都指揮使，子猪糞除濮王傅、兵部侍郎、都點檢徒單渭河爲御史中丞，烏古論奪剌遙授知眞定府事，徒單金壽遙授知東平府事，蒲察六斤遙授知平陽府事，完顏醜奴同知河中府事，權宿直將軍。詔以烏古論誼居第賜執中，儀鸞局給供張，妻王賜紫結銀鐸車。

戊申，執中侍朝，宣宗賜之坐，執中就坐不辭。無何，執中奏請降衞紹王爲庶人，奏再上，詔百官議于朝堂。太子少傅奧屯忠孝、侍讀學士蒲察思忠附執中議，衆相視莫敢言，獨文學田廷芳奮然曰：「先朝素無失德，尊號在禮不當削。」於是從之者禮部張敬甫、諫議張信甫、戶部武文伯、龐才卿、石抹晉卿等二十四人。宣宗曰：「譬諸問途，百人曰東行是，十人曰西行是，行道之人果適東乎、適西乎。豈以百人、十人爲是非哉？」既而曰：「朕徐思之。」數日，詔降爲東海郡侯。

大元遊騎至高橋，宰臣以聞。宣宗使人問執中，執中曰：「計畫已定矣。」既而讓宰執曰：「吾爲尚書令，豈得不先與議而遽奏耶？」宰執遜謝而已。

提點近侍局慶山奴、副使惟弼、奉御惟康請除執中，宣宗念援立功，隱忍不許。

元帥右監軍朮虎高琪屢戰不利，執中戒之曰：「今日出兵果無功，當以軍法從事矣。」高琪出戰復敗，自度不免，頗聞慶山奴諸人有謀，十月辛亥，高琪遂率所將糺軍入中都，圍執中第。執中聞變，彎弓注矢外射，不勝，登後垣欲走，衣絓墮而傷股，軍士就斬之。高琪持執中首詣闕待罪，宣宗赦之，以爲左副元帥。〔一〇〕

執中之黨呼於衢路曰：「糺軍反矣，殺之者有賞。」市人從之，糺軍死者甚衆，一軍皆恟恟，宣宗遣近侍撫諭之，詔有司量加賻贈，衆乃稍安。明日，除特末也泰寧軍節度使，烏古論奪剌眞授知濟南府事，徒單金壽眞授知歸德府事，蒲察六斤眞授知平陽府事。

甲寅，左諫議大夫張行信上封事曰：「春秋之法，國君立不以道，若嘗與諸侯盟會，即列爲諸侯。東海在位已六年矣，爲其臣者誰敢干之。胡沙虎握兵入城，躬行弒逆，當是時惟鄯陽、石古乃率衆赴援，至于戰死，論其忠烈，在朝食祿者皆當愧之。陛下始親萬機，海內望化，褒顯二人，延及子孫，庶幾少慰貞魂，激天下之義氣。宋徐羨之、傅亮、謝晦弑營陽王立文帝，文帝誅之，以江陵奉迎之誠，免其妻子。胡沙虎國之大賊，世所共惡，雖已死而罪名未正，合暴其過惡，宣布中外，除名削爵，緣坐其家，然後爲快。陛下若不忍援立之勞，則依倣元嘉故事，亦足以示懲戒。」宣宗乃下詔暴執中過惡，削其官爵。贈鄯陽、石古乃，加恩其子。慶山奴、惟弼、惟康皆遷賞，近侍局自此用事矣。

論曰：金九主，遇弑者三，其逆謀者十人。熙宗之弑，惟大興國一人世宗聲其罪而磔之思陵之側。徒單貞雖誅，未聞暴其罪狀，後以戚畹又復贈官追封。餘秉德、唐括辯等六人，皆以他罪誅。海陵之弑，其首惡爲完顏元宜，則令終焉。衞紹王之弑曰胡沙虎，不死於司敗之誅，而死於高琪之手。古所謂弑君之賊人得而討之者，謂請于公上而致討焉，如孔子之請討陳恒是也。豈有如琪之擅殺而以爲功者乎。金之政刑，其亂若此，國欲不亡，其可得乎。

校勘記

〔一〕遂與唐括辯烏帶忽土阿里出虎　「忽土」原作「烏土」，「阿里出虎」原作「阿里忽出」。按本卷僕散師恭傳、本書卷四熙宗紀、卷五海陵紀皆作「忽土」。又本卷徒單阿里出虎傳及上述二紀亦皆作「阿里出虎」。今據改。

〔二〕十二月九日　按本書卷四熙宗紀記此事在皇統九年十二月丁巳即九日。則此「十二月」上脫「皇統九年」四字。

〔三〕改名師恭　「師恭」原作「思恭」，同音異譯。今據上下文統一。

〔四〕遷震武節度使　按本書卷二六地理志，河東北路代州，「天會六年，置震武軍節度使」。又卷一〇〇完顏伯嘉傳亦有「起復震武軍節度使」句。此「震武」下脫「軍」字。又下文完顏元宜傳，「歷順義昭義節度使」，「順義」、「昭義」下亦皆脫「軍」字。

〔五〕海陵增置浙西道都統制　「道」原作「路」。按本書卷五海陵紀，正隆六年十一月，「以勸農使完顏元宜為浙西道兵馬都統制」。卷八二郭安國傳，「海陵謀北還，更置浙西道兵馬都統制府」。今據改。下同。

〔六〕淶水人魏廷實祖任兒　「水」原作「州」。按下文「廷實不從，還淶水」。又本書卷二四地理志，中都路易州有淶水縣。今據改。

〔七〕詔吏部侍郎李炳　按本書卷九六李仲略傳，「仲略字簡之，……改吏部郎中，遷侍郎。……時知大興府事紇石烈執中坐贓，上命仲略鞫之」。此作李炳，或其別名。

〔八〕符寶祗候鄯陽　「鄯」原作「繕」。按本書卷一二一本傳作「鄯陽」，本卷下文亦作「鄯陽」。今據改。

〔九〕遽召大漢軍五百人赴難　原脫「大」字。按本書卷一二一鄯陽傳，「至寧元年八月，紇石烈執中作亂，鄯陽、石古乃往天王寺召大漢軍五百人赴難。執中揚言曰：大漢軍反矣。大漢軍少，二人不勝而死」。今據補。

〔一〇〕以爲左副元帥　「左」原作「右」。按本書卷一四宣宗紀，貞祐元年十月辛亥，朮虎高琪殺胡沙虎，「持其首詣闕待罪，赦之，仍授左副元帥」。卷一〇六朮虎高琪傳記載同。今據改。

金史卷一百三十三

列傳第七十一

叛臣

張覺 子僅言　耶律余睹　窩斡

古書「畔」與「叛」通，畔之爲言界也。左氏曰，政猶「農之有畔」，是也。君臣上下之定分，猶此疆彼界之截然，違此向彼，卽爲叛矣。善惡判於跬步，禍患極於懷襄，吁，可畏哉！作叛臣傳。

張覺亦書作㲉，平州義豐人也。在遼第進士，仕至遼興軍節度副使。太祖定燕京，時立愛以平州降，當時宋人以海上之盟求燕京及西京地，太祖以燕京、涿、易、檀、順、景、薊與之。平州自入契丹別爲一軍，故弗與，而以平州爲南京，覺爲留守。既而聞覺有異志，上遣使劉彥宗及斜鉢諭之，詔曰：「平山一郡今爲南京，節度使今爲留守，恩亦厚矣。或言汝等陰有異圖，何爲當此農時輒相扇動，非去危就安之計也。其諭朕意。」

太祖每收城邑，往往徙其民以實京師，民心多不安，故時立愛因降表嘗言及之。及以燕京與宋而遷其人，獨以空城與之，遷者道出平州，故覺因之以作亂。天輔七年五月，左企弓、虞仲文、曹勇義、康公弼赴廣寧，過平州，覺使人殺之于栗林下，遂據南京叛入于宋，宋人納之。

太祖下詔諭南京官吏，詔曰：「朕初駐蹕燕京，嘉爾吏民率先降附，故升府治以爲南京，減徭役，薄賦稅，恩亦至矣，何苦輒爲叛逆。今欲進兵攻取，時方農月，不忍以一惡人而害及衆庶。且遼國舉爲我有，孤城自守，終欲何爲。今止坐首惡，餘並釋之。」

闍母自錦州往討之，已敗覺兵，欲乘勝攻南京，時暑雨不可進，退屯于海壖。覺兵五萬屯潤州近郊，欲脅遷、來、潤、隰四州。無何，闍母再敗覺兵，復與戰于兔耳山，闍母大敗，覺報捷于宋。宋建平州爲泰寧軍，以覺爲節度使，張敦固等皆加徽猷閣待制，以銀絹數萬犒軍。

宗望軍至南京城東，覺兵大敗宵遁，遂奔宋，入于燕京。宗望以納叛責宋宣撫司，〔二〕索張覺。宣撫王安中匿之於甲仗庫，紿曰：「無之。」宗望索愈急，安中乃斬貌類覺者一人當之，金人識之曰：「非覺也。」安中不得已，引覺出，數以罪，覺罵宋人不容口，遂殺覺函其首以與金人。燕京降將及常勝軍皆泣下，郭藥師自言曰：「若來索藥師當奈何。」自是，降將卒皆解體。及金人伐宋，竟以納平州之叛爲執言云。子僅言。

僅言幼名元奴。宗望攻下平山，僅言在襁褓間，里人劉承宣得之，養於家。其隣韓夫人甚愛之，年數歲，因隨韓夫人得見貞懿皇后，留之藩邸。稍長，侍世宗讀書，遂使僅言主家事，繩檢部曲，一府憚之。

世宗留守東京，海陵用兵江、淮，將士往往亡歸，詣東京，願推戴世宗爲天子。僅言勸進，世宗卽位，除內藏庫副使，權發遣宮籍監事。海陵死揚州，僅言與禮部尚書烏居仁、殿前左衞將軍阿虎帶、御院通進劉珫發遣六宮百司圖書府藏在南京者。還以本職提控尚食局，轉少府監丞，仍主內藏。

僅言能心計，世宗倚任之，凡宮室營造、府庫出納、行幸頓舍皆委之。世宗嘗曰：「一經僅言，無不愜朕意者。」

六年，提舉修內役事，役夫掘地得白金匿之，事覺，法當死，僅言責取其物與官，釋其罪。尋兼祗應司。遷少府監，提控宮籍監、祗應司如故。護作太寧宮，引宮左流泉溉田，歲獲稻萬斛。十七年，復提點內藏，典領昭德皇后山陵，遷勸農使，領諸職如故。

僅言雖舊臣，出入左右，然世宗終不假以權任。二十一年，尙書省奏，宮苑司直長黎倫在職十六年，請與遷敍。上曰：「此朕之家臣，質直人也，今已老矣。如勸農使張僅言亦朕舊臣，純實頗解事，凡朝廷議論、內外除授，未嘗得干預。朕觀自古人君爲讒諂蒙蔽者多矣，朕雖不及古人，然近習憸言未嘗入耳。」宰臣曰：「誠如聖訓，此國家之福也。」世宗欲以爲横海軍節度使，而不可去左右，遂止。

僅言始得疾，猶扶杖視事，疾亟，詔太醫診視，近侍問訊相屬。及卒，上深惜之，遣官致祭，賻銀五百兩、重綵十端、絹二百匹，棺槨、衣衾、銀汞、斂物、葬地皆官給，贈輔國上將軍。〔二〕

耶律余睹，遼宗室子也，遼主近族，父祖仕遼，具載遼史。初，太祖起兵，遼人來拒，余睹請自效，以功累遷金吾衞大將軍，爲東路都統。天輔元年，與都統耶律馬哥軍于渾河，銀术哥、希尹拒之，余睹等不敢戰。比銀术哥等至，馬哥、余睹已遁去。銀术哥、希尹坐稽緩，太祖皆罰之，所獲生口財畜入于官。天輔二年，龍化州人張應古等來降，而余睹復取之，遼以撻不野爲節度使。未幾，應古等逐撻不野自劾。太祖於國書中以問遼主，〔三〕「龍化州已經降附，何爲問罪而殺其主者」。遼主託以大盜羣起，使余睹收之。

太祖已取臨潢府，賜詔余睹曰：「汝將兵在東路，前後戰未嘗不敗。今聞汝收合散亡，以拒我師。朕已於今月十五日克上京，今將往取遼主矣。汝若治兵一決勝負，可指地期日相報。若知不敵，當率衆來降，無貽後悔。」及太祖班師，闍母等還至遼河，方渡，余睹來襲，完顏背荅、烏塔等殿，力戰却之，獲甲馬五百匹。

天輔五年，余睹送款于咸州路都統，以所部來降，乞援接于桑林渡。都統司以聞，詔曰：「余睹到日，使與其官屬偕來，餘衆處之便地。」無何，余睹送上所受遼國宣誥、及器甲旗幟等，與將吏韓福奴、阿八、謝老、太師奴、蕭慶、醜和尙、高佛留、蒲荅、謝家奴、五哥等來降。

余睹作書，具言所以降之意，大概以謂：「遼主沉湎荒于遊畋，不恤政事，好佞人，遠忠直，淫刑吝賞，政煩賦重，民不聊生。」又言：「樞密使得里底本無材能，但阿諛取容，其子磨哥任以軍事。」又言：「文妃長子晉王素係人望，宜爲儲副，得里底以元妃諸子己所自出，使晉王出繼文妃。」又言：「晉王與駙馬乙信謀復其樞密使，來告余睹共定大計，而所圖不成。」又言：「已粗更軍事，進策遼主，得里底蔽之，遼主亦不省察。」又曰：「大金疆土日闢，余睹灼知天命，遂自去年春與耶律慎思等定議，約以今夏來降。近聞得里底、高十捏等欲發，倉卒之際不及收合四遠，但率傍近部族戶三千、車五千兩、畜產數萬，遼北軍都統以兵追襲，遂棄輜重，轉戰至此。所有官吏職位姓名、人戶畜產之數，遣韓福奴具錄以聞。」遂與其將吏來見，上撫慰之，遂賜坐，班同宰相，賜宴盡醉而罷。上命余睹以舊官領所部，且諭之曰：「若能爲國立功，別當獎用。」自余睹降，益知遼人虛實矣。

余睹在軍中屢乞侍妾及子，太祖疑之，詔咸州路都統司曰：「余睹家屬，善監護之。」復詔曰：「余睹降時，其民多强率而來者，恐在邊生變，宜徙之內地。」都統杲取中京，余睹爲鄉導，與希尹等招撫奚部。奉聖州降，其官吏皆遁去，余睹舉前監酒李師夔爲節度使，進士沈璋爲副使，州吏裴賾爲觀察判官。沈璋招集居民還業者三千餘，遷太常少卿。

久之，耶律麻者告余睹、吳十、鐸剌結黨謀叛，及其未發宜先收捕。上召余睹等從容謂之曰：〔四〕「今聞汝謀叛，誠然邪，其各無隱。若果去，必須鞍馬甲冑器械之屬，當悉付汝，吾不食言。若再被擒，無祈免死。欲留事我，則無懷異志，吾不汝疑。」余睹等戰慄不能對，乃杖鐸剌七十，餘皆不問。

天會三年，大舉伐宋，余睹爲元帥右都監，宋兵四萬救太原，余睹、屋里海逆擊于汾河北，擒其帥郝仲連、張關索，統制馬忠，殺萬餘人。宗翰伐宋，余睹留西京。天會十年，余睹謀反，雲內節度使耶律奴哥等告之。余睹亡去，其黨燕京統軍蕭高六伏誅，蔚州節度使蕭特謀自殺。〔五〕邊部斬余睹及其諸子，函其首以獻。耶律奴哥加守太保兼侍中，趙公鑑、劉儒信、劉君輔等並授遙鎭節度使以賞之。

移剌窩斡，西北路契丹部族。先從撒八爲亂，受其僞署，後殺撒八，遂有其衆。

撒八者，初爲招討司譯史。正隆五年，海陵徵諸道兵伐宋，使牌印燥合、楊葛盡徵西北路契丹丁壯，契丹人曰：「西北路接近鄰國，世世征伐，相爲讎怨。若男丁盡從軍，彼以兵來，則老弱必盡係累矣。幸使者入朝言之。」燥合畏罪不敢言，楊葛深念後西北有事得罪，遂以憂死。燥合復與牌印耶律娜、尙書省令史沒荅涅合督起西北路兵。契丹聞男丁當盡起，於是撒八、孛特補與部衆殺招討使完顏沃側及燥合，而執耶律娜、沒荅涅合，取招討司貯甲三千，遂反。議立豫王延禧子孫，衆推都監老和尙爲招討使，山後四羣牧、山前諸羣牧皆應之。迪斡羣牧使徒單賽里、耶魯瓦羣牧使鶴壽等皆遇害，語在鶴壽傳中。五院司部人老和尚那也亦殺節度使术甲兀者以應撒八。

會寧八猛安牧馬于山後，至迪謀魯，賊盡奪其馬。鬬沙河千戶十哥等與前招討使完顏麻潑殺烏古迪列招討使烏林荅蒲盧虎，以所部趨西北路。室魯部節度使阿厮列追擊敗之，十哥與數騎遁去，合于撒八。

咸平府謀克括里，與所部自山後逃歸，咸平少尹完顏余里野欲收捕括里家屬，括里與其黨招誘富家奴隸，數日得衆二千，遂攻陷韓州及柳河縣，遂趨咸平。余里野發兵迎擊之，兵敗，賊遂據咸平，於是繕完器甲，出府庫財物以募兵，賊勢益張。權曹家山猛安綽質，集兵千餘，扼于夜河，賊不得東。綽質兵敗，括里遂犯濟州。會宿直將軍孛术魯吳括剌徵兵于速頻路，遇括里于信州，與猛安烏延查剌兵二千，擊敗括里。括里收餘衆趨東京，〔六〕是時世宗爲東京留守，以兵四百人拒之。賊至常安縣，聞空中擊鼓聲如數千鼓者，候見旌旗蔽野，傳言留守以十萬兵至矣，卽引還，亦以其衆合于撒八。

海陵使樞密使僕散忽土、西京留守蕭懷忠將兵一萬，與右衛將軍蕭禿剌討平之。禿剌與之相持數日，連與戰皆無功，而糧餉不繼，禿剌退歸臨潢。禿剌雖不能克敵，而撒八自度大軍必相繼而至，勢不可支，謀歸于大石，乃率衆沿龍駒河西出。及僕散忽土、蕭懷忠等兵至，與禿剌合兵追至河上，不及而還。忽土、懷忠、禿剌坐逗遛不卽追賊，皆誅死。北京留守蕭蹟不能制其下，〔七〕殺降人而取其婦女，亦坐誅。於是，白彥恭爲北面兵馬都統，紇石烈志寧副之，完顏穀英爲西北面兵馬都統，西北路招討使唐括孛姑的副之，以討撒八等。

撒八旣西行，而舊居山前者皆不欲往，僞署六院節度使移剌窩斡、兵官陳家殺撒八，執老和尙、孛特補等。

至是，窩斡始自爲都元帥，陳家爲都監，擁衆東還，至臨潢府東南新羅寨。世宗使移剌扎八、前押軍謀克播斡、前牌印麻駭、利涉軍節度判官馬腦等招之。扎八等見窩斡，以上意諭之。窩斡已約降，已而復謂扎八曰：「若降，爾能保我輩無事乎？」扎八曰：「我知招降耳，其他豈能必哉。」

扎八見窩斡兵衆强，車帳滿野，意其可以有成，因說之曰：「我之始來，以汝輩不能有爲，今觀兵勢强盛如此，汝等欲如羣羊爲人所驅去乎，將欲待天時乎？若果有大志，吾亦不復還矣。」賊將有前孛特本部族節度使逐斡者，言：「昔谷神丞相，賢能人也，嘗說他日西北部族當有事。今日正合此語，恐不可降也。」於是，窩斡遂決意不復肯降矣。扎八亦留賊中，惟麻駭、播斡還歸。

窩斡乃引兵攻臨潢府，總管移室懣出城戰，兵少被執，賊遂圍臨潢，衆至五萬。正隆六年十二月己亥，窩斡遂稱帝，改元天正。

是時，北面都統白彥敬、副統紇石烈志寧在北京，聞世宗卽位，以兵來歸。世宗使元帥左都監吾扎忽、同知北京留守事完顏骨只救臨潢，晝夜兼行，比至臨潢，賊已解圍去攻泰州。吾扎忽追及于窊歷，兩軍已陣將戰，押軍猛安契丹忽剌叔以所部兵應賊，吾扎忽軍遂敗。

泰州節度使烏里雅率千餘騎與窩斡遇，烏里雅兵復敗，僅以數騎脫歸。賊勢愈振，城中震駭，莫敢出戰。賊四面登城，押軍猛安烏古孫阿里補率軍士數人，各持刀以身率先循城擊賊力戰，斫刈甚衆，賊乃退走，城賴以完。泰州司吏顏盞蒲査奏捷，除忠翊校尉，賜銀五十兩、重綵十端。

二年正月，〔八〕右副元帥完顏謀衍率諸軍北征窩斡。二月壬戌詔曰：「應諸人若能於契丹賊中自拔歸者，更不問元初首從及被威脅之由，奴婢、良人罪無輕重並行免放。曾有官職及糾率人衆來歸者，仍與官賞，依本品量材敍使。其同來人各從所願處收係，有才能者亦與錄用。內外官員郎君羣牧直撒百姓人家驅奴、宮籍監人等，並放爲良，亦從所願處收係，與免三年差役。或能捕殺首領而歸者，准上施行，仍驗勞績約量遷賞。如捕獲窩斡者，猛安加三品官授節度使，謀克加四品官授防禦使，庶人加五品官授刺史。」詔曰：「尚書省，如節度防禦使捉獲窩斡者與世襲猛安，刺史捉獲者與世襲謀克，驅奴、宮籍監人亦與庶人

同。」復詔宰臣，徧諭將士，能捕殺窩斡者加特進、授眞總管。〔九〕

於是，括里將犯韓州，聞元帥兵至，不戰遁去，將轉趨懿、宜州。謀衍屯懿州慶雲縣，及屯川州武平縣，〔一〇〕奏請糧運當遣人護送，兵仗乞選精良者付之。詔以南征逃還軍士就往屯戍，如不足，量于富家簽調，就近地簽步軍，給仗護送糧運。詔平章政事移剌元宜往泰州規措邊事。前安遠大將軍斡里㚖、猛安七斤、庶人阿里葛、磨哥等自窩斡中來降，斡里㚖、七斤加昭武大將軍，阿里葛武義將軍，磨哥忠勇校尉。

窩斡遂自泰州往攻濟州，欲邀糧運。元帥完顏謀衍與右監軍完顏福壽、左都監吾扎忽合兵，甲士萬三千人，曷懶路總管徒單克寧、廣寧尹僕散渾坦、同知廣寧尹完顏巖雅、肇州防禦使唐括烏也爲左翼，臨海節度使紇石烈志寧、曷速館節度使神土懣、同知北京留守完顏骨只、淄州刺史尼厖古鈔兀爲右翼，至朮虎崖，盡委輜重，士卒齎數日糧，輕騎襲之。

乣椀羣牧人契丹乣者，與其弟孛迭、挼剌，皆棄家自賊中來降。乣者謂謀衍曰：「賊中馬肥健，官軍馬疲弱，此去賊八十里，比遇賊馬已憊。賊輜重去此不遠，我攻之，賊必救其巢穴，賊至馬必疲，我馬少得息，所謂攻其所必救，以逸待勞者也。」謀衍從之，乘夜亟發，會大風路暗不能辨，遲明行三十里許，與賊輜重相近，整兵少憩。窩斡趨濟州，知大軍取其輜重，乃還救，遇于長濼。既陣，謀衍別設伏于左翼之側，賊四百餘騎突出左翼伏兵之間，〔一一〕

徒單克寧射却之。是日，別部諸將與賊對者，勝負未分，相去五里許而立。左翼萬戶襄別與賊戰，賊陣動，襄麾軍乘之，突出其後，俱與大軍不相及。襄以善射者二十騎，率衆自賊後擊之，賊不能支，乘勢麾軍擊其一偏，賊遂却。襄遂與大軍合，而別部諸將皆至，整陣力戰，忽反風揚砂石，賊陣亂，官軍馳擊，大破之，追北十餘里，斬獲甚衆。詔以糺者爲武義將軍，孛迭昭信校尉，按刺忠翊校尉。糺者除同知建州事，未之官，卒。孛迭取家賊中，遂被害，上憫之，後以按刺爲汝州都巡檢使。

窩斡率其衆西走，謀衍追及之于霿𩅦河。賊已濟，毁其津口，紇石烈志寧軍先至，不克渡，乃對岸爲疑兵，以夾谷清臣、徒單海羅兩萬戶於下流渡河，値支港兩岸斗絕且濘淖，命軍士束柳塡港而過。追之數里，得平地，方食，賊衆奄至。志寧軍急整陣，賊自南岡馳下，衝陣者三，志寧力戰，流矢中左臂，戰自若。大軍畢至，左翼騎兵先與賊接，賊據上風縱火，乘煙擊官軍，官軍步兵亦至，併力合戰，凡十餘合，軍士苦風煙皆植立如癡，會天降雨，風止，官軍奮擊，大敗之。徒單克寧追奔十五里，賊前阨溪澗不得亟渡，多殺傷。賊旣渡，官軍亦渡，少憩，賊反旆來攻，克寧以大軍不繼，令軍士皆下馬射賊。賊引却而南，克寧亦將引而北，士未及騎馬，賊復來衝突，官軍少却，回渡澗北。大軍至，賊遂引去。

四月，詔元帥府曰：「應契丹賊人，與大軍未戰已前投降者，不得殺傷，仍加安撫。敗走以後，招誘來降者，除奴婢准已虜爲定外，親屬分付圓聚，仍官爲換贖。」

窩斡既敗，謀衍不復追討，駐軍白濼。窩斡攻懿州不克，遂殘破川州，將遁于山西，而北京亦不邀擊之。於是，發驍騎軍二千、曷懶路留屯京師軍三千，號稱二萬，會寧濟州軍六千亦號二萬。元帥左都監高忠建總兵，沃州刺史烏古論蒲查爲曷懶路押軍萬戶，邳州刺史烏林荅剌撒爲濟州押軍萬戶，右驍騎副都指揮使烏延查剌爲驍騎萬戶，〔一二〕祁州刺史宗寧爲會寧路押軍萬戶，右宣徽使宗亨爲北京路都統，〔一三〕吏部郎中完顏達吉爲副統，會元帥府討擊之。

詔使尙廐局副使蒲察蒲盧渾往懿州戒勅將帥，上曰：「朕委卿等討賊，乃聞不就賊趨戰，而駐兵閑緩，經涉累月，雖嘗追襲，乃不由有水草之地，以致馬疲弱不能百里而還。後雖破賊，而縱諸軍劫掠，數日後方追北霿淞河，亦不乘勝，輒復引還。賊遂入涉近地，北京、懿州由此受兵。朕欲重譴汝等，以方任兵事，且圖後功。當盡心一力，毋得似前怠弛。」上謂蒲盧渾曰：「卿若聞賊在近，卽當監督討伐。用命力戰者疏記以聞，朕將約量遷賞。無或承徇上官，抑有功、濫署無功者。善戢士卒，勿縱虜掠。」以紇石烈志寧爲元帥右監軍，右副元帥完顏謀衍、元帥右監軍完顏福壽召還京師，〔一四〕咸平路總管完顏兀帶復舊職。謀衍男斜哥在軍中多暴横，詔押歸本管。窩斡使所親招節度使移里堇窟域，窟域執其使送官，與窩斡連戰有功，遷宣武將軍，賜銀五百兩、衣二襲。起運在中都弓萬五千、箭一百五十萬赴懿州。

平章政事移剌元宜、寧昌軍節度使宗敍入見，詔使自中道却還軍中，宣諭元宜、謀衍注意經略邊事。師久無功，尚書右丞僕散忠義願効死力除邊患，世宗嘉歎。六月，忠義拜平章政事兼右副元帥，宗敍爲兵部尚書，各賜弓矢、具鞍勒馬。出內府金銀十萬兩佐軍用。詔曰：「軍中將士有犯，除連職奏聞，餘依軍法約量決責，有功者依格遷賞。」以大名尹宗尹爲河南路統軍使，河南路統軍都監蒲察世傑爲西北路副統，賜弓矢佩刀廐馬，從忠義征行。詔諭諸軍將士曰：「兵久駐邊陲，蠹費財用無成功，百姓不得休息。今命平章政事僕散忠義兼右副元帥，同心戮力以底戡定。」右副元帥謀衍罷爲同判大宗正事。

詔居庸關、古北口譏察契丹姦細，捕獲者加官賞。萬戶溫迪罕阿魯帶以兵四千屯古北口，薊州、石門關等處各以五百人守之。海陵末年，阿魯帶爲猛安，移剌娜爲牌印祗候，起契丹部族兵被執，至是挺身來降。世宗以阿魯帶爲濟州押軍萬戶，移剌娜爲同知灤州事。西南路招討使完顏思敬爲都統，賜金牌一、銀牌二，西北路招討使唐括孛古底副之，以兵五千往會燕子城舊戍軍，〔三〕視地形衝要或于狗濼屯駐，遠斥候，賊至卽戰，不以晝夜爲限。詔思敬曰：「契丹賊敗必走山後，可選新馬三千，加芻秣以備追襲。」

僕散忠義至軍中。是時，窩斡西走花道，衆尙八萬。忠義、高忠建軍與賊遇，萬戶查剌、蒲查爲左翼，宗亨統之；宗寧、剌撒爲右翼，宗敍統之；世傑亦在左翼中，與賊夾河爲陣。賊渡河，以兵四萬餘先犯左翼軍，查剌以六百騎奮擊敗之。復以四萬衆與左翼軍戰，〔一六〕宗亨、世傑七謀克指畫失宜，陣亂敗于賊。世傑挺身投于查剌軍中，賊圍查剌軍，查剌力戰，宗敍以右翼軍來救，賊乃去。

詔曰：「自契丹作逆，有爲賊詿誤者，不問如何從賊，但能復業，與免本罪。如能率衆來附，或能殺捕首領而降，或執送賊所扇誘作亂之人，皆與量加官爵。朕念正隆南征，猛安亡者招還被戮，已命其子孫襲其職。爾等勿懲前事，故懷遲疑。賊軍今旣破散，山後諸處皆命將士遏其逃路，爾等雖欲不降終將安往？若猶疑貳，俱就焚滅，悔無及矣。」

窩斡自花道西走，僕散忠義、紇石烈志寧以大軍追及于裊嶺西陷泉。〔一七〕明日，賊軍三萬騎涉水而東。大軍先據南岡，左翼軍自岡爲陣，迤邐而北，步軍繼之，右翼軍繼步軍北引而東，作偃月陣，步軍居中，騎兵據其兩端，使賊不見首尾。是日，大霧晦冥，旣陣霧開，少頃晴霽。賊見左翼據南岡不敢擊，擊右翼軍，烏延查剌力戰，賊稍却。志寧與夾谷清臣、烏林荅剌撒、鐸剌合戰，賊大敗，將涉水去，泥濘不得亟渡。大軍逐北，人馬相蹂踐而死，不可勝數，陷泉皆平，餘衆蹈籍而過，或奔潰竄匿林莽間。大軍踵擊之，俘斬萬計，生擒其弟僞六院司大王梟。窩斡僅與數騎脫去，鈔兀、淸臣追四十餘里不及，斬千餘級，獲車帳甚衆。其母徐輦舉營自落括岡西走，志寧追之，盡獲輜重，俘五萬餘人，雜畜不可勝計。僞節度使六及其部族皆降。

詔北京副統完顏達吉括本部馬，規辦芻糧，仍使達吉爲監戰官，錄有功者聞奏。詔選中都、西京兩路新舊軍萬人備守禦，以窩斡敗走，恐或衝突也。

僕散忠義使使奏捷，詔略曰：「平章政事右副元帥忠義使使來奏大捷。或被軍俘獲，或自能來服，或無所歸而投拜，或將全屬歸附，或分領家族來降，或嘗受僞命，及自來曾與官軍鬬敵，皆釋其罪。其散亡人內，除窩斡一身，不以大小官員是何名色，却來歸附者，亦准釋放。有能誅捕窩斡，或於不從招納亡去人內誅捕以來，及或能率衆於掌軍官及隨處官司投降者，並給官賞。各路撫納來者，毋得輒加侵損。無資給者，不以是何路分，隨有糧處安置，仍官爲養濟。」

窩斡收合散卒萬餘人，遂入奚部，以諸奚自益，時時出兵寇速魯古淀、古北口、興化之間。溫迪罕阿魯帶守古北口，與戰敗焉。詔完顏謀衍、蒲察烏里雅、蒲察蒲盧渾以兵三千，合舊屯兵五千，擊之。詔完顏思敬以所部兵入奚地，會大軍討窩斡。

賊黨霧霿河猛安蒲速越遣人至帥府約降，詔令擒捕窩斡，許以官賞。賊將降者甚衆，其散走者聞詔書招降，亦多降者。其餘多疾疫而死，無復鬬志。窩斡自度勢窮，乃謀自羊城道西京奔夏國，大軍追之益急，其衆復多亡去，度不得西，乃北走沙陀間。

詔尚書省，「凡脅從之家被俘掠遂致離散，宜從改正。將士往往藏匿其人，有司檢括分付」。

監軍志寧獲賊稍合住，釋而弗殺，縱還賊中，使誘其親近捕窩斡以自効，許以官賞。九月庚子，稍合住與神獨斡執窩斡，詣右都監完顏思敬降，〔一八〕幷獲其母徐輦及其妻、子、子婦、弟、姪，盡收僞金銀牌印。唐括孛古底獲前胡里改節度使什溫及其家屬。西北路招討使李家奴獲僞樞密使逐斡等三十餘人，復與猛安泥本婆果追僞監軍那也至天成縣，那也乃降，仍獲僞都元帥醜哥及金牌一、銀牌五。志寧與清臣、宗寧、速哥等追餘黨至燕子城，盡得其黨。前至抹拔里達之地，悉獲之，逆黨遂平。

甲辰，皇太子率百官上表賀。乙巳，詔天下。辛亥，完顏思敬獻俘于京師，窩斡梟首于市，磔其手足，分懸諸京府。其母徐輦及妻子皆戮之。契丹降人皆拘其器仗，貧不能自給者官爲養濟。

括里、扎八率衆南走，詔左宣徽使宗亨追及之。扎八詐稱降，宗亨信其言，遂不與戰。扎八紿之曰：「括里驚走，願追之。」宗亨縱扎八去。益都猛安欲以所部追括里、扎八，宗亨恐分其功，不聽，而縱軍士取賊所棄資囊人畜而自有之。括里、扎八由是得亡去，遂奔于宋。宗亨降寧州刺史。其後，宋李世輔用括里、扎八，遂取宿州，頗爲邊患。神獨斡除同知安化軍節度使，稍合住除同知震武軍節度使事。大定六年，點檢司奏，親軍中有逆黨子弟，請一切罷去。詔曰：「身預逆黨者罷之，餘勿問。」

贊曰：金人以燕山與宋，遂啓張覺跳梁之心，覺豈爲宋者哉，蓋欲乘時以徼利耳。耶律余睹從宗望追天祚，曾不遺餘力，功成驕溢，自取誅滅，咈哉。正隆佳兵，契丹作難，傳曰：「夫兵猶火也，弗戢將自焚。」可不戒哉。

校勘記

〔一〕宗望以納叛責宋宣撫司　「宣」原作「安」。按下言「宣撫王安中匿之於甲仗庫」。宋史卷二二徽宗紀，宣和五年正月「辛酉，以王安中爲河北河東燕山府路宣撫使」。今據改。

〔二〕贈輔國上將軍　原脱「國」字。據殿本補。

〔三〕太祖於國書中以問遼主　原脱「書」字。據文義補。

〔四〕上召余睹等從容謂之曰　原脫「等」字。按下文云「余睹等戰慄不能對」，明非余睹一人。此顯脫「等」字。今據補。

〔五〕蔚州節度使蕭特謀自殺　按本書卷三太宗紀作「蔚州節度使蕭特謀葛自殺」。

〔六〕括里收餘衆趨東京　原脫「東」字。按本書卷六世宗紀，正隆六年「咸平府謀克括里攻陷韓州，據咸平，將犯東京」。此處下文亦有「世宗爲東京留守」拒之之語，知脫「東」字。今據補。

〔七〕北京留守蕭賾不能制其下　「賾」原作「頤」，按本書卷五海陵紀，正隆六年八月「癸亥，殺北京留守蕭賾」。卷八七紇石烈志寧傳，「契丹撒八反，樞密使僕散忽土、北京留守蕭賾、西京留守蕭懷忠皆以征討無功坐誅」。卷九一蕭懷忠傳，「契丹撒八反，與樞密使僕散思恭、北京留守蕭賾……往討之」。今據改。

〔八〕二年正月　按本書卷六世宗紀，大定二年正月「庚寅，遣右副元帥完顏謀衍率師討蕭窩斡」。此「二年」上脫「大定」二字。

〔九〕授眞總管　「眞總管」原作「眞定總管」，據文義刪一「定」字。

〔一〇〕及屯川州武平縣　按本書卷二四地理志，北京路大定府武平縣注云：「遼築城杏堝，初名新州，統和間更名武安州。皇統三年降爲武安縣來屬，大定七年更名。」則此時當作「武安」。

〔一一〕賊四百餘騎突出左翼伏兵之間　「四百」原作「罟」。按本書卷九二徒單克寧傳記此事作「賊二萬餘躡吾後，又以騎四百餘突出左翼伏兵之間，欲繞出陣後攻我，克寧與善射二十餘人拒之」。知「罟」爲「四百」之誤。今據改。

〔一二〕右驍騎副都指揮使烏延查剌爲驍騎萬戶　原脫「烏延查剌」四字。按本書卷八七烏延查剌傳，「世宗卽位，查剌謁見，充護衞，爲驍騎副都指揮使，領萬戶，擊窩斡」。今據補。

〔一三〕右宣徽使宗亨爲北京路都統　原脫「宗」字。按本書卷七〇宗亨傳，「大定二年授右宣徽使，未幾爲西北路兵馬都統，以討契丹賊」。今據補。

〔一四〕以紇石烈志寧爲元帥右監軍右副元帥完顏謀衍元帥右監軍完顏福壽召還京師　原脫「右副元帥完顏謀衍元帥」十字。按本書卷六世宗紀，大定二年五月「己亥，以臨海軍節度使紇石烈志寧爲元帥右監軍。右副元帥完顏謀衍、元帥右監軍完顏福壽坐逗留，召還京師，皆罷之」。今據補。

〔一五〕以兵五千往會燕子城舊戍軍　「五千」，本書卷七〇完顏思敬傳作「二千」。

〔一六〕復以四萬衆與左翼軍戰　原脫「復」字，「左」作「右」。按此戰役又見本書卷七〇宗亨傳、卷八六烏延查剌傳、卷八七僕散忠義傳，皆謂查剌、宗亨、世傑爲左翼，宗敍等爲右翼，戰敗者爲左翼，而救者爲右翼。今據改「右」爲「左」，并據文義補一「復」字。

〔一七〕紇石烈志寧以大軍追及于裊嶺西陷泉　「裊」原作「梟」。據殿本改。

〔一八〕詣右都監完顏思敬降　原脫「降」字。按本書卷八七僕散忠義傳記此事云，「稍合住與其黨執窩斡，詣完顏思敬降」。今據補。

金史卷一百三十四

列傳第七十二

外國上

西夏

夏國王李乾順。其先曰托跋思恭，唐僖宗時，爲夏、綏、銀、宥節度使，與李茂貞、李克用等破黃巢，復京師，賜姓李氏。唐末，天下大亂，藩鎮連兵，惟夏州未嘗爲唐患。歷五代至宋，傳數世至元昊，始稱帝。遼人以公主下嫁李氏，世修朝貢不絕，事具遼史。

天輔六年，金破遼兵，遼主走陰山，夏將李良輔將兵三萬來救遼，次天德境野谷，斡魯、婁室敗之于宜水，追至野谷，澗水暴至，漂沒者不可勝計。宗望至陰山，以便宜與夏國議和，其書曰：「奉詔有之：夏王，遼之自出，不渝終始，危難相救。今茲已舉遼國，若能如事遼之日以効職貢，當聽其來，毋致疑貳。若遼主至彼，可令執送。」天會二年，始奉誓表，以事遼之禮稱藩，請受割賜之地。宗翰承制，割下寨以北、陰山以南、乙室耶剌部吐祿濼之西，以賜之。

天會二年三月，〔二〕乾順遣把里公亮等來上誓表，曰：「臣乾順言：今月十五日，西南、西北兩路都統遣左諫議大夫王介儒等齎牒奉宣，若夏國追悔前非，捕送遼主，立盟上表，仍依遼國舊制及賜誓詔，將來或有不虞，交相救援者。臣與遼國世通姻契，名係藩臣，輒爲援以啓端，曾犯威而結釁。既速違天之咎，果罹敗績之憂。蒙降德音以寬前罪，仍賜土地用廣藩籬，載惟含垢之恩，常切戴天之望。自今已後，凡於歲時朝賀、貢進表章、使人往復等事，一切永依臣事遼國舊例。其契丹昏主今不在臣境，至如奔竄到此，不復存泊，卽當執獻。若大朝知其所在，以兵追捕，無敢爲地及依前援助。其或徵兵，卽當依應。至如殊方異域朝覲天闕，合經當國道路，亦不阻節。以上所敍數事，臣誓固此誠，傳嗣不變，苟或有渝，天地鑒察，神明殛之，禍及子孫，不克享國。」所謂西北、西南兩路都統者宗翰也。蓋宗望以太祖命與之通書，而宗翰以便宜割地議和云。

太宗使王阿海、楊天吉往賜誓詔曰：「維天會二年歲次甲辰，閏三月戊寅朔，皇帝賜誓詔於夏國王乾順：先皇帝誕膺駿命，肇啓鴻圖，而卿國據夏臺，境連遼右，以効力於昏主，致結釁於王師。先皇帝以謂忠於所事，務施恩而釋過。迨眇躬之纂紹，仰遺訓以遵行，卿乃深念前非，樂從內附，飭使軺而奉貢，効臣節以稱藩。載錫寵光，用彰復好，所有割賜地土、使聘禮節、相爲援助等事，一切恭依先朝制詔。其依應徵兵，所請宜允。三辰在上，朕豈食言，苟或變渝，亦如卿誓。遠垂戒諭，毋替厥誠。」

於是，宋人與夏人俱受山西地，宋人侵取之，乾順遣使表謝賜誓詔，并論宋所侵地。詔曰：「省所上表，具悉，已命西南、西北兩路都統府從宜定奪。」是時，宗翰朝京師未還，錄夏國奏付權都統斡魯，宋人侵略新受疆土、及使人王阿海爭儀物事，與夏通問以便宜決之。

初，以山西九州與宋人，而天德遠在一隅，緩急不可及，割以與夏。後破宋都獲二帝，乃畫陝西分界，自麟府路洛陽溝東距黃河西岸、西歷暖泉堡，鄜延路米脂谷至累勝寨，環慶路威邊寨過九星原至委布谷口，涇原路威川寨略古蕭關至北谷川，〔二〕秦鳳路通懷堡至古會州，自此直距黃河，依見今流行分熙河路盡西邊以限封域。〔三〕復分陝西北鄙以易天德、雲內，以河爲界。

及婁室定陝西，婆盧火率兵先取威戎城。軍至威戎東與敵遇，擊走之，生致二人，問之，乃知爲夏將李遇取威戎也，乃還其人而與李遇通問。李遇軍威戎西，蒲察軍威戎東，而使使議事于婁室。婁室報曰：「元帥府約束，若兵近夏境，則與夏人相爲掎角，毋相侵犯。」

李遇使人來曰：「夏國旣以天德、雲內歸大國，大國許我陝西北鄙之地，是以至此。」蒲察等遂旋軍。睿宗旣定陝西，元帥府不欲以陝西北鄙與夏國，詔曰：「卿等審處所宜從事。」

天眷二年，國王乾順薨，子仁孝立，遣使册命，加開府儀同三司上柱國。皇統元年，請置榷場，許之。

初，王阿海等以太宗誓詔賜夏國，乾順以契丹舊儀見使者，阿海不肯曰：「契丹與夏國甥舅也，故國王坐受，使者以禮進。今大金與夏國君臣也，見大國使者當如儀。」爭數日不能決，於是始起立受焉。厥後不遣賜生日使，至是始遣使賜之。

初，慕洧以環州降，及割陝西、河南與宋人，洧奔夏國，夏人以爲山訛首領。及撒离喝再定陝西，洧思歸，夏人知之，遂族洧，以表聞，詔書責讓之。及海陵弑熙宗，遣使報諭至境上，夏人問曰：「聖德皇帝何爲見廢。」不肯納。朝廷乃使有司以廢立之故移文報之。天德二年七月，夏使御史中丞雜辣公濟等來賀，如舊禮。

正隆末伐宋，宋人入秦、隴，夏亦乘隙攻取盪羌、通峽、九羊、會川等城寨，宋亦侵入夏境。世宗卽位，夏人復以城寨來歸，且乞兵復宋侵地，詔書嘉獎，仍遣吏部郎中完顏達吉體究陝西利害。〔四〕邊吏奏，夏人已歸城寨，而所侵掠人口財畜尚未還，請索之。大定四年二月甲申，夏遣其武功大夫紐臥文忠等賀萬春節，〔五〕入見，附狀奏告，略曰：「衆軍破蕩之時，幸而免者十無一二，繼以凍餒死亡，其存幾何。兼夏國與宋兵交，人畜之被俘僇亦多，連歲勤動，士卒暴露，勢皆朘削。又坐爲宋人牽制，使忠誠之節無繇自達，中外咸知，願止約理索，聽納臣言，不勝下國之幸。」其後屢以爲請，詔許之。

久之，其臣任得敬專國政，欲分割夏國。因賀大定八年正旦，遣奏告使殿前太尉芭里昌祖等以仁孝章乞良醫爲得敬治疾，詔保全郎王師道佩銀牌往焉。詔師道曰：「如病勢不可療，則勿治。如可治，期一月歸。」得敬疾有瘳，遣謝恩使任得聰來，得敬亦附表進禮物，上曰：「得敬自有定分，附表禮物皆不可受。」並却之。

初，仁孝嗣位，其臣屢作亂，任得敬抗禦有功，遂相夏國二十餘年，陰蓄異志，欲圖夏國，誣殺宗親大臣，其勢漸逼，仁孝不能制。大定十年，乃分西南路及靈州囉龐嶺地與得敬，自爲國，且上表爲得敬求封。世宗以問宰相，尙書令李石等曰：「事繫彼國，我何預焉，不如因而許之。」上曰：「有國之主豈肯無故分國與人，此必權臣逼奪，非夏王本意。况夏國稱藩歲久，一旦迫於賊臣，朕爲四海主，寧容此邪？若彼不能自正，則當以兵誅之，不可許也。」乃却其貢物，賜仁孝詔曰：「自我國家戡定中原，懷柔西土，始則畫疆於乃父，繼而錫命於爾躬，恩厚一方，年垂三紀，藩臣之禮既務踐修，先業所傳亦當固守。今茲請命，事頗靡常，未知措意之由來，續當遣使以詢爾。所有貢物，已令發回。」

得敬密通宋人求助，宋以蠟丸書答得敬，夏人得之。得敬始因求醫附表進禮物，欲以嘗試世宗，既不可行，而求封又不可得，仁孝乃謀誅之。八月晦，仁孝誅得敬及其黨與，上表謝，并以所執宋人及蠟丸書來上。其謝表曰：「得敬初受分土之後，曾遣使赴大朝代求封建，蒙詔書不爲俞納，此朝廷憐愛之恩，夏國不勝感戴。夏國妄煩朝廷，冒求賊臣封建，深虧禮節。今既賊臣誅訖，大朝不用遣使詢問。得敬所分之地與大朝熙秦路接境，恐自分地以來別有生事，已根勘禁約，乞朝廷亦行禁約。」

十二年，上謂宰臣曰：「夏國以珠玉易我絲帛，是以無用易我有用也。」乃減罷保安、蘭州榷場。〔六〕

仁孝深念世宗恩厚，十七年，獻本國所造百頭帳，上曰：「夏國貢獻自有方物，可却之。」仁孝再以表上曰：「所進帳本非珍異，使人亦已到邊，若不蒙包納，則下國深誠無所展效，四方鄰國以爲夏國不預大朝眷愛之數，將何所安。」乃許與正旦使同來。

先是，尚書奏：〔七〕「夏國與陝西邊民私相越境，盜竊財畜，姦人託名榷場貿易，得以往來，恐爲邊患。使人入境與富商相易，亦可禁止。」於是，復罷綏德榷場，止存東勝、環州而已。仁孝表請復置蘭州、保安、綏德榷場如舊，并乞使人入界相易用物。詔曰：「保安、蘭州地無絲枲，惟綏德建關市以通貨財。使副往來，聽留都亭貿易。」章宗卽位，詔曰：「夏使館內貿易且已。」明昌二年，復舊。

頃之，夏人肆牧於鎭戎之境，邏卒逐之，夏人執邏卒而去。邊將阿魯帶率兵詰之，夏廂官吳明契、信陵都、卜祥、徐餘立等伏兵三千於澗中，阿魯帶口中流矢而死，取其弓甲而去。詔索殺阿魯帶者，夏人處以徒刑，詔索之不已，夏人乃殺明契等。

明昌四年，仁孝薨，子純佑嗣立。承安二年，復置蘭州、保安榷場。承安五年，純佑母病風求醫，〔八〕詔太醫判官時德元及王利貞往，仍賜御藥。八月，再賜醫藥。泰和六年三月，仁孝弟仁友子安全，廢純佑自立，再閱月死于廢所。七月，使純佑母羅氏爲表，言純佑不能嗣守，與大臣定議立安全爲王，遣使奏告。夏使私問館伴官：「奏告事詔許否？」館伴官曰：「此不當問也。」夏使曰：「明日當問諸客省，若又不答，則升殿奏請。」上聞之，使客省諭以許所祈之意，乃賜羅氏詔詢其意，夏人復以羅氏表來，乃封安全爲夏國王。

大安三年，安全薨，族子遵頊立。遵頊先以狀元及第，充大都督府主，立在安全薨前一月，衞紹王無實錄，不知其故。然是時金兵敗績于會河堡，夏人乘其兵敗侵略邊境，而通使如故。

崇慶元年三月，攻葭州。至寧元年六月，攻保安州。貞祐元年十一月，攻會州，都統徒單醜兒擊走之。十二月，陷涇州。〔九〕二年八月，歸國人喬成齎夏國書，大概言金邊吏侵略，乞禁戢。詔移文答之，宰臣言「既非公牒，今將責問，彼必飾詞，徒爲虛文，無益于事」。乃止。未幾，夏人攻慶原、延安、積石州，乃詔有司移文責問。

十一月，蘭州譯人程陳僧結夏人以州叛，邊將敗其兵三千。三年正月，夏兵攻武延川，宣宗曰：「此不足慮，恐由他道入也。」既而聞邊吏侵夏境，夏人乃攻環州，詔治邊吏罪。夏兵攻積石州，都統姜伯通敗之。夏兵入安鄉關，都統曹記僧、萬戶忽三十却之。二月，攻環州，〔一〇〕刺史烏古論延壽敗之于境上。

三月，詔議伐夏，〔一一〕陝西宣撫司奏：「往者，夏人侵我環、慶，河、蘭、積石以兵應之，悉皆遁去，遽還巢穴，蓋爲我備也。今蘭州潰兵猶未集，軍實多不完，沿邊地寒，春草始生，未可芻牧，兩界無煙火者三百餘里，不宜輕舉。」從之。

四月，詔河州提控曹記僧、通遠軍節度使完顏狗兒討程陳僧，夏人援之。九月，遂破西關堡。夏人復攻第五將城，萬戶楊再興擊走之。詔陝西宣撫司及沿邊諸將，降空名宣勑，臨陣立功，五品以下並聽遷授。十月，攻保安及延安，都統完顏國家奴破之。既而深入臨洮，總管陀滿胡土門不能禦，陝西宣撫副使完顏胡失來救臨洮，大敗于渭源堡，城破，胡失來被執。十一月，夏兵敗于克戎寨，復敗于熟羊寨，宰相入賀，宣宗曰：「此忠賢之力也。」夏兵進圍臨洮，陀滿胡土門破之。四年四月，夏葩俄族總管汪三郎率衆來降，進羊千口，詔納之，優給其直。來遠鎮獲諜人，言宋、夏相結來攻，詔陝西行省備之。六月，鄜延路奏，夏人於來羌城界河起折橋，元帥右都監完顏賽不焚之，斬馘甚衆。閏月，慶陽總管慶山奴伐夏，出環州，陝西行省請中分其牒報用彼國光定年號，詔封還其牒。環州刺史完顏胡魯出環州，宣宗曰：「聞夏人移軍備其王城，尙恐詐我，勿墮其計中也。」提控完顏狗兒抵蘭州西關堡，招得舊部曲九人，掩擊夏兵于阿彌灣，殺其將士百餘人。八月，左監軍烏古論慶壽敗夏兵于安塞堡。〔三〕右都監賽不擊走夏兵于結耶觜川，復破之于車兒堡。十一月，提控石盞合喜、楊斡烈解定西之圍。

十二月丙寅，宣宗與皇太子議伐夏，左監軍陀滿胡土門、延安總管古里甲石倫攻鹽、宥、夏州，慶陽總管慶山奴、知平涼府移剌苔不也攻威、靈、安、會等州。

興定元年正月，夏兵三萬自寧州還，慶山奴以兵邀擊，敗之。詔河東行省胥鼎選兵三萬五千，付陀滿胡土門伐夏。鼎馳奏不可，遂止，語在鼎傳。右都監完顏仲元請試兵西夏，出其不意必獲全勝，兵威旣振，國力益完。詔下尙書省、樞密院議。

夏人福山以俘戶來降，除同知澤州軍州事。

五月，夏兵入大北岔，都統紇石烈豬狗掩擊，敗之。宣宗欲與夏議和，右都監慶山奴屯延安，奏曰：「夏國決不肯和，徒見欺耳。」旣而，獲諜者言，遵頊聞大金將約和，戒諭將士無犯西鄙。宰臣奏曰：「就令如此，邊備亦不宜弛。」宣宗以爲然。

右都監完顏閭山敗夏兵于黃鶴岔。夏人圍羊狼寨，都統党世昌與戰，完顏狗兒遣都統夾谷瑞夜斫夏營，遂解其圍，猶駐近地，左都監白撒發定西鋭兵、龕谷副統包孝成緋翮翅軍，合擊走之。八月，安定堡馬家平總押李公直敗夏兵三千。九月，都統羅世暉却夏兵于克戎寨。

興定二年三月，右都監慶山奴奏：「夏人有乞和意，保安、綏德、葭州得文報，乞復互市，以尋舊盟。以臣觀之，此出於邊項，非邊吏所敢專者。」朝廷不以爲然。

五月，夏人入葭州，慶山奴破之于馬吉峰。七月，犯龕谷，夾谷瑞、趙防敗之，追至質孤堡。三年閏月，夏人破通秦寨，提控納合買住擊敗之，自葭蘆川遁去。華州元帥完顏合達出安塞堡至隆州，敗其兵二千。進攻隆州，克其西南，會暮乃還。十二月，詔有司移文夏國。

四年二月，夏人犯鎭戎，金師敗績，夏人公移語不遜，詔詞臣草牒折之。四月，夏兵犯邊，元帥石盞合喜遇于鹿兒原，提控烏古論世顯以偏師敗之，都統王定復破其衆于新泉城。元帥慶山奴攻宥州，圍神堆府，穴其城，士卒有登者，援兵至，擊走之，斬首二千，俘百餘人，獲雜畜三千餘。八月，夏人陷會州，刺史烏古論世顯降，復犯龕谷，夾谷瑞連戰敗之，夏人乃去。是月，詔有司移文議和，事竟不克。

夏人三萬自高峰鎮圍定西，刺史愛申阿失剌、提控烏古論長壽、溫敦永昌擊走之。九月，夏人圍綏平寨、安定堡，未幾，陷西寧州，遂攻定西，烏古論長壽擊却之。乃襲鞏州，石盞合喜逆戰，一日十餘戰，乃解去。

五年正月，詔樞密院議夏事，奏曰：「夏人聚兵境上，欲由會州入，已遣行省白撒伏兵險要以待之。鄜延元帥府伺便發兵以綴其後，足以無慮。」二月，寧遠軍節度使夾谷海壽破夏兵于搜嵬堡。三月，復取來羌城。十月，攻龕谷，白撒連敗之。元光元年正月，夏人陷大通城，復取之。三月，提控李師林敗夏兵于永木嶺。八月，攻寧安寨，十月，攻神林堡，〔一三〕十二月，入質孤堡，〔一四〕提控唐括昉敗之。

二年，遵頊使其太子德任來伐，德任諫曰：「彼兵勢尚強，不若與之約和。」遵頊笑曰：「是非爾所知也。彼失蘭州竟不能復，何強之有。」德任固諫不從，乞避太子位，願爲僧。遵頊怒，幽之靈州，遣人代將，會天旱不果。

是歲，大元兵問罪夏國，延安、慶原元帥府欲乘夏人之困弊伐之，陝西行省白撒、合達以爲不可，乃止。

隴安軍節度使完顏阿隣日與將士宴飲，不治軍事，夏人乘之，掠民五千餘口、牛羊雜畜數萬而去。

自天會議和，八十餘年與夏人未嘗有兵革之事。及貞祐之初，小有侵掠，以至搆難十年不解，一勝一負精銳皆盡，而兩國俱弊。

是歲，遵頊傳位於子德旺。正大元年，和議成，自稱兄弟之國。

三年二月，遵頊死，七月，德旺死，嗣立者史失其名。明年，夏國亡。

先是，夏使精方匭匣使王立之來聘，未復命國已亡，詔於京兆安置，充宣差彈壓，主管夏國降戶。八年五月，立之妻子三十餘口至環州，詔以歸立之，賜以幣帛。立之上言，先世本申州人，乞不仕，居申州。詔如所請，以本官居申州，主管唐、鄧、申、裕等處夏國降戶，聽唐、鄧總帥府節制，給上田千畝、牛具農作云。

贊曰：夏之立國舊矣，其臣羅世昌譜敍世次稱，元魏衰微，居松州者因以舊姓爲托跋氏。按唐書党項八部有托跋部，自党項入居銀、夏之間者號平夏部。托跋思恭以破黃巢功賜姓李氏，兄弟相繼爲節度使，居夏州，在河南。繼遷再立國，元昊始大，乃北渡河，城興州而都之。

其地初有夏、綏、銀、宥、靈、鹽等州，其後遂取武威、張掖、酒泉、燉煌郡地，南界橫山，東距西河，土宜三種，善水草，宜畜牧，所謂涼州畜牧甲天下者是也。土堅腴，水清冽，風氣廣莫，民俗强梗尚氣，重然諾，敢戰鬬。自漢、唐以水利積穀食邊兵，興州有漢、唐二渠，甘、涼亦各有灌溉，土境雖小，能以富强，地勢然也。

五代之際，朝興夕替，制度禮樂盪爲灰燼，唐節度使有鼓吹，故夏國聲樂清厲頓挫，猶有鼓吹之遺音焉。然能崇尚儒術，尊孔子以帝號，其文章辭命有可觀者。立國二百餘年，抗衡遼、金、宋三國，偭鄉無常，視三國之勢强弱以爲異同焉。故近代學者記西北地理，往往皆臆度言之。聖神有作，天下會于一，驛道往來視爲東西州矣。

校勘記

〔一〕天會二年三月　原脱「三月」二字，則下文「今月十五日」之「今月」上無所承。按本書卷三太宗紀，天會二年三月「辛未，夏國王李乾順遣使上誓表」。又卷六〇交聘表亦載「三月，夏使把里公亮來上誓表」。今據補。

〔二〕涇原路威川寨略古蕭關至北谷川　原脱「路」字。按本書卷二六地理志記此事作「涇原路威川寨」。今據補。

〔三〕依見今流行分熙河路盡西邊以限封域　「西」原作「四」。按本書卷二六地理志記此事作「依見流分熙河路盡西邊」。今據改。

〔四〕仍遣吏部郎中完顏達吉體究陝西利害　「完顏達吉」原作「完顏達吉不」。按完顏達吉不是宣宗時人，曾任深州刺史、陝西安撫使等職。見本書卷一一三完顏賽不傳。與此年代不合。卷六一交聘表，大定二年「十二月辛未，以夏乞兵復宋侵地，遣尚書吏部郎中完顏達吉體究陝西利害」。今據改。

〔五〕夏遣其武功大夫紐臥文忠等賀萬春節　「紐」原作「細」。按本書卷六一交聘表，大定四年「三月丙戌朔，夏武功大夫紐臥文忠賀萬春節」。今據改。

〔六〕乃減罷保安蘭州榷場　「州」原作「安」。按下文數見蘭州、保安、綏德榷場。又本書卷五〇食貨志榷場亦屢敘蘭州、保安、綏德諸榷場，是「蘭安」顯係「蘭州」之誤。今據改。

〔七〕先是尚書奏　據文義「書」下當脫「省」字。

〔八〕承安五年純祐母病風求醫　「五」原作「六」。按本書卷六二交聘表，承安五年正月「戊子，夏武節大夫連都敦信賀正旦，附奏爲母疾求醫，詔遣太醫時德元、王利貞往診治」。今據改。

〔九〕十二月陷涇州　按或是「鞏州」之誤。參見本書卷六二交聘表校記〔三三〕。

〔一〇〕二月攻環州　「二」原作「三」。按本書卷一四宣宗紀，貞祐三年二月「辛卯，環州刺史烏古論延壽及斜卯毛良虎等敗夏人于州境」。今據改。

〔一一〕三月詔議伐夏　按本書卷一四宣宗紀作貞祐三年五月「戊子，謀伐西夏」。

〔一二〕左監軍烏古論慶壽敗夏兵于安塞堡　「安塞堡」原作「寇安堡」。按本書卷一四宣宗紀，貞祐四年八月，「夏人入安塞堡，元帥左監軍烏古論慶壽遣軍敗之」。卷一〇一烏古論慶壽傳，「貞祐四年，遷元帥右監軍，敗夏人于安塞堡」。今據改。

〔一三〕十月攻神林堡　原脫「十月」二字。按本書卷一六宣宗紀，元光元年冬十月「丁丑，夏人掠德順之神林堡」。今據補。

〔一四〕十二月入質孤堡　原脫「十二月」三字。按本書卷一六宣宗紀，元光元年十二月「己丑，蘭州提控唐括昉敗夏人于質孤堡」。今據補。

金史卷一百三十五

列傳第七十三

外國下

高麗

高麗國王，王楷。其地，鴨綠江以東，曷懶路以南，東南皆至于海。自遼時，歲時遣使修貢，事具遼史。

唐初，靺鞨有粟末、黑水兩部，皆臣屬于高麗。唐滅高麗，粟末保東牟山漸彊大，號渤海，姓大氏，有文物禮樂。至唐末稍衰，自後不復有聞。金伐遼，渤海來歸，蓋其遺裔也。黑水靺鞨居古肅愼地，有山曰白山，蓋長白山，金國之所起焉。女直雖舊屬高麗，不復相通者久矣。及金滅遼，高麗以事遼舊禮稱臣于金。

初，有醫者善治疾，本高麗人，不知其始自何而來，亦不著其姓名，居女直之完顏部。穆宗時戚屬有疾，此醫者診視之，穆宗謂醫者曰：「汝能使此人病愈，則吾遣人送汝歸汝鄉國。」醫者曰：「諾。」其人疾果愈，穆宗乃以初約歸之。乙離骨嶺僕散部胡石來勃菫居高麗、女直之兩間，穆宗使族人叟阿招之，因使叟阿送醫者，歸之高麗境上。醫者歸至高麗，因謂高麗人，女直居黑水部者部族日强，兵益精悍，年穀屢稔。高麗王聞之，乃通使于女直。既而，胡石來來歸，遂率乙離骨嶺東諸部皆內附。

穆宗十年癸未，阿踈自遼使其徒達紀來說曷懶甸人，曷懶甸人執之。穆宗以達紀送高麗，謂高麗王曰：「前此爲亂於汝鄙者，皆此輩也。」及破蕭海里，使斡魯罕往高麗報捷，高麗亦使使來賀。未幾，復使斜葛與斡魯罕往聘，高麗王曰：「斜葛，女直之族弟也，其禮有加矣。」乃以一大銀盤爲謝。

厥後，曷懶甸諸部盡欲來附，高麗聞之不欲使來附，恐近於己而不利也，使人邀止之。斜葛在高麗及往來曷懶道中，具知其事，遂使石適歡往納曷懶甸人。未行而穆宗沒，康宗嗣，遣石適歡以星顯統門之兵往至乙離骨嶺，益募兵趨活涅水，徇地曷懶甸，收叛亡七城。高麗使人來告曰：「事有當議者。」曷懶甸官屬使斜勒詳穩、冶剌保詳穩往，石適歡亦使盃魯往，高麗執冶剌保等，而遣盃魯曰：「無與爾事。」於是，五水之民皆附於高麗，團練使陷者十四人。

二年甲申，高麗來攻，石適歡大破之，殺獲甚衆，追入其境，焚略其戍守而還。四月，高麗復來攻，石適歡以五百人禦於闢登水，復大破之，追入闢登水，逐其殘衆踰境。於是，高麗王曰：「告邊釁者皆官屬祥丹、傍都里、昔畢罕輩也。」十四團練、六路使人在高麗者，皆歸之，遣使來請和。遂使斜葛經正疆界，至乙離骨水、曷懶甸活禰水，留之兩月。斜葛不能聽訟，每一事輒至枝蔓，民頗苦之。康宗召斜葛還，而遣石適歡往。石適歡立幕府于三潺水，其嘗陰與高麗往來爲亂階者，卽正其罪，餘無所問。康宗以爲能。

四年丙戌，高麗使使黑歡方石來賀嗣位，康宗使盃魯報聘，且尋前約，取亡命之民。高麗許之，曰：「使使至境上受之。」康宗以爲信然，使完顏部阿聒、烏林荅部勝昆往境上受之。康宗畋于馬紀嶺乙隻村以待之。阿聒、勝昆至境上，高麗遣人殺之，而出兵曷懶甸，築九城。

康宗歸，衆咸曰：「不可舉兵也，恐遼人將以罪我。」太祖獨曰：「若不舉兵，豈止失曷懶甸，諸部皆非吾有也。」康宗以爲然，乃使斡塞將兵伐之，大破高麗兵。六月，高麗率衆來戰，斡塞敗之，進圍其城。七月，高麗復請和，康宗曰：「事若酌中，則與之和。」高麗許歸亡入之民，罷九城之戍，復所侵故地，遂與之和。

收國元年九月，太祖已克黃龍府，命加古撒喝攻保州。保州近高麗，遼侵高麗置保州。至是，命撒喝取之，〔一〕久不下，撒喝請濟師，且言高麗王將遣使來。太祖使納合烏蠢以百騎益之，詔撒喝曰：「汝領偏師，屢破重敵，多所俘獲，及聞胡沙數戰有功，朕甚嘉之。若保州未下，但守邊戍。吾已克黃龍府，聞遼主且至，俟破大敵復益汝兵。所言高麗遣使事，未知果否，至則護送以來。邊境之事，慎之毋忽。」十一月，係遼女直麻懣太彎等十五人皆降，攻開州取之，盡降保州諸部女直。太祖以撒喝爲保州路都統。

太祖已破走遼主軍，撒喝破合主、順化二城，復請濟師攻保州，使斡魯以甲士千人往。二年閏月，高麗遣使來賀捷，且曰：「保州本吾舊地，願以見還。」太祖謂使者曰：「爾其自取之。」詔撒喝、烏蠢等曰：「若高麗來取保州，益以胡剌古、習顯等軍備之，〔二〕或欲合兵，無得輒往，但謹守邊戍。」及撒喝、阿實賚等攻保州，遼守將遁去，而高麗兵已在城中。既而，高麗國王使蒲馬請保州，詔諭高麗王曰：「保州近爾邊境，聽爾自取，今乃勤我師徒，破敵城下。且蒲馬止是口陳，俟有表請，卽當別議。」

天輔二年十二月，詔諭高麗國王曰：「朕始興師伐遼，已嘗布告，賴皇天助順，屢敗敵兵，北自上京，南至于海，其間京府州縣部族人民悉皆撫定。今遣孛菫朮孛報諭，仍賜馬一疋，至可領也。」

三年，高麗增築長城三尺，邊吏發兵止之，弗從，報曰：「修補舊城。」曷懶甸孛堇胡剌古、習顯以聞，詔曰：「毋得侵軼生事，但慎固營壘，廣布耳目而已。」

四年，咸州路都統司以兵分屯于保州、畢里圍二城，請益兵，詔曰：「汝等分列屯戍，以固封守，甚善。高麗累世臣事于遼，或有交通，可常遣人偵伺。」

使習顯以獲遼國州郡諭高麗，其國方誅亂者，使謂習顯曰：「此與先父國王之書。」習顯就館。凡誅戮官僚七十餘人，即依舊禮接見，而以表來賀，幷貢方物。復以遼帝亡入夏國報之。

高隨、斜野奉使高麗，至境上，接待之禮不遜，隨等不敢往，太宗曰：「高麗世臣於遼，當以事遼之禮事我，而我國有新喪，遼主未獲，勿遽强之。」命高隨等還。天會二年，同知南路都統鶻實荅奏，高麗納叛亡、增邊備，必有異圖。詔曰：「凡有通問，毋違常式。或來侵略，則整爾行列與之從事。敢先犯彼者，雖捷必罰。」詔闍母以甲士千人戍海島，以備之。

四年，國王王楷遣使奉表稱藩，優詔答之。上使高伯淑、烏至忠使高麗，凡遣使往來當盡循遼舊，仍取保州路及邊地人口在彼界者，須盡數發還。勑伯淑曰：「若一一聽從，即以保州地賜之。」高伯淑至高麗，王楷附表謝，一依事遼舊制。八年，楷上表，乞免索保州亡入邊戶。是歲，高麗十人捕魚，大風飄其船抵海岸，曷蘇館人獲之，詔還其國。既而勗上表請不索保州亡入高麗戶口，太宗從之，自是保州封域始定。

皇統二年，詔加楷開府儀同三司、上柱國。六年，楷薨，子晛嗣立。

大定四年，鴨綠江堡戍頗被侵越焚毀。〔三〕五年正月，世宗因正旦使朝辭，諭之曰：「邊境小小不虞，爾主使然邪，疆吏爲之邪？若果疆吏爲之，爾主亦當懲戒之也。」初，高麗使者別有私進禮物以爲常，是歲萬春節，上以使者私進不應典禮，詔罷之。

十年，王晛弟翼陽公晧廢晛自立。十月，賜生日使、大宗正丞紇至界上，高麗邊吏稱前王已讓位，不肯受使者。十一年三月，王晧以讓國來奏告，詔婆速路勿受，有司移文詳問。高麗告曰：「前王久病，昏耄不治，以母弟晧權攝國事。」上曰：「讓國大事也，何以不先陳請。」詔有司再詳問。高麗乃以王晛讓國表來，大略稱先臣楷遺訓傳位於弟，又言其子有罪不可立之意。上疑之，以問宰執，丞相良弼奏曰：「此不可信。晛止一子，往年生孫，嘗有表自陳生孫之喜，一也。晧嘗作亂，晛囚之，二也。今晛不遣使，晧乃遣使，三也。朝廷賜晛生日使，晧不轉達於晛，乃稱未敢奉受，四也。是晧篡兄誣請於天子，安可忍也。」右丞孟浩曰：「當詢彼國士民，果皆推服，卽當遣使封册。」上曰：「封一國之君詢於民衆，此與除拜猛安謀克何異。」乃却其使者，而以詔書詳問王晛，吏部侍郎靖爲宣問王晛使。

晧實篡國，囚晛於海島。靖至高麗，晧稱王晛已避位出居他所，病加無損，不能就位拜命，往復險遠，非使者所宜往。靖竟不得見晛，乃以詔授晧，轉取晛表附奏，其言與前表大概相同。靖還，上問大臣，皆曰：「晛表如此，可遂封之。」丞相良弼、平章政事守道曰：「待晧祈請未晩也。」十二月，晧遣其禮部侍郎張翼明等請封。十二年三月，遂賜封册。晧生日在正月十九日，是歲十二月將盡，未及遣使，有司請至來歲舉行焉。

十五年，高麗西京留守趙位寵叛晧，遣徐彥等九十六人上表曰：〔四〕「前王本非避讓，大將軍鄭仲夫、郎將李義方實弒之。臣位寵請以慈悲嶺以西至鴨綠江四十餘城內屬，請兵助援。」上曰：「王晧已加封册，位寵輒敢稱兵爲亂，且欲納土，朕懷撫萬邦，豈助叛臣爲虐。」詔執徐彥等送高麗。頃之，王晧定趙位寵之亂，遣使奏謝。自位寵之亂，晧所遣生日回謝、橫賜回謝、賀正旦、進奉、萬春節等使，皆阻不通，至是，晧并奏之。詔答其意，其合遣人使令節次入朝。

十七年，賀正旦禮物，玉帶乃石似玉者，有司請移問，上曰：「彼小國無能識者，誤以爲玉耳，不必移問。」乃止。十二月，有司奏高麗下節押馬官順成例外將帶甲三過界，〔五〕上以使人所坐罪重，但令發還本國而已。二十三年，晧母任氏薨，晧乞免賜生日及賀謝等事，詔從之。

章宗卽位，詔使至界上頗稽滯，詔移問，高麗遜謝。明昌三年，下節金挻回至平州撫寧縣，毆死當驛人何添兒，有司請「凡人使往還，乞量設兵衞」。參知政事張萬公曰：「可於宿頓之地巡護之。」上可其奏。詔自今接送伴使副，失闌防者當坐。故事，賀正旦使十二月二十九日入見，明昌六年十二月己卯立春，詔於前二日丁丑入見云。

承安二年，晧表自陳衰病，以國讓其弟晫。晫權國事。是歲，晧廢，晫嗣立。〔六〕

泰和四年正月乙丑朔，高麗傔人以小佩刀割梨廡下巡廊，奉職見而糾之，詔館伴官自今前期移文禁止。是歲，王晫薨，子韺嗣立。

泰和七年正月，是時用兵伐宋，夏亦有故，獨高麗遣正旦使，詔不賜曲宴。及天壽節，夏、高麗使者皆在，有司奏：「大定初，宋未請和，夏、高麗使者賜曲宴，今請依大定故事。」詔從之。

至寧元年八月，王禑薨，〔七〕嗣子未行起復。九月，宣宗卽位，邊吏奏：「高麗牒稱，嗣子未起復，不可以凶服迎吉詔，又不可以草土名銜署表。」禮官議：「人臣不以私恩廢公義，宜權用吉服迎詔，署表用權國事名銜。俟高麗告哀使至闕，然後遣使致祭、慰問及行封册。」制可。

明年，宣宗遷汴，遼東道路不通，興定三年，遼東行省奏高麗復有奉表朝貢之意，宰臣奏：「可令行省受其表章，其朝貢之禮俟他日徐議。」宣宗以爲然，乃遣使撫諭高麗，終以道路不通，未遑迎迓，詔行省且羈縻勿絕其好，然自是不復通問矣。

贊曰：金人本出靺鞨之附于高麗者，始通好爲鄰國，既而爲君臣，貞祐以後道路不通，僅一再見而已。入聖朝猶子孫相傳自爲治，故不復備論，論其與金事相涉者焉。

校勘記

〔一〕命撒喝取之 「喝」原作「合」。按上下文皆作「撒喝」，今改成一律。

〔二〕益以胡剌古習顯等軍備之 「習」原作「石」。按下文有「曷懶甸孛堇胡剌古、習顯以聞」句，本書卷二太祖紀，亦云「天輔三年十一月詔胡剌古、習顯愼固營壘」。皆作「習顯」。今據改。

〔三〕鴨綠江堡戍頗被侵越焚毀 「鴨」上原衍「詔」字。道光四年殿本已删，今從之。

〔四〕遣徐彥等九十六人上表 「徐彥」下原衍「寧」字。按本書卷六一交聘表，大定十五年「九月，高麗西京留守趙位寵遣徐彥等進表，欲以慈悲嶺以西、鴨綠江以東內附，詔不許」。高麗史卷一九明宗世家、卷一〇〇趙位寵傳，記此事亦作「徐彥」。今據删「寧」字。下同。

〔五〕有司奏高麗下節押馬官順成例外將帶甲三過界 「甲」原作「申」。據殿本改

〔六〕承安二年晧表自陳衰病以國讓其弟晫晫權國事是歲晧廢晫嗣立 「二」原作「三」、「廢」原作

「薨」。按高麗史卷二一神宗世家，明宗二十七年九月「癸亥，崔忠獻廢明宗皓，迎王晫卽位于大觀殿」。幷遣使如金獻晧表曰「染于病痾」，「於九月二十三日以弟晫權守軍國事務」。是年，當金承安二年，非三年。又該書卷二〇明宗世家敍王晧死於神宗五年，卽金泰和二年，是此年被廢而未「薨」。今據改。

〔七〕至寧元年八月王祦薨　「祦」原作「禶」，按高麗史卷二一熙宗世家，七年金大安三年十二月「癸卯，忠獻廢王韺遷于江華縣，奉漢南公貞立之」。又康宗世家，「封漢南公，改名貞，十二月癸卯，忠獻廢熙宗，奉王于私第，卽位於康安殿，改名祦」。又二年金至寧元年八月丁丑，「王薨」。今據改。

金國語解

今文尚書辭多奇澀，蓋亦當世之方言也。金史所載本國之語，得諸重譯，而可解者何可闕焉。若其臣僚之小字，或以賤，或以疾，猶有古人尚質之風，不可文也。國姓爲某，漢姓爲某，後魏孝文以來已有之矣。存諸篇終，以備考索。

官稱

都勃極烈，總治官名，猶漢云冢宰。

諳版勃極烈，官之尊且貴者。

國論勃極烈，尊禮優崇得自由者。

胡魯勃極烈，統領官之稱。

移賚勃極烈，位第三曰「移賚」。

阿買勃極烈，治城邑者。

乙室勃極烈，迎迓之官。

札失哈勃極烈，守官署之稱。

昃勃極烈，陰陽之官。
迭勃極烈，倅貳之職。
猛安，千夫長。謀克，百夫長也。
諸乣「詳穩」，邊戍之官。
諸「移里堇」，部落墟砦之首領。
詳穩、移里堇，本遼語，金人因之而稍異同焉。
禿里，掌部落詞訟，察非違者。
烏魯古，牧圉之官。
斡里朵，官府治事之所。

人事

孛論出，胚胎之名。
阿胡迭，長子。骨赧，季也。蒲陽溫，曰幼子。
益都，次第之通稱。第九曰「烏也」。十六曰「女魯歡」。
按答海，客之通稱。

山只昆，舍人也。

散亦孛，奇男子。

撒答，老人之稱也。

什古乃，瘠人。

撒合輦，黧黑之名。

保活里，侏儒。

阿里孫，貌不揚也。

阿徒罕，採薪之子。

答不也，耘田者。

阿土古，善採捕者。　阿里喜，圍獵也。

拔里速，角觝戲者。

阿离合懣，臂鷹鶻者。

胡魯剌，戶長。　阿合，人奴也。

兀朮，曰頭。　粘罕，心也。　畏可，牙，又曰吾亦可。

盤里合，將指。

三合，人之鬠也。

牙吾塔，瘍瘡。

蒲剌都，目赤而盲也。

石哥里，溲疾。

謾都訶，癡騃之謂。

謀良虎，無賴之名。〔三〕皆不美之稱也。

與人同受福曰「忽都」。以力助人曰「阿息保」。

辭不失，酒醒也。

奴申，和睦之義。

訛出虎，寬容之名也。

賽里，安樂。

迪古乃，來也。

撒八，迅速之義。

烏古出，方言曰再休，猶言再不復也。

凡事之先者曰「石倫」。以物與人已然曰「阿里白」。

吾里補，畜積之名。
習失，猶人云常川也。
凡市物已得曰「兀帶」，取以名子者，猶言貨取如物然也。

物象

兀典，明星。
阿鄰，山。　太神，高也。　山之上銳者曰「哈丹」。　坡陀曰「阿懶」。　大而峻曰「斜魯」。
忒鄰，海也。　沙忽帶，舟也。
生鐵曰「斡論」。　釜曰「闍母」。　刃曰「斜烈」。
婆盧火者槌也。
金曰「桉春」。
銀朮可，珠也。
布囊曰「蒲盧渾」。　盆曰「阿里虎」。　罐曰「活女」。
烏烈，草廩也。

沙剌，衣襟也。

活臘胡，色之赤者也。

胡剌，竈突。

物類

桓端，松。阿虎里，松子。孰輦，蓮也。

活离罕，羔。合喜，犬子。訛古乃，犬之有文者。

斜哥，貂鼠。

蒲阿，山雞。窩謀罕，鳥卵也。

姓氏

完顏，漢姓曰王。烏古論曰商。紇石烈曰高。〔三〕徒單曰杜。女奚烈曰郎。兀顏曰朱。蒲察曰李。顏盞曰張。溫迪罕曰溫。石抹曰蕭。奧屯曰曹。孛朮魯曰魯。移剌曰劉。斡勒曰石。納剌曰康。夾谷曰仝。裴滿曰麻。尼忙古曰魚。〔四〕斡准曰趙。阿典曰雷。阿里侃曰何。溫敦曰空。吾魯曰惠。抹顏曰孟。都烈曰强。散答曰駱。呵不哈曰田。烏林荅曰蔡。僕散曰林。术虎曰董。古里甲曰汪。

其後氏族或因人變易，難以徧舉，姑載其可知者云。

金國語解終。

校勘記

〔一〕阿里孫貌不揚也　按金人多以「阿里不孫」爲名者，如本書卷一二章宗紀，泰和六年有紇石烈執中之經歷阿里不孫，卷一四宣宗紀，貞祐四年有右副元帥蒲察阿里不孫，卷一五宣宗紀，興定二年有遼東便宜阿里不孫等。疑「阿里孫」當作「阿里不孫」。

〔二〕無賴之名　「無」原作「尢」。據殿本改。

〔三〕紇石烈曰高　「紇」原作「乞」。據殿本改。

〔四〕尼忙古曰魚　按傳作「尼厖古」，如本書卷八六尼厖古鈔兀、卷九五尼厖古鑑、卷一二二尼厖古蒲路虎。

附錄

進金史表

開府儀同三司、上柱國、錄軍國重事、中書右丞相、監修國史、領經筵事、提調太醫院廣惠司事臣阿魯圖言：

竊惟漢高帝入關，任蕭何而收秦籍；唐太宗卽祚，命魏徵以作隋書。蓋曆數歸眞主之朝，而簡編載前代之事，國可滅史不可滅，善吾師惡亦吾師。矧夫典故之源流，章程之沿革，不披往牒，曷蓄前聞。

維此金源，起於海裔，以滿萬之衆，橫行天下；不十年之久，專制域中。其用兵也如縱燎而乘風，其得國也若置郵而傳令。及熠興於禮樂，乃煥有乎聲明。嘗循初而迄終，因考功而論德。非武元之英略，不足以開九帝之業；非大定之仁政，不足以固百年之基。天會有吞四海之勢，而未有壹四海之規；明昌能成一代之制，而亦能壞一代之法。海陵無道，自取覆敗；宣宗輕動，曷濟中興。迨夫浚郊多壘之秋，汝水飛煙之日，天人屬望，久有在矣；君臣守義，蓋足取焉。

我太祖法天啓運聖武皇帝，以有名之師，而釋奕世之憾；以無敵之仁，而收兆民之心。勁卒擣居庸關，北拊其背，大軍出紫荆口，南搤其吭。指顧可成於雋功，操縱莫窺於廟算，懲彼取遼之暴，容其涉河以遷。太宗英文皇帝席卷雲、朔，而徇地幷、營，囊括趙、代，而傳檄齊、魯，滅夏國以蹴秦、鞏，通宋人以偪河、淮。睿宗仁聖景襄皇帝冒萬險，出饒風，長驅平陸；戰三峯，乘大雪，遂定中原。

太陽出而爝火熸，正音作而衆樂廢。爰及世祖聖德神功文武皇帝，恢弘至化，勞來遺黎。燕地定都，撤武靈之舊址；遼陽建省，撫肅愼之故墟。于時張柔歸金史於其先，王鶚輯金事於其後。是以纂修之命，見諸敷遺之謀，延祐申舉而未遑，天曆推行而弗竟。

臣阿魯圖誠惶誠懼，頓首頓首，欽惟皇帝陛下緝熙聖學，紹述先猷，當邦家閒暇之時，治經史討論之務。念彼泰和以來之事蹟，涉我聖代初興之歲年。太祖受帝號於丙寅，先五載而朱鳳應；世皇毓聖質於乙亥，蚤一歲而黃河清。若此貞符，昭然成命。第以變故多而舊史闕，耆艾沒而新說訛，弗折衷於大朝，恐失眞於他日。於是聖心獨斷，盛事力行，申命臣阿魯圖以中書右丞相、臣別兒怯不花以中書左丞相領三史事，臣脫脫以前中書右丞相仍都總裁，臣御史大夫帖睦爾達世、臣中書平章政事賀惟一、臣翰林學士承旨張起巖、臣翰林學士歐陽玄、臣治書侍御史李好文、臣禮部尚書王沂、臣崇文太監楊宗瑞爲總裁官，臣江西湖東道肅政廉訪使沙剌班、臣江西湖東道肅政廉訪副使王理、臣翰林待制伯顏、臣國子博士費著、臣祕書監著作郎趙時敏、臣太常博士商企翁爲史官，集衆技以責成書，佇奏篇以覽近監。臣阿魯圖仰承隆委，俯竭微勞。紬石室之文，誠乏司馬遷之作；獻金鏡之錄，願攄張相國之忠。謹撰述本紀十九卷、志三十九卷、表四卷、列傳七十三卷、目錄二卷，裝潢成一百三十七帙，隨表以聞，上塵天覽，無任慚愧戰汗屏營之至。

臣阿魯圖誠惶誠懼，頓首頓首謹言。

至正四年十一月　日開府儀同三司、上柱國、錄軍國重事、中書右丞相、監修國史、領經筵事、提調太醫院廣惠司事臣阿魯圖上表

修史官員

領三史事

開府儀同三司、上柱國、錄軍國重事、中書右丞相、監修國史、領經筵事臣阿魯圖

開府儀同三司、上柱國、錄軍國重事、中書左丞相、領經筵事臣別兒怯不花

都總裁

開府儀同三司、上柱國、錄軍國重事、前中書右丞相、監修國史、領經筵事臣脫脫

總裁官

銀青榮祿大夫、御史大夫、知經筵事臣帖睦爾達世

光祿大夫、中書平章政事、知經筵事臣賀惟一

翰林學士承旨、榮祿大夫、知制誥、兼修國史臣張起巖

翰林學士、資善大夫、知制誥、同修國史臣歐陽玄

翰林侍講學士、中奉大夫、知制誥、同修國史、同知經筵事臣揭傒斯

嘉議大夫、治書侍御史臣李好文

正議大夫、崇文太監、檢校書籍事臣楊宗瑞
中大夫、禮部尙書臣王沂

纂修官

江西湖東道肅政廉訪使臣沙剌班
江西湖東道肅政廉訪副使臣王理
翰林待制、奉議大夫、兼國史院編修官臣伯顏
奉訓大夫、監察御史臣趙時敏
奉訓大夫、國子博士臣費著
承務郎、太常博士臣商企翁

提調官

榮祿大夫、中書平章政事、知經筵事臣伯顏
榮祿大夫、中書右丞、知經筵事臣達世帖睦爾
資德大夫、中書左丞臣董守簡
中奉大夫、參議中書省事臣鎖南班
嘉議大夫、參議中書省事臣蠻子

亞中大夫、參議中書省事臣丁元
奉議大夫、右司郎中臣老老
承德郎、右司郎中臣陳思謙
中順大夫、左司郎中臣鑾子
亞中大夫、左司郎中臣何執禮
奉訓大夫、左司員外郎臣倉赤
奉訓大夫、左司都事臣趙公諒
朝請大夫、吏部尚書臣拜住
通議大夫、兵部尚書臣李獻
正議大夫、戶部尚書臣秦從龍
正議大夫、工部尚書臣路希賢
朝散大夫、禮部侍郎臣靳義
亞中大夫、刑部郎中臣顧恕
通議大夫、僉太常禮儀院事臣杜秉彝
文林郎、翰林國史院都事臣趙中

金史公文

皇帝聖旨裏。江浙等處行中書省至正五年六月二十六日准中書省咨：「至正五年四月十三日，篤怜帖木兒怯薛第二日，沙嶺納鉢斡脫裏有時分，速古兒赤雅普化、云都赤撒迪里迷失、殿中撒馬、給事中也先不先等有來，阿魯禿右丞相、帖木兒塔失大夫、太平院使、伯顏平章、達世帖木兒右丞等奏：『去歲教纂修遼、金、宋三代史書，即目遼、金史書纂修了有，如今將這史書令江浙、江西二省開板，就彼有的學校錢內就用，疾早教各印造一百部來呵。』怎生奏呵，奉聖旨那般者。欽此，咨請欽依施行，仍令行省委自文資正官、首領官各一員，欽依提調，疾早印造完備起解。」准此，本省咨委參知政事秦中奉、左右司都事徐槃承德，欽依提調，及下江浙儒司委自提舉班惟志奉政校正字畫，杭州路委文資正官、首領官提調鋟梓印造裝褙。

至正五年九月　日

都事

承務郎、江浙等處行中書省左右司都事臣馬黑麻
承德郎、江浙等處行中書省左右司都事臣徐檠
奉政大夫、江浙等處行中書省左右司員外郎臣鄭璠
奉訓大夫、江浙等處行中書省左右司員外郎臣赫德尒
奉直大夫、江浙等處行中書省左右司郎中臣崔敬
朝列大夫、江浙等處行中書省左右司郎中臣烏剌沙
中奉大夫、江浙等處行中書省參知政事臣秦從德
資德大夫、江浙等處行中書省參知政事臣沙班
資善大夫、江浙等處行中書省左丞臣李家奴
資政大夫、江浙等處行中書省右丞臣忽都不花
平章政事
榮祿大夫、江浙等處行中書省平章政事臣卜只兒
金紫光祿大夫、江浙等處行中書省左丞相、領行宣政院事、提調江浙財賦、都總管府事
臣朶兒只

* 原無標題，今據底本此頁書口補。